W0189585

CR   R   K
Ni   UB   x
CEN/N

Arbeitslosenprojekt TuWas

Leitfaden zum Arbeitslosengeld II

Der Rechtsratgeber zum SGB II

© 2016 **Fachhochschulverlag**
DER VERLAG FÜR ANGEWANDTE WISSENSCHAFTEN

Udo Geiger
Leitfaden zum Arbeitslosengeld II
Der Rechtsratgeber zum SGB II
12. Auflage, Stand: 1. August 2016
unter Mitarbeit von:
Ulrich Stascheit, Ute Winkler

© 2016 Fachhochschulverlag
ISBN: 978-3-943787-57-3

DTP:
Sarah Kalck

Druck und Bindung:
CPI – Clausen & Bosse GmbH
25917 Leck

Preis:
Der Leitfaden kostet je Exemplar 23,– €
(zuzüglich Portokosten)

Bestellungen:
Fachhochschulverlag.
DER VERLAG FÜR ANGEWANDTE WISSENSCHAFTEN E.K.

Kleiststraße 10, Gebäude 1
60318 Frankfurt am Main

Telefon (0 69) 15 33–28 20
Telefax (0 69) 15 33–28 40
bestellung@fhverlag.de
http://www.fhverlag.de

Bibliografische Information der Deutschen Nationalbibliothek:
Die Deutsche Nationalbibliothek verzeichnet diese
Publikation in der Deutschen Nationalbibliografie;
detaillierte bibliografische Daten sind im Internet
über http://dnb.d-nb.de abrufbar.

**Verfasser und Verfasserin garantieren nicht
für die Richtigkeit aller Aussagen**

**Viele Leser bitten uns telefonisch oder schriftlich um Ratschläge, um
das Abfassen von Widersprüchen und um das Aufsetzen von Klage-
schriften. Leider können und dürfen wir diese Rechtsberatung im Einzelfall nicht leisten. Diese Arbeit muss von den Arbeitsloseninitiativen (→ S. 1029), vom gewerkschaftlichen Rechtsschutz und von den
»Fachanwälten für Sozialrecht« getragen werden.**

VORWORT ZUR 12. AUFLAGE

Wer den verfassungsrechtlich verbürgten Anspruch auf existenzminimale Absicherung mit einfachen und für eine Massenverwaltung praktikablen Regelungen erfüllen will, steht angesichts vielfältiger, wandelbarer und sich gegenseitig beeinflussender Bedarfslagen vor der Quadratur des Kreises.

Gelingen kann die Aufgabe nur mit der Bereitschaft zu großzügiger Pauschalierung beim Geben und Verzicht auf Engherzigkeit beim Nehmen.

Zu beidem war der Gesetzgeber mit dem am 1.8.2016 in Kraft getretenen 9. SGB II-ÄndG – Rechtsvereinfachung (BGBl. I vom 26. Juli 2016, S. 1824 ff.) nur halbherzig bereit.
Einigen tatsächlichen Vereinfachungen (z.B. Wegfall der Erbenhaftung, Verzicht auf Änderungsbescheide im Sterbemonat) stehen Regelungen entgegen, die die Komplexität ihrer Vorgänger sogar übertreffen. Das gilt beispielsweise für Leistungsansprüche von Auszubildenden, Schülern und Studenten.

Im Übrigen bleibt sich der Gesetzgeber darin treu, zugunsten einer Entlastung der Sozialverwaltung den Rechtsschutz der Leistungsberechtigten zu verkürzen, dieses Mal inbesondere durch weitere Einschränkungen beim Überprüfungsverfahren.

Kein Wunder also, dass die »Rechtsvereinfachung« durch das 9. SGB II-ÄndG den Umfang des Leitfadens von 896 auf 1.040 Seiten anschwellen ließ.

Wir füllen mit diesem aktuellen, umfangreichen und preiswerten Leitfaden eine Lücke: zwischen den knappen Ratgebern, die auf viele in der Praxis auftauchende Fragen keine Antwort geben können und den – im Vergleich zum Leitfaden – kaum umfangreicheren, dafür teuren und häufig hinterherhinkenden Kommentaren.

Der Leitfaden ist auf dem Stand vom 1.8.2016.

Für Hinweise auf Fehler sind wir weiter dankbar.

Arbeitslosenprojekt TuWas

INHALT

Anspruch auf Alg II haben Personen, die folgende vier Voraussetzungen erfüllen:

- Alter zwischen dem 15. Geburtstag und dem Erreichen der Altersgrenze;
- gewöhnlicher Aufenthalt im Bundesgebiet;
- Erwerbsfähigkeit;
- Hilfebedürftigkeit.

I   Altersgrenzen

1   Grundaltersgrenze: Vom 15. Geburtstag bis zur Altersgrenze

Nach §§ 7 Abs. 1 Nr. 1, 7a SGB II sind leistungsberechtigt hilfebedürftige Erwerbsfähige ab dem 15. Geburtstag bis zum Ablauf des Monats, in dem sie die Altersgrenze nach § 7a SGB II erreichen. Der Leistungsausschluss nach Vollendung der Altersgrenze nach § 7a SGB II gilt auch für die aktiven Förderleistungen (LSG Hamburg vom 11.2.2015 – L 4 AS 49/14: Einstiegsgeld nach § 16e SGB II). § 7a SGB II passt die Ausdehnung der Alg II-Bezugszeit an die Erhöhung der Regelaltersgrenze für die Rente an. Die Alg II-Bezugszeit wird ab dem Jahr 2012 ausgedehnt.
Zur Zwangsverrentung → S. 183.

Zweifel am Geburtstag

Bestehen Zweifel über ein genaues Geburtsdatum, sollten die Betroffenen ihre Angaben **vor** Erklärung gegenüber der Behörde genau prüfen. Denn nach § 33a SGB I gilt das gegenüber irgendeinem **deutschen** Sozialleistungsträger (SG Oldenburg vom 7.4.2011 – S 81 R 454/10) **zuerst** angegebene Geburtsdatum als maßgebend (HessLSG vom 31.1.2006 – L 2 R 225/05 und vom 15.2.2010 – L 2 R 362/09), es sei denn, es liegt nur ein Schreibfehler oder sonst eine offenbare Unrichtigkeit i.S. von § 38 SGB X vor (z.B. Namensverwechslung auf einem Dokument) oder aus einer Urkunde, die **vor** dem Zeitpunkt der Erstangabe des Geburtsdatums erstellt wurde, ergibt sich ein anderes Datum. Taucht eine solche Urkunde auf, das kann z.B. ein ausländischer Schulregisterauszug sein (vgl. BSG vom 28.4.2004 – B 5 RJ 33/03 R), **muss** der Leistungsträger das davon abweichende Geburtsdatum ändern (BSG vom 5.4.2001 – B 13 RJ 35/00 R; LSG NRW vom 21.8.2012 – L 18 KN 211/11). Zur Frage, welche Beweismittel geeignet sind, s. LSG NRW vom 5.10.2009 – L 3 R 43/09; LSG Berlin-Brandenburg vom 17.3.2009 – L 3 R 966/07; LSG Baden-Württemberg vom 10.3.2014 – L 10 R 2657/12.

Urkunden-Beweiswert

Liegen mehrere Urkunden mit unterschiedlichen Geburtsdaten vor, ist nach allgemeinen Grundsätzen des Beweisrechts zu entscheiden, ob aus einer dieser Urkunden sich nunmehr statt des zuerst angegebenen Geburtsdatums ein anderes Geburtsdatum ergibt (LSG Baden-Württemberg vom 10.3.2014 – L 10 R 2657/12).

Es bleibt selbst dann in Deutschland beim Erstangabe-Geburtstag, wenn das Geburtsdatum durch ein Gericht im Herkunftsland (z.B. Türkei, Griechenland) nach dort geltendem Recht nachträglich geändert wird. Dies steht im Einklang mit Verfassungs- und Europarecht (BSG vom 19.5.2004 – B 13 RJ 26/03 R; BVerfG vom 19.3.2007 – 1 BvR 2426/04; BayLSG vom 5.8.2009 – L 14 R 65/08).

Kindergeld

Für den Bezug von Kindergeld gilt § 33a SGB I nicht. Es kommt auf das tatsächliche Alter an (BFH vom 24.9.2009 – III R 62/07).

Asylbewerber

Die Altersangabe eines Asylbewerbers bei einer Aufnahmeeinrichtung für Asylbewerber ist keine Altersangabe gegenüber einem Sozialleistungsträger i. S. von § 33a SGB I. Leistungen nach dem Sozialgesetzbuch hängen daher von einer Prüfung der Altersangabe durch den Sozialleistungsträger ab (OVG Berlin-Brandenburg vom 20.10.2011 – OVG 6 S 51.11: Leistung der Jugendhilfe nach § 42 SGB VIII; vgl. dazu auch OVG Hamburg vom 9.2.2011 – 4 Bs 9/11; OVG Berlin-Brandenburg vom 4.3.2013 – 6 S 3.13).

2   Spezielle Altersgrenzen

Auf das genaue Alter kommt es auch in folgenden Fällen an, in denen Angehörige in Bedarfsgemeinschaft (BG) mit einem erwerbsfähigen Hilfebezieher leben:

■ **Wegfall eines Anspruchs nach dem Unterhaltsvorschussgesetz mit dem 12. Geburtstag**

12. Geburtstag

Konnte die/der erwerbsfähige allein Erziehende zuvor mindestens den eigenen Bedarf selbst decken, kann für das Kind ein Anspruch auf Kinderzuschlag (→ S. 669) und Wohngeld zusätzlich zum Kindergeld entstehen.

■ **Wechsel vom SGB XII zum SGB II**

15. Geburtstag

Mit dem 15. Geburtstag eines erwerbsfähigen Jugendlichen erhalten dessen in BG lebende nicht erwerbsfähige Eltern Sozialgeld, sofern kein Anspruch auf Grundsicherung nach § 41 SGB XII besteht.

■ **Wechsel vom SGB II zum SGB XII**

16. Geburtstag

Ab dem 16. Geburtstag darf der Jugendliche mit Zustimmung des Familiengerichts heiraten (§ 1303 Abs. 2 BGB). Im Fall einer Eheschließung des erwerbsfähigen Jugendlichen endet die BG mit den Eltern, die bei Erwerbsunfähigkeit Sozialhilfe statt Sozialgeld erhalten, wenn keine Grundsicherung nach den §§ 41 ff. SGB XII beansprucht werden kann.

Die Zustimmung des Familiengerichts kann – wenn der 18. Geburtstag in Kürze erreicht wird – nicht allein deshalb versagt werden, weil beide zukünftigen Ehegatten Alg II beziehen (OLG Karlsruhe vom 5.7.1999 – 2 UF 112/99). Ist eine nach islamischem Recht geschlossene Ehe Minderjähriger wirksam (s. dazu KG Berlin vom 21.11.2011 – 1 W 79/11), kann sie auf Antrag eines der Ehepartner aufgehoben werden, wenn dessen Willensfreiheit bei der Eheschließung unzureichend geschützt war (AG Offenbach vom 30.10.2009 – 314 F 1132/09).

Mit dem 18. Geburtstag eines dauerhaft nicht erwerbsfähigen Jugendlichen, der mit erwerbsfähigen Eltern in BG lebt, erhält der Volljährige Grundsicherung nach § 41 SGB XII statt Sozialgeld.

18. Geburtstag

Mit dem 25. Geburtstag eines erwerbsfähigen jungen Volljährigen, der bis dahin mit seinen Eltern in BG lebte, endet die BG und wird zur Haushaltsgemeinschaft.

25. Geburtstag

Erreicht der erwerbsfähige Partner eines nicht Erwerbsfähigen die Altersgrenze nach § 7a SGB II, erhält dieser Grundsicherung nach § 41 SGB XII statt Sozialgeld.

Altersgrenze

■ **Erhöhte Leistung**
Ab dem 6. Geburtstag erhöht sich der Regelbedarf von 237 € auf 270 €.

6. Geburtstag

Ab dem 14. Geburtstag erhöht sich der Regelbedarf von 270 € auf 306 €.

14. Geburtstag

Ab dem 15. Geburtstag stehen dem **erwerbsfähigen** Jugendlichen zusätzlich zum Grundfreibetrag von 3.100 € der Freibetrag für eine private Altersvorsorge im Rahmen von § 12 Abs. 2 Nr. 3 SGB II zu.

15. Geburtstag

Haben beide Partner der BG den 18. Geburtstag erreicht, verteilt sich der Regelbedarf von 404 €/324 € auf 364 €/364 €.

18. Geburtstag

Volljährige Kinder in der BG erhalten 324 € (80 % des vollen Regelbedarfs).

Ab dem 25. Geburtstag erhält der im elterlichen Haushalt lebende junge Volljährige 404 € statt 324 €.
Er kann ohne die Beschränkung nach § 22 Abs. 5 SGB II eine eigene, angemessene Wohnung beziehen.

25. Geburtstag

■ **Geringere Leistung**
Ab dem 18. Geburtstag entfällt der Anspruch auf den Bedarf zur Teilhabe am sozialen und kulturellen Leben in der Gemeinschaft nach § 28 Abs. 6 SGB II.

18. Geburtstag

Ab dem 18. Geburtstag des Kindes entfällt für den alleinerziehenden Elternteil der Mehrbedarf für die Alleinerziehung nach § 21 Abs. 3 SGB II.

Ab dem 18. Geburtstag des Kindes entfallen für den Volljährigen und den umgangsberechtigten Elternteil Leistungen zur Wahrnehmung des Umgangsrechts (LSG NRW vom 24.11.2011 – L 7 AS 1656/11 B ER; SG Potsdam vom 18.4.2012 – S 35 AS 3511/09).

Die Rente aus der gesetzlichen Rentenversicherung wird von dem Kalendermonat an geleistet, zu dessen Beginn die Anspruchsvoraussetzungen für die Rente erfüllt sind (§ 99 Abs. 1 Satz SGB VI). Die Altersrente kann folglich frühestens ab dem Monat bezogen werden,

Nahtlos in die Alterssicherung

der auf den Monat folgt, in dem die Altersgrenze erreicht wird, sofern der Rentner nicht am Ersten eines Monats geboren ist. Dadurch konnte es zu Lücken kommen, wenn der Anspruch auf Alg II in dem Monat endet, in dem die Altersgrenze erreicht wird. Diese Lücke ist mit der Neufassung von § 7a SGB II seit 1.4.2011 (LSG NRW vom 26.1.2012 – L 7 AS 1071/11) geschlossen worden: Alg II gibt es noch für den vollen Monat, in dem die Altersgrenze erreicht wird (LSG NRW vom 29.7.2013 – L 9 SO 18/13 NZB).

Auszahlungs-
lücke

Ausgezahlt wird die Altersrente anders als das Alg II erst zum Ende des Kalendermonats (§ 118 Abs. 1 SGB VI). Der Zeitraum zwischen der letzten Alg II-Zahlung zu Beginn des Monats, in dem das 65. Lebensjahr bzw. die höhere Lebensaltersgrenze erreicht wird, bis zur ersten Zahlung der Rente muss daher mit eigenen Mitteln überbrückt werden. Geht das nicht, bleibt die Möglichkeit, beim Rentenversicherungsträger einen Vorschuss (§ 42 SGB I) oder beim SGB XII-Träger Sozialhilfe nach § 19 Abs. 5 SGB XII (dazu LSG NRW vom 13.1.2014 – L 20 SO 222/12) oder ein Darlehen nach § 37 SGB XII zu beantragen.

Beitragslücke
geschlossen

Wechselte ein freiwillig GKV-versicherter oder privat versicherter Bezieher von Sozialhilfe in das Leistungssystem des SGB II, bestand die Gefahr einer Beitragslücke, weil der SGB XII-Träger nach § 32 SGB XII nur den jeweils fälligen Beitrag zu übernehmen hatte, der nicht immer mit dem Beitrag, der für den Übergangs-Monat erhoben wird, zusammenfallen muss (s. dazu BSG vom 15.11.2012 – B 8 SO 3/11 R). Der seit 1.1.2016 geltende § 32a SGB XII schließt diese Lücke.

Beitragslücke
zu schließen

Im umgekehrten Fall des Übergangs eines freiwillig GKV-versicherten Beziehers von Sozialgeld oder eines privat versicherter Beziehers von Alg II in das Leistungssystem des SGB XII kann es zu einer Beitragslücke kommen, weil § 26 SGB II in der bis zum 31.12.2016 geltenden Fassung nur einen Anspruch auf Beitragsübernahme gibt, solange die betreffende Person im Fälligkeitsmonat noch im Leistungsbezug nach dem SGB II steht. Die Lücke ist durch Auslegung von § 26 SGB II in dem Sinne zu schließen, dass es auch für die Beitragsübernahme im SGB II auf den Monat ankommt, für den die Beiträge zu entrichten sind (BSG vom 15.11.2012 – B 8 SO 3/11 R).

Beispiel

Die noch nicht dauerhaft erwerbsunfähige K. bezieht in der BG mit F. Sozialgeld. Die jeweils zum 15. des Folgemonats fälligen KV-Beiträge aus einer freiwilligen Versicherung nach § 188 Abs. 4 SGB V werden vom Jobcenter im jeweiligen Monat der Fälligkeit übernommen. Nach Trennung der BG im Juni muss K. im Juli in die Sozialhilfe gehen. Das Jobcenter übernimmt letztmalig den im Juni fälligen KV-Beitrag für Mai. Das Sozialamt übernimmt nach § 32a SGB XII den Beitrag für Juli. Hier muss das Jobcenter den für Juni geschuldeten Beitrag ungeachtet seiner Fälligkeit im Juli noch übernehmen.

Grundsicherung im Alter nach § 41 SGB XII wird – bei rechtzeitigem Antrag – wie das Alg II am Monatsanfang gezahlt. Bei vorangegangenem Alg II-Bezug verschiebt sich der Anspruchsbeginn wegen Verlängerung der Alg II-Leistungsberechtigung daher auf den Folgemonat (§ 44 Abs. 3 SGB XII).

Die Verlängerung der Leistungsberechtigung gilt nur bei Erreichen der Altersgrenze nach § 7a SGB II. Geht der Alg II-Bezieher vorzeitig in Rente, kann er für den ersten Monat des Rentenanspruchs nur darlehensweise Leistungen nach § 24 Abs. 4 des SGB II beantragen (s. dazu LSG Schleswig-Holstein vom 19.1.2016 – L 7 R 181/15). Dies ist möglich, weil die Leistung nach § 7 Abs. 4 Satz 1 SGB II für Bezieher einer Rente wegen Alters erst ab Beginn des tatsächlichen Bezugs der Rente (LSG Sachsen vom 22.2.2010 – L 3 AS 990/15 B ER), also am Ende des ersten Rentenmonats, ausgeschlossen ist.
Die Rückzahlung dieses Darlehens ist in § 42a Abs. 4 SGB II nicht geregelt. Die Jobcenter müssen mit den künftigen Rentenbeziehern dazu eine Rückzahlung vereinbaren, die der Höhe der Altersrente Rechnung trägt. Auf einen Renten-Vorschuss nach § 42 SGB I kann der Betroffene nicht verwiesen werden, weil dieser nur bezahlt wird, wenn zur Feststellung der Rentenhöhe voraussichtlich längere Zeit erforderlich ist.

Nicht bei vorzeitiger Berentung

Nach § 101 Abs. 1 SGB VI werden befristete Renten wegen verminderter Erwerbsfähigkeit nicht vor Beginn des siebten Kalendermonats nach dem Eintritt der Minderung der Erwerbsfähigkeit gezahlt. Lebt der zukünftige Rentenbezieher allein, hat er bis zum Einsetzen der Rente Anspruch auf Sozialhilfe nach § 19 SGB XII. Lebt er mit einem erwerbsfähigen Alg II-Bezieher zusammen, erhält er bis zum Einsetzen der Rente Sozialgeld nach § 23 SGB II statt Alg II. Reicht die Rente nicht, gibt es weiterhin ergänzend Sozialgeld.

Nicht bei Erwerbsminderungsrente in Single-BG

Das Nahtlos-Alg I nach § 145 SGB III endet mit Feststellung der Erwerbsminderung, auch wenn keine Rente zusteht. Hilfebedürftige müssen rechtzeitig Sozialhilfe oder Sozialgeld beantragen.

II Gewöhnlicher Aufenthalt

Der gewöhnliche Aufenthalt bestimmt,
- ob überhaupt ein Anspruch besteht (Aufenthalt im Bundesgebiet);
- außerdem, welches Jobcenter örtlich zuständig ist (Aufenthalt am Ort oder im Bezirk oder Kreis des Jobcenters). Näheres dazu → S. 18.

1 Aufenthalt im Bundesgebiet

Leistungen nach dem SGB II kann gemäß § 7 Abs. 1 Satz 1 Nr. 4 SGB II nur erhalten, wer seinen gewöhnlichen Aufenthalt im Bundesgebiet hat. Nach § 30 Abs. 3 Satz 2 SGB I hat jemand den gewöhnlichen Aufenthalt dort, »wo er sich unter Umständen aufhält, die erkennen lassen, dass er an diesem Ort oder in diesem Gebiet nicht nur vorübergehend verweilt« (BSG vom 30.1.2013 – B 4 AS 54/12 R).

Mittelpunkt der
Lebensbeziehung

In aller Regel wird der gewöhnliche Aufenthalt durch den Besitz einer Wohnung begründet, wenn die Wohnung länger als nur vorübergehend als Mittelpunkt der Lebensführung genutzt wird (s. dazu VG München vom 7.5.2014 – M 18 K 13.1016).

Das bloße Vorbereiten eines Wohnsitzes oder sonstigen Aufenthalts (z. B. Anmietung und Einräumen einer Wohnung oder Anmelden) genügt nicht (LSG NRW vom 6.5.2010 – L 9 SO 1/09: Verbringen der Möbel). Erst der **tatsächliche** Aufenthalt ist unabhängig von sonstigen Bedingungen der frühest denkbare Zeitpunkt zur Annahme des gewöhnlichen Aufenthalts und damit zur Begründung eines Leistungsanspruchs nach dem SGB II (BVerwG vom 26.9.2002 – 5 C 46.01; VGH Baden-Württemberg vom 22.4.2008 – 9 S 2278/07; LSG Sachsen vom 23.2.2009 – L 7 B 24/08 SO-ER; vgl. auch LSG NRW vom 26.10.2012 – L 6 AS 1229/12 B).

Wohnungslose

Personen ohne Wohnung können trotz Fehlens einer festen Unterkunft einen gewöhnlichen Aufenthalt begründen, wenn sie den Umständen und ihrem Willen nach am Ort ihres tatsächlichen Aufenthalts (in Obdachlosenunterkünften, Notunterkünften, Wohnwagen, behelfsmäßigen Unterschlüpfen oder schlicht auf der Straße) nicht nur vorübergehend verweilen (s. dazu LSG Baden-Württemberg vom 25.2.2016 – L 7 SO 3588/14).

Längerer
Auslands-
aufenthalt

Ein vorübergehender, d.h. bis zu sechs Monate dauernder Aufenthalt im Ausland unter Beibehaltung des deutschen Wohnsitzes und dem Willen zur Rückkehr ins Bundesgebiet lässt den gewöhnlichen Aufenthalt i. S. von § 7 Abs. 1 Satz 1 Nr. 4 SGB II fortbestehen (SG Bayreuth vom 3.5.2006 – S 5 AS 608/05, ASR 2006, S. 129 f.; SG Hamburg vom 12.10.2007 – S 56 SO 350/06; vgl. auch LSG Baden-Württemberg vom 22.1.2013 – L 11 EG 3335/12). Mögliche Leistungsansprüche während der Abwesenheit – vor allem die Übernahme der Unterkunftskosten – sind wegen § 7 Abs. 4a SGB II im Rahmen der Eingliederungsvereinbarung zu klären. Der VGH München (FEVS 57, S. 6 ff.) hat entschieden, dass der gewöhnliche Aufenthalt eines abwesenden Familienmitglieds erst dann verloren geht, wenn die im Inland gebliebene Familie während des Auslandsaufenthalts den Wohnsitz wechselt. Die Anmeldung auch des abwesenden Familienmitglieds beim Einwohnermeldeamt des Zuzugsorts ändere daran nichts. Folgt man dieser Ansicht, hat das praktische Bedeutung für die Beurteilung der Angemessenheit der Wohnung am neuen Wohnort der Restfamilie. Unserer Auffassung nach ist trotz längeren Auslandsaufenthalts vor Verweisung auf eine kleinere Wohnung zu prüfen, ob noch ein wirklicher Rückkehrwille des abwesenden Familienmitglieds besteht.

Inlandsferien

Liegt der Lebensmittelpunkt im Ausland und wird nur für die Ferien ein tatsächlicher Aufenthalt im Bundesgebiet begründet, wird für BG-Kinder die Voraussetzung des »gewöhnlichen« Inlands-Aufenthalts von der leistungsbegründenden Voraussetzung der Zugehörigkeit zur temporären BG verdrängt (BSG vom 28.10.2014 – B 14 AS 65/13 R).

Der Anspruch auf SGB II-Leistungen für einen Ferienaufenthalt bei den im Inland lebenden Eltern kann aber nach § 7 Abs. 5 SGB II ausgeschlossen sein, wenn die im Ausland absolvierte Ausbildung einem dem Grunde nach förderungsfähigen Studium i. S. von § 7 Abs. 5 SGB II gleichsteht (LSG NRW vom 27.8.2012 – L 19 AS 525/12).

Auslands-ausbildung

Die konkrete Absicht, zu einem bestimmten Zeitpunkt in ein bestimmtes Land auszuwandern, steht einem gewöhnlichen Aufenthalt im Inland auch in der Zeit der Vorbereitung der Auswanderung (Einholung von behördlichen Erlaubnissen; vorbereitende Auslandsaufenthalte, Verkaufsverhandlungen im Inland usw.) bis zum Ablauf des letzten Tages vor der Auswanderung, also der konkreten Verlagerung des Lebensschwerpunktes ins Ausland, nicht entgegen (LSG Niedersachsen-Bremen vom 8.10.2008 – L 2 R 511/07; vgl. auch LSG NRW vom 27.10.2009 – L 1 AS 25/09). Zu evtl. Förderleistungen s. LSG NRW vom 26.2.2014 – L 7 AS 245/14 B ER.

Geplante Auswanderung

Scheitert eine geplante Auswanderung und kehrt der Betroffene wieder ins Bundesgebiet zurück, kann er aus dem Umstand, dass er doch nur vorübergehend im Ausland weilte, kein Alg II für die Zeit vor der Wiedereinreise und Neuantragstellung beanspruchen (LSG Baden-Württemberg vom 14.5.2013 – L 13 AS 1389/11; vgl. auch BSG vom 6.3.2013 – B 11 AL 5/12 R).

Gescheiterte Auswanderung

Eine fehlende ordnungsbehördliche Anmeldung steht der Begründung eines gewöhnlichen Aufenthalts nicht entgegen (LSG Sachsen vom 31.1.2008 – L 3 B 465/07 AS-ER); umgekehrt ist die Anmeldung nur ein Indiz für eine nicht nur vorübergehende Wohnsitznahme am Meldeort (LSG Sachsen vom 3.11.2008 – L 7 B 154/07 AS-ER). Daran hat die Verschärfung des Meldewesens zum 1.11.2015 (§ 19 BMG) nichts geändert.

Fehlende Meldeanschrift

Die fehlende Abmeldung von einem früheren Wohnsitz ist unerheblich, wenn der Lebensmittelpunkt tatsächlich am neuen Wohnsitz besteht (LSG Sachsen vom 2.10.2013 – L 3 AS 808/13 B ER).

Fehlende Abmeldung

Die Leistungsvoraussetzung des gewöhnlichen Aufenthalts im Bundesgebiet fällt nicht dadurch weg, dass Zweifel auftauchen, ob sich der Leistungsberechtigte unter der dem Jobcenter angegebenen Adresse tatsächlich aufhält (Postrücklauf, vergebliche Kontaktversuche des Außendienstes usw.).

Zweifelhafte Meldeanschrift

§ 7 Abs. 1 Nr. 4 SGB II nimmt Bezug auf § 30 Abs. 3 SGB I, der sich auf den Aufenthalt in einem Bezirk, nicht auf eine bestimmte Anschrift erstreckt (VGH München vom 22.2.2005, FEVS 57, S. 6 ff.; OVG NRW vom 16.2.2009 – 12 A 3303/07; LSG Baden-Württemberg vom 25.2.2016 – L 7 SO 3588/14). Eine Leistungseinstellung ist deshalb nur dann gerechtfertigt, wenn stichhaltige Anhaltspunkte dafür vorliegen, dass der Leistungsbezieher nicht (mehr) im Bundesgebiet lebt (vgl. LSG Sachsen vom 2.1.2008 – L 3 B 395/07 AS-ER: gewöhnlicher Aufenthalt

Verlassen des Bundesgebiets

im Bundesgebiet trotz regelmäßiger Wochenendbesuche einer Freundin im Ausland; LSG NRW vom 22.6.2010 – L 6 AS 872/10 B ER: Abmeldung durch Vermieter).

**Fehlende
Erreichbarkeit**

Bei zweifelhafter Meldeanschrift kann allerdings die Erreichbarkeit fehlen mit der Folge, dass es kein Alg II gibt (→ S. 116 ff.).

Personen, die sich nur als Gast in einer fremden Wohnung aufhalten oder über gar keine Wohnung verfügen, erfüllen dann die Voraussetzung eines gewöhnlichen Aufenthalts, wenn sie am jeweiligen, tatsächlichen Aufenthaltsort unter Umständen leben, die auf einen nicht nur vorübergehenden Aufenthalt im Bundesgebiet schließen lassen. Dies ist anhand einer vorausschauenden Betrachtung zum Zeitpunkt, zu dem Alg II beantragt wird, zu beurteilen (zu den Anforderungen dieser Prognose s. LSG Baden-Württemberg vom 25.2.2016 – L 7 SO 3588/14). Problematisch ist die Erfüllung dieser Voraussetzung nur bei Ausländern mit ungesichertem Bleiberecht (→ S. 18).

1.1   Zu- und Abwanderer innerhalb der EU

Mit der ersatzlosen Streichung des Zuschlags nach Alg I-Vorbezug (§ 24 SGB II a. F.) zum 1.1.2011 ist die Mitnahme eines Alg II-Anspruchs ins EU-Ausland ausgeschlossen. Das gilt auch für Alg II, das aufstockend zum exportfähigen Alg I (Art. 64 VO 883/2004) bezogen wird; mit Verlassen des Bundesgebietes entfällt der Anspruch auf Alg II.

**Auch bei Wohnen
im Grenzgebiet**

Nach BSG vom 18.1.2011 – B 4 AS 14/10 R gilt das auch bei Wohnsitznahme im ausländischen Grenzgebiet, die einen Anspruch auf Alg I nicht zwingend ausschließt (vgl. BSG vom 7.10.2009 – B 11 AL 25/08 R; LSG NRW vom 17.10.2013 – L 9 AL 77/12; BayLSG vom 6.8.2014 – L 10 AL 175/12).

**Auch bei Selb-
ständigkeit
im Ausland?**

Für den Gründungszuschuss nach § 93 SGB III ist geklärt, dass er mit Beendigung des Inlandswohnsitzes entfällt (BSG vom 6.3.2013 – B 11 AL 5/12 R). Dies wird auch für das Einstiegsgeld nach § 16b SGB II gelten, obwohl es nach § 16b Abs. 1 Satz 2 SGB II trotz bzw. nach Überwindung des Alg II-Bezugs gezahlt werden kann.

1.2   Neu-EU-Bürger

Nach Art. 6 der Unionsbürgerrichtlinie 2004/38 sind alle EU-Bürger innerhalb der ersten drei Monate nach der Einreise in einen Mitgliedsstaat, also in einer Zeitspanne, in der noch kein gewöhnlicher Aufenthalt i. S. von § 7 Abs. 1 Satz 1 Nr. 4 SGB II begründet werden kann, unbeschränkt freizügigkeitsberechtigt. Ein längerer Aufenthalt ist nur aus einem der in Art. 7, Art. 14 Unionsbürgerrichtlinie 2004/38 oder §§ 2, 3 FreizügG/EU genannten Zwecke, vor allem zur Arbeitsuche oder Beschäftigung erlaubt. Nur wenn offensichtlich ist, dass der eingereiste EU-Bürger nach Ablauf der Drei-Monats-Freizügigkeits-Frist keinen Grund für einen weiteren, legalen Aufenthalt erfüllen wird, kann Alg II schon wegen Fehlens eines gewöhnlichen Aufenthalts im Bundesgebiet gemäß § 7 Abs. 1 Nr. 4 SGB II abgelehnt werden (dazu jüngst EuGH vom 25.2.2016 – C 299/14). Zu möglichen anderen Ablehnungsgründen → S. 174.

Eine SGB II-spezifische Auslegung des Begriffs des gewöhnlichen Aufenthalts dahingehend, »dass ein prognostisch auf Dauer gesicherter Aufenthalt zu fordern ist, der ein Erreichen des Regelungszieles des SGB II – Beseitigung der Bedürftigkeit durch die Aufnahme einer Tätigkeit mit existenzsicherndem Ertrag (vgl. § 1 Abs. 1 SGB II) –, ungefährdet erscheinen lässt« (so LSG NRW vom 7.12.2011 – L 19 AS 1956/11 B ER), ist mit dem weitgefassten Begriff der Erwerbsfähigkeit (§ 8 Abs. 2 SGB II) nicht zu vereinbaren und in der Praxis auch gar nicht seriös umsetzbar (BSG vom 30.1.2013 – B 4 AS 54/12 R).

Die Freizügigkeitsbescheinigung ist seit Januar 2013 ersatzlos entfallen. Die Ausländerbehörde stellt auch keine anderen Bescheinigungen über ein vorliegendes Freizügigkeitsrecht aus (s. dazu OVG Sachsen vom 7.8.2014 – 3 D 96/13). Die Gewährung von Alg II kann deshalb weder von einer Bescheinigung noch von einem sonstigen Nachweis über das Bestehen des Freizügigkeitsrechts abhängig gemacht werden. Beruht das Freizügigkeitsrecht auf der Arbeitsuche nach unfreiwilligem Verlust einer Beschäftigung oder selbständigen Tätigkeit, dokumentiert der Alg II-Antrag den Willen zur Arbeitsmarktintegration. Ein Nachweis über Anstrengungen zur Arbeitsuche ist keine Leistungsvoraussetzung (BSG vom 30.1.2013 – B 4 AS 54/12 R; vgl. dazu auch VG Regensburg vom 30.4.2013 – RN 9 S 13.446).

Freizügigkeits-bescheinigung ersatzlos gestrichen

Nach § 5 Abs. 4 FreizügG/EU kann aber die Ausländerbehörde (weder das Jobcenter noch das Sozialgericht (LSG Berlin-Brandenburg vom 25.3.2013 – L 31 AS 362/13 B ER und vom 6.3.2014 – L 31 AS 1348/13; HessLSG vom 27.11.2013 – L 6 AS 726/12) das Nichtbestehen des Freizügigkeitsrechts prüfen und ggf. feststellen. Der Widerspruch hiergegen hat aufschiebende Wirkung (VG Dresden vom 9.3.2010 – 3 L 70/10; VG Ansbach vom 4.5.2010 – AN 19 K 09.00056; zur Anordnung der sofortigen Vollziehung s. OVG Sachsen vom 17.11.2015 – 3 B 330/15). Solange die aufschiebende Wirkung besteht oder vom Gericht wiederhergestellt wurde, kann die Zahlung von Alg II nicht mit der Begründung eingestellt werden, der gewöhnliche Aufenthalt im Bundesgebiet sei weggefallen (BayLSG vom 22.3.2012 – L 11 AS 1045/11 B ER).

1.3 Drittstaatsangehörige (Nicht-EU-Bürger)

Im Inland lebende Nicht-EU-Ausländer halten sich gewöhnlich im Bundesgebiet auf, wenn nach dem Ausländerrecht und der Handhabung der einschlägigen Ermessensvorschriften durch die Behörden davon auszugehen ist, dass sie nicht nur vorübergehend im

Bundesgebiet bleiben können. Für diese Beurteilung kommt es grundsätzlich nicht auf die Dauer des bisherigen Aufenthalts und die Art des innegehabten Aufenthaltstitels an, sondern auf die Prognose, ob ein Verbleib – bis auf weiteres – möglich ist (OVG NRW vom 14.4.2004 – 18 B 1601/03; LSG Berlin-Brandenburg vom 16.9.2005 – L 14 B 57/05 AS ER; BVerwG vom 2.4.2009 – 5 C 2.08; SG Duisburg vom 24.2.2014 – S 38 AS 5061/11). Auch bei einer bloßen Duldung gemäß § 60a AufenthG kann daher – sofern die Leistung nicht nach § 7 Abs. 1 Satz 2 SGB II ausgeschlossen ist – eine für den Bezug von Alg II ausreichende Aufenthaltsprognose gegeben sein, wenn eine Ausreise auf absehbare Zeit nicht zu erwarten ist (vgl. BSG vom 5.10.2006 – B 10 EG 6/04 R; SG Bremen vom 2.5.2006 – S 3 SB 138/04, vom 13.8.2009 – S 19 SB 3/09; BSG vom 29.4.2010 – B 9 SB 2/09 R; SG Hannover vom 27.9.2010 – S 54 AS 3724/10 ER; LSG NRW vom 20.2.2014 – L 19 AS 109/14 B ER).

Bleibeprognose

Duldung

Verfügt der Ausländer über einen Aufenthaltstitel, der von vornherein mangels Verlängerbarkeit keine Bleibeperspektive vermittelt, wie z. B. bei Saisonarbeitskräften nach § 15a BeschV, kann ein gewöhnlicher Aufenthalt im Bundesgebiet i. S. von § 7 Abs. 1 Satz 1 Nr. 4 SGB II nicht begründet werden.

Befristeter Aufenthalt

Anders liegen die Fälle, in denen ein weiterer, erlaubter Aufenthalt möglich ist, wie z. B. bei Haushaltshilfen nach § 15c BeschV. Wird (aufstockend) Alg II beantragt, besteht bei einer zum Zeitpunkt der Antragstellung günstigen Verlängerungsprognose ein gewöhnlicher Inlandsaufenthalt.

Verlängerungsoption

2   Örtliche Zuständigkeit

Keine Leistungsvoraussetzung?

In der Rechtsprechung war umstritten, ob § 36 SGB II lediglich regelt, welches Jobcenter zuständig ist oder eine materielle Leistungsvoraussetzung enthält (dazu LSG Sachsen-Anhalt vom 11.5.2011 – L 5 AS 92/07; LSG NRW vom 8.8.2011 – L 19 AS 760/11 B). Das BSG vom 23.5.2011 – B 14 AS 133/11 R ist der Ansicht, dass § 36 SGB II nur die Zuständigkeit der Jobcenter regelt (ebenso LSG Sachsen-Anhalt vom 18.6.2015 – L 4 AS 247/15 B ER). Eine allein auf die Unzuständigkeit des Jobcenters gestützte Aufhebung ist daher rechtswidrig (LSG NRW vom 6.6.2013 – L 7 AS 818/12).

Beispiel

G. bezieht im Bewilligungsabschnitt Juni 2016 bis Mai 2017 Leistungen vom Jobcenter X. Ab August 2016 verlagert sich sein Lebensmittelpunkt in die Wohnung der F., die von Leistungen des Jobcenters Y lebt und die G. im Mai 2016 kennengelernt hatte. Beim Jobcenter in Y meldet sich G. nicht.

Wertet man § 36 SGB II als echte Leistungsvoraussetzung, kann das Jobcenter X bei grober Fahrlässigkeit des G. (§ 48 SGB X) die seit August gewährten Leistungen wegen Wegfalls der Zuständigkeit zurückfordern. Für einen Anspruch gegenüber dem Jobcenter Y fehlt ein Leistungsantrag. Misst man § 36 SGB II nur die Bedeutung einer Zuständigkeitsregelung bei, hängt die Rückforderung davon ab, ob G. seine Wohnung ab August 2016 noch nutzte und werktags eingehende Post regelmäßig kontrollierte (§ 7 Abs. 4a SGB II). War das der Fall, ist die Verlagerung des Lebensmittelpunktes keine wesentliche Änderung i. S. von § 48 SGB X. Eine Partner-BG mit der Folge einer Verringerung des Regelbedarfs von 404 € auf 364 € bestand noch nicht.

Nach § 36 SGB II bestimmt der Wohnsitz oder gewöhnliche Aufenthalt die örtliche Zuständigkeit des Leistungsträgers. Dem entspricht eine unverzügliche Meldepflicht bei Wechsel der örtlichen Zuständigkeit (§ 59 SGB II mit Verweis auf § 310 SGB III). Eine bloß formelle Meldebescheinigung oder der bloße Abschluss eines Mietvertrages (LSG NRW vom 1.12.2009 – L 6 AS 21/09) genügt auch nach Neufassung des Meldewesens ab November 2015 nicht (LSG Sachsen vom 31.1.2008 – L 3 B 465/07 AS-ER und vom 3.11.2008 – L 7 B 154/07 AS-ER; vgl. auch VG Saarland vom 27.5.2011 – 3 K 2136/09: Umherziehender Rockmusiker). **Meldepflicht**

Notwendige Voraussetzung für die Begründung eines gewöhnlichen Aufenthalts am Ort oder im Kreis/Bezirk des Leistungsträgers ist der **tatsächliche** dortige Aufenthalt, sofern er den äußeren Umständen nach nicht nur vorübergehend ist. So kann z. B. trotz eines von Anfang an bestehenden Wegzugswunsches ein gewöhnlicher Aufenthalt i. S. von § 36 SGB II begründet werden, falls sich der geplante Umzug nicht oder nur schleppend realisieren lässt (OVG NRW vom 7.11.2003 – 12 A 3187/02: Verzögerung des Umzugs um zweieinhalb Monate; BayVGH vom 14.8.2008 – 12 ZB 07.3384: Einzug bei Freund für ungeplanten Zeitraum). Ist der Aufenthalt tatsächlich nur von kurzer Dauer, aber zum Zeitpunkt der Aufenthaltsnahme dauerhaft geplant gewesen, genügt das zur Begründung des gewöhnlichen Aufenthalts (VGH München vom 18.7.2005 – FEVS 57, S. 141 ff.). **Nicht nur vorübergehender Aufenthalt**

Aus demselben Grund kann auch der von Anfang an nur übergangsweise geplante Aufenthalt in einem **Übergangswohnheim** (LSG Rheinland-Pfalz vom 25.9.2003 – L 6 RJ 132/01; LSG Niedersachsen-Bremen vom 8.10.2008 – L 2 R 511/07; OVG Rheinland Pfalz vom 25.7.2003 – 12 A 10656/03; LSG NRW vom 29.8.2011 – L 3 R 454/10; OVG Mecklenburg-Vorpommern vom 19.7.2013 – 1 L 76/09), in einer **Mutter-Kind-Einrichtung** (BayVGH vom 21.5.2010 – 12 BV 09.1973) oder in einem **Frauenhaus** (VGH Kassel vom 9.10.2003 – 10 ZU 2113/03; VG Aachen vom 23.7.2004 – 6 K 2556/00; VG Meiningen vom 9.11.2006 – 8 K 525/03 ME; s. auch OLG Stuttgart vom 16.12.2014 – 5 Ss 732/14: Postzustellung) die Zuständigkeit begründen.

Die Frage des gewöhnlichen Aufenthalts ist für jede Person der BG einzeln zu entscheiden (LSG Berlin-Brandenburg vom 24.1.2006 – L 18 B 37/06 AS ER). Minderjährige Kinder halten sich in der Regel dort auf, wo sie erzogen werden, d. h. bei dem Elternteil, der das Sorgerecht tatsächlich ausübt (VGH Baden-Württemberg vom 22.4.2008 – 9 S 2278/07; OVG Saarland vom 3.9.2007 – 3 Q 133/06; OVG NRW vom 16.2.2009 **Einzelkopfprüfung**

– 12 A 3303/07) und auch ausüben kann (OVG NRW vom 11.6.2008 – 12 A 1277/08). Lebt das minderjährige Kind mit Duldung der Eltern oder des Jugendamtes an einem anderen Ort, hat es dort seinen gewöhnlichen Aufenthalt (LSG Mecklenburg-Vorpommern vom 13.12.2007 – L 8 B 381/07; VG München vom 10.3.2009 – M 15 E 09.225). Entzieht sich der Minderjährige der Bestimmung seines Aufenthaltes durch den Personensorgeberechtigten, führt das zur Begründung eines gewöhnlichen Aufenthalts des Minderjährigen an seinem tatsächlichen Aufenthaltsort, wenn der Personensorgeberechtigte sein Bemühen aufgibt, den Aufenthalt zu bestimmen, und es dem Minderjährigen gelingt, für einen erheblichen Zeitraum den eigenen Willen durchzusetzen (VG Arnsberg vom 14.12.2010 – 11 K 3764/09).

Umgangsrechts-BG

Damit Eltern ihr Umgangsrecht trotz Hilfebedürftigkeit ausüben können, hat das BSG für die Zeit des Besuchs der Kinder beim umgangsberechtigten Elternteil eine vorübergehende BG mit Ansprüchen der Kinder auf Alg II oder Sozialgeld gebildet (BSG vom 7.11.2006 – B 7b AS 14/06 R). § 36 Satz 3 SGB II setzt die Rechtsprechung des BSG zur örtlichen Zuständigkeit bei der Ausübung des Umgangsrechts mit der Maßgabe um, dass die Ansprüche auf Sozialgeld und Alg II **minderjähriger** Kinder von dem Jobcenter zu erfüllen sind, das für den umgangsberechtigten Elternteil zuständig ist (s. dazu auch BSG vom 12.6.2013 – B 14 AS 50/12 R). Mit Eintritt der Volljährigkeit wird das Jobcenter am gewöhnlichen Aufenthaltsort des jungen Erwachsenen zuständig. Nach Ansicht des LSG NRW vom 24.11.2011 – L 7 AS 1656/11 B ER ist die Rechtsprechung des BSG zur Wahrnehmung des Umgangsrechts auf Besuchszeiten volljähriger Kinder beim Umgangsberechtigten nicht mehr anzuwenden.

Die im 9. SGB II-ÄndG angedeutete Neuregelung der temporären BG ist letztlich nicht umgesetzt worden.

Besuchs-BG

Die Gerichte haben die BSG-Rechtsprechung zur Umgangsrechts-BG auf Situationen erweitert, in denen sich ein während der Woche in einer Jugendhilfeeinrichtung untergebrachtes Kind am Wochenende und in den Ferien im Elternhaus aufhält (SG Karlsruhe vom 27.7.2009 – S 16 AS 1115/08; SG Koblenz vom 2.11.2009 – S 16 AS 1190/09 ER; LSG Baden-Württemberg vom 20.5.2010 – L 7 AS 5263/08). Auch hierauf wird § 36 Satz 3 SGB II anzuwenden sein.

Im Zusammenhang mit der Frage, ob der Leistungsausschluss nach § 7 Abs. 5 SGB II a.F. auch für Ausbildungen gilt, die mit Ausbildungsgeld gefördert werden, hat das BSG vom 6.8.2014 – B 4 AS 55/13 R eine BG zwischen Elternteil und Auszubildender, die in einem Berufsbildungswerk wohnt und nur in den Ferien und an den Wochenenden ins Elternhaus fährt, verneint. Danach findet das Konstrukt der Besuch-BG keine Anwendung auf Kinder bzw. Jugendliche, die nach § 7 Abs. 4 oder Abs. 5 SGB II ausgeschlossen sind. Bedeutung hätte die Annahme einer temporären BG hier für die Zurechnung des Kindergeldes.

Der 21-jährige K. studiert in München. Seine in Frankfurt lebende Mutter D. erhält Leistungen vom Jobcenter. Das Jobcenter rechnet das der D. für K. gezahlte Kindergeld als Einkommen an, weil D. das Kindergeld zur Finanzierung der Kosten für die regelmäßigen Wochenendaufenthalte des K. in Frankfurt verwendet, also nicht gemäß § 1 Abs. 1 Nr. 8 Alg II-V an K. weiterreicht. Bestünde während der Wochenendbesuche eine temporäre BG, wäre das Kindergeld für die Aufenthaltstage Einkommen des K.

Beispiel

§ 36 Satz 5 SGB II regelt die Zuständigkeit für Leistungen auf Bildung und Teilhabe, wenn nicht erwerbsfähige Kinder und Jugendliche (Alter unter 15 Jahre) mit selbst nicht hilfebedürftigen Eltern zusammenleben (§ 7 Abs. 2 Satz 3 SGB II). In diesen Fall sind die Jobcenter örtlich zuständig, die zuständig wären, würde es sich bei den Kindern und Jugendlichen um Erwerbsfähige handeln.

Zuständigkeit für Leistungen auf Bildung und Teilhabe

Im Fall der Flucht in ein Frauenhaus muss das Jobcenter, das am früheren Aufenthaltsort zuständig war, nach § 36a SGB II dem Jobcenter, in dessen Bereich das Frauenhaus liegt, die Kosten erstatten. Geklärt ist damit, dass das Jobcenter am Ort des Frauenhauses zunächst mit Leistungen einspringen muss. Bei Wechsel von einem Frauenhaus in ein anderes Frauenhaus, das von einem anderen kommunalen Träger betrieben wird, bleibt das Jobcenter, in dessen Bereich die Leistungsberechtigten ihren gewöhnlichen Aufenthalt vor Inanspruchnahme des ersten Frauenhauses hatten, erstattungspflichtig (BSG vom 23.5.2012 – B 14 AS 190/11 R). Führt die Flucht vor häuslicher Gewalt über Zwischenstationen in ein Frauenhaus, bleibt das früher zuständige Jobcenter leistungspflichtig (BayLSG vom 21.6.2016 – L 11 AS 355/15).
Zu den erstattungsfähigen Leistungen gehören Aufwendungen für die soziale Betreuung (LSG NRW vom 23.2.2010 – L 1 AS 36/09; BSG vom 23.5.2012 – B 14 AS 190/11 R; SG Gotha vom 2.12.2011 – S 14 SO 4801/10; LSG Baden-Württemberg vom 8.5.2015 – L 12 AS 1255/14) und auch Leistungen für die Erstausstattung der Wohnung, wenn die Erstausstattung schon vor Auffinden einer neuen Wohnung außerhalb des Frauenhauses zu bewilligen war (SG Aachen vom 20.7.2007 – S 8 AS 17/07). Ansonsten ist das Jobcenter zuständig, in dessen Bereich im Anschluss an den Aufenthalt im Frauenhaus ein neuer gewöhnlicher Aufenthalt begründet wird (LSG NRW vom 13.7.2011 – L 12 AS 2155/10).
Bietet ein Frauenhaus angesichts der besonderen sozialen Schwierigkeiten keine ausreichende Hilfe, hat die betroffene Frau Anspruch auf Leistungen zur Überwindung dieser Schwierigkeiten nach § 67 SGB XII; diese sind ergänzend zu Leistungen für den Lebensunterhalt nach dem SGB II vom Sozialamt zu erbringen (SG Detmold vom 3.11.2015 – S 2 SO 207/11).

Frauenhaus

Wird die bestehende Wohnung während einer nur vorübergehenden Abwesenheit aufgelöst oder zwangsgeräumt und fällt der Rückkehrwille weg, wird eine neue Zuständigkeit am gegenwärtigen Aufenthaltsort begründet (VG Hannover vom 29.10.2002 – 3 A 2335/00). Der Wille, am gegenwärtigen oder einem neuen Ort zu bleiben, muss zur Begrün-

Aufenthaltswechsel

dung einer neuen Zuständigkeit aber objektiv erkennbar werden, z.B. durch Anmieten einer Wohnung oder den Einzug bei einem Bekannten (LSG Schleswig-Holstein vom 19.12.2007 – L 11 AS 9/07). Die Zuständigkeit wechselt nicht, wenn sich der Leistungsberechtigte zwar über die 3-Wochenfrist des § 7 Abs. 4a Satz 5 SGB II hinaus außerhalb seines Wohnortes aufhält, seinen gewöhnlichen Aufenthalt aber beibehält (SG Berlin vom 26.11.2007 – S 104 AS 26829/07; SG Karlsruhe vom 29.1.2009 – S 4 SO 971/08). Ist der Zeitpunkt einer Rückkehr in die frühere Wohnung nicht absehbar, wird das Jobcenter am tatsächlichen Aufenthaltsort zuständig (HessLSG vom 8.10.2007 – L 7 AS 249/07 ER).

Ausländer mit Wohnsitzauflage

Ist der Inlandsaufenthalt legal bzw. ein hinreichend gefestigter Aufenthalt im Bundesgebiet i..S., von § 7 Abs. 1 Nr. 4 SGB II gegeben, bestimmt sich die örtliche Zuständigkeit nicht nach dem ausländerrechtliche Status, sondern dem tatsächlichen Aufenthaltsort, auch wenn dieser von der Wohnsitzauflage abweicht (SG Hildesheim vom 22.3.2010 – S 43 AS 420/10 ER; SG Oldenburg vom 25.3.2010 – S 47 AS 550/10 ER; a. A. LSG Niedersachsen-Bremen vom 6.6.2013 – L 13 AS 122/13 B ER; LSG Berlin-Brandenburg vom 10.7.2014 – L 14 AS 1569/14 B ER; s. auch LSG Sachsen-Anhalt vom 6.6.2013 – L 2 AS 591/13 B ER; LSG NRW vom 13.5.2015 – L 12 AS 573/15 B ER).

EuGH

Mit Urteil vom 1.3.2016 – C-443/14 hat der EuGH entschieden, dass eine an den Bezug von Alg II oder Sozialhilfe geknüpfte Wohnsitzauflage nicht zu dem Zweck erteilt werden darf, die Belastungen der Kommunen mit Sozialleistungen gleichmäßiger über das Bundesgebiet zu verteilen. Zulässig soll eine Wohnsitzauflage für subsidiär schutzbedürftige Personen aber sein, wenn der Bezug von Alg II oder Sozialhilfe darauf hindeutet, dass diese Personen in stärkerem Maß mit Integrationsschwierigkeiten konfrontiert sein werden als andere Drittstaatsangehörige, die sich rechtmäßig in Deutschland aufhalten und Sozialhilfe beziehen, **und** wenn die Wohnsitzauflage dem Zweck dient, die Integration zu erleichtern. Dies müsse das nationale Gericht jeweils feststellen.

Haft

Der Aufenthalt in einer Haftanstalt kann nach Dauer der Inhaftierung und der sonstigen Lebensumstände einen gewöhnlichen Aufenthalt am Ort der Haft begründen (VG Ansbach vom 2.12.2010 – AN 14 K 10.00790; OVG NRW vom 15.12.2015 – 12 A 2645/14). Bei Freiheitsstrafen bis zu einem Jahr bleibt in der Regel aber der frühere Wohnort der gewöhnliche Aufenthaltsort i. S. von § 36 SGB II (vgl. auch VG Bayreuth vom 11.2.2013 – B 3 K 12.354; VG Freiburg vom 7.11.2013 – 4 K 1340/12). Wurde die dortige Wohnung zwangsaufgelöst, weil der SGB II- oder SGB XII-Träger die Mietkosten nicht mehr übernommen hatte, steht dies der Aufrechterhaltung des gewöhnlichen Aufenthalts nicht entgegen (BayVGH vom 12.02.2008 – 12 ZB 07.921). Für die Zusicherung einer Mietübernahme und evt. Wohnungsbeschaffungskosten nach Haftentlassung bzw. dem Ende des Leistungsausschlusses gemäß § 7 Abs. 4 SGB II ist also bis zum 31.7.2016 das Jobcenter am Wohnort vor Antritt der Haft zuständig, **seit dem 1.8.2016** das Jobcenter am Ort der Haft.

Der Besuch eines auswärtigen Schulinternats kann ausnahmsweise am Ort des Internats den gewöhnlichen Aufenthalt begründen, wenn **unmittelbar** nach Ende des Schulbesuchs eine Ausbildung an einem vom Wohnort der Eltern weit entfernten Ort beginnen soll (vgl. VGH München vom 29.4.2004, FEVS 56, S. 122 ff.). Ansonsten hat der Schüler den gewöhnlichen Aufenthalt im Elternhaus (SG Stendal vom 7.2.2008 – S 3 AS 35/08 ER).

Grundsätzlich gilt das auch für behinderte Auszubildende, die zum Zweck der Ausbildung in einem Berufsbildungswerk untergebracht sind und nur an den Wochenenden und in den Ferien ins Elternhaus fahren (LSG Baden-Württemberg vom 15.2.2013 – L 2 AS 196/12).
Am Ort der Ausbildung kann aber ein gewöhnlicher Aufenthalt begründet werden, wenn von Beginn der Reha-Maßnahme an keine Anhaltspunkte dafür zu erkennen sind, dass der Rehabilitand die Maßnahme in enger Verbundenheit zu seiner Familie, bei der er zuvor wohnte, absolvieren werde und auch die Rückkehr ins Elternhaus offen ist (HessLSG vom 24.11.2010 – L 6 AS 168/08; vgl. auch SG Köln vom 23.2.2010 – S 32 AS 290/10 ER).

Ein nur am Wochenende genutzter Wohnwagen begründet keine Zuständigkeit des Jobcenters am Stellplatz des Wohnwagens (LSG NRW vom 1.12.2009 – L 6 AS 21/09).

Bei in der Saison berufsbedingt reisenden Schaustellern ist der gewöhnliche und zuständigkeitsbegründende Aufenthalt an dem Ort, zu dem sie eine feste Beziehung unterhalten und an den sie auch regelmäßig aus Gründen wiederkehren, die nicht unmittelbar mit ihrer Tätigkeit als Schausteller zusammenhängen (LSG Sachsen-Anhalt vom 9.7.2009 – L 2 AS 194/09 B ER, vom 10.9.2012 – L 5 AS 562/12 B ER: Wanderzirkus; vgl. auch VG Saarland vom 27.5.2011 – 3 K 2136/09: reisender Musiker).

Für Personen, die sich als Binnenschiffer in ständig wechselnden Gebieten Deutschlands aufhalten, ist das Jobcenter des Ortes zuständig, in dem die Binnenschiffer eine Wohnung haben oder üblicherweise außerhalb ihrer Einsatzzeiten anlegen (vgl. dazu aber VG Oldenburg vom 9.11.2012 – 13 A 2075/11).

Obdachlose, Haftentlassene oder nicht sesshafte Personen haben einen ausreichenden örtlichen Aufenthalt, wenn sie über eine Betreuungs- oder Beratungseinrichtung für den Leistungsträger erreichbar sind (LSG NRW vom 6.6.2013 – L 7 AS 686/13 B ER: Bei Aufenthalt in einem Übernachtungsheim).
Nach § 36 Satz 4 SGB II ist für diesen Personenkreis das Jobcenter zuständig, in dessen Bereich sich der erwerbsfähige Leistungsberechtigte **tatsächlich** und nicht nur zur Durchreise aufhält (s. BSG vom 10.3.2010 – B 12 SF 2/10 S). Hängt die Dauer des Aufenthalts davon ab, ob und welche Hilfen der Wohnungslose bekommt, begründet der tatsächliche Aufenthaltsort die Zuständigkeit.

Internat

Auswärtige Rehabilitationsmaßnahme

Wohnwagen

Reisende Schausteller

Binnenschiffer

Wohnungslose

Mehrere Aufenthaltsorte

Sofern es mit Erwerbsobliegenheit und Eingliederungsvereinbarung überhaupt vereinbar ist, können auch mehrere gewöhnliche Aufenthalte bestehen oder begründet werden. Voraussetzung ist dann allerdings, dass sich der Leistungsberechtigte etwa gleich häufig an dem einen und dem anderen Ort aufhält (LSG Saarland vom 10.11.2003 – L 8 AL 7/03; BayLSG vom 23.7.2009 – L 8 AL 337/06). Ansonsten wird schon kein gewöhnlicher Aufenthalt begründet (vgl. VG Würzburg vom 8.9.2010 – W 3 K 10.895; SG Karlsruhe vom 13.7.2010 – S 4 SO 580/09). Die Aufenthaltsorte sind dem Jobcenter, das Leistungen gewährt, zu melden (LSG Sachsen-Anhalt vom 14.5.2011 – L 5 AS 92/07).

Kind bei getrennt lebenden Eltern

Haben getrennt lebende Elternteile verschiedene gewöhnliche Aufenthalte und steht ihnen die Personensorge gemeinsam zu, hat das Kind zwei gewöhnliche Aufenthaltsorte i. S. von § 36 SGB II, wenn es zu etwa gleichen Teilen bei den Eltern lebt. Gleichwohl muss melderechtlich eine Wohnung zur Hauptwohnung erklärt werden, worüber sich die Eltern verständigen müssen (BVerwG vom 30.9.2015 – 6 C 38.14). Lebt das Kind überwiegend i. S. einer häufigeren Wohnungsnutzung bei einem der Elternteile, hat es dort seinen gewöhnlichen Aufenthalt (vgl. OVG Berlin-Brandenburg vom 16.5.2008 – 5 N 9.07 und 5 L 10.07; OVG NRW vom 1.7.2010 – 14 A 3292/08).

Zur Vermeidung von Doppelzahlungen, insbesondere wenn an einem Ort die Arbeitsgemeinschaft, am anderen der kommunale Leistungsträger zuständig ist, wird über eine jeweilige unverzügliche Meldung beim zuständig gewordenen Jobcenter der Aufenthalt zu dokumentieren sein.

Ein Bestimmungsrecht des Antragstellers, wie es § 327 SGB III kennt, gibt es im SGB II nicht.

Unklarer Wohnsitz

Ist unklar, unter welcher Anschrift der Leistungsberechtigte wohnt, oder ob er die angegebene Wohnung noch überwiegend nutzt, dürfen die Leistungen nicht ohne weiter gehende Ermittlungen zur Aufgabe des Wohnsitzes oder zum Wegfall der postalischen Erreichbarkeit eingestellt werden (LSG Berlin-Brandenburg vom 26.3.2007 – L 26 B 388/07 AS ER; LSG NRW vom 13.9.2007 – L 20 B 103/07 AS ER; LSG Sachsen vom 3.11.2011 – C 3 AS 268/11 B ER). In einem laufenden Eilverfahren beim Sozialgericht genügen Indizien; Zweifel am Fortbestand der alten Wohnanschrift gehen zulasten des Antragstellers (SG Berlin vom 15.11.2007 – S 104 AS 20429/07 ER; LSG NRW vom 8.7.2009 – L 7 B 198/09 AS ER; LSG Sachsen, a.a.O.).

Scheinwohnung

Allein die Tatsache, dass für eine Wohnung nur geringe Betriebskosten wegen geringer Verbräuche zu leisten waren bzw. sind, stellt nicht in Frage, dass zumindest **auch** diese Wohnung bewohnt wird (LSG Mecklenburg-Vorpommern vom 18.10.2011 – L 8 B 526/10 ER). Dazu, wann von einer Nichtnutzung der Wohnung auszugehen ist s. LSG NRW vom 22.6.2010 – L 6 AS 872/10 B ER; BayLSG vom 17.2.2011 – L 7 AS 42/08; LSG Sachsen-Anhalt vom 7.4.2011 – L 2 AS 10/11 B ER: Über einen Zeitraum von zwei Jahren hinweg weder Gas-

noch Stromverbrauch; LSG NRW vom 8.6.2011 – L 12 AS 201/11 B ER: Beobachtung durch Außendienst).

Wohnt der Leistungsberechtigte nach Räumung seiner Wohnung im Wechsel bei Freunden und Bekannten, ist – Erreichbarkeit vorausgesetzt – jedenfalls ein Anspruch auf den Regelbedarf gegeben. Zuständig ist gemäß § 36 Satz 4 SGB II das Jobcenter, in dessen Bereich sich der Leistungsberechtigte **tatsächlich** aufhält (BayLSG vom 15.6.2012 – L 7 AS 403/12 B ER). Bei einem Zuständigkeitsstreit muss das zuerst angegangene Jobcenter zahlen (SG Düsseldorf vom 21.10.2005 – S 35 AS 323/05 ER; LSG Baden-Württemberg vom 26.1.2016 – L 7 AS 41/ 16 ER-B).

Wechsel des Wohnsitzes

Der Leistungsbezieher hat sich nach einem Umzug gemäß § 59 SGB II i. V. m. § 310 SGB III unverzüglich beim zuständig gewordenen Jobcenter zu melden; außerdem sollte er sich auch rechtzeitig vor dem Wegzug beim alten Jobcenter abmelden. In der Regel ist die neue Zuständigkeit mit einer Meldebescheinigung, ggf. einer schriftlichen Bescheinigung einer Beratungs-/Betreuungseinrichtung über die Erreichbarkeit des Leistungsberechtigten nachzuweisen. Erfolgte eine rechtzeitige Abmeldung beim alten Jobcenter, kann es bei ordnungsgemäßem Verhalten des Jobcenters zu keiner Leistungsunterbrechung kommen. Denn danach ist bei Anzeige des Umzugs wie folgt zu verfahren:

Umzug

Nahtlose Fortzahlung

- Der Vertreter der BG ist schriftlich aufzufordern, bei dem nunmehr zuständigen Jobcenter innerhalb einer Woche vorzusprechen; das aufnehmende Jobcenter erhält eine Durchschrift der Aufforderung.

- Das Aufforderungsschreiben ist mit einem Hinweis zu versehen, dass die Leistungen ab dem Tag, an dem er sich zu melden hat, als Vorschuss gewährt werden, der im Falle der Nichtvorsprache zurückgefordert werden kann.

- Das abgebende Jobcenter überwacht durch Wiedervorlage, ob sich der Bevollmächtigte der BG bei dem aufnehmenden Jobcenter gemeldet hat. Ist dies nicht der Fall, sind die als Vorschuss geleisteten Zahlungen zurückzufordern.

- Bei rechtzeitiger Vorsprache sind die Leistungen ab dem Folgemonat unter Berücksichtigung der geänderten Aufwendungen für die Unterkunftskosten nahtlos weiterzuzahlen.
  Bei nicht rechtzeitiger Vorsprache entscheidet das aufnehmende Jobcenter, ob als Vorschuss gezahlte Leistungen ggf. zurückzufordern sind, weil die Voraussetzungen nach § 2 Abs. 1 SGB II nicht vorgelegen haben.

Erfolgt die Meldung des Umzugs verspätet und war der Leistungsberechtigte deshalb für kein Jobcenter erreichbar, kann dies zur Leistungsaufhebung und Rückforderung führen (LSG NRW vom 23.12.2013 – L 19 AS 1814/13 B). Da das BSG (vom 30.6.2005 – B 7a/7 AL 98/04 R) Postnachsendeanträge für die Erreichbarkeit i. S. von § 1 EAO nur bei älteren Leistungsberechtigten, die von der alten 58er-Regelung des § 65 Abs. 2 SGB II Gebrauch gemacht haben, ausreichen lässt und noch unklar ist, wie die Gerichte § 7 Abs. 4a SGB II auslegen werden, empfehlen wir dringend, jeden Umzug sofort zu melden (LSG Baden-Württemberg vom 5.2.2007 – L 13 AS 64/07 ER-B; SG Koblenz vom 23.3.2016 – S 9 AL 165/14).

Änderungen im geplanten Umzugsverlauf sollten wegen des erwähnten Streits (→ S. 18) über die Bedeutung von § 36 SGB II ebenfalls den beteiligten Jobcentern gemeldet werden, um die Gefahr von Rückzahlungen auszuschließen.

Beispiel

H. erhält vom Jobcenter X Leistungen. Im laufenden Bewilligungsabschnitt März bis August 2013 zieht er mit Zustimmung des Jobcenters X in eine Wohnung, die im Zuständigkeitsbereich des Jobcenters Y liegt. Das den Jobcentern gemeldete Umzugsdatum ist der 1.5.2013. H. zieht jedoch mit Billigung des Vermieters schon am 1.4.2013 in die neue Wohnung, um dort Malerarbeiten auszuführen. Seine Post an die frühere Wohnung kontrolliert er täglich.

Folgt man der Ansicht, dass § 36 SGB II eine Leistungsvoraussetzung ist (wie z.B. SG Augsburg vom 21.6.2012 – S 15 AS 664/11), wäre die Zahlung des Regelbedarfs für April durch das Jobcenter X zu Unrecht erfolgt. Für einen Anspruch gegen das Jobcenter Y fehlt ein bereits den Monat April umfassender Alg II-Antrag. Die April-Miete für die alte Wohnung muss das Jobcenter X noch tragen, weil diese Wohnung in einem für den Leistungsbezug relevanten Umfang genutzt werden muss (Aufbewahrung der Möbel). Hält man § 36 SGB II dagegen für eine bloße Zuständigkeitsnorm, hat sich am Leistungsanspruch für die Zeit bis zum gemeldeten Umzug nichts geändert.

Nahtlos-Regelbedarf

§ 2 SGB X gibt dem Leistungsberechtigten in einer Umzugssituation einen Rechtsanspruch auf nahtlose Fortzahlung des Regelbedarfs – nicht der Kosten für Miete und Heizung (LSG Sachsen-Anhalt vom 27.1.2015 – L 4 AS 969/13 NZB) –, bis das letztlich zuständige Jobcenter mit Leistungen eintritt (SG Berlin vom 11.9.2014 – S 147 AS 20920/14 ER).

Beispiel

G. muss seine Mietwohnung in Köln wegen Eigenbedarfs des Vermieters zum 31.3. verlassen. G. hat in Opladen eine Wohnung gefunden, die angemessen ist. Das Jobcenter Köln hebt die laufende Alg II-Bewilligung zum 30.4. auf. Unmittelbar nach dem Einzug in die neue Wohnung stellt G. fest, dass die Wohnung voller Schimmel ist. Er kündigt fristlos und zieht übergangsweise in die Wohnung seiner Schwester in Velbert. Von dort sucht er intensiv nach einer Wohnung in Köln. Am 20.4. spricht G. auf dem Jobcenter in Köln vor und schildert seine Notlage. Weder das für Opladen noch das für Velbert zuständige Jobcenter hat bisher Leistungen bewilligt. Hier muss das Jobcenter Köln so lange den Regelbedarf zahlen, bis das zuständige Jobcenter Hilfe gewährt. Sollte das für Velbert zuständige Jobcenter seine Leistungspflicht wegen des bevorstehenden Umzugs nach Köln ablehnen, muss das Jobcenter Köln nach § 43 SGB I weiterzahlen.

§ 2 SGB X hilft nicht, wenn die Bewilligung des ursprünglichen Jobcenters abgelaufen ist (LSG Baden-Württemberg vom 26.1.2016 – L 7 AS 41/16 ER-B) oder bestandskräftig aufgehoben wurde (LSG Sachsen vom 12.3.2015 – L 3 AL 125/13). Der Betroffene muss sich dann an das Jobcenter wenden, in dessen Zuständigkeitsbereich er sich gerade tatsächlich aufhält.

Um die Umzugskosten und die Miete für die neue Wohnung zu sichern, muss vorher vom Jobcenter des Zuzugsortes eine Zusicherung zur Erforderlichkeit des Umzugs eingeholt werden.

Für die Übernahme der in der Umzugssituation für die ursprünglich bewohnte Wohnung noch anfallenden Kosten, z. B. Mieten nach Auszug bis zum Ablauf der Kündigungsfrist, Renovierungskosten, ist nach LSG Berlin-Brandenburg vom 31.1.2013 – L 34 AS 721/11 unabhängig vom ständigen Aufenthalt des Leistungsberechtigten in der neuen Wohnung das Jobcenter zuständig, in dessen Zuständigkeitsbereich die frühere Wohnung liegt (a.A. SG Nordhausen vom 18.9.2013 – S 11 AS 3700/11: Zuständigkeit des Jobcenters am Zuzugsort).

Umzugsfolge-kosten für die alte Wohnung

III   Erwerbsfähigkeit

1   Begriff

Nur Erwerbsfähige können Alg II erhalten. Die Erwerbsfähigkeit als Leistungsvoraussetzung für einen Alg II-Anspruch umfasst zwei Aspekte:

- das Arbeiten-Können, d. h. die Leistungsfähigkeit, und
- das Arbeiten-Dürfen, d. h. den Zugang zum Arbeitsmarkt.

1.1   Arbeiten-Können

§ 7 Abs. 1 Satz 1 Nr. 2 i. V. m. § 8 Abs. 1 SGB II stellt auf einen sozialmedizinisch geprägten, dem Rentenrecht entlehnten Begriff der Erwerbsfähigkeit ab. Eine an vergangenen oder künftigen Vermittlungschancen orientierte Arbeitsmarktnähe/-ferne spielt erst bei Umschlag in Krankheit oder Behinderung eine Rolle. Ansonsten berechtigen selbst hartnäckige Vermittlungshemmnisse nicht zur Verneinung der Erwerbsfähigkeit.
Dies gilt erst recht für auffällige Verhaltensweisen ohne Krankheitswert, selbst wenn sie nach der im Arbeitsleben herrschenden Auffassung einer Einstellung im Weg stehen können. Inwiefern dann im Einzelfall die Fähigkeit zur Aufnahme einer Arbeit bezweifelt werden kann, bedarf einer sehr sorgfältigen und abgewogenen Prüfung (vgl.

Sozialmedizinisch geprägt

Unabhängig von Vermittlungs-chancen

dazu die entsprechend rar gebliebene Rechtsprechung zum früheren § 103 Abs. 1 Satz 3 Nr. 2 AFG, z. B. BSG vom 26.9.1989, SozR 4100 § 103 AFG Nr. 43). Fatal wäre eine auf den Leitsatz des VG Mainz, »Keine Sozialhilfe bei Vollverschleierung«, abgeflachte Entscheidungspraxis (vgl. dazu die Urteilsanmerkung von Berlit, info also 2003, S. 166).

Anzubieten sind bei auffälligen Verhaltensweisen psychosoziale Beratung und Betreuung nach § 16a SGB II (→ S. 708), bevor vorschnell die Erwerbsfähigkeit verneint wird (LSG Schleswig-Holstein vom 28.2.2006 – L 7 RJ 51/04: Transsexualität).

Geringe Anforderung: 3 Stunden täglich arbeiten

Der aus dem Rentenrecht übernommene Maßstab verlangt nur ein Leistungsvermögen von 15 Stunden wöchentlich oder drei Stunden täglich für Erwerbsarbeiten unter den üblichen Bedingungen des allgemeinen Arbeitsmarktes, also ein Leistungsvermögen, das gerade noch oberhalb der Grenze zur vollen Erwerbsminderung gemäß § 43 Abs. 2 Satz 2 SGB VI liegt. Nach einem Urteil des SG Dortmund vom 17.12.2009 – S 26 (1) R 40/08 kann die Fähigkeit zur Ausübung einer Arbeitsgelegenheit nach § 16 d SGB II ein gewichtiges Indiz gegen eine geltend gemachte Erwerbsminderung im Sinne von § 43 SGB VI sein.

Zur Beurteilung, ob der Alg II-Antragsteller über ein hinreichendes Leistungsvermögen verfügt, kann daher auf die Rechtsprechung und auf die Kommentierungen zu § 43 SGB VI verwiesen werden, wobei aber zu beachten ist, dass Erwerbsunfähigkeit i.S. von § 7 SGB II nicht identisch ist mit voller Erwerbsminderung i.S. von § 43 SGB VI.

Die Unterschiede zwischen dem SGB VI und dem SGB II verdeutlicht das folgende Schaubild:

Erwerbsminderung nach SGB VI – Erwerbsfähigkeit nach SGB II

Leistungsvermögen	SGB VI	SGB II
unter 3 Std./täglich	voll erwerbsgemindert	erwerbsunfähig
nur noch zu Sonderbedingungen (Werkstattbereich usw.)	voll erwerbsgemindert	erwerbsunfähig
3 bis unter 6 Std./täglich	teilweise erwerbsgemindert	erwerbsfähig
3 bis unter 6 Std./täglich bei verschlossenem Arbeitsmarkt	voll erwerbsgemindert	erwerbsfähig

Rechtliche Wertung

Trotz der in aller Regel erforderlichen medizinischen Sachkunde (ärztliche Befundberichte, sozialmedizinische Gutachten) handelt es sich bei der Feststellung der Erwerbsfähigkeit letztlich um eine rechtliche Wertung, d. h., es kommt nicht auf die Feststellung bestimmter Krankheiten oder Behinderungen an, sondern auf die Beeinträchtigung der körperlichen oder geistigen Funktionsfähigkeit, bezogen auf die üblichen Anforderungen des allgemeinen Arbeitsmarktes (s. dazu BSG vom 6.1.2016 – B 13 R 303/15 B).

Der allgemeine Arbeitsmarkt umfasst sämtliche denkbare Tätigkeiten, die mit den noch vorhandenen Kenntnissen und Fähigkeiten ausgeübt werden können, und zwar zu üblichen Bedingungen, was Dauer, Lage und Verteilung der Arbeitszeit auf dem bestehenden (Teilzeit-)Arbeitsmarkt betrifft.

Übliche Arbeitsanforderungen

Ob der Alg II-Antragsteller schon einmal derartige Tätigkeiten ausgeübt hatte oder die Tätigkeiten seiner beruflichen Qualifikation entsprechen, spielt keine Rolle. Desgleichen kommt es nicht darauf an, ob eine konkrete Chance auf Erlangung einer solchen Arbeitsstelle besteht. Auch der wegen Krankheit und Behinderung langjährig Arbeitslose gilt daher als ausreichend erwerbsfähig i.S. von §§ 7, 8 SGB II, wenn er zu üblichen Bedingungen noch mindestens 15 Stunden wöchentlich erwerbstätig sein könnte.

Abstrakte Betrachtungsweise

Allein das sozialmedizinisch definierte Restleistungsvermögen markiert die Systemgrenze zwischen Ansprüchen auf Rente nach dem SGB VI, Sozialhilfe oder Grundsicherung nach dem SGB XII auf der einen und Ansprüchen nach dem SGB II auf der anderen Seite.

Die Tätigkeit in einer Werkstatt für Behinderte begründet daher noch keine Erwerbsunfähigkeit im Sinne von § 8 SGB II. Dazu bedarf es der sozialmedizinischen Feststellung, dass der Betreffende wegen Art und Schwere seiner Behinderung tatsächlich auf dem allgemeinen Arbeitsmarkt nicht einsatzfähig ist (s. dazu schon BSG vom 10.5.2007 – B 7a AL 30/06 R; außerdem BSG vom 26.8.2008 – B 8/9b SO 16/07 R; SG Stuttgart vom 23.9.2008 – S 15 SO 6014/08 ER; LSG Rheinland-Pfalz vom 29.9.2009 – L 3 AS 24/08; LSG NRW vom 17.12.2010 – L 7 AS 1549/10 B ER und vom 17.4.2014 – L 19 AS 485/14 B ER).

Werkstatt für Behinderte

Die so genannte Arbeitsmarktrente ist eine volle Erwerbsminderungsrente, die deshalb gezahlt wird, weil das Leistungsvermögen auf weniger als sechs Stunden tägliche Erwerbsarbeit herabgesunken ist und ein leistungsgerechter Arbeitsplatz nicht zur Verfügung steht (verschlossener Teilzeitarbeitsmarkt i.S. der Rechtsprechung des BSG vom 20.12.1976 – BSGE 43, S. 75 ff., vom 19.10.2011 – B 13 R 78/09 R; LSG Saarland vom 10.2.2006 – L 7 RJ 64/04; BayLSG vom 28.6.2006 – L 13 R 157/05; HessLSG vom 21.11.2014 – L 5 R 231/12). Auch die Bezieher der Arbeitsmarktrente gehören zum anspruchsberechtigten Personenkreis des SGB II (SG Regensburg vom 4.7.2005 – S 13 AS 162/05 ER; BayLSG vom 9.9.2009 – L 18 SO 52/09 B PKH; BSG vom 21.12.2009 – B 14 AS 44/08 R; SG Braunschweig vom 4.3.2015 – S 32 SO 24/15 ER). Sie können mehr als drei Stunden täglich zu üblichen Bedingungen arbeiten und der Rentenbezug spielt nur für die Prüfung der Bedürftigkeit eine Rolle. Denn einen Leistungsausschluss kraft Zuerkennung einer vollen Erwerbsminderungsrente, gleich in welcher Höhe, entsprechend § 156 SGB III kennt das SGB II nicht. Reicht die Arbeitsmarktrente, gegebenenfalls mit Wohngeld, nicht, um den SGB II-Bedarf zu decken, erhält der Leistungsberechtigte aufstockend Alg II und ist im Rahmen seines verbliebenen Restleistungsvermögens von drei bis sechs Stunden täglicher Erwerbsarbeit verpflichtet, sich um Eingliederung zu bemühen (dazu LSG NRW vom 29.11.2010 – L 7 AS 1961/10 B).

Auch bei Arbeitsmarktrente

Angesichts des abgesunkenen Leistungsvermögens konzentrieren sich die Erwerbsbemühungen aber auf Eingliederungsmaßnahmen mithilfe spezieller Fördermöglichkeiten nach dem SGB IX. Wenn hierdurch die Hilfebedürftigkeit überwunden wird, spielt es für die Zumutbarkeit der Tätigkeit keine Rolle, dass der Anspruch auf eine volle Arbeitsmarktrente bei Überschreitung der Kurzzeitigkeitsgrenze (15 Stunden wöchentlich) in eine Teilerwerbsminderungsrente übergeht.

Befindet sich der Alg II-Bezieher in einem laufenden Verfahren auf Feststellung voller Erwerbsminderung, kann das Fehlschlagen von Vermittlungsbemühungen über die Dauer eines Jahres die Verschlossenheit des Arbeitsmarktes für den Anspruch auf eine Arbeitsmarktrente begründen (vgl. LSG Sachsen-Anhalt vom 12.5.1999 – L 6 KN 8/97).

Weiteres Absinken der Leistungsfähigkeit

Im Rentenrecht hat ein weiteres Absinken der Leistungsfähigkeit auf unter drei Stunden täglich auf den zuvor eingetretenen Versicherungsfall der Arbeitsmarktrente keine Auswirkung (dazu LSG Baden-Württemberg vom 13.8.2014 – L 9 R 1721/14 und vom 10.10.2014 – L 4 R 5172/13). Das Jobcenter muss in diesem Fall aber eine Umsteuerung in die Sozialhilfe oder Grundsicherung nach § 41 SGB XII prüfen.

Die Arbeitsmarktrente ist eine Sonderkonstruktion der Rechtsprechung. Im Regelfall zeigt der Bezug einer vollen Erwerbsminderungsrente, dass der Betroffene entweder außerstande ist, noch 15 Stunden wöchentlich zu regulären Bedingungen zu arbeiten, oder er ist trotz eines umfangreicheren Leistungsvermögens wegen spezieller, gegebenenfalls gehäufter Beeinträchtigungen nur noch in anerkannten Behindertenwerkstätten, gleichwertigen Einrichtungen (volle Erwerbsminderung i. S. von § 43 Abs. 2 Satz 2 SGB VI) oder auf dem allgemeinen Arbeitsmarkt zu praktisch nicht vorkommenden Sonderbedingungen einsetzbar (vgl. LSG Schleswig-Holstein vom 27.6.2006 – L 7 R 21/05).

Folgende **Grenzfälle** zur Erwerbsfähigkeit spielen in der Praxis eine Rolle:

Alkohol-/Suchtabhängigkeit

- Alkoholabhängigkeit ist ebenso wie sonstige Süchte grundsätzlich als vorübergehende, behandlungsbedürftige Erkrankung mit Leistungsansprüchen nach dem SGB II und SGB V zu werten. Dies gilt auch für die typischen körperlichen Begleiterscheinungen (vgl. LSG Thüringen vom 23.2.2004 – L 6 RJ 877/02; LSG Berlin-Brandenburg vom 3.7.2014 – L 33 R 1251/11). Dass der Alkoholkranke nur sehr schwer vermittelt werden kann, führt nicht zur Erwerbsunfähigkeit i.S. von § 8 Abs. 1 SGB II (LSG Niedersachsen-Bremen vom 27.8.2009 – L 8 SO 149/07).

Analphabetismus

- Analphabetismus, der auf Ausbildungsdefiziten und nicht auf einer geistigen Behinderung beruht, kann in Kombination mit gravierenden gesundheitlichen Einschränkungen volle Erwerbsminderung begründen (BSG vom 10.12.2003 – B 5 RJ 64/02 R). Hierbei ist aber angesichts der im SGB II vorgesehenen Fördermöglichkeiten ein sehr strenger Maßstab anzulegen: Neben einem durch Test sicher festgestellten Analphabetismus müssen weitere gesundheitliche

Leistungsbeeinträchtigungen hinzukommen, die den Schluss rechtfertigen, dass für den Betroffenen ein Arbeiten zu üblichen Bedingungen nicht (mehr) möglich ist (vgl. LSG NRW vom 26.2.2008 – L 18 R 225/06; LSG Sachsen-Anhalt vom 9.9.2010 – L 10 KN 5/06).

- Diabetes begründet nach der Rechtsprechung der Sozialgerichte grundsätzlich keine volle Erwerbsminderung, da die zusätzlichen Pausen für Blutzuckerkontrollen und kleine Zwischenmahlzeiten vom Arbeitgeber üblicherweise gewährt werden (LSG NRW vom 10.7.2000 – L 3 RJ 53/98; LSG Berlin-Brandenburg vom 22.9.2008 – L 3 R 185/08; BayLSG vom 18.2.2009 – L 13 R 558/07; LSG Sachsen-Anhalt vom 23.11.2011 – L 3 R 148/07). **Diabetes**

  Überschreiten dagegen die krankheitsbedingten Zusatzpausen die mit den regulären Produktionsbedingungen zu vereinbarenden Pausen, liegt volle Erwerbsminderung vor. Das BSG hat hier zwei zusätzliche Arbeitspausen von je 15 Minuten Dauer pro Arbeitsschicht als voll erwerbsmindernd eingestuft (BSG vom 10.12.2003 – B 5 RJ 64/02 R; vgl. auch LSG Baden-Württemberg vom 26.10.2010 – L 11 R 5203/09; LSG Berlin-Brandenburg vom 7.9.2011 – L 16 R 423/09; LSG Baden-Württemberg vom 20.10.2015 – L 11 R 3871/14: häufige Toilettenbesuche; LSG Sachsen-Anhalt vom 26.2.2015 – L 1 R 55/14: kurze Entspannungspausen unter 15 Minuten). **Häufige Pausen**

- In der Regel wird eine Erwerbsminderungsrente zunächst nur befristet gewährt (LSG Berlin-Brandenburg vom 10.12.2014 – L 16 R 504/12; zu einem Anspruch auf dauerhafte Rentenbewilligung s. SG Stuttgart vom 17.4.2012 – S 9 R 7935/09). Bei einer Befristung der Rente liegt zwar Erwerbsunfähigkeit mit einem eventuellen Anspruch auf Sozialhilfe nach dem SGB XII vor. Lebt der Betroffene aber in einer BG mit erwerbsfähigen Angehörigen, hängt der gegenüber dem Sozialgeld nach § 23 SGB II vorrangige Anspruch auf Grundsicherung nach den §§ 41 ff. SGB XII davon ab, ob die Rente unbefristet verlängert werden muss. Zur Beurteilung, wann der Rentenversicherungsträger die Rente entfristen muss, hat das BSG vom 29.3.2006 – B 13 RJ 31/05 ausgeführt: **Entfristung einer Erwerbsminderungsrente auf Zeit**

»›Unwahrscheinlich‹ i. S. des § 102 Abs. 2 Satz 4 SGB VI ist vielmehr dahingehend zu verstehen, dass schwerwiegende medizinische Gründe gegen eine – rentenrechtlich relevante – Besserungsaussicht sprechen müssen, so dass ein Dauerzustand vorliegt (vgl Majerski-Pahlen, a. a. O; ebenso Jörg in Kreikebohm, SGB VI, 2. Aufl 2003, RdNr. 5 zu § 102). Von solchen Gründen kann jedoch erst dann ausgegangen werden, wenn alle Behandlungsmöglichkeiten ausgeschöpft sind und auch hiernach ein aufgehobenes Leistungsvermögen besteht. Daher liegt es nahe, Unwahrscheinlichkeit i. S. des § 102 Abs. 2 Satz 4 SGB VI n. F. dann anzunehmen, wenn aus ärztlicher Sicht bei Betrachtung des bisherigen Verlaufs nach medizinischen Erkenntnissen – auch unter Berücksichtigung noch vorhandener therapeutischer Möglichkeiten – eine Besserung nicht anzunehmen ist, durch welche sich eine rentenrechtlich relevante Steigerung der Leistungsfähigkeit des Versicherten ergeben würde. Rein vom Wortsinn kann es allerdings nicht darauf ankommen, ob – wie das LSG (ähnlich auch VerbKomm, Anm. 5 zu § 102

SGB VI, Stand April 2003; Bayerlein, Bönisch u. a., a. a. O) meint – eine solche Besserung ›auszuschließen‹ ist (wie hier bereits das SG; vgl. ferner Zweng/Scheerer/Buschmann/Dörr, Handbuch der Rentenversicherung, RdNr. 18 zu § 102 SGB VI; Stand Mai 2001). Erheblich ist allein, dass alle therapeutischen Möglichkeiten in Betracht gezogen werden müssen, um ein qualitatives oder quantitatives Leistungshindernis zu beheben.«

Epilepsie

■ Bei Epilepsie ist auf die Einzelfallumstände abzustellen (vgl. LSG NRW vom 26.5.2010 – L 8 R 165/09). Das BSG hat insoweit auf Informationen der Berufsgenossenschaften zur beruflichen Einsetzbarkeit von Epilepsiekranken verwiesen. Danach sei auch zu klären, ob ausreichende Wegefähigkeit vorliege (BSG vom 12.12.2006 – B 13 R 27/06 R).

Intelligenzminderung

■ »Geistige Behinderungen werden am Maßstab des Intelligenzquotienten (IQ) gemessen. Bei einer leichten Intelligenzminderung (IQ unter 70) ist vielfach noch Erwerbsfähigkeit gegeben, während sie bei mittelgradigen und schweren Minderungen (IQ unter 50) in der Regel nicht mehr vorliegt« (Brühl/Sauer, Mein Recht auf Sozialleistungen, 20. Auflage, S. 38).

Mangelhafte Deutschkenntnisse

■ Mangelhafte Deutschkenntnisse sind grundsätzlich nicht als rentenrechtlich relevante Funktionseinschränkung anerkannt. Hierdurch soll eine Besserstellung ausländischer Arbeitnehmer verhindert werden (BSG vom 15.5.1991 – 5 RJ 92/89; kritisch dazu Bieback, Informationsbrief Ausländerrecht 1992, S. 22 ff.). Die Jobcenter haben nach § 3 Abs. 2b SGB II arbeitsuchende Leistungsberechtigte in der Eingliederungsvereinbarung zur Teilnahme an notwendigen Integrationskursen zu verpflichten.

Wegefähigkeit

■ Erwerbsfähigkeit setzt ein Mindestmaß an Mobilität voraus, um einen Arbeitsplatz erreichen zu können. Hat der Betroffene keinen Arbeitsplatz und wird ihm ein solcher auch nicht konkret angeboten, bemessen sich die Wegstrecken, deren Zurücklegung ihm möglich sein muss, um erwerbsfähig zu sein, nach einem generalisierenden Maßstab. Dabei wird von den Sozialgerichten überwiegend angenommen, dass der Betroffene für den Weg zur Arbeitsstelle öffentliche Verkehrsmittel benutzen und von seiner Wohnung zum Verkehrsmittel und vom Verkehrsmittel zur Arbeitsstelle und zurück Fußwege zurücklegen muss. Die Erwerbsfähigkeit setzt danach grundsätzlich die Fähigkeit des Betroffenen voraus, viermal am Tag Wegstrecken von mehr als 500 m mit zumutbarem Zeitaufwand (ca. 15 Minuten) zu Fuß bewältigen und zweimal täglich während der Hauptverkehrszeit mit öffentlichen Verkehrsmitteln fahren zu können (LSG NRW vom 4.4.2007 – L 8 RA 23/03; LSG Schleswig-Holstein vom 29.4.2008 – L 7 R 8/07). Bei der Beurteilung der Mobilität sind alle ihm tatsächlich zur Verfügung stehenden Hilfsmittel (z. B. Gehstützen) und Beförderungsmöglichkeiten zu berücksichtigen. Dazu gehört auch die zumutbare Benutzung eines vorhandenen Kfz (BSG vom 28.8.2002 – B 5 RJ 12/02 R). Die zum Rentenanspruch führende Wegeunfähigkeit wird dadurch aufgehoben, dass für den Fall der Arbeitsaufnahme ein Zuschuss nach der KfzHV für den Erwerb einer Fahrerlaubnis oder ei-

nes Kfz oder mögliche Beförderungsdienste in Aussicht gestellt werden (BSG vom 12.12.2011 – B 13 R 79/11 R). Nach einem Urteil des
LSG Niedersachsen-Bremen vom 17.12.2009 – L 10 R 270/08 ist eine
Person auch dann wegeunfähig und damit voll erwerbsgemindert,
wenn ihr zwar ein Kraftfahrzeug zur Nutzung zur Verfügung steht,
aber kein Arbeitsplatz vorhanden ist.

▪ Psychische Störungen sind zur Beurteilung der Erwerbsfähigkeit von   Psychische
bloßer Simulation oder der so genannten »Rentenneurose« abzugren-   Störungen
zen. Dazu hat das BSG (vom 6.9.2001 – B 5 RJ 42/00 R) ausgeführt,
dass bloße Vorstellungen von Krank-Sein und Nicht-mehr-Können
ebenso wie vordergründige wunschbesetzte Tendenzen (wie der
krankheitsfixierte Lebensentwurf) noch keine Krankheit oder Behinderung sind. Bei Neurosen und sonstigen psychischen Fehlhaltungen
komme es entscheidend darauf an, ob sie nach zumutbaren Willens-
anstrengungen noch beherrscht oder überwunden werden könnten
oder so fixiert seien, dass sie sich einer Steuerung durch den Willen
entziehen und dadurch ein unfreiwilliges, vom Willen des Betroffenen
unabhängiges und wirkliches Arbeitshindernis bilden (BayLSG vom
18.3.2015 – L 19 R 495/11; LSG Hamburg vom 10.2.2015 – L 3 R 105/
11; vgl. auch LSG Berlin-Brandenburg vom 17.1.2008 – L 3 R 796/07:
Angstneurose; LSG Schleswig-Holstein vom 5.5.2015 – L 7 R 63/14:
Meidung öffentlicher Verkehrsmittel; LSG NRW vom 11.12.2012 – L
18 KN 96/11: Schmerzstörung). Um herauszufinden, ob eine Störung
mit echtem Krankheitswert vorliegt, haben die Rentenversicherungsträger »Empfehlungen für die sozialmedizinische Beurteilung
psychischer Störungen« (DRV-Schriftenreihe 2001, Band 30, S. 46 f.)
erarbeitet, die auch für die von den Jobcentern zu treffende Feststellung der Erwerbsfähigkeit sachdienlich sind.

▪ Diese Personengruppe gehört eindeutig zum Kreis der nach §§ 7, 8   Ungelernte,
SGB II Erwerbsfähigen, auch wenn die faktischen Arbeitsmarkt-   ältere Langzeit-
chancen gegen Null gehen. Denn der Arbeitsmarkt ist hier wegen   arbeitlose
gehäufter arbeitsmarktlicher Risikofaktoren verschlossen (vgl. BSG
vom 19.2.1996, BSGE 80, S. 24 ff.).
Allerdings kann bei älteren und ungelernten Langzeitarbeitslosen
aufgrund einer Häufung ungewöhnlicher Leistungseinschränkungen
(s. LSG Berlin-Brandenburg vom 29.2.2008 – L 4 R 1562/05 und vom
26.8.2010 – L 27 R 118/07; LSG NRW vom 22.10.2013 – L 18 R 265/
09; LSG Sachsen-Anhalt vom 17.12.2014 – L 3 R 171/13) oder durch
Anpassungs- und Umstellungsschwierigkeiten in Kombination mit
gesundheitlichen Abbauprozessen volle Erwerbsminderung bestehen, wenn die Betroffenen trotz Anspannung der verbliebenen Kräfte außerstande sind, von einem jahrelang ausgeübten Beruf mit
überwiegend körperlichem Einsatz auf eine leichte Tätigkeit mit Anforderungen an Schrift- und/oder Sprachfähigkeit zu wechseln (BSG
vom 23.8.2001 – B 13 RJ 13/01 R: ratlos wirkender, körperlich abge-
bauter und deutlich vorgealterter Versicherter; HessLSG vom
26.11.2010 – L 5 R 363/08 KN).

1.2 **Arbeiten-Dürfen**

Arbeitsmarkt-zugang

§ 8 Abs. 2 SGB II knüpft die Erwerbsfähigkeit für Auslän-der zusätzlich zum Leistungsvermögen an die Voraussetzung, dass dem ausländischen Arbeitnehmer die Aufnahme einer Beschäftigung erlaubt ist oder erlaubt werden könnte. Zu den genauen Voraussetzungen wird auf das im Fachhochschulverlag erschienene Buch von Dorothee Frings und Elke Tießler-Marenda »Ausländerrecht für Studium und Beratung«, 3. Auflage 2015 verwiesen.

Weite Auslegung

§ 8 Abs. 2 SGB II ist weit auszulegen. Es genügt, dass überhaupt eine Arbeitserlaubnis nach § 39 AufenthG bzw. § 284 SGB III erteilt werden darf; auf die Chance, eine Erlaubnis tatsächlich zu erhalten, kommt es nicht an (BSG vom 30.1.2013 – B 4 AS 54/12 R, s. auch LSG NRW vom 2.9.2015 – L 7 AS 551/15 B ER).

Ungültiger oder fehlender Pass

Die rechtliche Erwerbsfähigkeit bleibt erhalten, auch wenn die Vermittlung des Ausländers wegen eines verlorenen oder ungültigen Passes eingeschränkt ist (LSG NRW vom 29.2.2008 – L 19 B 4/08 AS ER; OVG Bremen vom 28.9.2010 – 1 A 116/09; a.A. SG Freiburg vom 11.6.2008 – S 6 AS 2573/08 ER, das dann aber einen Anspruch auf Sozialhilfe nach dem SGB XII bejaht).

Fälle zweifelsfreier Erwerbsunfähigkeit im rechtlichen Sinne sind daher nur bei einem ausländerrechtlichen Beschäftigungsverbot gegeben.

Tatbestands-wirkung Ausländerrecht

Streitet der Ausländer gegen die Ausländerbehörde um die Rechtmäßigkeit des Verbots, ist ihm eine Beschäftigung bis zum rechtskräftigen Abschluss des Rechtsstreits verboten. So lange kann er daher nur Sozialhilfe nach dem SGB XII beanspruchen. Umgekehrt haben die Jobcenter ausländerrechtliche Regelungen auch dann hinzunehmen, wenn sie mit Grundsätzen des SGB II in Konflikt stehen (SG Hildesheim vom 11.5.2011 – S 42 AY 21/11 ER).

Fiktions-bescheinigung

Gilt aufgrund eines Rechtsstreits ein Aufenthaltstitel, der zur Arbeitsaufnahme berechtigt, fort, hat der Ausländer weiter Zugang zum Arbeitsmarkt. Bei Hilfebedürftigkeit ist ihm Alg II zu gewähren (LSG NRW vom 29.2.2008 – L 19 B 4/08 AS ER; SG Berlin vom 7.2.2011 – S 148 AS 1401/11 ER). Das gilt nicht, wenn die Fiktionsbescheinigung eine Nebenbestimmung enthält, die die Aufnahme einer Erwerbstätigkeit ausschließt; lebt der Ausländer in einer BG mit einer Person, die Anspruch auf Alg II hat, steht ihm ein Anspruch auf Sozialgeld nach § 23 SGB II zu (HessLSG vom 6.9.2011 – L 7 AS 334/11 B ER).

Freizügigkeit/EU

Solange ein EU-Bürger über ein Freizügigkeitsrecht verfügt, ist er rechtlich erwerbsfähig. Der EU-Bürger verliert sein Freizügigkeitsrecht erst mit Aberkennung durch die Ausländerbehörde (OVG Sachsen vom 2.2.2016 – 3 B 267/15; BVerwG vom 16.7.2015 – 1 C 22/14; VG Osnabrück vom 3.2.2015 – 5 A 74/14). Die Ermessensentscheidung der Ausländerbehörde, das Entfallen der Voraussetzungen des Freizügigkeitsrechts nach § 5 Abs. 4 FreizügG/EU festzustellen, ist nach § 7

FreizügG/EU nicht sofort vollziehbar; einer Klage kommt aufschiebende Wirkung zu (VG Dresden vom 9.3.2010 – 3 L 70/10).
Der Verstoß gegen eine räumliche Aufenthaltsbestimmung der Ausländerbehörde hat für den Bezug von Alg II keine Folgen (siehe dazu aber
→ S. 22). Die Regelung des § 23 Abs. 5 SGB XII ist auf das SGB II nicht
analog anwendbar (SG Aachen vom 6.7.2006 – S 11 AS 78/06 ER).

2   Feststellungsverfahren

Nach § 44a SGB II lassen sich drei Verfahrensabschnitte
zur Feststellung der Erwerbsfähigkeit unterscheiden:
- Antragsverfahren,
- Prüfverfahren und
- Trägerwiderspruchsverfahren.

2.1   Antragsverfahren

Rechtlich bedeutsam für die Beurteilung der Erwerbsfähigkeit sind nur Tatsachen, mit denen der Betroffene **dauerhafte** gesundheitliche Einschränkungen seiner Erwerbsfähigkeit geltend machen will, wie z. B. das Bestehen einer Behinderung, eine lang dauernde und voraussichtlich fortbestehende Erkrankung, einen laufenden Rentenantrag usw.

Nur dauerhafte gesundheitliche Einschränkungen

Ist der Antragsteller zum Zeitpunkt der Antragstellung krankgeschrieben, steht dies der Erwerbsfähigkeit grundsätzlich nicht entgegen.

2.2   Prüfverfahren

Nach § 44a Abs. 1 SGB II stellt die Arbeitsagentur (AA) als
Teil des Jobcenters die Erwerbsfähigkeit fest.

Zuständigkeit der Arbeitsagentur

Wenn sich aus den Angaben im Antragsformular Anhaltspunkte für
Zweifel an einer ausreichenden Erwerbsfähigkeit ergeben, hat die zuständige AA medizinische Ermittlungen einzuleiten. In der Regel sind
medizinische Unterlagen beizuziehen und ein medizinisches Gutachten,
sofern nicht bereits aus anderen Unterlagen vorhanden, einzuholen.

Bei Beauftragungen des Ärztlichen Dienstes besteht jederzeit die Möglichkeit, die Akten in Teil A (Medizinische Dokumentation und Erörte-
rung) und Teil B (Sozialmedizinische Stellungnahme für den Auftraggeber) einzusehen. Die Personenidentität muss dabei nachgewiesen
werden. Die Einsicht in Teil A ist nur in den Räumen des Ärztlichen
Dienstes möglich, da diese Akten aufgrund der ärztlichen Schweigepflicht ausschließlich dort geführt werden dürfen. Ob und welche medizinischen Daten erhoben wurden, ist dem Begutachteten auf Anfrage
nach § 83 SGB X mitzuteilen (BT-Drs. 17/8291 vom 2.1.2012).

Recht auf Akteneinsicht

Gegengutachten

Die vom Ärztlichen Dienst erstellten Gutachten können nicht direkt mit Widerspruch oder Klage angegriffen werden. Eine Überprüfung ist aber im Rahmen eines Widerspruchs-, ggf. Klageverfahrens gegen den Bescheid, der sich auf ein Gutachten stützt, möglich. Im Widerspruchsverfahren kann auch ein eigenes Gutachten eingeholt und als Beweismittel in das Verfahren eingebracht werden. Die Kosten für ein solches Gutachten sind aber nur ausnahmsweise nach § 63 SGB X erstattungsfähig. Im Klageverfahren kann – gegen Vorauslage der Kosten (§ 109 SGG) – ein Gutachten beantragt werden, wenn man die Ermittlungen des Gerichts für unzureichend hält.

Mitwirkungspflicht

Die Hilfesuchenden sind nach § 60 SGB I zur Mitwirkung verpflichtet. Sie müssen insbesondere die behandelnden Ärzte von der Schweigepflicht entbinden. Nicht wirkt mit, wer nur bereit ist, von einem bestimmten Arzt untersucht zu werden und nur diesen Arzt von der Schweigepflicht entbindet (BSG vom 17.2.2004 – B 1 KR 4/02 R). Zum besonderen Fall einer Weigerung, sich vom SGB XII-Träger medizinisch begutachten zu lassen, weil ein vorrangiger Alg II-Anspruch gegen das Jobcenter geltend gemacht wird, s. BayLSG vom 16.2.2012 – L 11 AS 1019/11 B ER.

Drogentest

Die Untersuchung eines Leistungsbeziehers oder Antragstellers auf eine Suchtmittelabhängigkeit ist ein rechtswidriger Eingriff in dessen Persönlichkeitsrecht, wenn es keine belastbaren Hinweise auf eine Suchterkrankung gibt (LG Heidelberg vom 22.8.2013 – 3 O 403/11).

Folgen fehlender Mitwirkung

Wirkt der Hilfesuchende bei Prüfung seiner Erwerbsfähigkeit nicht oder nur unzureichend mit, kann die Leistung nach § 66 SGB I – unter Ausübung von Ermessen (LSG NRW vom 28.9.2009 – L 19 B 255/09 AS ER; s.a. BayLSG vom 24.9.2010 – L 14 R 975/09: Gutachtenerstellung im Wege des Hausbesuchs) – bis zur Nachholung der Mitwirkung versagt werden (LSG Berlin-Brandenburg vom 11.11.2009 – L 16 R 258/09; SG Dresden vom 12.4.2010 – S 24 KN 289/09).

Eine Versagung ist rechtswidrig, wenn die Aufforderung zur Mitwirkung nicht die Mitwirkung konkretisiert und nicht auf die Folgen fehlender Mitwirkung hinweist (LSG Sachsen vom 23.5.2013 – L 7 AS 804/12; vgl. auch OVG Sachsen-Anhalt vom 27.2.2012 – 2 Ws (Reh) 308/11).

Rechtsschutz

Widerspruch und Klage gegen einen Versagungsbescheid nach § 66 SGB I haben aufschiebende Wirkung; § 39 SGB II gilt nicht (LSG Niedersachsen-Bremen vom 4.7.2012 – L 13 AS 124/12 B ER; LSG Sachsen vom 15.1.2013 – L 3 AS 1010/12 B PKH; HessLSG vom 21.6.2013 – L 9 AS 103/13 B ER; LSG NRW vom 7.4.2014 – L 19 AS 389/14 B ER).

Der Leistungsberechtigte kann nicht gezwungen werden, an einer ärztlichen oder psychologischen Untersuchung teilzunehmen bzw. daran mitzuwirken. Insofern ist die Teilnahme freiwillig, sie kann also

Keine Sanktion

auch nicht mit einer Sanktion nach §§ 31a, 32 SGB II mittelbar erzwungen werden. Hat der Leistungsberechtigte eindeutig klargestellt, dass er nicht bereit ist, sich begutachten zu lassen, kann eine dennoch ergangene Aufforderung, zu einem Begutachtungstermin zu erscheinen, auch nicht mit einer Sanktion nach § 32 SGB II belegt werden (s. dazu BT-Drs. 17/8846, S. 4).

Hat der Leistungsberechtigte grundsätzlich seine Bereitschaft zur Mitwirkung bekundet, kann das Nichterscheinen zu einem Begutachtungstermin eine Meldesanktion nach § 32 SGB II auslösen. Eine Versagung der Leistung nach § 66 SGB I wegen des Fernbleibens ist nicht zulässig (LSG Baden-Württemberg vom 8.4.2010 – L 7 AS 304/10 ER-B; LSG Saarland vom 2.5.2011 – L 9 AS 9/11 B ER; HessLSG vom 22.6.2011 – L 7 AS 700/10 B ER; LSG Schleswig-Holstein vom 2.8.2011 – L 3 AS 130/11 B ER; LSG NRW vom 12.6.2012 – L 7 AS 885/12 B ER;). Erst wenn feststeht, dass auf eine Begutachtung nicht verzichtet werden kann und der Leistungsberechtigte zu erkennen gegeben hat, an einer Begutachtung auch künftig nicht mitwirken zu wollen, kommt eine Versagung nach § 66 SGB I in Betracht (BSG vom 14.5.2014 – B 11 AL 8/13 R). Weitere Meldeaufforderungen bzw. Sanktionen wegen Nichterscheinens zum Begutachtungstermin sind dann aus dem o.g. Grund unzulässig.

Nur Meldesanktion

Unzulässig ist eine **abschließende** Leistungsablehnung wegen Nichtfeststellbarkeit der Erwerbsfähigkeit. Denn für die Feststellung der Erwerbsfähigkeit gilt der Untersuchungsgrundsatz nach § 20 SGB X, der voll auszuschöpfen ist, u.U. über die Druckmittel der §§ 31a – 32 SGB II, § 66 SGB I (LSG NRW vom 23.5.2007 – L 19 B 43/07 AS ER; BSG vom 20.12.2005 – B 7a/7 AL 12/04 R).

Beruht die fehlende Mitwirkung auf einer psychischen Störung, sind bis zur Klärung der Erwerbsfähigkeit Leistungen zu gewähren (LSG Berlin-Brandenburg vom 29.11.2007 – L 32 B 2023/07 AS ER und vom 5.11.2008 – L 34 B 1982/08 AS ER; s. auch BayLSG vom 31.8.2012 – L 7 AS 601/12 B ER).

Psychische Störung

Voraussetzung für den Abschluss der EV ist nach § 15 Abs. 1 SGB II, dass der Hilfesuchende erwerbsfähig ist. Damit ist ausgeschlossen, dass Gegenstand einer EV die Vorfrage sein darf, ob Erwerbsfähigkeit überhaupt vorliegt. Der Gang zum ärztlichen Gutachter kann daher nicht per EV mit einer Sanktion nach § 31a Abs. 1 SGB II erzwungen werden (LSG Rheinland-Pfalz vom 5.7.2007 – L 3 ER 175/07 AS; SG Freiburg vom 11.9.2015 – S 19 AS 4555/15 ER).

Eingliederungsvereinbarung ersetzt nicht Prüfung

Gewichtige Indizien für fehlende Erwerbsfähigkeit sind ein Reha- oder Rentenantrag nach § 51 SGB V auf Veranlassung der Krankenkasse oder der vorangegangene Bezug von Alg I nach § 145 SGB III (Nahtlosigkeitsregelung). Die Feststellungen in einem Bescheid zum Schwerbehindertenrecht oder der vorangegangene Bezug von SGB XII-Leistungen sind dagegen nicht aussagekräftig (LSG Berlin-Brandenburg vom 27.1.2006 – L 15 B 1105/05 SO ER; s. auch BSG vom 17.9.2015 – B 13 R 290/15 B).

Bedingt aussagekräftig sind AU-Bescheinigungen. Bei Erwerbstätigen besagen sie nur, dass der Erkrankte die von ihm konkret geforderte

AU-Bescheinigung

Arbeit nicht ausüben kann. Bei Alg I-Beziehern muss der Arzt feststellen, ob der Arbeitslose außerstande ist, leichte Arbeiten in einem zeitlichen Umfang zu verrichten, für den er sich dem Arbeitsmarkt zur Verfügung stellen muss; dies besagt noch nicht, dass der Arbeitslose krankheitsbedingt unfähig ist, unter den üblichen Bedingungen des allgemeinen Arbeitsmarktes mindestens drei Stunden täglich erwerbstätig zu sein. So lautet die am 21.6.2012 vom Bundesausschuss für Ärzte und Krankenkassen nach § 92 SGB V beschlossene, spezielle AU-Richtlinie für Alg II-Bezieher. Wird nach diesen Richtlinien eine nicht nur vorübergehende AU festgestellt, ist eine Begutachtung zur Erwerbsfähigkeit i. S. des § 7 Abs. 1 Nr. 2 SGB II angezeigt.

Leistungen im Berufsbildungsbereich einer Werkstatt für behinderte Menschen

Die Tätigkeit in einer Werkstatt für Behinderte ist keine Erwerbsarbeit. Erst wenn der Behinderte mindestens ein Jahr im Berufsbildungsbereich einer Werkstatt für behinderte Menschen mit Erfolg gefördert wurde, kann eine ausreichende Erwerbsfähigkeit für den Bezug von Alg II vorliegen (vgl. HessLSG vom 14.4.2008 – L 7 AS 79/08 B ER).

Tatbestandswirkung der Feststellung des RV-Trägers

Bestandskräftige, aktuelle Feststellungen des Rentenversicherungsträgers in einem Erwerbsminderungsrentenverfahren oder die Stellungnahme des Fachausschusses einer Werkstatt für Behinderte, dass keine volle Erwerbsminderung besteht (zur Aussagekraft dieser Feststellung s. BSG vom 9.6.2011 – B 8 SO 1/10 R), entfalten eine Tatbestandswirkung: Die AA darf davon nur abweichen, wenn neue Tatsachen (Verschlechterung des Gesundheitszustands) vorgetragen werden oder die medizinischen Feststellungen länger als sechs Monate zurückliegen (LSG Baden-Württemberg vom 26.10.2006 – L 13 AS 4113/06 ER-B). Hat der Rentenversicherungsträger volle Erwerbsminderung festgestellt oder liegt eine entsprechende Stellungnahme des Fachausschusses einer Werkstatt für behinderte Menschen vor, hat auch das nur eine eingeschränkte Tatbestandswirkung, die die AA nicht daran hindert, selbständig die Erwerbsfähigkeit zu ermitteln (dazu LSG NRW vom 10.2.2010 – L 7 B 371/09 AS). Liegen keine neuen Erkenntnisse vor, wird das Ergebnis aber zu übernehmen sein, um belastende Doppeluntersuchungen zu vermeiden.

Bindungswirkung für AA

Hatte sich der Hilfesuchende bereits an den SGB XII-Träger gewandt und wurde dort eine gutachtliche Stellungnahme des Rentenversicherungsträgers nach § 109a Abs. 2 Satz 2 SGB VI eingeholt, ist die AA hieran gebunden: Die Erwerbsfähigkeit des Hilfesuchende ist für die AA verbindlich festgestellt worden (§ 44a Abs. 1a SGB II).

Nicht für Sozialgerichte

Die Sozialgerichte sind an die gutachterliche Stellungnahme der Rentenversicherung nicht gebunden (LSG Sachsen-Anhalt vom 16.9.2013 – L 8 SO 10/13 B; LSG NRW vom 17.4.2014 – L 19 AS 485/14 B ER).

Keine Bindung an angefochtenes SG-Urteil

Ein vom Rentenversicherungsträger angefochtenes SG-Urteil über eine volle Erwerbsminderungsrente bindet die AA nicht. Sie muss solange Alg II zahlen, bis sie selbst über das Merkmal der Erwerbsfähigkeit entschieden hat. Ein Streitverfahren auf Weiterzahlung von

Alg II im Fall einer negativen Feststellung darf nicht bis zum Ausgang des Rentenstreits ausgesetzt werden (LSG Berlin-Brandenburg vom 22.8.2008 – L 20 B 947/08 AS).

Besteht Hilfebedürftigkeit sowohl nach den Bestimmungen des SGB II als auch den strengeren Bestimmungen des SGB XII, muss die AA den SGB XII-Träger in das Feststellungsverfahren einbinden (BSG vom 7.11.2006 – B 7b AS 10/06 R und vom 2.4.2014 – B 4 AS 26/13 R; LSG NRW vom 9.6.2016 – L 9 SO 427/15 B ER). Unterbleibt die Einbindung des SGB XII-Trägers, kann das Jobcenter die Leistung nicht ablehnen, auch wenn der Ärztliche Dienst der AA Erwerbsunfähigkeit festgestellt hat (SG Bremen vom 25.11.2011 – S 22 AS 1833/11 ER; BSG vom 2.4.2014 – B 4 AS 26/13 R). Teilt der SGB XII-Träger die Feststellung fehlender Erwerbsfähigkeit, ist Sozialhilfe nach den §§ 27 ff. SGB XII oder, falls der Leistungsberechtigte mit einem erwerbsfähigen Leistungsberechtigten in BG lebt, Sozialgeld nach § 23 SGB II zu zahlen. Ob ein vorrangiger Anspruch auf Grundsicherung bei dauerhafter Erwerbsminderung (§§ 41 ff. SGB XII) oder auf Rente wegen voller Erwerbsminderung (§ 43 SGB VI) besteht, prüft dann der SGB XII-/SGB VI-Träger in eigener Zuständigkeit.

SGB II oder Sozialhilfe?

Widerspricht der SGB XII-Träger der Feststellung fehlender Erwerbsfähigkeit, ist bis zur Entscheidung über den Widerspruch Alg II zu gewähren (LSG NRW vom 10.2.2010 – L 7 B 371/09 AS). Nach LSG Rheinland-Pfalz vom 29.9.2009 – L 3 AS 24/08 muss die AA sogar dann weiterzahlen, wenn zwar die Erwerbsunfähigkeit feststeht, aber nicht, welcher SGB XII-Träger zahlen muss.

Auch nach einer Umsteuerung ins SGB XII mit Regelbedarfen in derselben Höhe wie im SGB II ist der Leistungsberechtigte berechtigt, einen Alg II-Antrag zu stellen und ggf. vom Gericht entscheiden zu lassen, welche Leistungen ihm zustehen (BSG vom 6.9.2007 – B 14/7b AS 16/07 R; SG Karlsruhe vom 26.2.2008 – S 7 AS 848/08; SG Gelsenkirchen vom 12.8.2013 – S 36 AS 2517/12; vgl. auch LSG Berlin-Brandenburg vom 4.3.2009 – L 5 B 2325/08 AS PKH). Dies kann im Hinblick auf den günstigeren Vermögensschutz im SGB II von Vorteil sein oder wegen der nur über den Alg II-Bezug vermittelten Krankenversicherungspflicht. Nach LSG NRW vom 5.8.2009 – L 20 B 48/09 AS ER fehlt ein Anordnungsgrund für ein Eilverfahren, wenn der Leistungsberechtigte vom SGB XII-Träger Leistungen erhalten kann (a.A. BayLSG vom 16.2.2012 – L 11 AS 1019/11 B ER).

Feststellungsinteresse

Besteht keine Hilfebedürftigkeit nach dem SGB XII, entscheidet die AA allein über die Erwerbsfähigkeit. Sie ist in diesem Verfahrensstadium nicht verpflichtet, den Rentenversicherungsträger einzuschalten (BSG vom 7.11.2006 – B 7b AS 10/06 R). Stellt der von der AA beauftragte Gutachter Erwerbsunfähigkeit fest, sollte aber vor Ablehnung des Alg II-Antrags oder Einstellung der Zahlung der Rentenversicherungsträger beteiligt werden. Das gilt nicht nur für Leistungsberechtigte, die voraussichtlich die versicherungsrechtlichen Voraussetzungen für eine volle Erwerbsminderungsrente erfüllen, sodass bei Weiterzahlung von

SGB II oder Rente?

Alg II ein Erstattungsanspruch nach § 104 SGB X i.V.m. § 40a SGB II entstehen kann.

Reha vor Rente

Denn nach dem Grundsatz »Reha vor Rente« geht der Prüfung einer Rentengewährung häufig eine medizinische Rehabilitationsmaßnahme voraus. Dafür sind erheblich geringere versicherungsrechtliche Voraussetzungen als für den Bezug einer Rente erforderlich (siehe § 11 Abs. 2 SGB VI). Werden gesundheitlich angeschlagene Personen, die die Voraussetzungen für eine medizinische Rehamaßnahme erfüllen, vorschnell aus dem Alg II-Bezug geworfen, drohen der AA Schadensersatzforderungen, wenn durch erzwungenen Vermögenseinsatz bis auf die Schonbetragsgrenze nach § 90 SGB XII eine Sozialhilfe-Hilfebedürftigkeit entsteht, der SGB XII-Träger die Gewährung von Leistungen aber mit der Begründung ausreichender Erwerbsfähigkeit ablehnt. Dann ist bis zur Beseitigung der Meinungsverschiedenheit wieder Alg II zu gewähren; auch kann eine mit Übergangsgeld nach § 25 SGB II i.V.m. § 21 SGB VI geförderte Rehamaßnahme durchgeführt werden; das nach § 12 SGB II geschützte Vermögen ist aber verloren.

Nahtlos-Alg I oder Alg II ?

Stellt die AA als SGB III-Träger im Rahmen eines Antrags auf Nahtlos-Alg I nach § 145 SGB III »nur« eine Erwerbsminderung bis zu einer Dauer von sechs Monaten fest, besteht weder ein Anspruch auf Nahtlos-Alg I noch – wegen der bis zur prognostizierten Verbesserung des Gesundheitszustandes fehlenden Verfügbarkeit – ein Anspruch auf reguläres Alg I. Die Lücke muss dann mit Alg II geschlossen werden, da der Betreffende bei einer nur vorübergehenden Erwerbsminderung nicht erwerbsunfähig im Sinne von § 8 SGB II ist. Bei einem Nahtlos-Alg I-Antrag nach ausgeschöpftem Krankengeldbezug, fortdauernd bescheinigter AU und laufendem Rentenantrag ist die Prognose einer nur sechsmonatigen Erwerbsminderung aber sehr zweifelhaft; ein Eilantrag auf Gewährung von Alg I hat große Chancen auf Erfolg (s. SG Berlin vom 14.1.2008 – S 58 AL 4508/07 ER; LSG Baden-Württemberg vom 14.3.2008 – L 8 AL 1601/07, info also 2008, S. 161 mit Anmerkung Ute Winkler).

Beurteilungsmaßstab

Nach SG Dresden vom 12.4.2010 – S 24 KN 289/09 kann nicht allein auf eine prognostische Beurteilung der voraussichtlichen Dauer der Erwerbsminderung zum jeweiligen Entscheidungszeitpunkt (Antrag auf Nahtlos-Alg I) abgestellt werden, weil andernfalls Nahtlos-Alg I trotz aufgehobenem Leistungsvermögen dauerhaft oder zumindest über Jahre hinweg nur deshalb abgelehnt werden könnte, weil eine Behandlung Erfolg versprechend erscheint und nach der Einschätzung innerhalb der nächsten sechs Monate zur Behebung der Leistungsminderung führen könnte. Es müsse daher zulässig sein, die Prognose nachträglich und rückschauend zu überprüfen, um festzustellen, ob der Betroffene nicht doch »auf nicht absehbare Zeit«, d.h. länger als sechs Monate im rentenberechtigendem Ausmaß erwerbsgemindert war. Ist die Behauptung einer nur bis zu sechs Monate dauernden Erwerbsunfähigkeit somit nicht schon mangels Substanz des Gutachtens widerlegt, kann das angerufene Gericht auch die aktuelle Gesundheitsentwicklung nach Bekanntgabe des Alg I-Ablehnungsbescheides berücksichtigen.

Hatte der Leistungsberechtigte Alg I im Wege der Nahtlosigkeit nach § 145 SGB III bezogen, ist die AA als SGB II-Träger nach Ausschöpfung des Alg I-Anspruchs und noch laufendem Rentenverfahren nicht verpflichtet, bis zur Feststellung des Rentenversicherungsträgers zur Erwerbsminderung Alg II zu gewähren. Die AA als SGB II-Träger muss in eigener Zuständigkeit prüfen, ob sie die von der AA als SGB III-Träger getroffene Feststellung einer unter die Kurzzeitigkeitsgrenze des § 138 SGB III abgesunkenen Leistungsfähigkeit übernimmt und deshalb Alg II mangels Erwerbsfähigkeit i. S. von § 7 Abs. 1 Satz 1 Nr. 2 SGB II ablehnt.

Übergang aus Nahtlos-Alg I

Stimmt der Sozialhilfeträger der von der AA als SGB II-Träger festgestellten Erwerbsminderung zu, erfolgt bei Hilfebedürftigkeit nach dem SGB XII ein Wechsel in dieses Leistungssystem. Das gilt unabhängig davon, ob der Leistungsberechtigte voraussichtlich die versicherungsrechtlichen Voraussetzungen für eine volle Erwerbsminderungsrente nach § 43 SGB VI erfüllt. Widerspricht der SGB XII-Träger der Feststellung der AA als SGB II-Träger, greift die in § 44a Abs. 1 Satz 6 SGB II angeordnete Alg II-Fortzahlung längstens bis zu der für die beteiligten Träger verbindlichen Entscheidung der AA über den Trägerwiderspruch.

Auch hier gilt aber der Grundsatz »Reha vor Rente«. Ein Wechsel ins SGB XII kann die Möglichkeit einer medizinischen Rehamaßnahme nach §§ 11, 13 SGB VI verbauen, da SGB XII-Bezieher keine Rentenanrechnungszeit (§ 58 SGB VI) zurücklegen. Sollte daher kein Fall eines offensichtlich aufgehobenen Leistungsvermögens vorliegen, ist die AA als SGB II-Träger im Rahmen der ihr aus dem Sozialrechtsverhältnis obliegenden Beratungs- und Betreuungspflichten (§§ 14 ff. SGB I) dem Leistungsberechtigten gegenüber gehalten, vor einem Verweis ins SGB XII die medizinischen Ermittlungen des Rentenversicherungsträgers abzuwarten.

Ausschöpfung Reha-Potential

Ist der Leistungsberechtigte von der AA als SGB II-Träger vorschnell zum Sozialamt geschickt worden, sollte er dort anregen, dass der SGB XII-Träger der Feststellung der AA widerspricht, damit Alg II nach § 44a Abs. 1 Satz 6 SGB II fortgezahlt wird. Der wichtige Unterschied des Trägerwiderspruchs gegenüber einem eigenen Widerspruch gegen die Alg II-Ablehnung liegt darin, dass nur über das Verfahren nach § 44a SGB II eine nicht rückzahlbare Fortzahlung bewirkt wird, während der eigene Widerspruch nur in Verbindung mit einem Eilantrag bei Gericht zu einer Weiterzahlung von Alg II führt. Diese steht unter dem Vorbehalt einer Rückzahlung, sollte tatsächlich die Resterwerbsfähigkeit nicht ausreichend gewesen sein. Der SGB XII-Träger wird die Anregung aufgreifen, wenn der Fall so liegt, dass nach der Entscheidungspraxis des Rentenversicherungsträgers die Vorschaltung einer medizinischen Rehabilitation möglich ist (häufig bei Suchtkranken); dann genügt diese Einschätzung, um den Trägerwiderspruch in der in § 44a Abs. 1 Satz 3 SGB II geforderten Weise zu begründen.

Abwehr durch Träger-Widerspruch

Verfügt der Leistungsberechtigte über SGB II-Schonvermögen, das die geringeren Freibeträge nach § 90 SGB XII übersteigt, kann er die Anre-

Antrag auf Härtefallprüfung

gung auf Erhebung eines Trägerwiderspruchs mit einem Antrag auf eine Härteprüfung nach § 90 Abs. 3 SGB XII (s. dazu BSG vom 18.3.2008 – B 8/9b SO 11/06 R) bekräftigen und eine Amtshaftungsklage für den Fall androhen, dass bei erzwungenem Vermögenseinsatz und Feststellung ausreichender oder nach der Reha wiedererlangter Erwerbsfähigkeit wirtschaftlich unwiederbringliche Schäden entstanden sind, z. B. durch Auflösung einer nach § 12 SGB II geschützten Lebensversicherung.

§ 145 SGB III erhält den Alg I-Anspruch trotz fehlenden Leistungsvermögens durch Fiktion einer ausreichenden Erwerbsfähigkeit aufrecht (vgl. BSG vom 8.8.1990 – 11 RAr 1/89, SozR 3 § 105a AFG Nr. 1). Die Fiktion gilt nicht für das SGB II.

Aufstockendes Alg II

Aufstockendes Sozialgeld

Reicht der Alg I-Zahlbetrag gegebenenfalls mit Wohngeld nicht aus, um den SGB II-garantierten Grundsicherungsbedarf zu decken, kann aufstockend zum Nahtlos-Alg I Alg II beantragt werden. Die AA als SGB II-Träger muss dann bis zur eigenen Prüfung der Erwerbsfähigkeit nach § 8 Abs. 1 SGB II zunächst Alg II zahlen. Schließt sie sich der sozialmedizinischen Beurteilung der AA als SGB III-Träger an (länger als 6 Monate während Leistungsunfähigkeit für reguläre Arbeit im Umfang von mindestens 15 Stunden wöchentlich), erfolgt eine Umsteuerung ins SGB XII oder auf Sozialgeld, falls eine BG mit einem erwerbsfähigen Leistungsberechtigten besteht. Denn die Regelung des § 145 SGB III dient nur dazu, das Leistungsrisiko zwischen Arbeitslosen- und Rentenversicherung abzugrenzen (vgl. BSG vom 3.6.2004 – B 11 AL 55/03 R).

Umsteuerung ins SGB XII

Eine Abgabe des Leistungsfalles an das Sozialamt ist nur im Einvernehmen mit dem SGB XII-Träger zulässig (BSG vom 7.11.2006 – B 7b AS 10/06 R und vom 2.4.2014 – B 4 AS 26/13 R), der in der Regel die anstehende Entscheidung des Rentenversicherungsträgers abwarten wird. Bis dahin muss Alg II weitergezahlt werden.

Lebt der Betroffene in einer BG, ist die AA als SGB II-Träger nicht gehindert, aufstockend Sozialgeld statt Alg II zu zahlen. Von Vorteil ist der Wechsel zum Sozialgeld bei einer anerkannten Schwerbehinderung mit Merkzeichen G; der schwerbehinderte Mensch erhält dann einen Mehrbedarfszuschlag nach § 23 Nr. 4 SGB II.

Kostenflucht in die Grundsicherung nach § 41 SGB XII?

Seit Januar 2014 trägt der Bund die Kosten der Grundsicherung im Alter und bei dauerhafter Erwerbsminderung in vollem Umfang (§ 46a SGB XII). Das wird die Bereitschaft zur Übernahme des Alg II-Falles in die SGB XII-Grundsicherung fördern. Für Nahtlos-Alg I-Bezieher führt das u. U. zu einem Dilemma: Sie machen mit dem laufenden Antrag auf eine Erwerbsminderungsrente ja geltend, dauerhaft erwerbsgemindert zu sein, müssen im Fall einer Abgabe an den SGB XII-Grundsicherungsträger aber mit einer Leistungsablehnung wegen des schärferen Vermögenseinsatzes (PKW, Sparvermögen oberhalb von 2.600 €) rechnen.

Hatte die AA als SGB III-Träger ein verbliebenes Restleistungsvermögen **von 15 Stunden und mehr** wöchentlich festgestellt und ist das Alg I in Anpassung an die Erwerbsfähigkeit gemäß § 151 Abs. 5 SGB III nach einer bestimmten Teilzeitbelastbarkeit bemessen worden, besteht, solange sich tatsächlich nichts ändert, ein Anspruch auf Alg II, wobei nur eine Teilzeitarbeit zugemutet werden kann.

Teilerwerbsminderung

Läuft zum Zeitpunkt der Erschöpfung des Alg I-Anspruchs ein Widerspruchs- oder Klageverfahren gegen die in der Bemessung nach § 151 Abs. 5 SGB III steckende Annahme ausreichender, nur eingeschränkter Erwerbsfähigkeit, hat die AA als SGB II-Träger rasch den Umfang der Erwerbsfähigkeit festzustellen, da bei bestehender Bedürftigkeit Alg II schon vor Abschluss des mitunter langwierigen Widerspruchs-/Klageverfahrens geleistet werden muss.

Je nach Ausgang des Widerspruchs-/Klageverfahrens sind zwei Fälle zu unterscheiden:

- Der Antragsteller kann mehr arbeiten und erhält (rückwirkend) höheres Alg I; dann ist über § 48 Abs. 1 Satz 2 Nr. 3 SGB X weniger laufendes Alg II zu beanspruchen oder ggf. ein Anspruch auf Wohngeld und Kinderzuschlag vorrangig; hinsichtlich der Alg I-Nachzahlung hat das Jobcenter einen Erstattungsanspruch gegen die AA nach § 104 SGB X; oder

- der Antragsteller kann – oberhalb der Schwelle zur Erwerbsunfähigkeit – weniger arbeiten; dann bleibt es aus Vertrauensschutzgründen bei der angefochtenen Alg I-Bemessung, d. h., für das bewilligte Alg II ändert sich nichts; es verringert sich jedoch die zumutbare Arbeitszeit.

Sollte der Rentenversicherungsträger, abweichend vom ärztlichen Dienst der AA als SGB III-Träger, auf eine volle Erwerbsminderung aus medizinischen Gründen (keine Arbeitsmarktrente) erkennen, wird rückwirkend eine Alg I-Nahtloszahlung erbracht. Zwischenzeitlich gezahltes Alg II würde über § 104 SGB X i.V.m. § 40a SGB II mit der Rentennachzahlung verrechnet, soweit die Nachzahlung nicht durch die vorrangige Verrechnung mit dem Alg I nach § 103 SGB X verbraucht ist.

Zuerkennung voller Erwerbsminderungsrente

Die Entscheidung nach § 44a Abs. 1 SGB II ergeht nicht als isolierte Feststellung, sondern eingebettet in den Bescheid über die Gewährung oder Ablehnung von Alg II oder Gewährung von Sozialgeld statt Alg II, falls der als erwerbsunfähig eingestufte Antragsteller mit einem erwerbsfähigen Leistungsberechtigten in einer BG lebt. Einen gesondert anfechtbaren Feststellungsbescheid zur Erwerbsfähigkeit sieht das SGB II nicht vor (LSG Baden-Württemberg vom 26.10.2006 – L 13 AS 4113/06 ER-B).

Kein isolierter Verwaltungsakt

Wird auf einen Alg II-Antrag Sozialgeld nach § 23 SGB II gewährt, besteht ein Rechtsschutzbedürfnis für einen Widerspruch gegen den Bewilligungsbescheid. Zwar ist die Höhe der Leistung nicht geringer; der Bezug von Sozialgeld schafft jedoch keine Versicherungspflicht zur Kranken- und Pflegeversicherung (BSG vom 6.9.2007 – B 14/7b AS 16/07 R).

Keine Nachteile im Rentenverfahren

Befindet sich der Antragsteller in einem laufenden Verfahren auf Zuerkennung einer vollen Erwerbsminderungsrente und wird Alg II bewilligt, hat das keine Nachteile für das Rentenverfahren. Die AA als SGB II-Träger trifft eine eigenständige Feststellung zur Erwerbsfähigkeit. Der Rentenversicherungsträger ist nicht an diese Feststellung gebunden.

Bei Auslaufen einer Erwerbsminderungsrente auf Zeit (§ 102 SGB VI) wird sich die AA in der Regel die Beurteilung des Rentenversicherungsträgers über die eingetretene Erwerbsfähigkeit zu eigen machen. Ist der Betroffene mit der Feststellung des Rentenversicherungsträgers nicht einverstanden, kann er eine Verlängerung der Zeitrente ungeachtet des Alg II-Bezugs anstreben; außerhalb des Trägerwiderspruchsverfahrens nach § 44a Abs. 1 Satz 4 SGB II bindet die Feststellung des persönlichen Ansprechpartners/Fallmanagers den Rentenversicherungsträger nicht.

Widerspruchsverfahren

Die Bewilligung von Alg II kann vom Leistungsberechtigten selbst nur im Rahmen eines Widerspruchs gegen den Bewilligungsbescheid überprüft werden, denn er ist nicht zur Einleitung eines Trägerwiderspruchsverfahrens befugt. Es besteht ein Rechtsschutzbedürfnis für einen Widerspruch, da der Zugang zum SGB XII mit Bestandskraft des Bewilligungsbescheides versperrt ist (§ 21 SGB XII), wegen der Erkrankungen aber ein Interesse daran bestehen kann, das gesamte Leistungsspektrum des SGB XII, insbesondere Zuschussleistungen zum Regelbedarf nach § 27a Abs. 4 SGB XII zu erhalten, die es im SGB II nur unter den engen Voraussetzungen des § 21 Abs. 6 SGB II oder sonst nur als Darlehen gibt.

Je nach Vermögenssituation – im SGB XII wird Vermögen schärfer angerechnet – kann der Bezug von Alg II bis zur Entscheidung des Rentenversicherungsträgers über den Antrag auf volle Erwerbsminderungsrente aber günstiger sein.

Um sich vorsorglich Alg II-Ansprüche zu erhalten, sollte im Fall eines Widerspruchs gegen die mit der Alg II-Bewilligung verbundene Feststellung der Erwerbsfähigkeit unbedingt im Widerspruchsverfahren die Bereitschaft erklärt werden, im Umfang des verbliebenen Restleistungsvermögens für Arbeit und für Eingliederungsmaßnahmen zur Verfügung zu stehen. Es ist – wie bei der Nahtlosigkeit nach § 145 SGB III – zulässig und für das Rentenverfahren unbedenklich, vom Antragsteller eine Erklärung zu verlangen, dass er noch arbeiten will, soweit er kann. Die Erklärung besagt nicht, dass die naturgemäß schwankende ärztliche Einschätzung des verbliebenen Leistungsvermögens, wie es die AA als SGB II-Träger ermittelt hat, eine abweichende Beurteilung des Rentenversicherungsträgers ausschließt.

Beantragt der Leistungsberechtigte zuerst Sozialhilfe nach § 19 ff.
SGB XII statt Alg II, gewähren die SGB XII-Träger nur in den seltenen
Fällen zweifelsfrei erwiesener und dauerhafter Erwerbsminderung
Grundsicherung nach § 41 SGB XII. In allen übrigen Fällen gehen die
SGB XII-Träger bis zur Feststellung fehlender Erwerbsfähigkeit durch
die AA als SGB II-Träger von einem vorrangig bestehenden Alg II-Anspruch aus. Die Sozialgerichte haben diese Auffassung auch bei Leistungsberechtigten mit massiven gesundheitlichen Problemen und Behinderungen bestätigt, die sich deshalb geweigert hatten, Alg II zu beantragen (LSG Hamburg vom 28.1.2005 – L 3 B 16/05 ER SO und vom
22.3.2005 – L 3 B 46/05 ER SO; LSG Baden-Württemberg vom 1.6.2005
– L 7 SO 1840/05 ER-B; LSG Berlin-Brandenburg vom 27.1.2006 – L 15
B 1105/05 SO ER; LSG NRW vom 8.12.2010 – L 12 SO 535/10 B ER).

Erstantrag bei SGB XII-Träger

Diese auf die Vorschrift des § 44a SGB II gestützte Auffassung ist problematisch. Denn die anhaltend hohe Arbeitsbelastung der Jobcenter
verhindert eine rasche Aufklärung des Restleistungsvermögens, und
das Leistungssystem des SGB II ist auf Menschen mit gesundheitlichen
Schwierigkeiten und Behinderungen nicht zugeschnitten.

Wegen der aufgeführten LSG-Beschlüsse raten wir davon ab, auf der
Grundlage von AU-Bescheinigungen oder ärztlichen Attesten um einen
Anspruch auf Sozialhilfe statt Alg II zu streiten. Vernünftiger ist es,
Alg II zu beantragen und das Jobcenter durch aktive Mithilfe bei einer
zügigen Aufklärung des Restleistungsvermögens zu unterstützen.

Anders liegen die Fälle der Einstellung laufender Sozialhilfe mit der
Begründung, mangels Erwerbsminderungsrente oder wegen nur vorübergehender stationärer Unterbringung sei von Erwerbsfähigkeit mit
einem Anspruch auf Alg II auszugehen. Ob Erwerbsfähigkeit besteht,
müsse die AA als SGB II-Träger klären. Diese Verschiebung der Leistungspflicht ist in § 44a SGB II nicht angelegt. Es gibt keine Vermutung
der Erwerbsfähigkeit Sozialhilfe beziehender Menschen. Der SGB XII-
Träger muss weiter zahlen und in eigener Zuständigkeit die Erwerbsfähigkeit prüfen (SG Berlin vom 13.10.2005 – S 88 SO 5032/05 ER).

Verschiebe-bahnhof

Lebt der Erwerbsunfähige mit einem erwerbsfähigen Leistungsberechtigten in BG, geht der Anspruch auf Sozialgeld nach § 23 SGB II
dem Sozialhilfeanspruch nach § 19 SGB XII vor. Bis zur Feststellung
dauerhafter Erwerbsminderung, die der SGB XII-Träger zu prüfen
hat, ist daher Sozialgeld zu gewähren.

Sozialgeld statt Sozialhilfe

Die Gewährung von Alg II während der Dauer des Prüfverfahrens **vor**
Einleitung eines Trägerwiderspruchsverfahrens ist im Gesetz nicht
ausdrücklich geregelt. Dass Alg II gewährt werden muss, ergibt sich
aber aus dem Grundsicherungscharakter des SGB II und dem Ausschluss von Sozialhilfe (HLU) bereits mit dem Alg II-Antrag (vgl. SG
Oldenburg vom 26.1.2005 – 2 SO 16/05 ER; BSG vom 2.4.2014 – B 4
AS 26/13 R). Die AA als SGB II-Träger ist daher zu einer raschen, an-
tragsnahen Entscheidung verpflichtet, die sich zunächst auf die Prü-

Antragsnahes Einsetzen der SGB II-Leistung

fung der Hilfebedürftigkeit zu konzentrieren hat; liegt Hilfebedürftigkeit vor, muss die Leistung vor Abschluss der mitunter langwierigen Prüfung des Restleistungsvermögens einsetzen.

Endgültige Bewilligung

Das Jobcenter hat Alg II sowohl für die Dauer seiner eigenen Prüfung als auch bis zur Entscheidung über einen Trägerwiderspruch nahtlos und endgültig zu erbringen. Der Betroffene muss bereits in diesem Verfahrensstadium darauf vertrauen können, dass er bei letztendlicher Feststellung von Erwerbsunfähigkeit keine Erstattung des Alg II befürchten muss (BSG vom 7.11.2006 – B 7b AS 10/06 R; LSG Niedersachsen-Bremen vom 22.1.2014 – L 13 AS 190/12).

Erwerbsbemühungen nur unter Vorbehalt

Während der Dauer des Prüfverfahrens ist der Leistungsbezieher vorrangig zur Mitwirkung bei Klärung seiner verbliebenen Restleistungsfähigkeit verpflichtet. Erwerbsbemühungen können nur versuchsweise verlangt werden, haben allenfalls den Charakter einer Belastungserprobung und dürfen nicht zwangsweise durchgesetzt werden. Sanktionen bei Abbruch einer Erwerbstätigkeit (§ 31a SGB II) werden grundsätzlich wegen eines wichtigen (medizinischen) Grundes ausscheiden.

Keine Aussage zur Zumutbarkeit

Im Regelfall wird bei Prüfung der Erwerbsfähigkeit nichts Genaueres über die bestehenden Leistungseinschränkungen gesagt. Aussagen über die Zumutbarkeit von Erwerbstätigkeiten oder Eingliederungsmaßnahmen lassen sich der Feststellung der Erwerbsfähigkeit daher nur dann entnehmen, wenn in einem Zweifels- oder Trägerwiderspruchsfall genauer sozialmedizinisch ermittelt worden ist.
Unabhängig davon kann die Art einer zugewiesenen Tätigkeit/Eingliederungsmaßnahme im Einzelfall unzumutbar sein; im Streitfall muss das Maß des Zumutbaren sozialmedizinisch geklärt werden.

2.3   Trägerwiderspruchsverfahren

Nach § 44a Abs. 1 Satz 2 SGB II können

- der SGB XII-Träger, nicht der kommunale Träger als SGB II-Träger, der bei Erwerbsunfähigkeit des Hilfesuchenden Leistungen zu erbringen hätte,
- der Rentenversicherungsträger, der bei Erwerbsunfähigkeit des Hilfesuchenden Leistungen zu erbringen hätte, und
- die Krankenkasse, die bei Erwerbsfähigkeit des Hilfesuchenden Leistungen zu erbringen hätte,

der Feststellung der Erwerbsfähigkeit durch die AA als SGB II-Träger widersprechen.

Einspruchsrecht der Krankenkasse

Die Krankenkassen, die im Fall von Erwerbsfähigkeit den Hilfesuchenden pflichtversichern, haben gemäß § 44a Abs. 1 Satz 2 Nr. 3 SGB II das Recht, der Feststellung der Erwerbsfähigkeit zu widersprechen. Üben sie dieses Recht zum Zeitpunkt der Feststellung der Erwerbsfähigkeit durch die AA als SGB II-Träger nicht aus, können sie sich später im Rahmen der Prüfung, ob die Vorversicherungszeit für eine freiwillige Weiterversicherung erfüllt ist (§ 9 SGB V), nicht darauf berufen, der Betreffende habe seinerzeit zu Unrecht Alg II bezogen, mit der Folge, dass die Zeit der Mitgliedschaft wegen Alg II-Bezugs nicht zähle. Ein eigenes Prüfungsrecht der Erwerbsfähigkeit steht der Krankenkasse nicht zu (BSG vom 24.6.2008 – B 12 KR 29/07 R). Näheres zur freiwilligen Weiterversicherung → S. 778.

Nach § 44a Abs. 1 Satz 3 SGB II muss die abweichende Auffassung begründet werden. Damit soll verhindert werden, dass nur zur Abwälzung von Kosten Meinungsstreitigkeiten vom Zaun gebrochen werden (BT-Drs. 16/1410, S. 71 zur früheren Fassung von § 44a Satz 2 2. Halbsatz SGB II). **Begründeter Widerspruch**

Im Widerspruchsfall entscheidet die AA als SGB II-Träger über die Erwerbsfähigkeit, nachdem sie eine gutachterliche Stellungnahme des Rentenversicherungsträgers nach § 109a Abs. 3 SGB VI eingeholt hat. Die AA ist bei der Entscheidung über den Widerspruch an die gutachterliche Stellungnahme des Rentenversicherungsträgers gebunden. Zur Rolle des RV-Trägers s. BT-Drs. 17/13631. **Verbindliches Gutachten**

Das im Widerspruchsfall eingeholte Gutachten bindet neben dem kommunalen Träger als SGB II-Träger auch den SGB V-, SGB VI- und SGB XII-Träger (§ 44a Abs. 2 SGB II). **Auch für andere Träger**

Ergibt die im Trägerwiderspruchsverfahren eingeholte gutachterliche Stellungnahme, dass ein volljähriger Hilfesuchender unabhängig von der jeweiligen Arbeitsmarktlage voll erwerbsgemindert im Sinne des § 43 Abs. 2 Satz 2 SGB VI ist, hat der Rentenversicherungsträger ergänzend zu prüfen, ob die volle Erwerbsminderung dauerhaft ist (§ 109a Abs. 3 Satz 2 SGB VI). In diesem Fall besteht ein gegenüber dem Sozialgeld nach § 23 SGB II vorrangiger Anspruch auf Grundsicherung nach § 41 SGB XII. Der SGB XII-Träger ist an diese Feststellung gebunden (vgl. zur alten Rechtslage LSG Berlin-Brandenburg vom 19.4.2010 – L 23 SO 209/09 B PKH). **Feststellung dauerhafter Erwerbsminderung**

Die Kosten für das Gutachten erstattet der Bund dem Rentenversicherungsträger (§ 224b SGB VI). Der Hilfesuchende ist am Verfahren nur als begutachtete Person beteiligt. Er kann sich seine Aufwendungen anlässlich der Untersuchung nach § 65a SGB I erstatten lassen. **Kosten**

Da die Entscheidung der AA im Trägerwiderspruchsverfahren im Verhältnis zum Antragsteller nicht als Verwaltungsakt ergeht, ist sie für ihn nicht verbindlich. Er selbst kann keinen Einfluss auf das Begutachtungsverfahren nehmen (vgl. VG Lüneburg vom 2.7.2003 – 6 B 120/03). Eine Verpflichtung zur Übersendung des Gutachtens an ihn besteht nicht. **Entscheidung kein Verwaltungsakt**

Der Hilfesuchende kann aber ungeachtet des Rentengutachtens Widerspruch und Klage gegen den SGB II-Ablehnungs- oder Bewilligungsbescheid erheben. In diesem Zusammenhang hat er grundsätzlich das Recht auf Akteneinsicht, und damit auch Zugriff auf das Gutachten (→ S. 36). **Anfechtbarer SGB II-Bescheid**

SGB II-Leistungen gibt es nach § 44a Abs. 1 Satz 6 SGB II bis zur Entscheidung der AA über den Widerspruch, und zwar als endgültige
Gleichwohlgewährung für den Antragsteller. Eine Rückabwicklung
über die Erstattungsregelung des § 103 SGB X erfolgt nur bei Zuerkennung einer vorrangigen Sozialleistung (volle Erwerbsminderungsrente oder Grundsicherung nach § 41 SGB XII) oder Sozialhilfe (HLU).

Scheitert ein Anspruch auf SGB XII-Leistungen trotz vom Rentenversicherungsträger bindend festgestellter Erwerbsunfähigkeit an
vorhandenem Vermögen oberhalb der knappen Schonbetragsgrenzen
nach § 90 SGB XII, bleibt es dabei, dass bis zur Entscheidung über
den Trägerwiderspruch Alg II rechtmäßig erbracht wurde.

Stellt die AA auf das § 109a SGB VI-Gutachten gestützt fehlende Erwerbsfähigkeit fest, kann der Alg II-Antragsteller nur noch über eine
einstweilige Regelung vorm Sozialgericht, das nicht an die Beurteilung des Rentengutachtens gebunden ist (BSG vom 29.3.2007 – B 7b
AS 2/06 R) SGB II-Leistungen erstreiten. Das ist sinnvoll, wenn es um
eilbedürfte Eingliederungsleistungen nach §§ 16ff. SGB II geht oder,
falls er kein Sozialgeld über eine BG mit einem erwerbsfähigen Leistungsberechtigten erhält, ein Auffanganspruch auf Sozialhilfe (HLU)
an vorhandenem anrechenbarem Vermögen oberhalb der niedrigen
Freibetragsgrenzen nach § 90 SGB XII scheitert.

Auch ein Trägerstreit über die **rechtliche Erwerbsfähigkeit** gemäß
§ 8 Abs. 2 SGB II (bei Drittstaatsangehörigen und Neu-EU-Bürgern)
ist denkbar, nach der Klarstellung durch § 8 Abs. 2 Satz 2 SGB II aber
auf Ausnahmefälle beschränkt. Das Widerspruchsverfahren gemäß
§ 44a Abs. 1 Satz 4 SGB II ist nur auf die Feststellung der medizinischen Erwerbsfähigkeit zugeschnitten. Man wird daher der Regelung
des § 44a Abs. 4 Satz 3 SGB II die Bedeutung beimessen können, dass
die AA verbindlich gegenüber dem kommunalen Träger als anderem
Teil des Jobcenters über die rechtliche Erwerbsfähigkeit entscheidet.
Die anderen Träger nach dem SGB XII, SGB V oder SGB VI sind an
diese Feststellung nicht gebunden. Der Hilfesuchende muss sich im
Streitfall an das Sozialgericht wenden, das eigenständig über die
Leistungsvoraussetzung nach § 8 Abs. 2 SGB II entscheidet.

2.4   **Rechtsfolgen bei nachträglicher Feststellung
voller Erwerbsminderung**

Wie unter 2.3 ausgeführt, geht bei Zweifeln an der Erwerbsfähigkeit Alg II den Ansprüchen nach dem SGB XII (Sozialhilfe,
Grundsicherung nach § 41 SGB XII) vor. Damit stellt sich die Frage,

- wie mit Ansprüchen umzugehen ist, die bis zur Feststellung der Erwerbsunfähigkeit noch nicht erbracht wurden oder die nur für erwerbsunfähige Personen begründet sind, und
- was mit Leistungen anderer Sozialleistungsträger passiert, die infolge der festgestellten Erwerbsminderung rückwirkend für die
Zeiträume des Alg II-Bezugs zuerkannt werden.

Was während des Alg II-Bezugs nicht erbrachte Sozialleistungen betrifft, ist nach folgenden Fallgruppen zu unterscheiden:

Fallgruppe 1: Alleinstehende Person mit nicht nur vorübergehender voller Erwerbsminderung

Alleinstehende Personen mit nicht nur vorübergehender, d.h. mehr als sechsmonatiger voller Erwerbsminderung, haben keinen Anspruch auf Alg II. Sozialgeld nach § 23 SGB II gibt es nur in einer BG mit einer erwerbsfähigen, leistungsberechtigten Person (Kind ab 15. oder Partner).

Wurde bis zur Feststellung der vollen Erwerbsminderung rechtmäßig Alg II gewährt, was der Fall ist, wenn die Annahme der Erwerbsfähigkeit aus Sicht des Zeitpunkts, zu dem die Leistung bewilligt wurde, sozialmedizinisch vertretbar war (s. dazu BSG vom 25.9.2007 – GS 1/06), kann der Betreffende trotz der nachträglich festgestellten Erwerbsunfähigkeit bis dahin unvollständig erbrachtes Alg II vom Jobcenter fordern – entweder im Rahmen eines noch laufenden Widerspruchs- oder Klageverfahrens oder über § 44 SGB X. § 40a SGB II regelt einen Erstattungsanspruch, auch »insoweit« Alg II wegen der festgestellten Erwerbsfähigkeit rechtswidrig gewährt wurde, besagt also nicht, dass das bei zweifelhafter und nach Begutachtung vertretbar bejahter Erwerbsfähigkeit gezahlte Alg II eine rechtswidrige Leistung ist.

F. wurde nach einem im April 2014 erlittenen Schlaganfall begutachtet. Der Gutachter war zu dem Ergebnis gelangt, dass F. noch in der Lage ist, leichte Arbeiten im Umfang von 20 Stunden wöchentlich zu erbringen. Im Bewilligungszeitraum Mai bis Oktober 2014 war ihm daher Alg II gewährt worden. Zu Unrecht wurde ein Abschlag für die Gasetagenheizung nicht übernommen. Im September 2014 stellt sich nach einem Krankenhausaufenthalt heraus, dass F. seit Mai 2014 außerstande ist, noch mindestens 15 Stunden wöchentlich zu regulären Bedingungen zu arbeiten. F. kann den unerfüllten Bedarf nach § 22 SGB II vom Jobcenter fordern, weil er bis zur Feststellung der Erwerbsminderung noch Anspruch auf Alg II hat. *Beispiel*

Soweit Alg II jedoch zu Unrecht gewährt wurde, weil das Jobcenter die Erwerbsfähigkeit gar nicht oder fehlerhaft geprüft hatte, können die noch zustehenden Leistungen vom Sozialhilfeträger unter den Voraussetzungen des § 28 SGB X beansprucht werden.

F. wurde trotz eines im April 2014 erlittenen Schlaganfalls im Bewilligungszeitraum Mai bis Oktober 2014 Alg II ohne Prüfung des Gesundheitszustandes gewährt. Zu Unrecht wurde der Abschlag für die Gasetagenheizung nicht übernommen. Im September 2014 wird festgestellt, dass F. seit Mai 2014 außerstande ist, noch mindestens 15 Stunden wöchentlich zu regulären Bedingungen zu arbeiten. F. kann den noch unerfüllten Bedarf für den Gasabschlag vom Sozialhilfeträger fordern, vorausgesetzt, er ist auch nach SGB XII-Maßstäben hilfebedürftig. *Beispiel*

Leistungen, die es nur für erwerbsunfähige Personen gibt (den Mehrbe-
darf bei Schwerbehinderung mit Merkzeichen G nach § 30 Abs. 1
SGB XII, besondere Leistungen nach § 27 Abs. 4a SGB XII), müssen vom
Sozialhilfeträger erbracht werden. Der dazu nötige Antrag steckt hilfs-
weise im Alg II-Antrag (so LSG Niedersachsen-Bremen vom 22.1.2014 –
L 13 AS 190/12) oder er kann über § 28 SGB X nachgeholt werden.

**Fallgruppe 2: Person mit nicht nur vorübergehender, aber noch nicht
dauerhafter voller Erwerbsminderung in BG mit
erwerbsfähigem Alg II-Bezieher**

Personen mit nicht nur vorübergehender, aber noch nicht dauerhafter voller Erwerbsminderung, die in BG mit einem erwerbsfähigen
Alg II-Bezieher leben, haben Anspruch auf Sozialgeld statt Alg II.
Stellt sich die Erwerbsminderung nachträglich heraus, haben sie
über § 48 Abs. 1 Nr. 1 SGB X Anspruch auf Leistungen, die es nur für
erwerbsunfähige Personen gibt (den Mehrbedarf bei Schwerbehinderung mit Merkzeichen G nach § 23 Nr. 4 SGB II). Leistungen nach
dem SGB II, die bis zur Feststellung der Erwerbsunfähigkeit zu Unrecht nicht erbracht wurden, können über § 44 SGB X oder durch
Korrektur eines noch nicht bestandkräftigen Bescheides im Wider-
spruchs- oder Klageverfahren vom Jobcenter gefordert werden.

**Fallgruppe 3: Person mit dauerhafter voller Erwerbsminderung in BG mit
erwerbsfähigem Alg II-Bezieher**

Personen mit dauerhafter voller Erwerbsminderung in BG mit erwerbsfähigem Alg II-Bezieher haben Anspruch auf Grundsicherung
nach § 41 SGB XII statt Sozialgeld. Fehlt allerdings die Voraussetzung
der Bedürftigkeit nach Maßstäben des SGB XII, kann vom Jobcenter
Sozialgeld beansprucht werden. Die Rechtslage ist dann wie unter
Fallgruppe 2 ausgeführt.
Wenn jedoch ein Anspruch auf Grundsicherung nach § 41 SGB XII
besteht, müssen Leistungen, die es nur für erwerbsunfähige Personen gibt (den Mehrbedarf bei Schwerbehinderung mit Merkzeichen G
nach § 30 Abs. 1 SGB XII, besondere Leistungen nach § 27 Abs. 4a
SGB XII), vom SGB XII-Grundsicherungsträger erbracht werden. Der
dazu nötige Antrag steckt hilfsweise im Alg II-Antrag (so LSG Niedersachsen-Bremen vom 22.1.2014 – L 13 AS 190/12) oder er kann über
§ 28 SGB X nachgeholt werden.
Sonstige, bis zur Feststellung der dauerhaften Erwerbsminderung
unerfüllt gebliebene Leistungsansprüche sind im Fall einer rechtmäßigen Alg II-Bewilligung vom Jobcenter zu erfüllen. Wurde Alg II zu
Unrecht gewährt, muss der SGB XII-Träger noch offen gebliebene
Ansprüche erfüllen.

**Rückforderung
nur im
Erstattungs-
verfahren**

Leistungen anderer Sozialleistungsträger, die infolge der festgestellten Erwerbsminderung rückwirkend für die Zeiträume des Alg II-Bezugs zuerkannt werden, kann das Jobcenter in jedem Fall über § 40a
SGB II i.V.m. § 104 SGB X vom vorrangig leistungspflichtigen Träger

fordern, soweit anstelle der vorrangigen Leistung Alg II gewährt wurde. So werden Doppelzahlungen für identische Zeiträume vermieden. § 40a SGB II ist mit dem »8. Gesetz zur Änderung des Zweiten Buches Sozialgesetzbuch ...« vom 28. Juli 2014 (BGBl. I S. 1306) rückwirkend zum 1.1.2009 in Kraft getreten.
Mit der Regelung umfassender Erstattungsansprüche zwischen den Sozialleistungsträgern ist ein Rückgriff auf den Alg II-Bezieher über §§ 45, 48 SGB X ausgeschlossen (s. dazu BSG vom 31.10.1997 – 7 RAr 46/90 und vom 6.3.2000 – B 11 AL 243/99 B; LSG Rheinland-Pfalz vom 22.3.2012 – L 1 AL 90/11; SG Gießen vom 17.11.2015 – S 22 AS 590/14 PKH; SG Augsburg vom 17.11.2015 – S 8 AS 983/15; SG Potsdam vom 22.10.2014 – S 21 AS 1110/14).

Das gilt auch für eine Aufhebung der Alg II-Bewilligung nach §§ 45, 48 SGB X und eine Erstattung nach § 50 SGB X unter dem Vorbehalt, dass der Erstattungsanspruch nach § 104 SGB X nicht realisiert werden kann (vgl. dazu auch LSG Sachsen-Anhalt vom 4.12.2012 – L 8 SO 25/09; LSG NRW vom 15.1.2013 – L 18 KN 63/12).

Auch nicht unter Vorbehalt

Da der (ehemalige) Alg II-Bezieher mit diesem Vorbehalt rechtswidrig belastet wird, hat er ein Rechtsschutzbedürfnis für eine Anfechtungsklage gegen den Aufhebungs- und Erstattungsbescheid nach §§ 45, 48, 50 SGB X, auch wenn der vorrangig leistungspflichtige Träger die vom Jobcenter rechtzeitig angemeldete Erstattung noch prüft bzw. die Erfüllung des Erstattungsanspruchs nach § 104 SGB X noch offen ist.
Hat das Jobcenter die rechtzeitige Anmeldung des Erstattungsanspruchs versäumt (§ 111 SGB X) oder hat der vorrangig leistungspflichtige Träger den Nachzahlungsanspruch wegen einer unterbliebenen Reaktion des Jobcenters auf eine Anfrage zur Erstattung an den Leistungsberechtigten gezahlt, trägt das Jobcenter das Risiko eines Ausfalls der Erstattung.

Besteht der vorrangige Leistungsanspruch in einer befristeten Erwerbsminderungsrente an eine Person in einer BG mit einem Alg II-Bezieher und liegt die Rente unter dem SGB II-Bedarf, d. h. besteht nach wie vor ein aufstockender Sozialgeld-Anspruch und scheitert ein Erstattungsanspruch nach § 104 SGB X oder hat das Jobcenter stattdessen nach §§ 45, 48 SGB X aufgehoben, ist der an den hilfebedürftigen Rentenberechtigten ausgekehrte Nachzahlungsbetrag eine aufgestaute, **laufende Leistung** und damit Einkommen, das nach § 11 Abs. 3 Satz 2 SGB II **seit 1.8.2016** wie Einmaleinkommen anzurechnen ist.

Nachzahlung = Einmaleinkommen

§ 40a SGB II verändert nicht den Umfang des Erstattungsanspruchs; insoweit gilt § 104 Abs. 2 SGB X, wonach ein Erstattungsanspruch nur insoweit gegeben ist, als das Jobcenter bei rechtzeitiger Erfüllung der Leistungsverpflichtung des vorrangigen Trägers selbst nicht zur Leistung verpflichtet gewesen wäre (s. dazu BSG vom 31.10.2012 – B 13 R 9/12 R).

Umfang des Erstattungsanspruchs

Wegen der horizontalen Einkommensverteilung (§ 9 Abs. 2 Satz 3 SGB II) in der BG hat das erhebliche Auswirkungen auf den Umfang des Erstattungsanspruchs.

Beispiel

K. und G. leben in einer Einstands-Bedarfsgemeinschaft gemäß § 7 Abs. 3 Nr. 3c SGB II zusammen. Beide beziehen Alg II nach einem Bedarf von je 364 € Regelbedarf und 250 € anteilige Miet- und Heizkosten. Nach einem Herzinfarkt im Juli 2016 beantragt G. eine Erwerbsminderungsrente. Bis zur Entscheidung des Rentenversicherungsträgers zahlt das Jobcenter weiter Alg II. Im Oktober 2017 stellt der Rentenversicherungsträger den Rentenfall seit Juli 2015 fest und gewährt ab März 2016 (§ 101 Abs. 1 SGB VI) eine auf zwei Jahre befristete Rente mit einem Auszahlungsbetrag in Höhe von 450 €. Das Jobcenter meldet wegen des Nachzahlungsbetrages von 3.600 € (8 x 450 €) einen Erstattungsanspruch beim Rentenversicherungsträger an.
Gegen die vom Jobcenter geforderten 3.440 € (= 8 x [450 € – 30 € Versicherungspauschale]) erstattet der Rentenversicherungsträger nur 1.680 €.
Zu Recht, weil sich der SGB II-Bedarf des G. nur um monatlich 210 € Renteneinkommen verringert. Die anderen, auf den Bedarf der K. anzurechnenden 210 € muss sich das Jobcenter über §§ 45, 48 SGB X von K. zurückholen. § 34b SGB II gilt nur für Ehe- und eingetragene Lebenspartner (BSG vom 6.8.2014 – B 11 AL 2/13 R).

Unbefristete EM-Rente

Im Fall der Zuerkennung einer unbefristeten, echten Erwerbsminderungsrente (keine Arbeitsmarktrente) ist im Gegensatz zur befristeten echten Erwerbsminderungsrente zu beachten, dass der Rentenbezieher in diesem Fall aus dem SGB II-System ausscheidet und ggf. ergänzende Ansprüche auf Grundsicherung nach § 41 SGB XII hat. Lebt er mit erwerbsfähigem Partner oder Kind in einer BG, wird das Renteneinkommen nur auf seinen fiktiven SGB II-Bedarf angerechnet (keine horizontale Einkommensverteilung in der BG).
Der Erstattungsanspruch nach § 104 SGB X erstreckt sich infolgedessen auf die gesamte, bereinigte Rente, soweit Alg II gewährt wurde.

Gemischte BG

In (gemischten) Bedarfsgemeinschaften mit erwerbsfähigen Kindern und Ehe-/Lebenspartner ist außerdem § 104 Abs. 1 Satz 3 SGB X zu beachten:

»Ein Erstattungsanspruch besteht nicht, soweit der nachrangige Leistungträger seine Leistungen auch bei Leistung des vorrangig verpflichteten Leistungsträgers hätte erbringen müssen.«

Danach kann sich der auf die erwerbsfähigen Kinder und/oder den Ehe-/Lebenspartner erstreckte Erstattungsbetrag nach § 34b SGB II verringern.

Beispiel

L. und P. leben als Ehepaar in Bedarfsgemeinschaft zusammen. Beide beziehen Alg II nach einem Bedarf von je 364 € Regelbedarf und 200 € anteilige Miet- und Heizkosten. Nach einem Schlaganfall im Juli 2015 beantragt P. eine Erwerbsminderungsrente. Bis zur Entscheidung des Rentenversicherungsträgers zahlt das Jobcenter weiter Alg II. Im November 2015 stellt der Rentenversicherungsträger den Rentenfall seit Juli 2015 fest und gewährt seitdem eine unbefri-

stete Rente mit einem Auszahlungsbetrag in Höhe von 650 €. Das Jobcenter meldet wegen des Nachzahlungsbetrages einen Erstattungsanspruch beim Rentenversicherungsträger an.
Gegen die vom Jobcenter geforderten 3.100 € (= 5 x 564 € an P. + 5 x 56 € an L.) wendet P. zu Recht ein, dass sein Hilfebedarf im Erstattungszeitraum unter Berücksichtigung eines Mehrbedarfs wegen einer Gehbehinderung mit Merkzeichen G (= 17% des Regelbedarfs) bei 625,88 € liege, sodass keine bedarfsüberdeckende Rente auf das Alg II der L. angerechnet werden dürfe. Der Erstattungsbetrag nach § 104 SGB X i.V.m. § 34b SGB II verringert sich daher auf 3.129,40 € (= 5 x 625,88 €).

Der Erstattungsanspruch des Jobcenters für die Zeit des Alg II-Bezugs bis zur Entscheidung im Trägerwiderspruchsverfahren umfasst nicht die Pflichtbeiträge zur gesetzlichen Kranken- und Pflegeversicherung (BSG vom 25.9.2014 – B 8 SO 6/13 R).

Wurde der Erstattungsanspruch fehlerhaft errechnet, muss der Betroffene vom vorrangigen Leistungsträger die Auszahlung höherer Leistungen fordern. Dass der Erstattungsbetrag vom Jobcenter errechnet wurde, ist unerheblich. Denn für den Betroffenen kommt es darauf an, dass er die ihm anstelle des Alg II zustehende Leistung in der Höhe erhält, auf die gegenüber dem vorrangigen Leistungsträger ein Anspruch besteht. Kommt es zum Streit, ist im Klageverfahren das Jobcenter beizuladen.

Rechtsschutz

IV   Hilfebedürftigkeit

Die Hilfebedürftigkeit wird in § 9 SGB II genauer definiert: Personen können danach nicht allein wegen erforderlicher Eingliederung in Arbeit hilfebedürftig werden. Die Hilfebedürftigkeit wird entsprechend dem Grundsatz, dass auch in einer BG die BG-Mitglieder Einzelansprüche haben, auf den einzelnen Hilfesuchenden begrenzt. Außerdem wurde zum 1.4.2011 präzisiert, dass nur **konkrete und aktuell vorhandene Hilfemöglichkeiten** die Hilfebedürftigkeit beseitigen oder mindern können. Der fehlerhafte Verweis auf abstrakt vorhandene Arbeitsstellen oder Ansprüche gegenüber Dritten kann somit nicht zur Ablehnung eines Alg II-Antrags herangezogen werden.

Definition

Es lassen sich sieben Formen des Hilfebedarfs unterscheiden:

1   Sieben Formen

1.1   Lebensunterhalts-Hilfebedarf

Der erwerbsfähige Antragsteller ist außerstande, seinen eigenen Lebensunterhalt und/oder den seiner Familie aus eigenen Kräften oder mit eigenen oder anderweitigen Mitteln (Einkommen, Vermögen,

andere Sozialleistung) zu decken. Insoweit hat er gemäß §§ 1 Abs. 1
Satz 2, 4 Abs. 1, 19 ff. SGB II Anspruch auf Hilfe zum Lebensunterhalt.
Der Lebensunterhalts-Hilfebedarf ergibt sich aus dem Unterschied
zwischen dem SGB II-Bedarf und den vorhandenen, dem Lebensunterhalt dienenden (zweckidentischen) sowie bereiten Mitteln; kann
der Bedarf damit gedeckt werden, besteht kein Anspruch oder eventuell nur Anspruch auf Deckung eines Sonderbedarfs nach § 24
Abs. 3 SGB II.

1.2   Bedarfsgemeinschafts-Hilfebedarf

In einer BG nach § 7 Abs. 3 SGB II wird das vorhandene
Einkommen, wenn es nicht den gesamten Bedarf der Mitglieder der
BG deckt, so verteilt, dass alle BG-Mitglieder Leistungen, gekürzt um
das vorhandene Einkommen, erhalten. Nur das Einkommen von Kindern und jungen Erwachsenen in der BG wird vor der Verteilung auf
deren Bedarf angerechnet, weil nicht hilfebedürftige Kinder und junge Erwachsene nicht mehr zur BG gehören.
Diese Berechnung gilt außerdem für Personen, die zwar zur BG gehören, aber von SGB II-Leistungen ausgeschlossen sind, wie z. B. der
berentete Partner eines Alg II-Beziehers.

Die Einkommensverteilung erfolgt so, dass jede Person im Verhältnis
ihres eigenen Bedarfs zum Gesamtbedarf der BG als hilfebedürftig
gilt, auch wenn sie den eigenen Bedarf selbst decken kann (§ 9 Abs. 2
Satz 3 SGB II).

Beispiel

Die Eheleute A. und B. haben 350 € Unterkunfts- und Heizkosten.
Der Ehemann A. verdient bereinigt netto 650 €.
SGB II-Bedarf: 2 x 364 € + 350 € = 1.078 €.
Eigenbedarf A.: 364 € + (350 € : 2) = 539 €

Obwohl A. somit den eigenen Bedarf mit seinem Nettoeinkommen
decken kann, gilt er im Verhältnis Eigenbedarf zu Gesamtbedarf =
539 € zu 1.078 € als bedürftig. Er hat damit auf der einen Seite Ansprüche auf Alg II im Verhältnis 539 € zu 1.078 € = 50 % einkom-
mensbereinigte Grundsicherungsleistungen. Auf der anderen Seite
unterliegt er trotz eigener Bedarfsdeckung dem »Fordern« des
SGB II, darunter an erster Stelle dem Gebot, durch Wechsel oder Ausweitung der Erwerbsarbeit das Auskommen der Familie zu sichern
oder die Aufnahme einer Erwerbstätigkeit der B. zu unterstützen.

Kritik

Die Regelung des § 9 Abs. 2 Satz 3 SGB II ist heftig kritisiert worden.
Man hat ihr vorgeworfen, sie mache auch solche Personen hilfebedürftig, die selbst über ausreichendes Einkommen oder Vermögen
verfügten. Ferner benachteilige die aus der Bruchteils-Hilfebedürftig-
keit abgeleitete Verteilung des Gesamteinkommens der BG nach
Bruchteilen den kommunalen Träger wegen § 19 Satz 2 SGB II (Kie-
vel, ZfF 2005, S. 217 ff.; Rosenow SGB 2009, S. 554 ff.). Als Lösung

wurde vorgeschlagen, § 9 Abs. 2 Satz 3 SGB II in eine zum BSHG entwickelte Regel der Verteilung des bedarfsüberdeckenden Einkommens auf die ungedeckten Einzelbedarfe umzudeuten.

Nachdem der Gesetzgeber in Kenntnis der Kritik die Regelung des § 9 Abs. 2 Satz 3 SGB II im Wesentlichen unverändert gelassen hat (zur Ausnahme beim Bildungsbedarf → S. 302) ist eine Umdeutung nicht möglich (s. dazu BT-Drs. 17/3982, S. 13; BSG vom 2.7.2013 – B 4 AS 74/12 R; LSG Sachsen vom 31.8.2015 – L 3 AS 310/15 B PKH).

Dass § 9 Abs. 2 Satz 3 SGB II rein rechnerisch Personen mit auskömmlichem Einkommen einen fiktiven Hilfebedarf zuordnet, ist in einer »funktionierenden« BG (BSG vom 7.11.2006 – B 7b AS 8/06 R) meist von Vorteil: Im Ergebnis erhalten die »wirklich« hilfebedürftigen Mitglieder der BG keinen Cent weniger als bei Anwendung der sozialhilferechtlichen Verteilungsregel; darüber hinaus sichert aber erst die Bruchteilsverteilung eventuelle Ansprüche auf Eingliederungsleistungen oder sonstige an den Alg II-Bezug geknüpfte Vorteile.   Vorteile

Die Eheleute A. und B., beide berufstätig, haben ein fünfjähriges Kind C. Mit ihrem Einkommen können sie gerade so den eigenen Bedarf decken; das Mindesteinkommen für den Kinderzuschlag nach § 6a BKGG wird knapp verfehlt. Um den Bedarf des Kindes zu sichern, beantragen sie Alg II. Nach sozialhilferechtlicher Bedarfsermittlung und Einkommensverteilung erhielte nur C. Sozialgeld. Über die Regelung des § 9 Abs. 2 Satz 3 SGB II wird auch A. und B. ein kleiner Alg II-Anspruch zugerechnet. Hierüber können sie z. B. ein Sozialticket erhalten.   Beispiel

Mit der Zuerkennung anteiliger SGB II-Leistungen über § 9 Abs. 2 Satz 3 SGB II können aber auch Nachteile verbunden sein.   Nachteile

S. und F. leben in Einstandsgemeinschaft. S. ist künstlerisch tätig und kann ihren Bedarf von 364 € Regelbedarf + 200 € anteilige Unterkunfts- und Heizkosten + SV-Beiträge zur Künstlersozialkasse (KSK) mit den Einkünften aus ihrer künstlerischen Tätigkeit gerade so abdecken. Um ein größeres Projekt vorzubereiten, braucht S. ein Bankdarlehen. Nach den Konditionen der Bank wird jedoch an Alg II-Bezieher kein Darlehen vergeben.   Beispiel

Hier fragt sich, ob S. auf die Gewährung ihres Alg II-Anteils zugunsten einer entsprechenden Aufstockung des für F. errechneten Leistungsbetrages verzichten kann. Da S. schon über § 9 Abs. 2 SGB II zur Überwindung der Hilfebedürftigkeit beider BG-Mitglieder verpflichtet ist und an den Bezug von Alg II für eigentlich nicht Leistungsberechtigte keine Sanktionen geknüpft werden dürfen (BSG vom 7.11.2006 – B 7b AS 8/06 R), müsste es möglich sein, dass S. durch Verzicht auf einen Antrag und Mitteilung, dass F. keine Befugnis nach § 38 SGB II besitzt, einem von Leistungen ausgeschlossenen BG-Mitglied gleichsteht. Es wird dann lediglich das den Eigenbedarf der S. übersteigende Einkommen vom Alg II des F. abgezogen (s. dazu BSG vom 24.4.2015 – B 4 AS 22/14 R).   Verzicht möglich?

Nicht funktionierende BG

Problematisch ist die Verteilungsregel des § 9 Abs. 2 Satz 3 SGB II in einer nicht funktionierenden BG. Denn die quotale Verteilung kürzt den Leistungsanspruch des voll Leistungsberechtigten um Einkommensteile anderer BG-Mitglieder, ohne zu gewährleisten, dass innerhalb der BG ein entsprechender Einkommensausgleich stattfindet.

Beispiel

Die Eheleute R. und G. zahlen für ihre Wohnung 400 €. Der SGB II-Bedarf ist bei beiden Partnern gleich (364 € Regelbedarf + 200 € anteilige Unterkunfts- und Heizkosten). R. verdient bereinigt 450 €. Davon werden 225 € auf den Bedarf der arbeitslosen G. angerechnet. R. und G. erhalten also jeweils 339 € Alg II. Die Leistung wird auf das jeweilige Konto von R. und G. überwiesen. R. gibt sowohl sein Gehalt als auch die 339 € Alg II für eigene Bedürfnisse aus.

Die in einem solchen Fall vom BSG erwogene Lösung eines zivilrechtlichen Ausgleichsanspruchs – R. muss die Hälfte seines Gehalts an G. weiterleiten (BSG vom 7.11.2006 – B 7b AS 8/06 R) – erscheint wenig praktisch. Eine praktikable Lösung bietet § 34 SGB II: G. kann bei Nachweis der fehlenden Weiterleitung des auf ihren Alg II-Anspruch angerechneten Einkommensteils vom Jobcenter die volle Leistung verlangen. Das Jobcenter kann dann von R. 225 € als Ersatzanspruch fordern. Unter diesem Druck wird R. auf einen Einkommensausgleich bedacht sein.

Sanktionierte BG

Eine ähnliche Problematik kann sich ergeben, wenn der Einkommensbezieher in einer Mehr-Personen-BG nach §§ 31–32 SGB II sanktioniert wird und die Leistungskürzung mit seinem Einkommen auffängt. Das Jobcenter muss dann den anderen BG-Mitgliedern die volle Leistung zahlen (LSG Schleswig-Holstein vom 2.1.2009 – L 11 B 541/08 AS ER) und bei dem sanktionierten BG-Mitglied die Einkommensanrechnung ändern.

Beispiel

A. lebt mit B. in Einstandsgemeinschaft zusammen. Sein Einkommen aus Minijob von bereinigt 240 € wird zur Hälfte auf den Bedarf der B. angerechnet. Weil A. wiederholt Meldetermine versäumt, kürzt das Jobcenter das Alg II in einem Zeitraum sich überschneidender Sanktionen nach § 32 SGB II um 20 %. A. gleicht die Kürzung mit seinem Einkommen aus, B. steht dadurch nur noch das um 120 € gekürzte Alg II zur Verfügung. Sie hat Anspruch auf ungekürztes Alg II, da sie von A. nicht verlangen kann, dass er die Hälfte seines Einkommens mit ihr teilt.

1.3   Sonder-Hilfebedarf

Erstreckt sich der Hilfebedarf lediglich auf Hilfe für die Beschaffung der in § 24 Abs. 3 SGB II genannten Sonderbedarfe (Erstausstattungen für die Wohnung einschließlich Haushaltsgeräten, Erstausstattung für Bekleidung und Erstausstattung bei Schwangerschaft und Geburt, Hilfen für orthopädische Schuhe und therapeutische Geräte, bestimmte Leistungen zur Gesundheitspflege), besteht insoweit ein Beschaffungsanspruch, der allerdings nachträglich erworbenes Einkommen für eine Kostenbeteiligung berücksichtigen kann (→ S. 236).

1.4   Bildungs- und Teilhabebedarf

§ 7 Abs. 2 Satz 3 SGB II regelt die Leistungsberechtigung eines Kindes, bei dem nur die Bedarfe für Bildung und Teilhabe nach § 28 SGB II nicht gedeckt sind. Dem entspricht § 9 Abs. 2 Satz 3 SGB II, wonach Einkommen zunächst auf Regelbedarfe, Mehrbedarfe und dann auf die Bedarfe für Unterkunft und Heizung und erst zuletzt auf die Bedarfe für Bildung und Teilhabe angerechnet wird. Leistungen für Bildung und Teilhabe sind also auch dann noch zu leisten, wenn wegen angerechneten Einkommens kein weiteres BG-Mitglied leistungsberechtigt ist, der Bedarf für Bildung und Teilhabe jedoch nicht vollständig gedeckt ist. Sind mehrere Personen nur im Umfang der Bildungs- und Teilhabeleistung leistungsberechtigt, wird das verbliebene Einkommen kopfteilig bei jeder Person berücksichtigt.

1.5   Überbrückungs-Hilfebedarf

Hier sind zwei Fälle zu unterscheiden:

- Nach § 9 Abs. 4 SGB II ist auch demjenigen Hilfe zu gewähren, der zwar über Vermögen oberhalb der Freibeträge nach § 12 SGB II verfügt, dem aber der sofortige Vermögenseinsatz oder die sofortige Verwertung nicht möglich oder zumutbar ist. Bis zum Vermögenseinsatz **sind** (kein Ermessen) im Wege eines Darlehens Grundsicherungsleistungen zu erbringen.   `Vermögen`

- Nach § 24 Abs. 4 SGB II **können** (Ermessen) Leistungen zur Sicherung des Lebensunterhalts als Darlehen erbracht werden, soweit in dem Monat, für den die Leistungen erbracht werden, voraussichtlich Einkommen zufließt.   `Einkommen`

Mit Wirkung **zum 1.1.2017** wird die durch einen vorzeitigen Verbrauch von Einmaleinkommen gerissene Bedarfslücke mit einem Darlehen gestopft. Bis dahin muss erneut Alg II als Zuschuss gewährt werden. Eine Analogie zu § 24 Abs. 5 SGB II ist unzulässig.   `Neu 2017`

1.6   Notlagen-Hilfebedarf

Nach § 22 Abs. 8 SGB II **kann** (Ermessen) das Jobcenter für Mietschulden aufkommen, soweit dies zur Sicherung der Wohnung gerechtfertigt ist und die Betroffenen über kein vorrangig einzusetzendes Schonvermögen zur Schuldentilgung verfügen. Ferner können Schulden in vergleichbaren Notlagen (Energiesperre) übernommen werden. Grundsätzlich sollen die alten Schulden nur über ein Darlehen, d.h.

durch eine neue Verschuldung gegenüber dem Jobcenter abgenommen werden. Das Jobcenter ist nur für Bezieher von Alg II und Sozialgeld zuständig. Bezieher kleiner, gerade bedarfsdeckender Einkommen müssen sich im Notfall an den SGB XII-Träger wenden (§ 21 SGB XII).

1.7 Nachgehender Hilfebedarf

Drei Fälle sind zu unterscheiden:

Weiterlaufende Eingliederungshilfen

■ Um den Eingliederungserfolg nicht zu gefährden, erlauben § 16b Abs. 1 Satz 2 und § 16g SGB II trotz Wegfalls der Hilfebedürftigkeit eine Fortsetzung der Eingliederungshilfe. Näher dazu → S. 706 f.

Nach Maßnahmeende für behinderte Menschen

■ Eine weitere Form der nachgehenden Hilfe ist der Mehrbedarfszuschlag für behinderte Menschen gemäß § 21 Abs. 4 SGB II, der übergangsweise auch nach Beendigung einer Maßnahme zur Teilhabe am Arbeitsleben gezahlt werden kann.

Erlass

■ Nicht ausdrücklich geregelt, jedoch zum Ausgleich der engherzig pauschalierten Regelbedarfe notwendig ist die nachgehende Hilfe in Form des Erlasses von Forderungen gemäß § 44 SGB II, wenn anderenfalls durch Überschuldung (Darlehenstilgung, Sanktion) der BG eine Verfestigung der Bedürftigkeit droht (Gedanke aus § 15 Abs. 2 SGB XII; siehe SG Berlin vom 17.11.2006 – S 37 AS 8519/05; SG Magdeburg vom 24.7.2015 – S 14 AS 1925/15 ER).

2 Feststellung des Hilfebedarfs

Wie bei der Feststellung der Erwerbsfähigkeit lassen sich auch bei der Feststellung der Hilfebedürftigkeit drei Verfahrensabschnitte unterscheiden:

■ Antragsverfahren,

■ Prüfverfahren und

■ Trägerwiderspruchsverfahren.

2.1 Antragsverfahren

Im Alg II-Antragsbogen werden sehr umfassend Daten über die persönliche Lebenssituation, die Einkommens- und Vermögensverhältnisse des Antragstellers sowie der Mitglieder der BG erhoben. Wegen zahlreicher Kontrollmöglichkeiten, insbesondere wegen des Zugriffs auf sämtliche Konten nebst Kontenstammdaten, auch auf solche im EU-Ausland, raten wir, den Antrag vollständig und genau auszufüllen.

2.2   Prüfverfahren

Mit der Neuordnung der Jobcenter zum 1.1.2011 ist das Prüfverfahren zweistufig ausgestaltet:

- Die AA als SGB II-Träger stellt fest, ob und in welchem Umfang die Antragsteller hilfebedürftig sind (§ 44a Abs. 4 Satz 1 SGB II); deshalb muss die AA prüfen, ob die in der Wohnung der Antragsteller lebenden Personen eine BG i. S. von § 7 Abs. 3 SGB II oder eine Haushaltsgemeinschaft i. S. von § 9 Abs. 5 SGB II oder eine bloße Wohngemeinschaft bilden. Außerdem müssen die Einkommens- und Vermögensverhältnisse der Personen, die Leistungen beanspruchen bzw. die einstandspflichtig i. S. von § 9 Abs. 2, Abs. 5 SGB II sind, geklärt werden. Der kommunale Träger als SGB II-Träger ist bei Feststellung der von ihm zu erbringenden Leistungen, vor allem für Unterkunft und Heizung, an diese Feststellung gebunden (§ 44a Abs. 5 Satz 2 SGB II). Das gilt auch dann, wenn so viel Einkommen anzurechnen ist, dass im Ergebnis nur Leistungen für Unterkunft und Heizung zu erbringen sind.

- Der kommunale Träger als SGB II-Träger stellt die Höhe der von ihm zu erbringenden Leistungen, vor allem die angemessenen Kosten für Unterkunft und Heizung fest (§ 44a Abs. 5 Satz 1 SGB II). Die AA als SGB II-Träger ist an diese Feststellungen gebunden.

Das wechselseitige Ineinandergreifen der Feststellungen zum Regelbedarf einerseits und zu den Unterkunfts- und Heizkosten andererseits erfordert eine enge Zusammenarbeit der beiden Träger des Jobcenters. Diese Zusammenarbeit wird in Trägervereinbarungen nach § 44b Abs. 2 SGB II genauer geregelt. Wird nicht kooperiert, ist zu befürchten, dass sich die Bewilligung von Leistungen verzögert und ein Träger die Verantwortung auf den anderen schiebt. In einem solchen Fall bleibt den Hilfesuchenden nur der Weg, über einen Eilantrag beim Sozialgericht eine rasche Entscheidung herbeizuführen.

Notfalls Eilantrag stellen

Der Lebensunterhalts-Hilfebedarf wird grundsätzlich mit dem Antrag kundgetan. In der Regel ermöglichen die im Antrag erhobenen Daten eine rasche Entscheidung zur Hilfebedürftigkeit. Ermittlungsschwierigkeiten, z.B bei der Schätzung von Wertgegenständen, Immobilien oder den Einkünften aus selbständiger Tätigkeit dürfen nicht zulasten des Antragstellers gehen.

Lebensunterhalts-Hilfebedarf

Nach § 2 Abs. 7 Alg II-Verordnung kann in solchen Situationen das durchschnittlich vorhandene Einkommen geschätzt werden. Die Leistungsgewährung steht dann unter dem Vorbehalt einer Anpassung an die tatsächlichen Verhältnisse. Bei Unsicherheiten über die Vermögenslage ist unverzüglich ein Darlehen zu gewähren.

Schätzung des Bedarfs

Bei Zweifeln an der Hilfebedürftigkeit ist eine vorläufige Entscheidung nach § 41a SGB II zulässig.

Keine
Spekulation

Unzulässig ist eine Ablehnung der Hilfebedürftigkeit auf der Grundlage bloßer Vermutungen. Eine ursprünglich in § 13 RegE vorgesehene Verordnungsermächtigung zur Festlegung bestimmter »Lebensumstände oder -gewohnheiten«, die zur Annahme fehlender Bedürftigkeit berechtigen, ist nicht Gesetz geworden (LSG NRW vom 24.2.2016 – L 19 AS 1834/15 B ER, vom 17.7.2008 – L 20 B 32/08 AS ER: unklare Vermögensverhältnisse, vom 2.7.2008 – L 7 B 130/08 AS ER und vom 25.8.2015 – L 6 AS 653/15 B ER: unklare Einkommensverhältnisse). Sofern das Jobcenter auf eine genaue Einzelfallprüfung verzichtet und auf bloße Annahmen zurückgreift, ist das unzulässig, selbst wenn der Antragsteller nicht ausreichend mitwirkt. In diesem Fall kann die Sachverhaltsaufklärung über § 66 SGB I erzwungen werden (HessLSG vom 8.8.2008 – L 7 AS 149/08 B ER; LSG NRW vom 23.12.2009 – L 12 B 147/09 AS ER). Ein zum Nachweis der Hilfebedürftigkeit angebotener Zeugenbeweis darf nicht wegen widersprüchlicher Angaben bei der Antragstellung zurückgewiesen werden (LSG NRW vom 23.6.2010 – L 7 AS 584/10 B). Erst wenn **nach** Ausschöpfen der von Amts wegen gebotenen Ermittlungsmöglichkeiten oder bei einer fortgesetzt unzureichenden Mitwirkung bei Aufklärung des Sachverhalts ernsthafte Zweifel an der Hilfebedürftigkeit verbleiben, kann die Leistungsbewilligung abgelehnt werden (BayLSG vom 9.11.2011 – L 16 AS 453/11 und vom 29.11.2011 – L 7 AS 881/10; BVerfG vom 6.8.2014 – 1 BvR 1453/12; s. auch LSG NRW vom 11.10.2012 – L 19 AS 1232/12 B und vom 9.11.2015 – L 7 AS 1234/15 B ER zur besonderen Situation bei Selbständigen).

Keine Verwirkung

Nach BSG vom 28.10.2009 – B 14 AS 56/08 R kann sich das Jobcenter nicht darauf berufen, der Alg II-Antragsteller habe seinen Anspruch verwirkt, wenn der ausgefüllte Antragsvordruck verspätet abgegeben wird oder der Antragsteller nur zögerlich mitwirkt (Abgabe der Kontobelege, des Mietvertrages etc.). Damit dürfte auch nach § 67 SGB I grundsätzlich ab Antragstellung die Leistung nachzuzahlen sein, wenn das Antragsverfahren wegen einer Versagung nach § 66 SGB I unterbrochen worden war. Eine Unterbrechung des Bewilligungsverfahrens oder eine Versagung laufender Leistungen nach den §§ 66, 67 SGB I endet nach BayLSG vom 19.1.2016 – L 7 AS 894/15 ER, wenn ein neuer Alg II-Antrag gestellt wird.

Kein vorschneller
Verweis auf
angeblich
vorrangige Hilfen

Unzulässig sind Versuche, den Antragsteller zunächst auf vermeintlich vorrangige Hilfemöglichkeiten, insbesondere Erwerbsbemühungen ohne konkrete Arbeitsangebote, zu verweisen. Die Existenzsicherungsfunktion des SGB II verlangt nach BVerfG vom 6.8.2014 – 1 BvR 1453/12, dass der elementare Lebensbedarf eines Menschen in dem Augenblick befriedigt werden muss, in dem er entsteht. Bei Prüfung der Hilfebedürftigkeit sei daher auf die gegenwärtige tatsächliche Situation des Hilfesuchenden abzustellen. Dies setzt dem Verweis auf anderweitige Hilfen, wie z. B. auf

- Mittel aus dem Einsatz eigener Kräfte oder Vermögens,

- unterstellte Unterstützungsleistungen von Angehörigen der BG,

■ öffentlich-rechtliche Forderungen, insbesondere nach den SGB,

■ privatrechtliche Forderungen, insbesondere Unterhaltsansprüche,

deutliche Grenzen.

Zu einer Leistungsablehnung berechtigt der Nachranggrundsatz nur dann, wenn

1. die anderweitige Leistung demselben Zweck dient **und**   Zweckidentität

2. die anderweitige Leistung tatsächlich zur Deckung des aktuellen   Bereite Mittel
Hilfebedarfs zur Verfügung steht.

Zu 1. Zweckidentität: Die Anrechnung von Leistungen, die   Sicherstellung
dem gleichen Zweck dienen, soll den Bezug von Alg II/Sozialgeld ver-   des Lebens-
hindern, solange der Hilfebedarf anderweitig erfüllt oder ohne weite-   unterhalts
res zu erfüllen ist.
Wann und in welchem Umfang dem Alg II-Antragsteller zufliessende
Mittel als zweckidentische Leistung anzurechnen sind, wird im Einzelnen ab → S. 396 erläutert.
Im Unterschied zum SGB III (vgl. § 156 SGB III) kennt das SGB II keinen Anspruchsverlust, wenn eine andere zweckidentische Sozialleistung zuerkannt wird. Einzige Ausnahme ist die reguläre, abschlag-
freie Altersrente, weil der Betroffene dann nicht als erwerbsfähig gilt.

Ansonsten erhält auch ein Bezieher von Alg I, Krankengeld oder Mutterschaftsgeld (aufstockend) Alg II, sofern die vorrangigen Leistungen
den Lebensunterhalt nicht decken und kein Vermögen oder Einkommen oberhalb der Freibetragsgrenzen eingesetzt werden kann.

Es gibt im SGB II auch kein Ruhen der Leistung, weil der Hilfesuchen-   Kein Ruhen
de dem Grunde nach Anspruch auf eine vorrangige Leistung hat, diese aber nicht beantragt oder den Antrag zurückzieht (vgl. z.B. das
Ruhen nach § 156 Abs. 2 SGB III oder nach § 51 Abs. 3 SGB V). Auch
in einem solchen Fall muss Grundsicherung gewährt werden (LSG
Sachsen vom 22.2.2016 – L 3 AS 990/15 B ER; BSG vom 19.8.2015 – B
14 AS 1/15 R: Antrag auf vorzeitige Altersrente).

Das Jobcenter kann dann nach § 5 Abs. 3 SGB II anstelle des An-   Keine Sanktion
spruchsinhabers die Leistung geltend machen. War die Beantragung
einer vorrangigen Sozialleistung in einer Eingliederungsvereinbarung
vereinbart worden (§ 15 Abs. 1 Satz 2 Nr. 3 SGB II i.d.F. bis 31.7.2016),
war bei Untätigkeit des Leistungsberechtigten eine Sanktion nach
§ 31a SGB II zwar möglich, aber im Regelfall unverhältnismäßig. Das
Jobcenter hat meist genug Informationen, um den vorrangigen Anspruch über § 5 Abs. 3 SGB II durchzusetzen. Zumindest muss er dies
vor einer Sanktion versuchen (LSG Sachsen-Anhalt vom 12.1.2009 – L
5 B 284/08 AS ER; LSG Berlin-Brandenburg vom 31.3.2010 – L 19 AS
829/09 B PKH).

Neu

§ 15 SGB II in der **seit 1.8.2016** geltenden Fassung sieht nur noch die Einbeziehung von Leistungen anderer Sozialleistungsträger, die der (Wieder)-Eingliederung in Arbeit dienen (z. B. Leistungen der beruflichen Rehabilitation), vor, um sicherzustellen, dass die Jobcenter vorrangige Leistungen prüfen und deren Inanspruchnahme unterstützen. Was vorrangige Leistungen zum Lebensunterhalt betrifft, soll die Eingliederungsvereinbarung nicht als Mittel missverstanden werden, von Gesetzes wegen bestehende Pflichten im Wege einer einvernehmlichen Vereinbarung zu regeln.

Zu 2. Bereite Mittel: Weil das SGB II unterstes soziales Netz für erwerbsfähige Leistungsberechtigte ist, hat das Jobcenter besondere Befugnisse, um dem Nachranggrundsatz Geltung zu verschaffen, ohne den Antragsteller mit der Durchsetzung vorrangiger Ansprüche über Gebühr zu belasten.

Antrag muss angenommen werden

Insbesondere ist es dem Jobcenter verwehrt, einen Antrag nicht entgegenzunehmen und den Antragsteller auf einen Leistungsantrag bei einer anderen Behörde, einen Eilantrag bei einem Gericht oder auf ein Arbeitsangebot zu verweisen.

In einem solchen Fall sollte der Antragsteller auf einer schriftlichen Bestätigung der Antragstellung bestehen, um Streitigkeiten über den Beginn der Leistungspflicht, die mit dem Tag der Antragstellung auf den Ersten des Monats gesetzt wird (§ 37 Abs. 2 SGB II), zu vermeiden.

Wird zwar der Leistungsantrag entgegengenommen, die Auszahlung der Leistung aber unter Verweis auf vorrangige Möglichkeiten der Bedarfsdeckung abgelehnt, ist wie folgt zu unterscheiden:

Abstrakte Erwerbsmöglichkeit

■ Rechtswidrig ist die Verneinung der Bedürftigkeit unter schlichtem Verweis auf abstrakt bestehende Erwerbsmöglichkeiten (Tagesjobvermittlung, Gelegenheitsjob).

Stellenangebot

■ Wird eine reguläre Beschäftigung angeboten, besteht ein Anspruch auf Arbeitsentgelt erst nach Antritt der Arbeit (§ 614 BGB). Das Jobcenter muss deshalb vorleisten, es darf den Antragsteller nicht auf eine Abschlagszahlung durch den Arbeitgeber verweisen, auf die kein Anspruch besteht. Hierdurch würde der Hilfesuchende in unzulässiger Weise gezwungen, dem neuen Arbeitgeber seine Bedürftigkeit preiszugeben. Nach § 24 Abs. 4 SGB II kann sogar dann Hilfe gewährt werden, wenn noch im Monat der Antragstellung voraussichtlich Einkommen zufließt.

Arbeitsgelegenheitsangebot

■ Das Angebot einer Arbeitsgelegenheit schließt Leistungen der Grundsicherung nicht aus, sondern ist Teil der aktiven Eingliederungsleistungen. Die Ablehnung einer solchen Beschäftigung berechtigt das Jobcenter zu Kürzungen (§ 31a SGB II), nicht aber zu einer vollständigen Ablehnung der Leistung mit der Begründung, es fehle an der »Arbeitsbereitschaft«.

■ Für das seit 1.8.2016 in § 3 Abs. 2 SGB II aufgegangene Sofortangebot gemäß § 15a SGB II für Hilfesuchende, die in den letzen zwei vorangegangenen Jahren weder Alg I noch Alg II bezogen haben, gilt nichts anderes. Eine Ablehnung oder gar Nichtannahme des Alg II-Antrags mit der Begründung, es fehle an der Hilfebedürftigkeit, ist rechtswidrig (vgl. OVG Hamburg vom 12.12.2003, info also 2004, S. 127 f).

Sofortangebot

■ Auch Erwerbsfähigen unter 25 Jahren steht mit Antrag und Hilfebedürftigkeit ein Anspruch auf Alg II zu, der allerdings im Fall der Ablehnung einer zumutbaren Ausbildung oder Arbeit fast vollständig gestrichen werden kann. Die Pflicht der Jobcenter, in eine Erwerbstätigkeit zu vermitteln, berechtigt aber nicht dazu, die Aufnahme und Bearbeitung des Leistungsantrags bereits durch Verweis auf eine mögliche Tätigkeit abzulehnen oder an den vorab zu erbringenden Nachweis einer Vorsprache bei einem Arbeitgeber/einer Beschäftigungsgesellschaft zu knüpfen.
Eine so begründete vollständige Streichung der Grundsicherung wäre schon deshalb rechtswidrig, weil dann entgegen § 31a Abs. 2 SGB II die Unterkunftskosten gestrichen würden und Obdachlosigkeit drohte oder entgegen der Ausschlussregelung in § 7 Abs. 1 Satz 1 Nr. 1 WoGG von einem Anspruch auf Wohngeld ausgegangen werden müsste.

Sonderfall: Erwerbsfähige bis 25. Geburtstag

■ Ein laufender Leistungsantrag bei einer anderen Behörde berechtigt nicht zur Leistungsablehnung. Das Jobcenter kann den Nachrang im Wege eines Erstattungsanspruchs nach den §§ 102 ff. SGB X herstellen.

Laufender Leistungsantrag bei anderen Behörden

■ Abschlagszahlungen bei anderen Sozialleistungsträgern gibt es nur, wenn der Leistungsanspruch dem Grunde nach unstreitig besteht; aber auch dann liegt die Höhe der Abschlagszahlung im Ermessen der Behörde (siehe z.B. § 42 SGB I oder § 337 Abs. 4 SGB III). Der Hilfesuchende wird deshalb nur dann auf eine Abschlagszahlung verwiesen werden dürfen, wenn sichergestellt ist, dass sie in bedarfsdeckender Höhe **und** unverzüglich ausgezahlt werden kann. Eine unverzügliche Auszahlung ist insbesondere beim Alg I oftmals nicht gewährleistet (vgl. BayVGH vom 22.1.2003, info also 2003, S. 163 f. mit Anm. Berlit; VG Augsburg vom 23.9.2003 – Au 9 E 03.1166).

Abschlagszahlungen

■ Weigert sich ein Antragsteller, einen vorrangigen Leistungsanspruch oder Einkommensvorteil (Steuerklassenwechsel, Kindergeld-Zählvorteil) zu realisieren, darf die vorrangige Leistung oder der Einkommensvorteil nicht fiktiv angerechnet werden (LSG Baden-Württemberg von 5.10.2012 – L 9 AS 3208/12 ER-B zum Unterhaltsvorschuss; BSG vom 19.8.2015 – B 14 AS 43/14 R: kein Zugriff auf Zinsen mangels Kündigung des Festgeldkontos). Dies verletzte den Grundsatz der Sicherung des Existenzminimums und umginge Regelungen, die dem Jobcenter die Durchsetzung des Nachrangprinzips ermöglichen (§§ 5 Abs. 3, 31 Abs. 1, 34 SGB II). Unzulässig ist auch der Verweis auf einen fiktiven Verbrauch von Einkommen oder Ver-

Keine fiktive Bedarfsberechnung

mögen, wenn es dem Leistungsberechtigten tatsächlich nicht (mehr) zur Verfügung steht (BSG vom 29.11.2012 – B 14 AS 33/12 R). Zumindest ist dann ein Darlehen zu gewähren (→ S. 374).

Verweigerte Mitwirkung

■ In sonstigen Fällen einer verweigerten Mitwirkung greift § 66 SGB I, evt. auch § 31a SGB II. Der Schluss, die Verweigerung der Mitwirkung deute auf versteckte Quellen bereiter Mittel zur Deckung des Grundsicherungsbedarfs, ist ohne dahin gehende Anhaltspunkte unzulässig (vgl. VGH Mannheim vom 7.6.2004, FEVS 56, S. 44 ff.).
Insbesondere ist bei einer Weigerung der Mitwirkung vor der Leistungskürzung zu prüfen, ob das Jobcenter die geforderte Information nicht selbst erlangen kann (§ 65 Abs. 1 Nr. 3 SGB I) oder das Verhalten des Antragstellers von einem wichtigen Grund gedeckt ist (§ 65 Abs. 1 Nr. 2 SGB I).

Erhebung einer Klage

■ Die Erhebung einer Klage kann nur in dem seltenen Ausnahmefall Mittel sofort erschließen, wenn der Beklagte unter dem Druck des Verfahrens sofort zahlen wird. Weder der Grundsatz des Forderns nach § 2 SGB II noch die allgemeinen Mitwirkungspflichten nach §§ 60 ff. SGB I erlauben es, einen Leistungsanspruch von einer kostenträchtigen Klageerhebung abhängig zu machen.

Eilantrag?

Strittig ist, ob der Betroffene auf einen Eilantrag verwiesen werden kann (so z. B. VG Gelsenkirchen vom 10.7.2003, NVwZ-RR 2004, S. 190 f.) Das ist angesichts des Risikos, die einstweilig gewährte Leistung zurückzahlen zu müssen, abzulehnen. Überdies dauert in der Regel auch die Bearbeitung eines Eilantrages zu lange, um den Hilfesuchenden hierauf verweisen zu können.
Sollten Sie dennoch zu einer Klage gedrängt worden sein, den Prozess verlieren und zur Kostentragung (z. B. der Kosten des gegnerischen Anwalts auch im Fall der PKH-Gewährung) verurteilt worden sein, können Sie vom Jobcenter verlangen, dass es Sie von diesen Kosten freistellt. Dazu ist es unter dem Gesichtspunkt der öffentlich-rechtlichen Geschäftsführung ohne Auftrag verpflichtet.

Laufendes Gerichtsverfahren

■ Ein bereits zum Zeitpunkt der Antragstellung laufendes Gerichtsverfahren darf angesichts der nicht voraussehbaren Verfahrensdauer nicht als aktuelle Bedarfsdeckungsmöglichkeit angesehen werden.

Unterhalts- ansprüche

■ Auf einen Antrag auf einstweilige Unterhaltsgewährung kann der Antragsteller nicht verwiesen werden, selbst wenn hierdurch keine Zerrüttung des Familienverhältnisses eintritt. Denn im Zivilprozess drohen ihm selbst bei Gewährung von PKH im Fall des Unterliegens die Kosten für den gegnerischen Anwalt. Der Übergang des Anspruchs gemäß § 33 SGB II **nach** Klageerhebung ändert daran nichts. Denn nach § 265 ZPO hat der Rechtsübergang auf den laufenden Prozess keine Auswirkung. Das Jobcenter könnte nur mit Zustimmung des Gegners (des beklagten Unterhaltsschuldners) in den Prozess eintreten. Da wegen des Rechtsübergangs aber auf

Zahlung an den Leistungsträger geklagt werden muss, führt man in einem solchen Fall den Prozess für das Jobcenter.

Es dürfte somit allenfalls zulässig sein, in den Fällen, in denen ein Unterhaltsanspruch anzurechnen ist (→ S. 652), Bemühungen um eine außergerichtliche Durchsetzung des Anspruchs (Aufforderung zur Zahlung, um den Unterhaltsschuldner in Verzug zu setzen, § 1613 BGB) zu verlangen (zum Verzug per Mahnung s. OLG Saarbrücken vom 1.3.2010 – 9 WF 127/09).

Wie der Name schon sagt, handelt es sich beim Naturalunterhalt um einen Unterhaltsanspruch, der – zur Entlastung der Eltern – statt durch Bargeld durch Gewährung freier Kost und Logis erfüllt werden kann, sofern dabei – wie § 1612 BGB in der ab 1.1.2008 geltenden Fassung betont – »auf die Belange des Kindes die gebotene Rücksicht genommen wird«. *(Naturalunterhalt durch Eltern)*

Ein Unterhaltsanspruch setzt Leistungsfähigkeit der Eltern nach § 1603 BGB voraus. Er kann von erwerbsfähigen Volljährigen nur während einer zielstrebig verfolgten Erstausbildung geltend gemacht werden (§ 1610 BGB). Ein mit dem Selbsthilfegebot nach § 2 Abs. 1 SGB II begründeter Verweis auf Naturalunterhalt kommt also nur in Betracht, wenn die Eltern verpflichtet und imstande sind, Unterhalt zu leisten (vgl. zum entsprechenden Problem im BSHG VG Aachen vom 12.8.2004, info also 2005, S. 39 f.).

Bieten die Eltern nach Mitteilung eines Anspruchsübergangs (§ 33 SGB II) Naturalunterhalt an, bestreiten sie aber zugleich mit beachtlichen Gründen eine Unterhaltspflicht, muss das Jobcenter sorgfältig prüfen, ob es dem Leistungsberechtigten einen Einzug ins Elternhaus, also Kost und Logis, zumuten kann (vgl. OLG Karlsruhe vom 23.1.2015 – 2 UF 276/14). Das Jobcenter darf bei einem solchen Angebot der Eltern, die bestreiten, noch unterhaltspflichtig zu sein, nicht davon ausgehen, dass eine wirksame Unterhaltsbestimmung getroffen wurde. In § 1612 BGB i.d.F. ab 2008 ist die Regelung, wonach das Familiengericht die Unterhaltsbestimmung auf Antrag ändern konnte, gestrichen worden. Will das Kind den Naturalunterhalt nicht hinnehmen, so muss es dies direkt als Einwand im Unterhaltsverfahren geltend machen bzw. direkt auf Zahlung einer Geldleistung klagen. Das damit verbundene Kostenrisiko ist dem Kind auch bei PKH-Bewilligung, die nicht die Kosten eines gegnerischen Anwalts deckt, grundsätzlich nicht zuzumuten. Das Jobcenter muss zunächst Alg II gewähren und kraft Anspruchsübergangs ggf. selbst die Eltern auf Bar-Unterhalt in Anspruch nehmen und hierüber klären, ob Naturalunterhalt angeboten werden darf. *(Prüfung der Unterhaltspflicht)*

Nach der Rechtsprechung der Familiengerichte widerspricht das Angebot von Natural- statt Barunterhalt dem berechtigten Interesse des Kindes, wenn eine zwischen dem Kind und dem bestimmenden Elternteil eingetretene tief greifende Entfremdung nicht allein auf einem rücksichtslosen oder provozierenden Verhalten des Kindes be- *(Rücksicht auf Belange des Kindes)* ruht (KG Berlin vom 13.8.2000 – 13 UF 42/02 und vom 31.3.2005 – 19 UF 10/05; OLG Dresden vom 15.2.2005 – 21 UF 54/05).

Die Eheleute S. leben seit Jahren getrennt. Der 16-jährige Sohn A. war nach häufigen Streitigkeiten mit seiner Mutter zum Vater gezogen, der Alg II bezieht. A hatte seitdem keinen Kontakt mehr zur Mutter. Nach Abbruch einer Ausbildung beantragt A. ebenfalls Alg II. Er kann wegen des zerrütteten Verhältnisses zur Mutter nicht auf einen Umzug in deren Haushalt verwiesen werden (OVG Schleswig vom 16.1.2002, info also 2002, S. 130 f.).

Nach Meinung der Familiengerichte werden die Belange des Kindes nicht ausreichend berücksichtigt, wenn der Einzug ins Elternhaus wegen sehr langer Fahrwege die ungestörte Fortführung einer Ausbildung (Studium) gefährden würde (OLG Karlsruhe vom 6.5.2003 – 16 UF 238/02) oder das Angebot auf freie Kost und Logis allein dem Zweck dient, sich ohne wirtschaftlichen Druck der Barunterhaltspflicht zu entziehen (OLG Frankfurt am Main vom 10.8.2000 – 6 WF 133/00; OLG Brandenburg vom 25.10.2010 – 9 UF 78/10). Dieser Gesichtspunkt spielt insbesondere nach Eintritt der Volljährigkeit eine wichtige Rolle. Denn der Unterhalt ist bei einem volljährigen auswärts lebenden Kind regelmäßig durch Geld zu leisten. Die Gewährung von Unterhalt durch Betreuung im Rahmen der Personensorge oder Naturalunterhalt kommt grundsätzlich nur bei minderjährigen Kindern in Betracht (§§ 1612 Abs. 2 Satz 3, 1612a BGB). Die unterhaltspflichtigen Eltern können nur ausnahmsweise bei Vorliegen besonderer Gründe auch gegenüber einem volljährigen Kind verlangen, Naturalunterhalt zu akzeptieren (BFH vom 22.12.2005 – III S 26/05). Der Gesetzgeber hatte bei der Schaffung des Bestimmungsrechts nach § 1612 BGB eine intakte Familie mit ihren wechselseitigen – erhaltenswerten – Bindungen im Auge. Diesem Gesichtspunkt kommt dann keine maßgebliche Bedeutung mehr zu, wenn es nicht darum geht, eine noch bestehende Gemeinschaft zwischen Eltern und Kind aufrechtzuerhalten oder wiederherzustellen, sondern die Lebenssituation des unterhaltsberechtigten Kindes einschneidend zu verändern. In einer solchen Situation tritt das wirtschaftliche Interesse der Eltern, den Unterhalt in einer für sie finanziell günstigeren Form zu leisten, regelmäßig hinter das Interesse des Kindes an einer eigenständigen Lebensführung zurück (OLG Celle vom 5.5.2006 – 17 WF 60/06; OVG Lüneburg vom 15.5.2015 – 4 ME 61/15; VG Gelsenkirchen vom 11.12.2015 – 15 L 2414/15: Rücksicht auf die Partnerschaft des Kindes). Der unterhaltsrechtliche Maßstab ist auch für das Jobcenter verbindlich. Er kann das hilfebedürftige Kind nur auf Unterhaltsleistungen verweisen, die von den Unterhaltspflichtigen auch geschuldet sind. Das Interesse des Jobcenters bleibt dadurch gewahrt, dass er den nach Klärung der Unrechtmäßigkeit eines Naturalangebots übergegangenen Unterhaltsanspruch einklagen kann.

Unzulässig ist der Verweis auf Naturalunterhalt, wenn die Eltern den Auszug des Kindes aus ihrer Wohnung befürwortet hatten und einen Wiedereinzug ablehnen, es sei denn, dies geschieht allein zu dem Zweck, Ansprüche auf Alg II zu begründen (vgl. BSG vom 2.6.2004 – B 7 AL 38/03 R; SG Lüneburg vom 14.3.2006 – S 25 AS 223/06 ER; vgl. dazu auch FG Nürnberg vom 14.7.2010 – 3 K 21/2008).

Rücksicht auf Belange der Eltern

Haben sich die leiblichen Eltern getrennt und leben sie in einer ehe- oder lebenspartnerschaftsähnlichen Gemeinschaft mit einem neuen Partner, ist der Verweis auf einen dortigen Einzug des Kindes unzulässig, wenn der neue Partner dies aus nachvollziehbaren Gründen (keine Beziehung zum Kind, die Enge der Wohnung stört die Intimsphäre der Haushaltsmitglieder usw.) ablehnt. Auch der ehe- oder lebenspartnerschaftsähnlichen Familiengemeinschaft ist in einer solchen Situation derselbe Schutz wie der Ehefamilie zuzugestehen, selbst wenn der leibliche Elternteil keine Mittel hat, um Barunterhalt zu zahlen.

Rücksicht auf Belange der neuen Partnerschaft

Wird der notwendigste Lebensunterhalt eines Hilfesuchenden bis zur Entscheidung über seinen Alg II-Antrag durch Bekannte und Freunde in Form freier Kost und Logis gedeckt, führt das zu keiner Anrechnung auf den Hilfebedarf (LSG Sachsen-Anhalt vom 18.6.2015 – L 4 AS 247/15 B-ER).

Freie Kost und Logis

■ Die Inanspruchnahme eines (Dispositions-)Kredits kann vom Hilfesuchenden grundsätzlich nicht verlangt werden. Die daraus resultierende Verschuldung und Zinsbelastung ist unzumutbar (OVG Münster vom 10.4.2000, FEVS 52, S. 77 ff.; Sächsisches LSG vom 29.11.2005 – L 3 B 163/05 AS-ER; LSG Niedersachsen-Bremen vom 14.7.2008 – L 13 AS 97/08 ER; LSG Sachsen vom 4.12.2012 – L 3 AS 1000/12 B ER). Dafür spricht auch § 24 Abs. 4 SGB II; danach ist sogar dann Alg II zu erbringen – als Darlehen –, wenn in dem Monat, für den die Leistung erbracht wird, voraussichtlich Einnahmen anfallen. Steht zugeflossenes Einkommen im Wege der Verrechnung mit einem Konto-Soll nicht zur Bedarfsdeckung zur Verfügung, kann aber eine erneute Inanspruchnahme des Dispositionskredits zumutbar sein (BSG vom 29.4.2015 – B 14 AS 10/14 R).

Kreditaufnahme

Das Selbsthilfegebot verlangt die Anpassung der Einkommens-/Vermögensverhältnisse an die veränderten Bedingungen (Umzug in eine günstigere Wohnung, Kündigung von Versicherungen, Änderung der Lohnsteuerklasse – s. dazu LSG Schleswig-Holstein vom 10.7.2008 – L 11 B 392/08 AS ER, Zurückstellung von Drittverpflichtungen usw.). Diese Neuordnung, gegebenenfalls unter Einschaltung einer Schuldnerberatungsstelle, führt aber nur im Ausnahmefall schnell zu liquiden Mitteln, entbebt das Jobcenter somit nicht der Verpflichtung, den aktuellen Hilfebedarf zu befriedigen. In § 16a SGB II ist die Schuldnerberatung dementsprechend als Eingliederungsmaßnahme vorgesehen.

Neuordnung der Einkommens-/Vermögens-verhältnisse

Unzulässig ist es, den Antragsteller an ein Casemanagement zu verweisen, das darauf abzielt, den Hilfebedarf im Wege einer »freiwilligen« Kreditaufnahme, des Einsatzes von Schonvermögen/Einkommen oder einer Umschuldung zulasten Dritter zu beseitigen (dazu Helga Spindler, info also 2003, S. 63 ff.).

2.3   Trägerwiderspruchsverfahren

§ 44a Abs. 5 SGB II sieht bei Streit der Jobcenter-Träger über die Hilfebedürftigkeit ein Widerspruchsverfahren vor.

Widerspruch nur vom kommunalen Träger

Der Widerspruch gegen die Feststellungen der AA zur Hilfebedürftigkeit nach § 44a Abs. 4 Satz 1 SGB II kann nur vom kommunalen Träger erhoben werden, soweit er durch diese Feststellung mit höheren Leistungen belastet ist. Dies gilt auch für die Verneinung eines Leistungsausschlusses nach § 44a Abs. 4 Satz 3 SGB II mit der Folge, dass der kommunale Träger für die Unterkunftskosten aufkommen muss.

Nicht wegen Belastung durch SGB XII-Leistungen

Bejaht die AA einen Leistungsausschluss, kann der kommunale Träger als Teil des Jobcenters keinen Widerspruch mit der Begründung erheben, er sei infolge der Feststellung als SGB XII-Träger mit Regelbedarfsleistungen belastet.

Schriftlicher, begründeter Widerspruch

Der Widerspruch muss schriftlich und begründet erhoben werden, um reine Kostenstreitigkeiten auszuschließen. Eine Zusendung an den Leistungsberechtigten erfolgt nicht. Er selbst hat kein Recht, gegen den Trägerwiderspruch vorzugehen.

Widerspruchsfrist

Nach § 44a Abs. 6 Satz 1 SGB II ist der Widerspruch innerhalb eines Monats einzulegen. Die Frist beginnt mit dem Tag, an dem der kommunale Träger von der (verwaltungsinternen) Feststellung der AA oder dem Bewilligungsbescheid, der die maßgeblichen Festsetzungen trifft, Kenntnis erlangt (BT-Drs. 17/1555, S. 23).

Je Bewilligungsabschnitt

Unterbleibt der Widerspruch oder wird er nach Ablauf der Monatsfrist erhoben, bleibt es bei den Feststellungen der AA bis zu einer neuen Bewilligung nach Ablauf des Bewilligungszeitraums. § 44a Abs. 6 Satz 1 SGB II hindert die AA als den für die Prüfung der Hilfebedürftigkeit zuständigen Träger aber nicht, ihren Bescheid gemäß §§ 45, 48 SGB X gegenüber dem Leistungsberechtigten zu ändern, wenn der kommunale Träger im Widerspruch oder auf sonstige Weise wesentliche Änderungen der Verhältnisse mitteilt.

Zweiwöchige Entscheidungsfrist über Widerspruch

Die AA hat die abweichende Rechtsauffassung des kommunalen Trägers innerhalb von zwei Wochen zu überprüfen und ihm das Ergebnis mitzuteilen (§ 44a Abs. 6 Satz 3 SGB II).

Folgt sie der Auffassung des kommunalen Trägers, wird die Änderung mit einem §§ 45, 48 SGB X-Bescheid gegenüber dem Leistungsberechtigten umgesetzt. Der in diesem Bescheid gesetzte Zeitraum der Änderung ist auch für die Leistungen des kommunalen Trägers maßgebend (BT-Drs. 17/1555, S. 23).

Konsens

Folgt die AA dem Widerspruch nicht, kann der kommunale Träger eine gerichtliche Klärung herbeiführen. Das Sozialgericht muss den Leistungsberechtigten beiladen.

Dissens

Bis zur Entscheidung der AA oder des Sozialgerichts müssen beide Träger die ursprünglich festgelegte Leistung (weiter) erbringen.

Leistungsfortzahlung

Der Hilfesuchende ist am Trägerwiderspruchsverfahren nicht beteiligt. Das ist unproblematisch, da er bis zu einem eventuellen Änderungsbescheid ungeminderte Leistungen bekommt. Gegen den Änderungsbescheid kann er eigenständig Widerspruch und ggf. Klage erheben.

Stellung des Leistungsberechtigten im Trägerwiderspruchsverfahren

An die Feststellungen der AA zur Hilfebedürftigkeit oder zu einem Leistungsausschluss ist der kommunale Träger nicht gebunden, wenn er zur vorläufigen Zahlungseinstellung nach § 331 SGB III berechtigt ist und dies der AA vor der Zahlungseinstellung mitteilt. Nach BT-Drs. 17/1555, S. 23 setzt die Einstellung nach § 331 SGB III voraus, dass der kommunale Träger auch ohne Entscheidung der AA erkennen kann – etwa in Fällen, in denen die AA keine Leistungen zur Sicherung des Lebensunterhalts gewährt –, dass der Anspruch auf die von ihm gewährten Leistungen vollständig wegfällt.

Vorläufige Zahlungseinstellung

Nach § 50 Abs. 4 Satz 2 SGB II haben Bürger gegenüber dem Jobcenter Anspruch auf Auskunft zu »amtlichen Informationen« (dazu gehören z. B. die Weisungen über die Anwendung und Auslegung des SGB II) nach dem Informationsfreiheitsgesetz.

Informationsfreiheitsgesetz

B **Bedarfsgemeinschaft, Haushaltsgemeinschaft, Wohngemeinschaft**
§§ 7, 9 SGB II; § 1 Abs. 2 Alg II-VO

I **Einleitung**

Sozialleistungen, die nicht – wie z. B. beim Alg I – von erarbeiteten Beiträgen abhängen, sondern auf den Bedarf des einzelnen Hilfebedürftigen abstellen, nehmen zwangsläufig die jeweilige Lebenssituation der Leistungsberechtigten ins Visier. Je intensiver die rechtlichen und wirtschaftlichen Beziehungen zu den Menschen sind, mit denen der Leistungsberechtigte zusammenlebt, desto stärker wird deren Wirtschaftskraft die Höhe der bedürftigkeitsabhängigen Leistungen bestimmen.

*Notgemein-
schaften*

Da das SGB II grundsätzlich nur für erwerbsfähige Leistungsberechtigte offen steht, damit aber eine vom Gesetzgeber nicht gewollte Zersplitterung der Zuständigkeiten drohte, wenn erwerbsfähige Leistungsberechtigte mit nicht erwerbsfähigen Leistungsberechtigten zusammenleben, musste ein Weg gefunden werden, bestimmte, enger verbundene Personengruppen wieder unter ein Dach zusammenzuführen. Dazu hat der Gesetzgeber den Begriff der »Bedarfsgemeinschaft« (BG) eingeführt. Um die BG gruppieren sich dann die in abnehmendem Grad auf die Leistungsrechte und -pflichten abfärbende Haushaltsgemeinschaft und die bloße Wohngemeinschaft.

II Bedarfsgemeinschaft

Zur BG gehören die in § 7 Abs. 3 SGB II genannten, im Haushalt lebenden Angehörigen. In einer BG muss immer eine Person erwerbsfähig und hilfebedürftig sein.

Die BG führt zum einen dazu, dass die Regelbedarfe zwischen den einzelnen Mitgliedern prozentual aufgeteilt werden. Zum anderen werden bestimmte, nicht erwerbsfähige Personen, wenn sie in einer BG mit einem erwerbsfähigen Leistungsberechtigten leben, in das Leistungssystem des SGB II einbezogen. Wir behandeln im Folgenden die in § 7 Abs. 3 SGB II abschließend aufgezählten Mitglieder einer BG:

1 Alleinstehende

Auch Alleinstehende bilden eine BG – sozusagen eine »Ein-Mann-/Eine-Frau-BG« –, **wenn** sie erwerbsfähig und hilfebedürftig sind.

2 Ehegatten/eingetragene Lebenspartner

Eine BG bilden
- nicht dauernd getrennt lebende Ehegatten,
- nicht dauernd getrennt lebende Lebenspartner,

wenn zumindest ein Partner erwerbsfähig und hilfebedürftig ist.

Nur nicht dauernd getrennt lebende Ehe- oder Lebenspartner können eine BG bilden. In der BG sind sie über die Selbstbehalte nach dem Unterhaltsrecht des BGB hinaus zum gegenseitigen Einstand verpflichtet. Erst bei einer Trennung entscheidet das »großzügigere« Unterhaltsrecht darüber, ob und wie viel Einkommen des getrennt lebenden, nicht hilfebedürftigen Partners angerechnet oder eingefordert (§ 33 SGB II) werden kann.

Nicht dauernd getrennt lebend

Der Feststellung, wann ein Paar dauernd getrennt lebt und ob dies nach sozialrechtlichen oder familienrechtlichen Kriterien zu beurteilen ist, kommt daher große Bedeutung zu. Nach BSG vom 18.2.2010 – B 4 AS 49/09 R ist das Familienrecht (§ 1567 Abs. 1 BGB) Wertungsmaßstab für ein die Paar-BG auflösendes Getrenntleben. Danach leben Ehegatten/Lebenspartner erst getrennt, wenn zumindest ein Ehegatte/

Familienrecht oder Sozialrecht?

Lebenspartner die (eheliche) Lebensgemeinschaft nicht mehr herstellen will (Trennungswille).

BG trotz räumlicher Trennung

Allein das Leben in getrennten Wohnungen, auch wenn die räumliche Trennung länger als sechs Monate dauert oder ein Ende nicht abzusehen ist, genügt danach nicht, um die BG zu beenden, solange die Partner an der Ehe/Lebensgemeinschaft festhalten (LSG NRW vom 21.9.2009 – L 7 B 311/09 AS ER: berufsbedingte Abwesenheit während der Woche; SG Leipzig vom 22.3.2007 – S 19 AS 500/07: Ehefrau lebt zur Pflege einer nahen Angehörigen in deren Wohnung; SG Koblenz vom 20.4.2010 – S 16 AS 967/09: Räumliche Trennung wegen Depressionen des Partners; BayLSG vom 12.4.2010 – L 8 AS 136/10 B ER: Ehefrau lebt überwiegend im Ausland).

Auch eine längere Inhaftierung lässt die BG fortbestehen (BSG vom 28.3.2013 – B 14 AS 78/12 R). Die gegenteilige Auffassung des LSG Berlin-Brandenburg vom 5.11.2008 – L 20 B 1902/08 AS ER ist nach der BSG-Entscheidung vom 18.2.2010 – B 4 AS 49/09 R nicht mehr haltbar.

Verpflichtendes Ehemodell?

Das LSG Niedersachsen-Bremen vom 21.2.2013 – L 15 AS 139/09 zieht aus dem BSG-Urteil vom 18.2.2010 – B 4 AS 49/09 R den Schluss, dass die einvernehmliche dauernde Trennung von Tisch und Bett unter Verheirateten in der gemeinsamen Ehewohnung nicht der ehelichen Gemeinschaft entspreche und daher nicht als Getrenntleben anerkannt werden könne. Wenn ein wirklicher Trennungswille besteht, ist diese Beschränkung nicht haltbar. Sie führte zu dem merkwürdigen Ergebnis, dass die formell weiterbestehende Ehe sozialrechtliche Einstandspflichten auch dann begründete, wenn sich beide oder einer der Eheleute schon fest an einen neuen Partner gebunden hat, mit diesem aber nicht zusammenziehen will oder kann.

BG trotz Pflegeheimaufenthalt

Der dauernde Aufenthalt eines Partners in einem Pflegeheim führt ebenfalls nicht zur Auflösung der Ehe/Lebenspartnerschaft (OLG Köln vom 21.4.2010 – 27 WF 21/10; BGH vom 27.4.2016 – XII ZB 485/14) und damit auch nicht der Paar-BG (LSG Berlin-Brandenburg vom 13.10.2008 – L 32 B 1712/08 AS ER; HessLSG vom 29.7.2008 – L 7 SO 133/07 ER). Nach BSG vom 19.2.2009 – B 10 LW 3/07 R gilt das selbst dann, wenn der pflegebedürftige Partner wegen einer Demenz nicht mehr den Willen zur Fortführung der Lebensgemeinschaft bilden kann (ebenso HessLSG vom 25.11.2011 – L 7 SO 194/09). Die bloße Weigerung des in der bisher gemeinschaftlichen Wohnung verbleibenden Ehe-/Lebenspartners, die ungedeckten Heimkosten des Partners aus seinem Vermögen zu bestreiten, führt allein nicht zur Beendigung der Gemeinschaft (SG Karlsruhe vom 14.8.2015 – S 1 SO 1225/15; zur Härte bei Einsatz von Vermögen für Pflegewohngeld s. VG Gelsenkirchen vom 4.11.2015 – 11 K 1952/13).

Von räumlicher zu innerer Trennung

Hatten sich die Ehe-/Lebenspartner zunächst nur wegen einer krankheitsbedingten Heimunterbringung räumlich getrennt, ist bei fortschreitender Erkrankung der innere Wille zum Getrenntleben i. S. v. § 1567 BGB meist nur im Rahmen umfangreicher Ermittlungen festzustellen (vgl. dazu OLG Hamm vom 12.6.1989 – 4 UF 221/88; BGH vom 27.4.2016 – XII ZB 485/14). Das gilt auch, wenn der von einem Betreuer eingereichte Scheidungsantrag noch von einer (Vorsorge)vollmacht des Erkrankten gedeckt war (dazu OLG Sachsen-Anhalt vom 13.10.2011 – 3 UF 157/08).

Der im Pflegeheim lebende Ehe-/Lebenspartner dürfte in der Regel dem Regelungssystem des SGB XII zuzuordnen sein. Sein Einkommen ist daher nur insoweit auf den SGB II-Bedarf des erwerbsfähigen Partners anzurechnen, als es den (fiktiven) SGB XII-Eigenbedarf des Heiminsassen übersteigt; dieser kann bei Pflegebedürftigkeit deutlich über dem Regelbedarf nach § 20 SGB II liegen (BSG vom 16.4.2013 – B 14 AS 71/12 R; LSG Berlin-Brandenburg vom 30.4.2015 – L 32 AS 1844/13 ZVW).

Gemischte BG

Kann die Ehe oder Lebenspartnerschaft (noch) nicht in einer gemeinsamen Wohnung gelebt werden, weil ein Ehe-/Lebenspartner daran gehindert ist, zum anderen Partner zu ziehen (Einreisesperre bei Ausländern, Wohnen im Asylbewerberheim), besteht dennoch eine BG i. S. von § 7 Abs. 3 SGB II (vgl. dazu VG Aachen vom 4.10.2010 – 2 K 911/08 m. w. Nachw.).
Zur Bemessung des Regelbedarfs in solchen Fällen → S. 220.

BG trotz verhindertem Zusammenleben

Die Annahme einer BG trotz räumlicher Trennung ist konsequent, weil die Partner in der Regel dennoch gemeinsam, wenn auch mit Einschränkungen, wirtschaften (Wirtschaften aus einem Topf). Bei einem längeren Auslandsaufenthalt, einer Inhaftierung ohne Freigang oder einer Pflegeheimunterbringung kann das gemeinsame Wirtschaften jedoch so eingeschränkt ein, dass eine Absenkung des Regelbedarfs auf 90 % nicht mehr gerechtfertigt ist. Der Fortbestand der BG bedeutet dann, dass zwar Einkommen und Vermögen gegenseitig angerechnet werden, aber von der Einkommensverteilung nach § 9 Abs. 2 Satz 3 SGB II abgewichen wird, sofern dies nicht schon wegen eines Leistungsausschlusses nach § 7 Abs. 4 SGB II zu erfolgen hat.

»Alleinstehend« in einer BG

Zur Ermittlung des Trennungswillens ist auf objektivierbare Umstände abzustellen, die eine Loslösung von der Ehe/Lebenspartnerschaft erkennen lassen (BayLSG vom 12.4.2010 – L 8 AS 136/10 B ER; LSG Sachsen vom 12.3.2015 – L 3 AS 609/12). Anforderungen der Gerichte für Anhaltspunkte des Trennungswillens lassen sich zum einen der Rechtsprechung zu § 1567 BGB, zum anderen Entscheidungen zur Aberkennung des Unterhaltsvorschusses nach § 1 UVG entnehmen (s. z.B. BayVGH vom 15.6.2009 – 12 ZB 07.1882; OVG Saarland vom 23.4.2008 – 3 A 307/07 und vom 6.1.2011 – 3 D 137/10; OVG NRW vom 19.10.2010 – 12 B 1235/10 und vom 14.4.2015 – 12 A 157/15; s. außerdem BFH vom 24.1.2013 – III B 113/11).

Erkennbarer Trennungswille

Auch in der gemeinsamen Wohnung kann man nach § 1567 Abs. 1 Satz 2 BGB dauernd getrennt leben, wenn getrennte Räume benutzt werden und getrennt gewirtschaftet wird (LSG NRW vom 23.3.2010 – L 19 B 327/09 AS; SG Hildesheim vom 6.1.2011 – S 54 AS 2269/10 ER). Allerdings leben Ehepartner/Lebenspartner innerhalb der Woh-

Dauernd getrennt trotz gemeinsamer Wohnung

nung nicht getrennt, wenn der eine den anderen unverändert in erheblichem Umfang versorgt (OLG Brandenburg vom 22.1.2008 – 10 4F 162/07; OLG Köln vom 7.12.2012 – II-4 UF 182/12). Daran ändert die Tatsache nichts, dass die Ehegatten/Lebenspartner nicht mehr geschlechtlich verkehren und sich ständig streiten (OLG Koblenz vom 30.3.2004 – 11 UF 567/01).

Umgekehrt leben die Ehegatten/Lebenspartner auch dann getrennt, wenn es trotz Aufkündigung gegenseitiger Versorgungsleistungen und räumlicher Trennung noch zu sexuellen Kontakten kommt (AG Amberg vom 25.2.2005 – 1 F 1088/04).

Restgemeinsamkeit wegen der Kinder

Dienen äußerliche Gemeinsamkeiten der Ehegatten wie gemeinsame Mahlzeiten, Gespräche, gemeinsames Beisammensein mit den Kindern ausschließlich der Wahrnehmung des Umgangsrechts durch den Elternteil, der die Kinder nicht ständig bei sich hat, dann sind solche Gemeinsamkeiten keine ehelichen Gemeinsamkeiten und stehen dem Getrenntleben der Ehegatten nicht entgegen (OLG Köln vom 19.10.2001 – 25 WF 185/01; OLG Koblenz vom 24.2.2015 – 11 UF 849/14).

Keine Kontaktsperre

Die vorbehaltlose Übertragung der familienrechtliche Definition des dauerhaften Getrenntlebens auf den Begriff des Getrenntlebens in § 7 SGB II kann Ex-Partner davon abhalten, weiter freundschaftlichen oder fürsorglichen Umgang miteinander zu haben, ohne dass eine solche Kontaktsperre, die im Familienrecht zum Nachweis des Scheiterns der Ehe gefordert ist, auch zur sozialrechtlichen Missbrauchsabwehr geboten wäre.

Beispiel

Die Eheleute K. und S. trennen sich. Der hilfebedürftige K. erhält Alg II ohne Anrechnung von Einkommen der S. Nach einem Schlaganfall des K. kümmert sich S. um dessen Angelegenheiten. Das Jobcenter wertet die Fürsorge der S. als Wiederaufleben der Einstandspartnerschaft und rechnet Einkommen der S. auf den Bedarf des K. an.

BG trotz wirtschaftlicher Trennung?

Das BVerwG vom 26.1.1995 – 5 C 8.93 hat in solchen Fällen auf eine eigenständige, sozialrechtliche Wertung des Getrenntlebens erkannt: Wenn keine Zweifel daran bestünden, dass einer der Partner nicht mehr an der Ehe festhalten wolle, begründeten fortbestehende soziale Kontakte keine Einsatzgemeinschaft nach dem BSHG (jetzt SGB XII). Das BVerwG begründet eine eigenständige, sozialrechtliche Wertung zu Recht wie folgt:

»Grund für die in den §§ 28, 29 BSHG geregelte Einstandspflicht ist danach, was das Verhältnis des Hilfesuchenden zu seinem Ehegatten angeht, das Vorhandensein einer ihre Beziehung prägenden Lebens- und Wirtschaftsgemeinschaft (vgl. auch ›Verantwortungs- und Einstehensgemeinschaft‹ – BVerfGE 87, 234 <264>). Solange diese Gemeinschaft tatsächlich besteht, leben Ehegatten i.S. der §§ 28, 29 BSHG nicht getrennt. Anders verhält es sich, wenn die Lebens- und Wirtschaftsgemeinschaft der Ehepartner nach den tatsächlichen Verhältnissen nicht nur vorübergehend aufgehoben ist. In einem solchen Fall leben die Ehegatten getrennt.«

Der vom BSG vom 18.2.2010 – B 4 AS 49/09 R eingeschlagene Weg, das »dauerhafte Getrenntleben« in § 7 SGB II auch im Fall eines bewusst getrennt geführten Lebens und Wirtschaftens familienrechtlich zu definieren, d. h. mangels Trennungswillen dennoch auf eine BG zu erkennen, kann daher nicht überzeugen. Das zu einem eher seltenen Fall ergangene BSG-Urteil steht in einem Spannungsverhältnis zum sozialrechtlichen Begriff der BG, der zur Berechnung der Leistungen an eine gemeinsame Verwendung der Mittel, das Wirtschaften aus einem Topf, und damit an das typische Bild der ehelichen Lebens**gemeinschaft** anknüpft (worauf zu Recht SG Halle vom 19.3.2009 – S 10 AS 3383/07 hinweist; ebenso SG Mainz vom 26.3.2013 – S 17 AS 1159/12 und vom 14.8.2014 – S 3 AS 430/14).

Wird die Begründung oder Fortführung einer Lebensgemeinschaft bewusst und mit verständigen Gründen abgelehnt, ohne die Eheschließung/den Partnerbund zu verneinen (die Partner ziehen wegen der Probleme mit Stiefkindern nicht zusammen oder auseinander, die Partner ziehen nicht zusammen oder auseinander, weil einer der Partner einen schwerkranken Verwandten in der Wohnung pflegt etc.), ist diese Entscheidung zu respektieren (in diese Richtung mildert das BSG vom 11.2.2015 – B 4 AS 27/14 R das Urteil vom 18.2.2010 – B 4 AS 49/09 R ab). Die Nachrangigkeit des Alg II ist über eine Anrechnung etwaiger Unterhaltsansprüche sicherzustellen (s. dazu OVG NRW vom 5.2.2002 – 16 A 376/01).

Eine streng familienrechtliche Definition des dauerhaften Getrenntlebens der BG-Partner dürfte auch die Regelung des § 1567 Abs. 2 BGB nicht ausblenden, die ebenfalls nur begrenzt zum sozialrechtlichen Begriff der Einstandsgemeinschaft passt. Nach § 1567 Abs. 2 BGB unterbricht oder hemmt ein Zusammenleben über kürzere Zeit, das der Versöhnung der Ehegatten dienen soll (nach OLG Saarbrücken vom 14.9.2009 – 6 WF 98/09 längstens drei Monate), nicht die Dauer des Getrenntlebens, bei dem ein Scheitern der Ehe vermutet wird.
Versöhnungs-
versuch

Die Eheleute V. und B. trennen sich am 15. Dezember, weil V. »fremdgegangen« ist. B. zieht zu einer Freundin und erhält 404 € Regelbedarf ohne Anrechnung von Einkommen des V aus einem Minijob. Nach einer Aussprache zieht V. am 8. Januar wieder in die Ehewohnung. Der Versöhnungsversuch scheitert jedoch nach 6 Wochen. Familienrechtlich gelten die Eheleute dann trotz des zwischenzeitlichen Zusammenlebens seit dem 15. Dezember als getrennt lebend.
Ob sie in der Zeit des sechswöchigen Zusammenlebens gegen eine Bedarfsermittlung nach § 9 SGB II einwenden könnten, nach § 1567 Abs. 2 BGB hätten sie durchgehend getrennt gelebt, wäre nach der BSG-Entscheidung vom 18.2.2010 – B 4 AS 49/09 R konsequent, sozialrechtlich aber schwer zu vermitteln (zu dieser Problematik im UVG s. VG München vom 9.7.2008 – M 18 K 07.2463).
Beispiel

Folgt man dem familienrechtlichen Begriff der Trennung, ist vor einer Anrechnung von Partnereinkommen und -vermögen zu prüfen, ob die eingeleitete zu einer endgültigen Versöhnung geführt hat, so dass erst
Endgültige
Versöhnung und
erneute Trennung

bei erneuter Trennung eine Auflösung der BG angenommen werden kann. Das OLG Bremen vom 2.5.2012 – 4 WF 40/12 wertet die wechselseitige Rücknahme der Scheidungsanträge als endgültige Versöhnung.

Rückwirkung auf Eherecht

Stellt man den sozialrechtlichen Begriff des Getrenntlebens dem familienrechtlichen Begriff gleich, kann im Scheidungsverfahren eingewandt werden, dass ein Ehegatte, der für den anderen Ehegatten Leistungen nach dem SGB II entgegennimmt oder diesen dem Jobcenter gegenüber als zu seiner BG gehörend bezeichnet, von ihm nicht gleichzeitig getrennt leben kann (s. dazu KG Berlin vom 30.4.2012 – 17 WF 108/12).

Ungeklärte Rechtsfragen

Die BSG-Entscheidung vom 18.2.2010 – B 4 AS 49/09 R lässt offen, ob auch im Fall einer distanziert gelebten Ehe/Lebenspartnerschaft der Regelbedarf auf 90% gekürzt werden kann und ob das Einkommen horizontal nach § 9 Abs. 2 Satz 3 SGB II anzurechnen ist, was zu Schwierigkeiten führt, wenn für die Partner unterschiedliche Jobcenter zuständig sind.

Besuchskosten?

Das LSG NRW vom 27.9.2010 – L 6 AS 660/10 B ER schließt aus dem BSG-Urteil vom 18.2.2010, dass ohne Trennungswillen räumlich getrennt lebende Paare keinen Bedarf für gegenseitige Besuchskosten nach § 21 Abs. 6 SGB II geltend machen können. Das ist nachvollziehbar, wenn die Möglichkeit besteht, durch Zusammenziehen diesen Sonderbedarf zu vermeiden. Geht das nicht oder erst nach Ablauf einer mehr als kurzen Übergangszeit, sind Besuchskosten in angemessenem Umfang zu übernehmen, vor allem, wenn Kinder in der BG leben.

Unterhaltsrecht oder Sozialrecht?

Bei zusammen lebenden Partnern wird unwiderlegbar vermutet, dass sie sich gegenseitig in vollem Umfang unterstützen (Wirtschaften aus einem Topf). Unterhaltrechtliche Selbstbehalte spielen keine Rolle, Vereinbarungen über Unterhaltszahlungen sind in der Regel sittenwidrig, wenn damit Sozialleistungen verursacht oder erhöht werden (SG Karlsruhe vom 11.2.2011 – S 1 SO 5181/10).

Bei einem räumlich und wirtschaftlich getrennt lebenden Paar kann das anders sein, vor allem, wenn einer der Partner im Pflegeheim lebt. Hier wird häufig der Sozialhilfeträger für hohe Pflegekosten einspringen müssen und daher auf eine möglichst weitgehende Heranziehung des Einkommens und Vermögens des Pflegebedürftigen achten. Gibt es darüber Streit und hat ein Familiengericht über die Höhe des familieninternen Unterhalts entschieden, ist fraglich, ob das Jobcenter von einer darüber hinausgehenden Einstandspflicht ausgehen kann, wenn weitergehende Unterstützungsleistungen tatsächlich nicht zu erlangen sind (s. zu dieser Problematik OLG Nürnberg vom 20.8.2007 – 10 UF 662/07; OLG Köln vom 21.4.2010 – 27 WF 21/10; BGH vom 27.4.2015 – XII ZB 485/14).

Benachteiligung von Ehen/ Lebenspartnerschaften

Neben fiskalischen Interessen soll die Einstandspartner-BG eine nach Art. 6 GG unzulässige Benachteiligung von Ehepaaren/Lebenspartnern bei der Gewährung von Sozialleistungen vermeiden. Da § 7 Abs. 3 Nr. 3c SGB II für die Einstandspartner-BG ausdrücklich ein Zusammenleben fordert, getrennt lebende Partner also trotz Einstandswillen keine BG bilden, gerät die BSG-Entscheidung auch in Konflikt zum Benachteiligungsverbot der Ehe.

3   Einstandspartner

3.1   Wann liegt eine Einstandsgemeinschaft vor?

Nach § 7 Abs. 3 Nr. 3c SGB II gehört der Partner des erwerbsfähigen Leistungsberechtigten zur BG, wenn

- zwischen den Partnern eine Haushalts- und Wirtschaftsgemeinschaft besteht und

- die Bindung zwischen den Partnern so eng ist, dass sie gegenseitig
füreinander einstehen.

Mit dieser Regelung will der Gesetzgeber neben dem eheähnlichen
auch den lebenspartnerschaftsähnlichen Partner in die BG unter der
Voraussetzung der vom BVerfG geforderten Ernsthaftigkeit der Partnerschaft einbeziehen (BT-Drs. 16/1410, S. 48). Damit gilt weiter die
bisherige Rechtsprechung zu der Frage, wann eine eheähnliche Gemeinschaft vorliegt, mit einer wichtigen Ergänzung: Um die vom
BVerfG verlangte Voraussetzung zu erfüllen, dass es sich bei der
nichtehelichen Einstandsgemeinschaft um eine typische Erschei-
nungsform des sozialen Lebens handelt, die sich hinreichend deutlich
von anderen Gemeinschaften abhebt (BVerfG vom 17.11.1992 –
BVerfGE 87, S. 264), und um zu vermeiden, dass bei gleichgeschlechtlichen Partnern als Abgrenzung zu zusammenlebenden Freunden
oder Wohngemeinschaftsmitgliedern allein das Merkmal der sexuellen Orientierung darüber entscheidet, ob eine BG i.S. von § 7 Abs. 3
Nr. 3c SGB II besteht (Diskriminierung i.S. der Betrachtungsweise des
»But for test«, d. h. des »Kriteriums des einzigen Unterscheidungs-
merkmals«, vgl. EuGH vom 17.2.1998 – C 249/96, Grant), muss sichergestellt werden, dass nur die gleichgeschlechtlichen Partnerschaften
erfasst werden, in denen die Partner auch nach dem Erscheinungsbild
der Beziehung in der Öffentlichkeit deutlich gemacht haben, auf Dauer in einer verfestigten Einstandsgemeinschaft zu leben. Ansonsten
wären Schwule und Lesben gegenüber eheähnlichen Partnern benachteiligt, weil diese keine Ausforschung ihres Sexuallebens hinnehmen müssen. Das verlangt eine häufig übersehene, frühe Entscheidung des BVerfG zum Begriff der eheähnlichen Gemeinschaft, in der
das Gericht unzweideutig erklärt:

> »Müßten allerdings geschlechtliche Beziehungen für den Tatbestand der
> eheähnlichen Gemeinschaft im Sinne des § 149 Abs. 5 AVAVG festge-
> stellt werden, so würde die Bedürftigkeitsprüfung hier einen mit der Be-
> dürftigkeitsprüfung bei ehelicher Haushaltsgemeinschaft unvergleichba-
> ren Charakter erhalten: die Verwendung eines solchen Tatbestandsmerk-
> males im Rahmen von Rechtsvorschriften über staatliche Hilfe bei Ar-
> beitslosigkeit müßte als sachfremd und daher willkürlich angesehen
> werden« (BVerfG vom 16.12.1958 – BVerfGE 9, S. 20 f.).

Mit dem in § 7 Abs. 3 Nr. 3c SGB II aufgenommenen Begriff der Ein-
stands- und Verantwortungsgemeinschaft sind zwei vom BVerfG ent-

wickelte Voraussetzungen für die verschärfte Bedürftigkeitsprüfung zwischen Partnern gesetzlich festgeschrieben:

■ Die zwischen den Partnern bestehende Bindung muss der zwischen Eheleuten/Lebenspartnern gleichen. Das ist erst dann der Fall, wenn mit dem vorhandenen Einkommen und Vermögen zunächst der gemeinsame Lebensunterhalt sichergestellt wird, bevor das persönliche Einkommen/Vermögen zur Befriedigung eigener Bedürfnisse verwendet wird (BVerfG vom 17.11.1992 – BVerfGE 87, S. 265).

■ Die Gemeinschaft muss von verlässlichem Bestand und längerer Dauer sein. Erst auf dem Boden einer **verfestigten sozioökonomischen Beziehung** darf die staatliche Fürsorgeleistung mit Verweis auf die Unterstützung des Partners zurückgenommen oder eingeschränkt werden.

Indizienbeweis

Es ist somit anhand von Hinweistatsachen (Indizien) festzustellen, ob die Beziehung so gefestigt ist, dass der Einkommensbezieher die ihm als Partner ohne Sanktion zustehende Möglichkeit, sein Einkommen und Vermögen ausschließlich zur Befriedigung eigener Bedürfnisse oder zur Erfüllung eigener Verpflichtungen zu verwenden, zugunsten des gemeinsamen Wirtschaftens unterlässt oder wesentlich einschränkt.

Indizien **für** Einstandsgemeinschaft

Ab wann eine Einstandsgemeinschaft i. S. des BVerfG vorliegt, ist weder in § 7 Abs. 3 Nr. 3c noch in § 7 Abs. 3a SGB II abschließend definiert (BVerfG vom 5.5.2009 – 1 BvR 255/09). Nach der Rechtsprechung sind insbesondere folgende Hinweise für das Bestehen einer Einstandsgemeinschaft bedeutsam:

Mindestdauer

■ Ohne zusätzliche Besonderheiten kann – nicht muss – frühestens nach Ablauf eines Jahres des partnerschaftlichen Zusammenlebens eine Einstandsgemeinschaft vorliegen (LSG Hamburg vom 28.1.2008 – L 5 B 21/08 ER; LSG NRW vom 13.12.2006 – L 12 B 90/06 AS ER und vom 4.7.2007 – L 19 B 56/07 AS ER; LSG Sachsen vom 9.1.2008 – L 2 B 552/07 AS-ER); die in § 7 Abs. 3a Nr. 1 SGB II genannte Jahresfrist bedeutet nicht, dass Beziehungen, die noch nicht so lange dauern, als »**Beziehungen auf Probe**« keine Einstands-BG sind (LSG Niedersachsen-Bremen vom 8.7.2009 – L 7 AS 606/09 B ER; LSG Berlin-Brandenburg vom 25.5.2010 – L 25 B 1070/08 AS PKH);

■ bei einem kürzeren Zusammenleben die bewusste Entscheidung für ein Kind (LSG Baden-Württemberg vom 2.12.2005 – L 8 AS 4496/05 ER-B; LSG NRW vom 24.11.2006 – L 19 B 115/06 AS ER; LSG Mecklenburg-Vorpommern vom 11.11.2007 – L 8 B 305/07 ER);

■ die Dauer und Intensität der Beziehung vor dem Zusammenleben; die Rückkehr zu einer früheren Liebe begründet aber nicht gleich eine Einstandsgemeinschaft, wenn die Beziehung zwischenzeitlich beendet war (vgl. dazu OLG Hamm vom 3.11.2010 – II-8 UF 138/10);

- der Anlass für das Zusammenleben (vgl. dazu LSG NRW vom 12.5.2005 – L 9 B 12/05 AS ER);

- gemeinsame Pläne, die auf eine dauerhafte Bindung hindeuten:
  - gemeinsamer Kauf einer Immobilie (Hanseatisches OLG vom 5.12.2001 – 12 WF 153/01; OLG Schleswig-Holstein vom 1.3.2004 – 15 KF 197/03; LSG Mecklenburg-Vorpommern vom 28.7.2006 – L 8 B 58/06);
  - gemeinsamer Erwerb von Wertsachen;
  - gemeinsamer Kredit für Wohnungsrenovierung (LSG NRW vom 17.9.2015 – L 7 AS 1288/15 B ER);

- gegenseitig eingeräumte Kontovollmacht mit tatsächlichem Zugriffsrecht (LSG NRW vom 9.9.2014 – L 7 AS 1147/14 B ER); wobei getrennte Konten kein Indiz für das Nichtbestehen einer Einstandspartnerschaft sind (LSG Schleswig-Holstein vom 22.1.2015 – L 6 AS 214/14 B ER);

- Begünstigung des Partners in Versicherungspolice (LSG NRW vom 23.5.2007 – L 19 B 46/07 AS ER; LSG Sachsen vom 13.9.2007 – L 2 B 312/07 AS-ER; LSG Berlin-Brandenburg vom 15.12.2006 – L 10 AS 1404/05);

- Übernahme von Schulden des Partners oder eine Bürgschaft (LSG NRW vom 7.2.2007 – L 1 B 45/06 AS ER);

- mehrere gemeinsame Wohnungswechsel, bei denen der Wunsch, zusammen zu bleiben, prägend war (LSG Niedersachsen-Bremen vom 30.5.2005 – L 8 AS 95/05 ER; LSG Sachsen vom 13.9.2007 – L 2 B 312/07 AS-ER);

- mietfreies Wohnenlassen (BayLSG vom 27.9.2006 – L 11 B 691/06 AS ER; LSG Baden-Württemberg vom 24.5.2007 – L 7 AS 2716/06) oder alleinige Übernahme der Miete (BayLSG vom 1.8.2008 – L 16 B 378/08 AS ER; LSG Sachsen-Anhalt vom 3.9.2012 – L 5 AS 285/12 B ER; LSG NRW vom 15.9.2014 – L 19 AS 1301/14 B ER);

- Anmietung einer Wohnung, die so teuer ist, dass sie ohne Unterstützung des Partners nicht bezahlt werden kann (OVG Schleswig-Holstein vom 2.1.2002, FEVS 54, S. 166; SG Berlin vom 25.11.2005 – S 37 AS 3507/05);

- Umbau des Wohnraums mit Blick auf das Zusammenleben (VGH Baden-Württemberg vom 14.4.1997, FEVS 48, S. 29);

- gegenseitige Nutzungsbefugnis über Vermögensgegenstände des Partners, z. B.
  - Auto (LSG Berlin-Brandenburg vom 2.3.2006 – L 14 B 18/06 AS ER);
  - Eigentumswohnung, Haus, Wohnrecht (LSG NRW vom 12.5.2009 – L 7 B 119/09 AS ER);

- familienähnlich geprägte Versorgung von Kindern und Angehörigen im gemeinsamen Haushalt (das Partnerkind nennt den Partner »Papa« usw.);

- gemeinsames Verbringen von Freizeit und Urlaub (OLG Köln vom 18.4.2005 – 27 UF 230/04);

- gemeinsame Nutzung eines Schlafzimmers;

- Pflege durch den Partner mit einer so umfassenden Betreuung, wie sie in aller Regel nur allernächste Angehörige einem Erwachsenen, zumeist nur dem Ehepartner/Lebenspartner zuwenden (OLG Köln vom 6.3.2002 – 27 UF 122/01; SG Berlin vom 9.12.2005 – S 37 AS 1001/05; LSG Mecklenburg-Vorpommern vom 7.8.2008 – L 8 AS 69/07).

Nicht automatisch bei Liebesbeziehung

Ob zwischen den Partnern geschlechtliche Beziehungen bestehen, ist für den Begriff der Einstandsgemeinschaft nicht wesentlich (vgl. LSG Sachsen vom 2.4.2004 – L 3 AL 126/03; LSG Berlin-Brandenburg vom 4.11.2010 – L 5 AS 1220/08: Behauptung sexueller Abstinenz ist unbeachtlich; LSG NRW vom 20.4.2011 – L 6 AS 473/11 B ER und vom 22.12.2015 – L 7 AS 1619/15 B ER); dahin gehende Fragen und Ermittlungen verletzen die Privatsphäre. Jedoch können intime Beziehungen, sofern sie bekannt sind, auf eine Einstandsgemeinschaft hinweisen (LSG Sachsen vom 5.7.2007 – L 3 AS 32/06).

Indizien gegen Einstandsgemeinschaft

Gegen eine Einstandsgemeinschaft sprechen:

- Aufrechterhaltung getrennter Wohnungen, auch wenn eine Liebesbeziehung mit häufigen Besuchs- und Übernachtungskontakten besteht (OVG Sachsen vom 29.6.2000, FEVS 52, S. 223; LSG NRW vom 15.12.2010 – L 19 AS 1991/10 B; SG Halle vom 13.10.2015 – S 32 AS 3462/15 ER).
  Das BSG-Urteil vom 18.2.2010 – B 4 AS 49/09 R zur Ehepaar-BG trotz getrennten Wohnens und Wirtschaftens ist nicht auf Einstandspartnerschaften übertragbar. Zwar ist eine gemeinsame Wohnung kein Definitionsmerkmal für die Einstandspartnerschaft; so haben z. B. die Familiengerichte bei der Prüfung, ob die Zahlung von Unterhalt wegen einer anderen verfestigten Beziehung unbillig im Sinne von § 1579 Nr. 2 BGB ist, auch länger dauernde Fern-Beziehungen hierunter gefasst (OLG Karlsruhe vom 30.9.2009 – 2 UF 21/08; OLG Zweibrücken vom 5.2.2010 – 2 UF 140/09). § 7 Abs. 3c SGB II verlangt für eine Einstands-BG jedoch ausdrücklich das Zusammenleben in einem gemeinsamen Haushalt. Bei einer räumlichen Trennung mit gemeinsamer Haushaltsführung können die Umstände aber so liegen, dass ein wechselseitiger Einstandswille im Sinne von § 7 Abs. 3c SGB II vorliegt (LSG NRW vom 28.4.2010 – L 12 AS 269/10 B ER). Trotz getrennter Wohnungen im selben Haus, aber gemeinsamer Haushaltsführung und enger wirtschaftlicher Verflechtung der Partner hat das OLG Koblenz eine eheähnliche Gemeinschaft bejaht (OLG Koblenz vom 29.3.2004 – 13 UF 567/03; ebenso LSG Berlin-Brandenburg vom 7.6.2007 – L 28 B

743/07 AS ER). Besteht eine jahrelang ausgeübte Wochenendbeziehung, fehlt es für eine verschärfte Einkommensanrechnung nach § 9
Abs. 2 SGB II aber an der gemeinsamen Haushaltsführung;

■ ein ernst gemeinter und erfüllter (Unter-)Mietvertrag zwischen den
Wohnungsnutzern (LSG Baden-Württemberg vom 5.12.2005 – L 8
AS 3441/05 ER-B; LSG Mecklenburg-Vorpommern vom 13.12.2007 –
L 8 B 266/07 ER; LSG Sachsen vom 22.1.2008 – L 3 B 359/07 AS-ER;
SG Berlin vom 10.11.2010 – S 128 AS 33271/10 ER);

■ regelmäßige Geldüberweisungen auf das Konto des Mitbewohners
für anteilige Mietkosten und sonstige Aufwendungen (LSG Baden-
Württemberg vom 12.1.2006 – L 7 SO 5532/05 ER-B);

■ Beziehungen zu jeweils dritten Partnern, mit denen die Freizeit
(Urlaub, Hobbys) verbracht wird und die sich regelmäßig (z. B. am
Wochenende) auch in der Wohnung aufhalten (SG Berlin vom
13.6.2005 – S 37 AS 3125/05 ER; LSG Thüringen vom 20.2.2007 –
L 7 AS 924/06 ER; LSG NRW vom 27.2.2008 – L 7 B 294/07 AS;
BayLSG vom 10.9.2009 – L 8 AS 535/09 B ER; SG Gießen vom
21.4.2015 – S 18 SO 84/13);

■ wenn die Gemeinschaft allein durch die Hilfsbereitschaft des Mitbewohners geprägt ist (LSG Berlin-Brandenburg vom 5.4.2007 –
L 28 B 295/07 AS ER);

■ wenn der Partner sein Einkommen überwiegend für eigene Zwecke
nutzt (teure Hobbys, eigene Vermögensbildung usw.);

■ bewusst distanzierte Beziehung wegen schlechter Eheerfahrung,
hoher Schulden oder Suchterkrankung eines Partners (OVG Bremen vom 29.11.2007 – OVG S 2 B 443/07; LSG Niedersachsen-Bremen vom 12.12.2011 – L 11 AS 79/11 B ER);

■ geringe wirtschaftliche Leistungsfähigkeit der Partner (SG Berlin
vom 19.10.2010 – S 37 AS 30345/10 ER);

■ erstmaliges Zusammenziehen eines jungen Paares.

3.2   Wann wird eine Einstandsgemeinschaft vermutet?

Nach § 7 Abs. 3a SGB II wird zugunsten des Jobcenters
»ein wechselseitiger Wille, Verantwortung füreinander zu tragen und
füreinander einzustehen, (...) vermutet, wenn Partner
1. länger als ein Jahr zusammenleben,
2. mit einem gemeinsamen Kind zusammenleben,
3. Kinder oder Angehörige im Haushalt versorgen oder
4. befugt sind, über Einkommen oder Vermögen des anderen zu verfügen«.

Die gesetzliche Vermutung hat zur Folge, dass die Betroffenen die Vermutung widerlegen müssen. Der Gesetzgeber will damit dem Jobcenter die Schwierigkeiten bei der Ermittlung einer »inneren Tatsache« erleichtern (BSG vom 5.5.2009 – B 13 R 53/08 R). Mit der Gesetzesformulierung schießt der Gesetzgeber allerdings in bedenklicher Weise über dieses berechtigte Anliegen hinaus. Denn nach der Rechtsprechung des BVerfG erfordert die Feststellung einer Einstandsgemeinschaft eine Gesamtschau aller Umstände, wohingegen § 7 Abs. 3a SGB II zur widerlegbaren Annahme des gegenseitigen Einstehens bereits das Vorliegen nur eines der in dieser Vorschrift genannten Kriterien ausreichen lässt.

Verfassungskonforme Auslegung

Die Vermutungsregelung des § 7 Abs. 3a SGB II muss daher verfassungskonform so ausgelegt werden, dass

- die Vermutung nach § 7 Abs. 3a **Nr. 1** SGB II erst dann greift, wenn die Personen als Partner zusammenwohnen (keine Trennung der Wohnbereiche) **und** auch zusammen wirtschaften, was vom Jobcenter nachzuweisen ist (BSG vom 23.8.2012 – B 4 AS 34/12 R; BayLSG vom 16.9.2014 – L 16 AS 649/14 B ER);

- die Vermutung nach § 7 Abs. 3a **Nr. 3** SGB II erst dann greift, wenn beide Partner gemeinsam und nicht nur gelegentlich Kinder oder Angehörige versorgen (LSG Sachsen-Anhalt vom 17.11.2009 – L 5 AS 385/09 B ER);

- die Vermutung nach § 7 Abs. 3a **Nr. 4** SGB II erst dann greift, wenn die Befugnis, über Einkommen oder Vermögen des Partners verfügen zu können, wechselseitig ist und auf ein selbstverständliches Geben und Nehmen hindeutet;

- an den Gegenbeweis keine zu hohen Anforderungen gestellt werden; die Vermutung ist als widerlegt anzusehen, wenn nach verständiger Würdigung der wechselseitige Wille der Partner anzunehmen ist, keine Verantwortung füreinander zu tragen und nicht füreinander einzustehen (LSG Sachsen vom 24.7.2007 – L 3 B 198/07 AS-ER und vom 9.1.2008 – L 3 B 552/07 AS-ER).

Fehlerhafte Amtsermittlung

Die Vermutung nach § 7 Abs. 3a SGB II ändert also nichts daran, dass weder allein das Zusammenleben in einer Wohnung noch die Führung eines gemeinsamen Haushalts einen direkten Rückschluss auf das Bestehen einer Einstandsgemeinschaft erlauben (LSG Baden-Württemberg vom 31.1.2006 – L 7 AS 108/06 ER-B). So ist z.B. der gemeinsame Abschluss eines Mietvertrages auch bei Wohngemeinschaften üblich, da der Vermieter dies zur Absicherung verlangt (LSG Sachsen-Anhalt vom 6.4.2006 – L 2 B 14/06 ER). Auch der gemeinsame Einkauf oder die Essenzubereitung und -einnahme, so wie auch das gemeinsame Sammeln und Waschen von Kleidung sind häufig bei Wohngemeinschaften anzutreffen, also allein kein belastbares Indiz für das Bestehen einer Einstandsgemeinschaft (LSG Niedersachsen-

Bremen vom 9.3.2006 – L 9 AS 89/06 ER; HessLSG vom 16.3.2006 – L 7 AS 23/06 ER; BayLSG vom 9.12.2009 – L 16 AS 779/09 B ER). § 7 Abs. 3a SGB II erlaubt es dem Jobcenter nicht, von den im Rahmen eines Hausbesuchs ermittelten Daten unmittelbar auf eine Einstandsgemeinschaft i.S. von § 7 Abs. 3 Nr. 3c SGB II zu schließen. Tatsächlich würde hierdurch die Vorschrift des § 36 SGB XII (vermutete Unterstützungserwartung) dem SGB II untergeschoben mit der Verschärfung, dass eine Widerlegung dann praktisch nur durch eine Trennung der Wohnungsnutzer möglich ist (vgl. Winkler, Die eheähnliche Gemeinschaft oder Kuhle im Doppelbett, info also 2005, S. 251 ff.). Aus diesem Grund kann auch nicht allein aus der Weigerung, einen Hausbesuch zu dulden, auf eine Einstandsgemeinschaft geschlossen werden (LSG Baden-Württemberg vom 16.1.2007 – L 13 AS 3747/06 ER-B und vom 22.1.2008 – L 7 AS 6003/07 ER-B; a.A. SG Karlsruhe vom 17.6.2010 – S 13 AS 4100/08).

Eine Observation ist nur unter Berücksichtigung datenschutzrechtlicher Vorgaben (s. dazu S. 709 f.) und erst dann zulässig, wenn weniger einschneidende Maßnahmen keine belastbaren Ergebnisse bringen (s. dazu LSG NRW vom 8.6.2011 – L 12 AS 201/11 B ER in Abgrenzung zu OVG Thüringen vom 25.11.2010 – 3 KO 527/08). Datenschutz zulässig?

Die Einstandsgemeinschaft kann jederzeit ohne ein rechtlich geregeltes Verfahren aufgelöst werden. Sie ist aufgelöst, wenn ein Partner sein Einkommen/Vermögen ausschließlich zur Befriedigung eigener Bedürfnisse oder zur Erfüllung eigener Verpflichtungen verwendet (BVerfGE 87, S. 265).

Auf vergangene Zeiten oder zurückliegende Aktenvorgänge darf daher nur mit Vorsicht zurückgegriffen werden. Entscheidend sind die im aktuellen Bedarfsfall gegebenen Umstände (vgl. dazu HessLSG vom 29.6.2005 – L 7 AS 1/05 ER). Die Anrechnung von Partnereinkommen unter Geltung des BSHG, der Arbeitslosenhilfe nach den §§ 190 ff. SGB III a.F. oder in einer Wohngeldberechnung (§ 4 WoGG) ist nur dann aussagekräftig, wenn sich die Lebensverhältnisse seitdem nicht geändert haben, der Einkommen beziehende Partner also nach wie vor den überwiegenden Teil seines Einkommens für den gemeinsamen Haushalt einsetzt (BayLSG vom 5.10.2005 – L 7 B 397/05 AS ER). Rückgriff auf frühere Lebensverhältnisse?

Die verweigerte Mitwirkung bei der Aufklärung des Sachverhalts berechtigt das Jobcenter nur dann zu einer Versagung oder einem Entzug des Alg II, wenn der Hilfesuchende nach den §§ 60 ff. SGB I zur Mitwirkung verpflichtet ist, die nötige Aufklärung ohne Mitwirkung **erheblich** erschwert ist und die Mitwirkung nach Belehrung und angemessener Fristsetzung ausbleibt (§ 66 SGB I). Die auf § 66 SGB I gestützte Versagungs- oder Entziehungsentscheidung liegt im Ermessen des Jobcenters. Es muss sein Ermessen in der Richtung ausüben, ob es den Betroffenen durch Versagung oder Entziehung zur Mitwirkung zwingt, und wenn ja, in welchem Umfang die Leistung gekürzt werden soll (vgl. LSG Berlin-Brandenburg vom 5.4.2007 – L 28 B 295/ Verweigerte Mitwirkung

07 AS ER: Weigerung, das Zusatzblatt 5 zum Alg II-Antrag auszufüllen; a.A. LSG Baden-Württemberg vom 15.2.2008 – L 8 AS 3380/07: nur Ermessen, ob Sachverhalt aufgeklärt werden kann). Die häufig geübte Praxis, die Leistung komplett zu streichen, deutet darauf hin, dass das Jobcenter kein Ermessen ausgeübt hat (→ S. 963).

Rechtswidrig ist ein mit der Nichtvorlage von Unterlagen des »Partners« begründeter Versagungsbescheid nach § 66 SGB I, wenn bestritten wird, dass eine Einstandsgemeinschaft besteht. Denn besteht sie nicht, hat der Betroffene keine Möglichkeit, vom Mitbewohner Auskünfte zu dessen Einkommens- und Vermögensverhältnissen zu erhalten (LSG Niedersachsen-Bremen vom 14.1.2008 – L 7 AS 772/07 ER; LSG Sachsen-Anhalt vom 15.11.2010 – L 2 AS 316/10 B ER; LSG Berlin-Brandenburg vom 1.11.2011 – L 25 AS 1646/11 B ER; SG Gießen vom 23.2.2016 – S 22 AS 1015/14: verlangte Vorlage ausgefüllter Alg II-Formulare). Das Jobcenter muss dann zunächst das Bestehen einer Einstandsgemeinschaft feststellen, um dann ggf. über § 60 Abs. 4 Nr. 1 SGB II direkt vom Partner selbst Auskunft über die Höhe des Einkommens oder Vermögens einzuholen (BayLSG vom 29.5.2006 – L 7 B 235/06 AS ER). Auskunft kann nur über solche Tatsachen verlangt werden, die zur Ermittlung der SGB II-Leistungen unabdingbar sind. Dazu gehören grundsätzlich nicht: der Personalausweis, die Mitgliedsbestätigung einer gesetzlichen Krankenkasse (vgl. BVerwG vom 21.1.1993 BVerwGE 91, 375 zur Frage der Benennung von Name und Anschrift der Krankenkasse bei einem Auskunftsanspruch nach § 116 BSHG), der Sozialversicherungsausweis, die aktuelle Haushaltsbescheinigung, der letzte Alg I-Bewilligungsbescheid, die Kundennummer der Agentur für Arbeit, der Arbeitsvertrag (LSG Berlin-Brandenburg vom 29.1.2008 – L 10 B 2195/07 AS ER).

Auskunfts-erteilung

Zur Feststellung einer Einstandsgemeinschaft kann das Jobcenter den Mitbewohner gemäß § 12 Abs. 2 SGB X an dem Verwaltungsverfahren auf Feststellung der Leistungsberechtigung beteiligen – der Mitbewohner ist dann nach § 21 Abs. 2 SGB X verpflichtet, ihm bekannte Tatsachen oder Beweismittel anzugeben – oder er kann als Zeuge vernommen werden (BSG vom 16.5.2007 – B 11b AS 37/06 B).

Sieht das Jobcenter eine Einstandsgemeinschaft, kann es die Auskunftspflicht gegenüber dem Partner per Bescheid durchsetzen (LSG Schleswig-Holstein vom 8.6.2007 – L 6 B 82/07 AS ER; LSG Berlin-Brandenburg vom 12.11.2007 – L 28 B 1830/07 AS ER und vom 6.5.2008 – L 5 B 125/08 AS ER). Eine Pflicht zur Auskunftserteilung besteht aber nur, wenn das Jobcenter zu Recht eine Einstandsgemeinschaft angenommen hat. Dies muss nicht gesondert festgestellt werden (LSG Schleswig-Holstein vom 29.4.2011 – L 3 AS 39/10; BayLSG vom 29.9.2011 – L 7 AS 711/11 B ER). Besteht die BG nicht mehr, kann ein auf § 60 Abs. 4 SGB II gestütztes Auskunftsverlangen nicht nachträglich auf § 60 Abs. 2 SGB II (Erforschung evt. Unterhaltsansprüche) gestützt werden (BSG vom 24.2.2011 – B 14 AS 87/09 R). Bei weiterer Weigerung besteht die Möglichkeit, die Auskunftserteilung mit den Mitteln der Verwaltungsvollstreckung zu erzwingen oder nach § 62 SGB II Schadensersatz zu

verlangen oder nach § 63 SGB II ein Bußgeld bis 2.000 € zu verhängen
(LSG Niedersachsen-Bremen vom 20.4.2007 – L 13 AS 40/07 ER; LSG
Schleswig-Holstein vom 29.11.2007 – L 6 B 191/07 AS ER).
Ein Widerspruch gegen einen Bescheid, der den vermeintlichen Partner nach § 60 Abs. 4 SGB II zur Auskunftserteilung auffordert, hat aufschiebende Wirkung. § 39 SGB II ist auch in der seit 1.1.2009 gelten-
den Fassung nicht auf Auskunftsbescheide anzuwenden. Das Jobcenter kann aber den Sofortvollzug des Bescheides anordnen (LSG Berlin-
Brandenburg vom 29.1.2008 – L 10 B 2195/07 AS ER). Das dazu erforderliche besondere öffentliche Interesse ist in jedem Einzelfall darzulegen; die Vermeidung einer Überzahlung kann dabei ausreichend sein
(LSG Sachsen-Anhalt vom 18.3.2010 – L 5 AS 487/09 B ER).
Das Jobcenter darf das ihm nach § 60 Abs. 4 Nr. 1 SGB II zustehende
Auskunftsrecht nicht durch einen an den Bevollmächtigten der BG
gerichteten Versagungsbescheid nach § 66 SGB I ersetzen. Denn die
persönliche Auskunftserzwingung über § 60 Abs. 4 SGB II ist Bestandteil der Amtsermittlungspflicht des Jobcenters nach § 20 SGB X.
Ein an den Alg II-Antragsteller gerichteter Versagungsbescheid nach
§ 66 SGB I kann sich in einer solchen Situation nur auf die Darlegung
von Umständen beziehen, die der Antragsteller selbst zur Prüfung, ob
eine Einstandsgemeinschaft besteht, beibringen kann (SG Berlin vom
22.2.2006 – S 37 AS 1502/06 ER) sowie auf die Erteilung einer Zustimmungserklärung nach § 60 Abs. 1 Nr. 1 SGB I, die erforderlich
ist, wenn der Partner zu Dingen Auskunft geben soll, die die Privatsphäre des Leistungsberechtigten betreffen; wird lediglich Auskunft
über die Einkommens- und Vermögensverhältnisse des Partners verlangt, ist keine Zustimmungserklärung erforderlich (LSG Schleswig-
Holstein vom 29.11.2007 – L 6 B 191/07 AS ER; ebenso LSG Berlin-
Brandenburg vom 12.11.2007 – L 28 B 1830/07 AS ER).

Amtsermittlungs-pflicht Solange das Jobcenter keine Anstrengungen unternommen hat, den
Auskunftsanspruch nach § 60 Abs. 4 Nr. 1 SGB II durchzusetzen, ist
eine Beweislastentscheidung zulasten des Leistungsberechtigten
nicht statthaft (BSG vom 1.7.2009 – B 4 AS 78/08 R; LSG NRW vom
9.7.2014 – L 7 AS 476/14 B ER).

Zur Zulässigkeit von Hausbesuchen → S. 965.

Totalver-weigerung Überwiegen die Indizien für eine Einstandsgemeinschaft und erfüllen
weder der Leistungsberechtigte noch der mit ihm in der BG lebende
Partner ihre Mitwirkungspflicht, kann die Leistung nach § 66 SGB I
versagt werden. Dabei muss sich der Leistungsberechtigte die mangelnde Mitwirkung seines Partners aufgrund § 9 Abs. 2 Satz 1 SGB II
zurechnen lassen. Das Jobcenter ist dann nicht verpflichtet, auf der
Grundlage von § 60 Abs. 4 SGB II vom Partner des Leistungsberechtigten Auskunft zu verlangen (LSG Baden-Württemberg vom 15.2.2008 –
L 8 AS 3380/07; s. auch BSG vom 25.2.2013 – B 14 AS 133/12 B).

Leistungs-einstellung Ausgehend von dem Grundsatz, dass staatliche Organe Grundrechte
nicht verletzen dürfen (vgl. dazu BVerfG vom 27.6.2005 – 1 BvR 224/

05) und der unberechtigte Entzug von Grundsicherungsleistungen Art. 1 und 2 GG verletzt, **müssen** die Jobcenter vor einer Leistungseinstellung, sei es nach den §§ 45, 48 SGB X oder nach § 331 SGB III i. V. m. § 40 Abs. 1 S. 1 Nr. 2 SGB II, die **Gewissheit** haben, dass der Betroffene hierdurch keiner Notlage ausgesetzt ist, worunter auch ein vorübergehendes Fallen unter das Existenzminimum zählt. Lässt sich nach den Umständen eine solche Gewissheit nicht erreichen, darf im Zweifel die Leistung nicht gekürzt werden. Gegebenenfalls ist vorläufig nach § 328 SGB III (weiter) zu bewilligen (SG Leipzig vom 7.11.2006 – S 19 AS 1571/06 ER; LSG Berlin-Brandenburg vom 5.9.2006 – L 18 B 741/06 AS ER; LSG NRW vom 6.9.2007 – L 20 B 136/07 AS ER). Dies gilt vor allem dann, wenn Kinder in der BG leben (LSG Rheinland-Pfalz vom 27.9.2006 – L 3 ER 167/06 AS). Unzulässig ist eine Leistungseinstellung auf der Grundlage eines fiktiv unterstellten, bedarfsdeckenden Einkommens (SG Düsseldorf vom 27.10.2006 – S 28 AS 233/06 AS ER). Ist die Vermutung des § 7 Abs. 3a SGB II widerlegt und können Tatsachen, die belegen, dass ein Partner zur BG gehört, nicht ermittelt werden, trägt das Jobcenter die objektive Beweislast für das Fehlen der Hilfebedürftigkeit desjenigen, der Leistungen nach dem SGB II beantragt (LSG Sachsen vom 7.1.2011 – L 7 AS 115/09).

Bloßer Zeitablauf

Fehlerhaft ist die Aufhebung/Abänderung eines Bewilligungsbescheides mit der Begründung, dass nach Ablauf eines Jahres des Zusammenwohnens nunmehr eine Einstandsgemeinschaft vorliege. Wie ausgeführt, knüpft § 7 Abs. 3a Nr. 1 SGB II die Vermutung des Bestehens einer Einstandsgemeinschaft an die Voraussetzung eines qualifizierten Zusammenlebens. War dies, was das Jobcenter beweisen muss, bislang nicht nachzuweisen, ändert der Ablauf der Jahresfrist nichts an den Verhältnissen, die zu Beginn der Bewilligung vorgelegen haben (SG Berlin vom 21.3.2007 – S 37 AS 4904/07 ER; LSG Mecklenburg-Vorpommern vom 8.3.2007 – L 8 B 9/07).

Fälschliche Verneinung einer Einstandsgemeinschaft

Besteht entgegen der Annahme zu Beginn einer Alg II-Bewilligung doch eine Einstandsgemeinschaft, kann eine hierauf beruhende Überzahlung nur dann mit Wirkung für vergangene Zeiträume zurückgefordert werden, wenn die Einstandspartner **zumindest grob fahrlässig** falsche Angaben gemacht haben oder hätten wissen müssen, dass sie aus Sicht des Gesetzgebers füreinander einstehen müssen (s. dazu etwa LSG Sachsen-Anhalt vom 25.11.2010 – L 2 AS 187/07). Die Sichtweise des Gesetzgebers ist einem rechtsunkundigen Laien nicht so geläufig, dass dessen eigene Wertung, (noch) in keiner Einstandsgemeinschaft zu leben, immer eine offensichtliche Schutzbehauptung darstellt. Es kommt dann darauf an, ob die fehlerhafte Annahme, keine Einstandsgemeinschaft zu bilden, grob fahrlässig war. Dieses für eine rückwirkende Aufhebung/Abänderung erforderliche Verschulden ist genau und individuell vom Jobcenter nachzuweisen. Waren die BG-Partner nicht grob fahrlässig, kann (Ermessen) der Bewilligungsbescheid nur für die Zukunft geändert werden (SG Lüneburg vom 19.12.2006 – S 25 AS 1335/06 ER). Ermessen wird insbesondere in den Fällen auszuüben sein, in denen beide Partner ohne Einkommen sind, also tatsächlich nicht finanziell füreinander eingestanden haben. Die Überzahlung liegt hier in der Differenz zwischen dem Regelbedarf für Alleinstehende (404 €) und dem Partnerregelbedarf (364 €).

Aus der Feststellung einer Einstandsgemeinschaft folgt nicht, dass der vom Einkommensbezieher erzielte Nettolohn, bereinigt um die Absetzungen nach § 11b SGB II, stets in vollem Umfang auf den Bedarf des hilfebedürftigen Partners angerechnet werden darf. Denn im Gegensatz zu Ehepaaren, die im Rahmen des Selbsthilfegebots ihren Unterhaltsanspruch geltend machen müssen, ist bei Partnern einer Einstandsgemeinschaft auf den tatsächlich zur Unterstützung des Partners zur Verfügung stehenden Einkommensbestandteil abzustellen. Soweit der Einkommensbezieher aus der Zeit vor dem Zusammenleben Verpflichtungen zu erfüllen hat, denen er nicht oder nur mit der Folge einer von ihm allein zu tragenden Überschuldung entgehen kann, ist das Einkommen auch um Schuldbelastungen zu bereinigen (vgl. HessVGH vom 5.3.1993 – 9 TG 153/93, info also 1993, S. 210; SG Berlin vom 19.10.2010 – S 37 AS 30345/10 ER). Maßstab für eine Berücksichtigung von Schuldtilgungen ist hier die Überlegung, dass sie die »Geschäftsgrundlage« für das Zusammenleben sein können, bzw. dass sich der Einkommen beziehende Partner nicht um des Zusammenlebens willen verschulden will.

Leistungsfähigkeit des Partners

G. hat für den Kauf von Möbeln einen Kredit aufgenommen. Er zahlt darauf monatliche Raten von 185 €. Zur Sicherheit hat er den pfändungsfreien Betrag seines Einkommens an die Bank abgetreten. Er zieht mit F. zusammen, die bislang von Alg II gelebt hat. G. ist bereit, mit dem verfügbaren Einkommen für F. zu sorgen. Das Jobcenter rechnet sein Nettogehalt abzüglich der Freibeträge an; G. könne über ein P-Konto eine Pfändung seines Einkommens vermeiden. G. und F. waren sich vor dem Zusammenleben darüber einig, dass G. sich nicht in Schulden stürzen muss.

Beispiel

3.3   Wann endet eine Einstandsgemeinschaft?

Unstreitig endet die Einstandsgemeinschaft i.S. von § 7 Abs. 3 Nr. 3c SGB II mit Auszug eines Partners aus der gemeinsamen Wohnung. Problematisch sind die Fälle, in denen trotz Beibehaltung der Wohnung gegen die Einkommens- und Vermögensanrechnung eine Trennung geltend gemacht wird.

Im Arbeitslosenhilferecht hatte die BA eine Beendigung von eheähnlichen Gemeinschaften nur bei Aufhebung der gemeinsamen Wohnung anerkannt. So auch für das SGB II: LSG Mecklenburg-Vorpommern vom 2.4.2008 – L 10 B 364/07, vom 11.9.2008 – L 10 B 62/08 und vom 23.10.2008 – L 8 B 301/08. Eine »Trennung von Tisch und Bett« ist jedoch auch unter Einstandspartnern denkbar. Sie ist ein ökonomischer Vorgang, der auch innerhalb einer Wohnung möglich ist und für den kein bestimmtes Trennungsritual existiert (vgl. BGH vom 24.10.2001 –

»Trennung von Tisch und Bett« möglich

XII ZR 284/99; s. auch LSG Baden-Württemberg vom 1.10.2015 – L 7 SO 118/14). Ließe man eine »Trennung von Tisch und Bett« nicht zu, würde man in unzulässiger Weise arme Partner(innen) benachteiligen, die sich angesichts hoher Mieten einen Auszug in eine neue Wohnung nicht leisten können. Daher sind auf die Prüfung einer Trennung der Einstandsgemeinschaft die zu § 1567 BGB entwickelten Maßstäbe anzuwenden (so auch LSG Sachsen vom 7.6.2012 – L 3 AS 150/10, vom 6.12.2012 – L 3 AS 720/10 und vom 12.3.2015 – L 3 AS 609/12, Revision anhängig – B 4 AS 60/15 R). Zum Nachweis der Beendigung der Einstandsgemeinschaft ist aber über die Einstellung gegenseitiger Versorgungsleistungen hinaus eine räumliche Trennung erforderlich. Eine ausreichende Trennung ist in der Regel erst dann vollzogen, wenn außer Küche, Bad und WC kein Raum der Wohnung mehr gemeinsam genutzt wird (OLG München vom 4.7.2001 – 12 UF 820/01; LSG Berlin-Brandenburg vom 22.12.2006 – L 5 B 1025/06 AS ER).

Ende der Gemeinschaft

Ist die Einstandsgemeinschaft endgültig aufgelöst, muss der **nicht erwerbsfähige** Partner seinen Lebensunterhalt mit Sozialhilfeleistungen nach den §§ 27 ff. SGB XII sicherstellen, wenn er keinen Anspruch auf bedarfsdeckende volle Erwerbsminderungsrente oder Grundsicherung nach den §§ 41 ff. SGB XII hat.

4   Unverheiratete leibliche Kinder bis zum 25. Geburtstag

Über Eltern begründete BG

Unverheiratete leibliche Kinder gehören bis zum 25. Geburtstag zur BG, **wenn** sie zum Haushalt eines erwerbsfähigen, leistungsberechtigten Elternteils gehören und ihren Lebensunterhalt nicht aus eigenen Mitteln sicherstellen können.

Haushaltsangehörigkeit

Gemeinsames Wirtschaften

Unter »Haushaltsangehörigkeit« i. S. von § 7 Abs. 3 Nr. 4 SGB II ist eine Haushaltsgemeinschaft i. S. von § 9 Abs. 5 SGB II zu verstehen. Eine »Haushaltsgemeinschaft liegt vor, wenn die Personen mit dem Erwerbsfähigen in einem gemeinsamen Haushalt zusammenleben und ›aus einem Topf‹ wirtschaften« (BT-Drs. 15/1516, S. 53), d. h. die Dinge des täglichen Bedarfs gemeinsam brauchen und verbrauchen sowie die anfallenden hauswirtschaftlichen Arbeiten gemeinsam oder füreinander erledigen. Der in § 7 Abs. 3 Nr. 4 SGB II verwendete Begriff »dem Haushalt angehörend« lässt einerseits zu, dass Kinder, die sich wegen einer Ausbildung nur vorübergehend auswärts aufhalten, noch zur BG gehören (s. aber BSG vom 6.8.2014 – B 4 AS 55/13 R: Ausbildung im Internet), andererseits kann auch ein nur vorübergehender Aufenthalt ansonsten woanders lebender Kinder eine »zeitweise« BG (zur zeitweisen BG → S. 95) begründen. Das Zusammenwohnen oder die bloße regelmäßige Anwesenheit des Kindes im Elternhaus begründet daher keine Eltern-Kind BG (abzulehnen SG Berlin vom 20.4.2011 – S 174 AS 18450/10 WA).

Dingliches Wohnrecht

Wird einem jungen Erwachsenen im Elternhaus ein dingliches Wohnrecht eingeräumt, führt das nicht zur Beendigung der Zugehörigkeit zum elterlichen Haushalt (vgl. dazu KG Berlin vom 27.1.2016 – 13 UF 234/14).

Kinder und junge Erwachsene gehören nur dann zur Eltern-BG, wenn sie ihren SGB II-Bedarf nicht mit eigenem Einkommen oder Vermögen decken können. Zum Einkommen gehört neben Unterhaltszahlungen oder Verdiensten aus Erwerbstätigkeit auch das Kindergeld, das aber nicht auf die Bedarfe für Bildung und Teilhabe nach § 28 SGB II angerechnet wird (§ 11 Abs. 1 Satz 4 SGB II). Ein Kind gehört somit auch dann zur Eltern-BG bzw. ist hilfebedürftig, wenn es zwar seinen Regelbedarf plus Unterkunfts- und Heizkosten mit Einkommen und Kindergeld decken kann, das Einkommen ohne Kindergeld aber unter dem Gesamtbedarf, also inklusive der Bedarfe nach § 28 SGB II, liegt.

Nur hilfebedürftige Kinder

Der 8-jährige T. lebt mit seiner hilfebedürftigen, erwerbsfähigen Mutter O. zusammen, die das Kindergeld für T. bezieht. Sein SGB II-Bedarf liegt bei 270 € + 200 € anteilige Unterkunfts- und Heizkosten plus 10 € Teilhabebedarf nach § 28 Abs. 7 SGB II. T. bekommt von seinem Vater monatlich 300 € Unterhalt. Weil das Kindergeld nur auf den Regelbedarf plus der Unterkunfts- und Heizkosten angerechnet wird, bleibt der Bedarf nach § 28 Abs. 7 SGB II ungedeckt. T. ist insoweit hilfebedürftig, bildet also mit O. eine BG.

Beispiel

Das Zusammenleben im gemeinsamen Haushalt mit »Wirtschaften aus einem Topf« reicht zur Begründung einer BG. Ein zusätzlicher Einstandswille der Eltern ist nicht erforderlich (LSG Berlin-Brandenburg vom 28.2.2007 – L 10 B 195/07; LSG Mecklenburg-Vorpommern vom 6.8.2007 – L 8 B 148/07).

Nicht: Einstandsverpflichtung

Zur Stiefelternhaftung → S. 91 ff.

Bei jungen Volljährigen (also bei jungen Leuten vom 18. bis zum 25. Geburtstag) ist zur Annahme einer Eltern-Kind-BG die Voraussetzung des gemeinsamen Wirtschaftens vom Jobcenter zu prüfen und im Zweifelsfall nachzuweisen. Das gilt vor allem dann, wenn der junge Volljährige schon mal selbständig gelebt hat und über Einkommen verfügt, das zwar nicht bedarfsdeckend ist – dann gehört er schon wegen fehlender Hilfebedürftigkeit nicht zur BG – aber doch so hoch, dass die Beibehaltung eines eigenen Haushalts plausibel ist (BayLSG vom 4.5.2007 – L 7 AS 329/06). Zum Nachweis einer BG genügt es nicht, dass der junge Volljährige keinen eigenständig abschließbaren Bereich bewohnt, der auf dem freien Wohnungsmarkt als eigenständige Wohneinheit vermietbar wäre (vgl. dazu VGH Baden-Württemberg vom 10.11.2011 – 2 S 1684/11). Auch innerhalb einer eigenständigen, abschließbaren Wohnung können mehrere getrennte Haushalte existieren. Die gemeinsame Benutzung von Haushaltsgegenständen und Küche, Bad und WC steht dem nicht entgegen (SG Dresden vom 1.8.2006 – S 23 AS 1122/06 ER: Dachgeschosswohnung von 23-Jähriger im Eigenheim der Eltern; vgl. auch LSG Sachsen vom 25.10.2012 – L 3 AL 200/10 und SG Chemnitz vom 25.9.2013 – S 26 AL 77/12: zur BAB).

Junge Volljährige

Rechtsprechung zur doppelten Haushaltsführung	Die Rechtsprechung der Finanzgerichte zur doppelten Haushaltsführung gibt Anhaltspunkte dafür, wann eine Eingliederung in den Haushalt der Eltern bzw. keine eigenständige Haushaltsführung vorliegt (BFH vom 4.5.2010 – VI B 156/09, vom 2.2.2010 – VI B 117/09 und vom 28.3.2012 – VI R 87/10; FG Baden-Württemberg vom 16.12.2009 – 1 K 3933/09 und vom 9.6.2011 – 2 K 4399/10; FG Berlin-Brandenburg vom 14.9.2011 – 12 K 12092/09; FG Köln vom 25.11.2015 – 14 K 1304/15; FG München vom 27.11.2014 – 15 K 1981/12).
...und zum BAföG	Wann ein Wohnen im Elternhaus keine Haushaltsangehörigkeit i.S. v. § 7 Abs. 3 Nr. 4 SGB II begründet, kann auch der BAföG-Rechtsprechung zum atypischen Fall des Zusammenwohnens von Kind und Eltern entnommen werden. Dort wird sogar erwogen, dass eine Wohnung »bei« den Eltern i. S. von § 13 BAföG im Einzelfall dann zu verneinen sein kann, wenn der in derselben Wohnung lebende Elternteil auf Leistungen zur Sicherung des Lebensunterhalts nach dem SGB II angewiesen ist (VG Hamburg vom 30.8.2011 – 2 E 1781/11, aufgehoben durch OVG Hamburg vom 24.9.2015 – 4 Bf 112/12; s. auch VG Gelsenkirchen vom 13.1.2012 – 15 L 1396/11; OVG NRW vom 29.1.2016 –12 A 202/15).
Keine Selbsthilfeobliegenheit	Führt der junge Volljährige unstreitig eine eigene Wirtschaft, gibt es im SGB II keine Handhabe, ihn zur Aufgabe der Eigenständigkeit zu zwingen. Der Gesetzgeber hat mit der Erweiterung der Eltern-Kind-BG auf junge Erwachsene nur dem Umstand Rechnung tragen wollen, dass Kinder, die weiterhin im Haushalt der Eltern leben, mit dem 18. Geburtstag nicht automatisch die Generalkosten eines Haushalts, d.h. die zur Haushaltsführung gehörenden Aufwendungen (z.B. Versicherungen, Strom, haushaltstechnische Geräte) zu tragen haben (BT-Drs. 16/688, S. 13). Der Verweis auf Naturalunterhalt nach § 1612 BGB greift nur bei Bestehen einer Unterhaltspflicht der Eltern (→ S. 65). Die Vorschrift des § 2 SGB II erfasst nur zumutbare Selbsthilfeobliegenheiten, wozu die Einordnung in den Haushalt der Eltern nicht gehört, zumal dies auch nur in den Fällen möglich wäre, in denen die Eltern damit einverstanden sind; zwingen kann der junge Erwachsene seine Eltern nicht, zur Unterstützung verpflichtet sind diese nach § 9 Abs. 2 SGB II nur bei Zusammenleben in einer Eltern-Kind-BG. Erst recht gilt dies in Fällen, in denen der junge Volljährige nach Beendigung einer Ausbildung oder zur Bewältigung einer Krise vorübergehend in der elterlichen Wohnung bei Aufrechterhaltung seiner sonstigen Selbständigkeit unterkommt (LSG Sachsen vom 14.9.2006 – L 3 B 292/06 AS-ER: vom Jugendamt befürwortete Unterbringung eines jungen Erwachsenen nach Drogentherapie in die Wohnung des Vaters).
Wechsel von Bedarfs- in Haushaltsgemeinschaft	Bleiben die Kinder nach dem 25. Geburtstag oder nach einer Verheiratung (mit Zustimmung des Vormundschaftsgerichts ab dem 16. Geburtstag möglich) im Haushalt, wandelt sich die BG mit den Eltern oder dem Partner des Elternteils in eine Haushaltsgemeinschaft oder eventuell nur in eine Wohngemeinschaft, falls der Elternteil auszieht.

Dasselbe gilt, wenn das **erwerbsfähige** Kind mit einem Einstands-partner oder mit eigenem Kind im Haushalt der Eltern bleibt. In die-sem Fall bildet das erwerbsfähige Kind mit seinem eigenen Kind oder dem Einstandspartner und gegebenenfalls dessen Kind eine BG nach § 7 Abs. 3 Nr. 3c oder Nr. 4 SGB II, die in Haushaltsgemeinschaft mit den (Groß-)Eltern lebt. Siehe aber → S. 100 ff..

BG-Zellteilung

Lebt ein **nicht erwerbsfähiges** unverheiratetes Kind im Haushalt sei-ner Eltern und bekommt selbst ein Kind, gehört dieses Kind nicht zur BG nach § 7 Abs. 3 Nr. 4 SGB II. Bei Hilfebedürftigkeit ist für dieses Kind Sozialhilfe nach dem SGB XII zu beantragen.
Nehmen die Eltern des **nicht erwerbsfähigen** Kindes dessen **nicht er-werbsfähigen** Partner in den Haushalt auf, gehört er ebenfalls nicht zur BG und hat im Hilfefall Ansprüche nach dem SGB XII.

Wechsel zur Sozialhilfe

5   Unverheiratete Stief-/Partnerkinder bis zum 25. Geburtstag

Nach § 7 Abs. 3 Nr. 4 SGB II gehören auch Stiefkinder und Partnerkinder (faktische Stiefkinder) zur BG, wenn sie im Haushalt des leiblichen Elternteils und dessen Ehegatten, Lebens- oder eheähnli-chen Partners leben. Dies hat nach § 9 Abs. 2 SGB II zur Folge, dass der Ehegatte, Lebenspartner oder eheähnliche Partner ebenso wie der leibliche Elternteil für den Lebensunterhalt der (faktischen) Stiefkinder sorgen muss. Das BSG vom 13.11.2008 – B 14 AS 2/08 R und vom 14.3.2012 – B 14 AS 17/11 R und 45/11 R hat dies als rechtmäßig bestä-tigt und auch auf junge Volljährige bis 25 Jahre in der BG erstreckt: Der Gesetzgeber dürfe im Rahmen des ihm im Fürsorgerecht zustehenden weiten Gestaltungsspielraums typisierend unterstellen, dass in einer Patchwork-Familie mit insgesamt bedarfsdeckendem Einkommen auch der Bedarf der (faktischen) Stiefkinder gedeckt sei. Es sei Aufgabe des leiblichen Elternteils, dem Kind ausreichende Mittel zukommen zu lassen. Das BVerfG vom 29.5.2013 – 1 BvR 1083/09 hat eine Verfas-sungsbeschwerde zur Stiefkinderregelung leider nicht zur Entschei-dung angenommen. In der Praxis scheint sich das Problem dadurch »gelöst« zu haben, dass in BGs mit einem Partner ohne Einkommen und Vermögen die potentielle Einstandspflicht für das Stiefkind keine Rolle spielt und Partner mit Einkommen und Vermögen das Zusam-menziehen mit den Kindern der Freundin/des Freundes vermeiden. Grundsätzliche Fragen, wie die nach der mittelbaren Diskriminierung von Frauen, bei denen die Kinder nach der Trennung der leiblichen El-tern meist leben und für die § 9 Abs. 2 SGB II die Gründung einer neu-en Familie erheblich erschwert, und die familiensprengende Wirkung der Einstandshaftung durch das Hinausdrängen Jugendlicher aus der BG wegen Streits um Geldzuwendungen vom (faktischen) Stiefeltern-teil, bedürfen nach wie vor einer verfassungsrechtlichen Prüfung.

Liest man die BVerfG-Entscheidung als Bestätigung der Einstands-pflicht für Stiefkinder, stellen sich in der Praxis weiter folgende, noch ungelöste Fragen:

Ungeklärte Rechtsfragen

■ Gilt die unwiderlegbare Einstandspflicht auch dann, wenn Ehe-/Lebenspartner sich **wegen** familiärer und finanzieller Probleme aufgrund des Einstehen-Müssens für die Stiefkinder räumlich trennen?

■ Ist eine **vor** dem Zusammenziehen des Einkommensbeziehers mit der leistungsberechtigten Person und deren Kind getroffene Vereinbarung, dass das Kind nicht unterstützt wird, weil
 – es den Unterhaltsanspruch gegenüber dem leiblichen Elternteil verloren/verwirkt hat (vgl. dazu BGH vom 4.3.1998 – XII ZR 173/96; OLG Frankfurt am Main vom 30.7.2008 – 5 UF 46/08; KG Berlin vom 13.7.2015 – 25 UF 57/15 und vom 27.1.2014 – 17 WF 12/14; OLG Zweibrücken vom 16.10.2015 – 2 UF 107/15: Verlust des Unterhaltsanspruchs wegen Verschwendung eigenen Vermögens; s. auch LSG Sachsen vom 18.7.2013 – L 3 AL 59/10);
 – der Einkommensbezieher weiter Tilgungsraten für Anschaffungen **vor** dem Zusammenziehen zahlen muss und sich nicht verschulden will;
 – das Stiefkind den Partner emotional ablehnt;
 – der Einkommensbezieher ein eigenes, außerhalb der BG lebendes Kind wie bisher mit 100 € monatlich weiter unterstützen möchte
gegenüber dem Jobcenter wirksam?

■ Das Einstehen-Müssen für Stiefkinder begründet nach überwiegender Auffassung keinen Pfändungsschutz (LG Heilbronn vom 28.11.2011 – 1 T 327/11; OVG Lüneburg vom 8.3.2011 – 5 LA 215/10; LG Mosbach vom 23.3.2012 – 5 T 31/12; a.A. OLG Frankfurt am Main vom 4.7.2008 – 24 U 146/07; LG Essen vom 4.9.2014 – 7 T 285/14). Das für die Unterstützung der BG-Kinder benötigte Einkommen kann nur über die Einrichtung eines P-Kontos nach § 850k ZPO vor Gläubigern geschützt werden. Sind die mit der Einrichtung eines P-Kontos verbundenen Nachteile (→ S. 461 ff.) zumutbar?

■ Muss der Einkommensbezieher den Betrag, den ihm das Familiengericht zur Wahrnehmung des Umgangsrechts gegenüber einem eigenen Kind zuerkannt hat (s. dazu Hanseatisches OLG vom 23.10.2007 – 4 WF 155/07; OLG Thüringen vom 25.5.2010 – 1 UF 19/10) zum Zweck der Erfüllung seiner Einstandspflicht in der BG auf das Niveau des Sonderbedarfs nach § 21 Abs. 6 SGB II senken?

■ Kann der Einkommensbezieher dem Unterhaltsanspruch seines eigenen Kindes entgegenhalten, dass die Verringerung des Selbstbehalts wegen des gemeinsamen Wirtschaftens in einer BG (gefestigte BGH-Rechtsprechung, s. z. B. vom 17.3.2010 – XII ZR 204/08) entfällt, weil ein BG-Stiefkind unterstützt werden muss?

Die Fragen verdeutlichen, wie problematisch die unwiderlegbare Einstandspflicht in der BG ist. Härtefallerwägungen zur Abwendung einer Gefährdung des Existenzminimums des Stiefkindes (dazu LSG Schleswig-Holstein vom 22.1.2015 – L 6 AS 214/14 B ER) lösen die o.g. Probleme nur unzulänglich und setzen die Patchworkfamilie un-

ter massiven Rechtfertigungsdruck (dazu LSG NRW vom 28.8.2014 –
L 7 AS 1333/14 B ER).

6   Nicht erwerbsfähige Eltern/-teile sowie deren nicht erwerbsfähige Partner

Nicht erwerbsfähige Eltern/-teile sowie deren nicht erwerbsfähige Partner gehören zur BG, **wenn** sie mit einem **erwerbsfähigen** und unverheirateten Kind im gemeinsamen Haushalt leben. Hierüber werden Personen, die z.B. wegen längerer Krankheit oder befristeter Erwerbsminderung ins Renten- oder Sozialhilferecht gehören, dem erwerbszentrierten System des SGB II zugeordnet. Dies kann wegen der Unterschiede zwischen SGB II und SGB XII zu Problemen führen.

Über Kind begründete BG

Unpassendes Leistungssystem

Die 58-jährige S. bezieht eine Hinterbliebenenrente, mit der sie ihren Lebensunterhalt sichern kann. Sie nimmt ihren 23-jährigen Sohn K., der wegen Schulden seine Wohnung verloren hat, bei sich auf. K. beantragt Alg II, das Jobcenter verteilt die Witwenrente nach § 9 Abs. 2 Satz 3 SGB II auf beide Personen und gewährt ihnen ergänzend Alg II. S. wird über eine Eingliederungsvereinbarung zur Arbeitsuche verpflichtet. Kann sie Arbeitsstellen ablehnen, die wegen Überschreitung der Hinzuverdienstgrenzen nach dem SGB VI zum Wegfall der Rente führen?

Beispiel 1

Die 52-jährige B. bezieht nach einem Schlaganfall eine befristete Erwerbsminderungsrente. Ergänzend erhält sie Sozialhilfe mit einem um 15 € monatlich erweiterten Regelsatz nach § 27a Abs. 4 SGB XII, mit dem laufende Kosten für ein Beatmungsgerät abgegolten werden. Ihre 19-jährige, hilfebedürftige Tochter M. zieht zur Unterstützung in die Wohnung der Mutter ein. Das Jobcenter verteilt die Erwerbsminderungsrente auf beide Personen und gewährt B ergänzend Sozialgeld nach dem vollen Regelbedarf. M. erhält 324 € statt zuvor 404 € Regelbedarf. Ein Härtefall-Mehrbedarf nach § 21 Abs. 6 SGB II (Fassung seit Juni 2010) wird wegen des geringen Betrags von 15 € abgelehnt.

Beispiel 2

In den angeführten Beispielsfällen wird genau zu prüfen sein, ob mit dem Einzug des Kindes wirklich eine BG (gemeinsames Wirtschaften?) entstanden ist (s. dazu LSG NRW vom 18.12.2014 – L 6 AS 1732/13; Revision anhängig – B 14 AS 21/15 R).

Die Regelung des § 7 Abs. 3 Nr. 4 SGB II, wonach erwerbsfähige Kinder, die ihren SGB II-Bedarf mit eigenen Mitteln decken können, nicht mehr zur BG gehören, kann zu einem ständigen Hin- und Her-Wechsel der erwerbsunfähigen Eltern zwischen SGB II zum SGB XII führen, wenn das Kind schwankendes Einkommen bezieht – deshalb Leistungen vorläufig nach § 41a SGB II bewilligt wurden – und einen Antrag auf monatsgenaue Berechnung nach § 41a Abs. 4 Satz 2 Nr. 3 SGB II stellt.
Dazu, wann ein solcher Antrag für den Einkommensbezieher sinnvoll ist, → S. 431.

Wechselndes Leistungssystem

Entfallender
Leistungs-
anspruch

Bewirkt eine monatsgenaue Einkommensanrechnung ein Herausfallen aus den Leistungssystemen, **muss** das Jobcenter nach § 41a
Abs. 4 Satz 2 Nr. 2 SGB II nach dem Monatsprinzip abrechnen. Das
kann Vor- und Nachteile für die Leistungsbezieher haben.

Beispiel 1

Die 22-jährige G. lebt mit ihrer Mutter M. zusammen, die eine befristete Erwerbsminderungsrente in Höhe von 760 € bezieht. G. jobbt
ohne Ausbildungssuche als Kellnerin. Sie verdient um die 400 € im
Monat. Um die Miete von 600 € bezahlen zu können, müssen M. und
G. ergänzende SGB II-Leistungen beantragen. Für den Zeitraum
März bis August bewilligt das Jobcenter der G. Alg II nach einem fiktiven Brutto von 400 €. Die Rente der M. wird nach § 9 Abs. 2 Satz 3
SGB II anteilig der G. zugerechnet und auf das Sozialgeld für M. angerechnet. Eine der M. im Mai zufließende Steuererstattung von 135 €
rechnet das Jobcenter vorläufig als Einmaleinkommen ab Juni auf
den Bedarf der G. und der M. an.
Nach Ablauf des Bewilligungszeitraums stellt das Jobcenter fest, dass
G. durch Überstunden im Mai so viel verdient hat, dass sie ihren eigenen Bedarf von 324 € + 300 € anteilige Unterkunfts- und Heizkosten
decken konnte. Deshalb ist monatsgenau abzurechnen, weil mit dem
Ende der Hilfebedürftigkeit der G. auch die BG endet und M. den von
G. abgeleiteten Leistungsanspruch verliert. Das ist für M. kein Nachteil, da ihrer Rente, die sie nicht mehr mit G. teilen muss, den eigenen
Hilfebedarf von 404 € + 300 € deckt. Die Steuererstattung kann im
Rahmen der endgültigen Leistungsberechnung für die Monate Juni
bis August, in denen G. nur 445 €, 578 € und 390 € verdient hat,
nicht angerechnet werden, weil die Steuererstattung in einem Monat
ohne Leistungsanspruch zufloss, im Folgemonat daher nur als Vermögen berücksichtigt werden kann.

Überprüfungs-
antrag!

Sollte das Jobcenter die der G. und M. endgültig zustehenden Leistungen nach einem Durchschnittseinkommen und infolgedessen einem
durchgehenden Leistungsanspruch mit Absetzung des Erwerbseinkommens, der Erwerbsminderungsrente und der Steuererstattung
berechnet haben, können G. oder M. dies mit einem Antrag nach § 44
SGB X korrigieren lassen. Der Ablauf des vorläufigen Bewilligungszeitraums, ohne dass von ihnen ein Antrag auf monatsgenaue Abrechnung gestellt wurde, steht dem nicht entgegen, weil das Jobcenter nach § 41a Abs. 4 Satz 2 Nr. 2 SGB II kein Durchschnittseinkommen zur endgültigen Feststellung des Hilfebedarfs bilden darf.

Beispiel 2

Die 22-jährige G. lebt mit ihrer Mutter M. zusammen, die eine befri-
stete Erwerbsminderungsrente in Höhe von 364 € bezieht. G. jobbt
ohne Ausbildungssuche als Kellnerin. Sie verdient um die 400 € im
Monat. Um die Miete von 600 € bezahlen zu können, müssen M. und
G. ergänzende SGB II-Leistungen beantragen. Für den Zeitraum
März bis August bewilligt das Jobcenter der G. Alg II nach einem fik-
tiven Brutto von 400 €. Das Einkommen der M. wird nach § 9 Abs. 2
Satz 3 SGB II anteilig der G. zugerechnet und auf das Sozialgeld für
M. angerechnet.

Nach Ablauf des Bewilligungszeitraums stellt das Jobcenter fest, dass G. durch Überstunden im Mai so viel verdient hat, dass sie ihren eigenen Bedarf von 324 € + 300 € anteilige Unterkunfts- und Heizkosten decken konnte. Damit ist monatsgenau abzurechnen, weil mit dem Ende der Hilfebedürftigkeit der G. auch die BG endet und M. den von G. abgeleiteten Leistungsanspruch verliert. Obwohl die Rente nicht genügt, um den Hilfebedarf von 404 € + 300 € zu decken, muss M. das im Mai bezogene Sozialgeld nach § 41a Abs. 6 SGB II erstatten. Anspruch auf ergänzende Sozialhilfe (auf Antrag nach § 28 SGB X) hat M. nur, wenn ihr Sparvermögen unterhalb der engen Schongrenzen des § 90 SGB XII liegt.

Kurios ist das Konstrukt der vom erwerbsfähigen Kind gebildeten BG, wenn das Kind allein über Bedarfe nach § 28 SGB II hilfebedürftig ist und hierüber die nicht erwerbsfähigen Eltern oder den nicht erwerbsfähigen Elternteil und dessen nicht erwerbsfähigen Partner ins SGB II zieht. *Nachhilfe-BG*

Die erwerbsfähige 19-jährige K. befindet sich im vorletzten Schuljahr des Gymnasiums. Sie lebt mit ihrer erwerbsunfähigen Mutter M. zusammen. Aus einem Nebenjob erzielt K. soviel Einkommen, dass ihr Bedarf von 324 € plus 200 € Unterkunfts- und Heizkosten zusammen mit dem Kindergeld von 190 € gedeckt ist. M bezieht Sozialhilfe, weil sie noch nicht dauerhaft erwerbsgemindert ist. Da K.s Versetzung gefährdet ist, benötigt K. Nachhilfeunterricht. Mit Begründung dieses Bedarfs nach § 28 Abs. 5 SGB II wird K. hilfebedürftig und bildet mit M. eine BG; M. erhält Sozialgeld statt Sozialhilfe. *Beispiel*

Mit Heirat oder dem 25. Geburtstag des erwerbsfähigen Kindes endet die BG, was zur Folge hat, dass dann die nicht erwerbsfähigen Eltern/ Partner Sozialhilfe nach dem SGB XII statt Sozialgeld erhalten.
Dasselbe gilt, wenn das **erwerbsfähige** Kind selbst ein Kind bekommt oder der eigene Partner mit in die Wohnung zieht (dazu aber → S. 100 ff.). *Wechsel zur Sozialhilfe*

7 Die zeitweise BG

Das BSG vom 7.11.2006 – B 7b AS 14/06 R hatte die zeitweise BG als Notbehelf entwickelt, um hierüber dem **minderjährigen** (LSG NRW vom 24.11.2011 – L 7 AS 1656/11 B ER) Kind Sozialgeld oder Alg II für die Dauer des Aufenthalts beim umgangsberechtigten Elternteil nach der Formel: *Umgangsrechts-BG*

Regelleistung des Kindes : 30 x Aufenthaltstage

zu geben. Mit einer deshalb in § 36 Satz 3 SGB II eigens für dieses Modell geschaffenen Zuständigkeitsregelung (→ S. 20 f.) hat der Gesetzgeber die zeitweise BG als Sonderform der Begründung von Leistungsansprüchen anerkannt. Der Versuch, eine verwaltungspraktikablere Lösung zu entwickeln, ist ungeachtet guter Vorschläge (s. z. B. Dern/Fuchsloch, Soziale Sicherheit 2015, S. 269 ff.) im 9. SGB II-ÄndG nicht gelungen. *Umgangskind-BG anerkannt*

Mindest-aufenthaltsdauer

Die zeitweise BG besteht in der Regel für jeden Tag, an dem sich das Kind länger als zwölf Stunden im Haushalt des umgangsberechtigten Elternteils aufhält (BSG vom 2.7.2009 – B 14 AS 75/08 R; LSG Niedersachsen-Bremen vom 24.3.2015 – L 7 AS 1031/13; vgl. auch KG Berlin vom 10.01.2011 – 17 UF 225/10). Ein gewöhnlicher Aufenthalt in diesem Haushalt i.S. von §§ 7 Abs. 1 Nr. 4, 36 Satz 1 SGB II ist nicht erforderlich.

Hilfebedürftigkeit

Auch die zeitweise BG kommt nur zustande, wenn das Umgangs-Kind hilfebedürftig ist. Sein Bedarf umfasst für die Tage des Aufenthalts den Regelbedarf nach § 20 SGB II und ggf. Mehrbedarfe nach § 21 Abs. 5, Abs. 6 SGB II bei einem besonderen Ernährungs- oder Pflegebedarf (z. B. bei Allergie, Neurodermitis). Zusatzkosten für Unterkunft und Heizung sind über die Angemessenheit dem Wohnbedarf des umgangsberechtigten Elternteils zuzuordnen (BSG vom 17.2.2016 – B 4 AS 2/15 R). Bei dezentraler Warmwasseraufbereitung (Durchlauferhitzer, Boiler) erstreckt sich der Hilfebedarf des Kindes außerdem auf diesen Mehrbedarf nach § 21 Abs. 7 SGB II.

Ansprüche auf Fahrgeld oder sonstige Aufwendungen für die Ausübung des Umgangsrechts sind über § 21 Abs. 6 SGB II gesondert geregelt (→ S. 296).

Besuchs-BG

Die Gerichte haben die BSG-Rechtsprechung auf Situationen erweitert, in denen sich ein während der Woche in einer Jugendhilfeeinrichtung untergebrachtes Kind am Wochenende und in den Ferien im Elternhaus aufhält und es hierfür keine Leistungen nach dem SGB VIII erhält (SG Karlsruhe vom 27.7.2009 – S 16 AS 1115/08; SG Koblenz vom 2.11.2009 – S 16 AS 1190/09 ER; LSG Baden-Württemberg vom 20.5.2010 – L 7 AS 5263/08; a. A. SG Chemnitz vom 27.2.2013 – S 14 AS 112/12). Während das BSG vom 28.10.2014 – B 14 AS 65/13 R erfreulicherweise auch dauerhaft im Ausland lebenden Kindern für die Besuche ihrer in Deutschland lebenden Eltern Leistungen über das Konstrukt der zeitweisen BG zuerkannt hat, hat das BSG vom 6.8.2014 – B 4 AS 55/13 R wegen des Leistungsausschlusses nach § 7 Abs. 5 SGB II die zeitweise BG einer behinderten Auszubildenden, die internatsmäßig in einem Berufsbildungswerk untergebracht ist, mit den am Wochenende und in den Ferien besuchten Eltern nicht anerkannt.

Anspruch des Umgangskindes

Die temporären Regelbedarfe sind SGB II-Ansprüche des Kindes, so dass zur Prüfung der Hilfebedürftigkeit auf die reguläre Lebenssituation des Kindes abzustellen ist. Auf die Rechtslage nach dem Familienrecht (danach muss grundsätzlich der umgangsberechtigte Elternteil für alle Kosten aufkommen, BGH vom 23.2.2005 – XII ZR 56/02) kommt es nicht an (BSG vom 12.6.2013 – B 14 AS 50/12 R).

Hartz IV-Kind

Lebt das Kind auch an seinem gewöhnlichen Aufenthaltsort mit einem hilfebedürftigen Elternteil zusammen, erfüllt das dort für das Kind gezahlte Sozialgeld oder Alg II nicht die Tage des Aufenthalts beim umgangsberechtigten Elternteil. Weder familienrechtlich (dazu KG Berlin vom 11.12.2006 – 16 WF 271/06) noch sozialrechtlich (a.A. LSG NRW vom 21.4.2008 – L 20 AS 112/06) gibt es eine Verpflichtung zur Mitnahme der am gewöhnlichen Aufenthaltsort gewährten SGB II-Leistung zur Sicherung des Lebensunterhalts während des Besuchs beim umgangsberechtigten Elternteil. Das Kind hat zusätzlich zum Sozialgeld oder Alg II am gewöhnlichen Aufenthaltsort außerdem Anspruch auf SGB II-Leistungen für den Besuch beim umgangsberechtigten Elternteil. (BSG vom 12.6.2013 – B 14 AS 50/12 R). Abschläge für Bedarfe, die in der zeitweisen BG regelmäßig nicht zu decken sind (Bekleidung, Haushaltsgeräte etc.) sind unzulässig. Auch dies folgt aus dem Gedanken der Pauschalierung der Regelleistungen (BSG vom 2.7.2009 – B 14 AS 75/08 R; LSG Schleswig-Holstein vom 17.1.2014 – L 3 AS 114/11).

Dass der Hilfebedarf des Kindes für die Dauer des Aufenthalts beim umgangsberechtigten Elternteil nicht mit dem bewilligten Sozialgeld/ Alg II am gewöhnlichen Aufenthaltsort des Kindes erfüllt ist, schließt nicht aus, den Anspruch auf Regelbedarf, der grundsätzlich nur 30 Tage umfasst, zunächst vorläufig in voller Höhe am Hauptwohnsitz des Kindes zu erbringen, um dann bei der endgültigen Berechnung die Tage, die das Kind mindestens 12 Stunden beim umgangsberechtigten Elternteil verbracht hat, herauszurechnen, soweit für die Umgangszeit ebenfalls Regelleistungen gezahlt wurden (LSG Niedersachsen-Bremen vom 24.3.2015 – L 7 AS 1031/13). Denn für die Tage, an denen sich das Kind zumindest 12 Stunden beim Umgangs-Elternteil aufhält, hat es im Haushalt des anderen Elternteils keinen Hilfebedarf bzw. keinen Anspruch auf 1/30 Sozialgeld/Alg II (BSG vom 12.6.2013 – B 14 AS 50/12 R). Der Anspruch auf Sozialgeld/Alg II in der BG mit dem überwiegenden Aufenthalt ist strikt von dem Anspruch in der Umgangs-BG zu trennen. Dabei können sich unterschiedliche Ansprüche ergeben. | Vorläufige Bewilligung

Der 13-jährige T. lebt bei seiner hilfebedürftigen Mutter in Berlin-Spandau. Dort geht er auch zur Schule mit einem Schulweg von 3 km. Jeden Donnerstag und Freitag hält sich T. ganztägig bei seinem Vater auf, der in Berlin-Mitte wohnt. T hat für die Tage, die er bei seiner Mutter lebt, Anspruch auf 1/30 x 270 €. Die Aufenthaltstage bei seinem Vater sind mit jeweils 1/30 x 270 € plus Fahrkosten zur Schule nach § 28 Abs. 4 SGB II zu erfüllen. | Beispiel

Die Aussage des BSG vom 12.6.2013 – B 14 AS 50/12 R, das Kind habe für die Dauer des Aufenthalts beim umgangsberechtigten Elternteil keinen Bedarf in der anderen Elternteil-BG, geht an der Lebenswirklichkeit vorbei, wenn sich die Eltern nicht auf einen fairen finanziellen Ausgleich einigen können, was leider häufig vorkommt. Dann ist es üblicherweise so, dass ein wesentlicher Teil des Bedarfs in der Haupt-BG bleibt (z. B. für Bekleidung), während sich der Aufwand in der Umgangs-BG im Wesentlichen auf Essen und Getränke für das Kind beschränkt. Die Notwendigkeit, nicht nur zur Entlastung der Jobcenter von ellenlangen Bescheiden, eine sachgerechte Lösung für den Umgangs-Bedarf in armen Haushalten zu entwickeln, besteht daher unverändert fort. | Kritik

Wechselmodell

Teilen sich die Eltern den Umgang etwa zur Hälfte (Wechselmodell), hat das Kind zwei reguläre Aufenthaltsorte, an denen es jeweils die halben SGB II-Leistungen erhält, was so umgesetzt wird, dass jeweils ein Betrag in Höhe der halben Regelbedarfe nach §§ 20, 21 SGB II auf die bewilligten Regelbedarfe als »sonstiges Einkommen« angerechnet wird.
Zur Anrechnung des Kindergeldes (→ S. 567).

Nicht-Hartz IV-Kind

Lebt das Kind an seinem gewöhnlichen Aufenthaltsort mit einem nicht hilfebedürftigen Elternteil zusammen, kommt zivilrechtlich ausnahmsweise eine Beteiligung dieses Elternteils an den Umgangskosten in Betracht, wenn der umgangsberechtigte Elternteil diese nicht aufbringen kann, der andere Elternteil über ein auskömmliches Einkommen verfügt und das Umgangsrecht anderenfalls leerlaufen würde (OLG Hamm vom 27.3.2003 – 11 WF 66/03; OLG Brandenburg vom 11.11.2009 – 13 UF 58/09). Allein aus dem Bezug von Alg II des umgangsberechtigten Elternteils kann eine finanzielle Beteiligung des anderen Elternteils aber nicht hergeleitet werden, da im Familienrecht andere Erwerbsobliegenheitspflichten als im SGB II bestehen. Unzulässig ist der Verweis auf eine finanzielle Beteiligung, wenn sie nicht aktuell zufließt. Dann muss Sozialgeld oder Alg II zur Wahrnehmung des Umgangs unter Geltendmachung eines evt. Erstattungsanspruchs nach § 33 SGB II gegen den leistungsstarken Elternteil gezahlt werden (BSG vom 2.7.2009 – B 14 AS 75/08 R).

Sozialhilfe-Kind

Die strikte Trennung der Bedarfe gilt auch in der Haupt-BG und der zeitweisen BG, wenn das Kind an seinem gewöhnlichen Aufenthaltsort Sozialhilfe nach § 19 SGB XII erhält. Mit Entstehung des Anspruchs auf Sozialgeld nach § 23 SGB II während des Aufenthalts beim umgangsberechtigten Elternteil wird der Anspruch auf Sozialhilfe in der Haupt-BG verdrängt.
Im Gegenteil ermöglicht § 27a Abs. 4 SGB XII eine auf die individuelle Bedarfslage zugeschnittene Lösung, die das starre Regelbedarfsschema des SGB II nicht bietet.

Beispiel

H., 13 Jahre alt, lebt mit seiner erwerbsunfähigen Mutter zusammen. Beide beziehen Sozialhilfe nach dem SGB XII. Alle zwei Wochen lebt H. von Freitag bis Sonntag im Haushalt seines Vaters V., der Alg II bezieht. H. hat deshalb während der Dauer des Umgangs mit seinem Vater Anspruch auf Sozialgeld nach § 23 SGB II. Weil V. von dem 1/30 des Sozialgeldes nur für das Essen und Trinken des H. sorgt, besteht im Haushalt der Mutter von H. weiter ein Bedarf für die übrigen Lebenshaltungskosten des Kindes, so dass H. an den Tagen, die er bei seinem Vater verbringt, dennoch den Anspruch auf Sozialhilfe im Haushalt seiner Mutter behält, vermindert um die Aufwendungen, die in der Umgangs-BG erfüllt werden.

Keine vom Kind gebildete BG

Eine zeitweise BG mit einem nicht erwerbsfähigen Elternteil kann vom erwerbsfähigen Umgangs-Kind nicht gebildet werden, weil sich das Kind nur vorübergehend im Haushalt des umgangsberechtigten Elternteils aufhält. Bezieht dieser Elternteil Leistungen nach dem SGB XII, muss das Kind seinen Anspruch auf zeitweises Alg II als eigene BG bei dem nach § 36 Satz 3 SGB II zuständigen Jobcenter geltend machen. Bei Kindern unter 15 muss der SGB XII-Träger am Besuchsort (§ 98 SGB XII) Sozialhilfe gewähren, wenn das Kind nach Maßstäben des SGB XII hilfebedürftig ist (LSG NRW vom 18.6.2010 – L 20 SO 19/10).

Auch einer Lebenspartnerin, die nicht die Mutter des in der Lebenspartnerschaft geborenen Kindes ist, steht ein Umgangsrecht mit dem Kind zu (OLG Karlsruhe vom 16.11.2010 – 5 UF 217/10). Dasselbe wird für Lebenspartner gelten, die ein Kind nach § 9 Abs. 6, Abs. 7 LPartG adoptiert haben. Die Kinder aus solchen Partnerschaften haben die gleichen sozialrechtlichen Ansprüche wie leibliche Kinder getrennt lebender Eltern.

Lebenspartner-Kind

So wie es sein kann, dass ein biologischer Elternteil kein Umgangsrecht bekommt, weil dies nicht im Kindeswohlinteresse liegt (dazu EGMR vom 5.6.2014 – 31021/08; OLG Karlsruhe vom 1.6.2015 – 20 UF 63/13), kann ein sozialer Elternteil ein Umgangsrecht haben (§ 1685 BGB), wenn dies für das Kind förderlich ist (dazu OLG Brandenburg vom 5.6.2014 – 10 UF 47/14: Ex-Partner der Kindesmutter; OLG Hamm vom 17.3.2016 – II-2 WF 31/16: Verlobter der Kindesmutter; OLG Celle vom 27.11.2015 – 10 WF 303/15: Großtante; OLG Koblenz vom 17.8.2015 – 7 WF 770/15: Großeltern).
Besteht nach Maßgabe des § 1685 BGB, d. h. im Interesse des Kindeswohls, ein Umgangsrecht eines hilfebedürftigen Dritten, sind die zur Ausübung des Umgangs notwendigen Kosten, sowohl für das Kind als auch für die umgangsberechtigte Person, ein atypischer Mehrbedarf nach § 21 Abs. 6 SGB II. Soweit dieser Bedarf bei dem Dritten mit Verweis auf Art. 6 GG verneint wird (so SG Berlin vom 27.1.2016 – S 82 AS 17604/14), ist das nicht überzeugend. Nach § 1685 Abs. 3 BGB gilt für das soziale Umgangsrecht § 1684 Abs. 2–4 BGB entsprechend. § 1684 Abs. 2 Satz 1 und 2 BGB besagen:

»Soziales Kind«

> »Das Familiengericht kann über den Umfang des Umgangsrechts entscheiden und seine Ausübung, auch gegenüber Dritten, näher regeln. Es kann die Beteiligten durch Anordnungen zur Erfüllung der in Absatz 2 geregelten Pflicht anhalten«.

Wenn der Umgangskontakt eines Dritten von einer bloßen Freude am Umgang mit dem Kind zu einem Recht unter den engen Vorgaben des § 1685 BGB verdichtet ist, liegt ein dem Umgangsrecht nach § 1684 BGB vergleichbarer atypischer Bedarf vor, der eine Kostenübernahme nach § 21 Abs. 6 SGB II trägt. Einer systematisch schwierigen Ausweitung des für leibliche Eltern-Kind Beziehungen entwickelten Hilfskonstrukts der temporären BG auf die soziale Familie bedarf es nicht.

Sind sich die Eltern über den Umgang der Kinder nicht einig, stößt das Modell der zeitweisen BG an seine Grenzen, vor allem, wenn der Elternteil, bei dem das Kind dauerhaft lebt, mit dem anderen Eltern-

Anspruchs-durchsetzung

teil und dem Jobcenter »nichts zu tun haben will«. Vor einer Durchsetzung der sozialrechtlichen Ansprüche bleibt dann oft nichts anderes übrig, als einen Antrag beim Familiengericht auf Übertragung der Entscheidung nach § 1628 BGB zu stellen (BSG vom 2.7.2009 – B 14 AS 75/08 R; LSG NRW vom 18.6.2010 – L 20 SO 19/10; OLG Thüringen vom 4.7.2014 – 1 UF 71/14; LSG Sachsen vom 2.6.2015 – L 7 AS 1587/ 13 B PKH).

8   Die gemischte BG

Zugehörigkeit zur BG bei Leistungsausschluss

Dass von SGB II-Leistungen ausgeschlossene Personen Mitglied einer BG mit einem erwerbsfähigen Leistungsberechtigten sind, hat das BSG inzwischen geklärt (vom 29.3.2007 – B 7b AS 2/06 R: Altersrentenbezug, vom 16.10.2007 – B 8/9b SO 2/06 R: über 65-jähriger Partner und vom 19.10.2010 – B 14 AS 57/09 R: dauerhaft erwerbsunfähiger Elternteil).

Gemischte BG

Erhalten die von SGB II-Leistungen Ausgeschlossenen im Fall eigener Hilfebedürftigkeit Leistungen nach dem SGB XII und reichen die der BG zur Verfügung stehenden Mittel nicht zur gesamten Bedarfsdeckung aus, bilden SGB II- und SGB XII-anspruchsberechtigte Personen eine gemischte BG.
Zur Festlegung der Regelbedarfe in der gemischten BG → S. 220.
Zur Bedarfsberechnung in der gemischten BG → S. 556.

Begründung einer BG bei teilweisem Leistungsausschluss

Der von einem teilweisen Leistungsausschluss Betroffene (Schüler, Student oder Auszubildende nach § 7 Abs. 5 SGB II) kann eine BG mit abgeleiteten Sozialgeldansprüchen für nicht erwerbsfähige Angehörige begründen. Selbst wenn der Schüler, Student oder Auszubildende kein Alg II, z.B. in Form eines Mehrbedarfs nach § 21 SGB II, erhält, hat das mit ihm in BG lebende Kind unter 15 Jahren oder der erwerbsunfähige Partner Anspruch auf Sozialgeld nach § 23 SGB II.

Keine Begründung einer BG bei vollem Leistungsausschluss

Bei einem Leistungsausschluss wegen Rentenbezugs oder stationärer Unterbringung nach § 7 Abs. 4 SGB II gilt der Rentner/der Untergebrachte als nicht erwerbsfähig (BSG vom 6.9.2007 – B 14/7b AS 16/ 07 R). Er kann daher keine BG mit abgeleiteten Sozialgeldansprüchen begründen. Seine erwerbsunfähige Partnerin oder die Kinder unter 15 wechseln mit dem Rentenbezug/der stationären Unterbringung zum SGB XII.

9   Die Drei-Generationen-BG

Bisherige Praxis

Nach bisheriger Praxis der Jobcenter bildete ein Kind in der BG mit seinen Eltern eine eigene BG im Haushalt der Eltern, wenn es selbst ein Kind bekam. Einkommen und Vermögen der Eltern waren fortan nicht mehr anzurechnen, solange das (Enkel)Kind von seiner Mutter betreut wurde (§ 9 Abs. 3 SGB II). Hatten die Groß-

eltern die Betreuung des Enkelkindes übernommen, beschränkte sich
ihr Einstehen für ihr eigenes Kind (die Mutter des Enkels) auf die Ein-
standserwartung nach § 9 Abs. 5 SGB II.

Die Gerichte haben diese Praxis nicht beanstandet. Vereinzelt dazu
ergangene Entscheidungen sehen sie durch eine einschränkende
Auslegung von § 7 Abs. 3 SGB II und aus systematischen Gründen
vom Gesetz gedeckt:

Bisherige Recht-
sprechung

LSG Baden Württemberg vom 25.3.2011 – L 12 AS 910/10:

»... der Senat ist der Auffassung, dass der Wortlaut der Vorschrift [§ 7
Abs. 3 SGB II] in den Fällen einschränkend auszulegen ist, in denen das
erwerbsfähige unter 25-jährige Kind wie hier mit einem eigenen Kind
oder/und Partner i.S.v. § 7 Abs. 3 Nr. 3c SGB II im Haushalt zusammen
lebt. ... Der Senat teilt insoweit die Auffassung der Beklagten, dass der
Gesetzgeber nach dem Wortlaut mögliche überlappende Bedarfsgemeinschaften jedenfalls nicht gewollt hat. Die Bedarfsgemeinschaft ist zentraler Anknüpfungspunkt für die Frage der Einkommens- und Vermögensanrechnung (§ 9 Abs. 2 SGB II). Die Frage, wie bei überlappenden Bedarfsgemeinschaften aus der Klägerin und S. einerseits sowie S. und deren Partner bzw. K. andererseits die Einkommensanrechnung erfolgen
sollte, ist völlig unklar, das Gesetz sieht hierfür keine Regelung vor. ...
Auch systematische Gründe sprechen gegen überlappende bzw. 3-Gene-
rationen-Bedarfsgemeinschaften. So sieht § 7 Abs. 3 Nr. 4 SGB II vor,
dass die dem Haushalt angehörenden unverheirateten Kinder der in den
Nummern 1 bis 3 genannten Personen, wenn sie das 25. Lebensjahr
noch nicht vollendet haben, zur Bedarfsgemeinschaft gehören, soweit
sie die Leistungen zur Sicherung ihres Lebensunterhalts nicht aus eigenem Einkommen oder Vermögen beschaffen können. Ist ein unter 25-
jähriges Kind über § 7 Abs. 3 Nr. 4 SGB II in eine Bedarfsgemeinschaft
einbezogen, kann dessen Kind nicht ebenfalls Mitglied dieser Bedarfsgemeinschaft werden, da Nr. 4 nur auf die in Nummern 1 bis 3 genannten
Personen verweist. In dieser Konstellation ist somit eine 3-Generationen-
Bedarfsgemeinschaft nicht möglich. «

HessLSG vom 24.4.2013 – L 6 AS 376/11 und vom 7.4.2015 – L 6 AS
62/15 B ER:

»... Der Gesetzgeber hat nach dem Wortlaut mögliche, überlappende Bedarfsgemeinschaften oder Drei-Generationen-Bedarfsgemeinschaften ersichtlich nicht gewollt. Die Bedarfsgemeinschaft ist zentraler Anknüpfungspunkt für die Frage der Einkommens- und Vermögensanrechnung
(vgl. u.a. § 9 Abs. 2 SGB II). Da es trotz der Konstruktion der Bedarfsgemeinschaft bei Individualansprüchen verbleibt, ist die Bedarfsgemeinschaft auch nach dem Wortlaut des § 7 Abs. 3 SGB II ausgehend von
dem jeweiligen erwerbsfähigen Hilfebedürftigen bzw. Leistungsberechtigten zu bestimmen, was theoretisch zu mehreren, nicht notwendigerweise
personenidentischen Bedarfsgemeinschaften führen kann. Dabei fehlt eine Regelung, wie bei mehreren Bedarfsgemeinschaften die Anrechnung

des Einkommens und Vermögens einer Person in zwei Bedarfsgemein-schaften zu erfolgen hat. ... Die Konstruktion der Bedarfsgemeinschaft wäre im Falle der Überlappung mangels hinreichend bestimmter Regelung der wesentlichen Rechtsfolge verfassungswidrig. Bei wortlautgetreuer An-wendung wäre die Klägerin Mitglied in zwei Bedarfsgemeinschaften, näm-lich mit ihrer Mutter (u.U. Vater und Geschwister) und ihrer Tochter; diese kann aber wegen der Anknüpfung in § 7 Abs. 3 Nr. 4 SGB II nicht Mitglied der Bedarfsgemeinschaft mit ihren Großeltern bei der Bestimmung von deren Ansprüchen sein. Der Regelungsausfall der Einkommens- und Ver-mögensaufteilung bei überlappenden Bedarfsgemeinschaften kann auch nicht unter Rückgriff auf die Verteilungsregelungen der bürgerlich-rechtli-chen Unterhaltspflicht gelöst werden, da der Gesetzgeber mit der Be-darfsgemeinschaft ausdrücklich eine vom Familienrecht losgelöste Ziel-setzung verfolgte. Außerdem erscheint zweifelhaft, ob damit immer eine Lösung für die denkbaren Konstellationen gefunden werden kann, insbe-sondere da häufig zwischen den Mitgliedern überlappender Bedarfsge-meinschaften überhaupt keine bürgerlich-rechtlichen Unterhaltspflichten bestehen. ... Die Alternative einer einzigen »großen« Drei-Generationen-Bedarfsgemeinschaft ist mit der gesetzlichen Konstruktion der Bedarfs-gemeinschaft ausgehend vom jeweiligen Hilfebedürftigen in § 7 Abs. 3 SGB II schwer in Einklang zu bringen ... und würde zudem § 9 Abs. 5 SGB II a.F. weitestgehend seines Anwendungsbereiches berauben.«

Anders das BSG

Das BSG vom 17.7.2014 – B 14 AS 54/13 R hat die Frage, ob § 7 Abs. 3 SGB II überlappende und 3-Generationen-BGs einschließt, zwar offen lassen, sich aber dahingehend positioniert, dass es sowohl eine 3-Generationen-BG als auch eine überlappende BG für zulässig hält:

»Allerdings neigt der Senat eher dazu, drei in einem Haushalt lebende Generationen in einer Bedarfsgemeinschaft zusammenzuführen.«

Folgen

Zwar hat der Gesetzgeber dies im Rahmen der Änderungen im 9. SGB II-ÄndG nicht aufgegriffen. Es ist aber davon auszugehen, dass das BSG eine BG-Teilung kraft Geburt des Enkels/Kindes nicht anerkennen wird.

Der Unterschied zwischen der bisherigen Praxis zur Sichtweise des BSG lässt sich auf den Punkt bringen, dass die typisierende Annahme, mit Geburt eines Kindes/der Begründung einer Partnerschaft verselb-ständige sich die Lebensführung, einer konkreten Einzelfallprüfung weicht. Richtig ist, dass die Mutterschaft/Partnerschaft nicht automa-tisch die Rolle als BG-Kind verändert. Wie eine Veränderung in Rich-tung Eigenständigkeit aber festgestellt und ggf. nachgeprüft werden kann, ist schwer zu sagen. Andeutungen finden sich in BSG vom 14.3.2012 – B 14 AS 17/11 R zur Einstandspflicht für volljährige Part-nerkinder (»Stiefkinderhaftung«).

Gerade die vom BSG bestätige Stiefkinderhaftung, die im Interesse der Massenverwaltung eine aus unserer Sicht fragwürdige Typisie-rung zur Einstandspflicht für nichtleibliche Kinder und junge Er-

wachsene beinhaltet, hätte der bisherigen Praxis Rückhalt geben
können, dass BG-Kinder mit eigenen Kindern/BG-Kinder mit eigenem
Partner typischerweise die Rolle des von den Eltern versorgten Kindes (Hotel Mama) in Richtung einer erhöhten Verantwortung und
Versorgung für sich und das Kind/den Partner verlassen. Bislang hat
die BA in den Durchführungshinweisen zum SGB II die 3-Generatio-
nen-BG nicht als Modell vorgesehen.
Das Konstrukt der 3-Generationen-BG lässt unter dem Druck der
Massenverwaltung befürchten, dass bis zur Geltendmachung des Ge-
genteils eine gemeinsame Wirtschaft und gemeinsame Erziehung des
Enkel(kindes) unterstellt werden mit der Folge, dass weiterhin pauschal der Bedarf der Stufe 3 ohne Mehrbedarf für Alleinerziehung
den Hilfebedarf der 3-Generationen-BG bestimmt.

Die Auswirkungen des Urteils vom 17.7.2014 – B 14 AS 54/13 R sind,
soweit überhaupt schon abschätzbar, erheblich.
Einige dieser Auswirkungen auf bisherige und künftige Leistungsansprüche und -berechnungen seien hier angedeutet; es bleibt abzuwarten, wie die Jobcenter und die Sozialgerichte mit dem Konstrukt
der 3-Generationen-BG umgehen:

■ In der 3-Generationen-BG haben nicht erwerbsfähige Groß/Eltern,
  die mit einem eigenen, erwerbsfähigen Kind zusammenleben, Anspruch auf Sozialgeld statt Soizialhilfe.

Die 18-jährige T. lebt mit ihrer nicht erwerbsfähigen Mutter M. zu-   *Beispiel*
sammen. Weil T. Mutter eines Kindes wurde, hatte das Jobcenter
M. wegen Beendigung der Mutter-Tochter-BG auf Ansprüche gegen
das Sozialamt (Hilfe zum Lebensunterhalt) verwiesen.
Auf der Grundlage des BSG-Urteils vom 17.7.2014 stellt das Sozialamt die Hilfe ein; M. könne vom Jobcenter das gegenüber der Sozialhilfe vorrangige Sozialgeld beanspruchen.

■ In der 3-Generationen-BG bleibt das Kind des nicht erwerbsfähigen
  Kindes allein in der Sozialhilfe.

Die 19-jährige T. ist nach einem Unfall für voraussichtlich zwei   *Beispiel*
Jahre voll erwerbsgemindert. Sie lebt mit ihrer Alg II-beziehenden
Mutter zusammen und bezieht Sozialgeld nach § 23 SGB II. Als sie
selbst Mutter eines Kindes S. wird, hat das Jobcenter sie wegen Beendigung der Mutter-Tochter-BG auf Ansprüche gegen das Sozialamt verwiesen. Weil Großeltern keine BG mit den Enkelkindern bilden können, war das Sozialamt für T. und S. Leistungsträger geworden.
Auf der Grundlage des BSG-Urteils vom 17.7.2014 verweist das Sozialamt T. zurück ans Jobcenter. T. habe in der BG mit M. Anspruch
auf Sozialgeld nach § 23 SGB II.

■ In der 3-Generationen-BG sind die Großeltern für die Eltern des
  Enkelkindes voll einstandspflichtig, wenn diese ihr Kind nicht betreuen (können).

T. , die mit ihrer Mutter M. zusammenlebt, ist schon mit 16 Mutter geworden. Weil sie außerstande ist, für die Betreuung und Erziehung ihres Kindes zu sorgen, übernimmt M. diese Aufgabe, unterstützt durch Leistungen nach §§ 33, 39 SGB VIII (zum Anspruch auf Erziehungshilfe trotz gemeinsamen Haushalts mit T. siehe BVerwG vom 1.3.2012 – 5 C 12.11). Ihr Einkommen aus einer Teilzeitstelle reichte bislang aus, um ohne Alg II leben zu können. T. erhielt vom Jobcenter als eigene BG Leistungen in Höhe von 404 € plus anteilige Unterkunftskosten. (Als eigene BG gilt sie als alleinstehend i. S. von § 20 Abs. 1 SGB II).

Auf der Grundlage des BSG-Urteils vom 17.7.2014 fordert das Jobcenter T. auf, für die BG aus M., Enkelkind und T. Leistungen zu beantragen.

- In der 3-Generationen-BG erhöht das Enkelkind die Berechnungsgrenze für den Erwerbstätigen-Freibetrag (§ 11 Abs. 3 SGB II) auf 1.500 €.

- In der 3-Generationen-BG ist die Angemessenheit der Unterkunfts- und Heizkostenbedarfe unter Einbeziehung des Enkelkindes zu bestimmen; bisher ist das abgelehnt worden, s. BayLSG vom 24.1.2011 – L 11 AS 864/10 B PKH: Enkelkindanteil für eine Betriebskostennachforderung; LSG Sachsen-Anhalt vom 15.8.2013 – L 5 AS 568/13 B ER: Wohnflächengrenze bei Zusammenwohnen mit Enkelkind.

- In der 3-Generationen-BG ist die Angemessenheit einer selbstgenutzten Immobilie (§ 12 Abs. 3 Nr. 4 SGB II) unter Einbeziehung des Enkelkindes zu bestimmen; bisher war es als Mitglied einer BG, deren Personenzahl für die Prüfung der Angemessenheit allein ausschlaggebend war (BSG vom 18.2.2010 – B 14 AS 73/08 R), nicht anerkannt; die Härtefallprüfung für mitwohnende Angehörige (BSG vom 12.12.2013 – B 14 AS 90/12 R) entfällt.

- In der 3-Generationen-BG ist ein Mehrbedarf für das Großeltern-Umgangsrecht denkbar; bisher ist das abgelehnt worden (s. z. B. SG Karlsruhe vom 23.9.2013 – S 11 AS 2299/13).

- In der 3-Generationen-BG ist ein Kinderzuschlag für das Enkelkind denkbar; bisher ist das abgelehnt worden (s. z. B. LSG Rheinland-Pfalz vom 20.3.2012 – L 6 BK 1/10).

- In der 3-Generationen-BG unterliegt der Wunsch der jungen Mutter/ des jungen Vaters, eine eigene Wohnung zu beziehen, den Vorgaben des § 22 Abs. 5 SGB II. Die extreme Ausweitung der Schutznorm des § 9 Abs. 3 SGB II durch das BSG im Urteil vom 17.7.2014 (näher dazu Kapitel I, → S. 394 f.) erhöht die Anforderung an die Darlegung eines schwerwiegenden Grundes für den Bezug einer eigenen Wohnung.

- In der 3-Generationen-BG verringert sich der Regelbedarf der jungen Mutter/des jungen Vaters von 404 € auf 306 €/324 €, es sei denn, diese sind trotz Zusammenwohnens mit den (Groß)Eltern allein erziehend (s. dazu BSG vom 23.8.2012 – B 4 AS 167/11 R).

■ Verringert sich der Regelbedarf und ist infolgedessen der eigene Bedarf der jungen Mutter/des jungen Vaters gedeckt, gehören diese nicht mehr zur BG (§ 7 Abs. 3 Nr. 4 SGB II) ihrer Eltern. Dies kann die paradoxe Folge haben, dass ein geringfügig höheres Erwerbseinkommen mehr statt weniger Alg II ergibt.

Die 19-jährige T. lebt mit ihrer erwerbstätigen Mutter M. zusammen. Mit im Haushalt lebt das Kind der T., die 1-jährige F. M. bezieht Alg II in Höhe von 404 € Regelbedarf plus 150 € anteilige Unterkunftskosten. Damit T. einen Minijob mit einem bereinigten Nettoverdienst von 150 € aufnehmen kann, teilen sich M. und T. die Betreuung der F. Als Mitglied einer 3-Generationen-BG erhält T. vom Jobcenter monatlich 24 € (324 € Regelbedarf + 150 € Unterkunftskosten – 150 € Erwerbseinkommen – 300 € Elterngeld). T. weitet ihre Arbeitszeit aus und verdient bereinigt 170 €. Mit diesem Verdienst plus Elterngeld kann sie ihren Bedarf mit eigenen Mitteln decken und »verlässt« nach § 7 Abs. 3 Nr. 4 SGB II die BG. In der dadurch entstehenden 2-Personen BG aus T. und F. hat T. nach § 20 Abs. 2 Satz 1 SGB II einen Bedarf von 404 €. Sie ist zwar weder alleinerziehend noch alleinstehend in dem Sinn, dass sie keiner BG mit anderen hilfebedürftigen Personen angehört, eine Weiterführung der Regelbedarfsstufe 3 scheidet jedoch aus, da die BG mit M. beendet ist und in der BG mit F. die T. »Haushaltsvorstand« ist. Ihr kann daher nur die Regelbedarfsstufe 1 zugeordnet werden. Infolgedessen erhöht der Mehrverdienst von 20 € den Alg II-Anspruch der T. um monatlich 80 €.

Beispiel

■ In der 3-Generationen-BG wird das Einkommen anders verteilt als im bisherigen Modell der BG-Zellteilung. Aufhebungs- und Erstattungsbescheide sind daher anfechtbar, sofern sich aus der Anrechnung nach dem bisherigen Modell Nachteile ergeben.

Die 17-jährige K. lebt mit eigenem Kind S. und ihrer Mutter M., der Großmutter der S., im gemeinsamen Haushalt. M. ist zum Vormund bestellt worden, weil K. aus psychischen Grünen ihr Kind nicht betreuen kann (zur Vormundschaftsbestellung in solchen Fällen s. OLG Brandenburg vom 17.12.2012 – 3 UF 84/12). Weil M. Einkommen aus einem Minijob verschwiegen hat, fordert das Jobcenter das überzahlte Alg II von ihr zurück. K. und S. hatten unter der bisherigen Annahme, eine eigene BG zu sein, nichts mit der Rückforderung zu tun.
In der 3-Generationen-BG muss M. die K. anteilig unterstützen. § 9 Abs. 3 SGB II ist mangels Mitbetreuung des Kindes S. durch K. nicht anwendbar. M. kann der Rückforderung daher entgegenhalten, dass die Alg II-Bewilligung nur im Verhältnis des ihr über die horizontale Verteilung zugerechneten Einkommens aufgehoben werden dürfe.

Beispiel

10   Die überlappende BG

Nach der BSG-Entscheidung vom 17.7.2014 – B 14 AS 54/13 R steht auch die Praxis der Jobcenter, im Fall einer Verpartnerung des Kindes in der BG eine eigenständige »Kinder-Paar-BG« im Haushalt der Eltern anzunehmen, vor dem Aus, wenn die Sache vor das Sozialgericht kommt.

Folgen

Auswirkungen hat das Konstrukt der überlappenden BG vor allem in Form einer mittelbaren Einstandspflicht der Eltern für den Partner ihres Kindes.

Beispiel 1

Der 20-jährige P. lebt mit seinen Eltern zusammen, die Alg II beziehen, aufstockend zum Einkommen aus einer Erwerbstätigkeit der Mutter M. Mit Einzug der langjährigen Freundin des P., F., in die elterliche Wohnung, führt das Jobcenter F. und P. als eigene BG mit einem Bedarf von je 364 € plus anteilige Unterkunftskosten. Einkommen der M. wird nicht mehr angerechnet. Für eine Unterstützung nach § 9 Abs. 5 SGB II verdient M. zu wenig. Auf der Grundlage des BSG-Urteils vom 17.7.2014 rechnet das Jobcenter Einkommen der M. mit der Quote Gesamtbedarf der Vater-Mutter-Kind-BG : 324 € Regelbedarf P. in der Eltern-Kind-BG + KdU – Anteil auf das Alg II für P. an. Da P. für F. einstehen muss, kommt die Unterstützungszahlung der M. mit der Quote Gesamtbedarf der Paar-BG : 364 € + KdU-Anteil auch der F. zugute.

Beispiel 2

Der 22-jährige R. lebt mit seiner Freundin D. bei seiner Mutter M., die ihren Lebensunterhalt mit Einkommen aus einer Erwerbstätigkeit bestreitet. Das Jobcenter gewährt D. und R. in der Annahme, dass sie eine BG in Haushaltsgemeinschaft mit M. bilden, ungekürzt Alg II. § 9 Abs. 2 SGB II gilt nur für Kinder, die in einer BG mit den Eltern leben. Für eine Unterstützung nach § 9 Abs. 5 SGB II verdient M. zu wenig. Im Konstrukt der überlappenden BG muss M in der Mutter-Sohn-BG unbeschränkt (§ 9 Abs. 2 Satz 2 SGB II) für R. einstehen. Ohne die großzügigere Bereinigung des Einkommens, die Haushaltsangehörigen im Rahmen von § 9 Abs. 5 SGB II zugestanden wird, verdient M. so viel, dass sie ihren Bedarf und den ihres Sohnes vollständig decken kann.

Die Probleme, die das Zusammentreffen zweier BGs im Rahmen einer Haushaltsgemeinschaft mit sich bringt, sind also nicht minder brisant als das Konstrukt der 3-Generationen-BG, dürften sich in der Regel aber ohne Klärung durch die Rechtsprechung so lösen, dass die Paar-BG die elterliche Wohnung unter dem Druck unzumutbarer Belastungen verlässt, zumindest in dem Sinne, dass auf die Führung eines eigenen Haushalts geachtet wird (s. dazu BSG vom 14.3.2012 – B 14 AS 17/11 R; s. auch BSG vom 7.8.2014 – B 14 AS 101/14 B).

III   Haushaltsgemeinschaft

Leben Leistungsberechtigte im gemeinsamen Haushalt mit Verwandten oder Verschwägerten zusammen, ohne eine BG zu bilden, müssen sie zur Begründung eines Anspruchs auf Alg II – Sozialgeld gibt es nur in einer BG – jeweils in ihrer eigenen Person die zentralen Leistungsvoraussetzungen der §§ 7, 8 SGB II erfüllen.

Anders als das SGB XII (§ 39) knüpft das SGB II an das bloße Zusammenwohnen nicht die Vermutung gemeinsamen Wirtschaftens (BSG vom 27.1.2009 – B 14 AS 6 /08 R).

Keine Vermutung

Erst im Fall des Zusammenlebens
- mit Verwandten oder Verschwägerten
- in einer Haushaltsgemeinschaft

wird gemäß § 9 Abs. 5 SGB II eine finanzielle Unterstützung vermutet. Diese Vermutung kann widerlegt werden.

Unterstützungs-vermutung

Unter Verwandten i. S. von § 9 Abs. 5 SGB II sind die Personen zu verstehen, deren eine von der anderen in gerader Linie abstammt (z. B. Eltern – Kind, Großeltern – Enkel) oder die von derselben dritten Person in Seitenlinie abstammen (z. B. Geschwister, Neffe, Nichte – Onkel, Tante). Verschwägerte eines Ehegatten sind die Verwandten des anderen (z. B. Schwiegereltern, Schwager); dabei bleibt es auch nach Auflösung der Ehe. Gemäß § 11 LPartG gelten die Verwandten von Lebenspartnern als mit dem anderen Lebenspartner verschwägert; auch sie fallen damit unter die Vorschrift des § 9 Abs. 5 SGB II. Ehegatten und Lebenspartner sind weder miteinander verwandt noch verschwägert.

Verwandte oder Verschwägerte

Eine die Vermutung des § 9 Abs. 5 SGB II auslösende Haushaltsgemeinschaft liegt erst vor, wenn die zusammen lebenden Personen auch gemeinsam wirtschaften (BSG vom 18.2.2010 – B 4 AS 5/09 R; SG Hildesheim vom 18.8.2011 – S 15 AS 64/09; LSG NRW vom 19.7.2012 – L 7 AS 687/10). Dies ist vom Jobcenter nachzuweisen. Dabei gehen die Anforderungen an das gemeinsame Wirtschaften über die gemeinsame Nutzung von WC, Bad, Küche und gegebenenfalls Gemeinschaftsräumen hinaus. Selbst das in Wohngemeinschaften häufig anzutreffende gemeinsame Einkaufen von Nahrungsmitteln und sonstigen Bedarfsartikeln des täglichen Lebens aus einer von den Mitbewohnern zu gleichen Teilen getragenen Kasse begründet noch keine Wirtschaftsgemeinschaft (BayLSG vom 4.5.2007 – L 7 AS 329/06, bestätigt vom BSG vom 27.1.2009 – B 14 AS 6/08 R).

Haushalts-gemeinschaft

Die Vermutung greift erst dann, wenn die Verwandten/Verschwägerten über Einkommen und Vermögen oberhalb der Freibeträge nach § 1 Abs. 2 Alg II-VO verfügen. Das BSG vom 19.2.2009 – B 4 AS 68/07 R und vom 6.5.2010 – B 14 AS 2/09 R hat § 1 Abs. 2 Alg II-VO als ermächtigungskonform und verfassungsgemäß bestätigt. Nach SG Kassel vom 3.11.2009 – S 6 AS 733/07 gehören bei der Berechnung

Leistungs-fähigkeit

des Freibetrags nach § 1 Abs. 2 Alg II-VO auch Tilgungsleistungen zu den abzugsfähigen Unterkunftskosten. Kann der Hilfebedürftige keine Angaben zu den Einkommensverhältnissen seiner Verwandten machen, greift die Vermutung nicht. Nach SG Landshut vom 27.9.2009 – S 7 AS 586/09 ER können nur die Verwandten zur Auskunft verpflichtet werden.

Die Vermutungsregel bei Überschreiten der Freibeträge nach § 1 Abs. 2 Alg II-VO bedeutet nicht, dass Leistungen, die der Verwandte dem Hilfebedürftigen tatsächlich erbringt, auch wenn dies von ihm nach § 9 Abs. 5 SGB II i. V. m. § 1 Abs. 2 Alg II-VO nicht erwartet wird, nicht berücksichtigt werden dürfen (BSG vom 18.2.2010 – B 14 AS 32/08 R). Die Unterstützung muss tatsächlich als Zufluss nachgewiesen werden, die Vermutungsregel greift nicht.

Widerlegung der Vermutung

Als Beurteilungskriterien für die Widerlegung der Vermutung aus § 9 Abs. 5 SGB II kommen in Betracht:
- Grad der Verwandtschaft oder Schwägerschaft;
- Verhalten in der Vergangenheit;
- Dauer der bestehenden Haushaltsgemeinschaft;
- Intensität der Beziehung zwischen Antragsteller und Angehörigem;
- Höhe des Einkommens und Vermögens des Angehörigen (je höher das Einkommen, desto höher sind die Anforderungen an den Gegenbeweis);
- Ausschließlich sächliche Mittel zur Verfügung stehen (BSG vom 18.2.2010 – B 4 AS 5/09 R).

Keine gesteigerte Unterhaltspflicht mehr

Durch Einbeziehung volljähriger Kinder bis zum 25. Geburtstag in die BG gibt es praktisch nur noch Haushaltsgemeinschaften ohne gesteigerte Unterhaltspflichten. Zur Widerlegung der Unterstützungsvermutung genügt daher eine einfache schriftliche Erklärung, wenn keine gegenteiligen Anhaltspunkte vorliegen (vgl. dazu SG Augsburg vom 24.10.2006 – S 6 AS 214/05; SG Düsseldorf vom 20.11.2007 – S 42 AS 39/06; LSG Berlin-Brandenburg vom 5.12.2008 – L 25 B 1970/08 AS ER). Das SG Aurich hat zur Widerlegung der Vermutung ausreichen lassen, dass die schriftliche Erklärung der 22-jährigen Antragstellerin nach den Gesamtumständen – Vater arbeitslos, Mutter Minijob – nachvollziehbar sei (SG Aurich vom 30.3.2005 – S 25 AS 201/05 ER zu der bis 30.6.2006 geltenden Rechtslage; strenger SG Stade vom 27.4.2012 – S 28 AS 134/10 bei erwachsenen Kindern, die kostenfrei bei den Eltern wohnen).

Bildungs-/Teilhabebedarfs-Haushaltsgemeinschaft

Bilden Kinder und Jugendliche mit ungedeckten Bedarfen für Bildung und Teilhabe nach § 28 SGB II nur deshalb keine BG mit den im Haushalt lebenden Erwachsenen, weil diese wegen der Anrechnung von Einkommen oder Vermögen nicht hilfebedürftig sind, haben die Kinder und Jugendlichen nach § 7 Abs. 2 Satz 3 SGB II dennoch Anspruch auf Leistungen vom Jobcenter nach § 28 SGB II. Ein Wechsel ins SGB XII (für Kinder unter 15) wird damit vermieden.

IV   Wohngemeinschaft

Bloße Wohngemeinschaften haben für die Bemessung der Leistungen der Grundsicherung nach § 19 SGB II nur für die Angemessenheit der Unterkunftskosten Bedeutung. Ansonsten wird jede einzelne Person der Wohngemeinschaft, die Alg II beantragt, als eigenständige BG gewertet (s. auch LSG Sachsen-Anhalt vom 9.5.2013 – L 5 AS 134/10; BayLSG vom 14.11.2012 – L 16 AS 90/12).

Unterstützt man sich tatsächlich gegenseitig, z.B. durch mietfreies Wohnen, wird die tatsächliche Unterstützungsleistung auf das Alg II/ Sozialgeld angerechnet, auch wenn die Unterstützung freiwillig erfolgt. Über bloße Vermutungen oder Analogien zu § 7 Abs. 3 Nr. 3b oder § 9 Abs. 5 SGB II darf aber nicht eine Anrechnung konstruiert werden. Das Jobcenter ist im Fall einer Leistungskürzung wegen Anrechnung von Einkommen oder Vermögen voll beweispflichtig (BSG vom 27.1.2009 – B 14 AS 6/08 R).

V   Beispiele für Bedarfs-, Haushalts- und Wohngemeinschaften

Die erwerbsfähige 17-jährige A. geht noch zur Schule. Sie lebt mit ihren Eltern R. und S. zusammen. Hier bilden A., R. und S. eine BG.

Beispiel 1

Bekommt A. ein Kind, bildet sie – nach bisheriger Praxis der Jobcenter – mit dem Kind eine eigene BG, die in Haushaltsgemeinschaft mit R. und S. lebt. Dasselbe gilt, wenn A. mit ihrem Freund B. in der Wohnung von R. und S. zusammenlebt.

Varianten

A. aus Beispiel 1 zieht mit ihrem Kind in die größere Wohnung ihrer Großeltern. Hier bildet A. mit ihrem Kind eine BG, die in Haushaltsgemeinschaft mit den Großeltern lebt.

Beispiel 2

Die erwerbsfähige K. lebt allein. Sie lernt einen Mann F. kennen. Nach drei Monaten ziehen die beiden zusammen. Sie wollen ausprobieren, ob sie zusammenpassen. Hier bildet K. eine BG, die mit F. in einer bloßen Wohngemeinschaft lebt. Eine Einstandsgemeinschaft besteht unter den gegebenen Umständen (noch) nicht. F. bildet, falls erwerbsfähig und hilfebedürftig, auch eine BG.

Beispiel 3

Die Ehegatten A. und B. leben zusammen. Der Mann B. lernt eine neue Frau kennen. Nach heftigem Streit mit A. zieht B. aus. Er will sich von A. trennen. Damit ist die gemeinsame Lebensführung auf unbestimmte Zeit aufgehoben; A. und B. sind dauernd getrennt. A. und B. bilden jeweils eine eigene BG.

Beispiel 4

Die Ehegatten R. und J. leben mit Kind L. zusammen. Eine Ehekrise spitzt sich zu. R. geht mit L. ins Frauenhaus. Die eheliche Gemeinschaft ist auf nicht absehbare Zeit aufgehoben; R. und J. leben dauernd getrennt. R. und L. bilden eine BG.

Beispiel 5

Beispiel 6

Der langzeitarbeitarbeitslose H., 35 Jahre alt, zieht aus finanziellen Gründen zu seiner Mutter, der Rentnerin D. Er sorgt für sich allein und nutzt die Wohnung vor allem zur Übernachtung. Hier bildet H. eine eigene BG; er lebt mit D. in Wohngemeinschaft.

Beispiel 7

Die Ehegatten E. und D. nehmen den Schwiegervater N. nach einem Schlaganfall zur Pflege auf. Eine BG bilden E. und D., eine Haushaltsgemeinschaft E., D. mit N.

Beispiel 8

Die Ehegatten Z. und W. lassen sich nach dem Trennungsjahr scheiden. Wegen finanzieller Notlage bleiben sie in der bisherigen gemeinsamen Wohnung. Hier bilden Z. und W. jeweils eine eigene BG, die zugleich eine Wohngemeinschaft ist. Da Z. und W. nicht verwandt sind, entsteht keine Haushaltsgemeinschaft i.S. des § 9 Abs. 5 SGB II.

Beispiel 9

Die arbeitslose erwerbsfähige S. zieht zu ihrer Schwester N. in deren Wohnung. Hier bilden S. und N. jeweils eine eigene BG; S. und N. gemeinsam eine Haushaltsgemeinschaft.

Beispiel 10

U. und B. sind verheiratet. Wegen einer Straftat muss U. eine zweijährige Haftstrafe antreten. B. hält an der Ehe fest; die BG besteht fort; wegen nicht nur vorübergehender Auflösung der Wirtschaftsgemeinschaft erhält B. aber den vollen Regelbedarf und übergangsweise die vollen Unterkunftskosten (Suchfrist nach § 22 Abs. 1 Satz 3 SGB II).

Beispiel 11

Die Ehegatten H. und B. mit Kind Y. nehmen ein Pflegekind T. in ihren Haushalt auf. Sie beziehen für T. Leistungen nach § 39 SGB VIII plus Kindergeld. Hier bilden H., B. und Y. eine BG. T. als nicht leibliches Kind gehört nicht zur BG.

Beispiel 12

B. lebt mit ihrem Kind F., 15 Jahre alt, und dem Stiefvater S. zusammen. Sie trennt sich von S. und zieht aus. F. bleibt beim Stiefvater wohnen. F. und S. begründen jeweils eine eigene BG; diese bilden eine Haushaltsgemeinschaft.

Beispiel 13

Die Großeltern O. und P. nehmen ihr dreijähriges Enkelkind E. auf. Sie haben das Sorgerecht und beziehen für E. Kindergeld. Hier bilden O. und P. eine BG; O., P. und E. eine Haushaltsgemeinschaft.

Beispiel 14

Der 22-jährige arbeitslose L. lebt mit seinen Eltern M. und V. sowie dem Bruder S. in einer Wohnung zusammen. Aufstockend zum Erwerbseinkommen des V. erhält die Familie, die eine BG bildet, Alg II. L. findet einen Ausbildungsplatz. Mit der Ausbildungsvergütung kann er seinen SGB II-Bedarf abdecken. Dadurch fällt L. aus der BG heraus und bildet eine Haushaltsgemeinschaft mit der Rest-BG von M., V. und S.

Beispiel 15

Der 56-jährige S. erhält eine kleine Erwerbsminderungsrente auf Zeit, die er mit Sozialhilfe aufstockt. Er zieht in die Wohnung seiner 24-jährigen Tochter T., die ihren Lebensunterhalt eigenständig mit

Minijobs und aufstockendem Alg II bestreitet. S. versorgt sich selbst. Wegen des getrennten Wirtschaftens entsteht keine BG. S. und T. leben in Wohngemeinschaft.

Der 23-jährige S. will nach Beendigung einer Ausbildung in Hamburg wieder in seine Heimatstadt Frankfurt am Main zurück, wo er eine nicht bedarfsdeckende Teilzeitbeschäftigung gefunden hat. Weil es schwierig ist, günstigen Wohnraum zu finden, zieht er unter Mitnahme seiner Möbel und Haushaltsgeräte in die Wohnung seiner Mutter M. Nach der mit M. getroffenen Mietvereinbarung zahlt S. die seinem Wohnflächenanteil entsprechenden Unterkunftskosten, kauft selbst ein und versorgt sich allein. S. und M. bilden eine Wohngemeinschaft; sie sind nicht verpflichtet, zur Vermeidung von Hilfebedürftigkeit einen gemeinsamen Haushalt zu führen.

Beispiel 16

C Wer bekommt Leistungen der Grundsicherung und wer nicht?
§§ 7, 9 SGB II

I   Zwei Arten von Leistungsansprüchen

Unter dem Dach der BG werden zwei Leistungen gezahlt:

- Alg II für Erwerbsfähige;
- Sozialgeld für nicht Erwerbsfähige.

Man muss deshalb zwischen Personen mit ursprünglichen Leistungsansprüchen auf Alg II und Personen mit abgeleiteten Leistungsansprüchen auf Sozialgeld unterscheiden.

1   Ursprüngliche Leistungsansprüche (Alg II)

Alg II

Ursprüngliche Leistungsansprüche haben Personen, die die vier Voraussetzungen aus § 7 Abs. 1 SGB II erfüllen, d. h. Erwerbsfähige und Leistungsberechtigte im Alter zwischen 15 und der Altersgrenze nach § 7a SGB II (→ S. 9) mit gewöhnlichem Aufenthalt im Bundesgebiet.

2   Abgeleitete Leistungsansprüche (Sozialgeld)

Sozialgeld

Nicht erwerbsfähige Personen, die mit erwerbsfähigen Leistungsberechtigten in BG leben, haben abgeleitete Leistungsansprüche auf Sozialgeld. Das gilt auch, wenn der erwerbsfähige Leistungsberechtigte Alg II nur darlehensweise bezieht.

Dienst- und Sachleistungen

Ansprüche auf Dienst- und Sachleistungen haben nicht erwerbsfähige Angehörige der BG nach § 7 Abs. 2 Satz 2 SGB II nur, wenn dadurch Hemmnisse bei der Eingliederung der erwerbsfähigen Leistungsberechtigten beseitigt oder verringert werden. Hierbei ist insbesondere an die begleitenden Betreuungsleistungen nach § 16a SGB II gedacht.

II   Leistungsausschlüsse und Leistungseinschränkungen

Es gibt eine Reihe von Regelungen, die Leistungen nach dem SGB II ausschließen oder einschränken. Teils sollen Antragsteller damit auf andere Leistungen verwiesen werden, auch wenn diese nur dem Grunde nach bestehen oder nicht bedarfsdeckend sind, teils dient der Leistungsausschluss dem Zweck, nur aktiv dem Arbeitsmarkt zur Verfügung Stehenden Alg II zu gewähren. Dazu kommen Sonderregelungen, mit denen Kosten gesenkt werden sollen. Die im SGB II an verschiedenen Stellen geregelten Leistungsausschlüsse/-einschränkungen werden nachfolgend zur besseren Übersicht zusammenfassend dargestellt.

1   Unerlaubte Ortsabwesenheit

Zwar wurde § 7 Abs. 4a SGB II 2011 neu gefasst:

»(4a) Erwerbsfähige Leistungsberechtigte erhalten keine Leistungen, wenn sie sich ohne Zustimmung des zuständigen Trägers nach diesem Buch außerhalb des zeit- und ortsnahen Bereichs aufhalten und deshalb nicht für die Eingliederung in Arbeit zur Verfügung stehen. Die Zustimmung ist zu erteilen, wenn für den Aufenthalt außerhalb des zeit- und ortsnahen Bereichs ein wichtiger Grund vorliegt und die Eingliederung in Arbeit nicht beeinträchtigt wird. Ein wichtiger Grund liegt insbesondere vor bei

1. Teilnahme an einer ärztlich verordneten Maßnahme der medizinischen Vorsorge oder Rehabilitation,
2. Teilnahme an einer Veranstaltung, die staatspolitischen, kirchlichen oder gewerkschaftlichen Zwecken dient oder sonst im öffentlichen Interesse liegt oder
3. Ausübung einer ehrenamtlichen Tätigkeit.

Die Zustimmung kann auch erteilt werden, wenn für den Aufenthalt außerhalb des zeit- und ortsnahen Bereichs kein wichtiger Grund vorliegt und die Eingliederung in Arbeit nicht beeinträchtigt wird.

Die Dauer der Abwesenheiten nach Satz 4 soll in der Regel insgesamt drei Wochen im Kalenderjahr nicht überschreiten.«

§ 7 Abs. 4a SGB II n. F. hat aber mangels einer ausführenden Verordnung nach § 13 Abs. 3 SGB II noch immer keine Gesetzeskraft. Die vorgesehene Verordnung soll regeln, was zeit- und ortsnaher Bereich ist und wie lange und unter welchen Voraussetzungen sich erwerbsfähige Leistungsberechtigte außerhalb des zeit- und ortsnahen Bereichs aufhalten dürfen, ohne Ansprüche auf SGB II-Leistungen zu verlieren.

Untätiger VO-Geber

Nach § 77 Abs. 1 SGB II gilt deshalb weiterhin § 7 Abs. 4a SGB II in der Fassung 2010:

> »(4a) Leistungen nach diesem Buch erhält nicht, wer sich ohne Zustimmung des persönlichen Ansprechpartners außerhalb des in der Erreichbarkeits-Anordnung vom 23. Oktober 1997 (ANBA 1997, 1685), geändert durch die Anordnung vom 16. November 2001 (ANBA 2001, 1476), definierten zeit- und ortsnahen Bereiches aufhält; die übrigen Bestimmungen dieser Anordnung gelten entsprechend.«

Was unter einer »entsprechenden« Anwendung der EAO auf SGB II-Leistungsberechtigte zu verstehen ist bzw. welche Abweichungen für SGB II-Leistungsberechtigte gegenüber Beziehern von Arbeitslosengeld nach § 136 SGB III gelten, soll nach DA 56a zu § 7 und einer Stellungnahme der Bundesregierung zur Petition 8606 vom 27.9.2012 mit der Neufassung von § 7 Abs. 4a SGB II »klargestellt« worden sein:

> »Die Neuformulierung des § 7 Abs. 4a SGB II stellt keine Veränderung der Rechtslage dar, sondern dient lediglich der Verständlichkeit und Klarstellung.«

Danach gilt die Pflicht zum Aufenthalt im zeit- und ortsnahen Bereich des Jobcenters
– nur für Bezieher von Alg II, d. h. nur für erwerbsfähige Personen (s. dazu BVerfG vom 29.10.2013 – 1 BvQ 44/13 und vom 9.11.2015 – 1 BvR 3460/13);
– kann abweichend von der EAO eine Zustimmung zur Ortsabwesenheit auch ohne wichtigen Grund erteilt werden;
– kann einer Dauer der Abwesenheit mit Leistungsansprüchen ausnahmsweise auch länger als drei Wochen im Kalenderjahr zugestimmt werden.

1.1　Besonderheiten nach dem SGB II

Wann und welche Abweichungen von der EAO und der Rechtsprechung zu § 138 SGB III für das SGB II zu beachten sind, ist nach den unterschiedlichen Lebenslagen der Alg II-Bezieher zu entscheiden, die ja nicht »arbeitslos« i. S. von § 138 SGB III sein müssen, um Leistungen nach dem SGB II zu erhalten.

Konkretisierung in EV?

Die bloße Nennung von § 7 Abs. 4a SGB II i.V.m. §§ 1 bis 3 EAO in einer Eingliederungsvereinbarung (EV) ist jedenfalls in dem Sinn unzulässig, dass damit keine Sanktion nach § 31 SGB II zusätzlich zur gesetzlich geregelten Rechtsfolge (Wegfall des Leistungsanspruchs für die Dauer der Ortsabwesenheit) ermöglicht werden kann (vgl. dazu BSG vom 15.6.2016 – B 4 AS 45/15 R). Da Abweichungen von der EAO jedoch zulässig sind, kann das Jobcenter in einer EV speziell für den Leistungsberechtigten geltende Bedingungen zur Erreichbarkeit festlegen.

1.1.1　Beschäftigungslose erwerbsfähige Leistungsberechtigte

Postalische Erreichbarkeit

Beschäftigungslose erwerbsfähige Leistungsberechtigte sind nach § 2 SGB II grundsätzlich verpflichtet, ihre Hilfebedürftigkeit durch die Aufnahme einer Erwerbsarbeit zu beenden oder zu mindern, und müssen sich deshalb – wie Arbeitslose nach dem SGB III – werktäglich einmal in ihrer Wohnung aufhalten (so die überwiegende Rechtsprechung, z. B. LSG NRW vom 3.9.2012 – L 19 AS 1603/12 B ER und vom 25.11.2015 – L 7 AS 834/15 B; a. A. BayLSG vom 2.2.2012 – L 11 AS 853/09). Erreichbar ist der Arbeitslose nicht, wenn er »irgendwie« – etwa über Dritte – erreichbar ist (BSG vom 9.11.1995 – 11 RAr 45/95). Ein Postnachsendeauftrag (s. BSG vom 30.6.2005 – B 7a/7 AL 98/04 R; LSG NRW vom 5.6.2008 – L 9 AL 46 /07) oder die nur telefonische Erreichbarkeit, z. B. über das Handy, genügt nicht (LSG Rheinland-Pfalz vom 16.1.1981 – L 6 Ar 69/80, Breith. 1981, S. 531; SG Frankfurt vom 22.7.2010 – S 24 AS 1080/08). Dasselbe gilt für E-Mails und andere moderne Kommunikationsformen.

Abwesenheit wegen Arbeitsuche

Ist der Leistungsberechtigte nicht erreichbar, weil er einen Vorstellungs-, Beratungs- oder sonstigen Termin zum Zweck der Arbeitsuche wahrgenommen hat, steht das dem Alg II-Bezug entsprechend § 1 Abs. 3 EAO nicht entgegen. Die Nachweispflicht für den Grund der Ortsabwesenheit trägt der Leistungsberechtigte.

Kosten für die Fahrt zum Vorstellungsgespräch können nach § 44 SGB III i. V. m. § 16 SGB II grundsätzlich nur übernommen werden, **wenn sie vor Antritt der Fahrt beantragt wurden!**

Aufenthalt *innerhalb* des zeit- und ortsnahen Bereichs

Alg II ist bei einem vorübergehenden Aufenthalt an einem anderen Ort als dem gewöhnlichen Aufenthalt oder Wohnsitz entsprechend § 2 EAO zu gewähren, wenn der Leistungsberechtigte

– dem Jobcenter rechtzeitig seine Anschrift für die Dauer der Abwesenheit mitgeteilt hat,
– er auch an seinem vorübergehenden Aufenthaltsort an Werktagen
postalisch erreichbar ist,
– er sich im Nahbereich des Jobcenters aufhält.

Mangels einer Verordnung nach § 13 Abs. 3 SGB II können entsprechend der Definition in § 2 EAO und der Rechtsprechung zu § 138
SGB III zum Nahbereich alle Orte in der Umgebung des am gewöhnlichen Wohnsitz zuständigen Jobcenters, von denen aus der Leistungsberechtigte erforderlichenfalls in der Lage wäre, dieses Jobcenter täglich ohne unzumutbaren Aufwand zu erreichen, gerechnet werden; dabei werden Fahrzeiten für Hin- und Rückfahrt bis zu 2 1/2 Stunden gemäß § 140 Abs. 4 Satz 2 SGB III als zumutbarer Aufwand gewertet
(BayLSG vom 16.1.2013 – L 11 AS 583/10 und vom 13.10.2015 – L 11
AS 382/15).

Für die Dauer eines Aufenthalts außerhalb des zeit- und ortsnahen
Bereichs des Jobcenters gibt es für den beschäftigungslosen Leistungsberechtigten im Regelfall nur Alg II, wenn er
– für die Abwesenheit einen **wichtigen Grund** hat,
– das Jobcenter der Ortsabwesenheit **vorher** zugestimmt hat,
– die Dauer der Ortsabwesenheit **drei Wochen** im Kalenderjahr nicht
übersteigt.

Aufenthalt
außerhalb des
zeit- und orts-
nahen Bereichs

Wichtige Gründe, die einen Anspruch auf eine Zustimmung geben
(LSG NRW vom 3.4.2013 – L 19 AS 330/13 B), ggf. auf nachträgliche
Genehmigung (s. dazu SG Dortmund vom 29.2.2016 – S 31 AL 859/
12), sind nach § 3 Abs. 2 EAO insbesondere

■ die Teilnahme an einer ärztlich verordneten Maßnahme der medizinischen Vorsorge oder Rehabilitation; dazu gehört auch die Begleitung eines minderjährigen Kindes zur stationären Kinderrehabilita-
tion (LSG Sachsen-Anhalt vom 17.9.2012 – L 5 AS 378/10 B ER);

■ die Teilnahme an einer Veranstaltung, die staatspolitischen, kirchlichen oder gewerkschaftlichen Zwecken dient oder sonst im öffentlichen Interesse liegt, wenn der Leistungsberechtigte sicherstellt, dass er während der Teilnahme werktäglich persönlich unter
der dem Jobcenter benannten Anschrift durch Briefpost erreichbar
ist und er die Teilnahme für den Fall einer beruflichen Eingliederung jederzeit abbrechen kann und will;

■ die Ausübung einer ehrenamtlichen Tätigkeit. Auch hier ist gefordert, dass diese Tätigkeit die Integration in den Arbeitsmarkt nicht
behindern darf.

§ 7 Abs. 4a SGB II soll verhindern, dass sich der Leistungsberechtigte
durch die Ortsabwesenheit den Eingliederungsbemühungen des Jobcenters entzieht. Für die Dauer einer ärztlich attestierten Arbeitsunfä-

Nicht bei
Erkrankung

higkeit (zum Beweiswert der AU-Bescheinigung → S. 814 ff.) ist eine Vermittlung aber nicht zu erwarten. Der Leistungsanspruch geht daher nicht verloren, wenn sich der Leistungsberechtigte während der Dauer der Erkrankung zu einem Freund oder Verwandten außerhalb des Nahbereichs des Jobcenters begibt, ohne dies zu melden (LSG Hamburg vom 23.5.2013 – L 4 AS 67/12; LSG Berlin-Brandenburg vom 9.9.2011 – L 5 AS 1340/11 B ER; SG Berlin vom 21.8.2013 – S 205 AS 5324/11; SG Augsburg vom 14.6.2016 – S 8 AS 267/16; a.A. LSG Sachsen vom 17.10.2013 – L 3 AS 18/12 B PKH).

 Wird wegen der Ortsabwesenheit ein Meldetermin versäumt, kann das eine Sanktion begründen, wenn die Erkrankung nicht so schwerwiegend ist, dass eine Vorsprache auf dem Jobcenter nicht möglich gewesen wäre (BSG vom 9.11.2010 – B 4 AS 27/10).

3 Wochen Urlaub mit Zustimmung

Für drei Wochen im Kalenderjahr besteht, wenn das Jobcenter vorher zustimmt, der Anspruch trotz Ortsabwesenheit.

Die Ortsabwesenheit kann im besonderen Einzelfall auch nachträglich erlaubt werden, wenn eine vorherige Zustimmung nicht eingeholt werden konnte (Beispiel: Der Alg II-Bezieher wird am Abend von einem schweren Verkehrsunfall eines Angehörigen im Ausland informiert. Er fährt sofort ins dortige Krankenhaus und ruft erst am nächsten Tag beim Jobcenter an). Ohne solche Notlagen ist der Einwand, das Jobcenter hätte nach seiner Behördenpraxis dem tatsächlich unerlaubt angetretenen Urlaub zugestimmt oder mangels vorhandener Arbeitsangebote zustimmen müssen, nicht beachtlich (LSG NRW vom 6.4.2011 – L 19 AS 2044/10 NZB).

§ 3 EAO erlaubt dem Jobcenter, den beschäftigungslosen erwerbsfähigen Leistungsberechtigten für längstens drei Wochen im Jahr von der Pflicht, Arbeit zu suchen oder an Eingliederungsmaßnahmen teilzunehmen, zu befreien. Einen Rechtsanspruch im Sinne einer Urlaubsgewährung hat der beschäftigungslose erwerbsfähige Leistungsberechtigte nicht. Der »Urlaub« soll versagt werden, wenn während des Urlaubs eine Vermittlung in Arbeit oder die Teilnahme an einer Eingliederungsmaßnahme in Betracht kommt. Auch eine Arbeitsgelegenheit geht der Urlaubsgewährung vor (LSG NRW vom 21.6.2006 – L 20 B 142/06 AS ER).

Hat der beschäftigungslose erwerbsfähige Leistungsberechtigte schon während des Bezugs von Alg I Urlaub gemacht, wird dieser angerechnet, sodass im Kalenderjahr nur für insgesamt drei Wochen Urlaub gewährt werden. Eine Verlängerung des Urlaubs um maximal drei Tage ist nach § 3 Abs. 3 EAO in Fällen außergewöhnlicher Härte möglich, z.B. wenn die Rückreise wegen Sturms oder Streiks behindert wird (LSG Berlin-Brandenburg vom 16.7.2008 – L 29 B 1004/08 AS PKH).

Erkrankt der beschäftigungslose erwerbsfähige Leistungsberechtigte während des Urlaubs und kann er deshalb nicht rechtzeitig an seinen Wohnort zurückkommen, bleibt sein Anspruch nach dem SGB II bestehen.

Der Leistungsberechtigte hat keinen Anspruch auf Übertragung der ihm für das jeweilige Kalenderjahr zugestandenen Ortsabwesenheitstage auf das folgende Kalenderjahr (LSG Sachsen vom 25.11.2009 – L 3 AS 348/09 B-ER).

Urlaubstage nur pro Kalenderjahr

§ 3 EAO schließt die Gewährung eines längeren Urlaubs nicht aus. Alg II trotz Ortsabwesenheit gibt es im Regelfall aber nur für die ersten drei Wochen des Urlaubs (LSG Berlin-Brandenburg vom 16.7.2008 – L 29 B 1004/08 AS PKH; LSG NRW vom 3.4.2013 – C 19 AS 330/13 B). Bei einem zusammenhängenden Urlaub von mehr als sechs Wochen Dauer gibt es auch für die ersten drei Wochen kein Alg II. Verfassungsrechtliche Bedenken gegen die Regelung des § 3 EAO bestehen nicht (BayLSG vom 17.11.2008 – L 11 AS 337/08 NZB). Ist das beschäftigungslose erwerbsfähige Mitglied einer Mehr-Personen-BG wegen einer länger als sechs Wochen während der Ortsabwesenheit vom Leistungsbezug ausgeschlossen und infolgedessen außerstande, den auf ihn entfallenden Anteil der Unterkunftskosten aufzubringen, muss das Jobcenter bei einer beabsichtigten Rückkehr längstens bis zu einer Dauer von sechs Monaten die vollen Unterkunftskosten übernehmen (BSG vom 19.10.2010 – B 14 AS 50/10 R). Siehe auch → S. 124.

Längerer Urlaub?

Mehr-Personen-BG

Nach Rückkehr aus dem Urlaub wird regelmäßig ein Meldetermin vereinbart. Alg II gibt es dann nach LSG NRW vom 17.3.2010 – L 12 B 122/09 AS erst ab der Rückmeldung.

Rückmeldung

Zu Fällen, in denen ausnahmsweise einer längeren Ortsabwesenheit mit Leistungsanspruch zugestimmt werden kann → S. 123.

Nach BSG vom 16.5.2012 – B 4 AS 166/11 R kann in der Beantragung einer Zustimmung zu einer geplanten Ortsabwesenheit nicht gleichzeitig ein Fortzahlungsantrag i. S. des § 37 SGB II gesehen werden, wenn die Ortsabwesenheit über das Ende des jeweiligen Bewilligungsabschnitts hinaus reicht. Das ist sehr zweifelhaft, da im Antrag auf Genehmigung der Ortsabwesenheit die völlig eindeutige Bekundung liegt, weiter den Regeln des SGB II unterliegen zu wollen. Davon gehen auch die Jobcenter mit Vergabe der Rückmeldetermine aus, die nur für Leistungsberechtigte Sinn machen. Zumindest ist das Jobcenter verpflichtet, bei einem den laufenden Bewilligungszeitraum überschreitenden Urlaub schon bei der Einwilligung darauf hinzuweisen, dass damit der Fortzahlungsantrag nicht entfällt, wenn das entsprechende Formular schon versandt, aber noch nicht zurückgeschickt wurde. Wird der Urlaub so zeitig angemeldet, dass noch kein Formular versandt wurde, muss nachgefragt werden, ob auch für den Folge-Bewilligungsabschnitt Alg II beantragt werden soll. Unterbleiben solche Klärungen, ist der fehlende Antrag im Wege des sozialrechtlichen Herstellungsanspruchs zu ersetzen.

Fortzahlungs-antrag nicht vergessen

1.1.2   Alg I-Aufstocker

Für Arbeitslose, die ihr geringes Alg I mit Alg II aufstocken, gelten die vorstehenden Anforderungen an die Residenzpflicht gleichermaßen (LSG NRW vom 3.4.2013 – L 19 AS 330/13 B). Sie müssen sowohl die AA als auch das Jobcenter von der geplanten Ortsabwesenheit informieren. Hierauf muss der Aufstocker von dem Jobcenter, bei dem er die Zustimmung zum Urlaub beantragt, hingewiesen werden. Unterbleibt dieser Hinweis, muss der Aufstocker über den sozialrechtlichen Herstellungsanspruch so behandelt werden, als hätte er die AA rechtzeitig informiert. Sein Alg I-Anspruch geht nicht verloren. Da das Jobcenter bis zum 31.12.2016 für die Eingliederung der Aufstocker zuständig ist, trifft es die Entscheidung über die Arbeitsmarktlage oder anstehende Maßnahmen. Einwände der AA gegen eine Genehmigung sind nur denkbar, wenn nach dortiger Berechnung der »Urlaubszeitraum« schon ausgeschöpft ist. Dies müssen die Leistungsträger untereinander klären.

Neu ab 1.1.2017

Ab 1.1.2017 sind die Arbeitsagenturen für Alg I-Aufstocker zuständig (§ 5 Abs. 4 SGB II n.F.). Zwar sind die Leistungen zum Lebensunterhalt weiter vom Jobcenter in eigener Zuständigkeit zu erbringen, da es sich bei der Zustimmung zu einer Ortsabwesenheit aber um eine Prüfung der Vermittlungstätigkeit der AA handelt, dürfte mit dem Zustimmungsverfahren bei der AA auch die Zustimmung für die Leistungsfortzahlung trotz Ortsabwesenheit gegeben sein. Eine Verneinung der Ortsabwesenheit aus Gründen außerhalb der EAO ist dem Jobcenter verwehrt. Mit Abgabe der Zuständigkeit an die AA kann das Jobcenter die Entscheidung der Arbeitvermittlung nicht mit Hinweis auf § 10 SGB II aushebeln.

Beispiel

K. ist gelernter Einzelhandelskaufmann. Er bezieht Alg I und ergänzend Alg II. Ein Antrag auf Ortsabwesenheit für einen Urlaub im Juli wird von der AA positiv beschieden, weil im Juli keine Aussicht auf Vermittlung in eine nach § 140 SGB III zumutbare Arbeit zu erwarten ist. Das Jobcenter lehnt eine Fortzahlung des Alg II im Juli ab, weil K. in der Ferienzeit eine Arbeitsstelle als Spüler oder Servicekraft Gastronomie finden könne.

Dennoch sollten Aufstocker auch dem Jobcenter die geplante Ortsabwesenheit rechtzeitig mitteilen. Die Jobcenter dürfen einen Urlaub zum Anlass nehmen, die Hilfebedürftigkeit kritisch zu überprüfen. Verpflichtend ist die Mitteilung, wenn sich infolge der Ortsabwesenheit Änderungen des Bedarfs ergeben.

Wird der Anspruch auf Alg I oder Teil-Alg I im Verlauf der geplanten Ortsabwesenheit ausgeschöpft, muss sich die AA mit dem Jobcenter abstimmen. Verbindlich entscheiden kann die AA nur für die Dauer des Bezugs von Alg I. Ggf. muss das Jobcenter für die nachfolgende Zeit eine eigene Entscheidung treffen. Hierbei kann sie die geringeren Anforderungen für die Arbeitsvermittlung (§ 10 SGB II) berücksichtigen.

1.1.3   Erwerbstätige Aufstocker

Ist der erwerbstätige Aufstocker mehr als kurzzeitig (also 15 Stunden und mehr wöchentlich) erwerbstätig und erhält er aufstockend Alg II, weil er unzureichend entlohnt wird oder eine große Familie hat, gilt die EAO nicht. Das bedeutet u.a., dass er zu einer auswärtigen Beschäftigung (z.B. Montagearbeit, Speditionsgewerbe u.Ä.) keine Erlaubnis des zuständigen Jobcenters braucht.

Im Fall eines Schaustellers, der an wechselnden Arbeitsorten tätig ist, hat das LSG Sachsen-Anhalt vom 9.7.2009 – L 2 AS 194/09 B ER eine zumindest stillschweigende Zustimmung zur Ortsabwesenheit kraft Leistungsbewilligung des Jobcenters in Kenntnis dieser Tätigkeit angenommen. Seinen Urlaub muss er sich nur vom Arbeitgeber genehmigen lassen.

Dagegen brauchen nur kurzzeitig beschäftigte Leistungsberechtigte die Zustimmung des Fallmanagers (BayLSG vom 3.3.2009 – L 11 AS 23/09 NZB; LSG NRW vom 3.4.2013 – L 19 AS 330/13 B).

Selbständige mit Reisetätigkeit benötigen keine Zustimmung zur Ortsabwesenheit. Bei einer Vermengung von Urlaub und berufsbedingter Abwesenheit sind die reinen Urlaubstage auf die 21 Tage Urlaubshöchstdauer anzurechnen.

Selbständige

1.1.4   Leistungsberechtigte in Arbeitsgelegenheiten mit Mehraufwandsentschädigung (MAE)

Der Umfang des Urlaubsanspruchs richtet sich nicht nach § 3 Abs. 1 EAO, sondern gemäß § 16d SGB II nach dem Bundesurlaubsgesetz, das in § 3 einen Mindesturlaubsanspruch von 24 Werktagen vorsieht. Für diesen muss MAElern die Ortsabwesenheit ebenso erlaubt werden wie erwerbstätigen Aufstockern.

1.1.5   Leistungsberechtigte mit kleinen Kindern und als Pflegende

Trotz Erwerbsfähigkeit müssen Personen, die Kinder bis zum dritten Geburtstag erziehen oder Angehörige pflegen, keine Arbeit aufnehmen (§ 10 Abs. 1 Nr. 3 und 4 SGB II). Diese Personen leisten Familienarbeit, die der Erwerbsarbeit gleichsteht. Insbesondere für Mütter kleiner Kinder kann es notwendig sein, den Wohnort vorübergehend zu verlassen, z.B. um die Beziehungen zu anderen Familienmitgliedern aufrechtzuerhalten und Beziehungen mit dem Kind herzustellen und zu fördern. Darüber kann der persönliche Ansprechpartner nicht entscheiden, weil es auf die Prüfung vorrangiger Vermittlungsmöglichkeit nicht ankommt. Auch hier ist die EAO also nicht anwendbar (SG Karlsruhe vom 14.3.2011 – S 5 AS 4172/10; LSG Berlin-Brandenburg vom 15.8.2013 – L 34 AS 1030/11).

1.1.6   Kinder, Schüler und Studenten

Kinder, die nach § 23 i. V. m. § 7 Abs. 1 Satz 1 Nr. 1 SGB II bis zum 15. Geburtstag als erwerbsunfähig gelten und Sozialgeld beziehen können, müssen nicht verfügbar und nicht erreichbar sein (LSG Baden-Württemberg vom 14.7.2010 – L 3 AS 3552/09; s. auch BVerfG vom 29.10.2013 – 1 BvQ 44/13 und vom 9.11.2015 – 1 BvR 3460/13). Sie müssen beim Jobcenter keine Erlaubnis einholen, wenn sie in den Ferien und in ihrer Freizeit verreisen wollen (LSG NRW vom 30.8.2011 – L 19 AS 1339/11 B).

Dasselbe muss für ältere Kinder gelten, wenn sie noch zur Schule gehen, und für Studenten, wenn sie leistungsberechtigt nach dem SGB II sind.

1.1.7   Erwerbsunfähige Alg II-Bezieher

Wird rückwirkend festgestellt, dass der Alg II-Bezieher erwerbsunfähig ist, kann er gegen den Verstoß der EAO nicht einwenden, diese habe für ihn nicht gegolten (LSG NRW vom 17.3.2010 – L 12 B 122/09 AS).

1.1.8   Leistungsberechtigte ab 58

Die sog. 58er-Regelung ist zum 31.12.2007 ausgelaufen. Näher dazu → S. 183 ff.

Altfälle: Erreichbarkeit eingeschränkt

58er, für die die alte Regelung weiter gilt (→ S. 184), dürfen sich weiter mit Zustimmung des Jobcenters 17 Wochen im Kalenderjahr außerhalb des zeit- und ortsnahen Bereichs aufhalten. In der übrigen Zeit müssen sie erreichbar sein (BayLSG vom 1.7.2014 – L 11 AS 334/14 B PKH).

Neufälle: Erreichbarkeit gesteigert

Wer von der alten 58er-Regelung nicht mehr Gebrauch machen kann, muss ab dem ersten Tag des Leistungsbezugs erreichbar sein und bleiben. Nach § 3 Abs. 2 SGB II n. F. sind erwerbsfähige Hilfebedürftige ungeachtet ihres Alters nämlich »unverzüglich in Arbeit zu vermitteln« (s. dazu BayLSG vom 26.2.2015 – L 11 AS 393/14).

1.1.9   Wohnungslose

§ 36 Satz 2 SGB II zeigt, dass auch wohnungslose Personen Alg II erhalten können. Sie sind ausreichend erreichbar i. S. von § 7 Abs. 4a SGB II, wenn sie über eine Postadresse oder Einrichtung für Wohnungslose den Zugang von Post sicherstellen (LSG NRW vom 14.11.2012 – L 19 AS 2005/12 B ER und vom 11.8.2014 – L 19 AS 1341/14 B ER). Sie sollten in der Eingliederungsvereinbarung festschreiben, was von ihnen verlangt wird; eine werktägliche Briefkontrolle ist nicht zwingend gefordert (LSG NRW vom 15.4.2008 – L 20 B 24/08 AS; a. A. LSG Berlin-Brandenburg vom 3.4.2008 – L 29 B 2228/ 07 AS ER: ständig wechselnder Standort des Wohnwagens erfordert werktägliche Vorsprache beim SGB II-Träger; LSG NRW vom 11.8.2014, a.a.O.).

1.1.10 Betreute Leistungsberechtigte

Für betreute Leistungsberechtigte kann die ausreichende postalische Erreichbarkeit über die Anschrift des Betreuers sichergestellt werden. Es schadet dann nicht, wenn sich der Betreute außerhalb seiner Wohnung tageweise bei Freunden oder Verwandten aufhält (LSG NRW vom 27.3.2008 – L 7 B 315/07 AS). Eine nur beiläufige Mitteilung der Wohnanschrift durch den Betreuer oder einen Bevollmächtigten genügt nach LSG NRW vom 25.11.2015 – L 7 AS 834/15 B nicht.

1.1.11 Weitere Sonderfälle

Die Besonderheiten des SGB II gegenüber dem SGB III erfordern Lockerungen der Erreichbarkeit, die § 7 Abs. 4a SGB II i.d.F. 2011 schon vorgesehen hat, die aber auch unter Geltung von § 7 Abs. 4a a.F. anzuerkennen sind.

Zu denken ist beispielsweise

- an die Ortsabwesenheit eines älteren Leistungsberechtigten zur Pflege eines Verwandten;
- an den mehr als sechswöchigen Aufenthalt eines erkrankten Leistungsberechtigten in der Wohnung eines Freundes, der ihn pflegt (SG Berlin vom 26.11.2007 – S 104 AS 26829/07);
- an ein über sechswöchiges Auslandspraktikum eines Studenten, der SGB II-Leistungen nur als Darlehen erhält (vgl. SG Hamburg vom 12.10.2007 – S 56 SO 350/06).

1.2 Was passiert, wenn Sie ohne Zustimmung verreisen?

Für die Tage der unerlaubten Abwesenheit entfällt der Anspruch auf SGB II-Leistungen.

Kein Alg II

Wird die Verletzung der EAO nachträglich festgestellt, kann die Leistungsbewilligung nach § 45 oder § 48 SGB X für die Vergangenheit aufgehoben werden.

Eine zusätzliche Sanktion nach § 31 Abs. 1 Nr. 1 SGB II i. V. m. § 31a Abs. 1 SGB II (Verstoß gegen Eingliederungsvereinbarung) ist nicht zulässig. Hat sich der Leistungsberechtigte in der Eingliederungsvereinbarung verpflichtet, den zeit- und ortsnahen Bereich nur mit Zustimmung des persönlichen Ansprechpartners zu verlassen, kommt dem keine Bedeutung zu, weil die Verpflichtung zur Erreichbarkeit schon ohne die Eingliederungsvereinbarung besteht. Es ist unzulässig, die Erreichbarkeitsanforderungen nach der EAO in der Eingliederungsvereinbarung zu verschärfen.

Einer Sanktion wegen Meldeversäumnis nach § 32 SGB II kann der unerlaubt ortsabwesende Leistungsberechtigte aber nicht entgehen (BSG vom 25.4.1996 – 11 RAr 81/95 zu einer vergleichbaren Problematik im SGB III; LSG Berlin-Brandenburg vom 9.5.2008 – L 28 B 519/08 AS PKH).

Keine veränderte Einkommens-verteilung

Wird die Leistung des Mitglieds einer Mehr-Personen-BG nach § 7 Abs. 4a SGB II komplett aufgehoben, berechtigt das nicht dazu, das über alle BG-Mitglieder nach § 9 Abs. 2 Satz 3 SGB II verteilte Einkommen nunmehr nur auf die verbliebenen leistungsberechtigten Personen neu zu verteilen mit der Folge, dass auch die ihnen zuvor gewährten Leistungen zum Teil überzahlt sind (SG Berlin vom 20.4.2012 – S 37 AS 36331/10).

Abweichung vom Kopfteilprinzip?

Geht ein Mitglied einer BG ins Ausland, ohne seinen Wohnsitz im Bundesgebiet aufzugeben, ist für eine Beibehaltung der Aufteilung der Unterkunfts- und Heizkosten nach Köpfen inklusive des auswärtig lebenden BG-Mitglieds nach BSG vom 19.10.2010 – B 14 AS 50/10 R kein Raum, wenn die Ortsabwesenheit im Vorhinein auf unter sechs Monate beschränkt ist und der im Ausland Lebende außerstande ist, seinen rechnerischen KdU-Anteil mit eigenem Einkommen zu finanzieren. Ist von vornherein ein längerer Auslandsaufenthalt geplant oder scheitert eine geplante Rückkehr im 6-Monats-Zeitraum mit ungewissem Verbleib im Ausland, kann das Jobcenter eine Kostensenkung der KdU-Bedarfe prüfen. Eine Anwendung von § 7 Abs. 4a SGB II mit der Folge eines von Anfang an bestehenden Leistungsausschlusses des KdU-Kopfteils der nach der Zahl der BG-Mitglieder bemessenen KdU-Leistungen kommt nur in Betracht, wenn die Ortsabwesenheit verschwiegen oder zu Recht nicht genehmigt wurde (dies verkennt das SG Koblenz vom 13.8.2014 – S 2 AS 573/13).

Rechtsschutz

Wird die Zustimmung zu einer beabsichtigten Ortsabwesenheit vom Jobcenter abgelehnt, kann die Zustimmung im Wege der einstweiligen Anordnung nach § 86b Abs. 2 SGG durchgesetzt werden. Der Betroffene darf, falls er ohne Zustimmung verreist, nicht auf Rechtsschutz gegen die Aufhebung der Leistung nach § 48 SGB X oder die Einstellung nach § 331 SGB III verwiesen werden (BVerfG vom 29.10.2013 – 1 BvQ 44/13 und vom 9.11.2015 – 1 BvR 3460/13). Geht es um den Anspruch auf eine nachträgliche Genehmigung, kann diese ohne Rechtsverlust im Verfahren gegen die Leistungsaufhebung nach §§ 45, 48, 50 SGB X geltend gemacht werden.

2 **Unerlaubte Nestflucht**

Mit den §§ 20 Abs. 3, 22 Abs. 5, 24 Abs. 6 SGB II will der Gesetzgeber einen Leistungsansprüche auslösenden Auszug junger Volljähriger aus dem Elternhaus auf Ausnahmen begrenzen.
Mit drei Leistungseinschränkungen soll die unerlaubte Nestflucht verhindert werden:
- Keine Übernahme der Unterkunftskosten (§ 22 Abs. 5 Satz 1 und 4 SGB II);
- Absenkung des Regelbedarfs von 404 € auf 324 € (§ 20 Abs. 3 SGB II);
- keine Übernahme der Erstausstattung einer Wohnung (§ 24 Abs. 6 SGB II).

§ 22 Abs. 5 SGB II regelt die Folgen eines unerlaubten Auszugs abschließend. Weitergehende Sanktionen oder gar eine völlige Leistungsablehnung mit dem Argument, der Betreffende könne seinen Hilfebedarf mit Verbleib im oder Rückzug ins Elternhaus vermeiden, sind unzulässig (HessLSG vom 3.6.2013 – L 9 AS 219/13 B ER).

Abschließende Sonderregelung

Die Leistungseinschränkungen gelten für zwei Fallgruppen:
- den Erstauszug junger, hilfebedürftiger Volljähriger aus einer BG;
- den Erstauszug junger Volljähriger aus der Wohnung der Eltern/ des Elternteils mit der Absicht, Leistungsansprüche zu begründen.

2.1 **Grundsatz: Keine Übernahme der Unterkunftskosten bei Erstauszug aus der BG**

Der Wortlaut von § 22 Abs. 5 SGB II erfasst alle Umzüge junger Volljähriger bis zum 25. Geburtstag. Das entspricht aber nicht der Absicht des Gesetzgebers, nur den Erstauszug aus der Familien-BG einschränken zu wollen (Ausschuss-Drs. 16[11]80 neu, S. 4 zur wortgleichen Regelung des § 22 Abs. 2a SGB II a. F.). Der Gesetzgeber ist beim Wort zu nehmen: § 22 Abs. 5 Satz 1 SGB II ist eine Sonderregelung für hilfebedürftige Familien, in denen junge Volljährige leben, die ebenfalls hilfebedürftig sind. Nur dann steht dem Auszugswunsch die Selbsthilfeverpflichtung der Leistungsberechtigten nach § 2 SGB II und die Einstandsverpflichtung der Eltern nach § 9 Abs. 2 Satz 2 SGB II entgegen, die gesetzliche Grundlage dafür sind, dass der gemeinsame Haushalt nicht ohne weiteres auf Kosten der Allgemeinheit aufgelöst werden kann (SG Berlin vom 16.5.2007 – S 37 AS 10704/07 ER; LSG Niedersachsen-Bremen vom 6.11.2007 – L 7 AS 626/07 ER; LSG Mecklenburg-Vorpommern vom 21.5.2008 – L 10 AS 72/07; LSG Berlin-Brandenburg vom 15.2.2010 – L 25 AS 35/10 B ER; LSG Sachsen vom 14.7.2010 – L 7 AS 175/10 B ER; LSG Sachsen-Anhalt vom 3.6.2010 – L 5 AS 155/10 B ER; SG Gießen vom 30.4.2010 – S 26 AS 352/10 ER; SG Heilbronn vom 22.3.2011 – S 13 AS 105/11 ER; SG Karlsruhe vom 6.8.2013 – S 12 AS 601/13).

2.2   **Was ist kein Erstauszug nach § 22 Abs. 5 Satz 1 SGB II?**

Nicht von § 22 Abs. 5 SGB II werden erfasst:

■ **Folgeumzüge** nach einem gemäß § 22 Abs. 5 SGB II genehmigten Erstauszug. Für sie gilt § 22 Abs. 1, 4 SGB II (LSG Berlin-Brandenburg vom 15.2.2010 – L 25 AS 35/10 B ER; LSG Sachsen vom 10.9.2009 – L 3 AS 188/08; s.a. LSG NRW vom 23.12.2010 – L 7 AS 1681/10 B).

■ **Vertreibung aus einem Elternhaus ohne Alg II-Bezug.**
Setzen die Eltern das volljährige Kind vor die Tür, muss das Jobcenter diesem ungekürzt Hilfe leisten. Es kann aber über § 33 Abs. 2 SGB II einen eventuellen Unterhaltsanspruch geltend machen (LSG Niedersachsen/Bremen vom 30.1.2006 – L 8 AS 361/05 ER; LSG Hamburg vom 22.9.2005 – L 5 B 260/05 ER AS). Der Ersatzanspruch nach § 34 SGB II wegen verschuldeter Hilfebedürftigkeit trifft die Eltern nicht, da sie kein Alg II beziehen.
Zieht der junge Volljährige **gegen den Willen der Eltern,** die ihn bisher unterhalten hatten, aus, kann das Jobcenter den jungen Volljährigen zur Vermeidung von Hilfebedürftigkeit auf die weitere Inanspruchnahme von Naturalunterhalt verweisen, wenn dies gemäß § 1612 BGB zumutbar ist (→ S. 65).

■ **Auszug nicht erwerbsfähiger Volljähriger aus der Familien-BG.** Sie wechseln damit in die Sozialhilfe oder Grundsicherung nach § 41 SGB XII. § 22 Abs. 5 SGB II gilt für sie daher nicht. Der SGB XII-Träger kann aber bei einem Auszug gegen den Willen der Eltern einen Verweis auf Naturalunterhalt oder, falls die Eltern den Auszug erzwingen, die Durchsetzung eines Unterhaltsanspruchs prüfen.

■ **Umzug von einer zur anderen Eltern-BG.**
Leben die Eltern getrennt und beziehen sie beide Alg II, ist der Umzug des leiblichen Kindes von einem Elternteil zum anderen kein Erstauszug aus der Familien-BG, der mit § 22 Abs. 5 SGB II verhindert werden soll. Unterstützung für den Umzug gibt es unter den regulären Voraussetzungen des § 22 Abs. 1, 4 SGB II.

■ **Auszug eines jungen Volljährigen mit Partner(in) aus der Familien-BG.**

BSG-Urteil

Zwar führt allein die Partnerschaft nach BSG vom 17.7.2014 – B 14 AS 54/13 R nicht automatisch zu einer eigenständigen Partner-BG im Haushalt der Eltern; hat die Partnerschaft jedoch eine Verselbständigung der Haushaltsführung zu Folge, bildet das junge Paar eine eigene BG. Der/die junge Volljährige kann dann mit Partner(in) ohne Leistungseinschränkungen durch Anmietung einer Wohnung verselbständigen. Die Regelungen des § 22 Abs. 1, 4 SGB II bestimmen, ob und in welchem Umfang der Auszug vom Jobcenter zu unterstützen ist (a.A. LSG Sachsen-Anhalt vom 19.9.2012 – L 5 AS 613/12 B ER, wobei aber auch Zweifel am Bestehen einer BG eine Rolle gespielt haben).

■ **Auszug junger verheirateter Volljähriger aus dem Elternhaus.**
Sie gehören nach § 7 Abs. 3 SGB II nicht zur Familien-BG. Da sie in
Haushaltsgemeinschaft mit den Eltern leben, können sie den Haus-
halt ohne vorherige Zustimmung des Jobcenters verlassen. Die ver-
schärfte Einstandspflicht im Eltern-Kind-Verhältnis nach § 9 Abs. 2
Satz 2 SGB II greift nicht.

■ **Auszug junger Volljähriger, die schwanger sind oder ein Kind bis
zum sechsten Geburtstag betreuen.**
Diese in § 9 Abs. 3 SGB II genannte Personengruppe gehört zwar zur
Familien-BG, nach Geburt des Kindes zu einer 3-Generationen-BG
(BSG vom 17.7.2014 – B 14 AS 54/13 R), wird aber aus familienpoliti-
schen Gründen (Schutz des ungeborenen Lebens) aus dem Haftungs-
verbund entlassen. Die Betroffenen können frei wählen, ob sie die
Unterstützung der Eltern annehmen oder ungekürzt SGB II-Leis-
tungen beziehen (SG Gießen vom 15.5.2009 – S 26 AS 490/09 ER).
Ein Auszug aus dem Elternhaus kann ihnen daher nicht verwehrt
werden (enger SG Berlin vom 19.6.2006 – S 103 AS 3267/06 ER; LSG
Hamburg vom 2.5.2006 – L 5 B 160/06 ER AS: Streit wegen der
Schwangerschaft ist schwerwiegender Grund für Auszug; OVG Bre-
men vom 27.7.2007 – S 2 B 299/07: beengte Wohnverhältnisse und
Lärm durch Säugling);

■ **Auszug der Eltern aus der mit jungen Volljährigen bewohnten
Wohnung** (LSG Schleswig-Holstein vom 19.3.2007 – L 11 B 13/07 AS
ER; LSG Niedersachsen-Bremen vom 30.3.2007 – L 13 AS 38/07 ER;
s. auch LSG Baden-Württemberg vom 19.5.2014 – L 13 AS 491/14 B).
Erfolgt hier der Auszug aber nur zu dem Zweck, höhere Leistungsansprüche zu begründen, kommt eine Haftung der Eltern wegen
verschuldeter Hilfebedürftigkeit nach § 34 SGB II in Betracht.

■ **Auszug nicht hilfebedürftiger Volljähriger aus dem Elternhaus.**
Sie gehören nach § 7 Abs. 3 Nr. 4 SGB II nicht zur BG, sondern bilden eine Haushaltsgemeinschaft mit den Eltern. Die verschärfte
Haftung nach § 9 Abs. 2 Satz 2 SGB II greift nicht. Wegen des bedarfsdeckenden Einkommens werden die Volljährigen im Regelfall
den durch Anmietung eigenen Wohnraums entstehenden Zusatzbedarf mit Wohngeld auffangen können. Fällt das Einkommen nach
dem Umzug weg oder übersteigt die Miete das Einkommen, weil
z. B. ein Mitbewohner auszieht, besteht Anspruch auf Übernahme
der angemessenen Miete nach § 22 Abs. 1 SGB II. Ein Rückzug in
den elterlichen Haushalt kann nicht verlangt werden. Die selbst hilfebedürftigen Eltern sind zum Naturalunterhalt mangels Leistungsfähigkeit nicht verpflichtet (VG Aachen vom 12.8.2004, info also
2005, S. 39 f; SG Berlin vom 5.11.2005 – S 37 AS 10213/05 ER).
§ 22 Abs. 5 Satz 4 SGB II bestätigt dies insofern, als danach erst
dann Unterkunftskosten nicht übernommen werden, wenn der
Auszug vor Beantragung von Alg II **in der Absicht** erfolgt, Alg II zu
erlangen.

■ **Auszug hilfebedürftiger Nicht-Leistungsbezieher aus dem Eltern-haus.**
Beschränkt sich der junge Volljährige auf Leistungen, die unterhalb seines fiktiven SGB II-Bedarfs liegen, oder wusste er nicht, dass ihm Alg II zusteht, löst ein Alg II-Antrag nach Auszug aus dem Elternhaus keine Prüfung der Umzugsgründe nach § 22 Abs. 5 SGB II aus; Lei-stungseinschränkungen treffen den jungen Volljährigen nur, wenn er zum Zeitpunkt des Auszugs wusste, hierdurch auf SGB II-Leistungen angewiesen zu sein (LSG Sachsen vom 2.7.2009 – L 3 AS 128/08; a. A. SG Kiel vom 14.4.2010 – S 40 AS 110/10 ER). Dasselbe gilt nach LSG Niedersachsen-Bremen vom 29.10.2009 – L 15 AS 327/09 B ER, wenn der junge Volljährige mit Auszug aus dem Elternhaus einen Anspruch auf BAB oder BAföG erlangt, der SGB II-Leistungen ausschließt.

■ **Der Auszug junger Volljähriger, wenn die elterliche Wohnung sonst aufgegeben werden müsste** (Raumprobleme wegen Nachwuchses oder Einzugs eines Partners des Elternteils).
Eine Verpflichtung zur Fortsetzung der erweiterten Familien-BG in einer neuen Wohnung lässt sich § 22 Abs. 5 SGB II nicht entneh-men (vgl. zu einer ähnlichen Problematik im BAföG VG Göttingen vom 1.3.2005 – 2 A 3/05).

■ **Auszug ohne Verursachung von Unterkunftskosten.**
Zieht der junge Volljährige zu einem Verwandten oder sonstigen Drit-ten, der voll für die Unterkunftskosten aufkommt, fällt dieser Auszug nach der Regelungsabsicht von § 22 Abs. 5 SGB II nicht unter die Zu-sicherungspflicht. Im Regelfall wird das Jobcenter hierdurch entla-stet. Der höchstens um 79 € (von 320 € auf 399 €) erhöhte Regelbe-darf dürfte fast immer unter den ersparten Unterkunftskosten liegen. Hilfe für den Umzug gibt es nach § 22 Abs. 6 SGB II.

Mietsicherheit durch Dritte

Hat ein Verwandter oder Freund eine Bürgschaft oder sonstige Si-cherheit gestellt, damit der Vermieter den Vertrag mit dem jungen Volljährigen abschließt, bleibt das Jobcenter zur Übernahme der Unterkunftskosten verpflichtet, wenn keine Zusicherung erforder-lich oder der Auszug von einem wichtigen Grund gedeckt war. Für ein Eilverfahren vor dem Sozialgericht kann es dann aber an einem Anordnungsgrund (besondere Eilbedürftigkeit) fehlen (LSG Berlin-Brandenburg vom 19.6.2008 – L 29 B 739/08 AS ER).

2.3   Trotz Erstauszug aus BG ausnahmsweise Übernahme der Unterkunftskosten

Gemäß § 22 Abs. 5 Satz 2 SGB II ist der SGB II-Träger aus-nahmsweise verpflichtet, die Unterkunftskosten zu sichern, wenn

■ dem jungen Menschen aus schwerwiegenden sozialen Gründen nicht zugemutet werden kann, weiter bei den Eltern oder einem El-ternteil zu wohnen;

- die neue Unterkunft zur Eingliederung in den Arbeitsmarkt oder zur Aufnahme einer Ausbildung erforderlich ist oder

- ein sonstiger, ähnlich schwerwiegender Grund den Umzug erfordert.

2.3.1   Schwerwiegende soziale Gründe

Nach der Gesetzesbegründung zur gleichlautenden Regelung des § 22 Abs. 2a SGB II a. F. soll an den gleich lautenden Begriff in § 60 Abs. 2 Nr. 4 SGB III angeknüpft werden (Ausschuss-Drs. 16[11]80 neu, S. 4). Eine Auslegungshilfe gibt daher das BSG vom 2.6.2004 – B 7 AL 38/03 R. An die schwerwiegenden Gründe in § 22 Abs. 5 Satz 2 Nr. 1 SGB II dürfen keine strengeren Anforderungen gestellt werden. Zum einen greift die Vorschrift über die Kürzung existenzsichernder Leistungen massiv in die Lebensführung junger Volljähriger ein, zum anderen steht die von hilfebedürftigen Eltern geforderte Einstandspflicht in drastischem Gegensatz zur Situation nicht hilfebedürftiger Eltern.

Rechtsprechung
zu § 60 Abs. 2
Nr. 4 SGB III

Der 22-jährige E. lebt bei seinem Vater V., der aus Erwerbsarbeit 8.000 € monatlich erzielt. V. hat dem nach Abschluss einer Ausbildung arbeitslosen E. ein Ultimatum gestellt: Eine weitere Unterstützung gebe es nur, wenn E. zielstrebig nach Arbeit suche oder die von V. vermittelte Ausbildungsstelle zum Koch antrete. E. schmeißt die ungeliebte Zweitausbildung, worauf ihn V. vor die Tür setzt. Hier muss das Jobcenter ungekürzt Alg II gewähren. V. ist nicht mehr zum Unterhalt des E. verpflichtet (vgl. OLG Frankfurt am Main vom 30.7.2008 – 5 UF 46/08).

Beispiel 1

Dieselbe Situation, nur lebt E. bei seiner Mutter M., die aufstockend zum Erwerbseinkommen von 600 € für sich und E. Alg II bezieht. Nach Abbruch der zweiten Lehrstelle stellt M., die mit einem Teil ihres Einkommens schon für die gegen E. verhängte Sanktion nach § 31a Abs. 2 SGB II aufkommen musste, ein Ultimatum: Bei weiterem Rumgammeln müsse E. ausziehen. E. beantragt Alg II für einen Auszug, der mangels »schwerwiegender sozialer Gründe« abgelehnt wird.

Beispiel 2

Es leuchtet nicht ein, warum das Risiko von Arbeitslosigkeit, verbunden mit jugendlichem Leichtsinn, ein Armutsrisiko sein soll. Zur Vermeidung einer überzogenen Haftung »armer« Eltern sind daher die Ausführungen des BSG (a. a. O.) auch für die Auslegung von § 22 Abs. 5 Satz 2 Nr. 1 SGB II heranzuziehen (LSG Hamburg vom 2.5.2006 – L 5 B 160/06 AS ER; LSG Sachsen vom 21.1.2008 – L 2 B 621/07 AS ER). Danach gelten folgende Maßstäbe:

- Schwerwiegende soziale Gründe können sowohl aus Sicht des jungen Volljährigen als auch aus Sicht der Eltern vorliegen;

- auf ein Verschulden des jungen Volljährigen kommt es nicht an;

Maßstäbe für
»schwerwiegende
soziale Gründe«

■ Störungen im Eltern-Kind-Verhältnis sind schwerwiegend, wenn voraussichtlich eine Besserung nicht zu erwarten ist (LSG Sachsen-Anhalt vom 16.6.2010 – L 5 AS 383/09 B ER);

■ liegen keine Anhaltspunkte für einen Auszug zur Erlangung höherer Alg II-Ansprüche vor, ist die auf der Basis erheblicher persönlicher Differenzen in der Vergangenheit gegründete, übereinstimmende Erkenntnis von Eltern und jungem Volljährigen, dass ein weiteres Zusammenleben nicht möglich sei, zu respektieren. Dies trägt »dem verfassungsrechtlichen Primat der elterlichen Erziehung (Art. 6 Abs. 2 GG) und dem Persönlichkeitsrecht der Betroffenen (Art. 2 Abs. 1 GG) Rechnung« (BSG, a. a. O.);

■ die Einschaltung der Jugendhilfe nach dem SGB VIII ist keine Voraussetzung für die Anerkennung schwerwiegender sozialer Gründe. »Wenn die Beteiligten die Leistungen der Jugendhilfe nicht in Anspruch nehmen wollen, so ist dies zu akzeptieren: Ihnen soll Hilfe angeboten, nicht aufgezwungen werden. Gerade bei den Erziehungshilfen der §§ 2 Nr. 2 und 4, 16 bis 21, 27 bis 35 SGB VIII steht der helfende, nicht der eingreifende Staat im Vordergrund« (BSG, a. a. O.).

Rechtsprechung zu § 2 Abs. 1a BAföG

Als weitere Auslegungshilfe für den Begriff der »schwerwiegenden sozialen Gründe« kann die Rechtsprechung zu § 2 Abs. 1a BAföG herangezogen werden. Zwar hat der Gesetzgeber von der Ermächtigung, BAföG auch dann zu zahlen, wenn die Ausbildungsstelle vom Elternhaus zumutbar erreichbar ist, aber unüberbrückbare Differenzen zwischen Eltern und Kind bestehen, keinen Gebrauch gemacht (s. dazu BayVGH vom 18.2.2013 – 12 C 12.2665; OVG NRW vom 20.3.2013 – 12 A 2601/11); die Verwaltungsgerichte haben jedoch in bestimmten Fällen das Wohnen im Elternhaus für unzumutbar gehalten. Die insoweit angelegten Maßstäbe gelten auch für den schwerwiegenden sozialen Grund i. S. von § 22 Abs. 5 SGB II. Ein schwerwiegender sozialer Grund liegt danach vor, wenn der Stiefpartner, in dessen Eigentumswohnung oder Haus der Elternteil mit leiblichem Kind lebt, wegen Streitigkeiten oder räumlicher Enge den Auszug des Stiefkindes fordert (BVerwG vom 27.2.1992, FEVS 43, S. 140 ff und vom 28.4.1993 – 11 B 43/93; VGH Baden-Württemberg vom 27.8.2003 – 7 S 1652/02; OVG Niedersachsen vom 17.6.2008 – 4 PA 750/07; VG Göttingen vom 11.11.2008 – 2 A 62/07; VG Hannover vom 1.10.2008 – 9 A 2278/07; BayVGH vom 26.1.2011 – 12 B 10.2406; s. auch OVG NRW vom 24.8.2015 – 12 A 782/15).

Weitere Beispiele für schwerwiegende soziale Gründe sind

■ aus Sicht des jungen Volljährigen:
 – Suchterkrankung der Eltern (LSG Mecklenburg-Vorpommern vom 28.5.2002 – L 2 AL 31/00; VGH Baden Württemberg vom 17.2.2003 – FEVS 54, S. 409; SG Nürnberg vom 2.11.2006 – S 19 AS 811/06 ER);
 – tief greifende Streitigkeiten zwischen Stiefgeschwistern;
 – massive Streitigkeiten mit dem Stiefvater (SG Dresden vom 3.11.2009 – S 10 AS 5249/09 ER);

- unzumutbare räumliche Unterbringung (SG Berlin vom 9.11.2007
  – S 37 AS 8402/06; s. dazu auch LSG Sachsen-Anhalt vom
  19.5.2014 – L 4 AS 169/14 B ER);
- fortgesetzte Gängelei und Herabsetzung (VG Meiningen vom
  27.4.2006 – 8 K 807/05 ME; SG Dortmund vom 5.10.2006 – S 48
  AS 34/06 ER);
- religiöser Übereifer der Eltern (SG Stade vom 22.4.2009 – S 28
  AS 793/08);

■ aus Sicht der Eltern:
- Suchterkrankung des Jugendlichen; der aber seinerseits keinen
  Anspruch auf Zustimmung zu einem Auszug gegen den Willen
  der Eltern und des Jugendamtes hat (LSG NRW vom 24.2.2014 –
  L 19 AS 36/14 B ER);
- Straffälligkeit;
- schwere Beleidigung.

Nicht als schwerwiegender sozialer Grund anerkannt wurde die
Lärmbelästigung durch Geschwister wegen beengter Wohnverhältnisse (BayVGH vom 23.3.2005 – 12 CE 05.183) oder Streitigkeiten, die
über die typischen Probleme zwischen Eltern und Heranwachsenden
nicht hinausgehen (LSG Berlin-Brandenburg vom 31.8.2007 – L 5 AS
29/06; LSG Thüringen vom 23.1.2008 – L 9 AS 343/07 ER; vgl. auch
OLG Brandenburg vom 21.5.2008 – 9 WF 116/08). Beengte Wohnverhältnisse allein sind kein Grund i.S. von § 22 Abs. 5 SGB II (BayLSG
vom 6.8.2008 – L 10 B 522/08 AL ER; SG Detmold vom 19.8.2009 – S
18 (21, 23) AS 344/07).

Kein schwer-
wiegender
sozialer Grund

2.3.2 Eingliederung in Ausbildung oder Arbeit

Hierunter fällt die Aufnahme einer Arbeits- oder Ausbildungsstelle, die vom Elternhaus aus nicht in zumutbarer Zeit zu erreichen ist. Als Kriterium für zumutbare Wegstrecken kann bei der Aufnahme einer Ausbildungsstelle auf Rechtsprechung zu § 60 Abs. 2 Nr. 4
SGB III und § 2 Abs. 1a BAföG zurückgegriffen werden (LSG Sachsen-
Anhalt vom 11.9.2012 – L 5 AS 461/11 B). Danach ist unter Berücksichtigung des jeweiligen Einzelfalls eine Fahrzeit mit Einschluss der notwendigen Wartezeiten von höchstens zwei Stunden für den Hin- und
Rückweg zumutbar. Bei der Aufnahme einer auswärtigen Arbeit gelten
für die zumutbaren Fahrwege die Ausführungen auf → S. 202. Eine entfernte befristete Arbeitsstelle verpflichtet ebenfalls zur Zusicherung der
Unterkunftskosten, wenn eine Aussicht auf Dauerbeschäftigung besteht
oder die Chancen zur Eingliederung in den Ausbildungs- oder Arbeitsmarkt wesentlich verbessert werden.

Fraglich ist, ob das Jobcenter einem Umzug auch dann zustimmen
muss, wenn zwar noch keine konkrete Arbeits- oder Ausbildungsstelle gesichert ist, die Chancen auf Eingliederung am Zuzugsort aber
wesentlich besser sind als am Wohnort der Eltern. Hier wird man

dem Jobcenter einen Beurteilungsspielraum zugestehen müssen. Er kann entscheiden, ob seine überörtlichen Vermittlungsmöglichkeiten ausreichen oder die Vermittlung von einem Träger vor Ort besser erfüllt werden können.

Das Jobcenter darf die Zusicherung der Unterkunftskosten nicht an die Bedingung knüpfen, dass die Arbeits-/Ausbildungsstelle bedarfsdeckend entlohnt/gefördert wird. § 22 Abs. 5 Satz 2 Nr. 2 SGB II bezweckt die Eingliederung. Auch ein längeres, unbezahltes Praktikum oder eine Bildungsmaßnahme dient diesem Zweck und kann daher zur Zusicherung verpflichten.

2.3.3   Sonstige, ähnlich schwerwiegende Gründe

Der Gesetzgeber hat mit dem Auffangtatbestand des § 22 Abs. 5 Satz 2 Nr. 3 SGB II die Möglichkeit geschaffen, die jeweiligen Besonderheiten des Einzelfalls zu würdigen. Dies schließt schematische Vorgaben der Jobcenter zu Ablehnungs- oder Zustimmungsgründen aus. Denkbare Fälle sind z. B. der Wunsch des jungen Volljährigen, wegen Eingewöhnungsschwierigkeiten am neuen Wohnort der Familie an den früheren Wohnort zurückzuziehen, oder der Umzug in die Nähe eines Angehörigen, zu dem eine besondere Bindung besteht. Ist die Benutzung der elterlichen Wohnung aus gesundheitlichen Gründen (kein Treppensteigen nach Hüftgelenksoperation) unzumutbar geworden, kann dem Auszugswunsch des jungen Volljährigen nach LSG Mecklenburg-Vorpommern vom 7.8.2008 – L 8 B 200/08 ER ein Wohnungswechsel der gesamten BG entgegengehalten werden.

2.4   Absenkung des Regelbedarfs

Nach § 20 Abs. 3 SGB II erhalten abweichend von Abs. 2 Satz 1 SGB II Personen, die noch nicht 25 Jahre alt sind und ohne Zusicherung des zuständigen kommunalen Trägers nach § 22 Abs. 5 SGB II umziehen, bis zum 25. Geburtstag nur 80 % des Regelbedarfs, d.h. statt 404 € nur 324 €.
Folge der Absenkung ist eine Verminderung der Mehrbedarfszuschläge für Schwangerschaft oder Behinderung, sofern man darin keine nachträgliche Berechtigung für den Auszug sieht.

Nur Kürzung des vollen Regelbedarfs

Nach dem eindeutigen Wortlaut des § 20 Abs. 3 SGB II trifft die Kürzung nur den alleinstehenden jungen Volljährigen. Ist er mit einer Einstandspartnerin zusammengezogen, erhält er trotz fehlender Zusicherung nach § 22 Abs. 5 SGB II bzw. fehlender Unterkunfts- und Heizkostenübernahme den Regelbedarf von 90 %, d. h. 364 €.

2.5   **Keine Übernahme der Erstausstattung**

Nach § 24 Abs. 6 SGB II hat die Ablehnung einer Zusicherung nach § 22 Abs. 5 SGB II zwingend (kein Ermessen) die Ablehnung der Kostenübernahme für die Erstausstattung der Wohnung zur Folge. Voraussetzung ist also ebenfalls, dass der Auszug einer Zusicherung bedurfte, von der auch nicht abgesehen werden kann.

2.6   **Auszug aus der BG ohne Zusicherung**

Die Rechtsfolgen einer ungenehmigten Nestflucht sind sehr hart. Bleibt der Betroffene hilfebedürftig, erhält er bis zum 25. Geburtstag nur 324 € sowie dementsprechend niedrige Mehrbedarfszuschläge. Der Gesetzgeber hat daher die Möglichkeit zugelassen, bei einem berechtigten Auszug i. S. von § 22 Abs. 5 Satz 2 Nrn. 1–3 SGB II von der Zusicherung vor Abschluss des Mietvertrages abzusehen. Ungeregelt geblieben ist, ob ein unberechtigter Auszug, dem später berechtigte Gründe hinzutreten, berücksichtigt werden kann. Ferner ist offen geblieben, wie das Jobcenter in Fällen gekürzter Leistungen vorgehen muss.

2.6.1   **Verzicht auf vorherige Zusicherung**

Die Regelung des § 22 Abs. 5 Satz 3 SGB II, die eine ungekürzte Leistung ohne vorherige Zusicherung ermöglicht, ist als sehr enge Ausnahmevorschrift formuliert worden. Nur wenn es dem Betroffenen »aus wichtigem Grund nicht zumutbar war, die Zusicherung einzuholen«, kann der an sich berechtigte Auszug ohne Zusicherung gebilligt werden. Die Kann-Formulierung deutet auf eine Ermessensvorschrift hin. Die erheblichen Leistungskürzungen nach §§ 20 Abs. 3, 22 Abs. 5 SGB II lassen sich jedoch nicht mit einem bloßen Formfehler im Verfahrensablauf rechtfertigen. § 22 Abs. 5 Satz 3 SGB II ist daher als Befugnisnorm auszulegen: liegen die Voraussetzungen für ein Absehen von der Zusicherung vor, sind die regulären Leistungen zu erbringen. Es steht nicht im Ermessen des Jobcenters, an der Leistungskürzung festzuhalten (vgl. dazu BayLSG vom 24.9.2014 – L 9 SO 95/14; strenger i. S. eines Verfahrenszwangs LSG Sachsen-Anhalt vom 13.12.2010 – L 5 AS 177/09 NZB).

Auslegungsbedürftig ist auch die Formulierung, dass es »aus wichtigem Grund nicht zumutbar war, die Zusicherung einzuholen«. Sinn macht hier die Auslegung, dass nicht nur solche Gründe wichtig sind, derentwegen die Einholung der Zusicherung unmöglich war, sondern stattdessen ein individueller Maßstab der Zumutbarkeit darüber entscheidet, ob dem jungen Volljährigen »verziehen« werden kann. Neben dem nur auf diese Weise gewahrten Grundsatz der Verhältnismäßigkeit der Kürzung sind auch nur dann jugendgerechte Lösungen (z. B. bei Rechtsunkenntnis, Unbeholfenheit, jugendlichem Übermut, Trotz oder Ungeduld) möglich. Außerdem widerspricht es dem Zweck der

Regelung, Kosten zu sparen, wenn der an sich berechtigt ausgezogene junge Volljährige nur deshalb den Mietvertrag kündigen und wieder bei den Eltern einziehen muss, um ein reguläres Zustimmungsverfahren für eine unter Umständen teurere neue Wohnung zu eröffnen. Die Notwendigkeit, den Einzelfall angemessen zu berücksichtigen, wird vollends deutlich in dem Fall, in dem der junge Volljährige wegen schwerer Zerwürfnisse mit den Eltern sofort ausziehen darf und nicht, selbst für kurze Zeit nicht, durch Rückzug die formale Voraussetzung der vorhergehenden Zusicherung erfüllen kann (dazu SG Stuttgart vom 10.9.2007 – S 20 AS 6192/07 ER; LSG Sachsen vom 21.1.2008 – L 2 B 621/07 AS-ER; SG Duisburg vom 6.4.2010 – S 5 AS 1118/10 ER).

Beruht das Fehlen einer Zusicherung darauf, dass das Jobcenter einen rechtzeitig gestellten Antrag nicht oder nur verzögert bescheidet, kann es sich auf das Fehlen der Zusicherung nicht berufen (BayLSG vom 24.9.2014 – L 8 SO 95/14). Wurde wegen einer falschen oder unterbliebenen Beratung keine Zusicherung eingeholt, kann diese im Wege des sozialrechtlichen Herstellungsanspruchs ersetzt werden (LSG Berlin-Brandenburg vom 29.7.2008 – L 14 B 818/08 AS ER).

2.6.2   Nachträgliches Entstehen einer Auszugsberechtigung

Keine Regelung hat der Gesetzgeber für die Fälle getroffen, in denen zum Zeitpunkt des Auszugs keine schwerwiegenden Gründe vorlagen, sich die Verhältnisse später aber so ändern, dass nun ein Auszug berechtigt wäre (Geburt eines Kindes, Heirat des Freundes). Eine Lösung liegt auch hier in der Besinnung auf den Zweck der §§ 20 Abs. 3, 22 Abs. 5 SBG II. Fällt die Berechtigung des Leistungsträgers zur Verhinderung des Auszugs weg, ist es ab diesem Zeitpunkt nicht mehr gerechtfertigt, die Leistung weiter zu kürzen. Als reine Strafmaßnahme, die unter Umständen den jungen Volljährigen noch jahrelang belastet, verstieße die Leistungskürzung gegen das Übermaßverbot.

Hatte der junge Volljährige eine bedarfsdeckende Arbeit angenommen, stehen ihm im Fall einer erneuten, unverschuldeten Hilfebedürftigkeit die angemessenen Unterkunftskosten und die volle Regelleistung zu. Eine Fortwirkung der ursprünglich sanktionierten Nestflucht würde gegenüber jungen Volljährigen, die zum Zeitpunkt des Auszugs nicht hilfebedürftig waren und es erst später werden, eine willkürliche und daher nach Art. 3 GG verbotene Schlechterstellung darstellen; dies verkennt das LSG Berlin-Brandenburg vom 26.11.2010 – L 5 AS 1880/10 B ER.

2.7   Erstauszug, um Alg II zu erlangen

Lebt der junge Volljährige bei seinen Eltern oder einem Elternteil, die kein Alg II beziehen und ihn unterhalten, oder verfügt er über soviel Einkommen, dass er nicht zur BG der hilfebedürftigen El-

tern zählt (§ 7 Abs. 3 Nr. 4 SGB II), muss er vor einem Auszug zwar
keine Zusicherung nach § 22 Abs. 5 Satz 1 SGB II einholen – diese
Vorschrift gilt für ihn nicht (LSG Niedersachsen-Bremen vom
6.11.2007 – L 7 AS 626/07 ER; LSG Sachsen vom 14.7.2010 – L 7 AS
175/10 B ER; LSG Sachsen-Anhalt vom 3.6.2010 – L 5 AS 155/10 B
ER). Wird der junge Volljährige infolge des Auszugs jedoch hilfebedürftig, erhält er dann keine Unterkunfts- und Heizkosten, wenn er
mit der **Absicht** umgezogen ist, die Voraussetzungen für einen Leistungsanspruch zu schaffen. »Absicht« bedeutet vorsätzliches Herbeiführen der Hilfebedürftigkeit als Folge des Auszugs; der Umzug muss
auf dieses Ziel gerichtet gewesen sein (LSG Mecklenburg-Vorpommern vom 21.5.2008 – L 10 AS 72/07). Die Leistung darf also nicht
ausgeschlossen werden, wenn andere Gründe den Auszug bestimmten oder die Hilfebedürftigkeit erst nachträglich eintritt (dazu SG Berlin vom 25.10.2006 – S 37 AS 9503/06 ER; SG Reutlingen vom
5.3.2008 – S 12 AS 22/08 ER: unverschuldeter Verlust einer zum Zeitpunkt des Umzugs bedarfsdeckenden Beschäftigung).

Kann dem jungen Volljährigen keine Absicht nachgewiesen werden,
geht dies zulasten des Jobcenters (LSG Sachsen vom 2.7.2009 – L 3 AS
128/08; SG Karlsruhe vom 6.8.2013 – S 12 AS 601/13). Alle Umstände
des Einzelfalles und entsprechende Indizien, die für und gegen eine
Absicht sprechen, sind hierbei zu beachten. Da es sich hierbei um Umstände handelt, die in der Person des Betroffenen liegen, dürfen die
Anforderungen an die Beweisführung nicht überspannt werden (LSG
Mecklenburg-Vorpommern vom 21.5.2008 – L 10 AS 72/07).

Mit dem Eingehen eines neuen Arbeits- oder Ausbildungsverhältnis-
ses ist im Normalfall kein so hohes Kündigungsrisiko verbunden, dass
erst nach Ablauf der Probezeit wegen Anmietung eigenen Wohnraums eine Leistungskürzung nach § 22 Abs. 5 Satz 4 SGB II ausgeschlossen ist (LSG Hamburg vom 24.1.2008 – L 5 B 504/07 ER AS);
das gleiche muß gelten, wenn das Arbeitsverhältnis zum Zweck der
Erprobung befristet ist. Es gibt auch keine gesetzliche Grundlage dafür, den jungen Volljährigen im Fall eingetretener Hilfebedürftigkeit
wegen Kündigung oder Fristablauf auf eine Rückkehr in die elterliche
Wohnung zu verweisen. Kehrt der junge Volljährige jedoch ins Elternhaus zurück, entsteht wieder eine BG, die den erneuten Auszug
an die Voraussetzung des § 22 Abs. 5 SGB II knüpft (LSG Sachsen
vom 2.4.2008 – L 3 B 97/08 AS-ER).

2.8 Umgang mit den Nestflüchtern

Mit den gekürzten Leistungen, auf die bei Erhalt noch das
Kindergeld angerechnet wird, kann der junge Volljährige seinen Lebensunterhalt nicht bestreiten, wenn er regulären Wohnraum anmieten muss. Infolge des Ausschlusses der Unterkunftskosten steht ihm
zwar dem Grunde nach Wohngeld zu; das dazu nötige Mindesteinkommen kann der junge Volljährige aber nicht ohne weiteres dazu-

verdienen. Nach § 19 Abs. 3 Satz 2 SGB II wird Einkommen zunächst auf die Regelbedarfe angerechnet. Der Betroffene muss also eine Arbeit finden, bei der er so viel verdient, dass er zusammen mit Wohngeld zumindest 80 % seines Existenzminimums abdecken kann. Das Jobcenter ist verpflichtet, durch intensive Vermittlungsbemühungen einen möglichst raschen Ausgleich für die Leistungskürzung zu schaffen (s. auch Ausschuss-Drs. 16[11]80 neu, S. 4).

Problematisch ist die Leistungskürzung wegen Nestflucht im Fall einer Sanktion nach § 31a Abs. 3 SGB II. Dem Nestflüchter bleiben dann nur noch Lebensmittelgutscheine, weil er keinen Anspruch auf Unterkunftskosten hat. Das Jobcenter hat daher in besonderer Weise zu prüfen, ob eine Sanktion dem Verhältnismäßigkeitsgrundsatz entspricht.

3   Stationäre Unterbringung

**Grundsatz:
Leistungs-
ausschluss**

Nach § 7 Abs. 4 SGB II erhält keine Leistungen, wer in einer stationären Einrichtung – dazu zählt auch eine Einrichtung zum Vollzug richterlich angeordneter Freiheitsentziehung – untergebracht ist.
Der Leistungsausschluss gilt vom ersten Tag des Aufenthalts.

Ausnahmen

Kein Leistungsausschluss gilt bei Aufenthalt

- in einem Krankenhaus bei einer voraussichtlichen Dauer der Behandlung von längstens sechs Monaten; maßgebend ist die Zahl der Monate, nicht die der Tage in diesen Monaten (SG Köln vom 23.2.2010 – S 32 AS 290/10 ER);

- in einer stationären Einrichtung nach § 7 Abs. 4 Satz 1 SGB II, wenn der Untergebrachte mindestens 15 Stunden wöchentlich zu regulären Arbeitsmarktbedingungen tatsächlich erwerbstätig ist (BSG vom 5.6.2014 – B 4 32/13 R; LSG Baden-Württemberg vom 22.3.2016 – L 13 AS 4877/13).

**Berufstätige
Freigänger**

Obwohl die Änderung von § 7 Abs. 4 Satz 3 SGB II n. F. **seit 1.8.2016** vom Gesetzgeber als »Klarstellung« bezeichnet wird (BT-Drs. 18/8909, S. 29), handelt es sich um eine Erweiterung des Leistungsausschlusses auf berufstätige Freigänger. Sie haben ggf. Anspruch auf ergänzende Sozialhilfe.
Zur Hilfebedürftigkeit eines Strafgefangenen: LSG Sachsen vom 4.3.2015 – L 3 AS 94/15 B ER.

3.1   Aufenthalt in einer stationären Einrichtung

**Was ist eine
»stationäre
Einrichtung«?**

Der Gesetzgeber hat den Begriff der stationären Einrichtung in § 7 Abs. 4 SGB II nicht definiert. Als Richtschnur kann weder an § 97 BSHG und § 13 SGB XII noch die Rechtsprechung zu diesen Vorschriften direkt angeknüpft werden. Denn während es im Sozialhilferecht darum geht, die mit der Erbringung stationärer Leistungen verbundenen Kosten nicht dem Träger am Einrichtungsort aufzubürden (§ 36a SGB II regelt Entsprechendes im SGB II für Frauenhäuser), dient der Einrichtungsbegriff im SGB II als Ausschlusskriterium. Der Aufenthalt in einer stationären Einrichtung führt zum Wegfall sowohl der (passiven) Hilfe zum Lebensunterhalt als auch der (aktiven) Hilfe zur Eingliederung. Es stellt sich daher die Frage, unter welchen Voraussetzungen es gerechtfertigt ist, mit dem Aufenthalt in einer stationären Einrichtung sämtliche Leistungen des SGB II zu versagen.

Die Ausnahmeregelung für die mindestens 15 Stunden erwerbstätigen Personen in stationären Einrichtungen gibt nach BSG vom 5.6.2014 – B 4 AS 32/13 R zur Prüfung eines Leistungsausschlusses drei Prüfschritte vor:

BSG

- In einem ersten Schritt ist zu klären, ob es sich um eine Leistungserbringung in einer **Einrichtung** handelt. Eine Einrichtung besteht nach § 13 SGB XII bei einer auf Dauer angelegten Kombination von sächlichen und personellen Mitteln, die zu einem besonderen Zweck und unter der Verantwortung eines Trägers zusammengefasst wird und die für einen größeren wechselnden Personenkreis bestimmt ist (s. dazu LSG NRW vom 15.3.2013 – L 20 SO 67/08; BSG vom 23.8.2013 – B 8 SO 14/12 R).

- In einem zweiten Schritt ist zu klären, ob die Leistungen **stationär** erbracht werden. Von einer stationären Leistungserbringung ist auszugehen, wenn der Hilfesuchende nach formeller Aufnahme in der Institution »lebt« und daher die Unterbringung Teil der Leistungserbringung ist.

- In einem dritten Schritt ist die **Unterbringung** in der stationären Einrichtung zu klären. Von einer Unterbringung ist nur auszugehen, wenn der Träger der Einrichtung nach Maßgabe seines Konzeptes die Gesamtverantwortung für die tägliche Lebensführung und die Integration des Leistungsberechtigten übernimmt.

Maßgebend für den Leistungsausschluss ist nicht der ganztägige Aufenthalt in einer Einrichtung, sondern eine ganztägige Betreuung (LSG Schleswig-Holstein vom 19.12.2007 – L 11 AS 9/07).

Auf die Bezeichnung der Einrichtung in einer Leistungs- oder Entgeltvereinbarung als stationäre Einrichtung kommt es für den Leistungsausschluss nicht an. Entscheidend sind Art und Umfang der erforderlichen Hilfe zur Resozialisierung und das Konzept der in Anspruch genommenen Einrichtung (LSG NRW vom 20.2.2008 – L 7 B 271/07 AS). Als Orientierungsfaustregel gilt:

- **Leistungsausschluss** bei Eingliederungshilfen nach den §§ 53–56 SGB XII oder §§ 35, 35a SGB VIII (s. aber SG Karlsruhe vom 26.2.2008 – S 7 AS 848/07: kein Leistungsausschluss bei § 53 SGB XII – Unterbringung wegen vollschichtiger Arbeitsfähigkeit);

■ **kein Leistungsausschluss** bei Hilfen zur Überwindung besonderer sozialer Schwierigkeiten nach den §§ 67, 70, 73 SGB XII oder § 34 SGB VIII. Erst recht greift § 7 Abs. 4 SGB II nicht, wenn lediglich ein einzelnes Hilfsangebot zur Verfügung gestellt wird (Wohnraum, Verpflegung, medizinische Versorgung usw.).

Keine »stationären Einrichtungen«

Keine stationären Einrichtungen i. S. von § 7 Abs. 4 SGB II sind daher:

■ Einrichtungen der Wohnungslosenhilfe (SG Berlin vom 15.3.2006 – S 94 AS 7728/06 ER; LSG Baden-Württemberg vom 10.6.2011 – L 12 AS 5755/09; SG Köln vom 20.3.2015 – S 33 AS 2796/14);

■ Übergangswohnheime für Haftentlassene (LSG Niedersachsen-Bremen vom 27.8.2009 – L 8 SO 149/07);

■ Krisenhäuser mit Schwerpunkt Familienhilfe (LSG NRW vom 21.1.2009 – L 19 B 243/08 AS);

■ Jugendheime nach § 34 SGB VIII; nach SG Koblenz vom 8.2.2010 – S 16 AS 1168/09; LSG Baden-Württemberg vom 20.5.2010 – L 7 AS 5263/08 ist § 7 Abs. 4 SGB II auf nicht erwerbsfähige Sozialgeldbezieher (Kinder unter 15 Jahren) gar nicht erst anwendbar;

■ Einrichtungen der Jugendhilfe zur Stärkung der Eigenständigkeit (BayVGH vom 23.6.2009 – 12 ZB 07.2852);

wenn nach dem Hilfeplan die Überwindung sozialer oder familiärer Krisen im Vordergrund steht; außerdem:

■ Krankenstationen für Obdachlose;

■ Frauenhäuser;

■ Übergangswohnheime für Spätaussiedler (BVerwG vom 24.1.2000, FEVS 51, S. 389 f.);

■ internatsmäßige Unterbringungen zu Ausbildungszwecken, wie z. B. bei berufsvorbereitenden Bildungsmaßnahmen (VG Göttingen vom 24.3.2004 – 2 A 2282/02);

■ Schulinternate, es sei denn, neben der schulischen Ausbildung werden auch spezielle Maßnahmen für behinderte Menschen angeboten (s. dazu BVerwG vom 22.5.1975 – V C 19.74; LSG NRW vom 15.5.2013 – L 20 SO 67/08; BSG vom 15.11.2012 – B 8 SO 10/11 R). Zur internatsmäßigen Berufsausbildung → S. 153 ff.

In den beiden letzten Fällen kann die Leistung allerdings über § 7 Abs. 5 SGB II ausgeschlossen sein, falls die Maßnahme tatsächlich oder dem Grunde nach mit BAB oder BAföG gefördert wird oder förderbar ist.

Einrichtung mit Eigenverantwortung und Arbeitsmarktbezug

Ist die Einrichtung so organisiert, dass den sich dort aufhaltenden Personen Freiraum für eigenverantwortliches Handeln bleibt und aktiv beim Finden eines Arbeitsplatzes geholfen wird, handelt es sich um keine stationäre Einrichtung i. S. von § 7 Abs. 4 SGB II. Es besteht daher ein Alg II-Anspruch (so schon zu § 7 Abs. 4 SGB II a. F. SG Osnabrück vom

21.11.2005 – S 22 AS 35/05: Einrichtung für wohnungslose Frauen; SG Bremen vom 17.1.2011 – S 23 AS 2637/10 ER: Langzeitentwöhnungstherapie mit Wohnen in Appartement und Zugang zum Arbeitsmarkt).

Bietet die Einrichtung Arbeit in eigenen Betrieben an und kann tatsächlich nur dort gearbeitet werden (z. B. wegen besonderer Suchtmittel-Kontrollen), handelt es sich um eine stationäre Unterbringung i. S. von § 7 Abs. 4 SGB II (SG Berlin vom 28.1.2014 – S 37 AS 9238/13).

Mit dieser einengenden Auslegung des Begriffs der stationären Einrichtung wird dem Willen des Gesetzgebers Rechnung getragen, den Leistungsausschluss an die fehlende Verfügbarkeit i. S. von § 119 SGB III a. F. zu knüpfen (BT-Drs. 16/1410, S. 51). Auch werden so unsinnige und dem Zweck der Eingliederung widersprechende Leistungsausschlüsse vermieden (z. B. Vorenthaltung von Leistungen des SGB II an Wohnungslose mit aufstockendem Alg II oder nach Auslaufen des Anspruchs auf Alg I).

Wird Hilfe zur Überwindung schwieriger Lebenslagen in der Form geleistet, dass der Leistungsberechtigte aus einer stationären Einrichtung i. S. von § 7 Abs. 4 SGB II in eine mit eigenem Mietvertrag gehaltene Wohnung zieht und nur noch gelegentliche Betreuungsleistungen benötigt, steht der Zugang zum SGB II wieder offen; bei einer so weitgehenden Verselbständigung fehlt es am Merkmal der Gesamtverantwortung eines Dritten für die tägliche Lebensführung des Hilfeempfängers (OVG Niedersachsen vom 13.2.2006 – 12 LC 528/04).

Eigenständige Wohnung

Dasselbe gilt für therapeutische Wohngruppen bei einem bloßen Nebeneinander von Unterbringung und Betreuung, von persönlichen sowie therapeutischen Hilfen und weitgehend selbständiger Bestimmung des Tagesablaufs sowie der Verwendung der Mittel zum Lebensunterhalt durch die Bewohner (OVG des Saarlandes vom 30.9.2005 – 3 Q 14/04).

Ist zwischen Jobcenter und SGB XII-Träger streitig, ob nach Art der Einrichtung ein Leistungsausschluss besteht, ist das Jobcenter nach LSG NRW vom 20.2.2008 – L 7 B 274/07 AS nicht bis zur Klärung des Streits gemäß § 44a SGB II analog zur Leistungszahlung verpflichtet. Im Notfall ergibt sich eine Leistungszuständigkeit des zuerst angegangenen Trägers aus § 43 SGB I (vgl. dazu LSG NRW vom 4.3.2010 – L 1 B 34/09 AS).

3.2   Aufenthalt in einer Einrichtung zum Vollzug richterlich angeordneter Freiheitsentziehung

Nach § 7 Abs. 4 Satz 2 SGB II sind Leistungen ausgeschlossen bei Unterbringung in einer stationären Einrichtung, die auf einer richterlichen Entscheidung beruht. Als Wichtigste seien hier genannt:

- Untersuchungshaft (LSG NRW vom 4.3.2010 – L 1 B 34/09 AS);

- Strafhaft;

- Unterbringung in einem Krankenhaus oder einer Entziehungsanstalt im Rahmen des Maßregelvollzugs (§§ 63, 64 StGB), bei Jugendlichen und jungen Volljährigen nach § 10 JGG i. V. m. §§ 63, 64 StGB (s. dazu auch LSG Berlin-Brandenburg vom 24.2.2012 – L 15 SO 75/09 und vom 3.12.2014 – L 19 AS 1600/11). Der Leistungsausschluss endet im Fall einer dauerhaften Beurlaubung zur Vorbereitung der Entlassung (BayLSG vom 17.9.2014 – L 16 AS 813/13; LSG Niedersachsen-Bremen vom 24.3.2015 – L 7 AS 1504/13 und vom 26.1.2016 – l 13 AS 309/13);

- einstweilige Unterbringung in einem Krankenhaus oder einer Entziehungsanstalt nach § 126a StPO;

- Unterbringung in einem Krankenhaus oder einer Entziehungsanstalt nach den Unterbringungsgesetzen der Länder (PsychKG); bei freiwilliger Fortsetzung der Behandlung bleibt der Leistungsausschluss bestehen, wenn die Behandlung insgesamt voraussichtlich länger als sechs Monate dauern wird, ansonsten erst nach einer Behandlungsdauer von sechs Monaten, die Zeit der Unterbringung aufgrund der Anordnung mitgerechnet;

- Unterbringung in einem Krankenhaus oder einer Entziehungsanstalt durch das Familiengericht nach § 1631b BGB. Hat der Jugendliche selbst beim Jugendamt um Inobhutnahme (§ 42 SGB VIII) in einem Jugendheim nachgesucht, wird die Leistung nicht ausgeschlossen, auch wenn wegen Widerspruchs der Eltern eine Entscheidung des Familiengerichts nach § 1666 BGB eingeholt werden muss; für einen Leistungsausschluss fehlt es an der Voraussetzung einer richterlich angeordneten Unterbringung gegen den Willen des Betroffenen;

- Unterbringung in einem Krankenhaus oder einer Entziehungsanstalt durch das Vormundschaftsgericht nach § 1906 BGB (s. dazu BGH vom 28.12.2009 – XII ZB 225/09);

- einstweilige behördliche Unterbringung in einem Krankenhaus oder einer Entziehungsanstalt, die nachträglich von einem Gericht genehmigt wird;

- Beugehaft nach § 96 OWiG;

- Ersatzzwangshaft nach § 16 VwVG Bund oder Länder;

- Beugehaft zur Abgabe einer eidesstattlichen Versicherung nach § 901 ZPO.

Zurückstellung der Strafvollstreckung nach § 35 BtMG

Wird die Strafvollstreckung wegen einer Behandlung der Sucht in einem Krankenhaus oder einer Entziehungsanstalt nach § 35 BtMG zurückgestellt, hat der Betroffene Anspruch auf Leistungen nach dem SGB II, wenn die stationäre Behandlungsphase voraussichtlich nicht länger als sechs Monate dauert und entweder in eine ambulante Therapie mündet oder die Reststrafe nach § 36 BtMG ausgesetzt wird (LSG Rheinland-Pfalz vom 19.6.2007 – L 3 ER 144/07 AS). Erfolgt von Anfang an eine ambulante Therapie, ist die Leistung nicht nach § 7 Abs. 4 SGB II ausgeschlossen. Aus einer Anrechnung der Therapie auf die

Strafe nach § 36 BtMG kann nicht geschlossen werden, dass es sich um eine Therapie in einer stationären Einrichtung handelt; wegen des freiheitseinschränkenden Charakters kann auch eine ambulante Therapie angerechnet werden (vgl. LG Oldenburg vom 19.8.2004 – 4 Qs 365/04). Keine Rolle spielt es für die Prüfung eines Leistungsausschlusses nach § 7 Abs. 4 SGB II, dass die Behandlung im weiten Sinn Teil der Strafverbüßung ist. Entscheidend ist die Entlassung aus dem Strafvollzug (vgl. KG Berlin vom 31.8.2005 – 1 AR 895/05). Bricht der Betroffene die Therapie ab, behält er den Alg II-Anspruch, solange die Zurückstellung nicht widerrufen wird, z.B. wegen Nachweises eines neuen Behandlungsversuchs, der mit Leistungen nach den §§ 67 ff. SGB XII zu unterstützen ist (LSG Berlin-Brandenburg vom 14.2.2008 – L 15 B 292/07 SO ER). Wird die Zurückstellung jedoch widerrufen, wird die Leistung wegen »Vollzugs einer freiheitsentziehenden Maßnahme« ausgeschlossen. Die Aufhebung des Widerrufs im Beschwerdeverfahren (vgl. dazu OLG Karlsruhe vom 26.5.2003 – 1 Ws 133/03) hat keine Wirkung auf den vorausgehenden Leistungsausschuss. Zum Verhältnis des § 56f StGB zu § 35 BtMG: OLG Celle vom 14.2.2012 – 1 Ws 54/12.

Eine Haftentlassung zum Zweidrittelzeitpunkt nach § 57 StGB oder eine Zurückstellung der Strafvollstreckung nach § 35 BtMG setzt den Nachweis eines Therapieplatzes und eine Kostenzusage für die Behandlung voraus. Gibt es hier Probleme zur Zuständigkeit oder zum Versicherungsschutz bzw. der Kostenübernahme (Kranken- oder Rentenversicherung oder Sozialhilfe), kann der Haftentlassene über einen Eilantrag die Zuständigkeit durch das Sozialgericht klären lassen (SG Bremen vom 12.10.2009 – S 24 AY 17/09 ER; SG Lüneburg vom 26.1.2010 – S 13 R 26/10 ER; BayLSG vom 3.8.2011 – L 6 R 634/11 B ER; HessLSG vom 9.6.2011 – L 5 R 170/11 B ER: Kostenzusage nach § 34 SGB X, wenn Antragsteller noch in Haft ist).

Behandlungsanspruch

Der Antritt einer Ersatzfreiheitsstrafe nach § 43 StGB schließt die Leistung aus, da die Ersatzfreiheitsstrafe kein Beugemittel zur Beitreibung der Geldstrafe ist, sondern als echte Strafe ohne rechtsgestaltenden Akt an die Stelle der richterlich festgesetzten Geldstrafe tritt (BVerfG vom 24.8.2006 – 2 BvR 1552/06; OLG Oldenburg vom 24.4.2006 – 1 Ws 234/06). So auch BSG vom 24.2.2011 – B 14 AS 81/09 R und vom 21.6.2011 – B 4 AS 128/10 R.

Freiheitsstrafe anstelle von Geldstrafe

Im Fall einer kurzzeitigen Ersatzfreiheitsstrafe kann es für eine Rückforderung von weitergezahltem Alg II am Verschulden des Leistungsbeziehers fehlen (LSG Hamburg vom 27.3.2013 – L 4 AS 343/10; s. aber LSG NRW vom 9.7.2012 – L 19 AS 870/11).

Macht der Betroffene dagegen von seinem Recht Gebrauch, die uneinbringliche Geldstrafe mit gemeinnütziger Arbeit abzuleisten, hat er weiter Anspruch auf Alg II. Die Ausnahmeregelung des § 7 Abs. 4 Satz 2 Nr. 2 SGB II steht dem nicht entgegen. Der zu einer Geldstrafe Verurteilte befindet sich ja in Freiheit; lediglich im Fall einer Beendigung der zugewiesenen Arbeit kann die Ersatzfreiheitsstrafe vollzogen

Schwitzen statt Sitzen

werden. Angesichts der integrativen Funktion dieser Variante der Strafverbüßung wäre ein Leistungsausschluss geradezu widersinnig.

Jugendarrest

Jugendarrest nach § 13 JGG ist keine Haftstrafe. Nach SG Gießen vom 1.3.2010 – S 29 AS 1053/09 schließt Jugendarrest die Leistung nicht aus (Berufung anhängig – L 9 AS 162/10). Ebenso SG Dresden vom 27.1.2014 – S 7 AS 1567/13; LSG Sachsen-Anhalt vom 24.9.2014 – L 4 AS 318/13.

Freiwillige Heilbehandlung

Der Aufenthalt in einem Krankenhaus oder einer Entziehungsanstalt im Rahmen einer Weisung nach § 56c Abs. 3 Nr. 1 StGB beruht auf Freiwilligkeit (LG Stralsund vom 24.10.2007 – 23 QS 52/07) und führt daher bei einer voraussichtlichen Behandlungsdauer von mehr als sechs Monaten zu einem Leistungsausschluss. Dasselbe gilt im Fall eines Klinikaufenthalts, wenn die entsprechende Maßregel nach § 67b StGB ausgesetzt wurde.

Einrichtungs-/ Statuswechsel

Bei dem Übergang von einer Einrichtung in eine andere oder dem Wechsel des Aufenthaltsstatus in einer Einrichtung vom Zwang zur Freiwilligkeit ist zu differenzieren:

- Erfolgt ein Wechsel von der Strafhaft in ein Krankenhaus oder eine Entziehungsanstalt, bleibt es bei dem Leistungsausschluss »Vollzug einer freiheitsentziehenden Maßnahme«, wenn die Behandlung im engeren Sinn Bestandteil der freiheitsentziehenden Maßnahme ist (§§ 63, 64, 67 StGB).
Bei Wechsel in ein Krankenhaus oder eine Entziehungsanstalt im Rahmen von §§ 35, 36 BtMG handelt es sich nicht um eine Fortdauer der richterlich angeordneten Vollzugsunterbringung. Denn mit der Zurückstellung und dem Beginn der Behandlung verlässt der Betroffene die stationäre Einrichtung JVA (KG Berlin vom 31.8.2005 – 1 AR 895/05; offen gelassen vom LSG Baden-Württemberg vom 21.3.2006 – L 8 AS 1171/06 ER-B zu § 7 Abs. 4 SGB II a. F.). Erfolgt die Heil- oder Rehabilitationsbehandlung freiwillig nach den §§ 56c Abs. 3, 67b StGB, steht auch den vormaligen Strafgefangenen Alg II für mindestens sechs Monate der Behandlung zu, es sei denn, bereits bei Beginn der Behandlung ist voraussichtlich ein längerer Zeitraum erforderlich (BSG vom 6.9.2007 – B 14/7b AS 60/06 R).

- Wechselt der Aufenthalt in einem Krankenhaus oder einer Entziehungsanstalt vom Zwang zur Freiwilligkeit (Aufhebung der Unterbringung nach dem PsychKG, Strafaussetzung zur Bewährung nach § 57 StGB, Aussetzung des Maßregelvollzugs nach § 67e StGB), werden die Aufenthaltszeiten zusammengerechnet (HessLSG vom 21.1.2015 – L 6 AS 361/12; BayLSG vom 16.7.2014 – L 16 AS 518/13; nach längstens sechs Monaten Behandlung endet der Anspruch auf Alg II.

- Steht der Aufenthalt in einem Krankenhaus oder einer Entziehungsanstalt nicht mehr in Zusammenhang mit dem Straf- oder Maßregelvollzug, gibt es höchstens für sechs Monate Alg II trotz vollstationärer Heilbehandlung (→ unten 3.3).

- Wartezeiten beim Wechsel von der Haft in eine Einrichtung (so genannte Organisationshaft) ändern nichts am Leistungsausschluss wegen »Vollzugs einer freiheitsentziehenden Maßnahme«.

- Beurlaubungen aus der Haft, dem Krankenhaus oder der Entziehungsanstalt unterliegen der Verantwortungs- und Organisationsgewalt des Einrichtungträgers und bewirken daher keine Unterbrechung des Vollzugs der freiheitsentziehenden Maßnahme; zwischenzeitlich entsteht somit kein Anspruch auf Alg II (vgl. BVerwG vom 6.4.1995, FEVS 46, S. 52 ff.); anders bei einer dauerhaften Beurlaubung (SG Landshut vom 23.10.2013 – S 10 AS 905/12).,

3.3   Aufenthalt in einem Krankenhaus

Der Gesetzgeber hat den Begriff »Krankenhaus« in § 7 Abs. 4 Satz 3 Nr. 1 SGB II durch Bezugnahme auf § 107 SGB V so definiert, dass darunter auf Vollversorgung und Pflege angelegte Behandlungseinrichtungen fallen. Solche Einrichtungen sind:

- Krankenhäuser nach § 107 Abs. 1 SGB V; auch ein nicht zugelassenes Krankenhaus ist ein Krankenhaus i. S. von § 7 Abs. 4 SGB II, wenn es über eine vergleichbare Ausstattung und Qualität verfügt. Auf die Kostenübernahme durch die Krankenkasse kommt es nicht an (BSG vom 9.12.2014 – B 14 AS 66/13 R). Ein von Hebammen betriebenes Geburtshaus ist nach BSG vom 21.2.2006 – B 1 KR 34/04 R kein Krankenhaus gemäß § 107 Abs. 1 Nr. 1 SGB V. Für die Berechnung der Aufenthaltsdauer nach § 7 Abs. 4 SGB II kommt es nicht darauf an, ob tatsächlich eine stationäre Behandlung i. S. von § 39 SGB V erforderlich war oder ob der Patient schon früher in ambulante Weiterbehandlung hätte entlassen werden können;

- Mutter/Vater-Kind-Kuren nach §§ 24,41 SGB V;

- stationäre Rehabilitationen nach § 40 Abs. 2 SGB V (VG Bremen vom 22.10.2007 – S 8 U 2981/07).

Teilstationäre (ambulante) Behandlungen (§§ 39a, 115a SGB V) oder entsprechende Rehamaßnahmen (§ 40 Abs. 1 SGB V) lösen nur eine Meldepflicht nach § 56 SGB II aus oder erfordern die vorherige Zustimmung des Fallmanagers, wenn die Behandlung als Kur erbracht wird (§ 7 Abs. 4a SGB II i. V. m. § 3 Abs. 2 Nr. 1 EAO). Erfolgt die Behandlung in einer Einrichtung, die sowohl stationäre als auch ambulante Leistungen erbringt, entscheidet der von der Krankenkasse/dem Rentenversicherungsträger übernommene Versorgungsumfang über den Rechtscharakter der Einrichtung (VG Sigmaringen vom 19.10.2004 – 9 K 1888/02).

Wurde der Aufenthalt in einem Krankenhaus von einem Gericht angeordnet, schließt § 7 Abs. 4 SGB II SGB II-Leistungen ab Beginn der erzwungenen Krankenhauseinweisung aus. Dass sich der Betroffene in einem Krankenhaus statt einer Strafvollzugsanstalt befindet, spielt keine Rolle (a. A. BayLSG vom 8.5.2008 – L 11 AS 393/07).

Richterlich angeordneter Krankenhausaufenthalt

Prognose

Steht bereits bei der Krankenhausaufnahme fest, dass die Behandlung länger dauert, ist die Leistung schon vor Ablauf der sechs Monate ausgeschlossen (BSG vom 6.9.2007 – B 14/7b AS 60/06 R; LSG Rheinland-Pfalz vom 18.12.2008 – L 5 AS 31/08; LSG NRW vom 15.7.2016 – L 7 AS 150/16 B ER). Dem entspricht es, wenn § 8 Abs. 1 SGB II nur als erwerbsfähig ansieht, wer »auf absehbare Zeit« arbeiten kann. Auf den Zeitpunkt des Alg II-Antrags kommt es zur Berechnung der Sechsmonatsfrist daher nicht an (BSG vom 9.12.2014 – B 14 AS 66/13 R; LSG NRW vom 15.2.2016 – L 7 AS 150/16 B ER), wenn erstmals während der Krankenhausbehandlung Alg II beantragt wird.

Ändert sich die Prognose während des Aufenthalts in der Einrichtung, können Leistungen nach dem SGB II beantragt werden (BSG vom 6.9.2007 – B 14/7b AS 60/06 R).

Beispiel

R. ist nach einer Entgiftungsbehandlung am 4.8. in eine auf acht Monate angelegte Drogentherapie in eine stationäre Einrichtung aufgenommen worden. Wegen der sechs Monate übersteigenden Dauer hatte der SGB II-Träger seine Leistungen am 5.8. eingestellt. Im November zeichnet sich ab, dass R. die Einrichtung bereits im Dezember verlassen kann, um die Therapie im Rahmen einer teilstationären Betreuung mit eigener Wohnung abzuschließen. R. kann im November Leistungen nach dem SGB II beantragen, z.B. eine Kostenübernahmeerklärung nach § 22 SGB II für eine neue Wohnung. Für die Dauer des Aufenthalts bis zum Bekanntwerden der früheren Entlassung bleibt die Leistung ausgeschlossen. Insoweit war und ist die Prognose zu Beginn der Therapie maßgeblich (BSG vom 6.9.2007 – B 14/7b AS 60/06 R).

Keine Prognose nötig

Bei einer absehbar unter sechs Monate währenden Krankenhausunterbringung sind SGB II-Leistungen dennoch ausgeschlossen, wenn der Betroffene bereits unmittelbar zuvor in einer stationären Einrichtung untergebracht war und Leistungen nach dem SGB XII bezogen hatte (BSG vom 12.11.2015 – B 14 AS 6/15 R).

Keine Prognose möglich

Nach sechs Monaten Dauer endet der Anspruch auf Alg II/Sozialgeld, wenn keine Prognose getroffen werden konnte. Das bedeutet einen Wechsel ins Leistungssystem des SGB XII.

Fortdauer der Behandlung über die Anfangsprognose hinaus

Stellt sich entgegen einer zu Beginn der Behandlung vorausgesagten Behandlungsdauer von weniger als sechs Monaten heraus, dass doch keine Entlassung aus dem Krankenhaus/der Reha-Einrichtung erfolgen kann, ist Alg II für die Dauer der Alg II-Bewilligung weiterzuzahlen. Denn es liegt im Wesen einer Prognoseentscheidung, dass sie vom tatsächlichen Geschehensablauf abweichen kann. War die Prognose, gemessen an den Umständen des Zeitpunkts, zu dem sie getroffen werden musste, richtig, bleibt es dabei. Sie ist weiter Grundlage für den Bewilligungsbescheid (BSG vom 6.9.2007 – B 14/7b AS 60/06 R). Erst nach Ablauf des Bewilligungsabschnitts ist das Jobcenter berechtigt, den Untergebrachten bei Fortdauer der stationären Behandlung an den SGB XII-Träger zu verweisen.

Für die Berechnung der Höchstbehandlungsdauer mit Anspruch auf Alg II werden die Aufenthaltszeiten bei einem Wechsel des Krankenhauses oder vom Krankenhaus zur stationären Rehabilitation zusammengerechnet (BayLSG vom 16.7.2014 – L 16 AS 518/13; a.A. LSG Sachsen vom 28.11.2012 – L 7 AS 244/12 B ER im Fall einer § 35 BtMG-Reha nach Strafvollzug). Erfolgt die erneute Einweisung ins Krankenhaus wegen eines Rückfalls, beginnt eine neue Sechsmonatsdauer zu laufen; erst recht gilt das für eine neue Erkrankung.

Zusammen-
rechnung

Dem Zeitfenster von sechs Monaten Heilungsbewährung liegt die Erwägung zugrunde, dass bei einer länger dauernden Erkrankung meist auch die Erwerbsfähigkeit nicht nur vorübergehend aufgehoben ist. Daher stellt sich die Frage, ob der medizinischen Prognose, wie lange der Krankenhausaufenthalt voraussichtlich andauern wird, von anderen, je nach Feststellung belasteten Leistungsträgern widersprochen werden kann mit der Folge, dass dann unter Weiterzahlung von Alg II ein Gutachten der Rentenversicherung nach § 109 SGB VI eingeholt werden muss. Eine wichtige Rolle könnte hier insbesondere den Krankenkassen zukommen, die Erfahrungen haben bei der Beurteilung der durchschnittlichen Verweildauer in stationären Einrichtungen. Unserer Ansicht nach ist § 44a SGB II jedenfalls insoweit analog anwendbar, dass in Zweifelsfällen der Alg II-Anspruch Vorrang gegenüber der Sozialhilfe nach den §§ 27 ff. SGB XII hat. Eine überspannte Leistungsverpflichtung erwächst daraus nicht, da nach sechs Monaten Einrichtungsaufenthalt ein Wechsel zur Sozialhilfe oder gegebenenfalls Eigenfinanzierung des Lebensunterhalts (bei Vermögen oberhalb der Schonbeträge des § 90 SGB XII) erfolgt.

Träger-
widerspruchs-
verfahren?

3.4   Erwerbstätige in stationärer Einrichtung

Ist eine stationär untergebrachte Person erwerbstätig, aber dennoch (teilweise) hilfebedürftig, ist der Verweis auf das SGB XII, d.h. ein Leistungssystem, das auf erwerbsunfähige Menschen zugeschnitten ist, nicht zu begründen. Der Gesetzgeber hat für solche Fälle eine Durchbrechung des Leistungsausschlusses zugelassen, wenn die Erwerbstätigkeit mindestens 15 Stunden wöchentlich dauert und zu regulären Arbeitsmarktbedingungen ausgeübt wird. Unter diesen Voraussetzungen ist erwiesen, dass der Betroffene trotz stationärer Unterbringung erwerbsfähig ist und dem Arbeitsmarkt zur Verfügung steht.

Mindestens
15 Stunden

Nach dem Wortlaut von § 7 Abs. 4 Satz 3 Nr. 2 SGB II hängt der Alg II-Anspruch davon ab, dass **tatsächlich** mindestens 15 Stunden wöchentlich gearbeitet werden. Eine so enge Auslegung wäre jedoch absurd; sie führte schon bei einer kurzen Erkrankung oder einem Urlaub zu einem Wegfall des Anspruchs oder Wechsel des Leistungssystems. Für einen Anspruch auf Alg II genügt daher ein auf mindestens 15 Stunden Wochenarbeit angelegter Arbeitsvertrag. Ein solcher Vertrag widerlegt die mit der stationären Unterbringung verbundene

Nur ausgeübte
Erwerbstätigkeit?

Vermutung fehlender Eingliederungschancen zu üblichen Arbeitsmarktbedingungen.

§ 7 Abs. 4 Satz 3 Nr. 2 SGB II fordert zum Nachweis der Verfügbarkeit, dass der stationär Untergebrachte »unter den üblichen Bedingungen des allgemeinen Arbeitsmarktes« erwerbstätig ist. Damit sind die Bedingungen gemeint, unter denen die Arbeit verrichtet wird (Arbeitszeit, -ort und -einsatz). Ein regulärer Arbeitsvertrag oder ein Arbeitsverhältnis i. S. des Arbeitsrechts ist nicht gefordert.

Fraglich ist, ob Ansprüche nach dem SGB II verloren gehen, wenn der Arbeitnehmer eine betriebsbedingte Kündigung erhält. In diesem Fall ist der Nachweis voller Verfügbarkeit auf dem Arbeitsmarkt nicht erschüttert. Bei Erwerb eines Alg I-Anspruchs erhielte der Betroffene Alg I. Ein Leistungsausschluss für (aufstockendes) Alg II wäre daher nicht gerechtfertigt. Zur Vergleichsgruppe der »normalen« Arbeitslosen erschiene der Leistungsausschluss willkürlich. Zu überlegen ist daher, ob die mit Ausübung einer mindestens 15 Wochenstunden umfassenden Tätigkeit widerlegte Vermutung fehlender Verfügbarkeit auch für die anschließende Sucharbeitslosigkeit als widerlegt gilt. Es bleibt abzuwarten, wie die Sozialgerichte entscheiden.

Abgrenzungsmerkmal

In der Praxis wird das 15-Stunden-Kriterium vor allem dazu dienen, Menschen in Einrichtungen zur Resozialisierung oder in therapeutischen Wohngruppen erst dann das Leistungssystem des SGB II zu öffnen, wenn über gemeinnützige oder geschützte Arbeitsangebote hinaus »echte« Erwerbsarbeit geleistet wird; nach der Neufassung von § 7 Abs. 4 SGB II wird daher die Entscheidung des BayLSG – Anspruch auf Alg II bei Aufenthalt in einer therapeutischen Wohngemeinschaft mit eigener Beteiligung an der Miete und den Lebenshaltungskosten und Hilfestellung zu gemeinnütziger Arbeit außerhalb der Einrichtung (BayLSG vom 7.4.2006 – L 7 B 103/06 AS ER) – neu zu überdenken sein.

3.5   Erwerbstätige im Strafvollzug

Das BSG vom 24.2.2011 – B 14 AS 81/09 R hat entschieden, dass es bei einer Unterbringung im Strafvollzug nicht darauf ankomme, ob die Einrichtung bzw. die Art der Unterbringung in dieser Einrichtung die Aufnahme einer mindestens dreistündigen täglichen Erwerbstätigkeit auf dem allgemeinen Arbeitsmarkt von vornherein ausschließe. Das Gesetz generalisiere für alle unter § 7 Abs. 4 Satz 2 SGB II fallende Einrichtungen, dass deren Insassen durch den Freiheitsentzug in einem besonderen Maße vom allgemeinen Arbeitsmarkt ausgeschlossen sind.

Freigänger

Allein der Status als Freigänger beendet den Leistungsausschluss also nicht. **Seit 1.8.2016** bleibt der Leistungsausschluss trotz Aufnahme einer Berufstätigkeit bestehen.

Für die bis zum 31.7.2016 geltende Rechtslage ist wie folgt zu unterscheiden:

■ **Leistungsausschluss:**
– Bloße Aufnahme in eine Warteliste für Freigänger (BSG vom 21.11.2002 – B 11 AL 9/02 R, noch nicht verfügbar i. S. von § 138 SGB III);
– bloße Erlaubnis zu Innenarbeiten in der JVA (LSG NRW vom 28.5.2008 – L 7 B 145/08 AS; LSG Berlin-Brandenburg vom 25.2.2010 – L 34 AS 883/09; LSG NRW vom 30.11.2009 – L 19 B 337/09 AS ER);
– bloße Erlaubnis zu Außenarbeiten unter Aufsicht;
– gemeinnützige Arbeiten außerhalb der JVA (LSG Berlin-Brandenburg vom 7.11.2006 – L 29 B 804/06 AS ER);
– Freigang bei fortbestehender Arbeitsverpflichtung in der JVA (BSG vom 29.4.1998 – B 7 AL 32/97 R, nicht verfügbar i. S. von § 119 SGB III a. F.).

■ **Kein Leistungsausschluss:**
– Freigänger in Beschäftigungsverhältnis auf allgemeinem Arbeitsmarkt von mehr als kurzzeitiger Dauer;
– Freigänger in selbständiger Tätigkeit auf allgemeinem Arbeitsmarkt von mehr als kurzzeitiger Dauer.

Bei dem Freigang handelt es sich um eine Vollzugslockerung nach § 39 StVollzG, die den Strafvollzug nicht unterbricht (vgl. OLG Celle vom 13.2.2002 – 1 [3] Ws 510/01). Verliert der Freigänger seine Beschäftigung, lebt daher der Leistungsausschluss nach § 7 Abs. 4 SGB II wieder auf.

Arbeitsloser Freigänger

Anders als im SGB II gibt es für arbeitslose Freigänger mit unbegrenztem Zugang zum Arbeitsmarkt einen Anspruch auf Alg I. Reicht das Alg I ggf. zusammen mit Wohngeld nicht zur Deckung des Existenzminimums, muss der SGB XII-Träger ergänzende Sozialhilfe erbringen.

Alg I und Sozialhilfe

Nach BSG vom 24.2.2011 – B 14 AS 81/09 R haben auch Freigänger in Bildungsmaßnahmen nur Anspruch auf SGB XII-Leistungen, sofern kein oder nur ein geringer Anspruch auf Förderleistungen nach dem SGB III besteht (s. dazu BSG vom 26.9.1990 – B 9b/11 RAr 63/89 und vom 21.7.2009 – B 7 AL 49/07 R; s. auch SG Karlsruhe vom 20.6.2016 – S 15 AS 3265/15).

Freigänger in Bildungsmaßnahme

3.6 **Folgeprobleme des Leistungsausschlusses**

Der Leistungsausschluss bei Unterbringung oder freiwilligem Aufenthalt in einer stationären Einrichtung führt zu einem für den Betroffenen problembeladenen Wechsel vom SGB II ins SGB XII; zum einen fehlen im SGB XII aktive Hilfen zur Eingliederung, zum anderen gelten im SGB XII niedrigere Vermögensschongrenzen. Der → S. 136 ff.

Wechsel ins SGB XII?

dargelegte enge Begriff der stationären Einrichtung verhindert zwar in vielen Fällen ein kurzfristiges Hin- und Herschieben der Betroffenen; die Gleichstellung der freiheitsentziehenden Maßnahmen mit dem Aufenthalt in einer stationären Einrichtung erzwingt jedoch einen Wechsel der Zuständigkeit, auch wenn der Aufenthalt nur von kurzer Dauer ist, wie z. B. bei der Untersuchungshaft. Statt Alg II gibt es dann allenfalls »Taschengeld« vom SGB XII-Träger (LSG NRW vom 4.3.2010 – L 1 B 34/09 AS). Betroffen sind davon vor allem die ebenfalls hilfebedürftigen Angehörigen einer mit der freiheitsentziehenden Unterbringung nicht aufgehobenen BG. Zwar ist mit der Inhaftierung die Absenkung des Regelbedarfs auf 364 € für den »freien« Partner nicht mehr gerechtfertigt (BSG vom 16.4.2013 – B 14 AS 71/12 R); der komplette Leistungsausschluss führt jedoch zu einem Wegfall der dem stationär Untergebrachten zuzuordnenden anteiligen Unterkunftskosten. Es drohen daher Mietschulden, die nach Ende der Unterbringung gemäß § 22 Abs. 8 SGB II grundsätzlich nur als Darlehen übernommen werden. Bei einer Dauer der stationären Unterbringung bis zu sechs Monaten wird das Jobcenter die vollen Unterkunftskosten für die demnächst wieder zusammenlebende BG als angemessene Miete übernehmen müssen (SG Düsseldorf vom 15.12.2006 – S 28 AS 336/06 ER; BSG vom 19.10.2010 – B 14 AS 50/10 R). Fraglich ist aber, ob bei längerer Unterbringung der SGB XII-Träger für den Mietanteil einspringt oder den Wechsel in eine kleinere Wohnung verlangen kann (LSG Berlin-Brandenburg vom 15.4.2011 – L 14 AS 218/11 B ER; SG Detmold vom 8.7.2014 – S 8 SO 147/13: keine Übernahme, wenn Haft ca. zehn Monate dauert; SG Düsseldorf vom 5.11.2010 – S 42 SO 480/10 ER: keine Übernahme bei Haftdauer von 15 Monaten).

Noch schwerer wiegend sind die Konsequenzen des sofortigen Leistungsausschlusses, wenn der einzige erwerbsfähige Angehörige einer BG die SGB II-Leistung verliert. Da er selbst keine BG mit abgeleiteten Leistungsansprüchen auf Sozialgeld begründen kann, fallen seine nicht erwerbsfähigen Angehörigen in die Sozialhilfe. Verfügt die Familie über Schonvermögen oberhalb der Grenzen von § 90 SGB XII, dürfte der Vermögenseinsatz bei einer nur vorübergehenden Unterbringung des erwerbsfähigen BG-Mitglieds unbillig hart i. S. von § 90 Abs. 3 SGB XII sein. Der Krankenversicherungsschutz ist nach dem Rechtsgedanken aus § 32 Abs. 2 Satz 2 SGB XII durch die Übernahme von Beiträgen für eine freiwillige Weiterversicherung zu sichern.

Grobe Fahrlässigkeit?

Die Nichtanzeige einer Inhaftierung eines Mitgliedes einer BG beim Jobcenter kann nicht ohne weiteres als grob fahrlässiges Unterlassen der Mitteilungspflicht gemäß §§ 45, 48 SGB X gewertet werden. Eine sorgfältige Prüfung ist insbesondere erforderlich, wenn die Inhaftierung nur vorübergehend erfolgte (LSG Berlin-Brandenburg vom 4.8.2011 – L 25 AS 1035/09 B PKH).

Wechsel des Kostenträgers

Auswirkungen auf den Kostenträger kann der mit sofortiger Wirkung eintretende Leistungsausschluss bei einem nahtlosen Einrichtungswechsel haben.

Der drogenabhängige K. wird nach einem Selbstmordversuch bei   Beispiel
fortbestehender Eigengefährdung auf der Grundlage eines Gerichts-
beschlusses nach dem landesrechtlichen Unterbringungsgesetz in ein
Krankenhaus eingewiesen. Nach vierwöchigem Aufenthalt und Stabilisierung seines Gesundheitszustandes durch eine Entgiftungsbehandlung wird der Unterbringungsbeschluss aufgehoben. K. wechselt nahtlos in eine stationäre Rehabilitationseinrichtung zur Behandlung der Suchterkrankung. Das Therapiekonzept ist auf die Dauer
von sechs Monaten angelegt. Da K. mit Zwangseinweisung ins Krankenhaus den Alg II-Anspruch und damit die Rentenanrechnungszeit
verloren hat, erfüllt er nicht mehr die Voraussetzung des § 11 Abs. 2
Nr. 1 SGB VI. Statt der Rentenversicherung muss der SGB XII-Träger
nach den §§ 53 ff. SGB XII für die Reha aufkommen.

Zur Lösung von Zuständigkeitsstreitigkeiten in solchen Fällen
→ S. 959.
Zum Krankenversicherungsschutz in solchen Fällen → S. 780.

4 Bezug einer Altersrente

Nach § 7 Abs. 4 Satz 1 SGB II erhält keine Leistungen, wer
»Rente wegen Alters bezieht«. Das gilt auch, wenn die Rente mit Wissen und Wollen an einen Dritten augezahlt wird (LSG Baden-Württemberg vom 2.2.2016 – L 9 AS 2914/15 B). Altersrente ist auch eine
vergleichbare ausländische Rente (SG Berlin vom 12.3.2009 – S 174
AS 5694/09 ER: polnische Altersrente; BSG vom 16.5.2012 – B 4 AS
105/11 R: litauische Altersrente).

Dieser Leistungsausschluss ist konsequent, da die Grundsicherung
für Arbeitsuchende dem Personenkreis vorbehalten ist, der nach allgemeiner Anschauung dem Arbeitsmarkt zur Verfügung steht. Bei ei-   Ausschluss
nem Altersrentner ist das typischerweise nicht mehr der Fall, sodass   auch bei
er trotz einer rentenrechtlich zulässigen (§ 34 SGB VI) Nebentätigkeit   Nebentätigkeit
von über 15 Stunden wöchentlich dennoch nicht mehr zu den förderungsfähigen Arbeitnehmern gerechnet wird (LSG Sachsen-Anhalt
vom 18.4.2013 – L 5 AS 141/10).

Reicht die Altersrente nicht zur Bedarfsdeckung aus, stehen dem Al-   Minirente
tersrentner ergänzende Sozialhilfe nach dem SGB XII zu; ab dem Erreichen der Altersgrenze Leistungen der Grundsicherung nach den
§§ 41 ff. SGB XII.

Alg II gibt es nur dann nicht, wenn die Rente tatsächlich ausgezahlt   Rentenzahlung
wird. Der bloße Rentenantrag genügt selbst bei einem dem Grunde   entscheidet
nach unstreitigen Anspruch nicht. Besteht Hilfebedürftigkeit, ist zunächst Alg II zu leisten, das dann mit der Rentennachzahlung über einen Erstattungsanspruch nach § 40a SGB II i.V.m. § 104 SGB X verrechnet wird.

Vorschuss

Ein Antrag auf einen Rentenvorschuss bei unstreitigem Anspruch auf Rente dem Grunde nach (§ 42 Abs. 1 Satz 2 SGB I) beseitigt die aktuelle Hilfebedürftigkeit nur dann, wenn der Vorschuss die laufenden Lebenshaltungskosten plus Unterkunftskosten deckt. Die Höhe des Vorschusses steht im Ermessen des Rentenversicherungsträgers.

Kein Verzicht auf vorgezogene Minirente

In der Regel wird es sich bei vorzeitigen Altersrenten um Renten mit Abschlägen nach § 77 SGB VI handeln. Auch wenn die Rente deshalb niedrig ausfällt, kann der Rentenbezieher nicht auf die Auszahlung der Rente verzichten, um Alg II zu erhalten, denn der Verzicht benachteiligt das nachrangige Jobcenter und ist gemäß § 46 Abs. 2 SGB I unwirksam (zu einer vergleichbaren Situation bei Bezug von Alg I nach dem SGB III s. BSG vom 12.12.1991 – 7 RAr 24/91).

Deshalb sollte ein Rentenantrag nur gestellt werden, wenn vorher die Höhe der Rente geklärt ist.

Zur so genannten Zwangsverrentung nach Auslaufen der 58er-Regelung → S. 183.

5   Schule, Studium und Ausbildung

Krieg bereits mit dem Mietzuschuss (§ 27 Abs. 3 SGB II a. F.) und der Mietschuldübernahme nach § 27 Abs. 5 SGB II a. F. der ursprüngliche, aus § 26 BSHG übernommene Regelungszweck des Leistungsausschlusses – mit Leistungen der Grundsicherung keine dritte Ausbildungsförderung neben BAföG, BAB und Ausbildungsgeld zu eröffnen – durchbrochen worden, gilt **seit 1.8.2016** [gemäß §§ 7 Abs. 5, Abs. 6, 23 Abs. 3 SGB II n. F.] eine neue Regelungslogik. Im Interesse einer nachhaltigen Eingliederung in Arbeit werden mit regulären Leistungen nach dem SGB II unterstützt:

Neu

■ Auszubildende in berufsbezogenen Ausbildungsgängen, soweit sie nach § 9 SGB II hilfebedürftig sind.
  Ausnahme: Auszubildende in Ausbildungsgängen mit internatsmäßiger Unterbringung.

■ Schüler und Studenten, die BAföG erhalten oder nur
– wegen der BAföG-Vorschriften zur Berücksichtigung von Einkommen und Vermögen oder
– wegen § 2 Abs. 1a BAföG (Wohnenkönnen im Elternhaus) nicht erhalten, soweit sie nach § 9 SGB II hilfebedürftig sind.
  Ausnahme: Studierende mit eigener Wohnung an höheren Fachschulen, Akademien und Hochschulen.

■ Von § 10 Abs. 3 BAföG betroffene Schüler an einer Abendschule.

■ Schüler mit einem Bedarf nach §§ 12, 13 Abs. 1 Nr. 1 BAföG, die wegen § 10 Abs. 3 BAföG (Überschreitung der Altersgrenze) kein BAföG erhalten, wenn die absolvierte Ausbildung im Einzelfall für die Eingliederung in das Erwerbsleben zwingend erforderlich ist oder ohne die Erbringung von Leistungen zum Lebensunterhalt der Abbruch einer solchen Ausbildung droht.

Ausnahme: Studierende mit eigener Wohnung an höheren Fachschulen, Akademien und Hochschulen erhalten im Härtefall nur ein Darlehen.

Der Leistungsausschluss für Studierende mit eigener Wohnung und für behinderte Auszubildende in stationärer Ausbildungssituation wird vom Gesetzgeber damit begründet, dass Studierende mit eigener Wohnung ihren Lebensunterhalt mit studentischen Nebenjobs sichern können und dass für behinderte Auszubildende, die für die Ausbildung in einem Wohnheim oder Internat untergebracht sind, kein zusätzlicher Hilfebedarf bestehe. Mit dieser Begründung stellt der Leistungsausschluss im neuen Regelungssystem der §§ 7 Abs. 5, Abs. 6, 27 Abs. 3 SGB II n. F. einen wenig überzeugenden Kompromiss im Ringen um eine bedarfsdeckende Ausbildungsfinanzierung (s. dazu auch BVerfG vom 3.9.2014 – 1 BvR 1768/11) dar. Seine inhaltlichen Defizite fordern neue Denkansätze zur Lösung unverschuldeter Notfälle heraus.

Die Einbeziehung von Schülern, Studierenden im Elternhaus und Auszubildenden in das SGB II bringt gegenüber der bisherigen Regelungssystematik vor allem folgende Änderungen mit sich:

Was hat sich geändert?

■ Mit den Schülern und Studierenden im Elternhaus und Auszubildenden können EVs abgeschlossen werden.

■ Schüler und Studierende im Elternhaus und Auszubildende können bei einem Verstoß gegen EV-Pflichten oder sonstigen Pflichten sanktioniert werden.

■ Für ein sozialwidriges Verhalten kann nach § 34 SGB II gehaftet werden.

■ BAföG, BAB und Ausbildungsgeld werden als anrechenbares Einkommen berücksichtigt → S. 509.

■ Schülern und Studierenden im Elternhaus und Auszubildenden stehen im Bedarfsfall die Einmalleistungen nach § 24 Abs. 3 SGB II zu.

■ Der KdU-Bedarf richtet sich nach den allgemeinen Kriterien für die Angemessenheit der Wohnkosten. Wird bei Eintritt in den Leistungsbezug zu teuer gewohnt, kann der KdU-Bedarf erst nach einer Kostensenkungsaufforderung mit Suchfrist angepasst werden.

■ Schüler und Studierende im Elternhaus sowie Auszubildende über 14 Jahre sind über den Bezug von Alg II pflichtversichert nach § 5 Abs. 1 Nr. 2a SGB V.

5.1 Leistungen an nichtbehinderte Auszubildende

Unter Behinderung bzw. Nichtbehinderung ist hier die Definition in § 19 SGB III maßgebend:

> »Behindert im Sinne dieses Buches sind Menschen, deren Aussichten, am Arbeitsleben teilzuhaben oder weiter teilzuhaben, wegen Art oder Schwere ihrer Behinderung im Sinne von § 2 Abs. 1 des Neunten Buches nicht nur vorübergehend wesentlich gemindert sind und die deshalb Hilfen zur Teilhabe am Arbeitsleben benötigen, einschließlich lernbehinderter Menschen.«

5.1.1 Regelfall: Kein Leistungsausschluss

Der Zugang zum Alg II hängt bei Absolvierung einer Ausbildung oder Ausbildungsvorbereitung **seit dem 1.8.2016** im Regelfall nicht mehr davon ab, ob der gewählte Ausbildungsgang nach den §§ 51, 53, 57, 58 SGB III »dem Grunde nach« gefördert werden könnte. Es kommt also nicht darauf an, ob die absolvierte Berufsausbildung in einem nach dem Berufsbildungsgesetz, der Handwerksordnung oder dem Seemannsgesetz staatlich anerkannten Ausbildungsberuf betrieblich oder außerbetrieblich oder nach dem Altenpflegegesetz betrieblich durchgeführt wird und der dafür vorgeschriebene Berufsausbildungsvertrag abgeschlossen worden ist. Anspruch auf (aufstockendes) Alg II besteht daher auch bei einer Ausbildung, die nicht in das Verzeichnis nach dem Berufsbildungsgesetz eingetragen werden kann, z. B. bestimmte duale Ausbildungen, oder wenn die persönlichen Voraussetzungen für BAB nach § 59 SGB III nicht erfüllt sind.

Arbeit statt Ausbildung? Der neu eröffnete Zugang zum Alg II wirft die Frage auf, ob das Jobcenter bei einer von der AA abgelehnten Zweitausbildung (§ 57 Abs. 2 SGB III) oder einer verneinten Neuförderung bei vorausgegangenem Ausbildungsabbruch (§ 57 Abs. 3 SGB III) die Aufnahme einer Arbeit statt der (wiederholten) Ausbildung verlangen kann. Hat die AA die Förderung einer Zweitausbildung abgelehnt, weil mit der abgeschlossen Ausbildung hinreichende Chancen auf Eingliederung in Arbeit bestehen, gibt § 10 SGB II dem Jobcenter die Befugnis, auf eine Arbeit im Ausbildungsberuf zu verweisen. Sieht das Jobcenter abweichend von der Entscheidung der AA keine Vermittlungschancen, ist für die Dauer der Zweitausbildung Alg II zu gewähren, eine Durchsetzung des vorrangigen BAB-Anspruchs kann vom Auszubildenden verlangt oder nach § 5 Abs. 3 SGB II vom Jobcenter durchgesetzt werden.

Bei einem verschuldeten Ausbildungsabbruch i. S. von § 57 Abs. 3 SGB III widerspricht der Verweis auf einen Hilfsarbeiterjob dem Eingliederungsgedanken nach § 3 Abs. 2 Satz 2 SGB II n. F. Die wiederholte oder neue Ausbildung steht einem Alg II-Anspruch daher nicht entgegen.

In einer EV müssen die Pflichten des Auszubildenden den Anforderungen der Ausbildung untergeordnet werden. Da die Vermittlung in Arbeit oder Eingliederungsmaßnahmen für die Dauer der Ausbildung ausgesetzt ist, unterliegt der Auszubildende nicht der Regelung des § 7 Abs. 4a SGB II i.V.m. §§ 1-3 EAO. Ob und ggf. in welchem Umfang die aktive Teilnahme im Ausbildungsbetrieb und in der Berufsschule in der EV vereinbart werden kann, muss nach den §§ 55 SGB X ff. kontrolliert werden (BSG vom 23.6.2016 – B 14 AS 26/15 R). Unzulässig ist die Verknüpfung des Leistungsanspruchs an regelmäßige Teilnahme oder an bestimmte Noten.

EV-Pflichten

5.1.2 Ausnahme: Leistungsausschluss bei stationärer Ausbildung

Wird eine mit BAB förderungsfähige Ausbildung mit Unterbringung und voller Verpflegung bei dem Ausbildenden oder in einem Wohnheim oder Internat durchgeführt oder die berufsvorbereitende Maßnahme in einem Wohnheim oder Internat (Bedarfe nach § 61 Abs. 2, Abs. 3 oder § 62 Abs. 3 SGB III), haben die Auszubildenden nur Anspruch auf Leistungen nach § 27 SGB II → S. 164 ff.

Reguläre Leistungen zum Lebensunterhalt sind nach § 7 Abs. 5 Satz 2 SGB II nicht erst dann ausgeschlossen, wenn BAB für die genannten Ausbildungsgänge tatsächlich bezogen wird. Es genügt, wenn die Ausbildung **dem Grunde nach** mit BAB förderfähig ist. Förderungsfähig bedeutet, dass für den Ausbildungsgang, ungeachtet der speziellen, persönlichen Voraussetzungen, unter denen der Auszubildende ihn besucht, überhaupt BAB beansprucht werden kann. Maßgeblich sind allein die objektiven, ausbildungsbezogenen Umstände (BSG vom 6.9.2007 – B 14/7b AS 36/06 R), wozu die Eintragung der Ausbildung in das Verzeichnis nach § 34 BBiG gehört (LSG Sachsen vom 10.11.2011 – L 3 AL 60/10; s. auch LSG Berlin-Brandenburg vom 26.5.2016 – L 31 AS 2648/14). Ob eine Ausbildung leistungsausschließend ist, richtet sich nach § 7 Abs. 5 Satz 2 SGB II n. F., d. h. **seit dem 1.8.2016** allein nach §§ 61 Abs. 2, Abs. 3 und 62 Abs. 3 SGB III.

Förderfähige Ausbildung

Maßgebend ist die Unterbringung beim Ausbildenden mit voller Verpflegung. Dies ist der Fall, wenn der Ausbildende dem Auszubildenden Unterkunft bzw. Wohnung und mindestens an den Arbeitstagen im Regelfall drei Hauptmahlzeiten (Frühstück, Mittagessen und Abendessen) frei oder verbilligt zur Verfügung stellt. Auf den Ort, an dem der Ausbildende Verpflegung und Unterkunft bzw. Wohnung zur Verfügung stellt, kommt es dabei nicht an (z. B. in der Familie des Ausbildenden oder in einer fremden Familie, in einem Wohnheim oder Internat, auf dem Betriebsgelände).

Unterbringung bei dem Ausbildenden (§ 61 Abs. 2 SGB III)

Wird im Rahmen einer Unterbringung nach § 61 Abs. 2 SGB III volle Verpflegung (Frühstück, Mittagessen und Abendessen) regelmäßig an weniger als sieben Tagen der Woche zur Verfügung gestellt, ist dem für § 61 SGB III maßgebenden Wert nach der Sozialversicherungsent-

Wochenend-verpflegung

geltVO je Tag der Woche, für den regelmäßig keine volle Verpflegung gewährt wird, ein Betrag von monatlich 31 € hinzuzurechnen. Damit ist sichergestellt, dass für alle Tage des Monats ein Bedarf berücksichtigt wird.

Beispiel (nach DA 61.2.5)

Unterkunft mit voller Verpflegung (Frühstück, Mittag- und Abendessen) an wöchentlich 5 Tagen. Der Wert der Sachbezüge ohne Abzug des gegebenenfalls vom Auszubildenden zu zahlenden Entgelts beträgt monatlich 302,68 €. Hinzuzurechnen sind für (7 − 5 =) 2 Tage in der Woche, an denen regelmäßig keine volle Verpflegung gewährt wird (2 x 31 € =) monatlich 62 € + für sonstige Bedürfnisse 90 € monatlich, ergibt einen Gesamtbedarf von 454,68 €.

Freiwillige Ausbildungsmaßnahmen außerhalb der Ausbildungsstätte

Wird der Auszubildende nur während der Dauer einzelner Ausbildungsmaßnahmen i. S. von § 27 Abs. 2 BBiG und § 21 Abs. 2 HwO außerhalb der regulären Ausbildungsstätte stationär versorgt, bleibt der **nicht** leistungsausschließende Bedarfscharakter der Ausbildung unverändert. Die Kosten für diese Maßnahmen, sofern sie nicht vom Ausbilder zu tragen sind, können von der Ausbildungsvergütung oder der BAB als Aufwendungen nach § 11b Abs. 1 Nr. 5 SGB II abgesetzt werden.

Pflicht-Ausbildungs-Teile außerhalb der Ausbildungsstätte

Für Zeiten der Teilnahme an Ausbildungsmaßnahmen außerhalb der Ausbildungsstätte, die durch Entscheidung der nach dem BBiG oder der HwO zuständigen Stelle eingerichtet werden und deren Teilnahme für alle Auszubildenden im jeweiligen Beruf Pflicht ist (z.B. um die Prüfungsvoraussetzungen zu vereinheitlichen), sowie für Zeiten einer Zwischen- oder Abschlussprüfung nach §§ 37, 48 BBiG, §§ 31, 39 HwO, richtet sich der Bedarf für den Lebensunterhalt nach der Art der Unterbringung während dieser Zeiträume. Bei einer stationären Unterbringung mit einem Bedarf nach § 61 Abs. 2 oder 3 SGB III gilt für die Dauer der Maßnahme ein Alg II-Leistungsausschluss.

Blockunterricht

Für Zeiten der Teilnahme des Auszubildenden am Blockunterricht der Berufsschule ist der Bedarf nach § 65 SGB III nicht neu festzusetzen. Zusätzliche Fahrkosten sowie Kosten für eine zusätzliche Unterbringung für Zeiten des Blockunterrichts der Berufsschule sind im Rahmen des SGB III nicht zu berücksichtigen; sie können von der Ausbildungsvergütung oder der BAB als Aufwendungen nach § 11b Abs. 1 Nr. 5 SGB II abgesetzt werden. Ggf. kommt eine Förderung nach Landesrecht in Betracht (dazu VGH Baden-Württemberg vom 22.5.2013 – 9 S 1367/12; VG Stuttgart vom 28.7.2014 – 12 K 3576/12).

Klärungsbedürftige Rechtsfrage?

Bisher ungeklärt ist die Bedarfssituation, wenn der Ausbilder ein Elternteil des Auszubildenden ist und der Auszubildende im Elternhaus lebt. Gilt dann § 60 Abs. 1 SGB III (kein BAB-Anspruch, aber auch kein Leistungsausschluss) oder ist dies ein Fall von § 61 Abs. 2 SGB III mit Leistungsausschluss nach § 7 Abs. 5 Satz 2 SGB II?

II Leistungsausschlüsse und Leistungseinschränkungen **155**

Eine Unterbringung mit voller Verpflegung im Sinne des § 61 Abs. 3 SGB III liegt vor, wenn der Auszubildende im Wohnheim oder Internat (institutionalisierte Einrichtungen, wie insbesondere Jugendwohnheime) voll versorgt wird. Dazu gehören die Verköstigung und das Wohnen. Ein Bedarf nach § 61 Abs. 3 SGB III besteht auch dann, wenn bei Unterbringung in einem Wohnheim oder Internat dort zwar einzelne, nicht aber alle Mahlzeiten eingenommen werden, der Träger des Wohnheimes oder Internates jedoch die fehlenden Mahlzeiten durch Sachleistungen, einen geringeren Tageskostensatz oder in bar ausgleicht. Werden im Wohnheim oder Internat nicht alle Mahlzeiten zur Verfügung gestellt, ist der Wert fehlender Mahlzeiten aus der Differenz zwischen dem Tageskostensatz mit voller Verpflegung und dem ermäßigten Tageskostensatz zu ermitteln.

Unterbringung in einem Wohnheim oder Internat (§ 61 Abs. 3 SGB III)

Tageskostensatz mit voller Verpflegung = 19,00 €, Tageskostensatz ohne Mittagessen = 16,50 €; Differenz (= Wert der Mittagsmahlzeit) = 2,50 €.
Dem Bedarf für den Lebensunterhalt sind die monatlichen Wohnheimkosten in Höhe von 577,60 € (19,00 € x 30,4) zugrunde zu legen.

Beispiel (nach DA 61.3.10)

Zu überweisen sind: An das Wohnheim 501,60 € (16,50 € x 30,4) und an den Auszubildenden 76 € (2,50 € x 30,4)

Ist das Wohnheim oder Internat an den Wochenenden und Feiertagen geschlossen, bleibt der Alg II-Leistungsausschluss bestehen. Eine Bedarfslücke entsteht nicht, weil Kosten für die Verpflegung und das Wohnen dann gesondert im Rahmen der BAB (§ 64 Abs. 3 Satz 2 SGB III) übernommen werden müssen. An Stelle dieser Kosten können auch die Kosten für Familienheimfahrten übernommen werden.

Unterbringungskosten an den Wochenenden

5.2 Leistungen an behinderte Auszubildende

Für behinderte Auszubildende i. S. von § 19 SGB III, die sich in Berufsvorbereitung einschließlich einer wegen der Behinderung erforderlichen Grundausbildung oder in beruflicher Ausbildung, auch soweit diese in einem zeitlich nicht überwiegenden Abschnitt schulisch durchgeführt wird (Maßnahmen nach § 33 Abs. 3 Nr. 2 und Nr. 4 SGB IX), befinden, gilt ein sinnwidriger (→ S. 243 f.) partieller Leistungsausschluss für den Mehrbedarf nach § 21 Abs. 4 SGB II.

Partieller Leistungsausschluss

Im Übrigen gelten die Ausführungen zu 5.1 für Ausbildungen mit einem Bedarf nach § 123 Abs. 1 Nr. 2 und Nr. 3 und § 124 Abs. 1 Nr. 3, Abs. 3 SGB III entsprechend.

Leistungsausschluss

Das 9. SGB II-ÄndG regelt nicht den Fall, dass der behinderte Auszubildende vor Beginn der stationären Ausbildung im Elternhaus gewohnt hat oder schon eine eigene Wohnung unterhielt. Eine Regelungslücke liegt hier aber nicht vor; im Rahmen der geltenden Gesetze kann der Fall sachgerecht gelöst werden. Dabei ist zu unterscheiden:

Regelungslücke?

■ **Wohnen im Elternhaus.** Lebte der Auszubildende vor Beginn der Ausbildung dauerhaft im Elternhaus und beziehen die Eltern Leistungen nach dem SGB II, bewirkt die internatsmäßige Unterbringung mit bloßen Besuchen im Elternhaus zu den Schließzeiten des Internats nach BSG vom 6.8.2014 – B 4 AS 55/13 R eine Auflösung der Bedarfsgemeinschaft; daraus folgt, dass die Unterkunftskosten der elterlichen Wohnung nicht um einen dem Auszubildenden zugeordneten Nutzungsanteil gekürzt werden können. Ob die Wohnung während der Dauer der Ausbildung weiter angemessen ist, dürfte im Rahmen einer konkreten Angemessenheitsprüfung im Regelfall zu bejahen sein. Allerdings geht ein etwaiger Wohngeldanspruch vor, da nach § 5 WoGG ein nach § 123 Abs. 1 Nr. 2 SGB III untergebrachter Auszubildender grundsätzlich noch Haushaltsmitglied in der von seinen Eltern unterhaltenen Wohnung ist (s. z. B. VG Düsseldorf vom 10.7.2014 – 21 K 71/12).

Lässt man es für die Zugehörigkeit zum Haushalt der Eltern i. S. von § 7 Abs. 3 Nr. 4 SGB II dagegen genügen, dass der Auszubildende die Wohnung während der Schließzeiten des Internats regelmäßig nutzt und am Wohnort der Eltern weiter mit Hauptwohnsitz gemeldet ist (so BayLSG vom 23.7.2015 – L 7 AS 594/14), können die dem Auszubildenden nach dem Kopfteilprinzip pauschal zugeordneten Wohnkosten wegen einer atypischen Nutzungssituation den Eltern, die die Wohnung unterhalten und den Raum für den Auszubildenden als notwendigen Rückzugsort vorhalten, zugeordnet werden. Das Kopfteilprinzip ist keine gesetzlich bestimmte Kostenzuordnung, sondern dient der Verwaltungsvereinfachung und beruht auf der Überlegung, dass die gemeinsame Nutzung einer Wohnung durch mehrere Personen deren Unterkunftsbedarf dem Grunde nach abdeckt und in aller Regel eine an der unterschiedlichen Intensität der Nutzung ausgerichtete Aufteilung der Aufwendungen für die Erfüllung des Grundbedürfnisses Wohnen nicht zulässt. Hält sich ein Haushaltmitglied aber überwiegend in einer Bildungseinrichtung auf, liegt offenkundig ein anderes Nutzungsverhältnis vor.

Hält man die volle Zuordnung eines Kopfteils auf die Eltern für zu weitgehend, können die auf den Auszubildenden rechnerisch entfallenden Unterkunftskosten jedenfalls unter dem Gesichtspunkt der bedarfsbezogenen Abweichung vom Kopfteilprinzip (dazu BSG vom 2.12.2014 – B 14 AS 50/13 R) den Eltern zugeordnet werden, soweit der Auszubildende mit seinem Einkommen (inklusive Wohngeld) nicht für die Wohnkosten aufkommen kann. Die Gründe, die das BSG zu einer Abweichung vom Kopfteilprinzip in Fällen einer Sanktion von »Kindern« in der Bedarfsgemeinschaft bewogen haben, tragen auch in anderen Fällen einer (hier wegen § 7 Abs. 5 Satz 2 SGB II) ausfallenden Fähigkeit, sich an den Wohnkosten im Umfang des Kopfteils zu beteiligen. Die Regelungslogik des § 7 Abs. 5 Satz 2 SGB II, bei Förderungen mit stationärer Versorgungsstruktur eine (mittelbare) Ausbildungsförderung über das SGB II zu verhindern, wird dadurch nicht umgangen, weil es um Kosten geht, die die nicht vom Leistungsausschluss erfassten Eltern haben und die sie nicht ohne weiteres an die veränderte Lage anpassen können.

■ **Eigene Wohnung**. Hatte der Auszubildende schon vor Beginn der Ausbildung eine eigene Wohnung aus Gründen bezogen, die mit der Ausbildung nichts zu tun haben, sind die damit verbundenen Wohnkosten nicht per se »unvermeidbare« ausbildungsbedingte Aufwendungen i. S. von § 64 Abs. 3 Satz 2 Nr. 1 SGB III oder § 127 Abs. 1 SGB III. Unvermeidbar im genannten Sinn sind aber zweifellos Wohnkosten, die entstehen, weil das Internat geschlossen hat. Solange der Maßnahmeträger für die Schließzeiten keine Wohnalternative anbietet oder der Auszubildende wegen der Behinderung in seine Wohnung am Heimatort zurückkehren muss, sind die Kosten der eigenen Wohnung eine wegen der Berufsausbildung ausgelöste Bedarfslage. Dass diese Kosten dann nach dem SGB III zu übernehmen sind, ergibt sich aus dem Urteil des BSG vom 26.10.2004 – B 7 AL 16/04 R sowie aus den DA zu § 61 und § 64 SGB III (so auch LSG Sachsen-Anhalt vom 17.4.2013 – L 2 AS 951/12 B ER; LSG NRW vom 23.1.2014 – L 19 AS 2316/13 B).

Wurde die Wohnung schon vor Beginn der Ausbildung unterhalten, steht das einer (teilweisen) Kostenübernahme nicht entgegen. Die Situation ist dem Streit über die Zuständigkeit für Unterkunftskosten in sozialpädagogisch begleiteten Wohnformen nach § 13 Abs. 3 SGB VIII vergleichbar: Ist das Wohnen in der sozialpädagogisch begleiteten Wohngruppe für den erfolgreichen Abschluss der Ausbildung erforderlich, gehören diese Kosten zu Teilnahmekosten i. S. von § 127 SGB III i.V.m. § 33 Abs. 7 SGB IX, auch wenn der Jugendliche schon vor Beginn der Ausbildung betreut wohnen musste (VG Würzburg vom 13.2.2014 – W 3 K 13.112). Der ursprünglich rein sozialpädagogische Wohnbedarf löst in Zusammenhang mit einer Berufsausbildung einen Teilhabebedarf nach § 33 SGB IX aus, soweit er zur Unterstützung der Ausbildung benötigt wird bzw. sofern das Wohnen in der Wohngruppe vorrangig der Eingliederung ins Berufsleben dient und nicht mehr dem Ausgleich sozialer Benachteiligungen oder der Festigung der Lebensverhältnisse des Jugendlichen. Anders ist die Situation, wenn das Leben in einer sozialpädagogisch begleiteten Wohnform den Jugendlichen überhaupt erst zur Teilnahme an einer Berufsausbildung befähigen soll (BayVGH vom 23.6.2009 – 12 ZB 07.2852) oder die Stabilisierung der Persönlichkeit im Vordergrund steht.

Übertragen auf die hier behandelten Fallkonstellationen bedeutet dies, dass der Maßnahmeträger (die Arbeitsagentur) Wohnkosten übernehmen muss, soweit sie wegen der auswärtigen Unterbringung unvermeidbar anfallen. Dies können Kosten für eine Pension oder ein Zimmer am Ausbildungsort für die Dauer der Schließzeiten sein. Ist aber die eigene Wohnung am Heimatort notwendig, damit der Auszubildende die Ausbildung erfolgreich absolvieren kann, müssen diese Kosten als sonstige Teilnahmekosten gemäß §§ 64 Abs. 3 Satz 2 Nr. 1, 127 Abs. 1 Satz 2 SGB III übernommen werden. Wegen der zusätzlichen internatsmäßigen Unterbringung gilt nicht die Pauschale gemäß § 128 SGB III in Höhe von 269 €. Dies wäre auch nicht sachgerecht, wenn die tatsächlichen Wohnkosten höher oder niedriger sind.

**Fahrkosten-
übernahme**

Ist die Fahrstrecke zwischen Ausbildungs- und Wohnort zumutbar, kann der Maßnahmeträger statt der Zusatzkosten zur stationären Unterbringung auch zusätzliche Fahrkosten übernehmen (so auch die DA zu § 61 SGB III). Sofern zumutbar, kann die gesamte Ausbildung »ambulant« durchgeführt werden gegen Übernahme der Fahrkosten. Die Begrenzung auf zwei Familienheimfahrten nach § 53 SGB IX gilt in diesem Fall nicht (BSG vom 25.3.2003 – B 7 AL 8/02 R).

Der Weg über ein Darlehen nach § 27 Abs. 3 SGB II n. F. (so BayLSG vom 23.7.2015 – L 7 AS 594/14, Revision anhängig – B 14 AS 40/15 R) bietet keine befriedigende Lösung, da es hier nicht um Härtegründe geht, die ausnahmsweise eine Ausbildungsförderung im Rahmen des SGB II zulassen, sondern um ausbildungsbedingte Zusatzbedarfe, die der Träger der Bildungsmaßnahme als vorrangige Leistung übernehmen muss.

5.3   Leistungen an Schüler und Studenten

SGB II-Leistungen für Schüler und Studenten gibt es nur, wenn potentiell ein Anspruch auf BAföG besteht, was voraussetzt, dass die absolvierte Ausbildung »dem Grunde nach« förderfähig ist.

**Förderfähige
Ausbildung**

Förderfähig bedeutet, dass für den Ausbildungsgang, ungeachtet der speziellen, persönlichen Voraussetzungen, unter denen der Auszubildende ihn besucht, überhaupt BAföG oder BAB beansprucht werden kann. Maßgeblich sind also allein die objektiven, ausbildungsbezogenen Umstände (BSG vom 6.9.2007 – B 14/7b AS 36/06 R). Ob eine Ausbildung dem Grunde nach förderfähig ist, richtet sich nach den §§ 2, 7 BAföG. Mit dem Einwand, die Ausbildung werde nur pro forma aufrechterhalten, z.B. Immatrikulation wegen der günstigen Krankenversicherung, kann der Leistungsausschluss nach § 7 Abs. 5 Satz 1 SGB II nicht beseitigt werden (LSG NRW vom 2.2.2007 – L 20 B 2/07 AS ER und vom 22.7.2010 – L 7 AS 123/09).

Es spielt auch keine Rolle, ob das Studium in der vorlesungsfreien Zeit nicht betrieben wird (dazu LSG Berlin-Brandenburg vom 20.10.2011 – L 5 AS 1973/10; LSG Hamburg vom 13.9.2012 – L 4 AS 175/11; BayLSG vom 27.3.2013 – L 11 AS 401/11) oder wegen gesundheitlicher Probleme gar nicht betrieben werden kann (BSG vom 1.7.2009 – B 4 AS 67/08 R).

Nichtige EV

Hat sich das Jobcenter in einer EV verpflichtet, trotz Leistungsausschluss Alg II zu gewähren, ist die EV nichtig. Das Jobcenter ist nicht an seine Zusage gebunden (BSG vom 2.4.2014 – B 4 AS 26/13 R). Aus einer Zusage kann sich aber ein Anspruch auf ein Härtefalldarlehen ergeben (LSG NRW vom 1.9.2015 – L 7 AS 1144/15 B ER).

Urlaubssemester

Voraussetzung für die Förderfähigkeit einer Ausbildung ist der »Besuch« einer Ausbildungsstätte (BSG vom 19.8.2010 – B 14 AS 24/09 R).

Nach Sinn und Zweck des Leistungssauschlusses sind nur **aktiv Studierende** von der Regelung des § 7 Abs. 5 Satz 1 SGB II betroffen. Ein Leistungsausschluss nach § 7 Abs. 5 SGB II kommt daher nur in Betracht, wenn das Studium trotz Beurlaubung weiter betrieben wird; das ist anhand der Rechtsprechung des BVerwG zum »Besuch« der Ausbildungsstätte trotz Urlaubssemester zu entscheiden (BSG vom 22.3.2012 – B 4 AS 102/11 R und vom 22.8.2012 – B 14 AS 197/11 R). Ist der Erwerb von Scheinen oder die Anerkennung sonstiger Leistungen im Urlaubssemester ausgeschlossen (s. dazu etwa VG Berlin vom 12.11.2010 – 3 K 210/10), steht einem Alg II-Anspruch bei Nachweis der Bedürftigkeit nichts entgegen. Darf der beurlaubte Student trotz Beurlaubung Vorlesungen besuchen und Scheine erwerben, was je nach Landesrecht unterschiedlich geregelt ist, muss er für den Anspruch auf reguläres Alg II außerdem nachweisen, dass er das Studium während der Dauer der Beurlaubung nicht betreibt, also auch nicht für intensive Prüfungsvorbereitungen nutzt (BSG vom 22.3.2012 – B 4 AS 102/11 R). Hat sich der Student für die Prüfungsvorbereitung bei seinen Eltern einquartiert unter Beibehaltung seiner Wohnung, bleibt der Leistungsausschluss bestehen. Die Aufgabe der eigenen Wohnung beendet den Leistungsausschluss nicht, weil es im Urlaubssemester keinen Anspruch auf BAföG gibt (BVerwG vom 25.6.2015 – 5 C 15.14).

Gegen Eingliederungsmaßnahmen des Jobcenters, vor allem Jobangebote, kann sich der beurlaubte Student nur wehren, wenn er dafür einen wichtigen Grund hat. Häufig werden gesundheitliche Gründe für die Einlegung des Urlaubssemesters ausschlaggebend sein, die auch die Erwerbsfähigkeit einschränken. Den beurlaubten Studenten dann nur auf ein Härtefalldarlehen zu verweisen (dazu LSG Sachsen vom 30.11.2010 – L 3 AS 649/10 B ER), zwingt ihn zu einem Studienabbruch, der zum Verlust des BAföG-Anspruchs führen und höhere SGB II-Leistungen zur Folge haben kann (z. B. für die Krankenversicherung).

Wurde das Studium in eigener Wohnung wegen der Betreuung eines Kindes unterbrochen, besteht ein Anspruch auf Alg II, der nicht auf eine pauschale Dauer von einem Jahr nach der Geburt des Kinds begrenzt werden kann (SG Dresden vom 4.4.2013 – S 20 AS 1118/13 ER).

Urlaubssemester wegen Kinderbetreuung

Durch den Wechsel auf eine vom BAföG nicht anerkannte Ausbildungsstätte kann man den Leistungsausschluss nicht unterlaufen, wenn dort eine Ausbildung absolviert wird, die auch öffentliche Einrichtungen oder als gleichwertig anerkannte private Ausbildungsstätten anbieten (LSG Berlin-Brandenburg vom 26.5.2008 – L 14 B 571/08 AS ER: Ausbildung zum »TV-Producer«; SG Dresden vom 7.1.2009 – S 34 AS 1024/07: Managementakademie; LSG Sachsen vom 22.3.2011 – L 7 AS 217/09 B ER: Managementakademie Medien und Sport; LSG NRW vom 21.5.2012 – L 12 AS 516/12 B ER: BWL-Studium an einer Berufsakademie; LSG Berlin-Brandenburg vom 11.12.2013 – L 18 AS 1272/13: BWL Tourismusmanagement an Berufsakademie). Ob eine private Ausbildungsstätte, die mit einer ausländischen Hoch-

Keine Flucht in private Ausbildungsstätte

schule kooperiert, BAföG-förderungsfähig ist, hat das VG Freiburg vom 13.12.2010 – 6 K 511/09 verneint, aber die Berufung zugelassen.

Trotz BAföG-Wohnmöglichkeit im Elternhaus Alg II-Anspruch

Nicht zu verwechseln mit einem aus persönlichen Gründen entfallenden BAföG-Anspruch für eine dem Grund nach förderungsfähige Ausbildung ist die Situation, dass Schüler einen Ausbildungsgang absolvieren, der bei Bezug einer eigenen Wohnung mit BAföG gefördert werden könnte, die aber trotz eigener Wohnung kein BAföG erhalten, weil sie wegen Kürze des Schulwegs oder zumutbaren Schulwechsels (vgl. dazu BayVGH vom 6.6.2007 – 12 ZB 06.2318; OVG NRW vom 28.5.2013 – 12 A 1277/12) bei ihren Eltern wohnen könnten. Sie befinden sich dann in einer dem Grunde nach **nicht** förderungsfähigen Ausbildung i.S. des § 7 Abs. 5 SGB II bzw. in einer nur mit Mini-BAföG gemäß § 7 Abs. 6 Nr. 2 SGB II geförderten Ausbildung (BSG vom 21.12.2009 – B 14 AS 61/08 R; SG Kiel vom 10.10.2013 – S 30 AS 337/13 ER). **Seit 1.8.2016** ist das in § 7 Abs. 6 Nr. 1 SGB II ausdrücklich geregelt. Schüler, für die die Regelung des § 2 Abs. 1a BAföG wegen Besuchs eines anderen Schultyps nicht gilt, können sich nicht darauf berufen, ungeachtet eines individuellen Ablehnungsgrundes schon wegen eines zumutbaren Wohnens im Elternhaus »eigentlich« kein BAföG beanspruchen zu können; für sie gilt der Leistungsausschluss nach § 7 Abs. 5 Satz 1 SGB II (LSG Berlin-Brandenburg vom 24.1.2008 – L 26 B 60/08 AS ER).

BAföG-Anspruch prüfen

Weil es für den Anspruch auf BAföG allein auf die zumutbare Wegstrecke zwischen Schule und Elternhaus ankommt (für Hin- und Rückweg werden an mindestens drei Wochentagen nicht mehr als zwei Stunden benötigt, s. z. B. VG Dresden vom 15.1.2009 – 5 L 1610/08; VG Gießen vom 10.9.2015 – 3 K 2160/14.GI zum Fall eines behinderten Schülers), kann durch Umzug der Eltern/des Elternteils in eine nach BAföG-Recht unzumutbare Entfernung zur Ausbildungsstätte ein BAföG-Anspruch entstehen, der auf den Alg II-Anspruch anzurechnen ist.

Grundsätzlich gibt es selbst dann kein Voll-BAföG, wenn der Schüler vom Elternhaus aus die Ausbildungsstätte erreichen könnte, aber wegen Störungen im Eltern-Kind-Verhältnis nicht mehr zu Hause wohnt (VGH Baden-Württemberg vom 17.2.2003 – 7 S 1895/02; OVG Lüneburg vom 28.4.2009 – 2 A 58/06; BayVGH vom 18.2.2013 – 12 C 12.2665; OVG NRW vom 20.3.2013 – 12 A 2601/11). Bei sehr schwerwiegenden Störungen helfen die Verwaltungsgerichte aber damit, dass sie eine für den Schüler vorhandene Elternwohnung verneinen (VG Göttingen vom 11.11.2008 – 2 A 62/07: Missbrauchserfahrung mit Traumatisierung).

Umstritten ist das Vorhandensein einer elterlichen Wohnung, wenn ein Elternteil mit einem Lebenspartner in einer nah zur Ausbildungsstätte gelegenen Wohnung lebt und beide die Aufnahme des Auszubildenden ablehnen. Ein Teil der Gerichte gibt unter diesen Umständen einen BAföG-Anspruch (VGH Baden-Württemberg vom

27.8.2003 – 7 S 1652/02; OVG Niedersachsen vom 17.6.2008 – 4 PA 750/07; VG Hannover vom 1.10.2008 – 9 A 2278/07); die strengere Linie verweist den Schüler auch dann auf eine Wohnmöglichkeit im Elternhaus (OVG Sachsen vom 16.3.2004 – 5 BS 71/04; OVG Schleswig-Holstein vom 22.6.2009 – 2 LB 20/09; BayVGH vom 26.1.2011 – 12 B 10.2406). Bei einer solch strittigen Rechtslage darf die Gewährung von Alg II nicht von einem Widerspruch und ggf. einer Klage auf BAföG abhängig gemacht werden. Das Jobcenter muss Alg II nach § 7 Abs. 6 Nr. 1 SGB II zahlen, kann dann aber über § 33 SGB II selbst die Durchsetzung eines BAföG-Anspruchs prüfen.

Ein bestandskräftig gewordener Schüler-BAföG-/BAB-Ablehnungsbescheid mit der Begründung der Wohnmöglichkeit im Elternhaus hindert das Jobcenter nicht, die Wohnmöglichkeit zu verneinen. Es muss Alg II gewähren, kann aber über § 5 Abs. 3 SGB II selbst prüfen, ob es gegen die Entscheidung des BAföG-Amtes vorgehen will.
Keine Bindung an BAföG-/BAB-Bescheid

Ist wegen Umzugs der Eltern/des Elternteils in eine nach BAföG-Recht zumutbare Entfernung zur Ausbildungsstätte der BAföG-Anspruch entfallen, muss der Schüler ab Kenntnis vom Umzug das BAföG zurückzahlen (OVG Sachsen vom 21.8.2009 – 1 A 173/09). Er kann dann ab Kenntnis ungekürzt Alg II beantragen. Soweit für vergangene Zeiträume Alg II unter Anrechnung von BAföG gewährt wurde, ist eine Korrektur nicht möglich.
Rechtzeitig Alg II beantragen

Erhalten Schüler/Auszubildende kein BAföG/BAB, weil sie zu Hause wohnen könnten, kann der ihnen dann zustehende Alg II-Anspruch nicht automatisch unter Verweis auf eine bereitstehende Wohnung und Verpflegung im Elternhaus versagt werden. Insoweit gelten die auf → S. 65 dargelegten Grundsätze der Selbsthilfe durch Annahme **zumutbaren** Naturalunterhalts. Bei **Erst**auszug aus einer mit hilfebedürftigen Eltern gebildeten BG droht jungen Volljährigen bis zum 25. Geburtstag eine Kürzung des Regelbedarfs auf 324 €, wenn der Auszug ohne Zusicherung des Jobcenters erfolgte. Siehe dazu im Einzelnen → S. 125.
Kein Verweis auf Rückkehr ins Elternhaus

Ein Zweitstudium schließt Leistungen nach § 7 Abs. 5 SGB II aus, wenn der Studierende die Fördervoraussetzungen nach § 7 Abs. 2, Abs. 3 BAföG nicht erfüllt (BSG vom 6.9.2007 – B 14/7b AS 36/06 R und vom 1.7.2009 – B 4 AS 67/08 R). Begründet wird dieser weitgehende Leistungsausschluss damit, dass andernfalls die besonderen Umstände, an die das BAföG eine Zweitförderung knüpft, über die Gewährung von Alg II umgangen würden. Gegen die Vorinstanz hat das BSG vom 27.9.2011 – B 4 AS 145/10 R daher auch bei Absolvierung eines Masterstudiengangs nach einem ersten berufsqualifizierenden Abschluss, der aus individuellen Gründen in der Person des Studierenden nicht (mehr) mit BAföG gefördert wird, einen Leistungsausschluss bejaht.
Zweitstudium

Die folgenden Tabellen fassen die Leistungseinschränkungen bei Schul- und Hochschulausbildung zusammen.

Tabelle 1:
Leistungseinschränkungen bei schulischer Ausbildung und Studium

Art der Ausbildung	BAföG-förderfähig?	Alg II-Anspruch?
Allgemeinbildende Schulen in den Klassen 1–9	**nein**	**ja**, schon nicht förderfähig
Haupt-, Real-, Gesamtschule, Gymnasium, Berufsfachschule ab 10. Klasse, Fachschul- und Fachoberschulklassen, deren Besuch keine abgeschlossene Berufsausbildung voraussetzt	**nein**, wenn Schüler im Elternhaus wohnt oder wohnen könnte[1] **ja**, wenn Schüler nicht im Elternhaus wohnt und auch nicht dort wohnen könnte[2]	**ja**, schon nicht förderfähig **ja**, wenn dem Grunde nach Anspruch auf BAföG
Berufsfachschul- und Fachschulklassen, die in einem zumindest zweijährigen Bildungsgang einen berufsqualifizierenden Abschluss vermitteln[3]	**ja**, wenn Schüler im Elternhaus wohnt oder wohnen könnte **ja**, wenn Schüler nicht im Elternhaus wohnt und auch nicht dort wohnen könnte[2]	**ja**, wenn dem Grunde nach Anspruch auf BAföG **ja**, wenn dem Grunde nach Anspruch auf BAföG
Fach- u. Fachoberschulklassen, die eine abgeschlossene Berufsausbildung voraussetzen	**ja**	**ja**, wenn dem Grunde nach Anspruch auf BAföG
Abendschulen, Berufsaufbauschulen und Kollegs	**ja**	**ja**, wenn dem Grunde nach Anspruch auf BAföG
Abendschulen, wenn Altersgrenze nach § 10 Abs. 3 BAföG überschritten ist	**nein**	**ja**, nach § 7 Abs. 6 Nr. 3 SGB II
Höhere Fachschulen, Akademien[4] und Hochschulen[5]	**ja** **ja**	**ja**, wenn Studierende im Elternhaus wohnen und dem Grunde nach Anspruch auf BAföG haben **nein**, wenn Studierende nicht mehr im Elternhaus wohnen

[1]   Zumutbare Wegstrecken (bis zwei Stunden für Hin- und Rückweg) zwischen Elternhaus und Schule.

[2]   Unzumutbare Wegstrecke (mehr als zwei Stunden für Hin- und Rückweg; vgl. VG Dresden vom 15.1.2009 – 5 L 1610/08) oder falls der Schüler verheiratet ist oder ein eigenes Kind hat.

[3] Der berufsqualifizierende Abschluss muss nicht bereits mit Beendigung der zweijährigen schulischen Ausbildung erlangt werden. Vorausgesetzt ist lediglich, dass der zumindest zweijährige Bildungsgang auf einen berufsqualifizierenden Abschluss hinführt und damit eine Voraussetzung für die Erlangung dieses Abschlusses schafft, auch wenn nach dem mit einer Abschlussprüfung abgeschlossenen schulischen Ausbildungsabschnitt noch eine sechsmonatige praktische Ausbildung abzuleisten ist (LSG Berlin-Brandenburg vom 20.1.2010 – L 18 AS 1272/08).

[4] Falls staatlich anerkannt, soweit es sich um Privatschulen handelt.

[5] Nicht bei bloßem Gasthörerstatus. Bei Teilstudium (SG Hamburg vom 17.8.2005 – S 62 AS 786/05 ER; LSG Niedersachsen-Bremen vom 9.6.2009 – L 13 AS 39/09 B ER; LSG Berlin-Brandenburg vom vom 1.8.2007 – L 28 B 1098/07 AS ER, vom 19.11.2007 – L 14 B 1224/07 AS ER und vom 29.4.2011 – L 5 AS 525/11 B ER; LSG Thüringen vom 15.1.2007 – L 7 AS 1130/06 ER). Bei berufsbegleitendem Masterstudiengang (LSG Thüringen vom 8.3.2006 – L 7 AS 63/06 ER; LSG Sachsen vom 21.8.2008 – L 3 AS 62/06). Bei Masterstudiengang, der nicht auf einem Bachelorstudium aufbaut (LSG Sachsen-Anhalt vom 15.8.2011 – L 2 AS 405/10 B). Bei Promotionsstudium (LSG Sachsen-Anhalt vom 3.4.2008 – L 2 AS 71/06; SG Hildesheim vom 19.4.2011 – S 26 AS 1689/10). Bei Seniorenstudium bei 58er-Regelung (SG Aachen vom 16.6.2008 – S 8 AS 49/08 ER). Bei Förderung nach Landesrecht oder Begabtenförderungswerken. Bei Vorbereitung auf Wiederholungsprüfung zur Notenverbesserung (LSG Berlin-Brandenburg vom 24.6.2008 – L 14 AS 117/07).

Tabelle 2:
Leistungsausschluss, weil dem Grunde nach kein Anspruch auf BAföG

Dem Grunde nach förderfähig – kein Alg II
Erstausbildung in Ausbildungsgängen nach § 2 BAföG
Zweitausbildung, auch wenn wegen Abbruchs der Erstausbildung oder Fachrichtungswechsels ohne wichtigen oder unabweisbaren Grund kein BAföG oder nur noch ein BAföG-Darlehen[1] zusteht
Studium nach Überschreitung der Altersgrenze für eine Förderung (§ 10 Abs. 3 BAföG)
Studium im EU-Ausland[2]
Studium nach Überschreitung der Förderungshöchstdauer (§ 15 Abs. 2 BAföG), auch wenn kein Anspruch auf Weiterförderung nach § 15 Abs. 3 BAföG oder Studienabschlussförderung nach § 15 Abs. 3a BAföG besteht[3]
Studium nach Überschreitung des Zeitrahmens für die Studienabschlussförderung nach § 15 Abs. 3a BAföG
Studium ohne Förderanspruch wegen Nichterfüllung der Leistungsnachweise gemäß § 48 BAföG
Studium, wenn die ausländerrechtlichen Voraussetzungen für BAföG nach § 8 BAföG nicht erfüllt sind

[1] Siehe dazu BVerWG vom 30.6.2011 – 5 C 13.10.

[2] LSG NRW vom 14.4.2008 – L 7 B 21/08 AS ER; SG Aachen vom 5.2.2014 – S 11 AS 173/13.

[3] Zu einer Verlängerung der Förderhöchstdauer s. VG Arnsberg vom 29.2.2012 – 10 K 2053/11.

5.4   **Beginn und Ende des Leistungsausschlusses**

Beginn

Der Leistungsausschluss wirkt ungeachtet der Auszahlung von BAföG, BAB oder Ausbildungsgeld ab dem Zeitpunkt, zu dem die Ausbildung beginnt (BSG vom 28.3.2013 – B 4 AS 59/12 R). Das ist im Regelfall auch der Zeitpunkt des Beginns der BAföG-/BAB-/Ausbildungsgeld-Förderung, wenn der entsprechende Förderantrag rechtzeitig gestellt wird (§ 15 BAföG, § 325 SGB III). Wurde der Antrag verspätet gestellt und gibt es keine Abhilfe, werden die Förderleistungen erst ab Beginn des Antragsmonats gezahlt. Am Leistungsausschluss nach § 7 Abs. 5 Satz 1 SGB II ab dem Beginn der Ausbildung ändert das nichts (LSG NRW vom 5.11.2013 – L 12 AS 1317/13 B).

BAföG-Ende

Bei Studenten endet der Leistungsausschluss mit dem Zeitpunkt des letzten Prüfungsteils (§ 15b Abs. 3 Satz 2 BAföG), auch wenn die Ausbildungsförderung nach interner Weisung für den gesamten (letzten) Ausbildungsmonat gezahlt wird (LSG Niedersachsen-Bremen vom 28.2.2012 – L 7 AS 783/11). Bei einer Exmatrikulation wegen Abbruchs des Studiums entfällt der Leistungsausschluss am Tag der Exmatrikulation. Ein Abbruch, d. h. die Entscheidung des Auszubildenden, die Ausbildung endgültig aufzugeben, kann auch in den Ferien fallen (OVG NRW vom 8.12.2011 – 12 A 812/11).

Unterbrechung wegen Krankheit oder Schwangerschaft

Ruht das Studium wegen Krankheit oder Schwangerschaft, gibt es nach § 15 Abs. 2a BAföG längstens drei Monate BAföG. Solange ist auch ein Alg II-Anspruch ausgeschlossen. Nach Ablauf der drei Monate entfällt die Förderungsfähigkeit, so dass ein Alg II-Anspruch entsteht, es sei denn, die Erkrankung dauert weiter auf unbestimmte Zeit an und schließt jede Form der Erwerbstätigkeit aus. Dann gibt es ggf. Sozialhilfe oder – in einer BG mit einem leistungsberechtigten Partner – Sozialgeld nach § 23 SGB II. Entschließt sich ein erkrankter Student für ein Urlaubssemester, damit dieses Semester nicht auf die Zahl der Fachsemester angerechnet wird, kann er dies rückwirkend tun, verliert damit aber nicht nur rückwirkend den BAföG-Anspruch (BVerwG vom 25.6.2015 – 5 C 15.14), sondern auch den Alg II-Anspruch, wenn er als Student mit Wohnen im Elternhaus nicht vom Leistungsausschluss betroffen war, wozu ein Anspruch auf BAföG gehört.

BAB/Abg

Mit BAB/Ausbildungsgeld geförderte Maßnahmen enden im Regelfall mit dem Bestehen der letzten Prüfung (§ 69 SGB III) oder dem Erreichen des Maßnahmeziels, bei vorzeitigem Abbruch mit Aufhebung der Förderung seitens des SGB III-Trägers. Die in § 69 Abs. 2 SGB III genannten Fehl- oder Unterbrechungszeiten lassen den Förderanspruch und damit auch den Leistungsausschluss nach § 7 Abs. 5 Satz 2 SGB II fortbestehen. Fehl- oder Unterbrechungszeiten ohne BAB-/Ausbildungsgeld-Anspruch, wie z. B. unentschuldigte Fehlzeiten, begründen vor dem Abbruch der Maßnahme keinen Alg II-Anspruch, weil die abstrakte Förderungsfähigkeit ja weiter besteht. Anders – Alg II-Anspruch besteht – ist die Situation, wenn die Ausbildung wegen einer längeren Erkrankung oder Schwangerschaft und Geburt ruht.

5.5   **Umfang des Leistungsausschlusses**

Besteht ein Leistungsausschluss nach § 7 Abs. 5 SGB II n. F., haben Auszubildende, Schüler und Studierende nur Anspruch auf die Leistungen nach § 27 SGB II:
- Mehrbedarf für Schwangerschaft, Alleinerziehung, Krankenkost und atypischen Sonderbedarf.
- Erstausstattung für Bekleidung und bei Schwangerschaft und Geburt.
- Darlehen oder Zuschuss im besonderen Härtefall → S. 166.

Die genannten Leistungen gelten nicht als Alg II (kein Ausschluss von Wohngeld, keine Krankenversicherung nach § 5 Abs. 1 Nr. 2a SGB V) und werden nur erbracht, soweit Hilfebedürftigkeit besteht.

Ersatzlos gestrichen wurde die bis zum 31.7.2016 mögliche Übernahme von **Mietschulden**. Handelt es sich um Mietschulden, die bis zum 31.7.2016 aufgelaufen sind, können sie unter den Voraussetzungen des § 22 Abs. 8 SGB II übernommen werden, wenn der Antrag auf Mietschuldübernahme bis spätestens zum 31.7.2016 gestellt wurde. — *Bedarfslücken*

Bis zum 31.7.2016 konnten im Haushalt der Eltern lebende behinderte Auszubildende, deren berufsvorbereitende Maßnahme nach § 124 Abs. 1 SGB III gefördert wurde, SGB II-Leistungen erhalten und hatten auch einen Anspruch auf den **Mehrbedarf nach § 21 Ab. 4 SGB II** a.F. Auch künftig unterliegen diese Personen keinem Leistungsausschluss, bekommen wegen Änderung von § 21 Abs. 4 SGB II **seit 1.8.2016** keinen Mehrbedarf, was schwer zu erklären ist.

Schüler/Studenten, die mit einem eigenen Kind bis zum 10. Geburtstag zusammenleben, erhalten nach § 14b BAföG zusätzlich zum BAföG 130 € **(seit 1.8.2016)** für jedes weitere Kind dieses Alters. Der Zuschlag dient dazu, Kosten für zusätzlichen Aufwand, der infolge der Kinderbetreuung anfällt, aufzufangen (BT-Drs. 16/5172, S. 22). Der Kinderbetreuungszuschlag steht auch Auszubildenden zu, die sich die Erziehung mit einem Partner teilen. Schon daraus folgt, dass der Kinderbetreuungszuschlag den Anspruch auf den Zuschlag wegen Alleinerziehung nach § 21 Abs. 3 SGB II nicht verdrängt. Er darf nach § 14b Abs. 2 BAföG auch nicht als Einkommen angerechnet werden. — *Kinderbetreuungszuschlag*

Der Leistungsausschluss nach § 7 Abs. 5 Satz 1 SGB II erfasst auch den Krankenversicherungsschutz, der zum allgemeinen Lebensbedarf des Studenten gehört, selbst dann, wenn der Student nicht mehr der Pflichtversicherung nach § 5 Abs. 1 Nr. 9 SGB V unterliegt oder sich privat krankenversichern muss (LSG Baden-Württemberg vom 25.3.2010 – L 7 SO 2761/09). Eine Beitragsübernahme kommt somit weder als regulärer Zuschuss noch als Zuschuss zur Abwendung von Hilfebedürftigkeit in Betracht (BSG vom 27.9.2011 – B 4 AS 160/10 R; vgl. auch LSG Hamburg vom 30.10.2012 – L 4 AS 167/11). Eine Pflichtversicherung nach § 5 Abs. 1 Nr. 2a SGB V scheidet trotz Bezug von Leistungen für Mehr- — *Krankenversicherung* bedarfe nach § 21 Abs. 2, 3, 5 oder 6 SGB II aus, da diese Leistungen – wenn sie an vom Regelbedarf ausgeschlossene Auszubildende gewährt werden – nach § 27 Abs. 1 Satz 2 SGB II nicht als Alg II gelten.

Mehr- und Sonderbedarfe nur bei Hilfebedürftigkeit

§ 27 Abs. 2 SGB II gibt leistungsausgeschlossenen Auszubildenden nur dann Anspruch auf Mehr- oder Sonderbedarf, soweit diese Bedarfe nicht mit Einkommen oder Vermögen gedeckt sind. Vor Gewährung dieser Leistungen ist also das nach SGB II-Maßstäben anzurechnende Einkommen und Vermögen sowie der (fiktive) SGB II-Hilfebedarf zu ermitteln. Dabei ist abweichend von § 19 Abs. 3 Satz 2 SGB II Einkommen zunächst auf die ausbildungsrelevanten Bedarfe (Regelbedarf und Bedarfe für Unterkunft und Heizung) und erst danach auf Mehrbedarfe nach § 27 Abs. 2 i.V.m. § 21 SGB II anzurechnen (SG Berlin vom 25.3.2015 – S 205 AS 8970/14).

Ausschluss im laufenden Antragsverfahren

Hat der Auszubildende für einen bereits **vor** Beginn der Ausbildung bestehenden Bedarf rechtzeitig Hilfe beantragt, steht der Leistungsausschluss einer regulären Bewilligung nicht entgegen.

Beispiel

K. bezog vor Beginn seiner Ausbildung am 1.9.2016 Alg II. Wegen eines unverschuldeten Wasserschadens wurde seine Wohnungseinrichtung im Juli weitgehend zerstört. Im August hatte er eine Erstausstattung nach § 24 Abs. 3 Nr. 1 SGB II beantragt. Der Antrag wird erst im September bearbeitet und mit der Begründung abgelehnt, für Auszubildende gebe es nach § 27 Abs. 2 SGB II keine Wohnungserstausstattung. Falsch: Der Bedarf bestand im Juli 2016 und war rechtzeitig während des Bezugs von Alg II beantragt worden.

5.6   Härtefall-Leistungen an Auszubildende, Schüler und Studierende

Neu

Seit **1.8.2016** ist zwischen einem schon nach bisherigem Recht möglich gewesenen Darlehen im Fall »besonderer Härte« und einem Härtefallzuschuss zu unterscheiden.

5.6.1   Härtefalldarlehen

Besteht ein Leistungsausschluss gemäß § 7 Abs. 5 Satz 1 SGB II, kann der Betroffene aber kein BAföG/BAB erhalten, kommt eine Unterstützung durch Alg II in Fällen einer besonderen Härte in Betracht. Die extrem hohen Anforderungen, die das BVerwG früher an den Begriff der besonderen Härte nach § 26 BSHG gestellt hat, gelten nicht für § 27 Abs. 3 Satz 1 SGB II n. F. Zum einen herrscht im SGB II der Grundsatz des Vorrangs der Eingliederung in Arbeit, wozu eine Ausbildung, insbesondere bei Hilfebedürftigen bis zum 25. Geburtstag geeignet ist (dazu BSG vom 1.7.2009 – B 4 AS 67/08 R). Zum anderen kann in Härtefällen anders als früher nach § 26 BSHG, jetzt nach § 22 SGB XII, **nur** ein Darlehen gewährt werden (LSG Mecklenburg-Vorpommern vom 7.4.2008 – L 8 B 327/07).

Härtefallförderung

Die »besondere Härte« ist ein unbestimmter Rechtsbegriff. Ob eine »besondere Härte« gegeben ist, überprüft das Sozialgericht.

»Besondere Härte«

Liegt ein besonderer Härtefall vor, sind in der Regel Leistungen zu erbringen (BSG vom 6.9.2007 – B 14/7b AS 36/06 R).

Muss-Leistung bei Härte

Das BSG (s. z. B. BSG vom 23.8.2012 – B 4 AS 32/12 B) hat drei Fallgruppen der »besonderen Härte« herausgearbeitet:

Härtefälle

- Für eine vor dem Abschluss stehende Ausbildung ist ein Hilfebedarf entstanden, der nicht durch BAföG oder BAB gedeckt werden kann. Es besteht **deswegen** die Gefahr, dass die Ausbildung ohne Darlehen nicht beendet werden kann und zukünftig Erwerbslosigkeit droht. Wann die Ausbildung in diesem Sinne vor dem Abschluss steht, ist eine Wertungsfrage im Einzelfall, die auch von der Art der Ausbildung abhängt (s. dazu LSG Sachsen-Anhalt vom 21.12.2005 – L 2 B 72/05 AS ER; OVG Bremen vom 29.9.2006 – S 1 B 300/06; LSG Berlin-Brandenburg vom 29.1.2008 – L 25 B 2146/07 AS ER und vom 29.5.2012 – L 25 AS 359/12 B ER).

- Eine bereits weit fortgeschrittene und bisher kontinuierlich betriebene Ausbildung ist wegen Überschreitung der BAföG/BAB-Förderhöchstdauer aufgrund einer Behinderung oder Krankheit nicht mehr förderbar und ohne Darlehen droht ein Ausbildungsabbruch (dazu BayLSG vom 23.7.2014 – L 16 AS 457/14 B ER).
  Ähnlich liegt der Fall bei Schwangerschaft und Geburt im fortgeschrittenen Ausbildungsstadium (BSG vom 30.9.2008 – B 4 AS 28/07 R).

- Nur eine nach den Vorschriften des BAföG oder des SGB III förderungsfähige Ausbildung stellt objektiv belegbar die einzige Zugangsmöglichkeit zum Arbeitsmarkt dar (s. dazu LSG NRW vom 14.8.2014 – L 2 AS1229/14 B ER; LSG Sachsen-Anhalt vom 22.1.2015 – L 2 AS 4/15 B ER); dies kann nach Wertloswerden einer Erstausbildung auch die Zweitausbildung sein (SG Berlin vom 17.11.2005 – S 37 AS 10619/05 ER).

Fraglich ist, ob der Student anstelle einer Härtefallförderung nach § 27 Abs. 3 Satz 1 SGB II auf ein BAföG-Darlehen nach §§ 17, 18c BAföG verwiesen werden kann. Wenn die Härte in einer Behinderung besteht und deshalb die Aussicht auf Rückführung des Darlehens zu den in § 18c BAföG vorgesehenen Bedingungen kaum realistisch ist, geht die Hilfe nach § 27 Abs. 3 Satz 1 SGB II vor (vgl. SG Berlin vom 24.9.2005 – S 37 AS 3707/05 ER).

Verweis auf BAföG-Darlehen

Nach BayLSG vom 11.11.2011 – L 7 AS 811/11 B ER liegt keine Härte vor, wenn Vermögen zur Verfügung steht, mit dem der Lebensunterhalt bestritten werden kann (Kapitallebensversicherung), auch wenn das Vermögen nach § 12 SGB II geschont wäre. Das ist zumindest dann fraglich, wenn das Härtefall-Darlehen nur für kurze Zeit (in der Phase vor dem Abschlussexamen) benötigt wird oder der SGB II-

Verweis auf (Schon)Vermögen?

Vermögensschutz auf Gründen beruht, die den Einsatz des Vermögens unbillig erscheinen lassen (z. B. als Kapital angelegtes Schmerzensgeld oder Opferentschädigung).

Noch ungeklärt ist, ob ein Härtefall-Darlehen abgelehnt werden kann, weil der Studierende über Vermögen verfügt, dass zwar im SGB II geschont ist, einen BAföG-Anspruch aber ausschließt (nach BVerwG vom 30.6.2010 – 5 C 3.09 ist ein Kraftfahrzeug unabhängig von seiner Größe, seinem Wert oder seiner sonstigen Beschaffenheit kein Haushaltsgegenstand im Sinne des § 27 Abs. 2 Nr. 4 BAföG und daher als Vermögen zu berücksichtigen).

Die von der Rechtsprechung entwickelten Fallgruppen sind nicht abschließend. Es sind stets alle Umstände des Einzelfalles zu würdigen (LSG Baden-Württemberg vom 9.3.2007 – L 7 AS 925/07 ER-B: traumatisierter Kriegsflüchtling; SG Bremen vom 2.10.2009 – S 23 AS 1785/09 ER: Verzögerung des Studiums wegen Pflege der Eltern).

Härtefall verneint   Keine Härte liegt vor, wenn

- das BAföG nicht reicht, weil die Miete zu hoch ist (SG Hamburg vom 6.9.2005 – S 53 AS 886/05 ER; SG Lüneburg vom 28.11.2006 – S 25 AS 1183/06 ER; LSG Mecklenburg-Vorpommern vom 28.11.2006 – L 8 B 98/06). Wenn das BAföG unter dem Niveau der §§ 20, 21 SGB II liegt (BSG vom 17.2.2016 – B 4 AS 2/15 R; BVerfG vom 8.10.2014 – 1 BvR 886/11);

- wegen schlechter Arbeitsmarktchancen das Studienfach gewechselt wird und es dafür kein BAföG mehr gibt (SG Hamburg vom 22.9.2005 – S 53 AS 1030/05 ER; LSG Thüringen vom 22.9.2005 – L 7 AS 635/05 ER; HessLSG vom 7.11.2006 – L 7 AS 200/06 ER);

- wegen Arbeitslosigkeit ein Studium aufgenommen wird (LSG Hamburg vom 5.8.2005 – L 5 B 208/05 ER AS);

- das Studium mit sehr guten Noten absolviert wird (LSG Sachsen vom 6.5.2010 – L 3 AS 58/09).

Umfang des Härtefall-darlehens   Wird ein Härtefalldarlehen gewährt, umfasst dieses nach § 27 Abs. 3 Satz 1 SGB II den SGB II-Grundbedarf gemäß §§ 20, 21 und 22 SGB II sowie Beitragszuschüsse zur Kranken- und Pflegeversicherung (vgl. dazu LSG Hamburg vom 30.10.2012 – L 4 AS 167/11). Semester- und Studiengebühren werden nicht übernommen; sie gehören weder zum Regelbedarf, noch begründet das Studium eine atypische Lebenssituation i. S. von § 21 Abs. 6 SGB II (s. auch LSG NRW vom 24.5.2012 – L 9 SO 427/10 zu § 73 SGB XII).

5.6.2 Härtefallzuschuss

Seit 1.8.2016 gibt es einen Anspruch (kein Ermessen) auf einen Zuschuss (kein Darlehen), wenn Auszubildenden, deren Bedarf sich nach § 12 oder 13 Abs. 1 Nr. 1 BAföG bemisst, auf Grund von § 10 Abs. 3 des BAföG keine Leistungen zustehen, diese Ausbildung im Einzelfall für die Eingliederung in das Erwerbsleben zwingend erforderlich ist und ohne die Erbringung von Leistungen zum Lebensunterhalt der Abbruch der Ausbildung droht.

Studierenden an höheren Fachschulen, Akademien und Hochschulen in eigener Wohnung steht nur das allgemeine Härtefall-Darlehen nach § 27 Abs. 3 Satz 1 SGB II zu.

Neu

5.7 Hilfe durch Wohngeld

Schülern/Studenten/Auszubildenden ohne BAföG-/BAB-Anspruch kann in den folgenden Fallgestaltungen ein Anspruch auf Wohngeld helfen:

Milderung von Härten durch Wohngeld

Auch im Wohngeldrecht besteht kein Anspruch auf Wohngeld, wenn die absolvierte Ausbildung »dem Grunde nach« mit BAföG oder BAB gefördert werden könnte (§ 20 Abs. 2 Nr. 1 WoGG). Der Begriff »dem Grunde nach förderungsfähig« ist im Wohngeldrecht nicht gleichbedeutend mit demselben Begriff in § 7 Abs. 5 SGB II. So besteht zwar ein Leistungsausschluss nach dem SGB II, aber kein Wohngeldausschluss, wenn

Keine förderungsfähige Ausbildung nach WoGG

- die Altersgrenze für BAföG überschritten ist,
- BAföG wegen eines verspäteten Studienwechsels wegfällt (OVG Schleswig-Holstein vom 19.6.2008 – 2 LB 43/07),
- BAföG wegen Überschreitung der Förderungshöchstdauer entfällt,
- BAB für eine Zweitausbildung wegen fehlender Erforderlichkeit zur beruflichen Eingliederung abgelehnt wird (dazu OVG Sachsen vom 3.8.2011 – 4 D 69/11).

Wohngeld dient nicht der Sicherung des Lebensunterhalts. Der Auszubildende muss daher zumindest über Einkommen für die notwendigen Grundbedürfnisse verfügen. Dabei muss dieses Einkommen nicht zumindest den SGB II-Regelbedarf abdecken können. Eine Mindesteinkommensgrenze gibt es im Wohngeldrecht nicht (s. dazu BT-Drs. 16/6543, S. 118 und S. 124); wer bereit ist, mit weniger als dem Regelbedarf von 404 € auszukommen, kann Wohngeld erhalten, er muss dann allerdings glaubhaft machen, dass er über keine versteckten, weiteren Einnahmen verfügt (VG München vom 16.9.2008 – M 22 E 08.3499; VG Ansbach vom 21.1.2010 – AN 14 K 09.01215; OVG Sachsen vom 10.9.2013 – 4 A 608/11 und vom 23.7.2013 – 4 A 852/11).

Plausibilitätsprüfung

R. beginnt nach mehreren Fachrichtungswechseln im 33. Lebensjahr ein Studium der Medizin. Zusätzlich zu einer monatlichen Unterstützung seines Vaters von 150 € erzielt R. aus einer studentischen Nebentätigkeit ein Einkommen, das die 80%-Plausibilitäts-Grenze des WoGG

Beispiel

erreicht. Fiele sein Nebeneinkommen z. B. wegen Insolvenz des Arbeitgebers in der Examensphase aus, könnte R. ein Härtefalldarlehen nach § 27 Abs. 3 SGB II erhalten. Mit den 150 € Einkommen und Wohngeld könnte er dann im laufenden Wohngeldbewilligungsabschnitt (§ 25 WoGG) seine Darlehensschuld mindern. Im neuen Bewilligungsabschnitt müsste sich R. voll auf das Härtefalldarlehen beschränken lassen. Das Wohngeld hat im Gegensatz zum SGB II nicht die Aufgabe, den laufenden Lebensunterhalt sicherzustellen. Es dient dazu, eine – gemessen am geringen Einkommen des Antragstellers – zu hohe Miete für ein familiengerechtes Wohnen auszugleichen.

Erlass des Darlehens

Die nach § 27 Abs. 3 SGB II zwingend als Darlehen zu gewährende Hilfe kann nach § 44 SGB II (zum Teil) erlassen werden. Hierbei handelt es sich um eine sowohl nach Voraussetzung als auch Rechtsfolge ins Ermessen des Trägers gestellte Vorschrift (so genannte Kopplungsvorschrift), die allerdings nicht zu eng ausgelegt werden darf. Insbesondere muss ein Teilerlass geprüft werden, wenn ansonsten der mit dem Darlehen verfolgte Integrationszweck wegen hoher Verschuldung erschwert würde.

BAföG als reines Darlehen

Nach dem Wohngeldrecht (§ 20 Abs. 2 Satz 3 WoGG) besteht kein Leistungsausschluss, wenn der Student BAföG auf Darlehensbasis erhält (Abschlussförderung nach §§ 15 Abs. 3a i. V. m. § 17 BAföG).

Wohnen im Elternhaus

Wohnt der Schüler/Student/Auszubildende noch im Elternhaus und beziehen sie die Eltern Alg II, können sie zwar selbst kein Wohngeld bekommen (§ 7 Abs. 1 WoGG). Für das in Ausbildung befindliche Kind können sie jedoch Wohngeld gemäß § 3 Abs. 4 WoGG beantragen. Die Berechnung des Wohngeldes für das Kind ist nach § 11 Abs. 3 WoGG auf dessen anteiligen Wohnraumbedarf begrenzt. Näheres → Kap. G.

Eigener Hausstand mit Partner oder Kind

Lebt der Auszubildende/Student im eigenen Haushalt mit einem nicht studierenden Partner oder Kind zusammen, der/das kein Alg II/Sozialgeld bezieht, kann ebenfalls Wohngeld beansprucht werden, wenn glaubhaft gemacht wird, dass die Familie über hinreichendes Einkommen zur Sicherung des Lebensunterhalts verfügt. Bezieht der Partner oder das Kind Alg II oder Sozialgeld, gibt es nur einen Anspruch auf Wohngeld für den Auszubildenden/Studenten nach § 11 Abs. 3 WoGG.

Wohngeld trotz Härtefalldarlehen

Ein Härtefalldarlehen nach § 27 Abs. 3 SGB II wird nicht auf den Wohngeldanspruch angerechnet (§ 7 Abs. 1 Satz 3 Nr. 1 WoGG).

Beispiel

K. studiert nach einem Studienwechsel im fünften Semester (Folge: kein BAföG nach § 7 Abs. 3 BAföG) Biologie. Ihr Einstandspartner P. und das zweijährige, gemeinsame Kind L. beziehen Alg II und Sozialgeld. K. jobbt nebenbei. P. wird vom Jobcenter in eine Teilzeitbeschäftigung vermittelt. Im 8. Semester muss K. ihren Nebenjob aufgeben, weil L. nach einem schweren Unfall längere Zeit nicht mehr in den Kindergarten gehen kann. Das Jobcenter gewährt K. ein Härtefalldarlehen, damit sie das Studium nicht abbrechen muss. K. hat Anspruch auf Wohngeld, mit dem sie die Darlehensschuld nach § 27 Abs. 3 SGB II verringern kann.

Lebt der Auszubildende allein oder mit einem Familienangehörigen i. S. von § 6 WoGG zusammen und absolvieren beide eine dem Grunde nach förderungsfähige Ausbildung i. S. von § 20 Abs. 2 WoGG, gibt es kein Wohngeld (§ 21 Nr. 2 WoGG).

Reine Ausbildungs-haushalte

5.8 Leistungen an Schüler und Studenten bis zur Entscheidung über den BAföG-Antrag

Seit 1.8.2016 gibt es für Schüler und Studenten, die eine nach BAföG förderbare Ausbildung absolvieren, für die Übergangs-zeit zwischen BAföG-Antrag und Bescheidung des Antrags durch das BAföG-Amt Alg II. Für die Weiterzahlung von Alg II genügt der Nach-weis, dass BAföG beantragt wurde. Der Antragsteller muss ausrei-chend mitwirken, wozu auch ein Antrag auf Vorausleistung nach § 36 BAföG gehört, wenn die Eltern keine Auskunft erteilen oder erst er-mittelt werden müssen. Auch der Vorschuss nach § 51 BAföG geht dem Alg II vor bzw. ist dann schon auf das Alg II anzurechnen.

Neu

Wird BAföG dem Grunde nach (nicht wenn es nur wegen Einkom-mens oder Vermögens kein BAföG gibt) abgelehnt, beginnt der Leis-tungsausschluss mit dem auf die Ablehnung folgenden Monat.
§ 7 Abs. 6 Nr. 2b) SGB II git nicht für Studierende an höheren Fach-schulen, Akademien und Hochschulen, die nicht mehr ei den Eltern wohnen. Für sie bleibt für die Übergangszeit zwischen BAföG-Antrag und BAföG-Bescheid nur die Möglichkeit, einen BAföG-Vorschuss nach § 51 BAföG zu beantragen oder ggf. beim Verwaltungsgericht einen Eilantrag auf Hilfegewährung zu stellen.

5.9 Kein Leistungsausschluss bei Weiterbildung

§ 7 Abs. 5 SGB II bezieht sich nur auf Ausbildungen, die mit BAföG oder BAB gefördert werden können. Mitunter ist es jedoch schwer, eine leistungsausschließende Ausbildung von einer nach § 16 Abs. 1 SGB II i. V. m. §§ 81 ff. SGB III förderbaren Weiterbildung, die keinen Leistungsausschluss begründet – sie dient der Wiedereingliede-rung in den Arbeitsmarkt – zu unterscheiden. So kann z. B. der Erwerb eines ersten Berufsabschlusses nach vorangegangener beruflicher Tä-tigkeit eine »Weiterbildung« i. S. von § 81 ff. SGB III sein (LSG Berlin-Brandenburg vom 24.11.2008 – L 14 B 2033/08 AS ER: Heilpraktike-rin), der Erwerb eines Hauptschulabschlusses ist seit 1.1.2009 sowohl im Rahmen einer berufsvorbereitenden Bildungsmaßnahme (§ 53 SGB III) mit BAB, also leistungsausschließend, als auch im Rahmen ei-ner beruflichen Weiterbildung nach § 81 Abs. 3 Satz 1 SGB III, also im laufenden Alg II-Bezug, förderbar. Nach BSG (vom 27.1.2005 – B 7a/7 AL 20/04 R, vom 17.11. 2005 – B 11a AL 23/05 R, vom 29.1.2008 – B 7/ 7a AL 68/06 R und vom 30.8.2010 – B 4 AS 97/09 R) sind Aus- und Wei-terbildung nach ihrem »objektiven Charakter« voneinander zu unter-scheiden, d. h. es kommt nicht darauf an, ob es sich aus der Perspekti-

Nicht bei beruflicher Weiterbildung

ve des Teilnehmers um eine erste Bildungsmaßnahme oder eine weitere Förderung handelt. Grundsätzlich gilt, dass eine Weiterbildung im Gegensatz zu einer Ausbildung an berufliche Kenntnisse und Fähigkeiten aus einer vorangegangenen Ausbildung oder Tätigkeit anknüpft und daher im Regelfall von kürzerer Dauer sein muss (LSG Baden-Württemberg vom 4.4.2007 – L 7 AL 755/07 ER-B und LSG NRW vom 30.11.2010 – L 6 AS 35/09: Physiotherapeut; vom 19.7.2007 – L 7 AS 689/07: Ergotherapeut; ebenso LSG Berlin-Brandenburg vom 14.4.2008 – L 10 AS 154/08: Ergotherapeut; LSG NRW vom 23.9.2010 – L 9 AS 64/08: Psychologische Beraterin; LSG Baden Württemberg vom 29.10.2010 – L 12 AS 1110/09: Arbeitserzieher; LSG NRW vom 21.11.2013 – L 19 AS 1952/13 B ER: Erzieher).

Konkrete SGB III-Förderung schlägt abstrakte BAföG-Förderungs-fähigkeit

Unabhängig von der grundsätzlichen Förderfähigkeit der Ausbildung zur Pharmazeutisch-technischen Assistentin nach dem BAföG bejaht das BSG vom 30.8.2010 – B 4 AS 97/09 R einen vollen SGB II-Leistungsanspruch, wenn die Ausbildung im konkreten Fall nicht als schulische Berufsbildung, sondern im Rahmen einer beruflichen Weiterbildung im Sinne des § 81 SGB III absolviert wird. Diese kommt bei einer verkürzten Ausbildungszeit oder besonderen Ausbildungsinhalten aufgrund von beruflichen Vorkenntnissen in Betracht. Das gilt nicht für ein Studium, das zwar einen Berufsabschluss voraussetzt, inhaltlich aber nicht an die Berufsausbildung anknüpft (BSG vom 2.4.2014 – B 4 AS 26/13 R).

Abstrakte BAföG-Förderungs-fähigkeit schlägt konkrete anderweitige Ausbildungs-finanzierung

Eine andere Wertung (Leistungsausschluss wegen abstrakter BAföG-Förderungsfähigkeit) ist gerechtfertigt, wenn eine dem Grunde nach BAföG-förderungsfähige Ausbildung auf sonstige Weise finanziert wird und das Alg II der Aufstockung dieser Finanzierung dienen soll (BSG vom 19.8.2010 – B 14 AS 24/09 R: mit Anwärterbezügen an einer Fachhochschule für öffentliche Verwaltung geförderte Ausbildung; LSG Niedersachsen-Bremen vom 22.6.2011 – L 13 AS 297/09: Lehramtsanwärter mit Anspruch auf Bezüge, die BAföG ausschließen; bestätigt vom BSG vom 25.1.2012 – B 14 AS 148/11 B).

Nicht bei Meister-BAföG

Grundsätzlich wird mit dem AufstiegsfortbildungsG (Meister-BAföG) nur der berufliche Aufstieg, d.h. eine Fortbildung, keine Ausbildung, gefördert. § 7 Abs. 5 SGB II greift daher nicht (BSG vom 16.2.2012– B 4 AS 94/11 R; a.A. LSG Sachsen-Anhalt vom 13.10.2008 – L 2 B 153/08 AS ER). Ausnahmsweise kann aber auch ein Berufsabschluss nach vorangegangener beruflicher Tätigkeit im Rahmen des Meister-BAföG gefördert werden (VG Frankfurt vom 16.8.2008 – E 2776/06: Ausbildung zum Heilerziehungspfleger nach einer im Zivildienst geleisteten Tätigkeit im sozialen Bereich mit anschließendem zweijährigem Praktikum). Dennoch ist § 7 Abs. 5 SGB II nicht anzuwenden. Denn Leistungen nach dem AufstiegsfortbildungsG, die zu Beginn der Ausbildung beantragt werden müssen (dazu VGH München vom 28.3.2011 – 12 BV 10.1656), werden nur gewährt, wenn es kein BAföG oder keine SGB III-Förderleistungen gibt (§ 3 AufstiegsfortbildungsG). Ausbildungen, die mit Meister-BAföG gefördert werden,

sind daher keine im Rahmen des BAföG förderbaren Ausbildungen (a.A. LSG Sachsen-Anhalt vom 19.9.2011 – L 5 AS 325/11 B, wenn zwischen BAföG und Meister-BAföG gewählt werden kann).
Zur Anrechnung des Meister-BAföG als Einkommen → S. 409.

6 Leistungsausschluss bei Ausländern

§ 7 Abs. 1 Satz 2 SGB II schließt in drei Fällen Ausländer von sämtlichen Leistungen nach dem SGB II aus:

- Leistungsausschluss für die ersten drei Monate nach der Einreise;
- Leistungsausschluss bei allein zum Zweck der Arbeitsuche erlaubtem Aufenthalt im Bundesgebiet;
- Leistungsausschluss bei Erfüllung der Voraussetzungen für Ansprüche nach dem Asylbewerberleistungsgesetz.

6.1 Aufenthalt in den ersten drei Monaten nach der Einreise

Es ist zwischen EU-Bürgern und Drittstaatsangehörigen zu unterscheiden:
Nach Art. 6 der Unionsbürgerrichtlinie 2004/38/EG und § 2 Abs. 5 FreizügG/EU sind alle EU-Bürger innerhalb der ersten drei Monate nach der Einreise in einen Mitgliedstaat unbeschränkt freizügigkeitsberechtigt. Für einen längeren, rechtmäßigen Aufenthalt benötigen sie entweder einen Aufenthaltstitel nach dem AufenthG oder eine Berechtigung nach dem Freizügigkeitsgesetz. Da sonst der für den Alg II-Bezug geforderte gewöhnliche Aufenthalt im Bundesgebiet nicht begründet werden kann, ist der in § 7 Abs. 1 Satz 2 Nr. 1 SGB II normierte Leistungsausschluss unproblematisch und ergibt sich meist schon aus § 7 Abs. 1 Nr. 4 SGB II. Er ist nach EuGH vom 25.2.2016 – C 299/15 auch EU-konform. Der Leistungsausschluss nach § 7 Abs. 1 Satz 2 Nr. 1 SGB II beschränkt sich daher auf die wenigen Fälle, in denen bereits innerhalb des Dreimonatszeitraums eine Bleibeprognose gegeben werden kann, z.B. wegen einer Einstellungszusage. Hier erhielte der schon vor Arbeitsaufnahme eingereiste EU-Bürger kein Alg II vor Beginn der Arbeit. *EU-Bürger*

§ 7 Abs. 1 Satz 2 Nr. 1 SGB II schließt Drittstaatsangehörige, die über kein Aufenthaltsrecht nach Kap. 2, 5. Abschnitt AufenthG (Aufenthalt aus völkerrechtlichen, humanitären oder politischen Gründen) verfügen, und deren Familienangehörige für die ersten drei Monate nach der Einreise von Leistungen nach dem SGB II aus (Rückschluss aus § 7 Abs. 1 Satz 3 SGB II). *Drittstaatsangehörige*

Dem Wortlaut nach gilt § 7 Abs. 1 Satz 2, Satz 3 SGB II auch für Menschen, die zum Zweck der Familienzusammenführung ein Aufenthaltsrecht nach den §§ 27 – 36 AufenthG anstreben. Dies ist unverständlich, wenn klar ist, dass der einreisende Familienangehörige ein dauerhaf- *Nicht für Familienangehörige* tes Aufenthaltsrecht erhalten wird, wie z.B. beim Zuzug eines ausländischen Ehegatten. Nach BSG vom 30.1.2013 – B 4 AS 37/12 R ist § 7 Abs. 1 Satz 2, Satz 3 SGB II daher einschränkend so auszulegen, dass kein Leistungsausschluss besteht, wenn der im Bundesgebiet lebende Partner über ein verfestigtes Aufenthaltsrecht verfügt. Auch die DA 5f. zu § 7 rät zu dieser Gesetzesauslegung: Wenn der im Bundesgebiet lebende Ausländer ein Aufenthaltsrecht nach Abschnitt 5, 2. Kap. AufenthG hat, dann soll dieser Status auch für nachziehende Familienangehörige mit einem Titel nach dem 6. Abschnitt AufenthG oder mit einem Visum zum Zweck der Erteilung eines solchen Titels gelten.

Wurde der Ausländer vom Jobcenter zum Sozialamt geschickt und lehnt auch der SGB XII-Träger eine Leistungsgewährung ab, muss der zuerst angegangene Träger bis zur Klärung der Zuständigkeit leisten (§ 43 SGB I). Besteht über die Zuständigkeit des SGB XII-Trägers kein Streit, wurde aber zunächst Alg II beantragt, gilt dieser Antrag nach § 16 SGB I als Antrag auf Sozialhilfe.

6.2   Aufenthalt allein zur Arbeitsuche

Seit dem 1.4.2006 erhalten Ausländer, deren Aufenthaltsrecht sich **allein** aus dem Zweck der Arbeitsuche ergibt, keine Leistungen nach dem SGB II. Gleiches gilt seit dem 7.12.2006 gemäß § 23 Abs. 3 Satz 1 SGB XII für Leistungen der Sozialhilfe.

Europäisches Fürsorge- abkommen

Der Leistungsausschluss für Arbeitsuchende galt bis zum 18.12.2011 nicht für Staatsangehörige eines Vertragsstaates des Europäischen Fürsorgeabkommens – EFA (BSG vom 19.10.2010 – B 14 AS 23/10 R). Vertragsstaaten sind: Belgien, Dänemark, Deutschland, Estland, Frankreich, Griechenland, Irland, Island, Italien, Luxemburg, Malta, Niederlande, Norwegen, Portugal, Schweden, Spanien, Großbritannien und die Türkei.
Mit Wirkung ab 19.12.2011 hat die Bundesregierung gemäß Art. 16 Buchst. b) EFA einen Vorbehalt gegen die Gewährung von SGB II-Leistungen notifiziert. Das BSG vom 12.12.2013 – B 4 AS 9/13 R und vom 17.3.2016 – B 4 AS 32/15 R hält den Vorbehalt für wirksam (zu möglichen Ansprüchen Signatar-Staatsangehöriger auf Sozialhilfe s. LSG Niedersachsen-Bremen vom 23.5.2014 – L 8 SO 129/14 B ER; BSG vom 20.1.2016 – B 14 AS 15/15 R). Hält man den EFA-Vorbehalt für wirksam, ist vor einer Leistungsablehnung zu prüfen, ob der Hilfebedürftige aus sonstigen zwischenstaatlichen Abkommen Ansprüche herleiten kann oder – wenn er EU-Bürger ist – als Arbeitsuchender oder Arbeitnehmer Alg II beanspruchen kann.

Österreich

Österreichische Staatsbürger können sich gegen einen auf § 7 Abs. 1 Satz 2 SGB II gestützten Leistungsausschluss auf das Gleichbehandlungsgebot des bilateralen Abkommens zwischen der Bundesrepublik Deutschland und der Republik Österreich über Fürsorge und Jugendwohlfahrtspflege vom 17.1.1966 berufen (LSG Mecklenburg-Vorpom-

mern vom 7.3.2012 – L 8 B 489/10 ER; LSG Berlin-Brandenburg vom
25.3.2014 – L 14 AS 607/14 B ER; a.A. LSG NRW vom 22.6.2010.– L 1
AS 36/08).

Bei türkischen Staatsbürgern, die dem EFA unterfallen (dazu
LSG NRW vom 22.1.2013 – L 6 AS 1033/12 B), ist als Leistungsvoraussetzung für den Bezug von Alg II auch zu prüfen, ob sie über einen
gefestigten Aufenthaltstitel verfügen. Türkischen Arbeitnehmern
kommen außerdem die Regelungen des Assoziationsratsbeschlusses
EWG/Türkei (ARB 1/80) zu Gute, die der EuGH zugunsten türkischer
Staatsbürger auslegt (LSG NRW vom 2.9.2015 – L 7 AS 552/15 B).

Türkei

Der Leistungsausschluss zielt auf freizügigkeitsberechtigte EU-Bürger. Denn abgesehen von ausländischen Hochschulabsolventen, die
sich nach Beendigung des Studiums noch zur Suche nach einer studienbezogenen Beschäftigung im Bundesgebiet aufhalten dürfen (§ 16
Abs. 4 AufenthG, s. dazu LSG Sachsen vom 31.3.2015 – L 3 AS 148/15
B ER), gibt es im Aufenthaltsgesetz keinen allein zur Arbeitsuche erteilten Aufenthaltstitel. Eine aus Härtegründen nach § 7 BeschVerfV
oder zur Erleichterung der Integration langjährig geduldeter Ausländer erteilte Aufenthaltserlaubnis mit Arbeitsmarktzugang nach
§ 104a AufenthG ist kein **allein** zum Zweck der Arbeitsuche erteiltes
Aufenthaltsrecht i.S. von § 7 Abs. 1 Satz 2 SGB II.

Nur EU-Bürger

Von vornherein scheidet ein Leistungsausschluss wegen des Aufenthalts zur Arbeitsuche gemäß § 7 Abs. 1 Satz 2 Nr. 2 SGB II aus, wenn
sich der Arbeitsuchende auf einen Titel nach dem Aufenthaltsgesetz
berufen kann oder bereits ein dauerhaftes EU-Freizügigkeitsrecht erworben hat. Wichtig ist in diesem Zusammenhang das Urteil des
EuGH vom 21.12.2011 – C-424/10, wonach ein EU-Daueraufenthaltsrecht auch auf (legale) Aufenthaltszeiten vor dem EU-Beitritt gegründet werden kann.

Günstigerer
Aufenthaltsstatus

Der Leistungsausschluss des § 7 Abs. 1 Satz 2 Nr. 2 SGB II gilt außerdem nicht für EU-Bürger, die ihre Freizügigkeit aus einer aktuellen
(Aufstocker) oder früheren unfreiwillig aufgegebenen Erwerbstätigkeit ableiten. Vor einem evt. Leistungsausschluss ist daher zu prüfen,
ob der Hilfesuchende als Arbeitnehmer oder Selbständiger (noch)
freizügigkeitsberechtigt ist.

Arbeitnehmer
oder
Selbständiger?

Der EuGH stellt nur geringe Anforderungen an die Art und den Umfang der Tätigkeit. Nach EuGH vom 18.7.2007 – C-213/05 soll dafür
bereits eine Beschäftigung von monatlich 16 bis 20 Stunden bei einem Verdienst von 160 € für Reinigungstätigkeiten ausreichen (so
auch LSG Sachsen-Anhalt vom 24.6.2016 – L 4 AS 249/16 B ER). Das
LSG NRW vom 17.4.2008 – L 7 B 70/08 AS ER hat eine solche geringfügige Beschäftigung nicht nur zur Bejahung der rechtlichen Erwerbsfähigkeit im Sinne von § 8 SGB II genügen lassen, sondern daraus indirekt auch eine hinreichende Aussicht auf Erteilung einer Arbeitserlaubnis/EU für eine solche Beschäftigung abgeleitet. Die euro-

EuGH: geringe
Anforderungen

parechtliche Interpretation des Arbeitnehmerbegriffs ist für die nationalen Gerichte verbindlich (statt vieler LSG NRW vom 19.1.2016 – L 19 AS 29/16 B ER). Nach LSG Berlin-Brandenburg vom 14.11.2006 – L 14 B 963/06 AS ER, vom 14.1.2010 – L 14 AS 1565/09 B ER und vom 1.4.2010 – L 14 AS 418/10 B ER genügt daher auch ein Minijob, der zur Existenzsicherung mit Alg II aufgestockt werden muss. Der Status als Arbeitnehmer geht nicht verloren, wenn das Arbeitsverhältnis ruht (SG Stuttgart vom 12.3.2008 – S 18 AS 1945/08 ER) oder unfreiwillig zu Ende ging. Das gilt nach EuGH vom 19.6.2014 – C 507/12 auch für Frauen, die wegen einer Schwangerschaft ihre Arbeit aufgeben, diese aber in einem angemessenen Zeitraum nach der Geburt wieder aufnehmen wollen bzw. auf Stellensuche gehen. Dagegen begründet die Arbeit in einer JVA keine Arbeitnehmerfreizügigkeit (VG Augsburg vom 27.1.2010 – Au 6 K 09.1061); ebenso wenig der caritative Verkauf von Obdachlosenzeitungen (HessLSG vom 14.10.2009 – L 7 AS 166/09 B ER) oder das bloße Sammeln von Pfandflaschen (LSG Berlin-Brandenburg vom 9.9.2010 – L 10 AS 1023/10 B ER).

Reinigung nach Hausfrauenart

Selbständig tätige EU-Bürger benötigen keine Arbeitsgenehmigung nach § 284 SGB III. Sie können den Leistungsausschluss für bloß Arbeitsuchende daher mit der Aufnahme einer selbständigen Tätigkeit beenden; beliebt ist die »Reinigung nach Hausfrauenart«. Um daraus ein Freizügigkeitsrecht herleiten zu können, muss es sich um eine ernst gemeinte, auf Gewinnerzielung gerichtete Tätigkeit handeln. Eine bloße Gewerbeanmeldung genügt nicht (LSG Berlin-Brandenburg vom 29.11.2010 – L 34 AS 1001/10 B ER; s. auch BayVGH vom 21.5.2015 – 10 C 15.757 und vom 29.6.2015 – 10 ZB 15.930). Andererseits muss die Selbständigkeit nicht bedarfsdeckend sein, um ergänzende Alg II-Ansprüche zu begründen (LSG Berlin-Brandenburg vom 22.7.2010 – L 14 AS 763/10 B ER). Ist der erzielte Gewinn nur sehr gering, ist die Grenze zur Scheinselbständigkeit, um Ansprüche auf SGB II-Leistungen zu erlangen, fließend (s. dazu OVG Rheinland-Pfalz vom 2.4.2009 – 7 A 11053/08: Aberkennung des Freizügigkeitsrechts wegen einer bloß vorgeschobenen Selbständigkeit; LSG Niedersachsen-Bremen vom 24.8.2010 – L 15 AS 145/10 B ER: zum Problem der fehlenden Fach- und Sprachkenntnisse, um überhaupt als Selbständiger tätig werden zu können).

Zweifel an Arbeitsuche

Bestehen Zweifel an ernsthafter Arbeitsuche (s. dazu OVG Berlin-Brandenburg vom 15.8.2013 – OVG 7 B 4.13) oder ist diese eingestellt worden, gilt der Leistungsausschluss erst recht, auch wenn das Freizügigkeitsrecht nicht aberkannt wurde (BSG vom 3.12.2015 – B 4 AS 44/14 R).

Kein Daueraufenthaltsrecht

Der Verbleib im Bundesgebiet ohne Entziehung des Freizügigkeitsrechts genügt nach BVerwG vom 16.7.2015 – 1 C 22/14 nicht, um ein Daueraufenthaltsrecht nach § 4a FreizügG/EU mit Alg II-Anspruch zu begründen.

Die Kinder eines Staatsangehörigen eines Mitgliedstaats, der im Hoheitsgebiet eines anderen Mitgliedstaats beschäftigt ist oder **beschäftigt gewesen** ist, können, wenn sie im Hoheitsgebiet dieses Mitgliedstaats wohnen, unter den gleichen Bedingungen wie die Staatsangehörigen dieses Mitgliedstaats am allgemeinen Unterricht sowie an der Lehrlings- und Berufsausbildung teilnehmen (Artikel 10 VO (EU) Nr. 492/2011). Hieraus ergibt sich für aktuell nicht mehr erwerbstätige Eltern, die ihre zur Schule gehenden Kinder versorgen und erziehen, ein Aufenthaltsrecht mit Anspruch auf Alg II (BSG vom 3.12.2015 – B 4 AS 43/15; LSG NRW vom 27.1.2016 – L 19 AS 29/16 B ER; OVG Berlin-Brandenburg vom 11.4.2016 – OVG 1 S 1.16).

Freizügigkeit durch Schulbesuch

Am 3.12.2015 hat das BSG (– B 4 AS 59/15 R, – B 4 AS 44/15 R und – B 4 AS 46/15 R), nachdem der EuGH vom 15.9.2015 – C-67/14 den Leistungsausschluss arbeitsuchender EU-Bürger nach § 7 Abs. 1 Satz 2 Nr. 2 SGB II als EU-konform bestätigt hat, entschieden, dass EU-Bürger, deren Aufenthalt im Bundesgebiet verfestigt ist (in der Regel nach sechs Monaten) und die nur noch zum Zweck der Arbeitsuche oder ganz ohne Freizügigkeitsgrund hier leben, Anspruch auf Sozialhilfe in Höhe der regulären Bedarfe haben. Die inzwischen mit weiteren Urteilen beider BSG-AS-Senate (z.B. – B 14 AS 35/15 R) gefestigte Rechtsprechung ist auf zuweilen heftigen Widerstand gestoßen. Die Fülle der gegen die BSG-Rechtsprechung aufgefahrenen Argumente kann indes bei Besinnung auf die Aufgabe eines Sozialgerichts, einen konkreten Fall mit verfassungsrechtlicher Dimension sachgerecht unter Ausschöpfung zulässiger Auslegungsgrenzen zu lösen, keine Sekunde darüber hinweg täuschen, dass den Urteilen des BSG zugestimmt werden muss, wenn man die verfassungsrechtliche Verankerung des Existenzminimums respektiert.

Sozialhilfe bei Alg II-Leistungsausschluss

Als Entscheider müssen Sozialrichter einen Fall lösen, nicht die EU »retten«. Meist sieht der Fall so aus, dass der Antragsteller einen aktuell bestehenden Hilfebedarf geltend macht und diesen Bedarf bei Anwendung der für das SGB II und SGB XII geltenden Maßstäbe auch hat. Ihn in dieser Situation auf eine Rückkehr ins Heimatland zu verweisen, bricht eklatant die vom BVerfG gesetzten Standards zum Menschrechtsanspruch auf Gewährleistung des Existenzminimums:

Ab in die Heimat?

> **»Der elementare Lebensbedarf eines Menschen muss in dem Augenblick befriedigt werden, in dem er entsteht (vgl BVerfG vom 9.2.2010 – 1 BvL 1/09, BVerfGE 125, 175 <225>). Bei der Prüfung der Hilfebedürftigkeit als Voraussetzung eines Anspruchs auf Leistungen zur Sicherung des Lebensunterhalts (§ 7 Abs 1 S 1 Nr 3, § 9 SGB 2) ist daher auf die gegenwärtige tatsächliche Situation der Antragsteller abzustellen«** (BVerfG vom 6.8.2014 – 1 BvR 1453/12).

Wie richtig es ist, wenn das BSG diese Problematik mit Verweis auf eine ausländerrechtliche Entscheidung löst, zeigt zum einen die differenzierte Rechtsprechung zu § 5 FreizügG/EU; beispielhaft VG Osnabrück vom 3.2.2015 – 5 A 74/14:

Verweis auf Ausländerrecht

»Bei der im Rahmen der Feststellung des Verlustes des Freizügigkeitsrechts gebotenen umfassenden Ermessensausübung sind die eine Auf-
enthaltsbeendigung rechtfertigenden öffentlichen Belange gegen die privaten Interessen des Ausländers am weiteren Verbleib in Deutschland
abzuwägen. Dabei sind, da die Verlustfeststellung die Ausreisepflicht zur
Folge hat, die in § 55 Abs. 3 AufenthG genannten Umstände, die Grundrechte und die rechtsstaatlichen Grundsätze der Verhältnismäßigkeit und
des Vertrauensschutzes zu beachten.«

Zum anderen liegen die Fälle nicht selten so, dass die zuständigen
Behörden mit Wissen um z. B. die Einstellung der Arbeitsuche dennoch keine Entscheidung nach § 5 FreizügG/EU herbeiführen. In dieser Situation nimmt der Verweis eines Sozialgerichts auf die
Rückkehr ins Heimatland faktisch eine ausländerrechtliche Zwangs-
maßnahme vorweg. Mit Sozialrecht hat das nur noch am Rande zu
tun. Besonders illustrativ ist hier die Entscheidung des BSG vom
26.1.2016 – B 14 AS 35/15 R: Das Ausländeramt hatte ein Verfahren
nach § 5 FreizügigG/EU abgebrochen, ausreichende Mittel zum Lebensunterhalt standen der Klägerin unstreitig nicht zur Verfügung.
Woher soll hier die Verpflichtung kommen, nach Bulgarien zurückzu-
reisen?
Aber selbst wenn man eine solche Selbsthilfeobliegenheit dem
SGB XII unterschiebt, müsste bis zur **genauen Ermittlung**, ob tatsächlich eine Rückkehr möglich ist und wann diese zumutbar realisiert werden kann (Wohnungssuche etc.) Hilfe gewährt werden. Der
Verweis auf die Rückfahrkarte, die nicht beantragt sei, ist im Gegensatz zu den BSG-Urteilen das eigentliche Skandalon (LSG NRW vom
30.11.2015 – L 6 AS 1480/15 B ER spricht treffend von einer sozialpolitischen Forderung ohne inhaltlich-argumentativen Bezug zu den
verfassungsrechtlichen Vorgaben).

Überholte Kontroverse? Nach einem Entwurf aus dem BMAS sollen sich nur zur Arbeitsuche
aufhaltende EU-Bürger bis zur Ausreise Sozialhilfe in eingeschränk-
ter Form erhalten. Ob dieser Entwurf so Gesetz wird, bleibt abzuwarten. Entscheidend ist aber, dass der Gesetzgeber den Weg in die Sozialhilfe mitgehen will und auch mit der Änderung von § 7 Abs. 4
SGB II zum 1.8.2016 (kein Alg II für berufstätige Freigänger) das
schlichte Hauptargument der BSG-Kontrahenten (Sozialhilfe könnten
nur erwerbsunfähige Personen erhalten) im Sinne der BSG-Urteile
relativiert.

Drittstaats-angehörige Auf Drittstaatsangehörige, die nicht § 1 AsylLbG unterfallen, ist die
BSG-Rechtsprechung ebenfalls anzuwenden (LSG Rheinland-Pfalz
vom 31.5.2016 – L 6 AS 173/16 B ER).

Die folgende Tabelle gibt eine Übersicht, in welchen Situationen ein
Leistungsausschluss für den Arbeitsuchenden und dessen Familienangehörige greifen kann:

Aufenthaltssituation	Leistungsausschluss
Neu eingereister Arbeitsuchender	
▪ mit sonstigem Aufenthaltsrecht	**nein**
▪ ohne sonstiges Aufenthaltsrecht	**ja**, bei Hifebedürftigkeit nach dem SGB XII, aber Leistungen vom Sozialamt mit gebundenem Anspruch in den ersten 3 Monaten und ab dem 6. Monat Aufenthalt
Arbeitnehmer auf der Suche nach anderer Arbeit	**nein**
Unfreiwillig arbeitslos gewordener Arbeitnehmer	
▪ nach einjähriger Dauer der Beschäftigung	**nein**[1]
▪ bei kürzerer Beschäftigungsdauer	**ja** nach sechs Monaten Sucharbeitslosigkeit, danach ggf. Anspruch auf Sozialhilfe
Arbeitsaufgabe wegen Schwangerschaft	**nein**[2]
Selbständiger auf Arbeitsuche	**nein**[3.]
Selbständiger nach unverschuldeter Aufgabe der Selbständigkeit	
▪ nach mindestens einjähriger Selbständigkeit	**nein**[1,4]
▪ bei Selbständigkeit von weniger als einem Jahr	**ja** nach sechs Monaten Sucharbeitslosigkeit, danach ggf. Anspruch auf Sozialhilfe
Arbeitsuche nach erlaubtem Aufenthalt von fünf Jahren (§ 4a Abs. 1 FreizügG/EU)	**nein**[5]
Familienangehörige eines nach § 2 Abs. 2 Nr. 1 – 4 FreizügG/EU Bleibeberechtigten	**nein**[6]
Familienangehörige eines dauerhaft Bleibeberechtigten	
▪ nach erlaubtem Aufenthalt von fünf Jahren	**nein**[7]
▪ bei Zusammenleben mit dem Bleibeberechtigten im Zeitpunkt der Entstehung seines Aufenthaltsrechts nach § 4a Abs. 2 FreizügG/EU	**nein**[7]
Familienangehörige eines verstorbenen Erwerbstätigen, die zum Zeitpunkt des Todes mit ihm zusammengelebt haben	
▪ nach mindestens zweijährigem Aufenthalt des Erwerbstätigen	**nein**
▪ bei Tod durch Arbeitsunfall oder Berufskrankheit	**nein**

Aufenthaltssituation	Leistungsausschluss
Familienangehörige nicht erwerbstätiger Bleibeberechtigter (Student, Rentner)	**ja**[8]
Familienangehörige nicht Erwerbstätiger mit Dauerbleiberecht	**nein**[9]
Familienangehörige eines/einer Deutschen	**nein**[10]
Schulbesuch von Kindern ehemals erwerbstätiger Eltern	**nein**[11]
Bei tatsächliche Unterstützung volljähriger Angehöriger	**nein**
Aufnahme einer Berufsausbildung nach Erwerbsarbeit ■ bei unfreiwilligem Verlust der Erwerbsarbeit ■ bei freiwilligem Verlust der Erwerbsarbeit	 **nein** **nein**, wenn Zusammenhang zur Arbeit besteht[12]

[1] Die Arbeitslosigkeit muss von der AA oder dem SGB II-Träger bestätigt werden. Mehrere kurze Beschäftigungen können zusammengerechnet werden (LSG NRW vom 14.3.2016 – L 2 AS 225/16 B ER).

[2] EuGH vom 19.6.2014 – C-507/12.

[3] Auch wenn selbständige Tätigkeit nicht bedarfsdeckend ist (SG Hamburg vom 23.4.2007 – S 59 AS 519/07 ER).

[4] LSG Berlin-Brandenburg vom 30.1.2009 – L 25 B 1969/08 AS ER.

[5] Gilt auch bei der Wiedereinreise nach früherem Aufenthalt von fünf Jahren (LSG Berlin-Brandenburg vom 29.1.2007 – L 29 B 896/06 AS ER).

[6] Bei Zusammenleben.

[7] Auch ohne Zusammenleben oder nach Tod des Bleibeberechtigten.

[8] Mit Geltendmachung von Hilfebedürftigkeit nach § 9 SGB II entfällt das Freizügigkeitsrecht aus § 4 FreizügG/EU, weil dazu der Lebensunterhalt und die Krankenversicherung sichergestellt sein müssen. Gelingt das nicht, besteht nur das Aufenthaltsrecht zur Arbeitsuche, es sei denn, das Familienmitglied kann sich auf einen Aufenthaltstitel nach den Grundsätzen des Familiennachzugs gemäß §§ 27 ff. AufenthG stützen; in der Regel setzt dies jedoch ebenfalls die Unabhängigkeit von staatlichen Fürsorgeleistungen voraus (vgl. dazu BVerfG vom 11.5.2007 – 2 BvR 2483/06; VG München vom 27.9.2007 – M 10 K 06.1564).

[9] Da der Aufenthalt des Dauerbleibeberechtigten nach § 11 Abs. 3 FreizügG/EU einer Niederlassungserlaubnis nach § 26 AufenthG entspricht, kann Ehegatten und Kindern trotz Bezugs von Alg II eine Aufenthaltserlaubnis erteilt werden; im Regelfall geht der Schutz der Familie dem staatlichen Sparinteresse vor (vgl. aber SG Düsseldorf vom 20.9.2006 – S 44 AS 40/06 ER). Ist ein gemeinsames Kind im Bundesgebiet geboren worden, leitet sich daraus ein Aufenthaltsrecht des betreuenden Elternteils her (SG Stuttgart vom 27.7.2006 – S 17 AS 4124/06 ER).

[10] Sie haben nach § 28 AufenthG auch bei Bezug von Alg II Anspruch auf Erteilung einer Aufenthaltserlaubnis (SG Berlin vom 10.1.2007 – S 37 AS 11503/06 ER; LSG Sachsen vom 23.9.2014 – L 7 AS 986/14 B ER)).

[11] Art. 10 VO(EU) 492/2011.

[12] Nach SG Duisburg vom 8.10.2015 – S 5 AS 5028/14 auch bei beruflicher Weiterbildung.

6.3   Vorrang der Ansprüche nach dem AsylbLG

Nach § 7 Abs. 1 Satz 2 Nr. 3 SGB II werden die nach § 1 Abs. 1 AsylbLG leistungsberechtigten Ausländer ganz aus dem System des SGB II ausgeschlossen. Dies hat gravierende Folgen: Zum einen liegen die Leistungen nach dem AsylbLG auch nach dem Urteil des BVerfG vom 18.7.2012 – 1 BvL 10/10 unter den SGB II-Regelbedarfen (nach SG Landshut vom 21.10.2015 – S 11 AY 41/15 gibt es auch keinen Mehrbedarf nach § 21 SGB II); zum anderen fallen AsylbLG-Leistungsberechtigte, die durch Ausübung einer Beschäftigung einen Alg I-Anspruch erworben haben, nach Erschöpfung des Alg I-Anspruchs ohne Abfederung auf die geringen Leistungen des AsylbLG zurück. Von Aufstockungsleistungen während des Bezugs von Alg I sind sie ausgeschlossen. Das LSG NRW vom 31.5.2010 – L 7 B 3/09 BK sieht den Leistungsausschluss zu Recht kritisch, wenn nur ein Aufenthaltstitel im Sinne von § 1 AsylbLG vorliegt (§ 23 AufenthG), obwohl die Ausübung einer unselbständigen Tätigkeit gestattet worden ist. Das LSG Sachsen hat den Leistungsausschluss in Fällen einer Aufenthaltserlaubnis nach § 25 Abs. 5 AufenthG wegen eines Ausreisehindernisses aufgrund bloßer Passlosigkeit noch für tragbar erachtet; der Aufenthalt sei in diesen Fällen so ungesichert, dass ein Bedürfnis nach den Integrationsleistungen des SGB II nicht bestehe (LSG Sachsen vom 5.9.2006 – L 3 B 128/06 AS-ER; ebenso LSG Baden-Württemberg vom 9.3.2007 – L 3 AS 3784/06). Nach BSG vom 13.11.2008 – B 14 AS 24/07 R und vom 7.5.2009 – B 14 AS 66/08 R gilt der Leistungsausschluss auch dann, wenn nach § 2 AsylbLG Leistungen in Höhe der regulären Sozialhilfe bezogen werden.

Der Leistungsausschluss gilt auch für Angehörige mit Aufenthaltsrecht nach § 1 AsylbLG, die in Bedarfsgemeinschaft mit Alg II-Bezieher leben (BSG vom 21.12.2009 – B 14 AS 66/08 R). Nach BSG vom 15.12.2010 – B 14 KG 1/09 R erhalten von § 1 AsylbLG erfasste Personen keinen Kinderzuschlag, weil sie ihn zur Vermeidung von Alg II ja nicht einsetzen können. Erhält der mit einem Titel nach § 1 AsylbLG im Bundesgebiet lebende Ausländer BAB nach dem Arbeitsmigrationssteuerungsgesetz, soll dennoch der Mietzuschuss nach § 27 Abs. 3 SGB II a. F. dem Leistungsausschluss nach § 7 Abs. 1 Satz 2 SGB II unterliegen (SG Bremen vom 5.5.2009 – S 15 SO 52/09 ER).

Der Leistungsausschluss nach § 7 Abs. 1 Satz 2 Nr. 3 SGB II knüpft mit Bezugnahme auf § 1 Abs. 1 AsylbLG direkt an die dort genannten Anspruchsvoraussetzungen, d.h. an bestimmte, abschließend aufgezählte ausländerrechtliche Aufenthaltssituationen an. Das Jobcenter hat nicht die Befugnis, die Richtigkeit eines erteilten Aufenthaltstitels infrage zu stellen. Es ist an die Entscheidung der Ausländerbehörde gebunden (SG Aachen vom 10.10.2006 – S 11 AS 38/06; LSG Berlin-Brandenburg vom 9.8.2007 – L 5 B 20/07 AS PKH; BSG vom 2.12.2014 – B 14 AS 8/13 R; LSG NRW vom 17.3.2016 – L 19 AS 1356/15). Dennoch ist die Beurteilung, ob und gegebenenfalls wann der Alg II-Antragsteller von SGB II-Leistungen ausgeschlossen oder auf Ansprüche nach dem

Tatbestandswirkung des Aufenthaltstitels

AsylbLG verwiesen ist, mitunter recht schwierig. Eine Übersicht gibt die folgende Tabelle mit den wichtigsten Anwendungsfällen:

Aufenthaltssituation	Leistungsausschluss
Asylsuchende mit Aufenthaltsgestattung	**ja**
Asylfolge- und Asylzweitantragsteller nach §§ 71, 71a AsylVfG	**ja**[1]
Anerkannte Asylbewerber	**nein**[2]
Geduldete Ausländer nach § 60a AufenthG	**ja**[3]
Vollziehbar ausreisepflichtige Ausländer ■ Tourist nach Ablauf des Visums ■ Ausgewiesener nach Ablauf der Ausreisefrist ■ Ausländer mit abgelaufener Duldung ■ Ausländer mit Grenzübertrittsbescheinigung ■ Abgelehnte Asylbewerber ohne Befugnis nach § 70 AsylVfG ■ Ausländer ohne rechtzeitig verlängerte Aufenthaltserlaubnis[4]	**ja**
Ausländer mit einer Aufenthaltserlaubnis nach §§ 23 oder 24 AufenthG wegen des Krieges in ihrem Heimatland	**ja**[5]
Begünstigte einer Altfallregelung nach § 23 AufenthG i. V. m. einem IMK-Beschluss	**nein**[6]
Begünstigte der Altfallregelung nach § 104a AufenthG	**nein**[7]
Ausländer mit einem Aufenthaltstitel nach § 25 Abs. 4 Satz 1 AufenthG	**ja**
Ausländer mit einem Aufenthaltstitel nach § 25 Abs. 4 Satz 2 AufenthG	**nein**[6]
Ausländer mit einem Aufenthaltstitel nach § 25 Abs. 4a AufenthG	**ja**
Ausländer mit einem Aufenthaltstitel nach § 25 Abs. 5 AufenthG	**ja**[2]
Ausländer mit einem Aufenthaltstitel nach § 23 Abs. 2, 25 Abs. 1 oder 2 AufenthG	**nein**
Ehemals AsylbLG-Leistungsberechtigte mit einem Aufenthaltstitel nach § 23a, 25 Abs. 3 AufenthG ■ Wenn Titel für maximal sechs Monate erteilt wurde ■ Bei längerer Dauer	**ja**[8] **nein**
Begünstigter einer Aufenthaltsfiktion nach § 81 Abs. 4 AufenthG für den Antrag auf einen nicht in § 1 Abs. 1 AsylbLG genannten Aufenthaltstitel	**nein**[9]
Familienangehörige eines AsylbLG-Leistungsberechtigten	**ja**[10]
Familienangehörige eines Deutschen	**nein**

[1]   Bis zur Bescheiderteilung des Bundesamtes für Migration (LSG Berlin-Brandenburg vom 10.6.2005 – L 15 B 2/05 AY ER).

[2] Der Leistungsausschluss verstößt nicht gegen Art. 3 GG oder Europa-Recht (HessLSG vom 23.11.2012 – L 7 AS 118/12).
Sofort mit Zugang des Anerkennungsbescheides des Bundesamtes für Migration kann Alg II beansprucht werden. Da mit Anerkennung als Asylberechtigter keine Leistungen nach dem Asylbewerberleistungsgesetz beansprucht werden können, muss bei Hilfebedürftigkeit Alg II gezahlt werden, wenn sich der Ausländer, z.B. wegen einer Ausweisungsverfügung, nur aufgrund eines der in § 1 AsylbLG aufgezählten Aufenthaltstitel im Bundesgebiet aufhält (LSG Baden-Württemberg vom 22.12.2008 – L 8 AS 3194/08 ER-B: Aufenthaltstitel nach § 25 Abs. 5 AufenthG). Zur Fassung des AsylbLG vom 1.10.2014 s. LSG Thüringen vom 21.10.2015 – L 4 AS 1751/12.

[3] Der Leistungsausschluss verstößt nicht gegen die RL 2004/83/EG (LSG NRW vom 21.1.2013 – L 19 AS 2363/12). Ausnahme: anerkannte Asylberechtigte mit Duldung (LSG Niedersachsen-Bremen vom 3.5.2006 – L 8 SO 26/06 ER).

[4] Das SG Berlin vom 7.2.2011 – S 148 AS 1401/11 ER gibt im Fall des § 81 Abs. 2 Satz 2 AufenthG bei Anfechtung einer Ausweisung einen Leistungsanspruch nach dem SGB II. Siehe auch HessLSG vom 6.9.2011 – L 7 AS 334/11 B ER.

[5] Darunter fallen nicht die legal in Deutschland lebenden ehemaligen Kriegsflüchtlinge aus Jugoslawien oder Libanon. Sie verfügen meist über eine Alt- oder Härtefallerlaubnis (LSG Niedersachsen-Bremen vom 29.6.2006 – L 9 AS 272/06 ER).

[6] SG Hildesheim vom 11.5.2011 – S 42 AS 21/11 ER.

[7] Nach § 70 SGB II können die Länder Regelungen treffen, dass Ausländer, die am 1.3.2007 leistungsberechtigt nach dem AsylbLG waren und Sachleistungen erhielten, auch nach Erteilung des Aufenthaltstitels nach § 104a AufenthG weiterhin Sachleistungen entsprechend den Regelungen des AsylbLG bekommen. Es besteht dann nur ein Anspruch auf die Eingliederungsleistungen des SGB II, für die der SGB II-Träger zuständig ist.

[8] BayLSG vom 12.1.2006 – L 11 B 598/05 AS ER.

[9] HessLSG vom 11.7.2006 – L 7 SO 19/06 ER; SG Berlin vom 23.8.2006 – S 59 AS 7211/06 ER.

[10] Solange sie selbst nur Ansprüche nach § 1 AsylbLG haben (BSG vom 21.12.2009 – B 14 AS 66/08 R) oder sich nur auf ein abgeleitetes Aufenthaltsrecht nach den Grundsätzen des Familiennachzugs gemäß den §§ 27 ff. AufenthG stützen können. Volljährige Kinder gehören nicht zu den Familienangehörigen nach § 7 AsylbLG (LSG Niedersachsen-Bremen vom 19.6.2007 – L 11 AY 80706).

7   Zwang zur Frühverrentung

7.1   Vorrang anderer Sozialleistungen

Der seit 1.1.2008 geltende § 12a SGB II bestimmt, dass Leistungsberechtigte verpflichtet sind, Sozialleistungen anderer Träger in Anspruch zu nehmen und diese Leistungen zu beantragen, wenn sich dadurch die Hilfebedürftigkeit nach dem SGB II vermeiden, vermindern, verkürzen oder beseitigen lässt. Das entspricht dem Nachranggrundsatz der Grundsicherungsleistung.

Die Verpflichtung, vorrangig andere Sozialleistungen geltend zu machen, bezieht sich ausdrücklich nicht auf Renten wegen Alters, die vorzeitig in Anspruch genommen werden können, solange der Leistungsberechtigte noch nicht 63 Jahre alt ist. Ab dem 63. Geburtstag muss der Rentenantrag gestellt werden, wenn ein Anspruch auf vorgezogene Altersrente besteht. Das hat zur Folge, dass es beim derzei-

Keine Zwangs-verrentung vor 63

tigen Renteneintrittsalter von 65 Jahren (§ 35 SGB VI) zu Abschlägen von 7,2% der Rente kommt (§ 77 Abs. 2 Satz 1 Nr. 2a SGB VI). Die wenigen Fälle, in denen noch eine ungeminderte Altersrente vor Erreichen der Höchstaltersgrenze nach §§ 7, 7a SGB II beansprucht werden kann, hat Johannes Steffen in einer Tabelle zusammengestellt, die unter www.arbeitnehmerkammer.de/sozialpolitik abgerufen werden kann (Kein Ende der Zwangsverrentung).

Keine Zwangs-verrentung vor 65

Zwei Gruppen von älteren Leistungsberechtigten bleiben von der Zwangsverrentung vor dem 65. Geburtstag verschont:

bei Alt-58ern

■ Leistungsberechtigte, die (noch) unter den Schutz der sog. 58er-Regelung nach § 65 SGB II i.V.m. § 428 SGB III fallen;

bei »Unbilligkeit«

■ Leistungsberechtigte, bei denen es »unbillig« ist, sie trotz Erreichens des 63. Geburtstags zwangszuverrenten.

7.2   Bestandsschutz für 58er

Bis 31.12.2007 galt die sog. 58er-Regelung nach § 65 Abs. 4 SGB II i.V.m. § 428 SGB III. Wer von dieser Regelung Gebrauch machte, erhielt – trotz Rückzugs vom Arbeitsmarkt – Alg II und konnte nur in die Rente gedrückt werden, wenn die Rente ohne Abschläge gezahlt wurde, d.h. in aller Regel nicht vor dem 65. Geburtstag. Die Regelung spielt wegen § 7a SGB II praktisch keine Rolle mehr, sodass von einer näheren Darstellung abgesehen wird; wir verweisen dazu auf die vorangegangene Auflage.

7.3   Wann ist die vorzeitige Berentung unbillig?

Aufgrund § 13 Abs. 2 SGB II hat das BMAS am 14.4.2008 die »Verordnung zur Vermeidung unbilliger Härten bei der Inanspruchnahme einer vorgezogenen Altersrente« erlassen. In deren §§ 2–5 werden Einzelfälle der Unbilligkeit aufgezählt. Die Aufzählung ist abschließend (BSG vom 19.8.2015 – B 14 AS 1/15 R). Es muss stets im Einzelfall geprüft werden, ob Unbilligkeit vorliegt.

Abschließende Aufzählung

Einzelfallprüfung nach Ermessen

Von der Unbilligkeits-VO nicht erfassten, »unzumutbaren, besonderen Härten« soll nach BSG, a.a.O. im Rahmen der Ermessensausübung Rechnung getragen werden.

Verlust von Alg I

Unbillig ist gemäß § 2 der Unbilligkeits-VO der Zwang zur Altersrente, wenn bei Alg I-Aufstockern damit der Alg I-Anspruch verloren geht. Hierunter fallen zum einen Personen, die den Alg-Anspruch mit Alg II aufstocken müssen, zum anderen Personen, die eine Alg I-Anwartschaft (§ 142 SGB III) erworben haben, den Anspruch auf Alg I wegen einer anwartschaftszeitbegründenden Tätigkeit mangels Beschäftigungslosigkeit aber nicht realisieren können, auch wenn die

Erwerbstätigkeit nicht die Einkommenshöhe nach § 4 Unbilligkeits-VO (über 450 €) erreicht, wie z. B. eine Tätigkeit im Bundesfreiwilligendienst oder eine hauptberufliche Selbständigkeit mit Antragsversicherung nach § 28a SGB III, die Gewinne unter 450 € abwirft.

Weil es um die Erhaltung eines »Anspruchs auf Alg I« geht, muss die Aufforderung zur Rentenantragstellung auch unterbleiben, solange das Alg II auf der Grundlage eines bereits erworbenen Alg I-Anspruchs versicherungspflichtige Entgeltersatzleistungen nach § 26 Abs. 2 SGB III (Krankengeld, Versorgungskrankengeld, Verletztengeld, Übergangsgeld bei medizinischer Rehabilitation), derentwegen der Alg I-Anspruch ruht (§ 156 SGB III), aufstockt oder der Alg II-Bezieher einen Angehörigen pflegt und hierüber nach § 28a SGB III versichert ist (nach SG Mainz vom 17.11.2015 – S 14 AS 956/14 genügt bereits die Möglichkeit zur Alg I-Antragsversicherung).

Antrags-Versicherung

Ist der Bezug einer befristeten Erwerbsminderungsrente nach § 26 Abs.2 Nr. 3 SGB III versicherungspflichtig, muss der Bezieher von Sozialgeld (§ 23 SGB II) nicht in die vorzeitige Altersrente wechseln, auch wenn diese höher als die Erwerbsminderungsrente wäre.

Erwerbs-minderungs-rente

Die Wertung in § 2 Unbilligkeits-VO kann die Aufforderung zur vorzeitigen Berentung ermessensfehlerhaft machen, wenn und solange über den Anspruch auf eine anwartschaftzeitbegründende Sozialleistung gestritten wird oder wenn ein Anspruch auf Nahtlos-Alg I nach § 145 SGB III wegen einer nur auf die Dauer von bis zu sechs Monaten prognostizierten Erwerbsunfähigkeit abgelehnt wird und deshalb vorübergehend Alg II beantragt werden muss. Ggf. tritt hier an die Stelle der Pflicht zum Rentenantrag die Pflicht zur Durchsetzung des Nahtlos-Anspruchs nach § 145 SGB III.
Bei noch nicht erworbener, aber in nächster Zukunft (drei Monate nach der Wertung in §§ 3, 5 Unbilligkeits-VO) zu erwartender Erfüllung der Alg I-Anwartschaftszeit kann eine Härte vorliegen, wenn wegen der Berentung dieser fast erworbene Anspruch verloren geht.

Ermessens-entscheidung im Einzelfall

Auch wenn Alg II aufstockend zum Krankengeld nach § 44 SGB V bezogen wird, wäre der Zwang zur Altersrente unbillig, weil der mit eigenen Beiträgen erarbeitete Krankengeldanspruch verloren ginge (§ 50 Abs. 1 Nr. 1 SGB V). Dasselbe gilt, wenn nicht bedarfsdeckendes Krankengeld im Anschluss an eine nach § 16e SGB II geförderte Beschäftigung bezogen wird.

Verlust von Krankengeld

Wird Alg II aufstockend zu Sozialversicherungsleistungen bezogen, die keine Alg I-Anwartschaft begründen, muss der SGB II-Träger im Rahmen seines Ermessens prüfen, ob die Aufforderung zur Berentung zu besonderen Härten führt. Die Begründung zu § 2 UnbilligkeitsVO legt eine Ermessensreduzierung auf Null zugunsten der Leistungsberechtigten nahe:

Aufstocker anderer Sozialleistungen

»Die Inanspruchnahme einer vorgezogenen Altersrente ist insbesondere in den Fällen unbillig, in denen sie aus gesetzlichen oder verfassungsrechtlichen Gründen vom Hilfebedürftigen nicht verlangt werden kann. Ausdrücklich normiert wird der Fall, dass Hilfebedürftige Arbeitslosengeld beziehen, auf das sie für eine bestimmte Dauer und in bestimmter Höhe einen eigentumsrechtlich geschützten Anspruch haben, und ergänzend dazu Leistungen zur Sicherung des Lebensunterhalts nach dem SGB II erhalten. Der Bezug einer Altersrente führt zum (dauerhaften) Ruhen des Anspruchs auf Arbeitslosengeld. Hilfebedürftige können daher nicht auf eine vorgezogene Altersrente verwiesen werden, da die Inanspruchnahme der Altersrente zum Verlust des geschützten Anspruchs führen würde« (Begründung zur Unbilligkeitsverordnung, S. 8, PDF-Download unter www.bmas.de).

Bevorstehende abschlagsfreie Rente

Nach § 3 Unbilligkeits-VO muss nicht vorzeitig Rente beantragt werden, wenn »in nächster Zukunft« Altersrente abschlagsfrei in Anspruch genommen werden kann. Unter Heranziehung der Begründung zum Gesetzesantrag des Landes Rheinland-Pfalz vom 28.11.2007 (BT-Drs. 858/07, S. 5) kann der Begriff »in nächster Zukunft« als innerhalb der nächsten 6 Monate verstanden werden, was auch sonst mit der im Sozialrecht üblichen Definition eines nur vorübergehenden Zeitraums übereinstimmt.

»in nächster Zukunft«

Nach der Begründung zur Unbilligkeits-VO ist unter »nächster Zukunft« ein Zeitraum von längstens drei Monaten zu verstehen. Verzögert sich der Zeitraum aus Gründen, die der Leistungsbezieher nicht zu vertreten hat, steht es im Ermessen des SGB II-Trägers, hierauf Rücksicht zu nehmen. Grundsätzlich wird der Bezug der abschlagsfreien Rente abzuwarten sein.

Die § 3 Unbilligkeits-VO zugrunde liegende Wertung kann die Aufforderung zur Beantragung einer abschlagbehafteten Rente besonders hart machen, wenn im Rentenverfahren über den Anspruch auf eine bereits beantragte abschlagsfreie Rente gestritten wird.

Ende der erwerbsbiographischen Lebensphase mit 63+?

Allein wegen Erreichens von 63+ mit Anspruch auf eine abschlagsbehaftete Altersrente kann sich das Jobcenter der Verpflichtung zur Eingliederung des Betroffenen nicht entziehen. Erst recht ist es nicht befugt, eine laufende Eingliederungsmaßnahme oder Eingliederungsvereinbarung mit 63+ zu beenden, um so einen Übergang in die Rente vorzubereiten.

Die Regelung des § 3 Abs. 2a SGB II a. F. lässt keinen Zweifel daran, dass auch ältere Leistungsberechtigte Anspruch auf Förderung haben. Der Gesetzgeber hat die Regelung des § 428 SGB III auslaufen lassen, weil er die typisierende Vermutung, dass ältere Arbeitnehmer faktisch nicht mehr zu vermitteln seien, aufgeben wollte (s. dazu LSG NRW vom 25.9.2014 – L 9 AL 236/13).
§ 5 Unbilligkeits-VO spiegelt genau dies wider. Die Regelung wurde geschaffen, weil

»Hilfebedürftigen, die das 58. Lebensjahr vollendet haben, seit dem 1. Januar 2008 unverzüglich eine Arbeit oder Arbeitsgelegenheit angeboten werden soll. Sofern die Eigenbemühungen des Hilfebedürftigen und die Vermittlungsbemühungen des Leistungsträgers mit an Sicherheit grenzender Wahrscheinlichkeit eine alsbaldige Arbeitsaufnahme erwarten lassen, wäre es kontraproduktiv, diese Bemühungen dadurch zunichte zu machen, dass die Betroffenen sofort mit Vollendung des 63. Lebensjahres zur Rentenantragstellung verpflichtet sind.« (so die Begründung zu § 5 UnbilligkeitsV).

Ist es einem Leistungsberechtigten im Alter 63+ wiederholt gelungen, eine sozialversicherungspflichtige Beschäftigung zu finden, muss das Jobcenter deshalb eine **Vermittlungsprognose** in die Ermessenserwägungen, ob dennoch zur vorzeitigen Rente aufgefordert werden soll, einbeziehen (LSG Berlin-Brandenburg vom 5.11.2014 – L 25 AS 2731/14 B ER und vom 1.7.2015 – L 9 AS 1583/14 B ER). Fehlt diese oder wird pauschal auf eine Unvermittelbarkeit arbeitsuchender Personen ab 63+ verwiesen, ist die Rentenaufforderung ermessensfehlerhaft.

Nach § 5 Abs. 1 der Unbilligkeits-VO ist die Inanspruchnahme der vorgezogenen Rente unbillig, »wenn Hilfebedürftige (...) glaubhaft machen, dass sie in nächster Zukunft eine Erwerbstätigkeit gemäß § 4 aufnehmen und nicht nur vorübergehend ausüben werden«. Unter »in nächster Zukunft« sind auch hier drei Monate zu verstehen (BT-Drs. 858/07, S. 5). Die Voraussetzung einer nicht nur vorübergehenden Arbeitsaufnahme ist so zu verstehen, dass es sich um keine von vornherein auf sechs Monate befristete Stelle handeln darf. Eine befristete Probezeit von beispielsweise drei Monaten mit der Option einer Verlängerung nach Erprobung macht aber einen erzwungenen Rentenantrag unbillig.

Die Aufnahme einer nicht nur vorübergehenden Erwerbstätigkeit muss glaubhaft gemacht werden. Eine erneute Glaubhaftmachung ist gemäß § 5 Abs. 2 der Unbilligkeits-VO ausgeschlossen, wenn Leistungsberechtigte bereits einmal (erfolglos) die Aufnahme einer Erwerbstätigkeit glaubhaft gemacht haben. Ein erneuter Anlauf ist allerdings nur ausgeschlossen, wenn der Leistungsberechtigte den Misserfolg beim ersten Anlauf schuldhaft zu vertreten hat. Handelte es sich dagegen um ein seriöses Arbeitsangebot, das sich aus betriebsbedingten Gründen zerschlägt oder gar deshalb, weil das Jobcenter eine Eingliederungshilfe rechtswidrig verweigert, muss das Jobcenter eine Ermessensentscheidung im konkreten Einzelfall treffen.

Lebt der Leistungsberechtigte mit einem Partner zusammen, der glaubhaft machen kann, innerhalb der nächsten 6 Monate mit einer Tätigkeit ein bedarfsdeckendes Einkommen zu erzielen, ist eine Inanspruchnahme der Rente wegen des absehbaren Endes der Hilfebedürftigkeit unbillig. Das Jobcenter ist nicht berechtigt, gleichsam vorsorglich einen zukünftigen Leistungsfall, falls der Partner arbeitslos wird oder sich trennt, zu verhindern.

Bevorstehende Eingliederung in Arbeit

Glaubhaftmachung

Partner kann Hilfebedürftigkeit beenden

Nach § 4 der Unbilligkeits-VO macht nur eine Erwerbstätigkeit, die sozialversicherungspflichtig ist oder aus der ein entsprechend hohes Einkommen erzielt wird und die außerdem den überwiegenden Teil der Arbeitskraft in Anspruch nimmt, den vorzeitigen Rentenantrag unbillig. Bei sachgerechter Auslegung ist vorrangig auf den Umfang der zeitlichen Arbeitsbelastung abzustellen, wobei sich eine zeitliche Belastung oberhalb der Kurzzeitigkeitsgrenze von 15 Stunden wöchentlich nach § 138 SGB III anbietet, weil es darum geht, bei nachgewiesener Arbeitsmarktnähe noch keine Berentung zu erzwingen.

Die DA 19 zu § 12a stellt auf das Minijob-Entgelt (450 €) nach § 8 SGB IV ab, das mit zumindest einem Cent überschritten werden muss. Dabei bleibt außer acht, dass infolge der seit 1.1.2008 geltenden Steuerfreiheit der Ehrenamtspauschale nach § 3 Nr. 26a EStG (Änderung von § 14 Abs. 1 Satz 3 SGB IV) Einkommen über 450 € durch Abzug des Freibetrages von monatlich 67,32 € unter die Geringfügigkeitsgrenze nach § 8 Abs. 1 Nr. 1 SGB IV sinken kann. Außerdem muss (in Anlehnung an § 10 Abs. 2 Nr. 5 SGB II) berücksichtigt werden, ob die Erwerbstätigkeit eine Perspektive zur Überwindung der Hilfebedürftigkeit bietet, was insbesondere für hauptberuflich Selbständige gilt.

Erzielen sie mit ihrer mindestens 15 Stunden dauernden Tätigkeit noch keine Gewinne, die einer sozialversicherungspflichtigen Beschäftigung entsprechen, sind aber solche Gewinne zu erwarten, kann die vorzeitige Inanspruchnahme der Rente unbillig sein.

Bei selbständig tätigen Alg II-Beziehern, die aktuell keinen Gewinn über 450 € erzielen, ist daher vor Aufforderung zur Rentenantragstellung zu prüfen, ob sich der Gewinn in absehbarer Zeit (die kommenden sechs Monate) steigern wird. Das Abstellen auf den Bewilligungszeitraum von sechs Monaten (§ 41 Abs. 3 Nr. 1 SGB II) ist sachgerecht, weil es auf den Durchschnittsgewinn im Bewilligungszeitraum ankommt, d.h. kurzfristige Schwankungen nach oben oder unten auszuschließen sind.

Eine nur vorübergehende Einstellung der Betriebstätigkeit (z. B. wegen Krankheit oder Wasserschadens) lässt die Wertung, die § 4 Unbilligkeits-VO zugrunde liegt, nicht entfallen. Besteht die begründete Aussicht, dass die Erwerbstätigkeit nach Wegfall der Hinderungsgründe wieder im Umfang der Hauptberuflichkeit aufgenommen wird, wäre eine über § 5 Abs. 3 SGB II erzwungene Berentung besonders hart, auch wenn der Zeitraum, in dem die Erwerbstätigkeit ruht, über drei Monate hinausgeht.

Beruht die Unterbrechung auf einer Erkrankung, ggf. der Erkrankung eines Angehörigen, der gepflegt werden muss, kann als Maßstab für das auszuübende Ermessen die Rechtsprechung zu § 28a SGB III herangezogen werden. Danach zieht eine krankheitsbedingte Nichtausübung der selbständigen Tätigkeit allein noch keine Beendigung der Versicherungspflicht gemäß § 28a SGB III nach sich. Vielmehr kann eine Beendigung des Versicherungspflichtverhältnisses nur dann angenommen werden, wenn Anhaltspunkte für eine »willensgetragene, dauerhafte Aufgabe« der Tätigkeit vorliegen, d.h. Indizien festgestellt werden, die dafür sprechen, dass die selbständige Tätigkeit künftig nicht mehr Grundlage für die Sicherung der wirtschaftlichen Existenz des Leistungsberechtigten sein soll oder kann (BSG vom 4.12.2014 – B 5 AL 2/14 R).

Ist der Selbständige bei vorübergehend ruhender Geschäftstätigkeit nach § 28a SGB III versichert, ergibt sich die Unbilligkeit einer vorzeitigen Berentung schon aus § 2 Unbilligkeits-VO. Beträgt der Gewinn aus selbständiger Tätigkeit nur deshalb weniger als 450 €, weil er zwischen mehreren Personen geteilt werden muss, ist dies zumindest im Rahmen des Ermessens, ob zum Rentenantrag aufgefordert werden soll, als Härtegesichtspunkt zu berücksichtigen.

Liegt das Entgelt aus sozialversicherungspflichtiger oder sonstiger Erwerbstätigkeit unter 450 €, sind die Betroffenen im Rahmen der allgemeinen Beratungspflicht nach § 14 SGB I, **seit 1.8.2016** anlässlich der Belehrung nach § 14 Abs. 2 SGB II darauf hinzuweisen, dass die Aufforderung, in Rente zu gehen, auch mit der Aufnahme einer weiteren Tätigkeit im Minijob-Bereich abgewendet werden kann.

Beratung

Ist anhand der Rentenauskunft erkennbar, dass die vorzeitige Altersrente im Gegensatz zur abschlagsfreien Rente nicht bedarfsdeckend ist, zwingt die Berentung zum Wechsel in die Sozialhilfe, der mit Erreichen der Regelaltersgrenze die Grundsicherung nach den §§ 41 SGB XII folgt. Allein der Wechsel vom SGB II zum SGB XII kann nicht als unbillig gewertet werden (LSG NRW vom 13.5.2013 – L 7 AS 525/13 B ER; LSG Sachsen vom 28.8.2014 – L 7 AS 836/14 B ER). Im SGB XII gelten jedoch wesentlich strengere Schonvermögensgrenzen, so dass eine Berentung unbillig sein kann, wenn Schonvermögen verloren geht, das bei regulärem Renteneintrittsalter wegen der dann bedarfsdeckenden Rente nicht eingesetzt werden müsste.
Würde auch die abschlagsfreie Rente den Hilfebedarf nicht decken, kann eine Unbilligkeit vorliegen, wenn durch den Wechsel zum SGB XII Schonvermögen verloren geht, das dem Einstandspartner gehört. Das betrifft vor allem eine selbstgenutzte Immobilie, die nach § 12 Abs. 3 Nr. 4 SGB II umfassender als nach § 90 Abs. 2 Nr. 8 SGB XII geschützt ist (a.A. LSG NRW vom 13.5.2013 – L 7 AS 525/13 B ER).

Mini-Altersrente

Nach LSG NRW vom 19.5.2014 – L 7 AS 260/14 B ER kann es unbillig sein, einen Minijobber zum Rentenantrag aufzufordern, weil er als Rentner mit aufstockenden Sozialhilfeansprüchen ungünstigere Freibeträge (§ 82 SGB XII) hat (a. A. LSG Sachsen vom 19.2.2015 – L 8 AS 1232/14 ER; LSG Niedersachsen-Bremen vom 28.5.2015 – L 15 AS 85/15 B ER).

Ungünstigere Freibeträge

Liegt der Auszahlungsbetrag der geminderten Altersrente über dem SGB II-Bedarf, ist der Gang in die Rente grundsätzlich zumutbar (LSG Sachsen-Anhalt vom 19.8.2014 – L 4 AS 159/14 B ER; BSG vom 9.3.2016 – B 14 AS 3/15 R).

Rente höher als Alg II

**Fiktive Hilfe-
bedürftigkeit
in der BG**

Unbillige Ergebnisse können sich aus der Konstruktion der BG ergeben, wenn der ältere erwerbsfähige Leistungsberechtigte allein über genug Einkommen aus Nichterwerbtätigkeit (z. B. Verletztenrente oder Mieteinnahmen aus einer nicht verwertbaren Immobilie) verfügt, um seinen SGB II-Bedarf zu decken und nur über die Verteilungsregelung des § 9 Abs. 2 Satz 3 SGB II – fiktiv – hilfebedürftig gemacht wird. Er ist gemäß § 1 der Unbilligkeits-VO nicht zum Rentenantrag verpflichtet.

**Unzureichende
Vermittlungs-
tätigkeit**

Erfährt der Leistungsberechtigte trotz Erfüllung aller ihm obliegenden Pflichten keinerlei Unterstützung durch das Jobcenter bei der Eingliederung in Arbeit (keine Stellenangebote, Ablehnung von Weiterbildungsmaßnahmen, eines Vermittlungsgutscheins usw.), kann das Abdrängen in die Rente unbillig sein; denn § 3 Abs. 2 SGB II n. F. fordert vom Jobcenter ungeachtet des Lebensalters der Person eine intensive Förderung.

**Laufender
Rechtsstreit**

Ist ein Rechtsstreit über die Gewährung einer Eingliederungsmaßnahme anhängig, besteht keine Pflicht, den evt. Klageerfolg über einen Rentenantrag zu vereiteln. Es bleibt dann abzuwarten, wie das Gericht entscheidet.

7.4   Wie wird die vorzeitige Berentung durchgesetzt?

Nach § 5 Abs. 3 SGB II ist zunächst der Leistungsberechtigte aufzufordern, einen Rentenantrag zu stellen. Ein in die Form einer Bitte gekleidetes Schreiben genügt u. U. nicht (SG Mainz vom 17.11.2015 – S 14 AS 956/14). Die Aufforderung ist nach SG Chemnitz vom 6.1.2016 – S 26 AS 4513/15 ER nicht deshalb unbestimmt im Sinne von § 33 Abs. 1 SGB X, weil sie keine Verpflichtung enthält, die Rente ab einem konkreten Zeitpunkt zu beantragen.

**Aufforderung =
Anfechtbarer
Verwaltungsakt**

Die Aufforderung ist ein Verwaltungsakt, der mit Widerspruch und Klage angefochten werden kann (LSG NRW vom 1.2.2010 – L 19 B 371/09 AS ER; BSG vom 16.12.2011 – B 14 AS 138/11 B). Widerspruch und Klage haben nach § 39 Nr. 3 SGB II keine aufschiebende Wirkung. Der Aufgeforderte hat aber die Möglichkeit, das Sozialgericht zur Herstellung der aufschiebenden Wirkung anzurufen.

**Vollzugs-
beseitigung**

Hat das Jobcenter trotz Anordnung der aufschiebenden Wirkung oder schon vor Zustellung eines entsprechenden Eilbeschlusses Rente beantragt, muss er den Antrag zurücknehmen; das kann entweder über eine Anordnung nach § 86b Abs. 1 Satz 2 SGG (Vollzugsbeseitigung) oder eine gesonderte Regelungsanordnung nach § 86b Abs. 2 SGG durchgesetzt werden (LSG Berlin-Brandenburg vom 5.9.2014 – L 25 AS 2135/14 B ER).

**Verwaltungsakt
auch bei EV
nötig**

Auch wenn in der Eingliederungsvereinbarung die Verpflichtung zur Rentenantragstellung aufgenommen worden war (was in der Neufassung von § 15 SGB II unterbleiben soll, BT-Drs. 18/8041, S. 37), muss die Aufforderung gesondert als Verwaltungsakt erlassen werden. Einen Selbstvollzug der EV gibt es nicht. Allerdings kann bei Weigerung das Alg II gekürzt werden. Im Rahmen einer gerichtlichen Überprüfung der Sanktion ist dann auch die Rechtmäßigkeit der Aufforderung zum vorzeitigen Rentenantrag zu prüfen; die Aufforderung muss aber zusätzlich innerhalb der Widerspruchsfrist angefochten werden, damit sie nicht bestandskräftig wird.

Hat der Leistungsberechtigte allein auf der Grundlage einer EV oder eines EVA Rente beantragt, kann er den Rentenantrag ohne Sanktion zurücknehmen. Wurde auf dieser Grundlage, d.h. ohne wirksame Aufforderung, die die Rentenverfahrensführung nach § 5 Abs. 3 SGB II auf den SGB II-Träger verlagert, Rente bereits bewilligt, kann der Rentenantrag bis zur Bestandskraft des Rentenbescheides zurückgenommen werden. Akzeptiert der Rentenversicherungsträger die Rücknahme nicht, kann dies ggf. mit einer Klage auf Feststellung der Wirksamkeit der Rücknahme durchgesetzt werden.

Erfolgt die Rentenantragstellung durch das Jobcenter zeitgleich mit der Aufforderung oder schon vor Ablauf der im Aufforderungsbescheid gesetzten Frist, ist dies nicht von der Ermächtigung in § 5 Abs. 3 SGB II gedeckt. (BayLSG vom 23.6.2015 – L 11 AS 273/15 B ER; LSG Berlin-Brandenburg vom 16.12.2014 – L 5 AS 2740/14 B ER). Eine Heilung des Mangels durch Zeitablauf ist ausgeschlossen. Der Betroffene kann den Rentenantrag unbeschadet zurücknehmen.

Übereilung schadet

Die Aufforderung zur Beantragung der Rente steht im Ermessen des Jobcenters (LSG Berlin-Brandenburg vom 27.8.2013 – L 28 AS 2330/13 B ER; LSG Sachsen vom 28.8.2014 – L 7 AS 836/14 B ER). Ermessen muss bereits vor Erlass des die Aufforderung enthaltenden Verwaltungsaktes ausgeübt werden (SG Hannover vom 15.1.2013 – S 68 AS 1296/12; LSG NRW vom 12.6.2012 – L 7 AS 916/12 B ER; BSG vom 19.8.2015 – B 14 AS 1/15 R). Übt das Jobcenter kein Ermessen aus, ist die Aufforderung rechtswidrig (LSG NRW vom 1.2.2010 – L 19 B 371/09 AS ER; HessLSG vom 24.5.2011 – L 7 AS 88/11 B ER).

Ermessens-entscheidung

Weigert sich der Leistungsberechtigte, Rente zu beantragen, kann das Jobcenter nach § 5 Abs. 3 SGB II selbst den Antrag stellen. Eine Versagung nach § 66 SGB I oder eine Zahlungseinstellung nach § 331 SGB III ist unzulässig (LSG NRW vom 10.2.2014 – L 19 AS 54/14 B ER). Der Rentenversicherungsträger muss aber prüfen, ob der Inhaber der künftigen Rente zu Recht übergangen wurde (Spellbrink, Soziale Sicherheit 2004, S. 165). Das gilt nach Berlit, info also 2007, S. 198 auch dann, wenn der Aufforderungs-Verwaltungsakt mangels Anfechtung bestandskräftig geworden ist.

Selbsthilfe des Jobcenters

Mit dem Recht zur Antragstellung nach § 5 Abs. 3 SGB II gehen die wesentlichen Gestaltungsrechte auf das Jobcenter über. Der Leistungsberechtigte ist nicht mehr befugt, den Rentenantrag zurückzunehmen oder gegen den Rentenbescheid Widerspruch mit dem Antrag zu erheben, nur eine abschlagsfreie Rente zu zahlen. Dagegen bleiben Rechte zur Sicherung der vorzeitigen Rente (Hinweis auf weitere Beitragszeiten etc.) erhalten.

Besteht wegen einer Erklärung, Alg II gemäß § 65 Abs. 4 SGB II
i. V. m. § 428 SGB III unter erleichterten Voraussetzungen beziehen
zu wollen, eine Verpflichtung zum Eintritt in die Rente, kann der Rentenantrag nicht zurückgenommen werden (BSG vom 16.5.2010 – B 4
AS 105/11 R).

Rücknahme des Rentenantrags?

Bestand keine Pflicht zur Beantragung der Rente, kann nach LSG
Sachsen vom 3.11.2010 – L 7 AS 677/10 B ER gegen die Rentenbewilligung Widerspruch eingelegt und der Rentenantrag zurückgenommen werden. § 46 Abs. 2 SGB I komme nicht zum Zug.

Bestandskräftige Aufforderung zur Rentenantrag-stellung

Ist die Aufforderung zur Rentenantragstellung bestandskräftig geworden, ist der Leistungsberechtigte einer Rentenantragstellung
durch das Jobcenter nicht schutzlos ausgeliefert. § 5 Abs. 3 SGB II
befugt nur dann zur Durchsetzung einer vorrangigen Sozialleistung
auch gegen den Willen des Anspruchsinhabers, wenn dieser zu Recht
zur Inanspruchnahme der Sozialleistung aufgefordert wurde. Ist der
Aufforderungsbescheid offenkundig fehlerhaft, ohne nichtig i. S. von
§ 40 SGB X zu sein, muss der Rentenversicherungsträger den vom
Jobcenter gestellten Antrag zurückweisen (vgl. dazu BSG vom
26.6.2008 – B 13 R 37/07 R). Das ist beispielsweise der Fall, wenn Ermessen gänzlich fehlt oder schon vor Ablauf der zur Antragstellung
gesetzten Frist ein vom Träger gestellter Antrag eingeht.

Keine eigenständige Unbilligkeits-prüfung

Zu einer eigenständigen Unbilligkeitsprüfung oder zu eigenen Ermessenserwägungen ist der Rentenversicherungsträger aber nicht berechtigt. Insoweit bindet ihn die bestandskräftige Aufforderung des
Jobcenters. Dem Leistungsberechtigten bleibt dann nur die Möglichkeit, gegen den Rentenbescheid Widerspruch einzulegen und das
Jobcenter auf Zustimmung zur Rücknahme des Rentenantrags zu
verklagen (s. zu einer vergleichbaren Situation LSG Berlin-Brandenburg vom 20.5.2015 – L 1 KR 221/13).

Seinen Anspruch auf Fortzahlung des Alg II kann der Leistungsberechtigte mit einem Antrag auf Anordnung der aufschiebenden Wirkung des Widerspruchs gegen den Alg II-Aufhebungsbescheid nach
§ 48 SGB X i.V.m. § 7 Abs. 4 SGB II sichern.

Wiederholte Aufforderung

Wurde der Leistungsbezieher wirksam zur Rentenantragstellung aufgefordert und entfällt die Hilfebedürftigkeit vor Zuerkennung der Altersrente aus sonstigen Gründen (z.B. Antritt einer sozialversicherungspflichtigen Beschäftigung, Einzug eines Partners mit Einkommen, Umzug in eine günstigere Wohnung), hat sich die Aufforderung
erledigt mit der Folge, dass der Aufgeforderte den Rentenantrag unbeschadet künftiger Hilfebedürftigkeit zurücknehmen darf. Die Ver-
fahrensführungsbefugnis aus § 5 Abs. 3 SGB II ist mit Überwindung
des Leistungsfalls erloschen. Tritt erneut Hilfebedürftigkeit ein, muss
das Jobcenter erneut zum Rentenantrag auffordern, wenn dies unter
Berücksichtigung der veränderten Situation weder unbillig noch ermessensfehlerhaft ist.

Allein der unterbliebene Rentenantrag gibt dem Jobcenter keine Handhabe, einen Erst- oder Folgeantrag auf Alg II mit Verweis auf den Antrag auf eine vorrangige Sozialleistung abzulehnen (LSG NRW vom 11.4.2012 – L 19 AS 544/12 B ER; SG Karlsruhe vom 21.1.2015 – S 4 AS 2983/12).

Unzulässige Leistungs- einstellung

Als Grundlage für einen Entziehungs- oder Versagungsbescheid nach § 66 SGB I oder eine Leistungseinstellung nach § 331 SGB III scheidet § 12 a SGB II aus, weil § 5 Abs. 3 SGB II das Jobcenter ermächtigt, anstelle des Hilfesuchenden den Antrag auf eine vorrangige Sozialleistung zu stellen (LSG Berlin-Brandenburg vom 29.4.2011 – L 5 AS 525/11 B ER; LSG NRW vom 10.2.2014 – L 19 AS 54/14 B ER).

Unterbleibt die Antragstellung trotz Aufforderung, ist dies allein auch keine wesentliche Änderung i. S. von § 48 SGB X, die zur Aufhebung der Leistungsbewilligung berechtigt. Eine (fiktive) Einkommensanrechnung scheitert daran, dass der Anspruch auf die vorrangige Sozialleistung kein »bereites Mittel« ist (LSG Sachsen vom 22.5.2015 – L 8 AS 125/15 B ER). Auch nach Antragstellung darf die vorrangige Leistung erst mit tatsächlichem Zugang als Einkommen berücksichtigt werden (BSG vom 19.8.2015 – B 14 AS 1/15 R). Bis dahin muss der SGB-II-Träger unter Anmeldung eines Erstattungsanspruchs nach den §§ 102 ff. SGB X Hilfe gewähren.

Wurde auf Antrag des Jobcenters rückwirkend eine vorgezogene Altersrente für einen 63+ Hilfebedürftigen bestandskräftig bewilligt, ist Alg II wegen § 7 Abs. 4 SGB II ausgeschlossen. Die Frage, ob eine vorangegangene Aufforderung zur Rentenantragstellung rechtswidrig war, ist dann nicht mehr von Belang (BSG vom 16.5.2012 – B 4 AS 105/11 R: Tatbestandswirkung der Zuerkennung der Rente; s. auch BSG vom 12.6.2013 – B 14 AS 225/12 B).

Rente bewilligt

Wirkt der Leistungsberechtigte nicht daran mit, möglichst bald in Rente zu gehen, kann das Jobcenter dagegen über die EV-Verpflichtung mit einer Alg II-Kürzung nach § 31a SGB II vorgehen. Eine Einstellung der Leistung nach § 48 SGB X mit der Begründung weggefallener Hilfebedürftigkeit, wie es DA 11 zu § 5 vorsieht, ist rechtswidrig (vgl. SG Dresden vom 7.11.2008 – S 5 AS 5410/08 ER; LSG NRW vom 11.4.2012 – L 19 AS 544/12 B ER). Von einer fiktiven Rente kann der Lebensunterhalt schwerlich bestritten werden.

Fehlende Mitwirkung im Rentenverfahren

Den Streit, ob eine fehlende Mitwirkung im Verfahren bei einem anderen Sozialleistungsträger eine Entziehung oder Versagung des Alg II erlaubt (s. dazu LSG NRW vom 22.4.2016 – 19 AS 423/16 B ER), hat der Gesetzgeber zum 1.8.2016 dahingehend entschieden, dass dies künftig möglich ist, davon aber die vorzeitige Rentenantragstellung ausdrücklich ausgenommen.

§ 66 SGB I?

Danach kann ein bis zum 31.7.2016 von einer Entziehung nach § 66 SGB I Betroffener **seit 1.8.2016** geltend machen, dass die Entziehung aufgehoben wird (Änderung nach § 48 Abs. 1 Satz 2 Nr. 1 SGB X).

Haftung?

Eine Haftung nach § 34 SGB II a. F. scheidet aus, weil der unterlassene Rentenantrag keine »Herbeiführung« von Hilfebedürftigkeit ist. Ob die seit 1.8.2016 geltende Fassung: »Als Herbeiführung im Sinne des Satzes 1 gilt auch, wenn die Hilfebedürftigkeit erhöht, aufrechterhalten oder nicht verringert wurde«, eine Haftung ermöglicht, ist wegen des Erfordernisses eines sozialwidrigen Verhaltens sehr fraglich.

D **Zumutbarkeit von Arbeit und
Eingliederungsmaßnahmen**
§§ 2 Abs. 1 Satz 3, 10 SGB II

I **Überblick**

Welche Arbeit und welche Maßnahmen zur Eingliederung in Arbeit Leistungsberechtigten zugemutet werden können, ist in § 10 SGB II geregelt.

§ 10 SGB II umschreibt die zumutbaren Bemühungen als Regel-Ausnahmeverhältnis:

■ Dem Leistungsberechtigten ist jede Arbeit, jede Eingliederungsmaßnahme zumutbar;   Regel

■ es sei denn, der Leistungsberechtigte hat einen **wichtigen Grund**   Ausnahme
für Nicht-Arbeit oder Nicht-Teilnahme an einer Eingliederungsmaßnahme (§ 10 Abs. 1 Nr. 5 SGB II).

Einige dieser wichtigen Gründe werden in § 10 Abs. 1 Nrn. 1–4 SGB II aufgezählt.

Die Zumutbarkeit spielt eine Rolle für

Für wen spielt die Zumutbarkeit eine Rolle?

- **Arbeitslose Leistungsberechtigte**
  Sie müssen ihre Arbeitskraft auf alle zumutbaren Formen von Erwerbstätigkeit erstrecken.

- **Erwerbstätige hilfebedürftige Aufstocker**
  Wer trotz Arbeit so wenig verdient, dass er aufstockend Alg II benötigt, muss trotz ausgeübter Tätigkeit alle zumutbaren Möglichkeiten nutzen, seine Arbeitskraft besser bezahlt oder länger einzusetzen.

Die Zumutbarkeit spielt eine Rolle

Wo spielt die Zumutbarkeit eine Rolle?

- **Bei den Pflichten, insbesondere den Eigenbemühungen**
  Wer die in der Eingliederungsvereinbarung oder in dem Eingliederungsverwaltungsakt festgelegten zumutbaren Pflichten, insbesondere zumutbare Eigenbemühungen unterlässt, hat mit Leistungskürzungen zu rechnen (§ 31 Abs. 1 Satz 1 Nr. 1 i. V. m. § 31a SGB II).
  Zu den Eigenbemühungen im Einzelnen → S. 832 f.

- **Bei der Ablehnung von Arbeit u. Ä.**
  Wer eine zumutbare Arbeit, Ausbildung, Arbeitsgelegenheit oder eine mit einem Lohnkostenzuschuss nach § 16e SGB II geförderte zumutbare Arbeit nicht aufnimmt oder abbricht, läuft Gefahr, dass die Leistung gekürzt wird (§ 31 Abs. 1 Satz 1 Nr. 2 i. V. m. § 31a SGB II).

- **Bei Ablehnung einer Eingliederungsmaßnahme, deren Abbruch oder Ausschluss aus einer Eingliederungsmaßnahme**
  Wenn die Eingliederungsmaßnahme zumutbar war, kann die Leistung gekürzt werden (§ 31 Abs. 1 Satz 1 Nr. 3 i. V. m. § 31a SGB II).

II   **Welche Erwerbstätigkeiten können Leistungsberechtigten zugemutet werden?**

§ 16 Abs. 1 SGB II verweist auf die Vermittlungsgrundsätze des § 36 SGB III. Dadurch ist zumindest sichergestellt, dass Arbeitsverhältnisse, die gegen ein Gesetz oder die guten Sitten verstoßen, unzumutbar sind (SG Berlin vom 19.9.2011 – S 55 AS 24521/11 ER: Sittenwidriger Lohn). Dasselbe gilt für selbständige Tätigkeiten.

Ansonsten präzisiert § 10 Abs. 2 SGB II, welche Verschlechterungen im Vergleich zur bisherigen Tätigkeit zumutbar sind. Wie in § 140 SGB III werden vier hinnehmbare Verschlechterungen genannt:

Was kann sich verschlechtern?

1. Entwertung der beruflichen Qualifikation;
2. schlechtere Entlohnung;
3. schlechtere Erreichbarkeit der Arbeitsstelle;
4. sonstige schlechtere Arbeitsbedingungen.

1 Entwertung der beruflichen Qualifikation

Nach § 2 Abs. 1 Satz 1, Abs. 2 Satz 1 und Satz 2 SGB II muss der erwerbsfähige Leistungsberechtigte alles tun, um seine Hilfebedürftigkeit zu beenden. §§ 2, 10 SGB II kennen »keinen Berufsschutz, keinen Anspruch auf eine Tätigkeit, die der vorhandenen Qualifikation entspricht, und keinen Schutz vor beruflichem Abstieg« (so ausdrücklich DA 30 zu § 10). Zumutbar sind deshalb im Grundsatz alle Arbeiten, zu denen der Leistungsberechtigte in der Lage ist (SG Würzburg vom 7.12.2011 – S 15 AS 852/11 ER; LSG NRW vom 2.5.2011 – L 19 AS 344/11 B ER).

Statt Lust
und Lohn
Frust und Fron

Gegen eine haltlose Dequalifizierung können aber im Rahmen der einvernehmlich abzuschließenden Eingliederungsvereinbarung folgende Argumente vorgebracht werden:

- § 10 SGB II steht – würde er uneingeschränkt angewandt – im Widerspruch zu einem Grundprinzip des Sozialgesetzbuchs: Nach § 1 Abs. 1 Satz 2 SGB I soll das SGB »dazu beitragen, den Erwerb des Lebensunterhaltes durch eine frei gewählte Tätigkeit zu ermöglichen«. §§ 2, 10 SGB II sind im Lichte dieses Grundprinzips auszulegen.

- Nach § 16 Abs. 1 Satz 1 SGB II i. V. m. § 35 Abs. 2 Satz 2 SGB III hat das Jobcenter bei der Vermittlung »die Neigung, Eignung und Leistungsfähigkeit der Ausbildungsuchenden und Arbeitsuchenden zu berücksichtigen«.
  Diese Vermittlungsgrundsätze wirken sich auf die Zumutbarkeit von Beschäftigungen aus (Ute Winkler, info also 2001, S. 73 unter Hinweis auf BSG vom 30.11.1973 – 7 RAr 43/73, DBlR Nr. 1790a zu § 119 AFG).

- Nach § 1 Abs. 2 Satz 1 SGB II soll die Eigenverantwortung des erwerbsfähigen Leistungsberechtigten gestärkt werden. Dies gelingt nur, wenn das Jobcenter angemessene Wünsche (§ 33 SGB I) des Leistungsberechtigten berücksichtigt.
  Angemessen ist der Wunsch, eine bestehende Arbeit (z. B. Minijob oder selbständige Tätigkeit) fortzusetzen. Sichert diese Arbeit aber voraussichtlich nicht auf Dauer die Existenz mit der Folge, dass weiter SGB II-Leistungen beantragt werden, kann das Jobcenter die Aufgabe dieser Arbeit und die Aufnahme einer anderen, existenzsichernden Arbeit verlangen (§ 10 Abs. 2 Nr. 5 SGB II).

2 Schlechtere Entlohnung

Anders als Alg I-Bezieher (vgl. § 140 Abs. 3 SGB III) werden Alg II-Bezieher nicht geschützt durch ein Vergleichseinkommen, an dem der angebotene Lohn in den ersten sechs Monaten der Arbeitslosigkeit gemessen wird. Die Vergütung muss auch nicht bedarfsdeckend sein; es genügt, wenn sie die Hilfebedürftigkeit verringert.

Keine Schonfrist

Dem Leistungsberechtigten kann ohne Wartezeit eine Arbeit mit Arbeitsentgelt bis hinunter zur Grenze eines Gesetzesverstoßes (bei Unterschreitung gesetzlicher Mindestlöhne oder für allgemein verbindlich erklärter Tarifverträge) zugemutet werden.

Grenze:
Mindestlohn

Löhne, die gegen Mindestlohnbestimmungen verstoßen, sind unzumutbar.

Die folgende Tabelle, die unter www.boeckler.de/pdf/ta_mindestloehne.pdf herunterzuladen ist, zeigt – von uns leicht verändert –, in welchen Branchen es 2016 Mindestlöhne in welcher Höhe gibt:

Schaubild
Tarifliche Mindestlöhne nach dem Arbeitnehmer-Entsendegesetz in €/Std.

Branche	Beschäftigten-gruppe	Mai 2016	nächste Stufe
Abfallwirtschaft (175.000 AN)		**9,10**	bis 3/2017
Bauhauptgewerbe (560.400 AN)			ab 1/2017
West	Werker	**11,25**	11,30
	Fachwerker	**14,45**	14,70
Berlin	Werker	**11,25**	11,30
	Fachwerker	**14,30**	14,55
Ost	Werker	**11,05**	11,30
Berufliche Aus-/Weiterbildung (30.000 AN)			ab 1/2017
West inkl. Berlin	Pädagogische Mitarbeiter	**14,00**	14,60
Ost	Pädagogische Mitarbeiter	**13,50**	14,60
Dachdeckerhandwerk West und Ost (71.500 AN)		**12,05**	ab 1/2017 12,25
Elektrohandwerk (Montage) (346.500 AN)			ab 1/2017
West		**10,35***	10,65*
Ost inkl. Berlin		**9,85***	10,40*
Fleischindustrie West und Ost (80.000 AN)		**8,60**	ab 12/2016 8,75
Friseurhandwerk (170.000)		**8,50**	bis 7/2016
Gebäudereinigerhandwerk (700.000, davon sozialversichert 407.100 AN)			ab 4/2017
West inkl. Berlin	Innen- und Unterhaltsreinigung	**9,80**	10,00
	Glas- und Fassadenreinigung	**12,98**	13,25
Ost	Innen- und Unterhaltsreinigung	**8,70**	9,05
	Glas- und Fassadenreinigung	**11,10**	11,53

* Allgemeinverbindlichkeit noch nicht erteilt.

II Welche Erwerbstätigkeiten können Leistungsberechtigten zugemutet werden? **199**

Branche	Beschäftigten-gruppe	Mai 2016	nächste Stufe
Geld- und Wertdienste		je nach Bundesland	
	Geld- und Wert-transport	**11,24 bis 15,73**	
	Geldbearbeitung	**9,33* bis 12,92**	
Gerüstbauerhandwerk			ab 5/2017
West und Ost (31.000 AN)		**10,70***	11,00*
Land- und Forstwirtschaft; Gartenbau			
(750.000 AN)			
West		**8,00**	
Ost inkl. Berlin		**7,90**	
			ab 1/2017
West und Ost			8,60
Leiharbeit/Zeitarbeit			
West		**9,00**	
Ost inkl. Berlin		**8,50**	
Maler- und Lackiererhandwerk			ab 5/2016
(115.300 AN)			
West	Ungelernter	**10,10**	10,10
	Geselle	**13,10**	13,10
Berlin	Ungelernter	**10,10**	10,10
	Geselle	**12,90**	12,90
Ost	Ungelernter	**10,10**	10,10
	Geselle	**11,30**	11,30
Pflegebranche			ab 1/2017
(800.000 AN)			
West inkl. Berlin		**9,75**	10,20
Ost		**9,00**	9,50
Schilder- und Lichtreklame-herstellerhandwerk			ab 9/2016
(7.700 AN)	Helfer	**10,00***	10,31*
	Gesellen	**12,94***	13,26*
Steinmetz- und Steinbildhauerhandwerk			
(13.200 AN)			
West inkl. Berlin		**11,35**	
Ost		**11,00**	
Textil- und Bekleidungs-industrie			
(85.400 AN)			
West		**8,50**	
Ost inkl. Berlin		**8,25**	
Wäschereidienstleistungen im Objektkundengeschäft			ab 7/2016
(34.000 AN)			
West		**8,50**	8,75
Ost inkl. Berlin		**8,00**	8,75

* Allgemeinverbindlichkeit noch nicht erteilt.

Mit der HEGA 05/15-2 »Prüfung von Lohnangeboten in der Arbeits-vermittlung; Beachtung von Mindestlöhnen« verpflichtet die BA die Vermittlungs- und Beratungsfachkräfte ausdrücklich, die Lohnange-bote daraufhin zu prüfen, ob sie den Mindestlöhnen entsprechen. Den Mitarbeitern der BA steht dafür ein »Leitfaden Branchenmindestlöh-ne« auf stets aktuellem Stand zur Verfügung.

Die Mindestlöhne gelten auch für Arbeitgeber mit Sitz im Ausland und ihre in Deutschland beschäftigten Arbeitnehmer.

Aufgrund des »Gesetzes zur Regelung eines allgemeinen Mindestlohns (Mindestlohngesetz – MiLoG)« vom 11.7.2014 (BGBl. I, S 1348 ff.) wird ab 1.1.2015 ein Mindestlohn von 8,50 € brutto (ab 2017: 8,84 €) einge-führt.

Ausnahmen

Dieser Mindestlohn gilt gemäß § 22 MiLoG nicht für:
– bestimmte, in § 22 Abs. 1 Satz 1 Nr. 1-3 MiLoG genannte Prakti-kanten;
– Teilnehmer an einer Einstiegsqualifizierung nach § 54a SGB III oder an einer Berufsausbildungsvorbereitung nach §§ 68–70 BeBiG;
– Jugendliche (also vor dem 18. Geburtstag) ohne abgeschlossene Berufsausbildung;
– zu ihrer Berufsausbildung Beschäftigte;
– ehrenamtlich Tätige;
– für die ersten sechs Monate einer Beschäftigung, wenn der Arbeit-nehmer unmittelbar vor Beginn der Beschäftigung ein Jahr arbeits-los war.
  Ungeklärt ist (noch), durch wen (durch Arbeitnehmer oder Arbeit-geber?) und wie (durch Vorlage einer Bescheinigung der AA oder des Jobcenters oder durch bloße Behauptung des Arbeitnehmers?) die Langzeitarbeitslosigkeit nachgewiesen werden soll.

Gemäß § 24 Abs. 2 MiLoG gilt ein »abgespeckter« Mindestlohn für Zeitungszusteller.
Noch bis zum 31.12.2017 sind gemäß § 24 MiLoG Tariflöhne unter 8,50 € brutto zulässig, wenn sie allgemeinverbindlich sind. Entspre-chendes gilt bis 31.12.2017 für die oben in der Tabelle aufgeführten tariflichen Mindestlöhne nach dem Arbeitnehmer-Entsendegesetz und die unten (→ S. 206) aufgeführten Löhne für Leiharbeitnehmer.

Soweit nicht die genannten Ausnahmen greifen, sind seit 1.1.2015 Löhne unter 8,50 € brutto (ab 2017: 8,84 €) unzumutbar.

Beispiel 1

Die 55-jährige Elfriede Wehrmich ist seit 30.6.2015 arbeitslos. Zum 1.1.2016 bietet ihr das Jobcenter eine Stelle zu einem Stundenlohn von 7,90 € brutto an.

Hürde: Mindestlohn

Elfriede Wehrmich kann die angebotenen Arbeit als unzumutbar ab-lehnen, weil der Mindestlohn seit 1.1.2015 8,50 € brutto beträgt.

Bietet das Jobcenter Elfriede Wehrmich die Stelle zu 7,90 € brutto zum 2.7.2016, also nach einem Jahr Arbeitslosigkeit an, ist das Angebot zumutbar, weil der Mindestlohn von 8,50 € brutto nicht für Arbeitnehmer gilt, die vor Beginn der Beschäftigung langzeitarbeitslos – also mindestens ein Jahr arbeitslos – waren.

Beispiel 2

Hürde fällt bei Langzeitarbeits-losen

Allerdings greift bei eingestellten Langzeitarbeitslosen nach sechs Monaten wieder die Mindestlohngrenze.

Was passiert, wenn der Arbeitgeber Elfriede Wehrmich nach sechs Monaten erklärt, er könne die 8,50 € brutto nicht zahlen? Elfriede Wehrmich könnte dann fristlos kündigen, ohne dass sie eine Sanktion befürchten muss; denn nach Ablauf von sechs Monaten würde die Arbeit zu einem Lohn unter 8,50 € brutto unzumutbar.

Beispiel 3

Hürde: Aufgelebter Mindestlohn

Viele Unklarheiten und als Folge Rechtsstreitigkeiten sind entstanden zur Frage, was alles zum Mindestlohn zählt. Inwieweit Arbeitgeberleistungen neben der Grundvergütung (z.B. Einmalzahlungen wie Weihnachtsgeld und Zulagen, Leistungslöhne wie Prämien und Provisionen) mindestlohnwirksam sind, können wir hier nicht behandeln (vgl. dazu zuletzt Thomas Lakies, AuR 2016, S. 14 ff. und allgemein zu Rechtsproblemen beim Mindestlohn Daniel Hlava, SR 2016, S. 17 ff.).

Was ist mindest-lohnwirksam?

Es gibt verschiedene Möglichkeiten, sich gegen eine Arbeit mit unzumutbar niedrigem Lohn zu wehren:

Gegenwehr

Wenn Sie eine Arbeit ablehnen mit der Begründung, der angebotene Lohn entspreche nicht dem Mindestlohn, laufen Sie Gefahr, dass das Jobcenter die Leistung kürzt. Dagegen müssten Sie sich im Wege des Widerspruchs und der Klage beim Sozialgericht wehren. Allerdings ist zweifelhaft, ob eine Klage gegen das Arbeitsangebot selbst zulässig ist, weil es sich dabei nach Meinung des BSG vom 19.1.2005 – B 11a/11 AL 39/04 R nicht um einen Verwaltungsakt handelt. Wird Ihnen die Leistung gekürzt, weil Sie eine Arbeit, die Sie für unzumutbar halten, nicht angenommen haben, ist es sinnvoll, sich gleich mit einem Antrag auf Aussetzung der Vollziehung an die Jobcenter oder an das SG zu wenden. Sonst erhalten Sie während der Kürzungszeit weniger Geld; schließlich dauern Widerspruchs- und Klageverfahren lange; und ob Sie letztendlich gewinnen, ist nicht sicher.

1. Weg: Statt Arbeitsablehnung mit Widerspruch und Klage gegen Kürzung

Besser ist es, die Arbeit anzutreten und sofort vor dem Arbeitsgericht auf angemessene Bezahlung zu klagen. Dieser Weg vermeidet die Gefahr einer Kürzung des Alg II durch das Jobcenter.

2. Weg: Klage vor dem Arbeitsgericht

Einen dritten Weg beschreitet das Jobcenter Stralsund. Es bürdet nicht dem gesetz- und tarifwidrig zu niedrig Entlohnten die Gegenwehr auf, sondern verklagt eigenhändig den zu niedrig zahlenden Arbeitgeber. Und zwar aufgrund § 115 SGB X. Danach geht, soweit ein Arbeitgeber den Anspruch auf Arbeitsentgelt nicht (in voller Höhe) erfüllt und des-

3. Weg: Der Stralsunder Weg

halb ein Sozialleistungsträger zur Sicherung des Lebensunterhalts einspringen muss, der Lohnanspruch gemäß § 612 Satz 2 BGB i.V.m.
§ 115 SGB X auf den Sozialleistungsträger über. Das Arbeitsgericht
Stralsund hat den Klagen des Jobcenters Stralsund wiederholt stattgegeben (z.B. vom 10.2.2009 – 1 Ca 318/08, AuR 2009, S. 182f. mit Anmerkung Rudolf Buschmann und vom 26.1.2010 – 4 Ca 166/09, info also 2010, S.128ff. mit Anmerkung Helga Spindler).

Erst aufgrund der Erfolge des Jobcenters Stralsund hat die BA mit einem »Muster: Restlohn-Klage vor dem Arbeitsgericht« (Anlage 2 zur
DA zu § 33) reagiert.

3   Schlechtere Erreichbarkeit der Arbeitsstelle

3.1   Die tägliche Fahrzeit

Tagespendel-
bereich: bis zu
3 Stunden bei
Vollzeitarbeit

Nach DA 31 zu § 10 ist bei einer Beschäftigung von mehr
als sechs Stunden eine Fahrzeit bis zu 2,5 Stunden für den Hin- und
Rückweg zumutbar. Ausschlaggebend ist der tatsächliche Zeitaufwand von Haustür zu Haustür.

2 1/2 Stunden
bei Teilzeitarbeit

Bei Teilzeitarbeit von sechs Stunden und weniger ist eine Fahrzeit bis
zwei Stunden für die Hin- und Rückfahrt zumutbar.

Im Einzelfall kann auch die nach der DA zulässige Fahrzeit unzumutbar sein, wenn z.B. Kinderbetreuung oder gesundheitliche Einschränkungen nur eine kürzere Fahrzeit erlauben (so ausdrücklich
für den Fall der Kinderbetreuung auch der Ausschuss für Arbeit und
Sozialordnung, BT-Drs. 13/6845, S. 348; BT-Drs. 13/5936, S. 23).
Nach § 10 Abs. 1 Nr. 3 und 4 SGB II sind ja Kinderbetreuung und
Pflege in die Bewertung der Zumutbarkeit einzubeziehen.

Längere
Fahrzeiten

Fahrzeiten von mehr als 2,5 Stunden bei Vollzeitarbeit sind ausnahmsweise dann zumutbar, wenn in einer Region unter vergleichbaren Arbeitnehmern längere Pendelzeiten üblich sind (entsprechend
§ 140 Abs. 4 Satz 3 SGB III).

Das Jobcenter kann gemäß § 16 Abs. 1 Satz 2 Nr. 2 SGB II i. V. m. § 44
SGB III Fahrkosten übernehmen.

Welches
Verkehrsmittel?

Streitig ist, ob der Arbeitsuchende sein Auto benutzen muss oder sich
auf öffentliche Verkehrsmittel beschränken darf. Den Zwang zur Benutzung des eigenen Pkw lehnt Lauer für Alg I-Berechtigte (in: Mutsch-
ler/Schmidt-De Caluwe/Coseriu, SGB III, RandNr. 38 zu § 140) ab. Es
müsse dem Arbeitslosen überlassen bleiben, wie er unter ökonomi-
schen und ökologischen Gesichtspunkten seinen Arbeitsweg zurück-
legt. Dagegen hält Estelmann (in Eicher/Schlegel, SGB III, RandNr. 93
zu § 121 a. F.) den Einsatz des eigenen Autos für zumutbar, wenn nur
so ein Arbeitsplatz innerhalb der zulässigen Pendelzeiten erreicht werden könne. Nach unserer Auffassung ist die Benutzung eines eigenen

Autos jedenfalls dann zumutbar, wenn der Arbeitslose mit diesem bisher zur Arbeit gefahren ist (ebenso DA 31 zu § 10).

3.2   Das Wochenendpendeln

Anders als im SGB III wird im SGB II nichts zur Zumutbarkeit des Wochenendpendelns gesagt. Nach § 140 Abs. 5 SGB III ist eine (zum Wochenendpendeln zwingende) getrennte Haushaltsführung zumutbar, wenn sie nur »vorübergehend« ist.
Als »vorübergehend« sieht die BA im SGB III (nach GA 12 zu § 140) eine Dauer bis zu sechs Monaten an.

Eine entsprechende Vorschrift fehlt im SGB II. Man wird aber auch Alg II-Berechtigten ein Wochenendpendeln nur für höchstens sechs Monate zumuten dürfen.

Ein Wochenendpendeln ist im übrigen nur zumutbar, wenn

– eine besonders ungünstige Wohnlage Vermittlungsbemühungen im Tagespendelbereich aussichtslos macht. Diese Bedingung steht zwar nicht in § 10 SGB II. Sie dürfte aber (analog § 140 Abs. 4 Satz 4 SGB III) auch für die Zumutbarkeit des Wochenendpendelns von Alg II-Berechtigten gelten;
– die durch Art. 6 GG geschützte Ehe oder Familie nicht gefährdet ist.
Nach DA 28 zu § 10 gefährdet eine »doppelte Haushaltsführung die eheliche bzw. eheähnliche Lebensgemeinschaft oder eingetragene Partnerschaft nicht, wenn die erwerbsfähige leistungsberechtigte Person und ihr erwerbsfähiger leistungsberechtigter Partner Leistungen nach dem SGB II erhalten und beide keine Beschäftigung auf dem ersten Arbeitsmarkt ausüben«.
Ob aufsichtsbedürftige Kinder oder pflegebedürftige Angehörige ein Wochenendpendeln unzumutbar machen, lässt die DA zu § 10 seltsamerweise offen. In entsprechender Anwendung von § 10 Abs. 1 Nr. 3 und 4 SGB II ist aber in diesen Fällen ein Wochenendpendeln unzumutbar; es sei denn, Erziehung bzw. Pflege sind auf andere Weise sichergestellt;
– die Aufwendungen für die getrennte Haushaltsführung nicht unzumutbar hoch sind. Dieser Fall kann auch dann eintreffen, wenn das Jobcenter zwar gemäß § 16 Abs. 1 Satz 2 Nr. 2 SGB II i.V.m. § 44 SGB III Kosten getrennter Haushaltsführung übernimmt, aber nicht in tatsächlich entstandener Höhe, sondern nur im Rahmen der vom Jobcenter festgelegten Pauschale.

3.3   Der Umzug

Anders als im SGB III wird im SGB II nichts zur Zumutbarkeit eines Umzugs gesagt.

Nach § 140 Abs. 4 Sätze 4 bis 7 SGB III ist einem Alg I-Berechtigten ein Umzug
- **ab dem vierten Monat** der Arbeitslosigkeit in der Regel zuzumuten;
- **innerhalb der ersten drei Monate** der Arbeitslosigkeit nur, wenn eine Arbeitsaufnahme im Tagespendelbereich nicht zu erwarten ist.

Es ist zweifelhaft, ob sich Alg II-Berechtigte auf diese für Alg I-Berechtigte geltenden Schranken berufen können. Denn nach BVerfG vom 29.12.2005 – 1 BvR 2076/03 »verlangt § 10 SGB II von einem Erwerbslosen grundsätzlich eine Arbeitsuche im gesamten Bundesgebiet«. Das BVerfG fordert aber gleichzeitig zu prüfen, ob dem Arbeitsuchenden »eine bundesweite Arbeitsaufnahme ... unter Berücksichtigung seiner persönlichen Bindungen ... und der Umzugskosten zumutbar ist«.
Ein Umzug ist deshalb insbesondere unzumutbar, wenn

- die Kinderbetreuung und/oder die Pflege von Angehörigen am Umzugsort nicht gewährleistet ist (ebenso DA 28 zu § 10).
  Allerdings

  »steht ein mit dem Umzug verbundener Schulwechsel der Kinder der Zumutbarkeit grundsätzlich nicht entgegen. Umstände des Einzelfalls, z.B. ein länderübergreifender Schulwechsel, der das Wiederholen eines Schuljahres für ein Kind erforderlich macht, sind gesondert abzuwägen. Grundsätzlich ist es zumutbar, dass die Familie nicht zeitgleich den Wohnort wechselt, wenn dies aus Kostengründen oder aus Gründen des Schutzes der Familie und Kindererziehung erforderlich ist.
  Beispiel: Die Ehefrau nimmt im Frühjahr eine Arbeit auf und die Familie zieht zum Ende des Schuljahres um.« (DA 28 zu § 10);

- die Umzugskosten nicht in großem Umfang vom Jobcenter übernommen werden. Da die Jobcenter i.d.R. nur niedrige Umzugskostenpauschalen gewähren, dürften Umzüge jedenfalls mehrköpfiger Familien regelmäßig unzumutbar sein. Vielleicht sind deshalb Fälle, in denen Familien zum Umzug gezwungen werden, selten. Es ist im übrigen unklar, ob die Umzugskosten nach § 16 Abs. 1 Satz 2 Nr. 2 SGB II i. V. m. § 44 SGB III oder nach § 22 Abs. 6 Satz 1 SGB II zu übernehmen sind;

- wichtige Gründe gegen einen Umzug sprechen. Solche Gründe können z. B. das Alter, der Gesundheitszustand und/oder ortsgebundene Ehrenämter im öffentlichen Interesse sein;

- eine nur befristete Beschäftigung angetreten werden soll.

4   Sonstige schlechtere Arbeitsbedingungen

Dequalifizierungsrutsche

§ 10 Abs. 2 SGB II erzwingt die Anpassung der Arbeitsbereitschaft des erwerbsfähigen Leistungsberechtigten an die am Arbeitsmarkt herrschenden Bedingungen und Möglichkeiten.

Ohne jede Wartezeit können dem erwerbslosen Leistungsberechtig-ten daher die inzwischen weit verbreiteten Arbeitsverhältnisse min-derer Qualität und Bezahlung angeboten werden:
– Leiharbeit;
– Minijob/Midijob;
– Aushilfseinsätze;
– Urlaubsvertretung;
– unständige Beschäftigung.

4.1 Leiharbeit

Bei der Leiharbeit gibt es zumindest bei der Entlohnung ei-ne feste Grenze des Zumutbaren.

Gemäß § 3 Abs. 1 Nr. 3 i. V. m. § 9 Nr. 2 AÜG muss der Verleiher dem Leiharbeitnehmer für die Zeit der Überlassung an einen Entleiher die im Betrieb dieses Entleihers für einen vergleichbaren Arbeitnehmer des Entleihers geltenden wesentlichen Arbeitsbedingungen einschließ-lich des Arbeitsentgelts gewähren. Von diesem Gleichstellungsgebot kann durch Tarifvertrag abgewichen werden.

Gleichstellungs-gebot

Ein solcher Tarifvertrag ist zwischen dem Bundesarbeitgeberverband der Personaldienstleister e. V. (BAP) und den im DGB vertretenen Ein-zelgewerkschaften abgeschlossen worden.
Der BAP-DGB-Tarifvertrag besteht aus dem

Tarifvertrag

■ Manteltarifvertrag Zeitarbeit,
■ Entgeltrahmentarifvertrag Zeitarbeit,
■ Entgelttarifvertrag Zeitarbeit.

Diese BAP-DGB-Tarifverträge gelten nicht nur für Tarifgebundene. Auch nicht tarifgebundene Arbeitgeber können die tarifliche Rege-lung anwenden. Sie tun es regelmäßig, weil sie nur so um das Gleich-stellungsgebot herumkommen.

Nach deutschem Arbeitsrecht gelten Regelungen in Tarifverträgen allgemein für richtig (»Richtigkeitsgewähr«), weil sie von den Tarif-gegnern unter Berücksichtigung ihrer unterschiedlichen Interessen ausgehandelt worden sind. Man muss deshalb das in den genannten Tarifverträgen Vereinbarte als zumutbar hinnehmen, selbst wenn man es für unzumutbar hält. Dementsprechend hat das BAG vom 24.3.2004, AuR 2004, S. 189 den (damals) von einem Zeitarbeitsun-ternehmen gezahlten tariflichen Stundenlohn von 11,99 DM nicht als lohnwucherisch und damit nicht als sittenwidrig beurteilt.
Wir bringen die tariflich vereinbarten Entgelte, weil der Lohn die Leiharbeiter am stärksten interessieren dürfte.

Maßstab: Tarifvertrag

Tabelle
Leiharbeiter-Stundenlöhne[1] ab 1.6.2016 nach dem BAP-DGB-Tarifvertrag

Entgeltgruppe	West	Ost[2]
1	9,00 €[3]	8,50 €[3]
2	9,61 €	8,66 €
3	11,23 €	10,12 €
4	11,88 €	10,71 €
5	13,41 €	12,10 €
6	15,09 €	13,61 €
7	17,62 €	15,88 €
8	18,96 €	17,08 €
9	20,00 €	18,03 €

[1] Ohne Berücksichtigung von Zuschlägen nach der Einsatzdauer (nach 9 Monaten 1,5 %, nach 12 Monaten 3 %) und ohne Branchenzuschläge nach den (Stand: Ende 2014) elf Branchentarifverträgen: TVBZ Metall- und Elektroindustrie, TVBZ Chemische Industrie, TVBZ Kunststoff, TVBZ Kautschuk, TVBZ Eisenbahn, TVBZ Holz und Kunststoff, TVBZ Textil- und Bekleidungsindustrie, TVBZ Papier, Pappe und Kunststoffe verarbeitende Industrie, TVBZ Druckindustrie, TVBZ Kali- und Steinsalzbergbau und TVBZ Papier erzeugende Industrie. Eine Übersicht über die Banchenzuschlagstarifverträge liefern Alexander Bissels, Frederik Mehnert, DB 2014, S. 2407 ff.
Weitere Zuschläge (z. B. für Nacht-, Sonntags- und Feiertagsarbeit) und Jahressonderzahlungen in Form von Weihnachtsgeld und Urlaubsgeld sieht der Manteltarifvertrag Zeitarbeit vom 9.3.2010 vor.
[2] Der Mindeststundensatz Ost gilt auch im früheren Westberlin.
[3] = Lohnuntergrenze gemäß § 3a AÜG.

Entgeltgruppen

Die Leiharbeiter werden nach dem Entgeltrahmentarifvertrag vom 9.3.2010 gemäß ihrer tatsächlichen, überwiegenden Tätigkeit in eine der neun Entgeltgruppen eingruppiert. Es bedeuten z. B.

■ Entgeltgruppe 1: Tätigkeiten, die keine Anlernzeit erfordern oder Tätigkeiten, die eine kurze Anlernzeit erfordern.

■ Entgeltgruppe 4: Tätigkeiten, für die Kenntnisse und Fertigkeiten erforderlich sind, die durch eine mindestens dreijährige Berufsausbildung vermittelt werden und die eine mehrjährige Berufserfahrung voraussetzen.

■ Entgeltgruppe 9: Tätigkeiten, die ein Hochschulstudium bzw. Tätigkeiten, die ein Fachhochschulstudium und mehrjährige Berufserfahrung erfordern.

Zu beachten ist, dass die Tarifparteien im Manteltarifvertrag Zeitarbeit eine regelmäßige Arbeitszeit von nur 35 Stunden pro Woche vereinbart haben. Das bedeutet, dass ein Leiharbeiter in der niedrigen Entgeltgruppe 1 die 9,00 € (West) nur für 151,67 Stunden im Monat erhält. Dies entspricht im Durchschnitt einer 35-Stunden-Woche. Sein Monatslohn beträgt damit – allerdings ohne (Branchen-)Zuschläge – gerade einmal 1.365,03 € brutto.

Wenn das Jobcenter eine Leiharbeit zumutet, muss sie prüfen, ob die Arbeitsbedingungen den tariflichen Vorgaben entsprechen. Vor dieser Prüfung kann sich das Jobcenter nicht mit der Ausrede drücken, eine detaillierte Prüfung überfordere sie; denn das Jobcenter ist nicht nur für die Vermittlung von Arbeitslosen zuständig; sie ist kraft Gesetzes (§ 17 AÜG) auch die Behörde, die den Verleih zu kontrollieren hat. Kontrollieren muss sie u. a. die Einhaltung der Tarifverträge, insbesondere die zutreffende Eingruppierung, die korrekte Gewährung von Entgelt und Entgeltersatzleistungen, von Urlaub und Urlaubsabgeltung auch während der Zeit des Nichteinsatzes und die prompte Abführung von Sozialversicherungsbeiträgen.

Kontrollpflicht des Jobcenters

Bestehen begründete Zweifel an der Tarifgemäßheit des Leiharbeitsvertrages sollten Alg II-Bezieher diesen dem Jobcenter zur Prüfung vorlegen. Drückt das Jobcenter einen Leistungsberechtigten ohne nähere Prüfung in eine nicht tarifgemäße Leiharbeit, vernachlässigt sie nicht nur ihre gesetzliche Kontrollpflicht, sondern begeht möglicherweise auch Beihilfe zu einer Ordnungswidrigkeit. Denn seit 1.12.2011 handelt gemäß § 16 Abs. 1 Nr. 7a AÜG ordnungswidrig, wer die tariflich geschuldeten Arbeitsbedingungen vorsätzlich oder fahrlässig nicht gewährt.

4.2   Nacht- und Schichtarbeit

Nacht- und Schichtarbeit ist für Alleinstehende nur zumutbar, wenn sie dem Arbeitszeitgesetz (ArbZG) entspricht:

für allein Stehende

- Nach § 6 Abs. 1 ArbZG ist die Arbeitszeit der Nacht- und Schichtarbeitnehmer nach den gesicherten arbeitswissenschaftlichen Erkenntnissen über die menschengerechte Gestaltung der Arbeit festzulegen. Was die arbeitswissenschaftlichen Erkenntnissen fordern, kann man über die Internetseite der Bundesanstalt für Arbeitsschutz und Arbeitsmedizin (http://www.baua.de → Informationen für die Praxis → Handlungshilfen und Praxisbeispiele → Arbeitszeitgestaltung → Nacht- und Schichtarbeit) erfahren.

- Nach § 6 Abs. 3 ArbZG muss bei Nachtarbeit eine arbeitsmedizinische Betreuung gewährleistet sein.

Schichtarbeit und insbesondere Nachtarbeit ist für (Ehe-)Partner und insbesondere für Mütter und Väter wegen der damit verbundenen Beeinträchtigung des durch Art. 6 Abs. 1 GG geschützten Familienlebens regelmäßig nicht zumutbar (Horst Steinmeyer, Gagel, SGB III Kommentar, RandNr. 155 zu § 140 SGB III; Karsten Toparkus, Zumutbare Beschäftigung im Arbeitsförderungsrecht [§ 121 SGB III], S. 128). Ein Nachtschichtler ist schlechter dran als ein Wochenendpendler, weil der unterschiedliche Tag-/Nacht-Rhythmus ein gedeihliches Ehe- und Familienleben selbst an Wochenenden unmöglich macht.

für (Ehe-)Partner und Eltern

III   **Welche Eingliederungsmaßnahmen sind zumutbar?**

Leistungsberechtigten können nach § 16 Abs. 1 SGB II die Eingliederungsleistungen aus dem SGB III und nach §§ 16a – 16h SGB II zusätzlich spezifische SGB II-Eingliederungsleistungen angeboten werden. Zu Einzelheiten → Kap. N, O, P, Q.

Zumutbar sind Eingliederungsmaßnahmen nur, wenn deren gesetzliche Voraussetzungen gegeben sind.

Beispiel: AGH

So ist eine Arbeitsgelegenheit nur zumutbar, wenn sie z. B. zusätzlich und im öffentlichen Interesse ist (zu diesen und anderen Voraussetzungen → S. 727 ff.). Auch muss der Grundsatz des Nachrangs von AGH im Vergleich zu anderen – vorrangigen – Eingliederungsmaßnahmen beachtet werden. Nach § 3 Abs. 2 Satz 2 SGB II ist z. B. das – früher mögliche – umstandslose Zwingen von Leistungsberechtigten unter 25 in eine AGH heute unzulässig und damit unzumutbar.

Über die Schwierigkeit, sich gegen eine unzumutbare AGH zu wehren, vgl. → S. 743 f.

Beispiel: Trainings-maßnahme/ »Praktikum«

Manche Trainingsmaßnahmen/»Praktika« werden von Leistungsberechtigten als Zumutung empfunden. In der Regel ist aber abzuraten, sich mit dem Argument, sie seien unzumutbar, dagegen zu wehren; denn Zweck von Trainingsmaßnahmen ist – nach dem Willen des Gesetzgebers – neben der Verbesserung der Eingliederungsaussichten das Testen von Arbeitsfähigkeit und Arbeitsbereitschaft der Arbeitslosen (BT-Drs. 13/4941, S. 162 f.) Wer sich wehrt, kommt – selbst wenn er gute Gründe hat, an der Sinnhaftigkeit der Maßnahme zu zweifeln – deshalb schnell in den Verdacht, ein Drückeberger zu sein. Unzumutbar sind Trainingsmaßnahmen/»Praktika« bei einem Arbeitgeber, die länger als sechs Wochen dauern (§ 16 Abs. 1 Satz 2 Nr. 2 SGB II i. V. m. § 45 Abs. 2 Satz 2 SGB III). Bei Langzeitarbeitslosen oder Arbeitslosen, deren berufliche Eingliederung aufgrund von schwerwiegenden Vermittlungshemmnissen besonders erschwert ist, darf die Dauer allerdings 12 Wochen betragen (§ 16 Abs. 1 Satz 2 Nr. 2 SGB II i. V. m. § 45 Abs. 8 SGB III; nicht aber z. B. elf Monate; vgl. SG Oldenburg vom 3.4.2013 – S 42 AS 82/13 ER, quer, Juni 2013, S. 33).

Mindestbedingung für die Zumutbarkeit einer kostenträchtigen Eingliederungsleistung ist, dass das Jobcenter vor Antritt der Maßnahme verbindlich und schriftlich die Übernahme der Maßnahmekosten zusagt.

IV   **Gesetzliche Unzumutbarkeitsgründe**

Ist eine Erwerbstätigkeit oder Eingliederungsmaßnahme unter Beachtung der vorgenannten Gesichtspunkte an sich zumutbar, kann sie das Jobcenter dennoch nicht verlangen, wenn im Einzelfall einer der folgenden Unzumutbarkeitsgründe vorliegt. Auf einen solchen

Grund kann sich der Leistungsberechtigte aber erst berufen, wenn er –
Erfolg versprechende – Maßnahmen zur Beseitigung der Gründe für die
Unzumutbarkeit unternommen hat; außerdem müssen die Unzumutbarkeitsgründe sowohl die Ablehnung oder den Abbruch selbst als auch
den konkreten Zeitpunkt des Abbruchs oder der Ablehnung decken.

1   Im Gesetz geregelte Unzumutbarkeitsgründe

§ 10 Abs. 1 Nr. 1 – 4 SGB II zählt eine Reihe von Gründen
auf, die grundsätzlich zur Arbeitsablehnung berechtigen. Inwieweit
sie mit Erfolg vorgebracht werden können, richtet sich aber nach den
Umständen des Einzelfalls, wobei die persönlichen Interessen des
Leistungsberechtigten gegenüber den Interessen der Allgemeinheit
zurücktreten sollen (BT-Drs. 15/1516, S. 53).

1.1   Ausreichendes Leistungsvermögen

§ 10 Abs. 1 Nr. 1 SGB II unterscheidet zwischen körperlicher, geistiger und seelischer Leistungsfähigkeit.

§ 10 Abs. 1 Nr. 1 SGB II betont, dass niemand eine Arbeit ausüben
oder an einer Eingliederungsmaßnahme teilnehmen muss, die sein
körperliches Leistungsvermögen überfordert.
In der Praxis wird oft darüber gestritten, ob die körperliche Leistungsfähigkeit für eine angebotene oder abgebrochene Arbeit ausreicht. Im Zweifel muss das Jobcenter diese mit ärztlichem Gutachten
klären (DA 7 zu § 10).

Körperliche Leistungsfähigkeit

Der Unterschied zwischen geistigen und seelischen Beeinträchtigungen des Leistungsvermögens ist dunkel und wird auch in den DA 7 zu
§ 10 nicht erläutert. Dass die BA solche Beeinträchtigungen nur selten als wichtigen Grund anerkennen will, zeigen die Ausnahmefälle,
in denen die BA eine Beschäftigung seelisch für unzumutbar hält:

Geistige, seelische Leistungsfähigkeit

– »Beschäftigung beim früheren Arbeitgeber, wenn das Beschäftigungsverhältnis z. B. wegen Mobbings, psychischen Drucks oder sexueller
  Belästigung beendet wurde;
  (...)
– bei Alkoholsucht als Barkeeper zu arbeiten;
– bei Depressionen oder anderen anerkannten psychischen Erkrankungen in überwiegend stressigen Bereichen eingesetzt zu werden.«

Beispiele

Die Beispiele sind nicht abschließend.

Auch eine massive geistige Unterforderung kann daher unter die geistigen oder seelischen Unzumutbarkeitsgründe fallen, wenn die Arbeits-
zuweisung als demütigend empfunden werden muss, z. B. Stellenangebot als Hilfsarbeiter in der Firma, in der der Hilfeberechtigte als Proku-

Unterforderung

rist entlassen wurde. In weniger drastischen Fällen ist eine geistige Unterforderung in der Regel kein wichtiger Grund (vgl. VG Neustadt vom 2.12.2003 – 4 L 3161/03 NW: Fernschach-Analyst kann Hausmeisterjobs nicht ablehnen; LSG Thüringen vom 28.9.2005 – L 3 AL 911/04: Arbeit als Sozialhelfer für Dipl.-Ing., der nach drei Jahren Arbeitslosigkeit zuletzt als Hausmeister tätig war, zumutbar).

1.2   Wesentliche Erschwernis künftiger qualifizierter Arbeit

Eine Erwerbstätigkeit ist nach § 10 Abs. 1 Nr. 2 SGB II unzumutbar, wenn ihre Ausübung die bisher überwiegend ausgeübte Arbeit wesentlich erschweren würde, »weil die bisherige Tätigkeit besondere körperliche Anforderungen stellt«. Mit diesem Zusatz soll verdeutlicht werden, dass nur qualifikationszerstörende Tätigkeiten abgelehnt werden dürfen.

Beispiel

Der Konzertpianist als Waldarbeiter (dieser Paradefall dürfte bisher nie passiert sein).

Wir meinen, dass eine extrem unterwertige Beschäftigung nicht nur bei körperlicher Überforderung, sondern schon dann unzumutbar ist, wenn infolge der damit verbundenen Abstumpfung, Lärm- und sonstigen Beeinträchtigungen die Fähigkeit, im erlernten und überwiegend ausgeübten Beruf auch künftig zu bestehen, dauerhaft verloren zu gehen droht.

1.3   Kindererziehung

Bis zum 3. Geburtstag

Grundsätzlich berechtigt die Erziehung eines im Haushalt lebenden Kindes bis zum dritten Geburtstag eine Ablehnung angebotener Erwerbsarbeit (§ 10 Abs. 1 Nr. 3 SGB II). Dass bei Ausübung der Erwerbsarbeit die Erziehung des Kindes gefährdet wäre, wird nicht verlangt.

Partner kann betreuen?

Lebt ein arbeitsloser oder nicht erwerbsfähiger Partner im Haushalt, muss aber nachgewiesen werden, dass er die Kinder wegen Überforderung oder aus anderen Gründen nicht erziehen kann. Soziokulturelle Rollenzuschreibungen (Kinderbetreuung ist Frauensache) hat das HessLSG nicht als Einwand gegen die Arbeitsaufnahme der Mutter gelten lassen (HessLSG vom 29.9.2006 – L 9 AS 179/06 ER; LSG Berlin-Brandenburg vom 6.7.2011 – L 5 AS 673/11 B ER; a.A. OVG Hamburg vom 1.7.2002, FEVS 54, S. 540 ff.: Rollenzuweisung in einer Sintifamilie).

Wechsel in Mutter-/Vaterrolle?

Fraglich ist, ob bis zum dritten Geburtstag auch ein Wechsel von Erwerbsarbeit zur Mutter-/Vaterrolle ohne Leistungssanktion möglich ist. Erfolgt die Arbeitsaufgabe oder Einschränkung der ausgeübten Tätigkeit aus berechtigter Sorge um das Kindeswohl, ist der Wechsel zulässig; ansonsten ist der Einzelfall zu bewerten.

Alg II-Leistungsberechtigten, die nach der Geburt des Kindes arbeiten wollen, ist gemäß § 24 Abs. 1 Satz 1 Nr. 2c SGB VIII schon vor dem ersten Geburtstag des Kindes vom Jugendhilfeträger ein Platz in einer Einrichtung oder in Kindertagespflege einzuräumen.

Unterstützung durch Träger der Jugendhilfe

Ab dem dritten Geburtstag des Kindes ist eine Arbeit zumutbar, soweit die Erziehung des Kindes nicht gefährdet ist. »Sie ist in der Regel nicht gefährdet, soweit die Betreuung in einer Tageseinrichtung oder in Tagespflege ... sichergestellt ist« (§ 10 Abs. 1 Nr. 3 SGB II), oder wenn sie (analog § 10 Abs. 1 Nr. 4 SGB II) »auf andere Weise sichergestellt werden kann«, z. B. durch den Ehegatten, den Partner oder einen Angehörigen. Ist nur eine zeitlich eingeschränkte Betreuung gewährleistet, ist nur eine dementsprechende Teilzeitarbeit zumutbar (SG Bremen vom 7.1.2013 – S 21 AS 2221/12 ER).

Ab dem 3. Geburtstag

1.4   Pflege von Angehörigen

Gemäß § 10 Abs. 1 Nr. 4 SGB II kann eine Arbeit unzumutbar sein, wenn »die Ausübung der Arbeit mit der Pflege einer oder eines Angehörigen nicht vereinbar wäre und die Pflege nicht auf andere Weise sichergestellt werden kann«. Dies ist im Zweifel vom Leistungsberechtigten nachzuweisen (LSG NRW vom 18.5.2011 – L 19 AS 576/11 B ER). Angehörige sind in Anlehnung an § 16 Abs. 5 SGB X Verlobte, Ehepartner, Verwandte und Verschwägerte in gerader Linie, Geschwister, Kinder der Geschwister, Ehepartner der Geschwister und Geschwister der Ehepartner, Geschwister der Eltern, Pflegeeltern und Pflegekinder. Die DA 16 und 17 zu § 10 nennen zusätzlich: eingetragene Lebenspartner, Stiefkinder, eheähnliche Partner, langjährige Haushaltshilfen. Nicht zu den Angehörigen zählen weitere Verwandte des Lebenspartners; das hat das LSG Berlin für die Tante des Lebenspartners entschieden (LSG Berlin vom 26.3.2002 – L 14 AL 111/00, Breith. 2003, S. 309).

Angehörige

In welchem Umfang die Pflege die Ausübung einer Arbeit ausschließt, hängt von der Pflegebedürftigkeit des Angehörigen ab. Die BA orientiert sich in der DA 18 zu § 10 hierbei an den Pflegestufen nach § 15 SGB XI:

Entscheidend: Grad der Pflegebedürftigkeit

Grad der Pflege-bedürftigkeit	Pflegestufe I	Pflegestufe II	Pflegestufe III	
	erheblich pflegebedürftig	schwer pflegebedürftig	schwerst pflegebedürftig	
Zeitaufwand pro Tag	mindestens 90 Minuten	mindestens 3 Stunden	mindestens 5 Stunden	
Davon Zeitaufwand für die Grundpflege	mehr als 45 Minuten	mindestens 2 Stunden	mindestens 4 Stunden	
Zumutbare Arbeit(szeit)	**in der Regel Vollzeit**	**bis zu 6 Stunden pro Tag**	**Arbeit nicht zumutbar**	*Die BA meint*

Kritik

Wir bestreiten, dass die nach dieser Tabelle grundsätzlich zumutbare(n) Arbeit(szeit)en dem Pflegealltag gerecht werden:

■ Wenn die Tabelle nur den zeitlichen Mindestpflegeaufwand nennt, wird leicht übersehen, dass die zeitliche Belastung in der Pflegestufe I **bis drei Stunden** und in der Pflegestufe II **bis fünf Stunden** reichen kann. Schon dann scheiden eine Vollzeitarbeit und eine Teilzeitarbeit bis sechs Stunden aus.

■ Meist in der Pflegestufe I, zum Teil auch in der Pflegestufe II findet sich die steigende Zahl Demenzkranker. Der erhebliche allgemeine Beaufsichtigungs- und Betreuungsbedarf Dementer wird trotz der Neuregelung durch die §§ 45a, 45b SGB XI von der Pflegeversicherung nur zum Teil gedeckt. Der Beaufsichtigungsbedarf entsteht bei den häufig »nachtaktiven« Dementen insbesondere nachts (d. h., sie bringen den Pflegenden um den Schlaf). Das macht in der Regel jede Erwerbstätigkeit unzumutbar.
Immerhin erkennt auch die BA, dass ein Teil des Beaufsichtigungs- und Betreuungsaufwands in den von der Pflegeversicherung zugebilligten Zeitaufwand nicht eingeht. Seltsamerweise berücksichtigt sie diese Tatsache aber (nach DA 20 zu § 10) ausdrücklich nur bei der Pflegestufe 0.

■ Bei der Pflegestufe II berücksichtigt die BA nicht, dass nach § 15 Abs. 1 SGB XI »mindestens dreimal täglich zu verschiedenen Tageszeiten« gepflegt werden muss. Es bleibt schleierhaft, wie dann noch eine Arbeit »bis zu sechs Stunden pro Tag« zumutbar sein soll. So hat ein Leistungsberechtigter zu Recht darauf hingewiesen, dass die »Verteilung der 21 Stunden derart sei, dass er auch keine Teilzeittätigkeit mehr ausüben könne« (LSG NRW vom 30.4.2013 – L 7 AS 521/13 B ER).

Mit der Ersetzung der drei bisherigen Pflegestufen durch fünf Pflegestufen zum 1.1.2017 (aufgrund des Zweiten Pflegestärkungsgesetzes vom 21.12.2015) muss die BA die Frage, welche Arbeitszeit Pflegenden zumutbar ist, neu regeln. Maßgeblich ist dann nicht mehr der erforderliche Zeitaufwand der Pflegenden für die verrichtungsbezogene Pflegetätigkeit, sondern die (Un-)Selbständigkeit des Pflegebedürftigen.

Anderweitige Sicherstellung der Pflege

Auch wenn ein Alg II-Bezieher sich zu Recht darauf beruft, einen Angehörigen zu pflegen, bleibt nach § 10 Abs. 1 Nr. 4 SGB II eine Arbeit zumutbar, wenn die Pflege »auf andere Weise sichergestellt werden kann«. Für die Sicherstellung (z. B. durch Einschaltung eines ambulanten Pflegedienstes) muss der persönliche Ansprechpartner/Fallmanager im Wege der Eingliederungshilfe nach § 16a Nr. 1 SGB II sorgen. Nicht zulässig ist es nach unserer Ansicht, die Pflege des Angehörigen durch ambulante Pflegedienste zu erzwingen (so auch Bieback, NZS 2005, S. 340). Abgesehen davon, dass die Pflegekasse die Kosten der ambulanten Pflege nicht voll übernimmt (§ 36 Abs. 3 SGB XI), wird nicht jede(r) die meist sehr intime Pflege z. B. der Mutter oder des Vaters oder des Partners Fremden überlassen wollen. Bei der Pflegeleistung durch Dritte muss auch der Wille des Pflegebedürftigen berücksichtigt werden, der meist die Pflege durch eine vertraute Person wünscht. Dies erkennt die DA 19 zu § 10 auch an.

Ausdrücklich ist in § 10 Abs. 1 Nr. 4 SGB II nur die Frage behandelt, ob eine Pflegende eine Arbeit aufnehmen oder ausweiten muss. Der umgekehrte Fall, dass eine Arbeitende einen Angehörigen pflegen und deshalb die Erwerbsarbeit aufgeben oder einschränken muss oder will, ist vom Wortlaut des § 10 Abs. 1 Nr. 4 SGB II nicht gedeckt.

Aufgabe von Arbeit zugunsten Pflege

Diesen Fall regelt die DA 22 zu § 10:

»Als wichtiger persönlicher Grund [i. S. § 10 Abs. 1 Nr. 5 SGB II] anzunehmen ist die Inanspruchnahme einer bis zu sechsmonatigen Pflegezeit nach dem Pflegezeitgesetz, wenn nicht aufgrund des geringen Umfangs der Pflege (Pflegestufe I) und/oder der Pflege durch weitere nahe Angehörige die Aufnahme einer (Teilzeit-)Beschäftigung erwartet werden kann. Die Ausübung einer (Teilzeit-)Beschäftigung ist insbesondere dann zumutbar, wenn eine weitere Person die Pflegezeit in Anspruch nimmt und die häusliche Pflege so sichergestellt wird.«

Das Gleiche muss gelten, wenn ein Arbeitnehmer die Arbeitszeit nach dem Familienpflegezeitgesetz verringert und dann trotz Entgeltvorschuss des Arbeitgebers aufstockend Alg II braucht. Die so entstehende Hilfebedürftigkeit kann bei Ausschöpfung des Familienpflegezeitgesetzes bis zu vier Jahre dauern!

2   Sonstige Unzumutbarkeitsgründe

An sonstigen Ablehnungs- und Abbruchsgründen sind die in der DA 22 zu § 10 genannten hervorzuheben, da sie grundsätzlich als wichtiger Grund i. S. von § 10 Abs. 1 Nr. 5 SGB II anerkannt werden:

Regelmäßig wichtige Gründe

- »der Besuch einer allgemein bildenden Schule und einer berufsvorbereitenden Bildungsmaßnahme, die Erstausbildung, d. h. wenn der erwerbsfähige Hilfebedürftige nicht über einen Berufsabschluss verfügt, der nach bundes- oder landesrechtlichen Vorschriften mit einer Ausbildungsdauer von mindestens 2 Jahren festgelegt ist,
- die Beendigung einer Ausbildung, einer Aufstiegsfortbildung z. B. der Abschluss des geprüften Bilanzbuchhalters, eines Studienganges, eines Praktikums zur Anerkennung eines ausländischen Berufsabschlusses in Deutschland oder einer Umschulung, wenn durch die (sofortige) Arbeitsaufnahme der angestrebte Abschluss nicht erreicht wird und dem Hilfebedürftigen droht, ohne den Abschluss dauerhaft von Leistungen nach dem SGB II abhängig zu sein,

- das Absolvieren eines Jugendfreiwilligendienstes im Sinne des Jugendfreiwilligendienstgesetzes (dazu gehören das Freiwillige Soziale Jahr und das Freiwillige Ökologische Jahr),
- ...
- die Beschäftigung bei einem Arbeitgeber, bei dem der Arbeitnehmer schon einmal beschäftigt und berechtigt war, das Arbeitsverhältnis aus wichtigem Grund außerordentlich zu kündigen,
- das in naher Zukunft bereits feststehende Ende der Arbeitslosigkeit bzw. Hilfebedürftigkeit (z.B. wegen Arbeitsaufnahme, Eintritt der Schutzfristen nach dem MuSchG, ... Rente, bei Wiedereinstellungszusagen binnen zwei Monaten).«

Mögliche wichtige Gründe

Ein sonstiger wichtiger Grund kann nach DA 23 bis 25 zu § 10 »nach Abwägung der Umstände des Einzelfalls« anerkannt werden:

- »bei bestehender Schul- oder Berufsschulpflicht:
  Bei Vollzeitschulpflicht ist nach dem Jugendarbeitsschutzgesetz Kindern und Jugendlichen eine Arbeit im Sinne des SGB II grundsätzlich nicht zumutbar. Nach Beendigung der Schulpflicht, die nach den Schulgesetzen der Länder 9 oder 10 Jahre beträgt, unterliegen die Jugendlichen bis zur Vollendung des 18. Lebensjahres der Berufsschulpflicht. Ferner besteht im Regelfall Berufsschulpflicht bei einem zumutbaren Ausbildungsverhältnis nach dem Berufsbildungsgesetz oder der Handwerksordnung. Die Berufsschulpflicht ist eine Teilschulpflicht, die z.B. den/die Leistungsberechtigten verpflichtet, einmal in der Woche für 6 Stunden die Berufsschule zu besuchen. Eine Arbeit ist zumutbar, wenn sie der Berufsschulpflicht nicht entgegensteht.
- bei Aufnahme einer Zweitausbildung bzw. eines Bildungsganges im zweiten Bildungsweg: Im Fall der Hilfebedürftigkeit des Antragstellers und seiner Familienangehörigen ist eine Arbeit zumutbar, wenn sozialwidriges Verhalten vorliegt, das in Anlage 1 der Hinweise zu § 34 SGB II näher erläutert ist.
- bei Angehörigen bestimmter Volksgruppen, anderer Kulturkreise und Religionsgemeinschaften:
  Es ist eine Einzelfallabwägung zwischen der typischen Lebensweise und den kulturellen oder religiösen Konflikten und Tabus, die die Ausübung einer bestimmten Beschäftigung zur Folge hätte, vorzunehmen. Ein wichtiger Grund liegt z.B. vor, wenn ein Moslem ablehnt, in einem Produktionsbetrieb zu arbeiten, der Schweinefleisch verarbeitet [Den Einwand eines Rechtsradikalen, der Einsatz in einem multikulturellen Zentrum sei ihm nach Art. 4 GG unzumutbar, hat das SG Dortmund vom 9.10.2006 – S 32 AS 214/06 nicht gelten lassen, Anm. d. Verf.].
- wenn die Aufwendungen für die angebotene Arbeit höher sind als die Einnahmen aus der Arbeit.«

 Weitere Gründe, die eine Erwerbstätigkeit oder Eingliederungsmaßnahme unzumutbar machen können, finden Sie auf → S. 882.

V Beweislast

Für die Zumutbarkeit der angenommenen Arbeit oder Eingliederungsmaßnahme liegt die Ermittlungs- und Beweislast beim Jobcenter (ebenso Rixen, in: Eicher, SGB II, § 10 RandNr. 125). § 31 Abs. 1 Satz 2 SGB II, der bestimmt, dass der Leistungsberechtigte den wichtigen Grund darlegen und nachweisen muss, gilt nicht für § 10 SGB II. Lässt sich also nicht feststellen, dass der Leistungsberechtigte die angebotene Arbeit verrichten kann, darf die Ablehnung nicht zu einer Sanktion führen (siehe hierzu auch → S. 847).

Grundsätzlich beim Jobcenter

Allerdings trifft den Leistungberechtigten bei wichtigen Gründen, die aus seiner Sphäre stammen, eine erhöhte Mitwirkungspflicht; erschwert er die Sachverhaltsaufklärung durch verspätetes Vorbringen, kann das zu einer Umkehr der Beweislast führen (ständige Rechtsprechung des BSG vom 26.11.1992 – 7 RAr 38/92, SozR 3–4100 § 119 Nr. 7 und vom 25.4.2002 – B 11 AL 65/01 R, SozR 3–4300 § 144 Nr. 8).

Ausnahme bei mangelnder Mitwirkung

Der im Wortlaut des § 31 Abs. 1 Satz 2 SGB II angelegte Umstieg vom Amtsermittlungs- zum Beibringungsgrundsatz kann allerdings die Jobcenter verführen, ihre Verpflichtung zu einer neutralen und umfassenden Sachverhaltsaufklärung zu vernachlässigen. Demgegenüber ist zu betonen, dass eine volle Beweislastumkehr verfassungswidrig wäre. Das Alg II ist für erwerbsfähige Leistungberechtigte das unterste Netz der sozialen Absicherung (§ 5 Abs. 2 SGB II). Eine Kürzung dieser Existenzminimumleistung auf der Grundlage der Nichtaufklärbarkeit leistungserheblicher Umstände verstößt gegen die Menschenwürde und das Sozialstaatsprinzip (so auch BVerfG vom 12.5.2005 – 1 BvR 569/05, info also 2005, S. 166).

Keine volle Beweislastumkehr

Überdies verletzte eine Beweislastumkehr für Tatsachen, die der Betroffene wesentlich schwerer nachweisen kann als das Jobcenter, wie z. B. die mangelnde Qualität einer Maßnahme oder die Unterschreitung einer Mindestlohngrenze, das Rechtsstaatsgebot einer fairen Handhabung des Beweisrechts, insbesondere von Beweislastregeln, »die als Entscheidungsnormen im Schnittpunkt von sachlichem und Verfahrensrecht stehen« (BVerfG vom 25.7.1979, BVerfGE 52, S. 131, 144 f.).

Faires Verfahren

E **Leistungen zur Sicherung des Lebensunterhalts (Alg II/Sozg)**
§§ 19–24, 42a SGB II; §§ 1 ff. RBEG

I   Welche Leistungen sollen den Lebensunterhalt sichern?

Leistungen zur Sicherung des Lebensunterhalts nach dem SGB II sind das Alg II für erwerbsfähige Leistungsberechtigte und das Sozialgeld (Sozg) für nicht erwerbsfähige Leistungsberechtigte, die mit Erwerbsfähigen in einer BG leben.

Alg II/Sozg

Das Alg II und das Sozg sind bedarfsorientierte, bedürftigkeitsabhängige staatliche Fürsorgeleistungen. Sie umfassen folgende Leistungen:

- **Regelbedarf** (§ 20 SGB II);

- **Einmalsonderleistungen** (§ 24 Abs. 3 SGB II);

- **Mehrbedarfe** (§ 21 SGB II);

- **Bildungs- und Teilhabebedarf** (§ 28 SGB II);

- **ergänzende Darlehen bei unabweisbarem Regelbedarf** (§ 24 Abs. 1 SGB II);

- **Leistungen für Unterkunft und Heizung** (§ 22 SGB II);

- **Zuschuss zum KV-/PV-Beitrag**, wenn die Leistungsberechtigten die KV-/PV-Beiträge selber tragen müssen (§ 26 SGB II).

Zusätzlich werden als besondere Leistungen, die nicht als Alg II gelten, gewährt:

- der Zuschuss zum KV-/PV-Beitrag, wenn allein durch Entrichtung des Beitrags Hilfebedürftigkeit entstünde;

- der Zuschuss zum Zusatzbeitrag nach § 242 SGB V, wenn allein durch Entrichtung des Beitrags Hilfebedürftigkeit entstünde.

II Die Leistungen im Einzelnen

1 Regelbedarf
§ 20 SGB II

Dem SGB II liegt ein starres Bedarfsdeckungsschema zugrunde:

- Ein fester Regelbedarf zuzüglich etwaiger Mehrbedarfe bestimmt, mit welchen Beträgen Leistungsberechtigte ihre laufenden Lebenshaltungskosten decken sollen.

- Kommen sie mit den im Regelbedarf zugewiesenen Beträgen nicht aus, gibt es für unabweisbare Zusatzausgaben, die zu den allgemeinen Lebenshaltungskosten gehören, nur ein Darlehen, das mit dem laufenden Regelbedarf aufgerechnet wird.

- Einmalige Sonderbedarfe, die üblicherweise mit höheren Ausgaben verbunden sind und darum nicht mit dem Regelbedarf bestritten werden können, werden nur in drei Ausnahmesituationen vom Jobcenter übernommen (→ S. 221).

Weitgehend verfassungsmäßig

Das BVerfG vom 9.2.2010 – 1 BvL 1/09 hat dieses System weitgehend bestätigt: Das Statistikmodell zur Ermittlung der Regelbedarfe wird akzeptiert; Pauschalierungen als Folge dieser Bemessung hingenommen; Abschläge für gemeinsames Wirtschaften werden als sachgerecht gebilligt. Bedarfspositionen dürfen gekürzt werden, wenn die Kürzungen nachvollziehbar und vertretbar sind. Darlehen zur Erfüllung gelegentlich anfallender Zusatzbedarfe genügen zur Existenzsicherung.

Verfassungsauftrag umgesetzt

Nachdem mit § 21 Abs. 6 SGB II ein Kritikpunkt des BVerfG schon im Juni 2010 umgesetzt wurde, sind rückwirkend zum 1.1.2011 auch die übrigen Beanstandungen in einer Form eingelöst worden, die das BVerfG vom 23.7.2014 – 1 BvL 10/12 als gerade noch verfassungsgemäß bestätigt hat.

Handlungsauftrag für den Gesetzesanwender

Neben einem Handlungsauftrag für den Gesetzgeber verpflichtet die BVerfG-Entscheidung den Gesetzesanwender zu einer verfassungskonformen Auslegung dort, wo die Sicherung des Existenzminimums gefährdet ist. Welche Konsequenzen im Einzelnen aus der Feststellung des BVerfG, der Gesetzgeber sei mit den vielen Kürzungen der EVS-Bedarfspositionen an die Grenze dessen gekommen, was zur Sicherung des Existenzminimums gefordert sei (Rn. 121 der Entscheidungsgründe), zu ziehen sind, wird an den jeweils einschlägigen Stellen dieses Leitfadens angedeutet.

1.1   Voller oder anteiliger Regelbedarf?

Die Bestimmung des Regelbedarfs hängt ab:
- vom Alter der erwerbsfähigen Leistungsberechtigten und der Mitglieder der BG;
- von der Stellung der Leistungsberechtigten in der BG.

Höhe der Alg II-Regelbedarfe 2016

Personen	Betrag	§§
Alleinstehende[1]	**404 €**	§ 20 Abs. 2 Satz 1
Allein Erziehende[2]	**404 €**	§ 20 Abs. 2 Satz 1
Personen, deren Partner minderjährig ist	**404 €**	§ 20 Abs. 2 Satz 1
Zwei volljährige Partner[3] in der BG	**364 €**	§ 20 Abs. 4
Erwerbsfähige Angehörige in der BG vom 18. bis 25. Geburtstag	**324 €**	§ 20 Abs. 2 Satz 2 Nr. 2
Erwerbsfähige Angehörige in der BG vom 15. bis 18. Geburtstag	**306 €**	§ 20 Abs. 2 Satz 2 Nr. 1

Zur Höhe der Sozialgeld-Regelbedarfe → S. 276 f.

Erläuterungen

[1] **Alleinstehende** i. S. des § 20 Abs. 2 Satz 1 SGB II sind Personen, die nicht mit einem Partner, oder Kinder, die nicht mit ihren Eltern in einer BG leben (BSG vom 7.11.2006 – B 7b AS 6/06 R).
Zum Merkmal des Zusammenlebens in einer BG → S. 89 f.
100 %-Regelbedarf erhalten danach die folgenden Personen:
- Erwerbsfähiger Elternteil, der mit seinem volljährigen Kind in einem Haushalt lebt.
- Erwerbsfähiges Kind ab dem 25. Geburtstag im Haushalt der Eltern.
- Erwerbsfähiges, verheiratetes Kind, das im Haushalt der Eltern lebt.

[2] **Allein Erziehende** i. S. von § 20 Abs. 2 Satz 1 SGB II sind erwerbsfähige Personen, die mit einem oder mehreren minderjährigen Kindern im Haushalt leben und allein für die Erziehung sorgen. Es müssen nicht die eigenen Kinder sein.
Zum Merkmal der Alleinerziehung → S. 237.

[3] **Volljährige Partner**
Eine BG wird auch gebildet, wenn Partner erwerbsfähiger Hilfebedürftiger gemäß § 7 Abs. 4 SGB II keinen Anspruch auf Leistungen nach dem SGB II haben, weil sie Rente wegen Alters beziehen (BSG vom 23.11.2006 – B 11b AS 1/06 R), als Auszubildende nach § 7 Abs. 5 SGB II von Leistungen nach dem SGB II ausgeschlossen sind (LSG Sachsen vom 20.9.2012 – L 7 AS 402/11) oder nach § 41 Abs. 1 Satz 1 SGB XII einen Anspruch auf Grundsicherung im Alter haben (BSG vom 16.10.2007 – B 8/9b SO 2/06 R).

1.2   Welcher Regelbedarf gilt in ungeregelten Fällen?

Die verschiedenen Formen, unter denen sich eine BG bilden kann, und Mischhaushalte von SGB II-Leistungsberechtigten und ausgeschlossenen Personen schaffen Fälle, die im Gesetz nicht geregelt sind und eine Lösung über den Wortlaut der §§ 20, 23 SGB II hinaus erfordern.

Beispiel 1

Die erwerbsfähigen K. und F. sind beide noch minderjährig und leben als Paar zusammen. Das Jobcenter gewährt beiden nur jeweils 324 € Alg II. Hier ist über den Wortlaut von § 20 Abs. 2 Satz 2 Nr. 1 SGB II hinaus die Regelung des § 20 Abs. 4 SGB II analog anzuwenden: K. und F. bekommen jeweils 364 € Alg II (LSG Berlin-Brandenburg vom 1.9.2011 – L 34 AS 490/11: Planwidrige Regelungslücke).

Beispiel 2

Das erwerbsfähige, volljährige »Kind« bildet mit dem erwerbsunfähigen Elternteil eine BG. Nach dem Gesetz erhält der junge Erwachsene 324 € Alg II, der erwerbsunfähige Elternteil 404 € Sozialgeld. Ob hier auch der erwerbsfähige Teil der BG, das »Kind«, den vollen Regelbedarf bekommen muss, ist umstritten. Das BVerfG vom 20.11.2012 – 1 BvR 1526/12 hat dieser in der Kommentarliteratur vertretenen Auffassung immerhin »Gehalt« bescheinigt (s. auch → S. 237).

Beispiel 3

A. und B. leben in Einstandsgemeinschaft zusammen. B. erhält nach § 3 AsylbLG i.d.F. ab 17.3.2016 nur einen Geldbetrag von 316 €. Von Leistungen nach dem SGB II ist er nach § 7 Abs. 1 Satz 2 SGB II ausgeschlossen. Nach § 20 Abs. 4 SGB II erhielte A. als Partnerin nur 364 € Regelleistung. Mit dieser Absenkung der Regelleistung wäre sie mittelbar von den belastenden Vorschriften des AsylbLG betroffen. A. muss daher gegen den Wortlaut des § 20 Abs. 4 SGB II 404 € Regelbedarf erhalten, ansonsten wäre sie außerstande, ihr Existenzminimum zu decken (BSG vom 6.10.2011 – B 14 AS 171/10 R). Solange geringere Leistungen erbracht werden, ist der dem leistungsberechtigten Partner zustehende Regelbedarf auf die in § 20 Abs. 4 SGB II für Paare vorgesehene Höhe anzupassen (SG Dortmund vom 5.2.2014 – S 32 AS 5467/13 ER; SG Berlin vom 28.1.2016 – S 26 AS 26515/13). Die höheren SGB II-Leistungen sind auch rückwirkend ab 1.1.2011 zu gewähren, soweit Leistungsbescheide noch nicht bestandskräftig geworden sind. Ein abweichender SGB II-Regelbedarf gilt auch für die Leistungseinschränkung nach § 1a AsylbLG, sofern man diese Regelung trotz der BVerfG-Entscheidung vom 18.7.2012 für verfassungsgemäß hält.

Das SG Stade vom 22.11.2012 – S 17 AS 294/12 sieht keine Grundlage für eine abweichende Regelbedarfsfestlegung, wenn ein SGB II-leistungsberechtigtes volljähriges »Kind« bei seinen Eltern, die Leistungen nach dem AsylbLG beziehen, lebt.

Beispiel 4

Die 18-jährige P. lebt mit ihrer Mutter zusammen, die Alg II bezieht. P. erhält ebenfalls Alg II nach Regelbedarfsstufe 3 (324 €). Nach der Geburt ihres Kindes bleibt P. im Haushalt ihrer Mutter, die sich intensiv um das Enkelkind kümmert. P. macht geltend, als Mitglied einer eigenen BG mit ihrem Kind Anspruch auf 404 € Alg II zu haben. Nach der Verwaltungspraxis der Jobcenter hat P. Recht. Das BSG vom 7.7.2014 – B 14 AS 54/13 R hat allerdings zu erkennen gegeben, dass die Geburt des Kindes zu einer 3-Generationen-BG statt zur Aufspaltung in zwei BGs führt. Dann bestünde mangels Alleinerziehung ein unveränderter Anspruch auf nur 324 € Alg II.

2   Einmalsonderleistungen
§ 24 Abs. 3

Nach §§ 3 Abs. 3, 24 SGB II sind alle gewöhnlichen, laufenden Bedarfe aus dem Regelbedarf zu decken. Die Aufstockung des Regelbedarfs um Anteile, für die nach dem früheren BSHG Einmalleistungen gewährt wurden, und die Gewährung eines Vermögensfreibetrages gemäß § 12 Abs. 2 Nr. 4 SGB II von 750 € pro Mitglied der BG für Anschaffungen sollen es den Leistungsberechtigten ermöglichen, Geld für die Finanzierung der nicht laufend auftretenden Bedarfe zurückzulegen.

Ausnahmsweise und abschließend sieht das SGB II in drei Fällen Einmalsonderleistungen vor:

- Erstausstattung für die Wohnung einschließlich Haushaltsgeräten (§ 24 Abs. 3 Satz 1 Nr. 1 SGB II).

- Erstausstattung für Bekleidung einschließlich Schwangerschaft und Geburt und Babyerstausstattung (§ 24 Abs. 3 Satz 1 Nr. 2 SGB II).

- Anschaffung und Reparaturen von orthopädischen Schuhen, Reparaturen von therapeutischen Geräten und Ausrüstungen sowie die Miete von therapeutischen Geräten (§ 24 Abs. 3 Satz 1 Nr. 3 SGB II).

2.1   Erstausstattung Wohnung/Haushaltsgeräte

Eine Erstausstattung für die Wohnung – darunter fallen die von § 22 SGB II erfassten Unterkünfte (sehr fraglich daher SG Braunschweig vom 26.1.2015 – S 44 AS 3530/14: Erstausstattung verneint für Wohnwagen ohne Wasser- und Stromanschluss) – kommt in Betracht, wenn eine Wohnung neu eingerichtet werden muss. Die Gesetzesbegründung zum gleich lautenden § 31 SGB XII (BR-Drs. 558/03, S. 192) führt zwar nur außergewöhnliche Umstände an (Wohnungsbrand, Erstanmietung nach Haftentlassung). Gleiches muss aber auch für andere Fälle der Ersteinrichtung gelten, z.B. Neugründung eines Hausstandes nach Verlassen des Elternhauses oder der gemeinsamen Ehewohnung (LSG NRW vom 25.3.2008 – L 19 B 13/08 AS ER; LSG Sachsen vom 9.8.2010 – L 7 AS 595/09 B ER), notwendiger Umzug in eine größere Wohnung (LSG Baden-Württemberg vom 7.11.2012 – L 3 AS 5162/11: Umzug wegen Kinderzuwachs), Erstanmietung einer Wohnung durch

Erstausstattung

222 E Leistungen zur Sicherung des Lebensunterhalts (Alg II/Sozg)

E Leistungen zur Sicherung des Lebensunterhalts (Alg II/Sozg)

E Leistungen zur Sicherung des Lebensunterhalts (Alg II/Sozg)

einen Wohnungslosen oder eine Frau, die ein Frauenhaus verlässt (LSG Berlin-Brandenburg vom 26.10.2006 – L 19 B 516/06 AS ER).

Trennung

Wird eine Erstausstattung wegen einer Trennung vom Partner beansprucht, kann das Jobcenter prüfen, ob gegen den Partner ein Anspruch auf Hausratsteilung besteht. Ist dieser Anspruch nicht zeitnah durchsetzbar, kann zunächst ein Darlehen gewährt werden (vgl. LSG Berlin-Brandenburg vom 21.11.2007 – L 28 B 1930/07 AS ER: Anspruch aus einem Ehevertrag). Eine Beschränkung des berechtigten Personenkreises über Verwaltungsvorschriften des Jobcenters ist unzulässig (LSG Sachsen vom 29.5.2007 – L 3 AS 103/06 und vom 17.4.2008 – L 3 AS 107/07).

Krankheitsbedingter Bedarf

Bei Untergang oder Verwahrlosung von Wohnungs- und Haushaltsgegenständen aufgrund psychischer Störungen sind die neu zu beschaffenden Gegenstände Erstausstattung i. S. von § 24 Abs. 3 Satz 1 Nr. 1 SGB II (SG Bremen vom 2.3.2010 – S 23 AS 257/10 ER; LSG NRW vom 19.9.2011 – L 19 AS 12/11 B; SG Düsseldorf vom 6.11.2009 – S 35 AS 206/07: Entsorgung der Möbel vor einem Suizidversuch). Nach BSG vom 6.8.2014 – B 4 AS 57/13 R begründet ein unüblich hoher Verschleiß von Gebrauchsgegenständen (wegen Drogensucht) keinen außergewöhnlichen Umstand für eine Ersatzbeschaffung als Zuschuss statt als Darlehen nach § 24 Abs. 1 SGB II.
Nach der Entscheidung des BSG zum Kinderbett (s.u.), ist geklärt, dass ein wegen Krankheit oder Behinderung entstehender, von der Krankenkasse nicht gedeckter Bedarf (z.B. erhöhtes Bett, verstellbarer Tisch) Erstausstattung i.S. von § 24 Abs. 3 Nr. 1 SGB II ist (a.A., keine Erstausstattung: LSG Sachsen-Anhalt vom 9.6.2011 – L 5 AS 170/11 B ER für orthopädische Matratze und Lattenrost; BayLSG vom 22.12.2010 – L 7 AS 924/10 B ER für Austausch von Normal- gegen Hochbett).

Geteilter Bedarf

Werden Einrichtungsgegenstände wegen eines neuen Bedarfs benötigt, die auch von BG-Mitgliedern genutzt werden, die von SGB II-Leistungen ausgeschlossen sind, ist der Bedarf der Leistungsberechtigten anteilig zu bestimmen (s. dazu HessLSG vom 13.11.2015 – L 9 AS 44/15); dabei kann je nach Nutzungsintensität von einer Berechnung nach Kopfteilen abgewichen werden.

Beispiel

D. studiert. Sie verlässt ihr Elternhaus, um mit ihrem Partner K., der Alg II bezieht, zusammen zu ziehen. K. hatte zuvor in einer Wohngemeinschaft gelebt, in der eine gemeinsame Waschmaschine genutzt werden konnte. Sowohl für D. als auch für K. ist die Beschaffung einer Waschmaschine ein neuer Bedarf, der für D. als ausbildungsgeprägter Bedarf (LSG Berlin-Brandenburg vom 26.2.2016 – L 28 AS 2230/12; LSG NRW vom 23.3.2016 – L 7 AS 1509/15) aber unter § 7 Abs. 5 SGB II fällt. K. kann daher nur eine anteilige Kostenübernahme fordern, wobei eine Aufteilung nach Köpfen hier sachgerecht ist.

Zurechenbarer Bedarf

Der Bedarf ist vollständig der Person, die den Bedarf wesentlich verursacht hat, zuzurechnen. Die als Begleiterscheinung eröffnete Mitnutzung Dritter rechtfertigt dann keine Kostenteilung.

H. studiert an der Universität. Sie lebt mit ihrem Kind S. in einer eige- Beispiel
nen Wohnung. S. bekommt Sozialgeld. Bei S. wird eine Erkrankung
festgestellt, die es erforderlich macht, dass Medikamente im Kühlschrank ständig verfügbar sein müssen. H. verfügt über einen kleinen
und sehr alten Kühlschrank, der für die Lagerung der Medikamente
nicht geeignet ist. Hier kann der neue Kühlschrank als Erstausstat-
tungs-Bedarf für S. gewertet werden.

Anspruch auf eine Erstausstattung besteht, wenn dafür ein Bedarf Wenn Bedarf
besteht
anfällt. Gegen LSG Berlin-Brandenburg vom 3.4.2008 – L 19 AS 1116/
06 hat das BSG vom 20.8.2009 – B 14 AS 45/08 R daher entschieden,
dass der Anspruch auf Gewährung einer Erstausstattung für eine
Wohnung auch dann besteht, wenn der Leistungsberechtigte erforderliche Wohnungsgegenstände zunächst aus freier Entscheidung
nicht angeschafft und bereits längere Zeit in einer unmöblierten
Wohnung gelebt hat. Wurde die Einrichtung nicht bewusst wegen des
anstehenden Alg II-Bezugs aufgeschoben, habe das Gericht das Verhalten zum Schutz der Privatautonomie nicht zu bewerten (so auch
LSG Berlin-Brandenburg vom 17.11.2010 – L 5 AS 1220/07; LSG Niedersachsen-Bremen vom 27.5.2014 – L 11 AS 369/11).

Da eine Erstausstattung i. S. von § 24 Abs. 3 Nr. 1 SGB II in Abgren- Kinderbett
zung zu einer Ersatzbeschaffung immer dann vorliegt, wenn der Bedarf für die Ausstattung neu entsteht und nicht bereits mit vorhandenen Möbeln und anderen Einrichtungsgegenständen gedeckt werden
kann, hat das BSG vom 24.5.2013 – B 4 AS 79/12 R die Beschaffung
eines größeren Bettes als Erstausstattungsbedarf gewertet, wenn das
Bett für das wachsende Kind zu klein geworden ist.

Zum Nachweis eines Bedarfs an Erstausstattung sind Fotos eines lee- Nachweis
ren Zimmers nicht ausreichend; ggf. muss ein Hausbesuch akzeptiert
werden (LSG Baden-Württemberg vom 20.3.2015 – L 12 AS 4232/14).

Die Gründe des BSG-Urteils zum Kinderbett tragen auch die Ent- Schülerschreibtisch
scheidung des SG Berlin vom 15.2.2012 – S 174 AS 28285/11 WA zu
einem Schülerschreibtisch als neu entstandenem Bedarf.

Verschuldensgesichtspunkte dürfen nicht schon bei der Feststellung Bedarfs- vor
Verschuldens-
prüfung
des Bedarfs berücksichtigt werden. Besteht ein aktueller Bedarf, ist
er vom Jobcenter zu decken; ggf. kommt eine Haftung nach § 34
SGB II in Betracht. Das BSG vom 27.9.2011 – B 4 AS 202/10 R hat
deshalb gegen die Vorinstanz eine genaue Aufklärung über den Verbleib der Möbel gefordert, wenn der Anspruch auf Erstausstattung
mit einem Verlust der Möbel am Wegzugsort begründet wird. Sind die
Möbel, wenn auch durch fahrlässiges Verhalten, tatsächlich verloren
gegangen, muss der deshalb bestehende Bedarf über § 24 Abs. 3
Satz 1 Nr. 1 SGB II gedeckt werden. Dasselbe gilt, wenn einem Leistungsberechtigten zwar Mittel für die Wohnungserstausstattung gewährt worden sind, er diese Mittel aber zweckwidrig verwendet hat
(LSG NRW vom 23.2.2012 – L 19 AS 1872/11 B).

Beitrag zu
Hausrat-
versicherung?

Dass § 24 Abs. 3 Nr. 1 SGB II keine Ersatzbeschaffung, auch wenn diese unverschuldet ist, abdeckt, begründet keinen Anspruch auf Übernahme des Beitrags für eine Hausratversicherung (LSG Berlin-Brandenburg vom 30.4.2015 – L 32 AS 1916/13).

Nur Grund-
ausstattung

Zu der Erstausstattung für die Wohnung gehören Gegenstände, die für eine geordnete Haushaltsführung und ein an herrschenden Lebensgewohnheiten orientiertes menschenwürdiges Wohnen notwendig sind (HessLSG vom 13.11.2015 – L 9 AS 44/15), z.B. Haushaltsgeräte: Waschmaschine, Herd, Kühlschrank, Staubsauger, Bügeleisen; nicht ein Wäschetrockner (LSG Berlin-Brandenburg vom 11.4.2011 – L 28 AS 190/09 NZB) und Einrichtungsgegenstände (Möbel, Gardinen, Lampen); nicht ein Teppichboden (LSG NRW vom 5.1.2010 – L 1 B 25/09 AS; LSG Niedersachsen-Bremen vom 23.2.2011 – L 13 AS 47/08). Ob daraus, dass der Anspruch nach § 24 Abs. 3 Satz 1 Nr. 1 SGB II lediglich die Ausstattung und nicht die Herrichtung der Wohnung umfasst (BSG vom 16.12.2008 – B 4 AS 49/07 R), geschlossen werden kann, dass nach Auslegung der Wohnung mit einem Teppichboden kein Anspruch auf Kostenübernahme für einen Staubsauger besteht, ist zweifelhaft (so aber SG Berlin vom 28.1.2010 – S 128 AS 28212/08). Auch für eine Wohnung mit Holzfußboden dürfte ein Staubsauger zum üblichen Reinigungsgerät gehören.

Nach der Rechtsprechung können auch einzelne Haushaltsgegenstände oder Möbel als Erstausstattungs-Sonderbedarf gewährt werden, wenn sie erstmalig erforderlich werden (z.B. Waschmaschine: BSG vom 19.9.2008 – B 14 AS 64/07 R; auf die Nutzung eines Waschsalons muss sich der Hilfesuchende nicht verweisen lassen, auch wenn sich dieser in unmittelbarer Nähe zur Wohnung befindet: SG Dresden vom 10.10.2014 – S 20 AS 5639/14 ER; s. auch schon BVerwG vom 1.10.1998 – 5 C 19/97. Keine Küchenarbeitsplatte: SG Berlin vom 20.11.2013 – S 205 AS 4714/11). Ein Schreibtisch für die Erledigung von Hausaufgaben löst einen über § 24 Abs. 3 Satz 1 Nr. 1 SGB II zu deckenden Bedarf aus, wenn dem Schüler in der Wohnung kein anderer Arbeitsplatz zur Verfügung steht (SG Berlin vom 15.2.2012 – S 174 AS 28285/11 WA).

Nicht: PC, Telefon

Ein Personalcomputer mit Zubehör gehört nicht zur Erstausstattung der Wohnung (LSG NRW 23.4.2010 – L 6 AS 297/10 B und vom 19.3.2015 – L 7 AS 2346/13). Dasselbe gilt für einen Telefonanschluss (SG Dresden vom 1.8.2008 – S 6 AS 1786/06).

Nicht:
Fernsehgerät

Nach BSG vom 24.2.2011 – B 14 AS 75/10 R gehört ein Fernsehgerät nicht zur Erstausstattung; dabei handele es sich weder um einen Einrichtungsgegenstand noch um ein Haushaltsgerät. Die auf die Wohnung bezogenen Leistungen des SGB II dienten nicht der Sicherstellung von Freizeit-, Informations- und Unterhaltungsbedürfnissen (so auch für das SGB XII BSG vom 9.6.2011 – B 8 SO 3/10 R). Dazu nötige Geräte könnten nur über Darlehen gestellt werden.

Umzugsbedingter
Möbelverlust

Gehen Möbel wegen eines passgenauen Einbaus in die alte Wohnung bei einem vom Jobcenter veranlassten Umzug verloren (zur Frage, ob

und wann eine Einbauküche Eigentum des Vermieters wird s. BGH vom 20.11.2008 – IX ZR 180/07), müssen sie nach LSG Niedersachsen-Bremen vom 21.2.2006 – L 9 B 37/06 AS über einen Zuschuss nach § 24 Abs. 3 Nr. 1 SGB II, nicht im Wege eines Darlehens nach § 24 Abs. 1 SGB II ersetzt werden. Der Leistungsberechtigte muss aber beweisen, dass die Möbel/Einrichtungsgegenstände in der neuen Wohnung nicht verwendbar sind; dass sie nicht mehr so schön passen, genügt nicht (LSG NRW vom 23.2.2010 – L 1 AS 42/08).
Ein Anspruch auf Ersatzbeschaffung nach § 24 Abs. 3 Nr. 1 SGB II besteht aber dann, wenn vorhandene Einrichtungsgegenstände bei einem vom Jobcenter veranlassten Umzug zerstört werden (BSG vom 1.7.2009 – B 4 AS 77/08 R; SG Neuruppin vom 30.7.2014 – S 26 AS 1486/14 ER) oder dadurch verloren gehen, weil sich das Jobcenter weigert, Kosten für die Einlagerung der Möbel zu übernehmen (vgl. dazu LSG Sachsen vom 26.10.2009 – L 3 B 768/08 SO-ER). Gehen Möbel dadurch verloren hat, dass der Leistungsberechtigte sie in seiner alten Wohnung zurücklässt, wo sie der Vermieter entsorgt, begründet dies keinen Anspruch auf Ersatz (SG Wiesbaden vom 17.12.2015 – S 33 AS 300/13). Werden defekte oder sehr abgenutzte Möbel aus Anlass eines Umzugs entsorgt, ist das ein Fall der ggf. mit einem Darlehen nach § 24 Abs. 1 SGB II zu erfüllenden Ersatzbeschaffung (SG Leipzig vom 3.3.2016 – S 22 AS 168/16 ER).

Werden Möbel vom Vermieter in Ausübung des Vermieterpfandrechts nicht herausgegeben, kommt die Gewährung eines Darlehens nach § 24 Abs. 1 SGB II zur Mietschuldtilgung in Betracht (LSG NRW vom 25.6.2008 – L 7 B 328/07 AS ER). Eine Notlage i.S. von § 22 Abs. 8 SGB II kann dadurch abgewendet werden, dass der Leistungsberechtigte vom Vermieter die Herausgabe der unpfändbaren Sachen verlangen kann (LSG NRW vom 25.6.2008 – L 7 B 9/08 AS). Zu einem Sonderleistungsanspruch bei Wechsel der Energieversorgung (Gas- statt Elektroherd) siehe SG Braunschweig vom 7.3.2005 – S 18 AS 65/05 ER.

Vermieter-
pfandrecht

Die Leistung nach § 24 Abs. 3 Satz 1 Nr. 1 SGB II steht dem Grunde nach nicht im Ermessen des Jobcenters; es ist jedoch nach Abs. 3 Satz 3, 4 berechtigt, den Leistungsberechtigten auf Gutscheine (LSG Sachsen-Anhalt vom 7.4.2011 – L 5 AS 50/11 B ER), auf den Erwerb gebrauchter Sachen (LSG Mecklenburg-Vorpommern vom 12.2.2007 – L 8 B 150/06: 41 € für Kleiderschrank; BayLSG vom 14.5.2014 – L 11 AS 617/13: Gutschein für Gebrauchtwarenlager) oder auf nachvollziehbare Pauschalbeträge (LSG Berlin-Brandenburg vom 21.11.2007 – L 28 B 1930/07 AS ER: 1500 € für gänzlich unmöblierte Wohnung nach Trennung; VG Bremen vom 14.3.2008 – S 3 V 479/08: 2.000 € für 3-Personen-Haushalt; LSG NRW vom 19.3.2014 – L 7 AS 606/13 B: 2.361 € für 4-Personen-Haushalt) zu verweisen. Gewährt das Jobcenter Pauschalen, kann der Leistungsberechtigte darauf verwiesen werden, durch sparsamen Einkauf für einen ausreichenden Ausstattungsstand seiner Wohnung zu sorgen. Dies schließt die Nichtübernahme der Kosten für einen defekten Herd ein, wenn diese Kosten aus einer großzügigen Pauschale für den Kauf eines Kühlschranks gedeckt werden können (BSG vom 13.4.2011 – B 14 AS 53/10 R). Ist der Leistungs-

Verweis auf
Gebrauchtmöbel
oder Pauschalen

berechtigte nach einem Verlust von Einrichtungsgegenständen (Wohnungsbrand) in ein möbliertes Zimmer umgezogen, hat er keinen Anspruch auf Neuausstattung, um über eigene Möbel verfügen zu können (LSG Mecklenburg-Vorpommern vom 18.2.2008 – L 8 B 268/07).

Nur Zuschuss, kein Darlehen

Die Erstausstattung darf nicht über ein Darlehen gewährt werden, auch nicht im Rahmen eines Eilverfahrens vor dem Sozialgericht (LSG Berlin-Brandenburg vom 7.3.2008 – L 28 B 366/08 AS ER; a.A. LSG Sachsen-Anhalt vom 16.4.2013 – L 5 AS 149/11 B ER: grundsätzlich als Darlehen zu gewähren). Wurde ein Darlehensvertrag unterschrieben, kann der Darlehensnehmer ihn widerrufen und auf Rückerstattung der einbehaltenen Raten bestehen.

Extra-Antrag

Der Alg II-Antrag umfasst nicht automatisch auch den Antrag auf eine Erstausstattung, wenn eine solche Bedarfslage besteht. Das ist (gegen BSG vom 19.8.2010 – B 14 AS 10/09 R) in § 37 Abs. 1 SGB II jetzt geregelt (LSG Sachsen-Anhalt vom 8.10.2015 – L 5 AS 638/14). Hat der Leistungsberechtigte anlässlich einer Vorsprache auf dem Jobcenter einen Bedarf nach Möbeln oder Haushaltsgegenständen zum Ausdruck gebracht, kann darin ein ausreichender Antrag auf Leistungen nach § 24 Abs. 3 Nr. 1 SGB II liegen, auch wenn das Jobcenter dies als Darlehensantrag auf Ersatzbeschaffung wertet und der Leistungsberechtigte ein Darlehen wegen der Tilgung nach § 42a SGB II abgelehnt hatte. Sollte ein ablehnender Darlehensbescheid ergangen sein, braucht der Leistungsberechtigte den nach wie vor unbeschiedenen Antrag nach § 24 Abs. 3 SGB II nicht über ein Überprüfungsverfahren nach § 44 SGB X durchzusetzen.

Kostenersatz

Eine eigenständige Bedarfsdeckung **nach Antragstellung** ist nicht anspruchsvernichtend, wenn ein längeres Warten auf die Entscheidung über die Wohnungserstausstattung aus gesundheitlichen Gründen nicht zumutbar ist und das Jobcenter bereits erklärt hat, den Antrag abzulehnen. War die Ablehnung rechtswidrig, erlangt der Leistungsberechtigte auch dann einen Kostenerstattungsanspruch, wenn das Jobcenter üblicherweise Sachleistungen ausgibt (BSG vom 19.8.2010, a.a.O. und vom 23.5.2013 – B 4 AS 79/122 R). Erhält der Antragsteller wegen einer verzögerten Antragsbearbeitung oder rechtswidrigen Leistungsablehnung Möbel und Haushaltsgegenstände von Dritten, die er nicht zurückgeben muss, ist sein Bedarf insoweit gedeckt (BSG vom 27.9.2011 – B 4 AS 202/10 R; vgl. auch LSG Sachsen vom 15.6.2012 – L 3 AS 158/12 B PKH: Mitbenutzung in einer Wohnung mit dort vorhandenen Sachen).

Widerruf bei fehlendem Verwendungsnachweis?

Die Bewilligung einer Erstausstattung kann nach SG Gießen vom 6.7.2015 – S 25 AS 607/12 nicht mit der Auflage versehen werden, den zweckgemäßen Einsatz der bewilligten Geldleistung nachzuweisen. Auch ein Widerruf wegen Zweckverfehlung nach § 47 SGB X sei unzulässig. Diese Rechtsauffassung ist problematisch, weil sie nur die Bedarfserfüllung in Form von Gutscheinen oder Gebrauchtwaren als einzig verlässlichen Weg offenlässt.

Da der Bedarf an Erstausstattung in der Regel erst mit Bezug der neuen Wohnung entsteht, ist das Jobcenter des Zuzugsortes zuständig (SG Berlin vom 1.12.2005 – S 96 AS 10358/05 ER und vom 12.5.2006 – S 37 AS 8425/05; LSG Sachsen vom 16.5.2007 – L 3 B 408/06 AS-ER; SG Stade vom 24.8.2010 – S 17 AS 613/10 ER).

Es ist jedoch denkbar, dass der Bedarf für eine Erstausstattung bereits mit Anmietung, also schon vor Einzug in die neue Wohnung entsteht, z. B. bei Umzug wegen Geburt eines Kindes. Für die Mutter und das Neugeborene ist es nicht zumutbar, zunächst in eine leere Wohnung zu ziehen; zuständig ist dann das Jobcenter des Wegzugsortes (BayLSG vom 11.12.2006 – L 11 B 544/06 AS ER).

Zuständiger Träger

2.2   Erstausstattung Bekleidung/Schwangerschaft und Geburt

Erstausstattung für Bekleidung kommt einmal in den in § 24 Abs. 3 Satz 1 Nr. 2 SGB II genannten Fällen Schwangerschaft und Geburt (Erstausstattung) in Betracht, außerdem bei Totalverlust (z. B. Überschwemmung) oder neuem Bedarf aufgrund außergewöhnlicher Umstände (BR-Drs. 559/03, S. 192). Beispiele für außergewöhnliche Umstände sind krankheitsbedingte Abmagerung oder Gewichtszunahme (LSG Berlin-Brandenburg vom 25.2.2010 – L 34 AS 24/09; LSG Hamburg vom 27.10.2011 – L 5 AS 342/10; LSG NRW vom 7.11.2011 – L 19 AS 1468/11 B), Bekleidungsbedarf anlässlich einer Haftentlassung (dazu SG Chemnitz vom 20.9.2012 – S 29 AS 3229/12 ER; SG Lüneburg vom 16.3.2015 – S 36 AS 86/13) oder nach einer Zeit der Wohnungslosigkeit.

Ausstattung mit Bekleidung

Kein außergewöhnlicher Umstand ist der vermehrte Bedarf an Kleidung und Schuhen bei heranwachsenden Kindern (SG Wiesbaden vom 12.4.2007 – S 16 AS 83/07 ER; SG Gelsenkirchen vom 22.6.2007 – S 5 AS 153/06; OVG Bremen vom 21.1.2008 – S 2 S 209/07; BSG vom 23.3.2010 – B 14 AS 81/08 R). Folgt man dieser Ansicht, müssen wachstumsbedingte Ausgaben aber im Wege eines Darlehens nach § 24 Abs. 1 SGB II übernommen werden, ohne die Notwendigkeit zu streng zu prüfen (zu ungewöhnlichen Unter- oder Übergrößen → S. 288).

Wachstumsbedingter Kleiderbedarf

Auch eine Babyerstausstattung (Wickeltisch, Kinderwagen, Kinderbett usw.) gehört nach § 24 Abs. 3 Satz 1 Nr. 2 SGB II zur Erstausstattung. Die Leistung kann nach § 24 Abs. 3 Satz 5 SGB II pauschaliert werden (dazu LSG Niedersachsen-Bremen vom 10.2.2014 – L 7 AS 210/13 NZB). Das Jobcenter muss dabei nachvollziehbare Erfahrungswerte berücksichtigen (SG Hamburg vom 23.3.2005 – S 57 AS 125/05 ER: 224 € angemessen; ähnlich LSG Berlin-Brandenburg vom 3.3.2006 – L 10 B 106/06 AS ER: 310 € angemessen; s. auch BSG vom 23.12.2013 – B 14 AS 171/13 B). Nach HessLSG vom 7.11.2014 – L 6 AS 722/14 B ER ist ein Eilantrag, gerichtet auf die Kenntnisnahme von ermessenslenkenden Richtlinien und sonstigen innerdienstlichen Weisungen zur Vergabe der Erstausstattung, unzulässig. Das SG Wiesbaden vom 19.10.2006 – S 12 AS 427/06 ER hat eine Pauschale von 150 € für Umstandsbekleidung als zu gering veranschlagt und nach eigener Recherche bei Versandhäusern

Babyerstausstattung

einen Betrag von 215 € angesetzt; ein Bademantel für das Krankenhaus gehöre nicht zum Erstausstattungsbedarf nach § 24 Abs. 3 Satz 1 Nr. 2 SGB II. Der bei Beziehern kleiner Einkommen übliche Kauf gebrauchter Umstandkleidung oder Babyartikel darf in die Bemessung der Pauschalen einfließen (LSG Mecklenburg-Vorpommern vom 21.12.2007 – L 8 B 301/07 ER, 303/07 ER und vom 17.1.2008 – L 8 B 10/08 ER: 100 € für Umstandskleidung, 160 € für Wickelkommode, Kinderbett und Kinderwagen). Ein Babyautositz kann auch eine Leistungsbezieherin beanspruchen, die kein Kfz besitzt (SG Heilbronn vom 28.7.2015 – S 11 AS 44/15). Bei einem ungewöhnlichen Bedarf (Drillingskinderwagen) hat das SG Berlin vom 10.8.2008 – S 106 AS 22162/08 ER den Verweis auf kaum angebotene Gebrauchtwagen für unzumutbar gehalten.

Die Leistungen für Erstausstattung bei Schwangerschaft und Geburt dürfen bei Geschwisterkindern niedriger ausfallen als bei Erstgeborenen, weil davon auszugehen ist, dass bei zweiten (oder weiteren) Kindern auf das bereits Vorhandene zurückgegriffen werden kann. Eine pauschale Ablehnung, weil Geschwisterkinder da sind, ist rechtswidrig (LSG Niedersachsen-Bremen vom 15.3.2012 – L 11 AS 1175/11 B). Das Geschlecht der Neugeborenen spielt keine Rolle; es ist nicht allgemein üblich, dass Säuglinge je nach Geschlecht unterschiedlich gekleidet werden (SG Bremen vom 27.2.2009 – S 23 AS 255/09 ER).

Bedarfsdeckung durch Stiftungsleistungen?

Bei einer Versorgung mit Babysachen durch die Diakonie ist ein Teil des Sonderbedarfs gedeckt (LSG Berlin-Brandenburg vom 6.5.2008 – L 5 B 125/08 AS ER; a.A. LSG Schleswig-Holstein vom 13.6.2013 – L 13 AS 52/11; SG Magdeburg vom 17.3.2015 – S 21 AS 3987/11).

Berufskleidung

Ein erstmalig entstehender Bedarf für Berufskleidung kann entweder als Leistung aus dem Vermittlungsbudget gem. § 16 Abs. 1 SGB II i. V. m. § 44 SGB III bezuschusst werden oder die dafür selbst aufgewendeten Kosten sind als mit der Erzielung des Einkommens verbundene, notwendige Ausgaben nach § 11b Abs. 2 Satz 1 Nr. 5 SGB II zu berücksichtigen (LSG Hamburg vom 30.9.2010 – L 5 AS 12/06).

2.3 Anschaffung und Reparatur orthopädischer Schuhe/ Miete und Reparatur therapeutischer Geräte und Ausrüstungen

§ 24 Abs. 3 Satz 1 Nr. 3 SGB II gliedert einzelne Positionen aus dem Regelbedarf der Abt. 6 »Gesundheitspflege« in einen gesondert zu beantragenden Einmalbedarf aus. Der Gesetzgeber begründet diesen neu geschaffenen Sonderbedarf damit, dass es sich hier im Gegensatz zu langlebigen Gebrauchsgütern um seltene Bedarfslagen handle, für die typischerweise nichts angespart werde.

Neuer Sonderbedarf

Keine Sehhilfen

Eine Brille soll allerdings nicht unter § 24 Abs. 3 Satz 1 Nr. 3 SGB II fallen (BT-Drs. 17/3404, S. 169). Worin der Unterschied zwischen einer Geh- und einer Sehbehinderung liegt, bleibt rätselhaft. Geh- bzw. Sehhilfen fallen in unterschiedlichen Abständen gleichermaßen an; wobei die Kosten für orthopädische Schuhe unter Einbeziehung der Krankenkassenleistung deutlich unter den Kosten für Brillen mit auf-

wändigen Gläsern liegen. Überdies ist der Eigenanteil für orthopädische Schuhe nur insofern eine »echte« Gesundheits-Zusatzleistung,
als er über den Kosten für normale Schuhe liegt (s. dazu SG Oldenburg vom 1.6.2011 – S 61 KR 354/09).

Unter besonderen Umständen kann eine Sehstörung und die zur Korrektur benötigte Brille ein Mehrbedarf nach § 21 Abs. 6 SGB II (näher
dazu → S. 292) sein.

Brille als atypischer Bedarf?

§ 33 SGB V regelt für GKV-Versicherte die Versorgung mit Brillen und
Kontaktlinsen. Danach haben Kinder und Jugendliche bis zum 18. Geburtstag Anspruch auf diese Hilfsmittel (§ 33 Abs. 2 SGB V); darunter
fällt z. B. die Sportbrille für Schüler (BSG vom 22.7.1981 – 3 RK 56/80).
Ab dem 14. Geburtstag bis zur Volljährigkeit besteht ein erneuter Anspruch auf Versorgung mit Sehhilfen nur bei einer Änderung der Seh-
fähigkeit um mindestens 0,5 Dioptrien (§ 33 Abs. 3 SGB V).

Brille von der Krankenkasse?

Bei erwachsenen Versicherten hängt der Anspruch auf Versorgung allein vom Schweregrad der Sehbehinderung ab und nicht (auch) von der
mit einer Sehhilfe erreichbaren Verbesserung des Sehvermögens, auch
wenn dieses so weit eingeschränkt ist, dass die Teilnahme am gesell-
schaftlichen Leben ohne Sehhilfe nicht möglich ist. Das BSG vom
23.6.2016 – B 3 KR 21/15 R hält das »noch« für zulässig, der Gesetzgeber solle jedoch prüfen, ob § 33 Abs. 2 SGB V noch dem heutigen Verständnis eines unmittelbaren Behinderungsausgleichs entspreche. Dabei solle der Gesetzgeber auch die grundsicherungsrechtlichen Vorschriften in den Blick nehmen und klären, ob und gegebenenfalls unter
welchen Voraussetzungen etwa bei Personen, die von allen Zuzahlungen nach § 62 SGB V befreit sind, die Krankenkassen sich an der Versorgung mit Sehhilfen zumindest zu beteiligen haben. Da die gegenwärtige Fassung von § 33 SGB V – die ab 1.1.2017 geltende Fassung ändert
insoweit nichts – den Umfang der Eigenverantwortung der Versicherten
noch zulässig regelt, kann § 24 SGB II nicht einfach als Auffang-An-
spruch herangezogen werden; dies wäre ein Systembruch (dazu gleich).

Dem BVerfG vom 23.7.2014 – 1 BvL 10/12: »Desgleichen kann eine
Unterdeckung entstehen, wenn Gesundheitsleistungen wie Sehhilfen
weder im Rahmen des Regelbedarfs gedeckt werden können noch anderweitig gesichert sind« (Rn. 120) ist bei der Beschaffung einer
(neuen) Brille dadurch Rechnung zu tragen, dass mögliche An-
spruchsgrundlagen im SGB III oder SGB I geprüft werden (s. dazu SG
Frankfurt am Main vom 22.3.2016 – S 19 AS 1417/13; SG Berlin vom
27.5.2016 – S 37 AS 3345/15), dass in besonderen Fällen ein Mehrbedarf nach § 21 Abs. 6 SGB II zuerkannt wird und dass an die »Unabweisbarkeit« des Bedarfs für ein Darlehen zum Erwerb der Sehhilfe
nur geringe Anforderungen gestellt werden.

BVerfG

Bei PKV-Versicherten gibt es einen über die Minimalversorgung des
GKV-Systems (d. h. ohne Brillenversorgung) hinausgehenden Versorgungsanspruch nur, wenn höhere Versicherungsbeiträge entrichtet
werden (s. dazu BGH vom 13.4.2016 – IV ZR 393/15). Versicherungsta-

rife mit höheren Beiträgen oder private Zusatzversicherungen zur GKV-Versicherung sind aber im Regelfall keine angemessene Versorgung i. S. des SGB II (vgl. LSG Baden-Württemberg vom 17.12.2015 – L 7 SO 1475/15 zum SGB XII) und können daher weder als Bedarf noch Absetzungsbetrag von Einkommen anerkannt werden (→ S. 441 f.).

Sonstige Anspruchs- grundlagen

Strafgefangene haben Anspruch auf Versorgung mit einer Sehhilfe nach den Strafvollzugsgesetzen der Länder (SG Dortmund vom 28.8.2014 – S 41 SO 318/14 ER). Bei Haftentlassung kann eine zur Eingliederung benötigte Sehhilfe mit dem Überbrückungsgeld finanziert werden (OLG Celle vom 26.11.2015 – 1 Ws 533/15 (StrVollz)). Für eine Bildschirmarbeitsplatzbrille muss der Arbeitgeber nach Artikel 9 Absatz 4 der Richtlinie 90/270/EWG aufkommen (OVG Lüneburg vom 25.2.2014 – 3 LD 1/ 13; VG Düsseldorf vom 13.8.2015 – 13 K 8738/14). Bei Vorliegen einer gravierenden Sehschwäche sind die Kosten für eine ärztlich verordnete Brille als Aufwendungen, die notwendig sind, um wesentliche Verrichtungen des täglichen Lebens bewältigen zu können, beihilfefähig; der BayVGH vom 14.7.2015 – 14 B 13.654 nimmt hier die vom BSG vom 23.6.2016 – B 3 KR 21/15 R geäußerten Bedenken gegen § 33 SGB V im Beihilferecht vorweg. Eine Sehhilfe kann eine Leistung nach § 13 ContStifG sein (VG Köln vom 3.11.2015 – 7 K 1382/14).

Brillenzusatz- versicherung

Für Kinder ab dem 14. Geburtstag kann (wegen § 33 Abs. 4 SGB V) eine private Brillen-Zusatzversicherung eine angemessene Versicherung sein, die den Abzug der 30 €-Pauschale vom Einkommen des Kindes, z. B. vom Kindergeld, rechtfertigt (BSG vom 16.2.2012 – B 4 AS 89/11 R). Bei Erwachsenen kann eine Brillenversicherung als Mehrbedarf nach § 21 Abs. 6 SGB II anerkannt werden, wenn dadurch ein regelmäßig anfallender, atypischer Bedarf aufgefangen wird.

Systembruch

Über die fragwürdige Privilegierung gehbehinderter Menschen hinaus bricht § 24 Abs. 3 Satz 1 Nr. 3 SGB II mit dem Grundsatz, dass Leistungsberechtigte – von Ausnahmefällen (§ 21 Abs. 6 SGB II) abgesehen – im Bereich der Gesundheitsversorgung keine weitergehenden Ansprüche als die übrigen GKV-Versicherten haben sollen. Bei dem Sonderbedarf »Reparatur und Miete von therapeutischen Geräten und Ausrüstungen« führte eine Preisgabe der im SGB V entwickelten Maßstäbe zu unvertretbaren Ergebnissen (vgl. dazu auch SG Mannheim vom 7.5.2013 – S 9 SO 2403/12; SG Berlin vom 14.9.2015 – S 172 AS 20857/11).

Beispiel

G. mietet sich nach einer Schulterverrenkung für 750 € eine CPM-Schultergelenkbewegungsschiene. Im SGB V ist ein solches Gerät nicht verordnungsfähig. G. beantragt daher beim Jobcenter eine Kostenübernahme. Sein Hausarzt bescheinigt, dass die CPM-Schiene den Heilungsprozess günstig beeinflusst. Das Jobcenter muss zahlen.

Legt man die SGB V-Maßstäbe zu Nutzen und Wirtschaftlichkeit der Versorgung zugrunde (§ 12 SGB V), ist neben vorrangigen Ansprüchen nach § 33 SGB V ein Anwendungsbereich für den Sonderbedarf »Miet- und Reparaturkosten« allenfalls für minimale Reparaturkosten, die nach § 34 Abs. 4 Satz 2 SGB V nicht von der Krankenkasse übernommen werden, erkennbar.

Die Regelung des § 24 Abs. 3 Satz 1 Nr. 3 SGB II krankt deshalb daran, dass der Regelbedarf nach §§ 20, 23 SGB II um Ausgabepositionen bereinigt wird, die als Sonderbedarf nur unter Preisgabe sachgerechter Versorgungsmaßstäbe nach dem SGB V darstellbar sind. Im Ergebnis kürzt § 24 Abs. 3 Satz 1 Nr. 3 SGB II den Regelbedarf, ohne nachvollziehbar zu begründen, warum SGB II-Leistungsberechtigten bestimmte, in der Sonderauswertung zur EVS 2003 ermittelte Zusatzausgaben für die Gesundheitspflege nicht zustehen sollen.

Mogelpackung

§ 24 Abs. 3 Satz 1 Nr. 3 SGB II erfasst vier Sonderbedarfe:
- Anschaffung orthopädischer Schuhe;
- Reparaturen von orthopädischen Schuhen;
- Reparaturen von therapeutischen Geräten und Ausrüstungsgegenständen;
- Mietkosten für therapeutische Geräte.

Anwendungsbereich

Der Begriff »orthopädischer Schuh« umfasst die im Hilfsmittelverzeichnis aufgelisteten Schuhe; das sind Schuhe, die nach den Hilfsmittel-Richtlinien auf der Grundlage einer ärztlichen Verordnung zur Erhaltung der Gesundheit erforderlich sind (s. dazu LSG Sachsen-Anhalt vom 9.4.2013 – L 4 KR 5/13 B ER). Der im SGB V geltende Grundsatz, dass Mehrkosten infolge einer Überversorgung nicht übernommen werden (§ 33 Abs. 1 Satz 4 SGB V), gilt auch für den Sonderbedarf nach § 24 Abs. 3 Satz 1 Nr. 3 SGB II (s. LSG Hamburg vom 18.6.2014 – L 1 KR 83/13: Kein Anspruch auf Anfertigung der Schuhe bei einem außervertraglichem Hersteller). Es muss sich nicht um Maß-Schuhe im engeren Sinn handeln (vgl. dazu VG München vom 2.7.2010 – M 17 K 10.107: Konfektionsmaßschuh für Diabetiker).

Orthopädische Schuhe

Entsprechend der Produktgruppe 31 im Hilfsmittelverzeichnis umfasst der Sonderbedarf »Anschaffung orthopädischer Schuhe« neben Maß-Schuhen auch
- konfektionierte Therapieschuhe (Stabilisationsschuhe bei Sprunggelenkbandschädigung, Achillessehnenschädigung (dazu VG Saarland vom 7.2.2014 – 6 K 417/13) und Lähmungszuständen, Verbandschuhe, Fußteil-Entlastungsschuhe, Korrektursicherungsschuhe; speziell zu Orthesenschuhen: VG Gießen vom 6.12.2012 – 5 K 96/12.GI; SG Oldenburg vom 1.6.2011 – S 61 KR 354/09);
- das Ausführen von orthopädischen Zurichtungen am Konfektionsschuh;
- das Anfertigen von Fußorthesen als Innenschuhe;
- das Anfertigen spezieller Fußbettungen und Schuhwerk für Diabetes-Fußkranke;
- die Anfertigung von Leisten für Schuhe (SG Stade vom 7.4.2015 – S 1 KR 369/13).

Keine orthopädischen Schuhe im Sinne von § 24 Abs. 3 Satz 1 Nr. 3 SGB II sind Schuhe, die ohne ärztliche Verordnung allgemein der Gesundheit dienen sollen. Dabei handelt es sich um Gebrauchsgegenstände des täglichen Lebens, die aus dem Regelbedarf zu beschaffen sind (zur vergleichbaren Wertung im Beihilfe- und Steuerrecht s. VG Regensburg vom 17.1.2011 – RN 8 K 10.01646: Aktivschuhe mit Abrollfunktion und Fußbettung; VG Saarland vom 20.5.2010 – 3 K 2105/09: Adimed-Schuhe im Gegensatz zu Anti-Varus- und Ipos-Vorfußentlastungsschuhen; AG Eisenach vom 9.2.2012 – 54 C 571/11: MTB-Schuhe).

Einlagen

Einlagen können, auch wenn sie ärztlich verordnet sind, schon nach dem Wortlaut von § 24 Abs. 3 Satz 1 Nr. 3 SGB II nicht als Anschaffung von Schuhen ausgelegt werden (zur Anerkennung als außergewöhnliche Belastung im Steuerrecht s. FG Niedersachsen vom 20.8.2010 – 15 K 514/08; zur Anerkennung als Hilfsmittel im Beihilferecht s. VG Freiburg vom 14.2.2013 – 6 K 2169/12).

Eigenanteil

Der Eigenanteil bei der Anschaffung orthopädischer Schuhe wird in der Gesetzesbegründung (BT-Drs. 17/3404, S. 169) ausdrücklich als Bestandteil des Sonderbedarfs genannt; ansonsten hätte § 24 Abs. 3 Satz 1 Nr. 3 SGB II neben den Leistungen der Krankenkasse auch gar keinen Anwendungsbereich. Ein Ersparnis-Abzug für den Kauf regulärer Schuhe ist im SGB II nicht zulässig.

Mangels einer entgegenstehenden Regelung kann der Sonderbedarf für erwerbsunfähige schwerbehinderte Menschen mit Merkzeichen G (§ 23 Nr. 4 SGB II) ungekürzt neben einem Sonderbedarf nach § 24 Abs. 3 Satz 1 Nr. 3 SGB II beansprucht werden.

Zuzahlung

Unklar ist, ob auch eine Zuzahlung nach § 61 SGB V unter den Sonderbedarf fällt. Nach der Rechtsprechung zum SGB V (BSG vom 22.4.2008 – B 1 KR 10/07 R) und zum SGB XII (BSG vom 16.12.2010 – B 8 SO 7/09 R und vom 21.1.2011 – B 8 SO 57/10 B) sind Zuzahlungen in den Grenzen der Befreiung nach § 62 SGB V auch von SGB II/SGB XII-Leistungsberechtigten aus dem Regelbedarf aufzubringen. Danach wäre eine Kostenübernahme als Sonderbedarf nicht gerechtfertigt; dasselbe gilt aber auch für den Eigenanteil, soweit er einen Anteil aus dem Regelbedarf der Abteilung 3 »Bekleidung und Schuhe« abdeckt. Von daher gesehen kann § 24 Abs. 3 Satz 1 Nr. 3 SGB II – ähnlich wie § 26b BVG – als umfassender Anspruch auf Übernahme aller Kosten, die anlässlich der Anschaffung orthopädischer Schuhe entstehen, ausgelegt werden (a.A. BayLSG vom 5.12.2012 – L 7 AS 802/12 B ER; LSG Sachsen vom 25.9.2013 – L 7 AS 83/12 NZB).

Reparaturkosten

Reparaturen von orthopädischen Schuhen, die weder einem Gewährleistungsanspruch unterfallen noch auf normalem Verschleiß beruhen (neue Besohlung etc.), übernimmt nach § 33 Abs. 1 Satz 3 SGB V die Krankenkasse. Dieser Anspruch geht nach allgemeinen Grundsätzen der SGB II-Leistung vor. Der Anwendungsbereich von § 24 Abs. 3 Satz 1 Nr. 3 SGB II ist somit auf geringfügige Reparaturen beschränkt, die auch für normales Schuhwerk anfielen oder deren

Übernahme nach § 34 Abs. 4 Satz 2 SGB V ausgeschlossen ist. Nach BSG vom 10.3.2010 – B 3 KR 1/09 R ist der Anspruch auf Instandsetzung eines Hilfsmittels nicht auf zuvor von der Krankenkasse bewilligte Hilfsmittel beschränkt, wenn diese hätten bewilligt werden müssen (s. dazu auch BSG vom 21.6.2011 – B 1 KR 17/10 R: Folgekosten einer Implantatversorgung). Gibt es in einem solchen Fall Streit über die Leistungspflicht der Krankenkasse, kann das Jobcenter den Antragsteller an die Krankenkasse verweisen.

Der in § 24 Abs. 3 Satz 1 Nr. 3 SGB II verwendete Begriff »therapeutische Geräte und Ausrüstungen« findet sich weder im SGB V noch im SGB XI. Von daher kann nach dem Regelungszweck auch eine Sehhilfe ein therapeutisches Gerät sein, was die oben angedeutete Ungleichbehandlung der sehbehinderten Menschen zumindest bei der Reparatur einer Brille ausschlösse. Gegen eine solche Auslegung könnte sprechen, dass in § 33 Abs. 2 SGB V therapeutische Sehhilfen, die der Behandlung von Augenverletzungen oder Augenerkrankungen dienen und die voll von der Krankenkasse übernommen werden (nach Maßgabe von § 17 der Hilfsmittel-Richtlinie), von Sehhilfen zur Korrektur einer Sehschwäche unterschieden werden. Bislang liegt nur eine Entscheidung des SG Osnabrück vom 5.2.2013 – S 33 AS 46/12 vor, das den Austausch eines zerbrochenen Brillengestells unter Einarbeitung der alten Gläser in ein neues Gestell unter den Sonderbedarf »Reparatur therapeutischer Geräte und Ausrüstungen« einordnet. Obwohl der komplette Austausch eines Brillengestells genau genommen keine Reparatur ist – darunter wären nur die Kosten der Einarbeitung der Gläser in das neue Gestell zu fassen – ist der Auffassung des SG Osnabrück zur Vermeidung einer Unterversorgung mit Gesundheitsleistungen zuzustimmen (verfassungskonforme Auslegung zur Kompensation der »auf Kante« genähten Regelbedarfe).
Der Austausch von Brillengläsern wegen einer Änderung der Sehstärke kann nicht unter § 24 Abs. 3 Nr. 3 SGB II gefasst werden (LSG NRW vom 7.8.2014 – L 7 AS 269/14; LSG Rheinland-Pfalz vom 23.7.2015 – L 5 SO 25/15), es sei denn, dass ein häufiger Wechsel notwendig ist, was einen Mehrbedarf nach § 21 Abs. 6 SGB II begründen kann (→ S. 292). Zur Übernahme einer Brillenreparatur bei behinderten Menschen s. LSG Berlin-Brandenburg vom 12.10.2010 – L 23 SO 257/07.

Reparatur therapeutischer Geräte und Ausrüstungen

Schon wegen der Nachrangigkeit des SGB II gegenüber Ansprüchen nach dem SGB V und zur Vermeidung unvertretbarer Kostenübernahmen müssen die nach § 24 Abs. 3 Satz 1 Nr. 3 SGB II übernahmefähigen Reparaturkosten in enger Anlehnung an die im SGB V entwickelten Leistungsgrundsätze ausgelegt werden. Danach scheidet auch im SGB II eine Kostenübernahme für Reparaturen aus, wenn es sich um einen Gegenstand handelt,
– der nur einen geringen oder umstrittenen therapeutischen Nutzen hat (vgl. dazu BSG vom 15.12.2010 – B 14 AS 44/09 R und vom 15.12.2015 – B 1 KR 30/15 R);
– der nach den zu § 34 SGB V entwickelten Maßstäben als allgemeiner Gebrauchsgegenstand des täglichen Lebens anzusehen ist;

Maßstab SGB V

– der nicht oder nur teilweise von der Krankenkasse übernommen wird, weil er unwirtschaftlich ist oder das Maß des Notwendigen überschreitet (§ 33 Abs. 1 Satz 4 SGB V).

Funktionelle Begrenzung

Eine weitere Eingrenzung der nach § 24 Abs. 3 Satz 1 Nr. 3 SGB II zu übernehmenden Reparaturkosten ergibt sich aus der Beschränkung auf »therapeutische« Gegenstände oder Ausrüstungen zur »Gesundheitspflege«. Zum Verständnis kann die Definition in § 33 Abs. 1 SGB V herangezogen werden: »… Hilfsmittel, die im Einzelfall erforderlich sind, um den Erfolg der Krankenbehandlung zu sichern, einer drohenden Behinderung vorzubeugen oder eine Behinderung auszugleichen, …«. § 24 Abs. 3 Satz 1 Nr. 3 SGB II erfasst danach keine Gegenstände, die der beruflichen oder sozialen Rehabilitation dienen (beispielhaft dazu BSG vom 7.10.2010 – B 3 KR 13/09 R: Treppensteighilfe und vom 7.10.2010 – B 3 KR 5/10 R: Therapierad). Zum Grenzfall eines Bewegungstrainers s. LSG NRW vom 24.3.2011 – L 5 KR 37/11: Anspruch gegen die Krankenkasse, wenn der Versicherte aufgrund der Schwere der Erkrankung dauerhaft Anspruch auf Maßnahmen der physikalischen Therapie hat, die durch das Trainingsgerät unterstützt werden (vgl. dazu auch LSG Sachsen-Anhalt vom 21.2.2014 – L 8 SO 41/13 B ER).

Therapeutischer Gebrauchsgegenstand

Die Einordnung als therapeutischer Gebrauchsgegenstand hängt davon ab, ob ein Gegenstand bereits seiner Konzeption nach den Erfolg einer Krankenbehandlung sichern oder eine Behinderung ausgleichen soll oder – falls dies nicht der Fall ist – den Bedürfnissen erkrankter oder behinderter Menschen besonders entgegenkommt und von gesunden, körperlich nicht beeinträchtigten Menschen praktisch nicht genutzt wird. Was regelmäßig auch von Gesunden benutzt wird, fällt nicht in die Leistungspflicht der Krankenkassen, kann daher auch nicht dem Sonderbedarf nach § 24 Abs. 3 Satz 1 Nr. 3 SGB II zugeschlagen werden. Auf einen bestimmten, prozentual messbaren Verbreitungsgrad in der Bevölkerung oder einen Mindestpreis kommt es bei der Abgrenzung Alltagsgegenstand – therapeutischer Gegenstand nicht an (BSG vom 6.2.1997 – 3 RK 1/96: PC und vom 16.9.1999 – B 3 KR 1/99 R: Luftreinhaltegerät; LSG NRW vom 6.10.2011 – L 1 KR 304/10: Raumluftbefeuchter; LSG Niedersachsen-Bremen vom 25.11.2014 – L 4 KR 454/11: E-Bike; LSG Reinland-Pfalz vom 2.3.2016 – L 6 R 504/14: höhenverstellbarer Schreibtisch; LSG Sachsen-Anhalt vom 7.10.2010 – L 10 KR 17/06: Allergendichte Matratzenbezüge; LSG NRW vom 28.11.2007 – L 11 KR 21/07: Antiallergen-Matratze; SG Düsseldorf vom 23.6.2005 – S 8 KR 210/03: Weichlagerungsmatratze; LSG Berlin-Brandenburg vom 19.1.2011 – L 9 KR 142/08: Ceragem-Massageliege; LSG Thüringen vom 1.9.2014 – L 6 KR 292/09 NZB: Turnmatte). Nicht ausschlaggebend ist, ob der Gegenstand aus Vermarktungsgründen als »medizinisches Hilfsmittel« beworben wird (BSG vom 29.4.2010 – B 3 KR 5/09 R: Lichtsignalanlage; BSG vom 22.4.2015 – B 3 KR 3/14 R: Perücke).

Unter Umständen kann die Auswirkung eines Gesundheitsschadens einen Anspruch auf Übernahme eines Alltagsgegenstandes als Erstausstattungsbedarf nach § 24 Abs. 3 Satz 1 Nr. 1 SGB II auslösen (Beispiel: Spülmaschine wegen Einarmigkeit).

Besonderer Erstausstattungsbedarf

Hat der Leistungsberechtigte das Gerät, dessentwegen er einen Anspruch auf Übernahme der Reparaturkosten nach § 24 Abs. 3 Satz 1 Nr. 3 SGB II geltend macht, auf eigene Kosten beschafft, kann das Jobcenter unter Beachtung des BSG-Urteils vom 10.3.2010 – B 3 KR 1/09 R auf einen vorrangigen Kostenübernahmeantrag bei der Krankenkasse verweisen. Ist der Reparaturbedarf unaufschiebbar und lehnt die Krankenkasse eine Übernahme ab, ist auch das Jobcenter nicht leistungspflichtig, wenn die Ablehnung auf den Maßstäben des SGB V beruht. Der Leistungsberechtigte muss dann gegen die Krankenkasse vorgehen. Ein Anspruch gegen das Jobcenter als dem zuerst angegangenen Träger nach § 43 SGB I besteht nicht, weil der Anspruch auf Kostenübernahme nur gegenüber der Krankenkasse bestehen kann.

Prüfung vorrangiger SGB V-Ansprüche

Hat eine Krankenkasse ihrem Mitglied ein Hilfsmittel zur Verfügung gestellt, das in die Wohnung eingebaut werden muss, fallen ihr auch diejenigen Kosten zur Last, die in Zusammenhang mit einem Umzug des Versicherten durch den Abbau der Anlage in der alten und die Installation in der neuen Wohnung entstehen; hierin liegt eine »Änderung« des Hilfsmittels im Sinne von § 33 Abs. 1 S 4 SGB V (LSG Berlin-Brandenburg vom 16.3.2016 – L 9 KR 103/13).

Umzugskosten von der Krankenkasse

Ein behindertes Kind mit eingeschränkter Atmungsfunktion hat Anspruch auf Versorgung mit weiteren Sauerstoffdruckgasflaschen neben einer zur Verfügung gestellten Druckgasfüllstation, wenn dadurch die gleichberechtigte Teilnahme am Leben in der Gemeinschaft – insbesondere im Bereich der Schule bzw. an Schulausflügen/Klassenfahrten – wesentlich gefördert wird (LSG Niedersachsen-Bremen vom 11.12.2014 – L 4 KR 485/14 B ER).

Klassenfahrtkosten von der Krankenkasse

Bei einer kieferorthopädischen Behandlung (§ 29 SGB V) übernimmt die Krankenkasse sowohl während der aktiven Behandlungsphase als auch der Retentionszeit die Reparaturkosten für notwendige Behandlungs- oder Retentionsgeräte. Kleinere Reparaturen (Kleben von Brackets) werden meist kostenlos vorgenommen, wenn sie nicht gehäuft wegen unsachgemäßen Gebrauchs auftreten.
Bei einer kieferorthopädischen Behandlung ohne ausreichende Indikation nach § 29 SGB V besteht unserer Ansicht nach auch für das Jobcenter keine Verpflichtung, Reparaturkosten als Sonderbedarf nach § 24 Abs. 3 Satz 1 Nr. 3 SGB II zu übernehmen.

Kieferorthopädische Behandlung

Mietkosten für therapeutische Geräte, auf die nach den Maßstäben des SGB V Anspruch besteht, sind nach § 33 Abs. 5 SGB V von der Krankenkasse zu tragen (SG Braunschweig vom 23.11.2010 – S 6 KR 275/08; LSG Baden-Württemberg vom 16.6.2010 – L 5 KR 4929/07; s.

Miete für therapeutische Geräte

auch BSG vom 21.3.2013 – B 3 KR 37/12 B). Besteht ein solcher Anspruch nicht, scheidet auch eine Kostenübernahme nach § 24 Abs. 3 Satz 1 Nr. 3 SGB II aus. Ist das Gerät ohne hinreichende Aufklärung über die Kostenbelastung vermietet worden, kann der zivilrechtliche Anspruch des Geräteverleihers auf den Mietzins fragwürdig sein (LSG Sachsen vom 11.1.2006 – L 1 KR 5/04).

Zusatzkosten

Ein Anwendungsbereich für den Sonderbedarf Mietkosten von therapeutischen Geräten ist somit nur für geringfügige, selbst zu tragende Zusatzkosten, wie z. B. den Preis für die Endreinigung des Gerätes, denkbar. Wird das Gerät nur bei Hinterlegung einer Kaution vermietet, fallen diese Kosten ebenfalls unter § 24 Abs. 3 Satz 1 Nr. 3 SGB II. Das Jobcenter kann die Übernahme von einer Abtretungserklärung des gegenüber dem Verleiher bestehenden Rückgabeanspruchs abhängig machen. Ein Darlehen mit Tilgung des laufenden Regelbedarfs nach § 24 Abs. 1 i.V.m. § 42a SGB II ist für Sonderbedarfe nach § 24 Abs. 3 SGB II unzulässig.

3 Einmalsonderleistungen auch für Geringverdiener
§ 24 Abs. 3 Satz 3 SGB II

Ein Anspruch auf Einmalsonderleistungen besteht nach § 24 Abs. 3 Satz 3 SGB II auch dann, wenn zwar die Sicherung des Lebensunterhalts einschließlich der Unterkunftskosten aus eigenen Mitteln bestritten werden kann, **also kein Alg II/Sozg beansprucht werden kann**, aber die Mittel zur Deckung der drei Einmalsonderbedarfe ganz oder teilweise fehlen.

Für den Anspruch reicht es aus, dass ein Leistungsberechtigter nicht über ausreichendes Einkommen verfügt, um die Kosten voll abdecken zu können. Bei Leistungsberechtigten, die keinen Regelbedarf erhalten, kann gemäß § 24 Abs. 3 Satz 3 SGB II das Einkommen berücksichtigt werden, dass sie innerhalb eines Zeitraums von bis zu sechs Monaten nach Ablauf des Monats erwerben, in dem über die Hilfe entschieden worden ist. Das können bis zu sieben Monate sein (Entscheidungsmonat plus sechs Folgemonate). Einkommen der Vormonate kann nach dem Wortlaut der Vorschrift nicht berücksichtigt werden.

4 Leistungen für Mehrbedarfe
§ 21 SGB II

Der Gesetzgeber akzeptiert in bestimmten typisierten Fällen einen höheren Bedarf (Mehrbedarf). Für einen Mehrbedarf wird monatlich ein Zuschlag zum Regelbedarf gewährt, falls eine oder mehrere der folgenden Lebenslagen vorliegen. Bis zum 31.12.2011 wurden die Mehrbedarfszuschläge nach § 77 Abs. 5 SGB II auf- oder abgerundet, also in vollen Euro-Beträgen gezahlt. Seitdem wird spitz gerechnet.

4.1   **Mehrbedarfszuschlag für werdende Mütter**

Ein Mehrbedarfszuschlag von **17 %** des nach § 20 SGB II maßgeblichen Regelbedarfs wird gemäß § 21 Abs. 2 SGB II ab der 13. Schwangerschaftswoche bis zum Tag der Geburt gewährt. Der Zeitpunkt des Leistungsbeginns ergibt sich aus dem Mutterpass. Maßgeblich ist der errechnete Entbindungstermin abzüglich 28 Wochen. Geleistet wird taggenau bis zum tatsächlichen Entbindungstermin.

Mehrbedarf für Schwangere 2016

Familienstand/Alter	Betrag
Alleinstehende	**68,68 €**
Volljährige Schwangere mit minderjährigem Partner	**68,68 €**
Beide Partner sind volljährig	**61,88 €**
Minderjährige Schwangere mit volljährigem Partner	**55,08 €**

Im Ergebnis hat das SG Halle vom 16.11.2010 – S 16 AS 2526/07 die Regelung des § 21 Ab. 2 SGB II auch für werdende Mütter unter 25 in der BG (Mehrbedarf = 55,08 €) bestätigt, der Frage, ob es gerechtfertigt ist, diesem Personenkreis im Vergleich zu schwangeren BG-Partnerinnen (Mehrbedarf = 61,88 €) geringere Leistungen zuzuerkennen, aber grundsätzliche Bedeutung beigemessen; ein Unterschied im Bedarf sei bei diesen Personengruppen nicht erkennbar. Keine Bedenken gegen die Regelung des Mehrbedarfs nach dem individuellen Regelbedarf sieht das LSG NRW vom 30.3.2012 – L 6 AS 1930/11 B. In der gegen die PKH-Ablehnung erhobenen Verfassungsbeschwerde, die aus formalen Gründen keinen Erfolg hatte, beanstandet das BVerfG vom 20.11.2012 – 1 BvR 1526/12, dass dem Argument, in einer vom erwerbsfähigen volljährigen Kind gebildeten BG mit einem erwerbsunfähigen Elternteil müsse der Alg II-Bezieher (das Kind) den vollen Regelbedarf erhalten, zu wenig Beachtung geschenkt worden sei. Nach LSG NRW vom 18.12.2014 – L 6 AS 1732/13, Revision anhängig – B 14 AS 21/15 R hat eine Schwangere trotz 324 € Regelbedarf Anspruch auf vollen Mehrbedarf (2016 = 68,68 €).

Der Mehrbedarf für werdende Mütter kann nicht mit dem Argument, auch stillende Mütter hätten einen erhöhten Bedarf für Ernährung, auf die Stillzeit ausgedehnt werden (HessLSG vom 21.8.2013 – L 6 AS 337/12).

Immer nach vollem Regelbedarf?

Mehrbedarf auch für stillende Mütter?

4.2   **Mehrbedarfszuschlag für allein Erziehende**

Der Mehrbedarfszuschlag bemisst sich nach der Zahl der Kinder und deren Alter; dabei kommt es auf das Lebensalter, nicht auf den Entwicklungsstand an (LSG Sachsen vom 7.6.2007 – L 2 B 132/07

AS-ER: geistiger Entwicklungsrückstand unbeachtlich; LSG NRW vom 4.3.2011 – L 7 AS 1781/10 NZB: volljähriges betreutes Kind).

Der Zuschlag beträgt

Höhe des Mehrbedarfszuschlags

- **36 %** des Regelbedarfs für allein Erziehende, wenn sie mit einem Kind unter sieben Jahren oder zwei oder drei Kindern unter 16 Jahren zusammenlebt. Eine weitere Staffelung danach, wie viele Kinder unter sieben Jahren im Haushalt leben, ist nach LSG NRW vom 7.6.2011 – L 7 AS 2042/10 B nicht geboten, oder

- **12 %** des Regelbedarfs für allein Erziehende für jedes Kind, wenn sich dadurch ein höherer Prozentsatz ergibt, höchstens jedoch 60 % des maßgeblichen Regelbedarfs.
  Zu beachten ist, dass es bei der 12 %-Regelung nicht auf das Alter der Kinder ankommt, solange sie minderjährig sind.

Mehrbedarf für allein Erziehende 2016

Kinderzahl und Alter	§ 21 Abs. 3 Nr. 1	§ 21 Abs. 3 Nr. 2	Betrag
1 Kind unter 7 Jahren	36 %		145,44 €
1 Kind ab 7 Jahren		12 %	48,48 €
2 Kinder unter 16 Jahren	36 %		145,44 €
2 Kinder ab 7 Jahren, davon mind. 1 Kind ab 16 Jahren		24 % (12 % x 2)	96,96 €
3 Kinder, davon mindestens 2 Kinder unter 16 Jahren	36 %		145,44 €
3 Kinder ab 16 Jahren		36 % (12 % x 3)	145,44 €
4 Kinder unter 18 Jahren		48 % (12 % x 4)	193,92 €
5 Kinder unter 18 Jahren		60 % (12 % x 5)	242,40 €

Wer erhält diesen Mehrbedarfszuschlag?

Der Mehrbedarfszuschlag steht gemäß § 21 Abs. 3 SGB II Leistungsberechtigten zu, die mit minderjährigen Kindern zusammenleben und allein für deren Pflege und Erziehung sorgen. Die Beschränkung auf minderjährige Kinder ist sachlich gerechtfertigt (LSG Berlin-Brandenburg vom 28.10.2010 – L 5 AS 1357/10 B PKH). Es wird nicht vorausgesetzt, dass es sich um die leiblichen Kinder oder die Kinder von Mitgliedern einer BG handelt. Nicht die rechtlichen Beziehungen, sondern die tatsächlichen Verhältnisse sind ausschlaggebend (BSG vom 23.8.2012 – B 4 AS 167/11 R). Auch der Leistungsberechtigte, der sich allein um ein im Haushalt lebendes Pflegekind kümmert, erhält den Mehrbedarfszuschlag (OVG Bremen vom 4.7.2007 – S 1 B 235/07). Da in § 21 Abs. 3 SGB II nur von »Personen«, die allein für die Pflege und Erziehung von Kindern sorgen, die Rede ist, haben auch Bezieher von Sozg nach § 23 SGB II bei Alleinerziehung Anspruch auf den Mehrbedarf. Leben Eltern getrennt, steht dem hilfebedürftigen Elternteil der Alleinerziehendenzuschlag zu, bei dem die Kinder überwiegend leben (LSG Baden-Württemberg vom 8.7.2015 – L 2 AS 4527/13).

Die Mutter einer minderjährigen Jugendlichen verliert den Mehrbedarf nicht dadurch, dass ihre Tochter selber ein Kind hat (SG Dresden vom 21.8.2015 – S 40 AS 1713/13: 3-Generationen-BG).

Mehrbedarf für Großmutter

Die Anspruchsvoraussetzung der »alleinigen Sorge für deren Pflege und Erziehung« i. S. des § 21 Abs. 3 SGB II liegt nach BSG-Rechtsprechung (z. B. vom 23.8.2012 – B 4 AS 167/11 R) vor, wenn der leistungsberechtigte Elternteil während der Betreuungszeit von dem anderen Elternteil oder Partner nicht in einem Umfang unterstützt wird, der es rechtfertigt, von einer nachhaltigen **Entlastung** auszugehen. Entscheidend sei, ob eine andere Person in erheblichem Umfang bei der Pflege und Erziehung mitwirke. Danach gibt es den Alleinerziehungszuschlag auch für BG-Partner, wenn der andere Partner tatsächlich keine Unterstützung leistet (SG Osnabrück vom 28.4.2015 – S 31 AS 41/14), in Haft ist (SG Trier vom 25.6.2012 – S 4 AS 239/12 ER) oder berufsbedingt nicht nur kurzzeitig abwesend ist; nach LSG Sachsen-Anhalt vom 23.5.2012 – L 5 AS 456/11 B ER genügt es nicht, wenn der andere Elternteil aufgrund Montagetätigkeit nur annähernd die Hälfte des Jahres ortsabwesend ist.

Mehrbedarf trotz Partner-BG?

Die Ausübung des Umgangsrechts beseitigt den Anspruch auf den Mehrbedarf wegen Alleinerziehung nicht, auch wenn der umgangsberechtigte Elternteil im selben Haus, aber in einer eigenen Wohnung, lebt (SG Berlin vom 14.2.2006 – S 104 AS 271/06 ER). Als Maßstab, wann der Umgang so intensiv wird, dass er zur Miterziehung wird, kann eine BGH-Entscheidung zur Abgrenzung des Bar- vom Betreuungsunterhalt dienen. Danach erfüllt der Elternteil, der die Hauptverantwortung für ein Kind trägt, seine Unterhaltspflicht durch die Pflege und Erziehung des Kindes. Zur Beantwortung der Frage, ob ein Elternteil die Hauptverantwortung für ein Kind trägt, ist nach Ansicht des BGH vom 28.2.2007 – XII ZR 161/04 der Zeitaufwand nur ein Indiz, das nicht allein den Ausschlag gibt. Im entschiedenen Fall kümmerte sich der umgangsberechtigte Vater mit einem Betreuungsanteil von etwas mehr als einem Drittel um sein Kind. Dies hat der BGH nicht als Ersatz für die Barunterhaltspflicht ausreichen lassen. Außerhalb eines Wechselmodells mit etwa gleichwertigen Betreuungsanteilen ist stets im Einzelfall zu beurteilen, wer die Hauptverantwortung für die Erziehung des Kindes trägt (OLG Schleswig-Holstein vom 27.2.2008 – 10 UF 212/07). Betreut ein Elternteil das Kind an zwei Tagen in der Woche, steht dem anderen Elternteil der Mehrbedarf für allein Erziehende zu (LSG Niedersachsen-Bremen vom 13.5.2008 – L 9 AS 119/08 ER).

Umgangsrecht beseitigt nicht Alleinerziehung

Teilen sich hilfebedürftige Eltern die Erziehung des Kindes je zur Hälfte, indem das Kind eine Woche bei der Mutter und die andere Woche beim Vater lebt, erhalten beide Eltern den halben Zuschlag für allein Erziehende (BSG vom 3.3.2009 – B 4 AS 50/07 R und vom 2.7.2009 – B 14 AS 54/08 R). Einen halben Mehrbedarf gibt es nach LSG Schleswig-Holstein vom 17.1.2014 – L 3 AS 119/11 ZVW auch dann, wenn der das Kind überwiegend betreuende Elternteil kein Alg II bezieht. Ein Wechselmodell liegt auch dann vor, wenn sich die Eltern die Erziehung des Kindes

Wechselmodell

außerhalb der Zeiten der Unterbringung in einer Kita teilen (OLG Koblenz vom 3.7.2008 – 11 WF 547/08).

Ein Wechselmodell kann nicht gegen den Willen eines Elternteils familiengerichtlich angeordnet werden (BVerfG vom 24.6.2015 – BvR 486/14). Bei nur 40%iger Betreuung des Kindes gibt es nach LSG Schleswig-Holstein vom 23.2.2011 – L 11 AS 40/09; BSG vom 11.2.2015 – B 4 AS 26/14 R und vom 12.11.2015 – B 14 AS 23/14 R keinen anteiligen Mehrbedarf. Eine wechselseitige Melde-Eintragung ist keine Voraussetzung für den Mehrbedarf und kann u. U. nur mit großem Aufwand realisiert werden (dazu VG Frankfurt am Main vom 29.7.2011 – 5 K 156/11.F; VG Berlin vom 24.8.2011 – 23 K 242.09 und vom 21.4.2016 – 23 K 270.14; VG Ansbach vom 26.1.2012 – AN 5 K 11.01169; BayVGH vom 2.12.2015 – 5 ZB 14.1107; BVerwG vom 30.9.2015 – 6 C 38/14).

Teilzeit-Wechsel-BG

Besucht das minderjährige Kind während der Werktage ein Internat und hält es sich zu gleichen Teilen am Wochenende und in den Ferien bei den Eltern auf, kann der hilfebedürftige Elternteil in der während des Aufenthalts entstehenden zeitweisen BG einen hälftigen Mehrbedarf beanspruchen (vgl. dazu auch OLG München vom 7.6.2011 – 33 UF 21/11: atypisches Wechselmodell).

Keine Vermutung der Miterziehung

Leben Partner mit Kind in einer Einstandsgemeinschaft, kann bei Nachweis der Alleinerziehung ein Mehrbedarf geltend gemacht werden. Eine Vermutung, dass sich der Partner in etwa gleichem Umfang an der Erziehung beteiligt, besteht nicht (VG Stuttgart vom 10.12.2001, info also 2003, S. 41; a.A. LSG Sachsen-Anhalt vom 19.12.2014 – L 4 AS 479/14 B ER), ggf. ist vom Gericht Beweis zu erheben (SG Cottbus vom 9.12.2009 – S 14 AS 178/09). Eine Alleinerziehung trotz BG-Partnerschaft kann insbesondere bei **Stiefkindern** vorkommen (s. dazu SG Osnabrück vom 28.4.2015 – S 31 AS 41/14). Die Einstandsverpflichtung nach § 9 Abs. 2 SGB II bezieht sich nur auf die finanzielle Unterstützung. Ist der Partner schwer krank oder pflegebedürftig, ist grundsätzlich von einer Alleinerziehung auszugehen (VG Bremen vom 27.2.2008 – S 3 K 447/06; SG Ulm vom 14.7.2010 – S 8 AS 3142/09). Leben Großeltern mit in der Wohnung, kann der Anspruch auf den Mehrbedarfszuschlag nur verneint werden, wenn nachgewiesen ist, dass sich die Großeltern regelmäßig um das Enkelkind kümmern (LSG Niedersachsen-Bremen vom 27.7.2007 – L 13 AS 50/07 ER; SG Dortmund vom 28.4.2008 – S 14 AS 206/07). Dasselbe gilt, wenn volljährige Geschwister im Haushalt leben (SG Münster vom 1.3.2007 – S 16 AS 199/06; VG Bremen vom 27.2.2008 – S 3 K 447/06; BSG vom 23.8.2012 – B 4 AS 167/11 R).

3-Generationen-BG

In einer 3-Generationen-BG (näher dazu → S. 100 ff.) kann je nach tatsächlicher Betreuungssituation der Großelternteil den Mehrbedarf für die Betreuung seines minderjährigen Kindes sowie dessen Kindes (des Enkelkindes) bekommen oder nur den Mehrbedarf für die Betreuung seines Kindes, dem seinerseits wegen der Betreuung des eigenen Kindes der Mehrbedarf nach § 21 Abs. 3 SGB II zusteht (SG Dresden vom 21.8.2015 – S 40 AS 1713/13).

Der Anspruch auf den Zuschlag besteht ab dem Tag der Entbindung. Im Monat der Geburt wird daher anteilig sowohl der Mehrbedarf für Schwangere als auch der für allein Erziehende gezahlt.

Taggenaue Berechnung

Teilen sich die Eltern die Erziehung und Betreuung je zur Hälfte, entfällt der Unterhaltsvorschuss. Eine »Alleinerziehung« i.S. von § 1 Abs. 1 Nr. 2 UVG liegt nach OVG NRW vom 18.2.2008 – 16 E 1118/06 und vom 15.12.2015 – 12 A 1053/14; BayVGH vom 22.4.2016 – 12 C 15.2382 schon dann nicht mehr vor, wenn die getrennt lebenden leiblichen Eltern die Erziehungsaufgaben so untereinander aufteilen, dass keiner der Elternteile diese Aufgabe ganz oder weit überwiegend alleine erfüllen muss. Dabei sei nicht erforderlich, dass die Erziehungs- und Betreuungsanteile in quantitativer und qualitativer Hinsicht gleich sind. Im Hinblick auf den Zweck des § 1 UVG, die Belastungen für Kinder zu mildern, die bei einem allein erziehenden Elternteil leben, ließen sich Erschwernisse, die einen finanziellen Ausgleich durch das Unterhaltsvorschussgesetz erfordern, schon dann nicht mehr feststellen, wenn der andere Elternteil in wesentlichem Umfang – wenn auch nicht völlig gleichwertig – an der erzieherischen Leistung mitwirke (ähnlich OVG Saarland vom 6.1.2011 – 3 D 137/10).

Unterhalts-
vorschuss

§ 7 Abs. 5 Satz 1 SGB II schließt für Auszubildende mit Kind trotz Absolvierung einer dem Grund nach mit BAföG oder BAB förderbaren Ausbildung den Alleinerziehungszuschlag nach § 21 SGB II i. V. m. § 27 Abs. 2 SGB II nicht aus (zur Berechnung des Anspruchs s. SG Berlin vom 25.3.2015 – S 205 AS 8970/14. Erhält der/die Auszubildende BAföG plus Kinderbetreuungszuschlag, gibt es bei Alleinerziehung den Zuschlag nach § 21 SGB II zusätzlich. Dies ergibt sich aus § 14b Abs. 2 BAföG, wonach der Kinderbetreuungszuschlag nicht als Einkommen auf Sozialleistungen angerechnet wird. Der Kinderbetreuungszuschlag wird im Übrigen auch gezahlt, wenn die Eltern zusammenleben, er hat also einen anderen Zweck als der Alleinerziehungszuschlag.

Der Bezug von Pflegegeld nach § 39 SGB VIII schließt den Anspruch auf den Alleinerziehungszuschlag nicht aus (BSG vom 27.1.2009 – B 14/7b AS 8/07 R). Für eine Tagespflege nach § 23 SGB VIII gibt es keinen Mehrbedarfszuschlag (BSG vom 23.5.2012 – B 4 AS 148/11 R).

Pflegegeld nach
§ 39 SGB VIII
zusätzlich

4.3   Mehrbedarfszuschlag für behinderte Menschen

Erwerbsfähige behinderte Leistungsberechtigte können gemäß § 21 Abs. 4 SGB II einen Zuschlag von **35 %** des maßgeblichen Regelbedarfs erhalten.

Mehrbedarf für behinderte Menschen 2016

Familienstand/Alter	Betrag
Alleinstehend	141,40 €
Volljähriger behinderter Mensch mit minderjährigem Partner	141,40 €
Mit Partner (beide volljährig)	127,40 €
Minderjähriger behinderter Mensch mit volljährigem Partner	113,40 €

Den Mehrbedarf können nicht nur Alg II-Bezieher erhalten, sondern auch Sozg-Bezieher ab dem 15. Geburtstag (§ 23 Nr. 2 SGB II).

Nur bei Teilhabe am Arbeitsleben

Voraussetzung ist, dass die behinderten Leistungsberechtigten Leistungen zur Teilhabe am Arbeitsleben nach § 33 SGB IX sowie sonstige Hilfen zur Erlangung eines geeigneten Platzes im Arbeitsleben oder Eingliederungshilfe nach § 54 Abs. 1 Satz 1 Nrn. 1–3 SGB XII von einem öffentlich-rechtlichen Träger nach § 6 Abs. 1 SGB IX **tatsächlich bekommen** (LSG Sachsen vom 7.6.2007 – L 2 B 132/07 AS-ER; LSG Berlin-Brandenburg vom 28.11.2007 – L 28 AS 420/07; LSG NRW vom 28.7.2008 – L 20 SO 13/08; BayLSG vom 5.12.2013 – L 11 AS 679/13 B ER). Der aktuelle Bewilligungsbescheid ist vorzulegen. Für den Mehrbedarfszuschlag reicht es also nicht aus, dass ein Anspruch bestünde (LSG Sachsen-Anhalt vom 22.3.2012 – L 2 AS 25/10) oder wenn ausschließlich Beratungs- und Vermittlungsleistungen nach § 33 Abs. 3 Nr. 1 SGB IX erbracht werden (SG Hamburg vom 24.8.2005 – S 59 AS 649/05 ER). Nach BSG vom 22.3.2010 – B 4 AS 59/09 R, vom 5.8.2015 – B 4 AS 9/15 R und vom 12.11.2015 – B 14 AS 34/14 R muss sich der Leistungsberechtigte in einer regelförmigen besonderen Maßnahme befinden, die grundsätzlich geeignet ist, einen Mehrbedarf auszulösen. Dies könne der Fall sein, wenn sich die Vermittlungs- und Beratungstätigkeit des Jobcenters in einem organisatorischen Mindestrahmen vollzieht. Allein der Abschluss einer Eingliederungsvereinbarung genüge aber nicht.

Fördermaßnahmen

Fördermaßnahmen nach § 45 SGB III können einen Mehrbedarf begründen (BSG vom 5.8.2015 – B 4 AS 9/15 R; SG Karlsruhe vom 23.2.2016 – S 17 AS 2853/15). Die Teilnahme an Veranstaltungen des Projektes »Beschäftigungsinitiative Süd für über 50-Jährige – BINS50plus« erfüllt nach BSG vom 5.8.2015 – B 4 AS 9/15 R aber nicht die Voraussetzung der Teilnahme an einer »regelförmigen« Maßnahme.

Ein-Euro-Job

Je nach Ausgestaltung kann auch die Ausübung eines Ein-Euro-Jobs einen Mehrbedarf nach § 21 Abs. 4 SGB II begründen (BSG vom 12.11.2015 – B 14 AS 34/14 R).

Lohnkostenzuschuss

Die verbindliche Zusicherung eines Lohnkostenzuschusses bei Erlangung eines Arbeitsplatzes hat das SG Berlin ausreichen lassen (SG Berlin vom 16.9.2005 – S 37 AS 5525/05). Die Wartezeit bis zum Beginn einer Teilnahmemaßnahme begründet nach VG Bremen (vom 11.1.2006 – S 2 K 395/05) keinen Anspruch auf den Zuschlag.

Anspruch auf den Mehrbedarf nach § 21 Abs. 4 SGB II besteht auch dann, wenn Leistungsberechtigte »sonstige Hilfen zur Erlangung eines geeigneten Platzes im Arbeitsleben« erhalten. Dazu gehört z.B. die behindertengerechte Ausstattung des Arbeitsplatzes nach § 33 Abs. 8 Satz 1 Nr. 5 SGB IX (SG Berlin vom 23.3.2012 – S 37 AS 15345/11); nicht dagegen die Zuerkennung des Merkzeichens G oder aG (LSG Baden-Württemberg vom 26.9.2011 – L 12 AS 2591/11 B; LSG Niedersachsen-Bremen vom 22.1.2014 – L 13 AS 190/12) oder, aus gesundheitlichen Gründen, die Anschaffung eines Pkws und eines Rollators (LSG NRW vom 16.6.2011 – L 7 AS 4/08) oder eines Hörgeräts (LSG Sachsen vom 21.2.2011 – L 7 AS 145/08).

Sonstige Hilfen für geeigneten Platz im Arbeitsleben

Nach SG Braunschweig vom 20.11.2012 – S 49 AS 1145/11 begründet auch die Teilnahme einer schwerbehinderten Leistungsberechtigten an einer beruflichen Weiterbildung nach §§ 81 ff. SGB III den Mehrbedarf nach § 21 Abs. 4 SGB II (ebenso LSG NRW vom 26.8.2015 – L 12 AS 2395/14; s. auch LSG Thüringen vom 18.9.2014 – L 9 AS 946/13).

Auch für Weiterbildung ohne Bezug zur Behinderung

War dem erwerbstätigen Leistungsberechtigten zum Erwerb eines behindertengerecht umgebauten Kfz ein Darlehen gewährt worden, fehlt nach LSG Schleswig-Holstein vom 24.11.2010 – L 11 AS 36/07 der nötigen Zusammenhang zur beruflichen Teilhabe bzw. zur Gewährung des Mehrbedarfs nach § 21 Abs. 4 SGB II, wenn das Darlehen noch nicht zurückgezahlt ist (a. A. wenn Leistungen der Kfz-Hilfe nach § 33 Abs. 8 Satz 1 Nr. 1 SGB IX mehrfach bewilligt wurden: LSG NRW vom 25.2.2010 – L 7 BK 1/09; s. dazu auch LSG NRW vom 12.11.2008 – L 19 B 179/08 AS ER: Behinderungsbedingte Folgekosten).

Nicht bei Kraftfahrzeughilfe

Eine frühkindliche heilpädagogische Förderung, die nicht als Hilfe zur schulischen Ausbildung i.S. von § 54 Abs. 1 Nr. 1–3 SGB XII gewährt wird, sondern dazu dient, die Möglichkeiten des Kindes zu verbessern, am Leben in der Gemeinschaft insgesamt teilnehmen zu können, begründet keinen Anspruch auf den Mehrbedarfszuschlag (LSG Mecklenburg-Vorpommern vom 1.11.2007 – L 10 AS 32/06; vgl. auch LSG Sachsen vom 10.6.2015 – L 8 SO 22/11).

Nicht bei heilpädagogischer Förderung

Das Gleiche gilt für eine vom Sozialamt gewährte Eingliederungshilfe ohne spezifischen Arbeitsmarktbezug (LSG Baden-Württemberg vom 14.3.2014 – L 12 AS 290/14: Hilfe nach § 55 SGB XII für ambulant betreutes Wohnen).

Nicht bei sozialer Eingliederungsmaßnahme

Für die Dauer einer Psychotherapie, auch wenn sie wegen einer Stabilisierung der Persönlichkeit langfristig der Verbesserung der Erwerbsfähigkeit dient, gibt es ebenfalls keinen Mehrbedarfszuschlag (BSG vom 6.4.2011 – B 4 AS 3/10 R). Eine schulische Maßnahme zur Aktivierung und beruflichen Eingliederung ohne Bezug zu der Behinderung des Hilfebedürftigen begründet keinen Mehrbedarf (LSG Hamburg vom 22.10.2013 – L 4 AS 60/12).

Nicht bei Psychotherapie

Unter der Annahme, dass Maßnahmen zur Teilhabe am Arbeitsleben oder Eingliederungshilfen alle Leistungen umfassen, die **wegen** der Behinderung erforderlich sind, um eine angemessene Schulbildung, eine

Leistungsausschluss

schulische Berufsausbildung oder eine Ausbildung für eine sonstige geeignete Tätigkeit sicherzustellen, war unter Geltung des BSHG der Mehrbedarf für behinderte Auszubildende gestrichen worden (s. dazu OVG Lüneburg vom 22.3.2006 – 4 LB 153/04). Mit dieser Begründung sind auch im SGB II behinderte Menschen in Maßnahmen zur Teilhabe am Arbeitsleben oder der Eingliederungshilfe vom Mehrbedarf nach § 21 Abs. 4 SGB II ausgeschlossen worden. Es handele sich um einen ausbildungsgeprägten, in den jeweiligen Fördersystemen zu gewährleistenden Bedarf (statt vieler BSG vom 6.8.2014 – B 4 AS 55/13 R).

Seit dem 1.8.2016 haben behinderte Auszubildende in Berufsvorbereitung (§ 51 SGB III) oder Berufsausbildung (§ 57 SGB III) – mit Ausnahme der in einem Internat oder Wohnheim untergebrachten – Anspruch auf (ergänzende) SGB II-Leistungen, zu denen auch der Mehrbedarf nach § 21 Abs. 4 SGB II gehört. Der Gesetzgeber will jedoch insoweit am Leistungsausschluss festhalten und hat daher § 21 Abs. 4 SGB II dahingehend geändert, dass Leistungsberechtigten, denen Leistungen nach § 33 Absatz 3 Nummer 2 und 4 SGB IX erbracht werden (Nr. 2: Berufsvorbereitung einschließlich einer wegen der Behinderung erforderlichen Grundausbildung; Nr. 4: Berufliche Ausbildung, auch soweit die Leistungen in einem zeitlich nicht überwiegenden Abschnitt schulisch durchgeführt werden), kein Mehrbedarf nach § 21 Abs. 4 SGB II zusteht.

Ist die Annahme, dass Rehabilitationsträger in einem dem pauschalen Behinderten-Mehrbedarf des § 21 Abs. 4 SGB II vergleichbaren Umfang Besondere Leistungen erbringen, schon fraglich (dazu BT-Drs. 17/12389), ist nach der in § 11a Abs. 3 Satz 2 Nr. 3 – 5 SGB II n. F. geregelten Anrechnung der SGB III-/SGB IX-Förderleistungen auf den Hilfebedarf das Kernargument für den Leistungsausschluss entfallen. Es stellt sich die Frage einer mit Art. 3 GG nicht zu vereinbarenden Schlechterstellung behinderter Auszubildender gegenüber behinderten Teilnehmern an Weiterbildungsmaßnahmen nach §§ 81 ff. SGB III.

Übergangs-Mehrbedarf   Der Mehrbedarf kann auch nach Beendigung der Rehabilitationsmaßnahmen für eine angemessene Übergangszeit, vor allem einer Einarbeitungszeit gewährt werden (§ 21 Abs. 4 Satz 2 SGB II). Als angemessen wird nach DA 22 zu § 21 eine Dauer von drei Monaten angesehen.

4.4   Mehrbedarfszuschlag für aus medizinischen Gründen kostenaufwändige Ernährung

Gemäß § 21 Abs. 5 SGB II erhalten erwerbsfähige Leistungsberechtigte, die aus medizinischen Gründen einer kostenaufwändigen Ernährung bedürfen, einen Mehrbedarfszuschlag in angemessener Höhe.

Mehr als Normalkost   Der Anspruch auf diesen Mehrbedarfszuschlag setzt die Feststellung einer gesundheitlichen Beeinträchtigung voraus, die eine Ernährung erforderlich macht, deren Kosten höher (»aufwändiger«) sind als die Kosten für Nahrungsmittel und Getränke, die der EVS zur Festlegung des Regelbedarfs (Normalkost) entnommen wurden.

Da nach § 21 Abs. 5 SGB II durch aufwändige Ernährung einer Ge- *Nicht bei*
sundheitsstörung vorgebeugt werden soll, gibt es keinen Mehrbedarf *verhaltens-*
für eine verhaltensbedingte Fehlernährung (LSG Berlin-Brandenburg *bedingter*
vom 23.5.2011 – L 15 SO 251/08: Bulimie; LSG Sachsen-Anhalt vom *Fehlernährung*
23.6.2011 – L 5 AS 129/11 B ER: Adipositas; LSG Sachsen vom
15.11.2012 – L 2 AS 100/11: Autismus; BSG vom 20.1.2016 – B 14 AS 8/
15 R: Psychische Zwangsstörung). Anders kann es sein, wenn wegen
der verhaltensbedingten Fehlernährung oder als Folge der überwunde-
nen Fehlernährung (noch) eine aufwändige Ernährung nötig ist, z. B.
zur Gewichtszunahme bei Anorexia nervosa (SG Gießen vom 9.7.2013 –
S 22 AS 866/11 WA: Mehrbedarf wegen krankhaftem Untergewicht).
Erst recht besteht kein Anspruch auf die Ermittlung eines individuell *Nicht bei hohem*
angemessenen Kalorienbedarfs, z. B. bei einer Körpergröße von *Kalorienbedarf*
1,90 m (dazu LSG Sachsen vom 10.11.2011 – L 2 AS 621/11 NZB), sofern dieser nicht **wegen** einer Erkrankung vom Normalfall abweicht
(BSG vom 10.5.2011 – B 4 AS 100/10 R). Das Stillen eines Säuglings
begründet schon mangels Krankheit keinen Mehrbedarf (HessLSG
vom 21.8.2013 – L 6 AS 338/12).

Der Mehrbedarf wird nur gewährt, wenn der Bedarf aus medizinischen *Ärztliche*
Gründen nachgewiesen wird (BR-Drs. 558/03, S. 132). Hierzu ist eine *Bescheinigung*
Bescheinigung des behandelnden Arztes vorzulegen (LSG Sachsen-An-
halt vom 30.6.2010 – L 5 AS 330/09 B; s. auch LSG NRW vom 24.9.2012
– L 20 SO 301/12 B ER). Eventuell anfallende Kosten für die Bescheini-
gung hat das Jobcenter nach § 65a Abs. 1 SGB I zu übernehmen (SG
Braunschweig vom 13.1.2016 – S 17 AS 3211/12).

Die Höhe des Mehrbedarfs für Krankenkost ist im Gesetz nicht geregelt. *Mehrbedarf in*
§ 21 Abs. 5 SGB II gewährt einen Zuschlag »in angemessener Höhe«. Da- *angemessener*
mit stellt sich für die Jobcenter, im Streitfall für die Gerichte, die Aufgabe, *Höhe*
zunächst je nach Art der Erkrankung den im Einzelfall benötigten Ernährungsbedarf zu ermitteln. Sodann ist zu ermitteln, ob dieser Bedarf
aus dem Betrag, der im Regelbedarf für Getränke und Nahrungsmittel
unter Einbeziehung der Beträge für auswärtige Kost (Beherbergungs-
und Gaststättendienstleistungen) enthalten ist, gedeckt werden kann.

Der Maßstab für diese Feststellung ist laut Gesetz die »Angemessen- *Kein Sonderbe-*
heit« des Mehrbedarfs. Darunter ist eine preisbewusste Beschaffung *darfsmaßstab*
der benötigten Nahrungsmittel zu verstehen. Darüber hinaus ist anders als bei dem atypischen Bedarf in § 21 Abs. 6 SGB II nicht gefordert und daher auch nicht zu prüfen, ob der (laufende!) Mehrbedarf
aus Ansparungen oder Umschichtungen im Regelbedarf aufgebracht
werden kann. Erst recht verbieten sich Vorschläge vom Jobcenter oder
Gericht, wie mit Umstellung der Lebensweise eine gesunde Ernährung
aus dem Regelbedarf finanziert werden kann. Der Mehrbedarf nach
§ 21 Abs. 5 SGB II unterscheidet sich von den betragsmäßig festgelegten Mehrbedarfen nach § 21 Abs. 2 – 4 SGB II, die es bei Bestehen der
Bedarfslage (u.a. Schwangerschaft, Alleinerziehung) zusätzlich zum
Regelbedarf gibt, lediglich darin, dass wegen der sehr individuellen
Bedarfslage keine Pauschale vorgegeben werden kann. Die Quasi-Pau-

schalen in den Empfehlungen des Deutschen Vereins sind Erfahrungswerte ohne Gutachtenqualität (BSG vom 22.11.2011 – B 4 AS 138/10 R
und vom 14.2.2013 – B 14 AS 48/12 R).

Objektivierbarer Maßstab

Um auf der einen Seite einen unverhältnismäßigen Ermittlungsaufwand zu vermeiden (welche Beschaffungsmöglichkeiten stehen dem
Betroffenen konkret zur Verfügung), ohne auf der anderen Seite mit
idealtypischen, möglicherweise realitätsfremden Annahmen zu arbeiten (Einkauf der jeweils genau benötigten Packungs- oder Gebindegrö-
ße zu Preisen im Sonderangebotssegment), bietet sich eine am Statistik-
modell orientierte Ermittlung an. Aus Anlass eines vom SG Berlin in
Auftrag gegebenen Gutachtens liegt eine solche Studie zur Laktoseintoleranz und zur Vollkosternährung vor (S. Thiele, Neuer Ansatz zur Ermittlung eines Alg-II-Mehrbedarfs für eine vollwertige Ernährung, Ernährungsumschau 2014, S. 32–37). Sie kommt zu dem Ergebnis, dass
bei preisbewusstem Einkauf unter realen Bedingungen ein Mehrbedarf
besteht. Dass es sich um einen geringfügigen Mehrbedarf handelt, ist
für den Rechtsanspruch auf diesen Teil des Existenzminimums unerheblich, weil § 21 Abs. 5 SGB II keine »erhebliche« Abweichung vom
Regelbedarf (für Ernährung) fordert.

Kein Mehrbedarf für Vollkost?

Ein vom Deutschen Verein im Jahr 2008 in Auftrag gegebenes Gutachten, wonach Vollkost aus dem Regelbedarf zu finanzieren sei (http://
www.dge.de/pdf/ws/Lebensmittelkosten-vollwertige-Ernaehrung.pdf)
beruht auf zweifelhaften Annahmen über das Verbrauchs- und Einkaufsverhalten und auf Lebensmittelpreisen aus dem Jahr 2003.
Nicht nachvollziehbar ist die im Gutachten aufgestellte Behauptung,
»so ist eine vollwertige Ernährung dann bezahlbar, wenn über alle
Lebensmittelgruppen zu einem Preis eingekauft wird, der etwa bei
der 25. Perzentile liegt.«
Die auf dieses Gutachten gestützte Schlussfolgerung des BSG vom
10.5.2011 – B 4 AS 100/10 R und vom 20.2.2014 – B 14 AS 65/12 R, dass
es sich bei der Vollkost gar nicht um eine Krankenkost handele, sondern
um eine Ernährungsweise, die auf das Leitbild des gesunden Menschen
Bezug nehme und aus den Regelleistungen nach dem SGB II zu bestreiten sei, ist nach dem Ergebnis der vom SG Berlin in Auftrag gegebenen
Studie auf der Grundlage aktueller und sehr umfassender Daten der Gesellschaft für Konsumforschung nicht haltbar. Dies umso mehr, als das
BVerfG vom 23.7.2014 – 1 BvL 10/12 erneut eine nachvollziehbare Festlegung der zur Sicherung des Existenzminimums benötigen Bedarfe gefordert hat. Die Behauptung, dass SGB II-Haushalte grundsätzlich über
die Mobilität und Informationsfähigkeit verfügen, Vollkost im Rahmen
des Regelbedarfs zu beschaffen, ist nach dem Statistik-Modell widerlegt.
Folgt man diesem Modell nicht, steht der Beweis für die Finanzierbar-
keit der Vollkost mit dem Regelbedarf noch aus.

Dass Vollkost nach der Definition der Deutschen Gesellschaft für Ernährung eine besondere Ernährungsform i. S. von § 21 Abs. 5 SGB II ist,
hat sowohl das Gutachten von 2008 als auch die vom SG Berlin in Auftrag gegebenen Studie erwiesen.

Dennoch könnte die Ablehnung eines Mehrbedarfs im entsprechenden Krankheitskatalog des Deutschen Vereins i.d.F. vom 10.12.2014

Krankheiten, für die es nach den DV-Empfehlungen keinen Mehrbedarf gibt:

Hyperlipidämie (Erhöhung der Blutfette)

Hyperurikämie (Erhöhung der Harnsäure im Blut)

Gicht

Hypertonie (Bluthochdruck)

kardinale und renale Ödeme (Gewebswasseransammlungen bei Herz- oder Nierenerkrankungen)

Diabetes mellitus (Typ II und Typ I, konventionell und intensiviert konventionell behandelt)

Ulcus duodeni (Geschwür am Zwölffingerdarm)

Ulcus ventriculi (Magengeschwür)

Neurodermitis

Leberinsuffizienz

Krankheiten **ohne** Mehrbedarf

im Einzelfall richtig sein, weil fraglich ist, ob eine Person mit einem gut eingestellten Diabetes oder eine übergewichtige Person mit Bluthochdruck eine Vollkost i. S. der Definition der Deutschen Gesellschaft für Ernährung benötigt. Dies ist ungeachtet der Empfehlungen des Deutschen Vereins von einem Mediziner aufzuklären, sofern es nicht offenkundig ist (dazu LSG Mecklenburg-Vorpommern vom 1.3.2014 – L 8 AS 176/13 NZB; LSG Hamburg vom 27.6.2013 – L 4 AS 287/10).

Das Gebot genauer medizinischer Sachverhaltsaufklärung gilt auch für Erkrankungen, die nach den Empfehlungen des Deutschen Vereins einen Mehrbedarf begründen,

Krankheiten, für die es nach den DV-Empfehlungen einen Mehrbedarf gibt:

Krankheit	vom Regelbedarf
verzehrende (konsumierende) Erkrankungen, wenn mit erheblichen körperlichen Auswirkungen verbunden (z. B. fortgeschrittenes Krebsleiden, HIV/AIDS, Multiple Sklerose, Morbus Crohn, Colitis ulcerosa)	10 %
Niereninsuffizienz, die mit einer eiweißdefinierten Kost behandelt wird	10 %
Niereninsuffizienz mit Dialysediät	20 %
Zöliakie, Sprue	20 %
Glutensensitivität (Glutenunverträglichkeit, ohne dass zöliakiespezifische Antikörper vorhanden sind)	Höhe im Einzelfall zu ermitteln
Mukoviszidose/zystische Fibrose	Höhe im Einzelfall zu ermitteln
Histaminunverträglichkeit	Höhe im Einzelfall zu ermitteln

Krankheiten **mit** Mehrbedarf

wenn der Betroffene einwendet, mehr als den empfohlenen Bedarf zu benötigen oder einen Mehrbedarf auch ohne den geforderten Schweregrad der Erkrankung zu haben (s. dazu SG Aurich vom 25.8.2015 – S 55 AS 100/14: krankhaftes Untergewicht). Wenn eine besondere Kost nach ärztlicher Feststellung das Fortschreiten einer Erkrankung hemmen kann, ist der Mehrbedarf schon vor Eintritt eines ungünstigen Verlaufs zu gewähren.

Mehrbedarf nur bei Kenntnis vom Ernährungsbedarf

Das BSG vom 20.2.2014 – B 14 AS 65/12 R hat die rückwirkende Zuerkennung eines Mehrbedarfs abgelehnt, wenn der Betroffene mangels Kenntnis seiner Erkrankung nicht in der Lage gewesen wäre, sich gesunderhaltend zu ernähren. Dies bedeutet nicht, dass kein Anspruch auf eine rückwirkende Gewährung des Mehrbedarfs besteht, wenn das Jobcenter diesen Bedarf zu Unrecht verneint hatte und sich der Betroffene deshalb nicht die benötigten Lebensmittel beschaffen konnte (anders im SGB XII nach LSG NRW 8.5.2014 – L 9 SO 55/14 B). Er verliert den Anspruch auch dann nicht, wenn er sich trotz Kenntnis seines Bedarfs ungesund ernährt (BSG vom 20.2.2014, a.a.O.). Umgekehrt gibt es keinen Mehrbedarf, wenn eine akut bestehende Beeinträchtigung (z. B. massives Untergewicht) auf einer Fehlernährung beruht, die der Betroffene nicht ändern will (dazu LSG Sachsen-Anhalt vom 26.8.2015 – L 4 AS 1023/13 B).

Kinder und Jugendliche

Für Minderjährige geben die DV-Empfehlungen 2008 keine Auskunft, weil den bis Ende 2010 geltenden Regelbedarfen kein eigenständiges Bemessungsverfahren für Kinder und Jugendliche zugrunde lag und daher keine genauen Aussagen dazu getroffen werden konnten, in welchem Umfang der Ernährungsbedarf von Kindern und Jugendlichen bei der Regelbedarfsfestsetzung berücksichtigt worden war bzw. welchen Auffüllbetrag Kinder und Jugendliche für den krankheitsbedingten Mehrbedarf benötigen. Das ist mit den seit 2011 geltenden Regelbedarfen anders; sie weisen die genauen Regelbedarfsanteile für Nahrungsmittel und Getränke in den einzelnen Regelbedarfsstufen aus.

Der finanzielle Aufwand der für Kinder benötigten Vollkost ist im Jahr 2007 von Kersting und Clausen (Ernährungsumschau 2007, S. 508 ff.) ermittelt worden. In den DV-Empfehlungen wird ausdrücklich (Seite 3) auf diese Ermittlungen verwiesen. Kersting und Clausen beziehen sich auf das Konzept der sog. optimierten Mischkost. Es ist zur Ermittlung des Mehrbedarfs nach § 21 Abs. 5 SGB II bei Kindern und Jugendlichen geeignet, weil es auf die üblichen Ernährungsgewohnheiten abstellt und spezielle Kostformen, wie z. B. nährstoffangereicherte Produkte oder Kinderlebensmittel, nicht berücksichtigt (Kersting/Clausen, S. 510). Außerdem ist die optimierte Mischkost das derzeit einzige, evaluierte Ernährungskonzept für Kinder und Jugendliche (Kersting/Clausen, S. 512). Die Mehrbedarfe nach § 21 Abs. 5 SGB II können daher aus den Differenzbeträgen zwischen dem Regelbedarfsanteil der Abteilung 1 und 11 und den Kosten für die je nach Art der Erkrankung benötigten Lebensmittel und Getränke ermittelt werden (s. dazu SG Berlin vom 12.11.2010 – S

37 AS 38129/09). Die Empfehlungen des DV 2014 gehen zum Teil auf Besonderheiten für Kinder und Jugendliche ein.

Auch in den DV-Empfehlungen nicht genannte Krankheiten, z. B. Allergien: LSG Baden-Württemberg vom 2.1.2007 – L 13 AS 4100/06 PKH-B, können eine kostenaufwändige Ernährung bedingen. Dies ist im Einzelfall durch ein Gutachten medizinisch zu begründen (BSG vom 24.2.2011 – B 14 AS 49/10 R). Lassen sich die einzelnen Mehrbedarfe für Krankenkost nach dem Krankheitsbild deutlich abgrenzen, sind die Kosten ganz oder teilweise zusammenzurechnen (so LSG Sachsen vom 26.1.2006 – L 3 B 299/05 AS-ER: Niereninsuffizienz und Morbus Crohn).

Im Katalog nicht aufgeführte Krankheiten

Ob eine Laktoseintoleranz einen Mehrbedarf begründet, ist umstritten. Geklärt ist nach BSG vom 14.2.2013 – B 14 AS 48/12 R, dass die Laktoseintoleranz ungeachtet ihres hohen Verbreitungsgrades in der Bevölkerung eine Erkrankung ist (vgl. dazu auch BSG vom 30.9.1999 – B 8 KN 9/98 KR R; BVerwG vom 16.8.2005 – 2 B 28/05; VG Köln vom 29.9.2006 – 19 K 624/05; VG Minden vom 27.9.2012 – 4 K 88/12; OVG Rheinland-Pfalz vom 15.12.2015 – 2 A 10542/15.OVG), die Einfluss auf die Ernährung hat. Ein besonderer Kostenaufwand für eine laktoseverträgliche Ernährung kann deshalb nicht ohne genaue Ermittlung generell verneint werden (LSG Niedersachsen-Bremen vom 11.12.2014 – L 8 SO 106/14; SG Berlin vom 14.8.2015 – S 37 AS 23238/14). Ohne Bedeutung ist der Hinweis auf die Lebenssituation in Asien, wo etwa 90 % der Menschen Laktose nicht verdauen können und daher weitestgehend auf Milchprodukte verzichten würden, ohne an Mangelerscheinungen zu leiden (so LSG Thüringen vom 22.2.2012 – L 4 AS 1685/10). Das geht an der Tatsache vorbei, dass in Deutschland Milch und Milchprodukte ein wichtiger Bestandteil der Ernährung sind. Laut Nationaler Verzehrs-Studie 2006 liegt die mittlere Zufuhr von Milch und Milcherzeugnissen bei 266 g/Tag für Männer und 244 g/Tag für Frauen. Die Calciumversorgung wird nach einer Studie von Mensink »Was essen wir heute? Ernährungsverhalten in Deutschland, Beiträge zur Gesundheitsberichterstattung des Bundes, Robert Koch-Institut, Berlin 2002« bei Männern zu über 50% und bei Frauen zu ca. 45% aus Milch und Milchprodukten gedeckt. Bei diagnostizierter Laktoseintoleranz (durch einen Atemtest objektiv und nach Schweregrad differenziert zu bestimmen) bedingt die erforderliche Umstellung auf laktosefreie/-arme Lebensmittel daher eine deutliche Abweichung von den üblichen Konsumgewohnheiten in Deutschland, die für die Festlegung der Regelbedarfsposition in Abteilung 1 maßgebend sind.

Laktoseintoleranz

Ob und ggf. welche Mehrkosten eine laktosearme oder -freie Ernährung verursacht, ist von der Ernährungswissenschaft unter Berücksichtigung der Preisentwicklung für die benötigten Nahrungsmittel zu beantworten. Behandelnden Ärzten oder medizinischen Gutachtern fehlen die nötigen Daten, um die Frage nach einem Mehrbedarf seriös beantworten zu können. Gänzlich ungeeignet sind Einkaufslisten der Betroffenen, da rein subjektive Essgewohnheiten keinen »angemessenen« Mehrbedarf bestimmen können. Andererseits ist ein »angemes-

Ernährungswissenschaftliches Gutachten

sener« Mehrbedarf nicht auf den § 21 Abs. 6 SGB II entlehnten Maßstab verengt, ob mit einer besonders sparsamen Einkaufsweise unter
Verzicht auf »unnötige« Lebensmittel ein Mehrbedarf vermieden werden kann. Unbrauchbar sind daher Gutachten, die modellhaft feststellen, dass bei konsequenter Ausnutzung von Sonderangeboten eine ko-
stenneutrale und ernährungsphysiologisch ausreichende Versorgung
möglich ist (so aber z.B. LSG Rheinland-Pfalz vom 16.3.2016 – L 6 AS
403/14). Dies sind Annahmen über ein ideales Einkaufsverhalten, was
Preise und Mengen betrifft, die ausblenden, welche Zusatzkosten, z.B.
an Fahrkosten im ländlichen Raum entstehen. Das BVerfG fordert in
seinem Beschluss zu den Regelbedarfen vom 23.7.2014 – 1 BvL 10/12
und 12/12, 1 BvR 1691/13 einen realitätsgerechten Beurteilungsmaßstab; die vom BVerfG für zulässig erachteten Abschläge in einzelnen
Bedarfspositionen betreffen nach der Entscheidung des Gesetzgebers
nicht die Regelbedarfsposition »Nahrungsmittel, alkoholfreie Getränke«. Abschläge dürfen daher auch nicht mittelbar in die Ermittlung des
Mehrbedarfs nach § 21 Abs. 5 SGB II dergestalt einfließen, dass z. B.
als einzige Quelle für die Calciumversorgung Mineralwasser »erlaubt«
wird. Hinzu kommt, dass nach einem Gutachten der Ernährungswis-
senschaftlerin Silke Thiele auf der Grundlage von Werten aus dem aktuellen Bundeslebensmittelschlüssel und Daten der Gesellschaft für
Konsumforschung (GfK) bei Einkauf laktosefreier Milch für die nötige
Versorgung mit Calcium als die kostengünstigste Substitution schon ein
Mehrbedarf von monatlich 8,80 € entsteht. Das SG Berlin hat daher eine am tatsächlichen Konsumverhalten unterer Einkommensgruppen
orientierte Studie bei Thiele in Auftrag gegeben, die einen Mehrbedarf
ermittelt hat, der je nach Schweregrad der Laktoseintoleranz unter
oder über 13,19 € als monatlichem Durchschnittswert liegt (Studie zu
SG Berlin vom 5.4.2013 – S 37 AS 13126/12). Die Studie schließt methodisch an die Ermittlung der Regelbedarfe an und vermeidet einerseits fiktive Annahmen über ausschließliche Einkäufe im unteren
Preis-Perzentil als auch subjektive Vorlieben, was Art oder Menge einzelner Lebensmittel betrifft; andererseits sind aufgrund der Repräsen-
tativität der Datenmenge Einzelfallermittlungen (z.B. Fehlen ortsnaher
Supermärkte) zugunsten eines verlässlich ermittelten Standard-Mehr-
bedarfs entbehrlich. Die Beschränkung auf untere Einkommensgruppen stellt sicher, dass die nach neuen Erkenntnissen der Verbraucher-
zentralen entbehrlichen und in der Regel teuren Trend-Lebensmittel
mit dem Label »laktosefrei« keinen preistreibenden Effekt haben.

DV-Empfehlungen
2014

Die Empfehlungen des Deutsche Vereins zu § 21 Abs. 5 SGB II mit
Stand Oktober 2014 enthalten erstmals Ausführungen zur Laktoseintoleranz. Soweit ein Mehrbedarf verneint wird, betrifft das in Anbe-
tracht der Studie von Thiele und einer weiteren wissenschaftlichen
Arbeit von Köchling/Bischoff, Aktuelle Ernährungsmedizin 2012,
S. 146 ff. (Mehrbedarf zwischen 2 € und 20 €) allenfalls Personen mit
sehr geringer, altersbedingter Laktoseunverträglichkeit.

Nach LSG Rheinland-Pfalz vom 6.6.2013 – L 6 AS 291/10 gibt es bei
einer vegetarischen Lebensweise trotz einer Laktoseintoleranz kei-

nen Mehrbedarf. Der Verzicht auf Fisch und Fleisch führe sogar zu Einsparungen beim Kauf von Lebensmitteln. Die Entscheidung stützt sich auf ein ernährungswissenschaftliches Gutachten, dem die anfechtbare und nicht belegte Annahme zugrunde liegt, dass die Ausgaben des Vegetariers beim Einkauf preiswertester Lebensmittel gegenüber der Vergleichsgruppe der Vollwert-Köstler geringer seien.

Nach SG Mainz vom 9.6.2015 – S 14 AS 1329/12 kann bei bestehender Laktoseintoleranz und einem Vitamin-D-Mangel, der den Verzehr von Kuhmilchprodukten erfordert, der Mehraufwand für Laktasetabletten als Mehrbedarf nach § 21 Abs. 6 SGB II anerkannt werden. Die Krankenkasse muss für Laktase-Präparate, die keine Medikamente sind, nicht aufkommen (LSG Rheinland-Pfalz vom 2.6.2006 – L 5 KR 38/06; zur Anerkennung im Beihilfeecht s. OVG Rheinland-Pfalz vom 15.12.2015 – 2 A 10542/15.OVG).

Laktase-Präparate

Den Mehrbedarf nach § 21 Abs. 5 SGB II gibt es auch für die Zusatzkosten medizinisch notwendiger Nahrungsergänzungsmittel, sofern diese nicht von der Krankenkasse übernommen werden (BSG vom 8.11.2011 – B 1 KR 20/10 R; LSG Baden-Württemberg vom 22.7.2014 – L 11 KR 4441/12; vgl. auch BayVGH vom 21.7.2014 – 14 ZB 12.2699).

Auch für Nahrungsergänzungsmittel

Der Mehrbedarf nach § 21 Abs. 5 SGB II wird nur für Zusatzkosten zur Beschaffung von Lebensmitteln gewährt. Darunter fallen keine Tabletten (SG Lüneburg vom 31.8.2006 – S 25 AS 335/06); kein Magnesium zur Krampflösung (LSG Baden-Württemberg vom 14.12.2007 – L 8 AS 1462/07); keine Vitaminpräparate (LSG Niedersachsen-Bremen vom 28.2.2012 – L 9 AS 585/08) oder Hautpflegemittel (LSG Baden-Württemberg vom 25.5.2007 – L 7 AS 4815/06); keine Medikamente gegen Osteoporose (BSG vom 26.5.2011 – B 14 AS 146/10 R).

Nur für Nahrungsmittel

Hat das Jobcenter die Gewährung eines Mehrbedarfs generell abgelehnt und ist dieser Bescheid nicht angefochten worden, schadet das nicht. Nach BSG vom 24.2.2011 – B 14 AS 49/10 R kommt einer ablehnenden Behördenentscheidung über einen Mehrbedarf keine Bindungswirkung für künftige Bewilligungsabschnitte zu (s. auch SG Darmstadt vom 18.11.2015 – S 20 AS 331/14; LSG Sachsen-Anhalt vom 28.5.2015 – L 5 AS 570/13). Ein Mehrbedarf wegen kostenaufwändiger Ernährung muss daher für einen neuen Bewilligungszeitraum nicht gesondert beantragt werden. Die ärztliche Bescheinigung kann nachgereicht werden.

Keine Bindungswirkung für Zukunft

Kein erneuter Antrag

Kann im Verfahren des einstweiligen Rechtsschutzes nicht geklärt werden, ob ein Mehrbedarf für kostenaufwändige Ernährung nach § 21 Abs. 5 SGB II zu bewilligen ist, muss im Wege einer Folgenabwägung entschieden werden, die bei ergebnisoffenem Ausgang zugunsten des Antragstellers ausgeht (SG Nordhausen vom 6.8.2015 – S 13 AS 788/15 ER: Histaminunverträglichkeit).

Eilrechtsschutz

4.5   **Mehrbedarfszuschlag für Nichterwerbsfähige mit Merkzeichen G, aG**

Nach § 23 Nr. 4 SGB II erhalten nichterwerbsfähige Personen, die voll erwerbsgemindert i. S. von § 43 SGB VI sind, einen Zuschlag von 17 % des für sie maßgebenden Regelbedarfs, wenn sie als Schwerbehinderte mit Gehbehinderung oder außergewöhnlicher Gehbehinderung anerkannt sind.

Nicht für Kinder unter 15

Nach § 23 Nr. 4 setzt die Gewährung des Mehrbedarfszuschlags volle Erwerbsminderung i. S. von § 43 SGB VI voraus; er kann somit für Kinder vor dem 15. Geburtstag nicht gewährt werden, da diese der allgemeinen Schulpflicht unterliegen und schon aufgrund ihres Alters dem Arbeitsmarkt nicht zur Verfügung stehen (BSG vom 18.2.1010 – B 4 AS 29/09 R; LSG NRW vom 13.5.2013 – L 12 AS 2366/12 B).

Mehrbedarf für nicht erwerbsfähige gehbehinderte Menschen 2016

Familienstand	Betrag
Volljährig mit erwerbsfähigem volljährigem Partner	**61,88 €**
Volljährig mit erwerbsfähigem minderjährigem Partner	**68,68 €**
Minderjährig mit erwerbsfähigem Partner	**52,02 €**
Volljährig und unverheiratet bis zum 25. Geburtstag mit erwerbsfähigem Eltern(teil)	**55,08 €**

Nach BSG vom 22.12.2009 – B 14 AS 42/08 R und vom 15.12.2010 – B 14 AS 44/09 R ist es verfassungsrechtlich nicht zu beanstanden, dass erwerbsfähige Leistungsberechtigte anders als nicht erwerbsfähige Leistungsberechtigte keinen Anspruch auf Leistungen wegen eines Mehrbedarfs haben, obwohl sie Inhaber eines Schwerbehindertenausweises mit dem Merkzeichen G sind (ebenso LSG Berlin-Brandenburg vom 13.6.2007 – L 28 B 643/07 AS PKH). Das soll auch für Arbeitsmarktrentner gelten, die nach § 8 SGB II als erwerbsfähig gelten und Alg II erhalten.

Ausweis oder Bescheid?

Nach dem Gesetzeswortlaut muss die Gehbehinderung zwar durch einen Ausweis nach § 69 Abs. 5 SGB IX nachgewiesen werden (dann wäre der Mehrbedarf selbst bei rückwirkender Zuerkennung des Merkzeichens G erst ab Besitz des Ausweises zu geben – LSG Baden-Württemberg vom 20.11.2008 – L 7 SO 3246/08; vgl. auch SG Freiburg vom 6.12.2012 – S 6 SO 24/10). Da aber § 30 Abs. 1 SGB XII den erleichterten Nachweis durch den Bescheid nach § 69 Abs. 4 SGB IX ausreichen lässt, reicht auch für Sozg-Berechtigte diese Nachweismöglichkeit (HessLSG vom 24.3.2011 – L 1 AS 15/10; LSG NRW vom 27.4.2015 – L 20 SO 426/12; SG Aachen vom 20.5.2015 – S 19 SO 207/14).

Einstweiliger Rechtsschutz

Grundsätzlich ist ein Rechtsstreit auf die Feststellung des Merkzeichens »G« nicht eilbedürftig i. S. von § 86b Abs. 2 SGG. Das gilt nach LSG Baden-Württemberg vom 23.11.2012 – L 8 SB 3897/12 ER-B nicht, wenn mit Zuerkennung des Merkzeichens G der Mehrbedarf nach § 23 SGB II bzw. nach § 30 SGB XII gewährt wird.

Der Zuschlag nach § 23 Nr. 4 SGB II wird nicht gezahlt, wenn schon Anspruch auf den Mehrbedarf nach § 21 Abs. 4 oder nach § 23 Nr. 2 oder 3 SGB II besteht.

4.6   Kappungsgrenze

Werden mehrere Mehrbedarfszuschläge gleichzeitig gewährt, so darf die Gesamtsumme der Mehrbedarfe nach § 21 Abs. 2–5 SGB II die Höhe des maßgeblichen Regelbedarfs nicht überschreiten (§ 21 Abs. 8 SGB II).
Zum Härtefallmehrbedarf nach § 21 Abs. 6 SGB II → S. 278 ff.
Der neu eingeführte Mehrbedarf für Energie bei dezentraler Warmwassererzeugung (§ 21 Abs. 7 SGB II) gehört systematisch zu den Kosten der Unterkunft, spielt deshalb für die Kappungsgrenze keine Rolle.

III   Abweichende Erbringung von Leistungen
§ 24 Abs. 1–5 SGB II

1   Wenn der Regelbedarf nicht reicht: Darlehen?

§ 3 Abs. 3 SGB II bestimmt, dass die als Zuschuss erbrachten Leistungen den Bedarf decken. Nach § 20 Abs. 1 2. Halbsatz SGB II haben Leistungsberechtigte für unregelmäßig anfallende Bedarfe vorzusorgen. Tun sie das nicht oder reicht das Alg II aus sonstigen Gründen nicht bis zum Monatsende aus, gibt es nach § 24 Abs. 1 Satz 3 SGB II höchstens ein Darlehen.
Zu einem Vorschuss nach § 42 Abs. 2 SGB II s. → S. 955 ff.

Anders als nach § 23 Abs. 1 SGB II a. F. muss nach § 42a Abs. 1 SGB II vor Gewährung eines Darlehens jedes Sparvermögen eingesetzt werden, darunter auch das Sparvermögen des Kindes (§ 12 Abs. 2 Nr. 1a SGB II), wenn es für einen neuen Anorak oder Winterstiefel ein Darlehen braucht.

Erhebliche Verschlechterungen

Als weitere Verschlechterung gegenüber § 23 Abs. 1 SGB II a. F. muss das Darlehen für Bezieher laufender Leistungen mit einem Betrag von 10% des Regelbedarfs getilgt werden (§ 42a Abs. 2 SGB II); ein Spielraum bei Festlegung der Tilgungsrate steht dem Jobcenter nicht mehr zu.

Starre 10%-Tilgung

Auch wenn die Tilgung mehrerer Darlehen auf insgesamt 10% des Regelbedarfs begrenzt ist (SG Karlsruhe vom 25.2.2014 – S 4 AS 1/14 ER; SG Berlin vom 17.3.2015 – S 173 AS 23394/14; LSG Berlin-Brandenburg vom 29.7.2015 – L 32 AS 1688/15 B ER und vom 31.7.2015 – L 25 AS 1911/14 B PKH), kann eine Kette hintereinander geschalteter Tilgungen mit Wegnahme des Ansparpotenzials eine Überschuldungsspi-

Überschuldungsspirale

rale auslösen (dazu schon BR-Drs. 661/1/10, S. 44). Mit Rückhalt des BVerfG vom 23.7.2014 – 1 BvL 10/12 kann in Situationen unverschuldet entstandener Darlehensbedarfe (vor allem im Fall der Ersatzbeschaffung von Haushaltsgeräten) ein Aussetzen oder ein Erlass der Tilgung nach § 44 SGB II geboten sein (zur Überschuldung bei Prüfung eines Erlasses s. LSG Baden Württemberg vom 21.5.2014 – L 3 AS 2383/13).

2   Darlehen bei unabweisbarem Bedarf

Das SGB II sieht nur im Sonderfall des § 21 Abs. 6 SGB II eine Aufstockung des Regelbedarfs bei überdurchschnittlichem Bedarf vor. Ansprüche auf einmalige Beihilfen, mit denen größere Bedarfe, wie z. B. der Ersatz eines defekten Kühlschranks oder Herdes gedeckt werden könnten, gibt es nicht.

Besteht im Einzelfall ein vom Regelbedarf an sich umfasster, aber dennoch ungedeckter Bedarf, z. B. wenn nicht angespart wurde oder werden konnte oder mehrere größere Anschaffungen kurz hintereinander oder gleichzeitig notwendig werden, **ist** (kein Ermessen) bei Unabweisbarkeit ein Darlehen zur Beschaffung des Zusatzbedarfs zu gewähren.

Unabweisbarkeit   Ein unabweisbarer Bedarf i. S. des § 24 Abs. 1 Satz 1 SGB II liegt erst vor, wenn kein Sparvermögen vorhanden ist, die Deckung des Zusatzbedarfs keinen Aufschub duldet und eine erhebliche Beschränkung des übrigen Bedarfs bewirkt, die nicht durch eine Mittelumschichtung innerhalb des Regelbedarfs aufgefangen werden kann.

Einzelfallprüfung   Es muss stets unter Berücksichtigung des Einzelfalls geprüft werden, ob der Bedarf unabweisbar ist. Ein pauschaler Verweis auf die soziokulturellen Bedarfe als Ausgleichsmasse für andere Bedarfspositionen (dazu BVerfG vom 23.7.2014 – 1 BvL 10/12, Rn. 118) ist ebenso unzulässig wie der Verweis auf einen Mindestbetrag, ab dem ein interner Ausgleich nicht mehr möglich sei.

Keine Lebensführungskontrolle   Die Gewährung von Darlehen nach § 24 Abs. 1 SGB II darf nicht dadurch unterlaufen werden, dass die Unabweisbarkeit des Zusatzbedarfs unter Verweis auf eine sparsamere Lebensweise, einen zukunftsoffenen Aufschub der Anschaffung oder Hilfen außerhalb des SGB II (Sperrmüll, Wohlfahrtsverbände, Schenkungen etc.) verneint wird. In den Grenzen der Missbrauchskontrolle genügt für ein Darlehen der Nachweis, dass im laufenden Bewilligungsabschnitt keine eigenen Mittel in Form von Sparvermögen oder Regelbedarfsreserven zur Verfügung stehen. Infrage zu stellen ist daher der Verweis auf ein Jahre dauerndes Ansparen in LSG Berlin-Brandenburg vom 26.5.2016 – L 31 AS 2471/15: Eigenanteil für künstliche Befruchtung (s. dazu auch → S. 294).

Verstoß gegen Ansparpflicht   Selbst wenn das Darlehen benötigt wird, weil der Leistungsberechtigte die in § 20 Abs. 1 Satz 4 2. Halbsatz SGB II vorgeschriebene Ansparpflicht nicht befolgt, kann das Darlehen nicht versagt oder mit einer

Sanktion wegen unwirtschaftlichen Verhaltens verbunden werden. In der Gesetzesbegründung wird § 20 Abs. 1 Satz 4 2. Halbsatz SGB II nur eine klarstellende Funktion ohne weitergehenden Regelungsgehalt beigemessen: »Die Vorschrift ist klarstellend und besitzt einen appellativen Charakter« (BT-Drs. 17/3404, S. 160; s. auch BT-Drs. 16/10960).

Ein Darlehen gibt es nur für Ausgaben, die dem Grunde nach vom Regelbedarf umfasst sind, also z.B. für weiße Ware (Kühlschrank u.Ä.) oder für Pass- und Ausweisgebühren (→ S. 280), nicht aber für ein Auto (BayLSG vom 24.1.2011 – L 11 AS 865/10 B PKH), für den Erwerb eines Führerscheins (SG Lüneburg vom 12.12.2013 – S 37 AS 447/13 ER; SG Heilbronn vom 24.9.2014 – S 10 AS 2226/14 ER), für Prüfungsgebühren an einer Privatschule (SG Dresden vom 28.3.2014 – S 40 AS 1905/14 ER), für Beitragsschulden bei der Krankenkasse aus Zeiten vor dem Alg II-Bezug (BayLSG vom 30.9.2014 – L 16 AS 232/14 B PKH) oder für Gerichts- und Anwaltskosten Dritter (LSG Berlin-Brandenburg vom 8.5.2012 – L 19 AS 951/12 B ER).

Nur für vom Regelbedarf umfasste Bedarfe

Bei Kosten für Maßnahmen der Gesundheitspflege ist zu unterscheiden:

Gesundheitskosten

- Handelt es sich um Kosten, die entstehen, weil der Krankenversicherte eine über die Regelversorgung der GKV hinausgehende Behandlung wünscht, die medizinisch nicht erforderlich ist, fehlt es an einem unabweisbaren Bedarf für ein Darlehen. Der Betreffende muss die Kosten anderweitig aufbringen (z. B. über einen Ratenvertrag mit dem Arzt oder Therapeuten).
- Handelt es sich dagegen um Kosten, die im Rahmen der GKV-Versorgung den Versicherten als Eigenleistung zugewiesen werden, kommt ein Darlehen grundsätzlich in Betracht. Dies wird oft verkannt, z. B. vom LSG Berlin-Brandenburg vom 26.5.2016 – L 31 AS 2471/15: künstliche Befruchtung nach § 27a SGB V. Liegen die in § 27a SGB V geforderten Voraussetzungen vor, handelt es sich um eine medizinische Maßnahme aus dem Katalog der SGB V-Regelversorgung, die auch SGB II-Leistungsberechtigten zusteht. Dass die Entscheidung für ein Kind in persönlichen Gründen der Lebensplanung wurzelt und daher keine volle GKV-Finanzierung verlangt (so BVerfG vom 27.2.2009 – 1 BvR 2982/07), besagt lediglich, dass auch hilfebedürftige Personen mit einem Eigenanteil belastet werden dürfen. Können sie den vom Gesetzgeber geforderten Eigenanteil nicht aus eigenen oder Drittmitteln der Länder (www.informationsportal-kinderwunsch.de) zumutbar aufbringen, muss der Regelbedarfs-Betrag »Gesundheitspflege« mit einem Darlehen aufgestockt werden.

Unhaltbar sind die Entscheidungen des SG Würzburg vom 18.11.2011 – S 15 AS 772/11 ER und des SG Bremen vom 29.9.2011 – S 21 AS 1471/11 ER, wonach Kosten für eine über die Regelversorgung hinausgehende zahnärztliche Behandlung nicht von § 24 SGB II umfasst seien. Kosten für die Gesundheitspflege (Abteilung 6) sind in den Regelbedarf eingeflossen und beziehen sich gerade auf solche Leistungen, für die der Krankenversicherer nicht oder nicht vollständig aufkommen muss. Sind medizinische Maßnahmen verordnet worden, für die der Versicherte (teilweise) selbst aufkommen soll, ist der Weg für ein Darlehen nach § 24 Abs. 1 SGB II frei. So muss es für die recht hohen Kosten einer Brille mit komplizierteren Gläsern zumindest (→ S. 231) ein Darlehen geben (statt vieler s. LSG NRW vom 16.1.2009 – L 20 B 116/08 SO). Wenn es für Bedürftige im SGB V eine zuzahlungsfreie Grundversorgung gibt, schließt das weder die Notwendigkeit einer kostenaufwändigen Behandlung, z. B. Kunststofffüllung bei Verdacht auf Quecksilbervergiftung (dazu BSG vom 30.10.2002 – B 1 KR 31/01 R; s. auch OLG Oldenburg vom 28.2.2007 – 5 U 147/05; OLG Hamm vom 4.3.2016 – 26 U 16/15), Implantatversorgung bei Kieferatrophie (s. dazu auch LSG Berlin-Brandenburg vom 20.11.2013 – L 9 KR 379/10), noch die dann bestehende Unabweisbarkeit aus.

Im Einzelfall erforderlich Der in § 24 Abs. 1 SGB II geforderte Zusatzbedarf »im Einzelfall« bedeutet nicht, dass die Regelung in typischerweise auftretenden Bedarfssituationen, wie etwa bei der Ersatzbeschaffung irreparabler Haushaltsgeräte, nicht anwendbar ist (so aber LSG Baden-Württemberg vom 29.6.2011 – L 2 SO 5698/10 zur gleichlautenden Formulierung in § 37 SGB XII). Gemeint ist damit, dass ein dauerhafter Zusatzbedarf, wie z. B. für das Umgangsrecht oder eine Haushaltshilfe wegen Behinderung, nicht über ein Darlehen geregelt werden kann, selbst wenn es an den speziellen Voraussetzungen für einen Sonderbedarf nach § 21 Abs. 6 SGB II fehlen sollte, was bei einem sehr geringen Betrag für einen atypischen Bedarf der Fall sein könnte (→ S. 281).

Fernsehgerät? Nach dem Urteil des BSG vom 24.2.2011 – B 14 AS 75/10 R dient ein Fernsehgerät allein der Sicherstellung von Freizeit-, Informations- und Unterhaltungsbedürfnissen. Darum zähle es nicht zum Erstausstattungsbedarf nach § 24 Abs. 3 Nr. 1 SGB II. Mit dieser Einschränkung ist sowohl die Erstanschaffung als auch die Ersatzbeschaffung für ein irreparables Gerät grundsätzlich ein unaufschiebbarer Bedarf i. S. von § 24 Abs. 1 SGB II. Der Leistungsberechtigte darf nicht darauf verwiesen werden, ein Fernsehgerät nach einer Ansparphase von 5–6 Monaten ohne Darlehen erwerben zu können (so aber SG Bremen vom 11.1.2011 – S 24 SO 323/10 ER). Nach der Wertung in § 811 ZPO (Unpfändbare Gegenstände) gehört das Fernsehgerät zu den Lebensgütern, »deren ständige Verfügbarkeit für die eigenwirtschaftliche Lebenshaltung von zentraler Bedeutung ist« (OLG München vom 22.4.2010 – 1 U 5045/09). Ein Fernsehgerät ist für viele Menschen die zentrale Informationsquelle, die durch ein Radio nicht ersetzt werden kann.

Internetzugang Dasselbe gilt für Geräte, die den Zugang zum Internet ermöglichen. Der Zugang zum Internet hat nach BGH vom 24.1.2013 – III ZR 98/12 eine zentrale, lebensgestaltende Rolle für die Mehrheit der Bürger. Das VG Gießen vom 8.7.2011 – 8 L 2046/11.GI hat einen Laptop oder PC als unpfändbaren Gegenstand gewertet, wenn ihn der Arbeitslose für Bewerbungen benötigt.
Zu evtl. Ansprüchen auf Zugang zu Informationsquellen als Sonderbedarf nach § 21 Abs. 6 SGB II → S. 291.

3 **Darlehensvergabe**

Die Vergabe eines Darlehens erfolgt durch Bescheid, d. h. durch Verwaltungsakt. Dabei ist dem Darlehensnehmer nach § 42a Abs. 2 Satz 2 SGB II die Tilgung, d. h. die Aufrechnung in Höhe von 10 % des maßgebenden Regelbedarfs gegen die laufenden Leistungen schriftlich zu erklären (s. dazu auch LSG NRW vom 8.10.2012 – L 19 AS 1569/11).

Mit schriftlichem Verwaltungsakt

Das Jobcenter kann zwischen einer Sachleistung – z. B. einem gebrauchten Gegenstand – oder einer Geldleistung wählen. Gewährt das Jobcenter eine Sachleistung, so richtet sich die Höhe des Darlehens nach dem Anschaffungswert der Sache.

Geld- oder Sachleistung

Das Darlehen wird nach § 42a Abs. 1 SGB II an die Mitglieder der BG, die es benötigen, vergeben oder, bei einem gemeinsamen Bedarf, an die einzelnen Mitglieder der BG, die aus dem mit dem Darlehen erworbenen Gegenstand oder einem sonstigen Vorteil (z. B. der Zahlung von Stromschulden) Nutzen ziehen. Wird das Darlehen an mehrere Mitglieder der BG vergeben, trifft jeden Darlehensnehmer eine Rückzahlungsverpflichtung in der Höhe des ihm gewährten Darlehensanteils. Das Jobcenter muss dann von jedem Darlehensnehmer 10 % des maßgebenden Regelbedarfs als Tilgungsrate verlangen und dies mit schriftlichem Verwaltungsakt verfügen.

Wer ist Darlehens-nehmer?

§ 42a Abs. 1 SGB II verlangt vor der Vergabe eines Darlehens auch den Einsatz von Vermögen minderjähriger Kinder in der BG (§ 12 Abs. 2 Nr. 1a SGB II). Damit scheint der Gesetzgeber davon auszugehen, dass auch minderjährige Leistungsberechtigte Darlehensnehmer sein können. Nach §§ 1643 Abs. 1, 1822 Nr. 8 BGB muss jeder Darlehensantrag eines Minderjährigen vom Familiengericht genehmigt werden, weil dem Minderjährigen damit auch finanzielle Lasten auferlegt werden. Das muss wegen der Rückzahlungsverpflichtung bzw. der Kürzung des laufenden Regelbedarfs auch für eine Darlehensvergabe nach § 24 Abs. 1 SGB II i.V.m. § 42a SGB II gelten. Das Jobcenter muss daher im Rahmen des ihm bei der Vergabe des Darlehens eingeräumten Ermessens eine Belastung minderjähriger BG-Mitglieder vermeiden. Darlehen für einen das Kind betreffenden Bedarf sind von den Eltern, ggf. nur dem leiblichen Elternteil, aufzunehmen und abzuzahlen, Darlehen für gemeinsame Anliegen (z. B. Ersatzbeschaffung einer Waschmaschine) sind an die Käufer des Geräts zu vergeben. Darlehen für Energienachforderungen oder Energie- und Mietschulden sind nur an die Vertragspartner des Energieversorgers bzw. Vermieters zu vergeben und von diesen zu tilgen. Das Kopfteilprinzip gilt nur für die Darlehensnehmer (BSG vom 18.11.2014 – B 4 AS 3/14 R; LSG Sachsen vom 24.2.2015 – L 2 AS 1444/14 B ER)

Darlehen an Minderjährige in der BG?

Nach § 42a Abs. 1 Satz 3 SGB II kann ein Darlehen an erwachsene BG-Mitglieder auch gemeinschaftlich vergeben werden; dann gilt eine Gesamtschuldnerhaftung für die Rückzahlung des Darlehens. Soweit mög-

Gesamt-schuldnerschaft

lich, ist das Ermessen bei der Darlehensvergabe aber so auszuüben, dass individuell zuordenbaren Bedarfen auch individuell gewährte Darlehen entsprechen. In einer BG müssen die Mitglieder nur im Rahmen des § 9 Abs. 2 SGB II füreinander einstehen.

Beispiel 1

In einer BG aus Mutter M., 19-jähriger Tochter F. und Einstandspartner der M. (S.) geht der von M. und S. genutzte Kleiderschrank kaputt. Das Jobcenter darf hier im Interesse einer schnellen Tilgung kein Darlehen an M., S. und F. gemeinsam vergeben.

Beispiel 2

In einer BG aus Mutter M., 19-jähriger Tochter F. und Einstandspartner der M. (S.) hat S. in einem alkoholbedingten Wutanfall das Geschirr zerschlagen. Das für die Ersatzbeschaffung nötige Darlehen ist trotz gemeinsamer Nutzung des Geschirrs an S. zu vergeben. Mögliche zivilrechtliche Ausgleichsansprüche der M. und F. gegen S. gehen wegen dessen Hilfebedürftigkeit ins Leere.

Keine Gesamt-schuldnerhaftung

Wurde ein Darlehen individuell (nach den Bedarfsanteilen) vergeben, sind die Darlehensnehmer nur zur Rückzahlung des ihnen gewährten Darlehens(anteils) verpflichtet. Im Fall einer Auflösung der BG kann das Jobcenter die Restschuld nicht auf die im SGB II-Bezug verbleibenden BG-Mitglieder verteilen, auch wenn ihnen der Vorteil des Darlehens allein weiter zu Gute kommt.

Mehrere Darlehen

Mussten mehrere Darlehen gewährt werden oder ist ein neues Darlehen vor Tilgung des früheren erforderlich, darf die Gesamtsumme der Tilgungsraten 10% des jeweiligen Regelbedarfs nicht übersteigen (so schon zu § 23 Abs. 1 SGB II a. F.; SG Braunschweig vom 2.10.2008 – S 17 AS 2620/08 ER). Das Jobcenter kann dann entscheiden, ob es die Raten auf mehrere Darlehen verteilt oder die Aufrechnung des späteren Darlehens bis zur Tilgung der vorangegangenen Darlehensschuld aufschiebt. Wird keine Bestimmung getroffen, wird das zuerst erbrachte Darlehen bedient (§ 42a Abs. 6 SGB II).

Aufrechnungs-zeitpunkt

Für Darlehensnehmer im laufenden Leistungsbezug beginnt die Aufrechnung mit 10% des Regelbedarfs in dem Monat, der der Auszahlung des Darlehens folgt. Wird der Regelbedarf wegen einer Sanktion nach § 31a SGB II gekürzt, sind Beginn der Tilgung und die Höhe der Tilgungsrate so anzupassen, dass der laufende Bedarf um maximal 30 % gekürzt wird (§ 43 Abs. 2 SGB II n. F.).

Rechtsschutz

Bei der Aufrechnung nach § 24 Abs. 1 i. V. m. § 42a Abs. 2 SGB II handelt es sich um einen Verwaltungsakt (LSG Berlin-Brandenburg vom 11.7.2012 – L 28 AS 2230/10), der mit Widerspruch und ggf. Klage angegriffen werden kann. Widerspruch und Klage gegen eine Tilgungsbestimmung im Darlehensbescheid haben aufschiebende Wirkung (LSG Sachsen-Anhalt vom 27.12.2011 – L 5 AS 473/11 B ER; SG Dortmund vom 16.5.2014 – S 32 AS 484/14 ER). Wird ein Darlehen angefochten, weil eigentlich ein Zuschuss zu gewähren sei, erfasst der Widerspruch gegen die Darlehensvergabe auch die damit verbundene Tilgung nach § 42a SGB II (SG Leipzig vom 30.5.2014 – S 17 AS 1911/14

ER). Wurde vom Jobcenter der Sofortvollzug der Aufrechnung verfügt und führt die Aufrechnung zu einer Notlage, kann mit einem Eilantrag bei Gericht die Anordnung der aufschiebenden Wirkung des Widerspruchs oder der Klage gegen die Aufrechnung beantragt werden (SG Braunschweig vom 2.10.2008 – S 17 AS 2620/08 ER; LSG Berlin-Brandenburg vom 31.7.2008 – L 20 B 647/08 AS ER).

Eine Aufrechnung für erst künftige Leistungsansprüche ist nicht möglich. § 24 Abs. 1 Satz 3 SGB II enthält keine spezialgesetzliche Ausnahme (LSG Berlin-Brandenburg vom 7.8.2008 – L 32 B 730/08 AS). Bei entstandener Aufrechnungslage im laufenden Bewilligungsabschnitt muss die Aufrechnung im Folgebewilligungsabschnitt erneut verfügt werden.

Nur pro Bewilligungsabschnitt

Die Restschuld wird mit Beendigung des Leistungsbezugs in voller Höhe fällig (§ 42a Abs. 4 SGB II). Keine Beendigung des Leistungsbezugs in diesem Sinn ist die komplette Kürzung nach mehrfacher Sanktion. Endet der laufende Bezug, soll eine Vereinbarung zur Tilgung unter Berücksichtigung der wirtschaftlichen Verhältnisse getroffen werden. Kommt diese Vereinbarung nicht zustande, kann das Jobcenter die Restschuld mit einem Leistungsbescheid einfordern. Endet der laufende Bezug wegen Anrechnung von Einmaleinkommen (§ 11 Abs. 3 SGB II), bietet sich eine Tilgung mit dem bereinigten Einmaleinkommen an; der Wiedereintritt in den Leistungsbezug beginnt dann entsprechend früher.

Fälligkeit der Restschuld

Rechnet das Jobcenter bereits mit einer Forderung nach § 43 SGB II auf, ist die Summe der beiden Tilgungsbeträge auf 30 % des maßgebenden Regelbedarfs begrenzt (§ 43 Abs. 2 SGB II). Wird dieser Betrag überschritten, ist die Aufrechnung nach § 43 SGB II bis zur Tilgung nach § 42a SGB II auszusetzen. Die Dauer der Tilgung wird entsprechend gestreckt.

Rangfolge

Nach LSG NRW vom 27.3.2014 – L 19 AS 332/14 B ist eine verfassungskonforme Auslegung des § 42a SGB II im Hinblick auf die zeitliche Dauer einer Aufrechnung zur Darlehenstilgung geboten, wenn der Tilgungsvorgang länger als der in § 43 Abs. 4 S. 2 SGB II vorgesehene Aufrechnungszeitraum von drei Jahren dauert.

Dauer der Tilgung

4 Kann der Regelbedarf als Sachleistung erbracht werden?

Grundsätzlich werden die Regelbedarfe in Geld gewährt (§ 4 Abs. 2 SGB II). Sie **können** (Ermessen) gemäß § 24 Abs. 2 SGB II in voller Höhe oder teilweise als Sachleistung erbracht werden, wenn sich der Leistungsberechtigte als »ungeeignet« erweist, mit dem Regelbedarf den Bedarf zu decken, insbesondere bei:

- Drogen- und Alkoholabhängigkeit sowie
- unwirtschaftlichem Verhalten.

Unwirtschaftliches Verhalten wird z. B. dann angenommen, wenn das Geld schon nach einer Woche verbraucht ist.

Unwirtschaftliches Verhalten

Angesichts der Tatsache, dass durch die umfassende Pauschalierung der Lebensunterhaltsleistungen stärkere Anforderungen an das »hauswirtschaftliche« Verhalten der Leistungsberechtigten gestellt werden, kann die Gewährung von Sachleistungen dem Schutz derjenigen Leistungsberechtigten und vor allem ihrer Angehörigen dienen, die – über die »normalen« Schwierigkeiten, mit einem knapp bemessenen monatlichen Betrag den gesamten Lebensunterhalt zu bestreiten, hinaus – Probleme haben, mit der Geldleistung wirtschaftlich hauszuhalten.

Kriterien für Ermessen

Entscheidend für die Frage, ob das Jobcenter das eingeräumte Ermessen richtig ausübt, wird sein, ob die Gewährung von Sachleistungen wirklich zur Sicherstellung des Lebensunterhalts für den Leistungsberechtigten oder seine Angehörigen beiträgt und nicht sachfremden Zielen dient, z.B. ihn an einen anderen Ort zu vertreiben oder ihn von der Zuwanderung an den Ort der Hilfegewährung abzuhalten (so auch das BVerwG vom 16.1.1986 – 5 C 72.84).

5   Darlehen für Haushaltsenergie

Haushaltsenergie (Licht, Kochen, Elektrogeräte außer Warmwassererzeuger) gehört zu den vom Regelbedarf umfassten Lebenshaltungskosten. Da der im Regelbedarf für Energie vorgesehene Anteil sehr knapp bemessen ist (s. dazu BVerfG vom 25.7.2014 – 1 BvL 10/12), kommt es angesichts steigender Energiepreise häufig zu Nachforderungen in einer Höhe, die der Leistungsberechtigte nicht sofort ausgleichen kann. Hat er die laufenden Abschläge regelmäßig gezahlt, ist (kein Ermessen) die Nachforderung als Darlehen nach § 24 Abs. 1 SGB II zu übernehmen, wenn die Forderung weder aus dem Schonvermögen nach § 12 Abs. 2 Nr. 1, Nr. 4 SGB II noch auf andere Weise gedeckt werden kann. Die Unabweisbarkeit des Zusatzbedarfs ergibt sich aus der Gefahr, dass der Energieversorger bei Nichtzahlung berechtigt ist, die Energiezufuhr zu sperren (§ 19 Stromgrundversorgungsverordnung – StromGVV, § 19 GasGVV). Ein Darlehen für Energienachforderungen steht im Gegensatz zu Energieschulden auch Personen zu, die keinen Anspruch auf Leistungen nach § 22 SGB II haben, wie z.B. Nestflüchter nach § 22 Abs. 5 SGB II oder Hilfebedürftige ohne (anerkannte) Wohnkosten.

Befugnis zur Energiesperre

Bei der Versorgung mit Strom oder Gas kommt ein doppeltes Vertragsverhältnis zustande:

■ Zum einen gibt es kraft Abnahme der Energie zwischen dem Betreiber des Energienetzes und dem Abnehmer ein Anschlussnutzungsverhältnis. Die Einzelheiten dazu sind bei der Stromversorgung in der Niederspannungsanschlussverordnung (NAV), bei der Versorgung mit Gas in der Niederdruckanschlussverordnung (NDAV) geregelt.

■ Zum anderen gibt es einen Energieliefervertrag zwischen dem Energieversorger und dem Energiekunden.

Energieversorger, die in einem Netzgebiet die meisten Haushalte versorgen, sind sog. Grundversorger. Sie sind nach § 36 Energiewirtschaftsgesetz (EnWG) zu einer Versorgung verpflichtet. Kündigt ein anderer Energieversorger wegen Zahlungsrückständen, hat der Gekündigte grundsätzlich Anspruch auf Energiebelieferung durch den – oft teureren – Grundversorger. Da überregionale Anbieter die Bonität ihrer potenziellen Kunden prüfen, ist Leistungsberechtigten mit Zahlungsrückständen der Wechsel in einen günstigeren Tarif meist versperrt. Im Fall von Zahlungsrückständen kann sowohl der Grundversorger unter den Voraussetzungen des § 19 StromGVV/§ 19 GasGVV als auch ein sonstiger Energieversorger über gleichlautende AGB zur Sanktion der Energiesperre greifen. Bei wiederholten Zahlungsrückständen ist außerdem der Netzbetreiber – aus eigenem Recht – nach § 27 NAV/§ 27 NDAV berechtigt, die Anschlussnutzung fristlos aufzukündigen, sofern dies nicht außer Verhältnis zur Schwere der Zuwiderhandlung steht oder der Anschlussnutzer darlegt, dass hinreichende Aussicht besteht, dass er seinen Verpflichtungen nachkommt.

Nach § 19 StromGVV/§ 19 GasGVV ist der Energieversorger erst vier Wochen nach Mahnung und Androhung der Sperre berechtigt, den Strom/das Gas abzuschalten. Er muss die Abschaltung nochmals drei Werktage vorher gesondert ankündigen (s. dazu LG Dortmund vom 10.4.2014 – 11 S 190/12; LG Kiel vom 15.2.2013 – 10 S 56/12; OLG Köln vom 7.7.2015 – I-7 U 127/14). Außerdem muss ein Rückstand von mindestens 100 €, inklusive der durch den Zahlungsrückstand aufgelaufenen Kosten, bestehen. Umgesetzt wird die Energiesperre dadurch, dass der Netzbetreiber auf Anweisung des Energieversorgers, wenn die in § 24 Abs. 3 NAV/§ 24 Abs. 3 NDAV geregelten Bedingungen vorliegen, die Energiezufuhr einstellt (s. dazu etwa AG Meldorf vom 27.10.2011 – 81 C 1215/11; AG Wiesbaden von 26.4.2013 – 93 C 850/13; LG Lüneburg vom 16.4.2012 – 4 O 283/11).

Vollzug der Energiesperre

Muss der vom Energieversorger Beauftragte zur Sperrung der Versorgung Räume des Stromabnehmers betreten, braucht er für den Zutritt, wenn dieser verweigert wird, einen Duldungstitel gegen den Eigentümer oder Besitzer der Räumlichkeiten. Es ist umstritten, ob der Titel im Wege einer einstweiligen Verfügung erwirkt werden kann (OLG Koblenz vom 14.12.2004 – 8 W 826/04; LG Braunschweig vom 26.5.2003 – 8 T 467/03; LG Lübeck vom 7.1.2014 – 1 T 64/13; LG Duisburg vom 27.1.2015 – 11 T 14/15; LG Wuppertal vom 18.6.2015 – 9 S 66/15; OLG Karlsruhe vom 18.5.2016 – 14 U 172/15). Die Jobcenter oder Sozialgerichte können einen Antrag auf Gewährung des Darlehens daher nicht mit bloßem Verweis auf einen fehlenden Duldungstitel liegen lassen oder zurückweisen

Eilrechtssperre?

Findet der Strom-/Gaskunde trotz Zahlungsrückständen einen neuen Energieversorger oder schließt ein anderes BG-Mitglied einen Energieversorgungsvertrag, kann eine Energiesperre vom früheren Versorger nicht mehr durchgesetzt werden. Der neue Versorger ist nicht befugt, eine Sperre für die Altschulden bei einem früheren Versorger

Anbieterwechsel hilft nicht immer

anzudrohen. Verweigert der Altanbieter wegen der Rückstände auch nach Vertragsablauf eine Stromdurchleitung, kann die Weiterleitung mit einem Eilantrag beim Zivilgericht durchgesetzt werden. Diese Selbsthilfe geht einem Eilantrag auf Übernahme der Rückstände im Wege eines Darlehens nach § 24 SGB II vor (LSG Schleswig-Holstein vom 13.1.2012 – L 3 AS 233/11 B ER).

Ist der frühere Versorger aber auch der Netzbetreiber und liegen die Voraussetzungen für eine Kündigung der Anschlussnutzung nach § 27 NAV/§ 27 NDAV vor, hilft der Anbieterwechsel nicht. Das gilt auch, wenn sowohl für die frühere als auch für die neue Wohnung ein Vertrag mit demselben Anbieter besteht (s. dazu LG Dortmund vom 11.5.2007 – 11 S 17/07; enger: AG Zweibrücken vom 4.6.2012 – 1 C 258/12; LG Hannover vom 15.9.2009 – 2 S 50/08; s. auch LSG Sachsen-Anhalt vom 30.12.2013 – L 5 AS 736/13 B ER; LG Lübeck vom 19.2.2015 – 14 S 193/14).

Ratenzahlung an Energieversorger geht vor

Eine zumutbare und gegenüber einem Darlehen nach § 24 Abs. 1 SGB II grundsätzlich vorrangige Selbsthilfe ist die Vereinbarung einer Ratenzahlung mit dem Energieversorger (statt vieler LSG NRW vom 26.1.2011 – L 19 AS 1746/10 B). Wenn der Betroffene in der Vergangenheit keine Energieschulden entstehen ließ und die laufenden Abschläge pünktlich zahlte, gibt es keinen Anlass zu der Annahme, dass er einer Ratenzahlungsvereinbarung nicht nachkommen werde; allein der Bezug von Alg II berechtigt bei Angebot einer nach den wirtschaftlichen Verhältnissen angemessenen Tilgung nicht zur Ablehnung einer Ratenzahlung. Wird sie dennoch verweigert, hat der Betroffene gute Chancen, eine Energiesperre als unverhältnismäßig i. S. von § 19 Abs. 2 StromGVV oder § 19 Abs. 2 GasGVV abzuwehren, vor allem, wenn Kranke oder Kinder im Haushalt leben (AG Oldenburg (Holstein) vom 22.4.2008 – 22 C 930/07; LG Duisburg vom 16.3.2007 – 13 T 18/07; SG Nürnberg vom 6.2.2009 – S 20 AS 95/09 ER; LG Neubrandenburg vom 20.4.2010 – 1 S 130/09; AG Köln vom 30.6.2011 – 210 C 430/10; AG Flensburg vom 31.8.2012 – 62 C 193/12).

Ausnahmsweise SGB II-Darlehen

Kann der Leistungsberechtigte die Nachforderung nur mit einer minimalen Rate tilgen und wäre eine Energiesperre nicht außergewöhnlich hart, hat er zivilrechtlich schlechte Karten (LG Hildesheim vom 10.10.2008 – 7 S 155/08; AG Wernigerode vom 27.2.2009 – 10 C 585/08; AG Hannover vom 30.7.2010 – 702 M 25725/10; LG Bielefeld vom 19.1.2011 – 5 O 92/10; AG Ludwigslust vom 17.10.2011 – 5 C 149/11; AG Alsfeld vom 19.2.2014 – 30 C 508/13 (70)). Das Risiko weiterer Kosten ist ihm nicht zuzumuten. Ein Darlehen nach § 24 Abs. 1 SGB II ist dann unabweisbar.

Energiesperre

Ist die Energiezufuhr wegen Nichtzahlung der Nachforderung schon gesperrt worden, hängt die Entsperrung selbst bei einem Wechsel des Energieversorgers davon ab, dass die Kosten für die Unterbrechung und die Wiederherstellung der Nutzung gezahlt werden (§ 24 Abs. 5 NAV/§ 24 Abs. 5 NDAV). Der über eine Direktzahlung der künftig anfallenden Abschläge durch das Jobcenter gelungene Anbieterwechsel hilft also nicht, wenn nicht außerdem die Wiederherstellungskosten über-

nommen werden (SG Berlin vom 29.12.2015 – S 37 AS 26006/15 ER).
War die Sperre unverhältnismäßig, kann der Betroffene beim Amtsgericht eine einstweilige Verfügung auf Wiederherstellung der Versorgung erwirken (LG Hannover vom 15.9.2008 – 2 S 50/08). Dies ist aber
mit Kosten verbunden und jedenfalls dann nicht zumutbar, wenn dafür
keine Prozesskostenhilfe gewährt wird. Dann muss das Jobcenter helfen, weil ein Wohnen ohne Strom oder Gas zum Kochen und Baden eine
der Wohnungslosigkeit vergleichbare Notlage ist (LSG NRW vom
12.12.2008 – L 7 B 384/08 AS, vom 22.2.2012 – L 7 AS 1716/11 B, vom
13.5.2013 – L 2 AS 313/13 B ER und vom 18.8.2014 – L 7 AS 1289/14 B
ER; LSG Niedersachsen-Bremen vom 28.5.2009 – L 7 AS 546/09 B ER;
LSG Sachsen-Anhalt vom 13.3.2012 – L 2 AS 477/11 B ER).

Zu den einzelnen Bedarfspositionen im Regelbedarf zur Sicherung des
Lebensunterhalts, wozu die Haushaltsenergie gehört, gibt es – anders
als bei den Bedarfen nach § 22 SGB II – keine Angemessenheitsprüfung. Dennoch kann der Regelung des § 24 Abs. 2 SGB II entnommen
werden, dass einem unwirtschaftlichen Umgang mit den Regelleistungen entgegengewirkt werden soll. Da unwirtschaftlicher Umgang mit
Energie bei laufender Zahlung der Abschläge erst mit der Nachforderung erkennbar wird, muss das Jobcenter bei Unabweisbarkeit des Zusatzbedarfs für Haushaltsenergie (fehlendes Selbsthilfepotenzial, drohende oder schon vollzogene Energiesperre) die Nachforderung übernehmen, kann aber analog § 22 Abs. 7 Nr. 2 SGB II vom Leistungsberechtigten verlangen, dass der künftige, erhöhte Abschlag direkt an
den Energieversorger überwiesen wird. Beruht der unsachgemäße
Umgang mit Energie auf sozialen oder psychischen Problemen, sollte
zusätzlich durch Energieberatung, ggf. durch begleitende Hilfen nach
§§ 67 ff. SGB XII, für einen regulären Verbrauch gesorgt werden.

Darlehen für Energieverschwendung?

Beruht eine Energie-Nachforderung auf einem atypischen Bedarf,
z. B. wegen einer Erkrankung, die besondere Hygiene erfordert, gibt
§ 21 Abs. 6 SGB II einen Anspruch auf Mehrbedarf als Zuschuss. Die
Nachforderung ist in diesem Fall kein einmaliger, sondern ein im Ab-
rechnungsjahr aufgestauter Wiederholungsbedarf.

Energie-Sonderbedarf

Beruht eine Energienachforderung darauf, dass laufende Abschläge
nicht oder nur teilweise gezahlt wurden oder hat der Leistungsberechtigte eine Ratenzahlungsvereinbarung platzen lassen, richtet
sich ein Antrag auf Übernahme dieser Forderung auf eine Schuldentilgung. Rechtsgrundlage dafür ist § 22 Abs. 8 SGB II. Danach werden
Schulden nur im Notfall und nur soweit das »gerechtfertigt« ist, übernommen und zwar grundsätzlich nur als Darlehen. Die Rechtfertigungsprüfung beschränkt sich nicht auf die Prüfung eines Verschuldens, d. h. auf die Erwägung, ob der Leistungsberechtigten früher anders hätten handeln können. Dem Sozialrecht ist ein Straf- oder Er-
ziehungsgedanke fremd (SG Bremen vom 9.12.2009 – S 24 SO 196/09
ER). Es muss in jedem Einzelfall eine Ermessensentscheidung zur
Übernahme von Schulden getroffen werden, die den Umfang der
Rückstände, die Ursachen, die zum Energiekostenrückstand geführt

Energieschulden

haben, die Zusammensetzung des von einer eventuellen Energiesperre bedrohten Personenkreises, Möglichkeiten und Zumutbarkeit anderweitiger Energieversorgung, das in der Vergangenheit gezeigte Verhalten des Betroffenen sowie einen erkennbaren Selbsthilfewillen zu berücksichtigen hat (LSG NRW vom 14.12.2010 – L 7 AS 1536/10 B ER, vom 16.4.2012 – L 19 AS 556/12 B ER, vom 30.3.2012 – L 19 AS 388/12 B ER und vom 13.5.2013 – L 2 AS 313/13 B ER).

Extreme
Verschuldung

Bei der Prüfung einer Übernahme von Mietschulden gilt der Grundsatz, dass die Übernahme für eine unangemessen teure Wohnung nicht gerechtfertigt ist. Dieser Gedanke kann auf die Übernahme von Schulden wegen eines unwirtschaftlichen Energieverbrauchs übertragen werden, wenn die Schulden so hoch sind, dass der Wechsel in eine Wohnung mit Zugang zu Energie geringere Kosten verursacht. Ansonsten kann die Schuldübernahme trotz Fehlverhaltens gerechtfertigt sein, wenn es keine Alternative gibt, auf die der Leistungsberechtigte verwiesen werden kann (vgl. zu dieser Problematik LSG Berlin-Brandenburg vom 23.9.2011 – L 14 AS 1533/11 B ER).

Notlage

Eine Notlage ist erst gegeben, wenn eine Energiesperre bevorsteht oder schon vollzogen wurde. Die Energiesperre steht bevor, wenn sie innerhalb der 4-Wochen-Frist nach § 19 StromGVV/§ 19 GasGVV angedroht wird.

Die Jobcenter können die Darlehensvergabe davon abhängig machen, dass der Stromversorger eine Ratenzahlungsvereinbarung abgelehnt hat und auch Bemühungen um den Abschluss eines Stromversorgungsvertrages bei anderen Stromanbietern erfolglos geblieben sind (LSG Berlin-Brandenburg vom 20.11.2007 – L 20 B 1361/07 AS ER). Zur Vermeidung einer erneuten Verschuldung kann das Jobcenter vom Leistungsberechtigten eine unwiderrufliche Einverständniserklärung zur Direktüberweisung von Abschlagszahlungen an den Stromversorger verlangen (LSG Berlin-Brandenburg vom 11.12.2007 – L 28 B 2169/07 AS ER). Bei vorangegangenem, fortgesetztem Fehlverhalten ist eine Ablehnung der Schuldübernahme ermessensgerecht (OVG Bremen vom 1.2.2006 – S3 B 29/06; LSG Berlin-Brandenburg vom 4.2.2009 – L 25 AS 38/09 B ER; LSG Baden-Württemberg vom 11.6.2008 – L 7 AS 2309/08 ER-B; LSG Sachsen-Anhalt vom 31.8.2011 – L 5 AS 328/11 B ER; LSG Niedersachsen-Bremen vom 19.4.2016 – L 7 AS 170/16 B ER); dies kann anders sein, wenn minderjährige Kinder in der BG leben (LSG Berlin-Brandenburg vom 16.8.2007 – L 26 B 1321/07 AS ER; LSG NRW vom 12.12.2008 – L 7 B 384/08 AS). Problematisch sind die Entscheidungen des LSG Rheinland-Pfalz vom 27.12.2010 – L 3 AS 557/10 B ER und des LSG Mecklenburg-Vorpommern vom 29.9.2011 – L 8 B 509/09 ER, sofern dort argumentiert wird, Kinder hätten für das sozialwidrige Verhalten der Mutter durch den Verzicht auf Licht und warme Mahlzeiten mit zu haften (richtig dagegen LG Neubrandenburg 20.04.2010 – 1 S 130/09: warme Mahlzeiten für Kinder unverzichtbar).

Bei dem Darlehen nach § 22 Abs. 8 SGB II ist das Jobcenter nicht an die 10 %-Grenze aus § 24 Abs. 1 i. V. m. § 42a Abs. 3 SGB II gebunden; es muss aber dennoch darauf achten, dass durch die Ratenzahlung nicht die Existenz gefährdet wird. Bietet der Leistungsberechtigte in einem Eilverfahren vor dem Gericht selbst eine Rate in bestimmter Höhe an, kann das Gericht im Fall der Zuerkennung eines Darlehens auch zur angebotenen Tilgung verpflichten (LSG Berlin-Brandenburg vom 12.1.2009 – L 25 B 2369/08 AS ER). Ratenzahlung

6 Teilhabe-Darlehen

Zutreffend folgert das SG Berlin vom 26.4.2013 – S 197 AS 10018/13 ER aus der Wertung des Teilhabebedarfs nach § 28 SGB II als Existenzminimumbedarf eines Jugendlichen, dass ein mit dem Betrag von 10 € nicht finanzierbarer Bedarf für die Teilnahme an einer Freizeit mit einem Darlehen nach § 24 Abs. 1 SGB II gedeckt werden muss. Dies entspreche der Absicht des Gesetzgebers, durch die Einführung des § 28 SGB II die materielle Basis für Chancengerechtigkeit herzustellen und eine stärkere Integration bedürftiger Kinder und Jugendlicher in die Gemeinschaft zu erreichen.

Der Bundestag hat leider die vom Bundesrat befürwortete Überarbeitung und Weiterentwicklung der Regelbedarfe für Kinder und Jugendliche (BT-Drs. 18/8041, S. 112 f.) mit Hinweis auf die BVerfG-Urteile vom 23.7.2014 – 1 BvL 10/12 und 12/12, 1 BvR 1691/13 zurückgewiesen.

7 Überbrückungsdarlehen

§ 24 SGB II gibt in zwei ausdrücklich geregelten Fällen ein Darlehen zur Überbrückung des Zeitraums, bis zu dem über Einkommen oder Vermögen verfügt werden kann.

- Überbrückung des Hilfebedarfs, bis erwartetes Einkommen zufließt (§ 24 Abs. 4 Satz 1 SGB II).

- Überbrückung des Hilfebedarfs, bis verwertbares Vermögen zu Geld gemacht ist (§ 24 Abs. 5 SGB II).

Mit Wirkung **ab 1.1.2017** kommt ein Überbrückungsdarlehen bei vorzeitigem Verbrauch von Einmaleinkommen dazu:

- Überbrückung des Hilfebedarfs, solange das anzurechnende Einmaleinkommen bei gefordertem Einsatz für den laufenden Lebensunterhalt den Leistungsanspruch verringert hätte (§ 24 Abs. 4 Satz 2 SGB II n. F.).

Werden für den Monat, in dem ein Hilfebedarf geltend gemacht wird, voraussichtlich bedarfsdeckende Einnahmen anfallen, **kann** (Ermessen) das Jobcenter ein Darlehen gewähren (§ 24 Abs. 4 SGB II). Typische Fälle sind eine erwartete Rente, die erst zum Monatsende gezahlt wird (dazu LSG Berlin-Brandenburg vom 10.8.2010 – L 5 AS Einkommens-überbrückung

1010/10 B PKH; LSG Schleswig-Holstein vom 19.1.2016 – L 7 R 181/ 15) oder der erst im Folgemonat fällig werdende Lohn bei Arbeitsaufnahme. Nach LSG NRW vom 12.6.2009 – L 7 B 334/08 AS ER muss das Darlehen nur gewährt werden, wenn der Hilfebedürftige von seinem Arbeitgeber weder einen Vorschuss noch eine Abschlagszahlung erhalten kann. Das ist zweifelhaft, weil den Arbeitgeber die finanziellen Verhältnisse des neuen Mitarbeiters nichts angehen und regelmäßig unsicher ist, ob die Arbeit in der Probezeit zufriedenstellend erledigt wird. Nach § 42a Abs. 1 SGB II darf das Darlehen nur gewährt werden, wenn kein Schonvermögen zur Verfügung steht. Wegen der voraussichtlich nur kurzfristigen Hilfeleistung kann die Auflösung angelegter Sparvermögen nicht verlangt werden, auch wenn der Vermögensverlust weniger als 10% beträgt. Das Darlehen ist nach Zufluss des Einkommens bzw. der Überwindung der Hilfebedürftigkeit zurückzuzahlen (§ 42a Abs. 4 SGB II). Die Modalitäten der Rückzahlung sind mit Rücksicht auf die wirtschaftlichen Verhältnisse des Darlehensnehmers zu regeln. Zerschlägt sich der erwartete Einkommenszufluss, ist das Darlehen rückwirkend als reguläre Leistung mit Übernahme der Krankenversicherung zu erbringen.

Vermögens-überbrückung

Verfügt der Hilfesuchende zwar über Vermögen, das zur Bestreitung des Lebensunterhalts eingesetzt werden muss, kann das Vermögen aber nicht kurzfristig zu Geld gemacht werden oder wäre dies nur unter unzumutbaren Verlusten möglich, **hat** (kein Ermessen) das Jobcenter bis zur »Versilberung« des Vermögens ein Darlehen zu gewähren. Muss sich der Darlehensnehmer krankenversichern, ist das Darlehen um den KV-/PV-Beitrag aufzustocken (näher dazu → S. 629 ff.).

Bis 31.12.2016: Nicht für Verschwender

Eine durch »fehlerhaftes« Ausgabeverhalten von Einmaleinkommen herbeigeführte Hilfebedürftigkeit (z. B. die zugeflossene Erbschaft wird verspielt) ist kein Fall für ein Überbrückungsdarlehen über den Zeitraum, bis zu dem bei fehlerfreiem Ausgabeverhalten kein oder ein geringerer Hilfebedarf bestanden hätte (BSG vom 29.11.2012 – B 14 AS 33/12 R und vom 17.10.2013 – B 14 AS 38/12 R). Dem Verschwender muss Alg II gewährt werden, ggf. kann nach § 31 SGB II sanktioniert oder nach § 34 SGB II die laufende Leistung um 30% gekürzt werden.

Ab 1.1.2017: Auch für Verschwender

Das im Grunde berechtigte Anliegen, verschwenderisches Verhalten ohne die oft zahnlose Haftung nach § 34 SGB II unterbinden zu können (BT-Drs. 18/8041, S. 40 f), hat in einer Form Gesetzesgestalt angenommen, die höchst unbefriedigend ist; denn die lapidare Ergänzung von § 24 Abs. 4 SGB II n. F.:

> »Satz 1 gilt auch, soweit Leistungsberechtigte einmalige Einnahmen nach § 11 Absatz 3 Satz 4 vorzeitig verbraucht haben«

verspricht eine einfache Lösung, birgt aber eine Reihe schwieriger Rechtsfragen. Es besteht die Gefahr, dass bei einer am Leitbild des Verschwenders orientierten Rechtsanwendung die nötige Differenzierung – der Teufel steckt im Detail – aus dem Blick gerät. Die nachfolgenden

Ausführungen geben erfahrungsgemäß nur einen Teil der Probleme wider, die das »wirkliche Leben« in mannigfacher Form bereithält.

Einmaleinkommen, worunter seit 1.8.2016 auch eine Nachzahlung laufender Einnahmen gehört, das bei Anrechnung im Zuflussmonat den Hilfebedarf beendete, ist nach § 11 Abs. 3 Satz 3 SGB II n. F. auf einen Zeitraum von sechs Monaten gleichmäßig aufzuteilen und monatlich mit einem entsprechenden Teilbetrag zu berücksichtigen. Damit ist die Erwartung verbunden, dass das Einmaleinkommen in diesem Zeitraum für den sonst mit Alg II/Sozialgeld zu deckenden Lebensunterhalt eingesetzt wird. Hiervon ausgehend ist die Frage zu beantworten, was unter einem »vorzeitigen« Verbrauch i. S. von § 24 Abs. 4 Satz 2 SGB II n. F. zu verstehen ist: Die freiwillige Verwendung des Einmaleinkommens für Ausgaben, die nicht zum laufenden Regelbedarf nach den §§ 20 – 22 SGB II gehören.

Vorzeitiger Verbrauch

Der Wortlaut der Norm »vorzeitiger Verbrauch« definiert die Entreicherung als ein aktives Tun. Diebstahl oder Verlust des Einmaleinkommens im Anrechnungszeitraum sind schon nach dem Wortsinn kein Verbrauch. In einem solchen Fall **ist** (kein Ermessen) ab dem Tag des erneuten Eintritts voller Hilfebedürftigkeit Alg II/Sozialgeld als reguläre Zuschussleistung zu gewähren. An den Nachweis des Verlustes darf das Jobcenter aber strenge Anforderungen stellen. Soweit ein Anspruch auf Ersatz besteht (z. B. durch Diebstahl- oder Haftpflichtversicherung), ist eine erneute Anrechnung bei Zufluss des Schadensersatzes möglich (kein Vermögen).

Nicht bei unfreiwilliger Entreicherung

Geht das Einmaleinkommen durch Pfändung oder Aufrechnung der Bank mit einem Konto-Soll verloren, ist der dadurch entstandene Hilfebedarf ebenfalls mit regulärem Alg II/Sozialgeld zu decken. Das Jobcenter kann aber verlangen, dass der Betroffene Maßnahmen zur Rückgewähr des Einkommens nutzt (s. dazu BSG vom 29.4.2015 – B 14 AS 10/14 R). Wirkt der Betroffene an erfolgversprechenden Maßnahmen nicht mit, ist das kein Fall von § 66 SGB I. Dann greift § 24 Abs. 1 Satz 2 SGB II als speziellere Regelung, weil der endgültige Geldverlust auf einer freiwilligen Entscheidung beruht. Das Jobcenter kann sich an die Darlehenstilgung halten, anstelle eines u. U. komplizierten und mit Kosten verbundenen Anspruchs auf Rückabwicklung der Pfändung/Verrechnung.

Pfändung/ Verrechnung

Trotz verbrauchten Einmaleinkommens gibt es im rechnerischen Anrechnungszeitraum einen Zuschuss anstelle eines Darlehens, wenn der Hilfesuchende in dem Sinne schuldlos entreichert wurde, dass ihm keine andere Wahl blieb. Das ist z. B. der Fall, wenn ein alkoholkranker Mensch das Einmaleinkommen vertrinkt, weil er seiner Sucht nicht Einhalt gebieten kann. Dann ist der Verlust des Einmaleinkommens ebenso unfreiwillig wie bei einem Diebstahl. Es sind aber strenge Maßstäbe an diese Form der Unfreiwilligkeit anzulegen; subjektiv empfundene Zwänge (z. B. Zahlung von Handyschulden, lästige Gläubiger, Hilfe für einen Freund) sind unbeachtlich.

Nur bei Verschulden

Hier ist zu unterscheiden:

■ Bleibt die Hilfebedürftigkeit im Anrechnungszeitraum erhalten (der monatliche Anrechnungsbetrag liegt unter dem Gesamthilfebedarf), ist es Aufgabe des Jobcenters, den laufenden Leistungsfall zu kontrollieren. D. h. der Leistungsberechtigte kann nicht eigenmächtig über den Einsatz des Einmaleinkommens bestimmen. Das Einmaleinkommen ist weiter anzurechnen, der geänderte Bedarf vom Jobcenter nach § 48 SGB X an die laufende Berechnung anzupassen. Nicht stets geht der Betreffende mit dem Einsatz des Einmaleinkommens für eine neue Bedarfslage bloß in Vorlage für einen Anspruch auf höhere Leistungen.

J. ist bei einem Bedarf 404 € + 320 € = 724 € im Mai Einmaleinkommen in Höhe von 900 € zugeflossen, das ab Juni mit 120 € monatlich auf den Bedarf angerechnet wird (900 € : 6 = 150 € abzüglich 30 € Versicherungspauschale). Im Mai hatte der Vermieter die Miete um 95 € erhöht, was J. zunächst nicht mitgeteilt hat aus Sorge, eine Kostensenkungsaufforderung zu bekommen. Er hatte vergeblich versucht, mit dem Vermieter zu verhandeln. Wegen der zusätzlichen Mietzahlung beantragt J. ab September ungekürzte Leistungen. Das Jobcenter gibt J. für September bis November ein ergänzendes Darlehen über 120 € monatlich und passt die Leistung ab Mai auf die neue Miete an. Bei rechtzeitiger Meldung der Mieterhöhung hätte zeitnah eine Kostensenkung geprüft werden können. Zu Recht wertet das Jobcenter den Einsatz des Einmaleinkommens für die Mieterhöhung daher als vorzeitigen Verbrauch. J. hat daher ab Dezember Anspruch auf Alg II mit 10% laufender Tilgung für das Darlehen.

■ Fällt die Hilfebedürftigkeit im Anrechnungszeitraum weg, ist der Betreffende selbst für das Bestreiten des Lebensunterhalts verantwortlich. Kein vorzeitiger Verbrauch i. S. von § 24 Abs. 4 Satz 2 SGB II ist in diesem Fall der Einsatz des Einmaleinkommens für einen veränderten Bedarf, der Anspruch auf höhere Leistungen gegeben hätte.

H. ist bei einem Bedarf von 404 € + 320 € = 724 € im Mai Einmaleinkommen in Höhe von 5.400 € zugeflossen, das ab Juni mit 870 € monatlich den Hilfebedarf beendet (5.400 € : 6 = 900 € abzüglich 30 € Versicherungspauschale). Im August erhält H. eine Betriebs- und Heizkostennachforderung von 768 €. Er zahlt diesen Betrag und beantragt ab Oktober ungekürzte Leistungen. Das Jobcenter gibt H. für Oktober und November bloß ein Darlehen über 724 € plus der Beiträge für die KV-/PV-Versicherung. Eine Übernahme der Betriebs- und Heizostennachforderung wird abgelehnt, weil H. im Monat der Fälligkeit nicht hilfebedürftig war.
Falsch: H. hat ab September Anspruch auf volles Alg II, weil er mit Zahlung der Nachforderung für einen laufenden Lebenshaltungsbedarf, für den er seinerzeit verantwortlich war, keine vorzeitige Hilfebedürftigkeit i. S. von § 24 Abs. 4 Satz 2 SGB II n. F. herbeigeführt hat.

Das Jobcenter gibt H. für Oktober und November ein Darlehen über 724 € plus der Beiträge für die KV-/PV-Versicherung und hält ihm entgegen, dass die Betriebs- und Heizkostennachforderung zivilrechtlich unwirksam war und daher keinen zusätzlichen Bedarf nach § 22 SGB II begründet habe. Das BSG vom 24.11.2011 – B 14 AS 15/11 R hält diesen Einwand im laufenden Bezug für beachtlich, verlangt aber eine Beratung und Hilfestellung der Jobcenter, um die unberechtigte Mietforderung abwehren zu können. Die Gerichte werden klären müssen, ob sich H. darauf berufen kann, die Nachforderung im Vertrauen auf deren Richtigkeit gezahlt zu haben.

Variante

Entsteht im Anrechnungszeitraum ein Bedarf nach § 24 Abs. 3 SGB II, ist der Empfänger des Einmaleinkommens sowohl im ergänzenden Bezug als auch in der Anrechnungsphase ohne Alg II nicht berechtigt, eigenmächtig den Sonderbedarf mit dem (restlichen) Einmaleinkommen zu befriedigen. Das Jobcenter muss einen Antrag auf Sonderbedarf ordnungsgemäß prüfen und über Art und Weise der Erfüllung, falls ein Anspruch besteht, entscheiden können (§ 24 Abs. 3 Satz 5 SGB II). Die Beschaffung des Bedarfs ohne vorherige Befassung des Jobcenters ist ein Verbrauch i. S. von § 24 Abs. 4 Satz 2 SGB II n. F., auch wenn ein Anspruch nach § 24 Abs. 3 SGB II bestanden hätte. Das gilt nicht, wenn das Jobcenter **nach** vorherigem Antrag die Leistung zu Unrecht ablehnt. Wählt der Betroffene aus diesem Grund die Selbstbeschaffung, verstößt der Verweis auf ein § 24 Abs. 4 Satz 2 SGB II-Darlehen bzw. die Wertung des vom Jobcenter erzwungenen Einkommenseinsatzes als »vorzeitigen Verbrauch« gegen den Grundsatz von Treu und Glauben.

Einsatz für Einmalbedarfe

Ein Ersatzbeschaffungsbedarf (z. B. die alte Waschmaschine geht irreparabel kaputt) muss zuvörderst mit Ansparungen oder Schonvermögen befriedigt werden. Nur wenn keine Selbsthilfemöglichkeiten bestehen und der Bedarf unabweisbar ist, muss das Jobcenter ein Darlehen nach § 24 Abs. 1 SGB II gewähren. Entsteht ein Ersatzbeschaffungsbedarf im Anrechnungszeitraum, »beißt« sich das Selbsthilfegebot mit der Erwartung, das Einmaleinkommen nach rechnerischem Planschema einzusetzen. Ist der Bedarf unabweisbar und steht nur das (restliche) Einmaleinkommen zur Bedarfsdeckung zur Verfügung, kann das Jobcenter wählen, ob es nach Prüfung der Unabweisbarkeit des Bedarfs dem Einsatz des Einmaleinkommens zustimmt, oder ein Darlehen nach § 24 Abs. 1 SGB II gewährt.
Besteht Aussicht, die Hilfebedürftigkeit noch vor Ablauf des Anrechnungszeitraums zu beenden, kann der Einsatz des Einmaleinkommens für die Ersatzbeschaffung für den Leistungsberechtigten günstiger sein.

Einsatz für Ersatzbeschaffung

B. bezieht Alg II, ergänzend zu Einkommen aus Erwerbstätigkeit. Wegen Zuflusses von Einmaleinkommen werden auf das Alg II von Mai bis Oktober 75 € monatlich angerechnet. Im Juli geht die Waschmaschine kaputt. B. kauft sich für 250 € eine neue Maschine und beantragt ab August nur um das laufende Erwerbseinkommen gekürzte Leistungen. Das Jobcenter wertet die Ausgabe für die Waschmaschi-

Beispiel

ne als vorzeitigen Verbrauch und gewährt daher nur ein ergänzendes Darlehen über 75 € monatlich. Im September kann B. seine Arbeitszeit ausweiten und noch in diesem Monat die Hilfebedürftigkeit beenden. Er muss dann die 75 € Darlehen zurückzahlen. Hätte er im Juli ein Ersatzbeschaffungsdarlehen bekommen (nach den Richtlinien des Jobcenters in Höhe von 150 € für einen einfachen Waschautomaten), müsste er dieses in Höhe von 109,60 € zurückzahlen (150 € abzüglich der 10% Tilgungsrate von 404 € von August).

<table>
<tr><td>

Einsatz für zusätzlichen Regelbedarf

</td><td>

Für den Einsatz von Einmaleinkommen für zusätzlichen Regelbedarf, z. B. für eine Brille, gelten die Ausführungen zum Ersatzbeschaffungsbedarf gleichermaßen. Hier wird es aber häufiger zum Streit über die Unabweisbarkeit des Bedarfs kommen, was den Einsatz des Einmaleinkommens rechtfertigen kann.

</td></tr>
<tr><td>

Beispiel

</td><td>

P. bezieht laufend Alg II. Wegen Zuflusses von Einmaleinkommen werden auf das Alg II von Mai bis Oktober monatlich 160 € angerechnet. Im Juli geht sein Fernsehgerät kaputt. P. beantragt beim Jobcenter ein Darlehen für ein neues Gerät. Der Antrag wird abgelehnt, weil der von P. genutzte PC mit Internetanschluss genüge. P. kauft sich für 580 € ein neues Gerät und beantragt ab August ungekürzte Leistungen. Da der Antrag zu Unrecht abgelehnt wurde (→ S. 256), kann das Jobcenter den Einsatz des Einmaleinkommens nicht als schädlichen Verbrauch i. S. von § 24 Abs. 4 Satz 2 SGB II n. F. werten. Nur soweit P. ein für das Lebensniveau nach dem SGB II unangemessen teures Gerät gekauft hat, kann die benötigte Regelleistung im Anrechnungszeitraum auf ein Darlehen abgeschwächt werden.

</td></tr>
<tr><td>

Einsatz für atypische Bedarfe

</td><td>

Für atypische Bedarfe gilt nach § 21 Abs. 6 SGB II ein noch strengeres Selbsthilfegebot als für Zusatzaufwendungen, die ihrer Art nach im Regelbedarf enthalten sind. Entsteht ein atypischer Bedarf im Anrechnungszeitraum, liegt es daher nahe, das Einmaleinkommen dafür einzusetzen, wenn sonst keine Selbsthilfe möglich ist. Dem steht aber die Voraussetzung für den Mehrbedarf entgegen, dass es sich um einen wiederholten und nennenswerten Bedarf handeln muss. Dies im jeweiligen Einzelfall zu prüfen, muss dem Jobcenter vorbehalten bleiben, so dass auch für den atypischen Bedarf eine leistungsunschädliche Selbstbeschaffung nur als Reaktion auf eine rechtswidrig verweigerte Hilfe zulässig ist.

</td></tr>
<tr><td>

Einsatz für KdU-Bedarfe

</td><td>

Für KdU-Bedarfe gilt im Prinzip nichts anderes. Häufig besteht hier aber eine besondere Eilbedürftigkeit. Droht wegen Energie- oder Mietschulden eine Kündigung oder Versorgungssperre, muss das Jobcenter schnell entscheiden. Passiert das nicht und steht dem Betroffenen nur das Einmaleinkommen als Hilfsquelle zur Verfügung, darf er diese nutzen, handelt aber auf eigenes Risiko. Denn leistungsunschädlich ist der Selbsthilfeeinsatz nur, wenn dem Jobcenter genügend Zeit für eine Entscheidung gegeben wurde (rechtzeitig Hilfe beantragen!) und wenn das eingesetzte Einmaleinkommen eine Pflichtleistung vorweggenommen hat, wie z. B. den Anspruch auf Übernah-

</td></tr>
</table>

me einer wirksamen und korrekten Heizkostennachforderung. Sind Miet- oder Energieschulden, die auf Zahlungsversäumnissen des Antragstellers beruhen (echte Schulden), entstanden, muss Hilfe nur gewährt werden, wenn das Ermessen des Jobcenters auf eine Schuldübernahme verengt ist (Ermessensreduktion auf Null) **und** außerdem (seltener Ausnahmefall) statt eines Schuldübernahmedarlehens nach § 22 Abs. 8 SGB II mit einem Zuschuss geholfen werden muss (beispielsweise wenn die Schulden maßgeblich durch ein Fehlverhalten des Jobcenters entstanden sind). Liegt eine solche Situation nicht vor, ist die mit dem Einsatz des Einmaleinkommens vereitelte Schuldübernahme in der Regelform eines Darlehens ein vorzeitiger Verbrauch i. S. von § 24 Abs. 4 Satz 2 SGB II n. F. Nach Ablauf der Anrechnungsphase wird dann zunächst das Überbrückungsdarlehen nach § 24 Abs. 4 Satz 2 SGB II n. F. getilgt, gefolgt von der Tilgung des Schuldübernahmedarlehens nach § 22 Abs. 8 SGB II.

Ist ein vom Leistungsbezieher geltend gemachter Bedarf umstritten, ist der Einsatz von Einmaleinkommen, um diesen Bedarf zu decken, vor Klärung, ob der geltend gemachte Bedarf als SGB II-Anspruch besteht, ein vorzeitiger Verbrauch i. S. von § 24 Abs. 4 Satz 2 SGB II n. F. Der Betreffende hat aber Anspruch auf Umwandlung des Darlehens in einen Zuschuss, wenn der strittige Bedarf letztlich anerkannt wird.

Einsatz für umstrittene Bedarfe

P. bezieht laufend Alg II. Die tatsächliche Miete für sein Wohnung von 456 € ist nach Angemessenheits-Richtlinien des Jobcenters auf 395 € abgesenkt worden. P. hat dagegen Widerspruch erhoben. Wegen Zuflusses von Einmaleinkommen im laufenden Widerspruchsverfahren werden auf das Alg II von Mai bis Oktober monatlich 160 € angerechnet. P. hat nach Mahnung seines Vermieters wegen aufgelaufener Mietrückstände im August das Einmaleinkommen für die Zahlung der Mietrückstände verwendet. Auf seinen Antrag auf ungekürztes Alg II ab September gewährt das Jobcenter 639 € Alg II ([404 € – 160 € Einmaleinkommen] + 395 € KdU) plus 160 € Darlehen. In einem Verfahren vor Gericht wird die Unwirksamkeit der Kostensenkungsaufforderung festgestellt. P. hat Anspruch auf Übernahme der vollen Miete. Der Einsatz des Einmaleinkommens war folglich eine Verwendung für den Lebensunterhalt zur Vermeidung weiterer Mahnkosten oder ggf. sogar einer Kündigung des Mietverhältnisses. Das Jobcenter muss den deshalb ab September entstandenen Hilfebedarf von 404 € + 456 € in vollem Umfang mit einem Zuschuss erfüllen, d. h. das Darlehen von 160 € in einen Zuschuss umwandeln und die restlichen 61 € KdU-Bedarf nachzahlen.

Beispiel

Hat das Jobcenter wegen einer Sanktion die laufenden Leistungen gemindert, ist der Einsatz von Einmaleinkommen, um die Minderung auszugleichen, ein vorzeitiger Verbrauch i. S. von § 24 Abs. 4 Satz 2 SGB II n. F. Wird die Sanktion erfolgreich angefochten, ist der Einsatz des Einmaleinkommens als leistungsunschädliche Verwendung für den laufenden Lebensunterhalt zu werten. Ein gewährtes Überbrückungsdarlehen muss in einen Zuschuss umgewandelt werden.

Einsatz für geminderte Bedarfe

T. bezieht laufend Alg II nach einem Bedarf von 404 € + 420 € KdU. Wegen Zuflusses von Einmaleinkommen werden auf das Alg II von Mai bis Oktober monatlich 120 € angerechnet. Mit der Begründung, T. habe ein zumutbares Arbeitsangebot ohne wichtigen Grund abgelehnt, stellt das Jobcenter eine Sanktion nach § 31 Abs. 1 Nr. 2 SGB II fest und mindert den Regelbedarf im Zeitraum Juni bis August um 121,20 € monatlich. T. hat die Sanktion mit Widerspruch angefochten und setzt das Einmaleinkommen für seinen laufenden Lebensunterhalt ein. Sein deshalb im September gestellter Antrag auf ungekürztes Alg II wird für September und Oktober mit 120 € Darlehen ergänzend zum Regelbedarf von [404 € – 120 € Einmaleinkommen] + 420 € KdU beschieden. T. gewinnt die Klage gegen die Sanktion. Er hat dann nach § 48 Abs. 1 Nr. 1 SGB X Anspruch auf Umwandlung des in den Monaten September und Oktober gewährten Darlehens in einen Zuschuss bzw. auf Rückzahlung der mit den laufenden Leistungen ab November aufgerechneten Tilgungsraten. Ein Überprüfungsantrag nach § 44 SGB X muss nicht gestellt werden, die Gefahr eines Anspruchsverlustes durch Zeitablauf (§ 40 Abs. 1 Satz 2 Nr. 1 SGB II n. F.) besteht nicht.

Im Fall einer Sanktion in einer Mehr-Personen-BG kann trotz Bestandskraft der Sanktion der Einsatz von Einmaleinkommen zum Ausgleich von Sanktionsfolgen leistungsunschädlich sein.

Die Familie F., M. und gemeinsamer Sohn J. (23 Jahre alt) beziehen laufend Alg II nach einem KdU-Bedarf von jeweils 200 € (600 € Miete : 3 Personen). Wegen Zuflusses von Einmaleinkommen werden auf das Alg II der Beteiligten von Mai bis Oktober monatlich 120 € angerechnet. Weil sich J. wiederholt Eingliederungsmaßnahmen entzieht, stellt das Jobcenter eine Sanktion fest und mindert den Regelbedarf im Zeitraum Juni bis August um 100 % (§ 31b Abs. 2 Satz 2 SGB II). F. und M. haben als Mieter der Wohnung das Einmaleinkommen für den entfallenen KdU-Anteil verwendet. Der deshalb im September gestellte Antrag auf ungekürztes Alg II wird für September und Oktober so beschieden, dass F. und M. jeweils 60 € Darlehen zum Regelbedarf erhalten und das Darlehen in den Folgemonaten mit 36,40 € tilgen. Anlässlich einer Beratung wegen der Sorgen um den Sohn J. erhalten sie die Information, dass im Sanktionszeitraum Anspruch auf jeweils 300 € KdU bestand. Sie können ihren Anspruch auf eine bedarfsbezogene Abweichung vom Kopfteilprinzip mit einem Überprüfungsantrag durchsetzen und damit die Umwandlung des Darlehens in einen Zuschuss erreichen.

Bestehen aufgrund früherer Darlehen nach § 24 Abs. 1 SGB II oder wegen Erstattungsforderungen nach §§ 45, 48, 50 SGB X offene Forderungen des Jobcenters gegen einen Leistungsberechtigten, wird die in § 11 Abs. 3 SGB II geregelte Anrechnung von Einmaleinkommen nicht außer Kraft gesetzt. Das Jobcenter kann zugeflossenes Einmaleinkommen daher nicht mit Erstattungsforderungen aufrechnen. Führt die Anrechnung nach § 11 Abs. 3 SGB II zu einer Unterbrechung des Leistungsbezugs, stellt sich aber die Frage, ob dann die Befugnis besteht, das Einmaleinkommen **mit Zustimmung** des Jobcenters leistungsunschädlich für die Schuldtilgung einsetzen zu dürfen. Für Anrechnungsbeträge oberhalb des Regelbedarfs steht das außer Zweifel. Im Übrigen ist der schuldtilgende Einkommenseinsatz zulässig, wenn damit die Schuldtilgung gesichert wird (z. B. bevorstehende Berentung oder Wegzug ins Ausland). Aus anderen Gründen darf der reguläre Anrechnungsweg nicht geändert werden.

D. bezieht Alg II. Die Kosten für seine Mietwohnung sind wegen eines nicht erforderlichen Umzugs auf die frühere Miete gedeckelt worden (§ 22 Abs. 1 Satz 2 SGB II). Wegen Zuflusses von Einmaleinkommen entfällt für sechs Monate die Hilfebedürftigkeit. Um den bei Wiederbewilligung des Alg II entstandenen Anspruch auf Übernahme der Mietkosten in angemessener Höhe zu verhindern (BSG vom 17.2.2016 – B 4 AS 12/15 R), rechnet das Jobcenter die Einmalzahlung mit einem Erstattungsanspruch nach § 50 SGB X auf.
Umgekehrt hat auch ein Leistungsbezieher keinen Anspruch auf Zustimmung zu einer Schuldtilgung, wenn ihm z. B. wegen sozialer Vergünstigungen der ununterbrochene Alg II-Bezug wichtig ist.

Beispiel

Wurde Einmaleinkommen vorzeitig verbraucht, **kann** das Jobcenter ein Überbrückungsdarlehen entsprechend § 24 Abs. 4 Satz 1 SGB II gewähren. Das dem Jobcenter nach dem Wortlaut eingeräumte Ermessen ist grundsätzlich darauf verengt, ein Darlehen in der durch die §§ 20-23 SGB II definierten Höhe (Existenzminimum) zu geben. Eine »kalte« Sanktion gemäß § 31 Abs. 2 Nr. 1 oder Nr. 2 SGB II über eine Kürzung des Überbrückungsdarlehens ist rechtswidrig. Das gilt auch für den Verschwender (keine »kalte« Haftung nach § 34 SGB II).

Darlehen nach Ermessen?

Auch die Vergabe eines Überbrückungsdarlehens richtet sich nach § 42a SGB II. Ein Darlehen gibt es daher nur, soweit die vorzeitig verursachte Hilfebedürftigkeit nicht mit Schonvermögen beseitigt werden kann. Das gilt auch für Schonvermögen, das im Anrechnungszeitraum zugeflossen ist.

Verweis auf Schonvermögen

G. ist im Mai im laufenden Alg II-Bezug Einmaleinkommen zugeflossen. Die nach § 11 Abs. 3 SGB II ab Juni anzurechnenden 1/6-Beträge übersteigen seinen laufenden Bedarf. Im Juli fließt G. eine Geldsumme von 2.400 € zu, die wegen Zufluss außerhalb des Alg II-Bezugs Vermögen ist. G. kauft sich im August von dem im Mai zugeflossenen Einmaleinkommen ein Auto und beantragt für September volles Alg II. Das Jobcenter kann ein Überbrückungsdarlehen für September bis November ablehnen, weil G. seinen Bedarf von 404 € + 390 € monatlich bis zum Ende der Anrechnungsphase mit dem Schonvermögen von 2.400 € sichern kann.

Beispiel

§ 24 Abs. 4 Satz 2 SGB II n. F. lässt offen, wer im Fall eines vorzeitigen Verbrauchs das Darlehen bekommt und tilgen muss bzw. wer vorausgehend vorhandenes Schonvermögen einsetzen muss. Insoweit muss das Jobcenter das ihm in § 42a Abs. 1 SGB II eingeräumte Ermessen sachgerecht und auf den jeweiligen Einzelfall bezogen, ausüben. Grundsätz-

Wer trägt das Darlehen, wessen Vermögen ist einzusetzen?

lich ist es ermessensfehlerhaft, Minderjährige in der BG mithaften zu lassen (vgl. dazu BSG vom 18.11.2014 – B 4 AS 12/14 R). Die horizontale Verteilung des Einmaleinkommens nach § 9 Abs. 2 Satz 3 SGB II zieht nicht automatisch die horizontale Verteilung des Vorverbrauchsdarlehens nach sich. Hat z. B. der Bezieher des Einmaleinkommens dieses Einkommen für eigennützigen Konsum verwendet, wäre es ermessensfehlerhaft, dafür die übrigen BG-Mitglieder mithaften zu lassen.

Veränderungen im Anrechnungszeitraum

Veränderungen im Anrechnungszeitraum können sich auf die Berechnung des Vorverbrauchsdarlehens auswirken und sind daher zu berücksichtigen. Insoweit besteht auch eine Mitteilungspflicht der Darlehensbezieher.

Beispiel 1

Bei einem Bedarf von 404 € + 320 € = 724 € und Einkommen aus Minijob von 450 € bezieht T. ergänzend Alg II. Für ein Kfz zahlt er monatlich 32 € Haftpflichtversicherung. Einmaleinkommen in Höhe von 750 € ist in den sechs Monaten nach dem Zufluss mit 125 € monatlich (= 750 € : 6) anzurechnen. Wird der Minijob in der Anrechnungsphase des Einmaleinkommens beendet, sind die 1/6-Beträge um 32 € Kfz-Haftpflichtbeitrag und 30 € Versicherungspauschale zu bereinigen, d. h. im Überbrückungsfall nur noch mit 63 € monatlich zu berücksichtigen. Hätte T. die 750 € noch in der Zeit als Minijobber ausgegeben, wäre der Hilfebedarf mit einem Vorverbrauchsdarlehens von monatlich 125 € gedeckt worden. Nach Beendigung des Minijobs sind lediglich 63 € der gesamten Hilfeleistung von 724 € als Darlehen zu gewähren.

Beispiel 2

Bei einem Bedarf von 404 € + 320 € = 724 € und Einkommen aus Minijob von 450 € bezieht R. ergänzend Alg II in Höhe von 444 €. Zugeflossenes Einmaleinkommen in Höhe von 750 € ist in den sechs Monaten nach dem Zufluss mit 125 € monatlich anzurechnen. Im ersten Monat nach Beginn der Einmaleinkommensanrechnung wird R. für zwei Monate in größerem Umfang mit einer bedarfsdeckenden Vergütung beschäftigt. Im Alg II-Wiederbewilligungsantrag im vierten Monat der (rechnerischen) Anrechnungsphase gibt R. an, die 750 € seiner Schwester zur Tilgung einer Schuld gegeben zu haben. R. bekommt dennoch Alg II als Zuschuss, weil die Unterbrechung der Hilfebedürftigkeit mit laufendem Erwerbseinkommen auch die Anrechnungsphase für das Einmaleinkommen beendet hat.

Beispiel 3

J. ist bei einem Bedarf 404 € + 320 € = 724 € im Mai Einmaleinkommen zugeflossen, das ab Juni mit 730 € monatlich auf den Bedarf angerechnet wird. Mangels Familienversicherung ist J. nach Beendigung des Alg II-Bezugs freiwillig weiterversichert (§ 188 Abs. 4 SGB V). Mit einem Beitrag von 143,32 € zur KV und 18,80 € zur PV ist zur Vermeidung von Hilfebedürftigkeit ein Zuschuss nach § 26 SGB II in Höhe von 156,12 € zu zahlen ([724 € + 143,32 € KV + 18,80 € PV] – 730 € Einmaleinkommen). Im Juli erhöht der Vermieter die Miete um 25 €. Die 730 € decken nicht mehr den Bedarf, J. hat ab Juli Anspruch auf 6 € Alg II, womit auch die Pflichtversicherung nach § 5 Abs. 1 Nr. 2a SGB V wieder zum Zug kommt.

Ist das anzurechnende Einmaleinkommen so hoch, dass zum Abschluss der Anrechnungsphase zusammen mit vorhandenem Sparvermögen die Hilfebedürftigkeit weiterhin entfällt, liegt eine analoge Anwendung von § 24 Abs. 4 Satz 2 SGB II n. F. nahe, wenn das Restvermögen regelbedarfsneutral ausgegeben wird. § 24 Abs. 4 Satz 2 SGB II n. F. ist als Ausnahmevorschrift jedoch eng auszulegen. Es bleibt nur der Weg über eine Sanktion nach § 31 SGB II oder ggf. eine Haftung nach § 34 SGB II.

Analoge Anwendung auf Restvermögen?

Bei einem Bedarf von 404 € + 320 € = 724 € fließt K. Einmaleinkommen in Höhe von 9.600 € zu und wird mit 1.570 € monatlich angerechnet. Bei Lebenshaltungsausgaben auf dem SGB II-Niveau plus KV-/PV-Absicherung bleiben am Ende der Anrechnungsphase noch 4283,28 € vom Einmaleinkommen übrig (9.600 € – ([724 € + 143,32 € KV + 18,80 € PV] x 6) und gelten nun als Vermögen. Mit diesem Vermögen hätte der 35-jährige K, der vor dem Zufluss über ein Sparvermögen von 5.000 € verfügte, weitere drei Monate seinen Bedarf plus KV/PV-Absicherung decken können. Er kauft sich davon aber ein Auto.

Beispiel

Einmaleinkommen, das in einer Anrechnungsphase ohne Alg II-Bezug zufließt, ist nach der Zuflusstheorie Vermögen. Daher stellt sich die Frage, ob in einer Anrechnungsphase mit Darlehen wegen vorzeitigen Verbrauchs mit Blick auf einen erwarteten Einkommenszufluss auf das Darlehen verzichtet werden kann. Für einen Antrag auf reguläre Zuschussleistungen hat BSG vom 24.4.2015 – B 4 AS 22/14 R die Rücknahme des Antrags wegen einer Umgehung der Einkommensanrechnung als unzulässig gewertet. Die Gründe für diese Entscheidung dürften auch auf den Darlehensverzicht zutreffen.

Darlehens-Verzicht

Über einen nach § 8 Abs. 2 WoGG n. F. zulässigen Verzicht auf SGB II-Leistungen ist für Aufstocker ein (vorübergehender) Wechsel zum Wohngeld möglich, wenn das laufende Einkommen mit Wohngeld den Regelbedarf zu 80% deckt (15.01 Wohngeld-Verwaltungsvorschrift 2016 – BR.-Drs. 628/15).

Systemwechsel

Nach der Gesetzesbegründung soll das Darlehen nach § 24 Abs. 4 Satz 2 SGB II n. F. das aufwändige Haftungsverfahren nach § 34 SGB II entbehrlich machen. Ein generelles Verbot, den Weg über § 34 SGB II zu beschreiten, ist damit nicht verbunden. Das Jobcenter muss aber abwarten, ob der mit dem vorzeitigen Verbrauch entstandene Schaden abgestottert werden kann. Unzulässig ist es, bei einem vorzeitigen Verbrauch dennoch reguläre Leistungen zu geben, um anstelle einer 10%-Darlehenstilgung nach Abschluss der Anrechnungsphase direkt mit 30% des Regelbedarfs aufrechnen zu können (§ 34 SGB II i.V.m. § 43 SGB II).

Doppelte Haftung?

S. lebt mit K., die eine Erwerbsminderungsrente auf Zeit bezieht, zusammen. Ergänzend erhält S. Alg II und K. Sozialgeld. Im Mai fließen S. einmalig 2.400 € zu. Er meldet das dem Jobcenter, das ab Juni monatlich 370 € anrechnet (2.400 € : 6 = 400 € abzüglich 30 € Versiche-

Beispiel

rungspauschale). Im Juli kaufen sich S. und K. für 1.800 € neue Möbel. Das Alg II und Sozialgeld ab August wird mit einem Darlehen von 370 € aufgestockt, das mit je 185 € monatlich an S. und K. getrennt vergeben wird. Im Januar trennt sich K. von S. und lebt wegen der sehr geringen EM-Rente von ergänzender Sozialhilfe. Die an K. vergebene Darlehenssumme von 4 x 185 € kann daher nur noch im Dezember mit 36,40 € Sozialgeld getilgt werden. An die Sozialhilfe kommt das Jobcenter ohne Einverständnis der K. nicht heran. Hier kann das Jobcenter eine Haftung des S. nach § 34 SGB II prüfen, wenn der verbliebene Schaden auf eine sozialwidrige Geldverwendung zurückgeht.

Verschwiegenes Einmaleinkommen Fällt der vorzeitige Verbrauch verschwiegenen Einmaleinkommens in eine rechnerische Anrechnungsphase, ist ab 1.1.2017 (zur früheren Rechtslage → S. 932 ff.) bei der Rückforderung des erst nachträglich bekannt gewordenen Einmaleinkommens über die §§ 45, 48, 50 SGB X **nicht** zu bedenken, dass die Betroffenen ein Vorverbrauchsdarlehen erhalten hätten, wäre das Einkommen gemeldet worden, mit der Folge, dass die überzahlten Leistungen nur mit 10% statt 30% getilgt werden dürfen. Denn nach Ablauf der Anrechnungsphase, in der das Einkommen zu berücksichtigen gewesen wäre, fehlt es für ein Darlehen nach § 24 Abs. 4 Satz 2 SGB II n. F. an einem zu überbrückenden Hilfebedarf.

IV   Sozialgeld (Sozg)

Das Sozialgeld (Sozg) nach § 23 SGB II soll den Bedarf für hilfebedürftige, nicht erwerbsfähige Personen decken, die mit erwerbsfähigen Leistungsberechtigten in einer BG leben. Nicht erwerbsfähig i. S. von § 23 SGB II sind:

- Kinder bis zum 15. Geburtstag.
- Personen, deren Restleistungsvermögen nicht nur vorübergehend auf eine Leistungsfähigkeit von weniger als drei Stunden tägliche Erwerbstätigkeit abgesunken ist.
- Ausländer, die keine Arbeitsgenehmigung erhalten können.

Seit 1.1.2016 gelten für Sozg-Berechtigte folgende Regelbedarfe:

Höhe der Sozialgeld-Regelbedarfe 2016

Personen	Betrag	§§
Nicht erwerbsfähiger volljähriger Partner mit erwerbsfähigem volljährigen Partner	364 €	§ 20 Abs. 4 SGB II
Nicht erwerbsfähiger minderjähriger Partner mit erwerbsfähigem volljährigen Partner	306 €	§ 20 Abs. 2 Satz 2 i.V.m. § 77 Abs. 4 Nr. 1 SGB II
Nicht erwerbsfähiger minderjähriger Partner mit erwerbsfähigem minderjährigen Partner	364 €	Nicht geregelter Fall

Personen	Betrag	§§
Nicht erwerbsfähige Eltern in BG mit erwerbsfähigem Kind	**je 364 €**	§ 20 Abs. 2 Satz 2 SGB II
Nicht erwerbsfähiger Elternteil in BG mit erwerbsfähigem Kind	**404 €**	§ 20 Abs. 2 Satz 1 SGB II
Nicht erwerbsfähige Kinder vom 15. bis zum 18. Geburtstag in BG mit erwerbsfähigen/m Eltern/teil	**306 €**	§ 20 Abs. 2 Satz 2 i.V.m. § 77 Abs. 4 Nr. 1 SGB II
Kinder vom 14. bis zum 15. Geburtstag in BG mit erwerbsfähigen/m Eltern/teil	**306 €**	§ 23 Abs. 1 Nr. 1 i.V.m. § 77 Abs. 4 Nr. 4 SGB II
Kinder vom 6. bis zum 14. Geburtstag in BG mit erwerbsfähigen/m Eltern/teil	**270 €**	§ 23 Abs. 1 Nr. 1 i.V.m. § 77 Abs. 4 Nr. 3 SGB II
Kinder bis zum 6. Geburtstag in BG mit erwerbsfähigen/m Eltern/teil	**237 €**	§ 23 Nr. 1 SGB II

Das Sozg geht Ansprüchen auf Sozialhilfe nach § 27 SGB XII (HLU) vor. Dagegen verdrängen Ansprüche auf Grundsicherung nach § 41 SGB XII das Sozg. Sozg statt Sozialhilfe (HLU) erhalten daher

Vorrang – Nachrang

- dauerhaft erwerbsunfähige Kinder in der BG bis zum 18. Geburtstag;

- volljährige Leistungsberechtigte in der BG, die mehr als nur vorübergehend (voraussichtlich länger als sechs Monate), aber noch nicht dauerhaft erwerbsgemindert sind; hierzu gehören vor allem die Bezieher einer geringen Erwerbsminderungsrente auf Zeit. Sie erhalten aufstockend Sozg.

Nicht erwerbsfähige Angehörige der BG können Sozialhilfe (HLU) nicht als Auffangleistung erhalten. Für sie ist das unterste soziale Netz das Sozg. Daraus folgt, dass das Jobcenter bei Prüfung des SGB XII-Trägers, ob ein Anspruch auf Grundsicherung wegen dauerhafter Erwerbsunfähigkeit besteht, mit Sozg in Vorleistung gehen muss. Ist wegen Bezugs einer unbefristeten Erwerbsminderungsrente ein Anspruch auf aufstockende Grundsicherung nach § 41 SGB XII gegeben, der entsprechende Leistungsantrag aber noch nicht bearbeitet oder erst auf Hinweis des Jobcenters gestellt worden, ist ebenfalls bis zum Beginn der Auszahlung der Grundsicherung Sozg vorzuleisten (SG Berlin vom 10.3.2005 – S 37 AS 813/05 ER).

Vorleistungspflicht des Jobcenters

Nach § 19 Abs. 1 Satz 2 SGB II erhalten nicht erwerbsfähige Angehörige der BG Sozg, »soweit« sie keinen Anspruch auf Grundsicherung nach § 41 SGB XII haben. Aus dieser Formulierung ist zu schließen, dass allein ein Anspruch auf Grundsicherung »dem Grunde nach« (dauerhafte Erwerbsminderung), der aber wegen Anrechnung von Vermögen in den niedrigen Schongrenzen von § 90 SGB XII nicht zu einem Leistungsanspruch führt, das Sozg nicht verdrängt, sofern das Gesamtvermögen der BG im Rahmen der Schongrenzen von § 12 SGB II liegt. Der erwerbsun-

Anspruch »dem Grunde nach« genügt

fähige Partner der BG erhält daher Sozg (SG Berlin vom 18.12.2008 – S 37 AS 19304/07). Ansonsten wäre der (noch) nicht dauerhaft Erwerbsunfähige besser gestellt, wofür es keinen einleuchtenden Grund gibt.

Außerdem spricht die in der »Soweit«-Formulierung angelegte Aufstockung der Grundsicherungsleistung mit Sozg (für minderjährige haushaltsangehörige Partner einer BG von 306 € auf 364 € denkbar) für eine Verdrängung des Sozg nur im Umfang des Zahlanspruchs auf Grundsicherung. Der Haftungsverbund der BG rechtfertigt es, bei Vermögen, das zwar die Schongrenzen des § 12 SGB II unterschreitet, nach Maßgabe des § 90 SGB XII aber eingesetzt werden muss, einheitliche Schongrenzen anzusetzen; dies führt zu einem Anspruch auf Sozg statt Grundsicherung trotz dauerhafter Erwerbsunfähigkeit, es sei denn, der von § 90 SGB XII geforderte Vermögenseinsatz stellt eine besondere Härte i.S. des § 90 Abs. 3 SGB XII dar (BSG vom 18.3.2008 – B 8/9b SO 11/06 R und vom 20.9.2012 – B 8 SO 13/11 R; s.a. LSG Baden-Württemberg vom 14.4.2011 – L 7 SO 2497/10).

V   Der Härtefall-Mehrbedarf nach § 21 Abs. 6 SGB II

1   Die gesetzliche Regelung

Seit Juni 2010 gibt es für atypische Sonderbedarfe, die nicht oder nicht im erforderlichen Umfang vom Regelbedarf nach § 20 SGB II und den typisierten Mehrbedarfen nach § 21 Abs. 1 – 5 SGB II gedeckt sind, einen zusätzlichen Anspruch:

> »(6) Erwerbsfähige Hilfebedürftige erhalten einen Mehrbedarf, soweit im Einzelfall ein unabweisbarer, laufender, nicht nur einmaliger besonderer Bedarf besteht. Der Mehrbedarf ist unabweisbar, wenn er insbesondere nicht durch die Zuwendungen Dritter sowie unter Berücksichtigung von Einsparmöglichkeiten der Hilfebedürftigen gedeckt ist und seiner Höhe nach erheblich von einem durchschnittlichen Bedarf abweicht.«

2   Was bedeutet »Mehrbedarf im Einzelfall«?

Kein Raritätenkabinett

Die Einschätzung der Verfassungsrichter, der Anspruch auf einen Härtefall-Mehrbedarf »dürfte angesichts seiner engen und strikten Tatbestandsvoraussetzungen nur in seltenen Fällen entstehen«, führt zurück auf einen alten Streit zur Anwendung der erweiterten Regelleistung nach § 22 Abs. 1 Satz 2 BSHG, der Vorgängerregelung von § 28 Abs. 1 Satz 2 SGB XII a.F. Der Deutsche Verein für öffentliche und private Fürsorge hatte dazu in einem Gutachten vom 18. Februar 1988 (NDV 1988, 159) die Auffassung vertreten, es müsse eine atypische Bedarfslage bestehen, in der eine Hilfe nach Maßgabe der Regelsätze eine »unerträgliche Verfehlung des Bedarfsdeckungsprinzips« darstellen würde. So verstanden, wäre die Erweiterung des Regelsatzes auf extreme Ausnahmesituationen beschränkt geblieben. Die Verwaltungsgerichte sind dem aber überwiegend nicht gefolgt, mit der guten Begründung, der Gesetzgeber habe mit § 22 Abs. 1 Satz 2 BSHG nicht nur »unerträgliche« Folgen der schematisierten Regelsatzbestimmung verhindern, sondern erreichen wollen, dass das Bedarfsdeckungsprinzip stets verwirklicht werde (OVG Lüneburg vom 12.12.1990 – 4 A 30/88).

Zur Vermeidung einer willkürlichen Schlechterstellung SGB II-Leistungsberechtigter im Vergleich zu Leistungsberechtigten nach dem SGB XII kann dem Begriff »Mehrbedarf im Einzelfall« in § 21 Abs. 6 SGB II nicht entnommen werden, dass damit nur Besonderheiten gemeint sind, die sehr selten auftreten. Angesichts der Verankerung des Existenzminimums in Art. 1 GG und der Pflicht zur Deckung eines »besonderen Bedarfs« in § 9 Satz 1 SGB I kann § 21 Abs. 6 SGB II auch nicht so verstanden werden, dass nur grundrechtlich besonders geschützte Bedarfe (wie z.B. das Umgangsrecht nach Art. 6 GG) erfasst sind. Eine Besonderheit des Einzelfalles im Sinne von § 21 Abs. 6 SGB II liegt vielmehr schon dann vor, wenn der Leistungsberechtigte einen Bedarf geltend macht, der bei der generalisierenden Bemessung der Regelbedarfe nicht berücksichtigt worden ist und, weil einzelfallabhängig, auch nicht berücksichtigt werden konnte (BVerwG vom 15.12.1994 – 5 C 55.92).

Willkürverbot

Der Anwendungsbereich von § 21 Abs. 6 SGB II endet folglich dort, wo ein Zusatzbedarf besteht, der in einer Vielzahl von Fällen auftritt (z.B. Nachhilfeunterricht zur Verbesserung der Noten) oder der für bestimmte Personengruppen typisch ist (wachstumsbedingter Bekleidungsbedarf bei Kindern, dazu BSG vom 23.3.2010 – B 14 AS 81/08 R; typischerweise gesteigerter Ernährungsbedarf Heranwachsender, dazu BVerwG vom 15.12.1994 – 5 C 55.92).

Nicht für gruppentypische Bedarfe

Wie schwierig die Abgrenzung eines typischen Zusatzbedarfs zu einem besonderen Zusatzbedarf sein kann, verdeutlicht das LSG Baden-Württemberg vom 29.6.2011 – L 2 SO 5698/10. Hier ging es darum, ob der Sozialhilfeträger die Versorgung mit Implantaten bei einer Kiefernatrophie (das Gebiss hält nicht mehr) ermöglichen muss. Das LSG verneint den Anspruch u.a. mit der Begründung, dass die Kieferatrophie bei älteren Menschen häufig vorkomme und darum nicht in den Leistungskatalog der gesetzlichen Krankenversorgung nach § 29 SGB V aufgenommen worden sei. Es fehle somit an der Voraussetzung eines Zusatzbedarfs im besonderen Einzelfall.

3   Laufender, nicht nur einmaliger Sonderbedarf

§ 21 Abs. 6 SGB II stellt auf einen »laufenden« in Abgrenzung zu einem einmaligen besonderen Bedarf ab. Ein dauerhafter Bedarf, d.h. ein Bedarf, der länger als sechs Monate anhält, wird nicht vorausgesetzt. Es ist auch nicht erforderlich, dass der Sonderbedarf regelmäßig anfällt (vgl. BayVGH vom 12.7.2000 – 12 CE 99.518; ange-

Laufender Bedarf

deutet in BSG vom 18.11.2014 – B 4 AS 4/14 R). Unzutreffend daher das LSG NRW vom 28.4.2010 – L 12 AS 34/09, wonach es sich bei einem geltend gemachten Zusatzbedarf infolge eines Krankenhausaufenthalts schon deshalb nicht um einen Sonderbedarf im Sinne des BVerfG vom 9.2.2010 – 1 BvL 1/09 handeln soll, weil der Betreffende nur drei Monate im Krankenhaus war (s. auch BayLSG vom 25.6.2010 – L 7 AS 404/10 B ER: Salbe für Akutbehandlung).

Es ist nach wie vor ungeklärt, ob und ggf. wann ein Zusatzbedarf, der nicht mehrfach in einem Bewilligungszeitraum anfällt, einen Anspruch nach § 21 Abs. 6 SGB II begründet. Unter dem Gesichtspunkt, dass die Regelung geschaffen wurde, um Aufwendungen aufzufangen, die den Leistungsberechtigten bei Übernahme mit einem Zusatzdarlehen nach § 24 Abs. 1 SGB II überfordern würden, können höhere Aufwendungen, selbst wenn sie im Bewilligungszeitraum nur einmal anfallen (z. B. Flugkosten für den Auslandsbesuch des minderjährigen Kindes nach Trennung der Eltern), als Sonderbedarf zu übernehmen sein, weil sie ihrer Art nach wiederkehrend sind. Weil auf lange Sicht fast alle Bedarfe wiederkehrend sind, bietet sich als Kriterium zur Abgrenzung eines einmaligen von einem laufenden Bedarf der **seit 1.8.2016** nach § 41 Abs. 3 SGB II n.F. regelmäßige Jahreszeitraum für eine Bewilligung an; d. h. wenn der geltend gemachte Zusatzbedarf voraussichtlich mehr als einmal im Jahr anfällt, handelt es sich um einen von § 21 Abs. 6 SGB II erfassten Bedarf (s. dazu auch LSG NRW vom 12.6.2013 – L 7 AS 138/13 B; LSG Baden-Württemberg vom 28.4.2014 – L 13 AS 5379/13 B). Erkennt das Jobcenter oder das Sozialgericht einen Sonderbedarf aus Gründen der Kostenbegrenzung nur als einmal im Jahr übernahmefähigen Bedarf an (so SG Koblenz vom 14.9.2011 – S 6 AS 722/11 für Flugreise zum in den USA lebenden Kind), kann das nicht als Argument für einen dem Wesen nach nur einmalig anfallenden Sonderbedarf herangezogen werden.

Abgrenzung einmaliger – laufender Bedarf

Umschlag Quantität in Qualität?

Ein laufender Bedarf schlägt nicht in eine einmalige Sonderleistung um, wenn er geringer als erwartet ausfällt (Beispiel: Die vereinbarten Umgangskontakte stocken wegen Problemen mit dem anderen Elternteil oder dem Kind). Erst wenn klar ist, dass der Bedarf nur noch gelegentlich benötigt wird, entfällt der Anspruch nach § 21 Abs. 6 SGB II. Dann stellt sich die Frage, ob der gelegentliche Mehrbedarf über ein Darlehen nach § 24 Abs. 1 SGB II oder vom Sozialhilfeträger nach § 73 SGB XII getragen werden muss. Dies könnte von der Höhe der Kosten abhängen.

Pass-/Ausweis-Gebühren

Weil die Gebühren für technisch aufwändige Dokumente erheblich sind, haben sich die Gerichte schon mehrfach mit der Frage befassen müssen, ob die Gebühren als Sonderbedarf zu übernehmen sind. Die Frage stellt sich seit Neufassung der Regelbedarfe vom 1.1.2011 in verschärfter Form, weil im Regelbedarf ein Ansparbetrag für Ausweisdokumente von 0,25 €/Monat vorgesehen ist und die Auffassung vertreten wird, dass die Ausweisbehörde nicht ermessensfehlerhaft handele, wenn sie das ihr nach § 1 Abs. 6 PAuswGebV zustehende Ermessen, die Gebühr

zu ermäßigen oder ganz von ihrer Erhebung abzusehen, in der Weise
ausübt, dass sie auf Ansparungen aus dem Regelsatz oder Ansprüche
gegen das Jobcenter verweist (s. etwa OVG Berlin-Brandenburg vom
28.3.2014 – 5 M 10/14). Hilfe vom Jobcenter gibt es aber nur als Darlehen nach § 24 Abs. 1 SGB II, weil der Bedarf strukturell vom Regelbedarf umfasst ist und auch nur gelegentlich anfällt (dazu LSG Baden-
Württemberg vom 21.10.2011 – L 12 AS 2597/11; SG Karlsruhe vom
3.9.2014 – S 8 AS 855/13; s. auch SG Aachen vom 5.6.2012 – S 20 SO
179/11 und vom 16.7.2013 – S 20 SO 66/13; LSG NRW vom 18.5.2015 –
L 20 SO 355/13). Letztlich schlägt sich hier die Schwäche des Statistik-
modells nieder, das selten auftretende Bedarfe nur unzulänglich erfasst
(dazu BVerfG vom 23.7.2014 – 1 BvL 10/12, Rn. 120). Unhaltbar ist daher die Ablehnung eines Darlehens mit der Begründung, die Gebühren
für einen neuen Personalausweis seien seit langem vorhersehbar und
müssten daher angespart werden (sehr gut begründet vom VG Darmstadt vom 30.9.2013 – 5 K 1497/12.DA; VG Berlin vom 21.4.2016 – VG
23 K 329.15; so aber LSG Sachsen vom 9.12.2013 – L 3 AS 1800/13 B
PKH).

Unterstützung gegen ablehnende Bescheide auf Gebührenermäßi-
gungs-Anträge bietet VG Berlin vom 21.4.2016 – VG 23 K 329.15: Gebührenbefreiung bei Alg II-Bezug und die Entscheidung des BVerfG
vom 9.11.2011 – 1 BvR 665/10. Danach muss zur Vermeidung einer
willkürlichen Ungleichbehandlung auch Beziehern kleiner Einkommen, die nach Abzug der Rundfunk- und Fernsehgebühr hilfebedürftig
würden, eine Gebührenbefreiung zugestanden werden. Es könnte danach Art. 3 GG verletzt sein, wenn zwar Bezieher kleiner Einkommen
in Höhe der SGB II-Bedarfe von der Ausweis-/Passgebühr befreit werden, nicht aber Alg II-Bezieher.

Fallen ungewöhnlich hohe Kosten für Dokumente an (z.B. Klärung
von Identitäts- oder Legitimationsfragen zum Zweck einer Heirat)
oder entsteht der Bedarf als notwendiger Zusatz zu einem § 21 Abs. 6
SGB II-Bedarf (Reisepass für einen Flug zum Umgangskind), stellt
sich die Frage, ob dieser strukturelle, atypische Einmalbedarf als Zuschuss (s. dazu LSG NRW vom 23.5.2011 – L 20 AY 19/08; SG Karlsruhe vom 29.8.2013 – S 1 SO 4002/12 über § 73 SGB XII) oder nur als
Darlehen übernommen werden kann (so LSG NRW vom 28.1.2013 – L
12 AS 1836/12 NZB; s. auch BayLSG vom 27.1.2015 – L 8 SO 306/14 B
ER).

Teurer Dokumenten-Bedarf?

Dieselbe Frage stellt sich für Aufwendungen, die ihrer Natur nach nur
gelegentlich auftreten, aber mit hohen Kosten verbunden sind (z.B. Reise zur Hochzeit, Beerdigung etc.). Ob es für SGB II-Leistungsberechtigte
nach dem BVerfG-Urteil vom 23.7.2014 dafür nur ein Darlehen nach
§ 24 Abs. 1 SGB II gibt, muss gerichtlich geklärt werden.

Hoher Sonder-bedarf?

Befindet sich der Leistungsberechtigte unverschuldet in einer Situation, die häufig, aber nicht laufend Zusatzkosten auslöst, kann daraus
eine dauerhafte Überforderung erwachsen, wenn diese Kosten nur
über ein Darlehen nach § 24 SGB II gedeckt werden. Hier wäre es

Umwandlung Einmalbedarf in laufenden Sonderbedarf?

aus Sicht eines Menschen mit geringen Einkünften sinnvoll, eine Versicherung abzuschließen (Brillenversicherung bei Epilepsie, Versicherung für Zahnreinigung oder Zahnersatz bei Problemgebiss etc.). Ein über § 21 Abs. 6 SGB II zu erfüllender Sonderbedarf erwächst dann in Form einer Übernahme der Versicherungsbeiträge.

4   Unabweisbarer Bedarf

Zur Gewährung eines Darlehens nach § 24 Abs. 1 SGB II wird gefordert, dass der Bedarf, der mit dem Darlehen befriedigt werden soll, unabweisbar ist. Darunter verstehen die Sozialgerichte, dass die Bedarfsdeckung unaufschiebbar ist und nicht auf anderweitige Art und Weise gedeckt werden kann. Diese Definition der Unabweisbarkeit gilt auch für § 21 Abs. 6 SGB II.

4.1   Erhebliche Abweichung vom Durchschnittsbedarf

Der von den Gerichten zu § 23 Abs. 1 SGB II a. F. entwickelte Erheblichkeitsmaßstab – frühestens bei einer Bedarfsunterdeckung von 20 % (LSG NRW vom 14.7.2006 – L 1 B 23/06 AS ER) oder der Tilgungsbetrag nach § 42a SGB II (dazu BSG vom 4.6.2014 – B 14 AS 30/13 R) – ist auf den Mehrbedarf nach § 21 Abs. 6 SGB II nicht übertragbar. Dagegen steht, dass der Mehrbedarf laufend anfällt und schon deshalb geringere Beträge genügen, um den Leistungsberechtigten in eine Notlage zu bringen. Außerdem sind im Rahmen der Neubestimmung der Regelbedarfe die Bedarfspositionen so knapp bemessen worden, dass über Mittelverschiebungen im Regelbedarf Einsparpotentiale in Höhe des Zusatzbedarfs kaum erschlossen werden können (so schon zu § 20 a. F. LSG Niedersachsen-Bremen vom 24.2.2010 – L 7 AS 1446/09 B ER; im Ergebnis von BVerfG vom 23.7.2014 – 1 BvL 10/12 bestätigt).

Einzelfall-
entscheidung

Ein bestimmter, allgemein verbindlicher Kostenbetrag, ab dem eine erhebliche Abweichung vom Durchschnittsbedarf vorliegt, kann nicht festgelegt werden, zumal sich individuelle Unterschiede auch daraus ergeben, ob und in welchem Umfang der Leistungsberechtigte noch anderweitige Zahlungsbelastungen (laufende Darlehenstilgung nach § 42a Abs. 1 SGB II, Aufrechnung nach § 43 SGB II) erfüllen muss oder ihm nur gekürzte Leistungen wegen einer Sanktion nach § 31a SGB II zur Verfügung stehen.

Orientierungs-
werte

Orientierungswerte lassen sich der Rechtsprechung zu § 22 Abs. 1 Satz 2 BSHG und zu § 28 Abs. 1 Satz 2 SGB XII a. F., § 27a Abs. 4 SGB XII entnehmen. So hat beispielsweise das LSG NRW vom 29.7.2009 – L 12 SO 51/08 einen Monatsbetrag von 9 € für Betreuungsleistungen als erheblich abweichenden Bedarf beurteilt (a. A. LSG NRW vom 25.2.2011 – L 19 AS 2146/10 B: bei 8 € monatlicher Belastung). Bei dauerhaften Erkrankungen genügen den SGB XII-Trägern Beträge um die 10 € zur Erweiterung des Regelsatzes nach § 27a Abs. 4 SGB XII. Das BSG vom 19.8.2010 – B 14 AS 13/10 R hält einen Betrag von monatlich 20,74 € für erheblich. Einen allgemeinen Bagatellbetrag gibt es nicht (BSG vom 18.11.2014 – B 4 AS 4/14 R). Das BSG vom 26.5.2011 – B 14 AS 146/10 R hat angedeutet, dass ein geltend gemachter Sonderbedarf wegen einer Erkrankung, der die Höhe des Regelbedarfsanteils für die Gesundheitspflege nicht übersteige, keinen Anspruch begründen könne. Ebenso LSG NRW vom 24.2.2011 – L 7 AS 1487/10; LSG Sachsen vom 19.1.2012 – L 3 AS 39/10, wenn Fahrkosten für Krankenbesuche unter dem Regelbedarfsanteil für Verkehr liegen. Das OVG Lüneburg vom 25.9.1996 – 4 L 4040/95 hatte wegen einer doppelten Grundgebühr bei Bezug von Strom und Gas eine Erweiterung des Regelsatzes nach § 22 Abs. 1 Satz 2 BSHG erwogen, einen Anspruch wegen des sparsamen Energieverbrauchs der Hilfeempfänger aber verworfen.

4.2   **Vorrangige Einsparmöglichkeit**

Die Verfassungsrichter verweisen den Leistungsberechtigten vor Inanspruchnahme eines Sonderbedarfs auf Einsparmöglichkeiten. Auch dies hat der Gesetzgeber in § 21 Abs. 6 SGB II aufgenommen, obwohl für atypische Bedarfslagen gerade kennzeichnend ist, dass sie keinen Spielraum für Ansparleistungen lassen. In der Begründung zum Einmalbedarf nach § 24 Abs. 3 Nr. 3 SGB II wird das ausdrücklich – wenn auch dort verfehlt – hervorgehoben (BT-Drs. 17/3404, S. 169). Näheres zu diesem Wertungswiderspruch bei Mrozynski, ZfSH/SGB 2012, S. 75 ff.

Schon die Voraussetzung, dass der Mehrbedarf »erheblich« vom Durchschnittsbedarf abweichen muss, dürfte ein Ansparen durch Mittelumschichtungen aus den Regelbedarfen seit 2011 ausschließen. Vor der in § 10 RBEG zugesagten Weiterentwicklung der Regelbedarfe bleiben vor allem die für Kinder und Jugendliche festgesetzten Beträge erheblicher Kritik ausgesetzt, so dass ein Verweis auf Einsparleistungen nur seriös ist, wenn **konkret** gesagt wird, wie Umschichtungen ohne Bedarfsunterdeckung möglich sein sollen. Ansonsten würde § 21 Abs. 6 SGB II zu einer Lebensführung unterhalb des Existenzminimums zwingen, weil dauerhaft Teile der regulären Leistungen für den atypischen Sonderbedarf eingesetzt werden müssten (dazu SG Bremen vom 18.2.2011 – S 22 AS 2474/10 ER).

Einsparung aus dem laufenden Regelbedarf?

Gänzlich ausgeschlossen ist der Verweis auf Mittelumschichtungen, wenn Zusatzbelastungen oder Kürzungen ein Ansparen unmöglich gemacht haben oder noch machen (frühere oder noch laufende Darlehenstilgung nach § 42a SGB II, Aufrechnung nach § 43 SGB II, Sanktionen nach § 31a SGB II, Ratenzahlung für größere Anschaffungen oder Reparaturen, Zahlung von Unterkunftskosten aus dem Regelbedarf wegen einer Kostensenkung nach § 22 Abs. 1 Satz 2 SGB II).

Prüfung des Leistungsverlaufs

Verweis auf Mehrbedarfs-pauschale nach § 21 SGB II?

Nach BVerfG vom 23.7.2014 – 1 BvL 10/12, Rn. 118 ist ein pauschaler Verweis auf die soziokulturellen Regelbedarfsanteile als Ausgleichs-masse für andere Bedarfspositionen unzulässig; erst recht gilt das für Mehrbedarfe, auch wenn diese nicht voll ausgeschöpft werden müs-sen (a. A. BSG vom 24.2.2016 – B 8 SO 13/14 R).

Verweis auf ungenutzte Einmalleistungs-pauschale?

Die Regelbedarfe nach § 20 SGB II sind so konzipiert, dass auf den Be-trag, der für die regulären Lebenshaltungskosten anfällt, ein Betrag für Einmalleistungen (Neukauf eines Möbelstücks, Reparatur des Fahrrads etc.) in Höhe eines Pauschalbetrages der durchschnittlichen Einmalleistungen im früheren Sozialhilferecht aufgesattelt wird. Das BVerfG hat diese Konstruktion gebilligt und sie bestimmt auch die Re-gelbedarfe seit 2011. Wird die Einmalleistungspauschale nicht ge-braucht, entsteht zwar ein fassbarer Einsparbetrag, dennoch wird der Leistungsberechtigte vor Gewährung eines Mehrbedarfs nach § 21 Abs. 6 SGB II schon deshalb nicht auf die Nutzung dieses Betrages ver-wiesen werden können, weil auch der Mehrbedarf nach § 21 Abs. 6 SGB II vorschüssig (§ 41 Abs. 1 SGB II) gezahlt wird und nicht unter den Vorbehalt eines Nichtgebrauchs der Einmalzahlungspauschale ge-stellt werden kann.

Keine Lebens-führungskontrolle

Überhaupt ließe sich der in manchem Ablehnungsbescheid, aber auch Gerichtsurteil so unbedacht verwendete Verweis auf Ansparleis-tungen nur mit einer umfassenden Lebensführungskontrolle bestäti-gen, die mit der Achtung des Persönlichkeitsrechts nicht in Einklang zu bringen ist. So könnte nur bei Überprüfung des gesamten Einkäufe des Leistungsberechtigten ermittelt werden, ob er die im Regelsatz vorgesehenen Beträge für Ernährung oder Bekleidung auch ver-braucht hat. Doch selbst wenn er statt Kleidung höherwertige Nah-rungsmittel gekauft hat, könnte er dann darauf verwiesen werden, bei Einkauf im Discounter hätte der Regelbedarf für den Kauf der we-gen einer Neurodermitis benötigten Salben gereicht?

Kürzung um über-schneidende Regelbedarfe?

Selbst wenn der Mehrbedarf Kosten decken soll, die als Position im Re-gelbedarf bereits enthalten sind, widerspräche eine Kürzung des Mehr-bedarfs um diese Bedarfsanteile der Ausgestaltung der Regelbedarfe zu festen Pauschalen (BSG vom 18.6.2008 – B 14 AS 22/07 R). Als Umge-hung des BSG vom 4.6.2014 – B 4 AS 30/13 R erst recht unzulässig ist ein pauschaler Abzug von 10% des Regelbedarfs als vermeintliche Einspar-möglichkeit (BSG vom 18.11.2014 – B 4 AS 4/14 R). Mit der Neuschaf-fung eines Mehrbedarfs nach § 21 Abs. 6 SGB II hat der Gesetzgeber ge-rade nicht die Gestaltung eines um Aufwandsersparnisse verminderba-ren Regelbedarfs gewählt. Im Übrigen wäre selbst im SGB XII eine Kürzung nur zulässig, soweit sich der Mehrbedarf konkret mit einer Re-gelbedarfposition überschneidet (LSG NRW vom 29.7.2009 – L 12 SO 51/08 unter Verweis auf BSG vom 11.12.2007 – B 8/9b SO 21/06 R).

Verweis auf Schonvermögen?

Die restriktiven Vorgaben des BVerfG vom 9.2.2010 – 1 BvL 1/09 las-sen eine sehr kontroverse Rechtsprechung zur Verweisung auf zusätz-liche SGB II-Leistungen oder geschonte Eigenmittel vor Inanspruchnahme des Mehrbedarfs nach § 21 Abs. 6 SGB II befürchten. Zu denken ist hier in erster Linie an Schonvermögen nach § 12 Abs. 2 Nr. 1, 1a und 4 SGB II. Mit dem Freibetrag nach Nr. 4 soll sichergestellt werden, dass Ansparungen für größere Anschaffungen konsequenterweise bei der Vermögensanrechnung unberücksichtigt bleiben. Folgerichtig ist der Anschaffungsfreibetrag einzusetzen, bevor für einen vom Regelbedarf umfassten Bedarf eine zusätzliche Leistung erbracht wird. Ob die Jobcenter darüber hinaus auch auf andere Schonvermögensbeträge verweisen können, müssen die Sozialgerichte klären.

Problematisch ist der Verweis auf die Freibeträge für Erwerbstätigkeit. Denn sie dienen zum einen der Finanzierung berufstypischer Mehraufwendungen, zum anderen sind sie ein Anreiz zur Aufnahme und Ausübung der Erwerbstätigkeit. Zumindest soweit berufstypische Mehraufwendungen abgegolten werden, kann der Erwerbstätige zur Finanzierung des Mehrbedarfs nach § 21 Abs. 6 SGB II nicht auf die Freibeträge verwiesen werden. Das SG Halle vom 19.3.2010 – S 7 AS 1072/10 ER lässt es insoweit an der nötigen Differenzierung fehlen.

Verweis auf die Freibeträge für Erwerbstätigkeit?

Der Einsatz privilegierten Einkommens benachteiligte Leistungsberechtigte mit Anspruch auf einen Mehrbedarf nach § 21 Abs. 6 SGB II im Vergleich zu Leistungsberechtigten nach dem SGB XII, die ohne einen solchen Einkommenseinsatz Anspruch auf den erweiterten Regelbedarf nach § 27a Abs. 4 SGB XII haben. Ein sachlicher Grund ist dafür nicht erkennbar. Erst recht gilt das für erwerbsunfähige Menschen, die mit Alg II-Leistungsberechtigten in einer BG leben und Anspruch auf Sozg statt Sozialhilfe haben. Soweit in der Rechtsprechung vor einem Hilfeeinsatz der Verbrauch privilegierten Einkommens verlangt wird, betrifft das Fälle verschuldeter Notsituationen (s. z.B. LSG NRW vom 24.3.2010 – L 12 B 120/09 SO ER: Einsatz von Ehrensold zur Tilgung von Mietschulden).

Verweis auf privilegiertes Einkommen?

Kann der Mehrbedarf durch den zumutbaren Einsatz zusätzlicher oder geschonter Mittel getragen werden, stellt sich die Frage, wie zu verfahren ist, wenn der Hilfebedürftige solche Einsparungen nicht nutzt bzw. nicht genutzt hat. Eine gänzliche Ablehnung des Mehrbedarfs verstößt gegen den Grundsatz der Bedarfsdeckung. Die Jobcenter müssen daher zumindest ein Darlehen nach § 24 SGB II gewähren. Eine Verwirkung des Anspruchs oder ein Wegfall durch bisheriges »Überleben« ohne Mehrbedarf gibt es im SGB II nicht (BSG vom 28.10.2009 – B 14 AS 56/08 R).

Verweis auf fiktive Ansparbeträge?

4.3   Keine vorrangige Hilfe Dritter

Vor Inanspruchnahme des Mehrbedarfs nach § 21 Abs. 6 SGB II ist stets zu prüfen, ob ein anderer Sozialleistungsträger oder ein sonstiger Dritter für den Mehrbedarf aufkommen muss. Das kann bei Aufwendungen für die Gesundheit die Krankenkasse sein, bei schulischem Sonderbedarf das Jugendamt (§ 35a SGB VIII) oder das

Sozialamt (§§ 53, 54 SGB XII), bei Kindern sind auch besondere zivil-rechtliche Ansprüche gegen den unterhaltspflichtigen Elternteil denk-bar. Beruht der Mehrbedarf auf einem Unfall, kommen Ersatzansprü-che gegen eine Versicherung oder den Schädiger in Betracht.

Partner in der BG   Vom Leistungsberechtigten mit Anspruch auf den Mehrbedarf nach § 21 Abs. 6 SGB II kann nicht verlangt werden, vor Inanspruchnahme des Mehrbedarfs den Einsatz von Schonvermögen des Partners oder des Freibetrages aus Erwerbsarbeit, die der Partner erbringt, zu for-dern.

5   **Vorrangige Regelansprüche nach dem SGB II**

Besondere Heiz- oder Unterkunfts-kosten   Sind die benötigten Zusatzaufwendungen den Heiz- oder Unterkunftskosten zuzurechnen, sind sie unter dem Aspekt der indi-viduellen Angemessenheitsprüfung im Rahmen des § 22 Abs. 1 SGB II zu übernehmen. § 21 Abs. 6 SGB II gilt nicht.

Besonderer Bekleidungs-bedarf   Muss infolge einer krankhaften Gewichtszu- oder -abnahme die Be-kleidung komplett oder weitgehend ausgewechselt werden, ist das über den Mehrbedarf nach § 24 Abs. 3 Nr. 2 SGB II zu regeln (SG Lüneburg vom 15.2.2010 – S 32 SO 3/10 ER; LSG Berlin-Brandenburg vom 25.2.2010 – L 34 AS 24/09; LSG Hamburg vom 27.10.2011 – L 5 AS 342/10; LSG NRW vom 7.11.2011 – L 19 AS 1468/11 B).

6   **Bewilligungsverfahren**

Mit dem regulären Alg II-Antrag sind im Zweifel alle Leis-tungen beantragt worden, auf die ein Anspruch besteht (zum Mehr-bedarf nach § 21 Abs. 6 SGB II s. LSG NRW vom 4.3.2014 – L 19 AS 1516/13 B). Entsteht der Anspruch auf den Mehrbedarf in einem lau-fenden Bewilligungsabschnitt, ist das ein Fall von § 48 Abs. 1 Nr. 1 SGB X. Der Anspruch ist auch ohne ausdrücklichen Antrag ab dem Tag seiner Entstehung zu erfüllen. Die BSG-Rechtsprechung zu An-sprüchen auf Übernahme einer Betriebskostennachforderung (BSG vom 22.3.2010 – B 4 AS 62/09 R) und zu Klassenfahrten (BSG vom 23.3.2010 – B 14 AS 6/09 R) ist insoweit auf den Mehrbedarf nach § 21 Abs. 6 SGB II übertragbar (so ausdrücklich LSG NRW vom 12.1.2011 – L 19 AS 2136/10 B ER). Das gilt nach § 37 Abs. 1 SGB II nicht mehr für die Einmalsonderleistungen nach § 24 Abs. 3 SGB II und die Bildungs-/Teilhabeleistungen nach § 28 SGB II. Im SGB XII muss der Sozialhilfeträger Sonderbedarfe nur erfüllen, wenn er da-von Kenntnis hat (BSG vom 20.4.2016 – B 8 SO 5/15 R).

VI   ABC der Sonderleistungen

Die folgende Auflistung gibt Auskunft über die im Nachgang zum BVerfG-Urteil vom 9.2.2010 von den Sozialgerichten entschiedenen Ansprüche auf Sonderleistungen. Sie ist nicht abschließend.

Außerdem werden Urteile zur Erweiterung des Sozialhilfe-Regelsatzes nach § 22 Abs. 1 Satz 2 BSHG, § 28 Abs. 1 Satz 2 SGB XII a. F. und § 27a Abs. 4 SGB XII genannt. Sie können als Orientierungsmaßstab zur Beurteilung, wann ein erheblich vom Durchschnitt abweichender Sonderbedarf vorliegt, herangezogen werden. Soweit eine Erweiterung des Regelsatzes nach § 22 Abs. 1 Satz 2 BSHG, § 28 Abs. 1 Satz 2 SGB XII a. F. oder § 27a Abs. 4 SGB XII abgelehnt wurde, dürfte es auch an den Voraussetzungen für einen SGB II-Sonderbedarf fehlen.

Ob Ansprüche auf Leistungen **für einmalig anfallende Sonderbedarfe** im SGB II nur über ein Darlehen nach § 24 Abs. 1 SGB II erfüllt werden können, ist noch nicht abschließend geklärt. Handelt es sich um einmalige Aufwendungen, die nicht vom Regelbedarf umfasst werden, sind Ansprüche gegenüber dem SGB XII-Träger zu prüfen (§ 73 SGB XII).

Soweit Meinungsverschiedenheiten darüber bestehen, ob die SGB II- oder die SGB XII-Träger den Sonderbedarf erfüllen müssen, ist bei unaufschiebbarer Bedarfsdeckung der zuerst angegangene Träger leistungspflichtig (§ 43 SGB I).

Arzneimittel
→ Medizinische Versorgung

Assistenz, persönliche
- für Kindergartenbesuch
  Nein – Leistung der Eingliederungshilfe nach § 54 SGB XII (LSG NRW vom 27.8.2015 – L 8 SO 177/15 B ER; SG Fulda vom 28.1.2016 – S 7 SO 55/15 R).
- für Besuch der Werkstatt für behinderte Menschen
  Ja – von der AA (LSG Sachsen-Anhalt vom 27.11.2014 – L 2 AL 41/14 B ER).

Ballettunterricht
Nein – LSG Niedersachsen-Bremen vom 9.5.2012 – L 13 AS 10/11.

Beiträge zur Hausratversicherung
Nein – LSG Berlin-Brandenburg vom 30.4.2015 – L 32 AS 1916/13.

Beiträge zur privaten Krankenversicherung
Seit dem BSG-Urteil vom 18.1.2011 – B 4 AS 108/10 R übernehmen die Jobcenter Beiträge zur PKV bis zur Höhe des halben Basistarifs (**ab 1.1.2017** in § 26 SGB II n. F. ausdrücklich geregelt). Davor waren die PKV-Beiträge nur in Höhe der Beiträge übernommen worden, die für Alg II-Pflichtversicherte zu tragen waren. Hatten sich die Betroffenen dagegen nicht gewehrt, ist für etwaige Ansprüche vor dem 18.1.2011 zu unterscheiden:

Beitragsschulden

wegen Nichtzahlung der halben Beiträge zum Basistarif:

Keine Übernahme nach § 21 Abs. 6 SGB II, da der Verband der privaten Krankenversicherungen e. V. nach Auskunft des BMAS mitgeteilt hat, dass die privaten Versicherungsunternehmen grundsätzlich bereit seien, auf die durch die Begrenzung des Zuschusses nach § 26 SGB II entstandenen Beitragsschulden zu verzichten, sofern es sich um Schulden zwischen Januar 2009 und Januar 2011 und ausschließlich um Zahlungsrückstände aufgrund der Deckungslücke zwischen dem vom Jobcenter übernommenen Beitrag und dem halben Basistarif-Beitrag handelt; Prämienzuschläge wegen Nichtabschluss einer Versicherung sind nach den in § 193 Abs. 4 VVG genannten Bedingungen zu erlassen.

Beitragslast

- wegen Selbstzahlung des nicht übernommenen Beitragsteils:
  Streitig, s. dazu SG Chemnitz vom 9.3.2010 – S 3 AS 462/10 ER: **Ja**; BayLSG vom 22.7.2010 – L 7 AS 414/10 B ER: **Nein**; BayLSG vom 25.10.2010 – L 16 AS 599/10 B ER: **Offen gelassen**; LSG Sachsen-Anhalt vom 14.4.2010 – L 2 AS 16/10 B ER: **Nein**; HessLSG vom 22.3.2010 – L 9 AS 570/09 B ER: **Nein**;
- wegen höherer Beiträge als im halben Basistarif zu zahlen gewesen wären:
  Keine Übernahme nach § 21 Abs. 6 SGB II, da insoweit kein angemessener Bedarf, Wechsel zum Basistarif war zumutbar;
- wegen Nichtversicherung nach § 193 Abs. 4 VVG:
  Keine Übernahme nach § 21 Abs. 6 SGB II – LSG Niedersachsen-Bremen vom 28.3.2012 – L 9 AS 1241/11 B ER: Nur einmaliger Bedarf.

Beiträge zur privaten Pflegeversicherung

Hier gelten dieselben Grundsätze wie für die KV-Beiträge (BSG vom 16.10.2012 – B 14 AS 11/12 R).

Beiträge zur Rentenversicherung bei Künstlern

Nein – nur als Abzugsposten von Einkommen (BayLSG vom 29.1.2015 – L 7 AS 130/14).

Bekleidungsüber- oder Untergrößen

Ja – LSG Berlin-Brandenburg vom 4.4.2011 – L 15 SO 41/11 NZB zur vergleichbaren Situation im SGB XII; s. auch BSG vom 24.2.2016 – B 8 SO 13/14 R.

Besuch

Ja

- des inhaftierten Sohnes
  BayLSG vom 10.7.2012 – L 7 AS 963/10.
- erkrankter Angehöriger
  Zur Situation im SGB XII s. BSG vom 20.4.2016 – B 8 SO 5/15 R.

Nein

- von Sport- und Kulturveranstaltungen für Personen ab dem 18. Geburtstag
  BayLSG vom 26.2.2010 – L 8 SO 129/09, auch wenn sie das bisherige Leben des Hilfebedürftigen besonders geprägt haben; BVerwG vom 28.3.1996 – 5 C 32.95: freiwillige Musikarbeitsgemeinschaft.
- des im Ausland lebenden Ehegatten
  HessLSG vom 6.7.2012 – L 7 AS 275/12 B ER.

- des im Ausland lebenden Kindes
  LSG Thüringen vom 19.3.2014 – L 4 AS 1560/12; Revision anhängig
  – B 4 AS 27/14 R.
- des Grabes der Eltern
  Vgl. dazu HessLSG vom 8.3.2013 – L 9 SO 52/10.
- von Verwandten
  Vgl. auch dazu HessLSG vom 8.3.2013 – L 9 SO 52/10, ggf. aber Telefonkosten bei Gefahr einer Vereinsamung.

Betreuungskosten
Bei Besuch eines kranken Partners
Ja – Wertung nach BFH vom 6.4.1990 – III R 60/88; s.a. FG München vom 5.8.2009 – 1 K 3124/08.

Bett mit Motorunterstützung wegen Behinderung
Nein – kein laufender Bedarf (s. auch VG Köln vom 3.11.2015 – 7 K 1382/14: Leistung nach § 13 ContStifG).

Büchergeld
Ja – SG Hildesheim vom 22.12.2015 – S 37 AS 1175/15.

Essstörung
Ja – solange das Verhalten nicht geändert werden kann (BSG vom 20.1.2016 – B 14 AS 8/15 R).

Fahrkosten
→ Kindergartenkosten
→ Kraftfahrzeug zum Erreichen der Arbeitsstelle
→ Medizinische Versorgung
→ Rehabilitation
→ Umgangsrecht
→ Umschulung.

Fitnessstudio
Nein – LSG Hamburg vom 19.3.2015 – L 4 AS 149/13.

Gebärdensprachdolmetscher
Ja – als Eingliederungshilfe nach § 54 SGB XII (LSG NRW vom 13.8.2010 – L 20 SO 289/10 B ER; s. dazu auch BSG vom 4.6.2013 – B 11 AL 8/12 R; OVG Rheinland-Pfalz vom 27.10.2011 – 7 A 10405/11.OVG; BayLSG vom 2.11.2011 – L 8 SO 164/11 B ER.
Ja – für Schulbesuch eines gehörlosen Schülers (HessLSG vom 14.5.2014 – L 4 SO 303/11).
Ja – für Besuch des Elternabends gehörloser Eltern (vgl. dazu VG Düsseldorf vom 11.11.2011 – 18 K 3661/11).

Gebärdensprachkurs für Eltern gehörloser Kinder
Nein – ggf. aber Anspruch gegen die Krankenkasse auf ein Gebärdensprachlernprogramm (LSG Baden-Württemberg vom 18.7.2013 – L 7 SO 4642/12; SG Koblenz vom 1.3.2016 – S 14 KR 760/14).

Gehbehinderung
Ja – BSG vom 18.2.2010 – B 4 AS 29/09 R, soweit ein Sonderbedarf konkret nachweisbar ist.

Nein – BSG vom 29.9.2009 – B 8 SO 5/08 R: für nicht erwerbsfähige Personen mit Anspruch auf den Mehrbedarf nach § 23 Nr. 4 SGB II.

Haushaltsenergie

Ja – OVG Lüneburg vom 25.9.1996 – 4 L 4040/95: erhöhte Kosten wegen doppelter Grundgebühr bei Bezug von Strom und Gas; LSG Niedersachsen-Bremen vom 23.2.2011 – L 13 AS 90/08: Erhöhter Energieverbrauch wegen Waschzwangs.

Nein – LSG NRW vom 26.4.2010 – L 19 AS 10/09: Übernahme einer Nachforderung des Stromversorgers, auch nicht nach § 73 SGB XII.

Haushaltshilfe

Ja – SG Stuttgart vom 7.7.2010 – S 24 AS 3645/10 ER; SG Berlin vom 11.5.2015 – S 135 AS 1977/11, wobei allerdings gegen SG Stuttgart kein strengerer Maßstab als im SGB XII zugrundegelegt werden darf (BSG vom 11.12.2007 – B 8/9b SO 12/06 R). Der Verweis auf kostenlose Hilfe von Nachbarn ist unzulässig (LSG Baden-Württemberg vom 21.4.2010 – L 2 SO 6158/09).

Wird Hilfe bei der Haushaltsführung wegen einer Krankheit oder einer Behinderung benötigt, sind vorrangig Ansprüche auf Leistungen gegen die Krankenkasse nach §§ 37, 38 SGB V oder gegen den SGB XII-Träger nach §§ 61, 70 SGB XII zu prüfen. Nach BSG vom 11.12.2007 – B 8/9b SO 12/06 R ist die Einordnung krankheitsbedingter Hilfen zur Haushaltsführung als erweiterter Regelbedarf nach § 27a Abs. 4 SGB XII systemwidrig. Ein SGB II-Mehrbedarf für eine Haushaltshilfe kommt daher vor allem dann in Betracht, wenn die haushaltsführende Person aus sonstigen Gründen überlastet ist (z. B. allein Erziehende mit vielen Kindern, s. dazu SG Düsseldorf vom 15.12.2009 – S 42 (29,44) SO 71/05) oder der reguläre Lebensunterhalt aus eigenen Mitteln bestritten werden kann, so dass eine der Regelung des § 27 Abs. 3 SGB XII vergleichbare Situation vorliegt.

Ist der Leistungsberechtigte aufgrund besonderer Umstände, vor allem Krankheit oder Behinderung, nicht in der Lage, sich oder die Familienangehörigen mit Essen zu versorgen, können Mehrkosten wegen des Kaufs von Fertigprodukten und Speisen aus dem Imbiss einen Mehrbedarf nach § 21 Abs. 6 SGB II begründen (VG Aachen vom 5.9.2000 – 2 K 4492/04).

Hygienepauschale

Ja – BSG vom 19.8.2010 – B 14 AS 13/10 R, s. a. BSG vom 15.12.2010 – B 14 AS 44/09 R; SG Mannheim vom 7.5.2013 – S 9 SO 2403/12 bei Blasenstörung.

Instrumentalunterricht

Nein – LSG NRW vom 7.3.2013 – L 2 AS 1679/12 B.

Integrationshelfer

■ für Schulbesuch

Nein – Anspruch gegen Sozialamt nach § 54 SGB XII (LSG NRW vom 20.12.2013 – L 9 SO 429/13 B ER; HessLSG vom 25.4.2016 – L 4 SO 227/15 B ER; LSG Baden-Württemberg vom 16.12.2015 – L 2 SO 4762/14).

Zum Anspruch gegen die Schule, einen Integrationshelfer im Unterricht zuzulassen, s. OVG NRW vom 9.5.2016 – 19 B 94/16.

■ für Konfirmandenunterricht
Nein – LSG Niedersachsen-Bremen vom 25.2.2016 – L 8 SO 52/14.

Internetzugang zur Gewährleistung der Informationsfreiheit (Art. 5 GG)
Ja – s. dazu BGH vom 14.5.2013 – VIII ZR 268/12; s. auch LSG Hamburg vom 27.6.2013 – L 4 AS 118/10.

Kabelanschluss für Zugang zu fremdsprachigem Fernsehprogramm
Nein – BSG vom 24.3.2015 – B 8 SO 22/13 R; s. dazu auch AG Leipzig vom 14.5.2012 – 165 C 6339/11; AG Hamburg vom 9.7.2013 – 925 C 9/13.

Kindergartenkosten
■ Gebühren
Ja – SG Berlin vom 11.5.2011 – S 55 AS 13521/10, solange keine Befreiung nach § 90 SGB VIII erteilt ist.
Nein – LSG NRW vom 9.1.2012 – L 19 AS 2054/11 B, wenn Verweis auf kostenfreien, städtischen Kindergarten zumutbar.
■ Fahrkosten
Nein – bei Unterbringung in zumutbarer Entfernung (SG Detmold vom 10.9.2015 – S 18 AS 248/14: Einsatz der Mittel für Verkehr).
Ja – wenn ortsnahe Kita nicht zur Verfügung steht (a. A. SG Mainz vom 28.1.2016 – S 8 AS 1064/14 mit fragwürdigem Verweis auf die Freiwilligkeit eines Kita-Besuchs und den Einsatz des Alleinerziehungszuschlags für die Fahrkosten).

Kirchenaustrittsgebühr
Nein – auch nicht über § 73 SGB XII (LSG NRW vom 4.12.2012 – L 9 SO 383/12 B).

Kraftfahrzeug zum Erreichen der Arbeitsstelle
Ja – als Eingliederungshilfe nach § 54 SGB XII (BayLSG vom 29.06.2010 – L 8 SO 132/09).
Übersteigen wegen einer Behinderung notwendige Kfz-Kosten bei Minijob die 100 €-Abzugspauschale, sind weitergehende Kosten als Härtefallbedarf denkbar.

Lichtbild für Gesundheitskarte
Nein – kein laufender Bedarf (auch kein Anspruch gegen Krankenkasse – LSG Rheinland-Pfalz vom 20.3.2014 – L 5 KR 32/14 NZB).

Medizinische Versorgung
Hier gilt der Grundsatz, dass mit der Pflichtversicherung im System der gesetzlichen Krankenversicherung grundsätzlich nur die für alle Versicherten anerkannten und als Sachleistung von der gesetzlichen Krankenkasse zu übernehmenden Behandlungsleistungen und Medikamente als ausreichende Versorgung gelten.
Soweit Zuzahlungen zu leisten sind, werden sie den Leistungsberechtigten in den Grenzen der Eigenbeteiligung nach § 62 SGB V zugemutet. Wurde die Zuzahlungsbefreiung nicht richtig oder verzögert bearbeitet und sind deshalb zu hohe Zuzahlungen geleistet worden, gibt es insoweit einen Erstattungsanspruch gegen die Krankenkasse nach § 13 Abs. 3 SGB V analog (s. BT-Drs. 16/11955, S. 53).
Das BVerfG vom 6.12.2005 – 1 BvR 347/98 hat in außergewöhnlichen Fällen einen Behandlungs- und Versorgungsanspruch direkt aus Art. 2 GG ab-

geleitet (dazu jüngst BVerfG vom 26.2.2013 – 1 BvR 2045/12). Seit 1.1.2012 ist das in § 2 SGB V geregelt worden. In Fällen einer extremen, das Lebensgefühl oder die Lebenserwartung beeinträchtigenden Erkrankung oder Behinderung können daher Ansprüche gegen die Krankenkasse bestehen. Die Sozialgerichte knüpfen dies aber an sehr strenge, oberhalb der Härteschwelle des § 21 Abs. 6 SGB II liegende Voraussetzungen. Beispielhaft sei hier genannt BSG vom 6.11.2008 – B 1 KR 6/08 R: Gelomyrtol Forte, Verfassungsbeschwerde wurde nicht angenommen (BVerfG vom 12.12.2012 – 1 BvR 69/09). Geht es nicht darum, einen im System der Krankenversicherung klar geregelten, aber mit Eigenbeteiligungskosten versehenen Anspruch kostenfrei oder ggfs. darlehensunterstützt durch das Jobcenter zu bekommen, sondern um eine Leistung, deren Erbringung im SGB V oder durch den privaten Krankenversicherer möglich oder streitig ist, ist ein Antrag auf Kostenübernahme direkt bei der gesetzlichen Krankenversicherung/dem privaten Versicherer zu stellen. Das gilt auch für das einstweilige Rechtschutzverfahren (LSG NRW vom 24.7.2014 – L 19 AS 1088/14 B ER).

Ja – als Mehrbedarf anerkannt:

- Brille bei chronischer Augenverschlechterung
LSG NRW vom 12.6.2013 – L 7 AS 138/13 B.
- Brille für stark fehlsichtige Kinder in Höhe der nicht von der Krankenversicherung übernommenen Eigenanteile
Interessant dazu OLG Brandenburg vom 24.11.2011 – 9 UF 70/11: »Nach den hier von der Antragstellerin vorgelegten Rechnungen über die für H. infolge seiner starken Fehlsichtigkeit zur Zeit intakten Familienlebens aufgebrachten Eigenanteile für die Anschaffung von (Brillen-)Gläsern ist festzustellen, dass in den sechs Jahren von 2002 bis 2007 insgesamt Kosten von 1.513,93 EUR, jährlich also durchschnittlich 252,32 EUR, monatsdurchschnittlich mithin 21,00 EUR aufgebracht worden sind. Solche besonderen Aufwendungen für die Beschaffung von Brillen(gläsern) sind im Tabellenunterhalt nicht enthalten, weil ein solcher Bedarf aus der besonderen gesundheitlichen Beeinträchtigung gerade des H. erwächst, der nicht typischerweise für ein minderjähriges Kind anfällt. Ausgehend von den genannten Beträgen und mit Blick auf die allgemeine Preissteigerung und die gerade im Gesundheitswesen absehbare Tendenz hin zu einer höheren Kostenbeteiligung der Patienten schätzt der Senat den aus der starken Fehlsichtigkeit des H. entstehenden besonderen, im Tabellenunterhalt nicht enthaltenen Bedarf auf monatlich 25,00 EUR.«
- Fahrtkosten zur ärztlichen Behandlung
Fahrten zur Nachsorgeuntersuchung nach Transplantation oder zur Bisphophonattherapie (keine Krankenkassenleistung – LSG Sachsen-Anhalt vom 17.12.2015 – L 6 KR 31/13 und vom 16.4.2015 – L 6 KR 49/14). VG Hannover vom 29.4.2004 – 7 B 1907/04: Fahrtkosten zur Methadonbehandlung; s. dazu auch LSG NRW vom 19.3.2015 – L 6 AS 1926/14 und vom 15.2.2016 – L 7 AS 1681/15 B. Wenn die Anfahrt besonders aufwändig ist (SG Itzehoe vom 11.3.2013 – S 29 AS 1047/10: Überfahrt von Helgoland; SG Mainz vom 12.11.2013 – S 15 AS 1324/10: Wenn ein Arztwechsel nicht zumutbar ist). Falsch ist die Entscheidung des SG Chemnitz vom 13.10.2014 – S 26 AS 3947/14 ER, sofern dort ein zweimal jährlich notwendiger Kontrolltermin mit längerem Fahrweg nicht als laufender Sonderbedarf gewertet wird.

Vorrangig sind Ansprüche gegen die Krankenkasse nach § 60 SGB V (s. dazu BSG vom 18.11.2014 – B 1 KR 8/13 R und vom 8.9.2015 – B 1 KR 27/14 R), gegen den Rentenversicherungsträger (s. dazu LSG NRW vom 30.4.2014 – L 8 R 875/13) oder gegen den Jugendhilfeträger nach § 35a SGB VIII (BVerwG vom 22.2.2007 – 5 C 32.05: Fahrkosten zur Psychotherapie für Kind) zu prüfen. S. auch LSG Sachsen-Anhalt vom 17.6.2010 – L 10 KR 1/09: keine Taxikosten für Arztbesuche bei vorübergehender Rollstuhlabhängigkeit. Sind wegen sehr langer Fahrwege Übernachtungen statt Fahrkosten günstiger oder nur zumutbar, kann dafür die Krankenkasse Kostenträger sein (s. dazu SG Braunschweig vom 8.10.2015 – S 32 SO 146/11; zu einem möglichen Anspruch nach § 21 Abs. 6 SGB II s. LSG Sachsen-Anhalt vom 16.4.2015 – L 6 KR 56/12: Begleitung eines behinderten Kindes in eine entfernte Klinik zur Ortheseanpassung)

- **Gleitsichtbrille bei diabetesbedingter schwerer Sehstörung**
  SG Detmold vom 11.1.2011 – S 21 AS 926/10.
- **Hautpflegemittel bei Neurodermitis**
  SG Bremen vom 18.2.2011 – S 22 AS 2474/10 ER; LSG Sachsen-Anhalt vom 23.6.2011 – L 5 AS 129/11 B ER; s. dazu auch BayLSG vom 2.2.2012 – L 11 AS 614/11.
  Gegen die Krankenkasse besteht selbst bei schwerem Krankheitsbild kein Anspruch (BSG vom 6.3.2012 – B 1 KR 24/10 R).
- **Implantate bei Conterganschädigung**
  Soweit Leistungen der Conterganstiftung und der Pflegeversicherung nicht reichen; kein Anspruch gegen die Krankenkasse (BSG vom 4.3.2014 – B 1 KR 6/13 R).
  Siehe auch → S. 295 unter Streitig.
- **Zuzahlungspflichtige Medikamente**
  LSG NRW vom 21.6.2010 – L 7 AS 701/10 B ER: Niquitintabletten zur Rauchersuchtentwöhnung; LSG Sachsen-Anhalt vom 21.1.2010 – L 10 KR 4/07: Salvysat bei Hyperhidrose.

Nein – nicht als Mehrbedarf anerkannt:

- **Arzneimittel mit höherem als dem Festbetragspreis**
  Ggf. aber Anspruch gegen die Krankenkasse (s. dazu LSG NRW vom 21.2.2013 – L 9 SO 455/11; BSG vom 3.7.2012 – B 1 KR 22/11 R).
- **Arzneimittel, verschreibungsfreie**
  BayLSG vom 4.11.2010 – L 11 AS 759/10 B PKH; SG Stuttgart vom 23.5.2011 – S 11 AS 2585/11 ER; SG Neuruppin vom 16.10.2015 – S 26 AS 1976/13; s. auch LSG NRW vom 29.6.2015 – L 12 AS 862/15 B ER zum Nachweis eines evt. Mehrbedarfs.
- **Brille**
  BayLSG vom 29.11.2011 – L 11 AS 888/11 B PKH; LSG Hamburg vom 9.4.2014 – L 4 AS 279/13; LSG NRW vom 7.8.2014 – L 7 AS 269/14.
- **Empfängnisverhütende Mittel**
  BSG vom 15.11.2012 – 8 SO 6/11 R.
  Müssen wegen einer Unverträglichkeit teurere Mittel genommen werden, kommt ein Härtefallbedarf in Betracht (dazu BT-Drs. 17/3982, S. 8).
- **Häufiger Arztbesuch (Fahrkosten)**
  BayVGH vom 26.7.2000 – 12 ZB 00.1502; LSG NRW vom 12.1.2011 – L 19 AS 2136/10 B ER.

Gegebenenfalls Anspruch aus § 60 SGB XII (LSG Niedersachsen-Bremen von 30.6.2011 – L 13 AS 176/11 B ER).

- Hörgerätebatterien
  Bei Bedürftigkeit nach dem SGB XII aber Anspruch auf Kostenübernahme nach § 54 SGB XII (BSG vom 19.5.2009 – B 8 SO 32/07 R).
- Implantatversorgung bei Kieferatrophie
  (LSG Baden-Württemberg vom 29.6.2011 – L 2 SO 5698/10 und vom 27.5.2014 – L 2 SO 1625/13).
- Kieferorthopädische Behandlung
  BSG vom 12.12.2013 – B 4 AS 6/13 R; LSG Sachsen-Anhalt vom 11.9.2013 – L 5 AS 472/11: Versorgung mit Miniaturbrackets.
  Ist der Kieferorthopäde bereit, keine Eigenanteilsrechnungen geltend zu machen und sich stattdessen die Ansprüche gegen die Krankenkasse auf Kostenerstattung nach erfolgreichem Abschluss der Behandlung abtreten zu lassen, geht diese Hilfe einem Anspruch nach § 21 Abs. 6 SGB II vor (LSG NRW vom 25.3.2010 – L 16 KR 221/09).
- Kompressionsstrümpfe
  für medizinisch nicht notwendige Kosten oberhalb des Festbetrages (SG Berlin vom 14.9.2015 – S 172 AS 20857/11).
- Kontaktlinsen, Pflegemittel
  LSG Hamburg vom 21.11.2012 – L 4 AS 6/11.
- Krankenhausbehandlung (Kosten für den Einkauf zusätzlicher Lebensmittel, Zeitungen, Telefonieren etc.)
  LSG NRW vom 28.4.2010 – L 12 AS 34/09.
  Beruht der Krankenhausaufenthalt auf einem Unfall, können Mehrkosten als Ersatzansprüche gegen den Unfallverursacher geltend gemacht werden, darunter auch die Kosten für die Besuche von Angehörigen (OLG Thüringen vom 23.10.2007 – 5 U 146/06; von KG Berlin vom 12.3.2009 – 22 U 39/06 auch auf die Besuche des Einstandspartners ausgedehnt).
- Künstliche Befruchtung (Eigenanteil)
  Gff. als Darlehen, wenn die Voraussetzungen nach § 27a SGB V vorliegen und Mittel der Länder (www.informationsportal-kinderwunsch.de) nicht zur Verfügung stehen (a. A. LSG Berlin-Brandenburg vom 26.5.2016 – L 31 AS 2471/15; zur Kritik → S. 255).
- Sterilisation
  LSG Baden-Württemberg vom 13.12.2010 – L 13 AS 4732/10 B.
- Verbandsmaterial
  BayLSG vom 28.3.2012 – L 7 AS 131/12 B ER.
- Zahnfüllung aus Kunststoff
  SG Bremen vom 29.9.2011 – S 21 AS 1471/11 ER.
- Zahnkrone (Eigenanteil)
  LSG Baden-Württemberg vom 3.12.2010 – L 13 AS 2698/09 NZB; s. auch LSG NRW vom 4.6.2014 – L 9 SO 84/14 B.
- Zahnpflege
  BayVGH vom 5.9.2000 – 12 ZB 00.500.
  Bei Implantaten kann ein Anspruch gegen die Krankenkasse bestehen (BSG vom 21.6.2011 – B 1 KR 17/10 R).

Streitig, ob als Mehrbedarf anzuerkennen:

- Besondere Zahnfüllungen (Goldinlay) wegen Allergie
  Ggf. Anspruch gegen die Krankenkasse (BSG vom 2.9.2014 – B 1 KR 3/13 R).

- Implantatversorgung bei Conterganschädigung
Wegen Entschädigung nach ContStifG auch keine Leistung der Krankenversicherung (BSG vom 4.3.2014 – B 1 KR 6/13 R). Bei besonderer beruflicher Betroffenheit kann die Implantatversorgung eine Leistung des Rehabilitationsträgers sein (LSG Berlin-Brandenburg vom 11.6.2014 – L 16 R 923/13: Klarinettist).

Mittagstisch, fahrbarer
Nein – LSG NRW vom 8.4.2013 – L 19 AS 1777/13 B ER.

Personalausweis/Pass
- Beschaffungskosten
  → S. 280.
- Verlängerungskosten
  Nein – SG Karlsruhe vom 3.9.2014 – S 8 AS 855/13.

Privatschule
Ja – als Leistung der Jugendhilfe nach § 35a SGB VIII, wenn Beschulung sonst nicht möglich ist (OVG NRW vom 22.8.2014 – 12 A 3019/11).
Nein – wenn Regelbeschulung möglich.

Ratgeber zum Rechtsschutz gegen Sanktion
Nein – LSG Sachsen-Anhalt vom 21.6.2012 – L 5 AS 322/10.

Rehabilitation (Eigenanteile)
Nein – SG Karlsruhe vom 8.7.2014 – S 15 AS 2552/13. Pendelfahrten sind ggfs. vom Rehaträger zu übernehmen (LSG NRW vom 30.4.2014 – L 8 R 875/13).

Reha-Sport
Ja – Fahrkosten zur Sportstätte (SG Gießen vom 5.4.2007 – S 21 KR 81/06).
Nein – wenn Reha-Sport notwendig ist, vorrangiger Anspruch nach § 27 SGB V (s. dazu BSG vom 2.11.2010 – B 1 KR 8/10 R).

Reinigung
Nein – Messie-Wohnung (LSG Niedersachsen-Bremen vom 8.3.2012 – L 13 AS 22/12 B ER).

Rollstuhlabhängigkeit
Nein – LSG Baden-Württemberg vom 26.9.2011 – L 12 AS 2591/11 B.

Schulbücher
Ja – nach SG Hildesheim vom 22.12.2015 – S 37 AS 1175/15 in analoger Anwendung von § 21 Abs. 6 SGB II.

Schulgebühren
Nein – LSG Rheinland-Pfalz vom 27.4.2016 – L 6 AS 303/15.

Schulhelfer
Ja – falls keine vorrangige Hilfe durch Schule oder Jugendamt (dazu VG Berlin vom 10.12.2010 – VG 18 L 312.10; LSG NRW vom 20.12.2013 – L 9 SO 429/13 B ER) gewährt wird.

Selbstbehalt PKV

Ja – bis zum Wechsel in einen Tarif ohne Selbstbehalt nach Beratung durch das Jobcenter (BSG vom 29.4.2015 – B 14 AS 8/14 R).
Nein – wenn Wechsel in Tarif ohne Selbstbehalt trotz Beratung unterbleibt (SG Karlsruhe vom 10.2.2016 – S 12 AS 715/15).

Selbstbeteiligung GKV-Wahltarif

Wie bei → Selbstbehalt PKV.

Stillende Mütter, Mehrbedarf für gehaltvolle Ernährung

Nein – HessLSG vom 21.8.2013 – L 6 AS 337/12.

Telefonkosten

Nein – wegen Wohnungssuche (LSG NRW vom 7.2.2011 – L 19 AS 185/11 B).
Nein – wegen Gefahr der Vereinsamung (dazu LSG Baden-Württemberg vom 7.12.2015 – L 7 SO 1474/15, auch nicht im Rahmen der Altenhilfe nach § 71 SGB XII).
Ja – als Ersatz für Besuch beim Kind oder Partner (BayLSG vom 12.8.2011 – L 11 AS 509/11 B ER; vgl. auch HessLSG vom 8.3.2013 – L 9 SO 52/10). Zur Wertung als außergewöhnliche Belastung nach § 33a EStG s. FG Niedersachsen vom 2.9.2009 – 7 K 2/07.

Umgangsrecht

Siehe auch → Wechselmodell.
Bei Ansprüchen nach § 21 Abs. 6 SGB II geht es um die zur Ausübung des Umgangsrechts notwendigen **Fahrkosten**, ggf. **Übernachtungskosten**.
Hält sich das Kind **mindestens 12 Stunden** beim umgangsberechtigten Elternteil auf, entsteht eine zeitweise BG (→ S. 95 f.) mit Ansprüchen des Kindes auf Alg II oder Sozialgeld, soweit das Kind hilfebedürftig ist. Mit dem an das Kind in der Umgangs-BG nach der Anzahl der Umgangstage zu zahlenden Regelbedarf sind die Aufwendungen für die Versorgung allemal gedeckt.
Dauert der Umgang **weniger als 12 Stunden**, können Betreuungsleistungen (Versorgung mit Essen und Getränken) einen Mehrbedarf nach § 21 Abs. 6 SGB II begründen, wenn der umgangsberechtigte Elternteil die Versorgung sicherstellen muss und der andere Elternteil nicht nach familienrechtlichen Grundsätzen verantwortlich ist. Ist der andere Elternteil ebenfalls hilfebedürftig, d. h. bezieht auch das Kind Alg II oder Sozialgeld, kann der Regelbedarf als pauschale Leistung vom Jobcenter nicht um Ersparnisse wegen auswärtiger Verköstigung gekürzt werden, um diese dem Kind zu Händen des umgangsberechtigten Elternteils zukommen zu lassen. Es ist daher fraglich, ob das Kind seinen individuellen Regelbedarf für die Umgangstage beanspruchen kann, wenn der Nicht-Umgangs-Elternteil eine finanzielle Unterstützung des Umgangs ablehnt. Eine Haftung des Nicht-Umgangs-Elternteils nach § 34 SGB II, soweit wegen der verweigerten Unterstützung ein Mehrbedarf nach § 21 Abs. 6 SGB II an den umgangsberechtigten Elternteil gezahlt werden muss, dürfte schon an der Konkretisierung des »Schadens« scheitern.
Bezieht der umgangsberechtigte Elternteil Einkommen und hat ein Familiengericht den Unterhaltsanspruch des Kindes den umgangsbedingten Mehraufwendungen angepasst (s. dazu BGH vom 12.3.2014 – XII ZB

234/13; OLG Düsseldorf vom 18.5.2015 – II – UF 10/15), können Betreuungsleistungen während der Umgangstage, die als Teilerfüllung des Unterhaltsanspruchs des Kindes gelten, nicht nach § 11b Abs. 1 Satz 1 Nr. 7 SGB II vom Einkommen abgesetzt werden. Das Einkommen wird nur um den titulierten Barunterhaltsanspruch bereinigt, ansonsten auf den Bedarf des Umgangs-Elternteils angerechnet. Bei einem Umgang **unter 12 Stunden** steht der höheren Einkommensanrechnung somit keine Entlastung für den gewährten Naturalunterhalt gegenüber, wie sie im Modell der zeitweisen BG über den zeitweisen Leistungsanspruch des Kindes erreicht wird. Es ist daher sachgerecht, den Betrag, um den der Unterhaltsanspruch wegen der Betreuungsleistungen als erfüllt gilt, auf Seiten des leistungsberechtigten Elternteils als Mehrbedarf nach § 21 Abs. 6 SGB II anzuerkennen. Eine Klärung durch die Sozialgerichte bleibt abzuwarten.

Folgende Leistungen können nach § 21 Abs. 6 SGB II erbracht werden, sowohl bei einem **Umgang von 12 und mehr Stunden als auch einem kürzeren Umgang**:

Ja

- Fahrkosten des Kindes zum umgangsberechtigen Elternteil
  Ist der umgangsberechtigte Elternteil hilfebedürftig, kann er seine unterhaltsrechtliche Pflicht zur Finanzierung der Besuchsfahrt seines Kindes nicht erfüllen. Das Kind hat dann einen Anspruch auf Kostenübernahme, wenn es selbst hilfebedürftig nach § 9 SGB II ist und wenn der Elternteil, bei dem es lebt, nicht nach familienrechtlichen Grundsätzen einspringen muss (OLG Hamm vom 27.3.2003 – 11 WF 66/03).

- Fahrkosten des Kindes von der Wohnung des Umgangs-Elternteils zur Schule
  Vorausgesetzt, man beschränkt den Anspruch nach § 28 Abs. 4 SGB II auf den schülerbeförderungsrechtlich allein maßgebenden Weg von der regulären Wohnung des Kindes zur nächstgelegenen Schule (s. dazu OVG Lüneburg vom 20.6.2006 – 13 ME 108/06; VG Oldenburg vom 17.1.2012 – 5 B 2806/11).

- Kosten des umgangsberechtigten Elternteils für Bring- und Abholfahrten
  LSG Baden-Württemberg vom 3.8.2010 – L 13 AS 3318/10 ER-B. Muss das Kind begleitet werden, hat der umgangsberechtigte Elternteil Anspruch auf Kostenübernahme für das Bringen und Abholen, wenn er nach Maßstab des § 9 SGB II hilfebedürftig ist und soweit der andere Elternteil keinen Mitwirkungs-/Kostenbeitrag leisten muss (KG Berlin vom 28.10.2005 – 13 UF 119/05; OLG Brandenburg vom 22.5.2008 – 10 UF 119/07).

- Kosten des umgangsberechtigten Elternteils für Übernachtungen am Wohnort des Kindes
  Kann der hilfebedürftige Elternteil sein Umgangsrecht nur durch den Besuch seines Kindes an dessen gewöhnlichen Aufenthaltsort realisieren oder ist das eine zumutbare Alternative anstelle einer größeren Wohnung (dazu LSG Niedersachsen-Bremen vom 9.6.2010 – L 13 AS 147/10 B ER), hat er auch Anspruch auf Übernahme der Kosten für die Übernachtung am Besuchsort. Der Leistungsberechtigte muss sich um eine möglichst kostengünstige Unterbringung bemühen.

- Reisekosten im Jahresturnus, wenn das Kind im fernen Ausland lebt
  LSG Rheinland-Pfalz vom 20.6.2012 – L 3 AS 210/12 B ER: Reise in die USA; LSG NRW vom 17.3.2014 – L 7 AS 2392/13 B ER: Reise

nach Indonesien; LSG Niedersachsen-Bremen vom 11.5.2012 – L 15 AS 341/11 B ER: Flug nach Australien.

- Telefonkosten, wenn Besuchskontakte nicht häufiger zu realisieren sind
Vgl. dazu OLG Brandenburg vom 1.7.2015 – 10 UF 8/15.
- Kosten eines Elternteils für den Besuch des Kindes, das wegen unterschiedlicher Wohnsitze der nicht getrennten Eltern woanders lebt, wenn ein Zusammenleben der Eltern nicht möglich oder zumutbar ist
BSG vom 11.2.2015 – B 4 AS 27/14 R; das LSG NRW vom 26.1.2015 – L 12 AS 2410/14 B ER verneint einen Anspruch bei der einvernehmlichen Wahl der Eltern für ein Lebensmodell in zwei separaten Wohnungen.
- Fahrkosten des Kindes zum inhaftierten Elternteil
LSG NRW vom 27.12.2011 – L 19 AS 1558/11 B.
- Fahrkosten der Eltern zum inhaftierten Kind
SG Braunschweig vom 9.4.2014 – S 49 AS 2184/12.

Nein – Keine Kostenübernahme:

- Für **unangemessene** Fahrkosten
Elternteil und Kind haben Anspruch auf Übernahme der angemessenen Fahrkosten; sie haben nach Möglichkeit Spartickets zu erwerben (s. z. B. BayLSG vom 10.7.2013 – L 7 AS 191/12). Das Kind muss auf das Bringen und Abholen verzichten, wenn ihm die selbständige Bewältigung der Wegstrecke zuzumuten ist (BSG vom 7.11.2006 – B 7b AS 14/06 R). Der andere Elternteil ist nach § 1684 BGB zur Förderung des Umgangs verpflichtet und kann in diesen Fällen nicht verlangen, dass das Kind geholt und gebracht wird (LSG NRW vom 22.1.2008 – L 20 B 227/07 AS ER; SG Heilbronn vom 20.6.2012 – S 11 AS 1953/12 ER). Bei Kindern im Alter ab 13 halten die Sozialgerichte grundsätzlich die selbständige Bewältigung des Fahrwegs für zumutbar (SG Braunschweig vom 23.8.2007 – S 32 SO 140/07 ER; LSG NRW vom 1.10.2007 – L 20 B 112/07 SO ER; BayLSG vom 25.6.2010 – L 7 AS 404/10 B ER). Bei Kindern im Alter von 11-12 Jahren hat das SG Lübeck vom 24.4.2007 – S 32 SO 9/07 ER Fahrkosten für die Benutzung des PKW, um die Kinder bringen und abholen zu können, für angemessen gehalten. Ist die Nutzung eines PKW notwendig, bemisst sich der Kostenbedarf nach dem Bundesreisekostengesetz (BSG vom 4.6.2014 – B 14 AS 30/13 R und vom 18.11.2014 – B 4 AS 4/14 R).

- Für **unangemessen** häufige Besuche
Das Umgangsrecht dient dem Auf- und Ausbau emotionaler Bindungen zu Vater und Mutter und ist für die Persönlichkeitsentwicklung des Kindes elementar (BVerfGE vom 20.3.1997 – 2 BvR 260/97 und vom 8.12.2005 – 2 BvR 1001/04). Besuche, die zur Vermeidung einer nachhaltigen Entfremdung zwischen Elternteil und Kind erforderlich sind (zu einem Mindestmaß solcher Kontakte vgl. OLG Brandenburg vom 1.6.2010 – 9 UF 92/09), müssen daher mit Leistungen nach § 21 Abs. 6 SGB II unterstützt werden, solange Hilfebedürftigkeit besteht (LSG NRW vom 17.3.2014 – L 7 AS 2392/13 B ER). Die Notwendigkeit des Umgangs entzieht sich einer zahlenmäßigen Beurteilung (BVerfG vom 30.1.2002 – 2 BvR 231/00). Einschränkungen des Umgangsrechts durch Mutmaßungen über die Erforderlichkeit der Besuchskontakte hat das BVerfG als »offensichtlich verfassungswidrig« zurückgewiesen (BVerfG vom 23.10.2006 – 2 BvR 1797/06; s. auch SG Oldenburg vom 13.11.2012 – S 48 AS 1104/12).

Die Häufigkeit des Umgangs, die im Streitfall zwangsweise durchgesetzt werden könnte, kann deshalb nur dann als Maß für den sozialhilferechtlich angemessenen Umfang an Fahrkosten herangezogen werden, wenn die Familiengerichte tatsächlich eine Konfliktentscheidung über die Ausübung des Umgangsrechts unter Berücksichtigung der Umstände des Einzelfalles getroffen haben (BVerfG vom 25.10.1994 – 1 BvR 1197/93). Haben sich die Eltern gütlich über das Maß des Umgangs mit dem Kind geeinigt, ist eine sozialrechtliche Einschränkung nur gerechtfertigt, wenn konkrete Anhaltspunkte dafür vorliegen, dass die freie Vereinbarung der Eltern hinsichtlich des Umfangs des Umgangsrechts missbräuchlich dazu genutzt werden soll, Kosten auf den Sozialhilfeträger zu verschieben (BVerfG, a.a.O.) Bei sehr weiten Fahrwegen ist außerdem eine Rechtfertigungskontrolle anhand des Maßstabs der Sozialüblichkeit geboten: Wie oft würde ein im Arbeitsleben stehender umgangsberechtigter Elternteil bei vollschichtiger Ausübung einer Tätigkeit bei einer solchen Entfernung sein Umgangsrecht ausüben? (HessLSG vom 19.2.2007 – L 9 AS 261/06 ER; LSG Thüringen vom 15.11.2007 – L 8 SO 90/07; LSG Rheinland-Pfalz vom 24.11.2010 – L 1 SO 133/10 B ER und vom 20.6.2012 – L 3 AS 210/12 B ER: Reise in die USA; s. auch LSG Niedersachsen-Bremen vom 11.5.2012 – L 15 AS 341/11 B ER: Flug nach Australien; vgl. auch OLG Brandenburg vom 29.12.2009 – 10 KF 150/09). Kritisch dazu LSG NRW vom 17.3.2014 – L 7 AS 2392/13 B ER.

- Für Fahrkosten zu einer Mediation wegen Streits der Eltern über das Umgangsrecht
  LSG Niedersachsen-Bremen vom 6.9.2012 – L 11 AS 242/12 B ER.
- Für Fahrkosten der Großeltern zum Enkelkind
  LSG Niedersachsen-Bremen vom 19.12.2013 – L 7 AS 1470/12.
- Für Umgang mit nichtleiblichem Kind der Expartnerin/des Expartners
  SG Berlin vom 7.9.2015 – S 91 AS 27859/12 und vom 27.1.2016 – S 82 AS 17604/14. Siehe auch → S. 99.
- Für Freizeitaktivitäten mit dem Umgangskind
  LSG Berlin-Brandenburg vom 21.1.2016 – L 31 AS 507/15.

Umschulung

Ja – für vermehrten Verschleiß oder häufige ganztägige Abwesenheit von zu Hause oder den Bezug einer Fachzeitschrift oder die Notwendigkeit telefonischer Absprachen mit der Ausbildungsstelle oder die Notwendigkeit eines umschulungsbedingten Mehrbedarfs an Fahrkosten (VG Hannover vom 2.8.1988 – 3 A 93/88; VGH Hessen vom 17.2.1987 – 9 TG 3452/86), soweit kein Leistungsausschluss nach § 7 Abs. 5 SGB II und keine Kosten vom SGB II-Träger übernommen werden.

Wechselmodell (Umgang)

Im Wechselmodell teilen die Eltern den Umgang zu etwa gleichen Teilen untereinander auf. Unterhaltsrechtlich bleiben beide Eltern, soweit finanzielle Leistungsfähigkeit besteht, zum Bar-Unterhalt verpflichtet, der an die Mehrkosten wegen der wechselnden Aufenthalte des Kindes angepasst werden muss (BGH vom 12.3.2014 – XII ZB 234/13 und vom 5.11.2014 – XII ZB 599/13). Das stets nur an einen Elternteil auszuzahlende Kindergeld muss im Wechselmodell mit dem auf den Betreuungsunterhalt entfallenden Anteil im Wege des familienrechtlichen Ausgleichsanspruchs hälftig aufgeteilt werden; dieser Anspruch auf 1/4 des Kindergeldes kann bereits vor einer Gesamtauseinandersetzung über den jeweils zu leistenden Barunterhalt geltend gemacht werden (BGH vom 20.4.2016 – XII ZB 45/15; s. auch FG Bremen vom 8.7.2015 – 3 K 26/15 (1)).

Daraus folgt für mögliche Ansprüche nach § 21 Abs. 6 SGB II: Betreuungsleistungen werden in den jeweiligen BGs mit dem hälftigen Sozialgeld/Alg II für das Kind gedeckt. Auf diesen Anspruch wird das anteilige Kindergeld und ggf. der Bar-Unterhalt angerechnet, soweit die genannten Mittel tatsächlich als bereite Mittel zur Verfügung stehen. Verweigert der kindergeldbeziehende Elternteil die Teilung des Kindergeldes, geht der familienrechtliche Ausgleichsanspruch auf das Jobcenter über, das mit ungekürztem Sozialgeld/Alg II in Vorleistung gehen muss (§ 33 SGB II).

Fahrkosten der »Wechsel-Eltern« (das Bringen und Abholen des noch kleinen Kindes) können einen Mehrbedarf begründen. Auf den Einsatz des Mehrbedarfs wegen Alleinerziehung, der hilfebedürftigen Eltern im Wechselmodell anteilig zusteht (BSG vom 11.2.2015 – B 4 AS 26/14 R), kann der jeweilige Elternteil nicht verwiesen werden. Der Mehrbedarf nach § 21 Abs. 3 SGB II wird als Pauschale gezahlt, über die die Alleinerziehenden frei verfügen können. Fahrkosten des Umgangskindes können ebenfalls einen Mehrbedarf nach § 21 Abs. 6 SGB II auslösen, soweit sie nicht mit einer ohnehin benötigten Schülerkarte abgedeckt sind. Das Kind muss die in seinem Regelbedarf enthaltenen Beträge für Verkehr (Abteilung 7) nicht für atypische Fahraufwendungen einsetzen, weil die Regebedarfsposition für die Mobilität in den jeweiligen BGs bestimmt ist. Fahrkosten von einem Elternteil zum anderen sind in Abteilung 7 nicht eingestellt. Hinsichtlich des Mehrbedarfs für das Wohnen (häufig muss im Wechselmodell ein Kinderzimmer vorgehalten werden) handelt es sich um einen Anspruch der Elternteile auf angemessene Erhöhung ihrer Bedarfe nach § 22 SGB II (BSG vom 17.2.2016 – B 4 AS 2/15 R). Ist ein Elternteil wegen § 7 Abs. 5 SGB II von SGB II-Leistungen ausgeschlossen, kann er, soweit hilfebedürftig, umgangsbedingte Wohnkosten als Mehrbedarf nach § 27 Abs. 2 SGB II i.V.m. § 21 Abs. 6 SGB II geltend machen (SG Berlin vom 9.10.2015 – S 37 AS 14315/14).

Zusatzbeitrag nach § 242 SGB V

Nein – wenn Kassenwechsel möglich und zumutbar ist (SG Lübeck vom 21.10.2010 – S 21 AS 754/10; SG Neuruppin vom 30.11.2010 – S 26 AS 1166/10; SG Berlin vom 29.3.2011 – S 37 AS 7126/11 ER; LSG NRW vom 25.2.2011 – L 19 AS 2146/10 B). Nach LSG NRW vom 25.2.2011 – L 19 AS 2146/10 B gibt es trotz Unzumutbarkeit eines Kassenwechsels keinen Anspruch, wenn der Zusatzbeitrag nur 8 € monatlich beträgt; ebenso SG Hamburg vom 15.11.2011 – S 3 AS 3167/10.

Zusatzwohnung (Zimmer im Elternhaus) für einen im betreuten Wohnen untergebrachten behinderten Menschen

Nein – LSG Baden-Württemberg vom 14.3.2014 – L 12 AS 290/14.

VII   Der Warmwasser-Mehrbedarf nach § 21 Abs. 7 SGB II

Obwohl als Teil des Regelbedarfs ausgestaltet, gehört der Warmwasser-Mehrbedarf systematisch zu den Kosten für das Wohnen und Heizen (ausführlich dazu das Handbuch »**Unterkunfts- und Heizkosten nach dem SGB II**«, 4. Auflage 2017).

Beruhen ungewöhnlich hohe Warmwasserkosten auf Besonderheiten der Geräte für die Warmwassererzeugung oder der Heizanlage, können sie bei genauer Messung einen über die Pauschalen des § 21 Abs. 7 SGB II hinausgehenden Bedarf begründen. Ist eine genaue Messung nicht möglich, bleibt es nach den Vorstellungen des Gesetzgebers bei den Pauschalen. Die Begrenzung auf die Pauschalwerte kann daher nicht mit dem Argument, die tatsächlich verbrauchten (abgerechneten) Werte seien als atypischer Bedarf nach § 21 Abs. 6 SGB II zu übernehmen, ausgehebelt werden (LSG NRW vom 26.5.2014 – L 9 SO 474/13).

Liegen die Ursachen für außergewöhnlich hohe Warmwasserkosten dagegen in der Person des Leistungsberechtigten, ist der Kostenanteil, der über das reguläre Maß für die Hygiene hinausgeht, einem Mehrbedarf nach § 21 Abs. 6 SGB II zuzuordnen (dazu LSG Niedersachsen-Bremen vom 23.2.2011 – L 13 AS 90/08: Krankhafter Waschzwang).

F   Leistungen für Bildung und Teilhabe
§§ 19 Abs. 2, 28, 29 SGB II; § 6b BKGG; § 5a Alg II-VO

I   **Zwei Arten des Bedarfs**

§ 28 Abs. 1 SGB II unterscheidet zwischen

- Bedarfen zur Bildung für Kinder, Jugendliche und junge Erwachsene bis zum 25. Geburtstag, die eine allgemeinbildende oder berufsbildende Schule besuchen, und

- Bedarfen zur Teilhabe am sozialen und kulturellen Leben für Kinder und Jugendliche bis zum 18. Geburtstag.

Herausgehobener Bedarf

Die Leistungen nach § 28 SGB II gehören zu den Leistungen zur Sicherung des Lebensunterhalts (§ 19 Abs. 3 SGB II), werden aber dadurch aus dem allgemeinen Bedarf nach den §§ 20–23 SGB II herausgehoben, dass Einkommen und Vermögen zunächst auf die Bedarfe nach §§ 20–23 SGB II angerechnet wird. Bei der Verteilung von Einkommen in der BG bleiben die Bedarfe nach § 28 SGB II außer Betracht (§ 9

Abs. 2 Satz 3 SGB II). Sind infolgedessen die Bedarfe nach §§ 20–23 SGB II aller BG-Mitglieder mit Ausnahme der Bedarfe nach § 28 SGB II gedeckt, sorgt § 7 Abs. 2 Satz 3 SGB II dafür, dass auch Kinder unter 15 Jahren ungedeckte Bedarfe nach § 28 SGB II beim Jobcenter geltend machen können, obwohl es an einer erwerbsfähigen hilfebedürftigen Person zur Bildung einer BG bzw. zur Begründung von SGB II-Ansprüchen fehlt (s. dazu auch LSG NRW vom 1.7.2013 – L 7 AS 746/13 NZB). Erwerbsfähige Kinder ab dem 15. Geburtstag begründen allein wegen ungedeckter Bedarfe nach § 28 SGB II eine BG nach § 7 SGB II.

II   Leistungsberechtigte

§ 19 Abs. 2 SGB II definiert die Leistungsberechtigung durch Verweis auf die speziellen, in § 28 SGB II geregelten Zugangsvoraussetzungen und in Abgrenzung zu vorrangigen Leistungssystemen, die entsprechende Leistungen vorhalten. Das sind für volljährige, dauerhaft erwerbsgeminderte Personen bis zum 25. Geburtstag die Grundsicherung nach § 41 SGB XII und das Wohngeld und/oder der Kinderzuschlag (§ 6b BKGG).

Keinen Anspruch auf die Bedarfe nach § 28 SGB II haben Auszubildende, die nach § 7 Abs. 5 SGB II von Leistungen ausgeschlossen sind; sie erhalten nur Leistungen nach § 27 SGB II (LSG Niedersachsen-Bremen vom 13.7.2012 – L 7 AS 76/12 B; LSG Berlin-Brandenburg vom 13.5.2013 – L 31 AS 1100/13 B PKH). Auszubildende, die eine Ausbildungsvergütung erhalten, haben nur Anspruch auf den Bedarf zur Teilhabe nach § 28 Abs. 7 SGB II, sofern sie nicht nach § 7 Abs. 5 SGB II ausgeschlossen sind.

Leistungsausschluss

Auch die Leistungen nach § 28 SGB II gibt es nur, soweit die Kinder, Jugendlichen und jungen Erwachsenen nach Deckung ihres Bedarfs zum Lebensunterhalt (Regelbedarf, Mehrbedarfe, Kosten für Unterkunft und Heizung) noch hilfebedürftig sind; dabei wird das Kindergeld nicht auf die Bedarfe nach § 28 SGB II angerechnet (§ 11 Abs. 1 Satz 5 SGB II). § 5a Alg II-VO bestimmt Beträge, die für die vorläufige Prüfung der Hilfebedarfe nach § 28 Abs. 2 SGB II (Schulausflüge und Klassenfahrten) und § 28 Abs. 5 SGB II (gemeinsames Mittagessen) vor Beginn eines Bewilligungsabschnitts angesetzt werden.

Soweit hilfebedürftig

Anders als das frühere Schulbedarfspaket nach § 24a SGB II a.F. sind die Bedarfe nach § 28 SGB II ein anspruchsbegründender Hilfebedarf von Kindern, Jugendlichen und jungen Menschen in der BG. Für Familien, die Einkommen knapp an der Grenze zur Bedarfsdeckung beziehen, stellt sich daher die Frage, wie der nur anlassbezogene Hilfebedarf für Tagesausflüge und Klassenfahrten (§ 28 Abs. 2 SGB II) berücksichtigt werden soll. Dazu wurden in § 5a Nr. 1, Nr. 2 Alg II-VO Richtwerte bzw. Rechenschritte vorgegeben, um über einen fiktiven Bewilligungszeitraum von sechs Monaten hinweg einen Teilhabe-Monatsbedarf zu er-

Prüfung des Hilfebedarfs

mitteln. Damit soll verhindert werden, dass nur im Monat der Kita- oder Klassenfahrt Leistungen erbracht werden müssen, obwohl die Eltern und/oder das Kind über Einkommen verfügen, das bei der 6-Monats-Bedarfsberechnung auch den Teilhabe-Bedarf nach § 28 Abs. 2 SGB II decken würde (s. dazu SG Karlsruhe vom 6.2.2014 – S 13 AS 235/13).

Beispiel 1

Die BG von Mutter M., Vater V. und 10-jähriger Tochter T. hat einen Grundbedarf nach §§ 20–23 SGB II von 1.300 €. M. und V. erzielen Erwerbseinkommen von bereinigt 1.310 €. Im Zeitraum April bis September nimmt T. an zwei eintägigen Klassenfahrten teil. Für eine Klassenfahrt im April sind 12 € zu zahlen, die zweite im Juni schlägt mit 15 € zu Buche. Obwohl rechnerisch im April ein Bildungsbedarf von 2 € (1.300 € + 12 € – 1.310 €) und im Juni in Höhe von 5 € (1.300 € + 15 € – 1.310 €) besteht, gibt es keinen Anspruch auf Leistungen nach § 28 Abs. 2 SGB II, weil das bereinigte Einkommen bei Ansatz der Richtgröße von 3 € monatlich den gesamten Monatsbedarf von (1.300 € + 3 €) deckt.

Beispiel 2

Die BG von Mutter M. und 12-jähriger Tochter T. hat einen Grundbedarf nach §§ 20–23 SGB II von 1.070 €. M. erzielt Erwerbseinkommen von bereinigt 1.100 €. Im Juni findet eine Klassenfahrt statt, die 300 € kostet. M. beantragt im Mai eine Kostenübernahme. Im fiktiven Bewilligungszeitraum Juni bis November beträgt der monatliche Teilhabebedarf für die Klassenfahrt 300 € : 6 = 50 €. Hieran gemessen liegt das bereinigte Einkommen 20 € unter dem Gesamtbedarf von (1.070 € + 50 €). T. hat deshalb Anspruch auf 300 € Teilhabedarf nach § 28 Abs. 2 SGB II.

Überschneiden sich die Bedarfe im fiktiven Bewilligungszeitraum, bestimmt die zeitliche Abfolge, für welche Teilhabeaktivität ein Hilfebedarf besteht.

Beispiel 3

Die BG von Mutter M., Vater V. und 10-jähriger Tochter T. hat einen Grundbedarf nach §§ 20–23 SGB II von 1.300 €. M. und V. erzielen Erwerbseinkommen von bereinigt 1.326 €. Im März nimmt T. an einer dreitägigen Klassenfahrt teil, für die 150 € zu zahlen sind. Für eine Exkursion im Juni sind 15 € zu zahlen. Rechnerisch besteht im Zeitraum März bis August wegen der Klassenfahrt ein monatlicher Teilhabedarf in Höhe von 25 € (150 € : 6). Dieser Bedarf kann mit dem Einkommen gedeckt werden. Erst der im Juni hinzukommende Bedarf von 3 € für die Exkursion begründet insoweit einen Hilfebedarf in Höhe von 15 €.

Leben mehrere Kinder in der BG, ist die Hilfebedarfsprüfung wegen § 9 Abs. 2 Satz 4 SGB II so durchzuführen, dass das die Regelbedarfe nach §§ 20–23 SGB II übersteigende Einkommen den Kindern ungeachtet des Alters kopfteilig zugeordnet wird.

Beispiel 4

Die BG von Mutter M., 8-jähriger Tochter T. und 4-jähriger Tochter L. hat einen Grundbedarf nach §§ 20–23 SGB II von 1.200 €. M. erzielt ein Erwerbseinkommen von bereinigt 1.230 €. Im März fährt T. auf eine dreitägige Klassenfahrt, die 120 € kostet. L. braucht im Mai für eine Kitafahrt 80 €.

Hilfebedarf T.: Im fiktiven Bewilligungszeitraum März bis August beträgt der monatliche Teilhabebedarf für die Klassenfahrt 120 € : 6 = 20 €. Hieran gemessen liegt das T. zugeordnete Einkommen von 15 € (30 € : 2 Kinder) noch über dem rechnerischen Hilfebedarf. T. hat keinen Anspruch auf Übernahme der Klassenfahrtkosten.

Hilfebedarf L.: Im fiktiven Bewilligungszeitraum Mai bis Oktober beträgt der monatliche Teilhabebedarf für die Kitafahrt 80 € : 6 = 13,33 €, also ebenfalls weniger als die der L. zugeordneten 15 €.

Da sich die fiktiven Bewilligungszeiträume jedoch überschneiden (von Mai bis August) und das Einkommen oberhalb des Grundbedarfs für beide Teilhabebedarfe (20 € + 13,33 €) nicht reicht, hat T. im März einen Hilfebedarf von 120 € und L. im Mai von 80 €.

Die Bildungs- und Teilhabe-Hilfebedürftigkeit entfällt, soweit die Bedarfe nach § 28 SGB II durch Leistungen der Länder und Kommunen, die dem gleichen Zweck dienen oder durch private Hilfen Dritter erfüllt werden. Der Vorschlag, Bildungs- und Teilhabeleistungen der Länder und Kommunen zu ergänzenden Leistungen neben den Bedarfen nach § 28 SGB II zu erklären (BR-Drs. 661/1/10, S. 10), ist nicht ins Gesetz aufgenommen worden (dazu BT-Drs. 17/3982, S. 14).

Vorrang von Land/Kommune

Eine klare Zuständigkeitsregelung gibt es nur für den Bedarf nach § 28 Abs. 6 SGB II (gemeinschaftliche Mittagsverpflegung); dafür sind nach § 10 Abs. 3 Satz 2 SGB VIII die Jobcenter zuständig (s. dazu SG Osnabrück vom 27.5.2015 – S 27 BK 2/15). Im Übrigen ist das Rangverhältnis unklar. Zwar sind schulbezogene Leistungen nach dem SGB II gegenüber schulbezogenen Eingliederungsleistungen des SGB VIII nachrangig (§ 10 Abs. 3 Satz 1 SGB VIII). Dies gilt insbesondere für die Eingliederungshilfe für seelisch behinderte Kinder und Jugendliche nach § 35a SGB VIII (LSG NRW vom 20.12.2013 – L 19 AS 2015/13 B ER). Mitunter ist es aber sehr schwierig, den Schwerpunkt der Schulprobleme bzw. die besonderen Voraussetzungen des § 35a SGB VIII (dass die seelische Gesundheit mit hoher Wahrscheinlichkeit länger als sechs Monate von dem für das Lebensalter typischen Zustand abweicht und daher die Teilhabe am Leben in der Gesellschaft beeinträchtigt ist oder eine solche Beeinträchtigung zu erwarten ist) festzustellen (s. dazu OVG NRW vom 15.7.2011 – 12 A 1168/11; VG Ansbach vom 26.9.2013 – AN 6 K 13.00444: isolierte Leseschwäche; SG Braunschweig vom 8.8.2013 – S 17 AS 4125/12). Im Zweifel oder wenn ein Aufschub des Bedarfs nicht zumutbar ist, ist die notwendige außerschulische Lernförderung als Sonderbedarf nach § 28 Abs. 5 SGB II zu bewerten (LSG Schleswig-Holstein vom 21.12.2011 – L 6 AS 190/11 B ER; SG Itzehoe vom 22.8.2013 – S 10 AS 156/13 ER; LSG NRW vom 20.12.2013 – L 19 AS 2015/13 B ER; SG Nordhausen vom 9.7.2014 – S 22 AS 4109/12; SG Rostock vom 26.8.2015 – S 6 BK 6/15).

Verhältnis SGB II zu SGB VIII

Auszubildende, die keinem Leistungsausschluss nach § 7 Abs. 5 SGB II unterliegen, haben nach § 7 Abs. 6 SGB II Zugang zu allen SGB II-Leistungen, also auch den Bedarfen nach § 28 SGB II. Da das

BAföG

BAföG nach der Neuregelung in § 11a Abs. 2 Satz 3 SGB II ab 1.8.2016 regulär als Einkommen berücksichtigt wird, sind die Bedarfe nach § 28 SGB II nur dann um Einkommen zu mindern, wenn die Regelbedarfe nach §§ 20, 22, 23 SGB II zuzüglich etwaiger Mehrbedarfe nach § 21 SGB II gedeckt sind und Resteinkommen übrig ist.

Anrechnung von Stiftungsleistungen?

In einigen Bundesländern gibt es (noch) Stiftungen, die zweckgebunden für Schule und Ausbildung Mittel an bedürftige Auszubildende vergeben, auch wenn diese Ansprüche auf Leistungen nach § 28 SGB II haben. (Eine Übersicht der bestehenden Stiftungen gibt die vom Bundesverband Deutscher Stiftungen im Januar 2012 herausgegebene Studie »Stiftungen und Teilhabe von Kindern und Jugendlichen«). Hier stellt sich die Frage, in welchem Verhältnis die Stiftungsleistungen zu den Bedarfen nach § 28 SGB II stehen:

Zufluss vor Leistungsbezug

War die Stiftungszuwendung vor dem erstmaligen Eintritt in den Leistungsbezug schon zugeflossen, ist sie trotz ihrer Zweckbestimmung, künftig für Bildungsausgaben eingesetzt zu werden, als Vermögen zu werten (Schluss aus BSG vom 6.10.2011 – B 14 AS 94/10 R zum Überbrückungsgeld bei Haftentlassung). Die abstrakte Hilfebedarfsprüfung nach § 5a Alg II-VO bleibt deshalb unverändert. Die Forderung in § 2 Abs. 2 SGB II ist zu allgemein (von BSG vom 6.5.2010 – B 14 AS 7/09 R als »Auslegungshilfe« zum Umfang der Selbsthilfeobliegenheit gewertet), um den Leistungsberechtigten in einer Eingliederungsvereinbarung zu verpflichten, die Stiftungsmittel zur Deckung der im Bewilligungszeitraum anfallenden § 28 SGB II-Bedarfe zu verwenden. Wurden allerdings Bedarfe nach § 28 Abs. 2, Abs. 5 und 6 SGB II vor Eintritt in den Leistungsbezug mit Einsatz des Vermögens bestritten (z. B. Kauf einer Schülerkarte oder Kosten von Nachhilfeunterricht), ist dies als vorrangige bzw. schon erfüllte Bedarfsdeckung zu berücksichtigen.

Zufluss während Leistungsbezugs

Fließen Zuwendungen einer Stiftung im laufenden Leistungsbezug zu, ist grundsätzlich zu prüfen, ob und ggf. in welchem Umfang dadurch der Hilfebedarf nach § 28 Abs. 2–Abs. 6 SGB II entfällt. Die Stiftungsleistungen sind Zuwendungen nach § 11a Abs. 5 SGB II, so dass eine Rechtfertigungsprüfung den Umfang der Anrechnung bestimmt, es sei denn, die Stiftungsmittel werden unter der Voraussetzung vergeben, dass keine Anrechnung auf Leistungen nach § 28 SGB II erfolgt. Eine Parallele bietet das Verhältnis der Ansprüche nach § 24 Abs. 3 Nr. 2 SGB II zu Leistungen aus der Stiftung »Mutter und Kind«. Das bedeutet, dass der Empfänger der Stiftungsleistung nicht verpflichtet werden kann, damit Bedarfe nach § 28 SGB II zu decken. Deckt er aber Bedarfe nach § 28 Abs. 2, Abs. 4 oder Abs. 5 SGB II, sind diese in Höhe der Mittelverwendung erfüllt, weil die § 28 SGB II-Leistungen nur mittels Gutschein oder Direktzahlung gewährt werden, wodurch sich zwingend Überschneidungen ergeben.

Für den Bedarf nach § 28 Abs. 3 SGB II, der als Barleistung vergeben wird, kann die Auszahlung der Leistung nicht von einem Nachweis des Einsatzes der Stiftungsmittel abhängig gemacht werden. Nach DA

24a.35 zu § 24a SGB II a. F. waren gleichartige Zuschüsse von Wohl-
fahrtsverbänden oder Stiftungen nicht auf das Schulbedarfspaket anzurechnen. Wegen der beibehaltenen Kappung auf 100 € wird man
dies auch auf die Regelung des § 28 Abs. 3 SGB II übertragen können.

Übernimmt eine Stiftung die für die Gewährung der Mittagsverpfle-
gung nach § 28 Abs. 6 SGB II geforderte Eigenbeteiligung von 1 € je
Mittagessen, ist eine Anrechnung als Einkommen durch § 1 Abs. 1
Nr. 2 Alg II-VO ausgeschlossen.

Sind die Stiftungsmittel nicht derart gebunden, dass sie nachrangig
bzw. zusätzlich zu den SGB II-Leistungen vergeben werden, kann
Schülern, deren wesentliche Aufwendungen für die Ausbildung die
Bedarfe nach § 28 Abs. 2 bis Abs. 6 SGB II sind, im Rahmen der
Rechtfertigungsprüfung nach § 11a Abs. 5 SGB II zugemutet werden,
zur Bedarfsdeckung die Stiftungsleistungen einzusetzen, weil sie dazu dienen sollen, dass der Schüler diese Ausgaben ohne Not tätigen
kann. Soweit dann immer noch Stiftungsmittel übrig bleiben, steht es
dem Schüler frei, davon zusätzliche Ausgaben, die in weiterem Sinn
der Bildung dienen, zu bestreiten (zusätzliche Bücher, PC-Lernpro-
gramm, Kosten für freiwillige Schul-AG etc.). Eine Anrechnung auf
die Bedarfe nach §§ 20–23 SGB II ist unzulässig: Ein Ansparen für
künftige § 28 SGB II-Bedarfe kann nicht verlangt werden.

Können oder sollen die Stiftungsmittel auch höhere Aufwendungen
für die Ausbildung, die nicht zu den Bedarfen nach § 28 SGB II zählen, abdecken (für Schulgeld, Studiengebühren, Musikinstrumente,
Laptop oder Nachhilfeunterricht zur Notenverbesserung auch ohne
Versetzungsgefährdung) und wird ein solcher Bedarf realisiert, kann
der Begünstigte vor der Gewährung von Hilfen nach § 28 SGB II nicht
darauf verwiesen werden, die Schule zu wechseln, die Gitarre zu verkaufen oder die Nachhilfe abzubrechen, um die frei werdenden Mittel
für Bedarfe nach § 28 SGB II einzusetzen.
Das BSG-Urteil vom 20.11.2011 – B 4 AS 200/10 R, wonach von Dritten
gegebene Mittel nicht dazu verwendet werden können, dem Leistungsberechtigten einen über dem Existenzminimum liegenden Lebensstandard zu verschaffen, steht dem nicht entgegen. Denn bei der
Motivation des Stifters, Kindern eine höherwertige Ausbildung zu erleichtern, handelt es sich um einen gegenüber den mit der Gewährung
von § 28 SGB II-Leistungen verfolgten Zielen qualitativ abweichenden
Zweck. Auch die BVerfG-Entscheidung vom 7.7.2010 – 1 BvR 2556/09
zu den Grenzen der Sicherstellung von Bildungsbedarfen für SGB II-
Leistungsberechtigte führt zu keiner anderen Wertung, weil es hier
darum ging, ob das auf die Bedarfe nach §§ 20–23 SGB II anrechenbare Kindergeld um Aufwendungen für eine Privatschule bereinigt werden kann. Hierdurch wäre mittelbar das Jobcenter Förderer der Privatschule geworden (was u. U. gerechtfertigt sein kann, s. dazu HessLSG vom 26.8.2011 – L 7 SO 13/10), während die Freistellung der von
Stiftungsmitteln getragenen Aufwendungen für Schulgeld oder eine
hochwertige Ausbildung den SGB II-Grundbedarf nicht erhöht.

III   Leistungen für Bildung

Schulbesuch

Die Leistungen für Bildung setzen den Besuch einer allgemein-' oder berufsbildenden Schule voraus. Die Fördermöglichkeit nach dem BAföG ist keine Leistungsvoraussetzung. Bildungsbedarfe nach § 28 SGB II können daher auch Berufsschüler ohne Anspruch auf eine Ausbildungsvergütung erhalten, z.B. bei überbetrieblicher Ausbildung oder im Berufsvorbereitungs- und Berufsgrundbildungsjahr.

Allgemeinbildende Schulen sind:
– Grund-, Haupt-, Real-, Mittel- und Gesamtschulen,
– Gymnasien,
– staatlich anerkannte Ergänzungsschulen,
– Förderschulen,
– Abendhaupt- und -realschulen, Abendgymnasien und Kollegs.

Berufsbildende Schulen sind:
– Berufsfachschulen,
– Fach- und Fachoberschulen,
– Berufsaufbauschulen,
– Berufsschulen,
– Höhere Fachschulen und Akademien.

SGB II-spezifischer Schulbegriff

Der Begriff »allgemeinbildende Schule« ist nach dem Gesetzeskontext, der Historie der Vorschrift sowie nach Sinn und Zweck der §§ 28 – 30 SGB II zu bestimmen. Landesrechtliche Gesetze oder Vorgaben schränken den Anspruch auf Bildungs-Teilhabe nicht ein. Das BSG vom 19.6.2012 – B 4 AS 162/11 R hat daher auch für den Besuch einer staatlich anerkannten Tagesbildungsstätte für geistig behinderte Menschen ein Schulpaket gemäß § 24a a. F. SGB II gewährt und sich dabei u. a. auf die Gesetzesbegründung zu § 28 SGB II berufen.

1   Schulausflüge

Keine Pauschalierung

Nach § 28 Abs. 2 Nr. 1 SGB II werden die Aufwendungen für eintägige Schulausflüge in tatsächlicher Höhe übernommen, wenn nach der Hilfebedarfsprüfung gemäß § 5a Nr. 1 Alg II-VO ein Bedarf besteht.

Auch für Hort-Ferien-Ausflüge

Auch vom Schulhort während der Ferien organisierte Ausflüge begründen einen Bedarf nach § 28 Abs. 2 Nr. 1 SGB II, obwohl hier der Freizeitaspekt im Vordergrund steht. Erhält das teilnehmende Kind vom Jobcenter Teilhabeleistungen nach § 28 Abs. 7 SGB II, begrenzen diese den Bedarf nach § 28 Abs. 2 SGB II nicht (SG Chemnitz vom 8.12.2012 – S 37 AS 4144/11).

Welche Aufwendungen?

Übernommen werden alle Aufwendungen, »die von der Schule selbst unmittelbar veranlasst sind« (BT-Drs. 17/3404, S. 172). Dazu gehören Fahrkosten und Eintrittsgelder und Aufwendungen für Material, das

zum Schulausflug mitgenommen werden soll. Essensgeld oder Taschengeld für zusätzliche Ausgaben sind aus dem Regelbedarf zu bestreiten.

§ 37 Abs. 1 SGB II verlangt einen gesonderten Antrag. Da die Bedarfe
nach § 28 SGB II zum Lebensunterhalt gehören (§ 19 Abs. 3 SGB II),
wirkt der Antrag auf den ersten des Monats zurück (§ 37 Abs. 2
SGB II). Der Antrag muss nicht förmlich gestellt werden. Anfragen
oder Schreiben der Leistungsberechtigten sind verständig und unter
Beachtung des Meistbegünstigungsgrundsatzes auszulegen. Wird ein
Gutschein für den gesamten Bewilligungsabschnitt vergeben (näher
dazu unter V), braucht für die einzelnen Ausflüge in diesem Zeitraum
kein Antrag gestellt zu werden.

Nur auf Antrag!

Ob die über § 29 SGB II in die Leistungsgewährung einbezogenen
Schulen eine Beratungspflicht haben, die ggf. dem Jobcenter zugerechnet werden kann, so dass verspätete Anträge, die auf einem Be-
ratungsmangel beruhen, über den sozialrechtlicher Herstellungsanspruch rückdatiert werden können, muss die Praxis zeigen. In jedem
Fall sind die Jobcenter zur Beratung verpflichtet, wenn ein Bedarf
nach § 28 Abs. 2 SGB II erkennbar wird.

Beratungspflicht
der Schule?

Nach § 28 Abs. 2 Satz 2 SGB II sind auch Kita-Ausflüge zu fördern.
Der Zweck der Regelung, bedürftige Kinder nicht auszugrenzen, gilt
auch für Vorschulkinder. Für privat oder in einer Pflegestelle (§ 23
SGB VIII) betreute Kinder gilt § 28 Abs. 2 Satz 2 SGB II nicht.
Soweit Aufwendungen für Kita und Vorschulausflüge nach § 28
Abs. 2 SGB II übernommen werden, verringern sich die Absetzungen
für berufsbezogene Aufwendungen für die Kinderbetreuung nach
§ 11b Abs. 1 Nr. 5 SGB II.

Auch für Kita
und Vorschule

Geringere
Werbungskosten

2   Mehrtägige Klassenfahrten

Der in § 28 Abs. 2 Satz 1 Nr. 2 SGB II geregelte Kostenüber-
nahmeanspruch für mehrtägige Klassenfahrten entspricht der früheren Regelung des § 23 Abs. 3 Satz 1 Nr. 3 SGB II a. F.; deshalb kann
die dazu ergangene Rechtsprechung herangezogen werden.
Nach § 28 Abs. 2 Satz 2 SGB II werden auch mehrtägige Kita- und Vor-
schulfahrten gefördert (SG Speyer vom 23.2.2016 – S 15 AS 857/15).

Maßstab nach
§ 23 Abs. 3 Nr. 3
SGB II a. F.

Der Begriff »Klassenfahrt« in § 28 Abs. 2 Satz 2 Nr. 3 SGB II ist nach
Sinn und Zweck der gesetzlichen Regelung so auszulegen, dass auch
hilfebedürftige Schüler an mehrtägigen Schulfahrten, die üblicherweise mit höheren Kosten verbunden sind, teilnehmen können. Dadurch
soll sichergestellt werden, dass auch bei diesen Schülern das jeweilige
pädagogische Ziel von Schulfahrten – ein wichtiger Bestandteil der
schulischen Erziehung (vgl. Gesetzesbegründung zur Parallelvorschrift
§ 31 SGB XII, BT-Drs. 15/1514, S. 16) – verwirklicht werden kann (SG
Dortmund vom 4.12.2006 – S 33 AS 152/05). Der Begriff »Klassenfahrt« ist daher nicht im engen Wortsinn zu verstehen; auch der Ge-

Definition

setzgeber spricht in der Gesetzesbegründung zur Parallelvorschrift des § 31 SGB XII (a. a. O.) wiederholt von »Schulfahrten«. Er ist vielmehr weit auszulegen und umfasst jede von der Schule durchgeführte Studien-, Kurs- oder Jahrgangsstufenfahrt (SG Lüneburg vom 26.1.2005 – S 24 AS 4/05 ER; SG Bayreuth vom 29.6.2006 – S 4 AS 612/05). Die Volljährigkeit des Schülers oder ein bestimmter Ausbildungsabschnitt verhindern einen Zuschuss nicht (SG Dortmund, a. a. O.: Abschlussfahrt der 10. Klasse). Ebenso wenig der Umstand, dass die Klasse ins Ausland fährt (SG Oldenburg vom 18.9.2006 – S 47 AS 1056/06; LSG Schleswig-Holstein vom 20.9.2006 – L 11 B 340/06 AS ER) oder die Klassenfahrt am Ende der Schulzeit (Schulabschlussfahrt) stattfindet (SG Stuttgart vom 2.4.2008 – S 14 AS 2278/08 ER). Auch die Freiwilligkeit der Teilnahme und eine begrenzte Teilnehmerzahl stehen einer Kostenübernahme nicht im Weg (LSG Sachsen vom 19.11.2013 – L 3 AS 1200/13 NZB; LSG Berlin-Brandenburg vom 17.4.2015 – L 25 AS 1219/14: Skikurs). Nach VG München vom 21.7.2015 – M 5 K 14.5216 ist ein mehrtägiger Sportkurs mit Aufenthalt in einem Skigebiet einer Klassenfahrt gleich zu werten. Dagegen ordnet das SG Dresden vom 12.6.2015 – S 14 BK 32/13 Trainings- und Wettkampffahrten von Schülern an sportbetonten Schulen als außerschulische Begabtenförderkurse ein, die keinen Förderanspruch nach § 28 Abs. 2 SGB II auslösen.

Schüleraustausch

Kosten für einen von der Schule organisierten Schüleraustausch in die USA können nach BSG vom 22.11.2011 – B 4 AS 204/10 R als Kosten für eine »Klassenfahrt« eingeordnet werden. Zu übernehmen sind die eigentlichen Kosten für den Schüleraustausch (Flugtickets, Eintrittskosten, Jugendherberge/Hotel, anteilige Kosten für Mietwagen und Kraftstoff), nicht dagegen Taschengeld, auch wenn von der Schule oder dem Auswärtigen Amt ein bestimmter Betrag veranschlagt wird.

Im Rahmen schulrechtlicher Bestimmungen

Eine Einschränkung erfolgt allein durch die Voraussetzung, dass die Klassenfahrt »im Rahmen der schulrechtlichen Bestimmungen« durchgeführt wird (LSG NRW vom 8.11.2007 – L 7 B 307/07 AS; SG Dortmund vom 9.6.2010 – S 29 AS 209/08: 3-tägiges Seminar »Streitschlichtung«). Insoweit genügt die Feststellung, dass die Klasse im Klassen- oder Kursverband fährt und der Schüler zur Teilnahme verpflichtet ist (LSG Mecklenburg-Vorpommern vom 25.9.2008 – L 8 AS 38/08; SG Hildesheim vom 30.9.2010 – S 26 AS 578/07). Abzulehnen ist die vom SG Schleswig vom 13.11.2006 – S 1 AS 1041/06 ER vertretene Ansicht, eine Projektfahrt des Deutschleistungskurses stelle keine Klassenfahrt i. S. von § 23 Abs. 3 Nr. 3 SGB II a. F. dar, weil unter den Begriff Klassen- oder Kursfahrt lediglich Fahrten des gesamten Klassen- oder Jahrgangsverbandes fielen, die regelmäßig in einer bestimmten Klassenstufe vorgesehen sind. Dies würde zu der von der Regelung gerade nicht gewollten Ausgrenzung hilfebedürftiger Schüler führen. Der Verweis auf ein Darlehen zeigt die Unausgegorenheit der Entscheidung des SG Schleswig. Richtig dagegen SG Berlin vom 23.3.2006 – S 61 AS 1046/06 ER; SG Oldenburg vom 29.3.2006 – S 48 AS 791/05.

Abiturfahrten, die selbstorganisiert und ohne Begleitung von Lehrpersonal durchgeführt werden, fallen nicht mehr unter § 28 Abs. 2 SGB II (SG Berlin vom 27.9.2011 – S 148 AS 35486/09).

Vor einer Kostenübernahme können Hilfebedürftige aber gemäß § 3 Abs. 3 SGB II auf Fonds verwiesen werden, aus denen bedürftige Schüler einen Zuschuss für eine Klassenfahrt erhalten können (SG Speyer vom 8.8.2007 – S 3 AS 643/06). Das Jobcenter muss jedoch klären, ob ein solcher Fonds besteht, und den Antragsteller auf diese Möglichkeit hinweisen (LSG Schleswig-Holstein vom 20.9.2006 – L 11 B 340/06 AS ER).

Anderweitige Bedarfsdeckung

Hat ein Schüler Anspruch auf Förderung nach § 35a SGB VIII, ist zu prüfen, ob auch Klassenfahrten vom Leistungsanspruch gegenüber dem Träger der Jugendhilfe umfasst sind (s. dazu OVG Schleswig-Holstein vom 14.8.2014 – 3 LB 15/12; OVG NRW vom 16.11.2015 – 12 A 1639/14).

Jugendhilfe

Ausnahmsweise kann auch der Besuch einer speziellen, wegen einer Behinderung notwendigen Schule vom Sozialhilfeträger über die Eingliederungshilfe zu finanzieren sein (s. dazu SG Stade vom 19.3.2014 – S 19 SO 160/12; LSG NRW vom 11.8.2015 – L 20 SO 316/12; Revision anhängig – B 8 SO 24/15 R). Schließt die Kostenübernahme auch Aufwendungen für eine Klassenfahrt ein, ist der Teilhabebedarf hierüber zu decken.

Eingliederungshilfe

Bekommt der Schüler Unterhalt nach § 1610 BGB, hat er wegen der Ausgaben für eine reguläre Klassenfahrt grundsätzlich keinen Anspruch auf Übernahme als Sonderbedarf gemäß § 1613 BGB (OLG Hamm vom 21.12.2010 – 2 WF 285/10; OLG Sachsen-Anhalt vom 12.8.2010 – 8 UF 102/10; vgl. auch OLG Brandenburg vom 24.11.2011 – 9 KF 70/11; AG Detmold vom 19.2.2015 – 32 F 132/13).

Unterhaltsanspruch?

Haben sich die Eltern gegenüber der Schule verpflichtet, die Kosten der Klassenfahrt zu tragen, kann die Schule diese Verpflichtung im Verwaltungsrechtsweg durchsetzen. Bei Ehepartnern haften beide Eltern als Gesamtschuldner, auch wenn nur ein Elternteil die Erklärung unterzeichnet hat (VG Hannover 27.2.2002 – 6 A 1660/01; VG Schleswig-Holstein vom 25.1.2006 – 9 A 107/05; VG Minden vom 17.5.2013 – 8 K 2772/12; OVG NRW vom 20.11.2015 – 19 A 1585/13; zu einem Ausgleichsanspruch bei Einstandspartnern s. OLG Hamm vom 23.4.2013 – II-WF 39/13). Nach VG Köln vom 21.1.2015 – 10 K 679/14 sind Kosten für eine Klassenfahrt jedenfalls unter dem Gesichtspunkt des Aufwendungsersatzes nach §§ 677, 683, 670 BGB zu erstatten.

Kostentragung durch Eltern

Nach § 28 Abs. 2 SGB II sind die Kosten in tatsächlicher Höhe zu übernehmen, soweit sie unmittelbar mit der Klassenfahrt verbunden sind. Die Übernahme ist nicht auf Höchstkostensätze für Klassen- und Studienfahrten der Länder oder auf »angemessene« Kosten begrenzt (a. A. HessLSG vom 19.10.2012 – L 7 AS 409/11, für den Fall, dass das

Kostenübernahme in tatsächlicher Höhe

Kultusministerium eine Kostenobergrenze festlegt). Wohin die Reise gehen soll, entscheiden die Schule und die Eltern. Das BSG vom 13.11.2008 – B 14 AS 36/07 R hatte das schon für die Regelung in § 23 Abs. 3 Satz 1 Nr. 3 SGB II a.F. entschieden. Der Unmut über »kostentreibende Luxusreisen auf Staatskosten« trifft die Falschen; dass eine Schulabschlussfahrt nicht mehr in die Eifel, sondern ins Ausland geht, entspricht den von verdienenden Eltern gesetzten Standards, an denen teilzuhaben eben auch hilfebedürftigen Kindern und Jugendlichen möglich sein soll.

Der Befürchtung, »Hartz IV-lastige« Schulklassen brauchten sich nach dem BSG-Urteil bei Planung der Klassenreise um die Finanzierung keine Sorgen zu machen, könnte von anderer Seite begegnet werden. Nach BAG vom 16.10.2012 – 9 AZR 183/11 ist die Verzichtserklärung des Lehrers auf Reisekostenerstattung für die Klassenfahrt unwirksam; das wird die schulbehördliche Genehmigung aufwändiger Klassenreisen bei klammer Kassenlage deutlich einschränken.

Welche Aufwendungen?

Zu den zu berücksichtigenden Kosten für Klassenfahrten gehören auch Nebenkosten wie z.B. Eintrittsgelder für das kulturelle Programm, das in der Regel wichtiger Bestandteil und Sinn der Klassenfahrt ist (VG Bremen vom 20.7.2007 – S 8 K 774/07; LSG NRW vom 4.2.2008 – L 20 B 8/08 AS ER: Leihgebühr für Skiausrüstung; gegen einen Anspruch auf Kostenübernahme einer neuen, eigenen Skiausrüstung SG Berlin vom 13.1.2015 – S 191 AS 115/15 ER). Das Taschengeld für die Klassenfahrt ist aus dem Regelbedarf des hilfebedürftigen Schülers zu bestreiten (SG Speyer vom 8.8.2007 – S 3 AS 643/06). Ein Taschengeld wird nicht dadurch zu einem Bedarf nach § 28 Abs. 2 SGB II, dass die Schule oder die Elternschaft eine Vorgabe zum mitzunehmenden Geldbetrag machen (SG Saarland vom 16.1.2012 – S 12 AS 6/12 ER).

Unzulässig ist die Kürzung des Regelbedarfs um vermeintlich ersparte Aufwendungen für den häuslichen Lebensunterhalt (insbesondere für Verpflegung) während der Klassenfahrt (SG Dortmund vom 4.12.2006 – S 33 AS 152/05).

Krankenkasse

Eine Klassenfahrt vermittelt die gleichberechtigte Teilnahme am Leben in der Gemeinschaft. Hilfs- oder Heilmittel, die zur Teilnahme an einer Klassenfahrt benötigt werden, können daher einen Leistungsanspruch gegen die Krankenkasse begründen (LSG Niedersachsen-Bremen vom 11.12.2014 – L 4 KR 485/14 B ER: Sauerstoffdruckgasflaschen neben einer zur Verfügung gestellten Druckgasfüllstation).

Kosten für Vorbereitung/ Nachbereitung

Aufwendungen, die organisatorisch mit der Klassenfahrt zusammenhängen, z.B. für ein Vorbereitungstreffen oder für eine Beförderung, wenn das Kind sehr spät von der Reise heimkehrt, werden vom Bildungsbedarf nach § 28 Abs. 2 Nr. 2 SGB II umfasst. Das BSG vom 23.3.2010 – B 14 AS 1/09 R hat einen Skikurs vor einer Klassenreise ins Skigebiet als nach § 23 Abs. 3 Satz 1 Nr. 3 SGB II a.F. übernahmefähigen Bestandteil der Klassenfahrt gewertet.

Fährt ein Elternteil mit, um dem Kind die Teilnahme an der Klassenfahrt zu ermöglichen, sind diese Begleitkosten keine Aufwendungen i. S. von § 28 Abs. 2 Nr. 2 SGB II. Ist eine Behinderung Grund für die Begleitung, kommen aber Ansprüche nach § 35a SGB VIII in Betracht (OVG NRW vom 1.3.2012 – 12 B 118/12).

Begleitkosten

Muss der Schüler früher als geplant heimkehren (Krankheit, Unfall oder Regelverstoß), sind die dafür anfallenden Kosten (zum Umfang der Kostentragung s. VG Augsburg vom 22.1.2013 – An 3 K 12.1175) Aufwendungen nach § 28 Abs. 2 Satz 1 Nr. 2 SGB II. Sozialwidriges Verhalten kann bei Volljährigkeit des Schülers einen Ersatzanspruch nach § 34 SGB II auslösen. Kostenerstattungen wegen des Abbruchs stehen dem Jobcenter zu. War ein von der Schule erzwungener Abbruch rechtswidrig, muss die Schule für die entstandenen Mehrkosten aufkommen (zum Beurteilungsmaßstab für einen Abbruch s. VG Berlin vom 17.12.2010 – 3 K 500.10; VG München vom 17.5.2011 – M 3 K 09.3418).
Aufwendungen, die trotz unverschuldeter Nichtteilnahme an der Klassenfahrt zu entrichten sind, fallen ebenfalls unter § 28 Abs. 2 Nr. 2 SGB II, sofern kein Dritter dafür aufkommen muss (LG Zwickau vom 9.5.2012 – 7 O 716/11; s. auch AG Köln vom 18.8.2014 – 142 C 601/13).

Abbruch/
Ausschluss

Nach § 37 Abs. 1 SGB II muss die Kostenübernahme gesondert beantragt werden. Dies erschwert den Zugang zu diesem Bildungsbedarf gegen BSG vom 23.3.2010 – B 14 AS 6/09 R. Auf diese Rechtslage müssen die Jobcenter sowohl die Eltern als auch die Schulen hinweisen, damit diese rechtzeitig die Unterlagen zur Beantragung der Klassenfahrt vor Reiseantritt zusammenstellen. Es ist darauf zu achten, dass alle mit der Klassenfahrt zusammenhängenden Kosten aufgelistet werden, damit das Jobcenter nicht später einwenden kann, bestimmte Kosten gehörten nicht zum Bedarf nach § 28 Abs. 2 Satz 1 Nr. 2 SGB II.

Nur auf Antrag!

Die §§ 28, 29, 37 SGB II lassen im Fall nicht rückwirkender Anträge offen, wie zu verfahren ist, wenn erst anlässlich der Durchführung der Klassenfahrt zusätzliche Kosten entstehen, d. h. Kosten, deren Übernahme nicht vorher beantragt werden konnte.

Offene
Rechtsfrage

Die geplante Rückkehr von einer Klassenfahrt verspätet sich wegen eines Staus auf der Autobahn so sehr, dass die Schüler, die auf öffentliche Verkehrsmittel angewiesen sind, keine Verbindung mehr bekommen. Der Lehrer ordert deshalb ein Taxi an.
Dies wird so zu lösen sein, dass die Kostenzusage für eine Klassenfahrt auch Kosten umfasst, die unerwartet entstehen, aber unvermeidbar sind.

Beispiel

3   **Schulbedarfspaket**

§ 28 Abs. 3 SGB II entspricht dem früheren Schulbedarfspaket des § 24a SGB II a. F. mit dem Unterschied, dass die 100 € gestaffelt ausgezahlt werden: 70 € zum 1. August und 30 € zum 1. Februar eines jeden Jahres.

Schulbesuch

Den Bedarf nach § 28 Abs. 3 SGB II gibt es nur, wenn der Schüler im kommenden Schuljahr nach dem 1. August und 1. Februar noch zur Schule geht. Hängt dies vom Bestehen einer Nachprüfung ab, deren Ergebnis erst nach dem 1. August oder 1. Februar bekannt gegeben wird, kann der Bedarf vorläufig nach § 41a SGB II gewährt werden. Der Beginn des Schuljahrs muss nicht mit den Auszahlungszeitpunkten zusammenfallen. Auch wenn der Schüler erst nach dem 1. August oder 1. Februar mit der Schule beginnt, hat er Anspruch auf den persönlichen Schulbedarf, wenn dieser nicht zuvor schon erfüllt wurde. Dies ist nunmehr in § 28 Abs. 3 Satz 2 SGB II ausdrücklich geregelt. Die Umgestaltung des Schulbedarfspakets zu einer den Hilfebedarf begründenden Bedarfsposition macht den Anspruch nicht mehr davon abhängig, dass der Schüler genau zum 1.8. oder 1.2. eines Jahres hilfebedürftig ist. Auch wenn der Bedarf erst später eintritt, löst der Schulbesuch bzw. der damit verbundene Bedarf den Anspruch aus (a. A. LSG NRW vom 22.10.2012 – L 19 AS 1412/12: zur Rechtsfolge bis 31.7.2016).

Beispiel

Der 18-jährige H. verlässt die Schule und arbeitet als Hilfsarbeiter. Nach zweijähriger Berufstätigkeit beantragt er eine Genehmigung zum Besuch eines Oberstufenzentrums. Seine Arbeit gibt er im Juli auf. Die Genehmigung wird am 8.8. erteilt, am 10.8. tritt H. den Schulbesuch an.

Schulabbruch

Es liegt im Wesen einer Pauschale, dass sie weder verändert noch zurückgefordert werden kann, wenn sich die Verhältnisse nach der Bewilligung ändern. Da es sich um jeweilige Einmalzahlungen handelt, ist § 48 SGB X nicht anwendbar.

Beispiel

Die 19-jährige F. bricht im September die Schule ab, um im Oktober eine Ausbildung anzufangen, von der sie bei Empfang der 70 € am 1. August noch nichts wusste. F. kann die 70 € behalten, ein Fall nach § 45 SGB X liegt nicht vor, ein Wechsel von der Schule zur Berufsausbildung ist nicht sozialwidrig nach § 34 SGB II.

Verwendungszweck

§ 28 Abs. 3 SGB II dient der Anschaffung von Gegenständen, die für den Schulbesuch benötigt werden. Dazu gehören Schulranzen oder Schulrucksack, Sportzeug, Taschenrechner, Geodreieck und die für den persönlichen Ge- und Verbrauch bestimmten Schreib-, Rechen- und Zeichenmaterialien (Füller, Kugelschreiber, Blei- und Malstifte, Hefte und Mappen, Tinte, Radiergummis, Bastelmaterial), derentwegen die Summe von 100 € in zwei Teilbeträgen ausgezahlt wird (BT-Drs. 17/3404, S. 172).

Lernmittelfreiheit

Die 100 € sind nur für Lernmittel einzusetzen, für die der Schüler aufkommen muss; nicht für Lernmittel, die nach jeweiligem Landesrecht »lernmittelfrei« sind. Nach VG Dresden vom 30.6.2011 – 5 K 1790/08 soll sich die Lernmittelfreiheit z.B. auch auf in der Schule hergestellte, kopierte Arbeitsblätter aus Schulbüchern sowie Arbeits-, Lern- und Übungshefte erstrecken; s. dazu auch LG Dresden vom 4.10.2012 –

42 HK O 218/12 EV. Für die Kosten eines CAS-fähigen Taschenrechners muss der Schüler aufkommen (VG Gera vom 15.2.2012 – 2 K 620/11 Ge; VG Dresden vom 29.10.2015 – 5 K 2394/14). Siehe auch Büchergeld → S. 289.

Für die nachträgliche Kostenerstattung selbstbeschaffter Lernmittel, die der Lernmittelfreiheit unterfallen, gibt es nach OVG Sachsen vom 2.12.2014 – 2 A 281/13 keine Grundlage.

Kein Kostenersatz bei Selbstbeschaffung

Das BSG vom 27.1.2009 – B 14/11b AS 9/07 R hatte in seinem Vorlagebeschluss zur Verfassungsprüfung der Regelsätze nach § 20 SGB II a. F. die 100 Euro Schulbedarfspaket als blind gegriffene Größe kritisiert. Ebenso das BVerfG vom 9.2.2010 – 1 BvL 1/09. Dass jetzt wieder 100 € angesetzt wurden, ist mit der Gesetzesbegründung:

Warum gerade 100 Euro?

»Die Höhe des anerkannten persönlichen Schulbedarfs ist pauschaliert. Wegen der höchst unterschiedlichen Anforderungen, die in den Ländern, in den jeweiligen Schulformen und sogar an einzelnen Schulen an die persönliche Schulausstattung gestellt werden, würde es einen im Rahmen der Massenverwaltung nicht leistbaren Aufwand bedeuten, den jeweiligen Bedarf konkret zu ermitteln. Dies ist angesichts des ergänzenden Charakters der Leistung auch nicht erforderlich. Der Betrag von 100 Euro im Jahr übersteigt zumindest den Wert der Position ›Sonstige Verbrauchsgüter (Schreibwaren, Zeichenmaterial u.a.)‹ in Abteilung 09 der Einkommens- und Verbrauchsstichprobe 2008, die wegen der gesonderten Berücksichtigung des Bedarfs nach § 28 Absatz 3 bei der Ermittlung des Regelbedarfs von Kindern zwischen 6 und 17 Jahren nicht berücksichtigt worden ist. Diese Position wäre im Falle ihrer Berücksichtigung je nach Alter des Kindes mit lediglich 1,91 Euro bzw. 2,86 Euro pro Monat in die Bemessung des Regelbedarfs eingegangen« (BT-Drs. 17/3404, S. 172)

vom BVerfG vom 23.7.2014 – 1 BvL 10/12, Rn. 135 nicht beanstandet worden.

Aus § 37 Abs. 1 SGB II folgt im Rückschluss, dass der Bedarf nach § 28 Abs. 3 SGB II für Schüler, die laufende Leistungen beziehen, nicht gesondert beantragt werden muss. Nur wenn der laufende Bedarf nach den §§ 20, 21 und 22 SGB II gedeckt ist, muss für den Bedarf nach § 28 Abs. 3 SGB II ein Antrag gestellt werden.

Regelmäßig kein Antrag

Der Bedarf nach § 28 Abs. 3 SGB II wird durch eine Geldzahlung an den Schüler oder die Sorgeberechtigten erfüllt (§ 29 Abs. 1 Satz 2 SGB II). Die Zahlung wird in den regulären Bewilligungsbescheid eingearbeitet, wenn einer der Auszahlungszeitpunkte in diesen Zeitraum fällt. Entsteht der Anspruch erst nach Erlass eines Bewilligungsbescheides, ergeht ein gesonderter Bescheid.

Leistungserbringung

Nach § 29 Abs. 4 SGB II kann im begründeten Einzelfall ein Verwendungsnachweis verlangt werden. Anlasslose Routinekontrollen sind rechtswidrig. Dem Schüler oder den Sorgeberechtigten muss gesagt

Verwendungskontrolle

werden, warum man einen Nachweis verlangt. Gründe für einen Verwendungsnachweis können sein:

- eine Mangelausstattung des Schülers im vorangegangenen Schuljahr,

- eine Meldung des Jugendhilfeträgers oder der Schule über unzureichende Schulausstattung,

- der Antrag auf ein Darlehen nach § 24 SGB II für Schulbedarf.

Widerruf   Soweit der Nachweis nicht geführt wird, soll die Bewilligung nach § 29 Abs. 4 Satz 2 SGB II widerrufen werden. Ein nach § 47 Abs. 1 Nr. 1 SGB X zulässiger Widerruf führt zu einem Rückzahlungsanspruch nach § 50 SGB X. Als anspruchsberechtigte Person des Bedarfs nach § 28 Abs. 3 SGB II ist der Schüler zur Rückzahlung verpflichtet. Die in § 29 Abs. 4 Satz 2 SGB II verwendete Formulierung »soll« widerrufen werden, lässt jedoch Ausnahmen im so genannten atypischen Fall zu. So z. B., wenn das Kind dringend Winterschuhe brauchte und die 30 € im Februar dazu verwendet wurden. Kein Fall des Widerrufs nach § 29 Abs. 4 Satz 2 SGB II ist der unsorgfältige Umgang mit Schulsachen oder deren Verlust, weil das Kind nicht genug darauf geachtet hat. Haben die Eltern das Geld für eigene Bedürfnisse gebraucht, wird nur ein Ersatzanspruch gegen die Eltern nach § 34 SGB II angemessen sein.

Unwirtschaftliche Verwendung   Werden die 100 € zwar zweckbestimmt, aber für unangemessene Artikel ausgegeben, berechtigt das nicht zu einem Widerruf nach § 29 Abs. 4 Satz 2 SGB II i.V.m. § 47 SGB X. Ohne Antrag auf zusätzliche Ansprüche kann das Verhalten dann auch nicht sanktioniert werden.

Beispiel   B. verbraucht die am 1.8. ausgezahlten 70 € für den Kauf von Turnschuhen im Wert von 125 €. Weitere Anträge auf Schulbedarf werden nicht gestellt. B. ist für den Unterricht auch ausreichend ausgestattet.

4   Schülerbeförderung

Regelungszweck   § 28 Abs. 4 SGB II schließt eine wichtige Bedarfslücke. Denn nicht nur in vereinzelten Ausnahmefällen, sondern insbesondere in Flächenkreisen und in größeren Städten kann die nächstgelegene Schule häufig in zumutbarer Weise nur mit einer teuren Be-

förderung erreicht werden. Gibt es keinen Anspruch auf Schülerbeförderung oder Kostenübernahme nach landesrechtlichen Vorschriften, sind die Kosten der Beförderung durch den Regelbedarf nicht ausreichend gedeckt. Für Verkehr werden nach § 6 RBEG im Jahr 2016 lediglich 15,73 € (vom 7. bis zum 14. Geburtstag) und 14,11 € (vom 14. bis zum 18. Geburtstag) berücksichtigt. Schon die Kosten einer Schülermonatskarte liegen stets darüber.

Der Bedarf nach § 28 Abs. 4 SGB II besteht nur, soweit der Schüler keinen Anspruch auf Schülerbeförderung nach Landesrecht hat. Kennzeichnend für diese Vorschriften ist die Begrenzung der Schülerbeförderung auf bestimmte Schultypen (s. z. B. VG Minden vom 18.2.2011 – 8 K 2686/10; VG Köln vom 27.9.2011 – 10 K 7913/10; OVG NRW vom 1.3.2013 – 19 A 702/11; VG Wiesbaden vom 29.10.2012 – 6 K 942/12.WI: G8-Gymnasium), Lebensalter oder Wegstrecken zwischen Elternhaus und Schulgebäude (s. dazu OVG NRW vom 29.7.2010 – 19 A 590/08). Hier setzt der Bedarf nach § 28 Abs. 4 SGB II typischerweise an.

Landesrechtliche Schülerbeförderung

Es ist noch nicht geklärt, ob Schülerbeförderungskosten nur unter den Voraussetzungen des § 28 Abs. 4 SGB II übernommen werden können (so wohl BayLSG vom 15.3.2012 – L 7 AS 1012/11 NZB und vom 23.10.2014 – L 7 AS 253/14; LSG Berlin-Brandenburg vom 29.6.2012 – L 28 AS 1153/12 B ER)) oder im Einzelfall die Kosten gemäß § 21 Abs. 6 SGB II beansprucht werden können (s. auch BSG vom 10.9.2013 – B 4 AS 12/13 R zum Verhältnis von § 21 Abs. 6 SGB II zu Leistungen des Schulunterrichts). Praktisch bedeutsam wird die Frage in Härtefällen (→ S. 320) und bei getrennt lebenden Eltern. Im Schülerbeförderungsrecht gilt nur der Weg vom Hauptwohnsitz zur Schule als Schulweg, nicht dagegen die u. U. deutlich weitere Strecke von der Wohnung des umgangsberechtigten Elternteils zur Schule (VG Oldenburg vom 17.1.2012 – 5 B 2806/11; OVG Rheinland-Pfalz vom 17.6.2011 – 2 A 10395/11.OVG; OVG Lüneburg vom 16.11.2012 – 2 ME 359/12). Die Kosten, die dem Kind insoweit durch Ausübung des Umgangsrechts nach § 1684 BGB entstehen, müssen unserer Auffassung nach als Mehrbedarf gemäß § 21 Abs. 6 SGB II übernommen werden.

Ungeklärte Rechtsfrage

Benötigt ein Schüler in den Schulferien eine besondere Betreuung und Förderung, die in der Schule angeboten wird, können die hierfür entstehenden Fahrkosten, sofern sie nicht nach dem Schulrecht übernommen werden (vgl. dazu VG Berlin vom 26.3.2013 – 3 K 998.12) ein Mehrbedarf nach § 21 Abs. 6 SGB II sein.

Erstattet werden nach § 28 Abs. 4 SGB II nur die Aufwendungen für die Fahrt zur »nächstgelegenen Schule des gewählten Bildungsgangs«. § 28 Abs. 4 SGB II nimmt damit eine Anspruchsbegrenzung aus den landesrechtlichen Vorschriften zur Schülerbeförderung auf. Zur Auslegung kann daher auf die Rechtsprechung der Verwaltungsgerichte Bezug genommen werden. Zugleich ist damit klargestellt, dass ein Verwaltungsgerichtsurteil, in dem ein Anspruch auf Schülerbeförderung abgelehnt wird, weil der Schüler nicht die nächstgelegene Schule besucht, insoweit für das Jobcenter oder im Streitfall die Sozialgerichte Bedeutung hat, dass dann jedenfalls die Fahrkosten, die über denen einer Fahrt zur nächstgelegenen Schule des gewählten Bildungsgangs liegen, auch nach § 28 Abs. 4 SGB II nicht übernommen werden können.

Welche Aufwendungen?

»Nächstgelegen« im Sinne von § 28 Abs. 4 SGB II ist die Schule, die mit dem geringsten Beförderungsaufwand erreicht werden kann. Dabei ist unter Beachtung des Wirtschaftlichkeitsgebots nach § 3 Abs. 1 SGB II nicht auf die Entfernung in Kilometern oder auf den Zeitaufwand abzustellen, sondern auf den geringsten Kostenaufwand, soweit eine Beförderung mit diesem Kostenaufwand zumutbar ist (zur vergleichbaren Wertung im Beförderungsrecht s. BayVGH vom 7.6.2010 – 7 ZB 09.2415, vom 26.8.2010 – 7 ZB 10.380 und vom 31.5.2011 – 7 ZB 10.2930).

»Nächst-gelegene« Schule

Ist aufgrund der Festlegung von Schulbezirken eine bestimmte Schule zu besuchen, gilt diese Schule als nächstgelegene Schule. Hat das Kind bzw. haben dessen Sorgeberechtigte in Ausübung eines ihnen nach dem Schulrecht zustehenden Wahlrechts eine bestimmte Schule ausgesucht, ist diese Schule auch dann die nächstgelegene Schule im Sinne von § 28 Abs. 4 SGB II, wenn der Schulweg zu einer anderen Schule derselben Schulform mit demselben Bildungsgang im Einzelfall näher wäre (VG Kassel vom 29.3.2012 – 3 K 116/11.KS). Dies gilt auch bei Wahl einer anerkannten Ersatzschule (VG Hannover vom 15.2.2011 – 6 A 3553/10; s. dazu auch BayVGH vom 19.2.2013 – 7 B 12.2441). § 28 Abs. 4 SGB II muss insoweit dem Schulrecht folgen, weil dem hilfebedürftige Kind ansonsten ein Schulwechsel oder sogar Schulabbruch droht, was mit Zuerkennung des Schulbeförderungsbedarfs gerade verhindert werden soll (so zutreffend SG Kassel vom 3.8.2012 – S 10 AS 958/11).

Schulrecht bestimmt »nächstgelegen«

Nach BSG vom 19.6.2012 – B 4 AS 162/11 R liegt dem Bildungsbedarf des § 28 SGB II ein weiter, über das Schulrecht hinausgehender Begriff von Allgemeinbildung zugrunde. Einschränkenden Auslegungen in die Richtung, dass es für die Wahl einer Schule mit einer bestimmten pädagogischen Ausrichtung keine Schülerbeförderung gebe (so SG Kassel vom 17.8.2012 – S 10 AS 400/12; s. dazu auch VG Trier vom 9.4.2014 – 5 K 1627/13.TR für eine freie Waldorfschule), sind daher nicht mit dem Eingliederungsgedanken des Bildungsbedarfs zu vereinbaren.

BSG

Weil grundsätzlich das Schulrecht den Begriff »nächstgelegene Schule« sachgerecht bestimmt, bleiben für eine Kostenübernahme nach § 28 Abs. 4 SGB II ohnehin nur wenige Fälle übrig, bzw. ist die nach Schulrecht abgelehnte Kostenübernahme meist auch Indiz für eine Ablehnung der Schülerbeförderung im SGB II.

Darauf, ob eine weiter entfernt gelegene Schule einen besseren Ruf genießt oder bessere Kurse anbietet, kommt es nach LSG NRW vom 2.4.2012 – L 19 AS 178/12 B daher zu Recht nicht an; ebenso SG Augsburg vom 10.11.2011 – S 15 AS 749/11 bei Besuch einer Gastschule wegen Unzufriedenheit mit den Lehrern der nächstgelegenen Schule; BayVGH vom 19.2.2013 – 7 B 12.2441 wegen Ablehnung vorgeschriebener Schulkleidung auf einer Privatschule. Aus schulbeförderungsrechtlicher Sicht s. auch VG Köln vom 28.9.2011 – 10 K 4295/11.

Weiche Kriterien

Auch der gewählte Bildungsgang kann dazu führen, dass eine weiter entfernt liegende Schule dennoch die »nächstgelegene« Schule für den

Gewählter Bildungsgang

Beförderungsbedarf ist. Unter »Bildungsgang« ist ein Bildungsangebot zu verstehen, das sich nach Ziel, Inhalten und Ausgestaltung von anderen schulischen Angeboten unterscheidet (OVG NRW vom 21.11.2011 – 19 E 1442/10). Dies umfasst auch eine besondere fachliche Schwerpunktbildung in einem schulischen Angebot (OVG Niedersachsen vom 24.5.2007 – 2 LC 9/07: Freie Waldorfschule; a.A. LSG Berlin-Brandenburg vom 5.9.2012 – L 14 BK 2/12 B ER mit sachfremden Erwägungen zur Freiwilligkeit bei der Wahl eines Bildungsgangs; OVG Lüneburg vom 20.12.1995 – 13 L 7975/94: altsprachliches Gymnasium; BayVGH vom 5.7.2010 – 7 ZB 09.2880: Förderklasse für Hochbegabte; OVG Lüneburg vom 6.5.2013 – 2 LC 380/10: Montessori-Schule; VG Osnabrück vom 29.6.2011 – 1 A 70/11: Gymnasium mit A-Level-Abschluss; BayVGH vom 9.8.2011 – 7 B 10.1775: Realschule für Jungen).

Einzelne Berufsfelder des Berufsgrundschuljahres können jeweils eigenständige Bildungsgänge am Berufskolleg begründen (OVG NRW vom 21.11.2011 – 19 E 1442/10). Zur Vergleichbarkeit verschiedener Bildungsgänge an Gesamtschulen s. OVG Lüneburg vom 6.5.2013 – 2 LB 151/12.

Ein Gymnasium mit spezieller Sportförderung kann eine Schule sein, die nach schulrechtlichen Bestimmungen einen besonderen Bildungsgang anbietet (BSG vom 17.3.2016 – B 4 AS 39/15 R; a.A. OVG Rheinland-Pfalz vom 23.7.2013 – 2 A 10634/13). Das soll für ein Gymnasium mit Leistungs- und Begabtenklassen nicht gelten (VG Cottbus vom 13.4.2012 – 1 K 870/09; VG München vom 10.11.2015 – M 3 K 13.2992) oder mit freiwilligen Zusatzangeboten (VG Bayreuth vom 25.1.2016 – B 3 K 15.217).

Bei Bestehen von Lernstörungen kann der Besuch besonders spezialisierter Schulen, die weiter entfernt liegen, erforderlich sein. Auch hierfür sind die Aufwendungen als Teilhabebedarf nach § 28 Abs. 4 SGB II zu übernehmen, es sei denn, Leistungen nach § 35a SGB VIII oder § 54 SGB XII gehen vor (s. dazu VG Bremen vom 7.8.2013 – 1 V 872/13; VG Ansbach vom 9.11.2012 – AN 2 K 12.00701).

Besucht der Schüler eine nach schulrechtlichen Bestimmungen entfernter gelegene Schule, hat er nach § 28 Abs. 4 SGB II nur Anspruch auf die Kosten, die ihm bei Besuch der nächstgelegenen Schule entstünden (BT-Drs. 17/4095, S. 30), wenn ihm der Weg dorthin zu Fuß oder mit dem Rad nicht zugemutet werden kann (BayLSG vom 23.10.2014 – L 7 AS 253/14). Hätte er bei Besuch der nächstgelegenen Schule Anspruch auf Schülerbeförderung nach landesrechtlichen Vorschriften, ist vor Gewährung einer Leistung nach § 28 Abs. 4 SGB II zu prüfen, ob ein Zuschuss in Höhe »fiktiver Fahrkosten« nach landesrechtlichen Vorschriften beansprucht werden kann (dazu VGH Hessen vom 29.6.2010 – 7 A 1797/09; VG Düsseldorf vom 2.12.2010 – 12 K 4571/10; VG Dresden vom 28.2.2012 – 5 K 1792/09; OVG Sachsen-Anhalt vom 17.4.2013 – 3 L 675/12). Die Mehrkosten zur Beförderung der gewählten Schule müssen selbst aufgebracht werden; § 28 Abs. 4 SGB II gibt keinen ergänzenden Anspruch. Wird aber

Entfernter gelegene Schule

auch ein Zuschuss in Höhe »fiktiver Fahrkosten« vom Land abgelehnt (dazu OVG Sachsen-Anhalt vom 22.9.2010 – 3 L 58/10; OVG Sachsen vom 10.9.2010 – 2 B 238/10; BayVGH vom 4.2.2013 – 7 ZB 12.2438), kann das Jobcenter vor Gewährung einer Leistung nach § 28 Abs. 4 SGB II prüfen, ob ein Wechsel der Beförderungsart (soweit davon der landesrechtliche Zuschuss abhängt) oder sogar der Schule zumutbar ist (zur Zumutbarkeit eines Schulwechsels s. BayVGH vom 5.3.2012 – 7 ZB 11.2092).

Ausnahmen im Härtefall

Für einen Übergangszeitraum bis zum Wechsel der Beförderungsart oder auf die nächstgelegene Schule mit Anspruch auf Beförderung nach schulrechtlichen Bestimmungen (s. dazu VG Düsseldorf vom 26.8.2010 – 18 K 4404/10; VG München vom 9.8.2010 – M 3 K 09.6117) kann ein Anspruch auf Übernahme der Beförderungskosten nach § 21 Abs. 6 SGB II gegeben sein. Allein der Bezug von Alg II oder Sozialgeld begründet aber keine besondere Härte im Sinne von § 21 Abs. 6 SGB II (HessLSG vom 20.10.2010 – L 9 AS 568/10 B ER). Die vor Inkrafttreten von § 28 Abs. 4 SGB II entwickelte Rechtsprechung zur Übernahme von Fahrkosten im Härtefall (z. B. SG Marburg vom 5.8.2010 – S 5 AS 309/10 ER; SG Gießen vom 19.8.2010 – S 29 AS 981/10 ER; SG Wiesbaden vom 26.10.2010 – S 15 AS 632/10 ER) ist nicht auf Fahrkosten übertragbar, die wegen Besuchs einer entfernter gelegenen Schule nicht nach § 28 Abs. 4 SGB II übernommen werden können. Für eine Kostenübernahme nach § 21 Abs. 6 SGB II müssen schon ganz besondere Umstände im Einzelfall nachgewiesen werden.

Beispiel 1

K. besucht, weil er in der nächstgelegenen Schule gemobbt worden ist, eine weiter entfernt liegende Schule (auch wenn der Schulwechsel schulrechtlich genehmigt wurde, gehört die Beförderung des Schülers nach BayVGH vom 10.12.2012 – 7 ZB 12.1623 nicht zum Aufgabenbereich des Schulaufwandsträgers). Die Eltern konnten bei Auswahl dieser Schule die Beförderung privat sicherstellen. Dies ist nach Wegfall des Arbeitsplatzes und Bezug von Alg II nicht mehr möglich. K. kann einen Wechsel auf die nächstgelegene Schule noch nicht verkraften.

Beispiel 2

D. besucht eine weiter entfernt liegende Schule. Die Eltern waren bei Auswahl dieser Schule nicht hilfebedürftig. Nach überraschendem Eintritt von Hilfebedürftigkeit können sie die hohen Fahrkosten für den Schulbesuch nicht mehr aufbringen. D. steht kurz vor dem Schulabschluss. Ein Wechsel würde die Versetzung in die weiterführende Schule gefährden.

Auf Schülerbeförderung angewiesen

§ 28 Abs. 4 SGB II stellt darauf ab, ob das Kind auf eine Schülerbeförderung »angewiesen ist«. Das ist bei Unterschreitung der für eine Schülerbeförderung nach Landesrecht maßgebenden Richtwerte der Fall, wenn die Wegstrecke so lang ist, dass eine Bewältigung zu Fuß oder mit dem Fahrrad nicht zugemutet werden kann oder wenn besondere Umstände vorliegen, die (übergangsweise) eine Beförderung notwendig machen (vgl. dazu VG Düsseldorf vom 24.4.2006 – 13 K 2322/04: Schulweg unter 2 km ohne Beförderung zu bewältigen; ebenso VG Dresden vom 19.3.2013 – 5 K 2078/10; LSG Berlin-Brandenburg vom 20.8.2014 – L 10 AS 1764/13 B PKH; SG Detmold vom 17.3.2015 – S 18 AS 2128/12). Nach VG Dresden vom 17.12.2015 – 5 K 697/15 ist es unzulässig, die zumutbare Fahrstrecke bei Erreichen einer bestimmten Klassenstufe von 7 km auf 35 km anzuheben.

Liegt die Schule auf direktem Weg zur Arbeitsstätte eines der Eltern des Kindes, der mit dem Auto zur Arbeit fährt, entfällt ein Anspruch auf Schülerbeförderung für die Tage, an denen das Kind mitfahren kann. Ein zusätzlicher, über § 28 Abs. 4 SGB II auszugleichender Aufwand für die Mitnahme zur Schule besteht insoweit nicht (vgl. dazu auch BayVGH vom 9.8.2011 – 7 B 10.1775).
Zumutbare, Selbsthilfe

Werden besondere Umstände für einen Beförderungsbedarf geltend gemacht, ist zu prüfen, ob insoweit eine Härtefallklausel oder Ausnahmevorschrift nach landesrechtlichem Schulrecht einen Beförderungsanspruch gibt. Besonders häufig wird über die Frage gestritten, wann ein Schulweg so beschwerlich oder gefährlich ist, dass er dem Kind nur mittels Beförderung zugemutet werden kann (s. dazu BayVGH vom 17.2.2009 – 7 B 08.1027; OVG Rheinland-Pfalz vom 5.8.2004 – 2 A 11235/04; OVG NRW vom 21.8.2000 – 19 A 3086/98; OVG Mecklenburg-Vorpommern vom 27.5.2010 – 2 O 118/09 und vom 22.1.2013 – 2 M 187/12; OVG Sachsen vom 16.4.2009 – 2 B 305/08, vom 14.9.2010 – 2 B 234/10; OVG Lüneburg vom 5.1.2011 – 2 LB 318/09 und vom 12.8.2011 – 2 LA 283/10; VG Koblenz vom 24.5.2011 – 7 K 1327/10 KO; OVG NRW vom 7.10.2012 – 19 A 2625/07).
Vorrangigen Anspruch prüfen

War ein Antrag auf Schülerbeförderung von der zuständigen Behörde abgelehnt worden, kann der Hilfesuchende vom Jobcenter nicht auf eine Klage oder einstweilige Anordnung beim Verwaltungsgericht verwiesen werden (vgl. OVG NRW vom 12.6.2002 – 16 A 5013/00; BVerwG vom 2.9.2003 – 5 B 259.02; LSG NRW vom 17.5.2010 – L 20 B 168/08 SO ER). Bejaht das Jobcenter die Erforderlichkeit einer Beförderung, muss es den Bedarf nach § 28 Abs. 4 SGB II erfüllen; es kann nur versuchen, den vorrangigen Anspruch auf Beförderung nach Schulrecht über § 5 SGB II durchzusetzen.
Kein Verweis auf Rechtsstreit

§ 28 Abs. 4 SGB II begrenzt den Bedarf bzw. die Kostenübernahme nicht nur auf Kosten, die bei Nutzung öffentlicher Verkehrsmittel entstehen. Ein solcher Formulierungsvorschlag (BR-Drs. 661/1/10, S. 27) ist nicht Gesetz geworden. Je nach Erforderlichkeit können daher auch Kosten für PKW-Beförderung zu übernehmen sein. Maßstab für die Angemessenheit ist neben dem Interesse der Allgemeinheit an einem sparsamen Mitteleinsatz das Interesse des Schülers an einer Beförderung zu zumutbaren Bedingungen.
Angemessene Fahrkosten

G. kann die nächstgelegene Schule mit dem Bus innerhalb der Tarifzone A erreichen. Er beantragt beim Jobcenter die Übernahme der
Beispiel

Kosten für eine Monatskarte der Tarifzone B, weil die dann nutzbare Stadtbahn eine Zeitersparnis von 20 Minuten bringe und der Bus außerdem häufiger verspätet fahre, so dass Unterricht versäumt werde. Diese Gründe dürften nicht genügen (vgl. BayVGH vom 3.12.2010 – 7 ZB 10.2368). Das Jobcenter muss nur die Monatskarte der Tarifzone A übernehmen.

Anlehnung an Verwaltungsgerichte

Die von den Verwaltungsgerichten in Streitigkeiten zur Übernahme von Mehrkosten nach Schulrecht entwickelten Beurteilungsmaßstäbe können auch für den Umfang der Kostenübernahme nach § 28 Abs. 4 SGB II herangezogen werden bzw. Anhaltspunkte dafür geben, ob insoweit ein vorrangiger Anspruch nach landesrechtlichen Bestimmungen besteht (s. dazu OVG Lüneburg vom 4.6.2008 – 2 LB 5/07: 60 Minuten je Wegstrecke bei Nutzung öffentlicher Verkehrsmittel für Schüler der Sekundarstufe I zumutbar; BayVGH vom 18.2.2005 – 7 B 04.92: Einsatz eines privaten Kraftfahrzeugs notwendig, wenn sich dadurch die regelmäßige Abwesenheitsdauer von der Wohnung an mindestens drei Tagen in der Woche um jeweils mehr als zwei Stunden verkürzt).

Private Beförderung

Eine privat organisierte Beförderung oder privat organisierte Fahrgemeinschaft kann Ansprüche auf Leistungen nach § 28 Abs. 4 SGB II begründen, wenn die geltend gemachten Kosten nicht über denen des öffentlichen Nahverkehrs liegen oder die Nutzung öffentlicher Verkehrsmittel aus gesundheitlichen Gründen nicht zumutbar ist, soweit auch das Schulrecht dazu keine Hilfe gibt (s. dazu BayVGH vom 21.1.2013 – 7 ZB 12.2357 und vom 19.3.2013 – 7 ZB 13.477; OVG NRW vom 23.2.2015 – 19 E 1190/14). Gibt es keine oder nur erheblich teurere Angebote des öffentlichen Nahverkehrs, kann es sogar eine auf § 3 SGB II fußende Verpflichtung geben, eine private Beförderung zu organisieren, wenn die damit verbundenen Kosten vom Jobcenter übernommen werden (vgl. zu einer solchen Situation im Schülerbeförderungsrecht VG Ansbach vom 9.2.2012 – AN 2 K 11.02138; BayVGH vom 2.2.2012 – 7 C 12.74; VG Berlin vom 8.10.2015 – 3 L 397.15). Zur Höhe der erstattungsfähigen Kosten s. OVG Sachsen vom 10.11.2011 – 2 B 493/09.

Eine Kostenübernahme nach § 28 Abs. 4 SGB II ist erst recht geboten, wenn ein Anspruch nach dem Schulrecht unter Verweis auf ein zumutbares Bringen und Abholen durch den Elternteil abgelehnt wird (s. dazu VG Berlin vom 22.12.2012 – 3 L 992.12 (PKH)).

Kostenvorauslage

Regelt das Schulrecht die Fahrkostenübernahme für Privatfahrten als Ersatz für die nicht zur Verfügung stehende öffentliche Beförderung im Wege einer nachträglichen Kostenerstattung (s. dazu VG Magdeburg vom 25.3.2013 – 7 A 63/11), begründet § 28 Abs. 4 SGB II einen Anspruch auf Kostenübernahme unter Abtretung des Kostenerstattungsanspruchs.

Kosten für eine Taxibeförderung oder einen Nichtlinien-Busdienst sind grundsätzlich unangemessen (BayVGH vom 5.7.2010 – 7 ZB 09.2880; VG Düsseldorf vom 2.12.2010 – 12 K 4571/10), es sei denn, der Schüler ist wegen einer Krankheit oder Behinderung darauf angewiesen; dann dürften aber regelmäßig Ansprüche nach landesrechtlichen Vorschriften (dazu OVG Berlin-Brandenburg vom 22.6.2012 – OVG 3 M 30.12) oder sogar nach § 35a SGB VIII (dazu VG München vom 18.4.2012 – M 18 K 12.288) oder § 54 SGB XII vorrangig sein (vgl. dazu BVerwG vom 10.9.1992 – 5 C 7.87; VG Dresden vom 2.11.2010 – 5 L 1820/1; SG Karlsruhe vom 26.7.2012 – S 1 SO 580/12; LSG Baden-Württemberg vom 10.12.2014 – L 2 SO 4518/12). Gegebenenfalls geht eine Beförderung in Eigenregie vor (VG Düsseldorf vom 9.11.2015 – 1 L 2897/15).

Taxi oder Busdienst

§ 28 Abs. 4 SGB II a.F. forderte den Einsatz des Verkehrsanteils im Regelbedarf nur, soweit dies zumutbar ist. Der Vorschlag eines pauschalen Abzugs hatte sich nicht durchgesetzt (BR-Drs. 661/1/10, S. 27). Die Formulierung »soweit ... nicht zugemutet werden kann« ließ Spielraum für eine teilweise Kürzung des schulischen Beförderungsbedarfs nach § 28 Abs. 4 SGB II.

Einsatz des Verkehrs-Anteils im Regelbedarf

Im Interesse einer »verwaltungspraktischen Handhabbarkeit« gibt es seit 1.8.2013 nun doch einen pauschalen Abzug von 5 €, von dem im begründeten Einzelfall abgewichen werden kann. Nach SG Dresden vom 27.9.2013 – S 21 AS 671/12 sind 5 € Eigenanteil auch für die Rechtslage vor August 2013 ein akzeptabler Wert. In der Gesetzesbegründung heißt es dazu:

Pauschaler Abzug

> »Da es an normativen Vorgaben fehlt und auch die EVS 2008 hier nicht weiter hilft, ist es ein Gebot der verwaltungspraktischen Handhabbarkeit, für den Regelfall einen Wert ansetzen zu können, der eine gleichmäßige Handhabung sichert und dem Kriterium der Zumutbarkeit in angemessenem, aber auch ausreichendem Maße Rechnung trägt. Aus der Erfahrung der Verwaltungspraxis der kommunalen Träger ergibt sich dabei ein Durchschnittswert von 5 Euro monatlich, der regelmäßig als zumutbar gelten kann und bei der Rechtsanwendung zu Grunde zu legen ist. Dem Gesichtspunkt besonderer örtlicher oder persönlicher Verhältnisse wird dadurch Rechnung getragen, dass in Fällen, die von der Regel abweichen, eine andere Festsetzung des Eigenanteils möglich bleibt.« (BR-Drs. 752/12, S. 6).

Werden die Schülerbeförderungskosten in Form einer Monatskarte für die benötigten Verkehrsmittel übernommen, bleibt das Grundproblem der Kostentrennung bzw. der 5 €-Regel-Abzug bestehen. Denn die Verkehrsdienstleistungen in Abteilung 7 der Regelbedarfe fallen keineswegs mit den Ausgaben für (ermäßigte) Fahrkarten des ÖPNV zusammen. Auch die längere Fahrt zu Verwandten oder zum Besuch einer auswärtigen Veranstaltung soll bzw. muss mit den Ausgaben in Abteilung 7 getragen werden (s. dazu SG Berlin vom 1.6.2012 – S 37 AS 1126/12).

Auch bei Monatskarte

Mehr oder
weniger Abzug?

§ 28 Abs. 4 Satz 2 SGB II ist so formuliert, dass im begründeten Einzelfall nicht nur weniger, sondern auch mehr als die 5 € als zumutbarer Eigenanteil abgezogen werden können. Die Regelung gleicht insoweit § 27a Abs. 4 SGB XII und verlangt daher stets eine genaue Prüfung des Einzelfalles unter Einbeziehung der gesamten Bedarfslage (s. dazu LSG Niedersachsen-Bremen vom 1.11.2011 – L 8 SO 308/11 B ER). Vor einer höheren Kürzung der Schulbeförderungskosten ist vor dem Hintergrund von BVerfG vom 23.7.2014 – 1 BvL 10/12, Rn. 115 genau zu ermitteln, welche sonstigen Mobilitätsbedarfe (z. B. für die Fahrt zum Sportverein, zu Freunden, zum Einkaufen) mit den übernommenen Schulbeförderungskosten tatsächlich abgedeckt werden (s. dazu LSG NRW vom 10.10.2012 – L 12 AS 172/12).

Eigenbeteiligung

Die nach Schulrecht geforderte Eigenbeteiligung (s. dazu OVG Sachsen vom 25.4.2016 – 4 B 290/15) ist für hilfeberechtigte Schüler kein Maßstab für eine angemessene Kostenbelastung.

Volle Kosten-
übernahme

5 €-Kürzungen der zur Schülerbeförderung benötigten Kosten müssen unterbleiben, wenn der leistungsberechtigte Schüler nachweist, dass er nicht nur gelegentlich Mobilitätsbedarfe hat, die mit dem Schülerticket nicht abgedeckt werden.

Beispiel

B. fährt an Tagen, an denen seine Mutter länger arbeitet, zu seiner Großmutter. Dazu muss er eine Fahrkarte der Zone C lösen. Die vom Jobcenter nach § 28 Abs. 4 SGB II übernommene Monatskarte erfasst nur die Tarifzone A. Hier ist es nicht zumutbar, dass B. seinen Verkehrsanteil im Regelbedarf, den er für die Fahrt zur Großmutter braucht, für die Schulbeförderung einsetzt. Das Jobcenter muss die Kosten für die Monatskarte mit Tarifzone A voll übernehmen.

»Aufgezwungene
Begünstigung«

In verfassungskonformer Auslegung (dazu BVerfG vom 23.7.2014 – 1 BvL 10/12, Rn. 116, 125) sind die Kosten nicht anteilig zu übernehmen, wenn die gewährte Beförderungsleistung keinen Vorteil bringt.

Beispiel

K. hat einen kurzen Schulweg, den er wegen einer Behinderung aber nicht zu Fuß bewältigen kann. Er erhält vom Jobcenter ein Schülerticket. Dafür werden 5 € als Eigenanteil vom Regelbedarf abgezogen. K. wendet ein, dass er ohne Behinderung zu Fuß zur Schule ginge und sein sonstiger Mobilitätbedarf mit dem Auto seiner Mutter abgedeckt werde.

Gesonderter
Antrag!

Nach § 37 Abs. 1 SGB II muss der Bedarf nach § 28 Abs. 4 SGB II für Schüler gesondert beantragt werden. Der Antrag wirkt auf den Monatsersten zurück. Hat das Kind in einem laufenden Bewilligungsabschnitt Leistungen nach § 28 Abs. 4 SGB II erhalten, ist ein Folgeantrag für den nächsten Bewilligungsabschnitt so auszulegen, dass auch der Beförderungsbedarf weiter beantragt wird, wenn sich am Schulbesuch nichts geändert hat.

Der Bedarf nach § 28 Abs. 4 SGB II wird durch eine Geldzahlung an den Schüler oder die Sorgeberechtigten erfüllt (§ 29 Abs. 1 Satz 2 SGB II). Dazu ergeht ein gesonderter Bescheid.

Leistungs-erbringung

Nach § 29 Abs. 4 SGB II kann im begründeten Einzelfall ein Verwendungsnachweis verlangt werden. Soweit der Nachweis ausbleibt, soll die Bewilligung widerrufen werden.

Verwendungs-kontrolle

§ 28 Abs. 4 SGB II enthält zwar keine § 28 Abs. 2 Satz 2 SGB II entsprechende Regelung zur Fahrkostenübernahme bei Betreuung des Kindes in der Vorschule oder Kita. Da der Besuch einer Vorschule oder Kita jedoch zur Teilhabe wünschenswert ist (vgl. dazu schon OVG Lüneburg vom 15.12.1988 – 4 B 373/88; LSG NRW vom 27.4.2005 – L 11 (16) KR 181/02), kommt eine analoge Anwendung von § 28 Abs. 4 SGB II in Betracht (verneint vom SG Mainz vom 28.1.2016 – S 8 AS 1064/14). Dasselbe gilt für eine Beförderung von der Grundschule zum Schulhort (vgl. dazu SG Hildesheim vom 12.12.2012 – S 42 AY 100/11). Einen Beförderungsanspruch gibt es seit 1.8.2013 erst für Kinder ab dem dritten Lebensjahr – vorbehaltlich günstigerer landesrechtlicher Kita-Gesetze – wenn ein wohnungsnaher Kita-Platz nicht angeboten werden kann (OVG Rheinland-Pfalz vom 27.11.2001 – 7 A 10051/01.OVG; s. auch VG Köln vom 13.3.2015 – 19 K 5896/13). Notwendige Fahrkosten in eine andere Kita während der Ferienschließzeit der wohnortnahen Kita können im Einzelfall einen Sonderbedarf nach § 21 Abs. 6 SGB II begründen. Ein landesrechtlicher Anspruch auf Beförderung oder Kostenübernahme besteht nicht (VG Koblenz vom 27.7.2010 – 5 L 914/10.KO).

Auch für Vorschule und Kita?

5 Lernförderung

§ 28 Abs. 5 SGB II anerkennt einen Bedarf zur Lernförderung (Nachhilfe, Hausaufgabenbetreuung), macht ihn aber von Voraussetzungen abhängig, die viele Fragen aufwerfen und im Streitfall schwierige Ermittlungen erfordern. Außerdem ist die Rolle, die dabei der Schule und ggf. den Sorgeberechtigten zukommt, noch offen.

Die Lernförderung nach § 28 Abs. 5 SGB II soll schulische Hilfsangebote ergänzen oder dort eingreifen, wo die erforderliche Hilfe von der Schule nicht geleistet wird. Grundsätzlich geht daher auch ein Wechsel der Schule vor, wenn dort eine geeignete und ausreichende Förderung angeboten wird und der Schulweg noch zumutbar ist. Bietet nur eine weiter entfernte Schule die ausreichende und notwendige Förderung, kann sich daraus ein Anspruch auf BAföG ergeben (§ 2 Abs. 1a BAföG), der in diesem Fall zu keinem Leistungsausschluss nach § 7 Abs. 5 SGB II führt. Zu den Voraussetzungen eines BAföG-Anspruchs in solchen Fällen s. VG München vom 2.10.2014 – M 15 K 13.5380 mit zahlreichen Nachweisen.

Förderung durch andere Schule geht vor

Im Folgenden werden die durch §§ 28, 29 SGB II vorgegebenen Rahmenbedingungen dargestellt; die konkrete Durchführung ist regional unterschiedlich ausgestaltet.

Rechtsprechung zu § 21 Abs. 6 SGB II nicht übertragbar.

Die frühere Rechtsprechung zur Gewährung von Nachhilfeunterricht als atypischer Sonderbedarf nach § 21 Abs. 6 SGB II ist für die Auslegung von § 28 Abs. 5 SGB II nur sehr bedingt brauchbar. Denn mit Anerkennung der Lernförderung als Bedarf von Schülern ist die enge Voraussetzung entfallen, dass der Bedarf an Lernförderung auf besonderen Umständen (Unfall, Krankheit etc.) beruhen muss und daher auf Ausnahmefälle beschränkt ist (vgl. dazu SG Bremen vom 6.1.2011 – S 21 AS 2626/10 ER). Unter Berücksichtigung der Ausführungen des BVerfG zum Bildungsbedarf als einen typischen Bedarf von Schülern geht es bei der Förderung nach § 28 Abs. 5 SGB II darum, sie gezielt gegen soziale Ausgrenzung durch Sitzenbleiben oder gar Schulabbruch **wegen** nicht bezahlbarer Nachhilfe einzusetzen (SG Bremen vom 14.4.2011 – S 23 AS 357/11 ER; SG Dortmund vom 20.12.2013 – S 19 AS 1036/12).

Wertungsmaßstab einmalige Hilfe nach § 21 Abs. 1a BSHG

Eine brauchbare Auslegungshilfe zu § 28 Abs. 5 SGB II ist der nie Realität gewordene Entwurf eines § 4 Abs. 3 einer Verordnung zur Durchführung des § 21 Abs. 1a BSHG vom 31.1.1997 (abgedruckt in info also 1997, S. 36 f).:

»Für die Durchführung von Nachhilfeunterricht werden im Ausnahmefall einmalige Leistungen gewährt, insbesondere wenn ohne den Unterricht die Versetzung des Schülers oder die Erreichung des Schulabschlusses gefährdet wäre. Die Notwendigkeit des Nachhilfeunterrichts ist durch eine Bescheinigung der Schule unter Angaben von Gründen nachzuweisen.«

In der Begründung zum Verordnungsentwurf heißt es:

»Abs. 3 gewährt im Ausnahmefall einen Rechtsanspruch auf einmalige Leistungen für Nachhilfeunterricht. Für den ausdrücklich genannten Ausnahmefall, daß die Versetzung des Schülers oder die Erreichung des Schulabschlusses gefährdet ist, bedeutet das gleichzeitig, daß der Nachhilfeunterricht eine realistische Chance auf Erreichung dieses Zieles bieten muß. Die Vorlage einer Bescheinigung der Schule unter Angabe von Gründen durch den Hilfeempfänger dient der eindeutigen Klärung des Bedarfs. Die Regelung ist zur Unterstützung einer möglichst guten Schulausbildung notwendig, die gleichzeitig die Gefahr späterer Hilfebedürftigkeit mindert«.

Wesentliche Lernziele nach schulrechtlichen Bestimmungen

Zweck der Lernförderung nach § 28 Abs. 5 SGB II ist es, »die nach den schulrechtlichen Bestimmungen festgelegten wesentlichen Lernziele zu erreichen«. Dies stellt klar, dass zur bloßen Notenverbesserung, für zusätzliche Unterrichtsangebote (LSG NRW vom 7.3.2013 – L 2 AS 1679/12 B: Unterricht mit Musikinstrument) oder als Argument gegen eine bestimmte Schulempfehlung keine Lernförderung beansprucht werden kann (LSG Baden-Württemberg vom 23.5.2016 – L 12 AS 1643/

16 ER-B). Allerdings ist nicht nur die Versetzung in die nächste Klassenstufe ein wesentliches Lernziel i. S. von § 28 Abs. 5 SGB II, sondern auch das Erreichen eines ausreichenden Leistungsniveaus (LSG Niedersachsen-Bremen vom 28.2.2012 – L 7 AS 47/12; SG Marburg vom 1.11.2012 – S 5 AS 213/12 ER; SG Darmstadt vom 16.12.2013 – S 1 AS 467/12; SG Dresden vom 6.1.2014 – S 48 AS 5789/12; LSG Schleswig-Holstein vom 26.3.2014 – L 6 AS 31/14 B ER; SG Nordhausen vom 9.7.2014 – S 22 AS 4109/12). Das gilt auch für die Förderung in der Grundschule (SG Kassel vom 14.4.2014 – S 6 AS 7/14 ER).

Strittig ist eine Lernförderung, wenn die Versetzung in die nächste Klasse aufgrund schulrechtlicher Bestimmungen gesichert ist, aber ein Absinken des Notenniveaus verhindert werden soll. Eine Förderung bejaht das LSG Sachsen vom 7.9.2015 – L 7 AS 1793/13 NZB ; a.A. das HessLSG vom 13.11.2015 – L 9 AS 192/14: keine Förderung, um ein Abrutschen von »befriedigend« auf »ausreichend« zu verhindern. Offene
Rechtsfrage

Verfügt der Schüler zwar über ein ausreichendes Leistungspotenzial, können ihm seine Eltern jedoch mangels eigener ausreichender Schulbildung und erheblicher Sprachdefizite nicht die notwendige Unterstützung im schulischen Bereich geben, bejaht das SG Stuttgart vom 18.2.2014 – S 17 AS 29/14 ER einen Anspruch auf Lernförderung.

Ohne Weiteres unter die Ziele des § 28 Abs. 5 SGB II fällt das Vermeiden der Versetzung in eine Sonderschule (dazu schon VGH Hessen vom 17.4.1986 – 9 TG 1283/84 – FEVS 35, S. 453; zu § 28 SGB II s. SG Stade vom 22.11.2012 – S 28 AS 781/12 ER). Ist das Kind schon auf der Sonderschule, kann es dennoch mit Hilfen nach § 28 Abs. 5 gefördert werden (SG Itzehoe vom 3.4.2012 – S 11 AS 50/12 ER). Bei erheblichen Lernschwierigkeiten sind vorrangig Hilfen nach § 35a SGB VIII oder § 54 SGB XII zu prüfen (s. zu einem Grenzfall zwischen Lernförderung und Eingliederungshilfe BVerwG vom 16.1.1986 – 5 C 36.84; zu einer Montessori-Therapie, um den Besuch der Grundschule zu ermöglichen, s. LSG Baden-Württemberg vom 18.7.2013 – L 7 SO 2915/12 ZVW). Im Eil- oder Zweifelsfall sind die Jobcenter für die Lernförderung zuständig (LSG Schleswig-Holstein vom 21.12.2011 – L 6 AS 190/11 B ER; LSG NRW vom 20.12.2013 – L 19 AS 2015/13 B ER). Sonderschule

Eine Lese- und Rechtschreibschwäche stellt allein noch keine seelische Störung dar, die Maßnahmen der Jugendhilfe nach § 35a SGB VIII oder der Eingliederungshilfe nach § 54 SGB XII erfordert. Erst wenn aufgrund einer Lese-Rechtschreib-Schwäche eine Verhaltensauffälligkeit eintritt, die auf eine Überforderung wegen dieser Störung zurückzuführen ist, kommen Ansprüche nach § 35a SGB VIII oder § 54 SGB XII in Betracht (OVG NRW vom 28.2.2007 – 12 A 1472/05 und vom 13.1.2012 – 12 B 1583/11; OVG Rheinland-Pfalz vom 26.3.2007 – 7 E 10212/07; BayVGH vom 20.3.2014 – 12 ZB 12.1351). Diese Ansprüche gehen der Lernförderung nach § 28 Abs. 5 SGB II vor. Solange »nur« eine Lese-Rechtschreib-Schwäche für die Probleme in der Schule verantwortlich ist, kann ein Anspruch auf Lernför- Lese- und Rechtschreibschwäche derung nach § 28 Abs. 5 SGB II gegeben sein, wenn zu befürchten ist, dass der Schüler ohne die Lernförderung in einer Sonderschule landen würde (SG Dessau-Roßlau vom 20.4.2010 – S 2 AS 802/10 ER; LSG Niedersachsen-Bremen vom 28.2.2012 – L 7 AS 43/12 B ER). Die Gefahr einer Nichtversetzung oder eines Schulabbruchs ist bei einer Lernstörung keine zwingende Voraussetzung für eine Hilfe nach § 28 Abs. 5 SGB II; Schwerpunkt ist die Verhinderung einer Ausgrenzung von der Regelschule nach Ausschöpfung der dort zur Verfügung stehenden Fördermöglichkeiten (so schon unter der restriktiveren Härteklausel des § 21 Abs. 6 SGB II LSG Sachsen-Anhalt vom 2.6.2010 – L 2 AS 138/10 B ER; zu § 28 Abs. 5 SGB II SG Marburg vom 1.11.2012 – S 5 AS 213/12 ER; SG Rostock vom 26.8.2015 – S 6 BK 6/15, LSG Schleswig-Holstein vom 26.3.2014 – L 6 AS 31/14 B ER; LSG Sachsen-Anhalt vom 12.1.2015 – L 2 AS 622/14 B ER: Legasthenie-Training).

Dyskalkulie

Auch die Dyskalkulie als eine Teilleistungsstörung im arithmetischen Grundlagenverständnis (OVG Thüringen vom 17.5.2010 – 1 EO 854/10) stellt erst bei Folgen im Persönlichkeitsbereich eine mit Jugend- oder Eingliederungshilfe aufzufangende Behinderung dar (OVG Sachsen vom 9.6.2009 – 1 B 288/09). Beschränkt sich die Störung auf Wissensdefizite in Mathematik und naturwissenschaftlichen Fächern, ist die Gefahr einer Ausgrenzung mit Lernfördermaßnahmen nach § 28 Abs. 5 SGB II abzuwenden, soweit die Schule keine speziellen Förderangebote bereithält.

ADHS-Syndrom

Für Störungen und Lerndefizite, die mit einem ADHS-Syndrom zusammenhängen, gelten dieselben Maßstäbe zur Abgrenzung der Lernförderung von Maßnahmen der Jugend- oder Eingliederungshilfe (BayVGH vom 29.11.2010 – 12 ZB 09.2199). ADHS ist vornehmlich durch medizinische Maßnahmen und außerschulische Hilfen zu begegnen.

Wechsel auf höhere Schule

Der Wechsel auf eine höhere Schule ist ein »wesentliches«, nach § 28 Abs. 5 SGB II förderbares Ziel, wenn die kognitiven Fähigkeiten des Kindes – nach Urteil der Schule – dafür angelegt sind und Wissensmängel, die einem erfolgreichen Start entgegenstehen, auf unverschuldeten Schulversäumnissen (LSG Sachsen-Anhalt vom 13.5.2011 – L 5 AS 498/10 B ER: Krankheit) oder sozialen Problemen beruhen (SG Stuttgart vom 18.2.2014 – S 17 AS 29/14 ER: Eltern mit unzureichender Schulbildung und Sprachdefiziten). Kann sich das Kind mit einer **vorübergehenden** Unterstützung im höheren Schultyp behaupten, muss dies unterstützt werden (s. dazu LSG Sachsen-Anhalt vom 28.6.2011 – L 5 AS 40/11 B ER; SG Wiesbaden vom 3.1.2012 – S 23 AS 899/11 ER). Die Bildungschancen von Kindern sollen nach der Logik des Bildungspakets nicht von der wirtschaftlichen Lage der Eltern abhängen. Dem Förderbedarf kann daher nicht entgegengehalten werden, dass der Weg zur mittleren Reife oder zum Abitur nicht zum Existenzminimum bzw. zu den »Lebensgewohnheiten und -gepflogenheiten geringverdienender Bevölkerungsschichten« gehöre (zu dieser kruden Unterschichtslogik VG Göttingen vom 19.11.1997 – 2 B 2493/97). Auch der Verordnungs-

entwurf von 1997 nannte als Ziel, die »möglichst gute Schulausbildung
..., die gleichzeitig die Gefahr späterer Hilfebedürftigkeit mindert.«

So vorbildlich auch die Arbeitshilfe des Landes NRW zu § 28 Abs. 5
SGB II vom 18.7.2012:

Ministerium für Arbeit, Integration und Soziales Nordrhein-Westfalen, 40190 Düsseldorf

An alle
kreisfreien Städte und Kreise
in Nordrhein-Westfalen

nachrichtlich:
Städtetag NRW
Landkreistag NRW
Städte- und Gemeindebund NRW
Jobcenter NRW

Umsetzung des Bildungs- und Teilhabepakets in Nordrhein-Westfalen
Lernförderung gem. § 28 Abs. 5 SGB II sowie § 6b BKGG

Das Gesetz sieht die Berücksichtigung von Bedarfen für Lernförderung nur vor,
wenn diese zusätzlich erforderlich ist, um die nach den schulrechtlichen Bestimmungen festgelegten wesentlichen Lernziele zu erreichen. Der Amtlichen
Begründung zum Gesetzestext waren eher einschränkende Auslegungskrite-
rien zu entnehmen. Unter Berücksichtigung der Rechtsprechung (insbesondere Beschluss des Landessozialgerichts Niedersachsen-Bremen vom
28.02.2012 – L 7 AS 43/12 B ER-) wird im Rahmen der Aufsicht des Ministerium für Arbeit, Integration und Soziales im Einvernehmen mit dem Ministerium
für Schule und Weiterbildung und dem Ministerium für Familie, Kinder, Jugend,
Kultur und Sport die Auslegung des § 28 Abs. 5 SGB II geändert und damit die
Kriterien für die Lernförderung wie folgt geöffnet:

- Auch Schülerinnen und Schüler, die formal nicht versetzungsgefährdet
  sind, sollen Zugang zur Lernförderung erhalten. Damit fallen die bisherigen Einschränkungen bei Gesamtschulen, Förderschulen, Schuleingangsphase usw. weg. Es ist eine Entscheidung im Einzelfall zu treffen.
- Zudem wird auch die Erreichung eines höheren Lernniveaus gefördert,
  das der Verbesserung der Chancen auf dem Ausbildungsmarkt, der
  weiteren Entwicklung im Beruf und damit der Fähigkeit dient, später
  den Lebensunterhalt aus eigenen Kräften bestreiten zu können.

Die bislang in der Arbeitshilfe „Bildungs- und Teilhabepaket" enthaltenen Beschränkungen zu

- Herstellung der Sprachfähigkeit,
- Lese-/Rechtschreibschwäche und Dyskalkulie,
- Erreichen einer besseren Schulformempfehlung,
- Schuleingangsphase, Förderschulen und Gesamtschulen

führen nicht mehr von vornherein zu einem Ausschlussgrund. Vielmehr ist stets eine Entscheidung im Einzelfall zu treffen.

Eine entsprechende Neufassung der Arbeitshilfe wird zu gegebener Zeit durch die zuständige Arbeitsgruppe erarbeitet. Bereits jetzt ist ein modifizierter Zusatzfragebogen „Lernförderung" beigefügt, der die vorstehenden Änderungen enthält.

Vor dem Hintergrund, dass die Lernförderung nur einen geringen Teil der Anträge und Bewilligungen ausmacht (in NRW ca. 5 – 6 %), ist im Hinblick auf die Bedeutung der Mittelabflüsse für die bevorstehende Revision der Bundesbeteiligung gem. § 46 Abs. 7 SGB II eine schnellstmögliche Umsetzung der vorstehenden Hinweise geboten.

Im Auftrag

Roland Matzdorf
Anlage

Geeignet

Die nach § 28 Abs. 5 SGB II geforderte Eignung der Lernförderung ist unter zwei Aspekten zu prüfen:

- die Förderung muss eine realistische Chance bieten, das förderungsfähige Ziel zu erreichen (Erfolgsprognose);

- die konkret beantragte Lernhilfe muss hinreichende Gewähr für einen erfolgreichen Unterricht bieten (Qualitätskontrolle).

Erfolgsprognose

Ob erwartet werden kann, dass die Lernförderung die vorhandenen Wissenslücken schließen und die Bildungsziele der Schule oder die Ziele der nächsten Jahrgangsstufe mit ausreichender Wahrscheinlichkeit erreichen kann, ist von der Schule zu beurteilen; es handelt sich um eine pädagogische Beurteilung (vgl. dazu BayVGH vom 11.9.2009 – 7 CE 09.2169; VG München vom 15.12.2011 – M 18 E 11.5076; SG Oldenburg vom 11.4.2011 – S 49 AS 611/11 ER). Einen bestimmten Grad an Gewissheit gibt § 28 Abs. 5 SGB II nicht vor. Das kann nach Sinn und Zweck der Lernförderung auch nicht verlangt werden. Denn verlangte man eine hohe Erfolgswahrscheinlichkeit, müssten die Noten bzw. Leistungen des Schülers noch oberhalb des »mangelhaft« sein. Dann gerät man aber in Konflikt zu der Voraussetzung, dass nur das drohende Sitzenbleiben oder der Schulabbruch verhindert werden soll, was sich üblicherweise in schlechten Zensuren unterhalb des »ausreichend« widerspiegelt; solche Noten schließen eine hohe Erfolgsprognose naturgemäß aus. Ein Notenspiegel, der nach schulrechtlichen Vorschriften einen »blauen Brief« auslöst, ist daher kein geeigneter Maßstab zur Festlegung, wann die Lernförderung (erst) eingreifen muss. Für eine Erfolg versprechende Nachhilfe kann es dann schon zu spät sein. Auch dies deutet darauf hin, dass das Urteil der Schule zur Notwendigkeit einer Lernförderung grundsätzlich genügt. Urteilt das Jobcenter oder ein Gericht gegen die Nachhilfeempfehlung, ist zu belegen, woher sie diese – fachlichen – Kenntnisse nehmen. Ansonsten liegt ein Fehlentscheidung vor (wie z. B. in SG Frankfurt vom 5.5.2011 – S 26 AS 463/11 ER). Zum vergleichbaren Problem der fehlerhaften Ablehnung eines Mehrbedarfs für Krankenkost s. BSG vom 22.11.2011 – B 4 AS 138/10 R.

Bestreiten das Jobcenter oder die Sorgeberechtigten (im Fall einer ungünstigen Prognose) die Richtigkeit des von der Schule abgegebenen Urteils, kann dieses nur darauf überprüft werden, ob allgemeingültige fachliche Maßstäbe beachtet worden und keine sachfremden Erwägungen eingeflossen sind (vgl. zum ähnlichen Problem im Prüfungsrecht BVerwG vom 24.6.1999 – 5 C 24.98). | *Nur bedingt überprüfbar*

Der Erfolg einer Lernförderung hängt neben der Qualität der Maßnahme von einem Zusammenspiel zahlreicher Faktoren ab (individuelle Begabung und Motivation, Mitwirkung der Schule); vor allem spielt die Unterstützung seitens der Sorgeberechtigten (durch Hausaufgabenbetreuung, Überprüfung der Lernfortschritte etc.) eine große Rolle. | *Beteiligung der Sorgeberechtigten?*

Geht der Anstoß zur Lernförderung nicht von den Sorgeberechtigten aus, kann es sinnvoll sein, diese über eine Eingliederungsvereinbarung, in der die Gewährung von Nachhilfe für das Kind zugesagt wird (§ 15 Abs. 2 SGB II), mit am Lernprozess zu beteiligen. Die Beteiligung muss motivierend sein, der Hinweis auf Sanktionen bei Nichterfüllung schadet der Lernförderung und damit dem Kind. | *Eingliederungsvereinbarung?*

Zum Glück ist die organisatorische Zuständigkeit für die Bildungs- und Teilhabebedarfe an die Kommunen gegangen, die sich eher ein verlässliches Bild über die Qualität einer Lernförderung bzw. über die Seriosität des Anbieters machen können. Probleme könnte es geben, | *Qualitätskontrolle*

wenn die Jobcenter als Kostenträger schematisch Standards vorge-
ben, die zur inhaltlichen Qualität wenig aussagen. Die Rechtsprechung stellt bei Prüfung der Qualität einer Nachhilfeeinrichtung maßgeblich darauf ab, ob und wie viele der eingesetzten Lehrkräfte die
erste und zweite Staatsprüfung für das Lehramt besitzen oder zumindest als Referendare für das Lehramtsstudium pädagogische Eignung
aufweisen (BayVGH vom 30.9.2010 – 21 B 09.140; VG Wiesbaden vom
8.12.2009 – 6 K 577/09.WI; VG Hannover vom 27.5.2009 – 6 A 3519/
08; VG Würzburg vom 13.4.2011 – W 6 K 10.1160; s. auch BVerwG
vom 16.1.1986 – 5 C 36.84: Referendaranwärterin).

**Wohlverhaltens-
kontrolle?**

Die Kultur des Misstrauens im Verhältnis zwischen Jobcenter als
Geldgeber und Kommune als Geldverwalter birgt die Gefahr, dass die
Kostenübernahme für eine von der Schule befürwortete Nachhilfe
außerdem noch vom Nachweis eines **unverschuldeten** Leistungsdefi-
zits und von einer Teilnahmekontrolle während der Dauer der Nachhilfe abhängig gemacht wird. Ein Ausforschen der Gründe für den
Leistungsabfall ist rechtswidrig, dahingehende Ermittlungen (Anforderung aller Schulzeugnisse der vorangegangenen Jahre, Befragung
der Lehrer etc.) unzulässig (zu Datenschutzproblemen bei der Prüfung eines Nachhilfeanspruchs s. BayVGH vom 2.8.2002 – 12 ZB
02.706). Eine Teilnahmekontrolle in der Form, dass der Nachhilfelehrer unentschuldigte Fehlzeiten meldet und die Förderung abbricht,
wenn sie keinen Erfolg mehr verspricht, ist zulässig, wenn der Schüler oder die Sorgeberechtigten solche Bedingungen bei Abschluss des
Vertrags über den Nachhilfeunterricht akzeptiert haben.

Erforderlich

Nach § 28 Abs. 5 SGB II muss die Lernförderung zur Erreichung des
anerkannten Ziels »zusätzlich erforderlich« sein. Das bedeutet vor allem, dass weder die Schule noch Fördervereine eine geeignete Hilfe
anbieten. Das kann auch in einer Ganztagsschule der Fall sein (SG
Speyer vom 27.3.2012 – S 6 AS 362/12 ER). Die vorrangige Ausschöpfung der vorhandenen schulnahen Strukturen sollte auf Wunsch der
Bundesländer ausdrücklich in das Gesetz aufgenommen werden (BR-
Drs. 661/1/10 S. 25 f). Die Bundesregierung hat das als überflüssig
angesehen: »Das Bestreben, die Lernförderung möglichst schulnah
durchzuführen und dabei auf vorhandene Strukturen zurückzugrei-
fen, also keine privatgewerblichen Strukturen zu befördern, geht bereits aus der Begründung des Gesetzentwurfs der Bundesregierung
deutlich hervor. Damit ist die gewünschte Präferenz gewährleistet.«
(BT-Drs. 17/3982, S. 22). Auf eine Lernhilfe durch die Sorgeberechtigten oder ältere Geschwister wird der versetzungsgefährdete Schüler
grundsätzlich nicht verwiesen werden können (a.A. VG München
vom 19.12.2007 – M 18 K 07.1944 mit abwegigen Spekulationen über
Hilfeleistungsmöglichkeiten im Elternhaus).

**Schulempfehlung
geht vor**

Bescheinigt die Schule, dass der Schüler mit einer Lernunterstützung
die Versetzung oder den Schulabschluss schaffen wird, kann dem Antrag auf Finanzierung dieser Lernförderung nicht entgegengehalten
werden, dass eine Wiederholung der Klasse oder gar ein Schulwech-

sel die Erforderlichkeit der Nachhilfe entfallen lasse. Die Entscheidung über das Weiterkommen und den Schultyp obliegt allein der Schule und der Schulaufsichtsbehörde. Solange sie der Meinung sind, der Schüler könne das Klassenziel oder den Schulabschluss auf der gewählten Schule mit einer Lernunterstützung erreichen, muss das Jobcenter dies hinnehmen (vgl. zu einer ähnlichen Problematik bei der Gewährung von Eingliederungshilfe LSG Sachsen vom 3.6.2010 – L 7 SO 19/09 B ER; LSG Baden-Württemberg vom 18.11.2010 – L 7 SO 6090/08; BayVGH vom 20.10.2010 – 12 B 09.2956).

§ 28 Abs. 5 SGB II gibt nur einen Anspruch auf »angemessene« Lernförderung. Dies bedeutet, dass zwar nicht die optimalste, aber eine ausreichende Förderung gewährt werden muss. Bei verschiedenen, gleich geeigneten Maßnahmen ist grundsätzlich die kostengünstigste zu wählen. Befindet sich der Schüler bei Eintritt in den SGB II-Bezug bereits in einer Nachhilfeeinrichtung, kann eine geringfügig teurere Förderung zu übernehmen sein, wenn anderenfalls Lernerfolge verloren gehen, noch eine Vertragsbindung besteht (nach LG Bielefeld vom 9.4.2009 – 21 S 46/08 ist die Vereinbarung einer Mindestvertragslaufzeit von 12 Monaten wegen unangemessener Benachteiligung des Kunden unwirksam) und die Nachhilfeeinrichtung einem Abrechnungssystem nach § 29 SGB II zustimmt bzw. in ein solches System aufgenommen wird.

Angemessen

Eine Höchstgrenze der Förderung, ab der eine Kostenübernahme unangemessen ist, gibt es angesichts der Vielfalt von Lernproblemen und Leistungsstörungen nicht. Zu starr ist ein zeitlicher Rahmen von sechs oder gar nur zwei Monaten (SG Schleswig vom 11.12.2013 – S 22 AS 177/13 ER; SG Itzehoe vom 22.8.2013 – S 10 AS 156/13 ER; SG Dortmund vom 20.12 2013 – S 19 AS 1036/12; LSG NRW vom 20.12.2013 – L 19 AS 2015/13 B ER; SG Kassel vom 14.4.2014 – S 6 AS 7/14 ER; LSG Schleswig-Holstein vom 26.3.2014 – L 6 AS 31/14 B ER; LSG Niedersachsen-Bremen vom 22.6.2015 – L 13 AS 107/15 B ER; LSG Sachsen vom 18.12.2014 – L 2 AS 1285/14 B ER; LSG Schleswig-Holstein vom 26.3.2014 – L 6 AS 31/14 B ER). Nach VGH Hessen vom 17.4.1986 – 9 TG 1283/84 sind Kosten angemessen, die auch verantwortungsbewusste Sorgeberechtigte, die den Lebensunterhalt ihrer Kinder selbst bestreiten, in vergleichbarer Lage aufbringen würden. Das ist sachgerecht (SG Marburg vom 1.11.2012 – S 5 AS 213/12 ER). Die Förderung einer Dauernachhilfe droht damit nicht, weil dann schon die Grundvoraussetzung für eine Förderung, dass ein Kind auf die seinen kognitiven Fähigkeiten passende Schule geht, nicht erfüllt ist.

Keine Kappungsgrenze

Mit Übertragung der Verantwortung auf die Kommune sind die von der BA entwickelten Formulare hinfällig geworden. Sie haben jedoch Musterfunktion und haben auf Druck der Jobcenter Verbreitung gefunden. Das nachstehende Muster entspricht in einigen Punkten nicht den gesetzlichen Anforderungen. Das betrifft insbesondere den pauschalen Ausschluss einer Lernförderung zum Erreichen eines hö-

Schulbescheinigung

herwertigen Schulabschlusses oder die Einschränkung auf eine voraussichtlich nur kurze Förderdauer. Die Eltern sollten darauf bestehen, selbst eine Bestätigung der Schule beizubringen.

Adresse und Faxnummer
des zuständigen Jobcenters:

Bestätigung der Schule

Von der Antragstellerin/Vom Antragsteller auszufüllen

Für _____   _____   _____
　　　　　　　Name, Vorname　　　　　　　　　　　　Geburtsdatum　　　Kundennummer (falls vorhanden)

☐ Ich bin damit einverstanden, dass das zuständige Jobcenter die erforderlichen Daten bei der Schule einholt und entbinde die Lehrerin/den Lehrer von der Schweigepflicht. Die Zustimmung wird freiwillig abgegeben. Ein Widerruf der Erklärung ist jederzeit möglich.

☐ Ich werde die Bestätigung des Fach- bzw. Klassenlehrers selbst beibringen.

_____　　_____　　_____　　_____
Ort/Datum　　　　　　Unterschrift　　　　　　Ort/Datum　　　　Unterschrift des gesetzlichen
　　　　　Antragstellerin/Antragsteller　　　　　　　　　　Vertreters minderjähriger
　　　　　　　　　　　　　　　　　　　　　　　　　　　Antragstellerinnen/Antragsteller

Vom Fach- bzw. Klassenlehrer auszufüllen

Für die o. g. Schülerin/den o. g. Schüler besteht Lernförderbedarf für

(z. B. Unterrichtsfach) _____   in der Klassenstufe _____

für einen Förderzeitraum vom _____ bis _____

in einem Umfang von insgesamt _____ Stunden.

Es wird bestätigt, dass ergänzende angemessene Lernförderung geeignet und zusätzlich erforderlich ist, um die nach den schulrechtlichen Bestimmungen festgelegten wesentlichen Lernziele zu erreichen. Zu diesen Lernzielen gehört nicht das Erreichen eines höherwertigen Schulabschlusses oder Verbesserung des Notendurchschnitts.

Bitte zutreffende Sachverhalte ankreuzen:

☐ Das Erreichen der wesentlichen Lernziele (im Regelfall die Versetzung) ist gefährdet.

☐ Im Falle der Erteilung von Nachhilfeunterricht besteht eine positive Versetzungsprognose.

☐ Die Leistungsschwäche ist **nicht** auf unentschuldigte Fehlzeiten oder anhaltendes Fehlverhalten zurückzuführen.

☐ Geeignete kostenfreie schulische Angebote bestehen nicht.

Werden besondere Anforderungen an die Art der Nachhilfe oder die Qualifikation der Nachhilfelehrerin/des Nachhilfelehrers gestellt?

☐ nein　　☐ ja, bitte ausführlich begründen:

_____

_____

_____

Für Rückfragen des Jobcenters:

Ansprechpartner/in ist Frau/Herr　　　　　　　　Telefondurchwahl

_____　　　　　　　_____

_____　　_____　　_____
Ort/Datum　　　　Stempel der Schule　　Unterschrift der Lehrerin/des Lehrers

BA ALG II - Bestätigung der Schule - 12.2010　　[Formular drucken]　[Formular zurücksetzen]　Seite 1 von 1

Das BVerfG hat in seiner Regelbedarfsentscheidung vom 23.7.2014 –
1 BvL 10/12 gefordert, dass Teilhabe nach § 28 Abs. 7 SGB II nicht
nur abstrakt zur Verfügung gestellt, sondern auch konkret ermöglicht
werden muss, was u. U. die Übernahme zusätzlicher Kosten, vor allem Fahrkosten, einschließe. Soweit § 28 Abs. 7 SGB II solche Kosten
nicht vorsehe, müsse das Gesetz verfassungskonform ausgelegt werden. Der Bundesrat hat in seiner Stellungnahme zum 9. SGB II-ÄndG
diesen Gedanken aufgegriffen und eine entsprechende Ergänzung
von § 28 Abs. 5 SGB II vorgeschlagen:

»Neben der Berücksichtigung von Bedarfen nach Satz 1 können auch
weitere tatsächliche Aufwendungen berücksichtigt werden, wenn sie im
Zusammenhang mit der Teilnahme an Aktivitäten nach Satz 1 entstehen.« (BT-Drs. 18/8041, S. 87 f).

Die Bundesregierung hat diesen Vorschlag mit Verweis auf das Bil-
dungspaket und den Regelbedarfsanteil für Verkehr in §§ 20, 23
SGB II zurückgewiesen (BT-Drs. 18/8041, S. 123 f.). Unter Berücksichtigung der vom BVerfG generell geforderten Aufgabe, Bedarfslücken verfassungskonform zu schließen, werden daher die Gerichte im
Einzelfall prüfen müssen, ob unvermeidbare Zusatzkosten unter den
Begriff der »angemessenen Lernförderung« gefasst werden können.
Denkbar ist das z. B. für spezielle Arbeitsmaterialien, wenn sie in das
Preisangebot eines Leistungsanbieters einbezogen sind, der dann ei-
nem günstigeren Anbieter ohne eine solche Kalkulation vorzuziehen
ist. Höhere, unvermeidbare und nicht schon im Rahmen einer Schü-
lerbeförderung abgegoltene Fahrkosten könnten für die Dauer der
Lernförderung einen Mehrbedarf nach § 21 Abs. 6 SGB II begründen.

6   Gemeinsame Mittagsverpflegung

§ 28 Abs. 6 SGB II gibt einen Anspruch auf Übernahme der
Kosten für eine »gemeinschaftliche Mittagsverpflegung«.

Anspruchsberechtigt sind

»1. Schülerinnen und Schüler und
 2. Kinder, die eine Tageseinrichtung besuchen oder für die Kinderta-
    gespflege geleistet wird.«

Für Schülerinnen/Schüler setzt § 28 Abs. 6 SGB II voraus, dass die Mittagsverpflegung »in schulischer Verantwortung« durchgeführt wird.
Das heißt die Verpflegung muss gemeinschaftlich ausgegeben und eingenommen werden. Wo die Mittagsverpflegung eingenommen wird, z. B.
in einem benachbarten Gemeindezentrum, ist unerheblich. Da es auf
das Gemeinschaftserlebnis ankommt, gibt es für den individuellen Kauf
von Essen oder Getränken keinen Zuschuss (BayLSG vom 30.1.2012 – L
7 BK 1/12 B ER und vom 21.1.2013 – L 7 BK 8/12). § 28 Abs. 6 SGB II
fördert auch das durch Elternvereine angebotene Mittagessen, für das

die Schule formal keine Verantwortung trägt (dazu BR-Drs. 661/1/10). Es genügt, wenn die Schule die Mittagsverpflegung befürwortet und sich organisatorisch darauf einrichtet (BT-Drs. 17/3982, S.22).

Nicht im Hort

Nach § 77 Abs. 4 SGB II wurde das nicht in schulischer Verantwortung eingenommene Mittagessen im Hort nur bis zum 31.12.2013 vom Jobcenter gefördert. Seit 1.1.2014 war für eine Leistungsgewährung die Jugendhilfe zuständig, die von den Eltern nach Maßgabe von § 90 Abs. 4 SGB VIII eine Kostenbeteiligung verlangen kann. Die Bundesregierung hat die vom Bundesrat in dessen Stellungnahme zum 9. SGB III-ÄndG vorgeschlagene SGB II-Förderung des vom Hort organisierten Mittagessens im Hinblick auf die Finanzierungsverantwortung der Länder abgelehnt (BT-Drs. 18/8041, S. 124). Wird das Mittagessen vom Hort organisiert, kommen daher nur Ansprüche gegen den Jugendhilfeträger in Betracht.

Umwandlung durch Kooperationsvertrag?

Unklar ist, ob im Fall der Umwandlung einer bisher vom Jugendamt gewährten in eine nach § 28 Abs. 6 SGB II förderbare Mittagsverpflegung über einen Kooperationsvertrag zwischen Hort und Schule die Leistung mit der Begründung versagt werden kann, eine Mittagsverpflegung **aufgrund** der Förderung nach § 28 Abs. 6 SGB II sollte nach dem Willen des Gesetzgebers nicht unterstützt werden.

Kein Arbeitslohn

Nehmen Betreuer oder Schulangestellte des Gemeinschaftserlebnisses willen an den Mahlzeiten teil, ist das unentgeltlich gewährte Mittagessen kein Arbeitslohn, der nach § 11 Abs. 1 Satz 2 SGB II n. F. als Einkommen angerechnet werden kann (FG Schleswig-Holstein vom 23.1.2012 – 5 K 64/11).

Werden Schüler im Rahmen einer eigenständig (von Eltern oder einem Verein) organisierten Mittagsbetreuung verpflegt, gibt weder § 28 Abs. 6 SGB II noch § 90 SGB VIII einen Anspruch auf Zuschuss für das Mittagessen. § 28 Abs. 6 SGB II scheidet aus, weil die Betreuung nicht in die Schulorganisation eingebunden ist; eine nach § 22 SGB VIII förderbare Tageseinrichtung liegt erst vor, wenn neben der Verköstigung und Hausaufgabenbetreuung eine Erziehung vermittelt wird (zur Abgrenzung zwischen bloß pädagogischer Betreuung und Jugendhilfe s. BayVGH vom 8.3.2005 – 12 C 04.2435; VG Ansbach vom 4.6.2009 – AN 14 K 07.02668; VG Würzburg vom 29.4.2010 – W 3 K 08.1669; BayVGH vom 5.3.2012 – 12 ZB 10.1559 und vom 21.12.2015 – 12 C 15.2352).

Schüler in Tageseinrichtungen nach § 22 SGB VIII

Werden Schüler in einer Tageseinrichtung im Sinne von § 22 Abs. 1 Satz 1 SGB VIII betreut, in der auch ein Mittagessen gereicht wird, gibt § 28 Abs. 6 SGB II n. F. einen Anspruch auf einen Essens-Zuschuss (vgl. dazu SG Osnabrück vom 27.5.2015 – S 27 BK 2/15). Das Vorrang-Nachrangverhältnis von Jugendhilfe und Grundsicherung ist in § 10 SGB VIII entsprechend angepasst worden. Die Begrenzung auf das Jahr 2013 ist mit der Neufassung von § 28 Abs. 6 SGB II entfallen.

Die Kosten werden in tatsächlicher Höhe übernommen unter Abzug einer Kostenersparnis pro Mittagessen in Höhe von einem Euro (§ 5a Abs. 3 Alg II-VO). Zur Ermittlung dieses Betrages sagt der Gesetzgeber:

> »Die Höhe dieses Eigenanteils basiert auf der Sonderauswertung Familienhaushalte mit einem Kind unter 18 Jahren. Die Berechnung des Eigenanteils stellt eine stark vereinfachte Ermittlung dar. So wird keine Differenzierung nach Altersstufen vorgenommen. Der ermittelte Durchschnittsbetrag über alle Altersstufen ergibt für die tägliche Ernährung einen Betrag von 2,98 Euro. Entsprechend der Aufteilung des täglichen Ernährungsaufwands auf Frühstück, Mittag- und Abendessen nach § 2 Absatz 1 Satz 1 Nummer 1 der Sozialversicherungsentgeltverordnung ergibt sich ein Anteil von 39,05 Prozent für das Mittagessen. Dieser Anteil auf die durchschnittlichen täglichen Verbrauchsausgaben für Ernährung übertragen ergibt einen Betrag für das Mittagessen in Höhe von 1,16 Euro. Dieser Betrag wird auf 1 Euro abgerundet« (BT-Drs. 17/3404, S. 147 f).

Eigenanteil

Da eine Haushaltsersparnis nur eintritt, wenn das Mittagessen auch **tatsächlich** in Anspruch genommen wird, müssen Tage, in denen das Kind wegen Krankheit oder aus sonstigem Grund fehlt, heraus gerechnet werden. Ansonsten würde der im Regelbedarf enthaltene Anteil für Ernährung um eine fiktive Ersparnis verringert. Die in der Gesetzesbegründung vertretene Auffassung, »Abweichungen aufgrund von beweglichen Ferientagen, Unterrichtsausfall, schulinterner Fortbildungen, vorübergehender Erkrankung und Klassenfahrten sind nicht zu berücksichtigen« (BT-Drs. 17/3404, S. 174), ist mit dem eindeutigen Wortlaut von § 5a Nr. 3 Alg II-VO nicht zu vereinbaren und läuft auch BSG-Rechtsprechung zuwider:

Keine fiktive Ersparnis

> »Der monatliche Regelsatz ist allerdings, weil auf die tatsächliche anderweitige Deckung des Bedarfs abzustellen ist ..., lediglich für die Tage abzusenken, an denen der Kläger am Mittagessen in der WfbM teilgenommen hat; ihm ist damit letztlich die anderweitige Bedarfsdeckung freigestellt. Eine pauschalierte Absenkung des Regelsatzes widerspräche nicht nur dem Wortlaut des § 28 Abs 1 Satz 2 SGB XII (›im Einzelfall anderweitig gedeckt‹), sondern auch dem Sinn der Regelung: Die in § 28 Abs 1 Satz 1 SGB XII vorgesehene Pauschale soll dem Leistungsempfänger einen Freiraum belassen, seinen Gesamtbedarf eigenverantwortlich selbst zu bestimmen; dieser Freiraum wäre indes beeinträchtigt durch pauschalierte Absenkungsbeträge, die nicht zwangsläufig den tatsächlichen Gegebenheiten entsprechen« (BSG vom 11.12.2007 – B 8/9b SO 21/06 R. So auch SG Detmold vom 1.6.2010 – S 2 SO 74/10).

Nach § 37 Abs. 1 SGB II muss die Kostenübernahme gesondert beantragt werden. Die Eltern sind über den zu zahlenden Eigenanteil und darüber, dass er nach Ansicht der Jobcenter auch für Tage ohne Inanspruchnahme des Mittagessens aufzubringen ist, zu unterrichten.

Nur auf Antrag!

IV   ## Leistungen zur sozialen und kulturellen Teilhabe

Nach § 28 Abs. 7 SGB II haben Kinder und Jugendliche bis zum 18. Geburtstag Anspruch auf 10 € monatlich für die Teilhabe am »sozialen und kulturellen Leben in der Gemeinschaft«. Diese umfasst:

- die Mitgliedschaft in Vereinen (§ 28 Abs. 7 Nr. 1),
- den Unterricht in künstlerischen Fächern (§ 28 Abs. 7 Nr. 2),
- die Teilnahme an Freizeiten (§ 28 Abs. 7 Nr. 3).

Die Aufzählung ist abschließend; ausgenommen sollen Kinoveranstaltungen sein: »Sie haben lediglich ein geringes Potential bei der Einbindung in soziale Gemeinschaftsstrukturen und dienen überwiegend der Unterhaltung. Das gemeinschaftliche Erleben oder Ziele der gemeinsamen kulturellen Teilhabe sollen gefördert werden« (BT-Drs. 17/3404, S. 175). Das BVerfG vom 23.7.2014 – 1 BvL 10/12, Rn. 133 hat die Bindung der Leistung an den Zweck, Kinder und Jugendliche stärker als bisher in bestehende Vereins- und Gemeinschaftsstrukturen zu integrieren, nicht beanstandet.

Seit 1.8.2013: Auch für Zusatzaufwendungen

Seit 1.8.2013 steht es im Ermessen der Jobcenter, weitere tatsächliche Aufwendungen im Zusammenhang mit der Teilnahme nach § 28 Abs. 7 SGB II zu berücksichtigen. Dies entschärft das Problem, dass z. B. der Verein keinen Beitrag von SGB II-Berechtigten nimmt, aber eine bestimmte Ausrüstung benötigt wird. Die Gerichte hatten über eine weite Auslegung von § 28 Abs. 7 SGB II Abhilfe gesucht (SG Darmstadt vom 27.3.2012 – S 1 AS 1217/11; SG Berlin vom 12.9.2012 – S 55 AS 34011/11: Kursgebühren für Babyschwimmen). Das BSG vom 10.9.2013 – B 4 AS 12/13 R (Leihgebühr für ein Cello) hielt diesen Weg aber für nicht gangbar.

Fahrkosten

Die Regelung ist sehr eng gefasst worden (»begründeter Ausnahmefall«). Angemessene Fahrkosten zu Aktivitäten i. S. von § 28 Abs. 7 SGB II **müssen** (Rechtsanspruch auf Übernahme) nach BVerfG vom 23.7.2014 – 1 BvL 10/12, Rn. 148 übernommen werden.

Persönliches Teilhabe-Budget

Die 10 € werden als persönliches Budget anerkannt, was sich vor allem darin ausdrückt, dass Gutscheine und Direktzahlungen für den gesamten Bewilligungszeitraum im Voraus erbracht werden können (§ 29 Abs. 2 Satz 3, Abs. 3 Satz 2 SGB II). Kinder und Jugendliche haben dadurch die Möglichkeit, bis zur Höhe des Budgets während des Bewilligungszeitraums (60 €) über den Zeitpunkt der Inanspruchnahme der Angebote frei zu entscheiden (BT-Drs. 17/4095, S. 32). Dies ermöglicht auch ein Ansparen, um z. B. an einer Jugendreise teilnehmen zu können (SG Altenburg vom 5.6.2014 – S 23 AS 3562/12: Gebühr für Jugendweihefeier).

Sofern Angebote mit höheren Kosten als 10 € im Nutzungsmonat über mehrere Monate genutzt werden, kommt im Rahmen von Ansparmöglichkeiten die volle Übernahme der Kosten in Betracht, auch wenn die Angebote nicht in allen Monaten des Bewilligungszeitraumes genutzt werden (SG Berlin vom 12.9.2012 – S 55 AS 34011/11).

Ob Ansparungen der 10 € über den Bewilligungszeitraum hinaus möglich sind, um z. B. eine Bildungsreise unternehmen zu können, ist nach Sinn und Zweck der Regelung zu bejahen. Allerdings besteht hierbei das Risiko, dass der Anspruch ganz verfällt, wenn vor Beginn der Bildungsfahrt die (Teilhabe-)Hilfebedürftigkeit überwunden wird.

Mitnahme in neuen Bewilligungs-abschnitt?

Der Gesetzgeber begründet den festgelegten Betrag von 10 € zum einen mit Erhebungen entsprechender Positionen in der EVS 2008, zum andern mit Befragungen von Anbietern sportlicher und kultureller Leistungen:

Warum gerade 10 Euro?

»Im Hinblick auf die Anerkennung des Bedarfs in § 28 Absatz 6 [= § 28 Abs. 7 in der Gesetz gewordenen Fassung] bleiben bei der Bemessung der Regelbedarfe von Kindern und Jugendlichen die Positionen ›Außerschulischer Unterricht, Hobbykurse‹ in der Abteilung 09 und ›Mitgliedsbeiträge an Organisationen ohne Erwerbszweck‹ in Abteilung 12 der Einkommens- und Verbrauchsstichprobe 2008 unberücksichtigt. Die durchschnittlichen Ausgaben der zur Referenzgruppe gehörenden Paarhaushalte mit einem Kind belaufen sich bei diesen Positionen für den gesamten Haushalt auf Beträge bis zu 10,74 Euro (›Außerschulischer Unterricht, Hobbykurse‹ bzw. bis zu 2,60 Euro (›Mitgliedsbeiträge an Organisationen ohne Erwerbs-zweck‹) pro Monat je nach Alter des im Haushalt lebenden Kindes. Von den Ausgaben der Paarhaushalte mit einem Kind in der Position ›Außerschulischer Unterricht, Hobbykurse‹ entfallen nach Anwendung der Verteilungs-schlüssel nach Münnich und Krebs nur bis zu 3,58 Euro auf das Kind. Der Betrag von 10 Euro im Monat überschreitet diesen alternativ bei der Regel-bedarfsbildung zu berücksichtigenden Durchschnittsbetrag erheblich, um sicherzugehen, dass Kinder und Jugendliche aus Haushalten im Bezug exis-tenzsichernder Leistungen eine wirkliche Teilhabechance erhalten. Der im Auftrag des Bundesinstituts für Sportwissenschaft, der Deutschen Sport-hochschule Köln und des Deutschen Olympischen Sportbundes herausge-gebene Sportentwicklungsbericht 2009/2010 geht bei der Hälfte aller Sportvereine von jährlichen Mitgliedsbeiträgen für Kinder und Jugendliche bei Sportvereinen von 25 Euro bis 30 Euro im Jahr aus. Damit reicht das gewährte Budget regelmäßig noch aus, auch andere Aktivitäten zur gesell-schaftlichen Teilhabe in Anspruch zu nehmen. Musikunterricht kann in Mu-sik- und Volkshochschulen erteilt werden« (BT-Drs. 17/3404, S. 175).

§ 28 Abs. 7 SGB II enthält keine Befugnis, die Seriosität eines Vereins oder eines Freizeitanbieters zu prüfen. Ein dahingehender Gesetzes-vorschlag:

Keine Seriositäts-prüfung

»(3) Die Agentur für Arbeit kann den Antrag auf Leistung ablehnen, wenn sich der vom Leistungsberechtigten ausgewählte Anbieter als ungeeignet erwiesen hat oder wenn der Träger der öffentlichen Jugendhilfe eine Ge-fährdung des Wohls der Kinder oder der Jugendlichen bei der Leistungs-erbringung geltend macht« (BR-Drs. 661/1/10, S. 35)

ist nicht umgesetzt worden. §§ 29 – 30a SGB II i. d. F. des Entwurfs BT-Drs. 17/3404 wurden im Vermittlungsverfahren gestrichen.

Rechtswidrige Praxis

Die vielfach geübte Praxis, über Erhebungsbögen die Eignung des Anbieters zu prüfen, verstößt gegen den weit gefassten Zweck der Teilhabeleistungen, Kinder und Jugendliche in Vereins- und Gemeinschaftsstrukturen zu integrieren und den Kontakt zu Gleichaltrigen zu intensivieren. Den Bildungsbürger mag es grausen, aber dieser Zweck wird auch im Kampfsportverein, dem Fußball-Fanclub oder einem Gebetskreis erfüllt, solange kein Vereinsverbot ausgesprochen oder bekannt ist, dass sich der Fanclub dem Zusammenschlagen gegnerischer Fans verschrieben hat.

Verhältnis zur Jugendhilfe

Unklar ist das Verhältnis der Bedarfe nach § 28 Abs. 7 SGB II zur Jugendhilfe nach § 11 Abs. 3 SGB VIII. Werden sich die Träger der Jugendhilfe zurückziehen, was bei dem geringen SGB II-Bildungsbedarf von 10 € fatal wäre oder werden die Jobcenter das Wunsch- und Wahlrecht auf Beiträge zum Sportverein reduzieren, weil es im Übrigen die kostenfreie Angebote der Jugendhilfe gibt? (s. dazu BT-Drs. 17/4095, S. 10 f.).

Verhältnis zur Kranken- versicherung

Das SGB V sieht in bestimmten Fällen sport- -und bewegungstherapeutische oder musik- und kunsttherapeutische Maßnahmen vor. Die dafür anfallenden Zuzahlungen sind in den Grenzen von § 62 SGB V (→ S. 807 ff.) vom Leistungsberechtigten zu tragen. Soweit darüber hinaus Eigenmittel aufzuwenden sind, kommt ein Zuschuss nach § 28 Abs. 7 SGB II in Betracht. Ein regulärer Sportkurs ist nach SG Koblenz vom 26.8.2013 – S 13 KR 355/13 aber keine Leistung der Krankenkasse, auch wenn er von einem Arzt empfohlen wird.

Behinderte Menschen

Bei behinderten Menschen können soziale Aktivitäten auch über Hilfen nach § 35a SGB VIII oder § 54 SGB XII erbracht werden (s. z.B. VG Stuttgart vom 2.8.2002 – 8 K 971/01: Teilnahme am Gruppen-Unterricht einer Musikschule). Solche Hilfen schließen die Teilhabeförderung nach § 28 Abs. 7 SGB II in Bereichen, für die das Jugend- oder Sozialamt nicht zuständig ist, nicht aus.

Nur auf Antrag!

aber rückwirkend

§ 37 Abs. 1 SGB II verlangt einen gesonderten Antrag.
Diese Erschwerung des Zugangs zum Teilhabebedarf ist mit Blick auf den Budget-Charakter des Teilhabebedarfs und der Pflicht zur Förderung aber seit 1.8.2013 so geändert worden, dass ein im laufenden Bewilligungsabschnitt gestellter Antrag auf den Beginn der Bewilligung zurückwirkt.

Beratungspflicht

Die Gefahr eines Anspruchsverlusts wegen verspäteter Antragstellung und der Förderauftrag in § 4 Abs. 2 Satz 2 bis 4 SGB II verpflichten die Jobcenter, bei jedem Kind in der BG bei jedem Antrag auf Regelbedarf nach den §§ 20 – 23 SGB II ausdrücklich zu fragen, ob das Kind im kommenden Bewilligungsabschnitt Aktivitäten, die nach § 28 Abs. 7 SGB II förderbar sind, unternehmen wolle. Unterbleibt eine solche Beratung, ist ein Antrag auf Lebensunterhalt unter Beachtung des Meistbegünstigungsgrundsatzes immer auch als ein Antrag auf soziale Teilhabeförderung auszulegen.

V   Leistungserbringung

1   Einschätzung

Das BVerfG vom 9.2.2010 – 1 BvL 1/09 hat den Gesetzgeber verpflichtet, einen Bildungs- und Teilhabebedarf über ein Mehr an Grundsicherungsleistungen (Alg II und Sozialgeld) zu gewährleisten, solange es keine institutionelle Absicherung dieses Bedarfs auf Länderebene gibt. Leider hat sich der Gesetzgeber bei der Umsetzung dieses Verfassungsauftrags von dem Klischee leiten lassen, Hilfesuchende könnten mit Zusatzleistungen für Bildung und Teilhabe nichts anfangen, sie müssten überhaupt erst »in Bildung vermittelt werden«.

Nur als Sach- oder Dienstleistung

Die dazu vorgesehene Organisationsstruktur, potentiell Bildungshungrige über ein Gutscheinsystem mit einem Kreis ausgewählter Anbieter zusammen zu führen, hätte Schildbürger mit dem schönen Namen »Bildungslotse im Jobcenter« verzweifelt personalisierte Gutscheine in bildungsferne Köpfe trichtern lassen (lesenswert Stefan Sell: Bürokratie[2] oder: Die Schildbürgerstreichhaftigkeit des »Bildungspakets« im Rahmen der Hartz-IV-Reform, in: Remagener Beiträge zur aktuellen Sozialpolitik 11-2011).

Schildbürgerstreich

Mit der Übertragung auf die Länder wurde das Schlimmste verhindert. Die vorgebrachten Einwände gegen die vom Bund (als Geldgeber) favorisierte Gutscheinlösung sprechen für sich:

> »Teilhabe sollte nicht nur Partizipation im Hinblick auf das Ergebnis (z. B. Mitgliedschaft im Sportverein) bedeuten, sondern auch als Partizipation, wie man zur Leistung gelangt und wie das Verfahren hierzu ausgestaltet wird.
> Dem werden weder die Möglichkeit einer den Leistungsbezug offenlegenden Ausgabe von Gutscheinen noch die für die Abrechnung der Gutscheine notwendige Erfassung von Teilhabedaten/Sozialdaten (ausschließlich von Kindern im SGB II-Leistungsbezug), noch die komplizierten Vorgaben für die Anbieter (ausschließlich in ihrem Kontakt mit Kindern von Leistungsberechtigten) gerecht …
> Vor diesem Hintergrund ist es wichtig, dass die Erbringung der Bildungs- und Teilhabeleistungen sowohl diskriminierungsfrei als auch unbürokratisch erfolgen kann. D.h. die Erbringung der Leistungen muss insbesondere auch ohne Gutscheine oder ähnliche Legitimationspapiere sowie ohne vorherige Vereinbarungen zwischen Jobcentern und Leistungsanbietern möglich sein« (BR-Drs. 661/1/10, S. 34).

Der im Vermittlungsausschuss gefundene Kompromiss, die Bedarfe nach § 28 Abs. 2 und Abs. 5 bis 7 SGB II außer durch Gutscheine auch im Weg einer Direktabrechnung mit dem Anbieter einer Bildungs- oder Teilhabeleistung erfüllen zu können, lässt Raum für praktikable, der vorhandenen Angebotsstruktur gerecht werdende Lösungen. Es steht dem kommunalen Träger frei, welchen Weg er einschlägt (§ 29 Abs. 1 SGB II).

Gutschein oder Direktzahlung

Seit 1.8.2013 hat er die Möglichkeit, Klassenfahrten im Weg einer Barauszahlung zu fördern (§ 29 Abs. 1 Satz 2). Eigene Rechte der Leistungsberechtigten auf einen bestimmten Erbringungsweg eröffnet § 29 SGB II nicht.

**Gewährleistungs-
auftrag**

Nach § 29 Abs. 2 Satz 2 SGB II müssen die Kommunen bei Wahl eines Gutscheinsystems aber gewährleisten, dass Gutscheine bei geeigneten Anbietern eingelöst werden können (dazu BVerfG vom 23.7.2014 – 1 BvL 10/12, Rn. 134). Sind solche Anbieter nicht vorhanden oder nur ganz vereinzelt oder nur in einem Bereich vorhanden (z. B. nur ein Turnverein), geht die Direktzahlung vor. Ansonsten stünde der Bildungs- und Teilhabeanspruch nach § 28 SGB II nur auf dem Papier. Insoweit gibt es mittelbar ein Recht der Leistungsberechtigten auf Bereitstellung des Angebots mittels Direktabrechnung. Der Vorrang einer Direktabrechnung gilt vor allem dann, wenn Leistungsberechtigte schon vor Eintritt in den Leistungsbezug ein angemessenes Angebot nutzen, der Anbieter aber aus beachtlichen Gründen (zu hoher Bürokratieaufwand) nicht bereit ist, sich auf ein Gutscheinsystem einzulassen.

**Keine Teilnahme-
kontrolle**

Nach § 29 Abs. 4 SGB II kann das Jobcenter »im begründeten Einzelfall« den Nachweis einer zweckentsprechenden Verwendung der Leistungen verlangen. Diese Formulierung schließt sowohl anlasslose Routinekontrollen als auch Teilnahmekontrollen seitens der Anbieter aus. Die Auskunftsverpflichtungen nach §§ 60, 61 SGB II sind nicht auf Anbieter von Bildungs- und Teilhabeleistungen erweitert worden. Es dürfte daher auch nicht zulässig sein, die Förderung eines Bedarfs davon abhängig zu machen, dass der Jugendliche oder die erziehungsberechtigen Eltern die Zustimmung zu einem § 61 SGB II entsprechenden Kontrollsystem geben.

**Ausnahme
Nachhilfe**

Da ein Nachhilfeunterricht nur bei regelmäßiger Teilnahme Erfolg hat, darf das Jobcenter mit **vorheriger** Zustimmung des Jugendlichen oder der Erziehungsberechtigen die Bewilligung daran knüpfen, dass der Anbieter berechtigt wird, unentschuldigte Fehlzeiten dem Jobcenter zu melden. Weitergehenden Bewertungen, die ggf. unterstützende Hilfen seitens der Schule oder der Eltern sinnvoll machen (wirkt das Kind demotiviert, reagiert es auf Vorgaben der Nachhilfelehrer mit Verhaltensauffälligkeiten etc.), gehen das Jobcenter nichts an. Die mitunter schwierige Entscheidung, eine Nachhilfeunterstützung mangels Erfolgsaussicht abzubrechen, bedarf einer sensiblen Abstimmung mit der Schule und den Eltern. Diese sind erst bei Abbruch der Maßnahme verpflichtet, das Jobcenter unverzüglich zu informieren.

**Vorläufige
Bewilligung?**

Auch Leistungen nach § 28 SGB II können vorläufig (§ 41a SGB II) bewilligt werden. Das kommt vor allem in Betracht, wenn noch nicht feststeht, in welchem Umfang ein Schülerbeförderungsanspruch nach Landesrecht besteht, oder die Teilnahme an einer Klassenfahrt wegen eines Vorfalls vor Antritt der Reise von der Schule geprüft wird (s. dazu VG Berlin vom 12.4.2010 – 3 L 128.10). Unserer Auffassung nach muss auch der Zuschuss zum gemeinsamen Mittagessen (§ 28 Abs. 6 SGB II) vorläufig bewilligt werden, da die Höhe des Zuschusses von der im Voraus ungewissen Zahl der Mittagessen abhängt, die das Kind tatsächlich in Anspruch nimmt.

§ 36 SGB II bestimmt die Zuständigkeit der Jobcenter nach dem gewöhnlichen Wohnsitz des Leistungsberechtigten. Das gilt auch für Ansprüche nach § 28 SGB II. Nach Wegfall von § 30a SGB II i.d.F. Gesetzentwurf BT-Drs. 17/3404 ist offen, wie zu verfahren ist, wenn ein Leistungsberechtigter Leistungen eines Anbieters außerhalb des Zuständigkeitsbereichs des kommunalen Trägers in Anspruch nimmt oder umgekehrt ein Leistungsberechtigter, der seinen gewöhnlichen Aufenthalt nicht im Gebiet des kommunalen Trägers hat, Leistungsangebote nach § 28 SGB II in dessen Gebiet in Anspruch nimmt.

Nur an örtliche Anbieter?

2   Direktzahlung

Bei der Leistungserbringung durch Direktzahlung entsteht kein eigener Vergütungs- und Abrechnungsanspruch des Anbieters gegenüber dem kommunalen Träger. Das Kind bzw. dessen Sorgeberechtigte schließen einen normalen Vertrag mit einem Anbieter (Nachhilfeschule, Sportverein) und legen diesen Vertrag zum Nachweis der Aufwendungen dem Jobcenter vor. Das Jobcenter prüft, ob die jeweiligen Voraussetzungen nach § 28 SGB II erfüllt sind, und zahlt die vertraglich geschuldete Summe direkt an den Anbieter. Die Kostenübernahme ist nur gegenüber dem Kind bzw. den Sorgeberechtigen per Bewilligungsbescheid (Kostenzusage) zu regeln. Der Anspruch ist mit der Zahlung an den Anbieter erfüllt. Eine Direktzahlung ist auch für den gesamten Bewilligungszeitraum im Voraus möglich (§ 29 Abs. 3 Satz 2 SGB II). Das ist z.B. sinnvoll, wenn der Vertrag mit dem Anbieter eine halbjährliche Zahlung des Beitrags vorsieht.

3   Gutschein

Mit Wegfall von § 30a SGB II i.d.F. Gesetzentwurf BT-Drs. 17/3404 ist der kommunale Träger nicht mehr verpflichtet, mit Anbietern Vereinbarungen abzuschließen, die den Anforderungen des § 17 SGB II entsprechen. Das Gutscheinsystem kann deshalb so ausgestaltet werden, dass auch ein kleiner oder privater Anbieter ohne größeren Aufwand zu Recht kommt. Gutscheine können auch für Angebote, die der kommunale Träger selbst bereit stellt (z.B. Schwimmbad, Zoo), ausgegeben werden.

Entscheidet sich der kommunale Träger, bestimmte Leistungen über Gutscheine zu erbringen, erfüllt er den Anspruch nach § 29 Abs. 2 Satz 1 SGB II schon mit der Ausgabe des Gutscheins an den Leistungsberechtigten; dessen Bedarf gilt dann »als gedeckt« Mit Abgabe des

Erfüllungsfiktion

Bildungspakets in die Zuständigkeit der kommunalen Träger ist der Grund für diese Erfüllungsfiktion, dass die Jobcenter für die Bereitstellung eines hinreichenden Bildungs- und Teilhabeangebots kein eigenständiger Sicherstellungsauftrag trifft, entfallen. Da es im SGB II eine fiktive Bedarfsdeckung nicht gibt, muss die Erfüllung kraft Aushändigung des Gutscheins so verstanden werden, dass der Anspruch auf Realisierung des Bedarfs mit der Ausgabe des Gutscheins garantiert wird, notfalls durch eine Direktzahlung an den Anbieter.

Beispiel

L. beantragt die Übernahme der Kosten für eine Mathenachhilfe bei der Lernhilfe X. Er erhält einen Gutschein, den jedoch die X. nicht akzeptiert. Hier ist keine Erfüllung eingetreten. Die mit dem Gutschein gegebene Kostenzusage ist im Weg einer Direktabrechnung mit der X. zu erfüllen.

Verwaltungsakt

Die Aushändigung des Gutscheins enthält nach Prüfung der Anspruchsvoraussetzungen gemäß § 28 SGB II die verbindliche Zusage, das beantragte Angebot in Anspruch nehmen zu können. Damit hat der Gutschein den Charakter eines Verwaltungsaktes (vgl. LSG Sachsen vom 18.3.2010 – L 3 AS 19/09 zum Vermittlungsgutschein). Er kann nur unter den Voraussetzungen der §§ 45 ff. SGB X zurückgefordert werden.

Begrenzte Geltungsdauer

Nach § 29 Abs. 2 Satz 2 SGB II soll der Gutschein »angemessen« befristet werden. Als Frist bietet sich der laufende Bewilligungsabschnitt von regelmäßig sechs Monaten Dauer an. Läuft das Bildungs- oder Teilhabeangebot über einen kürzeren Zeitraum, kann die Geltungsfrist entsprechend verkürzt werden. Wird der Gutschein innerhalb der Frist nicht eingelöst, verfällt der Anspruch. Nach Ablauf der Gültigkeit kann der Anbieter den Gutschein nicht mehr einlösen; er verliert seinen Vergütungsanspruch gegenüber dem Jobcenter.

Vertragsschluss oder Inanspruchnahme?

Maßgebend für die Kostenübernahme via Gutschein ist die Inanspruchnahme der Leistung während der Geltungsdauer des Gutscheins. Wann das Kind oder dessen Sorgeberechtigte einen Vertrag mit dem Anbieter schließen, z.B. einem Verein beitritt, ist unerheblich. Das Jobcenter muss den Bedarf an Bildung oder Teilhabe auch dann erfüllen, wenn zwischen Kind und Anbieter keine vertragliche Verpflichtung besteht, sofern dies nicht auf eine unentgeltliche Absprache hindeutet.

Verlängerung der Geltungsdauer

Fällt die Geltungsdauer des Gutscheins mit dem Bewilligungsabschnitt zusammen, muss bei Fortdauer des Bildungsbedarfs auch hierfür ein neuer Antrag gestellt werden. Zu den Regelbedarfen hat das BSG vom 18.1.2011 – B 4 AS 29/10 R, – B 4 AS 99/10 R auf die Notwendigkeit eines Folgeantrags erkannt, auch wenn die Leistungsvoraussetzungen nahtlos weiter bestehen. Der besondere Förderauftrag nach § 4 Abs. 2 SGB II verpflichtet die Jobcenter dazu, anlässlich der Beantragung des Regelbedarfs für den Folgeabschnitt auch auf einen Folgeantrag für Bildungs- und Teilhabebedarfe hinzuwirken.

Ob das auch gilt, wenn die Geltungsdauer eines Gutscheins nicht mit
dem Bewilligungsabschnitt zusammenfällt, ist fraglich. Zu Vermittlungsgutscheinen nach § 45 Abs. 4 SGB III wurde entschieden, dass
es nicht der AA obliegt, von sich aus einen weiteren Gutschein nahtlos im Anschluss an die Geltungsdauer des vorherigen Gutscheins zu
erteilen (LSG NRW vom 30.4.2009 – L 9 AL 42/07).

Sind für das Jobcenter jedoch Umstände offensichtlich erkennbar, den
Leistungsberechtigten auf den Ablauf der Geltungsdauer des Gutscheins hinzuweisen, kann es sich bei unterlassenem Hinweis nicht auf
den Ablauf des Gutscheins berufen (vgl. dazu LSG Sachsen vom
15.9.2005 – L 3 AL 286/04; LSG NRW vom 19.12.2007 – L 1 AL 5/07).

*Schadens-
minderungs-
pflicht*

K. hat einen Gutschein für Nachhilfeunterricht erhalten. Als der Gutschein ausgehändigt wurde, befand sich K. noch in einer von der Nachhilfeschule angebotenen Probezeit von einem Monat. Das Jobcenter hatte den Gutschein auf einen Monat befristet. Nach drei Wochen teilt die
Mutter von K. dem Jobcenter mit, dass K. mit dem Unterricht sehr zu-
frieden ist und erste Lernerfolge erkennbar seien. Hier ist deutlich geworden, dass K. den Unterricht fortsetzt. Der Mitarbeiter im Jobcenter
hätte auf einen Verlängerungsantrag hinweisen müssen, wenn man die
Äußerung der Mutter nicht schon als konkludenten Antrag werten kann.

Beispiel

§ 30a SGB II i.d.F. Gesetzentwurf BT-Drs. 17/3404 sah vor, dass der
Gutschein nach Inanspruchnahme des Angebots, spätestens sechs Monate nach Ende der Gültigkeit des Gutscheins, vom Anbieter eingelöst
werden muss. Die Geltungsdauer des Gutscheins und die Abrechnungsfrist waren auf dem Gutschein zu vermerken. Solche Vereinbarungen werden auch die kommunalen Träger mit den Anbietern
schließen. Die Vereinbarung von Abrechnungsfristen ermöglicht den
Anbietern, Leistungen mehrerer Gutscheine gebündelt abzurechnen.

Abrechnungsfrist

Geht der Gutschein verloren, besteht Anspruch auf einen neuen Gutschein, soweit die mit dem Gutschein verbundene Leistung nicht
schon in Anspruch genommen worden ist (§ 29 Abs. 2 Satz 4 SGB II).
Diese Regelung war wegen der Erfüllungsfiktion erforderlich, die das
Jobcenter auch im Fall des Verlustes eines ungenutzten Gutscheins
nicht zur Neuausstellung verpflichtet hätte.

Ersatzgutschein

VI   Leistungsstörung/Rückforderung

Welche Rolle Leistungsstörungen bei der praktischen Umsetzung des Bildungspakets spielen können, hängt wesentlich von der
Zusammenarbeit der Kommunen als örtlichen Bereitstellern der Angebote und den AA als Kostenträger der Bedarfe ab. Die in der BA tief
verwurzelte Kultur des Misstrauens und der Ökonomisierung des Sozialen kann noch dem besten Bildungsangebot den Garaus machen.
Im Folgenden werden die für die Praxis wichtigsten Stör- und Rück-
forderungsszenarien erläutert.

1   Ersatzbeschaffung

Kostenersatz

Lehnt das Jobcenter einen Bedarf nach § 28 SGB II zu Unrecht ab, hat der Leistungsberechtigte, der die Aufwendungen aus eigener Tasche oder mithilfe Dritter tragen musste, einen Ersatzanspruch in Geld gegen das Jobcenter (SG Osnabrück vom 27.5.2015 – S 27 BK 2/15). Dass die Bedarfe nach § 28 Abs. 2 und Abs. 5 bis 7 SGB II nur über Sach- oder Dienstleistungen erfüllt werden dürfen, steht einem Kostenersatzanspruch nicht entgegen. Es entspricht einem allgemeinem Grundsatz im Sozialrecht, dass Aufwendungen wegen einer rechtwidrige Leistungsablehnung als Geldleistung zu erstatten sind, auch wenn hierfür eigentlich das Sachleistungsprinzip gilt. Ausdrückliche Regelungen finden sich etwa in § 13 Abs. 3 SGB V, § 15 SGB IX oder § 36a SGB VIII. Wichtig für einen Ersatzanspruch sind der vorherige Antrag und der Ablehnungsbescheid, sonst fehlt es an der Voraussetzung, dass die Aufwendungen auf der rechtwidrigen Ablehnung beruhen. Wenn das Jobcenter es dem Leistungsberechtigten überlässt, sich die Leistung zur Deckung des Bildungs- und Teilhabebedarfs selbst zu beschaffen, kann es nicht einwenden, es hätte eine andere Leistung bzw. einen anderen Anbieter favorisiert (vgl. dazu BSG vom 19.10.2010 – B 14 AS 36/09 R und vom 22.11.2011 – B 4 AS 204/10 R; s. zu dieser Problematik auch BayVGH vom 15.5.2013 – 12 B 13.129: Kostenersatz für selbstbeschaffte Legasthenietherapie). Der Anspruch steht dem zu, der mit den Aufwendungen in Vorleistung gegangen ist.

Seit 1.8.2013 ist ein Kostenersatz unter den vorgenannten Umständen in einem § 30 SGB II geregelt worden:

»§ 30 Berechtigte Selbsthilfe
Geht die leistungsberechtigte Person durch Zahlung an Anbieter in Vorleistung, ist der kommunale Träger zur Übernahme der berücksichtigungsfähigen Aufwendungen verpflichtet, soweit
1. unbeschadet des Satzes 2 die Voraussetzungen einer Leistungsgewährung zur Deckung der Bedarfe im Zeitpunkt der Selbsthilfe nach § 28 Absatz 2 und 5 bis 7 vorlagen und
2. zum Zeitpunkt der Selbsthilfe der Zweck der Leistung durch Erbringung als Sach- oder Dienstleistung ohne eigenes Verschulden nicht oder nicht rechtzeitig zu erreichen war.
War es dem Leistungsberechtigten nicht möglich, rechtzeitig einen Antrag zu stellen, gilt dieser als zum Zeitpunkt der Selbstvornahme gestellt.«

Kein Schadenersatz

Der Kostenersatzanspruch wegen rechtswidrig verweigerter Hilfe umfasst keinen Ersatz für Aufwendungen, die zusätzlich entstanden sind, aber nicht als Bedarf nach § 28 SGB II zu erfüllen gewesen wären. Dafür sind die Zivilgerichte (Amtshaftungsklage) zuständig.

Unaufschiebbarer Bedarf

Hat der Leistungsberechtigte rechtzeitig einen Bedarf angemeldet, den er wegen einer verzögerten Leistungsbearbeitung selbst finanzieren musste, besteht ebenfalls ein sozialrechtlicher Anspruch auf Kostenersatz, wenn ein weiteres Abwarten nicht möglich oder zumutbar war.

F. beantragt am 3.3. die Kostenzusage für eine am 15.6. geplante Schulabschlussfahrt. Die Schule macht die Fahrt von einer Einzahlung der Kosten auf ein Schulkonto bis spätestens 3.6. abhängig. Der Antrag wird trotz Anfrage bis zum Antritt der Reise nicht bearbeitet. F. leiht sich von einem Onkel das Geld für die Klassenreise und verlangt vom Jobcenter eine Erstattung der Kosten.

Hier kann das Jobcenter nicht einwenden, es habe nach § 29 SGB II a. F. vor dem 1.8.2013 keine Barleistung erbringen dürfen.

Beispiel

2   Risiko der Nichterfüllung

Bleibt bei einem unstreitigen Anspruch auf einen Bedarf die Direktzahlung des Jobcenters aus oder löst es einen vom Anbieter übergebenen Gutschein nicht ein, stellt sich die Frage, ob dann der Leistungsberechtigte ersatzweise aus einer eigenen Verpflichtung gegenüber dem Anbieter zahlen muss.

Hier ist zu unterscheiden:

- Wusste der Anbieter, dass ein von ihm zur Abrechnung vorgelegter Gutschein aus Gründen, die im Verhältnis zwischen Anbieter und Jobcenter liegen, nicht mehr eingelöst wird, kann er sich nach Treu und Glauben nicht an den Leistungsberechtigten halten. Er hätte ihn vor Erbringung der Leistung über den Streit mit dem Jobcenter informieren müssen.

- Wird der Gutschein nicht eingelöst, weil der Anbieter eine mit dem Jobcenter vereinbarte Abrechnungsfrist versäumt hat, kann er dieses Risiko nach Treu und Glauben nicht auf den Leistungsberechtigten abwälzen.

- Wusste der Anbieter bei Erbringung der Leistung noch nicht, dass die Einlösung des Gutscheins abgelehnt wird, kann er sich an den Leistungsempfänger halten, wenn die Leistung ordnungsgemäß erbracht wurde. Als Inhaber eines öffentlich-rechtlichen Zahlungsanspruchs kann der Anbieter aber auch direkt gegen das Jobcenter vorgehen (vgl. BSG vom 6.4.2006 – B 7a AL 56/05 R). Der Leistungsberechtigte hat einen Freistellungsanspruch gegenüber dem Jobcenter, wenn dieses ihn nicht über den Abrechnungsstreit mit dem Anbieter informiert hatte.

3   Anbieterwechsel

Der Antrag auf einen Bedarf nach § 28 SGB II bezieht sich in der Regel auf eine bestimmte Leistung bei einem bestimmten Anbieter. Der Leistungsberechtigte kann in diesem Fall nicht ohne neuen Antrag den Anbieter wechseln, selbst wenn der neue Anbieter keine höheren Honorare/Beiträge verlangt.

Leistungs-
verweigerungs-
recht?

Ist der Leistungsberechtigte aus einem mit dem Anbieter geschlossenen Vertrag noch gebunden, hängt es von der Ausgestaltung des Direktzahlungs- oder Gutscheinsystems ab, ob das Jobcenter auch für eine vertragliche Bindung zahlen muss oder nur für die tatsächlich in Anspruch genommene Leistung. Ist ersteres der Fall, darf das Jobcenter zur Vermeidung einer Doppelzahlung die Leistung für einen neuen Anbieter auf die Zeit nach Ablauf der Altverpflichtung begrenzen. Bei Streitigkeiten zwischen Leistungsberechtigtem und Anbieter über die Fortdauer des Vertrages bzw. die Zahlungspflicht des Leistungsberechtigten kann das Jobcenter Direktzahlungen oder die Einlösung von Gutscheinen unter den Vorbehalt stellen, dass die Zahlungspflicht besteht.

Subanbieter

Erfüllt der Anbieter seine Leistung durch Übertragung auf einen Dritten, wird der Leistungsberechtigte in der Regel davon ausgehen dürfen, dass dieses Vorgehen mit dem Jobcenter abgestimmt ist. Lehnt das Jobcenter in einem solchen Fall die Direktzahlung oder Gutscheineinlösung ab, trägt der Hauptanbieter das Kostenrisiko (vgl. zu einer solchen Problematik bei Vermittlungsgutscheinen BSG vom 23.2.2011– B 11 AL 10/10 R).

4   Rückforderung

Bestand kein Anspruch auf einen Bedarf nach § 28 SGB II oder geht dieser Anspruch verloren, ist die Bewilligung nach § 45, 48 SGB X aufzuheben. Eine rückwirkende Aufhebung setzt ein Verschulden des Leistungsberechtigten oder den Wegfall der Hilfebedürftigkeit wegen Einkommens oder Vermögens voraus (§ 48 Abs. 1 Nr. 3 SGB X).

Rückzahlung oder
Rückgabe des
Gutscheins

Nach § 40 Abs. 3 Satz 1 SGB II muss auch ein zu Unrecht ausgehändigter Gutschein in Geld erstattet werden. Wurde der Gutschein noch nicht in Anspruch genommen, kann die Rückforderung nach § 50 SGB X auch in Form der Rückgabe des Gutscheins erfüllt werden (§ 40 Abs. 3 Satz 2 SGB II).

Wer muss
zurückzahlen?

Grundsätzlich ist der Empfänger des Bildungsbedarfs auch zur Rückzahlung verpflichtet. Wurde die Leistung direkt an den Anbieter gezahlt, ändert das an der Verpflichtung des eigentlichen Inhabers des Bildungsbedarfs nichts (vgl. zur Direktzahlung von Unterkunftskosten bei einer Direktzahlung nach § 22 Abs. 4 SGB II a. F.: SG Karlsruhe vom 26.03.2010 – S 17 AS 1435/09; LSG NRW vom 16.1.2009 – L 19 B 168/08 AS ER).

Ausnahme

Das Jobcenter kann im Direktabrechnungsverfahren erbrachte Bildungsleistungen ausnahmsweise im Wege eines öffentlich-rechtlichen Erstattungsanspruchs vom Anbieter zurückfordern, wenn es zum Zeitpunkt der Auszahlung an den Anbieter gegenüber dem Hilfesuchenden nicht (mehr) zur Kostenübernahme verpflichtet war und der Anbieter dies wusste (vgl. SG Lüneburg vom 27.8.2008 – S 24 AS 722/08).

Zwischen Nachhilfeanbieter X und dem Jobcenter ist vereinbart, dass der Unterricht nach dreimaligem unentschuldigtem Fernbleiben abgebrochen werden muss. Der leistungsberechtigte J. fehlt seit einer Woche ohne Angabe von Gründen. X teilt dies dem Jobcenter mit. Aus Versehen geht noch eine weitere Direktzahlung des Jobcenters bei X ein.

Beispiel

Nach § 40 Abs. 3 Satz 3 SGB II erfolgt keine Erstattung von Leistungen nach § 28 SGB II, soweit ein Aufhebungsbescheid **allein** wegen dieser Leistungen zu treffen wäre. Es handelt sich hierbei um einen aus Billigkeitserwägungen und zur Entlastung der Jobcenter getroffenen Forderungserlass:

Gesetzlicher
Forderungserlass

»Die Erstattung von Leistungen der Grundsicherung für Arbeitsuchende ist mit zum Teil hohem Verwaltungs- und Kostenaufwand verbunden. Bei den Leistungen für Bildung und Teilhabe, die den Leistungsberechtigten mit Ausnahme der Leistungen für den persönlichen Schulbedarf in unbarer Form gewährt werden und die zudem einen verhältnismäßig geringen Wert haben, würde die Rückforderung der Leistungen in vielen Fällen als unbillig empfunden werden und wäre zudem unwirtschaftlich. Deshalb soll in Fällen, in denen nur die Bewilligungsentscheidung wegen einzelner Leistungen für Bildung und Teilhabe nach § 28 Absatz 2 bis 6 [bis Abs. 7 nach der im Vermittlungsverfahren beschlossenen Gesetzesfassung] aufzuheben wäre, auf die Erstattung bereits erbrachter Leistungen verzichtet werden. Sind – insbesondere wegen der Erzielung bedarfsdeckenden Einkommens – gleichzeitig die Bewilligungsentscheidungen über das Arbeitslosengeld II oder Sozialgeld der leistungsberechtigten Person ganz oder teilweise aufzuheben, sind weiterhin auch die Leistungen für Bildung und Teilhabe vollständig zu erstatten« (BT-Drs. 17/4095, S. 35).

Streitigkeiten zu Ansprüchen nach § 22 SGB II haben sich zu einem Schwerpunkt der Auseinandersetzungen mit den Jobcentern und vor den Sozialgerichten entwickelt. Die Probleme sind außerordentlich komplex, u.a. auch wegen der vielen Schnittstellen zum Mietrecht.

Eine genaue Darstellung würde den Rahmen dieses Buches sprengen. Wir beschränken uns daher auf tabellarische Übersichten zu den einzelnen Leistungen nach § 22 SGB II und eine kurze Darstellung der wichtigsten Probleme. Die Einzelheiten mit vielen Detailfragen, Berechnungsbeispielen und Fundstellen zu Entscheidungen der Gerichte unter Einbeziehung der einschlägigen Mietrechtsurteile werden im *Handbuch* »**Unterkunfts- und Heizkosten nach dem SGB II**«, 3. Aufl. 2015, 470 Seiten, 22,– € ausführlich abgehandelt.

I   Leistungen bei Wohnen zur Miete

Die folgende Tabelle zeigt, welche Leistungen nach § 22 SGB II Leistungsberechtigte für das Wohnen zur Miete erhalten können. Dabei sind die Kosten für die Unterkunft und für das Heizen gesondert zu betrachten:

1   Unterkunftskosten bei Wohnen zur Miete

Leistung	Leistungsart	Antrag erforderlich?
Nach Mietvertrag geschuldete Kaltmiete	Pflichtleistung	Im Alg II-Antrag enthalten
Nach Mietvertrag geschuldete Betriebskosten	Pflichtleistung	Im Alg II-Antrag enthalten
Nach Mietvertrag geschuldete Schönheitsreparaturen	Pflichtleistung, soweit notwendig (Gebot der Kostenminimierung)	Vor Durchführung der Arbeiten gesondert zu beantragen
Nach Mietvertrag vom Mieter zu tragende Kleinreparaturen	Im Regelbedarf enthalten; bei fehlender Leistungsfähigkeit nur als Darlehen nach § 24 Abs. 1 SGB II	Bei Darlehen Antrag erforderlich; kann in einem unbegründeten Antrag auf Kostenübernahme liegen
Kabelanschluss	Pflichtleistung, wenn untrennbarer Bestandteil der Betriebskosten	Im Alg II-Antrag enthalten
Garage, Stellplatz, Garten	Pflichtleistung, wenn untrennbarer Bestandteil des Mietvertrages	Im Alg II-Antrag enthalten

Auf Dauer müssen die Jobcenter nur angemessene Unterkunftskosten übernehmen, wobei es nicht auf die einzelnen Faktoren ankommt, die den Mietpreis bestimmen, sondern auf die Summe des gesamten Mietpreises (Produkttheorie).
Der Leistungsberechtigte hat somit die Wahl: Er kann eine sehr kleine Wohnung mit hohem Quadratmeter-Preis, aber geringen Betriebskosten nehmen oder eine große Wohnung mit kleinem Quadratmeterpreis und höheren Betriebskosten. Solange die Gesamtkosten angemessen sind, besteht Anspruch auf volle Kostenübernahme.

Produkttheorie

Seit 1.8.2016 ermöglicht § 22 Abs. 10 SGB II die bisher nur auf der Grundlage einer Satzung zulässige Bildung einer Gesamtangemessenheitsgrenze (Bruttowarmmiete) aus der Summe der Kosten für die Unterkunft und der Kosten für das Heizen. Dabei darf das Jobcenter den ohne genaue Prüfung noch tolerierbaren Heizwert nach einem

Bruttowarmmiete

einschlägigen Heizspiegel als Angemessenheitswert einstellen. Die Leistungsberechtigten können dadurch höhere Aufwendungen für die Unterkunft durch geringere Aufwendungen für die Heizung ausgleichen und umgekehrt.

Angemessene Unterkunftskosten

Es ist zwischen abstrakt und konkret angemessenen Unterkunftskosten zu unterscheiden:

■ **Abstrakt** angemessen ist der Preis, der allgemein die Kaltmiete und die üblichen Nebenkosten für einfache Wohnungen in einfacher Lage in der für die BG benötigten Größe auf dem maßgeblichen Wohnungsmarkt unter Einbeziehung der Bestandsmieten wiedergibt.

■ Ein höherer Mietpreis ist **konkret** angemessen, solange den Leistungsberechtigten eine Kostensenkung nach § 22 Abs. 1 Satz 3 SGB II mangels zugänglicher, günstigerer Wohnungsangebote nicht möglich oder ein Wohnungswechsel aus persönlichen Gründen nicht zumutbar ist.

Wenn keine Satzung nach § 22b Abs. 1 Nr. 1 SGB II vorliegt, richtet sich die den Leistungsberechtigten zugestandene Wohnfläche typisierend nach den landesrechtlichen Ausführungsbestimmungen zum sozialen Wohnungsbau nach § 10 des Gesetzes über die soziale Wohnraumförderung (WoFG), dabei kommt es auf die Zahl der Mitglieder der BG an.

In begründeten Einzelfällen kann mehr Wohnraum zugebilligt werden. Näheres dazu im Handbuch »**Unterkunfts- und Heizkosten nach dem SGB II**«.

Wie (ausgehend von der für die BG benötigen Wohnfläche) die abstrakt angemessenen Unterkunftskosten genau zu ermitteln sind – das BSG fordert ein »schlüssiges Konzept« –, ist im Einzelnen sehr kompliziert und in vielfachen Berechnungsmodellen von Gerichten beschieden worden. Wir verweisen dazu auf die ausführliche Darstellung im Handbuch »**Unterkunfts- und Heizkosten nach dem SGB II**«.

Wann im konkreten Einzelfall ein Wohnungswechsel zur Senkung abstrakt unangemessener Kosten unmöglich oder unzumutbar ist, wird im Handbuch »**Unterkunfts- und Heizkosten nach dem SGB II**« ebenfalls anhand zahlreicher Entscheidungen der Sozialgerichte erläutert.

2   **Heizkosten bei Wohnen zur Miete**

Leistung	Leistungsart	Antrag erforderlich?
Kosten, die der Vermieter nach Mietvertrag in Abschlägen auf die Mieter umlegen kann (Brennstoffkosten, Betriebsstrom, Wartungskosten, Öltankreinigung)	Pflichtleistung	Im Alg II-Antrag enthalten
Gasetagenheizung: Vom Gasversorger geforderte Abschläge und laufende Kosten, soweit der Mieter dafür aufkommen muss (Betriebsstrom, Wartung) Wird mit der Gastherme das Warmwasser erzeugt, sind die darauf entfallenden Kosten seit 1.1.2011 voll zu übernehmen Wird auch mit Gas gekocht, darf der Gasabschlag mangels Bestimmbarkeit nicht um einen Betrag für das Kochen (Haushaltsenergie) gekürzt werden	Pflichtleistung	Im Alg II-Antrag enthalten
Nachtspeicheröfen: Die Abschläge für den gesonderten Stromtarif und Stromkosten für den Betrieb der Anlage und einen Zweittarifzähler	Pflichtleistung	Im Alg II-Antrag enthalten
Kohleöfen: Als einmaliger Betrag zum Kauf von Kohlen, Brikett, Anzündern und Holz in üblicher Verbrauchsmenge für die Heizperiode (Oktober bis April) Ist eine Kellereinlagerung nicht möglich, auch als monatlicher Heizkostenzuschlag während der Heizperiode	Pflichtleistung	Im Alg II-Antrag enthalten
Ölofen: Tankfüllung in üblicher Verbrauchsmenge für die Heizperiode (Oktober bis April)	Pflichtleistung	Im Alg II-Antrag enthalten
Betriebsstrom für die Anlage und auf den Mieter umlegbare Wartungskosten	Pflichtleistung	Im Alg II-Antrag enthalten

Außerhalb einer Satzungsregelung (§ 22b Abs. 1 Satz 3 SGB II) müssen die tatsächlich anfallenden Heizkosten für eine sozialübliche Beheizung der Wohnung übernommen werden. Das gilt auch, wenn ein Gesamtangemessenheitswert nach § 22 Abs. 10 SGB II gebildet wurde. Da der Verbrauch erheblich vom Gebäudezustand und den Wetterverhältnissen abhängt, dürfen die Jobcenter keine starren Pauschalen zugrunde legen. Nach BSG vom 2.7.2009 – B 14 AS 36/08 R können Heizkosten bis zu den Grenzwerten in den von der co2online gGmbH in Kooperation mit dem Deutschen Mieterbund erstellten,

Angemessene Heizkosten

vorrangig kommunalen oder, wenn diese für das Gebiet des zuständigen Jobcenters fehlen, dem bundesweiten Heizspiegel ohne nähere Prüfung der Verbrauchsursachen übernommen werden. Ein unwirtschaftlicher Verbrauch muss bei Überschreitung dieser Richtwerte aber nicht automatisch vorliegen. Im Streitfall ist mit einem Gutachten zu klären, warum die Heizkosten so ungewöhnlich hoch sind.

Für Gasetagenheizungen und Einfamilienhäuser sind die Grenzwerte der co2online gGmbH mit der geringsten Gebäudegröße bloße Annäherungswerte. Auch hier müssen im Streitfall die angemessenen Kosten vor einer Kappung der Kostenübernahme ermittelt werden.

II   Kosten für Warmwasser

Seit 1.1.2011 sind auch die zur Erzeugung von Warmwasser entstehenden Kosten als Bestandteil der Bedarfe nach § 22 SGB II vom Jobcenter zu übernehmen, soweit sie angemessen sind.

Dies bedeutet für Haushalte mit **zentraler Warmwasserversorgung**, dass die vom Vermieter verlangten Abschläge nicht mehr um Pauschalen oder Abrechungsbeträge für Warmwasser in einer Heizkostenabrechnung verringert werden dürfen.

Bei **dezentraler Versorgung** mit Strom oder Gas (Boiler, Durchlauferhitzer, Gasetagenheizung) wird nach § 21 Abs. 7 SGB II ein Mehrbedarf gewährt, der systematisch zu den Heizkosten gehört.

Der Mehrbedarf wird ohne Nachweis höherer Kosten in Höhe einer Pauschale von 30% des Anteils für Haushaltsenergie im Regelbedarf gewährt. Danach ergeben sich folgende Pauschalen:

Pauschalen bei dezentraler Warmwassererzeugung 2016

Höhe des Regelbedarfs	Pauschale
404 €	9,29 €
364 €	8,37 €
324 €	7,45 €
306 €	4,28 €
270 €	3,24 €
237 €	1,90 €

Die Probleme des Nachweises höherer Kosten und die Berechnung des Mehrbedarfs bei zum Teil zentraler, zum Teil dezentraler Warmwasserversorgung werden ausführlich im Handbuch **»Unterkunfts- und Heizkosten nach dem SGB II«** erläutert.

III   Leistungen bei Wohneigentum

Die folgende Tabelle zeigt, welche Leistungen leistungsberechtigte Wohnungseigentümer nach § 22 SGB II erhalten können:

Leistung	Leistungsart	Antrag erforderlich?
Laufende Wohnkosten (Wasser, Strom etc.), soweit diese Kosten auch Mietern aufgebürdet werden könnten; daher z.B. keine Kostenübernahme für Strom einer Alarmanlage, der Außenbeleuchtung oder für die Gartenpflege	Pflichtleistung	Im Alg II-Antrag enthalten
Schuldzinsen und dauernde Lasten	Pflichtleistung	Im Alg II-Antrag enthalten
Tilgungsraten	Grundsätzlich keine Kostenübernahme; nur im Ausnahmefall, wenn die Immobilie fast abgezahlt ist und ein Wohnungswechsel erhebliche Mehrkosten verursachen würde; allein der Umstand, dass Zins- und Tilgung geringer als eine angemessene Miete sind, begründet keinen Anspruch auf Kostenübernahme	Im seltenen Ausnahmefall als Teil der Pflichtleistung im Alg II-Antrag enthalten
Heizkosten, inklusive Nachbeschaffungsbedarf	Pflichtleistung	Im Alg II-Antrag enthalten; Nachbeschaffung im Bedarfsmonat zu beantragen
Erschließungskosten	Pflichtleistung	Extra zu beantragen
Mehrbedarf für separate Warmwassererwärmung	Pflichtleistung	Im Alg II-Antrag enthalten
Erhaltungsaufwendungen	Pflichtleistung, soweit sie unabweisbar sind, d.h. zur Erhaltung eines bewohnbaren Zustandes benötigt werden oder sonst Schäden für die Bewohner oder Dritte drohen (Gefahrenbaum, maroder Schornstein etc.)	Vor Entstehung der Kosten zu beantragen
Instandhaltungsrücklage		Als Teil der Pflichtleistung im Alg II-Antrag enthalten

Maßstab für angemessene Kosten ist der Vergleich zu den Kosten, die aufzuwenden wären, wenn der Eigentümer zur Miete wohnte. Denn nach gefestigter BSG-Rechtsprechung sollen Eigentümer und Mieter bei den Unterkunfts- und Heizkosten gleichgestellt werden.

Angemessene Unterkunfts- und Heizkosten

Die Begründung des BSG: § 12 Abs. 3 Satz 1 Nr. 4 SGB II sei eine »rein vermögensrechtliche Schutzvorschrift«, die nichts über die Pflicht zur Übernahme der Unterkunfts- und Heizkosten aussage, steht in einem Spannungsverhältnis zur Aussage, Zweck von § 12 Abs. 3 Satz 1 Nr. 4 SGB II sei »nicht der Schutz der Immobilie als Vermögensgegenstand, sondern allein der Schutz der Wohnung im Sinne der Erfüllung des Grundbedürfnisses ›Wohnen‹ als räumlicher Lebensmittelpunkt (BSG vom 15.4.2008 – B 14/7b AS 34/06 R)«. Denn ist das Wohnen im eigenen Heim geschützt, liegt es auf der Hand, dass dann die Unterkunfts- und Heizkosten angemessen sind, die zur Erfüllung dieses Grundbedürfnisses benötigt werden. Näher dazu Handbuch »**Unterkunfts- und Heizkosten nach dem SGB II**«.

Angemessene Erhaltungsaufwendungen

Seit 1.4.2011 sind Umfang und Angemessenheit gesetzlich geregelt. Nach § 22 Abs. 2 SGB II werden unabweisbare Aufwendungen für Instandhaltung und Reparatur bei selbst bewohntem Wohneigentum anerkannt, soweit diese unter Berücksichtigung der im laufenden sowie den darauffolgenden elf Kalendermonaten anfallenden Aufwendungen insgesamt angemessen sind.

Übersteigen unabweisbare Aufwendungen für Instandhaltung und Reparatur den Bedarf nach § 22 Abs. 2 Satz 1 SGB II, kann der kommunale Träger zur Deckung dieses Teils der Aufwendungen ein Darlehen erbringen, das dinglich gesichert werden soll. Das Darlehen wird nur vergeben, wenn kein Schonvermögen zur Selbsthilfe vorhanden ist (§ 42a Abs. 1 SGB II). Eine Tilgung des Darlehens, das zu den Leistungen zur Sicherung des Lebensunterhalts zählt, mit 10% des laufenden Regelbedarfs ist seit dem 1.8.2016 nicht mehr zulässig.

Die Regelung des § 22 Abs. 2 SGB II wirft eine Reihe noch ungeklärter Rechtsfragen auf, die im Handbuch »**Unterkunfts- und Heizkosten nach dem SGB II**« näher erläutert werden.

IV   ### Kostensenkung bei unangemessenen Miet- oder Wohneigentumskosten

Liegen die tatsächlichen Mietkosten oder die entsprechenden Kosten bei selbst genutztem Wohneigentum über dem abstrakten Angemessenheitswert, muss das Jobcenter die tatsächlichen Kosten dennoch übernehmen, **solange**

■ die Betroffenen auf dem maßgebenden Wohnungsmarkt keine Wohnung zum abstrakt angemessenen Mietpreis finden,

■ persönliche Umstände eine Kostensenkung ausschließen,

■ Kosten mangels wirksamer Aufforderung oder Wissens des Leistungsberechtigten über den maßgebenden Mietwert nicht gesenkt werden können,

■ die Frist einer wirksamen Aufforderung zur Senkung der Kosten läuft.

Wegen der zahlreichen Detailfragen und der umfangreichen Rechtsprechung zum Kostensenkungsverfahren muss auf das Handbuch **»Unterkunfts- und Heizkosten nach dem SGB II«** verwiesen werden.

V   Kostensenkung bei unangemessenen Heizkosten

Die Angemessenheit der Heizkosten ist unabhängig von den Unterkunftskosten zu bestimmen und erfordert daher auch eine gesonderte Kostensenkungsaufforderung. Es gelten weitgehend die Grundsätze zur Absenkung der Unterkunftskosten.

Bei Wohnungseigentum ist aber zu prüfen, ob sich eine Kostensenkung nicht sofort umsetzen lässt, z. B. durch Absenkung der Raumtemperatur in wenig oder gar nicht genutzten Räumen.

Wird mit Gas oder Strom geheizt, sind Kostensenkungen durch Preisnachlassverhandlungen mit dem Energieversorger oder ein Wechsel des Energieversorgers zu prüfen.

VI   Kostensenkung bei Überschreiten der Gesamtangemessenheitsgrenze

Hat das Jobcenter in einer Satzung oder nach § 22 Abs. 10 SGB II Bruttowarmmietgrößen festgelegt, ist erst dann zu einer Kostensenkung aufzufordern, wenn die Gesamtangemessenheitsgrenze überschritten wird. Statt eines Umzugs oder einer Untervermietung kann hier auch eine Senkung der Heizkosten den Verbleib in der Alg II finanzierten Wohnung sichern. Für die von einer Kostensenkungsaufforderung Betroffenen ist es daher wichtig zu wissen, welcher Teil der KdU-Kosten unangemessen ist. Das Jobcenter muss entsprechend beraten. Sind die Heizkosten zu hoch und können sie durch sparsameren Energieverbrauch gesenkt werden, müssen die tatsächlichen Kosten noch so lange übernommen werden, bis der Vermieter in Umsetzung der Heizkostenabrechnung künftig geringere Abschläge verlangt.

VII   **Wohnungswechsel**

Bei einem Wohnungswechsel im laufenden Leistungsbezug ist zwischen erforderlichen und nicht erforderlichen Umzügen zu unterscheiden.

1   **Bei erforderlichem Wohnungswechsel**

Ein Wohnungswechsel ist erforderlich, wenn das Jobcenter zur Kostensenkung aufgefordert hat oder die Leistungsberechtigten einen wichtigen Grund für einen Wohnungswechsel haben. Wann dies der Fall ist, kann hier wegen der Vielfalt der Problemlagen nicht genauer dargestellt werden. Wir verweisen dazu auf das Handbuch »Unterkunfts- und Heizkosten nach dem SGB II«.

Die folgende Tabelle zeigt, welche Leistungen gemäß § 22 SGB II bei einem erforderlichen Wohnungswechsel möglich sind:

Leistungen bei erforderlichem Wohnungswechsel

Leistung	Leistungsart	Antrag wann und wo
Zusicherung auf Kostenübernahme	Pflichtleistung, wenn die neue Wohnung angemessen ist	Vor Abschluss des Mietvertrages beim JC des Zuzugsortes
Kaution/Genossenschaftsanteile	Pflichtleistung, wenn sonst keine Wohnung zu bekommen ist; im Regelfall nur als Darlehen.	Vor Abschluss des Mietvertrages beim JC des Wegzugs- oder des Zuzugsortes
Kautions-Bürgschaft	Als Alternative zu einem Darlehen zulässig; kann wegen der langen Tilgung einer Kaution mit dem Regelbedarf zur Abwendung einer Bedarfsunterdeckung geboten sein	
Doppelmieten	Pflichtleistung, soweit unvermeidbar	Vor Abschluss des Mietvertrages beim JC des Wegzugsortes
Abstandszahlung	Grundsätzlich keine Übernahme, ausgenommen (als allgemeine Kosten nach § 22 Abs. 1 SGB II) sind Zahlungen für übernommene Brennstoffe (Kohlen, Öl)	
Entrümpelung der alten Wohnung	Pflichtleistung, soweit unvermeidbar	Vor Abschluss kostenauslösender Maßnahmen beim JC des Wegzugsortes
Bei Messie-Wohnung	Ggf. Leistung des Sozialhilfeträgers nach §§ 67, 68 SGB XII	
Mietvertraglich geschuldete Auszugsrenovierung (Schönheitsreparaturen)	Pflichtleistung, soweit notwendig (Gebot der Kostenminimierung)	Vor Durchführung der Arbeiten gesondert beim JC des Wegzugsortes

Leistung	Leistungsart	Antrag wann und wo
Einzugsrenovierung	Pflichtleistung, wenn nach Situation auf dem Wohnungsmarkt üblich und soweit die Renovierung dazu dient, die Wohnung auf den Standard einer einfach ausgestatteten Wohnung zu bringen	Vor Abschluss des Mietvertrages beim JC des Zuzugsortes
Umzugskosten (Verpackungsmaterial, Miete für Leihauto, Entgelt für Helfer)	Pflichtleistung, soweit notwendig (Gebot der Kostenminimierung)	Vor Abschluss kostenauslösender Maßnahmen beim JC des Wegzugsortes
Umzugsunternehmen nur bei fehlender Eigenleistungsfähigkeit	Pflichtleistung, soweit notwendig	Vor Abschluss kostenauslösender Maßnahmen mit drei Kostenvoranschlägen beim JC des Wegzugsortes
Gebühren für Ummeldung, nicht für ein Kfz	Pflichtleistung	Vor Abschluss kostenauslösender Maßnahmen beim JC des Wegzugsortes
Kosten für Postnachsendung, Telefonumstellung, Internet	Pflichtleistung (str.)	Vor Abschluss kostenauslösender Maßnahmen beim JC des Wegzugsortes

2   Bei nicht erforderlichem Wohnungswechsel

Die folgende Tabelle zeigt, welche Auswirkungen ein nicht erforderlicher Wohnungswechsel auf die Leistungen nach § 22 SGB II hat:

Leistungen bei nicht erforderlichem Wohnungswechsel

Leistung	Leistungsart	Antrag wann und wo
Zusicherung auf Kostenübernahme	Pflichtleistung, wenn die Kosten der neuen Wohnung angemessen sind	Vor Abschluss des Mietvertrages beim JC des Zuzugsortes
Wohnungsbeschaffungskosten	Ermessensleistung	Vor Abschluss kostenauslösender Maßnahmen beim JC des Wegzugsortes
Unterkunfts- und Heizkosten für die neue Wohnung	Pflichtleistung nur in Höhe der Kosten für die frühere Wohnung	Im Alg II-Antrag enthalten

Die Kostendeckelung nach § 22 Abs. 1 Satz 2 SGB II gilt nicht bei Umzügen, die über die Region des Wohnungsmarktes hinausgehen, der die Bedarfe für Unterkunft und Heizung der früheren Wohnung be-

Kostendeckelung auf frühere Wohnung

stimmt hatte. Denn der Zweck der Regelung des § 22 Abs. 1 Satz 2 SGB II, Umzüge innerhalb eines Wohnungsmarktes zur missbräuchlichen Erhöhung von Leistungsansprüchen abzuwenden, ist bei überregionalen Umzügen in der Regel nicht gegeben. Die Freizügigkeit nach Art. 11 GG geht hier einer Kostenminimierung vor. Das Jobcenter am Zuzugsort muss die neue Miete übernehmen, soweit sie nach den dortigen Maßstäben angemessen ist.

Umfang und Dauer der Kostendeckelung

Eine zulässige Kostendeckelung muss die allgemeinen Preissteigerungen auf dem einschlägigen Wohnungsmarkt nachvollziehen. Dazu müssen die KdU-Werte der vorherigen Wohnung mit einem abstrakten Preissteigerungsindex dynamisiert werden. Wie sich die Miete der früheren Wohnung tatsächlich entwickelt hat, spielt keine Rolle. Ob es eine absolute Zeitgrenze für eine zulässige Kostendeckelung gibt, hatte das BSG bisher nicht zu entscheiden.

Wesentliche Änderung der Verhältnisse

Die Kostendeckelung endet aber, wenn zumindest für einen Monat keine Hilfebedürftigkeit besteht. Ein danach neu entstehender Hilfebedarf gibt grundsätzlich einen Anspruch auf Übernahme der tatsächlichen Kosten, die erst nach einer Kostensenkungsaufforderung auf die Angemessenheitsgrenze gemindert werden können. Ggf. sind die Kosten ohne vorherige Senkungsaufforderung nur in Höhe der angemessenen KdU-Werte zu übernehmen. Wegen Einzelheiten wird auf das Handbuch »**Unterkunfts- und Heizkosten nach dem SGB II**« verwiesen. Außerdem entfällt die Kostendeckelung, jedenfalls dann, sobald ein wichtiger Grund für einen Wohnungswechsel eintritt, etwa durch Geburt eines Kindes und/oder Einzug eines Partners (wenn die alte Wohnung dann zu eng wäre) oder wegen Abriss der früheren Wohnung. Das Jobcenter muss dann die Kosten für die neue Wohnung übernehmen, soweit diese angemessen sind.

VIII   Betriebs- und Heizkostennachforderungen

Aktuell bewohnte Wohnung

Betriebs- und Heizkostennachforderungen, die sich auf die aktuell genutzte Wohnung beziehen und die entstanden sind, weil die laufend gezahlten Abschläge unter dem tatsächlichen Verbrauch/den tatsächlichen Kosten lagen, sind ein zusätzlicher (nachgelagerter) KdU-Bedarf im Monat der Fälligkeit der Nachforderung. Ein Antrag auf Kostenübernahme ist nicht erforderlich.

Die Nachforderung ist in voller Höhe zu übernehmen, wenn sie mietrechtlich in Ordnung ist und das Jobcenter die Mietkosten im Zeitraum der Entstehung der Nachforderung nicht abgesenkt hatte. Eine Absenkung im Monat, in dem die Nachforderung fällig wird, ist unschädlich.

Vorher bewohnte Wohnung

Betriebs- und Heizkostenkostennachforderungen aus einem früheren Mietverhältnis sind ein zusätzlicher KdU-Bedarf im Monat der Fälligkeit, wenn die Nachforderung in Zeiträumen mit Leistungsbezug entstanden ist und die frühere Wohnung in Erfüllung einer Kostensenkungsobliegenheit aufgegeben wurde.

Dagegen sind Betriebs- und Heizkostenkostennachforderungen für eine Wohnung, die erst fällig geworden sind, nachdem diese nicht mehr bewohnt wird und deren tatsächliche Entstehung nicht auf Zeiten der Hilfebedürftigkeit zurückgeht, nach BSG kein zusätzlicher KdU-Bedarf. Zu Einzelheiten dieser Problematik wird auf das Handbuch »**Unterkunfts- und Heizkosten nach dem SGB II**« verwiesen.

Reichen die eigenen Mittel nicht aus, um die Lebenshaltungskosten plus der Nachforderung zu bestreiten, besteht im Monat der Fälligkeit der Nachforderung ein Hilfebedarf. Wird bis spätestens zum Letzten dieses Monats Alg II beantragt, können die fehlenden Mittel zur Bezahlung der Nachforderung mit einem regulären Alg II-Antrag geltend gemacht werden.

Nachforderungs-Hilfebedarf

Bei einer Kostensenkung oder -deckelung verneinen die Jobcenter eine Kostenübernahme mit dem Argument, dass die jeweils laufend übernommenen Kosten für das Wohnen und Heizen nicht überschritten werden dürften. Das ist so pauschal nicht richtig. Ungeachtet einer aktuell bestandskräftigen Kostengrenze für die KdU-Bedarfe eröffnet die Nachforderung die Prüfung, ob korrekt abgesenkt/gekürzt wurde und ob die Nachforderung nicht zumindest im Verhältnis der vollen zur gekürzten Miete übernommen werden muss (Einzelheiten im Handbuch »**Unterkunfts- und Heizkosten nach dem SGB II**«).

Kostensenkung/-deckelung

IX Betriebs- und Heizkostenguthaben

Betriebs- und Heizkostenguthaben für die Wohnung, für die laufend Unterkunfts- und Heizkosten übernommen werden, mindern die nach dem Monat der Gutschrift entstehenden Aufwendungen für diese Unterkunft (§ 22 Abs. 3 SGB II). Das gilt auch, wenn das Guthaben aus Zeiträumen vor dem Alg II-Bezug stammt. Auch dadurch mindert sich ja der aktuelle Unterkunftsbedarf.

Aktuell bewohnte Wohnung

War das Jobcenter auch Kostenträger der vorherigen Wohnung, kann es sich die vorausgeleisteten Zahlungen über eine Anrechnung auf die Unterkunftsbedarfe der neuen Wohnung zurückholen. Dies entspricht dem Zweck des § 22 Abs. 3 SGB II, den tatsächlichen Kostenträger, die Kommune, und nicht den Bund, wie es bei einer Anrechnung als Einkommen nach §§ 11–11b SGB II der Fall wäre (§ 19 Abs. 3 Satz 2 SGB II), zu entlasten.
Hatte ein anderes Jobcenter die Kosten getragen, kommt es allerdings nicht in den Genuss des Guthabens. Die laufenden Kosten für die frühere Wohnung haben sich nicht im Sinne einer Änderung bzw. einer Rückforderung nach § 48 SGB X verringert. Für das Guthaben gelten dann die allgemeinen Anrechnungsregeln als Einkommen nach §§ 11–11b SGB II.

Vorher bewohnte Wohnung

§ 22 Abs. 3 SGB II geht als spezielle Regelung der Anrechnung nach §§ 11–11b SGB II, § 2 Alg II-VO vor. Die Anrechnung muss daher ab dem Folgemonat des Zuflusses erfolgen, eine Verschiebung auf späte-

Sonderregelung zur Einkommensanrechnung

re oder frühere Zeiträume ist unzulässig. Demnach darf nicht angerechnet werden, wenn der Alg II-Bezug im Zuflussmonat oder Folgemonat endet. Eine Anrechnung erfolgt auch dann, wenn bei Zufluss
des Guthabens auf das Konto noch kein Alg II beantragt wurde, aber
für den Folgemonat Leistungen gewährt werden. Das Guthaben wird
nicht bereinigt (kein Abzug der Versicherungspauschale).

Anrechnung auf tatsächliche Mietkosten

War die Miete abgesenkt worden, d.h., hat der Leistungsberechtigte
die nicht übernommenen Mietkosten selber getragen, musste ein Guthaben nach BSG vom tatsächlichen Mietwert abgezogen werden. Nur
soweit die verbleibende Miete dann unterhalb der vom Jobcenter
übernommenen Miete liegt, wird der Differenzbetrag nach § 22
Abs. 3 SGB II angerechnet. Seit 1.8.2016 werden Betriebs- und Heizkostenguthaben in der Höhe nicht berücksichtigt, die den vom Jobcenter nicht übernommenen Kosten entspricht. Insoweit sind sie aus
dem Guthaben herauszurechnen.

Nur verfügbare Guthaben

Die Anrechnung der Betriebs- und Heizkostenguthaben ist gerechtfertigt, weil sie normalerweise (durch Teilerlass einer laufenden Miete oder Überweisung auf das Konto des Mieters) den Unterkunftsbedarf, für den das Jobcenter aufkommt, mindern. Ist das nicht der
Fall, z. B. weil der Vermieter mit sonstigen Forderungen aufrechnet
oder insolvent ist, darf nicht angerechnet werden. Der Leistungsberechtigte ist aber gehalten, sich darum zu bemühen, das Guthaben zu
erlangen, soweit ihm dies möglich ist. Unterlässt er zumutbare Bemühungen, die ohne Weiteres zu einer Auszahlung des Guthabens
führen, darf das potentielle Guthaben im Wege einer Haftung nach
§ 34 SGB II angerechnet werden.

X   Übernahme von Mietschulden?

Ist der Leistungsberechtigte mit seinen Mietzahlungen in
Verzug oder sind bei einem Energieversorger Schulden entstanden,
weil die vom Jobcenter für Heizenergie überwiesenen Leistungen anderweitig verwendet wurden, **kann** (Ermessen) das Jobcenter nach
§ 22 Abs. 8 SGB II durch Übernahme der Miet- oder Energieschulden
helfen.

Eine Kostenübernahme ist zu prüfen,
- wenn zumutbare Selbsthilfemöglichkeiten (Einsatz von Schonvermögen, Ratenzahlungsvereinbarungen mit dem Vermieter, Energieversorger) ausgeschöpft sind und
- soweit dies zur Sicherung der Unterkunft gerechtfertigt ist (das
  setzt u.a. voraus, dass die Unterkunftskosten angemessen sind) und
- sofern Leistungen für Unterkunftskosten erbracht werden. Dabei
  genügt ein dem Grunde nach bestehender Anspruch, auch wenn er
  noch nicht realisiert ist.

Das Jobcenter muss die Schulden in der Regel übernehmen (»**sollen** übernommen werden«), wenn dies gerechtfertigt und notwendig ist und andernfalls Wohnungslosigkeit einzutreten droht (Kündigung des Miet- oder Energieliefervertrages, bevorstehende Räumung, Energiesperre).

Wohnungslosigkeit i. S. von § 22 Abs. 8 Satz 2 SGB II bedeutet den Verlust der schuldenbelasteten Wohnung oder einen Zustand der Unbewohnbarkeit, wenn z. B. das Gas für die Heizung im Winter gesperrt werden soll. Nur in Fällen extrem hoher Mietschulden kann es gerechtfertigt sein, die Leistungeberechtigten auf den Bezug einer neuen Wohnung zu verweisen.

Zu Einzelheiten und den Problemen des Miet- und Vollstreckungsrechts verweisen wir auf das Handbuch »**Unterkunfts- und Heizkosten nach dem SGB II**«.

XI   Satzungen nach §§ 22a – 22c SGB II

Das BSG vom 4.6.2014 – B 14 AS 53/13 R hat die in Berlin nach §§ 22a-22c SGB II erlassene Rechtsverordnung als unschlüssig gekippt und dabei hervorgehoben, dass auch eine Satzung oder Verordnung die Kriterien für ein »schlüssiges Konzept« erfüllen muss. Unschlüssig ist ein Konzept auch dann, wenn die zugrunde gelegten Werte zu hoch angesetzt sind (in Berlin wurden die Toleranzwerte aus dem Heizspiegel als angemessene Heizwerte zur Bestimmung einer Brutto-Warm-Miete herangezogen, was ab 1.8.2016 durch § 22 Abs. 10 ermöglicht wird). Folge der Unschlüssigkeit ist ein Anspruch der Leistungsberechtigten auf Übernahme der tatsächlichen Miet- und Heizkosten bis zum Grenzwert nach § 12 WoGG + 10% Zuschlag + tatsächliche Heizkosten bis zum Grenzwert des Heizspiegels +Warmwasserkosten. Der 10%-Zuschlag gilt auch für die WoGG-Werte ab 1.1.2016.

Welche Anforderungen eine Satzung erfüllen muss und wie gegen die Satzung vorgegangen werden kann, wird im Handbuch »**Unterkunfts- und Heizkosten nach dem SGB II**« ausführlich erläutert.

I   **Grundsatz: Kein Wohngeld für Alg II-Bezieher**

Das Wohngeld ist keine Fürsorgeleistung. Zweck des Wohngeldes ist nach § 1 Abs. 1 WoGG die wirtschaftliche Sicherung angemessenen und familiengerechten Wohnens für Menschen, die ihren sonstigen Lebensunterhalt ohne SGB II- oder SGB XII-Leistungen sichern können.

Mit Unterkunftskosten kein Wohngeld

Sichern SGB II-/SGB XII-Leistungen den Lebensunterhalt einschließlich der Kosten der Unterkunft, kann kein Wohngeld beansprucht werden (§ 7 WoGG). Unerheblich ist, ob das Jobcenter die vollen oder nur die angemessenen Mietkosten übernimmt (BayVGH vom 27.4.2010 – 12 BV 08.3353; OVG Sachsen vom 24.2.2016 – 4 A 249/12).

Ausnahme: Wohngeld für hilfebedürftige Umgangsrechts-Kinder

§ 5 Abs. 4 n.F. WoGG bestimmt:

»Betreuen nicht nur vorübergehend getrennt lebende Eltern ein Kind oder mehrere Kinder zu annähernd gleichen Teilen, ist jedes dieser Kinder bei beiden Elternteilen Haushaltsmitglied. Gleiches gilt bei einer Aufteilung der Betreuung bis zu einem Verhältnis von mindestens einem Drittel zu zwei Dritteln je Kind. Betreuen die Eltern mindestens zwei dieser Kinder nicht in einem Verhältnis nach Satz 1 oder 2, ist bei dem Elternteil mit dem geringeren Betreuungsanteil nur das jüngste dieser Kinder Haushaltsmitglied«.

Neu

Die Anknüpfung an das Sorgerecht (s. dazu OVG NRW vom 1.12.2014 – 12 A 763/10) ist zum 1.1.2016 entfallen.

Der umgangsberechtigte Elternteil, der kein Alg II bezieht, kann daher für sich und die ihn regelmäßig besuchenden Kinder Wohngeld erhalten. Das gilt auch, wenn die Kinder Alg II oder Sozialgeld beziehen. Die Kinder sind nicht vom Wohngeld ausgeschlossen, weil sie für die Wohnung, in dem der nicht hilfebedürftige Elternteil lebt, keine SGB II-Leistungen beziehen. Auf das für die Kinder gewährte Wohngeld wurde allerdings das Alg II oder Sozialgeld als Einkommen angerechnet (OVG NRW vom 1.7.2010 – 14 A 3292/08; VG Berlin vom 13.3.2012 – 21 K 297.11). Das OVG Lüneburg vom 1.8.2015 – 4 PA 137/15 begrenzt die Anrechnung des Einkommens mit überzeugender Begründung auf die Hälfte für den jeweiligen Haushalt, in dem sich das Kind aufhält.

Seit 1.1.2016 ist Sozialgeld, das ein zu berücksichtigendes Kind als Mitglied der BG im Haushalt des getrennt lebenden anderen Elternteils anteilig erhält, nicht mehr zu berücksichtigen (§ 14 Abs. 2 Nr. 30 c) WoGG n. F.).   `Neu`

Die Kinder werden nach OVG NRW vom 12.5.2011 – 12 E 407/11; OVG Lüneburg vom 10.12.2013 – 4 LC 272/11 auch dann »annähernd zu gleichen Teilen betreut«, wenn ein zeitliches Betreuungsverhältnis der Eltern von einem Drittel zu zwei Dritteln vorliegt (s. auch OVG Sachsen vom 9.10.2012 – 5 D 59/12).

1   Anspruchskonkurrenz

Alg II und Wohngeld schließen einander schon mit dem Antrag auf Alg II aus (dazu VG Köln vom 31.1.2014 – 16 K 3018/13). Ist im Zeitpunkt der Beantragung von Wohngeld ein – noch nicht beschiedener – Antrag auf Alg II gestellt, hat die Wohngeldbehörde wegen ihrer Beratungspflicht nach § 15 Abs. 1 SGB I darauf hinzuwirken, dass der Betroffene nur ein Auskunftsersuchen zur Höhe des voraussichtlichen Wohngeldes stellt (OVG Sachsen vom 23.3.2012 – 4 A 610/11).

Nach § 8 Abs. 1 WoGG gibt es kein Wohngeld (mehr) ab dem Ersten des Monats, für den Alg II beantragt wird. Der Leistungsausschluss besteht bis zum Abschluss des Verwaltungsverfahrens zur Feststellung von Grund und Höhe der SGB II-Leistungen. Abgeschlossen ist das Verwaltungsverfahren spätestens mit Erlass eines Widerspruchsbescheides. Auf dessen Bestandskraft (Anfechtung mit Klage) kommt es nicht an.

Wird Alg II nur vorläufig bis zur abschließenden Klärung von Ansprüchen auf Wohngeld und Kinderzuschlag gewährt, führt das nicht zu einem Leistungsausschluss. Die Wohngeldbehörde und die Familienkasse müssen etwaige Ansprüche auf Wohngeld und Kinderzuschlag klären (OVG Sachsen vom 1.12.2011 – 4 D 135/11). Nach BayVGH vom 23.12.2011 – 12 C 11.2731 besteht kein Anspruch auf Wohngeld, wenn die Familienkasse den Antrag auf Kinderzuschlag nach § 6a BKGG mit der Begründung abgelehnt hat, eine Deckung des Gesamtbedarfes der BG sei mit dem zu berücksichtigenden Einkommen zuzüglich dem errechneten Kinderzuschlag sowie einem etwaigen Wohngeldanspruch nicht möglich.   `Vorläufige Alg II-Bewilligung`

Wird Alg II nicht ab dem Ersten eines Monats bewilligt, weil die Anspruchsvoraussetzungen erst im laufenden Monat erfüllt sind (z. B. bei Haftentlassung, Exmatrikulation), entfällt nach § 8 Abs. 1 Satz 2 Nr. 2b WoGG Wohngeld ab dem Ersten des folgenden Monats. Der Wohngeldausschluss endet zum Letzten eines Monats, wenn Alg II zum Letzten dieses Monats bewilligt wurde, ansonsten zum Letzten des Vormonats (§ 8 Abs. 1 Satz 2 Nr. 3 WoGG).

Vier Fallgestaltungen der Konkurrenz von Alg II und Wohngeld sind zu unterscheiden:

■ **Alg II-Antrag im laufenden Wohngeldbezug**

Beispiel

Die Eheleute A. und B. beziehen neben Alg I (A.) und Lohn aus Minijob (B.) Wohngeld. A. ist Freigänger im Strafvollzug. Sein Alg I-Anspruch läuft am 13.6. aus. Nach Ende des Strafvollzugs am 17.6. beantragt A. Alg II.

Die Familie erhält als BG ab dem 1.7. kein Wohngeld mehr (§ 8 Abs. 1 Satz 2 Nr. 2b WoGG). Der Wohngeld-Bewilligungsbescheid wird mit dem Alg II-Antrag automatisch unwirksam (§ 28 Abs. 3 WoGG). Da Wohngeld monatlich im Voraus gezahlt wird (§ 26 Abs. 2 WoGG), ist es für den Alg II-Bewilligungszeitraum 1.6. bis 30.6. (Rückwirkung des Alg II-Antrags trotz Leistungsausschluss) Einkommen, das auf den KdU-Bedarf anzurechnen ist (§ 28 Abs. 2 WoGG), es sei denn, dem Wohngeldamt steht ein Erstattungsanspruch nach § 103 SGB X zu (s. dazu VG Berlin vom 27.8.2013 – 21 K 464.11; OVG Berlin-Brandenburg vom 16.1.2014 – OVG 6 M 128.12; OVG Sachsen vom 11.2.2015 – 5 A 17/13) oder es fordert von A. und B. das Wohngeld nach § 50 SGB X zurück (dazu VG München vom 9.10.2014 – M 22 K 11.5906; zur groben Fahrlässigkeit s. VG Köln vom 13.1.2014 – 16 K 3018/13); dann ist das von vornherein mit dem Rückforderungsanspruch belastete Wohngeld nach LSG Niedersachsen-Bremen vom 18.3.2014 – L 9 AS 969/12 und vom 15.4.2014 – L 7 AS 1116/13 B kein anrechenbares Einkommen i. S. von § 11 SGB II (→ S. 373).

■ **Wohngeldantrag im SGB II-Bewilligungsverfahren**

Beispiel

Die Eheleute A. und B. beantragen am 1.6.2016 Alg II. Der Antrag wird mit der Begründung fehlender Bedürftigkeit wegen vorhandener Wertpapiere und Lebensversicherungen abgelehnt (Bescheid vom 28.7.2016). A. legt Widerspruch ein, der mit Widerspruchsbescheid vom 30.11.2016, zugestellt am 3.12.2016, abgelehnt wird. Nach § 8 Abs. 1 Satz 3 WoGG endet der am 1.6.2016 eingetretene Wohngeldausschluss am 3.12.2016.

A. kann bis spätestens 31.1.2017 rückwirkend zum 1.6.2016 Wohngeld beantragen (§ 25 Abs. 3 WoGG). Nach § 8 Abs. 1 Satz 3 WoGG gilt der mit dem Alg II-Antrag zunächst bewirkte Wohngeldausschluss »als nicht erfolgt«, wenn das beantragte Alg II ausschließlich als Darlehen bewilligt wird. A. und B. könnten in solch einem Fall ungeachtet des betriebenen Widerspruchsverfahrens schon zum Zeitpunkt der Darlehensbewilligung vorsorglich Wohngeld beantragen. Hätten A.

und B. wegen des Vermögens von Anfang an nur ein Darlehen nach § 9 Abs. 4 SGB II beantragt, wäre Wohngeld nicht ausgeschlossen.

■ **Wohngeldantrag im laufenden Alg II-Bezug**
Die Eheleute A. und B. beziehen laufend Alg II/Sozialgeld. Am 17.10. beginnt A. eine Vollzeitbeschäftigung mit bedarfsdeckendem Einkommen. Das erste Gehalt wird am 15.11. überwiesen. Nach Mitteilung der Arbeitsaufnahme hebt das Jobcenter die Bewilligung ab 1.11. auf. Die BG A. und B. kann ab 1.11. Wohngeld beantragen. Der Antrag muss nach § 25 Abs. 2 WoGG spätestens bis zum 30.11. gestellt werden.
Nach § 7 Abs. 1 Satz 3 Nr. 2b WoGG kann Wohngeld ohne Furcht vor einem Leistungsausschluss bereits vor Zugang des Alg II-Aufhebungsbescheides beantragt werden.

Beispiel

■ **Wohngeldantrag bei Leistungseinstellung im laufenden Alg II-Bezug**
Aufstockend zu Einkommen aus Minijob und Alg I erhalten die Eheleute A. und B. Alg II. Im laufenden Bewilligungsabschnitt März bis September beziehen sie zum 1.8. eine günstigere Wohnung. Der Bedarf ist dadurch mit dem Einkommen gedeckt. A und B. können nach § 7 Abs. 1 Satz 3 Nr. 2 b WoGG bereits im laufenden Alg II-Bezug zum 1.8. Wohngeld beantragen. Wird die Alg II-Bewilligung nach § 48 SGB X zum 1.8. aufgehoben, haben A. und B. bis zum 30.9. Zeit, einen Wohngeldantrag mit Wirkung zum 1.8. zu stellen (§ 25 Abs. 2 WoGG).

Beispiel

2   **Erstattungsverfahren gibt Wohngeldanspruch**

Seit 1.1.2016 gilt der mit dem Alg II-Antrag und einer anschließenden Alg II-Bewilligung bewirkte Leistungsausschluss für den Zeitraum als nicht erfolgt, für den der Alg II- Anspruch nachträglich im Sinne des § 103 SGB X ganz entfallen oder nach § 104 SGB X oder § 40a SGB II nachrangig ist. Für diesen Zeitraum kann mithin rückwirkend noch Wohngeld beantragt werden, wodurch die bis zum 31.12.2015 nötige Reduzierung der Erstattungsforderung auf 56% der Unterkunftskosten (dazu LSG Niedersachsen-Bremen vom 29.4.2015 – L 2 R 237/13) entbehrlich wird. Zum Übergangsrecht → S. 926.

Neu

G. bezieht ab 1.3.2016 laufend Alg II, weil sein am 18.3.2016 gestellter Antrag auf Arbeitslosengeld wegen Klärung von Versicherungszeiten nicht zeitnah bearbeitet werden kann. Am 23.6.2016 bewilligt die Arbeitsagentur Arbeitslosengeld nach einem Restanspruch aus 2014 für die Dauer vom 18.3. bis 30.7.2016. Das Arbeitslosengeld ist für die Monate April bis Juli bedarfsdeckend und wird daher in Höhe des bezogenen Alg II an das Jobcenter erstattet. G. kann für diesen Zeitraum nach § 25 Abs. 4 Satz 2 WoGG Wohngeld beantragen.

Beispiel

3   **Unterbrechung der Anspruchskonkurrenz**

Wird das Alg II-Bewilligungsverfahren wegen unzureichender oder verweigerter Mitwirkung nach § 66 SGB I unterbrochen, endet die Anspruchskonkurrenz:

■ **Versagung**

Wird das beantragte Alg II versagt, gilt der Wohngeldausschluss nach § 8 Abs. 1 Satz 3 WoGG als nicht erfolgt. Ab Zugang des § 66 SGB I-Bescheides kann somit vorsorglich Wohngeld beantragt werden. Wird wegen Nachholung der Mitwirkung Alg II bewilligt, lebt der Wohngeldausschluss wieder auf. Da es nach § 67 SGB I im Ermessen des Jobcenters steht, ob es auch rückwirkend Alg II gewährt, sichert sich der Betroffene für den Versagungszeitraum zumindest Wohngeld, sofern er über ein Mindesteinkommen, das der wohngeldrechtlichen Plausibilitätskontrolle (es muss plausibel sein, dass von dem Einkommen plus Wohngeld gelebt werden kann) standhält, verfügt (VG Ansbach vom 21.1.2010 – AN 14 K 09.01215; OVG Sachsen vom 10.9.2013 – 4 A 608/11).

Beispiel

Der arbeitslos gewordene A. lebt mit B. in einer Wohnung zusammen. Im Alg II-Bewilligungsantrag zum 1.3. bezeichnet er B. als Mitbewohnerin.

Das Jobcenter vermutet eine eheähnliche Gemeinschaft. Aufgefordert, die Einkommens- und Vermögensverhältnisse der B. offen zu legen, verweigert A. dies unter Hinweis auf die bloß bestehende Wohngemeinschaft.

Mit Bescheid vom 23.5., Zugang am 26.5., wird die Bewilligung des beantragten Alg II nach § 66 SGB I versagt.

A. beantragt vorsorglich am 30.5. Wohngeld und legt Widerspruch gegen den Alg II-Bescheid ein, der mit Widerspruchsbescheid vom 2.7. als unbegründet zurückgewiesen wird.

Im anschließenden Klageverfahren nimmt A. nach Hinweis des Sozialgerichts die Klage am 15.9. zurück. Im Verlauf des daraufhin weitergeführten Bewilligungsverfahrens erhält A. unter Berücksichtigung der am 20.9. eingereichten Verdienstbescheinigungen der B. Alg II ab 1.9.

Da es das Jobcenter mit der Begründung, A. habe seinen Bedarf ja zuvor decken können, ablehnt, rückwirkend ab 1.3. Alg II zu bewilligen, kann A. zumindest auf den ab 1.5. bestehenden Wohngeldanspruch (§ 25 Abs. 2 WoGG) zurückgreifen. Der Anspruch besteht bis zur Wiederaufnahme des Bewilligungsverfahrens oder der verfügten Bewilligung ab 1.9.

■ **Entzug**

Wird laufendes Alg II wegen fehlender Mitwirkung nach § 66 SGB I entzogen, kann nach Zugang des Bescheides Wohngeld beansprucht werden. Der Wohngeldausschluss gilt als nicht erfolgt (§ 8 Abs. 1 Satz 3 WoGG). Der Betroffene hat nach § 25 Abs. 2 Satz 1 WoGG ab dem Ersten des Aufhebungsmonats Anspruch auf Wohngeld, wenn der Antrag spätestens am Monatsende gestellt wird. § 7 Abs. 3 WoGG gilt hier nicht, da sich diese Sondervorschrift nur auf Sanktionen nach §§ 31a, 32 SGB II bezieht.

Auch Wohngeld gibt es selbstverständlich nur, wenn der Antragsteller die dafür notwendigen Informationen liefert (vgl. OVG Sachsen vom 1.3.2011 – 4 B 3/11; VG Ansbach vom 22.9.2011 – AN 14 K 11.00.952).   *Mitwirkung*

II Ausnahmsweise Wohngeld

Wird Alg II/Sozialgeld nur als Darlehen gewährt, ist Wohngeld nach § 7 Abs. 1 Satz 3 Nr. 1 WoGG nicht ausgeschlossen.

Wegen der verschiedenen Formen der Darlehensgewährung im SGB II ist wie folgt zu unterscheiden:

- **Härtefalldarlehen an Schüler/Studenten nach § 27 Abs. 3 Satz 1 SGB II.**
Das Wohngeld kann, sofern es nicht nach § 20 WoGG ausgeschlossen ist, die Darlehensschuld verringern.

- **Überbrückungsdarlehen nach § 24 Abs. 4 SGB II.**
Ein Wohngeldantrag ist sinnvoll, wenn das erwartete Einkommen zusammen mit Wohngeld (vorab mit Wohngeldrechner prüfen) den Hilfebedarf decken wird; mit dem gewährten Wohngeld kann dann ein Teil des Darlehens zurückgezahlt werden.

Am 10.8. schließt A. im laufenden Alg II-Bezug einen Arbeitsvertrag mit Beginn 1.9. ab. Das erste Gehalt in bedarfsdeckender Höhe wird am 20.9. überwiesen. Das Jobcenter hebt den Bewilligungsbescheid zum 31.8. auf.
A. beantragt zum 1.9. Wohngeld und ein Darlehen nach § 24 Abs. 1 SGB II zum Bestreiten der laufenden Lebenshaltungskosten. Den Arbeitgeber möchte er nicht um einen Vorschuss bitten.   *Beispiel*

- **Überbrückungsdarlehen nach § 9 Abs. 4 SGB II.**
Wohngeld sollte beantragt werden, wenn die Anrechnung des Vermögens unstreitig ist und mit dem Darlehen daher nur der Zeitraum bis zur Vermögensverwertung überbrückt wird. Vermögen schließt nach § 21 Nr. 3 WoGG nur in Extremfällen Wohngeld aus (VG Berlin vom 18.1.2011 – 21 K 431.10; VG München vom 8.12.2011 – M 22 K 09.3985; VG Freiburg vom 6.4.2011 – 3 K 1467/10). Eine starre Vermögensobergrenze gibt es im WoGG nicht (BVerwG vom 18.4.2013 – 5 C 21.12).
Besteht dagegen Streit über den Vermögenseinsatz und wird das Alg II-Darlehen nur bis zur Klärung dieser Streitfrage gewährt, kann der Wohngeldantrag ohne Rechtsverlust bis zur rechtskräftigen Entscheidung des Streits über die Hilfebedürftigkeit aufgeschoben werden. Denn nach § 25 Abs. 3 WoGG wird rückwirkend vom   *Rückwirkender Antrag*

Beginn des Monats, von dem ab die Alg II-Bewilligung abgelehnt wurde, Wohngeld gewährt. Der Wohngeldantrag muss dann vor Ablauf des auf die Kenntnis der Ablehnungsentscheidung folgenden Kalendermonats gestellt werden.

Beispiel

Die 38-jährige A. verfügt über ein Baugrundstück. Da ihr Einkommen aus einer Teilzeitbeschäftigung nicht zur Bedarfsdeckung reicht, beantragt sie am 1.4. Alg II. Der Antrag wird mit der Begründung fehlender Hilfebedürftigkeit wegen eines mit 23.000 € veranschlagten Verkehrswerts des Grundstücks abgelehnt.

A. erstreitet im Eilverfahren vor dem Sozialgericht ein Darlehen nach § 9 Abs. 4 SGB II ab 1.6.

Am 18.10. wird durch Gutachten geklärt, dass der Wert des Grundstücks tatsächlich 20.000 € beträgt. Der daraufhin erlassene Widerspruchsbescheid, durch den Alg II mangels Hilfebedürftigkeit abgelehnt wird, geht A. am 4.11. zu.

Will A. rückwirkend ab 1.4. Wohngeld erhalten, muss sie spätestens am 31.12. Wohngeld beantragen.

III Wohngeld für Alg II-Aufstocker

Können Leistungsberechtigte einen Teil ihres Lebensunterhalts ohne Alg II/Sozialgeld absichern, ergeben sich nach § 12a Satz 2 Nr. 2 SGB II zwei Schnittstellen zum Wohngeld:

■ Reicht das Einkommen zusammen mit Wohngeld aus, um den Hilfebedarf **aller** Mitglieder der BG (darunter auch der erwerbsunfähige Rentner: OVG NRW vom 8.5.2013 – 14 A 44/12) mindestens über drei zusammenhängende Monate hinweg zu decken, **muss** Wohngeld zur Überwindung der Hilfebedürftigkeit beantragt werden.

■ Reicht das Einkommen zusammen mit Wohngeld **nicht** aus, um den Hilfebedarf aller Mitglieder der BG zu decken, **kann** Wohngeld zur Überwindung der Hilfebedürftigkeit einzelner oder aller BG-Mitglieder unter Verzicht auf Teile des Alg II beantragt werden.

1 Pflichtwechsel zum Wohngeld

Da nicht immer leicht zu erkennen ist, ob das Wohngeld zusammen mit sonstigem Einkommen den SGB II-Bedarf deckt, erlaubt § 7 Abs. 1 Satz 3 WoGG die gleichzeitige Beantragung von Wohngeld und Alg II und verpflichtet einerseits die Wohngeldbehörde zur unverzüglichen Berechnung des Wohngelds; andererseits muss das Jobcenter einer möglichen Notlage mit schnellem Einsatz von Alg II begegnen unter Anmeldung eines Erstattungsanspruchs nach § 104 SGB X gegenüber der Wohngeldbehörde (vgl. dazu OVG Berlin-Brandenburg vom 22.3.2011 – OVG 6 M 14.11).

Die eigens für Fälle zweifelhafter Hilfebedürftigkeit geschaffene Regelung des § 7 Abs. 1 Satz 3 Nr. 2 WoGG verbietet dem Jobcenter ein Abwarten bis zur Entscheidung der Wohngeldbehörde. Auf ein Darlehen nach § 24 Abs. 4 SGB II – ohne KV-Schutz – muss sich der Antragsteller nicht verweisen lassen. Die Rückabwicklung im Fall einer mit Wohngeld überwindbaren Hilfebedürftigkeit hat in Höhe des zustehenden Wohngeldes ausschließlich zwischen dem Jobcenter und der Wohngeldbehörde über den Erstattungsanspruch nach § 104 SGB X zu laufen; ab dem Monat, für den Wohngeld beantragt und dann auch bewilligt wird, hat das Jobcenter als nachrangiger Träger vorausgeleistet.

Jobcenter darf nicht auf Wohngeldbescheid warten

2   Freiwilliger Wechsel zum Wohngeld

§ 8 Abs. 2 WoGG gibt Leistungsberechtigten, deren Einkommen zusammen mit Wohngeld nicht ausreicht, um den vollen Regelbedarf einschließlich etwaiger Mehrbedarfe nach § 21 SGB II zu decken, abweichend von § 46 Abs. 2 SGB I die Möglichkeit, auf einen Teil der SGB II-Leistungen zu verzichten.

Verzicht

Dem Verzicht auf Alg II, um Wohngeld zu erhalten, sind Grenzen gesetzt. Unterschreitet das angegebene Einkommen deutlich den SGB II-Bedarf, vermuten die Wohngeldbehörden versteckte, sonstige Einkommensquellen und lehnen Wohngeld nach § 21 WoGG ab. Allerdings definiert der SGB II-Bedarf keine Mindesteinkommensgrenze für einen Anspruch auf Wohngeld (VG Ansbach vom 21.1.2010 – AN 14 K 09.01215; OVG Berlin-Brandenburg vom 23.9.2011 – OVG 6 M 59.11; VG München vom 27.5.2011 – M 22 K 09.3810; OVG Lüneburg vom 26.4.2011 – 4 PA 246/10; OVG Sachsen vom 23.7.2013 – 4 A 852/11). Eine insoweit vorgesehene Regelung in § 21 Abs. 2 WoGG ist nicht Gesetz geworden. Es soll ausdrücklich möglich sein, zwischen aufstockendem Alg II und nicht bedarfsdeckendem Einkommen plus Wohngeld zu wählen (BT-Drs. 16/6543, S. 118, S. 124).

Plausibilitätskontrolle

Ein für den Anspruch auf Wohngeld hinreichendes Einkommen kann auch mit Sachleistungen, wie z.B. Lebensmittel von Freunden und Verwandten (s. dazu OVG Berlin-Brandenburg vom 22.3.2011 – OVG 6 M 14.11), und den nicht als Alg II geltenden SGB II-Leistungen (Beitrags-Zuschüsse nach § 26 SGB II, Leistungen an Auszubildende und Studierende nach § 27 SGB II) plausibel gemacht werden.

Anders als im SGB II wird der 300 €-Grundbetrag des Elterngeldes nicht auf das Wohngeld angerechnet. Ein nach § 8 Abs. 2 WoGG zulässiger Verzicht auf SGB II-Leistungen ermöglicht daher ohne größeren Einkommensverlust einen Abschied vom Jobcenter.
B. bezieht für sich und ihr Kind unter sechs Jahren K. SGB II-Leistungen. Sie wohnt in einer Stadt mit Mietstufe IV. Der Vater des Kindes zahlt 225 € Unterhalt für K. B. arbeitet nebenher acht Stunden pro Woche und verdient so monatlich 300 €. 160 € Nebeneinkommen

Verzicht auf Alg II bei Eltern- und Wohngeld

Beispiel

und das Elterngeld von 300 € werden auf den SGB II-Hilfebedarf an-gerechnet. Bei Unterkunftskosten von 450 € erhalten B. und K. insge-samt ergänzende SGB II-Leistungen in Höhe von 361,44 € [404 € Re-gelbedarf B. + 145,44 € Alleinerziehungsmehrbedarf + 237 € Regel-bedarf K. + 450 € Unterkunftskosten] – [160 € Minijob + 225 € Un-terhalt + 190 € Kindergeld + 300 € Elterngeld].

B. erhält bei dem Einkommen von 300 €, dem Unterhalt für K. von 225 € und einer Bruttokaltmiete von 400 € Wohngeld in Höhe von 359 €. Ihr (beitragsfreier) Krankenversicherungsschutz bei Verzicht auf Alg II ist über § 192 Abs. 1 Nr. 2 SGB V gesichert, Leistungen für Bildung und Teilhabe des Kindes gibt es nach § 6b BKGG.

Streitige Unter-kunftskosten

Ein Wechsel zum Wohngeld kann insbesondere bei streitigen Unter-kunftskosten interessant oder, falls sich wegen der abgesenkten Miet-kosten eine Bedarfsdeckung ergibt, sogar verpflichtend sein.

Vorsicht vor frei-willigem Wechsel!

Vor einem freiwilliges Wechsel muss bedacht werden, dass die An-rechnung von Einkommen im Wohngeldgesetz anders und sogar strenger als im SGB II sein kann (VG Aachen vom 28.6.2011 – 6 K 1084/10: Von Dritten übernommene KV/PV-Beiträge; VG Ansbach 13.7.2011 – AN 14 K 10.01803: Gepfändetes Einkommen; OVG Lüne-burg vom 3.5.2011 – 4 LC 191/10; VG Gera vom 10.11.2011 – 6 K 731/11 Ge: Abfindung; OVG NRW vom 26.1.2011 – 14 A 425/10: Darlehen mit unbestimmter Rückzahlungspflicht; VG Bayreuth vom 29.11.2011 – B 4 K 11.644: Kinderbetreuungskosten; BVerwG vom 9.2.2012 – 5 C 10.11: Zinseinkünfte aus Schmerzensgeld).

3   Mischhaushalt oder nicht

Mischhaushalt

Reicht das Einkommen zusammen mit Wohngeld nicht, um die Hilfebedürftigkeit für die gesamte BG zu beseitigen, kann für Kin-der in der BG, die mit eigenem Einkommen und Wohngeld ihren SGB II-Bedarf decken können, Wohngeld beantragt werden. Für die-se Kinder ist der selbst vom Wohngeld ausgeschlossene Alg II-Bezie-her nach § 3 Abs. 4 WoGG befugt, Wohngeld zu beantragen. So ent-stehen Haushalte, in denen Alg II-Bezieher mit Wohngeldberechtig-ten zusammenleben (Mischhaushalte nach § 11 Abs. 3 WoGG).

Kein Mischhaushalt

Kein Mischhaushalt liegt vor, wenn nicht hilfebedürftige Eltern ein zum Haushalt gehörendes Kind insoweit unterhalten, dass sie es mietfrei wohnen lassen. In diesem Fall wird dem Kind Alg II nur in Höhe des Regelbedarfs gewährt, es unterliegt daher nicht dem Leis-tungsausschluss des § 7 Abs. 1 WoGG.

Beantragen die Eltern Wohngeld, ist daher die volle Miete im Rahmen des Höchstbetrages für einen Dreipersonenhaushalt berücksichti-gungsfähig.

Bei der Berechnung des Wohngeldes wird das Alg II dem Gesamtein-kommen der Familie gemäß § 14 Abs. 2 Nr. 30 WoGG hinzugerechnet.

Zum Sonderfall hilfebedürftiger Umgangsrechts-Kinder → S. 364.

IV   Unrechtmäßig gezahltes Wohngeld

Wird Wohngeld in Unkenntnis eines Alg II-Bezugs gewährt, ist es wegen der Besonderheit des § 28 WoGG (Unwirksamwerden des Wohngeldbescheides) fraglich, ob für Zeiträume des Bezugs von Wohngeld und Alg II sowohl das Wohngeld (nach § 50 Abs. 2 SGB X) als auch das Alg II (nach § 45 SGB X oder § 48 SGB X) zurückgefordert werden können. Das LSG Niedersachsen-Bremen vom 18.3.2014 – L 9 AS 969/12 gibt PKH für eine Klage mit der Begründung, dass es sich bei dem zugeflossenen Wohngeld nicht um Einkommen i. S. von § 11 SGB II handele; infolge der unwirksam gewordenen Wohngeld-Bewilligung sei das Wohngeld von Anfang an mit einer Rückzahlungsforderung belastet und stehe daher einem Darlehen gleich.

Gegen diese Ansicht spricht, dass nach § 11 Abs. 1 Satz 2 SGB II darlehensweise gewährte Sozialleistungen anzurechnen sind. (s. auch → S. 419).

I   Was ist Einkommen?

Nur »Einnahmen in Geld«

Einkommen sind gemäß § 11 Abs. 1 Satz 1 i.V.m. § 11 Abs. 3 Satz 1 SGB II n. F. **seit 1.8.2016** nur »Einnahmen in Geld«, die in dem Zeitraum, für den Alg II/Sozialgeld beantragt/bezogen wird, dem Leistungsempfänger oder den Angehörigen der BG zufließen.

Was sind »Einnahmen in Geld«?

Einnahmen in Geld sind Bargeld (Euro und gängige, frei konvertible und im Inland handelbare ausländische Währungen) sowie Karten-Kontogeld, Scheck und Wechsel.

Nicht hierunter fallen Münzen, die in keinem Land der Welt tägliches Zahlungsmittel sind; hierbei handelt es sich um geldwerte Einnahmen (LSG NRW vom 16.10.2013 – L 8 R 121/11: Krüger-Rand Goldmünzen).

Gutscheine, Edelmetalle, Aktien oder Wertpapiere sind ungeachtet ihres leicht bestimmbaren Geldwertes keine Einnahme in Geld, sondern als geldwerte Einnahme ungeachtet des Zufluss-Zeitpunktes Vermögen.

Einnahmen in Geld, die dem Leistungsberechtigten zwar nicht als Bar- oder Kontogeld zur Verfügung stehen, wegen der Verringerung anderweitiger Verbindlichkeiten aber einen bestimmten, in Geld ausdrückbaren wirtschaftlichen Wert besitzen, sind Einkommen. Die in der Rechtsprechung in solchen Fällen vereinzelt gewählte Bezeichnung als »Einnahme in Geldeswert« (z.B. SG Lübeck vom 22.3.2011 – S 21 AS 198/11 ER: Gepfändeter Arbeitslohn) ist eine sprachliche Ungenauigkeit, auf die es unter der früheren Fassung von § 11 SGB II nicht ankam. Zutreffend spricht das BSG vom 10.5.2011 – B 4 KG 1/10 R davon, dass solche mittelbaren Einnahmen den Einnahmen in Geldeswert »vergleichbar« seien, also keine Einnahmen in Geld (= Vermögen) sind.

Geldwerte Einnahmen als Teil von Arbeitsentgelt sowie im Bundes- oder Jugendfreiwilligendienst sind gemäß § 11 Abs. 1 Satz 2 SGB II n.F. als Einkommen zu berücksichtigen (→ S. 431 ff.).   *Ausnahme*

Da Einnahmen in Geldeswert (= Vermögen) erst bei Überschreitung der Vermögensfreibeträge auf den Hilfebedarf angerechnet werden, stellt sich die Frage, ob und unter welchen Voraussetzungen das Selbsthilfegebot die Realisierung eines Zuflusses in Geld statt Geldeswert fordert und umgekehrt, ob und unter welchen Voraussetzungen die Realisierung eines geldwerten Zuflusses anstelle einer Geld-Einnahme leistungsrechtliche Konsequenzen hat.   *Selbsthilfegebot*

G. gewinnt im laufenden Alg II-Bezug in einem Preisausschreiben eine Reise. Alternativ wird eine Barleistung in Höhe von 800 € angeboten. Muss G. das Geld wählen, damit Einkommen zufließt?   *Beispiel 1*

Nein. Die Gründe, die den Gesetzgeber bewogen haben, geldwerte Einnahmen als Vermögen zu bewerten (Unbilligkeit der Berücksichtigung von Sachwerten als Einkommen, die als Vermögen geschützt wären) lassen G. die Wahl zwischen der Sachleistung und dem Geldersatz. Wählt er das Geld, ist dieses aber als Einkommen anzurechnen.

G. gewinnt eine Reise im Wert von 800 €. Statt der alternativ angebotenen Geldleistung nimmt er die Reise an und verkauft die Tickets über ebay. Ist der Verkaufserlös Einkommen?   *Beispiel 2*

Nein, wenn G. die Reise antreten wollte, aber dann unerwartet, z. B. wegen einer Erkrankung, absagen muss. In diesem Fall ist der Verkaufserlös eine bloße »Versilberung« der als Vermögen erlangten Reise.
Ja, wenn es G. von Anfang an nur auf den Wert der Reise in Geld ankommt. Die Wahl der Reise, um sie dann zu Geld zu machen, ist als unzulässige Umgehung des Selbsthilfegebots unbeachtlich. Der Verkaufserlös ist als Einkommen anzurechnen.

Beispiel 3

G. gewinnt eine Reise, die er annimmt, um sie seiner Tochter zu schenken.

Da G. die Reise (= Vermögen) ohne Anrechnung auf seine Leistung hätte antreten können, steht es ihm frei, wie er über dieses Vermögen verfügt. Das Verschenken hat keine leistungsrechtlichen Konsequenzen.

Beispiel 4

G. gewinnt eine Reise, die er gegen ein Fahrrad eintauscht.

Da G. die Reise ohne Anrechnung auf seine Leistung hätte antreten können und auch das Fahrrad als sächliche Zuwendung kein Einkommen ist, hat der Tausch keine leistungsrechtlichen Konsequenzen.

Beispiel 5

G. findet auf einem Spaziergang eine auf einer Bank vergessene Tasche mit Laptop, Papieren und Schlüsseln. Er kann den Eigentümer ausfindig machen und die Tasche aushändigen. Statt des angebotenen Finderlohns von 200 € bittet G. um eine Abgeltung mit einem Sachwert.

Hier hat sich G. zur Umgehung einer Anrechnung für eine Sach- statt der zustehenden Geldleistung (§ 971 BGB) entschieden. Kann er diese Wahl nicht mehr rückgängig machen, kommt für das ausgefallene Einkommen bzw. das deshalb gewährte Alg II eine Haftung nach § 34 SGB II n. F. in Betracht.

Abgrenzung von Einkommen zu Vermögen

Der Zeitpunkt, zu dem Einnahmen in Geld zufließen, ist wichtig zur Abgrenzung vom Vermögen; Vermögen ist, was der Leistungsbezieher oder die Angehörigen der BG bereits **vor** Beginn des ersten Bedarfszeitraums, für den Leistungen beantragt werden, haben (Ideengeber: BVerwG vom 22.4.2004, info also 2004, S. 224 ff.).

Zeitpunkt des Antrags entscheidet

Danach entscheidet der Zeitpunkt des ersten Alg II-Antrags über den Charakter der Geldeinnahme: Ist sie zeitlich nach dem Alg II-Antrag zugeflossen, handelt es sich um Einkommen, sonst um Vermögen. Ein hinausgeschobener Alg II-Antrag kann also aus zugeflossenem Einkommen anrechnungsfreies Vermögen machen.

Beispiel

Eheleute A. und B. bestreiten ihren Lebensunterhalt jeweils mit Einkommen aus Arbeitnehmertätigkeit. Zum 30.6. wird B. betriebsbedingt entlassen. Weil B. erst kurz beschäftigt war, erhält sie kein Alg I. Das Einkommen von A. reicht nicht, um den Lebensunterhalt der Eheleute zu decken. B. beantragt daher am 23.5. Alg II zum 1.7. Aufgrund einer Nachberechnung geleisteter Überstunden werden am 29.6. 1.300 € auf das Konto von B. überwiesen.

Da die 1.300 € vor Beginn des Bedarfszeitraums zugeflossen sind, werden sie dem Vermögen der BG A. und B. zugeordnet. Als Vermögen werden die 1.300 € nicht angerechnet, weil sie – wenn kein anderes Vermögen da ist – gemäß § 12 Abs. 2 Nr. 1, Nr. 4 SGB II anrechnungsfrei bleiben.

Antragsrückwirkung

Seit 2011 wirkt der Antrag auf Leistungen zum Lebensunterhalt auf den Ersten des Monats, in dem der Antrag gestellt wird, zurück (§ 37 Abs. 2

SGB II). Einnahmen in Geld, die im Zeitraum des Monatsersten bis zum Alg II-Antrag zufließen, sind daher Einkommen (BSG vom 14.2.2013 – B 14 AS 51/12 R). Das gilt auch dann, wenn der Leistungsanspruch erst nach dem Zufluss, z.B. wegen Wegfalls eines Leistungsausschlusses nach § 7 Abs. 4 oder Abs. 5 SGB II im Laufe eines Monats beginnt oder der Antragsteller erst für einen späteren Zeitpunkt im Antragsmonat Leistungen begehrt (BSG 28.10.2014 – B 14 AS 36/13 R).
Näheres zur Antragsrückwirkung → S. 948 f.

Ist Alg II beantragt worden, kann der Antrag nicht mehr zurückgenommen werden, um eine Anrechnung von Einkommen zu umgehen (BSG vom 24.4.2015 – B 4 AS 22/14 R). Dies gilt auch bei einem Folgeantrag für den nächsten Bewilligungsabschnitt. Besteht die Hilfebedürftigkeit unverändert fort, ist der Verzicht auf eine Antragstellung für einen Monat nach Ende des vorangegangenen Bewilligungsabschnitts, nur um die Anrechnung eines erwarteten Zuflusses in diesem Monat zu verhindern, ein unzulässiger Verzicht auf SGB-II-Leistungen i.S. von § 46 Abs. 2 SGB I und ein Verstoß gegen das Selbsthilfegebot aus § 2 SGB II. Alg II ist in diesem Fall unter Berücksichtigung der zugeflossenen Einnahme als Einkommen nahtlos zu bewilligen. *(Keine Antragsrücknahme)*

Auch wenn für das Jobcenter bei einem Erstantrag auf Alg II erkennbar ist, dass eine Verschiebung des Antrags die Anrechnung einer Geldeinnahme ausschlösse, ist es zu einer solch leistungsoptimierenden Beratung nicht verpflichtet (BSG vom 24.4.2015 – B 4 AS 22/14 R). Mangels Beratungsfehlers kann der einmal gestellte Antrag nicht mehr verschoben werden. Anders ist es, wenn der Hilfesuchende ausdrücklich fragt, ob er im Hinblick auf einen erwarteten Geldzufluss seinen Antrag auf den nächsten Monat legen darf. Unterlässt er dies **wegen** einer fehlerhaften Antwort auf sein Auskunftsbegehren, kann er den Alg II-Antrag im Wege des Herstellungsanspruchs verschieben. *(Sozialrechtlicher Herstellungsanspruch)*

Nach BSG vom 18.1.2011 – B 4 AS 99/10 R setzt eine Fortzahlung von Leistungen im direkten Anschluss an einen vorhergehenden Bewilligungszeitraum einen neuen Antrag voraus, der nach § 37 SGB II spätestens am letzten Tag des Monats nach Ablauf des Bewilligungszeitraums gestellt werden muss, um nahtlos Alg II zu erhalten. Der Abschluss einer Eingliederungsvereinbarung genügt nicht (BSG vom 7.10.2014 – B 14 AS 55/14 B). Wird der Folgeantrag nur deshalb hinausgezögert, um die Anrechnung eines im Monat nach Ablauf des vorangehenden Bewilligungszeitraums erwarteten Geldzuflusses zu verhindern, ist das ein unzulässiger Verzicht im Sinne von § 46 Abs. 2 SGB I. *(Zufluss zwischen zwei Bewilligungszeiträumen)*

1   Tatsächlicher Zufluss

Der tatsächliche Zeitpunkt des Zuflusses entscheidet darüber, ob Einnahmen in Geld Einkommen oder Vermögen sind, es sei denn, der tatsächliche Zufluss ist normativ einem anderen Zeitpunkt zuzuordnen (→ S. 380).

<table>
<tr>
<td>

Tatsächlicher
Zufluss vor
Fälligkeit

</td>
<td>

Bei Lohn- und Gehaltszahlungen ist statt der Fälligkeit der Zugang
auf dem Konto entscheidend (SG Chemnitz vom 26.2.2009 – S 22 AS
3132/08). Ist die Vergütung »am Monatsletzten« fällig, muss deshalb-
genau darauf geachtet werden, ob die Vergütung wirklich am letzten
Tag des Arbeitsmonats zugeflossen ist. Ansonsten ist die Vergütung
erst im Folgemonat als Einkommen zu berücksichtigen. Ein am Mo-
natsletzten zugeflossenes Gehalt berechtigt das Jobcenter nicht, ei-
nen Alg II-Antrag für den Folgemonat mit der Begründung abzuleh-
nen, das Gehalt (nach dem Zuflussprinzip = Vermögen) müsse für den
Folgemonat zum Lebensunterhalt eingesetzt werden.

</td>
</tr>
<tr>
<td>

Beispiel

</td>
<td>

L. arbeitet als Verkäuferin in einem auf den 30.6. befristeten Arbeits-
verhältnis. Der Lohn ist laut Arbeitsvertrag am Monatsletzten fällig und
wurde immer um den 29./30. des Arbeitsmonats überwiesen. So auch
der Lohn für Juni, der am 29. auf dem Konto eingeht. Am 5.7. beantragt
L. Alg II. Sie hat Anspruch auf ungekürzte Leistungen ab 1. Juli.

</td>
</tr>
<tr>
<td>

Missbrauchs-
kontrolle

</td>
<td>

Etwas anderes kann gelten, wenn im Hinblick auf einen Alg II-Antrag
gegen die bisher übliche Zahlweise die Vergütung vorgezogen wird.
(SG Stuttgart vom 22.6.2010 – S 12 AS 3703/08).

</td>
</tr>
<tr>
<td>

Aufnahme in BG

</td>
<td>

Entsteht ein Leistungsanspruch über die Aufnahme in eine BG oder
die Erweiterung der BG, bestimmt der Zeitpunkt der BG-Aufnahme
oder BG-Erweiterung, ob Einnahmen des neu hinzugekommenen BG-
Mitglieds im Monat der Aufnahme Einkommen oder Vermögen sind
(LSG Baden-Württemberg vom 17.9.2012 – L 13 AS 3565/12 NZB).

</td>
</tr>
<tr>
<td>

Beispiel

</td>
<td>

F. ist langjährig mit G. befreundet, die laufend Alg II bezieht. Am
23.6. ziehen die beiden zusammen. G. teilt dies dem Jobcenter am
15.7. mit. Das Jobcenter berechnet den Hilfebedarf der Einstands-BG
unter Anrechnung des dem F. am 3.6. zugeflossenen Arbeitseinkom-
mens für die Zeit vom 23.6. bis 30.6. neu.

</td>
</tr>
</table>

2 Normativer Zufluss

Strikt angewandt bringt die Zuflusstheorie inakzeptable Er-
gebnisse. Sie ist daher schon kurz nach ihrer Erfindung »modifiziert«,
besser: normativ überformt worden.
Acht Formen des normativen Zuflusses können mit Stand August
2016 unterschieden werden:
– Wertzuwachsender Zufluss
– Vermögen kraft Umdeutung der SGB II-Leistung
– Vermögen kraft Vorverlegung des Zuflusses (Erbfall)
– Normative Einkommenszurechnung kraft Realisierbarkeit
– Normative Zurechnung freiwillig verminderten Einkommens
– Normative Nicht-Zurechnung freiwillig erhaltenen Einkommens
– Normative Zurechnung fiktiven Einkommens
– Normative Einkommenszurechnung im Aufhebungs- und Erstat-
  tungsverfahren nach §§ 45, 48, 50 SGB X.

2.1   Wertzuwachsender Zufluss

Nach der Rechtsprechung fließen Einnahmen in Geld auch dann zu, wenn sich die wirtschaftliche Situation des Leistungsberechtigten über eine Schuldtilgung verbessert.

Einzelfälle:

■ **Abtretung**
Eine Abtretung zur Schuldtigung ist die Verfügung über eine Einnahme, auch wenn diese infolge der Abtretung, z. B. bei einer Vorausabtretung, direkt an einen Dritten geht. Der »Zufluss« liegt darin, dass die Abtretung die wirtschaftliche Situation (»wertmäßiger Zuwachs«) des Hilfeberechtigten verbessert (LSG Sachsen-Anhalt vom 22.09.2009 – L 2 AS 315/09 B ER).

■ **Aufrechnung/Verrechnung**
Wegen der mit einer Aufrechnung/Verrechnung verbundenen Schuldbefreiung oder der Verringerung anderweitiger Verbindlichkeiten aus der Vergangenheit oder Zukunft »fließt« dem Leistungsberechtigten ein bestimmter, in Geld ausdrückbarer Wert zu (BSG vom 22.3.2012 – B 4 AS 139/11 R und vom 16.5.2012 – B 4 AS 132/11 R; LSG NRW vom 2.3.2015 – L 19 AS 1475/14 NZB).

■ **Dispositionskredit-Kontokorrent**
Verringert eine Geld-Einnahme im Bedarfszeitraum ein Kontosoll, handelt es sich um eine schuldmindernde Einkommensverwendung, durch die der Zufluss auch nicht teilweise (in Höhe der Tilgung des Dispositionskredits) den Charakter als Einnahme verliert (BSG vom 29.4.2015 – B 14 AS 10/14 R). Anders bei der Tilgung oder Verringerung eines Dispositionskredits mit geschütztem Vermögen. Hier bleibt die auf das Konto fließende Einnahme Schonvermögen.

■ **Pfändung**
Auch gepfändete Teile einer Einnahme bewirken bei dem Hilfeberechtigten einen »wertmäßigen Zuwachs«, fließen ihm also normativ zu (BSG vom 10.5.2011 – B 4 KG 1/10 R).

■ **Privatinsolvenz**
Einnahmen, die zur Erfüllung der Obliegenheit nach § 295 InsO an den Treuhänder gehen, lassen den Zufluss und den werthaltigen Umfang des Zuflusses unverändert (BSG vom 9.6.2013 – B 14 AS 73/12 R).

In den genannten Fällen des mittelbaren Zuflusses bedeutet die Wertung als Zufluss nicht, dass die Geld-Einnahmen auch »bereites«, d. h. im Monat des Zuflusses anzurechnendes Einkommen sind. Solange das normativ zugeflossene Einkommen nicht im Zuflussmonat zu Geld gemacht werden kann, worum sich der Hilfeberechtigte nach Kräften bemühen muss, ist Alg II regulär als Zuschuss zu erbringen

(LSG Niedersachsen-Bremen vom 3.2.2010 – L 15 AS 1081/09 B: Abtretung; BSG vom 10.5.2011 – B 4 KG 1/10 R: Pfändung). Der Gesetzgeber hat trotz umfassender Neuregelungen des SGB II von einer § 24 Abs. 5 SGB II entsprechenden Vorschrift bei Einsatz von Einkommen abgesehen. Eine analoge Anwendung von § 24 Abs. 5 SGB II, wenn sich die Verwertung des Einkommens verzögert (so LSG Mecklenburg-Vorpommern vom 19.11.2008 – L 8 B 298/08: zur früheren Regelung des § 23 Abs. 5), kommt nicht in Betracht.

Unzulässig ist der Verweis auf fiktives Einkommen, wenn dessen Durchsetzung unsicher ist oder voraussichtlich längere Zeit dauert, weil z. B. ein Rechtsstreit geführt werden muss (BSG vom 16.5.2012 – B 4 AS 159/11 R, vom 16.5.2012 – B 4 AS 132/11 R und vom 19.8.2015 – B 14 AS 43/14 R; LSG Niedersachsen-Bremen vom 19.3.2014 – L 13 AS 3/13).

Will das Jobcenter fiktiv anrechnen, muss es den Leistungsberechtigten zuvor über eine Beratung in die Lage versetzen, den vermeintlichen Einkommensbetrag auch kurzfristig durchsetzen zu können (BSG vom 17.2.2015 – B 14 KG 1/14 R). Verweigert er die nötige Mitwirkung, sind die deshalb zu erbringenden Leistungen ggf. nach § 34 SGB II zu erstatten, falls dann nicht fiktiv angerechnet werden darf (LSG NRW vom 13.8.2014 – L 12 BK 3/14: Anrechnung eines jederzeit abrufbaren Darlehensanteils vom Meister-BaföG; LSG NRW vom 2.3.2015 – L 19 AS 1475/14 NZB: Anrechnung von Kindergeld, das gegen § 75 Abs. 1 EStG aufgerechnet wird).

2.2 Vermögen kraft Umdeutung der SGB II-Leistung

Kann eine vorrangige Sozialleistung nicht zeitnah verwirklicht werden oder ist streitig, ob ein Anspruch auf diese Leistung besteht, muss das Jobcenter bei Hilfebedürftigkeit vorleisten. Ihm steht dann gegenüber dem (vermeintlich) vorrangig pflichtigen Sozialleistungsträger ein Erstattungsanspruch nach den §§ 102 ff. SGB X zu. Wird ein Erstattungsanspruch in voller Höhe der gezahlten SGB II-Leistungen erfüllt, gelten die SGB II-Leistungen im Verhältnis zum Alg II-Bezieher als schon gezahlte vorrangige Sozialleistung (§ 107 SGB X). Fließt in einem von § 107 SGB X erfassten Erstattungszeitraum eine Einnahme zu, gilt sie wegen der Umdeutung bei späterem Eintritt in den Alg II-Bezug als Vermögen (BSG vom 20.12.2011 – B 4 AS 203/10 R).

Beispiel 1

Dem 55-jährigen G. wird zum 31.3. gekündigt. Das zum 1.4. beantragte Alg I wird abgelehnt, weil G. noch keine Anwartschaft für einen Alg I-Anspruch erworben habe; ein früherer Restanspruch sei erloschen (§ 161 Abs. 2 SGB III). G. beantragt am 15.4. Alg II, das ab 1.4. in Höhe eines Hilfebedarfs von 720 € gezahlt wird. Er teilt bei der Antragstellung mit, dass eine Klage auf Zahlung von Alg I anhängig ist. Das Jobcenter meldet daher einen Erstattungsanspruch nach § 104 SGB X bei der AA an. Am 23.5. fließt G eine Steuererstattung in Höhe von 950 € zu. Das Jobcenter rechnet daher für sechs Monate nach dem Zuflussmonat 128,33 € (= [950 € : 6] – 30 € Versicherungspauschale) auf das Alg II an. Am 4.9. erkennt die AA auf Hinweis des Sozialgerichts einen Restanspruch auf Alg I im Umfang von 65 Tagen mit einem täglichen Leistungssatz von 25,67 € an. Insoweit wird der Erstattungsanspruch des Jobcenters voll erfüllt. Da der Alg II-Bezug im Mai deshalb als Bezug von Alg I gilt, gilt die Einmalzahlung als vor dem Einsetzen der Alg II-Zahlung nach Ausschöpfung des Alg I-Anspruchs zugeflossenes Vermögen. G. hat ab dem 1.6. Anspruch auf Alg II ohne Anrechnung der 950 €.

G. wird zum 21.3. fristlos gekündigt. Das zum 22.3. beantragte Alg I wird für 12 Wochen wegen einer Sperrzeit abgelehnt. G. beantragt daher am 2.4. Alg II, das ab 1.4. in Höhe eines Hilfebedarfs von 720 € gezahlt wird, gemindert um 30% wegen einer Sanktion. G. widerspricht der Sanktion, weil ein Widerspruch gegen die Sperrzeit wegen einer anhängigen Kündigungsschutzklage noch offen sei. Das Jobcenter meldet einen Erstattungsanspruch nach § 104 SGB X bei der AA an. In einem Gütetermin am 15.4. vergleicht sich G. mit dem Arbeitgeber auf eine betriebsbedingte Kündigung zum 31.3. und eine Ausgleichszahlung für nicht vergütete Überstunden in Höhe von 1.800 €, die G. am 30.4. zufließt. G. kauft sich von den 1.800 € einen neuen Fernseher und verleiht 1000 € an seinen Bruder. Am 15. Juni nimmt er ergänzend zum Alg II einen Minijob mit einer Arbeitszeit von 20 Wochenstunden auf. Die AA misstraut dem Vergleich und hält an der Sperrzeit fest. Alg I wird daher zunächst nicht gezahlt (ab 15.6. ist der Alg I-Anspruch wegen Überschreitung der Kurzzeitigkeitsgrenze weggefallen). Das Jobcenter nimmt G. wegen der sozialwidrigen Verwendung der Ausgleichszahlung nach § 34 SGB II in Haftung (Aufrechnung mit laufendem Alg II nach § 43 Abs. 1 Nr. 2 SGB II). G. klagt gegen die Sperrzeit und bekommt Recht. Der Erstattungsanspruch des Jobcenters wird für die Zeit vom 1.4. bis zum 31.5. voll erfüllt. Da der Alg II-Bezug im Mai als Bezug von Alg I gilt, ist die Ausgleichszahlung als Vermögen zu werten. Handelte es sich um Schonvermögen, konnte G. nach seinem Belieben darüber verfügen. Die auf § 34 SGB II gestützte Aufrechnung ist aufzuheben.

Beispiel 2

2.3   Vermögen kraft Vorverlegung des Zuflusses (Erbfall)

Wird der Zufluss statt vom Zeitpunkt des tatsächlichen Erlangens, des »In der Tasche Habens«, normativ auf den Zeitpunkt verlagert, in dem Etwas rechtlich gesichert erlangt wird, hängt die Einordnung des Erlangten als Einkommen oder Vermögen davon ab, ob der normative Zuflusszeitpunkt vor oder nach dem Eintritt in den Leistungsbezug liegt: Liegt er vor dem Eintritt in den Leistungsbezug, sind Zuflüsse aus dem Erlangten bloße Surrogate oder »Versilberungen« bereits vorhandenen Vermögens, also nach Maßstäben des § 12 SGB II anzurechnen; anderenfalls sind spätere Zuflüsse zur Anrechnung bereitstehendes Einkommen i. S. von § 11 SGB II.

Liegt der normative Zeitpunkt des Zuflusses vor dem 1.8.2016, können auch Einnahmen in Geldeswert, z. B. eine Immobilie oder ein Au-

Alte oder neue Rechtslage?

to, Einkommen sein. Bei Zufluss nach dem 1.8.2016 sind geldwerte Einnahmen ungeachtet eines Zuflusses vor oder im laufenden Alg II-Bezug Vermögen. Die Anpassung an die neue Rechtslage (Anrechnung als Vermögen) ist über § 48 SGB X ab dem Zeitpunkt des Inkrafttretens der Neuregelung umzusetzen.

Beispiel

K. bezieht seit März 2015 Alg II. Nach dem Tod seines Vaters im Juni 2016 erbt K. zusammen mit seiner Schwester ein unbebautes Grundstück, das nach der bis zum 31.7.2016 geltenden Rechtslage im Wert des Miteigentumsanteils als Einkommen zu berücksichtigen war. Da eine zeitnahe Verwertung nicht möglich ist, erhält K. weiterhin Alg II. Unter der seit 1.8.2016 geltenden Rechtslage ist zu prüfen, ob der Miteigentumsanteil voraussichtliche binnen eines Jahres verwertet werden kann und der erzielbare Verkaufswert die Vermögensfreibeträge nach § 12 Abs. 1 Nr. 1, Nr. 4 SGB II übersteigt. Wenn beide Voraussetzungen bejaht werden, hat K. nur noch Anspruch auf ein Darlehen nach § 24 Abs. 5 SGB II.

Ist eine nach altem Recht als Einkommen zu berücksichtigende Einnahme in Geldeswert vor dem 1.8.2016 zu Geld gemacht worden, bleibt die Anrechnung als Einmaleinkommen unverändert bestehen, auch wenn der Anrechnungszeitraum über den 1.8.2016 hinausgeht.

Beispiel

R. hat aufgrund eines Erbfalls im laufenden Leistungsbezug im Mai 2016 ein Auto im Wert von 3.900 € geerbt. Das Auto ist als Einmaleinkommen zu berücksichtigen. Im Juni 2016 hat er das Fahrzeug für 3.200 € verkaufen können. Das Jobcenter rechnet ab Juli 2016 monatlich 503,33 € (3.200 € : 6 abzüglich 30 € Versicherungspauschale) bis Dezember 2016 auf den Bedarf an. R. kann für die Zeit seit 1.8.2016 nicht geltend machen, dass das Auto als Vermögen geschont gewesen wäre.

Einzelfälle:

Erbschaft

Im Fall der Gesamtrechtsnachfolge nach § 1922 BGB geht die Erbschaft unmittelbar kraft Gesetzes auf die Erben über, unbeschadet der Tatsache, dass wegen des Ausschlagungsrechts das Erbe erst mit der Annahme erworben wird. Bereits mit dem Erbfall kann der Erbe über seinen Anteil am Nachlass verfügen, ohne dass es auf die Durchsetzung von Ansprüchen etwa gegen die Miterben ankommt. Bereits diese Verfügungsmöglichkeit ist nach BSG vom 28.10.2009 – B 14 AS 62/08 R, vom 24.2.2011 – B 14 AS 45/09 R, vom 25.1.2012 – B 14 AS 101/11 R und vom 17.2.2015 – B 14 KG 1/14 R als Zufluss zu werten. Dass der Erbe ggf. erst viel später verfügbare Mittel aus dem Erbe realisieren kann, ist für die Abgrenzung Einkommen – Vermögen unerheblich.

Doppelte Prüfung

Bei einer Erbschaft in Form einer Gesamtrechtnachfolge – seit 1.8.2016 wenn sie in Geld besteht – ist zur Beurteilung, ob sie als Vermögen oder Einkommen zugeflossen ist, zum einen zu prüfen, ob der Erbfall vor Eintritt in den Alg II-Bezug lag oder auf einen Zeitpunkt fällt, in dem keine Hilfebedürftigkeit bestand; zum anderen kann Erbschaftseinkommen zu

Vermögen geworden sein, wenn im Zeitpunkt der »Versilberung« bzw. Anrechnung des Erbes die Hilfebedürftigkeit aus anderen Gründen als dem Erbeinkommen überwunden war.

Die Großmutter der 35-jährigen K. verstarb am 5.3.2014. K. ist Alleinerbin eines Sparguthabens über 4.000 €. Sie erfährt aber erst am 6.5.2015 durch ein Schreiben des Amtsgerichts von dem Erbe, das am 23.9.2015 auf dem Konto der K. eingeht. K. bezieht seit 30.11.2014 ohne Unterbrechung Alg II. Das Jobcenter rechnet die 4.000 € als Einmaleinkommen seit Oktober 2015 an.
Falsch: Der Zufluss des Erbes war am 5.3.2014, also vor dem Eintritt in den Alg II-Bezug. Das Erbe ist daher Vermögen. K. hat weiter Anspruch auf Alg II, weil dieses Vermögen im Vermögensfreibetrag nach § 12 SGB II = [35 x 150 €] + 750 € liegt, wenn sie über kein sonstiges Vermögen verfügt.

Beispiel 1

Die Großmutter der 35-jährigen K. verstarb am 9.1.2015. K. ist Alleinerbin. Am 23.9.2015 geht ein Betrag von 4.000 € auf dem Konto der K. ein, die seit 1.4.2010 Alg II bezieht. Vom 1.6.2015 bis zum 30.9.2015 war K. wegen Einkommens aus einer Beschäftigung nicht hilfebedürftig. Auf ihren Alg II-Antrag zum 1.10.2015 rechnet das Jobcenter die 4.000 € als Einmaleinkommen an.
Falsch: Der Zufluss des Erbes liegt zwar nach dem Eintritt in den Alg II-Bezug, das Erbe war daher Einkommen, das aber mangels Verfügbarkeit nicht vor September 2015 angerechnet werden konnte. Zum Zeitpunkt des Zugriffs auf das Erbe bestand jedoch keine Hilfebedürftigkeit. K. war erst im Oktober 2015 wieder auf Alg II angewiesen; der Zufluss des Erbeinkommens lag also vor dem Eintritt in den Alg II-Bezug nach zwischenzeitlich überwundener Hilfebedürftigkeit und ist deshalb als Vermögen zu werten. K. hat ab Oktober 2015 Anspruch auf Alg II, wenn sie über kein sonstiges Vermögen verfügt.

Beispiel 2

Tritt der Erbfall (Tod des Erblassers) zwar erst im laufenden Alg II-Bezug ein, beruht aber ein Teil des Erbes auf einer Erbenstellung, die der Begünstigte zum Zeitpunkt des Todes des Erblassers schon besaß **und** lag dieser Zeitpunkt vor Beginn des Alg II-Bezuges, ist dieser Teil der Zuwendung Vermögen (s. dazu LSG NRW vom 21.3.2011 – L 19 AS 66/11 B).

Mitgenommene Erbschaft

Erbschafteinkommen, auf das erst erhebliche Zeit nach dem Erbfall zugegriffen werden kann, ist kein »bereites Mittel« und kann daher nicht auf das Alg II angerechnet werden (BSG vom 25.1.2012 – B 14 AS 101/11 R). Ob das auch gilt, wenn das Erbe voraussichtlich innerhalb eines Zeitraums von bis zu sechs oder zwölf Monaten »versilbert« werden kann, ist noch nicht geklärt. Nach DA 80 zu § 11 SGB II soll in diesen Fällen die Regelung des § 24 Abs. 5 SGB II (Überbrückungsdarlehen bei verzögerter Vermögensverwertung) analog angewandt werden. Unserer Auffassung nach fehlt es an einer Regelungslücke für eine Analogie. Dem Gesetzgeber war schon bei Novellierung des SGB II zum 1.4.2011 die Problematik bekannt. Solange Erbeinkommen nicht tatsächlich als Mittel zum Lebensunterhalt bereit steht, muss Alg II re-

Ungeklärte Rechtsfrage

gulär weitergezahlt werden. Zur Rechtslage bis 1.4.2011 s. LSG NRW vom 15.1.2008 – L 12 B 183/07 AS ER: Keine Analogie; a.A. LSG Mecklenburg-Vorpommern vom 19.11.2008 – L 8 B 298/08.

Fehlende Mitwirkung

Kann zügig eine »Versilberung« des Erbschaftseinkommens erreicht werden, verweigert der Erbe dazu aber jede Mitwirkung, kommt eine gekürzte Zahlung von Alg II wegen einer Haftung nach § 34 SGB II in Betracht. Das BayLSG vom 24.11.2011 – L 7 AS 832/11 B ER hat in einem solchen Fall die Auszahlung der Leistung von der Unterzeichnung einer Abtretungserklärung abhängig gemacht, die das Jobcenter zur Mitwirkung an der Erbauseinandersetzung ermächtigt (s. auch LSG NRW vom 5.5.2014 – L 2 AS 702/14 B ER).

Nachträgliche Wertungsverschiebung

Die u. U. lange Zeitdauer zwischen normativem Zufluss (Erbfall) und Verfügbarkeit (Anrechnung) kann sich günstig oder nachteilig auf die Bewertung sonstiger Zuflüsse auswirken.

Beispiel 1

Die 53-jährige K., die seit 1.4.2014 Alg II in Höhe eines monatlichen Bedarfs von 700 € bezieht, und drei weitere Geschwister sind Erben ihrer am 9.1.2014 verstorbenen Mutter. Als Erbschaft hat die Mutter eine stark abgenutzte Eigentumswohnung hinterlassen. Nach Renovierung der Eigentumswohnung wird diese zu einem Preis von 55.000 € verkauft. Nach Abzug aller Aufwendungen wird K. als Anteil des Erbes am 23.9.2015 ein Betrag von 6.000 € überwiesen. Das Jobcenter rechnet seit Oktober 2015 970 € als Einmaleinkommen an (6.000 : 6 – 30 € Versicherungspauschale), K. erhält daher für sechs Monate mangels Hilfebedürftigkeit kein Alg II. Am 30.11.2015 bekommt K. das Auto ihres Bruders geschenkt. Wegen eines günstigen Angebots verkauft sie den Wagen für 3.800 € an einen Bekannten. Der Kaufpreis wird im Januar 2016 auf ihr Konto überwiesen. Nach Hinweis eines Freundes lässt K. die Anrechnung der Erbschaft nach § 44 SGB X überprüfen. Der Bescheid wird geändert, da es sich bei dem Erbe um Vermögen handelte. Auf die nachzuzahlenden Leistungen ist allerdings das im Januar 2016 zugeflossene Geld aus dem PKW-Verkauf anzurechnen. Denn der geschenkte Wagen bzw. der daraus erzielte Erlös sind im laufenden Alg II-Bezug zugeflossen, also Einkommen i. S. von § 11 SGB II.

Beispiel 2

Der Vater der T. verstarb am 15.1.2016. T., die seit 1.4.2015 Alg II in Höhe von 700 € monatlich bezieht, ist mit ihrem Bruder Erbe des hinterlassenen Sparguthabens. Nach Klärung der Formalitäten und Zahlung der Erbschaftssteuer geht am 15.5.2016 ein Betrag von 3.000 € auf das Konto der T. Den Geldzufluss teilt sie dem Jobcenter nicht mit. Am 1.6.2016 nimmt T. einen 400 €-Minijob auf. Davon werden 240 € auf das Alg II angerechnet. Im Juli 2016 gewinnt T. in einem Preisausschreiben 4.000 €. Das Geld wird am 3.8. auf das Konto überwiesen. Dies teilt T. dem Jobcenter mit, das ab September 2016 die Leistungen wegen Wegfalls der Hilfebedürftigkeit einstellt (anrechenbares Einkommen = 666,67 € [4.000 € : 6] + 240 € aus dem Minijob). Anlässlich einer Kontrolle der Kontobelege erhält das Jobcenter im Dezember 2016 Kenntnis von der Erbschaft. Da es sich um Einkommen handelte, hebt das Jobcenter ab Juni 2016 die Leistungsbewilligung ganz auf (anrechenbares Einkommen = 500 € [3.000 € : 6] aus der Erbschaft + 240 € aus dem Minijob). T. erhebt keine Einwände, macht aber geltend, der Gewinn aus dem Preisausschreiben sei als Vermögen zu werten.

Zu Recht, denn zum Zeitpunkt des Zuflusses der 4.000 € war T. nicht hilfebedürftig. T. hat ab Dezember 2016 (Ende der Anrechnung des Erbschaftseinkommens) Anspruch auf Alg II abzüglich des Minijob-einkommens, wenn sie über kein sonstiges Vermögen als die 4.000 € aus dem Preisausschreiben verfügt.

Auch der Pflichtteilsanspruch nach § 2303 BGB, d. i. der Anspruch auf Auszahlung der Hälfte des gesetzlichen Erbteils, wird nach § 2317 BGB bereits mit dem Erbfall als Vollrecht begründet (BGH vom 8.7.1993 – IX ZR 116/92 und vom 6.5.1995 – IX ZR 147/96). Als geldwerter Anspruch gegen die Erben ist er Vermögen, wenn der Erbfall nach dem 31.7.2016 eintritt, auch wenn dies im laufenden Alg II-Bezug geschieht (was den Pflichtteilsanspruch bei Erbeintritt vor dem 1.8.2016 zu Einkommen gemacht hätte). Ist eine Erfüllung eines am 1.8.2016 oder später zuge-wendeten Pflichtteilsanspruchs (= Vermögen) in angemessener Zeit zu erwarten (→ S. 602 ff.) und der voraussichtliche Verwertungserlös hö-her als der Vermögensfreibetrag des Pflichtteilsberechtigten, wird der aktuelle Hilfebedarf mit einem Darlehen nach § 24 Abs. 5 SGB II befrie-digt. Ist eine Vermögensverwertung binnen eines Zeitraums von 12 Mo-naten ab Erlangung des Anspruchs nicht zu erwarten, wird der Pflicht-teil nicht als Vermögen berücksichtigt. Für eine Anrechnung ist dann zu beachten, dass der sich aus dem Pflichtteil ergebende Anspruch eine gewöhnliche Geldforderung im Sinne von § 270 BGB ist (BGH vom 1.10.1958 – V ZR 53/58 und vom 5.11.2014 – IV ZR 104/14), deren Ur-sprung bei Prüfung des Hilfebedarfs nicht interessiert. Die Erfüllung des Pflichtteilsanspruchs im laufenden Leistungsbezug ist daher Ein-kommen und kein versilbertes Vermögen (BSG vom 6.5.2010 – B 14 AS 2/09 R; LSG NRW vom 28.3.2011 – L 19 AS 1845/10; LSG Rheinland-Pfalz vom 28.8.2012 – L 6 AS 172/11). Akzeptiert der Pflichtteilsberech-tigte anstelle des ihm zustehenden Geldanspruchs eine Sach- oder geld-werte Leistung als Erfüllung des Pflichtteils, kann darin eine sittenwid-rige oder nach § 34 SGB II sanktionierbare Vereitelung der Einkom-mensanrechnung liegen.

Pflichtteils-anspruch

Stets nur als Einkommen ist die im laufenden Leistungsbezug im We-ge eines Auseinandersetzungsvergleichs erlangte (Teil)Erfüllung des Pflichtteilsanspruchs zu werten (LSG Berlin-Brandenburg vom 16.11.2010 – L 18 AS 1826/08; LSG NRW vom 28.3.2011 – 19 AS 1845/10). Das gilt auch für die Abgeltung oder eine Abfindung wegen Verzichts auf den Pflichtteilsanspruch (SG Stuttgart vom 8.3.2012 – S 15 AS 925/12 ER; LSG Hamburg vom 21.8.2014 – L 4 AS 97/13).

Zinsen aus einem gestundeten Pflichtteilsanspruch sind bei Zufluss im laufenden Leistungsbezug Einkommen (FG Hamburg vom 1.10.2009 – 6 K 45/07).

Beschränkter Pflichtteilsanspruch

Hat der Erblasser den Pflichtteilsanspruch nach § 2338 BGB wirksam beschränkt, ist der Anspruch bei Anordnung einer Nacherbschaft nicht verwertbar.

Im Fall der Anordnung einer Testamentsvollstreckung kann nur der Reinertrag als Einkommen angerechnet werden. Die Testamentsvollstreckung bleibt wirksam, auch wenn die Gründe für die Beschränkung (Überschuldung oder Verschwendungssucht) nach dem Erbfall entfallen – es sei denn, der Erblasser hat eine anderslautende Verfügung getroffen. Sind die Gründe für die Beschränkung nicht hinreichend dargelegt (s. dazu OLG Düsseldorf vom 2.3.2011 – I-3 Wx 214/08) oder bis zum Eintritt des Erbfalls überwunden worden, hat der Pflichtteilsberechtigte Anspruch auf Auszahlung des Pflichtteils, den er zur Beseitigung oder Verringerung seines Hilfebedarfs auch geltend machen muss.

Pflichtteilsergänzungsanspruch

Zuflüsse aus einem Pflichtteilsergänzungsanspruch nach § 2325 BGB sind bei Zugang im laufenden Alg II-Bezug Einkommen. Sind die Erben nicht zur Erfüllung des Pflichtteilsergänzungsanspruchs verpflichtet, kann sich der Pflichtteilsberechtigte an den Beschenkten halten. Gibt dieser das Geschenk heraus, ist es als Sachwert oder Einnahme in Geldeswert Vermögen. Ein in Geld erfüllter Herausgabeanspruch gegen den Beschenkten nach § 2329 Abs. 2 BGB ist bei Zufluss im laufenden Alg II-Bezug Einkommen.

Pflichtteilsanspruch des Erblassers

Ein zu Lebzeiten nicht geltend gemachter Pflichtteilsanspruch des Erblassers fällt in die Verwaltungsbefugnis des Testamentsvollstreckers, wenn der Erblasser insoweit keine Beschränkung angeordnet hatte. Dann hat der Testamentsvollstrecker den Pflichtteilsanspruch infolge seiner Stellung als Treuhänder geltend zu machen und gegebenenfalls gerichtlich durchzusetzen (BGH vom 5.11.2014 – IV ZR 104/14). Geldzuflüsse aus diesem Pflichtteilsanspruch sind als Einkommen auf den Hilfebedarf der Erben nach dem Erblasser anzurechnen, wenn die vom Erblasser getroffenen Verwaltungsanordnungen dem nicht widersprechen.

Beispiel

G. hat die K. als seine Erbin eingesetzt und wegen Streits mit seinen Geschwistern eine Testamentsvollstreckung angeordnet. Er selber war von seiner verstorbenen Mutter auf den Pflichtteil gesetzt worden, den er zu Lebzeiten aber nicht geltend gemacht hatte. K. bezieht Alg II. Das Jobcenter verlangt daher vom Testamentsvollstrecker die Durchsetzung des Pflichtteilsanspruchs des G. nach seiner verstorbenen Mutter.

Ist der als Vermögen erlangte Pflichtteil, in einem angemessenen Zeitraum verwertbar, muss der Hilfebedarf bis zur Verwertung über ein Darlehen nach § 24 Abs. 5 SGB II gedeckt werden. In diesem Fall sind Zuflüsse aus dem verwerteten Pflichtteil zur Darlehenstilgung einzusetzen. Der auf die Freibeträge nach § 12 SGB II gesunkene Rest des Pflichtteils ist Schonvermögen. Zuflüsse hieraus im laufenden Leistungsbezug bleiben anrechnungsfreies Vermögen.

Ausschlagung

Ist der Leistungsberechtigte Miterbe geworden, hat das Jobcenter keine Befugnis, über eine Ausschlagung des geringeren oder mit Auflagen belasteten Erbteils auf den Pflichtteilsanspruch zuzugreifen. Das Recht zur Ausschlagung unterfällt als Stammrecht grundsätzlich nicht dem Anspruchsübergang nach § 33 SGB II (BGH vom 19.1.2011 – IV ZR 7/10). Schlägt ein Leistungsbezieher das gesetzliche Erbe aus, worunter auch der Pflichtteil fällt, kann dies sittenwidrig sein. Ebenso der Verzicht auf den Pflichtteil. Der Anspruch auf (Erfüllung) Herausgabe des (Pflicht)Erbteils kann in diesem Fall über § 33 SGB II vom Jobcenter geltend gemacht werden (BayLSG vom 30.7.2015 – L 8 SO 146/15 B ER; LSG NRW vom 11.6.2015 – L 9 SO 410/14 B).

Verzicht

Ein Vermächtnis nach § 1939 BGB ist eine Forderung gegen die Erben, unterfällt als Einnahme in Geldeswert mithin dem Vermögen. Wird das Vermächtnis wegen seiner Verwertbarkeit in absehbarer Zeit nicht bereits als Vermögen angerechnet, sind im laufenden Leistungsbezug erfüllte Geldzuflüsse aus der Vermächtnisforderung Einkommen (BSG vom 28.10.2009 – B 14 AS 62/08 R und vom 24.2.2011 – B 14 AS 45/09 R; LSG vom Sachsen-Anhalt 12.7.2011 – L 5 AS 230/11 B ER). Wird eine Sache oder eine geldwerte Forderung als Gegenstand des Vermächtnisses ausgekehrt, ist dies ein Vermögenszufluss. Die Umwandlung der Sache oder geldwerten Forderung in Geld ist versilbertes Vermögen. Der Vermächtnisnehmer ist nicht verpflichtet, auf eine Erfüllung des Vermächtnisses in Geld anstelle der zugedachten Sache oder geldwerten Forderung hinzuwirken.

Vermächtnis

Ist ein Pflichtteilsberechtigter mit einem Vermächtnis bedacht, so kann er den Pflichtteil verlangen, wenn er das Vermächtnis ausschlägt. Schlägt er nicht aus, so steht ihm ein Recht auf den Pflichtteil nicht zu, soweit der Wert des Vermächtnisses reicht (§ 2307 BGB). Je nach Ausgestaltung eines Testaments stellt sich daher die Frage, ob und unter welchen Voraussetzungen das Jobcenter zur Überwindung der Hilfebedürftigkeit eine Ausschlagung des Vermächtnisses bzw. die Realisierung des Pflichtteilsanspruchs verlangen kann (vgl. dazu LSG NRW vom 23.1.2012 – L 20 SO 565/11 B).

Pflichtteil statt Vermächtnis

Ein Vertrag über den Verzicht auf Pflichtteilsansprüche ist nicht zwangsläufig sittenwidrig – bei einem behinderten Sozialleistungsbezieher ist der Verzicht grundsätzlich nicht sittenwidrig (BGH vom 19.1.2011 – IV ZR 7/10) – unterliegt aber engeren Voraussetzungen als denen der Rechtsprechung zum Behindertentestament (s. dazu SG Dortmund vom 25.9.2009 – S 29 AS 309/09 ER; LSG Hamburg vom 13.9.2012 – L 4 AS 167/10).

Die Rechtsstellung als Schlusserbe begründet nur eine ungewisse Anwartschaft auf die mögliche Erlangung eines Erbes, ist also schon mangels wirtschaftlicher Substanz kein Vermögen oder Einkommen (BSG vom 6.5.2010 – B 14 AS 2/09 R).

Schlusserbe nach Berliner Testament

Im Erbfall kann der Vorerbe nach § 2112 BGB über die zur Erbschaft gehörenden Gegenstände verfügen, soweit sich nicht aus den Vorschriften der §§ 2113 bis 2115 BGB etwas anderes ergibt. Die Vorerbschaft ist somit Vermögen, wenn sie vor Beginn des Leistungsbezugs

Vorerbschaft

oder nach dem 1.8.2016 begründet wurde. Zuflüsse aus späteren Verfügungen über das Vorerbe sind in diesem Fall Versilberungen des früher erlangten Vermögens. Ist ein Pflichtteilsberechtigter durch die Einsetzung eines Nacherben in der Verfügung über das Erbe beschränkt, kann er nach § 2306 Abs. 1 BGB den Pflichtteil verlangen, wenn er den Erbteil ausschlägt. Nach LSG Hamburg vom 13.9.2012 – L 4 AS 167/10 ist das Jobcenter in einem solchen Fall nicht berechtigt, den hilfebedürftigen Vorerben darauf zu verweisen, dass er mit Ausschlagung des Erbes seinen Pflichtteilsanspruch geltend machen kann.

Nacherbschaft

Der Erblasser kann nach § 2100 BGB einen Erben in der Weise einsetzen, dass dieser erst Erbe wird, nachdem zunächst ein anderer Erbe geworden ist (Nacherbe). Hat der Erblasser einen Nacherben eingesetzt, ohne den Zeitpunkt oder das Ereignis zu bestimmen, mit dem die Nacherbfolge eintreten soll, so fällt die Erbschaft dem Nacherben mit dem Tode des Vorerben an (§ 2106 BGB). Wie im Fall der Erbschaft nach § 1922 BGB ist in einem solchen Fall der für das SGB II maßgebende Zuflusszeitpunkt der Tod des Vorerben.
Die Rechtsstellung des Nacherben bildet in ihrer Gesamtheit zwar ein Anwartschaftsrecht, das veräußert und nach § 2108 Abs. 2 BGB vererbt werden kann (BGH vom 9.6.1983 – IX ZR 41/82); insofern ist es ein Vermögenswert in der Hand des Nacherben. Vor allem bei einem befreiten Vorerben ist die Rechtsstellung des Nacherben aber so schwach bzw. der wirtschaftliche Wert der potentiellen Nacherbschaft so vage, dass in der Regel kein Einkommen oder Vermögen erlangt wird (BayVGH vom 26.4.1994 – 12 C 91.3775; a. A. SG Lüneburg vom 16.6.2011 – S 22 SO 73/09).

War das Nacherbenanwartschaftsrecht zwischen dem Erbfall und dem Eintritt des Nacherbfalls wirksam an einen Dritten übertragen worden, tritt der Dritte im Moment des Nacherbfalls unmittelbar – also ohne Durchgangserwerb des vom Erblasser ursprünglich eingesetzten Nacherben – in die Rechtsstellung des Nacherben ein. Das Jobcenter kann Hilfebedürftigkeit deshalb nicht unter Verweis auf die Verwertung des Nacherbes verneinen (HessLSG vom 18.3.2011 – L 7 AS 687/10 B ER).

Beispiel

G. war zusammen mit seiner Schwester C. nach der als Vorerbin bestimmten Mutter Nacherbe am Nachlass seines Vaters. Mit notariell beglaubigtem Darlehensvertrag vom 16.5.2010 hatte C. ihrem Bruder ein Darlehen in Höhe von 90.000 € zum Aufbau einer selbständigen Existenz gewährt. Die Rückzahlung des Darlehens war ab dem 1.1.2013 in monatlichen Raten von 500 € vereinbart. Zur Sicherung des Darlehens übertrug G. sein auf der Nacherbenstellung beruhendes Anwartschaftsrecht am Erbe des Vaters auf C. Weil das Geschäft des G. nur geringe Gewinne abwirft, unterbleibt die Tilgung des Darlehens. Nach einer Insolvenz am 30.11.2015 beantragt G. zum 1.1.2016 Alg II. Die Mutter von G. und C. verstirbt am 4.3.2016 und hinterlässt ein Haus, das am 1.7.2016 zu einem Preis von 160.000 € verkauft wird. Das Jobcenter stellt die Leistungen ein, weil G. über Einkommen in Höhe von 80.000 € verfüge.

Zu Unrecht: G. ist wegen der Abtretung der Nacherbenanwartschaft zu keinem Zeitpunkt Mit-Eigentümer am Grundstück seiner Mutter geworden und hat daher auch keinen Anspruch auf die Hälfte des Verkaufspreises.

Hier erlangt der Erbe oder Vermächtnisnehmer im Umfang der angeordneten Testamentsvollstreckung einen Anspruch gegen den Testamentsvollstrecker auf Umsetzung der vom Erblasser getroffenen Verwaltungsanordnungen. Dieser Anspruch auf Freigabe von Nachlasswerten ist dem Vermögen des Erben/Vermächtnisnehmers zuzuordnen (BGH 27.3.2013 – XII ZB 679/11). Ist dieses Vermögen in angemessener Zeit verwertbar, muss Alg II bis zur Verwertung als Darlehen gewährt werden. Ist ein Zeitpunkt der Verwertung nicht absehbar oder wurde eine Dauertestamentsvollstreckung angeordnet, ist für die Anrechnung auf den Hilfebedarf entscheidend, ob und in welchem Umfang der Testamentsvollstrecker zur Freigabe berechtigt ist. Dies ist durch Auslegung der Vollstreckungsanordnungen bzw. der Befugnisse des Testamentsvollstreckers zu ermitteln (s. dazu OVG Hamburg vom 2.5.1997 – Bf IV 33/96; LSG Hamburg vom 13.9.2012 – L 4 AS 167/10; LSG Niedersachsen-Bremen vom 13.11.2014 – L 15 AS 457/12; SG Aachen vom 25.1.2011 – S 20 SO 71/10; BGH vom 27.3.2013 – XII ZB 679/11.; LG Wuppertal vom 30.4.2015 – 9 T 76/15).

Testaments-vollstreckung

Freigegebene Zuwendungen aus einem Vermächtnis oder einer Erbschaft im laufenden Leistungsbezug sind Einkommen, wenn sie als Einnahme in Geld zufließen (SG Aachen vom 25.1.2011 – S 20 SO 71/10; LSG Niedersachsen-Bremen vom 13.11.2014 – L 15 AS 457/12), ansonsten (bei Freigabe einer Sache oder geldwerten Forderung) Vermögen, das im Rahmen der Freibeträge nach § 12 SGB II geschützt ist. Die Anordnung einer Testamentsvollstreckung ist nur bei gezielter Absicht, den SGB II-Träger zu benachteiligen, sittenwidrig (BSG vom 17.2.2015 – B 14 KG 1/14 R). Hat der Testamentsvollstrecker entgegen einer Anordnung des Erblassers Mittel an den Leistungsbezieher freigegeben, erlischt die sich aus der Vollstreckung ergebende Bindung (HessLSG vom 26.6.2013 – L 6 SO 165/10; LG Kassel vom 17.10.2013 – 3 T 342/13). Einer Anrechnung auf den Hilfebedarf steht dann nichts im Weg (LSG Niedersachsen-Bremen vom 13.11.2014 – L 15 AS 457/12). Eine bloß schuldrechtliche Bindung (Verwendung für den Kauf eines Grabsteins) steht der Anrechnung als Einkommen nicht entgegen (SG Karlsruhe vom 25.8.2015 – S 15 AS 997/15).

Ist die Testamentsvollstreckung im Zuge einer Vorerbschaft des Hilfeberechtigten angeordnet worden, kann das Jobcenter die Verwertbarkeit des Erbes nicht dadurch erzwingen, dass er die Ausschlagung des Erbes verlangt, um so auf den Pflichtteil (§ 2306 BGB) zugreifen zu können (LSG Hamburg vom 13.9.2012 – L 4 AS 167/10; LG Kassel vom 14.11.2002 – 9 O 568/02; OVG Saarland vom 17.3.2006 – 3 R 2/05). Gleiches gilt für die Ausschlagung eines Vermächtnisses (dazu LSG NRW vom 23.1.2012 – L 20 SO 565/11 B).

Ausschlagung

Ausgleichs-zahlung für übertragenen Miteigentumsanteil

Handelt es sich um eine Immobilie, die dem Leistungsberechtigten nach dem 1.8.2016 zufließt oder schon vor Beginn des Leistungsbezugs anteilig gehörte, ist der Zufluss der Ausgleichszahlung Vermögen i. S. von § 12 SGB II (LSG Sachsen-Anhalt vom 27.6.2013 – L 5 AS 309/09).

Erbschafts-verkauf

Selten kann der Erbe allein über das Erlangte verfügen. Bedarf es erst einer Auseinandersetzung des Erbes, ist der Erbschaftsverkauf eine grundsätzlich zumutbare Verwertungsmaßnahme. Über das Internet-portal »erbanteile.de« hat sich ein Markt für Erbanteilskäufe etabliert (s. dazu SG Duisburg vom 24.11.2014 – S 48 SO 399/11). Ist der Erbfall vor Beginn des Leistungsbezugs eingetreten oder richtete er sich auf Einnahmen in Geldeswert, sind Zahlungen auf den Kaufpreis Vermögen (BSG vom 17.3.2005 – B 7a/7 AL 10/04 R). Das gilt auch für Abschlags- oder Vorschusszahlungen im Vorgriff einer Erbauseinandersetzung (s. dazu LG Hannover vom 7.11.2013 – 3 T 117/13). Ebenso Ratenzahlungen für einen Verkauf von Erbstücken aus Zeiten vor dem Alg II-Bezug (HessLSG vom 29.10.2012 – L 9 AS 357/10).

Bezugsberech-tigung auf den Todesfall

Hier erwirbt der Bezugsberechtigte beim Tod des Versicherungsneh-mers einen direkten Anspruch gegenüber der Versicherung auf Aus-zahlung der Versicherungssumme (§§ 328, 331 BGB). Der Auszah-lungsanspruch fällt nicht in den Nachlass. Als geldwerte Einnahme ist er Vermögen. Wird nicht über eine Darlehensgewährung nach § 24 Abs. 5 SGB II angerechnet, ist unabhängig vom Todesfall die Auszah-lung der Forderung Einkommen (BSG vom 28.10.2009 – B 14 AS 62/08 R; s. auch OLG Koblenz vom 6.5.2014 – 3 U 1272/13: Leistungen aus einer Lebensversicherung).

2.4   Normative Einkommenszurechnung kraft Realisierbarkeit

Im SGB II gilt für die Einkommensanrechnung der Grund-satz, dass nur tatsächlich zur Verfügung stehende, d.h. »bereite« Mit-tel angerechnet werden können. Ausbleibende oder unzureichende Bemühungen, Rechtsansprüche auf Einkommen zu realisieren, kön-nen allenfalls nach §§ 31, 34 SGB II sanktioniert werden.

Um zu vermeiden, dass der Leistungsberechtigte auf ihm zustehendes, aber vom Schuldner bestrittenes oder aufgerechnetes Einkommen ver-zichtet, (»weil es ja nur dem Jobcenter zugute käme«), soll nach BSG vom 16.5.2012 – B 4 AS 132/11 R zu prüfen sein, ob der Leistungsbe-rechtigte die tatsächliche Verfügungsgewalt über das Einkommen »aus Rechtsgründen überhaupt nicht oder nicht ohne Weiteres realisieren« könnte. Nur wenn dies festgestellt werde, bleibe das Einkommen bei Prüfung des Hilfebedarfs unberücksichtigt. An die Realisierungsmög-lichkeiten zur Erlangung des Einkommens dürften keine überhöhten Anforderungen gestellt werden (dazu beispielhaft LSG Niedersachsen-Bremen vom 19.3.2014 – L 13 AS 3/13; LSG NRW vom 13.8.2014 – L 12 BK 3/14: Anrechnung eines jederzeit abrufbaren Darlehensanteils vom Meister-BAföG; LSG NRW vom 2.3.2015 – L 19 AS 1475/14 NZB: Anrechnung von Kindergeld, das gegen § 75 Abs. 1 EStG aufgerechnet wird).

Die fiktive Anrechnung mangels ausreichender Bemühungen zur Durchsetzung eines Anspruchs wirft eine Reihe ungeklärten Fragen auf: Nach welchem Maßstab richten sich die geforderten Realisierungsbemühungen? Muss der Leistungsberechtigte ggf. klagen? Wer trägt die Kosten, falls die Rechtsdurchsetzung scheitert? Schließt die Möglichkeit, dass das Jobcenter über eine Abtretung des Anspruchs oder über § 33 Abs. 1 SGB II den potentiellen Anspruch selber geltend machen kann, eine fiktiven Einkommensanrechnung aus?

Fragen über Fragen

Außerdem ist unklar, wann im Fall unzureichender Anstrengungen zur Realisierung des Einkommens fiktiv angerechnet werden darf und ob in die fiktive Anrechnung fiktive Aufwendungen, die zur Durchsetzung nötig gewesen wären (Mahnkosten, anwaltliche Beratung etc.), nach § 11b Abs. 1 Nr. 5 SGB II als Abzugsposten eingehen.

Die unsichere Rechtslage spiegelt das LSG Berlin-Brandenburg vom 12.6.2014 – 23 SO 68/12 wider. Danach kann ein Betriebskostenguthaben trotz Aufrechnung mit Mietrückständen durch den Vermieter angerechnet werden, weil die Aufrechnung nach BGH vom 20.6.2013 – IX ZR 310/12 anfechtbar sei. Der Leistungsberechtigte sei gehalten, den Auszahlungsanspruch ggfs. gerichtlich durchzusetzen. Falls der Vermieter trotz Geltendmachung des Anspruchs unter Verweis auf das BGH-Urteil stur bleibt, ist eine Klage des Leistungsberechtigten u. E. nur zumutbar, wenn das Jobcenter diese unterstützt und ggf. das Kostenrisiko trägt (PKH deckt im Zivilprozess nicht die Kosten des gegnerischen Anwalts, falls die Klage ganz oder teilweise verloren geht).

2.5 Normative Zurechnung freiwillig verminderten Einkommens

Zum vorzeitigen Verbrauch von Einmaleinkommen hat das BSG in gefestigter Rechtsprechung den Grundsatz geprägt, dass der Hilfebedarf mit Verbrauch des Einkommens wieder auflebt (BSG vom 29.11.2012 – B 14 AS 33/12 R und vom 10.9.2013 – B 4 AS 89/12 R). Eine normative Anrechnung in Form einer fiktiven Unterstellung, dass der Verbrauch des Einmaleinkommens der Anrechnungsregel des § 11 Abs. 3 SGB II folge, wurde vom BSG verworfen.

Abweichend davon soll das aber für laufendes Einkommen nicht gelten, wenn einkommensmindernde Ausgaben »freiwillig« getätigt werden (BSG vom 20.2.2014 – B 14 AS 53/12 R).

Noch nicht geklärt ist der Fall, dass eine freiwillige Verfügung eine Einkommensbindung erzeugt, die nicht ohne weiteres rückgängig zu machen ist. Hier wird man in Anknüpfung an die Nichtanrechnung gepfändeten (BSG vom 10.5.2011 – B 4 KG 1/10 R) oder aufgerechneten (BSG vom 16.5.2012 – B 4 AS 132/11 R) Einkommens Alg II ungekürzt weitergewähren müssen unter Prüfung eines Ersatzanspruchs nach § 34 SGB II.

Zum Fall einer vom Treuhänder im Privatinsolvenzverfahren geforderten Einkommenseinzahlung auf das Treuhandkonto s. BSG vom 12.6.2013 – B 14 AS 73/12 R.

2.6 Normative Nicht-Zurechnung freiwillig erhaltenen Einkommens

§ 11 Abs. 1 Satz 5 SGB II ordnet Kindergeld, das für ein Kind gezahlt wird, das in BG mit dem kindergeldbezugsberechtigten Elternteil lebt, dem Kind als eigenes Einkommen zu, soweit es zur Sicherung dessen SGB II-Bedarfs benötigt wird. »Verlässt« das Kind die Eltern-Kind-BG, weil es nicht mehr hilfebedürftig ist (§ 7 Abs. 3 Nr. 4 SGB II), lebt es in Haushaltsgemeinschaft mit dem kindergeldbezugsberechtigten Elternteil, dem das nicht mehr zur Bedarfsdeckung benötige Kindergeld nun als eigenes Einkommen zusteht. Das BSG vom 17.7.2014 – B 14 AS 54/13 R schließt daraus, dass diese normative Einkommenszuordnung auch dann die Bedarfsberechnung bestimme, wenn der kindergeldbezugsberechtigten Elternteil das Kindergeld tatsächlich an das im Haushalt lebende Kind weitergibt.

Hatte das Jobcenter die Leistungen nach diesem tatsächlichen Zufluss gewährt, hat das Kind trotz erhaltenen und zum Lebensunterhalt verwendeten Einkommens Anspruch auf Neuberechnung ohne Berücksichtigung des Kindergeldes. Als weitere Folge dieser normativen Bedarfsberechnung muss der kindergeldbezugsberechtigte Elternteil mit einer Rückforderung in Höhe des weitergegebenen Kindergeldes rechnen, weil dieses ihm normativ als Einkommen zugeordnet ist. S. auch → S. 573 f.

Als weiteren Fall einer normativen Einkommenszurechnung bzw. Nichtzurechnung hat das BSG in der Entscheidung vom 17.7.2014 die Schutzvorschrift des § 9 Abs. 3 SGB II ausgemacht. Das verblüfft insofern, als im entschiedenen Fall kein Konflikt bestand, dessentwegen die Regelung des § 9 Abs. 3 SGB II geschaffen wurde. Die kindergeldbezugsberechtigte Mutter hatte das Kindergeld, wie es in vielen Familien mit volljährigen Kindern üblich ist, an ihre volljährige Tochter weitergegeben; diese hat es in den gemeinsamen Haushalt eingebracht und zur Bedarfsdeckung verwendet.

Versteht man die Regelung des § 9 Abs. 3 SGB II so, dass bereits jeder nur denkbare Konflikt ausgeschlossen werden soll, wenn z. B. später Kindergeld von der Kindergeldkasse zurückgefordert wird (was nach Sachverhaltsschilderung im entschiedenen Fall aber ebenfalls kein Problem für Mutter und Tochter war), kann die hilfebedürftige junge Mutter trotz sozialrechtlich freiwilliger Unterstützungszahlungen ihrer Mutter (= Unterhalt) ungekürzt Alg II beziehen – ein merkwürdiges Ergebnis.

Paradox wird die normative Überformung der tatsächlichen Lebensverhältnisse, wenn erst die Rückforderung von Alg II, mit der die kindergeldbezugsberechtigte Mutter auf der Grundlage des BSG-Urteils vom 17.7.2014 rechnen muss, d. h. die von der Tochter verantwortete Überzahlung (Abbruch der Ausbildung) ausbaden muss, einen Konflikt in der Familie auslöst.

2.7   Normative Zurechnung fiktiven Einkommens

Das 9. SGB II-Änderungsgesetz normiert in zwei Fällen eine Anrechnung rein fiktiven Einkommens:

■ Bedarfsdeckungseinkommen als Folge unzureichender Mitwirkung → S. 428 f., → S. 495 f.

■ Absetzung monatlicher Versicherungsbeiträge ungeachtet der tatsächlichen Zahlweise → S. 445 f.

Außerhalb der genannten ausdrücklichen Regelungen steht der nach Art. 1, Art 20 GG gebotene Auftrag zur Sicherstellung des Existenzminimums einer fiktiven Zurechnung von Einkommen entgegen.
Soweit die Rechtsprechung fiktive Einkünfte auf fehlende oder unzureichende Mitwirkung stützt, muss gewährleistet sein, dass die geforderte Selbsthilfe zumutbar ist und zeitnah realisiert werden kann; näher dazu 2.4, → S. 392.

Zum Fall versehentlich überwiesenen Arbeitslohns s. → S. 471.

2.8   Normative Einkommenszurechnung im Aufhebungs- und Erstattungsverfahren nach §§ 45, 48, 50 SGB X

Dazu wird auf Kapitel U, → S. 931 ff. verwiesen.

II   Welche Einkommen werden angerechnet?
ABC – Anrechenbarkeit von Einkommen

Der Gesetzgeber hat in § 11 und § 11a SGB II geregelt, welche Einkommen nicht oder nur teilweise angerechnet werden. Daneben enthält die Alg II-VO Ausnahmen oder Besonderheiten zur Einkommensanrechnung. Schließlich wird eine Reihe von Leistungen, die nach speziellen Gesetzen gewährt werden, bereits nach diesen Gesetzen nicht auf das Alg II angerechnet.

Das folgende ABC gibt unter Berücksichtigung der **seit 1.8.2016** geltenden Rechtslage einen Überblick, ob ganz oder teilweise angerechnet werden darf.

Abfindung
- wegen Beendigung des Arbeits- oder Dienstverhältnisses (§§ 1a, 9, 10 KSchG)

Ja – BSG vom 3.3.2009 – B 4 AS 47/08 R, vom 28.10.2009 – B 14 AS 55/08 R und B 14 AS 64/08 R; auch wenn der Arbeitgeber die Abfindung verspätet auszahlt (BSG vom 18.2.2010 – B 14 AS 86/08 R) oder die Abfindung erst 1 Jahr nach Beendigung des Arbeitsverhältnisses fällig wird (LSG Rheinland-Pfalz vom 25.10.2011 – L 3 AS 150/10).
Zur Rechtslage bei vorzeitigem Verbrauch der Abfindung s. LSG NRW vom 30.1.2013 – L 12 AS 1571/11; BSG vom 10.9.2013 – B 4 AS 89/12 R.

- auf Leistungen der betrieblichen Altersversorgung nach § 8 Abs. 2 BetrAVG

Ja – Hess LSG vom 9.2.2011 – L 6 AS 280/08; die Revision zum BSG – B 4 AS 140/11 R endete mit einem Vergleich (Termin am 19.6.2012).

- aus privater Lebensversicherung

Ja – Wenn in anderen Vertrag mit Rentenauszahlung eingebracht, in Höhe der Rente, sonst als Vermögen zu behandeln.

- von Renten aus der gesetzlichen Rentenversicherung (§ 107 SGB VI)

Ja – LSG NRW vom 14.6.2010 – L 6 AS 494/10 B ER.

- von Renten aus der gesetzlichen Unfallversicherung (§ 80 SGB VII)

Ja – LSG NRW vom 5.1.2010 – L 1 B 29/09 AS.

- von BVG-Renten (Kapitalisierung nach §§ 72 – 78 BVG)

Nein – BSG vom 13.8.1986 – 7 RAr 125/84.

- von Unterhalt (§ 1585 Abs. 2 BGB, § 16 LPartG)

Ja

- aus Versorgungsausgleich (§ 1587 BGB)

Ja

- aus Zugewinnausgleich (§ 1378 BGB)

Streitig:
Ja – BayLSG vom 18.12.2006 – L 7 B 862/06 AS ER; HessLSG vom 6.4.2010 – L 7 AS 90/10 B ER; LSG Sachsen-Anhalt vom 13.5.2015 – L 4 AS 168/15 NZB.
Nein – SG Berlin vom 28.1.2010 – S 128 AS 25352/07 unter Verweis auf BSG vom 8.6.1989 – 7 RAr 34/86.

Abstandszahlung bei Wohnungswechsel

Ja – Wenn damit ein reibungsloser Wechsel (Verzicht auf Klage) abgegolten oder die Vermittlung der Wohnung bezahlt wird (LSG Berlin-Brandenburg vom 19.12.2012 – L 18 AS 750/12).
Nein – Soweit damit Einrichtungsgegenstände oder Einbauten, die in der Wohnung bleiben, bezahlt werden (bloße Vermögensumschichtung), es sei denn, die Abstandszahlung geht über den Wert der zurückbleibenden Einbauten/Wohnwertverbesserungen hinaus (s. dazu HessLSG vom 29.10.2012 – L 9 AS 357/10).

Anpassungsgeld im Bergbau

Ja

Anpassungshilfen an ältere Arbeitnehmer in der Landwirtschaft

Nein – Zweckbestimmte Leistung i. S. von § 11a Abs. 3 SGB II, soweit sie nicht zur Sicherung des Lebensunterhalts dienen.

Arbeitslosengeld I (§ 136 SGB III)

Ja

Arbeitnehmersparzulage (§ 13 5. Vermögensbildungsgesetz)
Nein – Zweckbestimmte Leistung i. S. von § 11a Abs. 3 SGB II.
Siehe auch → Vermögenswirksame Leistungen.

Arbeitsförderungsgeld (§ 43 SGB IX)
Nein – Zweckbestimmte Leistung i. S. von § 11a Abs. 3 SGB II.

Aufstiegsfortbildungsförderung
→ S. 509 ff.

Aufstockungsbeträge bei Altersteilzeit (§ 3 Abs. 1 Nr. 1a AtG)
Ja

Aufwandsentschädigung
- aus öffentlichen Kassen für öffentliche Dienste (§ 3 Nr. 12 EStG)
- für nebenberufliche Tätigkeiten als Übungsleiter, Ausbilder, Erzieher, Betreuer oder vergleichbare nebenberufliche Tätigkeiten (§ 3 Nr. 26 EStG)
- für nebenberufliche Tätigkeiten im Dienst oder Auftrag einer juristischen Person des öffentlichen Rechts, die in einem Mitgliedstaat der Europäischen Union oder in einem Staat belegen ist, auf den das Abkommen über den Europäischen Wirtschaftsraum Anwendung findet (§ 3 Nr. 26a EStG)
- für Vormundschaften nach § 1835a BGB, soweit sie zusammen mit den steuerfreien Einnahmen im Sinne der Nummer 26 den Freibetrag nach Nummer 26 Satz 1 nicht überschreiten (§ 3 Nr. 26b EStG)

Ja – Nach § 11b Abs. 2 Satz 3 SGB II Anrechnung wie reguläres Arbeitsentgelt, aber seit 1.1.2013 mit Grundfreibetrag von 200 € statt 100 € und Absetzbarkeit der tatsächlichen Aufwendungen, wenn aus mehreren Tätigkeiten nach § 3 Nr. 12, 26 – 26b EStG oder zusammen mit regulären Erwerbseinnahmen mehr als 200 € monatlich erzielt werden.
Zu Einzelheiten der Anrechnung → S. 503 ff.
Nein – Nach § 11b Abs. 2 Satz 4 SGB II, soweit Einnahmen aus öffentlichen Kassen für öffentliche Dienste zweckbestimmt sind (Fahrkostenentschädigung, Sitzungsgelder). So schon zu § 11 SGB II a. F. BSG vom 26.5.2011 – B 14 AS 93/10 R. Mandatsträgerbeiträge oder Mitgliedsbeiträge zur Partei sind von den Aufwandsentschädigungen ehrenamtlich tätiger Bürgermeister und Stadträte nicht als Werbungskosten abzusetzen (BSG vom 26.5.2011, a.a.O.). Zur Auskunftspflicht über die gezahlte Entschädigung s. LSG Berlin-Brandenburg vom 18:7.2007 – L 19 B 1000/07 AS ER. Zur Forderung nach einer weiter gehenden Anrechnungsfreiheit siehe BT-Drs. 17/9950 vom 13.6.2012.

Ausbildungsgeld (§ 122 SGB III)
→ S. 509 ff.

Ausgleichsleistungen für SED-Opfer/seit 9.12.2010 auch DDR-Heimkinder
- Soziale Ausgleichsleistungen nach §§ 17 – 19 StRehaG
Nein – Anrechnungsfrei nach § 16 Abs. 4 StRehaG (s. dazu BGH vom 26.11.2014 – XII ZB 542/13).
- Kapitalentschädigung für SED-Opfer (§ 17 StRehaG)
Nein – Anrechnungsfrei nach § 16 Abs. 4 StRehaG.
- Beschädigtenversorgung nach § 21 StRehaG
Nein – In Höhe der Grundrente nach dem BVG (§ 11a Abs. 1 Nr. 2 SGB II).

Ausgleichsleistungen für Enteignungen auf besatzungsrechtlicher oder besatzungshoheitlicher Grundlage
Ja – LSG Sachsen vom 12.12.2014 – L 7 AS 103/12.

Ausgleichsrente (§§ 32, 41, 43, 47 BVG)
Ja

Ausgleichszahlung
- nach § 48 BeamtVG
  Ja
- nach § 38 SVG
  Ja
- zur Abgeltung von Zugewinn und Versorgungsausgleich
  Ja – Vgl. dazu FG Münster vom 11.11.2015 – 7 K 453/15 E.

Auslandsverwendungszuschlag (§§ 8 f. WSG)
Nein

Auslöse
Ja – Es sei denn, es werden freiwillige Extras (Gutschein für einen Restaurantbesuch) gewährt, die nach § 11a Abs. 5 SGB II anrechnungsfrei sind. Die frühere Rechtsprechung, wonach Arbeitgeberleistungen für Mehraufwendungen als zweckbestimmtes Einkommen nach § 11 Abs. 3 Nr. 1a SGB II nicht angerechnet wurden (dazu BSG vom 11.12.2012 – B 4 AS 27/12 R), ist nicht mehr anwendbar.

BAB (§§ 56 ff. SGB III)
→ S. 509 ff.

BAföG
→ S. 509 ff.

Bagatelleinkommen
Ja – Gemäß § 1 Abs. 1 Nr. 1 Alg II-VO, wenn über 10 € im Monat. Sind die Einkünfte höher als 10 €, erfolgt kein Abzug der 10 € nach § 1 Abs. 1 Nr. 1 Alg II-VO als Freibetrag (SG Reutlingen vom 24.4.2007 – S 2 AS 4151/06; LSG Sachsen vom 8.4.2010 – L 2 AS 248/09). Wegen der 30-€-Versicherungspauschale kommt der Regelung ein nennenswerter Anwendungsbereich nur zu, wenn man sie so versteht, dass zusätzliches Einkommen bis 10 € monatlich anrechnungsfrei bleibt (Beispiel: L. erhält von seiner Mutter monatlich 10 € für Zigaretten. Er bezieht Alg II aufstockend zu Einkommen aus einem 400 €-Minijob. Angerechnet werden nur die bereinigten 240 € aus dem Minijob).

Baukindergeld (§§ 34 f. EStG)
Ja

Begabtenförderwerke
- Deutschland-Stipendium
  Nein
- Grundstipendium
  Ja – § 11a Abs. 3 Nr. 3 SGB II.
- Aufstiegs-Stipendium
  Nein

Begrüßungsgeld für Neugeborene
Nein – Freiwillige Zuwendung nach § 11a Abs. 5 SGB II (zur früheren Rechtslage s. Antwort der Bundesregierung vom 21.12.2007 – BT-Drs. 16/7639).

Beihilfen
- neben Versorgungskrankengeld (§ 17 BVG)
  Ja
- in Krankheits-, Geburts- und Todesfällen
  Nein

Beitragserstattung aus Versicherungsvertrag
Nein – Es handelt sich um Vermögen, wenn der Versicherungsnehmer die Beiträge infolge einer vorzeitigen Beendigung des Versicherungsvertrages erlangt (VHG Baden-Württemberg vom 1.9.2004 – 12 S 844/04; VG Aachen vom 27.9.2013 – 2 K 1010/11).
Nein – Wenn die angesammelten Beiträge aus dem Regelbedarf bestritten wurden.

Beitragszuschüsse der Rentenversicherung (§ 106 SGB VI)
Nein

Beitragszuschuss des Arbeitgebers zur Kranken- und Pflegeversicherung (§ 257 SGB V, § 61 SGB XI)
Nein

Bekleidungsgeld (§ 15 BVG)
Nein – Vgl. VG Hannover 2.3.2012 – 3 A 2714/12; LSG Berlin-Brandenburg vom 20.3.2014 – L 3 U 236/11; LSG Baden-Württemberg vom 21.9.1987 – L 7 PKH 244/87 B.

Belegschaftsaktien
Nein – Soweit sie schon erworben wurden und solange sie einer Veräußerungssperre unterliegen (kein verfügbares Einkommen); zur steuerrechtlichen Wertung s. BFH vom 22.9.2011 – III R 73/08.
Ja – Soweit frei veräußerbar oder wieder in Arbeitsentgelt umwandelbar, **aber** seit 1.8.2016 als Vermögen (geldwerte Einnahme).

Berufsschadensausgleich (§ 30 Abs. 3 BVG)
Ja – BSG vom 17.10.2013 – B 14 AS 58/12 R.

Betreuer
- Betreuungspauschale für die Aufnahme behinderter Menschen nach § 53 SGB XII
  Nein – LSG NRW vom 17.9.2009 – L 7 AS 41/08.
- Aufwendungsersatz (§ 1835 BGB)
  Ja – Reguläres Erwerbseinkommen.
- Betreuungspauschale (§ 1835a BGB)
  Nein – Nach SG Cottbus vom 20.8.2014 – S 2 AS 3428/12 zweckbestimmtes Einkommen (§ 11a Abs. 3 SGB II); s. auch → S. 506.

Betreuungsgeld
Ja – In voller Höhe. Pflichtversicherungsbeiträge und die 30 €-Pauschale sind absetzbar, wenn sonst kein Einkommen bezogen wird. Seit 1.1.2014 wird das Betreuungsgeld um einen monatlichen Beitrag von 15 € für die Altersvorsorge erhöht. Dieser Vorsorgebeitrag wird nicht angerechnet.

Betriebliche Altersvorsorge
- Bei Entgeltumwandlung
  Nein – In Höhe des Mindesteigenbeitrags nach § 86 EStG (BSG vom 9.11.2010 – B 4 AS 7/10 R).
- Bei Direktzusage (Arbeitgeber behält Entgelt für spätere Altersvorsorge ein)
  Nein – Nicht als Einkommen verfügbar (vgl. VG Düsseldorf vom 18.2.2013 – 24 K 7666/11).
- Bei Zuwendung des Arbeitgebers an eine Pensionskasse nach § 3 Nr. 56, Nr. 63 EStG
  Ja – Aber in Höhe der tatsächlichen Beiträge vom Einkommen als aktuell nicht verfügbares Einkommen absetzbar, solange keine Möglichkeit besteht, die Beitragshöhe auf den Mindesteigenbeitrag nach § 86 EStG zu senken (BSG vom 9.11.2010 – B 4 AS 7/10 R).

Betriebliche Invaliditätsrente
Ja – Ohne Abzug eines Anteils für die Behinderung (BSG vom 16.5.2007 – B 11b AS 27/06 R).

Betriebskostenguthaben
→ S. 361

Betriebsrente
Ja – LSG Sachsen vom 26.9.2012 – L 3 AS 408/12 B ER.

Bildungskredit der KfW
Nein – Zweckbestimmtes Einkommen nach § 11a Abs. 3 SGB II (SG Detmold vom 1.9.2006 – S 9 AS 187/06 ER; LSG Berlin-Brandenburg vom 24.6.2008 – L 14 AS 1171/07). Siehe auch BAG vom 28.4.2016 – 8 AZB 65/15.

Blindenführhund (§ 14 BVG)
Nein

Blindengeld nach LandesblindenG
Nein – Zweckbestimmte Leistung nach § 11a Abs. 3 SGB II (SG Dresden vom 28.7.2010 – S 6 AS 2932/10 ER; SG Düsseldorf vom 10.10.2013 – S 37 AS 3151/11; LSG NRW vom 11.8.2014 – L 20 SO 141/13; s. auch LSG Berlin-Brandenburg vom 17.9.2015 – L 31 AS 1894/14).

Blindenhilfe nach § 72 SGB XII
Nein – Zweckbestimmte Leistung nach § 11a Abs. 3 SGB II (SG Dresden vom 28.7.2010 – S 6 AS 2932/10 ER; s. auch BSG vom 11.12.2007 – B 8/9b SO 20/06 R).

Blutspendeentschädigung
Nein – Freiwillige Zuwendung nach § 10 TFG (SG Detmold vom 31.3.2009 – S 13 AS 21/07; s. auch OVG Rheinland-Pfalz vom 19.12.2013 – 6 A 10608/13).
Zu einem Schmerzensgeldanspruch bei Hämatombildung nach Blutspende s. LG Essen vom 1.10.2012 – 1 O 154/11.

Cash-statt-Handy-Geschäft
Nein – HessLSG vom 15.4.2015 – L 6 AS 828/12.

Conterganrente
Nein – § 18 ConStiftG; s. auch BGH vom 16.7.2014 – XII ZB 164/14.

Darlehen
Nein – BSG vom 17.6.2010 – B 14 AS 46/09 R und vom 20.12.2011 – B 4 AS 46/11 R.

Aber nur, wenn echtes Darlehen und keine Schenkung (→ Geschenke). Für Darlehen spricht, wenn in der Vergangenheit (vergleichbare) Geldzuwendungen tatsächlich zurückgezahlt wurden (LSG NRW vom 3.3.2008 – L 7 B 240/07 AS) oder wenn die Rückzahlungspflicht außer Zweifel steht (LSG NRW vom 12.12. 2008 – L 7 AS 62/08). Ein Darlehen bleibt nicht nur dann unberücksichtigt, wenn ein Dritter vorläufig eingesprungen ist, weil der SGB II-Träger nicht rechtzeitig geholfen oder Hilfe abgelehnt hat (BSG vom 17.6.2010 – B 14 AS 46/09 R). An die Ernsthaftigkeit der Rückzahlungsverpflichtung bei Darlehen unter Verwandten sind nach BSG, a.a.O. strenge Anforderungen zu stellen, um sie von verdeckten Schenkungen abzugrenzen. Eine schriftliche Fixierung oder die Vereinbarung von Bedingungen, die im Kreditgewerbe üblich sind, ist aber nicht erforderlich (LSG NRW vom 17.12.2008 – L 7 AS 62/08). Die im Steuerrecht geltenden Grundsätze (BMF vom 23.12.2010, DB 2011, S. 87) sind nur insoweit brauchbar, als darin Indizien für eine verdeckte Schenkung benannt werden. Dass der Darlehensnehmer »arm« ist und somit ein erhebliches Risiko der Rückgewähr des Darlehens besteht, macht es auch ohne besondere Absicherung nicht zu einer anrechenbaren Schenkung. Auch ein bestimmtes Datum für die Rückzahlung muss nicht vereinbart worden sein (SG Cottbus vom 13.5.2009 – S 14 AS 238/09; BSG vom 20.12.2011 – B 4 AS 46/11 R). Eine verdeckte Schenkung kann aber vorliegen, wenn ein plausibler Grund für ein Darlehen nicht erkennbar ist oder die für ein Darlehen wesentliche Rückzahlungsabrede fehlt (LSG NRW vom 8.2.2010 – L 19 (20) AS 45/09; dazu auch BSG vom 8.9.2010 – B 14 AS 44/10 R; SG Karlsruhe vom 21.2.2013 – S 4 AS 4957/11) oder wenn nach einer ersten Darlehensvergabe ein weiteres Darlehen gegeben wird, obwohl die laut erstem Darlehensvertrag vereinbarte Rückzahlung in monatlichen Raten durch den Darlehensnehmer tatsächlich nicht erfolgt (LSG Sachsen-Anhalt vom 17.4.2015 – L 4 AS 137/15 B ER).

Kein anrechnungsfreies Darlehen, sondern Einkommen sind Leistungen, die unter dem Vorbehalt einer Rückgewähr vergeben worden sind; auch wenn die vereinbarte Bedingung für die Rückforderung später eintritt, handelt es sich im Zuflusszeitraum um aktuell zur Verfügung stehendes Einkommen im Sinne von § 11 Abs. 1 Satz 1 SGB II, sofern keine sonstige Privilegierung vorliegt (LSG NRW vom 17.12.2009 – L 7 B 351/09 AS: Unterhalt für eine vom Arbeitgeber geförderte Weiterbildungsmaßnahme unter der Bedingung, dass der Begünstigte nach Bestehen der Prüfung im Unternehmen arbeitet).

Hatte der Leistungsberechtigte vor Eintritt in den Alg II-Bezug ein Darlehen aus seinem Vermögen vergeben, sind rückfließende Tilgungsraten – ohne evt. Zinserträge, die Einkommen sind – nicht als Einkommen anzurechnen.

Dispositionskredit
Ja – Wenn nach Ausgleich eines Saldos mit zugeflossenem Einkommen erneut verfügbar (BSG vom 29.4.2015 – B 14 AS 10/14 R).

Dopingopferhilfe (§ 8 Abs. 2 Dopingopfer-Hilfegesetz)
Nein – Zweckbestimmte Leistung nach § 11a Abs. 3 SGB II. Obwohl § 8 Abs. 2 eine Anrechnung auf »Leistungen der Sozialhilfe« ausschließt, ergibt sich aus der Bezugnahme auf § 17 HIVHG (BR-Drs. 121/16, S. 15), dass auch keine Anrechnung auf Alg II gewollt ist.

Ebay-Verkaufserlöse
Ja – Wenn nicht privilegierte Geschenke oder sonstige, im laufenden Alg II-Bezug erlangte Sachwerte verkauft werden.

Ja – Soweit aus dem Verkauf ein Gewinn (Mehrwert-Erlös) erzielt wird (HessLSG vom 29.10.2012 – L 9 AS 357/10).

Nein – Wenn zum Schonvermögen gehörende oder vom Alg II erworbene Gegenstände ohne Gewinn verkauft werden (bloße Vermögensumschichtung). Zur Abgrenzung gelegentlicher ebay-Verkäufe zur selbständigen Tätigkeit s. BFH vom 26.4.2012 – V R 2/11 und vom 12.8.2015 – XI R 43/13; OLG Hamm vom 17.1.2013 – 4 U 147/12; FG Münster vom 19.6.2015 – 14 K 3865/12; FG Köln vom 4.3.2015 – 14 K 188/13.
Zu den Ermittlungsbefugnissen der Jobcenter im Fall kommerziellen Internethandels s. HessLSG vom 24.10.2013 – L 6 AS 476/13 B ER.

Ehrenamt
→ Aufwandsentschädigung

Ehrensold für Künstler sowie Zuwendungen aus Mitteln der Künstlerhilfe
Nein – Soweit es sich um Mittel handelt, die wegen der Bedürftigkeit gezahlt werden (= freiwillige Zuwendungen i.S. § 11a Abs. 5 SGB II).

Eigenheimzulage
Ja – Wenn das Eigentum nicht zum Schonvermögen i. S. von § 12 Abs. 3 Satz 1 Nr. 4 SGB II gehört; die Eigenheimzulage ist nach LSG Sachsen-Anhalt vom 5.12.2008 – L 5 B 273/08 AS ER dann als Einkommen anzurechnen, auch wenn sie für die Finanzierung des Eigenheims verwendet wird. Nach SG Reutlingen vom 29.5.2008 – S 4 AS 3335/06 ist der Teil der Eigenheimzulage anzurechnen, der nicht zur Tilgung eingesetzt wird (a. A. LSG Baden-Württemberg vom 26.6.2008 – L 12 AS 694/08: auch dann keine Teilanrechnung).

Nein – Gemäß § 1 Abs. 1 Nr. 7 Alg II-VO. Danach bleibt die nachweislich zur Finanzierung einer nach § 12 Abs. 3 Nr. 4 SGB II geschützten Immobilie verwendete Eigenheimzulage anrechnungsfrei (BSG vom 18.2.2010 – B 14 AS 74/08 R; LSG Sachsen-Anhalt vom 9.11.2011 – L 5 AS 157/11 NZB). Zur Finanzierung i. S. von § 1 Abs. 1 Nr. 7 Alg II-VO gehört auch der Bau einer Kleinkläranlage (LSG Mecklenburg-Vorpommern vom 19.1.2009 – L 8 B 60/08) oder die Bezahlung von Baumaterial der Handwerkerrechnungen (LSG Berlin-Brandenburg vom 24.3.2009 – L 25 AS 11/09 B PKH; SG Lüneburg vom 10.6.2009 – S 81 AS 841/09 ER).

Einkommensteuererstattung
Ja – BSG vom 30.9.2008 – B 4 AS 29/07 R, vom 16.12.2008 – B 4 AS 48/07 R und vom 13.5.2009 – B 4 AS 49/08 R; BVerfG vom 8.11.2011 – 1

BvR 2007/11 sieht keine verfassungsrechtlichen Probleme. Dass die Steuererklärung erst erheblich später nach dem Ablauf des Veranlagungsjahres abgegeben wurde, ist rechtlich unbeachtlich (LSG NRW vom 5.10.2009 – L 19 AS 30/09), ebenso eine nach § 46 AO unwirksame Abtretung der Steuererstattung (SG Lübeck vom 14.12.2010 – S 27 AS 1470/10 ER). Zur Aufteilung einer Steuerschuld bei Eheleuten, um für den gering verdienenden Ehepartner eine Schuldminderung und sogar Steuererstattung zu erlangen s. FG Berlin-Brandenburg vom 6.10.2009 – 7 K 7453/06 B. Kann die Steuererstattung zweifelsfrei einem Ehepartner zugeordnet werden, ist sie auch im Fall der Zusammenveranlagung nach § 26b EStG nur diesem Ehepartner als anrechenbares Einkommen zuzurechnen (BSG vom 11.2.2015 – – B 4 AS 29/14 R).

Elterngeld
Ja – Nach § 10 Abs. 5 BEEG wird das Elterngeld arbeitsloser Eltern (300 €) voll auf das Alg II angerechnet (BSG vom 26.7.2016 – B 4 KG 2/14 R). Für Eltern, deren Elterngeld sich nach dem Durchschnittsentgelt der letzten zwölf Monate bemisst, bleibt der daraus resultierende Betrag, höchstens bis zu einem Betrag von 300 € anrechnungsfrei (dazu Ausschussdrucksache 17(13)57 zum Haushaltsbegleitgesetz). Geschwister- und Mehrlingsbonus werden ebenfalls angerechnet (s. dazu BT-Drs. 17/5017 vom 11.3.2011). Das BSG vom 26.7.2016 – B 4 KG 2/14 R hält die Anrechnung für verfassungsgemäß. Zur genauen Berechnung → S. 530 ff.

Elternrente
- nach § 49 BVG
  Nein
- nach § 69 SGB VII
  Ja

Entgeltumwandlung
→ Betriebliche Altersvorsorge

Entlassungsentschädigung
→ Abfindung

Entlassungsgeld für Soldaten (§ 9 WSG)
Ja

Entschädigung nach § 15 Abs. 2 AGG
Nein – Nach § 11a Abs. 2 SGB II freigestellt (BSG vom 22.8.2012 – B 14 AS 164/11 R). Zum Anspruch auf Entschädigung s. BVerwG vom 3.3.2011 – 5 C 15.10.
Ja – Zahlungen zum Ausgleich eines materiellen Schadens nach § 15 Abs. 1 AGG (HessLSG 17.8.2015 – L 9 AS 618/14).

Entschädigung der Katholischen Kirche an Missbrauchsopfer
Nein – S. auch BGH vom 22.5.2014 – IX ZB 72/12.

Entschädigung für die Wahrnehmung eines Erörterungstermins beim Sozialgericht nach § 21 JVEG
Nein – Zweckbestimmt nach § 11a Abs. 3 SGB II (zur Höhe der Entschädigung bei Alg II-Beziehern s. LSG Sachsen-Anhalt vom 18.11.2011 – L 4 P 18/09).

Erbschaft
→ S. 384 ff.

Erbschaftssteuererstattung
Nein – Wenn die Erbschaft, aus der die Steuer gezahlt wurde, als Vermögen zu werten ist. Die Erstattung ist dann nur ein Surrogat für die vorherige Vermögensentnahme (VG Aachen 27.9.2013 – 2 K 1010/11).
Ja – Wenn die Erbschaft als Einkommen zu werten ist. Die spätere Erstattung der daraus gezahlten Steuer ist dann ein Einkommenszufluss.

Erholungshilfe (§ 27b BVG)
Nein – Zweckbestimmte Leistung nach § 11a Abs. 3 SGB II.

Erlöse aus dem Verkauf von Vermögensbeständen
Nein – Sind als Vermögen zu betrachten. Es handelt sich lediglich um eine Umschichtung des vorhandenen Vermögens (BSG vom 25.4.2002 – B 11 AL 69/01 R), es sei denn, es wird ein Verkaufserlös über Wert erzielt. Dieser ist anzurechen.

Erschwerniszulage
Ja – Konkret nachweisbare Aufwendungen können aber nach § 11b Abs. 1 Nr. 5 SGB II abgesetzt werden.

Erstattungen verauslagter Behandlungs- und Medikamentenkosten
(§§ 13 Abs. 2, 53 Abs. 4 SGB V)
Nein – Zweckbestimmte Leistungen für die Gesundheitsvorsorge (s. auch AG Montabaur vom 25.4.2013 – 14 IK 20/13).

Erträge aus gefördertem Altersvorsorgevermögen (§ 10a EStG)
Nein

Erwerbseinkommen
→ S. 420 ff.

Erziehungsgeld und vergleichbare Landesleistungen
Nein – Freiwillige Zuwendung nach § 11a Abs. 5 SGB II.

Erziehungsrente nach § 47 SGB VI
Ja – LSG Sachsen-Anhalt vom 13.10.2010 – L 5 AS 141/08.

Existenzgründungsbeihilfe (nach Landesrecht)
Nein – Freiwillige Zuwendung nach § 11a Abs. 5 SGB II.

Familienhilfe nach § 54 Abs. 3 SGB XII
Nein – Seit August 2009 können Leistung der Eingliederungshilfe nach § 54 SGB XII auch als Hilfe für die Betreuung des behinderten Menschen in einer Pflegefamilie gewährt werden (Familienhilfe nach § 54 Abs. 3 SGB XII). Die dafür gezahlten Leistungen sind nach § 11a Abs. 3 Satz 2 Nr. 1 SGB II entsprechend den Grundsätzen für die Vollzeitpflege nach § 33 SGB VIII (→ S. 410) nicht als Einkommen der Pflegeeltern zu berücksichtigen. Zur Abgrenzung zwischen Vollzeitpflege und Familienhilfe nach § 54 SGB XII s. OVG Saarland vom 26.11.2009 – 3 B 433/09.

Fehlgeldentschädigung (Mankogeld)
Ja – Zusätzliches Arbeitsentgelt.

Ferienjob

Nein – Seit 1.6.2010 wird Einkommen aus Ferienjobs für Schüler, die keine Ausbildungsvergütung erhalten, nicht angerechnet, wenn das Einkommen bei einer Arbeit in den Ferien bis zu vier Wochen 1200 € im Kalenderjahr nicht übersteigt (§ 1 Abs. 4 Alg II-VO). Das gilt auch, wenn das Einkommen erst nach den Ferien zufließt. Einzelne, kürzere Ferienjobs werden zusammengerechnet. Tätigkeiten während der Schulferien mit einem Einkommen bis 100 € bleiben bei Berechnung der Vier-Wochen-Grenze unberücksichtigt.

Die Vorschrift lässt offen, ob Schüler, die in den Ferien so viel arbeiten, dass der Vier-Wochen-Zeitraum überschritten wird, wählen können, für welche Ferienzeit § 1 Abs. 1 Nr. 4 Alg II-VO greifen soll. Der Regelungszweck (s. dazu auch LSG NRW vom 14.12.2012 – L 19 AS 2210/12 NZB) spricht für ein Wahlrecht:

»Ziel dieser Verordnung ist daher, für junge Menschen gezielt Anreize zur Aufnahme von Arbeit zu setzen und Einnahmen von Schülerinnen und Schülern aus in den Schulferien ausgeübten Erwerbstätigkeiten weitgehend zu privilegieren. Damit werden Schülerinnen und Schüler hilfebedürftiger Eltern denjenigen gleichgestellt, deren Eltern nicht hilfebedürftig sind: Sie können die Einnahmen aus ihrer Arbeit weitgehend für eigene Wünsche behalten«. (Begründung zur Dritten Verordnung zur Änderung der Arbeitslosengeld II/Sozialgeldverordnung, Download unter BMAS »Ferienjobverordnung«).

Bei Schülern, die das ganze Jahr über eine Nebentätigkeit oberhalb der 100 €-Grenze ausüben, wird das Einkommen freigestellt, das in den ersten vier Ferienwochen erarbeitet wird.

Zum Vermögensschutz, falls das privilegierte Ferieneinkommen gespart wird → S. 580.

Firmenwagen

- bei Arbeitnehmern → S. 432 f.
- bei Selbständigen → S. 479.

Förderung aus dem Vermittlungsbudget (§ 45 SGB III)

Nein – Mindert aber die Absetzungen nach § 11b Abs. 1 Nr. 5 SGB II.

Genesungsgeld aus privater Krankenversicherung

Ja

Geschenke

Nein – Soweit die Anrechnung des Geschenks grob unbillig wäre oder die Lage des Beschenkten nicht so günstig beeinflusst, dass daneben Leistungen nach dem SGB II nicht gerechtfertigt wären (§ 11a Abs. 5 SGB II). S. zur früheren Rechtslage LSG Sachsen vom 8.4.2010 – L 2 AS 248/09.

Nach § 1 Abs. 1 Nr. 12 Alg II-VO bleiben Geldgeschenke zur Kommunion, Konfirmation und zu vergleichbaren religiösen Festen sowie zur Jugendweihe anrechnungsfrei, wenn sie 3.100 € nicht überschreiten.

Seit 1.8.2016 sind Geschenke mit Geldeswert Vermögen.

Gipsgeld aus privater Krankenversicherung

Ja – Soweit nicht für Zusatzkosten der ambulanten Behandlung benötigt.

Glücksspielgewinne

Ja – SG Dortmund vom 19.3.2007 – S 27 AS 59/07 ER: Pkw gewonnen; LSG NRW vom 13.12.2010 – L 19 AS 77/09; SG Frankfurt vom 14.7.2011 – S 32 AS 788/11 ER; LSG Sachsen-Anhalt vom 23.2.2011 – L 2 AS 187/08: Lottogewinn. S. auch SG Mainz vom 6.5.2014 – S 15 AS 132/11.
Seit 1.8.2016 sind Gewinne mit Geldeswert Vermögen. Bei Geldgewinn aus Spielautomaten sind als notwendige Ausgaben nach § 11b Abs. 2 Satz 1 Nr. 5 SGB II nur die Einsätze vom Spielgewinn absetzbar, die zum Spielgewinn geführt haben, nicht hingegen sämtliche aufgewendete Spieleinsätze (BSG vom 15.6.2016 – B 4 AS 41/15 R).

Gründungszuschuss (§ 93 SGB III)

Ja – Die Berechtigung zur Anrechnung folgt daraus, dass der Gründungszuschuss auch »zur Sicherung des Lebensunterhalts« dient (BSG vom 1.6.2010 – B 4 AS 67/09 R). Von den 300 € für die soziale Absicherung sind der Beitrag zur Rentenversicherung, bei Versicherungspflicht auf Antrag nach § 28a SGB III der Beitrag zur Arbeitslosenversicherung und der Beitrag zur Unfallversicherung abzuziehen.

Grundrente (§ 31 BVG)

- in direkter oder entsprechender Anwendung von § 31 BVG

Nein – Zum Beispiel für Wehr-, Zivildienstopfer, Impfgeschädigte, Opfer von Gewalttaten, Conterganopfer.

- für Hinterbliebene

Nein

- vergleichbare Auslandsrenten

Nein – Die Vergleichbarkeit muss sich auf den Charakter der Entschädigung als ein Sonderopfer, nicht allein auf die Behinderung beziehen (BSG vom 5.9.2007 – B 11b AS 49/06 R, zu einer britischen Kriegsopferrente).

Guthaben Haushaltsenergie

Ja – Guthaben aus unverbrauchten Abschlägen für Haushaltsenergie (Strom für Licht, Haushaltsgeräte) sind im Zuflussmonat als Einmaleinkommen nach § 11 Abs. 3 SGB II anzurechnen, wenn es sich um Guthaben aus Zeiten vor dem Leistungsbezug handelt.
Nein – Abrechnungsguthaben, die sich auf Zeiträume des Alg II-Bezuges beziehen, bleiben anrechnungsfrei (§ 11a Abs. 1 Satz 1 SGB II: »Leistungen nach diesem Buch« = Ansparung aus dem Regelbedarf). So zu § 11 SGB II a. F. BSG vom 23.8.2011 – B 14 AS 185/10 R.

Guthaben Betriebs- und Heizkostenabrechnung

Ja – Auf die Unterkunfts- und Heizkosten nach § 22 Abs. 3 SGB II, der als speziellere Norm die §§ 11–11b SGB II verdrängt.
Nein – Wenn es infolge einer Aufrechnung des Vermieters mit sonstigen Forderungen nicht zur Auszahlung oder Gutschrift des Guthabens kommt (dazu LSG Niedersachsen-Bremen vom 19.3.2014 – L 13 AS 3/13).

Härtefall-Stiftung des Soldatenhilfswerkes der Bundeswehr e. V.

Nein – Zweckbestimmte Leistung nach § 11a Abs. 3 SGB II.

Häusliche Krankenpflege (§ 37 SGB V)

Nein – Zweckbestimmte Leistung (§ 11a Abs. 3 SGB II) für die Erbringung der Pflegedienste.

Haushaltshilfe (§ 38 SGB V)
Nein – Zweckbestimmte Leistung nach § 11a Abs. 3 SGB II.

Hepatitis-C-Infektion
- Einmalzahlung (§ 3 Abs. 3 AntiDHG)
Nein
- Laufende Rente (§ 3 Abs. 2 AntiDHG)
Ja – Aber nur zur Hälfte. Siehe dazu auch BT-Drs. 17/9071 vom 21.3.2012.

HIV-Hilfen (§ 17 HIVHG)
Nein

Insolvenzgeld (§ 165 SGB III)
Ja – BSG vom 13.5.2009 – B 4 AS 29/08 R.

Jobticket
Ja – Bis zum 31.7.2016 begrenzt auf den Anteil für Verkehrsdienstleistungen im maßgebenden Regelbedarf (§ 2 Abs. 6 Satz 2 Alg II-VO).
Seit 1.8.2016 ist der Verkehrwert anzurechnen. Erstattet der Arbeitgeber die Fahrkosten in Höhe eines bestimmten Geldbetrages, ist dieser Betrag zunächst dem Brutto-Einkommen zuzuschlagen (Bestimmung der Freibeträge nach § 11b Abs. 3 SGB II); dann ist das Netto-Einkommen um die Fahrkosten nach § 6 Alg II-VO zu kürzen, soweit sie den Grundfreibetrag nach § 11b Abs. 2 SGB II übersteigen (vgl. auch LSG Rheinland-Pfalz vom 25.11.2008 – L 3 AS 118/07).

Kapitalvermögenseinkünfte
→ S. 535

Kautionsrückzahlung
Nein – Wenn die Kaution über eine Tilgung nach § 42a SGB II aufgebracht wurde.
Nein – Wenn die Kaution aus Schonvermögen selbst finanziert wurde.
Nein – Wenn die Kaution schon vor dem Alg II-Bezug aus eigenen Mitteln finanziert wurde.
Ja – Wenn von Dritten übernommene Kaution dem Leistungsberechtigten zur freien Verwendung überlassen wird (vgl. dazu BSG vom 6.10.2011 – B 14 AS 66/11 R).

Kinderbetreuungskosten
- nach § 14b BAföG
Nein – Gemäß § 14b Abs. 2 BAföG.
Auch keine Anrechnung auf den Mehrbedarf für Alleinerziehung nach § 21 Abs. 3 SGB II.
- nach § 64 Abs. 3 SGB III
Nein – Gemäß § 11a Abs. 3 Nr. 3 SGB II.
- nach § 10 Abs. 3 AFBG
Nein – Gemäß § 11a Abs. 3 Nr. 3 SGB II.
- nach § 83 Abs. 1 Nr. 4 SGB III
Nein – Gemäß § 11a Abs. 3 SGB II.
- nach § 53 SGB IX
Nein – Gemäß § 11a Abs. 3 Nr. 3 SGB II.

Kindergeld
→ S. 562 ff.

Kinderzuschlag nach Besoldungsrecht
Wie Kindergeld.

Krankengeld (§ 44 SGB V)
Ja – BSG vom 27.9.2011 – B 4 AS 180/10 R.

Krankenhaustagegeld (aus privater Krankenversicherung)
Nein – Zweckbestimmtes Einkommen, soweit damit Mehrkosten wegen des Krankenhausaufenthalts abgegolten werden (SG Dortmund vom 23.8.2007 – S 22 (31, 48) AS 532/05).
Ja – BSG vom 18.1.2011 – B 4 AS 90/10 R.

Krankentagegeld (aus privater Krankenversicherung)
Ja – Zum Anspruch auf Krankentagegeld für Arbeitslose s. BGH vom 27.2.2008 – IV ZR 219/06.

Kurzarbeitergeld (§ 195 SGB III)
Ja – BSG vom 14.3.2012 – B 14 AS 18/11 R.

Leibrente aus Grundstücksverkauf
Ja – SG Dresden vom 31.3.2008 – S 34 AS 1433/07.

Leistungen nach Strafvollzugsgesetz
- Arbeitstherapiegeld nach § 43 StVollzG
  Ja – LSG Berlin-Brandenburg vom 24.2.2012 – L 15 SO 75/09.
- Hausgeld
  Ja – Soweit es bei der Haftentlassung ausgezahlt wird und im Alg II-Antragsmonat zufließt.
  Nein – Soweit es dem Lebensunterhalt in der Haft dient oder vor dem Alg II-Antragsmonat zufließt.
- Überbrückungsgeld nach § 51 StVollzG
  Ja – Bis 31.7.2016: Wenn Zufluss nach Alg II-Antrag erfolgt (BSG vom 6.10.2011 – B 14 AS 94/10 R). Für die Zeit bis zum 31.3.2011 ist nach § 2 Abs 3 Alg II-VO a. F. § 51 StVollzG zu beachten, wonach das Überbrückungsgeld den notwendigen Lebensunterhalt des Gefangenen und seiner Unterhaltsberechtigten nur für die ersten vier Wochen nach der Entlassung aus der Haft sichern soll (BSG vom 23.8.2013 – B 14 AS 78/12 R). So auch für die Zeit nach dem 1.4.2011 (LSG NRW vom 16.5.2014 – L 12 AS 416/14 B ER; BSG vom 24.4.2015 – B 4 AS 22/14).
  Nein – Wenn Zufluss vor Alg II-Antrag erfolgt (= Vermögen).
  Für die Zeit seit 1.8.2016 → S. 523 f.
- Haftkostenbeitrag
  Nein
- Eigengeld
  Ja – Soweit es im Alg II-Antragsmonat zufließt (LSG Baden-Württemberg vom 24.4.2009 – L 12 AS 5623/08; s. dazu auch OLG Hamm vom 14.1.2004 – 11 UF 89/03). Auch soweit das Eigengeld aus Arbeitsleistungen des Strafgefangenen stammt, ist es nicht um Freibeträge für Erwerbstätigkeit zu bereinigen (Rückschluss aus dem Vollstreckungsrecht, s. dazu BGH vom 20.6.2013 – IX ZB 50/12; VG Düsseldorf vom 22.7.2013 – 6 K 3059/11; KG Berlin vom 8.3.2013 – 2 Ws 56/13 Vollz).

Nein – Soweit es vor dem Alg II-Antragsmonat zufließt oder es sich um das bei Strafantritt verwahrte Geld handelt.

Medikamentenstudie, Aufwendungsersatz
Ja – VG Augsburg vom 28.10.2010 – F 15 SO 113/10; BayLSG vom 5.12.2012 – L 16 AS 1049/11.

Mehrleistung der gesetzlichen Unfallversicherung (§ 94 SGB VII)
Nein

Meister-BAföG
→ S. 509

Morgengabe nach iranischem Familienrecht
Ja – LSG NRW vom 6.2.2009 – L 19 B 238/08 AS.

Motivationszulage
Ja – Sofern verpflichtende Arbeitgeberleistung.
Nein – Soweit freiwillige Leistung im Rahmen von § 11a Abs. 5 SGB II.
Nein – Wenn Anreiz für Arbeitstraining (BSG vom 28.2.2013 – B 8 SO 12/11 R; SG München vom 17.8.2015 – S 8 AS 1322/15 ER und vom 28.7.2015 – S 42 AS 1231/15).

Mutter-und-Kind-Stiftungsmittel
Nein – Die Leistungen sind gegenüber Leistungen nach dem SGB II nachrangig (§§ 2, 4, 5 des Gesetzes zur Einrichtung einer Stiftung »Mutter und Kind – Schutz des ungeborenen Lebens«). Ebenso Leistungen vergleichbarer Landesstiftungen.

Mutterschaftsgeld
→ S. 525 ff.

Nachzahlung
- **von Arbeitseinkommen**
Ja – BSG vom 18.2.2010 – B 14 AS 86/08 R: nachgezahltes Arbeitsentgelt; LSG Sachsen vom 25.10.2007 – L 2 AS 13/07, Anrechnung ab Zuflussmonat; ebenso LSG Baden-Württemberg vom 9.8.2007 – L 7 AS 5695/06; BSG vom 30.7.2008 – B 14 AS 26/07 R; LSG NRW vom 6.4.2011 – L 19 AS 546/11 B für Entgeltnachzahlung als Teil einer Abfindung.
Nein – LSG Sachsen-Anhalt vom 28.11.2005 – L 2 AS 2/05: keine Anrechnung, wenn schon auf andere Sozialleistung (Arbeitslosenhilfe) anzurechnen war.
- **von Sozialleistungen**
Ja – BSG vom 21.12.2009 – B 14 AS 46/08 R: nachgezahlte Alhi; BSG vom 16.12.2008 – B 4 AS 70/07 R: nachgezahltes Krankengeld; BSG vom 7.5.2009 – B 14 AS 4/08 R und B 14 AS 13/08 R: nachgezahltes Übergangsgeld; LSG Sachsen vom 30.10.2007 – L 2 B 372/07 AS-ER: Unterhaltsvorschuss; SG Düsseldorf vom 14.4.2008 – S 43 (28) AS 98/06; LSG Berlin-Brandenburg vom 27.11.2008 – L 14 B 1818/08 AS ER; LSG Baden-Württemberg vom 25.2.2011 – L 13 AS 628/11 ER-B: nachgezahlte Rente.
Nein – LSG Hamburg vom 17.7.2006 – L 5 B 71/06 ER AS: mit Widerspruch erstrittenes Alg II; BayLSG vom 29.9.2006 – L 7 AS 41/06: wegen Aufhebung einer Sperrzeit nachgezahltes Alg I; LSG Schleswig-Holstein vom 15.4.2008 – L 11 AS 10/07; SG Düsseldorf vom 19.10.2006 – S 35 AS 221/06 ER und vom 9.3.2009 – S 35 AS 12/07: nachgezahl-

te Alhi; SG Berlin vom 29.9.2006 – S 37 AS 10119/05: nachgezahltes Krankengeld; HessLSG 16.6.2011 – L 9 AS 658/10 B ER: nachgezahlter Gründungszuschuss, wenn nach ursprünglich zu Unrecht erfolgter Ablehnung des Gründungszuschusses ein Darlehen zur Aufnahme einer selbständigen Tätigkeit in Anspruch genommen wird und ein Aufschub des Beginns der selbständigen Tätigkeit nicht zumutbar ist; BSG vom 25.6.2015 – B 14 AS 17/14 R: nachgezahlte Asylbewerberleistungen. Siehe auch → Zinsen nach § 44 SGB I.

■ von Unterhalt
Ja – SG Speyer vom 1.6.2006 – S 1 ER 161/06 AS; SG Hamburg vom 11.1.2012 – S 3 AS 4322/10.

Opfer nationalsozialistischer Verfolgung (§§ 32 ff. BEG)
Nein – In Höhe der Grundrente nach § 31 BVG.

Pensionskasse
→ Betriebliche Altersvorsorge

Pensionssonderzahlung
Ja – BayLSG vom 20.11.2011 – L 7 AS 901/10 NZB.

Pflegegeld für die Betreuung von Kindern und Jugendlichen
Nein – In Höhe der für die Erziehung und Betreuung gezahlten **Sachkostenzuschüsse oder des Aufwendungsersatzes** dient das Pflegegeld stets der Sicherstellung des Lebensunterhalts des Pflegekindes. Ob diese Leistungen direkt nach den §§ 33, 39 SGB VIII oder im Rahmen eines privatrechtlichen Betreuungsvertrages gezahlt werden, spielt keine Rolle; entweder sind sie nach § 11a Abs. 3 SGB II nicht auf den Bedarf der Pflegeeltern anzurechnen oder über eine vertragliche Zweckbindung dem Einsatz für den Lebensunterhalt der Pflegeeltern entzogen (BSG vom 1.7.2009 – B 4 AS 9/09 R).
Streitig ist die Bewertung der für den Erziehungseinsatz gezahlten Gelder (**Erziehungsbeitrag**), weil es in der Praxis sehr unterschiedliche Formen der Betreuung gibt mit einem Wechsel von der Tagespflege nach § 23 SGB VIII zur Vollzeitpflege nach § 33 SGB VIII, einer befristeten zur dauerhaften Vollzeitpflege oder der Betreuung nach § 34 SGB VIII zur Vollzeitpflege nach § 33 SGB VIII. Grundsätzlich gilt:

■ Vollzeitpflege (§ 33 VIII)
Nach § 11a Abs. 3 Nr. 1 SGB II wird der Teil des SGB VIII-Pflegegeldes, der für den erzieherischen Einsatz gewährt wird, **für das 1. und 2. Pflegekind überhaupt nicht, für das 3. Pflegekind zu 75 %** sowie **für das 4. und jedes weitere Pflegekind in voller Höhe** angerechnet. Maßgebend sind die im Pflegevertrag ausgewiesenen Beträge, bei fehlender Aufgliederung die vom Deutschen Verein empfohlenen Beträge von 220 € monatlich pro Kind (BSG vom 1.7.2009 – B 4 AS 9/09 R). § 11a Abs. 3 Nr. 1 lässt offen, nach welchen Kriterien die **Rangfolge der Pflegekinder** festzulegen ist. Nach LSG Mecklenburg-Vorpommern vom 18.12.2008 – L 8 AS 60/08 sind die Kinder nach ihrem zeitlichen Eintritt in die Pflegefamilie zu berücksichtigen. Werden mehr als zwei Kinder zeitgleich zur Pflege aufgenommen, kann die Pflegeperson die Rangfolge bestimmen. Bei einem Wechsel der Betreuung bestimmt das Datum der Aufnahme in die Pflegefamilie die Rangfolge. Das LSG Hamburg vom 16.6.2011 – L 5 AS 49/08 hat es bei nach dem Schweregrad der Erziehungsaufgabe gestaffelten Erziehungsbeiträgen für sachgerecht gehalten, den Gesamt-Er-

ziehungsbeitrag den Pflegekindern zu gleichen Teilen zuzurechnen, um
daraus den 75 %-Anteil bzw. den vollen Anrechnungsbetrag zu ermitteln.
Nach BSG vom 23.5.2012 – B 14 AS 148/11 R hat das LSG Hamburg zu
Recht den Durchschnitt aller Erziehungsbeiträge zugrundegelegt. Um zu
vermeiden, dass infolge der Anrechnung des Erziehungsbeitrags Mittel
zur Bedarfsdeckung der 3., 4. und weiterer Pflegekinder fehlen, sind Aufwendungen, die mit der Pflege zusammenhängen (z. B. vermehrte Reparaturen in der Wohnung, die auf psychische Störungen des Pflegekindes
zurückgehen), nach § 11b Abs. 1 Nr. 5 SGB II vom berücksichtigten Teil
des Erziehungsbeitrags abzuziehen. Werden im Rahmen der Pflegever-
einbarungen Beiträge für die Altersvorsorge der Pflegeeltern gewährt,
werden sie nicht angerechnet, wenn die Anlageform Riester-Zertifiziert
oder nach § 168 VVG für die Altersvorsorge gebunden ist (BVerwG vom
23.2.2010 – 5 C 29.08). Beide Pflegeeltern haben Anspruch auf Bezuschussung der Altersvorsorge (OVG NRW vom 20.7.2015 – 12 A 1693/
14).

- Professionelle Pflege (§ 34 SGB VIII)

Ja – Die im Rahmen einer betreuten Wohnform nach § 34 SGB VIII gezahlten Leistungen, oftmals über einen von den Jugendämtern anerkannten und gegenüber den Pflegepersonen weisungsbefugten Träger, sind
als reguläres, nach marktwirtschaftlichen Gesichtspunkten bemessenes
Entgelt zu werten (BFH vom 20.6.2005 – III R 80/03; vom 2.4.2009 – III
R 92/06). Die vom Jugendamt oder einem Dritten gezahlten Leistungen
sind dann wie Einkommen aus selbständiger Tätigkeit nach § 3 Alg II-VO
zu werten.

- Mischform (Erziehungsstelle, Fachfamilie)

In der Praxis werden häufig Elemente der Hilfe nach § 33 SGB VIII (Pflegefamilie) und der Hilfe nach § 34 SGB VIII (professionelle Betreuung
durch einen zwischen dem Jugendamt und der Erziehungsstelle angesie-
delten freien Träger mit Abrechnung nach Pflegesätzen) kombiniert (OVG
NRW vom 7.6.2005 – 12 A 2677/02; a. A. OVG Rheinland-Pfalz vom
24.10.2008 – 7 A 10444/08, wonach für die Unterscheidung zwischen
Vollzeitpflege und Betreuung nach § 34 SGB VIII entscheidend sei, ob
das zu betreuende Kind, der zu betreuende Jugendliche an die betreuende Person selbst vermittelt worden ist, die deshalb umfassend allein persönlich verantwortlich ist – dann sei von einer Vollzeitpflege nach § 33
SGB VIII auszugehen – oder ob das Kind/der Jugendliche nicht unmittelbar an die betreuende Person vermittelt wurde und ob die Verantwortung
daher in einem formalen Zusammenhang wahrgenommen bzw. mit anderen geteilt werde und angesichts des organisatorischen Hintergrundes
gegebenenfalls unabhängig von der betreuenden Person weiterbestehen
würde – dann sei vom Bestehen einer Einrichtung oder einer sonstigen
betreuten Wohnform im Sinne des § 34 SGB VIII auszugehen. S. dazu
auch VG Stade 28.7.2010 – 4 A 575/10: Profifamilie und das Schreiben
des BMF vom 21.4.2011 – IV C 3 – S 2342/07/0001 sowie BFH vom
5.11.2014 – VIII R 29/11. Das BSG vom 1.7.2009 – B 4 AS 9/09 R
stellt in Anlehnung an das OVG NRW darauf ab, ob die Ausgestaltung der
Pflege und der in diesem Zusammenhang getroffenen Regelungen mit einer Vollzeitpflege i. S. v. § 33 SGB VIII vergleichbar sei. Dann seien die
gezahlten Pflegeleistungen nicht nur um den Aufwendungsersatz und
Sonderleistungen für das Pflegekind zu bereinigen, sondern zusätzlich
ein Erziehungsbeitrag entsprechend den Empfehlungen des Deutschen

Vereins für Vollzeitpflegekinder (220 € monatlich) anrechnungsfrei. Die übrig bleibenden Pflegeleistungen seien ungeachtet ihrer Bezeichnung als reguläres Erwerbseinkommen anzurechnen. Dem folgt das LSG Saarland vom 25.5.2010 – L 9 AS 9/07. Die Einordnung nach dem SGB VIII hat für § 11a SGB II keine Tatbestandswirkung (anders der BFH vom 2.4.2009 – III R 92/06 für das Kindergeld, s. auch FG Hessen vom 10.11.2014 – 2 K 936/08).

- **Bereitschaftspflege**

Vergütungen an Bereitschaftspflegepersonen, die unabhängig von der tatsächlichen Aufnahme von Kindern geleistet werden, fördern nicht unmittelbar die Erziehung. Sie sind mit Ausnahme der Zuschüsse zur Unfallversicherung und Altersvorsorge anrechenbares Einkommen (s. dazu auch Schreiben des BMF vom 21.4.2011 »Einkommensteuerrechtliche Behandlung der Geldleistungen für Kinder in Vollzeitpflege nach § 33 SGB VIII, für die Erziehung in einer Tagesgruppe nach § 32 SGB VIII, für Heimerziehung nach § 34 SGB VIII und für die intensive sozialpädagogische Einzelbetreuung nach § 35 SGB VIII« und SG Leipzig vom 28.2.2015 – S 23 AS 1676/14).

- **Tagespflege nach § 23 SGB VIII**

Bis zum 31.12.2011 galt die frühere Regelung des § 11 Abs. 4 SGB II weiter (§ 77 Abs. 2 SGB II). D. h., wenn keine erwerbsmäßige Pflege vorlag, waren die für die ersten beiden Pflegkinder gezahlten Leistungen für den Erziehungsbeitrag frei, für das dritte Kind nur noch zu 25 %, für jedes weitere Kind wurde voll angerechnet. Seit 1.1.2012 gilt die Tagespflege grundsätzlich als Erwerbstätigkeit (s. dazu auch BGH vom 13.7.2012 – V ZR 204/11).

Bei einer Tagespflege auf der Grundlage eines privaten Betreuungsvertrages handelt es sich entweder um eine abhängige Beschäftigung (vor allem, wenn die Tagespflege in der Wohnung der Eltern des Kindes stattfindet) oder eine selbständige Tätigkeit nach § 3 Alg II-VO.

Pflegegeld

- **zur häuslichen Pflegehilfe** (§ 36 SGB XI)

Nein – Zweckbestimmte Leistung nach § 11a Abs. 3 SGB II.

- **aus privater Pflegeversicherung** (§§ 23 Abs. 1, 110 Abs. 1 Nr. 1 SGB XI)

Nein – Soweit steuerfrei nach § 3 Nr. 36 EStG, d.h. bei der Pflege Angehöriger oder aufgrund sittlicher Verpflichtung (§ 1 Abs. 1 Nr. 4 Alg II-VO).

Pflegewohngeld (§ 12 Pfg Nordrhein-Westfalen)

Nein

Pflegezulage (§ 35 BVG, § 44 SGB VII)

Nein

Prämienzahlung im Wahltarif (§ 53 SGB V)

Nein – Die Rückerstattung ist ein Bonus für kostengünstiges Verhalten und somit zweckbestimmtes Einkommen i. S. von § 11a Abs. 3 SGB II.

Preisgeld

- **für Teilnahme an Fernsehshow**

Ja – Vgl. dazu FG Münster vom 15.1.2014 – 4 K 1215/12 E).

- **aus Ideenwettbewerb oder wegen Verbesserungsvorschlags**

Ja – Als Teil des Arbeitsentgelts (s. dazu FG Köln vom 12.6.2013 – 4 K 759/10).

- aus professionell betriebener Sportaktivität
  Ja – Ggf. als Einkommen aus Gewerbebetrieb nach § 3 Alg II-VO (s. zu Preisgeldern aus Turnierpokerspiel BFH vom 16.9.2015 – X R 43/12, Verfassungsbeschwerde anhängig – 2 BvR 2387/15).
- wegen besonderer wissenschaftlicher Leistung
  Ja – FG Hamburg vom 25.2.2014 – 3 K 126/13.
  Nein – FG Nürnberg vom 25.2.2014 – 1 K 1718/12.

Qualifizierungsentgelt nach dem Bund-Länderprogramm »Ausbildungsplatz-programm 2003«
Nein – SG Berlin vom 9.10.2012 – S 96 AS 41324/09; dazu auch OVG Berlin-Brandenburg vom 2.3.2010 – 6 B 14.08.

Rente
- wegen Alters
  Ja – BSG vom 23.11.2006 – B 11b AS 1/06 R.
- wegen Berufsunfähigkeit
  Ja – Ohne Abzug eines Anteils für die Behinderung (BSG vom 5.9.2007 – B 11b AS 51/06 R). Zur Anrechnung einer österreichischen Invaliditäts-pension BayLSG vom 10.8.2007 – L 7 AS 77/05.
- wegen teilweiser oder voller Erwerbsminderung
  Ja
- gesetzliche Rente an Witwen/Witwer/Waisen
  Ja
  Siehe auch → Betriebsrente.
- Service Connected Disability Compensation
  Ja – LSG Berlin-Brandenburg 19.3.2015 – L 31 AS 2218/13.

Sachbezüge
Seit 1.8.2016 Vermögen, sofern kein sächlicher Arbeitslohn.
- freie Kost
  → S. 436
- freies Wohnen
  Wegfall der Unterkunftskosten.
- Kfz
  → Firmenwagen

Saison-Kurzarbeitergeld (§ 101 SGB III)
  Ja

Schadensersatzleistungen
  Ja – Soweit Ersatz für Verdienstausfall oder Verlust von Unterhaltsan-sprüchen (§ 843 BGB) (SG Detmold vom 13.10.2015 – S 2 SO 208/13).
  Nein – Soweit Ersatz für Vermögensschaden (SG Detmold vom 24.5.2006 – S 4 AS 92/05: Zahlung der Kfz-Haftpflichtversicherung für Totalschaden; SG Karlsruhe vom 16.8.2011 – S 13 AS 1617/10: Ersatz aus mangelhaftem Reparaturauftrag am Eigenheim; a.A. VG Bremen vom 13.3.2008 – S 8 K 2309/07).

Schmerzensgeld (§ 253 BGB)
  Nein – § 11a Abs. 2 SGB II. Auch bei entsprechender Anwendung von § 253 BGB, z. B. wegen Verletzung des Persönlichkeitsrechts oder we-gen Diskriminierung (§ 15 AGG).

Ja – Wenn angespartes Schmerzensgeld geerbt wird (LSG Berlin-Branden-burg vom 22.10.2009 – L 25 AS 1746/08; LG Verden vom 24.6.2015 – 1 T 41/15).

Schwerstbeschädigtenzulage (§ 31 Abs. 5 BVG)
Ja – BSG vom 17.10.2013 – B 14 AS 58/12 R.

Schwerverletztenzulage (§ 57 SGB VII)
Ja

Siegprämien
Ja – Wenn sie als Gegenleistung für die Mitwirkung an einer Sportveran-staltung gezahlt werden (vgl. dazu FG Mecklenburg-Vorpommern vom 25.5.2011 – 3 K 469/09).

Nein – Wenn sie nur die dem Sportler entstehenden Aufwendungen für die Mitwirkung an einer Sportveranstaltung abdecken oder/und in geringer Höhe als freiwillige Anerkennung gezahlt werden (§ 11a Abs. 5 SGB II).

Solaranlage
Ja – Die Einnahmen aus dem Betrieb der Anlage (SG Mainz vom 27.11.2015 – S 15 R 389/15).

Sold
→ Wehrsold

Spesen/Verpflegungsmehraufwand
Ja – Soweit eine freiwillige Zusatzleistung i.S. von § 11a Abs. 5 SGB II oder gebundene Zuwendung, wie z. B. Raststättengutschein.

Nein – Soweit als Ersatz für Verpflegungsmehraufwendungen aufgrund ei-nes Tarifvertrags (LSG Baden-Württemberg vom 21.6.2012 – L 7 AS 4373/09).

Sterbevierteljahr
- Der **Vorschuss** auf das Sterbevierteljahr (§ 46 SGB VI) ist als einmaliges Einkommen entsprechend auf drei Monate zu verteilen. Maßgebend für die Anrechnung ist der tatsächliche Zufluss auf das Konto des Rentenbe-rechtigten (s. dazu SG Itzehoe vom 22.7.2013 – S 29 AS 607/11).
- Die **Rente** im Sterbevierteljahr (§ 46 SGB VI) ist als laufendes Einkommen anzurechnen (HessLSG vom 21.12.2012 – L 4 SO 340/12 B ER).

Steuererstattungen
→ Einkommensteuererstattung

Stiftung Mutter und Kind
Nein – § 5 Abs. 2 Gesetz zur Errichtung einer Stiftung »Mutter und Kind – Schutz des ungeborenen Lebens«.

Stipendium nach dem Stipendienprogramm-Gesetz
Nein – § 5 Abs. 3 Satz 1 StipG.

Stornorücklage
Ja – SG Halle vom 11.2.2014 – S 29 AS 953/11.

Taschengeld im Jugend- oder Bundesfreiwilligendienst

Ja – Nach § 1 Abs. 7 Alg II-VO, seit 1.8.2016 nach § 11b Abs. 2 Satz 6 SGB II, ist aber anstelle der Beträge nach § 11b Abs. 1 Satz 1 Nummer 3 bis 5 SGB II vom Taschengeld nach § 2 Abs. 1 Nummer 3 des Jugendfreiwilligendienstgesetzes oder § 2 Nummer 4 des Bundesfreiwilligendienstgesetzes ein Betrag von insgesamt 200 € monatlich abzusetzen. Übersteigt die Summe der Beträge nach § 11b Abs. 1 Satz 1 Nummer 3 bis 5 SGB II den Betrag von 140 €, ist vom Taschengeld zusätzlich ein Betrag von 60 € monatlich nicht als Einkommen zu berücksichtigen. Das gilt nicht für erwerbsfähige Leistungsberechtigte, die erwerbstätig sind oder aus einer Tätigkeit Bezüge oder Einnahmen erhalten, die nach § 3 Nummer 12, 26, 26a oder 26b EStG steuerfrei sind.

Wird neben der Tätigkeit im Freiwilligendienst eine Erwerbstätigkeit mit einem Einkommen unterhalb der 100 €-Grundpauschale (§ 11b Abs. 2 Satz 1 SGB II) ausgeübt, zieht das LSG Thüringen vom 23.9.2015 – L 4 AS 17/15 aus dem BSG-Urteil vom 28.10.2014 – B 14 AS 61/13 R (Berechnung der Freibeträge bei steuerprivilegierter und regulärer Erwerbstätigkeit) zu Recht den Schluss, dass beim Zusammentreffen von Einkünften aus regulärer Erwerbstätigkeit und Freiwilligendienst die Grundpauschalen von 100 € bzw. 200 € für jede Tätigkeit gesondert berechnet und bis zur Höhe der Freibetragsobergrenze von 200 € vom Gesamteinkommen abgesetzt werden können (ebenso SG Halle vom 13.10.2015 – S 7 AS 4841/12; BSG vom 26.7.2016 – B 4 AS 54/15 R).

Trinkgelder

Ja – Wenn sie zu typischen, regelmäßigen Zusatzeinkommen gehören (s. dazu ArbG Gelsenkirchen vom 21.1.2014 – 1 Ca 1603/13: Toilettenpersonal). Können sie vom Leistungsberechtigten nicht genau beziffert werden, ist nur bei Selbständigen nach § 3 Abs. 3 Satz 2 Alg II-VO eine angemessene Erhöhung auf der Grundlage einer Schätzung zulässig. Zu Anhaltspunkten für eine solche Schätzung: Bei Taxifahrern nach AG Meldorf vom 16.12.2005 – 16 F 122/04 als zusätzliches Trinkgeld bei Vollzeitjob = 180 Stunden im Monat, pro Stunde durchschnittlich drei Fahrgäste mit je 0,30 € Trinkgeld, d.h. 162 € pro Monat anzusetzen; s. auch OLG Hamm vom 11.5.2011 – II – 8 UF 257/10; BGH vom 4.5.2011 – XII ZR 70/09; im Gaststättengewerbe und bei Friseuren bis zu 10% des Einkommens (vgl. VG Lüneburg vom 18.1.2007 – 6 A 353/05; OLG Bremen vom 12.9.2008 – 5 WF 62/08). Bei abhängig Beschäftigten ist eine Schätzung nur unter den Voraussetzungen des § 2 Abs. 7 Alg II-VO zulässig. Bestehen hier Zweifel an den Angaben, kann vorläufig nach § 328 SGB III mit geschätzten Sicherheitseinbehalten bewilligt werden mit der Auflage, die Trinkgelder genau zu erfassen und nachzuweisen. Zum Nachweis solcher Einnahmen s. OVG Sachsen vom 7.6.2010 – 3 B 295/09; zum Verlangen nach einer eidesstattlichen Versicherung über die Höhe von Trinkgeldern s. LAG Schleswig-Holstein vom 17.4.2013 – 4 Ta 58/13. Auf die steuerrechtliche Wertung (§ 3 Nr. 51 oder § 19 Abs. 1 EStG) kommt es im SGB II nicht an. Zu Trinkgeldern als Gegenleistung für die Toilettenreinigung s. BFH vom 30.9.2008 – XI B 74/08; ArbG Köln vom 27.1.2012 – 19 Ca 9160/10. Zur Abgrenzung von Trinkgeld zum Arbeitslohn s. FG Hamburg vom 30.3.2009 – 6 K 45/08; LSG Schleswig-

Holstein vom 20.9.2010 – L 5 KR 149/10 B ER. Das SG Karlsruhe vom 30.3.2016 – S 4 AS 2297/15 schließt die Anrechnung von Trinkgeld unter Bezugnahme auf § 11a Abs. 5 SGB II generell aus, wenn das Trinkgeld ca. 10 % des zustehenden Alg II ausmacht.

Nein – Trinkgeld aus einmaligem Anlass (für Postboten und Zeitungsfrauen zum Jahresende) anrechnungsfrei nach § 11a Abs. 5 SGB II.

Überbrückungsgeld
- → Leistungen nach Strafvollzugsgesetz
- aus der Seemannskasse
  Ja

Übergangsgebührnisse (§§ 11, 11a SVG)
  Ja

Übergangsgeld
- nach § 25 SGB II
  Ja – Zu bereinigendes Einkommen (SG Magdeburg vom 24.1.2014 – S 19 AS 3302/10).
- nach § 45 SGB IX
  Ja

Übergangshilfen
- für Soldaten (§§ 12, 13 SVG)
  Ja
- an ehemalige Arbeitnehmer der NATO-Truppen
  Nein
- für ehemalige Arbeitnehmer der Eisen- und Stahlindustrie (bis 31.12.2007)
  Nein – Soweit in Höhe des von der BA dem Unternehmen zu erstattenden Betrags.
- für entlassene Beamte
  Ja

Übergangsleistung nach § 3 BKV (Berufskrankheiten-Verordnung)
  Ja – BSG vom 18.2.2010 – B 14 AS 76/08 R.

Überstundenvergütung
  Ja – LSG Sachsen vom 10.12.2007 – L 2 B 442/07 AS-ER.

Unentgeltliches Wohnenlassen
  Nein – Aber Bedarf für Unterkunftskosten entfällt.

Unfallausgleich (§ 35 BeamtVG)
  Ja

Unfallrente
- aus der gesetzlichen Unfallversicherung
  Ja – Ohne Abzug eines Anteils für die Behinderung (BSG vom 5.9.2007 – B 11b AS 15/06 R; vom 6.12.2007 – B 14/7b AS 20/07 R). Die dagegen eingelegten Verfassungsbeschwerden hat das BVerfG am 16.3.2011 – 1 BvR 593/08 und – 1 BvR 591/08 nicht zur Entscheidung angenommen.
- aus privater Unfallversicherung
  Ja – LSG Sachsen vom 13.3.2008 – L 2 AS 143/07.

- an Hinterbliebene
  Ja
- wegen Wehrdienstbeschädigung in der NVA
  Nein – In Höhe eines § 31 BVG entsprechenden Betrages (§ 1 Abs. 6 Alg II-VO). Zur Rechtslage vor Änderung der Alg II-VO s. BSG vom 17.3.2009 – B 14 AS 15/08 R und vom 14.2.2013 – B 14 AS 128/11 R: Volle Anrechnung.

Unterhalt
Ja – Soweit tatsächlich gezahlt (LSG Rheinland-Pfalz vom 23.4.2009 – L 5 AS 81/07); Näheres → S. 648.

Unterhaltssicherung
- Allgemeine Leistungen (§ 5 USG)
  Ja
- Überbrückungsgeld (§ 5a USG)
  Ja
- Besondere Zuwendung (§ 5b USG)
  Nein – Zweckbestimmte Leistung (Weihnachtsgeld) nach § 11a Abs. 3 SGB II.
- Beihilfe zur Geburt (§ 5c USG)
  Ja – Auf die Leistung nach § 24 Abs. 3 Nr. 2 SGB II.
- Sonderleistungen (§ 7 USG)
  Nein – Zweckbestimmte Leistungen nach § 11a Abs. 3 SGB II.
- Mietbeihilfe (§ 7a USG)
  Ja – Auf Unterkunftskosten. Zur Situation von Soldaten oder Freiwilligendienstleistenden, die noch bei den Eltern wohnen, vgl. VG Düsseldorf vom 30.1.2009 – 11 K 7565/08; OVG Lüneburg vom 12.11.2009 – 13 LA 1/09; OVG NRW vom 10.12.2009 – 1 A 2175/07; BVerwG vom 26.1.2011 – 6 C 1.10. Zur Situation bei bloßen Wochenendbesuchen vgl. LSG Sachsen-Anhalt vom 3.4.2008 – L 2 AS 56/06.
- Leistung nach § 13c USG (seit 31.10.2015 außer Kraft)
  Nein – SG Nordhausen vom 4.12.2014 – S 17 AS 8239/11.
- Härteausgleich (§ 23 USG)
  Ja

Unterhaltsvorschuss
Ja – Nur auf Bedarf des Kindes.

Untermiete
Nein – Vermindert aber die Unterkunftskosten (LSG Berlin-Brandenburg vom 22.2.2008 – L 28 AS 1065/07; LSG Hamburg vom 7.1.2013 – L 4 AS 315/12; BSG vom 6.8.2014 – B 4 AS 37/13 R).

Urlaubsabgeltung
Ja – SG Duisburg vom 10.3.2014 – S 38 AS 4626/13.

Verletztengeld
Ja

Verletztenrente
→ Unfallrente

Vermietung, Verpachtung
→ S. 536

Vermögenswirksame Leistungen
Ja – In Höhe des Arbeitnehmeranteils (BSG vom 27.2.2008 – B 14/7b AS 32/06 R und vom 19.6.2012 – B 4 AS 163/11 R).
Nein – in Höhe des Arbeitgeberanteils (BSG vom 19.6.2012 – B 4 AS 163/11 R).

Verpflegungsgeld für Selbstversorgung in Rehamaßnahme (6 € täglich)
Ja – nach LSG Baden-Württemberg vom 15.4.2015 – L 3 AS 4257/14 keine Zweckbestimmung nach § 11a SGB II; fraglich, da unter Berücksichtigung der Mehraufwendungen bei Versorgung außerhalb der eigenen Wohnung die gewährten 6 € zweckbestimmt diesen nicht im Regelbedarf enthaltenen Aufwand abfedern sollen; insofern vergleichbar mit § 6 Abs. 3 Alg II-VO.

Versorgungsausgleich
Ja – Wenn Zufluss im Alg II-Bezug. Das Urteil des SG Karlsruhe 25.02.2010 – S 16 AS 2693/09 (zweckbestimmte Einnahme) ist auf die Rechtslage seit 1.4.2011 nicht mehr anwendbar.
Nein – Wenn Zufluss vor Beginn des erstmaligen Alg II-Bezugs (Vermögen).

Verwarnungs- und Bußgeld-Erstattung
Nein – Nicht zum Lebensunterhalt verfügbar, aber als Einkommen zur Ermittlung der Freibeträge nach § 11b Abs. 3 SGG II zu berücksichtigen (s. zum Entgeltbegriff LSG NRW vom 20.6.2007 – L 11 (8) R 75/06).

Wehrsold
Ja
- Sold nach § 2 WSG (SG Nordhausen vom 4.12.2014 – S 17 AS 8239/11);
- Verpflegungsgeld nach § 3 Abs. 2 WSG;
- Unentgeltliche Gemeinschaftsverpflegung nach § 3 Abs. 1 WSG: nach § 2 Abs. 5 Satz 1 Alg II-VO i. V. m. § 4 Nr. 4 Alg II-VO.

Nein
- Bekleidungsgeld, Fahrgeld (LSG Sachsen vom 10.12.2007– L 3 B 264/07 AS-ER; SG Lübeck vom 29.2.2008 – S 28 AS 24/08 ER).

Werkstatteinkommen
- Bei arbeitnehmerähnlichen Personen

Nein – Wenn nicht die Erbringung von Arbeitsleistungen, sondern die Betreuung und Förderung im Vordergrund steht.
- Bei Arbeit im Arbeitsbereich von wirtschaftlichem Wert

Ja – BSG vom 10.5.2007 – B 7a AL 30/06 R; LSG Niedersachsen-Bremen vom 31.10.2011 – L 6 AS 18/10.

Wintergeld (§ 102 SGB III)
- Mehraufwands-Wintergeld (§ 102 Abs. 3 SGB III)

Nein – Weil Charakter einer Aufwandsentschädigung.
- Zuschuss-Wintergeld (§ 102 Abs. 2 SGB III)

Ja

Witwenbeihilfe
Ja

Witwengeld
Ja

Witwenrente
Ja – Im Sterbevierteljahr **nur** in Höhe der regulären Rente.

Wohngeld
- Das wegen Alg II-Antrag nach dem 1. des Monats oder Bewilligung von Alg II nach dem 1. des Monats für diesen Monat noch beansprucht werden kann (§ 8 Abs. 1 Nr. 1b, Nr. 2b WoGG)
  Ja – Wenn Zufluss nach Alg II-Antrag.
  Nein – Wenn Zufluss vor Alg II-Antrag (dann Vermögen).
- Das an Mitglieder des Haushalts gezahlt wird, die kein Alg II/Sozialgeld beziehen (§ 11 Abs. 3 WoGG (Mischaushalt))
  Nein
- Trotz Leistungsausschluss nach § 7 WoGG gezahltes Wohngeld, das nicht zurückgefordert wird.
  Ja – LSG Sachsen-Anhalt vom 2.12.2008 – L 5 B 273/08 AS ER; LSG Saarland vom 25.5.2010 – L 9 AS 9/07.
- Das nach § 5 Abs. 6 WoGG, seit 1.1.2016 nach § 5 Abs. 5 WoGG für Umgangskinder gezahlte Wohngeld
  Nein – Das Wohngeld ist dem umgangsberechtigten Elternteil zuzuordnen. Das hilfebedürftige Kind erhält gerade deshalb SGB II-Leistungen, die aber in die Berechnung des Wohngeldes mit einfließen (OVG NRW vom 1.7.2010 – 14 A 3292/08; VG Berlin vom 13.3.2012 – 21 K 297.11). Das Wohngeld kann daher nicht auf den Hilfebedarf des Kindes angerechnet werden.

Zinsen
- aus Schmerzensgeld
  Ja – Vgl. BVerwG vom 9.2.2012 – 5 C 10.11; die Verfassungsbeschwerde wurde nicht angenommen (BVerfG vom 10.8.2015 – 1 BvR 800/12).
- auf das für einen Dritten angelegte Sparkonto, das der Sparer nicht aus der Hand gegeben hat
  Nein – Kein Einkommen des begünstigten Dritten (SG Karlsruhe vom 16.10.2014 – S 13 AS 735/14: Sparbuch der Großmutter für Enkelkind).
- aus kapitalisierter Schadensersatzleistung
  Ja – BSG vom 22.8.2012 – B 14 AS 103/11 R).
- für verspätet gezahlte Sozialleistung nach § 44 SGB I
  Nein – Die Zinsen sollen die verspätete Erfüllung ausgleichen und zugleich für eine unverzügliche Sachbearbeitung sorgen (LSG NRW vom 10.6.2013 – L 20 SO 479/12).
- aus Kapitalvermögen
  → S. 535.

Zugewinnausgleich
Ja – Wenn Zufluss im Alg II-Bezug (HessLSG vom 6.4.2010 – L 7 AS 90/10 B ER; SG Münster vom 14.12.2012 – S 3 AS 992/10; LSG Sachsen-Anhalt vom 13.5.2015 – L 4 AS 168/15 NZB).
Nein – Wenn Zufluss vor Beginn des erstmaligen Alg II-Bezugs (Vermögen). Zur Sittenwidrigkeit eines Verzichts auf Zugewinnausgleich s. OLG Karlsruhe vom 1.3.2012 – 16 UF 301/11.

Zuschläge für Sonn-, Feiertags- und Nachtarbeit
Ja – BSG vom 1.6.2010 – B 4 AS 89/09 R.

Zuschüsse zu Fahrkosten, Lernmittel, Berufskleidung
Nein – Soweit im Rahmen landesrechtlicher Förderung von Ausbildungen, die weder nach BAB oder BAföG gefördert werden (Schreiben des BMAS vom 11.2.2008 – II b 5-29023).
Ja – Seit 1.8.2016 Bestandteil der nach § 11b SGB II zu bereinigenden Förderleistung → S. 509 ff..
Nein – Zuschüsse vom Arbeitgeber (LSG Rheinland-Pfalz vom 25.11.2008 – L 3 AS 118/07).

Zuwendung aus einer Lebensversicherung
Ja – LSG Niedersachsen-Bremen vom 22.11.2006 – L 8 AS 325/06 ER. Zum Problem der Bezugsberechtigung nach Scheidung und neuer Heirat s. OLG Bamberg vom 22.9.2010 – 1 U 64/10.

Zweckbestimmte freiwillige Zuwendungen
Nein – Soweit die Anrechnung grob unbillig wäre, es sei denn, die ungekürzte Gewährung von Alg II wäre nicht gerechtfertigt (§ 11a Abs. 5 SGB II). SG Speyer vom 15.8.2008 – S 14 AS 179/08: vom getrennt lebenden Vater gezahltes Schulgeld; LSG Berlin-Brandenburg vom 27.6.2008 – L 14 B 648/08 AS ER: Geld zum Kauf eines angemessenen Kraftfahrzeugs; LSG NRW vom 17.12.2009 – L 7 B 351/09 AS: Fördergeld für Ausbildung; LSG Berlin-Brandenburg vom 1.7.2009 – L 32 AS 316/09: Geschäftsdarlehen zum Aufbau eines Gewerbes; LSG Rheinland-Pfalz vom 6.11.2009 – L 5 AS 221/09: Zuschuss der Eltern zur Miete für unangemessene Wohnung; LSG Sachsen-Anhalt vom 17.8.2010 – L 5 AS 72/10 B: Geld der Eltern für den Erwerb des Führerscheins.

III Wie wird anrechenbares Einkommen angerechnet?

Der Umfang der Anrechnung hängt ab von

Was beeinflusst den Umfang der Anrechnung?

■ **der Art des Einkommens**
  – Einkommen aus abhängiger Beschäftigung,
  – Einkommen aus selbständiger Tätigkeit,
  – sonstiges Einkommen;

■ **der Häufigkeit des Zuflusses**
  – regelmäßig,
  – gelegentlich oder einmalig.

1 Anrechnung von Einkommen aus Arbeitnehmertätigkeit

Ausgangspunkt für die Ermittlung des Einkommens sind die Bruttoeinnahmen (§ 2 Abs. 1 Alg II-VO). Das gilt auch für Entgeltbestandteile, die erst zu einem späteren Zeitpunkt zufließen (z. B. im

Rahmen eines mit dem Arbeitgeber abgeschlossenen Pensionsvertrages) oder die aktuell nicht verfügbar sind, wie z.B. wegen Pfändung oder Abtretung.

Das Bruttoeinkommen bestimmt die Höhe des Erwerbstätigenfreibetrags nach § 11b Abs. 3 SGB II (→ S. 465), auch wenn das ausgezahlte Nettoentgelt wegen Nachberechnungen oder Abzügen vom Bruttoentgelt abweicht (→ S. 469 f.).

1.1   Welches Einkommen wird zugrunde gelegt?

Zum Bruttoarbeitsentgelt aus Arbeitnehmertätigkeit zählen u. a. auch

- Sachbezüge (freie Kost, Deputate usw.). Zur Unterscheidung von Barlohn und Sachbezug s. BFH vom 11.11.2010 – VI R 21/09 und – VI R 27/09 (→ S. 431 ff.);

- Einmalleistungen wie Weihnachts- und Urlaubsgeld;

- Entgeltfortzahlung bei Krankheit und Urlaub;

- vermögenswirksame Arbeitgeberleistungen;

- der KV-Zuschuss des Arbeitgebers nach § 257 SGB V (LSG Berlin-Brandenburg vom 25.9.2009 – L 32 AS 412/08).

Wird in einem Familienbetrieb von einem Familienangehörigen regelmäßige Mitarbeit erbracht, die deutlich über den Umfang bloß familiärer und in der Regel unentgeltlicher Mithilfe hinausgeht, liegt entweder eine Mitunternehmerschaft vor (Gesellschaft bürgerlichen Rechts) oder eine abhängige Beschäftigung, die, falls keine Bezahlung erfolgt, mit der Vergütung, wie sie ein betriebsfremder Arbeitnehmer in vergleichbarer Stellung erzielen würde, berücksichtigt wird (vgl. § 3 Abs. 2 der DurchführungsVO zu § 82 SGB XII). Wird der Familienangehörige regulär als Arbeitnehmer geführt und entlohnt, ist eine fiktive »Höherbewertung« des Entgelts unzulässig, es sei denn, es liegen Anhaltspunkte für versteckte sonstige Zuwendungen vor. Zur Abgrenzung einer Mithilfe von einer bloßen Gefälligkeit s. SG Augsburg vom 29.11.2010 – S 8 U 136/10; LSG Baden-Württemberg vom 28.4.2009 – L 11 KR 2930/06 und vom 29.9.2015 – L 11 R 2762/14; LSG NRW vom 7.1.2011 – L 8 R 864/10 B ER und vom 15.1.2014 – L 8 R 42/09; SG Landshut vom 28.7.2015 – S 13 AL 141/14; LSG Schleswig-Holstein vom 12.12.2014 – L 3 AL 53/12.

Mithelfende Familienangehörige

Gemäß § 60 Abs. 4 SGB II muss der Alg II-Antragsteller sowie der einsatzpflichtige Angehörige der BG dem Jobcenter Auskunft über sein Einkommen erteilen. Zum Nachweis des erzielten Arbeitsentgelts sind sie nach § 58 Abs. 2 SGB II verpflichtet, dem Arbeitgeber unverzüglich das dafür vorgesehene Formular auszuhändigen. Der Arbeitgeber ist nach § 58 Abs. 1 SGB II verpflichtet, das Formular unverzüglich auszufüllen und dem Arbeitnehmer auszuhändigen (da-

Arbeitsbescheinigung

zu BSG vom 4.6.2014 – B 14 AS 38/13 R). Es besteht Anspruch auf eine vollständig und richtig ausgefüllte Arbeitsbescheinigung.

Beweisnot

Falls der Arbeitgeber nicht mehr existiert, kann der Einkommensnachweis auch anhand von Ersatzdokumenten wie z. B. dem Rentenversicherungsnachweis, früheren Gehaltsabrechnungen und dem Arbeitsvertrag geführt werden. Zur Not reichen auch Zeugenaussagen von Kollegen oder eine eigene wahrheitsgemäße Versicherung (LSG Niedersachsen-Bremen vom 18.11.2008 – L 12 AL 185/05).

Bei Klagen auf eine Arbeitsbescheinigung ist zu unterscheiden:

Arbeitsgericht

Weigert sich der Arbeitgeber, die Bescheinigung überhaupt auszuhändigen, kann die Bescheinigung vor dem Arbeitsgericht eingeklagt werden.

Sozialgericht

Demgegenüber sind für Klagen auf Berichtigung einer ausgehändigten Bescheinigung die Sozialgerichte zuständig (LSG Rheinland-Pfalz vom 23.3.2009 – L 1 AS 25/09 B; LSG Berlin-Brandenburg vom 12.8.2010 – L 8 AL 222/10 B). Der Leistungsberechtigte sollte jedoch zunächst darauf dringen, dass das Jobcenter über die ihm mögliche Bußgeldandrohung selbst beim Arbeitgeber auf Aushändigung oder Berichtigung der Bescheinigung hinwirkt. Eine Klage vor dem Sozialgericht ist ihm wegen des Kostenrisikos – es fallen Gerichtskosten an (BSG vom 21.7.2010 – B 7 AL 60/10 B) – nicht zuzumuten

Heimarbeit

Wird Einkommen aus Heimarbeit erzielt, sind die Eintragungen in den Listen und Entgeltverzeichnissen nach den §§ 6, 8 HAG heranzuziehen. Zur Abgrenzung der Heimarbeit von selbständiger Tätigkeit s. LSG Schleswig-Holstein vom 25.3.2009 – L 5 KR 28/07; SG Reutlingen vom 19.5.2010 – S 10 R 329/09; LAG Hessen vom 13.3.2015 – 10 Sa 575/14. Die Einrichtung eines Heimarbeitsplatzes kann nach § 16 SGB II gefördert werden (LSG NRW vom 26.11.2009 – L 19 B 297/09 AS ER; s. auch HessLSG vom 30.10.2015 – L 2 R 262/14; LAG Hamburg vom 15.4.2015 – 5 Sa 107/12).

Maßstab: das jeweilige Monatsentgelt

Als maßgebliches Einkommen für die Anrechnung auf den laufenden Bewilligungsabschnitt von in der Regel sechs Monaten, seit 1.8.2016 zwölf Monaten, wird das monatlich zufließende Bruttoentgelt zugrunde gelegt.

Einmalzahlungen

Nur gelegentlich anfallende Zahlungen (Weihnachts-/Urlaubsgeld) bleiben bei der Berechnung des laufenden Einkommens außer Betracht. Fließen sie im laufenden Bewilligungsabschnitt zu, sind sie nur ab dem Zuflussmonat nach der Anrechnungsregel des § 11 Abs. 3 SGB II zu berücksichtigen, da ansonsten das effektiv zum laufenden Lebensunterhalt zur Verfügung stehende Einkommen zu hoch angesetzt würde.

1.1.1   Schwankendes Einkommen – Rechtslage bis 31.7.2016

Bis zum 31.7.2016 gelten für die Anrechnung schwankenden Einkommens folgende Grundsätze:

Stand bei Erlass eines Bewilligungs- oder Änderungsbescheides schon fest, dass schwankendes oder unregelmäßiges Einkommen zufließen wird, **muss** vorläufig bewilligt werden. § 2 Abs. 7 Alg II-VO ist nicht analog anwendbar. Eine endgültige Bewilligung mit Anrechnung eines geschätzten Durchschnittseinkommens ist rechtswidrig, etwaige Überzahlungen können nur unter den Voraussetzungen des § 45 SGB X zurückgefordert werden (BSG vom 25.6.1998 – B 7 AL 2/98 R und vom 29.11.2012 – B 14 AS 6/12 R).

Vorläufige Bewilligung

Nach § 328 Abs. 1 Satz 2 SGB III sind im Bescheid Umfang und Grund der Vorläufigkeit anzugeben. Hat das Jobcenter weder im Verfügungssatz noch in der Begründung des Bewilligungsbescheides den Begriff »vorläufige Leistungsbewilligung« verwendet und auch nicht auf die maßgebende Regelung des § 328 SGB III verwiesen, sondern nur darauf, dass aufgrund der Einkommensschwankungen nach Ablauf des Bewilligungszeitraums und Vorlage der Verdienstbescheinigungen eine Berechnung des Leistungsanspruchs unter Berücksichtigung des tatsächlichen Einkommens erfolgen werde, liegt keine vorläufige, sondern eine endgültige Entscheidung vor (LSG Sachsen vom 5.3.2015 – L 7 AS 888/11). Überzahlungen können nur unter den Voraussetzungen des § 45 SGB X zurückgefordert werden.

Erkennbare Vorläufigkeit

Damit der Vertrauensschutz nicht ohne Rechtsgrundlage unterlaufen wird, muss für jede erneute vorläufige Festsetzung (Änderungsbescheid, Folgebewilligung) ein Grund für die Vorläufigkeit gemäß § 328 SGB III bestehen und erkennbar genannt werden (BayLSG vom 17.6.2013 – L 7 AS 972/11).

Ob im Rahmen einer vorläufigen Bewilligung Teile der Leistung (z. B. KdU-Leistungen) – soweit schon möglich – endgültig bewilligt werden müssen, ist streitig. Nach LSG Thüringen vom 20.5.2015 – L 4 AS 285/ 12 bedeutet eine vorläufige Bewilligung ohne ausdrückliche Einschränkungen, dass alle Leistungen unter Vorbehalt stehen. Weitergehend sieht LSG Sachsen vom 10.12.2013 – L 3 AS 1314/13 B PKH generell keinen Raum für die partielle Bindungswirkung einer vorläufigen Bewilligung (ebenso LSG NRW vom 24.9.2015 – L 7 AS 1880/12). Zu weiteren Einzelheiten → S. 979 ff.

Umfang der Vorläufigkeit

Das Jobcenter kann die Leistung nach § 2 Abs. 3 Alg II-VO auf der Grundlage einer Durchschnittsberechnung der im Bewilligungsabschnitt erzielten Monatseinkommen vorläufig gewähren. Auch hierbei ist durch einen möglichst realistischen Ansatz der im Bewilligungsabschnitt zu erwartenden Einnahmen sicherzustellen, dass der Leistungsberechtigte sein Existenzminimum in Höhe des regulären Bedarfs (s. dazu LSG NRW vom 10.4.2015 – L 19 AS 288/15 B) bestrei-

Vorläufige Existenzsicherung

ten kann. Ein Sicherheitseinbehalt, der die Freibeträge nach § 11b Abs. 3 SGB II wegnimmt, ist unzulässig (SG Berlin vom 28.11.2007 – S 37 AS 29104/07 ER; LSG NRW vom 31.10.2012 – L 7 AS 691/11).

Anpassungs-pflicht

Ändern sich im laufenden Bewilligungsabschnitt die Berechnungsgrößen, die der Durchschnittsberechnung zugrunde liegen, besteht schon während des laufenden Bewilligungszeitraums ein Anspruch auf vorläufige Neuberechnung (SG Berlin vom 29.8.2014 – S 197 AS 8527/13).

Abschließende Entscheidung

Fallen die Voraussetzungen für die vorläufige Bewilligung weg, muss das Jobcenter eine abschließende Entscheidung über die Leistungen treffen und darf sich nicht auf eine Änderung der vorläufigen Bewilligung beschränken (LSG NRW vom 22.4.2013 – L 19 AS 149/13 und vom 21.9.2015 – L 19 AS 2333/14; BSG vom 29.4.2015 – B 14 AS 31/14 R).

Keine Saldierung

Das Monatsprinzip gilt auch bei der vorläufigen Leistungsberechnung (BSG vom 19.8.2015 – B 14 AS 13/14 R). Eine allgemeine Saldierung über den Bewilligungsabschnitt hinweg ist unzulässig.

Beispiel

G. hat einen Minijob mit schwankendem Einkommen, das jeweils am Monatsende aufs Konto geht. Auf seinen Hilfebedarf von 780 € monatlich rechnet das Jobcenter im Zeitraum Januar bis Juni 2015 vorläufig 150 € Einkommen an. Im März erhält G. eine Betriebskostennachforderung von 325 €, fällig zum 15.4.2015. Er reicht die Abrechnung beim Jobcenter ein und fügt die Verdienstabrechnungen für Januar und Februar bei, aus denen sich ein Minijobeinkommen von 450 € und 435 € ergibt. Das Jobcenter lehnt die Übernahme der Nachforderung ab, weil der Kläger mehr Einkommen erzielt habe als vorläufig festgesetzt wurde und sich die Überzahlung bei Gegenüberstellung des gesamten Bedarfs im Bewilligungsabschnitt mit dem gesamten Einkommen voraussichtlich ausgleichen werde.

Falsch: Das Jobcenter kann bezüglich der Monate Januar und Februar endgültig festsetzen und die Überzahlung von 130 € bzw. 118 € zurückfordern und im Übrigen die vorläufigen Leistungen an ein höheres Einkommen anpassen mit Übernahme der Betriebskostennachforderung im April 2015. Alternativ können die vorläufigen Leistungen ab April 2015 an ein höheres Einkommen angepasst werden mit Übernahme der Betriebskostennachforderung.

Endgültige Durchschnitts-berechnung

Wurde das Durchschnittseinkommen geschätzt oder aus einem vorangegangenen Bewilligungsabschnitt fortgeschrieben und übersteigt das tatsächliche Durchschnittseinkommen den Schätzwert um weniger als 20 €, ist die Bewilligung nicht zu korrigieren. Zu Gunsten des Leistungsberechtigten ist jedoch auf dessen Antrag eine Korrektur vorzunehmen, wenn das tatsächliche Durchschnittseinkommen unter dem Schätzwert liegt. Die Regelung des § 2 Abs. 3 Alg II-VO hindert den Leistungsberechtigten nicht daran, eine Veränderung der Berechnung zu fordern, wenn eine wesentliche Änderung eintritt, z. B. einer von mehreren Minijobs wegfällt.

Anstelle einer Durchschnittsberechnung ist monatsgenau zu berechnen, wenn das Einkommen um den Zugangsbetrag zum Kinderzuschlag nach § 6a BKGG schwankt. Hier muss der Hilfeberechtigte zum vorrangigen Kinderzuschlag mit Wohngeld wechseln, wenn er damit die Hilfebedürftigkeit für **alle** BG-Mitglieder für voraussichtlich nicht bloß drei Monate (§ 12a Satz 2 Nr. 2 SGB II) überwindet. § 12a SGB II hindert den Hilfeberechtigten nicht daran, auch für weniger als drei Monate zum Kinderzuschlag mit Wohngeld zu wechseln. Dies kann er mit einem Antrag auf monatsgenaue Abrechnung erreichen.

Monatsgenaue Berechnung

Ist eine Durchschnittsberechnung nach § 2 Abs. 3 Alg II-VO gegenüber einer monatsgenauen Abrechnung ungünstiger, hat der Leistungsberechtigte Anspruch auf eine Leistungsberechnung nach dem Monatsprinzip (SG Leipzig vom 5.2.2015 – S 18 AS 2159/11; SG Berlin vom 23.3.2015 – S 197 AS 355/12; a.A. SG Halle vom 3.12.2014 – S 24 AS 846/13; SG Dortmund vom 13.7.2015 – S 31 AS 3733/13). Erhebliche Verbesserungen, die sich aus einer Abrechnung nach dem Monatsprinzip ergeben können, sprechen für einen Rechtsanspruch auf genaue Leistungsberechnung. Ist dies erkennbar, muss das Jobcenter über diese Gestaltung des Leistungsanspruchs beraten.

Anspruch auf genaue Berechnung

K. benötigt ein Kraftfahrzeug, um zur Arbeit zu gelangen. Die einfache Fahrstrecke beträgt 45 km. K. arbeitet 4 Tage die Woche. Sein Verdienst schwankt um 400 €. Im Bewilligungszeitraum Mai bis Oktober 2015 berechnet das Jobcenter die Leistungen unter Abzug eines vorläufigen Einkommens von 240 €. Tatsächlich hat K. verdient: 430 € im Mai, 380 € im Juni, 400 € im Juli, 450 € im August, 360 € im September und 410 € im Oktober, ergibt im Durchschnitt 405 €. Das Jobcenter sieht daher, gestützt auf § 2 Abs. 3 Satz 2 Alg II-VO, von einer monatsgenauen Abrechnung ab. K. beantragt eine solche Abrechnung, weil er in den Monaten mit Einkommen über 400 € seine Fahrkosten von 180 € voll absetzen kann. Die Kappung auf den Grundfreibetrag gilt dann nicht (§ 11b Abs. 2 Satz 2 SGB II).

Beispiel 1

L. erzielt ein schwankendes Einkommen um 1000 € brutto/788 € netto. Im Bewilligungszeitraum März bis August 2015 berechnet das Jobcenter die aufstockenden Leistungen unter Abzug eines vorläufigen Einkommens von 500 €. Außerdem werden monatlich 250 € aus einem im Dezember 2014 zugeflossenen Einmaleinkommen angerechnet. L. verdient im April 2015 so viel, dass er in diesem Monat allein mit dem Erwerbseinkommen seinen Bedarf decken kann. Das tatsächliche Durchschnittseinkommen liegt bei 518 €. Hier kann L. mit einem Antrag auf monatsgenaue Berechnung erreichen, dass die Anrechnung der Einmalzahlung aus Dezember 2014 im April 2015 endet.

Beispiel 2

R. erzielt ein schwankendes Einkommen um 1000 € brutto/788 € netto. Im Bewilligungszeitraum März bis August 2015 berechnet das Jobcenter die Leistungen unter Abzug eines vorläufigen Einkommens von 500 €. Weil R. ohne Zustimmung des Jobcenters von einer Wohnung mit einer Warmmiete von 380 € in eine Wohnung umgezogen ist, die 420 €

Beispiel 3

kostet, dem für die Stadt X angemessenen Wert für Single-Bedarfsgemeinschaften, wird sein Bedarf nach der früheren Miete bemessen. Im Mai 2015 verdient R. so viel, dass er in diesem Monat den Bedarf von 399 € + 380 € decken kann. Sein tatsächliche Durchschnittseinkommen liegt bei 518 €. Hier kann R. mit einem Antrag auf monatsgenaue Berechnung erreichen, dass die Mietdeckelung im Juni 2015 endet.

1.1.2 Schwankendes Einkommen – Rechtslage seit 1.8.2016

Seit 1.8.2016 ist die Anrechnung schwankenden Einkommens in § 41a Abs. 1 – Abs. 6 SGB II spezialgesetzlich geregelt; § 42 SGB I oder § 328 SGB III finden keine Anwendung mehr.

Es gelten folgende Grundsätze:

Vorläufige Bewilligung

Erzielt das Mitglied einer BG schwankendes oder unregelmäßiges Einkommen, das den Hilfebedarf der Mitglieder der BG nicht ganz decken wird, **muss** nach § 41a Abs. 1 SGB II vorläufig bewilligt werden; dabei soll der Bewilligungszeitraum grundsätzlich auf 6 Monate begrenzt werden (§ 41 Abs. 3 Nr. 1 SGB II).

Die vorläufige Bewilligung ist sowohl gegenüber allen Personen der BG als auch mit den gesamten Berechnungselementen vorläufig. Damit kann einerseits der gesamte Bescheid über die endgültige Festsetzung der Leistung angefochten werden:

Beispiel

Wegen schwankenden Einkommens bewilligt das Jobcenter im Bewilligungszeitraum Mai bis Oktober vorläufig monatlich 234 € Regelbedarfsleistungen nach § 20 SGB II. Der KdU-Bedarf, in den die Einkommensanrechnung nicht hineinreicht, liegt bei 450 €. Der vorläufige Bescheid wird nicht angefochten. Erstmals nach Erlass des endgültigen Bescheides macht der Leistungsberechtigte einen höheren KdU-Bedarf geltend. Das Jobcenter wendet ein, hinsichtlich des festgesetzten KdU-Bedarfs wiederhole der endgültige Bescheid lediglich die bestandskräftig gewordene KdU-Regelung des vorläufigen Bescheides.

Falsch: Der vorläufige Bescheid war auch bezüglich des festgesetzten KdU-Bedarfs nur vorläufig. Die, wenn auch identische, Festsetzung im endgültigen Bescheid regelt den KdU-Bedarf konstitutiv und ist daher auch insoweit mit Widerspruch und ggf. Klage angreifbar.

Andererseits gibt es keinen Teil-Vertrauensschutz; das Jobcenter kann im Rahmen der Saldierung nach § 41a Abs. 6 SGB II überzahlte Regelbedarfsleistungen mit Nachzahlungen für KdU-Bedarfe verrechnen, was nach früherer Rechtslage unzulässig war (SG Osnabrück vom 14.1.2015 – S 24 AS 819/11).

Erkennbare Vorläufigkeit

Da es unter Geltung von § 41a SGB II keine endgültige Teilregelung im Rahmen der vorläufigen Bewilligung gibt, muss im vorläufigen Bescheid nur der Grund für die Vorläufigkeit angegeben werden.

III   Wie wird anrechenbares Einkommen angerechnet?   **427**

Nach § 41a Abs. 2 SGB II muss das Jobcenter das vorläufig anzurechnende Einkommen so bemessen, dass der laufende Lebensunterhalt
auf dem Niveau der Regelbedarfsleistungen nach §§ 20 – 23 SGB II
gesichert ist. Die Freibeträge nach § 11b Abs. 3 SGB II müssen dabei
nicht (voll) berücksichtigt werden. Kann der 100 €-Grundfreibetrag
nicht erhöht werden (bei Einkommen bis zu 400 €), wird das Jobcenter bei Nachweis höherer Kosten grundsätzlich verpflichtet sein, auch
bei der vorläufigen Leistungsbemessung die Freibeträge nach § 11b
Abs. 3 SGB II zu geben.

Vorläufige
Existenz-
sicherung

K. benötigt ein Kraftfahrzeug, um zur Arbeit zu gelangen. Die einfache Fahrstrecke beträgt 32 km. K. arbeitet fünf Tage die Woche jeweils zwei Stunden. Sein Verdienst schwankt um 400 €. Im Rahmen
der vorläufigen Bewilligung rechnet das Jobcenter 300 € (400 € abzüglich 100 € Grundfreibetrag) auf die Leistungen an. K. muss daher
34,40 € für die Fahrkosten aus dem Existenzminimum aufbringen
[(21 Arbeitstage x 32 km x 0,20 €) – 100 € Grundpauschale]. Er hat
daher zumindest Anspruch auf Berücksichtigung dieser Aufwendungen als vorläufigen Freibetrag nach § 11b Abs. 3 SGB II, d. h., das
Jobcenter darf maximal nur 265,60 € anrechnen.

Beispiel

Neben Änderungen nach Erlass des vorläufigen Bewilligungsbescheides (Fälle nach § 48 SGB X) **sind** nach § 41a Abs. 2 Satz 4 SGB II auch
anfängliche Unrichtigkeiten i. S. von § 45 SGB X im laufenden, vorläufigen Bewilligungsabschnitt mit Wirkung für die Zukunft (ab Bekanntgabe des Änderungsbescheides) zu korrigieren. Vertrauensschutz gibt es nicht, das Jobcenter muss daher auch kein Ermessen
ausüben.

Anpassungs-
pflicht

G. erzielt ein schwankendes Einkommen um 300 €. Dazu kommt ein
Minijob mit monatlich 100 €. Bei Erlass des vorläufigen Bewilligungsbescheides über den Zeitraum Juli bis Dezember rechnet das
Jobcenter versehentlich nur 200 € (300 € abzüglich 100 € Grundfreibetrag) an. Der Fehler fällt anlässlich der Übergabe einer Ver-
dienstabrechnung im September auf. Das Jobcenter kann ab Oktober
300 € anrechnen.

Beispiel

§ 41a Abs. 2 Satz 4 SGB II schließt eine Korrektur zugunsten des Leistungsberechtigten nicht aus. Der Bescheid muss vor Erlass der endgültigen Leistungsbemessung rückwirkend korrigiert werden, wenn
eine nachwirkende Bedarfslücke entstanden ist.

B. erzielt ein schwankendes Einkommen um 300 €. Die Miete wurde
im Juli um 87 € erhöht. Bei Erlass des vorläufigen Bewilligungsbescheides über den Zeitraum Juli bis Dezember legt das Jobcenter
noch die vorherige Miete als KdU-Bedarf zugrunde. Es kommt zu
Mietschulden. Hier muss das Jobcenter ab Juli die vorläufigen Leistungen um monatlich 87 € erhöhen.

Beispiel

428 | Anrechnung von Einkommen

Endgültige Leistungsberechnung

Nach § 41a Abs. 3 SGB II muss das Jobcenter einen endgültigen Bewilligungsbescheid erlassen, wenn »die vorläufige Leistung der abschließend festzustellenden« nicht entspricht oder wenn der Leistungsberechtigte dies beantragt. Demnach zwingen sowohl höhere als auch geringere Durchschnittseinkommen zu einer endgültigen Leistungsberechnung nach den tatsächlichen Verhältnissen; einen Bagatellbetrag wie in § 2 Abs. 3 Alg II-VO (Fassung bis zum 31.7.2016) gibt es nicht mehr.

Weitgehende Mitwirkungspflichten

Um feststellen zu können, ob die vorläufige Leistung von der endgültig festzustellenden abweicht, fordert § 41a Abs. 3 Satz 2 SGB II eine umfassende Mitwirkungs- und Nachweispflicht von allen Personen in der BG. Ein schlagkräftiger Hebel zur Durchsetzung der Mitwirkungs- und Nachweispflicht ist die Aberkennung der Hilfebedürftigkeit für die Monate, für die keine Nachweise zum tatsächlich erzielten Einkommen beigebracht werden. Der Hilfebedarf ist (kein Ermessen) auf Null festzusetzen, wenn die auf Auskunft in Anspruch genommenen BG-Mitglieder trotz schriftlicher Aufforderung und angemessener Fristsetzung nicht ausreichend oder verspätet mitwirken. Die mildere Regelung des § 66 SGB I wird durch § 41a Abs. 3 SGB II verdrängt. Dies ist eine deutliche Verschärfung gegenüber der bis zum 31.7.2016 geltenden Rechtslage.

Individuelle Verschuldensprüfung

Um mit dem Verhältnismäßigkeitsgrundsatz unvereinbare Ergebnisse zu vermeiden, muss § 41a Abs. 3 SGB II strikt an das individuelle Verschulden der jeweiligen BG-Mitglieder gebunden werden. Das gilt sowohl für die Anforderungen an den Nachweis erzielten Einkommens als auch die Einhaltung der gesetzten Frist.

Beispiel 1

K. lebt mit ihrer 20-jährigen Tochter T. zusammen, die auf einen Studienplatz wartet. Beide beziehen Alg II. Das Jobcenter hat die Leistungen für Mai bis Oktober vorläufig bewilligt, weil T. in einer Kneipe mit unterschiedlichem Einkommen jobbt. Im November fordert das Jobcenter von T. den Nachweis der tatsächlichen erzielten Einnahmen. Weil T. nur Quittungen über den bar übergebenen Lohn nachweisen kann und dies dem Jobcenter nicht genügt, setzt es den Hilfebedarf für T. auf Null und rechnet bei K. 160 € Kindergeld an.
Falsch: § 41a Abs. 3 SGB II verdrängt nicht die Amtsermittlungspflicht. Das Jobcenter muss vom Arbeitgeber nach § 60 Abs. 3, Abs. 5 SGB II Auskunft einholen.

Beispiel 2

K. lebt mit ihrer 20-jährigen Tochter T. zusammen, die auf einen Studienplatz wartet. Beide beziehen Alg II. Das Jobcenter hat die Leistungen für Mai bis Oktober vorläufig bewilligt, weil T. in einer Kneipe mit unterschiedlichem Einkommen jobbt. Im November fordert das Jobcenter von T. den Nachweis der tatsächlichen erzielten Einnahmen. T. trägt vor, die Quittungen über den bar übergebenen Lohn weggeworfen zu haben. Der um Auskunft ersuchte Arbeitgeber verweist auf die der T. übergebenen Quittungen; Duplikate gebe es nicht.

Das Jobcenter setzt den Hilfebedarf für T. auf Null und rechnet bei K. 160 € Kindergeld an.
Falsch: K. hat eine evt. Überzahlung nicht verschuldet. Das Jobcenter kann die 160 € Kindergeld nur von T. unter den Voraussetzungen des § 34 SGB II zurückfordern.

P. lebt mit Einstandspartner N. zusammen. Beide beziehen Alg II. Das Jobcenter hat die Leistungen für Mai bis Oktober vorläufig bewilligt, weil N. mit Nachhilfeunterricht ein schwankendes Einkommen erzielt. Im November fordert das Jobcenter von N. den Nachweis der tatsächlichen erzielten Einnahmen. N. trägt vor, er habe keine Belege über die erhaltenen Einnahmen. Name und Anschrift der unterrichteten Personen dürfe er nicht nennen. Das Jobcenter setzt den Hilfebedarf für die Monate Mai bis Oktober auf Null und fordert sämtliche Leistungen zurück.
Falsch: § 41a Abs. 3 SGB II ermächtigt nur dazu, den Hilfebedarf des N. auf Null zu setzen.

Beispiel 3

H. bezieht Alg II. Das Jobcenter hat die Leistungen für Mai bis Oktober vorläufig bewilligt, weil H. aus selbständiger Tätigkeit ein schwankendes Einkommen erzielt. Im November fordert das Jobcenter den Nachweis der tatsächlich erzielten Einnahmen. H. trägt vor, er müsse seine Belege über die erhaltenen Einnahmen noch zusammenstellen. Nach zweimaliger Erinnerung setzt das Jobcenter eine letzte Frist bis Ende März. Im April bittet H. um eine erneute Frist, weil er nach einem Unfall drei Wochen im Krankenhaus lag. Weil die März-Frist ohne Vorlage der Belege verstrichen war, setzt das Jobcenter den Hilfebedarf für die Monate Mai bis Oktober auf Null und fordert sämtliche Leistungen zurück.
Falsch: § 41a Abs. 3 SGB II beinhaltet keine Ausschlussfrist. Ist die Frist unverschuldet versäumt worden, müssen nachgereichte Unterlagen akzeptiert werden.

Beispiel 4

Hatte das Jobcenter zu Recht ein bedarfsdeckendes Einkommen festgestellt, kann der Betroffene dies nur ändern, wenn nachträglich eingetretene Umstände einen Nachweis der tatsächlichen Einnahmen erlauben.

Wiederaufnahme der Leistungsberechnung

N. bezieht Alg II. Das Jobcenter hat die Leistungen für Mai bis Oktober vorläufig bewilligt, weil N. aus selbständiger Tätigkeit ein schwankendes Einkommen erzielt. Im November fordert das Jobcenter den Nachweis der tatsächlichen erzielten Einnahmen. N. trägt vor, die Belege über die erhaltenen Einnahmen seien ihm aus dem Auto gestohlen worden. Das Jobcenter setzt den Hilfebedarf für die Monate Mai bis Oktober auf Null und fordert sämtliche Leistungen zurück. Drei Monate nach Erlass des endgültigen Ablehnungsbescheides wird die Mappe mit den Unterlagen im Wald gefunden und bei der Polizei abgegeben. N. fordert eine genaue Berechnung der ihm von Mai bis Oktober zustehenden Leistungen. Das Jobcenter verweist darauf, dass der Ablehnungsbescheid zu Recht ergangen sei.

Beispiel

Falsch: Das Auffinden der Unterlagen bzw. der nachträglich ermöglichte Nachweis der tatsächlichen Einnahmen ist ein nach § 48 Abs. 1 Satz 2 Nr. 1 SGB X beachtlicher Grund für eine Wiederaufnahme der Leistungsberechnung nach den tatsächlichen Verhältnissen.

Überprüfungs-
antrag?

Ein Überprüfungsantrag nach § 44 SGB X ist nur für die Fälle statthaft, in denen das Jobcenter die Voraussetzungen für die Fiktion bedarfsdeckenden Einkommens zu Unrecht angenommen hat. Ein bloßer Sinneswandel der Betroffenen, nun doch mitwirken zu wollen, macht den Ablehnungsbescheid nicht rechtswidrig.

Endgültige
Durchschnitts-
berechnung

Abweichend von § 2 Abs. 3 Alg II-VO (Fassung bis 31.7.2016) **ist** das endgültige Einkommen als monatliches Durchschnittseinkommen zu bilden (§ 41a Abs. 4 SGB II). Als monatliches Durchschnittseinkommen ist nach § 41a Abs. 4 SGB II für jeden Kalendermonat im Bewilligungszeitraum der Teil des Einkommens zu berücksichtigen, der sich bei der Teilung des Gesamteinkommens im Bewilligungszeitraum durch die Anzahl der Monate im Bewilligungszeitraum ergibt. Einzurechnen sind die Monate im Bewilligungszeitraum, in denen Erwerbseinkommen zufließt; dieses muss nicht im Bewilligungsmonat erarbeitet worden sein. Monate ohne Lohn und Einkommenszufluss werden nicht in die Durchschnittsberechnung einbezogen.

Beispiel

F. erzielt schwankendes Einkommen aus einer Tätigkeit als Haushaltshilfe. Der Lohn wird am 15. des Folgemonats ausgezahlt. Im Bewilligungszeitraum Mai bis Oktober endet das Arbeitsverhältnis im August. Der letzte Lohn fließt F. am 15.9. zu. Hier ist das im Mai zugeflossene Einkommen aus April (200 €), das im Juni zugeflossene Einkommen aus Mai (250 €), das im Juli zugeflossene Einkommen aus Juni (180 €), das im August zugeflossene Einkommen aus Juli (300 €) und das Einkommen aus August mit Zufluss am 15.9. (130 €) in die Durchschnittsberechnung der fünf Monate mit Entgelt einzustellen, d. h. (200 € + 250 € + 180 € + 300 € + 130 €) : 5 = 212 €.

Monatsgenaue
Berechnung

In drei Fällen **muss** das Jobcenter monatsgenau abrechnen:

■ wenn wegen fehlender Nachweise gemäß § 41a Abs. 3 SGB II festgestellt wird, dass kein oder nur für bestimmte Monate ein Leistungsanspruch besteht,

■ wenn das tatsächlich zugeflossene Einkommen in zumindest einem Monat den Hilfebedarf ganz gedeckt hat.
Hierdurch wird vermieden, dass u. U. gar kein Leistungsanspruch besteht, weil der rechnerische Durchschnitt stark schwankenden Einkommens den monatlichen Hilfebedarf für einzelne Monate, gemessen am tatsächlich zugeflossenen Einkommen, übersteigt,

■ wenn die leistungsberechtigten Personen dies beantragen.

Von großer praktischer Bedeutung ist insbesondere das Antragsrecht auf eine monatsgenaue Leistungsberechnung. Nach § 41a Abs. 4 Satz 1 Nr. 3 SGB II muss der Antrag **vor** der abschließenden Feststellung der Leistungen gestellt werden. Die Leistungsberechtigten haben dadurch die Möglichkeit, unerwartet hohe Schwankungen des Einkommens auszugleichen oder zu erzwingen, dass die vollen Freibeträge nach § 11b Abs. 3. SGB II berücksichtigt werden. Das Antragsrecht sichert bei Einkommen, das um 400 € schwankt, für Monate mit Einkommen über 400 € die Absetzbarkeit von Aufwendungen oberhalb der 100 €-Grundpauschale.

Antragsrecht

Zu weiteren Einzelheiten → S. 979 ff.

1.2   Geldwerte Zuwendungen im Arbeitsverhältnis

Die Anrechnung geldwerter Vorteile aus einem Arbeitsverhältnis ist darin begründet, dass Arbeitsentgelt ungeachtet der Form, in der es geleistet wird (als Geldbetrag oder als Sachbezug) als Einkommen berücksichtigt werden soll. Es ist daher genau zu prüfen, ob etwas »für« die Arbeitsleistung, d.h. als Entlohnung, zugewendet wird. Nur dann ist eine Anrechnung auf den Hilfebedarf gerechtfertigt.

Was ist anrechenbar?

Am Lohncharakter einer geldwerten Zuwendung kann es fehlen, wenn nur aus Anlass einer betrieblichen Veranstaltung etwas zugewendet wird (z. B. Geschenk auf der Weihnachtsfeier), als fortdauernde Vergünstigung aus einem früheren Arbeitsverhältnis gewährt wird (vergünstigte Nutzung einer betrieblichen Sportstätte) oder auch den Familienangehörigen des Beschäftigten offen steht (Hotelgutschein, Reise). Darüber hinaus ist eine Zuwendung kein Arbeitslohn, wenn der Arbeitgeber damit ganz überwiegend eigenbetriebliche Interessen verfolgt (z.B. die Teilnahme an einer Betriebsjubiläumsfeier mit Kundenwerbung). Ein Sachbezug bleibt außerdem unberücksichtigt, soweit er lediglich eine notwendige Begleiterscheinung der Arbeitsleistung ist (z.B. eigene Beköstigung anlässlich einer Kundenbewirtung).

Problematisch ist die in § 2 Abs. 6 Alg II-VO n.F. angeordnete Bewertung geldwerter Lohn-Zuwendungen nach dem Verkehrswert. Dies bedarf im Einzelfall einer Korrektur.

Erhält ein Arbeitnehmer eine Sachzuwendung auch für die Dauer einer Unterbrechung des aktiven Beschäftigungsverhältnisses (Krankheit, Beschäftigungsverbot, Mutterschutzfristen; s. dazu BAG vom 10.11.2000 – 5 AZR 240/99), handelt es sich um Erwerbseinkommen, das (mit dem Verkehrswert) um die 100 €-Grundpauschale und die zusätzlichen Freibeträge nach § 11 Abs. 3 SGB II zu bereinigen ist.

ABC anrechenbarer geldwerter Zuwendungen im Arbeitsverhältnis

Bekleidung

Unentgeltlich vom Arbeitgeber gestellte Arbeitsbekleidung (Schutzkleidung oder Bekleidung mit Firmenlogo) ist kein Bestandteil der Arbeitsvergütung und schon daher nicht anzurechnen. Auch bei der Bereitstellung einheitlicher, während der Arbeitszeit zu tragender bürgerlicher Kleidungsstücke kann das eigenbetriebliche Interesse des Arbeitgebers im Vordergrund stehen und deshalb ein geldwerter Vorteil des Arbeitnehmers zu verneinen sein (BFH 22.6.2006 – VI R 21/05).

Betriebliches Seminar

Sofern kein überwiegendes Arbeitgeberinteresse an der Teilnahme vorliegt, was bei verpflichtender Teilnahme grundsätzlich der Fall ist (dann keine Anrechnung), kann eine mit Reise und Übernachtung verbundene Veranstaltung einen zu berücksichtigenden Verkehrswert haben (FG Düsseldorf vom 18.4.2013 – 16 K 922/12 L). Vor einer Anrechnung muss das Jobcenter im Rahmen der Erlaubnis zur Ortsabwesenheit (§ 7 Abs. 4a SGB II) darüber beraten, ob ein Verzicht auf die Teilnahme ohne berufliche Nachteile zumutbar ist.

Betriebsfeier

Auch wenn die Teilnahme an einer Betriebsfeier einen Verkehrswert hat (weil z. B. ein Künstler auftritt), ist sie grundsätzlich nicht als Einkommen i. S. von § 11 Abs. 1 Satz 2 SGB II anzurechnen. Die steuerrechtliche Bewertung solcher Veranstaltungen kann sachgerecht auch für das SGB II herangezogen werden: Danach liegt schon kein Arbeitslohn vor, wenn die Arbeitnehmer durch geldwerte Zuwendungen des Arbeitgebers zwar bereichert werden, der Arbeitgeber jedoch mit seinen Leistungen ganz überwiegend eigenbetriebliche Interessen verfolgt (BFH vom 16.10.2013 – VI R 78/12; FG Baden-Württemberg vom 5.5.2015 – 6 K 115/13). Anders kann der Fall liegen, wenn der Arbeitnehmer mitsamt seinen Familienangehörigen über die Betriebsfeier einen erheblichen Vorteil erlangt (s. dazu BFH vom 16.5.2013 – VI R 7/11).

Buß- und Verwarnungsgelder, die der Arbeitgeber übernimmt

Es handelt sich um geldwerten Arbeitslohn, weil ein überwiegend eigenbetrieblichem Interesse des Arbeitgebers fehlt (BFH vom 14.11.2013 – VI R 36/12).

Firmenfahrzeug

Ein vom Arbeitgeber gestellter Firmenwagen, der nur dienstlich genutzt werden darf und für dessen Unterhaltung inklusive Betankung der Arbeitgeber aufkommt, ist keine geldwerte Zuwendung i. S. von § 11 Abs. 1 SGB II. Die unbefugte Privatnutzung eines betrieblichen Pkw hat keinen Lohncharakter (BFH vom 18.4.2013 – VI R 23/12) und bleibt daher ebenfalls unberücksichtigt. Bestehen Zweifel am Privatnutzungsverbot, spricht allein das Fehlen eines Fahrtenbuchs oder die unterbliebene Kontrolle der tatsächlichen Fahrzeugnutzung nicht für die (stillschweigende) Gestattung privater Fahrten (LSG NRW vom 4.9.2013 – L 8 AS 462/13 B ER; BFH vom 14.11.2013 – VI R 25/13). Wird ein Kfz nach objektiver Würdigung aller Umstände des Einzelfalls als notwendige Begleiterscheinung betriebsfunktionaler Zielsetzungen zur Verfügung gestellt, ist der Vorteil der unentgeltlichen PKW-Nutzung keine Gegenleistung »für« die Beschäftigung, stellt also schon keinen Arbeitslohn dar (BFH vom 25.5.2000 – VI R 195/98: Werkstattwagen für evt. Einsätze auf der Fahrt zur gewöhnlichen Arbeitsstätte). Hier wirkt sich die Bereitstellung des Fahrzeugs nur insofern auf die Alg II-Berechnung aus, als der Arbeitnehmer keine Fahrkosten nach § 11b Nr. 5 i.V.m. § 6 Abs. 1 Nr. 5 Alg II-VO absetzen kann. Bei der gestatteten Privatnutzung eines Firmenwagens handelt es sich zwar um einen geldwerten Bestandteil des Arbeitseinkommens (BAG vom 14.12.2010 – 9 AZR 631/09). Für die Bewertung dieses geldwerten Vorteils ist aber im Rahmen des § 11 SGB II zu unterscheiden, ob der Arbeitnehmer die Wahl hat, anstelle des Fahrzeugs auch die volle Auszahlung des Lohns in Geld zu verlangen oder ihm die Nutzung des Fahrzeugs vorgegeben ist. Hat er eine Wahlmöglichkeit, wird ihm steuerrechtlich der Wert der PKW-Nutzung mit dem Geldbetrag, der ohne Nutzung als Arbeitslohn ausgezahlt würde, zugerechnet (BFH vom 11.11.2010 – VI R 27/09). Diese Wertung ist auch im SGB II unter dem Gesichtspunkt des Selbsthilfegebots sachgerecht, vorausgesetzt, das Jobcenter hat den Leistungsbezieher dazu beraten (BSG vom 17.2.2015 – B 14 KG 1/14 R) und der volle Arbeitslohn in Geld kann unverzüglich realisiert werden. Das gilt auch bei einer freiwillig vereinbarten Privatnutzung gegen Einbehaltung eines Nutzungsentgelts, das dann nicht als Absetzbetrag nach § 11b SGB II geltend gemacht werden kann (vgl. dazu FG Baden-Württemberg vom 25.2.2014 – 5 K 284/13).

Muss der Arbeitnehmer die Entlohnung unter Einbeziehung der PKW-Nutzung hinnehmen, kann die in der Gehaltsabrechnung ausgewiesene Vergütung nach der 1%-Regelung im Steuerrecht als eine rein steuerrechtliche Berechnungsgröße nicht als Verkehrswert gemäß § 2 Abs. 6 Alg II-VO herangezogen werden (SG Berlin vom 7.5.2010 – S 37 AS 27401/09; SG Dresden vom 22.9.2010 – S 29 AS 3431/10). Denn bei der Überlassung eines Firmenwagens hat der Beschäftigte in der Regel keine Möglichkeit, auf die vom Arbeitgeber ggf. aus Repräsentationszwecken gewählte Automarke bzw. die damit verbundenen Kosten einzuwirken. Es handelt sich hier um eine Art aufgedrängte Bereicherung, die in keinem Verhältnis zum Lebensstandard des Leistungsberechtigten steht (zum vergleichbaren Problem im Unterhaltsrecht s. OLG Düsseldorf vom 6.1.2005 – 4 UF 144/05 und vom 18.5.2015 – II-7 UF 10/15; OLG Karlsruhe vom 2.8.2006 – 16 WF 80/06, NJW-RR 2006, S .1585 und vom 27.8.2015 – 2 UF 69/15). Ist der Leistungsberechtigte wegen des langen Fahrwegs auf ein Auto angewiesen, kann der Wert der PKW-Nutzung unter dem Gesichtspunkt der ersparten Anschaffung für ein eigenes, angemessenes Fahrzeug auf einen entsprechenden Nutzungsvorteil geschätzt werden (vgl. dazu OLG München vom 19.2.1999 – 12 UF 1545/98: 300 DM; OLG Berlin-Brandenburg vom 11.11.2010 – 9 WF 266/10: 150 € monatlich). Das VG Freiburg vom 16.8.2002 – 2 K 322/02 bestimmt die Gebrauchsvorteile durch die Überlassung des Fahrzeugs mit der Ersparnis der erforderlichen Aufwendungen für den Ausgleich des mit der Benutzung und Alterung des Fahrzeugs verbundenen Verschleißes und Wertverlusts und zieht zur genauen Berechnung die Betriebskostentabelle des ADAC heran. Würde der Leistungsbezieher kein eigenes Fahrzeug kaufen, muss der aufgedrängte Nutzungsvorteil darauf beschränkt werden, dass der Betreffende damit seinen notwendigen Bedarf an Mobilität im Rahmen der Hilfe zum Lebensunterhalt decken kann. Der Wert des Sachbezugs fällt dann mit dem im Regelbedarf enthaltenen Betrag für Fahrtkosten zusammen (s. dazu OVG Hamburg vom 20.12.1994 – Bs IV 196/94). Ist die Überlassung eines Firmenwagens zur privaten Nutzung mit der Übernahme der auch für den Privatgebrauch anfallenden Benzinkosten verbunden, erhöht sich der anzurechnende Sachwert um diesen Vorteil. Übernimmt der Arbeitgeber nur Kosten für betriebliche Fahrten, sind die Benzinkosten für die Fahrten zwischen Wohnung und Arbeitsstätte nach § 11b Abs. 1 Nr. 5 SGB II i.V.m. § 6 Abs. 1 Nr. 5 Alg II-VO vom Einkommen absetzbar (vgl. dazu FG Düsseldorf vom 4.12.2014 – 12 K 1073/14 E). Um die 0,20 €-Pauschale nach § 6 Abs. 1 Nr. 5 Alg II-VO durchbrechen zu können, müssen die Fahrstrecken mit Fahrtenbuch und Tankbelegen dokumentiert werden. Auf günstigere Fahrkosten mit öffentlichen Verkehrsmitteln (§ 6 Abs. 2 Alg II-VO) kann der Arbeitnehmer nicht verwiesen werden. Überlässt ein Arbeitgeber das von ihm geleaste Fahrzeug dem Arbeitnehmer aufgrund einer vom Arbeitsvertrag unabhängigen Sonderrechtsbeziehung, etwa einem Unter-Leasingvertrag, ist das Fahrzeug dem Arbeitnehmer zuzuordnendes Vermögen (vgl. dazu BFH vom 18.12.2014 – VI R 75/13).

Freizeitaktivität

Die vom Arbeitgeber gestellte, vergünstigte Mitgliedschaft in einem Sportclub oder Fitnessstudio ist ein geldwerter Vorteil, wenn kein überwiegendes eigenbetriebliches Interesse des Arbeitgebers dahintersteht (FG Bremen vom 23.3.2011 – 1 K 150/09 (6); BFH vom 17.7.2014 – VI R 69/13). Der Vorteil kann nur in Höhe der Differenz des vergünstigten Preises gegenüber preiswerten Anbietern oder Vereinen mit gleichwertigen Leistungen angerechnet werden.
Zur Bewertung des geldwerten Vorteils der unentgeltlichen Überlassung einer Ferienwohnung s. FG Münster vom 2.7.2013 – 11 K 4508/11 E).

Geschenke

Hier ist zunächst zu prüfen, ob das Geschenk als Zuwendung für die Arbeitsleistung oder die Betriebstreue gewährt wird. Nur im ersten Fall kommt eine Anrechnung zum Verkehrswert in Betracht, sofern es sich nicht um eine freiwillige Zuwendung nach § 11 a Abs. 5 handelt. So bleibt z.B. ein anlässlich einer betrieblichen Weihnachtsfeier an die anwesenden Arbeitnehmer übereigneter iPad mini, mit dem der Arbeitgeber ein freiwilliges Engagement für das Miteinander im Betrieb außerhalb der betrieblichen Arbeitszeit honorieren will, als eine »Zuwendung« eigener Art außerhalb des arbeitsvertraglichen Austauschverhältnisses (LAG Köln vom 26.3.2014 – 11 Sa 845/13) anrechnungsfrei. Ist ein Geschenk als Sachbezugs-Arbeitslohn zu berücksichtigen, kann der Leistungsberechtigte als Verkehrswert nach § 2 Abs. 6 Alg II-VO den günstigsten Preis für eine funktionsgleiche und qualitativ gleichwertige Ware ansetzen. Diesen hätte er sich als Hilfebedürftiger nur leisten können. Zur Bewertung einer Schiffsreise als geldwerten Vorteil s. FG Schleswig-Holstein vom 4.9.2013 – 2 K 23/12).

Internetnutzung

Gewährt der Arbeitgeber einen Zuschuss zur Internetnutzung oder stellt er diese ganz frei, liegt darin kein geldwerter Arbeitslohn, wenn der gewährte Vorteil im überwiegenden Interesse des Arbeitgebers liegt, weil z.B. auch am Wochenende oder zu ungewöhnlichen Zeiten eine Erreichbarkeit erwartet wird. Muss der Arbeitnehmer bescheinigen, dass ihm für die betriebliche Internetnutzung tatsächlich Aufwendungen in Höhe des Zuschusses oder der vollen Freistellung entstanden sind, scheidet eine Anrechnung nach § 11 Abs. 1 Satz 2 SGB II aus dem genannten Grund aus (s. auch SG Detmold vom 18.9.2014 – S 18 AS 871/12: Pauschalerstattung für betriebliche Telefonkosten mit dem eigenen Handy).

Jobticket

Wird das Jobticket vom Arbeitgeber in voller Höhe übernommen, handelt es sich um eine geldwerte Zuwendung aus dem Arbeitsverhältnis. Aufwendungen für die Fahrt zum Arbeitsplatz sind dennoch nach § 11b Abs. 1 Satz 1 Nr. 5 SGB II i.V.m. § 6 Alg II-VO vom Nettoeinkommen abzusetzen, weil das Jobticket insoweit keinen Lohnzuwachs bringt. Das gilt auch für eine Freifahrberechtigung, die ein Verkehrsunternehmen seinen Mitarbeitern gewährt (zum Lohncharakter s. FG Berlin-Brandenburg vom 19.6.2013 – 14 K 14140/10; BSG vom 17.12.2014 – B 12 KR 20/12 R). Wären Einzelfahrscheine oder ein Hartz IV-Sozialticket günstiger (§ 6 Abs. 2 Alg II-VO), kann der überschießende Wert des Jobtickets nur angerechnet werden, wenn der Leistungsbezieher mit einer entsprechenden Entgeltkompensation auf das Ticket verzichten könnte, dies aber nicht verzichten will. Geht das nicht, bleibt das Jobticket in Höhe des höheren Werts sowie über den Ansatz der Fahrkosten nach § 6 Abs. 1 Nr. 5 Alg II-VO im Ergebnis unberücksichtigt.

Soweit der Arbeitgeber für das Ticket einen Eigenanteil verlangt, ist der anzurechnende Sachwert entsprechend zu verringern. Geht der Eigenanteil bei verpflichtendem Jobticket über die Kosten hinaus, die der Leistungsberechtigte an Fahrkosten gemäß § 6 Abs. 1 Nr. 5 Alg II-VO hätte, kann der den Eigenanteil insoweit als zusätzliche Absetzung vom Nettoeinkommen geltend machen.

Auch wenn das Jobticket als Jahreskarte gestellt wird, erfolgt die Berücksichtigung als Sachzuwendung auf der Basis der monatlichen Beträge (s. dazu auch BFH 14.11.2012 – VI R 56/11). Veräußert der Arbeitnehmer ein auch für die Ferienzeit gestelltes Ticket, ist der daraus erzielte Erlös Einkommen.

Kindergartenzuschüsse

Im Fall einer regulären Kita-Betreuung sind die Zuschüsse in Höhe der Beiträge, die ein Alg II-Aufstocker nach den jeweiligen Gebührensätzen zahlen müsste (= Absetzbetrag nach § 11b Abs. 1 Nr. 5 SGB II) nicht als Sachzuwendung zu berücksichtigen. Deckt der Zuschuss die Kosten für eine teurere Betreuungseinrichtung (wegen besonderer Angebote oder der Nähe zum Arbeitsplatz), bleibt dieser Vorteil anrechnungsfrei, sofern und solange den Kindern ein Wechsel der Einrichtung nicht zumutbar ist. Die Einbeziehung eines Kindergartenzuschusses in die Berechnung des Zuschusses zum Mutterschaftsgeld (LAG Schleswig-Holstein vom 9.3.2014 – 3 Sa 388/13) bewirkt eine Erhöhung des geldwerten Vorteils in der Mutterschutzfrist.

Mitarbeiteraktien

Mitarbeiteraktien gehören zum Arbeitslohn (LSG Baden-Württemberg vom 18.2.2014 – L 11 EG 327/13; BFH vom 15.1.2015 – VI R 16/12). Hat der Arbeitnehmer keine Möglichkeit, diese Form der Entgeltumwandlung zu vermeiden und können die Aktien im aktuellen Bedarfszeitraum auch nicht zu

Geld gemacht werden, müssen sie als unverwertbarer Entgeltbestandteil außer Betracht bleiben (vgl. dazu BSG vom 9.11.2010 – B 4 AS 7/10 R).

Mitversicherung in der Betriebshaftpflichtversicherung

Ist keine Gegenleistung für erbrachte Arbeit, sondern dient vornehmlich dem Interesse des Arbeitgebers (BFH vom 19.11.2015 – VI R 47/14).

Tankgutscheine

Vom Arbeitgeber gestellte Tankgutscheine sind ein geldwerter Sachbezug in Zusammenhang mit dem Arbeitsverhältnis (BFH vom 11.11.2010 – VI R 27/09). In Höhe der Benzinkosten für die notwendigen Fahrten von der Wohnung zum Arbeitsplatz ist der Wert der Gutscheine zu verringern. Dazu müssen die Fahrstrecken mit Fahrtenbuch und Tankbelegen dokumentiert werden, um die 0,20 €-Pauschale nach § 6 Abs. 1 Nr. 5 Alg II-VO zu durchbrechen.

Verbilligter Einkauf

Der vom Arbeitgeber ermöglichte, verbilligte Einkauf ist eine im Rahmen von § 11 Abs. 1 Satz 2 SGB II zu berücksichtigende geldwerte Einnahme, auch wenn Dritte die vergünstigte Ware zur Verfügung stellen. Bei der Bestimmung des anrechenbaren Werts bzw. des erlangten Preisvorteils kann der Leistungsberechtigte den auf dem Markt günstigsten Preis für eine funktionsgleiche und qualitativ gleichwertige Ware in Ansatz bringen.
Bei Erwerb eines Gebrauchtwagens vom Arbeitgeber erlangt der Arbeitnehmer einen geldwerten Vorteil, soweit der gezahlte Kaufpreis hinter dem Preis, den das Fahrzeug unter Berücksichtigung der vereinbarten Nebenleistungen auf dem Gebrauchtwagenmarkt tatsächlich erzielen würde, zurückbleibt (BFH vom 17.6.2005 – VI R 84/04).

Verpflegung

§ 2 Abs. 5 Alg II-VO bewertet die vom Arbeitgeber bereitgestellte Verpflegung abweichend von der SozialversicherungsentgeltVO und steuerrechtlicher Bewertungen nach einem bestimmten Prozentsatz des nach § 20 maßgebenden Regelbedarfs. Die Anrechnung nach bestimmten Prozentsätzen der Regelbedarfspauschalen setzt voraus, dass die Verpflegung einschließlich üblicher Getränke (s. dazu BVerwG vom 21.9.2010 – 2 C 54.09) unentgeltlich und in Naturalien zur Verfügung gestellt wird. Eine Anrechnung nach § 2 Abs. 5 Alg II-VO erfolgt nur, wenn die Verpflegung auch tatsächlich in Anspruch genommen wird (s. BFH vom 21.4.2010 – VI R 46/08: Zur vergleichbaren Bereitstellung eines Firmenwagens und dessen tatsächliche Nutzung; LSG Thüringen vom 9.9.2015 – L 8 SO 273/13: Verpflegung in Behinderten-Werkstätten; weitergehend SG Berlin vom 23.3.2015 – S 175 AS 15482/14). Die Beschränkung der Anrechnung auf die Verköstigung als Arbeitgeberleistung darf nicht dadurch umgangen werden, dass bei Verköstigung im Haushalt von Angehörigen oder durch sonstige Dritte fehlende Hilfebedürftigkeit nach § 9 SGB II unterstellt wird (BSG vom 18.2.2010 – B 14 AS 32/08 R, info also 2010, S. 231). Die Anrechnung von Verpflegungsleistungen in Wehr-, Ersatz- und Freiwilligendienstverhältnissen ist in § 4 Nr. 4 Alg II-VO entsprechend der Vorschrift des § 2 Abs. 5 Alg II-VO geregelt.
Ist die Verköstigung Teil des Arbeitslohns oder stellt der Arbeitgeber die Verpflegung verbilligt oder über Essensmarken- oder Restaurantgutscheine

bereit, ist eigentlich § 2 Abs. 6 Alg II-VO einschlägig. Aus Gründen der Gleichbehandlung müssen aber die Werte nach § 2 Abs. 5 Alg II-VO zugrunde gelegt werden (vgl. auch LSG Berlin-Brandenburg vom 23.1.2014 – L 22 R 357/12). Der hilfebedürftige Arbeitnehmer ist nicht verpflichtet, die Marken oder Gutscheine unter Verzicht auf eine warme Mahlzeit gegen Entgelt einzutauschen, sofern das überhaupt möglich ist (vgl. dazu BSG vom 11.12.2012 – B 4 AS 27/12 R).

Die zwangsläufige Mitverpflegung anlässlich einer geschäftlichen Bewirtung oder anlässlich einer Dienstbesprechung oder Fortbildung bleibt anrechnungsfrei (s. dazu BFH vom 5.5.1994 – VI R 55/92), ebenso die Betreuer-Teilnahme an Mahlzeiten in einem Kindergarten oder Kinderheim. Hier ist die Verköstigung eine notwendige Begleiterscheinung der Betreuung und kein lohnsteuerpflichtiger Arbeitslohn, wenn eine arbeitsvertraglich verpflichtende Weisung zur Teilnahme an den gemeinsam mit den Kindern einzunehmenden Mahlzeiten besteht und diese einerseits der Betreuung der Kinder während der Mahlzeiten dient, zum anderen mit der gemeinsamen Mahlzeit das Ziel verfolgt wird, eine familienähnliche Alltagsstruktur zu erreichen (FG Schleswig-Holstein vom 23.1.2012 – 5 K 64/11; s. auch BFH vom 21.1.2010 – VI R 51/08: Verpflegung des Personals auf einem Flussschiff; FG Hamburg vom 17.9.2015 – 2 K 54/15: Verpflegung auf einer Offshore-Plattform; FG München vom 3.5.2013 – 8 K 4017/09: Verpflegung von Profifußballern).

Zinsen für gestundetes Arbeitsentgelt

Zinsen für gestundetes Entgelt sind selber kein Arbeitsentgelt (LSG Sachsen-Anhalt vom 19.3.2015 – L 6 KR 97/13), der mit Vertrag vereinbarte Anspruch auf Verzinsung somit auch keine geldwerte Einnahme i. S. von § 11 Abs. 1 SGB II, sondern sonstiges Einkommen.

1.3   Was wird vom Bruttoeinkommen abgezogen?

Das anrechenbare Bruttoeinkommen kann nur insoweit auf das Alg II/Sozialgeld angerechnet werden, als es der BG effektiv zur Verfügung steht. Abzusetzen sind daher:

1. Steuern;
2. Sozialversicherungsbeiträge;
3. gleichwertige Aufwendungen, soweit keine Sozialversicherungspflicht besteht;
4. sonstige angemessene Versicherungsbeiträge;
5. Beiträge zur Riesterrente;
6. zur Einkommenserzielung erforderliche Aufwendungen (Werbungskosten);
7. nicht zur Verfügung stehende Einkommensbestandteile;
8. Härtefall-Aufwendungen;
9. Erwerbstätigen-Freibeträge.

Abzugs-positionen 3 – 6 = 100 €-Pauschale	Für Erwerbseinkommen fasst § 11b Abs. 2 SGB II die Abzugspositionen 3 bis 6 zu einer Gesamtpauschale von 100 € zusammen. Erwerbseinkommen **bis 100 €** ist also stets anrechnungsfrei.
Erwerbs-einkommen unter 100 €	Liegt das Einkommen aus Erwerbsarbeit unter 100 €, kann der nicht ausgeschöpfte Teil des Grundfreibetrages nicht pauschal von sonstigem Einkommen abgesetzt werden (BSG vom 5.6.2014 – B 4 AS 49/13 R).
Paradoxie	Hat ein Leistungsberechtigter mit zusätzlichem Nichterwerbseinkommen im laufenden Alg II-Bezug eine Erwerbsarbeit mit einem Entgelt bis 100 € aufgenommen, führt die Arbeitsaufnahme nach BSG, a.a.O. zu einer Kürzung des Alg II-Anspruchs, weil die bisher vom Nichterwerbseinkommen abgesetzte 30 €-Versicherungspauschale wegfällt, da sie nur einmal abgesetzt werden kann und im 100 €-Grundfreibetrag steckt.
Ausnahme	Kann ausnahmsweise nachgewiesen werden, dass die Freistellung des Entgelts für die Erwerbstätigkeit keine Absetzung für die 30 €-Versicherungspauschale enthält, fehlt es für eine Rückforderung an einer wesentlichen Änderung i. S. von § 48 SGB X.
Beispiel	Die 19-jährige K. ist im Juni für sieben Tage als Statistin für einen Film tätig. Sie kann das Mittag- und Abendessen kostenfrei an dem Catering nehmen und bekommt für die Filmpremiere vier Kinokarten im Wert von 40 €. Ihr Erwerbseinkommen von 40 € + 18,14 € (§ 2 Abs. 5 Alg II-VO) liegt unter dem 100 €-Grundfreibetrag. Da die freigestellten Entgelt-Bestandteile klar von Aufwendungen für eine Versicherung nach § 11b Abs.1 Nr. 3 SGB II unterschieden sind, ist das für K. gezahlte Kindergeld weiterhin um 30 € zu bereinigen.
400 €-Grenze	Bei Einkommen **bis 400 €** ist für die Abzugspositionen 3 bis 6 nur die Grundpauschale von 100 € absetzbar; selbst, wenn der Minijobber 100 € übersteigende Aufwendungen hat. Die 100 € übersteigenden Aufwendungen, soweit sie keine Aufwendungen für die Erwerbstätigkeit sind, können nur von zusätzlichem Nichterwerbseinkommen abgesetzt werden.
Beispiel	H. bezieht zum Alg I aufstockend Alg II. Aus einer geringfügigen Beschäftigung erzielt er monatlich ein Einkommen von 165 €. An Werbungskosten und Pflichtversicherungsbeiträgen werden nachgewiesen:

Fahrkosten		45,20 €
+ Pauschale private Versicherungen → S. 446	+	30,00 €
+ Kfz-Haftpflichtversicherung	+	34,47 €
= Aufwendungen gesamt	**=**	**109,67 €**

Die Aufwendungen übersteigen den Grundfreibetrag um 9,67 €. Diese 9,67 € können vor der Anrechnung des Alg I abgesetzt werden.

Dass Minijobbern nur ein Abzug von 100 € zugebilligt wird, stellt sie gegenüber Leistungsberechtigten, die ein Bruttoeinkommen von über 400 € haben, ungerechtfertigt schlechter (Hofmann, info also 2005, S. 255 ff.). Nach BayLSG vom 10.8.2007 – L 7 AS 180/07 und LSG Sachsen vom 14.2.2008 – L 2 B 581/07 AS-PKH ist die Begrenzung der Absetzungen auf 100 € sachgerecht; der Gesetzgeber könne typisierend unterstellen, dass Bezieher geringer Einkommen auch nur geringe Aufwendungen haben. Nach Anerkennung eines Freibetrages von 200 € für steuerprivilegierte Tätigkeiten (§ 3 Nr. 12, 26, 26a und Nr. 26b EStG) ist diese Annahme nicht haltbar; denn der Gesetzgeber hat in § 11b Abs. 2 Satz 4 SGB II gleichzeitig den Betrag, ab dem 100 € übersteigende Aufwendungen für diese Tätigkeiten abgesetzt werden können, auf 200 € verringert. Damit soll ermöglicht werden, dass höhere Aufwendungen »wie bei Erwerbstätigen« geltend gemacht werden können (Anlage 8 der Vorschläge zum Vermittlungsverfahren, Stand 6.2.2011). So sehr die Förderung ehrenamtlicher Tätigkeit zu begrüßen ist, besteht aus Sicht der Einkommensbereinigung kein sachlich gerechtfertigter Unterschied zwischen der Einnahme aus Minijob (nur 100 €) und der Einnahme aus Übungsleitertätigkeit (200 € plus weitere Absetzungen, falls mehr als 200 € verdient werden). Typischerweise wird ein Verdienst von 200 € erst überschritten, wenn die privilegierte Nebentätigkeit als Minijob ausgeübt wird (s. dazu VG Saarland vom 24.11.2009 – 11 K 1927/08).

Auszubildende können höhere Fahrkosten aber nach § 11 Abs. 2 Satz 4 SGB II auch dann absetzen, wenn die Ausbildungsvergütung unter 400 € brutto liegt.

Ausnahme 1

Wird in einem Minijob mit Festeinkommen bis 400 € ein gelegentlicher Mehrverdienst erzielt oder ein Urlaubs- oder Weihnachtsgeld gewährt, können für diesen Monat mit einem Verdienst über 400 € weitergehende, tatsächliche Aufwendungen abgesetzt werden.

Ausnahme 2

1.3.1 Steuern

Bei abhängig Beschäftigten ist die Lohnsteuer, der Solidaritätszuschlag und gegebenenfalls die Kirchensteuer abzusetzen.

Aufgrund des Selbsthilfegebots sind Ehe- und Lebenspartner gehalten, durch eine zweckmäßige Wahl der Steuerklasse ein möglichst hohes Nettoeinkommen zur Verfügung zu haben. Das Jobcenter ist verpflichtet, über die Steuerklassenwahl zu beraten und auf die insoweit bestehenden Gestaltungsmöglichkeiten hinzuweisen.
Wegen der Auswirkungen der Steuerklasse, also der Steuerbelastung auf die Höhe des anrechenbaren Einkommens ist jede Änderung der Steuerklasse unverzüglich mitzuteilen (SG Duisburg vom 20.7.2011 – S 27 AS 480/08).

Wahl der günstigsten Steuerklasse

Eintragung eines Steuerfreibetrags	Bei steuerlich absetzbaren Werbungskosten, die den Arbeitnehmer-pauschbetrag nach § 9a EStG übersteigen, kann das zur Verfügung stehende Nettoeinkommen durch Eintragung eines Freibetrags auf der Lohnsteuerkarte nach § 39a EStG erhöht werden. Der Leistungs-berechtigte ist im Rahmen des Selbsthilfegebots zu einer solchen Ge-staltung verpflichtet.
Fiktives Einkommen?	Unterbleibt ein das Nettoeinkommen erhöhender Lohnsteuerklassen-wechsel, ist nach LSG Schleswig-Holstein vom 10.7.2008 – L 11 B 392/08 AS ER die Differenz zwischen dem tatsächlich erhaltenen Lohn und dem Nettoverdienst nach der günstigeren Steuerklasse fik-tiv als Einkommen anzurechnen. Eine fiktive Anrechnung des Ein-kommens ist dem SGB II jedoch fremd und eine unzulässige Umge-hung der für solche Fälle geschaffenen Regelung des § 31 Abs. 2 Nr. 2 SGB II oder des § 31 Abs. 1 Satz 1 Nr. 1 SGB II durch Aufnahme einer Verpflichtung zum Steuerklassenwechsel in die Eingliederungsver-einbarung (zum Verbot der Anrechnung fiktiven Einkommens auf den laufenden Bedarf s. BSG vom 29.11.2012 – B 14 AS 33/12 R und vom 12.6.2013 – B 14 AS 79/12 R; LSG Baden-Württemberg vom 14.10.2013 – L 2 AS 4231/ 13 B).
Verringerung des Einkommens	Eine Verringerung des angerechneten, laufenden Einkommens über einen (ungünstigen) Steuerklassenwechsel, um den Anrechnungsbe-trag zu drücken, muss aus den Gründen der genannten BSG-Urteile zwar ebenfalls berücksichtigt werden, dürfte aber regelmäßig eine Haftung nach § 34 SGB II auslösen (vgl. dazu auch BVerwG vom 11.10.2012 – 5 C 22.1).
Tatsächliche Steuerlast entscheidet	Da es im SGB II auf die tatsächliche Steuerlast ankommt, sind einer-seits Steuernachforderungen für das in einem Bewilligungszeitraum erzielte Einkommen, die erst nach Ablauf des Bewilligungszeitraums gefordert werden, kein Grund für eine Änderung der Leistungsbe-rechnung, andererseits müssen tatsächlich abgeführte Steuervoraus-zahlungen berücksichtigt werden (BVerwG vom 11.10.2012 – 5 C 22.11 und vom 19.3.2013 – 5 C 16.12).
Mitwirkungs-pflicht Dritter	Eltern eines gemeinsamen Kindes und Ehepartner können über die Wahl der Steuerklasse, der gemeinsamen oder getrennten Veranla-gung oder durch Übertragung des Kinderfreibetrages Änderungen des laufenden Einkommens oder Ansprüche auf Steuererstattung auslösen. Soweit erkennbar und durchsetzbar (zu einem familien-rechtlichen Anspruch s. z. B. OLG Sachsen-Anhalt vom 28.6.2012 – 8 UF 12/12), ist der Leistungsberechtigte verpflichtet, Gestaltungsrech-te, die seine Hilfebedürftigkeit verringern, zu nutzen.

1.3.2   Sozialversicherungsbeiträge

An Pflichtbeiträgen zur Sozialversicherung sind abzusetzen:

Die Pflichtbeiträge zur gesetzlichen Sozialversicherung aufgrund der gesetzlichen Versicherungspflicht (§ 4 SGB I) in der
- Krankenversicherung,
- Pflegeversicherung,
- Rentenversicherung,
- Arbeitslosenversicherung.

§ 242 Abs. 4 Satz 2 SGB V in der ab 1.1.2015 geltenden Fassung ermächtigt die Krankenkassen, von Leistungsberechtigten mit beitragspflichtigem Einkommen einen individuellen Zusatzbeitrag zu erheben. Bis zum Wechsel zu einer Krankenkasse, die keinen Beitrag erhebt, kann der Zusatzbeitrag vom Einkommen abgesetzt werden. Es handelt sich um einen Pflichtbeitrag i.S. von § 11b Abs. 1 Nr. 2 SGB II, der nicht auf Angemessenheit hin überprüft wird. Ob unter dem Selbsthilfegebot nach § 2 Abs. 1 SGB II ein Kassenwechsel verlangt werden kann, ist fraglich. Das BSG vom 9.11.2010 – B 4 AS 78/10 R hat eine Verpflichtung zur Verringerung titulierten Unterhalts im Wege eines Abänderungsantrags beim Familiengericht verneint. Gibt es Gründe, die unter Anwendung der bis Ende 2010 geltenden Härtefallregelung nach § 26 Abs. 4 a.F. SGB II einen Kassenwechsel unzumutbar machen, ist der individuelle Zusatzbeitrag auf jeden Fall unbegrenzt absetzbar.

Individueller Zusatzbeitrag

Aus § 53 Abs. 8 Satz 6 SGB V folgt, dass krankenversicherungspflichtige Beschäftigte einen Wahltarif außerhalb der Tarife nach § 53 Abs. 3 SGB V wählen können. Hat der krankenversicherte Leistungsberechtigte einen Wahltarif mit Selbstbeteiligung gemäß § 53 SGB V gewählt, an den er noch gebunden ist (Näheres → S. 792), kann er im Fall der Inanspruchnahme einer kostenpflichtigen ärztlichen Behandlung diese Aufwendung zwar nicht vom Einkommen absetzen, sie bis zum Zeitpunkt eines möglichen Wechsels in einen Versicherungstarif ohne Selbstbeteiligung nach Beratung des Jobcenters über diese Möglichkeit und die Folgen eines Verbleibs im Selbstbehaltstarif aber übergangsweise als Härtefallmehrbedarf nach § 21 Abs. 6 SGB II geltend machen (BSG vom 29.4.2015 – B 14 AS 8/14 R).

Selbstbeteiligung im Wahltarif

Im Gegenzug ist die für Versicherte in einem Selbstbehalt-Tarif vorzusehende Teil-Beitragsrückerstattung in Form einer Prämienzahlung (s. dazu BSG vom 8.11.2011 – B 1 A 1/11 R) als Einmaleinkommen im Monat oder Folgemonat des Zuflusses anzurechnen.

Beitragserstattung

Bei Wahl eines Zuzahlungstarifs wird ein nach dem Lebensalter gestaffelter Beitragsaufschlag erhoben, mit dem alle eventuellen Zuzahlungen abgegolten sind. Dieser Zusatzbeitrag ist absetzbar, soweit er über der für Leistungsberechtigte geltenden monatlichen Belastungsgrenze nach § 62 SGB V liegt.

Beitragsaufschlag im Zusatzbeitrag

Beitragsaufschlag für Sonderleistungen

Beitragsaufschläge für Sonderleistungen (Ein-Bett-Zimmer, Ausland etc.) sind nur solange zu übernehmen, wie der Versicherte an den Tarif gebunden ist. Denn gesetzlich nicht vorgeschriebene Beiträge sind nach § 11b Abs. 1 Nr. 3 SGB II nur abzugsfähig, sofern sie nach Grund und Höhe angemessen sind. Grundsätzlich ist nur eine Basisversorgung angemessen (BayLSG vom 1.5.2010 – L 7 AS 232/10 B ER; BSG vom 1.6.2010 – B 4 AS 67/09 R). Ausnahmen kann es geben bei besonderen gesundheitlichen Risiken oder Vorbelastungen (vgl. dazu auch BSG vom 29.9.2009 – B 8 SO 13/08 R).

Aufwendungen im Erstattungstarif

Auslagen in einem Erstattungstarif nach § 53 Abs. 4 SGB V sind nicht absetzbar; im Gegenzug werden die Erstattungsleistungen der Krankenkasse im Monat des Zuflusses nach § 11a Abs. 3 SGB II nicht auf das Alg II angerechnet. Bei finanziellen Engpässen ist eine Regelung mit dem Arzt oder der Krankenkasse zu treffen. Behandlungskosten, die über den im Sachleistungsprinzip erbrachten Leistungen liegen, sind grundsätzlich unangemessen.

Säumniszuschläge/ Mahngebühren

Soweit kein Erlass von Säumniszuschlägen oder Mahngebühren erreicht werden kann und solche Belastungen entstanden sind, weil das Jobcenter Leistungen rechtswidrig nicht oder verspätet gewährt hat, sind Säumniszuschläge oder Mahngebühren vom laufenden Einkommen absetzbar (zu einem Anspruch auf Übernahme solcher Zusatzkosten s. BSG vom 15.11.2012 – B 8 SO 3/11 R).

Rentenversicherungspflicht im Minijob

Seit 1.1.2013 unterliegen auch geringfügig Beschäftigte (Minijobber bis zu 450 €) der Rentenversicherungspflicht; sie können sich aber nach § 6 Abs. 1b SGB VI von der Versicherungspflicht befreien lassen. Mit der Rentenversicherungspflicht als Regelfall will der Gesetzgeber das Bewusstsein der geringfügig Beschäftigten für die Alterssicherung stärken (BT-Drs. 17/10773, S. 9). Das Jobcenter kann deshalb nicht verlangen, das Minijob-Einkommen über einen Befreiungsantrag zu erhöhen. Auch der Beitritt zur Minijob-Rentenversicherung für Minijobber, die bis zum 1.1.2013 beitragsfrei waren und dies nach § § 230 Abs. 8 Satz 1 SGB VI bleiben dürfen, kann wegen der gewollten Altersvorsorge nicht sanktioniert werden.

Zum Vermögensschutz durch Minijob s. → S. 588 f.

Beiträge für alle BG-Mitglieder

Die Absetzungen von Beiträgen nach § 11b Abs. 1 Nr. 2 SGB II umfassen auch Pflichtbeiträge für den Einstandspartner oder ein Kind in der BG, sofern diese nicht selbst über das Alg II oder einen anderen Versicherungstatbestand kranken- und pflegeversichert sind und auch keine Familienversicherung nach § 10 SGB V begründet werden kann (s. dazu BSG vom 25.4.2013 – B 8 SO 8/12 R). Freiwillige Mitglieder einer gesetzlichen Krankenkasse können ihre Mitgliedschaft während der Mindestbindungsfrist eines Wahltarifs nicht widerrufen, auch nicht zum Zwecke des Wechsels in eine private Krankenversicherung (LSG Sachsen vom 1.8.2011 – L 1 KR 44/10).

War ein BG-Mitglied vor Eintritt in den Leistungsbezug privat kranken-versichert, geht der Versicherungsschutz in der Familienversicherung der Absetzbarkeit privater KV-Beiträge grundsätzlich vor (→ S. 788 ff.). Ob das auch gilt, wenn die private Krankenversicherung besondere, über die Familienversicherung nicht zu erlangende Leistungen anbie-tet, ist noch nicht geklärt.

Ungeklärte
Rechtsfrage

F. ist selbständig tätig und privat krankenversichert. Er lebt mit K., die über eine Teilzeitarbeit gesetzlich krankenversichert ist, zusammen. Das gemeinsame Kind D. ist schwerbehindert und über F. privat versi-chert. Es erhält eine spezielle Gymnastik, die die gesetzliche Kranken-kasse nicht übernimmt. Weil die Selbständigkeit nur geringes Einkom-men abwirft, muss die Familie ergänzend SGB II-Leistungen beantra-gen. F. setzt die Beiträge für die private Krankenversicherung des D. von seinem Gewinn ab. Das Jobcenter verweist auf die beitragsfreie Familienversicherung des Kindes über K.

Beispiel

1.3.3 Vergleichbare Vorsorgebeiträge nicht Sozialversicherungspflichtiger

Hilfebedürftige Arbeitnehmer über der Minijob-Grenze werden in der Regel in den gesetzlichen Sozialsystemen pflichtver-sichert sein. Die Regelung des § 11b Abs. 1 Nr. 3a und b SGB II kommt daher vor allem als weitere Einkommensabsetzung für nicht er-werbstätige Mitglieder der BG in Betracht.

Die Absetzung von Beiträgen nach § 11b Abs. 1 Nr. 3a SGB II betrifft Personen, »die in der gesetzlichen Krankenversicherung nicht versi-cherungspflichtig sind«. Dazu gehören Personen, die privat kranken-versichert sind oder die SGB II-Leistungen beziehen, die keine Pflicht-versicherung nach § 5 Abs. 1 Nr. 2a SGB V begründen und die daher selbst für den Krankenversicherungsschutz sorgen müssen, z. B. als Beitragszahler nach § 5 Abs. 1 Nr. 13 SGB V oder als freiwillig (Wei-ter-)Versicherte bei einer gesetzlichen Krankenkasse nach § 188 Abs. 4 SGB V oder nach § 9 SGB V.

Kranken-/Pflege-versicherung

Es werden nur nach Grund und Höhe angemessene Beiträge übernom-men. Was angemessen ist, richtet sich nach den Lebensumständen während des Leistungsbezugs; also nicht nach einem früheren, höhe-ren Lebensstandard (BSG vom 9.11.2010 – B 4 AS 7/10 R). In jedem Fall angemessen sind Beiträge zur Absicherung vernünftiger, dem ge-setzlichen Versicherungsschutz vergleichbarer Versicherungen.

Angemessenheit

Auch für Personen, die nicht pflichtversichert sind, gilt bei Bezug von Alg II oder Sozialgeld daher grundsätzlich nur eine Basisversorgung, die dem Umfang der GKV entspricht, als ausreichend und angemessen. Nur im Umfang der Basisversorgung können KV/PV-Beträge vom Ein-kommen abgesetzt werden (BSG vom 16.10.2012 – B 14 AS 11/12 R).

Nur Basis-versorgung

Altersvorsorge

Voraussetzung für die Absetzbarkeit von Aufwendungen nach § 11b Abs. 1 Nr. 3b SGB II ist eine Befreiung von der Rentenversicherungspflicht nach § 6 SGB VI (BSG vom 7.5.2009 – B 14 AS 35/08 R). Für die Absetzung von Beiträgen für die Altersvorsorge kommt es auf eine Befreiung von der eigentlich bestehenden Versicherungspflicht an; Versicherungsfreiheit, z.B. für bestimmte Gruppen von Selbständigen, genügt nicht.

Befreit sind Personen, die in eigenständigen Versorgungswerken rentenversichert sind (Architekten, Rechtsanwälte etc.) und sich deshalb von der gesetzlichen Rentenversicherung haben befreien lassen, oder Selbständige, die ohne Befreiung der Versicherungspflicht nach § 2 SGB VI unterlägen. Pflichtbeiträge in die Künstlersozialkasse sind nach § 11b Abs. 1 Nr. 2 SGB II absetzbar. Angemessen sind Aufwendungen, die einen Schutz gewährleisten, der dem in der gesetzlichen Rentenversicherung entspricht. Bei den abzusetzenden Aufwendungen kann es sich um Beiträge zu Versorgungswerken (BSG vom 30.7.2008 – B 14 AS 44/07 R) oder Aufwendungen für private Versicherungen handeln. Eine Riester-zertifizierte Versorgungsform ist nicht Bedingung; so kann auch der Beitrag für eine – angemessene – Lebensversicherung absetzbar sein (BayLSG vom 11.5.2010 – L 7 AS 232/10 B ER). Um den Vermögensschutz nach § 12 Abs. 3 Nr. 3 SGB II zu erhalten, muss aber auf eine strenge Zweckbindung (§ 168 VVG, 851c ZPO) geachtet werden (näher → S. 585 ff.).

1.3.4 Versicherungsbeiträge

§ 11b Abs. 1 Nr. 3 SGB II regelt die Absetzbarkeit von Pflichtversicherungen außerhalb der Daseinsvorsorge sowie – in den engen Grenzen des § 6 Abs. 1 Nr. 1, Nr. 2 Alg II-VOO – sonstiger freiwilliger Versicherungen.

Gesetzlich vorgeschriebene Pflichtversicherungen

Bei Bruttoeinkommen bis 400 € sind die Beiträge zu Pflichtversicherungen Bestandteil der 100 €-Grundpauschale.
Wenn das Bruttoeinkommen 400 € übersteigt, können auch Aufwendungen, die die 100 €-Grundpauschale überschreiten, abgesetzt werden.
Gesetzlich vorgeschriebene Versicherungen sind z.B. die Kfz-Haftpflicht, nicht die Kaskoversicherung (BSG vom 27.2.2008 – B 14/7b AS 32/06), die Haftpflichtversicherung für bestimmte Berufsgruppen (Anwälte, Ärzte usw.) und die Gebäudebrandversicherung. Sonstige angemessene Gebäudeversicherungen gehören zu den Unterkunftskosten nach § 22 SGB II.

Tatsächliche Beitragsbelastung

Die Absetzung des Versicherungsbeitrags hat grundsätzlich bei der Person zu erfolgen, die Versicherungsnehmer ist. Erzielt diese kein Einkommen, kann der Abzug aber auch bei einer anderen Person der BG erfolgen, soweit diese der Beiträge tatsächlich zahlt (BSG vom 11.2.2015 – B 4 AS 29/14 R; BayLSG vom 22.7.2015 – L 16 AS 502/14). Auf das Eigentum z.B. an dem Kfz kommt es nicht an (SG Halle vom 13.10.2015 – S 7 AS 4841/12). Dies gilt auch, wenn der Versicherungsnehmer in einer Haushaltsgemeinschaft nach § 9 Abs. 5 SGB II sich überschießendes Einkommen zurechnen lassen muss, z.B. Kindergeld, das nicht zur Bedarfsdeckung des Kindes benötigt wird. Vom Kindergeld selbst darf ein Kfz-Versicherungsbeitrag für ein von den Eltern genutztes Fahrzeug aber nicht abgesetzt werden (BSG vom 16.2.2012 – B 4 AS 89/11 R).

Nur eine eigene Kfz-Versicherung der Mitglieder der BG kann im Rahmen der Einkommensbereinigung berücksichtigt werden. Die Eigenschaft als Halter des Kfz genügt (LSG Niedersachsen-Bremen vom 27.11.2015 – L 11 AS 941/13). Unerheblich ist, ob das BG-Mitglied aufgrund einer internen Absprache mit einem außenstehenden Versicherungsnehmer die Beiträge zu übernehmen hat, da hierzu keine rechtliche Verpflichtung besteht (LSG Rheinland-Pfalz vom 25.11.2008 – L 3 AS 118/07). Kosten für ein zur Nutzung überlassenes Kfz, für das ein Dritter die Versicherungsbeiträge tragen muss, sind ggf. nach § 11b Abs. 1 Nr. 5 SGB II absetzbare Aufwendungen (LSG Sachsen-Anhalt vom 8.9.2010 – L 2 AS 292/10 B ER).

Nicht für außenstehenden Versicherungsnehmer

Ist der Leistungsberechtigte mietvertraglich zum Abschluss einer Versicherung verpflichtet worden, können die damit verbundenen Beiträge Kosten der Unterkunft nach § 22 SGB II sein, wenn die Wohnung insgesamt noch angemessen ist (LSG Baden-Württemberg vom 25.11.2010 – L 12 AS 1520/09).

Vertraglich vereinbarte Versicherung

Bei den Bedarfen nach § 22 SGB II hat das BSG entschieden, dass sie im Monat der Fälligkeit zu berücksichtigen sind (z.B. Schornsteinfeger-Rechnung, Heizölrechnung). Die bisherigen Urteile zur Absetzbarkeit von Pflichtversicherungsbeiträgen vom Einkommen haben die auch in der Jobcenterpraxis geübte monatliche Absetzung nicht beanstandet. Eine Klärung zu dieser Frage steht entgegen LSG NRW vom 11.6.2014 – L 2 AS 275/14 B noch aus (nach BSG vom 25.4.2013 – B 8 SO 8/12 R gilt im SGB XII das Fälligkeitsprinzip). Bedeutsam ist diese Frage vor allem bei Rückforderungen.

Monatsprinzip oder Fälligkeit? – Rechtslage bis 31.7.2016

L. bezieht laufend Alg II. Er verschweigt dem Jobcenter Einkommen aus einer Halbwaisenrente. Als dies herauskommt, muss L. das überzahlte Alg II zurückerstatten. Er wendet gegen die Errechnung der Rückforderung (185 € Rente abzüglich 30 € Versicherungspauschale, abzüglich 45 € Kfz-Haftpflicht) ein, dass er die Kfz-Haftpflicht halbjährig zahle und im Erstattungszeitraum 270 € an die Versicherung entrichtet habe.

Beispiel

§ 6 Abs. 1 Nr. 3 Alg II-VO in der **seit 1.8.2016** geltenden Fassung bestimmt, dass gesetzlich vorgeschriebene Versicherungen ungeachtet der tatsächlichen Zahlweise mit dem rechnerischen 1/12-Betrag der zum Zeitpunkt der Bewilligung nachgewiesenen Jahresbeitragssumme abzusetzen sind. Mit Bezugnahme auf die zu Beginn der Bewilligung nachgewiesene Jahresbeitragssumme soll verhindert werden, dass in der Regel geringfügige Änderungen der Beitragssumme im Verlauf des

Monatsprinzip – Rechtslage seit 1.8.2016

Jahres eine Änderung der Bewilligung nach § 48 SGB X nach sich ziehen. Auch wenn in Unkenntnis der neuen Leistungsberechnung oder zu Beginn des Alg II-Bezugs ein Viertel-, Halb- oder Jahres-Versicherungsbeitrag entrichtet wurde, ist im Bewilligungszeitraum dennoch der rechnerische 1/12-Beitrag abzusetzen. Die Rechtsprechung des BSG vom 16.5.2007 – B 7b AS 40/06 R zur Nichtübernahme laufender Heizkosten, wenn diese vor Beginn des Bewilligungszeitraums schon gedeckt waren (gefüllter Öltank), steht dem nicht entgegen, weil § 22 SGB II Bedarfe (für das Heizen oder Wohnen) betrifft, § 6 Abs. 1 Nr. 3 Alg II-VO dagegen Absetzbeträge vom Einkommen definiert. Besteht wegen des tatsächlichen Einkommensabflusses in Höhe eines größeren Versicherungsbeitrags eine Notlage, muss das Jobcenter ein Darlehen nach § 24 Abs. 4 SGB II gewähren. Die Darlehenstilgung kann dann ganz oder teilweise mit dem Einkommen erbracht werden, dass infolge des Abzugs eines fiktiven Versicherungsbeitrags nicht auf den laufenden Hilfebedarf angerechnet wird.

Nicht Pflichtversicherungen

Nach § 11b Abs. 1 Nr. 3 SGB II können auch Beiträge zu privaten (also nicht Pflicht-)Versicherungen abgezogen werden, soweit sie nach Grund und Höhe angemessen sind. § 6 Abs. 1 Nr. 1, Nr. 2 Alg II-VO schränkt die Abzugsfähigkeit allerdings stark ein:

Nur 30 €-Pauschale

Volljährige Angehörige einer BG können außerhalb der Vorsorge für Alter und Gesundheit monatlich nur eine begrenzte Pauschale von 30 € absetzen. Das BSG hat dagegen keine Bedenken (BSG vom 7.11.2006 – B 7b AS 18/06 R).
Aus der strikten Pauschalierung folgt, dass die 30 € auch dann abgesetzt werden können, wenn der Einkommensbezieher gar keine Versicherungsbeiträge in dieser Höhe zahlen muss (BSG vom 19.9.2008 – B 14 AS 56/07 R).

Auch **Minderjährige** können nach § 6 Abs. 1 Nr. 2 Alg II-VO die Versicherungspauschale von 30 € geltend machen, wenn sie tatsächlich eine Versicherung abgeschlossen haben oder für sie eine Versicherung abgeschlossen wurde und die Versicherung angemessen ist. Näher dazu → S. 566 f.

Zusätzliche private Altersvorsorge

Nicht nur rentenversicherungsbefreite Personen sollen eine zusätzliche private Altersvorsorge aufbauen. Mit dem Wegfall der Rentenversicherungspflicht für Alg II-Bezieher ist das noch dringlicher geworden. Auch rentenversicherungspflichtige Personen können daher über § 11b Abs. 1 Nr. 3 SGB II angemessene Aufwendungen für die Absicherung gegen Altersarmut geltend machen. Bei Einzahlungen in einen Pensionsfonds oder eine Direktversicherung sind Beiträge bis zur Höhe des Mindesteigenanteils nach § 86 EStG (zusätzlich zur Riester-Rente nach § 11b Abs. 1 Nr. 4 SGB II) angemessen. Die 30-Euro-Pauschale aus § 6 Abs. 1 Alg II-VO gilt für Vorsorgeaufwendungen in diesem Umfang nicht. Höhere Vorsorgeaufwendungen sind so lange vom Einkommen abzusetzen, bis der Arbeitnehmer seine Beiträge unter Berücksichtigung bestehender vertraglichen Bindungen auf eine angemessene Höhe verringern kann (BSG vom 9.11.2010 – B 4 AS 7/10 R). Die Regelung gilt nach § 9 Alg II-VO für Bewilligungen **seit 1.8.2016**.

Grundsätzlich sind die 30 €-Pauschale für private Versicherungen und die Beiträge für gesetzlich vorgeschriebene Versicherungen vom Einkommen der Person abzuziehen, die es erzielt; Versicherungsnehmer kann auch eine andere Person in der BG sein (LSG Sachsen vom 15.9.2005 – L 3 B 44/05 AS-ER). Ausgeschlossen ist eine Absetzung der 30 € vom Einkommen des Kindes, wenn nur auf den Namen der Eltern abgeschlossene Versicherungen bestehen (BSG vom 16.2.2012 – B 4 AS 89/11 R). Übersteigen die Absetzungsbeträge das Einkommen oder die 100 €-Grundpauschale bei Erwerbseinkommen bis 400 €, können Restbeträge auch vom Einkommen anderer Mitglieder der BG abgesetzt werden.

Abzug von wessen Einkommen?

Die 30 €-Versicherungspauschale und Pflichtversicherungsbeiträge können nur vom einzelnen Einkommen eines BG-Mitglieds abgezogen werden. Eine doppelte Berücksichtigung scheidet auch dann aus, wenn eine gemischte BG vorliegt und Einkommen eines nichtbedürftigen Mitglieds einem bedürftigen Mitglied der BG zugerechnet wird (LSG Baden-Württemberg vom 6.6.2011 – L 1 AS 4393/10; BSG vom 11.2.2015 – B 4 AS 29/14 R).

Gemischte BG

Die Eheleute E. und V. leben in einer Wohnung mit 440 € Miete. E. bezieht Alg II, V. ist als Altersrentner von SGB II-Leistungen ausgeschlossen. Seine Netto-Zahl-Rente beträgt 915 €. Nach Abzug der 30 €-Versicherungspauschale und des Hilfebedarfs, den V. als Alg II-Bezieher hätte (364 € + 220 € Miete), muss V. seine Frau E. mit 301 € unterstützen. Obwohl E. auf diese Weise über Einkommen i. S. von § 11 SGB II verfügt, scheidet eine erneute Bereinigung um die 30 € Pauschale aus.

Beispiel

Das BSG hält die Ausgestaltung der Pauschale als reinen Abzugsposten vom Einkommen für unbedenklich (BSG vom 7.11.2006 – B 7b AS 18/06 R). Das LSG Mecklenburg-Vorpommern vom 19.12.2007 – L 10 B 204/07 und das LSG Sachsen vom 25.3.2007 – L 3 AS 21/05 haben das bekräftigt.

Nur als Abzugsposten vom Einkommen

Keine Beiträge i. S. von § 11b Abs. 1 Nr. 3 SGB II sind die Gebühren für Telefon, Rundfunk und Fernsehen. Bezieher von Alg II/Sozialgeld werden jedoch auf Antrag von der Gebührenpflicht für Rundfunk und Fernsehen befreit. Die Befreiung beginnt mit dem auf den Antragsmonat folgenden Monat.

Gebührenbefreiung beantragen

Der Antrag ist beim ARD ZDF Deutschlandradio Beitragsservice, 50656 Köln zu stellen und kann auf der Website http://www.rundfunkbeitrag.de heruntergeladen werden.
Für Streitigkeiten über eine Gebührenbefreiung sind die Verwaltungsgerichte zuständig.

1.3.5   Beiträge zur Riesterrente

Nach § 10a Abs. 1 Satz 3 EStG erhalten Leistungsberechtigte die staatliche Förderung für eine Zusatzrente, wenn sie Alg II nicht nur als Darlehen beziehen und der Leistungsbezug eine Anrechnungszeit nach § 58 Abs. 1 Nr. 3 oder Nr. 6 SGB VI sichert. Das ist der Fall, wenn der Alg II-Bezieher unmittelbar vor der Arbeitslosigkeit förderungsberechtigt war, d. h. wenn durch die Arbeitslosigkeit eine Rentenversicherungspflicht unterbrochen wurde (BT-Drs. 17/3549, S. 21).

Maßgeblich sind nur die zertifizierten Altersvorsorgeverträge nach dem Altersvorsorge-Zertifizierungsgesetz. Staatlich geförderte Riester-Rentenverträge, die seit dem 1.1.2012 abgeschlossen werden, dürfen als möglichen Auszahlungsbeginn der Riester-Rente frühestens den 62. Geburtstag vorsehen, wenn man die vollen staatlichen Förderungsmöglichkeiten für die Riester-Rente nutzen möchte.
Der berücksichtigungsfähige Betrag wird durch die Höhe des Mindesteigenbeitrages nach § 86 EStG begrenzt. Dieser beträgt 4 % der Einnahmen des vorangegangenen Kalenderjahres.

Nach § 6 Abs. 1 Nr. 4 Alg II-VO können für Bewilligungszeiträume **seit 1.8.2016** (§ 9 Alg II-VO) jedoch weder die steuerrechtlich förderungsfähigen Mindesteigenbeiträge noch zur Lückenschließung erforderliche Nachzahlungen als Aufwendungen nach § 11b Abs. 1 Satz 1 Nr. 4 SGB II abgesetzt werden. Stattdessen wird nur eine Pauschale nach einem bestimmten Prozentsatz vom erzielten Einkommen berücksichtigt, wenn tatsächlich Beiträge für eine zertifizierte Altersvorsorge entrichtet werden. Der Leistungsberechtigte kann seine Beiträge an die Absetzbeträge anpassen, verliert dadurch allerdings den Anspruch auf volle staatliche Förderung, wenn der gezahlte Beitrag unter den Betrag sinkt, der nach § 86 Abs. 1 EStG vorausgesetzt wird.

Zahlungen können formlos nachgewiesen werden, z. B. durch eine Bescheinigung des Versicherungsunternehmens oder Vorlage von Kontoauszügen.

Beiträge für eine persönliche Leibrente nach § 10 Abs. 1 Nr. 2b EStG (so genannte »Rürup-Rente«) sind nicht abzugsfähig, da sie nicht unter das Altersvorsorge-Zertifizierungsgesetz fallen.

Zusätzliche betriebliche Altersvorsorge?

Nach BSG vom 9.11.2010 – B 4 AS 7/10 R ist eine betriebliche Altersvorsorge mit Beiträgen in Höhe des Mindesteigenbeitrags nach § 86 EStG angemessen. Das gilt nicht nur für Personen, die keine Riester-Rente bedienen. Auch rentenversicherungspflichtige Leistungsbezieher mit Einkommen dürfen zwei private Säulen für die Alterssicherung aufbauen. Zu beachten ist in jedem Fall, dass einer Pensionskasse oder einem Pensionsfonds zugewendete Einkommensbestandteile nicht zur Deckung des Lebensunterhalts zur Verfügung stehen und daher bis zu einer Änderung der jeweils eingegangenen Verträge nicht auf das Alg II angerechnet werden können (LSG Rheinland-

Pfalz vom 25.11.2008 – L 3 AS 118/07; BSG vom 9.11.2010, a.a.O. und vom 27.9.2011 – B 4 AS 180/10 R).

1.3.6 »Werbungskosten«

Die mit der »Erzielung des Einkommens verbundenen notwendigen Ausgaben« nach § 11b Abs. 1 Nr. 5 SGB II sind nicht mit dem steuerrechtlichen Begriff der »Werbungskosten« nach § 9 EStG gleichzusetzen. Eine Ausgabe ist mit der Erzielung von Einkommen schon dann »verbunden«, wenn der Zweck der Ausgabe zu diesem Einkommen in Beziehung steht. Dafür ist nicht eine Unmittelbarkeit in dem Sinne erforderlich, dass die Erzielung von Einkommen ohne die Ausgabe undenkbar wäre. Im selben Sinne ist auch der Begriff der »Notwendigkeit« der Ausgabe zu verstehen: es genügt, wenn die Ausgaben dem Grunde und der Höhe nach bei vernünftiger Wirtschafsführung anfallen (LSG Berlin-Brandenburg vom 6.3.2008 – L 28 AS 1276/07). Das BSG vom 27.9.2011 – B 4 AS 180/10 R lässt es für eine »Verbundenheit« genügen, wenn die Zielrichtung der Aufwendung mit der Einkunftsart in einer Beziehung steht. Dies kann z.B. auch der Fall sein, wenn zwar die unmittelbare Erforderlichkeit für die Einkommenserzielung entfällt, die Verbindung aber fortwirkt (z.B. vom BVerwG vom 4.6.1981 – 5 C 46.80 für einen Gewerkschaftsbeitrag nach Berentung bejaht). Solange Aufwendungen, die für eine Erwerbstätigkeit benötigt wurden, nicht rückgängig gemacht werden können, wie z.B. die Mietkosten bis zur Kündigung für ein Pensionszimmer am früheren Arbeitsort, sind sie auch von einer Entgeltersatzleistung (Krankengeld, Arbeitslosengeld) über § 11b Abs. 1 Nr. 5 SGB II absetzbar (BSG vom 27.9.2011, a.a.O.).

Bei Einkommen aus abhängiger Beschäftigung sind ohne konkreten Einzelnachweis pauschal in die 100 €-Grundpauschale einzustellen:

Pauschalen in der Pauschale

- für laufende Bewilligungszeiträume, die vor dem 1.8.2016 begonnen haben (§ 9 Alg II-VO), monatlich 15,33 € nach § 6 Abs. 1 Nr. 3a Alg II-VO a.F.
  Durch den ersatzlosen Wegfall der Werbekostenpauschale von 15,33 € seit 1.8.2016 sind Aufwendungen nach § 11b Abs. 1 Nr. 5 SGB II bei einem Einkommen aus abhängiger Beschäftigung, das 400 € Brutto nicht überschreitet, nicht mehr zu berücksichtigen; das wirkt sich aber nicht nachteilig aus, weil die Grundpauschale von 100 €, die auch zuvor für die Aufwendungen nach § 11b Abs. 1 Nr. 3 – 5 SGB II nur abgesetzt werden konnte, unverändert bleibt. Ansonsten sind Aufwendungen i. S. von § 11b Abs. 1 Nr. 5 SGB II nur noch absetzbar, soweit sie konkret nachgewiesen werden können;

- zusätzlich für Wegstrecken von der Wohnung zur Arbeit 0,20 € pro Entfernungskilometer der kürzesten Streckenverbindung. Bei einer Fünftagewoche sind 21 Arbeitstage im Monat anzusetzen.

Kürzeste Weg-strecke nach Entfernungs-kilometern

Nach dem Wortlaut des § 6 Abs. 1 Nr. 5 Alg II-VO ist auf die kürzeste Wegstecke in Entfernungskilometern abzustellen, also nicht auf die Entfernung, die sich aus Hin- und Rückweg zur Arbeitsstätte ergibt (BSG vom 9.11.2011 – B 4 AS 7/10 R).

Da steuerrechtliche Regelungen im SGB II nicht gelten (BSG vom 9.11.2011, a.a.O.), können die Kosten für längere Wegstrecken nicht allein mit Verweis darauf abgesetzt werden, dass diese »offensichtlich« verkehrsgünstiger i.S. von § 9 Abs. 1 Satz 3 Nr. 4 Satz 4 EStG seien (s. dazu BFH vom 16.11.2011 – VI R 19/11). Unter dem Gesichtspunkt des Erhalts der Einnahmequelle müssen aber längere Wegstrecken abweichend von steuerrechtlichen Wertungen (s. z.B. BFH vom 24.9.2013 – VI R 20/13) anerkannt werden, wenn die Nutzung der kürzesten Wegstrecke laut Routenplaner unzumutbar ist (Baustelle mit Dauerstau etc.) oder berufsbedingt eine andere Wegstecke gefahren werden muss (VGH München vom 20.2.2006 – 12 BV 04.2223: Kind muss vorher zur Kita gebracht werden). Werden Kinder nur aus Anlass der Fahrten zur Arbeitsstätte zur Kita oder Schule gebracht, fehlt es an dem Zusammenhang zwischen Einkommenserzielung und höheren Fahrkosten (vgl. dazu auch FG Rheinland-Pfalz vom 22.6.2011 – 2 K 1885/10).

Fahrkosten bei verschiedenen Arbeitsstätten/ mehreren Arbeits-stellen

§ 6 Abs. 1 Nr. 5 Alg II-VO spricht nur von Fahrten zwischen der Wohnung und der Arbeitsstätte. Muss der Arbeitnehmer jedoch mehrere Arbeitsstätten oder nacheinander Arbeitsstätten bei verschiedenen Arbeitgebern anfahren, muss unter dem Gesichtspunkt der Unvermeidbarkeit höherer Fahrkosten ein anderer Maßstab gewählt werden. Die neuere Rechtsprechung des BFH (vom 9.6.2011 – VI R 36/10, – VI R 55/10 und – VI R 58/09, vom 19.1.2012 – VI R 32/11 und vom 9.11.2015 – VI R 8/15) bietet einen auch für das SGB II sachgerechten Anhaltspunkt, sofern die (steuerrechtliche) Absetzbarkeit der tatsächlichen Fahrkosten davon abhängig gemacht wird, ob sich der Arbeitnehmer auf die immer gleichen Wege einstellen und so (etwa durch Fahrgemeinschaften, öffentliche Verkehrsmittel oder eine zielgerichtete Wohnsitznahme in der Nähe der regelmäßigen Arbeitsstätte) auf eine Minderung der Wegekosten hinwirken kann. Übt der Arbeitnehmer an mehreren betrieblichen Einrichtungen des Arbeitgebers seinen Beruf aus, sei es ihm regelmäßig nicht möglich, die anfallenden Wegekosten durch derartige Maßnahmen gering zu halten. Denn die unter Umständen nicht verlässlich vorhersehbare Notwendigkeit, verschiedene Tätigkeitsstätten aufsuchen zu müssen, erlaube es dem Arbeitnehmer nicht, sich immer auf die gleichen Wege einzustellen. In einem solchen Fall lasse sich die Einschränkung der Steuererheblichkeit von Wegekosten durch die Entfernungspauschale nach § 9 Abs. 1 Satz 3 Nr. 4 EStG nicht rechtfertigen. Die Fahrkosten könnten dann nach § 9 Abs. 1 Satz 1 EStG als Werbungskosten geltend gemacht werden (BFH vom 20.3.2014 – VI R 74/13 für Fahrten zu einer Großbaustelle). Übertragen auf das SGB II sind in solchen Fällen die tatsächlichen Fahrkosten, soweit sie genau nachgewiesen werden (Fahrtenbuch, Tankbelege etc.), absetzbar (LSG NRW vom 19.7.2011 – L 19 AS 455/11 B).

Für Fahrten zwischen der Wohnung und wechselnden Einsatzstellen oder Reisetätigkeiten als Vertreter oder Kundendienstbetreuer sind aus den genannten Gründen die Kosten für die tatsächlich gefahrenen Kilometer absetzbar. Dasselbe gilt für Leiharbeitnehmer (vgl. dazu FG Münster vom 11.10.2011 – 13 K 456/10) oder Arbeitnehmer, die mit dem eigenen PKW regelmäßig verschiedene Betriebsstätten der Auftraggeber ihres Arbeitgebers anfahren (FG Düsseldorf vom 4.6.2009 – 11 K 4502/07 E).

Fahrkosten bei wechselnden Arbeitsstätten

Seit 1.8.2016 zählt § 11b Abs. 2 Satz 4 SGB II Ausbildungsförderleistungen mit Ausnahme der jeweiligen Kinderbetreuungspauschalen (§ 14b BAföG, § 64 Abs. 3 SGB III, § 10 Abs. 1 AFBG) zu anrechenbarem Einkommen. Für Aufwendungen nach § 11b Abs. 1 Nr. 3–5 SGB II, darunter Fahrkosten, sind pauschal »mindestens« 100 € abzusetzen. Bei konkretem Nachweis können höhere Fahrkosten abgesetzt werden. Hat der Auszubildende wegen Besonderheiten, z. B. wegen eines Praktikums an unterschiedlichen Einsatzorten oder Fahrten zu Lerngruppen an wechselnden Orten, keine Möglichkeit, sich auf immer gleiche Wege einzustellen und so auf eine Minderung der Wegekosten hinzuwirken (vgl. dazu BFH vom 5.2.2015 – III R 24/14), sind solche (zusätzlichen) Fahrkosten bei genauer Erfassung der gefahrenen Kilometer als erforderliche Ausbildungsausgaben anzuerkennen.

Azubi-Fahrkosten

Zur Kritik an der Neuregelung der Ausbildungskosten → S. 510 f.

Die Pauschale von 0,20 € pro Entfernungskilometer ist allein schon wegen der Preisentwicklung für Kraft- und Schmierstoffe selbst für einen Kleinwagen nicht mehr zeitgemäß (vgl. dazu LG Braunschweig vom 16.05.2011 – 6 T 247/11; LG Dessau vom 29.8.2011 – 1 T 175/11).

PKW-Nutzung

Es ist jedoch nicht zulässig, an die Stelle der § 6 Alg II-VO-Pauschale die Pauschalen aus dem Steuerrecht, dem SGB XII (§ 5 DVO zu § 82 SGB XII = 5,20 € pro Entfernungskilometer im Monat) oder der Rechtsprechung zur Prozesskostenhilfe (s. dazu LAG Baden-Württemberg vom 2.9.2009 – 4 Ta 7/09; OVG Lüneburg vom 16.2.2011 – 4 PA 205/10) zu übernehmen. Es bleibt nur der Weg, die tatsächlichen Kosten genau nachzuweisen und zu belegen. Wird ein Kfz zur Ausübung der Berufstätigkeit benötigt, sind diese Kosten dann ungekürzt absetzbar. Zu den tatsächlich absetzbaren Kosten gehören auch Wartungskosten, TÜV-Gebühren und Reparaturkosten (SG Lüneburg vom 13.11.2013 – S 37 AS 1787/12: Unfallkosten, Mietwagen). Nach LSG Sachsen vom 15.9.2005 – L 3 B 44/05 AS-ER sind diese Kosten in Höhe von 80% abzusetzen, nicht dagegen Rücklagen für ein neues Auto und für Autoreifen. Das LSG Berlin-Brandenburg vom 8.12.2011 – L 20 AS 47/08 hält Wartungskosten und TÜV-Gebühren mit einem unserer Meinung nach unzulässigen Verweis auf das Steuerrecht für nicht absetzbar. Denn im Steuerrecht werden z. B. Reparaturaufwendungen infolge der Falschbetankung eines PKW auf der Fahrt zwischen Wohnung und Arbeitsstätte nicht anerkannt, weil sie mit der gegenüber § 6 Abs. 1 Nr. 5 Alg II-VO großzügigeren Entfernungspauschale nach § 9 EStG abgegolten sind (BFH 20.3.2014 – VI R 29/13).

In der Rechtsprechung werden verschiedene Berechnungsmodelle zur Ermittlung der tatsächlichen Nutzungskosten erwogen. So hat z.B. das HessLSG vom 12.7.2006 – L 9 AS 69/06 ER, ausgehend von einem Normverbrauch, wie er in dem von der Deutschen Automobil Treuhand GmbH herausgegebenen Leitfaden zu Kraftstoffverbrauch und CO_2–Immissionen dokumentiert ist, die Fahrkosten nach der Formel

$$\frac{\text{N km x 2 Wegstrecken x 19 Arbeitstage x N Liter (Super)Benzin}}{100 \text{ km}} \text{ x geltender Benzinpreis}$$

berechnet. Das HessLSG vom 9.2.2011 – L 6 AS 338/09 hat bestätigt, dass nur ein den steuerrechtlichen Grundsätzen entsprechendes Fahrtenbuch (näher dazu → S. 479) mit Beibringung sämtlicher Belege, z.B. über durchgeführte Reparaturen, Inspektionen, Betankungen, den von § 6 Alg II-VO geforderten konkreten Nachweis höherer Kosten gewährleiste (ebenso LSG Niedersachsen-Bremen vom 22.1.2014 – L 13 AS 267/11).

Kfz-Haftpflicht, Kfz-Steuer

Ist die Nutzung eines Fahrzeugs notwendig, sind auch die Beiträge für Kfz-Haftpflicht und die Kfz-Steuer berufsbedingte Aufwendungen i. S. von § 11b Abs. 1 Nr. 5 SGB II. Entscheidend für die Absetzbarkeit der Steuern ist der jeweilige Fälligkeitszeitpunkt. Die Kfz-Beiträge sind entsprechend § 6 Abs. 1 Nr. 3 Alg II-VO n. F. auf 1/12-Beträge umzulegen, auch wenn der Versicherte keine monatliche Zahlweise gewählt hat.

Beitrag zur Kfz-Kasko-versicherung?

Noch nicht entschieden ist, ob (Teil-)Kaskoversicherungsbeiträge absetzbar sind, wenn das Kfz für die Berufsausübung dringend benötigt wird und einem besonderen Verschleiß ausgesetzt ist (vgl. LSG Sachsen vom 4.10.2007 – L 3 B 309/07 AS-NZB). Für eine Anerkennung spricht, dass berufsbedingte Unfallkosten absetzbar sind, so dass eine Kaskoversicherung eine wirtschaftlich sinnvolle Absicherung dieses Risikos sein kann.

Kfz-Finanzierungs-kosten

Kfz-Finanzierungskosten (Zinsen, Tilgung, Leasingraten: BSG vom 5.6.2014 – B 4 AS 31/13 R) können nach HessLSG vom 12.7.2006 – L 9 AS 69/06 ER zu den Kosten nach § 6 Abs. 1 Nr. 3b Alg II-VO n. F. gerechnet werden, wenn der Weg zur Arbeit nicht mit öffentlichen Verkehrsmitteln zurückgelegt werden kann und das Fahrzeug vor Eintritt in den Leistungsbezug schon erworben wurde; einschränkend für Kfz-Kauf im laufenden Alg II-Bezug das HessLSG vom 27.11.2006 – L 9 AS 213/06 ER; ablehnend LSG Baden-Württemberg vom 16.4.2007 – L 13 AS 4770/06 ER-B. Im Einzelfall ist das Jobcenter nach § 16f SGB II verpflichtet (Ermessensreduktion auf Null), ein Darlehen zum Erwerb eines PKW zu gewähren (LSG Niedersachsen-Bremen vom 13.5.2015 – L 11 AS 676/15 B ER: Kauf eines Gebrauchtwagens nach Totalschaden, um die Arbeitsstelle nicht zu verlieren). Zu einer Zusage eines Darlehens für den Kauf eines berufsbedingt notwendigen Kfz in einer EV s. SG Stuttgart vom 7.7.2014 – S 18 AS 3048/14 ER.

Als Ausgleich einer erhöhten Absetzung für Fahrkosten kann das Jobcenter vom Leistungsberechtigten verlangen, dass er einen erhöhten Freibetrag auf der Steuerkarte eintragen lässt, um ein höheres Nettoeinkommen zu erzielen (vgl. dazu LG Bonn vom 2.4.2009 – 6 T 321/08; OLG Celle vom 14.2.2013 – 10 WF 46/13). Sind steuerrechtlich höhere Kosten wegen einer Behinderung anerkannt worden (dazu BFH vom 26.10.2010 – VI B 52/10), spielt das ohne Nachweis tatsächlicher Kostenmehraufwendungen für § 11b Abs. 1 Nr. 5 SGB II keine Rolle (LSG NRW vom 25.2.2010 – L 7 BK 1/09; vgl. auch VG Saarland vom 26.11.2015 – 3 K 901/14). **Höheren Steuerfreibetrag eintragen lassen**

Sofern die Berücksichtigung des 0,20 €-Pauschbetrages oder der nachgewiesenen höheren Kosten im Vergleich zu den bei Benutzung eines zumutbaren öffentlichen Verkehrsmittels anfallenden Fahrtkosten unangemessen hoch ist, sind nach § 6 Abs. 2 Alg II-VO nur die Fahrkosten bei Nutzung des öffentlichen Verkehrsmittels abzusetzen. **Zumutbarkeit öffentlicher Verkehrsmittel**

Für die Beurteilung, ob die Kosten einer Pkw-Nutzung im Vergleich zur Nutzung öffentlicher Verkehrsmittel »unangemessen hoch« i.S. von § 6 Abs. 2 Alg II-VO sind, ist somit auf die individuelle Zumutbarkeit öffentlicher Verkehrsmittel abzustellen und nicht auf einen bloßen Kostenvergleich (so auch SG Schwerin vom 12.4.2005 – S 10 AS 22/05 ER). Unzumutbar ist die Nutzung öffentlicher Verkehrsmittel, wenn sich die Fahrzeit dadurch erheblich verlängert (LSG Sachsen vom 19.5.2005 – L 3 B 44/05 AS-ER), bei ungünstigen Verbindungen wegen Nacht-/Schichtarbeit, z.B. als Rettungsassistent (OLG Brandenburg vom 7.4.2008 – 9 UF 77/08 und vom 9.11.2010 – 10 UF 3/10; LG Bonn vom 2.4.2009 – 6 T 321/08; OLG Rostock vom 5.2.2015 – 11 UF 138/13: Nutzung einer Fähre) oder wenn der Arbeitnehmer Material und Werkzeug mitführen muss (SG Neuruppin vom 18.8.2010 – S 26 AS 2002/08).

Können öffentliche Verkehrsmittel wegen einer Behinderung nicht zumutbar genutzt werden (s. dazu SG Mainz vom 19.11.2015 – S 1 R 701/13), gibt es über die Kfz-Hilfe-VO Leistungen. Als Aufwendung nach § 11b Abs. 1 Nr. 5 SGB II sind dann die tatsächlichen Fahrkosten unter Einbeziehung der Eigenbeteiligung nach § 9 Kfz-Hilfe-VO abzüglich der vom Träger der Kfz-Hilfe-VO (Rentenversicherung oder Arbeitsagentur) gewährten Hilfe absetzbar. **Kfz-Hilfe**

Wurde der pfändungsfreie Betrag nach § 850f ZPO wegen ungewöhnlich hoher Fahrkosten heraufgesetzt (s. dazu LG Hechingen vom 3.6.2011 – 3 T 23/11; AG Wolfenbüttel vom 29.12.2014 – 23 M 6509/14; LG Gera vom 26.8.2013 – 5 T 346/13), ist diese Wertung auch für das Jobcenter verbindlich, weil das insoweit erhöhte Einkommen als Fahrkostenanteil das Erwerbseinkommen sichert. **Pfändungsfreie Fahrkosten**

Fahrgeld-erstattung

Erhält ein Arbeitnehmer dafür, dass er mit seinem eigenen Fahrzeug Fahrten für den Arbeitgeber übernimmt, eine Erstattung der Fahrtkosten, handelt es sich nicht um Einkommen, auch wenn der Arbeitgeber pauschal 0,30 € pro Kilometer erstattet (SG Detmold vom 18.9.2014 – S 18 AS 871/12; SG Schwerin vom 10.3.2015 – S 15 AS 1947/13; SG Dortmund vom 4.4.2016 – S 31 AS 2064/14).

Fahrkosten zum Jobcenter

Kommt ein Bezieher von Alg II einer Einladung des Jobcenters zur Vorsprache nach § 59 SGB II i.V.m. § 309 SGB III nach, sind die dazu notwendigen Kosten bei der Benutzung des eigenen Pkw anhand von § 5 Abs. 1 BundesreisekostenG (= 0,20 € pro gefahrenem Kilometer) zu erstatten. Maßgeblich ist die verkehrsgünstigste – nicht zwingenderweise die kürzeste – Strecke, wenn nachvollziehbare Gründe für deren Benutzung vorliegen (BayLSG vom 27.3.2012 – L 11 AS 774/10).

Bedarf statt Absetzbetrag

Die Regelungen in § 6 Alg II-VO bestimmen, um welche Beträge Einkommen zu bereinigen ist. Sie sind daher schon im Ansatzpunkt nicht für die Bemessung eines Bedarfs heranzuziehen. Sofern ein besonderer Bedarf an Fahrkosten besteht (z.B. für die Wahrnehmung des Umgangsrechts, für Besuchsfahrten zu einem schwer verletzten Angehörigen), sind daher die Maßstäbe für eine angemessene Bestimmung dieses Mehrbedarfs anderen Regelungen, wie z.B. dem BundesreisekostenG, zu entnehmen (BSG vom 4.6.2014 – B 14 AS 30/13 R: Fahrkosten für Umgangsrecht).

Verpflegungs-mehraufwand

Ein beruflich bedingter Mehrbedarf für Verpflegung, sofern er nicht über Spesen abgedeckt wird, kann nach § 6 Abs. 3 Alg II-VO mit täglich 6 € anerkannt werden, wenn die berufliche Tätigkeit vorübergehend an einer anderen als der regulären Arbeitsstelle ausgeübt wird und eine Abwesenheit von mindestens 12 Stunden erfordert. § 6 Abs. 3 Alg II-VO knüpft an die Dienstreise-Formulierung im Steuerrecht an (Tätigkeitsmittelpunkt), muss aber nach SGB II-Maßstäben interpretiert werden. D. h. zum einen, dass die Drei-Monats-Frist aus dem Steuerrecht nicht gilt; zum anderen sind die für den Verpflegungsmehraufwand absetzbaren Aufwendungen nicht auf 6 € begrenzt, wenn tatsächlich höhere Aufwendungen nötig sind. Die nach § 6 Alg II-VO ausnahmslose Beschränkung auf einen Pauschbetrag in Höhe von 6 € täglich bei einer Abwesenheitsdauer von mindestens zwölf Stunden ist nur mit einer Öffnungsklausel ermächtigungskonform (BSG vom 11.12.2012 – B 4 AS 27/12 R). Die Begründung des BSG ist bemerkenswert: »Die Erhaltung der Erwerbsfähigkeit von SGB II-Aufstockern (§ 1 Abs. 1 Satz 4 Nr. 2 SGB II), die der Verordnungsgeber im Blick haben muss, dürfte bei längerer berufsbedingter Abwesenheit aber auch die Einnahme von warmen Mahlzeiten erfordern«. Zahlt der Arbeitgeber höhere Beträge für solche Aufwendungen (Spesen, Auslöse etc.), sind diese als reguläres Einkommen gemäß § 11 Abs. 1 SGB II anrechenbar. Dabei kommt es nicht darauf an, ob die Beträge oder Pauschalen für Verpflegungsmehraufwendungen als zusätzliches, steuerfreies Entgelt oder über eine Entgeltumwandlung (dazu LSG Berlin-Brandenburg vom 4.3.2009 – L 9 KR

157/03) gezahlt werden (so noch zur alten Rechtslage LSG Sachsen vom 21.9.2010 – L 7 AS 395/10 B ER). Die Freistellung einer Verpflegungspauschale als »zweckbestimmte Leistung« gemäß § 11 Abs. 3 Nr. 1a SGB II a. F. ist auf arbeitsvertraglich geschuldete Zuwendungen seit 1.4.2011 nicht mehr anwendbar.

Arbeitet der Leistungsberechtigte an verschiedenen oder wechselnden Arbeitsstätten, kann er aus den vom BFH für solche Fälle zu den Fahrkosten entwickelten Maßstäben (→ S. 450) über 6 € hinausgehende, nachweisbare Verpflegungskosten geltend machen, sofern er über 12 Stunden vom Wohnsitz abwesend ist und keine Möglichkeit hat, eine kostenmindernde Verpflegung (z. B. Kantine) zu nutzen (s. dazu BFH vom 19.1.2012 – VI R 32/11; VI R 36/11). Auf die Mitnahme von Broten kann der Arbeitnehmer angesichts der geforderten Abwesenheit von mindestens 12 Stunden nicht verwiesen werden (BSG vom 11.12.2012 – B 4 AS 27/12 R).

Verpflegungskosten bei verschiedenen/ wechselnden Arbeitsstätten

§ 6 Abs. 3 Alg II-VO erfasst lediglich die Mehraufwendungen für Verpflegung, schließt also die Absetzbarkeit anderweitiger, notwendiger Ausgaben i. S. von § 11b Abs. 1 Nr. 5 SGB, wie Ausgaben für Hygiene, Übernachtungskosten o. ä. nicht aus (SG Dresden vom 1.9.2010 – S 36 AS 5042/08), sofern nicht der Arbeitgeber dafür aufkommen muss (s. z. B. BAG vom 14.6.016 – 9 AZR 181/15: Reinigung von Hygienekleidung im Schlachthof). Zu Übernachtungskosten bei LKW-Fahrern vgl. BFH vom 28.3.2012 – VI R 48/11; FG München vom 2.9.2015 – 7 K 2393/13.

Sonstige Mehraufwendungen

Für eine Tätigkeit mit ständig wechselnden Tätigkeitsstätten verneint LSG Sachsen vom 15.07.2010 – L 3 AS 380/09 Leistungen aus dem Vermittlungsbudget (§ 45 SGB III) mit der Begründung, hierfür müsse der Arbeitgeber aufkommen. Dieses Argument kann nur dann gegen die Absetzung von Kosten, die aus der Besonderheit der Einsatzwechseltätigkeit resultieren, vorgebracht werden, wenn eine Bezahlung durch den Arbeitgeber ohne Rechtsstreit durchgesetzt werden kann. Ggf. muss das Jobcenter Alg II auf der Grundlage der Aufwendungen, die der Arbeitnehmer (noch) selbst trägt, leisten und kann über § 33 SGB II, § 115 SGB X gegen den Arbeitgeber vorgehen.
Hat ein Arbeitnehmer den Weg eines Rechtsstreits zur Durchsetzung seiner Ansprüche beschreiten müssen, sind die damit zusammenhängenden Kosten als Aufwendungen nach § 11b Abs. 1 Nr. 5 SGB II absetzbar. Einen sachlich gerechtfertigten Unterschied zur steuerrechtlichen Wertung (dazu BFH vom 9.2.2012 – VI R 23/10) gibt es nicht.

Mobilitätshilfen

Arbeitsgerichtskosten

Kosten für eine doppelte Haushaltsführung sind absetzbar, wenn die Entfernung zwischen der regulären Wohnung und der Arbeitsstätte so groß ist, dass arbeitstägliche Hin- und Herfahrten nicht zumutbar sind und auch ein Umzug an den Arbeitsort nicht zugemutet werden kann (SG Dresden vom 10.3.2014 – S 7 AS 1973/11; s. auch FG Hamburg vom 17.12.2014 – 2 K 113/14). Bei Alleinstehenden wird nach Ablauf der Probezeit in der Regel ein Umzug zumutbar sein (s. dazu LSG NRW

Doppelte Haushaltsführung

vom 27.11.2008 – L 7 B 137/08 AS ER). Dasselbe gilt bei leistungsberechtigten Einstandspartnern, wenn einer der Partner nicht berufstätig ist und keine besonderen Bindungen (Pflege Angehöriger, Betreuung von Kindern) zum Wohnort hat. Die Drei-Monatsgrenze nach § 4 Abs. 5 EStG gilt für das SGB II nicht; allerdings kann nach Ablauf dieses Zeitraums geprüft werden, ob die Umstellung auf die neue Situation Einsparungen ermöglicht (mit dieser Begründung rechtfertigt der BFH vom 8.7.2010 – VI R 11/08 die Zeitbegrenzung in § 4 EStG). Das Jobcenter ist bei Prüfung der Absetzbarkeit nicht an Feststellungen der Finanzbehörde gebunden; auch wenn kein höherer Steuerfreibetrag anerkannt wurde, können Zusatzkosten für eine doppelte Haushaltsführung »Werbungskosten« nach § 11b Abs. 1 Nr. 5 SGB II sein. Zur Beurteilung, ob am Wohnort (noch) ein eigener Hausstand unterhalten wird, kann die Rechtsprechung der Finanzgerichte aber als Orientierungsmaßstab herangezogen werden (s. dazu BFH vom 6.12.2009 – VI B 124/08, vom 28.3.2012 – VI R 87/10 und vom 28.8.2014 – V R 22/14; FG Sachsen-Anhalt vom 7.7.2015 – 4 K 62/13).

Abweichend vom Steuerrecht sind im SGB II die Auswirkungen auf das (Fort)bestehen der Bedarfsgemeinschaft zu berücksichtigen, wenn eine Bereinigung des Erwerbseinkommens um Kosten der auswärtig ausgeübten Berufstätigkeit unterbleibt: Würden für den unverheirateten, berufstätigen Einstandspartner der Bedarfsgemeinschaft keine Kosten einer doppelten Haushaltsführung anerkannt, zwänge ihn die finanzielle Situation zu einer Verlagerung des Lebensmittelpunktes an den Ort der Berufstätigkeit; die Bedarfsgemeinschaft wäre dann aufgelöst (nach BSG vom 18.2.2010 – B 4 AS 49/09 R bilden nur Ehepaare oder Lebenspartner trotz räumlich getrennten Lebens eine Bedarfsgemeinschaft).

An Aufwendungen sind neben den Kosten für die Wohnung am Arbeitsort die Fahrkosten für Heimfahrten absetzbar (LSG Sachsen vom 26.10.2007 – L 3 AS 132/06; vgl. dazu auch BFH vom 18.4.2013 – VI R 29/12). Wurde die Wohnung vor Eintritt in den Leistungsbezug angemietet, sind zunächst die tatsächlichen Kosten anzuerkennen, ein Wechsel in eine billigere Wohnung kann nach Maßgabe des § 22 Abs. 1 Satz 3 SGB II verlangt werden. Findet der Leistungsberechtigte eine auswärtige Arbeitsstelle, kann für die Dauer der Probezeit eine möglichst kostengünstige Unterbringung zugemutet werden. Fahrkosten zwischen Arbeits- und regulärem Wohnort sind entsprechend § 63 Abs. 1 Nr. 2 SGB III (eine Fahrt pro Monat) angemessen, häufigere Fahrten nur, wenn dafür wichtige Gründe vorliegen. Die Kosten für die im Monatstakt anzuerkennenden Familienheimfahrten bemessen sich nach § 6 Abs. 1 Nr. 5, Abs. 2 Alg II-VO. Erhöhte Fahrkosten wegen außergewöhnlicher Umstände (Krankheit, Behinderung des Partners oder der Kinder etc.) können einen Mehrbedarf nach § 21 Abs. 6 SGB II begründen, der bei Nutzung eines Kfz nach § 5 BundesreisekostenG zu bemessen ist (BSG vom 4.6.2014 – B 14 AS 30/13 R). Kosten für Besuchsfahrten Angehöriger können nicht als Aufwendung nach § 11b Abs. 1 Nr. 5 SGB II abgesetzt werden; insoweit ist die Wertung von BFH vom 22.10.2015 – VI R 22/14 auf das SGB II übertragbar. Ist die Nutzung öffentlicher Verkehrsmittel zumutbar und liegen diese Kosten deutlich niedriger als die Benutzung eines Fahrzeugs, sind nur die Kosten für das öffentliche Verkehrsmittel angemessen. Bei einer sehr großen Entfernung zwischen Wohn- und Arbeitsort können anstelle einer Heimfahrt Telefonkosten absetzbar sein (vgl. FG Niedersachsen vom 2.9.2009 – 7 K 2/07). Verpflegungsmehraufwendungen sind zumindest in Höhe des Unterschiedsbetrages zwischen dem Regelbedarf bei Partnern und dem Regelbedarf eines alleinstehenden Leistungsberechtigten anzuerkennen, da der auswärtig untergebrachte Partner die häusliche Ersparnis gemeinsamen Wirtschaftens wegen der auswärtigen Unterbringung nicht realisieren kann (LSG Niedersachsen-Bremen vom 12.10.2009 – L 13 AS 242/09 B ER).

Da steuerrechtliche Wertungen im SGB II nicht gelten, sind notwendige Kosten einer doppelten Haushaltsführung auch für »Kinder« (junge Volljährige oder Auszubildende) mit regulärer Wohnung bei den Eltern, aber auswärtiger Arbeits- oder Ausbildungsstätte anzuerkennen; dies umso mehr, als dadurch ein meist kostenintensiverer Auszug vermieden werden kann, bzw. die Ablehnung einer Einkommensbereinigung um die Kosten der auswärtigen Unterbringung einen wichtigen Grund für einen nach § 22 Abs. 5 SGB II nicht gewollten Auszug aus der BG schaffen könnte. S. dazu auch BFH vom 4.5.2010 – VI B 156/09.

Doppelte Haushaltsführung von BG-Kindern

Kosten der doppelten Haushaltsführung gehören zu den Werbungskosten, die einem Arbeitnehmer wegen einer aus beruflichem Anlass begründeten doppelten Haushaltsführung entstehen. Für vorübergehende Aufenthalte eines BG-Partners wegen einer Rehabilitation können daher keine Kosten für doppelte Haushaltsführung geltend gemacht werden (LSG NRW vom 30.6.2011 – L 19 AS 1023/11 B ER). Bei auswärtigem Aufenthalt wegen einer beruflichen Fortbildung gilt die Regelung des § 63 SGB III als spezielle Norm.

Berufliche Veranlassung

Tatsächlich höhere Werbungskosten als die Pauschale nach § 6 Abs. 1 Nr. 5 Alg II-VO können wegen der Regelung in § 11b Abs. 2 Satz 1 und 2 SGB II erst abgesetzt werden, wenn das Bruttoeinkommen über 400 € liegt oder die höheren Werbungskosten zur Überschreitung der 100 €-Grundpauschale mit Versicherungsbeiträgen führt, die von sonstigem Nichterwerbseinkommen des Erwerbstätigen abgezogen werden können.

Tatsächlich höhere Werbungskosten

Die höheren Aufwendungen sind sorgfältig zu dokumentieren und nachzuweisen. Bei schwankenden Ausgaben ist die genaue Einkommensanrechnung jeweils rückwirkend im Rahmen eines Änderungsbescheides nach § 48 SGB X vorzunehmen.

Aufwendungen für Arbeitsmaterial, Berufskleidung und Arbeitsmittel sind absetzbar, soweit keine Zuschüsse vom Arbeitgeber oder vom Jobcenter über § 16 SGB II i.V.m. § 44 SGB III geleistet werden. Können die Gegenstände auch privat genutzt werden, kommt nach BSG vom 19.6.2012 – B 4 AS 163/11 R eine Absetzung nach § 11b Abs. 1 Nr. 5 SGB II nicht in Betracht (Business-Kleidung, Friseurbesuche). Zur Nichtabsetzbarkeit von regulärer Kleidung s. BFH vom 13.11.2013 – VI

Aufwendungen für Arbeitsmaterial

B 40/13; FG Hamburg vom 26.3.2014 – 6 K 231/12). Ob Leistungsberechtigte, die sich wegen einer nach langer Arbeitslosigkeit gefundenen Arbeitsstelle neu einkleiden müssen, die Kosten für die benötigte Kleidung über § 16 SGB II im Rahmen des Vermittlungsbudgets erhalten können, hat das BSG offen gelassen. Zur Abzugsfähigkeit von Aufwendungen für die Reinigung von Berufskleidung s. BFH vom 20.5.2010 – VI R 53/09; FG Nürnberg vom 24.10.2014 – 7 K 1704/13. Aufwändigere Kosten sind nicht auf die voraussichtliche Nutzungsdauer des Arbeitsmittels zu verteilen, sondern bei der Anschaffung, also im Zeitpunkt der Belastung des Arbeitseinkommens abzusetzen.

Gewerkschaftsbeitrag

Beiträge zu Berufsverbänden und Gewerkschaften sind absetzbar. Wird kein Einkommen erzielt, gibt es für eine Übernahme von Gewerkschaftsbeiträgen als Zusatzbedarf keine Grundlage (LSG Sachsen vom 25.9.2007 – L 2 B 173/07 AS-NZB).

Kinderbetreuungskosten

Kinderbetreuungskosten sind zu übernehmen, soweit sie **wegen** der Ausübung der Berufstätigkeit anfallen und keine Gebührenermäßigung, ggf. -befreiung nach § 90 SGB VIII erfolgt (BSG vom 9.11.2010 – B 4 AS 7/10 R; SG Berlin vom 23.3.2015 – S 197 AS 355/12). Da nur notwendige berufsbedingte Aufwendungen absetzbar sind, können Zusatzkosten für besondere Betreuungsleistungen oder -formen nicht geltend gemacht werden. Zahlt der Arbeitgeber Kita-Kosten als freiwillige Extraleistung zusätzlich zum Lohn, sind diese Zuschüsse nach § 11a Abs. 5 SGB II anrechnungsfrei. Kita-Zuschüsse kraft vertraglicher Vereinbarung, betrieblicher Übung oder im Wege der Entgeltumwandlung sind anrechenbares Einkommen, von dem dann aber die vom Arbeitnehmer entrichteten, angemessenen Kita-Gebühren als berufsbezogene Aufwendungen nach § 11b Abs. 1 Nr. 5 SGB II absetzbar sind.

Verweis auf Betreuungsgeld

Die Berufstätigkeit der Eltern hat keine Auswirkungen auf das Betreuungsgeld. Auch Eltern, die in Vollzeit arbeiten und ihr Kind während der Arbeit beispielsweise von einer Privatperson, Großmutter oder Tante betreuen lassen, erhalten Betreuungsgeld. Da Kinderbetreuungskosten ungeachtet des Bezugs von Betreuungsgeld steuerlich abgesetzt werden können und auch der Rechtsanspruch auf einen Kita-Platz wegen des Betreuungsgeldbezugs nicht wegfällt, ist die Inanspruchnahme des Betreuungsgeldes wohl zumutbar, auch wenn die Betreuungskosten geringer sind und der Rest des Betreuungsgeldes daher als Einkommen auf das Alg II angerechnet wird.

Auch Verpflegungskosten

Verpflegungskosten, z.B. der Kita-Beitrag für das Mittagessen, sind nach LSG Berlin-Brandenburg vom 23.10.2014 – L 8 AL 342/11 (zu § 64 Abs. 3 SGB III) ebenfalls Kinderbetreuungskosten (im Ergebnis vom BSG vom 26.11.2015 – B 11 AL 14/14 R bestätigt).

Fortbildungskosten

Dient die Fortbildung der Sicherung der ausgeübten Berufstätigkeit, sind die dazu notwendigen Kosten ohne weiteres absetzbar (LSG Baden-Württemberg vom 25.9.2012 – L 13 AS 3794/12 ER-B). Darüber hinaus sind unter Berücksichtigung der Rechtsprechung des BFH und der im SGB II geforderten Hilfe zur Überwindung der Abhängigkeit von staatlicher Fürsorge auch solche Bildungskosten als berufsbedingte Aufwendungen anzuerkennen, die den Leistungsberechtigten im ausgeübten Beruf für eine höherwertige bzw. besser bezahlte Tätigkeit qualifizieren sollen. Dazu kann z. B. ein Meisterkurs zählen, der Besuch einer Fachschule, ein berufsbegleitendes Studium oder eine Promotion und Habilitation.

Umschulungskosten sind beruflich veranlasst und notwendig, wenn der Leistungsberechtigte im ausgeübten Beruf keine Chance zur Überwindung der Hilfebedürftigkeit hat oder ihm sonst Arbeitslosigkeit droht. Zu den Umschulungskosten kann ein Aufbaustudium oder ein Sprachkurs gehören. Die dafür anfallenden Kosten sind insofern mit den gegenwärtigen Einkünften aus Erwerbsarbeit verbunden und notwendig, als diese Einkünfte nur so verbessert oder gesichert werden können.

Umschulungs-kosten

Ob Ausbildungskosten für einen erst künftig auszuübenden, von der derzeitigen Arbeit losgelösten Beruf als notwendige Ausgaben im Sinn des § 11b Abs. 1 Satz 1 Nr. 5 SGB II anerkannt werden können, ist zweifelhaft. Nach der Rechtsprechung des BFH können auch reine Ausbildungskosten vorab entstandene Werbungskosten sein, wenn die Ausbildung konkret und berufsbezogen auf eine Berufstätigkeit vorbereitet (BFH vom 22.6.2006 – VI R 5/04 und vom 18.6.2009 – VI R 14/07). Danach können z. B. auch die Kosten für den Erwerb eines Führerscheins für den Beruf des Taxifahrers oder die Kosten für eine Referendarprüfung Werbungskosten sein. Mit Blick auf das Gebot der möglichst geringen Inanspruchnahme von SGB II-Leistungen wird man Ausbildungskosten dann zu den notwendigen Aufwendungen i. S. von § 11b Abs. 1 Satz 1 Nr. 5 SGB II rechnen können, wenn hierüber eine nachhaltige Überwindung der Hilfebedürftigkeit erreicht werden kann (vgl. dazu LSG Berlin-Brandenburg vom 22.1.2007 – L 19 B 687/06 AS ER: Absetzung von Schulgeld für eine Ausbildung zum Physiotherapeuten). Ausbildungen ohne Berufsperspektive oder mit überwiegendem Bezug zur privaten Lebensgestaltung können dagegen im Rahmen des § 11b Abs. 1 Satz 1 Nr. 5 SGB II nicht anerkannt werden (vgl. FG Münster vom 27.11.2009 – 4 K 1802/08 E: Coaching-Seminar).

Ausbildungs-kosten

Neben Kosten für Fachbücher und Arbeitsmaterial sind Lehrgangs- und Prüfungsgebühren sowie Fahrkosten zur Ausbildungsstätte absetzbar.

Welche Bildungs-kosten sind absetzbar?

1.3.7 Erfüllung von Unterhaltsansprüchen

Nach § 11b Abs. 1 Satz 1 Nr. 7 SGB II sind Aufwendungen für die Erfüllung gesetzlicher Unterhaltsansprüche in Höhe des titulierten Betrages abzusetzen; insoweit genügt eine kostenfrei vom Jugendamt nach §§ 59, 60 SGB VIII erstellte Urkunde. Voraussetzung für eine Verminderung des anrechenbaren Einkommens ist, dass der Unterhalt insoweit tatsächlich gezahlt wird und auf einer gesetzlichen Unterhaltspflicht beruht (LSG Sachsen vom 3.11.2008 – L 3 B 19/07

Unterhaltstitel

AS-ER: keine Absetzung eines notariellen Schuldanerkenntnisses für ein volljähriges Kind). Ist der einkommenslose BG-Partner mit einem Unterhaltstitel belastet, kann der Einkommenbezieher diese Verpflichtung übernehmen und nach § 11b Abs. 1 Satz 1 Nr. 7 SGB II geltend machen (LSG Berlin-Brandenburg vom 27.1.2009 – L 32 AS 3/09 B ER; a. A. LSG Niedersachsen-Bremen vom 5.12.2006 – L 13 AS 2/06 ER).

Keine Titelabänderung

Nach BSG vom 9.11.2010 – B 4 AS 78/10 R sind Zahlungen eines Elternteils aufgrund eines Unterhaltstitels zugunsten eines minderjährigen Kindes auch dann vom Einkommen abzusetzen, wenn der Elternteil durch die Zahlung selbst hilfebedürftig wird. Eine Pflicht zur Abänderung des Titels zur Verringerung der Unterhaltsschuld bestehe nicht. Eigener Feststellungen des Jobcenters oder des Sozialgerichts zur Höhe des Unterhaltsanspruchs bedarf es daher nicht (LSG Schleswig-Holstein vom 23.3.2012 – L 6 AS 32/12 B ER; LSG NRW vom 20.8.2012 – L 12 AS 918/12 B ER). Die Belastung mit tituliertem Unterhalt, der die tatsächliche Leistungsfähigkeit übersteigt, begründet keinen Mehrbedarf, für den das Jobcenter aufkommen muss (BayLSG vom 29.1.2015 – L 7 AS 130/14).

Nicht titulierte Unterhaltsansprüche können rückschließend aus § 11 Abs. 1 Satz 1 Nr. 7 SGB II nicht abgesetzt werden (BSG vom 30.9.2008 – B 4 AS 57/07 R). Das gilt auch für Naturalunterhalt (LSG Sachsen-Anhalt vom 29.10.2009 – L 5 AS 16/05) und für Zahlungen auf rückständigen Unterhalt (BSG vom 20.2.2014 – B 14 AS 534/12 R; BayLSG vom 23.7.2015 – L 7 AS 547/14).

BAföG-/ BAB-Unterhalt

Nach § 11b Abs. 1 Satz 1 Nr. 8 SGB II ist der im Rahmen der BAföG-/ BAB-Berechnung für ein Kind des Leistungsberechtigten berücksichtigte Einkommensbetrag absetzbar. Er entspricht in pauschalierter Form dem zu zahlenden Ausbildungsunterhalt nach § 1610 BGB.

Kostenbeiträge nach KJHG

Für Kostenbeiträge nach den §§ 91 ff. SGB VIII gelten dieselben Grundsätze. Einstandspflichten für Stiefkinder in der BG werden im Rahmen des SGB VIII nicht berücksichtigt (VG Braunschweig vom 10.3.2015 – 3 A 174/14).

1.3.8   Härtefall-Absetzungen

Seit Juni 2010 können »unabweisbare« Sonderbedarfe als Mehrbedarf nach § 21 Abs. 6 SGB II geltend gemacht werden (→ S. 278 ff.). Kann der Leistungsberechtigte sich selbst oder Angehörigen in der BG helfen, z. B. durch Einsatz von Einkommen, ist der Mehrbedarf nicht unabweisbar. Eine Absetzung für Härtefall-Mehrbedarfe geht der Erhöhung des Regelbedarfs also eigentlich voraus. Die absetzbaren Positionen sind in § 11b Abs. 1 SGB II jedoch abschließend geregelt. Der Normkonflikt zwischen § 21 Abs. 6 und § 11b Abs. 1 SGB II ist so zu lösen, dass der Bedarf des Einkommensbeziehers um den Mehrbedarf nach § 21 Abs. 6 SGB II erhöht wird und das nach § 11b SGB II bereinigte Einkommen über die horizontale Berechnung auf die BG-Mitglieder verteilt wird.

H. lebt in Berlin mit einer Partnerin und deren Kindern zusammen. *Beispiel*
Ergänzend zu Erwerbseinkommen bezieht die Familie Alg II. In einem Unterhaltsprozess ist H. verurteilt worden, seinem Kind, das bei der Mutter in Frankfurt am Main lebt, 120 € Unterhalt zu zahlen. Dabei hat das Familiengericht den Selbstbehalt des H. um Kosten zur Ausübung des Umgangsrechts erhöht (s. dazu OLG Thüringen vom 25.5.2010 – 1 UF 19/10).

Das Jobcenter muss zur Berechnung des SGB II-Bedarfs das Erwerbseinkommen des H. um den Unterhaltsbetrag von 120 € (nach § 11b Abs. 1 Satz 1 Nr. 7 SGB II) bereinigen und dem Bedarf von H. einen Mehrbedarf nach § 21 Abs. 6 SGB II hinzufügen. An den vom Familiengericht zuerkannten Kostenbetrag ist das Jobcenter dabei nicht gebunden.
In einem weiteren Schritt ist das nach § 11b SGB II bereinigte Einkommen im Verhältnis der jeweiligen Einzelbedarfe auf die BG-Mitglieder aufzuteilen.

1.3.9 Nicht zur Verfügung stehende Einkommensteile

Soweit Einkommen gepfändet und die Pfändung nicht abzuwenden ist, steht es nicht zum Lebensunterhalt zur Verfügung und *Pfändung*
kann daher auch nicht als Einkommen nach § 11 SGB II angerechnet werden (SG Stuttgart vom 26.6.2006 – S 3 AS 1088/05; BSG vom 10.5.2011 – B 4 KG 1/10 R; zur Berechnung des pfändbaren Einkommens bei Alg II-Aufstockern s. BGH vom 25.10.2012 – IX ZB 263/11). Das Jobcenter kann nach Prüfung der Rechtslage und sachkundiger Unterstützung (LSG Sachsen-Anhalt vom 7.6.2012 – L 5 AS 193/12 B ER; BSG vom 17.2.2015 – B 14 KG 1/14 R) den Leistungsberechtigten aber auffordern, beim Amtsgericht einen Antrag gemäß § 850f ZPO auf Änderung des unpfändbaren Betrages zu stellen (LSG Hamburg vom 9.2.2006 – L 5 B 346/05 ER AS, ebenso LSG Berlin-Brandenburg vom 11.12.2006 – L 14 B 718/06 AS ER; LSG Baden-Württemberg vom 14.12.2006 – L 7 AS 4269/05). Wurde der nach § 850f ZPO zu belassende Betrag vom Rechtspfleger unrichtig festgesetzt, ist bis zu einer Korrektur Alg II unter Anrechnung des ausgezahlten Arbeitsentgelts zu gewähren (SG Berlin vom 19.12.2008 – S 37 AS 31128/08).

Seit 1.7.2010 gibt das Pfändungsschutzkonto (P-Konto) nach § 850k *Pfändungsschutz-*
ZPO die Möglichkeit, Einkommen in den Grenzen der pfändungsfreien *konto*
Beträge nach § 850c ZPO zu schützen und über die bisherigen Erweiterungen des Schutzes hinaus auch Einkommen, das zur Unterstützung des Einstandspartners oder der Stiefkinder in der BG gefordert wird, einem Zugriff der Gläubiger zu entziehen. Die analoge Anwendung von § 850f ZPO auf BG-Einstandspartner oder Stiefkinder (so OLG Frankfurt vom 4.7.2008 – 24 U 146/07; LG Essen vom 4.9.2014 – 7

T 285/14) war umstritten (a.A. LG Heilbronn vom 28.11.2011 – 1 T 327/11 Hn). Die Umwandlung eines Girokontos in ein P-Konto ist grundsätzlich zumutbar. Das Kreditinstitut, bei dem schon ein Girokonto besteht (nicht bei einem Sparkonto: AG Schwarzenbek vom 24.5.2012 – 5 M 962/12; AG Bergen vom 25.3.2013 – 23 C 432/12) ist nach § 850k Abs. 7 ZPO hierzu verpflichtet. Eine Entgeltklausel, wonach für das Führen eines Pfändungsschutzkontos ein (weitaus) höheres monatliches Entgelt verlangt wird als für das Führen des allgemeinen Girokontos, ist wegen einer unangemessenen Benachteiligung der Kunden unwirksam (s. z.B. OLG Frankfurt am Main vom 28.3.2012 – 19 U 238/11; OLG Bremen vom 23.3.2012 – 2 U 130/11; OLG Dresden vom 31.3.2015 – 14 U 484/14; BGH vom 13.11.2012 – XI ZR 145/12 und vom 16.7.2013 – XI ZR 260/12). Ist das Guthaben des Girokontos bereits gepfändet worden, kann der Kontoinhaber die Führung als P-Konto zum Beginn des vierten auf seine Erklärung folgenden Geschäftstages verlangen. Bis zur Umwandlung darf pfändbares Einkommen nicht angerechnet werden.

Kein Schuldnerschutz

Lässt der Leistungsberechtigte sein Arbeitseinkommen mangels eigenen Kontos auf das Konto eines Dritten überweisen, gilt der Schuldnerschutz nach §§ 850 f, 850 k ZPO nicht (BVerfG vom 29.5.2015 – 1 BvR 163/15). Ebenso für ein normales Konto, das neben einem P-Konto weitergeführt wird (AG Neu-Ulm vom 23.3.2015 – 12 M 618/15).

Alg II-Bescheid rechtzeitig vorlegen

Das Kreditinstitut muss den pfändungsgeschützten Betrag des P-Kontos erhöhen, wenn durch Vorlage eines SGB II-Bescheides die Einstandspflicht für Partner und Kinder nachgewiesen wird (AG Bremen vom 24.8.2010 – 4 C 412/10; LG Essen vom 19.11.2010 – 7 T 568/10). Der erhöhte Pfändungsfreibetrag kann nach AG Lichtenberg vom 1.9.2010 – 131 M 8041/10 auch rückwirkend durch die Bank gewährt werden, soweit sie nicht zuvor bereits an den Pfändungsgläubiger geleistet hatte. Eine solche Leistung bei Ablauf des Kalendermonats müsse der Schuldner bei verspäteter Vorlage einer Bescheinigung nach § 850k Abs. 5 ZPO gegen sich gelten lassen. Ein Anspruch des Leistungsberechtigten gegen das Jobcenter auf Erteilung einer Bescheinigung über den Pfändungsfreibetrag besteht nach SG Hildesheim vom 19.12.2012 – S 26 AS 1917/12 ER nicht.

Vollstreckungsgericht

Besteht ein P-Konto, hat das Kreditinstitut lediglich den Sockelbetrag nach § 850k Abs. 1 ZPO und anhand der vom Schuldner vorgelegten Bescheinigung den Aufstockungsbetrag nach § 850k Abs. 2 Satz 1 ZPO zu bestimmen. Dem Vollstreckungsgericht bleibt es vorbehalten, auf Antrag des Schuldners oder des Gläubigers einen anderen pfändungsfreien Betrag festzusetzen (§ 850k Abs. 4 ZPO). Anlass für einen derartigen Antrag des Schuldners kann etwa bestehen, wenn ihm vom Arbeitgeber Urlaubs- oder Weihnachtsgeld (vgl. § 850a Nr. 2, 4 ZPO) gewährt wird. Liegt bereits beim Arbeitgeber eine Pfändung vor, kann das Vollstreckungsgericht den Freibetrag gemäß § 850k Abs. 4 ZPO bei schwankendem Einkommen durch Bezugnahme auf das vom Arbeitgeber monatlich überwiesene pfändungsfreie Arbeitseinkommen festsetzen (BGH vom 10.11.2011 – VII ZB 64/10). In Fällen, in denen dagegen »nur« eine Kontopfändung vorliegt, muss weiterhin jeden Monat aufs Neue der Weg zum Vollstreckungsgericht gesucht werden. Wurde der Pfändungsfreibetrag im laufenden Monat noch nicht ausgeschöpft, wird er bei einem P-Konto automatisch auf den Folgemonat übertragen. Die mit Wirkung zum 16.4.2011 in Kraft getretene Neuregelung des § 835 Abs. 4 Satz 1 ZPO gewährleistet, dass am Monatsende für den Lebensunterhalt des Folgemonats überwiesene Sozialleistungen oder Erwerbseinkommen, das den Lebensunterhalt im Folgemonat sichern soll, auch dann geschützt sind, wenn im Zuflussmonat der Pfändungsfreibetrag schon ausgeschöpft wurde (s. dazu BGH vom 10.11.2011 – VII ZB 32/11). Zu Nachzahlungen für mehrere Monate s. LG Nürnberg vom 4.8.2015 – 19 T 3589/15.

Pfändungsschutz auch im Folgemonat

Wird Einkommen über das P-Konto einer Pfändung entzogen, bleiben die Schulden bestehen. In einer Einstands-BG, vor allem einer BG mit Stiefkindern, kann das zu einer die Erwerbsmotivation abwürgenden Einstandsverpflichtung führen (SG Berlin vom 19.10.2010 – S 37 AS 30345/10 ER).

Überzogene Einstandspflicht

Für Einkommensbezieher, die nur fiktiv hilfebedürftig sind, stellt sich die Frage, ob ihnen zum Zweck der Erfüllung ihrer Einstandsverpflichtung aus § 9 Abs. 2 Satz 2 SGB II die Einstellung oder Einschränkung einer **vor** der Begründung der Einstandspartnerschaft entstandenen Schuldtilgung, z.B. die Abzahlung eines auf Raten gekauften PKW, abverlangt werden kann (bejaht von LSG Berlin-Brandenburg vom 22.5.2007 – L 5 B 240/07 AS ER). Im Unterhaltsrecht ist anerkannt, dass es dem Unterhaltsschuldner aus verfassungsrechtlichen Gründen nicht zumutbar ist, durch seine Unterhaltszahlungen immer tiefer in Schulden zu geraten (BGH vom 31.10.2007 – XII ZR 112/05). Dies muss auch für Menschen gelten, die ihren eigenen Lebensunterhalt sicherstellen können und nur über § 9 Abs. 2 Satz 3 SGB II zu Leistungsberechtigten gemacht werden. Auf jeden Fall ist eine verfassungsrechtliche Belastungsgrenze da erreicht, wo der Hilfebedarf anhand eines fiktiven Einkommens ermittelt wird, wo also trotz wirksamer Abtretung oder Pfändung von Arbeitsentgelt das ungekürzte Entgelt berücksichtigt wird. Zum Unterhaltsrecht hat das BVerfG vom 18.3.2008 – 1 BvR 125/06 – festgestellt: »Wird einem Unterhaltschuldner die Erwirtschaftung eines Einkommens abverlangt, welches er objektiv nicht erzielen kann, liegt regelmäßig ein unverhältnismäßiger Eingriff in seine wirtschaftliche Handlungsfreiheit vor.«

Verfassungskonforme Auslegung

Wird eine Unterhaltspflicht über eine Abzweigung nach § 48 SGB I erfüllt, kann der abgezweigte Betrag nicht berücksichtigt werden. Zur Bestimmung, in welcher Höhe abgezweigt werden kann, → S. 667 f.

Abzweigung

Abtretungen verhindern eine Anrechnung, solange der Schuldner keine Möglichkeit hat, eine Veränderung, ggf. unter Mithilfe einer Schuldnerberatungsstelle, zu erreichen (LSG Niedersachsen-Bremen vom 3.2.2010 – L 15 AS 1081/09 B). Unpfändbare Forderungen kön-

Abtretung

nen nach § 400 BGB nicht abgetreten werden; die Abtretung ist unwirksam (LG Köln vom 17.6.2013 – 26 O 272/12: Abtretung einer unpfändbaren Berufsunfähigkeitsversicherung). Im Fall der Abtretung einer Sozialleistung hat der Sozialleistungsträger im Verhältnis zum Sozialleistungsberechtigten die Höhe des diesem (noch) auszuzahlenden Betrags durch Bescheid (Verwaltungsakt) zu regeln. Wurden Schutzvorschriften (§ 53 SGB I) missachtet, kann der Betroffene hiergegen im Sozialrechtsweg vorgehen (BSG vom 24.10.2013 – B 13 R 31/12 R; LSG Baden-Württemberg vom 29.7.2014 – L 9 U 847/10; SG Kiel vom 8.7.2014 – S 1 R 452/10).

Privatinsolvenz

Das an den Treuhänder nach § 287 Abs. 2 InsO abgetretene Entgelt steht nicht zum Lebensunterhalt zur Verfügung und kann daher nicht berücksichtigt werden (LSG Berlin-Brandenburg vom 24.4.2008 – L 28 B 1452/07 AS ER; SG Berlin vom 20.5.2010 – S 128 AS 14550/10 ER; LSG Sachsen-Anhalt vom 22.5.2012 – L 5 AS 114/12 B ER; BSG vom 12.6.2013 – B 14 AS 79/12 R). Das Jobcenter kann jedoch verlangen, dass der Insolvenzschuldner einen Antrag auf Erhöhung des verbleibenden Einkommens nach § 36 InsO, § 850f ZPO analog stellt (AG Wiesbaden vom 31.10.2007 – 10 IN 63/04). Notfalls kann auch über § 765a ZPO verhindert werden, dass wegen einer Zahlung an den Treuhänder Hilfebedürftigkeit eintritt (dazu BGH vom 13.2.2014 – IX ZB 91/12).

Tilgung eines Dispositionskredits

Unberücksicht bleibt die Verrechnung zugeflossenen Einkommens mit einem Kontominus. Der Leistungsberechtigte kann in diesen Fällen darauf verwiesen werden, seinen Dispositionskredit weiter auszuschöpfen (LSG NRW vom 22.11.2006 – L 1 B 40/05 AS; BSG vom 29.5.2015 – B 14 AS 10/14 R und vom 30.7.2008 – B 14 AS 26/07 R). Das gilt nicht, wenn mit dem Einkommen ein Dispositionskredit ausgeglichen oder verringert wird und die Bank die permanente Überziehung des Kontos nur deshalb hingenommen hat, weil das Einkommen in Aussicht gestellt worden war (LSG Niedersachsen-Bremen vom 28.6.2007 – L 13 AS 58/07 ER; strenger LSG Baden-Württemberg vom 25.2.2011 – L 13 AS 628/11 ER-B: Dispositionskreditlinie bedeutungslos).

Geldstrafe

Geldstrafen sind abzusetzen, soweit die Möglichkeiten strafvollstreckungsrechtlicher Zahlungserleichterungen nach § 459a Abs. 2 StPO ausgeschöpft sind.

Schulden

Schulden sind vom Jobcenter nur in eng begrenzten Fällen zu übernehmen. Daraus folgt der Grundsatz, dass Einkommen nicht um Schulden bereinigt werden kann, da hierdurch mittelbar (Erhöhung der SGB II-Leistung) doch eine Schuldenübernahme erfolgte (BSG vom 30.9.2008 – B 4 AS 27/07 R). Problematisch wird dieser Grundsatz in einer nicht funktionierenden BG (vgl. LSG Baden-Württemberg vom 22.3.2007 – L 7 AS 640/07 ER-B) oder wenn die Schulden auf Aufwendungen beruhen, die unvermeidbar waren. Nach BSG vom 19.9.2009 – B 14/7b AS 10/07 R sind Schulden aufgrund einer medizinischen Behandlung nicht absetzbar.

Nach LSG NRW vom 7.10.2005 – L 19 B 39/05 AS ER sind Zahlungen auf Steuerschulden nicht abzusetzen, wenn eine Stundung erreicht werden kann. Nach LSG Schleswig-Holstein vom 10.7.2008 – L 11 B 392/08 AS ER ist eine Steuernachforderung des Finanzamtes bei der Berechnung der Bedürftigkeit für den Monat der Fälligkeit der Forderung zu berücksichtigen. Das Jobcenter hat die Steuernachforderung mittelbar auszugleichen, wenn die BG durch deren Berücksichtigung hilfebedürftig wird.

Steuerschulden

1.3.10   Der Erwerbstätigenfreibetrag

Um zur Arbeitsaufnahme oder Aufrechterhaltung von Erwerbsarbeit anzureizen, gibt es für Bruttoeinkommen bis 1.200 € bzw. bis 1.500 € Freibeträge für Erwerbstätigkeit als weitere Abzugsposten vom anrechenbaren Erwerbseinkommen.

Nach § 11b Abs. 3 SGB II wird der Freibetrag »erwerbsfähigen Leistungsberechtigten, die erwerbstätig sind« eingeräumt. Dasselbe gilt für die Grundpauschale von 100 € nach § 11b Abs. 2 SGB II. Einen Verweis auf nicht erwerbsfähige Personen, die Sozialgeld nach § 23 SGB II beziehen, enthält das SGB II nicht. Lediglich für Kinder unter 15 ist in § 1 Abs. 1 Nr. 9 Alg II-VO geregelt, dass 100 € anrechnungsfrei bleiben. Dass i. S. von § 8 Abs. 1 SGB II nicht erwerbsfähige Leistungsberechtigte, die dennoch ein Erwerbseinkommen erzielen, keinen Freibetrag erhalten, stellt sie im Vergleich zu Erwerbstätigen mit einem Freibetrag nach § 82 Abs. 3 SGB XII willkürlich schlechter; die Zugehörigkeit einer noch nicht dauerhaft erwerbsgeminderten Person zu einer BG mit einem erwerbsfähigen Leistungsberechtigten, die den Anspruch auf Sozialhilfe (HLU) verdrängt, rechtfertigt es nicht, diesem Erwerbstätigen sowohl die Pauschale nach § 11b Abs. 2 SGB II als auch die nach § 82 Abs. 3 SGB XII zu nehmen bzw. die Bereinigung des Erwerbseinkommens vom konkreten Nachweis der Absetzbeträge nach § 11b Abs. 1 Nr. 3-5 SGB II abhängig zu machen. Arbeitende Sozialgeldbezieher müssen daher zumindest den 30%-Freibetrag nach § 82 Abs. 3 SGB XII geltend machen können (so auch BSG vom 24.11.2011 – B 14 AS 201/10 R).

Nur für erwerbsfähige Erwerbstätige?

Arbeitet ein Sozialgeldbezieher mehr als drei Stunden täglich und nachweislich nicht auf Kosten seiner Gesundheit oder unter Risiken, die seinen Gesundheitszustand verschlimmern, kann dies die Wiedererlangung von Erwerbsfähigkeit i.S.v. § 8 Abs. 1 SGB II anzeigen (SG Düsseldorf vom 7.9.2009 – S 52 (10) R 191/07).

Doch erwerbsfähig?

Der Freibetrag wird für »Einkommen aus Erwerbstätigkeit« gewährt. Darunter fallen Einnahmen, die der Leistungsberechtigte unter Einsatz und Verwertung seiner Arbeitskraft erzielt. Auf den arbeitsrechtlichen Status der Tätigkeit oder die Bezeichnung im zugrunde liegenden Vertrag kommt es nicht an. Unerheblich ist auch, ob es sich um eine sozialversicherungspflichtige oder beitragsfreie Beschäftigung handelt. Die

Nur für Arbeitsentgelt?

Mehraufwandsentschädigung im Ein-Euro-Job (§ 16d Satz 2 SGB II) ist kein Arbeitsentgelt und deshalb anrechnungsfrei. Entgeltfortzahlung im Krankheitsfall oder während des Urlaubs sowie bei einer unwiderruflichen Freistellung im Rahmen einer Aufhebungsvereinbarung ist Einkommen aus Erwerbstätigkeit i.S. von § 11b Abs. 3 SGB II. Das BSG vom 13.5.2009 – B 4 AS 29/08 R hat die Bereinigung von Insolvenzgeld um Erwerbstätigenfreibeträge damit begründet, dass das Insolvenzgeld an die Stelle des Lohns für die erbrachten Arbeitsleistungen trete; ebenso für Kurzarbeitergeld das BSG vom 14.3.2012 – B 14 AS 18/11 R. Danach ist Krankengeld, das im bestehenden Arbeitsverhältnis anstelle von Arbeitsentgelt gezahlt und der Höhe nach als Anteil vom Arbeitsentgelt berechnet wird, nicht um Freibeträge nach § 11b Abs. 3 SGB II zu bereinigen (so BSG vom 27.9.2011 – B 4 AS 180/ 10 R). Vom Krankengeld oder Nahtlosarbeitslosengeld nach § 145 SGB III während einer stufenweisen Wiedereingliederung (Hamburger Modell, s. dazu BSG vom 21.3.2007 – B 11a AL 31/06 R) sind wegen der Ausübung einer Erwerbstätigkeit Freibeträge abzusetzen; erst recht, wenn der Arbeitgeber für den Arbeitsversuch eine Gegenleistung erbringt. Dasselbe gilt für Übergangsgeld nach § 20 SGB IX, das im Rahmen einer regulären innerbetrieblichen Umschulung anstelle einer Ausbildungsvergütung gezahlt wird. Das BSG vom 23.3.2010 – B 8 SO 17/09 R hat sogar das Ausbildungsgeld nach § 107 SGB III für die Tätigkeit in einer Behindertenwerkstatt um Freibeträge (nach § 82 Abs. 3 SGB XII) bereinigt und darüber von einer Anrechnung freigestellt.

Wegen der Beendigung eines Arbeitsverhältnisses gezahlte Leistungen (Abfindung, Entlassungsentschädigung, Überbrückungsgeld) sind auch dann nicht um Freibeträge zu mindern, wenn sie Arbeitsentgeltzahlungen für das vorzeitige Ausscheiden beinhalten oder in Form von monatlichen Überbrückungszahlungen in Höhe des letzten, anteiligen Bruttolohns gezahlt werden (s. dazu LSG Sachsen vom 4.2.2009 – L 1 KR 132/07). Ob aus der Zahlung SV-Beiträge zu entrichten sind (dazu SG Dresden 11.3.2009 – S 25 KR 419/07) oder ob sie einen Anspruch auf Alg I zum Ruhen bringen (§ 158 SGB III), spielt für die Bereinigung nach Abs. 3 keine Rolle.

Der Gründungszuschuss nach § 93 SGB III ist kein um Freibeträge zu bereinigendes Erwerbseinkommen i.S. von § 11b Abs. 3 SGB II (BSG vom 1.6.2010 – B 4 AS 67/09 R). Wird weniger als 100 € Gewinn aus der geförderten Selbständigkeit erzielt, kann der nicht ausgeschöpfte Grundfreibetrag auch nicht auf den Gründungzuschuss übertragen werden (LSG NRW vom 19.3.2008 – L 20 B 223/07 ER).

Kein Einkommen aus Erwerbstätigkeit sind Einkünfte aus Kapitalvermögen, aus Vermietung und Verpachtung oder Lohnersatzleistungen bei Arbeitslosigkeit, Krankheit oder Behinderung, wie Krankengeld, Arbeitslosengeld, Ausbildungsgeld (BSG vom 16.5.2015 – B 4 AS 37/ 14 R), Erwerbsminderungsrente (LSG Niedersachsen-Bremen vom 11.3.2008 – L 7 AS 482/05) oder eine private Berufsunfähigkeitsrente (LSG Berlin-Brandenburg vom 10.1.2008 – L 28 AS 398/07).

»Mühevolles« Arbeitslosengeld

Arbeitslosengeld, das nach § 136 Abs. 1 Nr. 2 SGB III während einer beruflichen Weiterbildungsmaßnahme gewährt wird, ist nicht um

Freibeträge nach § 11b Abs. 3 SGB II zu bereinigen (Rückschluss aus BSG vom 16.5.2015 – B 4 AS 37/14 R; s. auch LSG NRW vom 13.1.2015 – L 2 AS 1849/14 B). Zu prüfen ist aber, ob infolge der Regelung in § 11a Abs. 3 Nr. 3–5 SGB II zumindest die 100 €-Grundpauschale von Arbeitslosengeld abzusetzen ist, das zur Förderung beruflicher Weiterbildung nach § 139 Abs. 3 SGB III, oder während Eingliederungsmaßnahmen nach § 45 SGB III oder zur Berufsfindung und Arbeitserprobung gezahlt wird (§ 139 Abs. 1 SGB III).

Wehrsold ist nach SG Nordhausen vom 4.12.2014 – S 17 AS 8239/11 wie Erwerbseinkommen zu bereinigen.

Wehrsold

Berechnungsgrundlage zur Ermittlung des Freibetrages ist bei Einkünften aus nichtselbständiger Arbeit gemäß § 2 Abs. 1 Alg II-VO das monatliche Bruttoeinkommen. Dazu gehören auch Entgeltbestandteile, die nach § 11a SGB II nicht angerechnet werden, wie z.B. Zuschüsse des Arbeitgebers für die Krankenversicherung nach § 257 SGB V oder die nicht zur Bedarfsdeckung zur Verfügung stehen (Abzweigungen oder Pfändungen wegen Unterhalts etc.). Steuer- oder sozialversicherungs**pflichtige** Entgeltbestandteile gehören auch dann zum Freibetrags-Brutto, wenn sie aus SGB II-spezifischen Gründen nicht oder nicht in der im Gehaltszettel ausgewiesenen Höhe angerechnet werden, wie z.B. der Firmenwagen (→ S. 432 f.). Steuer- und sozialversicherungs**freie** Entgeltbestandteile, die aber auf das Alg II angerechnet werden, gehören zum Bruttoentgelt i.S. vom § 11b Abs. 3 SGB II.

Vom Brutto

Bei schwankendem Einkommen ist nach § 41a Abs. 4 SGB II ein Durchschnittseinkommen zu bilden. Wegen der Kappung des Grundfreibetrags auf 100 € für Einkommen bis 400 € (§ 11b Abs. 2 Satz 1 SGB II) ist eine monatsweise Abrechnung zu beantragen, wenn die Aufwendungen nach § 11b Abs. 1 Nr. 3–5 SGB II über 100 € liegen und die 400 €-Grenze zum Teil überschritten wird.

Der Gesamt-Freibetrag wird wie folgt gebildet:

Bildung des Freibetrags in Stufen

■ Zunächst wird die Grundpauschale von 100 € vom Brutto abgezogen.

■ Vom Resteinkommen werden dann zwei weitere Beträge gebildet. Diese belaufen sich auf:

»1. für den Teil des monatlichen Einkommens, das 100 Euro übersteigt und nicht mehr als 1000 Euro beträgt, auf 20 vom Hundert und
2. für den Teil des monatlichen Einkommens, das 1000 Euro übersteigt und nicht mehr als 1200 Euro beträgt, auf 10 vom Hundert.
An Stelle des Betrages von 1200 Euro tritt für erwerbsfähige Leistungsberechtigte, die entweder mit mindestens einem minderjährigen Kind in Bedarfsgemeinschaft leben oder die mindestens ein minderjähriges Kind haben, ein Betrag von 1500 Euro.«

3-Generationen-
BG

Nach BSG vom 17.7.2014 – B 14 AS 54/13 R gehören auch Enkelkin-der zur BG von Mutter (Großmutter), Kind und dessen Kind und kön-nen damit die Freibetragsgrenze erhöhen.

Liegen die Aufwendungen für die Absetzbeträge nach § 11b Abs. 1 Nrn. 3–5 SGB II (→ S. 438) unter 100 € monatlich, gibt es beispiels-weise folgende Freibeträge:

Bruttolohn	Grundfreibetrag nach § 11b Abs. 2 Nrn. 3–5 SGB II	Zusatzfreibetrag nach § 11b Abs. 3 SGB II	Gesamt-freibetrag
100 €	100 €	–	100 €
200 €	100 €	20 €	120 €
360 €	100 €	52 €	152 €
600 €	100 €[1]	100 €	200 €
780 €	100 €[1]	136 €	236 €
900 €	100 €[1]	160 €	260 €
1.200 €	100 €[1]	180 € + 20 €	300 €
1.500 €[2]	100 €[1]	180 € + 50 €[2]	330 €[2]
1.800 €	100 €[1]	180 € + 50 €[2]	330 €[2]

[1] Bei Erwerbseinkommen über 400 € können nachgewiesene höhere Aufwen-dungen abgesetzt werden.

[2] Nur bei erwerbsfähigen Hilfebedürftigen, die mit mindestens einem minderjähri-gen Kind in BG leben oder die mindestens ein minderjähriges Kind haben. Warum der Gesetzgeber im »Gesetz zur Änderung des Zweiten Buches Sozialge-setzbuch und anderer Gesetze« zwar § 6a BKGG (Kinderzuschlag) der Einbezie-hung junger Volljähriger bis zum 25. Geburtstag in die BG angepasst hat, nicht aber § 30 SGB II a.F. bzw. seit 1.4.2011 § 11b Abs. 3 SGB II, bleibt rätselhaft; dies ist zumindest für Kinder in der BG unsinnig, weil sie ja vom Einkommens-bezieher voll unterstützt werden müssen.

Aufstockung
der 100 €-
Grundpauschale

Bei Erwerbseinkommen von mehr als 400 € vermindert sich das Ein-kommen über die 100 €-Grundpauschale hinaus um Aufwendungen für notwendige Versicherungen und Fahrkosten.

Beispiel

Ehepaar ohne Kind, Ehefrau erzielt laufendes Erwerbseinkommen in Höhe von 1.100 € brutto, 840 € netto. Kosten für Monatskarte 60 €, für die Kfz-Haftpflichtversicherung fallen 41 € monatlich an.

Berechnung des Gesamtfreibetrags

Grundfreibetrag	100,00 €		
+ 20 %-Freibetrag von 900 € (100 € bis 1.000 €)	+	180,00 €	
+ 10 %-Freibetrag von 100 € (1.000 € bis 1.100 €)	+	10,00 €	
= **Gesamtfreibetrag**	=	**290,00 €**	

Den Grundfreibetrag übersteigende Absetzungen

Fahrkosten		60,00 €
+ Versicherungspauschale	+	30,00 €
+ Kfz-Haftpflichtversicherung	+	41,00 €
= **Gesamtaufwendungen**	=	**131,00 €**
– Grundfreibetrag	–	100,00 €
= **Zusatzabsetzungen**	=	**31,00 €**

Berechnung des anrechenbaren Einkommens

Nettoeinkommen		840,00 €
– Gesamtfreibetrag	–	290,00 €
– Zusatzabsetzungen	–	31,00 €
= **Anrechenbares Einkommen**	=	**519,00 €**

In konsequenter Umsetzung des Zuflussprinzips ist bei Abweichungen des arbeitsvertraglichen Brutto vom Auszahlungsnetto wegen Vorschusszahlungen, Abschlägen oder Nachberechnungen eine auf den jeweiligen Abrechnungsmonat bezogene Berechnung erforderlich. Die gezahlten Entgelte sind insgesamt als laufendes Einkommen zu bewerten (LSG NRW vom 18.12.2012 – L 7 AS 652/12).

Abrechnungs-brutto und Auszahlungsnetto

K. erhält in der Regel einen Monatslohn von 1.000 € Brutto. Der Lohn wird jeweils zum 15. des Folgemonats ausgezahlt. Im Mai hatte sich K. einen Vorschuss von 600 € erbeten, den der Arbeitgeber mit Beträgen von je 200 € mit dem Lohn für Juli bis September verrechnet.

Beispiel 1

Hier erhält K. im Mai Lohn nach einem Brutto von 1.600 €; danach sind auch die Freibeträge zu bestimmen. In den Monaten Juli bis September sind die Freibeträge aus dem Brutto von 800 € zu ermitteln.

Beispiel 2

G. erhält in der Regel einen Monatslohn von 1.200 € Brutto. Der Lohn wird jeweils zum 15. des Folgemonats ausgezahlt. Der Arbeitgeber zahlt auf den Monatslohn im Voraus einen Abschlag von 500 €.

Hier sind die 500 € im Zuflussmonat laufendes Brutto = Netto, d. h. die Freibeträge sind aus den 500 € zu ermitteln und von den 500 € abzuziehen. Der nachträglich abgerechnete Lohn ist mit dem Brutto von 1.200 € zu berücksichtigen, die daraus gebildeten Freibeträge sind von dem um den Abschlag verminderten Netto abzuziehen.

Eine anteilige Berechnung der Freibeträge, d.h. im Verhältnis der anteilig gezahlten Teil-Löhne zum geschuldeten Gesamtbruttolohn (so SG Halle vom 9.6.2015 – S 7 AS 2305/13) führt zu einer ungerechtfertigten Benachteiligung des Leistungsberechtigten, wenn dieser laufende Absetzbeträge nach § 11b Abs. 1 Nr. 3–5 SGB II hat, die den anteiligen Grundfreibetrag übersteigen. Die Entscheidung des SG Hannover vom 11.11.2013 – S 59 AS 1187/12, wonach der Freibetrag bei Auszahlung von Erwerbseinkommen in Teilbeträgen verloren gehe, ist nach BSG vom 17.7.2014 – B 14 AS 25/13 R überholt.

Beispiel 3

L. erhält im Mai eine Lohnabrechnung über 620 € brutto/491 € netto. Die 491 € gehen am 15.6. auf sein Konto. Die Lohnabrechnung für Juni fließt am 15.7. aufs Konto und geht über einen Betrag von 750 € Brutto/594 € netto zuzüglich 63 € aus einer Nachberechnung für Mai über 700 € brutto/554 € netto.

Hier ist für Juni Einkommen anzurechnen in Höhe von 491 € netto abzüglich der Freibeträge aus dem Brutto von 620 €. Für Juli sind als Nettobetrag die 594 € + 63 € zu berücksichtigen, als Brutto ein Betrag von 750 € + (700 € – 620 €) = 830 €, aus dem die Freibeträge zu ermitteln sind.

Misch-Erwerbs-einkommen

Wird Einkommen aus verschiedenen Tätigkeiten, z.B. Minijob und Honorartätigkeit erzielt, ist nach BSG vom 17.7.2014 – B 14 AS 25/13 R noch ungeklärt, ob die 100 €-Grundpauschale, der das BSG auch den Zweck eines Motivationsanreizes zur Aufnahme kleiner Jobs beimisst, mehrfach abgesetzt werden kann. Nach Auffassung der Jobcenter geht das nicht. Bei mehreren Minijobs ist zu beachten, dass eine sich daraus ergebende Sozialversicherungspflicht erst mit Feststellung durch die Einzugsstelle nach § 28i Satz 5 SGB IV eintritt (§ 8 Abs. 2 Satz 2 SGB IV in der seit 11.8.2010 geltenden Fassung).

Doppelabsetzung

Bei einem Zufluss von zwei Monatsentgelten aus demselben Arbeitsverhältnis innerhalb eines Kalendermonats ist der 100 €-Grundfreibetrag nach BSG vom 17.7.2014 – B 14 AS 25/13 R jeweils für jedes Monatsentgelt einzuräumen. Die Entscheidung des BSG lässt für die bis zum 31.7.2016 geltende Rechtslage offen, ob die Absetzung der weiteren Freibeträge separat oder von der Gesamtsumme der zugeflossenen Entgelte zu bilden ist, was sich wegen der Begrenzung der

Freibeträge erst bei höherem Einkommen auswirkt, im BSG-Fall (Einkommen von jeweils 133 €) also keine Rolle spielte.

J. hat laufendes Einkommen von 620 € brutto/490 € netto. Im Juli 2015 fließen ihm wegen einer Umstellung der Lohnzahltermine zwei Gehälter zu. Diese sind zu bereinigen:

Beispiel

Variante 1

980 €	2 x Nettolohn
– 200 €	2 x 100 €-Grundfreibetrag
– 160 €	20%-Freibetrag vom gesamten Brutto mit der Stufe 200 € bis 1.000 €
– 20 €	10%-Freibetrag vom gesamten Brutto mit der Stufe 1.000 € bis 1.200 €
600 €	**anrechenbares Einkommen**

Variante 2

980 €	2 x Nettolohn
– 200 €	2 x 100 €-Grundfreibetrag
– 208 €	2 x 20%-Freibetrag vom Einzel-Brutto mit der Stufe 100 € bis 620 €
572 €	**anrechenbares Einkommen**

Die mit den 20%/10%-Freibeträgen bezweckte Anreizfunktion zur Ausübung einer Erwerbsarbeit spricht für eine Bereinigung nach Variante 2.

Soweit unter der seit 1.8.2016 geltenden Rechtslage Löhne aus vorangegangenen Monaten nachgezahlt werden oder Lohnzahlungen Nachberechnungsbeträge aus Vormonaten enthalten, handelt es sich um Nachzahlungen, die wie Einmaleinkommen angerechnet werden; näher dazu → S. 540 ff., zur Bereinigung → S. 546 f.

Eine versehentliche Überzahlung von Arbeitsentgelt ist nach LSG Niedersachsen-Bremen vom 17.4.2013 – L 15 AS 115/11 dann als Einkommen i. S. von § 11 Abs. 1 SGB II zu berücksichtigen, wenn der Leistungsberechtigte sie nicht unverzüglich an den Arbeitgeber zurückgewährt. Mit dieser Zuspitzung (unverzügliche Rückzahlung) ist die Entscheidung problematisch. Maßgebend dürfte sein, ob der Arbeitgeber die Doppelzahlung sofort bemerkt und zurückfordert oder der Arbeitnehmer sofort nach Entdeckung den Irrtum anzeigt und die Verpflichtung zur Rückzahlung anerkennt. Dann darf die Doppelzahlung auch dann nicht im Zuflussmonat angerechnet werden, wenn der Arbeitgeber sie erst in einem der folgenden Monate ganz oder in Raten einbehält. Die Raten sind im weiteren Verlauf des Alg II-Bezuges dann allerdings auch nicht leistungserhöhend zu berücksichtigen.

Fehlerhafte Doppelzahlung

Zur Bereinigung von Einmaleinkommen und laufendem Einkommen mit Einmalzahlung (Urlaubsgeld, Weihnachtsgeld) → S. 546 ff.

2 Anrechnung von Einkommen aus selbständiger Tätigkeit

2.1 Sonderregelung durch Verordnung

Die Ermittlung von Einkommen aus selbständiger Tätigkeit ist in § 3 Alg II-VO gesondert und weitgehend losgelöst von Grundsätzen des Steuerrechts geregelt worden. Obwohl § 3 Alg II-VO einige sehr problematische Beschränkungen bei der Einkommensermittlung vorsieht, hat die Rechtsprechung die bisherigen Regelungen ohne grundsätzliche Bedenken akzeptiert. Die Schwierigkeiten bei der Einkommensermittlung liegen eher im tatsächlichen Bereich, vor allem in einer vom Steuerrecht abweichenden genauen »Buchführung« der Betriebseinnahmen und -ausgaben im jeweiligen Bewilligungszeitraum nach § 41 SGB II, um den erzielten Gewinn bzw. die Hilfebedürftigkeit in diesem Zeitraum nachzuweisen.

Rechtslage seit 1.8.2016

Die bis zum 31.7.2016 in § 3 Abs. 5, Abs. 6 Alg II-VO enthaltene Regelungen zur ganzjährigen Gewinnermittlung und zur Schätzung des Gewinns nach Ablauf eines vorläufigen Bewilligungsabschnitts sind **seit 1.8.2016** in die Vorschrift des § 41a SGB II aufgegangen. § 41a SGB II regelt außerdem das Bewilligungs- und Erstattungsverfahren nach endgültiger Berechnung der zustehenden Leistungen. Die in § 3 Abs. 1, Abs. 4 Alg II-VO angeordnete Durchschnittsbildung des Gewinns führt bei fehlender oder unzureichender Mitwirkung bei Ermittlung der tatsächlich erzielten Einnahmen zur gänzlichen Aberkennung eines Leistungsanspruchs, auch wenn nur für einen Monat im betroffenen Bewilligungszeitraum keine Nachweise zum erzielten Gewinn erbracht werden (→ S. 428 f., → S. 495 f.).

2.2 Welcher Bewilligungszeitraum wird zugrunde gelegt?

Auch für hilfeberechtigte Selbständige gilt grundsätzlich der 12-Monats-Bewilligungszeitraum nach § 41 Abs. 3 SGB II (LSG Berlin-Brandenburg vom 3.5.2012 – L 18 AS 813/12 B PKH). Allerdings soll der Regelbewilligungszeitraum nach § 41 Abs. 3 Satz 2 SGB II auf sechs Monate verkürzt werden, wenn über den Leistungsanspruch nur vorläufig entschieden wurde, was bei Einkommen aus selbständiger Tätigkeit meist der Fall sein wird (unvorhersehbares und in der Regel schwankendes Einkommen). Da für Selbständige ein Durchschnittseinkommen aus dem im Bewilligungszeitraum erzielten Gewinn anzurechnen ist, bestimmt die Länge des Bewilligungszeitraums über die Höhe des Gewinns. Um willkürliche Ergebnisse zu vermeiden, müssen Veränderungen des Bewilligungszeitraums daher sachlich begründet sein (z. B. erwartetes Ausscheiden aus dem Leistungsbezug, Wegzug ins Ausland).

Art der Tätigkeit

Besonderheiten nach der Art der ausgeübten Erwerbstätigkeit können eine Verlängerung des Bewilligungszeitraums rechtfertigen. Nach Wegfall von § 3 Abs. 5 Alg II-VO zum 31.7.2016 (zum Übergangsrecht siehe § 80 SGB II) ist nicht zwangsläufig eine jährliche Verlängerung gefordert. Diese ist nach der Wertung, die der Regelung in § 3 Abs. 5 Alg II-VO zugrunde lag, aber nach wie vor angezeigt, wenn typischerweise Phasen hoher Gewinne mit »Durststrecken« abwechseln, wie insbesondere bei Saisonbetrieben (z. B. Eisdielen, Skiliftunternehmen, Weihnachtsmärkten). Bei landwirtschaftlichen Betrieben hat SG Lüneburg vom 14.4.2014 – S 30 AS 77/15 ER wegen der ganzjährigen Feldwirtschaft eine ganzjährige Betrachtung für geboten gehalten. So auch das LSG Rheinland-Pfalz vom 19.12.2012 – L 6 AS 611/11 bei Tätigkeiten, die nur sehr unregelmäßig oder sporadisch Einnahmen abwerfen. Da die vorläufige Bewilligung in der Regel nur über sechs Monate läuft (§ 41 Abs. 3 Nr. 1 SGB II »soll«), steht die Verlängerung des Bewilligungszeitraums nicht im Ermessen des Jobcenters. Allein aus Gründen der Arbeitsersparnis oder zur stetigeren Verteilung des Gewinns darf der Regelzeitraum von sechs Monaten nicht verlängert werden.

Unerwartete Umstände, die sich auf die Berechnung des Gewinns auswirken (z. B. im fünften Monat werden ungewöhnlich hohe Umsätze erzielt, ein Schadensereignis oder eine hohe Reparatur kann wegen geringer Umsätze nur als Verlust im regulären Bewilligungszeitraum verbucht werden), rechtfertigen keine Veränderung des Regelbewilligungszeitraums von sechs Monaten (SG Potsdam vom 19.3.2015 – S 38 AS 3020/09; BayLSG vom 21.3.2012 – L 16 AS 789/10; LSG Sachsen-Anhalt vom 26.3.2014 – L 2 AS 720/13 NZB; LSG NRW vom 16.10.2013 – L 12 AS 582/12). Das BayLSG vom 22.2.2011 – L 7 AS 86/11 B ER hat eine Anpassung des Alg II-Bewilligungszeitraums an den Bewilligungszeitraum für den Gründungszuschuss nach § 93 SGB III auf § 41 Abs. 1 Satz 5 SGB II a. F. gestützt. Unter Geltung von § 41 Abs, 3 SGB II ist dieser Spielraum ohne Weiteres gegeben.

Besonders gravierend wirkt sich die Begrenzung auf den jeweiligen Bewilligungszeitraum aus, wenn der Selbständige erstmals in den Alg II-Bezug gehen muss und einer Betriebseinnahme nach dem Alg II-Antrag (= Betriebseinnahme im aktuellen Bewilligungszeitraum) Betriebsausgaben vor Eintritt in den Leistungsbezug vorangehen. Vorgelagerte Betriebskosten

J. ist als Haushandwerker selbständig tätig. Da die Aufträge zurückbleiben, muss er am 15.10. Alg II beantragen. Am 17.10. fließt ihm der Werklohn aus einer im September durchgeführten Reparatur einer Garage zu. Der Betrag in Höhe von pauschal 1.300 € war von J. unter Ansatz der Materialkosten von 450 € kalkuliert worden. Er hatte das Material Ende August gekauft. Das Jobcenter berechnet den Gewinn im Bewilligungsabschnitt Oktober bis Mai nach den seit 1.10. zufließenden Einnahmen abzüglich der seit 1.10. anfallenden Betriebsausgaben. Beispiel

Hier muss zur Vermeidung verzerrter Ergebnisse der Betrag von 1.300 € nach Bereinigung um die Materialkosten in die Gewinnermittlung für den Zeitraum Oktober bis Mai eingerechnet werden. Dabei ist zu beachten, ob Material übrig geblieben ist, das J. für künftige

Aufträge verwenden kann. Im Wert dieses Material ist der Abzug zu verringern.

Rückwirkende Gewinnermittlung?

Fraglich ist, nach welchen Maßstäben der Gewinn zu ermitteln ist, wenn der selbständig Tätige erstmals durch Einzug in eine BG oder Zuzug einer BG hilfeberechtigt wird. Sind dann die Gewinne im Zeitraum des laufenden Alg II-Bewilligungsabschnitts oder die der folgenden Monate ab Einzug/Zuzug heranzuziehen? Da der hilfeberechtigte gewordene Selbständige erst ab Beginn des Leistungsbezugs den Sparsamkeitsvorgaben des § 3 Abs. 3 Alg II-VO unterliegt, ist auf die kommenden Monate der Selbständigkeit abzustellen.

Beispiel

F. erzielt aus einer selbständigen Tätigkeit ein für den eigenen Lebensunterhalt ausreichendes Einkommen. Seine langjährige Partnerin P. lebt mit ihrer Tochter in eigener Wohnung. Beide beziehen Alg II. P. wird schwanger und zieht im Juli mit Tochter in die Wohnung des F. Der über den Zeitraum Mai bis Oktober laufende Bewilligungsbescheid wird auf Leistungen an eine 3-Personen-BG für den Zeitraum Juli bis Oktober geändert. F. hat sich im Mai mit sehr hohen Ausgaben für eine Werbekampagne belastet, die er in Raten an die Werbeagentur zahlt. Obwohl die Kosten für die Werbung nach Maßstab von § 3 Abs. 3 Alg II-VO unangemessen waren, kann F. sie weiter als Betriebsausgabe geltend machen. Das ab Juli anzurechnende Einkommen ist nach den Einnahmen und Ausgaben im Zeitraum Juli bis Oktober zu bemessen.

2.3 Welches Einkommen wird zugrunde gelegt?

Bruttoeinkommen

Auch bei der Anrechnung von Einkommen aus selbständiger Tätigkeit und Gewerbebetrieb ist das Bruttoeinkommen Ausgangspunkt und Maßstab für die Höhe des Erwerbstätigenfreibetrages nach § 11b Abs. 3 SGB II. Bruttoeinkommen ist in diesem Fall der Differenzbetrag zwischen Betriebseinnahmen und -ausgaben vor Abzug der nicht betriebsbedingten Absetzungen nach § 11b Abs. 1 Satz 1 Nr. 2–4 SGB II i. V. m. § 6 Alg II-VO sowie der nicht zur Verfügung stehenden Einkommensteile.

Betriebseinnahmen

Betriebseinnahmen sind alle Zugänge in Geld oder Geldeswert, die durch den Betrieb veranlasst sind, d. h. die in einem objektiven wirtschaftlichen oder tatsächlichen Zusammenhang mit dem Betrieb stehen (BFH vom 22.7.1988 – III R 175/85). Sie müssen in dem Bewilligungsabschnitt angesetzt werden, in dem sie zugeflossen sind.

Gesellschaftereinnahmen

Einkommen einer Gesellschaft, in der der – selbständig tätige – Leistungsberechtigte gesellschaftsrechtlich unabhängig vom Willen anderer über Entnahmen entscheiden kann, werden dem Leistungsberechtigten als eigenes Einkommen zugerechnet (BSG vom 22.8.2013 – B 14 AS 1/13 R). Wird einem Gesellschafter-Geschäftsführer ein Gehalt gezahlt, obwohl er nach den vom BAG und BSG entwickelten Maßstäben Mitunternehmer ist, gehört das »Gehalt« zum Gewinn des Leistungsberechtigten aus selbständiger Tätigkeit (SG Leipzig vom 16.2.2011 – S 15 AS 4182/10 ER). Sollten SV-Beiträge entrichtet worden sein, können sie nach § 26 SGB IV zurückverlangt werden und sind dann im Monat des Rückflusses weitere Einnahmen aus der Selbständigkeit.

Eine ungewöhnlich geringe Vergütung für die Geschäftsführung und ein Gesellschafterbeschluss, wonach sämtliche Gewinne und Überschüsse allein für Investitionen oder für Rückstellungen verwendet werden sollen, sind bei Bezug von Alg II als Vereinbarung zu Lasten Dritter sittenwidrig. Stammen die Vereinbarungen aus Zeiten vor Eintritt in den Alg II-Bezug, besteht mit Bezug von Alg II die Verpflichtung zu wirtschaftlich vertretbaren Änderungen (vgl. dazu SG Leipzig vom 16.2.2011 – S 15 AS 4182/10 ER).

Nach LSG Sachsen-Anhalt vom 22.12.2011 – L 5 AS 441/11 B ER ist der auf die Gesellschaftanteile eines Leistungsberechtigten entfallende Anteil am Betriebsergebnis einer GmbH nicht als Einkommen anzurechnen. Einen monatlichen Gewinnverwendungsbeschluss sehe das GmbH-Gesetz nicht vor. Nach § 29 GmbHG haben die Gesellschafter nur Anspruch auf den Jahresüberschuss zuzüglich eines Gewinnvortrags und abzüglich eines Verlustvortrags, soweit der sich ergebende Betrag nicht nach Gesetz oder Gesellschaftsvertrag, durch Beschluss nach § 29 Abs. 2 GmbHG oder als zusätzlicher Aufwand aufgrund des Beschlusses über die Verwendung des Ergebnisses von der Verteilung unter die Gesellschafter ausgeschlossen ist.

Verzichtet ein GmbH-Geschäftsführer und Mehrheitsgesellschafter auf eine Vergütung (= laufendes Einkommen aus selbständiger Tätigkeit), bis die GmbH Gewinn erwirtschaftet, ist problematisch, ob der Gewinn der GmbH rein steuerrechtlich zu werten ist, was zur Folge haben kann, dass ein steuerrechtlicher Verlust der GmbH und damit ein weiterer Vergütungsverzicht besteht, obwohl die GmbH nach Maßstäben des § 3 Alg II-VO Überschüsse erwirtschaftet. Hier wird zu unterscheiden sein, ob der Verzicht wirksam ist und auch nicht geändert werden kann (dann ist aktuell kein anrechenbares Einkommen vorhanden) oder die Möglichkeit besteht, den Überschuss ohne Nachteile für die GmbH oder ohne Verstoß gegen eine rechtliche Bindung aus der GmbH zu ziehen (dann muss der Überschuss zum Lebensunterhalt eingesetzt werden).

»Gehalts«-Verzicht

Ist das ausgezahlte Gehalt eines GmbH-Geschäftsführers sehr gering, weil ein Teil des Gehalts auf ein Zeitwertkonto fließt, das auf den Namen der GmbH läuft und zur Sicherheit an den GmbH-Geschäftsführer verpfändet ist, handelt es sich sozialrechtlich um Einkommen des Geschäftsführers (vgl. zur steuerrechtlichen Wertung FG Saarland 24.3.2015 – 1 K 1170/11).

Barlohnumwandlung

Einnahmen einer BGB-Gesellschaft (GbR) können nicht als Einkommen eines Gesellschafters gewertet werden, soweit die an die GbR geflossenen Einnahmen gesamthänderisch gebunden sind und eine Be-

GbR

rechtigung für Entnahmen aus der Gemeinschaftskasse nicht vereinbart wurde und auch nicht durchsetzbar ist (LSG Niedersachsen-Bremen vom 13.11.2014 – L 15 AS 166/13).

Einkünfte aus Kapitalvermögen?

Das Recht am Gewinn einer Kapitalgesellschaft oder aus Anteilen an
einer GmbH gehört nach § 20 Abs. 1 EStG zu den Einkünften aus Kapitalvermögen. Diese steuerrechtliche Wertung ist im SGB II nicht
maßgebend. Ein Geldzufluss aus dem Recht am Gewinn einer Kapitalgesellschaft oder aus Anteilen einer GmbH an einen Kapitaleigner
oder GmbH-Mehrheitsgesellschafter ist nach § 3 Alg II-VO Einkommen aus selbständiger Tätigkeit.

Verdeckte Gewinnausschüttung

Leiht die GmbH dem Alleingeschäftsführer und -gesellschafter Geld
für private Ausgaben, liegt der Verdacht auf ein Schein-Darlehen
(steuerrechtlich: auf eine verdeckte Gewinnausschüttung) nahe, die
zur Anrechnung des Geldes als Einkommen führt (s. aus steuerrechtlicher Sicht z. B. FG Baden-Württemberg vom 8.2.2012 – 4 K 3298/10;
FG Sachsen-Anhalt vom 17.10.2012 – 3 K 1574/07; BFH vom
16.6.2015 – IX R 28/14).

2.3.1   ABC der Betriebseinnahmen

Neben den Einnahmen aus der Haupttätigkeit des Selbständigen (z. B. Umsätze, Honorare, Provisionen) gehören zu den Betriebseinnahmen:

Ansparrücklage

Im laufenden Alg II-Bezug muss der hilfeberechtigte Selbständige die ihm
zur Verfügung stehenden Einnahmen für den laufenden Lebensunterhalt
einsetzen. Rücklage für künftige Investitionen darf er nicht zu Lasten der
Allgemeinheit ansparen. Hatte er jedoch vor Eintritt in den Leistungsbezug Rücklagen nach § 7g EStG gebildet und fließen diese im laufenden
Leistungsbezug als aufgelöste Rücklagen (steuerrechtlich gewinnerhö-
hend) wieder zurück, handelt es sich nicht um Einkommen, sondern um
Vermögen (BSG vom 21.6.2011 – B 4 AS 21/10 R).

Betriebsvermögen

Wirtschaftsgüter sind Betriebsvermögen, wenn sie objektiv erkennbar zum
unmittelbaren Einsatz im Betrieb bestimmt sind. Dienen sie der privaten
Lebensführung des Selbständigen, gehören sie zum Privatvermögen. Wird
ein Gut sowohl privat als auch betrieblich genutzt, kann es steuerrechtlich
zum Betriebsvermögen gezogen werden (sog. gewillkürtes Betriebsvermögen). Diese Möglichkeit gibt es im SGB II nicht. Das ist damit zu rechtfertigen, dass Aufwendungen für den Erwerb und den Unterhalt eines Wirt-
schaftgutes, das weniger als 50% betrieblich genutzt wird, typisierend als
unwirtschaftlich, gemessen an den Hartz IV-Verhältnissen, gewertet werden können. Laufende und je nach Bedarf anfallende Kosten für den Unterhalt eines Wirtschaftsgutes können daher nur von »echtem« Betriebsvermögen als Betriebsausgabe abgesetzt werden.

Privatanteile für die Nutzung von Betriebsvermögen (private Telefonnutzung, private Nutzung von betrieblichen Maschinen) verringern im Umfang der Privatnutzung die betrieblichen Ausgaben. Bei einer betrieblichen Telefon-Flatrate, wenn sie als angemessene Betriebsanschaffung anerkannt wurde, ist kein Anteil für die private Telefonnutzung anzusetzen. Werden Gebühren erfasst, sind die Gesprächseinheiten für die privaten Telefonate von den für die geschäftliche Kommunikation angesetzten Betriebsausgaben abzuziehen. Die Grundgebühr bleibt als notwendige Betriebsausgabe voll absetzbar. Werden keine Nachweise über den Umfang der privaten Telefonnutzung erbracht, soll nach den Hinweisen der BA zum EKS-Formular pauschal ein 50 % Anteil unterstellt werden. Das ist nur gerechtfertigt, wenn der Selbständige nicht mitwirkt (vgl. dazu FG Baden-Württemberg vom 5.5.2010 – 12 K 18/07: Privatanteil eines Laptops; FG Düsseldorf vom 4.7.2012 – 9 K 4673/08 E: Umfang von Privatgesprächen). In diesem Fall hat das LSG Mecklenburg-Vorpommern vom 17.6.2008 – L 8 391/07 einen geschätztem Anteil für private Nutzung in Höhe von 25 % für rechtmäßig gehalten. Das SG Potsdam vom 19.3.2015 – S 38 AS 3020/09 hält eine Schätzung von 70 % für vertretbar. Werden dagegen Anhaltspunkte für eine geringere Privatnutzung plausibel gemacht, z. B. hohe private Handykosten, ist ein geringerer Anteil anzusetzen (s. dazu auch OLG Brandenburg vom 9.11.2010 – 10 UF 23/10; FG Münster vom 5.3.2015 – 5 K 980/12 E; SG Berlin vom 23.3.2015 – S 197 AS 355/12: 20 % für Dienstgespräche bei Dozententätigkeit).
Bei der privaten Nutzung einer Maschine oder eines Werkzeugs ist es entsprechend der Privatnutzung eines Firmenfahrzeugs sachgerecht, die für die Maschine oder das Werkzeug geltend gemachten Betriebsausgaben im Verhältnis private – betriebliche Nutzung zu verringern.

Darlehen

Ein für den Betrieb aufgenommenes oder von Dritten gewährtes Darlehen ist keine Betriebseinnahme, die damit getätigten Anschaffungen keine gewinnmindernden Ausgaben; insoweit ist das Darlehen ein einkommensneutrales Rechtsgeschäft (LSG Niedersachsen-Bremen vom 23.4.2012 – L 9 AS 757/11; SG Leipzig vom 4.9.2013 – S 17 AS 3292/11). Das gilt natürlich nur, wenn die Rückzahlungsverpflichtung einer Zuwendung im Zweifel nachgewiesen werden kann. Zweifel sind angebracht, wenn Darlehensgeber ein naher Angehöriger ist, der ungewöhnlich hohe Zinsen oder Tilgungsraten (vermeintliche Betriebsausgaben) verlangt oder Anhaltspunkte für eine Schenkung vorliegen.
Hatte der Selbständige vor Beginn des Alg II-Bezugs aus eigenen Mitteln einem Dritten ein Darlehen gewährt, ist der Darlehensrückforderungsanspruch Vermögen, das bei Realisierung in angemessener Zeit zum Lebensunterhalt einzusetzen ist, soweit der Rückfluss kein Schonvermögen ist (LSG NRW vom 8.9.2014 – L 19 AS 1507/13).

Der 34-jährige K. betreibt einen Spät-Imbiss, dessen Einnahmen seinen Lebensunterhalt sichern. Im Mai 2015 leiht er seiner Schwester S. 8.000 € für den Kauf eines PKW. Es wird vereinbart, dass S. das Darlehen in Raten von 300 € monatlich ab Januar 2016 zurückzahlt. Im November 2015 muss K. ergänzend Alg II für seinen Hilfebedarf von 404 €

Beispiel

+ 480 € Miete beantragen, weil die Umsätze sehr stark zurückgegangen sind. Hat K. die Möglichkeit, von S. wegen der eingetretenen Notlage das Darlehen zurückzufordern, muss er zunächst die 2.150 € oberhalb seines Schonvermögens von 5.850 € (34 x 150 € + 750 €) für seinen Lebensunterhalt einsetzen. Kann S nur die ab Januar zufließenden 300 € aufbringen, handelt es sich um anrechnungsfreies Schonvermögen, bis der Betrag von 5.850 € wieder aufgefüllt ist. Die Tilgung der Restsumme beseitigt die Hilfebedürftigkeit, sobald das Vermögen des K. die Summe von 5.850 € + [404 € + 480 €] übersteigt.

Dienstleistung

Kalkuliert der Selbständige mit Blick auf ergänzendes Alg II seine Dienstleistungen in einer Höhe, die deutlich unter üblichen Marktpreisen liegt und in keinem Verhältnis zu den Aufwendungen steht, sind die Einnahmen aus der Durchführung der Aufträge um einen an den üblichen Marktpreisen orientierten Zuschlag zu erhöhen (vgl. dazu LSG Berlin-Brandenburg vom 13.4.2015 – L 31 AS 3028/14 B ER). Dasselbe gilt, wenn nahe Angehörige Dienstleistungen für den Selbständigen erbringen. Unentgeltliche Tätigkeiten Dritter für den Betrieb (ein Verwandter hilft wegen Urlaubs oder Krankheit aus) sind keine Betriebseinnahmen, soweit sie sonst als Betriebsausgabe angefallen wären.

Entschädigungszahlungen

Für entgangene Betriebseinnahmen oder für Nachteile, die ein Dritter verschuldet hat (FG Münster vom 11.3.2015 – 13 K 3129/13 K: Schadensersatz für Geldbuße, die der Selbständige wegen eines Fehlers des Steuerberaters zahlen musste). Abweichend vom Steuerrecht (BFH vom 27.1.2016 – X R 2/14) ist die Entschädigung bei teilweise privater Nutzung nur im Umfang der betrieblichen Nutzung eine Betriebseinnahme, im Übrigen sonstiges Einkommen oder Privatvermögen.

Erlöse

Erlöse aus dem Verkauf von Gegenständen, die zum Betriebsvermögen gehören (LSG NRW vom 10.3.2010 – L 19 B 303/09 AS), sind mit dem tatsächlichen Verkaufserlös zu berücksichtigen, wenn die Anschaffung des Gegenstands in voller Höhe als Betriebsausgabe gebucht worden war. Dabei spielt es keine Rolle, ob zum Zeitpunkt der Anschaffung noch keine Hilfeberechtigung bestand. Die rein steuerrechtliche Erfassung mit einem Buchwertgewinn oder -verlust (außerordentlicher Ertrag/außergewöhnlicher Aufwand) gilt für das SGB II nicht (SG Berlin vom 23.9.2011 – S 37 AS 23126/10).

Von den betrieblichen Verkaufserlösen abzugrenzen sind zum Privatvermögen gehörende Gegenstände, die betrieblich genutzt werden; deren Verkaufserlös, sofern kein Mehrwert erzielt wird, der sonstiges Einmaleinkommen ist, ist lediglich eine Vermögensumschichtung im Privatbereich, auch wenn der Verkaufspreis in Raten zurückfließt (vgl. dazu BSG vom 19.9.2007 – B 1 KR 1/07 R). Auswirkungen auf den Alg II-Bezug können sich nur ergeben, wenn infolge des Verkaufs die Vermögensfreigrenzen durch Wegfall einer Zweckbindung (z. B. geschützter PKW) überschritten werden (s. auch SG Karlsruhe vom 29.11.2013 – S 4 AS 3918/13 ER).
Siehe auch Privateinlagen, → S. 480.

Firmenfahrzeug

Der Privatanteil für die außerbetriebliche Nutzung eines zum gewerblichen Vermögen gehörenden Kfz erhöht über eine dem Nutzungsvorteil entsprechende Verminderung der Kfz-Betriebsausgaben die betrieblichen Einnahmen. Seit 1.1.2009 ist der private Nutzungsanteil an einem Betriebsfahrzeug in § 3 Abs. 7 ALG II-VO eigenständig geregelt: Wird ein Fahrzeug überwiegend, d.h. zu mindestens 50 Prozent betrieblich genutzt, ist der private Nutzungsanteil mit 0,10 € je gefahrenem Kilometer zu bewerten und von den für das Fahrzeug geltend gemachten Betriebsausgaben abzuziehen. Bislang haben die Gerichte die aus dem Steuerrecht (s. z.B. FG Hamburg vom 23.5.2015 – 2 V 74/15) entnommene 50 Prozent-Grenze für die Zuordnung eines Fahrzeugs zum Betriebsvermögen nicht in Frage gestellt (LSG Berlin-Brandenburg vom 6.8.2014 – L 18 AS 2532/13; Revision anhängig – B 14 AS 34/15 R). Ob aber bei »nur« 40%iger Betriebsnutzung eines Privatfahrzeugs allein die Kosten für Kraftstoff als Betriebsausgaben abgesetzt werden können, ist zweifelhaft. Denn nach § 11b Abs. 1 Nr. 5 SGB II sind vom Einkommen abzusetzen, »die mit der Erzielung des Einkommens verbundenen notwendigen Ausgaben«, wozu sicherlich Reparaturen für das Kfz gehören, wenn es z.B. auf einer betrieblich veranlassten Fahrt beschädigt wird. Man wird § 3 Abs. 7 Alg II-VO also nur die Bedeutung beimessen können, dass bei einer betrieblichen Nutzung unter 50% die regulären, laufenden Kfz-Kosten nur im Rahmen des § 11b Abs. 1 Nr. 3 – 5 SGB II abgesetzt werden können. Der private oder betriebliche Nutzungsanteil ist daher genau zu erfassen. Je nach Nutzungsanteil empfiehlt es sich, die Privat- oder die Geschäftsfahrten in einem Fahrtenbuch mit den dazu gehörenden Belegen zu dokumentieren (BayLSG vom 11.5.2010 – L 7 AS 232/10 B ER; LSG Sachsen vom 19.12.2014 – L 4 AS 458/14 B ER). Ein nachträglich erstelltes Fahrtenbuch hat nur schwachen Aussagewert (vgl. dazu BFH vom 26.6.2007 – VIII B 33/06); zu den Anforderungen an ein Fahrtenbuch s. BFH vom 14.3.2007 – XI R 59/04, vom 26.6.2007 – V B 197/05, vom 8.8.2007 – VI B 8/07, vom 1.3.2012 – VI R 33/10 und vom 14.3.2012 – VIII B 120/11. Ein Zeuge ist als Beweismittel ungeeignet (BFH vom 1.12.2015 – X B 29/15). Besprochene Kassetten oder Excel-Tabllen ersetzen kein Fahrtenbuch (FG Köln vom 18.6.2015 – 10 K 33/15). Kann kein Nachweis zur Bestimmung des Umfangs der Privatfahrten erbracht werden, ist je nach den Umständen des Einzelfalls ein geschätzter Anteil festzulegen (BFH vom 18.2.2008 – XI B 185/07; LSG NRW vom 21.9.2011 – L 19 AS 1111/11 B ER). Ein Ansatz von 50% Privatnutzung wie im Unterhaltsrecht (vgl. OLG Brandenburg vom 11.9.2007 – 10 UF 28/07) ist im SGB II zu pauschal. Das gilt insbesondere dann, wenn auch ein Privatfahrzeug in der BG geführt wird oder das Firmenfahrzeug speziell für die Tätigkeit eingerichtet ist (z.B. Werkstattwagen, Lastwagen – siehe dazu BFH vom 18.12.2008 – VI R 34/07 und vom 1.12.2015 – X B 29/15). Wird eine Privatnutzung bestritten, können bei unzureichender Mitwirkung an der Aufklärung des Sachverhalts die vom BFH entwickelten Grundsätze zum Anscheinsbeweis (BFH vom 21.6.2007 – V B 211/05, vom 30.11.2007 – V B 205/06, vom 13.12.2011 – VIII B 82/11 und vom 22.2.2012 – VIII B 66/11) herangezogen werden. Eine Begrenzung der Betriebseinnahme aus privater PKW-

Nutzung auf den im Regelbedarf enthaltenen Betrag für Fahrkosten entspricht nicht den Regelungen zur Einkommensanrechnung (vgl. dazu LSG Mecklenburg-Vorpommern vom 25.6.2007 – L 8 B 7/07). Überlässt ein Dritter dem Selbständigen als Gegenleistung für einen erfüllten Auftrag unentgeltlich ein Fahrzeug, das ausschließlich privat genutzt wird, ist der damit verbundene Nutzungsvorteil, z. B. die Zahlung der laufenden Kfz-Kosten durch den Dritten, eine Betriebseinnahme (vgl. dazu FG Hessen vom 1.12.2011 – 10 K 939/08). Dasselbe gilt, wenn eine GmbH dem Gesellschafter-Geschäftsführer einen Firmen-PKW zur alleinigen Privatnutzung überlässt (steuerrechtlich eine verdeckte Gewinnausschüttung – FG Saarland vom 7.1.2015 – 1 V 1407/14).

Die Fahrkosten für den Weg von der Wohnung zur Arbeitsstätte sind im Rahmen der Einkommensbereinigung nach § 11b Abs. 1 Nr. 5 SGB II anhand der Pauschale aus § 6 Abs. 1 Nr. 5 Alg II-VO abzusetzen (BSG vom 5.6.2014 – B 4 AS 31/13 R).

Forderungen

Forderungen, die im Bewilligungsabschnitt entstehen, sind noch keine Betriebseinnahmen. Das werden sie erst mit ihrer Erfüllung. Im Gegenzug sind nicht realisierbare Forderungen keine Betriebsausgaben; es fehlt an einem realen Geldabfluss. Ebenso wenig ist der Erlass einer betrieblich begründeten Forderung aus persönlichen Gründen (steuerrechtlich eine Privatentnahme) sozialrechtlich als Erhöhung des Einkommens zu werten. Ggf. kann aber nach § 31 Abs. 2 Nr. 2 SGB II die SGB II-Leistung gekürzt werden, wenn es keinen wichtigen Grund für den Erlass gab. Ein betrieblich bedingter Forderungserlass ist anzuerkennen, wenn der Erlass der Kundengewinnung oder der Abwehr einer berechtigten Reklamation dient.

Geschenke für den Privatgebrauch

Geschenke für den Privatgebrauch des Selbständigen, die nur mit Rücksicht auf die Geschäftsbeziehung gegeben werden, sind im Rahmen der Bagatellgrenze des § 1 Abs. 1 Nr. 1 Alg II-VO anrechnungsfrei, ansonsten Betriebseinnahme; das gilt auch für Geschenke an Personen, die dem Selbständigen persönlich nahe stehen (vgl. dazu FG München vom 16.2.2009 – 13 K 4291/06).

Privateinlagen.

Privateinlagen, die darauf beruhen, dass im laufenden Alg II-Bezug außerbetriebliche Geldmittel erworben wurden (z. B. Geldgeschenk, Erbschaft), sind Einmaleinkommen i. S. v. § 11 Abs. 3 SGB II und zusätzlich zum Einkommen aus Selbständigkeit auf den Hilfebedarf anzurechnen, soweit es sich um Einnahmen in Geld handelt. Der aus dem Steuerrecht bekannte Streit, ob Privateinlagen versteckte Betriebsumsätze sind und das Finanzamt zu einer Hinzuschätzung berechtigen (s. z. B. FG München vom 29.3.2012 – 14 K 1597/11 und vom 1.12.2014 – 7 K 1758/13; FG Baden-Württemberg vom 22.6.2011 – 9 V 3104/10; BFH vom 18.3.2015 – III B 43/14), kann bei Prüfung der Hilfeberechtigung nach dem SGB II daher in umgekehrter Gestalt zum Problem werden, wenn Privateinlagen mit Betriebseinnahmen vermischt werden, um sie der Verteilungsregel des § 3 Abs. 1 ALG II-VO zu unterwerfen. Wenn die Privateinlage jedoch nachweislich dazu genutzt wird, angemessene und notwendige Aufwendungen für den Betrieb zu bestreiten, fließt sie ungeachtet der steuerrechtlichen Wertung gewinn-mindernd in die Gewinnermittlung nach § 3 ALG II-VO ein. Die Verwendung des Einmaleinkommens für die Selbständigkeit ist gerechtfertigt, weil nach § 3 Abs. 3 Alg II-VO nur angemessene Betriebsinvestitionen berücksichtigt werden. Speist sich eine für den Betrieb eingesetzte Privateinlage aus Mitteln, die vor dem ALG II-Bezug schon vorhanden waren, handelt es sich um Privatvermögen, das, wenn es die Freibetragsgrenzen des § 12 SGB II nicht übersteigt (dann bestünde keine Hilfeberechtigung) als Betriebsausgabe zu buchen ist. Wird Vermögen, das nach § 12 SGB II nicht geschont und daher eigentlich zum Lebensunterhalt einzusetzen ist, für Betriebsinvestitionen genutzt, ist das bei einer Erfolg versprechenden oder sogar geförderten Selbständigkeit ohne Sanktion anzuerkennen (vgl. dazu schon OVG Lüneburg vom 6.4.1990 – 4 A 204/88 zum BSHG); allerdings ist eine auf ungeschontem Vermögen beruhende Investition dann auch als Betriebseinnahme und nicht als Privatvermögen zu werten.

Hat der Selbständige vor Beginn seiner Selbständigkeit Gegenstände für eine künftige Selbständigkeit erworben, werden diese bei einem Verkauf im Rahmen der selbständigen Tätigkeit zu Waren (Betriebsvermögen). Der erzielte Verkaufserlös abzüglich der Aufwendungen für den damaligen Erwerb ist dann die Betriebseinnahme (vgl. dazu FG Köln vom 13.9.2012 – 10 K 3185/11).

G. ist Verkäufer in einem Fahrradgeschäft. Der Laden läuft schlecht und wird daher geschlossen. Vor seiner Entlassung erwirbt G. zu einem sehr günstigen Preis die Räder der Vorsaison und die mit leichten Schäden. Er macht sich im laufenden Alg II-Bezug als Fahrradmonteur selbständig. Die erworbenen Fahrräder will er für Ersatzteile verwerten. Weil das Geschäft nur schleppend anläuft, stellt G. die Räder zum Verkauf im Ladenlokal aus. Der erzielte Verkaufspreis abzüglich des von G. seinerzeit gezahlten Kaufpreises ist als Betriebseinnahme i. S. von § 3 Alg II-VO zu berücksichtigen.

Beispiel

Privatentnahmen betrieblicher Güter

Die Nutzung oder Überlassung betrieblicher Wirtschaftsgüter zu außerbetrieblichen Zwecken führt zu einer Privatentnahme aus dem Betriebsvermögen, wenn sie nicht nur von vorübergehender Dauer ist (BFH vom 14.8.2014 – IV R 56/11). Für das SGB II ist zu unterscheiden, ob das betriebliche Gut aus dem Privatvermögen in das Unternehmen eingebracht wurde oder mit Einkommen aus der selbständigen Tätigkeit erworben wurde. Handelt es sich um ein eingebrachtes, d. h. im Privatvermögen wurzelndes Gut, erhöht eine dauerhafte unentgeltliche Privat-Nutzung oder -Überlassung die Betriebseinnahmen nur insofern, als Aufwendungen oder der Verlust dieser Güter keine betrieblichen Ausgaben mehr sind. Bei Verkauf an einen Dritten ist nur ein über dem Verkehrswert erzielter Mehrwert sonstiges Einkommen, das auf den Hilfebedarf anzurechnen ist. Im Übrigen ist der Verkaufserlös die anrechnungsfreie Wiederherstellung der Vermögenslage. Bei dem Verkauf eines genuin zum Betriebsvermögen gehörenden Gegenstandes an den Betriebsinhaber oder einen Angehörigen, ist neben dem Verkaufserlös auch die Differenz zwischen Verkehrswert und bezahltem Kaufpreis als Betriebseinnahme anzusetzen (zum Entnahmegewinn bei einem Leasingfahrzeug s. FG Ba-

den-Württemberg vom 19.1.2011 – 2 K 1262/07). Eine dauerhafte un-
entgeltliche Nutzung oder Überlassung an den Betriebsinhaber führt zum
Zeitpunkt der endgültigen Aufgabe der betrieblichen Verwendung zu einer
Betriebseinnahme in Höhe des Verkehrswertes. Kann die Herkunft einer
als Privateinlage gebuchten Geldsumme entgegen der Erklärung des
Selbständigen nur aus dem Gewinn erklärt werden, Ist die Höhe nachge-
wiesener Privatentnahmen nicht plausibel, kann das Jobcenter für
Bewilligungszeiträume, die vor dem 1.8.2016 begonnen haben (§ 80
Abs. 2 SGB II), auf der Grundlage betriebsüblicher Gepflogenheiten eine
Schätzgröße ansetzen. Als Orientierungsmaßstab kann die Rechtspre-
chung der Finanzgerichte zur Hinzuschätzung nach § 162 AO herangezo-
gen werden (s. z. B. FG Niedersachsen vom 29.11.2011 – 13 K 7/08:
Privatgebrauch für Zigaretten; s. auch BFH vom 23.4.2014 – V R 32/14).
Für Betriebe, die Lebensmittel produzieren oder vertreiben, können die
steuerrechtlichen Pauschbeträge für unentgeltliche Wertabgaben (Sachentnahmen) mit der Maßgabe übernommen werden, dass Zu- und Abschläge wegen individueller Ess- oder Trinkgewohnheiten und wegen
Krankheit oder Urlaub zulässig sind (zur Wertung im Steuerrecht s. FG
München vom 23.4.2009 – 14 K 4909/06, auch zu Gesichtspunkten für
eine im SGB II zu berücksichtigende Abweichung von den Schätzpau-
schalen). Außerdem ist zu prüfen, inwieweit Besonderheiten des Betriebes abweichende Beurteilungsmaßstäbe erfordern (vgl. dazu, FG
Düsseldorf vom 21.1.2011 – 3 V 4022/10 A: Imbissbude keine Gast- und
Speisewirtschaft i. S. der Richtsatzsammlung; s. dazu auch SG Berlin vom 25.1.2011 – S 201 AS 328/11 ER: Asia-Imbiss).

»Pauschbeträge für unentgeltliche Wertabgaben (Sachentnahmen) für das Kalenderjahr 2016

Vorbemerkungen
1. Die Pauschbeträge für unentgeltliche Wertabgaben werden auf der
   Grundlage der vom Statistischen Bundesamt ermittelten Aufwendungen privater Haushalte für Nahrungsmittel und Getränke festgesetzt.
2. Sie beruhen auf Erfahrungswerten und bieten dem Steuerpflichtigen
   die Möglichkeit, die Warenentnahmen monatlich pauschal zu verbu-
   chen. Sie entbinden ihn damit von der Aufzeichnung einer Vielzahl von
   Einzelentnahmen.
3. Diese Regelung dient der Vereinfachung und lässt keine Zu- und Abschläge zur Anpassung an die individuellen Verhältnisse (z. B. individuelle persönlicher Ess- oder Trinkgewohnheiten, Krankheit oder Urlaub) zu.
4. Der jeweilige Pauschbetrag stellt einen Jahreswert für eine Person
   dar. Für Kinder bis zum vollendeten 2. Lebensjahr entfällt der Ansatz
   eines Pauschbetrages. Bis zum vollendeten 12. Lebensjahr ist die
   Hälfte des jeweiligen Wertes anzusetzen. Tabakwaren sind in den
   Pauschbeträgen nicht enthalten. Soweit diese entnommen werden,
   sind die Pauschbeträge entsprechend zu erhöhen (Schätzung).
5. Die pauschalen Werte berücksichtigen im jeweiligen Gewerbezweig
   das allgemein übliche Warensortiment.
6. Bei gemischten Betrieben (Metzgerei oder Bäckerei mit Lebensmittel-
   angebot oder Gastwirtschaft) ist nur der jeweils höhere Pauschbetrag
   der entsprechenden Gewerbeklasse anzusetzen.«

Gewerbzweig	Jahreswert für eine Person ohne Umsatzsteuer		
	ermäßigter Steuersatz	voller Steuersatz	insgesamt
Bäckerei	1.199 €	404 €	1.603 €
Fleischerei	930 €	835 €	1.765 €
Gaststätten aller Art a) mit Abgabe von kalten Speisen	1.172 €	983 €	2.155 €
b) mit Abgabe von kalten und warmen Speisen	1.616 €	1.764 €	3.380 €
Getränkeeinzelhandel	95 €	297 €	392 €
Café und Konditorei	1.158 €	647 €	1.805 €
Milch, Milcherzeugnisse, Fettwaren und Eier*	647 €	68 €	715 €
Nahrungs- und Genussmittel*	1.320 €	754 €	2.074 €
Obst, Gemüse, Südfrüchte und Kartoffeln*	297 €	216 €	513 €

* Einzelhandel

Eine Begrenzung auf die entsprechenden Beträge im Regelbedarf ist nicht sachgerecht, weil die Privatentnahmen ein Rechnungsposten bei der Gewinnermittlung sind. Bei Verzehr verderblicher Ware, die sonst entsorgt werden müsste, z.B. belegte Brötchen, ist eine Anrechnung nicht gerechtfertigt, denn auch sonst bleibt es ohne Einfluss auf die Höhe des Alg II, wenn z.B. von den Tafeln e.V. Lebensmittel entgegengenommen werden.

Seit 1.8.2016 sind die Einnahmen aus selbständiger Tätigkeit als bedarfsdeckend festzustellen, wenn die Unsicherheit über die tatsächliche Höhe der Betriebseinnahmen auf einer fehlenden Mitwirkung des Selbständigen beruht (§ 41a Abs. 3 Satz 4 SGB II). In eine Schätzung nach gerichtlich überprüfbaren Maßstäben gemäß § 162 AO kann das Jobcenter nur noch einsteigen, wenn es den »nachgewiesenen« (§ 3 Abs. 3 Satz 2 Alg II-VO) Zahlen nicht glaubt.

Festsetzung auf Null

Privatentnahme Geld

Geld, das der Selbständige für Privatausgaben entnimmt, schmälert weder die Einnahmen noch sind dies Betriebsausgaben. Wird zusätzlich zum Alg II viel Geld privat entnommen, ohne dass die Liquidität »der Firma« darunter leidet, sollte geprüft werden, ob schon genug in die Kasse fließt, um den Alg II-Bezug zu beenden; sonst droht bei der endgültigen Gewinnermittlung eine hohe Rückzahlung.

Dienten die Privatentnahmen dazu, absetzbare Aufwendungen der privaten Lebensführung nach § 11b Abs. 1 Nr. 2 und 3 SGB II zu bestreiten, z.B. KV-Beiträge oder Kfz-Versicherung, werden diese Kosten bei der Gewinnbereinigung berücksichtigt. Geldentnahmen, die irrigerweise als private Ausgaben verbucht, mit denen aber nachweisbar betriebliche Aufwendungen bezahlt wurden, sind keine Privatentnahmen (vgl. LSG Baden-Württemberg vom 18.4.2007 – L 3 AS 2347/06). Da § 13 SGB II nicht dazu ermächtigt, im Verordnungsweg die Unterscheidung zwischen Einkommen und Vermögen aufzuheben, ist problematisch, ob Privatentnahmen aus Betriebsvermögen, das vor Eintritt in den SGB II-Bezug schon vorhanden war, als Einkommen angerechnet werden können (verneint von LSG Baden-Württemberg vom 4.4.2008 – L 7 AS 5626/07 ER-B; LSG NRW vom 1.2.2008 – L 19 B 128/07 AS ER und vom 8.9.2011 – L 19 AS 1304/11 B). Sehr geringe oder gänzlich fehlende Privatentnahmen bei einem Lebensstil, der auf höhere Ausgaben im Privatbereich schließen lassen, geben Anlass zur Prüfung, ob Einnahmen an der Kasse vorbei gehen (vgl. BFH vom 25.3.2015 – X R 19/14).

Sanierungsgewinn

Steuerrechtlich und sozialversicherungsrechtlich (dazu LSG Berlin-Brandenburg vom 29.8.2012 – L 9 KR 279/10) ist der Erlass einer Verbindlichkeit, die der Selbständige nicht zahlen kann (Sanierungsgewinn) eine betriebliche Einnahme. Für das SGB II ist diese Wertung nicht anwendbar, weil der Verzicht auf die Durchsetzung einer nicht erfüllbaren Forderung auch unter dem normativen Zuflussbegriff des »wertmäßigen Zuwachses« keiner Betriebseinnahme entspricht.

Stornorücklage

Einbehaltene Stornorücklagen, die im laufenden Alg II-Bezug zufließen, sind Einkommen, kein Vermögen. Stammen sie aus einem inzwischen beendetem Vertragsverhältnis, handelt es sich um Einmaleinkommen, das nicht den Einnahmen eines neuen Vertrages zugerechnet werden kann (SG Halle vom 11.2.2014 – S 29 AS 953/11).

Umsatzsteuer

Steuerrechtlich sind Umsatzsteuern ein Durchlaufposten, der sich nicht auf den Gewinn auswirkt. Werden sie im Rahmen der Einkommensermittlung in einem Bewilligungsabschnitt nach § 41 SGB II berücksichtigt, kann das zur Anrechnung von Einnahmen führen (so z.B. LSG Rheinland-Pfalz vom 19.12.2012 – L 6 AS 611/11; LSG Hamburg vom 18.9.2014 – L 4 AS 222/13; SG Karlsruhe vom 16.12.2015 – S 12 AS 4451/14), die »eigentlich« für das Finanzamt verwaltet werden. Nach LSG Sachsen vom 7.5.2009 – L 3 AL 49/08 ist das unerheblich, weil der Selbständige nicht als Treuhänder der Finanzbehörde handle (a. A. OVG Sachsen vom 8.3.2011 – 3 B 354/10). Mit einem Antrag auf Ist-Besteuerung und regelmäßig getätigten Steuervorauszahlungen lässt sich das Problem künstlicher Gewinne in Form hoher Umsatzsteuererstattungen zwar verringern, im Anfangsstadium der Selbständigkeit oder Phasen hoher Investitionen aber nicht immer vermeiden. Treffen diese Phasen mit dem Ende eines Bewilligungsabschnitts zusammen, verzerren Steuererstattungen die Einnahmesituation des Selbständigen. Besser ist es daher, sowohl bei den Einnahmen wie bei den Ausgaben ohne Umsatzsteuer zu rechnen (so LSG Sachsen-Anhalt vom 26.6.2009 – L 5 AS 143/09 B ER), was von § 3 Alg II-VO aber nicht gedeckt ist (BSG vom 22.8.2013 – B 14 AS 1/13 R).

Rechnet man die von Kunden eingenommene oder vom Finanzamt erstattete Umsatzsteuer zu den Betriebseinnahmen, ist darauf zu achten, dass entgegen der Wertung im Steuerrecht (s. dazu BFH vom 12.11.2014 – X R 39/13) Umsatzsteueranteile auf Investitionen, die gemäß § 3 Abs. 3 Alg II-VO nicht als angemessene Anschaffung anerkannt werden, herausgerechnet bzw. den Privateinnahmen zugerechnet werden (sonstiges Einmaleinkommen) (s. dazu SG Berlin vom 22.10.2010 – S 37 AS 1345/10). Rechnet das Finanzamt eine Umsatzsteuererstattung mit anderen Steuerforderungen auf, ist dennoch der ausgezahlte Betrag als Einnahme anzusetzen (wertmäßiger Zuwachs → S. 381 f.). Rückstellungen im Hinblick auf erwartete Korrekturen kann der Selbständige' unter dem für das SGB II geltenden Prinzip der aktuellen Bedarfsermittlung nicht bilden (BayLSG vom 21.3.2012 – L 16 AS 789/10).

Unentgeltliche Zuwendungen (Werbegeschenke) für den Betrieb in Höhe des Verkehrswerts
Ersparte Aufwendungen infolge kostenfreier Beratung oder Hilfe bei Einrichtung eines Ladenlokals sind keine Betriebseinnahmen. Sie wirken sich dadurch erhöhend auf den Gewinn aus, als insoweit keine Betriebsausgaben abgesetzt werden können.

Vertragsstrafen, die als Ersatz für den Wegfall von Betriebseinnahmen gezahlt werden
Vgl. dazu FG Hessen vom 27.6.2012 – 11 K 459/07.

Vorschusszahlungen auf Leistungen, die erst im Folgebewilligungsabschnitt zu erbringen sind

Zinseinnahmen aus betrieblichen Geldmitteln oder gestundeten Forderungen an Dritte

Zurückerstattete Betriebsausgaben
Z.B. Versicherungssumme wegen Verlusts/Zerstörung eines Betriebsmittels, Schrotterlös eines Betriebs-PKW mit Totalschaden.

2.3.2   ABC der Betriebsausgaben

Nach § 3 Abs. 2 Alg II-VO sind Betriebsausgaben Aufwendungen, die durch den Betrieb veranlasst sind und im Bewilligungsabschnitt abfließen. Da auch Selbständige neben den Betriebsausgaben i. S. von § 3 Abs. 2 Alg II-VO betrieblich veranlasste Aufwendungen nach § 11b Abs. 1 Nr. 3- 5 SGB II absetzen können, Doppelabsetzungen aber auszuschließen sind, muss bei betrieblich veranlassten Ausgaben jeweils geprüft werden, ob es sich um Ausgaben handelt, die in die Gewinnermittlung einfließen, d. h. die direkt von den Betriebseinnahmen abzuziehen sind oder um Ausgaben, die, obwohl es sich auch um Betriebsausgaben handelt, insofern dem «privaten Bereich» zugeordnet sind, als sie erst vom ermittelten Gewinn nach Maßgabe von § 11b SGB II i.V.m. § 6 Alg II-VO abgesetzt werden können (BSG vom 5.6.2014 – B 4 AS 31/13 R).

Betriebs-
ausgaben

Ausgaben für überwiegend (mindestens 50%) betrieblich genutzte Wirtschaftsgüter sind direkte Betriebsausgaben i. S. von § 3 Abs. 2 Alg II-VO. Werden Wirtschaftsgüter sowohl privat und weniger als 50% betrieblich genutzt, müssen reguläre, in § 6 Alg II-VO genannte Aufwendungen im Rahmen des § 11b Abs. 1 Nr. 5 SGB II abgesetzt werden (BSG vom 5.6.2014 – B 4 AS 31/13 R). Nur die betrieblichen Aufwendungen für ein solches Gut, die nicht in § 11b Abs. 1 Nr. 5 SGB II genannt werden, aber in direktem Zusammenhang mit der betrieblichen Tätigkeit entstehen, können als direkte Betriebsausgaben von den Einnahmen abgezogen werden.

Beispiel

K. betreibt einen Backshop. Seine Haupteinnahmequelle stammt aus der Belieferung von Kantinen mit Gebäck. Er benötigt sein dafür eingesetztes Fahrzeug außerdem für Umgangskontakte zu seinen bei der Mutter lebenden Kindern und nutzt den Wagen auch für Urlaubsreisen. Der Umfang der privaten Nutzung liegt daher über 50%. In diesem Fall sind die Fahrkosten zwischen seiner Wohnung und dem Backshop nur nach § 11b Abs. 1 Nr. 5 SGB II i.V.m. § 6 Abs. 1 Nr. 5 Alg II-VO vom Gewinn absetzbar, die Kfz-Haftpflichtversicherung nach § 11b Abs. 1 Nr. 3 SGB II. Kosten für den laufenden Unterhalt des Wagens sind nicht absetzbar. Die Fahrkosten von der Arbeitsstätte zu den Kantinen sind dagegen als Betriebsausgaben i. S. von § 3 Abs. 2 Alg II-VO in die Gewinnermittlung einzustellen. Kosten wegen eines Unfalls auf einer Belieferungsfahrt sind ebenfalls »reine« Betriebskosten i. S. von § 3 Abs. 2 Alg II-VO; dazu zählen auch die Kosten für einen Mietwagen, wenn nur so die Tätigkeit fortgeführt werden kann (SG Lüneburg vom 13.11.2013 – S 37 AS 1787/12).

Zu den Betriebsausgaben gehören:

Abschreibungen für Wertverlust

Die Abkehr vom Steuerrecht in § 3 Alg II-VO entspricht dem Existenzsicherungscharakter des SGB II und war auch in der Sozialhilfe immer schon üblich (vgl. § 4 der Verordnung zu § 82 SGB XII). Der Ausschluss rein steuerrechtlicher Vergünstigungen ist daher von § 13 SGB II gedeckt und verstößt nicht gegen höherrangiges Recht (SG Dresden vom 3.3.2008 – S 5 AS 990/08 ER).

Fraglich ist aber, ob es sich auch bei der Abschreibung für Wertverlust nach § 7 EStG um eine rein steuerrechtliche Vergünstigung handelt. Nach der Rechtsprechung des BSG zur Bestimmung des zur Verfügung stehenden Einkommens i. S. des § 62 SGB V oder § 240 SGB V gehören Abschreibungen für Wertverlust zu den echten Werbungskosten, die das Betriebsergebnis schmälern (BSG vom 9.3.1982 – 3 RK 9/80, vom 27.11.1984 – 12 RK 70/82 und vom 19.7.2007 – B 1 KR 7/07 R). Das LSG Niedersachsen-Bremen vom 27.11.2007 – L 13 AS 158/07 ER hält die Anerkennung von Abschreibungen unter dem Gesichtspunkt der Sicherung eines ausreichenden finanziellen Spielraums für die Selbständigkeit für geboten. Nach SG Detmold vom 12.7.2005 – S 13 AS 11/05 sind Abschreibungen nach § 7 EStG anzuerkennen, damit der Selbständige Rücklagen für den Ersatz des Wirtschaftsguts bilden kann. Andererseits ist zu bedenken, dass den steuerrechtlichen Abschreibungssätzen keine realen Geldabflüsse entsprechen; die Sätze sind in ihrer Ausgestaltung ein rein steuerlicher Ausgleich dafür, dass ein höherwertiges Wirtschaftsgut nicht schon im Anschaffungsjahr voll abgesetzt werden kann. Außerdem werden Aufstocker vielfach keine Rücklagen bilden, weil sie die Einkünfte weitgehend für den laufenden Erhalt des Geschäfts einsetzen müssen. Da es im SGB II auf die bereiten Mittel zum Lebensunterhalt ankommt und daher auch die Kosten für die Beschaffung eines höherwertigen Wirtschaftsguts – günstiger als im Steuerrecht – sofort mit Geldabfluss voll abgesetzt werden können, ist die fehlende Anerkennung von Abschreibungen für Wertverlust kein Verstoß gegen die Regelung des § 11b Abs. 1 Satz 1 Nr. 5 SGB II. Eine Benachteiligung ergibt sich nur für Selbständige, die vor Eintritt in den Alg II-Bezug ein Wirtschaftsgut erworben hatten und vor Anfall einer Erhaltungsaufwendung oder Neubeschaffung wieder aus dem Leistungsbezug ausscheiden. Im Ergebnis ist diese Benachteiligung gering und sicher kein Eingriff in die von Art. 12 GG geschützte Berufsausübungsfreiheit.

Auswirkungen rein steuerrechtlicher Vergünstigungen oder Belastungen, z.B. als Folge von Ansparabschreibungen, auf die zu entrichtenden Steuern, werden bei der Gewinnermittlung nach § 3 Alg II-VO gleichwohl berücksichtigt, weil es dabei auf die im Bewilligungszeitraum tatsächlich gezahlten oder erstatteten Steuern ankommt.

Auswirkungen auf die Steuerlast

Anlaufkosten für Existenzgründung
Derartige Kosten, die im Bewilligungsabschnitt anfallen (Notargebühren, Beratung von Rechtsanwalt oder Steuerberater, Bezahlung von Bau- und Ausstattungsmaterial für das Ladenlokal), soweit nicht nach § 16c Abs. 1 SGB II gefördert.

Arbeitsmaterial, Waren
Diese müssen nach Art und Menge in einem angemessenen Verhältnis zu den Einnahmen stehen. Dabei ist zu beachten, dass wegen der Begrenzung auf einen Sechs-Monats-Zeitraum nicht immer ein Gleichgewicht zwischen Einkauf und Verbrauch erreichbar ist. Kommt es zu einer Lagerhaltung, sind die Waren im Folge-Bewilligungsabschnitt keine Einnahmen, erhöhen aber insoweit den Gewinn, als sie bei Einsatz für neue Geschäfte keine Betriebsausgaben sind.

F. ist als Haushandwerker selbständig tätig. Er bezieht ergänzend Alg II. Im Bewilligungszeitraum März bis August kauft er für einen Auftrag Fliesen und Parkettboden. Der Auftraggeber zieht den Auftrag für den Parkettboden überraschend zurück. Ersatzansprüche lehnt er ab, F. kann die Sonderangebotsware auch nicht in den Baumarkt zurückbringen. Er kann die Kosten für den Parkettboden daher als Betriebsausgabe geltend machen, muss aber im Fall eines neuen Auftrags in einem Folge-Bewilligungsabschnitt die Betriebsausgaben verringern, soweit er auf die gelagerte Ware zurückgreifen kann.

Beispiel

Arbeitszimmer
Es können nicht zugleich Kosten für ein Arbeitszimmer als Betriebsausgabe anerkannt und als Unterkunftskosten nach § 22 SGB II übernom-

men werden (BSG vom 6.4.2011 – B 4 AS 119/10 R). Die Frage nach der gewerblichen Nutzung eines Teils der Privatwohnung im EKS-Formular zielt daher auf ausschließlich für Arbeitszwecke genutzte Räume. Unter diesem Blickwinkel ist die Rechtsprechung zum steuerrechtlichen Begriff des Arbeitszimmers übertragbar (zum Beweis der Nutzung für ausschließlich berufliche Zwecke s. BFH vom 13.11.2007 – VI B 100/07); zur Abgrenzung privater/betrieblicher Wohnraumnutzung bei sozialpädagogischer Wohngemeinschaft BFH vom 25.6.2009 – IX R 49/08; zu einem als Tonstudio genutzten Raum in der Mietwohnung s. BFH vom 28.8.2003 – IV R 53/01; zum Arbeitszimmer in einem Mehrfamilienhaus s. BFH vom 10.6.2008 – VIII R 52/07; FG Köln vom 19.5.2011 – 10 K 4126/09; zu einem Besprechungsraum, der Teil des Wohnzimmers ist, s. FG München vom 4.8.2010 – 10 V 1114/10; zu einem Musikzimmer mit Konzertflügel s. FG Rheinland-Pfalz vom 17.1.2012 – 2 K 1726/10; BFH vom 10.10.2012 – VIII R 44/10.

Nicht auf § 3 Alg II-VO übertragbar ist unseres Erachtens die steuerrechtliche Abgrenzung der Kosten für das Arbeitszimmer von den übrigen Wohnkosten nach dem Verhältnis der Fläche des Arbeitszimmers zur Gesamtfläche (so aber LSG Berlin-Brandenburg vom 23.5.2013 – L 25 AS 1064/11 ZVW und vom 20.3.2014 – L 25 AS 2038/10; ebenso SG Berlin vom 11.5.2015 – S 87 AS 31430/13). Denn genau genommen sind Aufwendungen für Räume wie Küche, Bad und Flur nicht durch den Betrieb bzw. eine berufliche Tätigkeit veranlasst und stellen daher keine Betriebsausgaben dar (BFH vom 27.7.2015 – GrS 1/14). Die Kosten der Wohnung (Kaltmiete, Heizkosten, Betriebskosten) können daher nicht im Verhältnis der Fläche des gewerblich genutzten Teils zur Gesamtwohnung den Betriebsausgaben zugeschlagen bzw. von den Bedarfen für das Wohnen nach § 22 SGB II abgezogen werden. Erst recht gilt das bei einem Nebeneinander von privater und gewerblicher Nutzung eines Raumes (dazu BSG vom 18.9.2014 – B 14 AS 58/13 R). Die steuerrechtliche Aufteilung nach dem Anteil der (geschätzten) zeitlichen Nutzung für die Selbständigkeit im Verhältnis zur Nutzung für private Zwecke (so z.B. FG Köln vom 15.5.2013 – 4 K 1384/10) passt nicht und würde Kleinselbständige, deren Miete nach § 22 SGB II angemessen ist, über einen rein rechnerischen und letztlich fiktiven Abzug betrieblicher Raumbedarfe vom Wohnraumbedarf in arge Bedrängnis bringen. Die rein steuerrechtliche Aufteilung von privater und geschäftlicher Raumnutzung kann dann auch keiner Kostensenkungsaufforderung nach § 22 Ab. 1 Satz 3 SGB II entgegengehalten werden oder über solche Raum-Betriebsausgaben eine Kappung der § 22 SGB II-Bedarfe mittelbar (durch die Erhöhung des Gewinns) aufgefangen werden.

Zur Problematik einer Gefährdung der Wohnung wegen vertragswidriger Nutzung der Mieträume s. BGH vom 10.4.2013 – VIII ZR 213/12: Überschreitung des Wohngebrauchs durch freiberufliche Erteilung von Gitarrenunterricht.

Aus-, Fort- und Weiterbildung

Kosten für Aus-, Fort- und Weiterbildung sind keine Betriebsausgaben, sondern Absetzbeträge vom ermittelten Gewinn nach § 11b Abs. 1 Nr. 5 SGB II; insoweit gelten die Ausführungen zu den Werbungskosten bei abhängig Beschäftigten entsprechend.

Beiträge

Beiträge für betriebsbezogene, freiwillige Versicherungen sowie Mitgliedsbeiträge und Umlagen von Verbänden und Vereinigungen, die betriebswirtschaftlich oder rechtlich angemessen sind. Fraglich ist, ob und unter welchen Voraussetzungen eine private Versicherung zum Betriebsvermögen gezogen werden kann mit der Folge, dass Versicherungsleistungen bei Verwirklichung des versicherten Risikos zu Betriebseinnahmen werden; s. dazu FG Rheinland-Pfalz vom 19.12.2007 – 1 K 2866/04; BFH vom 19.5.2009 – VIII R 6/07; zur Unfallversicherung als betrieblich veranlasste Versicherung bei einem Landwirt s. OVG Lüneburg 6.4.1990 – 4 A 204/88.

Berufskleidung

soweit sie nach allgemeiner Anschauung üblich und keine Privatnutzung möglich ist (BSG vom 19.6.2012 – B 4 AS 163/11 R; FG Saarland vom 8.10.2009 – 2 K 1127/07); zu Reinigungskosten für Berufskleidung und der Schätzung solcher Kosten s. FG Rheinland-Pfalz vom 28.9.2010 – 2 K 1638/09; FG Nürnberg vom 28.11.2014 – 14 K 2477/12 E.

Bewirtungskosten

Hier sind Beziehern von Alg II enge Grenzen gesetzt. Andererseits müssen sie sich dem Geschäftspartner auch nicht als Leistungsberechtigte offenbaren. Zum Umfang von Bewirtungskosten s. BFH vom 7.9.2011 – I R 12/11; zur Nachweispflicht FG Münster vom 28.11.2014 – 14 K 2477/12 E.

Darlehen

Ausgaben, die mit einem betrieblichen oder sonstigen Darlehen finanziert werden, sind nicht als Betriebsausgaben i. S. von § 3 Abs. 2 Alg II-VO absetzbar. Dies ist zum 1.7.2011 in § 3 Abs. 3 Alg II-VO angeordnet worden.

Bereits zum 1.4.2011 waren Ausgaben, soweit für sie Darlehen oder Zuschüsse nach dem SGB II erbracht worden sind, von einer Absetzung als Betriebsausgabe ausgenommen worden.

Diese Änderungen sind für hilfebedürftige Selbständige günstig, weil sie dadurch die Möglichkeit haben, (Rest)Darlehen auch in einen neuen Bewilligungsabschnitt hinüber zu nehmen, ohne befürchten zu müssen, dass noch nicht verausgabte Darlehen im Bewilligungsabschnitt des Zuflusses als Betriebseinnahme gewertet werden.

Die im Bewilligungsabschnitt unaufschiebbaren Darlehensaufwendungen (Zinsen und Tilgung) sind aber als Betriebsausgabe absetzbar (→ Investitionskosten). Für Darlehen, die sich der Selbständige aus seinem Privatvermögen selbst gewährt, kann er unter dem Gesichtspunkt, dass die absetzbaren Aufwendungen auf das wirtschaftlich Unvermeidbare zu begrenzen sind, keine Zins- und Tilgungslasten absetzen (SG Detmold vom 12.7.2005 – S 13 AS 11/05). Da der Selbständige nicht gezwungen sein soll, seinen Kunden/Auftraggebern die Hilfebedürftigkeit zu offenbaren (Änderung von § 60 Abs. 5 SGB II zum 1.8.2006), können die im Geschäftsverkehr üblichen Zins- und Tilgungskonditionen als angemessen anerkannt werden. Eine Stundungsvereinbarung oder gar Zahlungseinstellung könnte sich geschäftsschädigend auswirken.

Fachzeitschriften, -bücher
zu derartigen Ausgaben s. BFH vom 20.5.2010 – VI R 53/09.

Firmenfahrzeuge
Pkw-Kosten für zum Betriebsvermögen gehörende Fahrzeuge, z.B. Benzin- und Reparaturkosten, Versicherungsprämien, Kfz-Steuer (LSG Sachsen vom 14.6.2010 – L 7 AS 223/09 B ER). Rückstellungen für Ersatzteile oder einen Neukauf sind aber nicht absetzbar, da die laufenden Einnahmen soweit wie möglich zur Verringerung der Hilfebedürftigkeit eingesetzt werden müssen. Als Ausgleich können die für die Ersatzbeschaffung konkret aufgewendeten Kosten im Bewilligungsabschnitt, soweit angemessen, ungekürzt und ohne Aufteilung über die Dauer der voraussichtlichen Nutzung abgesetzt werden. Wird ein von einem Freund oder Verwandten geliehenes Fahrzeug für betriebliche Zwecke eingesetzt, können ebenfalls alle damit verbundenen Kosten, die der Selbständige tragen muss, als Betriebsausgabe verbucht werden. Das gilt nicht, wenn ein vom Arbeitgeber gestellter Firmenwagen auch für eine selbständige Tätigkeit genutzt werden darf (BFH vom 16.7.2015 – III R 33/14). Nur für das eigene, überwiegend privat genutzte Fahrzeug gilt für betrieblich veranlasste Fahrten die Pauschale nach § 3 Abs. 7 Satz 5 ALG II-VO. Höhere Betriebskosten müssen konkret nachgewiesen werden, z.B. durch Fahrtenbuch und Tankbelege. Die Kosten für die Haftpflichtversicherung sind über § 11b Abs. 1 Nr. 3 SGB II gesondert absetzbar, die für die Fahrten zur Arbeit nach § 11b Abs. 1 Nr. 5 SGB II. Darüber hinaus ist erwägenswert, ob im Rahmen der Absetzungen nach § 3 Abs. 7 Satz 1 ALG II-VO ausnahmsweise auch (Teil-)Kaskoversicherungsbeiträge absetzbar sind, wenn das private Kfz für die Berufsausübung intensiv genutzt wird und einem besonderen Verschleiß ausgesetzt ist. Kann sich der Selbständige die Kfz-Reparatur nicht leisten, besteht die Möglichkeit einer Kostenübernahme durch das Jobcenter, wenn ohne Hilfe die Fortführung der Selbständigkeit in Frage steht (BSG vom 1.6.2010 – B 4 AS 63/09 R).
Nach BSG vom 5.6.2014 – B 4 AS 31/13 R können Leasingraten für einen Mittelklassewagen bei Abschluss eines günstigen Leasingvertrages Betriebsausgaben sein, sofern die Nutzung eines Autos für die selbständige Tätigkeit notwendig ist und die betriebliche Nutzung überwiegt. Die Regelung in § 3 Abs. 7 Alg II-VO, wonach Betriebskosten für ein Fahrzeug erst im Fall einer überwiegenden betrieblichen Nutzung absetzbar sind, ist nach LSG Berlin-Brandenburg vom 6.8.2014 – L 18 AS 2532/13, Revision anhängig – B 14 AS 34/15 R, nicht zu beanstanden.

Führerschein
Kosten für den Erwerb eines Führerscheins sind steuerrechtlich nicht als Betriebsausgabe absetzbar, weil es keinen objektiven Maßstab für eine Aufteilung der Kosten in einen beruflichen und in einen privaten Anteil gibt und der Erwerb der Fahrerlaubnis daher der allgemeinen Lebensführung zugeordnet wird (FG Münster vom 27.8.2015 – 4 K 3243/14 E).

Geldbußen u.Ä.
Betrieblich bedingte Geldbußen, Säumniszuschläge oder Abmahngebühren (SG Stade vom 27.3.2014 – S 18 AS 937/12). Zu Strafverteidi-

gungskosten s. FG Rheinland-Pfalz vom 15.4.2010 – 4 K 2699/06; BFH vom 16.4.2013 – IX R 5/12. Dass solche Kosten hätten vermieden werden können, ist kein Anwendungsfall von § 3 Abs. 3 Satz 1 Alg II-VO (a.A. SG Leipzig vom 16.2.2011 – S 15 AS 4182/10 ER). § 3 Abs. 3 Satz 1 Alg II-VO ist eine spezielle Ausprägung des Selbsthilfegrundsatzes nach § 2 Abs. 2 SGB II, stellt also darauf ab, dass keine Betriebsausgaben getätigt werden, die (noch) nicht zur Ausübung der selbständigen Tätigkeit benötigt werden. Eine Ausgabenverminderung im Sinne eines menschlichen Idealverhaltens kann dem hilfebedürftigen Selbständigen nicht entgegengehalten werden. Hat er beispielsweise falsch geparkt oder ist er bei Auslieferung von Ware zu schnell gefahren, sind damit verbundene Strafzettel oder Geldbußen unvermeidbar, weil nach der Straßenverkehrsordnung zwingend geschuldet.

Investitionskosten

Bei den für Aufstocker üblicherweise geringen Einkünften ist oft eine Investition nur mit Kreditaufnahme, d.h. mit Tilgungs- und Zinslasten, wirtschaftlich zu bewältigen; auch wenn zur Finanzierung einer notwendigen Investition Schulden bei Dritten gemacht werden mussten, ist die Schuldentilgung als Betriebsausgabe anzuerkennen, wenn sie nicht hinausgeschoben werden kann (falsch LSG Baden-Württemberg vom 9.12.2014 – L 12 AS 1858/13). Der Einwand, mit der Anerkennung solcher Tilgungsraten würde das Alg II mittelbar zur Vermögensbildung beitragen (so VG Regensburg vom 29.2.2000 – RN 4 K 99.1504), greift nicht, da dem Selbständigen zur Verringerung seiner Betriebsausgaben bzw. seiner Hilfebedürftigkeit ein Verzicht auf Rückstellungen und Abschreibungen, mit dem die Investition aus eigener Kraft getätigt werden könnte, abverlangt wird. Überdies dient die Anerkennung der Schuldtilgung dem Erhalt einer Einkommensquelle, die das Alg II schmälert. Nach § 16c Abs. 2 SGB II können hauptberuflich Selbständige, die ergänzend Alg II beziehen, für notwendige und angemessene Sachinvestitionen einen Zuschuss bis zu 5.000 € oder ein Darlehen erhalten.

Beispiel

G. ist als Fotograf selbständig tätig. Um besondere Effekte zu erzielen, benötigt er eine hochwertige neue Kamera. Um die Rabattaktion eines Händlers auszunutzen, leiht G. sich die Kaufsumme von 2.500 € von seiner Schwester und vereinbart eine monatliche Rückzahlung in Höhe von 100 €. Hier ist das von der Schwester gegebene Geld zwar keine Betriebseinnahme und die Erfüllung des Kaufvertrages keine Betriebsausgabe, G. kann aber die 100 € monatlich als Finanzierungskosten von den Betriebseinnahmen absetzen.

Messebesuche, Informations- und Vortragsreisen

Zur Abgrenzung privat/betrieblich bei derartigen Kosten s. BFH vom 21.9.2009 – GrS 1/06 und vom 16.11.2011 – VI R 19/11.

Miete und Betriebskosten für Gewerberäume

Zur Angemessenheitprüfung s. BayLSG vom 11.5.2010 – L 7 AS 232/10 B ER und vom 7.1.2014 – L 11 AS 756/12; LSG Sachsen-Anhalt vom 18.2.2009 – L 2 B 423/08 AS ER; LSG Sachsen vom 26.2.2015 – L 3 AS 80/12.

Negativeinkommen

Sind die Anschaffungskosten für ein Wirtschaftsgut so hoch, dass ein »Negativeinkommen« erwirtschaftet wird, kommt eine Verrechnung der Verluste mit anderen Einkommensquellen (Mieteinnahmen, Lohn aus zusätzlichem Minijob, Partnereinkommen) nach § 5 Alg II-VO nicht in Betracht (HessLSG vom 24.4.2007 – L 9 AS 284/06 ER; SG Mainz vom 12.7.2012 – S 16 AS 325/10; BSG vom 17.2.2016 – B 4 AS 17/15 R; a.A. SG Dresden vom 14.2.2014 – S 21 AS 6348/10). Muss der Selbständige mit den Aufwendungen in Vorleistung zu einem erst später auszuzahlenden Honorar treten, kann er die Aufwendungen nicht bereits vor der Verrechnung mit seinen erwarteten Einkünften als Negativeinkommen von laufenden Einnahmen, z.B. dem Erwerbseinkommen seines Partners, absetzen (SG Berlin vom 14.6.2006 – S 37 AS 4501/06 ER). Zur einheitlichen Erfassung zweier verflochtener Kioskbetriebe s. FG Hamburg vom 20.11.2014 – 3 K 99/14.

Doppelcharakter der Einnahme

Eine mit § 5 Alg II-VO zu vereinbarende »Verrechnung« von Einnahmen und Verlusten liegt vor, wenn die Selbständigkeit zwar verschiedene Einkunftsquellen hat, diese aber aus derselben Tätigkeit stammen.

Beispiel

Das Einkommen eines selbständigen Landwirts aus dem Hofladenverkauf kann mit Verlusten bei der Tierhaltung oder wegen einer Missernte verrechnet werden. Der steuerrechtliche Maßstab für eine Trennung der Tätigkeiten (s. dazu BFH vom 25.3.2009 – IV R 21/06) gilt für das SGB II nicht.

Personalaufwendungen

(Lohn, Arbeitgeberanteil für SV-Beiträge), wenn unvermeidbar (LSG Sachsen vom 14.6.2010 – L 7 AS 163/10 B PKH); vermeidbar sind Personalaufwendungen, die in keinem Verhältnis zur Größe oder zu den Einnahmen aus der Selbständigkeit stehen oder die den Zweck haben, die Betriebsausgaben zu steigern, um höhere SGB II-Leistungen zu erhalten. Auf die steuerrechtliche Wertung kommt es nicht an. Anhaltspunkte für vermeidbare Personalkosten sind Arbeitsverträge mit dem Partner oder mit Kindern des Selbständigen.

Pfändungskosten

Unabwendbare Pfändungen Dritter, die mit der betrieblichen Tätigkeit zusammenhängen, sind als Betriebsausgabe absetzbar (LSG Berlin-Brandenburg vom 20.8.2014 – L 18 AS 2967/13: Pfändung des Finanzamtes).

Prozesskosten

Kosten für unvermeidbare Klagen und Rechtsverteidigungen sind Betriebsausgaben, soweit sie mit der Selbständigkeit zusammenhängen. Darunter fallen auch Sozialgerichtsprozesse gegen das Jobcenter oder Prozesse gegen einen privaten Unfallversicherungsträger auf Anerkennung einer Berufsunfähigkeitsrente (FG Niedersachsen vom 24.7.2013 – 9 K 134/12), nicht dagegen Rechtsverteidigungskosten wegen vorsätzlicher Straftaten (BFH vom 14.5.2014 – X R 23712: Bestechung; FG Rheinland-Pfalz vom 22.1.2016 – 4 K 1572/14: Verschuldeter Verkehrsunfall).

Der seit 1.7.2013 geltende strenge Maßstab für Prozesskosten als außergewöhnliche Belastungen (§ 33 Abs. 2 Satz 4 EStG) ist auf Prozesskosten als betriebsbedingte Aufwendungen nicht anwendbar.
Für Selbständige kann der Abschluss einer Rechtsschutzversicherung eine sinnvolle Betriebsausgabe sein.

Schuldzinsen

Schuldzinsen, wenn betrieblich veranlasst. Ob die zugrunde liegenden
Schulden mit Privatvermögen (Lebensversicherung, Eigenheim) abgesichert sind, ist unerheblich.

Steuerberaterkosten

Kosten für Steuerberater, soweit zur Ermittlung der Betriebseinnahmen
erforderlich (vgl. BSG vom 19.9.2007 – B 1 KR 7/07 R; SG Stade vom
28.2.2013 – S 17 AS 814/11).

Steuerschulden

Unabwendbare betriebliche Steuerschulden, auch wenn aus Veranlagungs-
zeiträumen, die dem Bewilligungsabschnitt vorausgehen. Einkommensteu-
ernachzahlungen sind keine Betriebsausgaben i.S. von § 3 Alg II-VO (SG
Karlsruhe vom 16.12.2015 – S 12 AS 4451/14; SG Halle vom 11.2.2014
– S 29 AS 953/11).

Telefonkosten

Wegen § 3 Abs. 2 Alg II-VO, wonach Betriebsausgaben nur solche Ausgaben sein können, die nicht zugleich nach § 11b Abs. 2 Nr. 5 SGB II als
»mit der Erzielung des Einkommens verbundene notwendige Ausgaben«
zu berücksichtigen sind, können nur für den Betrieb bzw. die selbständige Tätigkeit beschaffte Handys oder Telefonanlagen Betriebsausgaben
schaffen. Ansonsten unterfallen betrieblich bedingte Telefonkosten vom
Privathandy/Telefon den erst vom Gewinn absetzbaren Aufwendungen
nach § 11b Abs. 1 Nr. 5 SGB II (BSG vom 5.6.2014 – B 4 AS 31/13 R;
LSG Berlin-Brandenburg vom 20.8.2014 – L 18 AS 2967/13).

Verlustvortrag

Ein Verlustvor- oder Verlustrücktrag ist mit dem Prinzip der Gewinnermittlung im jeweiligen Bewilligungsabschnitt nach § 41 SGB II nicht zu vereinbaren (vgl. zum früheren § 2 Alg II-VO VG Hannover vom 19.9.2006 –
6 A 2706/05). Aus § 5 Alg II-VO folgt, dass negative Einkünfte in einem
Bewilligungsabschnitt, d. h. höhere Ausgaben als Einnahmen, in diesem
Bewilligungsabschnitt einen Gewinn von Null Euro ergeben. Problematisch ist die fehlende Übertragbarkeit eines Verlustes in den nachfolgenden Bewilligungsabschnitt, wenn die Betriebsausgabe auch die dort entstehenden Einnahmen ermöglicht.

K. betreibt mit einem Firmenfahrzeug ein Kuriergeschäft. Seine Einnah-   *Beispiel*
men im Bewilligungszeitraum Juli bis Dezember liegen bei ca. 500 € monatlich. Für Reparaturen an dem Wagen wegen eines von K. verschuldeten Unfalls muss er im November 3.800 € ausgeben. Sein Gewinn im
Bewilligungszeitraum Juli bis Dezember ist folglich 0 €, die 800 € Verlust kann er im Folgezeitraum Januar bis Juni nicht als Betriebsausgabe
geltend machen, obwohl er von dem Fahrzeug profitiert.

Einen Ausgleich gibt es in diesem Fall aber regelmäßig dadurch, dass die im Rahmen der vorläufigen Bewilligung nach § 41a SGB II angerechneten Einnahmen bei der endgültigen Bewilligung wegfallen und Alg II nachgezahlt wird. Außerdem werden leistungsberechtigte Selbständige höhere Ausgaben häufig in Raten bezahlen, wodurch sie Betriebsausgaben über Bewilligungsabschnitte hinweg strecken können.

Verpflegungsmehraufwand

Eigene Verpflegungsmehraufwendungen des Selbständigen wegen auswärtiger Tätigkeitseinsätze sind keine Betriebsausgaben i.S. von § 3 Abs. 2 Alg II-VO, sondern Absetzbeträge vom ermittelten Gewinn (BayLSG vom 24.10.2011 – L 7 AS 96/11 NZB). Insoweit gelten die Ausführungen zum Arbeitnehmereinkommen (→ S. 454) auch für Selbständige (so z. B. BayLSG vom 7.9.2009 – L 11 AS 466/09 NZB für die Verpflegungspauschale nach § 6 Abs. 3 Alg II-VO). Die Besonderheit der Tätigkeit kann jedoch zusätzliche Kosten für eine Versorgung im Restaurant begründen, wenn es z.B. üblich ist, ein Projekt oder einen Geschäftsabschluss in diesem Rahmen abzuwickeln; solche Kosten sind Betriebsausgaben. Dasselbe gilt für Verpflegungskosten, die der Selbständige einem Helfer zahlt; im Privatbereich wurzelnde Besonderheiten (Kraftsportler, BFH vom 9.4.2014 – X R 40/11) können nicht berücksichtigt werden.

Werbegeschenke

Kosten für Werbegeschenke an Kunden sind nur in eng begrenztem Rahmen, z. B. vereinzelten Werbeaktionen in der Startphase als Betriebsausgabe, absetzbar (SG Halle vom 11.2.2014 – S 29 AS 953/11).

Maßstab: Angemessene Betriebsausgaben

Solange der Selbständige aufstockend Alg II bezieht, ist er verpflichtet, seine Betriebsausgaben so gering wie möglich zu halten, um den Lebensunterhalt weitgehend mit den Betriebseinnahmen decken zu können. Insbesondere bei der Absetzung von Reisekosten, Geschenken oder Bewirtungskosten (vgl. dazu BFH vom 6.3.2008 – VI R 68/06) ist ein enger Maßstab anzulegen. Angemessen sind nur solche Ausgaben, die bei wirtschaftlich sparsamer Betriebsführung geboten sind.

Prüfungsmaßstab?

Unklar ist der Prüfungsmaßstab für die Aberkennung von Betriebsausgaben: Soll die Vermeidbarkeit oder Unverhältnismäßigkeit einer Ausgabe aus Sicht des erwarteten Gewinns oder rückblickend beurteilt werden? Muss an ein Verschulden des Selbständigen angeknüpft werden und wenn ja, welcher Verschuldensmaßstab ist anzulegen?

Rechtsprechung

Die Gerichte akzeptieren im Ausgangspunkt die mit § 3 Abs. 3 Alg II-VO verbundene Einschränkung unternehmerischen Handelns als »Gegenleistung« der aufstockenden Gewährung von Alg II (LSG Sachsen vom 14.6.2010 – L 7 AS 223/09 B ER; LSG Hamburg vom 10.9.2015 – L 4 AS 109/14). Das BayLSG vom 7.12.2009 – L 11 AS 690/09 B ER räumt dem Selbständigen bei der Anschaffung von Gütern für betriebliche Zwecke während des laufenden Leistungsbezuges aber eine alleinige Verantwortung ein. Das Jobcenter habe erst nach Ablauf eines Bewilligungsabschnittes ein nachgehendes Prüfungsrecht, ob die getätigten Investitionen mit dem Bezug von steuerfinanzierten Sozialleistungen in Einklang zu bringen sind. Schon aus Gründen der praktischen Umsetzbarkeit und der Haftungsrisiken kann es nicht Aufgabe der Jobcenter sein, die Sachdienlichkeit betrieblicher Investitionen vor der Realisierung prüfen zu müssen. Richtiger Maßstab ist eine Missbrauchsabwehr, was schon im Begriff des »auffälligen Missverhältnisses« zwischen Einnahmen und Ausgaben liegt. Entscheidend ist demnach, ob die Ausgabe aus Sicht eines verständigen wirtschaftlich handelnden Selbständigen vertretbar ist (SG Berlin vom 28.11.2014 – S 37 AS 11431/14). Dementsprechend hat BSG vom 5.6.2014 – B 4 AS 31/13 R Leasingraten für ein Mittelklassefahrzeug bei einem Einkommen im Minijobbereich noch als vertretbar angesehen.

Nach LSG Sachsen-Anhalt vom 26.6.2009 – L 5 AS 143/09 B ER bleiben Fahrzeugkosten außer Betracht, wenn die Betriebsausgaben für den Firmenwagen annähernd die Hälfte der durchschnittlichen Betriebseinnahmen ausmachen und damit im auffälligen Missverhältnis zu den Erträgen stehen. Das LSG NRW vom 17.12.2009 – L 7 B 388/09 AS ER wertet den Kauf eines gebrauchten PKW zu 5.000 € als angemessen für eine Tätigkeit, die mit Messebesuchen verbunden ist. Unangemessen ist der Kauf eines Wagens der gehobenen Klasse allein zu Repräsentationszwecken (SG Berlin vom 22.10.2010 – S 37 AS 1345/10). Das LSG Thüringen vom 5.7.2012 – L 9 AS 224/09 NZB hält der Absetzbarkeit von Fahrkosten für ein unangemessen teures Kraftfahrzeug entgegen, dass die zur Ausübung der Arbeit notwendigen Fahrstrecken auch mit einem aus dem Verkaufserlös dieses Fahrzeugs erworbenen Kleinwagen zurückgelegt werden können. Reisekosten in Höhe von 20 % des Gesamtumsatzes hält das SG Berlin vom 7.11.2013 – S 157 AS 16471/12 für unangemessen.

Fiktives Einkommen

Werden tatsächliche Ausgaben nicht in die Gewinnermittlung eingestellt, führt das zu einer fiktiven Einkommensanrechnung, die den Anspruch auf Gewährleistung des Existenzminimums verletzen kann. Durch das Verfahren einer vorläufigen Bewilligung auf Grundlage einer Selbsteinschätzung des Selbständigen und einer erst nachträglichen Berechnung der nach Maßgabe von § 3 Abs. 3 Alg II-VO zustehenden Leistungen, wird ein »echter« Verweis auf fiktives Einkommen zur Bestreitung des Lebensunterhalts aber vermieden. Der Selbständige kann die Nachforderung mit einer Ratenzahlung tilgen. Widerspruch und Klage gegen die Erstattungsforderung haben aufschiebende Wirkung. Überdies kann der Selbständige vor einer riskanten Ausgabe die Zustimmung des Jobcenters einholen.

Aberkennung oder Schätzung?

Der leistungsberechtigte Selbständige ist verpflichtet, die erforderlichen Informationen zur endgültigen Leistungsberechnung nach vorläufiger Bewilligung zu geben. Er hat Belege über die Einnahmen und Ausgaben zu führen (LSG NRW vom 2.6.2014 – L 2 AS 346/14 B ER). Zweifel bei der Aufklärung der tatsächlichen Verhältnisse gehen zu seinen Lasten (LSG NRW vom 9.11.2015 – L 7 AS 1234/15 B ER). Je nachlässiger die Nachweise geführt werden, desto mehr konnte das Jobcenter von der Befugnis zur Hinzuschätzung gemäß § 3 Abs. 3 Alg II-VO Gebrauch machen.

Seit 1.8.2016 bestimmt § 41a Abs. 3 SGB II:

»Kommen die leistungsberechtigte Person oder die mit ihr in Bedarfsgemeinschaft lebenden Personen ihrer Nachweis- oder Auskunftspflicht bis zur abschließenden Entscheidung nicht, nicht vollständig oder trotz angemessener Fristsetzung und schriftlicher Belehrung über die Rechtsfolgen nicht fristgemäß nach, setzen die Träger der Grundsicherung für Arbeitsuchende den Leistungsanspruch für diejenigen Kalendermonate nur in der Höhe abschließend fest, in welcher seine Voraussetzungen ganz oder teilweise nachgewiesen wurden. Für die übrigen Kalendermonate wird festgestellt, dass ein Leistungsanspruch nicht bestand«.

Damit stellt sich die Frage, welcher Anwendungsbereich für die Schätzungsbefugnis in § 3 Abs. 3 Alg II-VO noch bleibt. § 3 Abs. 3 Alg II-VO knüpft daran an, dass »nachgewiesene« Einnahmen offensichtlich nicht den tatsächlichen Einnahmen entsprechen. Wegen der gravierenden Folgen des § 41a Abs. 3 SGB II – die zwingende Durchschnittsberechnung in § 3 Abs: 4 Alg II-VO führt zur Rückzahlung der Leistungen für den gesamten Bewilligungszeitraum – muss diese Vorschrift eng, insbesondere strikt verschuldensabhängig, ausgelegt werden. Soweit es an einem Verschulden fehlt, kommt die Regelung in § 3 Abs. 3 Alg II-VO zum Zug.

Beispiel 1

H. betreibt einen Trödelladen. Wegen eines Rohrbruchs werden seine Kassenbücher vernichtet. Seine Rekonstruktion der Einnahmen und Ausgaben hält das Jobcenter für nicht plausibel und macht daher von der Hinzuschätzung Gebrauch.

Beispiel 2

F. führt einen Kiosk, der morgens Gebäck und Kaffee verkauft. Im abschließenden EKS-Bogen fehlen Angaben zu Sachentnahmen. Dazu befragt erklärt F. glaubhaft, ihm sei nicht bewusst gewesen, dass der Eigen-Verzehr von Gebäck und Getränken als Einnahme aus dem Betrieb zu buchen sei. Das Jobcenter kann hier unter Anlehnung an die Richtsatzsammlung der Finanzämter hinzuschätzen.

Anders als die Aberkennung aller Leistungen, soweit sie auf einer fehlenden oder unzureichenden Mitwirkung des Selbständigen beruht, ist die Hinzuschätzung weiterer Einnahmen unbedenklich, wenn die Schätzung so nah wie möglich den ermittelten Verhältnissen entspricht. Die Hinzuschätzung kann in vollem Umfang gerichtlich überprüft werden (BFH vom 23.4.2015 – V R 32/14). Ein Beurteilungsspielraum steht dem Jobcenter nicht zu (LSG Sachsen vom 14.6.2010 – L 7 AS 223/09 B ER).

Der Antragsteller ist vorher anzuhören. Eine hinreichende Anhörung erfordert Angaben dazu, in welcher Höhe das Jobcenter die Einnahmen zu schätzen gedenkt. Die gewonnenen Schätzergebnisse müssen schlüssig, wirtschaftlich möglich und vernünftig sein und der tatsächlichen Situation möglichst nahe kommen (LSG Sachsen-Anhalt vom 8.11.2010 – L 5 AS 200/10 B ER; SG Aachen vom 18.2.2014 – S 14 AS 921/13). Bleiben unausräumbare Zweifel, die der Selbständige zu vertreten hat, ist die Schätzung aber nicht auf den Betrag begrenzt, der auch im ungünstigsten Falle als sicher vereinnahmt angesehen werden kann (vgl. LSG Berlin-Brandenburg vom 27.2.2004 – L 10 AL 3/02; LSG NRW vom 23.12.2009 – L 12 (20) B 64/09 AS ER). Bei groben Pflichtverletzungen und großen Manipulationsmöglichkeiten, wie sie z. B. bei ausschließlichen Bargeschäften bestehen, kann sich das Jobcenter bei seiner Schätzung am oberen Rand eines einschlägigen Schätzungsrahmens bewegen. Bleiben detaillierte und prüfbare Angaben zu Art und Höhe der Betriebsausgaben aus, ist das Jobcenter nach LSG Sachsen-Anhalt vom 11.7.2012 – L 5 AS 234/12 B ER berechtigt, von den angegebenen Betriebseinnahmen pauschal 20% als angemessene Betriebsausgaben abzuziehen.

Steht fest, dass der Hilfesuchende zwar aktuell ohne Einkommen ist, im Bewilligungsabschnitt von sechs Monaten aber Einkommen erzielen wird, das, auf die sechs Monate umgelegt, den Hilfebedarf deckt, scheidet eine vorläufige Bewilligung aus; rechnerisch besteht kein Leistungsanspruch. Bleibt es bei einer 6-Monats-Bewilligung, könnte bis zum tatsächlichen Zufluss des Einkommens nur ein Darlehen nach § 24 Abs. 4 SGB II analog gewährt werden. § 41a Abs. 2SGB II n. F. lässt in solchen Fällen Spielraum für eine Verlängerung des Bewilligungszeitraums auf 12 Monate, wie dies von Teilen der Rechtsprechung auch unter der bis zum 31.7.2016 geltenden Regelung des § 3 Abs. 5 Alg II-VO schon gesehen wurde (LSG Rheinland-Pfalz vom 19.12.2012 – L 6 AS 611/11; SG Nordhausen vom 6.11.2014 – S 17 AS 6920/11).

Darlehen oder verlängerte Bewilligung?

V. ist bildender Künstler. Da er nur gelegentlich ein Bild verkaufen kann, muss er Alg II beantragen. Im Bewilligungszeitraum Januar bis Juni hatte er kein Bild verkaufen können und ungekürztes Alg II nach einem Bedarf von 404 € + 430 € bezogen. Im Mai konnte er für eine Galerieeröffnung im September zwei Bilder zu einem Preis von 8.000 €, zahlbar nach Fertigstellung Ende August, verkaufen. Umgelegt auf den Bewilligungsabschnitt Juli bis Dezember ist V. auch unter Einbeziehung von Beiträgen zur Kranken- und Pflegeversicherung nicht hilfeberechtigt. Er könnte die Zeit bis August höchstens mit einem Darlehen überbrücken. Bei Verlängerung der Bewilligung auf den Zeitraum Juli bis Juni des Folgejahres hätte er bis August Anspruch auf 834 € Alg II, ab September auf 268 € monatlich (834 € abzüglich 566 € Einkommen [= 8.000 € : 12 – 100 € Grundfreibetrag]).

Beispiel

§ 3 Abs. 5 Alg II-VO ist im Zuge der Einfügung von § 41a SGB II zum 1.8.2016 gestrichen worden. Eine ausdrückliche normative Regelung stünde einer rückwirkenden Verlängerung des Bewilligungszeitraums, im genannten Beispiel von Januar bis Dezember, nicht entgegen. Nach allgemeinen Rechtsgrundsätzen dürfte eine Rückwirkung aber ausgeschlossen sein, wenn dadurch der Anspruch insgesamt entfiele.

Rückwirkende Änderung?

Beispiel

V. ist bildender Künstler. Im Bewilligungszeitraum Januar bis Juni hatte er im Hinblick auf erwartete Verkaufserlöse seiner Bilder in geschätzter Höhe von 3.200 € Alg II nach einem vorläufigen Bedarf von 401 € erhalten (834 € abzüglich 433 € Einkommen [= 3.200 € : 6 – 100 € Grundfreibetrag]). Im Mai konnte er für eine Galerieeröffnung im September zwei Bilder zu einem Preis von 8.000 €, zahlbar nach Fertigstellung Ende August, verkaufen. Außerdem hat er im Juni den Auftrag für ein Porträt erhalten, das im Juli mit 2.800 € vergütet werden soll. Bei rückwirkender Verlängerung des Bewilligungszeitraums hätte V in der Zeit von Januar bis Dezember keinen Leistungsanspruch. Belässt man es bei den jeweils sechsmonatigen Bewilligungsabschnitten wäre V von januar bis Juni hilfebedürftig.

Umgehung?

Eine leistungsoptimierende An- und Abmeldung ist dem Selbständigen nicht möglich. Im Fall einer Abmeldung aus dem laufenden Bezug, im Beispielsfall etwa im Mai, ließe die Umlegung des anzurechnenden Einkommens auf die Monate Januar bis Juni unberührt; d. h. V. bekäme im Januar bis April Leistungen unter endgültiger Anrechnung der 533,33 € brutto. Sollte im Juni unerwartet noch Einkommen zugeflossen sein, das er auch nach Ausscheiden aus dem Alg II-Bezug gemäß § 41a Abs. 3 SGB II melden muss, führte dies zu einer entsprechend aufgestockten Anrechnung im Zeitraum Januar bis April. Verschiebt V. seinen Fortzahlungsantrag auf August, um die Einnahme im Juli zu Vermögen zu machen, ist dies ein nach § 46 SGB I unzulässiger Verzicht. V. bekommt ab August Alg II unter Einbeziehung des im Juli zugeflossenen Einkommens sowie des im September erwarteten Geldzugangs.

Zulässige Gestaltung

Hat die Abmeldung aus dem Alg II-Bezug nicht den Zweck, die Einkommensanrechnung auszuhebeln, gibt es keine Handhabe, auf Einkommen, das in Zeiten ohne Leistungsbezug zugeflossen ist, zuzugreifen. Die in § 3 Abs. 5 Alg II-VO a. F. vorgesehene Möglichkeit, trotz Abmeldung aus dem Leistungsbezug bei erneutem Leistungsantrag auch zurückliegendes Einkommen zu berücksichtigen, ist im Rahmen des § 41a SGB II nicht darstellbar. Es bleibt nur der Weg über § 34 SGB II, sollte der Antragsteller seine Hilfebedürftigkeit sozialwidrig herbeigeführt haben.

Beispiel

R. ist bildender Künstler. Im Bewilligungszeitraum Januar bis Juni hatte er im Hinblick auf erwartete Verkaufserlöse seiner Bilder in geschätzter Höhe von 1.200 € Alg II nach einem vorläufigen Bedarf von 734 € erhalten (834 € abzüglich 100 € Einkommen [= 1.200 € : 12 – 100 € Grundfreibetrag]). Im Mai meldet sich R. aus dem Leistungsbezug ab, weil er für drei Monate in Italien ein Stipendium erhalten hat. Noch vor seiner Abreise am 5. Juni kann er zwei größere Bilder für insgesamt 4.900 € verkaufen. Der Verkaufserlös fließt Mitte Juni auf sein Konto. Im September beantragt R. wieder Alg II. Die 4.900 € hat er im Ausland für seinen Lebensunterhalt ausgegeben. R. hat Anspruch auf Leistungen unter Anrechnung der im Zeitraum September bis Februar voraussichtlich zufließenden Einnahmen.

Der Rückgriff auf die Richtsatzsammlung der Finanzämter scheitert bei hilfeberechtigten Selbständigen oft daran, dass deren Tätigkeit nach Art und Kostenstruktur den Betriebsvergleich mit einem Richtsatz geeigneten »Normal«-Unternehmen nicht standhält (vgl. dazu LSG Sachsen-Anhalt vom 8.11.2010 – L 5 AS 200/10 B ER). Dagegen bietet die Rechtsprechung zu § 162 AO eine Orientierungshilfe, wann und nach welchen Erfahrungswerten die angegebenen Betriebseinnahmen »angemessen« erhöht werden können.

Anhaltspunkte für höhere Einnahmen

Nach § 3 Abs. 4 Alg II-VO ist das im Bewilligungsabschnitt erzielte Einkommen auf die Monate des Bewilligungsabschnitts, in denen die selbständige Tätigkeit ausgeübt wird, zu verteilen. Ob in den einzelnen Monaten der ausgeübten Tätigkeit auch Einnahmen erzielt werden, ist unerheblich (LSG Sachsen-Anhalt vom 26.3.2014 – L 2 AS 720/13 NZB). Diese Verteilung lässt Selbständige, die nur gelegentlich Einnahmen erhalten, verzweifeln.

Einkommensverteilung

R. ist Schauspieler. Im Bewilligungszeitraum März bis August hat er lediglich im Juli eine Rolle in einem Film für 8 Drehtage. Er wird dafür Ende Juli ein Honorar von 4.300 € erhalten. Aufgrund dieser Angaben im EKS-Formular rechnet das Jobcenter ab März monatlich 430 € auf den Hilfebedarf an.

Beispiel

In diesem Fall kann das Existenzminimum nur so gesichert werden, dass im Rahmen einer vorläufigen Bewilligung nach § 41a Abs. 1 Nr. 2, Abs. 2 SGB II für die Monate März bis Juli ungekürzt Alg II gezahlt wird. Die »Überzahlung« muss R. dann mit seinem Honorar ausgleichen. Dasselbe gilt, wenn der Selbständige noch gar nicht sagen kann, was er in den nächsten sechs Monaten voraussichtlich verdient, wenn ein Alg II-Anspruch »hinreichend wahrscheinlich« ist (§ 41a Abs. 1 Nr. 1 SGB II).

Nach § 41a Abs. 5 SGB II gelten die vorläufig bewilligten Leistungen als abschließend festgesetzt, wenn innerhalb eines Jahres nach Ablauf des Bewilligungszeitraums keine abschließende Entscheidung nach § 41a Abs. 3 SGB II ergeht. Das gilt nicht, wenn

Endgültige Festsetzung durch Jobcenter

– der Leistungsberechtigte innerhalb der Jahresfrist eine abschließende Entscheidung beantragt,

– die vorläufige Bewilligung von Anfang an rechtswidrig begünstigend war. Das Jobcenter kann dann ohne Vertrauensschutz korrigieren, muss aber die Fristen, die auch für § 45 SGB X gelten, beachten. Wichtig ist insbesondere die Jahres-Handlungsfrist. Zur Fristberechnung → S. 922 f.

Die vorläufige Bewilligung nach § 41a SGB II ist hinsichtlich aller Leistungselemente nur vorläufig, gibt also auch da keinen Vertrauensschutz, wo die Berechnung vorbehaltlos gewesen wäre. Ein Antrag auf endgültige Festsetzung macht daher Sinn, wenn Rückforde-

Antrag auf endgültige Festsetzung

rungen drohen, die im Fall einer Verschuldensprüfung nach §§ 48, 45 SGB X nicht zurückgezahlt werden müssten. Umgekehrt sichert nur der Antrag auf endgültige Festsetzung vor Ablauf der Jahresfrist, innerhalb derer die vorläufige zur endgültigen Bewilligung wird, etwaige Nachzahlungsansprüche. § 44 SGB X hilft nicht weiter, weil die endgültige Bewilligung als abschließende Berechnung »gilt«, also nicht rechtswidrig i. S. von § 44 SGB X ist.

Beispiel 1

K. hatte wegen Einkommens aus selbständiger Tätigkeit vorläufig Alg II erhalten, wobei die Bedarfe für das Wohnen und Heizen nach einem vom Jobcenter entwickelten Konzept übernommen worden waren. K. war damit einverstanden. Nachdem das Jobcenter in einem Klageverfahren darauf hingewiesen wurde, dass die verwendete Konzept nicht schlüssig sei und die Angemessenheitswerte nach dem Mietspiegel geringer seien, änderte es die vorläufige Bewilligung im Rahmen der endgültigen Festsetzung auch hinsichtlich der Kosten nach § 22 SGB II ab. Dass K. auf die zugestandenen Mietkosten vertraut hat, spielt keine Rolle.

Beispiel 2

M. hatte wegen Einkommen aus selbständiger Tätigkeit vorläufig Alg II erhalten, wobei das Jobcenter auch Kindergeld für den auswärts studierenden Sohn des M anrechnete, obwohl M. das Kindergeld an seinen Sohn weitergibt. M wird erst nach Ablauf der Jahresfrist auf diesen Fehler aufmerksam und beantragt nach § 44 SGB X eine Korrektur. Das Jobcenter hält dem zu Recht die mit Fristablauf endgültig »gewordene« Bewilligung entgegen. Hätte M. eine endgültige Abrechnung vor Ablauf der Jahresfrist beantragt, könnte er mit einem Antrag auf Überprüfung des endgültigen Bescheides die Anrechnung des Kindergeldes rückwirkend zu Fall bringen.

Abwicklungsphase nach Geschäftsaufgabe

Die Grundsätze der Gewinnermittlung nach § 3 Alg II-VO müssen auch in der Abwicklungsphase nach Aufgabe der selbständigen Tätigkeit herangezogen werden. Ansonsten wäre der Betroffene unangemessen benachteiligt, bzw. es ginge ihm die Möglichkeit verloren, die selbständige Tätigkeit ordnungsgemäß abzuwickeln.

Beispiel

H. hatte sich mit einer Kleintierhandlung selbständig gemacht. Mangels ausreichender Umsätze muss er das Geschäft Ende Oktober schließen. Die Miete für das Geschäftslokal ist noch bis Ende Dezember zu zahlen, außerdem muss H. einige Schäden in den Räumen ausbessern. Die noch nicht verkauften Waren bietet H. über das Internet und Kleinanzeigen an. Hier können die Verkaufserlöse nicht isoliert als sonstiges Einkommen auf das Alg II angerechnet werden, sondern erst nach Abzug der Ausgaben für die Geschäftsabwicklung. Umsatzsteuererstattungen des Finanzamtes wegen notwendiger Betriebsausgaben nach der Geschäftsschließung sind in die Ermittlung der anrechenbaren Einnahmen nach Ende der Selbständigkeit einzustellen.

Keine Verschleuderung

Im Hinblick auf die Absicherung durch das Jobcenter kann die mit Scheitern der Selbständigkeit einhergehende Resignation dazu verleiten, noch vorhandene Betriebsmittel oder Einrichtungsgegenstände zu verschleudern oder gar wegzuwerfen. Davor ist mit Blick auf § 34 SGB II zu warnen. Werden Restbestände aus der Selbständigkeit zu Spottpreisen verschleudert, kann die Differenz zum Verkehrswert nicht als Verlust gebucht werden, um die Einnahmen aus der Geschäftsabwicklungsphase kleinzurechnen (vgl. SG Leipzig vom 16.2.2011 – S 15 AS 4182/10 ER).

§ 3 Alg II-VO bietet keine Lösung für die Fälle, in denen eine selbständige Tätigkeit aufgegeben wird und nach der Einstellung der Tätigkeit noch eine Einnahme aus der Phase der aktiven Geschäftstätigkeit zufließt. Ist dann das Einkommen aus selbständiger Tätigkeit rückwirkend zu ändern oder ist die nachträglich zugeflossene Einnahme reguläres Einmaleinkommen, das im Zuflussmonat oder -folgemonat angerechnet wird? | Ungeklärte Rechtsfrage

J. repariert und wartet Computer. Seine Einnahmen liegen nach Abzug der Kosten für Material und Fahrkosten im Durchschnitt bei 200 € im Monat. Im Bewilligungsabschnitt Februar bis Juli rechnet das Jobcenter 80 € Einkommen monatlich an. Im Mai sieht J. keine Perspektive für seine Selbständigkeit und stellt diese zum Monatsende ein. Wider Erwarten fließt J. im Juni ein Betrag von 365 € zu, der aus einem im vorangegangenen Bewilligungsabschnitt erledigten Auftrag stammt. | Beispiel

Das Jobcenter rechnet diesen Betrag der Phase der aktiv ausgeübten selbständigen Tätigkeit im laufenden Bewilligungsabschnitt zu und errechnet für die Monate Februar bis Mai einen um 365 € höheren Gewinn. | 1. Variante

Das Jobcenter wertet den Monat des Geldzuflusses noch als Zeit der selbständigen Tätigkeit und errechnet den durchschnittlichen Gewinn für die Monate Februar bis Juni neu. | 2. Variante

Das Jobcenter wertet den Geldzuflusses im Juni wegen der Einstellung der Selbständigkeit im Mai als Einmaleinkommen, das im Juli auf den Bedarf angerechnet wird; die Einkommensanrechnung in den Monaten Februar bis Juni bleibt unverändert. | 3. Variante

Die 3. Variante ist am ehesten mit dem strikten Zuflussprinzip zu vereinbaren. Das gilt auch, wenn J. im Juli mangels Hilfebedürftigkeit aus dem Leistungsbezug ausscheidet.

Meldet sich der Selbständige in einem laufenden Bewilligungsabschnitt aus dem Leistungsbezug ab, weil er eine höhere Einnahme erwartet, ist das ein unzulässiger Verzicht i.S. von § 46 SGB I, auch wenn die endgültige Berechnung zum Wegfall der Hilfebedürftigkeit führt. | Unzulässige Gewinnmitnahme

H. ist Bildhauer und bietet seine Skulpturen in diversen Galerien zum Verkauf an. Da sich nur selten ein Käufer findet, gibt H. freiberuflich | Beispiel

Kurse in Holzbearbeitung. Sein Einkommen aus dieser Tätigkeit abzüglich der dazu notwendigen Ausgaben beträgt ca. 250 € im Monat. Im laufenden Bewilligungsabschnitt Mai bis Oktober meldet sich H. zum 1.9. aus dem Alg II-Bezug ab. Hintergrund der Abmeldung ist ein Verkauf von zwei Plastiken zu je 890 €. Der Kaufpreis soll nach Vereinbarung am 15.9. bar übergeben werden.

2.4   Was wird vom Gewinn abgezogen?

Da alle betriebsbedingten Ausgaben bereits bei der Ermittlung des Gewinns gemäß § 3 Abs. 1 Alg-VO berücksichtigt werden, kommen als weitere Absetzungsbeträge neben der 100 €-Pauschale (LSG NRW vom 13.6.2007 – L 20 B 6/07 AS ER) und dem Erwerbstätigenfreibetrag gemäß § 11b Abs. 3 SGB II (insoweit gelten die Ausführungen auf → S. 465 entsprechend) nur private Aufwendungen für die Daseinsvorsorge, Steuern und nicht zur Verfügung stehende Einkommensteile in Betracht.

Zum Problem der Absetzung von Betriebsausgaben und der 100 €-Grundpauschale bei Selbständigen mit Einkommen bis 400 € s. BSG vom 5.6.2014 – B 4 AS 31/13 R.

2.4.1   Sozialversicherungsbeiträge und Steuern

An Pflichtbeiträgen sind abzusetzen die von versicherungspflichtigen Selbständigen im Rahmen der Sozialversicherung gezahlten Pflichtbeiträge für die

– Rentenversicherung, (LSG Sachsen vom 5.2.2008 – L 2 B 483/07 AS-PKH: Rentenbeitrag zur KSK; BSG vom 30.7.2008 – B 14 AS 44/07 R; VG Magdeburg vom 30.7.2012 – 3 A 231/11: Beitrag zur Architektenversorgung),
– Handwerkerversicherung,
– Unfallversicherung,
– Pflegeversicherung von freiwillig Krankenversicherten nach § 20 Abs. 3 SGB XI.

Wird kein positives Einkommen erzielt, können SV-Beiträge nicht als Bedarf nach § 21 SGB II übernommen werden (BayLSG vom 29.1.2015 – L 7 AS 130/14: KSK-Beitrag).

Steuern

Zu den Steuern, die vom Gewinn abzusetzen sind, gehören die Einkommensteuer (SG Halle vom 11.2.2014 – S 29 AS 953/11; SG Karlsruhe vom 16.12.2015 – S 12 AS 445/14) und Kirchensteuer. Steuern, die mit der Selbständigkeit zusammenhängen, sind als Betriebsausgaben in die Gewinnermittlung einzustellen (BayLSG vom 18.1.2011 – L 8 SO 7/08).

2.4.2 **Vorsorgebeiträge nicht Sozialversicherungspflichtiger**

Insofern kann auf die Ausführungen auf → S. 443 verwiesen werden, wobei aber hinsichtlich der Angemessenheit ein großzügigerer Maßstab angelegt werden kann. So hat das SG Hamburg bei einem Selbständigen die Beiträge für eine Krankenhaustagegeldversicherung als angemessen angesehen, da die Versicherung für die ersten 42 Tage der Erkrankung den Verdienstausfall abdeckte (SG Hamburg vom 27.1.2006 – S 63 AS 567/05). Enger BayLSG vom 11.5.2010 – L 7 AS 232/10 B ER; BSG vom 1.6.2010 – B 4 AS 67/09 R: Zusätzliche Krankenversicherung in der Regel unangemessen. Die freiwillige Arbeitslosenversicherung nach § 28a SGB III ist nach BSG vom 1.6.2010, a.a.O. dagegen grundsätzlich angemessen.

2.4.3 **Versicherungsbeiträge und Riesterrente**

Insofern gelten die Ausführungen auf → S. 444 und → S. 448 für Selbständige gleichermaßen.

Übersteigen die Vorsorgeaufwendungen nach 2.2.2 und 2.2.3 die 100 €-Grundpauschale, die ohne näheren Nachweis immer vom Gewinn abgesetzt werden kann, verringert sich der Gewinn um diesen Übersteigsbetrag, sofern ein Gewinn von mehr als 400 € erzielt wird.

100 €-Grundpauschale

2.4.4 **Nicht zur Verfügung stehende Einkommensbestandteile**

Insoweit gelten keine Besonderheiten gegenüber den Ausführungen auf → S. 461.

3 **Anrechnung von Einkommen aus Ehrenamt**

Einkünfte aus ehrenamtlicher Tätigkeit werden im SGB II zwar als anrechenbares Einkommen gewertet, aber in § 11b Abs. 2 Satz 3 SGB II **dreifach** dadurch privilegiert, dass von solchen Einkünften

– eine höhere Grundpauschale abgesetzt werden kann (200 € statt 100 €);
– zusätzliche Freibeträge wie bei Erwerbsarbeit abgesetzt werden können;
– die tatsächlichen Aufwendungen abgesetzt werden können, wenn die Einkünfte 200 € (statt sonst 400 €) übersteigen.

Eine gesetzliche Definition von Ehrenamt gibt es im SGB II nicht. § 11b SGB II verweist auf das Steuerrecht bzw. die in § 3 Nr. 12, 26, 26a und 26b EStG als steuerfrei (in bestimmten Grenzen) aufgeführten Tätigkeiten.

Was ist eine ehrenamtliche Tätigkeit?

Ist streitig, ob eine Tätigkeit ehrenamtlich i. S. von § 3 EStG ist, entscheidet daher letztlich die steuerrechtliche Bewertung. Das Jobcenter ist bei der Frage der Einkommensanrechnung (nicht bei der Frage, ob eine nach § 3 EStG privilegierte Tätigkeit Erwerbsarbeit i. S. des EU-Freizügigkeitsrechts ist [LSG Baden-Württemberg vom 27.8.2012 – L 13 AS 2750/12 ER-B]) an die Wertung der Steuerbehörde gebunden (s. dazu LSG Berlin-Brandenburg vom 12.1.2012 – L 14 AL 305/08: Kurialzulage).

Einzelfälle

– Aushilfskräfte (z. B. Hausaufgabenbetreuung) einer offenen Ganztagsschule – privilegiert nach § 3 Nr. 26 EStG (FG Köln vom 26.2.2015 – 6 K 116/13).
– Auslieferung von Essen für karitative Einrichtung – nicht privilegiert, keine Pflegetätigkeit (LSG NRW vom 2.7.2014 – L 8 R 961/13).
– Helfer im Hausnotruf – privilegiert nach § 3 Nr. 26 EStG (FG Köln vom 25.2.2015 – 3 K 1350/12).
– Turnierlehrer im Amateursport – privilegiert nach § 3 Nr. 26a EStG (FG Nürnberg vom 15.4.2015 – 5 K 1723/12).
– Nebenamtliche Tätigkeit im Zulassungs- und Prüfungsausschuss zur Durchführung der Steuerberaterprüfung – privilegiert nach § 3 Nr. 26 EStG (BFH vom 23.6.1988 – IV R 21/86).
– ehrenamtliche Versichertenberaterin der DRV – weder nach § 3 Nr. 12 und noch nach Nr. 26 oder Nr. 26a EStG privilegiert (FG Berlin-Brandenburg vom 19.9.2013 – 7 V 7231/13 und vom 1.7.2015 – 7 K 7230/13, Revision anhängig beim BFH – VIII R 28/15).
– Übungsleiter, die gegen eine vertraglich geregelte Vergütung unter Vorgabe von Trainingszeiten tätig werden – kein Ehrenamt, sondern abhängige Beschäftigung (LSG Baden-Württemberg vom 30.7.2014 – L 5 R 4091/11).
– Tätigkeit eines Bezirksrats als Gesundheitsreferent – keine Privilegierung (FG Nürnberg vom 5.12.2014 – 7 K 1981/12).
– Mitglieder einer Gemeindevertretung – privilegiert nach § 3 Nr. 12 EStG (FG Hessen 24.6.2013 – 3 K 2837/11).

Wird die ehrenamtliche Tätigkeit im Rahmen eines pauschal versteuerten Minijobs ausgeübt, ohne dass der Steuerfreibetrag berücksichtigt wird, steht das einer Absetzung der 200 €-Grundpauschale bei der SGB II-Bedarfsberechnung nicht entgegen (VG Saarland vom 24.11.2009 – 11 K 1927/08).

Nachträgliche Steuerbefreiung

Werden Einkünfte aus einer Tätigkeit erst nach einem Streit mit dem Finanzamt als steuerprivilegiert i. S. von § 3 EStG anerkannt, können höhere Absetzungen im Rahmen der Bedarfsberechnung über § 48 Abs. 1 Nr. 1 SGB X durchgesetzt werden (kein § 44 SGB X-Fall mit der Begrenzung einer Nachzahlung auf ein Jahr).

Nachträgliche Besteuerung

Werden zunächst als steuerprivilegiert anerkannte Einkünfte später vom Finanzamt als reguläres Einkommen versteuert, bleibt es bei den höheren Absetzbeträgen in § 11b Abs. 2 Satz 3 SGB II, es sei denn, die anfängliche Steuerbefreiung beruht auf falschen Angaben des Leistungsberechtigten gegenüber dem Finanzamt.

Ist die steuerrechtliche Beurteilung einer Tätigkeit unsicher oder streitig, ist das Jobcenter berechtigt, die endgültige SGB II-Bedarfsberechnung gemäß § 41a SGB II unter den Vorbehalt der steuerrechtlichen Klärung zu stellen.

Vorläufige
Bewilligung

Wird die ehrenamtliche Tätigkeit im Rahmen einer regulären Beschäftigung (s. z.B. BFH vom 18.4.2007 – XI R 21/06; FG Düsseldorf vom 29.2.2012 – 7 K 4364/10 L: Haupt- und nebenberufliche Betätigung für denselben Arbeitgeber) oder als Tätigkeit neben einer regulären Arbeit (s. z.B. FG Rheinland-Pfalz vom 25.5.2011 – 2 K 1996/10: Übungsleiter in einem Tanzsportclub und Angestellter in Steuerbüro) ausgeübt und liegen die Einkünfte aus den nach § 3 EStG privilegierten Tätigkeiten unter 200 €, war die Berechnung des Grundfreibetrages unter der bis zum 31.7.2016 geltenden Rechtslage umstritten. Das BSG vom 28.10.2014 – B 14 AS 61/13 R hat den Meinungsstreit zur früheren Gesetzesfassung so gelöst, dass bei einem Zusammentreffen von steuerprivilegiertem mit regulärem Einkommen der 100 €-Grundfreibetrag bis auf die Höhe des Maximal-Freibetrages mit dem Ehrenamts-Einkommen aufgestockt werden kann. Diese Rechtsauffassung ist mit § 11b Abs. 2 Satz 3 SGB II seit 1.8.2016 Gesetz geworden.

Grundfreibetrag
bei Mischeinkommen

P. bekommt aus Minijob 400 € monatlich. Ehrenamtlich ist sie in einem Gesangsverein tätig und erhält dafür 50 € monatlich. Nach § 11b Abs. 2 Satz 3 SGB II n.F. ist das Gesamteinkommen von 450 € um die 100 €-Grundpauschale + 50 € Freibetrag aus Ehrenamt und den Erwerbstätigenfreibetrag von 20% von 350 € = 70 € zu bereinigen.

Beispiel

Betreut ein Leistungsberechtigter ehrenamtlich einen nahen Angehörigen und hat er für die dazu notwendigen Aufwendungen einen konkreten Aufwendungsersatz gegen Vorlage von Nachweisen nach § 1835 BGB gewählt, ist der Zufluss des Aufwendungsersatzes kein anrechenbares Einkommen, da es sich nur um die Erstattung der schon erbrachten Aufwendungen handelt.

Rückfluss
vorausgeleisteter
Betreueraufwendungen

Nach SG Cottbus vom 20.8.2014 – S 2 AS 3428/12 ist auch die Betreuungspauschale nach § 1835a BGB als zweckbestimmtes Einkommen (§ 11a Abs. 3 SGB II) nicht auf das Alg II anzurechnen. Da die Steuerprivilegierung in § 3 Nr. 26b EStG nur die Betreuungspauschale betrifft und § 3 Nr. 26b EStG in § 11b Abs. 2 Satz 3 SGB II ausdrücklich genannt ist, dürfte diese Auffassung nicht mit dem Gesetz in Einklang stehen.

Auch für
Betreuungspauschale?

Betreut ein Leistungsberechtigter ehrenamtlich einen nahen Angehörigen, können angemessene Fahrkosten, die nicht nach § 1835 BGB abgegolten werden, einen Mehrbedarf nach § 21 Abs. 6 SGB II begründen.

Aufstockender
Mehrbedarf bei
Betreuung

Die Eheleute R. und G. beziehen Alg II. Nach einem Schlaganfall muss G. in einem Pflegeheim untergebracht werden. R. wird zur ehrenamtlichen Betreuerin bestellt. Sie wählt den Weg eines konkreten Aufwendungsersatzes gegen Vorlage von Nachweisen nach § 1835 BGB. Weil Kosten für Fahrten, die dem Besuch und dem Heimbringen des Betreuten anlässlich

Beispiel

von Feiertagen dienen, nicht als Aufwendungen i. S. von § 1835 BGB anerkannt sind, hat R. Anspruch auf einen Mehrbedarf nach § 21 Abs. 6 SGB II, soweit es sich um angemessene Fahrkosten handelt.

Keine Grund-pauschale bei Einmalzahlung?

Die Aufwandsentschädigung für ehrenamtliche Betreuer wird als einmaliger Betrag im Betreuungsjahr gezahlt. Würde man die Zahlung als reguläres Einmaleinkommen i. S. von § 11 Abs. 3 SGB II werten, ginge dem Betreuer im Fall einer Aufteilung in 1/6-Beträge der Grund-Freibetrag von 200 € verloren. Unserer Meinung nach ist das nicht gewollt. Die Regelung des § 11b Abs. 2 Satz 3 SGB II geht § 11b Abs. 1 Satz 2 SGB II als speziellere Norm vor (a. A. DA 18a zu § 11).

Beispiel

K. lebt von Alg II, aufstockend zu Alg I von der AA in Höhe von 450 € monatlich. Sie betreut ihren dementen Vater. Als Aufwandsentschädigung hat K. die Pauschale nach § 1835a BGB (seit 1.8.2013 = 399 € im Jahr) gewählt, die ihr am 25.6. zufließt. Ihr Hilfebedarf liegt bei 404 € Regelbedarf plus 187 € Wohnkosten für ihre Eigentumswohnung. Das Jobcenter rechnet 56,33 € monatlich auf das Alg II ab Juli an ([399 € Aufwandsentschädigung abzüglich 20% Freibetrag von 299 €] : 6).
K. hält dem entgegen, dass damit die gesamte Grundpauschale verloren gehe. Die 399 € müssten deshalb nach der Formel:

[399 € – 200 € Grundpauschale – 20% Freibetrag von 299 €] : 6 = 23,20 €

angerechnet werden.

Keine Verdoppelung der Grundpauschale

Der ehrenamtliche Betreuer bekommt für jede Betreuung bei Wahl einer Aufwandsentschädigung nach § 1835a BGB den Pauschalbetrag von 399 €. Fließen beide Beträge im gleichen Monat zu, wird der Grundfreibetrag nicht verdoppelt.
Übernehmen Eltern die Betreuung ihres Kindes, steht ihnen beiden die Aufwandspauschale von 399 € zu (LG Lübeck vom 3.3.2011 – 7 T 201/10). Im Monat des Zuflusses haben beide Eltern Anspruch auf Absetzung des 200 €-Grundfreibetrages zuzüglich der 20% von 299 €.

Elterngeld

Nachteilig ist die steuerrechtliche Privilegierung ehrenamtlicher Tätigkeit bei der Anrechnung des Elterngeldes (wenn man das für verfassungsgemäß hält), weil es nicht in die Berechnung des vor der Elternzeit erzielten Einkommens einfließt (s. dazu LSG Niedersachsen-Bremen vom 21.11.2012 – L 2 EG 7/12) und daher den anrechnungsfreien Betrag des Elterngeldes nicht erhöht.

4   Anrechnung von Einkommen aus Freiwilligendienst

Vom 1.1.2013 bis zum 31.7.2016 stellte § 1 Abs. 7 Alg II-VO für Tätigkeiten in Freiwilligendiensten pauschal einen Betrag von insgesamt 200 € monatlich anrechnungsfrei. Diese Regelung ist geschaffen worden, weil es sich bei Freiwilligendiensten nicht um Erwerbsarbeit handelt, die gemäß §§ 11b Abs. 2 Satz 1, 11b Abs. 3 SGB II zu bereinigen ist (LSG Niedersachsen-Bremen vom 11.3.2015 –

L 13 AS 10/14). **Seit 1.8.2016** ist § 1 Abs. 7 Alg II-VO in § 11b Abs. 2 Satz 6 SGB II aufgegangen. Danach ist vom Taschengeld anstelle der Beträge nach § 11b Absatz 1 Satz 1 Nr. 3 bis 5 SGB II ein Betrag von insgesamt 200 € monatlich abzusetzen, soweit die Absetzung nicht bereits nach § 11b Abs. 2 Satz 1 bis 3 SGB II erfolgt.

Wird neben der Tätigkeit im Freiwilligendienst eine Erwerbsarbeit mit einem Einkommen unterhalb der 100 €-Grundpauschale (§ 11b Abs. 2 Satz 1 SGB II) ausgeübt, zieht LSG Thüringen vom 23.9.2015 – L 4 AS 17/15 aus dem BSG-Urteil vom 28.10.2014 – B 14 AS 61/13 R (Berechnung der Freibeträge bei steuerprivilegierter und regulärer Erwerbstätigkeit) zu Recht den Schluss, dass beim Zusammentreffen von Einkünften aus regulärer Erwerbstätigkeit und Freiwilligendienst die Grundpauschalen von 100 € bzw. 200 € für jede Tätigkeit gesondert berechnet und bis in Höhe der Höchstgrenze von 200 € vom Gesamteinkommen abgesetzt werden können (ebenso SG Halle vom 13.10.2015 – S 7 AS 4841/12; BSG vom 26.7.2016 – B 4 AS 54/15 R), wie es seit 1.8.2016 auch in § 11b Abs. 2 Satz 5 SGB II vorgesehen ist.

Freibetrag bei Mischeinkommen

J. erhält aus einem Freiwilligendienst 225 € Taschengeld. Aus einem Minijob erzielt er außerdem ein Einkommen von 75 € monatlich. Dann ist das Gesamteinkommen von 300 € um 75 € + (200 € – 75 €), also insgesamt um den Höchstbetrag von 200 € zu bereinigen.

Beispiel

5   Anrechnung von Einkommen aus Land- und Forstwirtschaft

Da § 3 Alg II-VO nicht mehr auf § 15 SGB IV Bezug nimmt, ist auch die Sondervorschrift der Gewinnermittlung von Einkommen aus der Land- und Forstwirtschaft nach § 15 Abs. 2 SGB IV i.V.m. § 32 ALG entfallen. Es gelten dieselben Grundsätze wie bei Selbständigen. § 5 der Verordnung zu § 82 SGB XII ist nicht heranzuziehen.

6   Zweckbestimmte Leistungen aufgrund öffentlich-rechtlicher Vorschriften

Während § 11 Abs. 3 Nr. 1a SGB II a. F. generell zweckbestimmte Leistungen anrechnungsfrei stellte, soweit dies neben dem Bezug von Alg II gerechtfertigt war, gilt das nach § 11a Abs. 3 Satz 1 SGB II nur noch für zweckbestimmte Leistungen, die aufgrund öffentlich-rechtlicher Vorschriften gewährt werden. Eine Rechtfertigungsprüfung wird für diese Leistungen nicht mehr gefordert.

Engherzige Neuregelung

Zweckbestimmte Einnahmen sind Einnahmen, die einem anderen Zweck als der Sicherstellung des Lebensunterhalts oder der Eingliederung in Arbeit dienen. Die in der SGB II-Praxis wichtigsten Fälle zweckbestimmter Leistungen, die aufgrund öffentlich-rechtlicher Vorschriften erbracht werden, sind Leistungen zur Ausbildungsförderung und Berufsausbildung; näher dazu → S. 509 ff.

Zweckbestimmung

Ausdrückliche Zweckbestimmung

Der Zweck muss ausdrücklich genannt sein; eine allgemeine Zweckrichtung oder eine bloß steuerrechtliche Begünstigung genügen nicht, um die Anrechnung auszuschließen (BT-Dr. 17/3404, 155). Das ist sehr restriktiv und knüpft an § 83 SGB XII, früher § 77 BSHG an. Das BVerwG vom 12.4.1984, FEVS 33, S. 353 verlangte zu § 77 BSHG eine Prüfung in zwei Schritten:

– in einem ersten Schritt sei zu prüfen, ob in dem anderen Leistungsgesetz der Zweck der Leistung ausdrücklich genannt werde. Hierfür komme es nicht darauf an, ob im Gesetz das Wort »Zweck« gebraucht werde. Die Zweckbestimmung könne sich auch aus der Formulierung und dem Gesamtzusammenhang ergeben;

– in einem zweiten Schritt müsse der Zweck der anderen Leistung mit dem Zweck der Sozialhilfeleistung verglichen werden. Soweit das andere Gesetz andere Zwecke verfolge, sei die Leistung nicht anzurechnen.

Der vom BSG zu § 11 Abs. 3a SGB II a. F. SGB II entwickelte, sachgerechte Maßstab, »dass sich der Verwendungszweck im Vorhinein nach objektiver Betrachtung erkennen lassen müsse« (BSG vom 17.3.2009 – B 14 AS 63/07 R) ist mit der Regelung des § 11a Abs. 3 Satz 1 SGB II nicht vom Tisch. Die Gesetzesbegründung, wonach es an einer Zweckbindung jedenfalls dann fehle, »wenn die Einkommensbezieherin oder der Einkommensbezieher weder rechtlich noch tatsächlich daran gehindert sind, die Leistungen zur Deckung von Bedarfen nach diesem Buch einzusetzen« (BT-Drs. 17/3404, S. 154) schließt die Anwendung von § 11a Abs. 3 SGB II auf alle Leistungen, die in Geld erbracht werden, praktisch aus. Eine solche Lesart ist absurd. Es genügt, wenn die Verwendung der Leistung nach dem Sinn des anspruchsbegründenden Gesetzes einem anderen Zweck als der Existenzsicherung dienen soll. Ob sie wirklich so genutzt wird, kann schon mangels Verwendungskontrolle nicht erheblich sein.

Unfallrente

Das BVerfG hält mit Beschluss vom 16.3.2011 – 1 BvR 591/08 und – 1 BvR 593/08, mit dem Verfassungsbeschwerden gegen die vom BSG vertretene volle Anrechnung der Unfallrente nicht zur Entscheidung angenommen werden, eine enge Auslegung des Begriffs der zweckbestimmten Einnahme für sachgerecht. Der tatsächliche oder wirtschaftliche Funktionswandel eines Gesetzes (von der Unterhaltssicherung zum Ausgleich immaterieller und körperlicher Gesundheitsschäden) sei keine Zweckbestimmung, die allein die Privilegierung der Einnahmen im Sinne von § 11 Abs. 3 Nr. 1 Buchstabe a SGB II a. F. rechtfertige.

Abgrenzung privat- von öffentlich-rechtlicher Vorschriften

Die Unterscheidung zu Leistungen, die aufgrund privatrechtlicher Vorschriften gewährt werden und die nur in den Grenzen von § 11a Abs. 5 SGB II anrechnungsfrei sind, ist regelmäßig leicht zu treffen. Ausnahmsweise liegt der öffentlich-rechtliche Charakter einer Leistung aber nicht so offen zutage. Dann ist danach zu entscheiden, was die Leistung prägt (vgl. BSG vom 9.12.2003 – B 7 AL 54/02 R: tarifvertragliche Überbrückungsbeihilfe; VG Frankfurt vom 12.11.2002 – 3 E 559/01: Büchergeld im Rahmen eines Stipendiums; BSG vom 1.7.2009 – B 4 AS 9/09 R: Leistungen zur Erziehung nach § 39 SGB VIII aufgrund privaten Betreuungsvertrages).

Welche Leistungen im Einzelnen unter § 11a Abs. 1 Satz 3 SGB II fallen, kann dem ABC → S. 395 ff. entnommen werden. Siehe dort (→ S. 410 ff.) auch zur abweichenden Regelung in § 11a Abs. 3 Satz 2 Nr. 1 SGB II für das Erziehungspflegegeld nach § 39 SGB VIII und für die Tagespflege nach § 23 SGB VIII (§ 11a Abs. 3 Satz 2 Nr. 2 SGB II).

7   Anrechnung von Ausbildungsförderung – BAföG/Meister-BAföG/BAB/Ausbildungsgeld

Seit 1.8.2016 gilt ein SGB II-Leistungsausschluss bei Absolvierung einer Ausbildung nur noch für
– Studierende an höheren Fachschulen, Akademien und Hochschulen mit eigenem Haushalt nach § 13 Abs. 1 Nr. 2 BAföG.
– Auszubildende in internatsmäßiger Unterbringung.
– Auszubildende in förderungsfähigen Ausbildungsgängen, die die Voraussetzungen für einen BAföG-Anspruch nicht erfüllen.

Zu Einzelheiten → S. 158 ff.

Mit der Einschränkung des Leistungsausschlusses nach § 7 Abs. 5 SGB II und dem Wegfall des Mietzuschusses nach § 27 Abs. 3 SGB II (Fassung bis 31.7.2016) hat der Gesetzgeber die Anrechnung von Ausbildungsförderleistungen inklusive vergleichbarer Leistungen der Begabtenförderungswerke (ABC, → S. 398; zur Vergleichbarkeit s. auch OVG Rheinland-Pfalz vom 3.3.2016 – 7 A 10626/15) in § 11a Abs. 3 Satz 2 Nr. 3 – 5 SGB II und in § 11b Abs. 2 Satz 4 SGB II nach folgenden Grundsätzen neu geregelt:

■ Die Förderleistungen werden ungeachtet ihrer Zweckbestimmung zu anrechenbarem Einkommen erklärt.

■ Ausgenommen sind Kinderbetreuungsleistungen nach § 14b BAföG, § 64 Abs. 3 SGB III, § 10 Abs. 3 AFBG.

■ Die anrechenbaren Förderleistungen sind für die Absetzbeträge nach § 11b Abs. 1 Satz 1 Nr. 3 bis 5 SGB II pauschal um 100 € zu kürzen, wenn nicht bereits nach § 11b Abs. 2 Satz 1 bis 3 SGB II bereinigt wurde.

■ Höhere Aufwendungen müssen **konkret nachgewiesen, belegt und gerechtfertigt** werden. Die 400 €-Grenze gilt nicht, d. h. auch bei einer Förderleistung unter 400 € können notwendige Aufwendungen, die über die 100 €-Pauschale hinausgehen, abgesetzt werden.

Auf den ersten Blick hat die Neuregelung den Vorteil, dass vielen Auszubildenden auf diese Weise das Existenzminimum mit Ausnahme des Mehrbedarfs nach § 21 Abs. 4 SGB II (→ S. 241 ff.) gesichert wird, bei genauerem Hinsehen erweist sich die Anrechnung zweckbestimmter Ausbildungsleistungen mit einer Bereinigung nach den Regeln von § 11b Abs. 1 SGB II i.V.m. § 6 Alg II-VO aber als überwiegend nachteilig und sogar verfehlt, wenn Förderleistungen zurückgezahlt werden müssen.

Absetzbeträge sind kein Bedarf

Das liegt vor allem darin begründet, dass die Absetzungsbeträge nach § 11b Abs. 1 i.V.m. § 6 Alg II-VO **keinen** Bedarf definieren, sondern bestimmen, um welche Beträge Erwerbseinkommen bereinigt werden darf. Mit dieser überzeugenden Begründung hat das BSG vom 4.6.2014 – B 14 AS 30/13 R § 6 Abs. 1 Nr. 5 Alg II-VO als Maßstab für die Angemessenheit von Fahrkosten zur Ausübung des Umgangsrechts verworfen und bei notwendigem PKW-Gebrauch die Pauschale nach § 5 BundesreisekostenG (0,20 € pro gefahrenem Kilometer) als Mehrbedarf nach § 21 Abs. 6 SGB II anerkannt.

Auch im Fördersystem des SGB III wird der Bedarf für Fahrkosten, wenn ein PKW genutzt wird – eine Rechtfertigung ist dafür nicht gefordert – nach den Grundsätzen des § 5 BundesreisekostenG bemessen (§ 63 Abs. 3 SGB III, § 127 Abs. 1 SGB III mit Verweis auf § 53 Abs. 4 SGB IX). Die BundesreisekostenG-Pauschale gilt im SGB III sogar für Mitfahrer in Fahrgemeinschaften, denen tatsächlich keine so hohen Kosten entstehen (DA 63.3.5 zu § 63 SGB III)

Die Pauschale in § 6 Abs. 1 Nr. 5 Alg II-VO ist dagegen auf 0,20 € pro Entfernungskilometer kürzeste Strecke begrenzt. Der Nachweis höherer Kosten ist aufwändig und höchstrichterlich noch ungeklärt (nur die mit Fahrtenbuch nachgewiesenen Benzinkosten oder auch Verschleiß nach einschlägigen Tabellenwerten?). Außerdem müssen PKW-Kosten durch Vergleich mit Kosten des ÖPNV gemäß § 6 Abs. 2 Alg II-VO gerechtfertigt werden, was Einzelfeststellungen zur Zumutbarkeit nötig macht.

Fahrrad

Auch wenn der Auszubildende ein Fahrrad nutzt, hat er nach § 63 SGB III Anspruch auf eine Fahrkostenpauschale, die LSG Niedersachsen-Bremen vom 22.2.2012 – L 12 AL 77/10 unter Bezugnahme auf das BundesreisekostenG auf 5 € im Monat festlegt. Im Rahmen des § 11b Abs. 1 Nr. 5 SGB II sind allenfalls Reparaturkosten, sofern diese mit den Fahrten zur Ausbildungsstätte zusammenhängen, absetzbar, d. h. die 5 € Fahrkosten werden für Alg II-Aufstocker als Einkommen auf den Hilfebedarf angerechnet.

Zweckbindung

Hat der Auszubildende im Hinblick auf die Fahrkosten-Pauschale im SGB III Aufwendungen getätigt oder verbindliche Vereinbarungen getroffen, kann dies im Fall eines ergänzenden Alg II-Antrags zu Schwierigkeiten führen.

Beispiel 1

J. hat nach Auskunft der AA über die Höhe der ihm zustehenden BAB ein Kleinmotorrad mit einem Ratenkaufvertrag erworben. Mit Eintritt in den Alg II-Bezug rechnet das Jobcenter die von der AA nach § 5 BundesreisekostenG gewährten Fahrkosten als Einkommen an, das nur mit dem Betrag für das Sozial-Ticket (Monatspreis 36 €) bereinigt wird. Eine Absetzung der Tilgungsraten wird nach dem Grundsatz: Keine Schuldübernahme zu Lasten der Allgemeinheit, abgelehnt.

B. hat sich nach Auskunft der AA über die Höhe der ihm zustehenden BAB eine Mitfahrgemeinschaft gesucht. Seine Kosten für die Mitnahme im PKW liegen unter der nach § 5 BundesreisekostenG berechneten Pauschale. B. nutzt diesen Kostenvorteil für einen Kurs zur Notenverbesserung. Mit Eintritt in den Alg II-Bezug rechnet das Jobcenter die nach § 5 BundesreisekostenG berechneten Fahrkosten als Einkommen an, das mit dem tatsächlichen Kostenbeitrag für das Mitfahren bereinigt wird; die Kosten für den Lernkurs seien keine »notwendige« Aufwendung i. S. von § 11b Abs. 1 Nr. 5 SGB II.

Beispiel 2

§ 63 Abs. 3 SGB III und § 127 Abs. 1 SGB III i.V.m. § 53 Abs. 4 SGB IX anerkennen als Bedarf bei auswärtig durchgeführter Ausbildung für jeden Monat die Fahrkosten einer bzw. zweier Familienheimfahrten, wozu auch Besuchsfahrten Angehöriger zählen. Die Fahrkosten für Familienheimfahrten können im Schema des § 11b Nr. 5 SGB II i.V.m. § 6 Abs. 1 Nr. 5, Abs. 2 Alg II-VO noch als ausbildungsbezogene Aufwendung dargestellt werden (vgl. dazu LSG NRW vom 27.11.2008 – L 7 B 137/08 AS ER), Besuchsfahrten Angehöriger ohne Bezug zur Ausbildung sind aber selbst bei einem sehr weiten Verständnis absetzbarer Kosten keine für die Ausbildung benötigte Aufwendung, i. S. von § 11b Abs. 1 Nr. 5 SGB II (vgl. dazu BFH vom 2.2.2011 – VI R 15/10 und vom 2.10.2015 – VI R 22/14).

Familienheim-
fahrten

F. lebt in Frankfurt mit langjähriger Partnerin zusammen. Seine Ausbildungsstätte liegt in München, wo F. für die Dauer der Ausbildung eine eigene Wohnung genommen hat. Sein BAB-Bedarf enthält monatlich 130 € für eine Familienheimfahrt oder eine Besuchsfahrt der Partnerin. Wegen eines in München stattfindenden Konzerts kommt die Partnerin nach München.
Als BAB-Bezieher darf F. die Fahrkosten zum Konzert mit Förderleistungen nach § 63 SGB III finanzieren, eine Absetzung als ausbildungsbezogene Fahrkosten ist ausgeschlossen. Das Jobcenter kann die 130 € als Einkommen anrechnen.

Beispiel

Fahrkosten werden nur für die Zeit des tatsächlichen Besuchs der Ausbildungsstätte/der Berufsschule gewährt und vorschüssig ausgezahlt (§ 337 Abs. 3 Satz 3 SGB III). Treten Fehlzeiten auf, sind die Fahrkosten trotz Entschuldigung, z. B. wegen Arbeitsunfähigkeit, zu erstatten (s. z. B. BayLSG vom 16.3.2011 – L 10 AL 176/10). Musste der hilfebedürftige Auszubildende einen Teil der nach § 5 BundesreisekostenG bemessenen Pauschalen nach § 11b Abs. 1 Nr. 5 SGB II i.V.m. § 6 Abs. 1 Nr. 5 Alg II-VO für den Lebensunterhalt einsetzen, reißt die Rückforderung eine Bedarfslücke. Ein Anspruch auf rückwirkende Korrektur der SGB II-Be-

Kollision bei
Rückforderung

darfsberechnung besteht nach dem strikten Zuflussprinzip nicht; die Fahrkosten standen ja faktisch zum Lebensunterhalt zur Verfügung. Unter dem normativen Begriff des »wertmäßigen Zuwachses« ist das Jobcenter auch im Fall einer Verrechnung der Rückforderung mit der laufenden BAB/dem laufenden Ausbildungsgeld nicht zu einer Änderung der SGB II-Leistung verpflichtet. Vergünstigungen, die das SGB III als ausbildungsbezogenen Bedarf gewährt, können für Alg II-Aufstocker somit zu einer erheblichen Belastung werden.

Beispiel

O. absolviert eine auswärtige Ausbildung. Sein BAB-Bedarf enthält daher auch Kosten für eine monatliche Heimfahrt in Höhe von 130 €. Im Mai muss O. wegen einer Grippe die Heimfahrt auf den nächsten Monat verschieben. Die AA fordert die 130 € zurück und rechnet mit der laufenden BAB auf.

Bahncard

Nach § 63 SGB III können auch die Kosten für eine Bahncard übernommen werden. Sie werden bei längerer Erkrankung oder Abbruch der Ausbildung nicht zurückgefordert (DA 63.3.2. zu § 63). Im Anrechnungssystem des SGB II handelt es sich dann um eine geldwerte Einnahme, die mit dem Verkehrswert anzurechnen ist.

Erweiterte Absetzbarkeit?

Das BSG hat in seinen Entscheidungen zur Nichtabsetzbarkeit eines Schulgeldes von Leistungen nach dem BAföG (vom 17.3.2009 – B 14 AS 61/07 R, – 62/07 R und – 63/07 R) im Kern damit argumentiert, dass die als zweckbestimmte Leistung für das Lernen freigestellte 20%-BAföG-Pauschale »objektiv« den für die Ausbildung üblichen Aufwand abdecke. Daneben sei kein Raum für weitere Absetzungen:

> »Es können dabei solche Ausgaben nach § 11b Abs. 1 Nr. 5 nicht als mit der Erzielung des Einkommens notwendige Ausgaben abgesetzt werden, die der Art nach bereits bei der Ermittlung des Einkommens wegen einer besonderen Zweckbestimmung berücksichtigt worden sind.«

In seinen Entscheidungen zum Leistungsausschluss bei Förderung einer Ausbildung mit Ausbildungsgeld nach § 122 SGB III hat das BSG vom 16.6.2015 – B 4 AS 37/14 R die auf die Absetzung der 30 €-Versicherungspauschale beschränkte Bereinigung des Ausbildungsgeldes u. a. damit gerechtfertigt, dass der behinderte Auszubildende ausbildungsbezogene Aufwendungen als zweckbestimmte, d.h. anrechnungsfreie Leistung von der AA im Rahmen des SGB III oder des SGB IX (§ 127 Abs. 1 SGB III) erhalte.

§ 11a Abs. 3 Satz 2 Nr. 3 – 5 SGB II stellt Ausbildungsförderleistungen nur noch in Bezug auf die Kinderbetreuungspauschale als zweckbestimmte Einnahme anrechnungsfrei. Über § 11b Abs. 2 Satz 4 SGB II wäre danach, im Gegenzug zur vollen Berücksichtigung des BAföG/der BAB/des Ausbildungsgeldes als anrechenbares Einkommen eine Absetzung von Kosten, die im BAföG oder im SGB III nicht als Bedarf anerkannt werden, durch die Ausbildung aber »objektiv« veranlasst sind (z. B. Schulgeld oder Studiengebühren) als Aufwendungen nach

§ 11b Abs. 1 Nr. 5 SGB II konsequent. Es bleibt abzuwarten, wie die Rechtsprechung reagiert.

Blockunterricht

Mit § 65 SGB III hat der Gesetzgeber gegen die Rechtsprechung zu § 73 Abs. 1a SGB III a.F. entschieden, dass eine Änderung des BAB-Bedarfs wegen der Durchführung des Berufsschulunterrichts in Blockform im SGB III nicht zu berücksichtigen ist. Sofern die Kosten für den Berufsschulunterricht in Blockform nicht von den Ländern getragen werden (s. dazu VG Stuttgart vom 28.7.2014 – 12 K 3576/12), können sie bei ergänzendem Alg II-Bezug als eindeutig ausbildungsbezogene Aufwendungen i. S. von § 11b Abs. 1 Nr. 5 SGB II von der laufenden BAB in der Blockphase abgesetzt werden.

Ausbildungsgeld in Werkstätten

Positiv wirkt sich die Neuregelung zur Bereinigung von Ausbildungsförderleistungen um pauschal 100 € auf das Ausbildungsgeld, das in anerkannten Werkstätten für behinderte Menschen gezahlt wird, aus. Die Absetzung der 100 €-Pauschale beseitigt außerdem die nur schwer zu vermittelnde Unterscheidung danach, ob der behinderte Mensch Leistungen nach dem SGB XII bezieht: Dann wird das Ausbildungsgeld über eine Bereinigung nach § 82 SGB XII anrechnungsfrei gestellt (BSG vom 23.3.2010 – B 8 SO 17/09 R) gegenüber der Anrechnung des Ausbildungsgeldes im SGB II (BSG vom 16.6.2015 – B 4 AS 37/14 R), die sich seit 1.8.2016 nicht mehr auswirkt, weil das Ausbildungsgeld mit 67 € im ersten Jahr und danach 80 € monatlich unter der 100 €-Pauschale liegt.

Insgesamt gesehen bewirken die Regelungen in § 11a Abs. 3 Nr. 3 – 5 SGB II und § 11b Abs. 2 Satz 4 SGB II gegenüber der bis zum 31.7.2016 geltenden Rechtslage aber überwiegend eine Verschlechterung, was aus den folgenden Berechnungsbeispielen zu ersehen ist.

Gebildet für BAföG, BAB und Ausbildungsgeld mit den ab 1.8.2016 geltenden Sätzen.

Berechnungsbeispiele

Beispiel 1

Die 22-jährige S. studiert an einer Universität. Sie lebt mit ihrer Mutter M. zusammen, die Alg II bezieht. Die Miete inklusive Heizkosten beträgt insgesamt 480 €; davon übernimmt das Jobcenter 240 € als kopfteiligen KdU-Bedarf der M. S. bekommt 399 € BAföG plus 52 € BAföG für das Wohnen. Das Kindergeld von 190 € gibt M. an ihre Tochter weiter.

Rechtslage bis 31.7.2016

S. ist nach § 7 Abs. 5 SGB II ausgeschlossen. Sie kann aber einen Mietzuschuss nach § 27 Abs. 3 SGB II erhalten.

Fiktiver SGB II-Regelbedarf

Regelbedarf		324,00 €
+ anteilige KdU-Bedarf	+	240,00 €
	=	**566,00 €**

Anrechenbares Einkommen

BAföG (= 451 € – 20% Lernpauschale)		350,20 €
+ Kindergeld (abzgl. 30 €)	+	160,00 €
	=	**510,20 €**

Mietzuschuss (566,00 € – 510,20 €) = 55,80 €

Rechtslage
seit 1.8.2016

S. ist nicht nach § 7 Abs. 5 SGB II ausgeschlossen. Sie erhält Alg II abzüglich anzurechnenden Einkommens in einer 2-Personen-BG.

SGB II-Bedarf

Regelbedarf		324,00 €
+ anteilige KdU-Bedarf	+	240,00 €
	=	**566,00 €**

Anrechenbares Einkommen

BAföG (= 451 € – 100 € Absetzpauschale)		351,00 €
+ Kindergeld	+	190,00 €
	=	**541,00 €**

Alg II (566 € – 541 €) = 25 €

Beispiel 2

Der 19-jährige K. besucht eine Fachoberschulklasse. Seine Eltern beziehen Alg II. Das Kindergeld von 190 € geben sie an K. weiter. K. zahlt für ein Zimmer in einer WG 320 € Miete inklusive Heizung.

Rechtslage
bis 31.7.2016

K. ist nach § 7 Abs. 5 SGB II ausgeschlossen. Er kann aber einen Mietzuschuss nach § 27 Abs. 3 SGB II erhalten.

Fiktiver SGB II-Bedarf

Regelbedarf		404,00 €
+ KdU-Bedarf		320,00 €
	=	**724,00 €**

Anrechenbares Einkommen

BAföG (= 504 € – 20% Lernpauschale)	403,20 €
+ Kindergeld (abzgl. 30 €)	+ 160,00 €
	= **563,20 €**

Mietzuschuss (724 € – 563,20 €) = 160,80 €

K. ist nicht nach § 7 Abs. 5 SGB II ausgeschlossen. Er erhält Alg II abzüglich anzurechnenden Einkommens

Rechtslage
seit 1.8.2016

SGB II-Bedarf

Regelbedarf	404,00 €
+ KdU-Bedarf	+ 320,00 €
	= **724,00 €**

Anrechenbares Einkommen

BAföG (= 504 € – 100 € Absetzpauschale)	404,00 €
+ Kindergeld	+ 190,00 €
	= **594,00 €**

Alg II (724 € – 594 €) = 130 €

Der 21-jährige R. besucht nach abgeschlossener Ausbildung eine
Fachoberschulklasse. Seine Eltern können ihn wegen geringen Einkommens nicht unterstützen. Das Kindergeld behalten sie für ihren
eigenen Unterhalt. R. zahlt für eine 2-Raum-Wohnung 360 € für Miete und Heizung. Zusätzlich zum BAföG von 587 € erzielt R. aus einem
Nebenjob 200 € monatlich.

Beispiel 3

R. ist nach § 7 Abs. 5 SGB II ausgeschlossen. Er kann aber einen Mietzuschuss nach § 27 Abs. 3 SGB II erhalten.

Rechtslage
bis 31.7.2016

Fiktiver SGB II-Regelbedarf

Regelbedarf	404,00 €
+ anteilige KdU-Bedarf	+ 360,00 €
	= **764,00 €**

Anrechenbares Einkommen

BAföG (= 587 € BAföG – 20% Lernpauschale)	469,60 €
+ Erwerbseinkommen abzgl. Freibeträge	+ 80,00 €
	= 549,60 €

Mietzuschuss (764 € – 549,60 €) = 214,40 €, gedeckelt auf (360 € – 147 € BAföG-Wohnpauschale) = 213 €

Rechtslage seit 1.8.2016

R. ist nicht nach § 7 Abs. 5 SGB II ausgeschlossen. Er erhält Alg II abzüglich anzurechnenden Einkommens.

Fiktiver SGB II-Regelbedarf

Regelbedarf	404,00 €
+ KdU-Bedarf	+ 360,00 €
	= 764,00 €

Anrechenbares Einkommen

BAföG	587,00 €
+ Erwerbseinkommen (abzgl. Freibeträge)	+ 80,00 €
	= 667,00 €

Alg II (764 € – 667 €) = 97 €

Beispiel 4

Die 22-jährige T. besucht nach diversen Praktika eine Fachoberschulklasse. Sie lebt mit ihrem Freund L. zusammen, der 1200 € brutto/920,92 € netto verdient. Für die gemeinsame Wohnung zahlen T. und L. 480 € für Miete und Heizung. Zusätzlich zum BAföG von 504 € erhält T. von ihren Eltern das Kindergeld von 190 €.

Rechtslage bis 31.7.2016

T. ist nach § 7 Abs. 5 SGB II ausgeschlossen. Sie kann aber einen Mietzuschuss nach § 27 Abs. 3 SGB II erhalten.

Fiktiver SGB II-Regelbedarf

Regelbedarf	364,00 €
+ anteilige KdU-Bedarf	+ 240,00 €
	= 604,00 €

Anrechenbares Einkommen

BAföG (= 504 € − 20% Lernpauschale)	403,20 €
+ Kindergeld (abzgl. 30 €)	+ 160,00 €
	= **563,20 €**

Das bereinigte Einkommen von L. (= 620,92 €) liegt mit 16,92 € über dessen SGB II-Eigenbedarf, muss also insoweit zur Unterstützung der T. eingesetzt werden.

Mietzuschuss (604 € − 580,12 €) = 23,88 €

T. ist nicht nach § 7 Abs. 5 ausgeschlossen. Sie erhält Alg II abzüglich anzurechnenden Einkommens in einer 2-Personen-BG.

Rechtslage
seit 1.8.2016

SGB II-Gesamtbedarf

Regelbedarf	364,00 €
+ Regelbedarf	364,00 €
+ KdU-Bedarf	+ 480,00 €
	= **1.208,00 €**

Anrechenbares Einkommen

BAföG (abzgl. 100 € Absetzpauschale)	404,00 €
+ Kindergeld	+ 190,00 €
+ Erwerbseinkommen L.	+ 620,92 €
	= **1.214,92 €**

Kein ergänzender Alg II-Anspruch, der Bedarf gilt als gedeckt.

Der 19-jährige A. wohnte vor Beginn einer Berufsausbildung in Schwerin bei seinen Eltern in Malchow. Für seine Wohnung zahlt er 380 € Miete und Heizung. Seine Eltern beziehen Alg II. Das Kindergeld von 190 € leiten sie an A. weiter. Die monatliche Ausbildungsvergütung von 510 € brutto/403,53 € netto wird in Höhe von 401 € auf die BAB nach einem Bedarf von 372 € + 250 € BAB-Wohnpauschale + 12 €/ab 1.8.2016 13 € Pauschale für Arbeitskleidung + 33,60 € Fahrtkosten für Fahrten zwischen Wohnung und Ausbildungsplatz (Azubi-Ticket) + 30,80 € Fahrtkosten für eine Familienheimfahrt pro Monat mit dem PKW angerechnet.

Beispiel 5

A. ist nach § 7 Abs. 5 SGB II ausgeschlossen. Er kann aber einen Mietzuschuss nach § 27 Abs. 3 SGB II erhalten.

Fiktiver SGB II-Regelbedarf

Regelbedarf		404,00 €
+ KdU-Bedarf	+	380,00 €
	=	**784,00 €**

Anrechenbares Einkommen

Um 182 € [(510 € – 100 € Grundpauschale) – 20%-Freibetrag] bereinigtes Azubi-Entgelt		221,53 €
+ Kindergeld	+	190,00 €
+ BAB ohne Fahrgeld und Arbeitskleidung	+	221,00 €
	=	**632,53 €**

Mietzuschuss (784 € – 632,53 €) = 151,47 €, gedeckelt auf (380 € – 250 € BAB-Wohnpauschale) = 130 €

A. ist nicht nach § 7 Abs. 5 SGB II ausgeschlossen. Er erhält Alg II abzüglich anzurechnenden Einkommens.

Fiktiver SGB II-Regelbedarf

Regelbedarf		404,00 €
+ KdU-Bedarf	+	380,00 €
	=	**784,00 €**

Anrechenbares Einkommen

Bereinigtes Azubi-Entgelt		221,53 €
+ Kindergeld	+	190,00 €
+ BAB-Zahlbetrag	+	297,00 €
	=	**708,53 €**

Alg II (784 € – 708,53 €) = 75,47 €

Vorteile bringt die neue Regelung für Auszubildende, die in einer Mehr-Personen-BG leben. Sie bekamen häufig keinen Mietzuschuss, weil die BAB-Wohnpauschale über den anteiligen Mietkosten lag.

Die 26-jährige B. beginnt nach Geburt eines Kindes und Elternzeit eine Berufsausbildung. Sie lebt mit ihrem Freund J. zusammen, der Alg II bezieht. Das gemeinsame dreijährige Kind K. wird mit Sozialgeld unterstützt. Für die gemeinsame Wohnung zahlen B. und J. 600 € für Miete und Heizung. K. besucht eine Kita, für die B. monatlich 23 € Beitrag für die Mittagsverpflegung zahlt. Die monatliche Ausbildungsvergütung von 510 € brutto/405,83 € netto wird in Höhe von 401 € auf die BAB nach einem Bedarf von 372 € + 250 € BAB-Wohnpauschale + 12 €/ab 1.8.2016 13 € Pauschale für Arbeitskleidung + 33,60 € Fahrtkosten für Fahrten zwischen Wohnung und Ausbildungsplatz angerechnet.

Beispiel 6

B. ist nach § 7 Abs. 5 SGB II ausgeschlossen. Sie kann auch keinen Mietzuschuss nach § 27 Abs. 3 SGB II erhalten, weil ihr kopfteiliger KdU-Bedarf (200 €) unter dem BAB-Wohnanteil von 250 € liegt. **D. und K. erhalten 814 € SGB II-Leistungen.**

Rechtslage bis 31.7.2016

B. ist nicht nach § 7 Abs. 5 SGB II ausgeschlossen. Sie erhält Alg II abzüglich anzurechnenden Einkommens in einer 3-Personen-BG. Als Bedarf für das Kita-Mittagessen abzüglich des Eigenanteils nach § 28 Abs. 6 SGB II i.V.m. § 5a Alg II-VO sind 3 € zu veranschlagen.

Rechtslage seit 1.8.2016

SGB II-Gesamtbedarf

Regelbedarf		364,00 €
+ Regelbedarf	+	364,00 €
+ Kind-Bedarf abzgl. Kindergeld	+	50,00 €
+ KdU-Bedarf	+	600,00 €
	=	**1.378,00 €**

Anrechenbares Einkommen

Bereinigtes Azubi-Entgelt		223,83 €
+ BAB-Zahlbetrag	+	267,00 €
	=	**490,83 €**

Ergänzender SGB II-Anspruch (1.378 € – 490,83 €) = 887,17 €

8   **Zuwendungen der freien Wohlfahrtspflege**

Nach § 1 Abs. 1 Nr. 3 Alg II-VO a. F. waren zweckbestimmte Zuwendungen der freien Wohlfahrtspflege immer anrechnungsfrei. Zuwendungen, die dem gleichen Zweck wie die SGB II-Leistungen dienten, waren nicht anzurechnen, »soweit sie die Lage des Empfängers nicht so günstig beeinflussen, dass daneben SGB II-Leistungen nicht gerechtfertigt wären« (Rechtfertigungsprüfung).

Engherzige Neuregelung durch Angleichung an die Sozialhilfe

Nach § 11a Abs. 4 SGB II entscheidet nicht mehr der Zweck der Zuwendung, sondern nur noch eine Rechtfertigungsprüfung darüber, ob und in welchem Umfang die Zuwendung auf das Alg II anzurechnen ist. Der Gesetzgeber will damit eine Angleichung an das Sozialhilferecht (§ 84 Abs. 1 SGB XII, früher § 78 Abs. 1 BSHG) erreichen. Die dazu ergangene Rechtsprechung kann daher zur Auslegung von § 11a Abs. 4 SGB II herangezogen werden, wobei Unterschiede, die sich aus der Erwerbsfähigkeit der SGB II-Leistungsberechtigten ergeben, zu berücksichtigen sind.

Rechtfertigungsprüfung

Maßstab für die Rechtfertigungsprüfung sind Art, Wert, Umfang und Häufigkeit der Zuwendungen (BT-Drs. 17/3404, S. 156). Gelegentliche Leistungen der freien Wohlfahrtspflege begünstigen die Lage des Empfängers grundsätzlich nicht so sehr, dass daneben SGB II-Leistungen ungerechtfertigt wären (zur Motivationslage für ein Arbeitstraining s. BSG vom 28.2.2013 – B 8 SO 12/11 R; SG München vom 17.8.2015 – S 8 AS 1322/15 ER und vom 28.7.2015 – S 42 AS 1231/15). Solche Leistungen werden ja gerade zu dem Zweck erbracht, die Lage der Empfänger zu verbessern. Die Rechtsprechung zu § 78 BSHG begründete die Anrechnungsfreiheit mit dem Grundsatz, dass hilfebedürftige Menschen auf Kleiderkammern und Mittagstafeln der Wohlfahrtspflege verwiesen werden dürfen. Als Wertungsmaßstab für die Höhe der anrechnungsfreien Zuwendung bieten sich die Steuerfreibeträge für Ehrenamtler oder Übungsleiter nach § 3 Nr. 26, 26a EStG an.

9 Freiwillige Zuwendungen Dritter

Engherzige Neuregelung

Mit § 11a Abs. 5 SGB II, der an die Stelle von § 1 Abs. 1 Nr. 2 Alg II-VO bzw. § 11 Abs. 3 Nr. 1a SGB II a. F. getreten ist, schränkt der Gesetzgeber anrechnungsfreie Zuwendungen Dritter erheblich ein. Während es früher für die Freistellung genügte, dass der Zuwendung ein bestimmter Zweck beigemessen war, etwa durch eine Vereinbarung, aus der sich objektiv erkennbar ergibt, dass die Leistung für einen bestimmten Zweck verwendet werden soll (BSG vom 3.3.2009 – B 4 AS 47/08 R) und die Zuwendung neben dem Bezug von Alg II gerechtfertigt war, schützt § 11a Abs. 5 SGB II Zuwendungen Dritter nur noch dann vor einer Anrechnung, wenn sie

Weder rechtlich noch sittlich geschuldet

– weder rechtlich noch sittlich geschuldet sind

und soweit

– eine Anrechnung für den Leistungsberechtigten »grob unbillig« wäre

oder soweit

– die freiwillige Zuwendung neben dem Bezug von SGB II-Leistungen gerechtfertigt ist (Rechtfertigungsprüfung)

Mit dieser Voraussetzung knüpft § 11a Abs. 5 SGB II an ähnliche Regelungen in § 194 Abs. 2 Nr. 8 SGB III zur früheren Arbeitslosenhilfe und § 84 Abs. 2 SGB XII, früher § 78 Abs. 2 BSHG zum Sozialhilferecht an.

Eine rechtliche Verpflichtung kann sich aus Gesetz (z.B. gesetzliche Unterhaltspflicht), Vertrag (z.B. Arbeitsvertrag) oder den Umständen der Zuwendung ergeben (z.B. Hilfen, die über eine bloße Gefälligkeit hinausgehen). Übertarifliche Zulagen oder Sonderzahlungen des Arbeitgebers werden häufig unter Vorbehalt wie »freiwillig, widerruflich, ohne Rechtsanspruch« gewährt. Das verhindert einen Anspruch nicht, wenn die Leistung auf einer ständigen betrieblichen Übung beruht (dazu BAG vom 8.12.2010 – 10 AZR 671/09). Zuwendungen des Arbeitgebers sind daher grundsätzlich geschuldete Einnahmen, vor allem, wenn sie gezahlt werden, um den Arbeitnehmer ohne Risiko aus dem Arbeitsverhältnis zu drängen.

Ob eine Zuwendung sittlich geschuldet wird, ist nach der allgemeinen Gepflogenheit und unter Berücksichtigung der Verhältnisse des Einzelfalles zu beurteilen. Insbesondere Zuwendungen nicht rechtlich unterhaltspflichtiger, nahe stehender Verwandter oder Verschwägerter· (z.B. Geschwister, Schwäger, Onkel, Tanten) können aufgrund sittlicher Verpflichtung gegeben sein. Von einer allgemeinen sittlichen Überzeugung, dass nicht unterhaltsberechtigte Verwandte zu unterstützen sind, kann nicht die Rede sein; eher gilt, dass bei Fehlen einer rechtlichen Unterhaltspflicht auch sittlich kein Unterhalt geschuldet ist (SG Hamburg vom 8.11.1990 – S 13 AR 117/90; BayLSG vom 12.7.1989 – L 8 AL 280/87 zur Alhi; OVG Niedersachsen vom 15.12.2003 – 12 ME 518/09 zu § 78 Abs. 2 BSHG). Das BSG hat im Arbeitslosenhilferecht (§ 194 Abs. 2 Nr. 8 SGB III) zur Frage, ob eine Zuwendung sittlich geschuldet ist, auf die zu §§ 514, 814 BGB entwickelten Rechtsgedanken zurückgegriffen. Daraus sei zu folgern, dass eine sittliche Verpflichtung nur dann bejaht werden könne, wenn innerhalb der Beziehung des Zuwendenden zum Zuwendungsempfänger selbst besondere Umstände gegeben sind, die die Zuwendung oder Unterstützung als zwingend geboten erscheinen lassen. Allgemeine Gesichtspunkte der Sittlichkeit – etwa was von einem »anständigen Steuerbürger zu erwarten ist« oder die Geltendmachung der Zuwendung beim Finanzamt (§ 33a EStG) – könnten eine sittliche Verpflichtung zur Unterstützung nicht begründen (BSG vom 17.3.2005 – B 7a/7 AL 4/04 R).

Zuwendungen Dritter ohne rechtliche oder sittliche Verpflichtung sollen als Einkommen außer Betracht bleiben, soweit ihre Anrechnung für den Empfänger grob unbillig wäre. Der unbestimmte Rechtsbegriff der groben Unbilligkeit – § 84 Abs. 2 SGB XII spricht von »besonderer Härte« – unterliegt der gerichtlichen Kontrolle (vgl. zum Begriff der besonderen Härte in § 12 Abs. 3 Nr. 6 SGB II BSG vom 6.5.2010 – B 14 AS 2/09 R; LSG Mecklenburg-Vorpommern vom 12.12.2013 – L 8 AS 9/13 B ER). Ob die Anrechnung als Einkom-

Grobe Unbilligkeit

men grob unbillig ist, muss unter Abwägung aller Gesichtspunkte, etwa der Situation anderer vergleichbarer Hilfeberechtigter und den persönlichen Verhältnissen des Hilfeberechtigten, entschieden werden. Grob unbillig kann die Anrechnung vor allem sein, wenn die Zuwendung auf einer Vor- oder Gegenleistung des Empfängers beruht. Bei Prüfung der groben Unbilligkeit muss berücksichtigt werden, dass der Zweck der Zuwendung – dem Empfänger eine bessere Lebensführung zu sichern – nicht durch eine zu enge Auslegung von § 11a Abs. 5 SGB II vereitelt wird. Der Gesetzgeber nennt als Beispiele für eine unbillige Anrechnung Soforthilfen bei Katastrophen, gesellschaftliche Preise zur Ehrung von Zivilcourage, Ehrengaben aus öffentlichen Mitteln (z. B. bei Alters- oder Ehejubiläum, Lebensrettung), Spenden aus Tombolas für bedürftige Menschen, insbesondere in der Vorweihnachtszeit (BT-Drs. 17/3404, S. 155). Fehlt es an einer groben Unbilligkeit, ist die Zuwendung als Einkommen zu berücksichtigen, ggf. aber auf eine teilweise Anrechnung zu begrenzen.

Rechtfertigung

Ist die Anrechnung einer freiwilligen Zuwendung nicht grob unbillig, kann die Zuwendung dennoch anrechnungsfrei sein, soweit sie »die Lage des Leistungsbeziehers nicht so günstig beeinflusst, dass daneben Leistungen nach diesem Buch nicht gerechtfertigt wären« (s. dazu BSG vom 29.3.2007 – B 7 b AS 12/06 R; LSG Mecklenburg-Vorpommern 12.12.2013 – L 8 AS 9/13 B ER). Nach Sinn und Zweck der Regelung ist demnach eine – gerichtlich überprüfbare – Abwägung zu treffen, ob bei einem Vergleich mit anderen Hilfeberechtigten unter Beachtung des fiskalischen öffentlichen Interesses ungekürzte Leistungen nach dem SGB II noch gerechtfertigt sind. Die Rechtfertigungsprüfungen der Sozialgerichte zum früheren § 11 Abs. 3 Nr. 1a SGB II können zur Orientierung herangezogen werden (LSG NRW vom 16. 2.2010 – L 12 AS 807/10 B ER; SG Dresden vom 28.7.2010 – S 6 AS 2932/10 ER; LSG Sachsen-Anhalt vom 17.8.2010 – L 5 AS 72/10 B; LSG Sachsen vom 21.9.2010 – L 7 AS 395/10 B ER). Dabei ist zu beachten, dass geldwerte Zuwendungen nach § 11 Abs. 1 SGB II in der seit 1.8.2016 geltenden Fassung kein Einkommen, sondern Vermögen sind. Praktisch wird sich der Streit über die Anrechnung freiwilliger Geldzuwendungen künftig auf »Unwissenheitsfälle« verlagern und die Frage aufwerfen, ob § 11 Abs. 1 SGB II n. F. die Maßstäbe der Rechtfertigungsprüfung nach § 11a Abs. 5 Nr. 2 SGB II verändert hat.

Beispiel

K. bezieht laufend Alg II ergänzend zu Einkommen aus Minijob. Ihr Vater schenkt K. 3.000 € für den Kauf eines Gebrauchtwagens. Er überweist das Geld auf das Konto der K., wo es dem Jobcenter anlässlich einer Kontrolle der Kontobelege auffällt. K. hat sich für 2.800 € einen Gebrauchtwagen gekauft. Sie wendet gegen eine Anrechnung ein, dass ein geschenkter Wagen mit einem Wert von 2.800 € geschütztes Vermögen sei.

K. hat recht, wenn sich nachweisen lässt, dass die 3.000 € zweckgebunden waren (Zweckschenkung) so dass eine freie Verwendung für den Lebensunterhalt ausgeschlossen war. Die überschüssigen 200 € liegen in einer Höhe, die ohne weiteres unter § 11a Abs. 5 SGB II fällt. Hätte K. noch kein Fahrzeug gekauft, stünde einer Einkommensanrechnung der Rückforderungsanspruch des Vaters entgegen. Denn bei einer Zweckschenkung besteht eine tatsächliche Willensübereinstimmung der Beteiligten über den verfolgten Zweck. Wird bei einem derartigen Rechtsgeschäft der vereinbarte Zweck (hier der Autokauf) nicht erreicht, steht dem Schenker ein Rückforderungsrecht nach § 812 Abs. 1 S. 2 Alt. 2 BGB als Bereicherungsanspruch wegen Zweckverfehlung zu. Ein Einsatz des Geldes für den Lebensunterhalt würde diesen Anspruch vereiteln (vgl. dazu VGH Baden-Württemberg vom 29.4.2009 – 12 S 2493/06).

10   Anrechnung von Überbrückungsgeld nach § 51 StrafVollzG

Nach BSG vom 22.8.2013 – B 14 AS 78/12 R, vom 28.10.2014 – B 14 AS 36/13 R und vom 24.4.2015 – B 4 AS 22/14 R ist die Anrechnung des Überbrückungsgeldes als Einkommen entsprechend seinem Zweck auf die ersten 28 Tage nach der Haftentlassung beschränkt. Diese Zweckbestimmung schloss eine Anrechnung als Einmaleinkommen nach § 11 Abs. 3 SGB II aus, sofern diese über den 28-Tage-Zeitraum hinausging. Der über diesen Zeitpunkt hinausgehende Teil war anrechnungsfreies Vermögen. Folge dieser »gedrängten« Anrechnung war häufig, dass der Bedarf des Haftentlassenen zunächst gedeckt war mit der Folge eines Hinausfallens aus dem Betreuungsnetz des Jobcenters. Um diesen aus Resozialisierungsgründen nachteiligen Effekt zu vermeiden, hat der Gesetzgeber seit 1.8.2016 in § 11a Abs. 6 SGB II eine eigenständige Anrechnungsvorschrift geschaffen, die einerseits die Zweckbestimmung des Überbrückungsgeldes wahrt, andererseits mit der angeordneten Verteilung des anzurechnenden Überbrückungsgeldes nach der Regel des § 11 Abs. 3 SGB II, eine über den 28-Tage-Zeitraum hinausgehende Anrechnung ermöglicht.

Die Anrechnung erfolgt in drei Schritten:

Ermittlung des 28-Tage-Hilfebedarfs   1. Schritt
Maßgebend ist nur der Hilfebedarf des Haftentlassenen, auch wenn dieser in eine BG mit hilfebedürftigen Personen zieht. In die Berechnung des Hilfebedarfs gehen sowohl die laufenden (§§ 20 – 22 SGB II) als auch einmalige Bedarfe nach § 24 SGB II (Erstausstattungen) ein. Ggf. ist der Wohnungserstausstattungsbedarf nur anteilig zu berücksichtigen, wenn der Haftentlassene mit einer Person in eine neue Wohnung ziehen will.

Beispiel

J. hat während der Haft eine Frau F. kennengelernt, die in einer WG lebt. Nach der Haftentlassung wollen beide in einer Wohnung als Paar zusammenleben. Da F. über keine Haushaltsgeräte verfügte, wird auch dafür eine Erstausstattung gewährt, die jeweils zur Hälfte als Einmalbedarf des J. und der F. gilt.

Kaution

Auch die Kaution für eine Wohnung ist ein in die Berechnung des 28-Tage-Zeitraums einzustellender Bedarf. Wird im ersten Monat nach der Haftentlassung wegen einer Ratenzahlung der Kaution nach § 551 Abs. 2 BGB nur 1/3 der Kaution fällig, muss der Rest der Kaution mit dem Vermögen, darunter das Überbrückungsgeld, das nach Abzug des 28-Tage-Bedarfs verbleibt, aufgebracht werden (§ 42a SGB II).

Unzulässiger Verzicht

Unter Berücksichtigung von BSG vom 24.4.2015 – B 4 AS 22/14 R ist ein Verzicht des Haftentlassenen auf Einmalbedarfe, um darüber das anrechnungsfrei gestellte Überbrückungsgeld zu erhöhen bzw. als Einkommen der Anrechnung zu entziehen, sowohl in Form der Rücknahme bereits beantragter Einmalleistungen als auch des Hinausschiebens des Antrags auf die Bedarfszeit ab dem 29. Tag nach der Haftentlassung nach § 46 SGB I unbeachtlich.

Monatsprinzip

Der 28-Tage-Hilfebedarf ist unter Beachtung des Monatsprinzips nach der Formel (Hilfebedarf : 30) x 28 Tage zu errechnen.

2. Schritt

Ermittlung des anrechenbaren Einkommens
Das anzurechnende Einkommen ist die Summe des **ausgezahlten** Überbrückungsgeldes bis in Höhe des errechneten 28-Tage-Hilfebedarfs. Vor der Entlassung an Dritte gezahltes Überbrückungsgeld (s. z. B. OLG Zweibrücken vom 23.9.2014 – 1 Ws 209/14 Vollz: Begleichung von Rechtsanwaltskosten) wird nicht mitgezählt.

3. Schritt

Vermögensprüfung
Ist das anrechnungsfreie Überbrückungsgeld, das im Folgemonat der Haftentlassung zu Vermögen wird, zusammen mit sonstigem Vermögen so hoch, dass die Freibeträge nach § 12 Abs. 1 Nr. 1, Nr. 4 SGB II überschritten werden, besteht bis zum Vermögensverbrauch auf die Schonbetragsgrenzen kein Hilfeanspruch. Der Einsatz des Überbrückungsgeldes ist grundsätzlich nicht besonders hart i. S. von § 12 Abs. 3 Nr. 6 SGB II.

4. Schritt

Volle oder anteilige Anrechnung
Ist der Haftentlassene nicht vermögend im o. g. Sinn, ist zu prüfen, ob das als Einkommen einzusetzende Überbrückungsgeld den Hilfebedarf in einem Monat ganz decken würde; dann muss mit 1/6-Beträgen, verteilt auf die kommenden Monate, angerechnet werden; oder ob trotz voller Anrechnung im Zuflussmonat noch ein Bedarf übrigbleibt. Dann ist in diesem Monat anzurechnen.

K. hat wegen seiner Haftentlassung am 12. Juni zum 1. Juni ein Zimmer
zur Untermiete (200 € inklusive Nebenkosten und Heizung) gemietet.
Das Überbrückungsgeld von 1.300 € ist in Höhe von [404 € + 200 €] :
30 x 28 Tage = 563,73 € anzurechnen und übersteigt damit den Hilfeanspruch in Höhe von [404 € + 200 €] : 30 x 19 Tage. Anzurechnen ist
folglich ein monatlicher Betrag von 63,95 € [= (563,73 € : 6) − 30 € Ver-
sicherungspauschale], beginnend ab Juni.

Beispiel

11   Anrechnung von Mutterschaftsleistungen

Mutterschaftsleistungen (Mutterschaftsgeld und Arbeitgeberzuschuss zum Mutterschaftsgeld) werden aufgrund der Geburt eines Kindes gezahlt und sollen die damit verbundenen Einkommens-
ausfälle ersetzen (zur Entgeltersatzfunktion des Elterngeldes, soweit
es den Basisbetrag von 300 € übersteigt, BVerfG vom 24.11.2011 – 1
BvR 1457/11; zum Zuschuss des Arbeitgebers s. BAG vom 22.8.2012 –
5 AZR 652/11). Wegen des Zusammentreffens dieser verschiedenarti-
gen Leistungen und des u. U. für das Elterngeld gesondert zu bestimmenden Freibetrages nach § 10 Abs. 5 BEEG konnte die Anrechnung
auf ergänzende SGB II-Leistungen recht kompliziert werden.

Mit § 11a Abs. 7 SGB II-E sollten die SGB II-Leistungen in den Schutzfristen (sechs Wochen vor der erwarteten Entbindung, 8/12 Wochen
nach der Entbindung) ungeachtet der tatsächlich zufließenden Mutterschaftsleistungen unter Anrechnung des Erwerbseinkommens berechnet werden, das der Bemessung des Mutterschaftsgeldes von der
Krankenkasse (§ 13 MuSchG) und des Zuschusses zum Mutterschaftsgeld vom Arbeitgeber (§ 14 MuSchG) zugrunde liegt; d.h., die
(werdende) Mutter sollte so gestellt werden, als würde sie weiterhin
Erwerbseinkommen erzielen. Erstattungsansprüche gegenüber der
Krankenkasse sollten dadurch entfallen. Wegen massiver Einwände
im Gesetzgebungsvorfahren ist es bei der bisherigen Rechtslage (dazu gleich) geblieben.

*Keine fiktive
Anrechnung*

Mutterschaftsleistungen gibt es für die Schutzfristen: Sechs Wochen
vor der (voraussichtlichen) Entbindung, für den Entbindungtag und
bis zu acht/zwölf Wochen nach der Entbindung. Welche Leistungen
die (werdende) Mutter beanspruchen kann, hängt von ihrer versicherungsrechtlichen Stellung zu Beginn oder während der Schutzfristen
ab; dabei ist zwischen gesetzlich und privat Krankenversicherten zu
unterscheiden:

*Wer bekommt
Mutterschafts-
leistungen?*

Leistungen für GKV-versicherte Mütter

Arbeits- und versicherungs-rechtliche Stellung	Leistungen
GKV-versicherte Arbeitnehmerin GKV-Alg II-Bezieherin mit geringfügiger Beschäftigung	■ Krankenkasse zahlt bis zu 13 € pro Arbeitstag (§ 13 Abs. 1 MuSchG i.V.m. § 24i Abs. 2 SGB V) ■ Arbeitgeber stockt bis zur Höhe des Nettodurchschnittsverdienstes der letzten 13 Wochen vor Beginn der Schutzfrist auf (§ 14 MuSchG)
GKV-Versicherte, die zu Beginn der Schutzfrist in einem Arbeitsverhältnis stand oder deren Arbeitsverhältnis während ihrer Schwangerschaft oder während der Schutzfrist des § 6 Abs. 1 MuSchG nach § 9 Abs. 3 MuSchG aufgelöst wurde	■ Krankenkasse zahlt bis zu 13 € pro Arbeitstag (§ 24i Abs. 2 SGB V) ■ Bundesversicherungsamt stockt bis zur Höhe des Nettodurchschnittsverdienstes der letzten 13 Wochen vor Beginn der Schutzfrist auf (§ 13 Abs. 2 Satz 3 MuSchG)
GKV-Versicherte, deren Arbeitsverhältnis unmittelbar vor Beginn der Schutzfrist nach § 3 Abs. 2 MuSchG endet, wenn sie am letzten Tag des Arbeitsverhältnisses Mitglied einer Krankenkasse waren	■ Krankenkasse zahlt bis zu 13 € pro Arbeitstag (§ 13 Abs. 1 MuSchG i.V.m. § 24i Satz 2 Nr. 1 SGB V)
Arbeitslose, die zu Beginn der Schutzfrist nach § 3 Abs. 2 MuSchG kein Arbeitslosengeld erhalten, weil der Alg-Anspruch wegen einer Urlaubsabgeltung oder Sperrzeit ruht	■ Krankenkasse zahlt Mutterschaftsgeld in Höhe des Krankengeldes (§ 24i Abs. 1 Satz 2 Nr. 2 SGB V)
GKV-versicherte Selbständige in Versicherungstarif mit Anspruch auf Krankengeld	■ Krankenkasse zahlt Mutterschaftsgeld in Höhe des Krankengeldes (§ 24i Abs. 1 SGB V)
GKV-Familienversicherte mit geringfügiger Beschäftigung	■ Einmalig 210 € vom Bundesversicherungsamt (§ 13 Abs. 2 Satz 1 MuSchG) ■ Arbeitgeber stockt von 13 € bis zur Höhe des Nettodurchschnittsverdienstes pro Tag auf (§ 14 MuSchG) (wirkt sich erst bei einem Verdienst von über 390 € aus)
GKV-Familienversicherte ohne geringfügige Beschäftigung	■ Keine Leistungen
GKV-Versicherte mit Alg I-Bezug	■ Krankenkasse zahlt Mutterschaftsgeld in Höhe des Alg I (§ 24i Abs. 1 SGB V)

Außerdem bieten einige Krankenkassen als Extra-Leistung einen einmaligen Kinderbonus von bis zu 160 € pro Kind an.

Leistungen für PKV-versicherte Mütter

Arbeits- und versicherungs-rechtliche Stellung	Leistungen
PKV-versicherte Arbeitnehmerin	▪ Einmalig 210 € vom Bundesversicherungsamt (§ 13 Abs. 2 Satz 1 MuSchG) ▪ Arbeitgeber stockt von 13 € bis zur Höhe des Nettodurchschnittsverdienstes pro Tag auf (§ 14 MuSchG)
PKV-Versicherte, die zu Beginn der Schutzfrist in einem Arbeitsverhältnis stand oder deren Arbeitsverhältnis während ihrer Schwangerschaft oder während der Schutzfrist des § 6 Abs. 1 MuSchG nach § 9 Abs. 3 MuSchG aufgelöst wurde	▪ Einmalig 210 € vom Bundesversicherungsamt (§ 13 Abs. 2 Satz 1 MuSchG)
PKV-versicherte Selbständige in Versicherungstarif mit Anspruch auf Krankengeld	▪ Meist keine Leistungen, Schwangerschaft ist keine Krankheit
PKV-Familienversicherte mit geringfügiger Beschäftigung	▪ Einmalig 210 € vom Bundesversicherungsamt (§ 13 Abs. 2 Satz 1 MuSchG) ▪ Arbeitgeber stockt von 13 € bis zur Höhe des Nettodurchschnittsverdienstes pro Tag auf (§ 14 MuSchG) (wirkt sich erst bei einem Verdienst von über 390 € aus)
PKV-Familienversicherte ohne geringfügige Beschäftigung	▪ Keine Leistungen
PKV-Versicherte mit Alg I-Bezug	▪ Keine Leistungen
PKV-Alg II-Bezieherin mit geringfügiger Beschäftigung	▪ Keine Leistungen

Das Mutterschaftsgeld von der Krankenkasse oder vom Bundesversicherungsamt ist wegen der üblichen, monatsübergreifenden Teilzahlungen gelegentlich gezahltes Nicht-Erwerbseinkommen; Freibeträge nach § 11b Abs. 2, Abs. 3 SGB II sind daher nicht absetzbar. Wird ergänzend zum Alg II nur Mutterschaftsgeld bezogen, sind von den 1/6-Anrechnungsbeträgen die 30 €-Versicherungspauschale, Pflichtversicherungen und Riesterbeiträge absetzbar. Entfällt der Hilfebedarf trotz der Aufteilung in sechs Monatsbeträge und liegt ein Fall nach § 48 Abs. 1 Nr. 3 SGB X vor (nachträglicher Einkommenszufluss), wird meist die Begrenzung der Erstattungsforderung nach § 40 Abs. 4 SGB II zum Zuge kommen.

Anrechnung der Mutterschaftsleistungen

Das Jobcenter kann Alg II auch ungekürzt zahlen unter Anmeldung eines Erstattungsanspruchs nach § 104 SGB X. Dann ist das Mutterschaftsgeld auf Alg II-Leistungszeiträume anzurechnen, die sich mit der Bezugszeit des Mutterschaftsgeldes decken.

Der Arbeitgeberzuschuss zum Mutterschaftsgeld ist wie laufendes Erwerbseinkommen, d. h. nach Absetzung der 100 €-Grundpauschale und der 20%/10%-Freibeträge nach § 11b Abs. 3 SGB II anzurechnen. Die Absetzung der Freibeträge für Erwerbstätigkeit ist aus den Gründen, die das BSG vom 14.3.2012 – B 14 AS 18/11 R für die Freibetragsbereinigung von Kurzarbeitergeld herangezogen hat, gerechtfertigt. Treffen Arbeitsentgelt und Zuschüsse zum Mutterschaftsgeld in einem Monat zusammen, sind die Freibeträge nach dem Gesamt-Erwerbseinkünften zu bestimmen. Wegen Abzugs der 100 €-Grundpauschale ist gleichzeitig zufließendes Mutterschaftsgeld ungekürzt anzurechnen. Die einmalig vom Bundesversicherungsamt gezahlten 210 € sind Einmaleinkommen i. S. von § 11 Abs. 3 SGB II und ggfs. nach § 11b Abs. 1 Satz 2 SGB II zu bereinigen.

Der von einigen Krankenkassen gezahlte Kinderbonus von bis zu 160 € pro Kind bleibt als freiwillige Leistung i. S. v. § 11a Abs. 5 SGB II anrechnungsfrei.

Beispiel

B. bezog nach einem Einkommen von 900 € brutto/718 € netto ergänzend Alg II. Angerechnet wurde 458 € (718 € abzüglich 100 € Grundpauschale abzüglich 20 %-Freibetrag von 800 €). Am 20.10. beginnt die Mutterschutzfrist.

B. bekommt im Oktober:
540 € brutto/430,79 € netto Arbeitsentgelt + 131,16 € Zuschuss zum Mutterschaftsgeld + 156 € Mutterschaftsgeld.

Das Erwerbseinkommen ist in Höhe von 242,79 € (430,79 € netto abzüglich 100 € Grundpauschale abzüglich 20 %-Freibetrag von 440 €) anzurechnen, der Zuschuss zum Mutterschaftsgeld in Höhe von 104,93 € (131,16 abzüglich 20%-Freibetrag), das Mutterschaftgeld in Höhe von 156 €, ergab zusammen ein anrechenbares Einkommen von 503,72 €.

B. bekommt im November:
327,90 € Zuschuss zum Mutterschaftsgeld + 390 € Mutterschaftsgeld.

Der Zuschuss zum Mutterschaftsgeld ist in Höhe von 182,32 € (327,90 € abzüglich 100 € Grundpauschale abzüglich 20 %-Freibetrag von 227,90 €), das Mutterschaftgeld in Höhe von 390 € anzurechnen, ergibt zusammen ein anrechenbares Einkommen von 572 €.

Mutterschaftsgeld in Höhe des Krankengelds

Endet ein befristetes Arbeitsverhältnis in der Schutzfrist, wird das Mutterschaftsgeld in Höhe des Krankengeldes weitergezahlt. Das kann zu einer höheren Anrechnung führen, weil keine Freibeträge für Erwerbsarbeit abzusetzen sind.

Bei Auszubildenden mit Anspruch auf Mutterschaftsgeld und Zuschuss zum Mutterschaftsgeld (§ 69 Abs. 2 a SGB III) ist zu beachten,
dass die weitergezahlte Berufsausbildungsbeihilfe in den Schutzfristen nur in gekürzter Höhe (Wegfall des Fahrgeldes und der Pauschale für Berufskleidung) weitergezahlt wird, sich die Alg II-Berechnung
also insoweit ändert. Das gilt auch für die in einer Berufsvorbereitenden Bildungsmaßnahme unter den Voraussetzungen des § 69 Abs. 2b
SGB III gezahlte BAB.

BAB

Wird die beim behandelnden Arzt erhältliche Bescheinigung »Zeugnis
über den mutmaßlichen Tag der Entbindung – Ausfertigung für die
Krankenkasse« frühzeitig vor der Geburt bei der Krankenkasse eingereicht, kann dort ein Vorschuss auf das Mutterschaftsgeld beantragt
werden. Der Vorschuss beträgt bis zu 546 €. Nach der Geburt zahlt die
Krankenkasse unmittelbar nach Eingang der Geburtsbescheinigung das
restliche Mutterschaftsgeld aus. Der Vorschuss und die Restzahlung
sind Einmaleinkommen (BayLSG vom 13.2.2014 – L 7 AS 755/13 NZB).

Vorschuss

Fällt der Beginn einer neuen Mutterschutzfrist in die Elternzeit eines
vorgeborenen Kindes, **muss** der Arbeitgeber bei vorzeitiger Beendigung der Elternzeit den Arbeitgeberzuschuss nach § 14 MuSchG zahlen (§ 16 Abs. 3 Satz 3 BEEG). Dazu muss dem Arbeitgeber die Beendigung der Elternzeit rechtzeitig mitgeteilt werden. Ansonsten gibt es
nur das Mutterschaftsgeld von der Krankenkasse. Nach LAG Sachsen
vom 30.7.2015 – 6 Sa 35/15 kann die Beendigung der Elternzeit auch
rückwirkend erklärt werden (Revision beim BAG – 9 AZR 491/15).

Mutterschutz
in Elternzeit

Die Mutterschaftsleistungen haben den gleichen Zweck wie das Elterngeld und werden daher in voller Höhe auf das Elterngeld lebens-
monatsbezogen und taggenau angerechnet (§ 3 Abs. 1 BEEG). Ausgenommen sind der einmalige Betrag von 210 € vom Bundesversicherungsamt und die Kinderbonuszahlung der Krankenkasse. Infolge
dieser Anrechnung kann das Elterngeld während des Bezuges von
Mutterschaftsleistungen nur in geringer Höhe oder gar nicht zur Auszahlung kommen. § 11a Abs. 7 Satz 3 SGB II sieht daher vor, dass der
Elterngeldfreibetrag in solchen Fällen von den Mutterschaftsleistungen abgezogen wird, soweit er mit dem im selben Monat zufließenden
Elterngeld nicht ausgeschöpft ist.

Elterngeld und
Mutterschafts-
leistungen

G. hat vor der Geburt ihrer Tochter durchschnittlich 250 € verdient. Sie
hätte dem Grunde nach Anspruch auf Elterngeld in Höhe von 300 €,
das in Höhe von 250 € anrechnungsfrei bliebe. Wegen Bezugs von Mutterschaftsgeld in Höhe von 390 € wird jedoch kein Elterngeld ausgezahlt. Hier ist der nach § 10 Abs. 5 BEEG ermittelte Freibetrag von
250 € vom fiktiv fortgeschriebenen Erwerbseinkommen abzuziehen.

Beispiel

Auch wenn die Mutterschaftsleistungen höher als das Elterngeld
sind, muss die Leistungsberechtigte Elterngeld beantragen, damit sichergestellt ist, dass sie die ihr zustehenden, vorrangigen Hilfemöglichkeiten voll ausschöpft.

Antrag stellen

Beispiel

K. hat am 30.1.2016, neun Tage vor dem errechneten Entbindungs-termin, ihr Kind bekommen. Somit hat sie nach der Geburt Anspruch auf acht Wochen und neun Tage Mutterschaftsgeld. Das Mutter-schaftsgeld wird also bis zum 4.4.2016 und damit bis in den dritten Lebensmonat des Kindes hinein gezahlt.

Ihr Einkommen vor der Geburt betrug 2.000 €. Als Mutterschaftsgeld bekommt sie zusammen mit dem Arbeitgeberzuschuss einen Tages-satz in Höhe von 65 €. Das Elterngeld beträgt 1.300 €.

Im ersten (30.1.-29.2.2016) und zweiten (29.2.-30.3.2016) Lebens-monat des Kindes bekommt K. jeweils das Mutterschaftsgeld. Es be-trägt für den ersten Lebensmonat 2.015 € (31 Tage x 65 €) und für den zweiten Lebensmonat 1.950 € (30 Tage x 65 €). Die Höhe des El-terngeldes würde 1.300 € betragen. Da das Mutterschaftsgeld das El-terngeld aber übersteigt, bekommt K. in den ersten beiden Lebens-monaten kein Elterngeld ausgezahlt.

Im dritten Lebensmonat (30.3.-29.4.2016) erhält K. nur noch vom 30.3. bis zum 4.4.2016 Mutterschaftsgeld. Danach, vom 5.4. bis 29.4.2016, hat sie Anspruch auf das anteilige Elterngeld in Höhe von 1048,39 € (= 1.300 € : 31 Tage x 25 Tage).

12 Anrechnung von Elterngeld

Arbeitnehmer

Das Elterngeld ersetzt das entfallende Nettoeinkommen des betreuenden Elternteils; es orientiert sich daher am individuellen Durchschnitts-Einkommen des betreuenden Elternteils aus den zwölf Kalendermonaten vor der Geburt. Das Gesetz zur Vereinfachung des Elterngeldvollzugs ersetzt die bisherige Berechnung durch pauschal festgelegte Abzugsbeträge. Die Ersatzrate ist nach der Höhe des Ein-kommens vor der Geburt des Kindes gestaffelt:
- 65% für Nettoeinkommen von 1.240 €
- 66% für Nettoeinkommen von 1.220 €
- 67% für Nettoeinkommen zwischen 1.000 € und 1.200 €
- Für Einkommen von weniger als 1.000 € steigt die Ersatzrate schrittweise bis auf 100 Prozent.

Je niedriger das Einkommen, desto höher die Ersatzrate. Für Er-werbseinkommen unter 340 € wirkt sich das vor der Geburt erzielte Einkommen nicht mehr erhöhend auf das Elterngeld, das mindestens in Höhe von 300 € gewährt wird, aus.

Selbständige

Bei Selbständigen ist der wegfallende Gewinn nach Abzug der Steu-ern, ausgewiesen durch den Steuerbescheid des Vorjahres, maßge-bend. Selbständige müssen bei der Antragstellung erklären, ob und in welchem Umfang sie während des Bezugs von Elterngeld voraus-sichtlich Erwerbs-Einkommen erzielt hätten. Wer noch keinen Steu-erbescheid des Vorjahres hat, muss das Einkommen durch andere Unterlagen glaubhaft machen. Dazu zählen zum Beispiel der letzte Steuerbescheid und eine Einnahmen-Überschuss-Rechnung oder Bi-lanz. Als Betriebsausgaben sind 25% der zugrunde gelegten Einnahmen oder auf Antrag die damit zusammenhängenden tatsächlichen Betriebsausgaben anzusetzen. Das Elterngeld wird dann bis zur Vorlage des Steuerbescheides nur vorläufig gezahlt.

Wird das Elterngeld wegen ausstehender Daten zur Einkommensermittlung nur vorläufig gezahlt (s. dazu BSG vom 5.4.2012 – B 10 EG 10/11 R), muss auch die Anrechnung des Elterngeldes auf das Alg II gemäß § 328 SGB III für vorläufig erklärt werden.

Vorläufiges Elterngeld

Das Elterngeld wird als laufendes Einkommen voll auf das Alg II angerechnet, wenn die Eltern vor der Geburt keine Erwerbseinkünfte hatten (BSG vom 26.7.2016 – B 4 KG 2/14 R sieht keine Bedenken). Wurden Erwerbseinkünfte erzielt, ist das Elterngeld um einen Elterngeldfreibetrag zu bereinigen. Der Elterngeldfreibetrag entspricht dem Durchschnitts-Einkommen vor der Geburt und beträgt höchstens 300 €. Beziehen beide Eltern Elterngeld und waren sie beide erwerbstätig, steht der individuell maßgebende Freibetrag jedem Elternteil für denselben Monat in voller Höhe zu (vgl. dazu LSG Niedersachsen-Bremen vom 25.5.2011 – L 13 AS 90/09).

Elterngeld-freibetrag

Wurden vor der Geburt des Kindes durchschnittlich weniger als 340 € verdient, wirkt sich der Verdienst nicht mehr erhöhend auf das Elterngeld aus. Die Elterngeldstelle wird dazu keine Berechnung machen. Der Elternteil muss im Antrag auf Elterngeld leistungsrechtlich irrelevantes Einkommen auch nicht angeben. Für den Alg II- Elterngeldfreibetrag sind aber auch Einkünfte von weniger als 340 € maßgebend; denn in Höhe dieser – nach den Regelungen des BEEG zu bestimmenden – Durchschnittsverdienste bleibt das Elterngeld anrechnungsfrei. Gegen eine Freistellung kann das Jobcenter nicht einwenden, dass Feststellungen der Elterngeldstelle zu vorangegangenem Einkommen fehlten; es muss den Elterngeldfreibetrag bzw. die in den zwölf Kalendermonaten vor der Geburt durchschnittlich erzielten Einkünfte zur Gewährleistung einer korrekten Einkommensanrechnung selber ermitteln (SG Berlin vom 14.5.2012 – S 183 AS 10693/11).

Mini-Freibetrag

Erwerbsarbeit schließt den Anspruch auf Elterngeld nicht aus, wenn die Arbeitszeit höchstens 30 Stunden pro Woche beträgt. Das Elterngeld ist dann nach dem Differenzbetrag zwischen dem Nettoeinkommen vor der Geburt und dem aktuellem Teilzeiteinkommen zu bemessen.

Elterngeld und Erwerbs-einkommen

M. hatte vor der Geburt ihrer Tochter ein Nettoeinkommen von 2.000 €. Danach reduzierte sie ihre Arbeitszeit und verdient nun 900 €. Für das Elterngeld wird die Differenz zwischen dem früheren und dem derzeitigen Einkommen (= 1.100 €) betrachtet. Von den 1.100 € erhält M. 67% Elterngeld = 737 €.
Bei ergänzendem Alg II-Bezug rechnet das Jobcenter sowohl das Erwerbseinkommen als auch das Elterngeld abzüglich des Elterngeldfreibetrages auf das Alg II an. Die Freibeträge nach § 11b Abs. 3 SGB II werden nur vom Erwerbseinkommen ermittelt und abgezogen.

Beispiel

Elterngeld und
Alg I

Für Bezieher von Alg I gibt es zwei Wahlmöglichkeiten:

- Sie können für den Zeitraum des Elterngeldbezuges ihren Anspruch auf Alg I ruhen lassen. Das Elterngeld wird auf der Grundlage des Erwerbseinkommens vor der Geburt des Kindes, nicht des Alg I, berechnet.
- Sie können bei Sicherstellung der Verfügbarkeit (s. dazu Leitfaden für Arbeitslose, 32. Aufl. 2016, S. 96 f.) Elterngeld und zusätzlich Alg I beziehen. In diesem Fall wird das Alg I auf das Elterngeld angerechnet, in Höhe von bis zu 300 € bleibt es jedoch anrechnungsfrei. Übersteigt das Alg I das Elterngeld, gibt es zusätzlich zum Alg I den Mindestbetrag von 300 € Elterngeld.

Wird aufstockend Alg II benötigt, rechnet das Jobcenter sowohl das Alg I als auch das Elterngeld abzüglich des Elterngeldfreibetrages auf das Alg II an. Freibeträge nach § 11b Abs. 3 SGB II werden weder vom Alg I noch vom Elterngeld abgezogen.

Elterngeld
und BAföG

Studenten, die Elterngeld beziehen wollen, müssen ihr Studium nicht unterbrechen. Das Studium gilt nicht als Erwerbsarbeit. Wer sich in Ausbildung befindet, muss also nicht auf die Zahl der wöchentlichen, für das Studium aufgewendeten Arbeitsstunden achten.

Das BAföG wird nicht als Einkommen auf das Elterngeld angerechnet. Das Elterngeld wird aber bei der Berechnung des BAföG als Einkommen angerechnet (§ 1 Nr. 2c der Verordnung zur Bezeichnung der als Einkommen geltenden sonstigen Einnahmen nach § 21 Abs. 3 Nr. 4 BAföG); nur der Sockelbetrag von 300 € bleibt anrechnungsfrei. Werden ergänzende Leistungen nach § 21 i.V.m. § 27 Abs. 2 SGB II geltend gemacht, ist zu prüfen, in welchem Umfang das gezahlte Elterngeld abzüglich des Elterngeldfreibetrages und das ausgezahlte BAföG den (fiktiven) Regelbedarf des Studierenden nach §§ 20, 22 SGB II übersteigen. Insoweit verringert das Elterngeld die Mehrbedarfe nach § 27 Abs. 2 SGB II.

Beispiel

Für die von der Studentin J. und ihrer einjährigen Tochter bezogene Wohnung betragen die Unterkunftskosten 450 € monatlich. Sie hatte bis zur Geburt des Kindes neben BAföG in Höhe von 649 € aus einem Nebenjob 400 € Einkommen erzielt. Nach der Geburt des Kindes bekommt sie gerundet 632 € BAföG (= 649 € – 16,67 € Elterngeld), 130 € Kinderbetreuungszuschlag nach § 14b BAföG und 316,67 € Elterngeld. Sie beantragt beim Jobcenter den Mehrbedarfszuschlag für Alleinerziehende in Höhe von 145,44 €.

Fiktiver SGB II-Regelbedarf

Regelbedarf		404,00 €
+ anteilige Unterkunftskosten	+	225,00 €
	=	**629,00 €**

Anrechenbares Einkommen

BAföG (= 632 € – 100 € Mindestpauschale)	532,00 €
+ Elterngeld (= 316,67 € – 300 € Höchst-Elterngeldfreibetrag	+ 16,67 €
	= **548,67 €**

Da der fiktive Regelbedarf mit dem anrechenbaren Einkommen nicht gedeckt wird, hat J. Anspruch auf 145,44 € Mehrbedarf für Alleinerziehung.

Hätte sie vor der Geburt des Kindes keine Erwerbsarbeit ausgeübt, wäre der Mehrbedarf mit ihrem Einkommen von 300 € Elterngeld + 549 € BAföG (= 649 € – 100 € Mindestpauschale) gedeckt. Ein Anspruch nach § 27 Abs. 2 SGB II bestünde dann nicht.

Lebt der studierende Elternteil in BG mit SGB II-leistungsberechtigten Personen und übersteigt das bereinigte BAföG zusammen mit dem ggf. um den Elterngeldfreibetrag verringerten Elterngeld seinen (fiktiven) SGB II-Bedarf nach §§ 20, 21 und 22 SGB II, wird das bedarfsüberdeckende Elterngeld auf den Bedarf des Kindes oder der Partnerin des Studierenden angerechnet.

13   Anrechnung sonstigen Einkommens

Nach § 4 Alg II-VO ist Nichterwerbseinkommen, z.B. Sozialleistungen, Erträge aus Kapitalvermögen oder Einkünfte aus Vermietung und Verpachtung, unter entsprechender Anwendung der Regelung für Einkommen aus abhängiger Beschäftigung (§ 2 Alg II-VO) anzurechnen. Ausgangspunkt der Anrechnung ist also auch hier der Bruttobetrag (§ 2 Abs. 1 Alg II-VO).

13.1   Sozialleistungen, soweit nicht gesondert geregelt

Soweit eine nicht privilegierte Sozialleistung der Sicherung des Lebensunterhalts dient, ist sie auf die SGB II-Leistungen anzurechnen, wenn sie als bereites Mittel zeitnah zur Verfügung steht. Allein der Anspruch auf eine Sozialleistung genügt nicht, um sie anzurechnen. Weigert sich der Leistungsberechtigte, eine vorrangige Sozialleistung zu beantragen oder an ihrer Realisierung mitzuwirken, kann das Jobcenter den Anspruch selbst durchsetzen (§ 5 SGB II) und die dazu erforderliche Mitwirkung über die Androhung einer Sanktion (§ 31a SGB II) oder der Ersatzhaftung (§ 34 SGB II) erzwingen. Eine Leistungseinstellung wegen Wegfalls der Hilfebedürftigkeit ist rechtswidrig (BSG vom 19.8.2015 – B 14 AS 1/15 R: Altersrente).

Bereites Mittel

Nicht ausgezahlte Sozialleistungen

Wird eine dem Leistungsberechtigten zustehende, vorrangige Sozialleistung wegen einer Erstattungsforderung des vorrangigen Leistungsträgers nicht oder vermindert ausgezahlt, ist nur der tatsächlich zufließende Betrag auf das Alg II anzurechnen (SG Karlsruhe vom 22.9.2008 – S 5 AS 5380/07: Verrechnung von Alg I mit Forderung der AA). Erst ab dem Zeitpunkt, zu dem eine Verrechnung beendet ist, worum sich der Leistungsberechtigte nach zumutbaren Kräften bemühen muss, darf die Sozialleistung als »bereites Mittel« auf den Hilfebedarf angerechnet werden. Für die Anrechnung kommt es nach BSG vom 19.8.2015 – B 14 AS 43/14 R nicht darauf an, ob eine Verrechnung oder Aufrechnung »ohne Weiteres« zu Fall gebracht werden kann (so aber LSG NRW vom 2.3.2015 – L 19 AS 1475/14 NZB).

Rechtswidrig gezahlte Sozialleistungen

Rechtswidrig gezahlte Sozialleistungen sind Einkommen im Zuflussmonat, wenn eine Verpflichtung zur Rückzahlung erst nach dem Monat des Zuflusses entsteht (BSG vom 23.8.2011 – B 14 AS 165/10 R; a.A. zur Besonderheit nach § 28 WoGG LSG Niedersachsen-Bremen vom 15.4.2014 – L 7 AS 1116/13 B).

Absetzungen nach § 11b Abs. 1 Satz 1 Nr. 2–4 SGB II

Verfügt der Leistungsberechtigte nur über die Sozialleistung, kann er davon Steuern, die Versicherungspauschale von 30 €, Beiträge zu Pflichtversicherungen (z.B. Kfz-Haftpflicht) und für eine Riesterrente absetzen. Darüber hinaus können Aufwendungen zur Vorsorge bei Krankheit und für die Alterssicherung zu berücksichtigen sein.

Zur Absetzbarkeit von Freibeträgen nach § 11b Abs. 2, Abs. 3 SGB II → S. 465.

Absetzungen nach § 11b Abs. 1 Satz 1 Nr. 5 SGB II

§ 11b Abs. 1 Satz 1 Nr. 5 SGB II ist nicht auf Erwerbseinkommen beschränkt. Welche Ausgaben im Einzelnen abzusetzen sind, ist nach den Besonderheiten der einzelnen Einkunftsart zu beurteilen (BSG vom 17.3.2009 – B 14 AS 63/07 R). Auch Aufwendungen zur Erzielung von Sozialleistungen können daher »Werbungskosten« im Sinne von § 11b Abs. 1 Satz 1 Nr. 5 SGB II sein. Denkbar ist bei Bezug von Arbeitslosengeld nach dem SGB III die Absetzung von Kosten für sinnvolle Bewerbungen, die nicht aus dem Vermittlungsbudget übernommen werden. Kosten für eine Rechtsberatung oder einen Rechtsstreit zur Durchsetzung des Anspruchs können Werbungskosten sein, sofern keine Beratungs- oder Prozesskostenhilfe gewährt wurde (vgl. BFH vom 6.5.2010 – VI R 25/09: Beratungskosten im Rahmen eines Statusverfahrens nach § 7a SGB IV können von den erstatteten Sozialversicherungsbeiträgen als Werbungskosten abgezogen werden.)

Kindergeld

Einschulungskosten, Lernmittel oder Fahrkosten sind keine zur Erzielung des Kindergeldes notwendigen Aufwendungen i.S.v. § 11b Abs. 1 Satz 1 Nr. 5 SGB II. Bei einem volljährigen, arbeitslosen Kind können aber Bewerbungskosten absetzbar sein, weil ohne Arbeitslosmeldung und der damit verbundenen, ernsthaften Arbeitsuche kein Kindergeld beansprucht werden kann.

Waren notwendige Aufwendungen für die Erzielung des Erwerbsein- Doppelte
kommens anerkannt worden, können sie auch bei Übergang auf eine Haushaltsführung
Lohnersatzleistung absetzbar sein, z. B. Aufwendungen wegen doppelter Haushaltsführung nach Verlust der auswärtigen Arbeitstelle, wenn
am früheren Arbeitsort eine neue Beschäftigung in Aussicht steht. Ist
das nicht der Fall, können die Kosten noch bis zur Kündigung und zum
Umzug an den regulären Wohnsitz vom Alg I abgesetzt werden.

13.2 Einkommen aus Kapitalvermögen

Einkommen aus – nach § 12 SGB II geschontem – Kapitalvermögen (Zinserträge) ist Einmaleinkommen i. S. von § 11 Abs. 3
SGB II und daher ab dem Monat oder ggf. Folgemonat des Zuflusses
auf den laufenden Regelbedarf anzurechnen. Wurden die Zinsen zusammen mit der Geldanlage fest angelegt, muss der Leistungsberechtigte diese Vereinbarung ändern, sofern das möglich und zumutbar ist
(vgl. dazu SG Hannover vom 29.4.2011 – S 74 SO 381/08). Bis zur Änderung muss ungekürzt Alg II bewilligt werden (LSG NRW vom
19.9.2013 – L 7 AS 1745/11; BSG vom 19.8.2015 – B 14 AS 43/14 R).
Für die frühere Arbeitslosenhilfe hatte das BSG vom 9.8.2001 – B 11
AL 15/01 R eine Aufteilung der Zinsen in 1/12 Beträge als angemessen
angesehen. Nach BSG vom 30.9.2008 – B 4 AS 57/07 R soll die Anrechnung ungeachtet der Anlageform (im entschiedenen Fall angesammel-
te Zinserträge aus einem über mehrere Jahre fest angelegten Sparguthaben) so erfolgen, dass ein möglichst hoher bzw. möglichst gering be-
reinigter Betrag für den Lebensunterhalt übrig bleibt. Dies greift § 11
Abs. 3 SGB II auf. Zinserträge bzw. Einmaleinkommen in einer Höhe
unterhalb des monatlichen SGB II-Bedarfssatzes sind daher ungeteilt
auf das Alg II im Zuflussmonat bzw., wenn schon ungekürzt Alg II ausgezahlt worden war, im Folgemonat anzurechnen.

Das Einkommen aus Kapitalvermögen ist um die Kapitalertragssteuer Bereinigung
und notwendige Ausgaben i. S. von § 11b Abs. 1 Satz 1 Nr. 5 SGB II zu
bereinigen (zum Steuerabzug s. auch VG Lüneburg vom 16.6.2011 – 4
PA 107/11). Der Sparerfreibetrag nach § 20 Abs. 4 EStG a. F. gehört
nicht zu diesen Ausgaben. Es handelt sich dabei um eine rein steuerrechtliche Privilegierung, die das effektiv zur Verfügung stehende Einkommen nicht schmälert (BSG vom 9.8.2006 – B 12 KR 8/06 R). Der
seit Oktober 2010 geltende Sparer-Pauschbetrag nach § 20 Abs. 9
EStG schließt im Steuerrecht den Abzug von Werbungskosten aus. Das
gilt nicht für das SGB II, da Werbungskosten und notwendige Bewirt-
schaftungskosten i. S. von § 11b Abs. 1 Satz 1 Nr. 5 SGB II nicht
deckungsgleich sind. Es können daher nachgewiesene Verwaltungskosten, Depotgebühren und ggf. Beratungskosten abgezogen werden.
Der Werbungskosten-Pauschbetrag nach § 20 Abs. 4 EStG a. F. von
51 € für Alleinstehende und 102 € für Partner gilt für das SGB II nicht.

Nach § 1 Abs. 1 Nr. 3 Alg II-VO sind Einnahmen aus Kapitalvermö- Bagatellbetrag
gen, soweit sie kalenderjährlich 100 € nicht übersteigen, anrech-

nungsfrei. Damit sollen den Hilfeberechtigten Einnahmen aus bescheidenen Ansparungen von Schonvermögen verbleiben. Die 100 €-Grenze ist dem Wohngeldrecht entlehnt. Die Freistellung von Zinseinkünften gilt **seit 1.8.2016**.

Wertverlust nicht absetzbar

Wertverluste aus dem Verkauf von Mitarbeiteraktien sind nach § 5 Alg II-VO auch dann nicht vom Arbeitsentgelt absetzbar, wenn der Aktienkauf vom Arbeitgeber erwartet wurde oder in Aussicht auf eine Beförderung erfolgte (vgl. zum Steuerrecht FG Nürnberg vom 2.10.2010 – 1 K 1846/2007).

13.3 Einkommen aus Vermietung und Verpachtung

Einnahmen aus gewerblicher Vermietung oder Verpachtung, wozu auch Einnahmen aus der Nutzung eines Nießbrauchsrechts gehören (BFH vom 18.11.2011 – VII S 32/11), sind als Gewinne aus selbständiger Tätigkeit anzurechnen.
Solche Einnahmen werden für Leistungsberechtigte nur selten anfallen. Denn sofern sie Teile einer zu eigenen Wohnzwecken genutzten Immobilie vermieten, senkt der Mietzins die Unterkunftskosten (BSG vom 6.8.2014 – B 4 AS 37/13 R). Nicht zu eigenen Wohnzwecken genutzte Immobilien sind kein Schonvermögen; die Vermietung oder Verpachtung ist dann nur eine vorübergehende Nutzung bis zur Vermögensverwertung, es sei denn, eine Vermögensverwertung ist nicht möglich oder unzumutbar.

Einkommensbereinigung

Welche Auslagen bei Einkünften aus Vermietung und Verpachtung abzusetzen sind, ist weder im SGB II noch in der Alg II-VO im Einzelnen geregelt. Mangels besonderer Vorgaben sind die abzugsfähigen notwendigen Auslagen nach den Regelungen des Steuerrechts zu bestimmen (LSG Berlin-Brandenburg vom 7.7.2006 – L 14 B 1208/05 AS ER). Aufwendungen für eine Hausratversicherung für die vermietete Wohnung können danach als Werbungskosten bei den Einkünften aus Vermietung und Verpachtung absetzbar sein (vgl. FG Niedersachsen vom 8.12.2009 – 14 K 244/09). Ausgenommen sind Abschreibungen für Abnutzungen nach §§ 7 ff. EStG. Sie mindern das aktuell zur Verfügung stehende Einkommen nicht und können deshalb auch nicht als mit der Erzielung von Einkommen verbundene notwendige Ausgaben im Sinne des § 11b Abs. 1 Satz 1 Nr. 5 SGB II anerkannt werden (LSG Berlin-Brandenburg vom 28.2.2008 – L 28 B 289/08 AS ER; vgl. auch BGH vom 18.11.2011 – VII S 32/11 (PKH)). Ebenfalls nicht absetzbar sind Tilgungsraten für Kredite, die im Zusammenhang mit dem Immobilienerwerb aufgenommen wurden (LSG NRW vom 1.6.2015 – L 9 SO 89/15 B ER). Darum können auch Beiträge für Risikolebensversicherungen, welche der Absicherung von Darlehen dienen, mit denen die Immobilie(n) erworben wurden, nicht als Aufwendung i. S. von § 11b Abs. 1 Nr. 5 SGB II abgesetzt werden (vgl. BFH vom 13.10.2015 – IX R 35/14). Von den Mieteinnahmen sind neben dem Hausgeld aber die Schuldzinsen, soweit sie mit den Einkünften in wirtschaftlichem Zusammenhang stehen und Steuern vom Grundbesitz (§ 9 Abs. 1 Satz 3 Nr. 1 und 2 EStG) abzusetzen. Bei Ausgaben für Instandsetzung und Instandhaltung können ohne näheren Nachweis die Pauschalen nach § 7 DurchführungsVO zu § 82 SGB XII herangezogen werden (§ 22 Abs. 2 SGB II bezieht sich nur auf selbst genutztes Wohneigentum).

Prozesskosten, die im Zusammenhang mit Einkünften aus Vermietung stehen, können Aufwendungen i. S. von § 11b Abs. 1 Nr. 5 SGB II sein (zum Steuerrecht s. FG Niedersachsen vom 15.5.2013 – 9 K 238/11). Muss die Immobilie, aus der die Mieteinnahmen stammen, als einsetzbares Vermögen verwertet werden und ist ein Verkauf schwierig, können die Kosten für einen Makler von den Einnahmen aus der Vermietung abgesetzt werden (vgl. dazu FG Münster vom 22.5.2013 – 10 K 3103/10 E).

Prozess- und Maklerkosten

Einnahmen aus der Nutzung des Nießbrauchsrechts an einer Immobilie sind wie Einnahmen aus Vermietung und Verpachtung anzurechnen (vgl. auch BGH vom 18.11.2011 – VII S 32/11).

Nießbrauch

14   Anrechnung von Mischeinkommen

Bruttoeinnahmen, die ein Leistungsberechtigter aus verschiedenen Tätigkeiten erzielt, werden zusammengerechnet. Auf den Charakter der Tätigkeit (abhängige Beschäftigung, Minijob oder Honorarauftrag) kommt es nicht an.
Einkommen, das Angehörige einer BG getrennt erarbeiten, wird getrennt ermittelt.

A erzielt aus einem Minijob 400 €, aus einer selbständigen Tätigkeit einen Gewinn von 490 €. Seine Aufwendungen für die Fahrten zur Arbeit, für die Kfz-Haftpflicht und für eine private Krankenversicherung betragen monatlich 245 €. Sein SGB II-Bedarf plus Unterkunftskosten liegt bei 764 € im Monat.

Beispiel

Berechnung des Gesamtbruttoeinkommens

Bruttolohn aus Arbeitnehmertätigkeit		400,00 €
+ Betriebseinnahmen – Betriebsausgaben	+	490,00 €
= **Gesamtbruttoeinkommen**	=	**890,00 €**

Berechnung des Gesamtfreibetrags

Grundfreibetrag		100,00 €
+ den Grundfreibetrag übersteigende Aufwendungen	+	145,00 €
+ 20 %-Freibetrag von 790 €	+	158,00 €
= **Gesamtfreibetrag**	=	**403,00 €**

Berechnung des anrechenbaren Einkommens

Nettoeinkommen (400 € + 490 €)	890,00 €
− Gesamtfreibetrag	− 403,00 €
= Anrechenbares Einkommen	**= 487,00 €**

Kein Verlust-
ausgleich

Ein Verlustausgleich zwischen verschiedenen Einkünften ist nach § 5 Alg II-VO nicht zulässig (so schon BayLSG vom 14.6.2005, ZFSH/SGB 2005, S. 670 ff.; BSG vom 17.2.2015 – B 4 AS 17/15 R). Der generelle Ausschluss eines Verlustausgleichs ist problematisch. Denn es kann auch für Alg II-Bezieher zu Härtefällen kommen, die im SGB XII ausgeglichen werden (§ 10 der DurchführungsVO zu § 82). Dabei liegt ein Härtefall dann vor, wenn bei Ablehnung eines Verlustausgleichs der Abbruch einer Erfolg versprechenden Tätigkeit droht. Das LSG Sachsen hat unter Heranziehung von § 10 einen Verlustausgleich zwischen Erwerbseinkommen und Aufwendungen für eine unvermietete Einliegerwohnung zugelassen (LSG Sachsen vom 15.9.2005 – L 3 B 44/05 AS-ER) und den Härtefall darin gesehen, dass die Wohnung nicht kurzfristig neu vermietet werden konnte und ein Verkauf des Hauses nicht verlangt werden durfte.

IV   **Wie wird laufendes und einmaliges oder gelegentlich zufließendes Einkommen angerechnet?**

Nach § 11 Abs. 2, Abs. 3 SGB II wird unterschiedlich angerechnet, je nachdem, ob laufende Einnahmen oder einmalige Einnahmen zufließen.

1   **Laufendes Einkommen**

Fallen die Einnahmen regelmäßig in Abständen von bis zu einem Monat an, werden sie gemäß § 11 Abs. 2 SGB II für den Monat berücksichtigt, in dem sie tatsächlich zufließen. Maßgeblich ist der Kalendermonat, nicht ein mit dem Zufluss beginnender Monatszeitraum (BVerwG vom 22.4.2004 – 5 C 68.03; LSG Baden-Württemberg vom 17.3.2006 – L 8 AS 4314/05). Auf die rechtliche Zuordnung des Einkommens, z. B. Lohn für den Vormonat, kommt es nicht an. Umgekehrt spielt es keine Rolle, ob in dem Monat, für den Alg II gezahlt wird, Ansprüche auf Einkommen, z. B. Lohn, entstehen. Selbst wenn diese Ansprüche erst am Monatsende ausgezahlt werden, sind sie auf den Bedarf dieses Monats anzurechnen (BSG vom 23.11.2006 – B 11b AS 17/06 B). Bei bestehender Hilfebedürftigkeit kann Alg II als Darlehen erbracht werden (§ 24 Abs. 4 SGB II).

Beispiel 1

A. bezieht laufend Alg II. Er nimmt am 15.3. eine Beschäftigung auf. Das Gehalt für März (15.3.–31.3.) wird am 5.4. ausgezahlt, das Gehalt für April am 27.4. Da beide Einkommen im Monat April zufließen und erst dann zur Bestreitung des Lebensunterhalts eingesetzt werden können, ist Alg II bis 31.3. in unveränderter Höhe weiter zu zahlen. Im April sind beide Einkommen anzurechnen. Es ist auch zu prüfen, ob das Einkommen für einen Monat (ab Mai) bedarfsdeckend ist; ggf. ist aufstockend zum Lohn Alg II ab 1.5. unter Anrechnung des Einkommens weiter zu leisten.

B. bezieht aufstockend zum Alg I Alg II. Das Alg II wird monatlich im Voraus gezahlt (§ 41 Abs. 1 SGB II). Das Alg I wird in Monatsbeträgen jeweils am Monatsende überwiesen (§ 337 SGB III). Wegen Erschöpfung des Alg I-Anspruchs am 10.5. erhält B. am 29.4. das Alg I für April, am 17.5. wird der Restbetrag für die Zeit vom 1.–10.5. dem Konto gutgeschrieben. Beispiel 2
Hier steht B. für April Alg II unter Berücksichtigung des am 29.4. überwiesenen Alg I zu, für Mai Alg II unter Berücksichtigung der Restzahlung vom 17.5.

A. hat bis 17.4. Anspruch auf Alg I, dessen Monatsbetrag (30 x täglicher Leistungssatz von 27 €) den Alg II-Bedarf von 404 € Regelbedarf und 326 € Unterkunftskosten deckt. Am 26.4. wird der letzte Alg I-Zahlbetrag von 459 € überwiesen. Vom 30.3. bis zum 10.4. war A. als Freigänger in Haft. Am 12.4. beantragt er Alg II. Beispiel 3
Hier steht A. Alg II zwar erst ab 10.4. zu (§ 7 Abs. 4 SGB II), die Bedarfsberechnung hat jedoch nach dem Monatsprinzip zu erfolgen; d.h., das bereinigte Einkommen von 429 € (459 € – 30 € Versicherungspauschale) ist dem Gesamtmonatsbedarf gegenüberzustellen.

Berechnung des Gesamtanspruchs

Gesamtbedarf Alg II	730,00 €
– Bereinigtes Einkommen	– 429,00 €
= Gesamtanspruch	**= 301,00 €**

Teilanspruch für 21 Tage (10.4. bis 30.4.):
301,00 € : 30 x 21 = 210,70 €.

Die letzte Zahlung aus einem Arbeitsverhältnis oder einer Sozialleistung nach Beendigung/Erschöpfung des Leistungsanspruchs ist laufendes Einkommen i. S. von § 11 Abs. 2 SGB II, auch wenn es verspätet ausgezahlt wird (BSG vom 16.12.2008 – B 4 AS 70/07 R: Krankengeld; BayLSG vom 15.7.2015 – L 11 AS 389/15 NZB). Letztmalige Zahlung

Wird eine Leistung, die üblicherweise monatlich gezahlt wird, wegen einer längeren Prüfung der Leistungsvoraussetzungen mit einem Nachzahlungsbetrag, der die monatlichen Leistungen seit Beantragung der Leistung umfasst und einer künftigen, monatliche Zahlung ausgekehrt, ist der Nachzahlungsbetrag eine aufgestaute laufende Aufgestaute Zahlung

Zahlung, die nur im Monat des Zuflusses angerechnet werden konnte (BSG vom 24.4.2015 – B 4 AS 32/14 R).

Seit 1.8.2016 ordnet § 11 Abs. 3 Satz 2 an, dass Nachzahlungen laufender Leistungen, die nicht für den Monat des Zuflusses gezahlt werden, wie Einmaleinkommen anzurechnen sind.

Pünktliche Bezahlung fordern! Ist absehbar, dass am Ende des Arbeitsverhältnisses oder des Sozialleistungsanspruchs ein Antrag auf Alg II nötig wird, kann eine Anrechnung dadurch vermieden werden, dass der Arbeitgeber/der Sozialleistungsträger zahlt, sobald der Anspruch fällig ist.

2 Einmaliges oder gelegentlich zufließendes Einkommen

Im Monat des Zuflusses Einmalige oder nur gelegentlich zufließende Einkünfte, (z. B. Urlaubs-, Weihnachtsgeld, Steuererstattungen) werden nach § 11 Abs. 3 SGB II ebenfalls von Beginn des Monats an berücksichtigt, in dem sie zufließen. Ist Alg II ohne das Einmaleinkommen schon gezahlt worden, wird im Folgemonat angerechnet.

Wird der Zufluss des Einmaleinkommens dem Jobcenter erst zu einem Zeitpunkt bekannt, zu dem eine Berücksichtigung für den Folgemonat nicht mehr möglich ist, soll nach LSG Baden-Württemberg vom 25.6.2014 – L 2 AS 2373/13; a.A. LSG Niedersachsen-Bremen vom 9.2.2015 – L 11 AS 1352/14 B ER; LSG Sachsen-Anhalt vom 26.8.2015 – L 4 AS 335/11 der Zuflussmonat für die Berechnung der Rückforderung maßgebend sein. Ob dies auch für die endgültige Bewilligung nach vorläufigem Bescheid gemäß § 41a SGB II gilt, ist noch ungeklärt. Unseres Erachtens ist der Folgemonat maßgebend, da auch vorläufig gezahlte Leistungen »erbrachte Leistungen« i.S. von § 11 Abs. 3 SGB II sind.

Volle oder teilweise Anrechnung § 11 Abs. 3 SGB II unterscheidet danach, ob auch bei voller Anrechnung des bereinigten Einmaleinkommens ein Hilfebedarf verbleibt – dann ist das bereinigte Einmaleinkommen voll im Zufluss- oder Zuflussfolgemonat anzurechnen; wird der Hilfebedarf bei voller Anrechnung des bereinigten Einkommens gedeckt, d.h., entfiele bei voller Anrechnung der Alg II-Anspruch, ist das Einmaleinkommen auf einen Zeitraum von sechs Monaten gleichmäßig aufzuteilen und monatlich mit einem entsprechenden Teilbetrag zu berücksichtigen. Das gilt auch, wenn der Leistungsanspruch bei Anrechnung des 1/6-Betrags entfällt.

2.1 Volle Anrechnung im Zuflussmonat oder Zuflussfolgemonat

Bei der vollen Anrechnung im Zufluss- oder Zuflussfolgemonat ist zu unterscheiden, ob es sich um zusätzliches Arbeitsentgelt (z. B. Urlaubs-, Weihnachtsgeld) oder sonstiges Einmaleinkommen (z. B. Steuererstattung, Erbschaft, Lottogewinn) handelt.

Fließt zusätzliches Arbeitsentgelt zu, ist das Gesamtbrutto Berechnungsgrundlage für die Freibeträge nach § 11b Abs. 2, Abs. 3 SGB II. Bei laufendem Einkommen bis 400 € ist zu beachten, dass infolge des Zusatzeinkommens die Begrenzung der Grundpauschale auf 100 € entfällt.

Zusätzliches Arbeitsentgelt

K. erhält ein laufendes monatliches Arbeitsentgelt von 400 € brutto = 400 € netto. Wegen hoher Fahrkosten hat er Aufwendungen i.S. § 11b Abs. 1 Nr. 3–5 SGB II in Höhe von 150 €. Im November erhält er 200 € Weihnachtsgeld. Sein Nettogehalt bei Steuerklasse I/0 beträgt im November 534,45 €. Der Grundfreibetrag ist nach § 11b Abs. 2 Satz 2 SGB II auf 150,00 € aufzustocken. Der 20%-Freibetrag ist von 600 € – 100 € zu bilden = 100 €. Der Erwerbstätigenfreibetrag beträgt also insgesamt 250 €.

Beispiel

Treffen Arbeitseinkommen mit sonstigen Einmaleinkommen zusammen, ist das Einmaleinkommen nur um Aufwendungen zu bereinigen, die bei dem anderen Einkommen noch nicht berücksichtigt wurden. In Betracht kommen spezielle Aufwendungen nach § 11b Abs. 1 Nr. 5 SGB II.

Sonstiges Einmaleinkommen

K. erzielt ein laufendes monatliches Arbeitsentgelt von 400 € brutto = 400 € netto. Mitte November erhält er auf einen vom eingeschalteten Steuerberater erhobenen Einspruch eine Steuererstattung von 450 €. Der Steuerberater verlangt ein Honorar von 83 €. Im Dezember ist das bereinigte Erwerbseinkommen von 240 € (400 € – 100 € Grundpauschale – 20% von 300 €) und die bereinigte Steuererstattung von 367 € (450 € – 83 €) auf das Alg II anzurechnen.

Beispiel

2.2   Anrechnung in Teilbeträgen

Entfiele bei voller Anrechnung die Hilfebedürftigkeit, ist das Einmaleinkommen nach § 11 Abs. 3 Satz 3 SGB II auf sechs Beträge zu teilen und mit je einem Teilbetrag für sechs Monate, beginnend im Zufluss- oder Zuflussfolgemonat, auf den Bedarf anzurechnen. Die Konsequenzen dieser Anrechnungsweise sind sehr unterschiedlich, je nachdem, ob die 1/6-Beträge den Hilfebedarf decken, woraus sich ein Verteilungszeitraum ohne Leistungsansprüche ergibt, oder ob ein Restleistungsanspruch verbleibt bzw. ein Verteilungszeitraum mit Leistungsansprüchen.

2.2.1   Verteilungszeitraum mit Leistungsansprüchen

Ergibt die Teilung des Einmaleinkommens einen Betrag, der in den Anrechnungsmonaten einen Restanspruch belässt, läuft die Anrechnung über die Dauer von sechs Monaten ab Beginn des Zuflusses, ggf. ab dem Folgemonat, unabhängig vom Bewilligungszeitraum nach § 41 Abs. 1 Satz 3 SGB II. Auch im Folgebewilligungszeit-

Verteilungszeitraum ≠ Bewilligungszeitraum

raum bleibt die Einnahme daher Einkommen und ist weiter anzurechnen, soweit sie noch nicht verbraucht ist. Vom Verteilungszeitraum ist der Bewilligungszeitraum nur dadurch zu unterscheiden,
dass eine rückwirkende Anrechnung im neuen Bewilligungszeitraum
auf **§ 45 SGB X statt § 48 SGB X** gestützt werden muss.

Beispiel

H. bezieht laufend Alg II in Höhe von monatlich 651 €. Im Bewilligungsabschnitt Mai bis Oktober 2015 hat er Ende August im Rahmen
einer Erbauseinandersetzung 1.830 € erhalten. Das Jobcenter war
über den Rechtsstreit mit den Erben informiert worden und H. hatte
auch den Zahlungseingang zusammen mit seinem Fortzahlungsantrag im September 2015 mitgeteilt. Versehentlich wurde aber nur der
Fortzahlungsantrag bearbeitet, H. erhielt auch im Folgezeitraum November 2015 bis April 2016 ungekürzt Alg II. Als der Fehler entdeckt
wird, rechnet das Jobcenter monatlich 300 € für die Monate Oktober
bis Dezember 2015 an.

Hiergegen macht H. zu Recht geltend, dass er bei Zugang des Bescheides für den neuen Bewilligungsabschnitt davon ausgegangen
sei, das erstrittene Erbteil werde nicht angerechnet (Vertrauensschutz nach § 45 SGB X). Gegen die Anrechnung im Oktober 2015
kann sich G. nicht wehren (Einkommenszufluss nach § 48 Abs. 1
Nr. 3 SGB X).

**Leistungs-
unterbrechung
ändert nichts**

Die Unterbrechung des Leistungsanspruchs wegen einer wiederholten Sanktion, einer Inhaftierung (§ 7 Abs. 4 SGB II) oder unerlaubter
Ortsabwesenheit beendet den Verteilungszeitraum nicht. Dasselbe
gilt für eine »Abmeldung« des Leistungsberechtigten aus dem SGB II-
Bezug oder bei Unterlassung eines Folgeantrags, wenn der Verteilungszeitraum über den Bewilligungsabschnitt, in dem das Einmaleinkommen zufloss, hinausreicht.

**Veränderungen
des Hilfebedarfs**

Erhöht sich in einem Verteilungszeitraum mit Leistungsanspruch der
Hilfebedarf (z. B. entsteht ein Mehrbedarf, die Miete wird erhöht etc.),
läuft die Anrechnung des Einmaleinkommens unverändert weiter. Das
heißt, der Leistungsberechtigte erhält per Änderungsbescheid Alg II in
Höhe des veränderten Bedarfs, auf den der zu Beginn der Verteilungsphase errechnete Teilbetrag angerechnet wird. Verringert sich der Hilfebedarf, ändert sich nichts, solange immer noch ein Restbedarf bleibt.

**Beitragszuschuss
statt Alg II**

Ist die Verringerung des Hilfebedarfs so erheblich, dass der 1/6-An-
rechnungsbetrag ggf. zusammen mit laufend erzieltem Einkommen,
den Regelbedarf plus Unterkunftskosten deckt, endet der Alg II-Bezug. Muss deshalb ein Krankenversicherungsschutz finanziert werden und würde allein dadurch wieder ein Leistungsanspruch entstehen, gibt es statt Alg II einen Beitragszuschuss nach § 26 SGB II.

2.2.2   Verteilungszeitraum ohne Leistungsansprüche

Einkommen oder Vermögen?

§ 11 Abs. 3 Satz 3 SGB II begrenzt die Anrechnung auf längstens sechs Monate in Höhe von 1/6-Beträgen des Einmaleinkommens. Sind diese Teilbeträge so hoch, dass sie den monatlichen Hilfebedarf überschreiten, stellt sich die Frage, ob dieses überschüssige Einkommen sich bereits im Anrechnungsmonat oder dem Folgemonat zu Vermögen wandelt oder die Umwandlung in Vermögen erst nach Ablauf von sechs Monaten erfolgt. Dies hat große praktische Bedeutung: Wandelte sich das überschüssige Einkommen direkt oder im Folgemonat in Vermögen um, hätte der Leistungsberechtigte in einem Anrechnungsmonat mit erhöhtem oder erweitertem Bedarf wieder Anspruch auf Alg II. Bliebe das überschüssige Einmaleinkommen bis zum Abschluss der sechsmonatigen Verteilungsphase Einkommen, kann der Leistungsberechtigte auf den Einsatz dieses Einkommens verwiesen werden.

Beispiel 1

D. bezieht laufend Alg II. Sein Hilfebedarf liegt bei 680 € im Monat. Er hat keinerlei Vermögen. Krankenversichert ist er über den Alg II-Bezug. Aus einer Mitte Oktober zugeflossenen Erbschaft werden als anrechenbare Teilbeträge 1.000 € ermittelt. Das Jobcenter stellt den Leistungsbezug im November ein. Die freiwillige Weiterversicherung bei der K-Krankenkasse kostet D. 127,75 € monatlich.

Beispiel 2

P. erhält Alg II aufstockend zu Einkommen aus einem 600 €-Teilzeitjob. Sein ergänzender Hilfebedarf liegt bei 200 € im Monat. Vermögen hat er nicht. Aus einer im April zugeflossenen Steuererstattung ermittelt das Jobcenter einen monatlichen Anrechnungsbetrag von 560 €. Die Leistungen werden im Mai eingestellt. Im Juni erhält P. eine Betriebskostennachforderung von 425 €.

Wertet man das überschüssige Einmaleinkommen von 320 € (1000 € – 680 € im Beispiel 1) oder von 360 € (560 € – 200 € im Beispiel 2) als Einkommen, könnte D. zur Finanzierung der Krankenversicherung hierauf verwiesen werden. P. hätte dann nur Anspruch auf die Übernahme der Betriebskostennachforderung in Höhe von 65 € (= [200 € + 425 €] – 560 €). Bei Wertung als Vermögen müsste das Jobcenter für D. einen KV-Zuschuss zahlen und im Beispiel 2 die Betriebskostenforderung voll übernehmen.

BSG

Das BSG hat die Frage, wann die Anrechnung des Einmaleinkommens endet (nach § 2 Abs. 4 Alg II-VO a. F.) so entschieden, dass die Hilfebedürftigkeit dazu zumindest für einen Monat »nachhaltig«, d. h. mit anderem als dem Einmaleinkommen überwunden werden muss (BSG vom 30.8.2009 – B 4 AS 29/07 R). § 11 Abs. 3 Satz 3 SGB II ist bei Anwendung dieses Gesichtspunktes und der vom Gesetzgeber begrenzten Anrechnungsdauer von sechs Monaten so auszulegen, dass überschüssiges Einmaleinkommen erst nach Ablauf des sechsmonatigen Verteilungszeitraums zu Vermögen wird. Eine frühere Umwandlung in Vermögen findet statt, wenn der Einkommensbezieher die Hilfebedürftigkeit vor Ablauf des Sechs-Monats-Zeitraums »nachhaltig«, d.h., auf sonstige Weise (Arbeitsaufnahme, Partnerschaft etc.) überwindet.

Beispiel

W. bezieht laufend Alg II. Sein Hilfebedarf liegt bei 680 € im Monat. Vermögen hat er nicht. Aus einer Mitte Oktober zugeflossenen Erbschaft werden als anrechenbare Teilbeträge 1.000 € ermittelt. Das Jobcenter stellt den Leistungsbezug im November ein. Im Januar nimmt W. eine Arbeit auf, deren Vergütung seinen SGB II-Bedarf gerade so deckt. Im März wird die Miete erhöht. Das Einkommen reicht nicht mehr zur Bedarfsdeckung aus. W. beantragt ab 1.3. Alg II. Auf den Rest aus der Erbschaft kann W. nicht verwiesen werden. Es handelt sich seit Februar um Vermögen, das nach § 12 Abs. 1 Nr. 1 SGB II geschützt ist.

2.3 Keine fiktive Verbrauchsberechnung

Abzug von
Schulden?

Das BSG vom 30.9.2008 – B 4 AS 29/07 R verneint bei der Berücksichtigung der Höhe des Einmaleinkommens ausnahmslos einen Abzug für Schulden: »Im Zeitpunkt der Auszahlung des Einkommens offene Schulden sind nicht vom Einkommen abzusetzen«. Daraus kann weder geschlossen werden, um eine Schuldtilgung verringertes Einmaleinkommen könne dennoch in voller Höhe angerechnet werden, noch trägt das BSG-Urteil die Auffassung, Einmaleinkommen, das wegen einer Verrechnung oder Abtretung gar nicht zufließt, könne trotzdem angerechnet werden; dazu schon OVG Lüneburg vom 29.3.2003 – 12 LA 93/03. Denn dies liefe auf eine rechtswidrige fiktive Einkommensanrechnung hinaus (so nunmehr ausdrücklich BSG vom 29.11.2012 – B 14 AS 33/12 R und vom 12.6.2013 – B 14 AS 79/12 R). Die Auffassung, Einmaleinkommen sei ungeachtet seines Verbrauchs wegen der in § 11 Abs. 3 SGB II vorgegebenen Anrechnungsregel auch fiktiv auf den Hilfebedarf anzurechnen (so LSG Niedersachsen-Bremen vom 3.2.2014 – L 15 AS 437/13 B ER) ist wegen Verstoßes gegen die Pflicht zur Gewährleistung des Existenzminimums nicht haltbar (so zutreffend LSG Sachsen-Anhalt vom 20.8.2014 – L 4 AS 273/14 B ER; s. auch BSG vom 19.8.2015 – B 14 AS 43/14 R).

Darlehen

Die Umwandlung des Alg II-Anspruchs in ein Darlehen, soweit das anzurechnende Einmaleinkommen vorzeitig verbraucht wurde, tritt erst zum **1.1.2017** in Kraft (Art. 4 Abs. 2 des 9. SGB II-ÄndG); näher dazu → S. 266 ff. Bis dahin muss Alg II ungekürzt als Zuschuss gewährt werden, ggf. ist eine Haftung nach § 34 SGB II zu prüfen (→ S. 892). Ein auf § 24 Abs. 5 SGB II analog gestütztes Darlehen ist mangels Regelungslücke unzulässig.

Zur Wertung vorzeitig verbrauchter Einmaleinkommen im Rahmen von Aufhebungsbescheiden nach §§ 45, 48 SGB X s. → S. 931 ff.

2.4   Zusammentreffen mehrerer Einmaleinkommen

Treffen mehrere Einmaleinkommen aufeinander, ist zu unterscheiden:

■ Das weitere Einmaleinkommen fließt in einem **Verteilungszeitraum mit Leistungsansprüchen** zu:
Dieses neue Einkommen ist voll anzurechnen, wenn dann noch ein Restanspruch im Anrechnungsmonat verbleibt oder es beginnt ein neuer Anrechnungszeitraum von längstens sechs Monaten Dauer, gerechnet ab dem Monat oder Folgemonat, in dem das weitere Einkommen zufließt.

■ Das weitere Einmaleinkommen fließt in einem **Verteilungszeitraum ohne Leistungsansprüche** zu:
Dann handelt es sich um Vermögen, da es vor dem Eintritt in den Alg II-Bezug zugeflossen ist.

■ Verschiedene Einmaleinkommen treffen im selben Monat zusammen:
Dann ist der Anrechnungsbetrag für längstens sechs Monate aus der Summe der Einkommen zu berechnen

2.5   Zusammentreffen von Einmaleinkommen mit laufendem Einkommen

Bei Zusammentreffen von Einmaleinkommen mit laufendem Einkommen ist zu unterscheiden:

■ Das laufende Einkommen fließt in einem Verteilungszeitraum mit Leistungsansprüchen zu und beendet nur zusammen mit dem 1/6-Anrechnungsbetrag die Hilfebedürftigkeit:
Dann läuft der Anrechnungszeitraum von längstens sechs Monaten Dauer weiter. Danach ist nur noch das laufende Einkommen anzurechnen.

■ Das laufende Einkommen ist allein so hoch, dass der Hilfebedarf damit gedeckt werden kann:
Dann beendet der Zufluss des laufenden Einkommens die Anrechnung des Einmaleinkommens; das restliche Einmaleinkommen verwandelt sich wegen einer nachhaltigen Überwindung der Hilfebedürftigkeit mit dem laufenden Einkommen in Vermögen.

■ Laufendes und Einmaleinkommen treffen im selben Monat zusammen und der Hilfebedarf ist allein mit dem laufenden Einkommen gedeckt:
Das Einmaleinkommen ist bei erneutem Eintritt von Hilfebedürftigkeit als Vermögen zu werten.

2.6   **Bereinigung des Einmaleinkommens bei Teilanrechnung**

Die Bereinigung des in 1/6-Beträge zu teilenden Einmalein-kommens erfolgt nach § 11b Abs. 1 Satz 2 SGB II in zwei Schritten:

- Bereinigung des Gesamt-Einmaleinkommens um Aufwendungen nach § 11b Abs. 1 Nr. 1, 2, 5 und 6 SGB II.

- Bereinigung der daraus gebildeten Teilbeträge um Aufwendungen nach § 11b Abs. 1 Nr. 3, 4, 7 und 8 SGB II.

Die Vorweg-Absetzungen vom ungeteilten Einmaleinkommen beziehen sich nur auf die Beträge nach § 11b Abs. 1 Nr. 1, 2, 5 und 6 SGB II, die auf die einmalige Einnahme im Zuflussmonat »entfallen« d. h. die nicht schon im Zuge der Bereinigung des sonstigen Einkommens im Zufluss-monat vor der Anrechnung auf das Alg II berücksichtigt werden.

Dasselbe gilt für die im zweiten Schritt vorzunehmende Bereinigung der 1/6-Einmaleinkommens-Beträge; sie sind nur insoweit um Absetz-ungen nach § 11b Abs. 1 Nr. 3, 4, 7 und 8 SGB II zu vermindern, als diese Absetzungen nicht schon im Zuge der Bereinigung des sonsti-gen Einkommens im Verteilungs-Zeitraum berücksichtigt werden. Danach sind folgende Fallgruppen zu unterscheiden:

1. Fallgruppe

Einmaleinkommen trifft im Zuflussmonat nur mit Alg II zusammen; dann sind sowohl die auf das Einmaleinkommen entfallenden Beträ-ge nach Nr. 1, 2, 5 und Nr. 6 (falls Erwerbs-Einmaleinkommen zu-fließt) als auch die Absetzbeträge nach Nr. 3, 4 , 7 und 8 von den 1/6-Beträgen voll zu berücksichtigen.

Beispiel

G. fließt im laufenden Alg II-Bezug bei einem Bedarf von 674 € aus einem Gewinn der Klassenlotterie bei Einsatz von 25 € eine Summe von 2.500 € zu.
Hier ist als Vorwegabzug nach § 11b Abs. 1 Nr. 5 SGB II der Losein-satz von 25 € abzusetzen. Von den Teilbeträgen in Höhe von [2.500 € − 25 €] : 6 = 412,50 € ist die Versicherungspauschale von 30 € abzu-setzen. G. erhält daher für sechs Monate [674 € − 382,50 €] = 291,50 € Alg II.

2. Fallgruppe

Nichterwerbs-Einmaleinkommen trifft im Zuflussmonat mit ande-rem, laufendem Einkommen zusammen. Dann sind die auf das Ein-maleinkommen entfallenden Beträge nach Nr. 1, 2 und 5 voll absetz-bar, die daraus gebildeten Teil-Absetzbeträge sind voll anzurechnen, da Absetzungen nach Nr. § 11b Abs. 1 Nr. 3, 4, 7 und 8 SGB II schon bei Bereinigung des laufende Einkommens berücksichtigt werden.

Beispiel

G. erzielt in Steuerklasse I/0 ein monatliches Arbeitsentgelt von 1.000 € brutto = 776,76 € netto. Sein Hilfebedarf liegt bei 714 €. Die absetzbaren Aufwendungen nach § 11b Abs. 1 Nr. 3 – 5 SGB II betra-gen monatlich 150 €. Im Mai erbt er ein Spargutheben seiner Mutter von 1600 €. Das Geld fließt nach Klärung der Erbverhältnisse Ende

Oktober auf das Konto des G. G. hatte zur Klärung der Erbschaft Auslagen für den Erbschein und einen Rechtsanwalt in Höhe von 430 €. Da laufende, angemessene Beträge nach § 11b Abs. 1 Nr. 3–5 SGB II im Absetzungsbetrag von 150 € vom Erwerbseinkommen enthalten sind, wird die Erbschaft nur um die Kosten nach § 11b Abs. 1 Nr. 5 SGB II bereinigt (1600 € – 430 €) und mit Beträgen von je 195 € (= 1170 € : 6) auf den Bedarf ab November angerechnet.

Erwerbs-Einmaleinkommen trifft im Zuflussmonat mit anderem Nichterwerbs-Einkommen zusammen. Dann sind die auf das Einmaleinkommen entfallenden Beträge nach Nr. 1, 2, 5 und 6 voll abzuziehen. Die Absetzungen nach § 11b Abs. 1 Nr. 3, 4, 7 und 8 SGB II werden dagegen nur bei der Bereinigung des laufende Einkommens berücksichtigt.

3. Fallgruppe

A. wurde zum 15.3. gekündigt. Weil der Anspruch auf Arbeitslosengeld nach § 136 SGB III nicht reicht, um den monatlichen Bedarf von 924 € zu decken, beantragt A. ab 1.4. ergänzend Alg II. Im Rahmen einer mit anwaltlicher Vertretung geführten Kündigungsschutzklage schließen die Arbeitsvertragsparteien einen Vergleich, wonach das Arbeitsverhältnis gegen Zahlung einer Abfindung von 5.000 € aufgrund betriebsbedingter Kündigung zum 31.3. endet. A. fließt die Abfindung in Höhe von 3.332,62 € netto am 13.7. zu. Er zahlt davon die Anwaltskosten in Höhe von 1431 €.
Hier ist die Abfindung zunächst um die Lohn- und Kirchensteuer und den Solidaritätszuschlag gemäß § 11b Abs. 1 Nr. 1, Nr. 2 SGB II zu bereinigen, außerdem sind als Absetzungsbetrag nach Nr. 5 die Anwaltskosten zu berücksichtigen. Da schon das laufende Arbeitslosengeld um die Versicherungspauschale und eine Kfz-Haftpflichtversicherung bereinigt wird, werden die 1/6-Abfindungsbeträge von [3.332,62 € – 1431 €] : 6 = 316,94 € ungekürzt auf das Alg II angerechnet.

Beispiel

Erwerbs-Einmaleinkommen trifft im Zuflussmonat mit anderem, laufendem Erwerbseinkommen zusammen; dann sind im ersten Schritt die auf das Einmaleinkommen entfallenden Beträge nach § 11b Abs. 1 Nr. 1 und 2 SGB II abzuziehen. Die Werbungskostenpauschale von 15,33 € nach § 11b Abs. 1 Nr. 5 SGB II i.V.m. § 6 Abs. 1 Nr. 3 a Alg II-VO entfällt, weil sie im Zuge der Bereinigung der Summe aus laufendem + 1/6 Einmaleinkommen in der 100 €-Grundpauschale nach § 11b Abs. 2 SGB II enthalten ist. Die 20%/10%-Freibeträge nach § 11b Abs. 3 SGB II sind nur insoweit vorweg vom Gesamt-Einmaleinkommen abzusetzen, als sie nicht schon bei der Bereinigung des laufenden Erwerbseinkommens berücksichtigt werden.

4. Fallgruppe

Bei einem monatlichen Bedarf von 614 € bezieht H. ergänzend zu Einkommen aus einem 400 €-Minijob Alg II. Ende Juli erhält sie 500 € Honorar, weil sie anstelle einer erkrankten Freundin als Schauspielerin eingesprungen ist.
Das Honorar von 500 € ist um 20% = 100 € zu kürzen, weil der 20%-Freibetrag nach § 11b Abs. 3 Nr. 1 SGB II mit den 400 € aus dem Mini-

Beispiel

job noch nicht ausgeschöpft ist. Die 1/6-Beträge von [500 € – 100 €] : 6 = 66,67 € sind im Verteilungszeitraum zunächst dem laufenden Einkommen zuzurechnen (= 466,67 €), davon sind dann die 100 €-Grundpauschale nach § 11b Abs. 2 Satz 1 SGB II und der 20%-Freibetrag von 366,67 € (= 73,33 €) abzuziehen. Für sechs Monate sind somit 293,34 € (= 466,67 € – 173,33 €) auf das Alg II anzurechnen.

5. Fallgruppe

Erwerbs-Einmaleinkommen fließt als zusätzliches Einkommen zum laufenden Erwerbseinkommen hinzu. Dann sind die im folgenden Beispiel erläuterten Berechnungen erforderlich.

Beispiel

G. erzielt in Steuerklasse I/0 ein monatliches Arbeitsentgelt von 1.000 € brutto = 776,76 € netto. Sein Hilfebedarf liegt bei 714 €. Die absetzbaren Aufwendungen nach § 11b Abs. 1 Nr. 3 – 5 SGB II betragen monatlich 150 €. Im November erhält er 600 € Weihnachtsgeld. Sein Nettogehalt beträgt im November 1120,81 €. Da der Hilfebedarf mit dem Weihnachtsgeld voll gedeckt wäre (1120.81 € – 300 € Freibeträge), wird das Weihnachtsgeld nach § 11 Abs. 3 Satz 3 SGB II in sechs Teilbeträgen ab November angerechnet. Die Bereinigung des Weihnachtsgeldes um die Absetzungen nach Nr. 1, Nr 2 ergibt sich nach dem Differenzbetrag vom regulären Netto zum Einmalzahlungsnetto (1.120,81 € – 776,76 € = 344,05 €). Davon ist der das reguläre Brutto übersteigende Freibetrag bis zum Grenzeinkommen von 1.200 € abzuziehen (1.200 € – 1.000 € = 200 €, davon 10% = 20 €). Das Weihnachtsgeld ist somit in Höhe von 344,05 € – 20 € = 324,05 : 6 = 54 € dem regulären, monatlichen Nettoeinkommen von 776,76 € zuzuschlagen, von dem dann der Grundfreibetrag von 150 € und der weitere Freibetrag von 20% von 900 € (1.000 € – 100 €) = 180 € abzuziehen ist. Es werden also [776,76 € + 54 €] – [150 € + 180 €] = 500,76 € angerechnet.

Monatsübergreifende Einmalzahlungen

Umfasst das Einmaleinkommen Beträge, die einzelnen Monaten zugeordnet werden können, wie z. B. Nachzahlungen von Arbeitsentgelt aus Überstundenvergütungen oder von Insolvenzgeld, sind die auf die einmalige Einnahme im Zuflussmonat entfallenden Absetzbeträge anhand einer monatsbezogenen Berechnung zu bestimmen.

Beispiel

Als Einmaleinkommen fließt B. im laufenden Alg II-Bezug Insolvenzgeld für zwei Monate, für die der frühere Arbeitgeber den Lohn nicht mehr zahlen konnte, zu. Das in Höhe des ausgefallenen Nettoentgelts gezahlte Insolvenzgeld von 1.787,61 € beträgt 782,26 € für den ersten und 1.005,35 € für den zweiten Monat, was Bruttoentgelten von 1.002 € und 1.355 € entspricht. B. hatte für die in den Insolvenzmonaten erbrachte Arbeit 60 € Fahrkosten (Monatskarte) aufwenden müssen. Hier betragen die Absetzungen pro Monat nach Nr. 5 60 € + 15,33 € (§ 6 Abs. 1 Nr. 3a Alg II-VO) = für zwei Monate 150,66 €. Die vom Insolvenzgeld abzuziehenden Freibeträge nach § 11b Abs. 3 SGB II (Absetzungen nach Nr. 6) betragen für den ersten Monat 180 € (= 20% von 900 €) + 0,20 € (= 10% von 2 €) und für den zweiten Monat 180 € (= 20% von 900 €) + 20 € (= 10% von 200 €).

Die 1/6-Beträge errechnen sich folglich aus 1.787,61 € – [150,66 € + 380,20 €] = 1256,75 € : 6 = 209,46 €.
Auf das Alg II sind dann pro Monat 209,46 € – 30 € Versicherungspauschale anzurechnen.

Leistet das Jobcenter wegen der insolvenzbedingten Zahlungsausfälle, geht ein Erstattungsanspruch gegenüber der BA nach § 104 SGB X der Anrechnung als Einmaleinkommen vor.

Erstattungs-
anspruch
geht vor

D. erhält Alg II aufstockend zu Einkommen aus einem 400 €-Minijob. Sein Hilfebedarf liegt bei 680 € im Monat. Das Arbeitsentgelt wird am Ende des laufenden Monats ausgezahlt und dementsprechend mit 240 € auf den Regelbedarf in diesem Monat angerechnet. Wegen Zahlungsschwierigkeiten des Arbeitgebers wird das Entgelt für Mai nicht mehr gezahlt. D. kündigt zum 30.6. und beantragt die ungekürzte Zahlung von Alg II unter Hinweis auf einen bei der AA gestellten Insolvenzgeldantrag. Das Jobcenter zahlt für Mai 240 € Alg II nach und ab Juni ungekürzte Leistungen. Im Rahmen der Abrechnung des Erstattungsanspruchs nach § 104 SGB X zahlt die AA 480 € Insolvenzgeld (2 x 240 € anzurechnendes Arbeitsentgelt) an das Jobcenter. D. erhält den Rest des Insolvenzgeldes, er hat infolge der ungekürzten Alg II-Zahlungen seit Mai mithin keinen Nachteil.

Beispiel

2.7 Nachträgliche Berücksichtigung von Einmaleinkommen

Hat das Jobcenter trotz Mitteilung des Leistungsempfängers den Zufluss von Einmaleinkommen nicht berücksichtigt, ist bei der Rückabwicklung nach § 48 Abs. 1 Satz 2 Nr. 3 SGB X (Kein Vertrauensschutz) die Regelung des § 40 Abs. 4 SGB II zu beachten, wenn der 1/6-Betrag den Hilfebedarf ganz abgedeckt hätte.

Fiktives
Wohngeld

B. bezieht laufend Alg II. Sein Hilfebedarf liegt bei 680 € im Monat. Vermögen hat er nicht. Er teilt dem Jobcenter eine Mitte Oktober zugeflossene Erbschaft mit. Der Einkommenszufluss wird erst anlässlich der Bearbeitung eines Folgeantrags registriert und mit einem Aufhebungs- und Erstattungsbescheid nach § 48 SGB X umgesetzt, wobei als anrechenbare Teilbeträge 1.000 € ermittelt werden. B. kann in den Anrechnungsmonaten 56 % der Unterkunftskosten ohne Heizung behalten.

Beispiel

Erweist sich die Bedarfsberechnung in dem Monat, in dem das Einmaleinkommen anzurechnen ist, nachträglich als fehlerhaft, zieht eine Korrektur Änderungen bei der Einkommensanrechnung nach sich.

Korrekturen im
ersten Anrech-
nungsmonat

K. floss Ende Mai eine Steuererstattung in Höhe von bereinigt 700 € zu. Ihm waren 730 € Hilfebedarf monatlich zuerkannt worden. Die Steuererstattung wurde daher im Juni angerechnet. Im August meldete sich K. wegen Arbeitsaufnahme aus dem SGB II-Bezug ab. Tatsächlich war sein Hilfebedarf im Mai nur 690 €, weil K. vor Gericht

Beispiel 1

eine ab Februar verfügte Mieterhöhung rückgängig machen konnte. Er macht gegenüber dem Jobcenter zu Recht geltend, dass die Steuererstattung nur in Höhe von 116,67 € (700 € : 6) auf den Bedarf für Mai bis Juli hätte angerechnet werden dürfen.

Beispiel 2   E. floss Ende Mai eine Steuererstattung in Höhe von bereinigt 700 € zu. Ihr waren 680 € Hilfebedarf monatlich zuerkannt worden. Die Steuererstattung wurde daher ab Juni in Teilbeträgen von 116,67 € angerechnet. Vor dem Sozialgericht erstreitet E. einen höheren Anspruch auf Unterkunftskosten, ihr Bedarf im Mai erhöht sich dadurch auf 720 €. Das Jobcenter rechnet nach § 43 Abs. 1 Nr. 1 SGB II gegen den Nachzahlungsanspruch eine Rückforderung von Alg II nach § 48 Abs. 1 Satz 2 Nr. 3 SGB X für Juni auf. Zu Recht: Die Änderung der Miethöhe zieht eine Änderung der Einkommensanrechnung in Form eines anderen Anrechnungszeitraums gemäß § 48 Abs. 1 Satz 3 SGB X nach sich; die Steuererstattung muss nach § 11 Abs. 3 SGB II in voller Höhe auf den Hilfebedarf im Juni angerechnet werden.

2.8 Zulässige Ausweichreaktionen

Wohngeldantrag   Wird ein hohes Einmaleinkommen (z.B. Erbschaft, Abfindung) angerechnet, ist bei laufendem Erwerbseinkommen oberhalb des Minijobbereichs ein Wechsel zum Wohngeld nach § 8 Abs. 2 WoGG zu prüfen. Im Wohngeldrecht gilt ein großzügigerer Vermögensschutz als im SGB II (vgl. BayVGH vom 6.2.2009 – 12 ZB 08.2959; OVG Berlin-Brandenburg vom 28.3.2012 – OVG 6 B 4.11; BVerwG vom 18.4.2013 – 5 C 21.12).

Rücknahme des Alg II-Antrags?   Ist erstmalig Alg II beantragt worden und gibt es noch vor Zugang des Alg II-Bewilligungsbescheides einen geldwerten Zufluss oder ist ein solcher Zufluss in Kürze zu erwarten, kann der Alg II-Antrag nicht wirksam zurückgenommen werden, wenn dadurch die Anrechnung von Einkommen ausgehebelt werden soll (BSG vom 24.4.2015 – B 4 AS 22/14 R).

3 Anrechnung von Nachzahlungen

Regel   Für eine allein über den Zuflusszeitpunkt gesteuerte Abgrenzung von Einkommen zu Vermögen spielt die Art oder Zweckbestimmung der zufließenden Einnahmen keine Rolle. Konsequenterweise hat das BSG daher auch Nachzahlungen, die für vorangegangene Zeiträume bestimmt sind, ab dem Monat des Zuflusses als Einkommen angerechnet und der Formulierung in § 2 Abs. 4 Satz 1 Alg II-VO (i.d.F. bis 31.12.2010) »soweit nicht im Einzelfall eine andere Regelung angezeigt ist« keine Befugnis zu einer vom Zuflusszeitpunkt abweichenden Anrechnung entnommen (BSG vom 30.7.2008 – B 14 AS 43/07 R und – 26/07 R, vom 18.2.2010 – B 14 AS 86/08 R: Arbeitsentgelt, vom 16.12.2008 – B 4 AS 70/07 R: Krankengeld, vom 21.12.2009 – B 14 AS 46/08 R: Arbeitslosenhilfe, vom 7.5.2009 – B 14 AS 4/08 R; 13/08 R: Übergangsgeld

und vom 13.5.2009 – B 4 AS 29/08 R: Insolvenzgeld). Dass mit der Nachzahlung eine Notlage oder ein aufgeschobener Bedarf ausgeglichen
wird, spielt keine Rolle (vgl. dazu BVerwG vom 19.2.2001 – 5 C 4.00).

Existenzsichernde Leistungen nach dem Asylbewerberleistungsge-   Ausnahmen
setz sind nach BSG vom 25.6.2015 – B 14 AS 17/14 R nicht als Einkommen nach § 11 SGB II anzurechnen. Das BSG begründet dies im
Wesentlichen damit, dass Leistungen, die das Existenzminimum sichern sollen, unter Gleichbehandlungsgrundsätzen kein anzurechnendes Einkommen in den jeweils einschlägigen Grundsicherungssy-
stemen sind. Danach bleiben auch Nachzahlungen von Sozialhilfeleistungen nach dem 3. Kapitel SGB XII anrechnungsfrei.
Dagegen kann die gegenüber dem Sozialgeld vorrangige Grundsicherung bei Alter und dauerhafter Erwerbsminderung nach § 41 SGB XII
angerechnet werden.

Soll eine Nachzahlung nicht zum Nachteil derer gehen, die sich erfolgreich gegen eine Beschneidung ihres Anspruchs auf Sicherung
des Existenzminimums gewehrt haben, scheidet eine Anrechnung
auch dann aus, wenn die Nachzahlung Nachteile ausgleicht, die nicht
mehr beseitigt werden können.

Erst im Klageweg wird ein Anspruch auf BAB zuerkannt, der einen Miet-   Beispiel
zuschuss nach § 27 Abs. 3 SGB II (i.d.F. bis 31.7.2016) gegeben hätte.

Besteht die Nachzahlung nicht aus einer Summe laufender, aber bis-   Echtes
her zurückgehaltener Einnahmen, handelt es sich um eine »echte«   Einmaleinkommen
Einmalzahlung, die der Anrechnungsregel des § 11 Abs. 3 Satz 1
SGB II unterfällt.

Besteht die Nachzahlung aus einer Summe laufender, aber bisher zu-   Unechtes
rückgehaltener Einnahmen, handelt es sich um eine laufende Leis-   Einmaleinkommen
tung, die nur im Monat des Zuflusses angerechnet werden kann (BSG
vom 24.4.2015 – B 4 AS 32/14 R). Nach § 11 Abs. 3 Satz 2 SGB II sind
seit 1.8.2016 auch Nachzahlungen laufender Leistungen, die nicht für
den Monat des Zuflusses gezahlt werden, als Einmaleinkommen anzurechnen.

§ 11 Abs. 3 Satz 2 SGB II gibt dem Jobcenter kein Wahlrecht zwischen   Kein Wahlrecht
der Geltendmachung des auch gegenüber §§ 45, 48 SGB X vorrangigen   des Jobcenters
(dazu SG Gießen vom 17.11.2015 – S 22 AS 590/14 PKH) Erstattungsanspruchs nach § 40a SGB II i.V.m. §§ 104, 107 SGB X oder einer Anrechnung als Einmaleinkommen. Unter dem Gesichtspunkt der effektiven Durchsetzung des Nachranggrundsatzes hat § 11 Abs. 3 Satz 2
SGB II die Funktion, auf den Teil einer Nachzahlung zugreifen zu können, der auf Zeiträume vor Eintritt in den Hilfebezug fällt, sowie auf
die den Hilfebedarf übersteigenden Nachzahlungsbeträge.

K. hatte nach einer Kündigung zum 1. Juni Arbeitslosengeld nach   Beispiel
§ 136 ff SGB III beantragt. Wegen einer längeren Prüfung der An-

spruchsvoraussetzungen erhält K. erst am 26. November einen Bewilligungsbescheid über einen Alg-Anspruch ab 1. Juni nach einem
täglichen Leistungssatz von 28,52 € (= monatlich 855,60 €). Um seinen Lebensunterhalt bestreiten zu können, hatte K. am 5. August
Alg II beantragt und seit 1.8. Alg II in Höhe eines monatlichen Hilfebedarf von 804 € erhalten. Für die Zeit vom 1.8. bis zum 30.11. zahlt
die AA den Alg-Nachzahlungsbetrag in Höhe von monatlich 804 € an
das Jobcenter. Der an K. ausgezahlte Rest (2 x 855,60 €) + (4 x
51,60 €) kann als Einmaleinkommen gemäß § 11 Abs. 3 Satz 2 SGB II
auf das laufende Alg II angerechnet werden.

Zum Herausgabeanspruch nach § 34b SGB II → S. 910 ff.

**100 €-Grund-
pauschale**

Nach den DA zu § 11b SGB II soll im Fall einer Aufteilung einer aus
Erwerbstätigkeit stammenden Nachzahlung in 1/6-Beträge die
100 €-Grundpauschale nicht berücksichtigt werden. Das ist nach der
Entscheidung des BSG vom 17.7.2014 – B 14 AS 25/13 R zur Bereinigung von Löhnen, die in einem Monat zusammentreffen, nicht aufrecht zu erhalten.

Beispiel

G. erzielt laufend Einkommen aus einem 450 €-Minijob. Der Lohn
wird immer zum Letzten des Monats überwiesen. Wegen einer finanziellen Krise zahlt der Arbeitgeber im Juni und Juli keinen Lohn, im
August erhält G. 1.350 € ausgezahlt. Sein Hilfebedarf ist damit voll
gedeckt. Hier sind die 450 € jeweils um: 100 € Grundpauschale +
70 € (20%-Pauschale) zu bereinigen. Weil das anrechenbare Einkommen von 840 € den Hilfebedarf übersteigt, ist die Nachzahlung von
2 x 280 € mit jeweils 93,33 € zusätzlich zum laufenden Einkommen
von bereinigt 280 € auf den Hilfebedarf anzurechnen.

V Anrechnung von Einkommen bei Alg I-Aufstockern

Bezieht der Leistungsberechtigte neben Alg I aufstockend
Alg II, ist das Alg I als Einkommen abzüglich der Versicherungspau-
schale sowie der Werbungskosten anzurechnen. Bezieht der Leis-
tungsberechtigte außerdem noch Einkommen aus einer kurzzeitigen
Erwerbstätigkeit, das nach § 155 SGB III als Nebeneinkommen das
Alg I mindert, ist sowohl das geminderte Alg I als auch das um die
Absetzbeträge nach § 11b Abs. 1 SGB II bereinigte Nebeneinkommen
anzurechnen.

Beispiel

Neben Alg I in Höhe von monatlich 516 € hat K. ein Nebeneinkommen aus abhängiger Erwerbstätigkeit in Höhe von monatlich 250 €
netto (pro Monat zehn Arbeitstage, einfache Fahrstrecke 15 km). Unterkunftskosten 400 €.

1. Anrechnung des Erwerbseinkommens auf Alg I-Anspruch

Erwerbseinkommen	250,00 €
– Fahrkostenpauschale 0,30 €/km	– 45,00 €
– Freibetrag nach § 155 SGB III	– 165,00 €
= Anrechnungsbetrag auf Alg I	**= 40,00 €**

Monatliches Alg I	516,00 €
– Anrechnungsbetrag auf Alg I	– 40,00 €
= Alg I-Anspruch	**= 476,00 €**

2. Anrechnung des Erwerbseinkommens auf Alg II

Erwerbseinkommen	250,00 €
– 100 € -Grundpauschale	– 100,00 €
– 20 %-Freibetrag von 150 € (250 € – 100 €)	– 30,00 €
= Anrechnungsbetrag auf Alg II	**= 120,00 €**

3. Bedarf nach Anrechnung von Alg I und Erwerbseinkommen

Gesamtbedarf	804,00 €
– Alg I	– 476,00 €
– Erwerbseinkommen	– 120,00 €
= Restbedarf Alg II	**= 208,00 €**

Im SGB III gilt nicht das Zuflussprinzip, sondern das Deckungsprinzip. Anzurechnen ist das Nettoeinkommen für den Monat, in dem Alg I bezogen wird, auch wenn der Arbeitgeber das Entgelt erst später zahlt. Für das Alg II ist dann zu beachten, dass nur das Alg I, bereinigt um Absetzungen nach § 11b Abs. 1 Nr. 3 – 5 SGB II angerechnet wird. Nebeneinkommen aus Zeiträumen vor dem Alg I-Bezug oder während eines ruhenden Alg I-Anspruchs erarbeitetes Einkommen bleibt nach § 155 SGB III anrechnungsfrei, kann also voll auf das Alg II angerechnet werden.

Im SGB III kein Zuflussprinzip

Werden ergänzend zu Alg I und Nebenjob SGB II-Leistungen bezogen, kann stets nur das um das Nebeneinkommen bereinigte Alg I auf das Alg II angerechnet werden (SG Berlin vom 27.5.2016 – S 37 AS 22238/15). Muss ein Aufstocker wegen Erhöhung des Nebeneinkommens Alg I zurückzahlen, ist der der AA zu erstattende Betrag vorab abzuziehen (SG Augsburg vom 18.10.2005 – S 1 AS 157/05).

Keine Doppelanrechnung

Beispiel

K. bezieht seit März laufend Alg II aufstockend zum Alg I und neben einer mit 160 € vergüteten Nebentätigkeit. Nach Androhung einer Arbeitsgerichtsklage erhält K. im Juli rückwirkend ab März monatlich 350 € statt 160 € Lohn für die Nebentätigkeit. Soweit die AA Rückzahlung von zu viel gezahltem Alg I verlangt, kann das Jobcenter den Rückzahlungsbetrag nicht auch noch als Einkommen auf das Alg II anrechnen.

Wer den Alg I-Anspruch verliert, weil er eine Beschäftigung von 15 Stunden und mehr aufnimmt, muss sich nicht nur bei der AA, sondern auch beim Jobcenter unverzüglich abmelden. Da Alg I zum Monatsende gezahlt wird, kann im Fall einer rechtzeitigen Mitteilung der Arbeitsaufnahme die Alg I-Anrechnung auf das Alg II noch im Monat der Arbeitsaufnahme korrigiert werden.
Hat der Leistungsbezieher trotz unverzüglicher Mitteilung der Arbeitsaufnahme weiter Alg I und Alg II unter Anrechnung von Alg I bezogen, kann er wegen der Rückzahlung des Alg I eine Neuberechnung des Alg II fordern, wenn er das überwiesene Alg I im Wissen um die Rückforderung nicht angetastet hat. Hat er dagegen das Alg I zum Lebensunterhalt eingesetzt, war sein Bedarf insoweit tatsächlich gedeckt, die Anrechnung auf das Alg II ist dann nicht zu beanstanden.

VI   Wessen Einkommen wird wie auf die Einzelansprüche der BG angerechnet?

Nach Satz 2 von § 9 Abs. 2 SGB II sind folgende Personen der BG zum Einsatz ihres Einkommens verpflichtet:

- Wechselseitig Ehegatten, eingetragene Lebenspartner und Einstandspartner.

- Eltern gegenüber den
  - minderjährigen leiblichen Kindern und
  - volljährigen leiblichen Kindern (bis zum 25. Geburtstag), solange diese unverheiratet und hilfebedürftig sind.

- Ehepartner, eingetragene Lebenspartner, und Einstandspartner gegenüber Stiefkindern (→ S. 91) bis zum 25. Geburtstag, solange diese unverheiratet und hilfebedürftig sind.

Wie wird angerechnet?

Nach § 9 Abs. 2 Satz 3 SGB II gilt jede Person der BG im Verhältnis des eigenen Bedarfs zum Gesamtbedarf als hilfebedürftig und hat insofern einen individuellen Leistungsanspruch. Die Bedarfe nach § 28 SGB II bleiben bei der Berechnung nach § 9 Abs. 2 Satz 3 SGB II außer Betracht.

Zur Ermittlung des einzusetzenden Einkommens für die BG müssen zunächst die einzelnen Einkommen den einzelnen Personen der BG zugeordnet werden, weil Kinder und Jugendliche bei Bedarfsdeckung mit eigenem Einkommen aus der BG herausfallen (§ 7 Abs. 3 Nr. 4 SGB II). Ihr Einkommen ist schon bei der Errechnung des Bedarfs abzusetzen (BSG vom 18.6.2008 – B 14 AS 55/07 R). Dann ist für die der BG angehörenden Leistungsberechtigten entsprechend den Bedarfsanteilen am Gesamtbedarf das gemeinsam zu verteilende Einkommen anzurechnen. Am anschaulichsten lässt sich das an einem Rechenbeispiel erläutern:

Ehegatten A. und B. wohnen zusammen mit ihrem siebenjährigen Kind C. Die Unterkunfts- und Heizkosten betragen 400 €. A. erzielt aus einem Minijob 250 € monatlich. Für C. bezieht die Familie 190 € Kindergeld. Da Kinder und junge Volljährige bis zum 25. Geburtstag bei Deckung des eigenen Bedarfs nicht zur BG gehören (§ 7 Abs. 3 Nr. 4 SGB II) und ihr eigenes Einkommen nicht zur Bestreitung des Unterhalts der Eltern einsetzen müssen, ist vorab zu ermitteln, ob ihr eigener Bedarf mit eigenem Einkommen gedeckt ist.

Beispiel

Bedarf C.

Regelbedarf	270,00 €
+ 1/3 der Unterkunfts- und Heizkosten	+ 133,33 €
= Bedarf C.	**= 403,33 €**

Anrechenbares Einkommen C. = 190 € Kindergeld.
C. kann somit den eigenen Bedarf nicht mit dem eigenen Einkommen decken und gehört mit einem Bedarfsanteil von 213,33 € (403,33 € – 190 €) zur BG.

Bedarf A., B. und C.

Regelbedarf A. und B. (2 x 364 €)	728,00 €
+ Bedarf C.	+ 213,33 €
+ 2/3 der Unterkunfts-/Heizkosten für A. und B.	+ 266,66 €
= Bedarf A., B. und C.	**= 1.207,99 €**

Anrechenbares Einkommen A. = 120 € (250 € – 100 € Grundfreibetrag – 20 %-Freibetrag von 150 € = 30 €).
Damit ergeben sich die im Verhältnis zum Gesamtbedarf stehenden individuellen Bedarfs- und Einkommensanrechnungsquoten:
Für A. und B. von 0,4117 (497,33 € : 1.207,99 €).
Für C. von 0,1766 (213,33 € : 1.207,99 €).
A. und B. steht folglich jeweils ein um 120 € x 0,4117 = 49,40 € verminderter Alg II-Anspruch zu.
Für C. verringert sich der Sozialgeld-Zahlbetrag um 120 € x 0,1766 = 21,19 €. A. und B. erhalten also jeweils 447,93 € Alg II und C. 192,14 € Sozialgeld. Dazu kommen evtl. Bedarfe nach § 28 SGB II.

VII   **Einkommensanrechnung in der gemischten BG**

Da das SGB II und das SGB XII nicht aufeinander abgestimmt sind, kann es Schwierigkeiten geben bei der Anrechnung

- von Renteneinkommen auf das Alg II des erwerbsfähigen Partners;

- von Erwerbseinkommen des Alg II-Aufstockers auf die Grundsicherung nach § 41 SGB XII des erwerbsunfähigen Partners oder eines volljährigen, dauerhaft erwerbsunfähigen Kindes.

Im ersten Fall ist grundsätzlich sowohl der Bedarf als auch das Einkommen des berenteten Partners nach SGB II-Maßstäben zu bestimmen (BSG vom 15.4.2008 – B 14/7b AS 58/06 R). Bleibt nach Abzug des fiktiven SGB II-Bedarfs vom bereinigten Einkommen ein Rest, ist dieser auf das Alg II des erwerbsfähigen Partners anzurechnen. Die Versicherungspauschale ist nicht noch einmal abzusetzen (BSG vom 21.12.2009 – B 14 AS 42/08 R).

Vergleichs-
berechnung

In der Regel ist die SGB II-immanente Rechenweise günstig. Es kann aber Ausnahmen geben, wenn der SGB XII-Regelbedarf nach § 27a Abs. 4 SGB XII höher liegt (dazu BSG vom 16.4.2013 – B 14 AS 71/12 R; LSG Berlin-Brandenburg vom 30.4.2015 – L 32 AS 1844/13 ZVW). Um zu verhindern, dass der Rentner infolge der Bedarfsberechnung hilfebedürftig in dem für ihn zuständigen System des SGB XII wird, ist dann eine Vergleichsberechnung durchzuführen (BSG vom 25.4.2013 – B 8 SO 8/12 R).

Beispiel

Ein Ehepaar zahlt für Miete und Heizung 400 € monatlich. Die erwerbsfähige Frau ist arbeitslos ohne Anspruch auf Alg I. Der Ehemann ist Rentner mit einer Netto-Altersrente von 597 €. Er bezahlt für eine Hausrat-, Haftpflicht- und eine Sterbegeldversicherung Beiträge in Höhe von 40 €. Wegen Atembeschwerden benötigt er ein Sauerstoffgerät.

Das Jobcenter rechnet den fiktiven SGB II-Bedarf von 364 € + 200 € Unterkunftskosten von der um die 30 €-Versicherungspauschale bereinigten Rente ab. Die überschüssigen 3 € werden auf den Bedarf der Ehefrau angerechnet. Damit blieben dem Ehemann 597 € – 3 € = 594 € Rente, abzüglich der Versicherungsbeiträge blieben 554 €. Damit wäre er infolge der SGB II-Anrechnung SGB XII-hilfebedürftig.
Ein anrechenbares Einkommen ergibt sich bei Ansatz des SGB XII-Hilfebedarfs von 622 € (364 € Regelbedarf + 18 € erhöhter Bedarf wegen der Erkrankung) + 200 € + 40 € = 622 € nicht.

Nach BSG vom 9.6.2011 – B 8 SO 20/09 R hat bei der Anrechnung von Erwerbseinkommen des Alg II-Aufstockers auf die Grundsicherung des erwerbsunfähigen Partners oder volljährigen Kindes eine Bereinigung mit den SGB II-Freibeträgen zu erfolgen (zum KdU-Bedarf des volljährigen, dauerhaft erwerbsunfähigen Kindes im Haushalt der Eltern s. BSG vom 17.12.2015 – B 8 SO 10/14 R).

VIII   Einkommensanrechnung in der BG mit leistungsausgeschlossenen Personen

Personen, die als Partner oder Kinder mit Alg II-Leistungsberechtigten zusammenleben, gehören auch dann zur BG, wenn sie von SGB II-Leistungen ausgeschlossen sind, z.B. gemäß § 7 Abs. 5 SGB II wegen eines Studiums.

Verfügen sie über Einkommen, ist wegen des Leistungsausschlusses eine horizontale Verteilung auf alle Mitglieder der BG gemäß § 9 Abs. 2 Satz 3 SGB II nicht möglich. Stattdessen kann nur das Einkommen auf die leistungsberechtigten BG-Mitglieder verteilt werden, das den eigenen Bedarf des leistungsausgeschlossenen BG-Mitglieds übersteigt (s. z.B. LSG NRW vom 30.11.2015 – L 19 AS 1570/15 B).

In der Regel wird sowohl der Bedarf des leistungsausgeschlossenen BG-Mitglieds als auch dessen Einkommen strikt nach SGB II-Maßstäben bemessen. Das kann aber zu ungerechten Ergebnissen führen, wenn das leistungsberechtigte BG-Mitglied wegen des Leistungsausschlusses weniger Leistungen erhält (s. dazu SG Berlin vom 28.1.2016 – S 26 AS 26515/13: Voller Regelbedarf, weil BG-Partner nur begrenzte Leistungen nach dem AsylbLG erhält) oder wenn das von Leistungen ausgeschlossene BG-Mitglied wegen des Leistungsausschlusses einen über den Regelbedarf hinausgehenden Bedarf hat.

Beispiel

K. hat im höheren Alter ein Studium aufgenommen. BAföG gibt es nicht mehr. Er muss Studiengebühren zahlen. Um das Studium zu finanzieren, hat er eine Arbeit angenommen. K. zieht zur Kostenersparnis in die Wohnung seiner langjährigen Freundin D., die Alg II erhält. Das Jobcenter rechnet den Betrag des Netto-Einkommens, der nach Abzug der Freibeträge für Erwerbseinkommen den fiktiven SGB II Bedarf des K. (Regelbedarf plus hälftige Miete) übersteigt, auf das Alg II der D. an.
K. wendet ein, er benötige 300 € extra für die Studiengebühren und Lehrmaterial.

Da K. kein Alg II bezieht und allenfalls Leistungen nach § 27 SGB II bekommen könnte, gibt es keine Grundlage, ihn zu einer Aufgabe des Studiums anzuhalten, um mehr Geld für die Unterstützung der D. verdienen zu können. K. ist daher berechtigt, sein Einkommen um die notwendigen Aufwendungen für das Studium zu bereinigen (a. A. LSG Niedersachsen-Bremen vom 15.3.2012 – L 15 AS 426/10).

IX   **Einkommensanrechnung in der Haushaltsgemeinschaft mit Verwandten oder Verschwägerten**

Unterstützungs-vermutung

Nach § 9 Abs. 5 SGB II wird vermutet, dass ein Leistungs-berechtigter, der in Haushaltsgemeinschaft mit Verwandten oder Verschwägerten lebt, von ihnen Leistungen zum Lebensunterhalt er-hält, soweit es nach ihren Einkommensverhältnissen erwartet wer-den kann. Die Unterhaltsvermutung greift erst, wenn das Jobcenter nachweist, dass zwischen den Verwandten eine Wirtschaftsgemein-schaft besteht (BSG vom 18.2.2010 – B 14 AS 32/08 R und B 4 AS 5/09 R; LSG NRW vom 19.7.2012 – L 7 AS 687/10; zum Umfang eines Zeugnisverweigerungsrechts der Eltern s. LSG NRW vom 1.12.2010 – L 19 AS 1094/10 B). Dabei gehen die Anforderungen an das ge-meinsame Wirtschaften über die gemeinsame Nutzung von Bad, Kü-che und ggf. Gemeinschaftsräumen hinaus. Das auch in Wohnge-meinschaften häufig anzutreffende gemeinsame Einkaufen von Nah-rungsmitteln und sonstigen Bedarfsartikeln des täglichen Lebens aus einer von den Mitbewohnern zu gleichen Teilen getragenen Kasse begründet noch keine Wirtschaftsgemeinschaft i.S. des § 9 Abs. 5 SGB II (LSG Niedersachsen-Bremen vom 4.12.2008 – L 9 AS 467/08 ER; BSG vom 27.1.2009 – B 14 AS 6/08 R; SG Münster vom 18.8.2011 – S 15 AS 64/09).

Leistungs-fähigkeit

Ein Einsatz des Einkommens wird erwartet, wenn das nach § 11b SGB II bereinigte Einkommen des Verwandten/Verschwägerten einen Freibetrag in Höhe des doppelten Regelbedarfs zuzüglich der anteili-gen oder, bei voller Kostenübernahme, der gesamten Unterkunfts-/Heizkosten übersteigt (§ 1 Abs. 2 Alg II-VO). Die Hälfte des Über-schussbetrages wird dann als vermuteter Unterhaltsbeitrag auf den Bedarf des Leistungsberechtigten angerechnet.

Beispiel

Die hilfebedürftige A. lebt mit ihrer Tante T. im gemeinsamen Haus-halt; Unterkunfts-/Heizkosten 400 €;
T. verfügt über ein SGB II-bereinigtes Nettoeinkommen von 1.500 € monatlich.

SGB II-bereinigtes Nettoeinkommen T.		1.500 €
– 2 x Regelbedarf von 404 €	–	808 €
– 1/2 Unterkunfts-/Heizkosten	–	200 €
Differenz	=	492 €
Davon 50 %		**246 €**

Nach § 1 Abs. 2 Alg II-VO wird vermutet, dass T. mit 246 € zum Un-terhalt von A. beiträgt.

Bei dem so errechneten Einsatzbetrag handelt es sich um eine zulässige, im Rahmen der § 13 SGB II liegende Pauschalierung (BSG vom
19.2.2009 – B 4 AS 68/07 R).

Zulässige
Pauschalierung

Da es in § 9 Abs. 5 SGB II um eine »Unterstützungserwartung« geht,
sind zusätzliche Belastungen freibetragserhöhend zu berücksichtigen; z. B.:

Einkommens-
bereinigung

- Unterhaltszahlungen an Unterhaltsberechtigte außerhalb der Haushaltsgemeinschaft;

- Beiträge zu Versicherungen (Hundehaftpflicht, Rechtsschutzversicherung usw.);

- Kosten für die eigene Aus- und Weiterbildung;

- Sonderbedarfe, beispielsweise für Brillen;

- Zinsen und Tilgung aus Schuldverpflichtungen (SG Kassel vom
  3.11.2009 – S 6 AS 733/07).

Lebt der Einkommensbezieher außerdem mit hilfebedürftigen Angehörigen zusammen, vermindert sich das zur Verfügung stehende Einkommen und erhöht sich der Freibetrag um die vorrangig zu deckenden Hilfebedarfe in der BG. Das gilt auch, wenn der Einkommensbezieher dem verwandten Haushaltsangehörigen gegenüber zum Unterhalt verpflichtet ist, wie z. B. Eltern gegenüber den in Erstausbildung
befindlichen Kindern.

Zusammen-
treffen mit BG

Der 26-jährige Auszubildende A. lebt in einer Haushaltsgemeinschaft
mit seinen Eltern und dem 16-jährigen Bruder. Er erhält netto 400 €
Ausbildungsvergütung. Das bereinigte Einkommen des Vaters beträgt
1.900 €. Neben dem Kindergeld in Höhe von 190 € für den 16-
jährigen Bruder verfügt die Familie über kein weiteres Einkommen.
Die Unterkunfts-/Heizkosten betragen 600 € und werden voll vom
Vater getragen. A. beantragt Alg II.

Beispiel

Nach § 9 Abs. 5 i. V. m. § 1 Abs. 2 Alg II-VO ergibt sich folgende Berechnung:

Einkommenseinsatz für die BG

Vater (404,00 € x 2)	808,00 €
+ Mutter	+ 364,00 €
+ 16-jähriger Bruder	+ 306,00 €
+ Unterkunfts-/Heizkosten	+ 600,00 €
= Freibetrag	**= 2.078,00 €**

Einkommen des Vaters	1.900,00 €
+ Kindergeld	+ 190,00 €
− Freibetrag	− 2.078,00 €
= **Überschussbetrag**	= **12,00 €**

Davon sind anrechenbar (50 %) = 6 €.

Bedarf des Antragstellers A.

Regelbedarf	404,00 €
+ Unterkunfts-/Heizkosten	+ 0,00 €
= **Bedarf**	= **404,00 €**
− Ausbildungsvergütung (bereinigt)	− 210,00 €
− anrechenbare Leistung des Vaters	− 6,00 €
= **Leistungsanspruch**	= **188,00 €**

Verdienen beide Eltern so viel, dass ihr eigener Bedarf gedeckt ist, erfolgt eine getrennte Berechnung, die beiden Verdienern mindestens den Freibetrag nach § 1 Abs. 2 Alg II-VO belässt (dazu SG Stade vom 27.4.2012 – S 28 AS 134/10).

Beispiel

Wie zuvor, mit bereinigtem Einkommen des Vaters von 1.400 € und Einkommen der Mutter von bereinigt 800 €. Die Unterkunfts-/Heizkosten werden zur Hälfte geteilt. Für den Unterhalt des minderjährigen Bruders kommt der auch das Kindergeld beziehende Vater auf.

Einkommenseinsatz des Vaters für die BG

Eigenbedarf (2 x 404 €)	808,00 €
+ Unterstützung des 16-jährigen Bruders	+ 306,00 €
+ anteilige Unterkunfts-/Heizkosten	+ 300,00 €
= **Freibetrag**	= **1.414,00 €**

Einkommen des Vaters	1.400,00 €
+ Kindergeld	+ 190,00 €
− Freibetrag	− 1.414,00 €
= **Überschussbetrag**	= **176,00 €**

Davon sind anrechenbar (50 %) = 88 €.

Einkommenseinsatz der Mutter für die BG

Eigenbedarf (2 x 404 €)		808,00 €
+ anteilige Unterkunfts-/Heizkosten	+	300,00 €
= Freibetrag	**=**	**1.108,00 €**

Einkommen der Mutter		800,00 €
− Freibetrag	−	1.108,00 €
= Überschussbetrag	**=**	**0,00 €**

Mit Anrechnung der Unterstützungsleistung des Vaters und der Ausbildungsvergütung ist der Bedarf des A. von 404 € nicht gedeckt. Ein Anspruch auf Alg II besteht in Höhe von 106 €.

I   **Anrechnung von Kindergeld für Kinder in der BG**

1   **Grundsatz: Anrechnung**

§ 11 Abs. 1 Satz 5 SGB II bestimmt, dass Kindergeld für Kinder in der BG Einkommen der Kinder ist, »soweit es bei dem jeweiligen Kind zur Sicherung des Lebensunterhalts ... benötigt wird.« Insoweit wird das Kindergeld auf den SGB II-Bedarf des Kindes angerechnet. Das gilt auch, wenn das Kind nach § 7 Abs. 5 SGB II von SGB II Leistungen ausgeschlossen ist, etwa wegen eines mit BAföG förderbaren Studiums. Ist es hilfebedürftig, gehört es dennoch zur BG (BSG vom 31.10.2007 – B 14/11b AS 7/07 R).

Das BVerfG vom 11.3.2010 – 1 BvR 3163/09 und vom 7.7.2010 – 1 BvR 2556/09 hat die volle Anrechnung des Kindergeldes auf den Regelbedarf des in der BG lebenden Kindes bestätigt.

Verfassungs-rechtlich abgesegnet

2 Ausnahme: Keine Anrechnung auf Bildungs-/Teilhabebedarfe

Nicht angerechnet wird das Kindergeld auf die Bedarfe für Bildung und Teilhabe nach § 28 SGB II (§ 11 Abs. 1 Satz 5 SGB II). Dies hat zur Folge, dass

- der Anspruch auf Leistungen nach § 28 SGB II erhalten bleibt, sofern er nicht mit sonstigem Einkommen des Kindes oder über einen Wechsel zum Kinderzuschlag und Wohngeld (§§ 6a, 6b BKGG) erfüllt werden kann (§ 19 Abs. 2 Satz 2 SGB II);

- der unter 25-Jährige auch dann zur Eltern-BG gehört, wenn nur die Bedarfe nach § 28 SGB II nicht gedeckt sind;

- Kindergeld, das zusammen mit sonstigem Einkommen den Regelbedarf und die anteiligen Unterkunfts- und Heizkosten des Kindes übersteigt, auf den SGB II-Bedarf der Eltern statt auf die Bedarfe nach § 28 SGB II angerechnet wird.

3 Anrechnung nur bei Zugriff auf das Kindergeld

Die Anrechnung des Kindergelds als Einkommen des Kindes in § 11 Abs. 1 Satz 5 SGB II beruht auf der Annahme, dass der bezugsberechtigte Elternteil mit dem Kind im gemeinsamen Haushalt lebt und das Kindergeld zum Lebensunterhalt des Kindes einsetzt. Ist diese Voraussetzung nicht (mehr) erfüllt, darf das Kindergeld nicht auf das Sozialgeld/Alg II des Kindes angerechnet werden.

Beispiel

Die leiblichen Eltern des 13-jährigen T. leben getrennt. Die Mutter M. bezieht Alg II. T. wohnt beim Vater V., der auch das Kindergeld bezieht. Wegen Streitigkeiten zieht T. am 12.8. zu M.
M. beantragt für T. Sozialgeld und verlangt am 17.9. bei der Familienkasse das Kindergeld für sich. Hier wird zwar die Bezugsberechtigung zum Ersten des auf den Umzug folgenden Monats (1.9.) geändert, das dauert aber. Solange M. noch kein Kindergeld ausgezahlt erhält, muss das Jobcenter den vollen Regelbedarf für T. zahlen. Das Kindergeld, das V. nach dem Umzug noch erhalten hat, muss er nach § 37 AO erstatten. V. kann den Erstattungsanspruch dadurch erfüllen, dass er das Kindergeld an die M. überweist. Die Zahlung ist im

Zuflussmonat als Einmal-Einkommen auf den Bedarf des T. anzurechnen.

Frauenhaus

Kindergeld ist auch nicht anzurechnen nach einer Flucht von Mutter und Kind ins Frauenhaus, solange das Kindergeld dem Vater überwiesen wird. Verweigert der Vater eine Änderung der Bezugsberechtigung, kann das Jobcenter das Kindergeld auf sich abzweigen (§ 74 Abs. 1 Satz 4 EStG) oder beim Kindesvater pfänden lassen (§ 76 EStG).

Versöhnungsversuch

Nach FG Hessen vom 30.4.2014 – 12 K 1044/11 lebt nach Rückkehr von Frau und Kind im Rahmen eines Versöhnungsversuchs die ursprüngliche Kindergeld-Bezugsberechtigung wieder auf, sofern nicht zuvor eine neue Regelung getroffen wurde.

Aufgerechnetes Kindergeld

Rechnet die Familienkasse laufendes Kindergeld mit Erstattungsansprüchen nach § 75 EStG auf, ist nach LSG NRW vom 2.3.2015 – L 19 AS 1475/14 NZB aufgrund der Schuldtilgung (wertmäßiger Zuwachs) dennoch das volle (fiktive) Kindergeld anzurechnen. Wegen der Abwehrbefugnis in § 75 Abs. 1 EStG sei das ungekürzte Kindergeld auch »bereites« Einkommen. Dem kann unter Berücksichtigung des BSG vom 19.8.2015 – B 14 AS 43/14 R nur zugestimmt werden, wenn der Kindergeldbezieher trotz Hinweis auf die Rechtslage durch das Jobcenter untätig bleibt, d. h. gegenüber der Familienkasse nicht die Hilfebedürftigkeit nachweist.

Zeitweise BG

Nach LSG Baden-Württemberg vom 20.5.2010 – L 7AS 5263/08 ist das an die Pflegefamilie gezahlte Kindergeld nicht auf das Sozialgeld oder Alg II anzurechnen, das dem Kind für die Dauer des Aufenthalts bei seinen leiblichen Eltern (Besuchs-BG) zusteht (im Ergebnis ebenso BSG vom 6.8.2014 – B 4 AS 55/13 R). Gleiches gilt für das an den allein sorgeberechtigten Elternteil ausgezahlte Kindergeld; auch dieses ist nicht auf den Regelbedarf, den das Kind für die Tage des Aufenthalts beim umgangsberechtigten Elternteil erhält, anzurechnen, wenn es dem Kind nicht zur Verfügung steht (BSG vom 2.7.2009 – B 14 AS 75/08 R und vom 12.6.2013 – B 4 AS 50/12 R; s. auch LSG Schleswig-Holstein vom 23.2.2011 – L 11 AS 40/09 und vom 17.1.2014 – L 3 AS 114/11, Revision anhängig – B 14 AS 23/14 R).

4   Kinderzählvorteil

Nach § 2 Abs. 1 Satz 1 SGB II müssen erwerbsfähige Leistungsberechtigte und die mit ihnen in BG lebenden Personen »alle Möglichkeiten« zur Beseitigung oder Verringerung ihrer Hilfebedürftigkeit ausschöpfen. Dazu gehört auch die Bezugsberechtigung zu ändern, um das Kindergeld zu erhöhen.

Beispiel

M. und V. beziehen für sich und das gemeinsame Kind T. Alg II/Sozialgeld. M. ist bezugsberechtiger Elternteil für das Kindergeld von 190 €. V. hat noch drei weitere Kinder aus einer früheren Beziehung, die bei der Mutter leben, die für diese Kinder Kindergeld erhält. Durch Wechsel der Bezugsberechtigung von M. auf V. gilt T. als 4. Kind, für das 221 € Kindergeld gezahlt wird.

Ein Partnerkind kann nur dann als Zählkind berücksichtigt werden, wenn es in den Haushalt aufgenommen wird (BFH vom 2.3.2009 – III B 4/07). Durch Wechsel der Bezugsberechtigung kann aber auch in Patchwork-Familien der Zählvorteil genutzt werden.

Patchwork-Familie

R. und G. leben in Einstandsgemeinschaft mit ihren gemeinsamen Kindern A. und B. zusammen. R. bezieht für beide Kinder Kindergeld von je 190 €. G. hat außerdem ein Kind K. aus einer früheren Beziehung, das als Student allein lebt und von G. Unterhalt erhält.
Hier kann R. nicht verlangen, dass K. als Zählkind berücksichtigt wird, um für B. als drittes Kind 196 € Kindergeld zu erhalten, weil K. nicht der leibliche Sohn der R. ist und deshalb nur als Zählkind berücksichtigt werden könnte, wenn er im Haushalt der neuen Familie seines Vaters lebte. G. kann jedoch das Kindergeld für A. und B. beantragen und darüber den Zählkindvorteil für sein leibliches Kind K. nutzen.

Beispiel

5 Bereinigung des Kindergeldes

Das für volljährige Kinder gezahlte Kindergeld kann gemäß § 6 Abs. 1 Nr. 1 Alg II-VO um die 30 €-Versicherungspauschale gekürzt werden, sofern das Kind kein sonstiges Einkommen bezieht. Nach BSG vom 18.6.2008 – B 14 AS 55/07 R setzt der Abzug der Versicherungspauschale nicht voraus, dass tatsächlich Beiträge zu privaten Versicherungen aufgewendet worden sind.

Volljährige Kinder

Wird zusätzlich zum Kindergeld ein Nebenjob ausgeübt, kann die Versicherungspauschale nur einmal, als Pauschale im 100 €-Grundfreibetrag, abgesetzt werden. Das gilt auch bei einem Verdienst unter 100 €. Eine Übertragung des nicht ausgeschöpften Freibetrages auf das Kindergeld ist nach BSG vom 5.6.2014 – B 4 AS 49/13 R unzulässig. Im Fall einer rückwirkenden Bedarfsberechnung gibt es nur Vertrauensschutz, wenn die Bewilligung ohne Verschulden des Leistungsbeziehers fehlerhaft war; ansonsten kann das um 30 € überzahlte Kindergeld nach § 48 Abs. 1 Nr. 3 SGB X zurückgefordert werden.

Nebenjob für Versicherungspauschale ein Flop

K. ist Schüler. Er jobbt als Verkaufshilfe und verdient 80 € monatlich. Seine Mutter hat als BG-Vorstand (§ 38 SGB II) dem Jobcenter diesen anrechnungsfreien Nebenjob mitgeteilt. Sowohl im laufenden Bewilligungsabschnitt als auch im Folgezeitraum wird das Kindergeld um 30 € bereinigt. Als der Fehler bemerkt wird, fordert das Jobcenter die 30 € »zuviel« abgezogene Versicherungspauschale von K. zurück. Im Folgebewilligungszeitraum geht das nur, wenn K wusste oder hätte wissen müssen, dass der anrechnungsfreie Nebenjob zu einer vollen Anrechnung des Kindergeldes führt.

Beispiel

Minderjährige
Kinder.

Nur
angemessene
Versicherungen

Die 30 €-Versicherungspauschale nach § 6 Abs. 1 Nr. 1 Alg II-VO kann nicht vom Kindergeld für minderjährige Kinder abgesetzt werden (BSG vom 7.11.2006 – B 7b AS 18/06 R, vom 31.10.2007 – B 14/11b AS 7/07 R und vom 18.6.2008 – B 14 AS 55/07 R).

§ 6 Abs. 1 Nr. 2 Alg II-VO lässt jedoch den Abzug der Pauschale zu, wenn eigene, angemessene Versicherungen des Minderjährigen tatsächlich abgeschlossen wurden. Dies kann insbesondere für Jugendliche ab dem 15. Geburtstag Vorteile bringen, da sie mit Eintritt in den Alg II-Bezug auch eine angemessene private Altersvorsorge mit dem Schutz nach § 12 Abs. 2 Satz 1 Nr. 3 SGB II aufbauen können.

Nur angemessene Versicherungen mindern das Kindergeld um die 30 €-Pauschale. Es genügt nach BSG vom 10.5.2011 – B 4 AS 139/10 R, wenn das Kind Begünstigter eines von seinen Eltern abgeschlossenen Versicherungsvertrages ist. Das gilt nicht, wenn der Versicherungsschutz im Rahmen einer beitragsfreien Mitversicherung gewährleistet wird (LSG Hamburg vom 11.11.2010 – L 5 AS 58/07). Ist das Einkommen eines minderjährigen Kindes das einzige Einkommen in der BG, scheidet der Abzug der Versicherungspauschale für Familienversicherungen (Haftpflicht, Hausrat) aus. Denn mit dem Kindergeld soll in erster Linie die Existenz des Kindes gesichert werden (BSG vom 16.2.2012 – B 4 AS 89/11 R). Ob eine Versicherung angemessen ist, muss individuell geprüft werden. Dabei spielen neben besonderen Risiken (z. B. Erbkrankheit, Behinderung) auch die Bedingungen, zu denen die Versicherung abgeschlossen wurde, eine Rolle; eine Versicherung mit Minimalbeitrag und entsprechend eingeschränktem Versicherungsschutz ist von vornherein unangemessen, wenn damit nur der Pauschalabzug von 30 € ermöglicht werden soll. Ebenso eine Versicherung mit einem Beitrag, den Bezieher von Einkommen knapp oberhalb der Grundsicherungsgrenze üblicherweise nicht aufwenden würden.

Das BSG vom 10.5.2011 – B 4 AS 139/10 R hat Zweifel angedeutet, ob der Abschluss einer privaten Unfallversicherung für Kinder bei Beziehern von Einkommen knapp oberhalb der Grundsicherungsgrenze üblich ist. Dies muss ggf. durch Auskünfte über die Verbreitung von Kinderunfallversicherungen ermittelt werden (Nachfrage z. B. beim Gesamtverband der Deutschen Versicherungswirtschaft e.V.). Verneint vom LSG NRW vom 9.11.2012 – L 2 AS 1589/12 NZB, wenn keine besonderen Risiken vorliegen.

Eine Schülerzusatzversicherung mit einem einmaligen Versicherungsbeitrag von 1 € im Schuljahr ist nach LSG Baden-Württemberg vom 17.11.2015 – L 13 AS 3773/14 angemessen, verringert das anzurechnende Kindergeld also um 30 € (Revision anhängig – B 4 AS 59/15 R).

Unangemessen ist eine Zusatzkrankenversicherung, wenn keine besonderen Risiken vorliegen (LSG Sachsen-Anhalt vom 23.6.2011 – L 5 AS 129/11 B ER; BSG vom 16.2.2012 – B 4 AS 89/11 R). Eine Privathaftpflichtversicherung für zweijährige (deliktsunfähige) Kinder ist unangemessen (SG Chemnitz vom 11.11.2010 – S 35 AS 1612/10). Das BayLSG vom 25.6.2010 – L 7 AS 404/10 B ER hat eine Ausbildungsversicherung als unangemessene Versicherung gewertet, weil es sich dabei um einen Sparvertrag in Versicherungsform handele, der kein

Lebensrisiko absichere. So auch das BSG vom 16.2.2012 – B 4 AS 89/11 R für Einzahlungen in eine fondsgebundene Kinderrentenversicherung.

Fließt Kindergeld im Fall einer Nachzahlung für mehrere Monate zu, ist für die bis zum 31.7.2016 geltende Rechtslage der Nachzahlungsbetrag als »aufgestaute« laufende Leistung nur im Zuflussmonat anzurechnen. Ist das Kind, für das Kindergeld gezahlt wird, volljährig oder besteht eine angemessene Versicherung für ein minderjähriges Kind, ist der Nachzahlungsbetrag für jeden in ihm enthaltenen Monatsbetrag um die Versicherungspauschale von 30 € zu bereinigen (LSG Berlin-Brandenburg vom 17.9.2015 – L 31 AS 1571/15).

Seit 1.8.2016 ist die Nachzahlung als Einmaleinkommen anzurechnen und wie in § 11b Abs. 1 Satz 2 SGB II zu bereinigen.

Neu

Kosten für ein Schülerticket können vom Kindergeld nicht abgesetzt werden. Der Schulbesuch ist nicht erforderlich für die »Erzielung« des Kindergeldes i.S. von § 11b Abs. 2 Nr. 5 SGB II. Ebenso kann Schulgeld nicht vom Kindergeld abgesetzt werden (LSG Mecklenburg-Vorpommern vom 5.6.2007 – L 8 B 116/07).

Keine Werbungskosten

II Anrechnung von Kindergeld bei wechselndem Aufenthalt des Kindes

Trennen sich die Eltern mit der Vereinbarung, dass jeder Elternteil das Kind abwechselnd zu etwa gleichen Teilen zu sich nimmt, wird das Kindergeld nach § 64 EStG gleichwohl nur an einen Elternteil ausgezahlt (FG Baden-Württemberg vom 23.4.2008 – 5 K 252/06; BFH vom 15.2.2012 – XI S 25/11 (PKH)). Die während des Zusammenlebens getroffene Bezugsbestimmung endet mit der Auflösung des gemeinsamen Haushalts; ein Haushalt kann nach § 1567 BGB auch innerhalb der früheren gemeinsamen Wohnung aufgelöst werden (BFH vom 15.1.2014 – V B 31/13). Können sich die Eltern nicht auf eine neue Bezugsbestimmung einigen, ist auf Antrag eines Berechtigten eine Bestimmung durch das Familiengericht zu treffen; der Einwand, annähernd gleiche Betreuungsanteile lägen tatsächlich nicht vor, ist von der Familienkasse, ggf. vom Finanzgericht zu klären (OLG München vom 7.6.2011 – 33 UF 21/11; OLG Celle vom 14.5.2012 – 10 UF 94/11; OLG Köln vom 12.12.2014 – II-12 UF 105/14; s. auch BFH vom 18.4.2013 – V R 41/11). Ist das Kind in beiden Haushalten hilfebedürftig, gilt es leistungsrechtlich in beiden Haushalten als Mitglied der BG mit Anspruch auf den jeweils halben Regelbedarf.

Das Kindergeld kann auf zwei Wegen angerechnet werden:
Sind sich die Eltern über eine hälftige Aufteilung des Kindergeldes untereinander einig, kann das Jobcenter den um das volle Kindergeld geminderten Regelbedarf anteilig auszahlen.

Einigen sich die Eltern nicht, bekommt das Kind in der BG mit dem Elternteil, der das volle Kindergeld bezieht, den entsprechend geminderten Regelbedarf. Übersteigt das Kindergeld ggf. zusammen mit sonstigem Einkommen des Kindes dessen SGB II-Bedarf, wird es im Regelfall auf das Alg II des kindergeldberechtigten Elternteils angerechnet. Dies ist im Wechselmodell nicht sachgerecht, weil das Kindergeld für den Lebensunterhalt des Kindes in der anderen BG benötigt wird, nach der Wertung in § 11 Abs. 1 Satz 4 SGB II also Einkommen des Kindes ist. Der Konflikt ist so zu lösen, dass das Jobcenter eine Abzweigung des anteiligen Kindergeldes an sich veranlasst (§ 74 Abs. 2 EStG) und dann den halben Regelbedarf an die BG mit dem Kindergeld beziehenden Elternteil gekürzt, an die andere BG ungekürzt auszahlt. Alternativ dazu kann der nicht bezugsberechtigte Elternteil einen Antrag auf Änderung der Bezugsberechtigung stellen, unter Verweis darauf, dass für die Bezugsberechtigung maßgebend ist, welcher Elternteil eher die Gewähr bietet, dass das Kindergeld unmittelbar zum Wohl des Kindes verwendet wird (OLG Dresden vom 30.12.2013 – 20 WF 1043/13).

Familienrechtlicher Ausgleichsanspruch

Bejaht man im Wechselmodell einen Anspruch eines Elternteils auf Ausgleich des dem anderen Elternteil gezahlten Kindergeldes als einen Unterfall des familienrechtlichen Ausgleichsanspruchs (so OLG Schleswig-Holstein vom 22.1.2015 – 12 UF 69/14, BGH vom 20.4.2016 – XII ZB 45/15), kann das Jobcenter diesen Anspruch nach § 33 SGB II gegen den kindergeldbezugsberechtigten Elternteil geltend machen, wenn der Ausgleich verweigert wird und Alg II oder Sozialgeld deshalb ungekürzt gezahlt werden muss.

III   Anrechnung von Kindergeld für Schwangere oder junge Mutter

Nach § 9 Abs. 2 SGB II müssen Eltern ihre in der BG lebenden Kinder unterstützen, u. a. durch Weitergabe des Kindergeldes, soweit es für den Bedarf des Kindes benötigt wird. Unterstützt werden muss nach § 9 Abs. 3 SGB II kein Kind, das schwanger ist oder sein Kind bis zum sechsten Geburtstag betreut. Hintergrund dieser 1996 für die Sozialhilfe (§ 11 Abs. 1 Satz 3 BSHG) geschaffenen Regelung war die Überlegung, dass die Schwangere nicht durch die Forderung von Unterhalt in eine Konfliktlage geraten soll, die sie zu einem Schwangerschaftsabbruch bewegen könnte.

Das BSG 17.7.2014 – B 14 AS 54/13 R interpretiert diese in § 9 Abs. 3 SGB II übernommene Regelung so, dass selbst im Fall einer **konfliktfreien** Weitergabe des Kindergeldes an das schwangere Kind eine Anrechnung auf dessen Hilfebedarf unterbleibt. Dies führt zu dem paradoxen Ergebnis, dass die Schwangere trotz tatsächlicher Verfügung über das freiwillig weitergereichte Kindergeld auf einer ungekürzten Alg II-Leistung bestehen kann (**so** in dem vom BSG entschiedenen Fall).

§ 9 Abs. 3 SGB II soll eine Konfliktlage vermeiden, nicht eine von den Beteiligten gewollte und dem Grundsatz der Kindergeldzuordnung in der BG entsprechende Einkommensverwendung verhindern. Könnte die Schwangere mit Kindergeld und sonstigem Einkommen ihren Hilfebedarf überwinden, machte man sie bei Zuordnung des Kindergeldes zum bezugsberechtigten Elternteil gegen ihren Willen zur Leistungsbezieherin und verursachte gerade dadurch einen Konflikt. Das widerstreitet dem Sinn und Zweck des § 9 Abs. 3 SGB II, eine Konfliktlage wegen der Schwangerschaft zu verhindern. In diesem Fall muss die tatsächliche Weitergabe an die Schwangere oder junge Mutter in der BG (zur Drei-Generationen-BG → S. 100 ff.) maßgebend sein.

Ausnahme?

IV   Anrechnung von Kindergeld für nicht hilfebedürftige Kinder

Aus der Regelung, dass Kindergeld Einkommen der Kinder ist, »**soweit**« es zur Sicherung deren Lebensunterhalts mit Ausnahme der Bedarfe nach § 28 SGB II benötigt wird, folgt, dass bedarfsüberdeckendes Kindergeld zu Einkommen des bezugsberechtigten Elternteils wird. Das nicht mehr hilfebedürftige Kind zählt nach § 7 Abs. 3 Nr. 4 SGB II nicht mehr zur BG, sein »überschüssiges« Kindergeld-Einkommen wird auf die übrigen BG-Mitglieder verteilt.

1   Wertungswiderspruch zum Unterhaltsrecht

Dem ist zuzustimmen für den Teil des Kindergeldes, der dazu dient, die Eltern von Unterhaltspflichten zu entlasten. Denn da die Eltern bei eigener Hilfebedürftigkeit keinen Unterhalt erbringen können, also auch nicht für die Gewährung von Kindesunterhalt entlastet werden müssen, sind sie insoweit nach § 2 Abs. 1 Satz 1 SGB II verpflichtet, das den Kindesbedarf übersteigende Kindergeld für ihren eigenen Lebensunterhalt einzusetzen (BSG vom 7.11.2006 – B 7b AS 18/06 R). Die Kürzung des Elternbedarfs um das Kindergeld bedeutet insoweit nicht den Einsatz von Kindeseinkommen zum Unterhalt des bezugsberechtigten Elternteils entgegen der Regelung in § 9 Abs. 5 SGB II.

Die Anrechnung bedarfsüberdeckenden Kindergeldes auf den SGB II-Elternbedarf gerät aber in Konflikt zu § 9 Abs. 5 SGB II, wenn der Teil des Kindergeldes betroffen ist, der nach § 1612b BGB für den Bar-Unterhalt des Kindes bestimmt ist. Wird dieser Kindergeldbetrag dem hilfebedürftigen Elternteil zugerechnet, geht dem selbst nicht mehr zur BG gehörenden Kind ein Teil seines Unterhaltsanspruchs verloren. Infolge der Erhöhung der Unterhaltbeträge 2016 trifft vor allem junge Erwachsene in der BG eine Verkürzung ihres Unterhaltsanspruchs.

Der 18-jährige L. geht noch zur Schule. Er lebt mit seiner Mutter M. und deren Partner, die beide Alg II beziehen, in einer Wohnung, für die 360 € Unterkunfts- und Heizkosten anfallen. L. hat gegen seinen

Beispiel

Vater einen Unterhaltsanspruch in Höhe von 513 €, auf den unterhaltsrechtlich das volle Kindergeld von 190 € angerechnet wird. L. erhält also nur 323 € Unterhalt ausgezahlt. Weil der um 30 € bereinigte Unterhalt von 293 € zusammen mit dem Kindergeld von 190 € den Regelbedarf von 324 € + 120 € anteilige Unterkunftskosten um 39 € übersteigt, zieht das Jobcenter diesen um die Versicherungspauschale von 30 € gekürzten Betrag, also 9 € mit je 4,50 € vom Alg II der Mutter und des Partners der Mutter ab. L. bekommt daher nur 181 € Kindergeld von seiner Mutter ausgehändigt. Mit 323 € Unterhalt und 181 € Kindergeld hat L. statt des ihm zustehenden Betrages von 513 € nur 504 € zur Verfügung. Im Ergebnis unterstützt L. seine Mutter und deren Partner mit 9 € , obwohl dies von ihm nach § 1 Abs. 2 Alg II-VO nicht verlangt werden kann. Würde auch M. Einkommen beziehen, müsste L. 39 € (9 € + 30 €) zum Lebensunterhalt seiner Mutter und deren Partner beisteuern. Ein Antrag auf Wohngeld hilft L. nicht. Denn erhielte L. in einer Stadt mit Mietstufe IV 95 € Wohngeld, müsste er 104 € (134 € bedarfsüberdeckendes Kindergeld abzüglich 30 € Versicherungspauschale) von seinem Kindergeld über eine Verrechnung auf das Alg II seiner Mitbewohner abgeben (293 € Unterhalt + 95 € Wohngeld + 190 € Kindergeld – [324 € + 120 €]). L. stünde also auch dann nur ein eigenes Einkommen von 500 € zur Verfügung. Je höher der Unterhaltsanspruch liegt, desto größer ist der Beitrag, mit dem das Kind zum Lebensunterhalt seiner Eltern und ggf. deren Partner beitragen muss.

Das BayLSG vom 15.11.2007 – L 7 AS 320/06 hält in einem Fall der Anrechnung von Kindergeld auf einen Unterhaltsanspruch nach § 1612b Abs. 1 BGB a. F. dennoch die Berücksichtigung des vollen Kindergeldes für berechtigt. Die Revision zum BSG (B 14 AS 3/08 R) ist zurückgenommen worden. Ebenfalls keine Bedenken gegen die volle Kindergeldanrechnung haben LSG Thüringen vom 4.7.2013 – L 9 AS 395/10 und LSG NRW vom 30.4.2013 – L 6 AS 2234/12 NZB und vom 15.8.2013 – L 12 AS 888/13 NZB; vgl. auch BFH vom 22.11.2012 – III R 24/11. Die Verfassungsbeschwerde – 2 BvR 934/13 wurde nicht zur Entscheidung angenommen.

Abzweigung an
Unterhaltszahler

Der Wertungswiderspruch zum Unterhaltsrecht kann dadurch gelöst werden, dass der Unterhalt zahlende Elternteil zum Bezugsberechtigten des Kindergeldes erklärt wird und den Unterhalt dann voll an das hilfebedürftige Kind auszahlt. Ein anderer Weg ist ein Abzweigungsantrag an den Unterhalt zahlenden Elternteil nach § 74 EStG. Der Unterhalt muss dann dem Kind ungekürzt erbracht werden (dazu FG Sachsen-Anhalt vom 2.12.2009 – 4 K 1061/06; FG Köln vom 21.1.2009 – 14 K 2708/05).

Volljährige Kinder mit Einkommen Abzweigung an Kind beantragen

Wird der SGB II-Bedarf des jungen Erwachsenen mit Einkommen plus Kindergeld überschritten, kann eine Anrechnung des bedarfsüberdeckenden Kindergeldes auf das Alg II der Eltern mit einem Abzweigungsantrag des Kindes nach § 74 EStG verhindert werden. Das Wohnen des Kindes im Haushalt der hilfebedürftigen Eltern schließt eine Abzweigung nicht aus (BFH vom 17.12.2008 – III R 6/07, vom 19.2.2009 – III R 94/08, vom 11.8.2010 – III S 19/10 (PKH)). Das Ermessen der Familienkasse ist im Regelfall auf eine Abzweigung zugunsten des Kindes verengt, das mit der Abzweigung zum Inhaber des Kindergeldanspruchs wird (FG Münster vom 19.2.2008 – 6 K 1160/05 Kg und vom 29.8.2012 – 11 K 3406/10 Kg).

Der 19-jährige U. überbrückt seine Wartezeit für ein Studium mit einem 400 €-Minijob. Er lebt mit seiner Mutter, deren Partner, die aufstockend zu Nebeneinkünften beide Alg II beziehen, und dem sechsjährigen Bruder zusammen. Der Mietanteil von U. für die Wohnung beträgt 95 €. Mit dem anrechenbaren Einkommen von 240 € plus Kindergeld von 190 € hat U. 11 € mehr als sein SGB II-Bedarf (324 € + 95 € – [240 € + 190 €]) beträgt. Das Jobcenter rechnet daher 11 € auf die SGB II-Leistungen der Mitbewohner an. Hier kann U. einen Abzweigungsantrag nach § 74 EStG stellen, weil seine Mutter seinen Unterhaltsanspruch von 640 € Unterhaltsbedarf – 310 € unterhaltrechtlich zu berücksichtigendes Erwerbseinkommen nicht erfüllen kann (s. dazu LSG NRW vom 27.4.2009 – L 20 SO 99/07).

Beispiel

Weil die Familienkassen eine Abzweigung an Volljährige, im Haushalt der Eltern leben, häufig ablehnen (→ S. 573) und an den kindergeldberechtigten Elternteil ausgezahltes Kindergeld nicht mehr abgezweigt werden kann (BFH vom 27.10.2011 – III R 16/09), muss im Streitfall mit einem Eilantrag beim Finanzgericht verhindert werden, dass die Familienkasse durch Auszahlung an den Kindergeldberechtigten vollendete Tatsachen schafft (s. dazu auch FG Mecklenburg-Vorpommern vom 18.1.2012 – 2 V 3/12; FG Sachsen vom 3.12.2013 – 6 K 364/13 (Kg)).

Eilantrag gegen Familienkasse

Für die seit 1.4.2011 geltende Fassung von § 11 Abs. 1 Satz 4, **seit 1.8.2016** Satz 5 SGB II ist noch ungeklärt, ob Kindergeld, über das im Wege einer Abzweigung nach § 74 EStG das Kind voll verfügen kann, insoweit auf Bedarfe nach § 28 SGB II anzurechnen ist, als es nicht für den Regelbedarf plus anteilige Unterkunfts- und Heizkosten benötigt wird.

Ungeklärte Rechtsfrage

Kinder, die über Vermögen verfügen, das die Schonbetragsgrenzen nach § 12 SGB II übersteigt, sind ebenfalls nicht hilfebedürftig, gehören also nicht zur BG. Das Jobcenter rechnet in diesem Fall das Kindergeld auf das Alg II der Eltern an, in dessen Haushalt das Kind lebt. Sind die Eltern unterhaltsrechtlich trotz des Vermögens an sich zum Unterhalt verpflichtet, den sie wegen eigener Hilfebedürftigkeit aber nicht leisten können, hat das Kind über einen Abzweigungsantrag nach § 74 EStG die Möglichkeit, voll über das Kindergeld zu verfügen. Eine bloße Zahlungsanweisung auf das Konto des Kindes genügt nach BSG vom 6.12.2007 – B 14/7b AS 54/06 R nicht, um eine Anrechnung des Kindergeldes auf das Alg II der Eltern abzuwenden. Der Elternteil, dem das Kindergeld nach § 64 EStG zugeordnet ist, bleibt trotz Überweisung auf das Konto des Kindes formal Bezugsberechtigter und Empfänger des Kindergeldes (BFH vom 28.12.2009 – III B 108/08).

Vermögende Kinder

Abzweigungsantrag

2   Ermittlung des auf den Elternbedarf anrechenbaren Kindergeldes

Ungeachtet der Frage, ob das den SGB II-Bedarf des Kindes übersteigende Kindergeld voll oder nur im Rahmen des § 1612b BGB angerechnet werden darf, wird der Anrechnungsbetrag in der Praxis der Jobcenter häufig fehlerhaft ermittelt. Richtig ist folgende Vorgehensweise:

Berechnungsweise — Zunächst ist das Einkommen des Kindes und erst dann das Kindergeld auf dessen Bedarf anzurechnen. Nur der bedarfsüberdeckende Anteil des Kindergeldes ist Einkommen des bezugsberechtigten Elternteils. Verfügt der Elternteil, der das Kindergeld bezieht, über kein sonstiges Einkommen, ist der bedarfsüberdeckende Kindergeldanteil Elterneinkommen und daher um die 30 €-Pauschale und etwaige Pflichtversicherungs- oder Riesterrentenbeiträge zu bereinigen (LSG Berlin-Brandenburg vom 28.2.2008 – L 25 AS 946/06; BSG vom 18.6.2008 – B 14 AS 55/07 R).

Beispiel — A. lebt mit ihrer leiblichen Tochter S., 12 Jahre alt, und neuem Partner in einer Eigentumswohnung. Die Unterkunfts- und Heizkosten liegen bei 183 €. S. bekommt vom leiblichen Vater 334 € Unterhalt. Hier ist der Bedarf von S. in Höhe von 270 € Regelbedarf + 61 € anteilige Unterkunfts- und Heizkosten (= 331 €) um 193 € überdeckt (331 € – 334 € Unterhalt – 190 € Kindergeld). Dennoch erfolgt eine Verminderung des Bedarfs der A. um maximal 160 € (um 30 € bereinigtes Kindergeld). Für eine weitergehende Anrechnung nach § 9 Abs. 5 SGB II ist das Einkommen der S. zu gering.

Kindergeld für mehrere Kinder — Wird für mehrere Kinder Kindergeld bezogen, ist der Gesamtkindergeldbetrag nach Köpfen der Zahlkinder zu verteilen (a.A. LSG Thüringen vom 17.4.2014 – L 9 AS 1180/13; SG Osnabrück vom 25.3.2015 – S 24 AS 1022/12 unter Bezugnahme auf BSG vom 2.12.2014 – B 14 AS 241/14 B). Zwar bestimmt § 66 EStG den Kindergeldbetrag bzw. die Zahl der Kinder, für die Kindergeld beansprucht werden kann, nach der Geburtenfolge; dies spiegelt aber keine individuelle Mehrbelastung durch das dritt- oder viertgeborene Kind wider, sondern die mit der Anzahl der Kinder insgesamt und überproportional zu den Steigerungsbeträgen zunehmende Unterhaltslast in der Familie, in der das Gesamtkindergeld den Kindern gleichermaßen zu Gute kommen soll und in der Regel auch kommt (VGH Baden-Württemberg vom 24.3.1998 – 6 S 354/97; OVG Bremen vom 17.9.2010 – 1 B 140/10; LSG Saarland vom 25.5.2010 – L 9 AS 9/07; LSG Niedersachsen-Bremen vom 30.1.2013 – L 13 AS 67/11; BFH vom 28.4.2010 – III R 43/08). Die Aufteilung nach Köpfen gilt auch, wenn eines der Kinder wegen sonstigen Einkommens nicht zur BG gehört (BFH vom 28.4.2010 – III R 43/08).

Beispiel — R. und F. haben vier Kinder, für die Kindergeld gezahlt wird. Die bezugsberechtigte Mutter F. hat kein Einkommen. Der 17-jährige K. erzielt aus einem Nebenjob Einkommen, das seinen SGB II- Bedarf bis auf 120 € deckt. Das Jobcenter ordnet K. das Kindergeld von 221 € zu und rechnet daher 71 € bedarfsüberdeckendes Kindergeld (221 € abzüglich 120 €, bereinigt um die 30 € Versicherungspauschale) auf den Bedarf der BG-Mitglieder an.

Falsch: Es darf nur ein Betrag von (2 x 190 € + 196 € + 221 €) : 4 abzüglich 120 €, bereinigt um die 30 € Versicherungspauschale (= 49,25 €) angerechnet werden.

Erzielt der bezugsberechtigte Elternteil Erwerbseinkommen, das bereits bereinigt wurde, besteht die Möglichkeit, die Bezugsberechtigung für das Kindergeld auf den anderen Elternteil zu übertragen. Auf entsprechenden Antrag bei der Familienkasse wird die Bestimmung, wer das Kindergeld erhält, dann ab dem Ersten des auf den Antrag folgenden Monats geändert. Ein Wechsel der Bezugsberechtigung kann auch dann zu einem höheren Einkommen führen, wenn mit dem Anspruch auf Kindergeld sonstige Vergünstigungen (z.B. Ortszuschlag) verbunden sind. Die Bezugsbestimmung kann mit Wirkung für die Vergangenheit nur einverständlich geändert werden, wenn das Kindergeld für das betreffende Kind noch nicht festgesetzt worden ist (BFH vom 19.4.2012 – III R 42/10). Zu einem Wechsel der Bezugsberechtigung infolge eines Haushaltswechsels des Kindes s. FG Sachsen vom 17.9.2014 – 8 K 641/14 (Kg).

Wechsel des Bezugsberechtigten

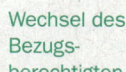

V   Kindergeld für hilfebedürftige Kinder, die nicht zur BG gehören

In § 11 Abs. 1 Satz 5 SGB II ist die Kindergeldzuordnung für hilfebedürftige Kinder, die im Haushalt ihrer Eltern leben, aber dennoch nicht zur BG i.S. von § 7 Abs. 3 SGB II gehören, nicht geregelt. Darunter fallen verheiratete Kinder (vgl. zum Kindergeldanspruch Verheirateter HessFG vom 11.12.2007 – 3 K 3174/05; FG Köln vom 15.5.2008 – 10 K 3926/07; BFH vom 17.10.2013 – III R 22/13) sowie behinderte Kinder ab dem 25. Geburtstag, die wegen der Behinderung ihren Lebensunterhalt nicht sicherstellen können.

In diesen Fällen bestimmt § 74 EStG darüber, ob das Kindergeld Einkommen des Kindes ist oder trotz tatsächlicher Weitergabe Einkommen des bezugsberechtigten Elternteils bleibt (BSG vom 31.10.2007 – B 14/11b AS 7/07 R, vom 6.12.2007 – B 14/7b AS 54/06 R und vom 25.6.2008 – B 11b AS 45/06 R; s. auch FG Saarland vom 19.9.2012 – 2 K 1146/12).

Abzweigung

Soll das Kindergeld direkt dem Kind zugute kommen, ist deshalb darauf zu achten, dass bei der Familienkasse ein Abzweigungsantrag gestellt wird. Geht es um volljährige, nicht zur BG gehörende Kinder im Haushalt der Eltern, wird eine Abzweigung von den Familienkassen meist mit der Begründung abgelehnt, zumindest mit der Gewährung von Wohnraum erfüllten die Eltern einen Unterhaltsanspruch im Umfang des Kindergeldes von 190 €. Dieses Argument trägt nicht: Zum einen schulden Eltern ihren volljährigen Kindern grundsätzlich Barunterhalt, sodass die Gewährung von Kost und Logis nur als Sachleistung gewertet werden kann, die stillschweigend gegen den Anspruch des Kindes auf

Streit mit der Familienkasse

Auskehrung des Kindergeldes als Mindestbarunterhalt verrechnet wird (vgl. dazu BGH vom 26.10.2005 – XII ZR 34/03). Zum anderen können die von hilfebedürftigen Eltern erbrachten Sach- oder Betreuungsleistungen keine Gewährung von Unterhalt darstellen, da sie entgegen § 1612 Abs. 1 BGB nicht in Form der Geldrente gezahlt werden. Eine Berufung auf die Regelung des § 1612 Abs. 2 Satz 1 BGB, wonach Eltern ein Bestimmungsrecht haben, in welcher Art und für welche Zeit im Voraus der Unterhalt gewährt werden soll, ist ausgeschlossen, weil die Eltern mangels Leistungsfähigkeit nicht unterhaltsverpflichtet sind. Außerdem steht den Eltern ein Bestimmungsrecht gemäß § 1612 Abs. 2 Satz 1 BGB nur dann zu, wenn sie für den gesamten Lebensbedarf des Kindes aufkommen. Einzelne Naturalleistungen können nicht an die Stelle der gesetzlich vorgesehenen monatlichen Geldleistungen treten (BGH vom 25.11.1992 – XII ZR 164/91 und vom 25.4.2006 – VI ZR 114/05). Die Voraussetzungen für eine Abzweigung nach § 74 EStG liegen also eigentlich vor (BFH vom 17.12.2008 – III R 6/07; FG Münster vom 12.9.2008 – 6 K 1160/05 Kg; BFH vom 26.2.2015 – III B 124/14).

Vorsorgliche Zahlungsanweisung

Sollte die Familienkasse aber trotz dieser Argumente eine Abzweigung ablehnen, halten wir eine Klage vor dem Finanzgericht für unzumutbar, zumal nach Ansicht des HessFG (vom 9.8.2004 – 3 K 3524/02) eine Zahlungsanweisung auf ein eigenes Konto des Kindes ausreichend sei. Da das BSG vom 6.12.2007 – B 14/7b AS 54/06 R eine Zahlungsanweisung nicht ausreichen lässt, um eine Anrechnung des Kindergeldes auf das Alg II des bezugsberechtigten Elternteils abzuwenden, raten wir zu einer vorsorglichen Zahlungsanweisung bei der Familienkasse mit Widerspruch gegen die verweigerte Abzweigung.

und Widerspruch

Doppelanrechnung?

Das BSG vom 17.7.2014 – B 14 AS 54/13 hält unter Bezugnahme auf den Grundsatz, dass das Kindergeld für volljährige, nicht zur BG gehörende, aber im Haushalt der Eltern/des Elternteils lebende Kinder normativ dem Elternteil zugeordnet ist, der das Kindergeld bezieht, die tatsächliche Weitergabe des Kindergeldes an den jungen Erwachsenen für unbeachtlich. Spiegelbild dieser Auffassung ist die rückwirkende Anrechnung des weitergegebenen Kindergeldes auf den Bedarf des bezugsberechtigten Elternteils.

Beispiel

Die 22-jährige H. zieht nach Trennung von ihrem Ehemann wieder zu ihrer Mutter M., die von Alg II plus Einkommen aus Minijob lebt. H. sucht nach Abbruch ihrer Ausbildung eine neue Ausbildungsstelle. M. gibt das wegen der Ausbildungssuche festgesetzte Kindergeld in vollem Umfang an H. weiter. Das Jobcenter rechnet dementsprechend 160 € (190 € Kindergeld abzüglich 30 € Versicherungspauschale) auf den Bedarf der H. an. Mit einer Rückforderung des Kindergeldes mangels ausreichender Stellensuche konfrontiert (s. dazu FG Berlin-Brandenburg vom 3.12.2013 – 6 K 6346/10), beantragt H. ungekürztes Alg II: Das angerechnete Kindergeld sei nach der Wertung in § 11 Abs. 1 Satz 5 SGB II Einkommen ihrer Mutter.
Nach BSG vom 17.7.2014 – B 14 AS 54/13 R steht H. ein ungekürzter Anspruch auf Alg II zu. Hierauf gestützt fordert das Jobcenter 190 € zuviel gezahltes Alg II von M. zurück.

§ 11 Abs. 1 Satz 5 SGB II ist eine bloße Zuordnungsregel. Weichen die tatsächlichen Verhältnisse hiervon ab, bestimmt der tatsächliche Zufluss den Bedarf im Monat des Zuflusses. Es ist nicht verständlich, warum das BSG im Urteil vom 17.7.2014, a.a.O. der Zuflusstheorie eine weitere Variante des normativen Zuflusses bzw. normativen Nicht-Zuflusses hinzufügt.   Kritik

Wird das Kindergeld an den im gemeinsamen Haushalt lebenden Großelternteil als Vormund des hilfebedürftigen Kindes ausgezahlt und von diesem für den Bedarf des Kindes verwendet, ist das Kindergeld nach SG Detmold vom 19.5.2015 – S 18 AS 1604/10 bedarfsminderndes Einkommen des Kindes (Revision anhängig – B 14 AS 53/15 R).   Kindergeld an Großeltern

VI Kindergeld für volljährige Kinder in einer gemischten BG

Kindergeld für ein erwerbsfähiges, hilfebedürftiges Kind, das mit einem dauerhaft erwerbsunfähigen oder berenteten Elternteil mit Anspruch auf Leistungen nach § 43 SGB XII zusammenlebt, wird bis zum 25. Geburtstag auf den SGB II-Bedarf des Kindes angerechnet.

Probleme kann es geben, wenn der junge Erwachsene kein Alg II mehr beansprucht, weil er mit Einkommen aus einem Minijob und Kindergeld auskommt. Da die Anrechnung von Kindergeld in § 82 SGB XII nur für minderjährige Kinder geregelt ist, stellt sich hier die Frage, ob der SGB XII-Träger das Kindergeld nunmehr auf den SGB XII-Bedarf der Eltern anrechnen kann. Das LSG NRW vom 27.4.2009 – L 20 SO 99/07 hat dies verneint, wenn der junge Erwachsene das Kindergeld tatsächlich erhält und an sich abzweigen lassen könnte (ebenso LSG Sachsen-Anhalt vom 5.2.2014 – L 8 SO 96/11). Eine Abzweigung zugunsten des Kindes wirkt auch dann zurück, wenn die Familienkasse einen vom SGB XII-Träger geltend gemachten Erstattungsanspruch nach § 74 Abs. 2 EStG erfüllt hat (BFH vom 19.9.2013 – V R 25/12). Ob der Verzicht auf Alg II rechtsmissbräuchlich ist oder eine Verpflichtung zum Alg II-Bezug besteht, hat das LSG offen gelassen. Nach BSG vom 24.4.2015 – B 4 AS 22/14 R ist das zu verneinen.
Lebt ein volljähriges, dauerhaft erwerbsgemindertes Kind im Haushalt eines erwerbsfähigen, hilfebedürftigen Elternteils und bekommt das Kind ungekürzte Grundsicherungsleistungen nach dem SGB XII, ist das für dieses Kind gezahlte Kindergeld Einkommen des Elternteils und wird auf dessen Alg II angerechnet (LSG Sachsen-Anhalt vom 30.1.2013 – L 5 AS 487/10). Die Anrechnung entfällt, wenn der SGB XII-Träger das Kindergeld auf die Grundsicherung nach § 41 SGB XII anrechnet oder einen Abzweigungsantrag nach § 74 EStG stellt. Dass der kindergeldberechtigte Elternteil mit den ihm gewährten SGB II-Leistungen keinen Unterhalt zahlen kann, steht einer Abzweigung nicht entgegen (FG München vom 29.6.2015 – 7 K 2184/13).

VII Kindergeld für volljährige Kinder mit eigenem Haushalt

Nach § 1 Abs. 1 Nr. 8 Alg II-VO zählt weitergeleitetes Kindergeld an volljährige Kinder außerhalb des Haushalts zu deren Einkommen. Das gilt auch, wenn ein volljähriges, behindertes Kind überwiegend in einem Heim lebt (BSG vom 16.4.2013 – B 14 AS 81/12 R).

»Weiterleitung« an das Kind

An die »Weiterleitung« des Kindergeldes werden keine strengen Anforderungen gestellt. Neben einer Überweisung vom Elternkonto auf ein eigenes Konto des Kindes ist auch eine quittierte Übergabe in bar ausreichend. Eine Anweisung an die Familienkasse, das Kindergeld direkt an das volljährige Kind zu zahlen, ist nicht erforderlich.

Hierdurch werden auch Probleme bei Zahlung von Kindergeld für mehrere Kinder vermieden. Denn nach § 64 EStG kann das Kindergeld auch bei mehreren Kindern in der Familie nur einheitlich an eine Person überwiesen werden. Es genügt dann für eine Weiterleitung i. S. von § 1 Abs. 1 Nr. 8 Alg II-VO, wenn das Kindergeld an den bezugsberechtigten Elternteil überwiesen wird und dieser es aufteilt und an die einzelnen Kinder weiterleitet.

Zeitnahe Weiterleitung

Nach LSG Sachsen vom 18.7.2012 – L 3 AS 148/12 B ER muss eine Weiterleitung i. S. von § 1 Abs. 1 Nr. 8 Alg II-VO zeitnah, d. h. innerhalb eines Monats nach Auszahlung oder Überweisung des Kindergeldes, erfolgen (ebenso BFH vom 5.6.2014 – VI R 15/12).

Abzweigung

Sollten sich die Eltern weigern, das Kindergeld an das hilfebedürftige volljährige Kind mit eigenem Hausstand weiterzugeben, muss das Kindergeld auf Antrag des Kindes an das Kind nach § 74 EStG abgezweigt werden. Nach § 74 Abs. 1 Satz 4 EStG kann auch das Jobcenter die Abzweigung an sich verlangen. Dies wird es tun, wenn die Eltern kein Alg II/Sozialgeld beziehen.

Ablehnung wegen Naturalunterhalts?

Nach einer Entscheidung des FG Düsseldorf (vom 4.7.2005 – 14 K 5656/04 Kg) können die Eltern dem Abzweigungsantrag nicht entgegenhalten, dass ihr Kind gegen ihren Willen ausgezogen sei und bei Rückkehr Naturalunterhalt (Kost und Logis im Elternhaus) erhalten werde. Das FG ist der Ansicht, dass es für die Abzweigung allein darauf ankomme, dass das Kind hilfebedürftig ist und tatsächlich keinen Unterhalt oder Naturalunterhalt erhält. Dann müsse die Familienkasse das Kindergeld abzweigen (vgl. BFH vom 17.3.2006 – III B 135/05).

Keine Fiktive Anrechnung

Besteht ein Anspruch auf Abzweigung des Kindergeldes, kann es erst angerechnet werden, wenn es dem Kind zur Sicherung des Lebensunterhaltes zur Verfügung steht. Das Jobcenter muss dem Kind eine angemessene Frist zur Durchsetzung seines Anspruchs setzen (SG Dresden vom 28.7.2010 – S 6 AS 2932/10 ER). Eine fiktive Anrechnung wegen Untätigkeit ist rechtswidrig. Auch eine Sanktion nach § 31a SGB II scheidet aus, da das Jobcenter selbst die Abzweigung geltend machen kann.

VIII   Kindergeld für Pflegekinder

Für Pflegekinder wird Kindergeld gezahlt, wenn sie »familienähnlich« in den Haushalt der Pflegeeltern aufgenommen werden. Dennoch gehören Pflegekinder damit nicht zur BG (BSG vom 1.7.2009 – B 4 AS 9/09 R). Das BSG vom 13.11.2008 – B 14/7b AS 4/07 R und vom 27.1.2009 – B 14/7b AS 8/07 R zieht daraus den Schluss, dass für Pflegekinder gezahltes Kindergeld auf die Leistung der hilfebedürftigen Pflegeeltern anzurechnen ist, auch wenn es von der Familienkasse – nach bestandskräftiger Ablehnung der Abzweigung nach § 74 EStG – direkt auf das Konto des Pflegekindes ausgezahlt wird.

Erhalten die Pflegeeltern – das können auch die Großeltern sein (s. BVerwG vom 1.3.2012 – 5 C 12/11 und vom 9.12.2014 – 5 C 32/13) – außerdem Leistungen der Jugendhilfe, wird das Kindergeld gemäß § 39 Abs. 6 SGB VIII in Höhe der Hälfte oder eines Viertels des Kindergeldes, das für ein erstes Kind zu zahlen ist, auf die SGB VIII-Leistungen angerechnet. Das Kindergeld ist daher nur in der Höhe anzurechnen, in der es bei der Bewilligung des Pflegegeldes nach § 39 SGB VIII noch nicht berücksichtigt wurde (LSG Berlin-Brandenburg vom 19.3.2009 – L 25 AS 1446/07; BSG vom 27.1.2009 – B 14/76 AS 8/07 R). Dies entspricht auch der Rechtsprechung des BVerwG vom 16.12.2004 – 5 C 50.03. *Anteiliges Kindergeld*

Es wird für zwei Kinder Pflegegeld gezahlt. *Beispiel*

Berechnung des Pflegegeldes für das ältere Kind

Aufwendungsersatz		404,00 €
+ Erziehungsbeitrag	+	202,00 €
= Pflegegeld insgesamt	**=**	**606,00 €**
– 1/2 Kindergeld	–	95,00 €
= Anspruch	**=**	**511,00 €**

Berechnung des Pflegegeldes für das jüngere Kind

Aufwendungsersatz		404,00 €
+ Erziehungsbeitrag	+	202,00 €
= Pflegegeld insgesamt	**=**	**606,00 €**
– 1/4 Kindergeld	–	47,50 €
= Anspruch	**=**	**558,50 €**

An Kindergeld ist bei den Pflegeeltern als Einkommen zu berücksichtigen: 2 x 190 € = 380 € – 142,50 € (95 € + 47,50 €) = 237,50 €.

IX   **Keine Änderung der Anrechnung bei Rückforderung von Kindergeld**

Nach dem Zuflussprinzip ist das im aktuellen Bedarfszeitraum zur Verfügung stehende Kindergeld auf den SGB II-Bedarf des Kindes anzurechnen. Stellt sich der Bezug des Kindergeldes rückwirkend als fehlerhaft heraus, bleibt es nach HessLSG vom 24.3.2013 – L 6 AS 376/11; LSG NRW vom 5.12.2013 – L 6 AS 926/13 B trotz einer Rückforderung des Kindergeldes bei der Anrechnung auf das Sozialgeld oder Alg II des hilfebedürftigen Kindes (so auch in einem vergleichbaren Anrechnungsfall in der Sozialhilfe LSG NRW vom 4.5.2009 – L 20 SO 33/08). Das Kind kann ggf. einen Erlassantrag bei der Familienkasse stellen (so ausdrücklich BFH vom 22.9.2011 – III R 78/08; zu einer Lösung mittels Forderungserlass s. auch BSG vom 1.6.2006 – B 7a AL 76/05 R). Über § 44 SGB X kann eine Neuberechnung des Sozialgeldes oder Alg II nicht durchgesetzt werden, weil das Kindergeld seinerzeit zur Bedarfsdeckung zur Verfügung gestanden hat.

Vorläufigkeit fordern

Im Fall einer ungewissen Berechtigung zum Bezug von Kindergeld sollte schon vor Zugang des Bewilligungsbescheides auf die unsichere Rechtsläge hingewiesen werden, um zu erreichen, dass nur vorläufig nach § 41a SGB II angerechnet wird. Die Rückforderung des Kindergeldes ist dann eine wesentliche Änderung der Verhältnisse i. S. von § 48 Abs. 1 Satz 2 Nr. 1 SGB X, die das Jobcenter verpflichtet, den Hilfebedarf ohne das Kindergeld neu zu berechnen. Infolge der Rückzahlung ist das vorläufig berücksichtigte Kindergeld als bedarfsunschädliche Übergangsleistung zu werten. § 11 Abs. 1 Satz 3 SGB II steht dem nicht entgegen, weil diese Regelung auf BAföG und Meister-BAföG abstellt, die nur als Darlehen gewährt werden. Die Entscheidung des BSG vom 23.8.2011 – B 14 AS 165/10 R, wonach auch zu Unrecht gewährte Sozialleistungen kraft tatsächlichen Zuflusses als Einkommen anzurechnen sind, betraf endgültig bewilligtes Alg II.

Wer muss zurückzahlen?

Bei einer Abzweigung nach § 74 EStG, die später aufgehoben wird, muss der Abzweigungsempfänger das Kindergeld zurückzahlen. War das Kindergeld vom Elternteil direkt auf das Konto des Kindes überwiesen worden, muss es nach Aufhebung der Abzweigung vom bezugsberechtigten Elternteil erstattet werden (FG Sachsen-Anhalt vom 9.3.2010 – 4 K 1254/08).

Wegfall des Zählkindvorteils

Fällt der Anspruch auf Kindergeld für das Zählkind im laufenden Bezug des Kindergeldes weg, muss der weggefallene Zählkindvorteil nur zurückgezahlt werden, wenn er durch Neufestsetzung des Kindergeldes ebenfalls zurückgenommen wird (FG Saarland vom 14.8.2009 – 2 K 1178/09).

G. lebt mit seinen drei Kindern im gemeinsamen Haushalt und be-   Beispiel
zieht für alle drei Kindergeld. Für den ältesten, 19-jährigen Sohn K.
wird Kindergeld wegen Arbeitslosigkeit gewährt. Tatsächlich sucht K.
jedoch keine Arbeit und nimmt mehrfach Meldetermine zum Nachweis seiner Bewerbungsbemühungen nicht wahr. Die Kindergeldkasse hebt die Kindergeldgewährung für K. rückwirkend auf und fordert
von G. außerdem den Zählvorteil für das dritte Kind (196 € – 190 €
monatlich) zurück. Ohne Neufestsetzung des Kindergeldanspruchs
muss G. nur das für K. gezahlte Kindergeld erstatten.

K Anrechnung von Vermögen
§§ 9 Abs. 4, 12, 13 SGB II; §§ 7, 8 Alg II-VO

I   **Was ist Vermögen?**

§ 12 SGB II ist durch das 9. SGB II-ÄndG nicht verändert
worden.
Gleichwohl ergeben sich erhebliche Auswirkungen daraus, dass **geld-**
werte Leistungen nach § 11 SGB II in der **seit 1.8.2016** geltenden
Fassung auch **bei Zufluss im laufenden Alg II-Bezug zum Vermögen**
zählen.
Eine weitere, am 1.8.2016 in Kraft getretene Änderung mit Auswirkung auf § 12 SGB II ist die **Verlängerung des regulären Bewilli-**
gungszeitraums auf zwölf Monate. Hieran orientiert sich die Pro-
gnose-Beurteilung, ob Vermögen in angemessener Zeit verwertet
werden kann (→ S. 602 ff.).

                                           Neu

Das Vermögen i. S. des § 12 Abs. 1 SGB II umfasst zum einen unmittelbare Geldwerte, z. B. Bargeld und Schecks, über die eine Person
vor Beginn des Bedarfszeitraums, für den Alg II bewilligt wird, schon
verfügt (Abgrenzung zum Begriff des Einkommens → S. 378).
Zum anderen geldwerte Einnahmen, u. a.:

                                           Definition

- Sachwerte, z. B. bebaute und unbebaute Grundstücke, Möbel,
  Schmuckstücke, Gemälde;
- auf Geld gerichtete Forderungen, z. B. Darlehensansprüche;
- sonstige Rechte, z. B. aus Wechseln, Aktien und Gesellschaftsantei-
  len, Grundschulden;
- persönliche Rechte, z. B. Nießbrauch, Dienstbarkeiten, Altenteil,
  auch Urheberrechte.

Ob es sich um Vermögen im In- oder Ausland handelt, spielt keine Rolle (vgl. VGH München vom 21.5.2003, FEVS 55, S. 132 ff.; SG Dortmund vom 23.2.2007 – S 47 SO 244/06 ER; HessLSG vom 23.2.2009 – L
9 AS 23/08; LSG NRW vom 22.7.2010 – L 7 AS 84/10 B: Häuser in der
Türkei; BSG vom 20.9.2012 – B 8 SO 13/11 R: Eigentumswohnung in

                                           Auslands-
                                           vermögen

der Türkei; SG Hannover vom 31.1.2005 – S 51 SO 33/05 ER: Haus in Russland; SG Detmold vom 3.2.2014 – S 9 AS 2274/13 ER: Haus in Griechenland unter Berücksichtigung der wirtschaftlichen Krise; SG Aachen vom 18.11.2014 – S 14 AS 632/14: Haus in Ungarn; VG Gelsenkirchen vom 25.6.2014 – 11 K 330/12: Ferienwohnung in Spanien; zur fehlenden Verwertbarkeit einer im Ausland gelegenen Ferienwohnung s. LG Frankenthal vom 4.2.2010 – 1 T 212/09).

Fiktives Vermögen

Fiktives Vermögen bleibt unberücksichtigt. Das gilt sowohl für Vermögen, das vor Eintritt der Hilfebedürftigkeit ausgegeben wurde, als auch für vorzeitig verbrauchtes Vermögen im laufenden Bezug eines Alg II-Darlehens nach § 24 Abs. 5 SGB II; es sei denn, die Vermögensverfügung ist unwirksam oder rückholbar (OVG Berlin-Brandenburg vom 19.6.2003 – 4 A 4/02; LSG Baden-Württemberg vom 1.8.2005 – L 7 AS 2875/05 ER). Näher dazu → S. 623.

Bloße Erwartungen oder Anwartschaften auf künftige Vermögenswerte zählen nicht zum Vermögen i. S. von § 12 SGB II, wie z.B. die Anwartschaft auf Freigabe einer zur Darlehenssicherung abgetretenen Lebensversicherung (BVerwG vom 19.12.1997 – 5 C 7/96), eine Unterhaltserstattungs-Verpflichtungserklärung gegenüber der Ausländerbehörde (VG Dessau vom 15.7.2005 – S 9 AS 396/05 ER) oder ein potentielles Betriebskostenguthaben (BSG vom 19.5.2009 – B 8 SO 35/07 R).

Ob der **Schenkungsrückforderungsanspruch** nach § 528 BGB als Vermögen zu berücksichtigen ist (so SG Freiburg vom 22.7.2011 – S 6 SO 6485/09; SG Karlsruhe vom 29.1.2009 – S 4 SO 5937/07; BayVGH vom 22.2.2016 – 12 C 16.65) oder ob nicht erst bei Zufluss entsprechender Leistungen in Geld diese als Einkommen zu berücksichtigen sind, hat das BSG vom 2.2.2010 – B 8 SO 21/08 R offen gelassen (verneint von LSG NRW vom 4.4.2011 – L 19 AS 179/10; LSG Thüringen vom 30.7.2009 – L 9 AS 1159/08 ER; BayLSG vom 11.10.2013 – L 8 SO 105/13; LSG Baden-Württemberg vom 4.12.2014 – L 7 SO 4268/11; sie verweisen den Leistungsträger auf eine Geltendmachung des nach § 33 SGB II/§ 94 SGB XII übergegangenen Rückforderungsanspruchs).

Vermögensfrüchte

Aus dem Vermögen erzielte Früchte (Zinsen) sind Einkommen, wenn sie in Form von Geld im laufenden Alg II-Bezug zufließen. Das gilt auch, wenn das Vermögen geschont ist oder aus sonstigen Gründen nicht eingesetzt werden muss (BSG vom 22.8.2012 – B 14 AS 103/11 R: Zinsen aus Schmerzensgeld; s. auch BVerwG vom 9.2.2012 – 5 C 10/11 zum Wohngeld). Ist das Vermögen so angelegt worden, dass über die Vermögensfrüchte erst nach Ablauf einer bestimmten Zeit verfügt werden kann, ist der Leistungsberechtigte gehalten, die Vermögensanlage so zu ändern, dass ihm die Früchte zum Lebensunterhalt alsbald zur Verfügung stehen (so schon BSG vom 11.2.1976 – 7 RAr 159/74; s. auch SG Hannover vom 29.4.2011 – S 74 SO 381/08; LSG NRW vom 19.9.2013 – L 7 AS 1745/11; SG Karlsruhe vom 16.10.2014 – S 13 AS 735/14). Bis zur Realsierung eines Zugriffs auf die Vermögensfrüchte als **bereites Einkommen** ist Alg II ungekürzt als Zuschuss zu gewähren (BSG vom 19.8.2015 – B 14 AS 43/14 R).

Der aus einer Vermögensveräußerung erzielte Erlös bleibt als bloße Vermögensumschichtung Vermögen, auch wenn er in Raten im laufenden Alg-II-Bezug zufließt (BSG vom 20.6.1978 – 7 RAr 47/77).

Erlös aus Vermögensveräußerung

Etwas anderes gilt für einen im laufenden Alg-II-Bezug zufließenden Veräußerungsgewinn, etwa durch einen Verkauf bei ebay. Er ist in Höhe des den ursprünglichen Wert des Vermögens übersteigenden Betrages Einkommen (LSG Hessen vom 29.10.2012 – L 9 AS 357/10).

Veräußerungsgewinn

Die Bewertung geldwerter Einnahmen, sofern es sich nicht um Zuwendungen im Arbeitsverhältnis (sächlicher Lohn) oder in Freiwilligendiensten handelt, als Vermögen hat bei Zuflüssen kleinerer Einnahmen in Geldeswert den Vorteil, dass sie anrechnungsfrei bleiben, solange sie die Schonbetragsgrenze nicht übersteigen. Bei Zufluss geldwerter Einnahmen von höherem Wert ist zu prüfen, ob die Einnahme in angemessener Zeit (Verwertbarkeits-Prognose) verwertet werden kann. Alg II kann dann **nur als Darlehen** bis zur Verwertung der geldwerten Einnahme beansprucht werden (§ 9 Abs. 5 SGB II). Bis zum 31.7.2016 war eine im laufenden Alg II-Bezug zugeflossene geldwerte Einnahme Einkommen, das bis zu seiner Realisierung als bereites Mittel unberücksichtigt blieb; solange war Alg II als reguläre Zuschussleistung zu gewähren.

Neu

Besonders deutlich sind die Auswirkungen der Neuregelungen **seit 1.8.2016** bei der Erbschaft einer Immobilie.

Erbe einer Immobilie

Die 4-köpfige Familie X. bezieht Leistungen nach dem SGB II. Im laufenden Leistungsbezug erbt Frau X. das bisher von ihrer Mutter bewohnte Haus, das für die 4-köpfige Familie im Fall einer Nutzung als Wohnstatt angemessen i. S. von § 12 Abs. 3 Nr. 4 SGB II wäre.
Nach dem bis zum 31.7.2016 geltenden Recht ist das Haus für die Dauer von sechs Monaten als Einmaleinkommen anzurechnen. Frau X. nimmt durch Beleihung des Hauses ein Darlehen auf, das für sechs Monate ab Bereitstellung der Geldmittel den Leistungsbezug beendet. Nach Ablauf der sechs Monate ist das Haus Vermögen. Zieht Familie X. bis zum Ablauf dieser Zeit in das Haus ein, ist es zum Zeitpunkt der Umwandlung in Vermögen als selbstgenutzte Immobilie geschützt.
Nach § 11 SGB II in der **seit 1.8.2016** geltenden Fassung ist das Haus von Beginn an Vermögen. Kann es in angemessener Zeit verwertet werden, gibt es Alg II bis zur Verwertung nur als Darlehen. Ein Einzug ins Haus **nach dem Vermögenserwerb** begründet keinen Schutz nach § 12 Abs. 3 Nr. 4 SGB II. Zur Annahme einer besonderen Härte ist allein der Verweis auf die frühere Rechtslage unzureichend.
Positive Auswirkungen hat § 11 SGB II i.d.F. **seit 1.8.2016** dagegen in dem Fall, dass hilfebedürftige Personen als Mieter oder Nutzer in einem Haus/einer Eigentumswohnung leben und die Immobilie im laufenden Alg II-Bezug erben. Handelt es sich um eine angemessene Wohnung, ist diese mit Übergang in das Eigentum der Wohnungsnutzer nach § 12 Abs. 3 Nr. 4 SGB II geschütztes Vermögen.

Beispiel

Neu

II   ## Welches Vermögen ist geschont?

Bestimmte Vermögenswerte bleiben von einer Anrechnung verschont, zählen also bei der Prüfung, ob Hilfebedürftigkeit besteht, nicht mit. Über das Schonvermögen kann der Vermögensinhaber verfügen. So kann er z. B. geschontes Vermögen verschenken (SG Heilbronn vom 24.7.2014 – S 9 AS 217/12) oder innerhalb des Familienverbundes verschieben, etwa das eigene Sparguthaben für Ausbildungsversicherungen der Kinder anlegen. Geht aber infolge einer Vermögensverschiebung der Zweck des Vermögensschutzes verloren, z. B. durch Verkauf eines geschützten Autos, wird der Verkaufserlös als Vermögen auf das Alg II angerechnet, wenn es den Schonfreibetrag überschreitet (HessLSG vom 3.11.2005 – L 7 AS 49/05 ER: Anrechnung einer Lebensversicherung nach Auflösung; SG Detmold vom 31.3.2009 – S 13 AS 21/07: Erlöse aus dem Verkauf von Hausrat; LSG NRW vom 9.5.2011 – L 7 AS 425/11 B: Erlös aus Hausverkauf; LSG Sachsen-Anhalt vom 27.6.2013 – L 5 AS 309/09: Ausgleichszahlung für die Übertragung von Miteigentum an Eigentumswohnung).

Rückzahlung nur bei Verschulden

Weil mit dem Verkauf eines geschützten Vermögens lediglich die Zweckbindung entfällt, aber kein neues Vermögen zufließt, kann trotz Verkaufs weitergezahltes Alg II bei Wegfall der Hilfebedürftigkeit nur bei einem Verschulden der Leistungsbezieher nach § 48 Abs. 1 Satz 2 Nr. 2 oder Nr. 4 SGB X zurückgefordert werden (SG Münster vom 1.4.2010 – S 3 AS 162/08; auf die Revision hin endete am 15.12.2010 der Streit mit einem Vergleich (B 14 AS 41/09 R)).

Übertragbarkeit von Schonvermögensspitzen

Die Regelungen zum Vermögensschutz nach § 12 Abs. 2 Nr. 1 und Nr. 4 SGB II (Grundfreibeträge und Freibeträge für notwendige Anschaffungen) und nach § 12 Abs. 3 SGB II (spezielle Schonvermögen) müssen bei der Prüfung, ob Hilfebedürftigkeit besteht, zusammen gesehen werden; d. h. übersteigt der Wert eines speziellen Schonvermögens die Angemessenheitsgrenze, kann der überschießende Vermögenswert dem Grund- oder Altervorsorgevermögen zugeschlagen werden, soweit die dafür vorgesehenen Höchstgrenzen noch nicht ausgeschöpft sind. Ansonsten zwänge man den Alg II-Antragsteller zu einer Verwertung von Vermögen, das die Hilfebedürftigkeit dennoch nicht beseitigt (BSG vom 6.9.2007 – B 14/7b AS 66/06 R und vom 20.8.2009 – B 14 AS 41/08 R; LSG Thüringen vom 27.7.2009 – L 7 AS 535/09 ER).

Beispiel

Der 45-jährige R. hat 2.000 € auf einem Sparbuch angelegt und besitzt einen PKW mit einem Zeitwert von 9.000 €. Obwohl § 12 Abs. 3 Nr. 2 SGB II nur ein Kraftfahrzeug mit einem Wert bis zu 7.500 € schützt, ist R. hilfebedürftig, da er seinen Grundfreibetrag nach § 12 Abs. 2 Nr. 1 SGB II von 45 x 150 € = 6.750 € auch bei Hinzurechnung des PKW-Überschussvermögens von 1.500 € noch nicht ausgeschöpft hat.

Eine Übertragung nicht ausgeschöpfter Freibeträge der Eltern auf die Kinder und nicht ausgeschöpfter Freibeträge von Kindern auf die Eltern ist nicht zulässig (BSG vom 13.5.2009 – B 4 AS 58/08 R, vom 13.5.2009 – B 4 AS 78/08 R und vom 18.9.2014 – B 14 AS 58/13 R). Der Grundfreibetrag für jedes hilfebedürftige minderjährige Kind beschränkt sich ausschließlich auf das Kind und das bei ihm tatsächlich vorhandene Vermögen.

Keine Übertragung von Freibeträgen in der BG

Der 750 €-Freibetrag für notwendige Anschaffungen steht jeweils allen BG-Mitgliedern zu. Einer fünfköpfigen BG wird z. B. unabhängig davon, wem das vorhandene Vermögen gehört, ein Freibetrag für notwendige Anschaffungen von 5 x 750 € = 3.750 € zugebilligt.

Freibetrag für notwendige Anschaffungen

Die nachfolgende Aufstellung gibt eine Übersicht über die Schonvermögen und die Schonhöhe.

Art und Höhe der Schonvermögen

Zweckfreier Grundfreibetrag für Erwachsene (§ 12 Abs. 2 Satz 1 Nr. 1 SGB II)
150 € je vollendetes Lebensjahr für volljährigen Leistungsberechtigten und Partner der BG.

Maßgebend für die Feststellung eines vollendeten Lebensjahres ist der erste Tag des jeweiligen Bewilligungsabschnittes.

Minimum: **3.100 €** pro Person;

Maximum: **9.750 €** pro Person, die vor dem 1.1.1958 geboren ist;

9.900 € pro Person, die nach dem 31.12.1957 und vor dem 1.1.1964 geboren ist und

10.050 € pro Person, die nach dem 31.12.1963 geboren ist.

Gemäß § 65 Abs. 5 SGB II **520 €** je vollendetes Lebensjahr für Personen, die **vor dem 1.1.1948** geboren sind.

Maximum: **33.800 €** pro Person.

Obwohl in § 65 Abs. 5 SGB II nur von einem Höchstbetrag von 33.800 € die Rede ist, bezieht sich das auf einen Höchstbetrag pro Person der BG (SG Augsburg vom 6.12.2005 – S 1 AS 460/05). In einer Partner-BG steht der höhere Freibetrag nur dem Partner zu, der vor dem 1.1.1948 geboren ist (BSG vom 15.4.2008 – B 14/7b AS 52/06 R und vom 15.4.2008 – B 14 AS 27/07 R).

Zweckfreier Grundfreibetrag für Kinder (§ 12 Abs. 2 Satz 1 Nr. 1a SGB II)
3.100 € für jedes minderjährige Kind der BG.

Zusätzliche private Altersvorsorge mit <u>unwiderruflicher</u> Zweckbindung (§ 12 Abs. 2 Satz 1 Nr. 3 SGB II)
750 € je vollendetes Lebensjahr für volljährigen Leistungsberechtigten und Partner und erwerbsfähiges Kind der BG ab dem 15. Geburtstag.

Maximum: **48.750 €** pro Person, die vor dem 1.1.1958 geboren ist;

49.500 € pro Person, die nach dem 31.12.1957 und vor dem 1.1.1964 geboren ist und

50.250 € pro Person, die nach dem 31.12.1963 geboren ist.

Der Freibetrag gilt für jegliche Form der Altersvorsorge bei **unwiderruflichem** Verwertungsausschluss vor Eintritt in den Ruhestand. Auch ein Rückkauf, eine Kündigung oder eine Beleihung darf nicht möglich sein. Dies muss aus der jeweiligen Vereinbarung (z. B. Versicherungsvertrag) eindeutig hervorgehen (SG Leipzig vom 14.2.2007 – S 6 AS 283/05: Lebensversicherung im Rahmen der betrieblichen Altersvorsorge; BayLSG vom 24.10.2011 – L 11 AS 471/11 B ER; LSG Baden-Württemberg vom 12.11.2015 – L 7 AS 228/12: Lebensversicherung).

Nach § 168 Abs. 3 VVG kann zwischen Versicherer und Versicherungsnehmer die Verwertung vor dem Eintritt in den Ruhestand bis zur Höhe von 750 € pro Lebensjahr ausgeschlossen werden. Eine **rückwirkende Vereinbarung** des Verwertungsausschlusses im Wege eines sozialrechtlichen Herstellungsanspruchs wegen unterlassener Beratung durch das Jobcenter ist nicht möglich (BSG vom 31.10.2007 – B 14/11 b AS 63/06 R und vom 6.12.2008 – B 4 AS 77/08 B; LSG NRW vom 3.3.2010 – L 12 AS 40/08; BayLSG vom 27.3.2013 – L 11 AS 809/10). Da das BSG aber eine Beratungspflicht der Jobcenter bejaht, kann eine **Amtshaftungsklage auf Schadensersatz** Erfolg haben, wenn Vermögen infolge eines Beratungsfehlers verloren ging. Zur Beratungspflicht des Versicherungsunternehmens s. LG Rostock vom 12.6.2014 – 10 O 831/13. Läuft ein Verwertungsausschluss mit dem 60. Geburtstag aus, kann er ohne Nachteil für den Leistungsberechtigten bis zum tatsächlichen Eintritt in den Ruhestand verlängert werden (DA 12.20). Nach Eintritt in den Ruhestand ist die Vereinbarung eines Verwertungsausschlusses nicht mehr möglich (SG Rostock vom 11.8.2015 – S 8 SO 106/12); der SGB XII-Träger kann das Altersvorsorgevermögen verwerten, sofern das nach Maßgabe von § 90 SGB XII nicht besonders hart ist.

Außerhalb von § 168 VVG sind Formen weniger streng zweckgebundener Altersvorsorge von den Sozialgerichten nicht anerkannt worden (SG Mainz vom 25.2.2008 – S 7 AS 249/06; OVG Bremen vom 24.4.2009 – S 2 S 82/09: Bausparvertrag; LSG Baden-Württemberg vom 2.7.2015 – L 1 AS 2015/14: Schweizer Versorgungsansprüche auf Freizügigkeitskonto; LSG Sachsen-Anhalt vom 12.3.2015 – L 5 AS 22/14: Sparbrief; LSG Baden-Württemberg vom 29.1.2015 – L 7 AS 1406/12: Hausgrundstück; SG Mainz vom 15.6.2016 – S 8 AS 114/15: von den Eltern finanzierte Leibrentenversicherung). Das gilt auch, wenn der Vermögensinhaber 60 Jahre alt geworden ist (BayLSG vom 12.6.2013 – L 11 AS 527/11). Eine Kapitallebensversicherung mit der maximal möglichen Laufzeit von 38 Jahren, die jedoch nur bis zum 59. Geburtstag reicht und für die insofern kein Verwertungsausschluss nach § 168 VVG vereinbart werden kann, ist nach BSG vom 11.12.2012 – B 4 AS 29/12 R nicht hinreichend zweckgebunden. Dass kein Verwertungsausschluss vereinbart werden konnte, soll auch keine Härte nach § 12 Abs. 3 Nr. 6 SGB II begründen (a.A. LSG NRW vom 20.9.2012 – L 7 AS 348/10: keine Bindung wegen fehlenden Krankenversicherungsschutzes). Das LSG Niedersachsen-Bremen vom 11.3.2008 – L 7 AS 143/07 hat die vertragliche Bindung eines Geldvermögens an das Schicksal einer nach § 168 VVG für die Altersvorsorge festgelegten Lebensversicherung als treuwidrige und unzulässige Rechtsausübung gewertet, die ungeachtet ihrer Wirksamkeit gemäß § 138 BGB den Alg II-Bezug ausschließe. Das Argument, eine Zweckbindung nach § 168 VVG sei nicht zumutbar, weil im Notfall auf die Lebensversicherung zurückgegriffen werden müsse, entzieht dem behaupteten Altersvorsorgezweck die Grundlage (LSG NRW vom 12.1.2012 – L 19 AS 17/11: Einsatz zur Sicherung eines Darlehens). Nach BSG vom 15.4.2008 – B 14/7b AS 68/06 R kommt auch eine Privilegierung der Lebensversicherung im Rahmen des § 12 Abs. 3 Satz 1 Nr. 6 2. Alt SGB II (besondere Härte) nur in Betracht, wenn die Lebensversicherung tatsächlich zur Altersvorsorge bestimmt ist (LSG NRW vom 15.5.2014 – L 19 AS 703/14 B ER; so auch LSG NRW vom 24.9.2012 – L 19 AS 575/12 und vom 3.9.2013 – L 19 AS 1229/13 B für ein Aktiendepot). Dazu ist erforderlich, dass der Leistungsberechtigte das Vermögen nach Eintritt in den Ruhestand zur Bestreitung des Lebensunterhalts für sich verwenden will und eine dieser Bestimmung entsprechende Vermögensdisposition getroffen hat. Im Übrigen bleibt dem Versicherungsnehmer ungeachtet einer Zweckbindung nach § 168 VVG in engen Grenzen auch die für Lebensversicherungen bestehende Möglichkeit einer außerordentlichen Kündigung gemäß §§ 313 Abs. 3, 314 BGB oder ausnahmsweise infolge sonstiger Unzumutbarkeit (siehe die Gesetzesbegründung zum Gesetz über den Pfändungsschutz der Altersvorsorge, BR-Drs. 618/05, S. 21 und OLG Hamm vom 17.8.2007 – 20 U 284/06: Sofortrente). Die Vereinbarung des Verwertungsausschlusses nach § 168 Abs. 3 VVG ist im Insolvenzverfahren über das Vermögen des Versicherungsnehmers weder nach § 134 InsO anfechtbar noch begründet die Insolvenz des Versicherungsnehmers ein Recht zur außerordentlichen Kündigung des Lebensversicherungsvertrages gemäß § 314 BGB (KG Berlin vom 15.11.2011 – 6 U 7/11).

Ist der Wert der geldwerten Ansprüche aus einer Altersvorsorge höher als die 750 € pro Lebensjahr, tritt Verwertbarkeit ein, wenn sie die Summe der gesamten Schonvermögen übersteigen.

Ein Ausschluss der Verwertung vor dem 60. Lebensjahr reicht aus (z. B. »Fälligkeit vor Vollendung des 60. Lebensjahres ist ausgeschlossen, vorheriger Rückkauf/vorherige Kündigung ausgeschlossen«). Ist für bestimmte Berufsgruppen ein früherer Rentenbeginn vorgesehen (z. B. Piloten), gilt diese Altersgrenze (vgl. BVerwG vom 23.2.2010 – 5 C 29.08).

Riesterrente (§ 12 Abs. 2 Satz 1 Nr. 2 SGB II)
Keine Anrechnung der geförderten Altersvorsorgeaufwendungen.

Der Höchstbetrag der staatlichen Förderung und somit auch der Privilegierung richtet sich nach § 10a Einkommensteuergesetz (EStG). Er beträgt **2.100 €**.

Der Vermögensschutz setzt voraus, dass der Vermögensinhaber das Riester-Altersvorsorgevermögen nicht vorzeitig verwendet (steuerschädlich i.S. § 93 EStG), sondern für seinen bestimmungsgemäßen Zweck im Alter ansammelt, was im Weg des automatisierten Datenabgleichs nach § 52 Abs. 1 Nr. 4 SGB II überprüft werden darf.

Private Altersvorsorge zum Ausgleich der Befreiung von der Rentenversicherungspflicht (§ 12 Abs. 3 Satz 1 Nr. 3 SGB II)
Soweit angemessen.

Begünstigt sind alle von der Rentenversicherungspflicht befreiten Personen, unabhängig von der Rechtsgrundlage der Befreiung; so z.B. auch Berufsanfänger, die nach § 2 Satz 1 SGB VI versicherungspflichtig sind und einen Befreiungsantrag nach § 6 Abs. 1a SGB VI gestellt haben. Selbständige, die nach § 2 Nr. 9 SGB VI der Versicherungspflicht unterliegen (z. B. Logopäden: BSG vom 23.7.2015 – B 5 RE 17/14 R oder Pflegepersonen in der Kranken-, Wochen-, Säuglings- oder Kinderpflege: HessLSG vom 29.1.2015 – L 8 KR 205/13), können auf Antrag nach § 6 Abs. 1a, 1b SGB VI befreit werden. Dagegen fallen von vornherein versicherungsfreie Personen, z.B. bestimmte Selbständige (BSG vom 15.4.2008 – B 14/7b AS 56/06 R), nicht unter die Regelung. Für eine analoge Gesetzesanwendung auf rentenversicherungsfreie Personen fehlt es an einer Regelungslücke (LSG Baden-Württemberg vom 20.7.2015 – L 1 AS 2015/14).

Bezieher des Gründungszuschusses nach § 93 SGB III sind versicherungsfrei, sofern sie nicht nach § 2 Nr. 9 SGB VI der Versicherungspflicht unterliegen; dann können sie auf Antrag gemäß § 6 Abs. 1a, 1b SGB VI befreit werden.

Minijob

Minijobber bis 450 € sind seit dem 1.1.2013 rentenversicherungspflichtig, können sich aber nach § 6 Abs. 1 b SGB VI von der Versicherungspflicht befreien lassen. Damit genießen sie ein gegenüber rentenversicherungspflichtig beschäftigten Aufstockern oder rentenversicherungsfreien Selbständigen erweiterten Altersvorsorge-Vermögensschutz. Sie können ihr Erwerbseinkommen auch um zusätzliche Aufwendungen (Versicherungsbeiträge) zum Aufbau solchen Vermögens mindern (§ 11b Abs. 1 Nr. 3 b SGB II).

Sachlich gerechtfertigt ist dieser erweiterte Vermögensschutz, wenn der Leistungsberechtigte **wegen** einer von geringfügigen, bis zum 31.12.2012 versicherungsfreien, Tätigkeiten geprägten Erwerbsbiografie Vermögen zur Altersvorsorge angelegt hat. Wird der Befreiungsantrag dagegen gestellt, um Vermögen der Verwertung nach § 12 SGB II zu entziehen, ist die Anlage von Vermögen, das nicht dem Schutz von § 12 Abs. 2 Nr. 2, Nr. 3 SGB II unterfällt, unangemessen und deshalb nicht vor einer Verwertung geschützt. Minijobber, die bis zum 31.12.2012 rentenversicherungsfrei (d.h. bis zu einem Entgelt von 400 €) tätig waren, dies wegen § 230 Abs. 8 Satz 1 SGB VI auch nach dem 1.1.2013 bleiben, solange sie nicht mehr als 400 € verdienen **und** die wegen der bisherigen Rentenversicherungsfreiheit geringfügiger Beschäftigungsverhältnisse privat für das Alter vorgesorgt haben, sind in gleichem Maße wie die rentenversicherungsbefreiten Minijobber mit jobbedingtem Altersvorsorgevermögen auf den Schutz dieses Vermögens angewiesen, wenn sie hilfebedürftig werden. Für sie gilt aus Gründen der Gleichbehandlung § 12 Abs. 3 Nr. 3 SGB II analog. Dass sie von der auch nach dem 31.12.2012 fortbestehenden (§ 230 Abs. 8 Satz 2 SGB VI) Möglichkeit einer Rentenversicherungspflicht auf Antrag keinen Gebrauch machen, steht dem nicht entgegen, wenn damit keine auskömmliche Altersvorsorge in der gesetzlichen Rentenversicherung mehr erworben werden kann.

Die Neuregelung der Sozialversicherungspflicht geringfügig Beschäftigter fordert außerdem die Ausweitung des Vermögensschutzes auf 400 €-Minijob-Aufstocker, die bis 31.12.2012 für die Rentenversicherungspflicht optiert hatten (§ 5 Abs. 2 Satz 2 SGB VI in der bis 31.12.2012 geltenden Fassung) und wegen § 229 Abs. 5 SGB VI auch nach dem 1.1.2013 daran gebunden sind. Haben sie wegen der geringen Minijob-Rentenpunkte in einer von geringfügigen Beschäftigungsverhältnissen geprägten Erwerbsbiografie privat vorgesorgt, müssen sie über die Härtefallregelung des § 12 Abs. 3 Nr. 6 SGB II den rentenbefreiten Minijobbern beim Vermögensschutz gleichgestellt werden.

Die Regelung nach § 12 Abs. 3 Satz 1 Nr. 3 SGB II greift nur für Zeiträume des Leistungsbezugs mit tatsächlich bestehender Rentenversicherungsbefreiung (BSG vom 15.4.2008 – B 14/7b AS 68/06 R). Die Befreiung von der Versicherungspflicht beginnt mit Eingang des Antrags beim Rentenversicherungsträger. Der Anspruch auf Befreiung kann rückwirkend nur innerhalb von drei Monaten nach Vorliegen der Befreiungsvoraussetzungen und danach nur noch mit Wirkung für die Zukunft geltend gemacht werden (LSG NRW vom 24.11.2010 – L 8 R 187/09; LSG Berlin-Brandenburg vom 27.1.2011 – L 22 R 31/09).

An die Stelle der in § 12 Abs. 2 Nr. 2, Nr. 3 SGB II verlangten strikten Zweckbindung tritt der Nachweis der Altersvorsorge. Dadurch kann auch eine nicht selbst bewohnte Immobilie, eine über der 750 €/Lebensjahr-Grenze liegende Lebensversicherung oder ein Wertpapierdepot vor einem Vermögenseinsatz geschützt sein. Zur Problematik, wann der Altersvorsorgezweck des Vermögens hinreichend nachgewiesen ist, und was unter einer »angemessenen« Altersvorsorge zu verstehen ist, kann auf die Rechtsprechung zurückgegriffen werden. Danach genügt allein der subjektive Wille, das Vermögen später für die Altersvorsorge zu nutzen, nicht aus (vgl. OVG Bremen vom 14.1.2009 – S 2 B 510/08: Bausparvertrag; SG Leipzig vom 30.6.2008 – S 19 AS 645/05: Festgeld; LSG Sachsen-Anhalt vom 26.1.2015 – L 5 AS 304/14 B ER: verpfändete Forderung). Die Rechtsprechung der Verwaltungsgerichte zum BSHG ist nicht übertragbar, soweit bestimmte Formen der Alterssicherung von vornherein als zur Alterssicherung untauglich ausgeschlossen wurden (vgl. etwa BVerwG vom 13.5.2004 – 5 C 3/03). Im SGB II können z.B. auch kapitalbildende Lebensversicherungen (LSG Thüringen vom 15.9.2005 – L 7 AS 542/05 ER; LSG Baden-Württemberg vom 27.2.2009 – L 12 AS 3486/08) oder eine nicht selbst genutzte Immobilie als Altersicherungsvermögen anerkannt werden. Im Hinblick auf das zum 1.4.2007 in Kraft getretene Gesetz zum Pfändungsschutz der Altersvorsorge (BGBl 2007, S. 368 ff.) kann das Jobcenter bei einer Altersvorsorge in Form einer Lebensversicherung jedoch eine Umwandlung nach § 167 VVG verlangen (vgl. dazu auch OVG Rheinland-Pfalz vom 7.8.2008 – 7 A 10142/08; BSG vom 7.5.2009 – B 14 AS 35/08 R; LG Bonn vom 4.6.2012 – 9 O 114/12; zum Insolvenzschutz der Umwandlungserklärung s. OLG Stuttgart vom 15.12.2011 – 7 U 184/11; KG Berlin vom 15.11.2011 – 6 U 7/11). Die dann nach § 851c ZPO geschützten Höchstbeträge sind allerdings kein Anhaltspunkt für die Angemessenheit der Altersvorsorge hilfebedürftiger Personen. Entscheidend wird es auf die im Einzelfall bestehenden Versicherungslücken und das Erfordernis zur Aufstockung einer Minirente aus der gesetzlichen Rentenversicherung ankommen (→ S. 617). Infolge des Wegfalls der gesetzlichen Rentenversicherungsbeiträge für Alg II-Bezieher seit 1.1.2011 kommt der privaten Altersvorsorge und dem Schutz des zur Altersvorsorge angelegten Vermögens verstärkte Bedeutung zu.

Altersvorsorge-zweck

Kein Argument gegen die Angemessenheit der gewählten Vorsorge ist die verbleibende Abhängigkeit von Leistungen der Grundsicherung nach § 41 SGB XII. Denn mit der privaten Altersvorsorge soll eine zukünftige Belastung der öffentlichen Hand nach Möglichkeit vermieden werden (vgl. BVerwG vom 24.6.1999 – 5 C 18.98 und vom 27.6.2002 – 5 C 43.01; LSG Niedersachsen-Bremen vom 22.3.2007 – L 8 SO 35/06 ER).

Freibetrag für notwendige Anschaffungen (§ 12 Abs. 2 Satz 1 Nr. 4 SGB II)

750 € für jeden Leistungsberechtigten der BG, wozu in einer 3-Generationen-BG (→ S. 100 ff.) auch das Enkelkind gehört.

Der Anschaffungsfreibetrag braucht nicht gesondert angelegt zu sein. Bei vorhandenem Vermögen ist in seinem Umfang ein entsprechender Geldbetrag zusätzlich geschont. Vor der Gewährung eines Darlehens nach § 24 Abs. 1 SGB II wird der Einsatz von Vermögen, das nur wegen Hinzurechnung des Anschaffungsfreibetrages geschont ist, z.B. eine Lebensversicherung oder ein Bausparvertrag, in der Regel offensichtlich unwirtschaftlich i.S.v. § 12 Abs. 3 Nr. 6 SGB II sein.

Kraftfahrzeuge (§ 12 Abs. 3 Satz 1 Nr. 2 SGB II)

Für jeden erwerbsfähigen Hilfebedürftigen der BG, soweit angemessen.

Das angemessene Kfz eines nicht erwerbsfähigen Mitglieds der BG ist geschützt, wenn es für dringende persönliche Bedürfnisse (z.B. Fahrten zum Arzt, für Einkäufe in Regionen mit ungenügender Infrastruktur) unentbehrlich ist (vgl. dazu SG Rostock vom 11.8.2015 – S 8 SO 106/12; OLG Hamm vom 11.9.2013 – II-2 WF 145/13). Bei einer nur vorübergehenden Erwerbsminderung ist ein Kfz, das später erneut für die Aufnahme einer Erwerbstätigkeit benötigt wird, wegen einer besonderen Härte des Vermögenseinsatzes i.S.v. § 12 Abs. 3 Nr. 6 SGB II geschützt (SG Detmold 31.3.2015 – S 2 SO 119/14).

Nach BSG vom 6.9.2007 – B 14/7b AS 66/06 R ist die Angemessenheit eines PKW im Regelfall allein nach dem Verkehrswert zu bestimmen und mit **7.500 €** anzusetzen. Der Begriff des »Mittelklassewagens« oder die Zuverlässigkeit des Fahrzeugs seien keine geeigneten Bewertungskriterien. Ein höherer Vermögensschutz wird daher nur in ganz besonders gelagerten Einzelfällen vertretbar sein, wie z.B. einem speziell umgerüsteten Fahrzeug für einen Rollstuhlfahrer (s. dazu SG Detmold vom 21.6.2005 – S 4 AS 17/05). Zur Angemessenheit eines höherwertigen Kfz, wenn damit Kinder zur Schule gefahren werden s. OLG Stuttgart vom 9.4.2010 – 13 W 17/10.

Die 7.500 €-Grenze gilt auch bei BGs mit mehreren Leistungsberechtigten, die sich auf ein gemeinsames Fahrzeug beschränken. Sie können also nicht pro Kopf 7.500 € für ein (teures) Fahrzeug geltend machen. Wird ein teureres Auto benötigt, um nahen Angehörigen, die nicht in der BG leben, zu helfen, kann eine Verwertung besonders hart i. S. von § 12 Abs. 3 Nr. 6 SGB II sein (vgl. dazu LG Berlin vom 15.4.2013 – 51 T 227/13: Pfändungsschutz für ein Auto, das zu Arztbesuchen der an den Rollstuhl gefesselten Mutter des Schuldners benötigt wird).

Der Verkaufswert wird nach den üblichen Wertermittlungstabellen für gebrauchte Fahrzeuge bestimmt. Hierbei ist auf den Markt für private Verkäufer abzustellen, nicht auf einen Händlerverkaufspreis (BSG vom 6.9.2007 – B 14/7b AS 66/06 R; LSG Sachsen-Anhalt vom 29.10.2009

– L 5 AS 45/06; s. auch LSG Sachsen-Anhalt vom 12.12.2013 – L 8 SO 37/13 B). Bei einem Ratenkauf sind die noch zu zahlenden Raten bei der Wertermittlung abzurechnen. Bei einem unangemessenen Leasingfahrzeug ist zu prüfen, ob die Rückabwicklung des Leasingvertrages mit einem anschließenden Verkauf des Fahrzeugs oder eine anderweitige Verwertung, wie z.B. die Übernahme des Leasingvertrages durch einen Dritten einen adäquaten Verwertungserlös ergibt (s. dazu auch VG Aachen vom 15.4.2014 – 2 K 2805/12).

Ein Sparguthaben zu dem Zweck, davon ein Auto im Fall der Arbeitsaufnahme zu erwerben, ist nicht geschützt (LSG Sachsen vom 5.2.2008 – L 2 B 553/07 AS-ER). Ebenso wenig Vermögen, das zum Ankauf eines Pkw, der zur Aufrechterhaltung der selbständigen Tätigkeit dienen soll, bestimmt ist. Nach LSG Rheinland-Pfalz vom 29.1.2008 – L 3 AS 88/06 kann das Vermögen allenfalls über die Härteklausel in § 12 Abs. 3 Satz 1 Nr. 6 SGB II geschützt sein.

Muss ein unangemessenes Auto verwertet werden, kann dem Leistungsberechtigten der Erwerb eines angemessenen mit einem Teil des Verkaufserlöses nicht als sozialwidrige Vermögensverschleuderung entgegengehalten werden. Dem Vermögensschutz des § 12 Abs. 3 Nr. 2 SGB II liegt die pauschale Annahme zugrunde, dass erwerbsfähige Personen mit einem Auto wegen der höheren Mobilität besser in das Erwerbsleben eingegliedert werden können (s. dazu auch BayVGH vom 3.3.2011 – 5 C 11.254).

Gegenstände zur Berufsausbildung/Erwerbstätigkeit (§ 7 Abs. 1 Alg II-VO)
Soweit hierfür unentbehrlich.

Nach LSG NRW vom 27.8.2008 – L 19 B 154/08 AS ER fällt hierunter kein Vermögen zur Bestreitung des Lebensunterhalts während einer Ausbildung, wenn der Vermögensinhaber bereits über eine arbeitsmarktlich verwertbare Ausbildung verfügt. Vermögen für den Ankauf eines Kraftfahrzeugs zur Aufrechterhaltung einer selbständigen Tätigkeit ist nach LSG Rheinland-Pfalz vom 29.1.2008 – L 3 AS 88/06 nicht geschützt, wenn aus der Tätigkeit nur ganz geringe Einkünfte erzielt werden. Landwirtschaftliche Betriebsgrundstücke sind unentbehrlich, wenn ohne sie die Erwerbstätigkeit unmöglich ist (VGH München vom 11.4.2011 – 4 C 11.836). Dabei ist nach BFH vom 23.11.2011 – III S 28/10 (PKH) aber zu prüfen, ob nicht einzelne (Teil)grundstücke ohne nachhaltige und fortdauernde Beeinträchtigung der Gesamttätigkeit verwertet werden können. Verpachtete Grundstücke eines nicht aktiv betriebenen landwirtschaftlichen Betriebs fallen nicht unter § 7 Alg II-VO, auch wenn das Finanzamt die Pachtzinsen steuerrechtlich als Einkünfte aus Land- und Forstwirtschaft wertet (BayLSG vom 2.2.2012 – L 11 AS 162/11).

Selbst bewohnte Immobilie (§ 12 Abs. 3 Satz 1 Nr. 4 SGB II)
»Ein selbst genutztes Hausgrundstück von angemessener Größe oder eine entsprechende Eigentumswohnung« sind als Vermögen anrechnungsfrei. Sinn dieser Regelung ist nicht der Schutz von Immobilien, sondern der Wohnung als Lebensraum für das Grundbedürfnis Wohnen. Dementsprechend sind über den Wortlaut hinaus auch Wohnrechte (§ 1093 BGB, § 31 WEG) einzubeziehen (BSG vom 24.3.2015 – B 8 SO 12/14 R). Nicht

mehr geschützt ist das Vermögen aus dem Verkauf einer Immobilie (BSG vom 5.6.2003 – B 11 AL 55/02 R).

Als Maßstab für die Angemessenheit hält das BSG die Wohnflächenwerte des bis 2001 geltenden § 39 WoBauG II für sachgerecht. Es will dabei allerdings die Zahl der Wohnungsnutzer berücksichtigen; andernfalls werde der SGB II-Bezieher gegenüber einem Bezieher von Sozialhilfe nach dem SGB XII willkürlich besser gestellt (BSG vom 7.11.2006 – B 7b AS 2/05 R und vom 16.5.2007 – B 11b AS 37/06 R). Danach gelten folgende Wohnflächen für einen **Vierpersonenhaushalt**:

– Bis **130 qm** bei Eigenheim und
– bis **120 qm** bei Eigentumswohnung;
– plus/minus **20 qm je Person** mehr oder weniger im Haushalt;
– **mindestens 80 qm** bei **Einpersonenhaushalt** in Eigentumswohnung (BSG vom 18.6.2008 – B 14/11b AS 67/06 R und vom 18.9.2014 – B 14 AS 58/13 R; LSG Hamburg vom 24.9.2012 – L 4 AS 110/09; LSG NRW vom 1.12.2014 – L 19 AS 1860/14; a.A. BayLSG vom 20.3.2012 – L 7 AS 91/12 B ER: bis 90 qm noch angemessen). Nach LSG Berlin-Brandenburg vom 26.3.2010 – L 32 AS 688/09 ist für eine Person nur eine Eigentumswohnung mit einer Wohnfläche bis 60 qm geschützt. **Hauseigentümern** gesteht das BSG vom 15.4.2008 – B 14/7b AS 34/06 R und vom 19.9.2008 – B 14 AS 54/07 R eine größere Wohnfläche zu: »Eine schematische Übertragung des für Eigentumswohnungen entwickelten Wertes würde den anders gelagerten tatsächlichen Verhältnissen nicht gerecht. Hauseigentum überschreitet in aller Regel eine Wohnfläche von 80 qm. Der Eigentumsschutz des § 12 Abs. 3 Satz 1 Nr. 4 SGB II, der gerade an erster Stelle das selbst genutzte Hausgrundstück nennt, würde in diesem Punkt weitgehend leer laufen«.

Nach SG Nordhausen vom 24.3.2011 – S 13 AS 3123/10 gibt es für eine Reduzierung der nach § 39 Abs. 1 Satz 1 Nr. 1 WoBauG II als angemessen anzusehenden Wohnfläche eines Eigenheims von 130 qm keine Rechtsgrundlage, wenn das Eigenheim von weniger als vier Personen bewohnt wird. Für eine Person sei daher ein Haus mit 121 qm Wohnfläche noch angemessen; a.A. BayLSG vom 20.3.2012 – L 7 AS 91/12 B ER: bis 90 qm Wohnfläche angemessen; LSG NRW vom 17.12.2010 – L 19 AS 1323/10 B und vom 16.10.2013 – L 12 AS 175/12: für zwei Personen 90 qm angemessen; ebenso SG Aachen vom 16.1.2013 – S 8 AS 940/11.

Einliegerwohnung | Bei der Prüfung, ob es sich bei einem selbst genutzten Hausgrundstück um Schonvermögen handelt, ist nach BSG vom 22.3.2012 – B 4 AS 99/11 R bei der Ermittlung der Wohnfläche des Einfamilienhauses auch die Wohnfläche der vermieteten Einliegerwohnung zu berücksichtigen. Dem folgt das LSG NRW vom 30.6.2011 – L 7 AS 79/08 mit der Einschränkung, dass nur auf den dem Miteigentümer gehörenden Wohnungsteil abzustellen ist, wenn die tatsächliche Nutzung auf diesen Grundstücks- oder Gebäudeteil beschränkt ist.

Mitwohnende Angehörige | Wird eine dem Leistungsberechtigten gehörende Immobilie von Angehörigen, die nicht zur BG zählen, bewohnt, ist zur Beurteilung der Angemessenheit dennoch die Gesamtfläche des Hauses maßgebend (BSG vom 12.12.2013 – B 14 AS 90/12 R; LSG NRW vom 8.7.2015 – L 19 AS 82/

15 B ER). Gegebenenfalls kann die Verwertung unbillig hart sein (vom BSG, a.a.O. bejaht, falls die Immobilie nach den Maßstäben des § 90 SGB XII geschützt wäre).

Das LSG Sachsen vom 13.12.2011 – L 2 AS 702/11 B ER bezieht darüber hinaus auch untervermietete Geschäftsflächen und die Wohnfläche einer mietfrei an Familienangehörige überlassenen Wohnung mit ein. Ebenso das BSG vom 18.9.2014 – B 14 AS 58/13 R: Übungsraum im Haus einer selbständig tätigen Leistungsberechtigten.

Gewerbefläche

Bei den Wohnflächenwerten nach § 39 WoBauG II handelt es sich um Richtwerte für den Durchschnittsfall. Bei einer Überschreitung der Wohnflächenobergrenze um nicht mehr als 10 % ist mit Rücksicht auf den Verhältnismäßigkeitsgrundsatz noch von einer angemessenen Wohnfläche auszugehen (BSG vom 7.11.2006 – B 7b AS 2/05 R; vgl. auch BSG vom 19.5.2009 – B 8 SO 7/08 R und vom 24.3.2015 – B 8 SO 12/14 R). Abweichungen nach oben oder unten sind möglich. So können für ein Paar, das sich Kinder wünscht, mehr als 100 qm noch vor einer Schwangerschaft oder laufenden Adoption angemessen sein. Ebenso für Eltern, die damit rechnen können, dass deren auswärts in Ausbildung stehende Kinder ins Elternhaus zurückkehren (LSG NRW vom 23.1.2014 – L 7 AS 144/13). Für Eltern, deren Kinder ausziehen, können in Anlehnung an § 82 Abs. 3 Satz 2 WoBauG II mehr als 100 qm angemessen bleiben. Umgekehrt kann eine nach der Wohnfläche an sich angemessene Immobilie wegen Ausstattung und Lage in einem Luxusgebiet so wertvoll sein, dass sie die Hilfebedürftigkeit ausschließt.

Einzelfallbewertung

§ 12 Abs. 3 Nr. 4 SGB II schützt die Immobilie nicht als Vermögenswert, sondern als Familienheim. Die Verwertung ist daher unzumutbar, wenn das Trennungsjahr noch nicht abgelaufen oder aus sonstigen Gründen ungewiss ist, ob mangels endgültiger Zerrüttung die Ehe/Lebenspartnerschaft auf Dauer getrennt ist. Denn dann hat das Grundstück seine Eigenschaft als Familienheim noch nicht verloren (vgl. OLG Bremen vom 26.10.2010 – 4 WF 133/10: Vermögensschutz bei der Prüfung von PKH). Für BG-Einstandspartner gelten dieselben Maßstäbe.

Verwertungsschutz bei Trennung

Nach SG Koblenz vom 3.5.2007 – S 11 AS 187/06 ist die Wohnfläche kein geeignetes Kriterien zur Beurteilung der Angemessenheit selbst bewohnter Immobilien. Denn auch dann sei ein Einfamilienhaus kein verwertbares Vermögen, wenn es trotz seiner großen Wohnfläche einen Verkehrswert habe, der deutlich unter dem Durchschnitt liege. Die Angemessenheit müsse daher nach dem Verkehrswert beurteilt worden, der mit durchschnittlich 250.000 € als Höchst-Grenzwert anzusetzen sei. Der Ansatz eines bundesweit einheitlichen Verkehrswertes ist angesichts sehr unterschiedlicher Immobilienpreise abzulehnen. Ein Haus mit unangemessener Wohnfläche, aber (regional) deutlich unterdurchschnittlichem Verkehrswert kann in Einklang mit der BSG-Rechtsprechung aber dadurch vor einer Verwertung geschützt sein, dass der Erlös im Fall eines Verkaufs nicht zur Beschaffung einer angemessenen Immobilie ausreicht. § 12 Abs. 3 Nr. 4 SGB II zielt ja auf den Erhalt von Wohnungseigentum ab.

Verkehrswert

Bei der Anzahl der Personen können neben den BG- und Haushaltsangehörigen auch nahe Verwandte mitgezählt werden, die mit im Haus leben, auch wenn sie einen eigenen Haushalt führen. Für sonstige Mitbewohner kommt es auf den Einzelfall an; so kann z. B. eine Person, die zur Betreuung und Pflege eines behinderten Familienmitglieds im Haus lebt, mitgezählt werden (vgl. BSG vom 29.3.2007 – B 7b AS 12/06 R: Pflegekind). Vgl. zu einer Erhöhung der Wohnfläche wegen Pflege der Mutter LAG Rheinland-Pfalz vom 3.2.2012 – 6 Ta 9/12.

Auch die **Grundstücksgröße** orientiert sich am Maßstab des öffentlich geförderten Wohnungsbaus. Danach sind Grundstücksflächen von 500 qm im städtischen Bereich und 800 qm im ländlichen Bereich ohne weiteres angemessen (BayLSG vom 18.6.2008 – L 16 AS 200/07; BSG vom 15.4.2008 – B 14/76 AS 34/06 R; SG Stade vom 24.4.2014 – S 18 AS 997/12). Bei größeren Grundstücken sind alle Umstände des Einzelfalls zu bewerten (s. dazu LSG Mecklenburg-Vorpommern vom 8.1.2016 – L 8 AS 578/15 B ER). Sofern die Teilung eines Grundstücks möglich ist, scheidet eine Verwertung durch Teilverkauf dennoch aus, wenn die Aufteilung zu einem unverwertbaren Grundstück (LSG NRW vom 22.10.2009 – L 7 (12) AS 9/07: Schlauchgrundstück; LSG Schleswig-Holstein vom 17.3.2009 – L 11 AS 16/08: Grundstück nicht bebaubar) oder zu einem massiven Wertverlust führt (BSG vom 25.4.2002 – B 11 AL 69/01 R; BayLSG vom 21.4.2006 – L 7 AS 1/05: Abtrennung eines 200 qm großen Teilstücks von einem 1.000 qm großen Hanggrundstück unwirtschaftlich; SG Aachen vom 18.7.2006 – S 11 AS 105/05: Teilung eines Grundstücks von 1.088 qm unwirtschaftlich) oder ortsübliche Nutzflächen, z. B. für den Obst- und Gemüseanbau, verloren gehen (vgl. SG Berlin vom 30.1.2004, info also 2004, S. 164). Bei einer angemessenen Wohnfläche und geringfügiger Überschreitung der angemessenen Grundstücksgröße (1.002 qm) überwiegt der Schutz der Wohnfläche (LSG Berlin-Brandenburg vom 9.5.2006 – L 10 AS 102/06). Nach LSG Niedersachsen-Bremen vom 8.7.2011 – L 9 AS 524/07 führen zu große Grundstücke generell nicht dazu, einem selbst genutzten Einfamilienhaus den Schutz des § 12 Abs. 3 Nr. 4 SGB II zu entziehen; es sei lediglich zu prüfen, ob das Grundstück ggf. zu teilen und gesondert zu verwerten ist.

Vermögen zur Schaffung von Wohnraum, der Behinderten oder Pflegebedürftigen dient (§ 12 Abs. 3 Satz 1 Nr. 5 SGB II)

Soweit dieser Zweck bei Vermögenseinsatz gefährdet würde.

Baldige Vermögensverwertung zur Beschaffung oder Erhaltung des Wohnraums bedeutet, dass eine zielgerichtete und realistische Planung betrieben wird. Feste Zeitgrenzen, wie z. B. ein Jahr bis zur Realisierung, sind nicht angemessen (HessLSG vom 26.1.2009 – L 9 SO 48/07; s. auch SG Koblenz vom 11.2.2009 – S 6 AS 734/07: in vier Jahren geplanter Umbau eines Hauses; a. A. LSG Rheinland-Pfalz vom 31.5.2011 – L 3 AS 147/09: fünf Jahre zu lang). Der Vermögensschutz gilt auch für den Aus- oder Anbau, den Abschluss eines Erbbauvertrags oder den Erwerb eines Dauerwohnrechts sowie auch die zweckentsprechende Ausstattung.

Die Erhaltung umfasst das Instandsetzen und Instandhalten, worunter auch zweckdienliche Verbesserungen (z.B. umweltgerechte Heizungsanlage, Wärmeisolierung) fallen, nicht aber reine Verschönerungsmaßnahmen (BayLSG vom 20.11.2014 – L 7 BK 4/14).

Nicht geschützt ist Vermögen, das günstigere Konditionen für einen zu-
rückzuzahlenden Anschlusskredit sichern soll (LSG Sachsen-Anhalt vom
23.6.2011 – L 2 AS 60/08).

Kleingarten/Datsche

Genaue Einzelfallprüfung.

Datschen oder Kleingartenhäuser, sofern sie überhaupt wirtschaftlich
verwertet werden können, sind nach § 12 Abs. 3 Nr. 4 SGB II nur geschützt, wenn sie direkt **zum Wohnen** oder zur notwendigen **Lagerung
von schützenswertem Wohnungsgut** genutzt werden.

Bei einer Nutzung zur Erholung oder zum privaten Gärtnern kommt nur ein
Vermögensschutz nach Härtegesichtspunkten (§ 12 Abs. 3 Nr. 6 SGB II)
in Betracht.

Ob ein **Kleingarten** grundsätzlich nicht anzurechnen ist, wenn Obst und
Gemüse angebaut wird, ist zweifelhaft, da das RBEG – anders als die Re-
gelsatzverordnung nach § 28 SGB XII – die Position »Gartenerzeugnisse
und Verbrauchsgüter für die Gartenpflege« nicht mehr als Regelbedarf
anerkennt (BT-Drs. 17/3404, S. 169).

Bei **Datschen** ist jeder Fall einzeln zu prüfen. Das SG Berlin hat eine Datsche mit einem Grundstück von 1.100 qm als anrechenbares Vermögen
gewertet (SG Berlin vom 13.12.2005 – S 63 AS 7329/05). Gehört nur
die Datsche dem Alg II-Bezieher, aber nicht das Grundstück (was nach
DDR-Recht möglich war), soll geprüft werden, ob eine Kündigung des Nut-
zungsvertrages überhaupt zu einer Vermögensvermehrung führt.

Hausrat (§ 12 Abs. 3 Satz 1 Nr. 1 SGB II)

Soweit angemessen.

Zum Hausrat gehören insbesondere Möbel, die sonstige Wohnungseinrichtung (Bilder, Gemälde, Bücher, Fernseh- und Haushaltsgeräte) und
die Haushaltswäsche. Eine genaue Definition gibt das Gesetz nicht. Der
im Familienrecht vertretene, weite Begriff von Hausrat, worunter z. B.
auch ein Kfz fallen kann, ist nicht einschlägig (vgl. dazu BVerwG vom
30.6.2010 – 5 C 3/09: zum BAföG). Orientierung bietet die Rechtsprechung zu § 88 BSHG (z. B. BVerwG vom 19.12.1997 – 5 C 7/96) und
zum Pfändungsschutz nach § 811 ZPO (z. B. LG Berlin vom 4.1.1992 –
64 S 290/91 und vom 21.1.2011 – 63 T 7/11).

Eine dem üblichen Standard entsprechende **Einbauküche** ist kein anzu-
rechnender Vermögensgegenstand; sie dient der allgemeinen Lebens-
und Haushaltsführung (vgl. OVG Sachsen vom 24.1.2011 – 1 A 608/09:
zum BAföG).

Maßstab für die Angemessenheit ist der Lebenszuschnitt vergleichbarer
Bevölkerungsgruppen mit kleinerem Einkommen. Im Wesentlichen werden nur Luxusgegenstände verwertet werden müssen (BSG vom
23.5.2012 – B 14 AS 100/11 R: Münzsammlung im Wert von
30.000 €). Bei Anwendung eines kleinlichen Maßstabes ist auf den bestehenden Wertungswiderspruch zu § 90 Abs. 2 Nr. 4 SGB XII hinzuweisen. Dort wird auf »die bisherigen Lebensverhältnisse« abgestellt. Es
gibt keinen Grund, z. B. Arbeitende mit aufstockendem Alg II schlechter
zu stellen.

III   **Wann wird Vermögen angerechnet?**

Nicht geschontes Vermögen ist anzurechnen, soweit eine Verwertung
- in angemessener Zeit möglich **und**
- nicht unwirtschaftlich **und**
- nicht besonders hart ist.

1   **Verwertbarkeit**

Es ist zwischen rechtlicher und wirtschaftlicher Verwertbarkeit zu unterscheiden, wobei ein Vermögenseinsatz nur gefordert werden kann, wenn das Vermögen in beiden Richtungen verwertbar ist.

1.1   **Rechtliche Verwertbarkeit**

Vermögen ist rechtlich verwertbar, soweit es ohne Verfügungsbeschränkungen verbraucht, übertragen oder belastet werden kann. Verfügungsbeschränkungen, deren Aufhebung der Leistungsberechtigte in angemessener Zeit (→ S. 602 ff.) nicht erreichen kann, schließen die Verwertung aus. Dabei stehen absolute Verfügungsverbote nach § 134 BGB relativen Verfügungsverboten, zu denen neben den rechtsgeschäftlichen auch die gesetzlichen oder behördlichen Verfügungsverbote (§§ 135, 136 BGB) zählen, gleich (LSG NRW vom 30.8.2007 – L 7 (12) AS 8/07). Ist eine Verwertung des Vermögensstammes nicht möglich, können aber Nutzungen (Früchte) aus dem Vermögen gezogen werden, ist der Hilfesuchende verpflichtet, diese Form der Vermögensverwertung, die zu anrechenbarem Einkommen führt, zu nutzen.

Ist die Erhaltung des Vermögens, um daraus Nutzungen (= anrechenbares Einkommen) zu erzielen, langfristig kostensparender, geht diese gegenüber einer Veräußerung »schonendere« Verwertung vor (s. dazu LSG NRW 5.5.2014 – L 20 SO 58/13).

Einzelfälle:

Bausparvertrag/ Sparbrief   Ein Bauspar- oder Prämiensparvertrag ist rechtlich verwertbar, wenn er in angemessener Zeit gekündigt werden kann. Stehen die bei einer Kündigung vor Zuteilungsreife anfallenden Zusatzkosten und sonstigen Nachteile in keinem angemessenen Verhältnis zum erzielten Verwertungserlös, ist eine Beleihung grundsätzlich zumutbar (OVG Münster vom 17.1.2000, NVwZ-RR 2000, S. 685 f.; LSG NRW vom 22.9.2009 – L 1 AS 28/08; LSG Sachsen-Anhalt vom 12.3.2015 – L 5 AS 22/14; vgl. auch OLG Saarbrücken vom 18.1.2012 – 9 WF 151/11). Die Abtretung des Bausparguthabens eines Minderjährigen an seine Eltern ist unbeachtlich, wenn sie nicht gemäß §§ 1643 Abs. 1,

1629 Abs. 2 BGB i. V. m, § 1822 Nr. 1 BGB durch das Vormundschaftsgericht genehmigt wurde (OVG Sachsen vom 1.7.2010 – 1 D 63/10).

Die jährlich einem Bausparkonto gutgeschriebenen Zinsen, die die
Bausparsumme erhöhen, sind Einkommen, wenn sie nach Eintritt in
den Alg II-Bezug zufließen (dem Konto gutgeschrieben werden); angerechnet werden können sie erst, wenn sie als bereite Mittel zur Verfügung stehen (LSG NRW vom 19.9.2013 – L 7 AS 1745/11; BSG vom
19.8.2015 – B 14 AS 43/14 R). Zum Recht der Bausparkasse, wegen
Zinsersparnis zu kündigen, s. Olg Hamm vom 22.6.2016 – 31 U 234/15.

*Zinsen aus
Bausparvertrag*

Ein Erbteil in ungeteilter Erbengemeinschaft ist durch Verkauf oder
durch Verpfändung rechtlich verwertbar (BSG vom 27.1.2009 – B 14
AS 42/07 R). Da es einen Markt für Erbverkäufe gibt (s. dazu SG Duisburg vom 24.11.2014 – S 48 SO 399/11), ist die Verwertung meist
auch in angemessener Zeit umzusetzen. Eine andere Form der Verwertung ist die Auseinandersetzung des Erbes nach §§ 2042 ff. BGB.
Sie kann nach LSG NRW vom 13.10.2014 – L 20 SO 20/13 auch gegen
eine durch letztwillige Verfügung nach § 2044 BGB ausgeschlossene
Auseinandersetzung durchgesetzt werden. In diesem Fall könnte sich
die Verwertung aber über einen unangemessen langen Zeitraum hin-
ziehen. Ist ein einzelner Gegenstand eines Erbteils Schonvermögen,
kann eine Auseinandersetzung nicht verlangt werden (LSG Niedersachsen-Bremen vom 8.7.2011 – L 9 AS 524/07). Eine Teilauseinan-
dersetzung ist gegen den Willen der Miterben nicht durchsetzbar
(zum Verfahren s. OLG Koblenz vom 14.1.2014 – 3 U 1142/13).

*Erben-
gemeinschaft*

Ein Grundstück mit Erbbaurecht kann rechtlich durch Verkauf oder
Beleihung verwertet werden, wenn keine erbbaurechtliche Vereinbarung entgegensteht und der Eigentümer der Verwertung zustimmt
(vgl. dazu BSG vom 24.3.2015 – B 8 SO 12/14 R).

Erbbaurecht

Durch Verkauf oder Beleihung (§ 1009 BGB) eines Miteigentumsanteils
oder durch Auseinandersetzung mit Gesamtverkauf (§§ 749, 753 BGB)
kann der Anteil einer Eigentümergemeinschaft verwertet werden.
Sperren sich Miteigentümer gegen eine Verwertung, kann sich die Vermögensverwertung so lange hinauszögern, dass von einer fehlenden
wirtschaftlichen Verwertbarkeit auszugehen ist (HessLSG vom
23.3.2011 – L 6 AS 382/07). Alg II ist dann als Zuschuss zu zahlen, bis
absehbar ist, wann aus dem Miteigentum verfügbare Geldmittel fließen
(vgl. dazu SG Hamburg vom 1.4.2015 – S 57 AS 1850/14: mangels Zustimmung zur Verwertung ist eine Teilungsversteigerung notwendig;
LSG NRW vom 7.5.2015 – L 7 AS 576/15 B ER: Miteigentum wird noch
von ehemaligem Partner bewohnt). Der Umstand, dass in der dem Hilfesuchenden gehörenden Wohnung ein naher Angehöriger wohnt,
macht diesen Miteigentumsteil aber nicht automatisch unverwertbar
(LSG Baden-Württemberg vom 24.1.2012 – L 13 AS 3113/09).
Zur besonderen Härte in solchen Fällen → S. 618.
Zur wirtschaftlichen Unverwertbarkeit bei Verzögerungen der Tei-
lungsauseinandersetzung → S. 602.

Miteigentum

Grundstück in Gütergemeinschaft

Ein Grundstück in Gütergemeinschaft mit dem geschiedenen Ehe-/Lebenspartner ist nicht verwertbar, wenn die Zeitdauer der güterrechtlichen Auseinandersetzung noch nicht absehbar ist (vgl. dazu BayVGH vom 23.8.2004 – 12 CE 04.1358).

Lebensversicherung zugunsten Dritter

Der Rückkaufswert ist verwertbar, wenn der Versicherungsnehmer das Bezugsrecht widerrufen kann (SG Düsseldorf vom 17.4.2013 – S 17 SO 466/10).

Sparbücher zugunsten Dritter

Wird ein Sparbuch auf den Namen eines Dritten (§ 328 BGB) angelegt, ohne dass es diesem in die Hand gegeben wird, ist daraus in der Regel zu schließen, dass der Sparbuchanleger sich die Verfügung über das Sparguthaben vorbehalten will. Er unterliegt im Verhältnis zum Jobcenter keiner Verfügungsbeschränkung (BGH vom 18.1.2005, NJW 2005, S. 980; BayVGH vom 11.12.2007 – 12 B 07.1091; OVG Berlin-Brandenburg vom 14.10.2009 – OVG 6 M 20.09; OVG Sachsen vom 16.11.2010 – 1 A 642/09; SG Karlsruhe vom 30.6.2011 – S 13 AS 1217/09 und vom 16.10.2014 – S 13 AS 735/14; SG Gießen vom 15.7.2014 – S 22 AS 341/12; s. auch VG Bremen vom 19.3.2012 – 21 K 437.11). Das gilt auch, wenn dem Dritten ein unwiderrufliches Bezugsrecht eingeräumt wurde (OLG Saarland vom 13.9.2012 – 8 U 581/10). Verstirbt der begünstigte Dritte, hat der Kontoinhaber Anspruch auf das Sparguthaben, den er gegen die Erben durchsetzen kann (BGH vom 25.4.2005, NJW 2005, S. 2222).

Sparbücher der Kinder

Dagegen sind auf den Namen der minderjährigen Kinder ohne Vorbehalt eingerichtete Sparbücher nicht verwertbar, selbst wenn die tatsächliche Verfügungsmacht nach § 808 BGB bei den Eltern liegt (OVG Lüneburg vom 3.9.1999, FEVS 51, S. 299 ff. und vom 24.2.2004, ZFSH/SGB 2004, S. 294 f.; OVG Saarland vom 27.5.2008 – 3 A 373/07; LSG Niedersachsen-Bremen vom 23.2.2011 – L 13 AS 155/08). Das gilt allerdings nur so lange, wie die Eltern das Eigentum der Kinder auch respektieren. Greifen sie dagegen auf das Konto zu, entfällt die Zuordnung des Eigentums zum Kind (OVG Sachsen vom 25.1.2011 – 1 A 715/09; vgl. aber LG Coburg vom 31.5.2010 – 33 S 9/10). Haben die Eltern ein Sparbuch auf den Namen ihres Kindes angelegt, damit auf dieses Dritte, z. B. Großeltern, einzahlen können, ist das Kind Forderungsinhaber, auch wenn die Eltern das Sparbuch im Besitz halten. Tätigen sie von diesem Konto Ausgaben für den Lebensunterhalt des Kindes, verletzen sie damit ihre Vermögenssorgepflicht (OLG Bremen vom 3.12.2014 – 4 UF 112/14).

Wertpapierdepot

Inhaber eines Depots oder Kontos und Gläubiger des darauf eingezahlten Betrages ist, wer nach dem – seitens der Bank erkennbaren – Willen des Inhabers im Zeitpunkt der Kontoeröffnung Gläubiger des Guthabens werden sollte (BVerwG vom 4.9.2008 – 5 C 12.08 und vom 26.8.2010 – 5 B 28.10; vgl. auch BayVGH vom 30.11.2009 – 12 ZB 09.1232 und vom 17.10.2012 – 12 ZB 12.184; LSG Hamburg vom 19.3.2015 – L 4 AS 156/11).

Häufiger Streitfall ist eine geltend gemachte Verfügungsbeschränkung kraft treuhänderischer Bindung. Ist eine solche Vereinbarung
nachzuweisen, z.B. durch notarielle Urkunden oder einer der Bank
gegenüber offenbarten Treuhandabrede, und nicht bloß zum Zweck
der Benachteiligung des Jobcenters getroffen worden, muss das Vermögen nicht verwertet werden. Dies liefe auf eine Untreue i.S. des
§ 266 StGB hinaus. Nach der Rechtsprechung des BSG greift die Verfügungsbeschränkung auch dann, wenn infolge der Veruntreuung
wirksam Eigentum erworben wurde.

Treuhand

R. hatte von der N. Geld erhalten, um es für sie günstig anzulegen.
Stattdessen kauft R. von dem Geld einen Luxus-Pkw. Der Pkw steht
wegen der von R. begangenen Untreue der N. jedenfalls in Form eines Schadensersatzanspruchs für das veruntreute Bargeld zu. Der
darauf gerichtete Schadensersatzanspruch wäre – würde man den
Einsatz des erlangten Pkw fordern – gefährdet und würde das Unrecht verstetigen (BSG vom 6.4.2000 – B 11 AL 31/99 R).

Beispiel

Problematisch sind verdeckte Treuhandbindungen, meist zwischen
Verwandten.

*Verdeckte
Treuhand*

Wegen Zerrüttung des Verhältnisses zum Ehemann überweist die
Mutter ihrem volljährigen Sohn 10.000 € auf dessen Konto. Damit
soll im Fall ihres Todes Geld für ihre Beerdigung und den Grabstein
zur Verfügung stehen.
Kann hier zweifelsfrei eine verbindliche Verfügungsbeschränkung
nachgewiesen werden, kommt eine Verwertung nicht in Betracht. Einen Rechtsschein oder eine unwiderlegbare Vermutung der Kontoin-
haberschaft des Treuhänders gibt es nicht (BSG vom 24.5.2006 –
B 11a AL 7/05 R und vom 13.9.2006 – B 11a AL 13/06 R; zustimmend
BVerwG vom 4.9.2008 – 5 C 12.08 und vom 30.6.2010 – 5 C 2.10).
Beruft sich der Treuhänder zum Nachweis des Treuhandverhältnis-
ses nur auf mündliche Abreden oder sind die Umstände der Treuhandabrede dubios (LSG NRW vom 13.3.2014 – L 19 AS 30/14 B ER:
Überweisung auf das Konto eines Dritten ohne erkennbaren Anlass),
muss er die behauptete Treuhandbindung belegen (z.B. durch Kontoauszüge, Nachweise über Geldbewegungen/Herkunft der Geldbeträ-
ge). Gelingt ihm das nicht oder bleiben Zweifel, geht das zu seinen Lasten, wenn der behauptete Vorgang nicht aufzuklären ist (vgl. dazu
auch VGH Mannheim vom 17.9.2007 – 12 S 2539/06; OVG Bremen
vom 29.4.2010 – 2 A 428/07; BayLSG vom 20.10.2011 – L 7 AS 41/09;
SG Karlsruhe vom 7.2.2012 – S 4 AS 4801/10; LSG Baden-Württemberg vom 21.7.2014 – L 1 AS 2713/14 ER-B; LSG NRW vom
19.12.2014 – L 2 AS 267/13).
Die treuhänderische Bindung entfällt, sobald mit Duldung des Treu-
gebers das Treuhandvermögen mit anderen Vermögen vermischt
oder angegriffen wird (LSG NRW vom 4.9.2008 – L 9 AS 20/07; LSG
Baden-Württemberg vom 15.2.2008 – L 8 AL 3748/05). Nach LSG
NRW vom 23.6.2009 – L 1 AS 30/08 sind Treuhandverhältnisse unter
nahen Angehörigen nur anzuerkennen, wenn der Treuhandvertrag

Beispiel

*Bei Zweifeln
verstärkte
Darlegungslast*

und seine tatsächliche Durchführung in allen wesentlichen Punkten dem entsprechen, was zwischen Fremden üblich ist (s. auch BayVGH vom 10.10.2010 – 12 ZB 10.1420 und vom 13.1.2011 – 12 ZB 10.826).

Testamentsverfügung/vollstreckung

Vermögen unter Testamentsvollstreckung ist rechtlich unverwertbar, wenn die Verfügungsbeschränkung nach § 2211 BGB nicht in einem angemessenen Zeitraum aufgehoben werden kann (LSG Niedersachsen-Bremen vom 29.9.2009 – L 8 SO 177/09 B ER; BSG vom 17.2.2015 – B 14 KG 1/14 R; BVerwG vom 25.6.2015 – 5 C 12/14). Besteht gegen den Testamentsvollstrecker ein Anspruch auf Herausgabe von Nutzungen oder Zuwendungen in Geld, sind diese als zufließendes Einkommen auf das Alg II anzurechnen (LSG Niedersachsen-Bremen vom 13.11.2014 – L 15 AS 457/12). Dient die Testamentsvollstreckung allein dem Zweck, Vermögen der Anrechnung durch das Jobcenter zu entziehen, kann die Verfügung sittenwidrig sein (SG Dortmund vom 25.9.2009 – S 29 AS 309/09 R). Siehe auch Kapitel I, → S. 391.

Abtretung

Einer rechtlichen Verfügungsbeschränkung gleichgestellt sind auf dem Vermögen lastende Abtretungen. Das gilt aber nur, wenn die Abtretung **vor** Eintritt in den Alg II-Bezug und nicht zum Zweck der Herbeiführung von Hilfebedürftigkeit, d. h. sittenwidrig verfügt wurde (LSG NRW vom 4.4.2011 – L 19 AS 179/10).

Beispiel

Eine Lebensversicherung oder ein Bausparvertrag wurde zur Absicherung eines Darlehens der Bank sicherheitsübereignet. Da die Darlehensschuld wegen der finanziellen Notlage nicht getilgt werden kann, fällt die Versicherungssumme/das Bausparguthaben bei Fälligkeit komplett an die Bank. Eine Regelung in den vereinbarten Allgemeinen Versicherungsbedingungen, wonach die Abtretung von Rechten aus einem Lebensversicherungsvertrag unwirksam ist, solange sie dem Versicherer seitens des Berechtigten nicht schriftlich mitgeteilt wird, ist zulässig (OLG Brandenburg vom 28.8.2012 – 11 U 120/11).

Pfändung

Gepfändetes Vermögen ist unverwertbar, wenn die Pfändung auf unabsehbare Zeit nicht aufgehoben werden kann (LSG NRW vom 4.4.2011 – L 19 AS 179/10; BSG vom 10.5.2011 – B 4 KG 1/10 R).

Nießbrauch mit Rückübertragungsklausel

Eine häufige, gegenüber dem Jobcenter wirksame Vermögensbeschränkung ist eine Grundstücksübertragung mit Gewährung eines lebenslangen Nießbrauchsrechts sowie einer Rückübertragungsklausel im Fall wirtschaftlicher Not des ehemaligen Grundstückseigentümers. Denn hierbei handelt es sich um eine Form der vorweggenommenen Erbfolge, die den Nießbraucher nicht aus seiner tatsächlichen Verfügungsgewalt über das Grundstück verdrängen soll (BayLSG vom 12.8.2013 – L 7 AS 233/13). Da nicht die Absicht besteht, bewusst zum Nachteil des Jobcenters zu handeln, sondern um Erbschaftssteuern auszuweichen, liegt keine sittenwidrige Verfügungsbeschränkung vor (LSG NRW vom 30.8.2007 – L 7 (12) AS 8/07).

Ebenso in dem Fall, dass der Rückübertragungsanspruch vorrangig der Erhaltung des Vermögens für die Enkelkinder dient (BayLSG vom 2.2.2012 – L 11 AS 675/10).

Zum Nießbrauch ohne Rückübertragungsklausel → S. 606.

Die Vereinbarung der unentgeltlichen Gebrauchsüberlassung einer Wohnung auf Lebenszeit ist nach der Rechtsprechung der Zivilgerichte (BGH vom 27.1.2016 – XII ZR 33/15) ein Leihvertrag. Hat ein Hilfesuchender einen Teil seiner nicht nach § 12 Abs. 3 Nr. 4 SGB II geschonten Immobilie mit einem Wohnrecht belastet, kann ihn das Jobcenter auf eine Verwertung der Immobilie verweisen, wobei das einen Verkauf erschwerende Wohnrecht über eine in diesem Fall zulässige Kündigung nach § 605 BGB (OLG Stuttgart vom 1.2.2012 – 3 U 162/11) aufgehoben werden kann (s. dazu LSG NRW vom 23.8.2010 – L 19 (20) AS 47/09). Die Umwandlung eines schuldrechtlichen zu einem dinglichen Wohnrecht mit der Absicht, die Verwertung der Immobilie unwirtschaftlich zu machen, kann sittenwidrig sein oder eine Haftung nach § 34 SGB II auslösen (vgl. dazu VG Köln vom 14.10.2014 – 22 K 3368/13).

Schuldrechtliches Wohnrecht

Ein persönliches Wohnrecht des Hilfesuchenden kann nur mit dem Wohnen »verwertet« werden. Wird es nicht genutzt, ist in der Regel das Erlöschen vereinbart. Fehlt dazu eine Vereinbarung, kann der das Wohnrecht betreffende Vertrag im Wege ergänzender Vertragsauslegung aber so auszulegen sein, dass demjenigen, der sein Wohnrecht aufgibt und aus der Wohnung auszieht, ein Anspruch auf Nutzungsentschädigung zusteht (OLG Düsseldorf vom 10.12.2009 – 12 U 30/09; OLG Brandenburg vom 19.12.2013 – 5 U 32/11).
Verfügt der Hilfesuchende über eine selbst genutzte, aber nach § 12 Abs. 3 Nr. 4 SGB II nicht geschonte Immobilie und macht er gegen eine Verwertung geltend, ein Auszug sei ihm aus gesundheitlichen Gründen nicht zumutbar, kann er nach LSG Berlin-Brandenburg vom 23.4.2015 – L 23 SO 9/11 darauf verwiesen werden, die Immobilie mit der Last eines für ihn eingetragenen lebenslangen Wohnrechts zu verwerten (Revision anhängig – B 8 SO 15/15 R).

Verfügte der Hilfesuchende über ein dingliches Wohnrecht, das er durch Einwilligung in die Löschung des Wohnrechts im Grundbuch aufgegeben hat, löst der eingetretene Hilfebedarf einen Rückforderungsanspruch gegen den Grundstückseigentümer aus. Das gilt nach OLG Nürnberg vom 22.7.2013 – 4 U 1571/12 sogar dann, wenn der frühere Wohnrechtsinhaber an der Ausübung des Wohnrechts kein Interesse mehr hat, er aber objektiv die Möglichkeit hätte, sein Recht weiter zu nutzen.

Dingliches Wohnrecht

1.2   Wirtschaftliche Verwertbarkeit

Rechtlich verwertbares Vermögen ist auch wirtschaftlich verwertbar, wenn es unter Berücksichtigung zumutbarer Verwertungsbemühungen des Hilfesuchenden in einem angemessenen Zeitraum »versilbert« werden kann.

Zumutbare Verwertungsbemühungen

Zumutbar sind Verwertungsbemühungen (zur besonderen Härte → S. 616 ff.), die dem Hilfesuchenden nach seinen Fähigkeiten und seiner finanziellen Lage möglich sind; dabei kommt es auf die subjektive Kenntnis der Verwertbarkeit nicht an (LSG Sachsen-Anhalt vom 12.3.2015 – L 5 AS 22/14), auf psychische Beeinträchtigungen muss aber Rücksicht genommen werden (LSG Berlin-Brandenburg vom 23.4.2015 – L 23 SO 9/11). So kann z.B. die Verkaufsanzeige in einer überregionalen Zeitung oder die Aufbereitung eines Fahrzeugs zu teuer sein (vgl. OLG Koblenz vom 2.12.2013 – 3 W 658/13: fehlende Mittel, um Wohnung vermietbar zu machen). Gegebenenfalls muss das Jobcenter geforderte Verkaufsbemühungen unterstützen, wobei es allerdings keine finanzielle Hilfe leisten muss. Gefordert ist eine Beratung und die Erstellung eines Wertgutachtens (LSG Mecklenburg-Vorpommern vom 21.10.2015 – L 8 AS 469/15 B ER). Kann kein optimaler Verkaufspreis erzielt werden, ist das hinzunehmen, solange der erzielbare Preis nicht offensichtlich unwirtschaftlich ist. Eine rein theoretisch in Betracht kommende Verwertung kann nicht verlangt werden, wenn der Hilfesuchende sie tatsächlich nicht schaffen kann (BSG vom 27.1.2009 – B 14 AS 42/07 R). Ein marktschreierisches Verhalten oder beschönigende Verkaufsanzeigen sind nicht gefordert. Die Erhebung einer Klage zur Durchsetzung vermögensrechtlicher Auseinandersetzungsansprüche ist nur zumutbar, wenn das Jobcenter alle dafür anfallenden Kosten übernimmt, sofern es nicht schon selbst (§ 33 SGB II) tätig werden kann. Ist der Hilfesuchende nicht imstande, sein Vermögen adäquat zu verwerten, muss er dafür sorgen, dass das Jobcenter die nötigen Befugnisse zur Vermögensverwertung erhält.

Angemessener Zeitraum

Sofern es nicht schon auf der Hand liegt, dass ein Vermögensgegenstand nicht (z.B. Schrottimmobilie, unsichere Forderung) oder nur um den Preis einer Verschleuderung verwertet werden kann, muss ein Zeitrahmen für die voraussichtliche Dauer der Verwertung bestimmt werden, der es rechtfertigt, Alg II wegen eines bloß überbrückenden Hilfebedarfs als Darlehen statt als Zuschuss zu gewähren. Ohne Zeitgrenze drohte eine unverhältnismäßige Verschuldung.

Nach Rechtsprechung des BSG zum SGB II gelten folgende Grundsätze:

■ Vermögen ist unverwertbar, wenn ungewiss ist, wann ein rechtliches oder tatsächliches Hindernis, das der Verwertung im aktuellen Bedarfszeitraum entgegensteht, entfällt (so auch BVerwG 25.6.2015 – 5 C 12/14: zu § 92 SGB VIII mit Verweis auf einschlägige BSG-Rechtsprechung). Hängt die Vermögensverwertung vom

Tod des Vermögensinhabers ab, ist dessen Lebensalter für die Prüfung der Verwertbarkeit unerheblich (BSG vom 6.12.2007 – B 14/7b AS 46/06 R). Versicherungsrechtliche Tabellen zur Lebenserwartung sind fehl am Platz (vgl. dazu VGH Baden-Württemberg vom 7.7.2011 – 12 S 2872/10).

■ Vermögen ist verwertbar, wenn feststeht, dass es im aktuellen Regel-Bewilligungsabschnitt von zwölf Monaten zu Geld gemacht werden kann (BSG vom 20.2.2014 – B 14 AS 10/13 R); der Zeitraum bis zur Realisierung eines Geldzuflusses ist mit einem Darlehen nach § 24 Abs. 5 SGB II zu überbrücken.

■ Ist zum Zeitpunkt, zu dem Leistungen beantragt werden, weder feststellbar, wann genau eine Verwertung erfolgt noch feststellbar, dass eine Vermögensverwertung innerhalb der kommenden zwölf Monate ausgeschlossen ist, muss im Rahmen einer Prognose über die Verwertbarkeit entschieden werden. Ergibt diese, dass die Verwertung voraussichtlich innerhalb des Regel-Bewilligungszeitraums möglich sein wird, ist das Vermögen verwertbar, d. h. Leistungen können nur als Darlehen beansprucht werden.

■ Ist die prognostizierte Verwertung trotz Erfüllung zumutbarer Verwertungsbemühungen nicht gelungen, ist für den Folge-Bewilligungsabschnitt ohne Bindung an die vorangegangene Einschätzung erneut zu prüfen, ob das Vermögen in den kommenden zwölf Monaten zu verwerten ist. Vermögen kann auf diese Weise in die Verwertbarkeit »hineinwachsen« (BVerwG vom 25.6.2015 – 5 C 12/14).

Steht zum Zeitpunkt des Leistungsantrags fest, dass der Hilfesuchende Vermögen nicht innerhalb der kommenden zwölf Monate verwerten kann oder darf, ist für das SGB II noch ungeklärt, ob dies auch dann eine Unverwertbarkeit begründet, wenn der Zeitpunkt des Eintritts der Verwertbarkeit nach Ablauf der zwölf Monate konkret feststeht und bis zu welcher Dauer dieser Zeitraum noch angemessen ist. Nach BSG vom 25.8.2011 – B 8 SO 19/10 R zum Verwertungseinsatz im SGB XII ist Vermögen in solchen Fällen verwertbar, wenn die Versilberung innerhalb eines Gesamtzeitraums von 24 Monaten gelingt. Abhängig vom Einzelfall soll auch ein deutlich längerer Zeitabschnitt als noch angemessen zugrunde gelegt werden. Nach BVerwG zum Vermögenseinsatz im SGB VIII vom 25.6.2015 – 5 C 12/14 ist der angemessene Zeitrahmen für die Vermögensverwertung in Beziehung zu Art und Dauer des Hilfebedarfs zu setzen (s. dazu auch OVG Rheinland-Pfalz vom 24.6.2014 – 7 A 11246/13).

Ungeklärte Rechtsfrage

Wegen der Grundannahme des SGB II, dass erwerbsfähige Leistungsberechtigte in einem erwerbszentrierten Leistungssystem (BSG vom 18.2.2010 – B 4 AS 29/09 R) innerhalb angemessener Zeit wieder in den Arbeitsmarkt eingegliedert werden können und ihnen deshalb Vermögenswerte eher belassen werden müssen als in einem Fürsorgesystem dauerhaft aus dem Erwerbsleben ausgeschiedener Personen (BSG 19.5.2009 – B 8 SO 7/08 R), ist Vermögen, das sich innerhalb des Regel-Bewilligungszeitraums nicht zu Geld machen lässt, unverwertbar; Alg II ist für diesen Bewilligungsabschnitt als Zuschuss zu gewähren. Im Folge-Bewilligungszeitraum ist erneut zu prüfen, wann eine Vermögensverwertung zu erwarten ist (BSG vom 30.8.2010 – B 4 AS 70/09 R; LSG Thüringen vom 29.9.2009 – L 9 AS 613/09 ER; BayLSG vom 12.8.2009 – L 11 AS 318/09 B PKH, vom 19.11.2009 – L 11 AS 643/09 B ER und vom 2.2.2012 – L 11 AS 675/ 10; LSG NRW vom 3.8.2012 – L 19 AS 1289/12 B ER).

Häufig wird es bei zeitlich bestimmbaren Vermögensanwartschaften möglich sein, schon vor dem Datum des unbeschränkten Zugriffs Geld aus dem künftigen Vermögen zu ziehen, z.B. über eine Beleihung. Dann ist von einem einsetzbaren Vermögen i. S. von § 9 Abs. 4 SGB II auszugehen.

Verwertungsprognose

Ist ein Vermögensgegenstand rechtlich sofort verwertbar, hängt die Entscheidung, ob Hilfe als Zuschuss oder Darlehen zu gewähren ist, im Regelfall davon ab, ob das Vermögen voraussichtlich innerhalb eines Zeitraums von zwölf Monaten versilbert werden kann (BSG vom 6.12.2007 – B 14/7b AS 46/06 R und vom 20.2.2014 – B 14 AS 10/13 R). Die dazu erforderliche Prognose muss zum einen die tatsächlichen Gegebenheiten (Marktgängigkeit, Selbsthilfepotential) berücksichtigen, zum anderen aus den zum Zeitpunkt der zu treffenden Entscheidung erhobenen Daten eine nachvollziehbare Entscheidung zur Dauer der voraussichtlichen Verwertung herleiten. Die Phrase »es seien keine Anhaltspunkte dafür ersichtlich, dass in absehbarer Zeit kein Käufer zu finden sein werde«, ersetzt nicht die dazu notwendigen Feststellungen (BSG vom 20.9.2012 – B 8 SO 13/11 R). Auch der Verweis auf theoretisch in Betracht kommende Verwertungsvarianten genügt nicht, wenn Feststellungen dazu fehlen, ob eine solche Verwertung auch tatsächlich möglich ist (BSG vom 27.1.2009 – B 14 AS 42/07). Hat das Jobcenter den Wert einer Immobilie noch nicht ermittelt, ist sie nicht innerhalb von sechs Monaten zu verwerten (LSG Sachsen-Anhalt vom 23.12.2010 – L 5 AS 444/10 B ER und vom 22.7.2015 – L 4 AS 380/15 B ER).
Wird der Leistungsberechtigte auf eine rechtlich zulässige Verwertung verwiesen, ist außerdem zu klären, ob dies zu einem wirtschaftlich angemessenen Wert führt (BSG vom 30.8.2010 – B 4 AS 70/09 R: Abtretung einer noch nicht fälligen Forderung).

Dilemma

Ist eine Verwertung nach Marktlage oder Zustand des Vermögens schwierig, steht das Jobcenter vor einem Dilemma: Einerseits soll ein möglichst hoher Verwertungserlös erzielt werden, um die Hilfebedürftigkeit nachhaltig zu überwinden, andererseits soll das Vermögen in einem absehbaren Zeitraum verwertet werden, was ggf. nur unter Inkaufnahme eines Dumpingpreises gelingt. In solchen Fällen ist eine Verlängerung des Prognosezeitraums auf zwei Jahre sachgerecht (vgl. zur Rechtslage bis 31.7.2016 LSG NRW vom 1.6.2010 – L 6 AS 15/09; BayLSG vom 19.12.2012 – L 7 AS 432/11).

Dauert die Vermögensverwertung trotz zumutbarer Verwertungsbemühungen länger als prognostiziert, ist nach Ablauf der anfänglich angesetzten zwölf Monate eine erneute Prognose unter Einbeziehung der bisherigen Erkenntnisse zur Verwertungschance zu treffen. Ist danach mit einer Verwertung innerhalb der nächsten zwölf Monate zu rechnen, wird das Darlehen verlängert. Kann dagegen keine verlässliche Prognose getroffen werden, hat der Hilfesuchende nach § 48 Abs. 1 Nr. 1 SGB X Anspruch auf rückwirkende Umwandlung des Darlehens in einen Zuschuss; dieser ist dann auch für den Folgezeitraum zu gewähren, solange der Zeitpunkt einer Verwertung nicht absehbar ist (s. dazu OVG Hamburg vom 2.5.1997 – Bf IV 33/96). Ist eine Verwertung innerhalb der nächsten zwölf Monate nur unter einer wesentlichen Änderung der Verwertungserfordernisse realistisch (z.B. soll ein niedrigerer Preis akzeptiert werden, der Kreis der angesprochenen Käufer erweitert, ein Makler eingeschaltet werden), gibt es künftig ein Darlehen. Das zuvor gewährte Darlehen muss in einen Zuschuss umgewandelt werden. Denn rückblickend hat sich die alsbaldige Verwertung zu den zunächst angenommenen Bedingungen als undurchführbar erwiesen, eine für den Hilfesuchenden günstige Veränderung i. S. von § 48 Abs. 1 Nr. 1 SGB X.

Umwandlung von Darlehen in Zuschuss

Umgekehrt kann eine Veränderung der Umstände, die die Prognose der Unverwertbarkeit innerhalb der kommenden zwölf Monate begründet hatten, zu einer Änderung der Leistungsgewährung (Abschwächung zu einem Darlehen) führen. Das ist allerdings nur für zukünftige Zeiträume möglich, weil die Ausgangsprognose auf dem Boden der früheren Erkenntnisdaten richtig war.

Umwandlung von Zuschuss in Darlehen

Ändert sich im Verlauf des prognostizierten Verwertungszeitraums der Wert des Vermögens, ist der Leistungsempfänger im Fall einer **Wertsteigerung** berechtigt, eine Verwertung zu den geänderten Bedingungen zu fordern, wenn sich die Verwertung unter den bisher zugrunde gelegten Bedingungen als Härte i. S. von § 9 Abs. 4 SGB II erweisen würde. Er darf dann ohne Verlust seines Leistungsanspruchs geringere Kaufangebote zurückweisen, auch wenn sich dadurch der Zeitpunkt bis zur Realisierung des Geldzuflusses verzögert.

Änderung des Verkehrswertes

Im Fall einer **Wertminderung** muss auch ein geringerer Preis als erwartet akzeptiert werden. Geht die Wertminderung so weit, dass der verbliebene Wert des Vermögens auf die Schonbetragsgrenze sinkt, muss das Darlehen ab diesem Zeitpunkt auf einen Zuschuss umgestellt werden (s. dazu LSG NRW vom 18.12.2013 – L 12 AS 534/12; BayLSG vom 23.7.2015 – L 11 AS 681/14).

Hat das Jobcenter die alsbaldige Verwertung ohne nähere Prüfung nur behauptet oder lagen der Prognose unzutreffende Tatsachen zugrunde und ist die Verwertung tatsächlich nicht im angenommenen Zeitfenster möglich, gibt § 44 SGB X einen Anspruch auf **rückwirkende** Umwandlung des Darlehens in einen Zuschuss (VG Stuttgart vom 17.5.2002 – 3 K 452/01, info also 2003, S. 168; BSG vom 28.2.2013 – B 8 SO 4/12 R; LSG Sachsen-Anhalt vom 12.12.2013 – L 8 SO 37/13 B).

Falsche Prognose

Einzelfälle:

Nießbrauch
ohne Rücküber-
tragungsklausel

Die mit einem ausschließlichen Nießbrauch ohne Rückübertragungsklausel belastete Immobilie ist zwar rechtlich verwertbar; der Eigentümer kann die Immobilie verkaufen oder beleihen (BSG vom
12.7.2012 – B 14 AS 158/11 R). In der Regel wird er aber keinen oder
nur einen geringen Preis erzielen (vgl. LSG NRW vom 11.3.2004 – L
12 AL 254/03). Die Immobilie ist daher wirtschaftlich unverwertbar,
wenn der Wegfall des Nießbrauchs nicht absehbar ist (BSG vom
6.12.2007 – B 14/7b AS 46/06 R). Alg II ist bei Erfüllung der übrigen
Leistungsvoraussetzungen als Zuschuss, nicht als bloßes Darlehen zu
zahlen (→ S. 629). Nach LSG Niedersachsen-Bremen vom 19.6.2008 –
L 7 AS 323/07 schließt ein lebenslanges Nießbrauchsrecht an einem
Miteigentumsanteil an einem Grundstück mit vermietetem Haus des
Ehegatten die Verwertung nicht aus; es ist aber wegen der schwieri-
gen Verwertung ein Darlehen zu gewähren. Das BSG vom 18.2.2010 –
B 4 AS 5/09 R hat die grundsätzliche Verwertbarkeit bestätigt (s. auch
VG Saarland vom 4.8.2010 – 11 L 686/10).

Nießbrauchs-
einkommen

Die im Zusammenhang mit der Nutzung eines Nießbrauchrechts stehenden Einnahmen sind als Einkommen aus Vermietung auf das Alg II
anzurechnen (BFH vom 8.11.2011 – VII S 32/11 (PKH).

Lebenslanges
Wohnrecht

Ein Mehrfamilienhaus mit mehreren Mietwohnungen, in dem nur eine Wohnung selbst genutzt und nur eine weitere mit einem lebenslangen Wohnrecht der Eltern belastet ist, kann im Wege der Beleihung verwertet werden (LSG Schleswig-Holstein vom 26.9.2008 – L 3
AL 48/06 und vom 18.11.2008 – L 11 AS 45/07; BSG vom 12.7.2012 –
B 14 AS 158/11 R und vom 19.5.2009 – B 8 SO 7/08 R).

Miteigentum
an Immobilie

Das Miteigentum an einer nicht geschützten Immobilie macht diese
nicht unverwertbar, führt aber häufig zu Zeitverzögerungen, die mit
einem Darlehen nach § 24 Abs. 5 SGB II zu überbrücken sind. Ist die
Auseinandersetzung der Gemeinschaft sehr kompliziert oder wird
darüber gar gerichtlich gestritten, kann die Vermögensverwertung so
lange dauern, dass statt des Darlehens Alg II als Zuschuss zu bewilligen ist (HessLSG vom 23.3.2011 – L 6 AS 382/07: die weiteren Mitglieder der Eigentümergemeinschaft sind zur Übernahme eines Eigen-
tumsanteils und einer entsprechenden Auszahlung des hilfebedürftigen Miteigentümers nicht in der Lage; LSG Sachsen-Anhalt vom
23.12.2010 – L 5 AS 444/10 B ER: fehlende Einwilligung der Miteigentümer zu einer beabsichtigten Teilungsversteigerung). Auch bei
Einstandspartnern kann die Auseinandersetzung sich so lange hin-
ziehen, dass Alg II als Zuschuss statt als Darlehen gewährt werden
muss (BGH vom 9.7.2008 – XII ZR 39/06 und – XII ZR 179/05).

Zur Verwertung eines Mehrfamilienhauses durch Bildung von Wohnungseigentum, um die nach § 12 Abs. 3 Nr. 4 SGB II geschützte
Wohnung zu erhalten s. OLG Koblenz vom 23.9.2013 – 13 WF 860/13.

Bedurfte es zur Auseinandersetzung einer Grundstücksgemeinschaft eines Prozesses, sind die Prozesskosten vom erzielten Erlös abzuziehen (BFH vom 19.3.2013 – IX R 41/12).

Absetzbare Prozesskosten

1.3   Willkürliche Unverwertbarkeit

Unterlässt oder verweigert der Hilfesuchende zumutbare Verwertungsbemühungen, kann das als Darlehen zu gewährende Alg II nach § 31 Abs. 2 Nr. 2 SGB II gekürzt (BSG vom 27.1.2009 – B 14 AS 42/07 R) oder mit einem Ersatzanspruch nach § 34 SGB II belegt werden, soweit sich die Hilfegewährung wegen der unzulänglichen Mitwirkung hinauszögert. Eine gänzliche Leistungsversagung kommt wegen des in Art. 1 GG garantierten Anspruchs auf Existenzsicherung erst in Betracht, wenn der Vermögensinhaber den Vermögensgegenstand rasch und ohne Hindernis zur Deckung seines Bedarfs versilbern könnte (BVerwG vom 19.12.1997 – 5 C 7.96; LSG NRW vom 13.3.2014 – L 19 AS 30/14 B ER; a.A. LSG NRW vom 13.10.2014 – L 20 SO 20/13: Verlust des Leistungsanspruchs, wenn keine Verwertung gewollt ist). § 66 SGB I wird von den speziellen §§ 31, 34 SGB II verdrängt (vgl. auch BVerwG vom 17.5.1995 – 5 C 20.93; VG Sigmaringen vom 13.8.2003 – 4 K 1432/03). Das Jobcenter kann außerdem prüfen, ob es über § 33 SGB II das Vermögen verwerten kann.

Hat der Darlehensempfänger das Vermögen nach Aufforderung zur Verwertung unverwertbar gemacht (so z. B. in BSG vom 25.8.2011 – B 8 SO 19/10 R), ist sein Hilfebedarf ab diesem Zeitpunkt mit einem – ggf. nach § 31 SGB II gekürzten – Zuschuss zu erfüllen. Die Grundlage für ein Darlehen ist entfallen, die komplette Einstellung der Hilfe oder die Weiterführung der Hilfe als Darlehen liefe auf die unzulässige Anrechnung fiktiven Vermögens bzw. fiktiv verwertbaren Vermögens hinaus. Hat der Hilfesuchende sozialwidrig gehandelt, ist das wegen des Verlustes der Vermögensverwertung zu gewährende Alg II nach § 34 SGB II zu ersetzen.

Vermögensverlust

Bestreitet der Hilfesuchende, dass es sich bei dem Vermögen, dessen Verwertung das Jobcenter verlangt, um nach § 12 SGB II einsetzbares Vermögen handelt, ist bis zur Klärung dieses Streits von einem vorübergehenden, rechtlichen Verwertungshindernis auszugehen, d.h., es gibt ein Darlehen nach § 24 Abs. 5 SGB II, obwohl der Inhaber des Vermögens Verwertungsbemühungen unterlässt (dazu LSG Thüringen vom 26.4.2012 – L 8 SO 58/12 B ER; s. auch BVerfG vom 3.3.2014 – 1 BvR 1671/13 zur Bedürftigkeit im PKH-Verfahren).

Schwebendes Verfahren

2   Unwirtschaftlichkeitsprüfung

Unzumutbar ist eine an sich mögliche Vermögensverwertung, wenn sie offensichtlich unwirtschaftlich ist. Von einer offensichtlichen Unwirtschaftlichkeit der Verwertung ist auszugehen, wenn der

Faustregel

auf dem Markt erzielbare Gegenwert (= Verkehrswert) abzüglich der aus dem Vermögen zu bestreitenden Verwertungskosten (dazu BayLSG vom 17.12.2010 – L 7 AS 4/10 B ER) in einem deutlichen Missverhältnis zum »wirklichen Wert« (Substanzwert) steht (BSG vom 16.5.2007 – B 11b AS 37/06 R und vom 6.9.2007 – B 14/7b AS 66/06 R).

Einzelfallprüfung Diese Faustregel ist je nach Fallgestaltung und unter Berücksichtigung aller Umstände des Einzelfalls unter Beachtung des Verbots einer Vermögensverschleuderung anzuwenden (BSG vom 20.2.2014 – B 14 AS 10/13 R).

Wirtschaftliche Betrachtungsweise Maßstab für die Unzumutbarkeit einer Vermögensverschleuderung ist ein rational handelnder Marktteilnehmer (BSG vom 20.2.2014 – B 14 AS 10/13 R). Abzulehnen ist die Auffassung, dass wegen des Selbsthilfegebots deutlich höhere Verwertungsverluste hinzunehmen sind. Das Selbsthilfegebot des § 2 SGB II ist ungeeignet, den speziellen Begriff der Unwirtschaftlichkeit der Vermögensverwertung in § 12 SGB II auszufüllen, da so die verlangte wirtschaftliche Betrachtung durch eine pauschale Zumutbarkeitsüberlegung ersetzt wird. Dass die Unwirtschaftlichkeit der Vermögensverwertung nicht nach pauschalen Werturteilen über Selbsthilfeobliegenheiten beurteilt werden kann, lässt sich dem BSG vom 9.2.2006 – B 7a/7 AL 36/05 R zu § 1 Abs. 3 Nr. 6 Alhi-VO entnehmen. Außerdem: Nimmt man § 2 SGB II als Maßstab für die Unwirtschaftlichkeit, werden ökonomische Maßstäbe mit Härtefallüberlegungen vermischt; diese Vermischung geht auf die Rechtsprechung zu § 88 BSHG zurück. Im SGB II ist sie unzulässig (dazu BSG vom 6.9.2007 – B 14/7b AS 66/06 R).

2.1   Ermittlung des Verkehrswerts

Markgängige Verwertung Soweit das Vermögen nicht seinen Geldwert bereits eindeutig wiedergibt, bestimmt sich seine Höhe gemäß § 12 Abs. 4 SGB II, § 8 Alg II-VO nach dem Wert, der bei einer marktgängigen Verwertung erzielt wird. Nicht maßgebend ist der Nennwert von Aktien (vgl. LSG Berlin-Brandenburg vom 25.1.2007 – L 30 AL 106/05), der Listenpreis für ein Kraftfahrzeug (BSG vom 6.9.2007 – B 14/7b AS 66/06 R; LSG Sachsen-Anhalt vom 12.12.2013 – L 8 SO 37/13 B) oder der Einheitswert eines Grundstücks. Im Zweifelsfall ist der Verkehrswert mittels Gutachten zu ermitteln, vor allem, wenn Tatsachen (z.B. schlechter baulicher Zustand, Gebrauchsmängel) den Verkauf erschweren.

Wertmindernde Faktoren Verwertungseinschränkungen bzw. Verkaufshemmnisse (z.B. ein Wohnrecht oder im Grundbuch eingetragene Lasten) sind wertmindernd zu berücksichtigen, wobei auch hier der Markt- bzw. Verkaufswert und nicht ein rechnerischer Wert aus dem Versicherungs-, Unterhalts- oder Steuerrecht maßgebend ist (dazu VGH Baden-Württemberg vom 7.7.2011 – 12 S 2872/10). Bei der Wertermittlung von Immobilien hat die Belastung mit Grundpfandrechten (Hypotheken oder Grundschulden) keine Auswirkungen auf den Verkehrswert, wohl aber auf den Umfang des einzusetzenden Vermögens, d.h., die Grundschulden sind vom Verkehrswert abzuziehen (BayVGH vom 25.8.2006 – 12 ZB 05.2188; LSG NRW vom 18.2.2016 – L 20 SO 16/16 B ER). Das gilt auch für Kosten, die nicht auf den Käufer übertragen werden können, wie z.B. Maklergebühren oder Sonderumlagen für Instandhaltung (LSG NRW vom 1.12.2014 – L 19 AS 1860/14).

Schulden sind bei der Ermittlung des Verkehrswertes nur dann zu berücksichtigen, wenn sie unmittelbar auf dem Vermögensgegenstand lasten, d. h. wenn deren Begleichung im Fall der Verwertung des Vermögensgegenstandes den Verwertungserlös sofort mindert, wie z. B. bei Grundschulden, oder die aus rechtlichen oder zwingenden wirtschaftlichen Gründen sofort zu tilgen sind, wie z.B. bei Auflösung eines Bausparguthabens ein Kredit, der speziell zur Einzahlung auf den Bausparvertrag aufgenommen wurde. Ansonsten sind Schulden, die mit dem Verlaufserlös beglichen werden, im Rahmen der Wertermittlung unbeachtlich (BSG vom 15.4.2008 – B 14 AS 27/07 R und vom 11.12.2012 – B 4 AS 29/12 R; s. auch BayVHG vom 2.3.2007 – 12 C 06.2722). Zur Vermögensanrechnung → S. 623.

Schulden

Bei einer Schwankungsbreite der ermittelten Verkehrswerte ist grundsätzlich der niedrigste Schätzwert anzusetzen (BayLSG vom 3.11.2005 – L 10 B 273/05 AS ER und vom 19.12.2012 – L 7 AS 432/11; SG Aurich vom 22.11.2005 – S 25 AS 256/05 ER; LSG NRW vom 23.1.2014 – L 7 AS 144/13; SG Frankfurt am Main vom 23.2.2005 – S 7 AL 3987/03 zum vergleichbaren Problem im Arbeitslosenhilferecht).

Günstigkeitsprinzip

Für die Bewertung ist gemäß § 12 Abs. 4 Satz 2 SGB II der Zeitpunkt maßgebend, in dem die Leistung (erneut) beantragt wird. Ein Verkehrswertgutachten muss diesen Zeitpunkt erfassen (BSG vom 27.1.2009 – B 14 AS 42/07 R). Kann ein Vermögensgegenstand erst später verwertet werden, so ist der Zeitpunkt maßgebend, zu dem alle Voraussetzungen für eine Verwertung vorliegen.
Soweit ein späterer Antrag zugelassen wird, z. B. bei einem sozialrechtlichen Herstellungsanspruch, ist auf das tatsächlich vorhandene Vermögen abzustellen, über das der Betroffene in der Zeit verfügen konnte, für die rückwirkend Alg II zu gewähren ist (BayLSG vom 29.4.2004 – L 10 AL 144/01).

Bewertungszeitpunkt

Die Stichtagsregelung des § 12 Abs. 4 Satz 2 SGB II zwingt zu einer endgültigen Bewilligung oder Ablehnung, selbst wenn der nicht geschonte, also angerechnete Vermögenswert mit Forderungen belastet ist, die zum Stichtag noch nicht fällig oder konkretisierbar sind. Die Leistung wird nicht rückwirkend neu berechnet, wenn sich das anrechenbare Vermögen in der Zwischenzeit durch fällig gewordene Schulden verringert hat (BSG vom 21.11.2002 – B 11 AL 10/02 R; a.A. LSG NRW vom 18.12.2013 – L 12 AS 534/12: Neubewertung von Versicherungsanwartschaften im Hinblick auf eine später erfolgte Scheidung mit Versorgungsausgleichsansprüchen).

Wesentliche
Änderung

Nach § 12 Abs. 4 Satz 3 SGB II sind wesentliche Änderungen, d. h. später eintretende Veränderungen des Verkehrswerts, zu berücksichtigen. Bei dem Teilrückkauf einer Lebensversicherung liegt keine wesentliche Änderung gegenüber der Bewertung vor dem Rückkauf vor, wenn dem geminderten Verkehrswert ein entsprechend verringerter Substanzwert gegenübersteht, so dass die Verwertung nach wie vor wirtschaftlich ist (LSG Baden-Württemberg vom 12.11.2015 – L 7 AS 228/12). Im Fall der Beleihung einer Lebensversicherung sind die vor der Beleihung gezahlten Beiträge in dem Verhältnis gemindert anzusetzen, in dem die während des streitigen Zeitraums aufgenommene Beleihungssumme zu dem bei der Antragstellung festgestellten Rückkaufswert steht (BSG vom 15.4.2008 – 14/7b AS 68/06 R). Erhöht sich der Wert des Vermögens aufgrund von Umständen, die erst nach der Verkehrswertfeststellung, die der laufenden Alg II-Bewilligung zugrunde liegt, eingetreten sind, ist dies ab dem Zeitpunkt des Eintritts dieser Erhöhung als wesentliche Veränderung i. S. von Abs. 4 Satz 3 zu berücksichtigen, wenn dadurch die Schongrenzen nach § 12 Abs. 1 Nr. 1, 1a, Nr. 4 SGB II überschritten werden; zwischenzeitliche Erhöhungen der Grenze wegen eines höheren Lebensalters sind zu beachten. War die Bewilligung wegen Vermögens oberhalb der Schongrenzen abgelehnt worden, gibt es Leistungen erst ab dem Zeitpunkt einer Vermögensminderung auf diese Grenzen, sei es durch Verbrauch des Vermögens (BayLSG vom 23.7.2015 – L 11 AS 681/14), durch Pfändung (vgl. dazu LSG NRW vom 13.10.2014 – L 20 SO 20/13) oder sei es infolge einer Substanzminderung (z.B. Wasserschaden, Unfall) oder eines Einbruchs der Nachfrage (dazu LSG Berlin vom 24.5.2002 – L 4 AL 41/98; BSG vom 25.3.1999 – B 7 AL 28/98 R). Zum Wertverlust einer Immobilie wegen Fluglärms s. BVerwG 22.6.2015 – 4 B 60/14. Wird entgegen der Wertfeststellung in einem Gutachten, das zum Zeitpunkt des Antrags auf Leistungen erstellt wurde und wonach das Vermögen wertmäßig geschont war, gegen die gutachtliche Feststellung ein Verkaufserlös oberhalb der Schongrenzen erzielt, ohne dass dem eine substantielle Veränderung des Vermögens zugrunde liegt, ist die für den Alg II-Bezug relevante Änderung der Zufluss eines Vermögenswertes oberhalb der Schongrenzen; erst ab diesem Zeitpunkt endet die Hilfebedürftigkeit, solange das Vermögen nicht wieder unter die Schongrenzen sinkt. War das ursprüngliche Verkehrswertgutachten fehlerhaft, kommt nur bei grob fahrlässigem Verschulden (§ 45 SGB X) eine Rückforderung ab Beginn der Bewilligung in Betracht. Umgekehrt kann Alg II erst dann als Zuschuss beansprucht werden, wenn entgegen der vertretbaren Einschätzung des Gutachters nur ein Verkaufserlös unterhalb der Schongrenzen zu realisieren war. Anders ist es, wenn das Gutachten von unzutreffenden Annahmen ausging. Dann gibt § 40 Abs. 1 SGB II i.V.m. § 44 SGB X einen Anspruch auf Korrektur. Ist Vermögen kraft Wegfalls einer Bindung oder Zweckbestimmung einsetzbar geworden, können hierdurch verursachte Überzahlungen nur bei Verschulden des Leistungsbeziehers zurückgefordert werden (SG Münster vom 1.4.2010 – S 3 AS 162/08: kein Zufluss nach § 48 Abs. 1 Satz 1 Nr. 3 SGB X).

Einzelfälle:

Bei kapitalbildenden Lebensversicherungen ist der aktuelle Rückkaufswert abzüglich der Verwertungskosten zuzüglich etwaiger Überschussbeteiligungen (zur Streitfrage, ob die Überschussbeteiligung zum Vermögen gehört oder Einkommen ist, s. LSG Sachsen vom 18.2.2015 – L 8 AS 1229/12; LSG Mecklenburg-Vorpommern vom 22.7.2015 – L 10 AS 165/14: Teil des Vermögens, Revision anhängig – B 14 AS 51/15 R) anzusetzen, ggf. der günstigere Wert auf dem zugänglichen Markt für den Verkauf von Versicherungspolicen (s. BayLSG vom 20.11.2014 – L 7 BK 4/14).

Lebensversicherungen

Bei der Verkehrswertermittlung eines Autos ist der erzielbare Preis bei Verkauf an Privatleute, nicht ein Händlerpreis maßgebend (BSG vom 6.9.2007 – B 14/7b AS 66/06 R).

Auto

Schwierig ist oftmals die Wertermittlung bei Immobilien. Als Nachweis für den Verkehrswert von Immobilien werden nach DA 42 zu § 12 grundsätzlich nur Kaufverträge oder Verkehrswertgutachten anerkannt, die nicht älter als drei Jahre sind. Auskünfte von Maklern oder benannten Kaufinteressenten reichen dem Jobcenter in der Regel nicht (vgl. dazu BayLSG vom 8.5.2008 – L 11 AS 349/07). Hat sich die Lage auf dem örtlichen Immobilienmarkt seit Ankauf der Immobilie nicht wesentlich verändert, kann auch ein früher zurückliegender Kaufpreis zugrunde gelegt werden (BayLSG vom 19.2.2009 – L 9 AL 311/05; LSG Thüringen vom 29.9.2009 – L 9 AS 613/09 ER).
Macht der Alg II-Antragsteller gewichtige Gründe für einen geringen Verkaufswert geltend, genügt eine bloße Außensichtprüfung des Jobcenters nicht. Mit Auskünften aus Kaufpreissammlungen kann nur eingeschätzt werden, welcher reale Marktwert sich, unabhängig vom eigentlichen Wert der Immobilie, aufgrund der Lage der Immobilie und der Marktsituation erzielen lässt, indem vergleichbare Immobilienverkäufe in der Vergangenheit im örtlichen Umfeld herangezogen werden. Im Zweifel muss der Wert mit einem Gutachten ermittelt werden (LSG Thüringen vom 29.9.2009 – L 9 AS 613/09 ER). Das Jobcenter hat die Möglichkeit, im Wege der Amtshilfe ein kostenfreies Gutachten (§ 64 SGB X) des kommunalen Gutachterausschusses einzuholen. Die Weigerung, auf eigene Kosten Grundbuchauszüge und Wertauskünfte einzuholen, hat das SG Konstanz vom 8.7.2005 – S 9 AS 1708/05 ER deshalb nicht dem Hilfesuchenden angelastet und die nach § 66 SGB I verhängte Leistungsversagung unter Verweis auf den Amtsermittlungsgrundsatz aufgehoben. Der Verkehrswert einer Eigentumswohnung kann auch nach dem **Ertragswert** gemäß § 194 BauGB i.V.m. den Vorschriften der ImmoWertV bestimmt werden, wenn die Wohnung üblicherweise auf dem Markt als Renditeobjekt angesehen wird und ein aktueller und in der Sache passender Mietspiegel für Vergleichsmieten vorliegt, die im Ertragswertverfahren bei der Wertermittlung berücksichtigt werden (LSG NRW vom 1.12.2014 – L 19 AS 1860/14).

Immobilie

Zwangs-versteigerung	Ist eine Verwertung der Immobilie nur im Wege der Zwangsversteigerung möglich und gibt es bei der Zwangsversteigerung keine Gebote, muss der Verkehrswert um angemessene Abschläge verringert werden (LSG Baden-Württemberg vom 29.1.2015 – L 7 AS 1406/12).
Erbschafts-verkauf	Findet der Verkauf eines Grundstücks im Rahmen einer Erbauseinandersetzung statt, muss der Verkehrswert des dem Alg II-Antragsteller zufallenden Erbteils gesondert ermittelt werden (BSG vom 27.1.2009 – B 14 AS 42/07 R).
Land- und forst-wirtschaftliche Grundstücke	Nach SG Karlsruhe vom 27.4.2010 – S 4 SO 3120/08 ist zur Ermittlung des auf die Sozialhilfe anzurechnenden Vermögens vom Verkehrswert der Grundstücke pauschal ein 10%iger Verwertungsabschlag abzuziehen. Weitere Anhaltspunkte zur Wertermittlung lassen sich der Immobilienwertermittlungsverordnung (BGBl. 2010, S. 639 ff.) entnehmen.
Aktien, Optionsscheine	Verfügt der Hilfesuchende über Vermögen mit stark und rasch schwankenden Werten (z. B. Aktien) und liegt der Gesamtwert des Vermögens knapp um die Schongrenzen, kann eine Verwertbarkeit des Vermögens nicht festgestellt werden. Alg II ist als Zuschuss zu bewilligen, bis sich hinreichend sicher eine Vermögenslage oberhalb der Schongrenzen stabilisiert hat. Ist der Verkehrswert erst mit dem Verkaufserlös festzustellen (z. B. bei Optionsscheinen), muss der Verkehrswert geschätzt werden. Übersteigt der geschätzte Verkaufserlös danach die Schongrenzen, muss der Hilfesuchende das Vermögen verwerten bzw. kann nur ein Darlehen nach § 24 Abs. 5 SGB II im Rahmen einer vorläufigen Bewilligung nach § 41a SGB II beanspruchen. Stellt sich später heraus, dass der Erlös unten den Schongrenzen liegt, wird das Alg II endgültig als Zuschuss bewilligt (LSG Schleswig-Holstein vom 22.10.2004 – L 3 AL 18/03; LSG Mecklenburg-Vorpommern vom 21.10.2015 – L 8 AS 469/15 B ER).

2.2   Ermittlung des Substanzwerts

Ist der im Prognosezeitraum voraussichtlich erzielbare Verkehrswert ermittelt worden, muss ihm zur Prüfung, ob eine Verwertung zu diesem Preis offensichtlich unwirtschaftlich wäre, der Substanzwert des Vermögensgegenstandes gegenübergestellt werden. Allgemeine Erwägungen dazu, dass der Verkauf in der Lebenssituation des Hilfebedürftigen oder im Hinblick auf frühere Mühen (»vom Munde abgespart«) schmerzhafte Verluste bringe, spielen im Rahmen des § 12 Abs. 3 Nr. 6 SGB II 1. Alternative keine Rolle. Maßgeblich ist in erster Linie ein monetärer Vergleich des aktuell erzielbaren Verkaufserlöses mit den aufgewandten Erwerbs- und ggf. Erhaltungskosten des Vermögensgegenstandes (dazu schon BSG vom 3.5.2005 – B 7a/7 AL 84/04 R). Gewinn- oder Wertsteigerungsaussichten bleiben außer Betracht; sind sie hinreichend sicher, steigern sie den Verkaufspreis, machen die Verwertung also erst recht zumutbar; fernliegende Erwartungen sind spekulativ.

Einzelfälle:

Bei Lebensversicherungen bestimmt grundsätzlich die Summe der geleisteten Versicherungsbeiträge den Substanzwert (BSG vom 20.2.2014 – B 14 AS 10/13 R). Ein Policendarlehen des Versicherers mindert sowohl den Verkehrswert, weil die Schulden aus dem Policendarlehen mit dem Rückkaufswert verrechnet werden, als auch den Substanzwert, weil bereits ein Teil der Versicherungsbeiträge in Form des Darlehens an den Versicherungsnehmer zurückgeflossen sind (LSG Baden-Württemberg vom 24.1.2012 – L 13 AS 2954/11; zur genauen Berechnung s. BayLSG vom 16.9.2013 – L 7 AS 441/12).

Lebens-
versicherungen

Bei der Verwertung von Immobilien lässt sich mit Blick auf die bereits stattgefundene Wohnungsnutzung und damit üblicherweise einhergehender Erhaltungs- und Verschönerungsaufwendungen ein Substanzwert nur schwer ausmachen. Die Gerichte behelfen sich oft mit Formeln über eine notgedrungene Unsicherheit, die auch größere Verwertungsverluste rechtfertige (s. z. B. LSG NRW vom 23.1.2014 – L 7 AS 144/13; LSG Niedersachsen-Bremen vom 10.12.2015 – L 13 AS 34/12).

Immobilien

In Zeiten von eBay gibt es für die sonderlichsten Dinge einen Markt, der über die 1 €-Verkaufsofferten Verkaufspreise generiert, die zumeist den Beschaffungswert erreichen, so dass eine Verwertung nicht unwirtschaftlich ist.

eBay

2.3   Offensichtliche Unwirtschaftlichkeit

Die offensichtliche Unwirtschaftlichkeit muss letztlich nach den Umständen des Einzelfalls, d.h. nicht isoliert nach einer prozentualen Verlustquote beurteilt werden. Nur wenn der Verlust, gemessen an der Differenz Verkehrswert – Substanzwert »evident hoch« ist (BSG vom 20.2.2014 – B 14 AS 10/13 R), kann auf die Prüfung sonstiger Umstände verzichtet werden.

Einzelfälle:

Bei Lebensversicherungen ist in der Rechtsprechung anerkannt, dass ein Verlust von 48,2% (BSG vom 6.9.2007 – B 14/7b AS 66/06 R) und von 44,26% (BSG vom 20.2.2014 – B 14 AS 10/13 R) unzumutbar ist. Bei Verlusten von 42,7% und 26,9% ist das Missverhältnis zwischen eingezahlten Beiträgen und dem Rückkaufswert so hoch, dass das BSG vom 15.4.2008 – B 14/7b AS 6/07 von einer offensichtlichen Unwirtschaftlichkeit ausgegangen ist. Angedeutet hat das BSG in dieser Entscheidung, dass ein Verlust von 18,5% unter Einbeziehung von Renditeerwartungen offensichtlich unwirtschaftlich sein könnte.
Liegt die Verlustquote unter 13%, kann die Verwertung unter Berücksichtigung sonstiger Umstände, wie z. B. das versicherte Risiko, die Laufzeit, die Leistungen vor und nach Ablauf, Prämien, Kündigungsfristen dennoch unwirtschaftlich sein.

Lebens-
versicherungen

Berufs-unfähigkeits-versicherung	Die Koppelung einer Lebensversicherung mit einer Versicherung gegen Berufsunfähigkeit schließt die Verwertung nicht aus, wenn die Lebensversicherung verwertbar ist (LSG Baden-Württemberg vom 18.11.2009 – L 13 AS 5234/08). Nach Wegfall der Rentenversicherungspflicht für Alg II-Bezieher sollte ein großzügigerer Maßstab gelten, wenn der Leistungsberechtigte noch keinen Anspruch auf Invaliditätsrente in der gesetzlichen Rentenversicherung erworben hat.
Auseinander-setzung einer Lebens-versicherung nach Scheidung	Haben Eheleute während der Ehe einen auf einen Ehegatten allein laufenden Lebensversicherungsvertrag abgeschlossen, der der Tilgung eines von beiden gemeinsam aufgenommenen Hausdarlehens dienen soll, so ist davon auszugehen, dass das angesparte Versicherungsguthaben ungeachtet der formalen Zuordnung der Versicherung beiden Eheleuten zusteht, im Zweifel nach § 742 BGB zu gleichen Anteilen und zwar unabhängig vom Verhältnis der geleisteten Einzahlungen (OLG Bremen vom 23.9.2008 – 4 W 6/08; OLG Schleswig-Holstein vom 21.10.2009 – 10 UF 169/08).
Beweislast	Der Alg II-Antragsteller trägt die Beweislast dafür, dass eine Kapitallebensversicherung, auf die er einen bestimmten Gesamtbetrag eingezahlt hat, bei einer Verwertung einen geringeren Erlös erzielen würde als die Summe der eingezahlten Beiträge. Bei unterbliebener Mitwirkung kann die Versicherung zum Wert der eingezahlten Beiträge als verwertbares Vermögen berücksichtigt werden (LSG Sachsen-Anhalt vom 29.10.2009 – L 5 AS 45/06).
Verkauf statt Rückkauf	Angesichts des stetig wachsenden Marktes, auf dem Versicherungspolicen klammer Kunden von Aufkäufern übernommen werden (www. bvzl.de), darf das Jobcenter prüfen, ob ein solcher Verkauf wirtschaftlich ist. In der Regel erlangt der Leistungsberechtigte neben einem um 7–15 % höheren Preis als beim Rückkauf dadurch den Vorteil, dass ein kostenloser Todesfallschutz bestehen bleibt, da der Aufkäufer die Lebensversicherung bis zum Ende der Laufzeit weiter bedient.
Beleihung statt Verkauf	Zum Prozesskostenhilferecht hat der BGH vom 9.6.2010 – XII ZB 55/08 entschieden, dass es bei Lebensversicherungen auf das Verhältnis von Rückkaufwert und eingezahlten Beiträgen nicht ankomme, weil die Möglichkeit einer Beleihung durch ein Policendarlehen bestehe. Bei einer Beleihung der Versicherungspolice entstünden anders als bei einem Verkauf oder der Kündigung lediglich durch die Verzinsung Verluste, da auch bei unterbleibender Rückzahlung bis zum Ende der Laufzeit nur die beliehene Summe von der Versicherungsleistung abgezogen werde. Die Zinslast als solche sei hinzunehmen.
Bau-/Prämien-sparvertrag	Das LSG NRW vom 29.6.2009 – L 7 B 169/09 AS ER hat die zu Lebensversicherungen entwickelten Maßstäbe auf den Wertverlust bei Einsatz eines Bausparvertrages übertragen. Nach LSG Sachsen-Anhalt vom 12.3.2015 – L 5 AS 22/14 ist die Verwertung eines Prämiensparbriefs nicht offensichtlich unwirtschaftlich, wenn bei dessen vorzeiti-

ger Auflösung zwar die Prämienzahlung verloren geht, aber neben den eingezahlten Sparbeträgen auch – um eine Vorfälligkeitsentschädigung geminderte – Zinsen ausbezahlt werden. Zinsverluste oder der Verlust eines günstigen Kredits als Verwertungsfolge langfristig angelegten Geldes begründen keine offensichtliche Unwirtschaftlichkeit, weil beides nicht zum Substanzwert, d.h. der Summe der Einzahlungen, gehört (LSG Sachsen-Anhalt vom 23.6.2011 – L 2 AS 60/08; LSG Berlin-Brandenburg vom 17.8.2015 – L 25 AS 1931/15 B ER).

Der mit dem Verkauf eines neuwertigen Fahrzeugs verbundene hohe Wertverlust ist für dieses Wirtschaftsgut üblich und nach SG Lüneburg daher nicht unzumutbar (SG Lüneburg vom 24.11.2006 – S 25 AS 1215/06: Verkauf eines BMW 318ci mit einem Zeitwert von 22.000 €).

Auto

Die Verwertung einer Immobilie kann nach BSG vom 16.5.2007 – B 11b AS 37/06 R offensichtlich unwirtschaftlich sein, wenn bei einer Veräußerung wesentlich weniger als der zum Erwerb des Grundstücks und zur Erstellung des Hauses aufgewendete Gesamtbetrag erzielt werden könnte: Gewisse Verluste – insbesondere unter dem Aspekt veränderter Marktpreise und des bisher in Anspruch genommenen Wohnwertes – seien jedoch zumutbar (nach LSG NRW vom 1.6.2010 – L 6 AS 15/09: bis zu 20–30%; ebenso LSG NRW vom 6.4.2011 – L 12 AS 42/07, vom 22.10.2012 – L 19 AS 479/12 und vom 1.12.2014 – L 19 AS 1860/14; LSG Sachsen vom 13.12.2011 – L 2 AS 702/11 B ER: 28%– 31% unter den Erstellungskosten). Eine absolute Wertdifferenzgrenze lasse sich bei Immobilien nicht ziehen; dass der Erwerb steuerlich gefördert wurde (Eigenheimzulage), stehe der Verwertung nicht entgegen. Nach LSG Hamburg vom 31.5.2007 – L 5 AS 41/06 ist die Verwertung eines Hausgrundstücks dann nicht offensichtlich unwirtschaftlich, wenn zwar der erzielbare Verkaufspreis unter dem von einem gerichtlich bestellten Sachverständigen geschätzten Verkehrswert liege, jedoch aufgrund der laufenden Kosten, der zu erwartenden altersbedingten Wertminderung und einer nicht ausreichenden Rendite im Fall einer Vermietung auch eine nicht hilfebedürftige Vergleichsperson den Verkauf zeitnah betrieben hätte. Dies treffe selbst dann zu, wenn davon auszugehen sei, dass bei einem Verkauf im Wege der Zwangsversteigerung regelmäßig ein Preis erzielt werde, der hinter dem eines freihändigen Verkaufs zurückbleibe. Der Sachwert eines Hausgrundstücks sei für die Beurteilung der offensichtlichen Unwirtschaftlichkeit ohne Bedeutung. War dem Hilfesuchenden die Immobilie lange Zeit vor dem Leistungsbezug geschenkt worden und hat er kaum in den Werterhalt/die Wertverbesserung investiert, stellt das SG Dresden vom 8.6.2011 – S 32 AS 140/09 trotz eines massiven Einbruchs auf dem Immobilienmarkt seit der Schenkung auf den Marktwert = Verkehrswert zum Zeitpunkt der Antragstellung ab. Aktuelle Maßnahmen zum Werterhalt können die Verwertung aufschieben, wenn zu erwarten ist, dass dadurch in absehbarer Zeit eine wirtschaftlich sinnvolle Verwertung, die sonst nicht zu erwarten wäre, möglich ist (LAG Rheinland-Pfalz vom 16.6.2011 – 9 Ta 113/11).

Immobilie

Aktien

Dem Verkauf von Aktien, einer spekulativen Wertanlage, kann nach Einbruch des Aktienkurses nicht mit der Begründung widersprochen werden, der Verkauf sei zurzeit unwirtschaftlich (LSG Berlin-Brandenburg vom 29.4.2004 – L 8 AL 90/02, vom 25.1.2007 – L 30 AL 106/05 und vom 16.7.2009 – L 25 AS 769/09 B ER; LSG NRW· vom 24.9.2012 – L 19 AS 575/12; a. A. SG Lüneburg vom 20.3.2009 – S 81 AS 231/09 ER: wegen der Finanzkrise unverkäufliche Fondsanteile). Nach SG Bremen vom 18.11.2009 – S 26 AS 1898/09 ER ist die Verwertung eines Investmentfonds nicht offensichtlich unwirtschaftlich, wenn der Kurswert zwar deutlich gefallen ist, der Verkaufswert den Anschaffungswert aber noch immer übersteigt.

3 Besondere Härte

In § 12 Abs. 3 Satz 1 Nr. 6 SGB II ist nicht nur von einer Härte, sondern von einer »besonderen Härte« die Rede. Insofern ist das SGB II sogar strenger als die Vermögensschutzregelung des § 90 Abs. 3 SGB XII (BSG vom 16.5.2007 – B 11b AS 37/07 R; s. aber auch BSG vom 19.5.2009 – B 8 SO 7/08 R, wo der Gedanke anklingt, der Vermögensschutz im SGB II könne umfassender als im SGB XII sein, »weil das SGB II normativ davon ausgeht, dass erwerbsfähige Hilfebedürftige innerhalb angemessener Zeit wieder in den Arbeitsmarkt eingegliedert werden und ihnen deshalb Vermögenswerte unter Umständen eher belassen werden müssen als auf Dauer Erwerbsunfähigen«).

Eine besondere Härte liegt vor, wenn die Vermögensverwertung zu einem von den Leitvorstellungen des Vermögensschutzes deutlich abweichenden Ergebnis führen würde. Das BSG vom 6.9.2007 – B 14/7b AS 66/06 R spricht von »außergewöhnlichen Umständen«, die dem Betroffenen ein deutlich größeres Opfer abverlangen als bei einer einfachen Härte (nachfolgend BSG vom 11.12.2012 – B 4 AS 29/12 R).

Ausgleich von Schutzlücken

Besonders hart kann insbesondere die Verwertung eines Vermögens sein, wenn durch das Vermögen lebensbedingte· Risiken ausgeglichen werden sollen (LSG Thüringen vom 15.9.2005 – L 7 AS 542/05 ER: 34.000 € Lebensversicherung wegen Behinderung, die Arbeitsaufnahme sehr erschwert, geschützt).

Ermittlung von Schutzlücken

Führt die Verwertung eines Vermögens zu einer Versorgungslücke, ist zu prüfen, in welchem Maße die zu erwartende relativ geringe Rente aus der gesetzlichen Rentenversicherung durch andere Ausgleichsleistungen nach Erreichen der Altersgrenze auf Dauer ergänzt wird. Außerdem ist zu prüfen, ob der Vermögende durch Erwerbstätigkeiten auf dem allgemeinen Arbeitsmarkt eine Verbesserung der Altersvorsorge erreichen kann (BSG vom 7.5.2009 – B 14 AS 35/08 R; LSG Baden-Württemberg vom 18.11.2009 – L 13 AS 5234/08 und vom 12.11.2015 – L 7 AS 228/12).

Beitragslücken

Bei Versorgungslücken in den gesetzlichen Sozialsystemen hat das BSG vom 15.4.2008 – B 14/7b AS 68/06 R keine besondere Härte angenommen. Falls nicht außergewöhnliche, persönliche Umstände etwas anderes erfordern, ist nach BSG vom 15.4.2008 – B 14/7b AS 52/

06 R der mit der Verwertung einer Lebensversicherung verbundene Verlust einer Berufsunfähigkeitsversicherung nicht besonders hart.

Das BSG knüpfte den Vermögensschutz im Arbeitslosenhilferecht bei nachgewiesener Zweckbestimmung für die Altersvorsorge an die Ursachen der Versorgungslücke. Diese Überlegung ist auf das SGB II insoweit übertragbar, als ein Verlust in der gesetzlichen Rentenversicherung, der auf Arbeitslosigkeit beruht, nicht über die Freibeträge hinaus geschützt ist (vgl. LSG NRW vom 18.1.2007 – L 1 AL 36/06). Anders dagegen bei Beitragslücken durch Kindererziehungszeiten oder durch eine lange Ausbildung (vgl. BSG vom 14.9.2005 – B 11a/11 AL 71/04 R; LSG Berlin-Brandenburg vom 20.3.2007 – L 12 AL 28/04, Hochschulausbildung; s. dazu auch BSG vom 12.9.2011 – B 4 AS 114/11 B).

Da bei selbständig Erwerbstätigen, die von vornherein der Versicherungspflicht in der gesetzlichen Rentenversicherung nicht unterliegen, kein zusätzliches Altersvorsorgevermögen nach § 12 Abs. 3 Nr. 3 SGB II geschützt ist, hat das LSG Rheinland-Pfalz vom 29.1.2008 – L 3 AS 88/06 aus Gleichbehandlungsgründen eine Anwendung der allgemeinen Härteklausel des § 12 Abs. 3 Nr. 6 SGB II in Betracht gezogen, wenn das Vermögen dem Ausgleich einer Rentenlücke dient **und** für die Altersvorsorge festgelegt ist. Das BSG vom 7.5.2009 – B 14 AS 35/08 R hat bestätigt, dass Personen, die aufgrund einer selbständigen Tätigkeit von vornherein nicht der Rentenversicherungspflicht unterfallen, nicht nach §§ 6, 231 SGB VI von der Versicherungspflicht in der gesetzlichen Rentenversicherung befreit sind und daher nicht zum Personenkreis des § 12 Abs. 3 S 1 Nr. 3 SGB II gehören, diesem ohne Verstoß gegen Art. 3 GG aber auch nicht gleichgestellt werden müssen. Wenn allerdings die Verwertung von privaten Lebensversicherungen wegen einer Häufung von Belastungen (Rentenversorgungslücke, Behinderung, Lebensalter, Berufsausbildung) eine besondere Härte darstelle, könne von einer strengen Zweckbindung abgesehen werden.

Rentenversicherungsfreie Selbständige

Wäre der Hilfebedürftige imstande gewesen, früher eine Altersvorsorge aufzubauen, kann er sich nicht auf Lücken in der gesetzlichen Rentenversicherung oder einen unzureichenden Schutz vor dem Risiko der Altersarmut berufen (BSG vom 15.4.2008 – B 14/7b AS 68/06 R und B 14/7b AS 52/06 R). Bei einer gesetzlichen Altersrente von voraussichtlich 950 € hat das SG Oldenburg den Vermögenseinsatz einer zusätzlichen Lebensversicherung nicht als besondere Härte angesehen (SG Oldenburg vom 10.5.2005 – S 47 AS 76/05 ER; ebenso BSG vom 31.10.2007 – B 14/11b AS 63/06 R: Altersrente von 1.148 €).

Verschuldete Lücke

Der Einsatz einer Lebensversicherung kann besonders hart sein, wenn sowohl der Unterschied zwischen der Höhe des Rückkaufswertes und der Höhe der Versicherungssumme knapp unterhalb der Grenze zur offensichtlichen Unwirtschaftlichkeit liegt und der Versicherungsfall zeitlich unmittelbar bevorsteht. Nach BSG vom 7.5.2009 – B 14 AS 35/08 R steht ein 55-Jähriger noch nicht kurz vor dem Rentenalter (ebenso LSG NRW vom 18.8.2010 – L 12 AS 58/09: 1956 ge-

Bevorstehende Berentung

borener Antragsteller). Bei früherem Renteneintrittsalter für Frauen und behinderte Menschen könne mit Vollendung des 58. Lebensjahres von einer für die Härtefallprüfung beachtlichen »Rentennähe« ausgegangen werden. In die Härtefallprüfung ist auch mit einzubeziehen, ob es dem Versicherungsnehmer unter Beachtung seines Alters und seines Gesundheitszustandes ohne weiteres möglich wäre, wieder eine neue Lebensversicherung abzuschließen, sollte er wieder eine Arbeit finden oder die Hilfebedürftigkeit sonst überwinden. Ein weiteres Kriterium kann sein, ob sich aufgrund eines besonders langjährigen Versicherungsverhältnisses bereits ein schutzwürdiges Vertrauen auf den Erhalt der Versicherungsleistung bei Eintritt des Versicherungsfalls gebildet hat. Schutzwürdig ist das Vertrauen, wenn der Versicherungsnehmer einer langjährig bestehenden Lebensversicherung aufgrund dieser bereits vorhandenen zusätzlichen privaten Altersvorsorge von dem Abschluss einer weiteren Lebensversicherung nach dem Riester-Modell abgesehen hatte (SG Mainz vom 25.2.2008 – S 7 AS 249/06). Ein Vertrauensschutz auf Beibehaltung der Freibetragsgrenzen, die während des Alhi-Bezugs galten, besteht nicht (BSG vom 15.4.2008 – B 14/7b AS 52/06 R).

Der Einsatz der Lebensversicherung ist nicht besonders hart, wenn hierdurch eine vorgesehene Schuldtilgung für ein angemessenes Eigenheim wegfällt (OVG Bremen vom 7.7.2008 – S 2 B 231/08). Bei einem nur kurzen Leistungsbezug und fortgeschrittenem Alter kann der Verkauf eines unangemessen großen Wohnhauses unbillig hart sein (SG Köln vom 2.7.2012 – S 33 AS 2095/12).

Gefährdung naher Angehöriger

Wäre im Fall einer Vermögensverwertung die Existenz eines nahen Angehörigen gefährdet, liegt eine besondere Härte vor (BSG vom 6.5.2010 – B 14 AS 2/09 R: drohender Verlust des von der Mutter des Leistungsberechtigten bewohnten, nach § 12 SGB II geschützten Hauses, wenn vom Sohn der Pflichtteilsanspruch nach dem Tod des Vaters durchgesetzt würde; s. auch SG Stade vom 2.12.2011 – S 17 AS 521/10; SG Aachen vom 18.11.2014 – S 14 AS 632/14).

Immobilie

Neben dem Gesichtspunkt der Gefährdung naher Angehöriger, die als Folge einer Verwertung der Immobilie ausziehen müssten, hat die Rechtsprechung tiefgreifende familiäre Zerwürfnisse im Fall einer Verwertung als besondere Härte anerkannt (SG Neuruppin vom 6.8.2015 – S 26 AS 23/15). Besondere familiäre Gründe können zumindest unter Härtegesichtspunkten einen Vermögensschutz begründen (vgl. dazu LSG NRW vom 23.1.2014 – L 7 AS 144/13: Rückkehr der auswärtig studierenden Kinder ins Elternhaus; LG Darmstadt vom 4.2.2014 – 5 T 296/13: Behindertes, werktags in einem Wohnheim lebendes Kind ist am Wochenende bei den Eltern und benötigt wegen der Behinderung ein eigenes Zimmer). Ist ein Auszug des Hilfesuchenden wegen Krankheit oder Behinderung unzumutbar, ist der Verkauf der Immobilie besonders hart; ggfs. ist eine Beleihung zumutbar (LSG Baden-Württemberg vom 29.1.2015 – L 7 AS 1406/12; LSG Berlin-Brandenburg vom 23.4.2015 – L 23 SO 9/11). Allein das Alter oder die Wohndauer begründen keine Härte (SG Stade vom 24.4.2014 – S 18 AS 997/12).

Die Verwertung eines höherwertigen Fahrzeugs kann besonders hart sein, wenn dieses Fahrzeug wegen einer Krankheit oder Behinderung benötigt wird (SG Rostock vom 11.8.2015 – S 8 SO 106/12).

Auto

Besonders hart kann auch die Verwertung verfügbaren Vermögens sein, das mit **Schulden** belastet ist. Insoweit hat das BSG aber einen sehr strengen Maßstab angelegt. Eine Bindung des Vermögens zur Schuldentilgung sei nur bei einer Konfliktlage anzuerkennen, in der der Arbeitslose einerseits das Vermögen zur Beseitigung der Bedürftigkeit einsetzen soll, andererseits aber gezwungen wäre, fällige Zahlungsverpflichtungen zu verletzen mit den sich daraus ergebenden zivilrechtlichen Folgen (BSG vom 21.11.2002 – B 11 AL 10/02 R und vom 2.11.2011 – B 4 AS 154/11 B; vgl. auch OVG Lüneburg vom 29.8.2003 – 12 LA 93/03). Nach LSG Sachsen-Anhalt vom 26.5.2009 – L 5 AS 56/09 B ER begründen Darlehensverbindlichkeiten gegenüber einer Privatperson, die im Fall einer Vermögensverwertung fällig werden, keine besondere Härte des Vermögenseinsatzes. Nach dem BSG sind Schulden immer dann zu berücksichtigen, wenn sie mit dem Vermögensgegenstand eine wirtschaftliche Einheit bilden (vom 9.2.2006 – B 7a AL 36/05 R und vom 15.4.2008 – B 14/7b AS 52/06 R).

Schulden

Geschont werden muss auch ein Vermögen, das **nachweisbar** zur Schuldentilgung verwandt werden soll, wenn damit Gläubiger von Pfändungs- und Überweisungsbeschlüssen Abstand nehmen oder diese sich erledigen. Wegen des Arbeitsaufwandes halten solche Beschlüsse Arbeitgeber ab, überschuldete Arbeitslose einzustellen. Würde man das zur Schuldentilgung bestimmte Vermögen schonungslos anrechnen, würde der Zweck des SGB II, den Arbeitslosen in Arbeit einzugliedern, verhindert. Dass Schuldentilgung der Eingliederung dient, zeigt auch § 16a SGB II, der die Schuldnerberatung als eigenständige Leistung vorsieht.

Drohende Zwangs-vollstreckung

Eine besondere Härte des Vermögenseinsatzes kann sich auch aus dessen Herkunft ergeben. So verbietet der Vermögensschutz nach § 12 Abs. 3 Nr. 6 SGB II nach BSG vom 15.4.2008 – B 14/7b AS 6/07 R die Anrechnung von Spareinlagen, auf denen ein Verkehrsunfallopfer seine Schmerzensgeldzahlung angelegt hatte. Zum SGB XII hat das BSG entschieden, dass aus Blindengeld angespartes Vermögen wegen einer ansonsten bestehenden Härte nicht eingesetzt werden muss (BSG vom 11.12.2007 – B 8/9b SO 20/06 R; ebenso BVerwG vom 27.5.2010 – 5 C 7.09 für angesparte Versorgungsrenten nach dem OEG; s. dazu auch LG Mühlhausen vom 13.11.2013 – 5 T 121/13; LSG Berlin-Brandenburg vom 17.9.2015 – L 31 AS 1894/14 für eine mit Gehörlosengeld angesparte Lebensversicherung). Das LSG Niedersachsen-Bremen vom 20.4.2006 – L 8 SO 50/05 hat den Vermögensschutz in einem Sozialhilfefall nach dem SGB XII darüber hinaus auch auf die Zinsen aus solchen Geldanlagen erstreckt. Die Zinsen dürften nicht als Einkommen angerechnet werden. Das gilt auch im SGB II (SG Aachen vom 3.2.2009 – S 23 AS 2/08). Der Vermögensschutz gilt aber nur für den Geschädigten. Mit seinem Tod geht der

Herkunft des Vermögens

Schutz verloren (LSG Berlin-Brandenburg vom 22.10.2009 – L 25 AS 1746/08).
Die strenge Rechtsprechung zur Sozialhilfe (SG Stade vom 27.11.2014 – S 33 SO 65/14: Ansparung aus Pflegegeld; SG Braunschweig vom 19.9.2014 – S 32 SO 198/12: Ansparung von BVG-Renten) ist nicht ohne Weiteres auf das SGB II übertragbar.

Erkämpfte Sozialleistungs- ansprüche

Der Einsatz von Vermögen, das sich aus einer Nachzahlung von fehlerhaft vorenthaltenen Sozialleistungen zusammensetzt, ist unzumutbar (LG Aachen vom 9.2.2009 – 3 T 454/08: Grundsicherungsleistungen; LSG Schleswig-Holstein vom 15.4.2008 – L 11 AS 10/07; SG Aachen vom 9.3.2009 – S 35 AS 12/07: nachgezahlte Alhi; BSG vom 26.5.2015 – B 14 AS 17/14 R: Leistungen nach dem AsylbLG).

Angesparte Sozialleistungen

Das LSG NRW vom 28.7.2008 – L 20 SO 17/08 und das BayLSG vom 21.11.2014 – L 8 SO 5/14 haben für das Sozialhilferecht entschieden, dass angespartes Geld aus nicht verbrauchten Sozialhilfeleistungen einzusetzendes Vermögen ist; ebenso für Ansparungen aus anrechnungsfreiem Erwerbseinkommen SG Karlsruhe vom 21.5.2013 – S 1 SO 1369/12. Ob dies auch für das SGB II – wenn überhaupt – gilt, ist zweifelhaft, weil nach § 11 Abs. 1 SGB II »Leistungen nach diesem Buch« kein Einkommen sind. Es wäre ein Wertungswiderspruch, angesparte Leistungen nach dem SGB II dann als Vermögen anzurechnen.

Erlöse aus un- wirtschaftlicher Verwertung

§ 12 Abs. 3 Nr. 6 SGB II stellt auf eine objektive (nach Marktlage unvermeidbare) Vermögensverschleuderung ab, die dem Hilfesuchenden nicht zugemutet wird. Hat ein Hilfesuchender, wenn auch auf Druck des Jobcenters oder wegen einer zögerlichen Antragsbearbeitung, Vermögen unwirtschaftlich verwertet, weil er ja doch nur die geringen Freibeträge behalten kann, ist das keine unwirtschaftliche Verwertung i. S. von § 12 Abs. 3 Nr. 6 SGB II. Er kann sich daher rückwirkend nicht darauf berufen, so gestellt zu werden, als habe er nicht von dem Vermögenserlös gelebt. Im Gegenteil, es ist dann sogar zu prüfen, ob die Verwertung des Vermögens eine Haftung nach § 34 SGB II bei (Wieder)eintritt in den Alg II-Bezug auslöst (vgl. dazu SG Dresden vom 8.6.2011 – S 32 AS 140/09).

Bestattungs- vorsorge- Vermögen

Insbesondere beim Wechsel vom SGB II zum SGB XII stellt sich wegen des geringeren Vermögensschutzes im SGB XII die Frage, ob im SGB II nach § 12 Abs. 1 Nr. 1, Nr. 4 SGB II geschontes Vermögen für eine angemessene Bestattung zurückgelegt werden kann. Dazu ist das Vermögen für den Zweck der Bestattungsvorsorge hinreichend nachprüfbar zu binden (SG Gießen vom 7.6.2016 – S 18 SO 108/14: zu einer Sterbegeldversicherung). Steht der Vermögensanlagezweck außer Zweifel (s. dazu LSG NRW 19.3.2009 – L 9 SO 5/07; VG Düsseldorf vom 2.2.2012 – 21 K 3691/11), ist im Hinblick auf die Menschenwürde nach Art. 1 GG und die Glaubensfreiheit nach Art. 4 GG eine Vermögensfreistellung in angemessenem Umfang sowohl für die Bestattung als auch die Grabpflege geboten (BSG vom 18.3.2008 – B 8/9 b

SO 9/06 R; LSG NRW vom 28.3.2011 – L 20 SO 6/11 B ER). Der Vermögensschutz liegt hier auch im öffentlichen Interesse, da ansonsten der Sozialhilfeträger über § 74 SGB XII aufkommen muss (BSG vom 29.9.2009 – B 8 SO 23/08 R), soweit keine bestattungspflichtigen Angehörigen herangezogen werden können (dazu BayVGH vom 8.6.2015 – 4 ZB 15.364; LSG Baden-Württemberg vom 25.2.2016 – L 7 SO 262/15). Dementsprechend stellt der Einsatz vom Vermögen, das zum Zweck einer würdigen Beerdigung und Grabpflege angelegt ist (z.B. Dauerpflegevertrag, Sparbuch, Treuhandvermögen) eine besondere Härte dar. Die Angemessenheit des Vermögensbetrages beurteilt sich nach den gebotenen, örtlich ggf. sehr stark abweichenden Gepflogenheiten für Bestattung und Grabpflege (s. dazu BVerwG vom 11.12.2003 – 5 C 84/02; SG Düsseldorf vom 23.3.2011 – S 17 SO 57/ 10; SG Karlsruhe vom 24.11.2015 – S 4 SO 370/14).

IV   Vermögen aus geschontem Einkommen

Wie in Kapitel I näher dargelegt, kann sich Einkommen zu Vermögen wandeln. Dann stellt sich die Frage, ob und ggf. in welchem Umfang solches Vermögen nach § 12 SGB II geschützt ist. Die wichtigsten Fälle sind:

- Nach der Anrechnungsphase von sechs Monaten (§ 11 Abs. 3 SGB II) noch unverbrauchtes Einmaleinkommen.

- Geldgeschenke zur Kommunion, Konfirmation und zu ähnlichen Feiern (§ 1 Abs. 1 Nr. 12 Alg II-VO).

- Entgelt aus einem Schüler-Ferienjob (§ 1 Abs. 4 Alg II-VO).

1   Unverbrauchtes Einmaleinkommen

Aus der Umsetzung der Anrechnungsregel des § 11 Abs. 3 SGB II entstandenes Vermögen stammt aus anrechenbarem Einkommen, ist also nicht kraft seiner Herkunft privilegiert. Grundsätzlich wird daher ein Vermögenseinsatz verlangt werden können, wenn der Leistungsberechtigte die Schonvermögensgrenzen schon ausgeschöpft hat. Eng begrenzte Ausnahmen sind denkbar, in denen der Einsatz des Vermögens durch Verbrauch für den laufenden Lebensunterhalt besonders hart wäre.

Alle Verwandten des leistungsberechtigten B. leben in der Türkei. B. verfügt über Sparguthaben in Höhe der Freibeträge nach § 12 Abs. 1 Nr. 1, Nr. 4 SGB II. Anlässlich des 80. Geburtstages des Vaters von B. findet im Oktober in der Türkei eine Familienfeier statt. B. war im Januar ein Lottogewinn zugeflossen, von dem nach Ende der Anrechnungszeit von Februar bis Juli noch Geld übrig ist. B. will davon die

Beispiel

Reise finanzieren. Hier wäre der Einsatz des unverbrauchten Einmaleinkommens eine besondere Härte i. S. v. § 12 Abs. 3 Nr. 6 SGB II.

2   **Angesparte Geschenke zur Kommunion,
Konfirmation und zu ähnlichen Anlässen**

Die nach § 1 Abs. 1 Nr. 12 Alg II-VO vor einer Einkommensanrechnung im Zuflussmonat geschützten Geschenke wandeln sich im Folgemonat zu Vermögen. Da hier der Anrechnungsschutz aus der Herkunft der Zuwendung resultiert, bleibt er auch für das in Vermögen verwandelte Einkommen erhalten. Rechtsgrundlage dafür ist § 12 Abs. 3 Nr. 6 SGB II. Für Sachzuwendungen (Fahrrad, Computer) ist ein solcher Schutz seit 1.8.2016 durch die Änderung von § 11 SGB II gegeben. Geldgeschenke zur Kommunion, Konfirmation etc. werden üblicherweise gespart, um davon später z.B. einen Führerschein oder eine Auslandsreise zu finanzieren. Ein Verpulvern des Geldes wird nach allgemeiner Anschauung missbilligt und die Schenker wollen auch nicht, dass damit der Lebensunterhalt bestritten wird. Mit einer Anrechnung auf das Alg II oder Sozialgeld wäre das aber der Fall, würde das Geld nicht rasch ausgegeben; beides liefe dem Schutzzweck von § 1 Abs. 1 Nr. 12 Alg II-VO zuwider. Die Begründung, mit der das BVerwG vom 27.5.2010 – 5 C 7.09 Vermögen aus angesparten Renten nach dem Opferentschädigungsgesetz schont, kann auf Konfirmationsgeschenke etc. übertragen werden:

»Die einen Härtefall begründende Atypik kann sich aber nicht nur aus der besonderen (atypischen) Situation des Hilfesuchenden ergeben, sondern ausnahmsweise auch dann, wenn die Herkunft des Vermögens dieses so prägt, dass seine Verwertung eine Härte darstellt. Davon ist auszugehen, wenn der gesetzgeberische Grund für die Nichtberücksichtigung einer laufenden Zahlung als Einkommen auch im Rahmen der Vermögensanrechnung durchgreift, weil das Vermögen den gleichen Zwecken zu dienen bestimmt ist wie die laufende Zahlung selbst.«

Keine Vermischung   Regelmäßig lässt sich bei Vermögensvermischung die Herkunft des Vermögens nachträglich nicht mehr oder nur schwerlich feststellen. Es ist dann schwer nachzuweisen, welcher das Schonvermögen übersteigende Betrag aus einem Geschenk aus feierlichem Anlass stammt. Leistungsberechtigte können hier Vorsorge treffen. Fand die Kommunion oder Konfirmation aber schon vor Eintritt der Hilfebedürftigkeit statt, gab es keinen Anlass, für die Geschenke ein eigenes Sparbuch oder Konto anzulegen. Da dies den Kindern oder deren Eltern nicht vorgeworfen werden kann, muss es für eine Vermögensprüfung genügen, wenn die Herkunft des Geldes mit Erklärungen der Schenker belegt wird (vgl. zum Problem der Vermischung SG Karlsruhe vom 27.1.2010 – S 4 SO 1302/09).

Der Einsatz einer Geldschenkung, die keine Schenkung unter Auflage (§ 525 BGB) oder eine Zweckschenkung ist, begründet außerhalb der von § 1 Abs. 1 Nr. 12 Alg II-VO privilegierten Schenkungen in der Regel keine besondere Härte, selbst wenn damit der vom Schenker zugedachte Zweck verloren geht (LSG Niedersachsen-Bremen vom 23.2.2011 – L 13 AS 155/08).

3   **Entgelt aus Schüler-Ferienjob**

Das nach § 1 Abs. 4 Alg II-VO geschützte Einkommen wird im Monat nach dem Zufluss zu Vermögen. Nach dem Zweck der Privilegierung ist auch ein Ansparen des Entgelts für größere Anschaffungen geschützt:

»Ziel dieser Verordnung ist daher, für junge Menschen gezielt Anreize zur Aufnahme von Arbeit zu setzen und Einnahmen von Schülerinnen und Schülern aus in den Schulferien ausgeübten Erwerbstätigkeiten weitgehend zu privilegieren. Damit werden Schülerinnen und Schüler hilfebedürftiger Eltern denjenigen gleichgestellt, deren Eltern nicht hilfebedürftig sind: Sie können die Einnahmen aus ihrer Arbeit weitgehend für eigene Wünsche behalten«

Zumindest für die Dauer eines Jahres braucht in Vermögen verwandeltes Ferienjob-Entgelt nicht für den Lebensunterhalt eingesetzt zu werden.
Zum Problem der Vermischung gelten die Ausführungen zu den Geschenken aus feierlichem Anlass entsprechend.

V   **Wie wird Vermögen angerechnet?**

Zeitnah verwertbares Vermögen schließt Hilfebedürftigkeit nach § 9 SGB II aus, wenn der zu realisierende Verkehrswert nach Zuordnung der einzelnen Vermögen zu den Angehörigen der BG die maßgebenden Vermögensfreibeträge übersteigt. Braucht die Vermögensverwertung oder schon die Wertermittlung längere, aber noch angemessene Zeit, ist (kein Ermessen) der aktuelle Hilfebedarf durch Alg II als Darlehen gemäß §§ 9 Abs. 4, 24 Abs. 5 SGB II sicherzustellen.

1   **Keine Anrechnung fiktiven Vermögens**

Das Jobcenter darf nur das tatsächlich zur Verfügung stehende Vermögen anrechnen. Solange es die maßgebenden Freibeträge übersteigt, ist der Vermögensinhaber nicht hilfebedürftig.

Eine bestimmte Dauer der Anrechnung i.S. eines fiktiven, rechnerischen Verbrauchs (Vermögen geteilt durch täglichen Bedarfssatz) gibt es bei der Vermögensanrechnung nach § 12 SGB II nicht (BayLSG vom 23.7.2015 – L 11 AS 681/14; LSG Baden-Württemberg

Fiktiver Verbrauch

vom 22.9.2015 – L 9 AS 5084/13). Unter Umständen kann es daher wirtschaftlich sinnvoll sein, Schulden rasch zu tilgen.

Beispiel

Der Alg II-Antrag des B. wird wegen einer jüngst erworbenen Erbschaft abgelehnt. Der Erbschaftssteuerbescheid des Finanzamtes steht noch aus. Könnte die Erbschaft nach Begleichung der Steuerschuld in den Vermögensfreibetrag fallen, macht es Sinn, das Finanzamt zur Bescheidung der Steuerschuld zu drängen.

Keine unwirtschaftliche Entreicherung

Zu vermeiden sind unwirtschaftliche Entreicherungen wie z. B. die Rückzahlung eines Darlehens, das noch gar nicht fällig ist. Erst recht gilt das für Vermögensausgaben, die bewusst zu dem Zweck erfolgen, wieder in den Leistungsbezug zu kommen. In beiden Fällen droht nicht nur eine Leistungskürzung nach § 31 SGB II, sondern auch ein Ersatzanspruch des Jobcenters nach § 34 SGB II (LSG Schleswig-Holstein vom 25.8.2005 – L 6 B 200/05 AS ER: Kürzung des Alg II um 30 % bei Tilgung gestundeter Altschulden; LSG Berlin-Brandenburg vom 29.12.2009 – L 14 AS 1865/09 B ER; LSG Niedersachsen-Bremen vom 9.2.2015 – L 11 AS 1352/14 B ER: Vermögensausgabe für Filme).

Strenge Prüfung

Den Nachweis der Entreicherung hat im Zweifel der Alg II-Antragsteller zu erbringen. Können behauptete Geldausgaben nicht belegt werden, darf die beantragte Leistung abgelehnt werden (OVG Bremen vom 9.1.2008 – S 2 B 483/07; SG Düsseldorf vom 15.1.2008 – S 42 AS 172/07 ER; LSG NRW vom 23.7.2008 – L 19 B 128/08 AS ER; BGH vom 2.4.2008 – XII ZB 184/05: angeblicher Diebstahl; LSG Niedersachsen-Bremen vom 12.1.2015 – L 11 AS 1310/14 B ER). Bloße Mutmaßungen reichen zur Ablehnung von Alg II aber nicht (HessLSG vom 8.3.2009 – L 7 AS 149/08 B – ER; LSG NRW vom 17.7.2008 – L 20 B 32/08 AS ER).

Zur Verminderung des Vermögens durch wirtschaftlich sinnvolle Ausgaben vor Beginn des Leistungsbezugs und durch unabwendbar notwendige Ausgaben im laufenden Leistungsbezug siehe → S. 632 f.

Wiederholte Vermögensanrechnung

Kehrseite des Verbots eines fiktiven Verbrauchs ist die wiederholte Berücksichtigung von Vermögen, solange es oberhalb der Schonbeträge tatsächlich vorhanden ist (BSG vom 30.7.2008 – B 14 AS 14/08 B; LSG NRW vom 1.6.2010 – L 6 AS 15/09; BayLSG vom 23.7.2015 – L 11 AS 681/14).

Zum Problem der Vermögensanrechnung bei der Rückforderung verschwiegenen Vermögens nach §§ 45, 48 SGB X → S. 931 ff.

2   **Wie wird Vermögen in der Bedarfsgemeinschaft angerechnet?**

Einsetzbares Vermögen wird nach § 9 Abs. 2 SGB II angerechnet:

- Zwischen Partnern der BG wird **wechselseitig** angerechnet; auf die eigentumsrechtliche Zuordnung kommt es nicht an (BSG vom 20.9.2012 – B 8 SO 13/11 R);

- zwischen Eltern (Elternteilen) und Kindern in der BG wird nur im Verhältnis der Eltern (Elternteile) zum Kind, nicht umgekehrt angerechnet (Niedersächsisches OVG vom 24.2.2004, ZFSH/SGB 2004, S. 294 f.).

Die 35-jährige J. lebt mit ihrer 13-jährigen Tochter R. zusammen. J. verfügt über ein Sparguthaben und Wertpapiere im Wert von 19.000 € und eine private Rentenversicherung im Wert von 5.000 €. R. hat kein Vermögen.

Beispiel

Ermittlung des Schonvermögens von J.

Grundfreibetrag (35 x 150 €)	5.250 €
+ private Altersvorsorge (Höchstbetrag 35 x 750 €)	+ 5.000 €
+ notwendige Anschaffungen	+ 750 €
= Schonvermögen J.	**= 11.000 €**

Ermittlung des Schonvermögens von R.

Grundfreibetrag	3.100 €
+ notwendige Anschaffungen	+ 750 €
= Schonvermögen R.	**= 3.850 €**

Da J. das ihren Freibetrag übersteigende Vermögen für sich und den Unterhalt der R. einsetzen muss, sind Mutter und Kind nicht hilfebedürftig i. S. von § 9 SGB II.

Verfügte umgekehrt R. über eigenes Vermögen von 20.000 € und J. nur über ein Sparguthaben von 5.000 €, wäre J. hilfebedürftig, dagegen fiele R. mangels Bedürftigkeit gemäß § 7 Abs. 3 Nr. 4 SGB II aus der BG heraus. Somit könnte R. höchstens als Haushaltsangehörige über § 9 Abs. 5 SGB II herangezogen werden. Dazu ist jedoch ihr Vermögen zu gering (Beispiel → S. 628).

Mini-Vermögens-
spitzen

Verfügt ein Mitglied der Bedarfsgemeinschaft über Vermögen, das nach Abzug des Schonvermögens unter dem Wert des Leistungsbetrages für einen vollen Monat liegt, ist es weiterhin hilfebedürftig. In diesen Fallgestaltungen ist auf eine genaue Zuordnung der Vermögen zu achten.

Beispiel

Die 36-jährige K. lebt mit 13-jähriger Tochter T. zusammen. Der monatliche Hilfebedarf von K. und T. liegt abzüglich des für T. gezahlten Kindergeldes bei 930 €. K. erhält aus dem Verkauf ihres Autos 1.300 €. Auf ihrem Sparbuch sind 5.800 €. Mit 7.100 € verfügt K. über 200 € Vermögen oberhalb der Schonvermögen von 6.900 € [(36 Jahre x 150 €) + (2 x 750 €)] für Hausrat. Bei einem monatlichen Hilfebedarf der BG von 930 € sind K. und T. weiter leistungsberechtigt.

Verfügte umgekehrt T. über ein Sparbuch im Wert von 4.200 € und K. über einen Bausparvertrag von 6.500 €, sind die jeweiligen Schonvermögen genau zuzuordnen: K. stehen [36 x 150 €] + 750 € = 6.150 € zu, ihr Vermögen liegt also 350 € über der Schonvermögensgrenze, aber immer noch unter dem SGB II-Monatsbedarf. T. verfügt über ungeschontes Vermögen von 350 € [4.200 € – (3.100 € Mindestschonvermögen + 750 €)]. Zur Prüfung des Fortbestandes ihrer Hilfebedürftigkeit ist auf den vollen Bedarfssatz von 270 € + 200 € anteilige Unterkunftskosten abzustellen, da das Kindergeld bei Wegfall der Hilfebedürftigkeit zu Einkommen der K. wird. Die Vermögensspitze von 350 € genügt also nicht, um zumindest einen Monatsbedarf der T. zu decken; sie hat daher weiter Anspruch auf Sozialgeld.

3   **Wie wird Vermögen in der gemischten Bedarfsgemeinschaft angerechnet?**

Nicht nur bei der Einkommensanrechnung gelten für die Grundsicherung nach dem SGB II und für die Grundsicherung nach § 41 SGB XII zum Teil unterschiedliche Regeln. Unterschiede gibt es auch bei der Verwertung von Vermögen. Das führt in Bedarfsgemeinschaften von SGB II- mit SGB XII-Grundsicherungsberechtigten zu schwierigen Problemen bei der Prüfung, ob und in welchem Umfang Vermögen verwertet werden muss.

Im Wesentlichen gibt es folgende Unterschiede:

■ Im SGB XII gelten deutlich geringere Freibeträge für nicht zweckgebundenes Vermögen als im SGB II (§ 12 Abs. 1 Nr. 1, Nr. 1a SGB II).

■ Ein Auto ist im SGB XII nur geschützt, wenn es der Hilfebedürftige aus beruflichen oder gesundheitlichen Gründen benötigt. Ob im SGB XII auch die 7.500 € Wertgrenze des SGB II gilt (so SG Augsburg vom 15.9.2011 – S 15 SO 73/11) ist nicht abschließend geklärt. Wegen einer Behinderung kann im SGB XII auch ein teureres Fahrzeug geschützt sein.

- Bei der Bewertung von Immobilien ist im SGB II die Wohnfläche maßgebend, im SGB XII eine Gesamtbewertung vorzunehmen (Lage, Ausstattung etc.).

- Anders als im SGB II (§ 12 Abs. 2 Nr. 3 SGB II) führt im SGB XII ein Verwertungsverbot nach § 168 VVG nicht zu einer Privilegierung des der Altersvorsorge dienenden Vermögens. § 90 SGB XII kennt keine entsprechende Regelung. Nach BSG vom 25.8.2011 – B 8 SO 19/10 R bedarf es insoweit auch nicht aus Gleichbehandlungsgründen einer Heranziehung der Härtefallregelung des § 90 Abs. 3 SGB XII. Denn Sinn und Zweck der Verschonung von § 168 VVG-Vermögen im SGB II sei es, erwerbsfähige Leistungsberechtigte, die sich – typisierend – nur für einen überschaubaren Zeitraum im Leistungsbezug befinden, davor zu schützen, Altersvorsorgevermögen »verfrüht« einzusetzen. Typisch sei für das SGB XII dagegen die Hilfe für Personen, die schon aus dem Erwerbsleben ausgeschieden sind. Damit fehle eine Rechtfertigung dafür, gerade für solche Lebensabschnitte angespartes Vermögen zu verschonen.

- Im SGB II ist Vermögen nicht verwertbar, wenn es voraussichtlich im regulären Bewilligungszeitraum von zwölf Monaten nicht »versilbert« werden kann. Im SGB XII schließt erst eine Nichtverwertungsprognose von 24 Monaten, wenn nicht sogar noch länger, den Vermögenseinsatz aus (BSG vom 25.8.2011 – B 8 SO 19/10 R).

- Bei der Vermögensverwertung wird im SGB XII ein höherer Verlust zwischen Verkehrs- und Substanzwert zugemutet (LSG Schleswig-Holstein vom 30.7.2014 – L 9 SO 2/12).

Leben SGB II- mit SGB XII-Leistungsberechtigten (dauerhaft erwerbsgeminderte Partner, dauerhaft erwerbsgeminderte Kinder ab dem 18. Geburtstag) im gemeinsamen Haushalt bzw. in einer BG zusammen, stellt sich für das verfügbare Vermögen die Frage, welcher Verwertungsmaßstab gelten soll. Entschieden hat das BSG vom 18.3.2008 – B 8/9b SO 11/06 R einen Fall, in dem SGB XII-Leistungen verweigert wurden, weil der arbeitslose SGB II-Partner über ein im SGB XII nicht geschütztes Fahrzeug verfügte. Nach BSG war das Auto sozialhilferechtlich unter Heranziehung der Härtefallregelung des § 90 Abs. 3 SGB XII geschützt. Das Auto diene im SGB II typisierend dazu, die Mobilität zur Arbeitsuche zu erhalten. Dass gelte auch für arbeitslose Leistungsberechtigte.

Auto

Die vom BSG zum PKW entwickelten Grundsätze gelten auch für Immobilien. Gehört die Immobilie dem SGB II-Partner, kann die Gewährung von SGB XII-Leistungen nicht von der Verwertung oder einem Auszug des SGB XII-Partners abhängig gemacht werden. Gehört die Immobilie beiden, greift der großzügigere SGB II-Schutz, weil sonst der SGB II-Partner das für ihn geschützte Heim verlieren würde. Gehört die Immobilie dem SGB XII-Partner, muss er sie verwerten. Ist die Immobilie weder nach SGB II- noch SGB XII-Maßstäben ge-

Haus oder Eigentumswohnung

schützt, gelten nach der Verwertung für die den Partnern zugeflossenen Mittel die jeweiligen Schonvorschriften nach dem SGB II oder SGB XII (LSG Baden-Württemberg vom 14.4.2011 – L 7 SO 2497/10).

Ungebundenes Sparvermögen

Eine analoge Anwendung der SGB II-Freibeträge auf das Vermögen des Partners, der Leistungen nach dem SGB XII beansprucht, ist bei getrenntem Vermögen nicht geboten. Die Berechnung der Leistung ist für jede einzelne Person nach den Vorschriften des für ihn geltenden Gesetzes durchzuführen. Dem umfassenderen Vermögensschutz des SGB II ist aber mit Hilfe der Härteregelung des § 90 SGB XII Rechnung zu tragen (BSG vom 20.9.2012 – B 8 SO 13/11 R).

Fiktive Leistungsberechtigung zählt nicht

Nach LSG Niedersachsen-Bremen vom 27.1.2011 – L 8 SO 195/08 können die Grundsätze zum Vermögenseinsatz in der gemischten BG nicht auf Fälle übertragen werden, in denen (noch) keiner der Partner leistungsberechtigt nach dem SGB II ist. Die theoretische Möglichkeit eines späteren Leistungsanspruchs sei nicht ausreichend; dies würde zu einer vom Gesetzgeber nicht gewollten Ausdehnung der als Einzelfallnorm geschaffenen, auf atypische Einzelfälle zielenden Härtevorschrift des § 90 Abs. 3 SGB XII führen.

4   Wie wird Vermögen in der Haushaltsgemeinschaft angerechnet?

Widerlegbare Vermögensanrechnung

Zwischen Verwandten/Verschwägerten, die mit erwerbsfähigen Leistungsberechtigten in einer Haushaltsgemeinschaft leben, wird gemäß § 9 Abs. 5 SGB II nur angerechnet, soweit dies nach dem Vermögen der Verwandten/Verschwägerten »erwartet werden kann«. Die Alg II-VO konkretisiert die »Erwartung« nicht. § 7 Abs. 2 Alg II-VO besagt lediglich, dass Schonvermögen nach § 12 Abs. 2, Abs. 3 SGB II nicht zu berücksichtigen ist. Daraus kann mit Blick auf die entsprechende Regelung zur Einkommensberücksichtigung in § 1 Abs. 2 Alg II-VO (vom BSG vom 19.2.2009 – B 4 AS 68/07 R als ermächtigungskonform abgesegnet) nicht geschlossen werden, dass bereits eine Überschreitung der Schonvermögensgrenze die Unterstützungsvermutung auslöst.

Als Maßstab kann nach OVG Lüneburg vom 3.9.1999, FEVS 51, S. 299 der Einsatz von Vermögen erst dann erwartet werden, wenn das Vermögen den fünffachen Teil des Schonvermögens übersteigt. Je nach Verwandtschaftsgrad oder bei nicht unterhaltspflichtigen Verschwägerten und Geschwistern ist der Vermögensfreibetrag angemessen zu erhöhen. Maßstab ist der voraussichtliche Umfang des eigenen und künftigen angemessenen Unterhalts des Vermögensinhabers.

Beispiel

M. lebt mit ihrer 28-jährigen Schwester S. im gemeinsamen Haushalt zusammen. S. erzielt aus einer Teilzeitbeschäftigung ein bedarfsdeckendes Einkommen, mit dem sie zur gemeinsamen Haushaltsführung mit der arbeitslosen, Alg II beziehenden M. beiträgt. S erbt 35.000 €.

Da S. der M. gegenüber nicht zum Unterhalt verpflichtet ist, kann unter Heranziehung der Empfehlungen des Deutschen Vereins ein Vermögenseinsatz zur Unterstützung der M. erst ab einem fünffachen Schonbetrag des Vermögens, das S. im Fall eines Alg II-Bezugs behalten dürfte, erwartet werden.

Ermittlung des Schonvermögens von S.

Grundfreibetrag (28 x 150 €)		4.200 €
+ private Altersvorsorge (28 x 750 €)	+	21.000 €
+ notwendige Anschaffungen	+	750 €
= Schonvermögen S.	**=**	**25.950 €**

Ihr Vermögen liegt somit deutlich unter dem Betrag von 129.750 € (25.950 € x 5), ab dem eine Unterstützung der M. erwartet wird.

Die minderjährige Tochter R. aus dem vorletzten Beispiel wäre ebenfalls nicht zum Einsatz ihres Vermögens verpflichtet (keine gesteigerte Unterhaltspflicht).
Wäre R. volljährig, bliebe es bei demselben Vermögensfreibetrag, da auch insoweit nur eine abgeschwächte Unterhaltspflicht besteht. Hieran hat die Einbeziehung junger Erwachsener bis zum 25. Geburtstag in die BG nichts geändert.

VI   Darlehensgewährung trotz Vermögen

Nach § 9 Abs. 4 SGB II ist hilfebedürftig auch derjenige, für den der sofortige Verbrauch oder die sofortige Verwertung von anrechenbarem Vermögen eine besondere Härte bedeuten würde. In diesem Fall muss die Leistung als Darlehen gewährt werden (BayLSG vom 21.10.2006 – L 7 B 719/06 AS ER und vom 8.5.2008 – L 11 AS 349/07).

Besondere Härte

Dieser Fall ist von der Härtefallregelung des § 12 Abs. 3 Satz 1 Nr. 6 SGB II, die maßgeblich auf die Beeinträchtigung der sozialen Lebensstellung des Vermögensinhabers infolge der Vermögensverwertung abstellt, zu unterscheiden; bei § 9 Abs. 4 SGB II liegt die Härte nur in der **sofortigen** Verwertung, nicht in der Verwertung selbst.

Nach § 24 Abs. 5 Satz 2 SGB II kann das Darlehen abgesichert werden. Das Jobcenter ist danach befugt, ein Überbrückungsdarlehen abzulehnen, wenn sich der Betroffene weigert, für das vorhandene, aber nicht kurzfristig verwertbare Vermögen eine Sicherheit zu bestellen (SG Münster vom 24.10.2007 – S 5 AS 194/07 ER). Während es dem Jobcenter verwehrt ist, ein Darlehen wegen unzureichender Mitwirkung bei der Verwertung aktuell nicht verfügbaren Vermögens

Sicherungs-auflagen

von vornherein abzulehnen oder die weitere Gewährung einzustellen (so aber LSG NRW vom 13.10.2014 – L 20 SO 20/13), kann dies im Rahmen einer Ermessensentscheidung über eine Sicherungsauflage gerechtfertigt sein, wenn der Hilfesuchende nicht zur Bestellung einer Sicherheit bereit ist (BSG vom 22.3.2012 – B 4 AS 99/11 R). Die Zulässigkeit einer **vollständigen** Einstellung der Zahlung liegt darin begründet, dass der Hilfesuchende mit Zustimmung zur verlangten Sicherheitsbestellung jederzeit seinen Darlehens-Hilfebedarf realisieren kann (vgl. auch LSG Sachsen-Anhalt vom 6.8.2015 – L 8 SO 24/15 B ER).

Ermessen

Ob das Jobcenter eine Sicherheit verlangt, liegt in seinem Ermessen. Gesichtspunkte für die Ermessenausübung sind Dauer und Höhe des Hilfebedarfs. So hat z. B. das VG Göttingen vom 18.6.2004 – 2 B 169/04 das Verlangen nach einer Absicherung für einen nur wenige Monate umfassenden Hilfezeitraum abgelehnt. Ferner darf das Jobcenter Schutzvorkehrungen gegen den vorrangigen Zugriff anderer Gläubiger verlangen (BSG vom 22.3.2012 – B 4 AS 99/11 R). Er muss aber auch Umstände berücksichtigen, die eine Sicherheitsbestellung erschweren (z. B. bestehende Sicherungen von Altgläubigern, Miteigentum eines nicht Hilfebedürftigen usw.). Unzulässig ist das Verlangen nach einer werthaltigen Sicherung, wenn die Verwertbarkeit des Vermögens noch nicht geklärt ist (dazu LSG Sachsen-Anhalt vom 22.7.2015 – L 4 AS 380/15 B ER) oder wenn die Absicherung nicht zu erreichen ist (BayVGH vom 23.8.2004 – 12 CE 04.1358: auch nachrangige Sicherungsgrundschuld an einem noch anderweitig beliehenen Grundstück ist eine für die Darlehensvergabe beachtliche Sicherungsbestellung; LSG NRW vom 29.1.2007 – L 7 SO 5672/06 ER-B: Abtretung gepfändeter Konten). Eine Kostenbeteiligung für die Sicherheitsbestellung darf das Jobcenter nicht verlangen; schon gar nicht darf er sie zur Bedingung der Vergabe eines Darlehens machen.

Umfang der Sicherung

Zur Bestimmung des Umfangs der Sicherung (z. B. Höhe der Grundschuld), kann das Jobcenter die in der Vergangenheit schon erbrachten und die voraussichtlich noch zu erbringenden Darlehensleistungen berücksichtigen (SG Münster vom 24.10.2007 – S 5 AS 194/07 ER).

Gesondertes Rechtsgeschäft

Die Bestellung einer Sicherheit ist in der Regel in Form eines zivilrechtlichen Rechtsgeschäfts zu vereinbaren; üblich ist die Eintragung einer Grundschuld oder Hypothek bei verwertbaren, ungeschonten Immobilien (zur Eintragung des Jobcenters als Inhaber einer Sicherungshypothek s. OLG Köln vom 16.7.2010 – 2 Wx 53/09), die Sicherungsabtretung bei einer Lebensversicherung oder einem Bausparvertrag, die Verpfändung oder Sicherungsübereignung bei ungeschonten Wertgegenständen (unangemessenes Kraftfahrzeug usw.). Außerdem kommt eine Bürgschaft in Betracht.

Das Darlehen kann durch öffentlich-rechtlichen Vertrag oder durch Verwaltungsakt gewährt werden. Das Jobcenter hat ein Wahlrecht (LSG Berlin-Brandenburg vom 18.10.2012 – L 23 SO 106/10). Zeit und Höhe der Tilgung müssen die Situation des Leistungsberechtigten und seiner Angehörigen berücksichtigen. Eine finanzielle Bedrängnis ist zu vermeiden (OVG Bremen vom 23.9.1985, FEVS 35, S. 48 ff.).

Darlehens-
vergabe

Beantragt der nach § 38 SGB II Bevollmächtigte der BG ein Darlehen, besteht nur eine anteilige Haftung der Angehörigen der BG auf Darlehensrückzahlung in Höhe des ihnen zufließenden Teils des Darlehens.

Keine Gesamt-
haftung der BG

Wählt das Jobcenter die Form des öffentlich-rechtlichen Vertrages (= Subordinationsvertrag gemäß § 53 Abs. 1 Satz 2 SGB X), sollte keiner Vollstreckungsklausel nach § 60 SGB X zugestimmt werden. Denn dann kann das Jobcenter die Darlehensrückzahlung direkt aus dem Vertrag vollstrecken; eine Kontrolle durch das Sozialgericht, die bei der sonst nötigen Leistungsklage möglich ist, entfällt (VG Darmstadt vom 6.10.1986, NJW 1987, S. 1283).
Besteht das Jobcenter auf einer Vollstreckungsklausel, darf es die Zustimmung des Betroffenen nicht über die Androhung der Leistungsversagung erzwingen. Stattdessen ist das Darlehen im Wege eines Verwaltungsaktes zu vergeben.

Vollstreckungs-
klausel

Das Gesetz sieht keine Verzinsung des Darlehens vor. Sozialhilfe-Gewohnheitsrecht ist keine ausreichende Grundlage, um Zinsen als übliches Beiwerk zum Darlehen zu rechtfertigen (so zu Recht BSG vom 27.5.2014 – B 8 SO 1/13 R gegen LSG Berlin-Brandenburg vom 18.10.2012 – L 23 SO 106/10). Nach § 42a Abs. 2 Satz 3 SGB II ist das Darlehen nicht mit laufendem Alg II zu tilgen (so schon zum früheren § 23 Abs. 5 SGB II LSG Berlin-Brandenburg vom 26.3.2010 – L 32 AS 688/09).

Keine Verzinsung/
keine laufende
Tilgung

Entsprechend §§ 34 Abs. 3, 35 Abs. 3 SGB II verjährt die Darlehensforderung aus Verwaltungsakt in drei Jahren. Bei Abschluss eines Darlehensvertrages beträgt die Verjährungsfrist gemäß § 53 SGB X 30 Jahre.

Verjährung

Wann und welche Vermögensbewegungen nach dem SGB II zulässig sind, wird im folgenden Abschnitt dargestellt.

VII   Welche Vermögensbewegungen sind zulässig?

1   Vor dem erstmaligen Leistungsbezug

Alg II-Antrag hinausschieben

Zunächst besteht durch einen auf den nächsten Monat (§ 37 Abs. 2 SGB II) hinausgeschobenen Erstantrag und die damit bewirkte Verlegung des Bedarfszeitraums die Möglichkeit, einmalige Zahlungen, z. B. Steuererstattungen oder Gehaltsnachzahlungen statt zu anrechenbarem Einkommen zu Vermögen zu machen.

Das ist natürlich nur sinnvoll, wenn man trotz dieses Vermögenszuflusses unter der Schonvermögensgrenze bleibt. Außerdem muss die Zeit bis zum Beginn des Leistungsbezugs mit einem ausreichenden Krankenversicherungsschutz überbrückt werden.

Keine Antragsrücknahme

Der **Erstantrag** auf Alg II kann zum Zweck der Vermeidung einer Vermögensanrechnung **nicht** bis zum Zugang des Bewilligungsbescheides zurückgenommen werden (BSG vom 24.4.2015 – B 4 AS 22/14 R).

Notgroschen vorhalten

Unterschreitet das vorhandene Vermögen die Schonvermögensgrenze, kann es ohne Nachteil für das Alg II ausgegeben werden. Angesichts der knappen Regelbedarfe und Einmalsonderleistungen sollte aber ein Notgroschen für Wechselfälle des Lebens und für notwendige Anschaffungen und Reparaturen vorgehalten werden. Außerdem kann eine leichtfertige Ausgabe des Schonvermögens die ins Ermessen des Jobcenters gestellte Entscheidung, ob Miet- und Energieschulden übernommen werden, negativ beeinflussen. Denn nach § 22 Abs. 8 SGB II ist das Grundschonvermögen i. S. des § 12 Abs. 2 Nr. 1 SGB II vorrangig einzusetzen. Dasselbe gilt für Darlehen nach § 24 SGB II.

Wirtschaftlich sinnvolle Ausgaben

Übersteigt das vorhandene Vermögen die Schonvermögensgrenze, darf es ohne Gefährdung des Alg II nur für wirtschaftlich sinnvolle Ausgaben verwendet werden. Dazu zählt z. B. die fällige Reparatur des Autos, die notwendige Anschaffung eines Haushaltsgeräts oder die bislang aufgeschobene Zahnsanierung.

Kreditsicherung

Besteht ein Teil des Vermögens aus beleihbaren Rechten (Sparbuch, Lebensversicherung, Bausparvertrag), kann eine rechtlich zulässige Vermögensbeschränkung dadurch erreicht werden, dass mit dem Sparbuch, Bausparvertrag oder der Lebensversicherung ein Kredit für eine notwendige Anschaffung abgesichert wird (s. dazu LSG NRW vom 4.4.2011 – L 19 AS 179/10).

Schuldtilgung

Auch eine Schuldtilgung ist zulässig bzw. löst keine Haftung nach § 34 SGB II aus, wenn sie wirtschaftlich sinnvoll ist. So ist z. B. die Tilgung einer Steuerschuld, Geldstrafe oder von Mietschulden sinnvoll, nicht jedoch die Rückzahlung eines zinslosen Darlehens an einen Freund oder Verwandten, der dies noch gar nicht fordert. Das wäre eine Entreicherung zulasten des Jobcenters und würde überdies den Verdacht einer verschleierten Vermögensverschiebung wecken. Das SG Düsseldorf vom 4.11.2005 – S 29 AS 47/05 ER hat die Tilgung eines Geschäftskredits für zulässig erachtet, um den wirtschaftlichen Fortbestand des Betriebes nicht zu gefährden.

Bei Überschuldung ist es ratsam, mit der nach § 16a SGB II einzuschaltenden Schuldnerberatungsstelle einen sinnvollen Wirtschaftsplan zu entwickeln.

Zinsen aus privilegiertem oder geschontem Vermögen sind anzurechnendes Einkommen (für Zinsen aus Schmerzensgeld-Vermögen: BSG vom 22.8.2012 – B 14 AS 103/11 R). Unzulässig ist es daher, eine unter die Schonvermögenssgrenzen fallende Sparanlage so zu ändern, dass keine regulären, auszuzahlenden Zinsen und damit anrechenbares Einkommen anfallen.
Keine Veränderung der Anlageform

Verfügungen über Vermögen, die nur getroffen werden, um das Vermögen einer Verwertung zu entziehen, sind entweder unwirksam (sittenwidrig) oder rückgängig zu machen. Bis dahin muss das zu gewährende Alg II als Darlehen erbracht werden. Ist eine Aufhebung der Verfügungsbeschränkung nicht innerhalb eines Zeitraums von zwölf Monaten zu erreichen, ist Alg II als Zuschuss unter Prüfung einer Haftung nach § 34 SGB II zu bewilligen (vgl. dazu SG Potsdam vom 19.10.2012 – S 38 AS 400/10).
Unbeachtliche Verfügungen

R. verfügt über eine verwertbare Lebensversicherung, deren Rückkaufwert die Hilfebedürftigkeit ausschließt. Er nimmt daher von einem Dritten ein Darlehen auf und tritt zur Sicherheit die Forderungen aus der Lebensversicherung ab. Wusste der Darlehensgeber von der drohenden Vermögensverwertung durch das Jobcenter, sind der Darlehensvertrag und die Abtretung sittenwidrig (vgl. dazu LSG Baden-Württemberg vom 27.9.2011 – L 13 AS 4496/10). Ansonsten kann R. vor einer Zahlung von Alg II darauf verwiesen werden, das Darlehen zurückzuführen, um die Lebensversicherung wieder frei zu bekommen. Hat er das Darlehen schon verbraucht und ist die Lebensversicherung auf absehbare Zeit nicht verwertbar, ist Alg II als Zuschuss zu zahlen, der ggf. in Höhe von 30 % nach §§ 34, 43 SGB II zurückgeführt werden muss, bis R. wieder über das Vermögen verfügt. Wurde das – ernst gemeinte – Darlehen von einem nahen Angehörigen gegeben, kann das Jobcenter eine Freigabe der Lebensversicherung fordern, wenn dem Darlehensnehmer eine Tilgung des Darlehens zu den vereinbarten Bedingungen möglich ist, weil er z. B. über geschontes Einkommen verfügt (vgl. dazu LSG Baden-Württemberg vom 15.11.2011 – L 13 AS 3083/10).
Beispiel

Zulässig ist die Umwandlung zweckfreier Vermögenswerte in Altersvorsorgeanlagen. Ist bereits Geld für die spätere Altervorsorge angelegt, aber ohne Festlegung, wie § 12 Abs. 2 Nr. 3 SGB II sie fordert, kann der Vertrag geändert werden. Bei Direktversicherungen ist dies
Altersvorsorge

ohne weiteres möglich, bei kapitalbildenden Lebensversicherungen erlaubt dies § 168 Abs. 3 VVG.

Die Umwandlung einer bestehenden Lebens- oder Rentenversicherung in eine riestergerechte Police ist in der Regel nicht möglich oder sehr unrentabel. Bei erst jüngst abgeschlossenen Versicherungsverträgen können die mit einer vorzeitigen Auflösung verbundenen Kosten so hoch sein, dass die Verwertung wegen offensichtlicher Unwirtschaftlichkeit i. S. von § 12 Abs. 3 Satz 1 Nr. 6 SGB II unzumutbar ist. Lassen Sie sich dazu von Ihrer Bank oder Versicherung beraten.

Vermögens-
beschränkung

Wurde einem Verwandten für einen Teil der Wohnung ein persönliches Wohnrecht eingeräumt, handelt es sich nur dann um eine zulässige Vermögensbeschränkung, wenn tatsächlich eine entsprechende Nutzung erfolgt und sie unabhängig vom Eintritt der Hilfebedürftigkeit vereinbart worden war, z. B. wegen Pflegebedürftigkeit eines Elternteils oder als Gegenleistung für einen gewährten Kredit zur Haussanierung. Nach SG Aachen bewirkt nur ein als persönliche Dienstbarkeit eingetragenes Wohnrecht eine wirksame Vermögensbeschränkung (SG Aachen vom 4.7.2006 – S 11 AS 100/05).

2   Im laufenden Leistungsbezug

Im laufenden Leistungsbezug (Bewilligungsabschnitt) zufließende Werte werden grundsätzlich als Einkommen gemäß § 11 SGB II angerechnet (BSG vom 30.9.2008 – B 4 AS 29/07 R und B 4 AS 57/07 R). Es gibt jedoch Fälle zufließender Werte, die als Vermögen zu berücksichtigen sind, z. B. der Verkaufserlös eines angemessenen Kfz oder der Wegfall einer Verfügungsbeschränkung einer Geldanlage. Werden infolge des zugefallenen Vermögens die Schonbetragsgrenzen überschritten, gilt der Grundsatz, dass der Leistungsberechtigte und die mit ihm in BG lebenden Mitglieder sich nicht ohne Not wieder hilfebedürftig machen dürfen. Im laufenden Bezug erworbenes Vermögen darf daher nur für unabweisbar notwendige Anschaffungen oder zur Tilgung von Schulden eingesetzt werden, für die es sonst ein Darlehen geben könnte (Miete, Energieschulden). Die Angemessenheit notwendiger Anschaffungen orientiert sich nach § 12 Abs. 3 Satz 2 SGB II nicht am früheren, höheren Lebensstandard, sondern am Lebensniveau unter »Hartz IV«. Wird das Vermögen ohne Not vermindert, droht neben einer Sanktion nach § 31 Abs. 2 Nr. 1 SGB II eine mit 30 % des laufenden Regelbedarfs aufrechenbare Ersatzhaftung nach § 34 SGB II.

Umschichtung
in Altersvorsorge

Zulässig ist die Verwendung erworbenen Vermögens zur privaten Altersvorsorge. Denn § 12 Abs. 2 Nr. 3 SGB II macht den Schutz zweckgebundener Altersvorsorgevermögen nicht von der »Aufrechterhaltung« der Alterssicherung abhängig wie im Arbeitslosenhilferecht (vgl. dazu BSG vom 17.3.2005 – B 7a/7 AL 10/04 R). Im SGB II muss eine Umschichtung in Altersvorsorgevermögen als Ausgleich für die zunehmende Entwertung der Rentenpflichtversicherung möglich sein (s. BR-Drs. 3/10, S. 23). Die Gefahr einer missbräuchlichen Entreicherung ist durch die Begrenzung auf den 750 €-Betrag pro Lebensjahr und die geforderte »Angemessenheit« der Alterssicherung bei rentenversicherungsbefreiten Personen ausgeschlossen. Das Kriterium der Angemessenheit in § 12 Abs. 3 Satz 1 Nr. 3 SGB II bezieht sich ausdrücklich auf den Umfang des Alterssicherungsvermögens; es liefert deshalb kein Argument gegen die Umwandlung zugefallenen Vermögens in private Altersvorsorge im laufenden Leistungsbezug (vgl. OVG Münster vom 11.7.2001, ZFSH/SGB 2001, S. 658 ff.; SG Münster vom 11.4.2005 – S 16 AS 26/05 ER: Festlegung nach § 165 VVG a. F. kurz vor Eintritt in Hilfebezug zulässig; SG Berlin vom 3.4.2006 – S 37 AS 2001/06 ER).

Die Umwandlung einer Lebensversicherung in eine nach § 168 Abs. 3 VVG gebundene Altersvorsorgeversicherung ist nicht nur vor dem Alg II-Erstantrag oder im Zeitraum zwischen Alg II-Erstantrag und Bescheidung dieses Antrags (dazu LSG Schleswig-Holstein vom 17.1.2008 – L 6 AS 23/07) zulässig, sondern auch im laufenden Alg II-Bezug. Wird eine vom Gesetzgeber gewollte private Altersvorsorge betrieben, ist das weder unwirtschaftlich i. S. von § 31 Abs. 2 Nr. 1 SGB II noch sozialwidrig i. S. von § 34 SGB II. War die Leistung zuvor nur als Darlehen erbracht worden, ist ab dem Tag der Zweckbindung Alg II als reguläre Leistung zu gewähren. Eine rückwirkende Leistungserbringung unter dem Gesichtspunkt, dass das Jobcenter nicht auf die Möglichkeit einer Umwandlung hingewiesen hatte, ist nach BSG vom 31.10.2007 – B 14/7b AS 63/06 R und vom 6.12.2008 – B 4 AS 77/08 B nicht möglich; zwar bejaht das BSG eine dahingehende Beratungspflicht des Jobcenters, die fehlende Bindung nach § 168 VVG könne jedoch nicht im Wege des sozialrechtlichen Herstellungsanspruchs fingiert werden (nachfolgend LSG NRW vom 3.3.2010 – L 12 AS 40/08). Dem Betroffenen bleibt dann nur eine Amtshaftungsklage auf Schadensersatz beim Zivilgericht.

Personen, die von der Rentenversicherungspflicht befreit sind, können Vermögen in angemessener Höhe über eine Zweckbindung nach § 167 VVG zu Schonvermögen nach § 12 Abs. 3 Nr. 3 SGB II machen.

Wirkt ein Leistungsbezieher mit seiner darlehensgewährenden Bank derart zusammen, dass eine nicht abgetretene Bausparsumme ausbezahlt und auf ein bei der Bank geführtes Sperrkonto einbezahlt wird, um den Betrag später zur Tilgung von Schulden bei dieser Bank (Sondertilgung für einen Hauskredit) zu verwenden, und hat die Bank Kenntnis von der Hilfebedürftigkeit, verstößt die Vereinbarung der Kontensperre gegen die guten Sitten und ist nach § 138 Abs. 1 BGB nichtig (LSG Baden-Württemberg vom 27.9.2011 – L 13 AS 4496/10).

Unwirksame Umwandlung

VIII   **Schenkung**

Die Schenkung ist eine Vermögensverschiebung, die nicht nur dann das Alg II gefährden kann, wenn sie bezweckt, sich hilfebedürftig zu machen, sondern auch, wenn die Schenkung schon geraume Zeit vor einer nicht voraussehbaren Hilfebedürftigkeit erfolgt ist. In diesem Fall löst sie zwar keine Leistungskürzung nach § 31a SGB II und keine Ersatzpflicht nach § 34 SGB II aus; die eingetretene Hilfebedürftigkeit kann aber Rückforderungsansprüche des Schenkers aus § 528 BGB begründen, die als vermögensrechtlicher Anspruch gemäß § 33 Abs. 1 Satz 1 SGB II übergehen und vom Jobcenter durchgesetzt werden können, ggf. im Wege einer zivilrechtlichen Rückforderungsklage (LSG Thüringen vom 30.7.2009 – L 9 AS 1159/08 ER; LG Coburg vom 13.8.2010 – 13 O 784/09).

Rückforderungs-anspruch

Steht ein Rückforderungsanspruch nach § 528 BGB fest, berechtigt das nur dann zur Ablehnung von Alg II, wenn der Leistungsberechtigte den Anspruch sofort durchsetzen kann. Ist das nicht möglich, muss das Jobcenter in Vorleistung treten (vgl. LSG Berlin-Brandenburg vom 10.10.2007 – L 23 B 146/07 SO ER; LSG NRW vom 17.7.2008 – L 20 B 32/08 AS ER). Ist schon Alg II gezahlt worden, kann das Jobcenter den Rückforderungsanspruch eigenständig geltend machen (LSG Thüringen vom 30.7.2009 – L 9 AS 1159/08 ER).

Ist der Wert einer Schenkung gering und völlig offen, ob ein Schenkungsrückforderungsanspruch überhaupt realisierbar ist, muss zumindest im Verfahren des einstweiligen Rechtsschutzes davon ausgegangen werden, dass Bedürftigkeit vorliegt (LSG Berlin-Brandenburg vom 13.10.2008 – L 32 B 1712/08 AS ER: geschenkter Miteigentumsanteil an einem Hausgrundstück, das aufgrund der Belastung mit einem eingetragenen lebenslangen Wohnrecht nahezu wertlos ist). Nach LSG NRW vom 4.4.2011 – L 19 AS 179/10 ist der Rückforderungsanspruch nicht mehr als eine Aussicht auf die Entstehung einer Forderung und zählt daher schon nicht zum Vermögen (offen gelassen vom BSG vom 2.2.2010 – B 8 SO 21/08 R).

Bereites Mittel?

1   **Wann liegt eine Schenkung vor?**

Nach § 516 BGB ist Schenkung eine Vermögenszuwendung, bei der Schenker und Beschenkter darüber einig sind, dass die Zuwendung unentgeltlich erfolgt. Gegenstand einer Schenkung kann neben Wertsachen oder Immobilien auch ein Schulderlass, eine Schuldübernahme oder der Verzicht auf die Ausübung eines Rechts, z. B. ein persönliches Wohnrecht sein.

Unentgeltlichkeit

Unentgeltlich ist eine Vermögensübertragung auch dann, wenn sie lediglich aus Dankbarkeit für eine gute Tat erfolgt, z. B. bei Rettung aus einer Gefahr (belohnende Schenkung).

Eine Schenkung mit der Folge eines eventuellen Rückforderungsanspruchs liegt auch dann vor, wenn zwar ein Kaufvertrag abgeschlossen wird, die Vertragsschließenden jedoch wissen, dass der Käufer außerstande ist, den Kaufpreis zu zahlen (vgl. BFH vom 7.11.2006 – IX R 4/06).

Scheingeschäft

V. ist alleinstehend und bezieht Alg I. Er verkauft mit einem notariell beurkundeten Kaufvertrag eine 130 qm große Eigentumswohnung für 80.000 € an seinen Sohn F. Da F. wegen eines nur geringen Nettogehalts von 700 € pro Monat keinen Bankkredit erlangen kann, schließt er am Tag vor Abschluss des Kaufvertrages mit V. einen Darlehensvertrag über die Kaufpreissumme ab. V. begleicht den Kaufpreis und die Anschaffungsnebenkosten aus eigenem Sparvermögen. F. soll Kapital und Zinsen nur auf Anforderung des Darlehensgebers zurückzahlen. Nach Ausschöpfung des Alg I beantragt V. Alg II. Das Jobcenter kann V. auf den Rückforderungsanspruch aus § 528 BGB verweisen und bis zur Rückübertragung der Immobilie zur Verwertung ein Darlehen nach § 9 Abs. 4 SGB II gewähren.

Beispiel

Im Rahmen der Vertragsfreiheit besteht zwar grundsätzlich die Möglichkeit, für bereits erbrachte Leistungen nachträglich ein Entgelt zu vereinbaren. Unwirksam ist eine solche Vereinbarung aber dann, wenn die nachträgliche Änderung dazu dient, einen Zugriff des Jobcenters auf das Geschenk zu verhindern (vgl. BGH vom 14.2.2007 – IV ZR 258/05; OLG Schleswig-Holstein vom 27.3.2012 – 3 U 39/11; SG Fulda vom 10.5.2011 – S 7 SO 56/07).

Nachträglich vereinbarte Entgeltlichkeit?

Ist für ein behauptetes Rechtsgeschäft (Abtretung) kein nachvollziehbarer Rechtsgrund (Darlehen) vorhanden oder liegt der Fall so, dass nur im Fall einer ausreichenden wirtschaftlichen Erholung eine Geldrückgabe erfolgen soll, handelt es sich bei wirtschaftlicher Betrachtung um eine Schenkung (SG Stade vom 5.4.2007 – S 18 AS 107/07; LSG NRW vom 14.6.2007 – L 7 AS 11/07 und vom 13.3.2014 – L 19 AS 30/14 B ER; SG Cottbus vom 13.5.2009 – S 14 AS 238/09; SG Aachen vom 10.9.2013 – S 11 AS 481/13).

Pseudo-Darlehen

Besteht ein objektives Missverhältnis zwischen Zuwendung und Gegenleistung und sind sich die Beteiligten darüber einig, dass der Mehrwert unentgeltlich übergehen soll, liegt eine gemischte Schenkung vor. Abzustellen ist zum einen auf die subjektiven Wertvorstellungen der Beteiligten, zum anderen auf die Verhältnisse zum Zeitpunkt der Schenkung (BGH vom 18.10.2011 – X ZR 45/10 und vom 15.5.2012 – X ZR 5/11). Überlässt z. B. der gesundheitlich angeschlagene Vater gegen Gewährung eines Wohnrechts das ihm gehörende Wohnhaus der Familie seines Sohnes und lagen die Umstände zum Zeitpunkt der Vermögensübergabe so, dass wegen erheblicher und nach Absprache von dem Sohn zu tragender Reparaturarbeiten sowie anstehender Erschließungsbeiträge beträchtliche Lasten zu übernehmen waren, liegt keine Schenkung i. S. des § 516 BGB vor

Gemischte Schenkung

(VG Düsseldorf vom 10.6.2008 – 21 K 2144/07; SG Cottbus vom 13.5.2009 – S 14 AS 238/09).

Gefälligkeitspreis

Dass im Fall eines Hausverkaufs an Dritte ein höherer Preis erzielt worden wäre, spielt keine Rolle. Zwischen Verwandten ist es zulässig, Gefälligkeitspreise zu vereinbaren, sofern kein krasses Missverhältnis besteht. Es gibt keine Vermutung für den Schenkungscharakter von Leistungen unter nahen Verwandten (OLG Frankfurt am Main vom 21.2.2005 – 16 U 71/04). Allerdings gilt dort, wo schutzwürdige Interessen der Allgemeinheit berührt werden, eine Einschränkung der Bewertung von Leistung und Gegenleistung in Form einer tatsächlichen Vermutung (Beweiserleichterung) für eine gemischte Schenkung, wenn und soweit zwischen Leistung und Gegenleistung ein objektives, über ein geringes Maß deutlich hinausgehendes Missverhältnis besteht (OLG Düsseldorf vom 25.9.2000 – 9 U 45/00; s. zum Missverhältnis von Leistung und Gegenleistung auch BGH vom 24.6.2010 – V ZR 255/09 und vom 6.11.2013 – XII ZB 434/12). Rein subjektive Fehlvorstellungen über den Wert des zugewandten Vermögens lässt die Rechtsprechung daher nicht mehr gelten, wenn die Gegenleistung halb so hoch ist (BGH, NJW 1987, S. 890 ff.) oder nur ca. 60 % bis 70 % des Vermögenswertes beträgt (VGH Mannheim vom 15.4.1999, FEVS 51, S. 130 ff.).

Kostenlose Beförderung geschenkt

Eine Schenkung liegt nach SG Gelsenkirchen vom 26.6.2006 – S 2 SO 42/06 ER vor, wenn der Schenker lediglich in Form der Beförderung in dem vom Beschenkten gefahrenen Fahrzeug profitiert; dies sei keine echte Gegenleistung; dazu auch BayLSG vom 11.10.2013 – L 8 SO 105/13.

Zuwendungen unter Partnern

Ehegatten/Lebenspartner können nach Trennung/Scheidung/Aufhebung der Lebenspartnerschaft Geschenktes auch bei Verarmung nicht gemäß § 528 BGB zurückfordern. Das gilt grundsätzlich auch für eheähnliche Partner. Erfolgte eine Zuwendung unter den Partnern in der Erwartung der Fortsetzung der Beziehung, können Zuwendungen von erheblicher wirtschaftlicher Bedeutung nach den Regeln über den Wegfall der Geschäftsgrundlage (§ 313 BGB) rückabgewickelt werden, wenn die Lebensgemeinschaft als Geschäftsgrundlage nicht mehr besteht (OLG Sachsen-Anhalt vom 14.2.2006 – 8 W 4/06; BGH vom 6.5.2014 – X ZR 135/11). Je nach Lebenssituation kann es sich bei Zuwendungen, die zum Ausgleich fehlender rechtlicher Unterhaltspflichten erfolgten, auch um Pflichtschenkungen nach § 534 BGB handeln, bei denen eine Rückforderung ausgeschlossen ist (vgl. OLG Frankfurt am Main vom 18.7.1984, Streit 1984, S. 141).

Zuwendungen besonderer Art

Keine rückforderbaren Schenkungen sind unentgeltliche Zuwendungen innerhalb der Familie zu dem Zweck, den Familienmitgliedern, meist den Kindern, eine Lebensgrundlage zu schaffen (vgl. OLG Celle vom 27.3.2003 – 6 U 198/02; OLG München vom 27.2.2003 – 19 U 4123/02; OLG Brandenburg vom 23.4.2008 – 13 U 52/07; OLG Stuttgart vom 23.2.2012 – 16 UF 249/11). Für Zuwendungen von Schwiegereltern lässt der BGH eine Rückforderung zu, wenn die Ehe scheitert (BGH vom 3.2.2010 – XII ZR 189/06 und vom 21.7.2010 – XII ZR 180/09, s. auch vom 20.7.2011 – XII ZR 149/09 und vom 3.12.2014 – XII ZB 181/13; LG Coburg vom 7.2.2014 – 22 O 396/13). Zur Verjährung s. BGH vom 16.12.2015 – XII ZB 516/14. Zum speziellen Fall der Ausstattung nach § 1624 BGB siehe BayLSG vom 25.2.2005 – L 8 AL 376/04; s. dazu auch LSG Baden-Württemberg vom 26.7.2011 – L 13 AS 824/09.

Der Verzicht auf ein persönliches Wohnrecht kann eine Schenkung sein, die Rückforderungsansprüche nach § 528 BGB auslöst. Kriterien für eine Wertung als Schenkung kann der potentielle Wert des Wohnrechts (dazu OLG Nürnberg vom 22.7.2013 – 4 U 1571/12), die mit Ausübung des Wohnrechts verbundenen Lasten (wären sie als Bedarf nach § 22 SGB II unangemessen) oder die (frühere) Beziehung des Wohnrechtsinhabers zum Eigentümer der Wohnung (dazu BGH vom 25.1.2012 – XII ZB 479/11) sein.

Verzicht auf persönliches Wohnrecht

Trägt der Nießbraucher eines Hauses Kosten für Baumaßnahmen, die über bloße Erhaltungsmaßnahmen hinausgehen, kann die Kostentragung eine Schenkung an den Eigentümer der Immobilie sein (SG Detmold vom 17.3.2015 – S 2 SO 97/13).

Baukostenübernahme durch Nießbraucher

Übernehmen Schwiegereltern für ihr Schwiegerkind die Bedienung eines Immobilienkredits, ist das im Umfang der Tilgungsraten eine Schenkung. Bei dem Zinsanteil handelt es sich dagegen um laufenden Unterhalt, der grundsätzlich nicht zurückgefordert werden kann (BGH vom 26.11.2014 – XII ZB 666/13).

Übernahme Immobilienkredit

Ein Vertrag, durch den eine Leistung schenkweise versprochen wird, bedarf der notariellen Beurkundung (§ 518 BGB). Die fehlende Beurkundung kann durch den Vollzug der Schenkung geheilt werden. Dieser tritt bei einem Sparbuch mit Kennwort erst dann ein, wenn der Schenker dem Beschenkten das richtige Passwort nennt und das Geld vom Beschenkten abgehoben wird (LG Siegen vom 24.10.2013 – 8 O 98/13).
Ein unter Auflagen geschenktes und dem Beschenkten übergebenes Sparbuch nach §§ 527 Abs. 1, 812 Abs. 1 Satz 2, 2. Alternative, 525 BGB kann vom Schenker zurückgefordert werden, wenn der Einsatz des Sparvermögens für den Lebensunterhalt gegen die Auflage verstößt. Das Sparvermögen ist dann nicht verwertbar (LSG Niedersachsen-Bremen vom 23.4.2012 – L 9 AS 695/08).

Sparbuch

Ein Vertrag, der eine Verpflichtung zur unentgeltlichen Nutzungsüberlassung eines Gegenstandes auf Dauer zum Inhalt hat, ist ein Leihvertrag (vgl. dazu LG Lübeck vom 8.10.2013 – 6 O 20/13). Ist der Hilfesuchende der Leihgeber, muss er den Leihvertrag bei Eintritt von Hilfebedürftigkeit nach § 605 BGB kündigen, wenn der Gegenstand verwertbares Vermögen ist (s. dazu LSG NRW vom 23.8.2010 – L 19 (20) AS 47/09). Ist der Hilfesuchende der Entleiher, ist der Nutzungsvorteil zwar Vermögen, das aber mangels Marktwert nicht zu verwerten ist.

Leihe

**Verzicht auf Erb-
oder Pflichtteil**

Der Verzicht auf das Erb- oder Pflichtteilsrecht kann nach BGH vom 7.7.2015 – X ZR 59/13 eine Schenkung sein, wenn er dem Ausgleich der lebzeitigen Zuwendung bei der Erbfolge dienen soll (s. dazu auch KG Berlin vom 3.12.2013 – 18 UF 166/12).

**Pflicht- und
Anstands-
schenkung**

Schenkungen, durch die einer sittlichen Pflicht oder einer auf den Anstand zu nehmenden Rücksicht entsprochen wird, können gemäß § 534 BGB nicht zurückgefordert werden.

Im Einzelfall kann die Abgrenzung zwischen einer Schenkung und einer Zuwendung mit angemessener Gegenleistung sehr schwierig sein. Streit gibt es immer wieder bei der Übertragung von Immobilien:

- **Grundstücksübertragung gegen Gewährung eines unentgeltlichen Wohnrechts**
  Grundsätzlich ist der Wert des Wohnrechts, der aus dem Produkt der marktüblichen Jahresmiete mit dem Kapitalwertfaktor aus der Anlage zu § 14 Bewertungsgesetz zu bilden ist, nicht als Gegenleistung der Grundstückübertragung zu werten, sondern als wertmindernde Belastung des Vermögens (BGH vom 6.3.1996 – IV ZR 374/94; OLG Celle vom 8.7.2008 – 6 W 59/08). Etwas anderes kann gelten, wenn das Wohnrecht in untrennbaren Zusammenhang mit einer versprochenen Erbringung von Pflegeleistungen vereinbart wurde (OLG Düsseldorf vom 25.4.2000 – 9 U 45/00).

- **Dingliche Belastungen**
  Dingliche Belastungen mindern den Wert des übertragenen Grundstücks, es sei denn, der Erwerber ist bereits persönlicher Schuldner der den Belastungen zugrunde liegenden schuldrechtlichen Verbindlichkeiten (OLG Düsseldorf, a. a. O.).

- **Versprechen von Pflegeleistungen**
  Versprechen von Pflegeleistungen stellen eine echte Gegenleistung der Vermögensübertragung dar, sofern sie Bestandteil des notariellen Übereignungsvertrages sind. Nach OLG Oldenburg sind mündliche Pflegeabreden als bloße Erfüllung einer familiären Verpflichtung zu werten (OLG Oldenburg vom 21.11.1997, info also 1999, S. 96). Die Bewertung der Pflegeleistung richtet sich nach dem Pflegebedarf sowie der Lebenserwartung zum Zeitpunkt der Vermögensübereignung. Bei der Bewertung wird entweder das Pflegegeld nach den Pflegestufen des SGB XI oder eine nach dem medizinisch begründeten Pflegeaufwand erforderliche Stundenzahl mit dem marktüblichen Entgelt für eine Pflegekraft angesetzt. Der so ermittelte Jahreswert wird mit dem Kapitalwertfaktor aus der Anlage zu § 14 Bewertungsgesetz multipliziert (vgl. VGH Mannheim vom 15.4.1999, FEVS 51, S. 130 ff.) oder anhand der Lebenserwartung nach den Sterbetafeln errechnet (OLG Frankfurt vom 21.2.2005 – 16 U 71/04).

Beispiel

Der 58-jährige M. ist aufgrund eines Unfalls körperbehindert, aber noch erwerbsfähig i. S. von § 7 SGB II. Er beantragt deshalb im Januar 2006 Alg II. Nach dem Tod der Ehefrau Ende 2003 hatte M. sein Haus mit einem Verkehrswert von 300.000 € auf seine Tochter gegen die notarielle Vereinbarung einer Pflege und Hilfeleistung im Haushalt bis zum Tod übertragen.

M. benötigt zwei Stunden Hilfe pro Tag. Die Lebenserwartung des M. nach Sterbetafel DAV 94 R bei einem Lebensalter zum Zeitpunkt der Grundstücksübertragung von 56 Jahren beträgt 29,51 Jahre. Wert der Pflegeleistung bei Ansatz eines Stundenlohns von marktüblichen 10 €:

2 Std./Tag x 365 Tage/Jahr x 29,51 Jahre x 10 €/Std. = 215.423 €.

Bei dem danach bestehenden Verhältnis von Wert und Gegenwert liegt keine Schenkung vor. Das Jobcenter kann eine Rückübertragung des Hauses zur Bestreitung des Lebensunterhalts ohne Alg II nicht verlangen.

- **Übernahme von Schuldtilgung**
Bei der Übernahme von Schuldtilgung handelt es sich um eine echte Gegenleistung, insbesondere, wenn Forderungen aus Fremddarlehen übernommen werden.

- **Übernahme von Sanierung**
Bei der Übernahme von Sanierungskosten handelt es sich um eine Gegenleistung, die umso höher ins Gewicht fällt, je länger der Schenker sich die Nutzung des Grundstücks über ein Nießbrauchsrecht vorbehalten hat (OLG München vom 16.10.1998 – 21 U 2489/98).

- **Gewährung einer Unterhaltsrente**
Die Gewährung einer Unterhaltsrente ist eindeutig als Gegenleistung zu werten, wobei die Unterhaltsrente als Einkommen auf das Alg II angerechnet wird (OLG Frankfurt am Main vom 4.2.1999, FamRZ 2000, S. 878 f.).

- **Verzicht auf Pflichtteilsanspruch**
Der Verzicht auf Pflichtteilsansprüche ist grundsätzlich keine Gegenleistung, da im Fall der Bedürftigkeit des Schenkers ein Verbrauch des Vermögenswerts bis zum Tod möglich bleibt (LG Münster vom 12.1.1983, NJW 1984, S. 1188).

Dagegen vermindert der Verzicht den Wert des Grundstücks, wenn das Jobcenter nach dem Tod des Schenkers Alg II zurückfordert (OLG Köln vom 20.4.2000 – 15 U 159/99).

- **Bestattungskosten**
Macht das Jobcenter den Rückforderungsanspruch aus § 528 BGB nach dem Tod des Schenkers geltend, können die aufgewandten Bestattungskosten wertmindernd abgesetzt werden (OLG Köln, a. a. O.).

2   Wann ist eine Schenkung unwirksam?

Sittenwidrigkeit

Im Verhältnis zum Jobcenter ist eine Schenkung gemäß § 138 BGB sittenwidrig und damit nichtig, wenn sie bewusst zu seinen Lasten erfolgt. Der zugewandte Vermögenswert gehört dann nach wie vor zum Eigentum des Schenkers und kann direkt über § 812 BGB zurückverlangt werden. Das Jobcenter kann den nach § 33 Abs. 1 Satz 1 SGB II übergegangenen Anspruch einklagen, darf eigene Anstrengungen aber vom Nachweis abhängig machen, dass der Schenker sich vergeblich um Rückforderung bemüht hat. Die mit der Rückgabe des Gegenstandes verbundene Zeitverzögerung muss dann mit einem Darlehen nach §§ 9 Abs. 4, 24 Abs. 5 SGB II überbrückt werden.

Nach der Rechtsprechung liegt eine sittenwidrige Vermögensverschiebung vor, wenn der Eintritt der Hilfebedürftigkeit und die daraus folgende Abhängigkeit von Sozialleistungen zum Zeitpunkt der Schenkung klar erkennbar waren (VG Düsseldorf vom 25.1.2008 – 21 K 3379/07; LSG Baden-Württemberg vom 26.7.2011 – L 13 AS 824/09) oder ein extremes Missverhältnis zwischen Leistung und Gegenleistung bei einer behaupteten Übertragung durch Kaufvertrag besteht. Eine Schädigungsabsicht gegenüber dem Jobcenter ist nicht nötig (OLG Dresden vom 5.4.2002 – 21 U 2285/01).

Haben sich die Beteiligten um eine Wertermittlung im Zusammenhang mit der Vermögensübertragung ernsthaft bemüht, liegt zwar keine Sittenwidrigkeit vor, bei einem deutlichen Missverhältnis besteht jedoch grundsätzlich ein Rückforderungsanspruch (BGH vom 19.7.2002, NJW 2002, S. 3165 ff.).

Lebenslanges unentgeltliches Nießbrauchsrecht

Ein verschenktes Hausgrundstück, das mit einem lebenslangen unentgeltlichen Nießbrauch zugunsten des Schenkers belastet ist, soll nach SG Freiburg vom 27.7.2011 – S 6 SO 6485/09 so behandelt werden, als sei das Geschenk nicht tatsächlich an den Beschenkten geleistet worden (a. A. OLG Köln vom 24.6.2011 – I-11 U 43/11).

3   Rückforderung einer Schenkung

3.1   Wann kann wirksam Verschenktes zurückgefordert werden?

Rückforderung des Geschenkten

Soweit ein Schenker nach der Schenkung verarmt und außerstande ist, seinen angemessenen Unterhalt zu bestreiten und seine gesetzlichen Unterhaltspflichten zu erfüllen, kann er von dem Beschenkten die Herausgabe des Geschenks verlangen (§ 528 BGB).

Der Leistungsberechtigte ist in einem solchen Fall vor Inanspruchnahme von Alg II/Sozialgeld verpflichtet, den Rückgabeanspruch auch geltend zu machen. Ist er dazu nicht bereit, kann das Jobcenter den Anspruch kraft Gesetzes (§ 33 Abs. 1 Satz 1 SGB II) selbst, unter Umständen zwangsweise durchsetzen (LSG NRW vom 4.4.2011 – L 19 AS 179/10; LSG Baden-Württemberg vom 4.12.2014 – L 7 SO 4268/11).

Dieser Rückforderungsanspruch kann auch nach dem Tod des Beschenkten gegen dessen Erben geltend gemacht werden, wenn dem Schenker bis zum Tod des Beschenkten Alg II/Sozialgeld gezahlt wurde. Denn damit steht fest, dass der Schenker ohne Rückforderung nicht in der Lage war, seinen Lebensunterhalt zu bestreiten. Ein zu Lebzeiten geäußerter Wille, das Geschenkte nicht zurückzufordern, ist unbeachtlich (BGH vom 25.4.2001 – X ZR 205/99). Ein Verzicht wäre sittenwidrig nach § 138 BGB.

Geltendmachung des Anspruchs auch nach Tod des Beschenkten

Nach Meinung des BGH vom 19.10.2004 – X ZR 2/03 kann sich der Beschenkte nicht darauf berufen, dass das Geschenk, wenn es beim Schenker geblieben wäre, zu dessen Schonvermögen gehört hätte oder wirtschaftlich nicht verwertbar gewesen wäre (BGH vom 7.11.2006 – X ZR 184/04). Diese Auffassung ist im Hinblick auf das Urteil des BVerfG – 1 BvR 1508/96 vom 7.6.2005 nicht haltbar. Ist der Beschenkte auch Erbe des Schenkers, haftet er gemäß § 35 SGB II zusätzlich als Erbe.

Nach § 530 BGB kann eine Schenkung, die keine Anstandsschenkung war, widerrufen werden, wenn sich der Beschenkte durch eine schwere Verfehlung gegen den Schenker oder einen nahen Angehörigen des Schenkers groben Undanks schuldig macht. Der BGH vom 25.3.2014 – X ZR 94/12 hat hohe Anforderungen an den Nachweis einer schweren Verfehlung oder eines groben Undanks gestellt. Zur Beweislast s. LG Coburg vom 30.9.2014 – 11 O 204/149.

Widerruf der Schenkung

3.2 In welcher Höhe kann wirksam Verschenktes zurückgefordert werden?

Der Herausgabeanspruch besteht nur in Höhe der für den laufenden Unterhaltsbedarf des Schenkers und der mit ihm in BG lebenden Angehörigen benötigten Mittel. Benötigt der Schenker nur einen Teil des Geschenks, darf er nicht die Herausgabe des gesamten Geschenkes verlangen. Bei teilbaren Schenkungsgegenständen beschränkt sich der Herausgabeanspruch auf einen dem Unterhaltsbedarf entsprechenden Anteil.

Handelt es sich bei der Schenkung um einen unteilbaren Gegenstand, z.B. ein Hausgrundstück, kann der Schenker nach § 818 Abs. 2 BGB nur Wertersatz verlangen, und zwar wiederkehrend mit dem Anteil des laufenden Unterhaltsbedarfs des Schenkers, bis der Wert des Geschenks erschöpft ist (BGH vom 19.10.2004 – X ZR 2/03).

Wertersatz

Der Beschenkte ist nur befugt, die Herausgabe durch Zahlung des Wertersatzes abzuwenden. Er kann nicht zwischen der Herausgabe des Geschenkes und einer Ersatzleistung in Geld wählen (BGH vom 29.3.1985, NJW 1985, S. 2419).

Sicherungs-hypothek

Bei Übertragung eines Grundstücks kann jedoch der Beschenkte versuchen, mit dem Jobcenter eine Vereinbarung dahin gehend zu treffen, dass auf die Rückforderung verzichtet wird gegen die Eintragung einer Sicherungshypothek in Höhe der gezahlten SGB II-Grundsicherungsleistungen.

Bedürftigkeits-einrede

Da der Rückforderungsanspruch allein dazu dient, das steuerfinanzierte Sozialleistungssystem zu entlasten, darf das Jobcenter den Rückforderungsanspruch nicht durchsetzen, wenn das Geschenk nach Rückgabe dem Schonvermögen des Schenkers unterfiele oder der Beschenkte infolge der Rückgabe selbst hilfebedürftig würde oder die Erfüllung seiner Unterhaltspflichten hierdurch »gefährdet« wäre (§ 529 Abs. 2 BGB). Die Bedürftigkeitseinrede kann nach Treu und Glauben ausgeschlossen sein, wenn der Beschenkte seine Leistungsunfähigkeit durch **unterhaltsbezogene** Mutwilligkeit selbst herbeigeführt hat, wobei leichtfertiges Handeln genügt (BGH vom 20.5.2003, NJW 2003, S. 2449 ff.).

Keine Bedürftig-keitseinrede

Hat der ehemalige Eigentümer anlässlich der unentgeltlichen Überlassung eines Vermögenswerts auf allgemeine Widerrufs- und Rückforderungsrechte, die sich aus den Schenkungsvorschriften der §§ 518 ff. BGB ableiten, verzichtet und seine Ansprüche nur auf den Fall eines zu deckenden Notbedarfs beschränkt, ist dieser Vertrag nach OLG Koblenz vom 24.11.2011 – 5 U 769/11 keine Schenkungsabrede sondern ein besonderer Übertragungsvertrag, der eine unmittelbare oder analoge Anwendung des § 529 Abs. 2 BGB ausschließt.

Beispiel

H. ist Eigentümer eines Hauses, das er nicht selber bewohnt. Er überträgt es seiner Tochter T. unter Verzicht auf etwaige Rückforderungsansprüche, ausgenommen für den Fall eines weiteren Verkaufs und einer dann bestehenden Notlage. Drei Jahre später verkauft T. das Haus. H. steht zu diesem Zeitpunkt im Alg II-Bezug. Das Jobcenter verweist auf den Rückforderungsanspruch für den Fall der Not, dem T. die eigene Bedürftigkeit entgegenhält. Sofern sie nicht entreichert ist (s. unten), muss sie den Verkaufserlös an H. herausgeben, soweit er zur Abdeckung von dessen SGB II-Bedarf benötigt wird.

Amtsermittlung

Ist die Verwertung eines Geschenks über eine Herausgabe nach § 528 Abs. 1 BGB i. V. m. § 818 Abs. 2 BGB wegen einer Einrede nach § 529 Abs. 2 BGB (Gefährdung des standesgemäßen Unterhalts des Beschenkten) streitig, ist dem im Weg der Amtsermittlung nachzugehen. Das BSG vom 2.2.2010 – B 8 SO 21/08 R hat offen gelassen, ob das Jobcenter oder das Sozialgericht auch ohne Einrede dahingehend ermitteln muss.

Entreicherung

Ferner entfällt der Rückforderungsanspruch, wenn der Beschenkte einwendet, nicht mehr bereichert i. S. des § 818 Abs. 3 BGB zu sein. Der Tatbestand der Entreicherung ist anhand eines Vergleichs des Gesamtvermögensstandes bei Erhalt des Geschenks mit dem Stand zum Zeitpunkt der Herausgabe zu ermitteln. Ergibt die Differenz einen Überschuss, ist dies die herauszugebende Bereicherung. Ein Herausgabeanspruch besteht somit auch, wenn das Geschenk verkauft wurde (dann gerichtet auf den erhaltenen Kaufpreis) oder wenn Schulden getilgt wurden, weil in dieser Höhe eine Wertsteigerung im Gesamtvermögen eingetreten ist. Zum Fall der Belastung eines Grundstücks mit einem Wohnrecht s. OLG Celle vom 21.7.2011 – 6 U 24/11. Eine wirkliche Entreicherung liegt somit nur bei Ausgaben vor, die sich der Beschenkte ohne das Geschenk nicht geleistet hätte und das Geschenk sich »verflüchtigt« hat, also z. B. durch eine Luxusreise oder einen Besuch im Spielkasino.

Wurde das Geschenk weiterverschenkt, richtet sich der Rückgabeanspruch unmittelbar gegen den Zweitbeschenkten (§ 822 BGB). Wurde das Geschenk nicht direkt weitergereicht, sondern ein mit dem Erlös aus dem Geschenk erworbener Gegenstand, haftet der Beschenkte dieses Gegenstandes ebenfalls, allerdings nur auf Wertersatz; er kann sich ausnahmsweise mit der Herausgabe des Gegenstandes an das Jobcenter befreien.

Rückforderung bei Weiterverschenken

Die Mutter des K. erhält von ihren Eltern ein Sparguthaben geschenkt. Mit diesem Geld kauft sie einen PKW, den sie ihrem Sohn K. schenkt. Die (Groß-)Eltern beziehen Alg II. Das Jobcenter leitet einen Rückforderungsanspruch auf sich über und verlangt von K. Ersatz in Höhe des Wertes des gezahlten Alg II. Hier kann sich K. durch Herausgabe des Pkw befreien (BGH vom 10.2.2004, NJW 2004, S. 314).

Beispiel

Wehren kann sich der Beschenkte gegen einen Rückforderungsanspruch auch damit, dass er nachweist, der Schenker sei durch ein grob fahrlässiges oder mutwilliges Verhalten bedürftig geworden (Verschwendung, leichtfertige Kündigung). Bei Trunk- oder Drogensucht kann es sich um eine schuldlose Erkrankung handeln. Eine Abwendung der Herausgabe des Geschenkes ist schließlich auch dadurch möglich, dass der Beschenkte nachweist, wie der Schenker seinen Lebensunterhalt ohne Alg II/Sozialgeld sicherstellen könnte.

Abwehr der Rückforderung

M. hat ihrem Sohn gegen ein lebenslanges unentgeltliches Wohnrecht ihr Haus geschenkt. Wegen familiärer Spannungen nimmt sie dieses Wohnrecht nicht wahr. In diesem Fall muss sie vor der Inanspruchnahme von Alg II durch die Mieteinnahmen bei einer Vermietung der Wohnung ihren Lebensunterhalt decken (nach OLG Koblenz vom 6.1.2004 – 5 W 826/03).

Beispiel

Bei gemischten Schenkungen richtet sich der Rückforderungsanspruch nur auf den unentgeltlich zugewandten Mehrwert.

Ausgeschlossen ist die Rückforderung bei Pflicht- und Anstandsschenkungen i. S. des § 534 BGB. Da echte Anstandsgeschenke in der Regel geringwertig sind und Geschenke von ungewöhnlichem Wert grundsätzlich nicht als Anstandsgeschenk anerkannt werden (Weihnachtsgeschenk in Höhe von von 12.500 DM, LG Mönchengladbach vom 12.4.1995, NJW 1996, S. 467 f.), haben sich die Jobcenter in der Praxis hauptsächlich mit behaupteten Pflichtschenkungen einer Immobilie als Gegenleistung für erbrachte, wertmäßig deutlich geringere Pflegedienste auseinander zu setzen. Hier hat die Rechtsprechung sehr strenge Anforderungen gestellt. Die Schenkung muss sittlich geboten sein. Da nach Ansicht des BGH zwar die Unterstützung notleidender Verwandter sittlich geboten sein kann, nicht jedoch ein Geschenk für die geleisteten Dienste, bleibt für eine echte Pflichtschenkung nur in den Grenzfällen Raum, wo der Pflegende schwerwiegende persönliche Opfer bringt und deswegen selbst in eine Notlage gerät (BGH vom 9.4.1986, FamRZ 1986, S. 1079).

Pflichtschenkung wegen erbrachter Pflege

Besondere Härte Ein Schenkungsrückforderungsanspruch nach § 528 BGB gehört zum Schonvermögen, wenn seine Verwertung für den Hilfebedürftigen eine besondere Härte i. S. von § 12 Abs. 3 Nr. 6 SGB II wäre. Von einer besonderen Härte ist auszugehen, wenn der Beschenkte nicht bereit ist, den Rückforderungsanspruch unverzüglich zu erfüllen und wenn er dem Hilfebedürftigen so nahe steht, dass es diesem nicht zuzumuten wäre, den Beschenkten auf Erfüllung zu verklagen (vgl. dazu OVG NRW vom 14.10.2008 – 16 A 1409/07).

3.3 Wie lange kann Verschenktes zurückgefordert werden?

Zehnjahresgrenze Der Rückforderungsanspruch ist ausgeschlossen, wenn zwischen dem **Eintritt der Hilfebedürftigkeit** und dem **Vollzug der Schenkung** zehn Jahre verstrichen sind (§ 529 Abs. BGB). Eintritt der Hilfebedürftigkeit bedeutet, dass der Schenker und die mit ihm in BG lebenden Angehörigen gezwungen sind, zur Bestreitung des Lebensunterhalts Grundsicherungsleistungen zu beantragen (VG Düsseldorf vom 22.8.2008 – 21 K 4231/06). Vollzug der Schenkung bedeutet die Übergabe des Vermögens; bei Immobilien ist auf den Abschluss des notariellen Schenkungsvertrages (Eingang des Antrags auf Eintragung des Eigentumsübergangs beim Grundbuchamt) abzustellen (VG Düsseldorf vom 10.6.2008 – 21 K 2144/07; BGH vom 19.7.2011 – X ZR 140/10). Auf die Eintragung im Grundbuch kommt es nicht an. Die Frist zwischen Eintritt der Hilfebedürftigkeit und Vollzug der Schenkung ist taggenau zu berechnen.

Entsteht ein Rückforderungsanspruch, d. h., tritt Hilfebedürftigkeit innerhalb des Zehnjahreszeitraums nach Vollzug der Schenkung ein, kann die Rückforderung auch noch nach Ablauf der Zehnjahresfrist von § 529 Abs. 1 BGB geltend gemacht werden; er unterliegt dann aber den regulären Verjährungsvorschriften der §§ 195 ff. BGB.

Danach ist zu unterscheiden:

– Entsteht der Rückforderungsanspruch nach Inkrafttreten des Schuldrechtsreformgesetzes am 1.1.2002, verjährt der Anspruch spätestens drei Jahre **nach Beendigung des Jahres**, in dem er entstanden ist (LG Bamberg vom 5.1.2011 – 1 O 295/09).

Fälligkeit am 15.6.2006; Beginn der Verjährungsfrist am 1.1.2007; Ende der Verjährungsfrist am 31.12.2009.

Beispiel

– Für Altfälle (Fälligkeit vor dem 1.1.2002) gilt eine dreijährige Verjährungsfrist, die **ab 1.1.2002** beginnt.

Hatte das Jobcenter innerhalb der dreijährigen Verjährungsfrist keine Kenntnis von der Schenkung, beträgt die absolute Verjährungsfrist, die taggenau zu berechnen ist, zehn Jahre. Im letzten Beispiel wäre der Rückforderungsanspruch am 15.6.2016 verjährt.

Im Fall einer Überleitung des Schenkungsrückgabeanspruchs mit Verwaltungsakt (§ 33 SGB II in der bis zum 31.7.2006 geltenden Fassung) muss sich das Jobcenter das Wissen des Beschenkten bei der Ermittlung der Verjährungsfrist zurechnen lassen (LG Stuttgart vom 18.12.2007 – 15 O 452/06).

Zurechnung

Die 10-Jahres-Frist gemäß § 529 Abs. 1 BGB muss der Beschenkte geltend machen. Bis dahin besteht der Rückgewähranspruch aus § 528 BGB (OLG Schleswig-Holstein vom 19.01.2009 – 15 UF 187/07).

Einrede

I   **Übersicht**

Unterhalts-
ansprüche

Unterhaltsansprüche sind Forderungen von Unterhalt auf gesetzlicher oder vertraglicher Grundlage, die der Leistungsberechtigte gegen eine Person hat oder geltend macht.

Tatsächliche
Unterhalt =
Einkommen

Wird an Leistungsberechtigte tatsächlich Unterhalt gezahlt, wird der Unterhalt als Einkommen gemäß § 11 SGB II angerechnet. Dabei spielt es keine Rolle, ob aufgrund einer sittlichen Verpflichtung oder freiwillig, also ohne Rechtspflicht, gezahlt wird (LSG NRW vom 9.4.2003 – L 12 AL 176/02; BSG vom 17.3.2005 – B 7a/7 AL 4/04 R; LSG Rheinland-Pfalz vom 23.4.2009 – L 5 AS 81/07).

Nicht bei Schwan-
gerschaft und
Kinderbetreuung
in 3-Generatio-
nen-BG

Der Grundsatz, dass tatsächliche Unterstützungszahlungen Einkommen sind, gilt nach BSG vom 17.7.2014 – B 14 AS 54/13 R nicht, wenn die Empfängerin der Zuwendung (im entschiedenen Fall weitergeleitetes Kindergeld) wegen Schwangerschaft oder weil sie ein Kind unter sechs Jahren betreut durch § 9 Abs. 3 SGB II geschützt ist {s. auch → S. 394 f. und → S. 573 f.).

Tatsächlicher
Unterhalt ≠
abziehbares
Einkommen

Dass tatsächliche Unterhaltszahlungen auf den Bedarf des Leistungsberechtigten angerechnet werden, bedeutet umgekehrt nicht, dass ein Leistungsberechtigter eigenes Einkommen durch Zahlung von Unterhalt stets im Umfang der tatsächlichen Zahlung mindern kann (→ S. 460).

Unterhaltsansprüche werden nur zwischen Personen berücksichtigt, die nicht in einer BG oder, falls sie verwandt sind, in einer Haushaltsgemeinschaft zusammenleben. Bei Angehörigen einer BG wird ungeachtet der gesetzlichen Regelungen zum Unterhalt in § 9 Abs. 2 SGB II eine Einstandspflicht unterstellt; bei Verwandten, die mit Leistungsberechtigten in einer Haushaltsgemeinschaft leben, vermutet § 9 Abs. 5 SGB II eine Unterstützung.

Nicht in Bedarfs-/ Haushaltsgemeinschaft

Betreuen getrennt lebende Eltern ihre Kinder anteilig, schulden sie neben dem erbrachten Betreuungsunterhalt auch noch Bar-Unterhalt, wenn sie über genügend Einkommen verfügen (BGH vom 12.3.2014 – XII ZB 234/13 und vom 5.11.2014 – XII ZB 599/13). Der Bar-Unterhalt ist dann auf den SGB II-Anspruch des Kindes, soweit es beim jeweils anderen Elternteil lebt, anzurechnen; umgekehrt ist der gezahlte Unterhalt nach § 11b Abs. 1 Satz 1 Nr. 7 SGB II vom einzusetzenden Einkommen des BG-Elternteils abzusetzen.

Umgangsrechts-BG

Obwohl Unterhaltsansprüche zwischen BG-Mitgliedern bei der Berechnung der SGB II-Leistungen keine Rolle spielen, hat das Bestehen einer BG in einigen Punkten Einfluss auf das Unterhaltsrecht:

Einfluss einer BG auf Unterhaltsrecht

– Der Partner, der in einer BG lebt, kann dadurch seinen Unterhaltsanspruch gegen den getrennt lebenden oder geschiedenen Ex-Partner außerhalb der BG verlieren (§ 1579 Nr. 2 BGB).

– Der Partner, der in einer BG lebt, kann wegen der Einspareffekte des gemeinsamen Wirtschaftens zu einem höheren Unterhalt gegenüber einem Ex-Partner oder einem minderjährigen Kind, das außerhalb der BG lebt, verpflichtet werden (BGH vom 17.10.2012 – XII ZR 17/11; OLG Brandenburg vom 20.2.2014 – 9 UF 106/13 und vom 10.11.2015 – 10 UF 210/14), bzw. der Bedarf (Selbstbehalt) einer unterhaltsberechtigten Person kann wegen der Einsparungen sinken. Das OLG Hamm vom 9.6.2011 – II-6 UF 47/11 erweitert den Gedanken der Haushaltsersparnis auf das Zusammenleben mit berufstätigen, volljährigen Kindern.

– Umgekehrt können Unterhaltsansprüche in einer BG die Ansprüche Dritter auf Unterhalt mindern. So hat der BGH vom 9.3.2016 – XII ZB 693/14 entschieden, dass ein Anspruch auf Betreuungsunterhalt (§ 1615l BGB) in einer Einstandsgemeinschaft dem Unterhaltsanspruch des Vaters des Betreuungsunterhaltsschuldners entgegen gehalten werden kann.

– Kinder, die in einer temporären BG leben (→ S. 95 ff.), haben nach BGH vom 12.3.2014 – XII ZB 234/13 und vom 5.11.2014 – XII ZB 599/13; OLG Stuttgart vom 30.10.2014 – 15 UF 209/14; OLG Düsseldorf vom 18.5.2015 – II – 7 UF 10/15 einen höheren Unterhaltsbedarf, was sich sowohl auf die anteiligen Regelbedarfsleistungen als auf Ansprüche nach § 21 Abs. 6 SGB II (→ S. 296 ff.) auswirken kann.

Die unterhaltsrechtliche und sozialrechtliche Wertung, ob eine BG bzw. eine Einstandsgemeinschaft i. S. von § 7 Abs. 3 Nr. 3c) SGB II besteht, stimmt allerdings nicht zwingend überein. Im Unterhaltsrecht kann der Unterhaltsanspruch auch dann entfallen, wenn der Unterhaltsbedürftige mit dem neuen Partner nicht zusammenlebt (BGH vom 5.10.2011 – XII ZR 117/09; OLG Düsseldorf vom 4.4.2012 – II-5 UF 238/08); umgekehrt führt die nicht widerlegte Vermutung nach § 7 Abs. 3a Nr. 1 SGB II nicht zwingend zu einem Wegfall des Unterhaltsanspruchs (BGH vom 5.10.2011, a.a.O.: In der Regel erst nach zwei- bis dreijährigem Bestehen der neuen Partnerschaft; s. aber AG Ludwigslust vom 3.10.2010 – 5 F 253/10: Bei der Prüfung einer Versagung von Unterhaltsansprüchen nach § 1579 Nr. 2 BGB ist unter Heranziehung der Wertung in § 7 Abs. 3a Nr. 1 SGB II von einer verfestigten Lebensgemeinschaft bereits bei einer einjährigen Dauer des Zusammenlebens des geschiedenen Ehegatten mit einem neuen Partner auszugehen; ebenso OLG Hamm vom 16.1.2014 – II-3 UF 244/12, wenn die Partner ein gemeinsames Kind haben). Es kann also sein, dass in einer BG Unterhaltsansprüche gegenüber Ex-Partnern als Einkommen anzurechnen sind, andererseits kann ein Alg II-Bezieher wegen einer neuen Partnerschaft seinen Unterhaltsanspruch nach § 1579 Nr. 2 BGB verlieren, obwohl er sozialrechtlich alleinstehend ist. Wichtig ist in diesem Zusammenhang die Entscheidung des BGH vom 13.7.2011 – XII ZR 84/09, dass nach Trennung der neuen Partnerschaft der Unterhaltsanspruch wieder aufleben kann, was vor allem dann zu prüfen ist, wenn Betreuungsunterhalt geschuldet wurde (dazu auch OLG Koblenz vom 14.6.2012 – 11 UF 359/12).

Betreuungs-
unterhalt

Eine neue Partnerschaft führt nicht zum Wegfall von Betreuungsunterhalt. Denn entgegen den Verwirkungsgründen im Ehegattenunterhaltsrecht setzt § 1615 l Abs. 2 BGB ein (früheres) Zusammenleben und eine daraus resultierende engere Verbundenheit der Eltern nicht voraus. Insbesondere fehlt es an einer groben Unbilligkeit im Sinne des § 1579 Nr. 2 BGB, wenn die beteiligten Eltern nach der Geburt des Kindes zu keinem Zeitpunkt in eheähnlicher Gemeinschaft zusammengelebt und ein solches Zusammenleben auch nicht geplant hatten, so dass ein im Rahmen des § 1579 Nr. 2 BGB vorausgesetztes Herauslösen aus der ehelichen Solidarität durch eine neue Lebensgemeinschaft gerade nicht vorliegt (OLG Stuttgart vom 14.12.2015 – 18 UF 123/15; s. auch KG Berlin vom 8.10.2014 – 3 UF 38/14). Erst eine Heirat oder eingetragene Partnerschaft führen zum Erlöschen des Unterhaltsanspruchs (BGH vom 17.11.2004 – X II ZR 183/02 und vom 16.3.2016 – X II ZR 148/14).

Nach BSG vom 18.2.2010 – B 4 AS 49/09 R (näher dazu → S. 75 ff.) spielt das Unterhaltsrecht bei räumlich getrennt lebenden Ehe-/Lebenspartnern erst eine Rolle, wenn sie die Beziehung auflösen wollen (Trennungswille). In diesem Zusammenhang ist zu beachten, dass ein bestehender Unterhaltstitel für den Trennungsunterhalt nach § 1361 BGB seine Wirkung verliert, wenn sich die Ehe-/Lebenspartner nach einer Phase der Trennung für einen nicht nur vorübergehenden Zeit-

raum wieder versöhnen (OLG Hamm vom 24.1.2011 – 2 WF 277/10).
Der zuvor als Einkommen nach § 11 SGB II angerechnete Trennungsunterhalt wandelt sich dann in einen Anspruch auf gegenseitigen Beistand nach § 9 Abs. 2 SGB II.

Zu unterscheiden sind Unterhaltsansprüche,
– die zwingend berücksichtigt werden;
– die nur Berücksichtigung finden, wenn sie vom Leistungsberechtigten »geltend gemacht« werden.

Geltendmachung bedeutet, dass der Leistungsberechtigte den Unterhalt konkret und ernsthaft fordert. Das Fordern kann in einer schriftlichen Zahlungsaufforderung, aber auch in einem Auskunftsverlangen nach § 1605 BGB bestehen (Frage nach den wirtschaftlichen Verhältnissen des Unterhaltspflichtigen).

Geltendmachung

Das Selbsthilfegebot nach § 2 SGB II verpflichtet den Leistungsberechtigten nicht, den Unterhalt geltend zu machen. Dies ergibt sich
aus § 33 Abs. 2 Satz 1 Nr. 2 Halbsatz 1 SGB II, der als spezielle Regelung § 15 Abs. 1 Satz 2 Nr. 3 SGB II vorgeht (LSG Niedersachsen-Bremen vom 22.6.2006 – L 8 AS 165/06 ER; BayLSG vom 4.5.2007 – L 7
AS 329/06). Es ist daher unzulässig, die Gewährung von Alg II/Sozial-
geld von der Geltendmachung abhängig zu machen. Eine entsprechende Vereinbarung in einer Eingliederungsvereinbarung ist nichtig, wenn das Jobcenter sie durch Druck oder ohne Aufklärung über
die bestehende Rechtslage erwirkt hat.
Die Geltendmachung eines Unterhaltsanspruchs kann mit Wirkung
für die Zukunft zurückgenommen werden. Mangels Verpflichtung,
überhaupt Unterhalt zu fordern, gibt es keine Verpflichtung zur Aufrechterhaltung einer Unterhaltsforderung (so auch Arbeitskreiser-
gebnisse des Deutschen Familiengerichtstages vom 12.–15. September 2007). Das Selbsthilfegebot nach § 2 SGB II tritt insoweit hinter
die speziellere Regelung des § 33 SGB II zurück (LSG Hamburg vom
28.1.2008 – L 5 B 21/08 ER AS).

Keine Pflicht zur Geltendmachung

Auch bei einem zwingend zu berücksichtigenden Unterhaltsanspruch
(→ unten) ist der Leistungsberechtigte grundsätzlich nicht verpflichtet,
den Unterhalt selbst einzufordern. Insbesondere besteht keine Verpflichtung zur Einleitung eines mit Kosten verbundenen Mahn- oder
Klageverfahrens. Macht das Jobcenter die Gewährung von Alg II/Sozi-
algeld von einer Klageerhebung abhängig, mit dem Versprechen, sich
dann nach Anspruchsübergang um das Betreiben der Klage zu kümmern, ist Vorsicht geboten! Denn ein Übergang des Un-terhaltsan-
spruchs nach Klageerhebung belässt den Leistungsberechtigten in
der Rolle des unter Umständen kostenpflichtigen Klägers (§ 265 ZPO).
Besteht das Jobcenter auf einer Klageerhebung, ist zu verlangen,
dass es sich schriftlich verpflichtet, für sämtliche daraus entstehende
Kosten aufzukommen (LSG NRW vom 1.12.2009 – L 19 B 239/09 AS).
Sollte auf Drängen des Jobcenters Klage ohne vorherige Klärung der
Kostenübernahme erhoben worden sein, sind alle entstandenen Kos-

Keine Pflicht zur Unterhaltsklage

Geschäftsführung ohne Auftrag

ten im Wege einer öffentlich-rechtlichen Geschäftsführung ohne Auftrag vom Jobcenter zu übernehmen. Zuständig ist bei Streit über die Kosten das Sozialgericht.

Stets berücksichtigt werden

Folgende Unterhaltsansprüche werden zwingend berücksichtigt:
– Minderjährige unverheiratete Kinder gegen beide Elternteile;
– minderjährige verheiratete Kinder gegen den Ehegatten oder beide Elternteile;
– volljährige Kinder bis zum 25. Geburtstag bei Erstausbildung gegen beide Elternteile;
– getrennt lebende oder geschiedene Eheleute untereinander;
– Partner einer eingetragenen Lebenspartnerschaft, die sich getrennt oder die Partnerschaft aufgelöst haben, untereinander;
– das nichteheliche Kind gegen beide Elternteile;
– der Elternteil, der ein nichteheliches Kind betreut, gegen den anderen Elternteil.

Keine fiktive Unterhaltsanrechnung

Wirkt der/die Unterhaltsberechtigte bei der Realisierung des Unterhaltsanspruchs nicht mit (Bei Fragen wie: Wer ist Vater des hilfebedürftigen Kindes? Wo lebt der geschiedene Ehemann?), kann dies Haftungsansprüche nach § 34 SGB II auslösen (→ S. 900 f.); ein akuter Hilfebedarf muss aber mit SGB II-Leistungen gedeckt werden. Die Rechtsprechung zum Rentenrecht: Anrechnung fiktiven Unterhalts auf die Witwenrente (s. dazu LSG Berlin-Brandenburg vom 22.9.2011 – L 21 R 429/08) ist auf das SGB II nicht übertragbar.

Nur bei Geltendmachung berücksichtigt werden

Folgende Unterhaltsansprüche werden nur bei Geltendmachung berücksicht:
– Eltern gegen ihre Kinder;
– volljährige Kinder außerhalb einer Erstausbildung gegen beide Elternteile;
– Enkel gegen die Großeltern.

Ausnahme: Schwangere und Kinder mit Kindern

Aus sozialpolitischen Gründen (Schutz des ungeborenen Lebens) erhalten Schwangere oder Kinder, die ein eigenes leibliches Kind bis zum sechsten Geburtstag betreuen, gemäß § 33 Abs. 2 Satz 1 Nr. 3a, 3b SGB II Alg II/Sozialgeld ungeachtet eines Unterhaltsanspruchs gegen ihre Eltern. Das gilt auch für minderjährige Schwangere oder Mütter und Väter. Sie haben somit die freie Wahl, ob sie Alg II/Sozialgeld beziehen oder Unterhalt von ihren Eltern fordern (LSG Hamburg vom 28.1.2008 – L 5 B 21/03 ER AS).

Die Ausnahmeregelung des § 33 Abs. 2 Satz 1 Nr. 3a SGB II für Schwangere greift vom ersten Monat der Schwangerschaft an.

§ 33 Abs. 2 Satz 1 Nr. 3b SGB II gilt für Mütter oder Väter, solange sie ihr leibliches Kind betreuen. Die Betreuung (Pflege und Erziehung) muss nicht ausschließlich durch einen Elternteil erfolgen. Es genügt, wenn die Eltern nachweisen, dass sie die Hauptlast der Betreuung tragen. Die zeitweise Betreuung in einer Kita oder in Tagespflege schadet nicht. Bei einer Verlagerung der Hauptbetreuungslast von einem Elternteil zum anderen geht auch das Privileg nach § 33 Abs. 2 Satz 1

Nr. 3b SGB II mit. Die Privilegierung setzt nicht voraus, dass eine kontinuierliche Betreuung des Kindes bis zum sechsten Geburtstag erfolgt.

Der Unterhaltsanspruch des betreuenden, leiblichen Elternteils gegen den anderen Elternteil nach § 1615l BGB, auf den der betreuende Elternteil nicht verzichten kann (OLG Celle vom 20.12.2013 – 12 UF 137/13), wird nicht privilegiert, d.h. er geht auf das Jobcenter über, soweit dieses dem betreuenden Elternteil Leistungen gewährt (OLG Brandenburg vom 13.11.2012 – 10 UF 226/11; BayLSG vom 30.4.2015 – L 7 AS 634/13). Der Unterhaltsanspruch hängt nicht davon ab, dass Alg II gezahlt werden muss, weil trotz Arbeitsbereitschaft wegen des Kindes keine Vermittlung in Arbeit erfolgen kann. Es genügt, wenn faktisch die Pflege und Erziehung während der ersten drei Lebensjahre geleistet wird (OLG Frankfurt vom 14.11.2011 – 3 UF 57/11). *Keine Privilegierung des Kindesvaters/der Kindesmutter*

Die Höhe des Unterhaltsanspruchs bestimmt sich nach der Lebensstellung bzw. dem Einkommen des betreuenden Elternteils vor der Geburt. Er ist aber nicht auf den Zeitpunkt der Geburt des Kindes festgeschrieben, so dass sich später ein höherer Bedarf bzw. Unterhaltsanspruch ergeben kann (BGH vom 10.6.2015 – X II ZB 251/14). Mutterschaftsgeld hat Lohnersatzfunktion und ist deshalb ebenso wie ein Zuschuss des Arbeitgebers zum Mutterschaftsgeld als Einkommen auf den Unterhaltsanspruch anzurechnen; Elterngeld nur, soweit es einen Betrag von 300 € überschreitet (OLG Brandenburg vom 9.11.2010 – 10 UF 23/10).

War die Kindesmutter/der Kindesvater nicht berufstätig, ist der Bedarf mit dem notwendigen Selbstbehalt eines Nichterwerbstätigen anzusetzen (BGH vom 16.12.2009 – XII ZR 50/08).

Der Betreuungsunterhaltsanspruch einer Mutter nach § 1615l BGB ist in der Regel unpfändbar, was zum Verbot der Aufrechnung führt. Der Anspruchsübergang auf das Jobcenter ändert daran nichts (BGH vom 8.5.2013 – XII ZB 192/11). *Abtretungsverbot bleibt*

G. und V. lebten als Paar zusammen. Als V. schwanger wird, trennen sie sich. G. zahlt nach der Geburt des gemeinsamen Kindes trotz Leistungsfähigkeit keinen Unterhalt, V. muss deshalb Alg II und Sozg für sich und das Kind beantragen. Nach Aufnahme der SGB II-Zahlung fordert das Jobcenter G. zur Zahlung von Unterhalt auf. G. rechnet mit einem der V. während des Zusammenlebens gewährten Darlehen auf. Zu Unrecht, er muss den Betreuungsunterhalt zahlen. *Beispiel*

Zusammengefasst gilt für Eltern und Kinder, die nicht in einer Bedarfs- oder Haushaltsgemeinschaft leben: *Zusammenfassung*

■ Kinder werden, wenn ihre Eltern Alg II/Sozialgeld erhalten, nicht in Anspruch genommen. Bei Tod der Eltern kann lediglich ihr Erbe über § 35 SGB II geschmälert werden.

■ Eltern werden, wenn ihre **volljährigen** Kinder Alg II/Sozialgeld erhalten, nur in Anspruch genommen, soweit sie Ausbildungsunterhalt schulden und das Kind jünger als 25 Jahre ist.

■ Ansonsten kann das Jobcenter Kinder oder Eltern von Leistungsberechtigten nur in Anspruch nehmen, wenn ein Unterhaltsanspruch
geltend gemacht wird.

II   **Heranziehung des Unterhaltspflichtigen
nach Anspruchsübergang**

Ist ein Unterhaltsanspruch sozialrechtlich zwingend zu berücksichtigen, bedeutet das nicht, dass zivilrechtlich auch tatsächlich
ein Unterhaltsanspruch besteht. Sozialrecht und Zivilrecht decken
sich nicht: Sozialrechtlich genügt es für einen Anspruchsübergang,
dass möglicherweise ein Unterhaltsanspruch besteht; es muss aber
gesichert sein, dass der mögliche Unterhaltspflichtige bei Zahlung
von Unterhalt selbst nicht hilfebedürftig i. S. von § 9 SGB II wird (§ 33
Abs. 2 Satz 3 SGB II). Zivilrechtlich gibt es demgegenüber auch dann
Verurteilungen zum Unterhalt, wenn der Unterhaltspflichtige zwar
augenblicklich hilfebedürftig ist, aber angenommen wird, dass er bei
Anspannung seiner Kräfte genug verdienen könnte, um seiner Unterhaltspflicht nachzukommen (vgl. zu den Voraussetzungen einer solchen Fiktion BVerfG vom 15.2.2010 – 1 BvR 2236/09 und vom
18.6.2012 – 1 BvR 774/10, – 1 BvR 1530/11 und – 1 BvR 2867/11;).

Wir können hier nur die sozialrechtliche Seite darstellen. Wenn im
Folgenden von Unterhaltsanspruch, Unterhaltspflichtigem usw. die
Rede ist, werden also nur die Schritte gezeigt, mit denen das Jobcenter prüft, ob es letztlich Unterhalt fordert, notfalls über eine Klage vor
dem Familiengericht.

Die Heranziehung des Unterhaltspflichtigen erfolgt in **drei Schritten**:

1. Schritt:
Übergang

■ In einem ersten Schritt prüft das Jobcenter, ob und in welchem Umfang der Unterhaltsanspruch eines Alg II-/Sozialgeldbeziehers übergegangen ist.

2. Schritt:
Auskünfte

■ In einem zweiten Schritt fordert das Jobcenter, das kraft Übergangs
zum Inhaber des Unterhaltsanspruchs geworden ist, den Unterhaltspflichtigen zur Auskunft über seine Einkommens- und Vermögensverhältnisse auf, um prüfen zu können, ob nach Maßstäben
des BGB ein Unterhaltsanspruch besteht. Im Auskunftsersuchen
steckt auch die Rechtswahrungsanzeige nach § 33 Abs. 3 SGB II.
Denn zur **rückwirkenden** Inanspruchnahme des Unterhaltspflichtigen ist das Jobcenter nur von dem Zeitpunkt an berechtigt, zu welchem es dem Unterhaltspflichtigen die Gewährung des Alg II/Sozi-
algelds schriftlich mitgeteilt hat (OLG Brandenburg vom 16.12.2008

– 10 UF 129/08; AG Flensburg vom 10.8.2012 – 92 F 328/10). Die schriftliche Mitteilung löst einen Forderungsübergang erst von dem Tag an aus, der auf den Tag des Zugangs der Rechtswahrungsanzeige folgt. Weiter gehende Ansprüche auf Unterhalt für die Vergangenheit bestehen nur, soweit diese vom Unterhaltsberechtigten nach den §§ 1613, 1585b BGB gefordert wurden, der Verpflichtete somit in Verzug geraten oder der Anspruch rechtshängig geworden ist. Rückständiger Unterhalt kann aufgrund eines Auskunftsverlangens nach § 1613 Abs. 1 BGB gefordert werden, unabhängig davon, ob im Zeitpunkt des Auskunftsverlangens ein Auskunftsanspruch nach § 1605 BGB bestand (OLG Hamm vom 17.11.2011 – II-2 WF 129/11).

Da mit dem möglichen Unterhaltsanspruch auch der zivilrechtliche Auskunftsanspruch des Unterhaltsberechtigten auf das Jobcenter übergeht (§ 33 Abs. 1 Satz 3 SGB II), hat dieses die Möglichkeit, die Auskunftsverpflichtung sowohl auf zivilrechtliche Auskunftsansprüche nach den §§ 1361, 1580, 1605 BGB, § 12 Satz 2 LPartG in Verbindung mit § 1361 BGB, § 16 Abs. 1 LPartG in Verbindung mit § 1580 BGB als auch auf die Auskunftsansprüche nach § 60 SGB II zu stützen. Der Auskunftsanspruch nach § 33 Abs. 1 Satz 4 SGB II i. V. m. § 1605 BGB ist nur zivilrechtlich durchsetzbar (LSG Baden-Württemberg vom 27.9.2011 – L 13 AS 4950/10).

■ In einem dritten Schritt prüft das Jobcenter, wenn nach seinen Feststellungen auf der Grundlage der erteilten Auskünfte ein Unterhaltsanspruch besteht, ob es den Anspruch selbst geltend macht, notfalls mit einer Klage vor dem Familiengericht, oder durch Rückübertragung des übergegangenen Anspruchs auf den Unterhaltsberechtigten diesen selbst mit der Durchsetzung des Anspruchs betraut (§ 33 Abs. 4 SGB II).

3. Schritt:
Durchsetzung

Der Leistungsanspruch des Leistungsberechtigten gegen das Jobcenter bleibt unberührt. Die ungekürzte Auszahlung von Alg II/Sozialgeld ist ja gerade Voraussetzung dafür, dass der Unterhaltsanspruch übergeht.

Damit der Unterhaltsanspruch bestehen bleibt, wird das einem Unterhaltsberechtigten gewährte Alg II nicht als den Unterhaltsbedarf minderndes Einkommen berücksichtigt (BGH vom 19.11.2008 – XII ZR 129/06; OLG Brandenburg vom 23.6.2009 – 10 UF 133/08 zu einem Mietzuschuss nach § 22 Abs. 7 SGB II a. F.).

Nach AG Geldern vom 2.10.2009 – 11 F 200/09 muss das Jobcenter den Anspruch innerhalb eines Jahres nach Gewährung der letzten SGB II-Leistung gegen den Unterhaltsschuldner geltend machen, ansonsten setze es einen Vertrauenstatbestand, nach solch langer Untätigkeit die Forderung nicht mehr einzuklagen.

Verwirkung

1 Anspruchsübergang

Nur für Regel-bedarfe zum Lebensunterhalt

Der Unterhaltsanspruch geht nur über, soweit bei Zahlung von Unterhalt keine Leistungen zur Sicherung des Lebensunterhalts, d. h. Alg II/Sozialgeld inklusive Unterkunfts- und Heizkosten hätte gewährt werden müssen. Der Anspruchsübergang erfasst daher auch die SGB II-Leistungen, die gezahlt wurden, soweit Kindergeld bei Zahlung des Unterhalts nicht mehr für die Bedarfsdeckung des Kindes benötigt worden wäre und es daher zur Bedarfsdeckung eines anderen Mitglieds der BG hätte herangezogen werden können (OLG Frankfurt vom 31.10.2014 – 6 UF 32/14). Das gilt bei Hilfebedürftigkeit bezüglich des laufenden Bedarfs auch für Einmalleistungen nach § 24 Abs. 3 SGB II (s. dazu OLG Koblenz vom 12.5.2009 – 11 UF 24/09: Säuglingserstausstattung) oder Sonderleistungen nach § 21 Abs. 6 SGB II (OLG Köln vom 4.6.2008 – 4 WF 68/08: Mehrbedarf für Nahrungsmittel wegen Bulimie).

Bildung und Teilhabe

Leistungen für Bedarfe nach § 28 SGB II sind grundsätzlich mit dem laufenden Unterhalt abgegolten bzw. aus den laufenden Unterhaltszahlungen mit monatlichen Rücklagen aufzubringen (vgl. dazu OLG Hamm vom 21.12.2010 – 2 WF 285/10; AG Warendorf vom 27.8.2014 – 9 F 312/14: Ausflüge und Klassenfahrten im üblichen Rahmen). Nachhilfeunterricht kann nach § 1610 Abs. 2 BGB einen unterhaltsrechtlichen Zusatzbedarf begründen (dazu OLG Hamm vom 22.5.2006 – 6 WF 302/05; OLG Schleswig-Holstein vom 17.11.2011 – 10 UF 220/10; OLG Brandenburg vom 24.11.2011 – 9 UF 70/11).

Folgende SGB II-Leistungen lösen demnach keinen Anspruchsübergang aus:

- Einmalleistungen für an sich nicht hilfebedürftige Personen gemäß § 24 Abs. 3 Satz 2 SGB II;

- Mietzuschüsse nach § 27 Abs. 3 SGB II a.F.; sie gelten nach § 27 Abs. 1 Satz 2 SGB II nicht als Alg II (a.A. OLG Brandenburg vom 23.6.2009 – 10 UF 133/08);

- Beiträge oder Zuschüsse zur Finanzierung der Kranken- und Pflegeversicherung nach § 26 SGB II, wenn der Unterhaltsanspruch, der auch die Kosten einer angemessenen Krankenversicherung umfasst (BGH vom 10.10.2007 – IV ZR 37/06), nicht genügt, um den Bedarf aller BG-Mitglieder zu decken (der geschiedene, unterhaltsberechtigte Elternteil bezieht wegen vorrangiger Unterhaltsansprüche der Kinder nur aufstockend Alg II, so dass hierüber ohnehin eine Pflichtversicherung nach § 5 Abs. 1 Nr. 2a SGB V besteht);

- das Einstiegsgeld nach § 16b SGB II;

- Leistungen, die nur als Darlehen erbracht werden (§§ 7 Abs. 5, 22 Abs. 8, 24 Abs. 1, Abs. 4, Abs. 5 SGB II) (a.A. OLG Celle vom 9.1.2008 – 15 WF 293/07: Forderungsübergang auch bei darlehensweise gewährten Leistungen zur Sicherung des Lebensunterhalts);

■ Leistungen nach § 28 SGB II, die weder mit dem laufenden Unterhalt abgegolten sind noch als Zusatz- oder Mehrbedarf nach §§ 1610, 1613 BGB (dazu OLG Brandenburg vom 2.9.2013 – 13 UF 136/12: Behandlung einer Dyskalkulie) geschuldet werden (z. B. teurer Schüleraustausch).

Vorläufig bewilligte Leistungen zum Lebensunterhalt sind »erbrachte« Leistungen i. S. von § 33 SGB II und lösen daher einen Übergang etwaiger Unterhaltsansprüche aus.

Vorläufige Leistung

Die den Anspruchsübergang nicht auslösenden SGB II-Leistungen können bei Prüfung des Umfangs eines Unterhaltsanspruchs die unterhaltsrechtliche Bedürftigkeit verringern. Dies wurde vom OLG München vom 28.11.2005 – 16 UF 1262/05 für den Zuschlag bei Alg I-Bezug gemäß § 24 SGB II a. F. bejaht; vom OLG Celle vom 15.3.2006 – 15 UF 54/05 für das Einstiegsgeld nach § 16b SGB II.

Ist man der Ansicht, dass SGB II-Darlehen keinen Anspruchsübergang auslösen, hat das keine Minderung des Unterhaltsbedarfs (§ 1602 BGB) im Umfang des SGB II-Darlehens zur Folge. Ebenso wenig wie die Aufnahme eines Darlehens durch den Unterhaltsschuldner dessen Leistungsfähigkeit gemäß § 1603 BGB schmälert, verringert ein SGB II-Darlehen die Pflicht zur Zahlung von Unterhalt, damit das Darlehen an das Jobcenter zurückgezahlt werden kann.

Unterhaltsbedarf trotz Darlehen?

Der Anspruchsübergang ist nach § 33 Abs. 2 Satz 2 SGB II ausgeschlossen, soweit der Unterhaltsanspruch durch »laufende Zahlungen« erfüllt wird. Diese werden dann als Einkommen – ggf. um die Versicherungspauschale und eine Kfz-Haftpflicht-Prämie gekürzt – auf das Alg II angerechnet. Nach LSG NRW vom 25.1.2011 – L 6 AS 413/10 muss laufend gezahlter Unterhalt bis zum dritten Werktag des Monats erbracht werden, um einen Anspruchsübergang auszuschließen.

Laufende Unterhalts-zahlung

Wird der Unterhalt später oder unregelmäßig gezahlt, geht der Anspruch auf das Jobcenter über mit der Folge, dass der Unterhalt ohne Abzug der Versicherungspauschale oder sonstiger Abzüge nach § 11b SGB II auf das Alg II angerechnet wird (BSG vom 14.3.2012 – B 14 AS 98/11 R). Zu einer wirtschaftlichen Schlechterstellung der leistungsberechtigten Personen kommt es dadurch aber nicht. Denn Absetzbeträge nach § 11b Abs. 2 SGB II i. V. m. der Alg II-VO werden vom Anspruchsübergang nicht erfasst; sie wären im Fall der rechtzeitigen Zahlung des Unterhalts nicht als Einkommen zu berücksichtigen gewesen. Der Anspruch in Höhe der 30 €-Versicherungspauschale verbleibt also entweder beim Leistungsempfänger, der ihn weiterhin gegenüber dem Unterhaltsschuldner geltend machen kann oder ist vom Jobcenter auszuzahlen, wenn es zu Unrecht den ungekürzten Unterhaltsbetrag vereinnahmt hat.

Kein Abzug der Versicherungs-pauschale?

Für Regelbedarfe an alle BG-Mitglieder

Nach § 33 Abs. 1 SGB II erstreckt sich der Anspruchsübergang auf Leistungen zur Sicherung des Lebensunterhalts, die wegen der quotalen Verteilung von Einkommen in der BG bei Zahlung des Unterhalts für alle BG-Mitglieder erspart worden wären. Hätte das Jobcenter bei Zahlung des Unterhalts bedarfsüberdeckendes Kindergeld auf die Leistungen der übrigen BG-Mitglieder anrechnen können, geht der Unterhaltsanspruch auch in Höhe dieser Leistungen auf das Jobcenter über (§ 33 Abs. 1 Satz 3 SGB II). Siehe dazu BAG vom 21.3.2012 – 5 AZR 61/11; OLG Frankfurt vom 31.10.2014 – 6 UF 32/14.

Beispiel

F. lebt mit ihrer 15-jährigen Tochter L. in einer Mietwohnung. An Unterkunftskosten inklusive Heizung sind monatlich 380 € aufzuwenden. L. hat gegenüber ihrem Vater B. einen Unterhaltsanspruch in Höhe von 415 € eingeklagt. Weil B. nicht zahlt, beziehen F. und L. Alg II, aufstockend zu einem Erwerbseinkommen der F. in Höhe von bereinigt 130 € und Kindergeld von 190 €. Hätte B. seine Unterhaltspflicht erfüllt, wäre mit dem Unterhalt von 415 € und 81 € Kindergeld (näheres zu dieser Berechnung → S. 572) der SGB II-Bedarf von L. mit Ausnahme der Bedarfe nach § 28 SGB II gedeckt gewesen. Das Jobcenter hätte dann zusätzlich 109 € Kindergeld auf den Bedarf der F. anrechnen können. Der Unterhaltsanspruch ist somit in Höhe von 308 € gezahltes Alg II an L. (302 € Regelleistung abzüglich 190 € Kindergeld plus 190 € Unterkunftskosten) sowie der 109 €, die wegen Nichtzahlung des Unterhalts nicht auf den Bedarf der F. angerechnet werden konnten, übergegangen.

Nur bei rechtmäßiger SGB II-Leistung

Wurde Alg II/Sozialgeld zu Unrecht oder überhöht gezahlt, muss sich das Jobcenter direkt nach den §§ 45, 48 SGB X an den Leistungsempfänger halten (a. A. AG Ahaus vom 31.10.2013 – 12 F 132/13). Insoweit geht ein Unterhaltsanspruch nicht über. Der Anspruchsübergang ist auf die Unterhaltsansprüche beschränkt, die das Jobcenter auch ohne Geltendmachung seitens des Unterhaltsberechtigten berücksichtigen muss (→ S. 652).

Nur bei Leistungsfähigkeit i. S. SGB II

Nach § 33 Abs. 2 Satz 3 SGB II geht der Anspruch nur über, soweit der Unterhaltspflichtige nach SGB II-Maßstäben leistungsfähig ist. Dazu ist sein SGB II-bereinigtes Einkommen seinem fiktiven SGB II-Bedarf unter Einbeziehung etwaiger Mehrbedarfszuschläge und der vollen tatsächlichen Unterkunftskosten gegenüberzustellen. Vermögen ist nur zu berücksichtigen, soweit es die Freibetragsgrenzen nach § 12 SGB II übersteigt. Ergibt sich ein den fiktiven Bedarf übersteigendes Einkommen oder Vermögen, darf der Anspruch nur in der übersteigenden Höhe übergeleitet werden.

Der Wortlaut von § 33 Abs. 2 Satz 3 SGB II stellt nur auf eine SGB II-Hilfebedürftigkeit des Unterhaltspflichtigen selbst ab. Da die Mitglieder seiner BG jedoch ihrerseits Anspruch auf Alg II/Sozialgeld haben, wenn ihr Unterhalt nicht mehr durch den Unterhaltspflichtigen gesichert ist, müssen diese Personen in die SGB II-Bedarfsberechnung einbezogen werden, um eine bloße Verschiebung von Leistungsansprüchen von der aktuell betroffenen BG auf eine künftig betroffene BG zu vermeiden (BGH vom 23.10.2013 – XII ZB 570/12). In die SGB II-Bedarfsberechnung ist deshalb der Einkommensbetrag einzustellen, der dem Unterhaltspflichtigen und seinen weiteren, tatsächlich unterhaltenen und unterhaltsberechtigten Angehörigen, mit denen er in einer BG lebt, als laufende Leistungen zum Lebensunterhalt nach § 19 Satz 1 SGB II zustehen würde; dies gilt unabhängig von einem unterhaltsrechtlichen Vorrang der leistungsberechtigten Person, die aktuell Alg II/Sozialgeld erhält.

Abzustellen ist bei der SGB II-Bedarfsberechnung nur auf das tatsächlich vorhandene Einkommen oder Vermögen, da es bei der Prüfung des Übergangs darum geht, Hilfebedürftigkeit wegen Zahlung von Unterhalt auszuschließen (OLG Brandenburg vom 30.3.2011 – 13 UF 84/10). Gilt der Betroffene nach unterhaltsrechtlichen Maßstäben als leistungsfähig, weil ihm wegen eines vorwerfbaren Verlusts an Einkommen oder Vermögen (leichtfertige Kündigung der Arbeitsstelle, Glücksspiel usw.) fiktiv das verloren gegangene Einkommen oder Vermögen weiter zugerechnet wird (OLG Brandenburg vom 3.8.2010 – 10 UF 32/10 und vom 22.2.2011 – 10 UF 170/10), ist eine spätere Nachzahlung des nicht übergegangenen Unterhalts (OLG Hamm vom 6.1.2014 – II-3 UF 192/13) an den Unterhaltsberechtigten Einmaleinkommen, das auf die laufenden SGB II-Leistungen angerechnet wird.

Keine fiktive Berechnung

Da ein nur auf fiktiver Einkommenszurechnung beruhender Unterhaltsanspruch nach § 33 Abs. 2 Satz 3 SGB II nicht übergeht, kann ihn der Unterhaltsberechtigte ohne Rückabtretung nach § 33 Abs. 4 SGB II und ohne Gefährdung seines aktuellen Alg II-Leistungsanspruchs geltend machen. Verpflichtet ist er dazu schon deshalb nicht, weil er damit keine bereiten Mittel erlangt, sondern lediglich für den Fall, dass der Unterhaltspflichtige wieder zu Geld kommt, rückständige Unterhaltszahlungen sichert. Wenn sich der Unterhaltsberechtigte jedoch dazu entschließt, den Anspruch geltend zu machen, kann das Jobcenter eine Abtretung des Anspruchs in Höhe der erbrachten Leistungen verlangen, vorausgesetzt, es übernimmt sämtliche mit der Durchsetzung des Unterhaltsanspruchs verbundene Kosten.

Abtretung des Unterhaltsanspruchs

Mit der Neufassung von § 33 SGB II zum 1.4.2011 hat der Gesetzgeber eine Angleichung an die Parallelvorschrift des § 94 SGB XII erreichen wollen (BT-Drs. 16/1410, S. 68). Unverständlich ist daher, warum ins SGB II keine Härteklausel wie in § 94 Abs. 3 Nr. 2 SGB XII aufgenommen wurde. Die Rechtsprechung zu § 94 SGB XII bzw. zu der Vorgängerregelung des § 91 Abs. 2 Satz 2 BSHG verneint einen Anspruchsübergang wegen einer besonderen Härte bei:

Wertungswidersprüche zum SGB XII

- nachhaltiger Störung des Familienfriedens (strenger zu § 94 SGB XII BGH vom 23.6.2010 – XII ZR 170/08 und vom 15.9.2010 – XII ZR 148/09);

- unzumutbarer Beeinträchtigung der Angehörigen des Unterhaltspflichtigen (BayLSG vom 28.1.2014 – L 8 SO 21/12);

- tiefgreifender Entfremdung zwischen Unterhaltsberechtigtem und -pflichtigem (OLG Celle vom 26.5.2010 – 15 UF 272/09);

- Gefährdung des Schutzes bei Aufenthalt im Frauenhaus (BGH vom 23.6.2010 – XII ZR 170/08);

- soweit der Unterhaltspflichtige Kosten für die Besuchsfahrten zur Pflege des familiären Umgangs aufwendet (OLG Düsseldorf vom 27.2.2011 – II-7 UF 99/10).

Diese Umstände können für SGB II-Bezieher gleichfalls eine besondere Härte darstellen. Ob die Jobcenter, denen mit Umgestaltung des Anspruchsübergangs vom Überleitungsverwaltungsakt zum gesetzlichen Anspruchsübergang kein Ermessen mehr zusteht, Härtefallgesichtspunkte berücksichtigen, ist zweifelhaft. Umso sorgfältiger werden sie deshalb bei Prüfung, ob nach BGB-Maßstäben ein Unterhaltsanspruch besteht, geltend gemachten Verfehlungen des Unterhaltspflichtigen oder -berechtigten nachgehen müssen, falls sich deshalb der Unterhaltsanspruch mindert oder gar wegfällt (vgl. dazu etwa OLG Karlsruhe vom 17.8.2007 – 16 UF 258/06; LSG Berlin-Brandenburg vom 10.1.2014 – L 34 AS 1036/13; BGH vom 12.2.2014 – XII ZB 607/12).

Fiktiver Wohngeldanteil

Nach § 94 Abs. 1 Satz 6 SGB XII ist der Anspruchsübergang bei nachrangig zum Unterhaltsanspruch geleisteter Sozialhilfe (HLU) auf die Regelleistung plus 44 % der Unterkunftskosten begrenzt. 56 % der Unterkunftskosten werden als fiktives Wohngeld, das ohne Sozialhilfebedürftigkeit hätte beansprucht werden können, nicht vom Unterhaltspflichtigen gefordert (s. dazu OLG Karlsruhe vom 22.1.2016 – 20 UF 109/14). Unverständlich bleibt, warum der Gesetzgeber diese Regelung nicht auch in die Neufassung von § 33 SGB II aufgenommen hat.

In einem Unterhaltsprozess kann der Wohnkostenanteil nicht als ein den Unterhaltsbedarf mindernder Einkommensposten angesetzt werden (OLG Celle vom 15.3.2006 – 15 UF 54/05; OLG Sachsen-Anhalt vom 18.10.2006 – 3 UF 73/06).

SGB XII geht vor

Wurde einem Hilfebedürftigen zu Unrecht Alg II statt Grundsicherung nach dem SGB XII gewährt, gehen Unterhaltsansprüche nur insoweit auf das Jobcenter über, als die Ansprüche bei der Gewährung von SGB XII-Leistungen nach § 94 SGB XII übergegangen wären (OLG Frankfurt vom 28.7.2011 – 2 UF 78/11).

2   Auskünfte über Unterhaltspflicht

Die zur Prüfung des Unterhaltsanspruchs erforderlichen Informationen kann sich das Jobcenter beim Unterhaltspflichtigen per Verwaltungsakt über § 60 Abs. 2 SGB II holen, notfalls über eine Zwangsgeldfestsetzung. Wegen der Befugnisse nach § 60 SGB II ggf. i. V. m. § 1605 Abs. 1 BGB ist eine Versagung des Alg II nach § 66 SGB I rechtswidrig (LSG Berlin-Brandenburg vom 26.4.2012 – L 18 AS 2167/11).

Auskunftspflichtig nach § 60 Abs. 2 SGB II sind

- Verwandte in gerader Linie untereinander;
- getrennt lebende Ehegatten;
- geschiedene Ehegatten;
- Partner einer eingetragenen Lebenspartnerschaft nach Trennung oder Aufhebung der Lebenspartnerschaft;
- der Vater gegenüber der Mutter aus Anlass der Geburt eines nichtehelichen Kindes.

Auskunfts-pflichtige

Die Auskunftspflicht nach § 60 SGB II umfasst sowohl die Unterhaltspflicht selbst als auch das Einkommen und Vermögen des Unterhaltspflichtigen (KG Berlin vom 5.9.2001 – 2 Ss 202/01: zur vergleichbaren Vorschrift des § 315 Abs. 2 Satz 3 SGB III).

Nicht verlangt werden können Auskünfte, die in keinem Zusammenhang zum Einkommen und Vermögen des Partners stehen. Derartige Formblätter brauchen nicht ausgefüllt zu werden (LSG Sachsen-Anhalt vom 27.3.2014 – L 2 AS 877/12: Anlage WEP muss vom BG-Partner nicht ausgefüllt werden; ebenso SG Gießen vom 23.2.2016 – S 22 AS 1015/14).

Formblätter-Abfragen unzulässig

Auch wenn der Betroffene meint, es fehle offensichtlich an einer Unterhaltspflicht, darf er bei Aufforderung zur Auskunft deshalb nicht einfach untätig bleiben, sondern muss die Gründe darlegen, die seiner Meinung nach einer gesetzlichen Unterhaltspflicht entgegenstehen. Nur wenn er das offensichtliche Nichtbestehen einer Unterhaltspflicht geltend machen kann, braucht er keine Auskunft zu erteilen (BayVGH vom 8.7.2004 – 12 B 99.3020; LSG NRW vom 29.1.2007 – L 1 AS 12/06 und vom 4.12.2007 – L 19 B 130/07 AS; LSG Sachsen vom 7.5.2013 – L 3 AS 534/12 B PKH und vom 8.5.2014 – L 3 AS 518/12).

Ist der Regelbedarf des Kindes mit laufend gezahltem Unterhalt gedeckt, kann der zahlende Unterhaltspflichtige nicht lediglich zum Zweck der (weitergehenden) Anrechnung von Kindergeld auf den Bedarf des Elternteils, mit dem das Kind zusammenlebt, zur Auskunft über seine Einkommensverhältnisse verpflichtet werden (LSG Baden-Württemberg vom 27.9.2011 – L 13 AS 4950/10; LSG Sachsen-Anhalt vom 24.6.2014 – L 4 AS 798/12).

Keine Auskunftspflicht zu bedarfsüberdeckendem Einkommen

Auskunft kann in der Regel nur verlangt werden über **eigene** Einkommens- und Vermögensverhältnisse des Unterhaltspflichtigen (BSG vom 25.6.2015 – B 14 AS 30/14 R).
Die Vorschrift des § 117 SGB XII, die auch den Ehepartner des Unterhaltspflichtigen zur Auskunft zwingt (HessLSG vom 29.12.2008 – L 7 SO 62/08 B ER), kann nicht analog herangezogen oder über einen Fragebogen realisiert (LSG Sachsen-Anhalt vom 24.6.2014 – L 4 AS 798/12) werden. Die auf das Jobcenter übergeleitete Auskunftspflicht nach § 1605 BGB gibt jedoch die Möglichkeit, Auskunft über die Einkommensverhältnisse des Ehegatten eines Unterhaltspflichtigen zu erlangen, soweit dies erforderlich ist, um hierüber die unterhaltsrechtliche

Keine Auskunftspflicht über Partnereinkommen

Leistungsfähigkeit bestimmen zu können (OLG Thüringen vom 3.7.2008 – 1 UF 397/07; OLG Hamm vom 15.12.2010 – 5 WF 157/10).

Kein Geheimhaltungsinteresse

Die gesetzlich angeordnete Auskunftspflicht kann nicht über eine vertragliche Vereinbarung ausgehebelt werden (vgl. BGH vom 10.8.2005 – XII ZB 63/05: Verpflichtung zur Auskunft über die Höhe einer gezahlten Abfindung trotz Geheimhaltungsklausel im Aufhebungsvertrag).

Auch bei Unterhaltsverzicht

Die Auskunftspflicht nach § 60 SGB II kann nicht unter Verweis auf einen zivilrechtlichen Unterhaltsverzicht abgewehrt werden (LSG Berlin-Brandenburg vom 24.4.2009 – L 32 AS 1865/08). Der Verzicht könnte unwirksam sein; dies muss das Jobcenter prüfen können (LSG NRW vom 4.12.2007 – L 19 B 130/07 AS; s. auch LSG Sachsen-Anhalt vom 8.5.2014 – L 3 AS 518/12). Eine irrtümlich auf die Annahme einer Einstandsgemeinschaft gestütztes Auskunftsersuchen nach § 60 Abs. 4 SGB II kann nicht als Auskunft über eventuelle Unterhaltsansprüche nach Trennung gemäß § 60 Abs. 2 SGB II aufrecht erhalten werden (BSG vom 24.2.2011 – B 14 AS 87/09 R).

Belegpflicht

Die Pflicht zur Auskunft nach § 1605 BGB oder nach § 60 Abs. 2 SGB II umfasst auch die Vorlage von Belegen über die Einkünfte (LSG NRW vom 4.12.2007 – L 19 B 130/07 AS; zu den inhaltlichen Anforderungen an die Belegpflicht s. OLG Brandenburg vom 29.10.2007 – 10 WF 195/07; KG Berlin vom 9.2.2012 – 17 WF 18/12). Eine Pflicht zur Vorlage des Arbeitsvertrags besteht nur, soweit ohne ihn der Unterhaltsanspruch nicht bemessen werden kann (OLG Stuttgart vom 11.8.2009 – 17 UF 73/09).

Nicht bei Partnerauskunft

§ 60 Abs. 4 Satz 1 Nr. 1 SGB II gibt dem Jobcenter keine Befugnis, neben der bloßen Auskunft zu Einkommen oder Vermögen auch die Vorlage entsprechender Belege zu fordern (LSG Sachsen-Anhalt vom 27.3.2014 – L 2 AS 877/12). Nachweise zu seinen Vermögensverhältnissen muss der Auskunftspflichtige nach LSG NRW vom 29.1.2007 – L 1 AS 12/06; SG Dresden vom 21.6.2011 – S 21 AS 1604/10 nicht vorlegen.

Das Jobcenter ist nicht daran gehindert, nach Ablauf eines Bewilligungsabschnitts erneut Auskünfte von den nach § 60 Abs. 2 SGB II verpflichteten Personen einzuholen. Die Zweijahressperrfrist des § 1605 Abs. 2 BGB gilt für sozialrechtliche Auskunftspflichten nicht (KG Berlin vom 5.9.2001 – 2 Ss 202/01; LSG NRW vom 11.1.2006 – L 1 B 18/05 AS ER; s. aber LSG Sachsen-Anhalt vom 8.5.2014 – L 3 AS 518/12).

Verwaltungszwang

§ 60 SGB II enthält die Befugnis, das Auskunftsersuchen im Wege eines Verwaltungsaktes geltend zu machen und diesen auch mit den Mitteln der Verwaltungsvollstreckung durchzusetzen (LSG Berlin-Brandenburg vom 14.6. 2007 – L 28 B 769/07 AS ER und vom 29.1.2008 – L 10 B 2125/07 AS ER; LSG Niedersachsen-Bremen vom 20.4.2007 – L 13 AS 40/07 ER). Bei schuldhafter Verletzung der Auskunftspflicht kann den Verpflichteten ein Bußgeld oder sogar eine

Schadensersatzforderung treffen (LSG Berlin-Brandenburg vom 7.12.2007 – L 5 B 1556/07 AS ER und vom 6.5.2008 – L 5 B 125/08 AS ER). Nach LSG Berlin-Brandenburg vom 12.11.2007 – L 28 B 1830/07 AS ER ist vor Einholung einer Auskunft die Zustimmung des SGB II-Antragstellers nicht erforderlich, wenn von dem Dritten lediglich Auskünfte über dessen eigene Einkommens- und Vermögensverhältnisse begehrt werden (a. A. Armborst, info also, 2007, S. 147 ff.).

3   Durchsetzung des übergegangenen Unterhaltsanspruchs

Der Übergang eines Unterhaltsanspruchs bedeutet nicht, dass tatsächlich ein Unterhaltsanspruch besteht. Hierüber hat im Zweifel allein das zuständige Familiengericht zu entscheiden. Der vom Jobcenter in Anspruch Genommene ist dadurch geschützt, dass ohne einen rechtskräftigen Unterhaltstitel das Jobcenter den Unterhaltsanspruch nicht mit Mitteln des Verwaltungsrechts durchsetzen kann. Eine Aufforderung an den Betroffenen, Unterhalt in Höhe des übergegangenen Anspruchs zu zahlen, ist kein mit den Mitteln des öffentlichen Rechts erzwingbarer Verwaltungsakt.

Familiengericht entscheidet

Mit dem Anspruchsübergang entfällt die Befugnis des Leistungsberechtigten, wirksam auf seine zeitgleich mit den gewährten Alg II/Sozialgeld bestehenden Unterhaltsansprüche zu verzichten (SG Schwerin vom 15.6.2010 – S 19 AS 614/08). Einem Verzicht nach Anspruchsübergang, d. h. für zukünftige Unterhaltsansprüche, sind enge Grenzen gesetzt, weil mit dem Übergang auch die zukünftigen Ansprüche unter dem Vorbehalt der weiteren, nicht nur vorübergehenden (länger als voraussichtlich sechs Monate) Hilfegewährung auf das Jobcenter übergehen. Ein Unterhaltsverzicht wäre deshalb eine nach § 138 BGB unwirksame Belastung des Jobcenters, auch wenn diese nicht beabsichtigt ist, es jedoch nach den Umständen klar ist, dass infolge des Unterhaltsverzichts Leistungen nach dem SGB II beansprucht werden müssen (vgl. BGH vom 22.11.2006 – XII ZR 119/04 und vom 28.3.2007 – XII ZR 119/04: sittenwidriger Unterhaltsverzicht, wenn absehbar ist, dass ausländischer Ehegatte ohne Partnerversorgung nicht überleben kann). Eine Freistellungsvereinbarung der Eltern eines nichtehelichen Kindes hinsichtlich des Kindesunterhalts ist unwirksam, wenn der den anderen Elternteil freistellende betreuende Elternteil nicht in der Lage ist, den eigenen Unterhalt und den Unterhalt des Kindes zu decken (OLG Frankfurt vom 21.3.2007 – 6 WF 28/07).

Kein Unterhalts-verzicht

Ist ein Unterhaltsverzicht zwar wirksam, kann die Berufung hierauf dennoch treuwidrig sein, wenn sich die Lebensumstände unerwartet und in einer Weise, die den Unterhaltsverzicht unbillig erscheinen lassen, verändert haben, z. B. durch Geburt eines gemeinsamen Kindes oder Erkrankung des Partners (vgl. OLG Stuttgart vom 11.11.2004 – 11 U F 222/03).

Zukünftiger Unterhalt ist nach § 1614 BGB unverzichtbar. Unwirksam sind daher Abreden, Unterhaltsansprüche nicht geltend zu machen

Zukünftiger Unterhalt unverzichtbar

(BGH vom 29.1.2014 – XII ZB 303/13) oder auf einen erheblichen Teil des Unterhalt zu verzichten (OLG Thüringen vom 24.10.2013 – 1 UF 353/13).

Rückübertragung des übergegangenen Anspruchs

§ 33 Abs. 4 SGB II eröffnet dem Jobcenter die Möglichkeit, den übergegangenen Anspruch durch Rückübertragung auf den ursprünglich Unterhaltsberechtigten von diesem selbst durchsetzen zu lassen. Dies darf aber nur »im Einvernehmen« mit dem Leistungsberechtigten geschehen. Einen Rechtsanspruch auf Rückübertragung hat der Unterhaltsgläubiger nach BayLSG vom 5.11.2012 – L 7 AS 493/12 B PKH nicht; § 33 Abs. 4 SGB II sei eine bloße Befugnisnorm des Jobcenters. Im Fall einer Rückübertragung muss das Jobcenter die Kosten der Anspruchsdurchsetzung tragen (LSG NRW vom 1.12.2009 – L 19 B 239/09 AS). Da Einzelheiten zu Grund und Umfang der Kostentragung, darunter die Gewährung von Prozesskostenhilfe (vgl. dazu OLG Schleswig-Holstein vom 15.11.2007 – 15 WF 304/07; OLG Köln vom 20.8.2008 – II-4 WF 94/08; BGH vom 2.4.2008 – XII ZB 266/03), sehr umstritten sind, ist darauf zu achten, dass im Wege einer schriftlichen Erklärung die Kostenübernahme zugesichert wird, die auch Kosten vor Anrufung des Familiengerichts (Beratung durch einen Anwalt, Mahnschreiben usw.) einschließt (LSG NRW vom 1.12.2009 – L 19 B 239/09 AS). Soweit Unterhaltsansprüche für die Vergangenheit durchgesetzt werden, erlangt das Jobcenter nach § 48 Abs. 1 Satz 2 Nr. 3 SGB X einen Erstattungsanspruch. Durch Abtretung des Unterhaltsanspruchs kann er sich die Erstattungsforderung vom Unterhaltspflichtigen erfüllen lassen.

Nach einem PKH-Beschluss des Saarländischen OLG vom 12.3.2004 – 2 WF 12/04 bietet die Rückübertragung den Vorteil, dass der Unterhaltsberechtigte nicht an die Schutzvorschrift des § 33 Abs. 2 Satz 3 SGB II (Prüfung der SGB II-Bedürftigkeit bei Zahlung von Unterhalt) gebunden ist:

> »Hat aber der Träger der Sozialhilfe – wie hier – den ganz oder teilweise auf ihn übergegangenen Unterhaltsanspruch auf den Unterhaltsberechtigten zurück übertragen, steht der Anspruch dem Berechtigten wiederum – und zwar unabhängig davon, in welchem Umfang er zuvor auf den Sozialhilfeträger übergegangen war – in der ursprünglichen Höhe zu; der Vorlage einer Vergleichsberechnung zwecks Klärung des Anspruchsüberganges bedarf es in diesem Fall im Prozeß nicht.«

Dem Unterhaltsberechtigten war daher PKH bewilligt worden, obwohl es nach dem Vorbringen in der Unterhaltsklage nahe lag, dass der Unterhaltspflichtige bei Zahlung von Unterhalt hilfebedürftig würde.

Schonvermögen schont Unterhaltspflichtigen

Maßstab für das Bestehen eines Unterhaltsanspruchs ist allein das BGB. Dies kann bei Leistungsberechtigten, die über Schonvermögen nach § 12 SGB II verfügen, zu Durchbrechungen des Nachranggrundsatzes führen, da es im Unterhaltsrecht keine Schutzvorschriften zugunsten bestimmter Vermögensteile gibt. Stattdessen wird die Bedürftigkeit des Vermögenden, der Unterhalt fordert, je nach Lage des Einzelfalls danach beurteilt, ob der Einsatz des Vermögens unwirtschaftlich oder unbillig (beim nachehelichen Unterhalt gemäß § 1577 BGB) oder unzumutbar (beim Verwandtenunterhalt gemäß § 1602 Abs. 2 BGB) ist. Dies kann zur Folge haben, dass zwar ein Anspruch auf Alg II besteht, ein Unterhaltsanspruch jedoch wegen zumutbaren Vermögenseinsatzes oder fehlender Bedürftigkeit nicht besteht.

Die 19-jährige L. befindet sich in der Abschlussklasse des Gymnasiums. Sie lebt mit ihrer Mutter im gemeinsamen Haushalt. Beide beziehen Alg II. Der Vater von L. ist unter Verweis auf Sparvermögen der L. in Höhe von 3.000 € (= Schonvermögen nach § 12 Abs. 2 Nr. 1 SGB II) nicht bereit, Unterhalt zu zahlen. Nach der Rechtsprechung (OLG Düsseldorf vom 26.3.1990 – 7 UF 220/89; BGH vom 5.11.1997, NJW 1998, S. 978 ff.) ist L. unterhaltsrechtlich nicht bedürftig, da sie über mehr als einen »Notgroschen« (1.600 € nach § 90 SGB XII) verfügt.

Beispiel

Liegt schon ein rechtskräftiger Unterhaltstitel vor (Urteil, Urkunde des Jugendamtes, Unterhaltsvergleich mit Vollstreckungsklausel) ist das Jobcenter nach Anspruchsüberleitung berechtigt, den Titel auf sich, d.h. auf die Jobcenter und nicht auf die Körperschaften, die sie errichtet haben (OLG Zweibrücken vom 18.4.2007 – 5 WF 16/07; s. auch OLG Hamm vom 10.7.2014 – II-11 WF 95/14), umschreiben zu lassen (§ 727 ZPO), um dann eventuell die Zwangsvollstreckung zu betreiben. Zur Titelumschreibung genügt die Versicherung des Jobcenters, von einer bestehenden oder drohenden Hilfebedürftigkeit des Unterhaltsschuldners keine Kenntnis zu haben (OLG Stuttgart vom 9.10.2007 – 8 WF 128/07 und vom 13.8.2012 – 8 WF 88/11). Das OLG Hamm vom 28.1.2011 – II-12 UF 4/11 verlangt zum Nachweis der Berechtigung zur Titelumschreibung für Leistungen, die wegen der Nichtzahlung von Kindesunterhalt erbracht wurden, dass das Kind mit demjenigen, an den bei rechtzeitiger Leistung des Unterhalts keine oder geringere Leistungen erbracht worden wären, in einer Haushaltsgemeinschaft zusammen lebt.

*Titel-
umschreibung*

Ist der in einer Urkunde des Jugendamtes titulierte Unterhalt niedriger als der zustehende Unterhalt, ist die Differenz durch eine Titelergänzungsklage geltend zu machen (OLG Sachsen-Anhalt vom 10.10.2007 – 8 WF 226/07).

Titelergänzung

Auch bei Vorliegen eines Unterhaltstitels ist der Unterhaltspflichtige im Rahmen der zur Feststellung des Anspruchsübergangs zu prüfenden SGB II-Leistungsfähigkeit gemäß § 33 Abs. 2 Satz 3 SGB II zu seinen aktuellen wirtschaftlichen Verhältnissen anzuhören. Stellt sich dabei heraus, dass er außerstande ist, den titulierten Unterhalt in der festgesetzten Höhe zu leisten, darf der Titel nur im Umfang der nachgewiesenen Leistungsfähigkeit ausgeschöpft werden.

Anhörung

Sollte sich die wirtschaftliche Lage der Unterhaltspflichtigen **verschlechtert** haben, kann der Unterhaltspflichtige eine Abänderungsklage nach § 323 ZPO erheben, die in Höhe des übergegangenen Unterhaltsanspruchs gegen das Jobcenter zu führen ist (OLG Thüringen vom 19.5.2008 – 1 WF 414/07).

Sollten sich die wirtschaftlichen Verhältnisse des Unterhaltspflichtigen **verbessert** haben, kann das Jobcenter eine Anpassung des Titels an die veränderten wirtschaftlichen Verhältnisse im Wege einer Abänderungsklage durchsetzen.

III Heranziehung des Unterhaltspflichtigen auf sonstige Weise

Die Überleitung des Unterhaltsanspruchs nach § 33 SGB II hindert das Jobcenter nicht, zusätzlich noch andere gesetzlich vorgesehene Wege zur Durchsetzung des Nachranggrundsatzes und zur Realisierung geschuldeten Unterhalts zu beschreiten. Die wichtigsten Gestaltungsmöglichkeiten sind

- der Zugriff auf Leistungen nach dem Unterhaltsvorschussgesetz (UVG),
- die Abzweigung nach § 48 SGB I, falls der Unterhaltspflichtige laufende Sozialleistungen (Alg I, Krankengeld, Rente usw.) bezieht und
- die Pfändung.

1 Unterhaltsvorschuss

Den Vorrang der UVG-Leistungen gegenüber dem Sozialgeld kann das Jobcenter dadurch durchsetzen, dass es vom Alg II beziehenden Elternteil die Beantragung von Unterhaltsvorschuss fordert (zur Pflicht, UVG-Leistungen zu beantragen, s. VG Darmstadt vom 23.3.2012 – 5 K 11390/10.DA) und gleichzeitig beim leistungspflichtigen Jugendamt einen Erstattungsanspruch nach § 104 SGB X anmeldet. Verzögert oder verweigert der Elternteil die Antragstellung, ist das Jobcenter nach § 5 Abs. 3 SGB II berechtigt, selbst den Unterhaltsvorschuss zu beantragen (zum Umfang des Übergangs s. OLG Koblenz vom 15.10.2014 – 13 UF 364/14).

Da das Jobcenter mit Zahlung von Sozialgeld Inhaber des Unterhaltsanspruchs des Kindes gegen den leiblichen Elternteil geworden ist, erfolgt die Erstattung des Unterhaltsvorschusses an das Jobcenter über eine Abtretung des Unterhaltsanspruchs an das Jugendamt (die Unterhaltsvorschussstelle) in Höhe der jeweiligen monatlichen Erstattungsleistung. Der Erstattungsanspruch besteht ab Zustellung der Bedarfsanzeige an den Unterhaltspflichtigen (§ 33 Abs. 3 Satz 1 SGB II). Er umfasst nach § 33 Abs. 1 Satz 3 SGB II das Sozialgeld für das Kind und etwaiges bedarfsüberdeckendes Kindergeld, soweit es auf den Bedarf des Elternteils angerechnet werden darf.

Beispiel

A. wohnt mit ihrem vierjährigen Kind R. mietfrei bei ihren Eltern. A. und R. haben Anspruch auf Alg II bzw. Sozialgeld. Das Jobcenter zahlt für R. 237 € – 190 € Kindergeld = 47 € Sozialgeld. Es fordert A. auf, Unterhaltsvorschuss zu beantragen. Bei Zahlung von Unterhaltsvorschuss in Höhe von 145 € wäre ein Betrag von 68 € an bereinigtem, bedarfsüberdeckendem Kindergeld auf den Bedarf der A. anzurechnen.

Bedarf R.	237,00 €
– Unterhaltsvorschuss	– 145,00 €
– Kindergeld	– 190,00 €
= Bedarfsüberdeckendes Kindergeld	**= – 98,00 €**
= Einkommen der A., um 30 € zu bereinigen (→ S. 572)	

Da der Unterhaltsvorschuss seit dem 1.1.2008 auf den Mindestunterhalt nach § 1612a BGB abzüglich des vollen Kindergeldes festgesetzt wurde (= 145 € in der ersten Altersklasse bis zum 6. Geburtstag und 194 € vom 6. bis zum 12. Geburtstag), liegen die UVG-Zahlungen immer 95 € (halbes Kindergeld) unter dem Mindestunterhalt. Insoweit geht der Unterhaltsanspruch direkt auf das Jobcenter über.

2   Abzweigung

Die Abzweigung nach § 48 Abs. 1 Satz 4 SGB I verschafft dem Jobcenter eine rasche und im Sozialrechtsweg durchsetzbare Erfüllung einer Unterhaltsschuld. Die gleichzeitige Überleitung des Unterhaltsanspruchs verpflichtet das Jobcenter nicht zu einer Unterhaltsklage vor dem Familiengericht (vgl. AG Montabaur vom 10.3.2003, FamRZ 2003, S. 1332 f.).

Abzweigung ohne Unterhaltstitel

Eine Abzweigung von Sozialleistungen nach § 48 Abs. 1 SGB I ist nur zulässig, wenn eine Unterhaltspflicht besteht. Dies muss das Jobcenter vor einer Abzweigung prüfen, wenn der Unterhalt nicht tituliert ist (SG Koblenz vom 2.11.2010 – S 16 AS 1246/09). Das beurteilt sich nach den Vorschriften des BGB. Bei der Festlegung des Selbstbehalts darf dem Leistungsberechtigten deshalb kein geringerer Selbstbehalt belassen werden, als ihm unterhaltsrechtlich zusteht (SG Düsseldorf vom 29.1.2007 – S 28 AS 178/06). Maßstab sind, wenn kein Unterhaltstitel vorliegt, die Selbstbehalte Erwerbsloser nach der Düsseldorfer Tabelle (LSG Niedersachsen-Bremen vom 23.2.2012 – L 9 AS 764/11).

Selbstbehalt nach BGB

Liegt ein Unterhaltstitel vor, ist in der Regel nur ein Selbstbehalt in Höhe des Regelbedarfs zu belassen (BSG vom 17.3.2009 – B 14 AS 34/07 R; BayLSG vom 27.8.2009 – L 10 AL 102/09 B PKH; LSG Baden-Württemberg vom 18.6.2013 – L 11 R 3828/11). Die Freibeträge nach § 11b Abs. 2 und 3 SGB II gehören zum Mindestselbstbehalt des erwerbstätigen Aufstockers und sind daher nicht abzweigbar (SG Trier vom 31.1.2014 – S 4 AS 89/13; SG Hannover vom 23.6.2014 – S 74 AS 176/13; LSG Niedersachsen-Bremen vom 21.1.2016 – L 6 AS 1200/13). Bei Erfüllung der laufenden Unterhaltsschuld über eine Abzweigung nach § 48 SGB I entfällt der Anspruch auf Unterhaltsleistungen nach dem Unterhaltsvorschussgesetz (OVG NRW vom 5.8.2010 – 12 A 104/09).

Abzweigung bei Unterhaltstitel

3   Pfändung

Maßstab für die Pfändung zum Zweck der Erfüllung einer Unterhaltspflicht ist § 850d ZPO. Dabei ist dem Unterhaltspflichtigen zumindest das mit den SGB XII-Regelbedarfen definierte Existenzminimum zu belassen (BGH vom 25.11.2010 – VII ZB 111/09), zuzüglich etwaiger Mehrbedarfe nach § 30 SGB XII (LG Heilbronn vom 13.6.2012 – 1 T 64/12); nach SG Hannover vom 7.6.2013 – S 31 AS 1756/11 gehören die Freibeträge für Erwerbstätigkeit nicht zum pfändungsgeschützten Existenzminimum (a. A. LG Dessau vom 29.8.2011 – 1 T 175/11; SG Trier vom 31.1.2014 – S 4 AS 89/13; SG Hannover vom 23.6.2014 – S 74 AS 176/13). Zusätzliche existenznotwendige Bedarfe muss er über einen Antrag auf Erhöhung des pfändungsfreien Betrags nach § 850f ZPO geltend machen. Nach LG Augsburg vom 10.12.2010 – 042 T 4132/10 sind Umgangskosten nach Maßgabe von § 21 Abs. 6 SGB II nicht berücksichtigungsfähig.

Ob Einstandspflichten des Unterhaltsschuldners für Stiefkinder in der BG eine Erhöhung des pfändungsfreien Betrages rechtfertigen, ist umstritten (bejaht von OLG Frankfurt 4.7.2008 – 24 U 146/07; LG Essen vom 4.9.2014 – 7 T 285/14; verneint von OVG Lüneburg vom 8.3.2011 – 5 LA 215/10; LG Heilbronn vom 28.11.2011 – 1 T 327/11 Hn).

M Kinderzuschlag
§ 6a Bundeskindergeldgesetz (BKGG)

I **Übersicht**

Der Kinderzuschlag ist für Eltern gedacht, die zwar soviel verdienen und an Vermögen besitzen, dass sie sich selbst unterhalten können, aber nicht genug verdienen oder besitzen, um auch noch die im Haushalt lebenden Kinder bis zum 25. Geburtstag zu unterhalten. Sie sollen nicht allein wegen der Unterhaltslast für die Kinder SGB II-hilfebedürftig werden.

Zweck des Kinderzuschlags

Die Leistungsfähigkeit eines unterhaltspflichtigen Elternteils gegenüber Kindern außerhalb seines Haushalts wird durch die Gewährung des Kinderzuschlags nicht erhöht, kommt diesen Kindern daher nicht zugute (OLG Düsseldorf vom 19.8.2013 – II-1 WF 310/11; a. A. OLG Brandenburg vom 4.3.2013 – 9 UF 188/12).

Unterhaltsrechtlich neutral?

Wegen sachwidriger Mindesteinkommens- und Höchsteinkommensgrenzen (vom BSG am 9.3.2016 – B 14 KG 1/15 R nicht beanstandet), der geringen Höhe des Zuschlagsbetrags und einem »Mini«-Wahlrecht zwischen Kinderzuschlag oder Leistungen nach dem SGB II, gelingt die Flucht aus dem SGB II in der Regel nur durch einen Verzicht auf existenzsichernde Leistungen. Dies zeigt Johannes Steffen, Hintergrund: Wahlrecht beim Kinderzuschlag und »Dunkelziffer der Armut«, Erwerbstätige Alleinerziehende in den Fängen von »Hartz IV« (abrufbar unter www.ak-sozialpolitik.de) sehr anschaulich und mit vielen Rechenbeispielen.

Ernüchternde Bilanz

Der Kinderzuschlag markiert eine Grenze zwischen zwei unterschiedlichen Transfersystemen: Auf der einen Seite das SGB II-Leistungssystem, auf der anderen das Kindergeld- und Wohngeld-Leistungssystem, d.h., Kindergeld und Wohngeld sind bei der Prüfung, ob der Kinderzuschlag Hilfebedürftigkeit verhindert, zu berücksichtigen (LSG Niedersachsen-Bremen vom 22.10.2013 – L 15 BK 1/13; SG Osnabrück vom 10.2.2016 – S 27 BK 6/14; a.A. LSG Sachsen-Anhalt vom 25.11.2015 – L 5 BK 2/15 B).

Was umfasst der Kinderzuschlag?

Der Kinderzuschlag wird nur gezahlt, wenn hierdurch Hilfebedürftigkeit i.S. des § 9 SGB II vermieden wird. Dabei bleiben die Bedarfe nach § 28 SGB II außer Betracht (§ 6a Abs. 4 Satz 2 BKGG), weil sie Kinderzuschlagsberechtigten nach einem neu eingefügten § 6b BKGG gesondert zum Kinderzuschlag erbracht werden. Der Kinderzuschlag umfasst mithin für jedes zu berücksichtigende Kind
 – eine Geldleistung (seit 1.7.2016 160 € monatlich),
 – eintägige Schul- und Kitaausflüge (tatsächliche Kosten),
 – mehrtägige Klassen- und Kitafahrten (tatsächliche Kosten),
 – den persönlichen Schulbedarf (30 € + 70 € jährlich),
 – die Schülerbeförderung (tatsächliche Kosten abzüglich Eigenanteil),
 – Lernförderungen (tatsächliche Kosten),
 – die Teilnahme an einer gemeinschaftlichen Mittagsverpflegung in Schule oder Kita abzüglich Eigenanteil (1 € pro Essen)
 – Leistungen zur Teilnahme am sozialen und kulturellen Leben für Kinder bis zum 18. Geburtstag (10 € monatlich).

Wegen der Einzelheiten zu den Leistungen nach § 28 SGB II → S. 302 ff..

Vorrangige Hilfeleistungen

Nach § 6a Abs. 3 Satz 3 BKGG besteht kein Anspruch auf Kinderzuschlag für Zeiträume, in denen zumutbare Anstrengungen unterlassen wurden, Einkommen des Kindes zu erzielen. In der Gesetzesbegründung (BT-Drs. 16/1410, S. 90) werden als vorrangiges Einkommen insbesondere Unterhalt oder Unterhaltsvorschuss genannt. Es könne erwartet werden, dass zumutbare Anstrengungen, wie die Beantragung einer Beistandschaft zum Zwecke der Geltendmachung des Unterhaltsanspruchs oder die Beantragung von Leistungen nach dem Unterhaltsvorschussgesetz unternommen werden.
In der Regel geht der knapp bemessene Kinderzuschlag bei Anrechnung von Unterhalt oder Unterhaltsvorschuss verloren. Allein Erziehende bekommen daher häufig keinen Kinderzuschlag. Das LSG Rheinland-Pfalz sieht darin keine willkürliche Schlechterstellung allein Erziehender gegenüber Paaren (LSG Rheinland-Pfalz vom 2.11.2006 – L 5 KG 1/05; LSG Berlin-Brandenburg vom 24.2.2009 – L 14 KG 5/08).

Wer bekommt den Kinderzuschlag?

Als Eltern, die gemäß § 6a BKGG Kinderzuschlag erhalten können, gelten Personen, die mit Kindern und jungen unverheirateten oder nicht verpartnerten (Gesetzesfassung seit 1.7.2013) Volljährigen bis zum 25. Geburtstag im gemeinsamen Haushalt leben, für die sie Anspruch auf Kindergeld nach §§ 62 ff. EStG oder vergleichbare Leistungen nach § 4 BKGG haben.
Anspruch auf Kindergeld haben Personen mit Wohnsitz oder gewöhnlichem Aufenthalt im Bundesgebiet (BSG vom 28.10.2009 – B 14 KG 1/09 B – kein Kinderzuschlag bei gewöhnlichem Aufenthalt in Paraguay; s. auch BayLSG vom 8.12.2011 – L 7 BK 12/11).

Im Inland lebende Drittstaatsangehörige haben nach § 62 EStG nur auf der Grundlage besonderer, qualifizierter Aufenthaltstitel Anspruch auf Kindergeld; dazu gehören insbesondere die

Drittstaats-
angehörige

– Niederlassungserlaubnis nach §§ 9, 19, 20, 23, 26 AufenthG;
– Aufenthaltserlaubnis zu Erwerbszwecken nach §§ 18, 21 AufenthG;
– Aufenthaltserlaubnis für getrennt lebende Ehegatten mit eigenem Aufenthaltsrecht nach § 31 AufenthG;
– Aufenthaltserlaubnis als Konventionsflüchtling oder Asylberechtigter nach § 25 AufenthG.

Eltern von jungen Volljährigen erhalten Kindergeld unter den in § 32 Abs. 4 oder Abs. 5 EStG genannten Voraussetzungen. Die für Leistungsansprüche nach dem SGB II und nach §§ 6a, 6b BKGG wichtigsten Fälle sind:

Kindergeld ab
Volljährigkeit

■ **Zeiten der Arbeitslosigkeit mit Arbeitsuchmeldung**.
Es ist eine Meldung als Arbeitsuchender bei der AA erforderlich, die grundsätzlich als Nachweis für eine ernsthafte Arbeitsuche ausreichten (BFH vom 18.2.2016 – V R 22/165; zum Beweiswert einer Bescheinigung nach § 58 SGB VI s. BFH vom 22.9.2011 – III R 30/08). Erfolgte eine Meldung, die aber nicht als Meldung nach § 141 SGB III registriert wurde, geht das nicht zulasten des Kindes (FG Sachsen vom 24.3.2009 – 5 K 2355/06 (Kg); BFH vom 26.7.2012 – III R 70/10). Hat die AA das arbeitsuchende Kind nach § 38 SGB III aus der Vermittlung abgemeldet, ohne dass die Arbeitsuchmeldung i.S. des § 32 Abs. 4 Satz 1 Nr. 1 EStG erloschen ist (im konkreten Fall war die schuldhafte Verletzung der Meldepflicht, die zur Einstellung der Vermittlungstätigkeit der AA geführt hatte, nicht nachweisbar), ergibt sich aus § 38 SGB III keine für den Kindergeldanspruch zu beachtende Meldepflicht, bei deren Verletzung die Arbeitsuchmeldung entfällt (BFH vom 10.4.2014 – III R 37/12; s. auch BFH vom 10.4.2014 – III R 19/12 und vom 19.3.2014 – III S 22/13). Eine Vorsprache nur bei der Berufsberatung der AA (BFH vom 9.2.2012 – III R 68/10) oder eine bloß formale Meldung ohne ernsthafte Arbeitsuche genügt nach BFH vom 25.9.2008 – III R 91/07 ebenso wenig wie eigeninitiative Bewerbungen ohne Gang zu einer AA (BFH vom 20.11.2008 – III R 10/ 06). Dagegen ist die Meldung bei einem Jobcenter bzw. der Bezug von Alg II eine ausreichende Arbeitsuche (BFH vom 22.9.2011 – III R 78/ 08 und vom 18.2.2016 – V R 22/15). Wurde im Rahmen des Vermittlungsauftrags nach § 3 Abs. 2 SGB II eine Arbeitsgelegenheit nach § 16d SGB II vermittelt, gibt es weiterhin Kindergeld (FG Rheinland-Pfalz vom 27.11.2007 – 5 K 2580/06). Fehlt in der vom Jobcenter und einem arbeitsuchenden Kind getroffenen Eingliederungsvereinbarung die Verpflichtung des Kindes, sich monatlich bei der AA zu melden, kann im Rahmen der Prüfung, ob Kindergeld zusteht, nicht eingewandt werden, das Kind sei bei der AA abgemeldet worden, weil es gegen die Meldepflicht verstoßen habe (FG Saarland vom 6.11.2008 – 2 K 1410/08). Mit Meldung bei der AA und regelmäßiger Erneuerung der Arbeitsuchmeldung, die auch fernmündlich erfolgen kann, brauchen die übrigen Merkmale der Arbeitslosigkeit i.S. des § 138 Abs. 1

SGB III wie Eigenbemühungen und Verfügbarkeit nicht mehr nachgewiesen zu werden (BFH vom 26.7.2012 – III R 70/10). Während des Mutterschutzes und der anschließenden Betreuungszeit entfällt ein Kindergeldanspruch, wenn sich die Mutter in dieser Zeit wegen der Betreuung ihres Kindes nicht bewirbt (BFH vom 24.9.2009 – III R 83/08). Das gilt nach BFH vom 27.12.2011 – III B 187/10 auch für auf Zeiten des Alg II-Bezuges, in denen die Mutter nach § 10 Abs. 1 Nr. 3 SGB II nicht dem Arbeitsmarkt zur Verfügung stehen muss. Bei einer Unterbrechung der Arbeitsuche wegen Krankheit entfällt der Anspruch auf Kindergeld nicht (s. FG Münster vom 9.8.2013 – 14 K 4138/ 10 Kg). Zur grundsätzlichen Frage, ob für ein arbeitsunfähig erkranktes Kind trotz fehlender Meldung als arbeitsuchend Kindergeld zu zahlen ist (verneint von FG Düsseldorf vom 6.11.2014 – 14 K 1085/13 Kg), ist nach FG Köln vom 10.3.2016 – 1 K 560/14 eine Revision beim BFH – V R 17/16 anhängig;

■ **Zeiten der Ausbildung**.
Ein Kind befindet sich nach ständiger Rechtsprechung des BFH in einer für den Bezug von Kindergeld erheblichen Ausbildung, die nach FG München vom 8.6.2016 – 7 K 989/14 keine Eintragung nach dem BBiG fordert, wenn es sein Berufsziel noch nicht erreicht hat, sich aber ernsthaft und nachhaltig darauf vorbereitet. Dieser Vorbereitung dienen alle Maßnahmen, bei denen Kenntnisse, Fähigkeiten und Erfahrungen erworben werden, die als Grundlage für die Ausübung des angestrebten Berufs geeignet sind. Die Ausbildungsmaßnahme braucht Zeit und Arbeitskraft des Kindes nicht überwiegend in Anspruch zu nehmen. Bei einer Schulausbildung in Erfüllung der Schulpflicht kommt es deshalb nicht darauf an, ob die tatsächliche Unterrichtszeit (mindestens) zehn Wochenstunden beträgt. Entscheidend ist allein, ob das Kind an der entsprechenden Schulausbildung teilnimmt, wie sie durch die jeweiligen landesrechtlichen Regelungen zur Erfüllung der Schulpflicht vorgesehen ist (BFH vom 28.4.2010 – III R 93/08). Darüber hinaus hat der BFH vom 2.4.2009 – III R 85/08 die ernsthafte und nachhaltige Vorbereitung auf eine Wiederholungsprüfung als Kindergeldansprüche begründende Berufsausbildung ausreichen lassen, wenn das Ausbildungsverhältnis mit dem Lehrbetrieb nach nicht bestandener Abschlussprüfung endet und das Kind keine Berufsschule besucht. An den Nachweis der Ernsthaftigkeit der Vorbereitung seien dann aber strenge Anforderungen zu stellen.
Die Kindergeld ausschließende Einkommensgrenze von 8.004 € ist seit 1.1.2012 entfallen. Wird eine zweite Ausbildung absolviert, darf das Kind aber nicht mehr als einen 20-Wochenstunden-Job ausüben; es ist auf eine durchschnittliche Zahl von 20 Stunden zu achten, d. h. Mehrarbeit in den zulässigen zwei Monaten oder 50 Tagen im Jahr müssen mit weniger Arbeit an sonstigen Monaten/Tagen ausgeglichen werden;

■ **Zeiten nach Abbruch einer Ausbildung ohne Arbeitsuche**.
Ein volljähriges Kind, das seine Berufsausbildung unterbricht, um das eigene Kind zu betreuen, befindet sich nach BFH vom 24.9.2009 – III R 79/06 in dieser Zeit nicht in einer Berufsausbildung, bekommt

also selbst kein Kindergeld (ebenso BFH vom 31.8.2010 – III B 61/10); die Verfassungsbeschwerde wurde nicht zur Entscheidung angenommen (BVerfG vom 13.4.2012 – 2 BvR 1395/10);

- **Unfähigkeit zur selbständigen Existenzsicherung wegen einer Behinderung.**
  (BFH vom 19.11.2008 – III R 105/07; FG München vom 23.11.2015 – 7 K 2183/13: Mitursächlichkeit einer Behinderung genügt; FG Rheinland-Pfalz vom 16.1.2008 – 1 K 1387/07: Behinderung auch dann wesentlicher Grund für fehlende Existenzsicherung, wenn noch Erwerbsfähigkeit i.S. von § 7 SGB II (drei Stunden tägliche Arbeitsleistung) besteht; BFH vom 15.3.2012 – III R 29/09; FG Hamburg vom 5.8.2008 – 3 K 117/07: Drogenabhängigkeit als Behinderung i.S. von § 32 Abs. 4 Nr. 3 EstG). Allein ein Grad der Behinderung von mehr als 50 ist für die Ursächlichkeit der Behinderung für die mangelnde Fähigkeit zum Selbstunterhalt nicht ausreichend (FG Köln vom 23.9.2010 – 10 K 3480/08; BFH vom 9.2.2012 – III R 47/08). Zu den Anforderungen an den Nachweis der Ursächlichkeit, wenn das behinderte Kind Alg II bezieht, s. FG Rheinland-Pfalz vom 3.1.2011 – 5 K 1345/09; s. auch BFH vom 22.12.2011 – III R 46/08; FG München vom 20.3.2014 – 5 K 3011/12 zur Bedeutung einer längeren Zeit der Arbeitslosigkeit ohne Vermittlung;

- **Zeiten des Übergangs zwischen zwei Ausbildungsabschnitten.**
  Gefordert wird eine »Ausbildungswilligkeit«, d. h. die ernsthafte Bemühung um eine Fortsetzung der Ausbildung (s. dazu FG Sachsen vom 28.9.2015 – 6 K 372/13 Kg). Dauert die Übergangsfrist länger als 4 Monate, entfällt der Anspruch auf Kindergeld von Beginn an (BFH vom 15.7.2003 – VIII R 78/99 und vom 9.2.2012 – III R 68/10). Das gilt nach BFH vom 15.7.2003 – III R 92/01 und vom 22.12.2011 – B III R 5/07 auch bei einer unverschuldeten Verlängerung der Übergangsfrist. Bei Überschreitung der Vier-Monats-Frist kann aber ein Kindergeldanspruch wegen Arbeitsplatzsuche gegeben sein (BFH vom 15.7.2003 – VIII R 75/00).

- **Zeiten eines Freiwilligendienstes**
  Freiwilligendienste sind grundsätzlich keine Berufsausbildung. Sie dienen in der Regel nicht der Vorbereitung auf einen konkreten Beruf, sondern sozialen Erfahrungen und der Stärkung des Verantwortungsbewusstseins für das Gemeinwohl. Kindergeld gibt es daher nur, wenn der Dienst genau die Voraussetzungen des § 32 Abs. 4 Satz 1 Nr. 2 Buchst. d EStG erfüllt (BFH vom 18.6.2014 – III B 19/14).

Zum Problem der Rückforderung von Kindergeld, das auf den Alg II-Anspruch angerechnet wurde, → S. 578.

Rückforderung Kindergeld

Leben die Eltern getrennt, hat der Elternteil, in dessen Haushalt das Kind lebt, das Bezugsrecht. Bei zusammenlebenden Eltern kann das Bezugsrecht gewählt werden. Ist das Kindergeld noch nicht festgesetzt worden, kann das Bezugsrecht auch rückwirkend geändert werden (BFH vom 19.4.2012 – III R 42/10).

Nicht für Altersrentner	Das SG Aachen vom 30.9.2005 – S 8 [4] KG 1/05 und das SG Koblenz vom 18.5.2006 – S 11 KG 14/05 haben aus dem Zweck, dass mit dem Kinderzuschlag Hilfebedürftigkeit i. S. von § 9 SGB II abgewendet werden soll, gefolgert, dass einem Vater, der als Altersrentner von Alg II ausgeschlossen ist, kein Kinderzuschlag für die in seinem Haushalt lebenden Kinder zusteht.
Nicht für Pflegekinder	Den Kinderzuschlag gibt es nur für Kinder in der BG. Pflegekinder gehören nicht zur BG, auch wenn die Pflegeeltern zum Vormund der leiblichen Eltern bestellt sind (LSG Niedersachsen-Bremen vom 22.6.2011 – L 13 BK 1/10; LSG Rheinland-Pfalz vom 20.3.2012 – L 6 BK 1/10; BSG vom 19.6.2012 – B 4 KG 2/11 B).
Nicht für Enkelkinder	Auch wenn für die in den Haushalt aufgenommenen Enkelkinder Kindergeld an die zum Vormund bestellten Großeltern gezahlt wird, bilden Enkelkinder keine BG mit ihren Großeltern. Kinderzuschlag kann es daher nicht geben (LSG Rheinland-Pfalz vom 20.3.2012 – L 6 BK 1/10; s. aber → S. 100 ff.).
Nicht für Mündel	Auch ein Mündel zählt nicht zu den Angehörigen der BG (LSG Niedersachsen-Bremen vom 22.6.2011 – L 13 BK 1/10).
Für Kinder in Einrichtungen der Jugendhilfe?	Nach SG Münster vom 27.1.2012 – S 5 BK 22/11 wird der Lebensunterhalt für Kinder, die nach § 34 SGB VIII in Einrichtungen der Jugendhilfe leben, vom Jugendamt sichergestellt. Der Kinderzuschlag komme daher nicht zur Anwendung, weil hierüber keine Hilfebedürftigkeit i. S. von § 9 SGB II überwunden werde. Dem ist nur zu folgen, wenn der gesamte Hilfebedarf, einschließlich der Besuchs- und Ferienaufenthalte der Kinder im Elternhaus, mit Leistungen nach dem SGB VIII abgesichert wird (LSG Berlin-Brandenburg vom 2.11.2011 – L 12 KG 2/07).
Nicht für AsylbLG-Berechtigte	Der Leistungsausschluss für Asylbewerber nach § 7 Abs. 1 Satz 2 SGB II i. V. m. § 1 AsylbLG hat nach BSG vom 15.12.2010 – B 14 KG 1/09 R zur Folge, dass sie auch keinen Kinderzuschlag beanspruchen können. Nach LSG NRW vom 30.4.2012 – L 12 BK 2/12 B ist der aufenthaltsrechtliche Status, nicht der tatsächliche Bezug von Leistungen nach dem Asylbewerberleistungsgesetz für den Leistungsausschluss maßgebend (s. aber LSG NRW vom 31.5.2010 – L 7 B 3/09 BK bei einem Aufenthaltstitel nach § 23 Abs. 1 AufenthG).
Zeitweise BG	Kinderzuschlag steht auch Eltern zu, die nur zeitweise mit ihren Kindern zusammenleben, weil diese dauerhaft beim anderen Elternteil oder in einem Internat leben (BayLSG vom 21.1.2013 – L 7 BK 5/12). Da allerdings nur eines der Elternteile Kindergeld beziehen kann, auch wenn sich das Kind im Wechselmodell bei beiden Eltern etwa gleichwertig aufhält (§ 64 EStG, § 3 BKGG), kann nur der Elternteil, der Kindergeld bezieht, auch den Kinderzuschlag beanspruchen (LSG Sachsen vom 14.1.2016 – L 3 BK 8/13).

Schüler, Auszubildende oder Studenten, die für ihre Kinder Sozialgeld oder Alg II beziehen, können den Kinderzuschlag erhalten, wenn sie über das erforderliche Mindestelterneinkommen nach § 6a Abs. 1 Nr. 2 BKGG verfügen. Bei der Prüfung, ob mit dem Kinderzuschlag »Hilfebedürftigkeit nach § 9 SGB II« entfällt, sind auch die Leistungen nach § 27 SGB II zu berücksichtigen, da sie zwar nicht als Alg II gelten, aber Leistungen für Auszubildende zur Sicherung des Lebensunterhalts sind. Das obere Grenzeinkommen für den Zuschlag ist wegen des Leistungsausschlusses nach § 7 Abs. 5 SGB II mit dem fiktiven SGB II-Bedarfssatz nach §§ 20, 21 SGB II plus dem Wohnanteil nach der Tabelle (→ S. 681) anzusetzen. Das Einkommen des Studierenden wird nicht berücksichtigt, soweit es zur Deckung seines regulären Eigenbedarfs (Regelbedarf, Mehrbedarfe plus Kosten der Unterkunft) gebunden ist (BSG vom 7.7.2011 – B 14 KG 2/09 R) (vgl. → S. 684).
Schüler, Studenten, Auszubildende

Leben Kinder **unter 15** Jahren mit nicht erwerbsfähigen Eltern(teilen) zusammen, gibt es bei Hilfebedürftigkeit nur Leistungen nach dem SGB XII. Deshalb steht der Familie nicht der zur Vermeidung von SGB II-Hilfebedürftigkeit gewährte Kinderzuschlag zu (LSG Baden-Württemberg vom 6.2.2006 – L 1 KG 2052/05).
Nicht für Erwerbsunfähige

Der Bezug einer Erwerbsminderungsrente wegen verschlossenen Arbeitsmarktes schließt einen aufstockenden Alg II-Anspruch nicht aus. Es kann daher auch einen Kinderzuschlag geben, wenn die dazu nötigen Voraussetzungen vorliegen (LSG NRW vom 27.6.2011 – L 19 BK 1/09; LSG Berlin-Brandenburg vom 2.11.2011 – L 12 KG 2/07).
Arbeitsmarktrentner

Der Kinderzuschlag soll Hilfebedürftigkeit nach dem SGB II, d.h. den Bezug von SGB II-Leistungen verhindern. SGB II-Leistungen gibt es aber nur für Personen mit gewöhnlichem Aufenthalt im Bundesgebiet (BayLSG vom 8.12.2011 – L 7 BK 12/11).
Nicht bei Aufenthalt im Ausland

Besteht die Hilfebedürftigkeit darin, dass allein wegen der Entrichtung von Beiträgen zur KV und PV zu wenig Einkommen zur Sicherung des Lebensunterhalts nach § 19 SGB II übrig bleibt, gibt es für privat Versicherte und für freiwillige Mitglieder einer gesetzlichen Krankenkasse nach § 26 Abs. 2 SGB II einen Zuschuss zur Deckung dieser Einkommenslücke. Der Zuschuss gehört nicht zum wohngeldausschließenden Alg II; er kann neben dem Kinderzuschlag und Wohngeld gezahlt werden. Für einen Wechsel vom Alg II zum Kinderzuschlag genügt es somit, wenn das Einkommen mit dem Kinderzuschlag und ggf. Wohngeld den SGB II-Grundbedarf (Regelbedarf plus Unterkunfts- und Heizkosten) deckt.
Kinderzuschlag und KV-/PV-Zuschuss?

Nach § 6a Abs. 2 Satz 3 BKGG soll der Kinderzuschlag jeweils für sechs Monate bewilligt werden.
Bewilligungsabschnitte

Das BKGG enthielt bis 31.7.2016 keine Vorschrift, die § 328 SGB III für anwendbar erklärte. Zu Unrecht gezahlter Kinderzuschlag konnte daher nur unter den Voraussetzungen der §§ 45, 48 SGB X zurückgefordert werden, es sei denn, die Bewilligung war unter einem grund-
Nicht unter Vorbehalt

sätzlich zulässigen Vorbehalt gemäß § 32 SGB X erfolgt (BSG vom 2.11.2012 – B 4 KG 2/11 R; LSG NRW vom 9.2.2012 – L 9 BK 8/10; LSG Niedersachsne-Bremen vom 26.4.2016 – L 7 BK 7/15: auch zu den Anforderungen an den Vorbehalt).

Neu: Vorläufige Bewilligung

Seit 1.8.2016 kann der Kinderzuschlag auch vorläufig nach § 41a SGB II bewilligt werden (§ 11 Abs. 5 BKGG). Hauptanwendungsfall für eine vorläufige Bewilligung ist die Erzielung schwankenden Einkommens, das in entsprechender Anwendung von § 41a Abs. 4 SGB II bereits im Rahmen der vorläufige Bewilligung des Kinderzuschlags mit einem Durchschnittsbetrag anzusetzen ist.

Neu: Eingeschränkte Rückzahlungsverpflichtung

Ergibt die endgültige Berechnung des Kinderzuschlags eine Überzahlung, ist diese ohne Vertrauensschutz entsprechend § 41a Abs. 6 Satz 2 und 3 SGB II zu erstatten. Nach § 11 Abs. 5 Satz 4 BKGG entfällt die Erstattung allerdings, soweit der Bezug des Kinderzuschlags den Anspruch auf SGB II-Leistungen ausschließt oder mindert. Das gilt nach § 11 Abs. 6 BKGG auch bei einer Aufhebung der Kinderzuschlagsbewilligung nach §§ 48, 45 SGB X. Ein Verschulden an der Überzahlung schadet nicht, weil im Fall einer Erstattung des Kinderzuschlags ohne entsprechenden Ausgleich im SGB II-Leistungssystem das Existenzminimum der Kinder gefährdet wäre.

Verrechnung

Nach § 28 Abs. 3 WoGG wird die Wohngeldbewilligung bei einem Systemwechsel automatisch unwirksam. Die Träger können dann ohne Aufhebung der Wohngeldbewilligung untereinander verrechnen.

Ermessen bei Rückforderung

Da das BKGG nicht auf § 40 Abs. 2 SGB II verweist, gilt § 330 SGB III nicht für den Kinderzuschlag. Bei einer Aufhebung nach § 45 SGB X muss daher Ermessen ausgeübt werden, bei § 48 SGB X muss einer atypischen Fallgestaltung, sofern diese unter Geltung von § 11 Abs. 6 BKGG noch möglich ist, im Wege des Ermessens Rechnung getragen werden, ob und wie viel zurückgefordert wird. Die Umdeutung einer § 48 SGB X-Aufhebung in eine § 45 SGB X-Aufhebung scheidet aus (dazu SG Cottbus vom 16.12.2013 – S 9 BK 16/10).

Antrag!

Der Kinderzuschlag ist als Ergänzungsleistung zum Kindergeld schriftlich (Telefax genügt) bei der Familienkasse der zuständigen AA zu beantragen. Nach § 6a Abs. 2 Satz 4 BKGG wird der Kinderzuschlag erst ab Antrag gezahlt.
Vorsorglich sollte auch Wohngeld beantragt werden, falls nur dadurch die SGB II-Hilfebedürftigkeit überwunden werden kann. Nach BayVGH vom 23.12.2011 – 12 C 11.2731 besteht kein Anspruch auf Wohngeld, wenn die Familienkasse den Antrag auf Kinderzuschlag nach § 6a BKGG mit der Begründung abgelehnt hat, eine Deckung des Gesamtbedarfes der BG sei mit dem zu berücksichtigenden Einkommen zuzüglich dem errechneten Kinderzuschlag sowie einem etwaigen Wohngeldanspruch nicht möglich.

Die Leistungen für Bildung und Teilhabe nach § 6b BKGG sind bei den von den jeweiligen Bundesländern bestimmten kommunalen Trägern zu beantragen.

Bildungs-/
Teilhabepaket

§ 13 Abs. 4 BKGG:

> »Für die Leistungen nach § 6b bestimmen abweichend von den Absätzen 1 und 2 die Landesregierungen oder die von ihnen beauftragten Stellen die für die Durchführung zuständigen Behörden.«

Besteht Unsicherheit darüber, ob ein Anspruch auf Kinderzuschlag besteht, d.h., ob die eigenen Mittel ausreichen, um den Elternbedarf zu decken, sollte unbedingt Alg II/Sozialgeld beantragt werden. Der Antrag auf Kinderzuschlag und Wohngeld (dazu VG Düsseldorf vom 6.11.2009 – 21 K 5656/09) kann dann bei Ablehnung von Alg II nach § 28 SGB X rückwirkend gestellt werden.
Der Antrag auf Kinderzuschlag muss nach § 6a Abs. 2 Satz 5 BKGG unverzüglich nach Ablauf des Monats, in dem Alg II bindend abgelehnt worden ist, gestellt werden.

Erst Alg II-Antrag!

Unverzüglich
Kinderzuschlags-
Antrag

Es ist Aufgabe des Jobcenters, den **vorrangigen** Anspruch auf Kinderzuschlag festzustellen und im Falle eines Leistungsanspruchs auf die Familienkasse der AA und das Wohngeldamt wegen eines eventuellen Anspruchs auf Wohngeld zu verweisen. Dadurch ist sichergestellt, dass bei Überschreitung des Alg II-Grundbedarfs mit dem vorhandenen Einkommen, dem Kinderzuschlag und Wohngeld das jeweils günstigere Transfersystem in Anspruch genommen wird.

Ohne Beratung müssen die Anträge auf Kinderzuschlag und Wohngeld wegen des in der Regel undurchschaubaren Berechnungsverfahrens als hilfsweise mit dem Alg II-Antrag gestellt gelten und sind vom Jobcenter nach § 16 Abs. 2 SGB I an die zuständigen Stellen weiterzuleiten (BSG vom 10.5.2011 – B 4 KG 1/10 R).
Der Antrag gilt dann als zu dem Zeitpunkt gestellt, in dem er beim Jobcenter einging (§ 16 Abs. 2 Satz 2 SGB I). Das ist wichtig, um gegenüber dem Wohngeldamt keinen Nachteil zu haben. § 25 Abs. 3 WoGG gilt nur bei Ablehnung von Alg II, nicht bei Verzicht, um Kinderzuschlag und Wohngeld zu erhalten.

Wurde zuerst Kinderzuschlag beantragt, obwohl Leistungen nach dem SGB II günstiger wären, muss die Familienkasse hierauf hinweisen. Tut sie das nicht, kann rückwirkend Alg II wegen eines Beratungsfehlers beantragt werden.

Sozialrechtlicher
Herstellungs-
anspruch

Der Kinderzuschlag wird auf der Grundlage von § 6a BKGG gezahlt. Es gelten daher die Verfahrensvorschriften der Sozialgesetzbücher I, IV, X und im Streitfall sind die Sozialgerichte, nicht die Finanzgerichte zuständig. Das gilt auch für die nach § 6b BKGG zustehenden Bedarfe für Bildung und Teilhabe.

Sozialrechtsweg

II **Wahlrecht: Kinderzuschlag oder Alg II?**

Den Kinderzuschlag gibt es nach § 6a Abs. 1 Satz 1 Nr. 4 BKGG nur, wenn damit die Hilfebedürftigkeit nach § 9 SGB II ohne Berücksichtigung der Bedarfe nach § 28 SGB II entfällt. Dann muss vorrangig Kinderzuschlag und ggf. Wohngeld anstelle von Alg II be-

Kein genereller Verzicht

antragt werden. Eine Flucht aus dem SGB II gelingt aber nicht, indem die Leistungsberechtigten auf das ihnen zustehende Alg II und Sozialgeld verzichten (LSG Sachsen vom 17.7.2012 – L 3 BK 1/09 NZB; LSG Sachsen-Anhalt vom 25.11.2015 – L 5 BK 2/15 B).

Eine Ausnahme macht seit dem 1.10.2008 § 6a Abs. 1 Satz 2 Nr. 4 BK-GG. Danach kann der Kinderzuschlag anstelle von Alg II und Sozialgeld beansprucht werden, wenn die Leistungsberechtigten auf die ih-

Kleiner Verzicht

nen zustehenden Mehrbedarfe nach § 21 und § 23 Nr. 2 bis 4 SGB II verzichten. Der Verzicht ist gegenüber der Familienkasse zu erklären und kann mit Wirkung für die Zukunft widerrufen werden (§ 46 SGB I).

Genau rechnen

So wünschenswert es auch sein kann, dem SGB II-Regime zu entkommen, ein Verzicht auf Alg II hat seine Tücken. Der mitunter erhebliche Verlust an Sozialleistungen (s. dazu die Modellrechnungen in BT-Drs. 17/968 und bei Johannes Steffen, Hintergrund: Wahlrecht beim Kinderzuschlag und »Dunkelziffer der Armut«) erhöht sich um den Wegfall weiterer, an den Alg II-Bezug gekoppelter Vergünstigungen, wie die Berechnung der Zuzahlungen nach § 62 SGB V, den Zuschüssen zum Zahnersatz nach § 55 SGB V und ggf. weiteren Vorteilen, die Länder und Kommunen SGB II-Leistungsberechtigten gewähren.

Rundfunk-gebühren-befreiung

Inwieweit die Entscheidungen des BVerfG vom 9.11.2011 – 1 BvR 665/10 und vom 30.11.2011 – 1 BvR 3269/08 und 1 BvR 656/10, wonach in Fällen, in denen das Gesamteinkommen der Kinderzuschlagsberechtigten deren fiktiven SGB II-Bedarf lediglich um einen Betrag überschreitet, der zur Deckung der Rundfunkgebühr nicht hinreicht, eine Gebührenbefreiung zu erteilen ist (dazu OVG NRW vom 19.1.2012 – OVG 11 N 33.10), auf andere Vergünstigungen übertragen werden können, ist sehr unsicher.

Verzicht widerrufen

Beruht der Wechsel zum Kinderzuschlag auf einer fehlerhaften Beratung durch das Jobcenter, muss der Wechsel rückwirkend widerrufen werden können. Waren zustehende Mehrbedarfe nach § 21 SGB II fehlerhaft berechnet worden, ist ein darauf beruhender Verzicht unwirksam.

Beispiel

Die berufstätige B. lebt mit ihren beiden Kindern, der 18-jährigen T. und der vierjährigen D. zusammen. Das Erwerbseinkommen plus Unterhalt für D. wird mit Alg II und Sozialgeld aufgestockt. T. leidet an einer Morbus Crohn-Erkrankung und erhält einen Mehrbedarf nach § 21 Abs. 5 SGB II in Höhe von 29 €. Der für D. beantragte Hygiene-Mehrbedarf wegen einer Enuresis wird mit der Begründung, er könne aus dem Regelbedarf angespart werden, abgelehnt. B. hatte zuvor anlässlich einer Beratung im Jobcenter die Auskunft erhalten, bei volljährigen Kindern im Haushalt gebe es keinen Mehrbedarf für Alleinerziehung. Nach einer kleinen Gehaltserhöhung wird B. darauf hingewiesen, durch Verzicht auf den Mehrbedarf von 29 € könne die Familie zum Kinderzuschlag wechseln. B. folgt diesem Rat. Anlässlich einer Forderung höheren Unterhalts für D. wird sie darüber informiert, dass ihr der Zuschlag für Alleinerziehung von 143,64 € zustehe und D. Anspruch auf einen Hygiene-Mehrbedarf nach § 21 Abs. 6 SGB II habe.

Obwohl in § 6a BKGG nicht geregelt, ist ein Verzicht auf Alg II zugunsten eines Anspruchs auf den Kinderzuschlag auch dann zulässig, wenn eine Kostensenkungsaufforderung für die Wohnung läuft und die abgesenkte bzw. angemessene Miete einen Anspruch auf den Kinderzuschlag eröffnet. Denn mit der Erklärung, die Miete nicht senken zu wollen, endet die nur zum Zweck der Umsetzung einer Kostensenkungsmaßnahme (Umzug, Untervermietung usw.) gewährte Übergangsfrist, in der unangemessen hohe Kosten noch übernommen werden müssen. Auf unangemessen hohe Kosten dürfen die Betroffenen ohne weiteres verzichten.

Vorweggenommener Verzicht

III Berechnung des Kinderzuschlags

Zur genauen Berechnung des Kinderzuschlags sind zwei Bezugsgrößen zu bilden:

1. der obere und untere Einkommens-Grenzbetrag;

2. der Kinderzuschlags-Elternbedarf.

1 Der obere und untere Einkommens-Grenzbetrag

Kinderzuschlag erhalten diejenigen Eltern(teile/-paare), deren nach §§ 11–11b SGB II anrechenbares Einkommen

- **mindestens** 600 € brutto für allein Erziehende und 900 € brutto für Paare erreicht (unterer Grenzbetrag) und
- **höchstens** den Kinderzuschlags-Elternbedarf plus seit 1.7.2016 160 € Zuschlag pro Kind der BG erreicht (oberer Grenzbetrag).

Unterer und oberer Grenzbetrag

Das SG Aachen vom 10.2.2006 – S 8 KG 13/05 hält die Erzielung eines Mindesteinkommens, das nötig ist, um den Kinderzuschlag zu erhalten, für verfassungsgemäß (ebenso LSG NRW vom 17.9.2009 – L 7 AS 78/08).

Zur Erfüllung des Zwecks, Hilfebedürftigkeit nach § 9 SGB II zu vermeiden (§ 6a Abs. 1 Nr. 4 BKGG), werden in die Berechnung des Elternbedarfs sowie des gegenüberzustellenden Elterneinkommens und -vermögens neben dem kindergeldberechtigten Elternteil auch der in der BG lebende Ehepartner, eingetragene Lebenspartner oder Einstandspartner mit einbezogen (§ 6a Abs. 4 Satz 4 BKGG). Lebenspartnerschaftsähnliche Partner sind in § 6a Abs. 4 BKGG nicht ge-

Auch Partner- und Stiefelterneinkommen

nannt. Wenn man sie aber in den §§ 7 Abs. 3, 9 Abs. 2 SGB II voll in Haftung nimmt, wird man den Kinderzuschlag nicht versagen dürfen.

2   Der Kinderzuschlags-Elternbedarf

Der Kinderzuschlags-Elternbedarf ist in drei Schritten zu ermitteln:

1. Schritt

Ermittlung des SGB II-Regelbedarfs
Es ist festzustellen, welche Leistungen nach §§ 20, 21 SGB II die Eltern erhielten, wären sie hilfebedürftig nach § 9 SGB II (zum Mehrbedarf wegen Behinderung nach § 21 Abs. 4 SGB II s. LSG NRW vom 25.2.2010 – L 7 BK 1/09).

2. Schritt

Ermittlung der SGB II-Unterkunfts- und Heizkosten
Es ist festzustellen, in welchem Umfang die Kosten für das Wohnen einen Bedarf nach § 22 SGB II darstellen. Maßgebend sind die tatsächlichen Kosten, da bei Bezug des Kinderzuschlags keine Obliegenheit zur Senkung der Wohnkosten auf Angemessenheitswerte besteht (BSG vom 14.3.2012 – B 14 KG 1/11 R).
Bei Ansatz der Wohnkosten für selbstgenutzte Immobilien gilt ebenfalls der SGB II-Maßstab, d. h. Tilgungsraten werden grundsätzlich nicht berücksichtigt (LSG Niedersachsen-Bremen vom 9.7.2014 – L 13 BK 20/09). Nebenkosten und Heizkosten werden nach Bedarf bzw. im Monat, in dem die Aufwendungen entstehen, berücksichtigt (LSG Sachsen vom 2.7.2015 – L 3 BK 3/12: Heizölbetankung). Nach LSG NRW vom 20.2.2008 – L 12 AL 108/06 sind Schuldzinsen auch dann zu berücksichtigen, wenn sie wegen einer wirtschaftlichen Notlage nicht mehr gezahlt worden sind. Denn der zugrunde zu legende Unterkunftsbedarf ändert sich nicht dadurch, dass Darlehen nicht mehr zurückgezahlt werden. Ist die Immobilie nicht mehr nach § 12 Abs. 3 Nr. 4 SGB II geschont, gibt es keinen Kinderzuschlag, weil damit nicht die Hilfebedürftigkeit nach § 9 SGB II verhindert werden kann (SG Würzburg vom 15.1.2008 – S 4 K 13/07).

BG-Mitglieder ohne SGB II-Anspruch

Gehören Personen zur BG, die von SGB II-Leistungen ausgeschlossen sind, dürfen zur Ermittlung, ob mit dem Kinderzuschlag plus Elterneinkommen Hilfebedürftigkeit nach dem SGB II vermieden wird, nur anteilige Unterkunfts- und Heizkosten berücksichtigt werden (LSG Berlin-Brandenburg vom 30.06.2009 – L 12 KG 5/07; SG Duisburg vom 10.7.2012 – S 42 (3) BK 5/09). Für den Kostenanteil der ausgeschlossenen Person gilt das Kopfteilprinzip (BSG vom 9.3.2016 – B 14 KG 1/15 R).

3. Schritt

Ermittlung des Anteils der SGB II-Unterkunftskosten, der den Eltern nach § 6a BKGG zugeordnet ist
Hierzu ist auf die Werte im jeweils letzten Bericht der Bundesregierung über die Höhe des Existenzminimums abzustellen (BSG vom 18.6.2008 – B 14/11b AS 11/07 R und vom 6.5.2010 – B 14 KG 1/08 R).

Der für 2016 geltende 10. Existenzminimumbericht (BT-Drs. 18/3893) billigt Eltern und allein Erziehenden je nach Zahl der Kinder folgende Wohnanteile zu:

Wohnanteile nach 10. Existenzminimumbericht

Zahl der Kinder	Wohnanteil der Eltern	Wohnanteil des allein Erziehenden
1 Kind	83,16 %	76,64 %
2 Kinder	71,17 %	62,13 %
3 Kinder	62,20 %	52,24 %
4 Kinder	55,24 %	45,06 %
5 Kinder	49,69 %	39,62 %

3 Das zu berücksichtigende Einkommen und Vermögen

Zur Berechnung, ob die Eltern weder zu wenig noch zu viel Einkommen für den Kinderzuschlag erhalten, gelten dieselben Grundsätze wie im SGB II. Das heißt, Einkommen, das im SGB II nicht angerechnet wird, bleibt auch für die Berechnung des Kinderzuschlags unberücksichtigt. Auch die Bereinigung des Einkommens folgt den Regeln des SGB II (LSG NRW vom 26.2.2010 – L 6 B 84/09 AS: nur titulierte Unterhaltszahlungen sind absetzbar). Schwankendes Einkommen ist nach § 11 Abs. 5 Satz 2 BKGG in entsprechender Anwendung von § 41a Abs. 4 SGB II mit einem Durchschnittsbetrag zu berücksichtigen (zur Rechtslage bis 31.7.2016 s. SG Osnabrück vom 10.2.2016 – S 27 BK 6/14).

Einkommen

Einmaleinkommen wird gemäß § 11 Abs. 3 SGB II verteilt (LSG NRW vom 26.6.2013 – L 12 BK 5/12).

Im SGB II wird nach überwiegender Ansicht gepfändetes Einkommen jedenfalls dann nicht angerechnet, wenn sich der Schuldner nicht gegen die Pfändung wehren kann. Nach BSG vom 10.5.2011 – B 14 KG 1/10 R soll das auch für den Kinderzuschlag gelten.

Verfügbares Einkommen

Eine Verringerung des Einkommens kann wegen der Mindesteinkommensgrenzen in § 6a BKGG zum Verlust des Kinderzuschlags führen. Nach SG Saarland vom 12.5.2010 – S 21 KG 204/07 ist § 48 Abs. 1 Satz 2 Nr. 3 SGB X (nachträglich zufließendes Einkommen) nicht auf diese Situation anzuwenden. Eine rückwirkende Aufhebung der Kinderzuschlagsbewilligung kommt daher nur bei einem Verschulden (§ 48 Abs. 1 Satz 2 Nr. 2 oder Nr. 4 SGB X) an der Leistungsüberzahlung in Betracht.

Größerer Vertrauensschutz?

Der größere Vertrauensschutz spielt vor allem im Zusammenwirken mit dem auch für den Kinderzuschlag geltenden Zuflussprinzip (SG Aachen vom 17.3.2006 – S 8 KG 14/05; BayLSG vom 16.7.2008 – L 7 B

Zuflussprinzip

1173/07 KG PKH; LSG NRW vom 26.6.2013 – L 12 BK 5/12; LSG Niedersachsen-Bremen vom 21.10.2015 – L 15 BK 13/13) eine wichtige Rolle. Aufgrund des Zuflussprinzips kann es passieren, dass wegen einer auf den Beginn des nächsten Monats verzögerten Gehaltsüberweisung für den vorangegangenen Monat die Mindesteinkommensgrenze für den Bezug des Kinderzuschlags unterschritten wird. War dem Leistungsempfänger dies bekannt, muss er den Kinderzuschlag für diesen Monat zurückzahlen. Über § 28 SGB X kann er jedoch Alg II für den Monat ohne Gehaltszufluss beantragen (s. dazu die Antwort der Bundesregierung auf eine Kleine Anfrage der Fraktion DIE LINKE vom 5.3.2010 – BT-Drs. 17/942). Kommt es wegen der verzögerten Gehaltszahlung im Folgemonat zu einer Doppelzahlung, entfällt bei Überschreitung der Höchstbetragsgrenze nach § 6a Abs. 1 Nr. 3 BKGG der Anspruch auf den Kinderzuschlag. Vertrauensschutz gibt es hier nach § 48 Abs. 1 Satz 2 Nr. 3 SGB X nicht. Auch Alg II wird mangels Hilfebedürftigkeit nicht zustehen.

Vermögen

Zu berücksichtigen ist das nach § 12 SGB II verwertbare Vermögen. Insoweit gelten für den Kinderzuschlag keine Besonderheiten (s. BSG vom 17.2.2015 – B 14 KG 1/14 R).

4   Einkommensanrechnung auf den Kinderzuschlag

Übersteigt das nach §§ 11 – 11b SGB II zu berücksichtigende Einkommen der Eltern deren Kinderzuschlags-Elternbedarf, ist der Unterschiedsbetrag nach folgenden Rechenregeln auf den Kinderzuschlag anzurechnen:

Rechenregeln

■ Zunächst ist vorhandenes und nach §§ 11 – 11b SGB II anrechenbares Einkommen des Kindes (dazu gehört nach LSG NRW vom 23.8.2013 – L 12 BK 15/13 NZB die Halbwaisenrente) in voller Höhe auf den Höchstbetrag von seit 1.7.2016 160 € anzurechnen. Dabei bleibt das Kindergeld außer Betracht.

■ Leben mehrere Kinder im Haushalt, ist aus dem jeweils individuell wie vor ermittelten Einzelzuschlag der Gesamtkinderzuschlag durch Addition zu bilden.

■ Auf diesen Gesamtkinderzuschlag ist das den Kinderzuschlag-Elternbedarf übersteigende Einkommen, wenn es aus Erwerbstätigkeit stammt, mit 5 € pro 10 € Überstiegsbetrag anzurechnen.

■ Wird der Kinderzuschlag-Elternbedarf nur durch Zusammenrechnung anderer Einkünfte mit dem Erwerbseinkommen überschritten, gilt der übersteigende Einkommensbetrag als Erwerbseinkommen, es sei denn, die anderweitigen Einkünfte oder das Vermögen für sich genommen übersteigen bereits den Kinderzuschlag-Elternbedarf. In diesem Fall wird der Gesamtkinderzuschlag in voller Höhe der Einkünfte gemindert.

Ehepaar lebt mit Stiefkind A., fünf Jahre alt, und leiblichem Kind B., vier Jahre alt, im gemeinsamen Haushalt;
die Unterkunfts- und Heizkosten betragen 550 €;
bedürftigkeitsgeprüftes, anrechenbares Elterneinkommen 1.200 €;
A. erhält vom leiblichen Vater Unterhalt in Höhe von 50 € monatlich.

Beispiel 1

Ermittlung des Kinderzuschlags-Elternbedarfs

1. Schritt

Regelbedarf der Eltern (2 x 364 €)		728,00 €
+ Mietanteil der Eltern (71,17 % der Unterkunftskosten)	+	391,43 €
Kinderzuschlags-Elternbedarf	**=**	**1.119,43 €**

Ermittlung des auf den Gesamtkinderzuschlag anrechenbaren Elterneinkommens

2. Schritt

Anrechenbares Elterneinkommen ohne Kindergeld		1.200,00 €
− Kinderzuschlags-Elternbedarf	−	1.119,43 €
Zuschlagminderndes Einkommen	**=**	**80,57 €**

Ermittlung der einzelnen Kinderzuschläge

3. Schritt

Kind A.

Voller Kinderzuschlag		160,00 €
− Unterhalt	−	50,00 €
Kinderzuschlag für Kind A.	**=**	**110,00 €**

Kind B.

Voller Kinderzuschlag		160,00 €
− Anrechenbares Einkommen	−	0,00 €
Kinderzuschlag für Kind B.	**=**	**160,00 €**

Ermittlung des Gesamtkinderzuschlags vor Anrechnung des Elterneinkommens

4. Schritt

• Kinderzuschlag für Kind A.		110,00 €
+ Kinderzuschlag für Kind B.	+	160,00 €
Gesamtkinderzuschlag	**=**	**270,00 €**

Ermittlung des 5/10-Anrechnungsbetrags

5. Schritt

Bei einem zuschlagsmindernden Einkommen von 80,57 € wird 8 mal mit 5 € je 10 € der Kinderzuschlags-Elternbedarf überschritten, also 8 x 5 € = 40 €.

**Ermittlung des Gesamtkinderzuschlags
nach Anrechnung des Elterneinkommens**

Gesamtkinderzuschlag	270,00 €
− Anrechnungsbetrag	− 40,00 €
Gesamtkinderzuschlag	**= 230,00 €**

6. Schritt

Ermittlung, ob durch Kinderzuschlag Hilfebedürftigkeit vermieden wird

Regelbedarf Eltern		728,00 €
+ Regelbedarf Kinder ohne Bedarf nach § 28 SGB II	+	474,00 €
+ Unterkunfts- und Heizkosten	+	550,00 €
SGB II-Bedarf	**=**	**1.752,00 €**

Verfügbares Einkommen mit Kinderzuschlag

Erwerbseinkommen		1.200,00 €
+ Kindergeld	+	380,00 €
+ Unterhalt A.	+	50,00 €
+ Kinderzuschlag	+	230,00 €
Verfügbares Einkommen mit Kinderzuschlag	**=**	**1.860,00 €**

Das verfügbare Gesamteinkommen deckt somit den SGB II-Bedarf. Daher besteht Anspruch auf Kinderzuschlag statt auf SGB II-Leistungen.

Beispiel 2

Studentin S. lebt mit ihrer 5-jährigen Tochter T. in einer Wohnung zusammen, für die 400 € Unterkunftskosten zu zahlen sind. Sie erhält 649 € BAföG und 130 € Kinderbetreuungszuschlag nach § 14b BAföG. Aus einem studentischen Nebenjob erzielt sie monatlich 200 € Einkommen. T. erhält Sozialgeld in Höhe von 247 € ([237 € Regelbedarf + 200 € anteilige Unterkunftskosten] − 190 € Kindergeld). Außerdem bezieht S. den Mehrbedarf für Alleinerziehung in Höhe von 20,44 € (= 145,44 € − [729 € bereinigtes Gesamteinkommen abzüglich 604 € Regelbedarf nach §§ 20, 22 SGB II]), auf den der Kinderbetreuungszuschlag nach § 14b BAföG nicht angerechnet wird. Ansonsten hat S. wegen § 7 Abs. 5 SGB II keinen Anspruch auf SGB II-Leistungen.

1. Schritt

Ermittlung des *fiktiven* Kinderzuschlags-Elternbedarfs

Regelbedarf + Mehrbedarf Alleinerziehung		549,44 €
+ Mietanteil der S. in Höhe von 76,64 % der Unterkunftskosten	+	306,56 €
Kinderzuschlags-Elternbedarf	**=**	**856,00 €**

Ermittlung des auf den Kinderzuschlag anrechenbaren Einkommens   2. Schritt

Bereinigtes Einkommen (BAföG + Erwerbseinkommen abzüglich Freibeträge nach § 11b SGB II)		729,00 €
− Eigenbedarf in Höhe des fiktiven Kinderzuschlags-Elternbedarfs	−	856,00 €
Zuschlagsminderndes Einkommen	=	**0,00 €**

Ermittlung, ob durch Kinderzuschlag Hilfebedürftigkeit vermieden wird   3. Schritt

Hilfebedarf S.		20,44 €
+ Hilfebedarf T. (237 € Regelbedarf + 200 € Unterkunftskosten)	+	437,00 €
SGB II-Bedarf	=	**457,44 €**

Verfügbares Einkommen mit Kinderzuschlag   4. Schritt

Kindergeld		190,00 €
+ Einkommen oberhalb des von § 7 Abs. 5 SGB II erfassten Regelbedarfs	+	125,00 €
+ Kinderzuschlag	+	160,00 €
Verfügbares Einkommen mit Kinderzuschlag	=	**475,00 €**

Das verfügbare Einkommen deckt den SGB II-Hilfebedarf ab, sodass sich die Familie aus dem SGB II-System verabschieden kann.

Studentin S. lebt mit ihrem Freund F. und der gemeinsamen 13-jährigen Tochter T. zusammen. Für die Wohnung sind 530 € Unterkunftskosten zu zahlen. S. hat wegen eines späten Studienwechsels keinen Anspruch auf BAföG. Aus einer Teilzeitarbeit erhält sie monatlich 700 € brutto. F. bezieht eine Verletztenrente nach §§ 842, 843 BGB von 580 € monatlich. Da F. voraussichtlich ein Jahr lang nicht erwerbsfähig sein wird, beziehen er und T. ergänzend zu der Rente Sozialgeld nach § 23 SGB II.   *Beispiel 3*

Ermittlung des Kinderzuschlags-Elternbedarfs   1. Schritt

Regelbedarf F.		364,00 €
+ Anteilige Mietkosten (1/2 x 83,16 % der Unterkunftskosten)	+	220,37 €
(S. hat wegen § 7 Abs. 5 SGB II keinen Anspruch)		
Kinderzuschlags-Elternbedarf	=	**584,37 €**

2. Schritt   **Ermittlung des auf den Kinderzuschlag anrechenbaren Einkommens**

Bereinigtes Einkommen des F. (580 € – 30 €)	550,00 €
Das bereinigte Einkommen der S. ist für deren eigenen, fiktiven SGB II-Bedarf von 364 € + 176,66 € gebunden	
– Kinderzuschlags-Elternbedarf)	– 584,37 €
Zuschlagsminderndes Einkommen	**= 0,00 €**

3. Schritt   **Ermittlung, ob durch Kinderzuschlag Hilfebedürftigkeit vermieden wird**

Hilfebedarf F. (364 € Regelbedarf + 1/3 Unterkunftskosten)	540,67 €
+ Hilfebedarf T. (270 € Regelbedarf + 1/3 Unterkunftskosten)	+ 446,67 €
SGB II-Bedarf	**= 987,34 €**

4. Schritt   **Verfügbares Einkommen mit Kinderzuschlag**

Rente des F.	550,00 €
+ Kindergeld	+ 190,00 €
+ Kinderzuschlag	+ 160,00 €
Einkommen mit Kinderzuschlag	**= 900,00 €**

Das anrechenbare Einkommen deckt somit den SGB II-Hilfebedarf nicht ab. Die Familie kann möglicherweise mit einem Anspruch auf Wohngeld dem SGB II-System entkommen.

I **Allgemeine Leistungsvoraussetzungen**

Ziel des SGB II ist es, hilfebedürftige Erwerbsfähige in Arbeit zu bringen oder in Arbeit zu halten (§§ 1 Abs. 2 Satz 2, 14 Abs. 1 SGB II). Zu diesem Zweck bietet das Gesetz neben, ja vor den »Leistungen zur Sicherung des Lebensunterhalts« »Leistungen zur Eingliederung in Ausbildung oder Arbeit« (§ 1 Abs. 3 Nr. 2 SGB II).

Als Eingliederungsleistungen kommen infrage:

- aus dem SGB III importierte Leistungen (§ 16 SGB II);   SGB III-Leistungen

- SGB II-spezifische Leistungen (§§ 16a–16h SGB II).   SGB II-Leistungen

1   **Anspruchsberechtigte**

Eingliederungsleistungen können erhalten:

■ **Alg II-Berechtigte,** und zwar entweder
  – unmittelbar oder
  – mittelbar über Förderleistungen an Arbeitgeber oder an Träger.

■ **Stark eingeschränkt auch Sozialgeld-Berechtigte.**
  Nach § 15 Abs. 4 SGB II kann

  »in der Eingliederungsvereinbarung auch vereinbart werden, welche Leistungen die Personen erhalten, die mit der oder dem erwerbsfähigen Leistungsberechtigten in einer Bedarfsgemeinschaft leben. Diese Personen sind hierbei zu beteiligen«.

  Allerdings können nach § 7 Abs. 2 Satz 2 SGB II Eingliederungsleistungen nur erbracht werden,

  »wenn dadurch Hemmnisse bei der Eingliederung der erwerbsfähigen Leistungsberechtigten beseitigt oder vermindert werden«.

■ **Nicht mehr Hilfebedürftige**
  Näheres → S. 706 ff.

■ **(Noch) erwerbstätige Nichthilfebedürftige?**

BMAS: Ja

»Über § 3 Abs. 1 SGB II können Eingliederungsleistungen jedoch auch ›zur Vermeidung (...) der Hilfebedürftigkeit‹ erbracht werden. Hierdurch soll verhindert werden, dass Erwerbstätige, deren Verbleib in Arbeit durch sofortige Unterstützung gesichert werden könnte, diese Unterstützung erst im Falle der Arbeitslosigkeit erhalten. Die Möglichkeit der Träger der Grundsicherung, an Bedürftige auch präventiv Leistungen zur Eingliederung zu erbringen, wird von § 1 Abs. 2 Satz 2 SGB II bekräftigt. Danach soll die Grundsicherung für ›erwerbsfähige Hilfebedürftige bei der Aufnahme oder Beibehaltung einer Erwerbstätigkeit unterstützen‹« (BMAS, Schreiben an die SPD-Fraktion vom 12.8.2004).

BSG: Nein

Diese Auffassung teilt das BSG vom 13.7.2010 – B 8 SO 14/09 R nicht. Es hat einen Anspruch Erwerbstätiger ohne Alg II-Anspruch auf präventive Schuldnerberatung abgelehnt. § 7 SGB II erlaube SGB II-Leistungen nur an erwerbsfähige Hilfebedürftige. Das gelte auch für die kommunalen Leistungen nach § 16a SGB II. Auch § 1 Abs. 2 Satz 4 Nr. 1 und § 3 Abs. 1 Satz 1 SGB II schafften keine Anspruchsgrundlage. Selbst wenn man dem BSG folgt und Leistungen an nichthilfebedürftige Erwerbstätige ablehnt (kritisch hierzu Utz Krahmer, SOZIALRECHT aktuell, 2011, S. 161 ff.; Arbeitsgemeinschaft Schuldnerberatung der Verbände, Argumente zur Finanzierung der Schuldnerberatung für Erwerbstätige durch öffentliche Haushalte, Oktober 2011), so können diese immer noch die **nach dem SGB III möglichen prä-**

ventiven Leistungen beantragen (z. B. Hilfen zur Anbahnung oder Aufnahme einer (neuen) versicherungspflichtigen Beschäftigung gemäß § 44 SGB III; ausbildungsbegleitende Hilfen gemäß § 75 SGB III; Übernahme der Weiterbildungskosten für (noch) Beschäftigte gemäß § 82 SGB III). Ansprechpartner ist für solche Leistungen aber nicht das Jobcenter, sondern die Agentur für Arbeit.

Eingliederungsleistungen müssen beantragt werden (§ 37 Abs. 1 Satz 1 SGB II), und zwar von dem leistungsberechtigten Hilfebedürftigen oder Arbeitgeber oder Träger. Eingliederungsleistungen werden nicht für Zeiten vor der Antragstellung erbracht (§ 37 Abs. 2 Satz 1 SGB II).

Antrag!

Ein Alg II-Antrag umfasst nicht automatisch einen Antrag auf Eingliederungsleistungen (BR-Drs. 661/10, S. 184; LSG NRW vom 6.2.2013 – L 19 AS 1414/12 B; LSG Thüringen vom 18.9.2014 – L 9 AS 633/12).

2 »Muss«- oder »Kann«-Leistung?

2.1 In der Regel nur »Kann«-Leistung

Die meisten Leistungen zur Eingliederung **können** nur erbracht werden.

Es steht also im Ermessen des Trägers, **ob** er die Eingliederungsleistungen gewährt.

Ermessen

Entscheidet sich das Jobcenter gemäß § 16 Abs. 1 Satz 2 SGB III für eine Eingliederungsleistung aus dem Katalog des SGB III, kann es sie gemäß § 16 Abs. 2 Satz 1 SGB II allerdings nur gewähren, wenn die vom SGB III geforderten Voraussetzungen vorliegen.

Rechtsgrund-verweisung

Aber nicht nur die Voraussetzungen nach dem SGB III müssen erfüllt sein. Sind sie erfüllt, ist das Jobcenter auch an die Rechtsfolgen gebunden. Das stellt § 16 Abs. 2 Satz 1 SGB II klar: »Soweit dieses Buch nichts Abweichendes regelt, gelten für die Leistungen nach Abs. 1 die Voraussetzungen und Rechtsfolgen des Dritten Buches (...).«

Rechtsfolgen-verweisung

Entscheidet sich das Jobcenter für eine Weiterbildungsmaßnahme, so muss es nicht nur prüfen, ob die Voraussetzungen für die Teilnahme an einer beruflicher Weiterbildung gemäß § 81 SGB III vorliegen; auch was den Umfang der zu übernehmenden Weiterbildungskosten angeht, ist es an die Vorgaben in §§ 83–87 SGB III gebunden. Es kann also nicht höhere Fahr- oder Kinderbetreuungskosten als in § 85 und § 87 SGB III vorgesehen übernehmen. Es dürfen auch nicht niedrigere Fahrkosten als nach dem SGB III gezahlt werden (BSG vom 6.4.2011 – B 4 AS 117/10 R).

Beispiel

Zur Ausnahme von diesen Grundsätzen im Rahmen der »Freien Förderung« nach § 16f SGB II → S. 722.

Förderbar nicht
nur unmittelbare
Eingliederung
in Arbeit ...,
sondern auch
Integrations-
fortschritt

Die Eingliederungsleistungen können nach § 3 Abs. 1 SGB II erbracht werden, »soweit sie ... für die Eingliederung erforderlich sind«. »Erforderlich« können nicht nur Hilfen sein, die unmittelbar zur Aufnahme einer Arbeit führen. Auch lange Wege, die nicht direkt in Arbeit münden, können gefördert werden. Das beweisen u. a. die Kommunalen Eingliederungsleistungen nach § 16a SGB II, die Förderung schwer zu erreichender junger Menschen nach § 16h SGB II n. F. und § 54 Satz 2 SGB II, der die Förderung von Maßnahmen erlaubt, die »nicht unmittelbar zur Eingliederung in Arbeit führen«, sondern lediglich einen »Integrationsfortschritt der erwerbsfähigen Leistungsberechtigten« ermöglichen.

Dementsprechend heißt es in der Begründung zu § 16 SGB II:

> »Je nach Bedarf sollen passgenaue Unterstützungsangebote unterbreitet werden, die der Aktivierung, der Erzielung von Integrationsfortschritten oder der unmittelbaren Eingliederung in Arbeit dienen können.«
> (BR-Drs. 755/08, S. 78).

Die Entscheidung über die Eingliederungshilfe trifft der persönliche Ansprechpartner/Fallmanager.

Kriterien

Bei seiner Ermessensentscheidung muss er folgende Gesichtspunkte berücksichtigen:

Individuelle
Gesichtspunkte

■ Nach § 3 Abs. 1 Sätze 1 und 2 SGB II:
 – die »Erforderlichkeit« der Eingliederungsleistung.
  Nicht »erforderlich« sind Eingliederungsleistungen, wenn der Arbeitsuchende auch ohne solche Hilfen Arbeit findet;
 – die voraussichtliche Dauer der Hilfebedürftigkeit.
  Wer schnell Arbeit finden kann oder aus anderen Gründen bald nicht mehr hilfebedürftig i. S. des SGB II ist (z. B. weil die Altersrente vor der Tür steht), braucht keine Eingliederungsleistungen;
 – die Eignung.
  Da die Eignung stark von der beruflichen Neigung abhängt, muss auch diese berücksichtigt werden (so BT-Drs. 15/1516, S. 51);
 – die individuelle Lebenssituation, insbesondere die familiäre Situation, aber auch Alter, Geschlecht, Gesundheitszustand, religiöses Bekenntnis;
 – die Dauerhaftigkeit der Eingliederung.
  Der Träger muss sich also Gedanken machen, welche Maßnahme geeignet ist, den Arbeitsuchenden »nachhaltig« in Arbeit einzugliedern. Auch hier sollte (wie bei der Eignung) die berufliche Neigung eine Rolle spielen; denn sie ist neben der Arbeitsmarktlage der wichtigste Garant für eine erfolgreiche, dauerhafte Eingliederung.

Arbeits-
einmündungs-
gesichtspunkt

■ Nach § 3 Abs. 1 Satz 3 SGB II »sollen vorrangig Maßnahmen eingesetzt werden, die die unmittelbare Aufnahme einer Erwerbstätigkeit ermöglichen«.

Dieser Vorrang gilt nicht absolut. Das Kriterium der Dauerhaftigkeit der Eingliederung kann z. B. »Eingliederungs-Schnellschüsse« verbieten, die einen Arbeitslosen zwar schnell in irgendeine Arbeit(sgelegenheit) drücken, nach kurzer Zeit aber wieder zurück in den Alg II-Bezug werfen.

■ Nach § 33 Satz 2 SGB I »soll den Wünschen des Berechtigten oder Verpflichteten entsprochen werden, soweit sie angemessen sind«.

Wunschrecht

■ Nach §§ 3 Abs. 1 Satz 4, 14 Abs. 4 SGB II sind bei der Leistungs**erbringung** die Grundsätze der Wirtschaftlichkeit und Sparsamkeit zu beachten. Dieses Kriterium gilt nicht bei der Entscheidung über die Art der Eingliederungsmaßnahme; das Jobcenter muss die am besten geeignete Maßnahme anbieten. Gerade für die teuren begleitenden kommunalen Betreuungsleistungen nach § 16a SGB II darf die Kostenlast kein Kriterium für die Entscheidung über die Leistung sein, sofern die Erforderlichkeit bejaht wird. Erst bei der Auswahl unter gleich gut geeigneten Maßnahmen muss er die wirtschaftlichste und sparsamste auswählen (Krahmer/Spindler, NDV 2005, S. 197 ff.).

Kostengesichtspunkte

Beachtlich nicht bei der Leistungsentscheidung, nur bei Leistungserbringung

Die genannten Gesichtspunkte geben dem persönlichen Ansprechpartner/Fallmanager – und insbesondere den Jobcentern, die ihn anstellen – einen sehr weiten Ermessensspielraum. Dieser wird häufig zulasten der Arbeitsuchenden nicht genutzt. Gewünschte und notwendige Förderungen werden vorschnell über das Kriterium mangelnde »Eignung« oder fehlende »Wirtschaftlichkeit« abgelehnt.

Manche persönliche Ansprechpartner/Fallmanager ersparen sich jede Ermessensentscheidung, indem sie dem Arbeitsuchenden eine Eingliederungsvereinbarung vorlegen, in der eine Zeile für die Festlegung der Eingliederungsleistung offen gelassen ist. Nach Hinweis auf die Pflichten des Arbeitsuchenden und auf die drohenden Kürzungen bei Verletzung der Pflichten wird dann »vereinbart« und eingetragen: »Eintritt in eine Arbeitsgelegenheit mit Mehraufwandsentschädigung«.

Wegen des weiten, häufig nicht genutzten Ermessensspielraums verkommt die Gewährung von Eingliederungsleistungen häufig zum »bloßen Gnadenerweis« (so Hölzer, Richter am LSG Thüringen, in Spellbrink, Das SGB II in der Praxis der Sozialgerichte – Bilanz und Perspektiven, S. 111).

»Bloßer Gnadenerweis«?

Dem versuchen einige Sozialgerichte durch das Institut des »Intendierten Ermessens« gegenzusteuern. Danach wird das Ermessen eingeschränkt, wenn es einer »gesetzlichen Betätigungsrichtung« zuwiderläuft (z. B. LSG Niedersachsen-Bremen vom 16.10.2006 – L 12 AL 202/06 ER). Die »Intention«, den Arbeitsuchenden umfassend zu fördern, zeigen Gesetz und Gesetzesbegründung:
Das erste Wort im SGB II (vgl. die Überschrift zum Kapitel I) heißt **»Fördern«**. Der Gesetzgeber fordert ausdrücklich das »Fördern«:

»Intendiertes Ermessen«

Bundestag
fordert »Fördern«

»Der Deutsche Bundestag fordert in diesem Zusammenhang die Bundes-regierung auf, dafür Sorge zu tragen, dass der Grundsatz des Förderns in einem mindestens gleichwertigen Verhältnis zu dem in § 2 SGB II enthal-tenen Grundsatz des Forderns angewandt wird. Dabei sind die individuel-len Rechte und Bedürfnisse des erwerbsfähigen Hilfebedürftigen ange-messen zu berücksichtigen« (BT-Drs. 15/1728, S. 14).

Beratungspflicht

Zu den »individuellen Rechten« gehört gemäß § 1 Abs. 3 Nr. 1 SGB II n. F. die Beratung.

»Die Leistungen der Grundsicherung für Arbeitsuchende werden mit der Neufassung des § 1 Absatz 3 im Hinblick auf die Beratung gestärkt« (BT-Drs. 18/8041, S. 28).

Dieser gestärkten Beratungspflicht kommen die persönlichen An-sprechpartner/Fallmanager nur nach, wenn sie den Arbeitsuchenden umfassend über die möglichen Eingliederungshilfen informieren. Dies verlangt jetzt ausdrücklich § 14 Abs. 2 Satz 2 SGB II n. F.:

»Aufgabe der Beratung ist insbesondere die Erteilung von Auskunft und Rat … zur Auswahl der Leistungen im Rahmen des Eingliederungsprozesses.«

Das muss in der Regel durch Vorstellung aller im konkreten Fall infra-ge kommenden Eingliederungsleistungen geschehen. Auf der Grundla-ge der Potenzialanalyse, die hoffentlich auch den »individuellen Be-dürfnissen« (BT-Drs. 15/1728, S. 14) des Arbeitsuchenden nachgeht, werden dann die im Einzelfall infrage kommenden Eingliederungslei-stungen ausgehandelt und in der Eingliederungsvereinbarung festge-halten oder im Eingliederungsverwaltungsakt vorgeschrieben.

Vorbereitung auf
Eingliederungs-
vereinbarung

Wir raten allen Leistungsberechtigten und ihren Beratern, vor Ab-schluss der Eingliederungsvereinbarung
– sich den Katalog der infrage kommenden Eingliederungsleistungen vom persönlichen Ansprechpartner/Fallmanager unterbreiten zu lassen;
– sich klarzumachen, welche Eingliederungsleistung sie wollen;
– die Eingliederungswünsche schriftlich zum Abschluss der Eingliederungsvereinbarung mitzubringen und dem persönlichen An-sprechpartner/Fallmanager vorzulegen;
– sich die Ablehnung der Eingliederungswünsche in Form eines Be-scheides mit schriftlicher Begründung geben zu lassen.

Falls diese Möglichkeiten beim ersten Abschluss einer Eingliede-rungsvereinbarung versäumt wurden, sollten sie spätestens nach sechs Monaten bei der dann gemäß § 15 Abs. 3 Satz 1 SGB II nötigen Erneuerung der Eingliederungsvereinbarung genutzt werden (s. hierzu BSG vom 23.6.2016 – B 14 AS 30/15 und 42/15 R).

Weitere Informationen zur Eingliederungsvereinbarung bzw. zum Eingliederungsverwaltungsakt finden Sie im Kapitel R.

Auch wenn dem persönlichen Ansprechpartner/Fallmanager ein weiter Ermessensspielraum eingeräumt wird, sein Ermessen muss er ordentlich ausüben. In der Praxis gibt es zahlreiche Ermessensfehler. Eine der Ursachen sind rechtswidrige Weisungen in den Jobcentern. Die BA hat deshalb die Grenzen für ermessenslenkende Weisungen klar abgesteckt: Rechtswidrig sind Weisungen, die

- »den rechtlich vorgesehenen Rahmen einschränken oder erweitern,
- Förderobergrenzen unterhalb des rechtlichen Rahmens festlegen,
- strikte Förderpauschalen enthalten,
- (über den rechtlichen Rahmen hinaus) bestimmte Personengruppen von Fördermöglichkeiten ausschließen,
- die Ermessensausübung des persönlichen Ansprechpartners und deren ausführliche und nachvollziehbare Dokumentation ersetzen.«
(Anlage 2 zur Geschäftsanweisung 19/2009 »Maßnahmen zur Aktivierung und beruflichen Eingliederung«, S. 27)

Nach § 35 Abs. 1 Satz 2 SGB X »sind in der Begründung die wesentlichen tatsächlichen und rechtlichen Gründe mitzuteilen«. Nach § 35 Abs. 1 Satz 3 SGB X »muss die Begründung von Ermessensentscheidungen auch die Gesichtspunkte erkennen lassen, von denen die Behörde bei der Ausübung ihres Ermessens ausgegangen ist«. Insbesondere muss die Begründung der Ermessensentscheidung (in Anlehnung an BSG vom 18.4.2000, SozR 3–2700 § 76 SGB VII Nr. 2)

> *(Marginalie:)* Begründete Ermessensentscheidung

- über formelhafte Wendungen hinausgehen (z.B. genügt nicht die Formel: »Die gewünschte Maßnahme dient nicht der Eingliederung in Arbeit«);
- nicht nur den Gesetzeswortlaut wiederholen (z.B. die gewünschte Eingliederungsleistung ist »unter Beachtung der Grundsätze von Wirtschaftlichkeit und Sparsamkeit gemäß § 14 Satz 3 SGB II nicht zu erbringen«);
- zeigen, dass die Interessen des Jobcenters (z.B. am wirtschaftlichen und sparsamen Umgang mit den vorhandenen Mitteln) im konkreten Fall abgewogen worden sind gegen die Interessen und »individuellen Bedürfnisse« des Arbeitsuchenden;
- erkennen lassen, welche Überlegungen bei der Interessenabwägung zugunsten der vorgesehenen und zulasten der abgelehnten Eingliederungsleistung den Ausschlag gegeben haben.

Nur so ist es dem Leistungsberechtigten und notfalls dem Sozialgericht möglich zu erkennen, ob das Ermessen entsprechend den gesetzlichen Vorgaben ausgeübt worden ist.

Allerdings bringen Widersprüche und Klagen gegen die Ablehnung gewünschter Eingliederungsleistungen regelmäßig wenig. Auch wenn das Sozialgericht einen ablehnenden Bescheid wegen Ermessensfehler aufhebt, erhält der klagende Leistungsberechtigte häufig nicht, was er wünscht; denn regelmäßig wird dem Jobcenter vom Gericht aufgegeben, einen neuen Bescheid unter Vermeidung von Ermessensfehlern zu erlassen. Wegen des weiten Ermessensspielraums

> *(Marginalie:)* Steine statt Brot

des Jobcenters bringt der dann irgendwann ergehende Änderungsbescheid häufig keinen Erfolg.

2.2 Ausnahmsweise »Muss«-Leistungen

Lediglich fünf Leistungen **müssen** erbracht werden:

Ausbildungs- und Arbeitsvermittlung

■ Das Ausbildungs- und Arbeitsvermittlungsangebot ist eine Muss-Leistung des Jobcenters nach § 16 Abs. 1 Satz 1 SGB II i. V. m. § 35 SGB III.

Ausnahmsweise AA

Nur in drei Fällen bleibt die Agentur für Arbeit (AA), also der SGB III-Träger, für die Vermittlung von Leistungsberechtigten i. S. des SGB II zuständig:

– Soweit die Vermittlung durch besondere Dienststellen der BA (i. S. § 367 Abs. 2 Satz 2 SGB III), z. B. durch die Zentral Auslands- und Fachvermittlung (ZAV) erbracht wird oder für einzelne Berufe oder Berufsgruppen zusätzliche Vermittlungsleistungen agenturübergreifend angeboten werden (§ 22 Abs. 4 Satz 2 SGB III);

– soweit das Jobcenter gemäß §§ 88 – 92 SGB X die AA mit der **Ausbildungs**vermittlung (nicht der **Arbeits**vermittlung) vertraglich und gegen Kostenerstattung beauftragt (§ 16 Abs. 4 SGB II, § 22 Abs. 4 Satz 3 SGB III). Auf diesem Weg können Jobcenter sicherstellen, dass auch Ausbildungsuchende aus SGB II-BGs die Kompetenz der AA zur Ausbildungsvermittlung nutzen können. Eine solche Zusammenarbeit bei der Ausbildungsvermittlung macht auch deshalb Sinn, weil andernfalls AA und Jobcenter sich gegenseitig Ausbildungsplätze abjagen und Jugendliche aus SGB II-BGs schnell als zweite Wahl abgestempelt werden. Die AA dürfen die Übernahme der Ausbildungsvermittlung nur aus wichtigem Grund ablehnen (§ 22 Abs. 4 Satz 4 SGB III).

Kostenerstattung

Die »Ausbildungsvermittlungs-Erstattungs-Verordnung« vom 20.12.2006 regelt näher Pauschalierung, Berechnungsgrundlage und Fälligkeit des der BA zu erstattenden Betrages;

– soweit Alg II aufstockend zum Alg I gezahlt wird (§ 22 Abs. 4 Satz 5 SGB III).

Nachträglicher Erwerb eines Hauptschulabschlusses

■ Nach § 16 Abs. 1 Satz 4 SGB II i. V. m. § 81 Abs. 3 SGB III »werden Arbeitnehmerinnen und Arbeitnehmer durch Übernahme der Weiterbildungskosten zum nachträglichen Erwerb des Hauptschulabschlusses ... gefördert.« Auch SGB II-Leistungberechtigte, bei denen der erfolgreiche Abschluss einer derartigen Weiterbildungsmaßnahme erwartet werden kann, haben demnach einen Anspruch auf kostenlose Teilnahme an einer solchen Weiterbildung.

- Nach § 16 Abs. 1 Satz 2 Nr. 4 SGB II i. V. m. § 131a Abs. 3 SGB III n.F. erhalten erfolgreiche Teilnehmer an beruflicher Weiterbildung **seit 1.8.2016** eine Erfolgsprämie. § 131a Abs. 3 SGB III n. F. lautet:

Erfolgsprämie

»(3) Arbeitnehmerinnen und Arbeitnehmer, die an einer nach § 81 geförderten beruflichen Weiterbildung teilnehmen, die zu einem Abschluss in einem Ausbildungsberuf führt, für den nach bundes- oder landesrechtlichen Vorschriften eine Ausbildungsdauer von mindestens zwei Jahren festgelegt ist, erhalten folgende Prämien, wenn die Maßnahme vor Ablauf des 31. Dezember 2020 beginnt:
1. nach Bestehen einer in diesen Vorschriften geregelten Zwischenprüfung eine Prämie von 1 000 Euro und
2. nach Bestehen der Abschlussprüfung eine Prämie von 1 500 Euro.«

- Die in § 16 Abs. 1 Satz 3 SGB II geregelten Kosten für Maßnahmen und Unterkunft behinderter Menschen zur Teilhabe am Arbeitsleben (vgl. die Übersicht im Leitfaden für Arbeitslose, 32. Auflage 2016, → S. 492 ff.)

Reha-Pflicht-leistungen nach dem SGB III

»sind immer dann Pflichtleistungen, wenn dies auch im Dritten Buch vorgesehen ist. Sieht das Dritte Buch hingegen hierbei eine Ermessensleistung vor, gilt dies (...) auch im Zweiten Buch« (BT-Drs. 15/2997, S. 24).

- Fordert das Jobcenter Leistungsberechtigte zu Aktivitäten auf, die mit Kosten verbunden sind (z. B. zu Vorstellungsgesprächen, die eine Reise erfordern), **muss** das Jobcenter die entstehenden Kosten übernehmen. Zwar sind Hilfen bei der Anbahnung oder Aufnahme einer versicherungspflichtigen Beschäftigung nach § 16 Abs. 1 Satz 2 Nr. 2 SGB II i. V. m. § 44 SGB III Kann-Leistungen. Sie werden aber zu Muss-Leistungen, wenn sie vom Jobcenter verlangt oder in der Eingliederungsvereinbarung festgelegt werden. Denn durch den Regelbedarf von 404 € sind z. B. Fahrkosten oder Bewerbungskosten nur zum geringen Teil abgedeckt, können also vom Leistungsberechtigten nicht bestritten werden. Deshalb empfiehlt die BA (DA 18 zu § 15), die Erstattung solcher Kosten in der Eingliederungsvereinbarung zu regeln. Das BSG vom 23.6.2016 – B 14 AS 30/15 R hält eine EV ohne Kostenregelung für unwirksam.

Rechtsanspruch auf Kostenüber-nahme bei geforderten Eigenbemühungen

3   **Keine SGB II-Eingliederungsleistungen (mehr) für Alg I-Bezieher mit aufstockendem Alg II**

Wer niedriges Alg I bekommt, kann – falls er sonst nichts hat – nur überleben, wenn er aufstockend Alg II erhält. Dann stellte sich bisher die Frage, wer für die Eingliederungsleistungen zuständig ist: die AA als Träger des Alg I oder das Jobcenter, das aufstockend Alg II gewährt?

Durch einen neuen Abs. 4 in § 5 SGB II und die Neufassung von § 22 Abs. 4 Satz 5 SGB III ist die Frage entschieden:

Neu ab 1.1.2017

»Personen, die neben Arbeitslosengeld oder Teilarbeitslosengeld auch Arbeitslosengeld II beziehen, erhalten zukünftig [nach Art. 4 Abs. 2 des 9. Gesetzes zur Änderung des SGB II: **ab 1.1.2017**] Leistungen der aktiven Arbeitsmarktpolitik vom Träger der Arbeitsförderung nach dem SGB III. Bisher erhielten diese Personen Leistungen zur Eingliederung in Arbeit nach SGB II.
Es entspricht dem Versicherungsgedanken des SGB III, dass Personen, die Ansprüche gegen die Arbeitslosenversicherung erworben haben, auch alle im SGB III vorgesehenen Leistungen – einschließlich solcher der aktiven Arbeitsförderung – vom Träger der Arbeitsförderung erhalten. Entsprechend finden die Grundsätze des Förderns und Forderns der Arbeitsförderung für diesen Personenkreis Anwendung. Die Leistungen zur Eingliederung in Arbeit des SGB II und die hierfür geltenden Leistungsgrundsätze finden für diesen Personenkreis individuell zukünftig keine Anwendung mehr, um Doppelstrukturen bei der Betreuung und Förderung dieser Personen zu vermeiden. Die Leistungen zur Sicherung des Lebensunterhalts – insbesondere die Regelungen zur Bedarfsgemeinschaft nach dem SGB II – bleiben hiervon unberührt« (BT-Drs. 18/8041, S. 28 f.).

4   Potenzialanalyse

Neuerdings verlangt der Gesetzgeber auch im SGB II unübersehbar eine Potenzialanalyse:

»Die Agentur für Arbeit soll unverzüglich zusammen mit jeder erwerbsfähigen leistungsberechtigten Person die für die Eingliederung erforderlichen persönlichen Merkmale, berufliche Fähigkeiten und die Eignung feststellen (Potenzialanalyse). Die Feststellungen erstrecken sich auch darauf, ob und durch welche Umstände die berufliche Eingliederung voraussichtlich erschwert sein wird« (§ 15 Abs. 1 SGB II n. F.).

Eine aussagekräftige Potenzialanalyse erfordert Zeit, Erfahrung und Qualifikationen des persönlichen Ansprechpartners/der Fallmanagerin, eine gute Zusammenarbeit mit Fachstellen (z. B. der Suchtkrankenhilfe, Wohnungslosenhilfe) und den Aufbau eines belastbaren Vertrauensverhältnisses zum Leistungsberechtigten.
Der Leistungsberechtigte muss bei der Potenzialanalyse mitwirken (§ 2 Abs. 1 i. V. m. § 15 Abs. 1 SGB II n. F.). Auch wenn diese von »Dritten« durchgeführt wird, muss der Leistungsberechtigte deren Beurteilung dulden (§ 61 Abs. 2 SGB II).

5   **Der persönliche Ansprechpartner/Fallmanager**

Gemäß § 14 Abs. 3 SGB II soll jedem Leistungsberechtigten ein persönlicher Ansprechpartner zugeordnet werden. Dieser ist der zentrale Ansprechpartner für den Leistungsberechtigten. Er hat gemäß § 14 Abs. 1 SGB II den Leistungsberechtigten umfassend zu beraten mit dem Ziel der Eingliederung in Arbeit. Er ist für Planung und Koordination des Eingliederungsprozesses zuständig. Damit verfügt er über weit reichende Entscheidungs- und Sanktionsbefugnisse; er ist sozusagen der Statthalter des »Förderns und Forderns«.
Nach der Gesetzesbegründung soll die Benennung des persönlichen Ansprechpartners nach § 14 SGB II »ein kompetentes Fallmanagement sicherstellen, ein Vertrauensverhältnis zwischen dem erwerbsfähigen Hilfebedürftigen und dem Mitarbeiter der Agentur für Arbeit fördern und der Effizienz der Betreuung des Erwerbsfähigen dienen« (BT-Drs. 15/1516, S. 54).

Aufgabe des persönlichen Ansprechpartners/ Fallmanagers

»Für den Zugang in das beschäftigungsorientierte Fallmanagement sind (nach der GA 01 der BA vom 13.1.2010, S. 2) die nachfolgenden Kriterien verbindlich:

(a) Komplexe Profillage (Entwicklungsprofil, Stabilisierungsprofil oder Unterstützungsprofil) mit mindestens drei Handlungsbedarfen in den Schlüsselgruppen ›Rahmenbedingungen‹ und/oder ›Leistungsfähigkeit‹;

(b) Einschätzung, dass die Betreuung im Fallmanagement zu konkreten Integrationsfortschritten mit dem Ziel der mittel- bis langfristigen Beseitigung bzw. Verringerung des Hilfebedarfs durch Integration in Beschäftigung führt.«

Adressaten des Fallmanagements

»Kernelemente des Fallmanagements in der Grundsicherung für Arbeitsuchende sind:

– ein systematischer Problemlöseprozess, der die Prozessschritte ›Erstberatung‹, ›Assessment‹, ›Integrationsplanung/Eingliederungsvereinbarung‹, und ›Leistungssteuerung‹ umfasst;

– eine auf den Einzelfall bezogene Koordinationsleistung, die über einen gewissen Zeitraum hinweg ein bestehendes Angebot an Dienstleistungen aufeinander abstimmt;

– die Interaktion mit den Hilfebedürftigen, die notwendig ist, um Bedarfe erkennen zu können, Ziele zu vereinbaren und Hilfe- bzw. Integrationspläne/Eingliederungsvereinbarungen entwerfen zu können. Die im Fallmanagement erforderliche Intensivbetreuung wird durch ein angemessenes Betreuungsverhältnis gewährleistet. Anhaltspunkte hierzu geben die Empfehlungen des Fachkonzeptes ›Beschäftigungsorientiertes Fallmanagement im SGB II‹ der BA aus dem Jahr 2004 (Kapitel 8, Seite 40). Sie kann auch andere Mitglieder der Bedarfsgemeinschaft umfassen.

– ein einzelfallübergreifender bedarfsorientierter Auf- und Ausbau von Netzwerken und Maßnahmen, damit die im Einzelfall benötigten Leistungen auch verfügbar sind; dies erfordert eine enge Zusammenarbeit vor allem mit den kommunalen Partnern (kooperative ›Angebotssteuerung‹).« (GA 01 vom 13.1.2010, S. 2)

Kernelemente des Fallmanagements

Diese Kernelemente können nur durch gut ausgebildete Fallmanager in ausreichender Zahl realisiert werden. Näher hierzu: Deutscher Verein für öffentliche und private Fürsorge, Anforderungen an das Fallmanagement im SGB II, 17.6.2009, S. 7 ff.

Eingehend über das Fallmanagement informieren:

– der in 2. Auflage erschienene Leitfaden von Claus Reis, Tina Hobusch und Christian Kolbe, »**Fallmanagement im SGB II und SGB XII**«, 18,– € und
– die Arbeit von Christian Kolbe, »**Geforderte Aktivierer. Fachkräfte im SGB II zwischen Ansprüchen und Bewältigungen**«, 22,– €.

Beide Bücher sind im Fachhochschulverlag erschienen.

II Übersicht über die Eingliederungsleistungen im SGB II und SGB III

Alg II-Leistungsberechtigte können vielfältig gefördert werden. Leider sind die Fördermöglichkeiten unübersichtlich und aufgesplittert. Dies liegt daran, dass sie in zwei Gesetzen geregelt sind:

SGB II-spezifische Leistungen

■ Leistungen nach den §§ 16a-16h SGB II, die nur für Alg II-Berechtigte infrage kommen.

Import-Leistungen aus dem SGB III

■ Leistungen für Arbeitslose im SGB III, die gemäß § 16 SGB II auch Alg II-Berechtigte beantragen können.

Im Folgenden werden die wichtigsten Förderleistungen kurz vorgestellt und auf die jeweiligen Ausführungen entweder im vorliegendem Leitfaden zum SGB II oder im Leitfaden für Arbeitslose. Der Rechtsratgeber zum SGB III verwiesen.

1 Leistungen speziell für Alg II-Berechtigte

Zu den Fördermöglichkeiten, die im SGB II genannt werden und auf die nur Alg II-Bezieher einen Anspruch haben können, zählen (die Seitenzahlen beziehen sich auf den vorliegenden Leitfaden zum Arbeitslosengeld II):

■ **Kommunale Eingliederungsleistungen** (§ 16a SGB II) (→ S. 708 ff.)
Sie umfassen:
1. Betreuung minderjähriger oder behinderter Kinder oder die häusliche Pflege von Angehörigen
2. Schuldnerberatung
3. Psychosoziale Betreuung
4. Suchtberatung.

■ **Einstiegsgeld (ESG)** (§ 16b SGB II) (→ S. 752 ff.)
Mit dem Einstiegsgeld soll ein Anreiz zur Aufnahme
– einer sozialversicherungspflichtigen oder
– selbständigen Tätigkeit
gegeben werden. Das Einstiegsgeld erhält im Fall des Einstiegs in
eine sozialversicherungspflichtige Tätigkeit der Arbeitnehmer und
nicht der Arbeitgeber.

■ **Hilfen zu Existenzgründung Selbständiger** (§§ 16b, 16c SGB II)
Neben dem Einstiegsgeld bietet das SGb II zwei weitere Fördermöglichkeiten:
1. Investitionshilfen (§ 16c Abs. 1, 3 SGB II).
   Leistungsberechtigte, die eine selbständige Tätigkeit aufnehmen
   oder ausüben, können mit Darlehen und/oder Zuschüssen für
   notwendige Sachgüter gefördert werden (→ S. 758 ff.).
2. Begleitung einer Existenzgründung (§ 16c Abs. 2 SGB II)
   (→ S. 761 ff.).

■ **Arbeitsgelegenheiten mit Mehraufwandsentschädigung**, besser
bekannt als Ein-Euro-Jobs (§ 16d SGB II) (→ S. 727 ff.)

■ **Förderung von Arbeitsverhältnissen** (§ 16e SGB II) (→ S. 746 ff.)
Arbeitgeber können für die Beschäftigung eines Langzeitarbeitslosen einen Zuschuss in Höhe von bis zu 75 Prozent des Arbeitsentgelts erhalten, wenn der Arbeitslose zusätzlich mindestens zwei
weitere in seiner Person liegende Vermittlungshemmnisse (z.B.
fortgeschrittenes Lebensalter, fehlende schulische oder berufliche
Qualifikation, gesundheitliche Einschränkungen) aufweist und er
vorher mindestens sechs Monate erfolglos gefördert worden ist.

■ **Freie Förderung** (§ 16f SGB II) (→ S. 722 ff.)
Die Freie Förderung wurde 2011 in das SGB II eingeführt. Mit ihr
sollten den Jobcentern Möglichkeiten an die Hand gegeben werden, neben den bestehenden Fördermöglichkeiten neue Fördermöglichkeiten zu entwickeln. In der Praxis wird von der Freien
Förderung aufgrund rechtlicher Unklarheiten und fehlender konkreter Handlungsanweisungen der Jobcenter kaum Gebrauch gemacht.

■ **Förderung schwer zu erreichender junger Menschen** (§ 16h
SGB II n.F.) (→ S. 719 ff.)
Mit dem 9. SGB II-ÄndG wurde eine neue Fördermöglichkeit in das
SGB II aufgenommen. Zielgruppe sind »schwer zu erreichende jun-
ge Menschen« unter 25. Ihnen können Leistungen angeboten wer-
den, um schwierige persönliche Notlagen zu überwinden.

2   **Aus dem SGB III importierte Leistungen**

Die Fördermöglichkeiten, die im SGB III genannt werden und auf die auch SGB II-Bezieher einen Anspruch haben, lassen sich (entsprechend der Gesetzessystematik) untergliedern in Förderleistungen zur

– Aktivierung und beruflichen Eingliederung,
– Berufsausbildung,
– beruflichen Weiterbildung,
– Aufnahme einer Erwerbstätigkeit und
– Eingliederung von erwerbsfähigen behinderten Menschen.

Im Folgenden werden die Fördermöglichkeiten in der Reihenfolge des Verweises von § 16 SGB II auf die Paragraphen des SGB III kurz vorgestellt und auf die weitergehenden Ausführungen im Leitfaden für Arbeitslose zum SGB III verwiesen (die Seitenverweise beziehen sich auf die 32. Auflage 2016).

■ **Leistungen zur Aktivierung und beruflichen Eingliederung**

– **Förderung aus dem Vermittlungsbudget** (VB) (§ 44 SGB III) (→ S. 46 ff.)
Diese Förderung wurde 2010 in das SGB III eingeführt. Sie löste die Leistungen zur Unterstützung der Beratung und Vermittlung (§ 45 SGB III a.F.) und die Mobilitätshilfen (§ 53 SGB III a.F.) ab. Entsprechend den vormaligen Regelungen umfasst das Vermittlungsbudget insbesondere Leistungen für:
– **Bewerbungskosten**,
– **Fahrtkosten** zu Vorstellungsgesprächen, für Pendelfahrten zwischen Wohnung und Arbeitsstelle, für den Antritt einer Arbeitsstelle,
– **Umzugskosten**,
– **Kosten einer doppelten Haushaltsführung**,
– **Verkehrsmittel** (Auto, Moped, Fahrrad) und/oder **Führerschein**, wenn für die Arbeitsaufnahme notwendig, z.B. bei Nachtschicht ohne Anbindung an den öffentlichen Nahverkehr.
Nicht aus dem Vermittlungsbudget kann gefördert werden: **LKW- oder Bus-Führerschein**. Bei diesen müssen die Regelungen des Berufskraftfahrer-Qualifikations-Gesetzes (BKrFQG) beachtet werden. Dieses besagt, dass mit dem Führerschein allein ausschließlich private Fahrten durchgeführt werden dürfen. Um gewerblich als LKW-Fahrer zu arbeiten, benötigt man seit Inkrafttreten des Gesetzes zusätzlich eine Ausbildung, Umschulung oder Weiterbildung zum Berufskraftfahrer. Die Kosten für eine Ausbildung, Umschulung oder Weiterbildung inklusive des Führerscheins können im Rahmen der Förderung der beruflichen Weiterbildung übernommen werden,
– **Kosten für Nachweise** (z.B. Zertifikate, Übersetzung und Beglaubigung von Zeugnissen),

– **Kosten für Arbeitsmittel**, soweit sie vom Arbeitgeber nicht zur Verfügung gestellt werden (müssen), und
– **Kosten zur Verbesserung des Erscheinungsbilds** (Friseurbesuch, angemessene Kleidung).

Diese Aufzählung ist nicht »abschließend«. Zum Vermittlungsbudget zählt letztlich alles, was zur **Anbahnung oder Aufnahme einer versicherungspflichtigen Beschäftigung** notwendig ist. Im Rahmen der Förderung aus dem Vermittlungsbudget können z.B. auch übernommen werden:

– **Reparaturkosten** für ein Auto, Moped oder Fahrrad, soweit diese Verkehrsmittel für die Anbahnung oder Aufnahme einer versicherungspflichtigen Beschäftigung notwendig sind,
– **Kosten für Stellengesuche in Zeitungen, (Fach-)Zeitschriften** nach vorheriger Absprache und Genehmigung durch den persönlichen Ansprechpartner oder Fallmanager oder
– **Kosten für eine Brille** bei Sehbehinderung, die die Eingliederung in Arbeit behindert (s. SG Frankfurt am Main vom 22.3.2016 – S 19 AS 1417/13, info also, 3/2016, S. 130).

– **Maßnahmen zur beruflichen Eingliederung** (MabE) (§ 45 SGB III) (→ S. 63 ff.)

Die Maßnahmen zur beruflichen Eingliederung umfassen insbesondere

– Aktivierungshilfen,
– Maßnahmen bei einem Träger (MAT) oder Arbeitgeber (MAG) und
– für private Arbeitsvermittler eine Vergütung für die Vermittlung in eine versicherungspflichtige Beschäftigung.

Bei den **Aktivierungshilfen** handelt es sich um »niedrigschwellige Angebote«, die vorwiegend als »Maßnahme« von Trägern angeboten werden. Die Aktivierungshilfen wenden sich insbesondere an Arbeitslose mit schwerwiegenden Vermittlungshemmnissen, wie längeren Zeiten der Nichtbeschäftigung oder schwerwiegenden persönlichen Problemen. Mit den Aktivierungshilfen soll z.B. wieder eine Strukturierung des Tagesablaufs und eine Orientierung auf eine Erwerbstätigkeit erreicht werden (→ S. 77).

Mit den **Maßnahmen bei einem Träger** (MAT) oder bei einem **Arbeitgeber** (MAG), umgangssprachlich oftmals auch als Trainingsmaßnahme oder (Betriebs-)Praktikum bezeichnet, soll eine Heranführung an den Arbeitsmarkt, die Feststellung und Verringerung oder Beseitigung von Vermittlungshemmnissen oder eine Heranführung an eine selbständige Tätigkeit erreicht werden. Maßnahmen bei einem Arbeitgeber dürfen maximal sechs Wochen dauern, sie können bis auf zwölf Wochen verlängert werden bei Langzeitarbeitslosen oder bei jungen Menschen unter 25 Jahren, wenn deren berufliche Eingliederung auf Grund von schwerwiegenden Vermittlungshemmnissen besonders erschwert ist (§ 16 Abs. 3 Satz 2 SGB II). Die Dauer der Maßnahmen bei einem Träger ist gesetzlich nicht geregelt. Sie beträgt zumeist sechs oder zwölf Monate (→ S. 71 ff.).

Der **Aktivierungs- und Vermittlungsgutschein** (§ 45 Abs. 4 Satz 3 Nr. 2 SGB III) (→ S. 73 ff.) berechtigt zur Auswahl »eines Trägers, der eine ausschließlich erfolgsbezogene vergütete Arbeitsvermittlung in versicherungspflichtige Beschäftigung anbietet« , wobei zu den »Trägern« auch private Arbeitsvermittler zählen. Die Vergütung für den privaten Arbeitsvermittler beträgt in der Regel 2.000 €. Sie wird in einer ersten Rate in Höhe von 1.000 € nach einer sechswöchigen und der Restbetrag nach einer sechsmonatigen Dauer der versicherungspflichtigen Beschäftigung an den »privaten Arbeitsvermittler« ausgezahlt.

– **Leistungen für eine Probebeschäftigung und Arbeitshilfen behinderter Menschen** (§ 46 SGB III) (→ S. 530)
Die Jobcenter können Arbeitgebern die Kosten für eine befristete Probebeschäftigung für behinderte, schwerbehinderte und ihnen gleichgestellte Menschen bis zu einer Dauer von drei Monaten erstatten, wenn dadurch die Möglichkeit einer Teilhabe am Arbeitsleben verbessert wird oder eine vollständige und dauerhafte Teilhabe am Arbeitsleben erreicht wird.
Ferner können Arbeitgeber Zuschüsse für eine behindertengerechte Ausgestaltung von Ausbildungs- oder Arbeitsplätzen erhalten, soweit diese erforderlich ist, um eine dauerhafte Teilhabe am Arbeitsleben zu erreichen oder zu sichern, und der Arbeitgeber hierzu nach § 81 Abs. 4 SGB IX nicht verpflichtet ist.

■ **Leistungen zur Berufsausbildung**

– **Zuschüsse zur Ausbildungsvergütung behinderter und schwerbehinderter Menschen** (§ 73 SGB III) (→ S. 537)
Arbeitgeber können für die betriebliche Aus- und Weiterbildung zur Ausbildungsvergütung einen Zuschuss erhalten, wenn die Aus- oder Weiterbildung für behinderte und schwerbehinderte Menschen sonst nicht zu erreichen ist. Die monatlichen Zuschüsse sollen regelmäßig 60 %, bei schwerbehinderten Menschen 80 % der monatlichen Ausbildungsvergütung nicht übersteigen. In begründeten Ausnahmefällen können die Zuschüsse für das letzte Ausbildungsjahr in voller Höhe übernommen werden.
Werden schwerbehinderte Menschen im Anschluss an eine abgeschlossene Aus- oder Weiterbildung durch den ausbildenden oder einen anderen Arbeitgeber in ein Arbeitsverhältnis übernommen, kann ein weiterer Eingliederungszuschuss für ein Jahr in Höhe von bis zu 70 % gewährt werden, sofern bereits während der Aus- und Weiterbildung Zuschüsse erbracht wurden.

– **Ausbildungsbegleitende Hilfen** (abH) (§ 75) (→ S. 446)
Diese können benachteiligte Jugendliche erhalten, wenn sie Unterstützung während der Ausbildung benötigen. Ausbildungsbegleitende Hilfen gehen über die Vermittlung von betriebs- und ausbildungsüblichen Inhalten hinaus und umfassen Maßnahmen

1. zum Abbau von Sprach- und Bildungsdefiziten,
2. zur Förderung fachpraktischer und fachtheoretischer Fertigkeiten, Kenntnisse und Fähigkeiten sowie
3. zur sozialpädagogischen Begleitung.

Ausbildungsbegleitende Hilfen werden in der Regel von Maßnahmeträgern angeboten.

– **Außerbetriebliche Berufsausbildung** (BaE) (§ 76 SGB III) (→ S. 449 f.)

Für förderungsbedürftige junge Menschen, hierzu zählen z.B. junge Menschen ohne Hauptschulabschluss, mit Bildungsdefiziten oder sozial benachteiligte junge Menschen, die in eine betriebliche Ausbildungsstelle nicht vermittelt werden können, kann eine außerbetriebliche Ausbildung infrage kommen. Hierbei unterscheidet man zwischen einer außerbetrieblichen Ausbildung in »kooperativer« oder »integrierter« Form. Bei der »kooperativen Form« erfolgt die Ausbildung mit sozialpädagogischer Begleitung in einem normalen Betrieb (»Kooperationsbetrieb«). Bei der »integrierten Form« führt ein Bildungs- oder Maßnahmeträger die fachtheoretische und fachpraktische Ausbildung ebenfalls mit sozialpädagogischer Begleitung in seiner Bildungseinrichtung durch, die durch betriebliche Praktika ergänzt wird. Die von der AA und den JC zur Verfügung gestellten außerbetrieblichen Ausbildungsstellen sind seit Jahren rückläufig. Wurden im Jahre 2009 insgesamt noch 45.801 außerbetriebliche Ausbildungsverträge abgeschlossen, so waren es im Jahre 2015 nur noch 18.865 Ausbildungsverträge (Berufsbildungsbericht 2016, S. 28).

– **Assistierte Ausbildung** (AsA) (§ 130 SGB III) (→ S. 451 ff.)

Die Fördermaßnahme wendet sich an lernbeeinträchtigte und sozial benachteiligte Auszubildende, die wegen der in ihrer Person liegenden Gründe ohne diese Förderung eine betriebliche Berufsausbildung nicht beginnen, fortsetzen oder erfolgreich beenden können. Die Maßnahme wird in der Regel durch Maßnahme- oder Bildungsträger durchgeführt und erfolgt in kleinen Lerngruppen oder im Einzelunterricht und/oder durch die regelmäßige Begleitung im Betrieb. Die regelmäßigen Austausch- und Lernangebote umfassen in der Ausbildungsbegleitenden Phase vier bis neun Stunden wöchentlich, die in der Regel außerhalb der betrieblichen Ausbildungszeiten stattfinden. Die Fördermaßnahme wurde im Mai 2015 in das SGB III (und auch in das SGB II) eingeführt und ist zur Erprobung auf Maßnahmen befristet, die bis zum 30.9.2018 beginnen.

– **Einstiegsqualifizierung** (EQ) (§ 54a SGB III) (→ S. 441 ff.)

Die Einstiegsqualifizierung ist eine Art betriebliches Praktikum von mindestens sechs bis maximal zwölf Monaten. Mit der Einstiegsqualifizierung soll eine Vermittlung und Vertiefung von Grundlagen beruflicher Kenntnisse und Fertigkeiten erreicht werden. Der Arbeitgeber erhält zur Vergütung monatlich einen

Zuschuss bis zu 216 € und pauschal zum Sozialversicherungs-beitrag des EQ-Teilnehmers einen weiteren Zuschuss in Höhe von 107 €.

■ **Leistungen zur beruflichen Weiterbildung**

– **Förderung der beruflichen Weiterbildung** (FbW) (§§ 81 ff. SGB III) (→ S. 456 ff.)

Die berufliche Weiterbildung »wird häufig als vierte Säule (neben Schule, Betrieb und Hochschule) des Bildungssystems bezeichnet. Sie ist das wichtigste arbeitsmarktpolitische Instrument, um die Beschäftigungschancen durch eine berufliche Qualifizierung zu verbessern«. Die Förderung umfasst:

– **Umschulungen und Fortbildungen** (auch für Erwerbstätige) (§ 16 Abs. 1 Satz 2 Nr. 4 SGB II i.V.m. §§ 81 ff. SGB III),

– den **nachträglichen Erwerb des Hauptschulabschlusses** (§ 16 Abs. 1 Satz 4 SGB II i.V.m. § 81 Abs. 3 SGB III). Es besteht ein Rechtsanspruch auf Übernahme der Weiterbildungskosten zum nachträglichen Erwerb eines Hauptschulabschlusses, wenn

1. die Voraussetzungen für die Förderung der beruflichen Weiterbildung erfüllt sind und

2. zu erwarten ist, dass Sie an der Maßnahme erfolgreich teilnehmen werden.

Ob zu erwarten ist, dass Sie an der Weiterbildungsmaßnahme erfolgreich teilnehmen werden, wird von den Jobcentern der gemeinsamen Einrichtungen (gE) in der Regel vorab durch einen Test des Berufspsychologischen Service (BPS) der AA oder durch einen Test des Maßnahmeträgers beurteilt.

Für Arbeitslose, die keinen Berufsabschluss haben und die noch nicht drei Jahre beruflich tätig gewesen sind, gilt – und dies betrifft insbesondere junge Menschen ohne Schulabschluss –, dass sie nur dann im Rahmen der beruflichen Weiterbildung gefördert werden, wenn eine berufliche Ausbildung oder eine berufsvorbereitende Bildungsmaßnahme aus in ihrer Person liegenden Gründen nicht möglich oder nicht zumutbar ist (§ 81 Abs. 3 Satz 1 SGB III mit Verweis auf Abs. 1 Nr. 2). Für junge Menschen im SGB II-Bezug bieten die Jobcenter zur Vorbereitung auf den Hauptschulabschluss deshalb zumeist eigene berufsvorbereitende Bildungsmaßnahmen oder finanziell geförderte Maßnahmen von freien Trägern an,

Neu

– **seit dem 1.8.2016:** den **Erwerb von Grundkompetenzen** wie Lesen, Schreiben, Mathematik sowie Informations- und Kommunikationstechnologien (§ 16 Abs. 1 Satz 2 Nr. 4 i.V.m. § 81 Abs. 3a SGB III),

– auch **Kurzqualifikationen** (»Kurzquali«), die z.B. den Erwerb des Staplerscheins (häufige Voraussetzung für eine Tätigkeit im Lager) oder die Sachkundeprüfung nach § 34a Gewerbeordnung (GewO) für eine Tätigkeit im Sicherheitsgewerbe ermöglichen.

– **Spezielle Förderungen der beruflichen Weiterbildung** (§§ 81 Abs. 5, 82, 131a, 131b SGB III) (→ S. 487)
Neben den genannten Fördermöglichkeiten bietet das Gesetz noch spezielle Fördermöglichkeiten der beruflichen Weiterbildung. Diese betreffen Zuschüsse an Arbeitgeber, die gering qualifizierten Arbeitnehmern eine Weiterbildung ermöglichen oder sie für eine Weiterbildung freistellen und ihnen so im Rahmen eines bestehenden Beschäftigungsverhältnisses das Nachholen eines Berufsabschlusses ermöglichen.
Hierzu gehört auch neuerdings die Prämie für den erfolgreichen Abschluss einer Weiterbildung (→ S. 695).

■ **Leistungen zur Aufnahme einer Erwerbstätigkeit**

Zur Aufnahme einer Erwerbstätigkeit dienen die Eingliederungszuschüsse (EGZ) (§ 88 f. SGB III) (→ S. 542 ff.).
Arbeitgeber können zur Eingliederung von Arbeitnehmern mit Vermittlungshemmnissen Zuschüsse zu den Arbeitsentgelten erhalten. Die Zuschüsse dienen dem Ausgleich von erwarteten Einschränkungen der Arbeitsleistung, die z. B. auf Grund langer Arbeitslosigkeit, einer Behinderung, einer geringen Qualifikation oder des Alters bestehen können. Die Förderhöhe und die Förderdauer richten sich nach dem Umfang der Einschränkung der Arbeitsleistung (Minderleistung) des Arbeitnehmers und nach den Anforderungen des jeweiligen Arbeitsplatzes. Der Eingliederungszuschuss kann bis zu 50 % des zu berücksichtigenden Arbeitsentgelts betragen. Er wird längstens für bis zu zwölf Monate gewährt. Arbeitnehmer, die das 50. Lebensjahr vollendet haben, können bis zu 36 Monate gefördert werden.
Höhere Eingliederungszuschüsse erhalten Arbeitgeber bei Beschäftigung von behinderten Menschen. Bei einer Beschäftigung von behinderten und schwer behinderten Menschen beträgt der Eingliederungszuschuss bis zu 70 % des Arbeitsentgelts und kann bis zu 24 Monate gewährt werden, bei besonders schwer behinderten Menschen unter 55 Jahren kann der Eingliederungszuschuss bis zu 60 Monate und bei besonders schwer behinderten Menschen ab 55 Jahren bis zu 96 Monate gewährt werden.

■ **Eingliederungsleistungen für erwerbsfähige behinderte Menschen**

Rund zwei Drittel aller schwer behinderten Menschen werden nach Aussage der Beauftragten der Bundesregierung für die Belange behinderter Menschen durch die Jobcenter betreut. § 16 SGB II verweist umfangreich auf die Regelungen zu den »Leistungen zur Teilhabe am Arbeitsleben«, die im Rahmen des SGB III gewährt werden, und auf die auch behinderte Menschen im SGB II-Leistungsbezug einen Anspruch haben. Hierzu verweisen wir insgesamt auf die detaillierten und umfangreichen Ausführungen im Leitfaden für Arbeitslose zum SGB III (→ S. 492 ff.).

III **Fortgesetzte Eingliederungshilfen trotz Wegfall der Hilfebedürftigkeit**

In drei Fällen sieht das SGB II vor, dass die Eingliederungshilfe fortgesetzt wird oder werden kann, obwohl die Hilfebedürftigkeit entfallen ist:

1 **Weiterzahlung von Einstiegsgeld**
§ 16b Abs. 1 Satz 2 SGB II

Gemäß § 16b Abs. 1 Satz 2 SGB II »kann das Einstiegsgeld auch erbracht werden, wenn die Hilfebedürftigkeit durch oder nach Aufnahme der Erwerbstätigkeit entfällt«.

Diese Regelung ist zu begrüßen. Mit Einstiegsgeld geförderte Arbeitnehmer oder Selbständige müssen nicht fürchten, mit den ersten, die Hilfebedürftigkeit nach § 9 SGB II beseitigenden Früchten ihrer Arbeit neben dem Alg II/Sozialgeld auch noch das Einstiegsgeld zu verlieren.

2 **Weitergewährung von Beratung, Vermittlung, Leistungen aus dem Vermittlungsbudget, Stabilisierung, Kommunaler Betreuung und Freier Förderung**
§ 16g Abs. 2 Satz 1 SGB II n. F.

Gemäß § 16g Abs. 2 Satz 1 SGB II n. F. können für die Dauer einer Förderung des Arbeitgebers oder eines Trägers durch eine Geldleistung folgende Leistungen weitergewährt werden:

- Beratung und Vermittlung gemäß §§ 29 ff. SGB III i. V. m. § 16 Abs. 1 Sätze 1 und 2 SGB II;

- Stabilisierung einer aufgenommenen Beschäftigung gemäß § 45 Abs. 1 Satz 1 Nr. 5 SGB III i. V. m. § 16 Abs. 1 Satz 2 Nr. 2 SGB II;

- Förderung aus dem Vermittlungsbudget gemäß § 44 SGB III i. V. m. § 16 Abs. 1 Satz 2 Nr. 2 SGB II;

- die Kommunalen Eingliederungsleistungen gemäß § 16a SGB II;

- eine Freie Förderung gemäß § 16e SGB II,

selbst wenn die Hilfebedürftigkeit aufgrund des zu berücksichtigenden Einkommens entfallen ist.

3 **Weiterförderung von Eingliederungsmaßnahmen**
§ 16g Abs. 1 SGB II n. F.

Nach § 16g Abs. 1 SGB II kann eine begonnene Eingliederungsmaßnahme weitergefördert werden, wenn während der Eingliederungsmaßnahme die Hilfebedürftigkeit entfallen ist, vorausgesetzt,

- dies erscheint wirtschaftlich und
- der Erwerbsfähige wird die Maßnahme voraussichtlich erfolgreich abschließen.

Die Förderung steht im Ermessen des Jobcenters.

Mit der Streichung von § 16g Abs. 1 Satz 2 SGB II a. F. entfällt **seit 1.8.2016** für das Jobcenter die Möglichkeit, die Kosten der Weiterförderung nur als Darlehen zu übernehmen. Wenn das Jobcenter weiter fördern will, muss es einen Zuschuss statt eines rückzahlbaren Darlehens gewähren. Damit wird Maßnahmeabbrüchen vorgebeugt (BT-Drs. 18/8041, S. 36).

Neu

Die Tragweite von § 16g Abs. 1 SGB II (früher § 16 Abs. 4 SGB II) ist weitgehend dunkel (s. dazu ausführlich Eicher in: Eicher/Spellbrink, SGB II, 2. Aufl. 2008, RandNrn. 32, 247 ff. zu § 16).

Nach DA 2.1.3 zu § 16 Abs. 4 SGB II a. F. ist § 16 Abs. 4 SGB II a. F. (jetzt § 16g Abs. 1 SGB II (bisher ohne DA)) nur auf Leistungen/Maßnahmen anzuwenden, die der Leistungsberechtigte selbst erhält; Leistungen an den Arbeitgeber oder an einen Träger fallen nicht unter § 16g Abs. 1 SGB II. Diese Fälle sind in § 16g Abs. 2 SGB II geregelt.

Betroffen: nur Leistungen an Leistungsberechtigte

Bei der Ermittlung der Hilfebedürftigkeit sind die Kosten der Eingliederungsmaßnahme einzubeziehen (DA 2.2 zu § 16 Abs. 4 SGB II a. F.).

A. und B. sind ein Paar, beide sind erwerbsfähig und hilfebedürftig. Unterkunftskosten 615 €.
A. nimmt an einer Weiterbildungsmaßnahme teil.
Kosten der Weiterbildung: 600 € monatlich.
B. findet nach Beginn der Weiterbildung von A. eine Teilzeitarbeit. Das zu berücksichtigende Erwerbseinkommen beträgt 1.300 € monatlich.
Erhält A. weiterhin die Weiterbildungskosten?

Beispiel

Ermittlung des Gesamtbedarfs

Regelbedarf (2 x 364 €)		728 €
+ Unterkunftskosten	+	615 €
+ Weiterbildungskosten	+	600 €
= Gesamtbedarf	**=**	**1.943 €**

Ergebnis: Es besteht weiter Hilfebedürftigkeit i.S. § 16g Abs. 1 SGB II. A. erhält weiter die Weiterbildungskosten, falls dem Jobcenter dies wirtschaftlich erscheint und die Weiterbildung voraussichtlich erfolgreich abgeschlossen wird.

I   »Kommunale Eingliederungsleistungen«
         § 16a SGB II

1   Einführung

1.1   Beratungs- und Betreuungsleistungen sind notwendig

Nicht alle Leistungsberechtigten sind so leistungsstark, dass sie – falls es überhaupt Arbeit gibt – bald eine Arbeit finden. Zu den Leistungsberechtigten gehören viele, deren Eingliederung in Arbeit aufgrund persönlicher und/oder sozialer Beeinträchtigungen erschwert ist. Diese brauchen neben den im vorausgehenden Kapitel genannten, aus dem SGB III übernommenen Leistungen weitere Eingliederungshilfen. Das gilt insbesondere für Leistungsberechtigte, die noch nie oder schon lange nicht mehr gearbeitet haben, nur gering leistungsfähig sind, von Krisen geschüttelt, suchtkrank, wohnungslos oder überschuldet sind. Ohne zusätzliche Beratungs- und Betreuungsleistungen wird es häufig nicht gelingen, diese Leistungsberechtigten dauerhaft in Arbeit zu bringen. Außerdem entsteht die Gefahr von Maßnahmeabbrüchen und Sanktionen aufgrund mangelnder Mitwirkung, weil sie den Anforderungen nicht gerecht werden können.

Häufig sind die psychosozialen Beeinträchtigungen so stark, dass eine unmittelbare Einmündung in Arbeit utopisch ist. Dann muss die soziale Integration der beruflichen vorangehen. Zwar ist die Eingliederung in Arbeit das Ziel des SGB II (vgl. nur §§ 1 Abs. 3 Nr. 2, 2 Abs. 1 Satz 2, 14 Abs. 1 Satz 1, 15 Abs. 2, 16d Abs. 5 SGB II); ja, die unmittelbare Aufnahme einer Erwerbstätigkeit auf dem allgemeinen Arbeitsmarkt ist sogar vorrangiges Ziel (§ 3 Abs. 2, § 2 Abs. 1 Satz 3 SGB II).

Soziale Integration kann beruflicher vorangehen

Bei Leistungsberechtigten mit starken psychosozialen Beeinträchtigungen müssen aber zunächst diese be- und aufgearbeitet werden. Das sieht auch der Gesetzgeber. Andernfalls würde er die psychosozialen Beratungs- und Betreuungsleistungen nicht ausdrücklich anbieten. Dass auch Umwege, die nicht direkt in Arbeit münden, gefördert werden können, zeigt § 54 Satz 2 SGB II. Diese Bestimmung geht davon aus, dass auch Maßnahmen gefördert werden können, die »nicht unmittelbar zur Eingliederung führen«, sondern lediglich einen »Integrationsfortschritt der erwerbsfähigen Leistungsberechtigten« ermöglichen.

1.2   Abschließende Aufzählung der vier »Kommunalen Eingliederungsleistungen«

Die »Kommunalen Eingliederungsleistungen« sind in § 16a SGB II aufgezählt:

»Zur Verwirklichung einer ganzheitlichen und umfassenden Betreuung und Unterstützung bei der Eingliederung in Arbeit können die folgenden Leistungen, die für die Eingliederung des erwerbsfähigen Leistungsberechtigten in das Erwerbsleben erforderlich sind, erbracht werden:
1. die Betreuung minderjähriger oder behinderter Kinder oder die häusliche Pflege von Angehörigen,
2. die Schuldnerberatung,
3. die psychosoziale Betreuung,
4 die Suchtberatung.«

Nach der Vorgängerbestimmung, dem § 16 Abs. 2 Satz 2 SGB II, gehörten zu den früher so genannten »weiteren Leistungen« »**insbesondere**« die vier Aufgezählten. Und auch nach dem Entwurf des § 16a SGB II konnten »**insbesondere**« die vier Leistungen erbracht werden (BR-Drs. 755/08, S. 27). Durch Streichung des Wortes »insbesondere« im letzten Augenblick des Gesetzgebungsverfahrens sind die vier Eingliederungsleistungen nicht mehr beispielhaft, sondern abschließend aufgezählt.

Keine sog.
»weiteren
Leistungen«

Damit sind die früher sog. »weiteren Leistungen«, die insbesondere optierende kommunale Träger gemäß § 16 Abs. 2 Satz 1 SGB II a. F. i. V. m. § 6 Abs. 1 Satz 1 Nr. 2 SGB II massenhaft zulasten des Bundeshaushalts gewährt haben, nicht mehr möglich (vgl. zu dem zwischen Bundesregierung und Landkreistag heftig geführten Streit die 5. Auflage dieses Leitfadens, S. 470-473). Zum (teilweisen) Ausgleich für den Verlust der sog. »weiteren Leistungen« hat der Gesetzgeber seit 2009 die »Freie Förderung« nach § 16f eingeführt (→ in diesem Kapitel unter II).

Bevor wir auf die vier Beratungs- und Betreuungsleistungen einzeln eingehen, behandeln wir Fragen, die sich bei allen vier Leistungen gleichermaßen stellen.

1.3 Standards der Beratungs- und Betreuungsarbeit

Wer bietet
Beratungs- und
Betreuungs-
leistungen an?

Die vier Beratungs- und Betreuungsleistungen kann der Fallmanager/persönliche Ansprechpartner gemäß § 17 SGB II entweder bei spezialisierten Einrichtungen der freien Wohlfahrtspflege besorgen oder sie können von den Kreisen und den kreisfreien Städten, den Kostenträgern für diese Leistungen (§ 6 Abs. 1 Satz 1 Nr. 2 SGB II), selbst erbracht werden.

Standards

Das SGB II soll den Hilfeempfänger »fördern« und »fordern«. Insbesondere der Grundsatz des »Forderns« kann in einen Gegensatz zu anerkannten, fachlichen Standards geraten, die für den Erfolg von Beratung und Betreuung unabdingbar sind. Vor allem die Grundsätze der Ergebnisoffenheit, Freiwilligkeit und Vertraulichkeit stehen in einem Spannungsfeld zum Grundsatz des »Forderns«, der durch umfassende Mitwirkungspflichten (§§ 2, 15 Abs. 2 Satz 2 Nr. 2, 31, 56 ff. SGB II) und Sanktionsmöglichkeiten (§§ 31a ff. SGB II) konkretisiert wird.

Ergebnisoffenheit
statt Ergebnis-
fixierung

Beratung und Betreuung können nicht ausschließlich auf die Eingliederung in Arbeit zielen, denn dieses Ziel ist nur erreichbar, wenn vorher psychosoziale Probleme bearbeitet werden. Häufig stellt sich erst in der Beratungs- und Betreuungsarbeit heraus, welche zunächst »diffusen« Probleme konkret für den Verlust der Arbeit und für die Schwierigkeiten bei der Arbeitsaufnahme verantwortlich sind. Dann muss häufig umgesteuert werden; das bedeutet, es müssen manchmal Umwege, ja Irrwege gegangen werden, bis eine tragfähige Brücke in Arbeit gebahnt ist.

Freiwilligkeit
statt finanzieller
Sanktionen

Die Freiwilligkeit ist entscheidende Voraussetzung für den Erfolg von Beratung und Betreuung. Insbesondere die Schuldnerberatung und auch die Suchtberatung – jedenfalls bei der Bearbeitung eines Teils der Süchte – bestehen auf Freiwilligkeit. Das heißt nicht, dass jede Sanktion ausscheidet. Die kostenträchtige Beratung und Betreuung kann beendet werden, wenn sich der Leistungsberechtigte nicht an Vereinbarungen hält. Weitere Sanktionen wie Drohung mit Rückzahlung von Beratungs- und Betreuungskosten oder Kürzung des Alg II sind – falls überhaupt rechtlich zulässig – kontraproduktiv. Gelingt es dem persönlichen Ansprechpartner/Fallmanager nicht, die Bereitschaft zur Inanspruchnahme von Beratung und Betreuung herzustellen, ist höchstens die Verpflichtung zu einer Erstberatung durch eine Fachstelle zumutbar und sanktionierbar. Eine Erstberatung ist sinnvoll, weil häufig erst in einem solchen Gespräch die Bereitschaft, sich auf Hilfe einzulassen, geklärt werden kann.

Vertraulichkeit ist die Grundlage von Beratung und Betreuung. Die Vertraulichkeit darf nicht gebrochen werden, auch nicht durch die weit reichende Auskunftspflicht der Träger, die Leistungen zur Eingliederung in Arbeit erbringen (§ 61 SGB II). Das betont zu Recht der Bericht des Landesbeauftragten für Datenschutz und Informationsfreiheit Nordrhein-Westfalen: Nach den »Grundsätzen zum Datenschutz bei der Gewährung von Leistungen der Grundsicherung für Arbeitsuchende in der ARGE« vom 9.5.2005, S. 4, hat der persönliche Ansprechpartner/Fallmanager gegen den Willen des Leistungsberechtigten keinen Zugriff auf »vertrauliche Inhalte der Gespräche der Schuldnerberatung, Suchtberatung und anderer ihrer Natur nach vertraulicher Beratungsleistungen. Die Erbringer dieser Leistungen trifft nur eine beschränkte Auskunftspflicht.« Im Vorfeld der Beratung und Betreuung sollte der Träger, der berät und betreut, mit dem Leistungsberechtigten besprechen, welche Informationen an das Jobcenter weitergegeben werden und welche nicht. Zu den Grenzen von Auskunfts- und Meldepflichten der Träger gegenüber dem Jobcenter vgl. Stahlmann, info also 2006, S. 61 ff.

Vertraulichkeit statt ungebremster Datenfluss

Der persönliche Ansprechpartner/Fallmanager muss die verschiedenen nach dem SGB II möglichen Leistungen bewilligen und koordinieren. Dafür müssen die Ziele im Einzelfall mit den Erbringern der Beratung und Betreuung abgestimmt und so optimal wie möglich gestaltet werden. Das setzt voraus, dass der Fallmanager Ablauf, Inhalt, Vorgehensweise und Wirkung dieser Angebote kennt. Die Notwendigkeit von solchem »Netzwerkwissen« betonen eindringlich die »Anforderungen an das Fallmanagement im SGB II« des Deutschen Vereins für öffentliche und private Fürsorge vom 17.6.2009.

Zusammenarbeit mit Erbringern von Leistungen nach dem SGB II

Häufig sind bei erwerbsfähigen Leistungsberechtigten mit vielfältigen Vermittlungshemmnissen auch noch Hilfen außerhalb des SGB II erforderlich (z. B. Hilfen zur Erziehung nach dem SGB VIII, Hilfen zur Überwindung besondere sozialer Schwierigkeiten nach dem SGB XII). Da sich die unterschiedlichen Leistungen und deren Ziele nicht so einfach miteinander vereinbaren lassen, muss der persönliche Ansprechpartner/Fallmanager mit den anderen Leistungsträgern kooperieren.

Zusammenarbeit mit Erbringern von Leistungen außerhalb des SGB II

Oftmals werden die Beratungs- und Betreuungsleistungen durch Fachstellen erbracht, die eine andere Kultur pflegen als die Jobcenter. Hier ist eine respektvolle Kooperation zwischen diesen und den Fallmanagern erforderlich.

Zusammenarbeit mit Fachstellen

Abbrüche vermeiden

Wird ein weiterführender Beratungs- und Betreuungsbedarf vom persönlichen Ansprechpartner/Fallmanager übersehen und deshalb nicht erbracht, kann das zu Maßnahmeabbrüchen oder zum Ausschluss aus der Arbeitsgelegenheit mit Mehraufwandsentschädigung führen. Häufig folgen dann rechtswidrige Kürzungen des Alg II (weil Abbruch aus wichtigem Grund oder unverschuldet). Da die Ursachen für das Scheitern aber oft in den psychosozialen Schwierigkeiten des Leistungsberechtigten begründet sind, ist es notwendig, dass der persönliche Ansprechpartner/Fallmanager die Gründe für den Maßnahmeabbruch erkennt und Beratungs- und Betreuungsleistungen bewilligt und durch Fachstellen organisiert. Den Vorrang von Betreuungsleistungen bei eingeschränkten Leistungsberechtigten betont das SG Dresden vom 16.5.2014 – S 12 AS 3729/13:

> »Liegen bei einem Leistungsberechtigten erhebliche Einschränkungen im psychischen oder gesundheitlichen Bereich und dementsprechende Vermittlungshemmnisse vor und kann nach dem Inhalt der Akten nicht von einer frei bestimmten und … unabhängigen Verweigerungshaltung ausgegangen werden, so ist zunächst die Gewährung von Betreuungs- und Unterstützungsleistungen zur psychischen, sozialen und rechtlichen Stabilisierung gem. § 16a Nr. 3 SGB II, § 33 Abs. 6 SGB IX geboten. Die in einer solchen Situation stereotyp mehrfach erlassenen Meldeaufforderungen sind unverhältnismäßig und die nachfolgenden Sanktionen wegen Meldeversäumnissen rechtswidrig.«

Über Erfahrungen, Probleme und Erfolge bei der Zusammenarbeit von Beratungseinrichtungen und Jobcentern informieren zwei im Fachhochschulverlag erschienene Bücher:
- Monika Ludwig, **»Kooperation im kommunalen Netzwerk. Das Beispiel der kommunalen Eingliederungsleistungen nach § 16a SGB II«**, 2013, 280 Seiten, 24,– €.
- Claus Reis u.a., **»Produktionsnetzwerke in der lokalen Sozial- und Arbeitsmarktpolitik«**, 2016, ca. 140 Seiten, 16,– €.

Zur detaillierten Kritik an den (völlig unzureichenden) Kommunalen Eingliederungsleistungen siehe:
DGB Abteilung Arbeitsmarktpolitik, **»Sozialintegrative Leistungen der Kommunen im Hartz IV-System – warum auch acht Jahre nach Einführung von Hartz IV der ganzheitliche Unterstützungsansatz nicht eingelöst wurde«**, arbeitsmarkt aktuell Nr. 1/Januar 2014.

2   Entlastung bei der Erziehung von Kindern und bei der Pflege von Angehörigen

2.1   Erziehung von Kindern

Die Betreuung von Kindern ist noch immer schwer mit Ausbildung und Arbeit zu vereinbaren. Das benachteiligt Frauen, denen traditionell die Erziehung von Kindern aufgebürdet wird.

Zwar erleichtert das Kinder- und JugendhilfeG (SGB VIII) die Unterbringung von Kindern:

So besteht nach § 24 Abs. 2 SGB VIII seit 2013 für Kinder vom ersten bis zum dritten Geburtstag ein Anspruch auf einen Platz in einer Tageseinrichtung oder in Kindertagespflege.

Nach § 24 Abs. 3 SGB VIII existiert schon seit einigen Jahren ein Anspruch auf einen Platz in einer Tageseinrichtung für Kinder vom dritten bis zum sechsten Geburtstag.

Für Kinder bis zum ersten Geburtstag sind gemäß § 24 Abs. 1 Satz 1 Nr. 2c SGB VIII Erziehungsberechtigte, die Leistungen nach dem SGB II erhalten, vorrangig in einem Platz zu einer Einrichtung oder in Tagespflege zu versorgen.

Ansprüche nach dem SGB VIII auf Unterbringung der Kinder

Häufig passen allerdings die Öffnungszeiten nicht zu den angebotenen Arbeitszeiten. Und für Schulkinder fehlen noch immer Hortplätze.

Deshalb können Mütter, die arbeiten wollen, häufig nicht arbeiten.

Das will § 16a Nr. 1 SGB II ändern: Arbeitsuchenden Müttern, die ja regelmäßig als erwerbsfähig gelten, soll das Jobcenter zu einem Platz in einer Krippe, Tagespflege, Kindergarten oder Hort verhelfen, insbesondere auch für behinderte Kinder. Der persönliche Ansprechpartner/Fallmanager muss sich in Zusammenarbeit mit dem örtlich zuständigen Jugendhilfeträger (§ 18 Abs. 1 und 3 SGB II) einen Überblick über Betreuungsmöglichkeiten verschaffen und für Mütter, die Arbeit suchen (müssen), Plätze gewinnen. Gelingt das, ist der konkrete Platz mit garantierter Öffnungszeit in der Eingliederungsvereinbarung/dem Eingliederungsverwaltungsakt festzuhalten.

Die Möglichkeiten des Jobcenters erschöpfen sich nicht in der Suche nach passenden Betreuungsplätzen. Es kann sich um die Flexibilisierung der Öffnungszeiten bestehender Einrichtungen kümmern, Bring-, Hol- und Betreuungsdienste organisieren und sie auch finanzieren, solange sich die Öffnungszeiten nicht mit den Zeiten angebotener Arbeit decken.

Nach Jonathan Fahlbusch, Nachrichtendienst des Deutschen Vereins 2011, S. 463 ff. (466)

»folgt aus § 16a Nr. 1 SGB II eine Art nachrangiger Eintrittsverpflichtung, Kindertagesbetreuung anzubieten, soweit der Kinder- und Jugendhilfeträger diese nicht sicherstellt. Die Vorschrift dient in der Praxis als Rechtsgrundlage etwa zur Leistung von Kinderbetreuung in Randzeiten oder am Wochenende, weil aufgrund des Landesrechts oder der lokalen Bedingungen eine Lage besteht, in der nur ein umfänglich beschränktes System vorhanden ist. Zusätzliche Betreuung am Wochenende, abends oder in den frühen Morgenstunden, z.B. in der Zeit zwischen 6 und 8 Uhr morgens, leistet die Kinder- und Jugendhilfe regelmäßig nicht.«

Das Jobcenter sollte sich aber nicht nur um die arbeitsuchenden Mütter kümmern. Es kann – auch wenn es selbst nicht unmittelbar Kinderbetreuungsplätze schaffen muss – das Angebot an Kinderbetreuung dadurch zu erweitern suchen, dass es die Beschäftigung in diesem Bereich fördert. Es kann die Einstellung von arbeitslosen Erzieherinnen fördern; z. B. durch Eingliederungszuschüsse. Unzulässig

Angebote an arbeitslose Erzieherinnen

ist es, über Arbeitsgelegenheiten mit Mehraufwandsentschädigung fehlende Erzieherinnen zu ersetzen. Sobald eine solche Arbeitsgelegenheit auf den Stellenschlüssel angerechnet wird, ist sie nicht mehr »zusätzlich« (ebenso BA, »Angebote zur Verbesserung von flexibler Kinderbetreuung und damit Vermittlung von Alleinerziehenden«, 2004, S. 9).

Angebote für werdende Tagesmütter

Das Jobcenter kann sich zusätzlich um die Gewinnung geeigneter arbeitsloser Frauen als Tagesmütter kümmern, indem es Qualifizierungsmaßnahmen, die Übernahme von Weiterbildungskosten und die Zahlung von Einstiegsgeld anbietet.

Wie alleinerziehende SGB II-Leistungsberechtigte nachhaltig bei der Eingliederung in Arbeit unterstützt werden können, beschreibt Claus Reis in dem im Fachhochschulverlag erschienenen Buch Claus Reis, **»Alleingelassen. Junge arbeitslose Alleinerziehende im Dickicht sozialstaatlicher Hilfeangebote«**, 2011, 175 S., 15,– €.

2.2   Pflege von Angehörigen

Zu den Eingliederungsleistungen gehört nach § 16a Nr. 1 SGB II auch die Entlastung von Leistungsberechtigten bei der häuslichen Pflege Angehöriger. Wer zu den Angehörigen zählt, haben wir auf → S. 211 geklärt. Wegen des mit der Pflege verbundenen zeitlichen und psychischen Aufwands wird die Aufnahme einer Arbeit erschwert oder unmöglich. Hier kann durch einen vom persönlichen Ansprechpartner/ Fallmanager vermittelten ambulanten Pflegedienst Entlastung angeboten und damit die Eingliederung in Arbeit erleichtert werden.

Aufgezwungene Entlastung?

Fraglich ist, ob sich der erwerbsfähige Leistungsberechtigte die Eingliederungshilfe aufzwingen lassen muss. Die Eingliederungshilfe nach § 16a Nr. 1 SGB II korrespondiert mit § 10 Abs. 1 Nr. 4 SGB II. Danach kann die Aufnahme oder Ausdehnung von Arbeit einem Pflegenden zugemutet werden, wenn die Arbeit
- mit der Pflege des Angehörigen vereinbar ist (→ S. 211) und
- die Pflege auf andere Weise sichergestellt werden kann.

Durch stationäre Pflege?

Auf keinen Fall kann der Ersatz der häuslichen Pflege durch stationäre Pflege erzwungen werden. Das verbietet der Nachrang der stationären Pflege (§ 3 SGB XI, § 63 SGB XII).
Außerdem verhindern das die hohen Kosten einer stationären Pflege.

Durch ambulante Pflege?

Wie aber ist der Versuch zu beurteilen, den Leistungsberechtigten dadurch in Arbeit zu bringen, dass das Jobcenter anbietet, ihn durch einen ambulanten Pflegedienst zu entlasten? Das würde sich für das Jobcenter rechnen, weil es SGB II-Leistungen spart, ohne dass die Kosten für den Pflegedienst zunächst sein Eingliederungsbudget belasten würden. Nachteile brächte die Aufgabe der Pflege durch die Angehörige höchstens dem Pflegebedürftigen: Er erhielte einmal kein Pflegegeld (das er möglicher-

weise der Pflegenden weitergereicht hat); zum anderen sollte der Pflegebedürftige wohlhabend sein (was auch bei Pflege durch einen nach dem
SGB II Leistungsberechtigten der Fall sein kann), müsste er den von der
gesetzlichen Pflegeversicherung nicht gedeckten Teil der Pflegekosten
selbst aufbringen; wäre der Pflegebedürftige hilfebedürftig i.S. des
SGB XII, müsste der Sozialhilfeträger den nicht gedeckten Teil tragen.
Wir halten den aufgezwungenen Ersatz häuslicher Pflege durch ambulante professionelle Pflege für bedenklich (LSG NRW vom
30.4.2013 – L 7 AS 521/13 B ER). § 63 SGB XII und § 3 SGB XI sehen
nicht nur den Vorrang häuslicher vor stationärer Pflege vor; sie fordern außerdem vorrangig die Pflege »durch Personen, die dem
Pflegebedürftigen nahestehen« und »die Pflegebereitschaft der Angehörigen (zu) unterstützen«. Dieser Wille des Gesetzgebers würde
durchkreuzt, würde das Jobcenter – gegen den Wunsch von Pflegenden und Pflegebedürftigen – eine ambulante Pflege im Wege der Eingliederungshilfe nach § 16a Nr. 1 SGB II erzwingen.

3   Schuldnerberatung

Trotz gesunkener Arbeitslosigkeit ist diese noch immer der
häufigste Auslöser von Überschuldung: Mit 20 % rangiert Arbeitslosigkeit weit vor Erkrankung, Sucht, Unfall (13,5 %) und Trennung,
Scheidung, Tod von Partner/Partnerin (12,5 %); Gründe, die wiederum nicht selten von Arbeitslosigkeit mitverursacht sind (Stat. Bundesamt, Statistik zur Überschuldung privater Personen 2015, Wiesbaden 2016, S. 7).
Es wundert deshalb nicht, dass 49 % der SGB II-Haushalte ohne Migrationshintergrund und 39 % der SGB II-Haushalte mit Migrationshintergrund verschuldet sind (Matthias Knuth (Hrsg.), Arbeitsmarktintegration und Integrationspolitik – zur notwendigen Verknüpfung
zweier Politikfelder, 2010, S.100).

(Randnotiz: Teufelskreis: Schulden – Arbeitslosigkeit)

Umgekehrt ergab eine im Jahr 1996 von den Landesarbeitsämtern
Nordrhein-Westfalen und Baden-Württemberg durchgeführte Untersuchung, dass bei überschuldeten Arbeitslosen eine dauerhafte Reintegration ins Erwerbsleben nicht ohne die Lösung ihres Überschul-
dungsproblems möglich ist. Arbeitgeber scheuen den Aufwand, der in
den Personalabteilungen aufgrund von Abtretungen und Pfändungen
des Lohns entsteht. Der Arbeitgeber haftet zudem, wenn er konkur-
rierende Gläubiger nicht korrekt bedient.

Studien (vgl. BMin. für Familie, Senioren, Frauen und Jugend, News-
letter vom 6.4.2005, S. 1, zum Thema »Schuldnerberatung sichern«)
belegen den Erfolg von Schuldnerberatung.
Neben der wirtschaftlichen Entlastung leistet Schuldnerberatung
i.d.R. einen spürbaren Beitrag zur sozialen und emotionalen Stabili-
tät des Überschuldeten und seines Umfelds, was wiederum für die Integration in Arbeit förderlich ist.

(Randnotiz: Wirkung von Schuldner-beratung)

Es ist deshalb zu begrüßen, dass § 16a Nr. 2 SGB II die Schuldnerberatung als Eingliederungsleistung ausdrücklich vorsieht. Sie dient der Eingliederung in Arbeit und entlastet langfristig das Jobcenter.

Keine präventive Schuldnerberatung

Nach BSG vom 13.7.2010 – B 8 SO 14/09 R gibt § 16a Nr. 2 SGB II noch erwerbstätigen Nichthilfebedürftigen keinen Anspruch auf vorbeugende Schuldnerberatung (kritisch hierzu Utz Krahmer, SOZIALRECHT aktuell 2011, S. 161 ff.; Arbeitsgemeinschaft Schuldnerberatung der Verbände, Argumente zur Finanzierung der Schuldnerberatung für Erwerbstätige durch öffentliche Haushalte, Berlin, Oktober 2011).

Schuldnerberatung muss freiwillig bleiben:

Kein Zwang!

»Da Schuldnerberatung, ebenso wie Sucht- und ähnliche Beratung als Hilfeprozess zu verstehen ist, der unabdingbaren Grundsätzen unterliegt, d. h., der ohne den Willen der betreffenden Person zur Veränderung der Situation nicht gelingt, ist ein Zwang zur Inanspruchnahme von Schuldnerberatung im Rahmen einer Eingliederungsvereinbarung ineffektiv und sollte im Interesse der Einhaltung des Grundsatzes von Wirtschaftlichkeit und Sparsamkeit vermieden werden« (BMin. für Familie, Senioren, Frauen und Jugend, Handlungsempfehlungen für Arbeitsgemeinschaften und optierende kommunale Träger für die Gewährung von Schuldnerberatung nach dem SGB II).

Die Aufnahme von Schuldnerberatung in die Eingliederungsvereinbarung oder in den Eingliederungsverwaltungsakt ohne oder gar gegen den Willen des überschuldeten Leistungsberechtigten würde zudem die Gefahr heraufbeschwören, statt Entschuldung noch tiefere Verschuldung zu produzieren. Hielte sich der Leistungsberechtigte nicht an das Vereinbarte oder an das im Eingliederungsverwaltungsakt Auferlegte, würde er über die zwingend folgende Kürzung des Alg II (§ 31a i.V.m. § 31 Abs. 1 Satz 1 Nr. 1 SGB II) in eine weitere Schuldenfalle getrieben.

4   Suchtberatung

Die Eingliederung Suchtmittelabhängiger ist ohne spezielle Fachkenntnisse nicht möglich: Schon die Feststellung, welche Sucht (Alkohol, Drogen. Medikamente, Spiele) zu welchen Vermittlungshemmnissen führt, bedarf differenzierter Fachkenntnisse. Erst recht ist eine suchtspezifische Diagnostik und eine darauf aufbauende Eingliederungsvereinbarung nur in Zusammenarbeit mit Fachdiensten und deren Fachleuten leistbar.

Wir können hier die Möglichkeiten und Grenzen der Suchtberatung nicht behandeln. Dafür ist das Thema »Suchthilfe« viel zu komplex. Wir verweisen auf das von Dieter Henkel und Uwe Zemlin im Fachhochschulverlag herausgegebene Handbuch **»Arbeitslosigkeit und Sucht«**, 2008, 575 S., 25,– €. Es enthält von 28 Autoren/Autorinnen 21 Beiträge. Zehn davon seien hier beispielhaft aufgeführt:

- Wie viele Suchtbehandelte sind arbeitslos, und welche Chancen haben sie, wieder Arbeit zu finden?

- Suchtprävention (Früherkennung, Frühintervention) für Arbeitslose durch Institutionen und Maßnahmen außerhalb des traditionellen Suchthilfesystems

- Rückfälle arbeitsloser Suchtkranker: Fakten und Folgerungen für die Rückfallprävention

- Arbeitslosigkeit und Spielsucht

- Fallmanagement als »neuer Weg in der Beschäftigungsförderung«: Auch ein Weg aus Sucht und Arbeitslosigkeit?

- Kooperation zwischen den Trägern der Einrichtungen der Suchthilfe und den Jobcentern: Handreichung für die Träger und Einrichtungen der Suchthilfe in der Caritas

- Kooperation zwischen Jobcenter und Suchtberatung: Ein kritischer Überblick

- Maßnahmen zur Förderung der beruflichen Reintegration arbeitsloser Alkohol- und Medikamentenabhängiger sowie zur Überwindung der Schnittstelle zwischen Suchtrehabilitation, Arbeitsmarkt und Arbeitsverwaltung

- Der Konsiliardienst der Suchthilfe in Arbeitsagenturen und Jobcenter – Ein initiales Hilfeangebot im Rahmen einer regionalen Vernetzung von Suchthilfe und Arbeitsverwaltung

- Sucht und Arbeitslosen-, Rehabilitations- und Teilhaberecht.

5 Psychosoziale Betreuung

Mit der Aufnahme der Psychosozialen Betreuung in den Leistungskatalog des SGB II hat der Gesetzgeber einen Auffangtatbestand für alle Schwierigkeiten psychosozialer Art geschaffen, welche die Eingliederung in Ausbildung und Arbeit erschweren.

Psychosoziale Betreuung benötigen Ausbildung- und Arbeitsuchende bei persönlichen Schwierigkeiten und in Lebenslagen, die einer Eingliederung im Weg stehen. Einerseits kann die Ursache der Arbeitslosigkeit im psychosozialen Bereich liegen, andererseits kann Arbeitslosigkeit zu einer Vielzahl von psychosozialen Problemen führen, die eine Wiedereingliederung zusätzlich erschweren.

Wer braucht psychosoziale Betreuung?

Wann kann psychosoziale Betreuung vom Jobcenter geboten werden?

Psychosoziale Betreuung erhalten erwerbsfähige Leistungsberechtigte, wenn sie für die Eingliederung in Ausbildung und Arbeit erforderlich ist und

■ psychosoziale Beratungs- und Betreuungsleistungen nicht als Teil einer Maßnahme nach § 16 Abs. 1 SGB II erbracht werden;

■ keine Schuldner- oder Suchtberatung nach § 16a Nrn. 2 und 4 SGB II erbracht wird, in der die psychosoziale Betreuung bereits enthalten ist und diese den Bedarf deckt;

■ keine vorrangigen psychosozialen Beratungs- und Betreuungsleistungen aus anderen Sozialleistungsgesetzen erbracht werden müssen, die den Bedarf decken.

Was ist psychosoziale Betreuung?

Die Inhalte psychosozialer Betreuung sind nicht definiert; sie werden weder im Gesetz noch in der Gesetzesbegründung näher beschrieben. Deshalb können sehr unterschiedliche Angebote für unterschiedliche Zielgruppen mit unterschiedlichen Zielen erbracht werden. Grundsätzlich handelt es sich um beratende und unterstützende Angebote, welche die persönliche und soziale Situation des Leistungsberechtigten verbessern und auf die Teilhabe am Arbeitsleben, die Überwindung der Hilfebedürftigkeit und die Stärkung der Eigenverantwortung zielen. Zur Unterstützung sollte das Umfeld bedarfsorientiert einbezogen werden.

Psychosoziale Betreuung setzt sich aus den Elementen »Beratung« und »Unterstützung« zusammen. Ziel ist es, die Vermittlungshemmnisse abzubauen und Erwerbsfähigkeit zu fördern.

Psychosoziale Beratung

■ Im Rahmen der »psychosozialen Beratung« werden unterschiedliche »zielgruppenspezifische« und »problemspezifische« Beratungsangebote und »unspezifische« Beratungsangebote erbracht. Um erfolgreich unterstützen zu können, ist der Ausbau »unspezifischer« Angebote, die erst einmal Klarheit bei diffusen Problemlagen schaffen, erforderlich. Denn zur Zielgruppe psychosozialer Betreuung gehören viele Personen, deren Probleme vielseitig und häufig diffus sind und denen zunächst keine spezifischen Angebote zugeordnet werden können. Wenn es – angestoßen durch § 16a Nr. 3 SGB II – gelingt, Konzepte einer »unspezifischen« Beratung Langzeitarbeitsloser zu entwickeln und umzusetzen, ist ein wesentlicher Baustein für die Eingliederung in Arbeit und gegen die »Aussteuerung« schwer Vermittelbarer geschaffen.

Psychosoziale Unterstützung

■ Die »psychosoziale Unterstützung« kann bestehen in
– der Förderung der Selbsthilfekräfte und der Eigenverantwortung;
– der Betreuung während der beruflichen Eingliederung und bei Maßnahmen nach §§ 16, 16d, 16e, 16f, 16h SGB II;
– der Förderung von Schlüsselqualifikationen und sozialen Kompetenzen;
– der Unterstützung bei Behördengängen und Anträgen;

– Kriseninterventionen;
– arbeitsbegleitenden Hilfen zur Erhaltung eines Arbeits-/Ausbildungsplatzes;
– Hilfen bei der Bewältigung belastender Lebenslagen (Trennung, Wohnungsverlust).

Diese Aufzählung macht deutlich, dass eine Vielzahl von Beratungs- und Unterstützungsleistungen im Rahmen der psychosozialen Betreuung nach § 16a Nr. 3 SGB II erbracht werden können.

»Der Begriff der psychosozialen Betreuung ist ... weit auszulegen. Er umfasst nicht nur medizinisch indizierte psychiatrische oder psychotherapeutische Interventionen als Betreuung im engeren Sinne, sondern alle Maßnahmen, die zur psychischen und sozialen Stabilisierung des Betroffenen zu dienen bestimmt sind« (LSG NRW vom 23.2.2010 – L 1 AS 36/09; LSG Baden-Württemberg vom 21.10.2011 – L 12 AS 3169/10; SG Gotha vom 2.12.2011 – S 14 SO 4801/10; SG Kassel vom 13.10.2014 – S 3 AS 762/11: jeweils zur psychosozialen Betreuung von arbeitsuchenden Frauen in einem Frauenhaus; s. hierzu auch BSG vom 23.5.2012 – B 14 AS 190/11 R).

II Förderung schwer zu erreichender junger Menschen
§ 16h SGB II n. F.

Seit dem 1.8.2016 werden »schwer zu erreichende junge Menschen« unter 25 Jahren zusätzlich gefördert. Die Förderung soll ihnen helfen,

Neu

■ eine schulische, ausbildungsbezogene und berufliche Qualifikation abzuschließen oder anders in das Arbeitsleben einzumünden und/oder

■ Sozialleistungen zu beantragen oder anzunehmen.

Die Förderung umfasst daneben zusätzliche Betreuungs- und Unterstützungsleistungen, um erforderliche therapeutische Behandlungen einzuleiten und die jungen Menschen an Regelangebote des SGB II zur Aktivierung und Stabilisierung und eine frühzeitige intensive berufsorientierte Förderung heranzuführen.

Sinn und Zweck dieser Fördermaßnahme konkretisiert die Gesetzesbegründung:

»Trotz eines sehr breiten und immer weiter ausdifferenzierten Angebots an Leistungen der aktiven Arbeitsförderung (Sozialgesetzbuch Drittes Buch – SGB III), an Eingliederungsleistungen im Zweiten Buch Sozialgesetzbuch (SGB II) und der sozialpädagogischen Hilfen für sozial benachteiligte und individuell beeinträchtige junge Menschen im Achten Buch

Sozialgesetzbuch (SGB VIII) deuten die NEETs-Rate (= Not in Education, Employment or Training) und praktische Befunde an, dass eine nicht unbedeutende, aber zahlenmäßig nicht bestimmbare Gruppe junger Menschen von den Angeboten der Sozialleistungssysteme mindestens zeitweise nicht erreicht wird. Handlungsbedarfe bestehen hier beispielsweise hinsichtlich der Belastbarkeit und des Arbeits- und Sozialverhaltens sowie hinsichtlich der Eigeninitiative und der Lern- und (Weiter-)Bildungsbereitschaft. Unterstützungsbedarfe können darüber hinaus hinsichtlich der Rahmenbedingungen, unter denen die Zielgruppe lebt, bestehen. Hier können sich zum Beispiel die Wohnsituation bis hin zur Obdachlosigkeit, die finanzielle Situation und die mangelnde regionale Mobilität als problematisch erweisen. Mit dem neuen Tatbestand werden gezielt zusätzliche Hilfen ermöglicht, die junge Menschen in einer schwierigen Lebenslage unterstützen und sie (zurück) auf den Weg in Bildungsprozesse, Maßnahmen der Arbeitsförderung, Ausbildung oder Arbeit holen. Mit dem Anschluss an einen der genannten folgenden Prozesse oder dem Einmünden in Maßnahmen entsteht die kontinuierliche und verlässliche Begleitung und Unterstützung der jungen Menschen, die für den Erfolg des Angebots entscheidend ist...Die Leistungen ersetzen nicht die Maßnahmen nach dem Dritten Abschnitt des Ersten Kapitels des Dritten Buches und sind nachrangig gegenüber den Angeboten des Achten Buches, insbesondere der Jugendsozialarbeit, soweit der örtliche Träger der öffentlichen Jugendhilfe nach Art und Umfang gleichartige Leistungen tatsächlich erbringt.« (BT-Drs. 18/841, S. 38).

Adressaten

Die Förderleistungen wenden sich an Jugendliche und junge Erwachsene, die keine SGB II-Leistungen beziehen. Ein Antrag ist nicht erforderlich. Es genügt, dass die Voraussetzungen der Leistungsberechtigung mit hinreichender Wahrscheinlichkeit vorliegen oder zu erwarten sind oder eine Leistungsberechtigung dem Grunde nach besteht.

Ob und wie diese Fördermaßnahme in der Praxis umgesetzt wird, welche Probleme sich daraus ergeben und inwieweit die Fördeung von den jungen Menschen angenommen wird, lässt sich derzeit noch nicht sagen. In der Praxis wird es sich wahrscheinlich um sehr »niedrigschwellige Angebote« handeln. Da mit der Förderung auch bestehende Schwierigkeiten aufgrund der individuellen Situation der Jugendlichen und jungen Erwachsenen überwunden werden sollen, kommen ferner besondere und zusätzliche Leistungen bei (drohender) Obdachlosigkeit oder bei Überschuldung in Frage.

Hinweise auf die Umsetzung dieser Fördermaßnahme erhofft man sich von dem Pilotprogramm »Respekt«, das vom BMAS im Zeitraum 2015 bis 2017 mit 30 Mill. € gefördert wird. Damit sollen Projekte angestoßen und begleitet werden, die zeigen, wie junge Menschen in einer schwierigen Lebenslage unterstützt und sie wieder zurück auf den Weg in Bildungsprozesse, Arbeitsförderung, Ausbildung oder Arbeit geholt werden können. Eine Übersicht über das Programm »Respekt« und über die 18 Projektträger und Standorte finden sich auf der Homepage des BMAS.

Über zwei dieser Förderprojekte wird im Internet [Stand: 25.6.2016] berichtet:

■ Das Projekt »Manege« des Don-Bosco-Zentrums in Berlin betreut etwa 300 junge Menschen. Nach der Selbstdarstellung des Trägers sind die Mitarbeiterinnen und Mitarbeiter von den Jugendlichen rund um die Uhr zu erreichen. Die Mitarbeiterinnen und Mitarbeiter helfen den Jugendlichen den Lebensunterhalt zu sichern, die Wohnsituation zu klären, Schulden zu regulieren oder auch eine Therapie zu beginnen. Für obdachlose Jugendliche gibt es im Don-Bosco-Zentrum das Angebot »Wohnen in Notsituationen«. Um die praktischen Fähigkeiten kennenzulernen und sich auf eine Berufswahl besser vorbereiten zu können, werden den Jugendlichen niedrigschwellige Tätigkeiten im Malern, in Haustechnik, Holzarbeiten, Hauswirtschaft und Service, im Bereich Küche, im Berufsfeld Körperpflege, Friseur und Kosmetik angeboten.

■ Einen anderen Ansatz verfolgt das Projekt der »Creos Lernideen und Beratung GmbH«. Nach der Selbstdarstellung des Projektträgers holt das Projekt die Jugendlichen mit einem innovativen Ansatz dort ab, wo sie stehen und verlegt einen Teil des sozialen Lernraums auf einen ›Minecraft-Server‹. Minecraft ist ein Computerspiel, an dem mehrere Spieler gleichzeitig online spielen können. Vierzig junge Menschen aus Ostwestfalen-Lippe, die sich für das Spiel begeistern, erhalten die Gelegenheit innerhalb des Spiels die verantwortungsvolle Rolle des Moderators zu übernehmen. Nach Einschätzung des Projektträgers ist Moderator einer Online-Community zu sein in der vom BMAS adressierten Zielgruppe ein begehrter und sehr anerkannter Titel und bietet Raum für mehrdimensionale Themen innerhalb der Förderung der Persönlichkeitsentwicklung, wie auch der Übernahme von Verantwortung mit all seinen Facetten.

Inwieweit es mit diesem Ansatz gelingt, schwer zu erreichende junge Menschen an eine schulische, ausbildungsbezogene und berufliche Qualifikation heranzuführen, wird dem mit Spannung erwarteten Abschlussbericht zu entnehmen sein.

Für den DGB (Anhörung im Ausschuss für Arbeit und Soziales, Ausschussdrucksache 18[11]649) drängt sich der Eindruck auf, dass mit § 16h SGB II ein Ausgleich für die mit dem 9. SGB II-ÄndG nicht erfolgte Streichung der schweren Sanktionen für unter 25-jährige Leistungsberechtigte geschaffen werden soll. Stellen doch viele der zu 100 % sanktionierten Jugendlichen und junge Erwachsenen nach Ablauf der Sanktionszeiträume keine Leistungsanträge mehr und scheiden sozusagen durch »Abtauchen« aus dem SGB II-Leistungssystem aus.

III   **Freie Förderung**
§ 16f SGB II

1   **Zweck**

Die Freie Förderung wurde auf Drängen der Länder und insbesondere des Landkreistages geschaffen. Diese hatten bis Ende 2008 über die sog. »weiteren Leistungen« nach § 16 Abs. 2 Satz 1 SGB II a. F. »frei« gefördert; nach Meinung der Bundesregierung allerdings »zu frei«, weil außerhalb der Legalität (→ S. 470 – 473 der 5. Auflage dieses Leitfadens).

Statt »weitere Leistungen« Freie Förderung
Die sog. »weiteren Leistungen« sind durch § 16a SGB II abgeschafft worden. Als Ausgleich dafür gestattet der Bundesgesetzgeber seit 2009 über § 16f SGB II offiziell den Jobcentern die Freie Förderung. Nach § 16f Abs. 1 Satz 1 SGB II dient die Freie Förderung dazu, »die Möglichkeiten der gesetzlich geregelten Eingliederungsleistungen ... zu erweitern.« Nach der DA A 1. zu § 16f »bietet die Freie Förderung

»Erfindungsrecht«
Raum für neue Ideen im Sinne eines ›Erfindungsrechts‹«. Die Freie Förderung erlaubt also phantasievollen Jobcentern, Arbeitslose, insbesondere schwer vermittelbare Arbeitslose auf neuen Wegen, auch auf Umwegen in Arbeit zu bringen.

2   **Umfang und Grenzen der Freien Förderung**

Grenzen
Dem »Erfindungsrecht« sind Grenzen gesetzt:

Deckelung: 20 % der Eingliederungsmittel
■ Gemäß § 46 Abs. 2 Satz 3 SGB II n. F. dürfen für die Freie Förderung nach § 16f SGB II, die Förderung von Arbeitsverhältnissen nach § 16e SGB II und für die Förderung schwer zu erreichender junger Menschen nach § 16h SGB II n. F. insgesamt nur bis zu 20 % der Eingliederungsmittel ausgegeben werden. Grundlage für die Berechnung der 20 % bildet der im Bundeshaushalt veranschlagte Ansatz für Leistungen zur Eingliederung in Arbeit; diese werden entsprechend dem Schlüssel nach § 1 der jährlichen EingliederungsmittelVO auf die einzelnen Jobcenter verteilt.

Das einzelne Jobcenter ist nicht verpflichtet, das 20 %-Budget auszuschöpfen. Es kann die 20 % auch für die »normalen« Eingliederungsinstrumente nutzen (BT-Drs. 17/7065, S. 20).

Notwendigkeitsprüfung
■ Das Jobcenter muss vor jeder Freien Förderung »prüfen, warum die gesetzlichen Regelinstrumente nicht eingesetzt werden können, und das Ergebnis der Prüfung ist zu dokumentieren.« (BR-Drs. 755/08).

Zielbeschreibung
■ Die Ziele jeder freien Fördermaßnahme sind gemäß § 16f Abs. 2 Satz 1 SGB II vor Förderbeginn zu beschreiben.

■ Durch Leistungen im Rahmen der Freien Förderung dürfen gemäß § 16f Abs. 2 Satz 3 SGB II gesetzlich geregelte Eingliederungsleistungen nicht umgangen bzw. aufgestockt werden.

Umgehungs-/Aufstockungsverbot

»Dies bedeutet, dass Grundsatzentscheidungen des Gesetzgebers zur Arbeitsmarkpolitik nicht durch Leistungen der freien Förderung unterlaufen werden dürfen. Insbesondere dort, wo der Gesetzgeber Fördervoraussetzungen, Zielgruppen, Art und Umfang sowie Qualitätsanforderungen für Leistungen zur Eingliederung geregelt hat, dürfen Leistungen der freien Förderung nicht eingesetzt werden, um dem Zwecke nach gleichgerichtete Eingliederungsleistungen zu erbringen. Beispielsweise ist die Aufstockung und Umgehung der in §§ 217 ff. [jetzt: §§ 88 ff.] SGB III geregelten Arbeitgeberzuschüsse (Förderhöhe, Förderzeitraum oder Nachbeschäftigungspflicht) unzulässig, um Mitnahmeeffekte und Wettbewerbsverfälschungen zu verhindern. Die Ausweitung von gesetzlich geregelten Eingliederungsleistungen über die im Gesetz genannten Zielgruppen hinaus (z. B. Förderung der außerbetrieblichen Berufsausbildung für nicht förderungsbedürftige Jugendliche im Sinne des § 245 [jetzt: § 78] SGB III) ist ebenfalls unzulässig« (BR-Drs. 755/08, S. 82).

Die Freie Förderung darf auch nicht zulasten des Bundeshaushalts Leistungen aufgreifen, die andere Sozialversicherungsträger oder die Länder oder kommunale Träger erbringen müssen.

»Die Entscheidung, bestimmte Eingliederungsleistungen für erwerbsfähige Hilfebedürftige ausschließlich aus Beitragsmitteln der Bundesagentur für Arbeit zu erbringen (wie z. B. berufsvorbereitende Bildungsmaßnahmen), darf gleichfalls nicht unterlaufen werden. Das Umgehungsverbot bedeutet auch, dass Leistungen der freien Förderung nicht zur Finanzierung kommunaler Aufgaben eingesetzt werden dürfen« (BR-Drs. 755/08, S. 82).

Würde das Umgehungs- und Aufstockungsverbot buchstabengetreu angewandt, würde die Freie Förderung gerade dort beschnitten, wo sie am nötigsten ist: bei schwer Vermittelbaren. Deshalb erlaubt der Gesetzgeber vom Anfang der Freien Förderung an für Langzeitarbeitslose und seit 1.4.2012 für Arbeitslose unter 25 gemäß § 16f Abs. 2 Satz 4 SGB II eine freiere Freie Förderung:

Ausnahme für Langzeitarbeitslose und U25: Freiere Freie Förderung

»Ausgenommen [vom Umgehungs- und Aufstockungsverbot] sind Leistungen für
1. Langzeitarbeitslose und
2. erwerbsfähige Leistungsberechtigte, die das 25. Lebensjahr noch nicht vollendet haben und deren berufliche Eingliederung auf Grund von schwerwiegenden Vermittlungshemmnissen besonders erschwert ist,
bei denen in angemessener Zeit von in der Regel sechs Monaten nicht mit Aussicht auf Erfolg auf einzelne Gesetzesgrundlagen dieses Buches oder des dritten Buches zurückgegriffen werden kann.«

Durch diese Ausnahmeregelung ist das Umgehungs- bzw. Aufstockungsverbot stark abgeschwächt. Denn allein die Langzeitarbeitslosen – das sind gemäß § 18 Abs. 1 Satz 1 SGB III Arbeitslose, die mindestens ein Jahr arbeitslos sind – machten im Juni 2016 48,3% aller nach dem SGB II erwerbsfähigen Leistungsberechtigten aus (ANBA 2016, Heft 6, S. 16). Und die Prognose, dass sie in den nächsten sechs Monaten mit den herkömmlichen SGB III- und SGB II-Maßnahmen nicht eingegliedert werden können, dürfte nicht allzu schwer fallen.

Die Freie Förderung Langzeitarbeitsloser und Arbeitsloser unter 25 ist zudem deshalb noch freier geworden, weil bisherige Einschränkungen (s. dazu die 8. Auflage, S. 517) durch Streichung von § 16f Abs. 2 Satz 5 SGB II a. F. seit 1.4.2012 entfallen sind. Damit ist das Aufstockungs- und Umgehungsverbot für die genannten Personenkreise »vollständig aufgehoben« (BT-Drs. 17/6277, S. 117).

»Dies bedeutet, dass künftig keine Einschränkungen mehr bezüglich der zulässigen Abweichungen von den gesetzlich geregelten Leistungen bestehen. Damit können die gesetzlich geregelten Leistungen soweit modifiziert werden, wie es den Zielen und Grundsätzen des SGB II entspricht. Weiterhin unzulässig ist es, von gesetzlich vorgeschriebenen Gutschein- und Zulassungsverfahren bei Eingliederungsleistungen für Langzeitarbeitslose [und Arbeitslose unter 25] abzuweichen. Denn diese Regelungen gewährleisten eine hohe Qualität bei Maßnahmeträgern und Maßnahmeinhalten, die insbesondere bei langzeitarbeitslosen Menschen [und Arbeitslosen unter 25] besonders wichtig sind ... Unter Beachtung des Grundsatzes von Wirtschaftlichkeit und Sparsamkeit bleibt es ... auch dabei, dass Leistungen nicht erbracht werden dürfen, wenn sie dem Grunde nach von anderen Leistungsträgern zu finanzieren sind. Dies bedeutet zum Beispiel, dass eine Förderung von kommunalen Leistungen oder von berufsvorbereitenden Bildungsmaßnahmen über § 16f unzulässig ist.« (BT-Drs. 17/6277, S. 117 f.).

Für jede Freie Förderung, also auch die von Langzeitarbeitslosen und Arbeitslosen unter 25 gelten zudem folgende gesetzliche Vorgaben:

■ Die Regeln des Vergabe- und nach § 16f Abs. 2 Satz 6 SGB II des Zuwendungsrechts sind zu beachten:

Vergaberecht ist einzuhalten

»Bei der Beauftragung Dritter mit der Durchführung von Maßnahmen der freien Förderung ist ein wettbewerbliches Vergabeverfahren unter Einhaltung europarechtlicher Regelungen durchzuführen. Das Vergabeverfahren richtet sich nach den §§ 97 ff. GWB. Sofern die hierfür einschlägige Wertgrenze unterschritten wird, ist der haushaltsrechtliche Grundsatz der öffentlichen Ausschreibung zu beachten. Daraus ergibt sich, dass, soweit Dritte mit Ideen für Maßnahmen an die Träger herantreten, die Träger zu prüfen und zu dokumentieren haben, inwieweit ähnliche Leistungen auf dem Markt von Wettbewerbern angeboten werden.

Die Zulassung der Förderung von Projekten berücksichtigt Forderungen aus der Praxis, sich durch Kofinanzierung an Programmen Dritter – insbesondere an ESF-geförderten Programmen – zu beteiligen oder eigene Projekte zu fördern. Projektförderung ist im Rahmen der freien Förderung ausdrücklich zulässig. Für die Projektförderung sind dabei im Einzelfall die Voraussetzungen für die Anwendbarkeit des Zuwendungsrechts zu prüfen und darzulegen. Bei Förderungen auf der Grundlage des Zuwendungsrechts sind die einschlägigen Regelungen der Bundeshaushaltsordnung (BHO) und die dazu erlassenen Verwaltungsvorschriften zu beachten. Die bisherigen Erfahrungen bei Projektförderungen im Bereich des Dritten Buches Sozialgesetzbuch haben gezeigt, dass die umsetzenden Träger vor Ort wegen der Komplexität des Zuwendungsrechts häufig große Schwierigkeiten haben, Projektförderung rechtmäßig durchzuführen. Durch die Möglichkeit, eine qualifizierte Abwicklungs- bzw. Abrechnungsstelle für Projektförderungen einzurichten, können solche Probleme weitgehend vermieden werden.« (BR-Drs. 755/08, S. 82).

Projektförderung

Zuwendungsrecht ist einzuhalten

Wir zweifeln, ob Jobcenter und antragstellende Projektträger je in der Lage sein werden, sich im Leistungsbeschaffungs- und Projektförderungs-Regelungsdschungel zurechtzufinden. Selbst die Arbeitshilfe der BA verweist – wenn es kompliziert wird – auf das Studium von Kommentaren und auf die »umfangreichen Hinweise« des BMin. des Innern, mit dem ausdrücklichen Hinweis, die BA übernehme dafür »keinerlei ... Verantwortung« (DA B 2.1 zu § 16f).

■ Bei Leistungen an Arbeitgeber ist gemäß § 16f Abs. 2 Satz 5 SGB II darauf zu achten, dass der Wettbewerb nicht verfälscht wird.

Keine Wettbewerbsverfälschung

Diese Schranke erschwert selbst die Freie Förderung von Langzeitarbeitslosen und Arbeitslosen unter 25. Zwar gilt zu ihren Gunsten das Aufstockungsverbot nicht; so kann z. B. ein höherer Eingliederungszuschuss als in § 16 Abs. 1 SGB II i. V. m. §§ 89 f. SGB III erlaubt gezahlt werden. Häufig dürfte dann aber der Wettbewerb i. S. § 16f Abs. 2 Satz 5 SGB II verfälscht werden mit der Folge, dass der erhöhte Zuschuss unzulässig ist.

■ Nach § 16f Abs. 2 Satz 7 SGB II ist bei längerfristig angelegten Maßnahmen der Erfolg regelmäßig zu überprüfen und zu dokumentieren.

Dokumentationspflicht

■ Erstaunlicherweise sieht das Gesetz nicht die Zulassung von Trägern oder Maßnahmen für Leistungen der Freien Förderung vor.

Keine Zulassung

I   Arbeitsgelegenheiten (AGH)
§§ 2 Abs. 1 Satz 3, 16d SGB II

1   Zweck und Form

1.1   AGH bezweckt Eingliederung

Nach § 16d Abs. 1 Satz 1 SGB II

»können erwerbsfähige Leistungsberechtigte zur Erhaltung oder Wiedererlangung ihrer Beschäftigungsfähigkeit, die für eine Eingliederung in Arbeit erforderlich ist, in Arbeitsgelegenheiten zugewiesen werden.«

Die BA bezeichnet die AGH als »mittelfristige Brücke zum allgemeinen Arbeitsmarkt« (DA A 3. zu § 16d).
Die BA empfiehlt (nach DA A 4. zu § 16d) eine AGH um
– Arbeitsuchende an das Arbeitsleben heranzuführen, insbesondere durch Strukturierung des Tages;
– deren Arbeits- und Sozialverhalten zu stärken;
– deren Perspektiven zu verändern und
– individuelle Wettbewerbsnachteile auszugleichen.

Das BSG vom 16.12.2008 – B 4 AS 60/07 R sieht den wesentlichen Sinn der AGH in einer Arbeitserprobung, die nach längerer Arbeitslosigkeit erforderlich sein könne.

Bei der AGH handelt es sich um eine Eingliederungsleistung, keine Straf- oder Besserungsmaßnahme (BSG vom 13.11.2008 – B 14 AS 66/07 R und vom 16.12.2008 – B 4 AS 60/07 R). Dieser Charakter der AGH ergibt sich nicht nur aus der Einordnung des § 16d SGB II in den Abschnitt »Leistungen zur Eingliederung in Arbeit«, sondern auch aus dem verfassungsrechtlich verankerten Verbot der Zwangsarbeit nach Art. 12 GG und dem entsprechenden Verbot im Übereinkommen Nr. 29 der Internationalen Arbeitsorganisation (ILO) über Zwangs- und Pflichtarbeit.
Als Eingliederungsleistung steht die Vermittlung in eine AGH im Ermessen des Jobcenters. Einen Anspruch auf Zuweisung in eine AGH gibt es nicht (BayLSG vom 4.7.2011 – L 7 AS 472/11 B ER).

1.2   Formen der AGH

Ursprünglich wurden AGH in drei Formen angeboten:

■ AGH mit Arbeitsvertrag und Arbeitsentgelt;
■ AGH als ABM;
■ AGH mit Mehraufwandsentschädigung.

Seit 2012 gibt es für deutsche Arbeitsuchende nur noch die AGH mit Mehraufwandsentschädigung (MAE).

Für Leistungsberechtigte nach dem AsylbLG kommen zwei AGH infrage:
– die AGH in Aufnahmeeinrichtungen (§ 5a AsylbLG);
– die AGH im Rahmen einer »Flüchtlingsintegrationsmaßnahme« (§ 5b AsylbLG n.F.).

Die Mehraufwandsentschädigung beträgt hier 0,80 €.

Auf weitere Einzelheiten dieser AGH gehen wir nicht ein.

1.3   Dauer

Zeitliche Begrenzung

Nach § 16d Abs. 6 SGB II

»dürfen erwerbsfähige Leistungsberechtigte innerhalb eines Zeitraums von fünf Jahren nicht länger als insgesamt 24 Monate in Arbeitsgelegenheiten zugewiesen werden. Der Zeitraum beginnt mit Eintritt in die erste Arbeitsgelegenheit.«

Neu

Gemäß § 16 d Abs. 6 Satz 2 SGB II n. F. können **seit 1.8.2016** nach Ablauf der 24 Monate erwerbsfähige Leistungsberechtigte bis zu zwölf weitere Monate in eine AGH zugewiesen werden, wenn die Voraussetzungen für eine Teilnahme weiter vorliegen. Nach der Gesetzesbegründung (BT-Drs. 18/8909, S. 3) sollen vorrangig Ältere und Leistungsberechtigte mit Kindern diese Verlängerung in Anspruch nehmen können.

2   Die 10 Gebote für AGH mit Mehraufwandsentschädigung (AGH MAE)

Kein Arbeitsverhältnis

Bei der AGH MAE wird kein Arbeitsverhältnis mit Anspruch auf Arbeitsentgelt begründet (§ 16d Abs. 7 Satz 2 SGB II). Es entsteht vielmehr ein Sozialrechtsverhältnis besonderer Art mit Anspruch auf »angemessene Entschädigung« für die durch die Arbeit entstehenden Mehraufwendungen (§ 16d Abs. 7 Satz 1 SGB II).

AGH MAE müssen, um rechtmäßig zu sein, folgende 10 Gebote erfüllen:

10 Gebote

1. **nachrangig** eingesetzt werden,

2. im **öffentlichen Interesse** liegen,

3. sich auf **zusätzliche Arbeiten** beschränken,

4. **wettbewerbsneutral** sein,

5. sich **zur Eingliederung** in Arbeit **eignen**,

6. **verhältnismäßig** sein,

7. vor Antritt ausreichend **bestimmt** werden,

8. von **Trägern bestimmter Qualität** angeboten werden,

9. vom örtlichen **Beirat** (§ 18d SGB II) überwacht werden,

10. in der **Hoheit des Jobcenters** bleiben.

Wegen der strengeren Voraussetzungen für AGH MAE, aber auch wegen der von der Bundesregierung gegenüber der BA durchgesetzten Ausgabenkürzung ist die Zahl der AGH stark zurückgegangen. So gab es im November 2015 nur noch 83.000 AGHler. Im Jahr 2015 haben noch 229.000 Personen eine AGH angetreten. Da aber noch immer manche Unklarheiten über Rechte und Pflichten von AGHlern bestehen, behandeln wir die AGH MAE etwas ausführlicher.

Starker Rückgang

2.1   Nachrang

Im Verhältnis zu den übrigen Eingliederungsleistungen sind AGH nachrangig:

Nachrang zu Eingliederungs-leistungen

»Leistungen zur Eingliederung in Arbeit ..., mit denen die Aufnahme einer Erwerbstätigkeit auf dem allgemeinen Arbeitsmarkt unmittelbar unterstützt werden kann, haben Vorrang gegenüber der Zuweisung in Arbeitsgelegenheiten« (§ 16d Abs. 5 SGB II).

§ 3 Abs. 2 SGB II n. F. betont insbesondere den Vorrang der Vermittlung in eine Ausbildung, wenn ein Berufsabschluss fehlt.

Vorrang von Ausbildung

Erst wenn eine Erwerbstätigkeit auf dem allgemeinen Arbeitsmarkt (oder eine Ausbildung) in absehbarer Zeit nicht möglich ist, muss ein Leistungsberechtigter eine angebotene zumutbare AGH antreten (§ 2 Abs. 1 Satz 3 SGB II).

Das Jobcenter muss eine Prognose treffen, dass andere Eingliederungsleistungen keinen Erfolg versprechen (SG Berlin vom 27.6.2005, info also 2005, S. 277 f.). Das SG kann überprüfen, ob in die Vorhersage die zum Entscheidungszeitpunkt verfügbaren entscheidungserheblichen Umstände in einer methodisch einwandfreien Weise eingegangen sind und daraus nachvollziehbare Schlüsse gezogen wurden. Spätere, unvorhersehbare Entwicklungen machen die Prognose nicht falsch (BSG vom 7.3.2003 – B 7 AL 66/02 R).

Prognose

Zu den entscheidungserheblichen Umständen für eine ausreichende Prognose gehören sowohl die Arbeitsmarktlage als auch die individuellen Verhältnisse des Arbeitslosen. Trotz einer nach der Berufsausbildung günstigen Arbeitsmarktlage kann die Prognose daher ungünstig sein, wenn in der Person Eingliederungshemmnisse liegen (BSG, a. a. O.); umgekehrt kann trotz einer ungünstigen Arbeitsmarktlage individuell eine gute Einstellungschance bestehen. Dass eine Erwerbstätigkeit auf dem allgemeinen Arbeitsmarkt in absehbarer Zeit nicht möglich ist, kann nicht allein aus der Dauer der Arbeitslosigkeit gefolgert werden. Das BSG hat eine dreimonatige erfolglose Arbeitsuche bei einem allgemein angespannten Arbeitsmarkt nicht als Nachweis für die Aussichtslosigkeit weiterer Vermittlungsbemühungen ausreichen lassen. Keine Bedenken gegen die Zuweisung in eine AGH hatte das LSG NRW vom 11.11.2005 – L 19 B 89/05 AS ER bei einem Akademiker, der seit Jahren arbeitslos war.

Kriterien: Arbeitsmarktlage und Verhältnisse des Arbeitsuchenden

AGH für Selbständige?

Selbständigen, die längere Zeit auf aufstockendes Alg II/SozG angewiesen sind, kann u.U. eine AGH zugemutet werden (SG Koblenz vom 20.2.2015 – S 6 AS 52/15).

Trotz AGH bleibt Pflicht zur Eingliederung in 1. Arbeitsmarkt

Eine Folge des Nachrangs von AGH im Verhältnis zu einer Erwerbstätigkeit ist die fortbestehende Pflicht zur Arbeitsuche (vgl. auch OLG Brandenburg vom 15.2.2011 – 10 UF 106/10) und die weiter bestehende Pflicht des Jobcenters, in zumutbare Arbeit zu vermitteln und Anträge auf andere Eingliederungsleistungen ermessensfehlerfrei zu bescheiden. Der persönliche Ansprechpartner/Fallmanager kann den »Fall« also nicht zunächst auf Halde legen, um erst nach Auslaufen der AGH wieder aktiv zu werden.

Kein Vorrang der Förderung nach § 16e SGB II

Kein Nachrang besteht im Verhältnis zur »Förderung eines Arbeitsverhältnisses« nach § 16e SGB II.

> »Da die Förderung von Arbeitsverhältnissen nicht unmittelbar der Eingliederung in den allgemeinen Arbeitsmarkt dient, fällt die Förderung nach § 16e nicht unter die Vorrangregelung des § 16d Absatz 5.« (BT-Drs. 17/6277, S. 114).

Schwervermittelbaren muss also nicht zunächst eine Förderung nach § 16e SGB II angeboten werden.

2.2 Öffentliches Interesse

Nach § 16d Abs. 1 Satz 1 SGB II muss die AGH im öffentlichen Interesse liegen. Arbeiten liegen nach § 16d Abs. 3 SGB II im öffentlichen Interesse,

> »wenn das Arbeitsergebnis der Allgemeinheit dient. Arbeiten, deren Ergebnis überwiegend erwerbswirtschaftlichen Interessen oder den Interessen eines begrenzten Personenkreises dienen, liegen nicht im öffentlichen Interesse. Das Vorliegen des öffentlichen Interesses wird nicht allein dadurch ausgeschlossen, dass das Arbeitsergebnis auch den in der Maßnahme beschäftigten Leistungsberechtigten zugute kommt, wenn sichergestellt ist, dass die Arbeiten nicht zu einer Bereicherung Einzelner führen.«

Gemeinnützige Arbeiten?

Im öffentlichen Interesse können gemeinnützige Arbeiten liegen.

> »Die steuerrechtliche Anerkennung der Gemeinnützigkeit einer juristischen Person, die Arbeitsgelegenheiten anbietet, nach §§ 51 ff. Abgabenordnung rechtfertigt nicht von vornherein die Annahme, dass die von ihr durchgeführten Arbeiten im öffentlichen Interesse liegen.« (BT-Drs. 17/6277, S. 114)

Der Bundesrechnungshof hielt in der Vergangenheit das öffentliche Interesse häufig für nicht gegeben:

»Die Hälfte der geprüften Tätigkeiten stand nicht im öffentlichen Interesse, weil ihr Nutzen nur einem stark eingeschränkten Personenkreis zugänglich war (z. B. den Mitgliedern eines Segelvereins, bei dem eine Arbeitsgelegenheit zur Instandhaltung von Bootsmaterial und zur Vorbereitung von Regatten gefördert wurde)« (Bericht des Bundesrechnungshofs vom 29.4.2008, S. 18).

2.3   Zusätzlichkeit

Nach § 16d Abs. 1 Satz 1 SGB II muss die Arbeit zusätzlich sein. Arbeiten sind gemäß § 16d Abs. 2 SGB II zusätzlich,

»wenn sie ohne die Förderung nicht, nicht in diesem Umfang oder erst zu einem späteren Zeitpunkt durchgeführt werden. Arbeiten, die aufgrund einer rechtlichen Verpflichtung durchzuführen sind oder die üblicherweise von juristischen Personen des öffentlichen Rechts durchgeführt werden, sind nur förderungsfähig, wenn sie ohne die Förderung voraussichtlich erst nach zwei Jahren durchgeführt werden. Ausgenommen sind Arbeiten zur Bewältigung von Naturkatastrophen und sonstigen außergewöhnlichen Ereignissen.«

Gummi-Definitionen

Mit dem Zusatz »**nicht in diesem Umfang**« wird gezielt der Kreis zusätzlicher Arbeiten erweitert.
Die Erweiterung war schon früher in § 261 Abs. 2 Satz 1 SGB III, also bei ABM, die ja auch zusätzliche Arbeit fördern sollten, erfolgt. Entlarvend die damalige Gesetzesbegründung:

»Damit werden im Einzelfall entstandene Abgrenzungsprobleme beseitigt und gegebenenfalls neue Fördermöglichkeiten eröffnet« (BT-Drs. 15/1515, S. 95).

Der Gesetzgeber rechtfertigt so die Verdrängung regulärer Beschäftigung.

Verdrängung regulärer Arbeit

Ein abschreckendes Beispiel lieferte der BayVGH (vom 24.9.1998, info also 1999, S. 145), der die Zusätzlichkeit von Altenpflege- und Küchenarbeiten in einem Altersheim ohne jeden Ansatz einer Begründung unterstellt.

Demgegenüber betonte erfreulicherweise die (alte, vom Juli 2009 stammende) Arbeitshilfe der BA, S. 8, dass förderungsfähig sind

»nur solche Tätigkeiten, die über die allgemeinen und über den Pflegesatz finanzierten Pflegeleistungen hinausgehen. In dem von § 87b SGB XI erfassten Bereich (›Pflegebedürftige mit erheblichem Betreuungsbedarf‹) ist die Zusätzlichkeit der Arbeiten nur dann gegeben, wenn zuvor eine entsprechende Pflegevereinbarung gemäß § 87b SGB XI zwischen Pflegekasse und Pflegeeinrichtung abgeschlossen und umgesetzt

wurde und die Einrichtung ein über die in § 87b SGB XI beschriebenen Aufgaben hinausgehendes Angebot machen möchte.
Die Merkmale öffentliches Interesse und Zusätzlichkeit liegen z.B. regelmäßig nicht vor bei Reinigungsarbeiten, weil sie in erster Linie der Einrichtung selbst zugute kommen und sie im Grundsatz immer und regelmäßig anfallen.«

Auch

»jede Form der Wiederbesetzung von vorübergehend oder dauerhaft frei werdenden Arbeitsplätzen durch AGH MAE-Kräfte ist unzulässig. Dies gilt auch für Vertretungen aller Art (z.B. Mutterschutz, Urlaubs- oder Krankheitsvertretungen, Streiks).« (BA, a.a.O.)

Der Bundesrechnungshof kritisierte in der Vergangenheit die meist fehlende Zusätzlichkeit:

»Bei zwei Drittel der geprüften Maßnahmen war mindestens eine Fördervoraussetzumg nicht erfüllt. So waren die Tätigkeiten in acht von zehn beanstandeten Maßnahmen nicht zusätzlich. Meist betrafen sie reguläre Aufgaben eines öffentlichen Trägers (z.B. Reinigungsarbeiten in öffentlichen Verkehrsmitteln und Gebäuden oder leichte Bürotätigkeiten in Verwaltungen) und sollte normale Arbeitskräfte einsparen oder einen haushaltsbedingten Personalmangel ausgleichen« (Bericht des Bundesrechnungshofs vom 29.4.2008, S. 17).

Den weitverbreiteten, missbräuchlichen Einsatz von AGH MAE in der Vergangenheit belegt auch die Studie von Anja Kettner, Martin Rebien, Soziale Arbeitsgelegenheiten. Einsatz und Wirkungsweise aus betrieblicher und arbeitsmarktpolitischer Sicht, IAB Forschungsbericht 2/2007, S. 61,62.

Indizien für nicht zusätzliche Arbeiten

Zweifel an der Zusätzlichkeit sind dann angebracht, wenn
- Fachqualifikationen gefordert werden;
- die konkret zu erfüllenden Aufgaben vorher von einer regulären Arbeitskraft ausgeübt wurden;
- Stammpersonal abgebaut wurde;
- Planstellen nicht besetzt werden;
- der Arbeitseinsatz allein mit finanziellen Engpässen erklärt wird.

2.4   Wettbewerbsneutralität

Als weitere Voraussetzung für die Zulässigkeit einer AGH ist jetzt in § 16d Abs. 1 Satz 1 SGB II die Wettbewerbsneutraltät ausdrücklich aufgenommen. Sie ist die Zwillingsschwester der Zusätzlichkeit: Nur was zusätzlich ist, ist wettbewerbsneutral; jede nicht zusätzliche, über AGH geförderte Arbeit gefährdet den Wettbewerb. Nach § 16d Abs. 4 SGB II sind Arbeiten wettbewerbsneutral,

»wenn durch sie eine Beeinträchtigung der Wirtschaft als Folge der Förderung nicht zu befürchten ist und Erwerbstätigkeit auf dem allgemeinen
Arbeitsmarkt weder verdrängt noch in ihrer Entstehung verhindert wird.«

Der Gesetzgeber begründet die Aufnahme ins SGB II wie folgt:

»Die Arbeitsgelegenheiten sind damit geprägt von ihrer Neutralität gegenüber Funktionsfähigkeit und Entwicklungspotentialen des allgemeinen Arbeitsmarktes. Bestand und Entwicklung ungeförderter Arbeitsplätze dürfen nicht gefährdet werden. Die Bedeutung dieser Fördervoraussetzung
wird mit der rechtlichen Verankerung unterstrichen.« (BT-Drs. 17/6277,
S. 116)

Ob die ausdrückliche Verankerung der Wettbewerbsneutralität in
§ 16d SGB II dem Missbrauch von AGHs einen Riegel vorschiebt, darf
bezweifelt werden. Wettbewerbsneutral mussten die AGHs schon immer sein. Sie waren es nur meistens nicht:

»Der Bundesrechnungshof hat festgstellt, dass Arbeitsgelegenheiten
trotz der gesetzlichen Voraussetzungen Zusätzlichkeit, öffentliches Interesse und Wettbewerbsneutralität am allgemeinen Markt für Güter und
Dienstleistungen reguläre Beschäftigung verdrängen und ungeförderte
Unternehmen benachteiligen.« (Prüfbericht der Bundesrechnungshofes
vom 10.8.2010, zitiert nach BT-Drs. 17/8374, S. 8)

2.5   Geeignetheit

Die AGH muss zur Eingliederung in den ersten Arbeitsmarkt
geeignet sein. Das Kriterium der Geeignetheit steht in einem Spannungsverhältnis zum strengen Kriterium der Zusätzlichkeit. Denn oftmals ist Zusätzlichkeit nur für Tätigkeiten gewährleistet, für die es
keinen ersten Arbeitsmarkt gibt, wie z. B. das Vorlesen, das Ausfah-
ren von Patienten im Rollstuhl oder die Freizeitanimation im Alten-
heim. Die Ausübung solcher Tätigkeiten dient deshalb nur bei solchen Personen der Eingliederung, die besondere psychosoziale
Schwierigkeiten haben, bei denen es also darum geht, eine geordnete
Tagesstruktur zu erlernen, Kontakt zu Menschen herzustellen, das
Selbstbewusstsein zu stärken oder die noch vorhandene Erwerbsfähigkeit zu testen. Je höher die Qualifikation des Leistungsberechtigten ist und je näher er dem ersten Arbeitsmarkt steht, desto schwieriger wird es sein, eine zur Integration geeignete und gleichzeitig zusätzliche AGH zu finden. Regelmäßig wird es bei diesem Personenkreis schon an der Erforderlichkeit der AGH MAE fehlen, weil die
vorrangigen Eingliederungsleistungen nach § 16 Abs. 1 SGB II Erfolg
versprechender sind.

Der Bundesrechnungshof fällte in der Vergangenheit zur Eingliede-
rungswirkung ein vernichtendes Urteil:

*Spannungs-
verhältnis
Geeignetheit –
Zusätzlichkeit*

»Die Arbeitsgelegenheiten blieben aus Sicht des Bundesrechnungshofes für drei von vier Hilfebedürftigen weitgehend wirkungslos, da keine messbaren Integrationsfortschritte erkennbar waren. Oft nahmen die Hilfebedürftigen nach Beendigung der Arbeitsgelegenheit an weiteren gleichartigen Maßnahmen – häufig beim selben Träger – teil. Eine grundlegende Verbesserung der Integrationsaussichten konnte daraus nicht abgeleitet werden« (Bericht des Bundesrechnungshofs vom 29.4.2008, S. 18).

2.6   Verhältnismäßigkeit

Bei Zuweisung in eine AGH MAE sind sonstige Verpflichtungen des Leistungsberechtigten, insbesondere seine Verpflichtung zur Arbeitsuche auf dem ersten Arbeitsmarkt zu beachten.

Wie viele Wochenstunden?

Generell lässt sich keine starre Stundengrenze für AGH MAE neben den weiter geforderten Erwerbsbemühungen und sonstigen Belastungen (z. B. Kinderbetreuung, Pflege von Angehörigen) festlegen (BSG vom 16.12.2008 – B 4 AS 60/07 R). Unverhältnismäßig ist eine AGH MAE aber jedenfalls dann, wenn sie Erwerbsbemühungen, die je nach Ausbildungsstand einen unterschiedlichen Arbeitsaufwand erfordern, erheblich beeinträchtigen. Das BSG, a. a. O. hält die häufig verlangte 30-Stunden-Woche für unbedenklich, wenn der Leistungsberechtigte ihr gesundheitlich gewachsen sei. Gerade bei einer Arbeitserprobung könne eine längere Arbeitszeit sinnvoll sein. Das Argument, dass MAE mit 30 und mehr Stunden reguläre Arbeit verdrängen können, hält das BSG für falsch; dieser Gesichtspunkt sei mit der Bejahung der Zusätzlichkeit berücksichtigt.

2.7   Bestimmtheit

Genaue vorherige Festlegung der Arbeiten

Eine weitere, unverzichtbare Rechtmäßigkeitsvoraussetzung von AGH MAE ist die **vorherige** genaue Festlegung von Umfang, Dauer und Art der Tätigkeit sowie der Höhe der Aufwandsentschädigung. Aus Gründen des Rechtsschutzes **muss** der Leistungsberechtigte erkennen, ob eine ihm angebotene AGH MAE angemessen, erforderlich und geeignet ist, um die Eingliederung in den ersten Arbeitsmarkt erreichen zu können (BSG vom 16.12.2008 – B 4 AS 60/07 R; BVerwG vom 4.6.1992, info also 1992, S. 199 ff.; LSG Niedersachsen-Bremen vom 2.10.2006 – L 8 AS 478/05 ER).

in der EV

Die Bestimmung im Einzelnen kann nicht dem Maßnahmeträger überlassen werden. Die AGH MAE muss vielmehr vom Jobcenter in der Eingliederungsvereinbarung konkretisiert werden.

Zu unbestimmt ...

Der »Prüfbericht des BMAS ... über das Ergebnis der Prüfungen zu Eingliederungsvereinbarungen im Rechtskreis SGB II, Oktober 2009 bis Januar 2010« zeigt, dass ein erheblicher Teil der Zuweisungen in AGH MAE mangels Bestimmtheit rechtswidrig war. Gemessen an den nach BA und BMAS zwingenden Bestimmtheits-Voraussetzungen ergab der Prüfbericht folgendes Bild:

Mängel bei der Bestimmtheit von AGH MAE[1]

Bestimmt sein müssen durch EV	Unbestimmt blieben in % aller geprüften EV
die mit der Zuweisung zur AGH verfolgten Ziele	10 %
die Höhe der MAE	25 %
die genaue Bezeichnung der Tätigkeit	36 %
der konkrete Tätigkeitsort	49 %
die Art der konkreten Tätigkeit	56 %
Umfang und Verteilung der Arbeitszeit	99 %

Insbesondere fällt auf, dass nur 1 % der EV das Bestimmtheitskriterium »Umfang und Verteilung der Arbeitszeit« erfüllt.

»Um das Kriterium ›Umfang und der Verteilung der Arbeitszeit‹ zu erfüllen ist es nicht ausreichend, lediglich die Wochenstundenzahl anzugeben. Vielmehr ist konkret zu regeln, an welchen Tagen und zu welchen Zeiten die Teilnahme an der AGH-MAE erfolgen soll. Auch hier ist entscheidend, dass der eHb vor Antritt der Maßnahme entscheiden kann, ob er diese von der zeitlichen Verteilung her durchführen kann. Insbesondere für alleinerziehende eHb ist es wichtig zu wissen, ob etwa eine Teilnahme in den Abendstunden oder am Wochenende notwendig ist. Es reicht nicht aus, diese Details in einem Gespräch zu klären. Sie müssen schriftlich in der Eingliederungsvereinbarung festgelegt werden.« (Prüfbericht des Referates IIb7, S. 8)

Die aus einer unbestimmten Heranziehung folgende Rechtswidrigkeit der AGH MAE lässt sich nicht nachträglich in der Weise beheben, dass genauere Regelungen nachgeschoben werden (vgl. BVerwG vom 4.6.1992, info also 1992, S. 199 ff.; LSG Berlin-Brandenburg vom 14.6.2007 – L 26 B 907/07 AS ER).

... bleibt rechtswidrig

2.8   Qualität

Nach den Vorgaben in §§ 17, 18 SGB II sollen die AGH MAE möglichst nicht von den Jobcentern selbst durchgeführt werden. Stattdessen sollen z. B. Kommunen, Kreise und sonstige öffentlich-rechtliche Träger (Körperschaften, Anstalten, Stiftungen des öffentlichen Rechts), kommunale Beschäftigungsgesellschaften und Träger der freien Wohlfahrtspflege die AGH organisieren.

Träger von AGH MAE

Die Träger müssen bestimmte Mindestanforderungen erfüllen. Diese sind in der Mindestanforderungs-Verordnung vom 4.11.2004 vorge-

Mindestanforderungen

---

[1] Zusammenstellung aufgrund des Prüfberichts des Referats IIb7 des BMAS.

schrieben: Nach § 2 dieser VO muss eine Vereinbarung über die Erbringung von Eingliederungsleistungen mindestens enthalten:

»1. eine Beschreibung von Inhalt, Umfang und Qualität der Leistungen (Leistungsvereinbarung),
2. eine verbindliche Regelung über die Vergütung, die sich aus Pauschalen und Beträgen für einzelne Leistungsbereiche zusammensetzt (Vergütungsvereinbarung),
3. überprüfbare Anforderungen an die Überprüfung von Wirtschaftlichkeit und Qualität der Leistungen (Prüfungsvereinbarung)
sowie Regelungen über Mitteilungspflicht, Befristung und Kündigung.«

Weitere Einzelheiten sind in den §§ 3–8 der VO geregelt.

2.9 Kontrolle durch örtlichen Beirat

Nach § 16d Abs. 1 Satz 2 Halbsatz 1 SGB II berät der bei gemeinsamen Einrichtungen (§ 44b SGB II) nach § 18d SGB II gebildete örtliche Beirat die gemeinsame Einrichtung »bei der Auswahl und Gestaltung« der AGH.
Vordringliche Aufgabe des örtlichen Beirats ist es, darüber zu wachen, dass die AGH zusätzlich und wettbewerbsneutral sind. Die im örtlichen Beirat u.a. vertretenen Arbeitgeberverbände und Gewerkschaften können AGH mit nicht-zusätzlichen, den Wettbewerb verzerrenden Arbeiten verhindern. Das ermöglicht **seit 1.8.2016** § 18 d Satz 2 HalbSatz 2 SGB II n. F.:

Neu

»Stellungnahmen des Beirats, insbesondere diejenigen der Vertreter der Arbeitgeber und Arbeitnehmer, hat die gemeinsame Einrichtung zu berücksichtigen.«

2.10 Hoheit des Jobcenters

»Das Jobcenter ist für die rechtmäßige Erbringung von AGH als Eingliederungsleistung verantwortlich.
Eine Übertragung des Kerngeschäfts oder von Teilen des Kerngeschäfts an Dritte unter Abgabe der Verantwortung für die Rechtmäßigkeit der Leistungserbringung und Mittelverwendung ist nicht zulässig.« (DA B 1.1 zu § 16d)

3 Welche Rechtsbeziehungen entstehen zwischen dem Jobcenter, Leistungsberechtigten und Maßnahmeträger?

Dreiecksverhältnis

Es wird ein Dreiecksverhältnis zwischen Leistungsberechtigtem und Jobcenter, zwischen Maßnahmeträger und Leistungsberechtigtem sowie zwischen Maßnahmeträger und Jobcenter begründet.

3.1   Jobcenter – Leistungsberechtigter

Zwischen Jobcenter und Leistungsberechtigtem bleibt kraft Fortzahlung der Leistung das Sozialrechtsverhältnis mit allen Rechten und Pflichten bestehen. § 97 SGB X verpflichtet das Jobcenter, bei Übertragung der Eingliederung an Dritte sicherzustellen, dass die Rechte und Interessen des Leistungsberechtigten gewahrt bleiben.

3.2   Jobcenter – Maßnahmeträger

Maßnahmeträger interessiert, wie sie an den Topf AGH MAE kommen.

Fraglich ist, ob das Jobcenter sich die AGH MAE im Wege der Vergabe beschaffen muss. Die Frage ist zu verneinen. Es gibt keinen allgemeinen Zwang zur Vergabe im SGB II.

Kein Vergabezwang

> »Ob eine Ausschreibung von Leistungen nach § 16 Abs. 2 und Abs. 3 SGB II [a. F.] erforderlich ist, lässt sich nicht allgemein beantworten. Die Antwort hängt von den Umständen des Einzelfalles ab, insbesondere der Art der Leistung und ob die Leistung durch ein Unternehmen erbracht wird« (Bericht des Ausschusses für Wirtschaft und Arbeit zum Vierten Gesetz für moderne Dienstleistungen am Arbeitsmarkt, BT-Drs. 15/1749, S. 22).

Der Gesetzgeber schließt die Leistungsbeschaffung im Wege der Vergabe nicht aus, gebietet sie aber auch nicht.
Nach § 1 der Mindestanforderungs-VO sollen Jobcenter mit Gemeinden, Kreisen und Bezirken Vereinbarungen über Eingliederungsleistungen »ohne Vergabeverfahren« schließen.

§ 16d Abs. 8 Satz 1 SGB II regelt die Finanzierung wie folgt:

Finanzierungs-regelung

> »Auf Antrag werden die unmittelbar im Zusammenhang mit der Verrichtung von Arbeiten nach Absatz 1 erforderlichen Kosten erstattet.«

§ 16d Abs. 8 Satz 2 SGB II n. F. konkretisiert die zu übernehmenden Kosten:

Neu

> »Hierzu können auch Personalkosten gehören, die entstehen, wenn eine besondere Anleitung, eine tätigkeitsbezogene Unterweisung oder eine sozialpädagogische Betreuung notwendig ist.«

Den Zweck von § 16d Abs. 8 Satz 1 SGB II beschreibt der Gesetzgeber so:

> »Durch eine einheitliche Regelung wird der Erfahrung mit unterschiedlicher Praxis vor Ort zur Festsetzung von Maßnahmekosten begegnet und eine transparente Ausgestaltung gewählt. Bestehende Unsicherheiten in der Rechtsanwendung werden beseitigt.« (BT-Drs. 17/6277, S. 115)

Es bleibt abzuwarten, ob so das Roulette bei der Maßnahmekostenpauschale abgestellt wird. Schwankte die Pauschale doch früher erheblich:

Maßnahmekostenpauschale für AGH MAE pro Teilnehmer und Monat[1]

0 Euro	4,1 %
1 Euro bis unter 100 Euro	7,8 %
100 Euro bis unter 300 Euro	22,4 %
200 Euro bis unter 300 Euro	30,5 %
300 Euro bis unter 400 Euro	18,8 %
400 Euro bis unter 500 Euro	8,5 %
500 Euro bis unter 600 Euro	4,4 %
600 Euro bis unter 700 Euro	1,8 %
700 Euro bis unter 800 Euro	1,0 %
800 Euro bis unter 900 Euro	0,2 %
900 Euro bis unter 1000 Euro	0,2 %
1000 Euro und mehr	0,2 %
durchschnittliche Maßnahmekostenpauschale	**266 €**

Maßnahmekosten und MAE sind als echte Zuschüsse nicht umsatzsteuerpflichtig (DA B 2.9.1 zu § 16d).

Nicht abgedeckt werden dürfen auf dem Weg über § 16d Abs. 8 SGB II die Kosten für Schulden- und Suchtberatung, für psychosoziale Beratung und Kinderbetreuung, da hierfür gemäß § 16a Nr. 1–4 SGB II der kommunale Träger aufkommen muss.

Auslastungsrisiko beim Träger?

Nach der Arbeitshilfe der BA, Stand Juli 2009, S. 18 sollte für nicht besetzte Teilnehmerplätze in der Regel keine Maßnahmekostenpauschale zu zahlen sein. Damit wollte die BA das Risiko der Auslastung auf die Maßnahmeträger wälzen. Dies hält die 3. Vergabekammer des Bundes vom 29.4.2009, SOZIALRECHT aktuell 2009, S. 198 ff. für rechtswidrig, »weil mit der vorgesehenen Regelung, wonach dem Auftragnehmer lediglich eine Vergütung i. H. v. 70 % des Kontingents an Teilnehmermonaten garantiert wird, er aber andererseits Ressourcen für eine 100 %-ige Auslastung vorhalten muss, diesem entgegen § 8 Nr. 1 Abs. 3 VOL/A ein ungewöhnliches Wagnis aufgebürdet wird.«

---

[1] Quelle: BA [für den Zeitraum Januar–Juli 2010], BT-Drs. 17/8374, S. 23.

Durch die DA B 3.3 zu § 16d (Stand: November 2013) ist das Auslastungsrisiko zum Jobcenter zurückgekehrt:

> »Das Jobcenter hat eine rechtzeitige Teilnehmerauswahl sicherzustellen und in Absprache mit dem Träger eine termingerechte und zeitnahe Zuweisung/Ersatzzuweisung einer entsprechenden Anzahl erwerbsfähiger Leistungsberechtigter zu organisieren.
> Verzögerungen zwischen Bewilligung bzw. Einrichtung und vollständiger Besetzung aller Teilnehmerplätze sollten vermieden werden.
> Während der Durchführung der Maßnahme frei werdende Teilnehmerplätze sollen vom Jobcenter unverzüglich wieder besetzt werden.«

3.3   Leistungsberechtigter – Maßnahmeträger

Nach § 16d Abs. 7 Satz 2 SGB II entsteht durch eine AGH MAE kein Arbeitsverhältnis i.S. des Arbeitsrechts. Es besteht auch kein Beschäftigungsverhältnis i.S. der Sozialversicherung; Kranken- und Pflegeversicherung werden über den fortlaufenden Leistungsbezug gewährleistet.

Die zentralen Rechte und Pflichten ergeben sich für den Leistungsberechtigten aus der Eingliederungsvereinbarung. Das Rechtsverhältnis zwischen Leistungsberechtigtem und Maßnahmeträger beschränkt sich daher auf organisatorische und konkretisierende Vereinbarungen.

> »Mit der Mehraufwandsentschädigung werden insbesondere Fahrkosten abgedeckt« (BT-Drs. 17/6277, S. 116).

Fahrkosten

Bei der Zahlung von Fahrkosten handelt es sich um einen vom Maßnahmeträger verbindlich festzulegenden Bestandteil der MAE.
Die Fahrkosten können als Pauschale angesetzt werden.

Zahlt der Maßnahmeträger freiwillig zusätzlich Fahrkosten, besteht das Risiko, dass das Jobcenter die MAE reduziert!

Die Frage, ob die MAE unpfändbar ist, ist noch nicht endgültig entschieden. Das LG Berlin vom 11.9.2012 – 51 T 582/12 hat die Unpfändbarkeit bejaht. Der BGH vom 14.5.2014 – VII ZB 56/12 konnte – als Beschwerdeinstanz – die Frage offen lassen.

Jedenfalls ist die MAE nur dann unbürokratisch vor Pfändungen geschützt, wenn sie auf ein Pfändungsschutzkonto des MAElers eingeht.

MAE-Höhe

Die MAE fällt sehr unterschiedlich aus:

Mehraufwandsentschädigung pro Teilnehmer und Monat[1]

unter 1,– Euro	1,3 %
1,00 bis unter 1,10 Euro	32,1 %
1,10 bis unter 1,20 Euro	4,7 %
1,20 bis unter 1,30 Euro	14,2 %
1,30 bis unter 1,40 Euro	4,9 %
1,40 bis unter 1,50 Euro	4,0 %
1,50 bis unter 1,60 Euro	34,7 %
1,60 bis unter 2,00 Euro	1,9 %
2,00 Euro und mehr	2,2 %
durchschnittliche Mehraufwandsentschädigung	**1,27 €**

Verstoß gegen
UN-Sozialpakt?

Nach Auffassung des »Economic and Social Council« der UN (E/C.12/DEU/CO/5 vom 20.5.2011) verstoßen die AGH MAE (möglicherweise) gegen Art. 7 UN-Sozialpakt, der allen Arbeitern »angemessenen Lohn und gleiches Entgelt für gleichwertige Arbeit ohne Unterschied ...« gewährleistet (näher hierzu Minou Banafsche, in VSSR 2012, S. 131 ff., 153 ff.)

Das BSG vom 13.11.2008 – B 14 AS 66/07 R hält 1 € pro Arbeitsstunde auch dann für ausreichend, wenn 40 % der monatlichen MAE für Fahrkosten von der Wohnung zum Maßnahmeträger draufgehen. Nur wenn Aufwendungen entstünden, die mit der MAE nicht abgegolten seien, habe der Leistungsberechtigte Anspruch auf Erhöhung der MAE, z.B. bei ungewöhnlich langen Fahrwegen.

Ohne Arbeit
keine MAE

Ein Anspruch auf eine MAE besteht nur für Zeiten, in denen tatsächlich gearbeitet wird (LSG Sachsen vom 27.3.2014 – L 3 AS 187/14 B ER, info also 2014, S. 125).

Urlaub
ohne MAE

Zwar haben MAEler Anspruch auf Urlaub nach dem BUrlG.
Da während des Urlaubs kein arbeitsbedingter »Aufwand« entsteht, muss im Urlaub aber keine Aufwandsentschädigung gezahlt werden. Dies stellt § 16d Abs. 7 Satz 2 2. Halbsatz SGB II klar.

Keine »MAE-Fort-
zahlung« im
Krankheitsfall

Auch eine »MAE-Fortzahlung« im Krankheitsfall scheidet aus, weil dann kein arbeitsbedingter »Aufwand« entsteht. In diesem Fall wird nur das Alg II weitergewährt.
Die Fortzahlung des Alg II kann nicht von der Vorlage einer AU-Bescheinigung beim Maßnahmeträger abhängig gemacht werden. Wichtig ist die AU-Bescheinigung aber, um den Einwand zu entkräften, unentschuldigt die Teilnahme an der AGH MAE abgelehnt zu haben. Der Maßnahmeträger könnte dies bei wiederholten Malen zum Anlass neh-

---

[1]   Quelle: BA [für den Zeitraum Januar–Juli 2010], BT-Drs. 17/8374, S. 23.

men, einen Abbruch der Maßnahme zu fordern, was zur Leistungskürzung nach §§ 31a ff. SGB II führen kann.

Auch für die AGH MAE gelten gemäß § 16d Abs. 7 Satz 2 2. Halbsatz SGB II die Arbeitsschutzbestimmungen, z. B. aufgrund der Gewerbeordnung, Arbeitszeitordnung, Jugendarbeitsschutzgesetz, Mutterschutzgesetz sowie nach den Vorschriften der gesetzlichen Unfallversicherung (hierzu näher → S. 821).

Arbeitsschutz

Verursacht ein MAEler einen Schaden, stellt sich die Frage, ob und inwieweit er dafür haften muss. Drei Schadensfälle sind zu unterscheiden:

Haftpflicht

- Fügt er einem **Arbeitskollegen/einer Arbeitskollegin oder dem Arbeitgeber** einen **Personenschaden** zu, so haftet er – solange er den Schaden nicht vorsätzlich verursacht – nicht. Der Schaden wird durch die gesetzliche Unfallversicherung gedeckt (§§ 2 Abs. 2 Satz 1, 104, 105 SGB VII). Der Maßnahmeträger hat (nach der DA B 4.1.5 zu § 16d) die Unfallversicherung sicherzustellen und nachzuweisen.

- Fügt er **dem Träger** einen **Sach- oder Vermögensschaden** zu, haftet der MAEler gemäß § 16d Abs. 7 Satz 3 SGB II nach arbeitsrechtlichen Grundsätzen.

»Nach den vom Großen Senat des BAG im Jahre 1994 entwickelten Grundsätzen hat ein Arbeitnehmer vorsätzlich verursachte Schäden in vollem Umfang zu tragen, bei leichtester Fahrlässigkeit haftet er dagegen nicht. Bei normaler Fahrlässigkeit ist der Schaden in aller Regel zwischen Arbeitnehmer und Arbeitgeber zu verteilen, bei grober Fahrlässigkeit hat der Arbeitnehmer in aller Regel den gesamten Schaden zu tragen, jedoch können Haftungserleichterungen, die von einer Abwägung im Einzelfall abhängig sind, in Betracht kommen. Die Beteiligung des Arbeitnehmers an den Schadensfolgen ist durch eine Abwägung der Gesamtumstände zu bestimmen, wobei insbesondere Schadensanlass, Schadensfolgen, Billigkeits- und Zumutbarkeitsgesichtspunkte eine Rolle spielen. Eine möglicherweise vorliegende Gefahrgeneigtheit der Arbeit ist ebenso zu berücksichtigen wie die Schadenshöhe, ein vom Arbeitgeber einkalkuliertes Risiko, eine Risikodeckung durch eine Versicherung, die Stellung des Arbeitnehmers im Betrieb und die Höhe der Vergütung, die möglicherweise eine Risikoprämie enthalten kann. Auch die persönlichen Verhältnisse des Arbeitnehmers und die Umstände des Arbeitsverhältnisses, wie die Dauer der Betriebszugehörigkeit, das Lebensalter, die Familienverhältnisse und sein bisheriges Verhalten können zu berücksichtigen sein.« (BAG vom 28.10.2010 – 8 AZR 418/09)

Ein 20 Jahre alter MAEler verursacht aufgrund mittlerer Fahrlässigkeit am nicht vollkaskoversicherten Kleinbus des Trägers eines Altenheims einen Schaden von 9.000 €.

Beispiel

Die Haftung des MAElers wird beschränkt

– durch die Tatsache, dass der Träger keine Vollkaskoversicherung abgeschlossen hat. Eine solche war dem Träger zuzumuten, insbesondere, wenn er den Bus durch einen MAEler fahren lässt, der erst jüngst den Führerschein gemacht hat. Der Schaden ist deshalb auf die (angenommene) Eigenbeteiligung in der Vollkaskoversicherung in Höhe von (angenommen) 1.000 € zu begrenzen;
– durch eine wegen nur mittlerer Fahrlässigkeit auf (angenommen) 40 % verminderte Haftungsquote (40 % von 1.000 €) = 400 €;
– durch eine weitere Minderung um (angenommen) 75 %, weil Alg II und MAE zu niedrig sind, als dass dadurch größere Schäden abgedeckt werden könnten.

Letztlich blieben nach diesen Einschränkungen von 9.000 € Schaden 100 € übrig, für die der MAEler einstehen müsste.

■ Fügt der MAEler im Rahmen seiner Tätigkeit einem **betriebsfremden Dritten** einen Schaden zu, so haftet er dem Dritten gegenüber (im »Außenverhältnis«) nach allgemeinen zivilrechtlichen Grundsätzen. Der Träger muss den MAEler allerdings im »Innenverhältnis« nach den Grundsätzen der Arbeitnehmerhaftung freistellen.

Beispiel

Ein auf dem Friedhof eingesetzter MAEler verletzt grob fahrlässig mit seinem nur auf dem Friedhof zugelassenen Elektrokarren eine trauernde Witwe. Sie (oder ihre Krankenkasse) kann von dem MAEler Ersatz des Personenschadens verlangen. Außerdem hat sie ggf. Anspruch auf Schmerzensgeld und auf Ersatz von Sachschäden (z. B. an der Kleidung). Der Träger muss den MAEler aber im Innenverhältnis nach den Grundsätzen der Arbeitnehmerhaftung freistellen.

Hätte der Träger eine zumutbare Berufshaftpflichtversicherung abgeschlossen, müsste der MAEler nicht haften; übrigens nach § 152 VVG selbst bei grober Fahrlässigkeit nicht. Der Träger muss den MAEler deshalb von der Haftung freistellen.

Keine leistungsrechtliche Sanktion durch Maßnahmeträger

Einen Abbruch der AGH kann der Maßnahmeträger nicht verfügen; er kann allenfalls ein Hausverbot aussprechen und beim Jobcenter den Abbruch vorschlagen. Die dann fälligen Sanktionen kann das Jobcenter verhängen. Der Maßnahmeträger ist nicht berechtigt, durch die Vereinbarung von Vertragsstrafen oder Schadensersatz den Leistungsberechtigten unter Druck zu setzen.

Teilnehmerbeurteilung

Nach § 61 Abs. 2 Satz 1 Nr. 2 SGB II müssen die Teilnehmer an einer AGH MAE die Beurteilung ihrer Leistung und ihres Verhaltens durch den Maßnahmeträger zulassen. Diese Beurteilung soll dem Jobcenter Hilfen bei der weiteren Eingliederungsplanung geben und darf die insoweit erheblichen Daten, aber auch nur diese Daten, enthalten.

In der EV sollte vereinbart werden, dass der Teilnehmer analog § 261 Abs. 5 Satz 2 SGB III a. F. eine Kopie der Teilnehmerbeurteilung erhält.

Der MAEler kann gemäß §§ 25, 83 SGB X die Teilnehmerbeurteilung einsehen.

Akteneinsichtsrecht

Erstellt der Maßnahmeträger zwei Versionen der Teilnahmebeurteilung, eine Version in Form eines Zeugnisses zum Zweck der Bewerbung und eine Version ausschließlich für das Jobcenter, müssen beide Fassungen inhaltlich übereinstimmen.

Zeugnis

Für die Erstellung eines Zeugnisses empfiehlt sich die Aufnahme einer Regelung, dass die Grundsätze von § 630 Satz 4 BGB i. V. m. § 109 Abs. 2 Satz 2 GewO Anwendung finden: Verbot von Zeugnismerkmalen oder Formulierungen, die den Zweck haben, eine andere als aus der äußeren Form oder aus dem Wortlaut ersichtlich Aussage über den Teilnehmer zu treffen.

4   Rechtswege

Das BAG vom 8.11.2006 – 5 AZB 36/06 hat entschieden, dass für Rechtsstreitigkeiten zwischen Leistungsberechtigtem und Maßnahmeträger die Sozialgerichte zuständig sind. Das gilt auch dann, wenn die gesetzlichen Schranken für die Zulässigkeit der AGH nicht eingehalten werden; auch dann entstehe kein privates Arbeitsverhältnis (BAG vom 26.9.2007 – 5 AZR 857/06).

Nach BSG vom 13.11.2008 – B 14 AS 66/07 R begründet die Rechtswidrigkeit einer Maßnahme, z.B. wegen fehlender Zusätzlichkeit, keinen Anspruch auf eine höhere MAE.

Kein Anspruch auf höhere MAE

Wurde der Leistungsberechtigte einer Maßnahme zugewiesen, in der er keine zusätzliche Arbeit geleistet hat, muss das Jobcenter möglicherweise eine Entschädigung zahlen.
Ob die vermeintliche AGH vom kommunalen Träger oder einem privaten Verein durchgeführt wurde, ist unerheblich.
Erstattungspflichtig ist das Jobcenter, dem kraft Zuweisung des Leistungsberechtigten in die AGH die mit der Ausübung der regulären Arbeit erlangte Bereicherung zugerechnet wird (vgl. dazu BSG vom 13.4.2011 – B 14 AS 101/10 R: Umzugshelfer und vom 27.8.2011 – B 4 AS 1/10 R: Putzarbeiterin im Heim der Arbeiterwohlfahrt!).
Ein Erstattungsanspruch entfällt nach BSG vom 22.8.2013 – B 14 AS 75/12 R, wenn der AGHler das Jobcenter nicht rechtzeitig auf rechtswidrige Umstände der AGH, z.B. die fehlende Zusätzlichkeit, hinweist.

Aber: Öffentlichrechtlicher Erstattungsanspruch

Regelmäßig werden Klagen von AGHlern aber aus einem anderen Grund erfolglos bleiben: Eine Entschädigung kann es nur geben,

Steine statt Brot

wenn der Wert der geleisteten Arbeit, bemessen nach dem ortsübli-
chen oder tarifvertraglichen Entgelt, das für Tätigkeiten dieser Arbeit
gezahlt wird (BSG vom 13.4.2011 – B 14 AS 98/10 R), die Grundsicherungsleistung übersteigt. Das wird fast nie der Fall sein, denn die
Summe aus Alg II plus Unterkunftskosten plus Beiträge zur Kranken-
und Pflegeversicherung plus MAE wird höher liegen als der für die
nicht zusätzliche Arbeit zu zahlende Lohn. Das dürfte selbst dann gelten, wenn man berücksichtigt, dass nicht nur durch den ersparten
Lohn, sondern auch durch den ersparten Beitrag zur Arbeitslosen-
und Rentenversicherung eine »Mehrung fremden Vermögens«, die
über den öffentlich-rechtlichen Erstattungsanspruch rückgängig gemacht werden soll, eingetreten ist. Auch dann dürfte der AGHler
nicht »entreichert« sein, weil der Lohn selbst mit Arbeitgeberbeiträ-
gen zur Arbeitslosen- und Rentenversicherung – bemessen auf der
Grundlage der bei AGH üblichen Wochenarbeitszeit von 20 oder 30
Stunden – niedriger als die Summe der Grundsicherungsleistung ausfallen wird.

Die Zuerkennung eines öffentlich-rechtlichen Erstattungsanspruchs
durch das BSG gibt den AGHlern »Steine statt Brot« (Jens M. Schubert,
ASR 2011, S. 221).

Die folgende Tabelle fasst wichtige Streitgegenstände und die zu ver-
klagenden Träger zusammen:

Streitigkeiten im Rahmen von AGH MAE

Streitgegenstand	Beklagte(r)	Gericht
Arbeit ist nicht zusätzlich oder nicht im öffentlichen Interesse	Klage gegen Jobcenter auf Erstattung der Differenz zwischen Grundsicherungs-leistung und der tariflichen oder ortsüblichen Vergütung. Bringt i.d.R. nichts	Sozialgericht
Abbruch der AGH durch JC	Klage gegen Jobcenter	Sozialgericht
Ablehnung der AGH durch Leistungsberechtigten	Keine Klage gegen Zuweisung der AGH, sondern nur gegen Sanktionsbescheid (LSG Berlin-Brandenburg vom 16.9.2013 – L 19 AS 2377/13 B ER)	Sozialgericht
Festsetzung der MAE/ der Fahrkosten zu niedrig	Klage gegen Jobcenter	Sozialgericht
Anzahl der für die MAE maßgebenden Arbeits-stunden falsch berechnet	Klage gegen Maßnahmeträger	Sozialgericht
Arbeitsbedingungen unzulässig	Klage gegen Maßnahmeträger	Sozialgericht
Zeugniserteilung/-änderung	Klage gegen Jobcenter	Sozialgericht

5   **Mitwirkungs- und Kontrollrechte von**
     Personalrat/Betriebsrat/Mitarbeitervertretung

Die Achillesferse der AGH MAE ist deren »Zusätzlichkeit«. Wird diese Rechtmäßigkeitsvoraussetzung verletzt, sind immer auch die Interessen der regulär Beschäftigten im Einsatzbetrieb berührt.

Umstritten war, ob und in welchem Umfang Personalräten, Betriebsräten und Mitarbeitervertretungen ein Mitbestimmungsrecht zusteht.

Das BVerwG hat in zwei Entscheidungen (vom 21.3.2007 – 6 P 4.06 und 6 P 8.06) ein Recht auf Mitbestimmung des Personalrats bei der Einstellung bejaht. Die erwerbsfähigen Leistungsberechtigten unterliegen bei der Verrichtung von im öffentlichen Interesse liegenden zusätzlichen Arbeiten wie Arbeitnehmer der Weisungsbefugnis des Dienststellenleiters. Dieser ist bei der Auswahl des Personenkreises nicht an die Entscheidung des Jobcenters gebunden. Deswegen hat der Personalrat im Interesse der regulären Beschäftigten zu prüfen, ob der Leistungsberechtigte für die Tätigkeit geeignet ist und ob die ausgewählten Einsatzbereiche das Merkmal der Zusätzlichkeit erfüllen. Mit diesem Erfordernis solle sichergestellt werden, dass durch die Tätigkeit erwerbsfähiger Leistungsberechtigter reguläre Beschäftigungsmöglichkeiten nicht verdrängt werden.
Eine Beteiligungspflicht besteht (gemäß § 87 Nr. 1 oder § 10 Nr. 10 Berliner PersonalvertretungsG vom 17.7.2008) auch dann, wenn sich der Dienststellenleiter zur Vermittlung und Anleitung der MAE-Beschäftigten eines freien Trägers bedient (BVerwG vom 2.5.2014 – 6 PB 11.14).

Mitbestimmungsrecht des Personalrats

Kontrolle der »Zusätzlichkeit«

Das BAG vom 2.10.2007 – 1 ABR 60/06 leitet aus § 99 BetrVG ein Mitbestimmungsrecht des Betriebsrates sowohl bei der Einrichtung von MAE-Jobs als auch der »Einstellung« von MAE-Beschäftigten her. Dem Mitbestimmungsrecht stehe nicht entgegen, dass der Betriebsrat sich mit dem Einsatz von MAE-Beschäftigung auch gegenüber dem Jobcenter grundsätzlich einverstanden erklärt habe. Das ArbG Berlin vom 11.10.2006 – 29 BV 11287/06 gewährt dem Betriebsrat darüber hinaus ein auf § 99 Abs. 2 Nr. 1 BetrVG gestütztes Widerspruchsrecht gegen die Beschäftigung von MAE-Beschäftigten, wenn Anhaltspunkte dafür vorliegen, dass die Arbeit nicht zusätzlich ist.

Mitbestimmungsrecht des Betriebsrats

Kontrolle der »Zusätzlichkeit«

Der Kirchengerichtshof der Evangelischen Kirche in Deutschland vom 27.1.2012 – I-0124/T 27-11 hat entschieden, dass die »Einstellung« von MAE-Beschäftigten dem Mitbestimmungsrecht der Mitarbeitervertretung nach § 42a MVG.EKD unterliegt.

Mitbestimmungsrecht der MAV Evangelische Kirche

Der Kirchliche Arbeitsgerichtshof, Revisionsinstanz für die katholischen Kirchlichen Arbeitsgerichte, vom 30.11.2006 – M 01/06, ZMV 2007, S. 79 f., verneint grundsätzlich ein Mitbestimmungsrecht der Mitarbeitervertretung. Diese sei grundsätzlich nur durch Anhörung und Mitberatung nach § 29 Abs. 1 Nr. 1 MAVO zu beteiligen. Ein Mit-

Katholische Kirche: nein

aber
Kontrolle der
»Zusätzlichkeit«

bestimmungsrecht komme allein für den Fall infrage, dass MAE-Kräfte nicht für im öffentlichen Interesse liegende, zusätzliche Arbeiten eingestellt würden. Ebenso das Kirchliche Arbeitsgericht der Diözese Rottenburg-Stuttgart vom 16.2.2007 – AS 02/07, das einen Verstoß gegen § 29 Abs. 1 Nr. 1 MAVO festgestellt hat, weil die Mitarbeitervertretung von der Einstellung nicht unterrichtet worden ist und deshalb die fehlende Zusätzlichkeit nicht rügen konnte.

II   Förderung von Arbeitsverhältnissen (FAV)
§ 16e SGB II

1   Zweck

Die in § 16e SGB II geregelte FAV vereint Elemente der abgeschafften Arbeitsgelegenheit in der Entgeltvariante mit dem früheren – in § 16e SGB II a.F. geregelten – »Beschäftigungszuschuss«.
Die für den früheren »Beschäftigungszuschuss« gegebene Begründung gilt auch für die FAV:

Ziel

»[Es] wird die Möglichkeit geschaffen, für arbeitsmarktferne Menschen mit mehreren Vermittlungshemmnissen eine sozialversicherungspflichtige Beschäftigung zu fördern. Dadurch wird diesem Personenkreis, dem der Zugang zum Arbeitsmarkt unter Wettbewerbsbedingungen auch bei deutlicher Verbesserung der Lage auf dem Arbeitsmarkt auf absehbare Zeit verschlossen ist, eine längerfristige Perspektive zur Teilnahme am Arbeitsleben eröffnet.« (BT-Drs. 16/5715, S. 7)

Lohnkosten-
zuschuss

Die Förderung besteht in Zuschüssen an Arbeitgeber zu den Lohnkosten zugewiesener, schwer vermittelbarer Arbeitsloser.

2   Förderfähiger Personenkreis

Arbeitgeber

Jeder Arbeitgeber, gleich welcher Rechtsform, ob privat oder öffentlich, erwerbswirtschaftlich oder gemeinnützig tätig, kann den Zuschuss erhalten.

Kontrolle durch
örtlichen Beirat

Der örtliche Beirat ist nach § 18d Satz 2 Halbsatz 1 SGB II bei Auswahl und Gestaltung der FAV zu beteiligen. Stellungnahmen des örtlichen Beirats, insbesondere die von Vetretern der Arbeitgeber und Arbeitnehmer, hat das Jobcenter zu berücksichtigen (§ 18d Satz 2 Halbsatz 2 SGB II n.F.). Da die geförderten Arbeitsverhältnisse – anders als bei AGH – nicht zusätzlich, nicht im öffentlichen Interesse und nicht wettbewerbsneutral sein müssen, bleibt für eine Einflußnahme des Beirats wenig Raum.

Ein Arbeitgeber kann diesen Lohnkostenzuschuss nur für die Einstellung von vom Jobcenter zugewiesenen Arbeitslosen erhalten, die folgende vier Voraussetzungen erfüllen:

Arbeitslose

4 Kriterien

1. Der Arbeitslose muss langzeitarbeitslos, d.h. entsprechend § 18 Abs. 1 SGB III mindestens ein Jahr arbeitslos sein.

Mindestens 1 Jahr arbeitslos

Bei der Berechnung der Einjahresfrist zählen entsprechend § 18 Abs. 2 SGB III folgende Unterbrechungen der Arbeitslosigkeit als Zeiten der Arbeitslosgkeit:

»1. Zeiten einer Maßnahme der aktiven Arbeitsförderung oder zur Eingliederung in Arbeit nach dem Zweiten Buch,
2. Zeiten einer Krankheit, einer Pflegebedürftigkeit oder eines Beschäftigungsverbots nach dem Mutterschutzgesetz,
3. Zeiten der Betreuung und Erziehung aufsichtsbedürftiger Kinder oder der Betreuung pflegebedürftiger Angehöriger,
4. Beschäftigungen oder selbständige Tätigkeiten bis zu einer Dauer von insgesamt sechs Monaten,
5. Zeiten, in denen eine Beschäftigung rechtlich nicht möglich war, und
6. kurze Unterbrechungen der Arbeitslosigkeit ohne Nachweis.«

2. Zusätzlich muss die »Erwerbsmöglichkeit [des Arbeitslosen] durch mindestens zwei weitere, in [seiner] Person liegende Vermittlungshemmnisse besonders schwer beeinträchtigt« sein.

Plus 2 weitere Vermittlungshemmnisse

Als solche Vermittlungshemmnisse nennt der Gesetzgeber beispielhaft »das Lebensalter, ein Migrationshintergrund, fehlende schulische oder berufliche Qualifikationen, gesundheitliche Einschränkungen oder Sucht- oder Schuldenprobleme« (BT-Drs. 16/5715, S. 7). Die BA (HEGA 05/10-09-Arbeitshilfe zu § 16e SGB II a. F., S. 12) nannte für den früheren »Beschäftigungszuschuss« zusätzlich: Besonders lange Dauer der Arbeitslosigkeit, mangelnde Sprachkenntnisse, Analphabetismus, Wohnungslosigkeit.

Beispiele

»Entscheidend ist nicht, dass die/der eLB ein Merkmal aufweist, das abstrakt ein Vermittlungshemmnis darstellen kann, vielmehr muss sie/er tatsächlich in ihren/seinen Erwerbsmöglichkeiten besonders schwer beinträchtigt sein. So muss etwa ein hohes Lebensalter oder mangelnde Sprachkenntnis nicht in jedem Fall zwingend ein Vermittlungshemmnis darstellen. Abzustellen ist auf die konkrete Situation der jeweiligen betroffenen Person.« (DA B 2.1.1 zu § 16e).

Konkrete Ursächlichkeit

3. Der Arbeitslose muss mindestens sechs Monate auf der Grundlage einer Eingliederungsvereinbarung betreut und Eingliederungsleistungen mit dem Ziel der Eingliederung in den allgemeinen Arbeitsmarkt erhalten haben.

Mindestens 6-monatige »Aktivierungsphase«

>»Erst wenn die Eingliederungsleistungen erfolglos gewesen sind und im Rahmen des Fallmanagements entsprechend dokumentiert wurden, kommt eine Förderung ... in Betracht.« (BT-Drs. 16/5715, S. 7).

Als vorausgehende Eingliederungsleistungen nennt der Gesetzgeber beispielhaft »Fallmanagement, Qualifizierung, Eingliederungszuschüsse, Einstiegsgeld« (BT-Drs., a. a. O.).

Schlechte Prognose

4. Nach Ablauf der sechs Monate ist eine weitere Voraussetzung die Prognose, dass »eine Erwerbstätigkeit auf dem allgemeinen Arbeitsmarkt für die Dauer der Zuweisung ohne die Förderung voraussichtlich nicht möglich ist.«

3 **Förderfähige Beschäftigung**

Für versicherungspflichtiges Arbeitsverhältnis

Den Zuschuss gibt es nur bei Vereinbarung eines kranken-, pflege- und rentenversicherungspflichtigen (gemäß § 27 Abs. 3 Nr. 5 Buchst. c SGB III nicht: arbeitslosenversicherungspflichtigen) Arbeitsverhältnisses.

Nicht »zusätzlich« und nicht »im öffentlichen Interesse«

Anders als die Arbeitsgelegenheit mit Mehraufwandsentschädigung muss die geförderte Beschäftigung nicht zusätzlich sein und nicht im öffentlichen Interessen liegen. Auch Wettbewerbsneutralität wird nicht verlangt. Nach einer Stellungnahme der EU-Kommision ist die FAV auch beihilferechtlich zulässig.

Nicht (mehr) ordentliche Vergütung

Anders als beim früheren Beschäftigungszuschuss ist nicht mehr Voraussetzung, dass die Beschäftigung tariflich oder ortsüblich entlohnt wird; es sei denn, die Beschäftigung ist tarifgebunden. Damit leistet der Gesetzgeber erneut einen Beitrag zu schlecht bezahlten Beschäftigungen, bei denen aufstockend Alg II nötig wird.

Mitwirkungsrechte von Arbeitnehmervertretungen

Da es den Zuschuss nur für ein reguläres Arbeitsverhältnis gibt, wirken Arbeitnehmervertreter bei der Begründung mit. Für die Einstellung bei einem katholischen Träger hat das der Kirchliche Arbeitsgerichthof vom 19.3.2010 – M 13/09, ZMV 2010, S. 202 ff. bekräftigt.

Nicht: Freigänger

Beschäftigungsverhältnisse mit Freigängern können, da diese nach § 7 Abs. 4 Satz 2 SGB II grundsätzlich nicht leistungsberechtigt sind, nicht gefördert werden. Zwar lebt die Leistungsberechtigung nach § 7 Abs. 4 Satz 3 Nr. 2 SGB II auf, wenn sie mindestens 15 Stunden erwerbstätig sind. Dann fehlt es aber an der Voraussetzung für den Zuschuss, der Langzeitarbeitslosigkeit.

4   **Höhe**

Die Höhe des Zuschusses hängt ab von der Leistungsfähigkeit des Arbeitslosen. Der Zuschuss kann bis zu 75 % des »berücksichtigungsfähigen Entgelts« betragen.

Der Grad der Leistungsfähigkeit kann u. a. durch eine vorgeschaltete
betriebliche Trainingsmaßnahme festgestellt werden.

Berücksichtigungsfähiges Entgelt ist

- das zu zahlende Entgelt (Arbeitgeberbrutto).
  Einmalig gezahltes Arbeitsentgelt (z. B. Weihnachtsgeld) ist nicht
  berücksichtigungsfähig;

- der Anteil des Arbeitgebers am Gesamtsozialversicherungsbeitrag,
  abzüglich des Beitrags zur Arbeitslosenversicherung. Der Beitrags-
  anteil ist pauschaliert und beträgt nach der DA B 3.4 zu § 16e 20 %
  des berücksichtigungsfähigen Entgelts abzüglich des Arbeitgeberanteils zur Arbeitslosenversicherung.

Nach § 16e Abs. 2 Satz 5 SGB II n. F. können einem Arbeitgeber die
erforderlichen Kosten einer notwendigen sozialpädagogischen Betreuung erstattet werden.

Die Förderung nach § 16e SGB II ist durch ein Budget begrenzt: Für
die Zuschüsse nach § 16e SGB II und die »Freie Förderung« nach
§ 16f SGB II (→ S. 722 ff.) darf das Jobcenter gemäß § 46 Abs. 2
Satz 3 SGB II höchstens 20 % der nach § 46 Abs. 2 Satz 1 SGB II auf
das Jobcenter entfallenden Eingliederungsmittel verbrauchen.

5   **Dauer**

Der frühere »Beschäftigungszuschuss« konnte zeitlich unbegrenzt gezahlt werden. Diese Möglichkeit ist jetzt ausgeschlossen.
Innerhalb eines Zeitraums von fünf Jahren ab dem ersten Arbeitsverhältnis gerechnet dürfen für einen Leistungsberechtigten Zuschüsse
aufgrund FAV längstens für 24 Monate erbracht werden.
Anders als neuerdings bei einer AGH ist eine Verlängerung nicht
möglich.

Die damit vorgeschriebene Befristung des Arbeitsverhältnisses ist als
sachlicher Grund i. S. § 14 Abs. 1 des Teilzeit- und Befristungsgeset-
zes gerechtfertigt; denn der Arbeitgeber stellt einen Arbeitslosen mit
mindestens drei Vermittlungshemmnissen i. d. R. nur dann ein, wenn
und solange er den Zuschuss erhält.

Marginal notes:

Zuschuss
bis zu 75 %

vom berücksich-
tigungsfähigen
Entgelt

Kosten sozial-
pädagogischer
Betreuung

Bis 20% vom
Eingliederungs-
budget

Längstens
24 Monate

Die Förderung endet nicht, wenn durch das – weitgehend über den Zuschuss ermöglichte – Arbeitsentgelt die Hilfebedürftigkeit entfällt. Das stellt § 16g Abs. 1 Satz 1 SGB II klar.

6 Leistungsausschluss

Eine Förderung ist ausgeschlossen, wenn der Verdacht besteht, dass der Arbeitgeber

Kein profitabler Ersatz

■ ein reguläres Beschäftigungsverhältnis beendet hat, um einen Zuschuss zu angeln;

Kein »Förderungs-Hopping«

■ eine bisher für das Beschäftigungsverhältnis erhaltene Förderung ohne Grund nicht mehr in Anspruch nimmt.

»Beispielsweise sollen Förderungen auf der Basis von Integrationsprojekten nach dem Neunten Buch oder eine Förderung der Länder – etwa auf der Grundlage von Mitteln des Europäischen Sozialfonds – nicht durch eine Förderung mit einem … Zuschuss … abgelöst werden.
Ein besonderer Grund kann z. B. vorliegen, wenn Bundes- oder Landesprogramme ausgelaufen sind.« (BT-Drs. 16/5715, S. 9)

7 Verfahren

Antrag

Antragsberechtigt ist allein der Arbeitgeber, nicht der Arbeitslose.

Zuweisung

Arbeitslose müssen vom Jobcenter zugewiesen werden. Eine Förderung ohne Zuweisung ist nicht möglich.

Eingliederungs-vereinbarung

In der Eingliederungsvereinbarung sollen u. a. aufgenommen werden:

»– Dauer der Förderung (von …bis …),
– Art der Tätigkeit,
– Umfang der Arbeitszeit,
– mit der Förderung von Arbeitsverhältnissen verbundene Strategie zur Eingliederung in ein ungefördertes Beschäftigungsverhältnis/Erzielung von Integrationsfortschritten,
– mögliche Leistungen nach § 16g Abs. 2 Satz 1 SGB II,
– Möglichkeit und Gründe für eine Abberufung,
– Hinweis auf Sanktionen bei Kündigung durch die/den Arbeitnehmer/-in. Bei Unsicherheiten ist eine Beratung durch das Jobcenter zu empfehlen und
– Betreuung der Arbeitnehmerin oder des Arbeitnehmers durch das Jobcenter während der Beschäftigung.« (DA C 1.4 zu § 16e)

Zahlungsweise

Gemäß § 16e Abs. 2 Satz 4 SGB II i. V. m. § 91 Abs. 2 SGB III wird der Zuschuss zu Beginn der Förderung in monatlichen Festbeträgen für die Förderdauer festgelegt. Die monatlichen Festbeträge werden gesenkt, wenn das berücksichtigungsfähige Arbeitsentgelt sinkt. Eine Erhöhung wirkt sich dagegen nicht aus.

8 Verhältnis zu anderen Eingliederungsleistungen

Aus der Tatsache, dass der Alg II-Bezieher mindestens sechs Monate lang betreut und Eingliederungsleistungen erhalten haben muss, bevor ein Zuschuss nach § 16e SGB II gezahlt wird, ergibt sich, dass der Zuschuss nachrangig ist.

»Leistungen zur FAV dürfen Maßnahmen der Berufsausbildung, der Berufsvorbereitung, der beruflichen Weiterbildung nicht ersetzen; vorrangige Leistungen der BA (z.B. Aktivierungshilfen, Berufsvorbereitende Bildungsmaßnahmen, Einstiegsqualifizierung) und anderer Träger sind zu beachten. Leistungen zur Förderung der Teilhabe behinderter und schwerbehinderter Menschen sind vorrangig.« (DA B 2.12 zu § 16e).

Nachrang zu Eingliederungsleistungen

Junge Menschen unter 25 sollen nur in begründeten Ausnahmefällen über FAV gefördert werden, weil für diesen Personenkreis ein breit gefächertes Bündel von Instrumenten zur Verfügung steht.

U 25

Der Zuschuss nach § 16e SGB II genießt keinen Vorrang i. S. § 16d Abs. 5 SGB II gegenüber der Arbeitsgelegenheit mit Mehraufwandsentschädigung, denn »die Förderung von Arbeitsverhältnissen dient nicht unmittelbar der Eingliederung in den allgemeinen Arbeitsmarkt« (BT-Drs. 17/6277, S. 117).

Kein Vorrang vor Arbeitsgelegenheit

Auch wenn durch das – weitgehend über den Zuschuss ermöglichte – Arbeitsentgelt die Hilfebedürftigkeit entfällt, kann das Arbeitsverhältnis des Geförderten gemäß § 16g Abs. 2 Satz 1 SGB II i. V. m. § 45 Abs. 1 Satz 1 Nr. 5 SGB III durch zusätzliche Hilfen stabilisiert werden. Auch die Kommunalen Eingliederungsleistungen nach § 16a SGB II bleiben gemäß § 16g Abs. 2 Satz 1 SGB II möglich.

Kombipackungen

Die FAV führt in der Praxis ein Schattendasein. Wegen der aufwändigen strengen Voraussetzungen, aber auch wegen der hohen Kosten wurden im Januar 2016 lediglich 7.785 Arbeitsuchende gefördert.

Geringe praktische Bedeutung

I   **Das Einstiegsgeld (ESG)**
§ 16b SGB II; Einstiegsgeld-Verordnung – ESGV

1   **Was ist ESG?**

Zweck

Das ESG soll finanziell zur Aufnahme
- einer hauptberuflichen selbständigen Tätigkeit oder
- einer sozialversicherungpflichtigen abhängigen Beschäftigung

anreizen.

Bitte beachten Sie, dass das Einstiegsgeld nicht nur bei der Aufnahme einer selbständigen Beschäftigung, sondern auch bei der Aufnahme einer versicherungspflichtigen Beschäftigung gezahlt werden kann.

Keine
Anrechnung des
ESG auf Alg II

Das ESG wird nicht als Einkommen auf das Alg II angerechnet. Faktisch werden durch das ESG der Grundfreibetrag wegen Aufwendungen nach § 11b Abs. 2 Satz 1 SGB II und die Freibeträge wegen Nebenverdienstes nach § 11b Abs. 2 Satz 2 SGB II erhöht. Zusammen wirken das ESG und die Freibeträge bei der Aufnahme einer versicherungspflichtigen Beschäftigung wie ein zweifacher Kombilohn.

Aber Anrechnung
von Verdienst

Auch wenn das ESG nicht auf das Alg II angerechnet wird, so wird doch der durch die aufgenommene Tätigkeit erzielte Verdienst auf das Alg II angerechnet. Das kann dazu führen, dass es kein Alg II mehr gibt, weil die Hilfebedürftigkeit entfällt.

Das ESG wird aber auch in diesem Fall gemäß § 16b Abs. 1 Satz 2 SGB II für die vereinbarte Dauer weitergezahlt.

Das gilt nicht, wenn die Hilfebedürftigkeit nicht durch den neuen Verdienst, sondern aus anderen Gründen (z.B. durch Erbschaft, reiche Heirat) entfällt. Dann ist die Bewilligung wegen einer wesentlichen Änderung der Verhältnisse nach § 48 SGB X aufzuheben. Eine Aufhebung erfolgt auch, wenn die mit ESG begonnene Tätigkeit während des Bewilligungszeitraums beendet wird.

Wird die versicherungspflichtige Beschäftigung oder die selbständige Tätigkeit in einer Weise beendet, die mit der Kürzung des Alg II sanktioniert wird, kann das bis dahin gezahlte ESG nicht zurückgefordert werden. Die Bewilligung nach § 16b SGB II erfolgt nicht im Wege eines so genannten Zuwendungsbescheides gemäß § 47 Abs. 2 SGB X (vgl. BSG vom 25.6.1998 – B 7 AL 126/95 R und vom 14.2.2000 – B 11 AL 63/2000 R). Mangels einer ausdrücklichen Rechtsgrundlage ist deshalb die Aufnahme einer Rückzahlungspflicht in einer Eingliederungsvereinbarung oder in einem Eingliederungsverwaltungsakt unzulässig.

> Rückzahlungspflicht?

2   Wer kann ESG erhalten?

Das ESG muss vor Abschluss des Arbeitsvertrages/vor Arbeitsaufnahme beantragt werden (LSG Sachsen-Anhalt vom 20.6.2012 – L 5 AS 112/12 B).

Das Jobcenter hat einen weiten Ermessensspielraum insbesondere zur Frage, wer in welcher Höhe und für welche Dauer ein ESG erhält.

> Weiter Ermessensspielraum

Die angestrebte abhängige Beschäftigung muss versicherungspflichtig sein. Ein ins Auge gefasster 450 €-Job reicht nicht.

> Abhängige Beschäftigung

ESG kann nur erhalten, wer leistungsberechtigt nach dem SGB II ist. Insbesondere muss im Zeitpunkt der Aufnahme der Tätigkeit Hilfebedürftigkeit bestehen (BayLSG vom 27.3.2013 – L 11 AS 809/10).

> Hilfebedürftigkeit

§ 16b Abs. 1 Satz 1 SGB II setzt voraus, dass durch die mit ESG geförderte Erwerbstätigkeit die Hilfebedürftigkeit überwunden wird. Diese Voraussetzungen problematisiert das BSG vom 5.8.2015 – B 4 AS 46/14 R für Geförderte in Bedarfsgemeinschaften:

> Überwindung der Hilfebedürftigkeit?

> »Soweit der Leistungsberechtigte jedoch in einer Bedarfsgemeinschaft lebt, würde die Forderung nach der Eignung der Erwerbstätigkeit zum Ausscheiden aus dem Leistungsbezug dazu führen, dass durch das prognostisch erzielbare Einkommen der Bedarf der gesamten Bedarfsgemeinschaft gedeckt sein müsste. ... Dies führte jedoch im Rahmen des § 16b Abs. 1 S. 1 SGB II zu einer Benachteiligung der Leistungsberechtigten, die in einer Bedarfsgemeinschaft leben. Denn bei ihnen wäre eine günstige Prognose i.S. des § 16b Abs. 1 S. 1 SGB II davon abhängig,

> dass es ihnen gelingen müsste, ein höheres Einkommen zu erzielen als ein alleinstehender Hilfebedürftiger, der voraussichtlich durch die Erwerbstätigkeit ›nur‹ in die Lage versetzt werden müsste, seinen Regelbedarf und die Unterkunftsaufwendungen zu decken. Für Mitglieder einer Bedarfsgemeinschaft würden Erwerbstätigkeiten im Niedriglohnbereich damit selten förderungsfähig sein, es sei denn, es wäre prognostizierbar, dass sich hieraus eine Erwerbstätigkeit mit einer Entlohnung entwickeln könnte, die diesen Bereich deutlich verlässt.«

Im zu entscheidenden Fall konnte das BSG die Frage, ob der Hilfebedarf der gesamten BG überwunden werden müsse, offen lassen, weil der Kläger prognostisch mit seiner abhängigen Arbeit nicht einmal seine eigene Hilfebedürftigkeit überwinden konnte.

Nach unserer Meinung löst sich das Problem, wenn man – allerdings gegen den Wortlaut des § 16b Abs. 1 Satz 1 SGB II – schon die »Verringerung der Hilfebdürftigkeit« ausreichen lässt. Diese genügt gemäß § 16c Abs. 3 Satz 1 SGB II, um Investitionshifen als Selbständige zu erhalten. Warum für das ESG strengere Anforderungen gelten sollen, ist nicht ersichtlich. Im übrigen verlangt auch die DA A 3.3 zu § 16b SGB II nur die »Verringerung der Hilfebedürftigkeit«.

Da das ESG bis zu zwei Jahre gezahlt werden kann, reicht es, wenn die Hilfebedürftigkeit voraussichtlich spätestens am Ende des ESG-Bezugs überwunden sein wird.

Neu: Nicht mehr arbeitslos sein

Nach § 16b Abs. 1 Satz 1 SGB II n.F. können nicht nur Arbeitslose, sondern

> »auch Personen, die weder arbeitslos, beschäftigungslos oder arbeitsuchend sind, bei Aufnahme einer Erwerbstätigkeit förderfähig sein. Dies ermöglicht auch die Förderung mit Einstiegsgeld bei Personen, die zu Gunsten einer Erwerbstätigkeit ihre Elternzeit beenden« (BT-Drs. 18/8041, S. 36).

Der Gesetzgeber reagiert damit wohl auf Zweifel des BSG vom 5.8.2015 – B 4 AS 46/14 R an der Tragweite des Begriffs »Arbeitslosigkeit« i.S. § 16b Abs. 1 Satz 1 SGB II a. F.

Auch befristete Beschäftigung

Auch eine befristete abhängige Beschäftigung kann mit ESG gefördert werden. Zwar ist wegen der Befristung nicht sicher, ob die Eingliederung in den allgemeinen Arbeitsmarkt auf Dauer gelingt. Deshalb ein unbefristetes Arbeitsverhältnis zu verlangen überzeugt aber nicht, weil auch ein unbefristetes Arbeitsverhältnis wegen der üblichen Probezeit umstandslos gekündigt werden kann. Außerdem werden Arbeitsuchenden immer seltener unbefristete Stellen angeboten. Die Befristung ersetzt vielfach die Probezeit.

Eine Förderung einer bereits ausgeübten abhängigen Beschäftigung ist nicht möglich, es sei denn, eine geringfügige Beschäftigung soll in eine volle, versicherungpflichtige Beschäftigung umgewandelt werden (LSG Sachsen-Anhalt vom 19.1.2012 – L 5 AS 227/11 B).

Eine selbständige Tätigkeit wird nur mit ESG gefördert, wenn sie hauptberuflich ausgeübt wird. Hauptberuflich ist sie nach der DA A 3.2 zu § 16b, »wenn sie mindestens 15 Std./Woche umfasst und/oder wenn nicht andere abhängige oder selbständige Tätigkeiten in der Summe in zeitlich höherem Umfang ausgeübt werden«.

Selbständige Tätigkeit

Nach DA A 3.2 zu § 16b kann mit ESG auch »eine Betriebsübernahme oder die Umwandlung einer nebenberuflichen Tätigkeit in eine hauptberufliche Selbständigkeit« gefördert werden.

Die angestrebte selbständige Tätigkeit muss wirtschaftlich tragfähig sein. Diese Voraussetzung steht zwar nicht ausdrücklich in § 16b SGB II. Sie findet sich aber in § 16c Abs. 3 SGB II.

Tragfähigkeit

»Bei der Entscheidung über die Bewilligung von Einstiegsgeld nach § 16b SGB II ist zur Beurteilung der Erfolgsaussichten einer angestrebten selbständigen Tätigkeit ergänzend § 16c SGB II heranzuziehen, der im Zusammenhang mit § 16b SGB II zu lesen bzw. als dessen Konkretisierung zu verstehen ist.

Es kann bereits dann nicht davon ausgegangen werden, dass die angestrebte Tätigkeit wirtschaftlich tragfähig ist, wenn eine positive Stellungnahme einer fachkundigen Stelle i.S. des § 16c SGB II zu der beabsichtigten Tätigkeit nicht vorgelegt wurde. Eine solche positive Stellungnahme ist unabdingbare Voraussetzung, um für die Tatbestandsvoraussetzung wirtschaftlicher Tragfähigkeit überhaupt den Bereich weiterer Prüfung zu eröffnen.

Der Grundsicherungsträger ist an das Ergebnis der Stellungnahme nicht gebunden; vielmehr ist es nach Vorlage der Stellungnahme seine Aufgabe, die Analyse selbst zu werten und mit den verfügbaren Erkenntnissen abzuwägen« (LSG NRW vom 25.6.2013 – L 2 AS 2249/12).

Die selbständige Tätigkeit ist wirtschaftlich tragfähig, wenn sie »geeignet ist, die Hilfebedürftigkeit ... innerhalb eines angemessenen Zeitraums dauerhaft zu überwinden oder zu verringern« (DA A 3.3 zu § 16b).

Zur Prüfung der Tragfähigkeit schaltet der Fallmanager fachkundige Dritte (Kammern, Gründungszentren, Kreditinstitute) ein. Die hierfür entstehenden Kosten trägt nach DA B 4.4 zu § 16b regelmäßig das Jobcenter. Als Rechtsgrundlage kommt die »freie Förderung« nach § 16f SGB II in Frage (LSG Sachsen vom 9.12.2013 – L 3 AS 1800/13 B PKH).

Auch bei Prüfung eines Antrags auf Verlängerung der Förderung darf das Jobcenter die Tragfähigkeit unter die Lupe nehmen (LSG Berlin-Brandenburg vom 16.2.2007 – L 20 B 161/07 AS ER; BayLSG vom 19.1.2007 – L 7 AS 128/06).

Anhaltspunkte zur Beurteilung der Tragfähigkeit können nach der DA B 4.4 zu § 16b u. a. sein:

- »aussagefähige Beschreibung des Existenzgründungsvorhabens (Geschäftsidee, Produkt/Dienstleistung, Markt und Wettbewerb, ggf. seine Alleinstellungsmerkmale, Marketing);
- das kaufmännische und unternehmerische Know-how des Gründers/der Gründerin oder der/des Selbständigen;
- der Kapitalbedarfs- und Finanzierungsplan (Eigenkapitalanteil, Bedarf an Fremdkapital, Sicherheiten für Kredite) sowie eine Prognose, inwieweit dieser über Hausbankkredite, Mittel aus Landesprogrammen, Mikrokredite bzw. über KfW-Mittel gedeckt werden kann bzw. bei bestehender Selbständigkeit bereits gedeckt wird;
- Erlös- und Rentabilitätsvorschau (erwarteter Umsatz und Kosten) zur Ermittlung der vorhandenen Gewinnerwartungen für die nächsten drei Jahre;
- Liquiditätsplan (Einschätzung der monatlichen Einzahlungen auf drei Jahre, monatliche Kosten, Investitionskosten, monatlicher Kapitaldienst in Form von Zinsen und Tilgung, Liquiditätsreserven);
- Nachweis ggfs. erforderlicher Zulassungsvoraussetzungen.«

Das stellt nicht geringe Anforderungen an den Existenzgründer. Zur Unterstützung beim Nachweis der Tragfähigkeit → S. 761.

Anders als bei der Förderung einer versicherungspflichtigen Beschäftigung muss die selbständige Tätigkeit nicht von Anfang an mehr als 450 € bringen (ebenso Hannes in Gagel SGB II, RandNr. 49 zu § 16b). Der persönliche Ansprechpartner/Fallmanager, der weiß, dass »Existenzgründungen aus Arbeitslosigkeit im SGB II regelmäßig unter schwierigen Bedingungen erfolgen« (BT-Drs. 16/10810, S. 80), wird es auch nicht verlangen. Er hat ja die Möglichkeit, den Bezug von ESG zeitlich zu begrenzen (z. B. vier Staffeln à sechs Monate), und damit auch die Möglichkeit, erst in der zweiten oder dritten Phase ein Einkommen über 450 € zu verlangen, um so die Hilfebedürftigkeit stärker zu verringern oder zu beenden.

3   Wie hoch ist das ESG?

Die Höhe des ESG ist in § 16b Abs. 2 Satz 2 SGB II und in der gemäß § 16b Abs. 3 SGB II erlassenen »Verordnung zur Bemessung von ESG (Einstiegsgeld-Verordnung – ESGV)« vom 29.7.2009 i. d. F. vom 24.3.2011 geregelt. Danach kann das ESG entweder »einzelfallbezogen« oder »pauschal« bemessen werden.

»Einzelfallbezogene Bemessung«

Das einzelfallbezogene ESG setzt sich zusammen aus
- einem Grundbetrag und aus
- Ergänzungsbeträgen.

Grundbetrag

Der Grundbetrag darf höchstens 50 % des für den Leistungsberechtigten maßgeblichen Regelbedarfs betragen.
Der Grundbetrag kann »innerhalb des Förderzeitraums in Abhängigkeit von der Förderdauer verändert« werden (§ 1 Abs. 2 Satz 2 ESGV).

Der Grundbetrag »soll« gemäß § 16b Abs. 2 Satz 2 SGB II i. V. m. § 1 Abs. 3 ESGV aufgestockt werden durch Ergänzungsbeträge in folgenden drei Fällen:

Ergänzungs-
beträge

Grund für Ergänzungsbetrag	% der maßgeblichen Regelleistung
für jede weitere Person in der Bedarfsgemeinschaft	je 10 %
vor Antrag auf ESG mindestens zwei Jahre arbeitslos	20 %
bei Personen, deren Eingliederung wegen in ihrer Person liegender Umstände erschwert ist, schon nach sechs Monaten Arbeitslosigkeit	20 %

Bei der Berechnung der Zweijahres- bzw. Sechsmonatsfrist gelten die in § 18 Abs. 2 SGB III genannten Unterbrechungen der Arbeitslosigkeit als Zeiten der Arbeitslosigkeit.

Grund- und Ergänzungsbetrag dürfen 100 % des maßgeblichen Regelbedarfs nicht übersteigen.

Deckelung

»Das Einstiegsgeld kann ... pauschal bemessen werden, wenn dies zur Eingliederung von besonders zu fördernden Personengruppen in den allgemeinen Arbeitsmarkt erforderlich ist « (§ 2 Abs. 1 Satz 1 ESGV).

Pauschale
Bemessung

Wie der Grundbetrag kann auch der Pauschalbetrag »innerhalb des Förderzeitraums in Abhängigkeit von der Förderdauer verändert werden«.

Auch der Pauschalbetrag ist gedeckelt, und zwar bei 75 % des maßgeblichen Regelbedarfs.

Deckelung

Das ESG ist steuerfrei. Sozialversicherungsbeiträge müssen nicht entrichtet werden.

Steuerfrei

Wenn wegen Einkommens aus der selbständigen Tätigkeit der Grundsicherungsbedarf gedeckt ist und nur noch ESG gezahlt wird (was nach § 16b Abs. 1 Satz 2 SGB II möglich ist), entfällt die Pflichtversicherung in der Krankenversicherung nach § 5 Abs. 1 Nr. 2a SGB V. Um Härten zu vermeiden, ist das ESG um die Beiträge für eine freiwillige Weiterversicherung aufzustocken. Nach § 240 Abs. 4 Satz 2 SGB V kommt den Beziehern von ESG eine günstige Beitragsberechnung zugute.

Kranken-
versicherung
bei selbständiger
Tätigkeit

4   Wie lange gibt es ESG?

Das ESG wird gemäß § 16b Abs. 2 Satz 1 SGB II höchstens 24 Monate gezahlt. Mit dieser Befristung soll eine Dauersubvention einer wenig einträglichen Beschäftigung verhindert werden. In der Regel wird das ESG zunächst für sechs bis zwölf Monate bewilligt mit der Möglichkeit einer Verlängerung bis 24 Monate.

Nach der DA B 4.5.3 zu § 16b soll die Dauer nicht vom Bewilligungs-zeitraum für das Alg II abhängig gemacht werden; die ESG-Dauer kann also von Anfang an über den Alg II-Bewilligungszeitraum hin-ausreichen.

5 **Kombipackungen?**

Wollen sich Alg I-Bezieher selbständig machen, können sie einen Gründungszuschuss gemäß § 93 SGB III beantragen.
Für Alg II-Bezieher tritt das ESG an die Stelle des Gründungszuschus-ses.

ESG für Alg I-Aufstocker

Alg I-Bezieher, die zusätzlich Alg II erhalten (Aufstocker), können kein ESG beantragen, wei für ihre Eingliederung die BA zuständig ist (§ 5 Abs. 4 SGB II). Der Gründungszuschuss wird – anders als das ESG – auf das Alg II angerechnet.

Kein ESG

Kein ESG gibt es als Anreiz für die Aufnahme
– einer Ausbildung;
– einer Arbeitsgelegenheit nach § 16d SGB II;
– eines mit dem Zuschuss nach § 16e SGB II geförderten Arbeitsver-hältnisses.
Die genannten Beschäftigungen zählen nicht zum »allgemeinen Ar-beitsmarkt«, in den über § 16b SGB II eingegliedert werden soll.

Kombipackungen

Zusätzlich zum ESG können Selbständigen Hilfen gewährt werden
– für Investitionen (→ S. 758 ff.);
– bei der Vorbereitung auf eine Existenzgründung (→ S. 761);
– bei der Begleitung einer Existenzgründung (→ S. 761).

II **Investitionshilfen**
§ 16c Abs. 1, 3 SGB II

Alg II-Bezieher verfügen regelmäßig über keine Rücklagen.

>Dies kann dazu führen, dass selbst bei guten persönlichen Voraussetzun-gen des potenziellen Gründers und einer guten tragfähigen Geschäftsidee eine Selbständigkeit aufgrund mangelnder Investitionsfähigkeit nicht auf-genommen werden kann« (BR-Drs. 755/08, S. 80).

Dies will der Gesetzgeber durch § 16c SGB II ändern. Dessen Abs. 1 lautet:

>Erwerbsfähige Leistungsberechtigte, die eine selbständige, hauptberuf-liche Tätigkeit aufnehmen oder ausüben, können Darlehen und Zuschüs-se für die Beschaffung von Sachgütern erhalten, die für die Ausübung der selbständigen Tätigkeit notwendig und angemessen sind. Zuschüsse dürfen einen Betrag von 5.000 Euro nicht übersteigen.«

Nach DA B 2.6 zu § 16c ist der »Begriff Sachgüter weit auszulegen«. **Beispiele**
Die BA nennt als förderfähige Sachgüter:

»– Betriebs- und Geschäftsausstattung (z. B. PC, zugehörige betriebliche
Software, Telefonanlage, Kopierer, Einrichtungsgegenstände)
– Marketing und Vertrieb unterstützende Investitionen für die Erstellung
von Homepages, Werbemitteln, Schaufensterdekorationen etc.
– Fahrzeuge, Maschinen und Anlagen, Werkzeuge und Arbeitsmittel
– Erstausstattung und betriebsnotwendige Aufstockung des Material-,
Waren- oder Ersatzteillagers
– Kaution für Gewerberäume.«

Investitionshilfen nach § 16c Abs. 1 SGB II gibt es nur, wenn sie sonst **Nachrang**
nicht zu bekommen sind. Das ist bei Alg II-Beziehern regelmäßig der
Fall. In der Regel reicht eine abschlägige Bestätigung der Hausbank
aus, um nachzuweisen, dass weitere Finanzierungsmöglichkeiten
nicht bestehen.

Gefördert werden können gemäß § 16c Abs. 3 Satz 1 nur »tragfä- **Tragfähigkeit**
hige« selbständige Tätigkeiten.
Zur Beurteilung der Tragfähigkeit können nach der DA B 2.4 zu § 16c
die gleichen Maßstäbe wie bei § 16b SGB II herangezogen werden
(→ S. 755).

Das LSG Sachsen-Anhalt (vom 21.2.2012 – L 5 AS 232/10 B) verneint **Beispiel**
die Tragfähigkeit, wenn Eigenkapital plus beantragter Zuschuss die
Kosten der Existenzgründung nicht decken.

Der Fallmanager soll nach § 16c Abs. 3 Satz 2 SGB II die Tragfähigkeit durch eine fachkundige Stelle beurteilen lassen. Durch Rah-
menverträge mit fachkundigen Stellen soll ein für den Existenzgründer kostenfreies Verfahren sichergestellt werden (DA B 2.4 zu § 16c).
Das fordert auch der Grundsatz der Amtsermittlung nach § 20 SGB X
(s. dazu LSG Schleswig-Holstein vom 11.1.2016 – L 6 AS 309/15 B).
Nach der BA 2.4 zu § 16c entscheidet das Jobcenter, welche fachkundige Stelle herangezogen wird. Dem widerspricht das LSG Sachsen
vom 1.11.2011 – L 3 AS 371/10 B: Dem Antragsteller könne die fachkundige Stelle nicht vorgeschrieben werden. Wer sich eine andere als
die vom Jobcenter vorgeschlagene fachkundige Stelle aussucht, läuft
allerdings Gefahr, dass er die Kosten für das Gutachten selbst tragen
muss.

Der Nachweis der Tragfähigkeit stellt nicht geringe Anforderungen
an den Existenzgründer. Zur Unterstützung beim Nachweis der
Tragfähigkeit (→ S. 761).

Der Fallmanager muss zusätzlich die persönliche Eignung des Exis- **Potenzialanalyse**
tenzgründers beurteilen. Er hat dabei nach DA B 2.3 zu § 16c u.a. zu
berücksichtigen:

- »Ziele und Motivation für eine berufliche Selbständigkeit;
- vorhandene Kompetenzprofile (z.B. personale oder sozial-kommunikative Kompetenzen, Methodenkompetenz sowie Aktivitäts- und Umsetzungskompetenz);
- Unternehmerische Qualifikationen, z.B. dem Gründungsvorhaben angemessenes betriebswirtschaftliches Knowhow (u.a. Kenntnisse im kaufmännischen und rechtlichen Bereich, Marketing, Vertrieb);
- Branchenkenntnis;
- geeignete familiäre Rahmenbedingungen;
- geeignete gesundheitliche Rahmenbedingungen;
- fachliche Qualifikationen;
- Bereitschaft, zu den in diesem Wirtschaftszweig üblichen Arbeitszeiten tätig zu sein, ggf. auch zu (im Vergleich) überdurchschnittlichen Arbeitszeiten, insbesondere in der Anfangsphase der selbständigen Tätigkeit;
- Ergebnisse von bereits besuchten Existenzgründungsseminaren oder von einer erfolgten Bewertung des unternehmerischen Potentials;
- Bereitschaft, mit finanziellen Einschränkungen und wechselndem Einkommen umzugehen.«

Überwindung oder Verringerung der Hilfebedürftigkeit

Die Investitionshilfe kann gemäß § 16c Abs. 3 Satz 1 SGB II nur gewährt werden, »wenn ... die Hilfebedürftigkeit durch die selbständige Tätigkeit innerhalb eines angemessenen Zeitraums dauerhaft überwunden oder verringert wird«.
Der Gesetzgeber sieht (vgl. BR-Drs. 755/08, S. 80) als angemessenen Zeitraum an:
– bei Existenzneugründungen aus der Arbeitslosigkeit: 24 Monate;
– bei bereits länger bestehender Selbständigkeit: 12 Monate.

Beispiel

Das LSG NRW vom 16.1.2013 – L 19 AS 2152/12 B hält die Ablehnung einer Förderung für ermessensfehlerfrei, wenn ein Antragsteller nach Bewilligung eines Gründungszuschusses und durchgehender Gewährung von Alg II innerhalb von drei Jahren nach Aufnahme der selbständigen Tätigkeit seine Hilfebedürftigkeit nicht verringert hat.

Die selbständige Tätgkeit darf schließlich nicht gegen die guten Sitten verstoßen.

Beispiel

Das SG Darmstadt vom 26.9.2012 – S 17 AS 416/10 verneint die finanzielle Förderung für die Gründung eines Erotik-Live-TV-Magazins im Internet, mit dem u.a. Pornografie angeboten werden sollte.

Form

Die Hilfe kann durch Darlehen und Zuschüsse gewährt werden.

Höhe

Der Zuschuss darf nach § 16c Abs. 1 Satz 2 SGB II 5.000,– € nicht übersteigen. Darlehen dürfen höher gewährt werden.

Darlehen und Zuschuss können kombiniert werden.

»Im Regelfall sollen Darlehen gewährt werden, sofern dies nicht mit einem unverhältnismäßigem Verwaltungsaufwand verbunden ist oder im

Einzelfall die Gewährung eines Zuschusses zielführender ist.« (BR-Drs., a. a. O.).

Da die Vergabe eines Darlehens (sie muss durch Verwaltungsakt erfolgen) und die Rückführung eines Darlehens (§ 42a SGB II gilt nicht) regelmäßig mit hohem Bürokratieaufwand verbunden ist, bleibt zu hoffen, dass die Jobcenter häufiger zum Zuschuss greifen.
Wird ein Darlehen gewährt, soll die Tilgung erst verlangt werden, wenn der Selbständige nicht mehr hilfebedürftig ist (DA B 2.6.1 zu § 16c).

Darlehen

> »Stellt sich nachträglich heraus, dass durch die Darlehensgewährung für ein Sachgut die Hilfebedürftigkeit nicht beendet oder reduziert wird oder wurde, kann das Darlehen langfristig gestundet oder nach § 44 SGB II erlassen werden.« (DA B 2.6.1 zu § 16c).

Wird ein über § 16c SGB II finanziertes Sachgut verkauft, wird der Verkaufserlös Betriebsvermögen. Er wird nicht als Betriebseinnahme auf das Alg II angerechnet. Er wird vielmehr – solange er für die Fortführung der Selbständigkeit nötig ist – gemäß § 7 Abs. 1 Alg II-VO als nicht zu berücksichtigendes Vermögen angesehen.

Verkaufserlös

III Vorbereitung auf Existenzgründung
§ 45 Abs. 1 Satz 1 Nr. 4 SGB III i. V. m § 16 Abs. 1 Satz 2 SGB II

Existenzgründer brauchen Unterstützung im Vorfeld der Existenzgründung, insbesondere beim Nachweis der Tragfähigkeit der geplanten Gründung. § 45 Abs. 1 Satz 1 Nr. 4 SGB III i. V. m § 16 Abs. 1 Satz 2 SGB II ermöglicht Hilfen bei der »Heranführung an eine selbständige Tätigkeit«. Über die Voraussetzungen, Grenzen, Pauschalierung und Verfahren dieser »Maßnahme zur Aktivierung und beruflichen Eingliederung« soll »das Nähere« in einer Verordnung nach § 47 SGB III geregelt werden.

IV Begleitung einer Existenzgründung
§ 16c Abs. 2 SGB II

Die Begleitung von Existenzgründungen ist in Absatz 2 des § 16c SGB II geregelt. Danach

> »können ... Leistungsberechtigte, die eine selbständige, hauptberufliche Tätigkeit ausüben, ... durch geeignete Dritte durch Beratung oder Vermittlung von Kenntnissen und Fertigkeiten gefördert werden, wenn dies für die weitere Ausübung der selbständigen Tätigkeit erforderlich ist.«

Die »Vermittlung von Kenntnissen und Fertigkeiten« kann sich auf Marketing, Buchhaltung, Akquise, Projektmanagement, Rhetorik beziehen.

Was kann ...

was kann nicht vermittelt werden?

Nicht gefördert wird nach der DA B 3.3.2 zu § 16c die Vermittlung von Rechtskenntnissen (z. B. im Steuer- und Zivilrecht).
Ausgeschlossen ist nach § 16c Abs. 2 Satz 2 SGB II zudem ausdrücklich die Förderung von berufsfachlichen Qualifikationen.

Kombipackung

Beide Möglichkeiten, »Beratung« und »Vermittlung von Kenntnissen und Fertigkeiten« können neben- oder aufeinander folgend in Anspruch genommen werden. So kommen z. B. ein Unternehmenscheck, eine damit verbundene Aufbau- und Festigungsberatung mit nachfolgender Kenntnis- und Fertigkeitsförderung infrage (BT-Drs. 17/6277, S. 115).

Gefördert werden kann nach § 16c Abs. 2 SGB II aber nicht nur mit dem Ziel der Stabilisierung bzw. Neuausrichtung der selbständigen Tätigkeit.

Förderung der Abwicklung einer selbständigen Tätigkeit?

»In den Fällen, in denen ein Unternehmenscheck im Rahmen von § 16c Absatz 2 SGB II zu dem Ergebnis kommt, dass die selbständige Tätigkeit nicht tragfähig ist, und eine Tragfähigkeit auch perspektivisch nicht zu erwarten ist, kann Unterstützung bei der Beendigung geleistet werden.« (DA B 3.2 zu § 16c)

Eine solche Unterstützung bei der Abwicklung einer nicht tragfähigen Selbständigkeit und damit verbunden die Motivierung zur Aufnahme einer abhängigen Beschäftigung scheint sinnvoll zu sein. Fraglich aber ist, ob sie vom Gesetz gedeckt ist; § 16c Abs. 3 SGB II verlangt als Voraussetzung auch für die Förderung nach § 16c Abs. 2 SGB II nun mal die Tragfähigkeit der Selbständigkeit und nicht das gerade Gegenteil.

Sanktionsgefahr

Die Förderung wird in der Regel in der Eingliederungsvereinbarung verankert. Damit wächst gemäß § 31 Abs. 1 Satz 1 Nr. 1 SGB II i.V.m. § 31a SGB II die Gefahr einer Leistungskürzung bei Nichtantritt oder Abbruch einer Maßnahme nach § 16c Abs. 2 SGB II; vorausgesetzt, sie ist zumutbar. Davon geht die BA regelmäßig aus:

»Die Teilnahme an einer Maßnahme nach § 16c Abs. 2 SGB II ist für eine/n hauptberuflich selbständige/n eLb gem. § 10 Abs. 3 SGB II zumutbar, auch wenn er/sie für die Dauer der Teilnahme die Ausübung seiner/ihrer selbständigen Tätigkeit einschränken muss. Dies gilt auch, wenn sich dadurch seine/ihre Einnahmen vorübergehend reduzieren und sich die Hilfebedürftigkeit deswegen erhöht.« (DA B 3.4 zu § 16c)

Keine Kürzung droht, falls ein Selbständiger die Unterstützung zum Ausstieg aus der Selbständigkeit ablehnt oder abbricht (DA B 3.2 zu § 16c).

R **Eingliederungsvereinbarung (EV)/**
  Eingliederungsverwaltungsakt (EVA)
  § 15 SGB II

I **Konkrete Pflichten über EV**

Mit der in § 15 SGB II vorgesehenen EV soll die im SGB II angestrebte enge Verknüpfung von »Fordern und Fördern« umgesetzt werden. Nach der Vorstellung des Gesetzgebers soll die EV deshalb möglichst individuell auf den einzelnen Leistungsberechtigten zugeschnittene Rechte und Pflichten enthalten. Die EV ist keine Voraussetzung für die Gewährung von Leistungen nach dem SGB II (LSG Baden-Württemberg vom 14.7.2015 – L 9 AS 609/15). Nicht in jedem Fall muss eine EV abgeschlossen werden; wird der Abschluss einer angebotenen EV abgelehnt, kann das Jobcenter einen Eingliederungsverwaltungsakt erlassen. Eine Sanktion nach § 31a SGB II wegen Nichtabschlusses einer EV ist mit Neufassung von § 31 SGB II seit 1.4.2011 nicht mehr möglich.

II **Die EV – Ein Vertrag »auf gleicher Augenhöhe«?**

Die EV ist nach überwiegender Auffassung ein öffentlich-rechtlicher Vertrag gemäß den §§ 53 SGB X ff. (BSG vom 2.4.2014 – B 4 AS 26/13 R und vom 23.6.2016 – B 14 AS 26/15). Als Vertrag bindet

Öffentlich-rechtlicher Vertrag

die EV sowohl den Leistungsberechtigten als auch das Jobcenter. Der Vertrag begründet unmittelbare Pflichten und Rechte; so kann der Leistungsberechtigte z. B. eine in der EV vereinbarte Eingliederungsleistung einfordern. Nach LSG Baden-Württemberg gilt dies sogar dann, wenn sich das Jobcenter in der EV zur Förderung einer nach dem SGB III nicht förderfähigen beruflichen Aus- und Weiterbildung verpflichtet hat (vom 19.7.2007 – L 7 AS 689/07: Förderung einer dreijährigen Ausbildung zur Logopädin; ebenso SG Braunschweig vom 16.5.2008 – S 17 AS 870/06: Erwerb des Realschulabschlusses an einer Volkshochschule). Der Leistungsberechtigte ist an die mit der EV auferlegten Pflichten gemäß § 31 SGB II gebunden. Durch Verwaltungszwang kann das Jobcenter eine »Vertragserfüllung« nicht durchsetzen (LSG Sachsen vom 3.3.2008 – L 3 B 187/07 AS-ER).

Rechtsfreier Raum?

Eine gerichtliche Kontrolle der »Vertrags«-Verhandlungen findet nicht auf der Ebene statt, ob und ggf. mit welchem Inhalt eine EV abzuschließen ist. Nach BSG vom 22.09.2009 – B 4 AS 13/09 R kann der Leistungsberechtigte nicht auf Abschluss einer EV und der Benennung eines persönlichen Ansprechpartners klagen. § 15 Abs. 1 SGB II sei eine reine Verfahrensvorschrift, die das Verhalten und Vorgehen der Behörde steuern solle. Das Jobcenter treffe insoweit »eine nicht justiziable Opportunitätsentscheidung darüber, welchen Verfahrensweg es zur Erfüllung des Ziels der Eingliederung des erwerbsfähigen Leistungsberechtigten wählt«.

III   Was muss vor Abschluss der EV beachtet werden?

Potenzialanalyse

Soll die EV ihren Zweck der Vereinbarung einer individuellen Eingliederungsstrategie erfüllen, muss der Abfassung der EV in der Regel eine Potenzialanalyse, d. h. eine intensive Ermittlung der Berufsbiografie, Arbeitsmarktchancen und Vermittlungshandicaps des arbeitsuchenden Vertragspartners vorausgehen (SG Leipzig vom 19.2.2007 – S 19 AS 392/06; SG Hamburg vom 8.5.2007 – S 12 AS 820/07 ER). Diese Vorbereitungsphase kann neben der Auswertung aussagekräftiger Daten aus einer AA-Akte vor allem in Gesprächen vor Abschluss der EV bestehen. Sind die individuellen Stärken und Schwächen des Leistungsberechtigten erkannt, kann passgenau das Fördern und Fordern in der EV festgelegt werden. § 15 SGB II in der **seit 1.8.2016** geltenden Fassung verstärkt diesen Gedanken noch dadurch, dass auch die Tätigkeiten, in die der Hilfesuchende vermittelt werden soll, Bestandteil der EV sein können.

Individuelle Eingliederungsstrategie

Zur Teilnahme an der Potenzialanalyse ist der Leistungsberechtigte nach § 2 Abs. 1 Satz 2 SGB II verpflichtet. Wird die Potenzialanalyse von einem Maßnahmeträger durchgeführt, muss der Leistungsberechtigte dessen Beurteilung dulden (§ 61 Abs. 2 Nr. 2 SGB II).

Im Wesentlichen dient die Potenzialanalyse der Einschätzung, in welchem Umfang Eingliederungshilfen benötigt werden.

Der Leistungsberechtigte hat das Recht, den Text der EV vor Unterzeichnung von einer fachkundigen Stelle überprüfen zu lassen. Das Jobcenter hat ihm dazu Zeit einzuräumen (LSG NRW vom 7.2.2008 – L 7 B 201/07 AS ER; LSG Baden-Württemberg vom 16.4.2008 – L 7 AS 1398/08 ER-B).

Bedenkzeit

Als öffentlich-rechtlichen Vertrag unterliegt die EV sowohl in Bezug auf das Vertragsangebot als auch die zeitlich nachfolgende Vertragsannahme nach § 56 SGB X der Schriftform, weshalb es zur Wirksamkeit der EV der Unterschrift beider Parteien auf der Vertragsurkunde bedarf (HessLSG vom 17.10.2008 – L 7 AS 251/08 B ER). Fehlt eine Unterschrift, hat eine auf die Nichtbefolgung einer EV-Pflicht gegründete Sanktion nach § 31 Abs. 1 Satz 1 Nr. 1 i. V. m. § 31a SGB II keinen Bestand. Das Schriftformerfordernis nach § 56 SGB X wird nicht mit einem Computervermerk erfüllt; im Ergebnis liegt dann lediglich die mündliche Aufforderung zur Vornahme einer bestimmten Handlung vor, die nicht mit einer Sanktion nach § 31a SGB II erzwungen werden kann.

Schriftform

Konsequent aus dem Vertragscharakter der EV hat das HessLSG vom 17.10.2008 – L 7 AS 251/08 B ER geschlossen, dass der Abschluss einer EV mit einem Leistungsberechtigten mit zweifelhafter Erwerbsfähigkeit gegen den elementaren Leistungsgrundsatz des § 7 Abs. 1 Satz 1 Nr. 2 SGB II verstößt und daher nach § 58 SGB X i.V.m. § 134 BGB nichtig ist. Ebenso das SG Freiburg vom 11.9.2015 – S 19 AS 4555/15 ER.

Geschäfts-fähigkeit

Das SG Braunschweig vom 15.12.2008 – S 19 AS 866/05 ER hat die Bestimmung, dass der Arbeitsuchende allgemein »zur Teilnahme an Trainingsmaßnahmen« verpflichtet sei, als zu unbestimmt beanstandet. Eine Verpflichtung zur Unterzeichnung bloßer Blankoerklärungen bestehe nicht (ebenso SG Hamburg vom 8.5.2007 – S 12 AS 820/07 ER).

Keine Blanko-Verpflichtungen

Erschöpft sich der Inhalt der EV in einer Kette von allgemeinen Textbausteinen, ist sie keine ausreichende Grundlage für eine Sanktion nach § 31 Abs. 1 Satz 1 Nr. 1 i. V. m. § 31a SGB II; dem Leistungsberechtigten werden keine auf sein Vermittlungsproblem abgestimmte Pflichten auferlegt (LSG Baden-Württemberg vom 22.1.2007 – L 13 AS 4160/06 ER-B; LSG Berlin-Brandenburg vom 23.2.2007 – L 28 B 166/07 AS ER; LSG NRW vom 7.2.2008 – L 7 B 201/07 AS ER; BSG vom 23.6.2016 – B 14 AS 30/15 R). Besonders deutlich wird das bei der häufigen Aneinanderreihung so unvereinbarer Pflichten wie der Ablieferung einer Mindestzahl von Bewerbungen auf dem ersten Arbeitsmarkt mit der gleichzeitigen Zumutung, auch eine AGH nach § 16d SGB II anzunehmen, was nach § 2 Abs. 1 Satz 3 SGB II voraus-

Keine Textbausteine

setzt, dass der Arbeitslose auf absehbare Zeit nicht auf dem allgemeinen Arbeitsmarkt vermittelt werden kann.

Keine Blanko-Aufgaben-übertragung

Überträgt das Jobcenter die inhaltliche Ausgestaltung der EV vollständig einem Dritten in der Weise, dass zwischen dem Jobcenter und Arbeitsuchendem nur die Verpflichtung zur Inanspruchnahme der Dienste des Dritten vereinbart wird, kann eine Sanktion nach § 31a SGB II nur bei Nichtinanspruchnahme gemäß § 31 Abs. 1 Satz 1 Nr. 2 SGB II verhängt werden. Die Absprachen zwischen dem Dritten und dem Leistungsberechtigten sind keine in der EV festgelegten Pflichten gemäß § 31 Abs. 1 Satz 1 Nr. 1 SGB II.

Zeitliche Begrenzung

In der Regel ist die EV für die Dauer von sechs Monaten abzuschließen. Eine Verlängerung der Laufzeit ohne Ermessenserwägungen ist rechtswidrig (BSG vom 14.12.2013 – B 14 AS 195/11 R). Fehlt eine zeitliche Begrenzung, ist der Arbeitsuchende nicht zur Unterschrift verpflichtet (SG Braunschweig vom 15.12.2008 – S 19 AS 866/05 ER).

IV   Was darf nicht in der EV geregelt werden?

Pflichtleistungen: Nicht abänderbar

Die Gewährung von Pflichtleistungen des SGB II darf in der EV nicht an abweichende Leistungsvoraussetzungen geknüpft werden (§ 55 Abs. 2 SGB X). Das gilt nach LSG NRW vom 2.2.2011 – L 12 AS 1104/10 auch für Vergünstigungen (Prämie) bei Erfüllung gesetzlicher Pflichten. Keinesfalls darf die Erfüllung des Anspruchs auf Leistungen der Grundsicherung zum Lebensunterhalt von der Unterzeichnung der EV abhängig gemacht werden. Das gilt auch für erwerbsfähige Leistungsberechtigte unter 25 Jahren (BSG vom 22.9.2009 – B 4 AS 13/09 R). Nach BSG vom 2.4.2014 – B 4 AS 26/13 R ist eine EV nichtig, wenn sie die Gewährung von Leistungen zum Lebensunterhalt regelt (ebenso LSG NRW vom 29.6.2015 – L 2 AS 587/15 B ER).

Ermessens-leistungen: Keine sachfremde Koppelung

Die im SGB II vorgesehenen Ermessensleistungen dürfen in der EV nicht von zusätzlichen, erschwerenden Voraussetzungen abhängig gemacht werden. Unzulässig ist insbesondere die Vereinbarung von Bedingungen, deren Erfüllung in keinem inhaltlichen Zusammenhang zur Ermessensleistung steht (§ 58 Abs. 2 Nr. 4 i. V. m. § 55 SGB X). Zu denken ist hier beispielsweise an den geforderten Nachweis einer bestimmten Anzahl erfolgloser Bewerbungen vor Prüfung der Vergabe eines Vermittlungs- oder Bildungsgutscheins. Ein solcher Nachweis ersetzt nicht die auf den einzelnen Leistungsantrag ergehende Ermessensentscheidung des Jobcenters.
Rechtswidrig sind Vereinbarungen, die im Ergebnis einem Verzicht auf gesetzlich eingeräumte Vergünstigungen gleichkommen. So kann beispielsweise die Förderung einer Berufsrückkehrerin nicht davon abhängig gemacht werden, dass diese auf die Ausschöpfung der

dreijährigen Erziehungszeit gemäß § 10 Abs. 1 Nr. 3 SGB II verzichtet.

Eine erfolgreiche Heilbehandlung ist genau wie eine Sucht- oder Schuldnerberatung auf Freiwilligkeit angewiesen. Sie darf daher nur bei Einvernehmen Bestandteil der EV werden (SG Braunschweig vom 11.9.2006 – S 21 AS 962/06 ER: Besuch bei einem Psychiater ist keine EV-Pflicht; LSG Rheinland-Pfalz vom 5.7.2007 – L 9 ER 175/07 AS: Begutachtung zur Feststellung der Erwerbsfähigkeit nicht in EV aufzunehmen). Dasselbe gilt für Maßnahmen, die in die Persönlichkeitssphäre des Leistungsberechtigten eingreifen, z.B. Pflicht, das Körpergewicht zu reduzieren, Piercings zu entfernen (s. auch SG München vom 23.7.2015 – S 8 AS 1505/15 ER zur Führung von Protokollen über die Arbeitsuche).

Kein Behandlungszwang

Rechtswidrig ist auch die Abschwächung von Verfahrensrechten beim Vollzug belastender Maßnahmen. Der folgende in einer Handlungsempfehlung der BA vorgegebene Mustertext ersetzt weder eine ordentliche Rechtsfolgenbelehrung noch rechtfertigt er den Erlass eines Kürzungsbescheides nach § 31a SGB II noch die in § 24 SGB X vorgeschriebene Verpflichtung, den Betroffenen vor Erlass des Kürzungsbescheides anzuhören (SG Berlin vom 27.3.2006 – S 104 AS 2272/06 ER):

Kein Aushebeln von Verfahrensrechten

»Sollte Herr/Frau ... die in dieser Eingliederungsvereinbarung vereinbarten Pflichten nicht erfüllen, insbesondere keine Eigenbemühungen in dem hier festgelegten Umfang nachweisen, treten die gesetzlich vorgeschriebenen Rechtsfolgen ein, sofern die/der erwerbsfähige Leistungsberechtigte keinen wichtigen Grund für ihr/sein Verhalten nachweist.«

Dass der Betroffene den Mustertext unterschrieben hat, kann auch nicht als Einverständnis zur Übernahme der vollen Beweislast für das Vorliegen eines wichtigen Grundes gewertet werden (→ S. 839). Außerhalb der Haftungsregelung bei schuldhaftem Abbruch einer Bildungsmaßnahme darf die EV nicht – wie in dem Mustertext verfügt – **automatisch** eintretende Sanktionen bei Verstoß gegen getroffene Vereinbarungen enthalten.

Bei Einbeziehung Dritter zur Erfüllung einer dem Jobcenter obliegenden Aufgabe muss die Gewähr für eine die Rechte und Interessen des Leistungsberechtigten wahrende Aufgabenerfüllung garantiert sein. Eine EV entbindet das Jobcenter nicht von dieser Gewährträgerschaft aus § 97 SGB X.

Gewähr für Dritte

In der EV wird der Leistungsberechtigte verpflichtet, eine Arbeitsgelegenheit mit Mehraufwandsentschädigung im Bereich Gartenbau anzunehmen. Das Jobcenter muss die Eignung des Trägers für die Betreuung schwer vermittelbarer Arbeitsloser geprüft haben.

Beispiel

V   **Was soll in der EV geregelt werden?**

§ 15 Abs. 1 SGB II n. F. nennt drei Punkte, die in der EV geregelt werden sollen:
- Festlegung der Eingliederungsleistungen;
- Festlegung der Eigenbemühungen;
- wie Leistungen anderer Träger in den Eingliederungsprozess einbezogen werden.

Darüber hinaus können die Beteiligten unter Beachtung der oben genannten Gestaltungsgrenzen weitere Vereinbarungen treffen, u.a. die Festlegung, in welche Tätigkeiten oder Tätigkeitsbereiche der Leistungsbezieher vermittelt werden soll.

Erreichbarkeit?

Nachdem mit § 7 Abs. 4a SGB II die orts- und zeitnahe Erreichbarkeit gesetzlich geregelt wurde, muss die Erreichbarkeit in der EV nicht mehr aufgenommen werden. Das gilt auch für die Beantragung vorrangiger Sozialleistungen nach § 12a SGB II (s. dazu BT-Drs. 18/8041, S. 37).
Sinnvoll ist es aber, Ausnahmen von der Erreichbarkeit in der EV festzuhalten; s. dazu unten → S. 770..

Keine Doppelbestrafung

Wird eine Regelung zur Erreichbarkeit in die EV aufgenommen, hat ein Verstoß hiergegen zur Folge, dass der Leistungsanspruch für den Zeitraum der nicht genehmigten Ortsabwesenheit oder eines nicht gemeldeten Umzugs ganz entfällt. Eine zusätzliche Kürzung nach § 31 Abs. 1 Satz 1 Nr. 1 i.V.m. §§ 31a, 32 SGB II für drei Monate ist nicht zulässig.

1   **Festlegung der Eingliederungsleistungen**

Bestimmung durch Jobcenter

Da nur Ermessensleistungen Gegenstand der EV sein dürfen, also Leistungen, auf deren Erfüllung der Leistungsberechtigte in der Regel keinen Rechtsanspruch hat, entscheidet allein das Jobcenter, welche Eingliederungsleistung es in die EV aufnimmt. Es steht dem Jobcenter außerdem frei, ob es sofort die Eingliederungsleistung erbringt oder lediglich zusagt, bei Eintritt bestimmter Bedingungen (z. B. Fortdauer der Arbeitslosigkeit, Erwerb eines Führerscheins) die Gewährung einer Eingliederungsleistung zu prüfen.

Freigabe von Haushaltsmitteln

Mit Aufnahme einer konkreten Eingliederungsleistung in die EV besteht ein Anspruch auf Erfüllung. Das Jobcenter wird deshalb erst dann eine Zusage für eine konkrete Eingliederungsleistung geben, wenn die dazu erforderlichen Haushaltsmittel freigegeben sind. Dies schränkt den Entscheidungsspielraum deutlich ein und wird nach den Erfahrungen mit der EV nach § 35 Abs. 4 SGB III a.F., jetzt § 37

Fordern statt Fördern

Abs. 2 SGB III das Schwergewicht auf die Eigenbemühungen des Leistungsberechtigten zulasten seiner Förderung verschieben.

Das Jobcenter bleibt an sich für die Laufzeit der EV von in der Regel sechs Monaten gebunden. Die EV kann gemäß § 16 Abs. 1 Satz 2 SGB II i. V. m. § 37 Abs. 3 Satz 2 SGB III aber an geänderte Verhältnisse angepasst werden. So kann eine zugesagte Förderleistung abgelehnt werden, wenn die nach dem SGB II notwendigen Fördervoraussetzungen wegfallen (LSG Sachsen vom 26.5.2011 – L 3 AL 120/09: Wegfall der Hilfebdürftigkeit). Die speziellen Voraussetzungen der §§ 45, 48 SGB X oder die nach § 59 SGB X müssen nicht erfüllt sein (strenger LSG Baden-Württemberg vom 19.7.2007 – L 7 AS 689/07: Änderung nach § 59 SGB X; BayLSG vom 26.2.2015 – L 7 AS 781/14: Änderung nach § 48 SGB X).

Keine starre Vertragsbindung

Die bloße Besprechung einer neuen Eingliederungsstrategie berechtigt das Jobcenter nicht, vom Inhalt einer noch laufenden EV abzuweichen. Dazu muss eine objektivierbare Notwendigkeit dargelegt werden, die Strategie anzupassen, um diese – ggf. auch im Wege eines Verwaltungsaktes – durchsetzen zu können. Solange die Änderung der tatsächlichen Verhältnisse nicht objektivierbar ist, muss sich das Jobcenter an einer bestehenden EV festhalten lassen (BayLSG vom 25.5.2010 – L 11 AS 294/10 B ER; LSG Baden-Württemberg vom 2.8.2011 – L 7 AS 2367/11 ER-B; LSG Sachsen-Anhalt vom 21.2.2012 – L 5 AS 509/11 B ER).

Keine willkürliche Veränderung

Eine Verknappung der Haushaltsmittel erlaubt nachträglich keine einseitige Anpassung. Denn die Ablehnung einer zugesagten Ermessensleistung allein aus diesem Grund wäre ermessensfehlerhaft. Insoweit verschafft die Zusage einer Förderleistung in der EV Verlässlichkeit (SG Gießen vom 6.10.2011 – S 27 AS 998/11 ER).

Dass der Leistungsberechtigte nicht verlangen kann, dass eine bestimmte Förderleistung in die EV aufgenommen wird, schwächt seine gesetzlich verbrieften Rechte nicht. Denn es steht ihm ganz unabhängig vom Abschluss einer EV frei, eine bestimmte Förderung zu beantragen und vom Jobcenter eine verbindliche Entscheidung (Ablehnungs- oder Bewilligungsbescheid) über die beantragte Leistung zu verlangen, die dann im Rahmen eines Widerspruchs- und ggf. Klageverfahrens überprüft werden kann.

Antrag auf Eingliederungsleistung bleibt möglich

2   Festlegung der Eigenbemühungen

Nach § 15 Abs. 1 Satz 2 Nr. 2 SGB II soll in der EV festgelegt werden, »welche Bemühungen der erwerbsfähige Leistungsberechtigte in welcher Häufigkeit zur Eingliederung in Arbeit mindestens unternehmen muss und in welcher Form er die Bemühungen nachzuweisen hat«. Dazu gehört neben Anforderungen an die Form der Bewerbung (dazu LSG Hamburg vom 16.6.2011 – L 5 AS 357/10) auch die Festlegung, ob und welche Bewerbungskosten das Jobcenter übernimmt (LSG Niedersachsen-Bremen vom 4.4.2012 – L 15 AS 77/12 R).
Ohne Regelung, welche »individuellen, konkreten und verbindlichen« Unterstützungsleistungen für die Bewerbungsbemühungen gewährt

werden, ist die EV nach BSG vom 23.6.2016 – B 14 AS 30/15 R nichtig. Eine auf unzureichende Bewerbungsnachweise gestützte Sanktion muss mangels einer dahingehenden Obliegenheit aufgehoben werden. Hat der Leistungsbezieher die geforderten Bewerbungen abgegeben, kann er für seine Aufwendungen Schadensersatz verlangen. Lehnt das Jobcenter die Übernahme (weiterer) Bewerbungskosten ab, weil das Budget von 260 € ausgeschöpft sei, haftet es auf Schadensersatz, wenn die in der EV geforderten Bemühungen das Budget überschreiten, ohne dass der Leistungsbezieher dies erkennen konnte (LG Berlin vom 17.2.2011 – 86 O 175/10). Es gibt umgekehrt keinen Anspruch auf einen pauschalen Aufwendungsersatz von 5 € pro Bewerbung, wenn auch online-Bewerbungen genügen oder bloße Nachweise über telefonische Bewerbungen (BayLSG vom 24.3.2016 – L 7 AS 140/16 B ER).

3   Vereinbarung einer AGH

Wird in einer EV die Teilnahme an einer bestimmten AGH vereinbart und fehlt es für die zu verrichtende Tätigkeit am Merkmal der Zusätzlichkeit, ist die EV nichtig; es kann für bereits erbrachte Arbeit Wertersatz geben (SG Osnabrück vom 28.6.2016 – S 31 AS 440/12). Wird der Leistungsberechtigte verpflichtet, an einer AGH zur Betreuung von Kindern, Jugendlichen, Senioren und behinderten Menschen teilzunehmen, ist die EV wegen der an eine solche Betreuungstätigkeit zu stellenden hohen fachlichen Anforderungen rechtswidrig, wenn der Leistungsberechtigte über keinerlei berufliche Vorkenntnisse bzw. Erfahrungen verfügt (LSG Rheinland-Pfalz vom 28.4.2015 – L 3 AS 99/15 B ER).

4   EV/EVA und Selbständige

Üben Leistungsberechtigte eine selbständige Tätigkeit aus, kann dies besondere Vereinbarungen über die Ortsabwesenheit erforderlich machen (z. B. im Reisegewerbe). Das Jobcenter ist auch befugt, dem Leistungsbezieher Aufgaben zur effektiveren Organisation der selbständigen Tätigkeit (Coaching, Buchführung) aufzugeben. Dabei ist auf die Vereinbarkeit der Tätigkeit mit den Anwesenheitszeiten der Maßnahme zu achten.

Keine Leistungskontrolle Gibt das Jobcenter dem hilfebedürftigen Selbständigen in einer EV vor, auf welche Weise er die mit seiner selbständigen Tätigkeit erzielten Einnahmen gegenüber dem Jobcenter dokumentieren soll und welche unternehmerischen Entscheidungen (ungeplante Betriebsausgaben, Einstellung von Personal) er nur nach vorheriger Zustimmung des Jobcenters vornehmen darf, handelt es sich nicht um Maßnahmen zur Eingliederung in Arbeit, sondern um die Überprüfung der Leistungsberechtigung. Eine solche Überprüfung ist nicht Sinn und Zweck einer EV (LSG NRW vom 26.11.2012 – L 2 AS 2052/12 B).

Fraglich daher SG Dortmund vom 2.10.2014 – S 32 AS 1991/14 ER: Vereinbarung einer monatlich vorzulegenden Einnahme-Überschuss-Rechnung oder Gewinn- und Verlustrechnung; nach LSG NRW vom 1.6.2015 – L 2 AS 730/15 B zulässig, soweit dies der Überprüfung dient, ob Maßnahmen zur Gewinnsteigerung geeignet und wirksam sind, die Förderbedürftigkeit zu überwinden.

Soll der Hilfeberechtigte die selbständige Tätigkeit zugunsten einer abhängigen Beschäftigung aufgeben, ist das nur dann mit § 10 SGB II vereinbart, wenn das Jobcenter belastbare Feststellungen dazu trifft, dass die selbständige Tätigkeit nicht tragfähig sein wird und dass eine Vermittlung in abhängige Beschäftigung in absehbarer Zeit erfolgversprechend ist (SG Stuttgart vom 21.5.2014 – S 18 AS 2698/14 ER; BayLSG vom 24.6.2014 – L 7 AS 446/14 B ER und vom 26.3.2015 – L 7 AS 849/14).

Wechsel zu abhängiger Beschäftigung

5   Beantragung vorrangiger Sozialleistungen

Die nach § 15 Abs. 1 Satz 2 Nr. 3 SGB II a. F. in die EV aufzunehmende Verpflichtung, »welche Leistungen Dritter, insbesondere Träger anderer Sozialleistungen, der erwerbsfähige Leistungsberechtigte zu beantragen hat«, ist mit der Neufassung von § 15 SGB II mit Verweis auf diese in § 12a SGB II geregelte Pflicht entfallen. Über die Kürzungssanktion nach § 31 Abs. 1 Satz 1 Nr. 1 i.V.m. § 31a SGB II kann der Nachrang des Alg II nicht durchgesetzt werden. An die Stelle der Sanktion sind die Befugnisse nach § 5 Abs. 3 SGB II getreten.

VI   Beteiligung von Angehörigen der Bedarfsgemeinschaft

Nach § 15 Abs. 4 SGB II n. F. können auch die Angehörigen der BG in eine EV einbezogen werden. Ohne ihre Zustimmung dürfen aber keine Rechte oder gar Pflichten vom Vertreter der BG verbindlich vereinbart werden (§ 57 Abs. 1 SGB X). Nach der Handlungsempfehlung der BA soll mit jedem erwerbsfähigen Leistungsberechtigten der BG eine gesonderte EV abgeschlossen werden. Die Beteiligung nach § 15 Abs. 2 SGB II betrifft daher nur die **nicht erwerbsfähigen** Angehörigen der BG. Dienst- und Sachleistungen an diesen Personenkreis kommen gemäß § 7 Abs. 2 Satz 2 SGB II nur in Betracht, wenn dadurch Hemmnisse bei der Eingliederung der erwerbsfähigen Leistungsberechtigten beseitigt oder vermindert werden.

Pflichten beschränken sich auf Vorsprachetermine, insbesondere zu ärztlichen Untersuchungen oder bei Beratungsstellen. Als Bezieher von Sozialgeld sind die nicht erwerbsfähigen Leistungsberechtigten dazu nach § 63 SGB I verpflichtet.

Fiktiv Leistungsberechtigte

Ist ein BG-Mitglied nur über die Verteilungsregel des § 9 Abs. 2 Satz 3 SGB II hilfebedürftig oder gar von Leistungen nach § 7 Abs. 4 SGB II ausgeschlossen, besteht keine Verpflichtung zum Abschluss einer EV (LSG Sachsen vom 3.3.2008 – L 3 B 187/07 AS-ER).

VII   Ersatz der EV durch einen EVA

Kommt eine EV nicht zu Stande, sollen die Eingliederungsleistungen und Eigenbemühungen durch EVA festgelegt werden (§ 15 Abs. 1 Satz 6 SGB II). Die Zuweisung zu einer Maßnahme per Einzel-Verwaltungsakt ist kein EVA (BayLSG vom 18.11.2008 – L 11 AS 421/08 NZB).

Umgekehrt ist der widerstandslose Antritt der Maßnahme keine »stillschweigend abgeschlossene Eingliederungsvereinbarung« (LSG Baden-Württemberg vom 2.11.2009 – L 1 AS 746/09).

Keine Flucht aus EV

Unzulässig ist ein EVA, wenn sich das Jobcenter damit einseitig von einer abgeschlossenen EV lösen oder die EV ändern will (LSG Sachsen-Anhalt vom 21.3.2012 – l 5 AS 509/11 B ER; LSG Berlin-Brandenburg vom 12.1.2012 – L 5 AS 2057/11 B ER).

Nicht nur bei Verschulden

§ 15 Abs. 1 Satz 6 SGB II setzt nicht voraus, dass der Hilfeempfänger das Nicht-Zustandekommen der EV verschuldet (BSG vom 22.9.2009 – B 4 AS 13/09 R; LSG NRW vom 5.3.2012 – L 19 AS 130/12 B ER). Die Handlungsempfehlung der BA nennt folgerichtig als Gründe für einen EVA auch Analphabetismus (s. dazu SG Lüneburg vom 4.4.2007 – S 24 AS 342/07 ER) oder Behinderung des Leistungsberechtigten.

Keine Wahlfreiheit

Es steht jedoch nicht im Belieben des Jobcenters, statt einer EV einen EVA vorzugeben. Ohne sachlich begründete Anhaltspunkte für einen EVA darf das Jobcenter nicht vom Regelfall einer einvernehmlichen EV abweichen (LSG NRW vom 29.2.2016 – L 19 AS 1536/15).

Betreuung

Ein EVA kann auch sinnvoll sein, wenn der Leistungsberechtigte unter Betreuung steht. Eine mit dem Leistungsberechtigten abgeschlossene EV ist zwar zulässig und wirksam, wenn kein Einwilligungsvorbehalt nach § 1903 BGB besteht, ohne Beteiligung des Betreuers ist aber meist nicht sicher zu beurteilen, welche Verpflichtungen dem Betroffenen überhaupt zumutbar sind; kann er sich nicht vertragstreu verhalten, fehlt es für eine Sanktion am Verschulden bzw. steht dem Leistungsberechtigten ein wichtiger Grund zur Seite. Eine Zurechnung normgerechten Verhaltens über den Betreuer ist ausgeschlossen (SG Berlin vom 4.6.2007 – S 37 AS 10804/07 ER).

Bestimmtheit

Die Bedingungen, zu denen eine wirksame EV geschlossen werden kann (→ S. 759 ff.), gelten auch für den EVA (BSG vom 23.6.2016 – 14 AS 42/15 R); er muss konkret und verbindlich die dem Leistungsberechtigten auferlegten Pflichten bestimmen (LSG Mecklenburg-Vorpommern vom 3.2.2010 – L 10 AS 84/07; LSG NRW vom 21.12.2015 – L 12 AS 1884/15 B ER; SG Aachen vom 5.8.2015 – S 14 AS 702/15 ER).

Der eine EV ersetzende EVA ist rechtswidrig, wenn die gesetzlich vorgeschriebene Geltungsdauer ohne Ermessenserwägungen überschritten wird (BSG vom 14.3.2013 – B 14 AS 195/11 R).

Nach § 31 Abs. 1 Satz 1 Nr. 1 2. Alt. SGB II ist seit 1.4.2011 auch der schuldhafte Verstoß gegen die Pflichten aus einem EVA sanktionsbewehrt.

Sanktionen auch bei EVA

Die Bindung des Leistungsberechtigten an den EVA wird mit Erhebung von Widerspruch und Klage seit 1.1.2009 nicht mehr aufgeschoben (§ 39 Nr. 1 SGB II). Im Eilfall ist beim Sozialgericht die Anordnung der aufschiebenden Wirkung gemäß § 86b Abs. 1 SGG zu beantragen (BayLSG vom 9.2.2012 – L 7 AS 1025/11 B ER; LSG Niedersachsen-Bremen vom 4.4.2012 – L 15 AS 77/12 B ER; SG Augsburg vom 1.12.2015 – S 8 AS 1280/15 ER).

Keine aufschiebende Wirkung

VIII   EV/EVA und Sanktion

Trifft einen Leistungsberechtigten eine Sanktion nach § 31 Abs. 1 Nr. 1 SGB II (Weigerung, eine in der EV oder in dem diese ersetzenden EV/VA festgelegte Pflicht zu erfüllen, insbesondere in ausreichendem Umfang Eigenbemühungen nachzuweisen), ist die Wirksamkeit der EV-/EVA-Verpflichtung zwingende Voraussetzung für die Sanktion. Im Fall einer EV-Pflicht ist daher im Rahmen der Prüfung der Rechtmäßigkeit der Sanktion die Wirksamkeit der EV nach den §§ 53 ff. SGB X festzustellen (BSG vom 23.6.2016 – B 14 AS 26/15 R). Im Fall einer EVA-Pflicht ist festzustellen, ob der EV/VA wirksam erlassen wurde und wenn ja, ob er mit Anordnung der aufschiebenden Wirkung angefochten ist.

Wirksame EV-/EVA-Pflicht

Die Rechtmäßigkeit einer wirksam auferlegten Pflicht aus der EV ist bei Anfechtung der Sanktion nicht inzident zu prüfen (BSG vom 23.6.2016, a.a.O.). Ein bestandskräftiger, wirksamer EVA hat hinsichtlich der auferlegten Pflicht, deren Verletzung sanktioniert wurde, Tatbestandswirkung.

Rechtmäßige EV-/EVA-Pflicht

Für die Prüfung einer Sanktion nach § 31 Abs. 1 Nr. 1 SGB II bedeutet dies, dass sich die Prüfung darauf verengt, ob für die Nichtbefolgung der in der EV/im EVA festgelegten Pflicht ein wichtiger Grund vorlag.

Da vor BSG vom 23.6.2016 – B 14 AS 26/15 R umstritten war, ob bei Anfechtung einer Sanktion auch die Rechtmäßigkeit der verletzten Pflicht inzident zu prüfen war (nach HessLSG vom 13.5.2015 – L 6 AS 133/14 stellt die Rechtswidrigkeit einer Pflicht einen wichtigen Grund

Rechtzeitige Gegenwehr

774 R Eingliederungsvereinbarung (EV)/Eingliederungsverwaltungsakt (EVA)

i.S. des § 31 Abs. 1 Satz 2 SGB II dar), war häufig eine Feststellungsklage gegen eine EV als unzulässig gewertet worden (mangelndes
Rechtsschutzbedürfnis); der Rechtsschutz gegen den Sanktionsbescheid genüge. Diese Auffassung ist nicht mehr haltbar. Der mit einer
EV-Pflicht belastete Leistungsbezieher kann daher schon gegen die
EV vorgehen, auch wenn eine Sanktion nicht konkret vorbereitet
wird.

Einstweiliger Rechtsschutz gegen eine EV ist in Form einer einstweiligen Anordnung nach § 86b Abs. 2 Satz 2 SGG statthaft mit dem Ziel,
die vorläufige Feststellung der Rechtswidrigkeit der EV oder einzelner EV-Pflichten zu erreichen. Beim Anordnungsanspruch ist der begrenzte Prüfungsrahmen für öffentlich rechtliche Verträge zu beachten (BayLSG vom 29.5.2015 – L 7 AS 365/15 B ER).

Fortsetzungsfest-
stellungsklage
Hat der Leistungsbezieher die EV zunächst hingenommen, kann er
trotz Ablauf der Geltungsdauer der EV zusätzlich zum Anfechtungs-
verfahren gegen die Sanktion eine Fortsetzungsfeststellungsklage gegen die EV erheben. Zweckmäßigerweise ist das Anfechtungsverfah-
ren gegen die Sanktion dann bis zur Entscheidung über die Rechtmäßigkeit bzw. Rechtswidrigkeit der EV-Pflicht auszusetzen. Ist die
Sanktion bestandskräftig geworden, besteht ein Rechtsschutzinteresse für eine Fortsetzungsfeststellungsklage, die bei positivem Ausgang
über § 48 Abs. 1 Satz 1 Nr. 1 SGB X einen Anspruch auf Aufhebung
der Sanktion gibt.

Überprüfungs-
antrag
Ist ein rechtswidriger EVA bestandskräftig geworden, eröffnet § 44
SGB X einen Weg, die auf den EVA gestützte Sanktion zu Fall zu bringen (s. dazu LSG Baden-Württemberg vom 23.3.2012 – L 12 AS 3569/
11; HessLSG vom 3.12.2013 – L 9 AS 614/13 B ER; LSG Berlin-Brandenburg vom 18.8.2014 – L 18 AS 1967/14 B PKH).

S Kranken-, Pflege-, Unfall-, Rentenversicherung

I   **Krankenversicherung (KV)**

Sechs Formen
des KV-Schutzes   Im Rechtskreis SGB II wird KV-Schutz auf sechs Wegen gewährt:

- Pflichtversicherung durch Alg II-Bezug
- Beitragszuschuss für Personen, die trotz Alg II-Bezug nicht pflichtversichert sind
- Beitragszuschuss für privat krankenversicherte Alg II-Bezieher
- Beitragszuschuss für Sozialgeldbezieher, die nicht familienversichert sind
- Beitragszuschuss für Bezieher von SGB II-Darlehen
- Beitragszuschuss zur Vermeidung von Hilfebedürftigkeit.

Neu ab 2017   Die bis zum 31.12.2016 geltenden Regelungen zum KV-Schutz sind lückenhaft, werden in der Praxis aber so ausgelegt, dass keine Lücken entstehen. § 26 SGB II n. F. stellt die bisherige Praxis auf eine gesetzliche Grundlage. Wegen der notwendigen Vorlaufzeiten zur Umsetzung der Direktzahlung der Zuschüsse für die Bundesagentur für Arbeit und die Betroffenen tritt § 26 SGB II n. F. erst **am 1.1.2017** in Kraft.

1   **Mit Alg II versicherungspflichtig**

Versicherungspflicht über den Alg II-Bezug besteht für Personen, die unmittelbar zuvor gesetzlich krankenversichert waren, sei es als Pflichtversicherte, darunter die Auffangversicherung nach § 5 Abs. 1 Nr. 13 SGB V, freiwillig Versicherte oder Familienversicherte nach § 10 SGB V. Der nachwirkende Versicherungsschutz nach § 19 Abs. 2 SGB V genügt nicht.

Neu ab 2016   Mit dem GKV-Finanzstruktur- und Qualitäts-Weiterentwicklungsgesetz GKV-FQWG vom 21.7.2014 (BGBl. 2014, S. 1133) ist mit Wirkung **seit 1.1.2016** eine der Familienversicherung vorrangige Pflichtversicherung kraft Alg II-Bezugs eingeführt worden.

1.1   Durch welche SGB II-Leistungen entsteht KV-Pflicht?

Wegen der Vielgestaltigkeit der Leistungen nach dem SGB II ist zwischen Leistungen zu unterscheiden, die Versicherungspflicht begründen und Leistungen, bei denen keine KV-Pflicht eintritt.

Leistungen, die Versicherungspflicht begründen:

Wodurch entsteht KV-Pflicht?

- Regelbedarf zur Sicherung des Lebensunterhaltes (§ 20 SGB II);
- Leistungen für Mehrbedarfe (§ 21 SGB II);
- Leistungen für Unterkunft und Heizung (§ 22 SGB II).

Der KV-Pflicht begründende Leistungsbezug bleibt bestehen, wenn

Wodurch bleibt KV-Pflicht bestehen?

- die Regel- oder Mehrbedarfe anteilig oder in voller Höhe als Sachleistung erbracht werden (§ 24 Abs. 2 SGB II). Bezugszeitraum ist der Zeitraum, für den die Regelbedarfe nach § 20 SGB II dem Grunde nach zu erbringen wäre;

- Sanktionen nach § 31a SGB II verhängt werden. Entfällt der Alg II-Anspruch wegen der Sanktion vollständig, besteht Versicherungspflicht, wenn das Jobcenter in angemessenem Umfang ergänzende Sachleistungen oder geldwerte Leistungen nach § 31a Abs. 3 SGB II erbringt;

- erwerbsfähige Leistungsberechtigte, die noch nicht den 25. Geburtstag erreicht haben, nach einer sanktionierten Pflichtverletzung
  - nur noch Leistungen für Unterkunft und Heizung erhalten (§ 31a Abs. 2 SGB II);
  - nur Sach- oder Geldleistungen in angemessenem Umfang nach § 31a Abs. 3 SGB II erhalten.

Der Leistungsbezug während eines Streits über die Erwerbsfähigkeit nach § 44a Absatz 1 Satz 7 SGB II gilt ungeachtet der Zweifel am Bestehen von Erwerbsfähigkeit als regulärer Alg II-Bezug mit vollem KV-Schutz. Bei einer Rückabwicklung unter den Leistungsträgern nach den §§ 102 ff. SGB X bleibt der Versicherungsschutz des Leistungsberechtigten unberührt.

Gleichwohl-gewährung

Zahlt das Jobcenter Alg II in Umsetzung einer einstweiligen Anordnung des Sozialgerichts, begründet das eine Pflichtversicherung, wenn diese auch im Fall einer regulären Bewilligung bestünde. Das ist eigentlich selbstverständlich, wird aber von manchen Jobcentern mit dem kuriosen Argument verneint, die Zahlung einer Beschlussleistung sei keine Bewilligung (SG Berlin vom 10.7.2014 – S 81 KR 1172/14 ER).

Folgen eines Eilbeschlusses

Leistungen, die keine Versicherungspflicht begründen:

Wodurch entsteht keine KV-Pflicht?

- Sozialgeld (§ 23 SGB II);
- Leistungen zur Bildung und Teilhabe (§ 28 SGB II);
- Einstiegsgeld (§ 16b SGB II);

- Einmalsonderleistungen (§ 24 Abs. 3 Satz 1 SGB II);

- Leistungen an Auszubildende nach § 27 SGB II;

- Leistungen, die nur als Darlehen gewährt werden:
  - Leistungen nach § 24 Abs. 5 SGB II in Fällen, in denen die sofortige Verwertung von Vermögen eine besondere Härte bedeutet;
  - Leistungen zur Übernahme von Mietschulden nach § 22 Abs. 8 SGB II;
  - Leistungen zur überbrückenden Deckung des Lebensunterhalts nach § 24 Abs. 4 SGB II;

Neu
  - **ab 1.1.2017**: Leistungen wegen vorzeitigen Verbrauchs von Einmaleinkommen.

1.2 Beginn und Ende der Pflicht-Mitgliedschaft

Die Mitgliedschaft und der KV-Versicherungsschutz durch Leistungsbezug beginnt gemäß § 186 Abs. 2a SGB V mit dem Tag (um 0.00 Uhr), von dem an die Leistung bezogen wird.

Wird nach § 37 Abs. 2 Satz 2 SGB II für einen zurückliegenden Zeitraum geleistet, beginnt die Versicherungspflicht und damit auch die Mitgliedschaft rückwirkend. Auf die Rechtmäßigkeit des Leistungsbezugs kommt es nicht an.

KV durch tatsächlichen Leistungsbezug

Die Mitgliedschaft endet gemäß § 190 Abs. 12 SGB V mit Ablauf des letzten Tages (um 24.00 Uhr), für den die Leistung bezogen wird oder als bezogen gilt. Die Leistung gilt solange als bezogen, bis der Aufhebungsbescheid wirksam zugeht oder der Bewilligungsabschnitt endet (vgl. zum Ende der Alg I-Pflichtversicherung BSG vom 22.5.2003 – B 12 KR 20/02 R).

Seit 1.8.2013: Automatische Weiterversicherung

Endet die Pflichtversicherung nach § 5 Abs. 1 Nr. 2a SGB V wegen Aufhebung oder Ende der Alg II-Bewilligung und besteht kein anderweitiger Versicherungsschutz und auch keine Familienversicherung nach § 10 SGB V, wird der ehemalige Alg II-Bezieher nach § 188 Abs. 4 SGB V automatisch freiwillig weiterversichert. Vorversicherungszeiten müssen nicht erfüllt sein. Die freiwillige Mitgliedschaft kann innerhalb von zwei Wochen nach Hinweis der Krankenkasse über die Austrittsmöglichkeit durch Erklärung des Austritts beendet werden. Der Austritt wird aber nur wirksam, wenn das Mitglied das Bestehen eines anderweitigen Anspruchs auf Absicherung im Krankheitsfall nachweist. Nach Ablauf der Zwei-Wochen-Frist kann die freiwillige Mitgliedschaft regulär nach § 175 Abs. 4 SGB V gekündigt werden.

Eigene Beitragslast

Die Beiträge für die freiwillige Mitgliedschaft muss das Mitglied tragen. Entsteht dadurch ein Hilfebedarf nach dem SGB II, kann es einen Beitrags-Zuschuss nach § 26 SGB II geben (näher dazu → S. 805).

G. bezog Alg II in Höhe von 700 € und war darüber pflichtversichert. Im Oktober fließt ihm ein Lottogewinn von 4.500 € zu. Das Jobcenter rechnet monatlich 720 € an ([4.500 € : 6] – 30 € monatlich Versicherungspauschale) und hebt die Alg II-Bewilligung zum 31.10.2015 auf. Für die seit 1.11.2015 bestehende freiwillige Versicherung muss G. monatlich 133,85 € aufwenden. Er hat daher Anspruch auf einen KV-Zuschuss in Höhe von 113,85 € ([700 € + 133,85 €] – 720 €).

Beispiel

Endet die Alg II-Pflichtversicherung und wird nach Ablauf der einmonatigen Fortwirkung des KV-Schutzes ohne Mitgliedschaft (§ 19 Abs. 2 SGB V) ein anderweitiger Anspruch auf Absicherung im Krankheitsfall nachgewiesen, bleibt der eine Monat bis zum Beginn der neuen Krankenversicherung beitragsfrei (SG Lüneburg vom 26.3.2015 – S 41 KR 30/15 ER).

Ausnahme

Scheitert die Begründung der neuen Krankenversicherung wider Erwarten, gibt § 5 Abs. 1 Nr. 13 SGB V einen **verpflichtenden** Versicherungsschutz. Danach kommt diese Versicherung bei der Krankenkasse, bei der zuletzt die Mitgliedschaft bestand, kraft Gesetzes, also auch ohne Aufnahmeantrag, zustande, wenn keine ausreichende, anderweitige Absicherung im Krankheitsfall, z.B. über eine Familienversicherung, möglich ist (LSG NRW vom 24.2.2010 – L 16 B 49/09 KR NZB).

Auffang-versicherung

Allgemeine Versicherungs-pflicht

Normalerweise schließt die Auffangversicherung nahtlos an die frühere Versicherung an, wenn nach Ende der § 19 SGB V-Nachfrist aus der früheren Pflichtversicherung keine neue Krankenversicherung besteht. Nachwirkende Leistungsansprüche liefen dann weitgehend leer, was vor allem bei Mitgliedschaften mit Anspruch auf Krankengeld Bedeutung hat. Das BSG vom 10.5.2012 – B 1 KR 19/11 R hat daher entschieden, dass ein nachwirkender Anspruch nach § 19 Abs. 2 SGB V ausnahmsweise die Pflichtversicherung nach § 5 Abs. 1 Nr. 13 SGB V verdrängt, wenn bei **prognostischer Betrachtung** davon auszugehen ist, dass spätestens mit Ablauf eines Monats nach dem Ende der bisherigen Mitgliedschaft eine anderweitige Absicherung im Krankheitsfall bestehen wird (s. dazu auch BSG vom 4.3.2014 – B 1 KR 68/12 R). Diese aus § 5 Abs. 8a Satz 4 SGB V hergeleitete Interpretation gilt auch für die automatische Weiterversicherung nach § 188 Abs. 4 SGB V, wenn der Krankenkasse das **voraussichtliche** Bestehen eines anderweitigen KV-Schutzes »nachgewiesen« wird.

Nachwirkende Leistungs-ansprüche bleiben

K. bezieht Alg I nach dem SGB III. Er ist über § 5 Abs. 1 Nr. 2 SGB V pflichtversichert mit Anspruch auf Krankengeld. Am 12.8. läuft der Alg I-Anspruch aus. K. weist der Krankenkasse nach, dass er für September Alg II beantragt hat und diese Leistung wegen Hilfebedürftigkeit auch bekommen werde. Am 21.8. hat K. einen Unfall und ist bis zum 14.9. krankgeschrieben. Nach § 19 Abs. 2 SGB V bekommt er bis zum 31.8. Krankengeld in Höhe des zuletzt bezogenen Alg I. Die ab 1.9. beginnende Pflichtversicherung nach § 5 Abs. 1 Nr. 2a SGB V schließt Ansprüche auf Krankengeld aus.

Beispiel 1

Beispiel 2

K. wird zum 15.9. gekündigt. Einen Anspruch auf Alg I hat er noch nicht erworben. Er weist der Krankenkasse nach, dass er für Oktober Alg II beantragt hat und diese Leistung wegen Hilfebedürftigkeit auch bekommen werde. Am 4.10. hat K. einen Unfall und ist bis zum 26.11. krankgeschrieben. Wider Erwarten erhält er eine zunächst abgelehnte Abfindung doch noch am 8.10. gemeinsam mit dem letzten Gehalt auf das Konto überwiesen. Hilfebedürftig ist er deshalb erst ab November. Nach § 19 Abs. 2 SGB V bekommt er bis zum 8.10. Krankengeld nach dem zuletzt bezogenen Lohn. Die Krankengeldansprüche erhaltende Prognose vom 4.10. hat sich durch den Zufluss des Einkommens geändert; die Annahme bzw. der Nachweis einer anderweitigen Absicherung gegen Krankheit innerhalb der § 19 SGB V-Nachfrist kann nicht mehr aufrecht erhalten werden. Die deshalb ab 9.10. beginnende Pflichtversicherung nach § 5 Abs. 1 Nr. 13 SGB V schließt Ansprüche auf Krankengeld aus (vgl. BSG vom 4.3.2014 – B 1 KR 68/12 R). Dasselbe gilt für die ab 1.11. anschließende Pflichtversicherung nach § 5 Abs. 1 Nr. 2a SGB V.

Nahtloser Versicherungsschutz

Der Versicherungsschutz nach § 5 Abs. 1 Nr. 13 SGB V tritt nach BSG vom 21.12.2011 – B 12 KR 13/10 R auch dann ein, wenn auf die Beendigung der Alg II-Pflichtversicherung zunächst eine anderweitige Absicherung gegen Krankheit außerhalb der privaten KV folgt, wie z.B. die Gesundheitsfürsorge nach dem Strafvollzugsgesetz oder über die Jugendhilfe nach § 40 SGB VIII. Schutzlücken nach Verlust des Alg II-Anspruchs kann es daher nicht geben.

Beispiel

H. hatte wegen Antritts einer Strafhaft seinen Alg II-Anspruch und damit die Mitgliedschaft in der KV nach § 5 Abs. 1 Nr. 2a SGB V verloren (§ 7 Abs. 4 SGB II). Nach der Haftentlassung lebt er zunächst von Übergangsgeld. Um einen KV-Schutz kümmert er sich nicht. In dieser Zeit erleidet er einen Unfall und muss ins Krankenhaus. H. ist seit dem Tag der Haftentlassung über § 5 Abs. 1 Nr. 13 SGB V gesetzlich versichert. Die zwischenzeitliche Absicherung im Krankheitsfall nach dem Strafvollzugsgesetz steht der Auffangversicherung bei der Krankenkasse, bei der H. zuletzt gesetzlich versichert war, nicht entgegen (s. dazu auch OLG Karlsruhe vom 4.3.2016 – 2 VAS 72/15). Dass H. keine Beiträge für die Auffangversicherung gezahlt hat, schränkt die notwendig zu erbringenden Leistungen nach § 16 Abs. 3a Satz 2 SGB V nicht ein (näher dazu → S. 785 f.).

Übergang ins SGB XII

Die Auffangversicherung des § 5 Abs. 1 Nr. 13 SGB V greift nicht für Empfänger von Leistungen nach dem Dritten, Vierten, Sechsten und Siebten Kapitel des SGB XII (§ 5 Abs. 8a SGB V).

Der im Rahmen dieser Leistungen über § 264 SGB V bestehende Versicherungsschutz ohne GKV-Mitgliedschaft gilt als anderweitiger Anspruch auf Absicherung im Krankheitsfall. Dies hat in der Praxis zu dem Streit geführt, ob und unter welchen Voraussetzungen Ansprüche oder Zahlungen von Sozialhilfe oder Grundsicherung nach § 41 SGB XII innerhalb der Nachfrist des § 19 SGB V zur Verdrängung der

Auffangversicherung führen (Näheres dazu in der 9. Auflage des Leitfadens S. 620 ff.).

§ 188 Abs. 4 SGB V stellt für den Eintritt der freiwilligen Weiterversicherung auf den **fehlenden Nachweis** eines »anderweitigen Anspruchs auf Absicherung im Krankheitsfall« ab, wozu auch die Absicherung nach § 264 SGB V zählt.

Es ist daher zu befürchten, dass es auch unter Geltung des § 188 Abs. 4 SGB V bei Wechsel vom Alg II zur Sozialhilfe oder zur Grundsicherung nach § 41 SGB XII zu Problemen bei der Klärung des versicherungsrechtlichen Status kommt. Die Probleme entstehen aus einer unterschiedlichen Interessenlage von Krankenkasse und Sozialamt: Die Krankenkasse ist daran interessiert, hilfebedürftige Kranke in die Auftrags-Krankenversicherung nach § 264 SGB V zu bringen, weil die Behandlungskosten dann vom Sozialamt getragen werden (§ 264 Abs. 7 SGB V). Dem Sozialamt ist dagegen am Fortbestand einer GKV-Mitgliedschaft gelegen, weil die Beitragsbelastung nach § 32 SGB XII meist günstiger ist als nicht abschätzbare Behandlungskosten.

Während sich dieser Interessenkonflikt unter Geltung der Auffangversicherung des § 5 Abs. 1 Nr. 13 SGB V in der Streitfrage zuspitzte, wann nach Ende der Pflichtversicherung ein Anspruch auf Sozialhilfe oder Grundsicherung nach § 41 SGB XII besteht (s. dazu LSG Baden-Württemberg vom 7.5.2014 – L 4 KR 4717/12), kommt unter Geltung von § 188 Abs. 4 SGB V dem »Nachweis« einer anderweitigen Absicherung die Hauptrolle zu.
Insbesondere wird zu klären sein, ob die Krankenkasse die freiwillige Weiterversicherung verhindern kann, indem sie selbst einen anderweitigen Anspruch auf Absicherung im Krankheitsfall gemäß § 188 Abs. 4 Satz 3 SGB V prüft (so der GKV-Spitzenverband im Besprechungsergebnis-Protokoll vom 24.3.2015) oder ob es dem vormalig Pflichtversicherten offen steht, diesen Nachweis zu führen oder dies zu lassen.

Nachweis anderweitiger Absicherung

R. bezieht laufend Alg II. Zuletzt wurden ihm bis Ende September Leistungen bewilligt. Weil ein Folgeantrag ab 1.10. nicht gestellt wird, meldet das Jobcenter R. am 15.11. bei der Krankenkasse ab (§ 203a SGB V). Durch einen Antrag auf Übernahme der Behandlungskosten erfährt die Krankenkasse am 20.11., dass R. schwer erkrankt ist. Sie informiert ihn über die Abmeldung und fragt, ob und wann R. Sozialhilfe beantragt hat. Der Sozialdienst des Krankenhauses antwortet der Krankenkasse, dass Sozialhilfe am 30.10. beantragt wurde, aber noch kein Bescheid vorliege.
Gegen die Weiterführung der freiwilligen Mitgliedschaft nach Einsetzen der Sozialhilfe ab 30.10. beruft sich die Krankenkasse auf den seit 30.10. bestehenden Anspruch auf Absicherung im Krankheitsfall nach § 264 SGB V.

Beispiel

**Mitwirkungs-
pflicht zum
Nachweis einer
anderweitigen
Absicherung?**

Hält man die Krankenkasse für berechtigt, vor Bestätigung der automatischen Weiterversicherung den Ausnahmefall nach § 188 Abs. 4 Satz 3 SGB V zu prüfen, stellt sich die Frage, ob die Krankenkasse über § 66 SGB I die Fortführung der Alg II-Pflichtversicherung als freiwillige Versicherung aussetzen kann, weil der Betroffene den von der Krankenkasse geforderten Nachweis über einen anderweitigen Anspruch auf Absicherung im Krankheitsfall nicht erbringt.

Beispiel

U. hat seinen Alg II-Anspruch wegen wiederholter Sanktionen Ende Oktober verloren. Sachleistungen hat er nicht beantragt. Er wird am 4.11. nach einem schweren Unfall in ein Krankenhaus eingeliefert. Im Zusammenhang mit der Prüfung der Kostenübernahme fordert die Krankenkasse U. unter Hinweis auf die Folgen des § 66 SGB I auf, die Fortzahlung von Alg II oder Sozialhilfe bis 30.11. nachzuweisen. U. reagiert nicht. Von dem am 28.11. gestellten Antrag auf Sozialhilfe erfährt die Krankenkasse daher nichts.
Gegen die Weiterführung der freiwilligen Mitgliedschaft nach Einsetzen der Sozialhilfe ab 28.11. beruft sich die Krankenkasse auf § 188 Abs. 4 Satz 3 SGB V; eine freiwillige Weiterversicherung sei wegen § 66 SGB I vor dem Nachweis des Bezugs von Sozialhilfe noch nicht zu begründen gewesen.

**Aufhebbare Fehl-
versicherung?**

Unter Geltung von § 5 Abs. 1 Nr. 13 SGB V haben die Krankenkassen ungeklärte Mitgliedschaften bei fehlender Mitwirkung des (vormals) Versicherten faktisch beendet. Das soll nach dem Willen des Gesetzgebers nicht mehr möglich sein. Die vormalige Versicherung muss automatisch als freiwillige Versicherung weitergeführt werden. Unklarheiten über das Eingreifen des Ausnahmetatbestandes nach § 188 Abs. 4 Satz 3 SGB V wegen fehlender Mitwirkung des Versicherten kann § 188 Abs. 4 Satz 1 SGB V aber nicht verhindern. Ob sich die Krankenkasse dagegen wehren kann, indem sie eine in Unkenntnis eines noch innerhalb der § 19 SGB V-Frist erlangten Sozialhilfeanspruchs begründete Weiterversicherung rückwirkend aufhebt, ist fraglich.

Beispiel

Die nicht erwerbsfähige K. lebt mit dem leistungsberechtigten G. in einer Einstands-BG und erhält Sozialgeld nach § 23 SGB II. Krankenversichert ist sie nach § 10 SGB V über ihren Noch-Ehemann F. Die Familienversicherung endet nach Rechtskraft des Scheidungsurteils am 15.9. Auf den am 25.9. zugesandten Hinweis der Krankenkasse über das Bestehen einer freiwilligen Weiterversicherung nach Ende der Familienversicherung reagiert K. nicht. Erst als sie am 23.11. einen Beitragsbescheid mit dem Höchstbeitrag erhält, teilt sie der Krankenkasse mit, dass sie seit 28.9. Sozialhilfe beziehe, weil das Jobcenter die Sozialgeld-Bewilligung wegen Trennung der BG am 26.9. aufgehoben habe.
Die Krankenkasse hebt den Bescheid über die Mitgliedschaft rückwirkend auf: Die Familienversicherung habe wegen § 188 Abs. 4 Satz 3 SGB V nicht als freiwillige Mitgliedschaft weitergeführt werden müssen; der Schutz im Krankheitsfall sei über § 264 SGB V ausreichend gesichert worden.

Dagegen ist zu bedenken, dass der vormals Versicherte möglicherweise berechtigt ist, trotz des zeitnahen Bezugs von Sozialhilfe die freiwillige Mitgliedschaft ohne Erfüllung der in § 9 SGB V verlangten Vorversicherungszeit dadurch zu nutzen, dass er keinen Nachweis einer anderweitigen Absicherung im Krankheitsfall i. S. von § 188 Abs. 4 Satz 3 SGB V erbringt. Ein Fall nach § 45 SGB X läge dann gar nicht vor.

Hält man die Weiterversicherung im Beispiel für eine Fehlversicherung, käme eine rückwirkende Aufhebung nur bei einem Verschulden i. S. von § 45 SGB X in Betracht. Denn mit Zugang des Mitgliedsbescheides hat die Krankenkasse einen begünstigenden Bescheid gesetzt, der eine Rückabwicklung nur zulässt, wenn kein schützenswertes Vertrauen besteht (vgl. dazu BSG vom 7.12.2000 – B 10 KR 3/99 R). An einem das Vertrauen beseitigenden Verschulden dürfte es regelmäßig fehlen, es sei denn, der Versicherte verneint wahrheitswidrig die Frage nach dem Bezug von Sozialhilfe. Bloße Untätigkeit macht ihn nicht bösgläubig.

Eine Aufhebung mit Wirkung für die Zukunft unter Ausübung von Ermessen ist ausgeschlossen, weil die bestandsfeste Weiterversicherung nicht wegen des Bezugs von SGB XII-Leistungen aufgehoben werden kann (Erst-Recht-Schluss aus § 190 Abs. 13 SGB V).

Verneint man ein Recht des vormals Pflichtversicherten, die freiwillige Weiterversicherung trotz Bezug von Sozialhilfe vor Ablauf der § 19 SGB V-Nachfrist in Anspruch zu nehmen, kommt man zur Frage, ob die freiwillige Weiterversicherung über einen Verzicht auf Sozialhilfe bis zum Ablauf der Nachfrist realisiert werden kann. Maßstab für eine Prüfung ist dann § 46 Abs. 2 SGB I. Danach ist ein Verzicht unwirksam, »soweit durch ihn andere Personen oder Leistungsträger belastet oder Rechtsvorschriften umgangen werden«. Hier käme eine Umgehung der Regelung des § 188 Abs. 4 Satz 3 SGB V in Betracht. Voraussetzung wäre dann aber, dass allein zum Zweck des Erhalts der freiwilligen Mitgliedschaft auf SGB XII-Leistungen verzichtet wird.

Verzicht auf Sozialhilfe

Dem SGB XII-Träger ist die Sicherung der freiwilligen Mitgliedschaft über eine Verschiebung des Leistungsbeginns verwehrt (LSG Baden-Württemberg vom 7.5.2014 – L 4 KR 4717/12). Das ist für die Auffangversicherung des § 5 Abs. 1 Nr. 13 SGB V geklärt und für die automatische Weiterversicherung gelten insoweit keine anderen Maßstäbe. Auch § 188 Abs. 4 Satz 1 SGB V hat nicht den Zweck, den Sozialhilfeträger zu entlasten.

Auf den ersten Blick eröffnet § 188 Abs. 4 Satz 3 SGB V die günstig erscheinende Möglichkeit, über eine Austrittserklärung die Kosten für den KV-Beitrag im Monat vor Einsetzen der Sozialhilfe zu sparen. Dabei wird übersehen, dass die freiwillige Weiterversicherung nicht nur für den Sozialhilfeträger besser ist. Für den Versicherten hat sie den Vorteil einer echten Mitgliedschaft mit Anspruch auf Einbeziehung naher Angehöriger in die beitragsfreie Familienversicherung und Fortbestand der Mitgliedschaft, auch wenn die Hilfebedürftigkeit nach dem SGB XII wegfällt. Das Versicherungsverhältnis nach § 264

Austritt mit Fallstrick

SGB V muss dann sofort mit Einziehung der Versicherungskarte beendet werden (§ 264 Abs. 5 SGB V).

Es stellt sich daher die Frage, ob die Krankenkasse, wenn sie auf die Austrittsmöglichkeit aus der freiwilligen Weiterversicherung hinweist, die Unterschiede zwischen »Sozialhilfe-KV« und »echter« Mitgliedschafts-KV erklären muss (vgl. dazu LSG Berlin-Brandenburg vom 24.2.2006 – L 1 KR 20/04).

Beispiel

Das Jobcenter hebt die Alg-II-Bewilligung zum 30.8. auf, weil P. postalisch nicht zu erreichen ist. Zwei Wochen nach Ende des Alg II-Bezugs erleidet P. einen Unfall, der die Erwerbsfähigkeit für ungewisse Zeit aufhebt. Nach Hinweis der Krankenkasse auf die Fortführung der Alg II-Pflichtversicherung als freiwillige Weiterversicherung mit eigener Beitragsbelastung erklärt der eingesetzte Betreuer B., dass P. wegen eines Anspruchs auf Grundsicherung nach 41 SGB XII ab 1.10. aus der Versicherung austrete. B. handelt in der Annahme, dem bedürftigen P. damit einen Krankenkassenbeitrag zu ersparen. Dass der Krankenversicherungsschutz nach § 264 SGB V mangels eigener Mitgliedschaft schlechter ist, erkennt B. erst nach Bestätigung des Austritts.
B. ficht die Austrittserklärung wegen Verstoßes der Krankenkasse gegen die Beratungspflicht nach § 14 SGB I an, um sich gegen Haftungsansprüche des P. (s. dazu OLG Nürnberg vom 17.12.2012 – 4 U 2022/12) abzusichern.

Ausreichende Vorversicherungszeiten

Ist die Austrittserklärung nicht anfechtbar oder über einen sozialrechtlichen Herstellungsanspruch zu neutralisieren, kann eine Mitgliedschafts-KV nur unter den Voraussetzungen des § 9 SGB V trotz Bezug von SGB XII-Leistungen begründet werden. Sind die dazu erforderlichen Vorversicherungszeiten von mindestens 24 Monaten in den letzten fünf Jahren oder ununterbrochen zwölf Monaten unmittelbar vor Ende der Versicherungspflicht durch Alg II-Bezugszeiten erfüllt, kann die Krankenkasse nach § 9 Abs. 1 Nr. 1 SGB V einwenden, dass die Vorversicherungszeit wegen unrechtmäßigen Bezuges von Alg II nicht erfüllt wurde.

Dieser Einwand ist problematisch, weil § 9 SGB V offen lässt, wann ein Alg II-Bezug im Hinblick auf die Erfüllung der Vorversicherungszeit »zu Unrecht« erfolgt:

– Werden Bewilligungszeiträume vor einem Träger-Widerspruch nach § 44a Abs. 2 SGB II berücksichtigt?

– Was ist mit vorschüssig gezahltem Alg II, das nicht durch einen anderen Versicherungspflichttatbestand (z.B. Bezug von Arbeitsentgelt, Rente) ersetzt wird?

– Werden Bezugzeiten mit einer Fehlversicherung (Anmeldung einer Pflichtversicherung trotz Vorrang einer Familienversicherung) berücksichtigt?

Für die bis zum 1.8.2006 geltende Rechtslage (keine Beteiligung der Krankenkasse bei Prüfung der Erwerbsfähigkeit im Rahmen des § 44a SGB II) hat das BSG vom 24.6.2008 – B 12 KR 29/07 R, B 12 KR 32/07 R, B 12 KR 1/08 R und B 12 KR 19/07 R entschieden, dass zur Erfüllung der Vorversicherungszeit die Bewilligung per Bescheid genügt, selbst wenn sich herausstellt, dass der Alg II-Bezieher nicht erwerbsfähig war.

BSG

Einen Schadensersatzanspruch auf Erstattung von Behandlungskosten für einen aus Sicht der Krankenkasse zu Unrecht Alg II-Pflichtversicherten kann die Krankenkasse gegen das Jobcenter nicht geltend machen (BGH vom 22.10.2009 – III ZR 295/08).

Noch ungeklärt ist die Frage, ob einer förmlichen Aufhebung der Alg II-Bewilligung die Entstehung eines Erstattungsanspruchs nach § 44a Abs. 2 SGB II i. V. m. § 103 SGB X (i. d. F. seit 1.8.2006) gleichsteht (LSG NRW vom 19.9.2007 – L 11 KR 2/07; BSG vom 24.6.2008 – B 12 KR 29/07 R: offen gelassen). Die Bedeutung dieser Frage liegt darin, ob es der SGB XII-Träger durch Verzögerung einer Übernahme des Erwerbsunfähigen in die Sozialhilfe oder Grundsicherung nach § 41 SGB XII in der Hand hat, die Wartezeit für eine freiwillige Versicherung statt einer Betreuung nach § 264 SGB V zu schaffen.

Hat die Krankenkasse einen Aufnahmeantrag nach § 9 SGB V wegen fehlender Vorversicherungszeiten abgelehnt und wurde der Hilfebedürftige über den SGB XII-Bezug nur im Rahmen des § 264 SGB V betreut, kann die Entscheidung der Krankenkasse nicht eigenständig vom SGB XII-Träger angefochten werden, selbst wenn sie falsch war (HessLSG vom 15.3.2010 – L 1 KR 47/08). Der Hilfebedürftige hat aber die Möglichkeit, die Entscheidung nach § 44 Abs. 2 SGB X überprüfen zu lassen.

1.3   Versicherungsschutz trotz Beitragsschuld

Sind infolge der Beendigung des Alg II-Bezugs durch eine freiwillige Weiterversicherung oder aufgrund einer Mitgliedschaft nach § 5 Abs. 1 Nr. 13 SGB V Beitragsschulden entstanden, ruht der Anspruch auf Leistungen für den Versicherten, wenn er mit einem Betrag in Höhe von Beitragsanteilen für zwei Monate im Rückstand ist und trotz Mahnung nicht zahlt (§ 16 Abs. 3a Satz 2 SGB V). Solange der Anspruch ruht, werden nur Leistungen zur Behandlung akuter Krankheiten, bei Schmerzen, bei Schwangerschaft und Mutterschaft gewährt. Dafür muss die Krankenkasse eine elektronische Gesundheitskarte ausstellen (LSG Berlin-Brandenburg vom 22.5.2014 – L 9 KR 112/14 B ER). Solange die technischen Voraussetzungen fehlen, um das Ruhen auf der Karte zu verschlüsseln, hat der Versicherte nach SG Dresden vom 10.3.2014 – S 18 KR 87/14 ER nur Anspruch auf einen Berechtigungsschein. Das Ruhen endet, sobald alle rückständigen und die auf die Zeit des Ruhens entfallenden Beitragsanteile gezahlt sind oder die Krankenkasse die Beiträge stundet.

Beitragsschuld bei gesetzlicher KV

Feststellungs-
klage

Ob der Versicherungsschutz wegen Beitragsschulden ruht, kann der Versicherte mittels einstweiliger Anordnung (s. dazu BayLSG vom 18.5.2011 – L 5 KR 164/11 B ER; LSG Rheinland-Pfalz vom 15.3.2012 – L 5 KR 62/12 B ER) oder einer Feststellungsklage prüfen lassen. Dabei muss das Gericht, ggf. über eine Beiladung des Jobcenters, Feststellungen zum geltend gemachten Eintritt von Hilfebedürftigkeit treffen (BSG vom 8.3.2016 – B 1 KR 31/15 R). Für vergangene Zeiträume ist eine Feststellungsklage zulässig, wenn eigene Aufwendungen für Krankenbehandlungen entstanden sind (LSG NRW vom 25.3.2010 – L 16 KR 254/09).

Mitnahme der
Beitragsschuld

Bei einem Wechsel der Krankenkasse während des Ruhens besteht zunächst ein voller Leistungsanspruch gegenüber der aufnehmenden Krankenkasse (BSG vom 8.9.2015 – B 1 KR 16715 R). Diese Kasse kann aber das Ruhen mittels eigenem Verwaltungsakt wegen der Alt-Beitragsschulden feststellen (LSG Baden-Württemberg vom 27.5.2014 – L 11 KR 1169/13). Bei einem Wechsel des Versicherungsverhältnisses während des Ruhens, z. B. von der freiwilligen Weiterversicherung nach § 188 Abs. 4 SGB V zu einer Pflichtversicherung als Arbeitnehmer nach § 5 Abs. 1 Nr. 1 SGB V, ruht der Leistungsanspruch bis zum Ausgleich der Beitragsschuld weiter.

Beitragsschuld
Hilfebedürftiger

Wird der KV-Versicherte hilfebedürftig im Sinne des SGB II oder SGB XII, besteht trotz Beitragsschuld voller Versicherungsschutz (§ 16 Abs. 3a Satz 2 SGB V). Die Tatsache, dass ein Antragsteller während eines Streits über die Gewährung von Alg II mit der Zahlung von KV-Beiträgen in Rückstand gerät, begründet nach LSG Berlin-Brandenburg vom 7.1.2008 – L 25 B 1859/07 AS ER keine Eilbedürftigkeit für den Erlass einer einstweiligen Anordnung, weil ein – eingeschränkter – Versicherungsschutz besteht (ebenso LSG NRW vom 26.1.2009 – L 7 B 351/08 AS ER und vom 8.7.2009 – L 7 B 198/09 AS ER; BayLSG vom 30.9.2014 – L 16 AS 232/14 B PKH).

Ungeklärte
Rechtsfrage

Ob ein Alg II-Aufstocker Raten zur Tilgung von Beitragsschulden aus früheren Mitgliedschaften, in denen er die KV-Beiträge selbst zahlen musste, von seinem Einkommen nach § 11b SGB II absetzen darf oder auf eine Einstellung der Schuldtilgung wegen der Aussetzung des Ruhens für die Dauer des Alg II-Bezugs verwiesen werden kann, ist noch nicht geklärt (verneint vom BayLSG, a.a.O. für eine Schuldübernahme). Unseres Erachtens sind Beitragszahlungen auf der Grundlage einer mit der Krankenkasse abgeschlossenen Ratenzahlungsvereinbarung absetzbare Beiträge nach § 11b Abs. 1 Nr. 2 SGB II.

1.4 Bedeutung der Familienversicherung

Bis zum 31.12.2015 ging eine Familienversicherung der Pflichtversicherung nach § 5 Abs. 1 Nr. 2a SGB V vor, d. h. die Pflichtversicherung durch Alg II-Bezug trat nicht ein, wenn der KV-Schutz über die Familienversicherung nach § 10 SGB V sichergestellt war.

Der von § 10 SGB V erfasste Personenkreis ist zum einen enger als
die BG-Mitglieder nach § 7 Abs. 3 SGB II; so gibt es keine Familienversicherung für den Einstandspartner. Zum anderen geht er über
den Kreis der BG hinaus; so sind familienversichert Kinder über Eltern, die nicht in der BG leben.

Nachdem der Alg II-Bezug seit 1.1.2016 grundsätzlich eine GKV-Ver-
sicherungspflicht begründet, hat die Familienversicherung nach § 10
SGB V noch für folgende Personen/Situationen Bedeutung:

- Für nicht erwerbsfähige Ehe-/Lebenspartner in BG mit Alg II bezie-
  hendem Partner.
  Da der Bezug von Sozialgeld keine Versicherungspflicht begründet,
  greift hier die Familienversicherung nach § 10 SGB V.

- Für nicht erwerbsfähige Person bis zur rechtskräftigen Scheidung
  vom GKV-versicherten Ehe-/Lebenspartner.
  Da der Bezug von Sozialgeld keine Versicherungspflicht begründet,
  greift hier die Familienversicherung nach § 10 SGB V.

  Die über eine Ehe-/Lebenspartnerschaft begründete Familienversicherung dauert bis zur rechtskräftigen Auflösung der Ehe/Lebens-
  partnerschaft fort; ein Zusammenleben ist nicht erforderlich. Der
  Auszug des stammversicherten Ehe-/Lebenspartners aus der BG
  ändert den Versicherungsstatus »familienversichert« somit nicht.
  Zweifel über den Versicherungsstatus kann sowohl der Familien-
  als auch der Stammversicherte mit einer Feststellungsklage beim
  Sozialgericht klären lassen (s. z. B. LSG NRW vom 4.3.2010 – L 5 KR
  22/07).

- Für Kinder und Stiefkinder bis zum 15. Geburtstag in BG mit Alg II
  beziehenden (Stief)Eltern.
  Da der Bezug von Sozialgeld keine Versicherungspflicht begründet,
  greift hier die Familienversicherung nach § 10 SGB V.

- Für erwerbsunfähige Jugendliche und junge Erwachsene bis zum
  23./25. Geburtstag oder ohne Begrenzung, wenn wegen einer Behinderung eine selbständige Existenzsicherung nicht möglich ist (s.
  dazu LSG Baden-Württemberg vom 15.12.2015 – L 11 KR 2330/14:
  in BG mit Alg II beziehenden (Stief)Eltern).
  Da der Bezug von Sozialgeld keine Versicherungspflicht begründet,
  greift hier die Familienversicherung nach § 10 SGB V.

- Für erwerbsfähige, aber von Alg II ausgeschlossene (§ 7 Abs. 4,
  Abs. 5 SGB II) Jugendliche und junge Erwachsene bis zum 23./25.
  Geburtstag in BG mit Alg II beziehenden (Stief)Eltern.
  Hier geht die Familienversicherung nach § 10 Abs. 1 Nr. 2 SGB V
  einer etwaigen Pflichtversicherung als Student vor; erst recht gilt
  das, wenn sonst keine anderweitige Absicherung im Krankheitsfall
  besteht, wie z. B. bei einer längeren stationären Unterbringung.

■ Für erwerbsfähige Jugendliche und junge Erwachsene in der BG, die kein Alg II mehr erhalten (z. B. § 7 Abs. 4a SGB II, § 66 SGB I) in BG mit Alg II beziehenden (Stief)Eltern.
Die Versicherungspflicht nach § 5 Abs. 1 Nr. 2a SGB V setzt den Bezug bzw. die Zahlung von Alg II voraus.

Beispiel

Der 19-jährige B. bezieht Alg II und ist darüber pflichtversichert. Über Einblick in Kontobelege erhält das Jobcenter Kenntnis von regelmäßigen Überweisungen und Bareinzahlungen. Dazu angehört, verweigert B. jede Auskunft. Das Jobcenter hebt die Alg II-Bewilligung zum 15.3. auf. Sofern B. kein regelmäßiges Einkommen oberhalb der Einkommensgrenze nach § 10 Abs. 1 Nr. 5 SGB V erhält, ist er ab 16.3. familienversichert, im Fall einer Überschreitung der Einkommensgrenze freiwillig weiterversichert nach § 188 Abs. 4 SGB V (s. dazu LSG Thüringen vom 28.7.2015 – L 6 KR 212/13).

■ Soweit die Familienversicherung einer privaten Versicherung vorgeht.

Beispiel 1

G. und H. sind verheiratet, leben aber getrennt. G. ist als Arbeitnehmer über § 5 Abs. 1 Nr. 1 SGB V pflichtversichert. H. hatte sich nach der Trennung selbständig gemacht und ist privat krankenversichert. Die Selbständigkeit scheitert, ein Unterhaltsanspruch gegen G. besteht nicht. H. muss daher Alg II beantragen.
Weil die Eheleute noch nicht geschieden sind, muss sich H. auf die über die Stammversicherung von G. mögliche Familienversicherung verweisen lassen. Wegen der bestehenden Privatversicherung ist H. nach § 5 Abs. 5a SGB V trotz Alg II-Bezug nicht pflichtversichert nach § 5 Abs. 1 Nr. 2a SGB V. Daher ist sie nach § 10 Abs. 1 Nr. 2 SGB V familienversichert. Ihre private KV kann nach § 205 Abs. 2 VVG rückwirkend zum Eintritt der Versicherungspflicht gekündigt werden. Um rückwirkend kündigen zu können, muss der Eintritt der gesetzlichen Versicherungspflicht der privaten KV innerhalb von zwei Monaten, nachdem diese den Versicherten hierzu schriftlich aufgefordert hat, nachgewiesen werden. Ansonsten kann die private KV erst zum Ende des Monats gekündigt werden, in dem der Versicherte den Eintritt der gesetzlichen Versicherungspflicht nachweist. Das Schreiben der gesetzlichen Krankenversicherung über die eingetretene Versicherungspflicht stellt nach LG Dortmund vom 24.11.2011 – 2 O 209/11 keine Kündigung i. S. v. § 205 VVG dar; es handele sich dabei lediglich um den Nachweis der Versicherungspflicht und somit um die Voraussetzung, die private KV wirksam kündigen zu können.

Beispiel 2

T. lebt mit ihrer 12-jährigen Tochter R. zusammen. Sie bestreitet den Lebensunterhalt mit Mieteinnahmen aus einer geerbten Immobilie. Beide sind privat krankenversichert. V., der geschiedene Ehemann von T. und Vater von R. ist als Arbeitnehmer über § 5 Abs. 1 Nr. 1 SGB V pflichtversichert. Nach Verkauf der Immobilie wegen Überschuldung beantragt T. für sich und R. SGB II-Leistungen. T. kann wegen der privaten KV nicht über den Alg II-Bezug pflichtversichert werden, R. steht jedoch die Familienversicherung bei V. offen. Die Beiträge für die private KV der R. muss das Jobcenter daher nicht übernehmen. T. kann die private KV für R. rückwirkend kündigen (zur besonderen Situation der Kündigung für volljährige mitversicherte Kinder s. BGH vom 18.12.2013 – IV ZR 140/13).

■ Für nicht hilfebedürftige Jugendliche und junge Erwachsene in Haushaltsgemeinschaft mit Alg II beziehenden Eltern.
Hier kann das Jobcenter den Hilfebedarf unter Berücksichtigung der beitragsfreien Familienversicherung bemessen.

Beispiel

Die 19-jährige K. lebt mit ihrer Mutter M. und deren Partner F. zusammen. M. und F. beziehen jeweils 364 € Alg II plus 140 € anteilige Unterkunfts- und Heizkosten. K. verfügt neben dem Kindergeld von 190 € über Einkommen aus einem Minijob in Höhe von 450 €. Da ihr Grundbedarf von 324 € + 140 € damit gedeckt ist (190 € Kindergeld + 280 € bereinigtes Erwerbseinkommen), endet mit dem Alg II-Bezug auch die KV-Pflichtversicherung nach § 5 Abs. 1 Nr. 2a SGB V. K. benötigt aber keine eigene KV-Versicherung, weil ihr Erwerbseinkommen im Rahmen der Familienversicherungsgrenze (§ 10 Abs. 1 Nr. 5 SGB V) liegt.

■ Wenn Leistungen nur als Darlehen gezahlt werden.
Hier muss das Jobcenter nur eine Stammmitgliedschaft mit einem Darlehen für den KV-Beitrag absichern.

Beispiel

L. lebt mit ihrer 17-jährigen Tochter J. von Alg II. Im laufenden Leistungsbezug erbt L. das Haus ihres Vaters (als geldwerte Einnahme **seit 1.8.2016** ungeachtet des Zuflusszeitpunkts Vermögen). Der Verkehrswert des Hauses übersteigt die Schonbetragsgrenzen des § 12 SGB II, so dass L. und J. bis zum Verkauf des Hauses nur ein Darlehen nach § 24 Abs. 5 SGB II zusteht. Für die mit Ende des Alg II-Bezugs beginnende KV nach § 188 Abs. 4 SGB V muss L. monatlich 150 € zahlen. Damit ist über § 10 SGB V auch der Versicherungsschutz für J. abgedeckt. Der vorübergehende Bedarf nach § 9 Abs. 4 SGB II bemisst sich daher nach dem Regelbedarf zuzüglich 150 € KV-Beitrag.

■ Wenn nur ein Beitragszuschuss nach § 26 SGB II zur Abwendung von Hilfebedürftigkeit beansprucht werden kann.
Hier genügt zur Abwendung der Hilfebedürftigkeit die Bezuschussung einer Stammmitgliedschaft.

Beispiel

L. lebt mit ihrer 17-jährigen Tochter J. von Einkommen aus selbständiger Tätigkeit, das den Grundbedarf der BG (Regelbedarf + Mehrbedarf Alleinerziehung + Miete und Heizung) um 148 € übersteigt. Für die freiwillige KV nach § 9 SGB V muss L. monatlich 324,15 € zahlen. Damit ist über § 10 SGB V auch der Versicherungsschutz für J. abgedeckt. Der Beitragszuschuss nach § 26 Abs. 1 Satz 2 SGB II (Fassung bis 31.12.2016) zur Abwendung der Hilfebedürftigkeit ist demnach auf 176,15 € (324,15 € KV-Beitrag abzüglich 148 € grundbedarfsübersteigendes Einkommen) begrenzt.

1.5   Wahl der Krankenkasse

Wahlrecht

Die Ausübung des Krankenkassenwahlrechts ist in den §§ 173–175 SGB V geregelt. Danach können Versicherungsberechtigte zwischen den gesetzlichen Orts-, Ersatz-, Betriebs-, Innungskrankenkassen und der Knappschaft frei wählen. Das HessLSG hat die Eintragung einer bestimmten Krankenkasse im Alg II-Antragsformular als wirksame Wahlentscheidung ausreichen lassen (HessLSG vom 22.8.2005 – L 8 KR 113/05 ER). In einer durch das Jobcenter vorgenommenen Anmeldung des Antragstellers liegt keine wirksame Wahlerklärung, wenn die Anmeldung auf der bloßen »Wissenserklärung« des Antragstellers beruht, zuletzt von der X-Krankenkasse Leistungen wegen Krankheit bezogen zu haben (BSG vom 21.12.2011 – B 12 KR 21/10 R).

Aufnahmeverpflichtung

Ein Ablehnungsrecht der Krankenkasse besteht nicht! Durch das Versorgungsstrukturgesetz wurden die Rechte der Versicherten seit 1.1.2012 gestärkt. Eine »Beratung« der gewählten Krankenkasse, die dazu führt, dass von der Wahl abgesehen wird, verpflichtet die Aufsichtsbehörde zum Eingreifen. Verletzt der Krankenkasse ihre Pflicht zu einer unbehinderten Kassenwahl, kann dies mit einem Zwangsgeld von bis zu 50.000 € für jeden Fall der Zuwiderhandlung geahndet werden (§ 175 Abs. 2a SGB V). Die Krankenkasse ist insbesondere nicht berechtigt, die Erwerbsfähigkeit des Antragstellers außerhalb des Feststellungsverfahrens nach § 44a SGB II zu bestreiten (LSG Niedersachsen-Bremen vom 19.4.2005 – L 4 KR 42/05 ER; LSG NRW vom 19.5.2005 – L 5 B 17/05 KR ER; SG Dortmund vom 19.10.2005 – S 40 KR 206/05 ER: Versicherungsschutz nach Schlaganfall).

Vertragsbindung

Mit Beitritt zur Krankenkasse ist der Versicherungspflichtige 18 Monate lang an seine Wahl gebunden. Eine frühere Kündigung ist nur möglich, wenn die Krankenkasse einen Zusatzbeitrag erhebt, ihren Zusatzbeitrag erhöht oder ihre Prämienzahlung verringert (§ 175 Abs. 4 SGB V). Eine Belehrung über das Sonderkündigungsrecht bei erstmaliger Erhebung eines Zusatzbeitrages gem. § 175 Abs. 4 Sätze 6 und 7 SGB V ist bei allen Versicherten erforderlich, auch soweit sie in der gleichen Frist ohnehin nach § 175 Abs. 4 Satz 2 SGB V kündigen könnten (LSG Sachsen-Anhalt vom 8.11.2011 – L 10 KR 33/11 B ER).
Zum 1.1.2015 wird der Zusatzbeitrag neu geregelt. Die Hinweispflichten der Krankenkassen auf einen Wechsel der Kasse bei Erhebung oder Erhöhung des Zusatzbeitrags werden erweitert.

Krankenkassensterben

Der Krankenkassenwechsel bei Schließung oder Insolvenz einer Krankenkasse ist seit 1.1.2012 in § 175 Abs. 3a SGB V ausdrücklich geregelt. Endet die Mitgliedschaft durch die Schließung oder Insolvenz einer Krankenkasse, gelten die von dieser Krankenkasse getroffenen Leistungsentscheidungen nach § 19 Abs. 1a SGB V mit Wirkung für die aufnehmende Krankenkasse fort. Ausgenommen sind Leistungen aufgrund von Satzungsregelungen.

Für **Übergänge vom Alg I- in den Alg II-Bezug** sowie **Neuzugängen aus der Sozialhilfe** gelten für die Vertragsbindung die folgende Besonderheiten:

Besonderheiten bei Übergängen

- **Übergang Alg I zu Alg II**
  Die Umstellung des Versicherungsverhältnisses löst kein neues Wahlrecht aus, der Versicherte bleibt Mitglied der bisherigen Krankenkasse. Eine neue Bindungsfrist entsteht nicht.

- **Übergang Sozialhilfe mit KV-Mitgliedschaft (§ 32 Abs. 1 und 2 SGB XII) zu Alg II**
  Die Umstellung des Versicherungsverhältnisses löst kein neues Wahlrecht aus, der Versicherte bleibt Mitglied der bisherigen Krankenkasse. Eine neue Bindungsfrist entsteht nicht.

- **Übergang Sozialhilfe ohne KV-Mitgliedschaft (§ 264 SGB V) zu Alg II**
  Die Umstellung zur KV-Mitgliedschaft löst ein neues Wahlrecht aus, weil die Krankenhilfe nach § 264 SGB V kein Versicherungsverhältnis bzw. keine Mitgliedschaft in einer Krankenkasse begründet (BSG vom 21.12.2011 – B 12 KR 21/10 R). Ein Wahlrecht während des Bezugs von SGB XII-Leistungen ist daher nicht gegeben (BSG vom 8.3.2016 – B 1 KR 26/15 R).

- **Übergang von Selbständigkeit mit freiwilliger KV zu Selbständigkeit mit Alg II-Bezug (Pflichtversicherung)**
  Die Umstellung des Versicherungsverhältnisses löst kein neues Wahlrecht aus, der Versicherte bleibt Mitglied der bisherigen Krankenkasse. Eine neue Bindungsfrist entsteht nicht.

- **Übergang von Selbständigkeit mit Alg II-Bezug (Pflichtversicherung) zu Selbständigkeit mit existenzsicherndem Einkommen**
  Mit dem Ende des Alg II-Bezugs endet auch die Pflichtversicherung. Einer Kündigung bedarf es hierzu nicht. Erfüllt der Betroffene die Vorversicherungszeit für eine freiwillige Weiterversicherung in einer gesetzlichen Krankenkasse oder wird er Mitglied der Krankenkasse nach § 188 Abs. 4 Satz 1 SGB V oder § 5 Abs. 1 Nr. 13 SGB V, bleibt er an die frühere Kasse gebunden. Eine neue Bindungsfrist entsteht nicht.

Gibt es in den genannten Übergangsfällen Streitigkeiten über eine bestehende Bindung oder über die für die Versicherung zuständige Krankenkasse, ist der Betroffene nach dem Rechtsgedanken aus § 43 SGB I bis zur Klärung der Zuständigkeit bei der zuerst angegangenen Krankenkasse als Mitglied aufzunehmen (SG Reutlingen vom 14.4.2005 – S 3 KR 862/05 ER).

1.6   **Wahl des Versicherungstarifs**

GKV-Wahltarife

Seit 2007 können auch gesetzlich pflichtversicherte KV-Mitglieder die in § 53 SGB V genannten Tarife, die Einfluss auf die Höhe des Beitrags haben, auswählen. Die Tarife sehen teilweise eine Prämienzahlung der Kasse an den Versicherten vor (bei Selbstbehalt oder geringer Inanspruchnahme ärztlicher Leistungen), teilweise hat der Versicherte zusätzliche Prämien zu zahlen (bei besonderen Versorgungsformen oder Kostenerstattung). Mit der Wahl sind die Versicherten je nach Tarif ein Jahr oder drei Jahre gebunden. Im laufenden Alg II-Bezug beschränkt sich die Wahl für Pflichtversicherte nach § 5 Abs. 1 Nr. 2a SGB V und für Leistungsberechtigte, deren KV-Beitrag voll bezuschusst wird, auf den Tarif für besondere Versorgungsformen nach den §§ 63, 73b, 73c, 137f oder § 140a SGB V (§ 53 Abs. 8 Satz 6 SGB V).

Sonder-
kündigungsrecht

War ein anderer Wahltarif vor Eintritt in den Hilfebezug gewählt worden, steht dem Hilfebedürftigen ein Sonderkündigungsrecht zu (§ 53 Abs. 8 Satz 3 SGB V). Für die Zusatzkosten bei Wahl einer Kostenerstattung nach § 53 Abs. 4 SGB V oder eine besondere Therapieform nach § 53 Abs. 5 SGB V hat das Jobcenter somit nicht aufzukommen.

Zum Problem der Absetzbarkeit aufwändiger Wahltarife von Einkommen nach § 11b SGB II → S. 441.

1.7   **Mehrfachversicherung/Versicherungskonkurrenz**

Da die Familienversicherung nachrangig gegenüber unabhängig vom Alg II-Bezug eintretenden Versicherungspflichttatbeständen ist (z.B. Ausübung einer mehr als geringfügigen Beschäftigung oder der Bezug von Alg I), tritt in folgenden Kombinationen bei Bezug

Mehrfach-
versicherung

von Alg II eine Mehrfachversicherung ein:

Alg II-Bezug mit

■ der Ausübung einer versicherungspflichtigen Beschäftigung (§ 5 Abs. 1 Nr. 1 SGB V);

■ dem Bezug von Alg I (§ 5 Abs. 1 Nr. 2 SGB V);

■ der Versicherungspflicht von Jugendlichen, von Teilnehmern an Leistungen zur Teilhabe am Arbeitsleben oder von behinderten Menschen (§ 5 Abs. 1 Nrn. 5 – 8 SGB V).

Auswirkungen

Die Mehrfachversicherung ist wichtig zur Erfüllung der Vorversicherungszeit nach § 9 SGB V, falls die Versicherung über den Alg II-Bezug als unrechtmäßiger Bezug i.S.v. § 9 Abs. 1 Nr. 1 Halbsatz 2 SGB V gewertet wird.

Die Alg II-KV verdrängt eine anderweitig bestehende Pflichtversicherung bei

- Künstlern oder Publizisten (§ 5 Abs. 1 Nr. 1 KSVG);

- Studenten oder Praktikanten (Versicherungspflicht nach § 5 Abs. 1 Nrn. 9–10 SGB V);

- Rentnern oder Rentenantragstellern (Versicherungspflicht nach § 5 Abs. 1 Nrn. 11 und 12 SGB V);

- Auffangversicherten nach § 5 Abs. 1 Nr. 13 SGB V, § 188 Abs. 4 SGB V.

*Versicherungs-
konkurrenz*

Die Mehrfachversicherung oder Vorrangversicherung bei Bezug von Alg II setzt allerdings voraus, dass Alg II tatsächlich weiterhin bezogen wird.

*Tatsächlicher
Alg II-Bezug*

Eine besondere Form der Versicherungskonkurrenz besteht zwischen der Pflichtversicherung durch Leistungsbezug und einer freiwilligen Mitgliedschaft in der gesetzlichen Krankenkasse. Eine solche Situation kann sich ergeben bei Aufnahme einer selbständigen Tätigkeit aus dem Alg II-Bezug heraus oder bei Eintritt von Hilfebedürftigkeit wegen sinkender Einnahmen aus einer selbständigen Tätigkeit. Sobald und solange Alg II gezahlt wird, besteht unabhängig von der Höhe des Zahlbetrags eine Pflichtversicherung nach § 5 Abs. 1 Nr. 2a SGB V, die eine freiwillige Versicherung verdrängt (§ 191 Nr. 2 SGB V). Dies ergibt sich aus der Regelung des § 5 Abs. 5 SGB V, die abschließend die Tatbestände aufzählt, in denen eine hauptberufliche Selbständigkeit keine Pflichtversicherung entstehen lässt.

*Freiwillige
Mitgliedschaft
in gesetzlicher
Krankenkasse*

Der Grundsatz, dass die Pflichtversicherung durch Alg II-Bezug eine freiwillige Versicherung entbehrlich macht, gilt auch bei Förderung der Selbständigkeit mit Einstiegsgeld nach § 16b SGB II, solange das Einstiegsgeld zusätzlich zum Alg II gezahlt wird. Existenzgründer, die mit Einstiegsgeld gefördert werden, sind daher grundsätzlich pflichtversichert, solange sie keine bedarfsdeckenden Einkünfte aus ihrer Tätigkeit erzielen.

*Einstiegsgeld für
Existenzgründer*

Übersteigt das bereinigte Einkommen aus der selbständigen Tätigkeit den Grundbedarf der BG, endet mit Aufhebung des Alg II-Bewilligungsbescheides die Pflichtversicherung nach § 5 Abs. 1 Nr. 2a SGB V. Da eine Familienversicherung zum Ehe-/Lebenspartner nicht möglich ist, muss sich der Selbständige auf eigene Kosten krankenversichern. Solange er Einstiegsgeld nach § 16b SGB II bezieht, hilft ihm die Regelung des § 240 Abs. 4 Satz 2 SGB V. Danach gilt als beitragspflichtige Einnahme für den Kalendertag mindestens 1/60 der monatlichen Bezugsgröße (2016 = 2.905 €).

Gemäß § 240 Abs. 4 Satz 4 SGB V kann auch nach Beendigung des Einstiegsgelds der Mindestbeitrag von 1/60 der monatlichen Bezugsgröße erhoben werden, wenn die Einnahmen aus selbständiger Tätigkeit zusammen mit sonstigen Einnahmen von Personen, die nach § 7 Abs. 3 SGB II eine BG bilden könnten, unter der Beitragsbemessungsgrenze liegen. Die Einzelheiten regeln die Krankenkassen in der Satzung.

2   Beitragszuschuss für Personen, die trotz Alg II-Bezug nicht pflichtversichert sind

Ausnahmen von KV-Pflicht

Seit dem 1.1.2009 sind nach §§ 5 Abs. 5a, 6 Abs. 3a SGB V folgende Personen trotz Alg II-Bezug nicht versicherungspflichtig; sie müssen sich im laufenden Alg II-Bezug (weiter) privat krankenversichern:

- Personen, die am Tag vor Eintritt in den Alg II-Bezug privat krankenversichert waren;

- Hauptberuflich Selbständige, die am Tag vor Eintritt in den Alg II-Bezug weder gesetzlich noch privat krankenversichert waren;

- Personen, die am Tag vor Eintritt in den Alg II-Bezug weder gesetzlich noch privat krankenversichert waren und nach § 6 Abs. 1 und Abs. 2 SGB V versicherungsfrei wären;

- Personen nach Vollendung des 55. Lebensjahres, die
  - in den letzten fünf Jahren vor Beginn des Alg II-Bezugs nicht gesetzlich krankenversichert waren **und**
  - in mindestens der Hälfte dieser Zeit versicherungsfrei, von der Versicherungspflicht befreit oder als hauptberuflich Selbständige versicherungsfrei waren.

2.1   Zugangssperre für privat krankenversicherte Alg II-Bezieher

Eindeutig geregelt ist der Ausschluss der Alg II-Pflichtversicherung nach § 5 Abs. 1 Nr. 2a SGB V, wenn der Leistungsberechtigte »unmittelbar« vor Eintritt in den Leistungsbezug privat krankenversichert ist. Die einvernehmliche, rückwirkende Aufhebung eines privaten KV-Vertrages ändert daran nichts (LSG Baden-Württemberg vom 18.5.2015 – L 11 KR 4414/14 ER-B; LSG NRW vom 25.9.2014 – L 16 KR 735/13, Revision anhängig – B 12 KR 23/14 R).

Unmittelbare PKV-Vorversicherung

Unmittelbar geht dem Alg II-Bezug eine private KV voraus, wenn sie am Tag vor dem Eintritt in den Leistungsbezug besteht. Endete sie früher, ist zu prüfen, ob sich in der Zeit bis zum Beginn des Alg II-Bezugs eine anderweitige Absicherung im Krankheitsfall »dazwischen geschoben« hat (vgl. dazu SG Mainz vom 4.5.2015 – S 3 KR 618/13). War dies eine Absicherung im SGB V, z.B. die Auffangversicherung nach § 5 Abs. 1 Nr. 13 SGB V aufgrund einer gesetzlichen Versicherung vor der privaten KV, begründet der Bezug von Alg II die Pflichtversicherung nach § 5 Abs. 1 Nr. 2a SGB V.

Für den Fall einer versicherungsfreien Zeit vor dem Alg II-Bezug vermittelt der Alg II-Bezug eine Pflichtversicherung nach § 5 Abs. 1 Nr. 2a SGB V; es sei denn, der Leistungsberechtigte ist hauptberuflich selbständig tätig oder gehört zu den nach § 6 Abs. 1 oder Abs. 2 SGB V versicherungsfreien Personen.

Die Zugangssperre des § 5 Abs. 5a SGB V setzt voraus, dass der Leistungsberechtigte »unmittelbar« vor dem Alg II-Bezug hauptberuflich selbständig oder versicherungsfrei ist. Das BSG vom 3.7.2013 – B 12 KR 11/11 R hält einen Zeitraum von längstens einen Monat vor dem Alg II-Antrag für »unmittelbar« i. S. von § 5 Abs. 5a SGB V. Auf den versicherungsrechtlichen Status der zuletzt ausgeübten Tätigkeit komme es nicht an. Auch bei einem Verstoß gegen die Pflicht des § 193 Abs. 3 Satz 1 VVG, eine private Versicherung gegen Krankheit abzuschließen, könne der Zugang zur Alg II-Pflichtversicherung nicht im Wege richterlicher Rechtsfortbildung (so wohl LSG NRW vom 23.8.2010 – L 16 KR 329/10 B ER und vom 30.4.2012 – L 16 KR 134/12 B ER; SG Bremen vom 11.4.2013 – S 4 KR 27/11) gesperrt werden.

Frühere Selbständige

G. ist selbständig tätig und privat krankenversichert. Im Mai muss er sein Geschäft mangels Rentabilität schließen. Er lebt zunächst von den Einnahmen aus dem Verkauf von Betriebsgütern. Im Juli kündigt die private KV den Versicherungsvertrag wegen eines Abrechnungsbetrugs fristlos (dazu BGH vom 7.12.2011 – IV ZR 50/11). Einen neuen Vertrag bei einer anderen privaten KV schließt G. nicht ab. Mitte September sind die Ersparnisse des G. erschöpft, er beantragt Alg II.

Beispiel

Nach Ansicht des BSG vom 3.7.2013 – B 12 KR 11/11 R ist G. mit Eintritt in den Alg II-Bezug gesetzlich pflichtversichert, weil er seine Selbständigkeit drei Monate zuvor beendet hatte (s. auch LSG Berlin-Brandenburg vom 6.12.2012 – L 9 KR 469/12 B ER).

Eine Anwartschaftsversicherung in der privaten KV schließt den Zugang zur Alg II-Pflichtversicherung nicht aus, wenn es vor Eintritt in den Leistungsbezug zu keiner privaten KV mit Leistungsansprüchen kommt (SG Wiesbaden vom 25.7.2011 – S 2 KR 233/08). Die Anwartschaftsversicherung soll ja u.a. dazu dienen, sich für eine Phase der Arbeitslosigkeit mit Pflichtversicherung die Vergünstigungen aus der früheren PKV für den Fall zu sichern, dass die Pflicht-KV endet.

Keine Zugangssperre bei PKV-Anwartschaftsversicherung

Hat die private KV den Versicherungsvertrag angefochten oder gekündigt und wird über die Wirksamkeit des Vertrages gestritten, muss nach LSG NRW vom 9.11.2011 – L 16 KR 537/11 B ER im Zweifel die Pflichtversicherung KV-Schutz geben (ebenso LSG Berlin-Brandenburg vom 10.4.2013 – L 1 KR 1/13 B ER und vom 13.2.2015 – L 1 KR 2/15 B ER).

Zugangssperre bei angefochtener PKV?

Nach Auffassung des LSG NRW vom 3.9.2012 – L 5 KR 258/12 B ER berechtigt eine wirksam erklärte Anfechtung wegen Drohung oder arglistiger Täuschung das anfechtende Versicherungsunternehmen lediglich, einen erneuten Antrag des (ehemaligen) Versicherungsnehmers auf Abschluss eines Versicherungsvertrages im Basistarif abzulehnen. Der Kontrahierungszwang in der PKV im Basistarif gemäß § 193 Abs. 5 Satz 1 VVG bleibe unberührt. Sozialversicherungsrechtlich sei daher trotz der zivilrechtlichen Annullierung des PKV-Vertrages von einer dem Alg II-Antrag unmittelbar vorausgehenden PKV-Versicherung auszugehen (ebenso LSG Thüringen vom 30.7.2012 – L 6 KR 462/12 B ER; LSG Sachsen vom 14.6.2012 – L 1 KR 71/12 B ER).

Privat oder gesetzlich?

Ist der Versicherungsstatus unklar, kann die um Aufnahme oder Bestätigung der Mitgliedschaft ersuchte Krankenkasse den Versicherungsschutz nicht einfach mit Hinweis auf die Zuständigkeit der privaten KV verweigern. Sie muss zunächst die private Krankenkasse an dem bei ihr geführten Verwaltungsverfahren unter den Voraussetzungen des § 12 Abs. 2 Satz 2 SGB X beteiligen und ihr die Ablehnungsentscheidung bekannt geben, weil diese wegen der Ausschließlichkeit des Bestehens privaten oder gesetzlichen KV-Schutzes für die private Krankenkasse rechtsgestaltende Wirkung hat (LSG Berlin-Brandenburg vom 21.5.2010 – L 9 KR 33/10 B ER). Im sozialgerichtlichen Verfahren ist die private Krankenkasse beizuladen, um sie an die Sozialgerichtsentscheidung zu binden (LSG NRW vom 23.8.2010 – L 16 KR 329/10 B ER; LSG Berlin-Brandenburg vom 6.2.2014 – L 9 KR 28/14 ER).
Zum Eilrechtsschutz, wenn unklar ist, ob eine gesetzliche oder private KV besteht, s. LSG Berlin-Brandenburg vom 11.5.2015 – L 9 KR 103/15 B ER.

Zugangssperre nur bei vollwertiger PKV

Die Zugangssperre des § 5 Abs. 5a SGB V greift nur bei einer privaten Vollversicherung, zu der eine Absicherung für Zahnbehandlungen nicht gehören muss (LSG Sachsen-Anhalt vom 19.5.2011 – L 10 KR 39/10). Denn nur eine Vollversicherung schließt die Auffangversicherung nach § 5 Abs. 1 Nr. 13 SGB V aus, die sonst mangels anderweitiger Absicherung im Krankheitsfall vor Beginn des Alg II-Bezugs den Zugang zur vorrangigen Pflichtversicherung nach § 5 Abs. 1 Nr. 2a SGB V vermittelt.

Nicht für alle BG-Mitglieder

Soweit seit 1.1.2016 noch ein Vorrang der Familienversicherung nach § 10 SGB V greift, gilt die Zugangssperre des § 5 Abs. 5a SGB V nicht für Angehörige in der BG, denen (noch) eine Familienversicherung offen steht. Das kann in einer Einstandsgemeinschaft nach § 7 Abs. 3a SGB II mit einem privat krankenversicherten Partner die Familienversicherung über den getrennt lebenden Ehepartner des noch verheiraten BG-Partners sein oder die Familienversicherung des Kindes über den außerhalb der BG lebenden leiblichen Elternteil, falls dieser gesetzlich krankenversichert ist. Wird ein unter 15-jähriges oder nicht erwerbsfähiges Stiefkind/Partnerkind vom pflichtversicherten Einkommensbezieher in der BG überwiegend unterhalten, muss es sich auf diese beitragsfreie Familienversicherung verweisen lassen.

Beispiel

Die arbeitslose M. lebt mit der 4-jährigen Tochter T. und ihrem Lebensgefährten L. zusammen, der als Arbeitnehmer pflichtversichert ist. M. und T. sind privat krankenversichert. L. zahlt die Beiträge für diese Versicherungen. Nach Entlassung des L. beantragt M. als BG-Vorstand ergänzend zum Alg I des L. SGB II-Leistungen für die BG-Mitglieder. M. kann wegen der privaten KV über den Alg II-Bezug nicht pflichtversichert werden, T. ist dagegen über L. familienversichert, weil in der BG unwiderlegbar vermutet wird (näher dazu → S. 91 ff.), dass L. auch das Kind seiner BG-Partnerin wie ein eigenes Kind, d.h. überwiegend i.S. von § 10 Abs. 4 SGB V, unterhält.

Ob die Krankenkasse entgegen § 10 Abs. 2, 4 SGB II eine Familienversicherung ablehnen kann, weil L. bestreitet, T. überwiegend zu unterhalten, mit der Folge, dass dann auch die Beiträge für die private KV der T. nach § 26 SGB II vom Jobcenter übernommen oder als Abzugsbeträge vom Alg I des L. anerkannt werden müssen, ist noch ungeklärt.

Offene Rechtsfrage

Da der Leistungsausschluss arbeitsuchender EU-Bürger (§ 7 Abs. 1 Satz 2 SGB II) europarechtskonform ist (näher dazu → S. 174 ff.), haben diese keinen Anspruch auf Alg II, ggf. aber auf Sozialhilfe. Waren sie vor Beginn des Leistungsbezuges weder in Deutschland noch in ihrem Herkunftsland gesetzlich oder privat krankenversichert, entscheidet der Grundsatz der Tatbestandsgleichstellung nach Art. 5 Buchst b VO (EG) 883/2004 über den Zugang zum Versicherungssystem, d.h. bestand im Herkunftsland eine der inländischen private KV-Vollversicherung vergleichbare Absicherung im Krankheitsfall, ist eine PKV abzuschließen (HessLSG vom 19.7.2011 – L 1 KR 180/11 B ER; BSG vom 20.3.2012 – B 12 KR 8/10 R).
Zum KV-Schutz bei Drittstaatsangehörigen s. LG Dortmund vom 19.11.2015 – 2 S 6/15.

KV-Schutz arbeitsuchender EU-Bürger

2.2 Zugangssperre für ältere Alg II-Bezieher

Nach § 6 Abs. 3a SGB V sind Personen, die nach dem 55. Geburtstag versicherungspflichtig werden, versicherungsfrei, wenn sie in den letzten fünf Jahren vor Eintritt der Versicherungspflicht nicht gesetzlich versichert waren. Weitere Voraussetzung ist, dass diese Personen mindestens die Hälfte dieser Zeit versicherungsfrei, von der Versicherungspflicht befreit oder hauptberuflich selbständig waren.

Im SGB II wirkt sich die Regelung des § 6 Abs. 3a SGB V vor allem auf Personen aus, die ihre Pflicht zur Aufrechterhaltung einer privaten KV vernachlässigt haben.

Der 59-jährige D. war die letzten 25 Jahre selbständig tätig. Er hatte sich privat krankenversichert. Wegen Überschuldung muss er sein Geschäft schließen. Nach Fälschung von Arztrechnungen kündigt die PKV fristlos. Für einen anderweitigen KV-Schutz nach der Kündigung sorgt D. nicht. Er nimmt eine abhängige Beschäftigung auf, wird aber in der Probezeit entlassen. Nach Verbrauch des letzten Gehalts beantragt D. Alg II.

Beispiel 1

D. war nach § 6 Abs. 3a SGB V trotz der abhängigen Beschäftigung versicherungsfrei tätig. Mit dem Bezug von Alg II entsteht dem Grunde nach eine Versicherungspflicht nach § 5 Abs. 1 Nr. 2a SGB V, da § 5 Abs. 5a SGB V wegen Aufgabe der Selbständigkeit vor dem Alg II-Antrag nicht eingreift. Die Alg II-Pflichtversicherung entfällt hier aber wegen § 6 Abs. 3a SGB V. D. muss sich privat krankenversichern. Die nach § 6 Abs. 3a Satz 4 SGB V mögliche Auffangversicherung des § 5 Abs. 1 Nr. 13 SGB V steht ihm nicht offen, weil D. nach Kündigung der PKV weder »zuletzt gesetzlich krankenversichert« (§ 5 Abs. 1 Nr. 13 a) SGB V) noch »bisher nicht gesetzlich oder privat krankenversichert« (§ 5 Abs. 1 Nr. 13 b) SGB V) war.

Beispiel 2

Die 61-jährige F. war die letzten 20 Jahre selbständig tätig und privat krankenversichert. Aus Altersgründen schließt sie ihr Geschäft und kündigt die PKV unter Nachweis einer Familienversicherung bei ihrem pflichtversicherten Ehemann (§ 205 Abs. 2 VVG). Bald darauf kommt es zur Trennung vom Ehemann, der Unterhaltszahlungen verweigert. F. beantragt Alg II und wird als pflichtversichert nach § 5 Abs. 1 Nr. 2a SGB V geführt. Im Rahmen eines Datenabgleichs stellt das Jobcenter fest, dass F. aus der Miteigentümerschaft an einer geerbten Immobilie monatlich 420 € Einnahmen erzielt, die sie dem Jobcenter und der Krankenkasse verschwiegen hatte.

F. konnte sich wegen der Mieteinnahmen von über 405 € monatlich (= 1/7 der monatlichen Bezugsgröße nach § 18 SGB IV) nicht familienversichern. Die Krankenkasse darf rückwirkend ab dem Alg II-Bezug eine Pflichtversicherung nach § 5 Abs. 1 Nr. 2a SGB V dem Grunde nach feststellen, die aber nach § 6 Abs. 3a SGB V nicht eintritt. F. muss sich wieder privat krankenversichern.

3   Beitragszuschuss für privat krankenversicherte Alg II-Bezieher

Für die unter 2 (→ S. 794 f.) genannten Personen übernimmt das Jobcenter für die Dauer des Alg II-Bezugs ohne Vermittlung in ein nach § 5 SGB V versicherungspflichtiges Arbeits- oder Ausbildungsverhältnis nach § 26 Abs. 1 Nr. 1 SGB II i.V.m. § 152 Abs. 4 VAG einen Beitrags-Zuschuss zu dem vom Leistungsberechtigten abgeschlossenen Versicherungsvertrag.

Kontrahierungs-zwang

Nach § 193 Abs. 5 VVG ist die gewählte Krankenversicherungsgesellschaft zum Abschluss einer Versicherung verpflichtet. Sie muss zum Basistarif auch ältere oder gesundheitlich angeschlagene Personen aufnehmen. Eine Gesundheitsprüfung zum Zweck des Risikoausgleichs (§ 154 VAG) ist zulässig (OLG Köln vom 2.11.2012 – I-20 K 151/12). Wird der Versicherungsvertrag wegen Drohung oder arglistiger Täuschung angefochten oder tritt der Versicherer wegen einer vorsätzlichen Verletzung der vorvertraglichen Anzeigepflicht vom Versicherungsvertrag zurück (s. dazu LG Hannover vom 10.8.2010 – 2 O 262/09), bleibt es für andere Versicherer beim Kontrahierungszwang (LG

Schwerin vom 30.12.2009 – 1 O 265/09). Bei schwerwiegenden Verstößen (z.B. Betrug, Angriff auf den Versicherungsvertreter) kann der
Versicherer auch fristlos kündigen (BGH vom 7.12.2011 – IV ZR 50/11
und IV ZR 105/11). Ein Versicherungsschutz ist dann über den Ab-
schlusszwang bei einem anderen Versicherer zu erlangen (BGH vom
27.4.2016 – IV R 372/15).

Eilrechtsschutz?

Verweigert der Versicherer den Abschluss der Versicherung im Basistarif, weil Unterlagen zur Gesundheitsprüfung nicht vorgelegt werden, kann nach OLG Koblenz vom 3.2.2012 – 10 U 610/11 der Anspruch auf Abschluss eines Krankenversicherungsvertrages im Basistarif nicht im Wege einer einstweiligen Verfügung durchgesetzt werden. Notfalls könne nur die Kostenübernahme für eine konkret
anstehende Behandlung gesichert werden.

Vorsicht bei
Selbstbeteiligung!

Nach den Musterbedingungen der PKV ist der Versicherte drei Jahre
an eine gewählte Selbstbehaltstufe gebunden; der Wechsel in eine andere Selbstbehaltstufe kann frühestens mit einer Frist von drei Monaten zum Ablauf der Dreijahresfrist beantragt werden. Das Jobcenter
kann den Selbstbehalt mangels einer dafür vorgesehenen Regelung nur
im besonderen Einzelfall als unabweisbaren Mehrbedarf nach § 21
Abs. 6 SGB II übernehmen, bis nach entsprechender Beratung durch
das Jobcenter ein Wechsel in den Basistarif ohne Selbstbehalt erfolgt
(BSG vom 29.4.2015 – B 14 AS 8/14 R; SG Karlsruhe vom 10.2.2016 – S
12 AS 715/15). Selbst wenn wegen des Selbstbehalts ein geringerer Beitrag als im halben Basistarif zu bezuschussen ist, kann er nicht mit einem rechnerischen Monatsanteil dem Beitragszuschuss aufgesattelt
werden (BayLSG vom 29.1.2010 – L 16 AS 27/10 B ER; LSG NRW vom
16.5.2011 – L 19 AS 2130/10 und vom 26.2.2013 – L 2 AS 495/13 B; LSG
Hamburg vom 26.9.2013 – L 4 AS 348/12). Im Basistarif machen Tarife
mit Selbstbeteiligung überhaupt keinen Sinn, wenn – wie meist – der
GKV-Höchstbeitrag verlangt wird. Durch eine Selbstbeteiligung können
dann keine günstigeren Monatsbeiträge erreicht werden.

PKV-Wahltarife

Für privat krankenversicherte Alg II-Bezieher gibt es keine dem § 53
Abs. 8 Satz 6 SGB V vergleichbare Regelung. Nach BayLSG vom
21.12.2009 – L 8 AS 755/09 B ER und vom 29.6.2011 – L 16 AS 337/11
B ER; LSG NRW vom 16.5.2011 – L 19 AS 2130/10 können sie Tarife
frei wählen. Nach § 26 Abs. 1 Nr. 1 SGB II ist der Beitragszuschuss
aber maximal auf die Höhe eines halben Beitragssatzes im Basistarif
nach § 152 VAG begrenzt. Das gilt auch für Versicherte mit einer
schweren Erkrankung (LSG Berlin-Brandenburg vom 18.6.2015 – L
23 SO 268/12). Einen nach SGB II-Maßstäben unangemessenen Krankenversicherungsschutz hat der Leistungsberechtigte selbst zu finanzieren (BSG vom 16.10.2012 – B 14 AS 11/12 R: Nur Basistarif angemessen; LSG Baden-Württemberg vom 17.12.2015 – L 7 SO 1475/15:
Brillenversicherung »Null-Tarif« unangemessen; LSG NRW vom
24.11.2014 – L 9 SO 329/12: Ergänzungstarife stationäre Behandlung
und Heilbehandlungsmethoden unangemessen). Um den Zuschuss
nach § 26 Abs. 1 Nr. 1 SGB II zu erhalten, muss er nicht zum Basista-

rif wechseln (BayLSG vom 21.12.2009, a.a.O.; BSG vom 18.1.2011 – B 4 AS 108/10 R).

Kein sozialrechtlicher Herstellungsanspruch

Auch wenn ein Jobcenter den Leistungsbezieher nicht darauf hingewiesen hat, dass der Versicherungsbeitrag höchstens in der Höhe des halben Basistarifs bezuschusst wird, kann ein höherer Zuschuss nicht im Wege des sozialrechtlichen Herstellungsanspruchs gefordert werden (BayLSG vom 15.3.2013 – L 7 AS 71/13 B PKH). Dasselbe gilt für Schäden oder Zusatzkosten, die auf Beitragsschulden beruhen (LSG NRW vom 13.3.2013 – L 19 AS 2091/12) mit Ausnahme der Kosten für Mahnung und Säumniszuschläge, wenn der Beitrag vom Jobcenter verspätet überwiesen wird (s. dazu BSG vom 15.11.2012 – B 8 SO 3/11 R).

Nur auf Antrag!

Der Zuschuss muss für privat KV-Versicherte ausdrücklich beantragt werden (§ 152 Abs. 4 VAG).

Wird Alg II beantragt, dürfte der Alg II-Antrag als hilfsweise mit gestellter Antrag auf einen KV-/PV-Zuschuss auszulegen sein.

Bedeutung hat das Antragserfordernis vor allem in den Fällen, in denen die Betroffenen fälschlich meinen, über den Alg II-Bezug pflichtversichert zu sein. Erhalten sie Kenntnis von der Notwendigkeit, eine private KV abzuschließen, haben sie frühestens ab Antrag Anspruch auf den Zuschuss, es sei denn, das Jobcenter hatte zu einem früheren Zeitpunkt Anlass, auf einen Beitragszuschuss-Antrag hinzuweisen.

Direktzahlung

Seit dem 1.4.2012 wird der Beitrag direkt an der Versicherer überwiesen (§ 26 Abs. 4 SGB II). Eine unzweckmäßige Verwendung der Beitragsmittel oder Beitragsschulden werden dazu nicht vorausgesetzt.

Beitragsschulden

Ist es in Zeiträumen vor dem 1.4.2012 zu Beitragsschulden gekommen, darf der Versicherer wegen der Beitragsschulden nicht kündigen. Hilfebedürftige nach dem SGB II oder SGB XII haben trotz Beitragsschulden nach § 193 Abs. 6 Satz 5 VVG vollen Versicherungsschutz. Ein Bezug von SGB II- oder SGB XII-Leistungen ist nicht erforderlich. Es genügt eine Bescheinigung des Jobcenters oder des Sozialamtes, dass Hilfebedürftigkeit nach Maßgabe der §§ 9, 12 SGB II oder der §§ 27, 90 SGB XII besteht.

Notlagentarif

Endet die Hilfebedürftigkeit, ohne dass die Beitragsschulden getilgt sind, wird die Versicherung seit 1.8.2013 im Notlagentarif nach § 153 VAG weitergeführt (s. dazu LG Berlin vom 15.1.2015 – 23 S 2714; OLG Köln vom 6.3.2015 – I-20 K 131/14). Im Notlagentarif, der auf die Alterungsrückstellungen angerechnet wird, gibt es nur noch eingeschränkten Versicherungsschutz.

Keine Aufrechnung

Offene Beitragsansprüche dürfen nicht mit dem Anspruch auf Erstattung von Arztrechnungen aufgerechnet werden (im Basistarif schon wegen des Sachleistungsprinzips nach § 75 Abs. 3a SGB V, § 192 Abs. 7 VVG nicht). Nach LG Gera vom 17.9.2015 – 4 O 861/14 kann aufgerechnet werden; die Aufrechnung ist nach LG Köln vom

5.3.2014 – 23 S 15/13 aber nicht wirksam gegenüber einem Leistungserbringer (Arzt, Krankenhaus), der die Behandlungskosten direkt (§ 192 Abs. 7 VVG) vom Krankenversicherer fordert.

Seit dem 18.1.2011 übernehmen die Jobcenter den PKV-Beitrag bis zur Höhe des halben Basistarifs. Nicht bestandskräftig gewordene Bewilligungsbescheide sind rückwirkend an die BSG-Rechtsprechung anzupassen. Ansonsten bleibt es wegen § 330 Abs. 1 SGB III fraglich, ob Beiträge in dieser Höhe auch vor dem BSG-Urteil übernommen werden müssen (LSG Berlin-Brandenburg vom 27.6.2014 – L 32 AS 3455/13 B PKH).

Rückwirkende Beitragsüber-nahme?

Bestand zum Zeitpunkt des Eintritts in den Alg II-Bezug noch kein KV-Schutz, sind die von der gesetzlichen KV ausgeschlossenen Personen seit dem 1.1.2009 verpflichtet, eine private KV abzuschließen (§ 193 Abs. 3 VVG). Ansonsten müssen sie nach § 193 Abs. 4 VVG Zusatzbeiträge zahlen, für die das Jobcenter nicht aufkommen muss (LSG Niedersachsen-Bremen vom 28.3.2012 – L 9 AS 1241/11 B ER; LSG Berlin-Brandenburg vom 9.5.2012 – L 25 AS 931/12 B ER).

Versicherungs-zwang

Für den Beitragszuschlag wegen Spätversicherung kann der Versicherungsnehmer nach § 193 Abs. 4 VVG vom Versicherer die Stundung verlangen, wenn den Interessen des Versicherers durch die Vereinbarung einer angemessenen Ratenzahlung Rechnung getragen werden kann. Der gestundete Betrag ist zu verzinsen.

Stundungsantrag

4 Beitragszuschuss für Sozialgeld-Bezieher, die nicht familienversichert sind

Bezieher von Sozialgeld sind über den Leistungsbezug nicht pflichtversichert. Wenn sie privat krankenversichert sind, übernimmt das Jobcenter nach § 26 Abs. 1 Nr. 1 SGB II maximal den Beitrag bis in Höhe des halben Beitrags im Basistarif.

Privat Versicherte

Sind die Bezieher von Sozialgeld freiwillig oder über § 188 Abs. 4 Satz 1 SGB V bei einer gesetzlichen Krankenkasse versichert, übernimmt das Jobcenter nach § 26 Abs. 1 Nr. 2 SGB II für die Dauer des Alg II-Bezugs den vollen KV-Beitrag. Ein besonderer Antrag auf Beitragsübernahme ist nicht erforderlich.

Freiwillig Versicherte

§ 26 Abs. 1 Nr. 2 SGB II (i.d.F. bis 31.12.2016) gibt nach seinem Wortlaut nur freiwillig Versicherten einen Anspruch auf Beitragsübernahme. Bei einer Mitgliedschaft in der Auffangversicherung nach § 5 Abs. 1 Nr. 13 SGB V ist der Versicherte jedoch genau wie der freiwillig Versicherte selbst für die Beitragsentrichtung verantwortlich (§ 227 SGB V). Nach DA 15 zu § 26 soll die Regelung des § 26 Abs. 1 Nr. 2 SGB II analog angewandt werden. Da die Mindestbeitragsbemessungsgrundlage für Auffang-Versicherte unter der für Alg II-Pflichtversicherte liegt, entsteht keine Deckungslücke.

Auffang-versicherte

Hilfe durch das Sozialamt?

Auf einen Anspruch gegen den SGB XII-Träger auf Beitragsübernahme nach § 32 SGB XII kann der Hilfebedürftige nicht verwiesen werden. Da § 32 SGB XII zur Hilfe zum Lebensunterhalt gehört, ist dieser Weg SGB II-Leistungsberechtigten versperrt (LSG Baden-Württemberg vom 25.3.2010 – L 7 SO 2761/09).

Von Sozialhilfe zum Sozialgeld

Wechselt ein Bezieher von Sozialhilfe mit einem über § 48 SGB XII i. V. m. § 264 SGB V gewährten Krankenversicherungsschutz in eine BG mit vorrangigem Anspruch auf Sozialgeld, kommt § 5 Abs. 1 Nr. 13 SGB V zum Zug, da der Anspruch auf Krankenhilfe nach § 48 SGB XII keine anderweitige Absicherung im Krankheitsfall ist (HessLSG vom 16.12.2010 – L 8 KR 111/09). Hatte das Sozialamt für eine freiwillige Versicherung Beiträge nach § 32 SGB XII übernommen, ist dafür nach Wechsel in die BG das Jobcenter gemäß § 26 SGB II zuständig. Wird der KV-Beitrag für den letzten Monat des SGB XII-Bezugs erst im Folgemonat mit Alg II-Anspruch fällig, muss das Jobcenter auch diesen Beitrag übernehmen (BSG vom 15.11.2012 – B 8 SO 3/11 R).

Beispiel

Die noch nicht dauerhaft erwerbsgeminderte K. erhält vom Sozialamt laufend Hilfe zum Lebensunterhalt. Der Krankenversicherungsschutz wird über die Krankenhilfe im Rahmen des § 264 SGB V gewährt. Der erwerbsfähige, hilfebedürftige Sohn F. zieht nach Streit mit seinem Vater in die Wohnung seiner Mutter K. ein. Wegen des damit entstandenen Anspruchs der K. auf Sozialgeld nach § 23 SGB II meldet das Sozialamt K. aus dem Betreuungsverhältnis bei der Krankenkasse ab. Die Krankenkasse kann eine Mitgliedschaft der K. in der Auffangversicherung nach § 5 Abs. 1 Nr. 13 SGB V nicht mit der Begründung verweigern, K. könne trotz Bezug von Sozialgeld weiter Krankenhilfe beanspruchen.

5   Beitragszuschuss für Bezieher von SGB II-Darlehen

Wird Alg II nur als Darlehen gewährt, begründet dies keinen Versicherungsschutz. Dafür hat der Darlehensbezieher selbst zu sorgen. Stehen ihm auch dazu keine Mittel zur Verfügung, muss das Jobcenter das Darlehen um Leistungen zur Sicherstellung des KV-Schutzes erweitern. Für Härtefalldarlehen an Auszubildende verlangt das ausdrücklich § 27 Abs. 3 SGB II. Ist der Einsatz von Vermögen streitig, wird bei Mitgliedschaft in einer gesetzlichen Krankenkasse im Fall der nachträglichen Bewilligung von Alg II die freiwillige oder Auffangversicherung rückwirkend von der Pflichtversicherung nach § 5 Abs. 1 Nr. 2a SGB V verdrängt. Der Hilfebedürftige bekommt die KV-Beiträge zurück und kann damit das KV-Beitragsdarlehen tilgen. Eine private KV kann rückwirkend zum Eintritt der Versicherungspflicht nach § 205 Abs. 2 VVG gekündigt werden, wenn die Versicherung nach dem Zeitpunkt, für den Alg II beantragt und dann auch gezahlt worden war, abgeschlossen wurde und wenn die Kündigung binnen drei Monaten nach Beginn der Versicherungspflicht erklärt wurde (§ 205 Abs. 2 Satz 1 VVG). Das Jobcenter kann das Darlehen für die KV-Beiträge mit der Erklärung absichern, dass der im Fall eines regulären Alg II-Bezuges bestehende Beitragserstattungsanspruch an das Jobcenter abgetreten wird.

6   Beitragszuschuss zur Vermeidung von Hilfebedürftigkeit

Reicht das anrechenbare Einkommen zwar zur Deckung des Grundsicherungsbedarfs (Regelbedarf, Mehrbedarf plus Unterkunftskosten), nicht aber zur Finanzierung eines angemessenen KV-Schutzes, übernimmt nach § 26 Abs. 1 Satz 2 SGB II, § 152 Abs. 4 VAG das Jobcenter für privat und freiwillig Krankenversicherte die KV-Beiträge, die erforderlich sind, um Hilfebedürftigkeit **allein** wegen der Entrichtung der Beiträge abzuwenden.

A. und B. leben in Einstandspartnerschaft. A. verdient ein nach § 11 SGB II anrechenbares Einkommen in Höhe von 1.050 €. Die Unterkunfts- und Heizkosten betragen 300 €.   *Beispiel 1*

Regelbedarf (2 x 364 €)	728 €
+ Unterkunfts- und Heizkosten	+ 300 €
Gesamtbedarf	**= 1.028 €**

Damit übersteigt das Einkommen den Bedarf; A. und B. erhalten kein Alg II. Da sie nicht verheiratet sind, kann B. nicht über die Pflichtversicherung des Partners aus der ausgeübten Beschäftigung familienversichert werden. B. muss für einen privaten KV-/PV-Schutz 300 € aufwenden.

Gesamtbedarf	1.028 €
+ KV-/PV-Beitrag B.	+ 300 €
= Gesamtbedarf mit KV/PV	**= 1.328 €**
– Anrechenbares Gesamteinkommen	– 1.050 €
= Beitragszuschuss	**= 278 €**

B. hat somit Anspruch auf einen Beitragszuschuss nach § 26 Abs. 2 Nr. 1 SGB II in Höhe von 278 €.

A. erzielt aus einer selbständigen Tätigkeit einen Gewinn von 1.000 € monatlich. Die angemessenen Unterkunfts- und Heizkosten betragen 350 €. Da Fördermittel nach dem SGB III und SGB II ausgeschöpft sind, muss A. für die KV den gesetzlichen Mindestbeitrag für hauptberuflich Selbständige nach § 240 Abs. 4 SGB V zahlen. Er beantragt einen Zuschuss nach § 26 Abs. 1 Nr. 2 SGB II.   *Beispiel 2*

Gewinn		1.000 €
– Erwerbstätigenfreibetrag (gemäß § 11b Abs. 3 SGB II)	–	180 €
– Versicherungsbeiträge für die private Vorsorge – 100 €-Grundpauschale	–	316 €
= Anrechenbares Gesamteinkommen	**=**	**504 €**

Gesamtbedarf (404 € + 350 €)		754 €
– Anrechenbares Gesamteinkommen	–	504 €
= Beitragszuschuss	**=**	**250 €**

Zuschuss im notwendigen Umfang

Die Höhe der zur Überwindung der Hilfebedürftigkeit zu übernehmenden Zuschüsse ist nicht begrenzt. Eine Versicherung zu unangemessenen Bedingungen (Zusatztarife oder teurere Wahltarife) muss aber im Rahmen der versicherungsrechtlichen Möglichkeiten auf den notwendigen Umfang zurückgeführt werden.

Zuschuss ist kein Alg II

Der allein zur Überwindung der Hilfebedürftigkeit gewährte KV-Zuschuss ist kein Alg II. Der Bezieher des Zuschusses ist daher weder von Wohngeldansprüchen noch vom Kinderzuschlag ausgeschlossen; der Zuschuss kann zusätzlich zu diesen Leistungen gezahlt werden, wenn nur so die Hilfebedürftigkeit überwunden wird.

Auffangversicherung

Obwohl nicht ausdrücklich geregelt, gibt § 26 Abs. 1 Satz 2 SGB II (i.d.F. bis 31.12.2016) analog auch einen Zuschuss zur Auffangversicherung nach § 5 Abs. 1 Nr. 13 SGB V, wenn allein wegen der Entrichtung dieser KV-Beiträge Hilfebedürftigkeit entstünde.

7   Zusatzbeitrag nach § 242 SGB V

Zum 1.1.2015 wurde mit dem GKV-FQWG vom 21.7.2014 (BGBl. 2014, S. 1133) der Zusatzbeitrag neu geregelt.

7.1   Wer trägt den Zusatzbeitrag?

Alg II-Bezieher

Von Mitgliedern nach § 5 Abs. 1 Nr. 2a SGB V (= Alg II-Bezieher) wird ein durchschnittlicher Zusatzbeitrag erhoben (§ 242a Abs. 3 Nr. 1 SGB V), den das Jobcenter in vollem Umfang trägt (§ 251 Abs. 4 Satz 1 SGB V).

Sozg-Bezieher

Anders als bisher, haben ab 1.1.2015 freiwillig (Weiter-)Versicherte und Auffang-Versicherte nach § 5 Abs. 1 Nr. 13 SGB V, die Sozialgeld beziehen, den allgemeinen Beitrag und – falls nach Krankenkassenlage nötig – einen individuellen Zusatzbeitrag zu entrichten. Da nach dem Wortlaut von § 26 Abs. 1 SGB II (i.d.F. bis 31.12.2016) der von der Krankenkasse erhobene Beitrag übernommen wird und ab 1.1.2015 auch der Zusatzbeitrag dazu gehört, gibt § 26 SGB II einen Anspruch auf volle Kostenübernahme.

Nach Schätzungen zum Finanzbedarf verlangen ab 1.1.2016 fast alle gesetzlichen Krankenkassen Zusatzbeiträge. Trotz Wechsel zur »billigeren« Kasse wird dann ein Zusatzbeitrag unvermeidbar sein. Ob nur dieser Zusatzbeitrag übernommen wird, § 26 SGB II also zum Kassenwechsel verpflichtet, ist fraglich. Die Härtefall-Rechtsprechung zum früheren § 26 Abs. 4 SGB II (dazu LSG NRW vom 6.2.2012 – L 19 AS 2308/11 B) kann nicht auf die ab 1.1.2015 geltende Rechtslage übertragen werden.

Krankenkassen-wechsel?

Von weiteren beitragspflichtigen Einnahmen des Alg II-Beziehers wird der individuelle Zusatzbeitrag nach § 242 Abs. 1 SGB V erhoben. Für Bezieher von Alg I trägt die BA den allgemeinen Beitrag plus Zusatzbeitrag (§ 251 Abs. 4a SGB V). Versicherungspflichtige Arbeitnehmer müssen den Zusatzbeitrag, der künftig direkt vom Arbeitgeber zusammen mit dem allgemeinen Krankenkassenbeitrag abgeführt wird, allein aufbringen. Dieser kann nach § 11b Abs. 1 Nr. 2 SGB II vom Erwerbseinkommen abgesetzt werden.

Aufstocker

Im Basistarif ist das Versicherungsunternehmen berechtigt, dem Beitrag, der meist dem Höchstbeitrag in der GKV entspricht, noch den durchschnittlichen Zusatzbeitrag nach § 242a SGB V hinzuzurechnen (§ 152 Abs. 3 VAG). In Weiterführung der Rechtsprechung des BSG vom 18.1.2011 – B 4 AS 108/10 R werden die Jobcenter den PKV-Beitrag bis zur Höhe des halben Basistarifs zuzüglich Zusatzbeitrag übernehmen müssen.

Zusatzbeitrag bei PKV-Versicherten

7.2 Zuschuss zur Vermeidung von Hilfebedürftigkeit

Entstünde allein wegen der Aufwendungen für den Zusatzbeitrag ein Anspruch auf Alg II, wird ein Zuschuss in der zur Abwendung der Hilfebedürftigkeit erforderlichen Höhe gewährt. Der Zuschuss ist kein Alg II, kann also ebenso wie der KV-Beitragszuschuss nach § 26 Abs. 1 Satz 2 SGB II neben Wohngeld oder Kinderzuschlag beansprucht werden.

8 Rückwirkende Aufhebung der Alg II-Bewilligung

Der über den Leistungsbezug vermittelte KV-Schutz fällt nicht nachträglich weg, wenn die Alg II-Bewilligung rückwirkend aufgehoben wird (§ 5 Abs. 1 Nr. 2a SGB V).

Neben den überzahlten Leistungen der Grundsicherung sind bei einer Aufhebung, die der Leistungsempfänger wegen einer zumindest grob fahrlässigen Verletzung seiner Mitteilungspflichten aus § 60 SGB I zu vertreten hat (§§ 45 Abs. 2 Satz 3, 48 Abs. 1 Satz 2 Nr. 2 SGB X), auch

Erstattung der KV-Beiträge bei Leistungs-aufhebung

die im Aufhebungszeitraum aufgewendeten KV-Beiträge zu erstatten; es sei denn, im selben Zeitraum besteht eine anderweitige KV-Pflichtversicherung, z. B. aufgrund einer mehr als geringfügigen Beschäftigung, die zum Wegfall der Bedürftigkeit geführt hatte. Dies besagt der über § 40 Abs. 1 Nr. 5 SGB II für entsprechend anwendbar erklärte § 335 Abs. 1 SGB III.

Auch als Ersatzanspruch

Nach §§ 34, 34a SGB II können die KV-/PV-Beiträge bei verschuldeter Alg II-Zahlung auch über einen Ersatzanspruch eingefordert werden.

Nicht bei Alg I-Aufstockern

Muss Alg I wegen nicht gemeldeter Beschäftigung zurückgezahlt werden, ohne dass diese Beschäftigung den Alg II-Anspruch beseitigt, steht einem KV-Erstattungsanspruch der AA gegen den Alg I-Bezieher nach § 335 SGB III die Pflichtversicherung nach § 5 Abs. 1 Nr. 2a im Weg (SG Berlin vom 10.12.2010 – S 58 AL 3708/10).

Beispiel

G. erhält zu Alg I ergänzend Alg II. Ohne dies der AA oder dem Jobcenter mitzuteilen, nimmt er einen 400 €-Job mit einer wöchentlichen Arbeitszeit von 17 Stunden auf. Er verliert damit den Anspruch auf Alg I (§ 138 SGB III), hatte aber trotz Alg I und anrechenbarem Einkommen von 240 € noch Anspruch auf Alg II. Die hieran geknüpfte Versicherung nach § 5 Abs. 1 Nr. 2a SGB V schließt eine Erstattung der Alg I-KV-Beiträge aus. Die AA muss sich wegen einer Erstattung an die Krankenkasse wenden.

Nicht bei Redlichkeit

Eine Pflicht zur Erstattung der KV- und PV-Beiträge entsteht nicht, wenn der Leistungsempfänger korrekte Angaben gemacht und Änderungen rechtzeitig mitgeteilt hat (BSG vom 21.11.2002 – B 11 AL 79/01 R).

Nicht bei Erhaltung der KV-Mitgliedschaft

Eine weitere, aus dem Zweck der Erstattungsvorschrift abgeleitete Einschränkung besteht in Fällen, in denen ein weiteres, aber beitragfreies KV-Verhältnis (Fortgeltung der Mitgliedschaft) besteht. Dies sind insbesondere die Bezieher von
– Krankengeld (s. dazu → S. 817 ff.);
– Verletztengeld;
– Mutterschaftsgeld;
– Übergangsgeld.

Die Genannten begründen damit kein weiteres KV-Verhältnis i. S. von § 335 SGB III. Sie wären damit grundsätzlich erstattungspflichtig. Dies widerspricht jedoch dem Sinn des § 335 Abs. 1 SGB III. Es liegt nahe, Personen mit gesetzlichem Anspruch auf Krankenversorgung Personen gleichzustellen, für die ein weiteres, aber beitragsfreies KV-Verhältnis besteht. In diesen Fällen können deshalb die Beiträge vom Leistungsbezieher nicht zurückgefordert werden.

Beispiel

A. bezieht laufend Alg II, aufstockend zum Krankengeld nach einem gekündigten Beschäftigungsverhältnis. Das Jobcenter erfährt anlässlich eines versäumten Meldetermins am 15.12., dass A. vom 1.12. bis zum 3.1. verreist war. A. hat dann zwar wegen einer Verletzung der Mitteilungspflicht das vom 1.12. bis zum 3.1. zu Unrecht gezahlte (§ 7 Abs. 4a SGB II) Alg II zu erstatten, nicht jedoch die vom Jobcenter für diese Zeit aufgewendeten KV-Beiträge.

Wurde Alg II nur vorläufig nach § 41a SGB II bewilligt und stellt sich später heraus, dass kein Anspruch bestand, umfasst die Erstattungsforderung nach § 41a Abs. 6 SGB II auch die KV-Beiträge. Vertrauensschutz gibt es nicht (BayLSG vom 21.1.2010 – L 9 AL 407/05). Vorläufige Bewilligung

Wird Alg II als Vorschuss nach § 42 SGB I gezahlt, sind die dafür entrichteten KV-Beiträge im Fall einer Rückforderung des Vorschusses nicht zu erstatten (LSG Sachsen-Anhalt vom 28.3.2012 – L 2 AS 24/12 B). Vorschuss

9   Befreiung von Zuzahlungen

9.1   Grundsatz

Im Regelbedarf sind die Anteile für die »Gesundheitspflege« sehr knapp kalkuliert. Der Mehrbedarf nach § 24 Abs. 3 Nr. 3 SGB II rechtfertigt die vom Gesetzgeber vorgenommenen Kürzungen nicht (dazu → S. 231). Neben den vom BVerfG vom 23.7.2014 – 1 BvR 10/12 erwogenen Lösungen über eine verfassungskonforme Auslegung von SGB II-Vorschriften, ist es für SGB II-Haushalte daher wichtig, die eigenen Aufwendungen für die Gesundheitspflege möglichst gering zu halten. Dazu dient die im SGB V geregelte Befreiung von den Zuzahlungen zu medizinisch notwendigen Behandlungsleistungen, die hier deshalb genauer dargestellt wird.

Dass Hilfebedürftige den begrenzten Zusatzbeitrag nach § 62 SGB V zahlen müssen, ist nach BSG vom 22.4.2008 – B 1 KR 10/07 R verfassungsrechtlich nicht zu beanstanden; die Verfassungsbeschwerde wurde nicht zur Entscheidung angenommen – BVerfG vom 25.3.2010 – 1 BvR 2220/08; ebenso für das SGB XII das BSG vom 16.12.2010 – B 8 SO 7/09 R. Eine Härte, die sich daraus ergeben kann, dass z.B. kurzfristig kostenaufwändigere, fast die gesamte zumutbare Zuzahlung verschlingende GKV-Leistungen in Anspruch genommen werden müssen, ist nach BSG vom 22.4.2008, a.a.O. mit einem auf zwölf Monate zu verteilenden Darlehen aufzufangen (s. dazu auch BayLSG vom 9.10.2012 – L 7 AS 672/12 NZB). Unter Geltung von § 42a SGB II und vor dem Hintergrund der vom BVerfG geforderten verfassungskonformen Auslegung zur Sicherstellung des Existenzminimums verpflichtet dies das Jobcenter zur Darlehensgewährung, verbunden mit einer Reduzierung der Tilgungsrate auf einen Betrag von monatlich 8,08 € [(12 x 404 € x 2%) : 12]. § 42a SGB II wird nicht ausgehebelt, weil es sich um eine Stundung des Regeltilgungsbetrages handelt, die verfassungsrechtlich geboten ist (Ermessensreduktion auf Null). Rechtsgrundlage dafür ist § 76 SGB IV analog (s. dazu LSG Sachsen Kein Nulltarif

vom 24.5.2012 – L 3 AS 208/11). Ggf. ist auch ein (Teil-)Erlass der 10%-Tilgungsrate nach § 44 SGB II zu prüfen (dazu LSG Baden-Württemberg vom 21.5.2014 – L 3 AS 2383/13).

Wahltarif

Seit dem 1.4.2007 können Alg II-Bezieher über die Wahl einer besonderen Versorgungsform nach § 53 Abs. 3 SGB V eine Zuzahlungsermäßigung bekommen. Wahltarife, bei denen mit einem monatlichen Zuschlag zum KV-Beitrag bestimmte oder alle Zuzahlungen abgegolten sind, können von Leistungsberechtigten, deren Beitrag voll vom Jobcenter getragen wird, nicht gewählt werden. Bei Aufstockern mindert sich das anrechenbare Einkommen um diesen Beitrag; ob sie verpflichtet sind, auf einen günstigeren Tarif zu wechseln, ist nach den Umständen des Einzelfalls zu entscheiden (→ S. 441).

Zuzahlungsbegrenzung

Um die von krankenversicherten Personen zu leistenden Zuzahlungen zu Medikamenten, stationären Behandlungen, Heilmitteln und Hilfsmitteln nicht außer Verhältnis zum verfügbaren Familieneinkommen steigen zu lassen, sieht § 62 SGB V Höchstgrenzen vor; werden diese Grenzen überschritten, ist auf Antrag bei der zuständigen Krankenkasse eine Befreiung zu erteilen und eine entsprechende Bescheinigung auszustellen.

Befreiungsantrag

Der Antrag kann im laufenden Kalenderjahr, am Ende des Jahres rückwirkend oder gegen Vorauszahlung einer Pauschale zu Beginn des Kalenderjahres gestellt werden. Zuständig ist die Krankenkasse, bei der der Betroffene zum Zeitpunkt der Antragstellung versichert ist. Eine von dieser Krankenkasse erteilte Befreiung wirkt bei unveränderten Belastungen auch gegen eine andere, durch Wechsel zuständig gewordene Krankenkasse.

Welche Krankenkasse entscheidet?

Sind die Versicherten einer Familie bei mehreren Krankenkassen versichert, ist die **zuerst** angegangene Krankenkasse für die Befreiung zuständig.

Bei Ermittlung der Belastungsgrenze, ab der keine Zuzahlung mehr zu erbringen ist, werden die Zuzahlungen der zu berücksichtigenden Familienmitglieder und das der Familie zur Verfügung stehende, berücksichtigungsfähige Einkommen zusammengerechnet (§ 62 Abs. 2 SGB V).

Zur Entscheidung über einen Befreiungsantrag ist also zu klären:

1. Welcher Personenkreis ist zu berücksichtigen?

2. Welche Bruttoeinnahmen sind zu berücksichtigen?

3. Welche konkreten Belastungsgrenzen sind zu berücksichtigen?

4. Welche Zuzahlungen werden berücksichtigt?

9.2   **Berücksichtigungsfähiger Personenkreis**

Nach § 62 SGB V werden Ehe-/Lebenspartner und die im Haushalt lebenden Kinder berücksichtigt. Minderjährige Kinder müssen nicht familienversichert sein (BSG vom 26.6.2007 – B 1 KR 41/06 R). Bei volljährigen Kindern verlangen die Krankenkassen den Nachweis einer Familienversicherung (Besprechung der Spitzenverbände vom 18.12.2007).

Bei Ehegatten und Lebenspartnern ist ein gemeinsamer Haushalt i. S. von § 62 SGB V auch dann anzunehmen, wenn ein Ehegatte oder Lebenspartner dauerhaft in einer vollstationären Einrichtung aufgenommen wurde, in der Leistungen gemäß § 43 oder § 43a SGB XI erbracht werden (LSG Berlin-Brandenburg vom 14.11.2014 – L 1 KR 310/14 NZB: Behindertes Kind im Haushalt).

Gemeinsamer Haushalt trotz Pflegeheim-Unterbringung

Bei Bezug von Alg II werden nach § 62 Abs. 2 Satz 6 SGB V auch die in BG lebenden Einstandspartner in die Berechnung der Belastungsgrenzen einbezogen. Nach Ansicht der Spitzenverbände der Krankenkassen sollen dagegen die Partner der BG im Rahmen des § 62 SGB V getrennt beurteilt werden; anderenfalls wären berufstätige Paare, die kein Alg II beziehen, bei der Befreiung von der Zuzahlung schlechter gestellt. Dem ist zu widersprechen: Einstandspartner einer BG werden sozialrechtlich Ehe-/Lebenspartnern gleichgestellt. Der Vergleich zu berufstätigen Paaren mit bedarfsdeckendem Einkommen ist daher schief. Der Streitfall ist mittels einer Klage gegen die Krankenkasse, nicht gegen das Jobcenter zu entscheiden.

Auch einstandspflichtige Partner der BG

Für Personen, die nicht mehr zur BG gehören, ist eine getrennte Berechnung vorzunehmen:

A. und B. leben mit dem gemeinsamen Kind T. zusammen. Sie beziehen beide Alg II. Zum 1.9.2014 nimmt T. eine Ausbildungsstelle mit 800 € Vergütung an.
Berechnung der Belastungsgrenze:
Für A. und B. ist der volle Regelbedarf nach § 20 SGB II maßgebend (Belastungsgrenze → S. 810). Das mit Aufnahme der Ausbildung nicht mehr hilfebedürftige und selbst krankenversicherte Kind T. kann am Jahresende einen Befreiungsantrag stellen und eine Erstattung erhalten, falls es im Jahr 2015 mehr als 64 € (= 800 €/Monat x 4 Monate x 2 %) Zuzahlungen aufbringen musste.

Beispiel

9.3   **Berücksichtigungsfähige Bruttoeinnahmen**

Nach § 62 Abs. 2 Sätze 1 und 6 SGB V werden die Bruttoeinnahmen zum Lebensunterhalt der im Haushalt/in der BG lebenden, berücksichtigungsfähigen Angehörigen zusammengerechnet. Kindergeld, Wohngeld und BAföG werden nicht mitgerechnet. Es wird nicht danach unterschieden, ob der Einkommen beziehende

Partner privat oder familienversichert ist (LSG Schleswig-Holstein vom 13.12.2006 – L 5 KR 1/06).

Regelbedarf = Mindesteinnahmebetrag

Für eine BG ist der Regelbedarf von 404 € generell als Mindesteinnahmebetrag für die Berechnung der Belastungsgrenze anzusetzen. Das gilt auch, wenn zusätzliche Einnahmen aus einer nicht bedarfsdeckenden Tätigkeit erzielt werden. Sind die zusätzlichen Einnahmen so hoch, dass das Jobcenter praktisch nur die Unterkunftskosten trägt, ändert das nichts.

Mischberechnung

Tritt erst im Verlauf des Jahres SGB II-Hilfebedürftigkeit ein oder wird der laufende Alg II-Bezug durch Aufnahme einer bedarfsdeckenden Arbeit beendet, ist eine Mischberechnung vorzunehmen:

Beispiel

A. ist vom 1.1. bis 30.9.2015 gegen ein Bruttoentgelt von 1.500 € beschäftigt. Wegen Arbeitslosigkeit ohne Erwerb einer Anwartschaftszeit für Alg I bezieht er ab 1.10. für sich, seine Ehefrau und ein Kind Alg II/Sozialgeld. Als Einnahmen zur Berechnung der Belastungsgrenze sind 9 x 1500 € plus 3 x 404 € anzusetzen.

Verbleibt nach Abzug des Familienabschlags rechnerisch kein Arbeitseinkommen, ist der Zuzahlungsbetrag nur aus der Summe der Regelbedarfe zu ermitteln.
Der volle Regelbedarf ist nicht als Mindestbetrag zur Berechnung der Zuzahlungsgrenze anzusetzen, wenn die Familie kein Alg II bezieht und tatsächlich über ein geringeres Monatseinkommen verfügt (BSG vom 22.4.2008 – B 1 KR 5/07 R und B 1 KR 20/07 R). Ein Monatseinkommen unterhalb der SGB II-Regelbedarfe gibt aber keinen Anspruch auf eine komplette Befreiung von der Zuzahlungspflicht (HessLSG vom 18.3.2009 – L 8 KR 52/09 B ER).

9.4   Belastungsgrenze

Einheitlich für die BG

Grundsätzlich gilt für den Familienverband/die BG eine einheitliche Belastungsgrenze von 2 % der berücksichtigungsfähigen Bruttoeinnahmen. Wird im gesamten Jahr Alg II bezogen, beläuft sich die Belastungsgrenze ungeachtet der Größe der BG 2016 somit auf 12 x 404 € x 2 % = 96,96 €.

Chronisch Kranke

Liegt bei einem gesetzlich Krankenversicherten der BG eine schwerwiegende, chronische Erkrankung in Dauerbehandlung vor, wird die Belastungsgrenze für den **gesamten** Familienverband auf 1 % der berücksichtigungsfähigen Einnahmen gesenkt. Seit dem 1.1.2008 ist dazu außerdem erforderlich, dass der Erkrankte die in § 25 SGB V genannten Vorsorgeuntersuchungen regelmäßig in Anspruch genommen hat (§ 62 Abs. 1 Satz 2 SGB V). Auf der Grundlage einer dafür speziell vorgesehenen ärztlichen Bescheinigung trifft die für den einzelnen Versicherten zuständige Krankenkasse eine Entscheidung, ob eine derartige chronische Erkrankung vorliegt.

Die Belastungsgrenze wird nicht auf 1 % gesenkt, wenn eine zweite chronische Erkrankung besteht, für die es keine Vorsorge gibt. — *Keine Absenkung*

Die Einzelheiten werden durch Beschluss des Gemeinsamen Bundesausschusses der Ärzte und Krankenkassen geregelt, der jeweils den aktuellen medizinischen Stand wiedergibt. — *Richtlinie Bundesausschuss*
Die Richtlinie kann auf der Webseite des Gemeinsamen Bundesausschusses (http://www.g-ba.de) abgerufen werden.

Nach der Verwaltungsvereinbarung der Spitzenverbände der Krankenkassen zu § 62 SGB V ist die Absenkung der Belastungsgrenze auf 1 % ab dem 1.1. des Kalenderjahres vorzunehmen, in dem die Behandlung der chronischen Erkrankung ein Jahr andauert. Sie gilt dann längstens bis zum Ablauf dieses Jahres.

Die allein erziehende S. lebt mit Kind K. in BG. Beide beziehen Alg II/Sozialgeld. Nach ärztlichem Nachweis ist K. seit dem 11.6.2013 wegen derselben chronischen Krankheit in Dauerbehandlung. Mit Ablauf des 10.6.2014 befindet sich das Kind ein Jahr in Dauerbehandlung. Am 15.6.2014 wird ein Antrag auf Herabsetzung der Belastungsgrenze auf 1 % gestellt. Für die BG ist dann mit Wirkung ab 1.1.2014 bis zum 31.12.2014 eine Belastungsgrenze von 1 % anzuerkennen. Die Höchstgrenze für Zuzahlungen 2016 liegt dann bei 12 x 404 € x 1 % = 48,48 €. — *Beispiel*

9.5 Welche Zuzahlungen werden berücksichtigt, welche nicht?

Um zu ermitteln, wann die BG die für sie geltende Belastungsgrenze überschritten hat, sind sorgfältig die selbst aufgewendeten Eigenbeiträge zur Gesundheitsvorsorge/-behandlung zu dokumentieren und zu sammeln.

Zuzahlungen zu Leistungen der gesetzlichen KV sind in dem Jahr zu berücksichtigen, in dem sie geleistet werden. Für die zeitliche Zuordnung ist allein der Zeitpunkt maßgebend, an dem die Aufwendungen tatsächlich geleistet wurden; denn erst zu diesem Zeitpunkt haben sie den Versicherten belastet. Ein etwaiger schleppender Verwaltungsablauf bei der Krankenkasse ist nach LSG NRW vom 4.9.2008 – L 16 KR 48/08 irrelevant. Belastungen durch Aufwendungen für Krankenbehandlungen im Rahmen einer privaten KV werden im Rahmen des § 62 SGB V nicht berücksichtigt (LSG Schleswig-Holstein vom 13.12.2006 – L 5 KR 1/06; BSG vom 10.8.2010 – B 1 KR 58/10 B; SG Aachen vom 14.2.2012 – S 13 KR 316/11). Wurde zuviel zugezahlt, weil die Krankenkasse die Grenze nicht rechtzeitig oder zu hoch bescheinigt hat, sind Zuzahlungen über die Belastungsgrenze hinaus zu erstatten (BSG vom 22.4.2008 – B 1 KR 20/07 R).

§ 32 Abs. 4 SGB VI enthält für die medizinische Reha durch den Rentenversicherungsträger eine von der Belastungsgrenze des § 62 SGB V abweichende Regelung. Der Rentenversicherungsträger ent- — *Leistungen der Rentenversicherung* scheidet eigenständig, wann von einer Zuzahlung wegen unzumutbarer Belastung abgesehen werden kann. Nach SG Berlin vom 10.1.2013 – S 31 R 3260/08 können Zuzahlungen nach dem SGB VI auch dann noch zu leisten sein, wenn die Belastungsgrenze nach dem SGB V bereits erreicht ist.

Nach § 2 der »Richtlinien für die Befreiung von der Zuzahlung bei Leistungen zur medizinischen Rehabilitation und sonstigen Leistungen zur Teilhabe«, die das Ermessen des Rentenversicherungsträgers steuern, haben hilfebedürftige Personen nach dem SGB II keine Zuzahlungen zu leisten.

Es werden nicht alle Zuzahlungen, die im Zusammenhang mit kassenärztlichen Leistungen nach dem SGB V erbracht werden, berücksichtigt. Nachfolgend sind die berücksichtigungsfähigen und die nicht zu berücksichtigenden Zuzahlungen aufgelistet.

Zuzahlungen i. S. von § 62 SGB V[1]

- **Arzneimittel und Verbandsmittel**
  10 % des Preises, jedoch mindestens 5 €, höchstens 10 €, nicht mehr als die Kosten des Mittels.

- **Fahrkosten**
  Pro Fahrt 10 % des Preises, jedoch mindestens 5 €, höchstens 10 €.

- **Häusliche Krankenpflege**
  10 % der Kosten begrenzt auf 28 Tage pro Kalenderjahr, zuzüglich 10 € je Verordnung.
- **Haushaltshilfe**
  10 % der kalendertäglichen Kosten, jedoch mindestens 5 €, höchstens 10 €.

- **Heilmittel**
  10 % der Kosten zuzüglich 10 € je Verordnung.

- **Hilfsmittel**
  10 % für jedes Hilfsmittel, jedoch mindestens 5 €, höchstens 10 €, nicht mehr als die Kosten des Mittels.
  Ausnahme: Hilfsmittel, die zum Verbrauch bestimmt sind: 10 % je Verbrauchseinheit, maximal 10 € pro Monat.
  Gehörlose Versicherte haben gegen ihre Krankenkasse Anspruch auf Versorgung mit einem ihren Bedürfnissen angepassten Rauchwarnmeldesystem. Die für dieses Hilfsmittel anfallende Zuzahlung ist unabhängig von der Zahl der in der Wohnung anzubringenden Rauchwarnmelder nur einmal zu entrichten (BSG vom 18.6.2014 – B 3 KR 8/13 R).

---

[1] Kinder und Jugendliche sind bis zum 18. Geburtstag generell von Zuzahlungen befreit; Ausnahme: Zahnersatz, was nach dem BSG vom 7.5.2013 – B 1 KR 5/12 R nicht zu beanstanden ist.

- **Krankenhausbehandlung**
  10 € pro Kalendertag, maximal 28 Tage pro Jahr.

- **Medizinische Rehabilitation (ambulant und stationär)**
  10 € pro Tag, bei Anschlussheilbehandlung begrenzt auf 28 Tage.

- **Medizinische Rehabilitation für Mütter und Väter**
  10 € pro Tag.

- **Soziotherapie**
  10 % der kalendertäglichen Kosten, jedoch mindestens 5 €, höchstens 10 €.

- **Zahnersatz**
  Keine Zuzahlung bei unzumutbarer Belastung und Wahl der Regelversorgung. Eine unzumutbare Belastung liegt nach § 55 Abs. 2 Nr. 2 SGB V vor, wenn der Krankenversicherte SGB II-Leistungen erhält. Die Leistungen nach dem SGB II müssen nicht die einzige Einnahmequelle der BG sein. Auch Aufstocker können zuzahlungsfrei versorgt werden, wenn nicht lediglich einmalige Leistungen nach § 24 Abs. 3 SGB II bezogen werden (Besprechung der Spitzenverbände vom 16.8.2006). Der Zahnersatz wird zunächst mit dem doppelten Festzuschuss bewilligt, da zu diesem Zeitpunkt noch nicht feststeht, wie hoch die tatsächlichen Kosten sind. Für eventuelle Mehrleistungen, wie z. B. höherwertige Legierungen aus Edelmetall, müssen die Kosten selbst getragen werden. Wird Zahnersatz gewählt, der von der Regelversorgung abweicht oder darüber hinausgeht, erstattet die Krankenkasse den doppelten Festzuschuss der entsprechenden Regelversorgung (s. dazu BSG vom 8.9.2015 – B 1 KR 22/14 R). Die verbleibenden Mehrkosten müssen allein getragen werden (LSG NRW vom 4.6.2014 – L 9 SO 84/14 B und 13.1.2014 – L 12 AS 1855/13 B). Das gilt nach LSG NRW vom 25.2.2010 – L 16 KR 188/09 auch dann, wenn andere als zahnmedizinische Gründe (Behinderung) eine aufwändigere Versorgung erfordern. Gegebenenfalls kommen dann Hilfen nach § 21 Abs. 6 SGB II in Betracht (→ S. 291 f.).

Keine Zuzahlungen i. S von § 62 SGB V

sind Kosten, die dadurch entstehen, dass

- Arznei-/Hilfsmittel abgegeben werden, die höhere als die vom Festbetrag abgedeckten Kosten verursachen. Auf der Webseite des VdeK kann tagesaktuell eine Liste zuzahlungsfreier Arzneimittel abgerufen werden;

- aufwändigere Leistungen als eigentlich notwendig in Anspruch genommen werden;

- Aufwendungen für Mittel entstehen, deren Verordnung zulasten der KV ausgeschlossen ist (z. B. Fahrkosten zur ambulanten Behandlung ohne Genehmigung i. S. § 60 Abs. 1 Satz 2 SGB V);

- Eigenanteile für Hilfsmittel, die gleichzeitig als Gebrauchsgegenstände des täglichen Lebens nutzbar sind, erhoben werden (z. B. LSG Sachsen-Anhalt vom 4.12.2013 – L 4 KR 6/13: Tempur-Matratze);

- Leistungen ohne ärztliche Verordnung bezogen werden. Apothekenpflichtige, nicht verschreibungspflichtige Arzneimittel müssen grundsätzlich aus dem Regelbedarf finanziert werden (LSG NRW vom 24.7.2014 – L 19 AS 1088/14 B ER). Dies ist damit zu rechtfertigen, dass solche Medikamente, wenn sie bei der Behandlung schwerwiegender Erkrankungen als Therapiestandard gelten und insofern zur Erhaltung der Gesundheit notwendig sind, vom Vertragsarzt ausnahmsweise zu Lasten der Krankenkasse verordnet werden können (s. dazu LSG Berlin-Brandenburg vom 2.4.2013 – L 1 KR 195/10 und vom 15.5.2013 – L 7 KA 3/10 KL);

- Abschläge im Rahmen der Kostenerstattung etwa für Verwaltungskosten und fehlende Wirtschaftlichkeitsprüfungen vorgenommen werden;

- Versicherte Eigenanteile für im Ausland in Anspruch genommene Sachleistungen geleistet haben.

Ebenfalls nicht zu berücksichtigen sind Eigenanteile zu Zahnersatz und kieferorthopädischer Behandlung sowie bei Maßnahmen zur künstlichen Befruchtung. Fahrkosten zur ambulanten Behandlung können nicht angerechnet werden, eine Berücksichtigung ist auch hier nur für den gesetzlich vorgesehenen Zuzahlungsbetrag möglich. Zur Kostenübernahme solcher Aufwendungen für die Gesundheit (→ S. 291 ff.)

10   Arbeitsunfähigkeit (AU) und Alg II

Leistungen nach dem SGB II erhält jeder Erwerbsfähige, d. h. auch der nur vorübergehend Erkrankte. Besteht schon zum Zeitpunkt der Antragstellung eine Erkrankung, schadet das anders als im SGB III nicht, sofern die Erwerbsfähigkeit voraussehbar nicht dauerhaft auf unter 15 Stunden pro Woche eingeschränkt ist.

AU-Richtlinien

Seit 1.1.2009 ist der Gemeinsame Bundesausschuss ermächtigt, Richtlinien über die AU der nach § 5 Abs. 1 Nr. 2a und der nach § 10 SGB V versicherten erwerbsfähigen Hilfebedürftigen zu beschließen (§ 92 Abs. 1 Nr. 7 SGB V). Hiermit wird die in § 56 Abs. 1 Satz 1 SGB II über eine Eingliederungsvereinbarung geforderte Vorlagepflicht einer AU-Bescheinigung auf eine rechtliche Grundlage gestellt, weil die AU-Richtlinien für Arbeitslose nach dem SGB III (§ 311 SGB III) nicht auf die Erwerbsobliegenheit für Alg II-Bezieher übertragbar sind. Ein Beschluss über AU-Richtlinien für Alg II-Bezieher ist zum 21.6.2012 gefasst worden. § 2 Abs. 3a AU-RL besagt:

> »Erwerbsfähige Leistungsberechtigte, die Leistungen zur Sicherung des Lebensunterhalts nach dem SGB II (Grundsicherung für Arbeitsuchende – ›Hartz IV‹) beantragt haben oder beziehen, sind arbeitsunfähig, wenn sie krankheitsbedingt nicht in der Lage sind, mindestens drei Stunden täglich zu arbeiten oder an einer Eingliederungsmaßnahme teilzunehmen.«

Nach einer Beanstandung der AU-Richtlinien, Arbeitslose nach dem SGB III betreffend, ist § 2 Abs. 1 der RL am 3.7.2013 neu gefasst worden. Ein Punkt der Beanstandung war, dass eine spezielle Regelung für Aufstocker (Personen, die zu ihrem Arbeitsentgelt oder Arbeitslose, die zu ihrem Arbeitslosengeld zusätzlich Alg II beziehen), fehlt.

AU-Feststellung bei Aufstockern

Spezielle AU-RL für Aufstocker wurden nicht erlassen. In den tragenden Gründen heißt es dazu:

> »Bei versicherungspflichtig Beschäftigten, die zusätzlich aufstockend Arbeitslosengeld II erhalten, beurteilt sich die Arbeitsunfähigkeit nach § 2 Abs. 1 der Richtlinien. Bewertungsmaßstab für diese Personen muss die vor Erkrankung ausgeübte Tätigkeit sein.
> Bei Arbeitslosengeldbeziehern oder Bezieherinnen, die zusätzlich aufstockend Arbeitslosengeld II erhalten, beurteilt sich die Arbeitsunfähigkeit nach § 2 Abs. 3 der Richtlinien. Bezieher von Arbeitslosengeld, die aufstockend Arbeitslosengeld II beziehen, unterliegen sowohl den Verfügbarkeitsanforderungen nach dem SGB III als auch den Eingliederungsregelungen nach dem SGB II. Bewertungsmaßstab für die Arbeitsunfähigkeit muss in diesem Fall der zeitliche Umfang sein, in dem sich Versicherte bei der Agentur für Arbeit zur Verfügung gestellt haben. Es gibt keinen Grund für eine Ungleichbehandlung gegenüber Arbeitslosengeld-Empfängern mit höherem Versicherungsschutz, die keine aufstockenden Leistungen des SGB II erhalten.«

Die Alg I-Aufstocker werden **ab 1.1.2017** nicht mehr vom Jobcenter eingegliedert. Für sie gilt § 2 Abs. 3a der AU-RL nur noch bei der Erfüllung der Meldepflichten gegenüber dem Jobcenter.

Die in § 56 Abs. 1 Satz 1 SGB II über eine Eingliederungsvereinbarung geforderte AU-Bescheinigung ist keine zwingende Leistungsvoraussetzung für die Weiterzahlung von Alg II trotz Krankheit. Es genügt daher auch ein aussagekräftiges Attest. Dieses kann auch rückwirkend ausgestellt werden, was bei einer AU-Bescheinigung nach § 5 Abs. 3 AU-Richtlinie (i.d.F. seit 4.3.2016) nur sehr eingeschränkt möglich ist.

Verlangt das Jobcenter die Vorlage eines Attestes, müssen die dafür vom Arzt verlangten Kosten übernommen werden. Nach DA 9 zu § 32 sind Kosten in »angemessenem Umfang« zu übernehmen.

Kosten für Attest

»Dies sind die nach Ziffer 70 der Gebührenordnung für Ärzte (GOÄ) vorgesehenen Gebühren für eine kurze Bescheinigung, und zwar in Höhe des bei Privatrechnungen üblichen 2,3fachen Satzes, mithin derzeit 5,36 EUR.«

Verlangt der Arzt höhere Kosten, kann die Vorlage eines Attestes nur bei voller Kostenübernahme gefordert werden.

Beweiswert der AU-Bescheinigung

Als Nachweis für die Unfähigkeit, aus gesundheitlichen Gründen beim Jobcenter zu erscheinen, kommt zwar regelmäßig die Vorlage einer AU-Bescheinigung in Betracht (s. dazu BT-Drs. 17/13637). Arbeitsunfähigkeit ist jedoch nicht im Einzelfall gleichbedeutend mit einer krankheitsbedingten Unfähigkeit, zu einem Meldetermin zu erscheinen. Im Zweifel ist das Jobcenter nicht an die AU-Bescheinigung gebunden und muss Feststellungen zum Nichtvorhandensein gesundheitlicher Gründe für das Meldeversäumnis treffen (BSG vom 9.11.2010 – B 4 AS 27/10). Diese Feststellungen müssen fundiert sein. Laienhafte Wertungen haben im Streitfall vor den Sozialgerichten keinen Bestand (vgl. dazu BSG vom 24.2.2011 – B 14 AS 49/10 R).

Zweifel an der AU

Da seit Juni 2012 spezielle AU-Richtlinien für SGB II-Leistungsberechtigte vorliegen, muss das Jobcenter bei Zweifeln an der AU-Bescheinigung eine gutachtliche Stellungnahme des Medizinischen Dienstes der KV (MDK) einholen. Die Prüfung des MDK hat unverzüglich nach Vorlage der ärztlichen Feststellung über die AU zu erfolgen (§ 56 Abs. 1 SGB II i. V. m. § 275 Abs. 1 Nr. 3b und Abs. 1a SGB V).

Zweifel an der AU sind nach § 275 Abs.1 Nr. 3 Buchstabe b SGB V insbesondere in Fällen angebracht, in denen

- Versicherte auffällig häufig oder auffällig häufig nur für kurze Dauer arbeitsunfähig sind oder der Beginn der AU häufig auf einen Arbeitstag am Beginn oder am Ende einer Woche fällt oder

- die AU von einem Arzt festgestellt worden ist, der durch die Häufigkeit der von ihm ausgestellten Bescheinigungen über AU auffällig geworden ist.

Der Praxis einiger Jobcenter in Ermangelung konkreter Richtlinien für Leistungsberechtigte eine AU-Bescheinigung generell anzuzweifeln (vgl. dazu LAG Hamm vom 9.4.2008 – 18 Sa 1938/07; LSG Rheinland-Pfalz vom 23.7.2009 – L 5 AS 131/08) oder eine »Bettlägerigkeitsbescheinigung« zu fordern, ist damit im Regelfall (SG Aurich vom 18.3.2015 – S 55 AS 43/15 ER) der Boden entzogen (LSG NRW vom 10.2.2010 – L 7 B 289/09 AS). Siehe aber BT-Drs. 17/13637, S. 8; SG Frankfurt am Main vom 11.6.2015 – S 26 AS 795/13: Wiederholte AU zum Meldetermin.

Nach § 56 Abs. 1 Satz 1 SGB II kann der Alg II-Bezieher über eine Eingliederungsvereinbarung verpflichtet werden,

Meldepflicht

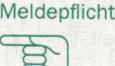

- eine eingetretene AU unverzüglich dem Jobcenter zu melden;

- spätestens nach Ablauf des dritten Erkrankungstags eine AU-Bescheinigung einzureichen.

Es ist dringend zu raten, dass bei Versäumnis eines Melde- oder Vorstellungstermins wegen einer Erkrankung auch für den konkreten Zeitpunkt des versäumten Termins eine ärztliche Bestätigung der Erkrankung besorgt wird. Ansonsten besteht im Streitfall das Problem, eine hinreichende Entschuldigung nachzuweisen (s. dazu SG Koblenz vom 7.7.2010 – S 16 AS 212/10). Da es sich bei einer Erkrankung um eine in der Sphäre des Betroffenen liegende Tatsache handelt, gehen Zweifel zu seinen Lasten (SG Koblenz, a.a.O.; s. auch BayLSG vom 25.6.2013 – L 10 AL 186/13 NZB).

Für Nachweis sorgen!

Bei Erkrankungen im Ausland ist darauf zu achten, die Bescheinigung nach Möglichkeit von einer dazu autorisierten Stelle (Krankenhaus usw.) ausstellen zu lassen. Erkundigen Sie sich vorher bei der Krankenkasse, an wen Sie sich im Reiseland wenden müssen.

Erkrankung
im Ausland

Lebt im Haushalt des Alg II-Beziehers ein Kind unter zwölf Jahren, das wegen einer Erkrankung Unterstützung des Elternteils braucht, gibt es zwar im SGB II keine § 45 SGB V oder § 146 SGB III vergleichbare Regelung; dennoch sollte in solch einem Fall die dafür vorgesehene AU-Bescheinigung besorgt werden, damit eventuell anstehende Termine/Verpflichtungen ausreichend entschuldigt werden können.

Erkrankung
des Kindes

11 Krankengeld

Die Mitgliedschaft über den Alg II-Bezug nach § 5 Abs. 1 Nr. 2a SGB V begründet keinen Anspruch auf Krankengeld, Alg II gibt es ja trotz Krankheit. Dagegen vermittelt der Bezug von Alg I eine Mitgliedschaft mit Anspruch auf Krankengeld. Alg I gibt es bei Krankheit nur für längstens 6 Wochen (§ 146 SGB III). Dauert die Erkrankung länger, gewährt die Krankenkasse ab der 7. Woche Krankengeld in Höhe des zuletzt gezahlten Alg I (§ 47 b SGB V). Läuft ein Anspruch auf Alg I während einer Zeit aus, in der Alg I nach § 146 SGB III fortgezahlt wird, entsteht ein Anspruch auf Krankengeld (BSG vom 6.11.2008 – B 1 KR 37/07 R). Bei Bezug von Alg II aufstockend zum Alg I wechselt der Arbeitslose zum Krankengeld, das mit Alg II aufgestockt wird. Krankengeld gibt es ansonsten bei Übergang vom Alg II zu einer **beruflichen** Reha-Maßnahme. Ist der Rehabilitand am Ende der Maßnahme krank, ist die Krankenkasse leistungspflichtig. Für eine Maßnahme der **medizinischen** Rehabilitation gilt das nicht.

Krank und arbeitslos

Fällt das Ende einer versicherungspflichtigen Beschäftigung mit einer Erkrankung zusammen, kann der Arbeitslose mangels Verfügbarkeit nach § 138 SGB III kein Alg I erhalten. Kranken-Alg I gibt es nur, wenn im laufenden Alg I-Bezug Arbeitsunfähigkeit (AU) festgestellt wird. Vor einem Alg II-Antrag ist in diesen Fällen zu prüfen, ob über das Ende der Beschäftigung hinaus Krankengeld beansprucht werden kann. Dazu ist erforderlich, dass die AU spätestens am ersten Tag nach dem Ende der Beschäftigung (§ 46 SGB V) und weiter **nahtlos**, d. h spätestens am letzten Tag der bisher festgestellten AU (LSG NRW vom 9.11.2011 – L 11 KR 465/11 B ER) über die Dauer der Erkrankung hinweg bescheinigt wird.

Hat der Arzt eine AU bis zu einem Termin bescheinigt, der auf einen Sonn- oder Feiertag fällt, ist der Versicherte nach § 46 SGB V i.d.F. ab 23.7.2015 verpflichtet, am ersten folgenden Werktag erneut einen Arzt aufzusuchen, um das nahtlose Fortbestehen der AU feststellen zu lassen.

Überfülltes Wartezimmer

Wurde eine nahtlose Feststellung der AU deshalb versäumt, weil der behandelnde Arzt wegen Überfüllung keinen Termin mehr ermöglicht hat, genügt es zum Erhalt des Krankengeldanspruchs, wenn der Versicherte den Arzt rechtzeitig aufgesucht hat und dieser bestätigt, dass wegen des überfüllten Wartezimmers die Untersuchung auf den Folgetag verlegt werden musste (LSG Baden-Württemberg vom 21.10.2014 – L 11 KR 1242/14; LSG Rheinland-Pfalz vom 4.2.2016 – L 5 KR 65/15).

Besteht ein Anspruch auf Krankengeld, der nicht bedarfsdeckend ist, kann ergänzend Alg II beansprucht werden.

Nachwirkendes Krankengeld

Wird die AU erst nach dem Ende der versicherungspflichtigen Beschäftigung festgestellt, gibt § 19 Abs. 2 SGB V einen nachgehenden Anspruch auf Krankengeld bis zu einem Monat nach Beendigung der § 5 Abs. 1 Nr. 1 SGB V-Mitgliedschaft. Das gilt nicht, wenn am Tag nach Ende der Beschäftigung eine Familienversicherung nach § 10 SGB V, Auffangversicherung nach § 5 Abs 1 Nr. 13 SGB V oder Weiterversicherung nach § 188 Abs. 4 Satz 1 SGB V eintritt. Ausnahmsweise gibt es dennoch Krankengeld, wenn bis spätestens zum Ablauf der § 19 SGB V-Frist eine anderweitige Absicherung im Krankheitsfall besteht und der Krankenkasse nachgewiesen wird (s. auch → S. 779). Dann kann der Arbeitslose den Alg II-Antrag hinausschieben, um in zulässiger Weise einen Geldzufluss zu Vermögen zu machen.

Beispiel

G. wird zum 15.6 gekündigt. Er lässt erst nach einer Verschlimmerung am 18.6. eine am 12.6. schon bemerkbare Nervenentzündung ärztlich behandeln und wird für insgesamt 5 Wochen krankgeschrieben. Sein letztes Gehalt in Höhe von 1.250 € geht am 29.6. auf sein Konto. Einen Anspruch auf Alg I hat er wegen der kurzen Dauer der Beschäftigung noch nicht erworben. Zum 1.7. beantragt er Alg II.

G. hat vom 19.6. bis zum 30.6. Anspruch auf Krankengeld, bemessen nach seinem Verdienst aus dem letzten Beschäftigungsverhältnis. Wenn die AU-Bescheinigung vorliegt, kann G. zur Sicherung seines Lebensunterhalts im Juli einen Vorschuss auf das Krankengeld beantragen. Das am 29.6. zugeflossene Gehalt ist Vermögen. Steht der Anspruch auf Krankengeld außer Zweifel, darf die Krankenkasse einen Vorschuss nicht mit Verweis auf Alg II verweigern (BayLSG vom 11.8.2011 – L 5 KR 271/11 B ER).

Die Schwangerschaft ist keine Krankheit, schließt also Ansprüche auf Alg I nach Beendigung einer Beschäftigung nicht aus. Umstritten war jedoch, ob ein bei Eintritt der Arbeitslosigkeit bestehendes Beschäftigungsverbot nach § 3 Abs. 1 MuSchG die Verfügbarkeit für einen Alg I-Anspruch ausschließt. Nach BSG vom 30.11.2011 – B 11 AL 7/11 R und vom 22.2.2012 – B 11 AL 26/10 R schließt weder das Beschäftigungsverbot nach § 3 Abs. 1 MuSchG noch das nach § 3 Abs. 2 MuSchG (sechs Wochen vor der Entbindung) die Verfügbarkeit aus, wenn sich die werdende Mutter dem Arbeitsmarkt zur Verfügung stellt **und** gesundheitlich in der Lage ist, zumindest Arbeiten von 15 Stunden wöchentlich auszuüben. Liegt das Leistungsvermögen aus medizinischen Gründen (z. B. Begleiterkrankungen, Komplikationen) unter der Kurzzeitigkeitsgrenze, besteht entweder ein Anspruch auf Krankengeld gegen die Krankenkasse oder auf Alg II, falls die AU erst nach Beendigung des Arbeitsverhältnisses eintritt oder festgestellt wird.

Schwanger und arbeitslos

II Pflegeversicherung (PV)

Die über den Alg II-Bezug pflichtversicherten Leistungsberechtigte sind nach § 20 Abs. 2a SGB XI auch pflegeversichert mit Beiträgen, die das Jobcenter im Rahmen der Leistungsgewährung aufbringt. Abweichend vom KV-Recht sind freiwillig Versicherte in der PV pflichtversichert (§ 20 Abs. 3 SGB XI). Ansonsten folgt die PV den Regelungen zur KV (vgl. LSG Hamburg vom 3.8.2011 – L 1 P 2/10).

PV folgt KV

Nach § 26 Abs. 2 SGB II (i.d.F. bis 31.12.2016) sind die Beiträge für eine private PV zu übernehmen, wenn weder Versicherungspflicht zur gesetzlichen PV noch eine Familienversicherung nach § 25 SGB XI besteht. Entspricht die private PV der gesetzlichen Absicherung, sind die Beiträge voll zu übernehmen. PV-Beiträge freiwillig Krankenversicherter sind nach DA 52 zu § 26 in analoger Anwendung von § 26 Abs. 2 SGB II zu übernehmen, wobei die Prüfung einer Absetzbarkeit dieser Beiträge vom Einkommen gemäß § 11b Abs. 2 Nr. 2 SGB II vorgeht.

Beitragsübernahme

Auch in der PV kann es trotz Beitragshalbierung wegen Hilfebedürftigkeit zu ungedeckten Beitragslücken kommen. Denn nach § 110 Abs. 2 Satz 4 SGB XI gilt für die Aufbringung der nach Satz 3 verminderten Beiträge § 152 Abs. 4 Satz 2 oder 3 VAG entsprechend; dabei gilt Satz 6

Deckungslücke für privat Versicherte

mit der Maßgabe, dass das Jobcenter den Betrag zahlt, der auch für einen Bezieher von Alg II in der sozialen PV zu tragen ist. Die nach dem Wortlaut des Gesetzes bestehende Deckungslücke ist vom Jobcenter in Anlehnung an die Rechtsprechung des BSG zum PKV-Beitrag (BSG vom 18.1.2011 – B 4 AS 108/10 R) durch Beitragsübernahme zu schließen (BSG vom 16.10.2012 – B 14 AS 11/12 R). Künftig in § 26 SGB II, i.d.F. ab 1.1.2017 geregelt.

Eine Kündigung der PV ist selbst bei schweren Vertragsverletzungen des Versicherten ausgeschlossen (BGH vom 7.12.2011 – IV ZR 50/11 und IV ZR 105/11). Die Durchsetzung eines Anspruchs auf Übernahme von Beitragsrückständen ist daher nicht eilig i. S. von § 86b SGG (LSG Berlin-Brandenburg vom 9.5.2012 – L 25 AS 931/12 B ER). Auf Hilfebedürftigkeit beruhende Beitragsschulden können nicht als Ordnungswidrigkeit (§ 121 Abs. 1 SGB XI) geahndet werden (LSG Sachsen-Anhalt vom 4.1.2012 – L 5 AS 455/11 B ER).

Das soll nach OLG Braunschweig vom 3.9.2014 – 1 Ss (OWiZ) 1060/14 nicht gelten, wenn die Beitragsschulden darauf beruhen, dass ein Leistungsberechtigter, der sich nicht in die Mühle von Hartz IV begeben will; keinen Alg II-Antrag stellt und **deshalb** außerstande ist, seine Versicherungsbeiträge zu entrichten.

III   Unfallversicherung (UV)

Alg II-Bezieher sind – wenn auch eingeschränkt – versichert in der gesetzlichen Unfallversicherung.

Unfall
Erleiden Alg II-Bezieher einen Wegeunfall (§ 8 Abs. 2 SGB VII), so sind sie gemäß § 2 Abs. 1 Nr. 14a SGB VII versichert, aber nur dann, wenn sie einer besonderen, an sie im Einzelfall gerichteten Aufforderung des Jobcenters nachkommen, diese oder eine andere Stelle aufzusuchen (LSG Berlin-Brandenburg vom 4.7.2012 – L 3 U 209/11).
Fordert Sie ein solcher Träger nur mündlich zu Laufereien auf, bitten Sie um eine schriftliche Aufforderung. Dann können Sie bei einem Unfall die Aufforderung auch beweisen.

Zuständig für Unfälle bei Erfüllung der Meldepflicht ist gemäß § 125 Abs. 1 Nr. 2 SGB VII stets die »Unfallkasse des Bundes«.

 Unfälle auf nicht angeordneten Wegen sind **nicht** unfallversichert, insbesondere **nicht** der Weg
- zur Antragstellung;
- zur Bank, um das Alg II abzuheben;
- zur Vorstellung bei einem Arbeitgeber ohne spezielle Aufforderung, auch wenn Sie damit Ihre Pflicht zur Eigeninitiative erfüllen (LSG Sachsen-Anhalt vom 11.10.2012 – L 6 U 6/10; LSG Baden-Württemberg vom 20.7.2015 – L 1 U 5238/14);

- zum Jobcenter, z. B., um sich zu informieren, über die Selbstinformationseinrichtung (SIE) Arbeit zu suchen, um sich zu beschweren oder Widerspruch einzulegen (vgl. BSG vom 26.3.2003 – B 2 U 45/02 R: Aufsuchen der AA wegen drohenden Anspruchsverlusts);
- auf den Sie von einem beauftragten Dritten (z. B. einem privaten Arbeitsvermittler) geschickt werden. »Für Ihre Unfallversicherung hat in diesem Fall der Dritte zu sorgen!«, prophezeit das Merkblatt der BA zum SGB II (S. 46). Fragen Sie den beauftragten Dritten, ob er Sie unfallversichert hat!

Erleiden Sie einen Wege- oder Arbeitsunfall (§ 8 Abs. 1, 2 SGB VII), so sind Sie bei einer Maßnahme, die vom Jobcenter oder der AA gefördert wird, gemäß § 2 Abs. 1 Nr. 14b SGB VII gesetzlich unfallversichert (SG Berlin vom 9.7.2012 – S 25 U 231/11).

Unfälle bei Maßnahmen

Alg II-Bezieher sind bei »Arbeitsgelegenheiten mit Mehraufwandsentschädigung« (§ 16d Satz 2 SGB II) gemäß § 2 Abs. 2 Satz 1 SGB VII gegen Wege- und Arbeitsunfälle versichert. Zuständig ist stets der UV-Träger der Einsatzstelle.

Unfälle bei Arbeitsgelegenheiten

Die meisten Unfallversicherungsträger erheben für die Beschäftigten mit Mehraufwandsentschädigung keine gesonderten Beiträge. Es erhöht sich in diesem Fall lediglich die Gesamtumlage und alle umlagepflichtigen Unternehmer haben insoweit einen erhöhten Umlagebeitrag zu entrichten.

Beiträge?

Da die Arbeitsgelegenheiten befristet sind, empfehlen die Unfallkassen, sich auch bei kleinen Unfällen, bei denen nicht sofort ein Arzt aufgesucht werden muss, in das Verbandbuch der Einsatzstelle eintragen zu lassen.

Aber auch sonst gilt der Grundsatz, jeden Unfall sofort melden! Am besten dem Jobcenter; denn wer im Einzelfall UV-Träger ist, kann der Laie nicht durchschauen.
Nach § 193 Abs. 1 SGB VII muss der Unfall dem UV-Träger vom Arbeitgeber gemeldte werden, hier vom Jobcenter oder dem Maßnahmeträger.
Sollte die Unfallanzeige durch den verletzten Alg II-Bezieher unterblieben sein, dürfen ihm, da er keine Anzeigepflicht hat, keine Nachteile entstehen.

Gemäß §§ 45 Abs. 1 Nr. 2, 45 Abs. 2 Satz 1 Nr. 4 SGB VII erhalten Alg II-Bezieher bei unfallbedingter Arbeitsunfähigkeit Verletztengeld. Wird das Alg II nur als Darlehen gezahlt, gibt es kein Verletztengeld. Verletztengeld wird gemäß § 47 Abs. 2 Satz 2 SGB VII in Höhe des Alg II-Betrages gezahlt und nach § 25 Satz 1 SGB II vom SGB II-Leistungsträger als Vorschuss ausgezahlt.
Weiter übernehmen die UV-Träger nach einem versicherten Unfall die Kosten für die Heilbehandlung, für Rehamaßnahmen und zahlen bei Dauerschäden eine Verletztenrente, im Todesfall Hinterbliebenenrente.

Verletztengeld

IV   **Rentenversicherung (RV)**

1   **Nur noch Anrechnungszeit**

Seit 1.1.2011 ist die Rentenversicherungspflicht über den Bezug von Alg II weggefallen. Damit ist auch die Grundlage für einen Beitragszuschuss rentenversicherungsbefreiter Personen (§ 26 Abs. 2 SGB II a. F.) entfallen. An die Stelle von Versicherungszeiten sind Anrechnungszeiten nach § 58 SGB VI getreten.

Kein Verlust bestehender Anwartschaften

Die Anrechnungszeiten stellen sicher, dass über die Rentenversicherungspflicht erworbene Anwartschaften (für Rehabilitationsmaßnahmen oder Erwerbsminderungsrenten) nicht verloren gehen (Ergänzung der §§ 3 Nr. 3, 11 Abs. 2 Satz 2 und Anwendung von § 43 Abs. 4 Nr. 1 SGB VI). Außerdem werden Anrechnungszeiten bei der Ermittlung der Voraussetzung für die Höherbewertung von Niedrigverdienern (§ 262 SGB VI) und bei der Gesamtleistungsbewertung von beitragslosen Versicherungszeiten (§ 72 Abs. 3 Nr. 1 SGB VI) berücksichtigt.
Anrechnungszeiten werden auf die allgemeine Wartezeit von fünf Jahren (§ 50 Abs. 1 SGB VI) nicht angerechnet.

Auswirkungen auf Rentenhöhe

Welche Auswirkungen die Umstellung des Alg II-Bezugs von Versicherungs- auf Anrechnungszeiten auf die Rentenhöhe hat, lässt sich nicht allgemein beantworten. Je nach Rentenbiografie können sich sogar günstigere Bewertungen anderer Versicherungszeiten ergeben (s. dazu BT-Drs. 17/2597).

2   **Unterschiedliche Anrechnungszeiten**

Es ist zwischen Anrechnungszeiten zu unterscheiden, die wegen des Bezugs von Alg II begründet werden (§ 58 Abs. 2 Nr. 6 SGB VI) und Anrechnungszeiten wegen Arbeitslosigkeit nach § 58 Abs. 2 Nr. 3 SGB VI.

2.1   **Anrechnungszeit wegen Bezugs von Alg II**

Die Anrechnungszeiten wegen Bezugs von Alg II entsprechen den Zeiträumen, für die eine KV-Pflicht nach § 5 Abs. 1 Nr. 2a SGB V besteht oder trotz Umstellung auf eine Sachleistung oder Sanktion bestehen bleibt. Insoweit kann auf die Ausführungen → S. 777 verwiesen werden.

Einmal-einkommen

Problematisch ist der Wegfall der Anrechnungszeit wegen Alg II-Bezugs, wenn Einmaleinkommen für sechs Monate in einer Höhe angerechnet wird, die den Hilfebedarf deckt. Das Gebot des BSG vom 30.8.2009 – B 4 AS 29/07 R, dass bei Aufteilung des Einmaleinkommens auf den Erhalt der KV zu achten ist, gilt nach dem Wortlaut des § 11 Abs. 3 SGB II nicht mehr.

Wegen der Gefahr, über einen Ausfall von Anrechnungszeiten Nachteile in der RV zu erleiden, trifft die Jobcenter vor einer Einstellung der Leistung die Pflicht, auf etwaige Folgen für die RV hinzuweisen. Auf eine die Anrechnungszeit erhaltende Sachleistung sollte im Fall von Sanktionen nach § 31a SGB II nicht verzichtet werden!

Beratungspflicht
der Jobcenter

2.2   Anrechnungszeit wegen Arbeitslosigkeit

Arbeitslosigkeit schafft nach § 58 Abs. 2 Nr. 3 SGB VI eine Anrechnungszeit, wenn sich der Arbeitslose bei der AA arbeitsuchend meldet, (noch) keinen Anspruch auf Alg I hat und Alg II **nur** wegen Einkommens oder Vermögens abgelehnt oder nur als Darlehen nach § 24 Abs. 5 SGB II gewährt wird. Eine Anrechnungszeit wegen Arbeitslosigkeit kann nach BayLSG vom 28.4.2014 – L 10 AL 65/14 B PKH nicht anerkannt werden, wenn der Arbeitslose zwar persönlich beim Jobcenter vorgesprochen hat, sich aber nicht nach § 38 SGB III bei der AA arbeitsuchend gemeldet hat.

§ 58 Abs. 2 Nr. 3 SGB VI setzt weiter voraus, dass durch Zeiten der Arbeitslosigkeit eine versicherungspflichtige Beschäftigung oder selbständige Tätigkeit oder ein versicherter Wehr- oder Zivildienst unterbrochen ist. Eine Unterbrechung der genannten Zeiten ist für Zeiten vor dem 25. Geburtstag nicht erforderlich.

Unterbrechung

Unterbrochen ist eine Beschäftigung oder Tätigkeit nur, wenn zwischen deren Ende und dem Beginn der Arbeitslosigkeit kein voller Kalendermonat verstrichen ist.

Eine selbständige Tätigkeit gilt nur dann als unterbrochen, wenn sie ohne die Mitarbeit des Versicherten nicht weiter ausgeübt werden kann; das wird hauptsächlich dann der Fall sein, wenn die Tätigkeit von der Qualifikation des Selbständigen abhängt, also bei einem Arzt, bei einem Rechtsanwalt usw. Nach BSG vom 30.10.2013 – B 12 R 3/12 R kann auch in Zeiten der Nichtausübung einer Selbständigkeit (Lehrtätigkeit) von mehr als einem Monat Dauer die selbständige Tätigkeit (fort)bestehen, wenn der Betroffene seine Tätigkeit fortsetzen will und für diesen Willen hinreichende objektive Anhaltspunkte vorliegen. Eine selbständige Tätigkeit, die nur geringfügig betrieben wird, steht der Anerkennung einer Anrechnungszeit wegen Arbeitslosigkeit nicht entgegen.

Selbständige

Voraussetzung der Anerkennung von Anrechnungszeiten wegen Arbeitslosigkeit ist die aktive Arbeitsplatzsuche unter Nutzung der Möglichkeiten der Arbeitsvermittlung der BA (s. dazu LSG Hamburg vom 18.6.2013 – L 2 AL 60/10). Die Arbeitslosmeldung verliert für den Nachweis von Arbeitslosigkeit zur Begründung einer Anrechnungszeit ihre Wirkung, wenn die Vermittlungstätigkeit der AA wegen fehlender Erfüllung von Pflichten aus der Eingliederungsvereinbarung eingestellt wird (§ 38 Abs. 3 Satz 2 SGB III). Der Arbeitslose kann sich

Pflichten aus EV
erfüllen!

dann erneut nach 12 Wochen melden. Allerdings gilt die nachfolgende Zeit der Arbeitslosigkeit nur dann als Anrechnungszeit, wenn der Arbeitslose sich in der Zwischenzeit selbst intensiv um Arbeit bemüht hat, die Zwischenzeit wird dann als Überbrückungszeit gewertet.

Herstellungsanspruch

Ist eine Arbeitsuchmeldung mangels Beratung über die Anrechnungszeit nach § 58 Abs. 2 Nr. 3 SGB VI unterblieben, kann der drohende Verlust im Wege des sozialrechtlichen Herstellungsanspruchs verhindert werden (LSG Sachsen vom 21.4.2010 – L 1 AL 175/09).

3   Meldeverfahren

Das Jobcenter muss die Anrechnungszeiten dem RV-Träger melden (§ 193 SGB VI). Mitteilungen über Meldezeiten an den Leistungsberechtigten sind anfechtbare Verwaltungsakte (BayLSG vom 22.7.2010 – L 10 AL 194/08). Unterbleibt eine Meldung, kann sie im Wege einer allgemeinen Leistungsklage vom Jobcenter gefordert werden (LSG Sachsen vom 21.4.2010 – L 1 AL 175/09).

Doppelmeldung

Für Versicherte bis zum 25. Geburtstag sind neben Anrechnungszeiten wegen des Bezugs von Alg II auch Anrechnungszeiten wegen Arbeitslosigkeit zu berücksichtigen. Bei älteren Versicherten schließt die Anrechnungszeit wegen des Bezugs von Alg II die Berücksichtigung bzw. Meldung einer Anrechnungszeit wegen Arbeitslosigkeit aus.

Klagebefugnis

Besteht Streit über die Meldung bzw. die Zeiträume, in denen eine Anrechnungszeit zurückgelegt wurde, kann beim Sozialgericht auf Feststellung die Wirksamkeit einer Meldung geklagt werden, obwohl die Meldung des Jobcenters für den RV-Träger nicht bindend ist (LSG Niedersachsen-Bremen vom 22.6.2010 – L 11 AL 27/08; LSG Berlin-Brandenburg vom 4.3.2014 – L 18 AL 36/13). Das gilt nicht, wenn beim RV-Träger schon ein Verfahren auf Anerkennung bzw. Vormerkung von Anrechnungszeiten betrieben oder beantragt wurde (BSG vom 17.1.2011 – B 11 AL 100/10 B).

4   Übergangsgeld

Medizinische Reha

Erfüllt der Alg II-Bezieher die persönlichen und versicherungsrechtlichen Voraussetzungen für eine **medizinische Reha** (§ 11 SGB VI) und erbringt der RV-Träger Leistungen der medizinischen Rehabilitation, erhalten die Leistungsberechtigten Übergangsgeld in Höhe des Alg II, wenn sie unmittelbar vor Beginn der Rehamaßnahme Alg II bezogen haben und zuvor Pflichtbeiträge zur RV entrichtet wurden (§ 20 Abs. 1 Nr. 3b, § 21 Abs.4 SGB VI). Das Übergangsgeld wird nach § 25 Satz 1 SGB II als Vorschuß vom Jobcenter ausgezahlt (zur Rechtsnatur des Übg s. SG Magdeburg vom 24.1.2014 – S 19 AS 3302/10).

Der Begriff der Unmittelbarkeit ist im Gesetz nicht definiert. Er kann nach dem im Rentenrecht geltenden Monatsgrundsatz noch als gegeben angenommen werden, wenn zwischen Alg II-Bezug und Beginn der Reha ein Zeitraum von weniger als einem Kalendermonat liegt.

Liegt die Voraussetzung des § 21 Abs. 4 Satz 1 SGB VI, dass »zuvor«, d. h. vor dem Bezug von Alg II, Pflichtbeiträge gezahlt wurden, nicht vor, erhalten die Rehabilitanden das reguläre Alg II weitergezahlt.

Alg II statt Übergangsgeld

Nach § 7 Abs. 2 WoGG bleibt der Bezieher von Übergangsgeld für eine **medizinische** Reha weiter von Ansprüchen auf Wohngeld ausgeschlossen.

Kein Wohngeld

Bei Teilnahme an einer **beruflichen** Reha, für die der RV-Träger zuständig ist (§ 11 Abs. 1 SGB VI), wird Übergangsgeld nach den §§ 46 – 48 SGB IX bemessen und vom RV-Träger gezahlt. Ist der Rehabilitand nach Ende der Reha arbeitsunfähig, erhält er von der Krankenkasse Krankengeld nach § 44 SGB V. Er kann auch Wohngeld erhalten.

Berufliche Reha

5   Erwerbsminderungsrente

Münden Bezieher von Alg nach den §§ 136 ff. SGB III in eine Rente wegen voller Erwerbsminderung nach § 43 SGB VI, erwerben sie mit dem Rentenbezug eine Anwartschaft für einen neuen Anspruch auf Alg I (§ 26 Abs. 2 Nr. 3 SGB III).

Gehen Alg II-Bezieher nahtlos in die Erwerbsminderungsrente, gilt das nicht. Es fehlt dann an der Voraussetzung, dass der Rentenbezug eine Versicherungszeit nach dem SGB III (Beschäftigung usw.) oder Alg I-Bezug unterbrochen hat.

I   **Überblick**

Die SGB II-Leistungen können gekürzt, ganz entzogen oder versagt werden, wenn die Leistungsbezieherin eine der in § 31 und § 32 SGB II genannten Pflichten verletzt.

Verfassungs-
mäßig?

Ob und in welchem Umfang dies mit der Menschenwürde des Art. 1 GG und dem Verbot der Zwangsarbeit (§ 12 Abs. 1 GG; Art. 2 Abs. 1 des ILO-Abkommens über Zwangs- und Pflichtarbeit) vereinbar ist, ist umstritten. Das SG Gotha vom 26.5.2015 – S 15 AS 5157/14 hatte die Verfassungsmäßigkeit der §§ 31 ff. SGB II verneint und das BVerfG angerufen; das BVerfG hat den Vorlagebeschluss jedoch am 6.5.2016 – 1 BvL 7/15 als unzulässig zurückgewiesen, weil der Sachverhalt noch nicht ausermittelt sei, und die Verfassungsmäßigkeit der Kürzungsregeln offen gelassen. Das SG Dresden vom 16.2.2016 – S 20 AS 18/16 ER hat unter Hinweis auf den Vorlagebeschluss des SG Gotha einem Antrag auf Erlass einer einstweiligen Anordnung stattgegeben. Andere Gerichte haben die Verfassungsmäßigkeit der §§ 31 ff. SGB II in den Grenzen des jeweiligen Falles ausdrücklich bejaht (BSG vom 29.4.2015 – B 14 AS 19/14 R und vom 9.11.2010 – B 4 AS 27/10 R; LSG NRW vom 14.5.2012 – L 7 AS 557/12 B ER, vom 21.12.2012 – L 12 AS 2232/12, vom 14.10.2015 – L 19 AS 1627/15 B ER, vom 28.1.2016 – L 7 AS 2055/15 B ER und vom 29.2.2016 – L 19 AS 1536/15; LSG Baden-Württemberg vom 23.4.2012 – L 2 AS 5594/11 NZB; SG Landshut vom 7.5.2012 – S 10 AS 259/12 ER, info also 2011, S. 271 und vom 23.10.2012 – S 11

AS 178/11; BayLSG vom 19.3.2014 – L 16 AS 383/11 und vom 8.7.2015 – L 16 AS 381/15 B ER; LSG Thüringen vom 19.10.2015 – L 4 AS 878/15 NZB; SG Halle vom 12.6.2015 – S 32 AS 1942/15 ER und vom 26.8.2015 – S 5 AS 2835/15 ER; SG Aachen vom 16.6.2015 – S 14 AS 513/15 ER; SG Leipzig vom 16.6.2015 – S 24 AS 2264/14) oder die Kürzungsbestimmungen stillschweigend als verfassungsmäßig angewandt. Über die unterschiedlichen Positionen informieren Uwe Berlit und Wolfgang Nescovic, info also 2013, S. 195 ff. (siehe auch Christian Burkiczak, SGb 2012, S. 324 und Wolfgang Nescovic/Isabel Erdem, SGb 2012, S. 326).

Unabhängig von diesem Grundsatzstreit, der wohl eher nicht zugunsten der Leistungsberechtigten ausgehen wird, stellen wir Ihnen die Voraussetzungen und die Einzelheiten von Kürzung und Versagung vor, damit Sie einerseits Ihr Verhalten danach einrichten, andererseits Möglichkeiten der Gegenwehr finden können.

2015 wurden in 947.864 Fällen Leistungen gekürzt oder entzogen. In 10,3 % der Fälle wurde die Verletzung der Verpflichtung aus der Eingliederungsvereinbarung (EV)/dem Eingliederungsverwaltungsakt (EVA) sanktioniert, 10,2 % betraf die Weigerung, eine zumutbare Arbeit, Ausbildung, AGH oder sonstige vereinbarte Maßnahme aufzunehmen oder fortzuführen, 76,5 % aller Fälle beruhte auf einem Meldeversäumnis. *Statistik*

Im Jahr 2015 gab es (nach Antwort des BMAS vom 6.4.2016 auf die Kleine Anfrage der Fraktion DIE LINKE) insgesamt 51.100 erledigte Widersprüche gegen Sanktionen; davon wurden 18.600 stattgegeben bzw. teilweise stattgegeben, d.h. 36,4 % der Widersprüche waren ganz oder teilweise erfolgreich. Erledigte Klagen gegen Sanktionen gab es 2015 insgesamt 5.900; davon wurden 570 mit einem Urteil/Beschluss stattgegeben bzw. teilweise stattgegeben und weitere 1.800 wurden erledigt unter Nachgeben bzw. teilweisem Nachgeben seitens des Jobcenters, d.h. 40,2 % der Klagen waren ganz oder teilweise erfolgreich.

Das SGB II trennt die Kürzungen und den Wegfall der Grundsicherungsleistungen wegen Pflichtverletzungen (§§ 31, 31a und 31b) von der Kürzung wegen eines Meldeversäumnisses (§ 32).

Wir behandeln zunächst ausführlich die Sanktionen wegen Pflichtverletzungen; die Erläuterungen zum Meldeversäumnis finden Sie unten unter XIII (→ S. 876 ff.).

Was ist nach § 31 SGB II eine Pflichtverletzung? *7 Kürzungstatbestände nach § 31 SGB II*

1. Die Weigerung, die Pflichten zu erfüllen, die in der EV oder in dem EVA festgelegt sind, insbesondere in ausreichendem Maße Eigenbemühungen nachzuweisen.

2. Die Weigerung, eine zumutbare Arbeit, Ausbildung, Arbeitsgelegenheit nach § 16d SGB II oder eine nach § 16e SGB II geförderte Arbeit aufzunehmen und fortzusetzen, oder ein Verhalten, das deren Anbahnung verhindert.

3. Eine Pflichtverletzung liegt auch vor, wenn der/die Leistungsbe-rechtigte eine zumutbare Maßnahme zur Eingliederung in Arbeit nicht antritt, abbricht oder Anlass für den Abbruch (Ausschluss) gegeben hat.
4. Verschleuderung von Einkommen und Vermögen.
5. Unwirtschaftliches Verhalten.
6. Eine von der Arbeitsagentur festgesetzte Sperrzeit nach § 159 SGB III.
7. Ein Sperrzeittatbestand nach § 159 SGB III.

Abschließende Regelung

Sanktioniert werden dürfen nur die konkreten Handlungen und Un-terlassungen, die im Gesetz benannt sind. Es genügt nicht, dass ein-zelnen Verhaltensweisen Gleichgültigkeit bei der Arbeitsuche ent-nommen werden kann (VG Bremen vom 15.11.2005 – S 2 V 2149/05) oder der Leistungsberechtigte nicht alle Möglichkeiten nutzt, um Ar-beit zu finden und den Lebensunterhalt für sich und seine Angehö-rigen zu sichern (LSG Sachsen vom 21.8.2009 – L 3 AS 62/06).
Im EVA darf dem Leistungsberechtigten nicht aufgegeben werden, de-taillierte schriftliche Ausarbeitungen zu jeweils ausgehändigten »Hausaufgaben« zur integrationsorientierten Persönlichkeitsentwick-lung vorzulegen; das Unterlassen darf nicht zu einer Kürzung führen (SG München vom 23.7.2015 – S 8 AS 1505/15 ER, info also 2016, S. 39 mit Anm. von Helga Spindler).
Die Kürzungen bzw. der Wegfall von Leistungsansprüchen haben not-wendiger Weise Auswirkungen auf die übrigen Mitglieder der BG.
Welche Gestaltungsmöglichkeiten sich aus dem SGB II ergeben, um die Belastungen für die anderen Familienmitglieder, insbesondere für Kin-der zu mindern, können Sie bei Udo Geiger, info also 2010, S. 3–10 nachlesen.
Wegen der Unterkunftskosten bei der Sanktion gegen ein Mitglied der Bedarfsgemeinschaft siehe insbesondere BSG vom 23.5.2013 – B 4 AS 67/12 R und vom 2.12.2014 – B 14 AS 50/13 R.

II   Weigerung, die Pflichten aus der EV/aufgrund des EVA zu erfüllen
§ 31 Abs. 1 Satz 1 Nr. 1 SGB II

1   Obliegenheiten

Eingliederungs-vereinbarung

Erwerbsfähige Leistungsberechtigte müssen grundsätzlich ei-ne EV schließen. Das gilt nicht für vollbeschäftigte Leistungsberechtigte, die nur wegen schlechter Bezahlung oder der Größe der BG SGB II-Leis-tungen erhalten (DA 6 zu § 15). Das wird aber von den Jobcentern häu-fig verlangt; einzige Verpflichtung für den Leistungsberechtigten ist dann die Fortführung der bisherigen Beschäftigung, damit diese Verpflichtung mit einer Rechtsfolgenbelehrung versehen ist und der Verlust des Ar-beitsplatzes mit einer Leistungskürzung geahndet werden kann.

Eingliederungspflichten kann das Jobcenter auch in einem Verwaltungsakt festlegen (§ 15 SGB II). Die Einzelheiten zur EV und zum EVA finden Sie oben im Kapitel R.

Arbeitslose, die ihr Arbeitslosengeld I aufstocken müssen, erhalten nach § 5 Abs. 4 SGB II n. F., § 22 Abs. 4 Satz 5 SGB III n. F. **ab 1.1.2017** Eingliederungsleistungen nur noch von der BA. Sie müssen deshalb mit dem Jobcenter keine EV schließen; eine Sanktion nach dem SGB II kommt insoweit nicht in Betracht. Allerdings müssen sie wohl gemäß § 37 Abs. 2 SGB III eine EV mit der BA schließen und unterliegen dem Sperrzeitrecht (§ 159 SGB III), das über § 31 Abs 2 Nr. 3 SGB II auch die Grundsicherung beeinflusst.

Die Wirksamkeit der EV ist als Austauschvertrag nach §§ 53 ff. SGB X vor einer Sanktion zu prüfen (BSG vom 23.6.2016 – B 14 AS 30/15 R; HessLSG vom 13.5.2015 – L 6 AS 132-134/14; BayLSG vom 29.1.2015 – L 7 AS 647/13); danach unterliegen die Bestimmungen der EV der Inhaltskontrolle nach § 61 Satz 2 SGB X i. V. m. § 307 BGB. Es widerspricht dem Leitbild des § 15 SGB II, wenn Verpflichtungen ohne Gegenleistung vereinbart werden; deshalb sind entsprechende Verträge nach § 307 Abs. 1 Satz 1 i. V. m. § 307 Abs. 2 Nr. 1 BGB unwirksam. Der EVA unterliegt als Verwaltungsakt nach denselben Kriterien der Rechtmäßigkeitskontrolle (BSG vom 23.6.2016 – B 14 AS 42/15 R). Das BayLSG vom 7.1.2015 – L 16 AS 734/14 B ER und vom 24.6.2015 – L 7 AS 446/14 B ER hat allerdings im Eilverfahren das Rechtsschutzbedürfnis für eine Überprüfung des EVA verneint. Der Betroffene könne abwarten, ob es überhaupt zu einer Sanktion kommt.

Der Leistungsberechtigte muss die Verpflichtungen aus der EV erfüllen. Es handelt sich um Obliegenheiten, d. h., die Befolgung der eingegangenen Verpflichtungen kann nicht unmittelbar erzwungen werden; das Nichtbefolgen führt aber zur Absenkung oder zum Verlust von Ansprüchen. Die Kürzung darf auch eintreten, wenn der Leistungsberechtigte die Verpflichtungen aus dem mit EVA nach § 15 Abs. 1 Satz 6 SGB II anstelle einer EV festgesetzten Pflichtenheft nicht erfüllt; denn die durch EVA begründete Verpflichtung steht insoweit der durch EV ausgehandelten Pflicht gleich. Das stellt § 31 Abs. 1 Satz 1 Nr. 1 SGB II klar.

Eine Kürzung darf nur verhängt werden, wenn die Verpflichtung in der EV/dem EVA eindeutig bestimmt ist (LSG Berlin-Brandenburg vom 23.2.2007 – L 28 B 166/07 AS ER).

Als wichtigste Verpflichtung aus der EV/dem EVA nennt § 31 Abs. 1 Satz 1 Nr. 1 SGB II die Eigenbemühungen und deren Nachweis (siehe hierzu DA 18 zu § 15).

Pflichtenkreis

Die Eingliederungsvereinbarung hat nach § 15 SGB II die Verpflichtungen des Leistungsberechtigten zu konkretisieren; sie darf aber keine über die gesetzlichen Regelungen des SGB II hinausgehenden Verpflichtungen schaffen.

Mangelnde Erreichbarkeit

Ist der Leistungsberechtigte nicht im Sinne des § 7 Abs. 4a SGB II für das Jobcenter erreichbar, hat er für die Tage fehlender Erreichbarkeit überhaupt keinen Anspruch; es darf nicht zugleich eine Sanktion nach § 31 Abs. 1 Satz 1 Nr. 1 SGB II verhängt werden, auch wenn die EV/der EVA eine Verpflichtung zur Erreichbarkeit enthält. Das ist wichtig, weil sich die Sanktionen nach jeder Pflichtverletzung erhöhen und außerdem mit einer Dauer von drei Monaten bei einer kurzen Ortsabwesenheit zu erheblichen Kürzungen führen können. Das ist allerdings nicht ganz unumstritten (siehe LSG NRW vom 12.1.2009 – L 20 B 135/08 AS; unklar LSG Berlin-Brandenburg vom 28.2.2008 – L 25 AS 522/06).

2   Eigenbemühungen

Die EV/der EVA soll nach § 15 Abs. 1 Satz 2 Nr. 2 SGB II insbesondere festlegen, wie und in welcher Häufigkeit der Leistungsberechtigte sich um Arbeit bemühen muss. Hierzu gehören regelmäßig die Zahl und Art der Bewerbungen, eventuell die Nutzung von SIE (§ 40 Abs. 2 SGB III), die Vermittlung durch Dritte, Bewerbungen auf Angebote in Zeitungen, im Internet, sofern der Leistungsberechtigte Zugang dazu hat, eigene Bewerbungen in Zeitungen u.Ä., Aufsuchen eines privaten Vermittlers. Das sind sicherlich grundsätzlich zulässige Verpflichtungen. Allerdings muss das Maß der verlangten Bewerbungen in einem sinnvollen Verhältnis zu den Einstellungschancen stehen und dem Betreffenden zumutbar sein.

Fehlende Erreichbarkeit

Ist der Leistungsberechtigte gesundheitlich nicht in der Lage, zu arbeiten, muss er sich auch nicht bewerben; eine Sanktion darf nicht verhängt werden (LSG NRW vom 12.3.2009 – L 7 B 414/08 AS; SG Leipzig vom 19.6.2012 – S 25 AS 1470/12 ER mit Anmerkung von Helga Spindler in info also 2013, S. 74, 77).

Die Bewerbungspflichten mindern sich bei Urlaub oder Krankheit anteilig; fällt der Nachweistermin in eine Zeit von Urlaub oder Krankheit, muss der Arbeitslose den Nachweis am Tag nach dem Urlaub oder nach dem Ende der Erkrankung nachholen (SG Hildesheim vom 8.10.2009 – S 26 AS 1697/09 ER). Das kann allerdings nur gelten, wenn und soweit vor der Erkrankung oder dem Urlaub Bewerbungen zumutbar und möglich waren.

Ohne EV/EVA besteht keine Pflicht, Eigenbemühungen nachzuweisen (VG Bremen vom 15.11.2005 – S V 2149/05).

2.1 Zahl der Bewerbungen

Keine
Richtgrößen

In der sozialgerichtlichen Rechtsprechung haben sich bisher keine konkreten Richtgrößen für die Zahl der im Rahmen der Eigenbemühungen zumutbaren Bewerbungen herausgebildet. Sechs bis zehn Bewerbungen im Monat werden im Einzelfall für zumutbar gehalten (LSG Rheinland-Pfalz vom 16.12.2014 – L 3 AS 505/13; LSG NRW vom 29.2.2016 – L 19 AS 1536/15, vom 12.6.2013 – L 7 AS 40/13 B und vom 27.5.2013 – L 19 AS 434/13 B ER; HessLSG vom 29.9.2006 – L 9 AS 179/06 ER; SG Aachen vom 16.6.2015 – S 14 AS 513/15 ER; ebenso SG Schleswig vom 24.1.2007 – S 3 AS 1203/06 ER; VG Bremen vom 3.7.2007 – S 8 V 1560/07; LSG NRW vom 21.11.2007 – L 20 B 10/07 AS; LSG Berlin-Brandenburg vom 28.2.2008 – L 25 AS 522/06). Das SG Berlin vom 12.5.2006 – S 37 AS 11713/05 hat dagegen eine starre Mindestzahl pro Monat als rechtswidrig bezeichnet. Es wird sich keine für alle Arbeitslosen gültige Zahl festlegen lassen, sondern diese wird unter Berücksichtigung des Einzelfalles zu bestimmen sein (so auch BSG vom 23.6.2016 – B 14 AS 42/15 R).

In letzter Zeit scheint bei manchen Jobcentern die Einsicht zu wachsen, dass hohe Anforderungen an die Zahl der Bewerbungen insbesondere bei Langzeitarbeitslosigkeit nicht hilfreich sind; mitunter wird bei älteren Langzeitarbeitslosen keine bestimmte Anzahl von Bewerbungen verlangt.

2.2 Kosten der Bewerbungen

In der EV/dem EVA muss klargestellt werden, wer die Kosten für die Erwerbsbemühungen trägt. Nach § 16 Abs. 1 Satz 2 SGB II i.V.m. § 44 Abs. 1 SGB III können Bewerbungskosten übernommen werden. § 44 SGB III räumt dem Jobcenter bei der Entscheidung über die Bewerbungskosten Ermessen ein. Es ist deshalb notwendig, dass in der Eingliederungsvereinbarung für jede Verpflichtung des Arbeitsuchenden, die mit Kosten verbunden ist, festgelegt wird, dass das Jobcenter die entstehenden Kosten zu tragen hat.

Nicht aus dem
Regelbedarf

Nur soweit die Kosten erstattet werden, können Bewerbungen verlangt werden (BSG vom 12.9.2011 – B 11 AL 17/10 R und vom 23.6.2016 – B 14 AS 30 und 42/15 R; LSG NRW vom 5.12.2011 – L 19 AS 1870/11). Im Regelbedarf nach § 20 Abs. 1 Satz 1 SGB II sind Bewerbungskosten nicht enthalten. Die Übernahme der Kosten muss wenigstens dem Grunde nach zugesagt werden. Die Zusage eines festen Betrages pro Bewerbung ist wohl nicht notwendig (BayLSG vom 24.3.2014 – L 7 AS 217/14 B ER; LSG Niedersachsen-Bremen vom 17.6.2013 – L 7 AS 332/13 B ER; LSG NRW vom 12.6.2013 – L 7 AS 40/13 B). Eine Zusage ist nach § 34 SGB X nur wirksam, wenn sie schriftlich erfolgt, deshalb muss diese Frage in der EV geklärt werden. Das sieht inzwischen auch die BA so (DA 18 zu § 15).

Ist der Regelbedarf wegen einer Sanktion gekürzt oder der Anspruch wegen eines wiederholten Pflichtenverstoßes versagt oder entzogen

worden oder wird der/die Leistungsberechtigte wegen einer vorangegangenen Sanktion sogar obdachlos, können Kosten verursachende
Erwerbsbemühungen keinesfalls verlangt werden. Für fehlende Bewerbungen usw. hat der Leistungsberechtigte in diesen Fällen einen
wichtigen Grund (SG Bremen vom 23.4.2009 – S 26 AS 686/09 ER).

2.3 Nachweis der Bewerbungen

Die Eigenbemühungen müssen nachgewiesen werden. In welcher Weise sich der Leistungsberechtigte bewerben muss, telefonisch,
schriftlich, persönlich, und wie der Nachweis zu erfolgen hat, muss in
der EV/dem EVA festgelegt werden. Das Jobcenter darf den Nachweis
der Bewerbung nur in der in der EV/dem EVA festgelegten Form verlangen (LSG NRW vom 25.1.2013 – L 7 AS 1508/12 B). Als Nachweise kommen Aufzeichnungen über telefonische Bewerbungen, Durchschriften
schriftlicher Bewerbungen, Korrespondenz mit Arbeitgebern, schriftliche Bestätigungen von persönlichen Bewerbungen u. ä. in Betracht.

3 Rechtsbelehrung

Die Kürzung setzt voraus, dass der Leistungsberechtigte
über die Rechtsfolgen seines Verhaltens belehrt worden ist oder diese
Rechtsfolgen – ohne Belehrung – kennt.

3.1 Rechtsfolgenbelehrung

Die Kürzung darf eintreten, wenn der Betroffene durch den
Leistungsträger vorher über die Rechtsfolgen belehrt worden ist (BSG
vom 18.2.2010 – B 14 AS 53/08 R, vom 17.12.2009 – B 4 AS 30/09 R
und vom 1.6.2006 – B 7a AL 26/05 R).
Die Form der Rechtsfolgenbelehrung ist vorgeschrieben. Sie ist nur
wirksam, wenn sie dem Leistungsberechtigten schriftlich übersandt
oder ausgehändigt wird. Die mündliche Belehrung genügt nur, wenn
sie dazu führt, dass der Leistungsberechtigte dadurch Kenntnis von
den drohenden Rechtsfolgen bekommt. Bei einem Analphabeten ist
immer eine mündliche Belehrung notwendig (SG Lüneburg vom
4.4.2007 – S 24 AS 342/07), die je nach Bildungsgrad und sprachli-
chem Verständnis ausführlich und verständlich sein muss. Das Jobcenter wird im Konfliktfall beweisen müssen, dass es den Leistungsberechtigten den gesetzlichen Anforderungen entsprechend belehrt
hat. Die BA sieht deshalb in der DA 14 zu §§ 31 ff. SGB II vor, dass eine Rechtsfolgenbelehrung zu dokumentieren ist.

*Konkrete
Belehrung*

Die Belehrung muss jeweils konkret, richtig und vollständig sein und
sich nach dem Verständnishorizont des Leistungsberechtigten richten
(BSG vom 18.2.2010 – B 14 AS 53/08 R, vom 16.12.2008 – B 4 AS 60/07
R, vom 1.6.2006 – B 7a AL 26/05 R und vom 10.12.1981 – 7 RAr 24/81,

SozR 4100 § 119 Nr. 18; LSG NRW vom 6.12.1999 – L 12 AL 42/99). Die Wiederholung des Gesetzestextes reicht nicht aus (BSG vom 17.12.2009 – B 4 AS 30/09 R; LSG NRW vom 27.7.2010 – L 7 AS 925/10 B und vom 8.4.2010 – L 7 B 451/09 AS ER; SG Aachen vom 16.6.2005 – S 21 AS 4/05 ER). Auch der Hinweis auf ein Merkblatt ersetzt nicht die konkrete Belehrung über die drohenden Sanktionen. Eine Aufzählung aller nach § 31a SGB II möglichen Rechtsfolgen stellt ebenfalls keine für den Betroffenen verständliche, individuelle und eindeutige Rechtsfolgenbelehrung dar (BayLSG vom 16.1.2013 – L 11 AS 421/09; LSG NRW vom 3.3.2010 – L 7 B 464/09 AS; SG Dortmund vom 2.2.2009 – S 31 AS 317/07; SG Dresden vom 7.11.2008 – S 6 AS 2026/06); dasselbe gilt, wenn der Leistungsberechtigte zum selben Sachverhalt mehrere einander widersprechende Rechtsfolgenbelehrungen erhält (BSG vom 1.6.2006 – B 7a AL 26/05 R; LSG Sachsen-Anhalt vom 5.1.2011 – L 2 AS 428/10 B ER; LSG NRW vom 13.7.2009 – L 19 B 69/09 AS; OVG Bremen vom 10.10.2008 – S 2 B 458/08, NJW 2009, S. 616). Eine Rechtsfolgenbelehrung ist nicht ausreichend verständlich, wenn sich ihr Inhalt nur erschließt, nachdem Gesetzestexte herangezogen worden sind (LSG Hamburg vom 18.8.2010 – L 5 AS 78/09). Bei einem Empfänger mit niedrigem Bildungsstand genügt eine lange Belehrung, die nur verstanden werden kann, wenn der Berechtigte eigene Überlegungen anstellt, nicht den Anforderungen an eine Rechtsfolgenbelehrung (LSG Sachsen-Anhalt vom 24.6.2013 – L 5 AS 323/13 B ER; ähnlich LSG Niedersachsen-Bremen vom 17.6.2013 – L 7 AS 332/13 B ER). Nicht alltägliche Begriffe müssen erläutert werden (LSG Sachsen-Anhalt vom 24.6.2013, a. a. O.: »negatives Bewerbungsverhalten«).

Die Rechtsfolgenbelehrung muss Erläuterungen über Art und Ausmaß der drohenden Sanktion nach Höhe und Dauer enthalten und auch deutlich machen, dass Leistungen der Sozialhilfe nach dem SGB XII während dieser Zeit nicht in Anspruch genommen werden können (vgl. zur Rechtsfolgenbelehrung bei Ablehnung einer Arbeitsgelegenheit nach § 16d SGB II: SG Gelsenkirchen vom 8.3.2005 – S 11 AS 7/05 ER). Die Rechtsfolgenbelehrung nach § 31 Abs. 1 und 2 SGB II muss umfassend sein, d. h. alle für den Leistungsberechtigten relevanten Folgen der drohenden Sanktion benennen, damit dieser seine Entscheidung im vollen Bewusstsein ihrer Auswirkungen treffen kann. Sie muss auch deutlich machen, ob und inwieweit trotz der sanktionsbedingten Kürzung das Einkommen des Leistungsberechtigten auf den Bedarf angerechnet wird (LSG Niedersachsen-Bremen vom 26.5.2015 – L 7 AS 1059/13; SG München vom 7.2.2012 – S 45 AS 185/12 ER). Bei einer möglichen Kürzung von mehr als 30 % muss die Rechtsfolgenbelehrung auch den Hinweis enthalten, dass Sachleistungen gesondert beantragt werden müssen und die Kosten für Unterkunft und Heizung direkt an den Vermieter überwiesen werden sollen (SG Landshut vom 16.8.2011 – S 10 AS 536/10 ER, info also 2011 S. 271). Kann die Leistung infolge der Sanktion ganz entfallen, muss die Rechtsfolgenbelehrung den Hinweis enthalten, dass damit auch die kostenfreie Kranken- und Pflegeversicherung entfällt (LSG Niedersachsen-Bremen vom 6.9.2007 – L 7 AS 472/07 ER).

Hat das Jobcenter die Ablehnung einer Eingliederungsmaßnahme akzeptiert und will es erneut eine Eingliederungsmaßnahme anbieten, muss es in der Rechtsfolgenbelehrung darauf hinweisen, wenn es den früheren Ablehnungsgrund nicht noch einmal anerkennen will (LSG Niedersachsen-Bremen vom 17.6.2013 – L 7 AS 332/13 B ER). Ist in der EV/dem EVA die Teilnahme an einer Eingliederungsmaßnahme festgelegt, muss die konkrete Maßnahme mit einer Rechtsfolgenbelehrung angeboten werden; die vorgesehenen Leistungen müssen schriftlich zugesagt werden (LSG Niedersachsen-Bremen vom 9.3.2007 – L 7 AS 43/07 ER und vom 17.6.2013 – L 7 AS 332/13 B ER). Gegenüber jungen Leistungsberechtigten vom 15. Geburtstag bis einen Tag vor dem 25. Geburtstag muss die Strafsanktion nach § 31a Abs. 2 SGB II beschrieben werden. Der Hinweis auf die Möglichkeit, die Sanktionsdauer nach § 31b Abs. 1 Satz 4 SGB II zu verkürzen, darf nicht fehlen (vgl. BSG vom 16.3.1983 – 7 RAr 49/82; SG Berlin vom 12.2.2007 – S 37 AS 2504/07 ER).

Vorherige Belehrung

Die Belehrung muss erfolgen, bevor sich der Arbeitslose entscheidet, ob er sich anforderungsgerecht verhalten will oder nicht (SG Dessau-Roßlau vom 13.4.2009 – S 6 AS 2100/07; VG Bremen vom 22.6.2007 – S 3 V 1575/07; SG Hamburg vom 21.4.2005 – S 53 AS 22/05 ER und S 53 AS 229/05 ER). Sie soll ihn gerade in die Lage versetzen, in Kenntnis der Rechtsfolgen zu entscheiden, ob er der von ihm verlangten Anforderung entsprechen will oder nicht. Ist er zunächst nicht belehrt worden und hat er eine Entscheidung getroffen, berechtigt die nachträgliche Belehrung nicht zu einer Leistungskürzung. Die Rechtsfolgenbelehrung muss vor jedem erneuten Pflichtverstoß zeitnah wiederholt werden (SG Aurich vom 29.8.2006 – S 15 AS 339/06 ER). Was zeitnah heißt, hängt wohl auch vom Einzelfall und dem Empfängerhorizont ab, jedenfalls überschreitet ein Zeitabstand von drei Monaten diese Grenze (BSG vom 18.2.2010 – B 14 AS 53/08 R). Den Zugang der Rechtsfolgenbelehrung beim Leistungsberechtigten muss das Jobcenter beweisen (BayLSG vom 15.7.2010 – L 9 AL 140/07; SG Karlsruhe vom 27.3.2013 – S 12 AS 184/13). Auch ist es Sache des Jobcenters zu beweisen, dass der Leistungsberechtigte tatsächlich hinreichend belehrt worden ist (SG Gießen vom 14.1.2013 – S 29 AS 676/11).

3.2   Kenntnis der Rechtsfolgen

Die Leistungen können wegen einer Pflichtverletzung nicht nur gekürzt, versagt oder entzogen werden, wenn in der EV/dem EVA eine Rechtsfolgenbelehrung enthalten ist bzw. bei der Aufforderung zu einer Verpflichtung aus der EV/dem EVA eine Rechtsfolgenbelehrung gerade im Zusammenhang mit der jeweiligen Verpflichtung vorliegt. Es genügt, dass der/die Leistungsberechtigte vor der Pflichtverletzung Kenntnis von den Rechtfolgen hat. Damit reagiert der Gesetzgeber zu Lasten der Leistungsberechtigten darauf, dass viele Jobcenter mit der Erteilung einer den Anforderungen der Rechtsprechung des BSG genügenden Rechtsfolgenbelehrung überfordert sind, statt darauf zu dringen, dass die Arbeit der Jobcenter verbessert wird.

Das BSG sieht in der jeweils erforderlichen Rechtsfolgenbelehrung eine wichtige Voraussetzung für den Eintritt von Rechtsverlusten (z. B. vom 1.6.2006 – B 7a AL 26/05 R). Ohne die Notwendigkeit einer Rechtsfolgenbelehrung können die Leistungsberechtigten die Folgen ihres Verhaltens nicht mehr sicher einschätzen und müssen in ständiger Angst vor Rechtsverlusten leben, weil ein Arbeitsangebot auch ohne Rechtsfolgenbelehrung Auswirkungen auf die SGB II-Leistungen haben kann.

In jedem Einzelfall muss vor einer Sanktion ermittelt und festgestellt werden, dass der Leistungsberechtigte die für den jeweiligen Fall gültige Rechtsfolge kennt. Ein »Kennen-Müssen«, also eine grobfahrlässig verschuldete Unkenntnis, genügt für das Tatbestandsmerkmal »Kenntnis der Rechtsfolgen« in § 31 Abs. 1 Satz 1 SGB II nicht. Eine mündliche Belehrung kann dem Leistungsbezieher die Kenntnis der Rechtsfolgen im notwendigen Umfang vermitteln (LSG Sachsen-Anhalt vom 4.4.2013 – L 5 AS 279/13 B ER). Rügt er einen Flüchtigkeitsfehler in einer Rechtsfolgenbelehrung, soll dies der Kenntnis nicht entgegenstehen (BayLSG vom 16.8.2012 – L 7 AS 576/12 B ER).

Der Leistungsberechtigte muss – jedenfalls im Rahmen einer Parallelwertung in der Laiensphäre – erfasst und verstanden haben, dass und welche Rechtsfolgen sich bei einem bestimmten Verhalten ergeben werden. Erforderlich ist neben einer klaren Kenntnis der differenzierten Rechtsfolgen auch die Fähigkeit, dieses Wissen in einer bestimmten Handlungs- oder Konfliktsituation abzurufen und intellektuell zu verarbeiten. Eine abstrakt mögliche Kenntnis aus der Vergangenheit muss bei dem Leistungsberechtigten noch aktuell wirken und in dessen Bewusstsein verankert sein, so dass es in der aktuellen Situation noch handlungsleitend wirken kann (SG Landshut vom 16.8.2011 – S 10 AS 536/10 ER, info also 2011 S. 271; siehe Uwe Berlit in info also 2011, S. 53). Die allgemeine Kenntnis von möglichen Rechtsfolgen reicht für eine Sanktion also nicht aus, »Kenntnis« im Sinne des § 31 Abs. 1 Satz 1 SGB II liegt nur vor, wenn sie die konkret drohende Rechtsfolge umfasst.

Auch die Kenntnis muss vor der Entscheidung darüber vorliegen, ob der/die Leistungsberechtigte die Verpflichtung erfüllen will oder nicht. Denn nur dann kann er/sie die Entscheidung unter Abwägung der Folgen treffen.

4   Wichtiger Grund

Die Weigerung, die in der EV/dem EVA eingegangenen oder verordneten Verpflichtungen zu befolgen, kann nicht mit einer Leistungskürzung beantwortet werden, wenn der Leistungsberechtigte für sein Verhalten einen wichtigen Grund hat.

4.1   Was ist ein wichtiger Grund?

Ein wichtiger Grund liegt in Anlehnung an die ständige Rechtsprechung des BSG zum Sperrzeitrecht vor, wenn dem Leistungsberechtigten unter Berücksichtigung aller Umstände des Einzelfalles und unter Abwägung seiner Interessen mit den Interessen der Steuerzahler ein anderes Verhalten nicht zugemutet werden kann (vgl. z. B. BSG vom 29.11.1989 – 7 RAr 86/77, NZA 1990, S. 628). Hierbei können berufliche, aber auch persönliche Gründe, insbesondere gesundheitliche und familiäre Gründe zu berücksichtigen sein.

Auf die Rechtsprechung des BSG zum wichtigen Grund nach § 159 SGB III kann auch im Übrigen zurückgegriffen werden, soweit sich aus dem SGB II, insbesondere aus der strengen Zumutbarkeitsregelung des § 10 SGB II, nicht eine andere Wertung ergibt. Bei der Entscheidung, ob für das Tun oder Unterlassen eines Leistungsberechtigten ein wichtiger Grund vorliegt, sind auch im Rahmen des SGB II die Grundrechte zu beachten. Das SGB II schafft keinen grundrechtsfreien Raum.

Unzumutbare Pflichten

Der wichtige Grund kann immer in der Rechtswidrigkeit und Unzumutbarkeit der vom Jobcenter angesonnenen Pflichten und in der Verweigerung von Eingliederungsleistungen liegen. Wenn z. B. in der EV/dem EVA nach fünf Jahren Arbeitslosigkeit vom Leistungsberechtigten verlangt wird, sich wöchentlich fünfmal blind zu bewerben, kann dies unzumutbar sein. Fehlt es außerdem an einer Regelung, wer die Kosten der Bewerbung oder Fahrkosten trägt, ist die Verpflichtung regelmäßig unwirksam und damit unzumutbar (BSG vom 12.9.2011 – B 11 AL 17/10 R und vom 23.6.2016 – B 14 AS 30/15 R; LSG NRW vom 5.12.2011 – L 19 AS 1870/11), weil der Leistungsberechtigte nach dem SGB II nur das zum Lebensunterhalt unerlässlich Notwendige erhält, sodass er Kosten für die Herstellung und Versendung von Bewerbungsunterlagen, für Fahrten zu Vorstellungsgesprächen, zu Anfragen nach Arbeit oder für Annoncen in Zeitungen nicht wird tragen können.

Während der Urlaubszeit oder während einer Erkrankung muss sich die Leistungsberechtigte nicht bewerben und diese Bewerbungen auch nicht nachholen.

Die BA erkennt in einem internen »A–Z des wichtigen Grundes« als wichtige Gründe an:

– Aussicht auf einen Arbeitsplatz bei Aufgabe einer Beschäftigung;
– Gewissensgründe;
– Kinderbetreuung;
– Lohnrückstand;
– Mobbing;
– Pflege von Angehörigen;
– Prostitution darf abgelehnt und aufgegeben werden;
– Suchterkrankung;
– Tarifwidriger Lohn bei Tarifbindung und Lohnwucher.;
– Unzumutbarkeit der Beschäftigung;
– Zerrüttung des Arbeitsverhältnisses.

Beispiele aus der Rechtsprechung für wichtige Gründe finden Sie am Ende des Kapitels in unserem ABC des wichtigen Grundes.

Zur Frage, ob ein Leistungsberechtigter zur Suchttherapie, Schuldnerberatung oder psychosozialen Beratung gezwungen werden kann, → S. 708.

4.2   Wer muss was beweisen?

Die »Beweislast«, die im Sozialrecht auch Feststellungslast heißt, besteht aus zwei Teilen:

- Wer muss im Streitfall den Sachverhalt ermitteln, also klären, was gewesen ist, Beweismittel benennen und beibringen?

- Zu wessen Lasten geht es, wenn sich eine gesetzliche Voraussetzung, ein Tatbestandsmerkmal nicht feststellen lässt?

Grundsätzlich liegt die Ermittlungspflicht einschließlich der Suche und der Verwertung von Beweismitteln nach § 20 SGB X bei den Jobcentern; der Bürger kann aber zur Mitwirkung verpflichtet sein. Die Folgen der Beweislosigkeit trägt im allgemeinen der, der einen Anspruch, ein Recht geltend macht, bei der Kürzung, die in die Rechte der Leistungsberechtigten eingreift, also meist das Jobcenter.
Nach dem Wortlaut des § 31 Abs. 1 Satz 2 SGB II muss die Leistungsberechtigte einen wichtigen Grund darlegen und beweisen. Mit der gesetzlichen Formulierung in § 31 Abs. 1 Satz 2 SGB II ist jedoch der Amtsermittlungsgrundsatz nicht aufgehoben. Der Leistungsberechtigte ist vielmehr nur in verstärktem Maße zur Mitwirkung verpflichtet. Soweit es sich bei dem wichtigen Grund um einen Sachverhalt seines privaten Lebens handelt, ist ohnehin meist nur er in der Lage, ihn darzulegen und Beweismittel zu benennen.
Zunächst muss die Verwaltung ermitteln, ob eine Pflichtverletzung vorliegt und ob die verletzte Pflicht in der konkreten Situation zumutbar war. Hierbei hat sie alle Tatsachen zu ermitteln, auch die, die der Zumutbarkeit entgegenstehen können. Die Darlegungs- und Beweislast des Leistungsberechtigten ist auf die Tatsachen beschränkt, die nur den wichtigen Grund betreffen und zu denen nur er Zugang hat; soweit es sich um Tatsachen handelt, die das Jobcenter ohne Mitwirkung des Leistungsberechtigten klären kann, bleibt es beim Amtsermittlungsgrundsatz. Wenn sich eine Tatbestandsvoraussetzung nicht feststellen lässt, darf die Leistung nicht gekürzt werden, soweit es sich um das Bestehen und die Zumutbarkeit der angeblich verletzten Pflicht und die Pflichtverletzung selbst handelt. Die Angemessenheit der dem Hilfebedürftigen angesonnenen Verpflichtungen in der EV/dem EVA und deren Verletzung muss deshalb das Jobcenter beweisen.

Die BA geht in der DA 18 zu §§ 31 ff. davon aus, dass der Leistungsberechtigte die Beweislast für den wichtigen Grund insgesamt trägt, nicht

nur für wichtige Gründe aus seiner Sphäre (a.A. LSG NRW vom
30.4.2013 – L 7 AS 521/13 B ER und L 7 AS 580/13 B und vom 20.7.2011
– L 19 AS 676/11 B; SG Karlsruhe vom 27.3.2013 – S 12 AS 184/13 und
vom 24.5.2012 – S 4 AS 2005/11; SG Leipzig vom 19.6.2012 – S 25 AS
1471/12 ER, info also 2013, S. 76 mit Anmerkung von Helga Spindler).
Dem kann nicht zugestimmt werden. Nur soweit der Leistungsberechtigte den Tatsachen für den wichtigen Grund näher steht als das Jobcenter, darf ihm die Beweislast aufgebürdet werden. Dasselbe gilt, wenn
er Angaben über mögliche wichtige Gründe verspätet vorträgt, so dass
eine Überprüfung nicht mehr möglich ist (ähnlich das BSG vom
26.11.1992 – 7 RAr 38/92 und vom 25.4.2002 – B 11 AL 65/01 R).

Bewirbt sich der Leistungsberechtigte nicht entsprechend der Verpflichtung in der EV/dem EVA, soll die Beweislast für den rechtfertigenden wichtigen Grund bei ihm liegen (LSG NRW vom 18.6.2008 – L
7 B 12 1/08 AS ER). Das kann nicht ausnahmslos gelten, weil nicht
nur Hindernisse aus der Sphäre des Leistungsberechtigten einer Bewerbung entgegenstehen können.
Ist ein wichtiger Grund nicht ersichtlich oder lässt sich ein wichtiger
Grund, zu dem nur der Leistungsberechtigte Zugang hat, nicht beweisen, trägt allerdings der Leistungsberechtigte die Beweislast (LSG
NRW vom 20.7.2011 – L 19 AS 676/11 B), d. h. bei Vorliegen der Sank-
tionsvoraussetzungen darf die SGB II-Leistung ohne erkennbaren
wichtigen Grund gekürzt oder entzogen werden (sehr zweifelhaft
deshalb das LSG Rheinland-Pfalz vom 16.12.2014 – L 3 AS 505/13).

III   **Weigerung, eine zumutbare Arbeit, Ausbildung,
Arbeitsgelegenheit nach § 16d SGB II oder eine
nach § 16e SGB II geförderte Arbeit aufzunehmen und
fortzusetzen, oder ein Verhalten, das deren Anbahnung
verhindert**

1   **Inhalt von § 31 Abs. 1 Satz 1 Nr. 2 SGB II**

§ 31 Abs. 1 Satz 1 Nr. 2 SGB II ist sprachlich missglückt.
Sanktioniert werden soll die Weigerung, eine zumutbare Arbeit, Ausbildung, Arbeitsgelegenheit nach § 16d SGB II oder eine nach § 16e
SGB II geförderte Arbeit aufzunehmen und fortzusetzen, außerdem in
Anlehnung an § 159 Abs. 1 Satz 2 Nr. 2 SGB III bereits das Verhalten,
das deren Anbahnung verhindert.
Die Regelung ist auf Arbeiten und Ausbildungen usw. beschränkt, die
das Jobcenter anbietet; in welcher Form es das tut – durch die EV/
den EVA oder durch ein unmittelbares Vermittlungsangebot – ist für
die Möglichkeit einer Sanktion unerheblich (BT-Drs. 17/4304 S. 111;
BayLSG vom 29.3.2012 – L 7 AS 61/12 und vom 26.10.2012 – L 7 AS
768/11).
Die Bestimmung bestraft außer der Ablehnung einer Arbeitsgelegenheit nach § 16d SGB II nur Verhaltensweisen, die Arbeitsverhältnisse

bzw. Ausbildungsverhältnisse betreffen. Eine Förderung nach § 16e SGB II wird nach Abs. 1 der Vorschrift nur gewährt, wenn zwischen einem Leistungsberechtigten und dem Arbeitgeber ein Arbeitsverhältnis begründet wird. Auch beim Bundesprogramm »Soziale Teilhabe am Arbeitsleben«, das aus öffentlichen Mitteln finanziert wird, wird ein Arbeitsverhältnis begründet. Allerdings sind weder das nach § 16e SGB II geförderte Beschäftigungsverhältnis noch die Teilhabearbeit in der Arbeitslosenversicherung versicherungspflichtig (§§ 27 Abs. 3 Nr. 5 Buchst. c, 420 SGB III).

Während einer Arbeitsgelegenheit nach § 16d SGB II besteht kein Arbeitsverhältnis. Wegen der Besonderheiten behandeln wir die Sanktion wegen der Ablehnung einer Arbeitsgelegenheit ausführlich unter → S. 846.

Ein unbezahltes Praktikum ist keine Arbeit oder Ausbildung im Sinne des § 31 Abs. 1 Nr. 2 SGB II (LSG Niedersachsen-Bremen vom 12.1.2012 – L 7 AS 242/10 B; LSG NRW vom 2.5.2008 – L 7 B 321/07 AS ER).

Verhindert der Leistungsberechtigte die Anbahnung einer Arbeit, einer Ausbildung, einer Arbeitsgelegenheit und einer Beschäftigung nach § 16e SGB II, soll darin ein gesonderter Sanktionsgrund liegen (SG Stuttgart vom 6.6.2011 – S 24 AS 2153/11 ER); es handelt sich aber eigentlich um eine Form der Weigerung, Arbeit usw. aufzunehmen.

2 Weigerung, eine zumutbare Arbeit aufzunehmen

2.1 Was ist zumutbar?

Sanktioniert wird nur die Weigerung, zumutbare Arbeit aufzunehmen. Was zumutbar ist, ergibt sich aus § 10 SGB II. Danach sind grundsätzlich alle rechtmäßigen Arbeiten zumutbar. Auf die Neigung des Leistungsberechtigten soll es nicht ankommen (LSG Berlin-Brandenburg vom 26.6.2013 – L 18 AS 1572/13 B ER; SG Würzburg vom 7.11.2011 – S 10 AS 852/11 ER). Siehe hierzu Kapitel D.

Das Angebot muss hinreichend bestimmt sein, d.h. es müssen die Art der Tätigkeit, ihr zeitlicher Umfang und die vorgesehene Entlohnung bezeichnet werden (LSG Sachsen vom 2.4.2008 – L 2 B 141/08 AS-ER; LSG Berlin-Brandenburg vom 14.3.2008 – L 10 B 445/08 AS ER und vom 21.6.2011 – L 25 AS 211/10 B PKH).

Das Gesetz begrenzt die Verpflichtung nicht auf abhängige Beschäftigungen. Arbeit kann an sich auch eine selbständige Erwerbstätigkeit sein. Jedoch wird das Jobcenter einen Leistungsberechtigten wohl nicht unter Sanktionsdrohung auffordern können, sich selbständig zu machen. Ob er ein solches finanzielles Risiko eingehen will und sich

Selbständig machen?

dem gewachsen fühlt, wird er regelmäßig selbst entscheiden müssen. Auch insoweit muss entsprechend § 36 Abs. 4 Satz 1 SGB III gelten, dass der Leistungsträger zwar auch auf Angebote für selbständige Tätigkeiten hinweisen darf. Es besteht aber keine Pflicht, sich selbständig zu machen und ein entsprechendes Angebot anzunehmen, so dass leistungsrechtliche Folgen nicht eintreten dürfen (BT-Drs. 16/4578 S. 17). Umgekehrt kann es nach § 10 Abs. 2 Nr. 5 SGB II zumutbar sein, dass ein Selbständiger, der sich dauerhaft aus seinen Einnahmen nicht unterhalten kann, eine abhängige Beschäftigung aufnehmen muss.

Jede Arbeit

Ansonsten kommt jede Arbeit in Betracht. Sie muss anders als nach dem SGB III nicht versicherungspflichtig sein. Es können also kurzzeitige oder geringfügige Beschäftigungen nach § 8 SGB IV sein, z. B. Saisonarbeiten und Aushilfsbeschäftigungen.

Entlohnung

Soweit gültig, muss für die Beschäftigung wenigstens der Mindestlohn von 8,50 €, ab 2017 8,84 € gezahlt werden. Siehe hierzu oben → S. 197 ff. Ansonsten ist bis zur Wuchergrenze jede Entlohnung zumutbar. Sittenwidrig und deshalb unzumutbar ist nach Meinung des SG Berlin vom 19.9.2011 – S 55 AS 24521/11 ER ein Lohn, wenn ein alleinstehender Arbeitnehmer bei einer Vollzeitbeschäftigung seinen Lebensunterhalt nicht selbst verdienen kann und hilfebedürftig nach dem SGB II ist. Diese Rechtsprechung ist durch die Mindestlohnregelung überholt. Im Übrigen muss es sich um gesetzmäßige Arbeitsbedingungen handeln (SG Gießen vom 26.11.2011 – S 22 AS 869/09). Werden die Arbeitsschutzvorschriften nicht eingehalten, z. B. hinsichtlich der Arbeitszeit, oder kein Urlaub oder keine Lohnfortzahlung im Krankheitsfall gewährt, ist die Arbeit nicht zumutbar.

Leistungsfähigkeit

Der Leistungsberechtigte muss die Arbeit tatsächlich leisten können. Das gilt zum einen für die körperlichen Anforderungen. Der 53-Jährige, der 30 Jahre im Büro gearbeitet hat, darf nicht zum Spargelstechen abkommandiert werden (so auch BA-Chef Weise in der Frankfurter Rundschau vom 7.4.2005; s. auch SG Karlsruhe vom 24.5.2012 – S 4 AS 2005/11 und SG Leipzig vom 19.6.2012 – S 25 AS 1470/12 ER mit Anmerkung von Helga Spindler in info also 2013, S. 74, 77). Zum anderen kommt es darauf an, ob er die fachlichen Voraussetzungen für die Tätigkeit mitbringt. Wer nur körperliche Tätigkeiten verrichten kann, wird häufig auch mit einfachen Büroarbeiten überfordert sein.

Die Zumutbarkeit der Arbeit ist Tatbestandsvoraussetzung, d. h., sie muss feststehen. Zweifel, z. B. am Leistungsvermögen des Leistungsberechtigten, schließen eine Sanktion aus. Die Darlegungs- und Beweislastregel des § 31 Abs. 1 Satz 2 SGB II ist nicht anzuwenden, auch wenn die Unzumutbarkeit der Arbeit zugleich ein wichtiger Grund ist, die Arbeit nicht aufzunehmen.

2.2 Ablehnung jedweder Arbeit

Eine Sanktion nach § 31 SGB II darf nicht einfach deshalb verhängt werden, weil der Leistungsberechtigte nicht oder nur unzureichend arbeitsbereit ist. § 31 SGB II stellt für den Fall der ganz oder teilweise fehlenden Arbeitsbereitschaft gegenüber den §§ 7 Abs. 1 Satz 1 Nr. 3 und 9 Abs. 1 SGB II die speziellere und damit abschließende Vorschrift dar (SG Osnabrück vom 29.10.2007 – S 22 AS 888/06). Es dürfen nur die konkreten pflichtwidrigen Handlungen oder Unterlassungen, die § 31 SGB II nennt, zu einer Leistungskürzung führen.

2.3 Wann liegt eine Weigerung vor?

Eine »Weigerung« setzt voraus, dass der Hilfebedürftige die Arbeit ausdrücklich ablehnt. Ein konkludentes Verhalten, das zur Nichtbeschäftigung führt, reicht in aller Regel nicht aus. Es muss eine konkrete Verweigerungshandlung vorliegen (VG Bremen vom 15.11.2005 – S 2 V 2149/05); Gleichgültigkeit bei der Arbeitsuche steht der Weigerung nicht gleich.

Vorsätzliche Ablehnung

Das Tatbestandsmerkmal »Weigern« kann nicht durch ein fahrlässiges Handeln verwirklicht werden (LSG Sachsen-Anhalt vom 12.1.2009 – L 5 B 94/08 AS ER und vom 24.1.2008 – L 2 B 96/07 AS ER, info also 2008, S. 171 mit Anmerkung von Hans-Ulrich Weth). Nach Meinung des BSG zu § 144 SGB III a. F. (jetzt § 159 SGB III) soll die Ablehnung einer Beschäftigung nur ein vorwerfbares, aber kein vorsätzliches oder grob fahrlässiges Verhalten erfordern (BSG vom 5.9.2006 – B 7a AL 14/05 R und vom 14.7.2004 – B 11 AL 67/03 R, SozR 4–4300 § 144 Nr. 8). Das widerspricht aber dem Wortlaut des Gesetzes: Weigern verlangt anders als das Unterlassen eine bewusste Handlung.

Der Leistungsberechtigte verhindert die Anbahnung von Arbeit, wenn er auf ein Vermittlungsangebot gar nicht reagiert, dasselbe gilt, wenn er sich nicht den zumutbaren Anforderungen eines Bewerbungsverfahrens unterzieht:

Ordnungsgemäßes Bewerben?

– Vorlage eines Lebenslaufs (LSG NRW vom 12.3.2003 – L 12 AL 159/02; SG Hamburg vom 24.5.2004 – S 8 AL 1538/02);

– Vorlage eines Bewerbungsschreibens (LSG Baden-Württemberg vom 31.1.2003 – L 8 AL 4710/01);

– Anfertigung einer Arbeitsprobe (BSG vom 13.3.1997 – 11 RAr 25/96 – SozR 3-4100 § 119 Nr. 11).

Ein Bewerbungsschreiben steht einer Nichtbewerbung gleich, wenn es allein schon wegen seines objektiven Inhalts bzw. seiner Form vom

Arbeitgeber von vornherein als unbeachtlich oder offensichtlich unernst gemeint behandelt werden kann. Das ist vor allem dann der Fall, wenn der Inhalt oder die Form des Bewerbungsschreibens so abschreckend oder widersprüchlich ist, dass der Bewerber allein schon wegen des Schreibens aus der Auswahl für den Arbeitgeber ausscheidet (BSG vom 5.9.2006 – B 7a AL 14/05 R, NZS 2007 S. 268, vom 14.7.2004 – B 11 AL 67/03 R, SozR 4-4300 § 144 Nr. 8 und vom 27.4.2004 – B 11 AL 43/04 Ř; ebenso LSG Baden-Württemberg vom 21.6.2012 – L 7 AS 4298/11; LSG NRW vom 5.12.2011 – L 19 AS 1871/ 11 B und vom 5.12.2011 – L 19 AS 1870/11 B ER und 1871/11 B). Eine Weigerung, Arbeit aufzunehmen, kann auch vorliegen, wenn der Leistungsberechtigte den Arbeitgeber durch sein Verhalten zur Ablehnung veranlasst: Die Forderung untypischer Arbeitsbedingungen, z. B. Achtstundentag für Fernfahrer, kann eine Weigerung sein (LSG Baden-Württemberg vom 27.1.2004 – L 9 AL 45/03).

Der Leistungsberechtigte darf sich nicht als unzuverlässig darstellen (BSG vom 5.9.2006 – B 7a AL 14/05 R; SG Lüneburg vom 11.11.2006 – S 24 AS 422/06; LSG Baden-Württemberg vom 9.12.2004 – L 5 AL 415/04; LSG NRW vom 4.9.2003 – L 12 AL 69/02).

Erklärt der Leistungsberechtigte dem Arbeitgeber, er lehne das Arbeitsangebot nur wegen des Zwangs durch den Leistungsträger nicht ab oder nehme es »unter Protest« an, liegt kein ordnungsgemäßes Bemühen um den angebotenen Arbeitsplatz vor (LSG Baden-Württemberg vom 9.12.2004 – L 5 AL 2319/04):

Dasselbe soll gelten, wenn ein Leistungsberechtigter ausführt, durch Vermittlung der AA solle er sich bewerben. Hierin kann nach Meinung des LSG Baden-Württemberg eine konkludente Ablehnung der angebotenen Beschäftigung gesehen werden, die einer Nichtbewerbung gleichkommt (LSG Baden-Württemberg vom 10.5.2005 – L 1 AL 4331/03). Das ist in dieser Allgemeinheit nicht gerechtfertigt. Der Hinweis, dass das Jobcenter oder die AA das Arbeitsangebot vermittelt hat, ist harmlos und keinesfalls geeignet, Arbeitsunwilligkeit zu belegen; der Arbeitgeber wird um die Vermittlung gebeten haben und ohnehin wissen, woher der Arbeitslose die Information über die zu besetzende Stelle hat.

Dagegen wird eine Bewerbung, mit der der Arbeitslose erklärt, sich wegen der Androhung einer Sanktionierung zu bewerben, die angebotene Arbeit aber »nicht sein Ding« und sein für die Arbeit erforderliches Interesse »eher peripher einzuordnen« sei, wohl als nicht ernst gemeinte Bemühung um eine Beschäftigung anzusehen sein (SG Lüneburg vom 26.5.2015 – S 37 AS 994/12).

Auch wenn ein Leistungsberechtigter einen Bewerbungsbogen nur teilweise ausfüllt und deshalb ein Vorstellungsgespräch nicht zu Stande kommt, liegt keine ordnungsgemäße Bewerbung vor (HessLSG vom 9.3.2005 – L 6 AL 1246/03).

Ein Bewerbungsschreiben, in dem der Arbeitslose auf negative Erfahrungen mit früheren Bewerbungen hinweist und zur Prüfung der Seriosität des Arbeitgebers vor Bekanntgabe seiner Daten um Informationen bittet, hat das LSG Schleswig-Holstein als »Nichtbewerbung« angesehen (LSG Schleswig-Holstein vom 11.6.2004 – L 3 AL 19/03).

Bewirbt sich ein Medien- und Web-Designer in flottem Ton im Internet und verweist er den Arbeitgeber auf diese Bewerbung, wird das regelmäßig nicht als Ablehnung eines Vermittlungsangebots angesehen werden können (SG Fulda vom 22.9.2005 – S 1 AL 1048/04, info also 2006, S. 78 ff.). Bewirbt sich ein Buchdrucker handschriftlich, kann dies ebenfalls nicht als »Nichtbewerbung« angesehen werden, selbst wenn der Arbeitgeber die Bewerbung als unbrauchbar bezeichnet (LSG Rheinland-Pfalz vom 24.6.2004 – L 1 AL 58/03, Breithaupt 2005, S. 241).
Lehnt es ein Leistungsberechtigter ab, der Datenerfassung und Speicherung seiner Daten zuzustimmen und eine entsprechende Erklärung in einem Personalfragebogen zu unterschreiben, liegt keine Weigerung einer Arbeitsaufnahme vor (SG Berlin vom 1.10.2014 – S 147 AS 21183/14 ER, info also 2015, S. 69, und vom 15.2.2012 – S 107 AS 1034/12 ER; ähnlich SG Leipzig vom 29.5.2012 – S 25 AS 1470/12 ER).

Den Zugang des Vermittlungsangebots muss das Jobcenter, nicht der Leistungsberechtigte beweisen (BSG vom 3.6.2004 – B 11 AL 71/03 R, SGb 2004, S. 479; HessLSG vom 9.3.2005 – L 6 AL 1276/03, info also 2005, S. 260; LSG Berlin-Brandenburg vom 13.9.2007 – L 5 B 1349/07 AS ER; LSG Sachsen vom 16.12.2008 – L 7 B 613/08 AS-ER; SG Karlsruhe vom 27.3.2013 – S 12 AS 184/13). Ein als einfacher Brief übersandtes Angebot kann auch nicht deshalb als zugegangen gelten, weil es nicht zum Jobcenter zurückgekommen ist (SG Karlsruhe vom 27.3.2013 – S 12 AS 184/13).

Wer muss was beweisen?

Der Leistungsberechtigte soll die Absendung des Bewerbungsschreibens, nicht den Zugang beweisen müssen (LSG Schleswig-Holstein vom 12.8.2005 – L 3 AL 94/04). Lässt sich der Zugang eines Bewerbungsschreibens beim Arbeitgeber nicht nachweisen, liegt darin keine Weigerung, die Arbeit aufzunehmen, weil dafür unterschiedliche Ursachen möglich sind, die außerhalb des Verantwortungsbereichs des Leistungsberechtigten liegen können (SG Lüneburg vom 13.11.2013 – S 37 AS 844/10). Im Übrigen kann es aber ausreichen, dass er ansonsten zuverlässig und glaubwürdig ist, sich auf frühere Vermittlungsangebote immer pünktlich beworben hat und kein besonderer Grund ersichtlich ist, warum er gerade die streitige Arbeitsstelle hat ablehnen wollen. Die Behauptung des Arbeitgebers, er habe keine Bewerbung erhalten, kann nicht alleinige Grundlage der Entscheidung sein. Die Versendung aller Bewerbungen mit Einschreiben und Rückschein kann dem Leistungsberechtigten nur zugemutet werden, wenn das Jobcenter ihn darauf hinweist und die Kosten übernimmt.
Der Leistungsberechtigte muss sich unverzüglich um die angebotene Arbeit bemühen. Die Absendung eines Bewerbungsschreibens am

Tag nach Zugang des Arbeitsangebotes reicht jedenfalls aus (BayLSG vom 6.2.2014 – L 11 AS 535/12).

Für das Vorliegen einer Weigerung liegt die Beweislast beim Jobcenter.

3   Weigerung, eine Ausbildung aufzunehmen

Berufsausbildung

Auch die Aufnahme einer Ausbildung soll durch die Sanktionsdrohung erzwungen werden können. Hier kann es sich nur um Berufsausbildungen im Sinne des BBiG, der Handwerksordnung, des Seemannsgesetzes oder des Altenpflegegesetzes (vgl. § 57 Abs. 1 SGB III) handeln (Valgolio, Hauck/Noftz, SGB II § 31 RandNr. 22, der sich nur auf § 1 BBiG bezieht; a.A. Berlit, LPK-SGB II § 31 RandNr. 31, der jede Ausbildung, die zu einem förmlichen Abschluss führt, erfasst sieht). Schulische Ausbildungen können mit § 31 SGB II nicht erzwungen werden; allerdings können sie in der EV/dem EVA vorgesehen und nach § 16 Abs. 3 SGB II die Kosten für Anbahnung und Aufnahme der schulischen Berufsausbildung übernommen werden.

Zumutbarkeit

Bei der Frage der Zumutbarkeit einer Ausbildung ist in stärkerem Maße als bei der Aufnahme von Arbeit das Grundrecht der Berufsfreiheit des Art. 12 GG, insbesondere der Freiheit der Berufswahl, zu berücksichtigen. Auch Eignung, Begabung und Berufswunsch des Leistungsberechtigten müssen über die Berufswahl entscheiden dürfen. Die Aufnahme einer Ausbildung kann auch nur verlangt werden, wenn geklärt ist, wer die Kosten für Lebensunterhalt und Ausbildung trägt.

4   Weigerung, eine Arbeitsgelegenheit aufzunehmen

4.1   Voraussetzungen für die Arbeitsgelegenheit

Gemeinnützig und zusätzlich

Wer sich weigert, eine Arbeitsgelegenheit mit MAE anzunehmen, läuft Gefahr, dass seine Leistungen gekürzt werden. Allerdings muss es sich tatsächlich um eine im öffentlichen Interesse liegende, zusätzliche Arbeit handeln, der Leistungsberechtigte muss zu ihrer Verrichtung körperlich, geistig und fachlich imstande sein und die Arbeitsbedingungen müssen zumutbar sein. Auch darf eine Arbeitsgelegenheit mit MAE nur angeboten werden, wenn eine Erwerbstätigkeit auf dem allgemeinen Arbeitsmarkt auf absehbare Zeit nicht in Betracht kommt und die Mehraufwendungen durch die MAE tatsächlich ausgeglichen werden. Siehe hierzu → S. 728. Da es sich bei der Arbeitsgelegenheit mit MAE um eine Eingliederungsmaßnahme handelt, ist sie unzumutbar, wenn ihr jede Integrationsfunktion fehlt (SG Berlin vom 14.7.2008 – S 37 AS 19402/08).

Das Jobcenter muss gegenüber dem erwerbsfähigen Leistungsberechtigten das Angebot genau bezeichnen; genannt werden müssen die Art der Arbeit, der zeitliche Umfang und die zeitliche Verteilung der Arbeitszeit sowie die Höhe der Entschädigung und die ihm zustehenden Leistungen. Der Arbeitsuchende muss erkennen können, ob das Angebot den inhaltlichen und formellen Anforderungen des § 16d SGB II genügt; die Angabe »Gemeindearbeiter« reicht nicht aus (BSG vom 16.12.2008 – B 4 AS 60/07 R; LSG Berlin-Brandenburg vom 12.2.2010 – L 28 AS 2089/09 B ER). Die Beweislast für die Zumutbarkeit liegt beim Jobcenter.

Detailliertes Angebot

4.2   Verfahren bei Arbeitsgelegenheit

Die Zuweisung in eine Arbeitsgelegenheit kann in der EV/dem EVA festgelegt werden; wird eine Leistungsberechtigte außerhalb der EV/dem EVA aufgefordert, eine Arbeitsgelegenheit aufzunehmen, geschieht dies mit anfechtbarem Verwaltungsakt (BSG vom 13.4.2011 – B 14 AS 101/10 R und vom 27.8.2011 – B 4 AS 1/10 R). Damit ist eine alte Streitfrage geklärt.

Hier haben Widerspruch und Klage keine aufschiebende Wirkung, weil § 39 Nr. 1 SGB II auch die Pflichten erwerbstätiger Leistungsberechtigter bei der Eingliederung in Arbeit erfasst.

Keine aufschiebende Wirkung

Nimmt der Leistungsberechtigte die Arbeitsgelegenheit auf, hat er kein Rechtsschutzinteresse für die gerichtliche Feststellung der Unzumutbarkeit (SG Dresden vom 10.10.2005 – S 23 AS 872/15 ER).

Wird die Aufforderung nicht angefochten, kann beim Streit über die Absenkung wegen der Weigerung, die Arbeitsgelegenheit aufzunehmen, die Rechtmäßigkeit der Aufforderung noch geprüft werden, auch wenn die Rechtsbehelfsfrist verstrichen ist. In diesen Fällen ist § 44 SGB X anzuwenden (ähnlich BSG vom 21.3.2002 – B 7 AL 44/01 R) und im Widerspruch gegen die Leistungskürzung ein Überprüfungsantrag enthalten. Dagegen soll nach Meinung des SG Neuruppin vom 27.5.2014 – S 17 AS 659/14 ER bei bestandskräftigem Zuweisungsbescheid nur eine Evidenzprüfung stattfinden.

Prüfung der Rechtmäßigkeit

5   Weigerung, eine Arbeit u. Ä. fortzuführen

Nicht nur die Weigerung, zumutbare Arbeit aufzunehmen, kann zur Kürzung führen, sondern auch die Weigerung, eine zumutbare Arbeit fortzusetzen.

Eine Weigerung liegt nur vor, wenn der Leistungsberechtigte selbst kündigt, einen Aufhebungsvertrag schließt oder die Arbeit einfach aufgibt. Auch die Reduzierung der Arbeitszeit kann nach Meinung des SG Bremen vom 7.1.2013 – S 21 AS 2221/12 ER eine Weigerung sein, die Arbeit (im bisherigen Umfang) fortzusetzen.

Vorsätzliche Arbeitsaufgabe

Fehltage, die zur Kündigung durch den Arbeitgeber führen, sind keine Weigerung, eine Arbeit fortzusetzen. Die Arbeitgeberkündigung führt unabhängig vom Kündigungsgrund nach dieser Regelung nicht zu einer Sanktion (BSG vom 22.3.2010 – B 4 AS 68/09 R). Das gilt auch für die Hinnahme einer offensichtlich rechtswidrigen Kündigung (vgl. zum Sperrzeitrecht: Leitfaden für Arbeitslose, 32. Auflage 2016, S. 255). Anders als nach dem SGB III soll nur die auch formal rechtmäßige Kündigung eine Sanktion erlauben; die entgegen § 623 BGB nur mündlich erfolgte Kündigung rechtfertigt demnach keine Leistungskürzung (SG Oldenburg vom 4.7.2008 – S 47 AS 1240/08 ER).

Nur nach Rechtsfolgen-belehrung oder Kenntnis der Rechtsfolgen

Auch für die Sanktion wegen einer Weigerung, Arbeit oder eine Arbeitsgelegenheit fortzuführen, ist eine vorherige schriftliche Rechtsfolgenbelehrung oder die positive Kenntnis der Rechtsfolgen erforderlich. Andernfalls darf keine Sanktion eintreten. Eine Rechtsfolgenbelehrung (oder positive Kenntnis der Rechtsfolgen) ist auch dann Voraussetzung einer Leistungskürzung, wenn der Leistungsberechtigte eine dem Jobcenter verschwiegene Beschäftigung aufgibt (BayLSG vom 18.6.2014 – L 16 AS 297/13). Allerdings ist eine Sanktion nach § 31 Abs. 2 Nr. 4 SGB II in Verbindung mit § 159 Abs. 1 Satz 2 Nr. 1 SGB III möglich (siehe unten).

Pflicht zur Aufgabe einer Beschäftigung?

Die Aufgabe einer Arbeit kann nach § 31 Abs. 1 SGB II an sich nicht verlangt werden. Das kommt aber nach § 10 Abs. 2 Nr. 5 SGB II in Betracht, wenn der Hilfebedürftige eine Beschäftigung oder Tätigkeit ausübt, von der er sich und seine Familie nicht ernähren kann, und ihm eine im Übrigen zumutbare Arbeitsmöglichkeit aktuell zur Verfügung steht, die seinen Lebensunterhalt und den seiner BG deckt (vgl. für einen selbständig Tätigen OVG Bremen vom 1.6.2006 – S 1 B 140/06; OVG Lüneburg vom 12.11.1987 – 4 B 355/87; so auch der Staatssekretär Rudolf Anzinger, in: BT-Drs. 16/2924, S. 9 f.).

Die Weigerung, die besser bezahlte und zumutbare Arbeit aufzunehmen, wäre dann ein Sanktionstatbestand.

6   Wichtiger Grund

Auch hier darf eine Sanktion nur verhängt werden, wenn die Leistungsberechtigte für das beanstandete Verhalten keinen wichtigen Grund hatte. Was ein wichtiger Grund ist und wer ihn beweisen muss, können Sie auf → S. 839 und im ABC des wichtigen Grundes im Anhang an dieses Kapitel nachlesen.

IV   **Nichtantritt, Abbruch oder Ausschluss aus einer
        zumutbaren Eingliederungsmaßnahme**
        § 31 Abs. 1 Satz 1 Nr. 3 SGB II

1   **Welche Eingliederungsmaßnahmen sind betroffen?**

        Zu den Eingliederungsmaßnahmen gehören jedenfalls die
Maßnahmen nach § 16 Abs. 1 SGB II. Die Vorschrift verweist ganz
überwiegend auf das SGB III. Welche Maßnahmen der Eingliederung
dienen sollen, können Sie unter Abschnitt N (→ S. 687 ff.) nachlesen. Die
wichtigsten Maßnahmen sind:

- Trainingsmaßnahmen nach § 45 Abs. 1 Satz 1 SGB III;
- Maßnahmen der Eignungsfeststellung (§ 45 Abs. 1 Satz 1 Nr. 2
  SGB III);
- Maßnahmen der beruflichen Weiterbildung (§§ 81–87 SGB III);
- Maßnahmen zur Förderung der Teilhabe behinderter Menschen
  am Arbeitsleben (§§ 112–129 SGB III) und
- Maßnahmen der Förderung der beruflichen Aus- und Weiterbildung
  in kleinen und mittleren Betrieben (§ 131a i. V. m. § 82 SGB III).

Es wird nicht nur die Pflichtverletzung im Zusammenhang mit einer
Eingliederungsmaßnahme geahndet, wenn diese in der EV/dem EVA
festgelegt ist. Es genügt vielmehr jedes Angebot einer zumutbaren
Eingliederungsmaßnahme (BayLSG vom 29.3.2012 – L 7 AS 61/12);
jedoch müssen die zu erbringenden Leistungen zuvor schriftlich (§ 34
SGB X) zugesichert werden (LSG Niedersachsen-Bremen vom
17.6.2013 – L 7 AS 332/13 B ER). Die Maßnahme muss genau beschrieben sein, die allgemeinen Angaben »Integration in den ersten
Arbeitsmarkt« und »Unterstützung und Hilfestellung im Bewer-
bungsprozess«, reichen hierfür nicht aus (LSG Niedersachsen-Bremen vom 24.11.2015 – L 7 AS 1519/15 B ER). Nur bei genauer Beschreibung der angebotenen Maßnahme könne der Arbeitslose die
formellen und inhaltlichen Anforderungen prüfen.
Der Zugewiesene muss für die angebotene Maßnahme geeignet sein;
andernfalls muss das Jobcenter nach anderen Möglichkeiten suchen (SG
Braunschweig vom 5.12.2014 – S 33 AS 653/14 ER, das in dem speziellen Fall die Einbeziehung der Jugendhilfe empfohlen hat).

2   **Nichtantritt**

        Der Tatbestand des § 31 Abs. 1 Satz 1 Nr. 3 SGB II ist er-
füllt, wenn der Leistungsberechtigte die Teilnahme an der Eingliederungsmaßnahme ausdrücklich ablehnt. Aber auch wer zu einer angebotenen Eingliederungsmaßnahme bei Beginn und dauerhaft nicht
erscheint, tritt sie nicht an, ohne dass es auf die Gründe für das Fehlen ankommt. Eine ausdrückliche oder stillschweigende Weigerung
verlangt das Gesetz nicht.

Ob die Maßnahme zumutbar ist, richtet sich nach deren Inhalt und Ausgestaltung, nach den Bedürfnissen und Fähigkeiten des/der Leistungsberechtigten und nach den Leistungen des Jobcenters.

Ungeeignete Maßnahmen

Bei den Eingliederungsmaßnahmen steht die Überforderung der Aufnahme oder Fortsetzung entgegen (SG Berlin vom 11.4.2014 – S 159 AS 6473/14 ER), aber auch die Unterforderung. Die Maßnahme muss für die Betroffenen geeignet sein, damit sie eine Maßnahme in Arbeit ist. Der langjährig qualifiziert Beschäftigte muss keine Eingliederungsmaßnahme besuchen, die ihm Grundbegriffe des Erwerbslebens beibringt (HessLSG vom 23.4.2003 – L 6/10 AL 1404/01, info also 2004, S. 160, vom 13.10.2004 – L 6 AL 520/02, info also 2005, S. 109 und vom 7.3.2005 – L 6 AL 216/04).

Die Eingliederungsmaßnahme muss geeignet sein, die Eingliederung des Leistungsberechtigten zu befördern; sie muss ihm Kenntnisse vermitteln, deren Erwerb für Arbeitsuchende in ihrer konkreten Situation sinnvoll ist (LSG Berlin-Brandenburg vom 25 7.2008 – L 14 B 568/08 AS ER; ähnlich SG Dresden vom 3.6.2008 – S 10 AS 2252/08 ER für einen Leistungsberechtigten, der sich selbständig machen will).

Der Nichtantritt der nach § 16a SGB II als kommunale Eingliederungshilfen möglichen Schuldnerberatung, Suchtberatung und psychosozialen Betreuung darf regelmäßig nicht zu einer Kürzung führen, weil sie auf dem Prinzip der Freiwilligkeit beruhen und nur mit der Bereitschaft des Betroffenen erfolgreich durchgeführt werden können (→ S. 710, → S. 716).

3   Abbruch

Abgebrochen ist die Maßnahme, wenn der Teilnehmer nach anfänglichem Besuch kraft eigener Entscheidung nicht mehr teilnimmt. Noch kein Abbruch liegt vor, wenn er an einzelnen Tagen ohne Beendigungsabsicht nicht an der Maßnahme teilnimmt (so auch DA 13 zu §§ 31 ff. SGB II). Einzelne Fehltage dürfen nicht zu einer Kürzung der SGB II-Leistungen führen, weil § 31 SGB II dies nicht vorsieht und die vorhandenen Sanktionstatbestände nicht erweiternd ausgelegt werden dürfen. Nur bei »einem wiederholt unentschuldigten Fehlen«, das dazu führt, dass das Maßnahmeziel nicht erreicht werden kann, ist eine Kürzung erlaubt (DA 13 zu § 31 ff. SGB II). Das gilt seit 1.4.2011 umso mehr, weil das Nichtfortführen der Maßnahme nicht mehr als Sanktionstatbestand genannt ist. Auch eine Verpflichtung des Leistungsberechtigten in der EV/dem EVA, nicht ohne wichtigen Grund an einer Maßnahme nicht oder nicht regelmäßig teilzunehmen, kann die Sanktionstatbestände nicht erweitern. Nach der Wertung des SGB II in § 31 Abs. 1 Nr. 3 führt der unberechtigte Abbruch einer Eingliederungsmaßnahme durch den Leistungsberechtigten oder der verschuldete Ausschluss aus einer Eingliederungsmaßnahme durch den Maßnahmeträger oder das Jobcenter zu einer Sanktion, nicht aber ein einzelner Fehltag (siehe das Beispiel in LSG NRW vom 26.10.2016 – L 19 AS 1452/15 B ER). Dass dafür eine regelmäßige Teilnahme sinnvoll ist, ist selbstverständlich; ein einzelner Fehltag wird in aller Regel jedoch nicht zu einem Ausschluss führen. Die gesetzgeberische Wertung, dass nur der unberechtigte Abbruch einer Eingliederungsmaßnahme oder ein verschuldeter Ausschluss aus einer Eingliederungsmaßnahme zu einer Sanktion führen darf, ist auch deshalb wichtig, weil eine Sanktion mit einer Leistungskürzung von dreimal 30 % der Regelleistung wegen eines einzelnen Fehltages dem Grundsatz der Verhältnismäßigkeit widerspricht, der Grundlage allen staatlichen Handelns ist und auch im SGB II beachtet werden muss.

Das sehen einige Jobcenter offenbar anders und verhängen, wenn Fehltage zum Abbruch oder Ausschluss aus der Maßnahme führen, zwei Sanktionen. Das SG Aachen vom 17.1.2008 – S 14 AS 251/07 ER hat die Ansicht vertreten, die in der Eingliederungsvereinbarung festgelegte Verpflichtung, an einer Eingliederungsmaßnahme teilzunehmen, sei eine Dauerpflicht, die jeden Monat neu verletzt werden könne, so dass ein monatlicher Fehltag jeweils eine Sanktion auslöse, drei Fehltage über drei Monate verteilt führten dann zum Verlust des SGB II-Anspruchs. Dem kann nicht zugestimmt werden; einzelne Fehltage bedeuten nicht, dass der Leistungsberechtigte nicht an der Maßnahme teilnimmt. Führen die Fehltage zum Abbruch der Maßnahme oder zum Ausschluss aus der Maßnahme, können die Voraussetzungen einer Sanktion nach § 31 Abs. 1 Satz 1 Nr. 3 SGB II vorliegen.

4   Ausschluss

Der Ausschluss kann durch das Jobcenter oder den Maßnahmeträger erfolgen. Voraussetzung ist, dass der Teilnehmer sich maßnahmewidrig verhalten hat. Hierzu können z. B. häufiges Fehlen, Stören des Unterrichts, Trunkenheit, Drogenkonsum gehören, wenn sie den Erfolg der Maßnahme unwahrscheinlich machen oder die weitere Teilnahme für den Träger oder die übrigen Teilnehmer unzumutbar ist (LSG Rheinland-Pfalz vom 4.9.2002 – L 1 AL 170/01, Die Rentenversicherung 2003, S. 33; HessLSG vom 22.10.1999 – L 10 AL 933/98; BayLSG vom 23.9.2010 – L 9 AL 161/06). Für den Ausschluss ist ein strenger Maßstab anzulegen; die Interessen des Teilnehmers an der Fortsetzung der Maßnahme sind zu berücksichtigen. Das Fehlverhalten muss dem Teilnehmer subjektiv vorwerfbar sein.

Maßnahmewidriges Verhalten

Vor dem Abbruch ist der Teilnehmer in aller Regel abzumahnen und auf die möglichen Rechtsfolgen hinzuweisen (vgl. BSG vom 16.9.1999 – B 7 AL 32/98 R, BSGE 84, 270; SG Gießen vom 15.12.2008 – S 27 AS 1387/08 ER). Unmittelbar vor der Entscheidung ist er nach § 24 SGB X anzuhören, weil der Abbruch wegen des Zeitablaufs später meist nicht mehr rückgängig gemacht werden kann.

5   **Rechtsfolgenbelehrung/Kenntnis der Rechtsfolgen**

Auch hier kann es zu einer Leistungskürzung nur kommen,
wenn der Leistungsberechtigte vorher über die möglichen Folgen seines Verhaltens belehrt worden ist oder er die Rechtsfolgen kannte. Es
muss ihm also deutlich gemacht werden oder er muss wissen, dass
der Regelbedarf für drei Monate um 30 % gekürzt werden wird, wenn
er nicht tut, was von ihm verlangt wird, und er dafür keinen wichtigen Grund hat. Siehe hierzu → S. 834.

6   **Wichtiger Grund**

Alle Sanktionstatbestände treten nur ein, wenn der Leistungsberechtigte für sein Verhalten keinen wichtigen Grund hat. Als
wichtige Gründe kommen berufliche und persönliche Gründe in Betracht. Hierbei sind besonders familiäre Gesichtspunkte, aber auch
gesundheitliche Gründe (SG Dresden vom 10.8.2015 – S 20 AS 1507/
14; SG Berlin vom 11.4.2014 – S 159 AS 6473/14 ER) zu berücksichtigen. Bei erwerbstätigen Leistungsberechtigten muss auf die Anforderungen ihrer Arbeit Rücksicht genommen werden. Ein mangelndes
Pflichtbewusstsein ist nach Meinung des LSG NRW vom 9.12.2009 – L
12 AS 18/09 kein wichtiger Grund für die Verletzung von Nebenpflichten einer Maßnahme.

Was ein wichtiger Grund ist und wer ihn beweisen muss, können Sie
auf → S. 839 und im ABC des wichtigen Grundes im Anhang an dieses
Kapitel nachlesen.

V   **Verschleuderung von Einkommen und Vermögen**
          § 31 Abs. 2 Nr. 1 SGB II

Gekürzt wird die Leistung, wenn der volljährige erwerbsfähige Leistungsberechtigte sein Einkommen oder Vermögen vermindert hat, um die Voraussetzungen für die Gewährung oder Erhöhung
des Alg II herbeizuführen. Zur Prüfung, ob der Leistungsberechtigte
sein Einkommen oder Vermögen vermindert hat, um SGB II-Leistungen zu erhalten, darf das Jobcenter die Vorlage von Kontoauszügen
verlangen; das soll zumindest für die letzten sechs Monate zulässig
sein (LSG NRW vom 3.3.2010 – L 12 AS 15/08).

1   **Absicht**

Die Vorschrift setzt direkten Vorsatz voraus. Das ver-
schwenderische Verhalten muss das Ziel haben, Alg II zu erhalten
oder den Anspruch zu erhöhen (SG Aurich vom 6.10.2006 – S 15 AS

394/06 ER; SG Berlin vom 20.10.2005 – S 88 SO 4832/05 ER). Diese Absicht muss feststehen. Der Kürzungstatbestand kann z.B. durch Verprassen des Vermögens, Verzicht auf Ansprüche oder Schenkung erfüllt werden. Bei einem Unterhaltsverzicht in einer Scheidungsvereinbarung kommt es auf die Beweggründe an.

In der Abtretung von Ansprüchen aus Bausparverträgen zur Tilgung hat das LSG Sachsen vom 19.1.2009 – L 7 AS 66/07 keine sanktionswürdige Verschwendung gesehen.
Das LSG Schleswig-Holstein vom 31.8.2005 – L 6 B 200/05 AS ER hat sich für eine weite Auslegung der Bestimmung stark gemacht. Es hält es für ausreichend, wenn der Leistungsberechtigte bei der gebotenen Parallelwertung in der Laiensphäre hätte wissen müssen, dass er sein Einkommen und Vermögen zur Deckung seines Lebensunterhalts hätte verwenden müssen. Das ist nur richtig, wenn der Leistungsberechtigte sein Vermögen mit direktem Vorsatz im Vertrauen auf die Existenzsicherung durch das SGB II ohne wichtigen Grund verbraucht.

2   Keine Rechtsfolgenbelehrung

Eine Rechtsfolgenbelehrung oder Kenntnis der Rechtsfolgen sieht das Gesetz als Sanktionsvoraussetzung nicht vor. Es sagt nicht, wie lange die Verschwendung zurückliegen darf. Wegen der Notwendigkeit des direkten Vorsatzes kann es sich nur um Ausnahmefälle handeln. So wird in aller Regel niemand Arbeit aufgeben, um Alg II zu beziehen.

Die BA geht allerdings davon aus, dass die Voraussetzung des § 31 Abs. 4 Nr. 1 SGB II vorliegt, wenn der Hilfebedürftige eine Beschäftigung von weniger als 15 Wochenstunden ohne wichtigen Grund aufgegeben hat (DA 21 zu §§ 31 ff.). Das ist dann wichtig, wenn wegen der Aufgabe der Beschäftigung die Voraussetzungen für die Kürzung nach § 31 Abs. 1 Satz 1 Nr. 2 SGB II nicht vorliegen. Das Fehlen eines wichtigen Grundes reicht jedoch in aller Regel nicht aus, um die Absicht, höheres Alg II zu beziehen, zu belegen.

3   Wichtiger Grund

Auch hier darf eine Sanktion nur verhängt werden, wenn die Leistungsberechtigte für das beanstandete Verhalten keinen wichtigen Grund hatte.
Was ein wichtiger Grund ist und wer ihn beweisen muss, können Sie auf → S. 839 und im ABC des wichtigen Grundes im Anhang an dieses Kapitel nachlesen.

4   **Ersatzpflicht**

Wer sich schuldhaft ohne wichtigen Grund hilfebedürftig macht, ist nach § 34 SGB II zum Ersatz der Leistungen, die deshalb an ihn und die Mitglieder der BG gezahlt werden, verpflichtet (→ S. 892).

VI   **Unwirtschaftliches Verhalten**
         § 31 Abs. 2 Nr. 2 SGB II

Wer ein unwirtschaftliches Verhalten trotz Belehrung über die Rechtsfolgen fortsetzt, muss ebenfalls mit einer Sanktion rechnen.

1   **Was ist unwirtschaftlich?**

Unwirtschaftliches Verhalten liegt vor, wenn der Leistungsberechtigte unter Berücksichtigung der ihm durch die Allgemeinheit gewährten Hilfen jede wirtschaftlich vernünftige Betrachtungsweise vermissen lässt und hierbei ein Verhalten zeigt, das vom Durchschnitt wesentlich, d. h. auf eine die Sparsamkeitsvorgaben krass missachtende Weise, abweicht (LSG NRW vom 22.11.2011 – L 2 AS 1332/11 B). Es kann sich aber nur um ein unwirtschaftliches Verhalten während des Leistungsbezugs handeln, das weitere Hilfebedürftigkeit auslöst (so auch DA 23 zu §§ 31 ff.). Da dem Leistungsberechtigten nicht vorgegeben ist, wie er seinen Bedarf deckt, und Einmalleistungen nur in ganz geringem Umfang vorgesehen sind, fehlt es dieser Sanktion an einer inneren Berechtigung.
Es ist deshalb auch schwer, sanktionswürdige Unwirtschaftlichkeiten festzustellen. Nach § 12 Abs. 3 Satz 1 Nr. 2 SGB II zählt ein angemessenes Kraftfahrzeug zum Schonvermögen, der Besitz eines Pkw kann deshalb nicht als unwirtschaftlich angesehen werden.

Kein Zwang zu bestimmtem wirtschaftlichem Verhalten

Die Vorschrift darf keinesfalls dazu führen, dass derjenige, der seine 404 € nicht so ausgibt, wie sich dies das Jobcenter vorstellt, von einer Leistungskürzung betroffen werden kann. Genaue Vorschriften, wie das Geld auszugeben ist, darf das Jobcenter dem Leistungsberechtigten nicht machen. Die Kürzung ist auch nur zulässig, wenn der Leistungsberechtigte intellektuell in der Lage ist, wirtschaftlich mit dem ihm gezahlten Geld umzugehen.

Statt Kürzung Sachleistung

Wenn das unwirtschaftliche Verhalten dazu führt, dass wiederholt Darlehensleistungen nach § 24 Abs. 1 SGB II erbracht werden müssen, genügt § 24 Abs. 2 SGB II, der es erlaubt, den Regelbedarf ganz oder teilweise als Sachleistung zu gewähren. Einer weiteren Sanktion bedarf es nicht. Das Jobcenter sollte sich vielmehr um Hilfe und Un-

terstützung des Leistungsberechtigten bei der Haushaltsführung bemühen.

Der Gesetzgeber stellt sich allerdings vor, dass der Leistungsberechtigte vom Regelbedarf Beträge für Anschaffungen anspart, für die es
früher nach § 21 Abs. 1a BSHG einmalige Leistungen gab. Wer zu
dem Ansparen nicht in der Lage ist und deshalb Darlehensleistungen
nach § 24 Abs. 1 SGB II für Anschaffungen und Notfälle benötigt,
setzt sich wohl nicht dem Vorwurf der Unwirtschaftlichkeit aus, weil
das regelmäßige Sparen aus einem Betrag von 404 € die meisten
Menschen überfordern dürfte. Inzwischen hat das BVerfG vom
23.7.2014 – 1 BvL 10/12, 1 BvL 12/12, 1 BvR 1691/13 die Höhe des
vorgesehenen Sparbetrages für größere Haushaltsanschaffungen
(Kühlschrank, Waschmaschine) beanstandet und vom Gesetzgeber
Nachbesserung verlangt.

Pflicht zum Sparen

2   Rechtsfolgenbelehrung/Kenntnis der Rechtsfolgen

Die Kürzung tritt nur ein, wenn der Betroffene vorher über
die Rechtsfolgen belehrt worden ist oder wenn er die Rechtsfolgen
kennt. Kenntnis der genauen Rechtsfolgen wird hier im Allgemeinen
nicht bzw. nur im Wiederholungsfall vorliegen. Die Vorschrift ist zu
unbestimmt, als dass darauf ohne Konkretisierung in der Rechtsfolgenbelehrung eine Leistungskürzung gestützt werden könnte. Dem
Leistungsberechtigten muss genau gesagt werden, was das Jobcenter
für unwirtschaftlich hält. Es genügt deshalb nicht, die Rechtsfolgen
zu benennen, es muss vielmehr auch das beanstandete Verhalten beschreiben; mögliche Alternativen müssen vor Augen gehalten werden. Von Kenntnis der Rechtsfolgen im Wiederholungsfall kann
nur ausgegangen werden, wenn die Unwirtschaftlichkeit durch gleichartige Fehler verursacht wird, weil zur Kenntnis auch gehört, dass der
Leistungsberechtigte weiß, welche Verhaltensweisen beanstandet
werden können.

Konkretisierung der Pflichten

3   Wichtiger Grund

Auch hier darf eine Sanktion nur verhängt werden, wenn
der/die Leistungsberechtigte für das beanstandete Verhalten keinen
wichtigen Grund hatte.
Was ein wichtiger Grund ist und wer ihn beweisen muss, können Sie
auf → S. 839 und im ABC des wichtigen Grundes im Anhang an dieses
Kapitel nachlesen.

VII   Sperrzeiten nach dem SGB III als Sanktionsgründe

1   Sperrzeiten, die die AA verhängt
§ 31 Abs. 2 Nr. 3 SGB II

Soweit die AA Sperrzeiten feststellt und der Alg-Anspruch deshalb ruht oder erloschen ist (§§ 159, 161 SGB III), führt dies auch zu einer Sanktion nach dem SGB II, d.h., es kann nicht ungestraft beim Ruhen oder beim Wegfall des Alg-Anspruchs wegen einer Sperrzeit auf das SGB II umgestiegen werden. Hierbei hat die Entscheidung der AA über die Sperrzeit Tatbestandswirkung, d.h., die Richtigkeit der Entscheidung kann vom Jobcenter nicht überprüft werden (VG Gießen vom 24.3.1994 – 6 G 159/94, info also 1994, S. 156).

Tatbestandswirkung der Sperrzeitentscheidung

Bei einer Sperrzeit wegen Meldeversäumnisses nach § 159 Abs. 1 Satz 2 Nr. 6 SGB III darf allerdings nicht nach § 31 SGB II gekürzt werden (DA 26 zu §§ 31 ff. SGB II).
Die Sperrzeit wegen verspäteter Arbeitsuchmeldung nach § 159 Abs. 1 Satz 2 Nr. 7 SGB III führt ebenfalls zu keiner Sanktion, weil das SGB II keine § 38 Abs. 1 SGB III entsprechende Verpflichtung zur frühzeitigen Arbeitsuchmeldung kennt (DA 25 zu §§ 31 ff.).
Wird die Sperrzeit aufgehoben, muss auch die Kürzung durch das Jobcenter aufgehoben werden.

2   Sperrzeittatbestände als Kürzungsgründe
§ 31 Abs. 4 Nr. 3b SGB II

Die Sperrzeittatbestände des SGB III sollen zusätzlich als Kürzungstatbestände für das Alg II gelten. Eine Sanktion wegen eines Sperrzeitsachverhalts kommt nicht in Betracht, wenn bereits Abs. 1 von § 31 SGB II eine Sanktion vorsieht und der Leistungsberechtigte keine Beziehung zum Rechtskreis des SGB III hat (BSG vom 17.12.2009 – B 4 AS 20/09 R). Sie kann deshalb nur die Fälle des § 159 Abs. 1 Satz 2 Nr. 1 SGB III betreffen. Die Aufgabe einer Beschäftigung darf ohne Rechtsfolgenbelehrung bzw. ohne Kenntnis der Rechtsfolgen Grundlage einer Sanktion nur dann sein, wenn die Beschäftigung arbeitslosenversicherungspflichtig ist (§ 31 Abs. 2 Nr. 3 SGB II i. V. m. § 159 Abs. 1 Satz 2 Nr. 1 SGB III), aber kein Alg-Anspruch nach dem SGB III entstanden ist. Geringfügige Beschäftigungen und Arbeitsgelegenheiten sind nicht in der Arbeitslosenversicherung versicherungspflichtig (BSG vom 22.3.2010 – B 4 AS 68/09 R; ebenso SG Berlin vom 26.8.2010 – S 185 AS 24298/10 ER). Eine Beschäftigung, die nach § 16e SGB II gefördert wird, setzt zwar ein Arbeitsverhältnis voraus, ist aber nicht arbeitslosenversicherungspflichtig, auch die Arbeit nach dem Bundesprogramm »Soziale Teilhabe am Arbeitsleben« ist nicht in der Arbeitslosenversicherung versicherungspflichtig (§§ 27 Abs. 3 Nr. 5 Buchst. c, 420 SGB III).
Bei Anwendung von § 159 Abs. 1 Satz 2 Nr. 1 SGB III, also nach verschuldetem Arbeitsplatzverlust, sind die Grundsätze des Sperrzeitrechts einschließlich des dortigen Zumutbarkeitsbegriffs maßgeblich.

2.1   Sperrzeit wegen Arbeitsplatzverlustes

Wann nach dem SGB III eine Sperrzeit wegen Arbeitsplatzverlustes eintritt, können Sie im Leitfaden für Arbeitslose, 32. Auflage 2016, Kap. I im Einzelnen nachlesen. Wir geben hier einen kurzen Überblick und weisen auf die Besonderheiten bei der Anwendung im Rahmen des § 31 SGB II hin.

2.1.1   Arbeitsplatzverlust durch Arbeitnehmerkündigung oder Aufhebungsvertrag

Eine Sperrzeit ist nur zulässig,

- wenn die Kündigung des Arbeitnehmers oder der Aufhebungsvertrag **ursächlich** für die Arbeitslosigkeit ist, **und**

- der Leistungsberechtigte den Eintritt der Arbeitslosigkeit **vorsätzlich** oder **grob fahrlässig** herbeigeführt hat,

- **ohne** hierfür einen **wichtigen Grund** zu haben.

Sperrzeit nur zulässig, ...

Eine Kündigung des Arbeitnehmers beendet das Arbeitsverhältnis nur, wenn die Kündigung schriftlich erfolgt (§ 623 BGB). Für die Leistungskürzung nach §§ 31 f. genügt jedoch die formlose Beendigung des Beschäftigungsverhältnisses, also auch die mündliche Kündigung oder das Verlassen des Arbeitsplatzes oder das Fernbleiben vom Arbeitsplatz mit der Absicht, die Beschäftigung nicht mehr aufzunehmen.

Die Ablehnung eines mit einer Änderungskündigung verbundenen Angebots des Arbeitgebers zu schlechteren Arbeitsbedingungen ist keine Kündigung des Arbeitnehmers und führt nicht zu einer Sperrzeit.

Keine Sperrzeit bei Ablehnung einer Änderungskündigung

Ein Aufhebungsvertrag zwischen Arbeitgeber und Arbeitnehmer bedeutet die einvernehmliche Beendigung des Arbeitsverhältnisses zu einem bestimmten Zeitpunkt.

Weder die Hinnahme einer Arbeitgeberkündigung durch den Arbeitnehmer noch der Abschluss eines Vergleichs im nachfolgenden Kündigungsschutzverfahren rechtfertigen die Annahme eines Aufhebungsvertrages (DA 16, 18 f. zu § 159 SGB III; BSG vom 25.4.2002 – B 11 AL 89/01 R, SozR 3–4100 § 119 Nr. 24 und vom 17.10.2007 – B 11a AL 51/06 R). Meist ist im Zeitpunkt des Vergleichs die Arbeitslosigkeit auch schon eingetreten.

Keine Sperrzeit bei Hinnahme von Kündigung/ arbeitsgerichtlichem Vergleich

Stellt der Arbeitnehmer und/oder der Arbeitgeber im Kündigungsschutzprozess einen Auflösungsantrag nach §§ 9, 10 KSchG und löst das Arbeitsgericht dann das Arbeitsverhältnis durch Urteil auf, liegt ebenfalls kein Aufhebungsvertrag vor (BSG vom 17.11.2005 – B 11a/ 11 AL 69/04 R).

BSG zum
»Abwicklungs-
vertrag«

Absprachen innerhalb der Frist für die Kündigungsschutzklage können ein Lösungstatbestand sein (BSG vom 18.12.2003 – B 11 AL 35/ 03 R).

Ein Sperrzeittatbestand liegt nicht vor, wenn der Hilfebedürftige nach § 1a KSchG auf eine Kündigungsschutzklage ganz bewusst verzichtet und stattdessen eine **Entlassungsentschädigung** in Anspruch nimmt. Voraussetzung ist eine betriebsbedingte Kündigung, in der der Arbeitgeber eine Entlassungsentschädigung anbietet, wenn der Arbeitnehmer keine Kündigungsschutzklage erhebt. Für diesen Fall sieht das Gesetz eine Entlassungsentschädigung in Höhe von 0,5 Monatsverdiensten pro Beschäftigungsjahr vor.

Zulässig ist auch eine Vereinbarung mit einer Abfindung in Höhe eines halben Monatsverdienstes pro Beschäftigungsjahr zur Abwendung einer betriebsbedingten Kündigung (BSG vom 12.7.2006 – B 11a AL 47/05 R). Siehe hierzu den Leitfaden für Arbeitslose, 32. Auflage 2016, S. 256 f.

Ursächlich

Die Kündigung des Arbeitnehmers oder der Aufhebungsvertrag müssen ursächlich für die Arbeitslosigkeit sein.

Zuvorkommen
einer personen-/
betriebsbedingten
Kündigung

Wenn die Eigenkündigung oder der Aufhebungsvertrag einer sicher bevorstehenden personen- oder betriebsbedingten Kündigung lediglich zuvorkommen, sind sie zwar ursächlich für den Verlust des Arbeitsplatzes; die drohende Kündigung kann aber einen wichtigen Grund für das Verhalten des Arbeitnehmers darstellen.

Ursächlichkeit
bei vorzeitiger
Beendigung

Die Sperrzeitvoraussetzungen liegen vor, wenn das Arbeitsverhältnis aufgrund einer Eigenkündigung oder eines Aufhebungsvertrages früher endet, als es aufgrund der sicher angenommenen betriebsbedingten Kündigung oder aufgrund einer Befristung geendet hätte (BSG vom 25.4.2002 – B 11 AL 65/01 R, SozR 3–4300 § 144 Nr. 8).

2.1.2   Arbeitsplatzverlust durch Arbeitgeberkündigung

Sperrzeit nur
zulässig, ...

Eine Arbeitgeberkündigung führt nur dann zu einer Sperrzeit,

1. wenn der Leistungsberechtigte durch sein **vertragswidriges Verhalten** Anlass für die Kündigung gegeben hat, **und**

2. dieses Verhalten für die dann entstandene Arbeitslosigkeit auch **ursächlich** gewesen ist, **und**

3. der Leistungsberechtigte durch sein vertragswidriges Verhalten den Eintritt der Arbeitslosigkeit **vorsätzlich** oder **grob fahrlässig** herbeigeführt hat,

4. **ohne** hierfür einen **wichtigen Grund** zu haben.

Der Leistungsberechtigte muss durch ein vertragswidriges Verhalten Anlass für die arbeitgeberseitige Kündigung gegeben haben.

Auch wenn sich der Leistungsberechtigte vertragswidrig verhält, ist eine Sperrzeit unzulässig, wenn die Kündigung arbeitsrechtlich unwirksam ist.

Keine Sperrzeit bei unwirksamer Kündigung

Regelmäßig muss der Arbeitnehmer vor einer Kündigung abgemahnt werden (BAG vom 17.2.1994 – 2 AZR 616/93, BAGE 76, S. 35; BSG vom 6.3.2003 – B 11 AL 69/02 R; SG Leipzig vom 13.1.2014 – S 17 AS 3416/11); Ausnahmen sind zulässig bei schweren Verstößen, die eine weitere Zusammenarbeit für den Arbeitgeber unzumutbar machen, oder wenn davon auszugehen ist, dass die Abmahnung nicht zu einer Verhaltensänderung führt. Die fehlende Abmahnung hat außerdem meist zur Folge, dass die eingetretene Arbeitslosigkeit nicht grob fahrlässig verursacht ist, weil der Arbeitnehmer nicht mit einer Kündigung rechnen muss (BSG vom 22.3.2010 – B 4 AS 68/09 R und vom 6.3.2003 – B 11 AL 69/02 R; LSG Niedersachsen vom 26.10.1999 – L 7 AL 73/98, NZS 2000, S. 314).

Fehlende Abmahnung

Sperrzeiten dürfen nicht verhängt werden in Fällen, in denen die Kündigung des Arbeitgebers »personenbedingt« oder »betriebsbedingt« ist. Hier ist ein vertragswidriges Verhalten des Arbeitnehmers nicht die Ursache für die Kündigung (vgl. z. B. BSG vom 15.12.2005 – B 7a AL 46/05 R).

Keine Sperrzeit bei personen-/ betriebsbedingter Kündigung

2.1.3   Kausalität

Das Verhalten des Arbeitnehmers, das zur Beendigung des Arbeitsverhältnisses führt, muss für die dann entstandene Arbeitslosigkeit ursächlich sein, sonst ist eine Sperrzeit unzulässig. Das ist bei der Arbeitgeberkündigung nur dann der Fall, wenn die Arbeitslosigkeit ausschließlich wegen des vertragswidrigen Verhaltens des Arbeitslosen eingetreten ist.

Ursächlich

Der Leistungsberechtigte muss den Eintritt der Arbeitslosigkeit vorsätzlich oder grob fahrlässig herbeigeführt haben.

Vorsatz oder grobe Fahrlässigkeit

Grobe Fahrlässigkeit liegt z. B. **nicht** vor, wenn:

- der Arbeitnehmer ernst zu nehmende Aussichten auf einen Anschlussarbeitsplatz hat, die sich dann aber zerschlagen, oder

- dem Arbeitnehmer wegen eines Verhaltens gekündigt wird, dessen kündigungsrechtliche Einordnung umstritten ist. Bestehen hinsichtlich des Kündigungsgrundes unterschiedliche Auffassungen unter Juristen, dann ist die Sperrzeit unzulässig, selbst wenn die Kündigung letztendlich in einem arbeitsgerichtlichen Verfahren bestätigt werden sollte.

Die Kündigung eines unbefristeten Arbeitsverhältnisses, um ein befristetes Arbeitsverhältnis mit günstigeren Bedingungen einzugehen, ist »ursächlich« für die Arbeitslosigkeit nach Auslaufen des zweiten Arbeitsvertrages, geschieht aber mit wichtigem Grund, es sei denn, der Arbeitslose konnte nicht davon ausgehen, dass das Arbeitsverhältnis in eine unbefristete Beschäftigung übergehen werde (BSG vom 12.7.2006 – B 11a AL 55/05 R, B 11a AL 57/05 R und B 11a AL 73/05 R und vom 26.10.2004 – B 7 AL 98/03 R; LSG Sachsen-Anhalt vom 17.8.2005 – L 2 AL 70/03, info also 2005, S. 265).

2.1.4 Wichtiger Grund

Der wichtige Grund muss die Beendigung des Beschäftigungsverhältnisses gerade zu diesem Zeitpunkt rechtfertigen (BSG vom 29.11.1989 – 7 RAr 86/88, NZA 1990, S. 628 f.).

Als wichtige Gründe kommen berufliche, betriebliche und persönliche Gründe in Betracht; also auch gesundheitliche und familiäre Gründe können wichtig im Sinne des Sperrzeitrechts sein. Maßstab für die Zumutbarkeit und den wichtigen Grund für die Lösung des Arbeitsverhältnisses ist für eine Kürzung nach § 31 Abs. 2 Nr. 4 SGB II das SGB III, nicht § 10 SGB II.

Wichtiger Grund bei Unzumutbarkeit

Ein wichtiger Grund liegt immer vor, wenn die Beschäftigung unzumutbar ist oder gegen gesetzliche Bestimmungen (Arbeitsschutzregelungen usw.) verstößt (SG Gießen vom 26.11.2011 – S 22 AS 869/09). Der Leistungsberechtigte muss sich allerdings zunächst um Beseitigung des wichtigen Grundes bemühen (vgl. BSG vom 6.2.2003 – B 7 AL 72/01 R).

VIII Umfang der Kürzungen bei Leistungsberechtigten ab dem 25. Geburtstag
§§ 31a Abs. 1 und 3, 31b Abs. 1 Satz 1 und 2 SGB II

1 Erste Pflichtverletzung

Wer nach dem 25. Geburtstag einmal gegen die beschriebenen Pflichten verstößt, wird nach § 31a Abs. 1 Satz 1 SGB II mit einer Kürzung des Regelbedarfs um 30 % bestraft. Für die Frage, ob der 25. Geburtstag erreicht ist, ist nicht der Zeitpunkt des Pflichtverstoßes, sondern der Zugang des Bescheides maßgeblich (a.A. DA 44 zu §§ 31 ff. SGB II).

Auf das Meldeversäumnis folgt unabhängig vom Alter nur eine Kürzung des Regelbedarfs um 10 % (§ 32 Abs. 1 SGB II).
Überlappen sich die Kürzung wegen einer Pflichtverletzung nach § 31 SGB II und wegen eines Meldeversäumnisses nach § 32 SGB II,

werden die Kürzungsquoten zusammengerechnet (§ 32 Abs. 2 Satz 1 SGB II).

1.1 Was wird gekürzt?

Gekürzt wird der Regelbedarf, der dem Leistungsberechtigten nach § 20 SGB II zustehen kann. Die 30%-Kürzung beträgt 2016 121,20 € für den alleinstehenden Leistungsberechtigten (§ 20 Abs. 2 Satz 1 SGB II) und 109,20 € für einen volljährigen Partner in einer BG (§ 20 Abs. 4 SGB II). Die Leistungen werden um diese Beträge gekürzt. Wer zunächst Anspruch auf den vollen Regelbedarf hat, erhält nur noch 282,80/254,80 € zuzüglich Unterkunftskosten und gegebenenfalls Mehrbedarfszuschläge und Einmalsonderleistungen.

Kürzungsbeträge

Erhält der Leistungeberechtigte wegen eigener Einkünfte oder anrechenbarer Einkünfte von Mitgliedern der BG als Regelbedarf nur einen Teilbetrag in Höhe des Kürzungssatzes, entfällt die Leistung ganz. Der Kürzungsbetrag bleibt in der Höhe immer an den ungekürzten Regelbedarf gebunden. Er richtet sich nicht nach der Gesamtleistung. Zu einer Kürzung anderer Leistungen als des Regelbedarfs kommt es nur, wenn der Regelbedarf nicht in voller Höhe zu zahlen ist. Nicht gekürzt werden dürfen die Leistungen nach § 24 SGB II, die Leistungen für Auszubildende nach § 27 SGB II und die Leistungen für Bildung und Teilhabe nach § 28 SGB II.

Nur Regelbedarf

Gekürzt werden darf nur der Anteil, der auf den Leistungsberechtigten entfällt, der den Sanktionstatbestand verwirklicht hat (SG Mainz vom 29.6.2005 – S 20 ER 61/05 AS). Kann sich der Betroffene eigentlich selbst unterhalten und wird er nur durch die Konstruktion der BG zum Hilfebedürftigen (§ 9 Abs. 2 Satz 3 SGB II), bestehen Bedenken gegen die Einbindung in den Pflichtenkatalog des SGB II und in die Sanktionsregelung des § 31 SGB II (so wohl auch BSG vom 7.11.2006 – B 7b AS 8/06 R, Umdruck S. 6 m. w. N.).

Der Kürzungsbetrag richtet sich nach der Höhe des ungekürzten Regelbedarfs im Zeitpunkt der Pflichtverletzung, er erhöht oder vermindert sich durch Veränderungen in der BG nach Eintritt der Kürzung nicht (DA 31 zu §§ 31 ff.).

1.2 Keine Hilfe zum Lebensunterhalt nach dem SGB XII

Bei Kürzung und Wegfall der Leistung kann Hilfe zum Lebensunterhalt nach dem SGB XII nicht beansprucht werden (§ 31b Abs. 2 SGB II). Auch Sachleistungen werden bei der ersten Kürzung nicht erbracht. Die Situation des Betroffenen und der Mitglieder der BG wird nicht berücksichtigt. Selbst auf Kinder, die der BG angehören, wird keine Rücksicht genommen, obwohl klar ist, dass die Sanktion alle Mitglieder der BG betrifft, weil das verbleibende Einkommen die Bedürfnisse aller Mitglieder der BG befriedigen muss (vgl. OVG Bremen vom 19.2.1988 – 2 B 17/88) und Kinder bei einem familiären Verteilungskampf nicht die besten Chancen haben, keinen Mangel leiden zu müssen. Die Kürzung kann so den Effekt haben, dass sie gerade die trifft, die sie nicht veranlasst haben. § 31a Abs. 1 Satz 1 SGB II lässt dem Leistungsträger keinen Spielraum. Er muss die Leistung kürzen. Möglich ist lediglich die Gewährung eines Darlehens nach § 24 Abs. 1 SGB II, wenn anders der Lebensunterhalt der Familie nicht gesichert werden kann. Es kann auch angemessen sein, während der Kürzungszeit eine Arbeitsgelegenheit mit Mehraufwandsentschädigung anzubieten (SG Berlin vom 24.2.2006 – S 37 AS 1303/06 ER). Auch die Übernahme der Kosten für die Kranken- und Pflegeversicherung kommt im Einzelfall in Betracht (SG Berlin vom 6.9.2011 – S 148 AS 39088/11).

2   Die erneute Pflichtverletzung

§ 31a Abs. 1 Satz 2 und 3 SGB II unterscheidet zwischen dem zweiten und dem dritten Regelverstoß.

2.1   Die erste »wiederholte« (zweite) Pflichtverletzung

60 %-Kürzung

Die erste wiederholte Pflichtverletzung nach § 31a Abs. 1 Satz 2 SGB II führt 2016 immer zu einer Kürzung um 60 % des Regelbedarfs in Höhe von 242,40 €. Maßstab bleibt auch hier der Regelbedarf, sodass nur bei einem tatsächlich gezahlten Regelbedarf von weniger als 60 % eine Kürzung auch der übrigen Leistungen wie Unterkunftskosten, Mehraufwandsentschädigung usw. in Betracht kommt.

90 %-Kürzung

Trifft die erste »wiederholte«, also zweite Pflichtverletzung mit einer ersten Pflichtverletzung zeitlich zusammen, beträgt die Sanktionsquote 60 %, nicht 90 %. Es gilt bei gleichartigen Sanktionstatbeständen immer die höchste Sanktionsquote (LSG Niedersachsen-Bremen vom 17.6.2013 – L 7 AS 332/13 B ER; so auch DA 32 zu §§ 31 ff.; a. A. SG Aachen vom 21.6.2013 – S 11 AS 1041/12). Das ergibt sich mittelbar aus dem Gesetz; § 32 Abs. 2 Satz 1 SGB II schreibt vor, dass die Kürzung wegen der Pflichtverletzung und die Kürzung wegen eines Meldeversäumnisses zusammengerechnet werden (DA 33 zu §§ 31 ff.). Für mehrere Kürzungen wegen Pflichtverletzungen nach § 31 SGB II gibt es keine entsprechende Vorschrift.

Beispiel

Der Leistungsberechtigte lehnt am 4.1. eine angebotene Beschäftigung ab und weigert sich am 2.2., an einer Eingliederungsmaßnahme teilzunehmen, jeweils ohne für sein Verhalten einen wichtigen Grund zu haben. Das Jobcenter kann – korrekte Rechtsfolgenbelehrung vorausgesetzt – am 10.1. und am 7.2. Sanktionsbescheide erlassen, die im Februar den Regelbedarf um 30 % und in den Monaten März bis Mai um 60 % kürzen.

Das Jobcenter darf nicht am 7.2. wegen der beiden Pflichtverstöße zwei Sanktionsbescheide über je eine Kürzung von 30 % der Regelleistung erlassen, sondern nur für insgesamt 30 % (LSG Niedersachsen-Bremen vom 17.6.2013 – L 7 AS 332/13 B ER; HessLSG vom 20.12.2011 – L 7AS 638/11 B ER).

2.2   Die zweite »wiederholte« (dritte) Pflichtverletzung

Nach der dritten Pflichtverletzung entfällt die gesamte Alg II-Leistung einschließlich Miete, Heizung, Mehraufwandsentschädigung usw. (§ 31a Abs. 1 Satz 3 SGB II). Die Einmalsonderleistungen bleiben von der Kürzung unberührt.   **100 %-Kürzung**

Auch alle weiteren Pflichtverstöße führen zum Wegfall der SGB II-Leistung; sie sind weitere wiederholte Pflichtverletzungen (VG Bremen vom 6.8.2008 – S 8 V 2191/08).

2.3   Verschärfte Sanktionen nur für wiederholte Pflichtverletzungen innerhalb eines Jahres

Gezählt werden nur die Pflichtverletzungen innerhalb eines Jahres (§ 31a Abs. 1 Satz 5 SGB II). Nach einem sanktionslosen Jahr fängt die erste Sanktion wieder mit einer Kürzung um 30% des Regelbedarfs an. Das Jahr beginnt mit dem Tag des erneuten Regelverstoßes und wird durch Rückrechnung unter Berücksichtigung von § 26 Abs. 1 SGB X in Verbindung mit §§ 187 Abs. 2 Satz 1 und 188 Abs. 2 BGB ermittelt. Nur wenn in dem Jahreszeitraum der erste Tag eines früheren Sanktionszeitraums liegt, ist die neue Pflichtwidrigkeit eine »wiederholte Pflichtverletzung« im Sinne des § 31a Abs. 1 Satz 5 SGB II. Die Jahresfrist läuft kalendermäßig ab ohne Rücksicht auf die Frage, für welche Zeiten Alg II gezahlt worden ist.

Der Leistungsberechtigte hat am 4.1.2016 die Teilnahme an einer Eingliederungsmaßnahme abgelehnt. Das Jobcenter erlässt am 7.1.2016 einen Sanktionsbescheid, die Kürzung beginnt am 1.2.2016. Am 20.1.2017 weigert er sich, an einer Eingliederungsmaßnahme teilzunehmen. Der Zeitraum zwischen beiden Pflichtverletzungen beträgt mehr als ein Jahr, der Beginn des letzten Sanktionszeitraums, der 1.2.2016, liegt jedoch innerhalb des Jahreszeitraums. Die neue Pflichtverletzung ist eine wiederholte Pflichtverletzung im Sinne des § 31a Abs. 1 Satz 2 SGB II.   **Beispiel**

Die Anknüpfung an den Beginn des letzten Sanktionszeitraums ist nicht ganz unproblematisch, weil dieser von dem Jobcenter durch den Zeitpunkt der Bescheiderteilung beeinflusst wird.

Der Zeitpunkt der Ablehnung eines Vermittlungsangebotes ist dann schwer festzustellen, wenn der Hilfebedürftige untätig bleibt, einen Vorstellungstermin versäumt oder sich Bedenkzeit erbittet u.Ä. Lässt sich der genaue Zeitpunkt des Pflichtenverstoßes nicht sicher klären und hängt davon der Umfang der Leistungskürzung ab, muss zugunsten des Betroffenen entschieden werden. In zweifelhaften Fällen hat die erhöhte Kürzung zu unterbleiben.

2.4   Der Kürzungsbescheid

Die Kürzung wegen eines zweiten und dritten Sanktionstatbestands setzt den Zugang eines ersten und zweiten Kürzungsbescheides vor der Pflichtverletzung voraus (§ 31a Abs. 1 Satz 4 SGB II; BayLSG vom 17.6.2013 – L 11 AS 306/13 B ER). Die Feststellung muss gegenüber dem Leistungsberechtigten getroffen werden, d. h. ihm muss vor der neuen Pflichtverletzung ein Bescheid über eine erste bzw. zweite Kürzung wegen einer Pflichtverletzung nach § 31 SGB II zugegangen sein (BT-Drs. 17/3404 S. 111/112; LSG NRW vom 27.5.2013 – L 19 AS 434/13 B ER; BayLSG vom 17.6.2013 – L 11 AS 306/13 B ER). Die Bescheide müssen nicht bestandskräftig sein (BayLSG vom 26.4.2010 – L 7 AS 212/10 B ER).
Nur dann kann eine entsprechende Rechtsfolgenbelehrung ergehen, die auf die Gefahr einer gesteigerten Sanktion hinweist; der Leistungsberechtigte kann auch nur dann erkennen, dass die nächste Pflichtverletzung eine »erste« oder »zweite wiederholte« Pflichtverletzung ist. Vor dem Erlass eines Sanktionsbescheides kann der Leistungsberechtigte nicht wissen, wie die Behörde sein Verhalten wertet, weil er davon ausgehen muss, dass der behördeninterne Prüfungsprozess noch nicht abgeschlossen, mithin das Ergebnis noch offen ist.
Das LSG NRW hält eine Umdeutung des Kürzungsbescheides für zulässig, so dass jeweils die zulässige Kürzungsquote gilt, wenn die im Bescheid genannte wegen fehlender vorheriger Sanktionsbescheide rechtswidrig ist (LSG NRW vom 27.5.2013 – L 19 AS 434/13 B ER). Dagegen lehnt das SG Dresden vom 14.7.2014 – S 20 AS 1356/14 eine Umdeutung ab; wird der erste Kürzungsbescheid aufgehoben, ist die Kürzung um 60 % im nächsten Bescheid insgesamt rechtswidrig. Kommt es zeitgleich zu mehreren Verstößen oder wird zwischen zwei Pflichtverletzungen kein Kürzungsbescheid erlassen, so dass keine »zweite« Pflichtverletzung vorliegt, darf nur eine Kürzung von 30 % verhängt werden, die Addition mehrerer Kürzungen bei Verstößen nach § 31 SGB II ist nicht erlaubt (SG Koblenz vom 7.7.2010 – S 16 AS 212/10; HessLSG vom 20.12.2011 – L 7 AS 638/11 B ER; LSG Niedersachsen-Bremen vom 17.6.2013 – L 7 AS 332/13 B ER).
Enthält der Sanktionsbescheid eine Nebenbestimmung in Form einer Bedingung, ist er rechtswidrig (BayLSG vom 26.2.2015 – L 11 AS 612/13).
Zur Frage, ob der Kürzungsbescheid zugleich die Leistungsbewilligung für den Kürzungszeitraum ganz oder teilweise aufheben muss, siehe unten → S. 872.

2.5   Milderung der Sanktion

Erklärt sich der Leistungsberechtigte, dem die Leistung wegen dreier Pflichtverletzungen komplett entzogen worden ist, nachträglich bereit, seine Pflichten zu erfüllen, kann an die Stelle der vollkommenen Leistungsentziehung eine Kürzung um 60 % des Regelbedarfs treten (§ 31a Abs. 1 Satz 6 SGB II). Die Entscheidung darüber liegt im Ermessen des Jobcenters, das dabei alle Umstände des Einzelfalles zu berücksichtigen hat, zu denen die Schwere der Pflichtverletzung, die Persönlichkeit des Leistungsberechtigten, seine Lebenssituation und die wirtschaftlichen Verhältnisse gehören.

60 %- statt 100 %-Kürzung

Was heißt »sich bereit erklären, seine Pflichten zu erfüllen«? Die Erklärung kann immer nur auf ein zukünftiges Tun gerichtet sein. Der Leistungsberechtigte muss erklären, jetzt seine Pflichten erfüllen zu wollen. Das ist unproblematisch, wenn er noch an der zunächst abgelehnten Maßnahme teilnehmen kann oder das Stellenangebot noch offen ist. In diesen Fällen kann der Leistungsberechtigte seine Bereitschaft zur Pflichterfüllung durch die Praxis belegen.

Nur »tätige« Reue?

Wenn das nicht möglich ist, z. B. wenn die Stelle schon besetzt ist oder die Teilnahme an der Maßnahme wegen Zeitablaufs nicht mehr sinnvoll ist, genügt die glaubhafte Erklärung, sich bei einem späteren Angebot anforderungsgerecht zu verhalten, sich zukünftig im verlangten Umfang zu bewerben usw. Der Wortlaut des § 31a Abs. 1 Satz 6 SGB II ist eindeutig. Es genügt die nachträgliche Erklärung, seine Pflichten zukünftig erfüllen zu wollen. Die BA sieht das ebenso (DA 34 zu §§ 31 ff.). Die Erklärung muss allerdings ernst gemeint sein. Sie ist jedoch zu akzeptieren, wenn keine Anhaltspunkte vorliegen, aus denen sich die mangelnde Ernsthaftigkeit ergibt. Die Milderung der Sanktion kann nicht davon abhängig gemacht werden, ob der Pflichtverstoß noch reparabel ist oder nicht. Für die am Wortlaut orientierte Auslegung spricht zusätzlich die Schwere des Eingriffs, der Art. 1, Art. 2, Art. 6 und Art. 12 GG berührt; auch kann die Versagung oder Entziehung des gesamten SGB II-Anspruchs zumindest im Einzelfall mit dem Grundsatz der Verhältnismäßigkeit unvereinbar sein.

Die Milderung tritt zu dem Zeitpunkt der Bereitschaftserklärung ein. Das kann schon in der Anhörung geschehen, auf diese Möglichkeit muss der SGB II-Träger den Leistungsberechtigten hinweisen. Bei einer Erklärung erst nach Beginn der Minderung können die Leistungen erst ab diesem Zeitpunkt erbracht werden.

3   Ergänzende Leistungen

3.1   Wann gibt es ergänzende Leistungen?

Kommt es wegen einer erneuten Pflichtverletzung oder beim Zusammentreffen von Sanktionen nach § 31a SGB II mit Meldeversäumnissen nach § 32 SGB II zu einer Minderung in Höhe von mehr als 30 %, **können** in angemessenem Umfang Sachleistungen

Sachleistungen nach Ermessen

und geldwerte Leistungen erbracht werden. Darüber hat der Träger regelmäßig auf Antrag zu entscheiden. Die Entscheidung liegt in seinem Ermessen.

Auch bei Schonvermögen?

Im Rahmen der Ermessensentscheidung darf er den Leistungsberechtigten auf anrechnungsfreies Einkommen oder Vermögen verweisen. Bei erwerbstätigen Leistungsberechtigten soll beachtet werden, dass der Anreiz zur Fortsetzung der Arbeit geschmälert werden könnte, wenn der Erwerbstätigenfreibetrag vollständig zur Sicherung des Lebensunterhalts eingesetzt werden muss; auch sollen Verschuldung oder drohende Obdachlosigkeit und die drohenden Kosten für KV und PV bei der Ermessensentscheidung berücksichtigt werden (DA 52 zu §§ 31 ff.; s. auch BayLSG vom 21.12.2012 – L 11 AS 850/12 B ER).

Ergänzende Leistungen müssen erbracht werden, wenn Kinder im gemeinsamen Haushalt mit dem Leistungsberechtigten leben, dessen Leistungen gekürzt werden. In diesen Fällen liegt die Entscheidung nicht im Ermessen des Trägers. Der Gesetzgeber stellt hier nicht auf das Zusammenleben in der BG ab, es genügt vielmehr die Haushaltsgemeinschaft. Das ist auch sinnvoll, weil Kinder mit bedarfsdeckenden Einkünften (z. B. Unterhalt, Wohngeld und Kindergeld) nach § 7 Abs. 3 Nr. 4 SGB II nicht zur BG gehören, aber von der wirtschaftlichen Situation der Eltern genauso abhängig sind wie Kinder in der BG.

 Die Sachleistungen und geldwerten Leistungen werden nach § 31a Abs. 3 Satz 1 SGB II nur auf Antrag erbracht. Auf die Möglichkeit der ergänzenden Leistungen und die Notwendigkeit eines gesonderten Antrages muss das Jobcenter den Leistungsberechtigten in der Rechtsfolgenbelehrung (SG Landshut vom 16.8.2011 – S 10 AS 536/10 ER, info also 2011 S. 271), spätestens aber in der Anhörung hinweisen. Leben minderjährige Kinder in der Haushaltsgemeinschaft, ist zeitgleich mit der Kürzung auch ohne Antrag über die Gewährung von Sachleistungen zu entscheiden (LSG NRW vom 22.8.2011 – L 19 AS 1299/11 B ER; SG Berlin vom 13.11.2012 – S 63 AS 2351/12; SG Aurich vom 1.7.2013 – S 25 AS 96/13 ER; DA 53 zu §§ 31 ff.); andernfalls ist der Sanktionsbescheid rechtswidrig (SG Berlin, a.a.O.; SG Aurich, a.a.O.).

Schrumpfung des Ermessens auf Null

Da die Sanktionsregelungen nicht bedeuten, dass man in Deutschland verhungern müsse (Bundesratsprotokoll vom 7.7.2006, S. 226 [D]; BT-Drs. 17/3404 S. 112), ist das Ermessen des Jobcenters bei der Entscheidung, ob Sachleistungen und geldwerte Leistungen zu erbringen sind, auf Null geschrumpft, wenn der Hilfebedürftige keine Reserven hat (vgl. LSG Berlin-Brandenburg vom 16.12.2008 – L 10 B 2154/08 AS). Das gilt auch für die Übernahme der Energiekosten und der Unterkunftskosten, weil andernfalls anschließend nach § 22 Abs. 5 SGB II zur Vermeidung von Obdachlosigkeit die Unterkunftskosten übernommen werden müssen (die DA erwähnen nur die Energiekosten – DA 49a zu §§ 31 ff.). Das BayLSG vom 21.12.2012 – L 11 AS 850/12 B ER hält zumindest die darlehensweise Übernahme von

Mietschulden zur Vermeidung von Obdachlosigkeit für erforderlich, damit die Leistungsberechtigte nach dem Verlust ihrer Wohnung mit Aussicht auf Erfolg eine neue Wohnung suchen kann.

4.2   **Umfang der ergänzenden Leistungen**

Die Leistungen dürfen nach Meinung der BA durch Sachleistungen und geldwerte Leistungen nur bis zu 70 % des Regelbedarfs aufgestockt werden. Zusätzlich müssen aber die Unterkunftskosten übernommen werden können, wenn andernfalls die Kündigung des Mietvertrages droht (a. A. BayLSG vom 4.8.2010 – L 8 AS 356/10 B ER; siehe aber auch BayLSG vom 21.12.2012 – L 11 AS 850/12 B ER). Das SG Berlin vom 13.11.2012 – S 63 AS 2351/12 und vom 9.6.2010 – S 37 AS 17431/10 ER hält eine Sanktion sogar für rechtswidrig, wenn das Jobcenter bei einer BG mit Kind nicht zugleich für die Unterkunftskosten der Familie sorgt.

Nach der DA 48 zu §§ 31 ff. sind die geldwerten Leistungen möglichst in Form von Gutscheinen zu erbringen. Bei der Höhe der Leistungen gilt die Hälfte des Regelbedarfs eines alleinstehenden Leistungsberechtigten als Orientierungswert, der dem Betroffenen in jedem Fall – unabhängig von der Höhe seines eigenen Regelbedarfssatzes – verbleiben soll. Für das Jahr 2016 sind dies rund 200 €. Ermittelt wird der Zuschussbedarf durch eine Multiplikation des halben Regelbedarfs mit dem Kürzungsquotienten, der 30 % übersteigt. *Gutscheine*

Bei einer Kürzung von 60 % sind 30 % aus 200 € mit Gutschein auszugleichen. Das sind 60 €. Nach der Kürzung von 60 % verbleiben dem Betroffenen 161,60 €. Mit dem Gutschein von 60 € verfügt er über 221,60 €, also über mehr als die Hälfte des Regelbedarfs, so dass kein weiterer Ausgleich notwendig ist. *Beispiel*
Bei einer Kürzung von 80 % (zwei Pflichtverletzungen nach § 31 SGB II und zwei Meldeversäumnisse) verbleiben dem Alleinstehenden nur 80,80 €. Mit dem Gutschein von 100 €, errechnet aus 50 % von 200 €, verfügt er über 180,80 €; die Differenz zu 200 € (19,20 €) kann durch einen weiteren Gutschein ausgeglichen werden.

In einer Mehr-Personen-BG muss das Jobcenter bei den Unterkunftskosten von der Kopfteilmethode abweichen und für die Dauer der Sanktion die gesamte Miete übernehmen. Eine faktische Mithaftung der übrigen Mitglieder der BG für die Sanktion jedenfalls eines volljährigen Mitglieds sieht das SGB II nicht vor (BSG vom 23.5.2013 – B 4 AS 67/12 R; LSG Niedersachsen-Bremen vom 8.7.2009 – L 6 AS 335/09 B ER; a. A. SG Karlsruhe vom 29.1.2014 – S 17 AS 2895/13). Das gilt allerdings nur dann, wenn das BG-Mitglied, dessen Leistung gekürzt wird oder ganz entfällt, die Kosten für seinen Mietanteil nicht aus eigenem Einkommen oder Vermögen aufbringen kann (BSG vom 2.12.2014 – B 14 AS 50/13 R). Eine Ergänzung muss auch für die Lei-

stungen nach §§ 21 und 24 SGB II zulässig sein, soweit sie überhaupt
entfallen (SG Berlin vom 9.6.2010 – S 37 AS 17431/10 ER). Im Einzelnen siehe hierzu Udo Geiger in info also 2010, S. 3-10. Die ergänzenden Leistungen werden als Zuschuss erbracht, nicht als Darlehen.

Die Miete wird immer dann direkt an den Vermieter zu überweisen
sein, wenn dies vor der Sanktion ausgehandelt bzw. der Anspruch gegen das Jobcenter an den Vermieter abgetreten war; außerdem unter
den Voraussetzungen des § 22 Abs. 7 Satz 3 SGB II. Bei einer Kürzung von 60 % des Regelbedarfs sollen die Unterkunftskosten direkt
an den Vermieter und andere Empfangsberechtigte (hauptsächlich
Energieunternehmen) überwiesen werden (§ 31a Abs. 3 Satz 3
SGB II), um Obdachlosigkeit zu vermeiden (BT-Drs. 17/3404 S. 112).
Bei einer BG mit mehreren Personen darf nach § 31a Abs. 3 Satz 3
SGB II nur der Anteil des pflichtwidrig handelnden Leistungsberechtigten direkt überwiesen werden, es sei denn, die übrigen Mitglieder
stimmen der Überweisung der ganzen Miete zu; für den Vermieter
oder das Energieunternehmen ist das sehr verwirrend und wird zu
Rückfragen führen. Obdachlosigkeit lässt sich auch nicht sicher vermeiden, weil die BG die niedrigere Leistung möglicherweise vorrangig zur Sicherung des gemeinsamen Lebensunterhalts verwendet und
deshalb Mietrückstände auflaufen. Die datenschutzrechtlichen Einschränkungen durch diese Regelung hält der Gesetzgeber als Bestandteil der Sanktion für zumutbar (BT-Drs. 17/3404, S. 112).
Die genannten Probleme will die BA dadurch vermeiden, dass die Unterkunftskosten für die gesamte BG an Vermieter und Versorgungs-
unternehmen direkt überwiesen werden, wenn die anteiligen Unterkunftskosten wegen der Sanktion gegen ein Mitglied der BG nach
§ 31a Abs. 3 Satz 3 SGB II nicht ausgezahlt werden sollen; sie stützt
sich hierfür auf § 22 Abs. 7 SGB II (DA 54 zu §§ 31 ff. SGB II).

Sachleistungen und geldwerte Leistungen erhalten den kostenlosen
Kranken- und Pflegeversicherungsschutz. Bei völligem Wegfall des
Leistungsanspruchs sind die Beiträge zur KV und PV vom Versicher-
ten zu tragen (DA 50 zu §§ 31 ff.). Welche Auswirkungen der Wegfall
aller Leistungen auf diese Versicherungen hat, können Sie in Kapitel
S (→ S. 778) nachlesen.

IX   **Umfang der Kürzungen bei den 15- bis 24-Jährigen**

Für die unter 25-Jährigen gelten dieselben Pflichten wie für
die älteren Leistungsberechtigten. Allerdings verlieren sie bereits
nach der ersten Pflichtverletzung den SGB II-Anspruch mit Ausnahme der Unterkunftskosten und nach der zweiten Pflichtverletzung
den gesamten Anspruch einschließlich der Unterkunftskosten. Diese
Schlechterstellung der jungen Leistungsberechtigten gegenüber Älteren verstößt gegen das Gleichbehandlungsgebot des Art. 3 Abs. 1 GG,
ohne dass sich rechtfertigende Gründe aus dem Alter oder den Be-

sonderheiten der Lebenslage junger Menschen entnehmen lassen (a.A. SG Leipzig vom 16.6.2015 – S 24 AS 2264/14; vgl. im Einzelnen Uwe Berlit, info also 2011, S. 59). Mit dem Neunten Gesetz zur Änderung des Zweiten Buches Sozialgesetzbuch – Rechtsvereinfachung sollten die Sonderregeln für junge Menschen gestrichen werden; das scheiterte jedoch an der CSU.

Gegen die verschärften Sanktionsmöglichkeiten gegenüber jüngeren Leistungsberechtigten hat das SG Schleswig vom 24.1.2007 – S 3 AS 1203/06 ER Bedenken geäußert. Problematisch sind auch die Auswirkungen auf die anderen Mitglieder der BG; auch deren Lebensunterhalt ist bedroht.

Bei der Rechtsfolgenbelehrung ist zu beachten, dass auch auf die Möglichkeit einer Kürzung der Sanktionszeit nach § 31a Abs. 2 Satz 3 SGB II hingewiesen wird (→ S. 834). Eine hinreichende Kenntnis der Rechtsfolgen liegt nur vor, wenn der Leistungsberechtigte auch weiß, dass die Kürzung und der Entzug der Leistung gemildert werden können.

Bei den unter 25-jährigen Leistungsberechtigten muss zwischen dem ersten und dem zweiten Verstoß unterschieden werden.

1 Erste Pflichtverletzung

Erwerbsfähige Leistungsberechtigte, die zwischen 15 und 24 Jahre alt sind, erhalten bereits ab der ersten Pflichtverletzung nach § 31a Abs. 2 Satz 1 SGB II nur noch Unterkunftskosten nach § 22 SGB II; zu diesen gehören die Kosten für die Warmwassererzeugung, soweit diese über die Heizung erfolgt. Wird Warmwasser nicht zentral durch die Heizung erzeugt, erhält der Leistungsberechtigte nach § 21 Abs. 7 SGB II einen entsprechenden Zuschlag. Dieser Zuschlag muss dem unter 25-Jährigen trotz der Sanktion gezahlt werden, weil er sonst gegenüber anderen Gleichaltrigen mit zentraler Warmwasserbereitung benachteiligt wäre. Neben dem Regelbedarf fallen auch alle Mehrbedarfszuschläge weg (LSG Berlin-Brandenburg vom 13.10.2008 – L 25 B 1835/06 AS). Das betrifft alle Kürzungstatbestände mit Ausnahme des Meldeversäumnisses. Die Unterkunftskosten sollen an den Vermieter unmittelbar gezahlt werden. Ansonsten sollen die Leistungsberechtigten nur Sachleistungen und geldwerte Leistungen erhalten.

Aus § 31a Abs. 2 Satz 1 SGB II ergibt sich nicht eindeutig, ob die Kosten für Unterkunft und Heizung nach dem ersten Pflichtverstoß unter Anrechnung von Einkommen zu zahlen sind oder ob die SGB II-Leistung sanktionsbedingt auf die Kosten für Unterkunft und Heizung beschränkt ist (SG München vom 7.2.2012 – S 45 AS 185/12 ER; LSG Niedersachsen-Bremen vom 26.5.2015 – L 7 AS 1059/13). Deshalb muss in der Rechtsfolgenbelehrung klargestellt werden, ob die Unterkunftskosten ohne Einkommensanrechnung übernommen werden oder nur nach Abzug des anrechenbaren Einkommens (SG München, a.a.O.).

Kein Bargeld

Sachleistungen
nach Ermessen

Sachleistungen und geldwerte Leistungen werden nur auf Antrag erbracht. Die Entscheidung steht im Ermessen des Leistungsträgers, der aber an die Grundrechte, insbesondere Art. 1 und 2 GG gebunden ist. Er wird also einem mittellosen Leistungsberechtigten unter 25 Jahren ergänzende Leistungen nicht verweigern dürfen (LSG Berlin-Brandenburg vom 16.12.2008 – L 10 B 2154/08 AS). Da bei ihnen der Mehrbedarfszuschlag (Einmalsonderleistungen nur ausnahmsweise) sofort wegfällt, müssen gegebenenfalls auch hierfür Sachleistungen oder geldwerte Leistungen erbracht werden.

2   Zweite Pflichtverletzung

Auch keine
Unterkunfts-
kosten

Beim zweiten Regelverstoß entfallen auch die Unterkunftskosten. Die Alg II-Leistungen werden zu 100% entzogen (§ 31a Abs. 2 Satz 2 SGB II).
Dem jungen Leistungsberechtigten können Sachleistungen und geldwerte Leistungen, zu denen auch die Unterkunftskosten gehören können, erbracht werden. Bei der Prüfung, ob eine wiederholte Pflichtverletzung vorliegt, kommt es nur darauf an, ob zwischen dem ersten Tag der letzten Sanktion und der Pflichtverletzung mehr als ein Jahr vergangen ist.
Ist der Leistungsberechtigte innerhalb der Jahresfrist zwischen zwei Sanktionstatbeständen 25 Jahre alt geworden, gilt für die zweite Sanktion § 31a Abs. 1 Satz 2 SGB II, d. h. es tritt eine Kürzung um 60% des Regelbedarfs ein (DA 43 zu §§ 31 ff.). Das setzt eine zutreffende Rechtsfolgenbelehrung voraus.

3   Milderung der Sanktion

Erklärt sich der unter 25-jährige Leistungsberechtigte, dem auch die Unterkunftskosten wegen eines wiederholten Regelverstoßes entzogen worden sind, nachträglich bereit, seine Pflichten zu erfüllen, kann das Jobcenter unter Berücksichtigung aller Umstände des Einzelfalles entscheiden, dass die Unterkunftskosten zu bewilligen sind. Was hierfür von dem Leistungsberechtigten verlangt wird, können Sie auf → S. 865 nachlesen. Die Entscheidung liegt im Ermessen des Jobcenters. Was dieses zu berücksichtigen hat, haben wir oben auf → S. 863 und → S. 865 ausgeführt. Ermessensfehler bei der Entscheidung über die Verkürzung der Sanktionszeit machen den Kürzungsbescheid insgesamt rechtswidrig (SG Dortmund vom 8.4.2015 – S 35 AS 594/15 ER, info also 2015, S. 170).

Im Einzelfall kann außerdem für die 15- bis unter 25-Jährigen die Sanktionszeit auf sechs Wochen verkürzt werden (§ 31b Abs. 1 Satz 4 SGB II). Das gilt für alle Sanktionen. Maßgeblich für die Milderung sind das Verhalten des Betroffenen, sein Alter und seine Reife sowie schwerwiegende persönliche Gründe, aber auch Überschuldung und drohende Wohnungslosigkeit (DA 59 zu §§ 31 ff.).

Die Sanktionszeit kann noch nachträglich verkürzt werden, allerdings nur bis sechs Monate nach der Pflichtverletzung (§ 31b Abs. 1 Satz 5 SGB II).

X   Beginn und Dauer der Kürzung

Die Kürzung beginnt – anders als die Sperrzeit nach § 159 SGB III – nicht im unmittelbaren Zusammenhang mit der Pflichtverletzung, sondern nach § 31b Abs. 1 Satz 1 SGB II erst mit dem Ersten des Monats, der auf das Wirksamwerden des Verwaltungsaktes, der die Kürzung oder den Wegfall feststellt, folgt. Der Kürzungsmonat ist also der Kalendermonat. Nur die Kürzung wegen einer von der AA festgestellten Sperrzeit beginnt nach § 31b Abs. 1 Satz 2 SGB II bereits mit der Sperrzeit und wird nachträglich festgestellt.

Beginn

Die Kürzung dauert außer bei den von der AA nach § 159 SGB III festgesetzten Sperrzeiten immer drei Monate. Die Dauer kann weder verkürzt noch verlängert werden (ausgenommen nach § 31b Abs. 1 Satz 4 SGB II bei den unter 25-Jährigen – siehe oben), sie entfällt auch nicht vor Ablauf von drei Monaten, wenn die Pflichtverletzung endet, der Leistungsberechtigte also tut, was er soll. Das war nach dem BSHG anders (z. B. Schleswig-Holsteinisches VG vom 13.1.1998 – 12 B 3/98). Die Kürzung läuft kalendermäßig ab; es kommt nicht darauf an, ob während der gesamten drei Monate ein Leistungsanspruch besteht oder ohne die Sanktion bestehen würde.

Dauer

Die Kürzung wegen einer von der AA festgesetzten Sperrzeit darf nicht länger dauern als die Sperrzeit (so auch SG Aachen vom 30.9.2013 – S 5 AS 603/13 bei einer Sperrzeit wegen Meldeversäumnisses nach § 159 Abs. 1 Satz 2 Nr. 6 und Abs. 6 SGB III, die nach DA 26 zu §§ 31 ff. SGB II eigentlich nicht zu einer Sanktion führen darf). Da die Sperrzeit nach § 159 Abs. 3 bis 6 SGB III ein, zwei, drei, sechs oder zwölf Wochen dauern kann, darf auch nur für ein, zwei, drei, sechs oder zwölf Wochen gekürzt werden. Die Kürzung beginnt und endet also mit der Sperrzeit. Ist der Alg-Anspruch infolge der Sperrzeit erloschen (§ 161 Abs. 1 Nr. 2 SGB III), dauert die Kürzung drei Monate (Berlit in Münder, SGB II, § 31 Rz 103). Die Drei-Monatsfrist beginnt mit dem Zeitpunkt des Erlöschens und läuft kalendermäßig ab.

Über Kürzung und Wegfall der SGB II-Leistungen muss nach § 31b Abs. 1 Satz 5 SGB II innerhalb von sechs Monaten seit der Pflichtverletzung entschieden werden. Der Gesetzgeber hat damit eine alte Streitfrage beantwortet, in welchem zeitlichen Verhältnis die Pflichtverletzung und die Sanktion zueinander stehen müssen. Dem erwerbsfähigen Leistungsberechtigten soll damit die Ursächlichkeit seines pflichtwidrigen Verhaltens für Kürzung und Wegfall der Leistungen vor Augen geführt werden (BT-Drs. 17/3404 S. 112).

XI **Kürzung des Sozialgelds**
§ 32 SGB II

Das Sozialgeld darf nur wegen der Verschleuderung von Vermögen und wegen unwirtschaftlichen Verhaltens gekürzt werden (§ 31 Abs. 2 Nr. 1 und 2 SGB II). Die Verschleuderung von Vermögen darf zu einer Kürzung des Sozialgeldes nur führen, wenn der Sozialgeldberechtigte mindestens 18 Jahre alt ist. Die übrigen Pflichten, deren Verletzung nach §§ 31–31b SGB II sanktioniert wird, bestehen für Sozialgeldberechtigte nicht, weil es sich entweder um Kinder oder nicht erwerbsfähige Mitglieder einer BG handelt. Wegen Voraussetzungen, Art und Umfang der Sanktionen wird auf die vorstehenden Ausführungen verwiesen.

XII **Verfahren**

1 **Feststellungsbescheid**

Regelmäßig wird ein Kürzungssachverhalt eintreten, nachdem dem Leistungsberechtigten Leistungen für eine bestimmte Zeit bewilligt worden sind. Der Eintritt der Kürzung ist von einem Bescheid des Leistungsträgers abhängig, der erst für die Zukunft wirksam wird – mit Ausnahme der von der AA festgesetzten Sperrzeit.

In dem Feststellungsbescheid muss unmissverständlich geregelt sein, von wann bis wann in welcher Höhe die bewilligte Leistung gekürzt wird (LSG NRW vom 1.7.2009 – L 7 B 91/09 AS NZB).
Das BSG hält es für ausreichend, dass die Kürzungsquote und der Höchstbetrag der Kürzung genannt werden (BSG vom 17.12.2009 – B 4 AS 30/09 R). Die Instanzgerichte haben teilweise höhere Anforderungen an die Bestimmtheit des Bescheides gestellt und genaue Angabe des individuellen Kürzungsbetrages verlangt (LSG Baden-Württemberg vom 18.2.2009 – L 3 AS 3530/08 und vom 17.10.2006 – L 8 AS 4922/06 ER-B; LSG Berlin-Brandenburg vom 6.12.2007 – L 5 B 1410/07 AS ER; SG Braunschweig vom 17.2.2009 – S 18 AS 983/07; a.A. LSG Sachsen-Anhalt vom 18.6.2009 – L 5 AS 79/08; BayLSG vom 10.3.2009 – L 7 AS 174/08 NZB; LSG Sachsen vom 2.1.2008 – L 3 B 396/07 AS-ER).
Überwiegend gehen die Gerichte davon aus, dass der Kürzungsbescheid zugleich die Bewilligung der Leistung für den Kürzungszeitraum ganz oder teilweise aufheben muss (BSG vom 29.4.2015 – B 14 AS 19/14 R; LSG NRW vom 18.1.2016 – L 19 AS 411/15, Revision anhängig – B 14 AS 5/16 R; HessLSG vom 24.4.2015 – L 9 AS 828/14; BayLSG vom 30.9.2013 – L 11 AS 593/13 B ER, vom 6.6.2014 – L 11 AS 322/14 NZB und vom 27.11.2014 – L 17 AS 743/14 B ER; LSG Niedersachsen-Bremen vom 17.6.2013 – L 7 AS 332/13 B ER, vom 10.2.2014 – L 7 AS 1058/13 B und vom 28.11.2014 – L 15 AS 338/14 B ER; SG Dortmund vom 26.5.2014 – S 35 AS 1758/14 ER und vom 13.6.2014 – S 32 AS 1173/14 ER; SG Kassel vom 28.8.2013 – S 7 AS

439/13; a.A.: BayLSG vom 30.1.2014 – L 7 AS 85/13; SG Halle vom 26.8.2015 – S 5 AS 2835/15 ER; SG Trier vom 30.1.2015 – S 4 AS 150/14; SG Detmold vom 17.10.2013 – S 18 AS 1095/12; LSG NRW vom 4.3.2013 – L 19 AS 1688/12 B). Die BA ist inzwischen auch der Meinung, die Leistungsbewilligung müsse im Umfang der Kürzung aufgehoben werden (DA 28, 30 zu §§ 31 ff.).

Ist der Bescheid nicht hinreichend bestimmt, soll der Mangel im Widerspruchsbescheid geheilt werden können (LSG Baden-Württemberg vom 18.2.2009 – L 3 AS 3530/08; LSG Berlin-Brandenburg vom 16.10.2008 – L 5 AS 449/08). Das gilt aber nicht mehr nach dem Vollzug des Sanktionsbescheides (LSG Baden-Württemberg, a. a. O.).

Nach § 31b Abs. 1 Satz 1 SGB II beginnt der Zeitraum der Kürzung mit Ausnahme der Kürzung wegen einer von der AA festgestellten Sperrzeit am ersten des Monats, der auf den Monat folgt, in dem die Kürzung mit Bescheid festgestellt worden ist. Das Jobcenter ist nicht berechtigt, den Sanktionszeitraum abweichend festzulegen (LSG Baden-Württemberg vom 12.4.2006 – L 7 AS 1196/06 ER-B; LSG Niedersachsen-Bremen vom 31.7.2007 – L 8 AS 605/06 ER).

Den Streit um die Frage, ob Sachleistungen und geldwerte Leistungen bereits im Kürzungsbescheid bewilligt werden müssen, hat der Gesetzgeber geklärt. Die ergänzenden Leistungen sind nur auf Antrag zu bewilligen, d. h. nur bei Vorliegen eines gesonderten Antrages muss über die Zusatzleistungen entschieden werden. Wird der Antrag bereits im Rahmen der Anhörung gestellt, ist mit der Kürzung darüber zu entscheiden, andernfalls kann auch nachträglich entschieden werden. Allerdings wird die Rechtsfolgenbelehrung den Hinweis enthalten müssen, dass Sachleistungen gesondert zu beantragen sind (SG Landshut vom 16.8.2011 – S 10 AS 536/10 ER, info also 2011 S. 271). Wegen des Monatsprinzips sind die Leistungen auch bei verspäteter Antragstellung für den ganzen Monat zu berechnen (DA 49 zu §§ 31 ff.).
Leben minderjährige Kinder in der Haushaltsgemeinschaft, ist zeitgleich mit der Kürzung auch ohne Antrag über die Gewährung von Sachleistungen zu entscheiden (LSG NRW vom 22.8.2011 – L 19 AS 1299/11 B ER; DA 53 zu §§ 31 ff.). Fehlt in diesen Fällen die Zusage von Sachleistungen, ist der Kürzungsbescheid rechtswidrig (SG Aurich vom 1.7.2013 – S 25 AS 96/13 ER).

Der Sanktionsbescheid muss an den Leistungsberechtigten gerichtet werden, den die Kürzung betrifft (SG Dortmund vom 5.12.2006 – S 31 AS 430/06 ER; SG Mainz vom 29.6.2005 – S 20 ER 61/05 AS). § 38 SGB II bevollmächtigt den Antragsteller nicht zur Entgegennahme des Kürzungsbescheides. Der Bescheid wird nach § 39 Abs. 1 Satz 1 SGB X mit der Bekanntgabe wirksam. Bei der Versendung mit der Post gilt der Brief am dritten Tag nach der Übergabe an die Post als zugegangen. Im Zweifel hat das Jobcenter den Zugang und den Zeitpunkt des Zugangs zu beweisen (§ 37 Abs. 2 SGB X).

2   Ermessensentscheidung?

Hinsichtlich der Sanktionsentscheidung selbst hat das Job-center kein Ermessen, es muss die Kürzung der Leistung verfügen. Ermessen steht ihm bei der Entscheidung über ergänzende Leistungen und über die Milderung der Sanktionen zu. Soweit eine Verkürzung oder Milderung in Betracht kommt, muss das Jobcenter darlegen, welche Tatsachen und welche Überlegungen seiner Entscheidung zugrunde liegen. Dasselbe gilt für die Entscheidung, Sachleistungen und geldwerte Leistungen nicht oder nur in geringem Umfang zu erbringen.

Nach § 35 Abs. 1 Satz 3 SGB X muss die Begründung von Ermessensentscheidungen erkennen lassen, von welchen Gesichtspunkten die Behörde bei der Ausübung des Ermessens ausgegangen ist. Das bedeutet, dass alle Überlegungen, die zu der Entscheidung geführt haben, aus der Begründung ersichtlich sein müssen. Ist das nicht der Fall oder sind wesentliche Gesichtspunkte nicht erwähnt, ist der Bescheid rechtswidrig. § 41 Abs. 2 SGB X erlaubt zwar die Nachholung der Begründung eines Verwaltungsaktes bis zur letzten Tatsacheninstanz. Die Vorschrift erfasst aber nur die Begründung des Verwaltungsaktes, nicht den Entscheidungsprozess, auf dem der Verwaltungsakt beruht; dieser kann nach Abschluss des Verwaltungsverfahrens wohl nicht nachgeholt, sondern lediglich wiederholt werden. § 41 Abs. 2 SGB X betrifft nur Verfahrensmängel, nicht materiell-rechtliche Fehler (LSG Rheinland-Pfalz vom 22.3.2001 – L 1 Ar 247/98 und vom 30.4.2002 – L 6 RA 82/00, NZS 2002, S. 668). Der Anspruch des Bürgers auf fehlerfreie Ermessensausübung aus § 39 Abs. 1 Satz 2 SGB I gehört zum materiellen Recht und wird von § 41 Abs. 1 SGB X nicht erfasst. Zulässig ist sicherlich eine Neuentscheidung, die dann nach § 96 SGG Gegenstand des gerichtlichen Verfahrens werden kann. Deren Rechtmäßigkeit misst sich dann an dem zum Zeitpunkt seines Erlasses geltenden Recht.

3   Anhörung

Vor Erlass des Kürzungsbescheides muss der Leistungsberechtigte nach § 24 SGB X angehört werden. Bei einer wiederholten Pflichtverletzung muss sich die Anhörung auch darauf beziehen, dass bei einer Wohlverhaltenserklärung oder Nachholung der verletzten Pflicht eine Milderung möglich ist und ob ergänzende Leistungen in Gestalt von Sachleistungen oder geldwerten Hilfen erforderlich sind. Auf die Notwendigkeit eines gesonderten Antrags muss hingewiesen werden.

Die im Verwaltungsverfahren versäumte Anhörung kann nach § 41 Abs. 2 SGB X bis zur letzten mündlichen Verhandlung vor dem LSG nachgeholt werden. Die Nachholung ist aber nicht wirksam, wenn das Jobcenter die Anhörungspflicht vorsätzlich, rechtsmissbräuchlich oder durch Organisationsverschulden verletzt hat, weil ein gewollter Rechtsbruch die Heilungswirkung der Nachholung ausschließt (BSG vom 31.10.2002 – B 4 RA 15/01 R, SozR 3–1300 § 24 Nr. 22). Das ist z. B. dann der Fall, wenn aufgrund einer Dienstanweisung regelmäßig von der vorherigen Anhörung abgesehen werden soll (SG Mannheim vom 4.2.2004 – S 9 AL 130/03, info also 2004, S. 115, und vom 28.6.2004 – S 9 AL 3657/03; a.A. BSG vom 5.2.2008 – B 2 U 6/07 R).

Während des Gerichtsverfahrens wird die Anhörung nur wirksam nachgeholt, wenn das Jobcenter dem Betroffenen in angemessener Weise Gelegenheit zur Äußerung einräumt und danach zu erkennen gibt, ob es an seiner bisherigen Entscheidung festhält (BSG vom 6.4.2006 – B 7a AL 64/05 R und vom 9.11.2010 – B 4 AS 37/09 R). Die Anhörung durch das Sozialgericht ersetzt nicht die Anhörung durch das Jobcenter.

4   Rechtsbehelfe

Widerspruch und Klage gegen den Kürzungsbescheid haben nach § 39 Nr. 1 SGB II keine aufschiebende Wirkung. Die aufschiebende Wirkung kann entweder von der Behörde selbst (§ 86a Abs. 3 Satz 1 SGG) oder vom Sozialgericht (§ 86b Abs. 1 Satz 1 Nr. 2 SGG) hergestellt werden. Die aufschiebende Wirkung ist bei einem Wegfall des Leistungsanspruchs regelmäßig nur dann nicht herzustellen, wenn die Sanktion voraussichtlich rechtmäßig ist (LSG Sachsen-Anhalt vom 15.4.2011 – L 5 AS 364/10 B ER). Das gilt allerdings nicht im Überprüfungsverfahren nach § 44 SGB X, wenn der Sanktionsbescheid bereits bestandskräftig ist (LSG Sachsen-Anhalt vom 6.7.2011 – L 5 AS 226/11 B ER). Das LSG NRW vom 21.12.2012 – L 19 AS 2332/12 B schließt aus § 39 Nr. 1 SGB II, dass die im einstweiligen Anordnungsverfahren notwendige Interessenabwägung grundsätzlich zu Lasten des Betroffenen geht; deshalb müsse die Unzumutbarkeit der angebotenen Beschäftigung schon im Eilverfahren feststehen. Das ist nicht richtig. Aus § 39 Nr. 1 SGB II ergibt sich lediglich, dass Widerspruch und Klage keine aufschiebende Wirkung haben; daraus kann nicht zugleich geschlossen werden, dass die aufschiebende Wirkung nur hergestellt werden darf, wenn die Rechtswidrigkeit des Sanktionsbescheides feststeht (a.A. BayLSG vom 28.8.2012 – L 7 AS 527/12 B ER).

Wird die Bewilligung der Leistung wegen einer von der AA festgesetzten Sperrzeit für die Vergangenheit aufgehoben und der überzahlte Betrag zurückgefordert, haben Widerspruch und Klage hinsichtlich der Rückforderung aufschiebende Wirkung.

XIII   **Das Meldeversäumnis**
            §§ 32, 59 SGB II i. V. m. § 309 SGB III

1   **Meldepflicht**

Wer der Aufforderung des Jobcenters, sich bei ihm zu melden oder bei einem ärztlichen oder psychologischen Untersuchungstermin zu erscheinen, nicht nachkommt, muss mit einer Kürzung rechnen. Meldepflichtig sind alle erwerbsfähigen Leistungsberechtigten. Allerdings ist zweifelhaft, ob demjenigen, der sich selbst unterhalten kann, dessen Einkommen aber nicht für den Lebensunterhalt seiner Familie ausreicht, Pflichten auferlegt werden dürfen, weil ihn die Konstruktion der BG zu einer hilfebedürftigen Person macht (siehe hierzu auch BSG vom 7.11.2006 – B 7b AS 8/06 R).
Zweifel an der Verfassungsmäßigkeit der Meldepflicht und an § 32 SGB II haben die Gerichte offenbar nicht (LSG Berlin-Brandenburg vom 28.8.2013 – L 34 AS 224/12; LSG NRW vom 19.4.2012 – L 7 AS 66/12 B und vom 4.9.2012 – L 6 AS 596/12 B).
Sozialgeldempfänger sind nur eingeschränkt meldepflichtig und auch nur, wenn sie sozialrechtlich handlungsfähig sind (§ 36 SGB I). Kinder unter 15 Jahren sind nicht meldepflichtig.

2   **Zweck der Meldung**

Das Jobcenter darf Sie nur vorladen, wenn es einen sachgerechten Zweck verfolgt. Es muss den Zweck schon in der Vorladung nennen. Die Entscheidung über die Meldeaufforderung steht im pflichtgemäßen Ermessen des Jobcenters.

Meldezweck   Das Jobcenter kann Sie vorladen zum Zwecke der

- Berufsberatung;

- Vermittlung in Ausbildung und Arbeit;

- Vorbereitung von Eingliederungshilfen;

- Vorbereitung von Entscheidungen im Leistungsverfahren;

- Prüfung der Voraussetzungen für den Leistungsanspruch.

Meldezweck kann auch eine gemeinschaftliche Informationsveranstaltung sein (LSG Hamburg vom 13.2.2007 – L 5 B 43/07 ER AS; LSG Sachsen-Anhalt vom 24.1.2002 – L 2 AL 9/00, info also 2002, S. 106). Erwachsene Sozialgeldberechtigte dürfen nur zu einer ärztlichen oder psychologischen Untersuchung eingeladen werden.
Alg I-Aufstocker dürfen **ab 1.1.2017** nur zur Vorbereitung von Entscheidungen im Leistungsverfahren und Prüfung der Voraussetzungen für den Leistungsbezug eingeladen werden, weil für Berufsberatung, Vermittlung in Arbeit und Eingliederungsmaßnahmen die BA zuständig ist (§ 5 Abs. 4 SGB II n. F.).

Das Jobcenter darf trotz Meldeversäumnissen nicht unbegrenzt in kurzen Abständen immer wieder zur Meldung auffordern (BSG vom 29.4.2015 – B 14 AS 19/14 R); im konkreten Fall hat das BSG in sieben Meldeaufforderungen in kurzen Abständen eine dem Zweck des § 32 SGB II nicht entsprechende Ermessensausübung gesehen; aus der Abstufung der Kürzungen in § 31a und § 32 SGB II ergebe sich eine Begrenzung kurzfristiger Meldeaufforderungen. Bei wiederholten Meldeversäumnissen müsse das Jobcenter überlegen, wie das Ziel der Meldung auf andere Weise erreicht werden könne.

In der Einladung muss der Meldezweck konkret genannt werden (BSG vom 9.11.2010 – B 4 AS 27/10 R); es genügt nicht, den Arbeitslosen allgemein zu seiner »Leistungsangelegenheit« einzubestellen (SG Hamburg vom 30.1.2006 – S 62 AS 133/05 ER). Der Meldezweck muss wenigstens stichwortartig angegeben werden (LSG Berlin-Brandenburg vom 20.7.2011 – L 14 AS 939/11 B ER; LSG Baden-Württemberg vom 18.2.2005 – L 8 AL 4106/03 und vom 27.9.2002 – L 8 AL 855/02). Wenn der Zusammenhang für den Leistungsberechtigten erkennbar ist, genügt die Einladung zur Beratung über eine berufliche Weiterbildung (BayLSG vom 27.2.2003 – L 9 AL 175/01). Die Einladung zu einer psychologischen Untersuchung ist hinreichend konkret benannt, wenn auf die vom Leistungsberechtigten gewünschte Weiterbildung hingewiesen wird (LSG NRW vom 24.9.2004 – L 9 AL 4/04).

Nennung des Meldezwecks

Der Abschluss einer EV ist kein sanktionswürdiger Meldezweck (SG Magdeburg vom 6.12.2005 – S 27 AS 702/05 ER). Die Einladung zu einer Messe von Verleihunternehmen gehört ebenfalls nicht zu den gesetzlichen Meldezwecken (LSG Niedersachsen-Bremen vom 10.2.2014 – L 7 AS 1058/13 B). Dagegen wird das Jobcenter einen unter 25-Jährigen, der aus der elterlichen Wohnung ausziehen will, zur Meldung auffordern dürfen, um die Berechtigung des Auszugs und seinen zukünftigen Leistungsanspruch mit ihm zu klären (BayLSG vom 15.3.2014 – L 7 AS 234/14 B ER).

3   Vorladung, Form, Zeitpunkt und Kosten der Meldung

Das Jobcenter wird Sie schriftlich vorladen; eine telefonische Vorladung ist in aller Regel nicht möglich, weil die Rechtsfolgenbelehrung schriftlich erfolgen muss. Die Einladung ist ein Verwaltungsakt, dessen Anfechtung jedoch keine aufschiebende Wirkung hat (§ 39 Nr. 4 SGB II). Für die Herstellung der aufschiebenden Wirkung wird es meist am Rechtsschutzbedürfnis fehlen.

Das Jobcenter muss nachweisen, dass die Vorladung (rechtzeitig) bei Ihnen eingegangen ist (BSG vom 3.6.2004 – B 11 AL 71/03 R; LSG Berlin-Brandenburg vom 19.9.2007 – L 5 B 1349/07 AS ER; LSG Baden-Württemberg vom 14.3.2008 – L 8 AS 5579/07; LSG Sachsen vom 16.12.2008 – L 7 B 613/08 AS-ER; LSG NRW vom 8.8.2012 – L 12 AS 1239/12 B). Geben Sie an, die Vorladung nicht erhalten zu haben, werden Sie zukünftig per Einschreiben vorgeladen. Hat sich die Leistungsberechtigte in der EV verpflichtet, den Zugang der Post vom Jobcenter sicherzustellen, soll ihr aus Treu und Glauben die Beweislast für den Nichtzugang obliegen, auch wenn das Jobcenter die Absendung des Briefes nicht belegen kann (LSG Niedersachsen-Bremen vom 4.2.2013 – L 15 AS 378/12 B ER) Das kann nicht richtig sein; die Leistungsberechtigte kann nicht für den Postweg verantwortlich gemacht werden.

Persönlich melden

Sie müssen persönlich beim Jobcenter erscheinen, es sei denn, das Jobcenter erlaubt Ihnen im Einzelfall, sich telefonisch zu melden. Eine Vertretung ist nicht zulässig; der Leistungsbezieher muss selbst erscheinen (BayLSG vom 15.3.2014 – L 7 AS 234/14 B ER).

Erscheint der Leistungsberechtigte zwar beim Jobcenter, spricht dann aber nur im Eingangsbereich vor und weigert er sich, den Sachbearbeiter aufzusuchen, liegt keine wirksame Meldung vor (BayLSG vom 10.2.2015 – L 11 AS 59/15 NZB, vom 26.4.2010 – L 7 AS 212/10 B ER und vom 4.8.2010 – L 8 AS 466/10 B ER). Stummes Erscheinen ist keine Meldung (BayLSG vom 3.1.2011 – L 7 AS 921/10 B ER).

Meldezeitpunkt

Sind Sie an einem bestimmten Tag für eine bestimmte Uhrzeit bestellt und versäumen Sie diesen Termin, so sind Sie Ihrer Meldepflicht gleichwohl nachgekommen, wenn Sie noch am selben Tag vorsprechen und der Zweck der Vorladung noch erfüllt werden kann (§ 309 Abs. 3 Satz 2 SGB III i. V. m. § 59 SGB II). Das Risiko, dass der Zweck der Vorladung nicht mehr erfüllt werden kann, tragen Sie. Wird der Meldetermin auch nur um einen Tag versäumt, z. B. weil der Leistungsberechtigte sich im Wochentag irrt, liegt ein Meldeversäumnis vor (BSG vom 25.8.2011 – B 11 AL 30/10 R). Vergessen gilt nicht (BayLSG vom 17.2.2016 – L 7 AS 776/15 NZB).

Folgen bei Ablehnung einer Untersuchung

Erscheint der Leistungsberechtigte zur ärztlichen oder psychologischen Untersuchung, lehnt aber die Untersuchung selbst ab, darf nicht gekürzt werden; der Gesetzeswortlaut erfasst eindeutig nur die Pflicht, zu einem Untersuchungstermin zu erscheinen, nicht die Teilnahme an der Untersuchung oder deren Duldung selbst (BSG vom 14.5.2014 – B 11 AL 8/13 R; a. A. Schleswig-Holsteinisches LSG vom 2.8.2011 – L 3 AS 130/11 B ER; HessLSG vom 22.6.2011 – L 7 AS 700/10 B ER; LSG Saarland vom 2.5.2911 – L 9 AS 9/11 B ER). Lehnt der Leistungsberechtigte bei dem Beratungsgespräch, das der Anordnung der Untersuchung vorausgehen muss, die Untersuchung ab und folgt er deshalb der Vorladung nicht, darf nicht gekürzt werden (BT-Drs. 17/8846, S. 4 f.).

Die Rechtsfolgen können sich dann nach §§ 66, 67 SGB I richten (BSG vom 20.10.2005 – B 7a/7 AL 12/04 R und vom 14.5.2014 – B 11 AL 8/13; BayLSG vom 31.8.2012 – L 7 AS 601/12 B ER; das Schleswig-Holsteinische LSG vom 2.8.2011 – L 3 AS 130/11 B ER hält die Anwendung von § 66 SGB I dagegen für ausgeschlossen). Kommen Sie durch die Ablehnung der Untersuchung Ihrer Mitwirkungspflicht nach § 62 SGB I nicht nach und wird dadurch die Aufklärung des Sachverhalts erschwert, kann Ihnen das Jobcenter die Leistung versagen oder eine bereits bewilligte Leistung entziehen. Vorher muss es Ihnen jedoch eine Frist setzen, d. h. erneut einen Termin zur Untersuchung festsetzen und Sie in der Ladung auf die drohenden Konsequenzen der Versagung oder Entziehung hinweisen. Nach § 66 SGB I ist eine Entziehung der Leistung erst nach Ablauf der für die Mitwirkung gesetzten Frist für die Zukunft, nicht für die Vergangenheit möglich (BSG vom 20.10.2005 – B 7a/7 AL 12/04 R). Holen Sie später die Mitwirkung nach, kann das Jobcenter die Leistungen nach § 67 SGB I nachträglich erbringen. Versagung und Entziehung sowie nachträgliche Bewilligung stehen im Ermessen des Jobcenters.

Sind Sie am Meldetermin arbeitsunfähig, so müssen Sie sich am ersten Tag der Arbeitsfähigkeit melden, wenn das Jobcenter dies in der Meldeaufforderung bestimmt (§ 309 Abs. 3 Satz 3 SGB III i. V. m. § 59 SGB II).

Meldeorte müssen nicht die Räume des Jobcenters sein; es kann z. B. auch eine Meldung in den Räumen eines Weiterbildungsträgers verlangt werden (LSG Sachsen-Anhalt vom 24.1.2002 – L 2 AL 9/00 – info also 2002, S. 106). Die Meldung muss aber immer beim Jobcenter, also bei dessen Mitarbeitern stattfinden (SG Hamburg vom 29.1.2007 – S 17 AS 101/07 ER). Betrifft die Meldeaufforderung eine andere Meldestelle, z. B. einen Maßnahmeträger, und kommt der Hilfebedürftige der Einladung nicht nach, ist eine Sanktion nach § 32 SGB II nicht zulässig (SG Hamburg a.a.O.).   *Meldeort*

Das Jobcenter kann auf Antrag die Fahrkosten ersetzen, die durch die Vorladung entstanden sind (§ 309 Abs. 4 SGB III). Bei Mittellosigkeit schrumpft das Ermessen auf Null; das Jobcenter muss die Kosten übernehmen und evt. auch einen Vorschuss leisten (BayLSG vom 21.7.2014 – L 7 AS 587/13 NZB; SG Halle vom 26.8.2015 – S 5 AS 2835/15 ER).   *Fahrkosten-erstattung*

4   Keine Kürzung bei wichtigem Grund zum Fernbleiben

Waren Sie durch einen **wichtigen Grund** daran gehindert, beim SGB II-Träger zu erscheinen, dann darf die Leistung nicht gekürzt werden. Ein wichtiger Grund kann insbesondere sein: *Beispiele*

– Volle oder teilweise Erwerbstätigkeit;

– Beschäftigung mit Mehraufwandsentschädigung;

– Vorstellung bei einem Arbeitgeber zu einem von diesem gewünschten Termin;

– Übernahme einer unaufschiebbaren, geringfügigen Nebenbeschäftigung;

– Erledigung dringender, unaufschiebbarer persönlicher Angelegenheiten (z. B. Teilnahme an einer Trauerfeier, Hochzeit, einem Gerichtstermin);

– sonstige vom Meldepflichtigen nicht zu vertretende Gründe (z. B. unvorhersehbarer Ausfall von Verkehrsmitteln);

– Krankheit und Behinderung, insbesondere bei Sozialgeldberechtigten (LSG NRW vom 10.2.2010 – L 7 B 289/09 AS). Dazu genügt es, dass der Leistungsberechtigte nicht reisefähig ist (LSG NRW vom 10.2.2010 – L 7 B 89/09 AS).
Das BSG vom 9.11.2010 – B 4 AS 27/10 R hat eine Arbeitsunfähigkeitsbescheinigung als wichtigen Grund für ein Meldeversäumnis nicht ausreichen lassen, weil sich daraus nicht ergebe, dass der Leistungsberechtigte aus gesundheitlichen Gründen nicht imstande sei, zum Meldetermin zu erscheinen (ebenso LSG NRW vom 21.8.2013 – L 7 AS 1402/13 B; LSG Hamburg vom 23.5.2013 – L 4 AS 74/13; LSG NRW vom 13.10.2010 – L 5 AS 1076/10 B). Das LSG Rheinland-Pfalz vom 23.7.2009 – L 5 AS 131/08 hat darauf abgestellt, ob Anhaltspunkte dafür vorhanden sind, dass die Krankheit der Meldung nicht entgegensteht. Nach der DA 9 zu § 32 SGB II soll weiterhin grundsätzlich eine ärztliche Arbeitsunfähigkeitsbescheinigung als wichtiger Grund für ein Meldeversäumnis anerkannt werden. Im Einzelfall kann nach vorheriger Aufforderung ein ärztliches Attest für die Unmöglichkeit, am vorgesehenen Tag im Jobcenter zu erscheinen, verlangt werden. Die Kosten für das Attest kann das Jobcenter übernehmen (DA 9a zu § 32; BayLSG vom 29.3.2012 – L 7 AS 961/11).
Ohne ausdrückliche Aufforderung, im Krankheitsfall eine ärztliche Reiseunfähigkeitsbescheinigung vorzulegen, genügt eine AU-Bescheinigung als Entschuldigung für das Meldeversäumnis (SG Aurich vom 18.3.2015 – S 55 AS 43/15 ER). Das Verlangen einer Reiseunfähigkeitsbescheinigung bedarf einer Einzelfallprüfung; nur wenn sich aus der Vorgeschichte der Verdacht ergibt, dass die Erkrankung kein Meldehindernis darstellt, kann die ärztliche Bestätigung der Meldeunfähigkeit verlangt werden (SG Frankfurt/Main vom 11.6.2015 – S 26 AS 795/13; SG München vom 1.10.2015 – S 16 AS 1859/15 ER).

Auch andere Gründe, die üblicherweise eine Dienst-/Arbeitsbefreiung rechtfertigen, können ein wichtiger Grund sein.
Mittellosigkeit ist kein wichtiger Grund für ein Meldeversäumnis, wenn der Leistungsberechtigte beim Jobcenter nicht vor dem Meldetermin die Fahrtkosten und ggfs. einen Vorschuss oder eine Fahrkarte beantragt hat (BayLSG vom 21.7.2014 – L 7 AS 587/13 NZB; SG Halle vom 26.8.2015 – S 5 AS 2835/15 ER).
Ein Arzttermin soll nur im Notfall einem Meldetermin vorgehen (LSG Rheinland-Pfalz vom 23.7.2009 – L 5 AS 131/08; SG Reutlingen vom 30.9.2008 – S 2 AS 4133/07). Dem kann in dieser Allgemeinheit nicht zugestimmt werden; es kommt vielmehr auch hier auf die Umstände des Einzelfalls an.

Das BayLSG vom 26.4.2010 – L 7 AS 212/10 B ER hat das Fehlen eines Beistandes zur Teilnahme am Termin nicht als wichtigen Grund für das Meldeversäumnis anerkannt.

5   Keine Kürzung bei mangelnder Rechtsfolgenbelehrung und Unkenntnis der Rechtsfolgen

Eine Kürzung darf nur verhängt werden, wenn Sie mit der Aufforderung, sich zu melden, belehrt worden sind, dass Ihnen bei Fernbleiben eine Kürzung droht, oder Sie die Rechtsfolgen kannten. Diese Kenntnis muss sich auch auf Höhe und Dauer der möglichen Kürzung beziehen.

Die Rechtsfolgenbelehrung muss nach § 32 SGB II – anders als nach § 309 SGB III – schriftlich erteilt werden. Zum SGB III hat das BSG entschieden, dass die Rechtsfolgenbelehrung mit dem Zugang der Meldeaufforderung als erteilt gilt, wenn sich der Leistungsberechtigte ohne Kenntnis der AA nicht unter seiner Anschrift aufhält (BSG vom 25.4.1996 – 11 RAr 81/95, SozR 3–4100 § 120 AFG Nr. 1). Ob die BSG-Entscheidung auch für das SGB II maßgeblich ist, ist noch nicht geklärt (vgl. hierzu LSG NRW vom 12.1.2009 – L 20 B 135/08 AS). Wenn nach § 32 SGB III nur vorsätzliches Verhalten sanktioniert werden darf, kann ein vorwerfbares Meldeversäumnis nur vorliegen, wenn der Hilfebedürftige die Meldeaufforderung erhält und zur Kenntnis nehmen kann.

Schriftliche Rechtsfolgenbelehrung

6   Umfang und Beginn der Kürzung

Jedes Meldeversäumnis führt zu einer Kürzung des Regelbedarfs um 10 % für drei Monate, bei einem alleinstehenden Leistungsberechtigten 2016 also um 40,40 €, für die Dauer von drei Monaten, insgesamt um 121,20 €. Für Leistungsberechtigte, die noch nicht 25 Jahre alt sind, kann die Absenkung auf sechs Wochen verkürzt werden (§ 32 Abs. 2 Satz 2 i. V. m. § 31b Abs. 1 Satz 4 SGB II). Auch hier kann die Sanktionszeit noch nachträglich verkürzt werden, allerdings nur bis sechs Monate nach der Pflichtverletzung (§ 32 Abs. 2 Satz 2 i. V. m. § 31b Abs. 1 Satz 5 SGB II).

Die Kürzungsquote erhöht sich nicht bei weiteren Meldeversäumnissen; mehr als 10 % kann die Kürzung wegen Meldeversäumnissen nur betragen, wenn sich die Kürzungszeiten überschneiden (BayLSG vom 24.10.2012 – L 19 AS 389/12; LSG NRW vom 4.9.2012 – L 6 AS 596/12). Ein Bescheid über die früheren Meldeversäumnisse soll nicht notwendig sein (BayLSG vom 24.10.2012, a. a. O.). Die Säumniskürzung wird auch mit einer Kürzung wegen einer Pflichtverletzung zusammengerechnet (§ 32 Abs. 2 Satz 1 SGB II). Hierfür kommt es nicht darauf an, dass vor dem Meldeversäumnis bereits ein Bescheid über eine Pflichtverletzung aus § 31 SGB II bzw. vor der Pflichtverletzung bereits ein Bescheid über ein Meldeversäumnis vorliegt (BSG vom 29.4.2015 – B 14 AS 19/14 R).

Überschreiten die Kürzungen 30 % des Regelbedarfs, können Sachleistungen und geldwerte Leistungen erbracht werden (§ 32 Abs. 2 Satz 2 i. V. m. § 31a Abs. 3 SGB II).

Die Säumniskürzung beginnt mit dem 1. des Monats, der auf den Zugang des Kürzungsbescheides folgt, und läuft wie die Sanktion wegen einer Pflichtverletzung kalendermäßig ab.

Über die Kürzung muss innerhalb von sechs Monaten nach dem Meldeversäumnis entschieden sein (§ 32 Abs. 2 Satz 2 i. V. m. § 31b Abs. 1 Satz 5 SGB II).

XIV   Anhang: Wichtiger Grund von A – Z

Das folgende ABC macht deutlich, wie unterschiedlich der »wichtige Grund«, der eine Leistungskürzung ausschließt, aussehen kann. Es handelt sich um eine Übersicht der bisherigen Rechtsprechung zum SGB II, zum Sperrzeitrecht nach dem SGB III und zum BSHG, soweit sie für das SGB II von Bedeutung sein kann, nicht um eine erschöpfende Darstellung aller denkbaren wichtigen Gründe. Vielfach überschneidet sich der wichtige Grund mit der Zumutbarkeit oder Unzumutbarkeit von Verhaltensanforderungen, angebotener oder ausgeübter Arbeit und Eingliederungsmaßnahmen.

Auch wenn Ihr Fall auf den ersten Blick unter eines der Stichworte zu fallen scheint, müssen Sie doch stets genau prüfen, ob der entschiedene Sachverhalt mit Ihrem wirklich übereinstimmt. Und selbst wenn das zutrifft, kann das in Ihrer Sache zuständige Gericht immer noch anders entscheiden als eines der im ABC aufgeführten Gerichte!

Abwendung einer Haftstrafe

Verrichtet ein Leistungsberechtigter gemeinnützige unentgeltliche Arbeit zur Abwendung einer Ersatzfreiheitsstrafe, die ihm droht, weil er eine Geldstrafe nicht bezahlen kann, liegt ein wichtiger Grund für die Ablehnung von Arbeit vor (OVG Berlin vom 4.7.1986 – 6 S 60.86, FEVS 36, S. 221).

Alkohol

Wird der Leistungsberechtigte wegen einer Alkoholkrankheit oder einer anderen Suchterkrankung nicht eingestellt oder entlassen, darf nicht gekürzt werden (BSG vom 6.3.2003 – B 11 AL 69/02 R).

Altersheim

Gemeinnützige Arbeit im Altersheim ist grundsätzlich zumutbar (VGH München, 24.9.1998 – 12 B 96.400, FEVS 49, S. 467).

Arbeitsbedingungen

– Verstoßen die Arbeitsbedingungen gegen gesetzliche oder tarifliche Vorschriften, darf die Beschäftigung ohne Kürzungsgefahr beendet werden und die Arbeitsaufnahme verweigert werden (SG Darmstadt vom 19.12.1988 – S 5 Ar 125/83; SG Hamburg vom 22.10.1992 – 32 AR 113/91; SG Gießen vom 26.11.2011 – S 22 AS 869/09).

- Ein Fernfahrer darf Arbeit verweigern, bei der ihm ein Verstoß gegen die Lenkzeitvorschriften abverlangt wird (SG Osnabrück vom 12.3.1979 – S 5 Ar 175/78).
- Kein Arbeitnehmer muss eine untertarifliche Bezahlung hinnehmen, wenn der Tarifvertrag allgemeinverbindlich ist oder Tarifbindung besteht (SG Münster vom 13.1.1988 – S 3 Ar 42/86; SG Freiburg vom 24.3.1988 – S 8 Ar 277/86).
- Die Videoanlage zur Verhinderung von Diebstählen im Betrieb rechtfertigt nicht ohne weiteres die Beendigung des Arbeitsverhältnisses (SG München vom 15.5.1990 – S 40 Al 666/89, RDV 1992 S. 85).
- Dasselbe gilt für eine videogestützte Bewerbertrainingsmaßnahme (BSG vom 29.1.2003 – B 11 AL 33/02 R).
- Eine Beschäftigung, die für den Arbeitnehmer mit einem nächtlichen Weg durch ein Industriegebiet verbunden ist, soll zumutbar sein (SG Mainz vom 22.4.2013 – S 10 AS 1221/11). Siehe auch unter → Frauen.

Auslandstätigkeit

Eine Arbeit im Ausland darf der Leistungsberechtigte ablehnen (LSG Niedersachsen vom 26.2.1960 – L 7 Ar 210/57, Breith. 1960 S. 834 = ABA 1960 S. 190) und eine einmal begonnene jedenfalls dann aufgeben, wenn die Lebensbedingungen in klimatischer, sozialer, politischer Hinsicht nicht den inländischen Verhältnissen entsprechen (SG Fulda vom 15.3.1984 – S 3 c Ar 147/83 für den Irak während des Krieges zwischen dem Irak und Iran; ablehnend für Österreich: LSG Baden-Württemberg vom 26.4.1961 – L 5a Ar 2630/57, ABA 1962 S. 94 = Breith. 1962 S. 71).

Auswahl unter mehreren Arbeitslosen

Ein nach seinen Bedingungen zumutbares Arbeitsangebot ist nicht deshalb unzumutbar, weil der Leistungsträger die Beschäftigung auch einem anderen Arbeitlosen hätte anbieten können (Schleswig-Holsteinisches LSG vom 25.11.1977 – L 1 Ar 58/77, DBlR Nr. 2307a AFG § 119).

Befristete Beschäftigung

Eine unbefristete Beschäftigung darf zugunsten einer befristeten Beschäftigung aufgegeben werden, wenn der Arbeitnehmer mit seiner Weiterbeschäftigung nach dem Ende der Befristung rechnen kann und die neue Beschäftigung ihm Vorteile bietet (BSG vom 12.7.2006 – B 11a AL 55/05, 57/05 und 73/05 R und vom 26.10.2004 – B 7 AL 98/03 R, SozR 4–4300 § 144 Nr. 9; LSG Sachsen-Anhalt vom 17.8.2005 – L 2 AL 70/03 R, info also 2005, S. 265; ähnlich HessLSG vom 15.4.2005 – L 7/10 AL 119/04).

Bildungsmaßnahme

Eine Bildungsmaßnahme, die keine zusätzliche Befähigung vermittelt, ist unzumutbar und darf abgelehnt werden (HessLSG vom 7.3.2005 – L 6 AL 216/04, vom 13.4.2004 – L 6 AL 520/02 – info also 2005, S. 109, vom 23.4.2003 – L 6/10 AL 1404/01, info also 2004, S. 160 und vom 9.8.2000 – L 6 AL 166/00, info also 2001, S. 209; SG Darmstadt vom 10.11.1987 – S 14 Ar 980/87; SG Gießen vom 26.7.1989 – S 14 Ar 779/88; SG Fulda vom 29.11.1989 – S 1c Ar 202/88).

Computer

Ein technischer Defekt des Computers ist kein wichtiger Grund, der die fehlenden Eigenbemühungen aufgrund der EV/des EVA rechtfertigen könnte (SG Koblenz vom 7.7.2010 – S 16 AS 212/10).

Datenschutz

Verweigert ein Arbeitsuchender seine Zustimmung zur Erfassung und Speicherung seiner persönlichen Daten in einem Personalfragebogen und wird er deshalb nicht eingestellt, darf eine Sanktion nicht eintreten, weil er nach § 44 des Bundesdatenschutzgesetzes berechtigt ist, über seine Daten zu verfügen (SG Berlin vom 15.2.2012 – S 107 AS 1034/12 ER; SG Leipzig vom 29.5.2012 – S 25 AS 1470/12 ER).

Elternzeit

Eine Arbeitsaufgabe während der Elternzeit ist regelmäßig nicht gerechtfertigt, weil der Arbeitgeber nach § 18 BEEG nicht kündigen kann und die Betreuung des Kindes gesichert ist (SächsLSG vom 24.1.2013 – L 3 AL 112/11, info also 2013, S. 260 mit Anmerkung von Claus-Peter Bienert; LSG NRW vom 16.11.2011 – L 9 AL 82/11, info also 2012, S. 163; HessLSG vom 2.9.2011– L 9 AL 120/11).

Frauen

Eine Frau braucht eine Arbeit, bei der sie nachts gefährliche Wege zurücklegen muss, nicht anzunehmen (SG Fulda vom 21.4.1994 – S 1c Ar 308/93).

Gesundheit

– Befürchtet der Teilnehmer einer Bildungsmaßnahme gesundheitliche Beeinträchtigungen, muss er sich vor Abbruch der Maßnahme an den Leistungsträger wenden, damit dieser über die Berechtigung der Befürchtung Feststellungen treffen oder die Entscheidung eines Arztes über die Arbeitsfähigkeit des Teilnehmers einholen kann (LSG NRW vom 19.9.1997 – L 13 Ar 35/95).
– Eine Beschäftigung, die die Leistungsberechtigte wegen schwerer gesundheitlicher Beeinträchtigungen nicht leisten kann, ist unzumutbar und darf sanktionslos abgelehnt werden (SG Karlsruhe vom 24.5.2012 – S 4 AS 2005/11).
– Dasselbe gilt bei einer psychischen Erkrankung (SG Leipzig vom 19.6.2012 – S 25 AS 1470/12 ER mit Anmerkung von Helga Spindler, info also 2013, S. 74, 77).
– Leidet der Leistungsberechtigte an einer psychischen Erkrankung, braucht er Betreuung und Unterstützung; eine Sanktion wegen eines Meldeversäumnisses ist unzulässig (SG Dresden vom 16.5.2014 – S 12 AS 3729/13).

Gewissensgründe

– Arbeit, die mit der Herstellung von Waffen verbunden ist, braucht der Arbeitslose nicht anzunehmen (LSG Niedersachsen vom 28.4.1981 – L 3 Ar 369/81; SG Reutlingen vom 29.4.1983 – S 8 Ar 1433/82, info also 1983, S. 44; SG Frankfurt am Main vom 22.9.1983 – S 1 Ar 541/83, NJW 1984 S. 943; BSG vom 18.2.1987 – 7 RAr 72/85, SozR 4100 § 119 Nr. 30 = SGb 1987 S. 574 mit Anm. von Heuer = ZFSH/SGB 1988 S. 46).

– Die Herstellung eines Katalogs für Rüstungsgüter hält das BSG dagegen für eine zumutbare Beschäftigung für einen Kriegsdienstverweigerer (BSG vom 23.6.1982 – 7 RAr 89/81, SozR 4100 § 119 Nr. 19 = Breith. 1983 S. 161 = DBIR Nr. 2791 zu § 119 = NJW 1983 S. 701 = a + b 1983 S. 250; BVerfG vom 13.6.1983 – 1 BvR 1239/82, SozR 4100 § 119 Nr. 22 = SGb 1984 S. 16 = DBIR Nr. 2922a zu § 119 = NJW 1984 S. 912 = a + b 1984 S. 378; anders SG Frankfurt am Main vom 14.5.1985 – S 19 Ar 301/84).

– Die Beschäftigung als Sekretärin in einem Rüstungsbetrieb soll einer Pazifistin zugemutet werden können (Schleswig-Holsteinisches LSG vom 21.10.1982 – L 1 Ar 64/81).

– Ein Sinto muss nicht entgegen den ungeschriebenen Gesetzen seiner Sippe in einem Krankenhaus arbeiten (BSG vom 28.10.1987 – 7 RAr 8/86, SozSich 1988 S. 376).

– Die Beschäftigung als Industriefotograf in einer Rüstungsfirma, für die er Waffen und deren Einsatz auf Schießplätzen der Bundeswehr fotografieren sollte, soll einem Kriegsdienstverweigerer zumutbar sein (LSG NRW vom 13.12.2007 – L 9 AL 86/06). Siehe hierzu Dieter Deiseroth, info also 2008, S. 195-203.

Kenntnis vom wichtigen Grund

Ein objektiv vorhandener wichtiger Grund schließt eine Kürzung aus, auch wenn ihn der Hilfebedürftige bei Ablehnung oder Aufgabe einer Beschäftigung nicht kennt (BSG vom 9.5.1963 – 7 RAr 44/61, SozR a. F. § 80 AVAVG Nr. 1 = Breith. 1963 S. 1004 = ABA 1963 S. 175 = AP Nr. 4 zu § 78 AVAVG = BB 1963 S. 1299a und vom 20.3.1980 – 7 RAr 4/79, DBIR Nr. 2530 AFG § 119; LSG Rheinland-Pfalz vom 27.4.1993 – L 1 Ar 58/92).

Kinder

– Die Bedürfnisse von Kindern können wichtige Gründe für eine Arbeitsaufgabe darstellen.

Das BSG hat deshalb einen wichtigen Grund anerkannt, wenn die Aufgabe einer Beschäftigung zur Begründung einer eheähnlichen Gemeinschaft durch Gründe des Wohls eines Kindes gerechtfertigt ist (BSG vom 17.10.2007 – B 11a/7a AL 52/06 R und vom 17.11.2005 – B 11a/11 AL 49/04 R).

– Beeinträchtigt eine Beschäftigung mit Auslandsfahrten die Besuchsmöglichkeiten des Kindes eines in Scheidung lebenden Arbeitslosen, soll das Arbeitsangebot dennoch zumutbar sein (LSG NRW vom 21.2.1994 – L 12 Ar 139/93).

– Eine Beschäftigung, die mit ständiger Ortsabwesenheit während der Werktage verbunden ist und die tägliche Betreuung und Erziehung eines Kindes wenigstens in den Abendstunden ausschließt, kann auch für den Vater unzumutbar sein (SG Fulda vom 9.3.1989 – S 1c Ar 323/88).

– Der Umzug zu einem minderjährigen Kind kann ein wichtiger Grund für eine Arbeitsaufgabe sein (SG Berlin vom 13.1.2012 – S 70 AL 4653/10).

Kirchenaustritt

– Verliert ein Arbeitnehmer, der bei der katholischen Kirche beschäftigt ist, seinen Arbeitsplatz, weil er aus der (evangelischen) Kirche austritt, hat er für sein Verhalten einen wichtigen Grund (SG Münster vom 13.6.1989 – S 12 Ar 128/88, NZA 1990 S. 1000 = SozSich 1991 S. 128 = info also 1991 S. 88; SG München vom 26.5.2011 – S 35 AL 203/08; a.A. LSG Rheinland-Pfalz vom 30.3.2006 – L 1 AL 162/05, NZS 2006, S. 666, gegenstandslos nach Rücknahme der Berufung durch die BA am 29.5.2008 vor dem BSG – B 11a AL 63/06 R).

– Kündigt ein Arbeitgeber, der mit der katholischen Caritas verbunden ist, weil der Arbeitnehmer im Internet anonym eine »Satire« über den Papst veröffentlicht hat, soll er sich nicht auf einen wichtigen Grund berufen können (LSG Baden-Württemberg vom 21.10.2011 – L 12 AL 2879/09, info also 2012, S. 19; siehe hierzu Udo Geiger, info also 2012, S. 10).

Kündigung/Beendigung nach Arbeitgeberkündigung

Die Beendigung des Arbeitsverhältnisses wegen einer vorangegangenen rechtswidrigen Kündigung des Arbeitgebers geschieht mit wichtigem Grund (BSG vom 23.3.1995 – 11 RAr 39/94; BayLSG vom 6.3.1957 – AR 501/55, AMBl BY 1957 B 123 = Breith. 1957 S. 562 = WA 1957 S. 167 = ZfS 1958 S. S. 49; LSG Niedersachsen vom 28.1.1972 – L 7 Ar 47/70, ABA 1972 S. 120 mit Anm. von Kühl; SG Freiburg vom 14.5.1985 – 7 Ar 1547/84; SG Berlin vom 17.9.1986 – S 60 Ar 906/86, Breith. 1987 S. 73).

Leiharbeit

Das BSG hält die Vermittlung in ein Leiharbeitsverhältnis nicht generell für unzumutbar; die Zumutbarkeit muss im Einzelfall geprüft werden (BSG vom 8.11.2001 – B 11 AL 31/01 R, SozR 3–4300 § 144 Nr. 7).

Lohnrückstand

Hat der Arbeitgeber den Lohn über einen längeren Zeitraum nicht oder nur teilweise gezahlt, darf der Arbeitnehmer nach einer ordnungsgemäßen Abmahnung des Arbeitgebers das Arbeitsverhältnis beenden (LSG Rheinland-Pfalz vom 24.2.2005 – L 1 AL 125/03, Breith. 2005 S. 675).

Lohnwucher

Das Angebot einer Beschäftigung, für die ein wucherischer Lohn gezahlt werden soll, kann als unzumutbar abgelehnt werden (SG Dortmund vom 2.2.2009 – S 31 AS 317/07; SG Berlin vom 27.2.2006 – S 77 AL 742/

05, info also 2006, S. 69; SG Berlin vom 18.1.2002 – S 58 AL 2003/
01, info also 2002, S. 143. Ebenso (für die Arbeitsaufgabe) SG Fulda
vom 17.3.2004, info also 2004, S. 217).

Mittellosigkeit

Mittellosigkeit ist kein wichtiger Grund, einen Meldetermin zu versäumen, wenn der Hilfebedürftige beim Jobcenter zuvor nicht einen Vorschuss oder eine Fahrkarte beantragt hat (BayLSG vom 21.7.2014 – L 7
AS 587/13 NZB; SG Halle vom 26.8.2015 – S 5 AS 2835/15 ER).

Mobbing

Mobbing stellt einen wichtigen Grund regelmäßig nur dann dar, wenn der
betroffene Arbeitnehmer dadurch Nachteile von einigem Gewicht erleidet
(BSG vom 21.10.2003 – B 7 AL 92/02 R; SG Wiesbaden vom
15.10.1998 – S 11 AL 499/98, info also 1999, S. 193).

Nichtraucher

Die Zusammenarbeit mit Kettenrauchern ist für einen Nichtraucher unzumutbar und die Beendigung des Arbeitsverhältnisses gerechtfertigt,
wenn der Arbeitgeber keinen anderen Arbeitsplatz zur Verfügung stellt
oder sonst Abhilfe schafft (SG Hamburg vom 14.1.1988 – 7 AR 272/87,
info also 1988 S. 60; SG Freiburg vom 25.4.1989 – S Ar 972/88; ähnlich SG Duisburg vom 17.5.1993 – S 8 Ar 28/91, info also 1994
S. 130).

Pflege

Die Pflege von Angehörigen ist ein wichtiger Grund, die Aufnahme einer
Beschäftigung abzulehnen (LSG NRW vom 31.4.2013 – L 7 AS 521/13
B ER).

Probearbeit

Wenn die Anfertigung eines Probestücks der Feststellung der Eignung eines Arbeitnehmers dient, kann er die Aufforderung des Arbeitgebers
nicht ohne Gefahr einer Sanktion ablehnen (BSG vom 13.3.1997 – 11
RAr 25/96, SozR 3–4100 § 119 AFG Nr. 11).

Religion

– Samstagsarbeit kann für einen Siebenten-Tags-Adventisten unzumutbar sein (LSG Rheinland-Pfalz vom 21.9.1979 – L 6 Ar 39/79,
  RSpDienst 6400 §§ 100 – 133 AFG 91 – 94; LSG Bremen vom
  11.10.1979 – L 5 Ar 51/78, RSpDienst 6400 §§ 100 – 133 AFG 115
  – 118; BSG vom 10.12.1980 – 7 RAr 93/79, SozR 4100 § 119 Nr. 13
  = DBlR Nr. 2574a zu § 119 = NJW 1981 S. 1526; SG Berlin vom
  25.1.1989 – S 60 Ar 76/88, Breith. 1990 S. 338).
– Beruft sich ein Arbeitnehmer gegenüber einer Arbeitsanweisung des
  Arbeitgebers auf einen ernsthaften Glaubenskonflikt, kann eine Kündigung rechtmäßig sein, es fehlt jedoch an einer vorwerfbaren Pflichtverletzung (BAG vom 24.2.2011 – 2 AZR 36/09, Der Betrieb 2011 S.
  2094): eine Sanktion darf nicht verhängt werden.

Schulbesuch

- Eine Fachoberschulausbildung kann ein der Arbeitsaufnahme entgegenstehender wichtiger Grund sein (OVG NRW vom 15.2.1990, NDV 1990, S. 357).
- Der Besuch einer weiterführenden allgemeinbildenden Schule stellt für einen den Leistungsanforderungen genügenden Schüler einen wichtigen Grund dar, der es ausschließt, ihn darauf zu verweisen, eine Erwerbstätigkeit aufzunehmen (Hamburgisches OVG vom 21.12.1994 – Bs IV 240/94).
- Die Aufnahme einer Arbeitsgelegenheit ist für eine Schülerin der 10. Klasse unzumutbar (SG Berlin vom 29.10.2007 – S 104 AS 24229/07 ER).

Schwangerschaft

- Ist eine Beschäftigung wegen einer fortgeschrittenen Schwangerschaft nicht zumutbar, darf die Arbeitnehmerin sie aufgeben (LSG Baden-Württemberg vom 20.6.1958 – 4a Ar 174/57, SozSich 1959 RsprNr 970).
  - Unter Umständen muss sie sich umsetzen lassen (BAG vom 31.3.1969 – 3 AZR 300/68, DBlR Nr. 1512a zu § 11 MuSchG).
  - Gibt eine schwangere Arbeitnehmerin ihre Arbeit auf, um zum Vater ihres Kindes zu ziehen, damit er sie entlastet und unterstützt, handelt sie mit wichtigem Grund (SG Dortmund vom 27.2.2012 – S 31 AL 262/08).

Sonntagsarbeit

Die Ablehnung von Sonntagsarbeit geschieht nicht mit wichtigem Grund (SG Leipzig vom 24.3.2016 – S 17 AS 4244/12).

Sucharbeitslosigkeit

Ein Arbeitnehmer darf seine Beschäftigung nicht aufgeben, um sich eine neue Arbeit zu suchen (BSG vom 28.6.1990 – 7 RAr 124/89, DBlR Nr. 3650a AFG § 119).

Tarifbindung

Die Gewerkschaftszugehörigkeit eines Arbeitslosen berechtigt nicht zur Ablehnung einer Beschäftigung bei einem nicht tarifgebundenen Arbeitgeber (BSG vom 21.7.1981 – 7 RAr 1/80, DBlR Nr. 2729a AFG § 119).

Trainingsmaßnahme

Eine Trainingsmaßnahme, während der der Arbeitsuchende für vier Monate vollschichtig und unentgeltlich auf einem regulären Arbeitsplatz eingesetzt ist, darf ohne Sanktion abgebrochen werden (SG Aachen vom 22.3.2007 – S 9 AS 32/07, info also 2007, S. 257 mit Anm. von Ulrich Stascheit).

Überforderung

Das Angebot einer Arbeit, die den Arbeitslosen objektiv überfordert, ist rechtswidrig und führt nicht zur Kürzung (BSG vom 30.11.1973 – 7 RAr 43/73, DBlR Nr. 1790a § 119; vom 22.6.1977 – 7 RAr 131/75, SozR 4100 § 119 Nr. 3 = DBlR Nr. 2209a zu § 119 und vom 9.12.1982 –

7 RAr 31/82, SozR 4100 § 119 Nr. 21 = Breith. 1983 S. 542 = DBIR
Nr. 2814 zu § 119; HessLSG vom 18.6.2009 – L 9 AL 129/08, info also
2010, S. 11 mit Anm. von Udo Geiger; LSG Rheinl.-Pfalz vom 27.4.1993
– L 1 Ar 58/92; SG Leipzig vom 29.4.1994 – S 4 Al 236/92; SG Schleswig vom 16.2.1988 – S 1 Ar 132/87, Breith. 1988 S. 682; SG Speyer
vom 21.9.1979 – S 1 Ar 111/79, SozSich 1980 S. 191; SG Karlsruhe
vom 24.5.2012 – S 4 AS 2005/11).

Umzug

Im Einzelfall kann ein Umzug eine Kündigung rechtfertigen, wenn die
Wohnverhältnisse unzumutbar sind (SG Frankfurt am Main vom
1.12.1992 – S 19/23 Ar 1401/91, info also 1993 S. 69).

Versuch zur Beseitigung des wichtigen Grundes

Regelmäßig muss der Arbeitnehmer versuchen, den wichtigen Grund zu
beseitigen, bevor er das Arbeitsverhältnis auflöst; das gilt jedenfalls
dann, wenn der Versuch nicht von vornherein aussichtslos ist (BSG vom
6.2.2003 – B 7 AL 72/01 R; BSG vom 9.5.1963 – 7 RAr 44/61, SozR
a. F. § 80 AVAVG Nr. 1 = Breith. 1963 S. 1004 = ABA 1963 S. 175 = AP
Nr. 4 zu § 78 = BB 1963 S. 1299; HessLSG vom 19.9.1962 – L 6 Ar 7/
62, Breith. 1963 S. 534 = SozSich RsprNr 1520).

Wichtiger Grund nach § 626 BGB

Liegt arbeitsrechtlich ein wichtiger Grund für eine außerordentliche Kündigung durch den Arbeitnehmer vor, tritt keine Kürzung ein (BSG vom
17.7.1964 – 7 RAr 4/64, SozR a. F. § 80 AVAVG Nr. 3 = BSGE 21
S. 205).

Der wichtige Grund im Sinne des § 31 Abs. 1 Satz 2 SGB II ist aber
nicht auf den wichtigen Grund nach § 626 BGB beschränkt. Auch andere Gründe können das Arbeitsverhältnis für den Arbeitnehmer unzumutbar machen (BSG vom 26.8.1965 – 7 RAr 32/64, SozR a. F. § 80
AVAVG Nr. 5).

Wirtschaftliche Interessen

Die wirtschaftlichen Interessen des Arbeitgebers an der Beendigung des
Beschäftigungsverhältnisses sind kein wichtiger Grund, der den Aufhebungsvertrag des Arbeitnehmers rechtfertigen kann (LSG Baden-Würt-
temburg vom 2.6.2004 – L 13 AL 1087/04).

Zeitpunkt

Der wichtige Grund muss im Zeitpunkt der Auflösung des Arbeitsverhältnisses vorliegen (BSG vom 20.4.1977 – 7 RAr 112/75 und vom
12.11.1981 – 7 RAr 21/81, SozR 4100 § 119 Nr. 2 und 17).

Zumutbarkeit

– Die Ablehnung eines unzumutbaren Arbeitsverhältnisses erfolgt immer
  mit wichtigem Grund (BSG vom 26.8.1965 – 7 RAr 32/64, SozR a. F.
  § 80 AVAVG Nr. 5).
– Arbeit, die die Ausübung der bisher überwiegenden Tätigkeit wesentlich erschweren oder die weitere berufliche Entwicklung schwer beein-

890 T Kürzung und Wegfall des Arbeitslosengelds II

trächtigen würde, darf abgelehnt werden (BSG vom 3.6.1975 – 7 RAr 81/74, DBlR Nr. 1945a zu § 101 und vom 22.6.1977 – 7 RAr 131/75, SozR 4100 § 119 Nr. 3).

– Personen, die auf die Fingerfertigkeit der Hände angewiesen sind, dürfen grobe Arbeit ablehnen (LSG Niedersachsen vom 26.2.1960 – L 7 Ar 35/59, Breith. 1960 S. 923 = ABA 1960 S. 215).

Zurückbehaltungsrecht

Auf ein Zurückbehaltungsrecht wegen ausstehenden Lohns kann sich der Arbeitnehmer für eine Leistungsverweigerung nicht berufen, wenn er dem Arbeitgeber nicht vorher klar mitgeteilt hat, dass und warum er die Arbeitsleistung verweigert (SG Stuttgart vom 16.5.2012 – S 3 AL 892/09).

U Rückforderung von Leistungen

§§ 34, 34a, 34b, 35, 42a, 43 SGB II n. F.

I   **Ersatzansprüche wegen sozialwidrigen Verhaltens**
§ 34 SGB II n. F.

§ 34 SGB II schafft eine gesetzliche Grundlage für die Rückforderung sämtlicher SGB II-Grundsicherungsleistungen (Geld- und Sachleistungen), die zwar rechtmäßig erbracht wurden, aber hätten vermieden werden können. § 34 SGB II durchbricht damit den Grundsatz, dass Sozialleistungen zu gewähren sind, wenn die nötigen Voraussetzungen erfüllt werden, ohne nach den Gründen für die Erfüllung der Leistungsvoraussetzungen zu fragen. Auch **rechtmäßig** gezahltes Alg II/Sozialgeld muss nach § 34 Abs. 1 Satz 1 SGB II zurückgezahlt werden, wenn die Hilfebedürftigkeit durch ein »sozialwidriges« Verhalten herbeigeführt wurde. Der Ersatzanspruch richtet sich gegen den Verursacher der Leistung und umfasst die an ihn selbst und die mit ihm in BG lebenden Angehörigen erbrachten Leistungen.

Rückforderung auch rechtmäßiger Leistung

Restriktive Auslegung

§ 34 SGB II muss als Ausnahmevorschrift von dem für das SGB II geltende Grundsatz, dass existenzsichernde und bedarfsabhängige Leistungen, auf die ein Rechtsanspruch besteht, unabhängig von der Ursache der entstandenen Notlage und einem vorwerfbaren Verhalten in der Vergangenheit zu leisten sind (dazu BVerfG vom 12.5.2005 – 1 BvR 569/05), eng ausgelegt werden (BSG vom 2.11.2012 – B 4 AS 39/12 R und vom 16.4.2013 – B 14 AS 55/12 R). Das gilt auch für die **seit 1.8.2016** geltende Gesetzesfassung.

§ 34 SGB II ist daher so zu lesen:
Wer
– ab dem 18. Geburtstag
– vorsätzlich oder grob fahrlässig und
– sozialwidrig
seine oder die Hilfebedürftigkeit von Personen, die mit ihm in BG leben, herbeigeführt, erhöht, aufrechterhalten oder nicht verringert hat, haftet für die – deswegen – erbrachten Leistungen.

1   **Erst ab dem 18. Geburtstag**

Keine Haftung für jugendlichen Leichtsinn

Ersatzansprüche sind ausgeschlossen, wenn die Hilfebedürftigkeit bereits vor dem 18. Geburtstag herbeigeführt wurde und lediglich über den Zeitpunkt des Eintritts der Volljährigkeit hinaus andauert.

Beispiel

Der 17-jährige N. schmeißt mutwillig die Ausbildung, beantragt Alg II und wartet auf den Lottogewinn. Er haftet nicht für nach dem 18. Geburtstag erbrachte Leistungen. Bleibt er auch nach dem 18. Geburtstag untätig, ist es Aufgabe des Jobcenters, ihn intensiv zu fördern und zu fordern. Die im Gesetz vorgesehene Kontrolle des laufenden Leistungsfalls geht der Rückabwicklung der unsachgemäß gewährten Leistungen vor.

2   **Verschulden**

Verschulden nach § 34 Abs. 1 SGB II heißt zum einen, dass dem Hilfesuchenden das missbilligte Verhalten (aktives Tun oder Unterlassen) überhaupt zugerechnet werden kann; daran kann es bei krankhafter Sucht oder schwerer Depression fehlen (vgl. VG Braunschweig vom 6.3.2003 – 3 A 18/02: Abbruch einer Entgiftungsbehandlung). Zum anderen muss dem Hilfesuchenden bewusst oder grob fahrlässig nicht bewusst sein, dass er die Hilfebedürftigkeit verursacht hat (LSG Berlin-Brandenburg vom 10.7.2007 – L 5 B 410/07 AS ER). Daran kann es fehlen, wenn aufgrund sozialer Benachteiligung die Einsichtsfähigkeit oder die Fähigkeit zu einem wirtschaftlich sinnvollen Umgang mit den gewährten Mitteln fehlt (SG Düsseldorf vom 6.11.2009 – S 35 AS 206/07: Verlust der Wohnungseinrichtung als Folge eines Selbstmordversuchs). Grobe Fahrlässigkeit liegt vor, wenn die sozial übliche Sorgfalt im Umgang mit den Fähigkeiten und Mitteln zur Erhaltung der wirtschaftlichen Leistungsfähigkeit in besonders schwerem Ausmaß verletzt wird. Anzulegen ist ein individueller Verschuldensmaßstab.

Grobe Fahrlässigkeit

Nach BVerwG vom 10.4.2003 – 5 C 4.02 gebietet es die im Strafrecht geltende Unschuldsvermutung nicht, von einer Heranziehung zum Kostenersatz bis zum rechtskräftigen Abschluss eines anhängigen Strafverfahrens abzusehen, wenn ein vorsätzliches oder grob fahrlässiges sozialwidriges Verhalten unabhängig von der Strafbarkeit festgestellt werden kann. Umgekehrt kann es trotz einer strafrechtlichen Verurteilung an einem hinreichenden Verschulden für einen Kostenersatz fehlen, weil der Leistungsbezieher außerstande war, die sozialen Folgen seines Verhaltens zu erkennen (BSG vom 2.11.2012 – B 4 AS 39/12 R).

Strafhaft

Kommt es innerhalb der Familie zu Gewalttätigkeiten, die zur Flucht in ein Frauenhaus oder zu Bekannten zwingen, ist das Verschulden besonders sorgfältig zu prüfen. Oft liegen die Ursachen der Gewalt in zerstörerischen Sozialverhältnissen oder psychischen Auffälligkeiten begründet (VG Augsburg vom 23.9.2003 – Au 9 K 03.53; VG Bayreuth vom 2.6.2003 – B 3 K 02.919).

Gewalt in der Familie

3   **Sozialwidrigkeit**

Nach § 34 SGB II in der bis zum 31.7.2016 geltenden Fassung konnte nur das »Herbeiführen« von Hilfebedürftigkeit eine Haftung auslösen. In der Rechtsprechung war umstritten, ob darunter nur ein aktives Tun oder auch das bloße Unterlassen mit Auswirkungen auf die Hilfebedürftigkeit zu verstehen ist (zum Meinungsstand s. LSG Niedersachsen-Bremen vom 10.12.2015 – L 13 AS 167/14, Revision anhängig – B 14 AS 3/16 R).

Meinungsstreit

Ob die nun ausdrücklich vorgenommene Erweiterung der Haftung auf die »Erhöhung, unterlassene Verringerung oder Aufrechterhaltung« von Hilfebedürftigkeit, was auch passives Verhalten einschließt, bloß klarstellt, was bisher schon galt oder die Norm erweitert, wird das anstehende Urteil des BSG klären.

Objektive Sozialwidrigkeit

Um § 34 SGB II wegen der potentiell unbegrenzten Haftung nicht ausufern zu lassen, musste nach Rechtsprechung des BSG zu § 34 SGB II a. F. ein »objektiv sozialwidriges Verhalten« festgestellt werden, d. h. ein Verhalten, das in einem »innerem Zusammenhang« mit der Leistungserbringung steht. Dass das Verhalten nach allgemeiner Anschauung zu missbilligen ist, wie z. B. eine Straftat, die wegen Kündigung oder Inhaftierung zum Wegfall einer Erwerbsquelle führt, ist für die Haftung nach § 34 SGB II nicht ausreichend.

Nach BSG vom 2.11.2012 – B 4 AS 39/12 R und vom 16.4.2013 – B 14 AS 55/12 R greift die Haftung nach § 34 SGB II erst ein, wenn durch ein schuldhaftes Verhalten die materielle Existenzgrundlage, deren Erhalt das SGB II gewährleistet, **unmittelbar** beeinträchtigt wird oder wegfällt. Erst wenn ein Verhalten hierauf gerichtet ist oder trotz erkennbar anderer Handlungsmöglichkeiten die Gefährdung der Existenzgrundlage in Kauf genommen wird, liegt ein sozialwidriges Verhalten vor.

Der Gesetzgeber will mit der Neufassung von § 34 SGB II das BSG nicht korrigieren; auch ein Aufrechterhalten, eine Erhöhung oder unterlassene Verringerung der Hilfebedürftigkeit muss objektiv sozialwidrig sein, um eine Haftung auszulösen (BT-Drs. 18/8909, S. 32).

Haftung durch Unterlassen

Dies macht klar, dass § 34 SGB II n. F. stets eine umfassende Würdigung aller Umstände des Einzelfalles verlangt. Besonders schwierig ist die Beurteilung der Sozialwidrigkeit im Fall einer bloßen Unterlassung. Sie kann wegen der gebotenen, engen Auslegung nur dann eine Haftung begründen, wenn sie Spiegelbild einer nach den Wertungen des SGB II bestehenden **Rechtspflicht zum Tun** ist. Ansonsten besteht die Gefahr, dass der Normanwender sein Werturteil an die Stelle des maßgeblichen Werturteils des Gesetzgebers setzt (vgl. dazu LSG NRW vom 24.5.2012 – L 9 SO 281/11).

Welche Blüten das treiben kann, zeigen drei Beispiele, die nach dem Wortlaut von § 34 SGB II n. F. eine Haftung zuließen:
– Haftung der Eltern eines unter 25-Jährigen für den während einer Vollsanktion des auf sie übertragenen KdU-Anteils unter der Wertung, dass hilfebedürftige Eltern das »Kind« in der BG zu einem SGB II-treuen Verhalten anhalten müssten.
– Haftung eines jungen Erwachsenen für SGB II-Leistungen, die er nach Beendigung einer Ausbildung mit eigener Wohnung durch Einzug in die Wohnung seiner Eltern verringern könnte.
– Haftung einer Studentin für SGB II-Leistungen im Urlaubssemester, um ihr einjähriges Kind betreuen zu können mit der Wertung, sie müsse zur Erlangung von BAföG studieren und das Kind in eine Krippe geben.

Der Rückbezug auf konkrete Rechtspflichten im SGB II, ggf. ergänzt durch Pflichten nach dem SGB I (§§ 60 ff.) ist daher unverzichtbares Korrektiv zum Ausschluss einer Generalhaftung für »unerwünschtes« Verhalten.

Schwerpunkt der Prüfung eines sozialwidrigen Verhaltens durch Untätigkeit werden unterlassene Mitwirkungshandlungen sein, die dem Leistungsberechtigten oder dem Hilfesuchenden zuzumuten sind (§ 65 SGB I ist zusätzlich zu beachten), sowie unzureichende Bemühungen, eine Arbeit aufzunehmen oder zu behalten. Das durch § 34 SGB II n. F. eröffnete Wertungsspektrum lässt eine Reihe kontroverser Entscheidungen erwarten. Um nur einige praxisnahe Beispiele zu nennen:

– Weigerung oder unzureichende Bemühungen, Unterhalt einzufordern; hier ist zu fragen, ob das Jobcenter über § 33 SGB II vorgehen kann, was eine Haftung ausschließen dürfte.
– Unterlassene Umgestaltungen zur Erhöhung laufenden Einkommens (z. B. Steuerklassenwechsel) oder zur Erlangung von Einkommen (z. B. Geltendmachung eines Anspruchs auf Urlaubsgeld).
– Unterlassene Anstrengung, einen von Dritten bestrittenen Anspruch (z. B. Mietminderung, Anpassung an den Mindestlohn) durchzusetzen; hier werden Beratungs- und ggf. Beistandspflichten des Jobcenters in die Beurteilung einfließen müssen.
– Unterlassene Mitwirkung bei der Durchsetzung einer vorrangigen Sozialleistung; hier werden wegen der Neufassung von § 5 Abs. 3 SGB II insbesondere die Fälle eine Rolle spielen, in denen der Anspruch auf eine Altersrente mit Abschlag nicht ohne Mitwirkung des Aufgeforderten möglich ist (→ S. 183 ff.).
– Unterlassene Bewerbungsbemühungen.
– Unterlassene Anstrengungen, die Probezeit einer Beschäftigung erfolgreich zu bewältigen.

Nicht minder schwierig und ggf. sehr aufwändig werden Ermittlungen zum Umfang der **wegen** der Untätigkeit zu gewährenden Leistungen (Kausalität, → S. 900 ff.) sein.

Im Gegensatz zu § 103 Abs. 1 SGB XII, dem die Regelung des § 34 SGB II entlehnt wurde, ist nach dem Wortlaut von § 34 SGB II neben der Sozialwidrigkeit außerdem zu prüfen, ob der Betroffene für sein missbilligtes Verhalten einen »wichtigen« Grund hatte. Genau genommen ist zu unterscheiden, ob der Grund schon die objektive Sozialwidrigkeit ausschließt, oder die Sozialwidrigkeit außer Zweifel steht, aber von einem wichtigen Grund gedeckt ist, der eine Haftung verhindert.

Wichtiger Grund

G. übernimmt mit einem Teil seines Einkommens, das auf das Alg II für ihn und seine Familie angerechnet wird, eine dringende Tierarztrechnung für seine von Sozialhilfe lebende Mutter M. (nach LSG NRW vom 1.6.2015 – L 12 SO 20/15 NZB hat M. keinen Anspruch gegen das

Beispiel 1

Sozialamt). Das Jobcenter muss ungekürzte Leistungen gewähren und nimmt G. dafür in Haftung. G. kann nachweisen, dass der Hund, an dem seine Mutter sehr hängt, ohne ärztliche Behandlung nicht überlebt hätte. Hier ist das Verhalten des G. schon nicht sozialwidrig.

Beispiel 2

P. zahlt mit seinem Einkommen, das auf das Alg II für ihn und seine Familie angerechnet wird, Spielschulden. Das Jobcenter muss deshalb ungekürzte Leistungen gewähren und nimmt G. dafür in Haftung. G. kann nachweisen, dass er die Schulden wegen einer konkreten Gefahr für Leib und Leben zahlen musste. Hier ist das Verhalten des G. zwar sozialwidrig, G. steht aber ein wichtiger Grund zur Seite.

Der Hilfesuchende ist für den Nachweis eines wichtigen Grundes nicht immer darlegungs- und beweispflichtig, wie in § 31 SGB II. Es ist vielmehr Aufgabe des Jobcenters zur Feststellung, ob ein sozialwidriges Verhalten vorliegt, vorab mögliche haftungsausschließende Gründe zu prüfen.

Einzelfälle:

Sperrzeit und Sanktion

Kommt es wegen Fehlens eines wichtigen Grundes zu einer Sperrzeit nach § 159 SGB III oder einer Sanktion nach § 31a SGB II, liegt nicht zwangsläufig ein sozialwidriges Verhalten vor (s. dazu LSG Rheinland-Pfalz vom 26.6.2012 – L 3 AS 159/12). Selbst bei bestandskräftig gewordenem Sperrzeit- oder einem bestandskräftig gewordenem Kürzungsbescheid nach § 31a SGB II muss sozialwidriges Verhalten i.S. von § 34 SGB II eigenständig und unter neuer, voller Sachverhaltsaufklärung festgestellt werden (SG Karlsruhe vom 14.12.2015 – S 11 AS 1305/15). Kann nach den im Sperrzeitrecht geltenden Grundsätzen keine Sperrzeit festgesetzt werden, scheidet nach BayLSG vom 21.3.2012 – L 16 AS 616/10 auch eine Haftung nach § 34 SGB II aus. Das betrifft vor allem Fälle einer Kündigung ohne vorherige Abmahnung, die nach Art oder Schwere des arbeitsvertragswidrigen Verhaltens geboten gewesen wäre. Die bloße Hinnahme einer rechtswidrigen Kündigung des Arbeitgebers ist grundsätzlich nicht sozialwidrig. Anders kann das Urteil ausfallen, wenn das Jobcenter aus Anlass eines Alg II-Antrags auf die offenkundige Rechtswidrigkeit der Kündigung hinweist und eine Gegenwehr noch möglich ist. Dann kann das Unterlassen der aufgezeigten Hilfemöglichkeit sozialwidrig sein.

Schuldhafte Entreicherung

Das SG Braunschweig vom 23.2.2010 – S 25 AS 1128/08 hat den Verbrauch einer Erbschaft von 40.000 € innerhalb von zwei Monaten als sozialwidriges Verhalten gewertet; die Rückzahlung von Schulden sei angesichts eines fehlenden Arbeitsplatzes kein wichtiger Grund. Bei einem Verbrauch von Vermögen **vor** Eintritt in den Leistungsbezug muss der Vermögende nicht darauf achten, dass der Bezug von Alg II möglichst weit hinausgeschoben wird; erst wenn er das Geld rasch oder verschwenderisch ausgibt, um Bedürftigkeit herbeizuführen, ist eine Haftung nach § 34 SGB II zu prüfen (SG Düsseldorf vom 31.8.2015 – S 35 AS 257/15: Keine Haftung bei Kauf von Möbeln für eine Mietwohnung nach Verkauf der Eigentumswohnung; SG Potsdam vom 19.10.2012 – S 38 AS 400/10: keine Sozialwidrigkeit bei Kauf eines Grundstücks neun Monate vor dem Alg II-Antrag).

Die Verwendung von Einkommen oder Vermögen, das im laufenden Leistungsbezug zufließt/erworben wird, unterliegt strengeren Maßstäben; es muss sich um eine wirtschaftlich vernünftige, mit Wertungen des SGB II zu vereinbarende Ausgabe handeln (LSG Sachsen vom 19.1.2009 – L 7 AS 66/07: Abtretung eines Bausparvertrages zur Darlehenstilgung für ein angemessenes Eigenheim nicht sozialwidrig; SG Nordhausen vom 6.11.2014 – S 17 AS 6920/11: Tilgung von Schuldzinsen für ein Eigenheim, die sonst als Kosten der Unterkunft zu übernehmen gewesen wären, nicht sozialwidrig; LSG Niedersachsen-Bremen vom 9.2.2015 – L 11 AS 1352/14 B ER: Kauf von Hunderten von Blu-ray-Filmen ist sozialwidrig).

Einmaleinkommen wird nach der Regel des § 11 Abs. 3 SGB II über einen Zeitraum von sechs Monaten nach dem Zufluss auf den Hilfebedarf angerechnet. Eine Verschleuderung dieses Einkommens, um wieder Alg II zu bekommen, ist sozialwidrig (BSG vom 29.11.2012 – B 14 AS 33/12 R und vom 17.10.2013 – B 14 AS 38/12 R). In sonstigen Fällen des vorzeitigen Verbrauchs von Einmaleinkommen verbieten sich vorschnelle Haftungszugriffe (→ S. 267 ff.). Die **zum 1.1.2017** in Kraft tretende Regelung, dass im Fall eines vorzeitigen Verbrauchs nur noch ein Darlehen für die Dauer der vorgesehenen Anrechnungszeit gewährt wird, ist zwar geschaffen worden, um die aufwändige Prüfung von Ersatzansprüchen nach § 34 SGB II entbehrlich zu machen (BT-Drs. 18/8041, S. 41), schließt aber eine Haftung nicht aus, wenn der infolge des vorzeitigen Verbrauchs verursachte Schaden leicht feststellbar ist und keine Härte bedeutet. Eine Aufrechnung mit 30 % der laufenden Leistung (§ 43 Abs. 2 Satz 1 SGB II) ist nach BSG vom 9.3.2016 – B 14 AS 20/15 R grundsätzlich keine Härte.

Vorzeitiger Einmaleinkommensverbrauch

H. hat im laufenden Alg II-Bezug 2.300 € geerbt, die ihm am 15. Juni aufs Konto überwiesen werden. Das Jobcenter rechnet ab Juli 353,33 € (2.300 : 6 – 30 € Versicherungspauschale) auf die H. zustehenden SGB II-Leistungen von 704 € an. H. kauft sich im September für 1.600 € ein Fernsehgerät und beansprucht ab Oktober ungekürzte Leistungen. Das Jobcenter gewährt für die Monate Oktober bis Dezember ein Darlehen von monatlich 378,88 € und nimmt H. ab Januar nach § 34 SGB II durch Aufrechnung in Höhe von 121,20 € mit den monatlichen Alg II-Zahlungen in Haftung.

Beispiel

Die Verschwendung von Vermögen, das als Schonvermögen nicht angerechnet werden kann, führt schon mangels Kausalität zu keiner Haftung. Auch wenn das Vermögen auf dem Sparbuch geblieben wäre, hätte Alg II bewilligt werden müssen (SG Heilbronn vom 29.7.2014 – S 9 AS 217/12: Verbrauch von Schonvermögen in Nachtclubs).
Sollte wegen des Verbrauchs von Schonvermögen ein Darlehen, z. B. zur Ersatzbeschaffung eines Haushaltsgeräts oder zur Abwendung

Verminderung von Schonvermögen

einer Stromsperre, benötigt werden, greift § 34 SGB II nur, wenn solche Bedarfssituationen vorhersehbar waren.

G. bezieht laufend Alg II. Weil er Handyschulden hat, unterlässt er in Erwartung einer Geldzuwendung die Überweisung der Abschläge für die Stromversorgung. Nach Erhalt der Zuwendung gibt er das Geld vollständig für ein neues Elektrogerät aus, so dass die Energieschulden bleiben. Nach Ankündigung einer Stromsperre beantragt G. ein Nothilfedarlehen nach § 22 Abs. 8 SGB II.

Sind anderweitige Hilfsmöglichkeiten erschöpft, sind die Energieschulden zur Gewährleistung einer zumutbaren Wohnsituation zu übernehmen; das Jobcenter kann aber ungeachtet der regulären Tilgung nach § 42a SGB II eine Haftung nach § 34 SGB II mit einer weitergehenden Aufrechnung prüfen.

Wann im Einzelfall ein sozialwidriges Verhalten vorliegt, kann unter Rückgriff auf die umfängliche Rechtsprechung zu § 92a BSHG, § 103 SGB XII näher eingegrenzt werden. Bei der Fallgruppe Hilfebedürftigkeit wegen Aus- oder Weiterbildung erfordert die mit dem SGB II vorrangig angestrebte Eingliederung in den ersten Arbeitsmarkt jedoch einen weniger strengen Beurteilungsmaßstab. Bietet die Aus- oder Weiterbildung die Chance einer materiellen Besserstellung der BG (eine Sicherheit kann wegen der raschen Veränderungen auf dem Arbeitsmarkt nicht verlangt werden), darf die Aus- oder Weiterbildung grundsätzlich nicht als sozialwidrig bewertet werden (SG Freiburg vom 7.12.2009 – S 14 AS 4212/08; SG Gießen vom 30.11.2015 – S 27 AS 274/13; a.A. LSG NRW vom 22.4.2013 – L 19 A 1303/12 unter Verweis auf die Rechtsprechung zu § 92a BSHG).

Im Einzelfall ist zu prüfen, ob eine mit der Ausbildung zu vereinbarende Nebentätigkeit zumutbar ist. Es kann nicht gefordert werden, dass die Ausbildung eine »deutliche Besserstellung in materieller Hinsicht« verspricht. Das Bestreben, durch Qualifizierung eine anspruchsvollere Tätigkeit auszuüben und insbesondere dem Niedriglohnsektor zu entkommen, ist allenfalls in dem Extremfall, dass die Ausbildung unter rücksichtsloser Zurückdrängung der Interessen der Angehörigen der BG durchgesetzt werden soll, sozialwidrig (s. auch LSG Berlin-Brandenburg vom 4.3.2014 – L 29 AS 814/11). Die in § 27 Abs. 3 Satz 2 SGB II n. F. zum Ausdruck kommende Wertung schließt eine engherzige Bewertung der Bemühungen um berufliches Weiterkommen aus.

Die Nichtinanspruchnahme einer gegenüber dem SGB II vorrangigen Förderleistung kann sozialwidrig sein (SG Dresden vom 18.6.2013 – S 28 AS 3306/13 ER).

Nach BayLSG vom 26.08.2009 – L 11 AS 362/09 B PKH ist ein zur Kinderbetreuung genommener Sonderurlaub sozialwidrig, wenn der arbeitslose Kindesvater die Betreuung hätte übernehmen können. Dem Ersatzanspruch könne aber eine ungekürzte Alg II-Bewilligung trotz

Kenntnis des Jobcenters vom Sonderurlaub entgegenstehen, wenn der Hilfeempfänger daraus schließen durfte, der Verzicht auf Arbeitseinkommen zugunsten der Kinderbetreuung werde akzeptiert.

Durch die Inanspruchnahme einer Elternzeit kann ein Ersatzanspruch nach § 34 SGB II in Betracht kommen, wenn die Fortführung der bisherigen beruflichen Tätigkeit i. S. von § 10 Abs. 1 Nr. 3 SGB II zumutbar war (LSG NRW vom 19.12.2013 – L 19 AS 1769/13 B).

Verlängerung der Elternzeit

Die Sanktionen für einen Auszug unter 25-Jähriger aus einer Eltern-Kind-BG sind in § 22 Abs. 5 SGB II abschließend geregelt. Ebenso der Fall, dass der Bezug einer eigenen Wohnung vor dem Alg II-Antrag Hilfebedürftigkeit begründet hat. Daneben ist kein Raum für eine Haftung nach § 34 SGB II (HessLSG vom 3.6.2013 – L 9 AS 219/13 B ER).

Auszug U 25

Der Verzicht auf Einkommen, um Alg II zu erhalten, ist sozialwidrig. Dazu kann der Wechsel in eine ungünstigere Lohnsteuerklasse gehören (BVerwG vom 11.10.2012 – 5 C 22.11). Sozialwidrig kann es darüber hinaus sein, im Interesse eines Unternehmens, an dem der Leistungsberechtigte beteiligt ist oder es sogar selbst betreibt, auf verfügbare Einkünfte (Gewinnanteile) zu verzichten (vgl. dazu LSG Sachsen vom 16.4.2013 – L 3 AS 1311/12 B ER).

Verzicht auf Einkommen

Zweifelsfrei handelt sozialwidrig i. S. von § 34 SGB II, wer seinen Arbeitsplatz aufgibt, um von Alg II zu leben. Besteht eine solche Absicht nicht und geht der Arbeitsplatz verhaltensbedingt verloren, begründet das nur dann einen Ersatzanspruch nach § 34 SGB II, wenn das Fehlverhalten, das zum Verlust des Arbeitsplatzes führte, sozialwidrig war. Das kann bei einem Diebstahl, der nach Wertung des BAG vom 10.6.2010 – 2 AZR 541/09 (Fall Emily) die außerordentliche Kündigung rechtfertigt, der Fall sein (SG Kassel vom 2.7.2014 – S 6 AS 873/12). Jedenfalls muss der Verstoß gegen arbeitsvertragliche Pflichten schuldhaft und von erheblichem Gewicht gewesen sein (LSG NRW vom 25.9.2013 – L 12 AS 283/13), um als sozialwidrig i. S. von § 34 SGB II zu gelten. Eine kurze, mit Alg II zu überbrückende Übergangsphase bei Wechsel in eine besser entlohnte Tätigkeit macht die Kündigung der vorangegangenen Arbeitsstelle nicht sozialwidrig (SG Mainz vom 9.6.2015 – S 14 AS 790/14).

Verlust des Arbeitsplatzes

Das Unterlassen von Bemühungen, den Verlust von Alg I nach Feststellung von Meldeversäumnis-Sperrzeiten möglichst gering zu halten, kann sozialwidrig sein (LSG NRW vom 7.11.2008 – L 20 B 135/08 SO).

Verlust des Alg I-Anspruchs

Verschweigt eine nichteheliche Mutter gegenüber dem Jobcenter den Namen des Kindesvaters, so begründet dieses Verhalten nur dann keine Ersatzpflicht nach § 34 SGB II, wenn sich die Mutter auf eine moralische oder rechtliche Konfliktlage beruft und diese glaubhaft machen kann (OVG Berlin vom 18.6.1981 – 6 B 1.80; zum Umfang zumutbarer Mitwirkung s. auch OVG NRW vom 14.11.2011 – 12 B 1171/

Weigerung, den Kindesvater zu nennen

11). Hieran hat das BVerwG strenge Maßstäbe angelegt; zumindest müssten die Umstände dargelegt werden, aus denen sich die besondere Konfliktlage ergeben soll (vom 5.5.1983, FEVS 33, S.5 ff.). Der VGH Baden-Württemberg hat als besondere moralische Konfliktlage den Einwand der Mutter anerkannt, dass bei Offenbarung des Kindesvaters dessen Ehe mit eigenen Kindern scheitern würde (vom 15.4.1992 – 6 S 634/90). Im Hinblick auf das Interesse des Kindes, seinen Vater zu kennen, wird man hier besonders strenge Anforderungen an die Behauptung stellen müssen, bei Aufdeckung der Vaterschaft stehe die Ehe und die Beziehung zu den ehelichen Kindern ernsthaft auf dem Spiel. Dagegen muss als wichtiger Grund gelten, wenn die Mutter glaubhaft machen kann, dass sie bei Nennung des Vaters mit Gefahr für ihr Leben oder das des Kindes rechnen muss (VG Stuttgart vom 23.2.2006 – 13 K 53/06). Ähnlich schwerwiegende Gründe sind die Gefahr einer Kindesentführung oder Maßnahmen von Verwandten des Kindesvaters gegen dessen Leben. Den Vortrag, man wolle dem Kind den wiederholt straffällig gewordenen Vater nicht offenbaren, hat das VG München vom 7.11.2007 – M 6b K 06.1446, zu § 1 Abs. 3 UVG nicht ausreichen lassen.

Fehlende Mitwirkung bei Feststellung der Vaterschaft

Wird vorgetragen, der Vater des Kindes sei unbekannt, kommt ein Ersatzanspruch in Betracht, wenn die Mutter bei Feststellung der Vaterschaft nicht oder nur unzureichend mitwirkt. Die Wertung in § 1 Abs. 3 UVG gilt auch für das SGB II (VG Aachen vom 13.3.2008 – 2 K 1997/05, vom 29.1.2010 – 2 K 2365/08 und vom 3.8.2010 – 2 K 2069/08; SG Trier vom 3.8.2015 – S 5 AS 150/15; OVG Lüneburg vom 26.10.2015 – 4 PA 310/15; OVG Sachsen vom 5.11.2015 – 5 D 44/15; VG Freiburg vom 5.3.2008 – 7 K 1405/06: eigene Klage auf Vaterschaftsfeststellung nach § 1600e BGB oder durch Beantragung einer Beistandschaft des Jugendamtes nach § 1712 BGB). Kommt es im Zusammenhang mit der Schwangerschaft oder Entbindung zu einer gravierenden Belastungssituation und Überforderung, kann das Verlangen auf Mitwirkung zur Feststellung der Vaterschaft unzumutbar ein (vgl. dazu VG Aachen vom 25.2.2011 – 2 K 1340/09).

Anonyme Samenspende

Ob Hilfebedürftigkeit als Folge einer Schwanger- und Mutterschaft nach Befruchtung in Form einer anonymen Samenspende sozialwidrig ist, muss je nach Lage des Einzelfalls beurteilt werden (s. BVerwG vom 15.5.2013 – 5 C 28.12).

4   Kausalität

Erstattet werden müssen nach § 34 SGB II nur die Geld- und Sachleistungen, die **wegen** des sozialwidrigen Verhaltens an die BG-Mitglieder erbracht wurden. Soweit trotz Herbeiführung der Hilfebedürftigkeit Leistungen gezahlt werden müssen, z.B. der Differenzbetrag zwischen Gesamtbedarf und Einkommen vor der mutwilligen Aufgabe einer Beschäftigung, sind sie aus dem Ersatzanspruch herauszurechnen.

Der Ersatzanspruch erfasst nur die wegen des sozialwidrigen Verhaltens erbrachten, rechtmäßigen Leistungen. Veränderungen, die zur Rechtswidrigkeit der Leistungszahlung geführt haben, sind daher aus dem Ersatzanspruch herauszurechnen und über §§ 45 ff. oder § 34a SGB II zurückzufordern.

Nur rechtmäßig gezahlte Leistungen

J. lebt von Alg II. Im Mai nimmt er eine Arbeit auf, die seinen Hilfebedarf ab Juni um 240 € monatlich verringert. Im August schmeißt er die Arbeit hin und fährt für drei Wochen in Urlaub. Mit einer Veränderungsanzeige teilt er dem Jobcenter nur die Kündigung des Arbeitsverhältnisses mit. Mit einem Haftungsbescheid nach § 34 SGB II fordert das Jobcenter für die Monate Juni bis Dezember (Ende des Leistungsbezugs wegen Arbeitsaufnahme) monatlich 240 € von J. zurück. Falsch: Für den Monat August sind die während der Ortsabwesenheit gezahlten Leistungen zu Unrecht erbracht worden (§ 7 Abs. 4a SGB II) und müssen über §§ 48, 50 SGB X zurückgefordert werden.

Beispiel 1

Die 22-jährige K. lebt mit ihren Eltern M. und V. zusammen. Alle drei beziehen Alg II, ergänzend zu Erwerbseinkommen des V., das monatlich mit jeweils 185 € auf den Bedarf von V. und M. angerechnet wird und mit 67 € auf den Bedarf der K. Weil V. wegen mehrfacher Verspätungen im Mai die Arbeitsstelle verliert, nimmt ihn das Jobcenter für die Leistungsbewilligung ab Juni (der Lohn floss immer im Folgemonat zu) mit monatlich [(2 X 185 €) + 67 €] in Haftung. Anlässlich des Fortzahlungsantrags im November wird dem Jobcenter bekannt, dass K. seit September schwanger ist. Die Haftung nach § 34 SGB II ist ab September um 67 € zu mindern, weil K. wegen § 9 Abs. 3 SGB II Anspruch auf ungekürzte Leistungen hat. Die seit September auf den Bedarf der Eltern anzurechnenden 67 € muss das Jobcenter von V. und M. über §§ 48, 50 SGB X zurückholen.

Beispiel 2

Hat der Hilfesuchende oder der Leistungsbezieher die Hilfebedürftigkeit durch Untätigkeit sozialwidrig herbeigeführt, erhöht oder aufrechterhalten, ist zur Ermittlung des verursachten Schadens zu prüfen, ob und in welchem Umfang SGB II-Leistungen gespart worden wären, hätte der Betreffende die ihm obliegende Pflicht erfüllt. Denn abweichend vom Sperrzeitrecht des SGB III, in dem die Sperrzeit typisiert den wegen der Pflichtverletzung entstandenen Schaden abgilt, verlangt § 34 SGB II eine genaue Prüfung des Zusammenhangs zwischen Pflichtverletzung (Nicht- oder Schlechterfüllung eines gesetzlich gebotenen Tuns) und der **deswegen** zu erbringenden Leistungen. Bleibt diese schon systematisch prekäre Kausalitätsprüfung (s. dazu LSG Niedersachsen-Bremen vom 10.12.2015 – L 13 AS 167/14) spekulativ, kann das nicht zu Lasten der Leistungsbezieher gehen, auch wenn diese wegen des Untätigbleibens das Risiko der Unaufklärbarkeit gesetzt haben. Eine potentiell unbegrenzte Haftung auf dem Boden eines letztlich fiktiven Leistungsverlaufs verstieße gegen das Übermaßverbot nach Art. 20 GG. Die Härtefallklausel in § 34 SGB II (→ S. 906) kann die im Bereich der Schadensfeststellung liegende Unbestimmtheit nicht lösen.

Hypothetische Schadensermittlung

Beispiel 1

G. ist in einer von ihm unterschriebenen Eingliederungsvereinbarung verpflichtet worden, monatlich fünf Bewerbungen nachzuweisen. Weil er über einen Zeitraum von vier Monaten nur insgesamt zwei Bewerbungen geschrieben hat, nimmt ihn das Jobcenter wegen sozialwidrigen Aufrechterhaltens der Hilfebedürftigkeit in Haftung. G. macht geltend, nach unzähligen vergeblichen Bewerbungen resigniert zu haben. Fehlt es hier nicht schon an der Sozialwidrigkeit der unterlassenen Bewerbungen, müsste das Jobcenter hinreichend sicher feststellen, ob und wann G. zu welchem Lohn eine Arbeitsstelle gefunden hätte – ein aussichtsloses Unterfangen, was eine Haftung nach § 34 SGB II mangels Bestimmbarkeit eines Schadens ausschließt. Dem Jobcenter bleibt nur das Sanktions-Instrumentarium der §§ 31, 31a SGB II.

Beispiel 2

S. hat im laufenden Alg II-Bezug eine Arbeit aufgenommen, deren Verdienst den Hilfebedarf um 389 € monatlich verringert. Ihm wird noch in der Probezeit ohne Angabe von Gründen gekündigt. Das Jobcenter verlangt über § 34 SGB II (sozialwidrige Erhöhung der Hilfebedürftigkeit) seit Verlust der Arbeitsstelle 389 € monatlich »überzahltes« Alg II von S. zurück. S. wendet ein, ihm sei wegen mangelnder Eignung gekündigt worden, außerdem sei die Stelle auf sechs Monate befristet gewesen. Das Jobcenter muss diesen Einwänden nachgehen und nachweisen, dass
– S. die Arbeitsstelle grob schuldhaft und ohne wichtigen Grund verloren hat;
– das Verhalten, das zum Verlust der Arbeit geführt hat, überdies sozialwidrig war;
– die Arbeitsstelle bei Bewährung über die Befristung hinaus fortgesetzt worden wäre.
Teilt der frühere Arbeitgeber auf Anfrage des Jobcenters (§ 60 Abs. 3 SGB II gilt auch für beendete Beschäftigungsverhältnisse: BSG vom 4.6.2014 – B 14 AS 38/13 R) nur mit, dass er mit den Leistungen des S. unzufrieden gewesen sei, ist das unzureichend, um darauf eine Haftung nach § 34 SGB II zu stützen. Wirft der Arbeitgeber S. »Faulheit« vor, ist das ohne nachprüfbare Belege nicht gegen S. verwertbar. Die Frage, ob S. unbefristet eingestellt worden wäre, bleibt oft spekulativ.
Der Ermittlungsaufwand steht hier in keinem Verhältnis zum Nachweis, welcher Schaden dem S. mit dem notwendigen »Vorwurfs-Zusammenhang« zugerechnet werden kann.

Wesentliche Ursache

Sind mehrere Ursachen für die Leistungszahlung maßgeblich, kommt es darauf an, ob die sozialwidrige Herbeiführung der Hilfebedürftigkeit als Hauptursache gewertet werden kann.

Ende der BG

Endet infolge des sozialwidrigen Verhaltens auch die BG, z. B. Trennung der Eheleute, kann die an die neue BG gezahlte Leistung nicht über § 34 SGB II zurückgefordert werden. Nach BSG vom 4.11.2012 – B 4 AS 39/12 R umfasst die Haftung auch Leistungen an die neue BG, wenn zum Zeitpunkt des sozialwidrigen Verhaltens eine BG zwischen dem Verursacher und den Personen der neuen BG besteht.

Hätte das Jobcenter sozialwidrigem Verhalten gegensteuern müssen (z. B. Eindämmung einer grob unwirtschaftlichen Mittelverwendung durch Umsteuerung auf Sachleistungen gemäß § 24 Abs. 2 SGB II oder Leistungskürzung nach § 31a Abs. 1 SGB II mangels ausreichender Bewerbungsbemühungen), ist die Ersatzforderung unter dem Gesichtspunkt der Schadensminderungspflicht des Leistungsträgers (BSG vom 14.12.1995 – 11 RAr 75/95) um die Auszahlungsbeträge zu mindern, die trotz sanktionierbarem Verhalten weitergezahlt wurden (BayLSG vom 26.8.2009 – L 11 AS 362/09 B PKH). Die Haftung entfällt ganz, wenn das Jobcenter dem Betreffenden Untätigkeit in einem Bereich vorwirft, wo es hätte Hilfe anbieten müssen.

Schadensminderungspflicht des Jobcenters

B. bezieht laufend Alg II. Das Jobcenter übernimmt die Mietkosten in tatsächlicher Höhe. Aus einer Betriebskostenabrechnung, die das Jobcenter von B. angefordert hat, geht hervor, dass ein Guthaben erwirtschaftet wurde. Zu einer Anrechnung nach § 22 Abs. 3 SGB II angehört, teilt B. mit, der Vermieter habe das Guthaben verrechnet. Das Jobcenter rechnet es daher nicht gemäß § 22 Abs. 3 SGB II an, schreibt sich das Guthaben aber ein Jahr später über § 34 SGB II gut, gestützt auf den Vorwurf, B. hätte sich nach BGH vom 20.6.2013 – IX ZR 310/12 gegen die Aufrechnung wehren können und müssen. Der Vorwurf ist nur berechtigt, wenn B. wusste, dass die Aufrechnung unzulässig ist, ihm dies »wegen Hartz IV« aber egal war. Ansonsten steht der Annahme einer sozialwidrigen Unterlassung die unterlassene Beratung des Jobcenters über zumutbare Selbsthilfemöglichkeiten entgegen.

Beispiel

Der Ersatzanspruch umfasst die gesamten Grundsicherungsleistungen einschließlich der für die Sozialversicherung gezahlten oder nach § 26 Abs. 2, Abs. 3 SGB II bezuschussten Beiträge. § 335 SGB III, der die Rückzahlung von Sozialversicherungsbeiträgen bei einer Rückforderung rechtswidrig erbrachter Leistungen regelt, ist nicht analog anwendbar. KV-/PV-Beiträge sind daher auch dann zu erstatten, wenn neben § 5 Abs. 1 Nr. 2a SGB V noch ein anderes Pflichtversicherungsverhältnis bestand.

Auch KV-/PV-Beiträge

L. bezieht aufstockend zu einer Teilzeitbeschäftigung mit einem monatlichen Entgelt von 650 € bei 15 Wochenstunden Arbeit Alg II. Er wurde hilfebedürftig, weil er die Arbeitszeit von 40 auf 15 Stunden reduziert hatte, um mehr Freizeit zu haben. Hier erstreckt sich die Haftung auf die nach § 5 Abs. 1 Nr. 2a SGB V vom Jobcenter abgeführten Beiträge, obwohl L. auch über die Teilzeitarbeit nach § 5 Abs. 1 Nr. 1 SGB V pflichtversichert ist.

Beispiel

Werden KV-/PV-Zuschüsse gezahlt, um eine **allein** hierdurch eintretende Hilfebedürftigkeit zu vermeiden, kann insoweit ein Ersatzanspruch nach § 34 SGB II geltend gemacht werden.

A. und G. leben in Einstandsgemeinschaft zusammen. A. verdient bereinigt 950 €, G. erzielt aus einem Minijob 240 €. Davon können sie den Lebensunterhalt einschließlich der KV-/PV-Beiträge für G. sicher-

Beispiel

stellen. G. wird wegen Diebstahls fristlos gekündigt. Das Einkommen von A. reicht nicht mehr aus, um zusätzlich zum laufenden Lebensunterhalt auch noch die KV-/PV-Beiträge für G. zu zahlen. Auf Antrag erhält G. einen Zuschuss nach § 26 Abs. 1 Satz 2, Abs. 2 Satz 2 SGB II, soweit mit dem verbliebenen Einkommen die Beiträge nicht getragen werden können. Insoweit kann ein Ersatzanspruch entstehen.

Entreicherung

Beruht die Haftung auf einer sozialwidrigen Entreicherung, ist zur Bestimmung des Haftungsumfangs zu prüfen, welcher Teil der Ausgaben nicht sozialwidrig war.

Beispiel

K. fällt im laufenden Bezug von Alg II bei einem monatlichen Hilfebedarf von 664 € eine Erbschaft in Form eines Sparvermögens von 6.000 € zu. Die Erbschaft ist Einmaleinkommen im Sinne von § 11 Abs. 3 SGB II, das vom Jobcenter mit sechs Beträgen von je 1.000 € auf den SGB II-Bedarf angerechnet wird. K. scheidet daher in der auf sechs Monate angelegten Anrechnungsphase aus dem Leistungsbezug aus. Nach zwei Monaten kauft er für 250 € einen neuen Kühlschrank, weil das alte Gerät kaputt gegangen ist. Außerdem zahlt er eine schon angemahnte Stromrechnung über 300 € und kauft sich ein Großbildfernsehgerät für 1.700 €. Dementsprechend früher fordert er nach dem Verbrauch der restlichen Erbschaft ungekürztes Alg II.

Hier war nur die Beschaffung eines angemessenen Kühlschranks (250 €) und die Bezahlung der Stromrechnung notwendig. Wegen der insoweit früher einsetzenden Leistung braucht K. keinen Ersatz nach § 34 SGB II zu leisten.

5   Verfahren

Sanktion und Ersatzhaftung?

Ist ein Verhalten nach § 31 SGB II sanktioniert worden, schließt das eine Haftung für die (verkürzten) Leistungen nicht aus, wenn das Verhalten nicht nur pflicht- sondern auch sozialwidrig war (LSG NRW vom 22.4.2013 – L 19 AS 1303/12; LSG Niedersachsen-Bremen vom 10.12.2015 – L 13 AS 167/14).

Sperrwirkung durch aufgehobenen Sanktionsbescheid?

Ist ein Sanktionsbescheid nach §§ 31, 31a SGB II im Widerspruchs- oder Klageverfahren aufgehoben worden, ist das für eine Haftung nach § 34 SGB II unerheblich, wenn das beanstandete Verhalten, die Pflichtverletzung, außer Zweifel steht und als sozialwidrig zu bewerten ist.

Beispiel

K. hat sich auf ein vom Jobcenter vermitteltes, zumutbares Stellenangebot nicht beworben, weil er nicht arbeiten möchte. Eine Sanktion nach § 31 Abs. 1 Nr. 2 SGB II wurde im Widerspruchsverfahren aufgehoben, weil dem Stellenangebotsschreiben keine Rechtsfolgenbelehrung beigefügt worden war.
Hier ist das Verhalten des K. ohne Zweifel sozialwidrig, ohne dass die Aufhebung der Sanktion aus formalen Gründen diese Bewertung än-

dert. Einer Haftung nach § 34 SGB II steht die Abhilfe im Sanktions-
verfahren daher nicht entgegen.
Zum Problem der Kausalität → S. 900 ff.

Wurde die Sanktion aufgehoben, weil ein Führerschein Einstellungs-
voraussetzung war und K. über keine Fahrerlaubnis verfügt, kann
sein Verhalten nicht als objektiv sozialwidrig gewertet werden. Denn
K. hätte sich auf diese Stelle auch nicht bewerben müssen.

Variante

Hat das Jobcenter eine Sanktion nach § 31 SGB II wegen Anerkennung eines wichtigen Grundes aufgehoben, besteht zwar keine formelle Bindung an diese Entscheidung für ein Verfahren nach § 34
SGB II; eine abweichende Bewertung bei Prüfung einer Haftung bedarf dann aber einer sehr guten Begründung, um den Einwand eines
willkürlichen Verhaltens zu entkräften.

Bindung an
Bewertung?

L. hat einen Aushilfsjob, dessen Entgelt er mit Alg II aufstocken musste, zum Zweck einer seiner Ausbildung entsprechenden, aber geringer entlohnten Tätigkeit, aufgegeben. Im Widerspruchsverfahren hatte
L. auf die Ausbaumöglichkeit der neuen Arbeitsstelle hingewiesen und
Recht bekommen; ihm wurde ein wichtiger Grund zuerkannt bzw. der
Arbeitsstellenwechsel wurde nicht als sozialwidrig gewertet. Hier wäre
es nur schwer vermittelbar, wenn das Jobcenter eine Haftung nach
§ 34 SGB II damit begründete, dass nach § 10 SGB II die Hilfsarbeiter-
stelle vorrangig gewesen sei.

Beispiel

In der Praxis erlassen die Jobcenter aus Sorge um den Verfall des Ersatzanspruchs häufig Hinweisschreiben, dass diese oder jene Verhal-
tensweise als sozialwidrig i. S. von § 34 SGB II angesehen und zu gegebener Zeit eine Haftung verfügt werde.
Nach LSG NRW vom 19.12.2013 – L 19 AS 1769/13 B; SG Kassel vom
2.7.2014 – S 6 AS 873/12 mit Verweis auf BVerwG vom 5.5.1983 – 5 C
112.81 sind solche Schreiben als zulässige Grundhaftungsbescheide
zu werten. Konsequenterweise hat das LSG NRW, a.a.O. eine Klage
auf Zusicherung nach § 34 SGB X, dass kein Haftungsbescheid erlassen werde, als zulässig erachtet.

Isolierter
Grundhaftungs-
bescheid?

Ein Haftungsbescheid kann nur an die Person gehen, die eine Hand-
lungspflicht zur Abwehr oder Verringerung des Hilfebedarfs trifft.
Ziehen Mitglieder der BG aus einer Pflichtverletzung einen Nutzen,
ohne selbst verpflichtet zu sein, können sie nicht mit in Haftung genommen werden.

Keine Haftungs-
gemeinschaft

Z. und C. leben als Einstandspartner zusammen. Mieter der gemeinsam genutzten Wohnung ist nur Z., auf dessen Konto alle SGB II-Leistungen gehen. Weil Z. wiederholt Mietschulden entstehen lässt, wird
das Mietverhältnis ordnungsgemäß gekündigt. Die deshalb notwendig gewordene Neuanmietung einer Wohnung hat den KdU-Bedarf
wegen der angespannten Lage auf dem Wohnungsmarkt erhöht. Bejaht man hier eine »Erforderlichkeit« des Wohnungswechsels i. S. von

Beispiel

§ 22 Abs. 4 SGB II, kann nur Z. für die Mehrkosten zur Verantwortung gezogen werden, auch wenn C. von den Mietschulden wusste und nichts dagegen unternommen hat. Denn selbst wenn man sie für verpflichtet hielte, den ihr zustehenden Alg II-Anteil an der Miete wegen der zweckwidrigen Verwendung des Z. auf ihr Konto überweisen zu lassen, hätte sie mit einer Teilzahlung der Miete die Kündigung nicht abwehren können.

Variante

Beschließen Z. und C. gemeinsam, das Alg II für Konsum statt Miete auszugeben, sind beide mit jeweils eigenen Haftungsbescheiden zu anteiligem Ersatz verpflichtet, wenn beide ein individuell festzustellendes Verschulden trifft und kein wichtiger Grund vorliegt.

Härtefallprüfung

Nach § 34 Abs. 1 Satz 2 SGB II **ist** (kein Ermessen) kein Ersatz zu beanspruchen, soweit dies eine Härte bedeuten würde. Wann eine Härte vorliegt, kann der Rechtsprechung zu § 92a BSHG und zu § 103 SGB XII entnommen werden (so z. B. SG Karlsruhe vom 28.5.2009 – S 4 SO 3352/08).

Da die Ersatzforderung mittels Aufrechnung (→ S. 935 ff.) vollzogen werden kann, also auch im laufenden Alg II-Bezug realisierbar ist,

Sozialprognose

dürfte eine Härte i. d. R. nur dann vorliegen, wenn voraussehbar ist, dass die Kostenforderung den Ersatzpflichtigen daran hindert oder es ihm wesentlich schwerer macht, künftig unabhängig von SGB II- oder SGB XII-Leistungen am Leben in der Gemeinschaft teilzunehmen (s. dazu OVG Niedersachsen vom 26.08.1992 – FEVS 43, S. 246). Denkbar ist das bei Strafgefangenen, die ohne hohe Schuldbelastung schneller wieder in Arbeit kommen sollen, bei Menschen mit sonstigen Eingliederungsproblemen oder wenn die Gefahr droht, dass eine Durchsetzung der Ersatzforderung den Selbsthilfewillen langfristig lähmt (OVG NRW vom 22.5.2000 – FEVS 52, S. 131).

Dreijahresfrist

Der Ersatzanspruch kann längstens drei Jahre nach Ablauf des Jahres, für das die Leistung erbracht wurde, durchgesetzt werden. Spätestens bis zu diesem Zeitpunkt muss ein Leistungsbescheid oder eine Klage zugestellt worden sein. Maßgebend für die Berechnung der Dreijahresfrist ist demnach der Ablauf des Jahres, in dem die Leistung, darunter ggf. erst im Monat des nächsten Jahres fällige KV-/PV-Beiträge, erbracht worden ist (§ 34 Abs. 3 Satz 1 SGB II). Auf den Zeitpunkt der Auszahlung kommt es nicht an.

Bestimmtheit

Der Leistungsbescheid muss die Höhe des Ersatzanspruchs nach Art und Umfang der vermeidbaren Zahlungen genau beziffern (BVerwG vom 14.1.1982 – FEVS 31, S. 265; OVG Sachsen-Anhalt vom 22.9.2010 – 3 L 165/07; SG Kassel vom 2.7.2014 – S 6 AS 873/12).

II Ersatzansprüche wegen Herbeiführung von zu Unrecht erbrachten Leistungen
§ 34a SGB II n. F.

Nach § 34a SGB II haftet auch der Verursacher für rechtswidrig gewährte SGB II-Leistungen an Dritte (Geld- und Sachleistungen). Er muss weder selbst SGB II-Leistungen beziehen noch zur BG gehören, deren Mitglieder überzahlt wurden. Damit wird eine dem Sozialhilferecht (§ 92a Abs. 4 BSHG, § 104 SGB XII) entlehnte Regelung in das SGB II eingefügt. Praktische Bedeutung hat § 34a SGB II vor allem in den Fällen, in denen der Empfänger der rechtswidrigen Leistung Vertrauensschutz nach den §§ 45, 48 SGB X genießt oder wenn die Forderung mit größerem Erfolg bei dem Verursacher der Leistungsüberzahlung eingetrieben werden kann, also z. B. bei einem Elternteil statt dem begünstigten Kind.

1 »Herbeiführen«

Die Formulierung: »dafür gesorgt hat, dass ein Dritter diese Leistungen erhalten hat« stellt – anders als der Begriff »Herbeiführen« in § 34 SGB II – eindeutig auf ein aktives Tun ab. Eine Untätigkeit in Kenntnis der Überzahlung genügt nicht.

B. hat sich von seiner Frau A. getrennt, die daraufhin Alg II beantragt. Vom Jobcenter zum Nachweis seiner Einkommensverhältnisse zwecks Prüfung eines Unterhaltsanspruchs aufgefordert, teilt B. mit, dass er die Miete der früheren, jetzt allein von A. bewohnten Ehewohnung weiter zahlt. Obwohl ihm A. aus Anlass einer Familienfeier erzählt, dass sie vom Jobcenter auch Unterkunftskosten erhält, unternimmt B. nichts.

Beispiel

2 Verschulden

§ 34a SGB II setzt ein vorsätzliches oder grob fahrlässiges Verhalten voraus. Das schuldhafte Handeln muss darüber hinaus sozialwidrig sein. Diese Lesart ergibt sich aus dem quasideliktischen Charakter des Ersatzanspruchs (vgl. BayVGH vom 19.07.2006 – 12 B 05.1086 zur wortgleichen Regelung in § 92a Abs. 4 BSHG) und dem Verweis auf Bestimmungen in § 34 SGB II. Schuldhaft (vorsätzlich oder grob fahrlässig) im Sinne von § 34a SGB II verhält sich also nur, wer sich auch der Sozialwidrigkeit seines Verhaltens bewusst oder grob fahrlässig nicht bewusst ist. Ob ein Verhalten sozialwidrig ist, hängt von den jeweiligen Umständen des Einzelfalles ab. Das BVerwG vom 23.9.1999 – FEVS 51, S. 341 hatte zu § 92a BSHG den Grundsatz geprägt, dass ein Verhalten sozialwidrig ist, »wenn es aus der Sicht der Gemeinschaft, die – was die Sicherstellung von Mitteln für eine

Sozialwidriges Verhalten

Hilfeleistung in Notlagen angeht – eine Solidargemeinschaft ist, zu mißbilligen ist«.

Beispiel

K. arbeitet in einem Kiosk. Ergänzend zu ihrem Erwerbseinkommen bezieht sie Alg II. Sie bittet ihren Arbeitgeber H. auf der Einkommensbescheinigung für das Jobcenter die Gewährung des Weihnachtsgeldes nicht anzugeben, weil sie davon Stromschulden zur Vermeidung einer Energiesperre bezahlen müsse. H. kommt dieser Bitte nach. Damit handelt er zwar vorsätzlich, kann aber nicht zum Kostenersatz herangezogen werden, weil sein Verhalten nicht sozialwidrig ist.

Auch
Minderjährige

Anders als § 34 SGB II nimmt § 34a SGB II auch minderjährige Verursacher in Haftung. Dies wird vom Gesetzgeber damit begründet, dass Bewilligungsbescheide auch gegenüber minderjährigen Kindern selbst ohne eigenes Verschulden nach § 45, 48 SGB X aufgehoben werden können, so dass eine Besserstellung minderjähriger Verursacher einer rechtswidrigen Leistungsgewährung nicht gerechtfertigt sei (BT-DRs. 17/3404, S. 186).

Die Begrenzung der Haftung bei Eintritt der Volljährigkeit (§ 1629a BGB) gilt nur für Forderungen, die von den Eltern des Minderjährigen verschuldet wurden und ihm über das Konstrukt der BG (§ 38 SGB II) zugerechnet werden.

Zu behelfsmäßigen Lösungen dieses durch die Uneinsichtigkeit des Gesetzgebers verursachten Problems → S. 929.

3   **Kausalität**

Der Ersatzanspruch ist auf die Geld- und Sachleistungen beschränkt, die infolge des schuldhaften Tuns rechtswidrig erbracht werden. Im Fall eines schuldhaften Zusammenwirkens mit dem Leistungsempfänger haftet der Verursacher nach § 34a SGB II und der Leistungsempfänger nach den §§ 45, 48 SGB X. Je nach Sachlage kann der Ersatzanspruch unterschiedlich hoch sein.

»Überholende
Kausalität«

Bei einer »überholenden Kausalität« haftet nur derjenige, der letztlich für die Überzahlung verantwortlich ist.

Beispiel

K. arbeitet in einem Kiosk. Ergänzend zu ihrem Erwerbseinkommen bezieht sie Alg II. Sie hat keine Lust mehr, die Arbeit fortzuführen. Damit sie vom Jobcenter nicht sanktioniert wird, bittet sie ihren Arbeitgeber H., ihr eine betriebsbedingte Kündigung auszusprechen, was er dann auch macht. Das Jobcenter zahlt unvermindert Alg II. Über einen Datenabgleich kommt wenig später heraus, dass K. über Sparvermögen oberhalb der Freibetragsgrenzen des § 12 SGB II verfügt. Obwohl H. mit seiner falschen Bescheinigung eine Leistungs-

überzahlung verursacht hat, haftet er nicht, weil K. von Anfang an
rechtswidrig und ohne Zutun des H. Alg II bezogen hatte.
Der Ersatzanspruch umfasst nach § 34a Abs. 1 Satz 3 SGB II n. F.
auch die geleisteten Beiträge zur Sozialversicherung; § 335 SGB III
wird von dieser speziellen Regelung verdrängt.

4   Verfahren

Nach § 34a Abs. 2 Satz 1 SGB II kann der Ersatzanspruch
längstens vier Jahre nach Ablauf des Jahres, in dem ein Erstattungsbescheid nach § 50 SGB X gegenüber dem Leistungsempfänger bestandskräftig geworden ist, geltend gemacht werden. Kann die
rechtswidrige Bewilligung gegenüber dem Leistungsempfänger nicht
aufgehoben werden, ist eine isolierte Durchsetzung des Ersatzanspruchs gegenüber dem Verursacher zulässig (§ 34a Abs. 2 Satz 2
SGB II). Der Ersatzanspruch muss dann längstens vier Jahre nach
Ablauf des Jahres, in dem die Behörde Kenntnis von der rechtswidrigen Leistungsgewährung erlangte, mittels Leistungsbescheid oder
Klage geltend gemacht werden.

Haftung auch ohne § 50 SGB X-Bescheid

Ob dem Regel-Ausnahmeverhältnis des § 34a Abs. 2 SGB II entnommen werden kann, dass das Jobcenter an der Durchsetzung der Ersatzhaftung gehindert ist, wenn es eine in der Sache mögliche Aufhe-
bungs- und Erstattungsentscheidung nach den §§ 45, 48 SGB X nicht,
nicht richtig (§ 33 SGB X) oder verspätet (§ 45 Abs. 4 SGB X) erlässt,
muss die Rechtsprechung klären.

Verwirkung?

Hat sich das Jobcenter auch gegenüber dem Leistungsempfänger einen Ersatzanspruch nach § 50 SGB X beschafft, haften der Verursacher und der Leistungsempfänger als Gesamtschuldner (§ 34a Abs. 4
SGB II). Das Jobcenter kann dann im Rahmen eines von den Gerichten nur begrenzt überprüfbaren Auswahlermessens entscheiden, an
welchen Gesamtschuldner es sich halten will (BVerwG vom 26.1.1998
– 5 B 40.97).

Gesamtschuldner

War die rechtswidrig herbeigeführte Leistung ein Gutschein, kann
der Verursacher diese nicht an ihn gelangte rechtswidrige Leistung
nicht durch Rückgabe an das Jobcenter ersetzen. In Fällen, in denen
die rechtswidrige Begünstigung gegenüber dem Leistungsempfänger
nicht aufgehoben werden kann und insoweit keine gesamtschuldneri-
sche Haftung nach § 34a Absatz 4 SGB II entsteht, befreit eine freiwillige Rückgabe eines noch nicht eingelösten Gutscheins durch die
begünstigte Person an das Jobcenter die nach § 34a SGB II verpflichtete Person insoweit von ihrer Ersatzpflicht (Verweis auf § 40 Abs. 6
Satz 2 SGB II).

Rückgabe Gutschein?

III   Ersatzansprüche zur Wiederherstellung des Nachrangs des Jobcenters
§§ 34b, 34c, 40a SGB II n. F.

1   Erstattungsanspruch bei Doppelleistungen
§ 34b SGB II n. F.

Seit 1.8.2016 wird das Erstattungsverfahren zwischen Leistungsträgern (dazu gleich unter 3.) um eine Regelung ergänzt, die schon aus § 105 Abs. 1 SGB XII und § 145 Abs. 3 Satz 2 SGB III bekannt ist. Sinn der Vorschrift ist die Vermeidung von Doppelleistungen, die sich als unerwünschte Konsequenz aus dem Zuflussprinzip ergeben können.

Beispiel

J. hat Mitte Februar Alg I bei der AA beantragt. Weil unklar ist, ob er die Anwartschaftszeit erfüllt, zieht sich das Bewilligungsverfahren in die Länge. J. beantragt deshalb Alg II, das ab März bewilligt wird. Der AA ist der Bezug von Alg II nicht bekannt. Im August bewilligt die AA Alg I ab dem Tag der persönlichen Arbeitslosmeldung (15.2.) und überweist den Nachzahlungsbetrag für den Zeitraum 15.2. bis 31.7. auf das Konto des J., der am 29.8. zusammen mit dem für August zustehenden Alg II eingeht. Nach dem Zuflussprinzip kann das Jobcenter die Nachzahlung nur ab September als Einmaleinkommen (bis 31.7.2016 nur Anrechnung als laufende Leistung im August) auf den Hilfebedarf anrechnen. Wirtschaftlich gesehen hat J. für den Zeitraum 15.2. bis 31.7. damit zwei Leistungen erhalten, die der Sicherung des Lebensunterhalts dienen. Scheidet er im September aus dem Alg II-Bezug aus, entfällt für das Jobcenter auch die Kompensation über die Anrechnung als Einmaleinkommen.

Anspruch auf Herausgabe

§ 34b SGB II verhindert dieses unerwünschte Ergebnis durch einen Herausgabeanspruch des Jobcenters gegen den Empfänger der Nachzahlung. Der Herausgabeanspruch besteht in der Höhe, in der ein Erstattungsanspruch nach den §§ 45 – 50 SGB X bestanden hätte. Damit ist sichergestellt, dass auch die Herausgabeforderung um Absetzungen nach § 11b SGB II (Versicherungspauschale, Kfz-Beitrag) zu bereinigen ist.

Fiktives Wohngeld

Bis zum 31.12.2016 ist unter den in § 40 Abs. 9 SGB II n. F. (bis zum 31.7.2016 = Abs. 4) genannten Voraussetzungen auch die Herausgabeforderung um den fiktiven Wohngeld-Anteil zu verringern (dazu LSG Niedersachsen-Bremen vom 29.4.2015 – L 2 R 237/13).
Zur Berechnung → S. 926.

Leistungen an andere BG-Mitglieder

Hätten im Fall einer früheren Zahlung der vorrangigen Leistung auch andere Mitglieder der BG weniger SGB II-Leistungen erhalten, umfasst der Herausgabeanspruch auch diese Leistungen (§ 34c SGB II, → S. 915 f.).

Nach § 34b Abs. 2 SGB II geht eine Anrechnung als Einkommen dem Herausgabeanspruch vor. Danach muss das Jobcenter zunächst prüfen, ob die Nachzahlung über § 11 Abs. 3 SGB II i. V. m. § 48 SGB X angerechnet werden kann. Geht das, **muss** die Nachzahlung als Einmaleinkommen (§ 11 Abs. 3 Satz 2 SGB II) angerechnet werden. Ein Wahlrecht zwischen Anrechnung als Einmaleinkommen oder Herausgabe der Nachzahlung gibt es nicht. Die Beteiligten können den mit der Anrechnung als Einmaleinkommen verbundenen Vor- oder Nachteilen weder einseitig noch über einen einvernehmlichen Wechsel der Anrechnungsform ausweichen.

Vorrang Einkommensanrechnung

W. ist wegen einer Kostensenkungsaufforderung auf Wohnungssuche. Er hat auf dem angespannten Wohnungsmarkt in B-Stadt nur dann eine Chance auf Anmietung einer zumutbaren Wohnung, wenn er dem Vermieter eine Zusicherung nach § 22 Abs. 4 SGB II und eine Direktzahlung der Miete über das Jobcenter nachweisen kann. In der Suchphase wird W. eine Nachzahlung von Alg I in Höhe von 5.322 € auf das Konto überwiesen. Bei einem Hilfebedarf von 772 € beendet die Anrechnung als Einmaleinkommen nach § 11 Abs. 3 Satz 4 SGB II ([5.322 € : 6] – 30 € Versicherungspauschale) den Leistungsbezug. W. möchte die Nachzahlung daher lieber nach § 34b Abs. 1 SGB II erstatten bei Weiterzahlung des Alg II.
Bis zum 31.12.2016 kann W. die Unterbrechung des Leistungsbezugs dadurch umgehen, dass er sich mit Zahlung der 5.322 € – [6 x 30 €] an das Jobcenter wieder hilfebedürftig macht (zur Rechtslage ab 1.1.2017 → S. 266 ff.).

Beispiel 1

L. bezieht Alg II nach einem monatlichen Bedarf von 804 €. Die tatsächlichen Kosten für Miete und Heizung von 560 € sind wegen eines nicht erforderlichen Umzugs auf die Kosten der früheren Wohnung (360 €) gedeckt worden. Abstrakt angemessen sind Kosten von 420 €. In Unkenntnis des Alg II-Bezugs überweist die AA eine Nachzahlung von 4.967 € Arbeitslosengeld auf das Konto des L. Das Jobcenter muss die Nachzahlung mit 1/6-Beträgen anrechnen. Der Leistungsbezug wird dadurch für 6 Monate unterbrochen. Bei Wiedereintritt in den Leistungsbezug muss das Jobcenter die Kosten für Unterkunft und Heizung in angemessener Höhe übernehmen (BSG vom 9.4.2014 – B 14 AS 23/13 R).

Beispiel 2

Endet die Anrechnung von Einmaleinkommen, weil der Betreffende aus dem Leistungsbezug ausscheidet oder von Leistungen ausgeschlossen wird (§ 7 Abs. 4, 5 SGB II), muss er den noch nicht getilgten Nachzahlungsbetrag nach § 34b Abs. 1 SGB II herausgeben. Der Wortlaut von § 34b SGB II lässt offen, ob das auch im Fall einer rückwirkenden Korrektur der Einkommensanrechnung gilt.

Wiederaufleben des Herausgabeanspruchs

Am 15. Mai geht eine Kindergeld-Nachzahlung der Familienkasse in Höhe von 380 € auf das Konto der F. Das Jobcenter rechnet die Nachzahlung im Mai mit 350 € auf den Hilfebedarf von 804 € an. F. erstattet die Rückzahlungsforderung in Raten von 40,40 € monatlich. Ein

Beispiel

Jahr später wird sie darüber beraten, dass die Nachzahlung im Juni hätte angerechnet werden müssen. F. stellt einen Überprüfungsantrag, dem das Jobcenter stattgibt. Einer Rückzahlung der 350 € an F. hält das Jobcenter aber entgegen, dass F. die Nachzahlung über § 34b Abs. 1 SGB II herausgeben müsse.

Fraglich: Wegen Ablaufs der Jahresfrist nach § 45 Abs. 4 SGB X kann das Jobcenter die 350 € nicht mehr rückwirkend auf den Monat Juni anrechnen; danach könnte der Weg über § 34b Abs. 1 SGB II eröffnet sein. Das Jobcenter hatte aber die Möglichkeit, die Nachzahlung als Einkommen zu berücksichtigen; das spricht gegen einen Herausgabeanspruch. Die Gerichte werden diesen Streit klären müssen.

Rückwirkungsverbot

Die Regelung in § 11 Abs. 3 Satz 2 SGB II: »Zu den einmaligen Einnahmen gehören auch als Nachzahlung zufließende Einnahmen, die nicht für den Monat des Zuflusses erbracht werden« gilt nur für Nachzahlungen seit Inkrafttreten des 9. SGB II-ÄndG, d. h. die **nach dem 1.8.2016** zufließen. § 44 SGB X-Überprüfungsanträge, die sich gegen Nachzahlungen richten, die vor dem 1.8.2016 zugeflossen sind, dürfen nicht mit Verweis auf einen § 34b SGB II-Herausgabeanspruch zurückgewiesen werden (mittelbare Rückwirkung).

Beispiel

Am 15. Mai 2016 fließt eine Kindergeld-Nachzahlung der Familienkasse in Höhe von 950 € auf das Konto der F. Das Jobcenter rechnet sie ab Juni 2015 mit 128,33 € monatlich auf den Hilfebedarf von 804 € an. Ein Jahr später wird F. darüber beraten, dass die Nachzahlung nach § 11 SGB II a. F. als laufendes Einkommen im Zuflussmonat Mai hätte angerechnet werden müssen. F. stellt einen Überprüfungsantrag, dem das Jobcenter einen Herausgabeanspruch nach § 34b SGB II entgegenhält.

Genehmigter Herausgabeanspruch?

§ 34b Abs. 1 SGB II setzt voraus, dass der vorrangige Träger die Nachzahlung »in Unkenntnis« des Alg II-Bezugs an den Leistungsberechtigten ausgezahlt hat. Wurde die Nachzahlung in Kenntnis des Alg II-Bezugs an den Leistungsberechtigten überwiesen, weil das Jobcenter auf mehrfache Anfragen, den Erstattungsanspruch zu beziffern, nicht reagiert oder die Frist zur Anmeldung eines Erstattungsanspruchs (§ 111 SGB X) versäumt hat, kann sich das Jobcenter den Herausgabeanspruch nicht darüber sichern, dass es die Überweisung der Nachzahlung an den Leistungsberechtigten genehmigt (s. LSG Rheinland-Pfalz vom 22.3.2012 – L 1 AL 39/11 zum vergleichbaren Problem im SGB III, ob eine Renten-Nachzahlung im Rahmen einer Nahtlosgewährung nach § 145 SGB III als »befreiende Zahlung« genehmigt werden kann).

2   Erstattungsansprüche zwischen Leistungsträgern
§ 40a SGB II n. F.

Überschneiden sich Zeiträume des Anspruchs auf Alg II mit Zeiträumen des Anspruchs auf eine vorrangige Sozialleistung, bekommt das Jobcenter die gewährten SGB II-Leistungen, die im Fall einer früheren Zahlung der vorrangigen Leistung erspart worden wären, unter den Voraussetzungen des § 104 SGB X durch Anmeldung eines Erstattungsanspruchs vom vorrangig verpflichteten Träger ersetzt. Dies funktioniert so, dass der vorrangig verpflichtete Träger die aufgelaufene Nachzahlung zunächst einbehält und nach Bezifferung des Ersatzanspruchs durch das Jobcenter an dieses statt an den Inhaber der vorrangigen Leistung auszahlt.

Es ist umstritten, ob § 40a SGB II lediglich auf die Vorschriften der §§ 102 ff SGB X verweist und nur mit dem Verweis auf § 104 SGB X bei Zuerkennung einer Rente wegen voller Erwerbsminderung eine echte Regelung enthält (so LSG Schleswig-Holstein vom 19.1.2016 – L 7 R 181/15) oder spezialgesetzlich für das SGB II einen an § 104 SGB X orientierten Erstattungsanspruch regelt (so LSG Berlin-Brandenburg vom 9.12.2015 – L 16 R 134/13). In beiden Fällen bewirkt § 40a SGB II, dass sich das Jobcenter bei einem Zusammentreffen mehrerer vorrangiger Leistungen (Krankengeld, Alg I, Rente) mit dem Rest der Nachzahlung nach Erfüllung der Erstattungsansprüche der Krankenkasse, Arbeitsagentur oder des Rentenversicherungsträgers begnügen muss.

Regelungsgehalt

Für den Alg II-Bezieher ist wichtig, dass im Fall einer Erstattung die gezahlten SGB II-Leistungen im Nachzahlungszeitraum in eine Gewährung der vorrangigen Leistung umgedeutet werden (§ 107 SGB X); vor allem sind zwei Punkte von Bedeutung:

Gesetzliche Umdeutung

– im laufenden Alg II-Bezug zugeflossenes Einkommen kann sich infolge der Umdeutung zu Vermögen wandeln (→ S. 382);

– macht das Jobcenter von der Erstattung nach § 104 SGB X Gebrauch, sperrt dies die Befugnis, die im Zeitraum, über den sich die Nachzahlung erstreckt, ergangenen Alg II-Bewilligungsbescheide nach § 48 SGB X aufzuheben. Denn Grundlage für die Erstattung und Umdeutung ist das Behaltendürfen des Alg II oder des Sozialgeldes; hebt das Jobcenter die Bewilligung auf, entzieht sie dem Erstattungsverfahren nach § 104 SGB X die Grundlage (LSG Berlin-Brandenburg vom 30.5.2013 – L 8 AL 19/09).

Die Frage, ob ein nach § 40a SGB II mögliches Erstattungsverfahren eine Aufhebung und Erstattung im Verhältnis Jobcenter – Leistungsbezieher nach den §§ 45 – 48 SGB X sperrt, das Jobcenter also nicht zwischen einem Verfahren nach § 40a SGB II und einer Aufhebung nach §§ 45, 48, 50 SGB X wählen darf (so LSG Rheinland-Pfalz vom 22.3.2012 – L 1 AL 39/11; LSG Sachsen-Anhalt vom 4.12.2012 – L 8 SO 25/09; LSG NRW vom 15.1.2013 – L 18 KN 63/12; SG Gießen vom 17.11.2015 – S 22 AS 590/14 PKH; LSG Berlin-Brandenburg vom 10.3.2016 – L 23 SO 267/15, Revision anhängig – B 8 SO 13/16 R), ist zu bejahen, durch das BSG für das SGB II aber noch nicht entschieden worden.

Sperrwirkung Träger-Erstattungsverfahren?

Berechnung des Erstattungs- anspruchs	Der Erstattungsanspruch nach § 40a SGB II i. V. m. § 104 SGB X ist auf die SGB II-Leistungen gerichtet, die das Jobcenter bei rechtzeitiger Erfüllung der Leistungsverpflichtung des vorrangigen Trägers nicht hätte erbringen müssen (s. dazu BSG vom 31.10.2012 – B 13 R 9/12 R). Unterschreitet der monatliche Betrag der vorrangigen Sozialleistung den Hilfebedarf, d. h. hätte Alg II ergänzend zu der laufenden Zahlung der vorrangigen Sozialleistung erbracht werden müssen, muss der Nachzahlungsbetrag nach § 11b SGB II bereinigt werden.
Beispiel	K. hat im Zeitraum Mai bis Oktober Alg II nach einem Hilfebedarf von 804 € bezogen. Den Monatsbeitrag von 57 € für sein Kfz musste er mangels Einkommen aus dem Regelbedarf finanzieren. Im genannten Zeitraum hatte er Anspruch auf Arbeitslosengeld nach einem monatlichen Leistungssatz von 802,94 €. Hier ist die Nachzahlung für Mai bis Oktober um monatlich 30 € Versicherungspauschale + 57 € Kfz-Haftpflicht zu bereinigen, d. h. K. hat in den Monaten Mai bis Oktober noch Anspruch auf Alg II in Höhe von monatlich 88,06 €.
Variante	K. hat Anspruch auf Alg I nach einem monatlichen Leistungssatz von 889,70 €. In diesem Fall gilt K. im Zeitraum Mai bis Oktober nach § 107 SGB X als Bezieher von Alg I nach dem SGB III. Er kann nach § 25 Abs. 3 WoGG n. F. i. V. m. § 8 Abs. 1 Nr. 4 WoGG n. F. für diesen Zeitraum Wohngeld beantragen.
Bis 31.12.2015: Herausrechnung Wohngeldanteil	§ 8 Abs. 1 Nr. 4 WoGG ist zum 1.1.2016 in Kraft getreten und hat die Regelung des § 40 Abs. 4 SGB II a. F. entbehrlich gemacht. Denn seit 1.1.2016 kann Wohngeld im Fall einer vollständigen Erstattung der SGB II-Leistungen nach § 25 Abs. 4 WoGG rückwirkend beantragt werden. Ein fiktiver Wohngeldanteil ist daher nur für Erstattungsverfahren, die noch vor dem 1.1.2016 abgewickelt wurden, von Bedeutung (LSG Niedersachsen-Bremen vom 29.4.2015 – L 2 R 237/13). Hat der vorrangige Leistungsträger die Regelung des § 40 Abs. 4 SGB II a. F. nicht beachtet, kann der Betroffene dies mit einem Überprüfungsantrag nach § 44 SGB X korrigieren lassen. Zum Übergangsrecht → S. 925 f.
Verfahren	In der Praxis setzt der vom Jobcenter auf Erstattung nach § 40a SGB II in Anspruch genommene Leistungsträger den bezifferten Erstattungsanspruch häufig ohne jede eigene Prüfung um. Erweist sich der vom Jobcenter geltend gemachte und über Zugriff auf die Nachzahlung vereinnahmte Erstattungsbetrag als fehlerhaft, muss der der Inhaber des Anspruchs auf die vorrangige Sozialleistung gegen den vorrangigen Träger vorgehen mit einem Antrag auf Auszahlung des ihm, dem Anspruchsinhaber, zustehenden Teils der Nachzahlung. Die Mitteilung des vorrangigen Leistungsträgers an den Inhaber des Anspruchs über die Erstattung der Nachzahlung an den nachrangigen Träger ist ein anfechtbarer Verwaltungsakt, weil der vorrangige Träger in eigener Zuständigkeit prüfen muss, in welchem Umfang die Nachzahlung an den Inhaber des Anspruchs ausgezahlt werden muss

(LSG Niedersachsen-Bremen vom 10.12.2014 – L 2 R 494/13; a. A. SG Duisburg vom 22.1.2016 – S 14 KN 42/12: Bloße Umsetzung des vom Jobcenter bezifferten Erstattungsanspruchs). Ist die Berechnung des Erstattungsanspruchs streitig, muss im Gerichtsverfahren das Jobcenter beigeladen werden (s. dazu BSG vom 12.5.2011 – B 11 AL 24/10 R).

3 **Erstattung von Leistungen, die an BG-Mitglieder erbracht wurden**
§ 34c SGB II n. F.

Das Jobcenter kann nach §§ 104, 115 SGB X von einem vorrangig leistungspflichtigen Träger Erstattung des Alg II verlangen, wenn der Empfänger der Sozialleistung dieselbe Person ist, die auch Alg II erhalten hat.

Der Erstattungsanspruch für den Teil der SGB II-Leistung, der sich infolge der vorrangigen Sozialleistung für andere BG-Mitglieder ergibt, ist in § 34c SGB II geregelt.

A. lebt mit Ehefrau B. in BG. Beide erhalten seit dem 1.7.2015 Alg II. Im Mai 2016 erhält A. rückwirkend ab September 2015 eine Rente wegen voller Erwerbsminderung. Nach § 40a SGB II i. V. m. § 104 SGB X kann das Jobcenter vom Rentenversicherungsträger die Rentennachzahlung in Höhe des an A. gezahlten Alg II verlangen. Nach § 34c SGB II kann es auch den Teil des Alg II aus der Rentennachzahlung zurückholen, um den sich nach Anrechnung der Rente auf den Bedarf der Ehefrau deren Alg II verringert. *Beispiel*

Dieser Erstattungsanspruch trifft bis zum 31.7.2016 nur Ehepartner, eingetragene Lebenspartner und Kinder in der BG bis zum 25. Geburtstag, nicht aber einstandspflichtige Partner. Diese Ausnahme erstaunt angesichts der Einbeziehung des einstandspflichtigen Partners in die BG nach § 7 Abs. 3 Nr. 3c SGB II (s. dazu BSG vom 6.8.2014 – B 11 AL 2/13 R). Das 9. SGB II-ÄndG schließt diese Lücke. *Neu: Auch Einstandspartner*

In gemischten Bedarfsgemeinschaften mit erwerbsfähigen Kindern und Ehe-/Lebenspartner ist § 104 Abs. 1 Satz 3 SGB X zu beachten: *Gemischte BG*

»Ein Erstattungsanspruch besteht nicht, soweit der nachrangige Leistungsträger seine Leistungen auch bei Leistung des vorrangig verpflichteten Leistungsträgers hätte erbringen müssen.«

Danach kann sich der auf die erwerbsfähigen Kindern und/oder den Ehe-/Lebenspartner erstreckte Erstattungsbetrag nach § 34c SGB II entsprechend verringern.

L. und P. leben als Ehepaar zusammen. Beide beziehen Alg II nach einem Bedarf von je 364 € Regelbedarf und 200 € anteilige Miet- und *Beispiel*

Heizkosten. Nach einem Schlaganfall im Juli 2016 beantragt P. eine Erwerbsminderungsrente. Bis zur Entscheidung des Rentenversicherungsträgers zahlt das Jobcenter weiter Alg II. Im November 2016 stellt der Rentenversicherungsträger den Rentenfall seit Juli 2016 fest und gewährt seitdem eine unbefristete Rente mit einem Auszahlungsbetrag in Höhe von 670 €. Das Jobcenter meldet wegen des Nachzahlungsbetrages einen Erstattungsanspruch beim Rentenversicherungsträger an.

Gegen die vom Jobcenter geforderten 5 x 564 € an P. + 5 x 76 € an L. [640 € bereinigte Rente abzüglich 564 € Eigenbedarf] wendet P. ein, dass sein Hilfebedarf im Erstattungszeitraum unter Berücksichtigung eines Mehrbedarfs wegen einer Gehbehinderung mit Merkzeichen G bei 625,88 € (= 564 € + 61,88 €) liege, sodass nur 14,12 € bedarfsüberdeckende Rente auf das Alg II der L. angerechnet werden dürfte. Der Erstattungsbetrag nach § 104 SGB X i. V. m. § 34c SGB II verringert sich daher auf 5 x 564 € + 5 x 14,12 €).

IV   Rückforderung nach Aufhebung einer rechtswidrigen/ rechtswidrig gewordenen Bewilligung
§§ 45, 48, 50 SGB X

Die Aufhebung rechtswidriger/rechtswidrig gewordener Bewilligungen richtet sich nach den §§ 45, 48 SGB X i. V. m. § 40 Abs. 2 Nr. 1 SGB II, § 330 SGB III. Danach ist zwischen von Anfang an fehlerhaften Bewilligungen und Bewilligungen, die wegen einer nachträglichen, leistungserheblichen Veränderung fehlerhaft werden, zu unterscheiden.

Bestimmtheit

Für beide Formen der Leistungsüberzahlung gilt, dass eine Rückforderung nur gegen das BG-Mitglied gerichtet werden kann, das in seiner Person die in den §§ 45, 48 SGB X genannten Voraussetzungen erfüllt (LSG Berlin-Brandenburg vom 25.8.2006 – L 5 B 549/06 AS ER; BayLSG vom 14.8.2008 – L 7 AS 304/07). Ansonsten ist der Bescheid zu unbestimmt. Das Bestimmtheitserfordernis des § 33 SGB X verlangt, dass der Verfügungssatz eines Aufhebungsbescheides nach seinem Regelungsgehalt sowie unter Berücksichtigung der Besonderheiten des jeweils anzuwendenden materiellen Rechts in sich widerspruchsfrei ist. Der Adressat des Bescheides muss bei Zugrundelegung der Erkenntnismöglichkeiten eines verständigen Empfängers in die Lage versetzt werden, die im Bescheid getroffene Rechtsfolge vollständig, klar und unzweideutig zu erkennen und sein Verhalten daran auszurichten (BSG vom 16.5.2012 – B 4 AS 154/11 R; LSG Berlin-Brandenburg vom 19.4.2013 – L 26 AS 1379/10; vgl. auch LSG Berlin-Brandenburg vom 16.4.2015 – L 13 SB 203/14).

Hinreichend bestimmt ist demnach ein Aufhebungs- und Erstattungsbescheid, wenn er aus Sicht des Empfängers ausreichend benennt, was geregelt werden soll.

Dabei kommt es nicht auf einzelne Formulierungen oder die Bezeichnung einer Gesamtforderung an, sondern auf eine Auslegung des Bescheides im Zusammenhang des Leistungsvorgangs. Werden einem Aufhebungs- und Erstattungsbescheid nach §§ 45, 48, 50 SGB X Änderungsbescheide beigefügt, aus denen sich die Berechnung der Erstattungsforderung erschließen lässt, genügt das nach BSG vom 29.11.2012 – B 14 AS 6/12 R (s. auch BSG vom 16.4.2013 – B 14 AS 206/12 B). Eine Aufgliederung der Leistungsart (Regelbedarf oder Kosten der Unterkunft) ist nach BSG vom 7.7.2011 – B 14 AS 153/10 R nicht erforderlich; auch keine monatsweise Aufgliederung der Aufhebungs- und Erstattungsbeträge (BSG vom 29.11.2012 – B 14 AS 196/11 R und vom 4.2.2016 – B 11 AL 84/15 B).

Verständige Auslegung

Ist ein Ausgangsbescheid unbestimmt, kann das mit einem ausführlichen Widerspruchsbescheid, der in die Prüfung der Bestimmtheit einzubeziehen ist, korrigiert werden (LSG NRW vom 22.3.2013 – L 19 AS 2278/12 NZB; LSG Niedersachsen-Bremen vom 26.2.2013 – L 11 AS 1394/09).

Für die Bestimmtheit eines Aufhebungsbescheides ist es nicht erforderlich, dass die einzelnen Bescheide, die aufgehoben/abgeändert werden sollen, benannt werden (anders, wenn gar keine Bescheide genannt werden; dazu SG Hamburg vom 16.6.2014 – S 53 AS 4467/10; HessLSG vom 12.11.2014 – L 6 AS 491/11). Die auf dem Aufhebungsbescheid fußenden Erstattungsbescheide nach § 50 SGB X sind aber rechtswidrig, wenn zwar die ursprünglichen Bewilligungsbescheide aufgehoben wurden, aber Änderungsbescheide mit einer neuen Leistungsbewilligung in den betreffenden laufenden Bewilligungszeiträumen – mangels Nennung im Aufhebungsbescheid – nicht aufgehoben wurden (BSG vom 29.11.2012 – B 14 AS 196/11 R). Das gilt nicht, wenn die fehlende Benennung offensichtlich unrichtig i. S. von § 38 SGB X ist, z. B. wenn ein Datum verdreht ist oder sonst klar ist, dass das genannte, falsche Datum auf einem Schreibfehler beruht.

Benennung der betroffenen Bescheide?

Ein Aufhebungsbescheid, der zwar an mehrere Adressaten gerichtet ist, dem jedoch nicht entnommen werden kann, in welcher Höhe jeweils für die einzelnen Adressaten zu Unrecht erfolgte Leistungsbewilligungen aufgehoben und Leistungen zurückgefordert werden, ist zu unbestimmt (LSG Schleswig-Holstein vom 16.12.2011 – L 3 AS 12/10). Das gilt auch für eine pauschale Teilaufhebung mit dem Verfügungssatz: »Die Entscheidungen vom … über die Bewilligung von Leistungen nach dem SGB II werden für die Zeit vom … bis … teilweise in Höhe von XXX EURO zurückgenommen« (LSG Niedersachsen-Bremen vom 10.8.2011 – L 15 AS 1036/09).

Zu unbestimmt

Ist der Bescheid, mit dem Leistungen mehrerer BG-Mitglieder zurückgefordert werden, zu Unrecht nur an den BG-Vorstand (§ 38 SGB II) adressiert worden, ist umstritten, ob der Bescheid ihm gegenüber hinreichend bestimmt ist (so LSG Schleswig-Holstein vom 13.11.2008 – L 6 AS 16/07; a.A. LSG Berlin-Brandenburg vom 7.5.2009 – L 28 AS 1354/

Nur teilweise unbestimmt?

08). Das BSG vom 16.5.2012 – B 4 AS 154/11 R hat einen Aufhebungsbescheid als hinreichend bestimmt gewertet, der die überzahlten Beträge zwar lediglich in die beiden Leistungsarten »Alg II« (Regelleistung)
und »KdU« (Leistungen für Unterkunft und Heizung) aufgliedert, ohne
zwischen den einzelnen Empfängern dieser Leistungen zu differenzieren, im Verfügungssatz aber deutlich macht, dass nur der Adressat des
Bescheides XXX € zurückzahlen soll. Dass Einkommen fehlerhaft nur
einem Mitglied der BG zugerechnet wird, sei keine Frage der Bestimmtheit, sondern der materiellen Richtigkeit des Bescheides. Das gilt auch
für einen Bescheid, der nach genauer, personenbezogener Aufgliederung der überzahlten Leistungen dann fehlerhaft den BG-Vorstand auf
Rückforderung der auch an andere BG-Mitglieder geflossenen Leistungen in Anspruch nimmt (BSG vom 29.11.2012 – B 14 AS 6/12 R).

Änderungs-
bescheidketten

Die in der Praxis der Jobcenter häufig vorkommenden Änderungsbe-
scheidketten (einem Ausgangs-Bewilligungsbescheid folgen an den
BG-Vertreter gerichtete Änderungsbescheide mit dem Zusatz »die
bisher in diesem Zusammenhang ergangenen Bescheide werden insoweit aufgehoben«), sind als Aufhebungsbescheide unwirksam, da
zu unbestimmt (a. A. LSG Sachsen vom 15.12.2011 – L 3 AS 480/09).
Für eine Umdeutung in einen Teilaufhebungsbescheid wird es regelmäßig an den Voraussetzungen des § 43 SGB X fehlen (BSG vom
28.10.2008 – B 8 SO 33/07 R).
Wird zeitgleich ein Aufhebungs- und Erstattungsbescheid mit einem
hinreichend bestimmten Verfügungssatz erlassen, der nur zur Begründung (Erläuterung der Berechnung) auf Änderungsbescheide
verweist, ist das nicht zu beanstanden.

Umdeutung?

Die §§ 45, 48 SGB X sind auf dasselbe Ziel, die Aufhebung oder Änderung eines Bescheides, gerichtet, sodass ein Auswechseln dieser
Rechtsgrundlagen unter den in § 43 SGB X genannten Voraussetzungen zulässig ist. Grundsätzlich zulässig ist der Wechsel von einem § 45
SGB X-Bescheid in einen auf § 48 SGB X gestützten Bescheid, weil dieser an geringere Bedingungen geknüpft ist. Beim Wechsel von einem
§ 48 SGB X- auf einen § 45 SGB X-Bescheid ist zu prüfen, ob dadurch
die Rechtsverteidigung des Adressaten in unzulässiger Weise beeinträchtigt oder erschwert würde; dies wäre der Fall, wenn die Rechtsfolgen für den Adressaten ungünstiger wären als diejenigen des fehlerhaft begründeten Bescheides, was vor allem dann eintritt, wenn
nur nach § 45 SGB X ein Verschulden Aufhebungsvoraussetzung ist
(LSG Sachsen vom 21.1.2016 – L 7 AS 561/15 NZB). Ein zulässiges
Auswechseln der Rechtsgrundlage liegt nach LSG Baden-Württemberg vom 7.3.2016 – L 1 AS 296/15 vor, wenn das Jobcenter nach
Durchführung von Ermittlungen die Aufhebung einer Leistungsbewilligung nicht mehr auf die fehlende Zuständigkeit (ungeklärter Aufenthalt) , sondern auf fehlende Hilfebedürftigkeit stützt. Als grundsätzlich
unzulässig wertet das BSG vom 29.4.2015 – B 14 AS 31/14 R die Umdeutung einer Aufhebung nach §§ 45, 48 SGB X in einen endgültigen
Bewilligungsbescheid (ebenso LSG Thüringen vom 25.11.2015 – L 4
AS 1010/13; LSG Sachsen-Anhalt vom 16.12.2015 – L 2 AS 733/13).

1   **Nach Aufhebung einer von Anfang an fehlerhaften Bewilligung**
           § 45 SGB X

Wurde von Anfang an zuviel gezahlt, kann die Überzahlung für die Vergangenheit, d.h. für den Zeitraum vor Zugang des Aufhebungs- oder Änderungsbescheides, nur zurückgefordert werden, soweit den Leistungsempfänger ein Verschulden i.S. von § 45 Abs. 2 Satz 3 SGB X trifft. Das Verschulden nach § 45 Abs. 2 Satz 3 Nr. 3 SGB X (Kenntnis oder grob fahrlässige Unkenntnis der Fehlerhaftigkeit, unrichtige Angaben) muss im Zeitpunkt des Zugangs des fehlerhaften Bescheides vorliegen. Ein Bescheid über einen Bewilligungszeitraum ist schon bei Zugang an den Hilfeberechtigten rechtswidrig i.S. von § 45 SGB X, wenn zwar erst im Bewilligungszeitraum, aber vor dem Zugang des Bescheides, eine wesentliche Änderung eintritt (BayLSG vom 19.6.2007 – L 11 AS 347/06; LSG NRW vom 6.3.2008 – L 7 B 317/07 AS; LSG Sachsen vom 4.12.2014 – L 3 AS 430/12: zur Mitteilungspflicht des Hilfesuchenden). *(Nur bei Verschulden)*

A. fließt am 25.3. eine Steuererstattung zu. Das Jobcenter bewilligt mit Bescheid vom 3.4. ungekürzte Leistungen für den Zeitraum 1.2. bis 31.7. Für die Leistungsaufhebung in den Monaten April bis Juli ist § 45 SGB X maßgebend. *(Beispiel)*

Ein Fall von § 45 SGB X statt § 48 SGB X liegt auch dann vor, wenn erst im Bewilligungsabschnitt Einkommen erzielt wird, dessen Zufluss jedoch schon bei Erlass des Bewilligungsbescheides feststeht (BSG vom 21.6.2011 – B 4 AS 22/10 R). Ist der Zeitpunkt des Einkommenszuflusses ungewiss, ist die Überzahlung über § 48 SGB X einzufordern (BayLSG vom 14.8.2008 – L 7 AS 304/07). Dem gleich zu werten ist nach LSG Baden-Württemberg vom 16.6.2015 – L 9 AS 828/15 der Fall, dass bei Erlass des Bescheides mit einem Geldzugang vor Beginn der Bewilligung zu rechnen war, so dass endgültig bewilligt werden durfte, sich der Geldzugang dann aber unerwartet verschiebt. Das Jobcenter muss nachweisen, dass schon beim Zugang des Änderungsbescheides die Überzahlung bekannt oder grob fahrlässig unbekannt war, wenn der Leistungsempfänger das zugeflossene Geld ausgegeben hat.

Ist zufließendes Einkommen noch nicht feststellbar oder schwankend, werden die SGB II-Leistungen vorläufig nach § 41a SGB II bewilligt. Bleiben dabei leistungserhebliche Umstände außer Betracht, die nichts mit dem erst später feststellbaren Einkommen zu tun haben, ist die Bewilligung rechtswidrig i.S. von § 45 SGB X. Bis zum 31.7.2016 konnte die vorläufige Bewilligung ungeachtet der noch offenen, endgültigen Bewilligung rückwirkend geändert werden, wenn für die fehlerhafte Überzahlung kein Vertrauensschutz bestand (s. dazu LSG Baden-Württemberg vom 7.3.2016 – L 1 AS 296/15). **Seit 1.8.2016 sind** leistungserhebliche Tatsachen, die bereits im Zeitpunkt des Erlasses der vorläufigen Entscheidung vorlagen, aber nicht berücksichtigt wurden, nur noch mit Wirkung für die Zukunft umzuset- *(Vorläufig bewilligte Leistungen)* zen (§ 41a Abs. 2 Satz 4, 5 SGB II). Die Anpassung im zurückliegenden Zeitraum erfolgt im Rahmen der endgültigen Bewilligung.

Das ist keine Verschlechterung gegenüber der bisherigen Rechtslage, wenn man vorläufigen Bewilligungen nach § 328 SGB III, wie nunmehr in § 41a SGB II ausdrücklich geregelt, für alle Regelungsteile nur vorläufigen Charakter beimisst; dies schließt dann einen Vertrauensschutz generell aus (s. dazu LSG Sachsen-Anhalt vom 26.8.2015 – L 4 AS 81/14). Damit einhergehende, unbillige Ergebnisse müssen über § 44 SGB II korrigiert werden.

Beispiel

J. erzielt schwankendes Einkommen aus einer selbständigen Tätigkeit. Er erhält daher vorläufig laufendes Alg II bewilligt; dabei rechnet das Jobcenter das von J. geschätzte Einkommen auf den Bedarf an. Wegen der nach Ansicht des Jobcenters zu hohen Miete verlangt es von J., die Kosten zu senken. Im Aufforderungsschreiben wird eine Senkung der Miete auf den geltenden Richtwert für Mai angekündigt, wenn J. keinen Nachweis erbringt, dass ein Umzug nicht möglich oder zumutbar ist. J. hatte im März unter Vorlage diverser Absagen vorgetragen, er könne zu dem vorgegebenen Richtwert keine Wohnung finden. Das Jobcenter reagiert darauf nicht. Aus Versehen unterbleibt im Rahmen der Folgebewilligung im Zeitraum Mai bis Oktober eine Senkung der KdU-Bedarfe. Erst im Juli fällt dem Jobcenter der Fehler auf. Die Senkung der Miete wird ab August sofort umgesetzt, die nach Ansicht des Jobcenters zu hohe Mietkostenübernahme für Mai bis Juli schlägt bei der endgültigen Bewilligung als saftige Erstattungsforderung zu Buche.

Ist die Senkungsaufforderung nicht zu beanstanden, d.h. liegt der Fehler (die zu hohe Mietkostenübernahme) nur beim Jobcenter, während J. annehmen durfte, man habe seine Argumente gegen einen Umzug akzeptiert, kann ein Erlass der vom Jobcenter verursachten Überzahlung die allein richtige Entscheidung sein (Ermessensreduktion auf Null).

Ist eine Bewilligung von Anfang an rechtswidrig, kann die Leistung auch dann nicht nach § 45 Abs. 2 Satz 3 Nr. 2 SGB X bzw. nur bei Kenntnis oder grob fahrlässiger Unkenntnis i.S. von § 45 Abs. 2 Satz 3 Nr. 3 SGB X zurückgefordert werden, wenn zwar verspätete Angaben gemacht wurden, die fehlerhafte Bewilligung aber auch bei rechtzeitiger (unverzüglicher) Mitteilung mit demselben – fehlerhaften – Ergebnis ergangen wäre (LSG Berlin-Brandenburg vom 3.9.2010 – L 18 AS 1326/09).

Kausalität?

Beispiel

H. beantragt am 15.10. Alg II. Er erhält am 18.10. einen Steuerbescheid mit der Nachricht, dass ein Guthaben von 2.500 € auf sein Konto erstattet werde. Der Betrag wird dem Konto am 29.10. gutgeschrieben. Am 1.11. geht H. der Bescheid über die Bewilligung von Alg II ab 1.10. (§ 37 SGB II) zu. H. teilt dem Jobcenter erst am 10.12. den Zufluss des Steuerguthabens mit. Hier beruht die von Anfang an fehlerhafte Bewilligung nicht auf der zu späten Mitteilung des Geldzugangs, weil der Bescheid auch bei Mitteilung des Zuflusses am

29.10. mit demselben Inhalt ergangen wäre. Durfte H. bei Zugang des Bescheides glauben, das Steuerguthaben sei Vermögen, kann die Bewilligung nur mit Wirkung für die Zukunft unter Ausübung von Ermessen geändert werden.

Das Verschulden bemisst sich nach der Einsichts- und Urteilsfähigkeit des jeweiligen Leistungsempfängers. Wurde der BG-Vertreter nach § 38 SGB II von den übrigen volljährigen BG-Mitgliedern mit der Antragstellung und Richtigkeitskontrolle der Leistungsgewährung beauftragt, müssen sie sich dessen Verschulden § 278 BGB zurechnen lassen (LSG Hamburg vom 20.10.2011 – L 5 AS 87/08; BayLSG vom 25.11.2015 – L 11 AS 723/13). Dasselbe gilt, wenn ein der deutschen Sprache nicht kundiger Ausländer Dritte mit der Antragstellung oder sonstigen Leistungsangelegenheiten betraut. Haben sprachliche Verständigungsschwierigkeiten unverschuldet Irrtümer hervorrufen, ist dies dem Ausländer als Sorgfaltsverstoß anzulasten, wenn er in Kenntnis der Verständigungsprobleme nicht das Erforderliche unternimmt, um dieses Problem auszuräumen (LSG NRW vom 28.2.2007 – L 12 AL 70/06; vgl. auch HessLSG vom 11.12.2007 – L 6 AL 19/06: Verschulden bei Analphabetismus). Allein auf die kraft Antragstellung vermutete Vertreterstellung kann eine Verschuldenszurechnung nicht gestützt werden. Das Jobcenter muss dann im Einzelfall prüfen, ob der zu Unrecht Begünstigte grob fahrlässig unrichtige Angaben gemacht hat oder bei einfacher Überlegung die Überzahlung hätte erkennen können.

Individuelles Verschulden

Das Jobcenter trägt die objektive Beweislast für die Voraussetzungen einer Rücknahme des Bewilligungsbescheides nach § 45 SGB X (BSG vom 25.6.2015 – B 14 AS 30/14 R; HessLSG vom 9.3.2016 – L 6 AS 93/14). Nur Tatsachen aus dem Verantwortungsbereich des Leistungsberechtigten sind hiervon nicht erfasst. Keine solche Tatsache ist die Behauptung, beim Jobcenter um Auskunft über die Rechtmäßigkeit einer Bewilligung vorgesprochen zu haben. Kann diese Behauptung glaubhaft gemacht werden, geht eine fehlende Dokumentation in der Verwaltungsakte zu Lasten des Jobcenters, das organisatorisch eine vollständige Dokumentation sicherzustellen hat (HessLSG vom 18.6.2010 – L 7 AL 78/07).

Beweislast

Vor Erlass des Aufhebungsbescheides muss der Belastete nach § 24 SGB X angehört werden (BSG vom 4.6.2014 – B 14 AS 2/13 R). Die Anhörung erlaubt dem Jobcenter festzustellen, ob Verschulden vorliegt. Die von der Überzahlung betroffenen BG-Mitglieder sind einzeln anzuhören, bei Kindern unter 15 sind die Eltern anzuhören.
Wird eine Anhörung bis zum Erlass des Widerspruchsbescheides nachgeholt, ist der Bescheid insoweit nicht mehr anfechtbar. Dazu müssen allerdings die dem Aufhebungsbescheid zu Grunde liegenden Tatsachen und rechtlichen Wertungen dem Leistungsempfänger **vor Zugang** des Widerspruchsbescheides in einer Weise unterbreitet worden sein, die ihn zu einer umfassenden und sachgerechten Stellungnahme befähigt hätte (LSG Niedersachsen-Bremen vom 11.6.2014 – L 13 BK 18/

Anhörung

12). Ist die Anhörung wirksam nachgeholt worden, fällt der bis zum Erlass des Widerspruchsbescheides zulässige Einwand der formellen Rechtswidrigkeit des Ausgangsbescheides mit Zugang des Widerspruchsbescheides weg (LSG Sachsen-Anhalt vom 23.2.2016 – L 4 AS 33/16 B ER).

Ist in einem Aufhebungsfall nach § 45 SGB X fehlerhaft zu den Voraussetzungen einer Aufhebung nach § 48 SGB X angehört worden, muss die Anhörung nachgeholt werden (BSG vom 9.11.2010 – B 4 AS 37/09 R und vom 7.7.2011 – B 14 AS 144/10 R zu den Voraussetzungen, unter denen die Anhörung wirksam nachgeholt werden kann; dazu auch LSG Sachsen vom 21.2.2011 – L 7 AS 725/09 und vom 27.2.2014 – L 3 AS 579/11; BSG vom 29.11.2012 – B 14 AS 6/12 R; LSG NRW vom 22.7.2015 – L 9 AL 9/15 B; LSG Baden-Württemberg vom 26.3.2015 – L 7 AS 4295/13, vom BSG vom 26.7.2016 – B 4 AS 47/15 R bestätigt).

Einjährige Handlungsfrist

Nach § 45 Abs. 4 SGB X ist der fehlerhafte Bewilligungsbescheid innerhalb eines Jahres seit Kenntnis der Tatsachen aufzuheben, die die Aufhebung für die Vergangenheit rechtfertigen. Nach Ablauf der Frist kann ein fehlerhafter Aufhebungsbescheid nicht mehr durch einen geänderten Bescheid ersetzt werden.

Die Jahresfrist beginnt zu laufen, wenn der für die Rücknahme zuständige Mitarbeiter des Jobcenters sichere Informationen über alle für die Rücknahmeentscheidung notwendigen Tatsachen erhalten hat. Auf die Kenntnis eines zur Sachverhaltserforschung eingesetzten Außendienstmitarbeiters kommt es nicht an (BSG vom 17.11.2008 – B 11 AL 87/08 B; vgl. auch LSG Sachsen-Anhalt vom 19.1.2012 – L 1 R 36/09 R). Die Jahresfrist beginnt daher zu dem Zeitpunkt zu laufen, zu dem sich der Betroffene auf ein Anhörungsschreiben hin äußert (LSG NRW vom 27.1.2005 – L 9 AL 134/04 und vom 5.6.2008 – L 9 AL 157/06; LSG Schleswig-Holstein vom 31.10.2008 – L 3 AL 84/07; BayLSG vom 25.11.2016 – L 11 AS 723/13). Wurde der Betroffene nicht angehört, beginnt die Frist, wenn aus Sicht des zuständigen Behördenmitarbeiters alle Tatsachen für die Aufhebung feststehen (BSG vom 6.4.2006 – B 7a AL 64/05 R; LSG NRW vom 4.7.2007 – L 12 AL 105/06). Äußert sich der Angehörte nicht, ist der im Anhörungsschreiben genannte Termin Fristbeginn. »Kenntnis« im Sinne von § 45 Abs. 4 Satz 2 SGB X liegt erst bei hinreichender Sicherheit für den Erlass eines Rücknahmebescheides vor. Nicht ausreichend sind ein »Kennenkönnen« oder ein grob fahrlässiges »Kennenmüssen«. Bleibt der zuständige Mitarbeiter des Jobcenters trotz sich aufdrängender Fakten untätig, kann dies aber einer Kenntniserlangung gleichstehen (Hess LSG vom 14.3.2008 – L 7 AL 55/07; s. auch LSG Schleswig-Holstein vom 19.11.2013 – L 7 R 3/11; die Revision – B 5 RE 16/14 R ist durch Rücknahme beendet worden).

Entreicherungseinwand unbeachtlich

Hat der Leistungsempfänger die Überzahlung verschuldet, kann er sich gegen die Rückforderung nach § 50 SGB X nicht darauf berufen, die überzahlten Leistungen verbraucht zu haben (BSG vom 18.2.2010 – B 14 AS 76/08 R).

2   **Nach Aufhebung einer fehlerhaft gewordenen Bewilligung**
§ 48 SGB X

Ändert sich nach Zugang eines Bewilligungsbescheides ein Umstand, der zum Wegfall oder zu einer geringeren Leistung führt, ist nach § 48 Abs. 1 Satz 2 SGB X vorzugehen. Ein Fall von § 45 SGB X statt § 48 SGB X liegt dann vor, wenn die Änderung zwar nach Absendung des Bewilligungsbescheides, aber noch vor Zugang bei dem Leistungsberechtigten eintritt (BSG vom 1.6.2006 – B 7a AL 76/05 R und vom 21.6.2011 – B 4 AS 22/10 R).

Die tatsächlichen Verhältnisse ändern sich nicht i.S. des § 48 SGB X, wenn die rechtliche Bewertung der Leistungsbewilligung unverändert bleibt (s. dazu etwa SG Augsburg vom 14.4.2016 – S 8 AS 267/16: Leistungsanspruch trotz Ortsabwesenheit; SG Konstanz vom 17.11.2015 – S 8 SO 1418/15: Leistungsanspruch trotz Wechsel der örtlichen Zuständigkeit; BSG vom 25.6.2015 – B 14 AS 40/14 R: Nebenkostennachforderungen für eine Wohnung, die erst fällig geworden sind, nachdem diese nicht mehr bewohnt wird und deren tatsächliche Entstehung nicht auf Zeiten der Hilfebedürftigkeit zurückgeht) oder wenn die Änderung zwar erst nach Erlass des Bescheides erkannt wird, aber schon vorher bestand, so z.B. wenn das Jobcenter zwar erst aus dem Verhalten des Leistungsberechtigten nach Erlass eines Bewilligungsbescheides erfährt, dass keine Bereitschaft zur Senkung der Unterkunftskosten besteht, dieser innere Wille aber von Anfang an da war (LSG NRW vom 3.5.2007 – L 20 B 332/06 AS ER).

Verstirbt eine leistungsberechtigte Person oder eine Person, die mit der leistungsberechtigten Person in häuslicher Gemeinschaft lebt, ordnet § 40 Abs. 5 SGB II mit Wirkung **seit 1.8.2016** an, dass die **allein** dadurch eintretenden Änderungen in den bereits bewilligten Leistungsansprüchen der betroffenen Personen unverändert bleiben. Damit unterbleibt zum einen eine Rückerstattung der Leistungen, die für die verstorbene Person im Sterbemonat noch gezahlt wurden, zum anderen werden die Leistungsansprüche der übrigen BG-Mitglieder nicht an die veränderte Sachlage angepasst.

Neu: Keine Aufhebung im Sterbemonat

Dies hat in nicht nur seltenen Fällen Nachteile zur Folge, die deutlich über Bagatellbeträge hinausgehen und deren Nichtbeachtung mit der vom Gesetzgeber genannten Arbeitsersparnis für die Jobcenter (BT-Drs. 18/8041, S. 47) kaum zu legitimieren ist. Dazu kommt eine willkürlich anmutende Ungleichbehandlung, wenn sonstige Umstände eine Anpassung der Leistung erfordern.

H. lebt mit ihrer 4-jährigen Tochter T. und Einstandspartner K. als 3-Personen-BG zusammen. Am 2. August wird K. bei einem Verkehrsunfall getötet. Nach altem Recht wäre der Leistungsanspruch von H. und T. für den Zeitraum 3.8. bis 31.8. angepasst worden mit:
– einer Erhöhung des Regelbedarfs von 364 € auf 404 €

Beispiel

– Zuerkennung des entstandenen Mehrbedarf für Alleinerziehung in Höhe von 140,59 € (145,44 € : 30 x 29 Tage)
– Übernahme von je 1/2 der Mietkosten ab 3.8.

Der Vorteil, dass die Erben von K. nicht mit einer Erstattungsforderung nach §§ 48, 50 SGB X für die an K. im Zeitraum 3.8. bis 31.8. gezahlte Leistung (364 € : 30 x 29 = 351,87 €) belastet sind, ist für H. und T. ohne Bedeutung.

Variante

Im August erhöht sich die Miete um 23,40 €. In diesem Fall haben H. und T. über eine Anpassung der Bewilligung nach § 48 SGB X Anspruch auf die o. g. Leistungen.

Für die Anhörung, die einjährige Handlungsfrist und die Feststellung des Verschuldens bei unrichtigen/unterlassenen Angaben oder der Kenntnis/des Kennenmüssens von einer eingetretenen Überzahlung gelten die obigen Ausführungen zu § 45 SGB X entsprechend.
Oft stützen Jobcenter die Aufhebung einer von Anfang an falschen Entscheidung fälschlicherweise auf § 48 SGB X statt auf § 45 SGB X. Da bei grober Fahrlässigkeit sowohl nach § 48 SGB X (§ 330 Abs. 3 SGB III) als auch nach § 45 SGB X (§ 330 Abs. 2 SGB III) kein Ermessen bleibt, ist die Verwechslung der Rechtsgrundlage ein bloßer Begründungsfehler, der sich bei inhaltlicher Richtigkeit der Entscheidung (der Leistungsbezieher hat eine Überzahlung verschuldet) nach § 41 SGB X nicht auswirkt (BSG vom 16.12.2008 – B 4 AS 48/07 R; LSG Berlin-Brandenburg vom 17.11.2010 – L 5 AS 1710/08; BSG vom 21.6.2011 – B 4 AS 22/10 R).

Bloßer Begründungsfehler

Dass ein Aufhebungsbescheid auf § 48 SGB X statt richtigerweise auf § 45 SGB X gestützt wurde, behält ausnahmsweise eine Bedeutung bei einer über einen Bewilligungsabschnitt hinausreichenden Leistungsüberzahlung (z. B. wegen der Erzielung von Einkommen). Hat der Leistungsempfänger weder seine Pflicht zur Mitteilung des Einkommens verletzt noch grob fahrlässig den (teilweisen) Wegfall seines Leistungsanspruchs nicht erkannt, berechtigt § 48 Abs. 1 Nr. 3 SGB X i. V. m. § 330 Abs. 3 SGB III nur zu einer Aufhebung und Rückforderung der im laufenden Bewilligungsabschnitt überzahlten Leistung.

Beispiel

K. zeigt im laufenden Alg II-Bezug eine Nebentätigkeit mit einem festen, regelmäßigen Nebeneinkommen an. Nach der Mitteilung läuft der Bewilligungsabschnitt aus und K. muss einen Neuantrag stellen. In diesem Neuantrag gibt er die Nebentätigkeit ebenfalls an. Dennoch erhält er weiter ungekürzt Alg II.

Verschulden an Leistungsüberzahlung

Hier sind die nach Entdeckung des Fehlers ergehenden Aufhebungs- und Erstattungsbescheide nach § 48 Abs. 1 Nr. 3 SGB X für den laufenden Bewilligungsabschnitt richtig. Für den neuen Bewilligungsabschnitt gilt § 45 SGB X. Dieser setzt für eine rückwirkende Aufhebung wegen der richtigen Angaben des K. bei der Antragstellung das Wissen oder grob fahrlässige Nichtwissen der Unrichtigkeit der Alg II-

Bewilligung voraus. Eine Umdeutung der auf § 48 SGB X gestützten Entscheidung in einen Bescheid nach § 45 SGB X kommt also nur in Betracht, wenn K. grobe Fahrlässigkeit nachgewiesen werden kann. Ist das nicht möglich, darf K. die im neuen Bewilligungsabschnitt überzahlten Leistungen behalten.

Auf eine wesentliche Änderung der Verhältnisse kann auch dann mit § 48 SGB X reagiert werden, wenn der Ausgangsbescheid rechtwidrig ist, aber wegen Vertrauensschutzes Bestand hat (BSG vom 17.6.2008 – B 8 AY 9/07 R; LSG NRW vom 1.12.2010 – L 7 AS 789/10 B ER und vom 28.3.2013 – B 4 AS 59/12 R).

§ 48 SGB X trotz fehlerhafter Anfangs-Bewilligung

R. wurde wegen fehlerhafter Berechnung des Freibetrages nach § 11b Abs. 3 SGB II zu Unrecht Alg II bewilligt. Dieser Fehler wird erst nach Ablauf des Bewilligungsabschnitts bemerkt; R. konnte ihn nicht erkennen. Im Verlauf des Bewilligungsabschnitts war Einmaleinkommen zugeflossen. Diese Änderung kann das Jobcenter mit § 48 SGB X umsetzen.

Beispiel

Kann eine von Anfang an fehlerhafte Bewilligung wegen Vertrauensschutzes nicht korrigiert werden, ist das Jobcenter nach § 48 Abs. 3 SGB X berechtigt, eine Änderung zugunsten des Leistungsberechtigten gegen die rechtwidrige Begünstigung »aufzurechnen«.

Abschmelzen einer rechtswidrigen Begünstigung

R. wurde wegen fehlerhafter Berechnung des Freibetrages nach § 11b Abs. 3 SGB II im Bewilligungszeitraum Mai bis Oktober zu viel Alg II bewilligt. Der für R. nicht erkennbare Fehler wird anlässlich der Dynamisierung des Regelbedarfs zum 1.1. (§ 20 Abs. 5 SGB II) entdeckt und mit einem § 45 SGB X-Bescheid vom 15.2. für März (für die Zukunft, d. h. nach Zugang des Aufhebungsbescheides) korrigiert. Für die Monate Januar und Februar kann das Jobcenter die Erhöhung des Regelbedarfs auslassen, soweit sich schon aus der fehlerhaften Einkommensanrechnung eine Begünstigung ergibt.

Beispiel

Beruht die Leistungsüberzahlung darauf, dass **nach** Zugang des Bewilligungsbescheides anrechenbares Einkommen zugeflossen ist, muss die Bewilligung von dem durch § 11 SGB II i. V. m. § 2 Alg II-VO bestimmten Anrechnungszeitpunkt an korrigiert oder ganz aufgehoben werden. Die Leistungsüberzahlung muss nicht verschuldet sein.

Kein Verschulden bei Einkommenserzielung

3   **Erstattung nach aufgehobener Bewilligung**
       § 50 SGB X

Entsprechend der Rechenregel des § 9 Abs. 2 Satz 3 SGB II, die jedem Mitglied der BG einen individuellen Leistungsanspruch zuordnet, sind die zu Unrecht gezahlten Leistungen zu errechnen und nach § 50 SGB X zurückzufordern.

Empfänger der Überzahlung i. S. von § 50 SGB X ist immer derjenige, der Inhaber des Leistungsanspruchs gegen das Jobcenter ist, also der

Individuelle Rückforderung

Hilfesuchende, dem die Leistung zugedacht war. Die Zurechnung von Verschulden im Verhältnis Eltern – minderjähriges Kind oder BG-Mitglied – beauftragter BG-Vertreter ändert hieran nichts. Selbst wenn z. B. die Eltern Einkommen des Kindes für sich verbrauchen, kann die Überzahlung nur vom Kind zurückgefordert werden (BVerwG vom 30.4.1992 – 5 C 29.88). In diesem Fall kommt eine Haftung der Eltern nach § 34a SGB II in Betracht.

Korrektur bei nicht funktionierender BG

Um Härten zu vermeiden, kann es in einer nicht funktionierenden BG geboten sein, eine Rückforderung gemäß § 50 SGB X nach § 44 SGB II zu erlassen. Dasselbe gilt nach Auflösung der BG, wenn glaubhaft gemacht wird, dass der Einkommensbezieher den nach § 9 Abs. 2 Satz 3 SGB II dem Partner oder Kind zugeordneten Einkommensbestandteil selbst verbraucht hat.

Fiktives Wohngeld

Nach § 40 Abs. 4 SGB II a. F. reduzierte sich im Fall einer rückwirkenden Alg II-Aufhebung nach § 48 SGB X trotz Gutgläubigkeit der Betroffenen (nachträglicher Zufluss von Einkommen) die Erstattung der für die KdU-Bedarfe zu Unrecht erbrachten Leistungen auf 56% dieser Leistungen. Damit sollten Personen, deren Bewilligung von Alg II oder Sozialgeld mit Wirkung für die Vergangenheit ganz aufgehoben wurde, durch eine Beschränkung der Erstattung im Hinblick auf den Wohngeldausschluss pauschal so gestellt werden, als wenn sie Wohngeld erhalten hätten (vgl. BT-Drs. 15/1516, S. 63; 15/1761, S. 7).

Neu

Seit 1.1.2016 gibt § 25 Abs. 4 WoGG im Fall einer rückwirkenden Alg II-Aufhebung nach § 48 SGB X eine rückwirkende Antragsbefugnis, was die Zuerkennung eines fiktiven Wohngeldanteils entbehrlich macht. **Übergangsweise** gilt § 40 Abs. 4 SGB II a. F. als § 40 Abs. 9 SGB II n. F. noch **bis zum 31.12.2016** weiter. Bis dahin haben redliche Leistungsberechtigte Anspruch darauf, dass die Erstattungsforderung nach § 50 SGB X als Folge einer Aufhebung nach § 48 Abs. 1 Satz 2 Nr. 3 SGB X auf 56% der gewährten KdU-Leistungen beschränkt wird. Ausweislich der Begründung zum 9. SGB II-ÄndG sind sie nicht verpflichtet, Wohngeld unter Verzicht auf die Begrenzung der Erstattungsforderung zu beantragen:

> »Die in Artikel 1 Nummer 34 Buchstabe f sowie Artikel 3 Absatz 1, 3 und 6 bis 9 genannten Änderungen treten zum 1. Januar 2017 in Kraft, damit die durch die Änderungen zu erwartenden geringen Mehrbelastungen der Wohngeldbehörden nicht mit den Belastungen durch die Wohngeldreform 2016 zusammenfallen. Zudem entstehen mögliche Mehrausgaben im Wohngeld dadurch erst im Kalenderjahr 2017.« (BT-Drs. 18/8041, S. 65).

Berechnung

Der fiktive Wohngeldanteil bestimmt sich nach den rechnerisch zu berücksichtigenden KdU-Bedarfen und nicht den – ggfs. nach Abzug von Einkommen – gewährten Auszahlungsbeträgen (LSG Niedersachsen-Bremen vom 26.5.2015 – L 7 AS 643/13, Revision anhängig – B 14 AS 31/15 R).

Nach § 50 Abs. 2 SGB X gelten für die Erstattung von ohne Verwaltungsakt zu Unrecht erbrachten Leistungen die §§ 45 und 48 SGB X und darüber hinaus i. V. m. § 40 Abs. 1 Nr. 3 SGB II auch § 330 SGB III entsprechend (BSG vom 22.8.2012 – B 14 AS 165/11 R). Unter § 50 Abs. 2 SGB X fällt allerdings nicht jede Zahlung des Jobcenters an einen Dritten. Vielmehr muss eine Leistungsbeziehung zwischen dem Dritten und dem Jobcenter bestehen (LSG Baden-Württemberg vom 9.12.2008 – L 13 AS 651/07).

Erstattung ohne Bescheid gezahlter Leistungen

K. bezieht Alg II. Wegen Zuerkennung einer Altersrente hebt das Jobcenter die Alg II-Bewilligung auf. Dennoch wird für einen Monat noch weiter Alg II gezahlt. Die Rückforderung mit Erstattungsbescheid nach § 50 SGB X ist zulässig, wenn K. wusste, dass ihm als Rentner kein Alg II mehr zusteht.

Beispiel

Sind einem außerhalb des Leistungsverhältnisses stehenden Dritten zu Unrecht Leistungen gezahlt worden, müssen diese mittels einer Klage zurückgeholt werden.

G. lebt mit K. in Einstandspartnerschaft zusammen. Das Alg II wird auf das Konto von G. überwiesen. Nach Auszug von G. teilt K. dem Jobcenter mit, dass die Leistung künftig auf ihr Konto gehen soll. Dennoch wird das K. zustehende Alg II weiter auf das Konto von G. gezahlt. Hier muss das Jobcenter erneut an K. leisten, von G. muss es die Überzahlung einklagen.

Beispiel

Hat das Jobcenter mit Einverständnis des Leistungsberechtigten die Unterkunftskosten direkt auf ein Konto des Vermieters gezahlt, muss es eine Überzahlung von Mietkosten dennoch vom Leistungsberechtigten zurückfordern. Der Vermieter kann nur dann auf Rückzahlung verklagt werden, wenn er sich die Forderung auf Übernahme der Unterkunftskosten vom Leistungsberechtigten hatte abtreten lassen (SG Karlsruhe vom 26.3.2010 – S 17 AS 1435/09; BayLSG vom 5.8.2015 – L 7 AS 263/15, Revision anhängig – B 14 AS 33/15 R).

Direktzahlungen an Vermieter

Zur Befugnis des Leistungsberechtigten, trotz Direktzahlung eine Mietminderung gegenüber dem Vermieter geltend zu machen s. LG Berlin vom 13.3.2015 – 65 S 477/14.

Nach § 40 Abs. 5 Satz 2 SGB II findet § 118 Absatz 3 bis 4a SGB VI mit der Maßgabe entsprechende Anwendung, dass Geldleistungen, die für die Zeit nach dem Monat des Todes der leistungsberechtigten Person überwiesen wurden, als unter Vorbehalt erbracht gelten.

Zahlung im Sterbe-Folge-monat

Durch § 39 SGB II ist klargestellt worden, dass Widerspruch und Klage gegen den Erstattungsbescheid nach § 50 SGB X aufschiebende Wirkung haben, d.h. die Forderung muss erst dann beglichen werden, wenn das Widerspruchs- oder Klageverfahren abgeschlossen ist.

Aufschiebende Wirkung von Widerspruch und Klage

Keine aufschiebende Wirkung

Keine aufschiebende Wirkung haben Widerspruch und Klage gegen die Aufhebungsentscheidung nach §§ 45, 48 SGB X, auf der die mit Widerspruch aufschiebbare Erstattungsforderung nach § 50 SGB X beruht.

Beispiel

K. bezieht für sich und ihr fünfjähriges Kind Alg II und Sozialgeld. Außerdem erhält sie den Mehrbedarf wegen Alleinerziehung. Nach einer Außendienstprüfung im März stellt das Jobcenter die Zahlung des Alleinerziehungszuschlags ab 1.6. ein und kürzt das Alg II von 404 € auf 364 €. Mit Bescheid vom 17.5. wird die Bewilligung des Alleinerziehungszuschlags und des vollen Alg II-Regelbedarfs seit 1.3. aufgehoben, weil K. mit einem Partner zusammenlebe. Zugleich fordert das Jobcenter die überzahlten Leistungen im Zeitraum März bis Mai zurück. Erhebt K. Widerspruch gegen den Aufhebungs- und Erstattungsbescheid, muss sie die errechnete Überzahlung vor Prüfung des Widerspruchs nicht erstatten. Gegen die Kürzung der Leistung ab Juni muss sie in einem Eilverfahren bei Gericht nach § 86b Abs. 1 SGG beantragen, dass der Widerspruch gegen die Teilaufhebung aufschiebende Wirkung haben soll. Das BVerfG vom 30.10.2009 – 1 BvR 2395/09 hat § 39 SGB II im Hinblick auf diesen Eilrechtsschutz als verfassungsgemäß beurteilt.

Forderungsvollstreckung

Die Jobcenter können mit einem Vertrag nach § 44b SGB II die BA mit der Vollstreckung einer SGB II-Forderung beauftragen. Die Zuständigkeit der BA beschränkt sich dabei auf die Einziehung der Forderung. Inhaltliche Einwände gegen einen SGB II-Erstattungsbescheid müssen gegenüber dem Jobcenter mit Widerspruch, Klage oder § 44 SGB X-Antrag gegen die der Forderung zugrunde liegenden Bescheide geltend gemacht werden.

Eine von der BA verschickte Mahnung ist **nur** bzgl. der Festsetzung der Mahngebühr ein anfechtbarer Verwaltungsakt (BSG vom 26.5.2011 – B 14 AS 54/10 R). Widerspruch und Klage gegen die Mahngebühr sind gegen die BA, vertreten durch die AA Bochum zu richten, nicht gegen das Jobcenter.

Keine Mahngebühren

Sehr häufig wird nicht beachtet, dass rechtzeitig Widerspruch oder Klage gegen den Erstattungsbescheid erhoben wurde. Die Vollstreckung der Forderung und die Erhebung von Mahngebühren sind dann rechtswidrig.

Vollstreckungsankündigung

Zuständig für die Durchführung der Vollstreckungen sind im Außenverhältnis zu den (ehemals) Leistungsberechtigten die Hauptzollämter (s. dazu BSG vom 25.6.2015 – B 14 AS 38/14 R). Die Vollstreckungsankündigungen des Hauptzollamtes sind keine Verwaltungsakte (LSG NRW vom 9.3.2016 – L 19 AS 374/16 B). Als Verteidigungsmöglichkeit gegen die Vollstreckungsankündigungen scheidet daher ein Widerspruch aus. Stattdessen ist ein Antrag beim Jobcenter auf Einstellung der Vollstreckung nach § 257 AO zu stellen (BSG vom 25.6.2015 – B 14 AS 38/14 R; a. A. LSG Berlin-Brandenburg vom 27.7.2015 – L 31 AS 1407/15 B PKH: Antrag nach § 257 AO beim Hauptzollamt, ggf. beim Finanzgericht; s. auch BayLSG vom 13.11.2015 – L 7 AS 736/15 B ER).

Unklar ist die Zuständigkeit für Stundungs- und Ratenzahlungsan-
träge (näher dazu SG Kiel vom 6.2.2014 – S 21 SF 98/13 E; BayLSG
vom 29.4.2014 – L 7 AS 260/14 B ER).

Zu den erheblichen Problemen bei der Organisation des Forderungseinzugs s. BT-Drs. 17/7794.

4   Minderjährigenhaftung

Der Grundsatz, dass die in einer BG individuell bestehenden Leistungsansprüche auch nur individuell rückabgewickelt werden können, bedeutet, dass überzahlte Leistungen an Kinder in der
BG nur gegenüber diesen Kindern aufgehoben werden können. Setzt
die Aufhebung ein Verschulden voraus, muss daher zunächst geprüft
werden, ob das Kind die Überzahlung verschuldet hat, was bei hand-
lungsfähigen Kindern nach § 36 SGB I (ab dem 15. Geburtstag) möglich ist. Bei kleineren Kindern oder von den Eltern übernommenen
Behördengeschäften ist streitig, ob ein Verschulden der Eltern dem
Kind zugerechnet werden kann. Das BVerwG vom 30.4.1992 – 5 C
29.88 hatte zu Leistungen nach dem BSHG ohne weiteres angenommen, dass ein Fehlverhalten des gesetzlichen Vertreters dem Vertretenen zugerechnet werden kann und folglich eine Rücknahme und eine Rückforderung gegen den Vertretenen rechtfertigen (so auch VG
Hamburg vom 14.1.2003 – 13 VG 4777/2001; BayLSG vom 1.7.2010 –
L 11 AS 162/09; LSG Sachsen-Anhalt vom 25.7.2012 – L 5 AS 56/10;
vgl. auch BayLSG vom 30.3.2004 – L 17 U 183/03). Das BSG vom
7.7.2011 – B 14 AS 144/10 R hat die Entscheidung des BayLSG, a.a.O.
mit der Begründung aufgehoben, dass der 17 Jahre alte Jugendliche
in der BG nicht in eigener Person nach § 24 SGB X angehört wurde;
die Anhörung des BG-Vorstandes könne dem gemäß § 36 SGB I hand-
lungsfähigen Jugendlichen in der BG nicht »zugerechnet« werden.

Haftung
Minderjähriger?

Der Aufhebungsbescheid, der ein Kind betrifft, muss – da das Kind
gemäß § 36 SGB I nicht handlungsfähig ist – an den gesetzlichen Vertreter gerichtet werden; dieser ist auch anzuhören. Bei gemeinsa-
mem Leistungsbezug in einer BG muss dann nicht nur klargestellt
werden, dass lediglich die für das Kind gezahlten Leistungen betroffen sein sollen, sondern auch, dass nur ihm gegenüber die Aufhebung
erfolgt und die Erstattung gefordert wird (HessLSG vom 26.8.2011 –
L 7 SO 13/10).

Sind Überzahlungen an minderjährige Kinder von den Eltern verschuldet worden und können die Eltern die Rückforderung nach § 50 SGB X
oder § 34a SGB II nicht begleichen, werden die Kinder zu Schuldnern,
obwohl sie die Überzahlung nicht zu verantworten haben und die
Rückforderung häufig mangels Einkommen auch nicht tilgen können.
Dieses Ergebnis ist schwer vermittelbar, dennoch hat die Bundesregierung einen konstruktiven Lösungsvorschlag (s. dazu BR-Drs. 661/1/10,
S. 42) mit der irreführenden Erklärung zurückgewiesen, die Kinder

Haftungs-
begrenzung?

seien über § 1629a BGB ausreichend geschützt. Zwar hat das BSG vom 7.7.2011 – B 14 AS 153/10 R und vom 18.11.2014 – B 4 AS 12/14 R entschieden, dass § 1629a BGB auf SGB II-Leistungen anwendbar ist, der dadurch gegebene Schutz sichert den Minderjährigen aber nur,

– soweit die Überzahlung auf einem dem Minderjährigen zurechenbaren Fehlverhalten seines (leiblichen) Elternteils (des gesetzlichen Vertreters) beruht;

– die vom gesetzlichen Vertreter verursachte Leistungsüberzahlung in die Phase der Minderjährigkeit fällt (auf den Zeitpunkt des Erlasses des Aufhebungs- und Erstattungsbescheides kommt es nach BSG vom 18.11.2014 – B 4 AS 12/14 R nicht an);

– die Erstattungsforderung bis zum Eintritt der Volljährigkeit noch nicht aufgerechnet oder auf sonstige Weise getilgt wurde. Entgegen einem häufigen Missverständnis schließt § 1629a BGB eine Aufrechnung der Erstattungsforderung mit laufenden SGB II-Leistungen des Minderjährigen (§ 43 SGB II) nicht aus. Allenfalls kann im Rahmen des dem Jobcenter in § 43 SGB II eingeräumten Ermessens, »ob« aufgerechnet wird, der Schutz Minderjähriger berücksichtigt werden.

Prüfung von Amts wegen

§ 1629a BGB kommt mithin erst bei Eintritt der Volljährigkeit zum Zug. Das Jobcenter **muss** dann von Amts wegen prüfen, über welches Vermögen die/der Minderjährige am 18. Geburtstag verfügt und **muss** den § 50 SGB X-Bescheid auf diesen Betrag kürzen.

Eine bloße Stornierung des Forderungseinzugs erfüllt die Sicherungsfunktion des § 1629a BGB nicht!

Kein Antrag erforderlich

Weil der Eintritt der Volljährigkeit in Bezug auf die Erstattungsforderung bzw. den Bescheid nach § 50 SGB X eine wesentliche Änderung zugunsten der Betroffenen i. S. von § 48 Abs. 1 Satz 2 Nr. 1 SGB X darstellt (BSG vom 7.7.2011 – B 14 AS 153/10 R), bedarf es weder eines Antrags auf Haftungsbeschränkung noch muss diese mit einer Einrede geltend gemacht werden.

Auch Schonvermögen zählt

Die Regelungen zum Schonvermögen gelten für den Nachweis, über wie viel Vermögen der Forderungsschuldner an seinem 18. Geburtstag verfügt, nicht; d. h. auch Vermögen unterhalb der Schongrenzen des § 12 SGB II muss zur Rückzahlung eingesetzt werden (BayLSG vom 25.11.2015 – L 11 AS 723/13).

Keine Rückabwicklung

Muss die Forderung mangels Vermögen bei Eintritt der Volljährigkeit kassiert oder gekürzt werden, werden etwaige, bis zum Eintritt der Volljährigkeit erbrachte Tilgungsleistungen der Forderung nicht zurückgezahlt, auch wenn das Vermögen unterhalb der Summe der Tilgungsleistungen liegt.

Ist die Erstattungsforderung angefochten worden und wird der Minderjährige im laufenden Widerspruchsverfahren volljährig, ist die Erstattungsforderung, soweit sie das Vermögen bei Eintritt der Volljährigkeit übersteigt, von Anfang an rechtswidrig und entsprechend aufzuheben (SG Berlin vom 28.4.2014 – S 82 AS 36391/10). Entsprechendes gilt bei Eintritt der Volljährigkeit in einem laufenden Klageverfahren gegen die Aufhebung und Erstattung.

Forderung im Zweifel nicht bestandkräftig werden lassen

Für die Kinder bleibt nur der unsichere Weg über § 44 SGB II. Danach kann eine Forderung wegen persönlicher oder sachlicher Unbilligkeit erlassen werden, wozu aber allein der Umstand, dass die Eltern die Überzahlung verschuldet haben, wohl nicht gehören dürfte (vgl. zu den Voraussetzungen eines Erlasses nach der vergleichbaren Regelung des § 76 SGB IV LSG Berlin-Brandenburg vom 12.11.2008 – L 30 AL 18/07). Unter Verweis auf einen möglichen Erlass in Härtefällen hat das BVerfG vom 15.4.2005 – 1 BvL 6/03, 1 BvL 8/04 eine Vorlage zur Prüfung der Verfassungsmäßigkeit von § 330 SGB III (Wegfall der Ermessensprüfung) nicht zur Entscheidung angenommen.

Erlass

5 Rückabwicklung wegen verschwiegenen Einkommens oder Vermögens

Für die Berechnung laufender Leistungen bzw. die Bestimmung des aktuellen Hilfebedarfs hat das BSG in zahlreichen Entscheidungen den Grundsatz geprägt, dass nur verfügbares Einkommen als bereite Mittel auf den Bedarf angerechnet werden kann. Fällt das Einkommen weg, ist Alg II wegen einer wesentlichen Änderung der Verhältnisse i. S. von § 48 SGB X ungekürzt zu bewilligen. Die Gründe für den Wegfall können mit Blick auf eine etwaige Sanktion oder Ersatzhaftung nach § 34 SGB II bedeutsam sein.
Das gilt auch für Einmaleinkommen, dessen Anrechnung in § 11 Abs. 3 SGB II vorgegeben ist. Das LSG Niedersachsen-Bremen vom 3.2.2014 – L 15 AS 437/13 B ER zieht daraus den Schluss, dass Einmaleinkommen ungeachtet seines Vorhandenseins in dem von § 11 Abs. 3 SGB II bestimmten Anrechnungszeitraum auf den Hilfebedarf anzurechnen sei; a. A. LSG Sachsen-Anhalt vom 20.8.2014 – L 4 AS 273/14 B ER).
Für einen vorzeitigen Verbrauch des auf den laufenden Hilfebedarf angerechneten Einmaleinkommens ist mit der aus Gründen der technischen Umsetzbarkeit erst am 1.1.2017 in Kraft tretenden Darlehensregelung des § 24 Abs. 4 Satz 2 SGB II klargestellt worden, dass ein laufender Hilfebedarf stets mit Leistungen, ggf. zum Darlehen abgeschwächt, gedeckt werden **muss**; der Verweis auf eine fiktive Bedarfsdeckung ist rechtswidrig.

5.1   Fiktiver Einkommensverbrauch?

In einem Fall, in dem der **nachträglich** auf Rückforderung wegen verschwiegenen Einmaleinkommens in Anspruch genommene Kläger eingewandt hatte, er habe das Einkommen in der von § 11 Abs. 3 SGB II vorgegebenen Anrechnungsphase verbraucht, hat das BSG vom 10.9.2013 – B 4 AS 89/12 R diesen Einwand für unbeachtlich erklärt, soweit der Bewilligungsabschnitt betroffen ist, in dem das Einmaleinkommen zufloss. Der vorzeitige Verbrauch stelle bei späterer Rückforderung keine wesentliche Änderung der Verhältnisse i. S. von § 48 SGB X dar, weil nicht eine aktuelle Bedarfslage ungedeckt bleibe, sondern nur eine künftige Forderung des Jobcenters betroffen sei.

Dem kann in dieser Allgemeinheit auf dem Boden der bis zum 31.12.2016 geltenden Rechtslage nicht zugestimmt werden. Maßstab für die Anrechnung von Einkommen ist im SGB II die **tatsächliche** Verfügbarkeit über das Einkommen. Ob die Entreicherung vor dem (erneuten) Alg II-Bezug oder im laufenden Alg II-Bezug passiert, ist kein für die §§ 45, 48 SGB X erhebliches Kriterium. Das der Entscheidung des BSG vom 10.9.2013, a.a.O. zugrunde liegende Bestreben, eine »Sozialisierung« von Verbindlichkeiten zu verhindern, führt zu willkürlichen Ergebnissen und Wertungswidersprüchen.

Beispiel
Variante 1

K. fließen im laufenden Alg II-Bezug 5.000 € zu. Er meldet dies dem Jobcenter, das die Leistungen für sechs Monate aufhebt. Nach zwei Monaten beantragt K. erneut Alg II, weil er nach einem verschuldeten Wasserschaden einen Betrag von 3.500 € an den Vermieter gezahlt hat.
Das Jobcenter muss Alg II gewähren (BSG vom 29.11.2012 – B 14 AS 33/12 R), eine Haftung nach § 34 SGB II scheidet nach den vom BSG hierzu entwickelten Grundsätzen aus. K. kann auf diese Weise eine Verbindlichkeit »sozialisieren«.

Variante 2

H. fließen im laufenden Alg II-Bezug 5.000 € zu. Er verschweigt das dem Jobcenter. Zwei Monate nach Zufluss der 5.000 € muss H. wegen eines verschuldeten Wasserschadens einen Betrag von 3.500 € an den Vermieter zahlen. Das Jobcenter erfährt anlässlich eines Fortzahlungsantrags von dem Geldzufluss und fordert das Alg II für den von § 11 Abs. 3 SGB II vorgegebenen Anrechnungszeitraum, soweit er in den vom Zuflussmonat bestimmten Bewilligungsabschnitt fällt, zurück. Nach BSG zu Recht.

Die **ab 1.1.2017** geltende Darlehenslösung glättet die unserer Ansicht nach ungerechtfertigte Schlechterstellung des Leistungsberechtigten in der Fall-Variante 2. Denn auch in Fall-Variante 1 muss K. wegen des vorzeitigen Verbrauchs der Einmalzahlung die deshalb benötigte Hilfe zurückzahlen (als Darlehen nach § 24 Abs. 4 Satz 2 SGB II). Dass K. das Darlehen erst nach Einsetzen der regulären Alg II-Leistungen mit 10% tilgen muss, während vom unredlichen H. eine Tilgung der Überzahlung mit 30% der laufenden Leistung verlangt werden kann, ist mit dessen schwerwiegenderem Verschulden gut begründbar.

Wenn Einmaleinkommen aus sonstigen Gründen als dem vorzeitigen Verbrauch nicht mehr zur Verfügung steht, die Darlehensregelung also nicht greift, gibt es für eine ungleiche Bewertung des Hilfebedarfs bei gemeldetem und verschwiegenem Einmaleinkommen keine sozialrechtliche Grundlage.

A. fließt im Bewilligungsabschnitt Mai bis Oktober am 15. Mai ein Geldgeschenk zu, das seine Bedürftigkeit nach der Rechenregel des § 11 Abs. 3 SGB II bis Oktober ausschließen würde. Ihm wird das Geld bei einem Wohnungseinbruch Mitte Juni gestohlen. Anlässlich des Ende Oktober gestellten Fortzahlungsantrags erfährt das Jobcenter von dem Geldzufluss und fordert – nach BSG vom 10.9.2013 zu Recht – das im Zeitraum 1.6. bis 31.10. gezahlte Alg II zurück.

Beispiel
Variante 1

B. fließt im Bewilligungsabschnitt Mai bis Oktober am 15. Mai ein Geldgeschenk zu. Er teilt dies dem Jobcenter mit, das die Alg II-Bewilligung ab 1.6. aufhebt. Weil B. das Geld bei einem Wohnungseinbruch Mitte Juni gestohlen wird, beantragt er im Juni Leistungen, die ihm ungekürzt (kein Fall nach §§ 24 Abs. 4 Satz 2, 31, 34 SGB II) gewährt werden müssen.

Variante 2

Das tragende Argument der BSG-Entscheidung vom 10.9.2013: Dass im Fall einer Rückforderung nach §§ 48, 50 SGB X keine aktuelle Bedarfslage, sondern nur eine künftige Forderung des Jobcenters betroffen sei, ist gegenüber der Ursache des Einkommensschwundes neutral, lässt also keine Differenzierung zwischen »freiwilligem« und »unfreiwilligem« Verbrauch zu.

Selbst wenn man dem BSG folgt, dass ein Kläger gegen eine Erstattungsforderung nach § 48 SGB X nicht einwenden könne, er sei nicht mehr bereichert, bleiben andere Folgen dieses Rechtssatzes inakzeptabel.

L. beantragt am 15.9. erstmals Alg II. Zwei Tage nach Zugang des Bewilligungsbescheides fließt ihm ein Betrag von 2.500 € zu. L. kauft davon Heizöl für den Winter. Dem Jobcenter teilt er das nicht mit, weil er denkt, er habe selbst für den Kauf des Heizöls sorgen müssen und bekomme vom Jobcenter laufende, auf den Monat berechnete Heizölabschläge. Anlässlich einer Prüfung der Kontobelege im Januar hebt das Jobcenter die Bewilligung ab Oktober für zwei Monate auf. Verschulden spielt beim Zufluss von Einkommen keine Rolle.
L. kann sich nach BSG vom 10.9.2013 – B 4 AS 89/12 R nicht auf den vorzeitigen Verbrauch berufen. Er kann für das erworbene Heizöl aber auch keinen Bedarf mehr geltend machen, weil er diesen ja gedeckt hatte. Ein schwer vermittelbares Ergebnis.

Beispiel

Nach BSG vom 10.9.2013 – B 4 AS 89/12 R ist der Hilfebedarf auch bei verschwiegenem Einkommen (unter der bis zum 31.12.2016 geltenden Rechtslage) nach den tatsächlichen Verhältnissen zu bemessen, wenn es um Leistungen in einem neuen Bewilligungsabschnitt geht. Damit hängt der Umfang der Rückforderung der im Zufluss-Be-willigungsabschnitt überzahlten Leistungen von Zufälligkeiten im Verlauf des Bewilligungsabschnitts ab.

Beispiel Variante 1

G. wurde für den Zeitraum Mai bis Oktober Alg II bewilligt. Im Juli fließt ihm ein Betrag von 3.000 € zu. Davon hätte er seinen Hilfebe-darf für vier Monate decken können. Er verschweigt dem Jobcenter den Geldzufluss, weil er Spielschulden hat, die er mit dem Geld Ende August begleicht. Am 15.10. beantragt er für einen neuen Bewilli-gungsabschnitt Alg II.

Als der Einkommenszufluss über eine Anforderung der Kontobelege entdeckt wird, hebt das Jobcenter die Alg II-Bewilligung für August bis Oktober auf und fordert das anrechenbare Einmaleinkommen zu-rück. Nach BSG vom 10.9.2013 – B 4 AS 89/12 R zu Recht.

Variante 2

G. ist das Einmaleinkommen im Mai zugeflossen und er hat seine Spielschulden im Juni bezahlt; dann muss er dennoch Alg II für die vier Anrechnungs-Monate Juni bis September zurückzahlen.

Die Verlängerung der Regelbewilligungsdauer auf 1 Jahr nach § 41 Abs. 3 SGB II n. F. relativiert die gezeigten Zufallsergebnisse. Sachge-rechte Ergebnisse sind – folgt man der BSG-Rechtsprechung – aber erst **ab 1.1.2017** mit der Darlehensregelung (§ 24 Abs. 4 Satz 2 SGB II) zu erreichen. Im genannten Beispiel hätte G. sowohl in Vari-ante 1 als auch in Variante 2 gleichermaßen ab November nur An-spruch auf ein Darlehen. Für den vorangegangenen Bewilligungs-abschnitt ergibt sich die Rückforderung aus der Abschwächung der Zu-schussleistungen zum Darlehen (wesentliche Änderung nach § 48 SGB X), das mit dem laufenden Alg II ab Dezember (§ 42a Abs. 2 Satz 4 SGB II) getilgt werden muss.

5.2 Fiktiver Vermögensverbrauch?

Bei der Rücknahme von Bewilligungsbescheiden wegen ver-schwiegenen Vermögens ist in der Instanz-Rechtsprechung umstritten, ob rückschauend geprüft werden muss, ob und wie lange das zum Le-bensunterhalt einzusetzende Vermögen bei regulärem Ausgabeverhalten zur Bedarfsdeckung ausgereicht hätte (so SG Karlsruhe vom 30.6.2011 – S 13 AS 1217/09; LSG Sachsen-Anhalt vom 25.7.2012 – L 5 AS 56/10; SG Landshut vom 5.2.2014 – S 10 AS 390/12), oder ob solange angerechnet wird, bis das Vermögen auf die Freibetragsgrenze sinkt (so LSG Berlin-Brandenburg vom 12.3.2010 – L 5 AS 2340/08; LSG Baden-Württemberg vom 22.7.2011 – L 12 AS 4994/10; HessLSG vom 18.3.2016 – L 7 AS 730/14).
Die Prüfung eines fiktiven Vermögensverbrauchs liegt auf der Linie des BSG-Urteils vom 10.9.2013, ist aber anders als im Fall des Ein-wandes einer tatsächlichen Entreicherung spekulativ und im Zweifel nicht objektivierbar (lagen Umstände für einen regulären Ver-

brauchsbedarf vor oder gab es Anlässe zu Mehrausgaben? Wären diese im Fall einer Offenlegung des Vermögens getätigt worden?).

Das spricht im Fall der rückwirkenden Anrechnung von Vermögen im Rahmen der §§ 45, 48 SGB X für eine Beibehaltung des Faktizitätsprinzips. Unverhältnismäßige Härten bei der Rückzahlung können über einen (Teil-)Erlass nach § 44 SGB II abgewendet werden.

Es bleibt abzuwarten, wie das BSG in einem Fall der rückwirkenden Aufhebung wegen verschwiegenen Vermögens auf den Einwand, das Vermögen wäre im Fall des von § 3 SGB II geforderten Einsatzes für den Lebensunterhalt früher verbraucht worden, reagiert.

V   Aufrechnung
§§ 42a, 43 SGB II n. F.

Die Aufrechnungsbefugnisse des Jobcenters sind seit 2011 erheblich erweitert worden; sie durchbrechen den bisherigen Grundsatz, dass mit Leistungen zur Sicherung des Existenzminimums nur aufgerechnet werden darf, wenn Überzahlungen oder Ersatzansprüche zumindest grob fahrlässig verschuldet wurden. Jetzt kann auch mit Überzahlungen, die das Jobcenter verursacht hat, aufgerechnet werden.

Abkehr vom Verschuldensprinzip

Weiter verschärft wird die Situation durch Festlegung von Mindestaufrechnungsbeträgen und dem Verzicht auf eine Härteklausel wie in § 26 SGB XII. Das Ermessen der Jobcenter beschränkt sich nur noch auf die Frage, ob überhaupt aufgerechnet wird. Klargestellt ist seit 1.4.2011, dass es sich bei der Aufrechnung um einen Verwaltungsakt handelt (§ 43 Abs. 4 SGB II a.F. und n.F.).

1   Darlehens-Aufrechnung

§ 42a SGB II regelt, wann und auf welche Weise vom Jobcenter gewährte Darlehen zurückgezahlt werden müssen. Für Darlehen, die im laufenden Leistungsbezug gegeben werden, gilt der Grundsatz, dass sie ab dem Monat der Auszahlung mit der laufenden SGB II-Leistung getilgt werden.

Ermessen?

Vergleicht man den Wortlaut von § 42a SGB II mit der in § 43 SGB II gewählten Formulierung (die Jobcenter »können« gegen Geldleistungen zur Sicherung des Lebensunterhalts aufrechnen), scheint die Direkttilgung mit 10% der laufenden Regelleistung bei einem § 42a-Darlehen zwingend vorgegeben zu sein. Das LSG Berlin-Brandenburg vom 17.2.2016 – L 32 AS 516/15 B PKH hat jedoch überzeugend begründet, dass auch im Rahmen des § 42a SGB II die Entscheidung, ob aufgerechnet wird, im Ermessen des Jobcenters liegt. In der Praxis der Jobcenter wird kein Ermessen ausgeübt. Folgt man dem LSG Berlin-Brandenburg, a.a.O., sind automatisch durchgesetzte Tilgungen rechtswidrig. Eine Anfechtung des Darlehens-Ausführungsbescheides stoppt die laufende Tilgung (kein Anwendungsfall von § 39 SGB II: LSG Sachsen-Anhalt vom 27.12.2011 – L 5 AS 473/11 B ER; SG Dortmund vom 16.5.2014 – S 32 AS 484/14 ER; SG Leipzig vom 30.5.2014 – S 17 AS 1911/14 ER).

Dazu, wie das Ermessen sachgerecht ausgeübt werden muss → S. 938.

Ausnahmsweise keine Direkttilgung

Ungeachtet der höchstrichterlich noch zu klärenden Frage, ob auch im Rahmen des § 42a SGB II Ermessen auszuüben ist, regelt § 42a Abs. 2 Satz 4 SGB II Ausnahmen von der Direkttilgung. Während bis zum 31.7.2016 Härtefalldarlehen an Studenten oder Darlehen bis zur Verwertung einzusetzenden Vermögens nicht direkt – mit den Darlehensleistungen selbst – getilgt werden mussten, erweitert § 42a Abs. 2 Satz 4 SGB II dies generell auf Darlehen, die zur Sicherstellung des Lebensunterhalts gewährt werden. Der Gesetzgeber bezieht sich zur Begründung auf die **zum 1.1.2017** in Kraft tretende Darlehensregelung bei vorzeitigem Verbrauch von Einmaleinkommen. Das dann zu gewährende Darlehen soll nur mit Leistungen aufgerechnet werden, die als Zuschuss erbracht werden (BT-Drs. 18/8041, S. 55). Danach steht es im Ermessen des Jobcenters, ob es bereits in der Phase der Darlehensgewährung aufrechnet, soweit nach Anrechnung des Einmaleinkommens ein Rest-Hilfebedarf, der mit regulären Leistungen gedeckt werden muss, verbleibt oder bis zum Wiedereintritt in den vollen Zuschuss-Leistungsbezug wartet. Eine Aufrechnung, die zum Wegfall oder zur Zweckentfremdung des Zuschuss-Leistungsanspruchs führt, ist ermessensfehlerhaft.

Beispiel 1

J. bezieht laufend Alg II nach einem Bedarf von 810 €. Im Mai fließt ihm ein Geldbetrag von 4.850 € zu. Das Jobcenter rechnet dieses Einkommen ab Juni in Höhe von 778,33 € (4.850 € : 6 = 808,33 € – 30 € Versicherungspauschale) auf den Bedarf an. J. bleiben von Juni bis November monatlich 31,67 € Alg II-Zuschuss, wodurch die KV nach § 5 Abs.1 Nr. 2a SGB V aufrechterhalten wird. Im August ist das Einmaleinkommen durch Konsumausgaben verbraucht. J. beantragt Alg II ohne Anrechnung von Einmaleinkommen. Eine Tilgung des § 24 Abs. 4 Satz 2-Darlehens mit den 31,67 € Zuschuss-Alg II beendete die KV-Pflichtversicherung bzw. begründete einen zusätzlichen Hilfebedarf in Höhe der KV-Beiträge für die Weiterversicherung nach § 188 Abs. 4 SGB V. Das Jobcenter muss daher mit der Aufrechnung bis zum Ablauf der Darlehensphase warten.

Beispiel 2

A. bezieht laufend Alg II nach einem Bedarf von 810 €. Im Mai fließt ihm Einkommen in Höhe von 5.200 € zu. Das Jobcenter rechnet dieses Geld ab Juni in Höhe von 836,67 € (5.200 € : 6 = 866,67 € – 30 € Versicherungspauschale) auf den Bedarf an. A. kann mit dem bedarfsüberdeckenden Einkommen nicht die Beiträge zur KV und PV aufbringen. Er hat deshalb nach § 26 SGB II Anspruch auf einen Zuschuss, soweit sein Einkommen nicht zur Entrichtung der Beiträge reicht. Im August ist das Einmaleinkommen durch diverse Konsumausgaben verbraucht. A. beantragt ab September Alg II ohne Anrech-

nung von Einmaleinkommen. Eine Tilgung des § 24 Abs. 4 Satz 2-
Darlehens mit dem KV-/PV-Zuschuss führte zu Beitragsschulden. Das
Jobcenter muss mit der Aufrechnung bis zum Ablauf der Darlehens-
phase warten.

Darlehen für Mietkautionen oder Genossenschaftsanteile rechnen die
Jobcenter im Regelfall mit den laufenden Leistungen zum Lebensunterhalt nach §§ 20 – 23 SGB II auf. Hat der Leistungsberechtigte keine Mittel zur Tilgung des Darlehens (z.B. die Kaution der früheren
Wohnung), bewirkt die Aufrechnung nach § 42a SGB II über einen
langen Zeitraum hinweg die Kürzung von Regelbedarfen zum Zweck
der Tilgung einer den KdU-Bedarfen zuzurechnenden Leistung.
Ob das zulässig ist, muss das BSG nach widersprüchlicher Instanz-
Rechtsprechung klären (s. z.B. LSG Berlin-Brandenburg vom
20.3.2015 – L 20 AS 261/13; Revision anhängig – B 4 AS 14/15 R; vom
31.7.2015 – L 25 AS 1911/14 B PKH; LSG NRW vom 23.4.2015 – L 7
AS 1451/14, Revision anhängig – B 4 AS 24/15 R).

Kautionsdarlehen

Trifft eine Darlehenstilgung nach § 42a SGB II mit einer weiteren
Darlehensvergabe zusammen, bleibt es bei einem Gesamt-Tilgungs-
betrag von 10%, d.h. die frühere Forderung wird weiter bedient, das
später vergebene Darlehen muss anschließend getilgt werden. In
Kenntnis dieser richterrechtlich entwickelten Begrenzung der Darlehenstilgung (SG Karlsruhe vom 25.2.2014 – S 4 AS 1/14 ER; SG Berlin
vom 17.3.2015 – S 173 AS 23394/14; LSG Berlin-Brandenburg vom
29.7.2015 – L 32 AS 1688/15 B ER, s. auch vom 31.7.2015 – L 25 AS
1911/14 B PKH) hat der Gesetzgeber die seit 1.8.2016 geltende Fassung des § 42a SGB II insoweit unverändert gelassen. Die überzeu-
gende Rechtsprechung ist also weiterhin anzuwenden.

Zusammen-
treffen mehrerer
§ 42a-Auf-
rechnungen

Die mit der Streckung der Darlehenstilgung verbundene Leistungskürzung über sehr lange Zeiträume hinweg muss bei Überschreitung
der 3-Jahres-Grenze (§ 43 Abs. 4 SGB II) mit einem Erlass nach § 44
SGB II beendet werden, wenn die Zahl der Darlehen in den auf Kante
zusammengekürzten Regelbedarfspositionen oder sonstigen, unverschuldeten Zusatzbedarfslagen wurzelt.

Bei einem Zusammentreffen einer Kürzung nach §§ 31 bis 32 SGB II
mit einer Darlehenstilgung nach § 42a SGB II verweist § 42a Abs. 2
Satz 2 SGB II n.F. auf § 43 Abs. 3 SGB II n.F. (→ S. 941 f.).

Zusammentref-
fen von Sanktion
und Aufrechnung

Bei einem Überbrückungsdarlehen bis zur Verwertung einsetzbaren
Vermögens geht die Tilgung nach § 42a Abs. 3 SGB II der Grundregel
in § 42a Abs. 2 SGB II (10%-Direkttilgung) auch dann vor, wenn nach
der Vermögensverwertung weiter laufende SGB II-Leistungen bezogen werden (BayLSG vom 18.3.2015 – L 11 AS 104/15).

Vereinbarung
statt
Verwaltungsakt

Nach § 42a Abs. 1 SGB II können Darlehen an mehrere BG-Mitglieder
vergeben werden, die dann auch einzeln, in Höhe des ihnen zugeordneten Anteils, zur Rückzahlung verpflichtet sind. Der Gesetzeswort-

Keine Kopfteil-
Darlehen

laut lässt auch die Einbeziehung minderjähriger BG-Mitglieder zu. In der Rechtsprechung wird dies zu Recht als unzulässig gewertet (BSG vom 18.11.2014 – B 4 AS 3/14 R: Darlehen zur Begleichung von Mietschulden; LSG Sachsen vom 24.2.2015 – L 2 AS 1444/14 B ER: Darlehen zur Begleichung von Energieschulden).

Abweichende Tilgungsraten?

Dürfen § 42a-Darlehen mit laufenden Leistungen aufgerechnet werden, lässt § 42a Abs. 2 Satz 1 SGB II keinen Spielraum bei der Festlegung der Höhe der Tilgungsrate (10% des maßgeblichen Regelbedarfs).

Nach dem BVerfG-Urteil vom 23.7.2014 – 1 BvL 10/12 und 12/12, 1 BvR 1691/13 muss § 42a SGB II bei Nachweis einer Gefährdung des Existenzminimums verfassungskonform ausgelegt werden. Das ist über einen Teilerlass des 10%-Darlehens (§ 44 SGB II) oder eine Stundungs-/Ratenzahlungsvereinbarung analog § 76 SGB IV möglich (s. dazu LSG Baden-Württemberg vom 21.5.2013 – L 3 AL 457/13; SG Magdeburg vom 24.7.2015 – S 14 AS 1925/15 ER).

2 Überzahlungs-Aufrechnung

§ 43 SGB II regelt als Spezialvorschrift zu § 51 SGB I die Aufrechnung gegen Ansprüche auf laufende Geldleistungen zur Sicherung des Lebensunterhalts mit

– Erstattungsansprüchen nach § 42, 43 SGB I;

– Erstattungsansprüchen nach § 41a Abs. 6 SGB II;

– Rückforderungsansprüchen nach § 50 SGB X;

– Ersatzansprüchen nach §§ 34, 34a, 34b SGB II.

Ob nach dem Urteil des BVerfG vom 23.7.2014, a.a.O. eine um den Höchstaufrechnungsbetrag von 30% gekürzte Leistung noch als »unerlässliches« Existenzminimum bezeichnet werden kann (so OLG Braunschweig vom 19.5.2014 – 1 Ss 18/13 zur Bemessung einer Geldstrafe), ist zweifelhaft. Das BSG vom 9.3.2016 – B 14 AS 20/15 R hat keine Bedenken.

3 Ermessen

Das Gesetz gibt keinen Rahmen für die Ermessensausübung vor. Gesichtspunkte für die sachgerechte Ermessensausübung können sein,

– gegen wen sich die Aufrechnung richtet (Kind, behinderter Partner in der BG);

– welche Umstände zu einer Überzahlung geführt haben (Versäumnisse des Jobcenters, Unbeholfenheit der Leistungsberechtigten);

– welche Auswirkungen die Aufrechnung auf die Situation in der BG hat (sind die Leistungen schon längere Zeit wegen Darlehenstilgungen herabgesenkt worden, sind mehrere Personen in der BG von der Aufrechnung betroffen);

– welche Auswirkungen die Aufrechnung auf den Selbsthilfewillen des Leistungsberechtigten hat;

– ob ein Überprüfungsverfahren (§ 44 SGB X) gegen die Rückforderungsentscheidung läuft;

– ob die Rückforderung auf einer zweifelhaften Rechtslage beruht (abweichende Rechtsprechung, angekündigte Änderung, Abhilfeersuchen des Petitionsausschusses);

– ob die Rückforderung nach aktueller Rechtsprechung keinen Bestand mehr hätte;

– Auswahlermessen bei Gesamtschuldnerhaftung.

Die Festlegung der Aufrechnungshöhe von 10% bei unverschuldeter Leistungsüberzahlung und 30% in sonstigen Fällen stumpft die Ermessensausübung nicht auf das Schema ab: »10% könne man immer vom Regelbedarf abzwacken«. Das ist angesichts der BVerfG-Entscheidung vom 23.7.2014 – 1 BvL 10/12, 1 BvL 12/12, 1 BvR 1691/13 eine Unterschreitung des Ermessens.

Wie problematisch die Annahme ist, 10% des Regelbedarfs könnten stets ohne Not zur Tilgung eingesetzt werden, verdeutlicht auch ein Beschluss des BGH vom 25.11.2010 – VII ZB 111/09: Darin stellt der BGH unmissverständlich fest, dass selbst der Schuldner, der eine unerlaubte Handlung begangen habe, nicht den Schutz des Sozialstaates verliere; das mit den Regelbedarfen nach dem SGB XII definierte Existenzminimum dürfe bei der Zwangsvollstreckung (Pfändung) nicht unterschritten werden. Eine Begründung dafür, warum Bezieher von Alg II, die ihren Lebensunterhalt nur über die Regelbedarfe bestreiten, weniger Schutz benötigen, gibt § 43 SGB II nicht. Ein Verstoß gegen Art. 3 GG wird vom BSG vom 9.3.2016 – B 14 AS 20/15 R verneint. Zumindest in den Fällen einer unverschuldeten Leistungsüberzahlung ist die mit der Aufrechnung bewirkte Unterschreitung des Existenzminimums eine nicht gerechtfertigte Schlechterstellung SGB II-Leistungsberechtigter gegenüber der Vergleichsgruppe der SGB XII-Leistungsberechtigten (§ 26 SGB XII) und der Bezieher sonstiger Sozialleistungen, die nach § 51 SGB I vor einer existenzgefährdenden Aufrechnung geschützt sind (s. auch LSG NRW vom 27.3.2014 – L 19 AS 332/14 B zur Begrenzung der Dauer der Aufrechnung).

Die Aufrechnung ist ein belastender Verwaltungsakt. Daher muss zuvor angehört werden, ansonsten kann das Ermessen nicht richtig ausgeübt werden.

Willkürliche Schlechterstellung?

Anhörung

Begründung

Im Aufrechnungs-Verwaltungsakt muss die Ausübung von Ermessen aus der Begründung erkennbar sein. Ein Ankreuzschema oder Textbaustein ist keine ermessengesteuerte Entscheidung.

4   Aufrechnungslage

Die Aufrechnung ist erst möglich, wenn der Bescheid, mit dem die Rück- oder Ersatzforderung geltend gemacht wird, bestandskräftig geworden ist. Ein Überprüfungsantrag nach § 44 SGB X schließt die Aufrechnung nicht aus, kann aber zu einer Stundungsvereinbarung führen, die eine Aufrechnung bis zur Prüfung des 44 SGB X-Antrags aufschiebt.

Rechtswidrige Behördenpraxis

Häufig kombinieren Jobcenter Aufhebungsentscheidungen wegen nachträglich zufließenden Einkommens (§ 48 Abs. 1 Satz 2 Nr. 3 SGB X) sofort mit einer Aufrechnung der Erstattungsforderung und ziehen diese in Raten vom Alg II der Folgemonate ab. Das ist rechtswidrig: Die Aufrechnung muss wegen der verschuldensfreien Überzahlung besonders sorgfältig geprüft und vor Bestandkraft der Aufhebungsentscheidung muss nichts zurückgezahlt werden. Sind vor Einlegung eines Widerspruchs gegen solche Entscheidungen schon Raten abgezogen worden, müssen sie nach dem Widerspruch zurückgezahlt werden (SG Dortmund vom 16.5.2014 – S 32 AS 484/14 ER). § 43 Abs. 2 SGB II hindert die Jobcenter nicht daran, mit den Betroffenen individuell eine Vereinbarung über die Rückzahlung zu treffen, auch mit Tilgungen unter 10 % oder 30 % des Regelbedarfs. Hält man das für unzulässig, treibt man die Betroffenen in Widerspruchs- und Klageverfahren mit dem Ziel, über die aufschiebende Wirkung eine Stundung zu erreichen oder in einem Gerichtstermin einen Vergleich über die Rückzahlung zu schließen.

5   Verfahren

Bezugsgröße: Regelleistung

Die Aufrechnungsbefugnis umfasst ganz allgemein die »Geldleistungen zur Sicherung des Lebensunterhalts«. Bezugsgröße ist ungeachtet des konkreten Auszahlungsbetrages stets der volle Regelbedarf des Leistungsberechtigten, der die Leistungsüberzahlung verursacht hat. Die Aufrechnung kann daher auch allein die Unterkunftskosten treffen.

Beispiel

Ehepaar A. und B. mit Kind S. haben einen Gesamtbedarf von 1.229 €. Erwerbseinkommen wird in Höhe von 1.100 € angerechnet. Nach der Verteilungsregelung in § 19 Abs. 3 Satz 2 SGB II erhält die BG lediglich Unterkunftskosten in Höhe von 129 €. Dennoch kann der Leistungsträger mit einer gegen B. bestehenden Erstattungsforderung nach §§ 45, 50 SGB X in Höhe von 30 % des Regelbedarfs von 364 € gegen die laufenden Leistungen des B. aufrechnen.

Bei einem wegen Anrechnung von Einkommen des B. nur geringen Hilfebedarf kann es allerdings der Verhältnismäßigkeitsgrundsatz gebieten, von der Aufrechnung abzusehen.

§ 43 Abs. 2, Abs. 3 SGB II regeln das Zusammentreffen verschiedener Aufrechnungen nach § 43 SGB II. Es darf nie mehr als 30 % gekürzt werden. Wird während einer laufenden Aufrechnung nach § 43 SGB II eine weitere Aufrechnung erklärt, die im Ergebnis dazu führen würde, dass ein höherer Betrag als 30 % des maßgebenden Regelbedarfs anzurechnen wäre, wird die laufende, ältere Aufrechnung weitergeführt; eine neue Forderung kann jedoch erst dann zusätzlich aufgerechnet werden, wenn die Höhe aller Aufrechnungen einen Betrag von 30 % des Regelbedarfs nicht übersteigt.

Zusammentreffen
verschiedener
Aufrechnungen

Trifft eine Darlehenstilgung nach § 42a SGB II mit einer Aufrechnung nach § 43 SGB II zusammen, läuft die § 43-Aufrechnung weiter, muss aber an die hinzukommende Darlehenstilgung angepasst werden.

Zusammentreffen von § 43- und § 42a-Aufrechnung

Das Jobcenter rechnet eine Erstattungsforderung nach §§ 45, 50 SGB X mit laufenden Leistungen an den alleinstehenden B. auf (monatlich 121,20 €). Für eine Nachforderung von Energiekosten infolge von Strompreiserhöhungen wird B. ein Darlehen nach § 24 Abs. 1 SGB II gewährt. Mit Einsetzen der Tilgung im Folgemonat der Darlehensgewährung muss die 30%-Aufrechnung nach § 43 SGB II auf 20 % (= 80,80 €) reduziert werden.

Beispiel

Bei einem Zusammentreffen einer Kürzung nach §§ 31 bis 32 SGB II mit einer Aufrechnung soll § 43 Abs. 3 SGB II n. F. ausschließen, dass die Kürzung des maßgebenden Regelbedarfs einen Betrag von 30 % übersteigt. Die laufende Aufrechnung muss der Sanktion entsprechend angepasst werden. Wird der Sanktions-Kürzungsbetrag verringert oder durch ergänzende Sachleistungen kompensiert (ob das auch möglich ist bei Minderungen von weniger als 30 %, hat das BSG vom 29.4.2015 – B 4 AS 19/14 R offengelassen), darf dieses Ergebnis nicht durch Erhöhung der Aufrechnung unterlaufen werden.

Zusammentreffen
von Sanktion und
Aufrechnung

Wird in einem Bescheid sowohl die Aufhebung und Erstattung einer Leistungsüberzahlung gefordert als auch die Aufrechnung der Erstattungsforderung mit der laufenden Alg II-Bewilligung verfügt, bewirkt ein Widerspruch gegen diesen Bescheid, dass die Aufrechnung unzulässig wird. Denn die Vollziehung der Erstattungsforderung nach § 50 SGB X ist mit Einlegung des Widerspruchs aufgeschoben; § 39 SGB II gilt hier nicht (LSG Berlin-Brandenburg vom 30.7.2007 – L 28 B 1053/07 AS ER und vom 31.7.2008 – L 20 B 647/08 AS ER; LSG Hamburg vom 8.2.2008 – L 5 B 542/07 AS ER; LSG Sachsen-Anhalt vom 27.12.2011 – L 5 AS 473/11 B ER; BayLSG vom 21.6.2013 – L 7 AS 329/13 B ER; SG Dortmund vom 16.5.2014 – S 32 AS 484/14 ER).

Kombinierter
Aufhebungs- und
Aufrechnungs-
bescheid

Es ist zwischen dem Grundlagenbescheid über eine Aufrechnung und den dazu ergehenden Ausführungsbescheiden zu unterscheiden (s.

Pro Bewilligungs-
abschnitt

dazu BSG vom 9.3.2016 – B 14 AS 20/15 R). Während der Grundlagenbescheid nicht an den Verlauf eines Bewilligungsabschnitts gebunden ist, bezieht sich der Ausführungsbescheid jeweils auf die Dauer eines laufenden Bewilligungsabschnitts und regelt für diesen Abschnitt den monatlichen Aufrechnungebetrag. Zu Beginn eines neuen Bewilligungsabschnitts ist insoweit neu über die Aufrechnung zu entscheiden. Was die Aufrechnung als solche betrifft, handelt es sich bei dem Grundlagenbescheid um einen Dauer-Verwaltungsakt, der bei Änderung wesentlicher Umstände nach § 48 SGB X von Amts wegen entsprechend angepasst werden muss (s. dazu BSG vom 9.3.2016 – B 14 AS 20/15 R).

Übergangs-
regelung

§ 80 Abs. 3 SGB II regelt die Fortgeltung laufender Aufrechnungen für Leistungen, die nach § 40 Abs. 2 Nr. 1 SGB II i.d.F. bis 31.7.2016 (vorläufige Bewilligungen nach § 328 SGB III) sowie nach § 42, 43 SGB I erbracht wurden. Mangels einer sonstigen Übergangsregelung ist die gesetzliche Neuregelung auch auf Forderungen anzuwenden, die vor dem Inkrafttreten am 1.8.2016 entstanden sind (BSG vom 9.3.2016 – B 14 AS 20/15 R).

I   **Antrag**

1   **Leistungen erst ab Antrag**

Während im Sozialhilferecht der SGB XII-Träger schon ab Kenntnis der Hilfebedürftigkeit zur Leistung verpflichtet ist, werden SGB II-Leistungen gemäß § 37 SGB II nur auf und erst ab Antrag erbracht.

Alg II-Antrag auch formlos

Der Alg II-Antrag ist an keine Form gebunden; insbesondere muss er nicht persönlich oder unter Verwendung des Antragsformulars gestellt werden (LSG NRW vom 27.3.2008 – L 7 B 315/07 AS; LSG Niedersachsen-Bremen vom 21.9.2011 – L 7 AS 262/09; HessLSG vom 27.3.2013 – L 6 AS 400/12 B ER). Es genügt ein Telefax, notfalls ein telefonischer Antrag, wobei dann aber Sorge zu tragen ist, dass der Zeitpunkt des Antrags unverzüglich bestätigt wird. Die Abgabe des umfangreichen Antragsformulars hat bei vorangegangenem formlosem Antrag nur die Aufgabe, dem Jobcenter die Prüfung der Leistungsvoraussetzungen zu ermöglichen (LSG Berlin-Brandenburg vom 22.12.2006 – L 10 B 1217/06 AS ER; BayLSG vom 9.9.2008 – L 7 B 743/08 AS ER).

Keine Verwirkung bei Untätigbleiben

Verstreicht zwischen Antragstellung und Rückgabe des Antragsformulars eine längere Zeit, wird die Hilfebedürftigkeit besonders streng geprüft. Wird der ausgefüllte Antragsvordruck erst mehr als sechs Monate nach der Antragstellung vorgelegt, soll nach LSG Sachsen vom 15.5.2008 – L 2 AS 123/07 der Anspruch für die Zwischenzeit verwirkt sein. Diese Auffassung hat das BSG vom 28.10.2009 – B 14 AS 56/08 R verworfen (s. auch LSG Berlin-Brandenburg vom 14.11.2014 – L 34 AS 950/14).

Versagung und Neuantrag

Hat das Jobcenter ein Verfahren auf Bewilligung von Leistungen wegen fehlender Mitwirkung des Antragstellers nach § 66 SGB I versagt, endet die Wirkung der Versagung (§ 67 SGB I), wenn über einen Neuantrag zu entscheiden ist, unabhängig davon, ob die Mitwirkungshandlung inzwischen nachgeholt wurde oder nicht (BayLSG vom 19.1.2016 – L 7 AS 894/15 ER).

Die Absendung eines Alg II-Antrags ist kein Nachweis, dass der Antrag auch beim Jobcenter eingegangen ist, also gestellt wurde (LSG NRW vom 13.2.2008 – L 20 B 235/07 AS ER). Der Hilfesuchende trägt daher im Zweifel für den Zugang des Antrages die Beweislast. Nach LSG NRW vom 17.4.2008 – L 9 AS 69/07 besteht für normale Postsendungen kein Beweis des ersten Anscheins, dass eine zur Post gegebene Sendung den Empfänger auch erreicht. Es gilt lediglich bei nachgewiesenem Zugang der Anscheinsbeweis, dass ein Schreiben mit dem Inhalt angekommen ist, mit dem es abgesandt wurde.

Antrag per Fax

Für den Eingang eines per Fax übermittelten Alg II-Antrags ist auf den vollständigen Empfang (Speicherung) der gesendeten technischen Signale im Faxgerät des Jobcenters abzustellen. Das Vorliegen eines »OK«-Vermerks im Sendebericht belegt das Zustandekommen der Verbindung, falls eine Manipulation des Sendeberichts auszuschließen ist. Der Antragsteller kann daher im Streitfall durch die Vorlage eines nicht manipulierten Sendeprotokolls nachweisen, dass zwischen dem von ihm benutzten Faxgerät und dem von ihm angewählten Faxgerät des Jobcenters eine Verbindung zustande gekommen ist (BSG vom 20.10.2009 – B 5 R 84/09 B; s. auch LSG NRW vom 11.6.2013 – L 2 AS 205/13 B).

2   Neben Alg II-Antrag notwendige Anträge

Folgende Leistungen müssen gesondert beantragt werden:

- Darlehen nach § 24 Abs. 1 SGB II;
- Einmalsonderleistungen nach § 24 Abs. 3 SGB II;
- Schulausflüge und Klassenfahrten nach § 28 Abs. 2 SGB II;
- Kosten für die Schülerbeförderung nach § 28 Abs. 4 SGB II;
- Nachhilfeunterricht nach § 28 Abs. 5 SGB II;
- Gemeinsame Mittagsverpflegung in Schule und Kita nach § 28 Abs. 6 SGB II;
- Leistungen für Sport-, Musikunterricht u.Ä. nach § 28 Abs. 7 SGB II.

Die Anträge für ein Darlehen nach § 24 Abs. 1 SGB II und die Einmalsonderleistungen nach § 24 Abs. 3 SGB II (dazu LSG Sachsen-Anhalt vom 8.10.2015 – L 5 AS 638/14) wirken nicht auf den ersten des Monats, in dem der Antrag gestellt wird, zurück (→ S. 226). § 37 Abs. 2 Satz 2 SGB II ordnet die Rückwirkung nur für »Leistungen zur Sicherung des Lebensunterhalts« an. Dazu gehören nach § 19 Abs. 2, Abs. 3 SGB II der Regelbedarf nach § 20 SGB II, die Mehrbedarfe nach § 21 SGB II, die Leistungen für Unterkunft und Heizung nach § 22 SGB II, das Sozialgeld nach § 23 SGB II und die Leistungen für Bildung und Teilhabe nach § 28 SGB II.

Keine Rückwirkung

Der Antrag auf Leistungen für die Bedarfe nach § 28 Absatz 7 SGB II wirkt, soweit daneben andere Leistungen zur Sicherung des Lebensunterhalts erbracht werden, auf den Beginn des aktuellen Bewilligungszeitraums nach § 41 SGB II zurück.

Ausnahme: Teilhabebedarf

Leider hat der Gesetzgeber den sinnvollen Vorschlag des Bundesrates, für die gemeinschaftliche Mittagsverpflegung einen Erstantrag genügen zu lassen, um im laufenden Schuljahr eine Unterbrechung der Leistungsgewährung auszuschließen (BT-Drs. 18/8041, S. 96), nicht aufgegriffen. Es ist daher darauf zu achten, dass mit dem neuen Alg II-Weiterbewilligungsantrag auch der Antrag nach § 28 Abs. 6 SGB II erneuert wird.

Gemeinsames Mittagessen

Auch besondere Leistungen nur auf Antrag

Das SGB II sieht auch Leistungen für Personen vor, die keinen Anspruch auf laufende Leistungen zur Sicherung des Lebensunterhalts haben (Darlehen nach § 24 Abs. 3 Satz 2 SGB II) oder bei denen mit besonderen Hilfen (Zuschuss für Beiträge an die Kranken- und Pflegekassen) ein solcher Anspruch vermieden werden soll. Auch diese Leistungen werden nach § 37 Abs. 1 Satz 1 SGB II nur auf Antrag erbracht, der nicht gemäß § 37 Abs. 1 Satz 2 SGB II zurückwirkt.

Grundsatz der Meistbegünstigung

Der mit § 37 SGB II erschwerte Zugang zu SGB II-Leistungen wird sich unter Beachtung des Grundsatzes der Meistbegünstigung meist nicht zu Lasten der Hilfesuchenden auswirken. Denn dieser Grundsatz besagt, dass bei Prüfung eines Antrags ohne ausdrückliche Beschränkung auf eine bestimmte Leistung davon auszugehen ist, dass der Antragsteller die Sozialleistungen begehrt, die nach der Lage des Falls für ihn oder die Personen, für die er Leistungen (mit) beantragt, in Betracht kommen (dazu BSG vom 19.10.2010 – B 14 AS 16/09 R).

Der vom Vertreter der BG gestellte Antrag gilt nach dem Meistbegünstigungsgrundsatz daher als Leistungsantrag für alle Angehörigen der BG für alle nach dem SGB II in Betracht kommenden Ansprüche, also z. B. auch Mehrbedarfe für Krankenkost, Zuschüsse zu KV-/PV-Beiträgen (BayLSG vom 23.2.2007 – L 7 AS 179/06), die Kosten für Klassenfahrten (BSG vom 23.3.2010 – B 14 AS 6/09 R), Einmalsonderleistungen nach § 24 Abs. 3 SGB II (BSG vom 19.8.2010 – B 14 AS 10/09 R) oder den bis zum 31.7.2016 geltenden Mietzuschuss nach § 27 Abs. 3 SGB II (SG Berlin vom 17.12.2008 – S 37 AS 17404/07). Die Übernahme der Betriebskosten ist keine eigenständige Leistung des SGB II. Eines gesonderten Antrags bedarf es deshalb nicht (BSG vom 22.3.2010 – B 4 AS 62/09 R).

Sachgerechte Auslegung

Ob ein Antrag nur auf eine bestimmte Leistung begrenzt wird, ist durch sachgerechte Auslegung zu ermitteln. Auf die laienhafte Bezeichnung in dem Antrag oder eine erkennbar irrige Rechtsansicht kommt es nicht an.

Beispiel

B. bezieht nach einem Aufenthalt in Spanien, wo sie acht Jahre gelebt hatte und ihre beiden Kinder geboren wurden, für sich und die Kinder SBG II-Leistungen. Am 3.11. beantragt sie eine »Beihilfe zum Kauf von Winterstiefeln« für die Kinder. Das Jobcenter lehnt den Antrag mit Bescheid vom 12.11. mit der Begründung ab, bei der beantragten Leistung handele es sich um eine aus dem Regelbedarf anzusparende Leistung. Am 15.11. kauft B. zwei Paar Winterstiefel, weil Schnee gefallen ist. Sie erfährt von einem Bekannten, dass es bei gänzlichem Fehlen von Winterkleidung einen Anspruch auf Erstausstattung gibt. Sie fordert vom Jobcenter eine Erstattung der Kosten für den Kauf der Schuhe. Da ihr Antrag vom 3.11. (auch) als Antrag auf Leistungen nach § 24 Abs. 3 Nr. 2 SGB II ausgelegt werden konnte, ist der Kostenerstattungsanspruch unter dem Gesichtspunkt der Selbstbeschaffung einer Leistung nach einer rechtswidrigen Leistungsablehnung begründet (BSG vom 19.10.2010 – B 14 AS 16/09 R).

Nach LSG Baden-Württemberg vom 12.12.2008 – L 12 AS 2069/08; LSG Sachsen vom 8.10.2009 – L 3 AS 288/08; LSG NRW vom 6.2.2013 – L 19 AS 1414/12 B umfasst ein Antrag auf Alg II nicht automatisch einen Antrag auf Fahrkosten- oder Trennungskostenbeihilfe nach § 44 SGB III (s. auch LSG Schleswig-Holstein vom 11.1.2016 – L 6 AS 309/15 B PKH). Auch für Leistungen zur Eingliederung in Arbeit gehe § 37 SGB II als Spezialvorschrift § 324 SGB III vor (LSG Thüringen vom 18.9.2014 – L 9 AS 633/12: Einstiegsgeld nach § 16b SGB II). Dies bedeutet zum einen, dass eine rückwirkende Bewilligung, die § 324 SGB III im Härtefall zulässt, für Alg II-Bezieher nicht gilt. Zum andern können im SGB II, anders als im SGB III, Eingliederungsleistungen auch nach dem leistungsbegründenden Ereignis beantragt, allerdings erst ab Antragstellung bewilligt werden (SG Duisburg vom 12.5.2010 – S 41 (36) AS 10/09).

Für Alg I-Aufstocker ist **ab 1.1.2017** die Arbeitsagentur zuständig (§ 5 Abs. 4 SGB II n. F.), sodass insoweit allein das SGB III gilt.

Im Fall eines Beratungsfehlers hilft zumindest der sozialrechtliche Herstellungsanspruch, der einen früheren Antrag fingiert (LSG Mecklenburg-Vorpommern vom 10.8.2009 – L 8 B 199/08).

Alg II-Antrag umfasst nicht Eingliederungsleistungen

Kommt ein neues Mitglied in die BG (Geburt, Wiedereinzug des Partners), ist kein Neuantrag erforderlich. Es genügt die Mitteilung dieser Veränderung durch den Vertreter der BG.

BG-Zuwachs

Verändern sich die Verhältnisse so, dass neben einer BG eine weitere BG entsteht (z. B. ein Kind in der BG heiratet), ist ein eigener Leistungsantrag für die neu entstandene BG erforderlich. Ist eine solche Veränderung für das Jobcenter erkennbar, muss es darauf hinweisen. Unterbleibt der Hinweis, kann ein deshalb verspäteter Antrag im Wege des sozialrechtlichen Herstellungsanspruchs (→ S. 995) »repariert« werden.

BG-Zellteilung ·

Nach BSG vom 17.7.2014 – B 14 AS 54/13 R bilden Eltern, die Kinder dieser Eltern und die Kinder der Kinder eine 3-Generationen-BG, wenn alle in einem gemeinsamen Haushalt zusammenleben. Nach bisheriger Praxis hatten die Jobcenter Kinder mit eigenem Kind im Haushalt der Eltern bzw. Großeltern als eigene BG gewertet. Sind infolgedessen Leistungsansprüche verloren gegangen, öffnet die BSG-Entscheidung einen Weg zur Korrektur.

3-Generationen-BG

Die 19jährige T. lebt mit ihrer Mutter M. zusammen. Beide beziehen Alg II. M. hatte als BG-Vorstand (§ 38 SGB II) immer die nötigen Anträge gestellt. Auf die Mitteilung der M. an das Jobcenter, dass T. ein Kind bekommen habe, das als weitere Person im Haushalt lebe, wird sie darauf hingewiesen, dass künftig T. und deren Kind als eigene BG geführt werden. Ein Alg II-Antragsformular für T. ist beigefügt.

Beispiel

Wegen Ablaufs des Bewilligungsabschnitts zum 30.6. stellt M. wie gewohnt Mitte Mai einen Fortzahlungsantrag. T., die »Hartz IV« ihrer Mutter überlässt, stellt keinen Antrag. M erhält daher ab 1.7. nur den eigenen Regelbedarf plus 1/3 der Unterkunftskosten. Auf ihren Widerspruch verweist das Jobcenter auf den fehlenden Antrag der T., den M. am 3.8. nachreicht. T. und deren Kind erhalten ab 1.8. SGB II-Leistungen.

M. kann unter Hinweis auf BSG vom 17.7.2014, a.a.O. geltend machen, den Fortzahlungsantrag Mitte Mai für alle BG-Mitglieder gestellt zu haben.

3   Rückwirkung des Antrags

Nach § 37 Abs. 2 Satz 2 SGB II wirkt der Antrag auf Leistungen zur Sicherung des Lebensunterhalts auf den Ersten des Monats zurück. Damit kann ein am 31.5. gestellter Antrag einen Anspruch auf Alg II ab 1.5. begründen.

Zur zwingenden (BSG vom 24.4.2015 – B 4 AS 22/14 R) Kehrseite der Medaille (Anrechnung via Zufluss im Antragsmonat) siehe → S. 380.

Wegen der Rückwirkung sind Streitigkeiten über den Leistungsbeginn auf die besondere Situation begrenzt, dass der Antrag am Monatsende beim Jobcenter eingeht und dieser Tag des Post- oder Faxzugangs auf einen Samstag oder Sonntag fällt. Damit gilt der Antrag, eine empfangsbedürftige Willenserklärung nach § 130 Abs. 1 Satz 1 BGB, erst am darauffolgenden Werktag als zugegangen. Alg II gäbe es dann erst ab Beginn des dem Antragseingang folgenden Monats. Nach der DA 37.2 soll das Datum des Posteingangs maßgeblich sein. Wurde dies dem Leistungsberechtigten in Merkblättern oder auf sonstige Weise so vermittelt, könnte im Streitfall über den sozialrechtlichen Herstellungsanspruch (unzutreffende Beratung über die Antragsfrist) ein wirksamer Antrag im Vormonat fingiert werden; § 27 SGB X ist auf den Alg II-Antrag nicht anwendbar (dazu BSG vom 18.1.2011 – B 4 AS 99/10 R und – B 4 AS 29/10 R). Umgekehrt, bei Streit über die Anrechnung eines im Posteingangs-Monat erfolgten Zuflusses, könnte sich der Antragsteller unter Verweis § 130 BGB auf den erst im Juni entstandenen Anspruch berufen.

Keine Rückwirkung bei privater Nothilfe

Vorsicht: Wenn ein Dritter (Nachbar, Freund, Verwandter) einem Hilfebedürftigen aus akuter finanzieller Not hilft, bevor ein Antrag gestellt werden konnte, wirkt der nachträgliche Antrag nicht zurück. Nach BSG vom 19.5.2009 – B 8 SO 4/08 R muss in diesen Fällen jedoch der SGB XII-Träger nach § 25 SGB XII den Nothelfer entschädigen, obwohl der Hilfebedürftige dem Grund nach Anspruch auf SGB II-Leistungen gehabt hätte.

Monatsprinzip

Mit der Rückwirkung des Alg II-Antrags auf den Monatsersten ist gewährleistet, dass auch bei Anspruchsentstehung im laufenden Monat der Hilfebedarf nach den Einkommens- und Vermögensverhältnissen im gesamten Monat zu errechnen ist.

S. ist bis zum 15.3. an der Uni immatrikuliert. Er hat am 10.3. eine Arbeit mit einem vollen Monatslohn von bereinigt 450 € aufgenommen. Sein Hilfebedarf liegt bei monatlich 700 €. Nach der Exmatrikulation am 18.3. beantragt S. Alg II. Der erste Arbeitslohn von bereinigt 150 € wird am 30.3. auf sein Konto überwiesen. Davor hatte er von Ersparnissen gelebt. Das Guthaben auf seinem Sparbuch war in den beiden letzten Monaten des Studiums von 2.500 € auf 800 € am 1.3. geschrumpft. Hier steht S. zwar erst ab dem 18.3. Alg II zu (§ 7 Abs. 5 Satz 1 SGB II), die Höhe des Anspruch bemisst sich aber nach dem Hilfebedarf im gesamten Monat.

Beispiel

Berechnung

Alg II-Gesamtmonatsbedarf	700,00 €
− Bereinigtes Einkommen	− 150,00 €
= Anspruch pro vollem Monat	**= 550,00 €**

Teilanspruch 18.3.–31.3. (550 € : 30 x 14) = 256,67 €.

Die Leistungen für Unterkunft und Heizung sind auch dann anteilig zu erbringen, wenn die Miete nach den Bestimmungen im Mietvertrag bereits voll vom Konto des Leistungsberechtigten abgebucht worden war (BSG vom 7.5.2009 – B 14 AS 13/08 R).

4 Antrag pro Bewilligungsabschnitt

Der Leistungsantrag zielt auf den jeweiligen Bewilligungsabschnitt. Geht der Leistungsanspruch für einen Zeitraum innerhalb des Bewilligungsabschnitts verloren (z. B. wegen einer unerlaubten Ortsabwesenheit oder einer nicht gemeldeten, bedarfsdeckenden Arbeit), muss der Alg II-Antrag für einen nahtlosen Anspruch auf Alg II nach Wegfall des Leistungshindernisses nicht erneuert werden. Bei Alg I-Aufstockern kann in den genannten Fällen aber der Alg I-Anspruch bis zu einer Erneuerung der persönlichen Arbeitslosmeldung bei der AA verloren gehen (§ 141 Abs. 2 SGB III).

Ist die Leistungsbewilligung aufgehoben worden, muss ein neuer Antrag gestellt werden, auch wenn die Aufhebung zu Unrecht erfolgte (s. dazu LSG Berlin-Brandenburg vom 25.9.2013 – L 34 AS 490/12).

Bei Umzug im laufenden Bewilligungsabschnitt wird der Antrag auf SGB II-Leistungen nicht unwirksam (BayLSG vom 14.9.2006 – L 7 AS 143/06 und vom 5.12.2006 – L 7 B 769/06 AS ER). Wegen der Erreichbarkeit (§ 7 Abs. 4a SGB II) ist jedoch auf eine unverzügliche Meldung beim Jobcenter am Zuzugsort zu achten.

Fortwirkung des Antrags bei Umzug

Weiterzahlungs-
antrag

Für einen neuen Bewilligungsabschnitt ist stets auch ein neuer Antrag erforderlich. (BSG vom 18.1.2011 – B 4 AS 29/10 R, – B 4 99/10 R). Hierüber müssen die Leistungsberechtigten informiert werden, vor allem dann, wenn in der Vergangenheit ohne Erneuerung des Antrags nahtlos weitergezahlt wurde (die Rechtslage war bis zu den BSG-Urteilen vom 18.1.2011 nicht eindeutig). Geschieht das nicht, kann es zu Lücken beim Übergang zu einem neuen Bewilligungsabschnitt führen, wenn nicht rechtzeitig vor Ablauf des Bewilligungsabschnitts ein Weiterzahlungsantrag gestellt wird. Beruht die verspätete Antragstellung darauf, dass nicht oder unzureichend über den Neuantrag beraten wurde, hilft der sozialrechtliche Herstellungsanspruch (→ S. 995). Das Jobcenter ist nicht befugt, die Abgabe eines Weiterzahlungsantrages auf ein von ihm vorgegebenes Zeitfenster zu befristen und einen danach »zu früh« gestellten Antrag zurückzuweisen oder unbearbeitet zu lassen (LSG NRW vom 18.9.2008 – L 9 B 39/08 AS). Der Hinweis auf die Notwendigkeit eines Folgeantrags in einem Monate davor ergangenen Bewilligungsbescheid genügt nicht der vom BSG verlangten Belehrung im zeitlichen Zusammenhang mit der Beendigung des Leistungsbezuges (LSG Niedersachsen-Bremen vom 24.2.2015 – L 7 AS 187/14). Der Weiterzahlungsantrag sollte am Besten persönlich oder durch Einwurf in den Briefkasten des Jobcenters unter Mitnahme eines Zeugen gestellt werden, um im Streitfall (Postverlust) den rechtzeitigen Antrag beweisen zu können.

Urlaub

Ein Weiterzahlungsantrag ist nach BSG vom 16.5.2012 – B 4 AS 166/11 R auch dann erforderlich, wenn eine Zustimmung zur Ortsabwesenheit durch das Jobcenter erteilt wird und der Bewilligungszeitraum während der Ortsabwesenheit endet. Siehe dazu → S. 119 f.

Eingliederungs-
vereinbarung

Der Abschluss einer Eingliederungsvereinbarung ist nicht automatisch ein Folgeantrag auf Leistungen nach den §§ 20 – 22 SGB II (BSG vom 2.4.2014 – B 4 AS 26/13 R und vom 7.10.2014 – B 14 AS 55/14 B).

Keine
Wiedereinsetzung

Lässt sich der Zugang eines Alg II-Antrags zu dem vom Hilfesuchenden behaupteten Zeitpunkt nicht feststellen, wirkt sich dies nach dem Grundsatz der objektiven Beweislast zum Nachteil des Antragstellers aus. Ein Antrag auf Wiedereinsetzung in den vorigen Stand gemäß § 27 SGB X hilft nicht, da es sich bei der Regelung des § 37 SGB II um keine gesetzliche Frist i.S. von § 27 SGB X handelt (BSG vom 18.1.2011 – B 4 AS 29/10 R).

Kein Weiter-
zahlungsantrag
bei abgelehntem
oder noch
unbeschiedenem
Antrag

Hat das Jobcenter einen Leistungsantrag noch gar nicht beschieden, wozu auch ein Stillstand des Verfahrens nach § 66 SGB I gehört, oder wurde ein Antrag zu Unrecht abgelehnt, kann das Jobcenter dem Antragsteller später nicht entgegenhalten, er hätte alle sechs Monate einen neuen Antrag stellen müssen (LSG Niedersachsen-Bremen vom 7.6.2011 – L 15 AS 568/09).

5   **Sonderfälle**

Läuft ein Alg I-Anspruch aus und ist für die AA erkennbar geworden, dass der Arbeitslose weiter auf Unterstützung angewiesen ist, muss auf einen Antrag auf Alg II hingewiesen werden. Das gilt vor allem dann, wenn der Alg I-Anspruch wegen einer gering entlohnten Tätigkeit von mehr als 15 Stunden wegfällt (§ 138 SGB III), weil nicht ohne weiteres bekannt ist, dass man für einen Alg II-Anspruch nicht arbeitslos sein muss. Auch hier kann bei einem verspäteten Antrag **wegen** eines unterbliebenen Hinweises über den sozialrechtlichen Herstellungsanspruch nachträglich ein nahtloser Übergang in den Alg II-Bezug gesichert werden (LSG Berlin-Brandenburg vom 12.4.2006 – L 10 B 134/06 AS ER; zum Umfang der Beratungspflicht SG Stuttgart vom 30.11.2009 – S 24 AS 2559/07).

Antrag nach Auslaufen/ Wegfall von Alg I

Wird der Alg II-Antrag bei einer örtlich oder sachlich unzuständigen Behörde gestellt, ist er nach § 16 Abs. 2 Satz 2 SGB I von dieser Behörde entgegenzunehmen und unverzüglich an das zuständige Jobcenter weiterzuleiten. Der Antrag gilt dann als zu dem Zeitpunkt gestellt, an dem er bei der ursprünglichen Behörde eingegangen ist. Diese Regelung war im Sozialhilferecht anerkannt (BVerwG vom 18.5.1995, info also 1996, S. 47), gilt also auch für das SGB II (so BSG vom 26.8.2008 – B 8/9b SO 18/07 R; LSG Berlin-Brandenburg vom 20.4.2012 – L 19 AS 1029/11 B PKH).

Richtiger Antrag bei unzuständiger Behörde

Die Regelung des § 16 Abs. 2 SGB I ist nicht entsprechend auf den Fall anwendbar, dass in Verkennung oder aus Unkenntnis der bestehenden Rechtslage ein unsachgemäßer Antrag gestellt wird.

Falscher Antrag

A. beantragt nach betriebsbedingter Kündigung Alg I, obwohl er durch die Beschäftigung noch keine Anwartschaftszeit erfüllt hat. Die AA hat hier keine Befugnis, den Alg I-Antrag in einen Antrag auf Alg II umzudeuten und ihn an das Jobcenter weiterzuleiten (s. auch LSG Niedersachsen-Bremen vom 10.4.2013 – L 13 AS 200/11). Sofern dies zugunsten der Hilfesuchenden nach dem Grundsatz der Meistbegünstigung angenommen wurde (so SG Berlin vom 25.11.2009 – S 160 AS 7256/08; OVG Bremen vom 8.6.2010 – S 2 A 492/07) ist das unter der Neufassung von § 37 SGB II u. U. ein Pyrrhus-Sieg.

Alg I-Antrag statt Alg II-Antrag

H. scheidet mit Aufhebungsvertrag gegen Zahlung einer Abfindung in Höhe von 4.500 € am 15.6. aus einem Beschäftigungsverhältnis aus. Die Abfindung und das letzte Gehalt von bereinigt 1.500 € fließen am 30.6. auf sein Konto. H. hatte sich am 16.6. bei der AA arbeitslos gemeldet und Alg I aus einem früheren Restanspruch beantragt, der aber schon verfallen war (§ 161 SGB III). Die AA verweist H. an das Jobcenter, das den Alg I-Antrag als Antrag auf Alg II ab 1.6. wertet und die Zahlung von Alg II bei einem Hilfebedarf von 700 € monatlich unter Anrechnung der Abfindung als Einmaleinkommen für sechs Monate ablehnt. Hätte H. zum 1.7. Alg II beantragt, wäre die Abfindung als Vermögen gewertet worden.

Beispiel

Angesichts der geschilderten Problematik muss genau geprüft werden, ob ein Alg I-Antrag bei verständiger Würdigung aller Umstände hilfsweise auch einen Alg II-Antrag umfasst, z. B. wenn erklärt wird, es bestehe ein dringender finanzieller Hilfebedarf (dazu BSG vom 2.4.2014 – B 4 AS 29/13 R; s. auch BSG vom 16.11.2015 – B 11 AL 68/15 B) oder ob lediglich die ausdrücklich beantragte Leistung beansprucht wurde. Gegen Schutzlücken hilft § 40 Abs. 5 SGB II i. V. m. § 28 SGB X, wenn ein Anspruch auf Alg I abgelehnt wird. Nach § 28 SGB X wirkt der nachgeholte Alg II-Antrag auf den Tag der Alg I-Antragstellung zurück, wenn er unverzüglich, d. h. ohne schuldhaftes Zögern nach Ablauf des Monats gestellt wird, in dem die Ablehnung der anderen Leistung bestandskräftig geworden ist (nach SG Dresden vom 23.7.2015 – S 32 AS 3422/13 muss der Antrag spätestens am ersten Öffnungstag der anderen Behörde gestellt werden).

A. wird am 1.4. arbeitslos. Er meldet sich am 3.4. arbeitslos und beantragt Alg I. Der Antrag wird mangels Erfüllung der Anwartschaftszeit mit Bescheid der AA vom 17.5. abgelehnt. A. beantragt am 25.6. Alg II.
Da hier der Alg II-Antrag unverzüglich nach Bestandskraft des Alg I-Ablehnungsbescheides nachgeholt wurde, gilt er nach § 40 Abs. 3 SGB II i. V. m. § 28 SGB X als am 3.4. gestellt und wirkt gemäß § 37 Abs. 2 Satz 2 SGB II auf den 1.4. zurück. A. kann ab diesem Zeitpunkt Alg II erhalten; das Jobcenter wird aber verschärft die Bedürftigkeit für den Zeitraum 1.4. – 25.6. prüfen.

Auf den Fall, dass das beantragte Alg I nicht versagt, sondern bewilligt wird und nur nicht ausreicht, um den Lebensunterhalt zu sichern, ist § 28 SGB X (Rückwirkung des ALG II-Antrags) nicht anwendbar (BSG vom 2.4.2014 – B 4 AS 29/13 R; s. auch LSG Baden-Württemberg vom 25.7.2014 – L 12 AS 4500/13).

Wird Alg I zunächst bewilligt, die Bewilligung aber rückwirkend aufgehoben, beginnt die Frist für die Nachholung der Beantragung von Alg II nach § 40 Abs. 5 SGB II i. V. m. § 28 SGB X erst zu dem Zeitpunkt, zu dem der Erstattungsbescheid der BA nach § 50 SGB X bindend wird (LSG Berlin-Brandenburg vom 14.11.2014 – L 34 AS 950/14).

Alg II-Antrag
statt Alg I-Antrag

Problematisch ist die umgekehrte Situation:
A. beantragt Alg II, hat aber einen Alg I-Anspruch. Das Jobcenter lehnt den Antrag unter Verweis auf einen Alg I-Anspruch mit Bescheid vom 17.4. ab. § 28 SGB X kommt hier nicht zum Zug, da Alg I die **persönliche Arbeitslosmeldung** nach § 141 SGB III voraussetzt und diese Voraussetzung nicht über § 28 SGB X ersetzt werden kann (s. auch BayLSG vom 28.4.2014 – L 10 AL 65/14 B PKH). A. erhält Alg I daher frühestens ab dem Zeitpunkt, an dem er sich persönlich bei der AA arbeitslos meldet. Bis dahin muss er mit dem Alg II vorlieb nehmen, das er auf Widerspruch gegen die Ablehnung von Alg II (Begründung: »Alg I steht mir erst ab ... zu«) erhält, soweit er hilfebedürftig ist.

Bei Eintritt von Arbeitslosigkeit sollte daher vorrangig Alg I beantragt werden, wenn die zwölfmonatige Anwartschaftszeit nach § 142 SGB III erfüllt sein könnte. Bei Unklarheit sollten Sie hilfsweise einen Antrag auf Alg II stellen.

§ 28 SGB X ist nicht auf den Fall zu beschränken, dass bewusst in Erwartung einer anderen Sozialleistung der Antrag auf Alg II nicht gestellt wurde. Es reicht aus, dass aufgrund eines Antrags auf eine andere Sozialleistung diese andere Sozialleistung erwartet wird. Der Schutzzweck des § 28 SGB X würde verfehlt, wenn vom Hilfebedürftigen die Kenntnis dieser Vorschrift zu erwarten wäre, damit sie überhaupt greifen kann (LSG Baden-Württemberg vom 26.6.2008 – L 12 AS 407/08).

Unkenntnis oder schlichtes Vergessen schadet nicht

Eine Besonderheit besteht zwischen den Ansprüchen aus dem SGB II einerseits und Ansprüchen auf Kinderzuschlag und eventuell Wohngeld andererseits (→ S. 677).

Kinderzuschlag und Wohngeld oder Alg II?

II   Auszahlung der Leistungen

1   Grundsätzlich bargeldlos

Nach § 42 Abs. 3 SGB II sind die SGB II-Geldleistungen auf das vom Antragsteller angegebene Konto zu überweisen. Die Ansprüche in der BG sind trotz der Verklammerung über die Einstandspflichten bzw. die Verteilung von Einkommen und Sozialleistung nach § 9 Abs. 2 Satz 3 SGB II Individualansprüche. Auf Antrag der einzelnen Leistungsbezieher sind die SGB II-Leistungen daher separat auf die gewünschten Konten zu überweisen.

Konto

Um den Leistungsanspruch zu erfüllen, muss das Jobcenter das Geld auf das oder die angegebene/n Konto/Konten überweisen. Geschieht das nicht, ist keine Erfüllung eingetreten; die Leistung muss erneut gezahlt werden.

Erfüllung

Der 19-jährige Stiefsohn S. lebt mit seiner Mutter und deren Partner Z. in einer BG. Z. ist der BG-Vorstand und verwaltet das Geld. Er hat im Alg II-Antrag für die BG seine Kontonummer angegeben. Wegen Spannungen zwischen S. und Z. beantragt S. am 3.6. beim Jobcenter eine Überweisung seiner Leistungen auf ein eigenes Konto. Der Antrag wird nicht bearbeitet, so dass auch für Juli und August alle Leistungen an Z. gehen. Hier kann S. ungeachtet der geflossenen Zahlung eine erneute Zahlung der ihm zustehenden Leistungen als Zuschuss, nicht als Darlehen, auf sein Konto verlangen.

Beispiel

Steht ein Leistungsbezieher unter Betreuung und verwaltet der Betreuer das Geld, muss das Jobcenter an den Betreuer zahlen, um den Leistungsanspruch des Betreuten zu erfüllen. Auch wenn dem Betreuten die Leistung versehentlich als Scheck oder Barzahlung zuge-

Betreuung

wandt wurde, muss der SGB II-Anspruch auf Verlangen des Betreuers durch erneute Überweisung auf das im Antrag benannte Konto erfüllt werden (SG Mainz vom 13.5.2016 – S 11 AS 1154/16; s. auch SG Marburg vom 1.2.2016 – S 2 AL 32/14).

Rücklastschriftgebühr

Die Regelleistungen muss das Jobcenter so rechtzeitig anweisen, dass sie jeweils zum Monatsersten auf dem Bankkonto des Hilfesuchenden gutgeschrieben sind (§ 42 Abs. 1 SGB II). Rücklastschriftgebühren aufgrund verspätet ausgezahlter Leistungen können nicht im Verfahren vor den Sozialgerichten geltend gemacht werden, sondern allenfalls einen Amtshaftungsanspruch begründen (LSG NRW vom 20.10.2014 – L 19 AS 1287/14 B).

Zahlung mit Postscheck

Musste das Jobcenter mangels Kontos eine andere Form des Geldtransfers wählen und zahlte es per Postscheck, gehen Verzögerungen und das Risiko des Verlusts zu Lasten des kontolosen Leistungsberechtigten (SG Berlin vom 21.9.2005 – S 63 AS 6023/05 ER; LSG NRW vom 16.2.2012 – L 19 AS 91/12 B ER).

Zahlung an Dritte

Hat der Leistungsbezieher eine Auszahlung der Leistung an einen Dritten (Vermieter, Stromversorger) beantragt, muss zur Erfüllung des Leistungsanspruch an den Dritten gezahlt werden. Der Leistungsbezieher kann jederzeit die Überweisung auf sein eigenes Konto verlangen, es sei denn, Miet- oder Energieschulden oder eine Sanktion nach § 31 SGB II berechtigen das Jobcenter, auch gegen den Willen des Leistungsbeziehers für einen zweckbestimmten Zugang der Sozialleistung zu sorgen (§§ 22 Abs. 7, 31a Abs. 3 Satz 3 SGB II).

Kontopfändung

Wurde das Alg II von Gläubigern gepfändet, besteht kein Anspruch auf nochmalige Auszahlung der Leistung. Im Notfall kommt nur ein Darlehen nach § 24 Abs. 1 SGB II in Betracht. Wurde rückwirkend bewilligtes Alg II für mehrere Monate auf ein Pfändungsschutzkonto nach § 850k ZPO überwiesen, muss der Leistungsberechtigte gegen den Zugriff von Gläubigern Pfändungsschutz beim Amtsgericht als Vollstreckungsgericht suchen (BayLSG vom 9.1.2015 – L 7 AS 846/14 B ER). Zum Pfändungsschutz in solchen Fällen s. LG Nürnberg vom 4.8.2015 – 19 T 3589/15; AG Oranienburg vom 9.11.2015 – 91 M 1373/13. Hat der Leistungsberechtigte eine Direktzahlung der Miete an den Vermieter gemäß § 22 Abs. 7 SGB II beantragt, ist dieser Zahlbetrag nicht von Dritten pfändbar (SG Altenburg vom 5.1.2016 – S 31 AS 1035/14).

Seit 1.8.2016 ist die **generelle Unpfändbarkeit** von Alg II und Sozialgeld in § 42 Abs. 4 SGB II geregelt. Berechnungen zum unpfändbaren Teil gemäß § 850c–f ZPO (s. dazu beispielsweise AG Neuburg vom 9.12.2015 – 1 M 1614/14) entfallen damit.

Gebührenpflichtiger Geldtransfer

Werden SGB II-Leistungen statt auf ein Konto an den Wohnsitz oder gewöhnlichen Aufenthalt des Leistungsberechtigten übermittelt, sind die dadurch veranlassten Kosten nach § 42 Abs. 3 Satz 2 SGB II von der Sozialleistung abzuziehen. Nach LSG Sachsen vom 18.7.2013 – L 3 AS 770/13 handelt es sich bei dem Abzug der veranlassten Kosten um einen anfechtbaren Verwaltungsakt. Das betrifft aber nur die Kosten, die das Jobcenter für den Verwaltungsaufwand erhebt. Entstehen dem Leistungsempfänger weitere Kosten dadurch, dass ein Geldinstitut Kosten berechnet (z. B. für die Einlösung eines Verrechnungsschecks), kann er dies nur gegenüber der Bank oder Sparkasse rügen (vgl. auch dazu LSG Sachsen, a.a.O.; SG Gießen vom 30.3.2009 – S 29 AS 801/06). Das Jobcenter muss für solche Kosten nicht aufkommen.

Verfügt der Leistungsberechtigte über kein Konto, hat er zwar Anspruch auf einen (kostenpflichtigen) Geldtransfer auf sonstige Weise, er kann dem Jobcenter aber keine bestimmte Form der Geldübermittlung vorschreiben (LSG NRW vom 16.2.2012 – L 19 AS 91/12 B ER: Verzögerungen durch Übersendung von Postschecks muss Leistungsempfänger hinnehmen). Das Jobcenter ist insbesondere nicht verpflichtet, zur Vermeidung von Kosten eine Barauszahlung im Jobcenter zu ermöglichen (SG Gießen vom 30.3.2009 – S 29 AS 801/06; s. aber LSG Rheinland-Pfalz vom 19.3.2015 – L 5 SO 229/14: In atypischen Ausnahmefällen kommt sogar ein Anspruch auf Barauszahlung der Leistungen in der Wohnung des Hilfsuchenden in Betracht, z. B. bei Unmöglichkeit oder Unzumutbarkeit, das Jobcenter aufzusuchen und – bis 17.6.2016 s. u. – bei fehlendem Zugang zu einem Konto). Wird dem Leistungsberechtigten die Möglichkeit gegeben, Geldleistungen in bar am Kassenautomaten in Empfang zu nehmen, bietet § 42 Abs. 3 Satz 2 SGB II keine Rechtsgrundlage für den Abzug fiktiver Verwaltungskosten (SG Osnabrück vom 16.2.2010 – S 22 AS 1003/08).

Wahlrecht des Leistungs-berechtigten?

Ein kontoloser Geldtransfer löst keine Kosten (für den Leistungsbezieher) aus, wenn der Leistungsbezieher nachweist, dass ihm die Einrichtung eines Kontos bei einem Geldinstitut ohne eigenes Verschulden nicht möglich ist. Dabei bezieht sich der Begriff des Verschuldens nicht auf die Ursache eines Kontoverlustes, sondern auf die Möglichkeit, ein Konto eröffnen zu können (s. dazu SG Berlin vom 14.10.2005 – S 37 AS 4301/05).

Unverschuldete Kontolosigkeit

Seit 18.6.2016 gibt § 31 Zahlungskostengesetz (ZKG) einen Rechtsanspruch auf Eröffnung eines Basiskontovertrages. Der Leistungsberechtigte hat hierüber die Möglichkeit, eine bargeldlose Leistungsübermittlung zu erreichen (ggfs. über ein Aufsichtsverfahren nach §§ 48 ff. ZKG).

Neu: Rechts-anspruch auf Konto

2   Vorschusszahlung

Bisher konnten Leistungsbezieher nur über § 24 Abs. 1 SGB II eine zusätzliche Leistung zum laufenden Regelbedarf erhalten. Ein Vorschuss auf die künftige, bewilligte Leistung ist in der Praxis zuweilen auf § 42 SGB I gestützt worden, obwohl diese Norm nicht passt.

Neu

Seit 1.8.2016 können Leistungsberechtigte nach § 42 Abs. 1 SGB II einen Vorschuss der im nächsten Monat fälligen SGB II-Leistung beantragen, um darüber im laufenden Monat bis zu 100 € zusätzlich zur Verfügung zu haben. Der Vorschuss wird auf den Auszahlungsbetrag im Folgemonat angerechnet. Der Gesetzgeber hat sich dabei an der Regelung des § 337 Abs. 4 SGB III orientiert (BT-Drs. 18/8041, S. 54). § 42 Abs. 1 SGB II ist daher als ermessensgesteuerte Regelung zu verstehen, wobei der SGB II-Vorschuss aber keine besondere Härte voraussetzt.

Ermessen

Ermessens-
reduzierung
auf Null

Soweit der Vorschuss für einen unabweisbaren Bedarf benötigt wird, ist das Ermessen auf Null reduziert. Der Gesetzgeber geht von einem Wahlrecht zwischen Darlehen und Vorschuss aus. Da ein Darlehen bei unabweisbarem Bedarf gewährt werden **muss**, kann für den Vorschuss nichts anderes gelten. Dass der Vorschuss zur Vermeidung einer künftigen Bedarfslücke auf 100 € begrenzt ist, macht ihn nicht zu einem Bagatellbetrag, der auch hätte angespart werden können.

Darlehen bleibt

Soweit ein Vorschuss ausgeschlossen ist, weil:
– im laufenden Monat oder im Monat der Verringerung des Leistungsanspruches eine Aufrechnung zu erwarten ist,
– der Leistungsanspruch im Folgemonat durch eine Sanktion gemindert ist,
– der Vorschuss in einem der vorangegangenen zwei Kalendermonate bereits in Anspruch genommen wurde,
– mehr als 100 € benötigt werden,
bleibt der Anspruch auf ein Darlehen nach § 24 SGB II unverändert bestehen.

Vorschuss statt
Darlehen

Das Darlehen nach § 24 Abs. 1 SGB II gibt es nur für Bedarfe, die in den Regelbedarfen der §§ 20, 23 SGB II enthalten sind. Der Vorschuss ist nicht hierauf beschränkt, kann also auch Ausgaben umfassen, für die es im Regelbedarf keine Position gibt (Autoreparatur, Kosten für die Wohnung).

Vorschuss und
Darlehen

Ein Vorschuss schließt ein späteres Darlehen nach § 24 Abs. 1 SGB II nicht aus, wenn der spätere, an eine Aufrechnung (§ 42a SGB II) geknüpfte Zusatzbedarf bei Auszahlung des Vorschusses nicht zu erwarten war. Damit keine Bedarfsunterdeckung eintritt, muss die Darlehenstilgung verschoben werden, rechtlich eine zulässige Stundung der § 42a SGB II-Tilgungsrate (§ 42 Abs. 3 SGB I i. V. m. § 76 SGB IV analog).

Beispiel

G. bezieht laufend Alg II nach einem Bedarf von 850 €. Am 4. September muss G. wegen eines Glasbruchs 180 € Reparaturkosten zahlen. Er beantragt einen Vorschuss, mit dem er die Glaserrechnung bezahlt. Am 15.9. geht sein Kühlschrank kaputt, eine Reparatur lohnt nicht mehr. G. hat Anspruch auf ein Darlehen zum Erwerb des Kühlschranks (unabweisbarer Bedarf nach BVerfG vom 23.7.2014, → S. 253 ff.). Da er im Oktober nur 750 € Alg II ausgezahlt bekommt,

muss das Jobcenter die laufende Tilgung des Darlehens mit 40,40 €
monatlich auf November verschieben.

Einen Vorschuss kann jede Person in der BG beantragen, die Leistungen nach dem SGB II bezieht. Ggf. ist der Vorschuss individuell auf
die bezogene Leitung zu begrenzen.

BG-Vorschuss

G. lebt mit ihrer 19-jährigen Tochter T. zusammen, die Kindergeld
und Einkommen aus Minijob erzielt. T. bekommt daher nur 85 € ergänzendes Alg II. Sie kann maximal einen Vorschuss von 85 € beantragen.

Beispiel

Nach dem Wortlaut von § 42 Abs. 1 SGB II muss der Vorschuss spätestens im zweiten Monat nach der Auszahlung vom laufenden Bedarf
abgezogen werden. Führt das zu besonderen Härten, hat der volle
Abzug zu unterbleiben, wozu § 44 SGB II das Jobcenter ermächtigt.

Rückzahlung

Alternativ zu einem Erlass ist das Jobcenter befugt, den Vorschuss in
ein Darlehen umzuwandeln. Rechtsgrundlage ist § 48 Abs. 1 Satz 1
Nr. 1 SGB X, weil die Umwandlung in ein Darlehen gegenüber einem
Abzug von 100 € die günstigere Regelung ist. ·

Umwandlung
von Vorschuss
in Darlehen

J. hat für den Kauf einer neuen Matratze im Mai einen Vorschuss von
100 € erhalten. Im Juni wird eine Stromkostennachforderung wegen
eines über dem kalkulierten Abschlag liegenden Stromverbrauchs in
Höhe von 394 € fällig. Das Jobcenter übernimmt die Nachforderung
als Darlehen, das mit 40,40 € ab Juli zu tilgen ist. Wegen dieser Minderung kann der Vorschuss weder im Juli noch August von der in diesen Monaten zustehenden Leistung abgezogen werden. Um eine Tilgung zu ermöglichen, wandelt das Jobcenter die Vorschusszahlung in
ein Darlehen um, das gemäß der Reglung des § 43 Abs. 3 SGB II ab
Juli mit weiteren 40,40 € getilgt wird.

Beispiel

Die Umwandlung eines Darlehens in einen Vorschuss ist dagegen unzulässig. Es handelt sich um eine nachträgliche Verschlechterung der
Bedingungen, zu denen der Leistungsbezieher das Darlehen beantragt hatte.

Keine Umwand-
lung von Darlehen
in Vorschuss

Der noch nicht dauerhaft erwerbsunfähige H. hat im Juli ein Darlehen von 150 € für den Kauf einer neuen Waschmaschine erhalten.
Am 25. August teilt er dem Jobcenter mit, dass sich die erwerbsfähige Partnerin, über die er als BG-Mitglied Sozialgeld statt Sozialhilfe
bezogen hat, am 23.8. von ihm getrennt habe und ausgezogen sei.
Um das Darlehen soweit wie möglich zurück zu bekommen, bevor H.
in die Sozialhilfe wechselt, deklariert das Jobcenter 100 € der Darlehenssumme zu einem Vorschuss und kürzt das Sozialgeld für August
um [100 € + 36,40 €]. Das geht nur mit Einverständnis des H.

Beispiel

Wird die Bewilligung, auf deren Grundlage der Vorschuss gezahlt
wurde, rückwirkend aufgehoben, muss der Vorschuss über § 50

Erstattung

SGB X zurückgezahlt werden. Bei einer Teilaufhebung ist zu beachten, inwieweit der Anspruch erhalten geblieben ist.

Beispiel 1

H. ist laufend für Oktober 2016 bis September 2017 Alg II bewilligt worden. Auf seinen Antrag auf Vorschuss vom 5. Oktober sind 100 € der Novemberleistung am 8. Oktober ausgezahlt worden. Es stellt sich heraus, dass H. vom 8.10. bis 31.10. nicht am gemeldeten Wohnort war. Der Bewilligungsbescheid wird nach § 7 Abs. 4a SGB II für die Zeit vom 8.10. bis 31.10. aufgehoben und das in diesem Zeitraum gezahlte Alg II zurückgefordert. Hat H. im November Anspruch auf Leistungen, unterfallen die im Oktober ausgezahlten 100 € nicht der Rückforderung nach § 50 SGB X, sondern sind vom November-Alg II abzuziehen.

Beispiel 2

H. ist laufend für Oktober 2016 bis September 2017 Alg II nach einem monatlichen Bedarf von 780 € bewilligt worden. Auf seinen Antrag auf Vorschuss vom 5. Oktober sind 100 € der Novemberleistung am 8. Oktober ausgezahlt worden. Es stellt sich heraus, dass H. vom 15.11. bis zum 30.11. nicht am gemeldeten Wohnort war. Der Bewilligungsbescheid wird nach § 7 Abs. 4a SGB II für die Zeit vom 15.11. bis zum 30.11. aufgehoben und das in diesem Zeitraum gezahlte Alg II zurückgefordert. Die 100 € Vorschuss sind vom November-Alg II von 364 € (= 780 € : 30 x 14 Tage)abzuziehen.

Beispiel 3

K. ist laufend für Oktober 2016 bis September 2017 Alg II bewilligt worden. Auf seinen Antrag auf Vorschuss vom 5. Oktober sind 100 € der Novemberleistung am 8. Oktober ausgezahlt worden. Wegen Aufnahme einer Arbeit mit Beginn November verringert sich der ergänzende, laufende Alg II-Anspruch auf 90 €. K. erhält demnach für November keine Leistung ausgezahlt, ist aber weiter hilfebedürftig, die an den Alg II-Bezug geknüpften Vergünstigungen sowie die KV-/PV-Versicherung bleiben erhalten. Im übernächsten Monat wird der Zahlbetrag um die restlichen 10 € verringert.

Vertrauens-schutz?

Anders als die vorläufige Leistung nach § 41a SGB II oder eine Zahlung nach § 42 SGB I muss der Vorschuss nicht erstattet werden, soweit der Leistungsberechtigte Vertrauensschutz genießt. Dieser kann sich zum einen auf das Behaltendürfen der Leistung, aus der der Vorschuss gezahlt wird, beziehen, zum andern auf die Vorschusszahlung als solche.

Beispiel 1

G. bezieht ergänzend zu Einkommen aus Erwerbstätigkeit Alg II. Das Jobcenter hatte G. trotz Mitteilung des Bezugs einer Unfallrente ab November 2016 mit Fax vom 3. Oktober 2016 Alg II für den Bewilligungsabschnitt Januar bis Dezember 2017 bewilligt, obwohl das Einkommen zusammen mit der Rente den Hilfebedarf deckt. Auf einen im Mai 2017 gestellten Antrag auf Vorschuss sind G. 100 € der Junileistung ausgezahlt worden. Dem Jobcenter fällt die Überzahlung erst im September 2017 auf. G. kann die im Mai und Juni ausgezahlten Leistungen behalten, weil er ohne grobes Verschulden angenommen hatte, die Unfallrente werde nicht auf das Alg II angerechnet. Die Alg II-Bewilligung kann daher nur für die Zukunft (Zeitraum ab Bekanntgabe des Aufhebungsbescheides) aufgehoben werden.

M. bezieht laufend Alg II. Auf einen Antrag auf Vorschuss vom 5. Mai sind M. 100 € der Junileistung am 8. Mai ausgezahlt worden, obwohl bereits eine Sanktion nach § 31 SGB II mit Beginn Juni verfügt worden war. Konnte M. nicht wissen, dass sie unter diesen Umständen keinen Vorschuss hätte bekommen dürfen (§ 42 Abs. 1 Satz 5 Nr. 2 SGB II), darf sie den Vorschuss behalten, obwohl das Jobcenter keine Möglichkeit hat, die 100 € im Juni oder Juli von der geminderten Leistung abzuziehen (Rückschluss aus § 42 Abs. 1 Satz 5 Nr. 2 SGB II (Verbot einer Bedarfsunterdeckung). *Beispiel 2*

III   Zuständigkeitsstreit

§ 43 SGB I soll verhindern, dass ein Zuständigkeitsstreit zwischen mehreren Leistungsträgern auf dem Rücken des Betroffenen ausgetragen wird. Danach **ist** (kein Ermessen) der zuerst angegangene Leistungsträger verpflichtet, vorläufig Leistungen zu erbringen, wenn der dem Grunde nach unstreitig Anspruchsberechtigte dies beantragt. Die Leistung muss dann spätestens nach Ablauf eines Kalendermonats nach Antrag einsetzen. Zuerst angegangen i.S. des § 43 Abs. 1 S. 1 SGB I ist der Leistungsträger, der von dem Berechtigten oder seinem Vertreter mündlich oder schriftlich zuerst mit dem Leistungsbegehren befasst wird. *Vorleistungs-pflicht*

Der Antrag muss sich nicht ausdrücklich auf § 43 SGB I berufen. Er kann z.B. in einem Widerspruch gegen den Ablehnungsbescheid gesehen werden, da erkennbar ist, dass der Betroffene die Leistung vom Leistungsträger fordert.

Der Alg II beziehende G. beantragt beim Jobcenter ein Darlehen nach § 24 Abs. 1 SGB II, um die von ihm aus dem Regelbedarf nicht aufzubringenden Bestattungskosten für das Begräbnis der verstorbenen Partnerin zahlen zu können. Das Jobcenter schickt ihn per Ablehnungsbescheid zum SGB XII-Träger, dem Sozialamt. Dort soll G. einen Antrag nach § 74 SGB XII stellen. Das Sozialamt lehnt unter Hinweis auf § 24 Abs. 1 Satz 1 SGB II die Gewährung von Bestattungskosten ab. G. legt gegen den Ablehnungsbescheid des Jobcenters Widerspruch ein. *Beispiel*
Auch wenn der Anspruch gegen das Sozialamt besteht, hat G. Anspruch auf eine Vorleistung des Jobcenters.

Hat der Leistungsberechtigte die Sozialleistung vorsorglich am selben Tag bei zwei verschiedenen, als leistungspflichtig in Betracht kommenden Trägern beantragt – auf den zeitgenauen Antragseingang kommt es mangels einer genauen »Erfassung der Eingangsbestäti-

gung« nicht an – ist derjenige Träger nach § 43 SGB I vorleistungs-
pflichtig, bei dem der Berechtigte dies nach Entstehung des Zustän-
digkeitsstreits beantragt (VGH München vom 29.1.1996, FEVS 46,
S. 474 ff.; OVG Hamburg vom 2.4.2004, FEVS 55, S. 567 ff.).

Klärt der zuerst angegangene Leistungträger den Hilfesuchenden
nicht über das Antragsrecht aus § 43 Abs. 1 Satz 2 SGB I auf, reduziert sich sein Ermessen nach § 43 Abs. 1 Satz 1 SGB I darauf, auch
ohne ausdrücklichen Antrag die Leistung zu erbringen, wenn offenkundig entgegenstehende Interessen des Antragstellers nicht zu erkennen sind (HessLSG vom 9.9.2011 – L 7 SO 190/11 B ER).

Schlüssige Unzuständigkeit

Ein Zuständigkeitsstreit im Sinne des § 43 SGB I entsteht, sobald die
angegangenen Träger zu erkennen geben, nicht zuständig zu sein. Der
Erlass förmlicher Ablehnungsbescheide ist nicht erforderlich; es genügt die fehlende Eröffnung eines Verwaltungsverfahrens und der Hinweis auf eine vermeintlich andere Zuständigkeit (vgl. VG Hamburg
vom 22.7.1997, info also 1998, S. 88; VG München vom 15.11.2011 – M
18 E 11.5033).

Örtliche Zuständigkeit

Im SGB II sind Zuständigkeitsstreitigkeiten, die eine vorläufige Leis-
tungerbringung nach § 43 SGB I auslösen können, insbesondere bei
Streitigkeiten über die örtliche Zuständigkeit denkbar (LSG Baden-
Württemberg vom 26.1.2016 – L 7 AS 41/16 ER-B). Eine erschöpfende, die ergänzende Anwendung von § 43 SGB I ausschließende
Regelung enthält § 36 SGB II nicht. Lässt sich der gewöhnliche Aufenthalt nicht zeitnah ermitteln, ist der zuerst angegangene Träger
zuständig (LSG NRW vom 21.12.2009 – L 7 B 409/09 AS ER; OVG
Schleswig-Holstein vom 10.12.2002, FEVS 55, S. 266 f. zum Verhältnis § 43 SGB I und § 97 BSHG).

Örtliche Zuständigkeit bei Unterbringung in stationärer Einrichtung

Wird der SGB II-Leistungsberechtigte in einer vollstationären Einrichtung untergebracht, die nicht an seinem bisherigen Wohnsitz
oder gewöhnlichen Aufenthalt liegt, bleibt das Jobcenter örtlich zuständig, das vor Aufnahme in der Einrichtung zuständig war, solange
es sich um eine Unterbringung handelt, die Alg II (noch) nicht nach
§ 7 Abs. 4 SGB II ausschließt; denn für diesen Zeitraum gibt der Betroffene seinen bisherigen Wohnsitz noch nicht auf. Die speziell für
Frauenhäuser geschaffene Regelung des § 36a SGB II ist nicht auf die
Unterbringung in stationären Einrichtungen übertragbar. Wird der
Betroffene in einer solchen Situation von einem zum anderen Träger
verwiesen und umgekehrt, hilft ihm ein Antrag nach § 43 SGB I; danach hat er jedenfalls Anspruch auf Leistungserbringung durch den
zuerst angegangenen Träger.

Stationäre Einrichtung?

Ist zweifelhaft, ob die Einrichtung, in der sich der Hilfesuchende befin-
det, überhaupt eine stationäre Einrichtung i. S. von § 7 Abs. 4 SGB II ist,
hilft bei einem Trägerstreit über die Zuständigkeit ebenfalls § 43 SGB I
(OVG Bremen vom 27.5.2005 – 2 S B 80/05, für eine Einrichtung der
Wohnungslosenhilfe; vgl. auch BayLSG vom 13.11.2007 – L 8 B 500/07
SO ER: Wechsel von stationärer Einrichtung in betreutes Wohnen).

Viel Streit gibt es über die Zuständigkeit zwischen Sozialamt und Job-center. Die Streitfälle betreffen vor allem Sonderbedarfe, die wegen der abschließend in § 24 Abs. 3 SGB II aufgezählten Sonderbedarfe und der starren Regelbedarfe nach § 20 SGB II nur über Darlehen nach § 24 Abs. 1 SGB II gewährt werden können und so in die Schuldenfalle füh-ren. Nach Bestätigung des Leistungsausschlusses für Arbeit suchende EU-Bürger durch den EuGH sind für diesen Personenkreis Ansprüche auf Sozialhilfe zu prüfen (→ S. 177). § 43 SGB I begründet einen An-spruch gegen das erstangegangene Jobcenter, sollte das Sozialamt sei-ne Zuständigkeit bestreiten (dazu LSG NRW vom 17.12.2015 – L 7 AS 1711/15 B ER; SG Berlin vom 7.1.2016 – S 37 AS 26238/15 ER). In Eil-fällen ist vorläufig über § 43 SGB I Hilfe vom zuerst angegangenen Trä-ger zu leisten (vgl. LSG Berlin-Brandenburg vom 28.12.2005 – L 18 B 1385/05 AS ER: Stromsonderbedarf, vom 16.9.2005 – L 14 B 57/05 AS ER: Mietschulden, und vom 26.5.2008 – L 20 B 1661/07 AS: Umgangs-rechtskosten; SG Lüneburg vom 12.2.2007 – S 25 AS 43/07 ER: Be-triebskostennachforderung).

Das LSG NRW hat dem Betroffenen bei einem Zuständigkeitsstreit zwei-er Krankenkassen über die Mitgliedschaft bei ungeklärter Bindung nach § 175 SGB V über § 43 SGB I geholfen (LSG NRW vom 2.6.2005 – L 16 B 20/05 KR ER). Liegt der Fall so, dass sich wegen unklarer Sachlage weder die gesetzliche Krankenkasse nach § 5 Abs. 1 Nr. 13 SGB V noch die private KV nach § 315 SGB V für den Versicherungsschutz zuständig fühlt, ist bis zur Klärung Krankenhilfe nach § 48 SGB XII vom SGB XII-Träger zu leisten (LSG NRW vom 22.11.2007 – L 9 B 36/07 SO ER).

Kein Zuständigkeitsstreit i. S. von § 43 SGB I ist der Streit verschiede-ner Leistungsträger über die Erwerbsfähigkeit des Hilfesuchenden. Hier bestimmt § 44a SGB II abschließend eine vorläufige und keinen besonderen Antrag des Hilfesuchenden erfordernde Vorleistungs-pflicht des Jobcenters, wenn der auf Sozialhilfe oder Grundsiche-rung nach dem SGB XII angegangene Träger eine noch ausreichende Erwerbsfähigkeit annimmt oder der Auffassung des Jobcenters über die Erwerbsunfähigkeit widerspricht.

Von einem solchen Streit zu unterscheiden ist der Fall, dass **unstrei-tig** erwerbsunfähige Hilfebedürftige vom SGB XII-Träger ohne förm-liche Bearbeitung des Antrags auf Sozialhilfe oder Grundsicherung nach § 41 SGB XII mit der Begründung zum Jobcenter geschickt wer-den, dieses müsse erst die Erwerbsunfähigkeit feststellen. Diese Auf-fassung ist falsch. Leistungspflichtig ist eindeutig der zuerst angegan-gene SGB XII-Träger. Lehnt das Jobcenter die Gewährung von Alg II ab, liegt ein Zuständigkeitsstreit i. S. des § 43 SGB I vor. Vorleistungs-pflichtig ist hier der Träger, bei dem der Hilfesuchende nach dem Zu-ständigkeitsstreit auf Leistung besteht.

Bei einem Zuständigkeitsstreit für die Gewährung von Eingliederungs-hilfen nach den §§ 53 ff. SGB XII an Alg II-Bezieher geht die Zuständig-keitsklärung nach § 14 SGB IX der Regelung des § 43 SGB I vor (LSG

Sozialamt oder Jobcenter?

Welche Krankenkasse?

Streit über Erwerbsfähigkeit

Eingliederungs-hilfe

Sachsen-Anhalt vom 23.3.2007 – L 8 B 41/06 SO ER; Bay LSG vom 21.1.2016 – L 8 SO 235/14), schließt sie aber auch nicht aus, wenn einer der beteiligten Träger § 14 SGB IX missachtet (BSG vom 12.12.2013 – B 4 AS 14/13 R).

Jugendhilfe

Zur Abgrenzung gegenüber Leistungen der Jugendhilfe nach § 10 SGB VIII s. LSG NRW vom 14.2.2011 – L 20 SO 110/08.

Sozialgeld und Grundsicherung für Erwerbsunfähige

Das Jobcenter muss vorleisten, wenn ein unstreitig erwerbsunfähiger Angehöriger einer BG Sozialgeld beansprucht. Selbst wenn hier vor oder mit Eintritt der Hilfebedürftigkeit des erwerbsfähigen Partners Grundsicherung nach dem SGB XII beantragt wurde, kann der erwerbsunfähige Angehörige erst dann auf die Grundsicherung bei dauerhafter Erwerbsminderung verwiesen werden, wenn diese Leistung tatsächlich erbracht wird. Das Jobcenter muss vorleisten und bei Zuerkennung von Grundsicherung nach § 41 SGB XII einen Erstattungsanspruch nach § 103 SGB X gegen den SGB XII-Träger durchsetzen (SG Berlin vom 5.12.2008 – S 37 AS 19304/07).

IV   Amtsermittlung und Mitwirkung

Der Amtsermittlungsgrundsatz nach § 20 SGB X und die Mitwirkungspflichten nach den §§ 60–64 SGB I werden hier zusammen behandelt, da beide in einem engen Wechselverhältnis stehen, dessen richtige Austarierung Maßstäbe für die Rechtsanwendung setzt (s. dazu LSG Hamburg vom 12.2.2015 – L 4 SO 62/13).

Den leistungserheblichen Sachverhalt muss allein das Jobcenter aufklären. § 20 SGB X ist als reiner **Untersuchungsgrundsatz** ausgestaltet; d.h., der Träger hat ohne Bindung an das Vorbringen oder die Anträge der Beteiligten von Amts wegen über Art, Umfang und Gang der Ermittlungen zu entscheiden. Dabei muss er
– nach § 20 Abs. 2 SGB X die für den Beteiligten günstigen Umstände ermitteln;
– nach § 2 Abs. 2 SGB I sicherstellen, dass die sozialen Rechte möglichst weitgehend verwirklicht werden;
– nach § 17 Abs. 1 SGB I das Verfahren so gestalten, dass der Berechtigte die ihm zustehenden Leistungen umfassend und schnell erhält.

Mitwirkungspflicht dient Amtsermittlung

Die Befreiung des Hilfesuchenden von der Last, Tatsachen beizubringen und darzulegen, verweist die Mitwirkungspflichten nach den §§ 60 ff. SGB I in die ausschließlich dienende Funktion, die Sachverhaltsaufklärung durch das Jobcenter zu erleichtern (BSG vom 17.2.2004 – B 1 KR 4/02 R). Eine Versagung der Leistung nach § 66 SGB I ist deshalb nur zulässig, wenn die Aufkärung des Sachverhalts **wegen** der unzureichenden Erfüllung einer nach §§ 60 ff. SGB I bestehenden Mitwirkungspflicht wesentlich erschwert wird. Wirkt der

Antragsteller gar nicht mit, darf das Jobcenter nicht seinerseits einfach untätig bleiben. Es muss versuchen, das Verwaltungsverfahren über eine Ankündigung nach § 66 SGB I voranzutreiben (LSG Berlin-Brandenburg vom 22.12.2006 – L 10 B 1217/06 AS ER; SG Bremen vom 26.6.2009 – S 18 AS 884/09 ER).

Bestehen Zweifel an den Einkommens- und Vermögensverhältnissen, muss das Jobcenter diese dartun und dem Antragsteller konkrete Vorgaben machen, wie er die Zweifel entkräften kann. Ansonsten hat ein Versagungsbescheid nach § 66 SGB I keinen Bestand (VG Düsseldorf vom 21.10.2008 – 21 K 721/08). Holt der Leistungsberechtigte seine Verpflichtung nach, ist grundsätzlich Alg II ab Antrag nachzuzahlen (LSG NRW vom 6.8.2008 – L 19 B 94/08 AS). Eine Ablehnung der Nachzahlung zum Zweck der Bestrafung oder Erziehung ist rechtswidrig (SG Stade vom 15.12.2008 – S 13 EG 6/07).

Konkretisierung des Verlangten

Um die Zahlung oder Bewilligung von Alg II wegen fehlender Mitwirkung einstellen zu können, muss der zur Mitwirkung Aufgeforderte ausreichend und verständlich über die Rechtsfolgen unterbliebener oder unzureichender Mitwirkung belehrt werden. Es ist höchstrichterlich noch ungeklärt, ob die Rechtsfolgenbelehrung konkrete Maßnahmen des Jobcenters im Fall, dass nicht mitgewirkt wird, nennen muss (LSG Niedersachsen-Bremen vom 23.9.2015 – L 13 AS 170/13, Revision anhängig – B 4 AS 52/15 R).

Warnfunktion

Reine Beweislastentscheidungen sind erst zulässig, wenn sich trotz Ausschöpfung aller Erkenntnismittel keine ausreichende Gewissheit über die Leistungsvoraussetzungen verschaffen lässt (grundlegend dazu BSG vom 8.9.2010 – B 11 AL 4/09 R; s. auch LSG Sachsen vom 27.1.2015 – L 7 AS 1195/14 B ER und vom 19.4.2016 – L 7 AS 172/16 B ER). Die bloße Erschwerung der Sachverhaltsaufklärung durch ein dem Hilfesuchenden über §§ 60 ff. SGB I zurechenbares Fehlverhalten berechtigt das Jobcenter nur zu einer Versagung nach § 66 SGB I, d. h. eine ermessensgesteuerte Erzwingung von Auskünften oder sonstigen Mitwirkungshandlungen in einem noch **offenen** Verwaltungsverfahren, das bei Mitwirkung oder Erlangung der nötigen Informationen auf andere Weise sofort wieder in Gang gesetzt wird. In einem Eilverfahren auf Gewährung der versagten Leistung kann das Gericht so lange über den Anspruch selbst entscheiden, wie der § 66-SGB I-Bescheid noch nicht bestandskräftig geworden ist (LSG Berlin-Brandenburg vom 22.11.2005 – L 29 B 1212/05 AS ER; BayLSG vom 21.4.2016 – L 7 AS 160/16 B ER). Ist ein Versagungsbescheid bestandskräftig geworden, kann dennoch ein Antrag auf Leistung im Rahmen eines vorläufigen Rechtsschutzverfahrens geltend gemacht werden, wenn der Hilfesuchende einen Überprüfungsantrag nach § 44 SGB X gestellt hat, der hinreichende Erfolgsaussicht hat (LSG Berlin-Brandenburg vom 1.11.2011 – L 25 AS 1646/11 B ER).

Kein kurzer Prozess

Ob der Hilfesuchende im konkreten Einzelfall zur Mitwirkung verpflichtet ist, richtet sich nach § 65 SGB I, der die Grenzen zumutbarer

Zumutbarkeit der Mitwirkung

Mitwirkung absteckt. Hervorzuheben ist hier der Grundsatz, dass der Hilfebedürftige keine Mitwirkung schuldet, wenn sich das Jobcenter die erforderlichen Informationen leichter selbst beschaffen kann. Die Grenzen der Mitwirkungspflichten sind überschritten, wenn das Jobcenter einem Antragsteller aufgibt, Urkunden von einem privaten Dritten zu beschaffen und vorzulegen, der nicht am Sozialleistungsverhältnis beteiligt ist (LSG Niedersachsen-Bremen vom 14.1.2008 – L 7 AS 772/07 ER; enger LSG NRW vom 25.1.2016 – L 19 AS 2164/15 B: Barzahlungsquittung vom Arbeitgeber) oder gegen einen Dritten einen Rechtsstreit zu führen (HessLSG vom 27.12.2010 – L 9 AS 612/10 B ER: Nachweis, dass der Hilfesuchende seine Entlassung aus dem Beamtenverhältnis gerichtlich überprüfen lässt, kann nicht verlangt werden). Auskunftspflichten, die Dritte betreffen, erstrecken sich allenfalls auf Tatsachen, die dem Leistungsempfänger selbst bekannt sind. Dazu gehört im Fall eines Antrags auf Mietschuldübernahme der Nachweis einer anhängigen Räumungsklage, die Vorlage eines Kündigungsschreibens des Vermieters oder eine entsprechende Ankündigung (SG Düsseldorf vom 21.9.2007 – S 23 SO 6/07). Verweigert der Einstandspartner seine Mitwirkung, ist das Jobcenter vor einer Leistungseinstellung verpflichtet, den Auskunftsanspruch nach § 60 SGB II gegenüber dem Partner durchzusetzen (LSG Schleswig-Holstein vom 29.11.2007 – L 6 B 191/07 AS ER; BSG vom 1.7.2009 – B 4 AS 78/08 R; LSG Sachsen-Anhalt vom 15.11.2010 – L 2 AS 316/10 B ER).

Nach § 65 Abs. 1 Nr. 2 SGB I besteht eine Mitwirkungspflicht nicht, soweit ihre Erfüllung dem Betroffenen aus einem wichtigen Grund nicht zugemutet werden kann. Unter einem wichtigen Grund sind die die Willensbildung bestimmenden Umstände zu verstehen, die die Weigerung bzw. die Nichterfüllung der Mitwirkungshandlung entschuldigen und sie als berechtigt erscheinen lassen. Dabei sind auch Umstände seelischer, familiärer und sozialer Art zu berücksichtigen (LSG Berlin-Brandenburg vom 5.11.2008 – L 34 B 1982/08 AS ER; LSG Baden-Württemberg vom 8.4.2010 – L 7 AS 304/10 ER-B und vom 28.5.2015 – L 11 KR 4956/14; LSG Sachsen-Anhalt vom 25.2.2016 – L 3 R 86/12: ärztliche Untersuchung; SG Kassel vom 31.3.2014 – S 6 AS 46/14 ER). Zur Pflicht, den Vater eines Kindes zu nennen, damit Unterhalt gefordert werden kann → S. 899 f.

Neu: Mitwirkung gegenüber anderem Träger durchsetzbar

Es gibt im SGB II keine Rechtsgrundlage, allein wegen eines Anspruchs auf vorzeitige Altersrente oder einer sonstigen Sozialleistung Alg II abzulehnen oder die laufende Bewilligung einzustellen (LSG Sachsen vom 22.2.2016 – L 3 AS 990/15 B ER). Der rechtmäßig zum Gang in die vorzeitige Rente oder zum Antrag auf eine vorrangige Sozialleistung Aufgeforderte kann den Wechsel in die Rente oder das andere Sozialsystem daher verzögern oder blockieren, indem er im Verfahren auf Erlangung der vorrangigen Sozialleistung nicht mitwirkt. Bisher war umstritten, ob das Jobcenter die fehlende Mitwirkung im Verfahren gegenüber dem vorrangigen Leistungsträger mit einer Versagung der SGB II-Leistung nach § 66 SGB I durchsetzen kann (s. dazu LSG Sachsen vom 22.5.2015 – L 8 AS 125/15 B ER).

Seit 1.8.2016 gibt § 5 Abs. 3 Satz 2 – 5 SGB II dem Jobcenter ausdrücklich diese Befugnis, mit Ausnahme der vorzeitigen Altersrente.

Rechtsschutz

Gegen die Aufforderung des Jobcenters, eine bestimmte Mitwirkungshandlung zu erbringen, kann sich der Aufgeforderte grundsätzlich nicht an das Sozialgericht wenden. Erst die Versagung der Leistung wegen fehlender Mitwirkung stellt eine Beschwer dar, gegen die einstweiliger Rechtsschutz zulässig ist (LSG Sachsen-Anhalt vom 5.6.2015 – L 4 AS 242/15 B ER).

V Kontrolle der Hilfesuchenden

1 Vorlage von Kontoauszügen

Forderungen der Jobcenter nach Vorlage von Kontoauszügen berühren das Grundrecht auf informationelle Selbstbestimmung nach Art. 2 GG und müssen datenschutzrechtlichen Vorgaben entsprechen. Denn Kontoauszüge, auf denen auch der Text einer Ausgabenbuchung lesbar ist, enthalten Sozialdaten i.S. des § 67 Abs. 1 S. 1 SGB X, die vom Jobcenter nach § 35 Abs. 2 SGB I nur unter den Voraussetzungen der §§ 67 ff. SGB X erhoben, verarbeitet und genutzt werden dürfen. Die Berechtigung zur Erhebung (§ 67 Abs. 5 SGB X) dieser Daten ergibt sich damit aus § 67a Abs. 1 SGB X, die Zulässigkeit der Verarbeitung (§ 67 Abs. 6 SGB X) und Nutzung (§ 67 Abs. 7 SGB X) folgt aus § 67 b Abs. 1 S. 1 i. V. m § 67c Abs. 1 S. 1 SGB X (BayLSG vom 21.5.2014 – L 7 AS 347/14 B-ER).

Das BSG vom 19.9.2008 – B 14 AS 45/07 R, vom 19.2.2009 – B 4 AS 10/08 R hat die anlasslose Routineforderung vieler Jobcenter, die kompletten, ungeschwärzten Kontoauszüge der letzten drei Monate vor dem Erst- und einem Folgeantrag vorzulegen, mit der Einschränkung gebilligt, dass die nach § 67 Abs. 12 SGB X besonders geschützten Daten, das sind Angaben über die rassische und ethnische Herkunft, politische Meinungen, religiöse oder philosophische Überzeugungen, Gewerkschaftszugehörigkeit, Gesundheit oder Sexualleben, nicht preisgegeben werden müssen; insoweit dürften die Kontobelege, nicht aber die aufgewandten Euro-Beträge, geschwärzt werden (dem folgt das OLG München vom 21.12.2011 – 1 W 2537/10; s. auch LSG Baden-Württemberg vom 21.7.2014 – L 1 AS 2713/14 ER-B; SG Duisburg vom 26.6.2015 – S 48 SO 271/15 ER). Offen gelassen hat das BSG, ob eine anlasslose Anforderung von Kontobelegen über einen längeren Zeitraum als drei Monate ebenfalls noch zulässig ist. Nach LSG Niedersachsen-Bremen vom 12.7.2007 – L 6 AS 378/07 ER ist die Anforderung von Kontobelegen über einen Zeitraum von einem Jahr rechtswidrig. Das LSG NRW vom 3.3.2010 – L 12 AS 15/08 hat einen Zeitraum von 6 Monaten nicht beanstandet. Nach LSG Sachsen-Anhalt vom 19.1.2011 – L 5 AS 452/10 B ER kann ein Zeitraum von ca. drei Jahren im Einzelfall verhältnismäßig sein (hier: be-

BSG: Pflicht zur Vorlage von Kontoauszügen der letzten 3 Monate

gründeter Verdacht der bewussten Verschleierung der Geldflüsse nach dem Tod). Eine rechtswidrige Anforderung ungeschwärzter Kontoauszüge sei unbeachtlich, wenn der Leistungsbezieher sich nicht auf eine Verletzung des Sozialdatenschutzes berufe und generell die Vorlage von Kontoauszügen verweigere.

Konten Dritter

Konten Dritter, auf die der Leistungsberechtigte Zugriff hat (dies kann z. B. das Konto eines Vereins sein, dessen Vorstandsmitglied Alg II bezieht), vermitteln grundsätzlich keine relevanten Daten zur Prüfung des Hilfebedarfs bzw. eines Leistungsmissbrauchs. Der Datenschutzbeauftragte hat dementsprechend im 25. Tätigkeitsbericht vom 17.6.2015 die Praxis der Jobcenter beanstandet, ohne genaue Prüfung der Erforderlichkeit Auskünfte über solche Konten im Rahmen der Abfrage nach § 52 Abs. 1 Nr. 3 SGB II einzuholen.

Keine Kostenerstattung

Entstehen dem Leistungsberechtigten anlässlich der Anforderung von Kontounterlagen Kosten, kann er mangels Rechtsgrundlage im SGB II keinen Ersatz vom Jobcenter verlangen. Die Regelung des § 65a SGB I ist nicht analog anwendbar (LSG Berlin-Brandenburg vom 19.9.2007 – L 15 B 192/07 SO PKH).

2   Hausbesuche

Vor Bewilligung von Alg II/Sozialgeld muss das Jobcenter die Leistungsvoraussetzungen möglichst abschließend ermitteln. Eine Möglichkeit zur Aufklärung des Sachverhalts ist der Hausbesuch. Er fällt als Inaugenscheinnahme unter die in § 21 Abs. 1 Nr. 4 SGB X genannten Maßnahmen zur Aufklärung eines Sachverhalts. Trotz der bestehenden Möglichkeit, im Rahmen der Aufklärung des Sachverhalts auch Wohnortbesichtigungen durchzuführen, muss das Jobcenter grundsätzlich vor Durchführung eines Hausbesuchs seine Zweifel an den Angaben des Hilfesuchenden darlegen. Die Wohnortbesichtigung darf außerdem nur mit Zustimmung des Wohnungsinhabers erfolgen. Denn sie greift in das Grundrecht auf Unverletzlichkeit der Wohnung nach Art. 13 Abs. 1 GG ein (LSG NRW vom 13.12.2007 – L 7 B 284/07 AS ER) und liefert dem Jobcenter immer überschüssige Informationen, die nicht zur Gewährung der Leistung benötigt werden. Die Rechtmäßigkeit eines Hausbesuchs ist daher an hohe verfahrensrechtliche Anforderungen gebunden. Keinesfalls dürfen Hausbesuche routinemäßig oder zur bloßen Ausforschung gemacht werden (BayLSG vom 23.7.2009 – L 8 AL 337/06).

Wegen Art. 13 GG strenge Anforderungen

Die in § 6 Abs. 1 Satz 2 Halbsatz 2 SGB II vorgeschriebene Einrichtung eines Außendienstes zur Bekämpfung von Leistungsmissbrauch hat daran nichts geändert. Ohne konkrete Anhaltspunkte für Leistungsmissbrauch darf der Außendienst nicht losgeschickt werden. Vor allem reicht nicht die pauschale Begründung, es solle sichergestellt werden, dass mit Steuergeldern sparsam umgegangen werde (vgl. BVerfG vom 3.7.2006 – 2 BvR 2030/04).

Eine im Juli 2008 von der BA herausgegebene »Arbeitshilfe Außendienst« gibt in vorbildlicher Weise die Verhaltensmaßstäbe für Außendiensteinsätze wider. Sie ist unter www.gegen-zwangsumzuege.de/mat/JC_Aussendienst.pdf abrufbar. Wird gegen Vorgaben der Arbeitshilfe verstoßen, ist das ein Indiz für rechtswidriges Verwaltungshandeln, weil in die Arbeitshilfe Einwände der Gerichte und der Datenschutzbeauftragten eingearbeitet sind.

Arbeitshilfe
Außendienst

Leider sind sich die Juristen in der Frage uneins, ob ein Hausbesuch als Mitwirkungspflicht nach den §§ 60 ff. SGB I geduldet werden muss. Die Antwort ist von großer praktischer Bedeutung.
Nimmt man eine Mitwirkungspflicht an, kommt bei Verweigerung des Hausbesuchs § 66 SGB I zum Zug. Diese Vorschrift erlaubt eine Versagung oder Einstellung der Leistung bereits dann, wenn die Feststellung der Anspruchsvoraussetzung dem Jobcenter zwar auch ohne Mitwirkung des Betroffenen möglich wäre, der Ermittlungsaufwand wegen der verweigerten Mitwirkung aber wesentlich erschwert wird. Kommt der Hilfesuchende unter dem Druck des Leistungsentzugs seiner Verpflichtung nach, liegt es im Ermessen des Jobcenters, die versagte Leistung auch für die Zeit vor Duldung des Hausbesuchs nachzuzahlen.
Verneint man dagegen eine Mitwirkungspflicht, darf die Leistung erst abgelehnt werden, wenn nur durch den Hausbesuch die Leistungsvoraussetzungen mit Sicherheit festgestellt werden können. Wird der Hausbesuch schließlich zugelassen, sind die beantragten Leistungen ab Antrag zu erbringen.
Im laufenden Bezug trägt zudem das Jobcenter die Beweislast für den Wegfall der Anspruchsvoraussetzungen. Die Leistung darf deshalb, wenn man eine Anwendbarkeit von § 66 SGB I verneint, nicht allein wegen der Verweigerung eines Hausbesuchs eingestellt werden. Eine vorläufige Leistungseinstellung nach § 331 SGB III ist erst bei konkretem Verdacht eines Leistungsmissbrauchs zulässig.

Mitwirkung nach
§§ 60 ff. SGB I?

Der HessVGH hat mit sorgfältiger Begründung einen Sanktionsbescheid nach § 66 SGB I im Fall eines verweigerten Hausbesuchs aufgehoben (HessVGH vom 18.10.1985, FEVS 35, S. 333 ff.; s. auch LSG Sachsen vom 21.10.2013 – L 3 AS 1428/13 B ER). Zur Gegenmeinung OVG Brandenburg vom 31.5.2002, FEVS 54, S. 40 ff.; LSG Mecklenburg-Vorpommern vom 27.2.2007 – L 8 B 11/07; SG Karlsruhe vom 17.6.2010 – S 13 AS 4100/08.
Der mit einem Hausbesuch verbundene tiefe Eingriff in die Privatsphäre des Bürgers spricht gegen eine Mitwirkungspflicht nach den §§ 60 ff. SGB I. Eine Leistungseinstellung oder Kürzung nach § 66 SGB I zur Erzwingung eines Hausbesuchs halten wir für rechtswidrig. Eine Weigerung des Leistungsberechtigten spiegelt sich nur auf der Ebene eines Ablehnungs- oder Aufhebungsbescheides wider, zu dem das Jobcenter erst dann greifen darf, wenn allein der Hausbesuch die anderweitig nicht zu beschaffenden, zur Beurteilung der Leistungsvoraussetzungen aber unbedingt erforderlichen Informationen bringt (HessLSG vom 30.1.2006 – L 7 AS 1/06 ER; LSG NRW vom

Rechtsprechung
geteilt

19.12.2007 – L 7 B 284/07 AS ER; LSG Baden-Württemberg vom 22.1.2008 – L 7 AS 6003/07 ER-B und vom 20.3.2015 – L 12 AS 4232/14: Wohnungserstausstattung; LSG Rheinland-Pfalz vom 2.7.2014 – L 3 AS 315/14 B ER: Prüfung der tatsächlichen Nutzung einer Wohnung; vgl. auch OVG NRW vom 6.12.2002 – 16 B 1921/02; LG Itzehoe vom 25.10.2006 – 4 T 257/06: Durchsuchung gegen den Willen der Betroffenen ist rechtswidrig).

Einstands-
partnerschaft

Hausbesuch
geeignet und
erforderlich?

Hiergegen wird oft, insbesondere im Zusammenhang mit der Feststellung, ob eine Einstandspartnerschaft besteht, verstoßen (dazu LSG NRW vom 9.7.2014 – L 7 AS 476/14 B ER). Zur Nachprüfung der vom BVerfG aufgestellten Kriterien ist ein Hausbesuch, bei dem die gemeinsame Nutzung von Bett, Bad und Küche ermittelt wird, wenig aussagekräftig, wenn der Betroffene mit dem Mitbewohner nicht zumindest schon geraume Zeit zusammenlebt (s. dazu LSG Sachsen-Anhalt vom 15.11.2010 – L 2 AS 316/10 B ER; LSG Sachsen vom 7.1.2011 – L 7 AS 115/09). Die Einholung von Auskünften aus dem Melderegister oder bestehenden Bankvollmachten usw. ist wesentlich aussagekräftiger als ein Hausbesuch (vgl. SG Düsseldorf vom 22.4.2005 – S 35 AS 119/05 ER; SG Freiburg vom 28.2.2006 – S 9 AS 889/06 ER; SG Nordhausen vom 9.10.2006 – S 14 AS 1914/06 ER).

Selbst wenn der Hilfesuchende einen Hausbesuch nach §§ 60 ff. SGB I dulden müsste, dürfte gemäß § 66 SGB I die Leistung nicht versagt oder entzogen werden, wenn der verweigerte Hausbesuch die Ermittlungen des SGB II-Trägers nicht wesentlich erschwert (HessVGH vom 6.1.2004 – 10/TG 3103/03, zum Sonderfall eines Hausbesuchs durch den sozialärztlichen Dienst).

Verhältnismäßig?

Können nur durch einen Hausbesuch die benötigten Informationen gewonnen werden, erfordert das Grundrecht der Unverletzlichkeit der Wohnung und der im Rahmen der Sachverhaltsermittlung zu beachtende Datenschutz nach § 67a SGB X ein abgestuftes, streng am Verhältnismäßigkeitsgrundsatz orientiertes Vorgehen: Ein wiederholter Hausbesuch im laufenden Bewilligungsabschnitt ist bei konkretem Verdacht auf das Bestehen einer Einstandsgemeinschaft zulässig (LSG NRW vom 13.2.2008 – L 20 B 236/07 AS). Hierbei geht ein vorher angekündigter Hausbesuch dem unangemeldeten Überraschungsbesuch vor, wenn die Ermittlung durch die vorherige Ankündigung nicht beeinträchtigt wird (vgl. dazu LSG NRW vom 13.7.2010 – L 1 AS 11/07). Ein unangemeldeter Hausbesuch kann bei »Verdunkelungsgefahr« erforderlich sein. Auch bei einem unangemeldeten Hausbesuch dürfen die Behördenvertreter die Wohnung nur mit Einwilligung des Hilfesuchenden betreten. Sie müssen ihn hierauf ausdrücklich hinweisen, ansonsten ist eine Einwilligung unwirksam. Die allgemeine Androhung von »Nachteilen« reicht nicht (siehe Stellungnahme des Bundesbeauftragten für den Datenschutz, Ausschuss-Drs. 16[11]254 vom 19.5.2006).

Keine vorbeugen-
de Abwehr eines
Hausbesuchs

Für eine vom Sozialgericht geforderte Feststellung, dass ein Hausbesuch nicht geduldet werden muss, fehlt das Rechtsschutzbedürfnis. Der Betroffene hat die Möglichkeit, sich gegen einen Bescheid, mit dem die Leistung versagt oder abgelehnt wird, zu wehren (LSG Baden-Württemberg vom 22.1.2008 – L 7 AS 6003/07 ER-B).

Eine verdeckte Beobachtung der Wohnung kann nach den Ausführungen des Baden-Württembergischen Datenschutzbeauftragten (s. dazu Hammel, ZFSH/SGB 1999, S. 451 ff, 548 ff.) dann noch verhältnismäßig sein, wenn

Verdeckte
Beobachtung

– es im konkreten Einzelfall zulässig wäre, einen privaten Dritten zu befragen;

– die Befragung des Dritten die Belange des Hilfebedürftigen schwerer beeinträchtigen würde als die verdeckte Beobachtung;

– mit der Beobachtung die notwendigen Informationen gewonnen werden können;

– der aufzudeckende Missbrauch besonders erheblich ist;

– die Beobachtung zeitlich und vom Umfang her auf das Notwendigste begrenzt bleibt.

Als Beispiel kommt die Aufklärung des Verdachts von Schwarzarbeit in Betracht. Eine Video-Aufzeichnung der Observation überschreitet nach BayLSG vom 25.1.2008 – L 7 AS 72/07 die Ermittlungsbefugnisse des Jobcenters.

Grundsätzlich unzulässig ist die Verschaffung des Zugangs zur Wohnung unter Vorspiegelung falscher Angaben oder unter Einschaltung Dritter (Hausmeister) oder durch eine im Haushalt lebende Person, die nicht Vertreter der BG i. S. des § 38 SGB II ist.

Einschaltung
Dritter

Der Befragung Dritter, wenn der Leistungsberechtigte beim Hausbesuch nicht angetroffen wird, sind enge Grenzen gezogen. Denn nach § 67a Abs. 2 SGB X setzt die Erhebung von Daten – darum handelt es sich bei jeder Art der Sammlung und aktenmäßigen Erfassung von Informationen (BVerwG vom 4.9.2003 – 5 C 48.02) – ohne Mitwirkung des Betroffenen voraus, dass

Befragung Dritter

– die Datenerhebung beim Leistungberechtigten einen unverhältnismäßigen Aufwand erfordern würde und

– kein Anhaltspunkt dafür besteht, dass überwiegende, schutzwürdige Interessen des Leistungberechtigten durch die Datenerhebung bei Dritten beeinträchtigt werden.

Auch wenn diese strengen Anforderungen erfüllt sind, gelten zusätzlich die Anforderungen des Landesdatenschutzbeauftragten des Landes Baden-Württemberg (info also 1998, S. 53 ff.):

»Befragt ein Sozialdetektiv Privatpersonen oder andere private Stellen, ist er gesetzlich verpflichtet, sie darauf hinzuweisen, dass es ihnen freisteht, Angaben zu machen, und dass ihnen keine Nachteile entstehen, wenn sie dieses unterlassen. Hierbei muss sich der Ermittler als Außendienstmitarbeiter des Sozialamtes zu erkennen geben und darf seine Gesprächspartner nicht unter falschen Angaben oder sonstigen Vorwänden zu Äußerungen über den Hilfeempfänger verleiten.«

Zum Einsatz eines Sozialdetektivs im Jugendhilferecht s. OVG Thüringen vom 25.11.2010 – 1 KO 507/08.

Verwertungsverbot

Nach einer Entscheidung des SG Düsseldorf darf das Jobcenter die durch eine unzulässige Befragung Dritter erhobenen Daten nicht gegen die Ausgeforschten verwenden (SG Düsseldorf vom 23.11.2005 – S 35 AS 343/05 ER; enger BayLSG vom 25.1.2008 – L 7 AS 72/07: Beweisverwertungsverbot erst dann, wenn rechtsstaatlich unverzichtbare Erfordernisse nicht mehr gewahrt sind; offen gelassen vom BayLSG vom 23.7.2009 – L 8 AL 337/06).

3   Datenabgleiche

Automatisierter Datenabgleich

Nach § 52 SGB II müssen die Jobcenter jeweils zum 1. Januar, 1. April, 1. Juli und 1. Oktober Leistungsempfänger daraufhin überprüfen,

– ob und in welcher Höhe und für welche Zeiträume von ihnen Leistungen der Träger der gesetzlichen Unfall- oder Rentenversicherung bezogen werden oder wurden;

– ob und in welchem Umfang Zeiten des Leistungsbezuges nach diesem Buch mit Zeiten einer Versicherungspflicht oder Zeiten einer geringfügigen Beschäftigung zusammentreffen;

– ob und in welcher Höhe und für welche Zeiträume von ihnen Leistungen der SGB III-Träger bezogen werden oder wurden;

– ob und in welcher Höhe und für welche Zeiträume von ihnen Leistungen anderer Jobcenter bezogen werden oder wurden;

– ob und welche Daten nach §§ 45d, 45e Abs. 1 EStG an das Bundeszentralamt für Steuern übermittelt worden sind;

– ob und in welcher Höhe ein Kapital nach § 12 Abs. 2 Nr. 2 SGB II nicht mehr dem Zweck einer geförderten zusätzlichen Altersvorsorge im Sinne des § 10a oder des Abschnitts XI EStG dient.

Der Bundesbeauftragte für den Datenschutz und die Informationsfreiheit hat schwere Bedenken gegen eine so weitgehende verdachtsunabhängige Datenausspähung erhoben:

»Präventive Datenabgleiche sind schon aus verfassungsrechtlichen Gründen wegen des hiermit verbundenen Eingriffs in das Recht auf informationelle Selbstbestimmung als Ultima Ratio immer nur dann zuzulassen, wenn sie im vorrangigen öffentlichen Interesse tatsächlich notwendig und verhältnismäßig sind. (...)

Kriterien für das Vorliegen eines vorrangigen öffentlichen Interesses sind insoweit z. B. beträchtliche Schäden, die durch unberechtigten Bezug von Leistungen für die Allgemeinheit entstehen, oder das Ausmaß einer allerdings schwer quantifizierbaren präventiven Wirkung.

Inwieweit dies vorliegend der Fall ist, lässt sich mangels Darlegung entsprechender Fakten nicht prüfen. Hier sehe ich noch Begründungsbedarf. (...)

Denn ohne rechtstatsächliche Notwendigkeit sind derartige Datenabgleiche unverhältnismäßig« (Ausschuss-Drs. 16[11]254 vom 19.5.2006, S. 2).

Das BayLSG vom 7.3.2007 – L 7 B 841/06 AS ER sieht keine Bedenken; ebenso das LSG NRW vom 28.3.2013 – L 7 AS 370/13 B ER; BSG vom 24.4.2015 – B 4 AS 39/14 R: Abfrage nach § 45d, e EStG.

Seit 1.8.2016 ist das Jobcenter gemäß § 52 SGB II befugt, Daten auch bei nicht leistungsberechtigten BG-Mitgliedern zu erheben, und zwar nach § 51 Abs. 1 Nr. 2 SGB II in monatlichen Abständen. Laut Gesetzesbegründung handelt es sich um eine »Klarstellung« der schon bisher geübten Praxis (BT-Drs. 18/8041, S. 57).

Nach § 52a SGB II ist das Jobcenter außerdem befugt,

- bei dem Zentralen Fahrzeugregister Auskunft einzuholen über Art, Hersteller, Fahrzeugtyp und Kennzeichen;

- auf Daten des Melderegisters (frühere Vor- und Familiennamen, Tag und Ort der Geburt, gesetzliche Vertreter, Staatsangehörigkeiten, frühere Anschriften, Tag des Ein- und Auszugs, Familienstand, beschränkt auf die Angabe, ob verheiratet oder eine Lebenspartnerschaft führend oder nicht, Vor- und Familiennamen sowie Anschrift des Ehegatten oder eingetragenen Lebenspartners) und des Ausländerzentralregisters zuzugreifen,

soweit dies zur Bekämpfung von Leistungsmissbrauch erforderlich ist. Diese Einschränkung verlangt, dass die Daten, soweit sie zur Leistungskontrolle erforderlich sind, zunächst beim Betroffenen selbst erhoben werden müssen. Erst wenn sich der Sachverhalt auf diese Weise nicht aufklären lässt und tatsächliche Anhaltspunkte für die Unrichtigkeit oder Unvollständigkeit von Angaben bestehen, kommt eine Abfrage nach § 52a SGB II in Betracht. Dabei ist zu verlangen, dass der Betroffene vorab grundsätzlich über deren Möglichkeit und Voraussetzungen informiert und nachträglich über stattgefundene Anfragen benachrichtigt wird. Es muss gesichert sein, dass Abfragen nur anlassbezogen und zielgerichtet im konkreten Einzelfall erfolgen. Die Gründe hierfür sind aktenkundig zu machen (vgl. BVerfG vom 22.5.2005 – 1 BvR 2357/04).

Der Datenabgleich nach § 52 Abs. 1 Nr. 4 SGB II i. V. m. §§ 45d, 45e EStG vermittelt dem Jobcenter nur die Kenntnis von Freistellungsaufträgen über In- und EU-Auslandskonten. Ein gezielter Abruf der nach

---

Marginalien:

Neu: Datenerhebung bei nicht leistungsberechtigten BG-Mitgliedern

Überprüfung zusätzlicher Daten

Automatisierter Kontenabruf

§ 24c Abs. 1 KWG gespeicherten Kontoinformationen von sämtlichen inländischen Bank- und Sparkasseninstituten ist nur über § 93 Abs. 8 AO möglich. Grundsätzlich ist der Betroffene vorher auf die Möglichkeit der Abfrage hinzuweisen (§ 93 Abs. 9 AO). Das Jobcenter muss ein Abrufersuchen nach § 93 Abs. 8 AO und dessen Ergebnis dokumentieren (§ 93 Abs. 10 AO).

Auskunft nach Informationsfreiheitsgesetz (IFG)

Nach dem IFG haben Alg II-Bezieher Anspruch auf Auskunft, ob und welche Daten das Jobcenter über sie gespeichert hat. Im Jahr 2007 wurden von 44 Auskunftsanträgen 32 erfüllt, 2 teilweise erfüllt und 10 Anträge abgewiesen (Antwort der Bundesregierung auf eine Anfrage der LINKEN (BT-Drs. 16/10147 vom 21.8.2008).

4   Telefonabfragen durch Callcenter

§ 51 SGB II, der die Erhebung, Verarbeitung und Nutzung von Sozialdaten durch nichtöffentliche Stellen regelt, erlaubt, dass zur Erfüllung der Aufgaben nach dem SGB II »einschließlich der Erbringung von Leistungen zur Eingliederung in Arbeit und zur Bekämpfung von Leistungsmissbrauch« nichtöffentliche Stellen beauftragt werden können. In der Begründung heißt es hierzu:

> »Dies kann zum Beispiel die Einrichtung von Call-Centern für telefonische Abfragen sein. Die Durchführung dieser Abfragen kann in schriftlicher und telefonischer Form oder über andere Kommunikationsmittel erfolgen. Die insoweit erforderlichen Sozialdaten dürfen auch zu diesem Zweck an nichtöffentliche Stellen übermittelt werden« (BT-Drs. 16/1410, S. 76).

Der Bundesbeauftragte für den Datenschutz und die Informationsfreiheit hält diese Form der Übertragung hoheitlicher Aufgaben an private Dritte für sehr bedenklich (Ausschuss-Drs. 16(11)254 vom 19.5.2006). Er rügt fehlende Vorgaben zu Art und Umfang der zu übertragenden Aufgabe und bezweifelt, ob es sich noch um eine Auftragsdatenverarbeitung i. S. von § 80 SGB X handelt. § 51 SGB II hebt nur für diese Form der Aufgabenübertragung die von § 80 Abs. 5 SGB X gesetzten Grenzen bei der Übertragung von Amtstätigkeiten auf. Ist § 80 SGB X nicht anwendbar, würde sich die Zulässigkeit der Aufgabenübertragung nach § 67b SGB X richten, wonach Callcenter nicht mit einer so sensiblen Kernaufgabe betraut werden dürfen (vgl. Stahlmann, info also 2006, S. 61 ff.).

Freiwilligkeit

Angesichts der Bedenken des Bundesdatenschutzbeauftragten raten wir von einer Mitwirkung an einer telefonischen Kontrollbefragung ab. Da weder in §§ 60 ff. SGB I noch im SGB II eine Pflicht zur Mitwirkung an einer Telefonbefragung verankert ist, darf das Jobcenter die fehlende Mitwirkung nicht mit einer Leistungskürzung nach § 31a SGB II oder einer Verpflichtungserklärung in der EV erzwingen. Sollten Sie wegen Ablehnung einer Telefonbefragung Schwierigkeiten bekommen, raten wir zu einem Eilantrag beim Sozialgericht.

Außerdem sollten Sie den Datenschutzbeauftragten einschalten:

Der Bundesbeauftragte	Telefon (02 28) 99 77 99-0
für den Datenschutz und	Telefax (02 28) 99 77 99-5 50
die Informationsfreiheit	E-Mail poststelle@bfdi.bund.de
Husarenstraße 30	http://www.bfdi.bund.de
53117 Bonn	

VI   Vertretung der Bedarfsgemeinschaft (BG)

Nach § 38 SGB II wird vermutet, dass der erwerbsfähige Hilfesuchende bevollmächtigt ist, Leistungen nach diesem Buch auch für die mit ihm in einer BG lebenden Personen zu beantragen und entgegenzunehmen. Leben mehrere erwerbsfähige Hilfesuchende in einer BG, gilt diese Vermutung zugunsten desjenigen, der die Leistungen beantragt.

Vermutung

Die Bevollmächtigung nach § 38 Abs. 1 SGB II erstreckt sich nur auf das Verwaltungsverfahren, zu dem auch das Widerspruchsverfahren gehört (zu dem Fall, dass der Widerspruchsführer kraft ausdrücklicher Vollmacht handelt s. BayLSG vom 14.7.2014 – L 11 AS 452/14 B PKH), gilt aber nicht für das gerichtliche Verfahren (dazu mit vielen Nachweisen LSG Hessen vom 13.11.2015 – L 9 AS 44/15). Der BG-Vorstand ist daher nur dann zur Klageerhebung oder zu einem Eilantrag ermächtigt, wenn dazu eine Vollmacht erteilt wird. Bei Ehe- oder Lebenspartnern und Verwandten in gerader Linie kann nach § 73 Abs. 6 SGG unterstellt werden, dass sie bevollmächtigt sind.

Keine Klagebefugnis

§ 38 SGB II macht den BG-Vertreter zum Bekanntgabeadressaten i. S. von § 39 SGB X, d. h., die BG-Mitglieder können sich nicht darauf berufen, den Bescheid nicht erhalten zu haben, wenn sie die Vermutung der Empfangsbefugnis nicht widerrufen haben. Das gilt aber nur für Bewilligungsbescheide. Aufhebungs- und Erstattungsbescheide müssen individuell bekanntgegeben werden (BSG vom 4.6.2014 – B 14 AS 2/13 R).

Postzugang

Ohne ausdrückliche andere Vereinbarung endet die Befugnis des BG-Vorstands zur Entgegennahme von Bescheiden des Jobcenters mit Auszug eines früheren BG-Mitglieds (LSG Berlin-Brandenburg vom 23.7.2014 – L 18 AS 3472/13). Ob das auch gilt, wenn sich die BG zur Haushaltsgemeinschaft wandelt, ist noch nicht geklärt. Bis zum Zeitpunkt der Bekanntgabe dieser Veränderung dürfte die Berufung auf eine fehlgeschlagene Bekanntgabe treuwidrig sein.

Ende der BG

Die 23-jährige K. lebt in BG mit ihren Eltern. Sie heiratet am 23.10., womit die BG endet, bleibt aber zunächst noch bei den Eltern wohnen. Das Jobcenter erfährt davon erst anlässlich eines Weiterbewilligungsantrags des Vaters der K. am 27.11. Am 3.11. hatte das Jobcen-

Beispiel

ter einen endgültigen Bewilligungsbescheid an den BG-Vorstand gesandt. Gegen den am 3.11. an K. gesandten Erstattungsbescheid nach
§ 41a Abs. 6 SGB II kann diese nicht einwenden, den endgültigen Bewilligungsbescheid nicht erhalten zu haben.

Solange die mit der Antragstellung vermutete Bevollmächtigung nicht
widerrufen wird, sind begünstigende Bescheide an den Vertreter zuzustellen. Die Bescheide müssen allerdings inhaltlich genau erkennen lassen, welche Leistung an welche Person erbracht wird. Ein Schreiben,
mit dem zur Mietsenkung aufgefordert wird, braucht nur an den BG-
Vertreter gesandt zu werden (BSG vom 7.11.2006 – B 7b AS 8/06 R).
Gibt es Streit über das Bestehen einer Einstandsgemeinschaft, sind
die Bewilligungsbescheide an beide »Partner« getrennt zuzustellen
(SG Mainz vom 29.6.2005 – S 10 ER 61/05 AS).
Beide Personen müssen einen eigenen Antrag nach § 37 SGB II stellen
(LSG Baden-Württemberg vom 15.2.2008 – L 8 AS 3380/07). Hat nur
eine Person Alg II beantragt, gibt es für den anderen Mitbewohner kein
auf Leistungen der Grundsicherung gerichtetes Verwaltungsverfahren.
Ein an ihn gerichtetes Auskunftsersuchen nach § 60 SGB II ist ein vom
Alg II-Antragsverfahren getrenntes, weiteres Verwaltungsverfahren
(LSG Berlin-Brandenburg vom 29.1.2008 – L 10 B 2195/07 AS ER).

BG mit Minder-
jährigen

Für die finanziellen Folgen, die Minderjährigen über die Vertretungsregelung des § 38 SGB II aufgebürdet werden, gilt die Vorschrift über die
Beschränkung der Minderjährigenhaftung nach § 1629a BGB entsprechend (BSG vom 18.11.2014 – B 4 AS 12/14 R). Näher dazu → S. 929 ff.

BG mit jungen
Volljährigen

In einer BG mit jungen Volljährigen kann auch ein junger Volljähriger
als BG-Vertreter nach § 38 SGB II auftreten. Er kann nicht auf einen
Antrag der nicht mehr sorgeberechtigten Eltern verwiesen werden;
er hat das Recht, einen eigenen Alg II-Antrag zu stellen und die ihm
zustehende Leistung auf sein Konto überweisen zu lassen. Die Eltern
müssen nicht zustimmen.

Kontovollmacht

Mit Überweisung des Alg II/Sozialgelds auf das vom Vertreter angegebene Konto gelten die Ansprüche der Mitglieder der BG als erfüllt, bis
die Bevollmächtigung widerrufen und ein eigenes Empfängerkonto
benannt wird. Die Erfüllungswirkung einer Leistung an den nach
§ 38 Abs. 1 SGB II Empfangsberechtigten entfällt nicht rückwirkend,
wenn die BG im laufenden Monat aufgegeben wird (SG Hamburg vom
14.11.2011 – S 6 AS 3726/10).

Ungeeigneter
Vertreter

Nicht geregelt ist der Fall, dass eine Person der BG, die kraft Antrags
als Vertreter gilt, offenbar ungeeignet ist, die Interessen der BG sachgerecht zu vertreten. Hier ist das Jobcenter im Rahmen der aus dem
Sozialrechtsverhältnis ihm obliegenden Fürsorgepflicht verpflichtet,
entweder einen geeigneten Vertreter zu finden, ggf. über eine Regelung in der EV, oder die BG intensiv zu betreuen, insbesondere, wenn
unter 15-Jährige, also noch nicht Handlungsfähige (§ 36 SGB I) in der
BG leben.

Noch ungeklärt ist die Frage, ob und ggf. unter welchen Voraussetzungen eine Beratung des Jobcenters gegenüber einem BG-Mitglied allen weiteren BG-Mitgliedern zuzurechnen ist (dazu LSG NRW vom 25.4.2013 – L 6 AS 202/12 B).

Beratungsbevoll-mächtigter?

Da die Vertretungsregelung des § 38 SGB II nur der Verwaltungsvereinfachung dadurch dienen soll, dass dem Jobcenter keine Vielzahl von Ansprechpartnern/Bescheidadressaten der BG gegenüberstehen und dadurch überflüssiger Verwaltungsaufwand anfällt (BT-Drs. 15/1516, S. 63), berechtigt diese Norm nicht zum Erlass eines gemeinsamen Aufhebungs- und Erstattungsbescheides an alle BG-Mitglieder (BSG vom 4.6.2014 – B 14 AS 2/13 R). Die Bekanntgabe eines belastenden Bescheides kann nach BSG, a.a.O. jedoch nach allgemeinen Grundsätzen (Empfangsbevollmächtigung) wirksam erfolgen. Näheres zur Aufhebung und Erstattung → S. 916. Zur Haftung nach § 34 SGB II s. BSG vom 16.4.2013 – B 14 AS 55/12 R.

Keine Gesamt-schuldnerhaftung

Die Vollmachtsvermutung des § 38 SGB II umfasst nicht die Entgegennahme von Bescheiden, mit denen bereits bewilligte Leistungen nach § 66 SGB I entzogen oder versagt werden. Eine Maßnahme nach § 66 Abs. 1 Satz 1 SGB I ist immer nur gegenüber demjenigen zulässig, der seinen Mitwirkungspflichten nach den §§ 60–62, 65 SGB I nicht nachkommt (BayLSG vom 11.8.2010 – L 16 AS 387/10 B ER).

Entzug/Versagung

§ 38 Abs. 2 SGB II gibt dem das Umgangsrecht wahrnehmenden Elternteil auch ohne Sorgerecht die Befugnis, die Gewährung von Leistungen für das Kind in der zeitweisen BG an sich zu beantragen und diese entgegenzunehmen. Nach der Gesetzesbegründung umfasst § 38 Abs. 2 SGB II alle Verfahrenshandlungen, die mit der Antragstellung und der Entgegennahme der Leistungen zusammenhängen und der Verfolgung des Antrags dienen, mithin auch die Einlegung eines Widerspruchs (BT-Drs. 17/3404, S. 188).

Umgangsrecht

Nach wie vor gilt aber, dass § 38 SGB II den umgangsberechtigten Elternteil aber nicht allein bzw. ohne Zustimmung des anderen Elternteils ermächtigt, auf Leistungen für das Kind zu klagen, wenn er nicht das alleinige Sorgerecht hat. Verweigert der andere sorgeberechtigte Elternteil die Zustimmung, muss erst das Familiengericht zwecks einer Entscheidung nach § 1628 BGB eingeschaltet werden (BSG vom 2.7.2009 – B 14 AS 54/08 R; LSG Berlin-Brandenburg vom 29.11.2013 – L 32 AS 2879/13 B ER; s. auch OLG Thüringen vom 4.7.2014 – 1 UF 71/14).

Nicht für Klageverfahren

Die Regelungen zur temporären BG gelten nur für Kinder und deren leibliche Eltern (SG Berlin vom 17.9.2015 – S 91 AS 27859/12). Soweit nach Maßstäben des § 1685 Abs. 2 BGB ein Umgangsrecht in Betracht kommt, können jedoch sowohl das »soziale« Kind als auch die soziale Bezugsperson unvermeidbare Aufwendungen zur Ausübung des Umgangs über § 21 Abs. 6 SGB II geltend machen. Warum dies nur dem Kind möglich sein soll (so SG Berlin vom 27.1.2016 – S 82 AS

Soziales Kind

17604/14) erschließt sich angesichts des Verweises auf § 1684 Abs. 2
– 4 BGB in § 1685 BGB nicht.

VII   Beantragung vorrangiger Leistungen

Antragsrecht des Jobcenters

Um zu erreichen, dass Alg II/Sozialgeld nur gezahlt wird,
wenn anderweitige, **vorrangige** Hilfen nicht zur Verfügung stehen,
sind Leistungsberechtigte nach § 12a SGB II verpflichtet, vorrangige
Sozialleistungen zu beantragen. Tun sie das trotz Aufforderung zur
Antragstellung nicht, ermächtigt § 5 Abs. 3 SGB II das Jobcenter anstelle eines anspruchsberechtigten Leistungsberechtigten, die diesem
zustehende vorrangige Leistung zu beantragen.
Zur Mitwirkung bei Durchsetzung dieser Leistung → S. 193 ff..

Ein Antrag durch das Jobcenter ist erst zulässig, wenn der Hilfesuchende innerhalb einer angemessenen Frist vergeblich zur Antragstellung aufgefordert worden ist. Diese Aufforderung ist ein gesondert anfechtbarer Verwaltungsakt (LSG NRW vom 1.2.2010 – L 19 B 371/09 AS
ER unter Verweis auf die Rechtsprechung des BSG zum früheren § 202
SGB III vom 27.7.2000 – B 7 AL 42/00 R und vom 17.12.2002 – B 7 AL
18/02 R; bestätigt durch das BSG vom 16.12.2011 – B 14 AS 138/11 B
und vom 19.8.2015 – B 14 AS 1/15 R). Ein hiergegen erhobener Widerspruch hat nach § 39 Nr. 3 SGB II keine aufschiebende Wirkung.

Kein Ruhen der Leistung

Mangels einer § 145 Abs. 2 Satz 2 SGB III oder § 51 Abs. 3 SGB V vergleichbaren Regelung (Ruhen des Anspruchs bei unterbliebenem Antrag trotz Aufforderung) im SGB II kann aus der Befugnis, den Antrag
selbst zu stellen und auch das Verfahren selbst zu führen (§ 5 Abs. 3
Satz 1 SGB II), nur der Schluss gezogen werden, dass das Jobcenter
bei verweigerter Antragstellung oder unzulänglicher Mitwirkung bei
Realisierung der vorrangigen Leistung nicht berechtigt ist, die SGB II-
Leistungen aus diesen Gründen einzustellen (LSG Berlin-Brandenburg vom 29.4.2011 – L 5 AS 525/11 B ER; LSG Sachsen vom 1.3.2016
– L 5 AS 25/16 B ER und vom 22.2.2016 – L 3 AS 990/15 B ER).

Antrag nicht erzwingbar

Die Auffassung, das Jobcenter könne die Zahlung nach § 48 SGB X
i. V. m. § 2 SGB II wegen Verstoßes gegen das Selbsthilfegebot einstellen und bei akutem Hilfebedarf auf Lebensmittelgutscheine umsteigen,
ist rechtswidrig. Das Jobcenter kann die vorrangige Leistung beantragen und dabei die im Rahmen der Alg II-Bewilligung gewonnenen Daten benutzen (§§ 67c Abs. 2 Nr. 1, 69 Abs. 1 Nr. 1 SGB X) und so die
vorrangige Leistung durchsetzen. Das Jobcenter ist nach § 5 Abs. 3
SGB II auch zur Durchsetzung des vorrangigen Anspruchs befugt.
Zur Zwangsverrentung → S. 183 ff.

VIII   Gebundene Aufhebungs- und Erstattungsentscheidung

Die in der Praxis wichtigste Sondervorschrift gegenüber den §§ 45, 48 SGB X sind die über § 40 Abs. 2 SGB II anwendbaren Abs. 2 und Abs. 3 des § 330 SGB III. Danach ist das Jobcenter bei einer Leistungsüberzahlung, die durch Vorsatz oder grobe Fahrlässigkeit des Leistungsempfängers verursacht oder bei einem nachträglichen Zufluss von Einkommen oder Vermögen, das zum Wegfall oder zur Minderung des Anspruchs geführt hat, ohne Ausübung von Ermessen verpflichtet, die Leistungsbewilligung rückwirkend aufzuheben oder anzupassen. Ein irrtümlich auf § 48 SGB X statt richtig § 45 SGB X oder umgekehrt gestützter Bescheid leidet daher nur an einem unbeachtlichen (§ 42 SGB X) Begründungsfehler, wenn das ausreichende Verschulden außer Zweifel steht.

Kein Ermessen

IX   Erstattung von Beiträgen zur gesetzlichen KV/PV

Die Erstattung der vom Jobcenter für Leistungsempfänger aufgewendeten Beiträge zur Kranken-, Pflege- und – bis 31.12.2010 – zur Rentenversicherung ist für Ersatzansprüche nach §§ 34, 34a SGB II und für die Erbenhaftung nach § 35 SGB II eigens in den genannten Normen geregelt worden. Die in § 40 Abs. 2 Nr. 3 SGB II angeordnete Geltung von § 335 Abs. 1, 2 und 5 SGB III ist daher für Leistungsbezieher von Bedeutung, die nur über den Alg II-Bezug kranken- und pflegeversichert sind: Bei einer **vollen** Aufhebung einer Leistungsbewilligung nach den §§ 48, 45 SGB X i. V. m. § 330 Abs. 2 und Abs. 3 SGB III sind auch die vom Jobcenter im Aufhebungszeitraum aufgewendeten Beiträge zur gesetzlichen Kranken- und Pflegeversicherung zu erstatten. Die Einzelheiten dazu sind schon → S. 805 dargestellt worden.

Bei einer Rückzahlung vorläufig bewilligter Leistungen nach § 41a Abs. 6 SGB II sind überzahlte Beiträge zur KV/PV nicht zu erstatten. Die Rechtsprechung schließt das aus dem Wortlaut von § 328 SGB III, wonach nur erbrachte Geldleistungen zu erstatten sind; die Versicherung zur KV/PV sei keine Geldleistung in diesem Sinn (LSG Sachsen vom 22.5.2014 – L 3 AS 600/12; LSG Sachsen-Anhalt vom 28.3.2012 – L 2 AS 24/12 B und vom 26.8.2015 – L 4 AS 81/14). Der Gesetzgeber hat eine entsprechende Formulierung (»erbrachte Leistungen«) in § 41a SGB II trotz Kenntnis dieser Rechtsprechung gewählt. Die Versicherungsleistung in Form der Beitragsentrichtung kann auch nicht als erbrachte Sachleistung i. S. von § 41a SGB II gedeutet werden. Soweit sonst eine Erstattung von Sachleistungen geregelt ist (in §§ 34, 34a SGB II), wird die Erstattung der KV-/PV-Beiträge ausdrücklich gesondert angeordnet.

Nicht bei vorläufig erbrachten Leistungen

Nur Erstattung zwischen den Leistungsträgern

Der Verweis auf § 335 Abs. 2 SGB III bewirkt bei Leistungsüberzahlungen im Verhältnis zu nachträglich bewilligten Leistungen des Rentenversicherungsträgers (Renten oder Übergangsgeld), dass allein über die Erstattungsansprüche nach den §§ 102 ff. SGB X rückabgewickelt wird. Es besteht keine Befugnis und auch keine Notwendigkeit, den Leistungsempfänger über eine Aufhebung des Alg II-Bewilligungsbescheides nach § 48 SGB X in das Verfahren hineinzuziehen (vgl. BSG vom 31.10.1997 – 7 RAr 46/90 und vom 6.3.2000 – B 11 AL 243/99 B).

X Tatsächliche Leistungseinstellung/-kürzung

Leistungseinstellung vor Bescheid

§ 40 Abs. 2 Nr. 2 SGB II i. V. m. § 331 SGB III ermächtigt das Jobcenter, zur Vermeidung von Überzahlungen die Leistung tatsächlich vor Erlass eines Aufhebungsbescheides einzustellen oder zu verringern, wenn sich Anhaltspunkte für die Unrechtmäßigkeit der Leistung ergeben. Eine vorläufige Zahlungseinstellung kann nur auf die »Kenntnis von Tatsachen«, nicht hingegen auf einen reinen Verdacht gestützt werden (SG Reutlingen vom 16.10.2007 – S 12 AS 3730/07 ER; SG Augsburg vom 30.3.2016 – S 8 AS 312/16 ER). Nach § 331 Abs. 2 SGB III muss spätestens innerhalb einer Frist von zwei Monaten nach der Zahlungseinstellung ein förmlicher Aufhebungsbescheid ergehen; anderenfalls muss das Jobcenter die Leistung ab dem Zahlungseinstellungstermin auszahlen (LSG Berlin-Brandenburg vom 7.1.2008 – L 26 B 2288/07 AS ER; LSG NRW vom 7.4.2014 – L 19 AS 389/14 B ER; BayLSG vom 15.7.2015 – L 11 AS 353/15 B ER). Die Klagebefugnis für eine Zahlungsklage bei einer vorläufigen Leistungseinstellung entfällt nach BayLSG vom 24.11.2011 – L 10 AL 64/09, wenn die Leistungsbewilligung durch einen nach Ablauf der Zweimonatsfrist des § 331 Abs. 2 SGB III erlassenen, bestandskräftigen – wenn auch rechtswidrigen – Bescheid rückwirkend entzogen wird. Das Jobcenter ist durch die Frist in § 331 Abs. 2 SGB III nicht gehindert, zu einem späteren Zeitpunkt die Leistung mit Wirkung für die Vergangenheit aufzuheben. Ist eine solche Aufhebung rechtlich nicht zu beanstanden, kann das Jobcenter einem Antrag auf Weiterzahlung der Leistung aus dem noch nicht aufgehobenen Bescheid gemäß § 331 Abs. 2 SGB III mit dem Einwand des rechtsmissbräuchlichen Verhaltens begegnen (LSG Baden-Württemberg vom 5.2.2007 – L 13 AS 64/07 ER-B; SG Chemnitz vom 16.8.2011 – S 37 AS 6876/10).

Stellt das Jobcenter fest, dass die Leistung von Anfang an fehlerhaft gezahlt wurde, muss es nach § 45 SGB X i. V. m. § 330 Abs. 2 SGB III vorgehen (SG Berlin vom 20.1.2006 – S 103 AS 169/06 ER).

Lässt sich einem Bescheid nicht entnehmen, ob er eine vorläufige Leistungseinstellung nach § 331 SGB III, eine Leistungsentziehung nach § 66 SGB I oder eine Rücknahme nach § 45 SGB X enthält, ist der Bescheid unbestimmt i. S. v. § 33 SGB X (LSG Sachsen vom 3.11.2011 – L 3 AS 268/11 B ER).

Da der Hilfeempfänger im Regelfall keine Sozialhilfe nach dem SGB XII erhalten kann, darf das Jobcenter nur dann die Zahlung komplett einstellen, wenn **gewichtige Anhaltspunkte** für den Wegfall von Leistungsvoraussetzungen vorliegen und der Sachverhalt unverzüglich aufgeklärt wird (LSG Berlin-Brandenburg vom 26.1.2006 – L 14 B 1357/05 AS ER) oder von dem Betroffenen unverzüglich aufgeklärt werden kann (BayLSG vom 7.11.2006 – L 7 B 635/06 AS ER). Zu einer evtl. Schadensersatzklage bei einer unsachgemäßen Leistungseinstellung s. OLG München vom 28.7.2009 – 1 W 1842/09.

XI   Vorläufige Bewilligung

Im SGB II kommt der vorläufigen Bewilligung nach § 41a SGB II eine große Bedeutung zu.
In Kapitel I werden die für die Praxis wichtigsten Anwendungsfälle der vorläufigen Bewilligung: Schwankendes Einkommen (→ S. 426 ff.) und Einkommen aus selbständiger Tätigkeit (→ S. 495 ff.) eingehend behandelt.

§ 41a SGB III bezieht sich nur auf die Bewilligung von Geld- und Sachleistungen. Entscheidungen über Eingliederungsleistungen müssen endgültig ergehen.

Nur für Geld- und Sachleistungen

§ 41a SGB II unterscheidet Fallgestaltungen, in denen das Jobcenter vorläufig entscheiden muss von solchen, in denen es vorläufig entscheiden kann (Ermessen).

1   Jobcenter muss vorläufig bewilligen

Über die Erbringung von Geld- oder Sachleistungen muss das Jobcenter vorläufig entscheiden, wenn

- zur Feststellung der Voraussetzungen des Anspruchs eines Hilfesuchenden auf Geld- oder Sachleistungen voraussichtlich längere Zeit erforderlich ist, die Voraussetzungen für den Anspruch mit hinreichender Wahrscheinlichkeit (dazu LSG NRW vom 11.2.2010 – L 12 B 40/09 AL) vorliegen und der Hilfesuchende die Umstände, die einer sofortigen abschließenden Entscheidung entgegenstehen, nicht zu vertreten hat;

- ein Anspruch auf Geld- oder Sachleistungen dem Grunde nach besteht, aber zur Feststellung der Höhe voraussichtlich längere Zeit erforderlich ist und der Leistungsberechtigte dies nicht zu vertreten hat.

Bewilligt das Jobcenter endgültig statt vorläufig oder wird z. B. trotz eines noch nicht genau abschätzbaren Einkommens mit einem geschätzten Durchschnittswert endgültig statt vorläufig bewilligt, ist diese

Endgültig statt vorläufig bewilligen

Bewilligung von Anfang an rechtswidrig und kann nur unter den Voraussetzungen des § 45 SGBX aufgehoben werden (BSG vom 29.11.2012 – B 14 AS 6/12 R; LSG NRW vom 11.12.2015 – L 2 AS 1972/15 B).

Antrag entbehrlich

Anders als unter Geltung von § 328 SGB III bedarf es keines Antrages, um unter den o. g. Voraussetzungen eine vorläufige Bewilligung zu erzwingen.

Gibt es Streit darüber, ob der Leistungsberechtigte hinreichend mitwirkt, bzw. ob er die Verzögerung der Antragsbearbeitung zu vertreten hat, kann er im Wege des einstweiligen Rechtsschutzes eine vorläufige Bewilligung durchsetzen. Das Jobcenter muss Leistungsanträge zügig bearbeiten und die für erforderlich gehaltenen Informationen oder Dokumente konkret benennen. Unzulässig ist eine Hinhaltetaktik, indem einer erfolgten Mitwirkung stückweise neue Mitwirkungspflichten nachgeschoben werden.

Verbot des vorzeitigen Verfahrensabschlusses

Auch für das SGB II gilt der allgemeine Grundsatz, dass Pflichtleistungen erst zuerkannt werden dürfen, wenn die Behörde die notwendigen Anspruchsvoraussetzungen geklärt hat. Nur wenn dies aus den o. g. Gründen nicht möglich ist oder zu unzumutbaren Zeitverzögerungen führt, darf vorläufig bewilligt werden. Personalmangel oder der Wunsch nach umfassender Fehlervermeidung rechtfertigen niemals die Abschwächung des Rechtsanspruchs auf eine Leistungsbewilligung unter Vorbehalt.

Jobcenter darf nicht vorläufig bewilligen

Die vorläufige Bewilligung steht in einem Spannungsverhältnis zu den allgemeinen Regeln zum Vertrauensschutz gemäß der §§ 45, 48 SGB X. Diese Bestimmungen dürfen nicht dadurch unterlaufen werden, dass vorläufig bewilligt wird, obwohl zum Zeitpunkt der Entscheidung alle relevanten Informationen vorliegen (BayLSG vom 17.1.2012 – L 11 AS 931/11 B PKH). Unzulässig ist daher die **rückwirkende** Abänderung eines Bescheides in einen vorläufigen Bescheid nach § 41a SGB II (s. auch LSG Sachsen vom 22.4.2013 – L 3 AS 1310/12 B PKH; LSG Hamburg vom 19.9.2014 – L 4 AS 181/12).

Beispiel

P. beantragt am 12.5. Alg II. Ihm wird mit endgültigem Bescheid für den Zeitraum Mai bis Oktober Alg II bewilligt. Dabei übersieht das Jobcenter, dass P. am 3.5. eine Steuererstattung zugeflossen war. P. nimmt im Juli einen Minijob mit schwankendem Einkommen auf. Die entsprechende Mitteilung schickt er am 15.6. ans Jobcenter, das die Bewilligung mit Änderungsbescheid vom 27.6. für den gesamten Bewilligungsabschnitt zu einer vorläufigen Entscheidung abschwächt. Hier bleibt es dabei, dass P. die Überzahlung wegen der Steuererstattung (anrechenbares Einmaleinkommen) nur erstatten muss, wenn er insoweit die Rechtswidrigkeit gemäß § 45 Abs. 2 SGB X kannte oder grob fahrlässig nicht kannte.

Vorläufigkeit anfechten

Hat das Jobcenter Leistungen zu Unrecht nur vorläufig statt endgültig bewilligt, kann der Hilfesuchende die Vorläufigkeitsklausel anfechten

(s. dazu SG Karlsruhe vom 16.3.2015 – S 11 AS 3510/14). Wegen der Gefahr eines endgültigen Rechtsverlustes (dazu gleich) kann er nicht darauf verwiesen werden, sich bis zur endgültigen Bewilligung in Geduld zu üben.

Ist eine Leistung vorläufig bewilligt worden und hat ein Leistungsempfänger den vorläufigen Bescheid nicht angefochten, kann er im Rahmen eines Widerspruchs oder einer Klage gegen die abschließende Entscheidung (endgültige Bewilligung) nicht mehr geltend machen, die Voraussetzungen für die vorläufige Bewilligung hätten nicht vorgelegen (LSG NRW vom 30.1.2012 – L 19 AS 1543/11 unter Verweis auf BSG vom 15.8.2002 – B 7 AL 24/01 R).

Verlust von Vertrauensschutz?

Unserer Auffassung nach kann sich das Jobcenter im Fall einer unzulässigen Umgehung des Vertrauensschutzes nicht auf die Vorläufigkeitsklausel berufen (s. dazu BSG vom 2.11.2012 – B 4 KG 2/11 R, vom 29.4.1997 – 4 RA 46/96, vom 29.10.1992 – 9b RAr 7/92 und vom 17.10.1990 – 11 RAr 3/88).

Wegen der erheblichen Unterschiede zwischen vorläufiger und endgültiger Bewilligung muss aus dem Bescheid klar und eindeutig hervorgehen, dass es sich nur um eine vorläufige Bewilligung handelt. Insoweit gelten die von der Rechtsprechung zu § 328 SGB III entwickelten Grundsätze zur Klarheit und Eindeutigkeit des Bescheides auch für § 41a SGB II (BayLSG vom 1.9.2011 – L 9 AL 204/10 B PKH; LSG NRW vom 7.9.2015 – L 19 AS 248/14; interessant auch OVG Hamburg vom 28.4.1995 – Bf IV 34/93). Es genügt nicht, wenn im Bescheid Alg II bewilligt wird und der Begründungstext nur den Hinweis enthält, dass es sich um eine vorläufige Festsetzung handele (LSG Berlin-Brandenburg vom 8.12.2009 – L 12 AL 268/07; LSG Thüringen vom 25.11.2015 – L 4 AS 1010/13), oder wenn es im Bescheid nur heißt, dass der Anspruch nach Vorlage der Verdienstbescheinigungen ermittelt werde (LSG Sachsen vom 5.3.2015 – L 7 AS 888/11; a.A. LSG Hamburg vom 26.3.2014 – L 2 AL 44/12). Wegen der Folgen für den Leistungsberechtigten (Wegfall des Vertrauensschutzes) gehen Unklarheiten und Mehrdeutigkeiten zulasten des Jobcenters (vgl. dazu LSG Sachsen vom 21.2.2008 – L 3 AL 120/06).

Wann ist nur vorläufig bewilligt?

Zu der vorläufigen Bewilligung nach § 328 SGB III war streitig, ob ein vorläufiger Bescheid ganz oder nur in einzelnen Teilen, die nicht zeitnah ermitteln werden können, unter Vorbehalt steht (s. dazu BSG vom 29.4.2015 – B 14 AS 31/14 R). Ein vorläufiger Bescheid nach § 41a SGB II ergeht nach Abs. 1 Satz 2 SGB II in allen seinen Teilen und für alle BG-Mitglieder nur vorläufig, entfaltet also keine Bindungswirkung hinsichtlich einzelner Elemente, z.B. zur Höhe der Unterkunftskosten.

Ganz oder nur zum Teil

Eine monatsübergreifende Saldierung von Überzahlungen und Nachzahlungen innerhalb des zwölfmonatigen Bewilligungszeitraumes ist nach § 41a Abs. 6 SGB II nur im Rahmen der endgültigen Bewilligung

Monatsprinzip

zulässig (so schon zu § 328 SGB III: LSG Niedersachsen-Bremen vom 19.3.2014 – L 13 AS 325/11). Die vorläufige Bewilligung richtet sich, wie auch sonst im SGB II, nach dem Monatsprinzip (BSG vom 19.8.2015 – B 14 AS 13/14 R).

Anfängliche Bewilligungsfehler

Ist die Bemessung einer an sich zulässigen, vorläufigen Bewilligung ohne die Beachtung leistungserheblicher Umstände ergangen, die schon bei Erlass des Bescheides hätten berücksichtigt werden müssen, ist die vorläufige Bewilligung mit Wirkung für die Zukunft, d.h. die Zeit nach Bekanntgabe des Änderungsbescheides, an diese Umstände anzupassen. Das gilt nach § 41a Abs. 2 Satz 4 SGB II auch dann, wenn der Leistungsberechtigte ohne Verschulden fehlerhaft begünstigt worden war. In der Gesetzesbegründung (BT-Drs. 18/8041, S. 51) wird das lapidar damit gerechtfertigt, dass eine vorläufige Bewilligung generell keinen Vertrauensschutz genieße und ohnehin nur die endgültige Bewilligung zähle.

Gebotener Ausgleich

§ 41a Abs. 2 Satz 4 SGB II kann jedoch im Einzelfall zu Nachteilen führen, die der Hilfesuchende nicht zu vertreten hat und die er nur mit Mühe auffangen kann. Liegt der Fehler eindeutig beim Jobcenter, muss eine Korrektur oder zumindest eine Milderung geprüft werden.

Beispiel

K. beantragt ergänzend zu Einkommen aus selbständiger Tätigkeit Alg II. In der vorläufigen »Erklärung zum Einkommen aus selbstständiger Arbeit« ist ein geringer Gewinn wesentlich damit begründet, dass K. Abschreibungen und einen Verlustvortrag als Betriebsausgaben geltend macht. Das Jobcenter übernimmt den auf dieser Basis angegebenen Gewinn ohne nähere Prüfung und bewilligt entsprechend hohe Alg II-Beträge. Erst anlässlich der endgültigen Bewilligung werden die Abschreibungen und der Verlustvortrag als nach § 3 Alg II-VO unbeachtliche Positionen nicht berücksichtigt, was einen deutlich höheren Gewinn und demzufolge eine beträchtliche Leistungsüberzahlung ergibt. Als Lösung bietet sich ein (Teil)Erlass der Rückforderung nach § 44 SGB II an. Ggfs. hilft nur ein (zivilrechtlicher) Amtshaftungsanspruch nach § 839 BGB.

Änderungen im laufenden Bewilligungsabschnitt

Auf Veränderungen zugunsten der Leistungsberechtigten muss das Jobcenter zeitnah, d.h. in der Regel noch im laufenden Bewilligungsabschnitt, reagieren (LSG NRW vom 21.9.2015 – L 19 AS 2333/14). Ist dieser Zeitraum bei Kenntnis der geänderten Umstände schon abgelaufen oder steht der Ablauf unmittelbar bevor, ist die Änderung mit dem endgültigen Bescheid umzusetzen; auf Erlass eines vorläufigen Änderungsbescheides besteht dann kein Anspruch mehr.

Keine Wahlmöglichkeit

Änderungen sowohl zugunsten als auch zulasten der Leistungsberechtigten nach Ablauf eines vorläufigen Bewilligungsabschnitts müssen mit einem endgültigem Bescheid umgesetzt werden. Ein Änderungsbescheid nach § 48 SGB X oder § 45 SGB X ist rechtswidrig und keine Grundlage für eine Erstattungsforderung nach § 41a Abs. 6 SGB II (BSG vom 29.4.2015 – B 14 AS 31/14 R zur vergleichba-

ren Regelung in § 328 SGB III; LSG Sachsen-Anhalt vom 26.8.2015 –
L 4 AS 266/10). Das gilt selbst dann, wenn die Erstattungsforderung
richtig ermittelt wurde (LSG NRW vom 21.9.2015 – L 19 AS 2333/14).

Kann dem §§ 48/45 SGB X-Bescheid nicht hinreichend deutlich entnommen werden, dass eine abschließende Entscheidung über den
Leistungsanspruch getroffen werden sollte, kommt eine Umdeutung
in eine endgültige Bewilligung nicht in Betracht (BSG vom 29.4.2015
– B 14 AS 31/14 R; LSG Sachsen-Anhalt vom 16.12.2015 – L 2 AS 733/
13; s. auch LSG Sachsen vom 21.1.2016 – L 7 AS 561/15 NZB zu einer
zulässigen Umdeutung).
Keine Umdeutung

Die Festsetzung des vorläufigen Leistungsbetrages nach § 41a Abs. 2
Satz 2 SGB II ist nur hinsichtlich des vorläufig anzurechnenden Einkommens, nicht des Bedarfs (so schon zu § 328 SGB III LSG NRW vom
10.4.2015 – L 19 AS 288/15 B) ins Ermessen des Jobcenters gestellt.
Sachgerechte Ermessensgesichtspunkte sind die Länge des Bewilligungsabschnitts, die Höhe der voraussichtlichen Schwankungen, die
Notwendigkeit der Bedarfsdeckung, aber auch die Gewährleistung eines angemessenen Verwaltungsaufwands (LSG NRW vom 31.10.2012
– L 12 AS 691/11). Ändern sich die Einkommensverhältnisse, muss
das Jobcenter die vorläufigen Anrechnungsbeträge anpassen (SG
Berlin vom 29.8.2014 – S 197 AS 8527/13).
Siehe auch Kapitel I, → S. 426 ff.
Ermessens-
gerechte
Festsetzung

Läuft der von einer vorläufigen Bewilligung erfasste Zeitraum ab,
gibt es nach § 41a SGB II vier Möglichkeiten der endgültigen Leistungsbestimmung:
4 Möglichkeiten
endgültiger
Bewilligung

■ mit dem vorläufigen Bescheid, wenn sich die maßgebenden Umstände nicht geändert haben;

■ mit einem den vorläufigen Bescheid ersetzenden, endgültigen Bewilligungsbescheid;

■ mit endgültigem Bewilligungsbescheid auf Antrag der Leistungsberechtigten;

■ mit dem vorläufigen Bescheid kraft Zeitablaufs.

Nach § 41a Abs. 3 Satz 3 SGB II muss von Seiten des Jobcenters nur
dann eine ausdrückliche, die vorläufige Bewilligung ersetzende Leistungsfeststellung ergehen, wenn sich nach Ablauf des Bewilligungszeitraums ergibt, dass die vorläufig bewilligte Leistung »nicht der abschließend festzustellenden entspricht«. Damit genügt für die Prüfung, ob ein endgültiger Bescheid ergehen muss, eine saldierende Betrachtung über den gesamten Bewilligungsabschnitt hinweg, d.h. es
genügt, wenn Überzahlungen in einzelnen Monaten Unterzahlungen
in anderen Monaten »ausgleichen«.
Unveränderte
Umstände

Durchschnittsein-
kommen

Ist schwankendes Einkommen Grund für die vorläufige Bewilligung, **muss** (keine Wahlmöglichkeit) für den Vergleich zwischen vorläufiger und endgültiger Bewilligung das rechnerische Durchschnittseinkommen zugrunde gelegt werden (§ 41a Abs. 4 SGB II).

Ausnahmen

Davon gibt es drei Ausnahmen:

- Die Leistungsbezieher weisen trotz Aufforderung mit Fristsetzung nur für einzelne Monate das tatsächlich erzielte Einkommen nach, so dass nur für diese Monate monatsgenaue Leistungen endgültig gewährt werden (Fall nach § 41a Abs. 3 Satz 4 SGB II).

- Wenn der Leistungsanspruch in mindestens einem Monat des Bewilligungsabschnitts durch das tatsächlich zugeflossene Einkommen entfällt, d. h. wenn die Möglichkeit besteht, dass infolge der Durchschnittsbildung eines stark schwankenden Einkommens kein Monat im Bewilligungsabschnitt mit Leistungen belegt ist.

- Wenn eine monatsgenaue Abrechnung beantragt wird.

Näher dazu mit Beispielen → S. 430.

Ersetzender
endgültiger
Bewilligungs-
bescheid

Stellt das Jobcenter Abweichungen zwischen vorläufig bewilligten und den tatsächlich zustehenden Leistungen fest, muss der »richtige« Leistungsanspruch mit endgültigem Bewilligungsbescheid festgesetzt werden. Ersetzt das Jobcenter eine vorläufige Leistungsbewilligung auf diese Weise durch eine abschließende Entscheidung, muss die Endgültigkeit der Leistungsfeststellung für den Leistungsberechtigten, wie auch für einen unbeteiligten Dritten, auf den ersten Blick erkennbar sein. Ein »Änderungsbescheid« nach § 48 SGB X genügt dem nicht und kann grundsätzlich auch nicht in eine abschließende Entscheidung umgedeutet werden.

Umfassende Mit-
wirkungspflichten

Um feststellen zu können, ob die vorläufig bewilligten den tatsächlich zustehenden Leistungen entsprechen, unterwirft § 41a Abs. 3 SGB II die in der BG lebenden Personen einer umfassenden Mitwirkungspflicht. Kommen sie dieser Pflicht nach schriftlicher Aufforderung mit angemessener Fristsetzung nicht nach, hat das gravierende Folgen: Das Jobcenter darf auf einen Wegfall des Leistungsanspruch erkennen bzw. eine Bedarfsdeckung unterstellen, wenn die zur abschließenden Leistungsberechnung nötigen Informationen schuldhaft nicht beigebracht werden.

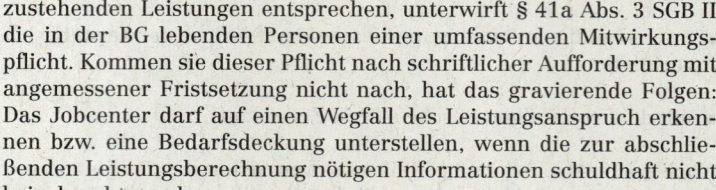

Siehe dazu auch → S. 428

Jahresfrist

Unter Geltung von § 328 SGB III war umstritten, ob die endgültige Entscheidung, wenn die dazu nötigen Informationen vorliegen, innerhalb eines Jahres gemäß § 45 Abs. 4 SGB X analog ergehen muss (so SG Neubrandenburg vom 12.11.2015 – S 14 AS 969/15; a. A. SG Dortmund vom 13.7.2015 – S 31 AS 3733/13). Nach § 41a Abs. 5 SGB II

»gilt« die vorläufige Bewilligung als endgültig festgesetzt, wenn innerhalb eines Jahres nach Ablauf des Bewilligungszeitraums keine abschließende Entscheidung ergangen ist.

Die »Verfestigung« der vorläufigen zur endgültigen Bewilligung kraft Zeitablaufs hat den Vorteil, dass die – redlichen – Leistungsbezieher nach Ablauf eines Jahres auf die Bestandskraft der bewilligten Leistungen vertrauen können. Kehrseite der Medaille ist der Verlust des Rechts, nach § 44 SGB X etwaige Nachzahlungen geltend machen zu können. Im Zweifel sollte noch innerhalb der Jahresfrist geprüft werden, ob der Anspruch auf eine ausdrückliche, abschließende Entscheidung vorteilhafter ist.

Siehe dazu auch → S. 430.

Waren die vorläufig gewährten Leistungen zu hoch, wird mit der endgültigen Bewilligung eine Erstattungsforderung verbunden, die so zu errechnen ist, dass die im Bewilligungsabschnitt insgesamt erbrachten vorläufigen Leistungen den endgültig zustehenden Leistungen gegenübergestellt werden (so schon zu § 328 SGB III: LSG Sachsen-Anhalt vom 28.2.2013 – L 5 AS 218/09). Der aus dieser Gesamtsaldierung folgende Erstattungsbetrag muss nach § 41a Abs. 6 Satz 3 SGB II zurückgezahlt werden. Eines Aufhebungs- und Erstattungsbescheides bedarf es nicht (BSG vom 22.8.2013 – B 14 AS 1/13 R).

§ 41a Abs. 6 Satz 3 SGB II enthält eine spezielle Rückzahlungsverpflichtung, die Vertrauensschutz ausschließt. Damit ist der Rechtsschutz gegen eine fehlerhafte Berechnung der Rückforderung aber nicht abgeschwächt. Widerspruch und Klage gegen die Rückforderung der Überzahlung haben wie bei einer auf § 50 SGB X gestützten Rückforderung aufschiebende Wirkung, d.h. es muss erst nach Abschluss des Widerspruchs- oder Klageverfahrens zurückgezahlt werden (SG Berlin vom 25.9.2009 – S 160 AS 27361/09 ER).

Ein vorläufig bewilligter Zuschuss nach § 26 SGB II ist zu erstatten, wenn sich im Rahmen der endgültigen Festsetzung des Bedarfs herausstellt, dass keine Hilfebedürftigkeit bestand (LSG Berlin-Brandenburg vom 19.3.2015 – L 25 AS 1246/12).

Zur Erstattung der SV-Beiträge nach § 335 SGB III → S. 977.

Dass eine Bewilligung nur vorläufig ist, steht einem Widerspruch, ggf. einer Klage, nicht entgegen, wenn die vorläufige Regelung den Leistungsbezieher aktuell belastet. Ist die Belastung schwerwiegend, besteht auch ein Grund für eine Eilentscheidung auf vorläufige höhere Leistungen nach § 86b Abs. 2 SGG.

Eine akute Notlage als Folge einer bestandskräftigen vorläufigen Regelung kann über einen Überprüfungsantrag nach § 44 SGB X trotz Bestandskraft mit einem Eilantrag nach § 86b Abs. 2 SGG abgewen-

---

Vor- und Nachteile

Abschließende Saldierung mit Erstattung

Überzahlung aus vorläufiger Bewilligung

KV-/PV-Zuschuss

Rechtsschutz

Trotz Bestandskraft

det werden (LSG Berlin-Brandenburg vom 1.11.2011 – L 25 AS 1646/11 B ER; BayLSG vom 29.4.2014 – L 7 AS 260/14 B ER; a. A. LSG Berlin-Brandenburg vom 3.9.2014 – L 20 AS 2061/14 B ER).

Wird eine bestandskräftige vorläufige Bewilligungsentscheidung durch eine endgültige Entscheidung ersetzt, die geringe oder gar keine Leistungen mehr gewährt, ist einstweiliger Rechtsschutz über die Anordnung der aufschiebenden Wirkung eines Widerspruchs gegen die endgültige Bewilligung gemäß § 86b Abs. 1 SGG zu gewähren (LSG Baden-Württemberg vom 26.11.2015 – L 7 AS 4389/15 ER-B).

Beispiel R. erzielt schwankendes Einkommen aus einem Minijob. Das Jobcenter hat daher Alg II für den Zeitraum Februar bis Juli vorläufig nach einem fiktiven Einkommen von 450 € bewilligt. Im März teilt R. dem Jobcenter mit, dass sein Arbeitsvertrag ab 1.4. auf 30 Wochenstunden zu 9,50 € die Stunde geändert werde. Mit endgültigem Bescheid vom 25.5. werden für die Zeit von Februar bis Juli endgültige Leistungen bewilligt, dergestalt, dass die Monate Februar und März nach den tatsächlich zugeflossenen Einkommen berechnet werden und für die Zeit vom 1.4. bis 31.7. wegen Bedarfsdeckung kein Leistungsanspruch festgestellt wird. Ist die Festsetzung der Leistung auf Null ab 1.4. fehlerhaft, muss R. gegen den endgültigen Bescheid Widerspruch erheben und kann über einen Antrag auf Anordnung der aufschiebenden Wirkung des Widerspruchs einstweilen eine Fortzahlung der vorläufigen Bewilligung bis zum 31.7. erreichen.

Erledigung durch Zeitablauf Ist der Zeitraum, über den sich die vorläufige Bewilligung erstreckt, abgelaufen, fehlt für einen Überprüfungsantrag nach § 44 SGB X das Rechtsschutzbedürfnis, weil etwaig zu wenig gezahlte Leistungen im endgültigen Bewilligungsbescheid zu gewähren sind (LSG Sachsen-Anhalt vom 22.10.2015 – L 4 AS 561/15 B). Für die Umstellung einer Klage auf Feststellung, dass vorläufige höhere Leistungen hätten bewilligt werden müssen (Fortsetzungsfeststellungsklage), kann nach Ablauf des streitigen Leistungszeitraums ein Rechtsschutzinteresse bestehen (s. dazu LSG NRW vom 10.4.2015 – L 19 AS 288/15 B), jedenfalls dann, wenn auch im neuen Bewilligungsabschnitt die geltend gemachte Benachteiligung droht oder schon realisiert wurde.

Widerspruch wogegen? Wird ein vorläufiger Bewilligungsbescheid im Laufe des Widerspruchsverfahrens durch eine endgültige Festsetzung ersetzt, wird die endgültige Festsetzung Gegenstand des laufenden Widerspruchsverfahrens (LSG Sachsen-Anhalt vom 24.6.2014 – L 4 AS 55/12; LSG NRW vom 24.4.2015 – L 19 AS 507/15 NZB); eine anderslautende Rechtsbehelfsbelehrung fordert keinen gesonderten Widerspruch gegen den endgültigen Bewilligungsbescheid.

Wogegen klagen? Wird gegen eine vorläufige Leistungsbewilligung geklagt und ergeht nach Klageerhebung eine endgültige Entscheidung, hat der Leistungsberechtigte die Wahl: Ist er auch mit der endgültigen Entscheidung nicht einverstanden, kann er seine Klage umstellen auf Korrektur der endgültigen Entscheidung, die dann nach § 96 SGG Gegenstand der laufenden Klage wird, einschließlich der Erstattungsbescheide nach § 41a Abs. 6 Satz 3 SGB II (LSG Thüringen vom 20.5.2014 – L 4 AS 285/12 zur vergleichbaren Regelung in § 328 Abs. 3 SGB III). Hatte er sich nur gegen die Festsetzung der vorläufigen Leistung gewandt, kann er die Klage u. U. als Fortsetzungsfeststellungsklage weiterführen. Macht der Leistungsberechtigte sonstige Einwände gegen die Leistungsberechnung, die nicht mit der Vorläufigkeit zusammenhängen, geltend, ist die endgültige Bewilligung Streitgegenstand (BSG vom 19.8.2015 – B 4 AS 13/14 R).

Die Gewährung des Kinderzuschlags konnte mangels Rechtsgrundlage bis 31.7.2016 nicht vorläufig erfolgen (BSG vom 2.12.2012 – B 4 KG 2/11 R).   *Kinderzuschlag*

Seit 1.8.2016 ist § 41a SGB II auf den Kinderzuschlag anwendbar (§ 11 Abs. 5 BKGG).   *Neu*

Näher dazu → S. 676.

2   Jobcenter kann vorläufig bewilligen

Über die Erbringung von Geld- oder Sachleistungen **kann** das Jobcenter vorläufig entscheiden, wenn

– die Vereinbarkeit einer Regelung des SGB II, von der die Entscheidung über den Antrag abhängt, mit höherrangigem Recht Gegenstand eines Verfahrens bei dem Bundesverfassungsgericht oder dem Gerichtshof der Europäischen Gemeinschaften ist;

– eine entscheidungserhebliche Rechtsfrage von grundsätzlicher Bedeutung Gegenstand eines Verfahrens beim Bundessozialgericht ist (s. dazu LSG NRW vom 13.2.2015 – L 6 AS 127/15 B ER und vom 30.11.2015 – L 6 AS 1480/15 B ER).

Entscheidet das Jobcenter unter Anwendung einer Norm endgültig, obwohl die Auslegung oder Grundrechtskonformität der Norm bereits Gegenstand einer anhängigen Klage beim BSG oder BVerfG ist, muss der Hilfesuchende Widerspruch und Klage gegen die Entscheidung erheben, um sich Ansprüche im Fall einer für ihn günstigen Entscheidung des BSG oder BVerfG zu sichern. Lässt er die Entscheidung bestandskräftig werden, hat er nur Anspruch auf eine Korrektur für die Zeit nach der Entscheidung des BSG oder BVerfG. Dasselbe gilt für Satzungsvorschriften, wenn sie Gegenstand einer Normenkontrollklage nach § 55a SGG sind (§ 40 Abs. 3 Nr. 2 SGB II).   *Achtung Rechtsverlust!*

XII   Korrektur unrichtiger bestandskräftiger belastender Entscheidungen

Angesichts zahlreicher Fehler bei der Anwendung des SGB II wird die Möglichkeit der Korrektur bestandskräftiger Bescheide über § 44 SGB X ausführlich behandelt.

Durch § 40 Abs. 1 Satz 2 SGB II und die Verweisung in § 40 Abs. 2 Nr. 2 SGB II a. F. auf § 330 Abs. 1 SGB III ist klargestellt, dass § 44 SGB X auch für das SGB II gilt (LSG Baden-Württemberg vom 9.12.2008 – L 13 AS 810/08). § 44 SGB X gibt der materiellen Gerechtigkeit den Vorzug gegenüber der formellen Bestandskraft von Bescheiden.

Eine Überprüfung nach § 44 SGB X ist möglich, auch wenn die Widerspruchs- oder Klagefrist versäumt wurde und keine Wiedereinsetzungsgründe nach § 27 SGB X vorliegen. Weder ein bestandskräftiger Bescheid noch ein rechtskräftiges Urteil verhindert eine erneute Überprüfung des Bescheides. Praktische Bedeutung hat das wegen der Erhöhung des Berufungsstreitwerts seit 1.4.2008 auf 750 € insbesondere bei einem erstinstanzlichen Urteil, das wegen Unterschreitung der Berufungssumme nach § 144 SGG nicht mit der Berufung angefochten werden kann.

Geläuterte Rechtskenntnis

Für die Beurteilung, ob ein Bescheid wegen anfänglicher Rechtswidrigkeit zurückzunehmen ist, kommt es nicht auf den Stand der Erkenntnis bei Erlass des Bescheides, sondern auf den zum Zeitpunkt seiner Überprüfung an. Somit ist eine rückschauende Betrachtungsweise im Lichte einer geläuterten Rechtsauffassung zu der geltenden Sach- und Rechtslage bei Erlass des zu überprüfenden Bescheides zugrunde zu legen (BSG vom 4.6.2014 – B 14 AS 30/13 R).

Rechtsanspruch auf Korrektur

§ 44 Abs. 1 SGB X gibt einen Rechtsanspruch auf Korrektur einer Entscheidung, mit der dem Betroffenen durch eine von Anfang an unrichtige Entscheidung Sozialleistungen vorenthalten wurden. Das BSG hat auch Aufhebungs- und Erstattungsbescheide in den Anwendungsbereich des § 44 Abs. 1 SGB X einbezogen, mit dem zusätzlichen Vorteil, dass die Überprüfung insoweit auch Bescheide erfasst, **die mehr als vier Jahre** vor dem Antrag auf Überprüfung zurückliegen (BSG vom 12.12.1996 – 11 RAr 31/96). Das BSG vom 13.2.2014 – B 4 AS 19/13 R hat diese Rechtsprechung ohne Einschränkung auf das SGB II übertragen.

Schrumpfender Rechtsschutz

§ 40 Abs. 1 Satz 2 SGB II schränkt diese Korrekturmöglichkeit auf einen **Zeitraum von vier Jahren** nach Ablauf des Jahres, in dem der rechtswidrige, belastende Verwaltungsakt bekanntgegeben wurde, ein. Gibt es für die Einschränkung der Nachzahlung rechtswidrig vorenthaltener SGB II-Leistungen (→ S. 991) noch einen vertretbaren Grund (aktueller Fürsorgecharakter des Alg II), ist die verkürzte Korrektur fehlerhafter Aufhebungsbescheide die schlichte Wegnahme von Rechtsschutz in einem System, das kraft Massenverwaltung Fehler hemdsärmelig in Kauf nimmt. Im Zweifel muss rechtzeitig Widerspruch und Klage erhoben werden, was die Fadenscheinigkeit der Gesetzesbegründung (Verringerung eines »enorm hohen Verwaltungsaufwandes«) offenbart.

Für eine Korrektur genügt es, wenn die Rücknahme noch innerhalb des Zeitraums von vier Jahren nach Erlass des rechtswidrigen Aufhebungsbescheides beantragt wird.

Gegen S. ist im Mai 2012 mit der Begründung der Ausübung einer nicht gemeldeten Beschäftigung ein Aufhebungs- und Erstattungsbescheid erlassen worden, der mangels Erhebung eines Widerspruchs rechtskräftig wurde. Da S. bis November 2016 bedürftig war, hatte das Jobcenter gegen eine ratenfreie Stundung von einer Vollstreckung abgesehen. Durch eine Erbschaft vermögend geworden, soll nun die Vollstreckung aus dem damaligen Bescheid erfolgen. Die Forderung ist nach § 52 Abs. 2 SGB X noch nicht verjährt. S. beantragt am 27.12.2016 die Aufhebung des Bescheides aus 2012, weil er seinerzeit tatsächlich keinen Lohn erhalten hatte und auch nicht hätte durchsetzen können.Obwohl das Jobcenter den Antrag erst im Januar 2017 bearbeitet, hat S. noch rechtzeitig die Korrektur in die Wege geleitet.

Beispiel

Die Anwendung von § 44 Abs. 1 SGB X auf Aufhebungs- und Erstattungsbescheide setzt nicht voraus, dass der Leistungsempfänger die erstattete Leistung nach materiellem Recht beanspruchen konnte. Er hat auch dann Anspruch auf Korrektur der Entscheidung, wenn zu Unrecht ein grob fahrlässiges Verhalten unterstellt wurde (vgl. BSG vom 28.5.1997 – 14/10 RKg 25/95).

D. erhält im laufenden Alg II-Bezug von ihrer Großmutter aus Dank für gelegentlich erbrachte Pflegedienste 1000 € geschenkt. In dem Glauben, solche Familiengeschenke seien anrechnungsfrei, hatte D. die Schenkung nicht angegeben. Gegen eine Leistungsaufhebung nach § 45 SGB X (Alg II wurde nach Erhalt der 1000 € bewilligt) wehrt sie sich zunächst nicht. Kann D. kein grob fahrlässiges Verschulden nachgewiesen werden, hat sie über § 44 Abs. 1 SGB X die Möglichkeit, eine Aufhebung der bestandskräftigen Entscheidung zu erreichen. Allerdings ist die Position des Bürgers im Überprüfungsverfahren in einem Punkt ungünstiger als bei fristgerechtem Widerspruch und ggf. fristgerechter Klage gegen den ursprünglichen Bescheid. Lässt sich der Sachverhalt nicht mehr klären, geht das meist zu seinen Lasten, weil nicht festgestellt werden kann, dass der Ursprungsbescheid falsch ist (BSG vom 25.6.2002 – B 11 AL 3/02 R).

Beispiel

Nach SG Cottbus vom 13.11.2015 – S 31 AS 1649/15; Revision anhängig – B 4 AS 57/15 R kann das Jobcenter die Korrektur eines rechtswidrigen Aufhebungsbescheides verweigern, wenn die Erstattungsforderung nicht durch den Leistungsbezieher beglichen, sondern vom Jobcenter mit Leistungsansprüchen aufgerechnet wurde und diese Leistungen wegen Ablaufs der Jahresfrist nach § 40 Abs. 2 Nr. 2 SGB II nicht mehr gefordert werden können. Das überzeugt nicht. Grundlage der Korrek-

Ausnahmsweise nur 1 Jahr?

tur ist die Missachtung von Vertrauensschutz oder einer sonstigen Verfahrensnorm (z. B. Handlungsfrist nach § 45 Abs. 4 SGB X), nicht die Modalität der an die Aufhebung geknüpften Erstattung.

Stopp für Aufrechnung und Zwangsvollstreckung

Der Rechtsanspruch auf Rücknahme eines Aufhebungs- und Erstattungsbescheides ist ein Grund für die vorläufige Einstellung einer Aufrechnung oder Zwangsvollstreckung aus diesem Bescheid. Verweigert das Jobcenter die Einstellung, kann der Betroffene beim Sozialgericht den Eilantrag stellen, bis zur Entscheidung über seinen Antrag nach § 44 SGB X die Aufrechnung/Zwangsvollstreckungsmaßnahmen aus dem Bescheid zu unterlassen (LSG Niedersachsen-Bremen vom 28.1.2008 – L 11 AL 165/07 ER; SG Dresden vom 5.1.2008 – S 10 AS 5271/08 ER; BayLSG vom 29.4.2014 – L 7 AS 260/14 B ER).

Türöffner für Eilverfahren

Richtet sich ein Überprüfungsantrag gegen einen bindenden Ablehnungsbescheid, der einen noch laufenden Leistungszeitraum umfasst, besteht ein Rechtsschutzbedürfnis für die Gewährung einstweiligen Rechtsschutzes. Dabei ist es unschädlich, wenn das Jobcenter den Überprüfungsantrag noch nicht beschieden hat (LSG NRW vom 17.9.2014 – L 12 AS 990/14 B ER).

Die von § 44 Abs. 2 SGB X erfassten Bescheide, z. B. Bescheide nach § 34a SGB II oder Bescheide auf Ersatz gegen Erben nach § 35 SGB II, müssen nur mit Wirkung für die Zukunft korrigiert werden. Für vergangene Zeiträume liegt es im Ermessen des Jobcenters, in welchem Umfang es korrigieren will (BVerwG vom 5.11.2008 – 5 PKH 8.08).

Keine Korrektur rechtmäßiger Bescheide

Die Korrektur nach § 44 Abs. 2 SGB X setzt einen belastenden Verwaltungsakt voraus, der zurückgenommen werden soll. Für die Rücknahme eines günstigen Bescheides kann § 44 SGB X nicht analog herangezogen werden (LSG NRW vom 16.8.2008 – L 12 AL 175/06).

Beispiel

R. und ihre 13-jährige Tochter T. beziehen aufstockend zu Erwerbseinkommen und Unterhalt Alg II und Sozialgeld. Durch einen Bekannten wird R. darauf hingewiesen, dass sie sich mit Kinderzuschlag und Wohngeld besser stünde. Um rückwirkend Wohngeld und Kinderzuschlag beantragen zu können, verlangt R. über § 44 SGB X eine Rücknahme der bislang ergangenen SGB II-Bewilligungsbescheide. Dafür gibt es keine Rechtsgrundlage.

Darlehensbescheid

Wird eine Leistung als Zuschuss beantragt, aber nur als Darlehen gewährt, ist die Darlehensgewährung ein belastender Verwaltungsakt i.S. von § 44 SGB X (s. dazu LSG Sachsen-Anhalt vom 12.12.2013 – L 8 SO 37/13 B). Anders, wenn ein Antrag von vornherein nur mit einem Darlehen erfüllt wird; das Jobcenter hat dann nur über diese Form der Leistung entschieden, ohne (mit Regelungswirkung) eine Gewährung als Zuschuss abzulehnen. Ein Zuschuss statt eines Darlehens kann daher trotz Bestandskraft des Darlehensbescheides mit einem regulären Antrag verfolgt werden.

Beispiel

Das für einen Jugendlichen M. 2011 beantragte, größere Bett, weil das Kinderbett nicht mehr passt, wird von den Beteiligten als eine Ersatzbeschaffung gewertet, die im Fall fehlender Selbsthilfemöglichkeiten nur als Darlehen nach § 24 Abs. 1 SGB II gewährt werden kann. Als M. von dem BSG-Urteil vom 23.5.2013 – B 4 AS 79/12 R erfährt, beantragt er die Umwandlung des Darlehens in einen Zuschuss. Dieser als neu zu wertende Antrag kann nicht unter Verweis auf die erfolgte Bedarfsdeckung abgelehnt werden, weil der Rechtsanspruch nach § 24 Abs. 3 Nr. 1 SGB II nicht mit dem Darlehen nach § 24 Abs. 1 SGB II erfüllt wurde.

Eingeschränkte Korrektur von Prognoseentscheidungen

Prognoseentscheidungen sind nur dann rechtswidrig i. S. von § 44 SGB X, wenn das Jobcenter im Zeitpunkt, zu dem die Entscheidung zu treffen war, die der Prognose zugrunde zu legenden Tatsachen nicht richtig festgestellt oder nicht alle wesentlichen Umstände hinreichend gewürdigt oder aus den ermittelten Umständen und Tatsachen falsche Schlüsse gezogen hat (vgl. z. B. LSG Sachsen-Anhalt vom 1.3.2016 – L 5 AS 25/16 B ER).

Hat das Jobcenter diese Maßstäbe beachtet, also eine korrekte Prognose getroffen, kann einer abweichenden, nicht vorhersehbaren Entwicklung nur über eine Änderung i. S. von § 48 Abs. 1 Nr. 1 SGB X Rechnung getragen werden. Ein Rechtsverlust ist damit nicht verbunden, wenn die Änderung auf den Beginn der ursprünglichen Prognoseentscheidung zurückwirkt. Das ist z. B. der Fall, wenn sich die Prognose eines in angemessener Zeit zu verwertenden Vermögensgegenstandes als Grundlage für eine Alg II-Bewilligung als Darlehen statt als Zuschuss (§ 9 Abs. 5 SGB II) nicht erfüllt, ohne dass der Leistungsberechtigte das zu vertreten hat. Er kann dann eine rückwirkende Umwandlung des Darlehens in einen Zuschuss verlangen (näher dazu → S. 603).

Nur noch für 1 Jahr Nachzahlung

Werden rechtswidrige Bescheide korrigiert, können daraus Nachzahlungen folgen; nach § 44 SGB X längstens für einen Zeitraum von vier Jahren. § 40 Abs. 1 Satz 2 Nr. 2 SGB II beschränkt die Nachzahlung auf ein Jahr. Dabei wird der Zeitpunkt der Nachzahlung **vom Beginn** des Jahres an gerechnet, in dem der Verwaltungsakt zurückgenommen wird. Insoweit verlängert sich der Nachzahlungszeitraum über die Dauer eines Jahres hinaus. Eine rechnerische Begrenzung auf 12 Monate widerspricht dem Wortlaut der Norm und dem Willen des Gesetzgebers:

»§ 40 Absatz 1 Satz 1 entspricht der bisherigen Fassung. § 40 Absatz 1 Satz 2 enthält eine Sonderregelung zur Anwendung des § 44 SGB X. § 44 SGB X dient dazu, einen Ausgleich zwischen dem Interesse der Allgemeinheit an Rechtssicherheit und dem Interesse des Leistungsberechtigten an materieller Gerechtigkeit für den Fall herzustellen, dass eine Verwaltungsentscheidung zum Nachteil des Leistungsberechtigten rechtswidrig war. Diese Funktion des § 44 SGB X ist auch in der Grundsicherung für Arbeitsuchende unverzichtbar. Die Vierjahresfrist des § 44 Absatz 4 ist allerdings für die Leistungen der Grundsicherung für Arbeitsuchende, die als steuerfinanzierte Leistungen der Sicherung des Lebensunterhalts und der

Eingliederung in Arbeit dienen und dabei im besonderen Maße die Deckung gegenwärtiger Bedarfe bewirken sollen (so genannter Aktualitätsgrundsatz), zu lang. Eine kürzere Frist von einem Jahr ist sach- und interessengerecht. Leistungen der Grundsicherung für Arbeitsuchende können damit **längstens bis zum Beginn des Jahres rückwirkend** erbracht werden, das dem Jahr der Rücknahme des rechtswidrigen Verwaltungsaktes oder der darauf gerichteten Antragstellung vorausgegangen ist. Dies trägt auch zur Entlastung der Träger der Leistungen nach dem SGB II und der Sozialgerichte bei.« (BT-Drs. 17/3404, Hervorhebung vom Verfasser).
Siehe dazu auch BSG vom 26.6.2013 – B 7 AY 6/12 R.

Erfolgt die Überprüfung auf Antrag des Betroffenen, läuft die Jahresfrist rückwirkend ab Beginn des Jahres, in dem der Antrag gestellt wurde.

Beispiel

Bei Eingang des Antrags am 15.7.2016 erhält der Betroffene bei einer am 20.8.2016 erfolgten Korrektur eine rückwirkende Nachzahlung ab dem 1.1.2015.

Auch nach Ende des Leistungsbezugs

Der Anspruch auf Nachzahlung rechtswidrig vorenthaltener SGB II-Leistungen setzt – anders als im SGB XII (dazu BSG vom 17.12.2015 – B 8 SO 24/14 R) – nicht voraus, dass sich der Antragsteller noch im Leistungsbezug nach dem SGB II befindet (LSG Niedersachsen-Bremen vom 22.9.2015 – L 11 AS 1380/13, Revision anhängig – B 4 AS 6/16 R; siehe auch BSG vom 2.12.2014 – B 14 AS 241/14 B).

Keine Verlängerung der Jahresfrist

Bei unrichtigen Leistungs- oder Beitragsbescheiden kann die Jahresfrist nach § 40 Abs. 1 Satz 2 Nr. 2 SGB II, bis zu der das Jobcenter längstens Leistungen für die Vergangenheit nachzuzahlen hat, nicht unter Hinweis darauf verlängert werden, dass das Jobcenter von sich aus den Fehler hätte bemerken und ein Überprüfungsverfahren einleiten müssen. Insoweit besteht höchstens ein zivilrechtlicher Amtshaftungsanspruch (s. auch LSG Sachsen vom 6.11.2014 – L 7 AS 534/13).

Einschränkung

Eine für das SGB II bedeutsame Einschränkung des Korrekturanspruchs nach § 44 SGB X ist § 40 Abs. 3 Nr. 1 SGB II. Danach kann ein bestandskräftig gewordener Bescheid nicht für die Vergangenheit korrigiert werden, wenn der Bescheid auf einer Rechtsnorm beruht, die vom BVerfG als verfassungswidrig verworfen wurde; Änderungen sind erst nach der Entscheidung des Bundesverfassungsgerichts umzusetzen. Dasselbe gilt bei einer von einem Landessozialgericht festgestellten Unwirksamkeit einer Satzung oder einer anderen im Rang unter einem Landesgesetz stehenden Rechtsvorschrift, die nach § 22a Abs. 1 SGB II und dem dazu ergangenen Landesgesetz erlassen worden ist (§ 40 Abs. 3 Satz 2 SGB II).

Neu: Abweichende ständige Rechtsprechung

Bis zum 31.7.2016 begrenzte nur die Abweichung einer ständigen Rechtsprechung von **bundeseinheitlicher** Entscheidungspraxis der Jobcenter die Korrektur einer bestandskräftigen Entscheidung auf den Zeitpunkt ab Herausbildung der abweichenden Rechtsprechung (BSG vom 15.12.2010 – B 14 AS 61/09 R und vom 21.6.2011 – B 4 AS 118/10 R).

Seit dem 1.8.2016 ist eine von **regionaler** Jobcenterpraxis abweichende Bundes-Rechtsprechung ausreichend, um Anträge auf Anpassung an diese Rechtsprechung einzuschränken.

Eine abweichende Rechtsprechung kann sich nicht nur durch abweichende BSG-Urteile zum SGB II herausbilden (s. dazu LSG Baden-Württemberg vom 25.6.2010 – L 12 AS 5883/09), sondern auch durch Entscheidungen anderer Bundesgerichte, z. B. des BAG (vgl. BSG vom 16.10.2003 – B 11 AL 20/03 R).

Eine ständige Rechtsprechung i.S. von § 330 SGB III hat sich herausgebildet, wenn eine streitige Rechtsfrage abschließend geklärt worden ist (BSG vom 20.10.2005 – B 7a AL 12/05 R). Dazu kann schon eine Entscheidung genügen (BSG vom 29.6.2000 – B 11 AL 99/99 R; s. auch LSG Berlin-Brandenburg vom 15.10.2013 – L 10 AS 1654/13 B PKH).

Ständige
Rechtsprechung

Nach BSG vom 8.2.2007 – B 7a AL 2/06 R gilt für einen **vor** Herausbildung einer ständigen Rechtsprechung gestellten Überprüfungsantrag nach § 44 SGB X nicht die Einschränkung nach § 330 Abs. 1 SGB III, d.h. auch ein seinerzeit nicht mit Widerspruch angefochtener Bescheid kann **rückwirkend** korrigiert werden (s. dazu LSG Baden-Württemberg vom 9.12.2008 – L 13 AS 810/08; BVerfG vom 7.4.2010 – 1 BvR 612/10). Wer aus zukünftigen Entscheidungen des BVerfG oder aus höchstrichterlicher Klärung von SGB II-Streitfragen nachträglich Honig saugen will, darf Bescheide des Jobcenters nicht bestandskräftig werden lassen, muss also Widerspruch einlegen und klagen. Vernünftig ist es, ein durch Widerspruch oder Klage eingeleitetes Verfahren bis zur Entscheidung des BVerfG oder Klärung durch das BSG ruhen zu lassen.

Wegen der Beschränkungen, die § 40 Abs. 3 SGB II Nachzahlungsansprüchen aus Überprüfungsverfahren setzt, ist zu prüfen, ob ein Rechtsschutzanliegen tatsächlich ein Überprüfungsverfahren nach § 44 SGB X ist oder sein soll.

Kein Fall nach § 44 SGB X mit einer Begrenzung eines evt. Nachzahlungsanspruchs auf 1 Jahr ist

– ein mit »Überprüfung« bezeichnetes Schreiben, das noch innerhalb der Widerspruchsfrist beim Jobcenter eingeht. Es handelt sich bei verständiger Würdigung um einen Widerspruch;

– die Anmahnung eines unbearbeitet gebliebenen Antrags, z. B. auf Gewährung von Krankenkost, auch wenn der Bewilligungsbescheid über den Zeitraum, in dem der Antrag gestellt wurde, bestandskräftig wurde (a.A. LSG NRW vom 27.12.2011 – L 19 AS 1558/11 B);

– die Fortführung eines Bewilligungsverfahrens nach erfolgreicher Anfechtung oder Überprüfung eines Versagungsbescheides nach § 66 SGB I;

– die Anmahnung eines noch unbearbeiteten Widerspruchs;

– Fälle einer späteren Zugunsten-Änderung nach § 48 Abs. 1 Nr. 1 SGB X.

Beispiel

Im bestandkräftig gewordenen Bewilligungszeitraum war eine Betriebskostennachforderung fällig geworden oder ein absetzbarer Versicherungsbeitrag wird nachträglich erhöht;

– ein Antrag auf endgültige Bescheidung eines bisher nur mit vorläufigem Bescheid geregelten Bewilligungszeitraums (vgl. dazu auch LSG Sachsen-Anhalt vom 22.10.2015 – L 4 AS 561/15 B).

Beispiel

K. war wegen schwankenden Einkommens vorläufig Alg II nach einem Durchschnittseinkommen gewährt worden. Das tatsächliche Einkommen entspricht im Wesentlichen dieser Berechnung, so dass keine endgültige Berechnung erfolgt. Zwei Jahre später beantragt K. eine endgültige Berechnung und macht geltend, dass bisher ein Mehrbedarf nach § 21 SGB II nicht berücksichtigt worden sei.

Mitwirkung bei der Fehlerkorrektur

Hält der Antragsteller einen bestandskräftig gewordenen Verwaltungsakt für rechtswidrig, weil die Behörde von einem unrichtigen Sachverhalt ausgegangen sei, muss er die fehlerhaften Tatsachen benennen oder bisher übersehene Tatsachen, die insgesamt zu einem anderen Sachverhalt führen, vortragen. Ermittlungen ins Blaue hinein sind trotz der in § 20 Abs. 1 SGB X und § 103 SGG vorgesehenen Amtsermittlung nicht geschuldet; das Jobcenter darf sich ohne nähere Prüfung auf die bestandkräftig gewordene Entscheidung berufen, wenn eine Aufforderung zur Konkretisierung des Überprüfungsantrags ohne Reaktion bleibt (BSG vom 14.3.2012 – B 4 AS 239/11 B; LSG Berlin-Brandenburg vom 19.4.2013 – L 26 AS 520/12).

Einzelfallprüfung

Wird pauschal (»Überprüfung aller Bescheide seit ...«) ohne jegliche Differenzierung und Nennung der Gründe, warum die ergangenen Bescheide falsch sein sollen, beantragt, das Verwaltungshandeln zu überprüfen, darf das Jobcenter den Antrag ebenfalls ohne nähere Prüfung unter Verweis auf die bestandkräftig gewordenen Entscheidungen ablehnen (BSG vom 13.2.2014 – B 4 AS 22/13 R und vom 28.10.2014 – B 14 AS 39/13 R).

Ausschlussfrist läuft weiter

Hat das Jobcenter eine Sachprüfung mangels Substantiierung des Überprüfungsantrags abgelehnt und wird daraufhin Klage erhoben, kann die Substantiierung im Klageverfahren **nicht** nachgeholt werden (SG Neuruppin vom 28.7.2015 – S 26 AS 2020/11). Die Klage ist unbegründet; die nachgeholte Begründung kann allenfalls als neuer Überprüfungsantrag gewertet werden, wobei sich die Frist einer evt. Nachzahlung auf dieses neue Antragsdatum verschiebt. Schludrige Überprüfungsanträge sind nicht nur ärgerlich, sie können außerdem einen endgültigen Anspruchsverlust zur Folge haben.

XIII   Erlass von Forderungen

Eine besondere Vorschrift zur Vermeidung unbilliger Härten ist die in § 44 SGB II ins Ermessen des Jobcenters gestellte Befugnis, Ansprüche, die sich aus rechtskräftig aufgehobenen Bewilligungsbescheiden ergeben, ganz oder teilweise zu erlassen. Dem Jobcenter steht hier ein sehr weites und nur in den Grenzen der Willkür gerichtlich überprüfbares Ermessen zu (BSG vom 9.2.1995, NZS 1996, S. 39 ff.).

Weiter Ermessensspielraum

Das BVerfG vom 23.7.2014 – 1 BvR 10/12 hat wegen der »auf Kante genähten« Bemessung der Regelbedarfe eine verfassungskonforme Auslegung gefordert, um drohende Bedarfsunterdeckungen zu verhindern. Ein Erlass nach § 44 SGB II kann in diesem Sinn geboten sein, wenn z. B. unverschuldet mehrfach Ersatzbeschaffungen für Haushaltsgeräte nötig werden, für die im Regelbedarf nur ein Minimalbetrag vorgesehen ist. Die reguläre Darlehenstilgung nach § 42a SGB II (10% des Regelbedarfs) kann in solchen Situationen sehr lange dauern und zu einer Gefährdung des Existenzminimums führen (s. SG Magdeburg vom 24.7.2015 – S 14 AS 1925/15 ER).

Führen Rückforderungen, die mit laufenden Leistungen aufgerechnet werden, zu Härten, kann über eine Stundung hinaus ein (Teil)Erlass geboten sein. Ein Antrag auf Erlass stoppt jedenfalls die Vollstreckung einer Forderung bis zur Prüfung des Erlassantrags (BayLSG vom 29.4.2014 – L 7 AS 260/14 B ER). Ist die Rückforderung verschuldet worden, genügt aber allein eine Kürzung des laufenden Regelbedarfs um 10% nicht, um einen Erlass bzw. eine unbillige Härte zu begründen (LSG Baden-Württemberg vom 21.5.2014 – L 3 AS 2383/13).

Vollstreckungsschutz

Darlehen nach § 37 SGB XII an Bezieher von Sozialhilfe können »bis zu 5% des Regelbedarfs« mit laufenden Leistungen getilgt werden. Mehr mutet man diesen Personen an Verzicht auf die laufende Hilfeleistung nicht zu (dazu SG Karlsruhe vom 11.10.2012 – S 4 SO 4354/11). Ob die Situation erwerbsunfähiger Personen oder von Kindern unter 15 in der BG so deutlich besser ist, dass sie auf 10% des Regelbedarfs verzichten können, ist jedenfalls dann zu bezweifeln, wenn der erwerbsfähige Partner oder Elternteil keine Chance auf dem Arbeitsmarkt hat.

Willkürliche Schlechterstellung?

XIV   Sozialrechtlicher Herstellungsanspruch

Bei dem sozialrechtlichen Herstellungsanspruch handelt es sich um ein vom BSG entwickeltes Recht eigener Art, um Fehler der Behörde dadurch zu »reparieren«, dass fehlende Anspruchsvoraussetzungen, die auf solchen Fehlern beruhen, nachträglich ersetzt oder fingiert werden, soweit dies durch eine **rechtmäßige und zulässige Amtshandlung** möglich ist (s. dazu LSG Berlin-Brandenburg vom 21.11.2011 – L 25 AS 1250/11 ER).

Die BG besteht aus den Eltern A. und B. sowie dem 24-jährigen arbeitslosen G. Durch die Antragsbearbeitung ist dem Jobcenter bekannt, dass G. im laufenden Bewilligungsabschnitt 25 Jahre alt wird. Dennoch werden bis zum Ende des Bewilligungsabschnitts unverändert Leistungen gezahlt. Anlässlich der Bewilligung für den Folgeabschnitt hebt das Jobcenter die Leistungsbewilligung rückwirkend ab dem 25. Geburtstag auf. G. habe mit dem 25. Geburtstag eine eigene BG gebildet, jedoch keinen Leistungsantrag gestellt. Hier kann G. wegen einer unterbliebenen und sich aufdrängenden Beratung den eigenen Alg II-Antrag rückwirkend nachholen und erhält damit 404 € statt 324 € Regelbedarf.

Der Herstellungsanspruch setzt voraus, dass

– das Jobcenter eine Pflicht verletzt hat **und**

– dem Betroffenen ein Nachteil entstanden ist **und**

– der Nachteil **wegen** der Pflichtverletzung (Kausalität) eingetreten ist.

Die Pflichtverletzung erstreckt sich sowohl auf Haupt- als auch Nebenpflichten wie z. B. die unterbliebene Beratung über eine offensichtlich günstige Sachverhaltsgestaltung. Eine Verletzung der Beratung erkennt die Rechtsprechung auch dann an, wenn nach den Umständen zwar nicht um Rat gefragt wurde, für das Jobcenter jedoch offenkundig war, dass dem Betroffenen durch eine zulässige, ihm nicht bekannte Maßnahme Nachteile drohten.

Geklärt ist die Frage, dass zur Beratungspflicht nicht der Hinweis gehört, dass eine Verzögerung des Leistungsantrags mit Blick auf eine anstehende gesetzliche Änderung Vorteile bringt (BSG vom 24.4.2015 – B 4 AS 22/14 R).

Hinweise auf eine möglichst günstige Leistungsabschöpfung muss das Jobcenter nicht geben (BSG vom 9.2.2006 – B 7a AL 36/05 R: Keine Verpflichtung der AA, den Empfänger von Alhi darüber zu beraten, wie er am günstigsten Bedürftigkeit für eine Wiederbewilligung von Arbeitslosenhilfe herbeiführen kann; BayLSG vom 23.2.2016 – L 16 AS 226/15). Gibt das Jobcenter im Zusammenhang mit einer berechtigten Leistungsablehnung aber eine falsche oder irreführende Auskunft, hilft dem hierdurch Benachteiligten der Herstellungsanspruch (vgl. LSG NRW vom 27.4.2016 – L 7 AS 384/16 B).

G. bezieht laufend Alg II in Höhe von 667 € monatlich. Wegen einer Erbschaft von 4.000 € stellt das Jobcenter die Zahlung von Alg II ganz ein. Auf Nachfrage erhält G. die Auskunft, er müsse 6 Monate (4.000 € : 667 €) ohne Alg II auskommen. G. hatte nach Einstellung der Leistung eine Betriebskostennachzahlung über 800 € erhalten und gezahlt. Die Zeit bis zur erneuten Antragstellung nach Ablauf der ihm genannten Frist überbrückt G. mithilfe von Schonvermögen nach § 12 SGB II. Als G. hört, dass er ab Verbrauch der Erbschaft wieder

Anspruch auf Alg II gehabt hätte, beantragt er unter Hinweis auf die Falschauskunft Alg II für die Zeit, die er mit dem Schonvermögen überbrücken musste.

Stand dem Empfänger des Einmaleinkommens im gesamten Anrechnungszeitraum das verteilte Einkommen zur Verfügung, kann er nicht geltend machen, im Fall einer Beratung über einen Leistungsanspruch bei früherem Verzehr des Einkommens schon früher Alg II-Ansprüche angemeldet zu haben (LSG NRW vom 19.1.2012 – L 6 AS 299/11).

Ein Verschulden seitens des Jobcenters muss nicht gegeben sein. Ein Mitverschulden des Leistungsberechtigten führt nicht zum Wegfall des Herstellungsanspruchs.

Ein sozialrechtlicher Herstellungsanspruch kann auch bei fehlerhaftem Handeln einer anderen Behörde bestehen, wenn dieses fehlerhafte Verhalten dem Jobcenter zuzurechnen ist. Das ist bei einem Ineinandergreifen von Sozialleistungen von der Rechtsprechung anerkannt worden. Die Einzelheiten hierzu sind allerdings sehr umstritten (LSG Berlin-Brandenburg vom 20.4.2012 – L 19 AS 1029/11 B PKH: Verschulden des Sozialamtes kann dem Jobcenter zugerechnet werden; SG Hamburg vom 15.11.2011 – S 3 AS 3167/10: Keine Zurechnung eines Verschuldens der Krankenkasse; BSG vom 10.11.2011 – B 8 SO 12/10 R: Keine Zurechnung eines Verschuldens des Versorgungsamtes).
Zurechnung von Beratungsverschulden

Das Erfordernis der Kausalität zwischen Fehlverhalten und Schaden schließt einen sozialrechtlichen Herstellungsanspruch aus, wenn der Betroffene selbst bei ordnungsgemäßem Verhalten des Jobcenters die ihm dann offen stehende Möglichkeit aus Gründen, die nicht in der Sphäre des Jobcenters liegen, nicht hätte nutzen können (s. dazu BSG vom 6.10.2011 – B 14 AS 152/10 R).
Kausalität

Nach gefestigter BSG-Rechtsprechung ist der aus einem erfolgreichen Herstellungsanspruch folgende Nachzahlungszeitraum analog § 44 Abs. 4 SGB X auf vier Jahre begrenzt. Mangels einer ausdrücklichen Regelung in § 40 SGB II gilt der 4-Jahres-Zeitram auch für SGB II-Leistungen, die wegen eines Beratungsfehlers entgangen sind.

Liegt ein Beratungsfehler vor, der nicht im Wege des sozialrechtlichen Herstellungsanspruchs korrigiert werden kann, bleibt dem Betroffenen nur eine Amtshaftungsklage auf Schadensersatz vor dem Zivilgericht (s. dazu LSG Sachsen vom 22.6.2011 – L 3 AS 290/10 B PKH). Nach OLG München vom 24.5.2012 – 1 U 3366/11 entfällt der Schadensersatzanspruch aus § 839 Abs. 1 BGB i. V. m. Art 34 Satz 1 GG, wenn der Geschädigte es versäumt hat, den ihm zustehenden Sozialleistungsanspruch im Wege des sozialrechtlichen Herstellungsanspruchs zu verfolgen.
Amtshaftungsanspruch

A. verfügte über eine Kapitallebensversicherung, die er mit einer Zweckbindung zur Altersvorsorge nach § 168 Abs. 3 VVG vor einer Verwertung hätte schützen können. Weil das Jobcenter die Gewährung
Beispiel

von Alg II wegen der Versicherung abgelehnt hatte, musste A. die Versicherung mangels anderer Mittel verwerten. Das Jobcenter hätte A. auf die Möglichkeit, eine Zweckbindung nach § 168 VVG nachträglich zu vereinbaren, hinweisen müssen (BSG vom 31.10.2007 – B 14/11b AS 63/06 R und vom 16.12.2008 – B 4 AS 77/08 B). A. kann nach § 839 BGB auf Ersatz des Schadens klagen, den er infolge der Auflösung der Versicherung erlitten hat.

Kindergeld

Auf das nach §§ 62 ff. EStG gezahlte Kindergeld sind die Grundsätze des sozialrechtlichen Herstellungsanspruchs nicht anwendbar (BFH vom 16.10.2008 – III B 126/08 und vom 28.2.2012 – III B 158/11), wohl aber auf das Kindergeld nach dem BKGG, worunter der Kinderzuschlag nach § 6a BKGG fällt und auf die nach § 6b BKGG bei Wohngeldbezug bestehenden Ansprüche auf Bildung und Teilhabe gemäß § 28 SGB II.

BAföG

War schon bei der Beantragung von BAföG oder jedenfalls während des laufenden Bewilligungszeitraums für das Amt für Ausbildungsförderung erkennbar, dass die Eltern nicht bereit sein werden, die in der BAföG-Berechnung festgesetzten Anrechnungsbeträge als Unterhalt zu leisten und dass dadurch die Ausbildung gefährdet ist, kommt eine Nachholung des Vorausleistungsantrags nach § 36 BAföG im Wege des sozialrechtlichen Herstellungsanspruchs in Betracht (angedeutet vom OVG NRW vom 9.12.2011 – 12 A 1055/11)

W Rechtsschutz

§§ 55a, 64, 67, 73a, 77, 78, 83–85, 86a, 86b, 87–88, 90, 92, 103, 106, 144, 160, 160a, 183, 192 SGG

I   Rechtsschutz nutzen!

Bürger-
freundliches
Verfahren

SGB II-Streitigkeiten werden von Sozialgerichten entschieden (§ 51 Abs. 1 Nr. 4a SGG), in einem dem Amtsermittlungsgrundsatz unterliegenden Verfahren: Jobcenter und Gericht haben von sich aus auf sachdienliche Anträge hinzuwirken, unvollständige Angaben zu vervollständigen, Auskünfte einzuholen usw.

Für die Feststellung des wichtigen Grundes, der nach § 31 Abs. 1 Satz 2 und § 32 Abs. 1 Satz 2 SGB II einer Kürzung der SGB II-Leistungen entgegensteht, gilt zwar auch der Amtsermittlungsgrundsatz, der Leistungsbezieher muss aber die Tatsachen für einen wichtigen Grund aus seiner Sphäre benennen; er trägt die Beweislast für die Richtigkeit seiner Angaben (→ S. 839).

Kosten?

Das Widerspruchs- und Klageverfahren ist kostenfrei, ein Anwalt muss nicht bestellt werden, und Prozesskostenhilfe – nur notwendig bei Beauftragung eines Rechtsanwalts – wird angesichts der in der Regel bestehenden Bedürftigkeit und der schwierigen Rechtsfragen regelmäßig gewährt.

Im SGB II spielt der einstweilige Rechtsschutz, das so genannte Eil- oder einstweilige Anordnungsverfahren eine wichtige Rolle. Deshalb gehen wir darauf ausführlich ein.

II   Das Widerspruchsverfahren

Mit der Einlegung eines Widerspruchs muss das Jobcenter oder die bei ihm eingerichtete Widerspruchsstelle eine Entscheidung, die in Form eines Verwaltungsaktes ergangen ist, noch einmal auf ihre Recht- und Zweckmäßigkeit überprüfen.

1   Widerspruch gegen was?

Verwaltungsakt/
Bescheid

Der Widerspruch ist nur gegen Verwaltungsakte i.S. von § 31 SGB X möglich. Ein Schreiben, in dem das Jobcenter etwas bewilligt, einen Antrag ablehnt, Geld zurückverlangt o. ä., nennen Juristen einen Verwaltungsakt oder im Sozialrecht einen Bescheid. Ein Bescheid unterscheidet sich von einem einfachen Schreiben dadurch, dass er eine Entscheidung enthält. Im Einzelfall kann ein einfaches Schreiben von einem Bescheid schwer zu unterscheiden sein. Sie müssen nur darauf achten, ob sich das Schreiben selbst als Bescheid bezeichnet, z. B. Bewilligungs-, Änderungs-, Aufhebungs- und Rückforderungsbescheid, und/oder ob er eine Rechtsbehelfsbelehrung enthält. In beiden Fällen können Sie davon ausgehen, dass das Jobcenter sein Schreiben für einen Bescheid hält, gegen den Sie immer Widerspruch einlegen können, auch wenn nach dem Inhalt des Schreibens nicht sicher ist, ob es sich um einen Verwaltungsakt handelt.

Streit gab es bisher über die Frage, ob durch Verwaltungsakt aufgerechnet wird; jetzt hat der Gesetzgeber in § 43 Abs. 4 Satz 1 SGB II für das SGB II die Aufrechnung durch Verwaltungsakt vorgeschrieben; sie kann also angefochten werden.

Kein mit einem Widerspruch anfechtbarer Verwaltungsakt ist:

Kein
Verwaltungsakt

- **Die nach § 24 SGB X vorgeschriebene Anhörung vor Erlass eines belastenden Verwaltungsaktes**
  Hierbei handelt es sich um ein Schreiben, mit dem Sie zunächst zu der beabsichtigten Maßnahme Stellung nehmen sollen. Wenn Sie gegen das Anhörungsschreiben »Widerspruch« eingelegt haben, ersetzt das nicht den Widerspruch gegen den nachfolgenden Bescheid. Hiergegen müssen Sie schriftlich ausdrücklich Widerspruch erheben.

- **Ein vom Träger erstelltes ärztliches Gutachten**
  Einwände gegen dieses Gutachten können Sie nur indirekt geltend machen, wenn hierauf eine Entscheidung gestützt wird, mit der Sie nicht einverstanden sind; z. B. können Sie die ärztliche Feststellung, dass die Ihnen angebotene Stelle als Möbelpacker aus medizinischer Sicht zumutbar war, im Rahmen des Widerspruchs gegen den Kürzungsbescheid gemäß § 31a SGB II anfechten.

- **Die tatsächliche Leistungseinstellung nach § 331 SGB III i. V. m. § 40 Abs. 1 Nr. 2 SGB II**
  Hiergegen können Sie direkt mit einer Klage auf Auszahlung der gestoppten Zahlung vorgehen (allgemeine Leistungsklage nach § 54 SGG). Bei besonderer Dringlichkeit kommt ein Anordnungsantrag nach § 86b Abs. 2 SGG in Betracht.

- **Stellenangebotsschreiben des Jobcenters**
  Wenn Sie Einwände gegen die Zumutbarkeit der angebotenen Stelle haben, sind diese in einem Widerspruch gegen den Kürzungsbescheid gemäß § 31a SGB II vorzubringen.

- **In der EV getroffene Maßnahmen**
  Die EV ist ein öffentlich-rechtlicher Vertrag, bei dem Streitigkeiten nach den Sonderregelungen der §§ 53 ff. SGB X auszutragen sind (s. aber LSG NRW vom 16.9.2008 – L 7 B 285/08 AS: Besondere Form hoheitlichen Handelns). Das gilt nur, wenn Sie die EV unterschrieben haben, nicht, wenn das Jobcenter den Inhalt einseitig festsetzt. In diesem Fall ist ein Verwaltungsakt ergangen.

- **Belehrungen und Hinweise des Fallmanagers**
  Hierbei handelt es sich um konkretisierende Hinweise zur EV. Dem Grunde nach mögliche mündliche Verwaltungsakte sind äußerst selten.

■ **Feststellungen der AA nach § 44a SGB II**
Hierbei handelt es sich zunächst um eine vorbereitende Entscheidung gegenüber den möglichen anderen Leistungsträgern und keinen vom Leistungsberechtigten gesondert anfechtbaren Verwaltungsakt. Erst gegen die nachfolgende Entscheidung (Ablehnung oder Gewährung von Alg II) kann Widerspruch eingelegt werden.

■ **Das Begrüßungsschreiben der von ihnen gewählten Krankenkasse nebst Aushändigung der Versicherungskarte**
Bei Streitigkeiten über die Mitgliedschaft kann direkt Feststellungsklage beim SG gegen die Krankenkasse erhoben werden.

■ **Kostensenkungsaufforderung**
Hierbei handelt es sich um ein Informationsschreiben, das aus Sicht des Jobcenters die Miete der aktuellen Wohnung als unangemessen einstuft mit der Folge, dass eine günstigere Wohnung gesucht werden muss oder die Unterkunftskosten anderweitig gesenkt werden müssen. Grundsätzlich ist dann erst der Vollzug der Kostensenkung in einem Änderungs- oder Bewilligungsbescheid anfechtbar. Ausnahmsweise kann bereits vor einer Kostensenkung mit einer Feststellungsklage gegen die Senkungsaufforderung vorgegangen werden (BSG vom 15.6.2016 – B 4 AS 36/15 R).

■ **Direktzahlung an den Vermieter oder Energieversorger**
Streitig: Nach unserer Auffassung handelt es sich bei Direktüberweisung nach § 22 Abs. 7 SGB II oder im Fall einer Sanktion nach § 31 Abs. 3 Satz 2 SGB II um einen mit Anfechtungsklage anfechtbaren Verwaltungsakt (so auch BayLSG vom 5.8.2015 – L 7 AS 263/15). Nach a. A. ist die Direktzahlung bloßes Verwaltungshandeln. Folgt man dieser Auffassung, kann mit einer Leistungsklage gegen die Zahlung an einen Dritten vorgegangen werden.

2   **Widerspruch durch wen?**

Widerspruchsberechtigt ist derjenige, gegen den sich die Entscheidung des Jobcenters richtet.

Durch wen in der BG?
Ist die gesamte BG betroffen, gilt der vom Vertreter nach § 38 SGB II erhobene Widerspruch nur dann als Rechtsbehelf aller Mitglieder der BG, wenn der BG-Vertreter zur Einlegung des Widerspruchs bevollmächtigt wird oder als gesetzlicher Vertreter handelt. Ansonsten muss der Widerspruch von den BG-Mitgliedern selbst eingelegt werden. Für Minderjährige ist das ab dem 15. Geburtstag (§ 36 SGB I) möglich. Die Rechtsbehelfsbelehrung eines an die Mitglieder einer BG gerichteten Bescheides ist so zu fassen, dass jedes einzelne Mitglied der BG hinsichtlich der ihm bewilligten oder versagten Leistung Widerspruch einlegen muss (LSG NRW vom 17.8.2007 – L 20 B 130/07 AS).

3   **Widerspruch – wie und wann?**

Sie können den Widerspruch auf zwei Wegen einlegen:

■ Sie schreiben den Widerspruch selbst. Wichtig ist, dass Sie sich von
dem Widerspruch – wie auch von allen Schreiben an das Jobcenter
– eine Kopie machen, damit Sie später wissen, was Sie geschrieben
haben.

Widerspruch
selbst schreiben

■ Falls Sie Schreibarbeit scheuen, können Sie den Widerspruch von
der Widerspruchsstelle beim Jobcenter protokollieren lassen. Das
Jobcenter ist zur Protokollierung Ihres Widerspruchs verpflichtet;
dazu müssen Sie allerdings zum Jobcenter gehen. Eine telefonische
Protokollierung des Widerspruchs ist nicht möglich. Aber auch
wenn Sie den Widerspruch zu Protokoll geben, ist es sinnvoll, sich
die Begründung vorher kurz zu notieren, damit Sie nicht auf die
Formulierungshilfe des Sachbearbeiters angewiesen sind.
Lesen Sie den protokollierten Widerspruch auf jeden Fall durch,
bevor Sie ihn unterschreiben, und prüfen Sie, ob der Sachbearbeiter auch wirklich Ihre Worte aufgeschrieben hat.

Widerspruch
zu Protokoll

Sie müssen den Widerspruch innerhalb eines Monats beim Jobcenter
einlegen. Die Frist beginnt mit dem Zugang des Bescheides bei Ihnen.
Für den Fristbeginn kommt es nicht auf das Datum des Bescheids oder
den Poststempel an, also wann das Jobcenter den Bescheid absandte.
Entscheidend ist vielmehr der Zeitpunkt, zu dem Sie den Bescheid in
den Briefkasten bekommen haben oder er Ihnen auf dem Jobcenter
ausgehändigt wurde. Wenn Sie nicht mehr wissen, wann Ihnen ein
Bescheid zugegangen ist, oder wenn Sie ganz sichergehen wollen,
sollten Sie sich an dem Datum des Bescheides orientieren. Für den
Postlauf rechnet § 37 Abs. 2 Satz 1 SGB X drei Tage. Ein Bescheid
vom 7.5. gilt als am 10.5 zugegangen, wenn der Widerspruch also am
10.6 beim Jobcenter eingeht, ist die Frist gewahrt. Ist der dritte Tag,
also der Zugangstag, ein Samstag, Sonntag oder Feiertag, beginnt der
Fristlauf dennoch an diesem Tag (BSG vom 6.5.2010 – B 14 AS 12/09
R).
Das Gleiche gilt auch für den Zugang des Widerspruchs: Er muss in-
nerhalb der Widerspruchsfrist beim Jobcenter eingegangen sein.
Wenn es zeitlich knapp wird, kann das Widerspruchsschreiben in den
Briefkasten des Jobcenters eingeworfen werden. Ein Einwurf in den
(Nacht-)Briefkasten des Jobcenters vor Mitternacht des letzten Tages
genügt. Fällt das Fristende auf einen Samstag, Sonntag oder Feiertag,
so gilt die Frist als gewahrt, wenn der Widerspruch am folgenden
Werktag beim Jobcenter eingeht.

Frist: 1 Monat

Auf den Zugang
kommt es an

Wird der Widerspruch mit der Post übersandt, sollte dies per Einschreiben mit Rückschein erfolgen, damit Sie nachweisen können,
dass Sie den Widerspruch abgesandt haben. Aber Vorsicht: Ein-
schreibesendungen dauern länger als normale Briefe; also genügend
Zeit für die Einhaltung der Frist einkalkulieren. Einfacher ist eine

Übermittlung per Fax, weil sich auch dann die Absendung beweisen lässt und das Fax die Frist wahrt.

Am sichersten ist die Abgabe des Widerspruchs beim Jobcenter selbst – am besten in der Widerspruchsstelle. Sie sollten sich unbedingt die Abgabe auf Ihrer Kopie bestätigen lassen, z. B. durch einen Eingangsstempel.
Wenn die Zeit knapp ist, genügt es, dass Sie zunächst den Widerspruch ohne Begründung einlegen und die Begründung nachreichen. Teilen Sie mit, dass Sie die Begründung nachreichen wollen, damit nicht vorschnell entschieden wird.

Absendung beweist nicht Zugang

Will das Jobcenter einen Widerspruch wegen Versäumnis der Monatsfrist abweisen, so muss das Jobcenter zunächst den Zugang des angegriffenen Bescheides nachweisen. Da es bei der Post Verzögerungen bei der Zustellung oder sogar Verluste von Briefsendungen geben kann, ist es für das Jobcenter in der Regel nicht so einfach, den Zugang an einem bestimmten Tag nachzuweisen, wenn nicht förmlich zugestellt worden ist.

Haben Sie trotz aller Bemühungen die Einmonatsfrist versäumt, ist noch nicht alles verloren. Was Sie dann tun können → S. 1018.

Fehlerhafte Rechtsbehelfsbelehrung

Ausnahmsweise verlängert sich die Widerspruchsfrist auf ein Jahr, wenn der Bescheid keine oder eine unrichtige Rechtsbehelfsbelehrung enthält (s. dazu LSG Berlin-Brandenburg vom 28.1.2015 – L 9 AS 2582/14). Eine Rechtsbehelfsbelehrung ist unrichtig, wenn nicht eindeutig und zweifelsfrei zu erkennen ist, bei welcher Behörde der Widerspruch einzulegen ist (LSG NRW vom 7.5.2007 – L 7 B 58/07 AS) oder der Hinweis fehlt, dass jedes einzelne Mitglied der BG hinsichtlich der ihm bewilligten oder versagten Leistung Widerspruch einlegen muss (LSG NRW vom 17.8.2007 – L 20 B 130/07 AS).
Eine solche Rechtsbehelfsbelehrung beginnt regelmäßig mit den Worten: »Gegen diesen Bescheid kann binnen eines Monats nach Bekanntgabe Widerspruch eingelegt werden ...«. Die Rechtsbehelfsbelehrung eines Widerspruchsbescheids, die für den Beginn der Klagefrist auf die Bekanntgabe des Widerspruchsbescheids verweist, ist auch dann richtig, wenn der Widerspruchsbescheid zugestellt wird (BSG vom 9.4.2014 – B 14 AS 46/13 R).
Aber auch wenn die Rechtsbehelfsbelehrung einmal fehlen sollte, sollten Sie im eigenen Interesse schnell Widerspruch einlegen.

Einstweilige Anordnung ersetzt nicht Widerspruch

Eine einstweilige Anordnung beim SG (→ S. 1021), die in zugespitzten Notlagen vor Einlegung eines Widerspruchs zulässig ist, ersetzt nicht automatisch den Widerspruch gegen den Bescheid. Der Widerspruch muss gesondert beim Jobcenter eingelegt werden; unter Umständen kann er auch im Eilantrag bei verständiger Auslegung enthalten sein (HessLSG vom 3.1.2007 – L 9 AS 246/06 ER).

Der Widerspruch **muss** enthalten:

Was muss …

- Ihren Namen und Ihre Anschrift;
- das Datum des Bescheids, gegen den Sie sich wenden.

Weiterhin **sollte** der Widerspruch enthalten:

und was sollte ein Widerspruch enthalten?

- Ihre Kundennummer (BG-Nummer);
- Ihre Unterschrift;
- eine Begründung. Hier sollten Sie schreiben, warum Sie den Bescheid für falsch halten. Häufig (z. B. bei Kürzungsbescheiden) geht das Jobcenter von falschen Tatsachen aus. Dann sollten Sie in Ihrem Widerspruch ausführlich schreiben, wie es wirklich gewesen ist.

Auch wenn Sie den Widerspruch nicht begründet haben, ist das Jobcenter verpflichtet, das bisherige Verfahren auf seine Richtigkeit zu kontrollieren. Ohne Begründung macht sich die Widerspruchsstelle in der Regel jedoch keine große Mühe.

4 Welchen Rechtsschutz bewirkt der Widerspruch?

Zur Beantwortung dieser Frage ist zwischen dem Widerspruch gegen einen Bescheid, der eine beantragte Leistung ablehnt, und dem Widerspruch gegen einen Bescheid, der eine gewährte Leistung wegnimmt, zu unterscheiden.

Der Widerspruch gegen einen Ablehnungsbescheid bewirkt nur, dass der Ablehnungsbescheid noch einmal geprüft wird; bis dahin müssen Sie warten.
Bei Widerspruch gegen einen Bescheid, der eine bereits gewährte Leistung entzieht oder kürzt, wird die Entziehung oder Kürzung nur gestoppt, wenn der Widerspruch »aufschiebende Wirkung« entfaltet; dann muss das Jobcenter die Entscheidung der Widerspruchsstelle abwarten. Eine »aufschiebende Wirkung« wird durch § 39 SGB II aber regelmäßig ausgeschlossen.

Die in § 86a Abs. 3 SGG vorgesehene Möglichkeit, beim Jobcenter einen Antrag auf Aussetzung der Vollziehung des belastenden Bescheides zu stellen, führt meist nur zu einer Zeitverzögerung. In dringenden Fällen sollte sofort das SG mit einem Antrag auf Anordnung der aufschiebenden Wirkung angerufen werden. Der Aussetzungsantrag nach § 86b Abs. 1 Nr. 2 SGG setzt nicht voraus, dass zuvor ein entsprechender Antrag nach § 86a Abs. 3 SGG erfolglos geblieben ist (vgl. Berlit, info also 2005, S. 4).

In Notfällen Eilantrag beim SG

<table>
<tr><td>Grundsatz: Keine aufschiebende Wirkung·</td><td>Die Vorschrift des § 39 SGB II macht folgende belastende Entscheidungen trotz Erhebung von Widerspruch und Klage sofort durchsetzbar:</td></tr>
</table>

- Bescheide, mit denen SGB II-Leistungen aufgehoben, zurückgenommen, widerrufen oder herabgesetzt werden;

- der Eingliederungsverwaltungsakt nach § 15 Abs. 1 Satz 6 SGB II;

- ein sonstiger Bescheid, der Leistungen zur Eingliederung in Arbeit oder Pflichten des Leistungsberechtigten bei der Eingliederung in Arbeit regelt;

- die Aufforderung zur Beantragung einer vorrangigen Leistung nach § 12a SGB II;

- eine Meldeaufforderung nach § 59 SGB II in Verbindung mit § 309 SGB III;

Neu

- Entziehung nach § 66 SGB I. Bis zum 31.7.2016 fiel eine Entziehung nach § 66 SGB I nicht dem § 39 SGB II; Widerspruch und Klage hatten aufschiebende Wirkung (statt vieler LSG Sachsen vom 19.4.2016 – L 7 AS 172/16 B ER). **Seit 1.8.2016** gilt § 39 SGB II auch für einen auf § 66 SGB I gestützten Leistungsentzug.

Ausnahmsweise aufschiebende Wirkung

In den folgenden Fällen wird Rechtsschutz schon durch fristgemäße Erhebung von Widerspruch und gegebenenfalls Klage gewährt:

- Erstattungsbescheide nach § 50 SGB X; § 41a Abs. 6 Satz 2 SGB II;

- Bescheide über die Erstattung der KV-/PV-Beiträge nach § 335 SGB III;

- eine Aufrechnung nach §§ 42a, 43 SGB II;

- ein Ersatzanspruch nach §§ 34 – 34b SGB II;

- die Erbenhaftung nach § 35 SGB II;

- die Entscheidung, die Kosten für die Unterkunft gemäß § 22 Abs. 7 SGB II direkt an den Vermieter zu zahlen (LSG Berlin-Brandenburg vom 12.7.2007 – L 28 B 1064/07 AS ER);

- der Anspruchsübergang nach § 33 SGB II.

Das Jobcenter muss in diesen Fällen mit der Durchsetzung der angefochtenen Entscheidung warten, bis der Streit, ob die Entscheidung rechtens ist, durch rechtskräftigen Widerspruchsbescheid oder rechtskräftiges Urteil geklärt ist.

Sofortige · Vollziehung

§ 86a Abs. 2 Nr. 5 SGG ermächtigt das Jobcenter jedoch, den mit Widerspruch gestoppten Vollzug seiner Entscheidung dadurch abzuwenden, dass er die sofortige Vollziehung des angefochtenen Bescheides anordnet. Dies kann er aber nur tun, wenn die sofortige Vollziehung »im öffentlichen Interesse« liegt. Das Jobcenter hat in diesen Fällen das besondere öffentliche Interesse schriftlich zu begründen.

Ohne die schriftliche Begründung wird die Anordnung der sofortigen Vollziehung nicht wirksam. Als Begründung kann z. B. das allgemeine Interesse an der Realisierbarkeit einer Rückforderung nicht ausreichen. Das besondere öffentliche Interesse kann wohl nur darin bestehen, dass der Schuldner Widerspruch oder Klage nur erhebt, um den Zeitpunkt der Rückzahlung hinauszuschieben (vgl. BT-Drs. 13/5936, S. 37) und dadurch die Verwirklichung des Rückzahlungsanspruchs gefährdet wird.

Gegen die Anordnung der sofortigen Vollziehung können Sie sich mit einem Antrag beim SG zur Wehr setzen. Das kann auch schon vor der Erhebung der Klage geschehen (§ 86b Abs. 1 Nr. 2 SGG).
Das Jobcenter trägt in einem Verfahren nach § 86b Abs. 1 Nr. 2 SGG das Risiko, dass sich die Rechtmäßigkeit seiner Forderung beweisen lässt (Grieger, ZFSH/SGB 2004, S. 581).

Aussetzungs-antrag beim SG

Missachtet das Jobcenter einen automatisch mit Widerspruch- und Klageerhebung eingetretenen Aufschub der angefochtenen Entscheidung, kann hiergegen Rechtsschutz in entsprechender Anwendung von § 86b Abs. 2 SGG durch einen Antrag auf Feststellung der aufschiebenden Wirkung beim SG erreicht werden.

Faktische Vollziehung

Die zu Unrecht eingezogenen Leistungen sind vom Jobcenter zurückzuzahlen.

III Das Klageverfahren

In der Regel ist eine Klage erst zulässig, nachdem ein Widerspruchsbescheid ergangen ist, mit dem Sie nicht oder nicht in vollem Umfang einverstanden sind. Im Gegensatz zum Widerspruchsverfahren, bei dem das Jobcenter seine Entscheidung auf Recht- und Zweckmäßigkeit überprüft, wird vom SG nur die Rechtmäßigkeit der Entscheidung beurteilt. Klagen, denen ein Widerspruchsverfahren vorausgehen muss, sind die Anfechtungs- und die Verpflichtungsklage.

Erst nach Widerspruchs-verfahren

1 Die Anfechtungsklage

Haben Sie (teilweise) erfolglos Widerspruch gegen eine Entscheidung eingelegt, die eine Ihnen gewährte Leistung ganz oder teilweise wegnimmt, können Sie im Wege der Anfechtungsklage auf Aufhebung der Entscheidung klagen.
In dringenden Fällen hilft allein das Einlegen eines Widerspruchs oder die Erhebung der Anfechtungsklage nur weiter, wenn hierdurch (ausnahmsweise) der Vollzug der angefochtenen Entscheidung aufgeschoben wird (→ S. 1006). Ist das nicht der Fall, muss daneben ein Eilantrag (→ S. 1014) beim SG gestellt werden.

2 Die Verpflichtungsklage

Anspruch auf Leistung

Mit einer Verpflichtungsklage können Sie sich gegen die Ablehnung einer Leistung wehren, wenn das Jobcenter den Leistungsanspruch bestreitet.

Muster: Verpflichtungsklage

Anna Blume   Frankfurt am Main, 5.5.2016
Kurt-Schwitters-Straße 13
60487 Frankfurt am Main

An das
Sozialgericht Frankfurt am Main
Gutleutstr. 136
60327 Frankfurt am Main

Betr.: Klage gegen das Jobcenter Frankfurt am Main–BG-Nr. ....

Sehr geehrte Damen und Herren,

gegen den Bescheid vom .... in der Fassung des Widerspruchsbescheides vom .... erhebe ich Klage und beantrage,

die genannten Bescheide abzuändern und das Jobcenter zu verurteilen, mir SGB II-Leistungen ohne Anrechnung von Einkommen zu zahlen.

Mit freundlichen Grüßen

Ermessensentscheidung über Leistung

Handelt es sich um eine Ermessensleistung, richtet sich die Klage auf eine sachgerechte Ermessensentscheidung. Liegen die Umstände ausnahmsweise so, dass nur eine stattgebende Entscheidung rechtmäßig ist (Ermessensreduktion auf Null), kann das SG sofort die beanspruchte Leistung zusprechen. Ansonsten, wenn vom Jobcenter keine ermessensgerechte Entscheidung getroffen wurde, ergeht ein Urteil, mit dem es verpflichtet wird, eine sachgerechte Ermessensentscheidung zu treffen.

In dringenden Fällen hilft allein die Erhebung von Widerspruch und Klage nicht weiter. Hier muss ein Eilantrag beim SG gestellt werden.

3 Die Untätigkeitsklage

Die Erhebung einer Anfechtungs- oder Verpflichtungsklage setzt voraus, dass das Jobcenter durch den Erlass eines Bescheides und Widerspruchsbescheides tätig geworden ist. Fehlt es hieran, weil das Jobcenter trotz eines Leistungsantrags oder trotz Einlegung eines Widerspruchs untätig bleibt, kann die Untätigkeitsklage, besser nur deren Androhung die Entscheidung beschleunigen. Das gilt insbesondere im Widerspruchsverfahren.

Für den Bescheid, der auf einen Antrag hin ergehen muss, ist die Untätigkeitsklage allerdings erst sechs Monate nach Antragstellung zulässig (§ 88 Abs. 1 Satz 1 SGG). Früher ist sie nur dann zulässig, wenn das Jobcenter es ausdrücklich abgelehnt hat, einen Bescheid zu erteilen.

6 Monate nach Antragstellung

Dagegen ist eine Untätigkeitsklage schon früher möglich, wenn der Arbeitslose bereits Widerspruch eingelegt hat. Hier muss das Jobcenter im Normalfall innerhalb von drei Monaten nach Einlegung des Widerspruchs einen Widerspruchsbescheid erlassen. Tut es das nicht, ist in diesem Fall die Untätigkeitsklage schon drei Monate nach Einlegung des Widerspruchs zulässig (§ 88 Abs. 2 SGG).

3 Monate nach Widerspruchs-einlegung

Meistens wird die Untätigkeitsklage dann auch begründet sein mit der Folge, dass das Jobcenter die Kosten des Klageverfahrens tragen muss, d. h. bei Einschaltung eines Anwalts die Anwaltskosten, sonst die Auslagen des Klägers selbst; das Gerichtsverfahren als solches ist sowieso für Alg II-Berechtigte kostenfrei.

Begründet ist die Untätigkeitsklage, wenn das Jobcenter ohne zureichenden Grund in angemessener Frist nicht entschieden hat, also über den Antrag auf Leistung nicht innerhalb von sechs Monaten und über den Widerspruch nicht innerhalb von drei Monaten.

Gründe für Untätigkeitsklage

Gründe, die es rechtfertigen, dass das Jobcenter diese Fristen überschreiten darf, sind selten. Das Jobcenter darf z. B. dann diese Fristen überschreiten, wenn es umfangreiche Ermittlungen bei anderen Behörden, bei Firmen oder Privatpersonen anstellen muss, und diese auf eine rechtzeitige Anfrage des Jobcenters nicht fristgemäß antworten. Aber auch in diesen Fällen muss das Jobcenter die Kosten der Untätigkeitsklage tragen, wenn es nicht rechtzeitig dem Kläger einen Zwischenbescheid erteilt hat, in dem konkret angegeben wird, aus welchen Gründen die Entscheidung sich verzögert. Eine formularmäßige Bestätigung des Jobcenters, dass der Widerspruch eingegangen sei und noch Ermittlungen angestellt werden müssten, reicht hierzu nicht aus (SG Dortmund vom 17.2.2006 – S 31 AS 353/05; HessLSG vom 17.9.1984 – L 10 B 62/83).

Zwischen-bescheid

Ein zureichender Grund für die Nichtentscheidung über einen Widerspruch kann eine vorübergehende besondere Belastung sein, etwa weil aufgrund einer Gesetzesänderung für einen begrenzten Zeitraum viele Anträge zu bearbeiten sind oder wegen eines Umzugs oder organisatorischer Änderungen der Behörde. Bei dauerhaftem Personalmangel oder dauerhaft unzureichender Ausstattung mit sächlichen Mitteln kann sich das Jobcenter aber nicht darauf berufen, zur Aufgabenerfüllung mangels hinreichender Ausstattung nicht in der Lage zu sein (LSG Sachsen vom 17.3.2008 – L 2 B 91/08 AS).

Hohe Arbeits-belastung?

Ist das Jobcenter mit einer Vielzahl von Widersprüchen und Klagen eines Leistungsberechtigten befasst, kann dieser verpflichtet sein, vor

Erhebung einer Untätigkeitsklage den Bearbeitungsstand zu erfragen und gegebenenfalls über drei Monate auf die Bescheidung eines neuen Widerspruchs zu warten (HessLSG vom 15.7.2008 – L 9 B 39/08 SO). Dasselbe gilt nach LSG Mecklenburg-Vorpommern vom 19.12.2008 – L 8 B 386/08, wenn der Hilfebedürftige einen umfangreichen Überprüfungsantrag nach § 44 SGB X auf den Weg gebracht hat.

Eilverfahren

Die Beantragung einstweiligen Rechtsschutzes kann die Annahme eines zureichenden Grundes für die Nichtbescheidung eines Widerspruchs ausnahmsweise dann rechtfertigen, wenn die beklagte Behörde aufgrund des Verfahrensablaufs annehmen durfte, dass der Kläger vor Durchführung des Widerspruchsverfahrens zunächst den Ausgang des gerichtlichen Eilverfahrens abwarten will. Im Zweifel muss dies erfragt werden (LSG Berlin-Brandenburg vom 30.9.2008 – L 23 B 36/08 SO).

Ruhendes Widerspruchsverfahren

Hatte sich der Leistungsberechtigte damit einverstanden erklärt, das Widerspruchsverfahren bis zum rechtskräftigen Abschluss eines Überprüfungsverfahrens oder einer Entscheidung des BSG ruhen zu lassen, kann er keine Untätigkeit geltend machen, solange er das Jobcenter nicht zu einer Widerspruchsbearbeitung aufgefordert hat (LSG Berlin-Brandenburg vom 23.10.2008 – L 3 B 1715/07 R).

Bevorstehende Gesetzesänderung

Hatten sich die Beteiligten darüber geeinigt, das Antrags-/Widerspruchsverfahren bis zu einer gesetzlichen Neuregelung ruhen zu lassen, muss das Jobcenter nach LSG Rheinland-Pfalz vom 15.7.2008 – L 6 B 142/08 RS sechs/drei Monate nach Inkrafttreten der Neuregelung tätig werden.

Keine Untätigkeitsklage bei Untätigkeit des Leistungsberechtigten

Die Fristüberschreitung ist natürlich gerechtfertigt, wenn der Leistungberechtigte selbst dem Jobcenter noch für die Entscheidung maßgebliche Unterlagen einreichen muss oder angekündigt hat, dass er den Widerspruch noch begründen wird, dies aber noch nicht getan hat. Denn in diesen Fällen verursacht er selbst die Verzögerung.

Weiter ist die Fristüberschreitung dann gerechtfertigt, wenn die Sache nicht dringlich war, z.B. wenn es sich nur um eine minimale Nachzahlung oder um Zinsen handelt. Insbesondere ist die Widerspruchsbescheidung nicht dringlich, wenn gegen die Rückforderung einer Leistung Widerspruch eingelegt wurde. Denn hier hat der Widerspruch aufschiebende Wirkung (§ 86a Abs. 1 SGG), d.h., der Leistungsberechtigte braucht bis zur Entscheidung über den Widerspruch – und wenn er später gegen den Widerspruchsbescheid klagt, bis zur Entscheidung über die Klage (§ 86a Abs. 1 SGG) – die zurückgeforderten Beträge nicht an das Jobcenter zu zahlen.

Untätigkeitsklagen führen nicht automatisch dazu, dass das Jobcenter schneller tätig wird und den Bescheid/Widerspruchsbescheid alsbald erlassen wird. Denn nicht selten führt die Untätigkeitsklage zu einer zusätzlichen Verzögerung, weil das Jobcenter seine Akten dem Gericht vorlegen muss, diese deshalb zeitweise nicht bearbeiten kann. Da auch die Sozialgerichte überlastet sind, kann auch die Untätigkeitsklage längere Zeit in Anspruch nehmen. Deshalb kann es sinnvoll sein, eine Untätigkeitsklage zwar anzudrohen, letztlich aber nicht zu erheben.

4 Sonstige Klagemöglichkeiten

Ohne Durchführung eines Widerspruchsverfahrens kann eine Leistungs- oder Feststellungsklage erhoben werden, wenn es z. B. darum geht, die Weiterzahlung einer ohne Bescheid eingestellten Leistung nach § 40 Abs. 2 Nr. 4 SGB II i. V. m. § 331 SGB III zu erreichen oder die bestrittene Mitgliedschaft in einer Krankenkasse feststellen zu lassen. In den genannten Fällen ist effektiver Rechtsschutz meist nur durch einen Eilantrag beim SG zu erreichen.

5 Wer kann Klage erheben?

Die vermutete Bevollmächtigung gemäß § 38 SGB II gilt nicht für das Klageverfahren vor dem Sozialgericht. Kläger ist hier nicht die BG, sondern alle Mitglieder der BG, sofern es um einen einheitlichen Anspruch geht, z. B. die Anrechnung von Einkommen auf die Leistungsansprüche. Der BG-Vertreter nach § 38 SGB II kann sich jedoch von den anderen BG-Mitgliedern zur Führung der Klage bevollmächtigen lassen, sofern er nicht als gesetzlicher Vertreter auftritt. Vom Ehegatten, Lebenspartner oder volljährigen Kind muss eine Vollmacht nur auf Rügen des Jobcenters vorgelegt werden. Ansonsten wird eine Bevollmächtigung unterstellt (§ 73 Abs. 6 Satz 2 SGG). In der Klage müssen alle Personen, die klagen wollen, genannt oder darauf hingewiesen werden, dass die Klage für alle Mitglieder der BG erhoben wird. Erhebt nur ein Mitglied der BG Klage, die bei verständiger Auslegung darauf gerichtet ist, Ansprüche zur Deckung des gesamten Bedarfs der BG geltend zu machen, z. B. die Übernahme höherer Unterkunftskosten, ist die Klage entgegen dem Wortlaut der Klageschrift auf die übrigen Mitglieder der BG zu erstrecken. Das gilt nach HessLSG vom 19.6.2008 – L 7 AS 32/08 B ER auch dann, wenn der Kläger anwaltlich vertreten ist.

Alle BG-Mitglieder

Ist eine nur einheitlich gegen alle Mitglieder der BG ergangene Entscheidung streitig, müssen die davon Betroffenen, wenn sie nicht selbst klagen und keine Vertretung nach § 73 Abs. 6 Satz 2 SGG unterstellt werden kann oder erteilt wurde, beigeladen werden.

Das Kind in der Umgangsrechts-BG muss seinen Anspruch im eigenen Namen oder durch einen berechtigten Vertreter geltend machen. Wird das Widerspruchs- oder Klageverfahren von dem nicht sorgeberechtigten Elternteil geführt, muss der sorgeberechtigte Elternteil als gesetzlicher Vertreter des Kindes die Widerspruchs- oder Prozessführung genehmigen. Verweigert er die Genehmigung, muss das Familiengericht nach § 1628 BGB eine Entscheidung treffen (OLG Thüringen vom 4.7.2014 – 1 UF 71/14). Ist das Kind schon 15, kann es den

Umgangsrechts-BG

nur umgangsberechtigten Elternteil zur Widerspruchs- oder Prozessführung ermächtigen. Dies geht nach LSG NRW vom 18.8.2008 –
L 20 AS 29/07 aber nicht, wenn der sorgeberechtigte Elternteil dem
nicht zustimmt. Haben beide Eltern das Sorgerecht, kann die Zustimmung des Elternteils, mit dem das Kind überwiegend zusammenlebt,
entbehrlich sein, wenn anderenfalls die Realisierung des Umgangs
vereitelt würde (LSG NRW vom 21.4.2008 – L 20 AS 112/06).

6   Was ist bei Erhebung der Klage zu beachten?

**Klagefrist:
1 Monat**

Die Klage muss binnen eines Monats nach Zustellung des
Widerspruchsbescheides erhoben worden sein, sonst wird der Widerspruchsbescheid bindend und die Klage abgewiesen.

Für die Frist gilt das, was zur Einhaltung der Widerspruchsfrist gesagt wurde, entsprechend (→ S. 1003).

Fehlt im Widerspruchsbescheid die Rechtsbehelfsbelehrung oder ist
sie falsch, so verlängert sich die Klagefrist auf ein Jahr.

Inhalt der Klage

In der Klage müssen Sie den Beklagten (also das Jobcenter) und den
Gegenstand des Klagebegehrens bezeichnen. Die Klage soll einen bestimmten Antrag enthalten und unterzeichnet sein. Die zur Begründung dienenden Tatsachen und Beweismittel sollen angegeben, die
angefochtenen Bescheide vorgelegt werden.

Klage zweifach

Die Klage soll zweifach beim SG eingereicht werden. Der angefochte-
ne Bescheid und der Widerspruchsbescheid sollen beigefügt werden,
am besten nur in Kopie.

Kopie

Wichtig: Kopie der Klageschrift für die eigene Akte behalten!

Klage zu Protokoll

Sie können – wie beim Widerspruch – die Klage auch zu Protokoll erklären. Die Klage kann nicht telefonisch erhoben werden. Sie müssen
vielmehr in die Geschäftsstelle des SG gehen und den Sachverhalt
schildern. Diese fertigt dann ein Klageprotokoll an, das Sie, nachdem
Sie sich vergewissert haben, dass alles richtig aufgenommen ist, unterschreiben müssen.

Kostenfrei

Kosten entstehen Ihnen nicht.

7   Klage gegen Satzung über die angemessenen
Unterkunftskosten

**Normen-
kontrollantrag**

Nach § 22 a SGB II können Kommunen in einer Satzung bestimmen, welche Aufwendungen für Unterkunft und Heizung angemessen sind, wenn das jeweilige Land sie dazu gesetzlich ermächtigt.
Diese Satzung kann nach § 55a SGG isoliert angefochten werden. Zuständig ist das LSG des Landes, in dem sich die Kommune befindet.

Es überprüft die Satzung losgelöst vom Einzelfall auf ihre Gültigkeit, d. h. auf ihre Vereinbarkeit mit den landesrechtlichen Vorschriften und mit den §§ 22a bis 22c SGB II. Das Normenkontrollverfahren ist ausgeschlossen, wenn das Landesrecht die Überprüfung von Satzungen nur durch das Landesverfassungsgericht vorsieht.

Das Verfahren kann jede natürliche Person betreiben, die derzeit oder in naher Zukunft in ihren Rechten verletzt sein kann; der Antrag richtet sich gegen die Kommune, die die Satzung erlassen hat, nicht gegen das Jobcenter. Das Verfahren können betreiben Antragsteller, deren Antrag auf Leistungen nach dem SGB II abgelehnt worden ist oder Leistungsberechtigte, denen nur ein Teil der Aufwendungen für Unterkunft und Heizung erstattet werden oder die aufgefordert worden sind, die Unterkunftskosten zu senken; auch Personen, die noch keine Leistungen beantragt haben, die aber absehen können, dass sie in näher Zukunft auf SGB II-Leistungen angewiesen sein werden, können die Überprüfung der Satzung verlangen.

Kläger
Beklagte

Für das Verfahren gelten die Vorschriften des Klageverfahrens entsprechend. Das Gericht kann nach mündlicher Verhandlung durch Urteil oder ohne mündliche Verhandlung durch Beschluss entscheiden. Vor der Entscheidung ohne mündliche Verhandlung sollen die Beteiligten gehört werden. Gedacht ist die Entscheidung durch Beschluss für rechtlich einfach gelagerte Fälle, z. B. wenn der Antrag offensichtlich unzulässig oder missbräuchlich ist. Gegen die Entscheidung des LSG kann nach § 160 SGG die Revision zum BSG zugelassen oder nach § 160a SGG Nichtzulassungsbeschwerde eingelegt werden.
Das LSG kann zur Abwehr schwerer Nachteile oder aus anderen wichtigen Gründen eine einstweilige Anordnung erlassen, also z. B. die vorläufige Nichtanwendung der Satzung anordnen.

Verfahren

Die Entscheidung des LSG hat Bindungswirkung für die Allgemeinheit, wenn die überprüfte Satzung für ungültig erklärt wird. Die Kommune muss die Entscheidung des LSG deshalb so veröffentlichen wie die Satzung veröffentlicht war. Allerdings hat die Entscheidung des LSG keine Auswirkungen auf bereits bestandskräftige Verwaltungsakte; ob sie wenigstens noch für das Überprüfungsjahr des § 44 SGB X korrigiert werden können, ist wegen § 330 Abs. 1 SGB III, der nach § 40 Abs. 2 Nr. 2 SGB II auch für das SGB II gilt, zweifelhaft.

Folgen

Ist beim LSG ein Verfahren über die Gültigkeit der Unterkunftskosten-Satzung anhängig, kann jedes Sozialgericht nach § 114 SGG einen Rechtsstreit aussetzen, wenn dieser von der Gültigkeit dieser Satzung abhängt. Dadurch soll die Einheitlichkeit der Rechtsprechung gesichert werden. Als Kläger sollten Sie die Aussetzung verlangen, weil die Entscheidung des LSG auf bestandskräftige Bescheide nicht anzuwenden ist.

Das Verfahren ist für die Antragsteller kostenlos, auch wenn sie noch keine Leistungsberechtigten sind (§ 183 SGG).

Kostenfrei

IV   Der einstweilige Rechtsschutz durch Eilverfahren

Entsprechend der Unterscheidung in Anfechtungsklagen bei Eingriffen in gewährte Rechtspositionen und Verpflichtungsklagen bei Ablehnung beantragter Leistungen gliedert sich der einstweilige Rechtsschutz in

2 Arten

- Verfahren auf Anordnung/Wiederherstellung der aufschiebenden Wirkung von Widerspruch und Klage;

- Verfahren auf einstweilige Gewährung beantragter/abgelehnter Leistungen.

 Der Antrag auf einstweilige Anordnung **ersetzt nicht die Klage** in der Hauptsache. Die Klage muss gesondert innerhalb der Klagefrist erhoben werden.

Muster: Antrag auf einstweiligen Rechtsschutz

David Zunder   3.5.2016
Bert-Brecht-Straße 7
60320 Frankfurt am Main

Sozialgericht
Frankfurt am Main

Antrag auf Erlass einer einstweiligen Anordnung

des David Zunder   – Antragstellers –

gegen

das Jobcenter Frankfurt am Main,
vertreten durch den Geschäftsführer   – Antragsgegnerin –

wegen Kürzung der Leistung

Ich beantrage,
die Antragsgegnerin zu verpflichten, Arbeitslosengeld II in ungekürzter Höhe zu zahlen.

Begründung
Ich hatte beim Alg II-Antrag zum 1.3.2016 auf eine gelegentliche Honorartätigkeit als Dozent im letzten Jahr hingewiesen. Die mitgeteilten Einkünfte aus dem Jahr 2015 hat die Antragsgegnerin dazu benutzt, ein durchschnittliches monatliches Einkommen in Höhe von 183 € für 2016 vorläufig anzurechnen. Tatsächlich habe ich jedoch aktuell wesentlich weniger Aufträge, und diese Situation wird sich voraussichtlich nicht ändern. Eine Einkommensanrechnung kann daher nur auf der Grundlage der jeweils tatsächlich erzielten Einnahmen im Bewilligungsabschnitt, die ich unverzüglich mitteilen werde, erfolgen.

Durch die Leistungskürzung ist es mir nur mit sehr großer Anstrengung möglich gewesen, meine Miete zu zahlen. Ich habe mir schon Geld leihen müssen, um die notwendigsten laufenden Lebenshaltungskosten bestreiten zu können. Bei Fortsetzung der Leistungskürzung droht daher eine weitere Verschuldung.

Über meinen Widerspruch ist noch nicht entschieden worden.

Mit freundlichen Grüßen

David Zunder

Anlagen:
Bescheid, Widerspruch

1   Verfahren auf Anordnung/Wiederherstellung der aufschiebenden Wirkung von Widerspruch und Klage

Weil Widerspruch und Klage gegen Entziehungs- und Kürzungsbescheide grundsätzlich keine aufschiebende Wirkung haben, werden überwiegend Bescheide Gegenstand von Anordnungsverfahren sein, die in das vom SGB II zu gewährleistende soziokulturelle Existenzminimum eingreifen. Dies gilt bei den drastischen Kürzungen und hier insbesondere bei den Kürzungen gegenüber Leistungsberechtigten unter 25 Jahren.

Da solche Eingriffe Grundrechte berühren, kann der für behördliche Aussetzungen nach § 86a Abs. 3 SGG vorausgesetzte »ernstliche Zweifel an der Rechtmäßigkeit des angegriffenen Verwaltungsaktes« nicht einfach auf die Eilentscheidung des SG nach § 86b Abs. 1 SGG übertragen werden (Grieger, ZFSH/SGB 2004, S. 580 f.; Berlit, info also 2005, S. 6 f.).

Eingriff in Grundrechte

Über die bloß summarische Prüfung der Erfolgsaussicht von Widerspruch und Klage hinaus sind die Folgen abzuwägen, d.h., zu prüfen, wie der Antragsteller stünde, wenn er zwar im Eilverfahren verliert, jedoch anschließend die Klage gewinnt; dies ist dem Fall gegenüberzustellen, dass der Antragsteller zwar zunächst im Eilverfahren Erfolg hat, sich jedoch im Klageverfahren herausstellt, dass die Entscheidung des SGB II-Trägers richtig war (vgl. BVerfG vom 25.10.1988, BVerfGE 79, S. 69 ff., vom 14.5.1996, BVerfGE 94, S. 166 ff., vom 22.11.2002, NJW 2003, S. 1236 f.).
Das BVerfG hat in einer Entscheidung vom 12.5.2005 (1 BvR 569/05) den Rechtsschutz in SGB II-Verfahren entscheidend gestärkt:

Folgenabwägung

»Ist dem Gericht dagegen eine vollständige Aufklärung der Sach- und Rechtslage im Eilverfahren nicht möglich, so ist anhand einer Folgenabwägung zu entscheiden (vgl. BVerfG, 2. Kammer des Ersten Senats, NVwZ-RR 2001, S. 694 [695]). Auch in diesem Fall sind die grundrechtlichen Belange des Antragstellers umfassend in die Abwägung einzustellen. Die Gerichte müssen sich schützend und fördernd vor die Grundrechte des Einzelnen stellen (vgl. BVerfG, 1. Kammer des Ersten Senats, NJW 2003, S. 1236 [1237]). Dies gilt ganz besonders, wenn es um die Wahrung der Würde des Menschen geht. Eine Verletzung dieser grundgesetzlichen Gewährleistung, auch wenn sie nur möglich erscheint oder nur zeitweilig andauert, haben die Gerichte zu verhindern. Diese besonderen Anforderungen an Eilverfahren schließen andererseits nicht aus, dass die Gerichte den Grundsatz der unzulässigen Vorwegnahme der Hauptsache vermeiden, indem sie zum Beispiel Leistungen nur mit einem Abschlag zusprechen (vgl. SG Düsseldorf, NJW 2005, S. 845 [847]).«

Insbesondere ist im SGB II der Aktualitätsgrundsatz für die Hilfeleistung zu beachten:

»Der elementare Lebensbedarf eines Menschen muss in dem Augenblick befriedigt werden, in dem er entsteht (vgl. BVerfG vom 9.2.2010 – 1 BvL 1/09, BVerfGE 125, 175 <225>). Bei der Prüfung der Hilfebedürftigkeit als Voraussetzung eines Anspruchs auf Leistungen zur Sicherung des Lebensunterhalts (§§ 7 Abs. 1 Satz 1 Nr. 3, 9 SGB II) ist daher auf die gegenwärtige tatsächliche Situation der Antragsteller abzustellen; Umstände aus der Vergangenheit dürfen nur insoweit herangezogen werden, als sie eindeutige Erkenntnisse über die gegenwärtige Lage ermöglichen« (BVerfG vom 6.8.2014 – 1 BvR 1453/12).

Mit diesem vom BVerfG vorgegebenen Schutzauftrag der Sozialgerichte sind überspannte Anforderungen an die Glaubhaftmachung nicht zu vereinbaren (LSG Berlin-Brandenburg vom 2.2.2006 – L 14 B 1157/05 AS ER).

2   **Verfahren auf einstweilige Gewährung von Sozialleistungen**

Vorläufige Leistungsgewährung

Nach § 86b Abs. 2 SGG kann das SG das Jobcenter zu einer einstweiligen Gewährung einer beantragten oder abgelehnten Leistung verpflichten, wenn der geltend gemachte Anspruch (Anordnungsanspruch) und die besondere Eilbedürftigkeit einer Entscheidung (Anordnungsgrund) glaubhaft gemacht werden.

Tatsachen glaubhaft machen

Die Glaubhaftmachung bezieht sich nur auf die Tatsachen zur Beurteilung der Eilbedürftigkeit und der Sachvoraussetzungen des Anspruchs. Die rechtliche Würdigung und Entscheidung, ob Anordnungsanspruch und Anordnungsgrund hinreichend glaubhaft gemacht sind, obliegt dem SG; es kann die vorläufige Leistungsgewährung einschränken, mit Auflagen versehen oder befristen (§ 86b Abs. 2 Satz 4 SGG i.V.m. § 938 ZPO). In zugespitzten Notlagen, z.B. drohende Räumung einer Wohnung, geht die Abwendung der Gefahr einer erschöpfenden Sachprüfung vor (Grieger, ZFSH/SGB 2004, S. 583 f.).

Richtet sich der Eilantrag auf eine Ermessensleistung, genügt für eine stattgebende Entscheidung die überwiegende Wahrscheinlichkeit einer positiven Ermessensentscheidung im Klageverfahren; die Ausnahmesituation, dass nur eine stattgebende Ermessensentscheidung richtig wäre (Ermessensreduktion auf Null), muss nicht vorliegen (Berlit, info also 2005, S. 8).

Auch bei Ermessensleistungen

Die im einstweiligen Rechtsschutz zuerkannte Leistung steht naturgemäß unter dem Vorbehalt der Rückforderung, sollte sich bei genauer Sach- und Rechtsprüfung herausstellen, dass kein oder ein geringerer Anspruch bestand. Für eine Leistungsgewährung in Form eines Darlehens, das z. B. keinen Krankenversicherungsschutz begründet, besteht daher keine Veranlassung (so zu Recht LSG Baden-Württemberg vom 1.8.2005 – L 7 AS 2875/05 ER-B).

3 Sonderfall Mietschulden

Das im SGB II vorgesehene Verfahren einer Leistungsbewilligung in Bewilligungsabschnitten ab Antrag fordert bei der Beurteilung der Eilbedürftigkeit eines Antrags auf Übernahme von Mietschulden eine differenzierte Betrachtung: Genau genommen ist zwischen Mietrückständen i. S. unerfüllt gebliebener Teilleistungen der beantragten Grundsicherung und »echten« Mietschulden i. S. offener Mietforderungen, die zum Zeitpunkt des Antrags auf Grundsicherungsleistungen schon bestanden oder wegen fehlender Weiterleitung der gezahlten Unterkunftskosten an den Vermieter entstanden sind, zu unterscheiden.

Nur bei »echten« Mietschulden sind die unter Geltung des BSHG entwickelten Grundsätze auf das SGB II übertragbar. Danach liegt Eilbedürftigkeit vor, wenn wegen Mietschulden in der Vergangenheit oder bis zum Entscheidungszeitpunkt die Kündigung der Wohnung (§ 543 Abs. 2 Satz 1 Nr. 3, § 569 Abs. 3 BGB) droht. Dagegen fehlt es an der Eilbedürftigkeit, wenn trotz Übernahme von Mietschulden die Räumung der Wohnung nicht mehr abgewendet werden kann.

Echte Mietschulden

Rückständige Unterkunftskosten aus den Zeiträumen nach dem Alg II-Antrag und vor Eingang des Eilantrags beim SG sind im einstweiligen Rechtsschutzverfahren zu gewähren, wenn ein Alg II-Anspruch glaubhaft gemacht ist – bei Anrechnung von Einkommen mindestens in Höhe der Miete. Zur Bejahung der Eilbedürftigkeit braucht dann keine Kündigung oder gar Räumung der Wohnung zu drohen. Es genügen die mit rückständigen Mieten verbundenen Unannehmlichkeiten (vgl. Berlit, a. a. O., S. 11).

Unechte Mietschulden

4   Eiliger Überprüfungsantrag

In den Grenzen des § 44 SGB X i. V. m. § 40 Abs. 1 Satz 2 SGB II sind bestandskräftige Entscheidungen korrigierbar (→ S. 988). In engen Ausnahmefällen kann ein Überprüfungsverfahren mit einem Eilantrag beschleunigt werden. An die Glaubhaftmachung des Anordnungsgrundes (Eilbedürftigkeit) sind aber besonders strenge Anforderungen zu stellen (LSG Sachsen-Anhalt vom 24.1.2008 – L 2 B 96/07 AS ER).

Beispiel

L. lebt mit D. in einer Wohnung zusammen. Nach Verlust seiner Arbeit beantragt er Alg II. Der Antrag wird mit der Begründung abgelehnt, L. sei wegen des Einkommens seiner »Partnerin« nicht hilfebedürftig. Dagegen hatte L. keinen Widerspruch eingelegt, weil er nach Zugang des Ablehnungsbescheides ein Arbeitsangebot erhielt, das sich dann jedoch zerschlug. Als L. erfuhr, dass er doch nicht eingestellt wird, war die Widerspruchsfrist gegen den Ablehnungsbescheid schon abgelaufen. Macht L. glaubhaft, dass er mit D. nicht in Einstandsgemeinschaft lebt, von D. auch nicht unterstützt wird, kann er seinen Alg II-Anspruch im Wege eines Eilverfahrens durchsetzen.

V   Das Verfahren vor dem Sozialgericht (SG)

Sie müssen mitwirken!

Entsprach die Klage nicht den auf → S. 1012 genannten Anforderungen, wird das SG Sie auffordern, einen bestimmten Antrag zu stellen, die zur Begründung dienenden Tatsachen und Beweismittel anzugeben, die angefochtenen Bescheide vorzulegen. Tun Sie das nicht bis zum Abschluss der mündlichen Verhandlung bzw. nicht in der gesetzten Frist und haben Sie die Frist nicht unverschuldet i. S. des § 67 SGG versäumt, besteht die Gefahr, dass die Klage als unzulässig ohne nähere Prüfung Ihres Anliegens abgewiesen wird.

SG ermittelt von Amts wegen

Das SG ermittelt grundsätzlich nach Eingang der Klage oder des Antrags auf einstweilige Anordnung von Amts wegen den Sachverhalt. Es hat die am Prozess Beteiligten (also Sie als Kläger bzw. Antragsteller und das Jobcenter als Beklagter bzw. Antragsgegner) auf die rechtlichen Möglichkeiten hinzuweisen.

Beantworten Sie Fragen des Gerichts nicht oder nicht innerhalb der gesetzten Frist, laufen Sie Gefahr, dass die Klage als zurückgenommen gilt oder später die Tatsachen, nach denen das Gericht gefragt hat, im Verfahren nicht mehr verwertet werden können, wenn das Gericht Sie vorher auf diese Gefahren hingewiesen hat.

1   Das Hauptsacheverfahren

Das SG entscheidet über die Klage in der Regel aufgrund einer mündlichen Verhandlung, zu der Kläger wie Beklagte geladen und in der unter Umständen Zeugen vernommen werden. Eine Entscheidung ergeht in diesem Fall durch Urteil.

Urteil

Das SG kann gemäß § 105 Abs. 1 Satz 1 SGG ohne mündliche Verhandlung durch Gerichtsbescheid entscheiden, wenn die Sache rechtlich einfach ist, der Sachverhalt klar ist und die Beteiligten vorher angehört worden sind. Dieser Bescheid wirkt dann als Urteil.

Gerichtsbescheid

Wir empfehlen Ihnen, regelmäßig der Ankündigung einer Entscheidung ohne mündliche Verhandlung zu widersprechen, wenn Sie nicht wenigstens in einem Erörterungstermin die Möglichkeit hatten, dem Richter Ihre Sicht des Verfahrens und des zugrunde liegenden Sachverhalts darzulegen. Aber auch sonst kann eine mündliche Verhandlung sinnvoll sein, weil dann der Richter nicht allein entscheidet, sondern zusammen mit zwei ehrenamtlichen Richtern. Schildern Sie in der mündlichen Verhandlung möglichst genau, warum Sie mit der Entscheidung des Jobcenters nicht einverstanden sind. Insbesondere bei tatsächlichen Fragen, z. B. bei Sachverhalten, die zu einer Kürzung des Alg II führten, sollten Sie dem Gericht umfassend darlegen, was sich tatsächlich zugetragen hat. Nicht selten ergibt sich daraus ein neuer Gesichtspunkt, der sich zu Ihren Gunsten auswirken kann.

Ein Rechtsstreit kann auch durch Anerkenntnis des Jobcenters, Vergleich oder Rücknahme der Klage enden.

Wenn Sie mit einer Entscheidung des SG nicht einverstanden sind, ist grundsätzlich die Berufung an das Landessozialgericht (LSG) zulässig (§§ 143 ff. SGG). Nicht zulässig ist die Berufung, wenn lediglich ein Betrag bis zu 750 € streitig ist; betrifft der Betrag bis 750 € eine wiederkehrende oder laufende Leistung für mehr als ein Jahr, ist die Berufung möglich.

Berufung zum LSG

Lässt das SG die Berufung nicht zu, können Sie Nichtzulassungsbeschwerde (§ 145 SGG) einlegen. Das LSG muss die Berufung zulassen, wenn die Streitsache grundsätzliche Bedeutung hat, das SG von der Rechtsprechung des BSG oder eines LSG abgewichen ist oder wenn dem SG ein Verfahrensfehler unterlaufen ist. Näheres zur Nichtzulassungsbeschwerde: Bienert, info also 2014, S. 198 ff.

Nichtzulassungsbeschwerde

Berufung und Nichtzulassungsbeschwerde müssen Sie innerhalb eines Monats nach Zugang des Urteils beim SG oder beim LSG einlegen. Das Urteil des SG muss Sie über die Rechtsmittelmöglichkeiten im einzelnen unterrichten.

Angesichts der zahlreichen, gerichtlich noch nicht geklärten Rechtsfragen zum neuen SGB II ist gegen eine Entscheidung eines LSG (oder SG) die Revision (oder Sprungrevision) zum BSG zu erreichen. Hier müssen Sie sich aber von einem Gewerkschaftssekretär oder Rechtsanwalt, am besten von einem »Fachanwalt für Sozialrecht« vertreten lassen.

Revision zum BSG

2   Das Beschlussverfahren

Das SG entscheidet über Anträge auf vorläufigen Rechtsschutz durch Beschluss, der in der Regel ohne mündliche Verhandlung ergeht.

Gegen den Beschluss kann nur dann Beschwerde eingelegt werden, wenn in einem Klageverfahren die Berufung zulässig wäre, wenn also der Streitwert 750 € übersteigt.

Die Frist zur Einlegung der Beschwerde beträgt einen Monat nach Zugang des Beschlusses.

Abänderungsantrag

Auf Antrag eines der Beteiligten kann der Beschluss auch nach Rechtskraft geändert oder aufgehoben werden. Das kann z. B. sinnvoll sein, wenn ein zum Zeitpunkt der Entscheidung berücksichtigtes Nebeneinkommen wegfällt oder eine zum Nachweis des Anspruchs benötigte Information zur Verfügung steht.

3   Der Vollzug der Gerichtsentscheidung

Wird einem Eilantrag stattgegeben, muss das Jobcenter den Beschluss sofort ausführen. Es hat keine Prüf- oder Überlegungsfrist. Will es nicht zahlen, muss es Beschwerde gegen den Beschluss einlegen und beim LSG die Aussetzung des Vollzugs beantragen. Der Antrag auf Aussetzung des Vollzugs nach § 199 Abs. 2 Satz 1 SGG ist ein besonderer Fall der einstweiligen Anordnung gemäß § 86b Abs. 2 SGG. Die Entscheidung steht im Ermessen des LSG. Sie ist unter summarischer Prüfung der Sach- und Rechtslage und nach Abwägung der gegenseitigen Interessen der Beteiligten zu treffen. Maßgeblich sind hierbei einerseits das Interesse des Leistungsberechtigten und andererseits das Interesse des Jobcenters. Voraussetzung für einen – begründeten – Aussetzungsantrag ist zumindest, dass das Jobcenter darlegt, dass ihm die Ausführung des angefochtenen Beschlusses einen nicht zu ersetzenden Nachteil bringen würde. Insoweit sind auch bei der Vollstreckung im sozialgerichtlichen Verfahren nach § 198 Abs. 1 SGG die vollstreckungsrechtlichen Vorschriften der ZPO zu beachten (BSG vom 6.8.1999 – B 4 RA 25/98 B; LSG Berlin-Brandenburg vom 11.10.2005 – L 18 B 1185/05 AS ER; LSG Sachsen vom 15.11.2005 – L 16 AS 350/05 ER). Die Entscheidung trifft der oder die Vorsitzende des Berufungssenats allein.

Vollstreckung

Verzögert das Jobcenter die Ausführung eines Eilbeschlusses, kann es mit einem Antrag auf Festsetzung eines Zwangsgeldes (§ 201 SGG) zur Vollziehung gezwungen werden. Das gilt auch dann, wenn im Beschluss ein genauer Leistungsbetrag genannt wird. Denn für die Zwangsvollstreckung aus einer einstweiligen Anordnung, mit der einem Antragsteller Leistungen »gewährt werden« und der Antragsgegner (Jobcenter) damit zur Erteilung eines Bescheides verpflichtet worden ist, ist nicht die Zwangsvollstreckung nach § 883 ZPO, sondern die nach § 201 SGG die zutreffende Vollstreckungsart (Durchsetzung einer unvertret-

baren Handlung). Daraus folgt, dass maximal 1.000 € Zwangsgeld angedroht und gegebenenfalls festgesetzt werden können (SG Berlin vom
23.10.2012 – S 37 AS 23126/12 ER; a.A.. LSG Sachsen-Anhalt vom
28.6.2012 – L 5 AS 179/12 B; LSG Berlin-Brandenburg vom 24.7.2012 –
L 18 AS 1772/12 B ER: Vollstreckung mit Gerichtsvollzieher durch das
Amtsgericht).

Ein Anerkenntnis im Verfahren des einstweiligen Rechtsschutzes ist
mittels Zwangsgeld vollstreckbar (LSG Sachsen-Anhalt vom 28.10.2011
– L 5 AS 331/11 B ER). Das gilt auch für einen Vergleich, in dem sich
das Jobcenter verpflichtet, einen Leistungsanspruch zu prüfen und dazu einen neuen Bescheid zu erlassen (BayLSG vom 14.5.2012 – L 7 AS
196/12 B).

§ 86b Abs. 2 SGG verweist auf die ZPO. Anders als vor dem BUK-Neu-
organisationsgesetz vom 19.10.2013 – aber nicht mehr auf § 928
Abs. 2 ZPO. Deshalb muss der Leistungsberechtigte die ihm im Eilbe-
schluss zuerkannte Leistung nicht mehr innerhalb einer einmonatigen
Vollziehungsfrist vollstrecken.

Keine Vollzie-hungsfrist mehr

VI   Was tun, wenn Widerspruchs- oder Klagefrist versäumt wurde?

Grundsätzlich wird der Bescheid des Jobcenters bei Versäumung der Widerspruchs-/Klagefrist rechtsverbindlich und damit gemäß
§ 77 SGG für den Leistungsberechtigten und das Jobcenter bestandskräftig. Diese Bestandskraftwirkung kann auf zwei Wegen beseitigt werden:

- Sie können beim Jobcenter einen »Antrag auf Überprüfung des Bescheids« nach § 44 SGB X stellen. Näheres → S. 988.

Überprüfung des Bescheids

- Sie können beim Jobcenter (bei Versäumung der Widerspruchsfrist)
und beim SG (bei Versäumung der Klagefrist) die »Wiedereinsetzung
in den vorigen Stand« beantragen (§ 27 SGB X; § 67 SGG).

Wiedereinsetzung in den vorigen Stand ·

Voraussetzung für die Wiedereinsetzung ist, dass Sie die Frist ohne
Verschulden versäumt haben. Hierfür genügt nicht, dass Sie die
Rechtswidrigkeit des Bescheides nicht rechtzeitig erkannt haben oder
sich nicht innerhalb der Frist beraten lassen konnten.

Der Antrag auf Wiedereinsetzung in den vorigen Stand ist bei Versäumung der Widerspruchsfrist und Versäumung der Klagefrist binnen
eines Monats nach Wegfall des Hindernisses zu stellen.

Frist: 1 Monat

Außerdem muss die versäumte Handlung (also Widerspruch oder
Klage) nachgeholt werden.

Regelmäßig sollten Sie zugleich einen Antrag auf Rücknahme eines
rechtswidrigen nicht begünstigenden Verwaltungsakts nach § 44
SGB X stellen. Sind nur Rechtsfragen streitig, genügt ein Antrag nach
§ 44 SGB X, den Sie nur beim Jobcenter (nicht beim Sozialgericht)

stellen können. Ist der Sachverhalt aus Ihrer Sicht unklar oder im
Streit, tragen Sie bei einer Prüfung nach § 44 SGB X die Beweislast
dafür, dass dem Ausgangsbescheid ein unrichtiger Sachverhalt zugrunde liegt (BSG vom 25.6.2002 – B 11 AL 3/02 R). Bei einem erfolgreichen Wiedereinsetzungsantrag wird das vermieden.

VII   Sich allein wehren oder sich vertreten lassen?

Sowohl im Widerspruchs- als auch im Klage- und Eilverfahren vor dem SG und dem LSG kann sich jeder selbst vertreten.
Sie können sich aber auch von einem Beistand, von einem Rechtsanwalt oder von Ihrer Gewerkschaft vertreten lassen.

Beistand

Als Beistände sind nur noch Familienangehörige oder unentgeltlich
arbeitende Juristen/Juristinnen zugelassen.

Rechtsanwalt

Sie können auch einen Rechtsanwalt beauftragen. Dies kostet aber
unter Umständen Geld, falls Sie den Prozess verlieren (→ S. 1024). Da
das SGB II ein Rechtsgebiet ist, in dem Anwälte nicht viel verdienen
können, gibt es nur wenige Rechtsanwälte, die sich hier gut auskennen-
nen. Sie sollten deshalb einen »Fachanwalt für Sozialrecht« beauftragen.

**Gewerk-
schaftlicher
Rechtsschutz**

Als Gewerkschaftsmitglied können Sie kostenlos den Rechtsschutzsekretär Ihrer Einzelgewerkschaft oder den Rechtsschutzsekretär des
DGB beauftragen.

**Vorher schon mal
einen Prozess
besuchen**

Sie sollten sich vor der mündlichen Verhandlung eine Verhandlung
vor dem SG ansehen. Das hat den Vorteil, dass Sie sich schon etwas
auskennen und mit der Gerichtssituation vertrauter sind. Die Ver-
handlungen sind öffentlich. Am besten erkundigen Sie sich, welcher
Richter oder welche Richterin für Ihren Fall zuständig ist, und besuchen eine Verhandlung dieses Richters oder dieser Richterin.

VIII   Was kostet die Rechtsverfolgung?

1   Kosten

**Regelmäßig
keine Gerichts-
kosten für
Arbeitslose**

Kostenfreiheit besteht für Versicherte, Leistungsberechtigte
und deren Sonderrechtsnachfolger nach § 56 SGB I sowie die Personen, die bei erfolgreichem Prozess zu diesem Personenkreis gehören
(§ 183 SGG). Alg II-Bezieher brauchen also keine Gerichtsgebühren
zu zahlen.

**Missbrauchs-
gebühr**

Alg II-Bezieher (aber auch die Jobcenter) können vom SG mit einer so
genannten »Missbrauchsgebühr« belastet werden (§ 192 SGG). Das
kann in zwei Fällen geschehen:

■ Sie haben die Vertagung einer mündlichen Verhandlung oder die Anordnung eines neuen Termins zur mündlichen Verhandlung verschuldet, z.B. durch verspätete Mitteilung von entscheidungserheblichen Tatsachen. Das gilt auch, wenn die Schuld bei Ihrem Vertreter oder Prozessbevollmächtigten liegt (siehe hierzu LSG Berlin-Brandenburg vom 27.5.2010 – L 31 R 52/09).

■ Sie haben den Rechtsstreit fortgeführt, obwohl die Vorsitzende des SG Ihnen die Missbräuchlichkeit der Rechtsverfolgung dargelegt und Sie auf die Möglichkeit der Kostenauferlegung hingewiesen hat. Das kann in einem Termin mündlich geschehen oder durch einen schriftlichen Hinweis der Richterin außerhalb einer mündlichen Verhandlung. Erscheinen Sie zu dem Termin nicht, dürfen Missbrauchsgebühren nicht ohne vorherigen schriftlichen Hinweis auf die Missbräuchlichkeit der Verfahrensführung verhängt werden (BSG vom 12.12.2013 – B 4 AS 17/13 R).

Missbrauch liegt nicht bereits dann vor, wenn die Klage keine Aussicht auf Erfolg hat. Zu berücksichtigen ist die Sicht des erstmals mit seinem einzeln gelagerten Fall betroffenen Beteiligten (LSG Sachsen-Anhalt vom 28.5.2003 – L 1 RA 36/03 ER; a.A. LSG Sachsen vom 31.3.2005 – L 2 U 124/04). Missbräuchlich ist eine Klage nur, wenn dem Kläger ein subjektives Verschulden vorgeworfen werden kann (LSG NRW vom 5.5.2010 – L 7 AS 193/10 B).

Das Verfassungsgericht des Landes Brandenburg vom 20.8.2009 – VfGBbg 39/08 hat die Auferlegung von Verschuldenskosten im sozialgerichtlichen Verfahren als willkürlich bezeichnet, wenn ein Kläger in einer nur schwer überschau- und nachvollziehbaren rechtlichen Situation seine Klage nicht zurücknimmt, obwohl das Gericht ihn über die seiner Auffassung nach eindeutige Rechtslage belehrt hat. Im konkreten Fall ging es um die Berechnung der Arbeitslosenhilfe; das Verfassungsgericht war offensichtlich beeindruckt von der Schwierigkeit sozialrechtlicher Berechnungsnormen. Sozialrichter sollten bei der Entscheidung über die Verhängung von Mutwillenskosten versuchen, eine Außensicht einzunehmen.

Es hilft Ihnen nichts, wenn Sie die Klage nach der Auferlegung der Missbrauchsgebühr zurücknehmen.

Werden Sie vom Gericht (als Kläger oder Beklagter) geladen und ordnet das Gericht Ihr persönliches Erscheinen an, so erhalten Sie Ihre Auslagen (z.B. Fahrkosten, (Neben-)Verdienstausfall) erstattet; aber nur, wenn Sie einen Antrag stellen!

Bei Ladung: Auslagenerstattung beantragen!

Unter Umständen fallen außergerichtliche Kosten an. Das sind im Wesentlichen Kosten, die durch die Vertretung entstehen können. Der gewerkschaftliche Rechtsschutz ist für Gewerkschaftsmitglieder kostenlos, sodass hier keine Kosten entstehen. Beauftragen Sie einen Rechtsanwalt, so hat das Jobcenter dessen Gebühren zu bezahlen, aber nur, wenn Sie den Prozess gewinnen.

Verlieren Sie den Prozess, so müssen Sie nicht die Kosten für die Rechtsvertretung des Jobcenters bezahlen.

Rechtsanwaltsgebühren bei Prozessverlust

Sie müssen aber für die Kosten Ihres Rechtsanwalts aufkommen. Die Anwaltsgebühren betragen für die erste Instanz durchschnittlich 530 €. Hinzu kommen noch eine Pauschale für Porto und Fernsprechgebühren in Höhe von höchstens 20 €, Auslagen für Fotokopien (0,50 € pro Stück für die ersten 50 Seiten, für jede weitere Seite 0,15 €), Kosten für Fahrten des Rechtsanwalts zum Gericht (0,27 € pro km), eventuelle Anwesenheitsgebühr, ein Tagegeld und 19 % Mehrwertsteuer.

2   Prozesskostenhilfe (PKH)
§ 73a SGG; §§ 114 ff. ZPO

Da es für die meisten Alg II-Bezieher schwer ist, bei einem vor dem SG verlorenen Prozess die Rechtsanwaltsgebühren aufzubringen, sollten Sie vor jeder Klage prüfen, ob Sie nicht PKH gemäß § 73a SGG vom Staat erhalten können.

PKH kann Ihnen die Rechtsanwaltsgebühren ganz sparen oder Ihnen wenigstens ermöglichen, die Rechtsanwaltsgebühren ohne Zinsbelastung in Raten aufzubringen.

Nur bei Bedürftigkeit

Ob und in welcher Höhe Sie PKH erhalten können, hängt von Ihrem Einkommen und Ihrem Vermögen ab.

Einkommen

Zum Einkommen zählen alle Einkünfte in Geld oder Geldeswert. Dazu gehört auch das Alg II. Ob Bedürftigkeit vorliegt, prüft das SG auf der Grundlage der Angaben im PKH-Antragsformular.

Wer Alg II bezieht, hat regelmäßig ein so geringes Einkommen, dass er ratenfreie PKH beanspruchen kann, es sei denn, es gibt Vermögen. Dieses kann zur Versagung von PKH führen, weil die Vermögensfreibeträge bei der PKH niedriger sind als beim Alg II.

Vermögen

Vermögen müssen Sie einsetzen, soweit dies zumutbar ist. Wann es zumutbar ist, regelt § 115 Abs. 2 ZPO i. V. m. § 90 SGB XII.
Nach § 90 Abs. 2 Nr. 9 SGB XII muss ein »kleiner Barbetrag« nicht eingesetzt werden. Klein ist (nach § 1 Satz 1 Nr. 1b der VO zu § 90 Abs. 2 Nr. 9 SGB XII) ein Barbetrag bis zu 2.600 €. Hinzu kommen 256 € für jeden, der vom PKH Suchenden überwiegend unterhalten wird.

Hinreichende Erfolgsaussicht der Klage

Auch wenn Sie bedürftig sind, erhalten Sie PKH nur, wenn Ihre Klage oder der Eilantrag hinreichende Aussicht auf Erfolg bietet und nicht mutwillig erscheint. Ob das der Fall ist, prüft das SG. Seit 2014 hat der Gesetzgeber den Begriff der Mutwilligkeit in § 114 Abs. 2 ZPO eigenständig geregelt. Neu ist die Betonung, dass eine Klage/ein Eilantrag trotz hinreichender Erfolgsaussicht mutwillig sein kann, »wenn eine Partei, die keine Prozesskostenhilfe beansprucht, bei verständiger Würdigung aller Umstände von der Rechtsverfolgung oder

Rechtsverteidigung absehen würde«. Ausdrücklich nicht gewollt ist der Ausschluss von PKH wegen der Geringfügigkeit des Streitwerts (BT-Drs. 17/11472, S. 29). Die Anforderungen an die hinreichende Erfolgsaussicht dürfen nicht überspannt werden; Erfolg versprechend ist eine Klage immer dann, wenn weitere Ermittlungen, z. B. Zeugenvernehmungen nötig sind. Lange und komplizierte Ausführungen des Gerichts zur fehlenden Erfolgsaussicht deuten darauf hin, dass die Sache nicht so einfach ist, PKH also bewilligt werden müsste (BVerfG vom 20.6.2006 – 1 BvR 2673/05). Hier sollte Beschwerde gegen einen ablehnenden Beschluss eingelegt werden.

Bedauerlicherweise schließt § 172 Abs. 2 Nr. 3 SGG in der Fassung des BUK-Neuorganisationsgesetzes vom 19.10.2013 die Beschwerde gegen PKH-Ablehnungsbeschlüsse aus, wenn in dem Verfahren, für das PKH begehrt wird, keine Beschwerde (bei Beschlüssen) oder Berufung (bei Klagen) statthaft ist. Das ist z. B. bei Streitwerten bis zu 750 €, also bei vielen SGB II-Sachen, der Fall. Die formale Begründung für diese gravierende Einschränkung der Möglichkeit, kostenfrei – oder günstig – professionellen Rechtsschutz zu bekommen, »es sei sachgerecht, den Rechtsschutz gegen die Ablehnung von Prozesskostenhilfe nicht weiter als den Rechtsschutz im Hauptsacheverfahren reichen zu lassen«, unterschlägt, was mit dem Ausschluss der Beschwerde verloren geht: Die Chance, im PKH-Beschwerdeverfahren die Auslegung der sehr schwammigen Begriffe der »hinreichenden Erfolgsaussicht« und der Mutwilligkeit überprüfen zu lassen und die damit eröffnete Möglichkeit, den (künftigen) Argumenten des Gerichts im Hauptsacheverfahren auf den Zahn fühlen zu können. Das kann z. B. für einen Überprüfungsantrag nach § 44 SGB X wertvoll sein.

Beschwerde erschwert

So bleibt nur noch die Möglichkeit, nach einer Anhörungsrüge das BVerfG im Wege einer Verfassungsbeschwerde mit der PKH-Ablehnung zu befassen. Interessant ist hier eine aus formalen Gründen (fehlende Rechtswegerschöpfung) verworfene Verfassungsbeschwerde vom 20.11.2012 – 1 BvR 1526/12. Darin macht das BVerfG Ausführungen, warum eine Anhörungsrüge nicht entbehrlich gewesen sei: Weil die vom LSG als erfolglos beurteilte Auffassung des Klägers »nicht offensichtlich ohne Gehalt« war. Die Entscheidung des BVerfG verdeutlicht, wie wichtig es ist, Beurteilungen, über die man trefflich streiten kann (wann ist eine Klage nicht »hinreichend« erfolgversprechend, wann ist sie mutwillig), einer weiteren gerichtlichen Kontrolle zu unterwerfen.

Grundsätzlich rechtswidrig ist die Ablehnung von PKH mit der Begründung, die Sache sei so einfach, dass sie auch ohne Anwalt betrieben werden könnte (BSG vom 2.11.2012 – B 4 AS 97/11 R). Bei den durchweg schwierigen Rechtsfragen des SGB II ist das abwegig (LSG Berlin-Brandenburg vom 3.3.2006 – L 18 B 137/06 AS PKH). Nach Meinung des BVerfG vom 6.5.2009 – 1 BvR 439/08 wird ein vernünftiger Rechtsuchender, dem im sozialgerichtlichen Verfahren rechts-

Rechtsanwalt stets erforderlich

kundige und prozesserfahrene Behördenvertreter gegenüberstehen, regelmäßig einen Rechtsanwalt einschalten, wenn er nicht ausnahmsweise selbst über ausreichende Kenntnisse und Fähigkeiten zur effektiven Förderung des Verfahrens verfügt.

Antrag

Um Prozesskostenhilfe zu erhalten, müssen Sie beim SG einen Antrag stellen. Dabei können Sie direkt einen Anwalt Ihrer Wahl nennen oder das Gericht bitten, einen Anwalt beizuordnen. Dem Antrag ist eine Erklärung über die persönlichen und wirtschaftlichen Verhältnisse beizufügen. Sie müssen den Antrag sorgfältig und vollständig ausfüllen.

Die Vorlage des Alg II-Bescheids genügt nicht; § 2 ProzesskostenvordruckVO gilt nur für Sozialhilfebezieher nach dem SGB XII. Den nötigen Vordruck gibt es beim SG oder bei Ihrem Rechtsanwalt.
Prozesskostenhilfe wird immer nur für eine Instanz bewilligt. Im Berufungs- und Revisionsverfahren müssen Sie also jeweils einen neuen Antrag stellen. Wenn Sie in der vorigen Instanz gewonnen haben, wird die Erfolgsaussicht Ihrer Klage nicht mehr geprüft.

3   **Beratungshilfe**

Beratungshilfe
bei Beratung und
Widerspruch?

Rechtsanwaltsgebühren entstehen nicht nur, wenn der Rechtsanwalt Sie vor dem SG vertritt. Auch für eine bloße Beratung oder für die Vertretung im Widerspruchsverfahren verlangt der Rechtsanwalt Geld. Viele Leistungsberechtigte können von ihrem schmalen Alg II nicht auch noch die Beratung durch einen Rechtsanwalt bezahlen. Hier hilft das BeratungshilfeG. Danach können Sie sich für 15 € von einem Rechtsanwalt beraten und im Widerspruchsverfahren vertreten lassen. Aber nur, wenn Sie so knapp bei Kasse sind, dass Ihnen **volle** Prozesskostenhilfe zusteht. Wann das der Fall ist, können Sie im vorausgehenden Kapitel lesen.

Seit 2014 ist auch die Beratungshilfe neu geregelt. Die wichtigsten Änderungen sind:

■ Es können auch Renten- oder Steuerberater und Wirtschaftsprüfer Beratungshilfe geben.

■ Die »Inanspruchnahme« der Beratungshilfe darf nicht mutwillig sein, d. h. die Angelegenheit darf nicht so »einfach« sein, dass ohne Beratungshilfe kein Berater aufgesucht werden würde.

■ Der Ratsuchende muss nach seinen Fähigkeiten auf eine Vertretung angewiesen sein (Erforderlichkeit der Vertretung).

Um herauszufinden, ob Sie bedürftig sind, füllen Sie beim Rechtsberater einen Beratungshilfeantrag aus. In dem dafür vorgesehenen Vordruck wird Ihr Einkommen und Vermögen – wie bei der Prozesskostenhilfe (→ S. 1024) – durchleuchtet. Den ausgefüllten Antragsvordruck schickt der Rechtsberater an das Amtsgericht, das nachträglich über die Beratungshilfe entscheidet.

Antragsvordruck

Haben Sie eine Rechtsschutzversicherung oder als Gewerkschaftsmitglied Anspruch auf gewerkschaftlichen Rechtsschutz, so kann der Anspruch auf Beratungshilfe entfallen.

Jeder Rechtsanwalt ist zu Beratungshilfe verpflichtet. In der Regel bringt aber nur eine Beratung durch einen »Fachanwalt für Sozialrecht« etwas.

In den Ländern Bremen und Hamburg bleibt es bei der dort schon seit längerem eingeführten öffentlichen Rechtsberatung. Dort kann man also nicht wegen einer Beratung nach dem BeratungshilfeG einen Rechtsanwalt aufsuchen. Auskunft erteilen in Hamburg die öffentlichen Rechtsauskunfts- und Vergleichsstellen, in Bremen die Arbeitnehmerkammer.

Ausnahmen: Bremen und Hamburg

In Berlin kann man zwischen der öffentlichen Rechtsberatung und anwaltlicher Beratungshilfe wählen.
Sind Sie – z. B. durch Nichtmelden von Nebenverdienst – in den Verdacht einer Ordnungswidrigkeit oder einer strafbaren Handlung geraten, so ermöglicht die Beratungshilfe nur die Beratung durch einen Rechtsanwalt, nicht aber die Vertretung z. B. in einem Ordnungswidrigkeits- oder Strafverfahren.

Berlin

Wer keine Beratungshilfe erhält, muss die Beratung durch einen Rechtsanwalt voll (und nicht nur mit 15 €) bezahlen. Er muss den Rechtsanwalt auch für die Vertretung in einem Widerspruchsverfahren bezahlen; es sei denn, der Widerspruch hat Erfolg. Dann muss das Jobcenter die Rechtsanwaltsgebühren bezahlen, wenn die Zuziehung des Rechtsanwalts notwendig war (§ 63 Abs. 2 SGB X).

Wenn Sie keinen Beratungsschein bekommen oder Ihnen das Verfahren zu umständlich und unangenehm ist, können Sie sich durch eine unabhängige Beratungsstelle kostenlos beraten lassen. Solche Beratungen bieten Gewerkschaften, Arbeitsloseninitiativen, Wohlfahrtsverbände u. ä. Einrichtungen an. Beraten werden darf nach den §§ 6, 8 des Rechtsdienstleistungsgesetzes auch durch Nichtjuristen, soweit eine Anleitung durch Juristen gewährleistet ist.

Kosten der Beratung bei Antragstellung werden nicht erstattet, auch wenn dem Antrag stattgegeben wird. Dasselbe gilt, wenn Sie sich wegen einer Anhörung beraten lassen.

4   **Zusammenfassung**

■ Die Klage vor dem SG und LSG kostet Alg II-/Sozialgeldberechtigte nichts. Auch für das Verfahren vor dem BSG sind keine Gerichtskosten zu zahlen; Sie müssen sich allerdings im Revisionsverfahren vertreten lassen.

■ Das Widerspruchsverfahren kostet nichts.

■ Gebühren für einen Rechtsanwalt entstehen
  – bei Beratung, die nicht vom Jobcenter erstattet wird;
    Ausnahme: Sie erhalten Beratungshilfe;
  – im Widerspruchsverfahren, wenn Ihr Widerspruch zurückgewiesen wird,
    Ausnahme: Sie erhalten Beratungshilfe;
  – im Klageverfahren, wenn die Klage abgewiesen wird,
    Ausnahme: Sie erhalten volle Prozesskostenhilfe.

Eine Rechtsschutzversicherung muss schon vor dem Verfahren abgeschlossen sein; unter Umständen muss eine Wartezeit verstreichen; für bereits entstandene Streitigkeiten besteht also kein Versicherungsschutz.

Auch in den Genuss des gewerkschaftlichen Rechtsschutzes kommen Sie regelmäßig nur, falls Sie schon eine gewisse Zeit Gewerkschaftsmitglied sind.

Falls Sie bei einem Gericht ein (z. B. in diesem Leitfaden zitiertes) Urteil anfordern, so berechnet Ihnen das Gericht Fotokopierkosten in Höhe von 0,50 € pro Seite!
Viele Entscheidungen finden Sie im Internet, wenn Sie das Aktenzeichen eingeben.

IX   **Tipps zu guter Letzt**

Allein – machen sie Dich ein

Was immer Sie unternehmen, es verbessert Ihre Chancen, wenn Sie nicht vereinzelt, sondern gemeinsam mit anderen vorgehen! Mit erwerbslosen Kollegen und Kolleginnen, aber auch – wo möglich – mit solchen, die noch in Arbeit stehen.

Arbeitslosen-initiativen

Wir können Ihnen keine fertigen Rezepte liefern. Eine Möglichkeit gemeinsam vorzugehen, sind Arbeitslosenselbsthilfegruppen. Solche Gruppen sind in den letzten Jahren in vielen Orten entstanden. Einigen ist es gelungen, die Einsamkeit von Arbeitslosen zu durchbrechen, der Diffamierung von Arbeitslosen entgegenzuwirken, Ansprüche gegenüber Ämtern durchzusetzen, kurz: ihr Selbstbewusstsein zu stärken und neuen Mut zu schöpfen.

■ Über Arbeitsloseninitiativen informiert die Koordinierungsstelle gewerkschaftlicher Arbeitslosengruppen

Koordinierungsstelle gewerk-	Telefon (0 30) 8 68 76 70–0
schaftlicher Arbeitslosengruppen	Telefax (0 30) 8 68 76 70–21
Alte Jakobstr. 149	E-Mail info@erwerbslos.de
10969 Berlin	http://www.erwerbslos.de

Unter dieser Internet-Adresse bietet die Koordinierungsstelle Erwerbslosen, Arbeitslosenprojekten und Akteuren in der Arbeitsmarkt- und Beschäftigungspolitik Hilfe zur Selbsthilfe, gegenseitige Kontaktaufnahme und Ideenaustausch sowie Projektberatung an.

Anregungen und Hilfen im Internet

■ An Internetseiten sind außerdem sehr zu empfehlen:

Hilfreiche Internetadressen

Arbeitnehmerkammer	Telefon (0 04 21) 3 63 01–0
im Lande Bremen	Telefax (0 04 21) 3 63 01–89
Bürgerstraße 1	E-Mail info@arbeitnehmerkammer.de
28195 Bremen	http://www.arbeitnehmerkammer.de

Tacheles e. V.	Telefon (0 02 02) 31 84 41
Rudolfstr. 125	Telefax (0 02 02) 30 66 04
42285 Wuppertal	E-Mail info@tacheles-sozialhilfe.de
	http://www.tacheles-sozialhilfe.de

Bundesarbeitsgemeinschaft prekäre Lebenslagen –
Gegen Einkommensarmut und soziale Ausgrenzung e.V.
c/o Frankfurter Arbeitslosenzentrum (FALZ) e.V.
Friedberger Anlage 24
60316 Frankfurt am Main   http://www.bag-plesa.de

■ Aktuelle und wichtige Sozialgerichtsurteile sind kostenlos abrufbar unter:

Bundessozialgericht	http://www.bundessozialgericht.de
Sonstige Sozial-/ Landessozialgerichte	http://www.sozialgerichtsbarkeit.de